Binz/Sorg

Die GmbH & Co. KG

Die GmbH & Co. KG
im Gesellschafts- und Steuerrecht

Handbuch für Familienunternehmen

von

Professor Dr. Mark K. Binz
Rechtsanwalt und Fachanwalt für Steuerrecht

und

Dr. Martin H. Sorg
Wirtschaftsprüfer

unter Mitarbeit von

Dr. Gerd Mayer
Rechtsanwalt und Steuerberater

Simon Beier
Rechtsanwalt

12. Auflage 2018

C.H.BECK

www.beck.de

ISBN 978 3 406 69075 4

Wilhelmstraße 9, 80801 München
Druck und Bindung: Beltz Bad Langensalza GmbH
Am Fliegerhorst 8, 99947 Bad Langensalza

Satz: Meta Systems Publishing & Printservices GmbH, Wustermark
Umschlag: Druckerei C.H.Beck Nördlingen

Gedruckt auf säurefreiem, alterungsbeständigem Papier
(hergestellt aus chlorfrei gebleichtem Zellstoff)

Vorwort zur 12. Auflage

Was haben die WÜRTH-Gruppe in Künselsau, mit fast 12 Milliarden Euro Umsatz eines der ganz großen Familienunternehmen, der Laser-Weltmarktführer TRUMPF in Ditzingen und die für ihre Fahrzeugheizungen und Klimaanlagen weltweit bekannte Eberspächer-Gruppe in Esslingen, die auf eine 150-jährige Geschichte zurückblicken kann, außer ihrem wirtschaftlichen Erfolg und ihrem Sitz in Baden-Württemberg gemeinsam? Alle drei Familienunternehmen haben sich schon vor langer Zeit für die Rechtsform der GmbH & Co. KG entschieden und diese bis heute beibehalten. Aus gutem Grund, wie Sie noch sehen bzw. lesen werden. Die Beliebtheit der GmbH & Co. KG als Rechtsform für Familienunternehmen kommt nicht von ungefähr. In der Statistik der Neugründungen steht sie seit Jahrzehnten mit an der Spitze, so daß man geneigt ist, den langjährigen Fielmann-Werbe-Slogan abzuwandeln in: Familienunternehmen? GmbH & Co. KG! – woraus sich auch der Untertitel erklärt: Handbuch für Familienunternehmen.

An dem Siegeszug der GmbH & Co. KG haben weder der Wegfall der vermögensteuerlichen Doppelbelastung für Kapitalgesellschaften, noch die seit 2000 bestehende Verpflichtung der GmbH & Co. KG zur Rechnungslegung und Publizität nach den für Kapitalgesellschaften geltenden Grundsätzen, noch die Abgeltungsteuer oder die am 1. Januar 2009 in Kraft getretene Erbschaftsteuerreform etwas geändert, die die jahrzehntelangen Vorteile der verfassungswidrig niedrigen Einheitswerte für das Betriebsvermögen von Personengesellschaften abgeschafft hat.

Die GmbH & Co. KG ist ihrer historischen Entstehung nach zwar ein Kind des Steuerrechts. Ihre Ausnahmestellung verdankt sie jedoch in erster Linie ihrer einzigartigen Kombination von institutionalisierter Haftungsbeschränkung mit der Möglichkeit von Fremdorganschaft und der nur den Personengesellschaften eigentümlichen Flexibilität im Steuer- wie im Gesellschaftsrecht. Zudem ist sie die einzige Rechtsform, die trotz einer deutschen Belegschaft von mehr als 2.000 Mitarbeitern die paritätische Mitbestimmung im Aufsichtsrat, in der viele Unternehmer einen Störfaktor sehen, vermeiden kann, insbesondere in den Varianten der Auslands-GmbH & Co. KG, der Stiftung & Co. KG sowie der deutschen SE & Co. KG.

Zwar haben Gesetzgeber und Rechtsprechung seit langem zahlreiche, ursprünglich nur für die GmbH geltende Vorschriften wie zB über die Firmenbildung, die Kapitalaufbringung und -erhaltung, die Insolvenzantrags- und Offenlegungspflicht auf die GmbH & Co. KG ausgeweitet. Dennoch sind die verbliebenen Vorteile der GmbH & Co. KG wie etwa die Privilegien bei der gesetzlichen Mitbestimmung der Arbeitnehmer im Aufsichtsrat, die geringere Formstrenge, die den meisten Unternehmern nicht bewußte fehlende Registerpublizität des Gesellschaftsvertrages (die Satzungen aller Familien-GmbHs mit ihren meist vertraulichen Sonderreglungen sind hingegen öffentlich zugänglich!) zusammen mit wichtigen Steuerprivilegien wie Grunderwerbsteuer-Befreiungstatbestände oder die Verlustverrechnung mit anderen Einkunftsquellen so erheblich, dass die GmbH & Co. KG nach wie vor als die am besten geeignete Rechtsform für ein Familienunternehmen bezeichnet werden kann. Die besondere Flexibilität der Personengesellschaft, und zwar im Steuer- wie im Gesellschaftsrecht, zeigt sich gerade bei gesellschaftsrechtlichen Neuordnungen, die das Ausscheiden von Gesellschaftern, die Ab- und Aufspaltung von Unternehmensteilen (zB Realteilung), die Einbringung bzw. Ausgliederung einzelner Wirtschaftsgüter (zB im Rahmen einer Holding-Lösung) oder die Umwandlung in eine andere Rechtsform zum Ziel haben.

Seit der Vorauflage sind sieben Jahre vergangen. In der Rückblende ein gewaltiger Zeitraum! Politisch, gesellschaftlich und technologisch. Auch der Gesetzgeber und die Judikatur waren nicht untätig geblieben, sondern haben uns eine Flut neuer Gesetze und Gerichtsurteile beschert, die auch die GmbH & Co. KG und die von uns dargestellten Rechtsform-Alternativen wie die SE & Co. KG berühren. Aus der Rechtsprechung seien beispielhaft das erneute Urteil des Bundesverfassungsgerichts zur Verfassungswidrigkeit der Erbschaftsteuer vom 17.12.2014, die BGH-Entscheidungen vom 21.10.2014 (Aufgabe des Bestimmtheitsgrundsatz) und vom 14.6.2016 (Stärkung des Auskunftsrechts der Kommanditisten) sowie die Entscheidung des EuGH vom 16.7.2015 zur umsatzsteuerlichen Organschaft erwähnt. Die wichtigsten Beispiele aus der Arbeit des Gesetzgebers sind das Gesetz zur weiteren Erleichterung der Sanierung von Unternehmen (ESUG) vom 7.12.2011, das Bilanzrichtlinie-Umsetzungsgesetz (BilRUG) vom 17.7.2015 sowie – im Bereich des Steuerrechts – das Gesetz zur Anpassung des Erbschaftsteuer- und Schenkungsteuergesetzes an die Rechtsprechung des Bundesverfassungsgerichts vom 4.11.2016.

Das vorliegende Handbuch enthält eine systematische Darstellung der GmbH & Co. KG-spezifischen Probleme des Gesellschafts- und Steuerrechts, wobei auch auf arbeits- und mitbestimmungsrechtliche Fragen eingegangen wird. In einem gesonderten Abschnitt (Rechtsformvergleich) werden die wirtschafts- und steuerrechtlichen Besonderheiten einiger alternativer Rechts- und Mischformen gegenübergestellt, nämlich der GmbH, der Betriebsaufspaltung, der GmbH & Still, der AG & Co. KG, der SE & Co. KG, der Stiftung & Co. KG sowie der börsenfähigen GmbH & Co. KGaA. Ein Kapitel über Fragen des Umwandlungsrechts schließt die Darstellung ab.

In allen Bereichen unseres Buches haben wir unsere jahrzehntelangen Erfahrungen in Aufsichtsräten sowie als Berater von Familienunternehmen in Nachfolgefragen, bei gesellschaftsrechtlichen Neuordnungen und mit zerstrittenen Gesellschafterstämmen in den Text einfließen lassen, um der rechtsgestaltenden Praxis nicht nur dogmatische Erläuterungen, sondern auch Anstöße für pragmatische Lösungsansätze zu geben. Wegen der vielfältigen Gestaltungsmöglichkeiten der GmbH & Co. KG, zumal bei Familienunternehmen, wird auf die Beifügung von Musterverträgen und -formularen weiterhin verzichtet. Es gilt nach wie vor der Satz, daß nichts kreativer ist als ein weißes Blatt Papier! Den meisten Gesellschaftsverträgen sieht man nämlich an, von welchen Vorlagen sie abgeschrieben wurden. Damit beraubt man sich als Berater eines der wichtigsten Vorzüge einer Personengesellschaft, dass nämlich nahezu jede individuelle gesellschaftsvertragliche Regelung möglich ist – im Gegensatz etwa zur Rechtsform einer SE oder AG, deren Recht weitgehend zwingenden Charakter hat und sich daher für maßgeschneiderte Lösungen weniger eignet, weswegen sich Familienaktionäre meist durch einen Poolvertrag in der Rechtsform einer BGB-Gesellschaft zusammenschließen oder ihre Aktien in eine Familienholding einbringen, die schon aus Haftungsgründen meist wieder die Rechtsform einer GmbH & Co. KG aufweist.

Die erste Auflage dieses Buches erschien im Jahr 1966, also vor mehr als 50 Jahren, verfasst von unserem legendären Seniorpartner Dr. Conrad Böttcher, der über Jahrzehnte hinweg als „Vater" der GmbH & Co. KG galt. Die damals noch als „Plädoyer für die moderne Unternehmensform" untertitelte Broschüre umfasste knapp 130 Textseiten, wovon lediglich 27 Seiten auf den handelsrechtlichen Teil entfielen. Seither haben sich die grundlegenden Rechts- und Steuerfragen der GmbH & Co. KG fast exponentiell vermehrt. Die einschlägigen wissenschaftlichen Veröffentlichungen sind kaum noch zu überblicken. Aus diesem Grund wurde bereits in der sechsten Auflage im Zuge einer völligen Neubearbeitung der ursprüngliche Grundrisscharakter aufgegeben zugunsten einer zwar nach wie vor praxisnahen, jedoch auch wissenschaftlichen Ansprüchen gerecht werdenden Gesamtdarstellung. Auch diese Auflage wendet sich damit zwar in erster Linie an die Angehörigen der rechts-, wirtschafts- und steuerberatenden Berufe. Aber auch der juristisch nicht vorgebildete Unternehmer oder Gesellschafter eines Familienunternehmens kann und sollte im eigenen Interesse unser Handbuch von Fall zu Fall als Nachschlagewerk zu Rate ziehen, etwa um sich auf eine Besprechung mit seinem Rechts- oder Steuerberater besser vorbereiten zu können.

Gesetzgebung, Rechtsprechung und Literatur sind bis Anfang August 2017 berücksichtigt. Für Anregung oder Kritik sind wir stets dankbar, helfen sie uns doch, den Erwartungen unserer Leser von Auflage zu Auflage besser zu entsprechen.

Die beiden Autoren, Gründungs-Partner der Stuttgarter Anwaltssocietät Binz & Partner, danken an dieser Stelle ihrem langjährigen Sozius Dr. Gerd Mayer, Rechtsanwalt und Steuerberater, für seine wertvolle literarische Mitarbeit seit der 9. Auflage, insbesondere im steuerrechtlichen Teil. Zu danken haben wir bei dieser Auflage aber auch unseren Partnern Dr. Alexander Burger, Dr. Armin Weinand und Frau Iris Rosenbauer sowie unserem Juniorpartner Simon Beier, die erstmals mit der Berarbeitung einzelner Kapitel befasst waren.

Stuttgart, im Oktober 2017 Mark K. Binz, Martin H. Sorg

Aus dem Vorwort zur 1. Auflage (1966)

In der „Rechts- und Wirtschafts-Praxis“ des Forkel-Verlages, in „Der Betrieb“ und auf meinen alljährlichen Vorträgen auf den Steuerberaterkongressen in Köln habe ich seit dem Jahre 1948 laufend zu Fragen der Unternehmensform Stellung genommen; denn ihr kommt ja für die unternehmerischen Dispositionen eine besondere Bedeutung zu. Bald stand für dieses Thema die GmbH & Co im Vordergrund auf Grund der erheblichen handelsrechtlichen und steuerrechtlichen Vorteile, die sie gegenüber anderen Unternehmensformen bietet. Immer wieder entstanden aus diesen Veröffentlichungen neue Erfahrungen, die dann weiter verfolgt und ausgebaut werden konnten.

Aus all dem ergab sich wiederholt die Anregung, doch all diese Veröffentlichungen und die darin enthaltenen praktischen Erfahrungen zusammenzufassen, um sie überarbeitet geschlossen einem größeren Kreis zuzuführen. Mit der jetzt in Broschürenform vorgelegten Arbeit geschieht dies. Sie ist ganz auf die Bedürfnisse der Praxis der Unternehmen und ihrer Berater abgestellt. Sie verzichtet bewußt auf wissenschaftlichen Kommentar, gibt aber sorgfältig abgewogen den heutigen Stand der zu lösenden Fragen wieder.

Conrad Böttcher

Inhaltsübersicht

Inhaltsverzeichnis

Abkürzungsverzeichnis

aA	andere Ansicht
ABl. EU	Amtsblatt der Europäischen Union (bis 2002: Amtsblatt der Europäischen Gemeinschaften)
Abs.	Absatz
Abschn.	Abschnitt
AcP	Archiv für die civilistische Praxis
aE	am Ende
AEUV	Vertrag über die Arbeitsweise der Europäischen Union vom 9.5.2008, ABl. EU 2008 C 115, 47
aF	alte Fassung
AfA	Absetzung für Abnutzung
AG	Aktiengesellschaft oder Die Aktiengesellschaft (Zeitschrift) oder Amtsgericht
AGB	Allgemeine Geschäftsbedingungen
AktG	Aktiengesetz
Alt.	Alternative
allgM	allgemeine Meinung
AnfG	Gesetz betreffend die Anfechtung von Rechtshandlungen außerhalb des Insolvenzverfahrens vom 5.19.1994, BGBl. 1994 I 2911
Anh.	Anhang
AmtshilfeRLUmsG	Gesetz zur Umsetzung der Amtshilferichtlinie sowie zur Änderung steuerlicher Vorschriften vom 26.6.2013, BGBl. 2013 I 1809
Anm.	Anmerkung
AO	Abgabenordnung
AP	Arbeitsrechtliche Praxis, Nachschlagewerk des BAG
AR	Der Aufsichtsrat
Arbeits-HdB	Arbeitshandbuch
ArbGG	Arbeitsgerichtsgesetz
Art.	Artikel
AStG	Außensteuergesetz
Aufl.	Auflage
Az.	Aktenzeichen
BaFin	Bundesanstalt für Finanzdienstleistungsaufsicht
BAG	Bundesarbeitsgericht
BAnz	Bundesanzeiger
BayObLG	Bayerisches Oberstes Landgericht
BB	Betriebs-Berater
BBK	Buchführung, Bilanzierung, Kostenrechnung
Bd.	Band
BDSG	Bundesdatenschutzgesetz
BeckBilKomm	Beck'scher Bilanz-Kommentar
BeckHdB GmbH	Beck'sches Handbuch der GmbH
BeckHdB PersGes	Beck'sches Handbuch der Personengesellschaften
BeckRS	Beck'sche Rechtssprechungssammlung in Beck-Online (Jahr, Nummer)
Beil.	Beilage

BEPS-Gesetz	Gesetz zur Umsetzung der Änderungen der EU-Amtshilferichtlinie und von weiteren Maßnahmen gegen Gewinnkürzungen und -verlagerungen vom 20.12.2016, BGBl. 2016 I 3000
betr.	betreffend
BetrAV	Betriebliche Altersversorgung (Zeitschrift)
BetrAVG	Gesetz zur Verbesserung der betrieblichen Altersversorgung
BetrVG	Betriebsverfassungsgesetz
Bew-Erlass	Gleich lautende Erlasse der obersten Finanzbehörden der Länder zur Umsetzung des Gesetzes zur Reform des Erbschaftsteuer- und Bewertungsrechts vom 25.6.2009, BStBl. I 2009, 698
BewG	Bewertungsgesetz
BFH	Bundesfinanzhof
BFH/NV	Sammlung der Entscheidungen des Bundesfinanzhofs
BGB	Bürgerliches Gesetzbuch
BGBl.	Bundesgesetzblatt
BGH	Bundesgerichtshof
BGHZ	Entscheidungen des BGH in Zivilsachen
BilMoG	Bilanzrechtsmodernisierungsgesetz vom 25.5.2009, BGBl. 2009 I 1102
BKR	Zeitschrift für Bank- und Kapitalmarktrecht
BMF	Bundesfinanzministerium
BMJV	Bundesministerium der Justiz und für Verbraucherschutz
BörsG	Börsengesetz
BR-Drs.	Bundesrats-Drucksache
BSG	Bundessozialgericht
BStBl.	Bundessteuerblatt
BT-Drs.	Bundestags-Drucksache
BVerfG	Bundesverfassungsgericht
BVerfGE	Entscheidungen des Bundesverfassungsgerichts
BVerwG	Bundesverwaltungsgericht
BWNotZ	Zeitschrift für das Notariat in Baden-Württemberg
bzgl.	bezüglich
bzw.	beziehungsweise
DB	Der Betrieb
DBA	Doppelbesteuerungsabkommen
DCF	Discounted Cash Flow
DPM	Dötsch/Pung/Mühlenbrock
DIHK	Deutsche Industrie- und Handelskammer
dh	das heißt
DNotZ	Deutsche Notarzeitschrift
DrittelbG	Gesetz über die Drittelbeteiligung der Arbeitnehmer im Aufsichtsrat (Drittelbeteiligungsgesetz)
DRS	Deutsche Rechnungslegungs Standards
DSR	Deutscher Standardisierungsrat
DStR	Deutsches Steuerrecht
DStRE	DStR Entscheidungsdienst
DStZ	Deutsche Steuerzeitung
DZWIR	Deutsche Zeitschrift für Wirtschafts- und Insolvenzrecht
EBITDA	Earnings Before Interest, Taxes, Depreciation and Amortization
EBJS	Ebenroth/Boujong/Joost/Strohn
EFG	Entscheidungen der Finanzgerichte
EGBGB	Einführungsgesetz zum BGB

EGGmbHG .... GmbHG-Einführungsgesetz vom 23.10.2008, BGBl. 2008 I 2026
EGHGB .... Einführungsgesetz zum HGB vom 10.5.1897, RGBl. 1897, 437
EGV .... Vertrag zur Gründung der Europäischen Gemeinschaft, mit Wirkung zum 1.12.2009 umbenannt in AEUV
EHUG .... Gesetz über die elektronische Handelsregister und Genossenschaftsregister sowie das Unternehmensregister vom 10.11.2006, BGBl. 2006 I 2553
Einf. .... Einführung
Einl. .... Einleitung
einschl. .... einschließlich
ErbStB .... Der Erbschaft-Steuer-Berater
ErbStG .... Erbschaft- und Schenkungsteuergesetz
ErbStR-Erlass .... Koordinierter Ländererlass vom 22.6.2017, BStBl. I 2017, 902
ErgBd. .... Ergänzungsband
ErbStR .... Erbschaftsteuer-Richtlinien 2011
ErbStRG .... Gesetz zur Reform des Erbschaftsteuer- und Schenkungsteuerrechts vom 24.12.2008, BGBl. 2008 I 3018
ESt .... Einkommensteuer
EStB .... Ertrags-Steuerberater
EStDV .... Einkommensteuer-Durchführungsverordnung
EStG .... Einkommensteuergesetz
EStR .... Einkommensteuer-Richtlinien 2012 (mit Hinweisen 2016)
etc .... et cetera
EU .... Europäische Union
EuGH .... Europäischer Gerichtshof
EURLUmsG .... Gesetz zur Umsetzung von EU-Richtlinien in nationales Steuerrechts und zur Änderung weiterer Vorschriften (Richtlinien-Umsetzungsgesetz) vom 9.12.2004, BGBl. 2004 I 3310
EuZA .... Europäische Zeitschrift für Arbeitsrecht
EWR .... Europäischer Wirtschaftsraum

f., ff. .... folgende, fortlaufende
FamFG .... Gesetz über das Verfahren in Familiensachen und in dem Angelegenheiten der freiwilligen Gerichtsbarkeit
FAZ .... Frankfurter Allgemeine Zeitung
FB .... Finanzbetrieb
FG .... Finanzgericht
FGG .... Gesetz über die Angelegenheit der freiwilligen Gerichtsbarkeit, aufgehoben
FM. .... Finanzminister
Fn. .... Fußnote
FN-IDW .... Fachnachrichten des Instituts der Wirtschaftsprüfer
FPR .... Familie Partnerschaft Recht
FR .... Finanz-Rundschau
FS .... Festschrift
FuS .... Zeitschrift für Familienunternehmen und Stiftungen

GBO .... Grundbuchordnung
GS .... Gedächtnisschrift
GK .... Gemeinschaftskommentar
GK-MitbestG .... Gemeinschaftskommentar zum Mitbestimmungsgesetz
GenG .... Gesetz betreffend die Erwerbs- und Wirtschaftsgenossenschaften
GesR .... Gesellschaftsrecht

GewO	Gewerbeordnung
GewSt	Gewerbesteuer
GewStDV	Gewerbesteuer-Durchführungsverordnung
GewStG	Gewerbesteuergesetz
GewStR	Gewerbesteuer-Richtlinien 2009
GG	Grundgesetz
ggf.	gegebenenfalls
GmbH	Gesellschaft mit beschränkter Haftung
GmbH-Novelle	Gesetz zur Änderung des GmbHG vom 4.7.1980, BGBl. 1980 I 836
GmbHR	GmbH-Rundschau
GmbHG	GmbH-Gesetz
GNotKG	Gerichts- und Notarkostengesetz
GrEStG	Grunderwerbsteuergesetz
Großkomm.	Großkommentar
GS	Großer Senat
GRUR	Gewerblicher Rechtsschutz und Urheberrecht
GuV	Gewinn- und Verlustrechnung
GWB	Gesetz gegen Wettbewerbsbeschränkungen
GWR	Gesellschafts- und Wirtschaftsrecht
HdB	Handbuch
HB	Handelsblatt
HFJ	Henn/Frodermann/Jannott
HFR	Höchstrichterliche Finanzrechtsprechung
HGB	Handelsgesetzbuch
HHR	Herrmann/Heuer/Raupach
HK	Heidelberger Kommentar
hL	herrschende Lehre
hM	herrschende Meinung
HRefG	Gesetz zur Reform des Handelsrechts vom 22.6.1998, BGBl. I 1998, 1474
Hrsg.	Herausgeber
Hs.	Halbsatz
HTM	Hesselmann/Tillmann/Müller-Thuns
IAS	International Accounting Standards
IASB	International Accounting Standard-Board
idF	in der Fassung
idR	in der Regel
IdW/IDW	Institut der Wirtschaftsprüfer in Deutschland e.V., Düsseldorf
IFRS	International Financial Reporting Standards
IFSt-Schrift	Schrift des Instituts „Finanzen und Steuern“ e.V., Bonn
INF	Die Information für Steuerberater und Wirtschaftsprüfer (bis 2002: Die Information über Steuer und Wirtschaft)
InsO	Insolvenzordnung
IPR	Internationales Privatrecht
iSd	im Sinne des, der
iSv	im Sinne von
ISR	Internationale Steuer-Rundschau
IStR	Internationales Steuerrecht
iVm	in Verbindung mit
IWB	Internationale Wirtschafts-Briefe
IWRZ	Zeitschrift für Internationales Wirtschaftsrecht

JbFfSt	Jahrbuch der Fachanwälte für Steuerrecht
JR	Juristische Rundschau
JStG	Jahressteuergesetz
JuS	Juristische Schulung
JW	Juristische Wochenschrift
JZ	Juristenzeitung
KapCoRiLiG	Kapitalgesellschaften- und Co.-Richtlinie-Gesetz vom 24.2.2000, BGBl. 2000 I 154
KG	Kammergericht, Kommanditgesellschaft
KGaA	Kommanditgesellschaft auf Aktien
KMU	Kleine und mittlere Unternehmen
KO	Konkursordnung
Komm.	Kommentar
KonTraG	Gesetz zur Kontrolle und Transparenz im Unternehmensbereich vom 27.4.1998, BGBl. 1998 I 786
KoR	Zeitschrift für kapitalmarktorientierte Rechnungslegung
KSt	Körperschaftsteuer
KStG	Körperschaftsteuergesetz
KStR	Körperschaftsteuer-Richtlinien 2015
KTS	Zeitschrift für Insolvenzrecht
KVStG	Kapitalverkehrssteuergesetz
KWG	Gesetz über das Kreditwesen
LAG	Landesarbeitsgericht
LBP	Littmann/Bitz/Pust
LFSt	Landesamt für Steuern
LG	Landgericht
lit.	litera
Ltd.	Limited
mAnm	mit Anmerkung (von)
max.	maximal
MDR	Monatsschrift für Deutsches Recht
MHdB	Münchener Handbuch
Mio	Million, Millionen
MitbestG	Gesetz über die Mitbestimmung der Arbeitnehmer (Mitbestimmungsgesetz)
MittBayNot	Mitteilungen des Bayerischen Notarvereins, der Notarkasse und der Landesnotarkammer Bayern
MoMiG	Gesetz zur Modernisierung des GmbH-Rechts und zur Bekämpfung von Missbräuchen vom 23.10.2008, BGBl. 2008 I 2026
mwN	mit weiteren Nachweisen
MU-Erlass	Mitunternehmererlass (BMF-Schreiben vom 20.12.1977, BStBl. I 1977, 8)
MüKo	Münchener Kommentar (zum BGB, HGB, AktG, GmbHG)
MwStR	Mehrwert Steuerrecht
NachhBG	Nachhaftungsbegrenzungsgesetz vom 18.3.1994, BGBl. 1994 I 560
nF	neue Fassung
NJW	Neue Juristische Wochenschrift
NJW-RR	Neue Juristische Wochenschrift Rechtsprechungsreport
Nr.	Nummer(n)
NWB	Neue Wirtschafts-Briefe
NZA	Neue Zeitschrift für Arbeitsrecht

NZG	Neue Zeitschrift für Gesellschaftsrecht
NZI	Neue Zeitschrift für Insolvenz und Sanierung
oÄ	oder Ähnliche, -m, -n, -s
OECD-MA	Musterabkommen der OECD zur Vermeidung von Doppelbesteuerung von Einkommen und Vermögen
OFD	Oberfinanzdirektion
OHG	Offene Handelsgesellschaft
OLG	Oberlandesgericht
OVG	Oberverwaltungsgericht
OWiG	Ordnungswidrigkeitengesetz
p.a.	per annum
PSV	Pensions-Sicherungs-Verein VVaG, Köln
PublG	Gesetz über die Rechnungslegung von bestimmten Unternehmen und Konzernen (Publizitätsgesetz)
RdA	Recht der Arbeit
RDFG	Rau/Dürrwächter/Flick/Geist
Rev.	Revision
RFH	Reichsfinanzhof
RG	Reichsgericht
RGBl.	Reichsgesetzblatt
RGZ	Entscheidungen des RG in Zivilsachen
RIC	Rechnungslegungs Interpretations Committee
RIW	Recht der internationalen Wirtschaft
rkr.	rechtskräftig
RL	Richtlinie
Rn.	Randnummer(n)
RNotZ	Rheinische Notar-Zeitschrift
RStBl.	Reichssteuerblatt
S.	Satz, Seite
S., s.	siehe
SBV	Sonderbetriebsvermögen
SE	Societas Europaea (Europäische Aktiengesellschaft)
SEAG	SE-Ausführungsgesetz (Art. 1 des Gesetzes zur Einführung der Europäischen Gesellschaft [SEEG] vom 22.12.2004, BGBl. 2004 I 3675)
SEBG	SE-Beteiligungsgesetz (Art. 2 des Gesetzes zur Einführung der Europäischen Gesellschaft [SEEG] vom 22.12.2004, BGBl. 2004 I 3675)
SEStEG	Gesetz über steuerliche Begleitmaßnahmen zur Einführung der Europäischen Gesellschaft und zur Änderung weiterer steuerrechtlicher Vorschriften vom 7.12.2006, BGBl. 2006 I 2782
SE-VO	Verordnung (EG) Nr. 2157/2001 des Rates vom 8.10.2001 über das Statut der Europäischen Gesellschaft (SE), ABl. EU 2001 L 249, 1, in Kraft getreten am 8.10.2004
sog	so genannt, -e, -er, -es
SolZ	Solidaritätszuschlag
Sp.	Spalte
SPE	Europäische Privatgesellschaft
StÄndG	Steueränderungsgesetz
StBereinG 1999	Steuerbereinigungsgesetz vom 22.12.1999, BGBl. 1999 I 2601
StbJb	Steuerberaterjahrbuch
StEntlG	Steuerentlastungsgesetz

StiG	Stiftungsgesetz
StGB	Strafgesetzbuch
stRspr	ständige Rechtsprechung
str.	streitig
StuB	Steuern und Bilanzen
StuW	Steuer und Wirtschaft
Tz.	Textziffer
ua	unter anderem
uÄ	und Ähnliches
UAbs.	Unterabsatz
Ubg	Die Unternehmensbesteuerung
uE	unseres Erachtens
UG	Unternehmergesellschaft
UHH	Ulmer/Habersack/Henssler
UMAG	Gesetz zur Unternehmensintegrität und Modernisierung des Anfechtungsrechts vom 22.9.2005, BGBl. 2005 I 2802
2. UmwÄndG	2. Umwandlungsänderungsgesetz vom 19.4.2007, BGBl. 2007 I 542
UmwG	Umwandlungsgesetz vom 28.10.1994, BGBl. 1994 I 3210
UmwSt-Erlass	BMF-Schreiben vom 11.11.2011, BStBl. 2011 I 1314
UmwStG	Gesetz über die steuerlichen Maßnahmen bei Änderungen der Unternehmensform (Umwandlungssteuergesetz)
UntStFG	Unternehmenssteuerfortentwicklungsgesetz vom 20.12.2001, BGBl. 2001 I 3858
UntStReform 2000	Reformpaket, bestehend aus StEntlG 1999/2000/2002 (BGBl. 1998 I 3779), StBereinG 1999, StSenkG
UntStReform 2008	Unternehmensteuerreformgesetz 2008 vom 14.8.2007 BGBl. I 2007 I 1412
UR	Umsatzsteuer-Rundschau
UStAE	Umsatzsteuer-Anwendungserlass
UStG	Umsatzsteuergesetz
usw	und so weiter
VerkProspG	Verkaufsprospektgesetz
VermVerkProspV	Verordnung über Vermögensanlage-Verkaufsprospekte vom 16.12.2004, BGBl. 2004 I 3464
VersR	Zeitschrift für Versicherungsrecht, Haftungs- und Schadensrecht
vGA	verdeckte Gewinnausschüttung
vgl.	vergleiche
VO	Verordnung
Vor, Vorb.	Vorbemerkung
VStG	Vermögensteuergesetz
VZ	Veranlagungszeitraum
WachsBeschlG	Wachstumsbeschleunigungsgesetz vom 22.12.2009, BGBl. 2009 I 3950
WM	Wertpapier-Mitteilungen
WPg	Die Wirtschaftsprüfung
WpHG	Wertpapierhandelsgesetz
WP-HdB	Wirtschaftsprüferhandbuch
WPK-Mitt	Wirtschaftsprüfungskammer-Mitteilungen
WWKK	Wlotzke/Wißmann/Koberski/Kleinsorge
ZAkDR	Zeitschrift der Akademie für Deutsches Recht
zB	zum Beispiel

ZErb	Zeitschrift für die Steuer- und Erbrechtspraxis
ZEV	Zeitschrift für Erbrecht und Vermögensnachfolge
ZfPW	Zeitschrift für die gesamte Privatrechtswissenschaft
ZGR	Zeitschrift für Unternehmens- und Gesellschaftsrecht
ZHR	Zeitschrift des gesamten Handelsrechts und Wirtschaftsrechts
ZInsO	Zeitschrift für das gesamte Insolvenzrecht
ZIP	Zeitschrift für Wirtschaftsrecht
ZNotP	Zeitschrift für die Notarpraxis
ZTR	Zeitschrift für Tarifrecht
ZPO	Zivilprozessordnung

Literaturverzeichnis

1. Monographien

Arbeitskreis Insolvenzwesen Köln e.V. .... Kölner Schrift zur Insolvenzordnung. 3. Aufl., Herne, Berlin 2009.

Arnold, Arnd .... Die GmbH & Co. KGaA. Köln 2001.

Ashauer-Moll/Schwedner .... Abgeltungsteuer. 2. Aufl. Wiesbaden 2015.

Becker, Benjamin .... Die Zulässigkeit von Hinauskündigungsklauseln nach freiem Ermessen im Gesellschaftsvertrag. Frankfurt am Main 2010.

Beckmann, Thomas ..... Die AG & Co. KG. Köln 1992.

Beisel/Klumpp .... Der Unternehmenskauf, 7. Aufl., München 2016.

Berndt/Götz .... Stiftung und Unternehmen. 8. Aufl., Herne 2009.

Bettecken, Anne-Kathrin .... Die Gesellschafterstellung von Miterben an GmbH-Geschäftsanteilen. Baden-Baden 2016.

Beuthien/Gummert/Schöpfin .... Münchener Handbuch des Gesellschaftsrechts. Band 5: Verein. Stiftung bürgerlichen Rechts. 4. Aufl., München 2016.

Binz, Mark K. .... Haftungsverhältnisse im Gründungsstadium der GmbH & Co. KG. Köln 1977.

Binz/Sorg .... Die Stiftung. 4. Aufl., Heidelberg 2003.

Blaurock, Uwe .... Handbuch Stille Gesellschaft. 8. Aufl., Köln 2016.

Bokelmann, Gunther ... Das Recht der Firmen- und Geschäftsbezeichnungen. 5. Aufl., Freiburg i. Br. 2000.

Born/Ghassemi-Tabar/Gehle .... Münchener Handbuch des Gesellschaftsrechts. Band 7: Gesellschaftsrechtliche Streitigkeiten (Corporate Litigation). 5. Aufl., München 2016

Brandmüller, Gerhard .. Die Betriebsaufspaltung nach Handels- und Steuerrecht. 7. Aufl., Heidelberg 1997.

Brandmüller/Lindner ... Gewerbliche Stiftungen. 3. Aufl., Berlin 2005.

Büchel/v. Rechenberg Kölner Handbuch Handels- und Gesellschaftsrecht. 3. Aufl., Köln 2015.

Bürgers/Fett .... Die Kommanditgesellschaft auf Aktien. 2. Aufl., München 2015.

Carlé/Bauschatz .... Betriebsaufspaltung, 2. Aufl., Köln 2014

Cahn, Fritz .... G.m.b.H. und Co., Kommanditgesellschaft. Mannheim 1922.

Dehmer, Hans .... Die Betriebsaufspaltung. 3. Aufl., Köln 2014.

Delp, Udo .... Die Stiftung & Co. KG. Heidelberg 1991.

Drinhausen/van Hulle/Maul .... Handbuch zur Europäischen Gesellschaft (SE). München 2007.

Eidenmüller, Horst ...... Ausländische Kapitalgesellschaften im deutschen Recht. München 2004.

Feick, Martin (Hrsg.) ... Stiftung als Nachfolgeinstrument, München 2015.

Fichtelmann, Helmar ... Die GmbH & Co. KG im Steuerrecht. 8. Aufl., Köln 1998.

Fichtelmann, Helmar ... GmbH & Still im Steuerrecht. 5. Aufl., Köln 2000.

Flume, Werner .... Allgemeiner Teil des Bürgerlichen Rechts. Erster Band, Erster Teil: Die Personengesellschaft. Berlin, Heidelberg, New York 1983.
Freudenberg/Sorg .... Die KGaA mit beschränkter Haftung (GmbH & Co. KGaA). 2. Aufl., Heidelberg 2010.

Goette, Wulf .... Die GmbH. 2. Aufl., München 2002.
Gralla, Markus .... Vermeidung der Unternehmensmitbestimmung. Gestaltungsmöglichkeiten und Grenzen. Hamburg 2016.
Großfeld/Egger/Tönnes .... Recht der Unternehmensbewertung, 8. Aufl., Köln 2016.
Gummert, Hans .... Münchener Anwaltshandbuch Personengesellschaftsrecht. 2. Aufl., München 2015.
Gummert/Weipert ...... Münchener Handbuch des Gesellschaftsrechts. Band 1: BGB-Gesellschaft. Offene Handelsgesellschaft. Partnerschaftsgesellschaft. Partenreederei. EWIV. 4. Aufl., München 2014.
Gummert/Weipert ...... Münchener Handbuch des Gesellschaftsrechts. Band 2: Kommanditgesellschaft. GmbH & Co. KG. Publikums-KG. Stille Gesellschaft. 4. Aufl., München 2014.

Hahn, Nicco .... Die Beschlussfassung in der GmbH & Co. KG als Einheitsgesellschaft. Frankfurt am Main 2004.
Hartel, Ulrich .... Die Unternehmer-AG. München 1996.
Helmrich, Herbert ...... Bilanzrichtliniengesetz. München 1986.
Hennrichs/Kleindiek ... Münchener Kommentar zum Bilanzrecht. München 2014 ff.
Henn/Frodermann/Jannott .... Handbuch des Aktienrechts. 8. Aufl., München 2009.
Hesselmann/Tillmann/Müller-Thuns .... Handbuch der GmbH & Co. KG. 21. Aufl., Köln 2016.
Heubeck/Schmauck .... Die Altersversorgung der Geschäftsführer in GmbH und GmbH & Co. KG. 4. Aufl., Köln 1998.
Hoffmann-Becking, Michael .... Münchener Handbuch des Gesellschaftsrechts. Band 4: Aktiengesellschaft. 4. Aufl., München 2015.
Hölters, Wolfgang .... Der Beirat der GmbH und GmbH & Co. Köln 1979.
Huber, Ulrich .... Vermögensanteil, Kapitalanteil und Gesellschaftsanteil an Personengesellschaften des Handelsrechts. Heidelberg 1970.
Hueck, Alfred .... Das Recht der OHG. 4. Aufl., Berlin, New York 1971.
Hübner, Heinrich .... Erbschaftsteuerreform 2009. München 2009.

IDW (Hrsg.) .... Gestaltungen zur Unternehmensfortführung. Die Stiftung. Düsseldorf 1985.
IDW (Hrsg.) .... Handbuch der Unternehmensbesteuerung. 2. Aufl., Düsseldorf 1995. Ergänzungsband 2000.
IDW (Hrsg.) .... Praxis der Unternehmensnachfolge. 4. Aufl., Düsseldorf 2009.
IDW (Hrsg.) .... WP-Handbuch. Wirtschaftsprüfung und Rechnungslegung. 15. Aufl., Düsseldorf 2017.

Jacobs/Scheffler/Spengel .... Unternehmensbesteuerung und Rechtsform. 5. Aufl., München 2015.

Kaligin, Thomas .... Die Betriebsaufspaltung. Ein Leitfaden für die Rechts-, Steuer- und Wirtschaftspraxis. 9. Aufl., Berlin 2015.
Kessler/Schiffers/Teufel Rechtsformwahl – Rechtsformoptimierung. 2. Aufl. München 2008.

Klamroth, Sabine	Die GmbH & Co. KG. Musterverträge. 8. Aufl., Heidelberg 1998.
Klauss/Birle	Die GmbH & Co. 7. Aufl., Ludwigshafen 1988.
Knoppe, Helmut	Betriebsverpachtung und Betriebsaufspaltung. 7. Aufl., Düsseldorf 1984.
Knobbe-Keuk, Brigitte	Bilanz- und Unternehmenssteuerrecht. 9. Aufl., Köln 1993.
Koeberle-Schmid/ Grottel	Führung von Familienunternehmen, Berlin 2013.
Korts, Sebastian	Die Europäische Aktiengesellschaft. 3. Aufl., Frankfurt am Main 2008.
Krüger, Dirk	Zweckmäßige Wahl der Unternehmensform. 7. Aufl., Bonn 2002.
Langenfeld/Miras	GmbH-Vertragspraxis. 7. Aufl., Köln 2015.
Lutter/Krieger/Verse ...	Rechte und Pflichten des Aufsichtsrats. 6. Aufl., Köln 2014.
May/Bartels	Der Beirat im Familienunternehmen, Köln 2015.
Mostertz, Philip	Die UG (haftungsbeschränkt) & Co. KG. Baden-Baden 2014.
Pahlke/Koenig	Abgabenordnung. 3. Aufl., München 2014.
Pezzer, Heinz-Jürgen ...	Die verdeckte Gewinnausschüttung im Körperschaftsteuerrecht. Köln 1986.
Picot, Gerhard	Unternehmenskauf und Restrukturierung. 4. Aufl., München 2013.
Piltz, Detlev	Die Unternehmensbewertung in der Rechtsprechung. 3. Aufl., Düsseldorf 1994.
Preißer/v. Rönn	Die KG und die GmbH & Co. KG. Recht, Besteuerung, Gestaltungspraxis. 3. Aufl., Stuttgart 2014.
Priester/Mayer	Münchener Handbuch des Gesellschaftsrechts. Band 3: Gesellschaft mit beschränkter Haftung. 4. Aufl., München 2012.
Prinz/Hoffmann	Beck'sches Handbuch der Personengesellschaften. 4. Aufl., München 2014.
Prinz/Winkeljohann	Beck'sches Handbuch der GmbH. 5. Aufl., München 2014.
Regniet, Michael	Ergänzungsbilanzen bei der Personengesellschaft. Köln 1990.
Reichert, Jochem	GmbH & Co. KG. 7. Aufl., München 2015.
Rödder/Mueller-Thuns/Hötzel	Unternehmenskauf, Unternehmensverkauf. München 2003.
Römermann/Wachter ..	GmbH-Beratung nach dem MoMiG. GmbHR-Sonderheft. Köln. Oktober 2008.
Roschig, Ute	Die Übertragung von GmbH-Geschäftsanteilen im grenzüberschreitenden Rechtsverkehr. Dresden 2010.
Ruter/Thümmel	Beiräte in mittelständischen Familienunternehmen. 2. Aufl., Stuttgart 2009.
Sagasser/Bula/Brünger	Umwandlungen. 4. Aufl., München 2011.
Sandrock/Wetzler	Deutsches Gesellschaftsrecht im Wettbewerb der Rechtsordnungen. Heidelberg 2004.
Sanfleber, Martina	Abfindungsklauseln in Gesellschaftsverträgen. Düsseldorf 1990.
Schaub, Günter	Arbeitsrechts-Handbuch. 16. Aufl., München 2015.
Schaumburg/Rödder ...	Unternehmensteuerreform 2008. München 2007.
Schaumburg/Schulte	Die KGaA. Köln 2000.
Schlitt, Michael	Die Satzung der Kommanditgesellschaft auf Aktien. München 1999.
Schlottmann, Dennis ...	Wegfall und Entmachung des einzigen Komplementärs, AHW Band 181, Köln 2009.

Schmidt, Karsten .... Gesellschaftsrecht. 4. Aufl., Köln, Berlin, Bonn, München 2002.
Schmidt, Karsten .... Handelsrecht. 6. Aufl., Köln, Berlin, Bonn, München 2013.
Schmidt/Uhlenbruck ... Die GmbH in Krise, Sanierung und Insolvenz. 5. Aufl., Köln 2016.
Schulze zur Wiesche/Ottersbach .... GmbH & Co. KG. 3. Aufl., Wiesbaden 2005.
v. Campenhausen/Richter .... Stiftungsrechts-Handbuch. 5. Aufl., München 2017.
Semler/v. Schenck .... Arbeitshandbuch für Aufsichtsratsmitglieder. 4. Aufl., München 2013.
Semler/Volhard .... Arbeitshandbuch für Unternehmensübernahmen. Band 2. München 2003.
Sethe, Rolf .... Die personalistische Kapitalgesellschaft mit Börsenzugang. Köln 1996.
Söffing .... Die GmbH & Co. KG. 3. Aufl., Herne 2016.
Söffing/Micker .... Die Betriebsaufspaltung, 6. Aufl., Herne 2016
Sommer, Michael .... Die Gesellschaftsverträge bei der GmbH & Co. KG. 4. Aufl., München 2012.
Sorg, Martin .... Die Familienstiftung. Wesen, Probleme, Gestaltungsvorschläge für die Praxis. Baden-Baden 1984.
Steisslinger, Jörg .... Der Gewerbebegriff im Handels- und Steuerrecht. München 1989.
Stengel, Arndt .... Stiftung und Personengesellschaft. Baden-Baden 1993.
Sudhoff, Heinrich .... Familienunternehmen. 2. Aufl., München 2005.
Sudhoff, Heinrich .... Personengesellschaften. 8. Aufl., München 2005.
Sudhoff, Heinrich und Martin .... Rechte und Pflichten des Geschäftsführers einer GmbH und einer GmbH & Co. 14. Aufl., Köln 1994.
Tipke, Klaus .... Übertragung von Einkunftsquellen im Steuerrecht. 2. Aufl., Köln 1979.
Tipke/Lang .... Steuerrecht. 22. Aufl., Köln 2015.
Wachter, Thomas .... Stiftungen. Köln 2001.
Wagner/Rux .... Die GmbH & Co. KG. 12. Aufl., Freiburg i. Br., Berlin 2013.
Weitnauer, Wolfgang .... Handbuch Venture Capital. 5. Aufl., München 2016.
Wessel/Zwernemann/Kögel .... Die Firmengründung. 7. Aufl., Heidelberg 2001.
Wiedemann, Herbert ... Gesellschaftsrecht. Band I. München 1980. Gesellschaftsrecht. Band II. 9. Aufl., München 2016
Wiedemann/Kögel ...... Beirat und Aufsichtsrat im Familienunternehmen, München 2008.
Windbichler, Christine Gesellschaftsrecht. 23. Aufl., München 2013.
Winter, Michael .... Beratungspraxis GmbH & Co. KG, Köln 2016.

2. Kommentare, Loseblattsammlungen

Adler/Düring/Schmaltz .... Rechnungslegung und Prüfung der Unternehmen. 6. Aufl., Stuttgart 1994 ff.
Bamberger/Roth .... BGB. Beck'scher Online-Kommentar. 37. Edition, München 2015.
Baumbach/Hopt .... Handelsgesetzbuch. 37. Aufl., München 2016.

Baumbach/Hueck	GmbHG. 21. Aufl., München 2017.
Bechtold/Bosch	Kartellgesetz: GWB. 8. Aufl., München 2015.
Bechtold/Bosch/ Brinker	EU-Kartellrecht. 3. Aufl., München 2014.
Blümich, Walter	EStG, KStG, GewStG. Loseblattsammlung. München.
Boruttau, Ernst	Grunderwerbsteuergesetz. 16. Aufl., München 2007.
Bunjes	Umsatzsteuergesetz. 16. Aufl., München 2017.
Claussen/Scherrer	Kölner Kommentar zum Rechnungslegungsrecht (§§ 238–342e HGB), Köln 2010.
Dötsch/Pung/ Möhlenbrock	Kommentar zum Körperschaftsteuergesetz, Umwandlungssteuergesetz und zu den einkommensteuerrechtlichen Vorschriften der Anteilseignerbesteuerung. Loseblattsammlung. Stuttgart.
DWS-Institut (Hrsg.) ...	Handbuch Familienunternehmen. Losseblattsammlung. Köln.
Ebenroth/Boujong/ Joost/Strohn	Handelsgesetzbuch. 3. Aufl., München 2014/2015.
Ellrott/Förschle/ Kozikowski/ Winkeljohann	Beck'scher Bilanz-Kommentar. Handels- und Steuerbilanz. 10. Aufl., München 2016.
Fabricius	Gemeinschaftskommentar zum Mitbestimmungsgesetz. Loseblattsammlung (Erscheinen eingestellt).
Fleischer/Goette	Münchener Kommentar zum GmbHG. 2. Aufl., München 2016 ff.
Geßler/Hefermehl/ Eckardt/Kropff	Aktiengesetz. München 1973 ff.
Glanegger/Güroff	Gewerbesteuergesetz. 9. Aufl., München 2017.
Goette/Habersack	Münchener Kommentar zum Aktiengesetz. 4. Aufl., München 2016 ff.
Gosch, Dietmar	Körperschaftsteuergesetz. 3. Aufl., München 2015.
Gürsching/Stenger	Bewertungs- und Vermögensteuergesetz. Loseblattsammlung. Köln.
Häublein/Hoffmann-Theinert	Handelsgesetzbuch. Beck'scher Online-Kommentar. 11. Edition, München 2015.
Haritz/Menner	Umwandlungssteuergesetz. 4. Aufl., München 2015.
Henssler/Strohn	Gesellschaftsrecht. 3. Aufl., München 2016.
Herrmann/Heuer/ Raupach	Großkommentar zum Einkommen- und Körperschaftsteuerrecht. Loseblattsammlung. Köln.
Heymann, Ernst	Handelsgesetzbuch. 2. Aufl., Heidelberg 1995.
Höfer, Reinhold	Gesetz zur Verbesserung der betrieblichen Altersversorgung. Band II: Arbeitsrecht. Loseblattsammlung. München.
Hoffmann/Lehmann/ Weinmann	Mitbestimmungsgesetz. München 1978.
Hofmann, Ruth	Grunderwerbsteuergesetz. 11. Aufl., Herne 2016.
Hopt/Wiedemann	Aktiengesetz. Großkommentar. 4. und 5. Aufl., Berlin 2004 ff.
Hübschmann/Hepp/ Spitaler	Abgabenordnung. Finanzgerichtsordnung. Loseblattsammlung. Köln.
Hüffer/Koch	Aktiengesetz. 12. Aufl., München 2016.
Kallmeyer, Harald	Umwandlungsgesetz. 6. Aufl., Köln 2016.

Kapp/Ebeling .... Erbschaftsteuer- und Schenkungsteuergesetz. Loseblattsammlung. Köln.

Kayser/Thole (ehemals Kreft) .... Insovenzordnung. Reihe Heidelberger Kommentare. 8. Aufl., Heidelberg 2016.

Kirchhof, Paul .... Einkommensteuergesetz. 16. Aufl., Heidelberg 2017.

Koller/Kindler/Roth/Morck .... Handelsgesetzbuch. 8. Aufl., München 2015.

Kübler/Prütting/Bork .. Kommentar zur Insolvenzordnung. Loseblattsammlung. Köln.

Lademann/Söffing/Brockhoff .... Kommentar zum Einkommensteuergesetz. Loseblattsammlung. Stuttgart, München, Hannover.

Lenski/Steinberg .... Kommentar zum Gewerbesteuergesetz. Loseblattsammlung. Köln.

Leonhardt/Smid/Zeuner .... Insolvenzordnung. 3. Aufl., Stuttgart 2010.

Littmann/Bitz/Pust ...... Das Einkommensteuerrecht. Loseblattsammlung. Stuttgart.

Lutter/Hommelhoff ..... GmbH-Gesetz. 19. Aufl., Köln 2016.

Lutter/Winter .... Umwandlungsgesetz. 5. Aufl., Köln 2013.

Meilicke/Meilicke .... Kommentar zum Mitbestimmungsgesetz 1976. 2. Aufl., Heidelberg 1976.

Meincke, Jens Peter ..... Erbschaftsteuer- und Schenkungsteuergesetz. 16. Aufl., München 2012.

Musielak/Voit .... Zivilprozessordnung mit Gerichtsverfassungsgesetz. 14. Aufl., München 2017.

Müller-Glöge/Preis/Schmidt .... Erfurter Kommentar zum Arbeitsrecht. 17. Aufl., München 2017.

Oetker, Hartmut .... Handelsgesetzbuch. 5. Aufl., München 2017.

Pahlke/Franz .... Grunderwerbsteuergesetz. 5. Aufl., München 2014.

Palandt .... Bürgerliches Gesetzbuch. 76. Aufl., München 2017.

Raiser/Veil/Jacobs .... Mitbestimmungsgesetz und Drittelbeteiligungsgesetz. 6. Aufl., Berlin 2015.

Rau/Dürrwächter .... Kommentar zum Umsatzsteuergesetz. Loseblattsammlung. Köln.

Rebmann/Säcker/Rixecker .... Münchener Kommentar zum Bürgerlichen Gesetzbuch. 7. Aufl., München 2015 ff.

Rödder/Herlinghaus/van Lishaut .... Umwandlungssteuergesetz. 2. Aufl., Köln 2013.

Rössler/Troll .... Bewertungsgesetz. Loseblattsammlung. München.

Roth/Altmeppen .... Gesetz betreffend die Gesellschaften mit beschränkter Haftung (GmbHG). 8. Aufl., München 2015.

Rowedder/Schmidt-Leithoff .... Gesetz betreffend die Gesellschaften mit beschränkter Haftung (GmbHG). 5. Aufl., München 2013.

Saenger/Inhester .... GmbHG. Handkommentar. 3. Aufl., Baden-Baden 2016.

Schlegelberger, Franz ... Handelsgesetzbuch. 5. Aufl., München 1973 ff.

Schmidt, Andreas .... Hamburger Kommentar zum Insolvenzrecht. 6. Aufl., Münster 2017.

Schmidt, Karsten .... Insolvenzordnung. 19. Aufl., München 2016.

Schmidt, Karsten	Münchener Kommentar zum Handelsgesetzbuch. 4. Aufl., München 2016 ff.
Schmidt, Ludwig	Einkommensteuergesetz. 36. Aufl., München 2017.
Schmitt/Hörtnagl/ Stratz	Umwandlungsgesetz. Umwandlungssteuergesetz. 7. Aufl., München 2016.
Scholz, Franz	Kommentar zum GmbH-Gesetz. 11. Aufl., Köln 2015.
Semler/Stengel	Umwandlungsgesetz. 4. Aufl., München 2017.
Soergel	Bürgerliches Gesetzbuch mit Einführungsgesetz und Nebengesetzen. 13. Aufl., Stuttgart 2000 ff.
Sölch/Ringleb	Umsatzsteuergesetz. Loseblattsammlung. München.
Staub, Hermann	Handelsgesetzbuch. Großkommentar. 5. Aufl., Berlin, New York 2008 ff.
Streck, Michael	Körperschaftsteuergesetz. 8. Aufl., München 2014.
Tipke/Kruse	Abgabenordung. Loseblattsammlung. Köln.
Troll/Gebel/Jülicher	Erbschaftsteuer- und Schenkungsteuergesetz. Loseblattsammlung. München.
Uhlenbruck	Insolvenzordnung. 4. Aufl., München 2015.
Ulmer/Habersack/ Henssler	Mitbestimmungsrecht. 3. Aufl., München 2013.
Ulmer/Habersack/ Löbbe	GmbHG – Gesetz betreffend die Gesellschaften mit beschränkter Haftung. Großkommentar. 2. Aufl., Tübingen 2013 ff.
Vogel, Klaus	Doppelbesteuerungsabkommen. 6. Aufl., München 2015.
Westermann/ Wertenbruch	Handbuch der Personengesellschaften. Loseblattsammlung. Köln.
Wicke, Hartmut	GmbHG. 3. Aufl., München 2016.
Widmann/Mayer	Umwandlungsrecht. Loseblattsammlung. Bonn, Berlin.
Wißmann/Kleinsorge/ Schubert	Mitbestimmungsrecht. 5. Aufl., München 2017.
Ziemons/Jäger	GmbHG. Beck'scher Online-Kommentar. 25. Edition, München 2015.
Zöllner/Noack	Kölner Kommentar zum Aktiengesetz. 3. Aufl., Köln, Berlin, Bonn, München 2004 ff.

Erster Teil. Die GmbH & Co. KG in handelsrechtlicher Sicht

§ 1 Grundlagen

I. Begriffsbestimmungen

Eine **KG** ist nach der Definition des § 161 Abs. 1 HGB eine auf den Betrieb eines Handelsgewerbes unter gemeinschaftlicher Firma gerichtete **Gesellschaft,** bei der bei mindestens einem Gesellschafter die **Haftung** gegenüber den Gesellschaftsgläubigern auf den Betrag einer bestimmten Vermögenseinlage beschränkt ist (Kommanditisten), während der andere Teil der Gesellschafter unbeschränkt haftet (persönlich haftende Gesellschafter oder Komplementäre). 1

Die Besonderheit bei der **GmbH & Co. KG** besteht darin, dass die Stellung des persönlich haftenden Gesellschafters nicht von einer natürlichen Person, sondern von einer GmbH, der sog **Komplementär-GmbH,** eingenommen wird. Seit dem 1.11.2008 kann die Komplementär-GmbH auch in der Form einer **Unternehmergesellschaft** (UG, § 5a GmbHG) errichtet werden. Die GmbH & Co. KG ist damit ein „hybrides Gebilde" in Gestalt der KG als operativer Einheit und der Komplementär-GmbH als Lenkungseinheit,[1] die inzwischen freilich wie eine **eigenständige Rechtsform** behandelt wird. 2

Da bei einer GmbH & Co. KG in den seltensten Fällen neben der Komplementär-GmbH noch weitere, gar natürliche Personen als persönlich haftende Gesellschafter beteiligt sind,[2] wird im Folgenden, soweit nichts anderes gesagt ist, unter einer „GmbH & Co. KG" stets nur der Normalfall verstanden, also eine KG, bei der die GmbH der einzige Komplementär ist; man spricht dann auch von einer **„echten", „eigentlichen"** oder **„typischen"** GmbH & Co. KG oder von einer GmbH & Co. KG **„im engeren Sinn".** Sind die Kommanditisten zugleich – oft in demselben Verhältnis – an der Komplementär-GmbH beteiligt, wird verschiedentlich der Ausdruck GmbH & Co. KG **„im engsten Sinne"** oder **„beteiligungsidentische" GmbH & Co. KG** verwendet. Schließlich hat sich für eine GmbH & Co. KG, bei der alle Kommandit- und alle GmbH-Anteile in einer Hand vereinigt sind, der Terminus **„Einpersonen-GmbH & Co. KG"** eingebürgert.[3] 3

Früher konnte man begrifflich unter einer **GmbH & Co.** sowohl eine KG als auch eine OHG verstehen, an der eine GmbH als Gesellschafter beteiligt ist. Das hing damit zusammen, dass nach der gesetzlichen Regelung aus der Firma einer Personenhandelsgesellschaft nicht hervorgehen musste, ob eine **OHG** oder eine **KG** vorliegt (§ 19 Abs. 2 HGB aF). Eindeutig war deshalb nur die – eigentlich exaktere – Firmierung als **„GmbH & Co. KG".** Gleichwohl wurde im üblichen Sprachgebrauch unter einer „GmbH & Co." auch früher ausschließlich eine KG verstanden, an der eine GmbH beteiligt ist. Seit der Neufassung von § 19 HGB durch das **HRefG** ist die Firmierung als „GmbH & Co." nicht mehr zulässig, da gemäß § 19 Abs. 1 Nr. 2 und Nr. 3 HGB nunmehr jede OHG oder KG eine **allgemein verständliche Rechtsformbezeichnung** verwenden muss. 4

II. Besondere Erscheinungsformen der GmbH & Co. KG

In der Rechtspraxis haben sich im Lauf der Jahre unterschiedliche Erscheinungsformen der GmbH & Co. KG herausgebildet. Hierbei handelt es sich einmal um die sog **„doppel-** 5

[1] *K. Schmidt* GS Heinze, 2005, 775 (776).

[2] Vgl. dazu bereits die rechtstatsächlichen Untersuchungen von *Kornblum* GmbHR 1983, 29 ff., 61 ff. (65), wonach im Erhebungszeitraum 1982 der Anteil „unechter" GmbH & Co. KGs im Bundesdurchschnitt 0,63 % (= 82 von insgesamt 13.024 untersuchten GmbH & Co. KGs) betrug, also fürwahr eine „quantité négligeable". Hieran dürfte sich bis heute nichts Wesentliches geändert haben, so auch *Blaum* in Westermann/Wertenbruch PersGesR HdB Rn. I 3171; *Leuering* NJW-Spezial 2007, 267.

[3] Früher: Einmann-GmbH & Co. KG.

stöckige" oder **„dreistufige"** GmbH & Co. KG, an der als einziger Komplementär und/ oder Kommanditist wiederum eine – also eine zweite – GmbH & Co. KG beteiligt ist (näher → § 2 Rn. 18 ff.). Eine besonders interessante Gestaltung stellt ferner die sog **Einheitsgesellschaft** dar; diese ist dadurch gekennzeichnet, dass die KG alle Anteile ihrer eigenen Komplementär-GmbH besitzt, wodurch das – sonst nur durch komplizierte gesellschaftsvertragliche Regelungen zu lösende – Problem, die Beteiligungsidentität bei GmbH & Co. KG und Komplementär-GmbH sicherzustellen, gar nicht erst auftaucht (näher → § 8 Rn. 1 ff.).

6 Geradezu einen Boom hatte die GmbH & Co. KG in den 70-er Jahren durch die sog **Abschreibungs-** oder **Verlustzuweisungsgesellschaften** erlebt, für die die Rechtsform der GmbH & Co. KG fast wie geschaffen zu sein schien. Aufgrund der steuerlichen Restriktionen (insbesondere §§ 15a und 15b EStG) ist deren Verbreitung seit Langem rückläufig. Derartige **Publikums-KGs** (näher → § 13 Rn. 1 ff.), wie der BGH sie nennt, unterscheiden sich von dem gesetzlichen Leitbild einer KG durch zahlreiche Besonderheiten (fehlendes persönliches Vertrauensverhältnis zwischen den – meist mehreren hundert – Kommanditisten, vorformulierter Gesellschaftsvertrag, beschränkte Kontrollbefugnisse der Kommanditisten etc), welche die Rechtsprechung veranlasst haben, zum Schutze der Kapitalanleger (Kommanditisten) **besondere Rechtsgrundsätze** zu entwickeln.

7 Die GmbH & Co. KG ist nicht die einzige Erscheinungsform der **KG mit beschränkter Haftung.** Anstelle einer GmbH als persönlich haftendem Gesellschafter kommen auch andere Körperschaften in Betracht, zB eine **AG** (AG & Co. KG, näher → § 21), eine **ausländische Kapitalgesellschaft** (näher → § 24) oder eine **Stiftung** (Stiftung & Co. KG, näher → § 23). Besonders die Stiftung & Co. KG ist eine interessante Gestaltungsform, wenn es dem Unternehmer (Stifter) darum geht, mithilfe der Wesensmerkmale einer Stiftung die **Unabhängigkeit** seines Unternehmens **dauerhaft** zu sichern. Nachdem die Testamentsvollstreckung zeitlich begrenzt ist, bietet allein eine Stiftung diese Möglichkeit.

8 Die sog **GmbH & Co. KGaA** verkörpert nicht eine besondere Erscheinungsform der GmbH & Co. KG (es sei denn, man spräche von ihrer „börsenfähigen Schwester"), sondern einen Sonderfall der **KG auf Aktien.** Dennoch weisen beide Rechtsformen – nicht nur hinsichtlich ihrer Firmierung – verwandtschaftliche Bezüge auf, die es rechtfertigen, der GmbH & Co. KGaA in diesem Buch ein eigenes Kapitel zu widmen (→ § 28 Rn. 1 ff.).

III. Die handelsrechtliche Anerkennung der GmbH & Co. KG

1. Das „Geburtsjahr" der GmbH & Co. KG

9 Die handelsrechtliche Zulässigkeit der Beteiligung einer juristischen Person, insbesondere einer GmbH, als einzigem persönlich haftenden Gesellschafter an einer KG, also die Zulässigkeit einer GmbH & Co. KG als Gesellschaftsform, hat sich erst im Verlauf einer **langwierigen Rechtsentwicklung** durchsetzen können.[4] Als eigentliches **„Geburtsjahr"** der GmbH & Co. KG wird das Jahr 1912 angesehen, in dem der Beschluss des BayObLG vom 16.2.1912[5] zu zahlreichen Neugründungen geführt hatte. Trotzdem war die GmbH & Co. KG auch in den Folgejahren erheblichen Angriffen ausgesetzt; zahlreiche Registergerichte lehnten ihre Eintragung rundweg ab.

2. Die gegen die GmbH & Co. KG einst erhobenen Bedenken

10 Die gegen diese anfänglich „ungewöhnliche" Gesellschaftsform vorgebrachten Bedenken beruhten im Wesentlichen auf der Überlegung, dass die Stellung eines persönlich haftenden Gesellschafters mit **Struktur und Wesen einer GmbH** und deren „beschränkter Haftung" unvereinbar sei. Dieser Einwand erwies sich indessen als nicht stichhaltig. Zwar folgt aus

[4] Vgl. den historischen Abriss bei *Binz* GmbHR 1987, 39 f. anlässlich des „75. Geburtstages" der GmbH & Co. KG; *Fleischer/Wansleben* GmbHR 2017, 169.

[5] BayObLG GmbHR 1914, 9.

einzelnen Bestimmungen des HGB, dass der Gesetzgeber in erster Linie nur natürliche Personen als persönlich haftende Gesellschafter im Auge gehabt hatte. Er hat andererseits jedoch – wiewohl das Problem bereits bei den Beratungen zu dem am 10.5.1897 ausgefertigten HGB bekannt gewesen war – nicht ausdrücklich angeordnet, dass ausschließlich natürliche Personen Gesellschafter einer Personenhandelsgesellschaft, sei es eine KG oder eine OHG, sein können. Aus diesem Grund besteht auch kein rechtliches Hindernis, die Regelungen des HGB auf juristische Personen, die sich an einer Personenhandelsgesellschaft beteiligen, entsprechend anzuwenden.

Der weitere Einwand, dass bei dieser Unternehmensform im Widerspruch zur Begriffsbestimmung des § 161 Abs. 1 HGB letztlich **keine Person** die unbeschränkte **Haftung** trage, war schon im Ansatz verfehlt. Denn entgegen dem sprachlich missverständlichen Rechtsformzusatz „Gesellschaft mit beschränkter Haftung" ist die Haftung der GmbH keineswegs beschränkt. Für ihre Verbindlichkeiten haftet die GmbH vielmehr unbeschränkt mit ihrem gesamten Gesellschaftsvermögen. Dass den Gesellschaftsgläubigern im Ergebnis freilich nur eine bestimmte Vermögensmasse als Vollstreckungsgrundlage zur Verfügung steht, eben das Gesellschaftsvermögen, das mit dem Stammkapital – entgegen einem unter Laien weitverbreiteten Missverständnis – nicht identisch ist, dieses vielmehr meist, zum Teil ganz erheblich, übersteigen wird, ist kein Charakteristikum der juristischen Personen. Auch bei einer natürlichen Person ist die Haftung für ihre Verbindlichkeiten – faktisch – auf eine bestimmte Masse, nämlich ihr persönliches Vermögen, beschränkt. 11

Fehl ging schließlich auch der Hinweis darauf, dass bei der GmbH & Co. KG die Haftung des Komplementärs wirtschaftlich auf das **Mindeststammkapital** beschränkt werden könne. Zunächst einmal ist handelsrechtlich nicht vorgeschrieben, dass ein persönlich haftender Gesellschafter über ein **bestimmtes Mindestvermögen** verfügen muss. Es wäre deshalb ohne Weiteres zulässig, wenn eine vermögenslose oder gar überschuldete natürliche Person die Stellung des Komplementärs in einer KG übernähme. 12

In einem solchen Fall soll ein Kommanditist, der wirtschaftlich gesehen der alleinige Inhaber des Handelsgeschäftes ist und der sich des mittellosen Komplementärs nur als **Strohmann** bedient hat, nicht einmal, sofern nicht besondere Umstände vorliegen, seiner Haftungsbeschränkung verlustig gehen.[6] Der BGH begründet dieses Ergebnis unter anderem mit der bisherigen Rechtsentwicklung, die gelehrt habe, dass die Führung eines Handelsgeschäftes mit einer nur beschränkten Haftung durch eine einzelne oder durch mehrere natürliche Personen aus unserem Rechtsleben überhaupt nicht mehr fortzudenken sei, und hat insoweit – übrigens ein schönes Beispiel für die „normative Kraft des Faktischen" – gerade umgekehrt auf die Rechtsfigur der GmbH & Co. KG verwiesen. 13

Der Einwand war aber auch bei wirtschaftlicher Betrachtung nicht gerechtfertigt. Bei einer GmbH & Co. KG wissen nämlich die Gläubiger ganz genau, welchen wirtschaftlichen Wert die persönliche Haftung der GmbH für sie bedeutet. Dazu brauchen sie – inzwischen sogar via Internet im Unternehmensregister – nur das **Handelsregister** einzusehen, woraus die **Höhe** des **Stammkapitals** ersichtlich ist. Ein derartiger Einblick in die Vermögensverhältnisse ist den Gesellschaftsgläubigern aber nicht eröffnet, wenn eine natürliche Person Komplementär einer KG ist. Hinzu kommt, dass im Interesse des Gläubigerschutzes das GmbH-Gesetz besondere Bestimmungen zur Aufbringung und Erhaltung des Stammkapitals enthält (näher → § 3 Rn. 6 ff.; → § 12 Rn. 47 ff.). Die Gläubiger einer GmbH & Co. KG müssen also nicht vergegenwärtigen, dass die Gesellschafter der persönlich haftenden GmbH deren Stammkapital einfach beiseiteschaffen. Im Übrigen sind diese Risiken auch dann vorhanden, wenn eine natürliche Person Komplementär ist. 14

3. Die Anerkennung der GmbH & Co. KG durch Rechtsprechung und Gesetzgeber

Das **RG** hat sich denn auch in jenem denkwürdigen Beschluss vom 4.7.1922[7] über die vorgenannten Bedenken hinweggesetzt und der GmbH & Co. KG die uneingeschränkte 15

[6] BGHZ 45, 204 (207) = NJW 1966, 1309.
[7] RGZ 105, 101.

handelsrechtliche Anerkennung gewährt.[8] Der **BGH** hat sich der Rechtsprechung des RG schon sehr früh angeschlossen.[9] In späteren Entscheidungen geht er wie selbstverständlich von ihrer Zulässigkeit aus. Diese wird auch in der **Literatur** seit Jahrzehnten nicht mehr infrage gestellt.

16 Allerdings hat es in rechtspolitischer Sicht niemals an Stimmen gefehlt, die den Gesetzgeber zur Abschaffung der GmbH & Co. KG und ihrer Ersetzung durch eine andere Rechtsform, namentlich durch die Ende des letzten Jahrhunderts diskutierte **„Handelsgesellschaft auf Einlagen"**, veranlassen wollten.[10] Der Gesetzgeber ist diesen Vorschlägen jedoch nicht gefolgt. Weder im Rahmen der GmbH-Reform Anfang der 70-er Jahre noch später war die Beseitigung der GmbH & Co. KG als Unternehmensform ernsthaft erwogen worden. Vielmehr hat der **Gesetzgeber** seit der GmbH-Novelle von 1980 in einer Reihe von Vorschriften (zB in § 19 Abs. 2 HGB, § 264a Abs. 1 HGB, § 4 MitbestG, § 39 Abs. 4 S. 1 InsO) die Rechtsform der GmbH & Co. KG gezielt miterfasst und damit **ausdrücklich anerkannt.**[11] Mit dem KapCoRiLiG schaffte es die Rechtsformverbindung im Jahr 2000 sogar in den Titel eines Gesetzes.

17 Trotz ihrer hybriden Struktur und punktueller Sonderregelungen bestimmen sich Rechte und Pflichten der Gesellschafter einer GmbH & Co. KG generell nach **KG-Recht.**[12]

IV. Die wirtschaftliche Sonderstellung der GmbH & Co. KG als Unternehmensform

1. Personengesellschaft mit beschränkter Haftung

18 Wie jede KG hat auch die GmbH & Co. KG **einen unbeschränkt persönlich haftenden Gesellschafter,** nämlich die GmbH, die ja als juristische Person rechtlich selbstständig ist und eigene Rechtspersönlichkeit entfaltet. Es wäre deshalb missverständlich zu formulieren, bei der GmbH & Co. KG brauche niemand die unbeschränkte persönliche Haftung zu übernehmen. Eine solche Formulierung wird auch nicht dadurch gerechtfertigt, dass die persönlich haftende GmbH nur mit ihrem Vermögen für ihre Verpflichtung einsteht; dies ist – wie bereits erwähnt – auch bei einer natürlichen Person nicht anders, die ja ebenfalls ihren Verpflichtungen nur nachkommen kann, wenn sie über entsprechende Mittel verfügt. Das „ultra posse nemo teneatur", wie es die römischen Juristen formulierten, dem die deutsche Wendung „Wo nichts ist, hat der Kaiser sein Recht verloren" entspricht, gilt in gleicher Weise für juristische wie natürliche Personen.

19 Unter Haftungsgesichtspunkten liegt also die **Sonderstellung** der GmbH & Co. KG nicht darin, dass kein unbeschränkt persönlich haftender Gesellschafter vorhanden ist. Die Besonderheit ergibt sich vielmehr daraus, dass die GmbH & Co. KG – in ihren verschiedenen „Spielarten" einschl. der AG & Co. KG sowie der Stiftung & Co. KG – die einzige Form einer Personenhandelsgesellschaft ist, bei der **keine natürliche Person** die unbeschränkte persönliche Haftung für die Verbindlichkeiten der Gesellschaft zu übernehmen braucht. Beschränkt ist also nicht die Haftung der persönlich haftenden GmbH, beschränkt ist vielmehr die Haftung der hinter der GmbH & Co. KG stehenden natürlichen Personen, weil diese weder als Gesellschafter der persönlich haftenden GmbH noch als Kommanditisten der GmbH & Co. KG – über ihre Einlageverpflichtung hinaus – persönlich unbeschränkte Haftung tragen.

---

[8] Die steuerrechtliche Anerkennung als echte Personenhandelsgesellschaft folgte demgegenüber erst zu Beginn der Fünfzigerjahre, → § 16 Rn. 1 ff.

[9] RG WM 1956, 61; BGHZ 45, 204 (207) = NJW 1966, 1309.

[10] *Barz* NJW 1972, 465; *Fleischer/Wansleben* GmbHR 2017, 169 (173).

[11] BT-Drs. 8/1347, 56: Zur Begegnung der „besonderen Probleme", wenn Personenhandelsgesellschaften und Kapitalgesellschaften derart verbunden werden, dass alle Gesellschafter einer OHG oder die persönlich haftenden Gesellschafter einer KG Kapitalgesellschaften sind.

[12] So ausdrücklich OLG Rostock NZG 2009, 705; *Roth* in Baumbach/Hopt HGB Anh. § 177a Rn. 21.

Eine solche **vollständige Haftungsbeschränkung** für die hinter einer Gesellschaft stehenden natürlichen Personen ist im deutschen Gesellschaftsrecht nichts Ungewöhnliches. Die Gesellschafter einer Kapitalgesellschaft – einer GmbH oder einer AG – haften ebenfalls nur beschränkt auf ihre Einlage für die Verbindlichkeiten der Gesellschaft. Das, was die Haftungsbeschränkung für die hinter der Gesellschaft stehenden Personen bei der GmbH & Co. KG von der Haftungsbeschränkung bei der GmbH bzw. AG unterscheidet, ist die Tatsache, dass nur die GmbH & Co. KG eine **Personengesellschaft** darstellt und damit dem Recht der Personengesellschaften untersteht, während GmbH und AG als Kapitalgesellschaften grundsätzlich andersartigen Rechtsregeln – handelsrechtlich wie steuerrechtlich – unterliegen. 20

Die haftungsrechtliche Sonderstellung der GmbH & Co. KG liegt also zusammengefasst darin, dass sie die einzige Rechtsform einer Personenhandelsgesellschaft ist, bei der **keine natürliche Person** die unbeschränkte persönliche Haftung zu übernehmen braucht. 21

2. Haftungsbeschränkung ohne steuerliche Nachteile

Neben dieser haftungsrechtlichen Sonderstellung sind mit der GmbH & Co. KG im Verhältnis zur reinen Kapitalgesellschaft beachtliche, im Einzelfall allerdings unterschiedlich zu gewichtende **steuerliche Vorteile** verbunden, die für die Verbreitung dieser Unternehmensform in den letzten Jahrzehnten mitbestimmend gewesen sind (→ § 25 Rn. 20 ff.). 22

3. Herrschaft ohne Haftung

Eine weitere, wirtschaftlich sehr bedeutsame Besonderheit der GmbH & Co. KG liegt darin, dass sie als einzige Form der Personenhandelsgesellschaft es natürlichen Personen ermöglicht, ohne Übernahme der persönlichen unbeschränkten Haftung für die Verbindlichkeiten der Personenhandelsgesellschaft diese geschäftsführend und vertretend zu beherrschen. Bei der OHG und der gewöhnlichen KG steht der gesellschaftsrechtlichen **Herrschaftsbefugnis** der persönlich haftenden Gesellschafter, dh ihrer Geschäftsführungs- und Vertretungsbefugnis, als Korrelat die unbeschränkte **persönliche Haftung** für die Verbindlichkeiten der Gesellschaft gegenüber. Wenn diese Personen die Geschäfte der OHG oder KG aber nicht als deren persönlich haftende Gesellschafter, sondern als Geschäftsführer der persönlich haftenden GmbH führen, dann besteht diese Koppelung zwischen gesellschaftsrechtlicher Herrschaftsbefugnis im Rahmen einer Personengesellschaft und der unbeschränkten persönlichen Haftung nicht. 23

Die wirtschaftliche Bedeutung dieser Tatsache zeigt sich darin, dass die Rechtsform der GmbH & Co. KG es ermöglicht, die Herrschaftsbefugnis solchen Personen zu **übertragen,** die die persönliche unbeschränkte Haftung nicht übernehmen wollen. Der Grund für ein solches Verhalten braucht nicht nur darin zu liegen, dass das Risiko der persönlichen Haftung als zu hoch eingeschätzt wird; er kann auch darin bestehen, dass die die Herrschaftsmacht ausübenden Personen keinerlei Veranlassung haben, die persönliche unbeschränkte Haftung zu übernehmen, etwa weil sie am Kapital der Gesellschaft nicht beteiligt sind. 24

4. Trennung von Herrschaftsmacht und Gesellschafterstellung

Damit verbunden ist die Tatsache, dass es die GmbH & Co. KG im Gegensatz zu den anderen Formen der Personenhandelsgesellschaft ermöglicht, die sich in der Geschäftsführungs- und Vertretungsbefugnis ausdrückende **Herrschaftsmacht** von der **Gesellschafterstellung** zu **trennen.** Bei der OHG und der KG ist bekanntlich die Vertretungsbefugnis untrennbar und zwingend an die Stellung des persönlich haftenden Gesellschafters geknüpft. Nur ein Gesellschafter kann daher die organschaftliche Vertretungsbefugnis ausüben (sog **Grundsatz der Selbstorganschaft**). Ein Nichtgesellschafter kann immer nur eine rechtsgeschäftliche Vertretungsbefugnis wie Einzel- oder Generalvollmacht, Prokura oder Handlungsvollmacht eingeräumt erhalten. 25

26 Bei der GmbH & Co. KG ermöglicht dagegen die Einschaltung der GmbH als persönlich haftender Gesellschafter die **Trennung zwischen Herrschaftsmacht und Gesellschafterstellung** im gleichen Maße, wie sie auch bei Kapitalgesellschaften gegeben ist, bei denen weder der Geschäftsführer einer GmbH noch der Vorstand einer AG Gesellschafter bzw. Aktionär sein muss (Grundsatz der **Fremdorganschaft**). Im Rahmen einer GmbH & Co. KG steht die Geschäftsführungs- und Vertretungsbefugnis für die GmbH & Co. KG der persönlich haftenden GmbH zu; diese übt die Befugnis durch ihre Organe, also die Geschäftsführer aus. Die Geschäftsführer brauchen demzufolge weder Gesellschafter der persönlich haftenden GmbH noch Kommanditisten der GmbH & Co. KG zu sein.

27 Die wirtschaftliche Bedeutung dieser Tatsache liegt darin, dass die Rechtsform der GmbH & Co. KG es ermöglicht, einem gesellschaftsfremden Dritten die gesellschaftsrechtliche Herrschaftsmacht zu übertragen, also die Trennung zwischen dieser Herrschaftsmacht und der Gesellschafterstellung herbeizuführen. Wenn im Kreis der Gesellschafter niemand bereit und in der Lage ist – zB in **Erbfällen** –, die Geschäfte der GmbH & Co. KG zu führen, dann kann die gesellschaftsrechtliche Herrschaftsmacht einem fremden Dritten übertragen werden, ohne dass ihm gleichzeitig eine Gesellschafterstellung eingeräumt zu werden braucht und ohne dass dieser Dritte die persönliche unbeschränkte Haftung für die Verbindlichkeiten der GmbH & Co. KG übernehmen muss. Darüber hinaus kann dem fremden Dritten eine für eine Führungskraft repräsentative Stellung angeboten und eingeräumt werden. Denn die Stellung eines Geschäftsführers bei der persönlich haftenden GmbH einer GmbH & Co. KG ist natürlich von dem damit verbundenen Sozialprestige her gesehen etwas ganz anderes als die Stellung eines Prokuristen oder sonstigen Bevollmächtigten bei einer OHG oder gewöhnlichen KG.

5. Herrschaft ohne Majorität

28 Im Rahmen einer KG wird zwischen den persönlich haftenden Gesellschaftern und den Kommanditisten unterschieden. Die Gesellschaftsrechte dieser beiden Gesellschaftergruppen sind grundverschieden: Die Rechtsstellung des persönlich haftenden Gesellschafters ist eine wesentlich stärkere als die eines Kommanditisten. Dies gilt natürlich auch für die GmbH & Co. KG, bei der die Komplementär-GmbH (unter Zugrundelegung des gesetzlichen Regelstatuts) weitergehende Rechte als die Kommanditisten hat. Bei einer **„beteiligungsidentischen“** GmbH & Co. KG, bei der die Kommanditisten gleichzeitig und im Verhältnis ihrer Kommanditbeteiligung Gesellschafter der Komplementär-GmbH sind, spielt diese Tatsache freilich keine Rolle, weil dann den Gesellschaftern sowohl im Rahmen der GmbH & Co. KG als auch im Rahmen der persönlich haftenden GmbH ein Mitspracherecht zusteht.

29 Die unterschiedliche Rechtsstellung der persönlich haftenden GmbH und der Kommanditisten zeigt sich aber bei einer **nicht-beteiligungsidentischen GmbH & Co. KG,** bei der also kein Gesellschafter der Komplementär-GmbH zugleich Kommanditist der GmbH & Co. KG ist. Hier können die Gesellschafter der GmbH die Geschäftsführung und Vertretung der GmbH & Co. KG allein bestimmen, auch wenn die Kommanditeinlagen der Kommanditisten viel höher sind als die Kapitaleinlage der Komplementär-GmbH. Nach der gesetzlichen Regelung können die Kommanditisten der laufenden Geschäftsführung des persönlich haftenden Gesellschafters nicht widersprechen; sie haben lediglich gegen außergewöhnliche Geschäftsführungsmaßnahmen oder, wie es § 164 HGB formuliert, gegen Handlungen, die über den gewöhnlichen Betrieb des Handelsgewerbes der Gesellschaft hinausgehen, ein **Widerspruchsrecht.** Dazu kommt, dass bei einer GmbH & Co. KG, jedenfalls nach der gesetzlichen Regelung, das **Stimmrecht** an die Gesellschafterstellung als solche und nicht, wie bei einer Kapitalgesellschaft, an die Höhe der Kapitalbeteiligung geknüpft ist.

30 Diese Rechtsfolge lässt sich nun in verschiedener Hinsicht **wirtschaftlich** auswerten. Hat zB ein Unternehmer mehrere Kinder, von denen er nur eines als zur Führung seines Unternehmens geeignet hält, die er aber dennoch alle gleichmäßig bedenken will, dann lässt sich eine sichere Weiterführung des Unternehmens durch die Rechtsform der GmbH &

Co. KG ermöglichen, indem die von der Geschäftsführung ausgeschlossenen Kinder Kommanditisten, der Unternehmernachfolger jedoch Gesellschafter und Geschäftsführer der Komplementär-GmbH wird. Dieser kann dann, ohne über die **Anteils-Majorität** im Unternehmen zu verfügen, ungehindert durch seine Geschwister die Geschäfte des Unternehmens führen.

6. Sicherung der Unternehmensfortführung

Zwar ist der Tod eines persönlich haftenden Gesellschafters seit der Handelsrechtsreform 31
1998 (HRefG) kein gesetzlicher Auflösungsgrund mehr. Der **Tod des Komplementärs** bleibt aber dann ein besonders hohes Risiko für die Fortführung des Unternehmens, wenn dieser entscheidend die Geschäfte der Gesellschaft geführt hat oder – wie im Normalfall – der einzige persönlich haftende Gesellschafter war. Dann muss nämlich schnellstens ein **Nachfolger** gefunden werden, der in die Stellung des verstorbenen Gesellschafters einrückt mit allen ihren Rechten, Pflichten und Gefahren. Ist dies nicht möglich, ist der Bestand der Gesellschaft infrage gestellt.

Dies ist dann anders, wenn eine **GmbH** persönlich haftender Gesellschafter ist oder beim 32
Ableben des Komplementärs wird (sog **Reserve-GmbH**). Eine GmbH stirbt nicht. Der Tod eines **Geschäftsführers** der persönlich haftenden GmbH berührt weder den Bestand der GmbH noch den Bestand der GmbH & Co. KG. Für ihn lässt sich auch viel eher ein Nachfolger finden als für einen persönlich haftenden Gesellschafter. Damit erweist sich die GmbH & Co. KG gerade für **Familienunternehmen** als die ideale Form einer Personenhandelsgesellschaft, um die bei **Generationswechseln** vielfach eintretenden Erschütterungen und Gefahren auf ein Mindestmaß zu reduzieren und damit die Fortführung des Unternehmens zu sichern.

7. Sonstige Gesichtspunkte für die Wahl der GmbH & Co. KG

Hier ist in erster Linie die gegenüber der normalen GmbH **erleichterte Möglichkeit** 33
zur Kapitalbeschaffung zu nennen. Zwar ist auch bei der GmbH eine Kapitalzuführung durch Außenstehende möglich, indem diese im Zuge einer Kapitalerhöhung neue Stammeinlagen übernehmen. Aufgrund ihrer Gesellschafterstellung wären die Kapitalgeber damit aber zugleich in der Lage, in der Gesellschafterversammlung mitzubestimmen, die Geschäftsführung zu beeinflussen, die Unterlagen der Gesellschaft einzusehen und sich dadurch ggf. auch von bevorstehenden Transaktionen oder Geschäftsgeheimnissen Kenntnis zu verschaffen.

Diese Konsequenzen sind für die Altgesellschafter vor allem dann unannehmbar, wenn 34
die interessierten Kapitalgeber in einer ähnlichen oder gar derselben Branche geschäftlich tätig sind. Da auf der anderen Seite weder die **Umwandlung** der GmbH in eine AG – insbesondere wegen der hohen Gründungskosten – noch in eine gewöhnliche KG – weil sich so leicht niemand als Komplementär bereitfinden wird – in Betracht kommen dürfte, ist hier die Rechtsform der GmbH & Co. KG oft die beste Lösung: Die Gesellschafter gründen zusammen mit der GmbH eine KG, in der die GmbH die Stellung des persönlich haftenden Gesellschafters übernimmt. Die neuen Kapitalgeber können dann der KG mittels ihrer Kommanditeinlagen die erforderlichen Betriebsmittel zur Verfügung stellen, ohne dass dadurch die geschäftlichen Interessen der bisherigen Gesellschafter, die weiterhin alle Anteile an der Komplementär-GmbH halten, beeinträchtigt werden. Ggf. sind die den Kommanditisten zustehenden Rechte im Gesellschaftsvertrag soweit wie zulässig zu reduzieren, so dass sich ihre Funktion weitgehend auf die **Kapitalaufbringung** beschränkt.[13]

Die durch Gründung einer GmbH & Co. KG eröffnete Möglichkeit, Gesellschafter ledig- 35
lich zum Zwecke der Kapitalanlage unter weitgehendem Ausschluss irgendwelcher Einfluss-

[13] Freilich kann durch eine derartige „Entrechtung" oder, wie der BFH es formuliert, „Denaturierung" ihrer Gesellschafterstellung die steuerliche Anerkennung als Mitunternehmer gefährdet sein; näher → § 16 Rn. 96.

möglichkeiten auf die Geschäftsführung zu beteiligen, wurde vor allem von den sog **Publikums-** oder **Kapitalanlagegesellschaften** (abwertend auch **„Abschreibungsgesellschaften"** genannt) weidlich genutzt, deren Glanzzeiten jedoch aufgrund der **steuerlichen Restriktionen** (insbesondere durch §§ 15a und 15b EStG) vorbei sind.

36 Ferner bietet die GmbH & Co. KG aufgrund ihrer Eigenschaft als Personengesellschaft nicht nur in haftungs- und steuerrechtlicher, sondern auch in **mitbestimmungsrechtlicher,** bis vor einigen Jahren auch in publizitätsrechtlicher Hinsicht, zum Teil erhebliche Vorteile gegenüber den Kapitalgesellschaften (→ § 14 Rn. 1 ff.; → § 15 Rn. 1 ff.).

V. Verbreitung der GmbH & Co. KG

37 Rechtstatsächlich dürfte es sich bei der GmbH & Co. um die **häufigste Gesellschaftsform** für Handelsgesellschaften mit **mehr als fünf Gesellschaftern** handeln.[14]

38 In der jüngsten **Umsatzsteuerstatistik** für das Jahr **2014** sind rund 3,2 Mio. Steuerpflichtige ausgewiesen, darunter **137.658** Unternehmen in der Rechtsform der GmbH & Co. KG.[15] Die Umsatzsteuerstatistik bildet die Unternehmenslandschaft jedoch nur unvollständig ab, da sie einerseits die Unternehmen bis 17.500 Euro Umsatz nicht enthält und im Ausland erwirtschaftete sowie steuerbefreite Umsätze unberücksichtigt lässt. Andererseits werden auch Kleingewerbetreibende und Freiberufler erfasst.

39 Bei der jüngsten bundesweiten **Handelsregisterauswertung** per **1.1.2017** wurden insgesamt 1.219.251 GmbHs und 263.038 KGs gezählt.[16] Da im Durchschnitt nur noch jede achte KG eine normale KG ist,[17] nimmt die **Kapitalgesellschaft & Co. KG** unter den KGs den Löwenanteil ein. Grob geschätzt dürfte es derzeit gut **200.000 GmbH & Co. KGs** geben.

40 Zur GmbH & Co. KG gehört auch die UG & Co. KG. Per **1.1.2017** waren 9.658 Kommanditgesellschaften mit einer **Unternehmergesellschaft als Komplementär** im Handelsregister eingetragen.[18] Die „Unternehmergesellschaft (haftungsbeschränkt)", die Unternehmensgründern erst seit dem 1.11.2008 als Rechtsformvariante der GmbH zur Verfügung steht, erfreut sich also auch insoweit zunehmender Beliebtheit.

§ 2 Die Gesellschafter der GmbH & Co. KG

I. Die Komplementär-GmbH

1. Zulässigkeit einer GmbH als persönlich haftender Gesellschafter

1 Die **Zulässigkeit** der GmbH als alleiniger persönlich haftender Gesellschafter einer KG ist seit Langem unstreitig (→ § 1 Rn. 15).

2 Mit dem zum 1.11.2008 in Kraft getretenen MoMiG[1] wurde als eine Variante der GmbH die **haftungsbeschränkte Unternehmergesellschaft (UG)**[2] eingeführt (§ 5a GmbHG). Sie soll es vornehmlich Existenzgründern erleichtern, ihre unternehmerischen Ziele mittels einer einfachen und kostengünstigen Gesellschaftsgründung unter Verzicht auf die Notwendigkeit der Erbringung eines Mindeststammkapitals (Stammkapital ab 1 Euro) in Angriff zu nehmen.[3] Die UG ist damit die Antwort insbesondere auf die englische Limited (→ § 24

---

[14] *Roth* in Baumbach/Hopt HGB Anh. § 177a Rn. 2.

[15] Statistisches Bundesamt, Umsatzsteuerstatistik 2014, Fachserie 14, Reihe 8.1, Ziff. 4.2; www.destatis.de.

[16] *Kornblum* GmbHR 2017, 739.

[17] *Kornblum* GmbHR 2009, 1056 (1057, 1061). Vergleichszahl gemäß Umsatzsteuerstatistik 2014: rd. 11 %.

[18] *Kornblum* GmbHR 2017, 739. Für Zahlen bis 1.11.2014 s. Friedrich-Schiller-Universität Jena – Forschungsprojekt Unternehmergesellschaft.

[1] Gesetz zur Modernisierung des GmbH-Rechts und zur Bekämpfung von Missbräuchen vom 23.10.2008, BGBl. 2008 I 2026.

[2] Zur UG in rechtstatsächlicher und rechtsvergleichender Sicht *Fleischer* DB 2017, 291.

[3] Vgl. BT-Drs. 16/6140, 31.

Rn. 4; Stammkapital theoretisch ab 1 Pfund), die ebenfalls ohne ein Mindestkapital errichtet werden kann und sich bis dahin in Deutschland zunehmender Beliebtheit erfreute. Anders als bei der Limited besteht jedoch bei der UG nach § 5a Abs. 3 S. 1, 5 GmbHG die Verpflichtung zur Bildung einer gesetzlichen Rücklage, in die ein Viertel des um einen Verlustvortrag aus dem Vorjahr geminderten Jahresüberschusses so lange einzustellen ist, bis das Stammkapital der Gesellschaft mindestens 25.000 Euro beträgt und die UG dadurch zur „normalen GmbH" geworden ist.

Bei der UG handelt es sich nicht um eine eigenständige Rechtsform, sondern um eine bloße **Variante der GmbH,** weshalb auch die Zulässigkeit der UG als alleiniger persönlich haftender Gesellschafter einer KG zweifelsfrei ist.[4] Wenn deshalb im Folgenden von „GmbH" bzw. „Komplementär-GmbH" gesprochen wird, so ist damit zugleich auch die UG gemeint. Auf diese wird nur dort gesondert eingegangen, wo dies aufgrund der Sonderregelungen für diese GmbH-Variante geboten erscheint. 3

Da bei der Gründung einer GmbH & Co. KG neben steuerlichen Überlegungen auch der Gesichtspunkt der **Haftungsbeschränkung** im Vordergrund steht, ist in aller Regel außer der GmbH[5] keine natürliche Person zusätzlich als Komplementär an der KG beteiligt. Denn nur in diesem Fall wird erreicht, dass eine Personengesellschaft vorliegt, bei der keine natürliche Person unbeschränkt mit ihrem Privatvermögen für die Gesellschaftsverbindlichkeiten in Anspruch genommen werden kann. 4

2. Die Gesellschafter der persönlich haftenden GmbH

An einer GmbH – für die Komplementär-GmbH gilt insoweit nichts Besonderes – können sich außer natürlichen und juristischen Personen auch Personenhandelsgesellschaften (OHG und KG) beteiligen. Hinsichtlich der **sonstigen Gesamthandsgemeinschaften** (GbR, nicht rechtsfähiger Verein, Miterbengemeinschaft, eheliche Gütergemeinschaft) unterschied die früher hM danach, ob es um das **Gründungsstadium** der GmbH oder den **späteren Anteilserwerb** geht. Bei der Gründung sollte eine Mitwirkung solcher Gemeinschaften bzw. deren gesamthänderisch handelnden Mitglieder ausgeschlossen sein, während gegen den späteren, nach Eintragung der GmbH erfolgenden Erwerb von Geschäftsanteilen keine Bedenken erhoben wurden.[6] 5

Für eine solche Differenzierung ist nach heute hM ein sachlicher Grund nicht vorhanden. Diese beruht vielmehr auf der längst überholten Vorstellung, dass es sich bei der GmbH im Gründungsstadium, also der sog **Vorgesellschaft,** um eine OHG oder eine GbR handele, an deren Mitgliederkreis bekanntlich strengere Anforderungen gestellt werden als an denjenigen einer eingetragenen GmbH. Der gewandelten Beurteilung von der Rechtsnatur der Vorgesellschaft als einer „Vorstufe" der fertigen GmbH, auf die bereits die Vorschriften des GmbHG (soweit diese nicht die Eintragung voraussetzen) Anwendung finden,[7] entspricht es allein, sich auch hinsichtlich der Bestimmung des Kreises der für die Gründung in Betracht kommenden Personen an der Rechtslage der **eingetragenen GmbH** zu orientieren, zumal für die Zulassung derartiger Gesamthandsgemeinschaften bei Gründung einer GmbH auch ein praktisches Bedürfnis besteht. 6

---

[4] KG NZG 2009, 1159; *Blaum* in Westermann/Wertenbruch PersGesR HdB Rn. I 3191; *Hallerbach* in Söffing GmbH & Co. KG Rn. 66 ff.; *Kleindiek* in Lutter/Hommelhoff GmbHG § 5a Rn. 11, 40; *Westermann* in Scholz GmbHG § 5a Rn. 40; *Heckschen* DStR 2009 166 (171); *Heeg* DB 2009, 719 (721 f.); *Kock/Vater/Mraz* BB 2009, 848 (849); *Stenzel* NZG 2009, 168; *Waldenberger/Sieber* GmbHR 2009, 114 (121 f.). Ebenso *Veil* GmbHR 2007, 1080 (1084), aber mit Bedenken, wenn UG nicht am Kapital und Gewinn der KG beteiligt ist; → § 4 Rn. 51. Vgl. Übersichten von *Bayer/Hoffmann* GmbHR 2009, 124 (125) und *Kornblum* GmbHR 2009, 1056 (1061) zu den ersten entstandenen (Komplementär-)UGs und zuletzt *Kornblum* GmbHR 2017, 739 f. mit Statistiken zum 1.1.2016 und 1.1.2017.

[5] Zu den Gestaltungen mit persönlich haftenden Gesellschaftern anderer Rechtsformen → §§ 21–24.

[6] S. im Einzelnen auch *Ulmer/Löbbe* in Ulmer/Habersack/Löbbe GmbHG § 2 Rn. 89 ff. und *Emmerich* in Scholz GmbHG § 2 Rn. 51 ff.

[7] Grundlegend BGHZ 21, 242 – NJW 1956, 1435.

7 Folglich entspricht es inzwischen auch der hM, dass sich sowohl eine **GbR**[8] als auch eine **Erbengemeinschaft**[9] an der Gründung einer GmbH beteiligen können; der so erworbene einheitliche Geschäftsanteil wird dann Gesamthandsvermögen. Für die übrigen Gesamthandsgemeinschaften kann nichts anderes gelten.[10]

8 Um einen Gleichlauf der Interessen von GmbH und GmbH & Co. KG bzw. deren Gesellschaftern sicherzustellen, werden an der Komplementär-GmbH vielfach dieselben Personen beteiligt sein, die auch als Kommanditisten an der GmbH & Co. KG beteiligt sind. Ganz anders verhält es sich demgegenüber bei den sog **Publikumsgesellschaften,** bei denen sich die Initiatoren regelmäßig über die Alleininhaberschaft der Geschäftsanteile der Komplementär-GmbH den Einfluss auf die Geschäftsführung der GmbH & Co. KG gesichert haben, während die zum Zweck der Kapitalanlage geworbenen Gesellschafter ausschließlich als Kommanditisten beteiligt sind (→ § 13 Rn. 1 ff.). Eine Sonderform der GmbH & Co. KG stellt schließlich die sog **Einheitsgesellschaft** dar, bei der die Besonderheit besteht, dass die KG selbst alle Anteile ihrer eigenen Komplementär-GmbH hält (→ § 8 Rn. 1 ff.).

II. Die Kommanditisten

1. Beteiligungsfähigkeit

9 Wie jede KG muss auch die GmbH & Co. KG neben dem Komplementär mindestens einen weiteren Gesellschafter haben, dessen Haftung auf den Betrag einer bestimmten Vermögenseinlage beschränkt ist: den **Kommanditisten.** Dieser braucht keine natürliche Person zu sein. Neben **juristischen Personen** (vor allem GmbH, AG oder Stiftung) kommen heute unzweifelhaft auch **Personenhandelsgesellschaften** als Kommanditisten in Betracht.[11]

10 Die Fähigkeit einer **GbR, Kommanditist** einer KG zu sein, war lange Zeit umstritten.[12] Mit Urteil vom 29.1.2001 hat der **BGH** der GbR zunächst insoweit Rechtsfähigkeit zugesprochen, als sie durch Teilnahme am Rechtsverkehr eigene Rechte und Pflichten begründet.[13] Hieran anknüpfend hat der BGH in einer weiteren Entscheidung vom 16.7.2001 entgegen früherer Rechtsprechung **ausdrücklich anerkannt,** dass die (Außen-)GbR auch Kommanditist einer KG sein kann.[14] Allerdings müssen – wie nunmehr in § 162 Abs. 1 S. 2 HGB geregelt – neben der GbR als solcher auch die ihr zum Zeitpunkt ihres Beitritts zur KG angehörenden Gesellschafter mit den Angaben entsprechend § 106 Abs. 2 Nr. 1 HGB zur Eintragung in das Handelsregister angemeldet werden; entsprechendes gilt für jeden späteren Gesellschafterwechsel bei der GbR.

11 Demgegenüber ist reinen Innengesellschaften, insbesondere der **stillen Gesellschaft** sowie der **Erbengemeinschaft,** dem **nicht rechtsfähigen Verein** und der **ehelichen Gütergemeinschaft,** die Mitgliedschaft in einer Personenhandelsgesellschaft generell, also sowohl als Kommanditist als auch – erst recht – als Komplementär, verschlossen.[15] Dies wird damit begründet, dass den genannten Personengesamtheiten die Fähigkeit zum Auftreten

---

[8] BGHZ 78, 311 = NJW 1981, 682.

[9] *Bayer* in Lutter/Hommelhoff GmbHG § 2 Rn. 12; *Gergen* in MüKoBGB § 2032 Rn. 16; *Fastrich* in Baumbach/Hueck GmbHG § 1 Rn. 36; *Michalski* in Michalski GmbHG § 2 Rn. 104; *K. Schmidt* GesR § 34 II 1; *Bettecken,* Die Gesellschafterstellung von Miterben an GmbH-Geschäftsanteilen, 2016, 41 f.

[10] *Emmerich* in Scholz GmbHG § 2 Rn. 45 für eheliche Gütergemeinschaft; *Emmerich* in Scholz GmbHG § 2 Rn. 53b für nicht rechtsfähigen Verein.

[11] *Roth* in Baumbach/Hopt HGB § 161 Rn. 4; *Weipert* in EBJS HGB § 161 Rn. 2.

[12] Zum Meinungsstand s. *Ulmer* in Großkomm. HGB, 4. Aufl. 1988, HGB § 105 Rn. 96.

[13] BGH NJW 2001, 1056 – ARGE Weißes Ross. Hierzu *Habersack* BB 2001, 477; *Ulmer* ZIP 2001, 585.

[14] BGH BB 2001, 1966; Grundbuchfähigkeit der GbR bejaht durch BGH DB 2009, 109; s. hierzu *Tebben* NZG 2009, 288, aber auch die Reaktion des Gesetzgebers: § 47 Abs. 2 GBO.

[15] HM, vgl. *Roth* in Baumbach/Hopt HGB § 105 Rn. 29; zur Erbengemeinschaft *Weipert* ZEV 2002, 300; zur ehelichen Gütergemeinschaft BayObLG DB 2003, 715. Zweifel bezüglich Erbengemeinschaft äußert *K. Schmidt* in MüKoHGB § 105 Rn. 104.

als geschlossene Einheit fehle und sie nicht in der Lage seien, eine selbstständige Haftung zu übernehmen. Schließlich kann, anders als eine Kapitalgesellschaft, eine KG unmittelbar auch keine Beteiligung an sich selbst halten.[16]

2. Zusammentreffen mehrerer Beteiligungen

Kein Gesellschafter kann an ein und derselben KG **gleichzeitig** als **Komplementär** und daneben als **Kommanditist** unmittelbar beteiligt sein.[17] Auch eine Beteiligung mit **mehreren Kommanditeinlagen** nebeneinander ist rechtlich nicht möglich. Denn das Gesetz lässt nur eine **einheitliche Beteiligung** zu. 12

Geht also die Beteiligung eines von mehreren persönlich haftenden Gesellschaftern **auf** einen **Kommanditisten** über, ohne dass dieser in die Stellung des Komplementärs eintritt, so wächst im Außenverhältnis der Kapitalanteil des Komplementärs dem Kommanditanteil zu. Geht im umgekehrten Fall einer von mehreren Kommanditanteilen **auf** einen **Komplementär** über, wächst er dessen Komplementäranteil zu, so dass im Außenverhältnis nur noch der Komplementäranteil fortbesteht.[18] Ist der nachfolgeberechtigte Erbe eines Komplementärs zugleich Kommanditist, so wird dieser – wenn der Gesellschaftsvertrag nichts anderes bestimmt – mit einer einheitlichen Beteiligung zunächst Komplementär, kann jedoch das Wahlrecht gemäß § 139 Abs. 1 HGB ausüben.[19] 13

Die zwingende Einheitlichkeit des Anteils an einer Personengesellschaft wird in der Literatur zum Teil in Zweifel gezogen oder zumindest einer partiellen Einschränkung bzw. Modifikation des Einheitlichkeitsdogmas das Wort geredet. **Ausnahmen** sollen namentlich dann gelten, wenn einem Gesellschafter zusätzliche Mitgliedschaftsrechte zufallen, bei denen aber weiterhin eine **getrennte Zuordnung geboten** erscheint.[20] Auch in der neueren Rechtsprechung werden solche Ausnahmen erwogen, um einen sonst drohenden Rechtsverlust für Dritte abzuwenden oder eine von der Rechtsordnung gebilligte vertragliche Gestaltung zu ermöglichen, die anders nicht erreicht werden kann;[21] entschieden ist dies bereits für Fälle, bei denen ein übergegangener Gesellschaftsanteil zu einem Nachlass gehört, für den die Testamentsvollstreckung oder die Nachlassverwaltung angeordnet oder über den das Nachlassinsolvenzverfahren eröffnet worden ist.[22] Ob dies auch für dinglich, etwa mit einem Nießbrauch belastete Gesellschaftsanteile gelten solle, ist von der Rechtsprechung bislang ausdrücklich offengelassen worden.[23] 14

Im **Innenverhältnis der Gesellschafter** besteht stets die Möglichkeit, eine Abrede des Inhalts zu treffen, dass ein Kommanditanteil, der auf einen persönlich haftenden Gesellschafter übergeht, weiterhin als Kommanditanteil gilt, und dass ein Komplementäranteil, der auf einen Kommanditisten übergeht, weiterhin wie ein Komplementäranteil behandelt wird.[24] Dies ist vor allem dann von erheblicher Bedeutung, wenn zB der Komplementäranteil mit **besonderen Vorteilen** bzw. Privilegien (erhöhtes Stimm- oder Entnahmerecht, Vorzugsgewinnanteil uÄ) oder der Kommanditanteil mit besonderen **Nachteilen** bzw. Pflichten ausgestattet war. Die Beteiligten werden es in aller Regel nicht hinnehmen wollen, dass aus Anlass des Übergangs des Kapitalanteils eines Komplementärs auf einen Kommanditisten oder eines Kommanditanteils auf einen Komplementär eine Änderung der innergesellschaft- 15

---

[16] Anerkannt ist jedoch, dass sich Personengesellschaften aneinander wechselseitig beteiligen können, BGHZ 119, 346 (356) = NJW 1993, 1265 – Pinneberger Tageblatt.

[17] AllgM, s. BGHZ 101, 123 (129) = NJW 1987, 3184; OLG Jena NZG 2011, 1301.

[18] BGH WM 1963, 989; BGHZ 101, 123 (129) = NJW 1987, 3184.

[19] BayObLG ZIP 2003, 1443.

[20] Zum Meinungsstand s. *K. Schmidt* in MüKoHGB § 105 Rn. 77 f.; *Schäfer* in Großkomm. HGB § 105 Rn. 72 f.; *Ulmer* ZHR 167 (2003), 103.

[21] OLG Schleswig ZEV 2007, 40 mwN.

[22] S. die Nachweise bei OLG Schleswig ZEV 2007, 40.

[23] OLG Schleswig ZEV 2007, 40. Abgelehnt hat das OLG Schleswig dies jedenfalls für einen Fall, bei dem der Veräußerer sich den Nießbrauch an dem Gesellschaftsanteil vor der Übertragung selbst bestellt hatte.

[24] *Roth* in Baumbach/Hopt HGB § 124 Rn. 16.

lichen Beziehungen dadurch eintritt, dass mit der übergegangenen Beteiligung nunmehr größere bzw. geringere Rechte verbunden sind, als dies vorher der Fall war.

16 In derartigen Fällen ist **im Zweifel** davon auszugehen, dass im **Innenverhältnis** die Beteiligungen **getrennt bestehen bleiben,** dass also eine Anwachsung im Innenverhältnis nicht eintritt, und zwar unabhängig davon, ob dahin gehende ausdrückliche Vereinbarungen zwischen den Beteiligten getroffen wurden oder nicht. Entsprechendes gilt, wenn auf einen Kommanditisten ein **weiterer Kommanditanteil** übergeht und mit den Beteiligungen unterschiedliche Rechte und Pflichten verbunden sind (etwa bezüglich des Entnahmerechts). Auch in diesem Fall bleiben die Beteiligungen im Innenverhältnis im Zweifel mangels anderer Absprache selbstständig bestehen, während nach außen eine Zusammenlegung der Kommanditanteile zu einem einzigen stattfindet.

17 Die Einheitlichkeit der Gesellschaftsbeteiligung wird auch zum Thema, wenn ein Gesellschafter von Todes wegen eine weitere Beteiligung hinzuerlangt, die nach dem Willen des Erblassers einer **Dauer-Testamentsvollstreckung** unterliegen soll (→ § 5 Rn. 182).

III. Die „doppelstöckige" GmbH & Co. KG

1. Begriff

18 Unter einer „doppelstöckigen" (auch „dreistufigen" oder „mehrstufigen") GmbH & Co. KG wird eine GmbH & Co. KG (Unter-GmbH & Co. KG) verstanden, deren Komplementär oder Kommanditist wiederum eine GmbH & Co. KG (Ober-GmbH & Co. KG) ist. In **handelsrechtlicher** Sicht ist diejenige Form der doppelstöckigen GmbH & Co. KG interessant und nachfolgend zu behandeln, bei der die **Ober-GmbH & Co. KG** die Stellung des alleinigen Komplementärs einnimmt, so dass sich folgendes **Beteiligungsschema** ergibt:

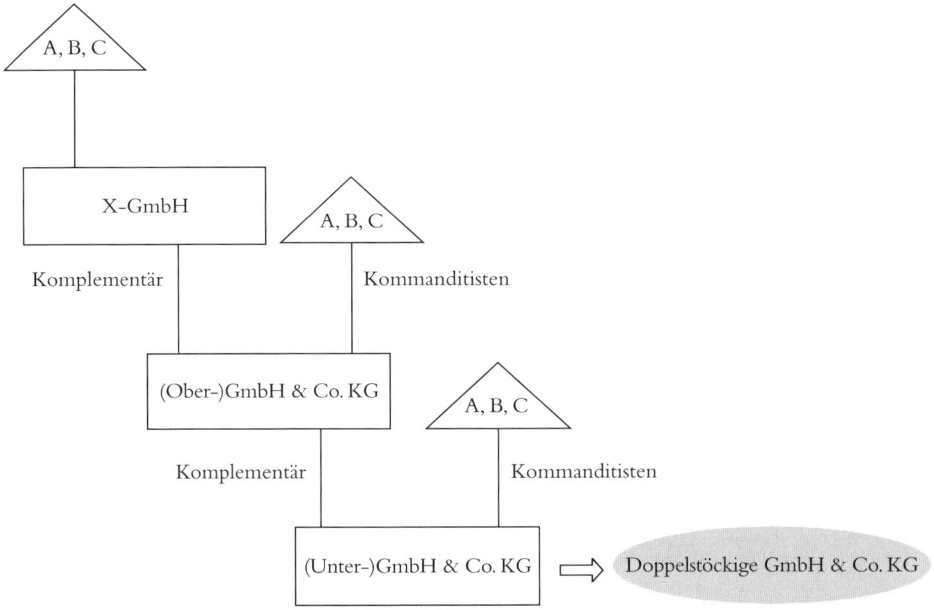

19 Die hinter einer solchen doppelstöckigen GmbH & Co. KG stehenden Personen sind vielfach **zunächst Gesellschafter der Komplementär-GmbH** der Ober-GmbH & Co. KG. Sie sind ferner **Kommanditisten** dieser Ober-GmbH & Co. KG, also des Komplementärs der Untergesellschaft, und sie sind schließlich auch Kommanditisten der Untergesellschaft.

20 Die Sonderform der doppelstöckigen GmbH & Co. KG verdankt ihre Entstehung vor allem steuer- und umwandlungsrechtlichen Überlegungen. So wurde die doppelstöckige

GmbH & Co. KG anfangs dazu eingesetzt, die seinerzeit 2,5 % betragende und inzwischen abgeschaffte **Gesellschaftsteuer** zu umgehen. Dieser Anreiz war durch § 5 Abs. 2 Nr. 3 S. 2 KVStG 1972 entfallen. Danach galt auch die mehrstufige GmbH & Co. KG als Kapitalgesellschaft iSd Kapitalverkehrsteuerrechts.[25] Später sollte diese Rechtsform vor allem dazu dienen, in Anlehnung an eine Entscheidung des BFH aus dem Jahr 1991[26] die **steuerliche Abzugsfähigkeit der Geschäftsführergehälter** sicherzustellen. Diese Möglichkeit wurde durch das StÄndG 1992[27] jedoch beseitigt.

Schließlich spielte die doppelstöckige GmbH & Co. KG vor dem Inkrafttreten des UmwG 1994 bei **Umwandlungen einer GmbH** in eine **GmbH & Co. KG** eine große Rolle, da nach § 1 Abs. 2 UmwG 1969 eine Umwandlung einer Kapitalgesellschaft in eine GmbH & Co. KG nicht möglich war.[28] Diese Umwandlungssperre ist durch die Neufassung des UmwG im Jahr 1994 entfallen. Gemäß §§ 190 ff., 226 UmwG kann nunmehr auch eine Kapitalgesellschaft in die Rechtsform der KG wechseln, in der ausschließlich eine Kapitalgesellschaft die Stellung des Komplementärs einnimmt. Für die Errichtung einer doppelstöckigen GmbH & Co. KG sprechen demnach heute allenfalls noch **mitbestimmungsrechtliche Gesichtspunkte** (→ § 14 Rn. 79 ff.). 21

2. Zulässigkeit

a) Mittelbare Anerkennung durch den Gesetzgeber. Der Gesetzgeber hat die doppelstöckige GmbH & Co. KG als Gestaltungsform – zumindest mittelbar – anerkannt, indem er sie zum **Adressaten steuer- und mitbestimmungsrechtlicher Normen** gemacht hat. **§ 15 Abs. 1 S. 1 Nr. 2 EStG** qualifiziert Gewinnanteile und sonstige Vergütungen eines Personengesellschafters als gewerbliche Einkünfte und bezieht dabei Gesellschafter, die nicht direkt, sondern über eine weitere Personengesellschaft beteiligt sind, ausdrücklich mit ein. Bis 1991 postulierte ferner **§ 5 Abs. 2 Nr. 3 S. 2 KVStG** die Gesellschaftsteuerpflicht auch für KGs, zu deren persönlich haftenden Gesellschaftern eine nach den Bestimmungen des KVStG „als Kapitalgesellschaft geltende Kommanditgesellschaft", also eine GmbH & Co. KG, gehört. Nach **§ 4 Abs. 1 S. 2 MitbestG** werden bei einer der Mitbestimmungspflicht unterliegenden GmbH & Co. KG, die ihrerseits persönlich haftende Gesellschafterin einer KG ist, die Arbeitnehmer beider KGs der Komplementär-GmbH der Ober-GmbH & Co. KG zugerechnet (→ § 14 Rn. 80 ff.). Dadurch soll zB verhindert werden, dass eine an sich unter die Mitbestimmungspflicht fallende GmbH & Co. KG die in § 1 Abs. 1 MitbestG aufgestellte Voraussetzung, wonach das betreffende Unternehmen in der Regel mehr als 2.000 Arbeitnehmer beschäftigen muss, dadurch unterläuft, dass sie sich an einer weiteren GmbH & Co. KG als Komplementär beteiligt und ihre Arbeitnehmer auf beide KGs gleichmäßig verteilt. Schließlich gehen auch das Handelsrecht ua in § 172 Abs. 6 S. 2 HGB und das Insolvenzrecht in § 15a Abs. 1 S. 2 InsO von der Möglichkeit aus, dass der persönlich haftende Gesellschafter selbst eine Handelsgesellschaft sein kann. 22

Vor diesem Hintergrund bestehen an der Zulässigkeit einer doppelstöckigen GmbH & Co. KG keine Zweifel mehr.[29] 23

b) Handelsgewerbe der Ober-GmbH & Co. KG. In handelsrechtlicher Sicht war bis zum HRefG zweifelhaft, ob als Komplementär der Untergesellschaft auch eine solche GmbH & Co. KG in Betracht kommt, die sich auf die **Geschäftsführung der Untergesellschaft beschränkt,** darüber hinaus also kein eigenes Handelsgewerbe betreibt. Diese Frage wurde in der Literatur vielfach mit der Begründung verneint, dass die Erfüllung der 24

---

[25] Dazu 8. Aufl. 1992, § 23 Rn. 6.
[26] BFH BStBl. II 1991, 691.
[27] BGBl. 1992 I 146; → § 16 Rn. 317.
[28] Näher 8. Aufl. 1992, § 13 Rn. 16 ff.
[29] *Liebscher* in Reichert GmbH & Co. KG § 3 Rn. 20; *Lüke* in HTM HdB GmbH & Co. KG Rn. 2.525 f.; *Wagner* in Wagner/Rux Die GmbH & Co. KG Rn. 30 f.; *Roth* in Baumbach/Hopt HGB Anh. § 177a Rn. 9; *Schäfer* in Großkomm. HGB § 105 Rn. 96; *K. Schmidt* GesR § 56 II 3 f.

Aufgaben eines Komplementärs für sich allein noch kein Handelsgewerbe begründe, wie es früher für das Vorliegen einer KG erforderlich war.[30]

25 Diese Problemstellung hat indessen mit der **Zulassung vermögensverwaltender Personenhandelsgesellschaften** durch das HRefG ihre praktische Bedeutung verloren. Zwar wird von der Ober-GmbH & Co. KG, wie von § 105 Abs. 2 HGB vorausgesetzt, nicht „nur eigenes Vermögen" verwaltet, da die Ober-GmbH & Co. KG in der Unter-GmbH & Co. KG die Geschäftsführungsfunktion wahrnimmt. Nach hM soll der einschränkende Passus jedoch lediglich von dem ansonsten bestehenden Erfordernis einer eigenen gewerblichen Betätigung dispensieren,[31] so dass die Anerkennung der doppelstöckigen GmbH & Co. KG dadurch nicht in Frage gestellt wird.

26 Heute ist allenfalls noch zweifelhaft, ob die Ober-GmbH & Co. KG kraft originären Handelsgewerbes oder nur kraft Eintragung als KG entsteht. Nach wohl noch hM begründet jedoch die Mitgliedschaft in einer OHG ebenso wie die Stellung als persönlich haftender Gesellschafter in einer KG die **Eigenschaft als Kaufmann.**[32] Hieraus folgt uE, dass die **Ober-GmbH & Co. KG** in ihrer Eigenschaft als persönlich haftender Gesellschafter das Handelsgewerbe der Unter-GmbH & Co. KG zugleich als **eigenes Handelsgewerbe** betreibt und damit die Voraussetzungen der §§ 161 Abs. 2, 105 Abs. 1 HGB erfüllt.[33] Es ist daher nicht erforderlich, dass die Ober-GmbH & Co. KG zusätzlich noch ein besonderes Handelsgewerbe unterhält.

27 Etwas anderes könnte sich aus der weiteren Entwicklung bezüglich der Frage ergeben, ob eine **GbR** persönlich haftender Gesellschafter sein kann (→ § 3 Rn. 71). Mittlerweile haben das LG Berlin[34] und das OLG Celle[35] entschieden, dass die GbR als solche die Fähigkeit besitze, Komplementär einer KG zu sein. Diese Rechtsprechung setzt inzidenter voraus, dass die GbR nicht bereits aufgrund der Beteiligung als persönlich haftender Gesellschafter an einer OHG oder KG ein eigenes Handelsgewerbe betreibt, da sie sonst automatisch zur OHG würde.[36]

28 Da eine höchstrichterliche Entscheidung in dieser Frage noch aussteht, folgt daraus für die doppelstöckige GmbH & Co. KG, dass sich die Rechtspraxis so lange auf **gesichertem Terrain** bewegt, wie die Ober-GmbH & Co. KG ins Handelsregister eingetragen ist und kein Löschungsverfahren gemäß § 395 FamFG droht. Gleiches gilt, wenn die Ober-GmbH & Co. KG, etwa weil sie als Holding in mehreren Gesellschaften zugleich Komplementär ist, zur Erfüllung ihrer Aufgaben einen **eigenen, in kaufmännischer Weise eingerichteten Geschäftsbetrieb** benötigt, da dann bereits die Geschäftsführungstätigkeit als solche – unabhängig von der Komplementärstellung – ein Handelsgewerbe iSv § 1 HGB begründet.[37]

---

[30] So zumindest für die Zeit vor dem HRefG vor allem *K. Schmidt* DB 1990, 93 (94); *Tillmann* DB 1986, 1319 (1322); *Sudhoff* NJW 1969, 1825 f.; *Skibbe* WM 1978, 890; s. auch *Lüke* in HTM HdB GmbH & Co. KG Rn. 2.526.

[31] *Grunewald* in MüKoHGB § 161 Rn. 100; *Liebscher* in Reichert GmbH & Co. KG § 3 Rn. 24; *Priester* DNotZ 1998, 691 (701); *K. Schmidt* ZIP 1997, 909 (916); *K. Schmidt* DB 1998, 61 f.

[32] So ausdrücklich BGH ZIP 2005, 2070; BGHZ 45, 282 (284 = NJW 1966, 1960); BGHZ 34, 293 (297 = NJW 1961, 1022); *Kindler* in EBJS HGB § 1 Rn. 86; einschränkend *Schäfer* in Großkomm. HGB § 105 Rn. 77 ff., wonach die Kaufmannseigenschaft nur den geschäftsleitenden Gesellschaftern zukommt. AA *Roth* in Baumbach/Hopt HGB § 161 Rn. 5; *K. Schmidt* in MüKoBGB § 105 Rn. 14; *Körber* in Oetker HGB § 1 Rn. 90.

[33] Ebenso *Bark* BB 1969, 1171; *Veismann* BB 1970, 1159 f.; *Wagner* in Wagner/Rux Die GmbH & Co. KG Rn. 31. AA *K. Schmidt* DB 1990, 93 f.; für die Wahrnehmung von Holdingfunktionen (*K. Schmidt* in MüKoHGB § 1 Rn. 28) und die Tätigkeit als Besitzgesellschaft auch der BGH (BGH NJW-RR 1990, 798 [799]) und das OLG Hamm (OLG Hamm NJW 1994, 392 [393]), wobei das OLG Hamm die Problematik, ob die Tätigkeit als Besitzgesellschaft zur Annahme eines Handelsgewerbes führt mit der Frage nach der Kaufmannseigenschaft der Komplementär-GmbH & Co. KG in der sog doppelstöckigen GmbH & Co. KG als vergleichbar ansieht.

[34] LG Berlin DB 2003, 1380 für den Fall der personenidentischen „GbR & Co. KG"; s. hierzu auch *Bergmann* ZIP 2003, 2231; *Schmidt/Bierly* NJW 2004, 1210; *Heinze* DNotZ 2012, 426 (429 f.) sowie *K. Schmidt* in MüKoHGB § 105 Rn. 99, der jedoch die Zweckmäßigkeit der GbR als Komplementär bezweifelt und deren Eintragung als OHG oder KG empfiehlt.

[35] OLG Celle NZG 2012, 667.

[36] Vgl. *Bergmann* ZIP 2003, 2231 (2235).

[37] Ebenso *Skibbe* WM 1978, 890 Fn. 11; *Tillmann* DB 1986, 1319 (1322).

§ 3 Die Gründung der GmbH & Co. KG

I. Gründung der Komplementär-GmbH

1. Allgemeines

1 Die Gründung der GmbH erfolgt durch Abschluss des GmbH-Vertrags, der **notarieller Beurkundung** bedarf (§ 2 Abs. 1 S. 1 GmbHG). Verpflichten sich die Gründer in einem **Vorvertrag,** eine GmbH zu errichten, so bedarf, was in der Praxis vielfach übersehen wird, auch diese Vereinbarung zu ihrer Wirksamkeit der notariellen Form (→ Rn. 70). Das leuchtet zwar wenig ein, da die ungleich riskantere Verpflichtung zum Abschluss eines OHG-Vertrags formlos, und damit auch mündlich, begründet werden kann, entspricht jedoch der ganz hM[1] Notariell zu beurkunden sind ferner alle **Änderungen des Gesellschaftsvertrags.** Werden diese noch vor der Eintragung der GmbH im Handelsregister vorgenommen, bedürfen sie zudem der Zustimmung aller Gesellschafter; § 53 Abs. 2 S. 1 GmbHG findet insoweit also noch keine Anwendung.[2]

2 Durch das MoMiG wurde die Möglichkeit geschaffen, eine GmbH auch in einem **vereinfachten Verfahren** (§ 2 Abs. 1a GmbHG) zu gründen. Die Vereinfachung besteht dabei in der Verwendung eines Musterprotokolls.[3] Dieses beinhaltet den Gesellschaftsvertrag mit dem gesetzlichen Mindestinhalt sowie den Beschluss über die Geschäftsführerbestellung und fungiert zugleich als Gesellschafterliste. Entgegen ursprünglicher Intention[4] wurde aber auch bei diesem Verfahren letztlich nicht auf die notarielle Beurkundung verzichtet.

3 Die mit dem vereinfachten Verfahren verfolgte Beschleunigung der Gründung und die gewährte Kostenprivilegierung[5] müssen aber mit **erheblichen Beschränkungen** erkauft werden. An der Gründung dürfen sich maximal drei Gesellschafter beteiligen und es kann nur ein Geschäftsführer, der zwingend von den Beschränkungen des § 181 BGB zu befreien ist, bestellt werden. Es sind nur Bareinlagen möglich und jeder Gesellschafter kann – abweichend von § 5 Abs. 2 S. 2 GmbHG – jeweils nur einen Geschäftsanteil übernehmen. Außerdem dürfen keine vom Gesetz abweichenden Satzungsbestimmungen getroffen werden.[6]

4 Angesichts dieser Einschränkungen kommen Zweifel auf, ob das vereinfachte Verfahren auf Dauer in nennenswertem Umfang in Anspruch genommen wird. Dies dürfte auch im Hinblick auf die Errichtung von Komplementär-GmbHs gelten. So ist es etwa bei der beteiligungsidentischen GmbH & Co. KG, bei der die Kommanditisten zugleich auch die GmbH-Gesellschafter sind, von Anfang an geboten, vom Gesetz abweichende Satzungsregelungen zu vereinbaren, um den Gleichlauf der Beteiligungsverhältnisse bei der KG und der GmbH sicherzustellen (→ § 8 Rn. 40 ff.).[7] Lediglich bei der **Einheits-GmbH & Co. KG** (→ § 8 Rn. 3 ff.), bei der die KG alleinige Gesellschafterin der Komplementär-GmbH ist, dürfte das vereinfachte Verfahren in Betracht kommen, wenn die Komplementär-GmbH von der KG selbst errichtet und – je nach dogmatischer Sichtweise – die notwendigen Sonderregelungen, insbesondere im Zusammenhang mit der Stimmrechtsausübung bei der GmbH, nur in den KG-Vertrag aufgenommen werden (zum Meinungsstand → § 8 Rn. 8 ff.).

---

[1] BGH NJW-RR 1988, 288; *Fastrich* in Baumbach/Hueck GmbHG § 2 Rn. 33; *Michalski* in Michalski GmbHG § 2 Rn. 75.

[2] So die hM, *Schnorbus* in Rowedder/Schmidt-Leithoff GmbHG § 53 Rn. 96 mwN. AA *K. Schmidt* in Scholz GmbHG § 11 Rn. 57; *Hoffmann* in Michalski GmbHG § 53 Rn. 45. Zum Gesellschafterwechsel vor Eintragung s. BGH NJW-RR 2005, 469.

[3] S. Musterprotokolle für Einpersonen- und Mehrpersonengesellschaften, Anlage zu § 2 Abs. 1a GmbHG.

[4] BT-Drs. 16/6140, 5: Mustersatzung mit lediglich notarieller Unterschriftsbeglaubigung.

[5] S. § 105 Abs. 6 S. 1 Nr. 1 GNotKG (§ 41d KostO aF). Der dort bestimmte Verzicht auf Mindestwerte bringt nur für die Unternehmergesellschaft (UG) Kostenvorteile *Heckschen* DStR 2009, 166 (167).

[6] Zulässig sind aber schuldrechtliche Zusatzvereinbarungen: *Fastrich* in Baumbach/Hueck GmbHG § 2 Rn. 50.

[7] Abratend vom Musterprotokoll insoweit auch *Wachter* in Römermann/Wachter, GmbH-Beratung nach dem MoMiG, 2008, 88.

5 Bedeutung erlangen könnte das vereinfachte Verfahren auch bei reinen **Vorratsgründungen** und insoweit, als es darum geht, dass der **Geschäftsbetrieb** der GmbH & Co. KG **schnellstmöglich aufgenommen** und ein Handeln noch unter Beteiligung einer Vor-GmbH aus haftungsrechtlichen Gründen vermieden werden soll (→ Rn. 69 ff.). Dann wird sich aber in der Regel die Notwendigkeit ergeben, in einem **zweiten Schritt** die Satzung den individuellen Bedürfnissen anzupassen und ggf. die Geschäftsführung zu erweitern. Ungeachtet dessen lässt sich das Ziel, den Geschäftsbetrieb schnellstmöglich aufzunehmen, – unter Berücksichtigung der Anforderungen an eine wirtschaftliche Neugründung – ggf. auch durch Erwerb einer **Vorrats-GmbH** (→ Rn. 52 ff.) erreichen.

2. Kapitalaufbringung/-erhaltung

6 Das **Mindeststammkapital** einer GmbH beträgt 25.000 Euro (§ 5 Abs. 1 GmbHG) und der Mindestnennbetrag eines jeden Geschäftsanteils 1 Euro, wobei jeder Gesellschafter schon bei der Gesellschaftserrichtung mehrere Geschäftsanteile übernehmen kann (so seit MoMiG; s. § 5 Abs. 2 GmbHG). Die **Mindesteinzahlung** beträgt im Fall einer Bargründung ein Viertel des Nennbetrags jedes Geschäftsanteils (§ 7 Abs. 2 S. 1 GmbHG), mindestens jedoch 12.500 Euro; Sacheinlagen sind sofort voll zu leisten (§ 7 Abs. 3 GmbHG). In der Variante der **UG** ermäßigt sich das Mindeststammkapital auf 1 Euro, wobei allerdings das gesamte Stammkapital vor der Anmeldung in voller Höhe eingezahlt sein muss und Sacheinlagen ausgeschlossen sind (§ 5a Abs. 1 und 2 GmbHG). Eine **verschärfte Kapitalaufbringungspflicht** galt bis zum Inkrafttreten des MoMiG bei der sog **Einpersonen-Gründung** (→ Rn. 47 ff.).

7 Beschränkt sich die Funktion einer mit Bareinlagen gegründeten GmbH auf die Stellung als persönlich haftender Gesellschafter der GmbH & Co. KG, wird sie in der Regel die ihr nach Abzug der übernommenen Gründungskosten verbleibenden Barmittel künftig nicht oder jedenfalls nicht vollständig benötigen. Es liegt für die Komplementär-GmbH deshalb nahe, diese überschüssige Liquidität mittels **Darlehensgewährung** der operativ tätigen KG auf Dauer zur Verfügung zu stellen. Fraglich ist, ob und inwieweit hierdurch die Vorschriften über die **Kapitalaufbringung und/oder -erhaltung** bei der GmbH tangiert werden. Dabei ist zu beachten, dass diese durch das MoMiG maßgeblich reformiert worden sind.

8 **a) Stand vor Inkrafttreten des MoMiG.** Wird die geleistete Bareinlage in zeitlichem Zusammenhang mit ihrer Einzahlung an den Gesellschafter unmittelbar oder mittelbar als Darlehen zurückgewährt, stellt sich die Frage nach dem Vorliegen einer **verdeckten Sacheinlage.**[8] Argumentiert werden könnte, dass in diesem Fall in Wirklichkeit eine Sacheinlage in Form der Darlehensforderung eingebracht wird, die jedoch mangels Beachtung der Sachgründungsvorschriften keine Erfüllung der Einlageverpflichtung des Gesellschafters bewirkt. Die vereinbarte Bareinlage würde folglich als nicht erbracht gelten und könnte im Insolvenzfall von dem Gesellschafter nachgefordert werden, selbst wenn das Darlehen zwischenzeitlich wieder an die GmbH zurückgezahlt worden wäre.[9]

9 Dieser Betrachtungsweise hat sich der **BGH** jedoch nicht angeschlossen. Mit Urteil vom 21.11.2005[10] hat er festgestellt, dass bei der zeitnahen Rückgewähr der Bareinlage als Darlehen keine verdeckte Sacheinlage, sondern ein schlichtes **„Hin- und Herzahlen“** vorliegt, bei dem der Gesellschafter unter dem Gesichtspunkt der Kapitalaufbringung gar nichts leistet. In einem solchen Fall könne nicht davon ausgegangen werden, dass die Leistung zur freien Verfügung der Gesellschaft gestanden habe (§ 8 Abs. 2 GmbHG).[11] Würde

[8] OLG Hamm GmbHR 1992, 749: bei Rückgewähr der Bareinlage in Form eines Darlehens „liegt der geradezu klassische Fall eines Umgehungsgeschäftes vor“.

[9] Zu den Rechtsfolgen der verdeckten Sacheinlage sowie den Heilungsmöglichkeiten s. BGH GmbHR 2003, 1051 mAnm *Bormann*.

[10] BGH NJW 2006, 509. Die Entscheidung betraf zwar eine AG, der BGH hat jedoch auch auf die entsprechenden Vorschriften des GmbHG verwiesen.

[11] Dies gilt erst recht, wenn die Stammeinlage mittels Einlösung eines Schecks auf dem Konto eines Gläubigers der GmbH & Co. KG bewirkt werden soll, OLG Köln GmbHR 2002, 168.

man anders entscheiden, könnte die prinzipiell unverzichtbare Einlageforderung – ohne deren endgültige Erfüllung – durch eine schwächere Darlehensforderung ersetzt werden, was auch dem Sinn und Zweck des § 19 Abs. 2 S. 1 GmbHG widerspräche. Nach Auffassung des BGH ist deshalb die Darlehensabrede mit der Konsequenz als unwirksam zu qualifizieren, dass die noch offene Einlageverpflichtung erfüllt wird, wenn die „Darlehensrückzahlung" erfolgt.[12]

Für die **GmbH & Co. KG** wurde allerdings zum Teil die Ansicht vertreten, die Bareinlagen seien auch dann von Anfang an erbracht, wenn die Komplementär-GmbH der KG, an der die einzahlenden Gesellschafter als Kommanditisten beteiligt sind, zeitnah ein Darlehen gewährt. Zur Begründung wurde angeführt, bei der GmbH & Co. KG handle es sich um eine **wirtschaftliche Einheit.** Wirtschaftlich betrachtet sei daher ein Darlehen der Komplementär-GmbH an die KG kein (mittelbarer) Zahlungsvorgang an die Gesellschafter.[13] Auch dem ist der **BGH** mit Urteil vom 10.12.2007 entgegengetreten.[14] Bei der GmbH & Co. KG träfen die unterschiedlichen Kapitalschutzsysteme der GmbH und der KG mit der Folge aufeinander, dass die Gesellschafter beider Gesellschaften ihre Einlageverpflichtungen den Gesellschaften gegenüber jeweils gesondert zu erfüllen und die Vermögensmassen getrennt zu halten haben.[15] Das Interesse der an der GmbH & Co. KG maßgeblich beteiligten Gesellschafter, die der Komplementär-GmbH geschuldeten Einlagemittel der KG als der „eigentlichen Betriebsgesellschaft" zur Verfügung zu stellen, rechtfertige – ähnlich wie bei der Cash-Pool-Thematik[16] – **kein „Sonderrecht"** in Bezug auf die Kapitalaufbringung. Zugleich hat der BGH festgestellt, dass es für die Annahme eines Hin- und Herzahlens infolge der Darlehensgewährung an die KG genügt, wenn die einlagepflichtigen Gesellschafter der GmbH auch die KG jedenfalls gemeinschaftlich beherrschen.[17] Eine strikte Beteiligungsidentität ist also nicht erforderlich. 10

Ein schädliches Hin- und Herzahlen setzt allerdings eine entsprechende **Vorab-Absprache** voraus, die in der Regel nur aus Indizien abgeleitet werden kann. Dabei spielt neben Kriterien, wie (annähernder) Identität zwischen Ein- und Auszahlungsbetrag,[18] fehlendes eigenes Bankkonto der Komplementär-GmbH und unzureichender Kapitalausstattung der KG[19] der **zeitliche Zusammenhang** zwischen Leistung und Rückgewähr der Einlage eine entscheidende Rolle. Welche Zeit („Schamfrist") zwischen der Einzahlung der Einlage und der Darlehensgewährung an die KG vergehen muss, damit ein solcher zeitlicher Zusammenhang nicht mehr bejaht werden kann, lässt sich aber nicht eindeutig sagen. In einer früheren Entscheidung hat der BGH den zeitlichen Zusammenhang bei einer Zeitspanne von mehr als acht Monaten abgelehnt.[20] Nach Auffassung des OLG Hamburg[21] bzw. des OLG Koblenz[22] ist der zeitliche Zusammenhang im Fall einer Rückzahlung nach 2,5 bzw. 3,5 Monaten gegeben. In der Literatur werden insoweit unterschiedliche **Zeitspannen** genannt.[23] 11

Auch wenn ein Hin- und Herzahlen und damit ein Verstoß gegen den Grundsatz der realen Kapitalaufbringung zu verneinen war, bliebe die Frage, ob ein Darlehen an die KG nicht als **Verstoß gegen § 30 GmbHG aF** (Kapitalerhaltung) zu werten ist, wenn die 12

[12] Im Ergebnis ebenso BGH NJW 2003, 825, der allerdings noch von verdeckter Sacheinlage spricht.

[13] So OLG Jena DB 2006, 1484; OLG Köln GmbHR 2002, 968. AA OLG Hamm DB 2006, 793.

[14] BGH NZG 2008, 143; ablehnend gegenüber dem Urteil *K. Schmidt* ZIP 2008, 481.

[15] Kritisch *Theiselmann* GmbHR 2008, 521 (525 f.); *Bayer* in Lutter/Hommelhoff GmbHG § 19 Rn. 46, 102.

[16] S. dazu BGH NJW 2006, 1736; 2009, 3091.

[17] Im Entscheidungsfall war an der KG auch noch der Steuerberater des Unternehmens mit 25 % beteiligt. S. auch OLG Oldenburg GmbHR 2009, 1334.

[18] So *Theiselmann* GmbHR 2008, 521 (523).

[19] So im Fall BGH NZG 2008, 143.

[20] BGH NJW 2002, 3774 (3777).

[21] OLG Hamburg NZG 2007, 393 (395).

[22] OLG Koblenz GmbHR 2011, 579 f.

[23] Von sechs Monaten (*Veil* in Scholz GmbHG § 19 Rn. 172 mwN) bis zu zwei Jahren analog § 52 AktG (*D. Mayer* NJW 1990, 2593).

Komplementär-GmbH zum Zeitpunkt der Darlehensgewährung über kein ihr Stammkapital übersteigendes Vermögen verfügt. Die Gewährung eines Gesellschafterdarlehens ist im Fall eines vollwertigen Rückzahlungsanspruchs als bloßer Aktivtausch bilanzrechtlich neutral. Mangels einer bilanziellen Vermögensminderung war die Hingabe eines solchen Darlehens deshalb lange Zeit als mit § 30 GmbHG aF vereinbar erachtet worden, sofern das Darlehen angemessen verzinst und der Gesellschafter auf Dauer solvent und kreditwürdig, der Rückzahlungsanspruch also vollwertig war.[24] Dieser Betrachtungsweise hat der **BGH** jedoch im sog **Novemberurteil** vom 24.11.2003 eine klare Absage erteilt und entschieden, dass Kreditgewährungen an Gesellschafter, die nicht aus Rücklagen oder Gewinnvorträgen, sondern zulasten des gebundenen Vermögens der GmbH erfolgen, auch dann grundsätzlich als **verbotene Auszahlung von Gesellschaftsvermögen** zu bewerten sind, wenn der Rückzahlungsanspruch gegen den Gesellschafter im Einzelfall vollwertig sein sollte.[25]

13 Der BGH begründete seine bahnbrechende Entscheidung im Anschluss an *Schön*[26] damit, dass die rein bilanzrechtliche Betrachtungsweise mit Rücksicht auf die Bedeutung des in § 30 Abs. 1 GmbHG aF verankerten Kapitalerhaltungsgrundsatzes zu kurz greife. Das Vermögen der GmbH solle nach Sinn und Zweck des § 30 GmbHG aF in Höhe der Stammkapitalziffer dem Zugriff der Gesellschafter entzogen werden; dieser Vermögensschutz erschöpfe sich nicht in der Garantie einer bilanzmäßigen Rechnungsziffer, sondern gebiete die **Erhaltung einer die Stammkapitalziffer deckenden Haftungsmasse.** Der Austausch liquider Haftungsmasse gegen eine zeitlich hinausgeschobene schuldrechtliche Forderung verschlechtere jedoch die Vermögenslage der Gesellschaft und die Befriedigungsaussichten ihrer Gläubiger. Ein Verbot der Darlehensgewährung an Gesellschafter beuge außerdem einer Aushöhlung des § 30 GmbHG aF durch Umbuchung verbotener Zahlungen in Darlehen vor.

14 Das BGH-Urteil vom 24.11.2003 statuierte ein allgemeines **Verbot der Darlehensgewährung an GmbH-Gesellschafter** aus gebundenem Vermögen der GmbH. In einem obiter dictum hielt der BGH eine **Ausnahme** allenfalls dann für denkbar, wenn die Darlehensvergabe im Interesse der Gesellschaft liegt, die Darlehensbedingungen einem Drittvergleich standhalten und die Kreditwürdigkeit des Gesellschafters selbst bei Anlegung strengster Maßstäbe außerhalb jedes vernünftigen Zweifels steht oder die Rückzahlung des Darlehens durch werthaltige Sicherheiten voll gewährleistet ist.[27] Diese Voraussetzungen dürften bei der hier in Frage stehenden Darlehensgewährung seitens der Komplementär-GmbH an die KG regelmäßig nicht gegeben sein. Deshalb musste damit gerechnet werden, dass der BGH nicht nur im Fall der **Einheits-GmbH & Co. KG** (→ § 8 Rn. 3 ff.), sondern auch im Fall der **beteiligungsidentischen GmbH & Co. KG** (→ § 1 Rn. 3 ff.) von einer nach § 30 GmbHG aF verbotenen Darlehensgewährung ausgehen würde.[28] Betrachtet man allerdings die auf die Komplementärfunktion beschränkte GmbH und die KG als **Einheit,** was sie wirtschaftlich gesehen ohne Zweifel sind, wäre ein solches Ergebnis uE nicht zwingend gewesen.[29] Einer solchen Sichtweise hat der BGH aber bereits anlässlich der Frage nach der Kapitalaufbringung eine Abfuhr erteilt (→ Rn. 10).

15 **b) Rechtslage seit MoMiG.** Die vorstehenden Ausführungen haben gezeigt, dass bis zum Inkrafttreten des MoMiG bezüglich Darlehensgewährungen durch die Komplementär-GmbH an die KG größte Zurückhaltung geboten war. Mit der Modifizierung der §§ 19, 30 GmbHG durch das MoMiG ist insoweit jedoch eine gewisse **Entspannung** eingetreten.

---

[24] RGZ 150, 28 (34); s. auch *Westermann* in Scholz, 10. Aufl. 2010, GmbHG § 30 Rn. 20 mwN.

[25] BGH NJW 2004, 1111; hierzu *Schilmar* DB 2004, 1411; *Servatius* DStR 2004, 1176; *Vetter* BB 2004, 1509; *Geßler* GmbHR 2004, 1181.

[26] *Schön* ZHR 159 (1995), 351 (361 ff.); vgl. auch *Stimpel* FS 100 Jahre GmbHG, 1992, 335 (349 ff.).

[27] BGH NJW 2004, 1111 unter II 2 lit. c dd der Entscheidungsgründe.

[28] BGH NJW 1982, 383: Die Schuldnereigenschaft der KG ist den Kommanditisten bzw. GmbH-Gesellschaftern zuzurechnen.

[29] Wie hier *Wachter* GmbHR 2004, 1249 (1254 ff.); s. auch OLG Köln GmbHR 2002, 968, wonach § 30 GmbHG erst verletzt sein soll, wenn die KG das Geld an den Gesellschafter auszahlt.

Wie der BGH differenziert auch der Gesetzgeber zwischen der verdeckten Sacheinlage und dem Hin- und Herzahlen und hat die beiden Tatbestände nunmehr in § 19 Abs. 4 und Abs. 5 GmbHG geregelt.[30] Als Reaktion auf die zunehmende Kritik an den als zu drastisch empfundenen Rechtsfolgen des Novemberurteils war es dabei sein Ziel, diese mit einer bilanziellen Betrachtungsweise abzumildern.[31] Nunmehr kann nach **§ 19 Abs. 5 GmbHG** auch bei einem **Hin- und Herzahlen** eine sofortige Befreiung von der Einlageverpflichtung eintreten, wenn die Leistung an den Gesellschafter durch einen vollwertigen Rückgewähranspruch gedeckt ist, der jederzeit fällig ist oder durch fristlose Kündigung durch die Gesellschaft fällig gestellt werden kann. **16**

Voraussetzung ist allerdings eine entsprechende **Vorab-Absprache,** wobei wohl – wie bislang schon nach der Rechtsprechung – eine solche vermutet werden kann, wenn zwischen Einlageleistung und deren Rückgewähr ein enger sachlicher und zeitlicher Zusammenhang besteht.[32] Ferner bestimmt § 19 Abs. 5 S. 2 GmbHG, dass die an den Gesellschafter erbrachte Leistung bzw. die hierüber getroffene Vereinbarung in der Handelsregisteranmeldung gemäß § 8 GmbHG angegeben werden muss. Auch in dieser **Offenlegungspflicht** sieht die hM eine tatbestandliche Voraussetzung für die Erfüllung der Einlageleistung.[33] **17**

An diesen Voraussetzungen sind nunmehr auch die Fälle zu messen, in denen die Komplementär-GmbH die ihr zustehenden Einlagen als Darlehen an die KG weiterreicht. Dabei wird wie bisher davon auszugehen sein, dass darin eine Leistung an die GmbH-Gesellschafter zu sehen ist, wenn diese zugleich als Kommanditisten auch die KG beherrschen (→ Rn. 10). Für die Frage der **Werthaltigkeit des Rückgewähranspruchs** kommt es aber auf die Verhältnisse bei der KG als solcher an,[34] wobei für die Beurteilung der Vollwertigkeit der Zeitpunkt der Mittelausreichung maßgebend sein soll.[35] **18**

Da der Gesetzgeber bewusst eine **bilanzielle Betrachtungsweise** einführen wollte (→ Rn. 16), wird die Frage der Vollwertigkeit des Rückgewähranspruchs nach den allgemeinen handelsbilanziellen Grundsätzen der Forderungsbewertung zu beurteilen sein. Es ist also zu prüfen, ob der Rückgewähranspruch unter Beachtung des Niederstwertprinzips (§ 253 Abs. 4 S. 2 HGB) zum maßgeblichen Zeitpunkt abgewertet werden muss oder nicht, wobei jedoch die objektive Lage und nicht der Kenntnisstand der Geschäftsführung entscheidend sein soll.[36] Bezogen auf die Darlehensgewährung durch die Komplementär-GmbH an die KG ist für die Bejahung der Vollwertigkeit somit entscheidend, ob die KG im Zeitpunkt der Mittelausreichung in der Lage ist, alle fälligen Forderungen ihrer Gläubiger einschließlich des Rückgewähranspruchs der Komplementär-GmbH zu erfüllen.[37] **19**

---

[30] Wobei das Hin- und Herzahlen (§ 19 Abs. 5 S. 1 GmbHG) gegenüber der verdeckten Sacheinlage (§ 19 Abs. 4 S. 1 GmbHG) subsidiär ist.

[31] BR-Drs. 354/07, 78. Insbesondere soll auch das Cash-Pooling erleichtert werden; hierzu *Bormann/Urlichs* DStR 2009, 641.

[32] *Bayer* in Lutter/Hommelhoff GmbHG § 19 Rn. 108; fehlt es an der Vorab-Absprache, greift nur § 30 Abs. 1 S. 2 GmbHG. Sowohl für das Vorliegen einer verdeckten Sacheinlage (§ 19 Abs. 4 S. 1 GmbHG) als auch ein Hin- und Herzahlen (§ 19 Abs. 5 S. 1 GmbHG) kommt es auf die Reihenfolge der Zahlungen des Gesellschafters und der Gesellschaft nicht an BGH BeckRS 2016, 05435 Rn. 30 = BB 2016, 1356 (1358) für die verdeckte Sacheinlage; BGH NJW 2010, 1747 Rn. 24 – Eurobike, für das Hin- und Herzahlen hinsichtlich § 27 Abs. 4 S. 1 AktG.

[33] S. BGH NJW 2009, 2375 Rn. 16 – Qivive NJW 2009, 3091 Rn. 24f. – Cash-Pool II; OLG Stuttgart NZG 2012, 231 (232f.) auch zur Frage der Nachholung der Offenlegung bei § 27 Abs. 4 S. 2 AktG; *Veil* in Scholz GmbHG § 19 Rn. 187; *Avvento* BB 2010, 203; *Heckschen* DStR 2009, 166 (173); *Schluck-Amend/Penke* DStR 2009, 1433 (1436); *Pentz* GmbHR 2009, 505 (511). AA *Herrler* DStR 2011, 2255 (2257f.); *Altmeppen* NZG 2010, 441 (444f.); *Roth* NJW 2009, 3397 (3398); *Fastrich* in Baumbach/Hueck GmbHG § 19 Rn. 80: bloße Pflicht des Geschäftsführers.

[34] *Theiselmann* GmbHR 2008, 521 (523).

[35] *Fastrich* in Baumbach/Hueck GmbHG § 19 Rn. 79; *Veil* in Scholz GmbHG § 19 Rn. 183, der zusätzlich verlangt, dass der Rückgewähranspruch auch im Zeitpunkt der Offenlegung gegenüber dem Registergericht vollwertig sein muss. AA *Herrler* DStR 2011, 2255 (2259f.): Eingang der Handelsregisteranmeldung bei Gericht; *Schluck-Amend/Penke* DStR 2009, 1433 (1436): Zeitpunkt der Anmeldung, wenn Rückgewähranspruch bereits vorher entstanden ist.

[36] *Bormann/Urlichs* in Römermann/Wachter, GmbH-Beratung nach dem MoMiG, 2008, 43f.; *Bayer* in Lutter/Hommelhoff GmbHG § 19 Rn. 117.

[37] *Theiselmann* GmbHR 2008, 521 (523).

20 Hat die KG im Zeitpunkt der Darlehensgewährung ihren **Geschäftsbetrieb noch nicht aufgenommen** und noch keine Verbindlichkeiten begründet, dürfte die Vollwertigkeit in der Regel zu bejahen sein.[38] Anders kann sich die Situation darstellen, wenn die KG bereits Geschäfte getätigt hat und finanzielle Verpflichtungen eingegangen ist.[39] Dann muss je nach eigener Kapitalausstattung der KG die Vollwertigkeit des Rückgewähranspruchs der Komplementär-GmbH unter Umständen verneint werden, zumal es für die Beurteilung auf eine Momentaufnahme (Zeitpunkt der Mittelausreichung) ankommen soll (→ Rn. 18). So gesehen empfiehlt sich daher besondere Sorgfalt beim „Timing" der Darlehensgewährung.

21 Die in § 19 Abs. 5 GmbHG des Weiteren geforderte **jederzeitige Fälligkeit bzw. Fälligstellbarkeit** des Rückgewähranspruchs durch fristlose Kündigung dürfte angesichts der gesetzlichen Kündigungsregelungen (§ 488 Abs. 3 S. 2 HGB; § 490 Abs. 1 BGB) eine ausdrückliche Vereinbarung zwischen Komplementär-GmbH und KG voraussetzen, wonach die Rückzahlung des Darlehens ohne Einhaltung einer Kündigungsfrist jederzeit gefordert werden kann.[40] In der Literatur wird darüber hinaus davon gesprochen, der **Rückgewähranspruch** müsse – zumindest zum Zeitpunkt der Mittelausreichung – auch **liquide,** dh jederzeit realisierbar sein. Dies kann uE allerdings nicht dahin gehend zu verstehen sein, dass in Höhe des Darlehens permanent liquide Mittel vorgehalten werden müssen.[41] Andernfalls wäre es der KG häufig verwehrt, das ihr von der Komplementär-GmbH gewährte Darlehen unverzüglich zur Finanzierung des Aufbaus ihrer operativen Tätigkeit einzusetzen. Aber genau dies wird in der Regel mit der Darlehensgewährung bezweckt. Der jederzeit fällige Rückgewähranspruch muss vielmehr bereits dann als liquide angesehen werden, wenn er dem Grund und der Höhe nach unstreitig ist und seiner Durchsetzung auch keine Einwendungen oder Einreden entgegenstehen.[42]

22 Sind die in § 19 Abs. 5 GmbHG genannten Voraussetzungen nicht vollständig erfüllt, werden die Gesellschafter der Komplementär-GmbH von ihrer Einlageverpflichtung insgesamt nicht befreit. Dies gilt insbesondere auch dann, wenn der Anspruch der Komplementär-GmbH gegen die KG auf Rückzahlung des Darlehens im Zeitpunkt der Mittelausreichung lediglich geringfügig abgeschrieben werden müsste **(Alles-oder-Nichts-Prinzip).**[43] Dann bleibt es bei den bisherigen Rechtsprechungsgrundsätzen zum Hin- und Herzahlen[44] mit der Folge, dass eine Erfüllung der Einlageverpflichtung erst mit der Rückzahlung des Darlehens durch die KG eintritt (→ Rn. 9).[45]

23 Gemäß § 3 Abs. 4 S. 1 EGGmbHG findet § 19 Abs. 5 GmbHG grundsätzlich auch auf die vor dem 1.11.2008 erfolgten Fälle des Hin- und Herzahlens Anwendung. Diese **Rückwirkungsregelung** ergibt aber nur dann Sinn, wenn man zumindest insoweit davon absieht, in der Offenlegung gegenüber dem Registergericht gemäß § 19 Abs. 5 S. 2 GmbHG eine tatbestandliche Voraussetzung für den Eintritt der Erfüllungswirkung in Bezug auf die Einlageleistung zu sehen.[46] Für die **Praxis** ist jedoch zu berücksichtigen,

---

[38] Ebenso *Gummert* DStR 2008, 976 (982).

[39] S. auch *Wachter* in Römermann/Wachter, GmbH-Beratung nach dem MoMiG, 2008, 91.

[40] So *Wachter* in Römermann/Wachter, GmbH-Beratung nach dem MoMiG, 2008, 91.

[41] So aber wohl *Bormann/Urlichs* in Römermann/Wachter, GmbH-Beratung nach dem MoMiG, 2008, 44.

[42] So zutreffend *Bayer* in Lutter/Hommelhoff GmbHG § 19 Rn. 33; *Veil* in Scholz GmbHG § 19 Rn. 75.

[43] *Fastrich* in Baumbach/Hueck GmbHG § 19 Rn. 84; *Bayer* in Lutter/Hommelhoff GmbHG § 19 Rn. 124; *Veil* in Scholz GmbHG § 19 Rn. 190; *Herrler* DB 2008, 2347 (2348); *Markwardt* BB 2008, 2414 (2420). Anders dagegen bei verdeckter Sacheinlage: Anrechnung mit dem jeweiligen Wert zum Zeitpunkt der Anmeldung, § 19 Abs. 4 S. 3 GmbHG.

[44] *Veil* in Scholz GmbHG § 19 Rn. 192.

[45] Hierzu *Fastrich* in Baumbach/Hueck GmbHG § 19 Rn. 84; *Veil* in Scholz GmbHG § 19 Rn. 192.

[46] LG Erfurt BeckRS 2010, 29372; *Schwandtner* in MüKoGmbHG § 19 Rn. 364; *Wicke* GmbHG § 19 Rn. 38; *Heckschen* GWR 2011, 51 (53 f.); *Heckschen* DStR 2009, 166 (174); *Ries* GWR 2011, 161; *Schockenhoff/Wexler-Uhlich* NZG 2009, 1327 (1330); *Wälzholz* GmbHR 2008, 841 (846); wohl auch *Theusinger* NZG 2009, 1017 (1018). AA BGH NJW 2009, 3091 Rn. 24 f. – Cash-Pool II; OLG Düsseldorf BeckRS 2009, 23452; OLG Nürnberg, BeckRS 2010, 25668; OLG Koblenz GmbHR 2011, 579 (580 f.); OLG Stuttgart NZG 2012, 231 (232 f.); *Goette* GWR 2009, 333 (336).

dass die **überwiegende Rechtsprechung** auch in **Altfällen** die **Offenlegung** gegenüber dem Registergericht verlangt.[47] Diese ist nach Auffassung des OLG Stuttgart[48] – entschieden für die aktienrechtliche Parallelvorschrift des § 27 Abs. 4 S. 2 AktG – nur **bis zur Eintragung** der Anmeldung oder Kapitalerhöhung möglich.[49] Damit läuft die durch § 3 Abs. 4 S. 1 EGGmbHG angeordnete Rückwirkung faktisch leer.[50] In der **Literatur** wird demgegenüber die Auffassung vertreten, auch nach vollzogener Eintragung der Anmeldung oder Kapitalerhöhung sei die Reparatur[51] der fehlerhaften Kapitalaufbringung möglich, wobei insoweit insbesondere die nachträgliche Offenlegung gegenüber dem Handelsregister empfohlen wird.[52]

Ist ein enger sachlicher und zeitlicher Zusammenhang zur Einlageleistung und damit ein Fall des Hin- und Herzahlens zu verneinen, ist die Darlehensgewährung durch die Komplementär-GmbH an die KG wie bisher auch am Gebot der **Kapitalerhaltung gemäß § 30 Abs. 1 GmbHG** zu messen. Insoweit wurde durch das MoMiG ebenfalls ausdrücklich die bilanzielle Betrachtungsweise eingeführt. Auch wenn die Komplementär-GmbH über kein ihr Stammkapital übersteigendes Vermögen verfügt, ist in der Darlehensgewährung an die KG neuerdings keine verbotene Auszahlung mehr zu sehen, wenn der Anspruch der Komplementär-GmbH gegen die KG auf Rückzahlung des Darlehens vollwertig ist (§ 30 Abs. 1 S. 2 Alt. 2 GmbHG). Die gegenteilige Rechtsprechung des II. Senats des BGH auf der Grundlage dessen Urteil vom 24.11.2003 (→ Rn. 12) ist damit hinfällig. Dies hat der II. Senat mittlerweile bestätigt, und zwar auch für Altfälle aus der Zeit vor Inkrafttreten des MoMiG.[53] 24

Auf eine jederzeitige Fälligkeit des Rückgewähranspruchs kommt es im Rahmen der Kapitalerhaltung allerdings nicht an. Wie bei § 19 Abs. 5 GmbHG soll nach einer Ansicht aber auch bei § 30 Abs. 1 S. 2 GmbHG bezüglich der Frage der **Vollwertigkeit** das Alles-oder-Nichts-Prinzip gelten. Müsste also der Anspruch auf Rückzahlung des Darlehens aus objektiver Sicht lediglich zu einem (geringen) Teil abgeschrieben werden, wäre in der Darlehensgewährung dennoch insgesamt eine verbotene Auszahlung zu sehen.[54] Diskutiert wird auch die Frage, ob eine fehlende **Besicherung** oder eine fehlende bzw. unzureichende **Verzinsung** die Vollwertigkeit des Rückgewähranspruchs in Frage stellt.[55] Da in der Regel gewollt ist, dass die Komplementär-GmbH der KG das Darlehen auf längere Sicht zur Verfügung stellt, sollte uE jedenfalls eine angemessene Verzinsung vereinbart werden, da der Rückzahlungsbetrag sonst gemäß § 253 Abs. 4 S. 2 HGB nur mit dem (niedrigeren) Barwert anzusetzen wäre.[56] 25

---

[47] BGH NJW 2009, 3091 Rn. 24 f. – Cash-Pool II; OLG Stuttgart NZG 2012, 231 (232 f.); OLG Koblenz GmbHR 2011, 579 (580 f.); OLG Nürnberg BeckRS 2010, 25668; OLG Düsseldorf, BeckRS 2009, 23452.

[48] OLG Stuttgart NZG 2012, 231.

[49] Hierzu auch OLG München NZG 2013, 347, wonach die Anmeldung der für den Eintritt der Heilung gemäß § 19 Abs. 5 GmbHG vorausgesetzten Tatsachen nicht statthaft ist.

[50] *Wanner-Laufer* NJW 2014, 36; *Goette* GWR 2009, 333 (336): „Der Senat hat selbstverständlich nicht verkannt […], dass damit die zugehörige Übergangsregelung weitgehend leer läuft, weil […] in der Vergangenheit Inferenten nur ausnahmsweise den formellen Anforderungen gerecht geworden sind."; so auch *Roth* NJW 2009, 3397 (3399) unter Berufung auf die Rechtsprechung des BGH.

[51] Die Einlageschuld kann selbstverständlich, was in der Regel nicht gewünscht sein wird, durch Rückzahlung des ausgereichten Darlehens an die Gesellschaft getilgt werden, BGH NJW 2009, 3091 Rn. 22 – Cash-Pool II; NJW 2010, 1948 Rn. 16 – ADCOCOM; *Herrler* DStR 2011, 2300 f.; *Bayer* in Lutter/Hommelhoff GmbHG § 19 Rn. 126.

[52] *Herrler* DStR 2011, 2300 auch mit Überblick zum Meinungsstand und Stellungnahme zu weiteren Möglichkeiten einer Heilung; *Bayer* in Lutter/Hommelhoff GmbHG § 19 Rn. 127: Heilung der Rückzahlung unter der Voraussetzung, dass die Bargründung (bzw. Barkapitalerhöhung) unter Beachtung der gesetzlichen Erfordernisse vollständig nachgeholt wird.

[53] BGH NJW 2009, 850 Rn. 12 – MPS.

[54] So *Hommelhoff* in Lutter/Hommelhoff GmbHG § 30 Rn. 27; *Altmeppen* ZIP 2009, 49 (53); *Altmeppen* NZG 2010, 401 (405 f.). AA *Verse* in Scholz GmbHG § 30 Rn. 92; *J. Flume* GmbHR 2011, 1258 (1264); *Mülbert/Leuschner* NZG 2009, 281 (284).

[55] Dazu *Fastrich* in Baumbach/Hueck GmbHG § 30 Rn. 56; *Hommelhoff* in Lutter/Hommelhoff GmbHG § 30 Rn. 29 f.

[56] *Schubert/Roscher* in Beck'scher Bilanzkommentar HGB § 253 Rn. 592.

26 Nach Ansicht des BGH soll es die gesetzliche Sorgfaltspflicht der Geschäftsführung (§ 43 Abs. 1 GmbHG, § 93 Abs. 1 S. 1 AktG) gebieten, nach der Darlehensausreichung laufend etwaige **Änderungen des Kreditrisikos** zu prüfen und auf eine sich andeutende Bonitätsverschlechterung mit einer Kreditkündigung oder der Anforderung von Sicherheiten zu reagieren.[57] Daraus wird gefolgert, dass je nach den Umständen des Einzelfalls die Bejahung der Vollwertigkeit im Zeitpunkt der Darlehensausreichung zusätzlich die Einrichtung eines entsprechenden Informations- und Reaktionssystems erfordert.[58] Da die Geschäftsführer der Komplementär-GmbH berufen sind, auch die Geschäfte der KG zu führen, dürfte dies hier allerdings kein Thema sein. Es bleibt die Frage, ob sich die Geschäftsführer der Komplementär-GmbH gemäß § 43 Abs. 2 GmbHG haftbar machen, wenn sie der KG das Darlehen trotz Verschlechterung deren wirtschaftlicher Verhältnisse weiterhin belassen. Die Antwort hierauf dürfte insbesondere davon abhängig sein, ob man in diesem Zusammenhang anerkennt und berücksichtigt, dass es sich bei der Komplementär-GmbH und der KG letztlich um eine wirtschaftliche Einheit handelt, was der BGH bis dato freilich verneint (→ Rn. 10).

3. Zum Unternehmensgegenstand der Komplementär-GmbH

27 **a) Allgemeines.** Gemäß § 3 Abs. 1 Nr. 2 GmbHG muss der Gesellschaftsvertrag der GmbH außer den Angaben über das Stammkapital, die Geschäftsanteile, die Firma und den Sitz der Gesellschaft auch den **„Gegenstand des Unternehmens"** enthalten. Damit bezweckt das Gesetz Folgendes: Dadurch, dass der Unternehmensgegenstand gemäß § 10 Abs. 1 S. 1 GmbHG in das Handelsregister einzutragen und bekannt zu machen ist, soll der allgemeine Wirtschaftsverkehr über den Tätigkeitsbereich der Gesellschaft informiert werden. Ferner soll die Angabe des Unternehmensgegenstands im Interesse der einzelnen Gesellschafter dazu dienen, im Innenverhältnis die Tätigkeit der Geschäftsführer auf den im Gesellschaftsvertrag vereinbarten Geschäftsbereich festzulegen, die Gesellschafter also vor einer willkürlichen Änderung des Unternehmensgegenstands oder einer unkontrollierten Ausweitung des Unternehmensumfangs zu schützen.[59] Insoweit handelt ein Geschäftsführer, der Geschäfte betreibt, die nicht vom Unternehmensgegenstand gedeckt sind, pflichtwidrig.[60] Zudem wird dem Registerrichter die Prüfung erleichtert werden, ob die Tätigkeit der Gesellschaft erlaubt ist.[61] Entsprechendes galt ursprünglich auch für die Frage der Genehmigungsbedürftigkeit der angestrebten Tätigkeit. Mit der Streichung der Nr. 6 in § 8 Abs. 1 GmbHG aF (Vorlage der Genehmigungsurkunde bei Anmeldung) durch das MoMiG zwecks Erleichterung und Beschleunigung der Handelsregistereintragung[62] hat dieser Aspekt jedoch an Relevanz verloren.

28 Welche Bedeutung das Gesetz der Angabe des Unternehmensgegenstands beimisst, lässt sich daraus erkennen, dass jeder Gesellschafter, jeder Geschäftsführer und, wenn ein Aufsichtsrat bestellt ist, jedes Mitglied des Aufsichtsrats im Weg der **Klage** beantragen kann, dass die Gesellschaft für **nichtig erklärt** werde, wenn der Gesellschaftsvertrag den Unternehmensgegenstand nicht angibt oder diese Angabe, etwa weil die betreffende Geschäftstätigkeit verboten ist, nichtig ist (§ 75 Abs. 1 GmbHG). Außerdem kann die Gesellschaft dann von Amts wegen gelöscht werden (§ 397 FamFG).

29 Soll jedoch der vom Gesetz durch § 3 Abs. 1 Nr. 2 GmbHG, § 10 Abs. 1 GmbHG angestrebte Zweck, einerseits die Öffentlichkeit zu informieren und andererseits die Gesellschafter zu schützen, erreicht werden, so genügt insoweit eine allgemein gehaltene, farblose und jede Art von Geschäftstätigkeit umfassende Formulierung wie „Handel mit Waren aller

---

[57] BGH NJW 2009, 850 Rn. 14 – MPS.

[58] BGH NJW 2009, 850 Rn. 14 – MPS; *Hommelhoff* in Lutter/Hommelhoff GmbHG § 30 Rn. 31.

[59] So die hM, *Fastrich* in Baumbach/Hueck GmbHG § 3 Rn. 7; *Wicke* in MüKoGmbHG § 3 Rn. 10 f.; kritisch hierzu *Roth* in Roth/Altmeppen GmbHG § 3 Rn. 7; *Heckschen* GmbHR 2007, 198.

[60] BGH NJW 2013, 1958 Rn. 16 bezogen auf den Vorstand einer AG.

[61] BayObLG DB 1976, 287; *Michalski* in Michalski GmbHG § 3 Rn. 7.

[62] Dazu im Einzelnen BR-Drs. 354/07, 76 f.

Art" oder „Betreiben von Handelsgeschäften" nicht.[63] Vielmehr ist der Unternehmensgegenstand so konkret und individuell zu bezeichnen, dass allein aus der Eintragung den beteiligten Wirtschaftskreisen erkennbar wird, wo der **Schwerpunkt der Geschäftstätigkeit** liegen wird.[64] Gegen allgemein gehaltene Zusätze im Gesellschaftsvertrag, die der Gesellschaft auch „verwandte Geschäfte" oder den „Erwerb von bzw. die Beteiligung an ähnlichen Unternehmen" gestatten, dürfte dann nichts einzuwenden sein.[65]

b) Anforderungen an die Individualisierung. Fraglich ist, welche Anforderungen an die Individualisierung des **Unternehmensgegenstands** speziell einer **Komplementär-GmbH** zu stellen sind. Das **BayObLG**[66] hatte zunächst entschieden, dass eine Formulierung, die nur die Tätigkeit der Komplementär-GmbH selbst betrifft („Gegenstand des Unternehmens ist die Übernahme der Funktion eines persönlich haftenden Gesellschafters in der KG Firma X") **nicht genüge.** Erforderlich sei vielmehr die konkrete **Kenntlichmachung des Geschäftszweigs, in dem die KG tätig** ist (also etwa: „Gegenstand des Unternehmens ist die Geschäftsführung von sowie die Beteiligung an der X-KG, die … zum Gegenstand hat"). 30

Die Entscheidung war mit Recht überwiegend auf **Ablehnung** gestoßen,[67] da sie **Eigen- und Fremdgeschäftsführung** der Komplementär-GmbH in unzulässiger Weise miteinander vermischte. Träger des von der GmbH & Co. KG betriebenen Unternehmens ist nun einmal nicht die Komplementär-GmbH, sondern die KG selbst. Mit der Forderung, im Unternehmensgegenstand der GmbH den Tätigkeitsbereich der KG anzugeben, wird mittelbar von der KG verlangt, ihren Gegenstand zum Handelsregister anzumelden, wozu sie sonst nicht verpflichtet ist (§ 162 Abs. 1 HGB iVm § 106 Abs. 2 HGB; vgl. auch § 40 Ziff. 2 HRV). Das BayObLG hat denn auch in seinem Beschluss vom 22.6.1995 zum Ausdruck gebracht, auf die Kenntlichmachung des Geschäftszweigs der KG verzichten und es ausreichen lassen zu wollen, die im Unternehmensgegenstand die Beteiligung als persönlich haftender Gesellschafter und Übernahme der Geschäftsführung an einer **konkreten KG** angegeben wird.[68] 31

Wir halten es für notwendig, aber auch für **ausreichend,** im Unternehmensgegenstand der Komplementär-GmbH die Berechtigung zur Beteiligung als persönlich haftender Gesellschafter (mit der Übernahme der Geschäftsführung) **an einer KG** vorzusehen.[69] Der Umstand allein,[70] dass das Risiko aus der von der GmbH & Co. KG entfalteten Geschäftstätigkeit auf die Komplementär-GmbH durchschlagen kann, rechtfertigt es noch nicht, den Unternehmensgegenstand der GmbH auf den Geschäftsbereich der KG auszudehnen. Die Benennung einer konkreten KG ist vor allem dann wenig sachgerecht und führt zu unüberwindlichen Schwierigkeiten, wenn ein und dieselbe GmbH, etwa eine Holding, bei **mehreren** KGs mit ganz unterschiedlichen Geschäftszweigen als Komplementär tätig werden soll (man denke auch an den Fall der doppelstöckigen GmbH & Co. KG)[71] oder wenn bei 32

[63] BayObLG GmbHR 1996, 360.

[64] Hierzu OLG Düsseldorf NJW 1970, 815, wonach die Formulierung „Verwaltung von Vermögen und Beteiligung an anderen Unternehmen" noch ausreichend sein soll. *Emmerich* in Scholz GmbHG § 3 Rn. 12 ff.

[65] Ähnlich *Schmidt-Leithoff* in Rowedder/Schmidt-Leithoff GmbHG § 3 Rn. 10.

[66] BayObLG DB 1976, 287 im Anschluss an OLG Hamburg BB 1968, 267.

[67] *Petzold* DB 1977, 1783; *Sudhoff* GmbHR 1977, 218; zustimmend *Sachs* DNotZ 1976, 355.

[68] BayObLG NJW-RR 1996, 413 (414).

[69] *Giedinghagen* in Winter Beratungspraxis GmbH & Co. KG Rn. U 573; *Pfisterer* in Saenger/Inhester GmbHG § 3 Rn. 11; *Wicke* GmbHG § 3 Rn. 5; *Wicke* in MüKoGmbHG § 3 Rn. 20. AA – Benennung der konkreten KG – *Bayer* in Lutter/Hommelhoff GmbHG § 3 Rn. 10; *Emmerich* in Scholz GmbHG § 3 Rn. 17; *Fastrich* in Baumbach/Hueck GmbHG § 3 Rn. 9; *Liebscher* in GmbH & Co. KG § 15 Rn. 7; *Lüke* in HTM HdB GmbH Co. KG Rn. 3.15. *Michalski* in Michalski GmbHG § 3 Rn. 12; *Schmidt-Leithoff* in Rowedder/Schmidt-Leithoff GmbHG § 3 Rn. 11; *Ulmer/Löbbe* in Ulmer/Habersack/Löbbe GmbHG § 3 Rn. 20; *Wälzholz* in GmbH-HdB Rn. I 234.

[70] Auf den das OLG Hamburg BB 1968, 267 abgestellt hat.

[71] AA wohl *Liebscher* in GmbH & Co. KG § 15 Rn. 8.

Gründung der GmbH noch gar nicht feststeht, an welcher KG sie sich als persönlich haftender Gesellschafter beteiligen wird.

33 Ob mittlerweile auch die Registergerichte dieser Auffassung folgen, ist jedoch nicht sicher. Um unter Umständen langwierigen Auseinandersetzungen mit dem Registergericht aus dem Weg zu gehen, das bis zur gerichtlichen Klärung der Streitfrage die GmbH nicht in das Handelsregister einträgt und dadurch den baldigen Geschäftsbeginn der GmbH & Co. KG wenn nicht verhindert, so doch mit zusätzlichen (und unnötigen) Haftungsrisiken belastet (→ Rn. 84 ff.), kann es sich in diesen Fällen aus praktischen Gründen **empfehlen,** den Unternehmensgegenstand in der GmbH-Satzung nach wie vor etwa wie folgt zu umschreiben (mit oder ohne Benennung des Geschäftszweigs der KG):[72]

34 *„Gegenstand des Unternehmens ist die Beteiligung als persönlich haftender Gesellschafter an der XY-GmbH & Co. KG mit Sitz in …[, die sich mit … befasst].“*

35 **c) Besonderheiten bei einer GmbH mit eigenem Gewerbebetrieb.** Fraglich ist, ob eine GmbH, die bisher noch nicht als Geschäftsführer einer KG tätig geworden war, sondern einen eigenen gewerblichen Betrieb unterhalten hatte, auch dann die Stellung einer Komplementär-GmbH übernehmen kann, wenn ihr satzungsmäßig festgelegter **Unternehmensgegenstand** eine derartige Beteiligung **nicht vorsieht.**

36 Diese Frage ist keineswegs nur von theoretischem Interesse. Zwar wird bei einer personalistisch strukturierten Gesellschaft die Entscheidung darüber, welche unternehmerischen Aktivitäten gegenwärtig und in Zukunft verfolgt werden sollen, meist einvernehmlich getroffen, so dass eine eventuell notwendig werdende Änderung des Unternehmensgegenstands als reine Formsache erscheint. Die Verhältnisse können jedoch auch anders liegen, und zwar nicht nur bei untereinander zerstrittenen Familiengesellschaftern, sondern auch bei sonstigen **Interessengegensätzen,** wie sie vor allem zwischen Mehrheits- und Minderheitsgesellschaftern denkbar sind. In diesem Fall gewinnt die Frage an Bedeutung, ob die Geschäftsführer der GmbH ohne Weiteres berechtigt sind, namens ihrer Gesellschaft in eine KG als persönlich haftender Gesellschafter einzutreten.

37 Nicht bei jeder unwesentlichen Ausweitung des in der Satzung festgelegten Geschäftsbereichs ist eine **Satzungsänderung** notwendig.[73] Die Beteiligung an einem anderen Unternehmen als Komplementär kann jedoch schon im Hinblick auf die damit für die GmbH verbundene, unbeschränkte **persönliche Haftung** nicht mehr als eine nur unwesentliche Änderung ihres Tätigkeitsbereichs angesehen werden. Es wäre auch wenig folgerichtig, wollte man an die Konkretisierung des Unternehmensgegenstands einer GmbH für den Fall, dass die Gesellschaft erst einige Zeit nach ihrer Gründung die Stellung einer Komplementär-GmbH übernehmen will, weniger strenge Anforderungen stellen, als wenn diese Tätigkeit von Anfang an ins Auge gefasst worden war. Schon zum Schutz der Gesellschafter, für die der in der Satzung vereinbarte Unternehmensgegenstand – wie erwähnt – eine **Risikobeschränkung** bedeutet, bedarf es daher einer **vorangehenden Satzungsänderung.** Richtiger Ansicht nach wird man nach § 53 Abs. 1, 2 GmbHG einen **satzungsändernden,** dh mit Dreiviertelmehrheit zu fassenden und notariell zu beurkundenden **Beschluss** verlangen müssen, durch den der Unternehmensgegenstand zuvor entsprechend geändert bzw. erweitert wird.[74]

38 Schließen die Geschäftsführer der GmbH gleichwohl den Gesellschaftsvertrag der GmbH & Co. KG **eigenmächtig** ab, ohne zuvor einen satzungsändernden Beschluss der Gesellschafterversammlung eingeholt zu haben, so kann zweifelhaft sein, ob die GmbH im

---

[72] *Giedinghagen* in Winter Beratungspraxis GmbH & Co. KG Rn. U 575.

[73] OLG Stuttgart BB 2001, 794 (795): maßgebend ist allein, ob der Bereich der in der Satzung umschriebenen Unternehmensaktivitäten verlassen wird; *Ulmer/Löbbe* in Ulmer/Habersack/Löbbe GmbHG § 3 Rn. 22: Satzungsänderung ist erforderlich bei einer Ausweitung des Betätigungsfelds der Gesellschaft über die Randbereiche des bisherigen Gegenstands hinaus.

[74] In der Übernahme der Komplementärstellung zugleich eine Änderung des Gesellschaftszwecks zu sehen, die der Zustimmung aller Gesellschafter bedarf (s. hierzu *Roth* in Roth/Altmeppen GmbHG § 3 Rn. 7, GmbHG § 53 Rn. 42), wäre wohl zu weitgehend.

Verhältnis zu den Kommanditisten durch ihren Gesellschaftsbeitritt **wirksam** berechtigt und verpflichtet wird. An sich ist Dritten gegenüber jede, auch eine satzungsmäßige Beschränkung der Vertretungsmacht der Geschäftsführer gemäß § 37 Abs. 2 GmbHG unwirksam, so dass sich die GmbH-Gesellschafter auf den begrenzten, eine Komplementär-Beteiligung nicht zulassenden Unternehmensgegenstand grundsätzlich nicht berufen können.

Andererseits ist aber anerkannt, dass sich – auch im Handelsverkehr – der Vertragsgegner (hier: die Kommanditisten) gemäß den Regeln über den Missbrauch der Vertretungsmacht auf die gesetzliche **Unbeschränkbarkeit** der **Vertretungsmacht** jedenfalls dann nicht berufen kann, wenn Vertreter (der GmbH-Geschäftsführer) und Vertragspartner (die Kommanditisten) unter Überschreitung der Pflichten im Innenverhältnis bewusst **zum Nachteil** des Vertretenen (der GmbH) zusammenwirken, der Vertragspartner den Missbrauch der Vertretungsmacht kannte oder sich ihm der Verdacht eines Treueverstoßes aufdrängen musste.[75] Ob allerdings der **Eintritt in eine GmbH & Co. KG** als persönlich haftender Gesellschafter ein für die GmbH nachteiliges Rechtsgeschäft darstellt, kann nicht generell, sondern nur nach den konkreten **Umständen des Einzelfalls** beurteilt werden, wobei die gesamte wirtschaftliche Lage beider Gesellschaften (Vermögen, Verbindlichkeiten etc) sowie die sich aus dem Gesellschaftsvertrag für die GmbH ergebenden Rechte und Pflichten von entscheidender Bedeutung sind.[76] 39

Ergibt die Abwägung der mit dem Gesellschaftsbeitritt für die GmbH verbundenen Vor- und Nachteile, dass es sich dabei um ein insgesamt **nachteiliges** Rechtsgeschäft für die GmbH handelte, und war dem **Kommanditisten** bei Abschluss des Gesellschaftsvertrags der KG entweder **bekannt oder musste sich ihm aufdrängen,** dass der Unternehmensgegenstand der GmbH so eng gefasst war, dass er die Beteiligung als geschäftsführender Gesellschafter einer GmbH & Co. KG nicht deckte, so ist der Gesellschaftsvertrag nicht wirksam zustande gekommen[77] und die KG – mangels Komplementär – nicht entstanden. Ob sich dem Kommanditisten aufdrängen musste, dass die Beteiligung der GmbH als persönlich haftender Gesellschafter im Unternehmensgegenstand zugelassen sein muss, und er verpflichtet war, sich die Zulassung nachweisen zu lassen, ist vom Einzelfall abhängig. 40

Fraglich ist, ob auf eine derartige „Gesellschaft“, die nicht wirksam entstanden ist, gleichwohl aber im Handelsregister als GmbH & Co. KG eingetragen und in Vollzug gesetzt wird, die Lehre von der sog **fehlerhaften Gesellschaft**[78] Anwendung finden kann. Dies hätte zur Folge, dass die Gesellschafter sich nicht nur gegenüber Dritten, also insbesondere gegenüber den Gesellschaftsgläubigern, sondern auch im Verhältnis untereinander auf die Unwirksamkeit des Gesellschaftsvertrags, jedenfalls für die Vergangenheit, nicht berufen können und darauf beschränkt sind, die **Auflösung** der Gesellschaft im Klageweg (§ 133 HGB iVm § 161 Abs. 2 HGB) herbeizuführen. 41

Dagegen spricht, dass der Grundsatz, wonach bei einer in Vollzug gesetzten Gesellschaft Anfechtungs- oder Nichtigkeitsgründe nur mit Wirkung für die Zukunft geltend gemacht werden können, nicht dazu führen kann, dass sich auch derjenige, der bei Abschluss des Gesellschaftsvertrags durch einen Vertreter vertreten wurde, der seine Pflichten im Innenverhältnis verletzt hat und dessen Vertragspartnern (die Kommanditisten) sich dieser Mangel zumindest **hätte aufdrängen müssen,** nur deshalb wie ein Gesellschafter behandeln lassen muss, weil der Vertreter die Gesellschaft auch noch in Vollzug gesetzt hat. Vielmehr drängt sich, zumindest in den Fällen der Kollusion, die Parallele auf zu den Fällen, in denen 42

[75] BGHZ 50, 112 (114) = NJW 1968, 1379; BGH DB 1976, 1278; DB 1984, 661; BGH NJW 1988, 3012; OLG Stuttgart GmbHR 1999, 1295 für den Fall des Überschreitens des Gesellschaftszwecks; *Ellenberger* in Palandt BGB § 164 Rn. 13 f., der auch bei der unbeschränkten Vertretung im Handelsrecht in Fällen der Evidenz immer ein bewusstes Handeln zum Nachteil des Vertretenen verlangt. AA OLG Hamm NZG 2006, 827 (829); *Fleischer* NZG 2005, 529 (535).

[76] Vgl. *Koch* in MüKoBGB § 516 Rn. 90 mwN für die spiegelbildliche Fragestellung, inwieweit die unentgeltliche Aufnahme in eine KG als Komplementär eine Schenkung im Rechtssinn darstellen kann.

[77] So auch *Lüdtke-Handjery* BB 1973, 68 (70).

[78] Zusammenfassende Darstellung bei *K. Schmidt* GesR § 6.

die Anwendung der Grundsätze über die fehlerhafte Gesellschaft aufgrund schutzwürdiger Interessen, beispielsweise bei einem Verstoß gegen § 138 BGB, von der Rechtsprechung verneint wurde.[79]

43 Wendet man die Grundsätze über die fehlerhafte Gesellschaft nicht an, würden die als vollmachtlose Vertreter handelnden GmbH-Geschäftsführer analog § 179 BGB gegenüber gutgläubigen Dritten im Ergebnis so behandelt, als hätten sie **selbst** die Stellung des Komplementärs mit den sich daraus ergebenden haftungsmäßigen Konsequenzen übernommen. **Andernfalls** liegt ein **vollgültiger Gesellschaftsvertrag** vor. Es fragt sich jedoch, ob in diesem Fall die Organmitglieder der GmbH gemäß § 75 Abs. 1 GmbHG Klage auf **Nichtigerklärung** und Löschung der Gesellschaft im Handelsregister mit der Begründung erheben können, dass der satzungsmäßige Unternehmensgegenstand nicht mehr mit der tatsächlich ausgeübten Tätigkeit übereinstimmt. Eine direkte Anwendung der Vorschrift scheidet aus, da der satzungsmäßige Unternehmensgegenstand nicht – wie in § 75 Abs. 1 GmbHG gefordert – nichtig ist.[80] Selbst wenn die Geschäftsführer der GmbH die Verfolgung des bisherigen Unternehmensgegenstands gänzlich aufgeben und künftig ausschließlich für die GmbH & Co. KG geschäftlich tätig sind, käme eine Klage nach § 75 Abs. 1 GmbHG folglich nur in Betracht, wenn man der Ansicht folgt, dass die Norm auch auf die **faktische Änderung** des bei der Gründung zutreffend angegebenen und ausreichend konkretisierten Unternehmensgegenstands (analog) anwendbar ist.[81]

44 Dem ist aber entgegenzuhalten, dass selbst für den Fall, dass die Erreichung des **Gesellschaftszwecks** einer GmbH **unmöglich** geworden ist, das Gesetz nicht die Nichtigkeitsklage, die von jedem Gesellschafter erhoben werden kann, sondern nur die **Auflösungsklage** zur Verfügung stellt, zu deren Erhebung nur Gesellschafter mit einer insgesamt mindestens 10 %igen Beteiligung am Stammkapital befugt sind (§ 61 Abs. 2 GmbHG). Da die Komplementärstellung der GmbH in einer GmbH & Co. KG in aller Regel die Erreichung des bisherigen satzungsmäßigen Gesellschaftszwecks nicht vereitelt, sondern höchstens erschwert, erscheint es nicht gerechtfertigt, den einzelnen GmbH-Gesellschafter durch die Nichtigkeitsklage, die ohne Rücksicht auf die Höhe der Beteiligung am Stammkapital erhoben werden kann, weitgehender zu schützen, als dies bei gänzlicher Vereitelung des Gesellschaftszwecks der Fall wäre.[82]

45 Daraus folgt zusammenfassend, dass die **Nichtigkeitsklage nach § 75 Abs. 1 GmbHG** wegen faktischer, nach der Gründung eintretender **Änderung des Unternehmensgegenstands,** wie sie mit einer in der Satzung an sich nicht vorgesehenen Beteiligung an einer GmbH & Co. KG als Komplementär verbunden ist, **uE nicht** erhoben werden kann, und zwar unabhängig davon, ob die GmbH-Geschäftsführer insoweit eigenmächtig tätig wurden oder mit Billigung der Gesellschafter gehandelt haben.

4. Besonderheiten bei der Einpersonen-GmbH

46 Über die notwendige Anzahl der Gründer einer GmbH enthielt das GmbHG in der bis zum Inkrafttreten der GmbH-Novelle am 1.1.1981 geltenden Fassung keine ausdrückliche Regelung. Lediglich aus dem Erfordernis eines „Gesellschaftsvertrags" ergab sich, dass an der Gründung wenigstens zwei Personen beteiligt sein mussten. Ob der seinerzeit fehlenden Möglichkeit, eine GmbH sogleich als Einpersonen-Gesellschaft ins Leben zu rufen, behalf sich die Praxis durch eine Strohmann-Gründung, deren Zulässigkeit zuletzt nicht mehr in Frage stand.[83] Seit der **GmbH-Novelle** lässt das GmbHG die **Gründung** einer GmbH

---

[79] Hierzu *K. Schmidt* GesR § 6 III 3a.

[80] Nichtigkeit ist gegeben, wenn der Unternehmensgegenstand gesetz- oder sittenwidrig oder nur zum Schein (§ 117 BGB) vereinbart ist; vgl. *Haas* in Baumbach/Hueck GmbHG § 75 Rn. 15.

[81] Bejahend *K. Schmidt* in Scholz GmbHG § 75 Rn. 11; *Haas* in Baumbach/Hueck GmbHG § 75 Rn. 16 für vollständige Abweichung; *Kleindiek* in Lutter/Hommelhoff GmbHG § 75 Rn. 3 für analoge Anwendung bei wesentlicher faktischer Abweichung. Verneinend dagegen *Rühland* in Michalski GmbHG § 75 Rn. 13.

[82] So zu Recht auch *Lüdtke-Handjery* BB 1973, 68 (70).

[83] BGHZ 21, 378 (382); 31, 258 (271). Der BGH ließ es in diesem Zusammenhang sogar zu, dass der Strohmann seinen künftigen Geschäftsanteil bereits vor Eintragung der GmbH in das Handelsregister auf den anderen Gründer-Gesellschafter übertrug, BGHZ 21, 378 (383).

durch nur **eine** (natürliche oder juristische) **Person** ausdrücklich zu (§ 1 GmbHG), so dass die bis dahin übliche Strohmanngründung entbehrlich geworden ist.

Für die **Gründung** einer Einpersonen-GmbH gelten die gleichen Vorschriften wie für die Gründung durch mehrere Personen. **Vor** Inkrafttreten des **MoMiG** wurde jedoch zusätzlich die Aufbringung des Stammkapitals durch die Sonderregelung gesichert, dass der (einzige) Gesellschafter für den Teil der Geldeinlagen, den er vor der Anmeldung der Gesellschaft zur Eintragung in das Handelsregister noch nicht zu leisten braucht (§ 7 Abs. 2 S. 1 und 2 GmbHG), eine **Sicherung** bestellen musste (§ 7 Abs. 2 S. 3 GmbHG aF). In der Regel geschah dies durch Sicherheitsleistung iSd § 232 BGB (Hauptfall: Hinterlegung von Geld oder Wertpapieren), doch sollten durch den Ausdruck „Sicherung" andere, wirtschaftlich gleichwertige Absicherungen wie zB Bürgschaft oder Schuldmitübernahme nicht ausgeschlossen sein.[84] Dass die erforderliche Sicherung bestellt ist, hatten die Geschäftsführer in der Anmeldung zu versichern (§ 8 Abs. 2 S. 2 GmbHG aF). Für die Richtigkeit der Versicherung hafteten der Gesellschafter und die Geschäftsführer gegenüber der Gesellschaft, wobei falsche Angaben überdies mit Strafe bedroht waren. 47

Um eine Umgehung dieser Bestimmungen zu verhindern, sah § 19 Abs. 4 GmbHG aF vor, dass bei einer **Vereinigung aller Geschäftsanteile** in der Hand eines Gesellschafters **innerhalb von drei Jahren** nach der Eintragung der Gesellschaft in das Handelsregister entweder alle Stammeinlagen voll einzuzahlen sind oder, wie im Fall der Gründung, eine entsprechende Sicherung zu bestellen ist.[85] Wurde diese Verpflichtung trotz Nachfrist nicht erfüllt, konnte das Gericht die Gesellschaft zwangsweise für aufgelöst erklären (§ 60 Abs. 1 Nr. 6 GmbHG aF). 48

Mit dem **MoMiG** wurden die vorgenannten **Sonderregelungen** ersatzlos **gestrichen,** da sie nach Auskunft der Praxis verzichtbar sein und lediglich eine unnötige Komplizierung der GmbH-Gründung bedeuten sollten.[86] Die sich im Zusammenhang mit der Einpersonen-GmbH stellenden Fragen zu § 181 BGB regelt § 35 Abs. 3 GmbHG (→ § 4 Rn. 30). 49

II. Gründung der GmbH & Co. KG als solche

1. Die verschiedenen Entstehungsmöglichkeiten

Eine GmbH & Co. KG wird **neu gegründet** durch den Abschluss eines entsprechenden **Gesellschaftsvertrags,** der zwischen den Kommanditisten und der als Komplementär eintretenden GmbH zu vereinbaren ist und der grundsätzlich keiner besonderen Form bedarf.[87] Dies gilt auch für die „Umgründung" einer GbR.[88] Ist der Zweck der Gesellschaft auf den Betrieb eines Handelsgewerbes iSd § 1 Abs. 2 HGB unter gemeinschaftlicher Firma gerichtet, entsteht die KG mit Aufnahme ihres Geschäftsbetriebs, andernfalls mit Eintragung der Firma im Handelsregister. 50

Ist bereits eine **Personenhandelsgesellschaft vorhanden,** kann eine GmbH & Co. KG auch dadurch entstehen, dass im Fall einer **KG** anstelle des bisherigen persönlich haftenden Gesellschafters eine GmbH als neuer Komplementär eintritt oder im Fall einer **OHG** die Gesellschafter in die Stellung von Kommanditisten wechseln und eine neu eintretende 51

---

[84] Regierungsbegründung, BT-Drs. 8/1347, 32.

[85] Nach § 19 Abs. 4 GmbHG aF genügte es auch, dass der Einpersonen-Gesellschafter einen Teil der Geschäftsanteile an einen Dritten übertrug (wodurch dessen Solidarhaftung gemäß § 24 GmbHG für die Aufbringung der Fehlbeträge begründet wurde).

[86] S. BR-Drs. 354/07, 76.

[87] Aber → Rn. 70. Zu den Fällen, in denen ausnahmsweise eine Pflicht zur Beurkundung besteht, *Binz/Mayer* NJW 2002, 3054; zur Beurkundungspflicht bei der Veräußerung von Anteilen an einer GmbH & Co. KG *Binz/Rosenbauer* NZG 2015, 1136.

[88] *Gassmann* DB 2004, 2066; für den Fall, dass eine Grundvermögen verwaltende GbR durch Aufnahme einer GmbH zur GmbH & Co. KG wird, hat das OLG München entschieden, dass nur eine Richtigstellung des Grundbuchs zu erfolgen hat, OLG München NZG 2016, 275 Rn. 7 ff. Aufgrund des bloß identitätswahrenden Formwechsels bedarf es keiner Voreintragung der GmbH als aufgenommener Gesellschafter.

GmbH die Komplementärstellung übernimmt. Besondere handelsrechtliche Probleme sind hiermit nicht verbunden.[89] Insbesondere ist allgemein anerkannt, dass eine Einlageverpflichtung dadurch erbracht werden kann, dass eine Komplementärbeteiligung in eine Kommanditbeteiligung umgewandelt wird.[90]

52 Handelt es sich bei der bereits vorhandenen GmbH um eine sog **Vorrats-GmbH** oder um den **„Mantel"** einer früher aktiv tätigen Gesellschaft, muss die Rechtsprechung des BGH zu **Vorrats- und Mantelgründungen** beachtet werden. Der BGH hat entschieden, dass die Ausstattung einer auf **Vorrat gegründeten,** zunächst kein eigenes Unternehmen **betreibenden GmbH** mit einem Unternehmen und die erstmalige Aufnahme des Geschäftsbetriebs zu einer **wirtschaftlichen Neugründung** der Gesellschaft führen.[91] Diese Rechtsprechung hat der BGH[92] auf den Fall übertragen, dass ein „alter" **Mantel,** dh eine im Rahmen ihres früheren Unternehmensgegenstands tätig gewesene GmbH, die zwischenzeitlich unternehmenslos geworden war und nur noch als **„leere Hülse"** existierte, wieder mit einem Unternehmen ausgestattet wird. Ein Fall der wirtschaftlichen Neugründung im Sinne dieser BGH-Rechtsprechung kann uE auch dann vorliegen, wenn eine Vorrats- oder Mantel-GmbH – insbesondere unter Änderung von Firma, Sitz und Unternehmensgegenstand sowie unter Austausch der Geschäftsführung – die **Stellung als Komplementär-GmbH** übernimmt.

53 Eine praktische Folge dieser vielfach kritisierten[93] Rechtsprechung besteht darin, dass die **wirtschaftliche Neugründung** der Vorrats- bzw. Mantelgesellschaft gegenüber dem Registergericht offenzulegen ist und die Geschäftsführer erneut die Versicherungen gemäß § 8 Abs. 2 GmbHG abzugeben haben.[94] Ohne Offenlegung droht den Gesellschaftern – im Vergleich zur Rechtslage im Fall einer rechtlichen Neugründung eine modifizierte – Vorbelastungs-/Unterbilanzhaftung und den Geschäftsführern die Handelndenhaftung gemäß § 11 Abs. 2 GmbHG analog.[95] Die Höhe der Unterbilanz ist hierbei zu dem Zeitpunkt zu bestimmen, zu dem die wirtschaftliche Neugründung entweder durch die Anmeldung der Satzungsänderungen oder durch die Aufnahme der wirtschaftlichen Tätigkeit erstmals nach außen in Erscheinung getreten ist,[96] so dass die Unterbilanzhaftung – anders als bei der rechtlichen Neugründung – Verbindlichkeiten, die nach dem für die Offenlegung maßgeblichen Zeitpunkt begründet werden, nicht erfasst.[97]

54 Die **Beweislast** dafür, dass zu dem Zeitpunkt, zu dem die wirtschaftliche Neugründung nach außen in Erscheinung getreten ist, keine Differenz zwischen dem (statutarischen) Stammkapital und dem Wert des Gesellschaftsvermögens besteht, liegt bei den Gesellschaftern.[98] Nach Auffassung des BGH – entschieden für § 16 Abs. 3 GmbHG aF – trifft die

---

[89] Wegen der Nachhaftung des ausscheidenden bzw. in die Stellung des Kommanditisten wechselnden Komplementärs → § 6 Rn. 204 ff. Zum Mehrheitserfordernis noch unter Geltung des Bestimmtheitsgrundsatzes BayObLG DB 2005, 43.

[90] OLG Hamburg ZIP 1983, 59; *K. Schmidt* in MüKoHGB §§ 171, 172 Rn. 45 mwN.

[91] BGH NJW 2003, 892 (893 f.); hierzu auch BGH NJW 2012, 1875 Rn. 9; umfassend auch *Winnen* RNotZ 2013, 389.

[92] BGH NJW 2003, 3198 (3199 ff.); 2010, 1459 Rn. 6; 2012, 1875 Rn. 11; ferner KG DB 2012, 2387 (2388 f.); OLG Celle GmbHR 2005, 1496; OLG Jena BB 2004, 2206; *Gronstedt* BB 2003, 2082.

[93] *K. Schmidt* NJW 2004, 1345 mwN; *Altmeppen* DB 2003, 2050, der sogar die Frage nach der verfassungsrechtlichen Zulässigkeit dieser vom BGH vorgenommenen Rechtsfortbildung stellt; *Jeep* NZG 2012, 1209 (1214 ff.) möchte die Rechtsfolgen der wirtschaftlichen Neugründung auf den Fall des Mantelkaufs beschränken und den Gesellschaftern die Möglichkeit gewähren, ihrer Einlageverpflichtung durch den Nachweis zu genügen, dass das Stammkapital zwischenzeitlich erwirtschaftet wurde.

[94] BGH NJW 2003, 892 (893 f.); 2003, 3198 (3199 ff.); 2012, 1875 Rn. 13 ff.; NJW-RR 2014, 416 Rn. 8; s. im Einzelnen hierzu *Bärwaldt/Balda* GmbHR 2004, 350; *Theusinger/Andrä* ZIP 2014, 1916; diese Grundsätze sind auch in der Liquidation der Gesellschaft anwendbar, BGH NJW-RR 2014, 416 Rn. 10.

[95] BGH NJW 2003, 3198 (3200 f.); NZG 2011, 1066 Rn. 11 ff.; NJW 2012, 1875 Rn. 14 ff.

[96] BGH NJW 2012, 1875 Rn. 20 ff. mwN zum Meinungsstand in Rechtsprechung und Literatur.

[97] BGH NJW 2012, 1875 Rn. 24 ff.; zustimmend *Giedinghagen/Rulf* GmbHR 2012, 630 (637 f.); *Horn* BB 2012, 1255 (1257 f.); kritisch *Fahsel* DStR 2015, 2153 (2154 ff.).

[98] BGH NJW 2012, 1875 Rn. 42 mwN; zustimmend *Horn* BB 2012, 1255 (1258).

Unterbilanzhaftung auch einen Erwerber der Gesellschaft.[99] Folgt man der hM,[100] wonach die Änderung des Wortlauts von § 16 Abs. 3 GmbHG aF (= § 16 Abs. 2 GmbHG nF) keine Auswirkung auf die Haftung des Erwerbers hat, ist bei Unternehmensübernahmen im Rahmen der Due Diligence und der Kaufvertragsgestaltung auf die mit der wirtschaftlichen Neugründung verbundenen Haftungsgefahren zu achten.

Mit dem Umwandlungsgesetz wurde ab 1995 erstmals auch die Möglichkeit geschaffen, 55
eine bestehende **Kapitalgesellschaft** unter Wahrung der Rechtsträgeridentität im Weg des **Formwechsels** in eine GmbH & Co. KG umzuwandeln (§§ 190 ff. UmwG; → § 29 Rn. 1 ff.).

Besondere Beachtung ist hier jedoch dem Fall der **vollständigen Unternehmensneu-** 56
gründung zu widmen, bei der also anfangs weder eine KG noch eine GmbH vorhanden ist. Bei einer solchen unmittelbaren Errichtung einer GmbH & Co. KG bedarf es des Neuabschlusses zweier selbstständiger Gesellschaftsverträge, des einen für die Gründung der GmbH, des anderen für die Errichtung der KG. Auch in diesem Fall entstehen keine besonderen Probleme, sofern die Gesellschafter mit der Eröffnung des Geschäftsbetriebs so lange abwarten, bis sowohl die Komplementär-GmbH wie auch die KG selbst ordnungsgemäß im Handelsregister eingetragen sind. Dies ist in der Praxis jedoch nicht immer der Fall.

2. Gründe für vorzeitigen Geschäftsbeginn

Die **Eintragungsverfahren** werden heute in aller Regel – im Zeitalter des elektroni- 57
schen Handelsregisters – zügig erledigt, zumal für die Eintragung der KG die vorherige Eintragung der Komplementär-GmbH nicht mehr gefordert wird.[101] Dennoch können oder wollen die Gesellschafter oft die Eintragung der beiden Gesellschaften nicht abwarten. Sie haben vielfach bereits Kapital investiert und Arbeitskräfte eingestellt, um aktuelle Marktchancen auszunutzen, die möglicherweise überhaupt erst den Anstoß für die Unternehmensgründung gegeben haben und gefährdet wären, wenn der Betrieb zunächst brach liegt. Hier kann unter Umständen schon eine kurzzeitige geschäftliche Untätigkeit den ganzen Unternehmenserfolg in Frage stellen.

Soll die GmbH & Co. KG gar – wie im Fall einer sog **Auffanggesellschaft** (zur Fortfüh- 58
rung eines sanierungsreifen Unternehmens) – ein eingebrachtes oder mit Barmitteln erworbenes **Handelsgeschäft fortführen,** so versteht es sich von selbst, dass dieses nicht bis zur Eintragung beider Gesellschaften in einem „Dornröschen-Schlaf" verharren kann. Die Einstellung von Lohn- und Gehaltszahlungen an die Arbeitnehmer des übernommenen Unternehmens, die Unterbrechung laufender Lieferverträge, das Unterlassen gebotener Geschäftsabschlüsse für die Fortführung des Betriebs usw könnten das eingebrachte Handelsgeschäft zum Erliegen bringen oder würden ihm zumindest schweren wirtschaftlichen Schaden zufügen. Es wird daher sogar als die **Pflicht** der Geschäftsführer anzusehen sein, das Unternehmen bis zum Zeitpunkt der Entstehung der GmbH & Co. KG in seinem wirtschaftlichen Wert zu erhalten und ungeachtet ausstehender Handelsregistereintragungen fortzuführen.[102]

Hinzu kommt, dass im **kaufmännischen Geschäftsverkehr** dem **Zeitpunkt der** 59
Registereintragung nicht die Bedeutung zukommt, die ihm so manche Autoren aus rein rechtstheoretischer Sicht gern beilegen. In der Praxis wird die vom Handelsregister zugesandte und ggf. auch schon „online" abrufbare Eintragungsmitteilung nur als das angesehen, was sie in Wirklichkeit ist, nämlich eine Mitteilung über ein eher routinemäßiges Ereignis, die zu den Akten zu nehmen ist. Mag in juristischer Hinsicht auch der Eintragungszeitpunkt sowohl über das Entstehen der GmbH (vgl. § 11 Abs. 1 GmbHG) als auch – bei Nichtvorlie-

[99] BGH NJW 2012, 1875 Rn. 20. Ablehnend *Wahl/Schult* NZG 2010, 611 (612).

[100] *Heidinger* in MüKoGmbHG § 16 Rn. 188 f. mwN zum Meinungsstand; *Jeep* NZG 2012, 1209 (1211).

[101] So noch BayObLG GmbHR 1969, 22 f.; OLG Hamm DB 1976, 1859 f.; auch → Rn. 69, 75.

[102] So für den parallelen Fall der AG im Gründungsstadium *Röhricht/Schall* in Großkomm. AktG § 30 Rn. 34.

gen eines Handelsgewerbes gemäß § 1 Abs. 2 HGB – der KG entscheiden, so sollte man sich doch davor hüten, bei Beurteilung der im nachfolgenden noch näher zu erörternden Rechtsfragen allzu formal und begrifflich zu argumentieren und dabei vor den praktischen Bedürfnissen neu gegründeter Unternehmen die Augen zu verschließen.

60 Es ist erfreulich, dass hier gerade die Rechtsprechung des II. Zivilsenats des BGH sehr viel Umsicht bewiesen und es im Weg **richterlicher Rechtsfortbildung** verstanden hat, die zunächst ungelösten Probleme aus dem Gründungsstadium der GmbH & Co. KG durch eine Reihe wegweisender Urteile in einer dogmatischen ebenso wie praktischen Anforderungen Rechnung tragenden Weise weitgehend zu klären.[103]

III. Zeitpunkt des Entstehens der GmbH & Co. KG

1. Allgemeines

61 Mit dem am 1.7.1998 in Kraft getretenen **Handelsrechtsreformgesetz (HRefG)**[104] hat der Gesetzgeber unter anderem den **Kaufmannsbegriff** völlig neu geregelt mit der Konsequenz, dass sich auch im Recht der Personenhandelsgesellschaften und damit auch für die GmbH & Co. KG grundlegende Änderungen ergeben haben. Zunächst gilt jedoch, dass die GmbH & Co. KG als Personengesellschaft nach wie vor **keine Handelsgesellschaft kraft Rechtsform** ist.[105] Für die Frage, in welchem Zeitpunkt die GmbH & Co. KG entsteht, ist vielmehr wie bisher auf den von der Gesellschaft in Aussicht genommenen Geschäftsbetrieb abzuheben. Allerdings wurde die historisch begründete und zuletzt als rein willkürlich empfundene Unterscheidung zwischen dem Betrieb eines „vollkaufmännischen" Grundhandelsgewerbes und eines lediglich „sollkaufmännischen" Handelsgewerbes aufgegeben.

62 Nunmehr wird einheitlich auf den Begriff des **Handelsgewerbes** abgehoben, wobei dieser jeden Gewerbebetrieb umfasst, es sei denn, dass das Unternehmen nach Art und Umfang einen in kaufmännischer Weise eingerichteten Geschäftsbetrieb nicht erfordert (§ 1 Abs. 2 HGB). Wie jede KG entsteht auch die GmbH & Co. KG, deren Geschäftsbetrieb auf die Ausübung eines Handelsgewerbes iSd § 1 Abs. 2 HGB gerichtet ist, die also einen in kaufmännischer Weise eingerichteten Geschäftsbetrieb erfordert, im **Außenverhältnis** nicht erst durch die – insoweit nur deklaratorisch wirkende – Eintragung im Handelsregister, sondern bereits im Zeitpunkt des **Geschäftsbeginns** (§ 123 Abs. 2 HGB iVm § 161 Abs. 2 HGB).

63 Vor dem HRefG konnte eine Gesellschaft, deren gewerblicher Zweck einen in kaufmännischer Weise eingerichteten Geschäftsbetrieb nicht erforderte, selbst beim Betrieb eines sog Grundhandelsgewerbes wegen ihrer „minderkaufmännischen" Eigenschaft nicht als GmbH & Co. KG eingetragen werden (so § 4 Abs. 2 HGB aF). Nach jetziger Rechtslage ist es dagegen möglich, auch bei **kleingewerblichen Unternehmen** aufgrund fakultativer Handelsregistereintragung für die Rechtsform der KG bzw. GmbH & Co. KG zu **optieren** (§ 105 Abs. 2 S. 1 HGB iVm § 161 Abs. 2 HGB).[106] Gleiches gilt aufgrund ausdrücklicher gesetzlicher Regelung in § 105 Abs. 2 HGB für Gesellschaften, die nur **eigenes Vermögen verwalten,** also überhaupt kein Gewerbe betreiben.[107]

64 Anstelle der früheren Unterscheidung zwischen Gesellschaften mit vollkaufmännischem Grundhandelsgewerbe und solchen mit einem sollkaufmännischen Handelsgewerbe ist nun-

---

[103] Voll des Lobes schon *Ulmer* ZGR 1981, 593 (620 f.): „Die mit dieser Rechtsfortbildung verbundene geistige Leistung verdient höchsten Respekt", wobei *Ulmer* durch seine eigenen literarischen Vorarbeiten an dieser Rechtsfortbildung selbst entscheidenden Anteil hatte.

[104] BGBl. 1998 I 1474 mit Übergangsfrist bis zum 31.3.2003 (Art. 38 Abs. 2 EGHGB).

[105] BayObLG BB 1985, 78 mwN; *Hopt* in Baumbach/Hopt HGB § 6 Rn. 7. AA *K. Schmidt* NJW 1998, 2161 (2165 f.) im Hinblick auf eine von ihm vertretene weite Auslegung des § 105 Abs. 2 HGB.

[106] S. auch § 3 Abs. 2 HGB, wonach auch land- und forstwirtschaftliche Unternehmen mit in kaufmännischer Weise eingerichtetem Geschäftsbetrieb optieren können.

[107] Völlig unbedeutende und nicht über den alltäglichen privaten Bereich hinausgehende Betätigungen sollen nach der Gesetzesbegründung allerdings nicht ausreichen BT-Drs. 13/8444, 41.

mehr also zu differenzieren zwischen Personenhandelsgesellschaften mit Handelsgewerbe iSv § 1 Abs. 2 HGB **(KG kraft Handelsgewerbes)** und eingetragenen kleingewerblichen bzw. vermögensverwaltenden Gesellschaften, bei denen die Eintragung im Handelsregister konstitutive Wirkung hat **(KG kraft Eintragung).** Eine zweite wesentliche Untergliederung ergibt sich aus der unterschiedlichen Rechtslage je nachdem, ob bei Eröffnung des Geschäftsbetriebs durch die (noch nicht eingetragene) GmbH & Co. KG die Komplementär-GmbH bereits entstanden ist oder ob deren Eintragung im Handelsregister ebenfalls noch aussteht.[108] Im letzteren Fall spricht man von einer **Vor-GmbH & Co. KG.**[109]

2. GmbH eingetragen, KG noch nicht

a) KG kraft Handelsgewerbes. Der **Zeitpunkt des Geschäftsbeginns** (§ 123 Abs. 2 HGB iVm § 161 Abs. 2 HGB) wird von der hM sehr weit ausgelegt. Sie lässt darunter bereits **bloße Vorbereitungsgeschäfte** fallen wie die Anmietung von Geschäftsräumen, den Abschluss von Anstellungsverträgen, die Eröffnung eines Bankkontos usw.[110] 65

Im **Innenverhältnis,** auf das es für die Haftungsverhältnisse im Gründungsstadium nicht weiter ankommt, entsteht die GmbH & Co. KG mit Handelsgewerbe iSv § 1 Abs. 2 HGB dagegen bereits mit **Abschluss des Gesellschaftsvertrags.** Ihr inneres Leben bestimmt sich also von Anfang an nach dem Recht der KG, obwohl sie im Außenverhältnis zunächst eine GbR, gebildet aus den Kommanditisten und der als Komplementär vorgesehenen GmbH, darstellt.[111] Erst mit Geschäftsbeginn wandelt sie sich in eine KG um. 66

b) KG kraft Eintragung. Vor Eintragung in das Handelsregister besteht eine GmbH & Co. KG, die kein Handelsgewerbe iSv § 1 Abs. 2 HGB betreibt, als solche, dh als KG, nicht (§ 105 Abs. 2 HGB iVm § 161 Abs. 2 HGB). Die **Handelsregistereintragung** hat hier also **konstitutive Wirkung.** Bis dahin handelt es sich um eine GbR, welche die werdenden Kommanditisten zusammen mit der GmbH bilden.[112] 67

Eine andere Frage ist, ob im **Innenverhältnis** der Gesellschafter einer erst durch Eintragung entstehenden KG untereinander das Recht der GbR gilt oder bereits die Vorschriften des HGB Anwendung finden. Dabei ist zu beachten, dass es den kleingewerblichen und vermögensverwaltenden Gesellschaften freigestellt ist, ihre Eintragung als Handelsgesellschaft im Handelsregister zu beantragen. Solange eine dahin gehende Absicht der Gesellschafter nicht erkennbar ist, kann auch in deren Innenverhältnis nur das Recht der GbR Anwendung finden. Ist die Handelsregistereintragung, insbesondere nach den gesellschaftsvertraglichen Vereinbarungen, erkennbar gewollt oder sogar bereits beantragt, dürfte es dem Willen aller Gesellschafter am ehesten entsprechen, wenn sich ihre internen Rechtsbeziehungen, insbesondere die Regelung der Geschäftsführungsbefugnis, das Stimmrecht sowie die Gewinn- und Verlustverteilung, vor und nach der Eintragung nach denselben Grundsätzen richten, also von Anfang an nach KG-Recht bestimmen.[113] 68

3. Weder GmbH noch KG eingetragen (Vor-GmbH & Co. KG)

a) KG kraft Handelsgewerbes. aa) Die Komplementärfähigkeit der Vor-GmbH. 69
Man ist sich seit Langem darüber einig, dass im **Gründungsstadium der GmbH** – das ist die Zeit zwischen dem Abschluss des Gesellschaftsvertrags in notarieller Form und der Eintragung im Handelsregister, also der Zeitraum zwischen Errichtung und Entstehung der Gesellschaft – bereits eine Vorgesellschaft besteht, die sog **Vor-GmbH.**[114] Haben die an der Grün-

[108] Dabei wird vorausgesetzt, dass die nicht eingetragene GmbH bereits gegründet ist, dh dass der Gesellschaftsvertrag notariell beurkundet wurde und eine sog Vor-GmbH entstanden ist, → Rn. 69.
[109] *K. Schmidt* in Scholz GmbHG § 11 Rn. 188.
[110] BGH NZG 2004, 663 f.; *Roth* in Baumbach/Hopt HGB § 123 Rn. 10.
[111] Statt aller *Schäfer* in Großkomm. HGB § 105 Rn. 49.
[112] BGHZ 61, 59 (67) = NJW 1973, 1691.
[113] Für die Vertretungsverhältnisse so auch *K. Schmidt* GesR § 46 III 1a.
[114] *K. Schmidt* GesR § 34 III 3.

dung der GmbH & Co. KG beteiligten Gesellschafter die Eröffnung des Geschäftsbetriebs schon vor Eintragung der GmbH beabsichtigt, so wird der Gesellschaftsvertrag der GmbH & Co. KG regelmäßig dahin auszulegen sein, dass bis zur Entstehung der GmbH die Vor-GmbH die Stellung des Komplementärs einnehmen soll. Dies setzt zum einen die Komplementärfähigkeit der Vor-GmbH und zum anderen die Vertretungsmacht ihrer Organe zum Abschluss des KG-Vertrags unter Beteiligung der Vor-GmbH als Komplementär voraus.

70 Von der Vor-GmbH streng zu unterscheiden ist die sog **Vorgründungsgesellschaft.** Davon spricht man, wenn die Gründer noch vor Abschluss des notariellen Gesellschaftsvertrags rechtsverbindliche Vereinbarungen untereinander treffen. Soweit diese eine Verpflichtung der Beteiligten zur Gründung der GmbH beinhalten, sich also nicht auf die Regelung von Nebenfragen für den Fall der Gründung beschränken, bedarf bereits der Abschluss eines solchen Vor-(gründungs)vertrags der **notariellen Beurkundung** entsprechend § 2 GmbHG.[115] Die Vorgründungsgesellschaft stellt, soweit ihr Zweck auf die Vorbereitung der GmbH-Gründung beschränkt ist, eine Innengesellschaft in der Form der GbR dar, auf die die §§ 705 ff. BGB Anwendung finden;[116] sie ist ausnahmsweise OHG, wenn sie bereits mit Geschäften beginnt und ihr Geschäftsbetrieb dabei auf ein Handelsgewerbe iSd § 1 Abs. 2 HGB angelegt ist.[117] Die für die GmbH vorgesehenen Vertretungsregelungen gelten im Vorgründungsstadium noch nicht uneingeschränkt.[118]

71 Bekanntlich beschränkt die hM den Kreis möglicher Gesellschafter einer OHG oder KG auf natürliche und juristische Personen sowie auf solche Personengesamtheiten ohne Rechtsfähigkeit, die im Verkehr als selbstständige Einheit auftreten. Dabei hat der BGH entgegen der früher hM mittlerweile auch der (Außen-)GbR die Fähigkeit zugesprochen, Kommanditist zu sein (→ § 2 Rn. 10). **Offengelassen** hat er aber die **Komplementärfähigkeit** der GbR und damit grundsätzlich auch diejenige der **Vorgründungsgesellschaft.**[119] Nachdem inzwischen das OLG Celle[120] und das LG Berlin[121] die Komplementärfähigkeit der (Außen-)GbR ausdrücklich bejaht haben (→ § 2 Rn. 27),[122] bleibt insoweit die weitere Entwicklung abzuwarten.

72 Ihrer **Rechtsnatur** nach ist die **Vor-GmbH** keine GbR, sondern eine Personenvereinigung eigener Art, die einem **Sonderrecht** untersteht, das aus den im GmbHG oder im Gesellschaftsvertrag gegebenen Gründungsvorschriften und dem Recht der rechtsfähigen GmbH, soweit es nicht die Eintragung voraussetzt, besteht und die daher „mehr" ist als eine GbR.[123] Die Vor-GmbH tritt im Rechtsverkehr auch grundsätzlich als Einheit auf und darf bereits die Firma der künftigen Kapitalgesellschaft, wenn auch mit einem auf die noch fehlende Eintragung hindeutenden Zusatz, führen.[124] Sie wird von der hM für **deliktfähig, grundbuchfähig, kontofähig, scheck- und wechselfähig, erbfähig, kaufmannsfähig, insolvenzfähig** sowie für **aktiv und passiv parteifähig** erklärt.[125] Angesichts dieser Rechtsentwicklung, durch die die Vor-GmbH zu einer weitestgehend rechtsfähigen Unternehmensträgerin aufgewertet worden ist, war es nur konsequent, dass

---

115 BGH BB 1988, 159.

116 Zu den Haftungsverhältnissen im Vorgründungsstadium BGH BB 1982, 69 f.; BAG NJW 2006, 3230; *Grädler/Köchel* ZGS 2011, 441 f.

117 BGH NZG 2004, 663.

118 OLG Stuttgart NZG 2002, 910 (912 f.).

119 Kritisch hierzu vor dem Hintergrund der Publizität der Vertretungsverhältnisse, die bei der GbR dispositiv sind, *Ulmer* ZIP 2001, 585 (596) und *Ulmer* ZIP 2001, 1713 (1715); *Elsing* BB 2001, 2338 (2339).

120 OLG Celle NZG 2012, 667.

121 LG Berlin NZG 2003, 580.

122 Zustimmend *Bergmann* ZIP 2003, 2231; *Schmidt/Bierly* NJW 2004, 1210.

123 AllgM, BGHZ 21, 242 (246); BGHZ 45, 348; BGH NJW 2000, 1193 (1194); *Fastrich* in Baumbach/Hueck GmbHG § 11 Rn. 6; *Merkt* in MüKoGmbHG § 11 Rn. 9, 12. Zur „fehlgeschlagenen" Vor-GmbH s. OLG Hamm DB 2006, 2287.

124 Zur Firmenrechtsfähigkeit und dem Namensschutz der Vor-GmbH s. BGHZ 120, 103 = NJW 1993, 459.

125 S. die Nachweise bei *Fastrich* in Baumbach/Hueck GmbHG § 11 Rn. 12–17 und *Michalski/Funke* in Michalski GmbHG § 11 Rn. 58–61.

der BGH – nach anfänglichem Zögern[126] – in seinem Grundsatzurteil vom 9.3.1981[127] ihr auch die **Komplementärfähigkeit** zuerkannt hat.

bb) Die Vertretungsmacht der Geschäftsführer im Gründungsstadium. Die hM erblickt – früher unter der Herrschaft des zwischenzeitlich aufgegebenen sog Vorbelastungsverbots – den **Zweck der Vor-GmbH** ausschließlich in der Herbeiführung der Eintragung und beschränkt demgemäß die Vertretungsmacht ihrer Organe auf die zur Entstehung der GmbH „notwendigen Geschäfte"; nicht gründungsnotwendige Rechtsgeschäfte sollen die GmbH dagegen nur verpflichten, wenn sie nach ihrer Eintragung deren Abschluss genehmigt.[128] Nach Aufwertung der Vor-GmbH zu einer handlungs- und haftungsfähigen Organisation, die als solche auch Träger eines Unternehmens sein kann, muss auch die Vertretungsmacht der Organe derjenigen der Geschäftsführer einer eingetragenen GmbH gleichkommen. Die **Vertretungsmacht** der Geschäftsführer ist deshalb **uE** bereits im Gründungsstadium entsprechend §§ 35, 37 GmbHG **unbeschränkt und unbeschränkbar.**[129] Aus Sicht der Gründer dürfte dieses Ergebnis vor dem Hintergrund der vom BGH mittlerweile verschärften Gründerhaftung (→ Rn. 90) wenig befriedigend sein. Wer jedoch eine Organisation ins Leben ruft, die im Rechtsverkehr wie eine eingetragene GmbH auftritt und ggf. sogar bereits als Komplementär im Handelsregister eingetragen wird, kann deren Geschäftspartnern keine Beschränkung der Vertretungsmacht zumuten.[130] 73

b) KG kraft Eintragung. Die Vor-GmbH & Co. KG, deren Unternehmen einen in kaufmännischer Weise eingerichteten Geschäftsbetrieb nicht erfordert oder die nur eigenes Vermögen verwaltet, entsteht, anders als bei einem Handelsgewerbe iSv § 1 Abs. 2 HGB, nicht schon mit Beginn der Geschäfte der Gesellschaft (§§ 123 Abs. 2, 105 Abs. 2 HGB iVm § 161 Abs. 2 HGB). Vielmehr liegt bis zur Eintragung der KG ins Handelsregister eine **GbR** vor, die von den werdenden Kommanditisten und der Vor-GmbH gebildet wird.[131] 74

Sollte sich die Eintragung der Komplementär-GmbH in das Handelsregister (in Abteilung B) verzögern, so stellt sich die Frage, ob dennoch schon die **KG** (in Abteilung A) eingetragen werden kann. Die Frage ist angesichts der Komplementärfähigkeit der Vor-GmbH zu bejahen,[132] zumal die Gesellschafter ein berechtigtes Interesse an der alsbaldigen Eintragung im Handelsregister, die ja hier konstitutiv für die Entstehung der KG ist, haben. Dabei muss in Kauf genommen werden, dass im Handelsregister der KG die Komplementär-Angabe berichtigt werden muss, sobald die GmbH ihrerseits ins Register eingetragen worden ist.[133] 75

IV. Haftungsverhältnisse im Gründungsstadium

1. Haftungsverhältnisse bei bereits eingetragener GmbH

a) KG kraft Handelsgewerbes. Da die GmbH & Co. KG mit einem Handelsgewerbe gemäß § 1 Abs. 2 HGB bereits mit Aufnahme des Geschäftsbetriebs als KG entsteht, haftet 76

[126] Offengelassen worden war die Frage noch in BGHZ 69, 95 (97); 70, 132 (134, 138 f.) und BGHZ 76, 320 (323).

[127] BGHZ 80, 129 = NJW 1981, 1373 im Anschluss an *Binz,* Haftungsverhältnisse im Gründungsstadium der GmbH & Co. KG, 1977, 145–212; *Binz* GmbHR 1976, 30 f.

[128] BGHZ 80, 129 (139); *Fastrich* in Baumbach/Hueck GmbHG § 11 Rn. 19; vgl. hierzu die eingehende Darstellung bei *Binz,* Haftungsverhältnisse im Gründungsstadium der GmbH & Co. KG, 1977, 50–61.

[129] *Binz,* Haftungsverhältnisse im Gründungsstadium der GmbH & Co. KG, 1977, 134 ff.; *K. Schmidt* in Scholz GmbHG § 11 Rn. 72; *K. Schmidt* GesR § 34 III 3b bb; *Michalski/Funke* in Michalski GmbHG § 11 Rn. 63. AA die hM, BGHZ 80, 129 (139) = NJW 1981, 1373; *Roth* in Roth/Altmeppen GmbHG § 11 Rn. 46 f.; *Bayer* in Lutter/Hommelhoff GmbHG § 11 Rn. 17; *Fastrich* in Baumbach/Hueck GmbHG § 11 Rn. 19; *Schmidt-Leithoff* in Rowedder/Schmidt-Leithoff GmbHG § 11 Rn. 85, 86; *Meyer* GmbHR 2002, 1176 (1181).

[130] Wie hier *K. Schmidt* in Scholz GmbHG § 11 Rn. 73.

[131] *K. Schmidt* in Scholz GmbHG § 11 Rn. 181, 189; *Schmidt-Leithoff* in Rowedder/Schmidt-Leithoff GmbHG § 11 Rn. 165.

[132] BGH NJW 1985, 736 f.; *Roth* in Baumbach/Hopt HGB Anh. § 177a Rn. 13; *Merkt* in MüKoGmbHG § 11 Rn. 224; *K. Schmidt* NJW 1981, 1347. Die Gegenansicht (insbesondere BayObLG GmbHR 1969, 23 und OLG Hamm DB 1976, 1859) ist durch die Entscheidung des BGH überholt.

[133] Dh, der regelmäßige Zusatz „i.G." wird gelöscht, *Roth* in Baumbach/Hopt HGB Anh. § 177a Rn. 13.

sie ab diesem Zeitpunkt gemäß § 124 Abs. 1 HGB iVm § 161 Abs. 2 HGB für alle in ihrem Namen begründeten Verbindlichkeiten mit ihrem Gesellschaftsvermögen. Zu dieser Haftung tritt diejenige der Komplementär-GmbH aufgrund § 128 HGB hinzu. Für die Haftung der Kommanditisten gilt nichts Besonderes. Diese haften zunächst gemäß § 171 Abs. 1 HGB in Höhe ihrer Einlage unmittelbar, soweit sie diese noch nicht geleistet haben. Obwohl die GmbH & Co. KG noch nicht in das Handelsregister eingetragen ist, kommt eine darüber hinausgehende **Kommanditistenhaftung nach § 176 Abs. 1 HGB** grundsätzlich **nicht** in Betracht. Wie weiter unten näher dargelegt (→ § 5 Rn. 34 ff.), scheitert eine Haftung aufgrund dieser Vorschrift bei Vertragsschlüssen namens einer GmbH & Co. KG bereits an der **Kenntnis** des Gläubigers von der **besonderen Gesellschaftsstruktur** und den damit einhergehenden Haftungsverhältnissen.

77 **b) KG kraft Eintragung. aa) Haftung der „GmbH & Co. KG".** Die nur ein Kleingewerbe betreibende oder nur eigenes Vermögen verwaltende „GmbH & Co. KG" besteht vor ihrer Eintragung in das Handelsregister, wie dargelegt, nicht als KG, sondern als **GbR.** Schließt nun die GmbH, ihrerseits vertreten durch ihren Geschäftsführer, im Namen der – als solcher noch nicht entstandenen – GmbH & Co. KG einen Vertrag ab, so wird hieraus die GbR berechtigt und verpflichtet.[134] Denn wenn im Gesellschaftsvertrag oder aufgrund Gesellschafterbeschlusses die Aufnahme des Geschäftsbetriebs bereits vor Eintragung der KG bestimmt ist, wird man die Vertragsbestimmungen über die Geschäftsführungs- und Vertretungsbefugnis dahin interpretieren müssen, dass der vertretungsberechtigte Gesellschafter, die GmbH, die Gesellschaft schon jetzt vertreten und damit das gesamthänderisch gebundene Gesellschaftsvermögen verpflichten kann.[135] Dabei ist unerheblich, dass bei Vertragsabschluss die Firma der künftigen und noch nicht entstandenen GmbH & Co. KG – unzulässigerweise – verwendet wird.

78 Wird die „GmbH & Co. KG" schließlich ins **Handelsregister eingetragen,** wird die GbR zur KG. Der **Wechsel in der Rechtsform** lässt die **Identität** der Gesellschaft und ihre Stellung als Vertragspartner, nunmehr in der Rechtsform der KG, **unberührt.**[136]

79 **bb) Haftung der Kommanditisten.** Problematisch ist uE, dass § 176 Abs. 1 HGB nach § 176 Abs. 1 S. 2 HGB bei kleingewerblichen (§ 2 HGB) und vermögensverwaltenden (§ 105 Abs. 2 HGB) Gesellschaften, die erst **kraft (freiwilliger) Eintragung** zur KG werden, **nicht gilt.** Dies erschien plausibel, solange auch die BGB-Gesellschafter die Möglichkeit hatten, ihre Haftung durch Vollmachtsbeschränkung und Kundgabe nach außen zu begrenzen.[137] Demgegenüber ist nach der neueren Rechtsprechung des BGH eine Haftungsbegrenzung für BGB-Gesellschafter nur noch mittels Individualvertrag möglich, eine **„GbR mit beschränkter Haftung"** daher nicht mehr zulässig;[138] ansonsten haften BGB-Gesellschafter für die Verbindlichkeiten der GbR unbeschränkt akzessorisch entsprechend § 128 HGB.[139] Auch der bisherigen Ansicht, wonach allein durch das Auftreten der GbR unter der **Firma der künftigen GmbH & Co. KG** die gewollte Haftungsbeschränkung nach außen wirke, da hierdurch der Wille, nur wie ein Kommanditist beschränkt haften zu wollen, für jeden Dritten mit hinreichender Deutlichkeit erkennbar sei,[140] ist damit der Boden entzogen.

---

[134] Zur Anerkennung der weitgehenden Rechts- und Parteifähigkeit der (Außen-)GbR und der akzessorischen Haftung ihrer Gesellschafter entsprechend § 128 HGB s. BGH NJW 2001, 1056 – ARGE Weißes Ross.

[135] Hier kann nichts anderes gelten als für den Umfang der Geschäftsführungsbefugnis der Organe der Vor-GmbH selbst, → Rn. 73.

[136] BGHZ 69, 95 (101); *Ihrig* in Reichert GmbH & Co. KG § 11 Rn. 3.

[137] So auch *Armbrüster* ZGR 2005, 34 (59 f.).

[138] BGH NJW 1999, 3483 = DStR 1999, 1704; NJW-RR 2005, 400 (401); zu den Anforderungen an individualvertragliche Haftungsbeschränkungen s. auch KG DStR 2004, 1757 mAnm *Geyrhalter/Zirngibl.* Ein Haftungsausschluss in AGB ist unwirksam OLG Stuttgart NZG 2002, 84 f. AA für geschlossene Immobilienfonds BGH NJW 2002, 1642.

[139] BGH NJW 2001, 1056 (1061) – ARGE Weißes Ross; erfasst sind auch gesetzlich begründete Verbindlichkeiten der GbR BGH NJW 2003, 1445 (1446 f.).

[140] So BGHZ 61, 59 (65 ff.) = NJW 1973, 1691; BGH DStR 1991, 585 (586).

§ 176 Abs. 1 S. 2 HGB begründet somit eine von der Sache her nicht gerechtfertigte Benachteiligung für die Gesellschafter einer **kleingewerblichen** oder **vermögensverwaltenden** Gesellschaft, deren Eintragung ins Handelsregister beabsichtigt ist.[141] Diese Gesellschafter können ihre Haftung bis zur Eintragung nur durch Individualvertrag beschränken, während bei einer KG, deren Zweck auf den Betrieb eines Handelsgewerbes gerichtet ist, die Gesellschafter gemäß § 176 Abs. 1 S. 1 Hs. 2 HGB dasselbe Ziel durch bloße Mitteilung an die Gläubiger erreichen können.[142] Dieser **Wertungswiderspruch** macht es uE erforderlich, § 176 Abs. 1 S. 1 Hs. 2 HGB[143] jedenfalls auf solche Gesellschaften (GbR) **analog** anzuwenden, die von Beginn an beabsichtigen, eine KG zu werden, und die **unverzüglich** den gemäß § 105 Abs. 2 HGB iVm § 161 Abs. 2 HGB erforderlichen **Eintragungsantrag** stellen, sofern schon im Gesellschaftsvertrag die Absicht dokumentiert ist, sich als KG eintragen zu lassen.[144] 80

Ungeachtet dessen haftet ein „Kommanditist", der dem Auftreten der **GbR** als GmbH & Co. KG zugestimmt hat, auch nicht **kraft Rechtsscheins** wie ein nicht eingetragener Kommanditist gemäß § 176 Abs. 1 HGB unbeschränkt. Der BGH hat diese in der Literatur vertretene Auffassung als logischen „Trugschluss" bezeichnet. Denn eine dem Rechtsschein entsprechende Haftung könne hier nur bedeuten, dass die Gesellschafter jeweils so hafteten, wie wenn die KG schon entstanden, dh als solche im Handelsregister eingetragen wäre, also beschränkt auf den Betrag der ebenfalls als eingetragen zu unterstellenden Einlage, soweit dies der Gesellschaftsvertrag vorsieht. Demzufolge würde eine unbeschränkte Inanspruchnahme aller Gesellschafter über das Ziel, den auf den Rechtsschein vertrauenden Verkehr zu schützen, hinausschießen, weil dann der gutgläubige Geschäftspartner der angeblichen KG besser stünde, als es seinen eigenen Vorstellungen entspräche.[145] Dies darf jedoch nicht dahin missverstanden werden, dass bereits das Auftreten als Kommanditist genügt, um eine Rechtsscheinhaftung auszuschließen.[146] Nach Anerkennung der Rechtsfähigkeit der GbR, dem Übergang zur Akzessorietätstheorie[147] und der BGH-Entscheidung zur Unwirksamkeit formularmäßiger oder einseitiger Haftungsausschlüsse[148] ist stets erforderlich, dass die Eintragungsabsicht im Gesellschaftsvertrag dokumentiert ist und der Eintragungsantrag unverzüglich gestellt wird (→ Rn. 80). 81

Im Ergebnis haften damit die werdenden Kommanditisten nur **beschränkt** mit ihrem **Anteil am Gesellschaftsvermögen,** zu dem auch die Einlageforderungen gegen die Gesellschafter gehören. Soweit die Einlagen noch nicht erbracht sind, ist ein Gesellschaftsgläubiger aber nicht auf den umständlichen Weg verwiesen, zunächst einen Titel gegen die GbR und/oder ihre sämtlichen Gesellschafter (§ 736 ZPO) zu erwirken, um dann, nachdem die Einlageforderungen der Gesellschaft gepfändet und überwiesen wurden, gegen die betreffenden Gesellschafter einen weiteren Rechtsstreit zu führen. Ein Gesellschaftsgläubiger 82

---

[141] Insofern ist ein Funktionswandel des § 176 Abs. 1 HGB eingetreten: von einer Haftungsverschärfung zum Haftungsprivileg *K. Schmidt* GesR § 55 I; *Jacobs* DB 2005, 2227 (2229 f.) mwN; zum Gesetzeszweck der Vorschrift → § 5 Rn. 27.

[142] *K. Schmidt* GmbHR 2002, 341 fordert eine Streichung von § 176 Abs. 1 S. 2 HGB, der teleologisch bereits de lege lata außer Anwendung zu setzen sei; im Hinblick auf eine bestehende Privilegierung der Kommanditisten in spe gegenüber „normalen" BGB-Gesellschaftern fordert er zudem eine Rechtsfortbildung oder eine Gesetzesänderung des § 176 Abs. 1 S. 1 HGB; hierzu auch *Dauner-Lieb* FS Lutter, 2000, 835 (839 ff.); *Mattheus/Schwab* ZGR 2008, 65 (76 ff.) verweisen auf die Möglichkeit der freiwilligen Eintragung.

[143] Zur haftungsausschließenden Kenntnis beim Vertragsschluss mit einer als GmbH & Co. KG auftretenden Gesellschaft ausführlich → § 5 Rn. 31 ff.

[144] Im Ergebnis ebenso *K. Schmidt* in MüKoHGB § 176 Rn. 7; für direkte Anwendung ohne Analogiebildung *Meyer* BB 2008, 628 (633 f.); gegen die (analoge) Anwendung *Jacobs* DB 2005, 2227 (2232); *Kindler* in Koller/Kindler/Roth/Morck HGB § 176 Rn. 7.

[145] BGHZ 61, 59 (65 ff.) = NJW 1973, 1691.

[146] *K. Schmidt* GesR § 55 I 2b.

[147] BGH NJW 2001, 1056 (1061) – ARGE Weißes Ross; erfasst sind auch gesetzlich begründete Verbindlichkeit.

[148] BGH NJW 1999, 3483 = DStR 1999, 1704; NJW-RR 2005, 400 (401); zu den Anforderungen an individualvertragliche Haftungsbeschränkungen s. auch KG DStR 2004, 1757 mAnm *Geyrhalter/Zirngibl.* Ein Haftungsausschluss in AGB ist unwirksam OLG Stuttgart NZG 2002, 84 f. AA für geschlossene Immobilienfonds BGH NJW 2002, 1642.

kann vielmehr die nach außen hin als Kommanditisten aufgetretenen GbR-Gesellschafter nach **Rechtsscheingrundsätzen** gemäß § 171 Abs. 1 S. 1 HGB in Höhe der noch ausstehenden Einlage **unmittelbar** in Anspruch nehmen.

83 **cc) Haftung der Komplementär-GmbH und deren Geschäftsführer.** Die GmbH haftet in ihrer Eigenschaft als Mitglied einer GbR sowie als **Scheinkomplementär** gemäß § 128 HGB unbeschränkt mit ihrem Gesellschaftsvermögen. Dagegen kommt eine irgendwie geartete Haftung der GmbH-Geschäftsführer nicht in Betracht. Zwar sollte nach einer Entscheidung des BGH[149] der im Namen einer noch nicht entstandenen GmbH & Co. KG Handelnde entsprechend § 179 Abs. 1 BGB ohne Rücksicht auf die Kenntnis des Vertragspartners auf Erfüllung haften, wenn die Gesellschaft nicht existent wird oder sie den Vertrag nach ihrer Entstehung nicht genehmigt. Der **BGH** hat jedoch später **klargestellt,** dass jener Fall sachlich und verfahrensrechtlich durch das Zusammentreffen ungewöhnlicher Umstände geprägt gewesen sei. Insbesondere hat der BGH klargestellt, dass vor Eintragung der KG diese als GbR wirksam verpflichtet wurde,[150] womit die Voraussetzung des § 179 Abs. 1 BGB nicht erfüllt ist.

2. Haftungsverhältnisse bei der Vor-GmbH & Co. KG

84 **a) KG kraft Handelsgewerbes. aa) Haftung der Vor-GmbH & Co. KG und ihres Komplementärs.** Da die Vor-GmbH & Co. KG mit Aufnahme ihrer Geschäfte bereits als KG unter Beteiligung der Vor-GmbH als Komplementär entsteht, liegen die Haftungsverhältnisse relativ einfach. Die KG als solche haftet für die von ihr begründeten Verbindlichkeiten nach allgemeinen Grundsätzen (§ 124 HGB iVm § 161 Abs. 2 HGB). Dasselbe gilt für die Vor-GmbH, die aufgrund ihrer Stellung als persönlich haftender Gesellschafter ihrerseits mit ihrem Gesellschaftsvermögen für alle Verbindlichkeiten der GmbH & Co. KG aufzukommen hat (§ 128 HGB iVm § 161 Abs. 2 HGB). Fraglich ist, ob die Gesellschaftsgläubiger der Vor-GmbH & Co. KG neben der **Vor-GmbH** selbst auch deren einzelne **Gesellschafter persönlich** auf Zahlung in Anspruch nehmen können.

85 **bb) Haftung der GmbH-Gründer.** Wie sich die Haftung bei der Vor-GmbH gestaltet, war lange Zeit unklar. Dabei ging es zum einen um die Frage, ob die Gründer unbeschränkt haften oder sich ihre Haftung auf die noch ausstehende Einlage beschränkt. Zum anderen ging es darum, ob die Gründer einer gesamtschuldnerischen Außenhaftung gegenüber den Gesellschaftsgläubigern oder nur einer proratarischen Innenhaftung gegenüber der Gesellschaft unterliegen.[151]

86 Der **BGH** sprach sich im Einklang mit einem Teil der Literatur zunächst für eine unmittelbare **Außenhaftung** der Gründer mit ihrem Privatvermögen aus, soweit sie sich ausdrücklich oder konkludent mit der vorzeitigen Geschäftsaufnahme einverstanden erklärt hatten, beschränkte jedoch deren Haftung auf die Höhe ihrer **Einlageverpflichtung.**[152] Dieses Haftungskonzept basierte noch auf der Lehre vom sog **Vorbelastungsverbot,** nach der die Kapitalaufbringung der GmbH dadurch gesichert werden sollte, dass auf diese zwar stets alle Aktiva, hingegen nur solche Verbindlichkeiten der Vor-GmbH automatisch übergehen sollten, die für ihre Entstehung „notwendig" waren. Infolgedessen war den Gläubigern der Vor-GmbH der Vollstreckungszugriff auf das Gesellschaftsvermögen und die hierzu auch gehörenden Einlageforderungen der eingetragenen GmbH weitgehend versperrt. Ohne eine unmittelbare Außenhaftung der Gründer wäre dies auf einen völligen Haftungsausschluss hinausgelaufen. Um dieses, aus damaliger Sicht unhaltbare Ergebnis zu vermeiden, sah sich der BGH seinerzeit gezwungen, die Gesellschafter ihre Einlagen unter Umständen **doppelt** erbringen zu lassen: einmal an die GmbH nach ihrer Eintragung, ein zweites Mal an die Gläubiger der Vor-GmbH.

[149] BGHZ 63, 45 = NJW 1974, 1905.
[150] BGHZ 69, 95 (101).
[151] Im Überblick *Grädler/Köchel* ZGS 2011, 441 (442 ff.).
[152] BGHZ 65, 378 (383); BGHZ 72, 45 (49 f.); BGH WM 1980, 955 (956); zum damaligen Meinungsstand in der Literatur s. *Binz,* Haftungsverhältnisse im Gründungsstadium der GmbH & Co. KG, 1977, 214 ff.

Mit Grundsatzurteil vom 9.3.1981 hat der BGH[153] das **Vorbelastungsverbot aufgegeben,** die ursprünglich vertretene Außenhaftung mit betragsmäßiger Begrenzung auf die Höhe der Einlage in Frage gestellt und in Anlehnung an die für Sacheinlagen in § 9 GmbHG statuierte Differenzhaftung des Sacheinlegers eine allgemeine Differenzhaftung, oder besser **Vorbelastungshaftung,** entwickelt.[154] Danach gilt, dass alle Rechte und Pflichten aus den Geschäften, die der Geschäftsführer mit Ermächtigung aller Gesellschafter[155] im Namen der Vor-GmbH abschließt, mit der Eintragung der GmbH voll auf diese übergehen. **87**

Soweit sich jedoch durch die aus dem Gründungsstadium übernommenen Verbindlichkeiten im Zeitpunkt der Eintragung der GmbH in das Handelsregister eine negative Differenz zwischen dem Stammkapital und dem Wert des Gesellschaftsvermögens ergibt, haften die Gesellschafter der GmbH gegenüber **(Innenhaftung)** anteilig auf diese Wertdifferenz, was ggf. eine Ausfallhaftung der Mitgesellschafter gemäß § 24 GmbHG einschließt.[156] Damit hat der BGH den unter der Herrschaft des Vorbelastungsverbots geltenden Grundsatz der gegenständlichen Aufbringung des Stammkapitals durch den Grundsatz der (nur) **wertmäßigen Aufbringung** ersetzt. Die Ansprüche aus der Haftung der Gründer sind dabei auf der Grundlage einer **Vorbelastungsbilanz** mit den wahren Werten nach Fortführungsgrundsätzen zu ermitteln und unterliegen denselben strengen Regeln der Kapitalaufbringung wie die ursprüngliche Einlageschuld.[157] **88**

Im Ergebnis geht damit das wirtschaftliche Risiko einer Geschäftstätigkeit vor Eintragung zulasten der Gründer, wobei deren Haftung den **vollen Verlustausgleich,**[158] bezogen auf den Zeitpunkt der Eintragung,[159] umfasst, also nicht durch das Stammkapital oder gar den Betrag der jeweils übernommenen Stammeinlage beschränkt ist.[160] Die Gründer der Komplementär-GmbH haften somit unbeschränkt im Weg der Innenhaftung auch für die Verluste aus Geschäften, die im Namen der Vor-GmbH & Co. KG bis zum Zeitpunkt der Eintragung der GmbH getätigt wurden.[161] **89**

Die Vorbelastungshaftung, die die Eintragung der GmbH in das Handelsregister voraussetzt, ging in der Praxis oft ins Leere, da nach hM vor der Handelsregisteranmeldung entstandene und bis zu diesem Zeitpunkt nicht ausgeglichene Vorbelastungen bzw. erhebliche Zweifel an der Leistungsfähigkeit der Gesellschafter bezüglich der Erfüllung der Vorbelastungshaftung ein **Eintragungshindernis** darstellen.[162] Erst in seiner Grundsatzentscheidung vom 27.1.1997 hat der BGH diesen dogmatischen „circulus vitiosus" beseitigt und das Haftungskonzept bei der Vor-GmbH mit der sog **Verlustdeckungshaftung** vervollständigt.[163] Danach haften die Gesellschafter für die Verbindlichkeiten der Vor-GmbH im Innenverhältnis auch dann unbeschränkt, wenn die Eintragung der GmbH wegen der Vorbelastung oder aus anderen Gründen scheitert. **90**

---

153 BGHZ 80, 129 (144) = NJW 1981, 1373.

154 Statt von Vorbelastungshaftung wird auch von Unterbilanzhaftung gesprochen BGH ZIP 1997, 679.

155 Die Darlegungs- und Beweislast für ein fehlendes Einverständnis liegt beim in Anspruch genommenen Gesellschafter LG Meiningen GmbHR 2017, 302 (303), Rev. (Az. OLG Jena 1 U 848/16); *Fastrich* in Baumbach/Hueck GmbHG § 11 Rn. 65.

156 So die stRspr, BGH NJW 1981, 1452 (1453); 1982, 932 (933); GmbHR 2001, 293 f. und die ganz hM in der Literatur, *K. Schmidt* in Scholz GmbHG § 11 Rn. 45 f., 139 ff.; *Bayer* in Lutter/Hommelhoff GmbHG § 11 Rn. 5, 20 ff., 41 ff.; *Fastrich* in Baumbach/Hueck GmbHG § 11 Rn. 24 ff. mwN.

157 Dazu eingehend BGH DStR 2006, 711.

158 BGH GmbHR 1982, 235.

159 *Priester* ZIP 1982, 1141 (1149 ff.) und *Joost* ZGR 1989, 554 (562) sprechen sich abweichend von der hM – wie in § 9 Abs. 1 GmbHG ausdrücklich geregelt – für den Zeitpunkt der Anmeldung aus.

160 Zur Darlegungs- und Beweislast bezüglich Ansprüchen aus der Vorbelastungshaftung s. BGH DStR 2003, 650; 2006, 711; OLG Brandenburg GmbHR 2010, 200 f.

161 *Fastrich* in Baumbach/Hueck GmbHG § 11 Rn. 70.

162 So die hL, *Schmidt-Leithoff* in Rowedder/Schmidt-Leithoff GmbHG § 9c Rn. 30; *Fastrich* in Baumbach/Hueck GmbHG § 9c Rn. 11; für Erstreckung des Eintragungshindernisses auch auf nach Handelsregisteranmeldung entstandene Vorbelastungen: OLG Hamm DB 1993, 86; BayObLG BB 1998, 2439 (2440); *Roth* in Roth/Altmeppen GmbHG § 9c Rn. 13; gegen jegliche Annahme eines Eintragungshindernisses *Riemenschneider/Freitag* in MHdB GesR III § 8 Rn. 34.

163 BGH NJW 1997, 1507; dieser neuen Rechtsprechung angeschlossen haben sich das BAG (BAG ZIP 1996, 1548), der BFH (BFH NJW 1998, 2926 f.) und das BSG (BSG NJW-RR 2000, 1125 [1126 ff.]).

91 Es besteht damit eine **einheitliche Gründerhaftung** in Form der bis zur Eintragung der Gesellschaft andauernden Verlustdeckungshaftung und der an die Eintragung geknüpften Vorbelastungshaftung und zwar (im Sinne einer reinen Innenhaftung) jeweils der Gesellschaft gegenüber. Lediglich dann, wenn nach **gescheiterter Gründung** die Geschäftstätigkeit nicht sofort beendet und die Vor-GmbH abgewickelt wird, haften die Gründer für sämtliche Verbindlichkeiten der sog **unechten Vorgesellschaft** nach personengesellschaftsrechtlichen Grundsätzen, dh als GbR- bzw. OHG-Gesellschafter.[164]

92 Die unbeschränkte Haftung der Gründer, die auch in der Literatur ganz überwiegend bejaht wird,[165] folgt aus dem Umstand, dass es für eine **Haftungsbeschränkung** bei der Vor-GmbH **keine gesetzliche Grundlage** gibt. Die Haftungsbeschränkung gemäß § 13 Abs. 2 GmbHG kann nicht zum Tragen kommen, da die Vorschrift lediglich auf die eingetragene GmbH zugeschnitten ist und ihre Ausdehnung auf die Vor-GmbH an § 11 Abs. 1 GmbHG scheitert.[166] Ohne die unbeschränkte Haftung bestünde zudem die Gefahr, dass sich Gründungsgesellschafter unter dem Eindruck einer drohenden Vorbelastungshaftung der Eintragung der GmbH widersetzten. Damit bestünde zugleich ein Interessenkonflikt gegenüber den Geschäftsführern, die im Hinblick auf eine drohende Haftung nach § 11 Abs. 2 GmbHG gerade umgekehrt an einer baldigen Eintragung interessiert sind (→ Rn. 95 ff.).

93 **Streitig** diskutiert wird allerdings die Frage, ob die Verlustdeckungshaftung der Gründer als eine gesamtschuldnerische **Außenhaftung** oder – mit dem BGH – als eine proratarische **Innenhaftung** ausgestaltet ist. Da bei der Innenhaftung ggf. auch die Ausfallhaftung gemäß § 24 GmbHG zum Tragen kommt, ist der Unterschied hinsichtlich des materiellrechtlichen Ergebnisses in der Regel nicht gravierend, wohl aber hinsichtlich der **prozessualen Durchsetzbarkeit** der Haftung. Versteht man – wie der BGH – die Haftung als bloße Innenhaftung,[167] muss der Gläubiger zunächst einen gegen die Vor-GmbH gerichteten Titel erwirken, um sodann die pro rata-Ansprüche der Gesellschaft gegen ihre Gründer aus der Verlustdeckungshaftung **pfänden** zu können. Bejaht man dagegen eine gesamtschuldnerische Außenhaftung,[168] kann der Gläubiger jeden Gründer **unmittelbar** als haftenden Gesamtschuldner in Anspruch nehmen. Nach Ansicht des BGH ist aber unter Abwägung der Interessen der Gläubiger und der Gesellschafter ein solcher unmittelbarer Zugriff grundsätzlich nicht geboten. Ein solcher könne nur in Ausnahmefällen gestattet werden, insbesondere dann, wenn die Vor-GmbH vermögenslos ist, diese keinen Geschäftsführer mehr hat, nur ein Gläubiger vorhanden ist oder es sich um eine Einpersonen-Vor-GmbH handelt.[169]

94 Dem Konzept der **Innenhaftung** ist **zuzustimmen,** allerdings nicht wegen der Unzumutbarkeit des unmittelbaren Zugriffs auf die Gesellschafter, sondern wegen der nach heutigem Stand der Rechtsfortbildung nahezu umfassenden **Rechtsfähigkeit** der **Vor-GmbH** und ihrer weitgehenden Unterwerfung unter das Recht der GmbH, was schon aus rechtssystematischer Sicht eine unmittelbare Außenhaftung ihrer Gesellschafter verbietet.[170] Dass

---

[164] So BGH ZIP 2002, 2309 in Ergänzung zu NJW 1997, 1507 mAnm *Drygala.* Hierzu auch *Peetz* GmbHR 2003, 933 und *Rohrecht* GmbHR 2003, 1121.

[165] Streitig ist allerdings, ob für jegliche Vermögenseinbußen unbeschränkt gehaftet wird; zum Meinungsstand *K. Schmidt* in Scholz GmbHG § 11 Rn. 145 ff.

[166] BGH NJW 1997, 1507 (1508).

[167] BGH NJW 1997, 1507 (1508 f.); *Fastrich* in Baumbach/Hueck GmbHG § 11 Rn. 25; ferner zB *Ulmer* ZIP 1996, 733 (736); *Kort* ZIP 1996, 109 (113); *Gehrlein* DB 1996, 567.

[168] *K. Schmidt* ZIP 1997, 671 (672 f.); *Flume* DB 1998, 45 (48); *Wilhelm* DStR 1998, 457 (458); *Bayer* in Lutter/Hommelhoff GmbHG § 11 Rn. 22 mwN.

[169] BGH NJW 1997, 1507 (1509); BFH NJW 1998, 2926 f.; BSG NJW-RR 2000, 1125; BAG BB 2000, 1944; GmbHR 2001, 919; 2006, 756 für anteilige Außenhaftung. Die Vorbelastungs-(Unterbilanz-)Haftung ist dagegen ausnahmslos Innenhaftung BGH NJW-RR 2006, 254 f. Kritisch zu den Kriterien Nichtvorhandensein eines Geschäftsführers oder weiterer Gläubiger *Fastrich* in Baumbach/Hueck GmbHG § 11 Rn. 27; *Gummert* DStR 1997, 1007 (1010).

[170] S. aber auch *Kersting* GmbHR 2003, 1466, wonach das Konzept der Innenhaftung gegen europäisches Recht (Art. 8 Publizitäts-RL – RL 2009/101/EG, ABl. EU L 258, 11) verstoße.

dies ausnahmsweise nicht gelten soll (→ Rn. 93), lässt sich ua mit der Prozessökonomie begründen.[171]

cc) Haftung der Geschäftsführer. Gemäß § 11 Abs. 2 GmbHG (analog) haftet unbeschränkt persönlich, wer vor Eintragung der GmbH in ihrem Namen „gehandelt" hat (sog **Handelndenhaftung**). Dies sind vor allem die Geschäftsführer der Vor-GmbH. Soweit sie im **Namen der Vor-GmbH & Co. KG** handeln, haften sie nach hM auch für deren Verbindlichkeiten.[172] 95

Letzterem ist uE nicht zuzustimmen. Zwar trifft es zu, dass bei einem Vertragsabschluss namens der Vor-GmbH & Co. KG zugleich die gesetzliche Haftung der Vor-GmbH nach § 128 HGB „ausgelöst" wird. Diese Haftung ist aber lediglich eine unmittelbare Folge ihrer Komplementärstellung und beruht nur scheinbar auf einem Handeln der Geschäftsführer „im Namen" der GmbH, wie dies § 11 Abs. 2 GmbHG voraussetzt. Die Haftung der Vor-GmbH würde nämlich ebenso gut gemäß § 128 HGB „ausgelöst", wenn die Vor-GmbH & Co. KG bei Vertragsabschluss nicht durch die Geschäftsführer der Vor-GmbH, sondern beispielsweise durch einen **Generalbevollmächtigten** oder einen unmittelbar für die KG bestellten Prokuristen vertreten wäre, auf die § 11 Abs. 2 GmbHG auf keinen Fall Anwendung fände.[173] UE stellte es daher einen **Wertungswiderspruch** dar, der zur Umgehung geradezu herausforderte, wenn die genannten Fallgestaltungen haftungsrechtlich unterschiedlich beurteilt würden.[174] 96

Es ließe sich allenfalls überlegen, ob man nicht **in dem Abschluss des Beitrittsvertrags** bzw. des Gesellschaftsvertrags der GmbH & Co. KG als solchem ein **Handeln** iSd § 11 Abs. 2 GmbHG sehen könnte mit der Folge, dass die Geschäftsführer der Vor-GmbH für alle später sich ergebenden Komplementär-Verbindlichkeiten, jedenfalls für die aus rechtsgeschäftlicher Tätigkeit, auch persönlich zu haften hätten.[175] Eine unmittelbare Anwendung von § 11 Abs. 2 GmbHG scheidet allerdings auch insoweit von vornherein deshalb aus, weil durch den Abschluss des Gesellschaftsvertrags nur eine Voraussetzung für das Entstehen von Verbindlichkeiten gemäß § 128 HGB geschaffen wird, solche selbst, sofern nicht § 130 HGB eingreift, aber noch nicht begründet werden.[176] 97

Ein Ausschluss der Haftung gemäß § 11 Abs. 2 GmbHG kann allerdings nicht damit begründet werden, dass der Geschäftsführer der Vor-GmbH bei solchen Geschäftsabschlüssen im Namen der GmbH & Co. KG, nicht dagegen im Namen der – noch nicht eingetragenen – GmbH handeln würde.[177] Denn der GmbH-Geschäftsführer ist unmittelbarer Vertreter der Komplementär-GmbH und als **„mittelbarer" Geschäftsführer** der GmbH & Co. KG tätig (→ § 4 Rn. 3). Entsprechendes gilt für das Gründungsstadium. Soweit also dem Geschäftsführer der Vor-GmbH selbst nicht unmittelbar Prokura für die KG erteilt ist, wird er bei jedem Geschäftsabschluss für die Vor-GmbH & Co. KG notwendigerweise zugleich im Namen der Vor-GmbH selbst tätig. 98

---

171 *Fastrich* in Baumbach/Hueck GmbHG § 11 Rn. 27 mit weiteren Gründen; *Gummert* DStR 1997, 1007 (1010).

172 BGHZ 80, 129 (133) = NJW 1981, 1373; *Roth* in Baumbach/Hopt HGB Anh. § 177a Rn. 17; *Roth* in Roth/Altmeppen GmbHG § 11 Rn. 94; *K. Schmidt* NJW 1981, 1345; *K. Schmidt* in Scholz GmbHG § 11 Rn. 188; *Flume* NJW 1981, 1753; *Huber* FS Hefermehl, 1976, 127 (144); für analoge Anwendung *Fastrich* in Baumbach/Hueck GmbHG § 11 Rn. 70; *Ihrig* in Reichert GmbH & Co. KG § 12 Rn. 25; *Lüke* in HTM HdB GmbH & Co. KG Rn. 3.247.

173 So bereits *Binz*, Haftungsverhältnisse im Gründungsstadium der GmbH & Co. KG, 1977, 255. Das Gleiche gilt im Übrigen bei der Begründung nicht-rechtsgeschäftlicher Verbindlichkeiten für die Vor-GmbH & Co. KG, welche ebenfalls die Komplementär-Haftung der Vor-GmbH auslösen, ohne dass „in deren Namen" gehandelt worden wäre.

174 Demgegenüber haftet nach Auffassung der Rechtsprechung (ua BGH NJW 1974, 1284 f.) und der Literatur (*Fastrich* in Baumbach/Hueck GmbHG § 11 Rn. 47 mwN) der Geschäftsführer auch dann nach § 11 Abs. 2 GmbHG, wenn er – ohne selbst zu handeln – einen Bevollmächtigten für sich handeln lässt.

175 Hierfür *Huber* FS Hefermehl, 1976, 127 (144) mit der wenig überzeugenden Begründung, im Prinzip verhalte es sich nicht anders, als wenn der Geschäftsführer namens der GmbH für alle Geschäfte der GmbH & Co. KG eine Bürgschaft übernommen hätte.

176 So auch *Ulmer/Habersack* in Ulmer/Habersack/Löbbe GmbHG § 11 Rn. 167.

177 *Emmerich* JuS 1975, 119.

99 Die hM begründet ihre gegenteilige Auffassung (→ Rn. 95) im Wesentlichen damit, dass es nur dann im **Interesse der Gläubiger** vertretbar sei, der Vor-GmbH die „Komplementärfähigkeit" zuzuerkennen.[178] Dies überzeugt nicht mehr, seit der BGH mit der unbegrenzten Gründerhaftung in Form der Verlustdeckungshaftung und der Vorbelastungshaftung ein umfassendes Instrumentarium zum Schutz der Gläubiger der Vor-GmbH entwickelt hat. Hierdurch hat die zuvor schon rechtspolitisch umstrittene Vorschrift des § 11 Abs. 2 GmbHG[179] nach hM schon in ihrem unmittelbaren Anwendungsbereich erheblich an Bedeutung verloren. Die ihr zugeschriebene Sicherungsfunktion gegenüber den Gläubigern wird nur noch in Randbereichen, für die die Haftung der Vor-GmbH und ihrer Gesellschafter aufgrund besonderer Umstände nicht ausreicht oder nicht zum Tragen kommt, relevant.[180] Deshalb erscheint es heute auch nicht mehr gerechtfertigt, mit dem Hinweis auf diese Sicherungsfunktion den Anwendungsbereich der Vorschrift durch Analogie auf die im Namen der Vor-GmbH & Co. KG getätigten Rechtsgeschäfte auszudehnen.

100 In der **Praxis** spielt die hier erörterte Streitfrage dann keine entscheidende Rolle, wenn die Geschäftsführer dafür Sorge tragen, dass die **Eintragung** der Komplementär-GmbH im Handelsregister tatsächlich erfolgt. Denn nach ständiger Rechtsprechung des BGH **erlischt** die **Handelndenhaftung** aus § 11 Abs. 2 GmbHG in dem Augenblick, in dem die GmbH eingetragen wird.[181] Kommt es auf der Basis der hM dennoch ausnahmsweise zu einer Inanspruchnahme des Geschäftsführers aus § 11 Abs. 2 GmbHG, hat dieser gegenüber der Vor-GmbH (nach Eintragung gegenüber der GmbH) einen Regressanspruch, für den die Gesellschafter im Rahmen ihrer unbeschränkten Verlustdeckungshaftung der Vor-GmbH gegenüber einzustehen haben.[182]

101 **dd) Haftung der Kommanditisten.** Die Haftung der Kommanditisten beurteilt sich nach allgemeinen Grundsätzen. Sie ist demnach auf den **Betrag der Kommanditeinlagen** gemäß § 171 Abs. 1 HGB **beschränkt.** Eine weitergehende Haftung aus § 176 Abs. 1 HGB scheitert auch hier wieder (→ Rn. 76) an der Kenntnis des Gläubigers davon, dass es sich bei der mit ihm kontrahierenden Gesellschaft um eine KG handelt, die in der Rechtsform der GmbH & Co. KG, dh ohne natürlichen Vollhafter, betrieben wird.

102 **b) KG kraft Eintragung.** Wie dargestellt, liegt bei der Vor-GmbH & Co. KG, die ein Kleingewerbe betreibt oder nur eigenes Vermögen verwaltet, bis zur Eintragung der GmbH & Co. KG ins Handelsregister eine **GbR** vor, die von den künftigen Kommanditisten und der Vor-GmbH gebildet wird. Die sich hieraus ergebenden Haftungsverhältnisse decken sich weitgehend mit denjenigen, wie sie oben (→ Rn. 76 ff.) für den Fall der bereits eingetragenen GmbH dargestellt wurden. Hiernach haften die werdenden Kommanditisten in ihrer Eigenschaft als Mitglieder einer GbR an sich mit ihren Privatvermögen unbeschränkt, es sei denn, die Haftung wird individualvertraglich auf das Gesellschaftsvermögen beschränkt. Nach hier vertretener Ansicht sollte in Analogie zu § 176 Abs. 1 S. 1 Hs. 2 HGB eine solche Haftungsbeschränkung allerdings generell zum Tragen kommen, wenn von Beginn an beabsichtigt ist, eine KG zu gründen, und die Kommanditisten unverzüglich den gemäß § 105 Abs. 2 HGB iVm § 161 Abs. 2 HGB erforderlichen Eintragungsantrag

---

[178] BGHZ 80, 129 (133) = NJW 1981, 1373; zustimmend *Flume* NJW 1981, 1753; ebenfalls für analoge Anwendung *Ulmer/Habersack* in Ulmer/Habersack/Löbbe GmbHG § 11 Rn. 167; *Ihrig* in Reichert GmbH & Co. KG § 12 Rn. 25.

[179] BGHZ 76, 320 (322); *Lieb* DB 1970, 961 (967 f.); *Weimar* GmbHR 1988, 289 (298).

[180] *Fastrich* in Baumbach/Hueck GmbHG § 11 Rn. 45; nur noch Ersatzschuldnerhaftung *Beuthien* GmbHR 1996, 561 (564); für Entbehrlichkeit wohl *Lieb* FS Zöllner, 1998, 349. AA *Meyer* GmbHR 2002, 1176 (1183); *Bergmann* GmbHR 2003, 563 (569): Handelndenhaftung als Ausgleich für fehlende Registerpublizität der Vor-GmbH.

[181] BGHZ 80, 129 (145) = NJW 1981, 1373; BGHZ 80, 182 (185); BGH NJW 1983, 2822; *Fastrich* in Baumbach/Hueck GmbHG § 11 Rn. 53; *Bayer* in Lutter/Hommelhoff GmbHG § 11 Rn. 36.

[182] *Roth* in Roth/Altmeppen GmbHG § 11 Rn. 34; *Bayer* in Lutter/Hommelhoff GmbHG § 11 Rn. 37; *Lüke* in HTM HdB GmbH & Co. KG Rn. 3.249; ein unmittelbarer Anspruch gegen die Gründer (so noch BGHZ 86, 122 [126]; *Flume* NJW 1981, 1753 [1755]) entfällt nach Anerkennung deren unbeschränkter Haftung als reine Innenhaftung (→ Rn. 93).

stellen, sofern schon im Gesellschaftsvertrag die Absicht dokumentiert ist, die KG eintragen zu lassen (→ Rn. 81). In Höhe der noch nicht geleisteten Einlage haften die werdenden Kommanditisten gegenüber den Gläubigern aufgrund Rechtsscheins gemäß § 171 Abs. 1 S. 1 HGB unmittelbar. Eine weitergehende Haftung aus § 176 Abs. 1 HGB scheidet jedoch aus.

Die **Vor-GmbH** haftet in ihrer Eigenschaft als Mitglied einer GbR und ggf. nach Rechtsscheingrundsätzen als Scheinkomplementär gemäß § 128 HGB unbeschränkt mit ihrem Gesellschaftsvermögen. Ihre Gesellschafter unterliegen dabei der unbeschränkten Verlustdeckungs- und Vorbelastungshaftung. **103**

Was schließlich die **Geschäftsführer** der Vor-GmbH anbelangt, so haften diese uE auch hier aus den oben dargelegten Gründen nicht nach § 11 Abs. 2 GmbHG (→ Rn. 95 ff.). **104**

3. Fazit

Wie sich gezeigt hat, sind die Haftungsverhältnisse im Gründungsstadium der GmbH & Co. KG äußerst komplex. Das sollte die **Praxis** zu größter **Vorsicht** anhalten. Ein Geschäftsbeginn vor Eintragung der Komplementär-GmbH ist nach Möglichkeit zu vermeiden. Als besonders kritisch anzusehen ist die vom BGH entwickelte unbeschränkte Gründerhaftung in Form der **Verlustdeckungshaftung** und der **Vorbelastungshaftung,** die trotz Ausgestaltung als Innenhaftung auf vollen Verlustausgleich geht, und zwar auch dann, wenn es letztlich gar nicht zur Eintragung der GmbH kommt. Bei Nichteintragung der GmbH greift nach hM darüber hinaus die unbeschränkte Handelndenhaftung gemäß § 11 Abs. 2 GmbHG, die formal die Geschäftsführer trifft, aufgrund regelmäßig bestehender Regressansprüche aber wieder auf die Gründungsgesellschafter durchschlägt. Im Klartext bedeutet dies, dass das **Risiko** erfolgreichen Wirtschaftens, das in aller Regel gerade in der Anlaufphase besonders groß ist, voll **zulasten der Gründer** geht, denen die mit der Wahl der GmbH bzw. der GmbH & Co. KG gerade angestrebte Haftungsbeschränkung insoweit nicht zugutekommt. **105**

Vor diesem Hintergrund wird man vor einer **Geschäftsaufnahme im Gründungsstadium** der GmbH & Co. KG nur **warnen** können. Damit zeigt sich aber auch, dass sich die dogmatische „Errungenschaft",[183] wonach die GmbH schon vor ihrer Eintragung im Handelsregister komplementärfähig ist, als zweischneidig und aus der Sicht der Praxis als Pyrrhussieg erwiesen hat. **106**

V. Beteiligung Minderjähriger an der Gründung

1. Bestellung eines Ergänzungspflegers

Soll bei der **Gründung** der GmbH & Co. KG ein **Minderjähriger** einen **Kommanditanteil** übernehmen, bedarf es der Bestellung eines Ergänzungspflegers (§ 1909 Abs. 1 BGB), wenn sich auch nur ein Elternteil ebenfalls als Kommanditist beteiligt.[184] Da allein schon wegen der Einlageverpflichtung die Beteiligung an der GmbH & Co. KG nicht lediglich rechtlich vorteilhaft ist,[185] bedarf es auch für die Beteiligung eines beschränkt geschäftsfähigen minderjährigen Kinds der Einwilligung seines gesetzlichen Vertreters (§ 107 BGB). Als solche sind die Eltern im vorgenannten Fall jedoch wegen des Verbots von Insichgeschäften von der Vertretung ausgeschlossen (§ 1629 Abs. 2 BGB, § 1795 Abs. 2 BGB, § 181 Alt. 1 BGB). Im Hinblick auf das Mehrvertretungsverbot (§ 181 Alt. 2 BGB) gilt Entsprechendes, wenn sich die Eltern oder ein Elternteil zwar nicht selbst an der GmbH & Co. KG als **107**

---

[183] Zu der einer der Verfasser (*Binz*) seinerzeit mit seiner Dissertation über die „Haftungsverhältnisse im Gründungsstadium der GmbH & Co. KG" (Verlag Otto Schmidt 1976) mit beitragen durfte.

[184] *Werner* GmbHR 2006, 737 (739); *Rust* DStR 2005, 1942 f.

[185] Auch wenn der Minderjährige den Geldbetrag zwecks Beteiligung an der GmbH & Co. KG geschenkt erhalten hat *Hohaus/Eickmann* BB 2004, 1707 (1708).

Kommanditisten beteiligen, jedoch als Geschäftsführer für die Komplementär-GmbH handeln.[186]

108 Auch für die **Beteiligung** des **Minderjährigen** bei der Errichtung der **Komplementär-GmbH** bedarf es der Bestellung eines Ergänzungspflegers, wenn auch nur ein Elternteil ebenfalls zu den Gründungsgesellschaftern gehört.[187] Bei der Gründung der GmbH & Co. KG bzw. der Komplementär-GmbH ist eine Vertretung mehrerer Minderjähriger durch einen Ergänzungspfleger nicht möglich, da dieser dann wiederum gegen das Mehrvertretungsverbot verstieße.[188]

109 Fraglich ist, ob die Bestellung eines Ergänzungspflegers dadurch vermieden werden kann, dass man das minderjährige Kind nicht schon im Rahmen der Gesellschaftsgründung beteiligt, sondern ihm erst **später** einen voll eingezahlten **Gesellschaftsanteil schenkweise überträgt.** Die Antwort hängt davon ab, ob man in diesem Fall davon ausgehen kann, dass der Minderjährige lediglich einen rechtlichen Vorteil erlangt und damit das Einwilligungsgebot des § 107 BGB bzw. das Verbot von Insichgeschäften gemäß § 181 BGB[189] nicht zum Tragen kommt. Dies wird zum Teil dann bejaht, wenn die schenkweise Übertragung eines Kommanditanteils zwecks Ausschlusses einer Haftung gemäß § 176 Abs. 2 HGB in der Weise erfolgt, dass der Anteilsübergang erst mit seiner Eintragung im Handelsregister wirksam wird, und sich darüber hinaus auch aus dem Gesellschaftsvertrag keine weitergehenden Verpflichtungen (zB Nachschusspflicht) ergeben oder im Rahmen der Schenkung vereinbart werden (zB Pflichtteilsanrechnung).[190] Die mögliche Haftung gemäß § 172 Abs. 4 HGB bedeute keinen rechtlichen Nachteil, sondern eine bloße Beschränkung der erworbenen Rechtsposition.[191] Auch die potenzielle Haftung des Nur-Kommanditisten einer GmbH & Co. KG entsprechend §§ 30, 31 GmbHG (→ § 12 Rn. 57 f.) sei nicht rechtlich nachteilig, da diese stets auf den Betrag dessen beschränkt sei, was an den Kommanditisten selbst ausgezahlt worden ist.[192] Die schenkweise Übertragung lediglich der Kommanditbeteiligung könnte so gesehen also ohne Ergänzungspfleger erfolgen.[193]

110 Etwas anderes dürfte jedoch gelten, wenn – wie häufig der Fall – das minderjährige Kind zugleich auch an der Komplementär-GmbH beteiligt werden soll. Da den Minderjährigen infolge seiner Stellung als GmbH-Gesellschafter jedenfalls die Ausfallhaftung gemäß § 31 Abs. 3 GmbHG treffen kann, ist auch der **schenkweise Erwerb** eines voll eingezahlten **Geschäftsanteils an der Komplementär-GmbH** mit Haftungsgefahren verbunden und damit nicht lediglich rechtlich vorteilhaft.[194] Bei schenkweiser Beteiligung des minderjährigen Kinds durch die Eltern bzw. ein Elternteil sowohl an der KG als auch an der Komplementär-GmbH kann deshalb auf die Bestellung eines Ergänzungspflegers nicht verzichtet werden.[195]

---

[186] *Werner* GmbHR 2006, 737 (739); *Hohaus/Eickmann* BB 2004, 1707 (1709); *Lüke* in HTM HdB GmbH & Co. KG Rn. 3.66.

[187] *Bayer* in Lutter/Hommelhoff GmbHG § 2 Rn. 5; *Emmerich* in Scholz GmbHG § 2 Rn. 42; *Fastrich* in Baumbach/Hueck GmbHG § 1 Rn. 25.

[188] *Schwab* in MüKoBGB § 1909 Rn. 40; *Lüke* in HTM HdB GmbH & Co. KG Rn. 3.66. Kein Fall der Mehrfachvertretung ist dagegen gegeben, wenn ein Elternteil seinen Kommanditanteil an mehrere Kinder, die jeweils durch denselben Ergänzungspfleger vertreten werden, überträgt, OLG München NZG 2010, 862.

[189] Nach seinem Normzweck ist § 181 BGB unanwendbar, wenn das Insichgeschäft dem Vertretenen lediglich einen rechtlichen Vorteil bringt, *Ellenberger* in Palandt BGB § 181 Rn. 9 mwN.

[190] OLG Bremen NZG 2008, 750 f.; *Maier-Reimer/Marx* NJW 2005, 3025 (3026); *Rust* DStR 2005, 1942 (1946); *Grunewald* in MüKoHGB § 161 Rn. 24. AA *Hefermehl* in Soergel BGB § 107 Rn. 12 unter Hinweis auf gesellschaftsrechtliche Treuepflicht, die ggf. gebietet, die Einlage zu erhöhen.

[191] OLG Bremen NZG 2008, 750 (751); in diese Richtung auch *Weinbrenner* FPR 2009, 265 (266 ff.).

[192] So *Maier-Reimer/Marx* NJW 2005, 3025 (3026).

[193] *Pauli* ZErb 2016, 131 (132 f.); *Menzel/Wolf* MittBayNot 2010, 186 (187 f.) es sei denn, im Zuge der Übertragung werden nachteilige Regelungen getroffen; *Werner* GmbHR 2006, 737 (740); *Rust* DStR 2005, 1942 (1946) und *Führ/Nikoleyczik* BB 2009, 2105, die gleichwohl die Bestellung eines Ergänzungspflegers empfehlen. AA *Maetschke* BRJ 2016, 8 (12 ff.).

[194] So *Emmerich* in Scholz GmbHG § 2 Rn. 42; *Michalski* in Michalski GmbHG § 2 Rn. 88.

[195] *Maier-Reimer/Marx* NJW 2005, 3025 (3026).

2. Familiengerichtliche Genehmigung

Gleichgültig, ob der Minderjährige durch die Eltern oder einen Ergänzungspfleger vertreten wird, bedarf die Eingehung eines Gesellschaftsvertrags, der auf den **Betrieb eines Erwerbsgeschäfts** gerichtet ist, der Genehmigung durch das Familiengericht (§ 1643 Abs. 1 BGB, § 1915 Abs. 1 BGB, § 1822 Nr. 3 Alt. 2 BGB).[196] Auf eine Entgeltlichkeit kommt es dabei nicht an.[197] Außerdem entspricht es der hM, dass nicht nur die Beteiligung des Minderjährigen bereits bei der Errichtung der GmbH & Co. KG, sondern auch ein erst später erfolgender (unentgeltlicher) Erwerb der (voll eingezahlten) Kommanditbeteiligung der Genehmigung bedarf.[198] 111

Nur wenn die GmbH & Co. KG einen **rein vermögensverwaltenden Charakter** hat und deshalb kein Erwerbsgeschäft iSd § 1822 Nr. 3 BGB betreibt, entfällt die Genehmigungspflicht.[199] Allerdings ist zu beachten, dass auch eine ihrer Art nach vermögensverwaltende Tätigkeit dann ein Erwerbsgeschäft darstellen kann, wenn es sich dabei um eine gleichsam berufsmäßig ausgeübte und auf selbstständigen Erwerb gerichtete Tätigkeit handelt.[200] Da die Abgrenzung im Einzelfall schwierig sein kann, wird zu Recht empfohlen, im Zweifel die Genehmigung zu beantragen.[201] 112

Die Frage, ob auch die **Beteiligung** des Minderjährigen an der **Komplementär-GmbH** der familienrechtlichen Genehmigung bedarf, ist eher theoretischer Natur, wenn – wie im Regelfall – eine Genehmigung ohnehin schon für die Beteiligung an der KG eingeholt werden muss. Ist der Minderjährige an der Gründung der GmbH mit beteiligt, folgt die Genehmigungspflicht sowohl aus § 1822 Nr. 3 Alt. 2 BGB als auch aus § 1822 Nr. 10 BGB.[202] Dagegen ist die schenkweise Übertragung eines GmbH-Anteils genehmigungsfrei, wenn bei Anteilsübertragung die Einlagen aller Gesellschafter vollständig geleistet sind.[203] 113

§ 4 Die Rechtsstellung der Komplementär-GmbH

I. Gesetzliches Regelstatut und dispositives Recht

Nach der gesetzlichen Regelung (§ 109 HGB iVm §§ 161 Abs. 2, 163 HGB) bestimmt sich das Rechtsverhältnis der Gesellschafter untereinander **(Innenverhältnis)** in erster Linie nach dem **Gesellschaftsvertrag** und nur insoweit, als nicht gesellschaftsvertraglich etwas anderes bestimmt ist, nach den gesetzlichen Vorschriften. Die Gesellschafter können also entsprechend dem **Grundsatz der Vertragsfreiheit** in dem ursprünglichen oder auch später abgeänderten Gesellschaftsvertrag ihre Rechtsbeziehungen so regeln, wie sie ihr Innenverhältnis gestalten wollen, soweit nicht **zwingende Grundsätze** des Gesell- 1

[196] Durch das FGG-Reformgesetz (BGBl. 2008 I 2586) ist seit 1.9.2009 klargestellt, dass – auch bei Vertretung durch einen Ergänzungspfleger – ausschließlich das Familiengericht bei dem Amtsgericht, in dessen Bezirk das Kind seinen gewöhnlichen Aufenthalt hat, zuständig ist (§§ 151, 152 FamFG).

[197] Anders § 1822 Nr. 3 Alt. 1 BGB: entgeltlicher Erwerb eines Erwerbsgeschäfts.

[198] OLG Frankfurt NJW-RR 2008, 1568; *Pauli* ZErb 2016, 131 (133); *Maetschke* BRJ 2016, 8 (10 f.); *Gebele* BB 2012, 728 (730); *Roth* in Baumbach/Hopt HGB § 105 Rn. 26; relativierend *Götz* in Palandt BGB § 1822 Rn. 9, der auf eine konkrete Analyse der sich aus dem Gesellschaftsvertrag ergebenden Pflichten abstellt; einschränkend *Kroll-Ludwigs* in MüKoBGB § 1822 Rn. 14, 16; *Rust* DStR 2005, 1942 (1946 f.), die jeweils eine Genehmigungspflicht nur bei entgeltlichem Erwerb der Beteiligung annehmen.

[199] OLG München NJW-RR 2009, 152 für selbst genutztes Wohnhaus; OLG Bremen NZG 2008, 750 (751) für Verwaltung von Beteiligungen in Familien-KG; *Pauli* ZErb 2016, 131 (135); kritisch zur Einzelfallbetrachtung *Maetschke* BRJ 2016, 8 (11 f.), der in Anknüpfung an die handelsrechtliche Gleichstellung nach § 105 Abs. 2 HGB alle Vermögensverwaltungsgesellschaften unter § 1822 Nr. 3 BGB fassen möchte.

[200] *Kroll-Ludwigs* in MüKoBGB § 1822 Rn. 21.

[201] So *Funke/Gerber* FuS 2011, 121 (124); *Menzel/Wolf* MittBayNot 2010, 186 (189 f.); *Werner* GmbHR 2006, 737 (740); *Hohaus/Eickmann* BB 2004, 1707 (1709).

[202] *Götz* in Palandt BGB § 1822 Rn. 9, 21. Hinsichtlich § 1822 Nr. 10 BGB unter Verweis auf BGH FamRZ 1989, 605 = NJW 1989, 1926.

[203] So BGH NJW 1989, 1926. Dazu *Werner* GmbHR 2006, 737 (738); *Pauli* ZErb 2016, 131 (136).

schaftsrechts dem entgegenstehen. Die gesellschaftsvertragliche Regelung der Rechtsstellung der persönlich haftenden GmbH kann deshalb vom gesetzlichen Regelstatut stark abweichen.

II. Geschäftsführung und Vertretung

1. Aufgrund Gesetzes

2 Die **GmbH** ist als Komplementär allein zur Geschäftsführung (§ 164 HGB) und Vertretung (§ 170 HGB) der GmbH & Co. KG berechtigt.[1] Sie unterliegt nicht den Weisungen der Kommanditisten,[2] die gemäß § 164 S. 1 HGB grundsätzlich von der Geschäftsführung ausgeschlossen sind.

3 Die Komplementär-GmbH übt ihre Befugnisse durch ihre **Organe,** also ihre **Geschäftsführer,** oder ihre **Bevollmächtigten** (zB Prokuristen, Handlungsbevollmächtigte, Generalbevollmächtigte) aus, die dabei unmittelbar für die GmbH, nicht für die KG handeln, mögen die rechtsgeschäftlichen Wirkungen letztlich auch nur bei dieser eintreten (organschaftliche Vertretung). Der Geschäftsführer der Komplementär-GmbH wird dementsprechend oft auch **„mittelbarer Geschäftsführer"** der GmbH & Co. KG bezeichnet.[3] Umstritten und durch die Rechtsprechung des BGH nicht einheitlich entschieden[4] ist die Zuständigkeit für die Vertretung beim Abschluss des **Geschäftsführerdienstvertrags** zwischen dem **Geschäftsführer der Komplementär-GmbH** und der **KG.** Vereinzelt hat die Rechtsprechung verlangt, dass für den Vertragsabschluss die **KG** durch **ihre Gesellschafterversammlung** vertreten werden müsse.[5] Zuletzt hat der **BGH** jedoch entschieden, dass die **Gesellschafterversammlung der KG** jedenfalls dann **nicht zuständig** sei, wenn lediglich die Anstellungskonditionen des zur Geschäftsführung nach der gesetzlichen Regelung ohnehin berufenen Geschäftsführers der Komplementär-GmbH festgelegt werden sollen.[6] In einem Fall, in dem die Komplementär-GmbH nur über einen einzigen Geschäftsführer verfügte, hat der BGH die **Gesellschafterversammlung der Komplementär-GmbH** als für die Vertretung zuständiges Organ angesehen,[7] in einer weiteren Entscheidung die umstrittene Frage von deren Zuständigkeit[8] für den Abschluss eines Geschäftsführerdienstvertrags mit der KG von einem Ausnahmefall abgesehen jedoch offen gelassen.[9] Bis zu einer abschließenden Klärung durch den **BGH** empfiehlt sich daher für die **Praxis,** für den Vertragsschluss entweder die **Zustimmung der Gesellschafterversammlung der Komplementär-GmbH** einzuholen[10] oder die Zuständigkeit für die

---

[1] Zustellungen an die KG sind gegenüber der Komplementär-GmbH vorzunehmen OLG Düsseldorf NZG 2015, 1111 Rn. 12; zur Entziehung der Geschäftsführungs- und Vertretungsbefugnis → Rn. 10.

[2] Vgl. OLG Stuttgart ZIP 2010, 131 f.; zu geschäftsführungsbezogenen Gesellschafterbeschlüssen s. *Wertenbruch* NZG 2016, 1081.

[3] *Cahn,* G.m.b.H. und Co., Kommanditgesellschaft, 1922, 20; *Bauer* FS Binz, 2014, 39 (50); *Henze/Notz* in EBJS HGB Anh. A § 177a Rn. 83; *Wenzel* in HTM HdB GmbH & Co. KG Rn. 4.10; kritisch zum Begriff der mittelbaren Stellvertretung *Höpfner* NZG 2014, 1174 (1175).

[4] *Mielke* BB 2017, 1734 (1737).

[5] BGH DStR 1993, 1227 (1229); KG BeckRS 2014, 12837: jedenfalls dann, wenn der einzige Geschäftsführer der Komplementärin nur im Verhältnis zu dieser, nicht aber im Verhältnis zur KG von den Beschränkungen des § 181 BGB befreit ist.

[6] BGH NZG 2016, 826 Rn. 29; allgemein gegen Abweichungen von der allgemeinen Vertretungsregelung im Fall von Geschäftsführerdienstverträgen *Mielke* BB 2017, 1734 (1737 f.).

[7] BGH NZG 2014, 780 Rn. 13 unter Verweis auf BeckRS 2014, 12904 = BB 1970, 277.

[8] So *Zöllner/Noack* in Baumbach/Hueck GmbHG § 35 Rn. 165; *Henze/Notz* in EBJS HGB Anh. A § 177a Rn. 98; aA OLG Frankfurt BeckRS 2006, 10079 = ZIP 2006, 1904; *Paefgen* in Ulmer/Habersack/Löbbe GmbHG § 35 Rn. 324; *Mielke* BB 2017, 1734 (1738).

[9] S. BGH NZG 2016, 826 Rn. 30 ff., wonach die Zustimmung der Gesellschafterversammlung der Komplementär-GmbH jedenfalls bei einer Verlängerung eines Geschäftsführerdienstvertrags nicht erforderlich ist, wenn die KG und die GmbH identische Gesellschafterkreise haben, bei der KG ein Beirat besteht, dessen Zustimmung unter bestimmten Voraussetzungen für die Wirksamkeit des Verlängerungsvertrags erforderlich ist, und der Beirat zugestimmt hat.

[10] *Paefgen* in Ulmer/Habersack/Löbbe GmbHG § 35 Rn. 324.

Bestellung des Geschäftsführers gesellschaftsvertraglich abweichend zu regeln und beispielsweise auf einen **Beirat** zu übertragen.

Neben dieser organschaftlichen Vertretung der GmbH & Co. KG durch die persönlich haftende GmbH ist natürlich auch eine **rechtsgeschäftliche Vertretung der GmbH & Co. KG** durch ihre **eigenen Bevollmächtigten** möglich, zB durch Generalbevollmächtigte oder Prokuristen. Nach hM ist es ohne Weiteres zulässig, in der Praxis jedoch selten, auch dem Geschäftsführer der Komplementär-GmbH eine Prokura unmittelbar für die KG zu erteilen.[11] Dieser kann dann wahlweise, je nachdem, ob er nach außen als Geschäftsführer der Komplementär-GmbH oder lediglich als Prokurist der KG auftritt, die GmbH & Co. KG entweder – als Prokurist – unmittelbar oder – als GmbH-Geschäftsführer – mittelbar vertreten; im letzteren Fall spricht man plastisch von einem „Hindurchhandeln" durch die GmbH.[12] 4

Es ist also streng zwischen der Vertretung der GmbH & Co. KG durch ihr „geborenes" Vertretungsorgan, die persönlich haftende GmbH, und der Vertretung der GmbH & Co. KG durch ihre „erkorenen" Bevollmächtigten, zB durch ihre Prokuristen, zu unterscheiden. Denn die **Vertretungsmacht** der persönlich haftenden GmbH ergibt sich unmittelbar aus dem Gesetz aufgrund ihrer Stellung als Komplementär. Demgegenüber beruht die Vertretungsmacht eines Prokuristen ausschließlich auf seiner Bestellung, also auf einem Rechtsgeschäft. 5

Diese Unterscheidung ist bedeutsam, wenn es darum geht, ob der nach außen Auftretende bei einem Mangel in der Vertretungsmacht als **vollmachtloser Vertreter** nach § 179 BGB auf Erfüllung des Vertrags bzw. auf Schadensersatz haftet. Während § 179 BGB nämlich auf einen durch Rechtsgeschäft von der KG direkt bevollmächtigten Prokuristen bei einem Mangel in seiner Vertretungsmacht stets anwendbar ist, trifft den GmbH-Geschäftsführer diese Haftung bei einem Vertretungsmangel in der Person der Komplementär-GmbH (etwa deshalb, weil diese nicht vom Verbot des Selbstkontrahierens gemäß § 181 BGB befreit war) nur dann, wenn er nicht offenlegt, dass er als Geschäftsführer der GmbH handelt. 6

Nach Ansicht der Rechtsprechung kommt es nämlich in den Fällen sog **mehrstufiger Vertretung** darauf an, ob der Unterbevollmächtigte (GmbH-Geschäftsführer) als Vertreter des Hauptbevollmächtigten (Komplementär-GmbH) oder als Vertreter des Hauptvollmachtgebers (KG) aufgetreten ist; nur im letzteren Fall haftet er **selbst** aus § 179 BGB (als sog falsus procurator).[13] Da der Geschäftsführer, insbesondere aufgrund der Offenlegung der Vertretungsverhältnisse auf den Geschäftsbriefen (§§ 177a, 125a HGB), regelmäßig erkennbar als Organ der Komplementär-GmbH auftritt, haftet er hiernach bei formaler Betrachtung grundsätzlich nicht aus § 179 BGB. Bei wirtschaftlicher Betrachtung handelt es sich bei der GmbH & Co. KG indessen um eine einheitliche, ja **eigenständige Rechtsform,** weshalb uE die Anwendung der Grund-sätze über die mehrstufige Vertretung auf die GmbH & Co. KG schon wegen der hieraus resultierenden Ungleichbehandlung im Vergleich zu einem Prokuristen nicht gerechtfertigt erscheint. Folgte man dem nicht, käme nur eine Haftung der Komplementär-GmbH selbst nach § 179 BGB in Betracht, ggf. mit Regressansprüchen der Komplementär-GmbH gegen den handelnden Geschäftsführer. 7

Schließlich kann die Unterscheidung auch im **Gründungsstadium der GmbH & Co. KG** wichtig werden, da nach hM der Geschäftsführer der noch nicht eingetragenen Komplementär-GmbH auch für die von der Vor-GmbH im Namen der GmbH & Co. KG getätigten Geschäfte nach § 11 Abs. 2 GmbHG haftet (→ § 3 Rn. 95). An den Vorausset- 8

[11] OLG Hamburg GmbHR 1961, 128 f.; OLG Hamm BB 1973, 354; BayObLG BB 1980, 1487; *Roth* in Baumbach/Hopt HGB Anh. § 177a Rn. 37.

[12] BGHZ 32, 250 (254): „Diese Wirkungen [Anm.: die Wirkungen der Vertretung] gehen aber gleichsam gemäß den beiden Vollmachtverhältnissen durch den (Haupt-)Vertreter hindurch.".

[13] BGHZ 32, 250; in BGHZ 59, 179 (186) offengelassen; s. auch *Ellenberger* in Palandt BGB § 179 Rn. 3 mwN.

zungen dieser ohnehin rechtspolitisch umstrittenen Haftung fehlt es aber auf jeden Fall dann, wenn der GmbH-Geschäftsführer nicht in dieser, sondern in seiner Eigenschaft als Prokurist der KG für diese einen Vertrag abschließt.[14]

9 In der Rechtswirklichkeit wird allerdings nicht immer genügend deutlich werden, dass die Geschäftsführer der Komplementär-GmbH gewissermaßen nur als **„Vertreter-Vertreter"** fungieren, zumal es zulässig ist, dass die Geschäftsführer ohne Kennzeichnung der vertretenen Komplementär-GmbH (zB in Form einer Unterschriftszeile) ausschließlich mit ihrem eigenen, persönlichen Namen unterzeichnen.[15] In der Praxis ist vielfach zu beobachten, dass eine GmbH & Co. KG durch einen gesamtvertretungsberechtigten Geschäftsführer der persönlich haftenden GmbH und einen gesamtvertretungsberechtigten Prokuristen der KG vertreten wird. Diese Form der unechten Gesamtvertretung ist – unabhängig vom Grundsatz der Selbstorganschaft – **handelsrechtlich unwirksam.**[16] Denn ein gesamtvertretungsberechtigter Geschäftsführer oder Prokurist der Komplementär-GmbH kann diese und damit zugleich die GmbH & Co. KG nur mit einer weiteren vertretungsberechtigten Person der GmbH vertreten. Die Gesamtvertretungsmacht zweier gesamtvertretungsberechtigter Personen führt also nur dann zu einer wirksamen Vertretung, wenn sich ihre Gesamtvertretungsmacht auf ein und **dieselbe Gesellschaft** bezieht, dh wenn sie ihnen von demselben Vollmachtgeber eingeräumt ist. Deshalb kann auch ein gesamtvertretungsberechtigter Prokurist einer KG diese Gesellschaft nur zusammen mit einer zur Vertretung der GmbH & Co. KG als solcher berechtigten Person[17] vertreten.

10 Der Komplementär-GmbH kann die Geschäftsführungs- und Vertretungsmacht nach §§ 117, 127 HGB bei Vorliegen eines wichtigen Grunds auf Antrag der übrigen Gesellschafter durch gerichtliches Gestaltungsurteil entzogen werden. Dies kann auch im Weg der einstweiligen Verfügung erfolgen.[18] Die Frage, ob die Vertretungsbefugnis des einzigen Komplementärs der KG entzogen werden kann, wird vom BGH verneint, ist im Übrigen aber umstritten.[19]

11 Für die GmbH & Co. KG kann schließlich in entsprechender Anwendung der § 46 Nr. 8 Hs. 2 GmbHG, § 147 Abs. 2 S. 1 AktG ein **besonderer Vertreter** bestellt werden.[20]

2. Aufgrund abweichender Vereinbarung

12 Ist die GmbH der alleinige persönlich haftende Gesellschafter der GmbH & Co. KG, kann im Außenverhältnis ihr Recht, allein die KG zu vertreten, weder genommen noch

---

[14] Für eine Haftung des GmbH-Geschäftsführers auch in dem Fall, dass auf Veranlassung des Geschäftsführers ein Bevollmächtigter für die KG auftritt, *Ihrig* in Reichert GmbH & Co. KG § 12 Rn. 26.

[15] BGHZ 62, 216 (229 f.) lässt die Frage hinsichtlich eines verpflichtenden Hinweises auf die Firma der KG bei der Unterzeichnung offen. Ein verpflichtender Zusatz zur Unterschrift ist grundsätzlich abzulehnen. Maßgeblich ist nach § 164 Abs. 1 S. 2 BGB allein, dass der Vertragspartner erkennbar ist, OLG Düsseldorf GmbHR 2011, 767 (768); hierzu sowie zu Ausnahmen *Hopt* in Baumbach/Hopt HGB § 17 Rn. 20, Einl. vor § 48 Rn. 8; davon zu unterscheiden ist die Frage der Rechtsscheinhaftung des Unterzeichnenden nach § 179 BGB analog, wenn dieser nicht auf die Haftungsbeschränkung durch den Zusatz GmbH & Co. KG hinweist, s. BGHZ 71, 354 (355 ff.); OLG Düsseldorf GmbHR 2011, 767 (769).

[16] OLG Hamburg GmbHR 1961, 128 f.; BayObLG BB 1970, 226 f.; NJW 1994, 2965; OLG Frankfurt NZG 2001, 222.

[17] Als echte Gesamtprokura mit einem weiteren Prokuristen, als unechte Gesamtprokura zB mit einem Generalbevollmächtigten oder der Komplementär-GmbH selbst, BayObLG NJW 1994, 2965; OLG Frankfurt NZG 2001, 222; *Roth* in Baumbach/Hopt HGB Anh. § 177a Rn. 37; *Krebs* in MüKoHGB § 48 Rn. 79; mit Handlungsbevollmächtigten dagegen nicht, BGH BB 1961, 383; 1964, 151; *Lenz* in Michalski GmbHG § 35 Rn. 56. In dem der Entscheidung BGH BB 1964, 151 zugrunde liegenden Fall ist der BGH im Weg der Auslegung zu einer zulässigen Vertretungsregelung gelangt.

[18] BGHZ 33, 105 lässt – die Entscheidung bezieht sich auf eine OHG – für die Dauer des Ausschließungsprozesses auch die gerichtliche Bestellung eines Nichtgesellschafters zum Vertreter zu; OLG Hamm, BeckRS 2008, 17187.

[19] Ablehnend BGHZ 51, 198; BGH NJW-RR 2002, 540; BFH NJW-RR 2013, 238 Rn. 23; bejahend OLG Hamm BeckRS 2008, 17187; *K. Schmidt* ZGR 2004, 227.

[20] BGH NZG 2010, 1381 Rn. 8 ff.; LG Karlsruhe NZG 2001, 169.

eingeschränkt werden (§ 126 Abs. 2 HGB iVm § 161 Abs. 2 HGB);[21] dies wäre mit dem **Grundsatz der Selbstorganschaft** im Personengesellschaftsrecht unvereinbar. Hiernach wäre auch eine Regelung unzulässig, wonach die GmbH als alleiniger Komplementär zur Vertretung der GmbH & Co. KG der Mitwirkung eines Prokuristen der KG bedarf. Eine solche **unechte Gesamtvertretung** kommt nur bei Vorhandensein von mindestens zwei gesamtvertretungsberechtigten persönlich haftenden Gesellschaftern als eine weitere Vertretungsvariante in Betracht.[22]

Im **Innenverhältnis** der Gesellschafter zueinander ist es hingegen möglich, die Komplementär-GmbH im Gesellschaftsvertrag zu verpflichten, bei ihrer Geschäftsführung die **Genehmigung** der Kommanditisten zu allen oder einzelnen Maßnahmen einzuholen bzw. von vornherein nur nach ihren **Weisungen** tätig zu werden.[23] Im Weg vertraglicher Gestaltung wäre es daher zulässig, die Komplementär-GmbH zu „versklaven“ und den Kommanditisten – jedenfalls im Innenverhältnis – die alleinige Herrschaftsmacht zu verschaffen.[24] 13

Sind demgegenüber neben der Komplementär-GmbH noch weitere persönlich haftende Gesellschafter vorhanden und sind diese entweder allein oder untereinander gesamtvertretungsberechtigt, so kann im **Gesellschaftsvertrag** festgelegt werden, dass die Komplementär-GmbH von der Geschäftsführung und Vertretung der GmbH & Co. KG ausgeschlossen ist (§ 125 Abs. 1 HGB iVm § 161 Abs. 2 HGB).[25] Hierbei kann die Vertretungsmacht nur vollständig ausgeschlossen, nicht aber in gegenständlicher Hinsicht oder in anderer Weise beschränkt oder modifiziert werden (§ 126 Abs. 2 HGB).[26] 14

Dies ist zu beachten, wenn eine sog **Reserve-GmbH** vorgehalten werden soll. Die Reserve-GmbH tritt bei Wegfall des einzigen Komplementärs automatisch an dessen Stelle und ermöglicht so die lückenlose Fortsetzung der Gesellschaft als KG. Bedeutung erlangt dies beispielsweise bei einem Erbfall, wenn sich unter den Erben kein persönlich haftender Gesellschafter findet (§ 139 Abs. 1 HGB) oder für den Fall der Insolvenz der Komplementär-GmbH.[27] Die Reserve-GmbH kann wegen § 126 Abs. 2 HGB jedoch **nicht** als persönlich haftender Gesellschafter mit **aufschiebend bedingter Vertretungsbefugnis** ins Handelsregister eingetragen werden.[28] Um das angestrebte Ziel zu erreichen, muss deshalb entweder die uneingeschränkte Vertretungsbefugnis der Reserve-GmbH in Kauf genommen, deren Geschäftsführungsbefugnis im Gesellschaftsvertrag ausgeschlossen oder die Stellung der Reserve-GmbH als persönlich haftender Gesellschafter für den Fall des Wegfalls des bisherigen Komplementärs vereinbart werden.[29] 15

III. Beschränkung der Vertretungsmacht durch § 181 BGB

1. Aufgrund Gesetzes

a) Selbstkontrahierungs- und Mehrvertretungsverbot. Nach § 181 BGB kann ein Vertreter, soweit ihm nicht ein anderes gestattet ist, im Namen des Vertretenen mit sich im eigenen Namen (1. Alternative, sog Selbstkontrahierungsverbot) oder als Vertreter eines 16

[21] Bleibt von mehreren lediglich gesamtvertretungsberechtigten Komplementären nur noch einer übrig, so erlangt dieser automatisch Alleinvertretungsmacht, vgl. BGHZ 41, 367 (369); BGH NZG 2010, 1381 Rn. 12–14 auch zu einer Ausnahme im Zusammenhang mit § 46 Nr. 8 Alt. 2 GmbHG, § 147 Abs. 2 S. 1 AktG (analog); auch → Rn. 14.

[22] BGHZ 26, 330 (332 f.); BGH BB 1961, 383; *Roth* in Baumbach/Hopt HGB § 170 Rn. 1.

[23] BGHZ 45, 204 (209) = NJW 1966, 1309; hierzu auch *Wertenbruch* NZG 2016, 1081.

[24] Zum vollständigen Ausschluss des Komplementärs von der Geschäftsführung zugunsten des Kommanditisten s. BGHZ 51, 198 (201 f.).

[25] Ein entsprechender Vorbehalt kann nicht ins Handelsregister eingetragen werden, OLG Köln DStR 2004, 1665 mAnm *Wächter.*

[26] *K. Schmidt* in MüKoHGB § 126 Rn. 16; *Hillmann* in EBJS HGB § 125 Rn. 45 ausdrücklich auch für den Fall des bedingten Ausschlusses der Vertretungsmacht.

[27] Zu dieser *Langenfeld/Miras* GmbH-Vertragspraxis Rn. 1131 ff.

[28] *Hillmann* in EBJS HGB § 125 Rn. 45.

[29] *Blaum* in Westermann/Wertenbruch PersGesR HdB Rn. I 3179.

Dritten (2. Alternative, sog Mehrvertretungsverbot) ein Rechtsgeschäft nicht vornehmen, es sei denn, dass das Rechtsgeschäft ausschließlich in der Erfüllung einer Verbindlichkeit besteht. § 181 BGB gilt nicht nur für **rechtsgeschäftliche Vertreter,** sondern auch für **gesetzliche** und **organschaftliche Vertreter,**[30] wie zB den persönlich haftenden Gesellschafter einer KG. Das bedeutet, dass die Komplementär-GmbH, sofern ihr dies nicht wirksam gestattet ist, **keine Geschäfte zwischen der KG und sich selbst abschließen** kann, weil sie dabei einmal als organschaftliche Vertreterin der GmbH & Co. KG und zum anderen im eigenen Namen handelt. Entsprechendes gilt für **Insichgeschäfte** zwischen der KG oder der Komplementär-GmbH einerseits und dem Geschäftsführer der Komplementär-GmbH andererseits.[31]

17 Die Anwendung des § 181 BGB führt freilich nicht – wie der Gesetzeswortlaut vermuten ließe – zur Nichtigkeit, sondern lediglich zur **schwebenden Unwirksamkeit** des betreffenden Rechtsgeschäfts, dh es kann noch nachträglich durch **Genehmigungserklärung** Wirksamkeit erlangen.[32] Die Genehmigung ist durch den jeweils betroffenen Vertragspartner zu erteilen. Ist der Vertragspartner eine Gesellschaft, kann für diese ein selbst nicht von den Beschränkungen des § 181 BGB betroffener Vertreter handeln.[33]

18 **b) Abschluss des Gesellschafts- bzw. Beitrittsvertrags.** Unter dem Gesichtspunkt des § 181 BGB problematisch ist zunächst der **Abschluss des Gesellschafts- bzw. Beitrittsvertrags,** der zwischen den Kommanditisten auf der einen und der Komplementär-GmbH auf der anderen Seite vereinbart wird, falls der Geschäftsführer der GmbH zugleich als Kommanditist an der zu gründenden GmbH & Co. KG beteiligt werden soll.[34] Hier kann der KG-Vertrag nur wirksam abgeschlossen werden, wenn dem GmbH-Geschäftsführer das **Selbstkontrahieren** von Seiten der **GmbH gestattet** ist.[35] Entsprechendes gilt für spätere Änderungen des Gesellschaftsvertrags.

19 Fehlt es an einer ausdrücklichen Gestattung, so kann nach Ansicht des **BGH** eine solche möglicherweise im Weg der **Auslegung** der GmbH-Satzung entnommen werden. Das sei insbesondere dann der Fall, wenn die Gesellschafter die GmbH offenkundig nur zu dem Zweck der Errichtung einer GmbH & Co. KG gegründet haben.[36] Dann könne angenommen werden, dass die GmbH-Satzung konkludent die Befreiung von § 181 BGB für den Abschluss des KG-Vertrags erkläre.[37] Diese Rechtsprechung kommt uE auch im Anwendungsbereich des § 35 Abs. 3 GmbHG zum Tragen; denn auch in diesem Fall ergibt sich die Befreiung von § 181 BGB – wenn auch im Weg der Auslegung – unmittelbar aus der Satzung selbst, so dass sich der Rechtsverkehr aufgrund der Satzungspublizität (§ 9 HGB) hierauf einstellen kann. Etwas anderes gilt aber dann, wenn man die Publizität des Gesellschaftsvertrags allein für unzureichend erachtet, um den gläubigerschützenden Charakter von § 35 Abs. 3 GmbHG zu verwirklichen, und deshalb zusätzlich auf die Eintragung der Befreiung im Handelsregister abhebt.[38]

20 Für den Fall, dass die Kommanditisten einer GmbH & Co. KG mit den Gesellschaftern der Komplementär-GmbH **personenidentisch** sind, hat der BGH zu Recht darauf hingewiesen, dass jedenfalls dann, wenn der Beschluss in der Gesellschafterversammlung der

[30] *Schubert* in MüKoBGB § 181 Rn. 9.

[31] Zu den einzelnen Konstellationen → Rn. 21 ff.; ferner auch *Bacher/v. Blumenthal* GmbHR 2015, 457; *Schindeldecker* RNotZ 2015, 533; *Höpfner* NZG 2014, 1174; *Hauschild* ZIP 2014, 954 (955); *Suttmann* MittBayNot 2011, 1 (11 f.); *Auktor* NZG 2006, 334; *Fröhler* BWNotZ 2006, 97 (108 ff.); *Fröhler* BWNotZ 2005, 129; *Baetzgen* RNotZ 2005, 193 (217 ff.); *Westermeier* MittBayNot 1998, 155.

[32] *Ellenberger* in Palandt BGB § 181 Rn. 15 mwN.

[33] BGH NJW-RR 1994, 291 (292 f.); NJW 1995, 727 (728); *Westermeier* MittBayNot 1998, 155 (157); auch → Rn. 39 ff. zur Gestattung und *Bacher/v. Blumenthal* GmbHR 2015, 457.

[34] *Koppensteiner/Gruber* in Rowedder/Schmidt-Leithoff GmbHG § 35 Rn. 113.

[35] Eine allgemeine Befreiung „von der Beschränkung" des § 181 BGB ist nach OLG Nürnberg NJW-RR 2015, 1073 Rn. 12 nicht eintragungsfähig, da diese Formulierung nicht erkennen lasse, ob vom Verbot des Insichgeschäfts oder vom Verbot der Mehrvertretung oder von beiden Verboten befreit werden solle.

[36] BGH BB 1968, 481.

[37] *Lenz* in Michalski GmbHG § 35 Rn. 91; *Zöllner/Noack* in Baumbach/Hueck GmbHG § 35 Rn. 128.

[38] So *U. H. Schneider/S. H. Schneider* in Scholz GmbHG § 35 Rn. 171.

KG **einstimmig** gefasst wird, darin zugleich die stillschweigend erteilte Erlaubnis für den Geschäftsführer der GmbH liegt, sowohl als deren Vertreter als auch im eigenen Namen als Kommanditist bei einer Vertragsänderung mitzuwirken.[39]

c) Sonstige Rechtsgeschäfte. aa) Zwischen KG und GmbH. Schließt die KG mit 21 „ihrer" Komplementär-GmbH einen Vertrag, liegt aus Sicht des Geschäftsführers der GmbH bei wertungsmäßiger Betrachtung ein Fall der **Mehrvertretung** (§ 181 Alt. 2 BGB) vor. Allein bei formaler Auslegung des § 181 Alt. 2 BGB könnte eine Mehrvertretung mit Blick auf die Vertretung der KG verneint werden.[40] Eine **rein formale Sichtweise** lässt sich auch **angesichts** der **neueren Rechtsprechung** des BGH, wonach der Abschluss des Anstellungsvertrags zwischen dem Geschäftsführer der Komplementär-GmbH und der KG § 181 BGB unterfällt,[41] indes **nicht begründen.**[42] Daher ist der **Geschäftsführer** der GmbH sowohl durch diese als auch durch die KG vom **Mehrvertretungsverbot** zu befreien.[43]

Des Weiteren stellt sich in dieser Konstellation die Frage, ob die KG **auch ihre Komplementär-GmbH** vom Verbot des § 181 BGB befreien muss. Aus Sicht der GmbH liegt ein Insichgeschäft vor,[44] das grundsätzlich eine **Befreiung vom Selbstkontrahierungsverbot** erfordert. Hiergegen wird eingewandt, dass der Interessenkonflikt allein die Person des GmbH-Geschäftsführers betreffe und eine Befreiung auch der GmbH daher nicht erforderlich sei.[45] Die Gegenansicht argumentiert, dass die GmbH-Gesellschafter den Geschäftsführer anweisen könnten, zulasten der KG zu handeln, und damit ein potentieller Interessenkonflikt bestehe. Ferner könnte in Fällen, in denen die Komplementär-GmbH über mehr als einen Geschäftsführer verfügt, ein Geschäftsführer für die KG auftreten und einer für die GmbH, ohne dass § 181 BGB entgegenstünde. Dies widerspräche dem Grundsatz, dass sich der Vertreter zur Umgehung von § 181 BGB nicht eines Untervertreters bedienen dürfe.[46] Diese Ansicht überzeugt jedenfalls im Ergebnis. Die Nichtanwendung von § 181 BGB könnte daher nur im Weg der teleologischen Reduktion begründet werden, deren Voraussetzungen im Hinblick auf den möglichen Interessenkonflikt im Verhältnis KG – GmbH nicht vorliegen. 22

Besonderheiten bestehen bei der sog **Einpersonen-GmbH & Co. KG.** Zwar ist die 23 frühere Rechtsprechung des BGH, wonach § 181 BGB auf Rechtsgeschäfte des geschäftsführenden Alleingesellschafters einer GmbH mit sich selbst mangels Interessenwiderstreits keine Anwendung findet,[47] seit der GmbH-Novelle durch die Regelung in § 35 Abs. 3 GmbHG[48] überholt. Vom Wortlaut dieser Vorschrift unmittelbar erfasst werden jedoch nur die Rechtsgeschäfte zwischen dem geschäftsführenden Alleingesellschafter und der Komplementär-GmbH. Wir sind jedoch mit der hM der Auffassung, dass die Verweisung in **§ 35 Abs. 3 GmbHG** auch für das Verbot der Mehrvertretung gilt,[49] so dass der **Geschäftsführer** auch in diesem Fall **befreit werden muss.**

Zweifelhaft ist, ob § 181 BGB in diesen Fällen auch eine Befreiung der **Komplementär-GmbH** erfordert. Der BGH hatte seinerzeit festgestellt, dass die Entscheidung zur Nichtanwendbarkeit des § 181 BGB auf Rechtsgeschäfte zwischen einer GmbH und ihrem 24

---

[39] BGH NJW 1976, 1538 f.

[40] *Höpfner* NZG 2014, 1174 (1176); *Hauschild* ZIP 2014, 954 (955).

[41] BGH NZG 2014, 780 Rn. 12.

[42] So zu Recht *Höpfner* NZG 2014, 1174 (1176) unter Verweis auf BGH NZG 2014, 780; für abweichende Konstellation, aber mit rechtlich identischer Begründung, BayObLG DB 1979, 1934; ferner *Fröhler* BWNotZ 2005, 129 (131 f.); *Baetzgen* RNotZ 2005, 193 (219).

[43] *Höpfner* NZG 2014, 1174 (1176 f.); *Fröhler* BWNotZ 2005, 129 (131 f.).

[44] *Hauschild* ZIP 2014, 954 (955).

[45] *Baetzgen* RNotZ 2005, 193 (219).

[46] *Höpfner* NZG 2014, 1174 (1177 f.); im Hinblick auf diese Möglichkeit ausdrücklich gegen das Erfordernis der Befreiung auch der GmbH *Fröhler* BWNotZ 2005, 129 (131).

[47] BGHZ 56, 97.

[48] Vor MoMiG: § 35 Abs. 4 GmbHG.

[49] *U. H. Schneider/S. H. Schneider* in Scholz GmbHG § 35 Rn. 154; *Zöllner/Noack* in Baumbach/Hueck GmbHG § 35 Rn. 137.

geschäftsführenden Alleingesellschafter mangels Interessenwiderstreits auf Geschäfte mit einer GmbH & Co. KG entsprechend anzuwenden sei, wenn der alleinige Gesellschafter-Geschäftsführer der Komplementär-GmbH zugleich der einzige Kommanditist ist. Auf eine Befreiung der GmbH und von deren Organen vom Verbot des § 181 BGB komme es daher nicht an.[50] Da der Gesetzgeber nur für die GmbH, nicht aber für die GmbH & Co. KG oder andere Rechtsformen die Geltung des § 181 BGB auch bei nicht vorhandenem Interessenkonflikt zwingend vorgeschrieben hat, besteht kein Anlass, bei der Einpersonen-GmbH & Co. KG die ohnehin rechtspolitisch bedenkliche Regelung[51] in § 35 Abs. 3 GmbHG auch noch auf die Rechtsgeschäfte der Komplementär-GmbH mit der KG auszudehnen oder in ihr gar den Ausdruck eines allgemeinen Rechtsgedankens zu sehen. UE ist daher insoweit die frühere BGH-Rechtsprechung, wonach **§ 181 BGB keine Anwendung** findet, dafür aber im Interesse des Gläubigerschutzes höhere Anforderungen an die **Dokumentation** des Rechtsgeschäfts (zB Schriftform) zu stellen sind, weiterhin anwendbar.[52]

25 **bb) Zwischen KG und GmbH-Geschäftsführer.** Schließt der Geschäftsführer der Komplementär-GmbH mit der KG einen Vertrag, zB seinen Geschäftsführer-Anstellungsvertrag (zur Vertretung der KG in diesem Fall → Rn. 3), stellt dies bei der gebotenen wertenden Betrachtung ein grundsätzlich verbotenes Insichgeschäft nach § 181 Alt. 1 BGB dar.[53] Der Geschäftsführer handelt für sich und – vermittelt durch die Komplementär-GmbH – für die KG. Demgegenüber ist die Vertretungsmacht der Komplementär-GmbH nicht nach § 181 BGB beschränkt, da sie selbst nicht vertreten wird. Nach dem Schutzzweck des § 181 BGB kann nur der jeweils „Vertretene" die **Befreiung** vom Verbot des Selbstkontrahierens erteilen, bei der GmbH & Co. KG also **ausschließlich die KG.**[54] Hiervon zu unterscheiden ist der zuletzt durch den BGH[55] entschiedene Fall, dass sich **zwei Geschäftsführer** einer Komplementär-GmbH, die alleinige Gesellschafter der GmbH und alleinige Kommanditisten der KG sind, **gegenseitig Tätigkeitsvergütungen bewilligen,** die nach dem **Gesellschaftsvertrag der KG** dem Grunde nach geschuldet sind und deren Höhe durch Beschluss der Gesellschafterversammlung der KG, im entschiedenen Fall also durch die betroffenen Gesellschafter selbst, festgelegt werden. Hierfür bedarf es nach Auffassung des BGH[56] **keiner Befreiung von den Beschränkungen des § 181 BGB.**

26 Im Fall der **Einpersonen-GmbH & Co. KG** gelten uE die Ausführungen unter → Rn. 24 entsprechend.

27 **cc) Bei sternförmiger Beteiligung der Komplementär-GmbH.** Bei Verträgen zwischen mehreren KGs, die dieselbe Komplementär-GmbH haben, muss jede KG die **Komplementär-GmbH vom Mehrvertretungsverbot** des § 181 BGB befreien; einer zusätzlichen Befreiung auch des Geschäftsführers der GmbH von § 181 BGB bedarf es nicht.[57]

28 Für den Fall, dass zwei GmbH & Co. KGs **verschiedene Komplementär-GmbHs** haben, für diese aber **derselbe Geschäftsführer** handelt, ist dessen Befreiung von den Beschränkungen des § 181 BGB erforderlich.[58]

---

[50] BGHZ 75, 358 (362 ff.). AA OLG Hamm NJW 1968, 2110; *Höpfner* NZG 2014, 1174 (1176).

[51] Kritisch auch *Zöllner/Noack* in Baumbach/Hueck GmbHG § 35 Rn. 137: „sachlich wenig glücklich"; *Altmeppen* in Roth/Altmeppen GmbHG § 35 Rn. 78: „der vollständig misslungene III 1"; *Lenz* in Michalski GmbHG § 35 Rn. 92: „Formalismus".

[52] AA wohl *Höpfner* NZG 2014, 1174 (1176), der aber die Befreiung der GmbH von § 181 BGB für grundsätzlich unproblematisch hält.

[53] BGH NZG 2014, 780 Rn. 12; *Bacher/v. Blumenthal* GmbHR 2015, 457 (459); *Höpfner* NZG 2014, 1174 (1175 f.); *Baetzgen* RNotZ 2005, 193 (219); *Westermeier* MittBayNot 1998, 155 (156).

[54] BGHZ 58, 115 (117) = NJW 1972, 623; BGH NZG 2014, 780 Rn. 12 ff.; *Baetzgen* RNotZ 2005, 193 (219).

[55] BGH NZG 2016, 823.

[56] BGH NZG 2016, 823 Rn. 30; zustimmend *Haase* GmbHR 2016, 984 (987 f.).

[57] KG NZG 2013, 136 f.; *Höpfner* NZG 2014, 1174 (1177 f.), der aufgrund der Interessenidentität von GmbH und Geschäftsführer die Auffassung vertritt, dass in diesem Fall auch die Befreiung nur der Geschäftsführer ausreiche.

[58] BayObLG DB 1979, 1934.

2. Aufgrund abweichender Vereinbarung

a) Generelle Befreiung. Die generelle Befreiung von den Beschränkungen des § 181 BGB kann entweder durch eine **Satzungsklausel** oder durch einen – von einer satzungsmäßigen Ermächtigung gedeckten – **Gesellschafterbeschluss** erreicht werden.[59] Eine solche Befreiung ist gemäß § 10 Abs. 1 S. 2 GmbHG im Handelsregister für die GmbH einzutragen; erfolgt diese aufgrund satzungsmäßiger Ermächtigung durch Gesellschafterbeschluss, gilt dies **nur für den konkreten Beschluss,** nicht für die Satzungsermächtigung.[60] Darüber hinaus kann die Befreiung des Geschäftsführers der GmbH – wie die Befreiung der GmbH selbst – gemäß § 106 Abs. 2 Nr. 4 HGB auch im Handelsregister für die KG eingetragen werden.[61] 29

Im Geltungsbereich des **§ 35 Abs. 3 GmbHG** (Alleingesellschafter-Geschäftsführer) ist allerdings zu beachten, dass hier die Befreiung vom Verbot des Selbstkontrahierens nach dem Zweck der Norm stets in der **Satzung** der GmbH verankert sein muss.[62] Hierfür soll bei der „üblichen notariellen Satzungsgestaltung" eine tatsächliche **Vermutung** sprechen.[63] Nach Ansicht des BGH genügt es jedoch, wenn die Satzung eine entsprechende Befreiungsmöglichkeit vorsieht, der Alleingesellschafter sich vor dem Notar zum von den Beschränkungen des § 181 BGB befreiten Geschäftsführer bestellt und dies in das Handelsregister eingetragen wird.[64] Ebenso ausreichend ist bei entsprechender satzungsmäßiger Grundlage die Befreiung durch notariell beurkundeten[65] bzw. uE auch durch einfachen Beschluss des Alleingesellschafters.[66] Das Stimmverbot nach § 47 Abs. 4 S. 2 GmbHG gilt für derartige Beschlüsse nicht.[67] 30

Soweit feststeht, dass die KG den Geschäftsführer der Komplementär-GmbH von den Beschränkungen des § 181 BGB befreien muss, stellt sich die Frage, ob die Befreiung der Komplementär-GmbH **auf deren Geschäftsführer erstreckt** wird,[68] die Befreiung des Geschäftsführers der GmbH durch die KG durch eine **Kettenbefreiung,** mithin eine Befreiung der GmbH durch die KG sowie eine weitere Befreiung des Geschäftsführers der GmbH durch die GmbH, ersetzt werden kann,[69] oder – nach vorzugswürdiger Ansicht – die **KG den Geschäftsführer der GmbH unmittelbar selbst befreien** muss. Eine Klärung der Frage durch den BGH steht noch aus. 31

Die Auseinandersetzung mit der Frage muss – ohne dass dies in den bisherigen Stellungnahmen immer hinreichend deutlich zum Ausdruck gebracht wird – berücksichtigen, dass 32

---

[59] Die satzungsrechtliche Ermächtigung, die Geschäftsführer von den Beschränkungen des § 181 BGB zu befreien, erstreckt sich nach Auffassung des OLG Köln nicht auch auf die Befreiung der Liquidatoren, OLG Köln NZG 2016, 1314 Rn. 11 ff.; wohl auch OLG Frankfurt GmbHR 2012, 394 (395 ff.). AA OLG Saarbrücken GmbHR 2011, 1209 (1210).

[60] *Herrler* in MüKoGmbHG § 10 Rn. 19 ff. mwN.

[61] BayObLG NJW-RR 2000, 1479 f.; nicht eintragungsfähig ist danach allerdings die Eintragung der Befreiung eines namentlich benannten Geschäftsführers. Für den Fall einer Ltd. & Co. KG OLG Frankfurt NZG 2006, 830; gegen die Eintragungsfähigkeit der Befreiung im Handelsregister für die KG LG München I MittBayNot 1998, 197 f. = GmbHR 1998, 789.

[62] So die hM, s. BGH NJW 1960, 2285 f.; 1983, 1676; *U. H. Schneider/S. H. Schneider* in Scholz GmbHG § 35 Rn. 166 mit Hinweis auf die Gesetzesmaterialien sowie mwN; *Zöllner/Noack* in Baumbach/Hueck GmbHG § 35 Rn. 140 mwN. AA *Stephan/Tieves* in MüKoGmbHG § 35 Rn. 187.

[63] BGH NJW-RR 2004, 1035 f.; vgl. aber auch OLG Koblenz GmbHR 2005, 476, wonach der Nachweis im Bestreitensfall in der Regel nur durch eine schriftliche Aufzeichnung zu führen sei, aus der sich Zeitpunkt und Inhalt des Geschäfts ergäben.

[64] So BGH DStR 2000, 697 mAnm *Goette.*

[65] OLG Düsseldorf ZIP 2014, 2458.

[66] Vgl. OLG Hamm NJW-RR 1998, 1193 f.; BayObLG BB 1984, 1117 f.; kritisch *Zöllner/Noack* in Baumbach/Hueck GmbHG § 35 Rn. 140.

[67] BayObLG BB 1984, 1117 f.

[68] OLG Hamm NJW 1968, 2110; KG NZG 2013, 136 f.; zur Möglichkeit der Auslegung auch *Westermeier* MittBayNot 1998, 155 (156 f.).

[69] LG München I MittBayNot 1998, 197 f. = GmbHR 1998, 789 zumindest nach dem Verständnis der Literatur, vgl. hierzu *Höpfner* NZG 2014, 1174 (1176), der von einer „Gestattungskette" spricht; *Schindeldecker* RNotZ 2015, 533 (546), der zur Begründung seines Ergebnisses allerdings auch auf die Rechtsprechung des KG verweist; wohl auch *Auktor* NZG 2006, 334.

trotz des identischen Ergebnisses **zwei unterschiedliche Begründungen** angeführt werden. So gliedert sich – mit Überschneidungen im Einzelnen – der Meinungsstand in Rechtsprechung und Literatur in diejenigen Stimmen, die die Befreiung der GmbH durch die KG auch im Sinne der Befreiung ihres Geschäftsführers auslegen bzw. diese auf den Geschäftsführer erstrecken,[70] und diejenigen, die eine „Kettenbefreiung"[71] annehmen. Bei der zweiten Variante stellen sich keine Auslegungsfragen. Es liegen zwei Befreiungstatbestände vor, die an die Stelle der Befreiung im Verhältnis KG/Geschäftsführer der GmbH treten und diese ersetzen.

33 Für die Zulässigkeit der „Kettenbefreiung" wird mit der **Parallele zur Zulässigkeit der Unterbevollmächtigung** argumentiert.[72] Fraglich ist, ob dieser Vergleich überzeugt. Die Zulässigkeit der Unterbevollmächtigung ergibt sich aus der Auslegung der dem Hauptbevollmächtigten erteilten Vollmacht.[73] Übertragen auf die GmbH & Co. KG müssten demnach Gründe vorliegen, die dafür sprechen, dass die der GmbH erteilte Befreiung von § 181 BGB auch Insichgeschäfte des Geschäftsführers mit der KG abdeckt. Damit die Befreiung der GmbH durch die KG im Rechtsverkehr zum Tragen kommen kann, ist nur die Befreiung des Geschäftsführers der GmbH vom Verbot der Mehrvertretung (§ 181 Alt. 2 BGB) erforderlich. Eine Auslegung der Befreiung der Komplementär-GmbH dahin, dass der GmbH-Geschäftsführer auch vom Verbot des Insichgeschäfts (§ 181 Alt. 1 BGB) befreit ist, wäre **überschießend** und ist ohne weitere Anhaltspunkte nicht begründbar.[74]

34 Gegen die Zulässigkeit der „Kettenbefreiung" spricht ferner, dass **kein inhaltlicher Zusammenhang** zwischen der Befreiung von § 181 BGB im Verhältnis KG/GmbH und GmbH/Geschäftsführer gegeben ist, der die Befreiung im Verhältnis KG/Geschäftsführer – unmittelbar durch die KG, wie vom BGH[75] gefordert – ersetzt bzw. rechtfertigt.[76] Die Gegenansicht, die auch damit argumentiert, dass die Befreiung der GmbH durch die KG beschränkt werden könne (und somit Insichgeschäfte des Geschäftsführers nicht zwingend von der Befreiung erfasst seien),[77] erweist sich als zirkulär, da sie die „Weitergabe" der Befreiung durch die GmbH als Regelfall zur Prämisse hat.

35 Schließlich ist zu berücksichtigen, dass die Befreiung des Geschäftsführers von § 181 BGB für dessen Insichgeschäfte mit der KG **nicht der Befreiung durch die GmbH bedarf.** Daher kann vice versa die Gestattung auch durch die GmbH als Glied einer Befreiungskette nicht zur Zulässigkeit von Insichgeschäften des Geschäftsführers der GmbH mit der KG führen.

36 Im Ergebnis bleibt festzuhalten, dass eine **„Kettenbefreiung" nicht anzuerkennen** ist. *Hauschild*[78] führt in diesem Zusammenhang aus: „[...] Die hierdurch bedingte Vielschichtigkeit der Anwendung von § 181 BGB bei der GmbH & Co. KG bleibt oft unbeachtet. Verbreitet ist stattdessen die Überzeugung, die Prüfung könne sich auf die Frage beschränken, ob die Komplementär-GmbH bei der KG und der oder die Geschäftsführer wiederum auf der Ebene der GmbH von den Beschränkungen des § 181 BGB befreit sind. Eine solche Sichtweise greift aus den gezeigten Gründen jedoch zu kurz." Als belastbarer Ansatz für die Befreiung des Geschäftsführers der GmbH durch die KG erweist sich somit

---

[70] OLG Hamm NJW 1968, 2110; KG NZG 2013, 136 f.; zur Möglichkeit der Auslegung auch *Westermeier* MittBayNot 1998, 155 (156 f.).

[71] LG München I MittBayNot 1998, 197 f. = GmbHR 1998, 789 zumindest nach dem Verständnis der Literatur, vgl. hierzu *Höpfner* NZG 2014, 1174 (1176), der von einer „Gestattungskette" spricht; *Schindeldecker* RNotZ 2015, 533 (546), der zur Begründung seines Ergebnisses allerdings auch auf die Rechtsprechung des KG verweist; wohl auch Auktor NZG 2006, 334.

[72] *Schindeldecker* RNotZ 2015, 533 (546), der darauf verweist, dass kein Unterschied zwischen einer organschaftlichen und einer rechtsgeschäftlichen Vertretungskette bestehe.

[73] *Schubert* in MüKoBGB § 167 Rn. 78.

[74] Zu dieser Differenzierung auch *Baetzgen* RNotZ 2005, 193 (219); *Westermeier* MittBayNot 1998, 155 f.

[75] BGHZ 58, 115 (117 ff.) = NJW 1972, 623.

[76] So schon *Westermeier* MittBayNot 1998, 155.

[77] *Schindeldecker* RNotZ 2015, 533 (546).

[78] *Hauschild* ZIP 2014, 954 (955).

nur der Weg über die Auslegung der durch die KG gegenüber der Komplementär-GmbH erteilten Befreiung. Die Auslegung der Befreiung der Komplementär-GmbH dürfte aber ohne weitere Anhaltspunkte im Regelfall keine Befreiung auch ihres Geschäftsführers im Verhältnis zur KG ergeben.

b) Gestattung im Einzelfall. Ist die statutarische Befreiung unterblieben, so kann die **Gestattung** von Insichgeschäften sowohl bei der Komplementär-GmbH[79] als auch der KG gleichwohl noch für jeden **Einzelfall** erfolgen.[80] Bei der **GmbH** obliegt die Gestattung stets der **Gesellschafterversammlung.** Dagegen ist **problematisch,** wer die von der **KG** zu erteilende Gestattung bei Insichgeschäften mit der Komplementär-GmbH oder deren alleinigem Geschäftsführer auszusprechen hat. 37

An sich ist die auf den **Einzelfall bezogene Erlaubnis** zur Vornahme eines Insichgeschäfts als **Maßnahme der Geschäftsführung und Vertretung** grundsätzlich durch den Geschäftsführer der KG, also den Komplementär, zu erteilen. Die Kommanditisten sind hierzu von sich aus nicht imstande, da sie keine Vertretungsmacht besitzen (§ 170 HGB). Ebenso wenig können die Kommanditisten bei dem Vertragsabschluss selbst als Vertreter der KG mitwirken oder einen Vertrag, der entgegen § 181 BGB ohne Erlaubnis abgeschlossen wurde, namens der Gesellschaft genehmigen. 38

Hiernach ist für die Erlaubniserteilung letztlich doch – wenn auch in ihrer Eigenschaft als Vertretungsorgan der KG – die **Komplementär-GmbH,** vertreten durch ihren Geschäftsführer, **zuständig.** Diese bzw. deren Geschäftsführer ist aber wiederum durch § 181 BGB daran gehindert, sich selbst den Vertragsabschluss im Namen der GmbH & Co. KG zu gestatten; denn auch die Gestattung ist ein Rechtsgeschäft im Sinne dieser Vorschrift. Schließlich können anstelle des Geschäftsführers auch nicht die GmbH-Gesellschafter in ihrer Gesamtheit als oberstes Gesellschaftsorgan für die KG nach außen rechtsgeschäftlich tätig werden. Denn Vertretungsorgan einer GmbH sind, auch soweit diese als geschäftsführender Gesellschafter einer GmbH & Co. KG tätig wird, allein die Geschäftsführer (§ 35 GmbHG). 39

Die Gesellschafterversammlung ist grundsätzlich nicht befugt, namens der GmbH mit einem Dritten in rechtsgeschäftlichen Verkehr zu treten.[81] Der **BGH**[82] hat aus dieser scheinbar ausweglosen Situation folgenden Weg vorgeschlagen: Die Gesellschafter der KG könnten den Gesellschaftsvertrag eigens dahin abändern oder ergänzen, dass die Komplementär-GmbH und deren Geschäftsführer **bei einem bestimmten Geschäft** von den Schranken des § 181 BGB befreit sein soll.[83] Eine solche **Vertragsdurchbrechung für den Einzelfall** könne sogar formlos durch **übereinstimmende Willenserklärungen** aller Gesellschafter zustande kommen, soweit sich aus dem Gesellschaftsvertrag nichts anderes ergäbe.[84] Ist allerdings der für die Komplementär-GmbH handelnde Geschäftsführer zugleich auch Kommanditist, so müsse dieser in gleicher Weise seitens der GmbH von § 181 BGB befreit sein oder werden, um die GmbH bei dieser einzelfallbezogenen Änderung des Gesellschaftsvertrags wirksam vertreten zu können.[85] 40

Eine **Ausnahme** gilt nur für die Erlaubniserteilung (bzw. allgemein die organschaftliche Zuständigkeit) betreffend den Abschluss des **Anstellungsvertrags** des Geschäftsführers der Komplementär-GmbH als einzigem Komplementär mit der KG. Wenn neben dem vom Vertragsabschluss betroffenen Geschäftsführer kein weiterer Geschäftsführer bestellt ist, ist 41

---

[79] KG GmbHR 2002, 327.

[80] Ausgenommen beim geschäftsführenden Alleingesellschafter der GmbH, → Rn. 30.

[81] BGHZ 58, 115 (117 f.) = NJW 1972, 623.

[82] BGHZ 58, 115 (118 f.) = NJW 1972, 623.

[83] So im Ergebnis auch die hL, *Schubert* in MüKoBGB § 181 Rn. 80; *Roth* in Baumbach/Hopt HGB Anh. § 177a Rn. 40.

[84] BGHZ 58, 115 (118 f.) = NJW 1972, 623.

[85] BGHZ 58, 115 (119 f.) = NJW 1972, 623; s. aber auch OLG Düsseldorf NZG 2005, 131 f.: liegt Befreiung durch GmbH vor, soll diese selbst einzelfallbezogene Erlaubnis für KG erklären können, zumal wenn der Geschäftsführer zugleich der einzige Kommanditist ist; insoweit ablehnend *Höpfner* NZG 2014, 1174 (1178).

die Gesellschafterversammlung der Komplementär-GmbH für den Vertragsschluss und damit auch die Gestattung zuständig (→ Rn. 3).[86]

42 **c) Empfehlung für die Praxis.** In der **Praxis** sollten aufgrund der höchstrichterlich nicht abschließend geklärten Rechtslage im Gesellschaftsvertrag der KG sowohl die Komplementär-GmbH als auch deren Geschäftsführer und in der Satzung der Komplementär-GmbH deren Geschäftsführer von den Beschränkungen des § 181 BGB befreit werden. Im Fall der Geschäftsführer erweist sich häufig als zweckmäßig, das Selbstkontrahierungsverbot bestehen zu lassen und die Befreiung **auf das Mehrvertretungsverbot zu beschränken.**

IV. Kapital- und Ergebnisbeteiligung

1. Aufgrund Gesetzes

43 Das Gesellschaftsvermögen der GmbH & Co. KG steht den Gesellschaftern in ihrer gesamthänderischen Verbundenheit, also nur gemeinschaftlich zu; es gibt daran keine quotenmäßige Beteiligung, wie dies bei Mit- oder Bruchteilseigentum der Fall ist. Wenn in der Praxis trotzdem vielfach von einem bestimmten „Anteil" eines Gesellschafters am Gesellschaftsvermögen die Rede ist, so ist damit lediglich seine ergebnismäßige Beteiligung gemeint. Die Höhe dieser Beteiligung findet nach der gesetzlichen Regelung im Stand des Kapitalkontos (Kapitalanteil) ihren Ausdruck. Das Gesetz geht hierbei nicht von einem festen, sondern von einem **variablen Kapitalanteil** aus, der durch Einlagen und die Zuschreibung der Gewinnanteile einerseits und durch die Abschreibung der Verlustanteile und Entnahmen andererseits beeinflusst wird. Die Verhältnisse der Kapitalanteile zueinander sind für die **Gewinn- und Verlustverteilung** sowie für die Berechnung des **Auseinandersetzungsguthabens** von Bedeutung.

44 Soweit der Gesellschaftsvertrag, was in der Praxis kaum (noch) vorkommen dürfte, keine andere Regelung vorsieht, bestimmt sich die **Gewinn- und Verlustverteilung** nach § 168 HGB. Danach erhält jeder Gesellschafter vom **Gewinn** zunächst einen Anteil in Höhe von **4 %** seines **Kapitalanteils,** und zwar unter Berücksichtigung von dessen Veränderungen im Lauf des Geschäftsjahres durch Einlagen und Entnahmen (§ 121 Abs. 1 und 2 HGB iVm § 168 Abs. 1 HGB). Reicht der Gewinn hierfür nicht aus, ist der Prozentsatz entsprechend zu kürzen.

45 Der den Betrag von 4 % der Kapitalanteile **übersteigende Gewinn** ist „in einem den Umständen nach **angemessenen Verhältnis**" zu verteilen (§ 168 Abs. 2 HGB). Hierbei sind – anders als gemäß § 722 BGB bei der BGB-Gesellschaft und § 121 Abs. 3 HGB bei der OHG – die im **Einzelfall maßgeblichen Umstände** zu berücksichtigen,[87] mit denen jeder Gesellschafter den Erfolg des Unternehmens beeinflusst. Hierzu zählen, soweit diese nicht gesondert angemessen vergütet werden, insbesondere das Haftungsrisiko des einzelnen Gesellschafters, sein Beitrag zur Kreditwürdigkeit der Gesellschaft, Geschäftsführungstätigkeiten sowie ein Wettbewerbsverbot, dem der Gesellschafter unterliegt.[88] Soweit nach Berücksichtigung dieser Kriterien noch Gewinn verbleibt, ist – in Abweichung zur Rechtslage bei der OHG (§ 121 Abs. 3 HGB) und ohne gesetzliche Anordnung – nach hM regelmäßig eine Verteilung **nach den Kapitalanteilen** angemessen.[89]

---

[86] BGH BB 1970, 277; NZG 2014, 780 Rn. 13.

[87] BGH BB 1956, 799.

[88] *Häublein* in BeckOK HGB, Stand: 1.11.2016, § 168 Rn. 6, 7; *Grunewald* in MüKoHGB § 168 Rn. 3; *Oetker* in Oetker HGB § 168 Rn. 7. AA zumindest für das Verhältnis der Kommanditisten zueinander *Ihrig* in Reichert GmbH & Co. KG § 24 Rn. 3, der für den Regelfall vorrangig auf die Kapitalbeteiligung abstellt. Für die Praxis wird es aufgrund des Gleichbehandlungsgrundsatzes auch bei der individuellen Gewinnberechnung der Kommanditisten faktisch auf die Berücksichtigung der Kapitalanteile hinauslaufen, wenn die Gesellschafter nur monetäre Beiträge geleistet haben.

[89] *Häublein* in BeckOK HGB, Stand: 1.11.2016, HGB § 168 Rn. 5, der auf die Zweistufigkeit der Berechnung verweist; *Grunewald* in MüKoHGB § 168 Rn. 4; *Oetker* in Oetker HGB § 168 Rn. 8; *Roth* in Baumbach/Hopt HGB § 168 Rn. 2. AA *Ihrig* in Reichert GmbH & Co. KG § 24 Rn. 3.

Bei der **Verlustverteilung** ist – freilich ohne Vorabverteilung in Höhe von 4 % – entsprechend zu verfahren, also ebenfalls ein „den Umständen nach angemessenes Verhältnis" zugrunde zu legen (§ 168 Abs. 2 HGB). Umstände, die bei der Gewinnverteilung einen höheren Gewinnanteil rechtfertigen, führen – spiegelverkehrt – im Grundsatz zu einem geringeren Verlustanteil et vice versa. Ein nach Berücksichtigung dieser Kriterien verbleibender Verlust ist nach Kapitalanteilen zu verteilen.[90] Im Fall der Komplementär-GmbH sind hier – soweit nicht gesondert vergütet – insbesondere deren Geschäftsführungstätigkeit und persönliche Haftung zu berücksichtigen.[91] Bei einer Verteilung nach variablen Kapitalanteilen ist allerdings Vorsicht geboten, da es nicht angemessen wäre, einen Gesellschafter, der seinen Anteil im Interesse der Gesellschaft durch zB stehen gelassene Gewinnanteile erhöht hat, mit einer besonders hohen Verlustquote zu bedenken.[92] 46

2. Aufgrund abweichender Vereinbarung

Alle Gesellschafter der GmbH & Co. KG sind verpflichtet, den (gemeinschaftlichen) Zweck der Gesellschaft durch **Beiträge** zu fördern (§ 706 Abs. 1 BGB iVm § 105 Abs. 3 HGB, § 161 Abs. 2 HGB). Diese Beiträge müssen nicht unbedingt in Geld- oder Sacheinlagen bestehen. Stattdessen können auch andere Leistungen vereinbart werden, etwa gemäß § 706 Abs. 3 BGB die Erbringung von Diensten. Selbst der bloße Beitritt zur Gesellschaft kann wegen der damit verbundenen Haftung des Gesellschafters mit seinem ganzen Vermögen den Kredit der Gesellschaft begründen, insofern der Förderung des gemeinsamen Zwecks dienen und damit ausreichen, ohne dass noch eine weitere Leistung, insbesondere eine Einlage oder Tätigkeit in dem Unternehmen, erfolgt.[93] 47

Daraus folgt für die GmbH & Co. KG, dass sich eine GmbH auch **ohne Sach- oder Geldeinlage** an der KG als persönlich haftender Gesellschafter beteiligen kann. In diesem Fall steht der Komplementär-GmbH bei Auflösung der KG, sofern nichts anderes vereinbart ist, kein Auseinandersetzungsanspruch zu.[94] Aus dem Vorstehenden ergibt sich ferner, dass eine Gesellschaft auch dann vorliegt, wenn ein Gesellschafter am **Gewinn und Verlust** überhaupt **nicht beteiligt** ist. Der erforderliche gemeinsame Zweck besteht in diesem Fall darin, dass ein gewinnbringendes Unternehmen betrieben wird.[95] Die Komplementär-GmbH kann somit nicht nur von der Beteiligung am Gesellschaftsvermögen, sondern auch vom wirtschaftlichen Ergebnis der KG gesellschaftsvertraglich ausgeschlossen werden. 48

Der Komplementär-GmbH muss **handelsrechtlich** auch **keine Haftungsvergütung** gewährt werden.[96] Erhält sie jedoch, unter anderem für die Haftungsübernahme, eine Vergütung, die nach dem Gesellschaftsvertrag der KG von der Höhe des Stammkapitals der GmbH abhängt, dürfen deren Gesellschafter das Stammkapital nicht ohne Wahrung der gesellschafterlichen Treuepflichten gegenüber der Kommanditgesellschaft in erheblichem Umfang erhöhen.[97] 49

Für die durch das MoMiG als GmbH-Variante eingeführte **Unternehmergesellschaft (UG)**[98] wird die Zulässigkeit eines vollständigen Ergebnisausschlusses von einem Teil der 50

[90] *Casper* in Großkomm. HGB § 168 Rn. 15, 16 auch zu Ausnahmen; *Oetker* in Oetker HGB § 168 Rn. 9; *Grunewald* in MüKoHGB § 168 Rn. 5. *Weipert* in EBJS HGB § 168 Rn. 12 bestimmt die Beteiligung am Verlust anhand der Verlustverantwortlichkeit und Risikobereitschaft und stellt letztlich auf § 722 Abs. 2 BGB ab.

[91] AA *Casper* in Großkomm. HGB § 168 Rn. 15 für die persönliche Haftung unter Hinweis auf das gesetzliche Leitbild.

[92] *Grunewald* in MüKoHGB § 168 Rn. 5; *Häublein* in BeckOK HGB, Stand: 1.11.2016, HGB § 168 Rn. 8.

[93] AllgM, vgl. *Schäfer* in Großkomm. HGB § 105 Rn. 18 mwN. Zur Differenzierung zwischen dem auf die Förderung des gemeinsamen Zwecks gerichteten Beitrag und der Erbringung einer Einlage in das Gesellschaftsvermögen s. *K. Schmidt* GesR § 20 II.

[94] *Ihrig* in Reichert GmbH & Co. KG § 20 Rn. 8, 9.

[95] *K. Schmidt* in MüKoHGB § 105 Rn. 29 mwN.

[96] *Grunewald* in MüKoHGB § 168 Rn. 11: „kann". Erhält die GmbH kein Entgelt für die Übernahme des Haftungsrisikos, droht steuerlich auf Ebene der GmbH allerdings die Qualifikation als verdeckte Gewinnausschüttung, → § 16 Rn. 165 ff.

[97] BGH NJW-RR 2006, 469 Rn. 9 ff.

[98] Generell zur Komplementärfähigkeit der UG → § 2 Rn. 3.

Literatur allerdings in Zweifel gezogen.[99] Nach § 5a Abs. 3 GmbHG habe die UG eine zweckgebundene **gesetzliche Rücklage** zu bilden, in die ein Viertel des um einen Verlustvortrag aus dem Vorjahr geminderten Jahresüberschusses einzustellen ist, und zwar solange, bis die Gesellschaft ihr Stammkapital auf mindestens 25.000 Euro erhöht hat (§ 5a Abs. 5 GmbHG). Werde im Gesellschaftsvertrag der KG die **UG als Komplementär vom Ergebnis ausgeschlossen** und beschränke sich die Tätigkeit der UG auf die Komplementärfunktion, so laufe die Verpflichtung zur Rücklagenbildung von vornherein ins Leere. Zwar könne eine am haftenden Eigenkapital der UG (ab 1 Euro) orientierte **Haftungsvergütung** (→ § 16 Rn. 170 ff.) bei dieser unter Umständen zu einem Überschuss führen; eine solche „kümmerliche Rente" werde aber der mit der Rücklagenbildung verfolgten Intention nicht gerecht.[100] Der KG-Vertrag verhindere somit, dass die UG ihrer Verpflichtung aus § 5a Abs. 3 S. 1 GmbHG nachkomme. Wollte man darin einen Verstoß gegen ein gesetzliches Verbot iSd § 134 BGB sehen, wäre der KG-Vertrag nichtig.[101]

51 Dieser Argumentation ist zu widersprechen. § 5a Abs. 3 S. 1 GmbHG ist **keine Gewinnerzielungsvorschrift,** sondern verpflichtet die UG – wie § 150 AktG die AG – nur, einen Teil eines etwaigen Jahresüberschusses in eine Rücklage einzustellen. Die UG kann wie auch die GmbH zu jedem gesetzlich zulässigen Zweck errichtet werden (§ 1 GmbHG), folglich auch zu rein ideellen Zwecken. Wenn – aus welchen Gründen auch immer – die UG keine Überschüsse erzielt, liegt es deshalb schlicht in der Natur der Sache, dass keine Rücklage gemäß § 5a Abs. 3 GmbHG gebildet werden kann, so dass von der Verletzung einer gesetzlichen Verpflichtung keine Rede sein kann. Die Beteiligung als Komplementär ohne Ergebnisanteil schließt auch nicht aus, dass die UG im weiteren Verlauf ihrer Existenz nicht doch noch anderweitige Einnahmen erzielt und Überschüsse ausweist, die eine Rücklagenbildung ermöglichen. Die hL vertritt daher zutreffend die Auffassung, dass **auch** eine **UG ohne Ergebnisbeteiligung** ohne Weiteres **Komplementär** sein kann.[102]

52 Auch der **Gläubigerschutz** zwingt zu keiner anderen Betrachtung. Die Vertragspartner sind durch die Bezeichnung „UG (haftungsbeschränkt)" hinreichend „gewarnt". Zur Firmierung → § 11 Rn. 7. Es ist auch allgemein bekannt, dass die Komplementär-GmbH (bzw. UG) als bloßes Vehikel zur Haftungsbegrenzung regelmäßig nicht am Ergebnis der KG beteiligt ist. Ferner ist auch die Limited & Co. KG anerkannt (→ § 24 Rn. 6), bei der der Komplementär mit einem Nennkapital ab 1 GBP ausgestattet werden kann, ohne einer Pflicht zur Rücklagenbildung, die zu einer Ergebnisbeteiligung zwänge, zu unterliegen. Die UG wäre andernfalls keine ernsthafte Alternative zur englischen Limited, wenn sie als Komplementär wegen § 5a Abs. 3 GmbHG zwingend am Ergebnis der KG beteiligt werden müsste. Im Interesse der Rechtssicherheit wäre es wünschenswert, wenn dies möglichst schnell höchstrichterlich bestätigt würde.

53 Die Aussage, der Komplementär könne von der **„Beteiligung am Gesellschaftsvermögen" ausgeschlossen** werden, darf jedoch nicht missverstanden werden. Kein Gesellschaftsvertrag einer Außengesellschaft kann verhindern, dass deren Gesellschaftsvermögen **sachenrechtlich** ein Sondervermögen der aus **allen** Gesellschaftern gebildeten Personengruppe ist (§ 718 Abs. 1 BGB iVm § 105 Abs. 3 HGB, § 161 Abs. 2 HGB), und zwar unabhängig davon, ob und in welchem Umfang der einzelne Gesellschafter eine vermögens-

[99] *Veil* GmbHR 2007, 1080 (1084); *Weber* BB 2009, 842 (847); *Wachter* in Römermann/Wachter, GmbH-Beratung nach dem MoMiG, 2008, 33; im Überblick auch *Wicke* GmbHG § 5a Rn. 19; ausführlich *Mostertz,* Die UG (haftungsbeschränkt) & Co. KG, 2014, 79 ff. mit eigenem Lösungsansatz.

[100] So *Veil* GmbHR 2007, 1080.

[101] Hierzu *Stenzel* NZG 2009, 168 (169 ff.).

[102] *Römermann* NJW 2010, 905 (909 f.); *Stenzel* NZG 2009, 168; *Kock/Vater/Mraz* BB 2009, 848; *Waldenberger/Sieber* GmbHR 2009, 114 (121 f.); *Heeg* DB 2009, 719 (720 ff.); *Heckschen* DStR 2009, 166 (171); *Kleindiek* in Lutter/Hommelhoff GmbHG § 5a Rn. 11, 40; *Miras* in Michalski GmbHG § 5a Rn. 98, 99; *Rieder* in MüKoGmbHG § 5a Rn. 53–55; *Roth* in Altmeppen/Roth GmbHG § 5a Rn. 26; *U. H. Schneider/S. H. Schneider* in Scholz GmbHG § 5a Rn. 40; *Liebscher* in Reichert GmbH & Co. KG § 3 Rn. 41. Unklar *Lüke* in HTM HdB GmbH & Co. KG Rn. 3.41 f., der bei der UG offensichtlich von einer Pflicht zur Gewährung einer Haftungsvergütung ausgeht, die „zwischen 500 und 1.000 Euro liegen" soll.

werte Einlage leistet.[103] Daher kann eine im Gesellschaftsvertrag getroffene Vereinbarung, wonach ein Gesellschafter – ebenso wie an den Gewinnen – „am Gesellschaftsvermögen nicht beteiligt" sein solle, nur bedeuten, dass diesem Gesellschafter im Fall seines Ausscheidens oder bei Auflösung der Gesellschaft ein Auseinandersetzungsguthaben nicht zusteht. Dagegen kann sie diesen Gesellschafter bei bestehender Gesellschaft und Gesellschafterstellung nicht von der (dinglichen) Mitinhaberschaft am Gesamthandsvermögen ausschließen.[104] Der dem betreffenden Gesellschafter hiernach zustehenden **dinglichen Berechtigung** kommt in diesem Fall freilich **kein wirtschaftlicher Wert** zu.

V. Stimmrecht

1. Aufgrund Gesetzes

Nach § 119 Abs. 1 HGB iVm § 161 Abs. 2 HGB gilt für die GmbH & Co. KG das **Einstimmigkeitsprinzip,** dh für Beschlussfassungen ist die Zustimmung aller Gesellschafter erforderlich. **54**

Für bestimmte Fälle sieht das Gesetz vor, dass ein Gesellschafter sein Stimmrecht nicht wahrnehmen darf (§§ 113 Abs. 2, 117, 127, 140 Abs. 1 HGB). Diesen **gesetzlich** geregelten Fällen des **Stimmrechtsausschlusses** liegt neben der Wertung des § 181 BGB vor allem der allgemeine Rechtsgedanke zugrunde, dass kein Gesellschafter Richter in eigener Sache sein darf. Deshalb ist über die genannten gesetzlichen Vorschriften hinaus ein Ausschluss des Gesellschafters von der Abstimmung auch in anderen Fällen zu bejahen, in denen eine **Interessenkollision** zwischen den persönlichen Interessen des Gesellschafters und denen der Gesellschaft besteht. Insbesondere sind die § 34 BGB, § 47 Abs. 4 GmbHG, § 136 Abs. 1 AktG entsprechend anzuwenden.[105] Der Stimmrechtsausschluss greift jedoch – trotz Interessenkollision – grundsätzlich nicht bei Beschlüssen über die **innere Ordnung** der Gesellschaft, da das Mitverwaltungsrecht des Gesellschafters vorrangig ist.[106] **55**

2. Aufgrund abweichender Vereinbarung

Insbesondere in dem (Regel-)Fall, in dem die Komplementär-GmbH keine Einlage in das Gesellschaftsvermögen leistet und am Gewinn und Verlust der GmbH & Co. KG nicht beteiligt ist, stellt sich die Frage, ob und wieweit die GmbH als persönlich haftender Gesellschafter über die gesetzlichen Stimmverbote hinaus kraft gesellschaftsvertraglicher Regelung vom Stimmrecht ausgeschlossen werden kann.[107] Für die **beteiligungsidentische GmbH & Co. KG,** deren Kommanditisten mit identischen Beteiligungsquoten zugleich Gesellschafter der Komplementär-GmbH sind, hat der BGH die Möglichkeit des Stimmrechtsausschlusses bejaht.[108] Er hat zu Recht darauf hingewiesen, dass bei der beteiligungsidentischen GmbH & Co. KG die erforderliche **gleichmäßige Willensbildung** in beiden Gesellschaften nur dann sicher gewährleistet werde, wenn das Stimmrecht der GmbH in der KG ausgeschlossen sei. Da sich die schützenswerten Interessen der GmbH mit denen ihrer Gesellschafter deckten und diese zugleich die Kommanditisten seien, könne der Stimmrechtsausschluss grundsätzlich auch für solche Beschlüsse gelten, die in den **Kernbereich der Mitgliedschaftsrechte** der GmbH eingriffen. **56**

---

[103] *Schäfer* in MüKoBGB § 718 Rn. 6.

[104] So ausdrücklich BFH 12.4.1978 – II R 149/73 = BStBl. II 1978, 422 (424).

[105] Hierzu im Einzelnen *Enzinger* in MüKoHGB § 119 Rn. 30 mwN; *Schäfer* in Großkomm. HGB § 119 Rn. 64 f.; *Roth* in Baumbach/Hopt HGB § 119 Rn. 8 verweist im Zusammenhang mit der Begründung des Stimmverbots darauf, dass die Heranziehung von § 181 BGB als weiterer Rechtsgedanke wenig hilfreich sei; *Lieder* in Oetker HGB § 119 Rn. 22, 23.

[106] *Enzinger* in MüKoHGB § 119 Rn. 32 mwN; *Roth* in Baumbach/Hopt HGB § 119 Rn. 10.

[107] Vgl. *Borsch* GmbHR 2003, 881 zu Fallgestaltungen, bei denen eine Stärkung des Einflusses der Komplementär-GmbH anzustreben ist.

[108] BGH NJW 1993, 2100 f. lässt offen, ob dies auch gilt, wenn der Beschluss der KG das Stammkapital der Komplementär-GmbH beeinträchtigt; vgl. OLG München NJW-RR 1999, 472 (474 f.); *Bahnsen* GmbHR 2001, 317 (318 f.).

57 Für **andere Fälle** als die beteiligungsidentische GmbH & Co. KG hat der BGH dagegen **offengelassen,** ob im Hinblick darauf, dass persönlich haftender Gesellschafter (nur) eine GmbH ist, ein Stimmrechtsausschluss unter Ausklammerung des Kernbereichs der Mitgliedschaftsrechte wie bei einem Kommanditisten zulässig ist.[109] Dies ist uE zu bejahen,[110] zumal die hL einen solchen Stimmrechtsausschluss generell für den persönlich haftenden Gesellschafter einer OHG oder KG für zulässig erachtet.[111]

VI. Unbeschränkte Haftung

1. Aufgrund Gesetzes

58 Als Komplementär haftet die GmbH gegenüber deren Gläubigern unbeschränkt für die Verbindlichkeiten der GmbH & Co. KG (§ 128 S. 1 HGB iVm § 161 Abs. 2 HGB). Es liegt bei der GmbH als juristischer Person nicht anders als bei einer natürlichen Person, die Komplementär einer KG ist. Hierbei darf man sich durch die missverständliche Bezeichnung „mit beschränkter Haftung" nicht irreführen lassen. Bei der GmbH ist nicht deren Haftung, sondern lediglich die ihrer **Gesellschafter** beschränkt, und auch das nur so lange, als die **Stammeinlagen** noch nicht vollständig erbracht sind; sind sie **erbracht,** so ist die **Haftung** der Gesellschafter nicht beschränkt, sondern nach § 13 Abs. 2 GmbHG **ausgeschlossen.** Dass im Übrigen die wirtschaftliche Haftung der GmbH nur so weit geht, wie sie **Gesellschaftsvermögen** besitzt, bedeutet keine Besonderheit der unbeschränkten Haftung einer GmbH; bei natürlichen Personen ist es nicht anders.

59 Im **Innenverhältnis** haftet die Komplementär-GmbH[112] nach § 280 BGB iVm dem Gesellschaftsvertrag wie jeder Gesellschafter einer Personenhandelsgesellschaft bei Pflichtverletzungen grundsätzlich nur bei **Außerachtlassung der eigenüblichen Sorgfalt** gemäß § 708 BGB iVm § 105 Abs. 3 HGB, § 161 Abs. 2 HGB (diligentia quam in suis rebus). Abweichend hiervon unterliegt die Komplementär-GmbH der **Publikums-KG**[113] und einer **kapitalistisch bzw. körperschaftlich strukturierten Gesellschaft** den Sorgfaltsanforderungen an einen ordentlichen Geschäftsmann nach § 43 Abs. 1 GmbHG und damit einem objektiven Sorgfaltsmaßstab.[114] Bei einer reinen Familien-GmbH & Co. KG dürfte hiernach § 708 BGB zugunsten von deren Komplementär-GmbH anzuwenden sein.[115]

2. Aufgrund abweichender Vereinbarung

60 Im Außenverhältnis kann die Komplementär-GmbH nur durch **Vereinbarung** mit den **Gläubigern** der GmbH & Co. KG von der unbeschränkten Haftung für deren Verbindlichkeiten befreit werden, nicht dagegen durch Abrede der Gesellschafter untereinander (§ 128 S. 2 HGB iVm § 161 Abs. 2 HGB). Demgegenüber ist es möglich, die persönlich haftende GmbH im **Innenverhältnis** der Gesellschafter untereinander durch die Kommanditisten oder die GmbH & Co. KG selbst von ihrer Haftung freizustellen. Gegenüber den Gesell-

---

[109] Bejahend OLG München NJW-RR 1999, 472 (474 f.). Zum Ausschluss des Stimmrechts des Kommanditisten s. BGHZ 20, 363 (368 f.), der eine Parallele zum zulässigen Stimmrechtsausschluss beim GmbH-Gesellschafter zieht; → § 5 Rn. 105.

[110] Ebenso *Gummert* in MHdB GesR II § 50 Rn. 96; wohl auch *Lieder* in Oetker HGB § 119 Rn. 27.

[111] *Roth* in Baumbach/Hopt HGB § 119 Rn. 13, Anh. § 177a Rn. 25; *Schäfer* in Großkomm. HGB § 119 Rn. 66 f.; *Enzinger* in MüKoHGB § 119 Rn. 75.

[112] Zur Haftung des Geschäftsführers der Komplementär-GmbH → § 9 Rn. 12 ff.

[113] Für diese ausdrücklich BGH NJW 1980, 589 (591), der die Frage, ob § 43 Abs. 1 GmbHG auf eine Komplementär-GmbH überhaupt Anwendung findet, offenlässt.

[114] *Roth* in Baumbach/Hopt HGB Anh. § 177a Rn. 26; *Schäfer* in MüKoBGB § 708 Rn. 5; *Schöne* in BeckOK BGB, Stand: 1.2.2017, BGB § 708 Rn. 5, 6; *Wenzel* in HTM HdB GmbH & Co. KG Rn. 4.53 nur für die Publikums-KG; vgl. auch *Hüffer* ZGR 1981, 348 (362 f.). AA *Servatius* in Henssler/Strohn HGB Anh. Rn. 157; *Heidel/Hanke* NK-BGB § 708 Rn. 4 Fn. 10, nach denen bei der GmbH & Co. KG stets § 43 Abs. 1 GmbHG gilt; *Otte* NZG 2011, 1013 (1014 f.) für die AG & Co. KG.

[115] *Schäfer* in MüKoBGB § 708 Rn. 5; *Schöne* in BeckOK BGB, Stand: 1.2.2017, BGB § 708 Rn. 6.

schaftsgläubigern haftet die GmbH dann zwar trotzdem unbeschränkt weiter; im Fall ihrer Inanspruchnahme hat sie aber **Ausgleichsansprüche** gegen die Kommanditisten bzw. die GmbH & Co. KG (→ § 5 Rn. 71).

Die **Binnenhaftung** der Komplementär-GmbH kann gesellschaftsvertraglich innerhalb der Grenze des § 276 Abs. 3 BGB verschärft oder beschränkt werden.[116] 61

VII. Wettbewerbsverbot

1. Aufgrund Gesetzes

Wie jeder persönlich haftende Gesellschafter einer KG unterliegt auch die Komplementär-GmbH einer GmbH & Co. KG für die Dauer ihrer Mitgliedschaft in der Gesellschaft einem **Wettbewerbsverbot** (§ 112 Abs. 1 HGB iVm § 161 Abs. 2 HGB),[117] und zwar auch im Fall der rein „kapitalistischen" GmbH & Co. KG.[118] Die GmbH darf daher ohne Einwilligung der Kommanditisten weder in dem Handelszweig der GmbH & Co. KG eigene Geschäfte machen, noch sich an einer anderen gleichartigen Handelsgesellschaft als persönlich haftender Gesellschafter beteiligen. Ein **nachvertragliches** Wettbewerbsverbot folgt aus § 112 HGB allerdings nicht.[119] 62

Das letztlich aus der gesellschaftsrechtlichen Treuepflicht begründete Wettbewerbsverbot nach § 112 HGB ist dem Gesetzeszweck entsprechend **weit auszulegen.** Verboten ist daher auch die Tätigkeit als Gesellschafter einer Personen- oder Kapitalgesellschaft, sofern die Beteiligung sich nicht auf eine bloße Kapitaleinlage, wie die eines gewöhnlichen Kommanditisten (§ 165 HGB), beschränkt, sondern mit aktiver Mitwirkung an den Geschäften verbunden ist. Hierbei sind neben einer Mehrheitsbeteiligung auch der Einfluss auf die Geschäftsführung (gesellschaftsvertragliche Sonderrechte, Blockademöglichkeiten) und der Umfang von Einsichts- und Informationsrechten maßgeblich.[120] Darüber hinaus folgt aus der gesellschaftsrechtlichen Treuepflicht, dass die Gesellschafter auch keine **Geschäftschancen** der GmbH & Co. KG für sich selbst nutzen dürfen.[121] Dies gilt jedoch nicht für solche Geschäftschancen, die die Komplementär-GmbH bereits vor Errichtung der GmbH & Co. KG erlangt hat.[122] 63

Fraglich ist, wie sich das gesetzliche Wettbewerbsverbot gemäß § 112 HGB zu **§ 1 GWB/ Art. 101 AEUV** (Art. 81 EGV aF bzw. Art. 85 EGV aF) verhält, wonach marktbeeinflussende wettbewerbsbeschränkende Verträge verboten und damit nichtig sind. Nach der hM in der Literatur,[123] der sich der BGH angeschlossen hat,[124] ist § 1 GWB, obwohl seine tatbestandli- 64

---

[116] AllgM, vgl. *Schäfer* in MüKoBGB § 708 Rn. 3 mwN; *Schöne* in BeckOK BGB, Stand: 1.2.2017, BGB § 708 Rn. 3.

[117] BGHZ 38, 306 (308 ff.) = NJW 1963, 646 für den OHG-Gesellschafter; BGH NZG 2009, 744 – Vorstandsdoppelmandat, für die Komplementär-AG einer AG & Co. KG; *Schäfer* in Großkomm. HGB § 112 Rn. 6; *Roth* in Baumbach/Hopt HGB Anh. § 177a Rn. 23; *Armbrüster* ZIP 1997, 261 (271).

[118] AA OLG Frankfurt BB 1982, 1383 f. Der BGH NZG 2009, 744 Rn. 5, 9 – Vorstandsdoppelmandat, sieht im Fall der AG & Co. KG auch die Komplementär-AG als von § 112 Abs. 1 HGB erfasst an, ohne auf die Struktur der Gesellschaft einzugehen. Dies muss auch für die Komplementär-GmbH gelten. Im Übrigen ist der Wortlaut des Gesetzes eindeutig und lässt eine Differenzierung nicht zu, so auch *Riegger* BB 1983, 90 f.; *Müller* NJW 2007, 1724; *Schlitt/Maier-Reinhardt* in Reichert GmbH & Co. KG § 27 Rn. 4; *Doehner/Hoffmann* in MHdB GesR II § 16 Rn. 55.

[119] OLG Düsseldorf NJW-RR 1989, 1305 f.; *Klimke* in BeckOK HGB, Stand: 1.7.2017, HGB § 112 Rn. 35; *Langhein* in MüKoHGB § 112 Rn. 20; *Schlitt/Maier-Reinhardt* in Reichert GmbH & Co. KG § 27 Rn. 9.

[120] BGH NJW-RR 2010, 615 Rn. 18 – Gratiszeitung Hallo; OLG Stuttgart BeckRS 2017, 105546 Rn. 102 = NZG 2017, 582; OLG Frankfurt NZG 2009, 903 (904); OLG Karlsruhe ZIP 2006, 1100 für den ausgeschiedenen Gesellschafter; *Bergmann* in EBJS HGB § 112 Rn. 4, 5; *Roth* in Baumbach/Hopt HGB § 165 Rn. 3; *Schäfer* in Großkomm. HGB § 112 Rn. 20, 24 f.; *Weller* ZHR 175 (2011), 110 (115 ff., 122 ff.).

[121] BGH NJW 1989, 2687 f.

[122] BGH NJW 1998, 1225 (1226).

[123] Eingehend *Kellermann* FS Fischer, 1979, 307; *Roth* in Baumbach/Hopt HGB § 112 Rn. 15; *Langhein* in MüKoHGB § 112 Rn. 33; *Schäfer* in Großkomm. HGB § 112 Rn. 40–48.

[124] Grundlegend BGHZ 38, 306 (311 ff.) = NJW 1963, 646.

chen Voraussetzungen an sich vorliegen, grundsätzlich nicht auf das für persönlich haftende Gesellschafter geltende Wettbewerbsverbot anwendbar. Denn im gesetzlichen Regelfall sei die OHG/KG eine Arbeits- und Haftungsgemeinschaft, bei der die Gesellschafter die selbstverantwortlichen Träger und Leiter eines selbstständigen Unternehmens seien, das zu seiner wirtschaftlichen Erhaltung und Fortbildung auf die tätige, und zwar gesellschaftstreue Mitarbeit der einzelnen Gesellschafter angewiesen sei. Daher bestünde die Gefahr, dass eine uneingeschränkte Anwendung des § 1 GWB auf das Verhältnis der OHG zu ihren Gesellschaftern (bzw. der KG zu ihren persönlich haftenden Gesellschaftern) die Grundlagen dieser volkswirtschaftlich besonders erwünschten Unternehmensform erschütterte, weil sie die gesellschaftstreue Mitarbeit der einzelnen Gesellschafter in Frage stellen könnte.[125]

65 Der BGH betont in ständiger Rechtsprechung unter Hervorhebung dieses Grundsatzes, dass dem **gesetzlichen Wettbewerbsverbot** jedenfalls dann der **Vorrang** vor § 1 GWB gebühre, wenn es dem **Bestand** und der **Erhaltung** des von der Gesellschaft betriebenen Unternehmens zu dienen bestimmt sei, indem es verhindern solle, dass das Unternehmen von innen her, nämlich durch Wettbewerb des geschäftsführenden Gesellschafters, ausgehöhlt oder gar zerstört werde.[126] Im Anschluss an eine Entscheidung des **EuGH**[127] hat der BGH diese Rechtsprechung auch auf **Art. 85 Abs. 1 EGV aF (= Art. 81 Abs. 1 EGV) bzw. Art. 101 AEUV nF** übertragen.[128] Diese Auffassung widerspreche auch nicht der Bekanntmachung der Kommission vom 5.3.2005 über Einschränkungen des Wettbewerbs, die mit der Durchführung von Unternehmenszusammenschlüssen unmittelbar verbunden und für diese notwendig sind (2005/C 56/03).[129]

66 In diesem Zusammenhang ist zu beachten, dass ein persönlich haftender Gesellschafter auch dann, wenn keine Konkurrenztätigkeit iSd § 112 HGB in Rede steht, sich nicht etwa in beliebigem Umfang außerhalb der Gesellschaft geschäftlich betätigen darf. Zwar hängt es, falls der Gesellschaftsvertrag in dieser Hinsicht nichts Näheres regelt, von den Bedürfnissen des gemeinsamen Unternehmens ab, wie sich der Umfang der Geschäftsführungspflicht gestaltet, insbesondere ob der persönlich haftende Gesellschafter seine volle Arbeitskraft ausschließlich in den Dienst der Gesellschaft zu stellen hat, ihm also eine **Nebentätigkeit** verwehrt ist.[130] Die gesetzliche und die auch der Rechtswirklichkeit entsprechende Regelform einer OHG wird jedoch durch den Zusammenhang mehrerer Personen repräsentiert, die nicht nur die verfügbaren Teile ihres Vermögens, sondern auch ihre **ganze Arbeitskraft** einem gemeinsamen Unternehmen widmen.[131] Mit einer solchen „Arbeits- und Haftungsgemeinschaft", wie der BGH[132] sie nennt, dürfte die Vorstellung, dass die Komplementär-Tätigkeit gewissermaßen nur nebenbei miterledigt wird, unvereinbar sein.

67 Ist hiernach im Regelfall davon auszugehen, dass der persönlich haftende Gesellschafter seine Tätigkeit **„hauptberuflich"** auszuüben hat,[133] so stellt sich speziell bei der Komplementär-GmbH die Frage, ob hier etwa deshalb etwas anderes gilt, weil es sich bei ihr um eine juristische Person mit unter Umständen **zahlreichen Geschäftsführern** handelt. Da

[125] BGHZ 38, 306 (312) = NJW 1963, 646.

[126] BGHZ 70, 331 (335 f.) = NJW 1978, 1001; BGHZ 89, 162 (169); ebenso BGHZ 104, 246 (251) = NJW 1988, 2737; BGH NJW-RR 2010, 615 Rn. 17, jeweils für gesellschaftsvertragliches Wettbewerbsverbot bei einer GmbH; *Bechtold/Bosch* GWB § 1 Rn. 55 f. und GWB § 1 Rn. 40 zur sog Immanenztheorie; *Schäfer* in Großkomm. HGB § 112 Rn. 43 Fn. 109, 48; *Schlitt/Maier-Reinhardt* in Reichert GmbH & Co. KG § 27 Rn. 90; *Hoffmann/Doehner* in MHdB GesR II § 6 Rn. 25.

[127] EuGH EuZW 1995, 244 Rn. 28, 34, 40 – Gottrup-Klim.

[128] BGH NJW-RR 2010, 615 Rn. 20; Der EuGH (EuGH EuZW 1995, 244 Rn. 34 – Gottrup-Klim) stellt neben dem Funktionsschutz der Gesellschaft auf die Vertragsgestaltungsmacht ab. Der vom BGH genannte Bestandsschutz findet keine ausdrückliche Erwähnung.

[129] BGH NJW-RR 2010, 615 Rn. 21.

[130] *Schäfer* in Großkomm. HGB § 114 Rn. 41; vgl. für den Geschäftsführer einer GmbH *U. H. Schneider* in Scholz GmbHG § 43 Rn. 155.

[131] BGHZ 38, 306 (312) = NJW 1963, 646; BGHZ 70, 331 (335 f.) = NJW 1978, 1001.

[132] BGHZ 38, 306 (312 f.) = NJW 1963, 646.

[133] Nach *Roth* in Baumbach/Hopt HGB § 112 Rn. 1 ist der Schutz der Gesellschaft auch insoweit nicht vom Regelungszweck des § 112 HGB umfasst. Ebenso *Klimke* in BeckOK HGB, Stand: 1.7.2017, HGB § 112 Rn. 2.

die Komplementär-GmbH nur durch ihre Organe handlungsfähig ist, kann uE die Frage, ob eine „Nebentätigkeit" mit ihrer Stellung als persönlich haftender Gesellschafter einer GmbH & Co. KG im Einzelfall vereinbar ist oder nicht, nur im Hinblick auf die Anzahl und die Fähigkeiten ihrer Geschäftsführer beantwortet werden. Verfügt die GmbH über ein ausreichend großes Management, insbesondere über eine entsprechend qualifizierte Geschäftsführung, wird sogar gegen eine mehrfache Komplementär-Tätigkeit in verschiedenartigen KGs (sog **sternförmige Beteiligung**) nichts einzuwenden sein. Es kommt also immer darauf an, ob der Geschäftsleitung der Komplementär-GmbH trotz anderweitiger Engagements noch so viel Zeit und Raum bleibt, um die Geschäftsführungsaufgaben in der betreffenden GmbH & Co. KG im erforderlichen Umfang erfüllen zu können.[134]

2. Aufgrund abweichender Vereinbarung

Von dem Wettbewerbsverbot nach § 112 HGB kann die Komplementär-GmbH durch den **Gesellschaftsvertrag** oder aufgrund **Einwilligung** aller anderen Gesellschafter **befreit** werden.[135] Offen und insbesondere für den Fall eines Widerrufs von Bedeutung ist nur, ob die Einwilligung auf einem einstimmigen Beschluss der anderen Gesellschafter basiert oder aus deren einseitigen Individualerklärungen besteht.[136] Sieht der Gesellschaftsvertrag vor, dass für die Befreiung vom Wettbewerbsverbot auch eine **Mehrheitsentscheidung** der Gesellschafterversammlung genügt, ist die GmbH – wenn sie nach dem Gesellschaftsvertrag überhaupt ein Stimmrecht hat – als der betroffene Gesellschafter von der **Abstimmung ausgeschlossen,** da insoweit ein eindeutiger Interessenkonflikt besteht.[137] 68

Hat die Komplementär-GmbH vor ihrem Eintritt in die KG einen **eigenen Geschäftsbetrieb** unterhalten, der nunmehr zum Konkurrenzunternehmen der GmbH & Co. KG wird, so stellt sich die Frage, ob allein darin, dass die übrigen Gesellschafter sich bei Abschluss des Gesellschaftsvertrags die Aufgabe des Unternehmens nicht ausdrücklich ausbedungen haben, ihr **stillschweigendes Einverständnis** mit der Fortführung des Konkurrenzunternehmens gesehen werden kann. Das Gesetz hat in **§ 112 Abs. 2 HGB** eine **unwiderlegliche Vermutung** der Einwilligung der Gesellschafter nur für den Fall normiert, dass die übrigen Gesellschafter bei Eingehung der Gesellschaft von einer anderweitigen Beteiligung als persönlich haftender Gesellschafter Kenntnis hatten. Aus dieser Beschränkung auf die Beteiligung an einer Handelsgesellschaft als Komplementär oder OHG-Gesellschafter ergibt sich, dass sie nicht für den Fall gilt, dass ein Gesellschafter bei Abschluss des Gesellschaftsvertrags in anderer Weise, namentlich als Alleininhaber eines Handelsgeschäfts im selben Handelszweig wie die Gesellschaft, Geschäfte machte und dies den anderen Gesellschaftern zu jenem Zeitpunkt bekannt war.[138] In derartigen Fällen kann jedoch oft schon aus den Gesamtumständen des Falls auf die stillschweigende Einwilligung der übrigen Gesellschafter zur Fortsetzung des Konkurrenzunternehmens geschlossen werden.[139] 69

Das gesetzliche Wettbewerbsverbot kann zulasten der Komplementär-GmbH auch **verschärft** werden, wobei die durch § 138 BGB und § 1 GWB/Art. 101 AEUV gezogenen Grenzen einzuhalten sind.[140] Ein **vertragliches Wettbewerbsverbot** muss demnach zum 70

---

[134] Im Ergebnis ähnlich *Schäfer* in Großkomm. HGB § 114 Rn. 41.

[135] *Langhein* in MüKoHGB § 112 Rn. 23; *Bergmann* in EBJS HGB § 112 Rn. 24, 25 spricht wie bereits *Goette* in den Vorauflagen von einem „Verbot mit Erlaubnisvorbehalt".

[136] *Klimke* in BeckOK HGB, Stand: 1.7.2017, HGB § 112 Rn. 24; *Langhein* in MüKoHGB § 112 Rn. 24.

[137] OLG Bamberg NZG 2010, 385 (386) für die GmbH; *Schäfer* in Großkomm. HGB § 112 Rn. 31; *Schlitt/Maier-Reinhardt* in Reichert GmbH & Co. KG § 27 Rn. 54.

[138] *Roth* in Baumbach/Hopt HGB § 112 Rn. 11; *Bergmann* in EBJS HGB § 112 Rn. 34; *Lieder* in Oetker HGB § 112 Rn. 32.

[139] *Klimke* in BeckOK HGB, Stand: 1.7.2017, § 112 Rn. 29; *Lieder* in Oetker HGB § 112 Rn. 32; *Schäfer* in Großkomm. HGB § 112 Rn. 30 geht von einer widerlegbaren Vermutung der Einwilligung aus.

[140] *Armbrüster* ZIP 1997, 261 (265); *Langhein* in MüKoHGB § 112 Rn. 22; nach BGH NJW 2009, 1751 Rn. 24 – Subunternehmervertrag II – ist der Prüfungsmaßstab bei § 138 BGB und § 1 GWB mit Ausnahme des Merkmals der Spürbarkeit, die nur bei § 1 GWB relevant ist, identisch. Für das Gesellschaftsrecht: BGH NJW 2010, 1206 Rn. 13, ferner *Weitnauer/Grob* GWR 2014, 185 (188); *Linsmeier/Lichtenegger* BB 2011, 328 (329 Fn. 11); eine für die Praxis der GmbH & Co. KG wohl unerhebliche Modifizierung der Kriterien aufgrund des unterschiedlichen Schutzzwecks verlangt noch BGH NJW 1994, 384 (386).

Schutz der verbleibenden Gesellschafter erforderlich, in räumlicher, gegenständlicher und zeitlicher Hinsicht auf das Notwendige beschränkt sein und darf den Verpflichteten nicht übermäßig beschränken. Die zeitliche Höchstgrenze beträgt in der Regel zwei Jahre.[141] Ein diese Grenzen in **zeitlicher Sicht** überschreitendes Wettbewerbsverbot bleibt unter Umständen im Weg der geltungserhaltenden Reduktion in reduziertem Umfang aufrechterhalten.[142] Innerhalb dieses Rahmens kann zugunsten der GmbH & Co. KG insbesondere ein nachvertragliches Wettbewerbsverbot[143] für die Komplementär-GmbH für eine bestimmte Zeitdauer **nach deren Ausscheiden**[144] aus der GmbH & Co. KG vereinbart werden.[145]

71 Dagegen sieht es der BGH nicht als Frage der Zulässigkeit eines Wettbewerbsverbots im Rahmen eines Gesellschaftsverhältnisses an, wenn eine Gesellschaft nur zu dem Zweck gegründet wird, bestehenden, aktuellen Wettbewerb zwischen den Gesellschafterunternehmen auszuschließen. Insoweit gibt es **kein Primat des Gesellschaftsrechts** gegenüber dem Wettbewerbsrecht.[146] Denn anderenfalls könnte allein durch die Wahl einer besonderen Organisationsform wie eben der handelsrechtlichen Personengesellschaft das Gesetz gegen Wettbewerbsbeschränkungen umgangen werden.[147] Dementsprechend hält der BGH[148] in diesen Fällen auch ein vertragliches Wettbewerbsverbot, das nicht über § 112 HGB oder das aus der Treuepflicht abgeleitete Wettbewerbsverbot hinausgeht, für unwirksam. In dem der Entscheidung zugrunde liegenden Sachverhalt hatten sich Baustoffunternehmen in einer Vertriebsgesellschaft in der Rechtsform der GmbH & Co. KG zusammengeschlossen. Zulasten der einzelnen Baustoffunternehmen (Kommanditisten) wurde ein § 112 HGB entsprechendes Wettbewerbsverbot vereinbart.

§ 5 Die Rechtsstellung der Kommanditisten

I. Geschäftsführung und Vertretung

1. Aufgrund Gesetzes

1 Gemäß §§ 164, 170 HGB sind die Kommanditisten von der Geschäftsführung und der Vertretung der Gesellschaft ausgeschlossen; lediglich solche Handlungen, die **über den gewöhnlichen Betrieb** des Handelsgewerbes der Gesellschaft hinausgehen, können nicht gegen den Widerspruch der Kommanditisten vorgenommen werden (§§ 164, 116 Abs. 2 HGB). Entgegen dem insoweit missverständlichen Gesetzeswortlaut genügt es jedoch nicht, dass die Kommanditisten lediglich nicht widersprechen; ungewöhnliche Geschäftsführungsmaßnahmen bedürfen vielmehr ihrer **Zustimmung.** Die fehlende Zustimmung lässt die Vertretungsbefugnis der Geschäftsführer indes unberührt.[1] Maßnahmen, die das Gesell-

---

[141] BGH NJW 1991, 699; 2005, 3061 (3062); 2010, 1206 Rn. 13; 2015, 1012 Rn. 8, 11; *Klimke* in BeckOK HGB, Stand: 1.7.2017, HGB § 112 Rn. 37. *Linsmeier/Lichtenegger* BB 2011, 328 (330) halten auch zulasten des Minderheitsgesellschafters ein Wettbewerbsverbot „von grundsätzlich bis zu drei Jahren" für zulässig. Nach BGH NJW 2010, 1206 Rn. 13 gilt für vertragliche und nachvertragliche Wettbewerbsverbote derselbe Maßstab, vgl. auch *Linsmeier/Lichtenegger* BB 2011, 328 (330 Fn. 11).

[142] BGH NJW 1991, 699 (700); 1994, 384 (386); 1997, 3089 f.; 2005, 3061 (3062); 2015, 1012 Rn. 14.

[143] Zum Wettbewerbsverbot des Minderheitsgesellschafters s. OLG Frankfurt NZG 2009, 903 (904); *Linsmeier/Lichtenegger* BB 2011, 328.

[144] Den Fall der Lockerung des satzungsrechtlichen Wettbewerbsverbots eines GmbH-Gesellschafters vor seinem formellen Ausscheiden behandelt BGH NJW 2010, 1206 Rn. 17.

[145] *Langhein* in MüKoHGB § 112 Rn. 20.

[146] So ausdrücklich BGH NJW 1982, 938 (939): „Letztlich würde die Auffassung des OLG einen allgemeinen Vorrang des gesellschaftsrechtlich Zulässigen begründen. Das aber würde wiederum in Widerspruch dazu stehen, dass Kartelle weitgehend gesellschaftsrechtlich verfasst sind."; *Grunewald* in MüKoHGB § 165 Rn. 18.

[147] BGHZ 70, 331 (335) = NJW 1978, 1001.

[148] BGH NJW 1982, 938 (939).

[1] AllgM, s. BGH NJW 1980, 1463 f.; OLG Celle GmbHR 2000, 388 f.; OLG Stuttgart NZG 2009, 1303 (1305); *Roth* in Baumbach/Hopt HGB § 164 Rn. 2; *Grunewald* in MüKoHGB § 164 Rn. 10; *Beuthien* NZG 2013, 967.

schaftsverhältnis selbst betreffen (sog Grundlagengeschäfte), wie zB Änderungen des Gesellschaftsvertrags, gehören nicht zu den Geschäftsführungshandlungen; derartigen Maßnahmen müssen daher ohnehin alle Gesellschafter zustimmen.[2]

2. Aufgrund abweichender Vereinbarung

Nach der insoweit zwingenden gesetzlichen Regelung (§ 170 HGB) können die Kommanditisten zwar **nicht organschaftliche Vertreter** der GmbH & Co. KG sein; das schließt es jedoch nicht aus, sie zu deren **rechtsgeschäftlichen** Vertretern zu machen, zB durch Einräumung von Generalvollmacht oder Prokura.[3] In diesem Fall vertreten sie die GmbH & Co. KG als rechtsgeschäftliche Vertreter, ohne dass dadurch die organschaftliche Vertretungsbefugnis der Komplementär-GmbH in irgendeiner Weise berührt würde. 2

Was die Geschäftsführung selbst anbelangt, so kann, wie in → § 4 Rn. 13 dargelegt, den Kommanditisten eine beherrschende Stellung insbesondere dadurch eingeräumt werden, dass die Komplementär-GmbH für jedes einzelne Geschäft oder für eine bestimmte Art von Geschäften der vorherigen **Zustimmung** der Kommanditisten bedarf oder (überhaupt nur) nach deren **Weisungen** zu handeln hat.[4] Da § 164 HGB insgesamt dispositiv ist, kann der Gesellschaftsvertrag auch vorsehen, dass der Kommanditist neben der Komplementär-GmbH oder sogar an deren Stelle die Geschäfte der Gesellschaft (im Innenverhältnis) führt.[5] 3

II. Beschränkte Haftung

1. Grundlagen

a) Unterscheidung zwischen Haftsumme und Einlage. Kommanditisten haften den Gesellschaftsgläubigern für die Verbindlichkeiten der GmbH & Co. KG bis zur Höhe ihrer Einlage **unmittelbar;** ihre persönliche Haftung ist **ausgeschlossen,** soweit sie die Einlage geleistet haben (§ 171 Abs. 1 HGB). Eine Nachschusspflicht der Kommanditisten besteht nicht (§ 707 BGB).[6] Die Gesellschaftsgläubiger können sich dann lediglich an die Gesellschaft selbst bzw. an das Gesellschaftsvermögen und die Komplementär-GmbH halten. 4

Die gesetzliche Terminologie in § 171 Abs. 1 HGB ist anerkanntermaßen irreführend. Tatsächlich meint das Gesetz mit „Einlage" im ersten Halbsatz die in das Handelsregister einzutragende **Haftsumme** (früher auch Hafteinlage genannt) und im zweiten Halbsatz die im Verhältnis unter den Gesellschaftern zu leistende **Einlage** (auch Pflichteinlage genannt).[7] Haftsumme und Einlage **können** betragsmäßig voneinander **abweichen.**[8] Benötigt zB die Gesellschaft wenig Betriebskapital, will sie jedoch durch Ausweis eines hohen Haftkapitals im Handelsregister ihre besondere **Kreditwürdigkeit** betonen, so wird es vielfach naheliegen, im Gesellschaftsvertrag zwar hohe Haftsummen zwecks Eintragung im Handelsregister vorzusehen, im Innenverhältnis jedoch zu vereinbaren, dass die Kommanditisten Einlagen nur in Höhe eines Teils ihrer Haftsummen zu erbringen haben.[9] 5

Eine solche Vereinbarung wirkt nur intern, lässt also die Haftung im Außenverhältnis unberührt (§ 172 Abs. 3 HGB). Das ist auch der Grund dafür, weswegen das **Steuerrecht,** das bekanntlich das sog **negative Kapitalkonto** seit Einführung des § 15a EStG nicht mehr 6

---

[2] Sofern der Gesellschaftsvertrag nichts anderes bestimmt, zB eine Mehrheitsklausel enthält, → Rn. 87 f.

[3] OLG Frankfurt NZG 2006, 262 f. mwN: Die Eintragung eines Kommanditisten im Handelsregister gemäß § 106 Abs. 2 Nr. 4 HGB scheidet daher aus, da dort nur die organschaftliche Vertretungsmacht angesprochen ist.

[4] Dazu eingehend *K. Schmidt* FS Röhricht, 2005, 511: Bei der beteiligungsidentischen und in sich verzahnten GmbH & Co. KG sind die Kommanditisten die „Herren im Haus"; ferner *Wertenbruch* NZG 2016, 1081.

[5] *Roth* in Baumbach/Hopt HGB § 164 Rn. 6–9; *Grunewald* in MüKoHGB § 164 Rn. 22 ff. mwN.

[6] *Armbrüster* ZGR 2009, 1. → § 13 Rn. 72 ff.

[7] Eingehend zur Unterscheidung zwischen Haftsumme und Einlage *K. Schmidt* GesR § 54 I 2; ferner auch BGH NJW 1977, 1820 f.; 1995, 197 f.; OLG Schleswig NZG 2009, 256 f.

[8] OLG Schleswig NZG 2009, 256 (257). Zur Bilanzierung → § 15 Rn. 32 f.

[9] BGH NZG 2007, 860: Gesellschaftsrechtliche Treuepflicht gebietet nicht, späterer Aufstockung der Pflichteinlage bis zur Haftsumme zuzustimmen.

anerkennt, diese **„überschießende Außenhaftung"** durchaus berücksichtigt. Damit ist der Fall gemeint, dass die im Handelsregister eingetragene Haftsumme eines Kommanditisten seine tatsächlich geleistete bzw. nach dem Gesellschaftsvertrag zu erbringende Einlage (Pflichteinlage) übersteigt.[10] Nach § 15a Abs. 1 S. 2 EStG kann der Kommanditist trotz negativen Kapitalkontos etwaige Verlustzuweisungen in Höhe des Betrags der überschießenden Außenhaftung steuerlich verrechnen.[11] Daher sind die steuerlichen Restriktionen bezüglich der Verlustverrechnung neben der erwähnten höheren Kreditwürdigkeit die in der Praxis hauptsächlich vorkommenden Gründe, aus denen heraus Einlage und Haftsumme voneinander abweichen.

7 Soweit der Gesellschaftsvertrag nichts Abweichendes regelt, entspricht die Haftsumme stets der Einlage (Pflichteinlage).[12] Ein ausgefeilter Gesellschaftsvertrag sollte es jedoch nicht auf diese **Auslegungsregel** ankommen lassen, sondern ausdrücklich klarstellen, ob bzw. dass die Einlagen mit den in das Handelsregister einzutragenden Haftsummen betragsmäßig übereinstimmen.[13] Die Frage kann namentlich dann praktische Bedeutung erlangen, wenn die Einlageverpflichtung teilweise (form)unwirksam ist[14] und deshalb die Frage auftritt, ob sich auch die Haftsumme, solange diese noch nicht in das Handelsregister eingetragen ist, entsprechend vermindert.[15]

8 **b) Einlageleistung durch Umbuchung und Aufrechnung.** Die Einlage eines Kommanditisten ist iSv § 171 Abs. 1 HGB „geleistet", wenn der Gesellschaft ein Vermögenswert (Bargeld oder Sachwerte) in Höhe der Einlage zugeflossen ist.[16] Das **Kapitalaufbringungsprinzip** verlangt eine **tatsächliche Wertzuführung.**[17] Bei schenkweiser Aufnahme eines Kommanditisten, einer Erhöhung seiner Einlage zulasten des Darlehens- oder Rücklagekontos sowie bei der Umwandlung einer Komplementärbeteiligung in eine Kommanditbeteiligung genügt auch eine bloße **Einbuchung.**[18] Sie hat jedoch nur insoweit haftungsbefreiende Wirkung, als die „eingebuchte" Einlage wertmäßig gedeckt ist.[19]

9 Fraglich ist, ob eine solche **wertmäßige Deckung** vorliegt, wenn das Kapitalkonto des in die Stellung eines Kommanditisten überwechselnden Komplementärs zwar **negativ** ist, die Gesellschaft jedoch über ausreichende **stille Reserven** verfügt. Der **BGH** hat diese Frage unter der Voraussetzung des Einverständnisses sämtlicher Mitgesellschafter **bejaht.**[20] Danach könne sich der betreffende Gesellschafter auf die in seinem bisherigen Komplementär-Anteil enthaltenen stillen Reserven (anteilige stille Rücklagen) mit haftungsbefreiender Wirkung auch dann berufen, wenn diese im Zuge der Umwidmung nicht aufgelöst und – als Einlageleistung – in einer Abschichtungsbilanz der Gesellschaft ausgewiesen würden. Nach Ansicht des BGH werden schützenswerte Belange der Gesellschaftsgläubiger dadurch nicht beeinträchtigt. Da bei der Festsetzung des Werts jeder Sacheinlage nicht die von den

---

[10] *Schmelz* DStR 2006, 1704 (1707 f.).

[11] Zur Problematik des sog negativen Kapitalkontos → § 16 Rn. 325 ff.

[12] BGH NJW 1977, 1820 f.; NJW-RR 1986, 779; *Roth* in Baumbach/Hopt HGB § 171 Rn. 1; *K. Schmidt* GesR § 54 I 2d; *Thiessen* in Großkomm. HGB § 172 Rn. 24.

[13] Vgl. Mustervertrag bei *Sommer,* Die Gesellschaftsverträge der GmbH & Co. KG, 128 ff., 131 f.

[14] Wie im Fall BGH NJW 1977, 1820 f.

[15] Der BGH NJW 1977, 1820 (1821) hatte diese Frage in einem konkreten Fall bejaht, hierbei aber auch obiter darauf verwiesen, dass für die Ermittlung der Haftsumme zu berücksichtigen sei, ob ein bestimmter Gegenstand (im Fall ein Grundstück) einzubringen sei, oder es nur auf dessen Wert ankomme; ablehnend *K. Schmidt* GesR § 54 I 2d, insbesondere mit Hinweis darauf, dass die Nichtigkeit des Einlageversprechens nicht zur Reduzierung der Haftsumme führen dürfe. UE ist der Entscheidung nicht zu entnehmen, dass die Haftsumme stets an die Einlagepflicht angepasst werden müsste. Dies ist nur das Ergebnis der Auslegung durch den BGH im konkreten Fall.

[16] *Roth* in Baumbach/Hopt HGB § 171 Rn. 6; dies ist auch bei Einzahlung der Bareinlage auf ein Konto der Komplementär-GmbH der Fall, wenn das Konto später auf die GmbH & Co. KG umgeschrieben wird und ein Habensaldo mindestens in Höhe der Einlageschuld aufweist, OLG Hamm NJW-RR 1996, 27.

[17] Grundlegend BGHZ 95, 188 (197 f.) = NJW 1985, 2947; BGHZ 109, 334 (337 f.) = NJW 1990, 1109.

[18] Zur Dogmatik der Einbuchung *Tillkorn* DNotZ 2014, 724.

[19] *K. Schmidt* in MüKoHGB §§ 171, 172 Rn. 44 mwN; *Roth* in Baumbach/Hopt HGB § 171 Rn. 6.

[20] BGHZ 101, 123 (126 ff.) = NJW 1987, 3184; *K. Schmidt* in MüKoHGB §§ 171, 172 Rn. 45. AA OLG Hamburg ZIP 1983, 59.

Gesellschaftern vorgenommene, sondern eine **objektive Bewertung** maßgebend sei, seien die Interessen der Gläubiger hinreichend dadurch gewahrt, dass der Kommanditist im Streitfall den Nachweis dafür erbringen müsse, dass die von ihm geleistete Einlage dem Wert der vereinbarten Haftsumme entsprochen habe.[21]

Neben der Umbuchung kann ein Kommanditist seine (Bar-)Einlage auch durch **Aufrechnung** erbringen. Selbst im Fall einer GmbH als einzigem persönlich haftenden Gesellschafter fand das durch das MoMiG beseitigte generelle Aufrechnungsverbot gemäß § 19 Abs. 2 S. 2 GmbHG aF keine analoge Anwendung.[22] Allerdings gilt auch bei der Aufrechnung das **Prinzip der vollwertigen Kapitalaufbringung.** Demzufolge setzt eine haftungsbefreiende Aufrechnung zum **Nennbetrag** – wie bei der Sacheinlage – voraus, dass die zur Aufrechnung gestellte Forderung **vollwertig,** die Gesellschaft also uneingeschränkt zahlungsfähig und die Forderung frei von Einwendungen ist. Andernfalls wirkt die Aufrechnungserklärung nur in Höhe der **tatsächlichen Wertzuführung.**[23] **10**

Dies gilt nach Ansicht des BGH auch dann, wenn der Kommanditist nicht mit einer Eigenforderung aufrechnet, sondern die Gesellschaft von der **Verbindlichkeit** gegenüber einem Drittgläubiger **befreit.**[24] Nach dem **Haftungssystem des § 171 HGB** wird der Kommanditist nur dann unabhängig von der Werthaltigkeit in Höhe des Nennbetrags der Gläubigerforderung von seiner persönlichen Haftung gegenüber allen Gesellschaftsgläubigern (Außenverhältnis) befreit, wenn er – außerhalb der Insolvenz der Gesellschaft[25] – den einzelnen **Gesellschaftsgläubiger** unmittelbar durch Leistung in dessen Vermögen **befriedigt.**[26] Denn nach § 171 Abs. 1 HGB kann ein Kommanditist, der seine Einlage noch nicht geleistet hat, von einem beliebigen Gesellschaftsgläubiger bis zur Höhe der Haftsumme in Anspruch genommen werden, und zwar in voller Höhe der Gläubigerforderung ohne Rücksicht darauf, ob diese noch vollwertig ist oder nicht. Aus der Befriedigung des Gesellschaftsgläubigers erwächst dem Kommanditisten ein Erstattungsanspruch gegen die Gesellschaft (§ 110 HGB), mit dem er im **Innenverhältnis** gegen die Einlageforderung aufrechnen kann.[27] Diese Aufrechnung ist unabhängig von der Werthaltigkeit des Erstattungsanspruchs auch noch in der Insolvenz der GmbH & Co. KG möglich.[28] **11**

c) Über- und Unterbewertung von Sacheinlagen. Hat der Kommanditist nach dem Gesellschaftsvertrag keine Geld-, sondern eine **Sacheinlage** zu erbringen, so tritt der in § 171 HGB angeordnete **Haftungsausschluss** nur unter der Voraussetzung ein, dass die Sacheinlage **nicht überbewertet** wurde. Während den Gesellschaftern im Innenverhältnis zueinander die Einlagenbewertung grundsätzlich freisteht, sie eine Sacheinlage also beliebig über- oder unterbewerten können, kommt es für die Frage des Haftungswegfalls nach § 171 Abs. 1 Hs. 2 HGB ausschließlich auf den **„wahren"** Wert der Sacheinlage an.[29] Erfolgt die Einlage **12**

---

[21] BGH DB 1977, 394 (395); BGHZ 101, 123 (127) = NJW 1987, 3184.

[22] OLG Dresden NZG 2004, 1155.

[23] So die heute hM, grundlegend BGHZ 95, 188 (194 ff.) = NJW 1985, 2947 unter Aufgabe seiner früheren Rechtsprechung in BGHZ 51, 391; *K. Schmidt* in MüKoHGB §§ 171, 172 Rn. 59, 60 auch zu Ausnahmen; *K. Schmidt* GesR § 54 II 3c mwN; *K. Schmidt* ZGR 1986, 152; *Roth* in Baumbach/Hopt HGB § 171 Rn. 7; zur Aufrechnung in Fällen, in denen die Pflichteinlage die Haftsumme übersteigt, *v. Olshausen* ZGR 2001, 175 (177 ff.).

[24] BGHZ 95, 188 (195 f.) = NJW 1985, 2947; ebenso, wenn die Einlageforderung von der Gesellschaft an Erfüllungs statt an einen Gesellschaftsgläubiger abgetreten wird, BFH NJW 1997, 1527 (1528).

[25] In der Insolvenz kann der Kommanditist nur noch an den Insolvenzverwalter haftungsbefreiend leisten, § 171 Abs. 2 HGB.

[26] BGHZ 95, 188 (195 ff.) = NJW 1985, 2947. Dies gilt auch dann, wenn der Kommanditist in der Eigenschaft als Bürge für eine Gesellschaftsverbindlichkeit in Anspruch genommen wird, OLG Hamm GmbHR 1995, 457; zur Pflichteinlageleistung durch Erfüllung einer Bürgenverpflichtung BGH NJW-RR 1995, 489 (492).

[27] BGH NJW 1984, 2290 f.: Der Aufrechnung bedarf es nur dann nicht, wenn die Leistung an den Gläubiger in Bezug auf die Einlageforderung vereinbarungsgemäß an Erfüllungs statt erfolgt ist.

[28] *K. Schmidt* GesR § 54 II 3c cc; OLG Dresden NZG 2004, 1155, für den Fall der Zahlung der Einlage auf ein debitorisches Bankkonto der GmbH & Co. KG unter der Einschränkung, dass die Aufrechnungslage bereits vor Eintritt der Insolvenz bestand.

[29] RGZ 150, 163 (166); BGHZ 39, 319 (329) = NJW 1963, 1873; BGHZ 95, 188 (195) = NJW 1985, 2947.

unmittelbar vor der Insolvenzeröffnung, ist der Liquidationswert maßgeblich.[30] Hierbei obliegt dem Kommanditisten, wenn sich dieser gegenüber einem Gesellschaftsgläubiger auf den Wegfall seiner Haftung beruft, der volle **Beweis** dafür, dass seine Sacheinlage im Zeitpunkt ihrer Erbringung **vollwertig** gewesen war.[31] Die Rechtsfolgen der überbewerteten Sacheinlage sind also im Recht der KG ganz ähnlich geregelt wie (seit der GmbH-Novelle 1980) im GmbH-Recht. Dieses sieht in § 9 Abs. 1 GmbHG eine sog **Differenzhaftung** des Gesellschafters für den Fall vor, dass der Wert seiner Sacheinlage im Zeitpunkt der Anmeldung zum Handelsregister nicht den Betrag der dafür übernommenen Stammeinlage erreicht.

13 Entsprechendes gilt bei bewusster oder unbewusster **Unterbewertung.** Da es auch insoweit für den Haftungswegfall nach § 171 Abs. 1 Hs. 2 HGB allein auf den wahren Wert der Sacheinlage ankommt, wirkt die Einlage auch im Umfang der Unterbewertung („stiller" Einlagenteil) enthaftend. Der betreffende Gesellschafter hat dann lediglich im Innenverhältnis die Verpflichtung, eine (infolge der Unterbewertung) noch nicht vollständig erbrachte **Pflichteinlage** aufzufüllen, während er, was die **Haftsumme** anbetrifft, sich gegenüber den Gesellschaftsgläubigern auf den wirklichen, vollen Wert seiner Sacheinlage berufen kann.[32] Entsprechendes gilt, wenn der Wert einer – ebenfalls unterbewerteten – Sacheinlage den Nennbetrag der dafür gewährten Kommanditbeteiligung übersteigt. Hier kann der betreffende Kommanditist den Differenzbetrag (freilich nur mit Zustimmung der Mitgesellschafter) jederzeit wieder entnehmen, ohne dass dies das Wiederaufleben der Kommanditistenhaftung nach § 172 Abs. 4 HGB zur Folge hätte.[33]

14 **d) Einlageverpflichtung in der Insolvenz.** Durch die Eröffnung des **Insolvenzverfahrens** über das Vermögen einer GmbH & Co. KG wird die Verpflichtung der Kommanditisten zur Leistung ihrer rückständigen Kommanditeinlagen **(Haftsumme)** grundsätzlich nicht berührt. An die Stelle der einzelnen Gläubiger, denen gegenüber der Kommanditist in Höhe der rückständigen Einlage unmittelbar haftet, tritt nunmehr die **Masse** (§ 171 Abs. 2 HGB).[34]

15 Allerdings darf der Insolvenzverwalter im Rahmen seiner Einziehungsbefugnis **rückständige Kommanditeinlagen** nur insoweit einfordern, als diese Beträge zur Befriedigung der Gläubiger voraussichtlich erforderlich sind.[35] Im Streitfall trifft die **Beweislast** dafür, dass dies nicht der Fall ist, den auf Zahlung in Anspruch genommenen Gesellschafter.[36] Der Insolvenzverwalter hat jedoch nach der Rechtsprechung des BGH die hierbei bedeutsamen Verhältnisse der Gesellschaft darzulegen, soweit nur er aufgrund seiner Stellung hierzu imstande ist.[37]

2. Unbeschränkte Haftung gemäß § 176 HGB

16 **a) Anwendungsbereich.** Für einen Kommanditisten können sich besondere Haftungsgefahren dadurch ergeben, dass die Gesellschaft ihren Geschäftsbetrieb schon **vor ihrer**

[30] BGHZ 39, 319 (330) = NJW 1963, 1873.

[31] BGH DB 1977, 394 (395).

[32] *Roth* in Baumbach/Hopt HGB § 171 Rn. 6; *Priester* BB 1976, 1004 (1007); *Felix* NJW 1973, 491 f.; hiervon geht offenbar auch die Rechtsprechung als selbstverständlich aus, BGHZ 39, 319 (329) = NJW 1963, 1873; BGH DB 1977, 394. AA *K. Schmidt* in MüKoHGB §§ 171, 172 Rn. 48a; *Thiessen* in Großkomm. HGB § 171 Rn. 147, 148.

[33] *Roth* in Baumbach/Hopt HGB § 171 Rn. 6; *Felix* NJW 1973, 491 f. AA *K. Schmidt* in MüKoHGB §§ 171, 172 Rn. 48a, 64.

[34] *K. Schmidt* in MüKoHGB §§ 171, 172 Rn. 98 verweist darauf, dass die Normierung in § 171 Abs. 2 HGB überflüssig und falsch sei, da die Einlageverpflichtung des Kommanditisten nach § 35 InsO eine Masseschuld darstelle und § 171 Abs. 2 HGB nur die Haftung des Kommanditisten betreffe.

[35] BGH NJW 1958, 1139; 2011, 2351 Rn. 18; *Strohn* in EBJS HGB § 171 Rn. 96 mwN; *Gummert* in Henssler/Strohn HGB § 172 Rn. 73.

[36] BGH NJW 1985, 1468 (1469); *Strohn* in EBJS HGB § 171 Rn. 91, 114.

[37] BGH BB 1978, 1133 (1134), wobei sich die Entscheidung auf den Liquidator der Gesellschaft bezieht. Für den Insolvenzverwalter dürfte indes nichts anderes gelten; s. BGH NJW 1980, 1522 zur Frage, unter welchen Voraussetzungen und in welchem Umfang rückständige stille Einlagen, die Teil der gesellschaftsvertraglichen Beitragspflicht des Kommanditisten sind, im Liquidationsstadium einer Publikums-KG von dem Liquidator eingefordert werden können.

Eintragung in das Handelsregister aufnimmt. In diesem Fall haftet nach § 176 Abs. 1 HGB jeder Kommanditist, der dem Geschäftsbeginn vor Eintragung **zugestimmt** hat, für die bis zur Eintragung begründeten Gesellschaftsverbindlichkeiten wie ein persönlich haftender Gesellschafter, also unbeschränkt mit seinem gesamten Vermögen, es sei denn, „dass seine Beteiligung als Kommanditist dem **Gläubiger bekannt** war" (§ 176 Abs. 1 S. 1 Hs. 2 HGB).[38]

§ 176 Abs. 1 HGB gilt nach **§ 176 Abs. 2 HGB** auch für den Fall, dass ein Kommanditist in eine **bereits bestehende KG** eintritt. Dies schließt den Erwerb des Kommanditanteils im Weg der Abtretung ein.[39] **17**

Beim Eintritt aufgrund **Erbfalls** ist zu differenzieren. War der **Erblasser Kommanditist** und als solcher im Handelsregister auch eingetragen, haftet der eintretende Erbe nicht nach § 176 Abs. 2 HGB.[40] Nach Meinung des BGH haftet jedoch ein bis dahin außenstehender Dritter nach § 176 Abs. 2 HGB unbeschränkt, der kraft Erbrechts (und einer Nachfolgeklausel im Gesellschaftsvertrag) den Gesellschaftsanteil eines **persönlich** haftenden **Gesellschafters** – aufgrund Gesellschaftsvertrag unter Umwandlung in eine Kommanditbeteiligung[41] – erwirbt und nicht in das Handelsregister eingetragen wird.[42] Dabei sind jedoch zwei Besonderheiten zu beachten. Zum einen ist dem Erben für die unverzügliche Herbeiführung seiner Eintragung eine **„Schonfrist"** zuzubilligen; er haftet also nicht, wenn er innerhalb angemessener Frist seine Eintragung herbeiführt.[43] Zum anderen entfällt die unbeschränkte Haftung, wenn der Erbe des Komplementärs der Gesellschaft **bereits als Kommanditist** angehört hat; in diesem Fall haftet der erbende Kommanditist unter Umständen jedoch für die nach dem Erbfall entstehenden Gesellschaftsverbindlichkeiten gemäß §§ 15 Abs. 1, 128 HGB und den Vorschriften über die beschränkte Erbenhaftung, wenn das Ausscheiden des Erblassers aus der Gesellschaft nicht im Handelsregister eingetragen wird.[44] **18**

b) Haftungsrisiken. aa) Zustimmungserfordernis und bedingter Beitritt. Die für die Haftung erforderliche **Zustimmung** zum **Geschäftsbetrieb vor Eintragung** (§ 176 Abs. 1 S. 1 HGB) kann ausdrücklich oder stillschweigend, zB durch Duldung, erfolgen.[45] Im Abschluss des Gesellschaftsvertrags allein liegt die Zustimmung noch nicht. Sie kann sich aber aus dem Vertrag und den Umständen ergeben.[46] Das gilt insbesondere im Fall der Einbringung und Fortführung eines Unternehmens.[47] **19**

Im Fall des **Eintritts** eines Kommanditisten in eine bestehende Gesellschaft (§ 176 Abs. 2 HGB) ist es nach hM **nicht erforderlich,** dass der betroffene Kommanditist bei seinem Eintritt – analog der in § 176 Abs. 1 HGB geforderten Zustimmung zum Geschäftsbeginn – **20**

---

[38] Zur Haftung bei der kleingewerblichen oder vermögensverwaltenden Gesellschaft iSd § 176 Abs. 1 S. 2 HGB, deren Eintragung ins Handelsregister beabsichtigt ist, → § 3 Rn. 80.

[39] BGH NJW 1983, 2258 (2259); OLG Frankfurt NJW-RR 2008, 1568; *Kindler* in Koller/Kindler/Roth/Morck § 176 Rn. 9. AA die hL, *K. Schmidt* ZHR 144 (1980), 192 (200); *Huber* ZGR 1984, 146 (160 ff.); *K. Schmidt* in MüKoHGB § 176 Rn. 26; *Roth* in Baumbach/Hopt HGB § 176 Rn. 11.

[40] So die ganz hL, *Thiessen* in Großkomm. HGB § 176 Rn. 114; *K. Schmidt* in MüKoHGB § 176 Rn. 23; *Gummert* in Henssler/Strohn HGB § 176 Rn. 17; wohl auch BGHZ 108, 187 (197) = NJW 1989, 3152, der allerdings darauf hinweist, dass die Haftung des noch nicht eingetragenen Erblassers gemäß § 176 HGB auf den Erben übergehe.

[41] Zur Rechtslage, wenn der Gesellschaftsvertrag eine solche Umwandlungsregelung nicht beinhaltet, BayObLG NZG 2003, 476 sowie → § 2 Rn. 13.

[42] BGHZ 66, 98 (100) = NJW 1976, 848; *Thiessen* in Großkomm. HGB § 176 Rn. 117 ff.; s. aber auch BGHZ 108, 187 (197); *Strohn* in EBJS HGB § 176 Rn. 26. AA *K. Schmidt* in MüKoHGB § 176 Rn. 24; *Roth* in Baumbach/Hopt HGB § 176 Rn. 10; *Herfs* DB 1991, 2121 (2123).

[43] BGH NJW 1983, 2258 (2259).

[44] BGHZ 66, 98 = NJW 1976, 848.

[45] RGZ 128, 172 (180); BGHZ 82, 209 (211) = NJW 1982, 883; *K. Schmidt* in MüKoHGB § 176 Rn. 12; *Häublein* in BeckOK HGB, Stand: 1.11.2016, HGB § 176 Rn. 9; kritisch zur Zustimmung durch Duldung *Oetker* in Oetker HGB § 176 Rn. 15.

[46] RGZ 128, 172 (180 f.); *Thiessen* in Großkomm. HGB § 176 Rn. 126, wonach der vorbehaltlose Beitritt zu einer KG eine konkludente Zustimmung darstellen kann; *Strohn* in EBJS HGB § 176 Rn. 10.

[47] *K. Schmidt* in MüKoHGB § 176 Rn. 12; *Thiessen* in Großkomm. HGB § 176 Rn. 46; *Strohn* in EBJS HGB § 176 Rn. 10.

der Fortsetzung der Geschäfte durch die Gesellschaft ausdrücklich bzw. förmlich **zugestimmt** hat.[48] Denn hier ist die Zustimmung schon in dem Gesellschaftsbeitritt zu sehen.[49] Angesichts der hieraus resultierenden Haftungsrisiken stellt sich die Frage, ob sich ein Kommanditist durch **vertragliche Regelungen** in geeigneter Weise zu schützen vermag. Hier ist zu unterscheiden:

21 **bb) Haftungsrisiken aus § 176 Abs. 1 HGB.** Im Fall einer Neugründung (§ 176 Abs. 1 HGB) hat es jeder Kommanditist in der Hand, eine **Vereinbarung** herbeizuführen, wonach die Gesellschaft ihre **Geschäfte erst beginnen darf, nachdem** sie im Handelsregister **eingetragen** ist. Eine derartige Abrede sollte schon aus Beweisgründen schriftlich, und zwar am besten als Bestandteil des Gesellschaftsvertrags, getroffen werden. Verstößt der geschäftsführende Gesellschafter gegen diese Vereinbarung, so haften die Kommanditisten nicht gemäß § 176 Abs. 1 HGB unbeschränkt, sondern nur in Höhe ihrer Haftsumme, soweit die Einlage noch nicht geleistet ist.[50] Unbeschränkt haftet lediglich der persönlich haftende Gesellschafter.

22 Dieses – an sich befriedigende – Ergebnis sollte aber keinen Kommanditisten dazu verleiten, der Aufnahme des Geschäftsbetriebs vor Eintragung im Handelsregister nur **zum Schein** zu widersprechen.[51] Das gilt insbesondere dann, wenn alle oder einzelne Kommanditisten geschäftsführend tätig sind. Aber auch in anderen Fällen muss ein Kommanditist damit rechnen, dass man ihm eine stillschweigende Zustimmung unterstellt, wenn er von der „vertragswidrigen" sofortigen Aufnahme der Geschäfte Kenntnis hatte, ohne hiergegen etwas unternommen zu haben. In diesem Fall läuft er zumindest Gefahr, dass seiner Berufung auf die vertragliche Abrede der Einwand der protestatio facto contraria[52] entgegengehalten würde.[53]

23 **cc) Haftungsrisiken aus § 176 Abs. 2 HGB.** Schwieriger liegen die Verhältnisse im Fall des § 176 Abs. 2 HGB, da hier die Zustimmung des Kommanditisten zur Fortsetzung der Geschäfte nicht erforderlich ist. Hier kann sich ein eintretender Kommanditist vor der unbeschränkten Haftung nur dadurch schützen, dass er – bei einer Neuaufnahme durch Kapitalerhöhung – mit der Gesellschaft bzw. – beim Erwerb eines eingetragenen Kommanditanteils – mit dem bisherigen Kommanditisten eine **aufschiebende Bedingung** vereinbart, wonach die rechtliche Wirksamkeit seines Gesellschafterbeitritts von der **Eintragung im Handelsregister** abhängig sein soll (Bedingungseintritt mit Registereintragung).[54] Der (noch) nicht in das Handelsregister eingetragene Kommanditist einer GmbH & Co. KG hat allerdings dann keine Haftung zu befürchten, wenn mit Teilen der Rechtsprechung und der überwiegenden Auffassung in der Literatur aufgrund der Firmierung als GmbH & Co. KG richtigerweise § 176 Abs. 1 S. 1 HGB angewendet wird (→ Rn. 31 ff.).

24 Nachteil des aufschiebend bedingten Beitritts ist freilich, dass die Gesellschafterstellung und damit die Teilnahme am Gewinn und Verlust von einem willkürlichen, rein zufälligen Ereignis, wie eben der Handelsregistereintragung, abhängt, während in der Praxis aus Vereinfachungsgründen der Beitritt auf einen bestimmten **Stichtag** bezogen zu werden pflegt. Um ein Auseinanderfallen von zivil- und steuerrechtlicher Ergebniszurechnung zu vermeiden, müssen die Gesellschafter daher zusätzlich vereinbaren, dass im **Innenverhältnis** die

---

48 BGHZ 82, 209 (211 ff.) = NJW 1982, 883 im Anschluss an *K. Schmidt* ZHR 144 (1980), 192 (194 ff.); von BGHZ 77, 392 (399) noch offengelassen. AA RGZ 128, 172 (180 f.).

49 *K. Schmidt* in MüKoHGB § 176 Rn. 28.

50 Die interne Vereinbarung, die Geschäfte erst nach Eintragung im Handelsregister zu beginnen, schränkt lediglich die Geschäftsführungsbefugnis des persönlich haftenden Gesellschafters ein. Dagegen ist eine Beschränkung des Umfangs seiner Vertretungsmacht Dritten gegenüber unwirksam, § 126 Abs. 2 HGB.

51 Eine Willenserklärung, die nur zum Schein abgegeben wird, ist gemäß § 117 Abs. 1 BGB nichtig.

52 *Busche* in MüKoBGB § 133 Rn. 56.

53 Ähnlich *Oetker* in Oetker HGB § 176 Rn. 15, der auf § 242 BGB verweist.

54 BGHZ 82, 209 (212) = NJW 1982, 883; BGH NJW 1983, 2258 (2259); *K. Schmidt* in MüKoHGB § 176 Rn. 30; *Thiessen* in Großkomm. HGB § 176 Rn. 128; *Hannes* in HTM HdB GmbH & Co. KG Rn. 8.27.

Folgen des Gesellschafterbeitritts auf den vor der Handelsregistereintragung liegenden gewünschten Stichtag **zurückzubeziehen** sind (§ 159 BGB).

Steuerrechtlich funktioniert diese schuldrechtliche Rückbeziehung freilich nur ausnahmsweise, nämlich dann, sie sich nur über eine **kurze Zeitspanne** – wenige Wochen bis zu drei Monaten – erstreckt und lediglich der technischen Vereinfachung der Besteuerung dient, ohne dass dabei ein Steuervorteil erstrebt wird.[55] Andernfalls wird einem Gesellschafter (Mitunternehmer) der auf ihn entfallende Gewinn und Verlust erst ab dem Zeitpunkt zugerechnet, in dem er – zivilrechtlich wirksam – Gesellschafter geworden ist, also bei bedingtem Beitritt erst ab dem Tag der **Handelsregistereintragung.** Wer ganz sicher gehen möchte oder einen längeren Zeitraum überbrücken muss, sollte daher – unter Einbeziehung der Mitgesellschafter – ergänzend vereinbaren, dass zunächst eine **atypisch stille Gesellschaft** mit im Übrigen identischen Konditionen (Gewinn- und Verlustbeteiligung, Stimmrecht, Kontrollrechte etc) zustande kommt, die später durch die Kommanditbeteiligung ersetzt wird.[56] Das atypisch stille Gesellschaftsverhältnis ist bei einer Neuaufnahme durch Kapitalerhöhung mit den übrigen Gesellschaftern zu vereinbaren, bei abgeleitetem Anteilserwerb zwischen Neu- und Altgesellschafter, indem dieser an seiner (fortbestehenden) Kommanditbeteiligung jenem eine (auflösend bedingte) atypisch stille Unterbeteiligung einräumt.[57] 25

c) Normzweck und Haftungsumfang. Fraglich ist, ob sich die unbeschränkte Haftung nach § 176 HGB nur auf **rechtsgeschäftlich** begründete Gesellschaftsverbindlichkeiten bezieht oder ob die unbeschränkte Haftung darüber hinaus auch für sonstige Forderungen gilt, die – wie Ansprüche aus unerlaubter Handlung, Tierhalterhaftung oder Bereicherung – **kraft Gesetzes** entstehen. 26

Die Frage hängt eng mit dem **Rechtsgrund** der Vorschrift zusammen. Überholt ist die Auffassung, die in ihr eine **zivilrechtliche Strafe** für die Nichtbefolgung handelsrechtlicher Eintragungsvorschriften erblickte und § 176 HGB infolgedessen extensiv auslegte.[58] Gegen den Strafcharakter spricht bereits, dass die unbeschränkte Haftung den Kommanditisten ohne Rücksicht auf dessen Verschulden selbst dann trifft, wenn er nur aufgrund eines Versehens durch das Registergericht entweder überhaupt nicht oder statt als Kommanditist als Komplementär ins Handelsregister eingetragen wurde. Teilweise wird heute in der Literatur darauf abgestellt, dass die Bestimmung vor allem Druckfunktion habe und auf eine registermäßige Klarstellung der Haftungsverhältnisse hinwirken solle.[59] Allerdings zeigt der dem Kommanditisten in § 176 Abs. 1 S. 1 Hs. 2 HGB offengelassene Weg, seine Haftungsbegrenzung dem Gläubiger anderweitig als durch Eintragung im Handelsregister bekannt zu machen (etwa durch Rundschreiben) und so der unbeschränkten Haftung zu entgehen, dass es dem Gesetz nicht so sehr darum geht, auf den Kommanditisten Druck zwecks Erfüllung seiner Anmeldepflicht auszuüben. Hierfür ist die Festsetzung von Zwangsgeldern durch das Registergericht (§ 14 HGB) auch das angemessenere Mittel. Nach **heute hM** wird denn auch der Rechtsgrund der Vorschrift im **Schutz des Rechtsverkehrs** (abstrakter Vertrauensschutz) erblickt, für den ohne die bekannt gemachte Eintragung im Handelsregister nicht erkennbar ist, ob die Gesellschaft als OHG oder als KG betrieben wird und welche Gesellschafter ihm beschränkt und welche ihm unbeschränkt haften.[60] 27

---

[55] BFH 14.6.2006 – VIII B 196/05, BFH/NV 2006, 1829; *Wacker* in L. Schmidt EStG § 16 Rn. 453; *Schallmoser* in Blümich EStG § 15 Rn. 586; *Kobor* in HHR EStG § 16 Rn. 402.

[56] Der hinzutretende Gesellschafter ist also auflösend bedingter atypisch stiller Gesellschafter und aufschiebend bedingter Kommanditist, hierzu *K. Schmidt* ZHR 144 (1980), 192 (201); *K. Schmidt* in MüKoHGB § 176 Rn. 30.

[57] Sofern die Mitgesellschafter mit der Stimmrechtsausübung durch den Neugesellschafter nicht einverstanden sein sollten, empfiehlt es sich, die aufschiebend bedingte Anteilsübertragung mit einer auflösend bedingten Vereinbarungstreuhand zu kombinieren, hierzu auch *K. Schmidt* in MüKoHGB § 176 Rn. 31, der die Vereinbarung einer solchen Treuhand grundsätzlich empfiehlt.

[58] So noch RGZ 128, 172 (181); OLG Frankfurt NJW 1972, 880.

[59] *K. Schmidt* in MüKoHGB § 176 Rn. 1 mwN; *K. Schmidt* GmbHR 2002, 341 (344).

[60] BGHZ 82, 209 (213) = NJW 1982, 883; *Roth* in Baumbach/Hopt HGB § 176 Rn. 1; *Strohn* in EBJS HGB § 176 Rn. 1; *Kindler* in Koller/Kindler/Roth/Morck § 176 Rn. 1; *Geißler* GmbHR 2014, 458 (465). AA *Jacobs* DB 2005, 2227 (2231 ff.) im Hinblick auf den Funktionswandel der Norm.

28 Von diesem Ausgangspunkt her ergibt es sich von selbst, dass die unbeschränkte Haftung aus § 176 HGB **nur** Ansprüche aus **Rechtsgeschäft** oder **rechtsgeschäftsähnlichen Handlungen** erfasst.[61] Denn nur bei diesen ist es denkbar, dass der Gläubiger **im Vertrauen** auf die unbeschränkte Haftung des Kommanditisten gehandelt hat.[62] Hinzu kommt, dass bei den nicht rechtsgeschäftlich begründeten Verbindlichkeiten, insbesondere solchen aus unerlaubter Handlung, die Kenntnis des Gläubigers von der Kommanditisteneigenschaft als Ausschlussgrund für die unbeschränkte Haftung funktionslos wäre. Denn es wäre wenig sinnvoll, zB bei einem Gesellschaftsgläubiger, der von dem Wachhund einer nicht eingetragenen KG gebissen wird, für den Haftungsumfang des auf Schadensersatz in Anspruch genommenen Kommanditisten danach differenzieren zu wollen, ob dem Gläubiger im Zeitpunkt des Schadensereignisses die Kommanditisteneigenschaft des betreffenden Gesellschafters bekannt war oder nicht.

29 Kommt es **nachträglich** zur **Handelsregistereintragung,** unterliegen die von § 176 HGB erfassten Verbindlichkeiten weiterhin der unbeschränkten Kommanditistenhaftung. Die Rechtsprechung zum **Erlöschen** der sog **Handelndenhaftung** bei der nicht eingetragenen GmbH (→ § 3 Rn. 100) lässt sich nicht auf den Anwendungsbereich des § 176 HGB übertragen.[63]

30 Bis zum Inkrafttreten des **NachhBG**[64] regelte § 159 Abs. 1 HGB ausgehend vom Zeitpunkt des Ausscheidens des Gesellschafters eine fünfjährige Sonderverjährung für Ansprüche gegen einen Gesellschafter aus Verbindlichkeiten der Gesellschaft. Aufgrund der Gesetzesänderung regelt § 159 HGB nur noch die Verjährung bei Auflösung der Gesellschaft. Die Fälle des Ausscheidens eines Gesellschafters und die Umwandlung der Gesellschafterstellung von der des Komplementärs in die des Kommanditisten werden dagegen von § 160 HGB erfasst, der anders als § 159 HGB keine Verjährungsregelung beinhaltet, sondern eine auf fünf Jahre begrenzte Nachhaftung vorsieht.[65] Da die Haftungstatbestände in § 176 HGB den von § 160 HGB erfassten Sachverhalten näher stehen als der Auflösung der Gesellschaft, wird man davon ausgehen müssen, dass die **Handelsregistereintragung** bei § 176 HGB nunmehr zu einer auf **fünf Jahre** begrenzten **Nachhaftung** analog § 160 HGB führt.[66] Der Ablauf der Nachhaftungsfrist lässt allerdings eine unter Umständen parallel laufende Haftung gemäß § 171 Abs. 1 HGB und § 172 Abs. 4 HGB unberührt.[67]

31 **d) Anwendbarkeit auf die GmbH & Co. KG?** Da die positive Kenntnis des Gläubigers von der Kommanditisteneigenschaft die unbeschränkte Haftung ausschließt (§ 176 Abs. 1 S. 1 Hs. 2 HGB), liegt die Frage nahe, ob sich ein Gesellschaftsgläubiger auch dann auf § 176 HGB berufen kann, wenn ihm bei Vertragsabschluss **aufgrund der Firmenführung** bekannt gewesen war, dass es sich bei seinem Vertragspartner um eine GmbH & Co. KG gehandelt hat.

32 **aa) Die Rechtsprechung des BGH.** Der **BGH** hatte im Urteil vom 18.6.1979[68] diese Frage **bejaht** und seine Begründung im Wesentlichen auf drei Argumente gestützt: Erstens

[61] Ähnlich auch BGHZ 82, 209 (215 f.) = NJW 1982, 883, wonach zumindest Ansprüche aus unerlaubter Handlung (§§ 823 ff. BGB) nicht von der unbeschränkten Kommanditistenhaftung aus § 176 HGB erfasst werden. Der Sache nach kann die vom BGH angeführte Begründung auf den gesamten Bereich nicht rechtsgeschäftlich begründeter Verbindlichkeiten mit Ausnahme von Kondiktionsansprüchen und Verbindlichkeiten aus Leistungsstörungen übertragen werden; im Ergebnis ebenso *K. Schmidt* in MüKoHGB § 176 Rn. 37; *Geißler* GmbHR 2014, 458 (465); differenzierend *Thiessen* in Großkomm. HGB § 176 Rn. 84 ff. AA *Crezelius* BB 1983, 5 (11 f.).

[62] Allerdings ist zu beachten, dass auch bei gesetzlichen Verbindlichkeiten Vertrauen entgegengebracht werden kann, zB dadurch, dass der Anspruch gestundet wird, BSG MDR 1976, 259 f. Das BSG erstreckt § 176 Abs. 1 HGB in seiner Entscheidung allgemein auf gesetzlich begründete Verbindlichkeiten.

[63] So die hM, *Roth* in Baumbach/Hopt HGB § 176 Rn. 13; *K. Schmidt* in MüKoHGB § 176 Rn. 42; *Oetker* in Oetker HGB § 176 Rn. 33.

[64] Am 26.3.1994; → § 6 Rn. 206.

[65] Zu den rechtstechnischen Unterschieden zwischen der Sonderverjährung und der Nachhaftung *Habersack* in Großkomm. HGB § 160 Rn. 2.

[66] Ebenso *Roth* in Baumbach/Hopt HGB § 176 Rn. 13; *Habersack* in Großkomm. HGB § 160 Rn. 15.

[67] *Thiessen* in Großkomm. HGB § 176 Rn. 103; *K. Schmidt* in MüKoHGB § 176 Rn. 43.

[68] BGH NJW 1980, 54 f.

auf die Möglichkeit, dass auch bei einer GmbH & Co. KG neben der GmbH ein weiterer Komplementär vorhanden ist, zweitens auf die Annahme, nur Vollkaufleute und geschäftsgewandte Personen zögen aus einer GmbH & Co. KG-Firma die richtigen Schlüsse, und drittens auf die Erwägung, nur das Handelsregister und nicht die Firmierung gebe Auskunft über die Höhe des Kommanditkapitals.

bb) Stellungnahme. Diese **Begründung** ist uE in mehrfacher Hinsicht **verfehlt.**[69] **33**
Zum einen erfüllt gerade für den nicht-vollkaufmännischen Verkehr die Rechtsformbezeichnung „GmbH & Co. KG" die gleiche, wenn nicht gar eine noch stärkere **Warnfunktion** wie der GmbH-Zusatz, von dem im Volksmund die verschiedensten „Langfassungen" existieren, was eindrucksvoll beweist, dass auch Privatpersonen die wirtschaftlichen Auswirkungen einer „beschränkten Haftung" geläufig sind. Sollte aber wirklich jemand so geschäftsunerfahren sein, dass ihm die Bedeutung des GmbH & Co. KG-Zusatzes nicht geläufig ist, so fehlt es überhaupt an einem schützenswerten Vertrauenstatbestand, da sich ein solcher Laie dann wohl auch weder Gedanken über die beschränkte oder unbeschränkte Haftung natürlicher Personen machen wird, noch jemals auf den Gedanken kommen dürfte, sich – wie vom BGH unterstellt – im Handelsregister über den Gesellschafterkreis oder die Höhe des Kommanditkapitals zu informieren.

Zum anderen ist seit langem[70] anerkannt, dass eine Haftung nach § 176 HGB bereits bei **34**
mittelbarer Kenntnis von der Kommanditisteneigenschaft des Gesellschafters ausscheidet, wenn also der Dritte Umstände kennt, aus denen zwingend gefolgert werden muss, dass etwa vorhandene Mitgesellschafter nicht unbeschränkt haften. Zwar können neben der Komplementär-GmbH ausnahmsweise auch einmal weitere persönlich haftende, natürliche Gesellschafter beteiligt sein; diese atypische Konstellation einer KG mit natürlichen und juristischen Personen als Komplementäre spielt in der Praxis jedoch keine Rolle.[71] Eine derartige KG würde zudem in aller Regel wenigstens den „einschlägigen" Firmenbestandteil „GmbH & Co. KG" zu vermeiden suchen, um die **höhere Kreditwürdigkeit** bereits in einer entsprechenden Firmierung, nämlich unter namentlicher Nennung nur oder zumindest auch des natürlichen Komplementärs, zum Ausdruck zu bringen.

Was schließlich die vom BGH angeführte Klarstellung des Kommanditkapitals durch **35**
das Handelsregister anbelangt, so widerspricht diese Auffassung der klaren Konzeption des Gesetzes; dieses lässt, wenn der Dritte um die beschränkte Kommanditistenhaftung **weiß,** die vereinbarte Haftsumme gerade auch **ohne Eintragung** im Handelsregister entscheiden.

Zwar behauptet der BGH, das grundsätzliche Bedenken, die unbeschränkte Haftung des **36**
nicht eingetragenen Kommanditisten könne im Einzelfall ganz unverhältnismäßige Auswirkungen annehmen, richte sich gegen die Vorschrift als solche, erlaube also keine bevorzugte Behandlung der GmbH & Co. KG-Gesellschafter. Dem ist jedoch entgegenzuhalten, dass der BGH die GmbH & Co. KG auch in anderen Fällen abweichend von der „normalen" KG behandelt und er – wie auch der Gesetzgeber – bis heute eine Vielzahl von Vorschriften und Prinzipien aus dem Recht der Kapitalgesellschaften auf die GmbH & Co. KG übertragen hat. Letztlich rührt gerade der, zunächst vom BGH begründete und auf eine analoge Anwendung von § 4 GmbHG gestützte, später vom Gesetzgeber in § 19 Abs. 2 HGB (§ 19 Abs. 5 HGB aF) übernommene Zwang zur Führung des GmbH & Co. KG-Zusatzes aus einer mindestens **partiellen Gleichstellung** mit der GmbH her.

Müssen sich aber die Gesellschafter einer GmbH & Co. KG das von Rechtsprechung **37**
und Gesetzgeber geschaffene **Sonderrecht** als **„Preis für die Haftungsbeschränkung"** gefallen lassen, so erscheint es uns nur recht und billig, ihnen im Einzelfall dieses Haftungsprivileg, soweit sich das mit der Auslegung der gesetzlichen Bestimmungen verträgt, auch

---

[69] Ebenso *K. Schmidt* ZHR 144 (1980), 192 (202 ff.); *K. Schmidt* GesR § 55 V 1b; *Thiessen* in Großkomm. HGB § 176 Rn. 29, 138.

[70] RGZ 128, 172 (182 f.).

[71] So schon das BVerfG (BVerfGE 24, 174 [183]), das insoweit mit Recht von einer „quantité négligeable" gesprochen und damit die Verfassungsmäßigkeit der mittlerweile abgeschafften Kapitalverkehrsteuer für derartige „unechte" GmbH & Co. KGs begründet hat.

tatsächlich zukommen zu lassen. Insofern handelt es sich bei dem faktischen Ausschluss der unbeschränkten Haftung gemäß § 176 HGB nicht um eine „bevorzugte Behandlung" von GmbH & Co. KG-Gesellschaftern, sondern gewissermaßen nur um die „Kehrseite der Medaille", nämlich den billigen Ausgleich für die weitgehende Gleichbehandlung der GmbH & Co. KG mit den Kapitalgesellschaften, von der die Gesellschafter einer „normalen" KG nicht betroffen sind.

38 Das bedeutet im **Ergebnis,** dass eine Haftung aus § 176 HGB bei Vertragsabschlüssen namens einer GmbH & Co. KG grundsätzlich an der **Kenntnis** des Gläubigers von der **besonderen Gesellschaftsstruktur** und den damit einhergehenden Haftungsverhältnissen scheitert,[72] da ein Gläubiger, der nicht mit der unbeschränkten Haftung natürlicher Personen rechnet bzw. vernünftigerweise rechnen kann, nicht den Schutz einer Haftungsnorm verdient, die nach hM lediglich das **Vertrauen des gutgläubigen Rechtsverkehrs** schützen will.

39 **cc) Fazit.** Offenbar hat auch der **BGH** die Unrichtigkeit seiner im Urteil vom 18.6.1979 vertretenen Auffassung erkannt, ohne dies freilich ausdrücklich zuzugestehen. So heißt es im Leitsatz seines Urteils vom 21.3.1983,[73] dass die unbeschränkte Haftung des nicht eingetragenen Kommanditisten einer GmbH & Co. KG „möglicherweise" für Rechtsgeschäfte zu verneinen sei, die **nach Inkrafttreten** des **§ 19 Abs. 2 HGB (§ 19 Abs. 5 HGB aF),** also nach dem 1.1.1981, abgeschlossen worden sind. Denn mit der gesetzlichen Neuregelung des Firmenrechts der Handelsgesellschaften durch die sog GmbH-Novelle 1980 werde von da ab im Rechtsverkehr „niemand mehr damit rechnen können, ein nicht eingetragener Gesellschafter einer solchermaßen firmierenden Gesellschaft sei kein Kommanditist".

40 Der BGH greift damit auf Überlegungen zurück, die wir seinerzeit im Blick auf den von der **GmbH-Novelle** ursprünglich vorgesehenen Firmenzusatz **„beschränkt haftende Kommanditgesellschaft"** angestellt hatten.[74] Da dieser Firmenzusatz überhaupt nur dann hätte gewählt werden dürfen (und dann auch müssen), wenn kein persönlich haftender Gesellschafter eine natürliche Person ist, wenn also eine „echte" GmbH & Co. KG vorliegt, hatten wir die Auffassung vertreten, dass jedenfalls ein Geschäftspartner, der mit einer „beschränkt haftenden KG" kontrahiert, schon aufgrund einer derartigen Firmierung stets und in allen Fällen **positive Kenntnis** von der Zusammensetzung des Gesellschafterkreises haben müsste, also nicht gutgläubig iSd § 176 Abs. 1 HGB darauf vertrauen könnte, dass ihm irgendeine natürliche Person unbeschränkt haften werde.

41 Allerdings ist zum einen festzuhalten, dass der vom BGH in Bezug genommene § 19 Abs. 5 HGB aF keine neue Rechtslage geschaffen hat, sondern bekanntlich nur die **Rechtsprechung** des BGH[75] **kodifizierte,** die das Erfordernis eines, die Haftungsbeschränkung kennzeichnenden Zusatzes („wie etwa GmbH & Co.") bereits im Jahr 1974 aufgestellt hatte. Zum anderen darf – anders als ursprünglich von der **GmbH-Novelle** vorgesehen – auch nach jetzigem Firmenrecht eine KG als „GmbH & Co. KG" firmieren, bei der neben einer GmbH eine natürliche Person als Komplementär beteiligt ist.

---

[72] Ebenso BAG ZIP 2008, 1740 Rn. 42; OLG Schleswig DZWiR 2005, 163 mit ablehnender Anm. *Keil*; OLG Frankfurt NZG 2007, 625 f.; *K. Schmidt* GesR § 55 V 1b; *Thiessen* in Großkomm. HGB § 176 Rn. 29, 138; *Roth* in Baumbach/Hopt HGB Anh. § 177a Rn. 19 mwN; *Strohn* in EBJS HGB § 176 Rn. 22; *Wenzel* in HTM HdB GmbH & Co. KG Rn. 5.78; *Ihrig* in Reichert GmbH & Co. KG § 12 Rn. 6, § 43 Rn. 26; *Wagner* in Wagner/Rux Die GmbH & Co. KG Rn. 86 ff., 575 f., 584; *Herchen* in MHdB GesR II § 30 Rn. 89; *Windbichler* GesR § 37 Rn. 19; *Huber* FS Hefermehl, 1976, 127 (131); *Binz*, Haftungsverhältnisse im Gründungsstadium der GmbH & Co. KG, 1977, 15 ff.; *Priester* BB 1980, 911 (913 f.); *Specks* RNotZ 2008, 143 (149). AA *Kindler* in Koller/Kindler/Roth/Morck § 176 Rn. 4; *Flume* Personengesellschaft 336 f.; *Knobbe-Keuk* FS Stimpel, 1985, 187 (193 ff.); *Crezelius* BB 1983, 5 (12). Nach *Kornblum* GmbHR 1983, 61 (65) scheide eine positive Kenntnis so lange aus, als „auch nur eine einzige entsprechende ‚unechte' GmbH & Co. KG existiert"; uE nicht konsequent, da bei so strenger Betrachtung schon die rein theoretische Existenzmöglichkeit genügen müsste.

[73] BGH NJW 1983, 2258.

[74] *Beinert/Hennerkes/Binz* BB 1979, 299 (302).

[75] BGHZ 62, 216 (226); bestätigt in BGHZ 65, 103 (105).

42 Um nicht falsch verstanden zu werden: So sehr wir von unserem Standpunkt aus die sich im BGH-Urteil vom 21.3.1983 ankündigende **Rechtsprechungsänderung** begrüßen, so wenig überzeugend finden wir die Urteilsbegründung, die ausschließlich auf die erwähnte Gesetzesänderung abhebt, ohne sich damit auseinanderzusetzen, dass zwischen der Rechtslage ab 1.1.1981 und den „Altfällen" der Jahre 1974–1980 ein qualitativer sachlicher Unterschied nicht bestand.[76] Letztere sind aufgrund Zeitablaufs heute ohnehin obsolet geworden.

43 Zwar hat der BGH bislang keine Gelegenheit erhalten, sein damaliges „obiter dictum", mag es auch durch die (ungewöhnliche) Aufnahme in den amtlichen Leitsatz der Entscheidung aufgewertet worden sein, zu bestätigen. Jedoch haben sich zwischenzeitlich sowohl das BAG[77] als auch das OLG Schleswig[78] sowie das OLG Frankfurt[79] der ganz hM in der Literatur[80] angeschlossen. Die vom BGH für **Neufälle** angedeutete, gewandelte Rechtsauffassung hat sich uE deshalb so verfestigt, dass eine Abkehr des BGH hiervon nicht zu erwarten ist und deshalb in der **Praxis** diejenigen **„Sicherungsvorkehrungen"**, wie sie für den Fall der Neugründung bzw. des Gesellschafterbeitritts beschrieben worden sind (→ Rn. 23 f.), **nicht mehr erforderlich** erscheinen. Dass auch diejenigen, die der hier vertretenen Auffassung folgen, nach wie vor dazu raten, die Abtretung des Kommanditanteils von der Eintragung des Eintritts in das Handelsregister abhängig zu machen,[81] dürfte dem für die anwaltliche Beratungspraxis maßgeblichen Gebot des **sichersten Wegs** geschuldet sein. An dieser Empfehlung wird sich bis zu einer endgültigen Klärung durch den BGH nichts ändern.

3. Rechtsscheinhaftung gemäß § 176 HGB analog?

44 Dass ein Kommanditist, der im Rechtsverkehr wie ein persönlich haftender Gesellschafter auftritt, sich wie ein solcher auch behandeln lassen muss und demgemäß nach **Rechtsscheingrundsätzen** unbeschränkt persönlich haftet, ist **gewohnheitsrechtlich** seit Jahrzehnten allgemein anerkannt.[82]

45 Das **BAG**[83] ist allerdings noch einen erheblichen Schritt weitergegangen. Es hat im Urteil vom 24.8.1979 entschieden, dass ein Kommanditist in entsprechender Anwendung von § 176 HGB unbeschränkt persönlich hafte, wenn bei einer eingetragenen KG in der Rechtsform der GmbH & Co. KG, die ein Grundhandelsgewerbe (jetzt Handelsgewerbe gemäß § 1 Abs. 2 HGB) betreibt, eine **Firmenänderung** nicht in das Handelsregister eingetragen wird und dadurch mit Billigung des Kommanditisten bei einem neu eingestellten Arbeitnehmer der Eindruck entsteht, es handele sich bei seiner Arbeitgeberin um eine noch nicht eingetragene, neue Personenhandelsgesellschaft.

46 Zur **Begründung** hat sich das BAG auf den **Sinn** der in § 176 HGB enthaltenen Regelung berufen und diesen wie folgt umschrieben: Solange bei einer noch nicht eingetragenen, aber schon nach außen wirksam gewordenen Personenhandelsgesellschaft die beschränkte Haftung als Kommanditist nicht durch das Handelsregister kundgetan oder dem Geschäfts-

---

[76] Anm. *K. Schmidt* zu BGH NJW 1983, 2258 (2260 f.).

[77] BAG ZIP 2008, 1740.

[78] OLG Schleswig DZWiR 2005, 163 mit ablehnender Anm. *Keil*.

[79] OLG Frankfurt NZG 2007, 625 f.

[80] *K. Schmidt* GesR § 55 V 1b; *Thiessen* in Großkomm. HGB § 176 Rn. 29, 138; *Roth* in Baumbach/Hopt HGB Anh. § 177a Rn. 19 mwN; *Strohn* in EBJS HGB § 176 Rn. 22; *Wenzel* in HTM HdB GmbH & Co. KG Rn. 5.78; *Ihrig* in Reichert GmbH & Co. KG § 12 Rn. 6, § 43 Rn. 26; *Wagner* in Wagner/Rux Die GmbH & Co. KG Rn. 86 ff., 575 f., 584; Herchen in MHdB GesR II § 30 Rn. 89; *Windbichler* GesR § 37 Rn. 19; *Huber* FS Hefermehl, 1976, 127 (131); *Binz*, Haftungsverhältnisse im Gründungsstadium der GmbH & Co. KG, 1977, 15 ff.; *Priester* BB 1980, 911 (913 f.); *Specks* RNotZ 2008, 143 (149).

[81] *Wagner* in Wagner/Rux Die GmbH & Co. KG Rn. 584; *Specks* RNotZ 2008, 143 (150); *Ihrig* in Reichert GmbH & Co. KG § 12 Rn. 6, der im Zusammenhang mit § 176 Abs. 1 HGB „angesichts verbleibender Unsicherheiten in der Rechtsprechung" von einem vorzeitigen Geschäftsbeginn abrät; *Marx* in Winter Beratungspraxis GmbH & Co. KG Rn. U 31.

[82] *Roth* in Baumbach/Hopt HGB § 128 Rn. 5 mwN.

[83] BAG BB 1980, 383 f.; dazu *Priester* BB 1980, 911.

partner bekannt sei, solle der Verkehr aus Gründen des daraus veranlassten **Rechtsscheins** darauf vertrauen dürfen, der betreffende Gesellschafter hafte ihm unbeschränkt. Dasselbe Schutzbedürfnis bestehe aber auch in dem gesetzlich nicht geregelten Fall, dass eine Firmenänderung bei einer KG nicht in das Handelsregister eingetragen sei und infolgedessen eine Gesellschaft in Erscheinung trete, bei welcher die Kommanditistenstellung eines Gesellschafters verborgen bleibe, nachdem das Handelsregister unter der im Rechtsverkehr verwendeten, aber nicht eingetragenen Firma einem einsichtswilligen Dritten keine näheren Aufschlüsse über die Haftungsstruktur der Gesellschaft geben könne. Deshalb müsse in einem solchen Fall die gleiche Rechtsfolge eintreten, die § 176 HGB für den nicht eingetragenen Kommanditisten angeordnet habe.[84] Dies gelte jedenfalls dann, wenn die alte und die neue, nicht eingetragene Firma nach Wortbild, Wortklang und Wortbedeutung nicht solche Ähnlichkeit besäßen, dass das Handelsregister von sich aus bei einer Anfrage nach der neuen Firma auf die Eintragungen zur alten Firma verwiesen hätte.[85]

47 Diese Rechtsprechung, die das Haftungsrisiko des Kommanditisten in der Praxis erheblich verschärft, ist aus mehreren Gründen **abzulehnen.** UE fehlt es bereits an der für eine Analogie vorauszusetzenden Regelungslücke, da § 15 HGB (Publizität des Handelsregisters) die Rechtsfolgen, die sich aus der Nichteintragung einer einzutragenden Tatsache ergeben, abschließend regelt.[86] Darüber hinaus ist richtiger Ansicht nach zumindest für den Anwendungsbereich des § 176 Abs. 2 HGB zu fordern, dass der Geschäftspartner von der Gesellschaftereigenschaft des später in Anspruch Genommenen bei Vertragsabschluss **positive Kenntnis** gehabt hatte.[87] Nur eine solche Auslegung wird dem Verständnis der Haftungsvorschrift des § 176 HGB als einer – auf den rechtsgeschäftlichen Verkehr beschränkten (→ Rn. 28) – Schutzbestimmung zugunsten des Rechtsverkehrs, genauer: als konkreter **Ausdruck des Rechtsscheinprinzips,** gerecht.[88] Schließlich findet auch hier der in → Rn. 33 ff. näher dargelegte Grundsatz Anwendung, wonach die Haftung aus § 176 HGB – sei es in unmittelbarer oder in entsprechender Anwendung – immer dann nicht zum Zug kommt, wenn dem Vertragspartner aufgrund der **Firmenführung bekannt** war, dass es sich bei der betreffenden Gesellschaft um eine GmbH & Co. KG handelte, bei der (von unbedeutenden Ausnahmen abgesehen) grundsätzlich keine natürliche Person die unbeschränkte persönliche Haftung übernommen hat.

48 Da bei den Personenhandelsgesellschaften die Eintragung der geänderten Firma in das Handelsregister nur deklaratorisch wirkt, somit also die beschlossene neue Firma schon vor der Eintragung zwingend verwendet werden muss, empfiehlt es sich für die **Praxis,** zur Vermeidung möglicher Haftungsrisiken die Wirksamkeit der Firmenänderung an die **Bedingung** der **Eintragung** der **neuen Firma** in das Handelsregister zu knüpfen,[89] wie dies ja auch in den vergleichbaren Fällen des Beitritts eines Kommanditisten zur Vermeidung der Haftung aus § 176 Abs. 2 HGB vielfach gehandhabt wird (→ Rn. 23). Selbstverständlich darf dann die neue Firma aber auch erst ab dem Eintragungszeitpunkt im Rechtsverkehr verwendet werden.

4. Haftungserweiterung über § 172 HGB

49 **a) Bei Rückzahlung der Einlage.** Die Haftung des Kommanditisten ist ausgeschlossen, soweit er seine Einlage geleistet hat (§ 171 Abs. 1 Hs. 2 HGB). Sie lebt jedoch den Gesellschaftsgläubigern gegenüber insoweit wieder auf, als die **Einlage** dem Kommanditisten – etwa anläss-

[84] Ablehnend *K. Schmidt* in MüKoHGB § 176 Rn. 48: Haftung allenfalls im Einzelfall kraft allgemeinen Rechtsscheins.

[85] BAG BB 1980, 383 (384). Strenger *Strohn* in EBJS HGB § 176 Rn. 7: jede Abweichung von alter Firma genügt.

[86] AA *Priester* BB 1980, 911 (914 f.), der für eine analoge Anwendung von § 176 HGB auf die Firmenänderung plädiert.

[87] *Binz,* Haftungsverhältnisse im Gründungsstadium der GmbH & Co. KG, 1977, 17 ff. (26); zustimmend *Priester* BB 1980, 911 (913). AA BGH NJW 1982, 883 (884); *Strohn* in EBJS HGB § 176 Rn. 32.

[88] So auch *Priester* BB 1980, 911 (913); bei *Binz,* Haftungsverhältnisse im Gründungsstadium der GmbH & Co. KG, 1977, 19 Fn. 27 mwN.

[89] So auch die Empfehlung von *Priester* BB 1980, 911 (916).

lich seines Ausscheidens – von der Gesellschaft, offen oder verdeckt, **zurückbezahlt** wird (§ 172 Abs. 4 HGB). Unter Rückzahlung der Einlage ist jede Zuwendung an den Kommanditisten zu verstehen, durch die dem Gesellschaftsvermögen Vermögenswerte ohne angemessene und gleichwertige Gegenleistung entzogen werden.[90] Dies ist auch dann der Fall, wenn ein Agio zurückgezahlt wird und dadurch der Stand des Kapitalkontos (noch weiter) unter den Betrag der Haftsumme sinkt.[91] Die Haftung des Kommanditisten ist jedoch stets auf die im Handelsregister eingetragene Haftsumme beschränkt.[92] Eine darüber hinausgehende Haftung (§ 171 Abs. 1 Hs. 2 HGB, § 172 Abs. 4 HGB) tritt also selbst dann nicht ein, wenn der Kommanditist aus dem Gesellschaftsvermögen einen höheren Betrag zurückerhält.[93]

Nach einer für die Praxis bedeutsamen **BGH-Entscheidung**[94] soll im Fall des **Gesellschafterwechsels** im Weg der Abtretung die Haftung des ausscheidenden Kommanditisten 50 unabhängig davon, ob er für seinen Anteil irgendwelche Zahlungen erhalten hat, auch dann entsprechend § 172 Abs. 4 HGB wieder aufleben, wenn der übliche **Nachfolgevermerk** („im Wege der Sonderrechtsnachfolge" oder „als Rechtsnachfolger")[95] versehentlich nicht in das Handelsregister eingetragen wurde.[96] Denn zu der Rechtsposition, die der Rechtsnachfolger durch Abtretung erworben habe, gehört auch die so erworbene Haftungsbefreiung durch die vom Rechtsvorgänger erbrachte Einlage.

Ist ein Kommanditist zugleich Geschäftsführer der Komplementär-GmbH, so stellt sich 51 die Frage, ob es sich einlagenschädlich auswirkt, wenn er sein **Geschäftsführergehalt** aus Mitteln erhält, die von der KG aufgebracht werden müssen. Das **BAG**[97] hat die Beantwortung dieser Frage mit Recht allein davon abhängig gemacht, ob die Geschäftsführervergütung **angemessen** ist oder nicht. Ist sie angemessen, so fließt der KG in Gestalt der Dienstleistungen des Gesellschafter-Geschäftsführers eine Gegenleistung zu, die das Äquivalent für die Vergütung darstellt. Sind die Bezüge dagegen überhöht, so erhält der Geschäftsführer damit in Wahrheit **verdeckte Entnahmen** aus Mitteln der KG, die insoweit seine Haftung wieder aufleben lassen.

Unzutreffend erscheint uns demgegenüber die frühere Rechtsprechung,[98] wonach der 52 geschäftsführende Kommanditist im Zweifel aufgrund seiner **gesellschaftsrechtlichen** und

[90] OLG Hamm NJW-RR 1996, 27. Die bloße Umwandlung der Einlage oder des Auseinandersetzungsguthabens in ein Darlehen steht einer solchen Rückzahlung jedoch nicht gleich (BGHZ 39, 319 [331]), wohl aber die mittelbare Rückzahlung im Fall einer zwischengeschalteten Treuhand-KG (BGH NJW 1980, 1163 f.); zum Ausgleich zwischen Treuhänder- und Treugeberkommanditisten in Sanierungsfällen s. BGH NJW 2015, 3789 Rn. 21 ff.; *Menkel* NZG 2016, 261; *Wertenbruch* NZG 2016, 401; zur Auslegung der Zahlung aufgrund eines gerichtlichen Vergleichs s. OLG Hamm NZG 2001, 359 (360); zur Auffüllung der Haftsumme durch Gewinne s. BGH NJW 2011, 2351 Rn. 19.

[91] BGH NJW-RR 2007, 1676 Rn. 8; 2008, 1065 f.

[92] Zur dreifachen Begrenzung des Haftungsanspruchs durch die Haftsumme, die Höhe des ausgezahlten Betrags und durch das Ausmaß der dadurch gegebenenfalls entstehenden Haftsummenunterdeckung der BGH (BGH NJW 2011, 2351 Rn. 19) im Anschluss an *K. Schmidt* in MüKoHGB §§ 171, 172 Rn. 65 mwN.

[93] BGHZ 60, 324 (327 f.); *Roth* in Baumbach/Hopt HGB § 172 Rn. 5; *K. Schmidt* in MüKoHGB §§ 171, 172 Rn. 65 mwN.

[94] BGHZ 81, 82 (87 ff.); dazu eingehend *K. Schmidt* GmbHR 1981, 253 und *v. Olshausen* GS Knobbe-Keuk, 1997, 247 (256 ff.).

[95] Die entsprechende, auf das grundlegende RG-Urteil vom 30.9.1944 (RG WM 1964, 1130) zurückgehende Anmeldung lautet meist: „Der Kommanditist A hat seinen Kommanditanteil im Weg der Sonderrechtsnachfolge auf B übertragen. Die Unterzeichnenden versichern, dass der ausscheidende Kommanditist Abfindungen aus dem Gesellschaftsvermögen weder erhalten noch versprochen erhalten hat." Das KG hielt die zusätzliche Abfindungsversicherung nicht für erforderlich und hatte mit Beschluss vom 8.6.2004 (KG NZG 2004, 809) die Sache dem BGH zur Entscheidung vorgelegt. Dieser hat jedoch an der sog (negativen) „Abfindungsversicherung" als Beweismittel für die registergerichtliche Amtsprüfung der Eintragung des Nachfolgevermerks festgehalten, BGH NJW-RR 2006, 107 Rn. 6 ff.; NZG 2009, 905; OLG Nürnberg NZG 2012, 1270; kritisch hierzu *Bueren* ZHR 178 (2014), 715 (720 ff.).

[96] *Roth* in Baumbach/Hopt HGB § 173 Rn. 13. Zum komplizierten dogmatischen Hintergrund der Haftung s. im Überblick *Piehler/Schulte* in MHdB GesR II § 35 Rn. 42; *Reichert/Ullrich* in Reichert GmbH & Co. KG § 29 Rn. 74 ff.; *K. Schmidt* in MüKoHGB § 173 Rn. 36 und vertiefend auch *Bueren* ZHR 178 (2014), 715 (725 ff.).

[97] BAG NJW 1983, 1869.

[98] BGHZ 44, 40 (41); OLG Hamm DB 1977, 717 f.

nicht aufgrund einer **dienstvertraglichen Verpflichtung** tätig wird, weshalb seine Festvergütung als Gewinnvorab und damit bei Auszahlung als Entnahme bewertet wurde. Die Berücksichtigung des Gegenwerts, der der Gesellschaft in Gestalt der Dienstleistung zufließt, kann nicht davon abhängig sein, ob ein förmlicher Dienstvertrag vorliegt oder nicht; maßgeblich ist der materielle Regelungsgehalt.[99]

53 Für die **Praxis**[100] dürfte es sich dennoch empfehlen, von vornherein klare dienstvertragliche Regelungen zu vereinbaren, damit Haftungsrisiken – die sich bei einer sich über viele Jahre hinweg erstreckenden Geschäftsführungstätigkeit ganz erheblich betragsmäßig auswirken können – erst gar nicht zur Diskussion stehen.[101]

54 **b) Bei Entnahme von Gewinnanteilen. aa) Problem.** Die durch Einlagenleistung zunächst erloschene Kommanditistenhaftung lebt ferner wieder auf, soweit ein Kommanditist Gewinnanteile entnimmt, während sein **Kapitalanteil** durch Verluste unter den Betrag seiner geleisteten Einlage[102] **herabgemindert** ist, oder soweit durch die Entnahme der Kapitalanteil unter den bezeichneten Betrag herabgemindert wird (§ 172 Abs. 4 S. 2 HGB).

55 Für das Wiederaufleben der Haftung nach § 172 Abs. 4 S. 2 HGB genügt bereits eine anteilige **„Unterbilanz“.** Davon spricht man, wenn in einer Bilanz das buchmäßig ausgewiesene Eigenkapital einer Gesellschaft unter dem Betrag des Nominalkapitals (Stammkapital bei der GmbH, Festkapital bzw. Summe der Kommanditeinlagen bei der KG) liegt, ohne dass eine – ggf. nur buchmäßige – Überschuldung gegeben ist.[103] Es stellt sich die Frage, ob die Haftung nach dieser Vorschrift auch dann wieder auflebt, wenn der Kapitalanteil lediglich aufgrund von **Buchverlusten** unter die Haftsumme abgesunken ist.

56 Diese Frage war namentlich bei den sog **Verlustzuweisungsgesellschaften** (auch „Abschreibungsgesellschaften“ genannt, jedoch terminologisch zu eng) von praktischer Bedeutung. Aber auch ohne Steuersparmodell konnte eine anteilige Unterbilanz früher schon dadurch entstehen, dass infolge einer durch steuerliche Sonderabschreibungen geförderten Investition das Betriebsergebnis aufgezehrt wurde und die Gesellschaft über keine ausreichenden Rücklagen verfügte. Aufgrund der sog **umgekehrten Maßgeblichkeit** (§ 5 Abs. 1 S. 2 EStG aF) setzte nämlich die Ausübung steuerrechtlicher Wahlrechte bei der Gewinnermittlung die übereinstimmende Handhabung in der Handelsbilanz voraus. Nachdem Verlustzuweisungsgesellschaften mit § 15a EStG und § 15b EStG[104] mittlerweile weitgehend der Boden entzogen worden[105] und die umgekehrte Maßgeblichkeit mit dem BilMoG[106] entfallen ist, dürften rein steuerlich begründete Unterbilanzen die Ausnahme sein.

57 **bb) Meinungsstand.** Der **BGH** hat mit Urteil vom 11.12.1989[107] entschieden, dass es für § 172 Abs. 4 HGB allein auf die fortgeführten **Buchwerte** in der **Handelsbilanz**

---

[99] Im Ergebnis ebenso *Thiessen* in Großkomm. HGB § 172 Rn. 102. AA *Wohlschlegel* DStR 1997, 59.

[100] Das FG Nürnberg und das OLG Brandenburg gehen bei Fehlen einer eindeutigen vertraglichen Vereinbarung davon aus, dass die Leistungen im Zweifel auf der Grundlage gesellschaftsvertraglicher Verpflichtung und damit unter Umständen als haftungsbegründender Gewinnvoraus erfolgen, FG Nürnberg DStRE 2003, 1354 (1356); OLG Brandenburg DB 2007, 1130 (1131 f.).

[101] *K. Schmidt* in MüKoHGB §§ 171, 172 Rn. 68; *Herchen* in MHdB GesR II § 30 Rn. 54; *Wohlschlegel* DStR 1997, 59. Aus steuerlicher Sicht kann es sich allerdings im Hinblick auf den begrenzten Verlustausgleich gemäß § 15a EStG gerade umgekehrt empfehlen, die Dienstleistung aufgrund gesellschaftsvertraglicher Verpflichtung zu erbringen, → § 16 Rn. 348.

[102] Gemeint ist die Haftsumme, *K. Schmidt* GesR § 54 III 3a.

[103] *K. Schmidt* in K. Schmidt/Uhlenbruck, Die GmbH in Krise, Sanierung und Insolvenz, Rn. 1.40.

[104] Die Vorschrift ersetzte § 2b EStG, der zum 11.11.2005 außer Kraft getreten ist.

[105] Während § 15a EStG alle KGs gleichermaßen betrifft, zielt § 15b EStG allgemein auf sog Steuerstundungsmodelle ab.

[106] Mit Wirkung ab VZ 2009.

[107] BGHZ 109, 334 (339) = NJW 1990, 1109; bestätigt durch BGH NJW 1996, 1678 (1681); zustimmend *K. Schmidt* in MüKoHGB §§ 171, 172 Rn. 64; *Roth* in Baumbach/Hopt HGB § 172 Rn. 8; *Schulze-Osterloh* ZGR 1991, 488 (510 f.). AA *Priester* BB 1976, 1004 der danach differenziert, ob ein bilanzieller Gewinnausweis erfolgt ist oder nicht; *K. Schmidt* ZGR 1976, 307 (337); für Berücksichtigung sämtlicher stiller Reserven *Sonnenhol/Stützle* DB 1979, 925 (928) bei der GmbH und *Meister* WM 1980, 390 (394).

ankomme. Das gelte selbst dann, wenn durch Ausnutzung steuerlicher Sonderabschreibungen stille Reserven gebildet worden seien.[108] Der BGH stützte seine Entscheidung im Wesentlichen auf den **Gläubigerschutz.** Dieser gebiete es, zur Ermittlung der Kommanditistenhaftung auf die für die Handelsbilanz maßgebenden Grundsätze ordnungsgemäßer Buchführung und Bilanzierung zurückzugreifen, die insbesondere den Ausweis unrealisierter Gewinne in Form des Herstellungskosten- und Anschaffungswert-Prinzips verbieten. Damit wäre es unvereinbar, die notwendigerweise mit Unsicherheiten und Unwägbarkeiten behafteten etwa vorhandenen stillen Reserven zu berücksichtigen. Dies sei für die Frage, ob bei einer GmbH eine Entnahme zu einer Unterbilanz und damit zu einer Haftung wegen Rückzahlung des Stammkapitals gemäß § 30 GmbHG führe, ständige Rechtsprechung. Für die **Kapitalerhaltung** bei der **KG** könne nichts anderes gelten.

cc) Stellungnahme. Die Thematik ist vom Sinn und Zweck des § 172 Abs. 4 HGB her zu beurteilen. Diese Vorschrift will die Gesellschaftsgläubiger davor schützen, dass das ihnen haftende Gesellschaftsvermögen durch Einlagenrückgewähr oder ungerechtfertigte Entnahmen unter den Betrag des Kommanditkapitals, also die Summe aller Kommanditeinlagen, absinkt. Sie hat insoweit, worauf der BGH zu Recht hinweist, wie die §§ 30, 31 GmbHG eine **Kapitalsicherungsfunktion.** Von daher wäre dem Gläubigerinteresse an sich Genüge getan, wenn für die Frage der „Herabminderung" der Einlagen iSd § 172 Abs. 4 HGB (und damit auch für § 169 Abs. 1 S. 2 HGB) nicht auf das buchmäßige Eigenkapital der Gesellschaft, sondern ganz generell, also über die Eliminierung von Buchverlusten hinaus, auf die **tatsächliche Vermögenslage** abgestellt würde, wie ja auch bei der Feststellung des Insolvenzgrundes der **Überschuldung** nach allgemeiner Ansicht nicht die buchmäßigen, sondern die „wahren" bzw. „richtigen" Vermögenswerte der Gesellschaft maßgebend sind (→ § 12 Rn. 11). 58

Nicht überzeugend erscheint in diesem Zusammenhang der Einwand, **Rechtssicherheit** und **Praktikabilität** erforderten es, allein auf den ziffernmäßigen Betrag des Kapitalkontos abzustellen; wollte man bei Inanspruchnahme des Kommanditisten durch einen Gesellschaftsgläubiger jeweils erst untersuchen, ob das in der Gesellschaft den Gläubigern zu ihrer Befriedigung zur Verfügung stehende Kapital auch tatsächlich gemindert gewesen sei, so bedürfte es in jedem Haftungsfall regelmäßig umständlicher gutachtlicher Vermögensbewertungen.[109] 59

Zum einen wird nämlich die persönliche Haftung des Kommanditisten in aller Regel nur beim **Zusammenbruch** der Gesellschaft praktisch werden; im Rahmen des üblichen Geschäftsverkehrs pflegen die Gesellschaftsgläubiger ihre Forderungen gegenüber der Gesellschaft geltend zu machen.[110] Kommt es aber zur **Insolvenz,** ist den Gläubigern der unmittelbare Zugriff auf den Kommanditisten ohnehin versperrt; dieser ist gemäß § 171 Abs. 2 HGB nur dem Insolvenzverwalter gegenüber verpflichtet, der mit der Aufklärung zurückliegender Sachverhalte und Bewertungsfragen bewandert zu sein pflegt. Zum anderen tauchen derartige Bewertungsfragen auch in anderem Zusammenhang auf. Man denke nur an den Fall der **Einlagenaufrechnung,** die im KG-Recht nur dann haftungsbefreiend wirkt, wenn die zur Aufrechnung gestellte Gegenforderung im Zeitpunkt der Aufrechnung „vollwertig" war (→ Rn. 10), was regelmäßig ebenfalls eine gutachterliche Bewertung erforderlich machen wird. Darüber hinaus träfe im Streitfall den **Kommanditisten** die **Beweislast** dafür, dass im Zeitpunkt der Entnahme sein Kapitalkonto durch den „wahren" Wert des Gesellschaftsvermögens abgedeckt war. 60

Ganz entscheidend gegen die Ansicht des BGH spricht aber, dass für die Frage der **Haftungsbefreiung** des Kommanditisten durch Leistung der Haftsumme, ähnlich wie im Recht der Kapitalgesellschaft, das Kapitalaufbringungsprinzip mit der Folge gilt, dass der Kommanditist in Höhe des **objektiven Werts** seiner Leistung von seiner Haftung 61

---

[108] So auch BGH NJW 2009, 2126 Rn. 9.
[109] *Zacharias* StbJb 1970/71, 321 (392 ff.); ähnlich *Cebulla* DStR 2000, 1917 (1921).
[110] *Priester* BB 1976, 1004 (1008).

frei wird, also ohne Rücksicht darauf, ob die Gesellschafter im Innenverhältnis zueinander seine Einlage bewusst niedriger bewertet haben. Eine derartige **Unterbewertung** ist, jedenfalls nach ständiger Rechtsprechung des BGH, haftungsunschädlich (→ Rn. 13) und berechtigt den Kommanditisten sogar, einen etwa „überschießenden" Differenzbetrag jederzeit wieder zu entnehmen, ohne dass dies das Wiederaufleben seiner Haftung nach § 172 Abs. 4 HGB zur Folge hätte.[111] Dass hier ein **Wertungswiderspruch** vorliegt zwischen dem vom BGH postulierten System der **Kapitalaufbringung,** bei der stille Reserven Berücksichtigung finden, und dem System der **Kapitalerhaltung,** für die eine Statusbewertung ausscheidet und statt dessen die fortgeführten Buchwerte maßgebend sein sollen, dürfte auf der Hand liegen. Insoweit ist auch der Hinweis des BGH auf die vergleichbare Rechtslage bei der GmbH im Fall der §§ 30, 31 GmbHG nicht zwingend, da sich die hier angesprochene Problematik im GmbH-Recht gleichermaßen stellt.[112]

62 Durch das BilMoG wurde **§ 172 Abs. 4 HGB** um einen Satz erweitert, der besagt, dass Beträge iSd § 268 Abs. 8 HGB bei der Berechnung des Kapitalanteils nach § 172 Abs. 4 S. 2 HGB unberücksichtigt bleiben.[113] **§ 268 Abs. 8 HGB,** der ebenfalls auf dem BilMoG beruht, begründet eine **Ausschüttungssperre** in Bezug auf in der Bilanz ausgewiesene selbst geschaffene immaterielle Vermögensgegenstände des Anlagevermögens und überschießende aktive latente Steuern.[114] Danach dürfen Gewinne nur insoweit ausgeschüttet werden, als die nach der Ausschüttung verbleibenden frei verfügbaren Rücklagen abzüglich eines Verlustvortrags oder zuzüglich eines Gewinnvortrags dem aus der Aktivierung der oben genannten Positionen resultierenden Ertrag mindestens entsprechen. Damit hat der Gesetzgeber zugleich eine Wertentscheidung iSd von uns kritisierten BGH-Rechtsprechung getroffen. Denn wenn gemäß § 172 Abs. 4 S. 3 HGB bereits aktivierte **selbst geschaffene immaterielle Vermögensgegenstände und überschießende aktive latente Steuern** unberücksichtigt bleiben müssen, so gilt dies erst recht, wenn eine Aktivierung unterbleibt und „nur" entsprechende stille Reserven vorhanden sind.

63 Was für selbst geschaffene immaterielle Vermögensgegenstände und überschießende aktive latente Steuern gilt, kann bei stillen Reserven, die auf einen noch weniger greifbaren **Geschäfts- oder Firmenwert** entfallen, nicht anders sein. Auch insoweit können stille Reserven deshalb eine Haftung gemäß § 172 Abs. 4 HGB nicht verhindern. Für stille Reserven in **materiellen Vermögensgegenständen,** insbesondere im Vorratsvermögen, bleiben wir jedoch bei unserer Auffassung. Will man sich dem wegen der notwendigerweise weitreichenden Folgen, die natürlich nicht auf die Auslegung von § 172 Abs. 4 HGB beschränkt sein können, nicht anschließen, so erscheint es uns aber als vorzugswürdig, der Entscheidung des BGH insgesamt zu folgen, statt mit der Gegenansicht lediglich die steuerlich bedingten Buchverluste zu eliminieren.[115] Eine derartige **Einschränkung auf die Fälle der** – nach Inkrafttreten des BilMoG ohnehin der Vergangenheit angehörenden (→ Rn. 56) – **umgekehrten Maßgeblichkeit** wäre sachlich nicht begründbar, da es bei wertender Betrachtung keinen Unterschied macht, ob stille Reserven steuerlich bedingt sind oder nicht.

64 Insoweit kann die vorstehend kritisierte BGH-Rechtsprechung auf jeden Fall eines für sich in Anspruch nehmen: Sie ist **in sich konsequent** und kommt zu einem **praktikablen Ergebnis.** Ebenso unbestritten dürfte sein, dass sie den **Gläubigerschutz** verstärkt – freilich auf Kosten einer verschärften Kommanditistenhaftung, deren Rechtfertigung uns zumindest

---

[111] *Roth* in Baumbach/Hopt HGB § 171 Rn. 6.

[112] Ähnlich bereits *Priester* BB 1976, 1004 (1007).

[113] S. Begründung BT-Drs. 16/10067, 46.

[114] Zu weiteren Fällen und Einzelheiten s. *Grottel/F. Huber* in Beck'scher Bilanzkommentar, HGB § 268 Rn. 68 ff.

[115] Insbesondere *Priester* BB 1976, 1004 (1008) wandte sich ausdrücklich dagegen, für die Frage der Einlagerückgewähr iSv § 172 Abs. 4 HGB generell auf die „wahren" Werte abzustellen, also sämtliche stille Reserven zu berücksichtigen. Denn das würde bedeuten, dass das Anschaffungswertprinzip im Rahmen der Kommanditistenhaftung unbeachtlich sei und auch nicht realisierte Gewinne haftungsfrei ausgeschüttet werden dürften. Gerade darin aber liegt „des Pudels Kern".

fragwürdig erscheint.[116] Als ein gewisses Korrektiv hierzu hatte der **BGH** am 29.5.1996 entschieden, dass **Bilanzierungsmaßnahmen,** die der Sache nach **Ergebnisverwendung** darstellen, wozu auch die Bildung stiller Reserven zähle, mangels abweichender gesellschaftsvertraglicher Regelung der **Zustimmung aller Gesellschafter** bedürfen.[117] Diese Rechtsprechung hat der BGH allerdings später aufgeweicht (→ Rn. 89 ff.), soweit sie nicht durch das BilMoG (insbesondere Streichung der §§ 249 Abs. 1 S. 3, Abs. 2, 253 Abs. 4 und 254 S. 1 HGB aF) ohnehin obsolet geworden ist.

c) Gutglaubensschutz. Gemäß **§ 172 Abs. 5 HGB** ist ein Wiederaufleben der Haftung ausgeschlossen, soweit der Kommanditist etwas aufgrund einer in gutem Glauben errichteten Bilanz gutgläubig als Gewinn bezieht. Das OLG Nürnberg[118] hatte zu dieser „doppelten Gutgläubigkeit" die Ansicht vertreten, dieser Gutglaubensschutz gelte auch bei einer richtig erstellten Bilanz, wenn sich der Kommanditist beim Erhalt der „Ausschüttungen" in einem unvermeidbaren Irrtum befunden habe. Dem ist der BGH entgegengetreten.[119] Die Frage, ob der Kapitalanteil des Kommanditisten unter den Betrag der geleisteten Einlage herabgemindert ist oder durch eine Gewinnentnahme herabgemindert wird (§ 172 Abs. 4 S. 2 HGB), bestimme sich allein nach dem Inhalt der Bilanz. § 172 Abs. 5 HGB setze daher eine (in gutem Glauben erstellte) **unrichtige Bilanz** voraus, die (fälschlicherweise) – nach Verrechnung mit Verlustvorträgen – einen Gewinn ausweist. Wird dieser an den gutgläubigen Kommanditisten ausgezahlt, entfällt ein Wiederaufleben der Haftung. 65

d) Gesellschaftsvertragliche Gestaltungsmöglichkeiten. Angesichts des dargelegten Haftungsrisikos ist zu erwägen, nach dem Vorbild der **Publikumsgesellschaften** (→ § 13 Rn. 80) auf die **Aufspaltung** der von den Kommanditisten zu erbringenden **Kapitalleistung** (Zeichnungsbetrag) in einen **Einlagenanteil** und einen (meist größeren) **Darlehensanteil** oder eine entsprechend hohe **stille Beteiligung** auszuweichen. In diesem Fall können dann Zinsen auf die Gesellschafterdarlehen bzw. Gewinne auf die stillen Beteiligungen ohne Haftungsrisiko unabhängig davon ausbezahlt werden, ob die Kapitalanteile der Kommanditisten negativ sind bzw. werden oder nicht. 66

Einschränkend ist allerdings darauf aufmerksam zu machen, dass nach der ständigen Rechtsprechung des BGH[120] bei entsprechender Vereinbarung eine aus Kommanditanteil und Darlehensbetrag oder stiller Beteiligung zusammengesetzte **„gesplittete" Pflichteinlage** insgesamt den Charakter von Eigenkapital der Gesellschaft hat. Der Insolvenzverwalter kann daher die „gesplittete" Pflichteinlage insgesamt, auch soweit sie die Haftsumme übersteigt, einfordern, soweit dies zur Gläubigerbefriedigung erforderlich ist.[121] Darüber hinaus scheidet eine Erfassung des Darlehens (auch Finanzplankredit genannt) im Rahmen des § 172 Abs. 4 HGB jedoch aus, da eine Vereinbarung außerhalb der registerrechtlichen Publizität die Haftsumme nicht erweitern kann.[122] 67

Durch eine derartige Aufspaltung würde (wegen der geringeren Haftsumme) das Haftungsrisiko auch für den Fall reduziert, dass ein Gesellschafter die ihm zugewiesenen Verlustanteile aus Vorjahren mit anderen Einkünften steuerlich verrechnen konnte und die Gesellschaft nunmehr wieder mit Gewinn arbeitet: Da ein Kommanditist die auf ihn entfallenden Gewinnanteile auch dann versteuern muss, wenn sie nicht entnommen werden können bzw. nach dem Gesellschaftsvertrag zunächst zum Ausgleich des Verlustvortrags zu verwen- 68

---

[116] So auch *K. Schmidt* GesR § 54 III 2c.

[117] BGH NJW 1996, 1678 (1681).

[118] OLG Nürnberg ZIP 2008, 2267.

[119] BGH NJW 2009, 2126 Rn. 13; *Roth* in Baumbach/Hopt HGB § 172 Rn. 10.

[120] BGHZ 93, 159 (161); BGHZ 104, 33 (38 f.) = NJW 1988, 1841; BGH NJW 1999, 2809 (2810 f.); 2010, 3442 Rn. 27–29 – STAR 21 – lässt ausdrücklich offen, ob an der Rechtsprechung zu den „Finanzplankrediten" festgehalten wird.

[121] Im Übrigen gelten die allg. Grundsätze über eigenkapitalersetzende Leistungen bzw. – seit Inkrafttreten des MoMiG – die insolvenzrechtlichen Vorschriften über Gesellschafterdarlehen, → § 12 Rn. 84 ff.

[122] *Wilken* ZIP 1996, 61 (62 f.).

den sind, besteht für ihn das Bedürfnis, wenigstens den auf ihn entfallenden **Steuerbetrag** (Einkommensteuer sowie Solidaritätszuschlag und ggf. Kirchensteuer) aus der Gesellschaft zu **entnehmen.** Der BGH hat jedoch entschieden, dass das Gesetz kein Steuerentnahmerecht vorsieht.[123]

69 Richtigerweise sollte die **gesellschaftliche Treuepflicht** jedenfalls dann ein entsprechendes **Steuerentnahmerecht** gebieten, wenn die Liquidität der Gesellschaft entsprechende Entnahmen erlaubt.[124] Teilweise wird ein Steuerentnahmerecht auch als Aufwandsersatzanspruch aus § 110 HGB abgeleitet.[125] Für die Erbschaftsteuer dürfte beides nicht gelten, da diese keinen personengesellschaftsspezifischen Charakter hat.[126] Vorsorglich sollte der **Gesellschaftsvertrag** ein Steuerentnahmerecht jedenfalls für die Ertragsteuern ausdrücklich regeln.[127] Nach § 169 Abs. 1 S. 2 HGB kann zwar ein Kommanditist die Auszahlung von Gewinnanteilen so lange nicht verlangen, wie sein Kapitalanteil durch frühere Verluste unter den Betrag der bedungenen Einlage herabgesunken ist. Diese Vorschrift ist jedoch nicht zwingend und kann ggf. auch stillschweigend abbedungen werden.

5. Erweiterung der Haftung durch Vereinbarung

70 Im **Außenverhältnis** kann die **Haftungsbeschränkung** der Kommanditisten, und zwar aller, durch Absprache mit jedem einzelnen Vertragspartner **aufgehoben** werden. Zwar ist es Begriffsvoraussetzung für das Vorliegen einer KG, dass wenigstens bei **einem** Gesellschafter die Haftung auf eine bestimmte Vermögenseinlage **beschränkt** ist (§ 161 Abs. 1 HGB). Damit meint das Gesetz aber nur die institutionelle Haftungsverfassung der Gesellschaft, auf die es selbstverständlich ohne Einfluss ist, wenn durch einzelvertragliche Abrede mit Gesellschaftsgläubigern die Haftung der Kommanditisten im Einzelfall über den gesetzlichen Umfang hinaus erweitert wird. Der in Anspruch genommene Kommanditist hat dann aber wie ein persönlich haftender Gesellschafter **Anspruch auf Ersatz** zunächst gegen die Gesellschaft (§ 110 HGB) und subsidiär pro rata entsprechend der jeweiligen Verlustbeteiligung gegen die Mitgesellschafter, die aufgrund ihrer Komplementär-Stellung oder einzelvertraglicher Abrede ebenfalls haften (§ 426 BGB).[128]

71 Auch im **Innenverhältnis** der Gesellschafter zueinander kann für einzelne oder alle Kommanditisten die nach außen hin beschränkte Haftung erweitert werden. So können sich zB die Kommanditisten gegenüber der Komplementär-GmbH verpflichten, diese von jeglicher persönlichen Inanspruchnahme für die Verbindlichkeiten der KG freizustellen.[129] In gleicher Weise können sie sich gegenüber der GmbH & Co. KG – zB zur Vermeidung der Insolvenzantragspflicht – selbst verpflichten, deren Verbindlichkeiten ganz oder teilweise zu erfüllen.[130] Schließlich kann eine **Nachschusspflicht** begründet werden, zB in Form von Kapitalerhöhungen qua Mehrheitsklausel.[131]

---

[123] BGH NJW 1996, 1678 (1681 f.); s. auch BGH DB 2010, 1400; NJW-RR 1990, 1445 f.; OLG Karlsruhe NZG 2003, 429.

[124] *Fischer* DB 2015, Beilage 04, 1 (4 ff.); *Balz* DB 1988, 1305; *Binz/Sorg* DB 1996, 969 (971 f.); *Schulze-Osterloh* BB 1997, 1783 (1786); *Roth* in Baumbach/Hopt HGB § 122 Rn. 17; *Priester* in MüKoHGB § 122 Rn. 60; *Schäfer* in Großkomm. HGB § 122 Rn. 30; *Wertenbruch* in Westermann/Wertenbruch PersGesR HdB Rn. I 637a; *Winter* in Winter Beratungspraxis GmbH & Co. KG Rn. S 175.

[125] *Ehricke* in EBJS HGB § 122 Rn. 56; *Priester* in MüKoHGB § 122 Rn. 61. AA *Wertenbruch* in Westermann/Wertenbruch PersGesR HdB Rn. I 637.

[126] *Priester* in MüKoHGB § 122 Rn. 62; abwägend *Lüdkte-Handjery* DB 1975, 433.

[127] Gestaltungsmöglichkeiten aufzeigend *Fischer* DB 2015, Beilage 04, 1 (4 ff.); *Wertenbruch* in Westermann/Wertenbruch PersGesR HdB Rn. I 637c.

[128] BGH NJW-RR 2002, 455 f., wonach auch ein Kommanditist, der ohne Verpflichtung im Außenverhältnis einen Gesellschaftsgläubiger freiwillig befriedigt, neben der Gesellschaft subsidiär den Komplementär nach § 426 BGB in Anspruch nehmen kann; bestätigt durch BGH NZG 2005, 807.

[129] Zum Zugriff der Gläubiger auf den Freistellungsanspruch im Weg der Pfändung → Rn. 74 f.

[130] Zur Frage einer Haftungserweiterung durch interne Verlustbeteiligung der Kommanditisten → Rn. 72 ff.

[131] Grundlegend *Armbrüster* ZGR 2009, 1 (8 ff.). Näher auch → § 13 Rn. 75.

6. Haftungsfolgen interner Verlustbeteiligung

Im Gesellschaftsvertrag einer GmbH & Co. KG wird vielfach vereinbart, dass die **Komplementär-GmbH** weder am Vermögen noch am Gewinn oder Verlust der Gesellschaft beteiligt ist (→ § 4 Rn. 48) und außer dem Ersatz ihrer Aufwendungen als Geschäftsführer lediglich für das von ihr eingegangene Haftungsrisiko eine angemessene Entschädigung (sog Risikoprämie oder Avalprovision) erhält. 72

Eine solche Gestaltung wird meist aus steuerlichen Gründen gewählt. Bis zur Einführung der rechtsformunabhängigen Bewertung durch das ErbStRG (→ § 20 Rn. 15) war es im Hinblick auf die unterschiedlichen Bewertungsansätze bei der **Erbschaftsteuer** empfehlenswert, die GmbH am Gewinn der Gesellschaft nicht zu beteiligen, um damit den für die Anteilsbewertung nach dem Stuttgarter Verfahren unter anderem maßgeblichen **Ertragswert** zu minimieren. Unverändert besteht ferner ein Interesse der Kommanditisten daran, dass die von der KG etwa erzielten Verluste nicht der Komplementär-GmbH, sondern ausschließlich ihnen selbst zur sofortigen steuerlichen **Verlustverrechnung** mit anderen positiven Einkünften zugewiesen werden.[132] 73

In der **Literatur** ist zeitweise die Auffassung vertreten worden, dass eine derartige Vereinbarung, wonach die Komplementär-GmbH von jeder Verlustbeteiligung ausgeschlossen ist, im Ergebnis die **unbeschränkte Haftung** der einzelnen Kommanditisten zur Folge habe.[133] Aufgrund einer solchen Regelung seien die Kommanditisten nämlich verpflichtet, die GmbH von einer Inanspruchnahme durch die Gesellschaftsgläubiger, denen gegenüber die unbeschränkte Komplementärhaftung trotz der Verlustverteilungsabrede unverändert fortbesteht, **freizustellen.** Der **Freistellungspflicht** aufseiten der Kommanditisten entspreche aber ein **Freistellungsanspruch**[134] aufseiten der GmbH. Auf diesen könnten die Gesellschaftsgläubiger im Weg der Zwangsvollstreckung zugreifen, indem sie ihn **pfänden** und sich **zur Einziehung überweisen** ließen. Folge wäre ein Zahlungsanspruch gegen die Kommanditisten, die somit uneingeschränkt für die Gesellschaftsverbindlichkeiten in Anspruch genommen werden könnten.[135] 74

Diese Ansicht ist rechtsirrig, da sie **Verlust** und **Haftung,** nämlich die interne Verlustverteilungsabrede und eine, § 167 Abs. 3 HGB abbedingende, Haftungsregelung miteinander **verwechselt.**[136] Richtig ist allerdings, dass dann, wenn der GmbH im Gesellschaftsvertrag ausdrücklich ein Freistellungsanspruch eingeräumt wird, die unbeschränkte Haftung aller Kommanditisten nicht zu vermeiden ist.[137] Wir können daher nur dringend davon abraten, im Gesellschaftsvertrag wörtlich oder sinngemäß zu vereinbaren, dass die Kommanditisten verpflichtet sein sollen, die Komplementär-GmbH von allen Verbindlichkeiten der GmbH & Co. KG bzw. von einer Inanspruchnahme durch die Gesellschaftsgläubiger „freizustellen". Der mit einer solchen vertraglichen Freistellung etwa verfolgte Zweck, sich die Zahlung einer angemessenen Risikoprämie an die GmbH unter Vermeidung einer vGA zu ersparen,[138] ist angesichts der Beseitigung der ertragsteuerlichen Doppelbelastung schon 75

---

[132] Bei der Komplementär-GmbH käme mangels anderer positiver Einkünfte nur ein Verlustvortrag in Betracht.

[133] Weswegen *Buchheister* BB 1973, 687 f. sogar die Eintragungsfähigkeit der Gesellschaft in Frage stellen will.

[134] Gesetzesterminologisch richtiger: Befreiungsanspruch, §§ 257, 775 BGB; die andere Formulierung hat sich jedoch, vor allem im Arbeitsrecht, eingebürgert.

[135] *Buchheister* BB 1973, 687 (688); *Klamroth* BB 1972, 428 (430).

[136] OLG Karlsruhe BB 1982, 327 f.; im Ergebnis ebenso *Heinze/Rieker* NJW 1972, 472 f.; *Ganssmüller* NJW 1972, 1034 f.; *Sudhoff* DB 1973, 2175 f.; *Fehl* BB 1976, 109 (112 f.); *Wenzel* in HTM HdB GmbH & Co. KG Rn. 5.76, der eine Regelung, mit der die Verlustbeteiligung der Komplementär-GmbH ausgeschlossen wird, so auslegt, dass die GmbH & Co. KG, nicht aber die Kommanditisten zur Freistellung verpflichtet sind; *K. Schmidt* GesR § 56 IV 1a; *K. Schmidt* DB 1995, 1381 (1384).

[137] BGH NJW-RR 1995, 226 f., wo aufgrund der besonderen Umstände des Einzelfalls zu klären war, ob sich die vertraglich vereinbarte Freistellung nur auf Altverbindlichkeiten oder auch auf künftige Neuverbindlichkeiten beziehen sollte; hierzu auch *K. Schmidt* DB 1995, 1381 (1383 f.).

[138] BFH 15.11.1967 – IV R 139/67, BStBl. II 1968, 152 (158).

lange gegenstandslos und würde auch die dadurch verursachten gravierenden Haftungsfolgen nicht rechtfertigen können.

76 Demgegenüber ist es unbedenklich, wenn im Gesellschaftsvertrag vereinbart wird, dass die Komplementär-GmbH von einer Beteiligung am **Verlust** der KG **ausgeschlossen** ist. Eine derartige Verlustausschlussklausel hat zur Folge, dass die Verluste der Gesellschaft abweichend von der gesetzlichen Regelung allein den Kommanditisten zuzurechnen sind; werden hierdurch deren Kapitalanteile negativ, so sind die Kommanditisten aufgrund § 169 Abs. 1 S. 2 HGB verpflichtet, ihre Kapitalanteile durch spätere Gewinnanteile zunächst wieder aufzufüllen, bevor sie von ihrem Entnahmerecht Gebrauch machen dürfen. Eine Änderung der Haftungsverhältnisse oder die Begründung einer **Nachschusspflicht** für den Liquidationsfall ist hiermit nicht verbunden. Der negative Kapitalanteil stellt insoweit – wie auch sonst – lediglich eine **Verrechnungsgröße im Innenverhältnis** dar. Insbesondere kann eine Vereinbarung, wodurch lediglich die Verlustbeteiligung der GmbH ausgeschlossen wird, nicht in eine Freistellungsverpflichtung der Kommanditisten mit den oben aufgezeigten weitreichenden Haftungsfolgen umgedeutet werden.[139]

77 Eine solche „Auslegung" würde bereits an dem entgegenstehenden übereinstimmenden **Parteiwillen** scheitern, der nach allgemeinen Auslegungsgrundsätzen selbst dann allein maßgeblich ist, wenn sich die Parteien missverständlicher Formulierungen bedient haben sollten (falsa demonstratio non nocet). Die Gesellschafter haben nämlich, auch soweit **steuerliche Aspekte** für den Ausschluss der Verlustbeteiligung der Komplementär-GmbH maßgebend gewesen sein sollten, nicht die geringste Veranlassung, die von ihnen durch die Gründung einer GmbH & Co. KG gerade angestrebte Haftungsbeschränkung im Endergebnis wieder zunichte zu machen.[140]

78 An dieser Beurteilung ändert insbesondere auch der in § 15a Abs. 1 S. 2 und 3 EStG geregelte **erweiterte Verlustausgleich** nichts (→ § 16 Rn. 331). Nach der BFH-Rechtsprechung kommt dieser nur in Betracht, wenn der Kommanditist am Bilanzstichtag den Gläubigern aufgrund des § 171 Abs. 1 HGB haftet, und ist nicht auf andere Haftungsfälle ausdehnbar.[141] Eine „echte" **Freistellung** der Komplementär-GmbH von etwaigen Verlusten brächte hinsichtlich des Verlustausgleichs also **keinerlei Vorteile** mit sich, so dass es auch insoweit an einem steuerlich motivierten Willen der Kommanditisten fehlte, auf die Haftungsbeschränkung – gewissermaßen durch die „Hintertür" – zu verzichten.

III. Kapital- und Ergebnisbeteiligung

1. Aufgrund Gesetzes

79 Anders als bei der Komplementär-GmbH ist für die Kommanditisten die Leistung einer **Vermögenseinlage** zwingend vorgeschrieben (§ 161 HGB). Die **(Pflicht-)Einlage** kann in Geld- oder Sachwerten sowie in der Gebrauchsüberlassung oder der Leistung von Diensten bestehen. Voraussetzung ist jedoch, dass die Gebrauchsüberlassung bzw. die zu leistenden Dienste einen in Geld zu schätzenden Wert haben.[142] Dies ergibt sich daraus, dass § 161 Abs. 1 HGB von einer „Vermögenseinlage" des Kommanditisten spricht. Eine andere Frage ist allerdings, ob die vereinbarte Gebrauchsüberlassung oder Dienstleistung im Sinne einer Einlage die Haftungsbefreiung nach § 171 Abs. 1 HGB bewirkt.[143] In jedem Fall kann aber

[139] Ebenso OLG Karlsruhe BB 1982, 327 f.; *Roth* in Baumbach/Hopt HGB Anh. § 177a Rn. 43; *K. Schmidt* GesR § 56 IV 1a.

[140] So auch *K. Schmidt* GesR § 56 IV 1a.

[141] BFH 14.12.1999 – IX R 7/95, BStBl. II 2000, 265 (266 f.) unter Bezugnahme auf die amtliche Gesetzesbegründung.

[142] So die hM, die einen weiten Einlagenbegriff vertritt, *Sassenrath* in Westermann/Wertenbruch PersGesR HdB Rn. I 2857; *Roth* in Baumbach/Hopt HGB § 171 Rn. 6; enger insbesondere *K. Schmidt* in MüKoHGB §§ 171, 172 Rn. 9; *Strohn* in EBJS HGB § 171 Rn. 6, 54: nur bilanzierungsfähige Gegenstände.

[143] *Strohn* in EBJS HGB § 171 Rn. 55 bejaht die Sacheinlagefähigkeit von erbrachten Dienstleistungen; die Einlagefähigkeit verneinen dagegen mit der wohl hM *K. Schmidt* GesR § 20 II 3a bb; *Ekkenga* ZHR 161 (1997), 599 (621 ff.).

eine vereinbarte **Bareinlage** haftungsbefreiend durch **Verrechnung** mit einem angemessenen **Entgelt** für die Dienstleistung oder die Gebrauchsüberlassung erbracht werden.[144]

Die **gesetzliche Gewinnverteilung** bestimmt sich nach § 168 HGB, wonach der 4 % der Kapitalanteile übersteigende Gewinn sowie der Verlust in einem den „Umständen nach angemessenen Verhältnis" zu verteilen sind (→ § 4 Rn. 44). Der Gewinnanteil wird gemäß § 120 Abs. 2 HGB iVm § 167 Abs. 1 HGB dem Kapitalanteil zugeschrieben, bei Kommanditisten gemäß § 167 Abs. 2 HGB jedoch nur, bis die Pflichteinlage erreicht ist. Überschießende Gewinnanteile der Kommanditisten sind jederzeit entnahmefähig. **80**

Ein auf den Kommanditisten entfallender **Verlust** wird gemäß § 120 Abs. 2 HGB iVm § 167 Abs. 1 HGB von seinem Kapitalanteil abgeschrieben. Dies gilt entgegen dem Wortlaut des § 167 Abs. 3 HGB auch insoweit, als der Kapitalanteil dadurch **negativ** wird. § 167 Abs. 3 HGB bestimmt nach ganz hM nur die **Obergrenze** des vom Kommanditisten zu tragenden Verlusts in der Weise, dass er bei der Beendigung der Gesellschaft oder seiner Beteiligung höchstens in Höhe seiner Haftsumme am Gesamtverlust der Gesellschaft teilnimmt.[145] Während des Bestehens der Gesellschaft bzw. der Beteiligung folgt aus der Teilnahme des Kommanditisten am Verlust der Gesellschaft lediglich eine vertraglich abdingbare Verpflichtung des Kommanditisten, Entnahmen zu unterlassen, solange sein Kapitalanteil durch Verlust „unter den auf die bedungene Einlage geleisteten Betrag herabgemindert ist oder durch die Auszahlung unter diesen Betrag herabgemindert werden würde" (§ 169 Abs. 1 S. 2 HGB). Ein „negatives Kapitalkonto" begründet für einen Kommanditisten, der seine Einlage geleistet hat, folglich keine zusätzliche Haftung, sondern lediglich einen **Verrechnungsposten.** Man spricht daher auch plastisch von einer „Verlusthaftung mit künftigen Gewinnanteilen".[146] **81**

2. Aufgrund abweichender Vereinbarung

Wie bei der Komplementär-GmbH (→ § 4 Rn. 48) ist es auch hier möglich, die Gewinnbeteiligung einzelner oder aller Kommanditisten mit deren Zustimmung **einzuschränken oder auszuschließen.** Denn die Gewinn- und Verlustbeteiligung ist keine zwingende Voraussetzung für die Gesellschafterstellung in einer Personenhandelsgesellschaft. **82**

3. Gesellschafterdarlehen als erlaubnispflichtiges Geschäft iSd § 1 Abs. 1 S. 2 Nr. 1 und Nr. 2 KWG iVm § 32 Abs. 1 S. 1 KWG

Im Zusammenhang mit der **Gewinnverwendung** ist es gerade in **Familienunternehmen** üblich, dass Gesellschafter zur Stärkung der Liquidität des Unternehmens **Gewinne** in der Gesellschaft **stehen lassen** und dieser als Darlehen zur Verfügung stellen. Aufgrund des **Merkblatts** der **BaFin** zum Einlagengeschäft vom **4.8.2011** war hiermit jedoch die Gefahr verbunden, dass die Gewährung von Gesellschafterdarlehen gemäß § 1 Abs. 1 S. 2 Nr. 1 KWG iVm § 32 Abs. 1 S. 1 KWG als **erlaubnispflichtiges Einlagengeschäft** der Gesellschaft qualifiziert wird. Aus Sicht des Gesellschafters kam die erlaubnispflichtige Gewährung eines Kredits iSd § 1 Abs. 1 S. 2 Nr. 2 KWG iVm § 32 Abs. 1 S. 1 KWG in Betracht.[147] Dass auch eine jahrzehntelang unbeanstandet gebliebene Praxis ggf. durch die **83**

---

[144] *K. Schmidt* GesR § 20 II 3a bb.

[145] Hierzu *Roth* in Baumbach/Hopt HGB § 167 Rn. 4 f.; *Grunewald* in MüKoHGB § 167 Rn. 16.

[146] So zB der BFH im Beschluss des Großen Senats 10.11.1980 – GrS 1/79, BStBl. II 1981, 164 (168).

[147] *Wenzel* NZG 2013, 161; nach der ständigen Verwaltungspraxis der BaFin werden Bankgeschäfte in einem Umfang vorgenommen, der nach § 32 Abs. 1 S. 1 KWG einen in kaufmännischer Weise eingerichteten Geschäftsbetrieb erforderlich macht, wenn der Einlagenbestand bei mehr als fünf Einzeleinlagen die Summe von 12.500 Euro überschreitet oder unabhängig von der Summe des Einlagenbestands mehr als 25 Einzelanlagen bestehen, hierzu Merkblatt Einlagengeschäft vom 11.3.2014, Ziff. V., abrufbar unter https://www.bafin.de/SharedDocs/Veroeffentlichungen/DE/Merkblatt/mb_140311_tatbestand_einlagengeschaeft.html; hinsichtlich der Kriterien, nach denen aufgrund des KWG in der Fassung der 6. Gesetzesnovelle aus dem Jahr 1998 ein Einlagengeschäft anzunehmen ist, führen *Kaetzler/Schücking* NJW 2014, 1265 (1266) aus: „Der genannte Kriterienkatalog ergab, dass insbesondere Familiengesellschaften sich fragen (lassen) mussten, ob sie nicht schon durch das bloße Führen von Gesellschafterkonten erlaubnispflichtiges Einlagengeschäft betrieben.".

Rechtsprechung hinterfragt wird, zeigt eine neuere Entscheidung des BGH. Der BGH hat im Jahr 2013 ein seit den 1970er-Jahren übliches Vorgehen von Winzern, das für die Ablieferung von Trauben an eine GmbH & Co. KG von dieser erhaltene Entgelt – jederzeit abrufbar und verzinst – in der Gesellschaft stehen zu lassen, aufseiten der Gesellschaft als erlaubnispflichtiges Einlagengeschäft qualifiziert.[148] Auch wenn der entschiedene Sachverhalt – die Winzer waren als Verein organisiert, der mit der GmbH & Co. KG einen Liefer- und Abnahmevertrag abgeschlossen hatte – nicht auf den Fall von Gesellschafterdarlehen übertragen werden kann,[149] bestand für die Praxis infolge des Merkblatts der BaFin und der Entscheidung **erhebliche Rechtsunsicherheit.**[150]

84 Dieser wirkte die BaFin durch eine Änderung des Merkblatts zum Einlagengeschäft entgegen. Nach Ziff. I.b des **Merkblatts zum Einlagengeschäft** vom **11.3.2014**[151] geht die BaFin nunmehr davon aus, dass die von § 1 Abs. 1 S. 2 Nr. 1 KWG vorausgesetzte **unbedingte Rückzahlbarkeit** im Fall von Gesellschafterdarlehen nicht gegeben sei, wenn die Geltendmachung des Zahlungsanspruchs mindestens solange und soweit ausgeschlossen sei (oder der Gesellschaft ein Leistungsverweigerungsrecht zustehe), wie die Geltendmachung des Zahlungsanspruchs einen Grund für die Eröffnung des Insolvenzverfahrens über das Vermögen der Gesellschaft herbeiführen würde. Dies ergebe sich bei Gesellschafterdarlehen bereits aus der gesellschaftsrechtlichen Treuepflicht und sei zudem gesetzlich normiert (ua § 177a S. 1 HGB iVm § 130a HGB). Bei der Publikums-KG gelte dies jedoch nicht, da die Geldüberlassung bei einer unbestimmten Vielzahl von Kapitalanlegern und einer kapitalistisch strukturierten Kommanditgesellschaft regelmäßig als „unbedingt rückzahlbar" zu qualifizieren sei.[152]

85 Die Literatur stimmt dem im Ergebnis zu, kritisiert teilweise jedoch die Begründung.[153] So sei das Merkblatt der BaFin vom 11.3.2014 widersprüchlich, ua deshalb, weil die Begründung über § 177a S. 1 HGB iVm § 130a HGB bzw. die Treuepflicht auch bei Publikums-KG greife, die BaFin insoweit aber nicht von einer unbedingten Rückzahlbarkeit ausgehe.[154] Ungeachtet des Tatbestandsmerkmals „unbedingt rückzahlbarer Gelder" iSd § 1 Abs. 1 S. 2 Nr. 1 KWG dürfte die Annahme eines erlaubnispflichtigen Einlagengeschäfts auch am **Merkmal „des Publikums"** scheitern. Soweit, insbesondere bei Familiengesellschaften, ein überschaubarer Gesellschafterkreis vorliegt, die Gesellschafterstellung zumindest nicht jedermann gewährt wird, greift der **Schutzzweck des KWG,** der nicht auf den Schutz von Individualinteressen gerichtet ist, nicht ein. Ein Gesellschafter, der seiner Gesellschaft ein Darlehen gewährt, bedarf anders als der klassische Bankkunde des aufsichtsrechtlichen Schutzes nicht.[155]

86 In der Literatur findet sich ferner der Vorschlag, entsprechend der bisherigen Entscheidungspraxis der BaFin im Merkblatt zum Einlagengeschäft zwischen Publikums- und Fami-

---

[148] BGH NJW-RR 2013, 675 Rn. 13 ff. – Winzergelder.

[149] *Schüppen/Stürner* WPg 2014, 281 (282 Fn. 17); *Kaetzler/Schücking* NJW 2014, 1265.

[150] *Kaetzler/Schücking* NJW 2014, 1265; s. auch das Schreiben des IDW an die BaFin vom 19.2.2014, abrufbar unter https://www.idw.de/blob/26596/3add07853335f0d8086f93e1e3f2c805/down-bafin-bankeinlagengeschaeft-data.pdf.

[151] Merkblatt Einlagengeschäft vom 11.3.2014, abrufbar unter https://www.bafin.de/SharedDocs/Veroeffentlichungen/DE/Merkblatt/mb_140311_tatbestand_einlagengeschaeft.html.

[152] Hierzu ausführlich *Fischer* WM 2014, 1709.

[153] *Galla/Müller* ZIP 2015, 1862 (1863); *Fischer* WM 2014, 1709; *Kaetzler/Schücking* NJW 2014, 1265 (1269); *Rubner/Leuering* NJW-Spezial 2014, 207 (208).

[154] *Fischer* WM 2014, 1709 (1714 ff.), der in dem Merkblatt der BaFin weitere Widersprüche hinsichtlich der Anforderungen an die Ausgestaltung der Gesellschafterdarlehen ausmacht; *Nodoushani* BB 2014, 2051 (2056), der zutreffend darauf verweist, dass auch die Gesellschafter der Publikums-KG einer Treuepflicht unterliegen.

[155] *Galla/Müller* ZIP 2015, 1862 (1867), die ergänzend auf die Informationsrechte der Gesellschafter verweisen; *Fischer* WM 2014, 1709 (1717); *Meilicke/Schödel* DB 2014, 285 (287 ff.) ausführlich zur Auslegung des Tatbestandsmerkmals „des Publikums"; das Einlagengeschäft im Zusammenhang mit Familienunternehmen auch im Hinblick auf die Tatbestandsmerkmale „Annahme", „fremder" und „rückzahlbarer" verneinend *Kaetzler/Schücking* NJW 2014, 1265 (1267 f.). AA wohl BaFin in Ziff. I. 3. Merkblatt Einlagengeschäft vom 11.3.2014 für nicht persönlich haftende Gesellschafter; kritisch zum Begriffsverständnis der BaFin *Nodoushani* BB 2014, 2051 (2054).

liengesellschaften, die dadurch charakterisiert würden, dass dem Gesellschafterkreis nur Personen hinzutreten können, die von einem Gesellschafter abstammen oder mit ihm verheiratet sind, zu differenzieren und Familiengesellschaften vom **Publikumsbegriff** auszunehmen.[156] Aufgrund der Praxis von **Familiengesellschaftern,** ihren Einfluss rechtlich bindend über Pool-, Konsortial- oder Schutzgemeinschaftsverträge zu bündeln und ihrer Möglichkeit, aufgrund familiärer Verbundenheit die Willensbildung in der Gesellschaft zu beeinflussen, wird von Teilen der Literatur eine **Parallele** zum Einfluss **verbundener Unternehmen** gezogen.[157] Letztere rechnet die BaFin gemäß Ziff. I.3. ihres Merkblatts zum Einlagengeschäft nicht zum Publikum iSd § 1 Abs. 1 S. 2 Nr. 1 KWG. Für die **Praxis** dürften diese Erwägungen vor allem dann eine Rolle spielen, wenn ein Gericht der von der BaFin nunmehr vertretenen Ansicht zur Qualifizierung von Gesellschafterdarlehen nicht folgen sollte.[158]

Soweit hinsichtlich des das Darlehen gewährenden Gesellschafters ein erlaubnispflichtiges **87**
Kreditgeschäft iSd § 1 Abs. 1 S. 2 Nr. 2 KWG erwogen wird,[159] steht dem das **Merkblatt** der BaFin zum **Kreditgeschäft** in der Fassung vom 2.5.2016[160] entgegen. Ziff. 1.a cc (5) des Merkblatts stellt klar, dass ein Gesellschafterdarlehen, das nicht als Einlage qualifiziert werden kann, aufseiten des Gesellschafters auch nicht als erlaubnispflichtiges Kreditgeschäft eingeordnet werden kann.[161]

IV. Stimmrechte

1. Aufgrund Gesetzes

Zur gesetzlichen Ausgangslage → § 4 Rn. 54 f. **88**

2. Kraft Vereinbarung

a) Inhalt des überkommenen Bestimmtheitsgrundsatzes. In Abweichung vom **89**
Einstimmigkeitsprinzip gemäß § 119 Abs. 1 HGB können auch bei Personenhandelsgesellschaften Gesellschafterbeschlüsse mit Mehrheit (einfache oder qualifizierte) gefasst werden, wenn der Gesellschaftsvertrag eine **Mehrheitsklausel** enthält (§ 119 Abs. 2 HGB).

Anders als im Kapitalgesellschaftsrecht existiert im Personengesellschaftsrecht grundsätzlich **90**
kein – über die Wirkungen des Einstimmigkeitsprinzips hinausgehender – Minderheitenschutz.[162] Der mit der Einführung einer Mehrheitsklausel für die Minderheit verbundenen Gefahr eines Machtmissbrauchs durch die Mehrheit ist der BGH mit dem **Bestimmtheitsgrundsatz** begegnet. Dieser verlangte als formaler Schutz[163] eine **hinreichend präzise Gestaltung** von gesellschaftsvertraglichen Mehrheitsklauseln. Auf diese Weise sollte sichergestellt werden, dass sämtliche Gesellschafter potentielle Eingriffe in ihre Gesellschafterstellung aufgrund von Mehrheitsentscheidungen absehen und diesen antizipiert zustimmen kön-

[156] *Kaetzler/Schücking* NJW 2014, 1265 (1268).

[157] *Galla/Müller* ZIP 2015, 1862 (1868 f.).

[158] *Galla/Müller* ZIP 2015, 1862 (1866); *Fischer* WM 2014, 1709 (1719) verlangt nach einer gesetzlichen Klarstellung.

[159] *Wenzel* NZG 2013, 161.

[160] Merkblatt Kreditgeschäft idF vom 2.5.2016, abrufbar unter https://www.bafin.de/SharedDocs/Veroeffentlichungen/DE/Merkblatt/mb_090108_tatbestand_kreditgeschaeft.html.

[161] Ziff. 1.a cc (5): „Derartige Gelder der Gesellschafter [Anm.: gemeint sind solche, die aufgrund des Merkblatts zum Einlagengeschäft nicht als Einlage qualifiziert werden] erfüllen nach dem Sinn und Zweck der Norm nicht den Tatbestand des Kreditgeschäfts im Sinne des § 1 Abs. 1 S. 2 Nr. 2 KWG, der Nehmer bedarf hier nicht mehr des Schutzes als der Geber."; *Nodoushani* BB 2014, 2051 (2054); *Wieland* BB 2012, 917 (922 f.) schlug – vor der Anpassung der Merkblätter – die teleologische Reduktion des § 1 Abs. 1 S. 2 Nr. 2 KWG vor.

[162] *K. Schmidt* GesR § 16 III 1b: „Das gesetzliche *Personengesellschaftsrecht* schließlich ist auf Selbstorganschaft und Einstimmigkeit zugeschnitten und nimmt sich deshalb der erst in der Vertragspraxis entstandenen Minderheitsproblematik nicht an".

[163] BGH NJW 1953, 102 f.; 1967, 2157; 1983, 1056 (1058).

nen.[164] Dies führte in der Kautelarpraxis zur katalogartigen Auflistung potentieller Beschlussgegenstände einer beabsichtigten Mehrheitsentscheidung.

91 **b) Ablösung des Bestimmtheitsgrundsatzes durch zweistufige Prüfung.** Der BGH hat seine langjährige Rechtsprechung zum Bestimmtheitsgrundsatz erstmals mit Urteil vom 13.3.1978 in Frage gestellt. In diesem Urteil heißt es in einem obiter dictum: „Immerhin wird man sich, wie die Entwicklung zeigt, auch hier fragen müssen, ob jener Grundsatz immer in seiner Absolutheit gelten oder unter stärkerer Berücksichtigung der **gesellschaftlichen Treuepflicht** aufgelockert werden sollte."[165]

92 In einer Entscheidung aus dem Jahr 1982 hat der BGH den Bestimmtheitsgrundsatz bei einer **körperschaftlich strukturierten** Familien-GmbH & Co. KG nicht angewendet.[166] Im konkreten Fall vertrat der BGH die Auffassung, dass bei einer körperschaftlich strukturierten, vom gesetzlichen Leitbild der §§ 161 ff. HGB erheblich abweichenden Familiengesellschaft, in deren Gesellschaftsvertrag eine Mehrheitsklausel zur Vertragsänderung einstimmig aufgenommen wurde, um für das Unternehmen unter Umständen lebenswichtige Entscheidungen auch gegen den Willen einer Minderheit treffen zu können, dem Interesse der Gesellschaft der Vorrang vor dem Selbstbestimmungsrecht der Minderheit einzuräumen sei und sich daher der Bestimmtheitsgrundsatz dort nicht durchsetze.

93 In einem Urteil aus dem Jahre 1995 führte der BGH aus, auch bei Unanwendbarkeit des Bestimmtheitsgrundsatzes bedürften von der Gesellschafterversammlung beschlossene Eingriffe in den **Kernbereich der Mitgliedschaft** einer zusätzlichen Legitimation (sog Kernbereichslehre). Diese ergebe sich nicht bereits aus der im Gesellschaftsvertrag vorgesehenen Geltung des Mehrheitsprinzips für Vertragsänderungen. Es komme dabei weniger auf die Anwendbarkeit oder Unanwendbarkeit des Bestimmtheitsgrundsatzes als vielmehr darauf an, ob im konkreten Fall die Voraussetzungen erfüllt seien, unter denen der BGH dem Gesellschafter die Mitwirkung an einer Änderung des Gesellschaftsvertrags zumute.[167] Unklar blieb, inwieweit damit eine Abkehr vom Bestimmtheitsgrundsatz zugunsten der **Kernbereichslehre** verbunden war.[168]

94 Erst in der **Entscheidung „Otto"** vom 15.1.2007 hat der **BGH** hierzu festgestellt, der Bestimmtheitsgrundsatz sei nicht dahin gehend zu verstehen, dass eine Mehrheitsklausel stets die betroffenen Beschlussgegenstände minutiös auflisten müsse.[169] Der Bestimmtheitsgrundsatz verlange eine Verankerung der Mehrheitsmacht im Gesellschaftsvertrag nur als Eingangsvoraussetzung für die Gültigkeit einer Mehrheitsentscheidung. Deshalb genüge es, wenn sich auch nur durch Auslegung des Gesellschaftsvertrags ergebe, dass der in Frage stehende Beschlussgegenstand der Mehrheitsentscheidung unterworfen sein solle.[170]

95 Mit dieser Maßgabe sei am Bestimmtheitsgrundsatz als Instrument des Minderheitenschutzes neben der Kernbereichslehre festzuhalten. Beide Instrumente stehen danach in einem **Stufenverhältnis** zueinander: Auf der ersten Stufe ist unter Anwendung des Bestimmtheitsgrundsatzes im Weg der Auslegung zu klären, ob die im Gesellschaftsvertrag verankerte Mehrheitsklausel die konkrete Beschlussfassung überhaupt deckt. Ist dies zu bejahen, erfolgt auf einer zweiten Stufe eine **inhaltliche Wirksamkeitsprüfung** der

[164] BGH NJW 1953, 102 f.; 1967, 2157; 1983, 1056 (1057 f.); ausführlich *Hennerkes/Binz* BB 1983, 713 f.; *Schäfer* ZGR 2013, 237; *K. Schmidt* GesR § 16 II 2; ausführlicher 11. Aufl. 2010, § 13 Rn. 67 ff.

[165] BGH NJW 1978, 1382.

[166] BGH NJW 1983, 1056 (1058) für Familien-KG mit 133 Kommanditisten. S. aber auch BGH NJW 1988, 411 f. zur Geltung des Bestimmtheitsgrundsatzes bei einer KG mit 65 Kommanditisten; ferner *Mecke* BB 1988, 2258.

[167] BGH NJW 1995, 194 (195); bestätigt von BGH NJW 1996, 1678 (1679).

[168] Dazu *Hermanns* ZGR 1996, 103 f. AA *Kraffel/König* DStR 1996, 1129, die der Rechtsprechung ausdrücklich keine Aufgabe des Bestimmtheitsgrundsatzes entnehmen.

[169] BGH NJW 2007, 1685 f. – Otto; hierzu *Binz/Mayer* DB 2007, 1739; *Giedinghagen/Fahl* DStR 2007, 1965.

[170] S. auch OLG Stuttgart DStR 2009, 651, wonach eine allgemein gehaltene Mehrheitsklausel keine Mehrheitsentscheidung über einen Gesellschafterausschluss deckt.

Beschlussfassung unter Anwendung der Kernbereichslehre.[171] Nach dieser ist im Kernbereich der Mitgliedschaft zwischen Eingriffen in „schlechthin unverzichtbare" und „relativ unentziehbare" Mitgliedschaftsrechte zu unterscheiden.[172] Während Erstere generell unzulässig sind und ein hierauf gerichteter Beschluss stets unwirksam ist,[173] können Letztere mit Zustimmung des Gesellschafters, die auch im Gesellschaftsvertrag antizipiert sein kann, oder aus wichtigem Grund erfolgen. Dabei kommt es nach Ansicht des BGH darauf an, ob die Gesellschaftermehrheit die inhaltlichen Grenzen der ihr erteilten Ermächtigung eingehalten und sie sich nicht etwa treupflichtwidrig über beachtenswerte Belange der Minderheit hinweggesetzt hat.

Diese Auffassung hat der BGH mit Urteil vom 24.11.2008 **(„Schutzgemeinschaftsvertrag II")** bestätigt und ausgeführt, dass der durch eine wirksame Mehrheitsklausel gedeckte Beschluss im Einzelfall wegen Verstoßes gegen die **gesellschafterliche Treupflicht** unwirksam sein könne, was auf einer zweiten Stufe zu prüfen sei.[174] Dies gelte generell und nicht nur bei Beschlüssen, die die gesellschaftsvertraglichen Grundlagen berührten oder in den Kernbereich der Mitgliedschaft der Minderheit eingriffen. **96**

Spätestens seit der Entscheidung des BGH vom 21.10.2014, die an die Entscheidungen „Otto" und „Schutzgemeinschaftsvertrag II" anschließt und in der der BGH klargestellt hat, dass „dem so genannten Bestimmtheitsgrundsatz für die formelle Legitimation einer Mehrheitsentscheidung keine Bedeutung mehr zukommt"[175] kann der **Bestimmtheitsgrundsatz** als **gegenstandlos** gelten.[176] Die Beschlusskontrolle erfolgt, wie bereits in den zuvor ergangenen Entscheidungen „Otto" und „Schutzgemeinschaftsvertrag II" dargelegt, **zweistufig.**[177] **97**

Die Prüfung der **formellen Legitimation** auf der **ersten Stufe,** mithin die Frage, ob der Beschlussgegenstand von der Mehrheitsklausel erfasst ist, erfolgt nach allgemeinen Auslegungsgrundsätzen, wobei dem Bestimmtheitsgrundsatz auch hier nicht die Bedeutung einer Auslegungshilfe im Sinne einer restriktiven Auslegung zukommt.[178] **98**

Auf der **zweiten Stufe** ist die Prüfung der **materiellen Wirksamkeit** vorzunehmen. Der BGH stellt hierbei darauf ab, ob ein Eingriff im Interesse der Gesellschaft geboten und dem betroffenen Gesellschafter unter Berücksichtigung seiner eigenen schutzwerten Belangen zumutbar ist.[179] Hieraus wird teilweise abgeleitet, dass die Kernbereichslehre neben der Abschaffung des Bestimmtheitsgrundsatzes letztlich durch eine allein am Maßstab der gesellschaftsrechtlichen Treuepflicht orientierte Einzelfallentscheidung ersetzt worden sei.[180] Insoweit wird die Entscheidungspraxis der Gerichte zeigen, ob dieser Prüfungsmaß- **99**

---

[171] S. auch *Goette* in EBJS, 2. Aufl. 2008, HGB § 119 Rn. 56 ff.

[172] Hierzu *Schäfer* in Großkomm. HGB § 119 Rn. 38 ff.

[173] *Freitag* in EBJS HGB § 119 Rn. 7, 72.

[174] BGH NJW 2009, 669 Rn. 16, 17 – Schutzgemeinschaftsvertrag II.

[175] BGH NJW 2015, 859 Rn. 14.

[176] Zustimmend *Grunewald* BB 2015, 328 (333); *Ulmer* ZIP 2015, 657; *Schäfer* NZG 2014, 1401; *Klöhn* AcP 216 (2016), 281 (289); kritisch *Schöne* in BeckOK BGB, Stand: 1.2.2017, BGB § 709 Rn. 36 ff.; *Altmeppen* NJW 2015, 2065.

[177] *Goette/Goette* DStR 2016, 74; *Rosner* NWB 2017, 1016; *Schäfer* NZG 2014, 1401.

[178] BGH NJW 2015, 859 Rn. 14; *Wicker* MittBayNot 2017, 125; *Seidel/Wolf* BB 2015, 2563 (2565 ff.) ziehen bei der Auslegung auf der ersten Stufe die Kernbereichslehre heran und gehen von einer Wechselwirkung zwischen erster und zweiter Stufe aus.

[179] BGH NJW 2015, 859 Rn. 19; *Goette/Goette* DStR 2016, 74 verweisen darauf, dass der BGH sich insoweit der Formel bediene, die zur Beurteilung einer sich aus der gesellschaftsrechtlichen Treupflicht ergebenden Zustimmungspflicht herangezogen werde.

[180] *Altmeppen* NJW 2015, 2065; *Priester* NZG 2015, 529; *Wertenbruch* DB 2014, 2875 (2877) geht davon aus, dass der Bestimmtheitsgrundsatz nicht ohne Aufgabe der Kernbereichslehre hätte aufgegeben werden können. AA *Goette/Goette* DStR 2016, 74 (80 f.), die indes die Formulierung des BGH als unglücklich bezeichnen; *Schiffer* BB 2015, 584; *Schäfer* NZG 2014, 1401 (1403 f.): „Dass er [Anm.: der BGH] Kernbereichsschutz und Treupflichtschranke zu einer einheitlichen ‚zweiten Stufe' der Wirksamkeitsprüfung zusammenfasst, ist aus systematischer Sicht zu bedauern, in der Sache aber unschädlich."; *Schäfer* ZGR 2013, 237 (249); kritisch zum dogmatischen Konzept des BGH auch *Weber* ZfPW 2015, 123 (126 ff.). Für eine Abschaffung der Kernbereichslehre auch aus rechtsökonomischer Sicht *Klöhn* AcP 216 (2016), 281 (291 ff.).

stab die Wertungen der Kernbereichslehre berücksichtigt.[181] Eine andere – hier nur angesprochene – Frage ist, ob der BGH auch in Zukunft unverzichtbare[182] und schon deshalb unentziehbare Rechte der Gesellschafter (außerhalb des Kernbereichs)[183] anerkennt. Dies steht jedenfalls im Hinblick auf die Formulierung in Rn. 19 der Entscheidungsgründe[184] („– unabhängig davon, ob und in welchem Umfang man solche [Anm.: gemeint sind unverzichtbare Rechte] überhaupt anerkennen will –“) nicht ganz außer Zweifel.

100 Neben materiell-rechtlichen Fragen des Beschlussmängelrechts ist im Anfechtungsprozess die **Verteilung der Darlegungs- und Beweislast** von Bedeutung. Während teilweise angenommen wird, dass auf der zweiten Stufe stets die Minderheit hinsichtlich einer treupflichtwidrigen Mehrheitsentscheidung den Nachweis zu führen habe,[185] wird überwiegend und zwischenzeitlich auch durch den BGH differenziert. In Fällen der absolut oder relativ unentziehbaren Rechte sei regelmäßig eine treupflichtwidrige Ausübung der Mehrheitsmacht anzunehmen, während in den sonstigen Fällen die Minderheit den Nachweis einer treupflichtwidrigen Mehrheitsentscheidung zu führen habe.[186]

101 Auch nach Aufgabe des Bestimmtheitsgrundsatzes hält der BGH daran fest, dass für die **Legitimation nachträglicher Beitragserhöhungen** (§ 707 BGB) bereits der Gesellschaftsvertrag eine antizipierte Zustimmung der Gesellschafter in Form einer eindeutigen Regelung enthalten muss, die Ausmaß und Umfang einer möglichen zusätzlichen Belastung der Gesellschafter erkennen lässt. Diese Voraussetzung verortet der BGH indes nicht bei der formellen Legitimation des Beschlusses.[187] Offen ist, ob diese Anforderungen auch für weitere Klauseln gelten.[188] Nach teilweise vertretener Ansicht in der Literatur ist dies allgemein bei Kernbereichseingriffen der Fall.[189] Die Rechtsprechung hat sich, soweit ersichtlich, vom Fall der nachträglichen Beitragserhöhung abgesehen, hierzu bislang nicht ausdrücklich geäußert.

---

[181] Im Zusammenhang mit seinen Ausführungen zur Darlegungs- und Beweislast erkennt der BGH sowohl in der Entscheidung Schutzgemeinschaftsvertrag II (BGH NJW 2009, 669 Rn. 17) als auch in der Entscheidung vom 21.10.2014 (BGH NJW 2015, 859 Rn. 12) absolut oder relativ unentziehbare Rechte an. In den Entscheidungen werden die Kategorien „absolut“ oder „relativ“ „unentziehbare Rechte“ durch das Wort „bzw.“ mit dem – wenn auch in Anführungszeichen gesetzten – Kernbereich verknüpft. Dies spricht uE zumindest gegen die Aufgabe der durch die Kernbereichslehre vermittelten Wertungen, die – ohne Bedeutung für die materiell-rechtliche Entscheidung – auch nicht für die Verteilung der Darlegungslast relevant wären. So im Ergebnis *Kleindiek* GmbHR 2017, 674 (678 f.); wohl auch *Schiffer* BB 2015, 584 (586); *Seidel/Wolf* BB 2015, 2563 (2564). AA *Priester* NZG 2015, 529 (530): „Wenn in Stellungnahmen zu dem Urteil – sinngemäß – zum Ausdruck kommt, der BGH habe sich nur von dem Begriff ‚Kernbereichslehre‘ getrennt, inhaltlich blieben die in diesem Zusammenhang entwickelten Grundsätze aber weiterhin relevant, kann dem nicht gefolgt werden. Das Gericht hat vielmehr die Kontrolle von Mehrheitsentscheidungen im Rahmen des von ihm aufrechterhaltenen zweistufigen Prüfungsverfahrens auf der inhaltlichen zweiten Stufe deutlich verändert.“. *Armbrüster* (*Armbrüster* NZG 2016, 121 [123 ff.]) spricht sich im Fall des Abschlusses von Darlehensverträgen mit außergewöhnlicher Tragweite bei der Beschlusskontrolle auf der zweiten Stufe für eine sich aus der gesellschaftsrechtlichen Treuepflicht ergebende, den Gesellschaftszweck berücksichtigende Verhältnismäßigkeitsprüfung aus. Zur Begründung zieht er eine zum WEG-Recht ergangene Entscheidung des BGH (BGH NZG 2015, 1268) sowie die „funktionale Nähe“ der Aufnahme eines größeren Darlehens zu § 707 BGB heran.

[182] Nach *Enzinger* in MüKoHGB § 119 Rn. 68 zählen hierzu das außerordentliche Kontrollrecht gemäß § 118 Abs. 2 HGB, das Recht zur Teilnahme an Gesellschafterversammlungen samt Rede- und Antragsrecht, das Recht zur Anfechtung von rechtswidrigen Beschlüssen sowie das Austrittsrecht aus wichtigem Grund.

[183] *Schäfer* ZGR 2013, 237 (257 ff.); *Schiffer* BB 2015, 584 (586); *Priester* NZG 2015, 529 (530) Fn. 13.

[184] BGH NJW 2015, 859 Rn. 19.

[185] BGH NJW 2007, 1685 Rn. 10; *Goette* in EBJS, 2. Aufl. 2008, HGB § 119 Rn. 59; *Finckh* in Henssler/Strohn HGB § 119 Rn. 46, letzterer unter Hinweis auf *Goette*.

[186] BGH NJW 2015, 859 Rn. 12; 2009, 669 Rn. 17; *Priester* NZG 2015, 529 (531) bezogen auf Eingriffe in den Kernbereich; *Seidel/Wolf* BB 2015, 2563 (2567); *Schäfer* ZGR 2013, 237 (268).

[187] BGH NJW 2015, 859 Rn. 17; so auch *Heckschen/Bachmann* NZG 2015, 531 (535 f.); *Wertenbruch* DB 2014, 2875 (2877 f.). AA *Seidel/Wolf* BB 2015, 2563 (2565), die von formellen Anforderungen sprechen; *K. Schmidt* ZIP 2009, 737 (739): „qualifizierte Bestimmtheitserfordernisse“; *Holler* DB 2008, 2067 (2070): „materielles Bestimmtheitserfordernis“; s. auch BGH NJW-RR 2009, 1264 Rn. 18, 19, wonach die Beschlussfassung über die Beitragserhöhung und die Zustimmung des Gesellschafters hierzu zusammenfallen können.

[188] *Göz/Pauw* DB 2014, 2759 (2760); *Holler* DB 2008, 2067 (2070 f.).

[189] *Schäfer* ZGR 2013, 237 (253).

Für die Gestaltungspraxis stellt sich die Frage, wie eine **Mehrheitsklausel** lauten muss, damit sie vorbehaltlich der inhaltlichen **Wirksamkeitsprüfung** auf der zweiten Stufe möglichst umfassend greift. Im Hinblick auf Rechtssicherheit und Gestaltungsökonomie empfiehlt *K. Schmidt*[190] für die GmbH & Co. KG eine Klausel, wonach sich die erforderlichen Mehrheiten nach dem Recht der GmbH bestimmen. Diesem Vorschlag schließen wir uns an. **102**

Im Hinblick auf **Altverträge** geht die Literatur teilweise von einer Fortgeltung des Bestimmtheitsgrundsatzes aus.[191] Dies kann uE nur in den Fällen praktisch relevant werden, in denen der Gesellschaftsvertrag die Beschlussgegenstände, die einer Mehrheitsentscheidung zugänglich sind, nicht detailliert auflistet. Ein weiteres Problem in diesem Zusammenhang dürfte die Frage sein, ab welcher der Entscheidungen („Otto", „Schutzgemeinschaftsvertrag II", Urteil vom 21.10.2014) des BGH ein Altfall anzunehmen ist. **103**

c) Beseitigung von Mehrheitsklauseln. Die Mehrheitsklausel im Gesellschaftsvertrag einer Publikumsgesellschaft, nach der Beschlüsse unter bestimmten Voraussetzungen einer qualifizierten Mehrheit bedürfen, kann nach der Rechtsprechung des BGH, sofern die Voraussetzungen der Mehrheitsklausel zum Zeitpunkt der Beschlussfassung nicht vorliegen, durch die Mehrheit geändert werden, die – in Ermangelung einer abweichenden Regelung – nach dem Gesellschaftsvertrag allgemein für Änderungen des Gesellschaftsvertrags erforderlich ist. Der BGH hat in den Entscheidungen offengelassen, ob eine Mehrheitsklausel grundsätzlich nur durch die (qualifizierte) Mehrheit beseitigt werden kann, die sie selbst vorschreibt.[192] Ausdrücklich klargestellt hat der BGH indes, dass gesellschaftsvertragliche Einstimmigkeitserfordernisse oder Sperrminoritäten weder ein Sonderrecht einzelner Gesellschafter darstellen noch zu dem Mehrheitsentscheidungen entzogenen Bereich der individuellen Mitgliedschaft des einzelnen Gesellschafters gehören, sondern die Minderheit insgesamt schützen.[193] **104**

d) Ausschluss vom Stimmrecht. Der BGH hat entschieden, dass aufgrund der beschränkten Haftung der Kommanditisten deren Stimmrecht, sofern nicht der Kernbereich betroffen ist, ausgeschlossen werden kann.[194] **105**

V. Kontroll- und Informationsrechte

1. Aufgrund Gesetzes

Kommanditisten einer GmbH & Co. KG, die nicht gleichzeitig in der Komplementär-GmbH geschäftsführend tätig sind, sind auf Informationen angewiesen, wenn sie ihre Gesellschafterrechte, namentlich im Zusammenhang mit der Feststellung des Jahresabschlusses,[195] sachgemäß ausüben wollen. Diesem Zweck dient das **Kontroll- und Informationsrecht** aus § 166 HGB (→ Rn. 107 ff.). Die Grenzen eines darüber hinausgehenden **allgemeinen Auskunftsrechts** sind schwer zu ziehen (→ Rn. 116 ff.). Weiter ist zu erörtern, inwieweit das **Informationsrecht des GmbH-Gesellschafters** aus § 51a GmbHG zugunsten des Kommanditisten, der an beiden Gesellschaften oder nur an der GmbH & Co. KG beteiligt ist, Platz greift (→ Rn. 121 ff.). Schließlich ist auf das vom BGH ausdrücklich anerkannte Recht eines Gesellschafters, seinen Vertragspartner zu kennen, einzugehen (→ Rn. 145 ff.). **106**

---

[190] *K. Schmidt* ZGR 2008, 1 (11 f.).

[191] *Ulmer* ZIP 2015, 657 (658); nach *Grunewald* BB 2015, 328 (333) ist bei Altverträgen zu berücksichtigen, dass die Vertragschließenden bei der Abfassung des Gesellschaftsvertrags oftmals von der Geltung des Bestimmtheitsgrundsatzes ausgingen.

[192] BGH NZG 2013, 57 Rn. 22 ff., 27; 2013, 63 Rn. 11 ff., 16.

[193] BGH NZG 2013, 57 Rn. 37, 38; 2013, 63 Rn. 20. AA *Priester* NZG 2013, 321 (323 ff.), der die durch Mehrheitserfordernisse begründete Stimmrechtsqualität als Teil des Kernbereichs ansieht. Nach *Priester* bedarf die Aufhebung einer Mehrheitsklausel der Mehrheit, die durch sie selbst vorgegeben wird.

[194] BGHZ 20, 363 (367 ff.); BGH NJW 1993, 2100; *Roth* in Baumbach/Hopt HGB § 119 Rn. 13.

[195] Im Gegensatz zur Aufstellung des Jahresabschlusses, die grundsätzlich Sache des persönlich haftenden Gesellschafters ist, nehmen die Kommanditisten nach heute hM an seiner Feststellung teil, BGH NJW 1996, 1678 f.; 2007, 1685 Rn. 13 – Otto; DStR 2009, 1544 Rn. 2 mAnm *Goette*; *Roth* in Baumbach/Hopt HGB § 164 Rn. 3 mwN auch zur abweichenden Ansicht. Näher → § 15 Rn. 94.

107 **a) Kontroll- und Informationsrecht gemäß § 166 HGB.** Nach § 166 Abs. 1 HGB ist der Kommanditist berechtigt, die abschriftliche Mitteilung des Jahresabschlusses zu verlangen und dessen Richtigkeit unter Einsicht der Bücher und Papiere zu prüfen. Er darf also die Geschäftsbücher und sonstigen Buchhaltungsunterlagen der Gesellschaft einsehen, aber nur **„funktionsgebunden"**, nämlich zwecks Prüfung des Jahresabschlusses.[196] Ein nicht zweckgebundenes allgemeines Büchereinsichtsrecht, wie es dem von der Geschäftsführung ausgeschlossenen OHG-Gesellschafter zusteht (§ 118 Abs. 1 HGB), hat der Kommanditist demnach nicht; das wird in § 166 Abs. 2 HGB ausdrücklich klargestellt.[197]

108 Der **Jahresabschluss** umfasst die Bilanz und die Gewinn- und Verlustrechnung (§ 242 Abs. 3 HGB). Da die typische GmbH & Co. KG, bei der keine natürliche Person unmittelbar oder mittelbar persönlich haftet, gemäß § 264a Abs. 1 HGB den Rechnungslegungsvorschriften für Kapitalgesellschaften unterliegt (→ § 15 Rn. 26 ff.), muss diese den Jahresabschluss um einen **Anhang** erweitern und zusätzlich einen **Lagebericht** aufstellen (§ 264 Abs. 1 S. 1 HGB).[198] Der Anhang bildet ausdrücklich eine Einheit mit dem Jahresabschluss und ist infolgedessen dem Kommanditisten ebenfalls abschriftlich mitzuteilen. Der Lagebericht, in dem insbesondere der Geschäftsverlauf und die Lage der Gesellschaft unter Hinweis auf die Risiken der künftigen Entwicklung darzustellen sind (§ 289 HGB), ist dagegen nicht Teil des Jahresabschlusses.[199] Obwohl § 166 Abs. 1 HGB nur den Jahresabschluss erwähnt, müssen uE die dortigen Rechte des Kommanditisten für den Lagebericht jedoch gleichermaßen gelten.[200] Die Aushändigungspflicht und das Einsichtsrecht erstrecken sich darüber hinaus auch auf eine von der Gesellschaft etwa erstellte sog **Steuerbilanz.**[201] Damit sind insbesondere die besonderen Verzeichnisse gemeint, die seit dem BilMoG bei der Ausübung steuerlicher Wahlrechte über die von der Handelsbilanz abweichenden Ansätze zu führen sind (§ 5 Abs. 1 S. 2 EStG).

109 Zum Zweck der **Prüfung des Jahresabschlusses** kann der Kommanditist alle Bücher und Papiere einsehen, die Auskunft über die Geschäftsvorgänge der Gesellschaft geben und die für den Abschluss relevant sind.[202] Wurde der Jahresabschluss von einem (unabhängigen) Abschlussprüfer geprüft, besteht ein Recht auf Einsicht in den **Prüfungsbericht.**[203] Fraglich ist in diesem Fall, ob der Kommanditist darüber hinaus noch eine eigene Prüfung durch Einsichtnahme in die Geschäftsunterlagen verlangen kann.[204] Lässt die Geschäftsführung von sich aus, also gewissermaßen **„freiwillig"**, den Jahresabschluss durch einen von ihr bestimmten Abschlussprüfer prüfen, so schließt dies im Zweifel das eigene Prüfungsrecht der Kommanditisten nicht aus. Denn eine solche „aufgedrängte" Prüfung erfolgt nicht in deren Interesse.[205]

110 Anders verhält es sich mit einer **Pflichtprüfung** gemäß § 316 HGB oder einer durch **Gesellschaftsvertrag oder Gesellschafterbeschluss** angeordneten Jahresabschlussprüfung durch einen Abschlussprüfer. Eine solche Prüfung erfolgt von vornherein im Interesse und zur Unterrichtung aller Gesellschafter, also auch der Kommanditisten. Diese haben deshalb auch Einfluss auf die **Auswahl des Abschlussprüfers,** da dieser gemäß § 318

---

[196] BGH NJW 1957, 1555 f.

[197] Zur Frage, ob das Einsichtsrecht mit Feststellung des Jahresabschlusses erlischt, *Voigt* NZG 2009, 772, der dies bejaht. Aber auch → Rn. 110.

[198] Kleine GmbH & Co. KGs iSv § 267 Abs. 1 HGB sind allerdings von der Pflicht zur Aufstellung eines Lageberichts befreit, § 264 Abs. 1 S. 4 HGB.

[199] *IDW* WP-HdB, F 16.

[200] So auch *Casper* in Großkomm. HGB § 166 Rn. 5, der das Einsichtsrecht auf den Lagebericht erstreckt, soweit dies im Einzelnen erforderlich ist.

[201] OLG Stuttgart OLGZ 1970, 262 (264 f.) für den Fall, dass die nach § 166 Abs. 1 HGB geschuldete Information durch Übermittlung der Steuerbilanz erfüllt wird; LG Wuppertal GmbHR 2005, 939; *Casper* in Großkomm. HGB § 166 Rn. 8; *Roth* in Baumbach/Hopt HGB § 166 Rn. 3.

[202] *Roth* in Baumbach/Hopt HGB § 166 Rn. 4.

[203] *Kindler* in Koller/Kindler/Roth/Morck § 166 Rn. 1; *Roth* in Baumbach/Hopt HGB § 166 Rn. 4; so auch – unter Berufung auf § 810 BGB – BGH NJW 1989, 225 f. für den ausgeschiedenen Kommanditisten. Ein Anspruch auf Aushändigung des Prüfungsberichts besteht jedoch nur bei entsprechender Regelung im Gesellschaftsvertrag. Ohne diese ist der Kommanditist auf ein Einsichtsrecht beschränkt, BGH NJW 2015, 2261 Rn. 10.

[204] Zum Meinungsstand *Casper* in Großkomm. HGB § 166 Rn. 17.

[205] *Oetker* in Oetker HGB § 166 Rn. 7.

Abs. 1 S. 1 HGB von der Gesellschafterversammlung gewählt und nicht etwa von der Geschäftsführung bestimmt wird.[206] Gleichwohl wird man ohne eine ausdrückliche gesellschaftsvertragliche Regelung (→ Rn. 150 ff.) die Kommanditisten nicht darauf verweisen können, dass eine neutrale und sachverständige Prüfung des Jahresabschlusses insbesondere auch in ihrem Interesse bereits stattgefunden habe.[207] Andernfalls liefe das **individuelle Prüfungsrecht** nach § 166 Abs. 1 HGB bei allen GmbH & Co. KGs, die durch das KapCoRiLiG prüfungspflichtig geworden sind, ins Leere.

Das Kontrollrecht ist **höchstpersönlich,** kann also grundsätzlich nur von dem betreffen- 111
den Kommanditisten selbst ausgeübt werden.[208] Etwas anderes gilt nur ausnahmsweise, zB bei längerer Abwesenheit, Krankheit, Gebrechlichkeit oder aus einem anderen triftigen Grund.[209] Dagegen ist die bloße Hinzuziehung eines vertrauenswürdigen und geeigneten **Sachverständigen,** wie zB Wirtschaftsprüfer oder Wirtschaftsanwalt, zur Einsicht und Prüfung immer gestattet.[210] Die gesellschaftliche **Treuepflicht** kann es umgekehrt sogar gebieten, dass der Kommanditist sein Einsichtsrecht ausnahmsweise nicht persönlich, sondern **nur durch** einen gesetzlich zur Verschwiegenheit verpflichteten **Sachverständigen** ausüben darf, zB wenn er Wettbewerber der Gesellschaft ist.[211]

Die **Kosten der Einsichtnahme** einschl. der etwaigen Hinzuziehung eines Sachverständi- 112
gen hat grundsätzlich der Kommanditist zu tragen. Ist die Hinzuziehung eines Fachmanns aufgrund eines Umstands geboten, der in der Sphäre der Gesellschaft begründet ist (zB mangelhafte Buchführung bzw. Bilanzierung), so ist die Gesellschaft mit den Kosten beschwert.[212]

Nach § 166 Abs. 3 HGB steht dem Kommanditisten ein **außerordentliches Überwa-** 113
chungsrecht zu, wenn **wichtige Gründe** vorliegen. Ein wichtiger Grund liegt vor, wenn das Informationsrecht aus § 166 Abs. 1 HGB nicht für eine sachgemäße Ausübung der Mitgliedschaftsrechte ausreicht und die Gefahr einer Schädigung der Gesellschaft oder des Kommanditisten droht.[213] Ein wichtiger Grund kann sich insbesondere aus dem begründeten Verdacht der nicht ordnungsgemäßen Geschäftsführung[214] oder einem außerordentlichen Ereignis ergeben, wie zB erheblicher Steuernachforderungen aufgrund einer steuerlichen Betriebsprüfung.[215] Nach hM ist die Verweigerung oder erhebliche Verzögerung der Informationserteilung gemäß § 166 Abs. 1 HGB seitens der Geschäftsführung ein hinreichend wichtiger Grund.[216] In diesem Fall kann das Gericht[217] auf Antrag die Mitteilung des Jahresabschlusses oder sonstige Aufklärung sowie die Vorlage der Bücher und Papiere

---

[206] Nach BGH NJW 1980, 1689 (1690) handelt es sich bei der Wahl des Abschlussprüfers generell um ein „Grundlagengeschäft", an dem alle Gesellschafter mitzuwirken haben, es sei denn, der Gesellschaftsvertrag bestimmt etwas anderes.

[207] Ebenso *Grunewald* in MüKoHGB § 166 Rn. 7. AA *Weipert* in EBJS HGB § 166 Rn. 11.

[208] BGHZ 25, 115 (122 f.); BGH BB 1962, 899 f.

[209] BGHZ 25, 115 (123); *Roth* in Baumbach/Hopt HGB § 166 Rn. 5.

[210] BGHZ 25, 115 (123); BGH BB 1979, 1315 f.; 1962, 899 f.; OLG Celle ZIP 1983, 943 (945); *Casper* in Großkomm. HGB § 166 Rn. 15, 34 f.

[211] BGH NJW 1995, 194 (196); zur konkreten Vorgehensweise in diesem Fall *Grunewald* in MüKoHGB § 166 Rn. 19.

[212] *Roth* in Baumbach/Hopt HGB § 118 Rn. 5; *Lieder* in Oetker HGB § 118 Rn. 21.

[213] BGH NZG 2016, 1102 Rn. 24; BayObLG NZG 2003, 25 f.; *Roth* in Baumbach/Hopt HGB § 166 Rn. 9; ähnlich auch BGH NJW 1984, 2470 für das gleichlautende Kontrollrecht des stillen Gesellschafters (§ 233 Abs. 3 HGB bzw. § 338 Abs. 3 HGB aF).

[214] OLG München NZG 2008, 864 f.

[215] OLG Hamburg MDR 1965, 666 f.; einschränkend OLG München ZIP 2010, 1692 (1693).

[216] *Roth* in Baumbach/Hopt HGB § 166 Rn. 9 für den Regelfall; *Weipert* in EBJS HGB § 166 Rn. 41. AA *Grunewald* in MüKoHGB § 166 Rn. 32; *Oetker* in Oetker HGB § 163 Rn. 23. Offengelassen von BayObLG NJW-RR 1991, 1444 f., ein wichtiger Grund liege aber jedenfalls dann vor, wenn die Verweigerung dazu führe, dass der Kommanditist zwei aufeinanderfolgende Jahresabschlüsse nicht auf ihre Richtigkeit prüfen könne; so auch OLG München ZIP 2010, 1692 (1694).

[217] Zuständig ist das Amtsgericht am Sitz der KG im Verfahren der freiwilligen Gerichtsbarkeit, § 23a Abs. 2 Nr. 4 GVG, §§ 375 Nr. 1, 376, 377 FamFG. Der Sitz der KG ist auch maßgebend, wenn der Anspruch gegen die Komplementär-GmbH gerichtet wird, BayObLG NJW-RR 1995, 299. Alternativ ist auch eine Leistungsklage vor dem Prozessgericht möglich *Weipert* in EBJS HGB § 166 Rn. 36 mit weiteren Hinweisen zur prozessualen Rechtslage.

jederzeit anordnen.[218] Dazu zählt auch die Aufstellung und Vorlage einer **Zwischenbilanz.**[219] Auch kann das Gericht die Prüfung durch einen Sachverständigen anordnen.[220] Auf diese Weise kann sogar eine **Sonderprüfung** der Gesellschaft veranlasst werden.[221]

114 Zuletzt hat der BGH entschieden, dass das auf § 166 Abs. 3 HGB gestützte Informationsrecht nicht auf die nach § 166 Abs. 1 HGB zu erteilenden Informationen beschränkt ist, sondern sich auf **Auskünfte** über die **Geschäftsführung des Komplementärs allgemein** und die damit im Zusammenhang stehenden Unterlagen der Gesellschaft erstreckt.[222] Hiermit dürfte neben der Klärung des Verhältnisses von § 166 Abs. 1 und Abs. 3 HGB – für den Fall des Vorliegens eines wichtigen Grunds – eine erhebliche **Stärkung der Informationsrechte des Kommanditisten** verbunden sein.[223] Der Antrag nach § 166 Abs. 3 HGB kann gegen die Gesellschaft und gegen das geschäftsführende Organ gerichtet werden.[224] Der auskunftsbegehrende Kommanditist muss konkrete Umstände für die Erforderlichkeit und Bedeutung der begehrten Informationen darlegen, aus denen sich ein begründetes Misstrauen gegenüber der Geschäftsführung ergibt.[225]

115 Ein zur Durchsetzung des Informationsanspruchs nach § 166 Abs. 3 HGB betriebenes Zwangsvollstreckungsverfahren wird durch die **Eröffnung des Insolvenzverfahrens** nicht unterbrochen. Der Informationsanspruch richtet sich vielmehr gegen den Insolvenzverwalter. Während des Insolvenzverfahrens ist aber die Festsetzung eines Zwangsgelds gegen den zunächst auskunftspflichtigen Komplementär ausgeschlossen, ein bereits erlassener Festsetzungsbeschluss im Beschwerdeverfahren aufzuheben.[226]

116 **b) Allgemeines Auskunftsrecht.** Es dürfte unbestritten sein, dass das in § 166 HGB geregelte Kontroll- und Informationsrecht[227] **keine erschöpfende Regelung** darstellt. Auch wenn die dogmatische Herleitung eines allgemeinen Auskunftsrechts im Einzelnen umstritten ist,[228] gehört zu den allgemeinen Grundsätzen des Gesellschaftsrechts, dass ein Gesellschafter Anspruch auf wenigstens diejenigen Informationen hat, die zur sachgemäßen Ausübung seiner Rechte erforderlich sind.[229] Denn ein Kommanditist kann von seinen Mitgliedschaftsrechten nur dann sinnvollen Gebrauch machen, wenn er die Umstände kennt, die für die Ausübung seiner Rechte wesentlich sind.

117 Demgemäß ist dem Kommanditisten – innerhalb wie außerhalb der Gesellschafterversammlung – ein **zweckgebundenes Auskunftsrecht** zu allen Angelegenheiten der Gesellschaft zuzubilligen, die für die sachgemäße Wahrnehmung seiner Mitgliedschaftsrechte wesentlich sind.[230] Je umfassender also dem Kommanditisten entweder die ihm

[218] Auch zu Geschäftsvorgängen vor Eintritt in die KG OLG Hamm NZG 2006, 620. Zur Erfüllung des Informationsanspruchs durch den Insolvenzverwalter KG NJW-RR 2014, 1320 Rn. 18; OLG Zweibrücken ZIP 2006, 2047 (2048).

[219] *Roth* in Baumbach/Hopt HGB § 166 Rn. 10.

[220] *Grunewald* in MüKoHGB § 166 Rn. 34 mwN.

[221] *Bälz* ZGR 1980, 1 (46) für die Publikums-KG.

[222] BGH NZG 2016, 1102 Rn. 13. AA OLG Köln NZG 2014, 660; *Weipert* in EBJS HGB § 166 Rn. 42.

[223] *Mock* BB 2016, 2256; *Wösthoff* DB 2016, 2399.

[224] BGH NZG 2016, 1102 Rn. 12; *Casper/Selbach* NZG 2016, 1324. AA *Weipert* in EBJS HGB § 166 Rn. 32 mwN: Antragsgegner nur die Gesellschaft.

[225] BGH NZG 2016, 1102 Rn. 24.

[226] KG NJW-RR 2014, 1320 Rn. 13, 18.

[227] Zum Kontroll- und Informationsrecht im Zusammenhang mit dem IT-gestützten Rechnungswesen *Rosner* GWR 2015, 272 (273).

[228] Hierzu *Casper* in Großkomm. HGB § 166 Rn. 22; *Rosner* GWR 2015, 272 (274).

[229] OLG Stuttgart NZG 2002, 1105; *Casper* in Großkomm. HGB § 166 Rn. 21; *Grunewald* in MüKoHGB § 166 Rn. 12; *Roth* in Baumbach/Hopt HGB § 166 Rn. 11; *Goerdeler* FS Kellermann, 1991, 77; für eine Beschränkung der Auskunftsansprüche auf die sachgemäße Ausübung des Stimmrechts in der Gesellschafterversammlung *Weipert* DStR 1992, 1097 (1098 ff.); *Hahn* BB 1997, 741 (745); ähnlich *Rosner* GWR 2015, 272 (275) unter Verweis auf § 131 Abs. 1 AktG; offengelassen in BGH NJW 1992, 1890 (1891).

[230] OLG Stuttgart NZG 2002, 1105; *Casper* in Großkomm. HGB § 166 Rn. 21; *Grunewald* in MüKoHGB § 166 Rn. 12; *Roth* in Baumbach/Hopt HGB § 166 Rn. 11; *Goerdeler* FS Kellermann, 1991, 77; für eine Beschränkung der Auskunftsansprüche auf die sachgemäße Ausübung des Stimmrechts in der Gesellschafterversammlung *Weipert* DStR 1992, 1097 (1098 ff.); *Hahn* BB 1997, 741 (745); ähnlich *Rosner* GWR 2015, 272 (275) unter Verweis auf § 131 Abs. 1 AktG; offengelassen in BGH NJW 1992, 1890 (1891).

zustehenden gesetzlichen Mitwirkungsrechte belassen oder ihm im Gesellschaftsvertrag weitere eingeräumt worden sind, umso umfassender ist auch sein Auskunftsrecht. Um zB an der Bilanzfeststellung sachgemäß mitzuwirken, muss er sich auch über Einzelheiten des Rechnungswesens informieren können; ist zu bestimmten Geschäftsführungsmaßnahmen, etwa einer Großinvestition, seine Zustimmung erforderlich, müssen ihm auch die zur Beurteilung der Wirtschaftlichkeit erforderlichen Kennzahlen mitgeteilt werden usw Umgekehrt begrenzt diese Zweckbindung das Informationsrecht auch. Denn das Informationsrecht dient nicht dazu, dem Kommanditisten Informationen zu vermitteln, die es ihm ermöglichen, Einfluss auf Maßnahmen der laufenden Geschäftsführung zu nehmen.[231] Auskunft zu erteilen hat nur die Geschäftsführung, nicht dagegen ein organschaftlicher Beirat bzw. dessen Mitglieder.[232]

Darüber hinaus wird von Teilen der **Literatur** ein **allgemeines kollektives Informationsrecht** auf der Grundlage der §§ 713, 666 BGB, die über die §§ 105 Abs. 3, 161 Abs. 2 HGB auch für die KG gelten, anerkannt.[233] Dieses nur allen Kommanditisten gemeinsam zustehende Recht hilft dem Minderheits-Kommanditisten wenig, da die hier maßgebende „Trennlinie" in einer GmbH & Co. KG – von dem Sonderfall der Publikumsgesellschaft einmal abgesehen – normalerweise nicht zwischen den Kommanditisten auf der einen und der Komplementär-GmbH auf der anderen Seite verläuft, sondern zwischen Minderheits- und Mehrheitsgesellschaftern. **118**

Von daher sollte man dem Kommanditisten im Weg der Rechtsfortbildung die auch sonst im Gesellschaftsrecht anerkannte **actio pro socio** gewähren, also die Befugnis, das an sich allen Kommanditisten nur zusammen zustehende Informationsrecht **im eigenen Namen** prozessual geltend zu machen, und zwar richtiger Ansicht nach mit der Maßgabe, dass die begehrte Auskunft – schriftlich oder in einer Gesellschafterversammlung – **jedem einzelnen Kommanditisten** zu erteilen ist.[234] **119**

Denn die actio pro socio, die *Flume* zu Recht als „Magna Charta des Minderheitsschutzes" bezeichnet hat,[235] ist ein in vergleichbaren Fallgestaltungen bewährtes Instrument des Kommanditisten, von den Mitgesellschaftern, insbesondere dem geschäftsführenden Gesellschafter oder dem Mehrheitsgesellschafter, die Erfüllung von Gesellschafterpflichten (Sozialansprüche) zu erzwingen. Es wäre unerträglich, wenn der an sich kollektive Informationsanspruch der Kommanditisten aus §§ 713, 666 BGB in der Praxis nur daran scheiterte, dass der oder die mehrheitlich beteiligten Kommanditisten, die über die verlangten Informationen aufgrund ihrer geschäftsführenden Tätigkeit verfügen, sich weigerten, an der Erhebung einer Auskunftsklage mitzuwirken, die sich der Sache nach gegen sie selbst richten würde.[236] Gerade um derartige Interessenkonflikte zu lösen, ist die actio pro socio im Gesellschaftsrecht – in verbaler Anlehnung an das römische Recht – entwickelt worden.[237] Entgegen dem **BGH**[238] kann allerdings dieser Weg über die actio pro socio nicht auf die Fälle begrenzt sein, in denen sich der Informationsanspruch aus einem **120**

---

231 BGH NJW 1992, 1890 (1891); BGH NZG 2016, 1102 Rn. 23.

232 OLG Karlsruhe GmbHR 1998, 645 (647).

233 *Roth* in Baumbach/Hopt HGB § 166 Rn. 12; *Grunewald* in MüKoHGB § 166 Rn. 46.

234 So grundlegend *Huber* ZGR 1982, 539 (546 ff.); *Binz/Freudenberg/Sorg* BB 1991, 785 (787); ebenso *Roth* in Baumbach/Hopt HGB § 166 Rn. 12; *Schäfer* in MüKoBGB § 713 Rn. 8, die allerdings davon ausgehen, dass die Auskunft gegenüber der Gesellschaft erteilt wird. Ablehnend *Weipert* in EBJS HGB § 166 Rn. 21; *Hahn* BB 1997, 741 (744); *Schiessl* GmbHR 1985, 109 (110 ff.), der aber stattdessen auf den Kommanditisten § 51a GmbHG analog anwenden will (hiergegen die hM, s. OLG Celle GWR 2017, 298; BayObLG NZG 2003, 25 (26); OLG München NZG 2008, 864 (865); *Blaum* in Westermann/Wertenbruch PersGesR HdB Rn. I 3244; *Casper* Großkomm. HGB § 166 Rn. 64 mwN; *Grunewald* in MüKoHGB § 166 Rn. 45; *Roth* in Baumbach/Hopt HGB Anh. § 177a Rn. 25; *Weipert* in EBJS HGB § 166 Rn. 23; *Römermann* in Michalski GmbHG § 51a Rn. 43; *K. Schmidt* in Scholz GmbHG § 51a Rn. 52; *Schlitt/Maier-Reinhardt* in Reichert GmbH & Co. KG § 25 Rn. 32; *Hahn* BB 1997, 741 (743 f.)); die Anwendung der actio pro socio offenlassend BGH NJW 1992, 1890 (1891 f.).

235 *Flume* Personengesellschaft 144.

236 Ähnlich auch *Huber* ZGR 1982, 539 (548 f.).

237 Zur actio pro socio als Minderheitenschutzinstrument *K. Schmidt* GesR § 21 IV 1.

238 BGH NJW 1992, 1890 (1892).

Mitgliedschaftsrecht des einzelnen Kommanditisten herleitet, da dann für dieses Institut neben dem zweckgebundenen eigenen Auskunftsanspruch des Kommanditisten (→ Rn. 113) kaum noch Raum bliebe.

121 **c) Auskunfts- und Einsichtsrecht gemäß § 51a GmbHG. aa) Geltungsbereich.** Nach § 51a Abs. 1 GmbHG hat jeder GmbH-Gesellschafter ein im Gesellschaftsvertrag nicht ausschließbares Recht auf **Auskunft** über die Angelegenheiten der Gesellschaft und auf **Einsicht** in deren Bücher und Schriften. Informationsschuldner ist die Gesellschaft. Die Informationen sind durch die Geschäftsführer zu erteilen.[239] Ist ein Kommanditist einer GmbH & Co. KG nicht zugleich Gesellschafter der Komplementär-GmbH, so steht ihm dieses Auskunfts- und Einsichtsrecht nicht zu.

122 Ist der Kommanditist einer GmbH & Co. KG gleichzeitig **Gesellschafter der Komplementär-GmbH,** so steht ihm zwar das Auskunfts- und Einsichtsrecht nach § 51a Abs. 1 GmbHG zu. Es fragt sich jedoch, ob er auf diese Weise nur Informationen über die Komplementär-GmbH selbst oder **auch** in **KG-Angelegenheiten** erhält. Die **hM** hat sich für die weitergehende Auslegung entschieden mit der Folge, dass der Kommanditist, der zugleich GmbH-Gesellschafter ist, mittelbar über § 51a Abs. 1 GmbHG auch bei der KG über ein umfassendes Auskunfts- und Einsichtsrecht verfügt.[240]

123 Dieser Ansicht könnte entgegengehalten werden, dass die Komplementär-GmbH gegen ihre – aus der allgemeinen gesellschaftlichen **Treuepflicht** fließende – Verpflichtung verstößt, generell über betriebliche und geschäftliche Vorgänge, personelle oder sonstige interne Verhältnisse der Gesellschaft **Stillschweigen** zu bewahren, wenn sie ihren Gesellschaftern entsprechende Auskünfte über die KG und deren Unternehmen erteilt oder Einsicht in Unterlagen der KG gewährt. Es verwundert daher nicht, wenn die Vertreter der hM darauf hinweisen, das von ihnen angenommene umfassende Informationsrecht der GmbH-Gesellschafter stehe unter dem Vorbehalt, dass die Komplementär-GmbH gegenüber der KG befugt sei, die ihr zugänglichen Informationen und Unterlagen überhaupt an ihre Gesellschafter weiterzuleiten.[241] Diese Befugnis ergibt sich allerdings bereits aus der Tatsache, dass die Komplementär-GmbH nach dem Gesellschaftsvertrag der GmbH & Co. KG berechtigt und verpflichtet ist, die Geschäfte der KG zu führen, und – als persönlich haftender Gesellschafter – für deren Verluste unbegrenzt haftet.[242] Denn dadurch werden die Angelegenheiten der KG automatisch zu **Angelegenheiten der GmbH,**[243] zumal jedenfalls bei der typischen GmbH & Co. KG die Komplementäreigenschaft regelmäßig in der GmbH-Satzung, im Unternehmensgegenstand, verankert wird (→ § 3 Rn. 33). Ohne Kenntnis dieser Angelegenheiten können die Gesellschafter der Komplementär-GmbH ihre Aufgaben nicht erfüllen, namentlich Bestellung und Abberufung der Geschäftsführer, Entlastung der Geschäftsführer und Feststellung des Jahresabschlusses.

124 Zu einem anderen Ergebnis kommt man auch dann nicht, wenn im Gesellschaftsvertrag der GmbH & Co. KG die Einsichts- und Auskunftsrechte der Kommanditisten **iSd § 166 HGB** geregelt oder – wie meist bei Familienunternehmen – ausdrücklich **eingeschränkt**

[239] *Zöllner/Noack* in Baumbach/Hueck GmbHG § 51a Rn. 9; zur Unzulässigkeit der unmittelbaren Befragung von Mitarbeitern in straf-, datenschutz- und zivilrechtlicher Sicht *Iliou* GmbHR 2015, 1293.

[240] BGH NJW 1989, 225 f. (obiter dictum); OLG Hamm NJW 1986, 1693 f.; KG NJW-RR 1989, 230 (232); OLG Düsseldorf NJW-RR 1991, 620; OLG Karlsruhe NJW-RR 1998, 1410; *Casper* in Großkomm. HGB § 166 Rn. 63; *Wenzel* in HTM HdB GmbH & Co. KG Rn. 4.286; *Römermann* in Michalski GmbHG § 51a Rn. 41, 42; *Roth* in Baumbach/Hopt HGB Anh. § 177a Rn. 25; *K. Schmidt* in Scholz GmbHG § 51a Rn. 53; *Hillmann* in MüKoGmbHG § 51a Rn. 36; *Gummert* in MHdB GesR II § 50 Rn. 85. Kein Einsichtsrecht in KG-Papiere: *Zöllner/Noack* in Baumbach/Hueck GmbHG § 51a Rn. 19; wohl auch *Koppensteiner/Gruber* in Rowedder/Schmidt-Leithoff GmbHG § 51a Rn. 6. Generell aA *v. Bitter* ZIP 1981, 825 (830 f.).

[241] *K. Schmidt* in Scholz GmbHG § 51a Rn. 53; *Schlitt/Maier-Reinhardt* in Reichert GmbH & Co. KG § 25 Rn. 68; *Gummert* in MHdB GesR II § 50 Rn. 85.

[242] So im Ergebnis auch *K. Schmidt* in Scholz GmbHG § 51a Rn. 53; *Hillmann* in MüKoGmbHG § 51a Rn. 37. Die in der 11. Aufl. 2010, Rn. 122 vertretene Auffassung, dass eine ausdrückliche Gestattung erforderlich ist, wird aufgegeben.

[243] *Gummert* in MHdB GesR II § 50 Rn. 86.

sind. Hieraus mag man ableiten, dass es nicht dem Willen der Gesellschafter der GmbH & Co. KG entspricht, dass die Kommanditisten auf dem Umweg über § 51a Abs. 1 GmbHG weitergehende Informationen erhalten. Dieser Wille findet allerdings im GmbH-Recht seine Grenze.[244] Man kann nicht eine GmbH & Co. KG mit allen damit verbundenen Vorteilen wollen, ohne die für die Komplementär-GmbH geltende Rechtsordnung anzuerkennen, wozu auch die Vorschrift des § 51a GmbHG gehört.

Der Informationsdurchgriff führt bei der GmbH & Co. KG zu dem Ergebnis, dass denje- **125**
nigen Gesellschaftern, die nur an der Komplementär-GmbH beteiligt sind, hinsichtlich der KG umfassendere Auskunfts- und Einsichtsrechte zustehen als den **Nur-Kommanditisten,** deren Angelegenheiten unmittelbar betroffen sind. Dieses **Informationsgefälle** ist unbefriedigend.[245] UE ist deshalb bei der typischen GmbH & Co. KG, deren Komplementär-GmbH sich auf die Übernahme der Geschäftsführung und persönlichen Haftung bei der KG beschränkt, jedenfalls aber bei der Einheitsgesellschaft, eine **analoge Anwendung von § 51a GmbHG** auf die einzelnen Kommanditisten geboten,[246] soweit nicht im Einzelfall das Informationsgefälle durch die Nichtbeteiligung von Kommanditisten an der GmbH bewusst gewollt ist.

Der **BGH**[247] hat bereits in der Vergangenheit in einem obiter dictum angemerkt, dass **126**
manches dafür spreche, dass die Kodifizierung eines satzungsmäßig nicht ausschließbaren Informationsrechts in § 51a Abs. 1 GmbHG nicht ohne Auswirkungen auf die überkommene Auffassung bleiben könne, wonach das gesetzliche Informationsrecht des Kommanditisten nach § 166 Abs. 1 HGB gesellschaftsvertraglich abdingbar sei. Nachdem der BGH zuletzt die **Informationsrechte des Kommanditisten gestärkt** hat (→ Rn. 114), bleibt abzuwarten, ob die Rechtsprechung die Informationsrechte des Kommanditisten in der Zukunft weiter ausbauen wird.[248] In die gegenteilige Richtung weist allerdings eine Entscheidung des OLG Celle,[249] das zuletzt unter Verweis auf die durch den BGH gestärkten Informationsrechte der Kommanditisten diesen auch in der **Einheitsgesellschaft** einen **Informationsanspruch nach § 51a Abs. 1 GmbHG versagt hat.**

bb) Inhalt und Umfang. § 51a Abs. 1 GmbHG gewährt dem GmbH-Gesellschafter **127**
ein zweifaches Informationsrecht: den Anspruch auf **Auskunft** über die Angelegenheiten der Gesellschaft und den Anspruch auf **Einsicht** in deren Bücher und Schriften. Zwischen beiden Informationsrechten besteht nach hM **keine Rangordnung.** Es ist vielmehr dem Gesellschafter grundsätzlich selbst überlassen, das Ziel seines Informationsverlangens zu bezeichnen.[250] Der **Auskunftsanspruch** steht nur einem Gesellschafter zu, also zB nicht

---

[244] *Hillmann* in MüKoGmbHG § 51a Rn. 39.

[245] *Hillmann* in MüKoGmbHG § 51a Rn. 39; *Hüffer/Schürnbrand* in Ulmer/Habersack/Löbbe GmbHG § 51a Rn. 81; *Römermann* in Michalski GmbHG § 51a Rn. 43; *Gummert* in MHdB GesR II § 50 Rn. 86.

[246] *Schiessl* GmbHR 1985, 109 (110 ff.); *Schiessl* NJW 1989, 1597 f. AA die hM, OLG Celle GUR 2017, 298; BayObLG NZG 2003, 25 (26); OLG München NZG 2008, 864 (865); *Blaum* in Westermann/Wertenbruch PersGesR HdB Rn. I 3244; *Casper* Großkomm. HGB § 166 Rn. 64 mwN; *Grunewald* in MüKoHGB § 166 Rn. 45; *Roth* in Baumbach/Hopt HGB Anh. § 177a Rn. 25; *Weipert* in EBJS HGB § 166 Rn. 23; *Römermann* in Michalski GmbHG § 51a Rn. 43; *K. Schmidt* in Scholz GmbHG § 51a Rn. 52; *Schlitt/Maier-Reinhardt* in Reichert GmbH & Co. KG § 25 Rn. 32; *Hahn* BB 1997, 741 (743 f.).

[247] BGH NJW 1989, 225 f.

[248] Für eine Ausdehnung des Informationsrechts im Weg der Rechtsfortbildung *K. Schmidt* GesR § 56 IV 1d.

[249] OLG Celle GWR 2017, 298.

[250] KG NJW-RR 1989, 230 f. Das OLG Jena NZG 2004, 1156, *Roth* in Roth/Altmeppen GmbHG § 51a Rn. 10 und *K. Schmidt* in Scholz GmbHG § 51a Rn. 10, 21 gehen von zwei unterschiedlichen Ausprägungen eines einheitlichen Informationsrechts aus. Das OLG Jena NZG 2004, 1156 und das BayObLG NJW-RR 1989, 350 f. verweisen für die Ausübung des Informationsrechts auf den Verhältnismäßigkeitsgrundsatz und – wie *Zöllner/Noack* in Baumbach/Hueck GmbHG § 51a Rn. 26; *Koppensteiner/Gruber* in Rowedder/Schmidt-Leithoff GmbHG § 51a Rn. 12; *Bayer* in Lutter/Hommelhoff GmbHG § 51a Rn. 3 – auf das Gebot, bei der Ausübung des Informationsrechts das schonendste Mittel einzusetzen. Nach *Zöllner/Noack* in Baumbach/Hueck GmbHG § 51a Rn. 26 und *Koppensteiner/Gruber* in Rowedder/Schmidt-Leithoff GmbHG § 51a Rn. 12sei dies aufgrund der geringeren Belastung (regelmäßig) das Auskunftsrecht, woraus sich die Subsidiarität des Einsichtsrechts ergeben könne.

dem Pfandgläubiger oder Nießbraucher.[251] Einem **ausgeschiedenen** Gesellschafter stehen die Rechte aus § 51a Abs. 1 GmbHG nicht zu. Er kann sich aber unter Umständen und insbesondere dann, wenn dies für die Prüfung der Frage von Bedeutung ist, ob ihm Forderungen gegen die Gesellschafter aus der Zeit vor seinem Ausscheiden zustehen, auf § 810 BGB berufen.[252] Anders als das Kontrollrecht des Kommanditisten aus § 166 HGB ist der Informationsanspruch des GmbH-Gesellschafters **nicht höchstpersönlich,** kann also auch durch bevollmächtigte **Dritte** ausgeübt werden.[253]

128 **Gegenstand** des Auskunftsrechts sind **alle Angelegenheiten der Gesellschaft.**[254] Dies schließt **Angelegenheiten verbundener Unternehmen** ein, soweit sie objektiv von so erheblicher wirtschaftlicher oder rechtlicher Bedeutung sind, dass sie damit auch zu Angelegenheiten der Gesellschaft selbst werden.[255] Hierzu gehören dazu im Fall einer **Komplementär-GmbH** auch sämtliche **Angelegenheiten der GmbH & Co. KG** (→ Rn. 122). Erfasst werden somit alle Informationen einschl. des zugrunde liegenden Zahlenmaterials, welche die Unternehmensführung und die Gewinnermittlung der GmbH & Co. KG betreffen, neben Aktivitäten der Vergangenheit und deren Kosten, also auch Planungen für die Zukunft einschl. Stellungnahmen Dritter wie Gutachten, amtliche Prüfungsergebnisse und Protokolle auch eines mitbestimmten Aufsichtsrats,[256] Angaben über Gehälter, Tantiemen und Pensionszusagen auch Angaben über Einkünfte der Geschäftsleitung aus Aufsichtsrats- oder Beiratsmandaten bei Konzernunternehmen sowie alle für die Bewertung des Unternehmens wesentlichen Tatsachen.[257]

129 Die begehrte Auskunft ist nach dem Gesetzeswortlaut **unverzüglich** zu gewähren.[258] Der Auskunft suchende Gesellschafter muss sich daher nicht auf die nächste ordentliche Gesellschafterversammlung vertrösten lassen. Liegt jedoch nach Auffassung der Geschäftsführer ein gesetzlicher **Verweigerungsgrund** (§ 51a Abs. 2 GmbHG) vor, so muss den Gesellschaftern zunächst Gelegenheit zur Beschlussfassung über die Auskunftsverweigerung gegeben werden. Die dann gemäß § 49 Abs. 2 GmbHG erforderlich werdende außerordentliche Gesellschafterversammlung ist jedoch so rasch wie möglich einzuberufen.

130 **Wie** die verlangte **Auskunft erteilt** wird (mündlich, schriftlich, durch Verlesen von Urkunden etc), ist grundsätzlich Sache der Geschäftsführung. Wird jedoch ausdrücklich Auskunft und nicht Einsicht verlangt, kann die Zusendung von (fotokopierten) Schriftstücken nur dann als ausreichend angesehen werden, wenn sich die gestellte Frage aus den Unterlagen leicht und schnell beurteilen lässt.[259] Verlangt dagegen der Gesellschafter aus-

---

[251] *Zöllner/Noack* in Baumbach/Hueck GmbHG § 51a Rn. 6 mwN; *Reichert/Schlitt/Düll* GmbHR 1998, 565 (567). Das dürfte jedoch nur für den sog Ertragsnießbrauch gelten. Liegt ein sog Vollrechtsnießbrauch vor, ist der Nießbraucher nach außen hin Gesellschafter mit allen Rechten und Pflichten, also auch mit dem Informationsanspruch aus § 51a Abs. 1 GmbHG; s. auch *K. Schmidt* in Scholz GmbHG § 51a Rn. 12, der die Rechtslage beim Nießbraucher als umstritten bezeichnet und eine Vollmachtserteilung empfiehlt. Zum Nießbrauch → Rn. 170ff.

[252] BGH NJW 1989, 225f.; OLG Frankfurt NJW-RR 1996, 871f.; OLG Jena GmbHR 1996, 699f.; OLG Karlsruhe NZG 2000, 435f. Nach Auffassung des OLG Naumburg NZG 2014, 868 stehen die Rechte nach §§ 810, 242 BGB unter dem Vorbehalt des § 51a Abs. 2 GmbHG; s. auch *Werner* GmbHR 2016, 852.

[253] Jedenfalls bei zur Berufsverschwiegenheit verpflichteten Personen, *Koppensteiner/Gruber* in Rowedder/Schmidt-Leithoff GmbHG § 51a Rn. 3; ähnlich auch *Roth* in Roth/Altmeppen GmbHG § 51a Rn. 15; weitergehend *Zöllner/Noack* in Baumbach/Hueck GmbHG § 51a Rn. 5; *Karl* DStR 1995, 940 (942); ebenso *Bayer* in Lutter/Hommelhoff GmbHG § 51a Rn. 6 bei sanktionsbewehrter Geheimhaltungserklärung.

[254] *Hillmann* in MüKoGmbHG § 51a Rn. 26, 28ff.; *Koppensteiner/Gruber* in Rowedder/Schmidt-Leithoff GmbHG § 51a Rn. 6.

[255] BGH NJW-RR 2003, 830f. für das Vereinsrecht; *Schindler* in BeckOK GmbHG, Stand: 1.5.2017, GmbHG § 51a Rn. 19 mwN, der das Auskunftsrecht nicht allein auf verbundene Unternehmen iSd § 15 AktG erstrecken will.

[256] BGH NJW 1997, 1985 (1986f.).

[257] *Koppensteiner/Gruber* in Rowedder/Schmidt-Leithoff GmbHG § 51a Rn. 6 mwN; zu datenschutzrechtlichen Grenzen des Informationsanspruchs *Leinekugel/Weigel* GmbHR 2015, 393.

[258] *Bayer* in Lutter/Hommelhoff GmbHG § 51a Rn. 28ff.; *Koppensteiner/Gruber* in Rowedder/Schmidt-Leithoff GmbHG § 51a Rn. 9; *Zöllner/Noack* in Baumbach/Hueck GmbHG § 51a Rn. 17.

[259] *K. Schmidt* in Scholz GmbHG § 51a Rn. 23, wonach es eine Frage des Einzelfalls sei, ob die Gesellschaft dem Informationsanspruch des Gesellschafters durch die Überreichung von Ablichtungen gerecht wird oder ob die Kopien erläutert werden müssen.

drücklich die **Einsicht** in Unterlagen, steht der Geschäftsführung ein **Auswahlermessen** nicht zu. Dem Gesellschafter muss dann, und zwar regelmäßig in den Geschäftsräumen der Gesellschaft, Einblick in die **Originalurkunde** gewährt werden;[260] die Zusendung von Fotokopien reicht nicht.[261] Andererseits hat der Gesellschafter auf die Überlassung von Kopien keinen Anspruch. Er kann jedoch selbst Ablichtungen oder Abschriften anfertigen, wobei er nach Treu und Glauben als berechtigt angesehen werden muss, bei der Gesellschaft vorhandene Fotokopiergeräte – ggf. gegen Kostenersatz – zu benutzen.[262]

Fraglich ist, ob der Gesellschafter sein **Einsichtsverlangen** auf eine oder mehrere Ange- **131**
legenheiten **konkretisieren** muss. Keinesfalls braucht er einzelne Schriftstücke, die ihm möglicherweise noch gar nicht bekannt sind, einzeln zu bezeichnen. Insoweit besteht ein grundlegender Unterschied zum Auskunftsrecht, das sich seinem Wesen nach nur auf bestimmte Gegenstände beziehen kann.[263] Demgegenüber ist das Einsichtsrecht umfassender. Der Gesellschafter muss in die Lage versetzt sein, in Ausübung seiner Gesellschafterrechte die gesamte Tätigkeit der Geschäftsführung wirksam zu kontrollieren.[264]

Daraus folgert die **Rechtsprechung,** dass es mit dem Sinn und Zweck des Einsichtsrechts **132**
nicht zu vereinbaren wäre, wenn der Gesellschafter den Gegenstand dieses Rechts vorweg genauer bestimmen müsste. Er könne vielmehr grundsätzlich auch **„global"** verlangen, Einsicht in die Bücher und Schriften der Gesellschaft zu nehmen. Eine Konkretisierung seines Verlangens auf eine oder mehrere Angelegenheiten sei nicht erforderlich.[265] In der **Literatur** werden die Grenzen des Einsichtsrechts zum Teil enger gezogen.[266]

Für die wohl **hM** spricht nicht nur die amtliche Gesetzesbegründung,[267] sondern auch **133**
der **Wortlaut des Gesetzes,** der jede inhaltliche Beschränkung vermissen lässt. Anders liegt es freilich dann, wenn sich die Geschäftsführung zu Recht auf einen **Verweigerungsgrund** gemäß § 51a Abs. 2 GmbHG berufen kann. Hier muss im **Informationserzwingungsverfahren** (§ 51b GmbHG) unter Umständen im Einzelnen gerichtlich bestimmt werden, in welche bestimmten Unterlagen der Gesellschafter (ggf. durch einen zur beruflichen Verschwiegenheit verpflichteten Sachverständigen)[268] dennoch einsehen kann und in welche ihm die Einsicht zu versagen ist.[269]

Ein besonderes **Informationsbedürfnis** oder **Informationsinteresse** ist nach hM **134**
nicht erforderlich. Ein solches muss daher auch nicht dargelegt oder gar bewiesen werden.[270] Dies bedeutet allerdings **nicht,** dass das Auskunfts- und Einsichtsrecht aus § 51a Abs. 1 GmbHG **schrankenlos** ausgeübt werden kann.

Zum einen findet das Informationsrecht seine Grenzen im generellen **Verbot miss- 135**
bräuchlicher Rechtsausübung. Unzulässig sind daher offenbar überflüssige, weil schon beantwortete Fragen oder Dauerbeschäftigung der Geschäftsführung bei Fehlen konkreter Anlässe oder nachvollziehbarer Anhaltspunkte, insgesamt also Fälle schikanöser Rechtsausübung, deren Zweck offensichtlich nur darin besteht, den normalen Geschäftsgang zu beein-

---

[260] *Römermann* in Michalski GmbHG § 51a Rn. 172.

[261] AA *K. Schmidt* in Scholz GmbHG § 51a Rn. 26; *Zöllner/Noack* in Baumbach/Hueck GmbHG § 51a Rn. 23: Je nach Sachlage könne Übersendung von Kopien genügen, soweit damit dem Informationsinteresse des Gesellschafters genügt wird.

[262] BayObLG NJW-RR 2000, 487 f. mwN; OLG München DB 2005, 1566 f.

[263] KG NJW-RR 1989, 230 (231 f.); OLG Frankfurt NJW-RR 1996, 415 f.

[264] So Begründung zum Regierungsentwurf GmbHG, BT-Drs. 8/1347, 44.

[265] OLG Köln NJW-RR 1987, 99 f.; KG NJW-RR 1989, 230 (231 f.); OLG Frankfurt NJW-RR 1996, 415 f. Ebenso *Bayer* in Lutter/Hommelhoff GmbHG § 51a Rn. 27.

[266] *Zöllner/Noack* in Baumbach/Hueck GmbHG § 51a Rn. 24.

[267] BT-Drs. 8/1347, 44.

[268] Durch dessen Einschaltung unter Umständen ein an sich bestehendes Informationsverweigerungsrecht beseitigt werden kann, OLG München NZG 2008, 199 f.; OLG Frankfurt NJW-RR 1996, 415 f.

[269] KG NJW-RR 1989, 230 (232). Zur Bestimmtheit des Antrags auf Auskunftserteilung im Erzwingungsverfahren OLG Düsseldorf GmbHR 1995, 902 f.

[270] OLG Stuttgart ZIP 1983, 306 (308); KG NJW-RR 1989, 230 f.; LG Düsseldorf DB 1989, 1077; *Bayer* in Lutter/Hommelhoff GmbHG § 51a Rn. 3; *Roth* in Roth/Altmeppen GmbHG § 51a Rn. 6. AA *K. Schmidt* in Scholz GmbHG § 51a Rn. 8; *Zöllner/Noack* in Baumbach/Hueck GmbHG § 51a Rn. 27 ff. unter Berufung auf „immanente Schranken".

trächtigen, ohne dass dem ein erkennbarer Nutzen des betreffenden Gesellschafters gegenüberstünde.[271]

136 Da in der Praxis reine Schikane selten ist, dominiert in derartigen Fällen meist die Absicht, sich als **„lästiger Gesellschafter"** zu gebärden und damit den „Preis" für den unter Umständen angestrebten Auskauf in die Höhe zu treiben. Allerdings können die Verhältnisse auch genau umgekehrt liegen. Wir haben schon Fälle erlebt, in denen eine **eigenmächtige Geschäftsführung** die Informationserteilung mit allen möglichen Ausflüchten **boykottierte,** um Pflichtverletzungen oder auch nur unternehmerische Fehlentscheidungen nicht ans Tageslicht kommen zu lassen. Kommt es zwischen der Geschäftsführung, die einen Teil der Gesellschafter hinter sich weiß, und den übrigen Gesellschaftern zu Auseinandersetzungen, so ist es für Außenstehende (wie einen Richter) meist äußerst schwierig, hinter die „Kulissen" zu blicken und den Sachverhalt richtig zu beurteilen.

137 Auch diese rechtstatsächliche Erfahrung spricht eher dafür, das Informationsrecht des Gesellschafters im Zweifel **großzügig** zu handhaben nach der Devise: Wer nichts Unrechtes getan hat, hat eine Offenlegung auch nicht zu befürchten. Demgegenüber erscheint der Hinweis auf die Gefahr einer Weitergabe von Informationen an Mitbewerber oft hergesucht, zumal ein Gesellschafter normalerweise keinen Grund haben dürfte, seine eigene Gesellschaft zu schädigen. Bei **Konzernsachverhalten** mit außenstehenden Gesellschaftern können die Verhältnisse natürlich anders liegen.

138 Zum anderen dürfen die Geschäftsführer Auskunft und Einsicht **verweigern,** wenn zu besorgen ist, dass der Gesellschafter Informationen zu **gesellschaftsfremden Zwecken** verwenden **und** dadurch der Gesellschaft oder einem mit ihr verbundenen Unternehmen einen nicht unerheblichen **Nachteil zufügen** wird (§ 51a Abs. 2 S. 1 GmbHG).[272] Zweifelhaft ist, ob eine Verfolgung gesellschaftsfremder Zwecke stets dann zu besorgen ist, wenn der Gesellschafter seine Beteiligung insbesondere an einen Konkurrenten **veräußern** will und in diesem Zusammenhang detaillierte Auskünfte zur wirtschaftlichen Lage des Unternehmens verlangt.[273]

139 Die **Verweigerung** (nicht die Erfüllung) verlangter Informationen setzt einen dahin gehenden **Gesellschafterbeschluss** voraus (§ 51a Abs. 2 S. 2 GmbHG), bei dem der Gesellschafter, der die Information begehrt, wegen der bestehenden **Interessenkollision nicht stimmberechtigt** sein soll.[274] Strittig ist, ob es eines förmlichen Gesellschafterbeschlusses auch bei den nicht in § 51a Abs. 2 GmbHG genannten Verweigerungsgründen bedarf, wie etwa bei dem oben erwähnten Fall missbräuchlicher Rechtsausübung. Der Zweck der Vorschrift, derartige Streitfragen nicht durch die – in der Regel überforderten – Geschäftsführer, sondern auf Gesellschafterebene entscheiden zu lassen,[275] spricht dafür.[276]

---

[271] So *Koppensteiner/Gruber* in Rowedder/Schmidt-Leithoff GmbHG § 51a Rn. 14. Zur Frage der Rechtsmissbräuchlichkeit s. auch OLG München NZG 2006, 597 f. sowie OLG Jena NZG 2004, 1156 f.: Rechtsmissbrauch bei Nichtteilnahme an zeitnaher Gesellschafterversammlung, in der die Information erteilt wird.

[272] In Bezug auf Jahresabschluss und Lagebericht sei die Nachteilszufügung von vornherein ausgeschlossen, BayObLG GmbHR 1999, 1296 (1297); zu Auswirkungen von Geheimhaltungsabreden mit Dritten s. OLG München GmbHR 2008, 819 (820).

[273] Eine nur subjektive, allein aus der Verkaufsabsicht abgeleitete Besorgnis genügt noch nicht, KG NJW-RR 1989, 230 (232 f.); ebenso *Lutter* ZIP 1997, 613 (615 Fn. 19); differenzierend *Zöllner/Noack* in Baumbach/Hueck GmbHG § 51a Rn. 37: Weitergabe wettbewerblich sensibler Daten grundsätzlich unzulässig. Für den Praktiker dürfte diese Streitfrage im Einzelfall von akademischer Natur sein, da der Gesellschafter sein Auskunftsbegehren ja nicht begründen muss.

[274] Ganz hM, statt aller s. *Zöllner/Noack* in Baumbach/Hueck GmbHG § 51a Rn. 38; *Bayer* in Lutter/Hommelhoff GmbHG § 51a Rn. 38; *Koppensteiner/Gruber* in Rowedder/Schmidt-Leithoff GmbHG § 51a Rn. 26.

[275] Begründung des Regierungsentwurfs, BT-Drs. 8/1347, 44.

[276] *Binz/Freudenberg/Sorg* BB 1991, 785 (790); so auch *Koppensteiner/Gruber* in Rowedder/Schmidt-Leithoff GmbHG § 51a Rn. 27; *Bayer* in Lutter/Hommelhoff GmbHG § 51a Rn. 38 mit Nachweisen über den Streitstand. AA BayObLG NJW-RR 1989, 350 f.

Wird die Informationserteilung gemäß § 51a Abs. 2 GmbHG **verweigert,** so kann der betroffene Gesellschafter das sog **Informationserzwingungsverfahren** gemäß § 51b GmbHG einleiten, also bei dem für den Sitz der Gesellschaft örtlich zuständigen Landgericht (Kammer für Handelssachen) Antrag auf gerichtliche Entscheidung stellen.[277] Für das Verfahren gilt das FamFG, was für den antragstellenden Gesellschafter den Vorteil hat, dass er nicht mit der förmlichen Beweislast beschwert ist.[278] Gegen die Entscheidung des Landgerichts ist die Beschwerde möglich, sofern sie vom Landgericht zugelassen worden ist (§ 51b S. 1 GmbHG, § 132 Abs. 3 AktG, § 99 Abs. 1, 3 S. 2 AktG).[279] 140

Wird dem Gesellschafter eine Information verweigert, die für eine in der **Gesellschafterversammlung bevorstehende Beschlussfassung relevant** ist, so hat der Gesellschafter die Möglichkeit, statt einer Informationserzwingung nach § 51b GmbHG den **Beschluss** der Gesellschafterversammlung abzuwarten und alsdann diesen **anzufechten.** In diesem Fall wird das Gericht über eine Verletzung der Informationspflicht inzident im Rahmen des Anfechtungsverfahrens entscheiden.[280] Lediglich bei Gesellschafterbeschlüssen nach § 51a Abs. 2 S. 2 GmbHG, bei denen also die Informationsverweigerung gerade Gegenstand des Beschlusses ist, besteht diese Wahlmöglichkeit nicht. In diesen Fällen genießt das vom Gesetzgeber eigens für solche Fälle geschaffene Informationserzwingungsverfahren gemäß **§ 51b GmbHG** grundsätzlich **Priorität;** eine Anfechtung kommt dann nur ausnahmsweise in Betracht, weil für sie regelmäßig das Rechtsschutzbedürfnis fehlen wird.[281] Eine solche Ausnahme wird bei sog **Vorratsbeschlüssen** angenommen, wonach einem Gesellschafter über den konkreten Fall hinaus Einsicht oder Auskunft generell für eine bestimmte Zeit, unter bestimmten Umständen oder in bestimmte Unterlagen verweigert wird.[282] 141

Im Fall einer **GmbH & Co. KG** wird sich die Notwendigkeit, im Zusammenhang mit einem bevorstehenden Gesellschafterbeschluss ein Informationserzwingungsverfahren nach § 51b GmbHG einzuleiten, in aller Regel nur dann stellen, wenn im Gesellschaftsvertrag der GmbH & Co. KG – abweichend vom Einstimmigkeitsprinzip des § 119 HGB – **Mehrheitsbeschlüsse** vorgesehen sind und der informationsbedürftige Gesellschafter den Beschluss nicht verhindern kann. Andernfalls wäre es nämlich für den betreffenden Kommanditisten am einfachsten, so lange **gegen** den Beschluss zu stimmen, bis ihm die gewünschte Auskunft erteilt bzw. die verlangte Einsichtnahme gewährt worden ist.[283] 142

Im **GmbH-Recht** liegt die Problematik grundsätzlich anders, da das GmbH-Gesetz für die Beschlussfassung stets Mehrheitsentscheidungen vorsieht (§§ 47 Abs. 1, 53 Abs. 2, 60 Abs. 1 Nr. 2 GmbHG). Daher hilft dem „normalen" GmbH-Gesellschafter die Drohung nicht weiter, er werde ohne die erbetenen Informationen dem Beschluss nicht zustimmen, während sich umgekehrt der „normale" Kommanditist einer GmbH & Co. KG auf diese Weise sogar solche Informationen beschaffen kann, auf die er an sich gar keinen Rechtsanspruch hätte. Das gilt insbesondere bei Abstimmungen über Änderungen des Gesellschaftsvertrags, für die bei einer Vielzahl von Gesellschaften (immer noch) kraft ausdrücklicher Regelung das **Einstimmigkeitsprinzip** gilt,[284] bzw. für die es infolge der **Kernbereichslehre** der Zustimmung der betroffenen Gesellschafter bedarf. Zur Kernbereichslehre → Rn. 93 ff. 143

[277] Zu vollstreckungsrechtlichen Fragen s. OLG Düsseldorf GmbHR 2017, 194.

[278] Gemäß § 26 FamFG (vormals § 12 FGG) gilt der Amtsermittlungsgrundsatz.

[279] Nach Inkrafttreten des Zivilprozessreformgesetzes vom 27.7.2001 ist für eine außerordentliche Beschwerde bei „greifbarer Gesetzeswidrigkeit" kein Raum mehr BGH NJW-RR 2006, 1184 Rn. 8; *K. Schmidt* in Scholz GmbHG § 51b Rn. 29; *Schindler* in BeckOK GmbHG, Stand: 1.5.2017, GmbHG § 51b Rn. 26.

[280] *Zöllner/Noack* in Baumbach/Hueck GmbHG § 51a Rn. 47 ff. mwN.

[281] BGH NJW 1988, 1090 (1091); LG Essen GmbHR 1998, 941 (942).

[282] BGH NJW 2009, 2300 Rn. 12 ff.

[283] So bereits *Huber* ZGR 1982, 539 (540).

[284] Dies ist heute generell nicht mehr empfehlenswert.

144 Das Auskunfts- und Einsichtsrecht des Gesellschafters einer GmbH kann einer **schiedsgerichtlichen Entscheidung** unterworfen werden, weil es einem Vergleich zugänglich ist.[285]

145 **d) Gesellschaftsvertragliches Recht auf Kenntnis seines Vertragspartners.** Die Rechtsprechung sieht bei Personen- bzw. Personenhandelsgesellschaften das Recht eines Gesellschafters, seine **Vertragspartner (Name und Anschrift[286]),** zu **kennen,** als selbstverständlich an. Der BGH leitet dieses von ihm als unentziehbar qualifizierte mitgliedschaftliche Recht aus dem durch den Gesellschaftsvertrag begründeten Vertragsverhältnis als solchem ab. Das Auskunftsrecht besteht gegenüber der Gesellschaft und den geschäftsführenden Gesellschaftern hinsichtlich der übrigen unmittelbar und mittelbar beteiligten Personen. Dem Anspruch auf Auskunft stehen weder datenschutzrechtliche Vorgaben noch die abstrakte Gefahr des Datenmissbrauchs entgegen.[287] Das Auskunftsrecht der Gesellschafter wird allein durch das Verbot der unzulässigen Rechtsausübung bzw. das Schikaneverbot nach § 226 BGB begrenzt.[288]

146 Dieses Auskunftsrecht besteht nach Auffassung des BGH auch innerhalb von **Treuhandverhältnissen.** Ein Auskunftsrecht der Treugeber kann auf Grundlage einer **BGB-Innengesellschaft,** bestehend aus den Treugebern und -händern, angenommen werden.[289] Auskunftsansprüche stehen dem Treugeber aber auch dann zu, wenn dessen rechtliche Stellung durch die vertragliche Vereinbarung, insbesondere die Verzahnung des Gesellschafts- und Treuhandvertrags, im Innenverhältnis der Gesellschafter untereinander und zur Gesellschaft der eines unmittelbar beteiligten Gesellschafters entspricht (sog **qualifizierte Treuhand**).[290]

147 Auch ohne dass die Voraussetzungen einer qualifizierten Treuhand vorlagen, hat der BGH in einem Hinweisbeschluss den Informationsanspruch des Treugebers auf die gesellschaftsvertragliche Überlagerung des nur bei formaler Betrachtung zweiseitigen Treuhandverhältnisses gestützt. In dem zugrunde liegende Fall wurde der Treugeber hinsichtlich der Erträge einem Gesellschafter gleichgestellt und konnte vom Treuhänder die Erteilung einer Stimmrechtsvollmacht verlangen. An dem Treuhandvertrag war die Fondgesellschaft als dritte Partei beteiligt.[291]

2. Aufgrund abweichender Vereinbarung

148 Bei der Frage, inwieweit die **von Gesetzes** wegen dem Kommanditisten einer GmbH & Co. KG zustehenden Kontroll- und Informationsrechte **gesellschaftsvertraglich eingeschränkt** oder gänzlich abbedungen werden können (eine Erweiterung ist unproblematisch, kommt jedoch selten vor), ist nach den einzelnen **Anspruchsgrundlagen zu unterscheiden.**

149 **a) Kontroll- und Informationsrecht gemäß § 166 HGB.** Das **außerordentliche Überwachungsrecht** nach § 166 Abs. 3 HGB ist zwingendes Recht. Die den Kommanditisten hiernach zustehenden Befugnisse können durch den Gesellschaftsvertrag weder wirk-

---

[285] OLG Koblenz NJW-RR 1990, 1374; OLG Hamm NZG 2000, 1182 (1183 f.); *Bayer* in Lutter/Hommelhoff GmbHG § 51b Rn. 2.

[286] Das OLG München erstreckt den Informationsanspruch auch auf die Beteiligungshöhe der Gesellschafter, OLG München ZIP 2015, 523 (524 ff.).

[287] BGH NJW 2011, 921 Rn. 10 ff.; 2013, 2190 Rn. 11 ff.; ZIP 2013, 619 Rn. 37, 38, 40; NZG 2013, 384 f.; 2015, 269 Rn. 9 ff.; OLG München ZIP 2015, 523 (524), bestätigt durch BGH BeckRS 2016, 09340; BeckRS 2016, 09339. AA im Hinblick auf die datenschutzrechtliche Zulässigkeit *Hoeren* ZIP 2010, 2436; vertiefend zu datenschutzrechtlichen Fragen auch *Paul* GWR 2011, 225; *Forgó/Hänold/Pfeiffenbring/Pieper/Tehrani* ZD 2014, 182.

[288] BGH NJW 2010, 439 Rn. 10; 2011, 921 Rn. 11; 2013, 2190 Rn. 12; ZIP 2013, 619 Rn. 13; NZG 2015, 269 Rn. 11.

[289] BGH NJW 2011, 921 Rn. 11.

[290] BGH NJW 2013, 2190 Rn. 9 ff.; NZG 2015, 269 Rn. 9 ff.

[291] BGH BeckRS 2015, 01517 Rn. 5, 10.

sam aufgehoben noch beschränkt werden.[292] Zulässig soll jedoch eine Schiedsvereinbarung sein, wobei allerdings die Zulässigkeit der Schiedsgerichtseinrede unter dem Vorbehalt steht, dass kein Grund zur Annahme unredlicher Geschäftsführung vorliegt.[293]

Dagegen kann das **Bilanzprüfungsrecht** nach **§ 166 Abs. 1 HGB** sowohl hinsichtlich seines Umfangs als auch hinsichtlich der Art und Weise seiner Ausübung **eingeschränkt** werden.[294] In der **Vertragspraxis** wird davon **regelmäßig** Gebrauch gemacht, da das Nachprüfungsrecht jedes einzelnen Kommanditisten meist als zu weitgehend, unpraktisch oder missbrauchsgefährdet empfunden wird. Verbreitet sind Regelungen, durch die das Kontrollrecht nach § 166 Abs. 1 HGB entweder einem Gremium (wie Gesellschafterausschuss, Beirat, Aufsichtsrat oÄ) übertragen wird oder unter der Voraussetzung ausgeschlossen ist, dass der Jahresabschluss durch einen Wirtschaftsprüfer oder eine Wirtschaftsprüfungsgesellschaft geprüft wurde und einen uneingeschränkten Bestätigungsvermerk erhalten hat. **150**

Derartige Bestimmungen galten zunächst als hohe Kunst der Kautelarjurisprudenz. Mit Inkrafttreten von § 51a GmbHG im Zuge der GmbH-Novelle sind hieran zunehmend Zweifel aufgekommen. Wie bereits erwähnt, hat es der **BGH**[295] als fraglich bezeichnet, ob sich die Ansicht, wonach § 166 HGB nachgiebiges Recht sei, noch uneingeschränkt aufrechterhalten lasse, nachdem der Gesetzgeber dem Gesellschafter der GmbH in § 51a GmbHG ein durch den Gesellschaftsvertrag nicht abdingbares Informationsrecht zugebilligt hat. Durch § 51a Abs. 3 GmbHG habe der Gesetzgeber zu erkennen gegeben, dass er das Informationsrecht des Gesellschafters als **„unverzichtbares Instrument des Minderheitenschutzes“** betrachte. Weiter heißt es: „Es spricht manches dafür, dass diese Bewertung des modernen Gesetzgebers nicht ohne Auswirkungen auf die überkommene Auffassung bleiben kann, das gesetzliche Informationsrecht des Kommanditisten nach § 166 HGB sei gesellschaftsvertraglich weitgehend abdingbar.“ **151**

Man kann sicherlich mit einer gewissen Bestimmtheit sagen, dass die Rechtsprechung solche gesellschaftsvertraglichen Einschränkungen nicht als wirksam ansehen wird, die den **Kern** des dem Kommanditisten nach dem gesetzlichen Leitbild zustehenden Informations- und Kontrollrechts berühren.[296] Auch wirken sie keinesfalls bei **Verdacht unredlicher Geschäftsführung.**[297] Unwirksam dürfte auch die Übertragung der Kontrollbefugnis auf einen **Gesellschafterausschuss** sein, der von der Gesellschaftermehrheit dominiert wird. Bei einem „neutralen“ **Aufsichtsgremium** sind die Bedenken nur graduell geringer, da sich die Mitglieder derartiger Gremien in der Regel der Gesellschaftermehrheit verpflichtet fühlen, so dass ein effektiver Minderheitsschutz auch in diesem Fall nicht gewährleistet ist. Das gilt insbesondere, wenn dieses Gremium aufgrund gesellschaftsvertraglicher Entsendungsrechte einzelner Gesellschaftergruppen zusammengesetzt ist. **152**

Wird das Bilanzprüfungsrecht gemäß § 166 Abs. 1 HGB im Hinblick darauf ausgeschlossen, dass der Jahresabschluss der gesetzlichen Pflichtprüfung oder einer im Gesellschaftsvertrag angeordneten Abschlussprüfung[298] nach Art und Umfang einer Pflichtprüfung **153**

---

[292] BGH NJW 1975, 1318 (1319); *Grunewald* in MüKoHGB § 166 Rn. 48; *Roth* in Baumbach/Hopt HGB § 166 Rn. 19; *Oetker* in Oetker HGB § 166 Rn. 43; *Hahn* BB 1997, 741 (742 f.).

[293] BayObLG DB 1978, 2405 (2406); *Roth* in Baumbach/Hopt HGB § 166 Rn. 19. AA *Weipert* in EBJS HGB § 166 Rn. 46.

[294] BayObLG NJW-RR 1989, 350; offenlassend BGH NJW 1989, 225 f. Eine vollständige Abbedingung des Rechts scheidet jedoch aus, *K. Schmidt* GesR § 53 III 3d; *Roth* in Baumbach/Hopt HGB § 166 Rn. 18; *Kindler* in Koller/Kindler/Roth/Morck HGB § 166 Rn. 7. Für Einschränkbarkeit nur bei der Publikums-KG *Grunewald* in MüKoHGB § 166 Rn. 48 ff.; s. zur Publikums-KG auch OLG Düsseldorf DB 2004, 2685 (2687).

[295] BGH NJW 1989, 225 f.

[296] In diese Richtung weisend BGH NJW 1995, 194 (195 ff.), wonach die von der Gesellschaftermehrheit beschlossene Einschränkung oder sogar Beseitigung der gesellschaftsvertraglichen Informationsrechte des Kommanditisten auch bei Nichtanwendbarkeit des Bestimmtheitsgrundsatzes nur dann Bestand habe, wenn sie im Gesellschaftsinteresse geboten und dem Kommanditisten unter Berücksichtigung seiner eigenen schützenswerten Belange zumutbar sei.

[297] *Roth* in Baumbach/Hopt HGB § 166 Rn. 18.

[298] Zum Bestätigungsvermerk in diesen Fällen IDW PS 400 Anh. Ziff. 7.

(§§ 316 ff. HGB) unterliegt, so können die Kommanditisten jedenfalls verlangen, dass ihnen der **Prüfungsbericht des Abschlussprüfers** ausgehändigt wird.[299] Die Vorlage des Prüfungsberichts kann dabei nicht durch eine bloße Bescheinigung des Wirtschaftsprüfers ersetzt werden.[300] Darüber hinaus wird man in einem solchen Fall verlangen müssen, dass der Abschlussprüfer den Kommanditisten auch für Fragen zum Jahresabschluss und den diesbezüglichen Prüfungsfeststellungen zur Verfügung steht.

154 **b) Allgemeines Auskunftsrecht.** Auch das zweckgebundene sowie das aus § 713 BGB iVm § 666 BGB abgeleitete kollektive Auskunftsrecht des Kommanditisten ist gesellschaftsvertraglich nur bedingt, nämlich in den **Grenzen des § 138 BGB,** abdingbar.[301] Diese Grenzen sind hier **eng** zu ziehen. Sittenwidrig ist jede vertragliche „Selbstentmündigung".

155 Es sei daran erinnert, dass der **BGH** in ständiger Rechtsprechung die früher verbreitete Befugnis von Gesellschaftern, einzelne oder alle Mitgesellschafter **nach freiem Ermessen „hinauszukündigen"**, grundsätzlich für unwirksam erachtet (→ § 6 Rn. 106). Es bestünde sonst nämlich die Gefahr, dass die Gesellschafter aus Furcht vor ihrem Ausschluss von den ihnen nach dem Gesellschaftsvertrag oder Gesetz zustehenden Rechten nicht mehr Gebrauch machten, wobei der BGH das **Widerspruchsrecht** (§ 164 HGB) und die **Informationsrechte** (§ 166 HGB) des Kommanditisten ausdrücklich hervorgehoben hat.[302] Der Sache nach kann es aber keinen Unterschied machen, ob Kommanditisten aus Furcht vor ihrem Ausschluss oder nur deshalb von ihren Mitwirkungsrechten keinen Gebrauch machen, weil ihnen die erforderlichen Informationen fehlen und sie sich diese aufgrund entsprechender Beschränkungen im Gesellschaftsvertrag auch nicht beschaffen können.

156 **Unzulässig** müssen deshalb alle Einschränkungen des Auskunftsrechts sein, die dazu führen können, dass der Kommanditist zu einer **sachgemäßen Ausübung seiner Rechte** und Wahrung seiner Interessen **nicht mehr in der Lage** ist.[303] In der **Praxis** geht es vor allem um das Recht auf nicht manipulierte Feststellung des Jahresabschlusses, um das Recht, von den geschäftsführenden Gesellschaftern bei Vertragsverletzungen oder Pflichtwidrigkeiten Schadensersatz zu verlangen, und um das Interesse, unzulässige Entnahmen, vGAs und ähnliche Sondervorteile zu verhindern.[304]

157 **c) Auskunfts- und Einsichtsrecht gemäß § 51a GmbHG.** Wie sich aus § 51a Abs. 3 GmbHG ergibt, stellt die Vorschrift **zwingendes Recht** dar. Das bedeutet zum einen, dass der durch Abs. 1 gewährte Auskunfts- und Einsichtsanspruch im Gesellschaftsvertrag nicht eingeschränkt werden darf.[305] Es bedeutet weiter, dass das in Abs. 2 S. 1 normierte Auskunftsverweigerungsrecht der Geschäftsführer nicht ausgeschlossen oder beschränkt, aber auch nicht satzungsmäßig erweitert werden kann.[306] Soweit der materielle Gehalt des Informationsrechts nicht tangiert wird, kann jedoch das **Verfahren** über die Informationserteilung in der Satzung näher geregelt werden.[307]

158 Trotz des Wortlauts von Abs. 3 der Vorschrift ist nach dessen Sinn und Zweck eine gesellschaftsvertragliche **Verbesserung** der den Gesellschaftern zustehenden **Informationsrechte** möglich.[308] Daher wäre zB eine Bestimmung zulässig, wonach jeder Gesellschaf-

[299] So BGH NJW 1989, 225 f. bezüglich des Anspruchs aus § 810 BGB für den Fall des aus der Gesellschaft ausgeschiedenen Kommanditisten. Vor dem Ausscheiden kann nichts anderes gelten (a maiore ad minus).

[300] OLG München BB 1996, 1824.

[301] Ebenso *Huber* ZGR 1982, 539 (550); für ein zwingendes Auskunftsrecht nach §§ 713, 666 BGB *Roth* in Baumbach/Hopt HGB § 166 Rn. 20.

[302] BGH NJW 1981, 2565 f.

[303] *Huber* ZGR 1982, 539 (550); s. auch *Weipert* in EBJS HGB § 166 Rn. 17.

[304] Richtig *Huber* ZGR 1982, 539 (550).

[305] OLG Köln NJW-RR 1987, 99 (100 ff.). Zum individual-vertraglichen Verzicht auf Ausübung des Auskunfts- und Einsichtsrechts OLG München NZG 2006, 597 f.

[306] *Zöllner/Noack* in Baumbach/Hueck GmbHG § 51a Rn. 2.

[307] BayObLG NJW-RR 1989, 350 f., unzulässig ist es demnach, die Ausübung des Informationsrechts auf eine Stunde im Monat zu begrenzen; *Bayer* in Lutter/Hommelhoff GmbHG § 51a Rn. 41 ff.; *Roth* in Roth/Altmeppen GmbHG § 51a Rn. 41 f.

[308] HM, *K. Schmidt* in Scholz GmbHG § 51a Rn. 50; *Bayer* in Lutter/Hommelhoff GmbHG § 51a Rn. 41.

ter eine **Sonderprüfung** durch Sachverständige verlangen kann.[309] Fraglich kann allenfalls sein, ob für die gerichtliche Durchsetzung eines satzungsmäßig erweiterten Informationsrechts das Verfahren nach § 51b GmbHG (Verfahren der freiwilligen Gerichtsbarkeit) eingreift, oder ob es insoweit bei der Zuständigkeit des Prozessgerichts verbleibt. Im Fall einer **GmbH & Co. KG** ist diese Frage nur von begrenzter Bedeutung, da in **deren** Gesellschaftsvertrag die Informationsrechte der Kommanditisten selbstverständlich beliebig gestärkt werden können.

d) Gesellschaftsvertragliches Recht auf Kenntnis seines Vertragspartners. Der 159 aus dem Gesellschaftsvertrag abgeleitete Anspruch auf Mitteilung von Namen und Anschrift der Mitgesellschafter gehört zum unverzichtbaren Kernbereich der Gesellschafterrechte in der Personengesellschaft und ist daher nicht dispositiv. Der gesellschaftsvertragliche Ausschluss des Auskunftsrechts verstößt gegen § 242 BGB und ist unwirksam.[310]

VI. Wettbewerbsverbot

1. Aufgrund Gesetzes

Wie sich aus § 165 HGB ergibt, sind **nur die persönlich haftenden Gesellschafter,** 160 nicht hingegen die Kommanditisten dem Wettbewerbsverbot aus § 112 HGB unterworfen. Der gesetzlichen Regelung liegt die Überlegung zugrunde, dass nur die Komplementäre in ihrer Eigenschaft als Geschäftsführer der KG die Geschicke der Gesellschaft bestimmen und damit einer **erhöhten Treuepflicht** unterliegen, auf der das gesetzliche Wettbewerbsverbot aufbaut.[311]

Aus dieser ratio legis ergibt sich zugleich, dass von dem gesetzlichen Wettbewerbsverbot 161 ein **Kommanditist** dann **ausnahmsweise** erfasst wird, wenn er bei bestimmten Fallgestaltungen – einem Komplementär vergleichbar – **maßgeblichen Einfluss auf die Geschäftsführung** hat.[312] Denn aufgrund seiner Stellung hat ein solcher Kommanditist die Möglichkeit, gesellschaftsinterne Informationen zu erlangen und zulasten der Gesellschaft auszubeuten. Dadurch entsteht zumindest dann eine **besondere Gefährdungslage** für die Gesellschaft, wenn dieser Gesellschafter auch außerhalb seiner Gesellschaft unternehmerisch tätig wird. Deshalb hat der BGH im Fall einer GmbH & Co. KG das Wettbewerbsverbot auf einen Kommanditisten ausgedehnt, der mit hoher Mehrheit (80 %) sowohl am Kommanditkapital als auch an der Komplementär-GmbH beteiligt war und aufgrund dieser **Mehrheitsbeteiligung** beide Gesellschaften beherrschte.[313] Gleiches gilt für einen Kommanditisten, der **Alleingeschäftsführer** der Komplementär-GmbH ist.[314]

Handelt es sich bei dem beherrschenden Gesellschafter um eine zwischengeschaltete 162 Holding-Gesellschaft, so kann das Wettbewerbsverbot nach Ansicht des BGH[315] ggf. auch gegenüber deren **Muttergesellschaft** durchgreifen, insbesondere bei 100 %igem Anteilsbesitz. **Wettbewerbsrechtliche Bedenken** im Blick auf § 1 GWB hat der BGH im Urteilsfall zu Recht verneint. Denn hier folgt das Wettbewerbsverbot aus einem Gesellschaftsverhältnis, das im Übrigen **kartellrechtsneutral** ist und allein dem Bestand und der Erhaltung des Gesellschaftsunternehmens dient.[316]

---

[309] Ebenso *Hüffer/Schürnbrand* in Ulmer/Habersack/Löbbe GmbHG § 51a Rn. 71.

[310] BGH NJW 2011, 921 Rn. 20; 2013, 2190 Rn. 24; ZIP 2013, 619 Rn. 25; NZG 2015, 269 Rn. 23; OLG München ZIP 2015, 523 (524).

[311] BGHZ 89, 162 (165); *Oetker* in Oetker HGB § 165 Rn. 1.

[312] Grundlegend BGHZ 89, 162 (166); BGH NJW 2002, 1046 (1047); OLG Frankfurt GmbHR 1992, 668 (669); OLG Frankfurt NZG 2009, 903 (904); *Armbrüster* ZIP 1997, 261 (270).

[313] BGHZ 89, 162 (165 ff.); BGH NZG 2009, 744 Rn. 9 (Vorstandsdoppelmandat) für den iSd § 18 AktG beherrschenden Kommanditisten einer AG & Co. KG; *Roth* in Baumbach/Hopt HGB § 165 Rn. 3; *Casper* Großkomm. HGB § 165 Rn. 9 ff.; *Grunewald* in MüKoHGB § 165 Rn. 13; *Wenzel* in HTM HdB GmbH & Co. KG Rn. 4.317 ff.; *Löffler* NJW 1986, 223; *Müller* NJW 2007, 1724 (1725 ff.).

[314] OLG Köln BB 2008, 800 (801) mAnm *Krause.*

[315] BGHZ 89, 162 (165); *Wenzel* in HTM HdB GmbH & Co. KG Rn. 4.318.

[316] BGHZ 89, 162 (169).

163 Über die vom BGH entschiedenen Einzelfälle hinaus wird man ganz generell sagen können, dass derjenige Kommanditist, der eine einem Komplementär vergleichbare Stellung – rechtlich oder faktisch – einnimmt, dem namentlich entsprechend § 118 HGB **erweiterte Informationsbefugnisse** eingeräumt sind, dem Wettbewerbsverbot analog § 112 HGB unterliegt, wobei maßgebliche Kriterien die Gefährdung der Gesellschafterinteressen, die Treuepflicht und die Zumutbarkeit sein dürften.[317] Darüber hinaus ist es dem Kommanditisten aufgrund seiner gesellschaftsrechtlichen Treuepflicht in jedem Fall verwehrt, eine ihm zur Kenntnis[318] gelangte Geschäftschance der GmbH & Co. KG für sich selbst zu nutzen.[319]

2. Aufgrund abweichender Vereinbarung

164 Da die Kommanditisten dem Wettbewerbsverbot aus § 112 HGB – von Ausnahmefällen abgesehen – grundsätzlich nicht unterliegen (§ 165 HGB), ist die Frage von großer praktischer Bedeutung, ob ein entsprechendes Wettbewerbsverbot **im Gesellschaftsvertrag** wirksam vereinbart werden kann oder ob dem **kartellrechtliche Bedenken** entgegenstehen.

165 Insofern bedarf es der Klärung, ob die allgemeinen kartellrechtlichen Zulässigkeitsschranken[320] auf das einem **Kommanditisten vertraglich** auferlegte Wettbewerbsverbot übertragen werden können. Denn hier dürfte der vom BGH in den Vordergrund gestellte Gesichtspunkt des **Bestandsschutzes,** von Ausnahmen abgesehen, nicht einschlägig sein. In der **Literatur** wird vielfach die Ansicht vertreten, dass dem Wettbewerb des Kommanditisten wegen des gesetzlichen Verbots von Wettbewerbsbeschränkungen (§ 1 GWB) keine engeren Grenzen gezogen werden könnten, als dies die gesellschaftliche **Treuepflicht** tue. Sofern also die Rechtsstellung des Kommanditisten (zB durch Einräumung der Geschäftsführungsbefugnis, gesellschaftsvertragliche Weisungsrechte oder umfassende Kontroll- und Informationsrechte entsprechend § 118 HGB) derart ausgestaltet sei, dass die Treuepflicht zwingend die Unterlassung jeglichen Wettbewerbs gebiete, sei ein solches Wettbewerbsverbot **zur Funktionserhaltung** der Rechtsform der KG erforderlich. Die Begründung des Wettbewerbsverbots durch die Treuepflicht und seine Vereinbarkeit mit dem Kartellverbot seien damit **kongruent.**[321]

166 Im Klartext heißt dies, dass nach dieser Ansicht ein vertragliches Wettbewerbsverbot zulasten eines Kommanditisten nur insoweit zulässig ist, als es sich ohnehin schon aus den ungeschriebenen Grundsätzen der gesellschaftlichen **Treuepflicht** herleiten lässt. Eine darüber hinausgehende Verschärfung verstieße gegen § 1 GWB und wäre (zumindest partiell) nichtig. Diese Ansicht erscheint nicht bedenkenfrei. Zum einen schränkt sie den gesellschaftsvertraglichen Handlungsspielraum und damit die Privatautonomie der Gesellschafter erheblich ein. Zum anderen verlagert sie die schwierigen Abgrenzungsfragen aus dem Kartellrecht lediglich in die „Grauzone“ der gesellschaftlichen Treuepflicht, deren Konturen im Einzelfall erfahrungsgemäß schwer zu ziehen sind. Größere **Rechtssicherheit** darf man sich daher von diesem Prüfungsmaßstab nicht versprechen.

---

[317] *Roth* in Baumbach/Hopt HGB § 165 Rn. 3 und Anh. § 177 Rn. 23; *Grunewald* in MüKoHGB § 165 Rn. 5 ff.; *Weipert* in EBJS HGB § 165 Rn. 7 ff.; *Schlitt/Maier-Reinhardt* in Reichert GmbH & Co. KG § 27 Rn. 32 ff.; kritisch *Armbrüster* ZIP 1997, 261 (270 f.). Umgekehrt dagegen BGH NJW 1995, 194 (195 f.): Die Aufnahme erlaubter Konkurrenztätigkeit berechtigt nicht zur völligen Entziehung des gesellschaftsvertraglich erweiterten Informationsrechts, sondern gebietet allenfalls Einschränkungen hinsichtlich dessen Ausübung (zB durch zur Berufsverschwiegenheit verpflichteten Treuhänder).

[318] Nach BGH NJW-RR 2013, 363 Rn. 27 ist es unerheblich, ob sich die Kenntnis aus der Organ-, Gesellschafterstellung, allgemein zugänglicher oder privater Quelle ergibt.

[319] BGH NJW 1989, 2687 (2688); *Roth* in Baumbach/Hopt HGB § 165 Rn. 3. Zur Frage, wann eine Geschäftschance der Gesellschaft zuzuordnen ist, s. *Wertenbruch* in Westermann/Wertenbruch PersGesR HdB Rn. I 469b.

[320] Allgemein zum Verhältnis von § 112 HGB zu § 1 GWB/Art. 101 AEUV und den Zulässigkeitsgrenzen eines gegenüber § 112 HGB verschärften Wettbewerbsverbots → § 4 Rn. 70.

[321] *Grunewald* in MüKoHGB § 165 Rn. 18; *Doehner/Hoffmann* in MHdB GesR II § 16 Rn. 71 f.

Indessen dürften die in der Praxis vorkommenden Fälle in aller Regel zwei Fallgruppen zuzuordnen sein. Handelt es sich um einen lediglich **kapitalistisch beteiligten Kommanditisten,** der schon mangels Mehrheitsbeteiligung keinen beherrschenden Einfluss auf die Geschäftsführung nehmen kann, so dürften gegen die Anwendung von § 1 GWB keine grundsätzlichen Bedenken sprechen. Handelt es sich dagegen um den **Mehrheitsgesellschafter** oder ist der betreffende Kommanditist in der Komplementär-GmbH **geschäftsführend** tätig, werden in aller Regel die Voraussetzungen vorliegen, auf die der **BGH**[322] die analoge Anwendung des gesetzlichen Wettbewerbsverbots gestützt hat, so dass damit per se kartellrechtliche Bedenken ausgeräumt sind. Zweifelhaft sind nur die „dazwischen" liegenden Grenzfälle. Aber auch diese dürften vielfach aus einem ganz anderen Grund unproblematisch sein: 167

Wie oft übersehen wird, setzt § 1 GWB voraus, dass die (im vorliegenden Fall den Kommanditisten treffende) Wettbewerbsbeschränkung überhaupt dazu geeignet ist, die **Marktverhältnisse zu beeinflussen,** und zwar – wie der BGH mehrfach entschieden hat – **„spürbar".**[323] Dazu genügen nicht theoretische Erwägungen über eine lediglich gedanklich vorstellbare Eignung zur Marktbeeinflussung. Es bedarf vielmehr der Feststellung „konkreter Tatsachen".[324] An dieser Voraussetzung wird es namentlich bei mittelständischen Unternehmen mit unwesentlichen Marktanteilen in aller Regel fehlen, so dass sich die aufgezeigte Kartellrechtsproblematik in der Masse der Fälle schon vom Ansatz her gar nicht stellen wird. 168

Darüber hinaus wird man sorgfältig zu prüfen haben, inwieweit vom Vorliegen einer **Einwilligung der Mitgesellschafter** auszugehen ist. War diesen nämlich bei Abschluss des Gesellschaftsvertrags die Tätigkeit des Kommanditisten in einem Konkurrenzunternehmen bekannt,[325] liegt es – auch außerhalb des umstrittenen Anwendungsbereichs des § 112 Abs. 2 HGB – nahe, ein stillschweigendes oder konkludentes Einverständnis anzunehmen.[326] 169

VII. Nießbrauch am Kommanditanteil

Der Anteil an einer Personenhandelsgesellschaft kann mit einem Nießbrauch belastet werden. Dies bedeutet, dass derjenige, zu dessen Gunsten die Belastung erfolgt (Nießbraucher), berechtigt ist, die Nutzungen aus dem Anteil zu ziehen (§ 1068 BGB iVm § 1030 BGB). Der Nießbraucher erhält ein **dingliches Nutzungsrecht,** wird aber nicht Gesellschafter.[327] 170

Nießbrauchsgestaltungen sind damit gerade bei Familienunternehmen sehr beliebt. Sie ermöglichen die frühzeitige Heranführung der Kinder an das Unternehmen im Weg **vorweggenommener Erbfolge,** ohne dass der Elternteil, der Gesellschafter ist, aus der Gesellschaft ausscheiden muss. Ein Nießbrauch eröffnet **steuerliche Vorteile,** die mit denjenigen einer atypischen Unterbeteiligung vergleichbar sind (→ § 16 Rn. 144 ff.). Er unterscheidet sich von der atypischen Unterbeteiligung neben seiner dinglichen Wirkung dadurch, dass er auch im Außenverhältnis wirkt, während letztere auf das Innenverhältnis beschränkt ist. 171

Die **Bestellung** des Nießbrauchs erfolgt gemäß § 1069 Abs. 1 BGB durch Einigung des Kommanditisten mit dem künftigen Nießbraucher. Wird isoliert ein Nießbrauch bestellt, handelt es sich um einen **Zuwendungsnießbrauch.** Wird dagegen der Kommanditanteil unter Zurückbehalt eines Nießbrauchsrechts auf einen Dritten übertragen, liegt ein **Vorbehaltsnießbrauch** vor. Die Bestellung des Nießbrauchs bestimmt sich gemäß § 1069 Abs. 1 BGB nach den für die Übertragung des Rechts geltenden Vorschriften. Wurde die Zustim- 172

---

[322] BGHZ 89, 162.
[323] Grundlegend BGHZ 68, 6 (11); BGH NJW 1982, 938 f.
[324] BGHZ 68, 6 (11).
[325] Zur Voraussetzung der Kenntnis *Langhein* in Großkomm. HGB § 112 Rn. 29.
[326] *Langhein* in Großkomm. HGB § 112 Rn. 30, der eine widerlegbare Vermutung des Inhalts annimmt, dass die Mitgesellschafter in die Fortsetzung der ihnen bei Vertragsabschluss bekannten, fortdauernden Konkurrenztätigkeit eingewilligt haben, wenn nichts Gegenteiliges vereinbart ist.
[327] BGH NJW 1999, 571 f. Grundlegend *K. Schmidt* ZGR 1999, 601; *Schön* ZHR 158 (1994), 229.

mung nicht bereits antizipiert im Gesellschaftsvertrag erteilt, müssen die Mitgesellschafter der Bestellung des Nießbrauchs zustimmen.[328] Die Eintragungsfähigkeit des Nießbrauchers im Handelsregister ist umstritten.[329] Soweit teilweise (unzutreffend) eine Außenhaftung des Nießbrauchers angenommen wird,[330] kann dieser – vorbehaltlich der Mitwirkung des Registergerichts – durch die Eintragung, die sich insoweit aus praktischer Sicht empfiehlt, begegnet werden.[331]

173 Die Bestellung eines Nießbrauchs sollte sich bei der GmbH & Co. KG nicht nur auf den Kommanditanteil, sondern auch auf die Beteiligung an der **Komplementär-GmbH** und etwa vorhandenes Sonderbetriebsvermögen erstrecken. Die Verpflichtung zur Bestellung eines Nießbrauchs an einen GmbH-Geschäftsanteil ist formlos wirksam,[332] die Bestellung selbst bedarf jedoch notarieller Beurkundung (§ 15 Abs. 3 GmbHG iVm § 1069 Abs. 1 BGB).

174 Der Nießbrauch führt – jedenfalls in seinen praktischen Auswirkungen – zu einer **Aufspaltung** der einheitlichen Rechtsposition des Kommanditisten. Die dogmatische Grundlage der Verteilung der Mitgliedschaftsrechte ist umstritten und durch den BGH[333] bislang nicht geklärt worden.[334] Im Zusammenhang mit dem **Stimmrecht** erscheint die Ansicht als vorzugswürdig, wonach das Stimmrecht bei allen laufenden Angelegenheiten dem Nießbraucher zusteht und bei Grundlagen- und außergewöhnlichen Geschäften (zB Feststellung des Jahresabschlusses, Änderung des Gesellschaftsvertrags) dem Gesellschafter.[335] Hierbei unterliegt das Stimmrecht des Kommanditisten einem – internen – Zustimmungsvorbehalt des Nießbrauchers (§ 1071 BGB), soweit sich die Beschlüsse nachteilig auf den Nießbrauch auswirken können.[336] Für den Kernbereich der Kommanditistenstellung, insbesondere die Änderung der Gewinnbeteiligung und des Auseinandersetzungsguthabens, gilt dies entsprechend. Der Nießbraucher hat neben dem Kommanditisten ein eigenes **Informations- und Auskunftsrecht.**[337]

175 Auch die **Gewinnbeteiligung** ist gespalten. Dem Nießbraucher gebührt der laufende Gewinn, soweit er entnahmefähig ist. Thesaurierte Gewinne sowie außerordentliche

---

[328] Hierbei ist umstritten, ob die Zustimmung zur Übertragung des Gesellschaftsanteils die Zustimmung zur Nießbrauchsbestellung beinhaltet (so *Wälzholz* DStR 2010, 1786 (1787); wohl auch *K. Schmidt* in MüKoHGB vor § 230 Rn. 16 oder letztere gesondert zu erteilen ist, so *Roth* in Baumbach/Hopt HGB § 105 Rn. 44; *Schäfer* in MüKoBGB § 705 Rn. 97; *Schön* ZHR 158 (1994), 229 (254).

[329] Das OLG Stuttgart (OLG Stuttgart NZG 2013, 432 f. mwN) und ihm folgend das OLG Oldenburg (OLG Oldenburg NZG 2015, 643 Rn. 4 ff.) halten die Nießbrauchsbestellung für eintragungsfähig. Die Rechtslage entspreche derjenigen bei der Testamentsvollstreckung über einen KG-Anteil, hinsichtlich der der BGH (BGH NJW-RR 2012, 730) die Eintragungsfähigkeit anerkannt habe (gegen diese Übertragung ausdrücklich *Wertenbruch* in EBJS HGB § 105 Rn. 238). So auch *Schäfer* in Großkomm. HGB § 105 Rn. 128; *Schön* ZHR 158 (1994), 229 (256); *Frank* MittBayNot 2010, 96 (97 f.). Die Eintragungsfähigkeit verneinend OLG München NZG 2016, 1064 Rn. 11 ff.; *K. Schmidt* in MüKoHGB vor § 230 Rn. 16 für den Fall, dass der Nießbrauch konsequent auf ein Gewinnteilhaberecht beschränkt ist und weitergehende gesellschaftsrechtliche Teilhaberechte des Nießbrauchers, der auch keiner Haftung unterworfen ist, ausgeschlossen sind; *Schlitt/Bortfeldt* in Reichert GmbH & Co. KG § 39 Rn. 27; *Wertenbruch* in EBJS HGB § 105 Rn. 238.

[330] *Ulmer* FS Fleck, 1988, 390 (396).

[331] So auch *Petzoldt* DStR 1992, 1171 (1176); *Schlitt/Bortfeldt* in Reichert GmbH & Co. KG § 39 Rn. 27.

[332] *Ebbing* in Michalski GmbHG § 15 Rn. 193.

[333] BGH NJW 1999, 571 f. Der BFH (BFH NJW 1995, 1918 f.) spricht in einer Entscheidung von einer „vorübergehenden Verteilung der Kompetenzen zur Ausübung der Mitwirkungsrechte zwischen dem Gesellschafter und dem Nießbrauchsberechtigten für die Dauer des Nießbrauchs".

[334] BGH NJW 1999, 571 f.; BFH NJW 1995, 1918 f.; ein Überblick zum Meinungsstand findet sich ua bei *Wachter* DStR 2016, 2065 (2066 f.); eine rechtsvergleichende Übersicht bei *Wedemann* NZG 2013, 1281; *Wedemann* ZGR 2016, 798.

[335] *Schäfer* in MüKoBGB § 705 Rn. 99; *Roth* in Baumbach/Hopt HGB § 105 Rn. 46; *Schäfer* in Großkomm. HGB § 105 Rn. 124 ff. AA *K. Schmidt* ZGR 1999, 601 (607 ff.), wonach das Stimmrecht nur dem Gesellschafter zusteht; ebenso *Schlitt/Bortfeldt* in Reichert GmbH & Co. KG § 39 Rn. 18 ff.; *Schön* ZHR 158 (1994), 229 (248 ff.) argumentiert zugunsten einer Vergemeinschaftung der Stimmrechtsausübung; nach *Wedemann* ZGR 2016, 798 (823 ff.) ist das Stimmrecht kraft dispositiver Regelung allein dem Nießbraucher zuzusprechen.

[336] *Schäfer* in MüKoBGB § 705 Rn. 102; *Schäfer* in Großkomm. HGB § 105 Rn. 125; *Roth* in Baumbach/Hopt HGB § 105 Rn. 46.

[337] BFH NJW 1995, 1918 (1919); *Wertenbruch* in Westermann/Wertenbruch PersGesR HdB Rn. I 683d; *Schäfer* in MüKoBGB § 705 Rn. 100; *Roth* in Baumbach/Hopt HGB § 105 Rn. 46. AA *Schön* ZHR 158 (1994), 229 (263 f.).

Erträge, etwa aus der Auflösung stiller Reserven im Anlagevermögen, stehen dem Kommanditisten zu.[338]

176 Unstreitig ist, dass der Besteller des Nießbrauchs aufgrund seiner fortbestehenden Gesellschafterstellung unverändert unter den Voraussetzungen des § 171 Abs. 1 HGB persönlich haftet.[339] Umstritten ist, ob auch den Nießbraucher eine persönliche Haftung trifft.[340] Soweit der BGH eine Außenhaftung des qualifizierten Treugebers verneint und hierbei auf „die mit der formalen Gesellschafterstellung verbundene Außenhaftung" verweist,[341] muss dies, argumentum a maiore ad minus, erst recht für die Nießbrauchsbestellung gelten, bei der der Nießbraucher keine formale Gesellschafterstellung erlangt.[342] Eine **Außenhaftung** des Nießbrauchers ist daher zu **verneinen.**[343]

177 Der Nießbrauch endet mit dem **Tod** des Nießbrauchers (§ 1061 BGB). Eine etwaige **Kündigung** des Kommanditanteils erfolgt durch den Kommanditisten mit Zustimmung des Nießbrauchers (§ 1071 BGB).[344] Das Abfindungsguthaben ist gemeinsam an den Kommanditisten und den Nießbraucher zu leisten mit der Maßgabe, dass der Nießbraucher eine neue Anlage des Kapitals bestimmen und die Einräumung eines Nießbrauchs hieran verlangen kann (§§ 1077, 1079 BGB).

178 Das **gesetzliche Regelstatut** des Nießbrauchs ist wegen des Spannungsverhältnisses zwischen den Strukturprinzipien des Nießbrauchs- und Gesellschaftsrechts in wichtigen Detailfragen nicht abschließend geklärt[345] und entspricht vielfach nicht den Vorstellungen der Parteien. Ergänzende **vertragliche Regelungen** des Nießbrauchs sind deshalb erforderlich. Streitig ist allerdings auch, in welchem Umfang überhaupt vom gesetzlichen Regelstatut abgewichen werden kann. So hat der BGH ausdrücklich offengelassen, in wieweit das Stimmrecht bei Grundlagengeschäften auf den Nießbraucher übertragen werden kann.[346] Werden die Grenzen des Nießbrauchs überschritten, wird aus dem Nießbrauch unter den Voraussetzungen des § 140 BGB ein **obligatorisches Nutzungsrecht.**[347]

VIII. Testamentsvollstreckung am Kommanditanteil

179 Ob die Testamentsvollstreckung (§§ 2197 ff. BGB) an einem Personengesellschaftsanteil möglich ist, war im Anschluss an ein verneinendes Urteil des RG[348] jahrzehntelang umstritten. Der **BGH** hat die **Zulässigkeit der Testamentsvollstreckung an einem Kommanditanteil** jedoch in einer grundlegenden Entscheidung im Jahr 1989 unter ausdrücklichem Hinweis auf das große praktische Bedürfnis grundsätzlich **anerkannt**[349] und zwischenzeitlich auch entschieden, dass zumindest die Dauertestamentsvollstreckung iSd § 2209 BGB am Komman-

---

[338] BFH NJW 1995, 1918 f.; BGH DNotZ 1975, 735; *Wertenbruch* in Westermann/Wertenbruch PersGesR HdB I Rn. 682 f.

[339] *Schäfer* in MüKoBGB § 705 Rn. 106; *Roth* in Baumbach/Hopt HGB § 105 Rn. 44.

[340] So *Flume* Personengesellschaft 364 f.; *Kruse* RNotZ 2002, 69 (81) jeweils unter Hinweis auf die Herrschafts- bzw. Mitverwaltungsrechte des Nießbrauchers, wobei der Nießbraucher beim reinen Ertragsnießbrauch nach *Kruse* RNotZ 2002, 69 nicht haftet; *Schäfer* in MüKoBGB § 705 Rn. 106; *Schön* ZHR 158 (1994), 229 (256); nach *Escher/Haag* in MHdB GesR II § 27 Rn. 55 Fn. 100 auch LG Köln RNotZ 2001, 170. Diese Interpretation der Entscheidung ist uE nicht zwingend.

[341] BGH NZG 2013, 379 Rn. 21.

[342] *Schäfer* in Großkomm. HGB § 105 Rn. 128 im Hinblick auf die Entscheidung des BGH für die offene Treuhand.

[343] *K. Schmidt* in MüKoHGB Vor § 230 Rn. 24; *Schlitt/Bortfeldt* in Reichert GmbH & Co. KG § 39 Rn. 26; *Wälzholz* DStR 2010, 1786 (1789).

[344] LG Oldenburg BeckRS 2011, 12552 Rn. 8; LG Aachen RNotZ 2003, 398 (399); wohl auch OLG Düsseldorf NJW-RR 1999, 619 (620); *Pohlmann* in MüKoBGB § 1071 Rn. 4; *Herrler* in Palandt BGB § 1071 Rn. 2 für zum Anteilsverlust führende Maßnahmen; *Schäfer* in Großkomm. HGB § 105 Rn. 125. AA *Wiedemann* GesR II § 5 II 2a ee.

[345] *Escher/Haag* in MHdB GesR II § 27 Rn. 11 ff.

[346] BGH NJW 1999, 571 (572).

[347] *Pohlmann* in MüKoBGB § 1069 Rn. 17.

[348] RGZ 172, 199 (203 f.).

[349] BGH NJW 1989, 3152 (3153 ff.); NJW-RR 2012, 730 Rn. 14; noch offengelassen in BGH NJW 1984, 2104 (2105) und BGH NJW 1985, 1953 (1954); vgl. *Mayer* ZIP 1990, 976.

ditanteil in das Handelsregister eingetragen werden kann (sog **Testamentsvollstreckervermerk**).[350] Für die Zulässigkeit der Testamentsvollstreckung führt der BGH ua an, dass die gegen die Testamentsvollstreckung an Gesellschaftsanteilen vorgebrachte persönliche Haftung des Gesellschafters[351] im Fall des – grundsätzlich nur in Höhe der noch nicht erbrachten Einlage haftenden – Kommanditisten nicht entgegensteht. Entsprechend geht der BGH auch davon aus, dass der Testamentsvollstrecker **nicht befugt** ist, den Erben persönlich zu verpflichten, also zB nicht ohne Zustimmung des Erben an einer **Kapitalerhöhung mitwirken** kann.[352] Umgekehrt soll nach einem Beschluss des IV. Zivilsenats des BGH auch am Anteil des persönlich haftenden Gesellschafters eine Testamentsvollstreckung möglich sein, wenn sich die Testamentsvollstreckung auf die Wahrnehmung und Erhaltung der mit dem Anteil verbundenen übertragbaren Vermögensrechte beschränkt.[353]

180 Neben der Anordnung durch den Erblasser nach §§ 2197 Abs. 1, 1937 BGB setzt die Testamentsvollstreckung am Kommanditanteil voraus, dass **alle Gesellschafter,** sei es im Gesellschaftsvertrag, sei es ad hoc, der Testamentsvollstreckung **zugestimmt** haben.[354] Fehlt diese Zustimmung, ist der Testamentsvollstrecker von der Verwaltung des Kommanditanteils im Innenverhältnis ausgeschlossen, so dass die Testamentsvollstreckung nur die von der Mitgliedschaft abspaltbaren Vermögensrechte erfasst.[355]

181 Die **wirksame Anordnung** der Testamentsvollstreckung über den Kommanditanteil hat zur **Folge,** dass die Erben nach §§ 2205 S. 1, 2211 BGB von der Ausübung der Gesellschafterbefugnisse ausgeschlossen sind. Die **(gesellschaftsrechtlichen) Befugnisse des Testamentsvollstreckers** werden durch die **erbrechtlichen Vorschriften** der §§ 2205 S. 3, 2206 Abs. 1 S. 1 BGB (Verbot unentgeltlicher Verfügungen, Verbot der Begründung einer persönlichen Haftung des Erben) und durch seine **generelle Pflichtenstellung** gegenüber dem Erben **eingeschränkt.**[356] In einem aktuellen Fall hat der BGH entschieden, dass auch ein Stimmverbot, dem der Testamentsvollstrecker unterliegt, diesen nicht hindert, die Gesellschafterversammlung einzuberufen.[357]

182 Ist der Erbe des der Testamentsvollstreckung unterliegenden Kommanditanteils selbst Kommanditist, stellt sich wegen des Grundsatzes der Einheitlichkeit der Gesellschaftsbeteiligung (→ § 2 Rn. 12 ff.) die Frage nach der Auswirkung auf die angeordnete Testamentsvollstreckung. Der für das **Gesellschaftsrecht** zuständige **II. Zivilsenat** hat die Zulässigkeit der Testamentsvollstreckung an einem Kommanditanteil im Fall der Vererbung an einen Mitgesellschafter zunächst noch abgelehnt[358] und die Frage in seiner Entscheidung aus dem Jahr

---

[350] BGH NJW-RR 2012, 730 Rn. 15 ff.

[351] Diese widerspricht dem Grundsatz, dass der Testamentsvollstrecker den Erben ohne dessen Einverständnis nur im Rahmen des Nachlassvermögens verpflichten kann.

[352] BGH NJW 1989, 3152 (3155); s. auch BGH NZG 2014, 945 Rn. 14; s. zur Begrenzung der Befugnisse des Testamentsvollstreckers, insbesondere auch durch den „Kernbereich“ der Mitgliedschaft, ua Kämper RNotZ 2016, 625 (636 ff.); *Heckschen/Strnad* NZG 2014, 1201 (1202 ff.); *Hübner/Hammes* BB 2013, 2307 (2310 f.); *Götz* NZG 2004, 345 (350); zu den Folgen einer Kompetenzüberschreitung des Testamentsvollstreckers *Schneider* NJW 2015, 1142 (1146).

[353] BGH NJW 1996, 1284 (1285).

[354] BGH NJW 1989, 3152 (3153); NJW-RR 2012, 730 Rn. 14; *Schneider* NJW 2015, 1142 (1144 f.). Hiergegen ausdrücklich *K. Schmidt* FS Georg Maier-Reimer, 2010, 629 (632 ff.) unter Verweis darauf, dass die Testamentsvollstreckung am GmbH-Anteil ohne Zustimmung der Mitgesellschafter zulässig sei und eine hiervon abweichende Beurteilung hinsichtlich der KG zu „sonderbare[n] Auswirkungen“, nämlich dazu führen würde, dass die Kommanditisten zB in den Gesellschafterversammlungen die Ausübung der Gesellschafterrechte durch den Testamentsvollstrecker bei der GmbH hinnehmen müssten, bei der KG hingegen verhindern könnten. Im Übrigen sei eine unterschiedliche Beurteilung hinsichtlich der Kapital- und der Personengesellschaft nicht zu rechtfertigen. Formulierungsvorschläge für die erbrechtliche und gesellschaftsvertragliche Gestaltung finden sich bei *Bisle* DStR 2013, 1037 (1039 f.).

[355] *Schneider* NJW 2015, 1142 (1144).

[356] BGH NZG 2014, 945 Rn. 14; s. zur Begrenzung der Befugnisse des Testamentsvollstreckers, insbesondere auch durch den „Kernbereich“ der Mitgliedschaft, ua *Kämper* RNotZ 2016, 625 (636 ff.); *Heckschen/Strnad* NZG 2014, 1201 (1202 ff.); *Hübner/Hammes* BB 2013, 2307 (2310 f.); *Götz* NZG 2004, 345 (350); zu den Folgen einer Kompetenzüberschreitung des Testamentsvollstreckers *Schneider* NJW 2015, 1142 (1146).

[357] BGH NZG 2014, 945 Rn. 24; zustimmend *Heckschen/Strnad* NZG 2014, 1201; *Wachter* BB 2014, 2061 (2065).

[358] BGH NJW 1957, 1026 (1027).

1989[359] ausdrücklich **offengelassen.** Demgegenüber hat der **IV. für das Erbrecht zuständige Zivilsenat** des BGH für den Fall der Vererbung des der Testamentsvollstreckung unterliegenden Anteils an einer GbR an einen Mitgesellschafter entschieden, dass der **Grundsatz der Einheitlichkeit** der Gesellschaftsbeteiligung der Testamentsvollstreckung jedenfalls hinsichtlich der aus dem Anteil folgenden übertragbaren Vermögensrechte **nicht entgegensteht.**[360] In der Literatur wird aufgrund der Entscheidung des II. Zivilsenats, der die Frage nach der Zulässigkeit offenlässt, für eine **rechtssichere Gestaltung** teilweise empfohlen, in Fällen der Vererbung an einen Mitgesellschafter zugunsten anderer Regelungen auf die **Testamentsvollstreckung zu verzichten.**[361] Folgt man dem, könnte eine Lösung in der treuhänderischen Übertragung der ererbten Beteiligung auf den Testamentsvollstrecker bestehen.[362]

§ 6 Das Ausscheiden von Gesellschaftern

I. Allgemeines

Das Ausscheiden von Gesellschaftern kann sich – in der GmbH & Co. KG wie in deren Komplementär-GmbH – auf ganz unterschiedlichem Weg vollziehen. Die statistisch häufigste Form des Ausscheidens (im weiteren Sinn)[1] dürfte wohl die **Anteilsveräußerung,** also der Gesellschafterwechsel darstellen (→ Rn. 4 ff.). Weitere Ausscheidensgründe sind **der Tod** eines Gesellschafters (→ Rn. 37 ff.), die **Kündigung** des Gesellschaftsvertrags bzw. der sog **Austritt** (→ Rn. 62 ff.) sowie die **Ausschließung** oder **„Hinauskündigung"** eines Gesellschafters (→ Rn. 78 ff.). 1

Das Ausscheiden eines Gesellschafters begründet einerseits **Abfindungsansprüche** (→ Rn. 155 ff.), kann andererseits aber auch die Frage der sog **Nachhaftung** aufwerfen (→ Rn. 204 ff.). Ferner stellt sich die Frage, ob die **Firma** unverändert fortgeführt werden kann, wenn ein namensgebender Gesellschafter ausscheidet (→ § 11 Rn. 40 ff.). 2

Besonderheiten gelten, wenn nach dem Ausscheiden eines Gesellschafters (oder mehrerer Gesellschafter) nur noch **ein Gesellschafter verbleibt.** Denn mit dem Ausscheiden aller Mitgesellschafter geht das Gesellschaftsvermögen im Weg der Gesamtrechtsnachfolge auf den verbleibenden Gesellschafter über, ohne dass es hierfür besonderer Übertragungsakte bedarf (§ 738 Abs. 1 S. 1 BGB; sog **Anwachsung**). Näher → § 7 Rn. 15 ff. 3

II. Anteilsveräußerung

1. Allgemeines

Nach der gesetzlichen Regelung (§ 15 Abs. 1 GmbHG) sind die Geschäftsanteile an einer **GmbH „veräußerlich und vererblich".** Soweit die Satzung also keine weiteren Voraussetzungen aufstellt (§ 15 Abs. 5 GmbHG), können die Geschäftsanteile frei übertragen werden. 4

Im Recht der **Personengesellschaften** ist eine **Anteilsübertragung nicht vorgesehen.** Die ältere Lehre vertrat deshalb die Auffassung, die Mitgliedschaft in einer Personengesellschaft sei schlechterdings unübertragbar; sie vollziehe sich vielmehr nur durch Ausscheiden des alten und Eintritt des neuen Gesellschafters.[2] Demgegenüber ist es heute allgemeine 5

---

[359] BGH NJW 1989, 3152 (3155).

[360] BGH NJW 1996, 1284 (1286) unter Berufung auf eine zuvor ergangene Entscheidung des für das Gesellschaftsrecht zuständigen II. Zivilsenats des BGH NJW 1985, 1953 (1954); zustimmend *Oetker* in Oetker HGB § 177 Rn. 18; *K. Schmidt* in MüKoBGB § 177 Rn. 24; *Schneider* NJW 2015, 1142 (1145). AA BGH NJW 1957, 1026 (1027); *Roth* in Baumbach/Hopt HGB § 139 Rn. 26.

[361] *Kämper* RNotZ 2016, 625 (640).

[362] BGH NJW 1957, 1026 (1028); *Roth* in Baumbach/Hopt HGB § 139 Rn. 23, 26 mwN; *Kämper* RNotZ 2016, 625 (640 Fn. 275) mwN.

[1] Zur Terminologie: Während zB *K. Schmidt* GesR § 45 II, III streng zwischen Ausscheiden und Anteilsübertragung unterscheidet, sieht die Praxis den Gesellschafterwechsel meist als Unterfall des Ausscheidens an (vgl. nur *Hannes* in HTM HdB GmbH & Co. KG Rn. 8.2 ff.); uE zu Recht, da der übertragende Gesellschafter ja unstreitig aus der Gesellschaft „ausscheidet".

[2] Mit der Folge einer „Haftungsverdoppelung"; zur Historie s. *Friedl* DStR 2008, 510.

Meinung, dass auch die Beteiligung an einer Personengesellschaft (im Weg der Sonderrechtsnachfolge) abgetreten werden kann.[3] Zur Klarstellung der Haftungsverhältnisse muss dabei zur Eintragung ins Handelsregister angemeldet werden, dass der Gesellschafterwechsel im Weg der Sonderrechtsnachfolge erfolgt, und zwar verbunden mit der Abgabe einer sog **(negativen) „Abfindungsversicherung".**[4]

6 Im Gegensatz zur GmbH kann die Beteiligung an einer Personengesellschaft als solche aber nur übertragen werden, wenn dies der **Gesellschaftsvertrag zulässt oder alle Mitgesellschafter zustimmen.**[5] Gesellschaftsvertragliche Regelungen, wonach Kommanditanteile generell oder zumindest hinsichtlich eines bestimmten Personenkreises frei übertragbar sind, stellen vom gesetzlichen Leitbild her betrachtet eine **Ausnahmeregelung** dar und sind deshalb grundsätzlich **eng auszulegen.** Daher kann zB aus dem Umstand, dass der Gesellschaftsvertrag die Übertragung von Kommanditanteilen auf Nicht-Gesellschafter an die Zustimmung der übrigen Gesellschafter bindet, nicht der Gegenschluss gezogen werden, für den nicht ausdrücklich geregelten Fall der Übertragung auf einen Mitgesellschafter bedürfe es keiner Zustimmung.[6]

7 In der Praxis wird dieser Unterschied freilich durch gleichlautende Regelungen in den Gesellschaftsverträgen von GmbH & Co. KG und Komplementär-GmbH weitgehend eingeebnet. Man spricht insoweit auch von einer **Verzahnung** der beiden Rechtsformen (→ § 8 Rn. 40 ff.): In der **GmbH-Satzung** wird die Abtretbarkeit von Geschäftsanteilen entweder ganz ausgeschlossen,[7] an bestimmte Eigenschaften des Erwerbers (wie zB Familienzugehörigkeit) gekoppelt oder – mittels einer sog **Vinkulierungsklausel**[8] – von der Genehmigung der Gesellschaft, deren Aufsichtsrat, einzelner Gesellschafter oder der Gesellschafterversammlung abhängig gemacht (vgl. § 15 Abs. 5 GmbHG). Generell dürfte es sich empfehlen, den **erwerbsberechtigten Personenkreis** bei der GmbH & Co. KG nicht anders als bei der Komplementär-GmbH zu bestimmen, um die Beteiligungsverhältnisse an beiden Gesellschaften nicht unkontrolliert **auseinanderfallen** zu lassen. Das gilt insbesondere bei der beteiligungsidentischen GmbH & Co. KG.

2. Notarielle Beurkundungspflicht

8 **a) Anwendungsbereich von § 15 Abs. 4 GmbHG.** Der **Gesellschafterwechsel** wirft bei der GmbH & Co. KG wie bei der Komplementär-GmbH keine spezifischen Probleme auf. Werden sowohl der Kommanditanteil als auch die Beteiligung an der Komplementär-GmbH veräußert, stellt sich allerdings die Frage, ob das Gesamtgeschäft beurkundungspflichtig ist. Denn gemäß § 15 Abs. 4 S. 1, Abs. 3 GmbHG bedarf bei der Veräußerung eines **GmbH-Geschäftsanteils** sowohl das schuldrechtliche Verpflichtungsgeschäft als auch der dingliche Abtretungsvertrag der **notariellen Beurkundung.** Demgegenüber kann ein **Kommanditanteil** grundsätzlich **formfrei** verkauft und abgetreten werden.[9]

9 Wird ein Unternehmen in der Rechtsform der **GmbH & Co. KG** ganz oder teilweise veräußert, so werden – wenn es sich **nicht** um eine **Einheitsgesellschaft** handelt[10] – in der Regel gleichzeitig sowohl GmbH-Geschäftsanteile als auch Kommanditanteile verkauft und abgetre-

---

[3] So bereits BGHZ 13, 179 (185 ff.); statt vieler *K. Schmidt* GesR § 45 III 2b.

[4] Bestätigt durch BGH NJW-RR 2006, 107 Rn. 6 ff.; KG NZG 2009, 905; OLG Nürnberg NZG 2012, 1270; → § 5 Rn. 50. Die Abfindungsversicherung ist vom Komplementär und dem ausscheidenden Kommanditisten zu erklären, BGH NJW-RR 2006, 107 Rn. 5; KG NZG 2009, 905. Zur Befreiung von Sozialverpflichtungen beim Gesellschafterwechsel BGH NJW-RR 2009, 753 für die GbR; *Reiff/Nannt* DStR 2009, 2376 (2378 ff.).

[5] BGH GmbHR 1986, 345 (347); *K. Schmidt* GesR § 45 III 2b. Üblicherweise wird die Zustimmung zur Übertragung des Gesellschaftsanteils (meist beschränkt auf bestimmte Fälle, zB Abtretung an Abkömmlinge oder Mitgesellschafter) durch eine entsprechende Bestimmung im Gesellschaftsvertrag im Vorhinein erteilt.

[6] BGH GmbHR 1986, 345.

[7] Dies ist nach ganz hM ohne Weiteres möglich *Fastrich* in Baumbach/Hueck GmbHG § 15 Rn. 38 mwN.

[8] Zur Anteilsvinkulierung bei Familienunternehmen *Binz/Mayer* NZG 2012, 201.

[9] Statt vieler *K. Schmidt* GesR § 45 III 3a.

[10] Weil hier nur Kommanditanteile existieren, die verkauft und abgetreten werden, s. hierzu *Binz/Mayer* NJW 2002, 3054 (3061) und → § 8 Rn. 3.

ten. Da nach hM § 15 Abs. 4 S. 1 GmbHG nicht nur für die bloße Verpflichtung zur Abtretung des Geschäftsanteils, sondern für die gesamten, diese Übertragungsverpflichtung begründenden Vereinbarungen unter Einschluss aller damit verbundenen Abreden (sog **Einheitslösung**) gilt,[11] schlägt das Formerfordernis auf die Veräußerung des Kommanditanteils durch. Nur in besonders gelagerten Fällen, in denen die Vereinbarung über den Verkauf des KG-Anteils nach dem Willen der Parteien **unabhängig** von der Verpflichtung zur Übertragung des Geschäftsanteils an der Komplementär-GmbH sein soll, unterliegen die Vereinbarungen bezüglich des Kommanditanteils **nicht** der Beurkundungspflicht.[12] Abgesehen von derartigen Ausnahmefällen bedürfen also bei der Veräußerung eines Unternehmens in der Rechtsform der GmbH & Co. KG die schuldrechtlichen Vereinbarungen über den Verkauf und die Abtretung der GmbH-Geschäftsanteile und der Kommanditbeteiligungen nach der Formvorschrift des § 15 Abs. 4 S. 1 GmbHG der notariellen Beurkundung.[13] Allerdings wird eine formnichtige schuldrechtliche Vereinbarung über den Verkauf eines Geschäftsanteils mit dessen **formwirksamer Abtretung** – mit Wirkung ex nunc – **geheilt** (§ 15 Abs. 4 S. 2 GmbHG).

Da in einer „reinen" Komplementär-GmbH, die sich also auf die Führung der Geschäfte der GmbH & Co. KG beschränkt, in der Regel keine stillen Reserven vorhanden sind, so dass der Wert dieser Geschäftsanteile deren Nennbetrag entspricht, nutzt man in der **Praxis** vielfach die „Heilungsbestimmung" des § 15 Abs. 4 S. 2 GmbHG, um die kostenträchtige Beurkundung des Verkaufs der „wertvollen" Kommanditanteile zu vermeiden: Der schuldrechtliche Vertrag über den Verkauf von GmbH- und Kommanditanteilen sowie die Abtretung der Kommanditanteile werden zunächst privatschriftlich vereinbart, und zwar – wenn man präzise sein will – unter der aufschiebenden Bedingung (§ 158 Abs. 1 BGB), dass auch die Geschäftsanteile an der Komplementär-GmbH (formwirksam) abgetreten werden.[14] Danach werden die Geschäftsanteile an der Komplementär-GmbH in notarieller Form abgetreten, wodurch der privatschriftliche Teil des Geschäfts in vollem Umfang (ex nunc) wirksam wird.[15] **10**

In der **Literatur** wird verschiedentlich darauf hingewiesen, dass bei dieser „Praktiker-Methode"[16] für die Zeit zwischen Abschluss der (formnichtigen oder aufschiebend bedingten) privatschriftlichen Vereinbarung und der Beurkundung der heilenden Abtretung des Geschäftsanteils an der Komplementär-GmbH ein **„Nichtigkeitsrisiko"** bestehe.[17] Dabei handelt es sich jedoch um ein Scheinproblem. Denn dieses Risiko kann bereits dadurch ausgeschlossen werden, dass die notariell beurkundete Abtretung des GmbH-Anteils unmit- **11**

---

[11] BGH NJW 1986, 2642 f.; BGH NJW-RR 1989, 291 (293); BGH NJW 1996, 3338 (3339); BGH NJW 2002, 142 f.; ebenso bereits das RG RGZ 112, 236 (239); *Fastrich* in Baumbach/Hueck GmbHG § 15 Rn. 30; *Görner* in Rowedder/Schmidt-Leithoff GmbHG § 15 Rn. 40; *Altmeppen* in Roth/Altmeppen GmbHG § 15 Rn. 72; *Wiesner* NJW 1984, 95 (97) speziell auch für die GmbH & Co. KG; *Witt* ZIP 2000, 1033 (1034 f.). Anders noch die frühere Rechtsprechung des BGH: BGH NJW 1969, 2049 f. Hiernach waren nur wesentliche Nebenabreden zu beurkunden. S. aber auch *Hadding* ZIP 2003, 2133 (2137 ff.), der die Beurkundungspflicht auf die Abtretungsverpflichtung als solche beschränkt wissen will.

[12] BGH NJW 1986, 2642 f.

[13] So die hM, OLG Düsseldorf NZG 2005, 507; *Altmeppen* in Roth/Altmeppen GmbHG § 15 Rn. 96; *Gummert* in MHdB GesR II § 50 Rn. 56; *Binz/Mayer* NJW 2002, 3054 (3059 f.); *Witt* ZIP 2000, 1033 (1038); *Wiesner* NJW 1984, 95 (97). Zur Beurkundungspflicht bei grenzüberschreitenden Unternehmenskäufen *Ettinger/Wolff* GmbHR 2002, 890 sowie zur Beurkundung bei gleichzeitiger Verpfändung von GmbH- und KG-Beteiligung *Kupjetz* GmbHR 2004, 1006.

[14] Anderenfalls läuft man wegen § 139 BGB unnötig Gefahr, dass Streit über die Wirksamkeit der Abtretung der Kommanditanteile entsteht, falls es nicht zur nachfolgenden Beurkundung und damit Heilung des Gesamtgeschäfts kommen sollte.

[15] BGH NJW-RR 1992, 991; *Seibt* in Scholz GmbHG § 15 Rn. 74; *Altmeppen* in Roth/Altmeppen GmbHG § 15 Rn. 83; *Roth* in Baumbach/Hopt HGB Anh. § 177a Rn. 48; *Tiedau* NJW 1984, 1447 (1448); *Wiesner* NJW 1984, 95 (99). S. auch *Binz/Rosenbauer* NZG 2015, 1136 (1139 ff.); *Wiesbrock* DB 2002, 2311 (2313), wonach es entgegen einer Mindermeinung für den Eintritt der Heilungswirkung nicht darauf ankommt, dass auch die Abtretung der KG-Anteile notariell beurkundet wird; grundsätzlich gegen das Beurkundungserfordernis hinsichtlich der Abtretung der KG-Anteile auch OLG Düsseldorf NZG 2005, 507.

[16] Ausführlich hierzu *Binz/Rosenbauer* NZG 2015, 1136 (1139 ff.).

[17] Bezeichnenderweise wird dies besonders in Beiträgen von Notaren hervorgehoben, zB *Tiedau* DNotZ 1986, 689 (691) in einer Anm. zu BGH DNotZ 1986, 687, der ergänzend darauf hinweist, dass der von der hM angenommene Umfang der Heilung nach § 15 Abs. 4 S. 2 GmbHG höchstrichterlich nicht bestätigt sei.

telbar im Anschluss an die Unterzeichnung der zugrunde liegenden privatschriftlichen Verträge oder sogar noch davor erfolgt. Die Heilungswirkung tritt nämlich unabhängig vom zeitlichen Ablauf der Vertragsschlüsse ein, also auch dann, wenn die Abtretung des GmbH-Geschäftsanteils vor Abschluss der privatschriftlichen Verträge erfolgt.[18]

12 Allerdings kann die notarielle Beurkundung der Übertragung der GmbH-Anteile nicht immer in unmittelbarem **zeitlichen Zusammenhang** mit dem Abschluss der zugrunde liegenden privatschriftlichen Verträge erfolgen. Dann kann es sich unter Umständen empfehlen, zunächst ausdrücklich nur die Kommanditbeteiligung privatschriftlich zu veräußern und abzutreten. Dass es später auch zur Veräußerung und Abtretung der GmbH-Anteile kommt, kann in diesem Fall faktisch dadurch abgesichert werden, dass im Vertrag über die Veräußerung und Übertragung der Kommanditanteile für den Fall der Nichtveräußerung der GmbH-Anteile ein **wirtschaftlicher Nachteil** zulasten des Verkäufers vereinbart wird, zB eine spürbare Minderung des Kaufpreises.[19] Zwar ist in Zusammenhang mit § 311b Abs. 1 S. 1 BGB (§ 313 BGB aF) anerkannt, dass dieses Beurkundungserfordernis auch dann eingreift, wenn eine Grundstücksübertragung mittelbar durch das vertragliche Inaussichtstellen wirtschaftlicher Nachteile erzwungen wird.[20] Diese Rechtsprechung ist jedoch angesichts des **eingeschränkten Schutzzwecks** des § 15 Abs. 4 GmbHG nicht auf den Fall einer nur mittelbaren Verpflichtung zur Abtretung von GmbH-Anteilen übertragbar.[21] Eine Beurkundungspflicht nach § 15 Abs. 4 S. 1 GmbHG besteht in diesem Fall daher nicht.

13 **b) Beurkundung im Ausland.** Obwohl hiernach die Beurkundungskosten bei Anteilsverkäufen durch die oben dargestellte „Praktiker-Methode" erheblich begrenzt werden können, fallen insbesondere dann immer noch erhebliche **Notarkosten** an, wenn die Komplementär-GmbH an der „wertvollen" KG quotenmäßig beteiligt ist. Ferner kommt es zB vor, dass eine oder beide Parteien eines **Unternehmenskaufvertrags** (in der Regel der Käufer) der für sie schwer verständlichen Heilungswirkung des § 15 Abs. 4 S. 2 GmbHG nicht „trauen" oder aus einem allgemeinen Sicherheitsbedürfnis die Beurkundung sämtlicher Vereinbarungen wünschen.

14 Um gleichwohl die Beurkundungskosten zu minimieren, wird bei derartigen Sachverhalten nicht selten eine **Beurkundung im Ausland** (zB in der Schweiz oder in den Niederlanden) in Betracht gezogen, weil dort entweder die anfallenden Gebühren von vornherein erheblich niedriger sind oder mit dem betreffenden Notar frei vereinbart werden können. Hierbei sind besondere **Wirksamkeitsvoraussetzungen** zu beachten. Ein **schuldrechtlicher Vertrag** ist formgültig, wenn er entweder die Formerfordernisse des von den Parteien gewählten Rechts (sog Geschäfts- oder Wirkungsstatut, Art. 11 Abs. 1 Rom I-VO)[22] **oder** die Formerfordernisse des Rechts des Staates erfüllt, in dem er geschlossen wird (sog Ortsstatut oder lex rei sitae).[23] Gleiches gilt nach Art. 11 Abs. 1 EGBGB für die Form des **Übertragungsgeschäfts.**[24] Genügt also zB nach dem ausländischen Ortsstatut die Schriftform, so ist das Rechtsgeschäft selbst dann gültig, wenn nach dem inländischen Geschäftsstatut notarielle Beurkundung erforderlich wäre.[25]

15 Dieser Grundsatz wird durch die Bestimmung des **Art. 11 Abs. 4 EGBGB** eingeschränkt, wonach für ein Rechtsgeschäft, durch das ein Recht an einer **„Sache"** begründet

[18] *Seibt* in Scholz GmbHG § 15 Rn. 72. In diesem Fall sollte die Beurkundung aufschiebend bedingt erfolgen, um den nachfolgenden privatschriftlichen Vertragsabschluss sicherzustellen.

[19] Hierzu *Binz/Mayer* NJW 2002, 3054 (3060 f.); *Binz/Rosenbauer* NZG 2015, 1136 (1138 f.).

[20] BGH NJW 1980, 829; 1990, 390 (391); NJW-RR 2008, 824 Rn. 7 jeweils mwN; *Grüneberg* in Palandt BGB § 311b Rn. 13; *Kanzleiter* in MüKoBGB § 311b Rn. 36.

[21] *Binz/Mayer* NJW 2002, 3054 (3061); *Binz/Rosenbauer* NZG 2015, 1136 (1138 f.); zu den Schutzzwecken der Norm BGH NJW-RR 2008, 773 Rn. 14.

[22] Verordnung vom 17.6.2008 über das auf vertragliche Schuldverhältnisse anzuwendende Recht (Rom I), ABl. EU 2008 L 177, 6.

[23] *Spellenberg* in MüKoBGB Rom I-VO Art. 11 Rn. 4.

[24] *Spellenberg* in MüKoBGB EGBGB Art. 11 Rn. 66. So ausdrücklich das OLG Düsseldorf (DB 1989, 569) für eine in den Niederlanden beurkundete Satzungsänderung.

[25] Voraussetzung ist natürlich, dass das zur Anwendung kommende Ortsrecht das betreffende Geschäft überhaupt kennt und kein Fall der Formleere vorliegt, *Spellenberg* in MüKoBGB EGBGB Art. 11 Rn. 68.

oder über ein solches Recht verfügt wird, stets das **Geschäftsstatut** Anwendung findet. Praktisch bedeutet dies, dass bei solchen Geschäften über die Formgültigkeit allein die lex rei sitae entscheidet (vgl. Art. 43 EGBGB).[26]

Eine **Mindermeinung** in der **Literatur** vertritt die Auffassung, für die Form gesellschaftsrechtlicher Beurkundungen sei die **Ortsform stets ausgeschlossen.**[27] Während der Ausschluss von manchen ausdrücklich auch auf das Verpflichtungsgeschäft erstreckt wird,[28] genügt die Ortsform nach anderen Stimmen den Formerfordernissen nur des Verpflichtungsgeschäfts.[29] Wieder andere äußern sich nur hinsichtlich des Verfügungsgeschäfts.[30] Hinsichtlich des Verfügungsgeschäfts wird die Zulässigkeit der Ortsform ua mit dem Argument verneint, dass Art. 11 Abs. 1 EGBGB gesellschaftsrechtliche Sachverhalte nicht erfasse.[31] Teilweise wird auch mit der analogen Anwendung von **Art. 11 Abs. 4 EGBGB**[32] argumentiert oder § 15 Abs. 3 GmbHG kollisionsrechtlich nicht (nur) als Formvorschrift iSd Art. 11 Abs. 1 EGBGB angeknüpft.[33] *Kindler* führt „hilfsweise" den eingriffsrechtlichen Charakter von § 15 Abs. 3 GmbHG an, den er mit der von § 15 GmbHG verbundenen Sperrwirkung gegenüber dem Kapitalmarkt und dem seit 2008 bestehenden Nebenziel der Geldwäschebekämpfung begründet.[34] 16

Die Befürworter dieser Ansicht stützen sich im Wesentlichen darauf, dass durch die notarielle Beurkundung als „Strukturelement des GmbH-Rechts" die **Fungibilität** der Geschäftsanteile **eingeschränkt** werden soll. Anders als im Aktienrecht sei die Rechtsform der GmbH mit Blick auf die flexible Ausgestaltung des Innenrechts (Einfluss der Gesellschafter auf die Geschäftsführung, Gefahren für Kapitalanleger aufgrund des Mehrheitsprinzips) nicht auf die Handelbarkeit der Geschäftsanteile ausgerichtet. Dieser gesellschaftsrechtliche Zweck im Sinne eines Typenschutzes gehe über die klassischen Formzwecke wie Übereilungsschutz und Beweissicherung hinaus.[35] Nach Inkrafttreten des MoMiG wird zusätzlich mit § 40 Abs. 2 S. 2 GmbHG argumentiert. Die mit der Neuregelung des GmbH-Rechts verbundene Aufwertung der **Gesellschafterliste** zum Rechtsscheinträger für den nach § 16 Abs. 3 GmbHG nunmehr möglichen gutgläubigen Erwerb setze eine erhöhte Richtigkeitsgewähr bei der Erstellung der Gesellschafterliste voraus. Andernfalls würde der mit der Neuregelung bezweckte Verkehrsschutz signifikant entwertet.[36] 17

Die **überwiegende Ansicht in der Literatur**[37] und ein **Teil der Rechtsprechung**[38] 18
folgen dagegen der Auffassung, wonach jedenfalls für die Abtretung von Geschäftsanteilen

---

[26] *Thorn* in Palandt EGBGB Art. 11 Rn. 20.

[27] *König/Götte/Bormann* NZG 2009, 881; *Kindler* BB 2010, 74; *Bayer* GmbHR 2013, 897; *Wicke* GmbHG § 15 Rn. 20; *Süß* DNotZ 2011, 414 (415 f.) unter Hinweis auf die Entstehungsgeschichte von Art. 11 EGBGB; so auch *Roschig,* Die Übertragung von GmbH-Geschäftsanteilen im grenzüberschreitenden Rechtsverkehr, 2010, 165 ff. unter Berufung auf die Niederlassungsfreiheit.

[28] *Großfeld/Berndt* RIW 1996, 625 (630): jedenfalls dann, wenn die Ortsform der deutschen notariellen Beurkundung nicht vergleichbar ist.

[29] *Reithmann* GmbHR 2009, 699.

[30] *König/Götte/Bormann* NZG 2009, 881.

[31] *Reithmann* GmbHR 2009, 699 (700 f.).

[32] *K. Schmidt* DB 1974, 1218; *Wolfsteiner* DNotZ 1978, 981; *Schervier* NJW 1992, 593 (597 f.) noch zu Art. 11 Abs. 5 EGBGB; *Großfeld/Berndt* RIW 1996, 625 (632).

[33] *Kindler* BB 2010, 74 (75); *König/Götte/Bormann* NZG 2009, 881 (882 f.); *Wicke* GmbHG § 15 Rn. 20.

[34] *Kindler* in MüKoBGB IntGesR Rn. 536; *Kindler* BB 2010, 74 (76). AA *Link* BB 2014, 579 (580); zweifelnd *Albers* GmbHR 2011, 1078 (1080).

[35] *König/Götte/Bormann* NZG 2009, 881 (882 f.).

[36] *Kindler* BB 2010, 74 (76 f.); *König/Götte/Bormann* NZG 2009, 881 (884 ff.); *Bayer* GmbHR 2013, 897 (904 ff.), der die Ablehnung der Ortsform unabhängig von der internationalprivatrechtlichen Qualifikation von § 15 Abs. 3 GmbHG mit dessen Zweck begründet.

[37] *Fastrich* in Baumbach/Hueck GmbHG § 15 Rn. 22a; *Thorn* in Palandt EGBGB Art. 11 Rn. 13; *Ettinger/Wolff* GmbHR 2002, 890 (892 f.); *Böttcher/Blasche* NZG 2006, 766; *Abrell* NZG 2007, 60. Zum Meinungsstand vgl. die zusammenfassenden Darstellungen bei *Reithmann* NJW 2003, 385 (388); *Haerendel* DStR 2001, 1802; *Kröll* ZGR 2000, 111; *Gätsch/Schulte* ZIP 1999, 1954.

[38] BayObLG DB 1977, 2320 (2321); OLG Frankfurt DB 1981, 1456; OLG Düsseldorf DB 1989, 569. AA für die Beurkundung von Umwandlungen LG Kiel BB 1998, 120; LG Augsburg ZIP 1996, 1872; AG Köln DB 1989, 2014 und 2423 sowie AG Fürth GmbHR 1991, 24 mAnm *Heckschen.*

gemäß Art. 11 Abs. 1 EGBGB sowohl das **Geschäftsstatut** als auch das **Ortsstatut alternativ** maßgebend sind. Dem ist zuzustimmen. Für die **Rechtspraxis** ist zu berücksichtigen, dass diese Auffassung bislang **nicht höchstrichterlich bestätigt** wurde und damit bei der Auslandsbeurkundung erhebliche Rechtsunsicherheit besteht.[39] Der **BGH** hat in seinem Beschluss vom 16.2.1981 die Frage, ob für Geschäfte im Bereich des **Gesellschaftsrechts gemäß** Art. 11 Abs. 1 EGBGB die Wahrung des Ortsstatuts ausreichend ist, ausdrücklich **offengelassen.**[40] Für das Formerfordernis nach § 2 Abs. 1 S. 1 GmbHG bei Gründung der GmbH hat das AG Charlottenburg zuletzt entschieden, dass die Ortsform nicht genüge.[41]

19 Soweit gegen die Zulässigkeit der Ortsform der durch das MoMiG neu eingeführte § 40 Abs. 2 S. 1 GmbHG und die mit der notariellen Beurkundung verbundene höhere Richtigkeitsgewähr angeführt werden,[42] dürfte diesem Argument durch eine neuere Entscheidung des BGH die Grundlage entzogen worden sein. Unter Berufung auf die Gesetzesbegründung hat der **BGH** betont, dass das Erfordernis der **notariellen Mitwirkung** nach § 40 Abs. 2 S. 1 GmbHG nicht einer höheren Richtigkeitsgewähr, sondern der **verfahrensrechtlichen Vereinfachung** diene.[43] Die auf § 40 Abs. 2 S. 1 GmbHG gestützte Begründung überzeugt im Übrigen auch deshalb nicht, weil aus § 40 Abs. 2 S. 1 GmbHG nicht zwingend auf § 15 Abs. 3 GmbHG geschlossen werden kann.[44] Zumal der BGH zuletzt entschieden hat, dass § 40 Abs. 2 S. 1 GmbHG die Kompetenz der Geschäftsführer zur Einreichung der Liste nach § 40 Abs. 1 GmbHG nicht ausschließt.[45]

20 Der **Gesetzgeber des MoMiG** hätte zudem den – seit langem kontrovers diskutierten – **Ausschluss der Ortsform positivrechtlich regeln** können, hat dies aber ersichtlich nicht getan.[46] Auch liegen die Voraussetzungen für eine analoge Anwendung des Art. 11 Abs. 4 (früher: 5) EGBGB nicht vor. Es fehlt bereits an einer planwidrigen Regelungslücke. Denn wenn der Gesetzgeber, dem die Diskussion um Auslandsbeurkundungen bei gesellschaftsrechtlichen Vorgängen sicherlich nicht verborgen geblieben ist, das Geschäftsstatut hätte zwingend vorschreiben wollen, so hätte er hierzu anlässlich der Neufassung des Art. 11 EGBGB im Jahr 1986[47] Gelegenheit gehabt.[48] Stattdessen beließ er es jedoch beim insoweit **eindeutigen Wortlaut,** der nur auf **„Sachen“** abstellt. Auch der Gesetzgeber des MoMiG blieb insoweit in Kenntnis des Meinungsstreits untätig.[49]

21 Ungeachtet dessen wäre die entsprechende Anwendung von Art. 11 Abs. 4 EGBGB auch **nicht interessengerecht.** Die Anwendung der lex rei sitae zB auf Grundstücke entspringt deren fester Einbindung in ihre „rechtliche Umwelt“, in die – schon mit Rücksicht auf das

---

[39] *Olk/Nikoleyczik* DStR 2010, 1576 (1580).

[40] BGH NJW 1981, 1160; ebenso BGH NJW-RR 1989, 1259 (1261). S. auch BGH BB 2004, 2707 f., der im Zusammenhang mit einem Treuhandvertrag über einen Geschäftsanteil an einer polnischen GmbH, ohne die Frage letztlich zu entscheiden, dazu neigt, die Wahrung der Ortsform für das schuldrechtliche Geschäft als ausreichend anzusehen. Die Frage offenlassend auch OLG Frankfurt GmbHR 2005, 764 (766) mAnm *Werner.*

[41] AG Charlottenburg GmbHR 2016, 223 unter Berufung auf die besondere materielle Bedeutung von § 2 Abs. 1 GmbHG.

[42] *Kindler* BB 2010, 74 (76 f.); *König/Götte/Bormann* NZG 2009, 881 (884 ff.); *Bayer* GmbHR 2013, 897 (904 ff.).

[43] BGH NJW 2014, 2026 Rn. 22; so im Ergebnis bereits *Olk/Nikoleyczik* DStR 2010, 1576 (1581).

[44] OLG Düsseldorf BB 2011, 785 (786): „Aus § 40 Abs. 2 GmbHG ergibt sich nicht, dass eine Beurkundung des ausländischen Notars unwirksam ist. Denn § 40 Abs. 2 GmbHG betrifft nur die Mitteilungspflicht. Die Regelung zur Zuständigkeit für die Einreichung der Liste ist von der eigentlichen Beurkundung streng zu trennen“; *Mankowski* NZG 2010, 201 (203); im Ergebnis auch *Spellenberg* in MüKoBGB EGBGB Art. 11 Rn. 176 mwN. AA *Bayer* DNotZ 2009, 887 (891 f.).

[45] BGH NJW 2014, 2026 Rn. 12.

[46] *Seibt* in Scholz GmbHG § 15 Rn. 82; *Mankowski* NZG 2010, 201 (204 f.).

[47] Gesetz zur Neuregelung des Internationalen Privatrechts vom 25.6.1986, BGBl. 1986 I 1142.

[48] *Spellenberg* in MüKoBGB, 4. Aufl. 2006, EGBGB Art. 11 Rn. 131 dazu, dass den Motiven des Gesetzgebers von 1986 gerade nicht entnommen werden kann, dass eine umfassende Anwendung beabsichtigt war.

[49] *Seibt* in Scholz GmbHG § 15 Rn. 82; *Mankowski* NZG 2010, 201 (204 f.); zum Fehlen einer planwidrigen Regelungslücke auch im Hinblick auf den Referentenentwurf des Gesetzes zum Internationalen Privatrecht der Gesellschaften, Vereine und juristischen Personen aus dem Jahr 2008 *Albers* GmbHR 2011, 1078 (1080).

Souveränitätsinteresse des Belegenheitsstaats – eine fremde Rechtsordnung nicht eingreifen soll. Deshalb erfasst Art. 11 Abs. 4 EGBGB zB auch nicht Erbanteilsübertragungen, Ehegüterverträge und Fusionen, die zumindest mittelbar Sachen, insbesondere Grundstücke betreffen könnten.[50] Dieser Regelungszweck kann bei GmbH-Geschäftsanteilen aber gerade nicht greifen. Hinzu kommt, dass Ausnahmevorschriften regelmäßig eng auszulegen sind.[51]

Schließlich erscheint uns die Auffassung, nach der § 15 Abs. 3 GmbHG kollisionsrechtlich nicht als Formvorschrift iSd Art. 11 Abs. 1 EGBGB anzuknüpfen sei, als nicht überzeugend. Dass eine Norm ihrem Zweck nach nicht nur Warn- und Beweisfunktion besitzt, schließt es nicht aus, sie kollisionsrechtlich als Formvorschrift zu qualifizieren.[52] Können also Geschäftsanteile nach dem Ortsstatut mündlich oder privatschriftlich verkauft und abgetreten werden, so sind in dem betreffenden ausländischen Staat wirksam abgeschlossene Verträge auch im Inland gültig. Freilich sollte, selbst wenn das Ortsstatut die mündliche Veräußerung von Beteiligungen zulässt, aus Beweisgründen zumindest die **Schriftform** gewählt werden. **22**

Lehnt man die Zulässigkeit der Ortsform ab (oder möchte sich auf diese nicht verlassen) und beurteilt die Wirksamkeit nach dem **Geschäftsstatut,** stellt sich die Frage, ob die von § 15 Abs. 3 GmbHG verlangte notarielle Beurkundung auch durch einen ausländischen Notar vorgenommen werden kann. Nach Ansicht des BGH wird das nach deutschem Recht (Geschäftsstatut) vorgeschriebene Beurkundungserfordernis des § 15 Abs. 3 GmbHG grundsätzlich auch durch einen ausländischen Notar erfüllt, wenn das betreffende **ausländische Beurkundungssystem** in seiner **Wertigkeit** dem deutschen entspricht. Dies sei der Fall, „wenn die ausländische Urkundsperson nach Vorbildung und Stellung im Rechtsleben eine der Tätigkeit des deutschen Notars entsprechende Funktion ausübt und für die Errichtung der Urkunde ein Verfahrensrecht beachtet hat, das den tragenden Grundsätzen des deutschen Beurkundungsrechts entspricht“.[53] Dies treffe für das „gut ausgebildete Beamtennotariat“ des Kantons Zürich zu, weil die dortigen Urkundspersonen unter anderem verpflichtet seien, die Identität der Beteiligten festzustellen, die Urkunde zu prüfen, die Beteiligten über deren Inhalt zu belehren sowie die Urkunde zu verlesen, sie genehmigen und unterschreiben zu lassen. **23**

Der **BGH** hat diese Auffassung in seinem Urteil vom 22.5.1989[54] wie selbstverständlich bestätigt, als er darauf hinwies, dass „unabhängig davon, ob zur Wahrung der Form des § 15 Abs. 3 GmbHG gemäß Art. 11 Abs. 1 EGBGB die Ortsform genügt, jedenfalls bei der Beurkundung durch einen **Schweizer Notar** auch das in deutschen Gesetzesvorschriften aufgestellte Formerfordernis der notariellen Beurkundung erfüllt“ sei.[55] In der **Literatur**[56] wird vereinzelt vorgeschlagen, danach zu unterscheiden, ob es sich um ein einfaches (§ 36 BeurkG) oder ein qualifiziertes Beurkundungserfordernis (§§ 8 ff. BeurkG) handelt. Die mit dem qualifizierten Beurkundungserfordernis verbundene Prüfungs- und Belehrungspflicht könne durch einen ausländischen, nicht mit dem deutschen Gesellschaftsrecht vertrauten Notar nicht erfüllt werden und sei insoweit nicht gleichwertig. Dieser Ansicht ist zuzugeben, dass sie die Ermittlung der Gleichwertigkeit rechtssicher ermöglicht. Indes vernachlässigt dieser daher auch abzulehnende Ansatz, dass die Vertragsparteien nach Auffassung des BGH durch Wahl eines ausländischen Notars auf die Belehrung und Information gemäß § 17 **24**

---

[50] *Spellenberg* in MüKoBGB EGBGB Art. 11 Rn. 166, 174.

[51] *Link* BB 2014, 579 (580).

[52] *Seibt* in Scholz GmbHG § 15 Rn. 82.

[53] BGH NJW 1981, 1160; 2014, 2026 Rn. 14.

[54] BGH NJW-RR 1989, 1259 (1261). Kritisch *Goette,* speziell für die Übertragung von GmbH-Anteilen hält jedoch auch er an der hM fest, *Goette* DStR 1996, 709 (711).

[55] Ebenso BGH NJW 2014, 2026 Rn. 13; OLG Frankfurt GmbHR 2005, 764 (767) und OLG Düsseldorf NJW 2011, 1370 (1371) für Notare im Kanton Basel, OLG München NJW-RR 1998, 758 für einen Notar in Basel-Stadt. Das OLG Düsseldorf NJW 2011, 1370 hat jedoch über einen Sachverhalt entschieden, bei dem sich die Parteien trotz zwischenzeitlich möglicher privatschriftlicher Übertragung (→ Rn. 23) freiwillig für die notarielle Beurkundung entschieden haben. Die Gleichwertigkeit hinsichtlich Ausbildung und Tätigkeit der Schweizer Notare dagegen generell verneinend *Pilger* BB 2005, 1285; dem widersprechend *Weller* BB 2005, 1807.

[56] *Beckmann/Fabricius* GWR 2016, 375 (376 f.).

Abs. 1 BeurkG, die keine Wirksamkeitsvoraussetzung für die Beurkundung ist, verzichten können.[57]

25 In jüngster Zeit ist die Diskussion in zweifacher Hinsicht neu entfacht worden. Zum einen dadurch, dass die **Schweiz** zum 1.1.2008 ihr **GmbH-Recht reformiert** hat und nunmehr die Abtretung von GmbH-Anteilen privatschriftlich möglich ist. Dies hat zu der Frage geführt, ob denn künftig noch die „Gleichwertigkeit" bejaht werden könne, wenn Schweizer Notare keine Übung mehr hinsichtlich der Beurkundung von Veräußerungen und Abtretungen von GmbH-Anteilen hätten.[58] Dies ist uE mit einem klaren „Ja" zu beantworten.

26 Die **Frage der Gleichwertigkeit** bezieht sich auf **das ausländische Beurkundungssystem als solches.**[59] An diesem hat sich jedoch allein dadurch, dass die Übertragung von GmbH-Anteilen nicht mehr beurkundungspflichtig ist, in der Schweiz nichts geändert. Die vorgenannte Reform des GmbH-Rechts in der Schweiz kann so gesehen keine Auswirkungen auf die Gleichwertigkeit in Bezug auf die dortigen Notare und das dortige Beurkundungsverfahren haben, soweit diese bisher schon für einzelne Kantone anerkannt war.[60] Hier sehen wir uns durch eine neuere **Entscheidung des OLG Düsseldorf**[61] bestätigt, die die Änderungen des Schweizer Rechts berücksichtigt. Nach Auffassung des OLG Düsseldorf ist die Beurkundung durch einen Notar des Kantons Basel auch dann ausreichend, wenn – vor dem Hintergrund der nunmehr privatschriftlich möglichen Übertragung – die notarielle Beurkundung freiwillig[62] gewählt wird. Der BGH hat die Frage, soweit ersichtlich, bislang nicht entschieden.[63]

27 Zum anderen wird aus der durch das **MoMiG** den Notaren auferlegten Verpflichtung gemäß **§ 40 Abs. 2 GmbHG,** anstelle der Geschäftsführer die nunmehr durch den Gutglaubensschutz aufgewertete Gesellschafterliste einzureichen, der Schluss gezogen, dass damit die Beurkundung von Geschäftsanteilsübertragungen im Ausland gänzlich ausgeschlossen sei. Da ein ausländischer Notar dieser Verpflichtung mangels Amtsbefugnis nicht nachkommen könne, sei es nicht nur möglich, sondern sogar wahrscheinlich, dass Beurkundungen zB durch einen Schweizer Notar nicht mehr als gleichwertig und wirksam anerkannt würden.[64]

28 Diese Auffassung vermag bereits deshalb nicht zu überzeugen, weil die **Beurkundung** der Anteilsabtretung sowie die **Einreichung** der Gesellschafterliste **zwei getrennt** zu beurteilende Vorgänge sind.[65] Zuletzt hat der BGH entschieden, dass ein Notar des Kantons Basel berechtigt ist, eine Gesellschafterliste zum Handelsregister einzureichen. Die Befugnis zur Einreichung einer Gesellschafterliste zum Handelsregister bestehe jedenfalls dann, wenn die im Ausland vorgenommene Beurkundung der deutschen gleichwertig sei.[66]

29 Möchte man die mit der Frage nach der Gleichwertigkeit der Beurkundung verbundene Rechtsunsicherheit vermeiden, muss die Gesellschafterliste durch die Geschäftsführer zum Handelsregister eingereicht werden. Denn, wenn in Fällen, in denen kein Notar an der Veränderung der Gesellschafterliste mitgewirkt hat, die Einreichung der Gesellschafterliste

---

[57] BGH NJW 2014, 2026 Rn. 14; *Götze/Mörtel* NZG 2011, 727 (730).

[58] S. *Schlößer* GmbHR 2007, 301 (302).

[59] *Götze/Mörtel* NZG 2011, 727 (730).

[60] So auch *Böttcher/Blasche* NZG 2006, 766 (768); *Saenger/Scheuch* BB 2008, 65 (67); *Engel* DStR 2008, 1593 (1597); im Ergebnis ebenso *Schlößer* GmbHR 2007, 301 (303). Zweifel äußernd *Trendelenburg* GmbHR 2008, 644 (647 f.).

[61] OLG Düsseldorf NJW 2011, 1370 (1371).

[62] Von diesem Fall zu unterscheiden ist die freiwillige Befolgung der deutschen Beurkundungsvorschriften durch den ausländischen Notar. Dass auch hierdurch die vom BGH geforderte Gleichwertigkeit gewährleistet ist, wird mit beachtlichen Argumenten bestritten, AG Charlottenburg GmbHR 2016, 223 (225); *Müller* NJW 2014, 1994 (1999).

[63] Offengelassen in BGH NJW 2014, 2026 Rn. 23.

[64] So in einem obiter dictum LG Frankfurt BB 2009, 2500. S. auch *Reithmann* GmbHR 2009, 699 (701), der die Gleichwertigkeit der Auslandsbeurkundung davon abhängig machen will, dass der ausländische Notar die Liste einreicht, für deren Richtigkeit persönlich haftet und Versicherungsschutz besteht.

[65] *Götze/Mörtel* NZG 2011, 727 (729).

[66] BGH NJW 2014, 2026 Rn. 6 ff., 13; OLG Düsseldorf NJW 2011, 1370 (1372).

zum Handelsregister gemäß § 40 Abs. 1 S. 1 GmbHG durch die Geschäftsführer genügt, muss dies auch dann gelten, wenn dem ausländischen Notar die Befugnis, die Gesellschafterliste zum Handelsregister einzureichen, nicht zukommt.[67]

Zudem sollte durch das **MoMiG** die **Attraktivität der GmbH** im internationalen Wettbewerb gerade **gestärkt werden,**[68] weshalb nicht davon ausgegangen werden kann, dass Auslandsbeurkundungen mit der Regelung in § 40 Abs. 2 GmbHG eingeschränkt oder gar gänzlich verhindert werden sollten.[69] Es wäre nicht wertungsgerecht, wenn für Anteilsabtretungen schärfere Anforderungen gelten würden als für die Beurkundung von Satzungsänderungen.[70] Letztlich hat auch der **BGH**[71] die Auffassung bestätigt, wonach die Neuregelungen durch das MoMiG keine Auswirkungen für die Frage der Gleichwertigkeit der notariellen Beurkundung zeitigen. 30

Im Zusammenhang mit der **Gründung einer GmbH** hat sich zuletzt das **AG Charlottenburg** gegen die Gleichwertigkeit der Beurkundung im Schweizer Kanton Bern ausgesprochen.[72] Als Argument führt das Gericht ua an, dass das im Kanton Bern geltende Recht anders als §§ 9 Abs. 1 S. 2, 13 BeurkG nur eine teilweise Verlesung verlange.[73] In der umfassend begründeten Entscheidung hebt das Gericht aber auch hervor, dass die Gründung einer GmbH nicht mit der Abtretung von GmbH-Geschäftsanteilen vergleichbar sei.[74] Die Entscheidung kann daher nicht unbesehen auf Sachverhalte, die die Abtretung von GmbH-Geschäftsanteilen zum Gegenstand haben, übertragen werden. 31

Weder über die Frage der **Zulässigkeit der Ortsform** im Zusammenhang mit der Abtretung von GmbH-Anteilen im Ausland bzw. der Verpflichtung hierzu nach der Reform des MoMiG noch über die **Gleichwertigkeit der Beurkundung** nach der Reform des Schweizer Obligationenrechts hat der BGH bislang entschieden. UE besitzen die Judikate, die die Gleichwertigkeit der Beurkundung für bestimmte Schweizer Kantone angenommen haben, nach wie vor Gültigkeit. Wer jegliches **Risiko vermeiden** und sich nicht auf die Auffassung des OLG Düsseldorf (→ Rn. 26) verlassen möchte, muss daher bis zur höchstrichterlichen Klärung auf eine **Beurkundung im Ausland verzichten.** 32

3. Due Diligence

Es ist international üblich, Unternehmens- bzw. Beteiligungskäufe durch eine intensive **Prüfung (Due Diligence)** des zu erwerbenden Unternehmens vorzubereiten.[75] Ein potenzieller Erwerber wird einen Kaufentschluss oder die Bedingungen des Kaufvertrags daher im Regelfall von den Ergebnissen einer im Vorfeld der Akquisition durchgeführten Due Diligence abhängig machen. Hier stellt sich die Frage, ob ein verkaufswilliger Gesellschafter die Zulassung einer solchen Prüfung verlangen kann und inwieweit die Geschäftsführung diesem Wunsch entsprechen muss bzw. darf. Anders als im Kapitalgesellschaftsrecht hat diese Problematik im Zusammenhang mit der GmbH & Co. KG bislang wenig Aufmerksamkeit gefunden.[76] 33

---

[67] *Seibt* in Scholz GmbHG § 40 Rn. 33; *Engel* DStR 2008, 1593 (1598); *Saenger/Scheuch* BB 2008, 65 (67).

[68] BGH NJW 2014, 2026 Rn. 21.

[69] *Altmeppen* in Roth/Altmeppen GmbHG § 15 Rn. 94; *Mankowski* NZG 2010, 201 (205).

[70] *Altmeppen* in Roth/Altmeppen GmbHG § 15 Rn. 94; *Fastrich* in Baumbach/Hueck GmbHG § 15 Rn. 22a.

[71] BGH NJW 2014, 2026 Rn. 14, 15.

[72] AG Charlottenburg GmbHR 2016, 223.

[73] AG Charlottenburg GmbHR 2016, 223 (224 f.).

[74] AG Charlottenburg GmbHR 2016, 223 (224).

[75] Das Management einer Kapitalgesellschaft ist im Zweifelsfall bereits aufgrund seiner unternehmerischen Sorgfaltspflicht dazu angehalten: LG Hannover AG 1977, 198 (200); LG Frankfurt WM 1998, 1184 (1185); *Werner* ZIP 2000, 989. Zur Geschäftsführerhaftung bei Unterlassung einer gebotenen Due Diligence OLG Oldenburg NZG 2007, 434 ff.; *Koch* in Hüffer/Koch AktG § 93 Rn. 23 mwN: Due Diligence ist für Regelfall zu verlangen, sollte aber nicht überbewertet und nicht verabsolutiert werden. *Cahn* FS Stilz, 2014, 99 (104 ff.); *C. Goette* DStR 2014, 1776, jeweils gegen generelle Pflicht.

[76] S. aber *Lutter* ZIP 1997, 613 (619); *Dietzel* in Semler/Volhard, Arbeits-HdB für Unternehmensübernahmen, Bd. I, § 9 Rn. 87 ff.

34 Im **Aktienrecht** ist die rechtliche Situation dadurch gekennzeichnet, dass die Frage des Ob und Wie einer Due Diligence unter Beachtung gewisser Kautelen im Interesse der Gesellschaft allein dem pflichtgemäßen Ermessen des Vorstands überlassen ist.[77] Demgegenüber obliegt, vorbehaltlich einer anderslautenden Satzungsregelung, diese Entscheidung bei der **GmbH** allein der Gesellschafterversammlung,[78] wobei nach wohl hM, wenn die Satzung nichts anderes bestimmt, **Einstimmigkeit** erforderlich ist.[79] Dabei haben die Gesellschafter das kollektive Geheimhaltungsinteresse gegen das Interesse des einzelnen Gesellschafters an einer Offenlegung von Informationen abzuwägen.[80] Letzteres wird insbesondere dann zurückzustehen haben, wenn es sich bei dem Kaufinteressenten um einen Wettbewerber handelt. Damit das Einstimmigkeitsgebot nicht zu einer faktischen Vinkulierung führt, soll ggf. als milderes Mittel eine Bewertung des Gesellschaftsanteils durch Einschaltung eines neutralen Wirtschaftsprüfers, der alle Daten und Informationen erhält, um nach deren Auswertung dem Gesellschafter oder dem Kaufinteressenten (nur) das Ergebnis mitzuteilen, in Betracht kommen.[81]

35 Bei der **KG** ist die Frage des Ob und Wie einer Due Diligence angesichts der beschränkten Informationsrechte des Kommanditisten erst recht durch **einstimmige** Beschlussfassung der **Gesellschafterversammlung** zu entscheiden. Ob ein Kommanditist die Zulassung einer Due Diligence verlangen kann, dürfte zunächst davon abhängen, ob er gegenüber seinen Mitgesellschaftern überhaupt **zur Veräußerung** seiner Beteiligung **berechtigt** ist.[82] Anders als im Recht der GmbH braucht ein Gesellschafter einer Personengesellschaft dazu nämlich einen einstimmig gefassten Zustimmungsbeschluss seiner Mitgesellschafter, sofern im Gesellschaftsvertrag nichts anderes vereinbart wurde (→ Rn. 6). Die Möglichkeit einer freien Übertragung der Gesellschaftsanteile ist dagegen, zumal bei Familienunternehmen, eher selten.[83]

36 Man könnte vermuten, dass die Bereitschaft der verbleibenden Gesellschafter zur Genehmigung einer Veräußerung im Zweifelsfall auch ihre Bereitschaft zur Genehmigung einer Due Diligence impliziert. Zu berücksichtigen ist jedoch, dass eine Due Diligence für das zu prüfende Unternehmen mit **erheblichem Aufwand** verbunden ist, von dem im Ergebnis nur der veräußernde Gesellschafter bzw. der Erwerber der Gesellschaftsbeteiligung profitiert. Darüber hinaus wird das Unternehmen für den potenziellen Veräußerer und den potenziellen Erwerber infolge der Due Diligence sehr viel transparenter, als es aufgrund der einem Kommanditisten zustehenden Informationsrechte (→ § 5 Rn. 106 ff.) je sein könnte. Die verbleibenden Gesellschafter werden einer Due Diligence daher meist ablehnend gegenüberstehen. Häufig wird es deshalb darauf hinauslaufen, dass ein veräußerungswilliger Gesellschafter seinen Mitgesellschaftern die Zustimmung zur Veräußerung seiner Beteiligung (einschl. Due Diligence) **„abkaufen“** muss.

III. Tod oder Insolvenz eines Gesellschafters

1. Folgen bei der GmbH & Co. KG

37 **a) Tod oder Insolvenz eines Kommanditisten.** Beim **Tod** eines Kommanditisten wird die Gesellschaft gemäß § 177 HGB vorbehaltlich einer abweichenden Vereinbarung mit dessen

[77] *Müller* NJW 2000, 3452 (3453 f.); *Rittmeister* NZG 2004, 1032 (1033 ff.).

[78] *Fleischer* in MüKoGmbHG § 43 Rn. 208; *Götze* ZGR 1999, 202 (225 f.); *Oppenländer* GmbHR 2000, 535 (539 ff.); *Rittmeister* NZG 2004, 1032 (1036).

[79] LG Köln GmbHR 2009, 261; *Kleindiek* in Lutter/Hommelhoff GmbHG § 43 Rn. 21; *U. H. Schneider* in Scholz GmbHG § 43 Rn. 148; *Lutter* ZIP 1997, 613 (616). AA *Fleischer* in MüKoGmbHG § 43 Rn. 208; für Mehrheitsentscheidung unter Stimmrechtsausschluss des veräußerungswilligen Gesellschafters dagegen *Engelhardt* GmbHR 2009, 237 (242) mwN.

[80] *Zöllner/Noack* in Baumbach/Hueck GmbHG § 35 Rn. 40.

[81] LG Köln GmbHR 2009, 261 (262) unter Hinweis auf *Lutter* ZIP 1997, 613 (615); s. auch *Werner* ZIP 2000, 989 (992).

[82] *Lutter* ZIP 1997, 613 (619).

[83] *Reichert/Ullrich* in Reichert GmbH & Co. KG § 29 Rn. 22; zur Vinkulierung bei Familienunternehmen s. auch *Binz/Mayer* NZG 2012, 201.

Erben fortgesetzt. Diese werden Kommanditisten, und zwar grundsätzlich in demselben Umfang und mit denselben Rechten und Pflichten, wie sie dem Erblasser zustanden. Im Fall mehrerer Erben wird Inhaber der Kommanditbeteiligung jedoch nach ganz hM nicht die Erbengemeinschaft als solche. Vielmehr wird jeder **Miterbe** entsprechend seiner Erbquote **unmittelbar Kommanditist,** so dass die einheitliche Beteiligung des Erblassers in so viele selbstständige Beteiligungen zerfällt, als Erben vorhanden sind (sog Sondererbfolge).[84] Ist der Erbe bereits Kommanditist, so vereinigen sich beide Anteile zu einem.[85]

Die **Eröffnung des Insolvenzverfahrens** über das Vermögen eines Kommanditisten[86] führt gemäß § 131 Abs. 3 Nr. 2 HGB iVm § 161 Abs. 2 HGB zu dessen **Ausscheiden,** wenn im Gesellschaftsvertrag nichts anderes bestimmt ist. Die **Ablehnung** der Eröffnung des Insolvenzverfahrens hat, auch bei Abweisung mangels Masse, nach dem gesetzlichen Regelstatut keine Auswirkungen auf die Kommanditistenstellung.[87] 38

Ist der Kommanditist **keine natürliche Person,** sondern zB eine Personenhandelsgesellschaft oder eine juristische Person, so kann die **Ablehnung der Eröffnung des Insolvenzverfahrens** über das Vermögen dieses Kommanditisten nach den für die jeweilige Rechtsform geltenden Regeln zu seiner Auflösung führen (zB § 60 Abs. 1 Nr. 5 GmbHG, § 262 Abs. 1 Nr. 4 AktG). Nach hM führt aber nicht bereits die Auflösung, sondern erst die **Vollbeendigung** eines solchen Gesellschafters zu dessen **Ausscheiden** aus der KG.[88] Nicht zum Ausscheiden führt dagegen dessen Teilnahme an **Umwandlungsvorgängen** nach dem UmwG. Bei einer Verschmelzung erlischt zwar die übertragende Gesellschaft, lebt jedoch in der übernehmenden oder neu gebildeten Gesellschaft im Weg der Gesamtrechtsnachfolge weiter. Beim Formwechsel ändert sich infolge der Beibehaltung der wirtschaftlichen und rechtlichen Identität ohnehin nur die Rechtsform des Gesellschafters. Derartige Umwandlungsvorgänge können folglich nicht (analog § 131 Abs. 3 Nr. 1 HGB) zum Ausscheiden aus der KG führen.[89] Ist – im Fall der Verschmelzung – der neue Kommanditist für die übrigen Gesellschafter unzumutbar, verbleibt diesen die Möglichkeit zur Ausschließung gemäß § 140 HGB iVm § 161 Abs. 2 HGB.[90] 39

b) Auflösung der Komplementär-GmbH. Seit Inkrafttreten des HRefG im Jahr 1998 führen mangels abweichender vertraglicher Regelung auch der Tod und die Insolvenz[91] eines persönlich haftenden Gesellschafters nicht mehr zur Auflösung der Gesellschaft, sondern lediglich zu dessen **Ausscheiden** (§ 131 Abs. 3 Nr. 1, Nr. 2 HGB iVm § 161 Abs. 2 HGB). Ist die Komplementär-GmbH, wie dies bei der GmbH & Co. KG regelmäßig der Fall sein dürfte, der **einzige persönlich haftende Gesellschafter,** besteht uE allerdings die **Besonderheit,** dass durch das Ausscheiden der Komplementär-GmbH die GmbH & Co. KG nicht automatisch zur OHG wird, sondern ebenfalls aufgelöst wird, und zwar schon im Zeitpunkt der Auflösung der Komplementär-GmbH (→ § 7 Rn. 5 ff.).[92] 40

2. Folgen bei der Komplementär-GmbH

Der Geschäftsanteil einer GmbH ist gemäß § 15 Abs. 1 GmbHG **frei vererblich.** Anders als bei der KG geht der Geschäftsanteil bei mehreren Erben auf die **Erbengemeinschaft** 41

[84] Grundlegend BGHZ 22, 186 (191 ff.); s. auch KG NJW-RR 2000, 1704 f.; *K. Schmidt* in MüKoHGB § 177 Rn. 16 mwN. Anders nur bei bereits aufgelöster KG BGH NJW 1995, 3314 (3315).

[85] BGH NJW 1987, 3184 (3186); *K. Schmidt* in MüKoHGB § 177 Rn. 19. Auch → § 2 Rn. 12.

[86] Zur gleichzeitigen Insolvenz der Komplementär-GmbH (Simultaninsolvenz) → § 12 Rn. 36 ff.

[87] BGHZ 75, 178; BGH NJW 1980, 233; *Roth* in Baumbach/Hopt HGB § 131 Rn. 22. Für eine Gleichstellung mit der Insolvenzeröffnung unter Hinweis auf den mutmaßlichen Willen des Gesetzgebers *K. Schmidt* in MüKoHGB § 131 Rn. 74. Kritisch auch *Piehler/Schulte* in MHdB GesR II § 36 Rn. 9.

[88] BGHZ 75, 178 (181 f.); OLG Hamburg NJW 1987, 1896 (1897); *Roth* in Baumbach/Hopt HGB § 131 Rn. 20; dazu muss die Gesellschaft gelöscht und das Gesellschaftsvermögen vollständig verteilt worden sein OLG Düsseldorf GmbHR 1995, 233 (234). AA *K. Schmidt* in MüKoHGB § 131 Rn. 68.

[89] *Schäfer* in Großkomm. HGB § 131 Rn. 84; *Kindler* in Koller/Kindler/Roth/Morck HGB § 131 Rn. 22. AA bei der Verschmelzung für den übertragenden Rechtsträger *Roth* in Baumbach/Hopt HGB § 131 Rn. 21.

[90] *Kindler* in Koller/Kindler/Roth/Morck HGB § 131 Rn. 22; *Lorz* in EBJS HGB § 131 Rn. 44 mwN.

[91] Zur gleichzeitigen Insolvenz der KG (Simultaninsolvenz) → § 12 Rn. 36 ff.

[92] Vgl. *Schäfer* in Großkomm. HGB § 131 Rn. 79.

über (vgl. § 18 Abs. 1 GmbHG), so dass die Miterben nicht unmittelbar in die Gesellschafterstellung einrücken. Die Rechte aus dem Geschäftsanteil können die Miterben nur gemeinschaftlich ausüben. Die **Insolvenz** eines Gesellschafters führt nach dem gesetzlichen Regelstatut weder zum Ausscheiden dieses Gesellschafters aus der GmbH noch zu deren Auflösung.[93]

3. Gestaltungsmöglichkeiten

42 **a) Bei der GmbH & Co. KG.** Im Gesellschaftsvertrag der GmbH & Co. KG können für den Fall der Insolvenz oder des Todes eines Kommanditisten **abweichende Rechtsfolgen** vereinbart werden. Für den Todesfall kommen im Wesentlichen folgende Regelungsmöglichkeiten in Betracht:

43 **aa) Ausschluss der Vererblichkeit.** Da § 177 HGB dispositiv ist („mangels abweichender vertraglicher Bestimmung"), kann die Vererblichkeit des Kommanditanteils im Gesellschaftsvertrag ausgeschlossen werden. Die Gesellschaft wird dann – wie nach § 131 Abs. 3 Nr. 1 HGB – ohne die Erben unter den übrigen Gesellschaftern fortgesetzt. Als Rechtsfolge kann auch die Auflösung der Gesellschaft vereinbart werden, ggf. verbunden mit der Möglichkeit, über die Fortsetzung der Gesellschaft mit oder ohne Beteiligung der Erben zu beschließen. Führt der Tod des Kommanditisten zum Ausscheiden, haben die **Erben Anspruch** auf das **Abfindungsguthaben** des Erblassers, das jedoch ggf. beschränkt oder auch ganz ausgeschlossen sein kann (→ Rn. 175).

44 **bb) Qualifizierung der Nachfolge.** Die Vererblichkeit des Kommanditanteils gemäß § 177 HGB führt zu der Unsicherheit, wer letztlich als Erbe des verstorbenen Kommanditisten in die Gesellschaft nachfolgt. Es besteht deshalb in aller Regel das Bedürfnis, den **Kreis** der **potenziellen Nachfolger einzuschränken,** und zwar sowohl in **qualitativer** (zB nur Familienangehörige) als auch in **quantitativer** (zB nur eines von mehreren Kindern) Hinsicht. Hierfür gibt es verschiedene **Gestaltungsinstrumente.**

45 (1) Im Gesellschaftsvertrag kann eine **qualifizierte erbrechtliche Nachfolge** vorgesehen werden, also eine Beschränkung der als Erben nachfolgeberechtigten Personen in qualitativer und/oder quantitativer Hinsicht. Beispielsweise kann der Gesellschaftsvertrag vorschreiben, dass nur Abkömmlinge oder von mehreren Abkömmlingen nur ein Bestimmter (zB der älteste) in den Kommanditanteil des Erblassers nachfolgen dürfen. Der oder die durch die Nachfolgeklausel qualifizierten Erben rücken dann im Weg der Sondererbfolge **unmittelbar** und unabhängig von der Erbquote **in vollem Umfang** in die Kommanditistenstellung des Erblassers ein.[94] Etwas anderes gilt nur dann, wenn der Gesellschaftsvertrag eine **Teilnachfolge** anordnet; eine Nachfolge findet dann nur hinsichtlich eines der Erbquote des nachfolgeberechtigten Miterben entsprechenden Bruchteils des Kommanditanteils statt, während der Rest den Altgesellschaftern anwächst und den Erben ggf. insoweit ein Abfindungsanspruch zusteht.[95] Der oder die qualifizierten Erben schulden den übrigen Miterben einen **Wertausgleich,** soweit der Wert der Kommanditbeteiligung[96] den Wert des Anteils am Nachlass entsprechend der Erbquote übersteigt.[97] Dieser Wertausgleich entfällt jedoch, wenn der Erblasser den **Mehrwert** den nachfolgeberechtigten Erben durch **Vorausvermächtnis** zugewendet hat.[98]

46 Ist eine qualifizierte erbrechtliche Nachfolgeklausel vereinbart, ist eine sorgfältige **Abstimmung zwischen Gesellschaftsvertrag und letztwilliger Verfügung** erforder-

---

[93] *Haas* in Baumbach/Hueck GmbHG § 60 Rn. 85.

[94] BGH NJW 1977, 1339 (1342 f.); *K. Schmidt* in MüKoHGB § 177 Rn. 9, 16 mwN; *Reimann* ZEV 2002, 487.

[95] *Gergen* in MüKoBGB § 2032 Rn. 61.

[96] Maßgeblich dürfte der tatsächliche Wert und nicht der Abfindungswert gemäß Gesellschaftsvertrag sein, so auch *Götz* NZG 2004, 345 (355). Auch → Rn. 165.

[97] BGH NJW 1977, 1339 (1343).

[98] *Götz* NZG 2004, 345 (355).

lich. Hierbei gilt der Grundsatz, dass der Gesellschaftsvertrag Vorrang vor letztwilligen Verfügungen in dem Sinn hat, dass ein Erbe nur dann Gesellschafter wird, wenn dies der Gesellschaftsvertrag aufgrund der qualifizierten Nachfolgeklausel zulässt. Sind jedoch sämtliche testamentarisch bestimmten Erben nicht in diesem Sinn qualifiziert, geht die Nachfolgeklausel ins Leere. Die Erben erwerben dann lediglich den Anspruch auf das **vertragliche Abfindungsguthaben** – ein klassischer Gestaltungsfehler. Zugunsten der nachfolgeberechtigten, jedoch testamentarisch nicht bedachten Personen kann die Nachfolgeklausel ggf. in eine **Eintrittsklausel** (→ Rn. 49) **umgedeutet** werden.[99]

Die Nachfolgeklausel kann und sollte auch den Fall berücksichtigen, dass einer nachfolgeberechtigten Person der Kommanditanteil vom Erblasser im Weg des **Vermächtnisses** zugewendet wird. Dann sind die Erben berechtigt und verpflichtet, die Kommanditbeteiligung auf den Vermächtnisnehmer zu übertragen.[100] 47

(2) Zu ähnlichen Ergebnissen wie die qualifizierte Nachfolgeklausel führt die Beibehaltung der gesetzlichen Regel des § 177 HGB, verbunden mit der gesellschaftsvertraglich vorgesehenen Möglichkeit des an den Erbfall geknüpften zeitnahen **Ausschlusses nicht qualifizierter Erben,** falls diese die Kommanditbeteiligung nicht auf nach dem Gesellschaftsvertrag nachfolgeberechtigte Personen übertragen.[101] Rechtstechnisch besteht eine Parallele zu den Abtretungs- und Einziehungsklauseln bei der GmbH (→ Rn. 55 ff.). 48

(3) Im Gesellschaftsvertrag kann ein **Eintrittsrecht** für einen Miterben oder einen Dritten vorgesehen werden (Vertrag zugunsten Dritter auf den Todesfall, §§ 328, 331 BGB). Damit wird der begünstigten Person, etwa einem Abkömmling, das Recht gewährt, in die Gesellschaft anstelle des durch Tod ausgeschiedenen Kommanditisten einzutreten und dessen Gesellschafterstellung damit im Ergebnis zu übernehmen. Bei der Eintrittsklausel vollzieht sich die Gesellschafternachfolge im Unterschied zur erbrechtlichen Nachfolgeklausel nicht automatisch, sondern nur unter Mitwirkung des Eintrittsberechtigten, dh es bedarf einer Beitrittserklärung des Eintrittsberechtigten gegenüber den verbliebenen Gesellschaftern.[102] Der Gesellschafterwechsel gliedert sich in einen schuldrechtlichen Teil – die Begründung des Eintrittsrechts im Gesellschaftsvertrag – und einen vollziehenden Teil – den Eintritt des Berechtigten in die Gesellschaft.[103] 49

Der Eintrittsberechtigte muss im Zweifel eine **Einlage** leisten, die dem Abfindungsanspruch der Erben gegen die Gesellschaft entspricht.[104] In der Regel besteht daher das Bedürfnis, dem Eintretenden auch die **Abfindung** bzw. den **Kapitalanteil** des Erblassers (das Vermögensrecht) zuzuweisen. Hierfür gibt es drei verschiedene Möglichkeiten:[105] die **Abtretungslösung** (lebzeitige Abtretung des künftigen Abfindungsanspruchs an den Eintrittsberechtigten), die **Treuhandlösung** (Ausschluss des Abfindungsanspruchs und Verpflichtung der Mitgesellschafter zur Übertragung des treuhänderisch gehaltenen Anteils auf den Eintretenden) sowie die **erbrechtliche Lösung** (Zuweisung des in den Nachlass gefallenen Abfindungsanspruchs durch letztwillige Verfügung an den Eintrittsberechtigten). **Empfehlenswert** ist regelmäßig die **Treuhandlösung,** da hier Mitgliedschaft und Kapitalanteil am Nachlass vorbeigesteuert werden und keine Abstimmung mit der letztwilligen Verfügung erforderlich ist. 50

(4) Ein Kommanditist kann im Rahmen des gesellschaftsvertraglich Zulässigen seinen Anteil auch befristet auf seinen Tod und aufschiebend bedingt durch das Überleben des 51

---

99 BGH NJW 1978, 264; OLG Frankfurt NJW-RR 1988, 1251 f.

100 BGH WM 1976, 251. Eine einfache Fortsetzungsklausel (nach altem Recht) ist dahin gehend auszulegen, dass jedenfalls auch ein zum Kreis der Familie gehörender Vermächtnisnehmer eintreten kann, so OLG Stuttgart DStR 1992, 623.

101 BGH NJW 1989, 834; *Götz* NZG 2004, 345 (353 f.).

102 BGH NJW 1978, 264 (266); NJW 1980, 1797; *Kindler* in Koller/Kindler/Roth/Morck HGB § 139 Rn. 21, 22.

103 *Klein/Lindemeier* in MHdB GesR II § 41 Rn. 75.

104 BGH NJW 1978, 264 (266); *K. Schmidt* GesR § 45 V 6a bb.

105 *Ulmer* ZGR 1972, 195 (218 ff.); *Göbel* DNotZ 1979, 133 (154), der vier Möglichkeiten unterscheidet. Neben den dargestellten drei Varianten führt *Göbel* als vierte Gestaltungsmöglichkeit einen zwischen den Mitgesellschaftern abgeschlossenen Vertrag zugunsten des Eintretenden an.

Nachfolgers auf diesen übertragen. Zugunsten von Mitgesellschaftern kann eine derartige Regelung im Gesellschaftsvertrag getroffen werden.[106] Es handelt sich hierbei um eine Nachfolge kraft Rechtsgeschäfts unter Lebenden, die den Kommanditanteil dem Nachlass entzieht (daher sog **rechtsgeschäftliche Nachfolgeklausel**).[107] Regelmäßig nachteilig ist dabei jedoch die frühzeitige Bindung des Gesellschafters.

52 **cc) Einheitliche Ausübung der Verwaltungsrechte.** Folgt dem verstorbenen Kommanditisten eine Mehrzahl von Erben nach, kann der Gesellschaftsvertrag vorsehen, dass die Erben ihre Verwaltungsrechte nur gemeinsam und einheitlich durch einen von ihnen bestellten Vertreter ausüben können. Der **Kernbereich** der jeweiligen **Beteiligung** muss durch eine solche Vertreterklausel jedoch **unberührt** bleiben.[108]

53 **dd) Testamentsvollstreckung.** Insbesondere bei minderjährigen Nachfolgern ist vielfach die Anordnung einer Testamentsvollstreckung (→ § 5 Rn. 179 ff.) zweckmäßig.

54 **b) Bei der Komplementär-GmbH.** Obwohl die **Vererblichkeit** eines Geschäftsanteils, anders als bei der KG und anders als bei Verfügungen über Geschäftsanteile unter Lebenden, weder statutarisch noch durch Beschluss der Gesellschafterversammlung eingeschränkt werden kann,[109] können in der **Satzung** weitreichende **Regelungen** über das weitere Schicksal des vererbten Geschäftsanteils getroffen werden, mit denen letztlich das gleiche Ergebnis erzielt werden kann wie bei der KG. Entsprechendes gilt für den **Insolvenzfall** eines Gesellschafters. Hierbei kommen zwei Lösungsansätze, die in der Satzung auch miteinander kombiniert werden können, in Betracht.

55 **aa) Einziehung.** Die Satzung kann vorsehen, dass der vererbte Geschäftsanteil eingezogen werden kann oder muss.[110] Hierbei war bis ins Jahr 2012 in Rechtsprechung und Literatur umstritten, ob die Einziehung des Geschäftsanteils bereits mit der Bekanntgabe des Einziehungsbeschlusses an den betroffenen Gesellschafter oder erst mit der Zahlung des Abfindungsbetrags **wirksam** wird (sog **Bedingungslösung**).[111] Mittlerweile hat der BGH den Meinungsstreit zugunsten der Gesellschaft entschieden und die Bedingungslösung abgelehnt.[112] Sofern der Einziehungsbeschluss nicht nichtig ist, zB weil bereits im Zeitpunkt der Beschlussfassung feststeht, dass die Gesellschaft die Abfindung nicht aus ungebundenem Vermögen wird leisten können, wird die Einziehung demnach bereits mit Bekanntgabe des Einziehungsbeschlusses gegenüber dem betroffenen Gesellschafter wirksam.

56 Der Abfindungsanspruch des ausscheidenden Gesellschafters gegen die Gesellschaft wird durch eine **Ausfallhaftung** der verbleibenden[113] Gesellschafter abgesichert. Diese persönliche Haftung entsteht allerdings nicht bereits mit der Beschlussfassung über die Einziehung oder dann, wenn die Gesellschaft später zum Zeitpunkt der Fälligkeit gemäß §§ 34 Abs. 3, 30 Abs. 1 GmbHG an der Zahlung der Abfindung gehindert ist oder sie jedenfalls unter Berufung auf dieses Hindernis verweigert. Gleiches gilt, wenn im Zeitpunkt der Fälligkeit der Abfindung oder danach über das Vermögen der Gesellschaft das Insolvenzverfahren

---

[106] So der Sachverhalt bei BayObLG BB 2000, 2119 f.

[107] BayObLG BB 2000, 2119 f.; s. im Einzelnen *K. Schmidt* in MüKoHGB § 139 Rn. 23 f. mwN und Hinweis darauf, dass § 2301 BGB nicht entgegensteht.

[108] *Klein/Lindemeier* in MHdB GesR II § 41 Rn. 118.

[109] AllgM, *Görner* in Rowedder/Schmidt-Leithoff GmbHG § 15 Rn. 130 mwN; *Ebbing* in Michalski GmbHG § 15 Rn. 6; *Bayer* in Lutter/Hommelhoff GmbHG § 15 Rn. 12.

[110] *Görner* in Rowedder/Schmidt-Leithoff GmbHG § 15 Rn. 135; *Seibt* in Scholz GmbHG § 15 Rn. 30; *Fastrich* in Baumbach/Hueck GmbHG § 15 Rn. 13.

[111] Zum Meinungsstand s. BGH NZG 2012, 259 Rn. 9–11; im Übrigen 11. Aufl. 2010, § 5 Rn. 45 Fn. 139.

[112] BGH NZG 2012, 259 Rn. 8 ff.

[113] Zum Kreis der der Haftung unterworfenen Gesellschafter s. *Schneider* ZIP 2016, 2141 (2145 f.) für Haftung sämtlicher Gesellschafter; im Ergebnis auch *Kort* DB 2016, 2098 (2102) und *Altmeppen* ZIP 2016, 1557 (1560). AA *Schirrmacher* GmbHR 2016, 1077 (1081 f.), der nur die Gesellschafter der Haftung unterwerfen möchte, die sich an der Vereitelung der Anspruchsdurchsetzung beteiligen; *Gubitz/Nikoleyczik* NZG 2013, 727 sprechen sich gegen die Haftung der dissentierenden Gesellschafter gegenüber dem ausscheidenden Gesellschafter aus.

eröffnet wird oder die Gesellschaft jedenfalls insolvenzreif wird, so dass Antrag auf Eröffnung des Insolvenzverfahrens gestellt werden muss und die Antragstellung nicht treuwidrig verzögert wird. Die **Mitgesellschafter haften** vielmehr erst ab dem **Zeitpunkt,** ab dem sie die **Abfindung** unter der berechtigten Berufung auf die Kapitalbindung der Gesellschaft **verweigern,** andererseits aber nicht dafür sorgen, dass die Abfindung aus dem ungebundenen Vermögen der Gesellschaft geleistet werden kann, oder die Gesellschaft fortsetzen, anstatt sie aufzulösen, weil sie darin einen wirtschaftlichen Vorteil und einen Mehrwert für ihren Anteil erblicken.[114] Die von uns noch in der Vorauflage empfohlene Satzungsregelung, wonach ein ausscheidender Gesellschafter bereits mit der Bekanntgabe des Einziehungsbeschlusses seine Gesellschafterstellung, zumindest aber sein Stimmrecht, verliert, dürfte sich damit erledigt haben.

Ist vorgesehen, dass beim Tod eines Gesellschafters die Einziehung **generell** zu erfolgen 57
hat, kommt dies einem Ausschluss der Vererblichkeit der Gesellschafterstellung gleich.[115] Die Einziehung kann aber auch nur für den Fall vorgesehen werden, dass der Geschäftsanteil nicht solchen **Personen** vererbt oder vermacht wird, die laut Gesellschaftsvertrag **nachfolgeberechtigt** sind (zB nur Abkömmlinge). In diesem Fall kommt die Einziehungsklausel der qualifizierten erbrechtlichen Nachfolgeklausel bei der KG gleich.

Rechtsfolge der Einziehung ist die **Vernichtung des Geschäftsanteils** mit sämtlichen 58
Mitgliedschaftsrechten und -pflichten bei gleichbleibender Stammkapitalziffer.[116] Der durch das MoMiG neu gefasste § 5 Abs. 3 S. 2 GmbHG verlangt, dass die Summe der Nennbeträge der verbleibenden Geschäftsanteile mit dem Stammkapital der Gesellschaft übereinstimmt. Dies erfordert nach Auffassung des **BGH** aber nicht, dass mit der Einziehung zugleich Maßnahmen beschlossen werden müssen, durch die der von § 5 Abs. 3 S. 2 GmbHG vorgegebene Zustand erreicht wird. Ein ohne diese Maßnahmen gefasster Einziehungsbeschluss ist weder nichtig noch anfechtbar.[117]

bb) Abtretungsklausel. Die Satzung kann den Erben die **Verpflichtung** auferlegen, 59
nach entsprechender Aufforderung durch die Gesellschaft den **ererbten Geschäftsanteil** auf einen anderen Gesellschafter oder einen laut Satzung zur Nachfolge berechtigten Erben, auf einen Dritten, der entweder in der Satzung schon bestimmt ist oder von den Gesellschaftern, dem Beirat oder sogar der Geschäftsführung zu bestimmen ist, oder auf die Gesellschaft selbst **zu übertragen.**[118] Denkbar wäre also zB eine Satzungsklausel, nach der die Erben den Geschäftsanteil einem einzelnen Abkömmling zukommen lassen müssen, der nach bestimmten, in der Klausel näher zu beschreibenden Kriterien auszuwählen ist. Sind die Voraussetzungen der Abtretungsklausel erfüllt, dann begründet die Satzung für den oder die Erben eine schuldrechtliche Verpflichtung und zugleich auch die Berechtigung, den Geschäftsanteil auf die zum Nachfolger berufene(n) Person(en) zu übertragen.[119] Mehrere Nachfolger sind im Zweifel zu gleichen Teilen berechtigt.[120]

---

[114] BGH NZG 2012, 259 Rn. 21, 22; 2016, 742 Rn. 22, 23, 26; zur Fragen der Ausfallhaftung und dem Urteil auch *Schneider* ZIP 2016, 2141; *Wachter* NZG 2016, 961, der die Ausgestaltung der Ausfallhaftung kritisch bewertet; *Altmeppen* ZIP 2016, 1557, der das Urteil des BGH als „unbefriedigende[n] Rückschritt" bezeichnet; *Görner* DB 2016, 1626 f.; *Kort* DB 2016, 2098 (2103 ff.); *Schaefer* DStR 2016, 2116; *Schirrmacher* GmbHR 2016, 1077; *Münnich* GmbHR 2016, 754 (757 ff.).

[115] Eine automatische Einziehung kraft Satzung ist im Hinblick auf die in jedem Fall erforderliche Prüfung der Einhaltung der Vorschriften über die Kapitalaufbringung und -erhaltung aber unzulässig *Langner/Heydel* GmbHR 2006, 291 (292 f.); *Ebbing* in Michalski GmbHG § 15 Rn. 7 mwN auch zur Gegenansicht; anders noch RGZ 80, 175 (179).

[116] *Fastrich* in Baumbach/Hueck GmbHG § 34 Rn. 2.

[117] BGH NJW 2015, 1385 Rn. 17 ff. zugleich mit Nachweisen zum Meinungsstand.

[118] *Seibt* in Scholz GmbHG § 15 Rn. 32; *Bayer* in Lutter/Hommelhoff GmbHG § 15 Rn. 15. Hat die Abtretung auf Beschluss der Gesellschafterversammlung zu erfolgen, sollte zugleich das Stimmrecht der Erben nach der Satzung ausgeschlossen sein, BGH BB 1974, 431; *Reichert* GmbHR 1998, 257 (261).

[119] BGH NJW 1985, 2592 (2593); NJW-RR 1996, 1377; OLG Koblenz GmbHR 1995, 586 (587); *Fastrich* in Baumbach/Hueck GmbHG § 15 Rn. 13 mwN.

[120] OLG Koblenz GmbHR 1995, 586 (587).

60 Die Satzung kann, und dies empfiehlt sich zur einfacheren Durchsetzung der Abtretungsverpflichtung, die **Gesellschaft ermächtigen,** die Abtretung des Geschäftsanteils selbst vorzunehmen.[121] Ebenso empfiehlt es sich, in der Satzung das zwischenzeitliche Ruhen der Verwaltungsrechte an dem vererbten Geschäftsanteil sowie eine bestimmte Frist für die Geltendmachung der Abtretungsverpflichtung vorzusehen.

61 Da die Abtretungsklausel die Mitwirkung des Begünstigten erfordert, liegt aus dessen Sicht ein **„Erwerbsrecht"** vor.[122] In der Satzung kann festgelegt werden, dass der Begünstigte neben der Gesellschaft ein eigenes Forderungsrecht auf Erfüllung der Abtretungsverpflichtung hat (sog Eintrittsklausel).[123] Der Begünstigte erhält hierdurch einen unmittelbaren Anspruch gegen die Erben auf Übertragung des Anteils.

IV. Kündigung/Austrittsrecht

1. Bei der GmbH & Co. KG

62 **a) Ordentliche Kündigung.** Jeder Gesellschafter einer GmbH & Co. KG kann nach dem Regelstatut des **HGB** die Gesellschaft **jederzeit** zum Ende eines Geschäftsjahrs unter Einhaltung einer Frist von sechs Monaten **kündigen** (§ 132 HGB iVm § 161 Abs. 2 HGB). Eine Kündigung zur **Unzeit** ist zwar rechtlich wirksam, begründet jedoch Schadensersatzansprüche gegen den kündigenden Gesellschafter.[124] Das ordentliche Kündigungsrecht findet seine Grenze am **Missbrauch.** Ein solcher kann unter Umständen in einer Kündigung schon in den ersten Jahren der Gesellschaft zu sehen sein.[125] Nicht missbräuchlich ist, wenn die Kündigung lediglich der Fortsetzung der Gesellschaft unter günstigeren Bedingungen (Änderungskündigung) dienen soll.[126]

63 Das ordentliche Kündigungsrecht kann durch den Gesellschaftsvertrag lediglich **zeitlich beschränkt,**[127] jedoch **nicht** gänzlich **ausgeschlossen** werden (§ 723 Abs. 3 BGB iVm §§ 105 Abs. 3, 161 Abs. 2 HGB). Unzulässig sind auch Bestimmungen, wonach die Kündigung einen Beschluss der Gesellschafterversammlung voraussetzt oder den Eintritt eines anderen Ereignisses, auf das der kündigungswillige Gesellschafter keinen Einfluss nehmen kann,[128] zB die Liquidation der Komplementär-GmbH.

64 Anders als nach früherem Recht (§ 131 Nr. 3 HGB aF) führt die **Kündigung** eines Gesellschafters vorbehaltlich einer anderweitigen vertraglichen Vereinbarung nach dem HRefG nicht mehr zur Auflösung der Gesellschaft, sondern zum **Ausscheiden** des kündigenden Gesellschafters (§ 131 Abs. 3 Nr. 3 HGB iVm § 161 Abs. 2 HGB).

65 **b) Außerordentliche Kündigung.** Liegt ein **wichtiger Grund** vor, so kann jeder Gesellschafter **Klage** auf **Auflösung der Gesellschaft** erheben (§ 133 Abs. 1 HGB iVm § 161 Abs. 2 HGB). Dem entgegenstehende Vereinbarungen sind nichtig (§ 133 Abs. 3 HGB iVm § 161 Abs. 2 HGB). Unzulässig ist wohl auch eine Strafklausel des Inhalts, dass eine Auflösungsklage, die sich im Nachhinein (im Prozess) als unbegründet herausstellt, das automatische Ausscheiden des betreffenden Gesellschafters zur Folge hat.[129] Schon vor dem HRefG war es zulässig und in der Praxis üblich, im Gesellschaftsvertrag zu vereinbaren, dass

---

121 *Langner/Heydel* GmbHR 2006, 291 (293) mwN.

122 BGH NJW 1985, 2592 (2593 f.).

123 *Seibt* in Scholz GmbHG § 15 Rn. 32 mwN.

124 *Roth* in Baumbach/Hopt HGB § 132 Rn. 5 unter Hinweis auf § 723 Abs. 2 S. 2 BGB.

125 BGHZ 23, 10 (16).

126 BGH DB 1977, 1403 (1404).

127 Die zeitliche Höchstgrenze wurde früher mit 30 Jahren angegeben: BGH WM 1967, 315 (316). Nach BGH NJW 2007, 295 Rn. 7 ff. soll sich die Grenze anhand des Einzelfalls unter Abwägung aller Umstände bestimmen (30-jährige Bindung bei Anwaltssozietät zu lang, wobei der BGH die Unzulässigkeit der Bindung aus einem Rückgriff auf Art. 12 GG ableitet); s. auch *Schäfer* in MüKoBGB § 723 Rn. 66; *Ulmer* ZIP 2010, 805 (807).

128 *Schäfer* in MüKoBGB § 723 Rn. 70.

129 *Roth* in Baumbach/Hopt HGB § 133 Rn. 20.

statt gerichtlicher Entscheidung eine einfache **Kündigungserklärung** genügt,[130] wobei der Gesellschafter bei der Abfindung allerdings nicht benachteiligt werden durfte,[131] oder dass das Unternehmen im Fall der Auflösung in eine Kapitalgesellschaft mit demselben Gesellschafterkreis einzubringen war.[132]

Nachdem durch das HRefG die **Kündigung** nicht mehr zur Auflösung der Gesellschaft, sondern zum **Ausscheiden** des kündigenden Gesellschafters führt (§ 131 Abs. 3 Nr. 3 HGB iVm § 161 Abs. 2 HGB) und der Gesetzgeber in § 131 Abs. 3 HGB dem Ausscheiden Vorrang vor der Auflösung gibt, muss heute im Fall des Vorliegens eines wichtigen Grunds **neben** der Auflösungsklage auch eine **außerordentliche Kündigung** möglich sein, die zum Ausscheiden des kündigenden Gesellschafters führt.[133] Dies gilt jedenfalls dann, wenn der wichtige Grund im Verhalten der Mitgesellschafter liegt. In diesem Fall kann der Gesellschafter uE sogar trotz einer gegenteiligen Vereinbarung im Gesellschaftsvertrag kündigen. Einer Berufung seiner Mitgesellschafter auf den Gesellschaftsvertrag könnte er den Einwand unzulässiger Rechtsausübung entgegenhalten. **66**

Ein **wichtiger Grund** ist nach § 133 Abs. 2 HGB insbesondere gegeben, wenn ein anderer Gesellschafter eine ihm nach dem Gesellschaftsvertrag obliegende **wesentliche Verpflichtung** vorsätzlich oder aus grober Fahrlässigkeit **verletzt** oder wenn die Erfüllung einer solchen Verpflichtung **unmöglich** wird. Dazu gehören zB die Nichtleistung der gesellschaftsvertraglich geschuldeten Einlagen, geschäftsschädigende Handlungen, Unredlichkeiten in der Geschäftsführung, wiederholte Nichterfüllung des Auskunfts- und Informationsrechts der Mitgesellschafter (durch den Komplementär), anhaltende körperliche oder geistige Krankheit sowie Strafhaft, wenn der Gesellschafter dadurch an der Erfüllung wesentlicher Verpflichtungen, wie zB zur Geschäftsführung, gehindert ist. Die **Aufzählung** in § 133 Abs. 2 HGB ist jedoch **nicht abschließend.** Andere Anwendungsfälle können sein zB anhaltende Unrentabilität des Unternehmens, drohende Überschuldung oder Zahlungsunfähigkeit sowie die Zerstörung des Vertrauensverhältnisses unter den Gesellschaftern, insbesondere die persönliche Verfeindung.[134] **67**

c) Kündigung durch den volljährig Gewordenen. Gemäß **§ 723 Abs. 1 S. 3 Nr. 2 BGB**[135] gilt der Eintritt der Volljährigkeit als wichtiger Grund, der volljährig gewordene Gesellschafter einer GbR berechtigt, die Gesellschaft binnen drei Monaten seit Eintritt der Volljährigkeit außerordentlich zu kündigen.[136] Für **Personenhandelsgesellschaften** fehlt allerdings ein entsprechender Kündigungstatbestand. Da die §§ 132, 133 HGB eine spezielle Regelung enthalten, ist § 723 BGB auch über die in §§ 105 Abs. 3, 161 Abs. 2 HGB enthaltene Verweisung auf das Recht der KG **nicht** anwendbar.[137] Ausweislich der Begründung zum Regierungsentwurf soll der Eintritt der Volljährigkeit jedoch ein **wichtiger Grund** iSv § 133 HGB sein,[138] der damit an sich zur Auflösung der Gesellschaft führen könnte, was seit der Neuregelung von § 131 Abs. 3 HGB durch das HRefG 1998 aber überholt sein dürfte. **68**

Fraglich ist, ob der Rechtsgedanke des § 723 Abs. 1 S. 3 Nr. 2 BGB über § 133 HGB iVm § 161 Abs. 2 HGB auch bei dem **volljährig gewordenen Kommanditisten** einer **69**

---

130 BGHZ 31, 295 (298).

131 *Roth* in Baumbach/Hopt HGB § 133 Rn. 19 f.

132 RGZ 156, 129 (136 f.).

133 *Sauter* in BeckHdB PersGes § 8 Rn. 16; *K. Schmidt* GesR § 50 II 4d; *Roth* in Baumbach/Hopt HGB § 133 Rn. 1.

134 Zur Kasuistik *Schäfer* in Großkomm. HGB § 133 Rn. 16 f. mwN; *Roth* in Baumbach/Hopt HGB § 133 Rn. 7 ff. Zum dauernden Zerwürfnis zwischen Gesellschaftern als wichtigem Grund BGHZ 4, 108 (112 f.); BGH NJW 1985, 1901 für die GmbH; NJW 1998, 146 (147).

135 Eingefügt durch das Minderjährigenhaftungsbeschränkungsgesetz vom 25.8.1998, BGBl. 1998 I 2487.

136 Zu den Folgen der Nicht-Ausübung des Kündigungsrechts auf die Beschränkbarkeit der Minderjährigenhaftung gemäß § 1629a BGB *Klein/Lindemeier* in MHdB GesR II § 41 Rn. 53 mwN.

137 *Lorz* in EBJS HGB § 133 Rn. 24; *Roth* in Baumbach/Hopt HGB § 105 Rn. 16; *Wertenbruch* in Westermann/Wertenbruch PersGesR HdB Rn. I 1652. AA *Schäfer* in MüKoBGB § 723 Rn. 41; *Schmidt* in MüKoHGB § 128 Rn. 66.

138 BT-Drs. 13/5624, 10.

GmbH & Co. KG zum Tragen kommen kann.[139] Dies ist wohl dann zu bejahen, wenn der Kommanditist beim Eintritt der Volljährigkeit seine **(Haft-)Einlage nicht oder nicht vollständig geleistet** oder zurückerhalten hat und damit den Gläubigern der Gesellschaft bis zur Höhe der ausstehenden Einlage unmittelbar **haftet** (§§ 171 Abs. 1 Hs. 1, 172 Abs. 4 HGB). Denn vor einer solchen Haftung will das Gesetz den volljährig Gewordenen gerade schützen.[140] Ist die Hafteinlage in dem genannten Zeitpunkt dagegen erbracht und nicht zurückgewährt worden, so ist eine Haftung des volljährig gewordenen Kommanditisten grundsätzlich ausgeschlossen und ein **Schutzbedürfnis** für ein Sonderkündigungsrecht nicht ersichtlich.[141]

70 Eine hiernach zulässige Kündigung wegen Eintritts der Volljährigkeit ist als ein Fall der **Kündigung iSd § 131 Abs. 3 Nr. 3 HGB** zu behandeln.[142] Gleichwohl empfiehlt es sich, im **Gesellschaftsvertrag ausdrücklich klarzustellen,** dass der das Sonderkündigungsrecht ausübende Gesellschafter ausscheidet und die Gesellschaft von den verbleibenden Gesellschaftern fortgesetzt wird.

2. Bei der Komplementär-GmbH

71 **a) Ordentliche Kündigung.** Das GmbH-Recht sieht ein ordentliches Kündigungsrecht der Gesellschaft durch ihre Gesellschafter nicht vor.[143] Es steht den Gesellschaftern aber frei, in der **Satzung** ein Kündigungsrecht festzulegen.[144]

72 Hinsichtlich der **Rechtsfolgen** ist zu unterscheiden, ob die Gesellschaft durch die Kündigung aufgelöst wird oder der kündigende Gesellschafter aus der – fortbestehenden – Gesellschaft austritt. Ist in der Satzung hierzu nichts geregelt, ist uE im Zweifel – jedenfalls seit der Neufassung von § 131 Abs. 3 Nr. 3 HGB durch das HRefG – von der Fortführung auszugehen.[145] Ein satzungsmäßiges Kündigungsrecht mit der Folge der **Auflösung** ist dagegen selten und, namentlich im Fall der Komplementär-GmbH, auch **nicht empfehlenswert.**

73 Hat ein GmbH-Gesellschafter berechtigterweise seinen Austritt erklärt, so führt dies – anders als bei der Personengesellschaft – nicht automatisch zu seinem Ausscheiden aus der Gesellschaft. Der Austritt muss vielmehr dadurch vollzogen werden, dass die Gesellschaft den **Geschäftsanteil** wirksam **einzieht**[146] oder dieser auf Weisung der Gesellschaft **abgetreten** wird.[147] Der ausscheidende Gesellschafter erlangt einen **Abfindungsanspruch.**[148]

74 **b) Außerordentliche Kündigung.** Bei der GmbH ist auch ohne Regelung in der Satzung ein außerordentliches Austrittsrecht seit Langem anerkannt.[149] Dieses besteht bei Vorliegen eines **wichtigen Grunds,** der für den austrittswilligen Gesellschafter die Fortdauer der Mitgliedschaft unzumutbar macht. Auch wenn die Frage nach der **dogmatischen Grundlage** für ein solches Austrittsrecht nicht einheitlich beantwortet wird,[150] so steht doch fest, dass der zum Austritt berechtigende wichtige Grund in der Person des betroffenen Gesellschafters, den Verhältnissen der Gesellschaft oder dem Verhalten der Mitgesellschafter

[139] Zum Sonderkündigungsrecht des Minderjährigen *Glöckner* ZEV 2001, 47.
[140] *Grunewald* ZIP 1999, 597 (600); *Wertenbruch* in Westermann/Wertenbruch PersGesR HdB Rn. I 1652.
[141] *Lorz* in EBJS HGB § 133 Rn. 25; *Kirchdörfer/Lorz* DB 2004, Beilage 3, 6.
[142] *Grunewald* ZIP 1999, 597 (599) mit Hinweis auf *Klumpp* ZEV 1998, 409 (413); *Glöckner* ZEV 2001, 47 (48); *Schäfer* in Großkomm. HGB § 133 Rn. 32.
[143] *Seibt* in Scholz GmbHG Anh. § 34 Rn. 2; *Michalski/Funke* in Michalski GmbHG Anh. § 34 Rn. 43.
[144] AllgM, *Seibt* in Scholz GmbHG Anh. § 34 Rn. 2; *Nerlich* in Michalski GmbHG § 60 Rn. 318.
[145] *Kleindiek* in Lutter/Hommelhoff GmbHG § 60 Rn. 27; wohl auch *K. Schmidt* GesR § 35 IV 3a; *Gesell* in Rowedder/Schmidt-Leithoff GmbHG § 60 Rn. 44 zum Meinungsstand. AA *Haas* in Baumbach/Hueck GmbHG § 60 Rn. 90; *Weitbrecht* in MHdB GesR III § 62 Rn. 22.
[146] Zur Aufgabe der Bedingungslösung durch den BGH → Rn. 55.
[147] BGH NJW 1984, 489; NZG 2010, 270 Rn. 11; *Seibt* in Scholz GmbHG Anh. § 34 Rn. 15 mwN.
[148] *Michalski/Funke* in Michalski GmbHG Anh. § 34 Rn. 61; *Altmeppen* in Roth/Altmeppen GmbHG § 60 Rn. 113.
[149] BGH NJW 1992, 892 (895) mwN; NZG 2014, 541 Rn. 12. S. auch *Hülsmann* GmbHR 2003, 198 f.
[150] S. hierzu Nachweise bei *Michalski/Funke* in Michalski GmbHG Anh. § 34 Rn. 45.

liegen kann. Voraussetzung ist ferner, dass andere zumutbare Möglichkeiten, sich von der Gesellschaft (etwa durch Anteilsveräußerung) zu trennen, nicht bestehen, dass also der Austritt die **ultima ratio** ist.[151]

Die rechtliche – oder tatsächliche – **Unmöglichkeit,** den **Geschäftsanteil** überhaupt oder zu vertretbaren Bedingungen **zu veräußern,** kann im Einzelfall unter Berücksichtigung der Gesamtumstände eine unzumutbare Härte für den ausscheidenswilligen Gesellschafter darstellen, die ihm einen **wichtigen Grund** zum **Austritt** verschafft.[152] Die übrigen Gesellschafter müssen dem verkaufswilligen Gesellschafter deshalb ggf. anbieten, dessen Beteiligung selbst zu übernehmen. Der in Aussicht gestellte Kaufpreis muss angemessen sein und nicht etwa mit dem „strategischen" Kaufpreisangebot eines Dritten übereinstimmen. Insoweit hat das Interesse des ausscheidenswilligen Gesellschafters an einer bestmöglichen Verwertung seiner Beteiligung hinter dem Interesse der übrigen Gesellschafter, zB den **Familiencharakter** eines Unternehmens zu erhalten, zurückzustehen.[153] 75

Weitere **Beispiele** eines den außerordentlichen Austritt rechtfertigenden Grunds sind: unzumutbare grundlegende Änderungen der rechtlichen und wirtschaftlichen Verhältnisse der Gesellschaft, wiederholter Missbrauch der Mehrheitsmacht, Verpflichtung zu erheblichen, auf Dauer untragbaren Nebenleistungen, Pflicht zur Duldung erheblicher Eingriffe in die Gesellschafterstellung, auch wenn durch die Treuepflicht geboten.[154] Im Fall einer **Komplementär-GmbH** dürfte ein Austrittsgrund auch dann anzuerkennen sein, wenn der GmbH-Gesellschafter gleichzeitig an der GmbH & Co. KG beteiligt war und dort – durch Kündigung oder Ausschließung – ausgeschieden ist. Denn die isolierte Beteiligung an einer Komplementär-GmbH dürfte, von Ausnahmefällen und der Publikumsgesellschaft (→ § 13 Rn. 1 ff.) abgesehen, wirtschaftlich nicht sinnvoll sein. Freilich wird bei einem ausgefeilten Vertragswerk einer GmbH & Co. KG für eine entsprechende **Harmonisierung** beider Gesellschaftsverträge (Stichwort: Gleichlauf der Beteiligungsverhältnisse) gesorgt, so dass Streitfragen über ein mögliches Austrittsrecht aus wichtigem Grund erst gar nicht auftreten. Zur „Verzahnung" der Gesellschaftsverträge zwecks Gleichlauf der Beteiligungsverhältnisse → § 8 Rn. 40 ff. 76

c) Vereinbarung des Ausscheidens. Neben der Möglichkeit zur Kündigung kann der Gesellschafter gegenüber der GmbH den Austritt erklären. Das Ausscheiden hängt in diesem Fall davon ab, dass die GmbH den Austritt annimmt.[155] 77

V. Ausschließung/Hinauskündigung

1. Allgemeines

Die **Ausschließung** eines Gesellschafters ist in gewisser Weise das **Gegenstück** zur Kündigung der Gesellschaft durch einen Gesellschafter bzw. zum Austritt. Während es jedoch bei der Kündigung der Gesellschaft eine ordentliche Kündigung und eine solche aus wichtigem Grund gibt, setzt die auch ohne dahin gehende Regelung im Gesellschaftsvertrag mögliche **Ausschließung** eines Gesellschafters **stets** einen **wichtigen Grund** voraus. Denkbar sind aber auch spezielle Vertragsklauseln, die es einem oder mehreren Gesellschaftern ermöglichen sollen, bei **Vorliegen bestimmter Voraussetzungen** oder **nach freiem Ermessen,** also auch ohne wichtigen Grund, einen Gesellschafter auszuschließen. Für diese Fälle hat sich der Begriff **„Hinauskündigung"** eingebürgert. 78

---

[151] BGH NZG 2014, 541 Rn. 12; *Lutter/Kleindiek* in Lutter/Hommelhoff GmbHG § 34 Rn. 70; *Seibt* in Scholz GmbHG Anh. § 34 Rn. 14; *Michalski/Funke* in Michalski GmbHG Anh. § 34 Rn. 54.

[152] *Ebbing* in Michalski GmbHG § 15 Rn. 138; *Seibt* in Scholz GmbHG Anh. § 34 Rn. 14; *Binz/Mayer* NZG 2012, 201 (205 f.); *Lutter/Kleindiek* in Lutter/Hommelhoff GmbHG § 34 Rn. 72; BGH NJW 1987, 1019 (1020) zur AG. AA OLG Hamm GmbHR 1993, 656 (657).

[153] BGH NJW 1987, 1019 (1020).

[154] *Seibt* in Scholz GmbHG Anh. § 34 Rn. 10 ff.; *Lutter/Kleindiek* in Lutter/Hommelhoff GmbHG § 34 Rn. 71 ff.; *Fastrich* in Baumbach/Hueck GmbHG Anh. § 34 Rn. 20.

[155] Hierzu BGH NZG 2010, 270 Rn. 10; 2014, 541 Rn. 14.

2. Ausschließung aus wichtigem Grund

79 **a) Bei der GmbH & Co. KG.** Die Ausschließung eines Kommanditisten ist, wenn der Gesellschaftsvertrag nichts anderes vorsieht, nur nach § 140 HGB iVm § 161 Abs. 2 HGB möglich.[156] Danach kann das zuständige Gericht **auf Antrag aller übrigen Gesellschafter** statt einer (nach § 133 HGB möglichen) Auflösung der Gesellschaft die Ausschließung eines Gesellschafters aussprechen, wenn in der Person dieses Gesellschafters ein wichtiger Grund vorliegt. An diesen sind keine höheren Anforderungen zu stellen als bei einer Auflösung der Gesellschaft.[157]

80 Allerdings ist die Ausschließung eines Gesellschafters – wie im GmbH-Recht der Austritt – nur das **letzte Mittel (ultima ratio)** zum Schutz der Gesellschaft; sie soll grundsätzlich keine Strafe sein und die verbleibenden Gesellschafter nicht bereichern, sondern nur Schaden von der Gesellschaft abwenden. Insbesondere persönliche Spannungen zwischen den Gesellschaftern können eine Ausschließung nur rechtfertigen, wenn das Zerwürfnis über den Streit mit dem auszuschließenden Gesellschafter hinaus schädliche Auswirkungen auf die Gesellschaft hat.[158] Dies gilt erst recht, wenn es nicht um die Ausschließung eines persönlich haftenden Gesellschafters, sondern um diejenige eines Kommanditisten geht.[159]

81 Das zwischen den Gesellschaftern bestehende Treueverhältnis erlaubt die Ausschließung nur, wo sich **kein anderer zumutbarer Weg** findet.[160] Das gilt in besonderem Maß im Fall einer Zweimann-Gesellschaft,[161] da hier die Missbrauchsgefahr besonders groß ist. Selbst wenn ein Ausschließungsgrund gegeben ist, kann daher der von der Ausschließung bedrohte Gesellschafter seine Ausschließung abwenden, indem er seinen Mitgesellschaftern in bindender Form ein „milderes" Mittel zur Konfliktlösung wie etwa eine Änderung des Gesellschaftsvertrags,[162] eine Übertragung seiner Anteile auf einen Dritten[163] oder eine Umwandlung der Gesellschaft in eine andere Rechtsform (insbesondere AG) anbietet, vorausgesetzt, das Angebot ist den anderen Gesellschaftern zumutbar und der zum Ausschluss führende Grund wird durch die angebotene Maßnahme dauerhaft bereinigt.

82 Als **wichtige Gründe** in der Person eines Gesellschafters kommen **beispielhaft**[164] infrage: die Übervorteilung bei gemeinsamer Steuerhinterziehung,[165] der (objektiv begründete) Verdacht grober Unredlichkeit,[166] die Aushöhlung des Gesellschaftsunternehmens und der Aufbau eines eigenen in Erwartung der Trennung,[167] schwerwiegende Gefährdung des Unternehmens in seiner wirtschaftlichen Ertragsfähigkeit,[168] Zerstörung der persönlichen Vertrauensbasis unter den Gesellschaftern,[169] bewusste Geschäftsschädigung und Kreditgefährdung durch getrennt lebende oder geschiedene Ehefrau als Gesellschafterin,[170] planmäßig schwere gesellschaftswidrige Verstöße eines Gesellschafters, um nach einer von Gläubigern betriebenen Zwangsversteigerung das Unternehmen selbst zu übernehmen,[171] Zerstörung des Vertrauensverhältnisses durch ein ehewidriges Verhältnis eines Gesellschafters, der erst kurz zuvor durch Einheirat in eine Familiengesellschaft aufgenommen

---

[156] BGH NJW 1999, 2820 (2821).

[157] *Roth* in Baumbach/Hopt HGB § 140 Rn. 5; *Kindler* in Koller/Kindler/Roth/Morck HGB § 140 Rn. 2; *K. Schmidt* GesR § 50 III 1b.

[158] BGH NJW 1995, 597; 1998, 146 (147); OLG Dresden NZG 2001, 809 f.

[159] BGH NJW 1995, 597.

[160] StRspr schon des RG, RGZ 146, 169 (180); BGH NJW 1955, 1919 (1921); WM 1977, 500 (502). Zum Verhältnis zur Auflösungsklage *K. Schmidt* GesR § 50 III 1b.

[161] Zu dieser *Roth* in Baumbach/Hopt HGB § 140 Rn. 3, 14 ff.

[162] BGH WM 1975, 769 (770).

[163] BGHZ 18, 350 (362).

[164] Weitere Beispiele bei *Piehler/Schulte* in MHdB GesR II § 36 Rn. 46.

[165] BGHZ 31, 295 (303).

[166] BGHZ 31, 295 (304).

[167] BGH JR 1968, 340.

[168] BGHZ 4, 108.

[169] BGHZ 4, 108; OLG München NZG 2002, 328 (331).

[170] BGHZ 46, 392 (394 ff.).

[171] BGH WM 1961, 886.

wurde,[172] Einräumung einer Unterbeteiligung am eigenen Geschäftsanteil an einen geschäftlichen Konkurrenten der Gesellschaft,[173] schwerwiegende Verstöße gegen die gesellschaftsvertragliche Zuständigkeitsverteilung.[174]

Es entscheidet das **Gesamtbild** der Verhältnisse. **Verschulden** ist **nicht** unbedingt **erforderlich.**[175] Unter Berücksichtigung der Folgen für beide Seiten sind die Verdienste um das Unternehmen und die Verfehlungen des auszuschließenden Gesellschafters abzuwägen.[176] Zu berücksichtigen ist des Weiteren auch das Verhalten aufseiten der die Ausschließung betreibenden Mitgesellschafter, wenn dieses für die Zerstörung des gesellschaftsinternen Vertrauensverhältnisses mit ursächlich war.[177] 83

§ 140 HGB ist jedoch nicht zwingend. Der **Gesellschaftsvertrag** kann das Ausschließungsrecht einengen, aber auch erweitern.[178] Insbesondere kann er die Notwendigkeit einer **Ausschließungsklage** – wie im Fall der Auflösungsklage gemäß § 133 HGB – durch einen **bloßen Gesellschafterbeschluss** der übrigen Gesellschafter ersetzen,[179] wobei der von der Ausschließung bedrohte Gesellschafter **nicht stimmberechtigt** ist.[180] 84

Liegt ein wichtiger Grund vor, so kann nicht nur ein Kommanditist, sondern ggf. auch die **Komplementär-GmbH** selbst aus der Gesellschaft **ausgeschlossen** werden. Zu den Rechtsfolgen für die GmbH & Co. KG → § 7 Rn. 6. Ein weiterer wichtiger Grund, der zur Ausschließung der Komplementär-GmbH berechtigt, ist deren **Auflösung,** etwa aufgrund eines Liquidationsbeschlusses.[181] 85

Zur Erhebung der **Ausschließungsklage** bedarf es grundsätzlich der Mitwirkung **aller** nicht vom Ausschluss bedrohten Gesellschafter.[182] Ausnahmen sind zulässig, wenn die Gesellschafter, die keine Stellung beziehen wollen, verbindlich erklären, dass sie das Urteil als auch für sie bindend anerkennen werden.[183] Eine Verpflichtung zur Abgabe einer solchen Erklärung bzw. zur Mitwirkung an der Ausschlussklage kann sich im Übrigen aus der gesellschaftsrechtlichen **Treuepflicht** ergeben.[184] Eine Klage zur Durchsetzung dieser Verpflichtung kann mit der Ausschlussklage verbunden werden.[185] 86

b) Bei der Komplementär-GmbH. Die **Ausschließung** eines Gesellschafters ist im GmbH-Gesetz **nicht geregelt.** Nach dem allgemeinen Rechtsgrundsatz, wonach Dauerschuldverhältnisse aus wichtigem Grund vorzeitig lösbar sein müssen, wird heute auch ohne ausdrückliche Regelung in der Satzung die Ausschließung eines GmbH-Gesellschafters bei Vorliegen eines wichtigen Grunds für **möglich** gehalten,[186] und zwar ohne Rücksicht auf die personalistische oder kapitalistische Gesellschaftsstruktur.[187] 87

Ein **wichtiger Grund** liegt vor, wenn den übrigen Gesellschaftern die Fortsetzung der Gesellschaft mit dem betreffenden Gesellschafter infolge seines Verhaltens nicht mehr zuzumuten ist, seine weitere Mitgliedschaft also den Fortbestand der Gesellschaft unmöglich macht oder doch ernstlich gefährdet, wobei es entscheidend auf eine **Gesamtschau aller** 88

---

[172] BGH NJW 1973, 92 f.
[173] BGH DStR 1992, 1661 f.
[174] BGH DStR 1993, 1598 f.
[175] *Roth* in Baumbach/Hopt HGB § 140 Rn. 7.
[176] *Roth* in Baumbach/Hopt HGB § 140 Rn. 7 mwN; *K. Schmidt* in MüKoHGB § 140 Rn. 30 ff.
[177] BGH NZG 2003, 625 (626 f.); OLG Koblenz NZG 2014, 1229.
[178] *Roth* in Baumbach/Hopt HGB § 140 Rn. 28 ff.
[179] BGHZ 31, 295 (301); 68, 212 (214); BGH DStR 1997, 1090 (1091) mAnm *Goette.*
[180] *Kindler* in Koller/Kindler/Roth/Morck HGB § 140 Rn. 6.
[181] Das gilt natürlich nur, wenn man mit der hM erst die Vollbeendigung der Komplementär-GmbH als Ausscheidensgrund gemäß § 131 Abs. 3 Nr. 1 HGB ansieht (→ Rn. 40).
[182] BGH NJW 1998, 146.
[183] BGH NJW 1998, 146; ebenso OLG München NZG 1999, 590.
[184] BGH NJW 1975, 1410 f.; 1977, 1013 f.; OLG München NZG 1999, 590.
[185] BGH NJW 1977, 1013 f.
[186] *Lutter/Kleindiek* in Lutter/Hommelhoff GmbHG § 34 Rn. 52 mwN; *Fastrich* in Baumbach/Hueck GmbHG Anh. § 34 Rn. 2 mwN; *K. Schmidt* GesR § 35 IV 2b.
[187] *Seibt* in Scholz GmbHG Anh. § 34 Rn. 26 mwN.

Umstände ankommt.[188] **Beispielsfälle** sind schwere Verletzung der Gesellschafterpflichten, insbesondere gravierende Verstöße gegen die gesellschaftsrechtliche Treuepflicht, die schwerwiegende Störung des Vertrauensverhältnisses, unangenehm auffallendes, der Stellung der Gesellschaft abträgliches Benehmen in der Öffentlichkeit, die Gefährdung der Funktionsfähigkeit der Gesellschaft durch längere Unerreichbarkeit des Gesellschafters.[189] Ein **Verschulden** ist nicht erforderlich.[190]

89 Ist ein Kommanditist aus wichtigem Grund aus einer **GmbH & Co. KG** ausgeschlossen worden, wird bei **gleichzeitiger Beteiligung** an der Komplementär-GmbH regelmäßig auch bei dieser ein Ausschließungsgrund zu bejahen sein (→ § 8 Rn. 58). Wenn auch den übrigen Gesellschaftern gegenüber die Ausschließung gerechtfertigt wäre, so kann die Ausschließung lediglich **eines** Gesellschafters nicht verlangt werden.[191]

90 Wenn in der **Satzung** hierzu **nichts geregelt** ist, bedarf es zur Ausschließung nicht nur eines **Gesellschafterbeschlusses,** sondern zusätzlich einer Ausschließungsklage mit einem **Ausschluss-Urteil.**[192] Über die **Mehrheitserfordernisse** für den zur Erhebung der Ausschließungsklage erforderlichen Gesellschafterbeschluss herrscht Streit. Während die Rechtsprechung überwiegend wie für den Auflösungsbeschluss (§ 60 Abs. 1 Nr. 2 GmbHG) die Zustimmung von **drei Vierteln** des bei der Beschlussfassung vertretenen Kapitals verlangt,[193] begnügt sich eine Gegenansicht wegen des nachgeschalteten Gerichtsverfahrens mit der **einfachen Mehrheit.**[194] Dagegen entspricht es einhelliger Meinung, dass der vom Ausschluss bedrohte Gesellschafter an der Beschlussfassung gemäß § 47 Abs. 4 GmbHG (Stimmverbot) nicht mitwirken darf.[195] Bei der **Zweimann-Gesellschaft** liegt es nahe, wegen des andernfalls einsetzenden „Wettlaufs“ um die erste Abstimmung auf eine Beschlussfassung ganz zu verzichten und die Klageerhebung genügen zu lassen.[196]

91 Der **Ausschluss** erfolgt durch **rechtsgestaltendes Urteil.** Inwieweit in diesem Fall die vom BGH für den Fall des Einziehungsbeschlusses nunmehr abgelehnte Bedingungslösung (→ Rn. 55) noch zum Tragen kommt, ist bislang nicht entschieden. In der Literatur wird vereinzelt an der Bedingungslösung festgehalten.[197] Die Bedingungslösung ist jedoch auch hier abzulehnen.[198]

92 Angesichts der zahlreichen rechtlichen Unsicherheiten **empfiehlt sich** eine ausdrückliche **Regelung** des Ausschlusses in der **Satzung.**[199] Dabei können die den Ausschluss rechtfertigenden wichtigen Gründe präzisiert und erweitert werden.[200] Ferner kann die an

---

[188] BGHZ 16, 317 (322 f.); 80, 346 (350); KG BB 2010, 1418; OLG Koblenz NZG 2014, 1229. Der Regierungsentwurf eines neuen GmbH-Gesetzes aus dem Jahre 1973 (GmbH-Reform) hatte den wichtigen Grund in § 207 Abs. 1 S. 2 wie folgt umschrieben: „Ein wichtiger Grund liegt namentlich vor, wenn der Gesellschafter durch seine Person oder durch sein Verhalten die Erreichung des Gesellschaftszwecks unmöglich macht oder erheblich gefährdet, oder wenn sonst die Person des Gesellschafters oder sein Verhalten sein Verbleiben in der Gesellschaft untragbar erscheinen lässt.“

[189] Weitere Beispiele bei *Seibt* in Scholz GmbHG Anh. § 34 Rn. 30 ff.; *Lutter/Kleindiek* in Lutter/Hommelhoff GmbHG § 34 Rn. 54 ff.; zur Kasuistik *Goette* DStR 2001, 535 (536).

[190] BGHZ 9, 157 (164); 80, 346 (349).

[191] BGHZ 16, 322 f.; BGH DB 1990, 929.

[192] BGHZ 9, 157 (166); 16, 317 (322); 80, 346 (349); BGH GmbHR 1987, 302; ZIP 1999, 1843 (1844); OLG Hamm GmbHR 1992, 757 (758); OLG Dresden GmbHR 1997, 746; OLG Düsseldorf GmbHR 1999, 543 (545); BayObLG ZIP 2003, 1942 (1943).

[193] BGHZ 9, 157 (177), bestätigt durch BGH GmbHR 2003, 351 (352); OLG Frankfurt GmbHR 1980, 56 (57); zustimmend *Michalski/Funke* in Michalski GmbHG Anh. § 34 Rn. 25; *Goette* DStR 2001, 533 (538). AA OLG Köln NZG 2001, 82 f.

[194] OLG Köln NZG 2001, 82 f.; *Seibt* in Scholz GmbHG Anh. § 34 Rn. 39; *Schick* DB 2000, 2105; Ansicht für die Praxis durch BGH-Rechtsprechung jedoch überholt, *Fastrich* in Baumbach/Hueck GmbHG Anh. § 34 Rn. 9; *Battke* GmbHR 2008, 850 (853).

[195] BGH GmbHR 2003, 351 (352); *Seibt* in Scholz GmbHG Anh. § 34 Rn. 40 mwN: auszuschließender Gesellschafter hat jedoch Anspruch auf Stellungnahme.

[196] BGH DStR 1992, 296; 1999, 1951; OLG Jena BB 2005, 2318.

[197] *Klöckner* GmbHR 2012, 1325 (1327).

[198] *Altmeppen* in Roth/Altmeppen GmbHG § 60 Rn. 99 mwN.

[199] S. Formulierungsvorschlag bei *Battke* GmbHR 2008, 850 (857).

[200] Dazu *Seibt* in Scholz GmbHG Anh. § 34 Rn. 24; *Goette* DStR 2001, 533 (535).

sich notwendige Ausschließungsklage durch einen **rechtsgestaltenden Gesellschafterbeschluss** ersetzt werden.[201] Dies geschieht in der Regel in der Weise, dass die Satzung unter Beachtung der Anforderungen in § 34 GmbHG bei Vorliegen eines wichtigen Grunds die **Zwangseinziehung** des Geschäftsanteils des betreffenden Gesellschafters erlaubt bzw. der Gesellschafter zur **Abtretung** seines Geschäftsanteils verpflichtet werden kann. Unzureichend wäre dagegen eine Satzungsregelung, die nur einen Ausschließungsbeschluss vorsieht und nicht zugleich für die Umsetzung dieses Beschlusses eine ausreichende Ermächtigungsgrundlage für die Zwangseinziehung des Geschäftsanteils beinhaltet.[202]

Geregelt werden können und sollten im Übrigen Art, Höhe, Berechnung und Fälligkeit 93 der **Abfindung** (→ Rn. 202).[203]

3. Ausschließung nach „freiem Ermessen"

a) Vorbemerkung. Gesellschaftsverträge, namentlich von **Familienunternehmen,** 94 werden üblicherweise für sehr lange Zeiträume konzipiert und abgeschlossen. Nicht selten haben derartige Verträge auch jahrzehntelangen Bestand. Dies hat verschiedene Gründe. Zum einen sind Vertragsverfasser oft stolz darauf, wenn ihr ursprüngliches Gedankengut möglichst lange währt; jeder Änderungsversuch gilt dann als „Sakrileg". Zum anderen haben nachfolgende Generationen, oft schon ihrer großen Zahl wegen, nicht den noch bei ihren Vorvätern vorhandenen **Konsens,** um einvernehmlich wesentliche Änderungen des Gesellschaftsvertrags verabschieden zu können. In vielen Fällen bedarf es – kraft ausdrücklicher Regelung oder im Hinblick auf die Grundsätze der Kernbereichslehre (→ § 5 Rn. 92 ff.) – sogar **einstimmiger Beschlussfassung,** die nicht immer erreichbar ist. Allzu oft spielt auch eine gewisse Bequemlichkeit eine Rolle.

Ein weiteres **„Trägheitsmoment"** dürfte sich daraus ergeben, dass Familienunterneh- 95 men, und zwar nicht nur zerstrittene, sehr stark von Traditionen und Gefühlen geprägt werden. Notwendige Anpassungen, nicht nur im Gesellschaftsvertrag, werden zurückgestellt, um einen unter Umständen vor Jahren nur mühsam erzielten Kompromiss zwischen den Gesellschaftern nicht zu gefährden. Von daher neigen Familiengesellschafter oft dazu, an sich gebotene einzelne Vertragsänderungen bis zu einer kompletten Neufassung zurückzustellen, da man befürchtet, andernfalls einen „Stein ins Rollen" zu bringen, indem andere Familiengesellschafter dann ihrerseits mit Änderungswünschen aufwarten.

Aus all diesen Gründen ist es bei Familienunternehmen immer wieder anzutreffen, dass 96 ihre **Gesellschaftsverträge** entweder nur aus ganz **besonderem Anlass** (Erbfall, Umwandlung in eine andere Rechtsform, Gesellschafterwechsel etc) **geändert** werden oder nur in äußerst **langen zeitlichen Zyklen** von etwa 10–20, oft auch 30 Jahren und länger. Das ist auch der Grund dafür, weswegen der II. Zivilsenat des BGH immer wieder betont hat, dass Änderungen einer langjährigen höchstrichterlichen Rechtsprechung auf dem Gebiet des Gesellschaftsrechts, auf die sich die Vertragspraxis eingestellt hat, nur äußerst behutsam erfolgen dürften; insoweit komme der **Kontinuität** der Rechtsprechung ein erheblicher Stellenwert im Blick auf die **Rechtssicherheit** zu.[204]

b) Frühere Rechtslage und Vertragspraxis. Die **Hinauskündigung** von Gesellschaf- 97 tern nach freiem Ermessen, also ohne wichtigen Grund, war lange Zeit ein beliebtes Gestaltungsinstrument. Insbesondere bei **Familiengesellschaften** wurde die Unternehmensnachfolge gerne in der Weise geregelt, dass zunächst alle pflichtteilsberechtigten Erben Gesellschafter wurden, es dem auserwählten „Unternehmenserben" aber gesellschaftsvertraglich ermöglicht wurde, die Miterben zu einem ihm genehmen Zeitpunkt unter Buch-

---

[201] BGHZ 9, 157 (160); 32, 17 (22); BGH NJW 1977, 2316; GmbHR 1991, 362; ZIP 1999, 1843 (1844); OLG Brandenburg GmbHR 1998, 193 (194); OLG Düsseldorf GmbHR 1999, 543 (545); BayObLG ZIP 2003, 1942 (1943).

[202] BGH DStR 2001, 1898 mAnm *Goette.*

[203] *Seibt* in Scholz GmbHG Anh. § 34 Rn. 24.

[204] BGHZ 85, 64 (66).

wertabfindung, also **ohne** Berücksichtigung **stiller Reserven** und eines etwaigen Geschäftswerts, hinauszukündigen.[205] Diese Regelung hatte gegenüber der sog **qualifizierten Nachfolgeklausel,** kraft derer von vornherein nur ganz bestimmte Erben in die Gesellschafterstellung des Erblassers nachrücken können, den Vorteil, dass der das Unternehmen letztlich fortführende Erbe die (vorläufige) Mitgliedschaft seiner Miterben zu einem im Hinblick auf die Liquiditätsverhältnisse der Gesellschaft günstigen Zeitpunkt beenden kann, also nicht mit erbrechtlichen Ausgleichszahlungen oder gesellschaftsvertraglichen Abfindungen in einem Zeitpunkt konfrontiert wird, in dem das Unternehmen den – mit der erforderlichen Entnahme flüssiger Mittel verbundenen – Liquiditätsabfluss nur schwer verkraften kann.[206]

98 Auch aus **sonstigen Motiven** werden in der **Kautelarpraxis** gesellschaftsvertragliche Ausschlussklauseln erwogen. Dabei stehen (außer der erwähnten Nachfolgeregelung) folgende Fälle im Vordergrund:

99 (1) Ein in der Gesellschaft tätiger Kommanditist soll nach Erreichen einer bestimmten **Altersgrenze** Platz machen für einen jüngeren Nachfolger.

100 (2) Infolge Erbgangs oder Veräußerung wird eine bestimmte Beteiligungsquote unterschritten. Mit der Hinauskündigungsmöglichkeit soll die Entstehung von **Zwerganteilen** verhindert werden.

101 (3) An der Gesellschaft werden (leitende) **Mitarbeiter beteiligt,** denen nur für die Dauer ihrer Tätigkeit die Stellung eines Gesellschafters mit oder ohne Kapitalanteil zukommen soll und die nach Beendigung des Beschäftigungsverhältnisses zu den gleichen Konditionen ausscheiden wie sie eingetreten sind (→ § 9 Rn. 80 ff.).

102 (4) Ein Gesellschafter verstößt anlässlich seiner Eheschließung gegen die sog **Güterstandsklausel,** vereinbart also weder Gütertrennung noch zumindest den Ausschluss des Zugewinns bezüglich seiner Beteiligung.[207] Hier stellt die Kündigungsmöglichkeit ein „Druckmittel" dar, um die Gesellschafter zur Einhaltung ihrer gesellschaftsvertraglichen Verpflichtung, die als solche mangels Klagbarkeit nicht durchsetzbar wäre, zu veranlassen.

103 (5) Ein Vater nimmt seine Kinder, zeitlich von vornherein auf einige Jahre befristet, nur **auf Probe** in die Gesellschaft auf, um vor seiner endgültigen Entscheidung über den **Unternehmensnachfolger** die Entwicklung der Kinder abzuwarten.

104 (6) Die von ihrem Mann schenkweise in die Gesellschaft aufgenommene Ehefrau soll nur so lange der Gesellschaft angehören, wie die **Ehe besteht** oder kein **Getrenntleben** vorliegt.[208]

105 (7) In einer GmbH & Co. KG ändern sich die Beteiligungsverhältnisse in der Komplementär-GmbH infolge Erbgangs oder Veräußerung. Hier soll durch die Hinauskündigungsmöglichkeit die **Beteiligungsidentität** zwischen KG und GmbH sichergestellt werden.

106 **c) Grundsätzliche Unzulässigkeit der Hinauskündigung nach freiem Ermessen. aa) Bei der GmbH & Co. KG.** Die ständige, schon auf das RG[209] zurückgehende Rechtsprechung des BGH hatte es zunächst für ohne Weiteres zulässig erachtet, im Gesellschaftsvertrag zu bestimmen, dass ein Kommanditist – abweichend von der gesetzlichen Regelung der §§ 133, 140 HGB – durch Beschluss der Gesellschaftermehrheit bzw. durch einseitige Erklärung eines einzelnen Gesellschafters **ohne besondere Rechtfertigung** aus der Gesellschaft ausgeschlossen werden könne.[210] Dabei war der freie Ausschluss von Kommanditisten nicht nur für solche Fälle zugelassen worden, in denen zulasten von Kommanditisten, die ihre Beteiligung im Erbweg oder durch Schenkung erlangt hatten, von vornherein ein einseitiges Ausschließungsrecht vereinbart war, die ausgeschlossenen Gesellschafter also

---

[205] Sog Hinauskündigungsklausel; von *Wiedemann* GesR II § 5 I 3c bb auch „Hinauswurfklausel" genannt.
[206] *Esch* NJW 1979, 1390 f.; *Flume* NJW 1979, 903.
[207] Sog modifizierte Zugewinngemeinschaft, meist kombiniert mit dem Ausschluss der Verfügungsbeschränkung des § 1365 BGB.
[208] So der Sachverhalt von BGHZ 34, 80.
[209] RG ZAkDR 1938, 818 f.; s. auch rechtshistorischer Rückblick bei *Gehrlein* NJW 2005, 1969; *Becker,* Die Zulässigkeit von Hinauskündigungsklauseln nach freiem Ermessen im Gesellschaftsvertrag, 2010, 31 ff.
[210] BGHZ 34, 80; BGH WM 1962, 462; 1968, 532; NJW 1973, 1606; 1973, 651.

bereits nach dem Gesellschaftsvertrag nur eine minderberechtigte Stellung innehatten. Vielmehr wurde der Ausschluss eines Gesellschafters ohne wichtigen Grund auch dann für möglich gehalten, wenn es sich um grundsätzlich gleichberechtigte Gesellschafter handelte, bei denen im Zeitpunkt des Vertragsschlusses noch ungewiss war, wen von ihnen eine spätere Ausschließung treffen würde.[211]

In seiner **Entscheidung vom 20.1.1977**[212] hat der **BGH** erstmals zu erkennen gegeben, dass er an seiner **früheren Rechtsprechung** zur uneingeschränkten Zulässigkeit des freien Ausschlusses von Gesellschaftern **nicht länger festhalten** wolle, mag er dieses Urteil auch – zu Unrecht – lediglich als „Ergänzung“[213] seiner bisherigen Rechtsprechung bezeichnet haben. Eine grundlegende Auseinandersetzung mit der rechtlichen Problematik unterblieb jedoch, da die Streitfrage nicht entscheidungserheblich war. Dennoch sah sich der BGH zu dem – durch Aufnahme in den Leitsatz (!) aufgewerteten – Hinweis veranlasst, dass ein an wichtige Gründe nicht gebundenes Ausschließungsrecht für den Regelfall als „rechtlich bedenklich“ anzusehen sei. Ein derartiges Gestaltungsrecht greife in so schwerwiegender Weise in die Gesellschafterstellung und die wirtschaftliche und persönliche Freiheit ein, dass es nur dann als zulässig erachtet werden könne, wenn hierfür **„wegen außergewöhnlicher Umstände sachlich gerechtfertigte Gründe“** bestünden.[214] 107

Im Urteil vom 13.7.1981[215] bestätigte der BGH die Abkehr von der bisherigen Rechtsprechung. Im Entscheidungsfall war den persönlich haftenden Gesellschaftern das Recht eingeräumt, die Mitgesellschafter nach freiem Ermessen aus der Gesellschaft auszuschließen. Dieses Mal wurde der BGH deutlicher: Derartige Ausschließungsklauseln seien wegen **Verstoßes** gegen die **Grundprinzipien des Gesellschaftsrechts** und die allgemeinen Grundsätze der Rechtsordnung **sittenwidrig** (§ 138 BGB) und damit **nichtig.** Sie begründeten nämlich die Gefahr, dass die das gemeinsame Unternehmen mittragenden Gesellschafter aus sachfremden – eventuell nur emotional bedingten – Gründen ausgeschlossen werden könnten, wodurch einer **Willkürherrschaft** in der Gesellschaft insgesamt Vorschub geleistet werden könne. Die Macht, Mitgesellschafter nach Gutdünken auszuschließen, könnte diese davon abhalten, ihre Gesellschafterrechte, wie etwa auf Widerspruch bei Geschäften, die über den gewöhnlichen Betrieb des Handelsgewerbes hinausgehen (§ 164 HGB), oder auf Bilanzprüfung (§ 166 HGB) ebenso wie sonstige gesellschaftsvertragliche Ansprüche, wahrzunehmen. Die Einschränkung der Entscheidungsfreiheit durch das **„Damoklesschwert der Hinauskündigung“**[216] sei so schwerwiegend, dass nicht erst geprüft werden müsse, ob der Ausschließungsbeschluss oder die Kündigungserklärung unter dem Gesichtspunkt des Missbrauchs einer eingeräumten Machtstellung nichtig sei; die Nichtigkeit ergreife vielmehr die Hinauskündigungsklausel selbst.[217] 108

In der **Literatur** ist die Rechtsprechung des BGH auf zum Teil **heftige Kritik**[218] gestoßen. Diese beruft sich vor allem auf die **Privatautonomie der Gesellschafter,** die – in den Schranken des Rechtsmissbrauchs und der Sittenwidrigkeit – „vereinbaren können, was sie wollen“,[219] bzw. verwendet den von *Flume*[220] eingeführten Begriff des **„Gesellschafters minderen Rechts“,**[221] dessen Rechtsstellung a priori verkürzt sei. Der BGH hat seine 109

[211] BGH NJW 1973, 1606.
[212] BGHZ 68, 212 = NJW 1977, 1292.
[213] So BGHZ 68, 212 Ls. 2 am Ende = NJW 1977, 1292.
[214] BGHZ 68, 212 (215) = NJW 1977, 1292.
[215] BGHZ 81, 263 = NJW 1981, 2570; ferner BGH NJW 1989, 834; 2000, 2584; 2004, 2013.
[216] BGHZ 81, 263 (268) = NJW 1981, 2570 unter Rückgriff auf *Schilling* ZGR 1979, 419 (426).
[217] BGHZ 81, 263 (268) = NJW 1981, 2570; BGH NJW 1994, 1156 für atypisch stille Gesellschaft.
[218] *Verse* DStR 2007, 1822; *Drinkuth* NJW 2006, 410; *Weber/Hinkel* NJW 1986, 2752; *Behr* ZGR 1985, 475; *Koller* DB 1984, 545; *Bunte* ZIP 1983, 6 (11); *Kreutz* ZGR 1983, 109 (114); *Hirtz* BB 1981, 762; *Huber* ZGR 1980, 177; *Esch* NJW 1979, 1390. Dem BGH zustimmend dagegen *Schäfer* in Großkomm. HGB § 140 Rn. 61 ff. mwN zum Meinungsstand.
[219] *Hirtz* BB 1981, 762; ähnlich *Huber* ZGR 1980, 177 (211).
[220] *Flume* NJW 1979, 902; *Flume* DB 1986, 629 (633 f.).
[221] Zustimmend *Altmeppen* in Roth/Altmeppen GmbHG § 34 Rn. 43 ff.

Rechtsprechung inzwischen aber ausdrücklich als „gefestigt" bezeichnet.[222] An dieser Rechtslage hat sich auch durch das **HRefG** nichts geändert. Dort wird jetzt unter **§ 131 Abs. 3 Nr. 6 HGB** ohne nähere Bestimmung geregelt, dass ein Gesellschafter aufgrund Gesellschafterbeschlusses ausscheidet. Dies darf jedoch nicht dahin gehend missverstanden werden, dass diese Regelung einen Ausschluss des Gesellschafters gegen dessen Willen bzw. nach freiem Ermessen ermöglicht.[223] Nach der Begründung im Regierungsentwurf zum HRefG[224] ist mit dieser Regelung eine materielle Erleichterung der Ausschließung von Gesellschaftern durch Gesellschafterbeschluss nicht verbunden; vielmehr sollen die in **Rechtsprechung** und Literatur insoweit herausgearbeiteten Kriterien **unberührt** bleiben.

110 Die **Praxis** hat sich inzwischen bei der Beurteilung und Neufassung von Gesellschaftsverträgen auf diese Rechtsprechung als zumindest im Grundsatz unverrückbares Datum eingestellt (aber → Rn. 120 ff.).

111 **bb) Bei der Komplementär-GmbH.** Der **BGH** hat in Übereinstimmung mit der hL[225] im Urteil vom 9.7.1990[226] ausdrücklich bejaht, dass auch im Fall einer **GmbH** rechtliche **Bedenken** gegen eine gesellschaftsvertragliche Bestimmung bestehen, die einem oder mehreren Gesellschaftern das Recht gibt, einzelne Gesellschafter aus der GmbH nach freiem Ermessen **„hinauszukündigen".** Hiernach sei eine derartige Regelung nicht nur bei der Personengesellschaft, sondern auch im GmbH-Recht nichtig, es sei denn, dass eine solche Regelung wegen der besonderen Umstände **sachlich gerechtfertigt** sei.[227] Insoweit dürfte die Rechtslage, jedenfalls was die Zulässigkeit einer Hinauskündigungsklausel anbetrifft, im Recht der Personen- und der Kapitalgesellschaft weitgehend gleich sein.

112 **cc) Höhe des Abfindungsguthabens ohne Einfluss.** Interessanterweise stützt die Rechtsprechung des BGH die grundsätzliche Unzulässigkeit der freien Hinauskündigung von Gesellschaftern nicht auf die in der früheren Praxis auch für diesen Fall meist vorgesehene **Buchwertabfindung,** sondern beurteilt – wie auch im umgekehrten Fall – die **Wirksamkeit** beider gesellschaftsvertraglicher Regelungen **unabhängig voneinander.** Hiernach soll auch der Umstand, dass der Gesellschafter, der unter dem „Damoklesschwert" der Hinauskündigung steht, ggf. eine „volle" oder jedenfalls angemessene Abfindung zu beanspruchen hat, an dem Ergebnis nichts ändern. Ein solcher finanzieller Ausgleich kann nach Ansicht des BGH den von der Möglichkeit der Hinauskündigung ausgehenden Druck zwar mindern, ihn aber nicht ausschließen.[228]

113 Dies gilt auch umgekehrt: Ist die Ausschließung des Gesellschafters ohne wichtigen Grund – ausnahmsweise (→ Rn. 118) – zulässig, so ist der entsprechende Gesellschafterbeschluss auch dann wirksam, wenn der Gesellschaftsvertrag für den Ausschließungsfall eine unangemessen niedrige Abfindung vorsehen sollte.[229] Nach Ansicht des BGH sprechen insbesondere praktische Gründe dafür, die Frage, ob eine Abfindung angemessen ist, notfalls einem **besonderen Rechtsstreit** vorzubehalten.[230] Zudem würde die Abhängigkeit der Ausschließung von der Angemessenheit der Abfindung zu einer erheblichen, unter Umständen jahrelang andauernden **Rechtsunsicherheit** führen.[231] Im Übrigen entspricht eine

---

[222] BGHZ 105, 213 (216).

[223] *Priester* DNotZ 1998, 691 (703); *K. Schmidt* NJW 1998, 2161 (2166), der § 131 Abs. 3 Nr. 6 HGB deshalb auch für überflüssig hält.

[224] BT-Drs. 13/8444, 65 f. (dort noch als § 131 Abs. 2 Nr. 6 HGB).

[225] *Westermann* in Scholz GmbHG § 34 Rn. 17; *Lutter/Kleindiek* in Lutter/Hommelhoff GmbHG § 34 Rn. 33; *Fastrich* in Baumbach/Hueck GmbHG § 34 Rn. 9a. AA *Drinkuth* NJW 2006, 410 (411).

[226] BGH NJW 1990, 2622.

[227] BGH NJW 1990, 2622 (2623). Ein solcher Grund kann zB in der Beendigung der Mitarbeit eines Gesellschafters liegen, wenn die GmbH personalistisch, dh auf die Mitarbeit aller Gesellschafter ausgerichtet ist, BGH NJW 1983, 2880 f.

[228] BGHZ 81, 263 (268 f.). Kritisch *Drinkuth* NJW 2006, 410 (411); *Grunewald* DStR 2004, 1750 (1751).

[229] BGH NJW 2005, 3641 (3643).

[230] BGHZ 105, 213 (220) im Anschluss an BGH NJW 1973, 1606 (1607); BGHZ 107, 351 (354) = NJW 1989, 2681.

[231] BGH NJW 1973, 1606 (1607).

getrennte Beurteilung auch vergleichbaren Regelungen des Aktienrechts und des Umwandlungsgesetzes; hier ist für die Bemessung der Abfindungshöhe ebenfalls ein gesondertes gerichtliches Verfahren vorgesehen (§§ 304 ff., 327f AktG, §§ 34, 212 UmwG).

dd) Übernahmerecht bei Publikums-KGs. In einer zur **Publikumsgesellschaft**[232] ergangenen Entscheidung[233] hat der BGH an die zur „normalen" KG ergangene Rechtsprechung angeknüpft und im Weg der **Inhaltskontrolle** nach § 242 BGB eine gesellschaftsvertragliche Bestimmung, die der Komplementär-GmbH einseitig das Recht einräumte, einzelne oder alle Kommanditbeteiligungen nach Ablauf von zehn Jahren seit Gründung der Gesellschaft zu einem Wert, der nur geringfügig über dem Buchwert lag, zu übernehmen, für unwirksam erklärt. 114

Der BGH hielt das Optionsrecht der Komplementär-GmbH für eine **unangemessene Beeinträchtigung** der Interessen der Anlagegesellschafter, da nach der Lebenserfahrung damit zu rechnen sei, dass die Option nur dann ausgeübt werde, wenn sich das Unternehmen als wirtschaftlich erfolgreich erweise und zu erwarten sei, dass die Gesellschaftsbeteiligung auch in Zukunft Erträge abwerfe, während sie nicht ausgeübt würde, wenn das Unternehmen unrentabel arbeite und auch in Zukunft mit Verlusten zu rechnen sei. Damit werde das **Gleichgewicht** zwischen dem Risiko, die Kommanditeinlage zu verlieren, und der Chance, Gewinne zu erzielen und das angelegte Kapital zu vermehren, einseitig zulasten der Anlagegesellschafter **gestört:** der Komplementär werde vielmehr in die Lage versetzt, die mit der Gesellschaftsbeteiligung verbundenen Chancen für sich allein zu beanspruchen, das Risiko aber den Mitgesellschaftern zu belassen. 115

Wie der BGH auch in dieser Entscheidung hervorhebt, wäre das Übernahmerecht **selbst dann** als unangemessen und damit **unzulässig** anzusehen, wenn den betroffenen Kommanditisten im Ergebnis eine **angemessene Abfindung** zustünde bzw. zuzuerkennen wäre. Denn damit würde die mit der Optionsklausel verbundene Störung des Interessenausgleichs (Optionsausübung bei Gewinnprognose, Verzicht auf die Optionsausübung bei Verlustprognose) nicht beseitigt. 116

ee) Hinauskündigungsmöglichkeit nur wegen „außergewöhnlicher Umstände". Trotz seiner grundsätzlich ablehnenden Haltung gegenüber Ausschließungsklauseln räumt der BGH allerdings ein, dass Fallgestaltungen denkbar seien, welche die Aufnahme einer gesellschaftsvertraglichen Bestimmung über die Hinauskündigung nach freiem Ermessen als gerechtfertigt erscheinen ließen. Diese „außergewöhnlichen Umstände" müssten geeignet sein, dem Ausschließungsrecht eine **„sachliche Rechtfertigung"** zu geben.[234] Bemerkenswert ist dabei, dass der BGH nicht auf die sachliche Rechtfertigung der Hinauskündigung bzw. des Ausschließungsbeschlusses im konkreten Fall abstellt, sondern darauf, ob für die **gesellschaftsvertragliche Regelung als solche** sachliche Gründe bestehen. Anders als bei Annahme einer bloßen „Ausübungskontrolle" unter Missbrauchsgesichtspunkten gemäß § 242 BGB[235] kommt es also für die Zulässigkeitsprüfung des BGH nicht auf den **Zeitpunkt** des Kündigungsbeschlusses, sondern allein auf den des **Vertragsabschlusses** an, wobei der BGH allerdings offengelassen hat,[236] ob die sachliche Rechtfertigung schon aus dem Gesellschaftsvertrag selbst hervorgehen müsse.[237] 117

---

[232] Zum Begriff und dem dazu entwickelten „Sonderrecht" → § 13 Rn. 15 ff.

[233] BGHZ 84, 11; BGH NJW 1994, 1156 für eine vergleichbare Regelung bei einer Publikumsgesellschaft in der Rechtsform der atypisch stillen Gesellschaft.

[234] BGHZ 81, 263 (269); 105, 213 (217); 107, 351 (353).

[235] Für eine solche sprechen sich aus *Verse* DStR 2007, 1822 (1827 f.); *Drinkuth* NJW 2006, 410 (412); *Benecke* ZIP 2005, 1437 (1441); *Hirtz* BB 1981, 764.

[236] BGHZ 81, 263 (269).

[237] So *Hirtz* BB 1981, 763 f., der der Vertragspraxis deshalb empfiehlt, bereits im Gesellschaftsvertrag denkbare Gründe für den Ausschluss aufzulisten. Dabei besteht freilich die auch von *Hirtz* gesehene Gefahr, dass die Angabe von Gründen das Ausschließungsrecht wieder dahin gehend einschränkt, dass ein Ausschluss ohne Vorliegen solcher Gründe unmöglich wird (argumentum e contrario).

118 Wenig geklärt ist allerdings die Frage, **welche** „außergewöhnlichen“[238] bzw. „besonderen“[239] **Umstände** die Ausschließung eines Gesellschafters nach freiem Ermessen sachlich rechtfertigen können.[240] **Nicht ausreichend** sollen nach älterer Rechtsprechung jedenfalls sein: die Tatsache des **erbrechtlichen Erwerbs**[241] sowie der Umstand, dass es sich um eine **Familiengesellschaft** handelt, die von dem ausschließungsberechtigten Gesellschafter „mitgegründet und zur wirtschaftlichen Blüte gebracht“ worden ist.[242]

119 Dagegen hat der BGH in einem obiter dictum zu erkennen gegeben, dass er die Absicht, „einer personellen **Ausuferung des Gesellschafterkreises** entgegenzuwirken und wieder ein Zusammenrücken von Gesellschaftskapital und alleiniger Geschäftsführung zu ermöglichen“, als ausreichenden Rechtfertigungsgrund anerkennen würde.[243] In einer zur GmbH ergangenen Entscheidung[244] hat der BGH eine „sachliche Rechtfertigung“ angenommen, wenn der zur Ausschließung berechtigte Gesellschafter „wegen enger persönlicher Beziehungen zu seinem Mitgesellschafter die volle Finanzierung der Gesellschaft übernimmt und diesem eine Mehrheitsbeteiligung sowie die alleinige Geschäftsführungsbefugnis eingeräumt“ hat. Im Entscheidungsfall handelte es sich bei dem ausgeschlossenen Mitgesellschafter um die Lebensgefährtin des ausschließungsberechtigten Gesellschafters, der von seiner Befugnis Gebrauch machte, nachdem persönliche Differenzen zur Beendigung der eheähnlichen Beziehung geführt hatten.

120 In einer Reihe von **jüngeren Entscheidungen** hat sich der **BGH** nunmehr großzügiger gezeigt und bei verschiedenen Sachverhalten jeweils einen rechtfertigenden sachlichen Grund bejaht:

121 (1) **Ausschluss aus Freiberuflersozietät:** In dem mit Urteil vom 8.3.2004[245] entschiedenen Fall war ein neuer Gesellschafter in eine schon lange Zeit bestehende Gemeinschaftspraxis von Laborärzten aufgenommen worden. Das vereinbarte Ausschließungsrecht diente dazu, den Altgesellschaftern die Prüfung zu ermöglichen, ob zu dem neuen Partner das notwendige Vertrauen hergestellt werden kann und ob die Gesellschafter auf Dauer in der für die gemeinsame Berufsausübung erforderlichen Weise harmonieren können. Der BGH sah in der Aufnahme eines weitgehend unbekannten Partners „erhebliche Gefahren“ für die Altgesellschafter, weshalb diesen eine „angemessene Prüfungszeit“ zugestanden werden müsse, innerhalb der sie den neuen Gesellschafter ausschließen könnten.

122 Der BGH hat damit eine Art **„Probezeit“** für aktive Gesellschafter eingeführt, die auch auf Personenhandelsgesellschaften übertragen werden kann. Allerdings überschritt die im Urteilsfall vereinbarte Prüfungsfrist von zehn Jahren den anzuerkennenden Rahmen – so der BGH – „bei weitem“. Eine Probezeit von zwei bis drei Jahren dürfte indessen unproblematisch sein.[246] Nach Auffassung des BGH[247] und des OLG Frankfurt[248] darf die im Fall des Eintritts in eine Arztpraxis vereinbarte Probezeit maximal drei Jahre betragen. Eine aufgrund ihrer überlangen Dauer unzulässige Probezeit sei im Weg der geltungserhaltenden Reduktion auf das zulässige Höchstmaß zu reduzieren.

123 (2) **Beendigung eines Kooperationsvertrags:**[249] Im Urteilsfall ging es um eine GmbH, in der sich nationale Paketdienste zum Zweck einer internationalen Kooperation

---

[238] BGHZ 81, 263 Ls.

[239] BGH NJW 1990, 2622 (2623).

[240] Das räumt der BGH in NJW 1990, 2622 (2623) und NJW 2004, 2013 (2014 f.) ausdrücklich ein und verweist auf den konkreten Einzelfall.

[241] BGHZ 81, 263 (270).

[242] BGH NJW 1985, 2421 (2422 f.).

[243] BGH NJW 1979, 104; vorsichtiger dagegen BGHZ 81, 263 (269).

[244] BGH NJW 1990, 2622 Ls. 1b.

[245] BGH NJW 2004, 2013; bestätigt durch BGH NJW-RR 2007, 1256 Rn. 20 ff.; OLG Frankfurt NJW-RR 2006, 405 (406 f.).

[246] *Grunewald* DStR 2004, 1750.

[247] BGH NJW-RR 2007, 1256 Rn. 24 ff. auch unter Berücksichtigung des Zulassungsrechts des Jahrs 2000.

[248] NJW-RR 2006, 405 (406 f.).

[249] BGH NZG 2005, 479 f.

zusammengeschlossen haben. Der mit jedem Gesellschafter bestehende Kooperationsvertrag war kündbar und mit dessen Beendigung sollte auch die Gesellschafterstellung enden. Hier war nach Ansicht des BGH das Gesellschaftsverhältnis von untergeordneter Bedeutung und durch den Kooperationsvertrag überlagert, weshalb die Zwangseinziehung („Hinauskündigung") bei Beendigung des Kooperationsvertrags gerechtfertigt war. Nichts anderes dürfte gelten, wenn eine solche Kooperation in der Rechtsform der GmbH & Co. KG organisiert ist.

(3) **Manager- und Mitarbeitermodelle:** In zwei Entscheidungen vom 19.9.2005[250] hat der BGH seine bisherige Rechtsprechung zur Hinauskündigung bekräftigt, zugleich aber entschieden, dass es sachlich gerechtfertigt ist, wenn Managern oder Mitarbeitern eine Gesellschafterstellung eingeräumt wird, die auf Verlangen des Arbeitgebers bei Beendigung des Dienst- bzw. Arbeitsverhältnisses wieder zurückzuübertragen ist (→ § 9 Rn. 87). **124**

(4) **Hinauskündigung aufgrund Testierfreiheit:** In dem Fall, den der BGH mit Urteil vom 19.3.2007[251] entschieden hat, verfügte der Erblasser die Fortführung seines Einzelunternehmens in einer Gesellschaft (KG) zwischen der Vorerbin (Ehefrau) und den Nacherben (Sohn und Tochter). Das Gesellschaftsverhältnis sollte bis zum Eintritt des Nacherbfalls unkündbar sein. Nach dem Tod der Vorerbin vereinbarten die Nacherben entsprechend den testamentarischen Anordnungen des Erblassers, dass eine Kündigung für die Dauer von weiteren zehn Jahren ausgeschlossen ist und danach das Gesellschaftsverhältnis jeweils zum Ende eines Kalenderjahrs gekündigt werden kann. Dabei sollte – gleichgültig wer die Kündigung ausspricht – der Sohn das Recht zur Fortführung des Betriebs und der Firma haben. Das damit begründete Recht des Sohns zur freien Hinauskündigung seiner Schwester bzw. deren Erben hat der BGH als sachlich gerechtfertigt angesehen, da es auf der Testierfreiheit des Erblassers beruhte. Dieser hätte die Tochter auch gänzlich von der Erbfolge oder – mittels Teilungsanordnung bzw. Vorausvermächtnis – von der Nachfolge im Unternehmen ausschließen können. Folglich müsse auch die Einräumung einer durch das vorbehaltene Kündigungsrecht **eingeschränkten Gesellschafterstellung** als zulässig erachtet werden.[252] **125**

UE hat der BGH damit im Ergebnis die früher beliebte Vertragspraxis (→ Rn. 97)[253] anerkannt, bei der zunächst alle pflichtteilsberechtigten Erben Gesellschafter werden, dem eigentlich auserwählten Unternehmensnachfolger aber das Recht eingeräumt wird, sich auf gesellschaftsrechtlicher Basis zum geeigneten Zeitpunkt von den anderen Erben als Mitgesellschafter gegen Abfindung zu trennen.[254] Es wird abzuwarten sein, ob und inwieweit sich hieraus in der Praxis eine **Gestaltungsalternative zur qualifizierten Nachfolgeklausel** entwickelt. **126**

(5) **Ehescheidung:** Beachtenswert ist in diesem Zusammenhang auch eine Entscheidung des OLG Karlsruhe,[255] wonach eine gesellschaftsvertragliche Regelung, dass ein angeheirateter Gesellschafter bei **Scheidung** seinen vom Ehegatten unentgeltlich zugewandten Gesellschaftsanteil wieder unentgeltlich zurückzuübertragen habe, wirksam ist.[256] Das OLG Karlsruhe vermeidet in seiner Entscheidung allerdings eine Auseinandersetzung mit der gesellschaftsrechtlichen Rechtsprechung des BGH zu den Hinauskündigungsklauseln.[257] **127**

---

[250] BGH NJW 2005, 3641 (3642 f.) – Managermodell und NJW 2005, 3644 (3645 f.) – Mitarbeitermodell; ferner OLG München DStR 2017, 113.

[251] BGH NJW-RR 2007, 913 Rn. 9 ff.

[252] Nach Ansicht von *Verse* DStR 2007, 1822 (1824) stellt diese Argumentation die Rechtsprechung zur Hinauskündigung insgesamt in Frage, da diese Argumentation nicht nur auf Anteilsschenkungen, sondern auch auf entgeltliche Anteilserwerbe übertragbar sei. Kritisch auch *Schäfer* in Großkomm. HGB § 140 Rn. 63.

[253] Auch der vom BGH (BGH NJW-RR 2007, 913) entschiedene Fall ging auf das Jahr 1964 zurück.

[254] Zur Frage, ob der Fall der lebzeitigen Nachfolge (Schenkung) gleichzusetzen ist, *Schäfer* in Großkomm. HGB § 140 Rn. 65.

[255] OLG Karlsruhe NZG 2007, 423 f.

[256] Im Ergebnis zustimmend *Wälzholz* NZG 2007, 416 (418).

[257] S. auch *Wälzholz* NZG 2007, 416 (418).

128 **ff) Sonderfall: Anknüpfung an „festes Tatbestandsmerkmal".** Nach der Entscheidung des BGH vom 19.9.1988[258] liegt ein grundsätzlich sittenwidriges Ausschließungsrecht nach freiem Ermessen **nicht** vor, wenn der Gesellschaftsvertrag für einzelne Gesellschafter oder die Gesellschaftermehrheit ein an ein **festes Tatbestandsmerkmal** (im Urteilsfall: **Tod** des Vaters der gegeneinander prozessierenden Gesellschafter) anknüpfendes **zeitlich begrenztes Ausschließungsrecht** einräumt. Durch eine solche Regelung sei **ausgeschlossen,** dass es zu einer **willkürlichen** und **missbräuchlichen Handhabung** des **Kündigungsrechts** und damit zu einer nicht hinzunehmenden Gefährdung der für ein gedeihliches Zusammenwirken erforderlichen freien Willensbildung aller Gesellschafter kommen kann. Fehle die **zeitliche Begrenzung,** so handele es sich dagegen um ein – grundsätzlich unzulässiges – Ausschließungsrecht nach freiem Ermessen.

129 Allerdings war im Entscheidungsfall – verbreiteter Übung entsprechend – das an den Erbfall anknüpfende Recht zur Hinauskündigung **zeitlich nicht befristet,** so dass es wie ein Ausschließungsrecht nach freiem Ermessen als grundsätzlich nichtig hätte angesehen werden müssen. Der BGH hat jedoch mit § 139 BGB (Teilnichtigkeit) geholfen und das vertraglich unbefristete Kündigungsrecht als zeitlich begrenztes Ausschließungsrecht aufrechterhalten. Er hat sich dabei auf seine ständige Rechtsprechung[259] stützen können, wonach eine unzulässig lang bemessene und deshalb nach § 138 Abs. 1 BGB sittenwidrige Laufzeit bestimmter Verträge nicht zu deren Nichtigkeit, sondern im Weg geltungserhaltender Reduktion nur zu einer Abkürzung der Laufzeit auf eine angemessene, rechtlich (gerade noch) zulässige Bindungsdauer führt.[260]

130 **Welchen Inhalt** die Fristenregelung haben muss, damit das Ausschließungsrecht an ein **festes Tatbestandsmerkmal** anknüpft und als zulässig anzusehen ist, hat der BGH im konkreten Fall nicht entscheiden müssen, da hier der ausschließungsberechtigte Gesellschafter von seinem Kündigungsrecht unverzüglich, nämlich zum frühestmöglichen Termin, Gebrauch gemacht hatte. Der BGH deutet jedoch an, dass er wohl auch eine Entscheidungsfrist von „ca. einem Jahr" zu akzeptieren bereit wäre.[261]

131 Für die **Praxis** stellt sich die weitere Frage, wann von einem festen Tatbestandsmerkmal iSd Rechtsprechung des BGH auszugehen ist. Eine Analyse der zu den einzelnen Fallgestaltungen ergangenen Rechtsprechung zeigt, dass es dem BGH bei der Unterscheidung zwischen der ausnahmsweise im Einzelfall „sachlich gerechtfertigten" Hinauskündigung und der Anknüpfung an ein im Voraus festgelegtes festes Tatbestandsmerkmal entscheidend darauf ankommt, ob der Berechtigte den Eintritt des zur Kündigung berechtigenden Ereignisses nach Belieben herbeiführen kann. Ist dies der Fall, muss die Hinauskündigung sachlich gerechtfertigt sein. Andernfalls ist die Hinauskündigung wirksam, sofern sie binnen angemessener Frist erfolgt.

132 Soweit vor dem Hintergrund der Rechtsprechung zum grundsätzlichen Verbot von Hinauskündigungsklauseln die Zulässigkeit von Drag-along-Rechten[262] im Zusammenhang mit Venture-capital-Verträgen in Frage steht, tritt das feste Tatbestandsmerkmal iSd Rechtsprechung des BGH zutage. So berufen sich die Stimmen, die zugunsten der Wirksamkeit von Drag-along-Rechten argumentieren, darauf, dass die Ausübung des Drag-along-Rechts nicht im freien Ermessen des Investors stehe. Dies wird ua damit begründet, dass die Ausübung des Drag-along-Rechts von einer Vielzahl wirtschaftlicher Kriterien (Person des Käufers, angemessener Kaufpreis und return on investment, Abwägung von Verlustrisiko und Gewinnchancen bei Weiterführung) abhänge. Daher werde ein vernünftiger Investor das Drag-along-Recht nicht als Machtinstrument missbrauchen.[263] Insoweit bleibt abzuwar-

[258] BGHZ 105, 213 = NJW 1989, 834.
[259] BGHZ 68, 1 (5) mwN.
[260] BGHZ 105, 213 (221) = NJW 1989, 834; BGH NJW-RR 2007, 1256 Rn. 24; OLG Frankfurt NJW-RR 2006, 405 (406 f.). Zur vergleichbaren Thematik bei Abfindungsklauseln → Rn. 201.
[261] BGHZ 105, 213 (222) = NJW 1989, 834.
[262] *Weitnauer* in Weitnauer HdB Venture Capital F Rn. 182 ff.
[263] *Martinius/Stubert* BB 2006, 1977 (1982 f.); ohne Begründung *Görner* in Rowedder/Schmidt-Leithoff GmbHG § 34 Rn. 35; *Lutter/Kleindiek* in Lutter/Hommelhoff GmbHG § 34 Rn. 38.

ten, ob die Rechtsprechung Gelegenheit erhält, das „feste Tatbestandsmerkmal" zu konturieren und die Fallgruppen, nach denen eine Ausnahme vom generellen Verbot der Hinauskündigung zulässig ist, zu ergänzen.

gg) Steuerliche Konsequenzen. Auch der **BFH**[264] hat sich mit der vorliegenden Problematik beschäftigt, und zwar unter dem Gesichtspunkt, ob ein vom ständigen Ausschluss bedrohter Kommanditist noch als **Mitunternehmer** im steuerlichen Sinn (§ 15 EStG) angesehen werden könne und dies verneint. Seit der Erbschaftsteuerreform 2008 hat ferner der schenkungsteuerliche Tatbestand gemäß **§ 7 Abs. 7 ErbStG** an Bedeutung gewonnen, wenn – wie häufig der Fall – die Hinauskündigung gegen eine Abfindung unter dem Verkehrswert erfolgt.[265] Zu beiden Themen wird auf die Ausführungen im steuerrechtlichen Teil verwiesen (→ § 16 Rn. 128; → § 20 Rn. 77 ff.). 133

d) Stellungnahme. Die Rechtsprechung des BGH zur grundsätzlichen Unzulässigkeit eines freien Hinauskündigungsrechts bei der „normalen" KG beruht im Wesentlichen auf der **Annahme,** dass ein Kommanditist, über dem das „Damoklesschwert" der Hinauskündigung schwebt, seine Kontroll- und Überwachungsrechte überhaupt **nicht** oder zumindest **nur in eingeschränktem Umfang** ausüben werde, um den zur Hinauskündigung berechtigten Gesellschaftern keinen Anlass zu geben, von diesem Sonderrecht Gebrauch zu machen. 134

aa) Nicht-vollwertige Abfindung. Dieser Beurteilung können wir uns jedenfalls dann ohne Weiteres anschließen, wenn die Abfindung, die der hinausgekündigte Gesellschafter zu beanspruchen hat, hinter dem Wert seiner Beteiligung **nicht unerheblich** zurückbleibt, so dass ein substanzieller **Vermögensverlust** droht.[266] Hier führt das Ausscheiden bei dem betroffenen Gesellschafter zu einer unter Umständen beträchtlichen Vermögenseinbuße, während bei den verbleibenden Gesellschaftern eine entsprechende Bereicherung einträte und dadurch bei diesen ein besonderer Anreiz entstünde, von ihrem Ausschließungsrecht aus sachfremden Erwägungen Gebrauch zu machen. 135

Die dadurch ermöglichte **Willkürherrschaft** der zur Ausschließung berechtigten Gesellschafter stünde aber mit den **Grundprinzipien des Gesellschaftsrechts** im Widerspruch. Hiernach beruhen die persönlichen Beziehungen zwischen den Gesellschaftern in besonderem Maß auf gegenseitigem Vertrauen und begründen eine besondere **Treuepflicht.**[267] Mit Recht verlangt der BGH daher, dass bereits bei Eingehung des Gesellschaftsverhältnisses Vertragsklauseln, die einzelnen Gesellschaftern das Recht zur Ausschließung von Mitgesellschaftern geben, nicht so gestaltet sind, dass sie die nach dem Gesellschaftsvertrag erforderliche Zusammenarbeit der Gesellschafter **im Kern** treffen und die von der Ausschließung bedrohten Gesellschafter in ihren Mitwirkungsrechten de facto so beschneiden, dass diese als bloße willfährige „Marionetten" erscheinen, die sich aufgrund ihrer **denaturierten Gesellschafterstellung** von einem Nießbraucher am Gewinnanteil kaum unterscheiden.[268] 136

Für die Rechtsprechung des BGH lässt sich für den Fall nicht-vollwertiger Abfindung ferner eine Überlegung anführen, die bereits in der Entscheidung zur **Publikums-KG**[269] angeklungen war, nämlich dass es eine unangemessene Beeinträchtigung der von der Ausschließung bedrohten Kommanditisten darstellte, wenn diese nur so lange, wie die Gesellschaft Verluste erzielt oder der Kapitalmarktzins hoch ist, als **„billige" Kapitalgeber** geduldet würden, während sie bei hohen Renditeaussichten oder niedrigem Zinsniveau mit ihrem jederzeitigen Ausschluss rechnen müssten und sich deswegen vielleicht sogar „freiwillig" 137

[264] BFH 16.5.1989 – VIII R 196/84, BStBl. II 1989, 877.
[265] S. speziell hierzu *Ostermayer/Riedel* BB 2006, 1662.
[266] Im Ausgangspunkt ähnlich differenzierend auch *Huber* ZGR 1980, 177 (203 ff.).
[267] BGHZ 81, 263 (266).
[268] Ähnlich BFH 29.4.1981 – IV R 131/78, DB 1981, 1959, der deshalb einen solchen Kommanditisten in steuerlicher Hinsicht wie einen stillen Gesellschafter behandeln möchte.
[269] BGHZ 84, 11 = NJW 1982, 2303.

mit einem geringeren als im Gesellschaftsvertrag an sich vorgesehenen Gewinnanteil zufriedengäben, nur um ihrem sonst drohenden Ausschluss und der damit verbundenen Vermögenseinbuße zuvorzukommen.

138 **bb) Vollwertige Abfindung.** Komplizierter liegen die Verhältnisse, wenn dem hinauskündbaren Gesellschafter auch unter Berücksichtigung der Auszahlungsmodalitäten ein Anspruch auf vollwertige Abfindung für seine Beteiligung zusteht. Denn in diesem Fall erleidet er durch seinen Ausschluss **keine materielle Vermögenseinbuße.** Das Abfindungsguthaben stellt vielmehr nur einen anderen „Aggregatzustand“[270] seiner Gesellschaftsbeteiligung dar.

139 Vor diesem Hintergrund überrascht es uns, dass der BGH in seiner Entscheidung zur **Publikums-KG**[271] die Gefahr der Benachteiligung der Anlagegesellschafter auch für den Fall **vollwertiger Abfindung** (Verkehrswert) damit begründet hat, dass die begünstigten Gesellschafter ihr Übernahmerecht dann ausüben würden, wenn die Gesellschaft erfolgreich arbeite, und darauf verzichteten, wenn Verluste zu erwarten seien. Da das Abfindungsguthaben – zumindest, wenn dieses am **Ertragswert** (Zukunftserfolg) orientiert ist – im einen Fall hoch, im anderen entsprechend niedrig ausfällt, ist ein „Anreiz“ zur Hinauskündigung in beiden Fällen, jedenfalls unter finanziellen Aspekten, nicht erkennbar.

140 Die vom BGH zur grundsätzlichen Unzulässigkeit der Hinauskündigung nach freiem Ermessen angeführte Begründung (Willkürherrschaft) lässt sich somit für den Fall, dass den hinauskündbaren Gesellschaftern eine **volle Abfindung** (Verkehrswert) zusteht, zumindest nicht auf vermögensmäßige Erwägungen stützen.[272] Denn der ausgeschlossene Gesellschafter erleidet keinen Schaden und die verbleibenden Gesellschafter werden nicht bereichert, so dass auch ein Anreiz zum Missbrauch im Prinzip ausgeschlossen ist.[273] In der Praxis kann sich das Kräfteverhältnis sogar oft in der Weise **umkehren,** dass einzelne Kommanditisten den übrigen Gesellschaftern ihren Willen mit der Drohung aufzwingen, andernfalls aus der Gesellschaft auszuscheiden.[274] Das Unternehmen kann dadurch in gefährliche **Liquiditätsschwierigkeiten** geraten, da es nicht immer möglich ist, das mit dem Ausscheiden eines Gesellschafters abfließende Eigenkapital sogleich durch Fremdkapital zu ersetzen.[275]

141 Wenn wir trotzdem dazu neigen, auch in diesem Fall das Recht zur freien Hinauskündigung wegen Verstoßes gegen **Grundprinzipien des Gesellschaftsrechts** für unzulässig zu erachten, so liegt dies darin begründet, dass in der „normalen“ KG – Prototyp ist das klassische **Familienunternehmen** – die persönlichen Beziehungen der Gesellschafter untereinander in besonderem Maß auf gegenseitigem Vertrauen beruhen und es sich mit dem Charakter einer solchen engen „Arbeits- und Haftungsgemeinschaft“ nicht vertrüge, wenn einzelne Gesellschafter ohne Vorliegen sachlicher Gründe jederzeit gezwungen werden könnten, aus dem Personenverband auszuscheiden, der bei tätigen Gesellschaftern meist zugleich die **Existenzgrundlage** bedeuten wird, und ihre Beteiligung gegen eine – wenn auch gleichwertige – Geldsumme einzutauschen. Mag der kündigungsberechtigte Gesellschafter durch den Ausschluss letztlich keinen finanziellen Nutzen ziehen, so ist dieser Umstand gerade bei **Familiengesellschaften** noch kein ausreichendes psychologisches Hemmnis für ein unsachliches, emotional bedingtes Hinausdrängen eines Mitgesellschafters.[276]

142 Anders liegt es uE allerdings bei einer **Publikums-KG.** Da hier die Anlagegesellschafter durch kein persönliches Band verbunden sind, halten wir hier eine jederzeitige, freie

[270] So treffend *Wiedemann* ZGR 1980, 147 (153).
[271] BGHZ 84, 11 = NJW 1982, 2303.
[272] Im Ergebnis auch *Huber* ZGR 1980, 177 (203 f.) sowie – allerdings in anderem Zusammenhang – *Groh* BB 1982, 1232.
[273] Ebenso *Grunewald* DStR 2004, 1750 (1751); *Huber* ZGR 1980, 177 (203).
[274] *U. H. Schneider* JZ 1982, 769: „die Fronten verkehren sich!“.
[275] So auch die Kritik von *Priester* DNotZ 1998, 691 (704) am Prinzipienwechsel (Ausscheiden statt Auflösung) im Rahmen des HRefG. In vielen Gesellschaftsverträgen ist daher das Recht der übrigen Gesellschafter zur sog Anschlusskündigung vorgesehen.
[276] *Wiedemann* ZGR 1980, 147 (153).

„Hinauskündigung" unter der Voraussetzung für zulässig, dass der hinausgekündigte Gesellschafter Anspruch auf **vollwertige,** auch künftige Ertragschancen einbeziehende **Abfindung** hat und somit seinen Anteilswert ohne Einbußen anderweitig rentierlich anlegen kann. Dies kann allerdings bereits dann nicht der Fall sein, wenn das Ausscheiden einen steuerpflichtigen **Veräußerungsgewinn** auslöst.

Nachdem der BGH mit der Anerkennung der Testierfreiheit als sachlicher Rechtfertigung 143 schon sehr weit gegangen ist und auch bei einigen anderen Sachverhalten einen sachlichen Grund ohne Weiteres bejaht hat, stellt sich allerdings die Frage, ob man Hinauskündigungsklauseln künftig noch einer Inhaltskontrolle unterwerfen oder nicht doch zu einer reinen **Ausübungskontrolle übergehen** sollte.[277] Bei Letzterer würde nicht die Klausel als solche generell auf ihre Wirksamkeit geprüft, sondern die Frage geklärt, ob deren Anwendung im konkreten Einzelfall unter Berücksichtigung aller Umstände gerechtfertigt ist oder nicht.[278] Damit könnten eine ausufernde Kasuistik vermieden und zielgenauere Einzelfallergebnisse erreicht werden.[279]

e) Lösungsvorschläge. aa) Automatisches Ausscheiden als Alternative zur 144 **Hinauskündigung.** Im Fall des (aufschiebend bedingten) automatischen Ausscheidens ist der Haupteinwand des BGH – übrigens ebenso wie der des BFH im Blick auf die Mitunternehmereigenschaft des betreffenden Gesellschafters –, ein Ausschließungsrecht begründe die Gefahr, dass ein Kommanditist unter der ständigen Drohung der Hinausdrängung seine Kontroll-, Widerspruchs- und Mitwirkungsrechte nicht richtig ausüben werde, also in eine unzulässige Abhängigkeit geraten könne, von vornherein ausgeräumt, und zwar unabhängig von der Höhe des Abfindungsguthabens. Zwar muss ein solcher Kommanditist auch in diesem Fall mit der Möglichkeit eines vorzeitigen Ausscheidens aus der Gesellschaft rechnen; dieses Risiko ist für ihn jedoch **kalkulierbar,** da sein Ausscheiden lediglich von dem Eintritt eines von vornherein im Gesellschaftsvertrag genau festgelegten **Ereignisses** abhängig ist und nicht von dem willkürlichen Verhalten seiner Mitgesellschafter.[280]

In Anknüpfung an die dargestellte Rechtsprechung zur Hinauskündigung müssen auch 145 Ausscheidensklauseln zulässig sein, die an hinreichend klar umschriebene[281] **feste Tatbestandsmerkmale** anknüpfen. In der Literatur ist im Hinblick auf § 131 Abs. 3 S. 1 Nr. 5 HGB umstritten, ob die Vereinbarung des Ausscheidensgrunds im Gesellschaftsvertrag genügt,[282] oder, wie von der hM gefordert, das Ausscheiden nur für den Fall des Vorliegens eines sachlichen Grunds[283] verlangt werden kann.[284] Richtigerweise darf eine Vereinbarung im Gesellschaftsvertrag ungeachtet ihrer Bestimmtheit nicht dazu führen, dass ein Gesellschafter der Willkür seiner Mitgesellschafter ausgesetzt ist.[285] Dies ergibt sich bereits aus

---

[277] Hierfür sprechen sich aus *Sosnitza* DStR 2006, 99 (103); *Drinkuth* NJW 2006, 410 (412); *Benecke* ZIP 2005, 1437 (1440 f.). Für Ausübungskontrolle nur in Fällen mit vollwertiger Abfindung *Grunewald* DStR 2004, 1750 (1752). *Gehrlein* NJW 2005, 1969 (1972) für geltungserhaltende Auslegung von freien Hinauskündigungsklauseln.

[278] S. *Benecke* ZIP 2005, 1437 (1441).

[279] Zur unterschiedlichen Darlegungs- und Beweislast bei Ausübungs- statt Inhaltskontrolle *Verse* DStR 2007, 1822 (1827).

[280] So auch BGHZ 105, 213 (219) = NJW 1989, 834 für den Fall eines an einen festen Tatbestand anknüpfendes, zeitlich befristetes Ausschließungsrecht.

[281] BGH NZG 2009, 1347 Rn. 16 – Sanieren oder Ausscheiden: „in Form der eindeutigen Regelung im Gesellschaftsvertrag".

[282] *Kindler* in Koller/Kindler/Roth/Morck HGB § 131 Rn. 26, es sei denn, dass der Betroffene unter Verstoß gegen § 138 BGB in seiner Handlungsfreiheit geknebelt wird; *K. Schmidt* in MüKoHGB § 131 Rn. 87 mit Hinweisen auf die Grenzen; wohl auch *Piehler/Schulte* in MHdB GesR II § 36 Rn. 29, wonach das Erfordernis des „sachlichen Grundes" durch das Erfordernis der (bloßen) Bestimmtheit des Grunds ersetzt werde.

[283] Nach *Sauter* in BeckHdB PersGes § 8 Rn. 107 muss dieser nicht das Gewicht eines wichtigen Grunds besitzen.

[284] *Kamanabrou* in Oetker HGB § 131 Rn. 36; *Schäfer* in Großkomm. HGB § 131 Rn. 102 f., die beide die Zulässigkeit anhand der für die Ausschlussklauseln entwickelten Maßstäbe beurteilen möchten; wohl auch *Roth* in Baumbach/Hopt HGB § 131 Rn. 25.

[285] *Schäfer* in Großkomm. HGB § 131 Rn. 102 f.; *K. Schmidt* in MüKoHGB § 131 Rn. 87: unzulässig ist die jederzeitige Befugnis zur Ausschließung aus wichtigem Grund.

dem grundsätzlichen Verbot von Hinauskündigungsklauseln, das durch § 131 Abs. 3 S. 1 Nr. 5 HGB nicht angetastet werden sollte.[286]

146 Hingegen muss es uE zulässig sein, dass der Grund, bei dessen Vorliegen ein Gesellschafter aus der Gesellschaft ausscheidet, **innerhalb der Grenzen der §§ 242, 138 BGB willkürlich** festgelegt wird.[287] Nur der Eintritt des Grunds darf nicht von der im freien Ermessen der Mitgesellschafter stehenden Entscheidung abhängig sein. Letztlich ist auch die Festlegung einer bestimmten Altersgrenze in der Regel willkürlich, wird aber auch von den Vertretern der Stimmen für zulässig erachtet, die für das Ausscheiden einen sachlichen Grund verlangen.[288] Diese Sichtweise ist nach unserer Auffassung auch durch die Rechtsprechung des BGH zum „festen Tatbestandsmerkmal" gedeckt.

147 Eingangs (→ Rn. 97 ff.) hatten wir bereits auf die praktisch bedeutsamsten Fallgestaltungen hingewiesen, derentwegen häufig auch heute noch eine „Hinauskündigung" gesellschaftsvertraglich vorgesehen ist. UE erfordert **keiner** der dort genannten Sachverhalte die Notwendigkeit eines Ausschließungsrechts nach „freiem Ermessen". Vielmehr lassen sich sämtliche Fälle auch in der Weise befriedigend lösen, dass ein Gesellschafter, in dessen Person der genannte Tatbestand eintritt bzw. vorliegt, **automatisch** aus der Gesellschaft ausscheidet.

148 Nach der Rechtsprechung des BGH zur Zulässigkeit von Hinauskündigungsklauseln im Fall einer vereinbarten Probezeit (→ Rn. 122) dürfte auch der eingangs unter (5) genannte Fall der **zeitlich befristeten Gesellschafterstellung** (→ Rn. 103) unproblematisch sein.[289]

149 **bb) Sonderfall: Geschäftsführender Gesellschafter ohne Kapitalanteil.** Anders kann es im Fall der GmbH & Co. KG hinsichtlich der **Komplementär-GmbH** liegen, falls diese, wie heute üblich, weder am Kapital noch am Gewinn beteiligt ist und außer dem Ersatz ihrer Aufwendungen lediglich eine Risikoprämie wegen des von ihr eingegangenen Haftungsrisikos erhält (zur steuerlichen Problematik → § 16 Rn. 165 ff.). Hier kann es, namentlich dann, wenn die Gesellschafter der Komplementär-GmbH – etwa zur Vermeidung der Mitbestimmung (→ § 14 Rn. 20 ff.) – mit den Kommanditisten nicht personenidentisch sind, ein starkes Bedürfnis für die Kommanditisten als eigentliche Geschäftsinhaber geben, sich von der lediglich zum Zweck der Geschäftsführung und Haftungsübernahme (analog dem „angestellten" Komplementär eines Familienunternehmens in der Rechtsform der echten KG) beteiligten Komplementär-GmbH im Bedarfsfall kurzfristig zu trennen, ohne dass die hierbei möglichen Fallgestaltungen im Voraus im Gesellschaftsvertrag im Sinne eines (bedingten) automatischen Ausscheidens abschließend geregelt werden könnten.

150 Im Fall eines **kapital-, gewinn- und stimmenmäßig nicht beteiligten** Gesellschafters sind die Bedenken des BGH bezüglich der Abhängigkeit und Willkür häufig nicht einschlägig, so dass **ausnahmsweise** ein **jederzeitiges Ausschließungsrecht** nach freiem Ermessen **zulässig** sein dürfte.[290] Sollte die Ausschließung wider Erwarten nicht anerkannt werden, bestände allerdings immer noch die Möglichkeit, eine zweite Komplementär-GmbH in die Gesellschaft aufzunehmen und – gewissermaßen als „Notbremse" – die erste von der Geschäftsführung und Vertretung auszuschließen.

151 **cc) Hinauskündigung nach Gesellschafterbeschluss.** In der Praxis kann, etwa in dem eingangs (→ Rn. 100) erwähnten Fall des Unterschreitens einer bestimmten Mindest-

[286] *Schäfer* in Großkomm. HGB § 131 Rn. 102; *Kamanabrou* in Oetker HGB § 131 Rn. 36, jeweils unter Berufung auf die Gesetzesbegründung.

[287] *K. Schmidt* in MüKoHGB § 131 Rn. 86, 87: „automatisch eintretende Ausscheidensgründe können grundsätzlich willkürlich festgelegt werden und bedürfen eines aus dem Gesellschaftsverhältnis ableitbaren sachlichen Grundes nicht.". AA wohl *Kamanabrou* in Oetker HGB § 131 Rn. 36, der auf die Zulässigkeitsschranken für Ausschlussklauseln verweist.

[288] So zB *Schäfer* in Großkomm. HGB § 131 Rn. 103.

[289] Hinzuweisen ist in diesem Zusammenhang allerdings auf die Rechtsprechung des BFH, wonach bei Befristung des Gesellschaftsverhältnisses die Mitunternehmereigenschaft eines schenkweise in die Gesellschaft aufgenommenen Kindes regelmäßig verneint wird, → § 16 Rn. 123.

[290] Im Ergebnis ebenso *Huber* ZGR 1980, 177 (201). *Gummert* in MHdB GesR II § 50 Rn. 77.

beteiligungsquote oder bei dem unabsichtlichen Verstoß gegen die Güterstandsklausel (→ Rn. 102), das **automatische Ausscheiden** des davon betroffenen Kommanditisten, schon wegen der damit verbundenen Abfindungsbelastung, im Einzelfall für die Mitgesellschafter außerordentlich **unerwünscht** sein, zumal die mit dem Ausscheiden unter Umständen verbundenen steuerlichen Folgen[291] durch einen nachfolgenden Wiedereintritt in die Gesellschaft nicht mehr „repariert" werden können. Es fragt sich daher, ob im Gesellschaftsvertrag auch vorgesehen werden kann, dass die Gesellschaftermehrheit beim Vorliegen bestimmter, katalogartig aufzuführender Voraussetzungen berechtigt ist, einen Gesellschafter **binnen einer bestimmten Frist** aus der Gesellschaft **auszuschließen.**

Dies ist spätestens seit dem HRefG unzweifelhaft zu bejahen. *K. Schmidt*[292] weist zutreffend darauf hin, dass **Nr. 5 und Nr. 6 des § 131 Abs. 3 S. 1 HGB als Einheit** zu sehen sind. Wenn nach § 131 Abs. 3 S. 1 Nr. 5 HGB ein automatisches Ausscheiden in den im Gesellschaftsvertrag genannten Fällen möglich ist, so folgt aus § 131 Abs. 3 S. 1 Nr. 6 HGB, dass in diesen Fällen die Rechtsfolge des Ausscheidens – als „logisches Minus" – auch noch von einem dahin gehenden Gesellschafterbeschluss abhängig gemacht werden kann. Allerdings muss die **Überlegungsfrist** für die Mitgesellschafter **angemessen begrenzt** sein, so dass für den betroffenen Gesellschafter in der Interimsphase eine psychologische Zwangslage bezüglich der Ausübung seiner Kontroll-, Widerspruchs- und Mitwirkungsrechte, wie sie beim freien Hinauskündigungsrecht entstehen kann, von vornherein ausgeschlossen ist.[293] 152

Die für die Fassung des Gesellschafterbeschlusses über das Ausscheiden zu setzende Frist sollte keinesfalls über die vom BGH im Rahmen seiner Rechtsprechung zum Hinauskündigen unter Anknüpfung an ein festes Tatbestandsmerkmal erwähnte **Jahresfrist**[294] hinausreichen. Will man ganz „auf der sicheren Seite" sein, sollte man sogar eher nur eine **sechsmonatige** „Bedenkzeit" vorsehen. Ein nennenswertes Risiko besteht freilich nicht, da eine eventuell unzulässig lange Entscheidungsfrist im Prozessfall ohnehin im Weg **geltungserhaltender Reduktion** auf das rechtlich zulässige Maß reduziert würde.[295] Allerdings muss die Hinauskündigung innerhalb dieser Frist erfolgen, die vor der Entscheidung des Gerichts, die im Zweifel erst nach Fristablauf ergeht, nicht bekannt ist. 153

Im Verhältnis zum automatischen Ausscheiden erscheint uns eine derartige Regelung sogar als die für den davon betroffenen Gesellschafter **mildere Form,** da ihm die Möglichkeit verbleibt, die Gesellschaftermehrheit umzustimmen, und er ggf. damit rechnen kann, auf immer in der Gesellschaft zu bleiben, falls sich innerhalb der im Gesellschaftsvertrag vorgeschriebenen Frist die übrigen Gesellschafter (etwa aus Liquiditätsgründen) nicht zu einem Ausschließungsbeschluss sollten durchringen können. 154

VI. Abfindungsanspruch

1. Gesetzliche Regelung

Im Fall des **Ausscheidens** aus einer **GmbH & Co. KG,** gleichviel aus welchem Rechtsgrund, haben die verbleibenden Gesellschafter dem Ausscheidenden nach dem **Gesetz** „dasjenige zu zahlen, was er bei der Auseinandersetzung erhalten würde, wenn die Gesellschaft zur Zeit seines Ausscheidens aufgelöst worden wäre" (§ 738 Abs. 1 S. 2 BGB iVm § 105 Abs. 3 HGB, § 161 Abs. 2 HGB). Das klingt an sich so, als ob für die Abfindungsermittlung von einem fiktiven Liquidationserlös, also von Zerschlagungswerten auszugehen sei. Die ganz hM ist jedoch der Ansicht, dass das Gesetz nicht wörtlich genommen werden dürfe. Tatsächlich sei gemeint, dass der Ausscheidende den auf ihn entfallenden **Anteil** 155

---

[291] Gewinnrealisierung beim Ausscheidenden, unter Umständen Schenkungsteuer bei den verbleibenden Gesellschaftern im Fall des § 7 Abs. 7 ErbStG.

[292] *K. Schmidt* NJW 1998, 2161 (2166).

[293] BGHZ 105, 213 = NJW 1989, 834.

[294] BGHZ 105, 213 (222) = NJW 1989, 834.

[295] BGHZ 105, 213 (220 f.) = NJW 1989, 834.

am wirklichen Wert des lebenden Unternehmens einschl. aller stillen Reserven und des Geschäftswerts (Firmenwerts) erhalten soll, also grundsätzlich den anteiligen **Verkehrswert.**[296]

156 Allgemein verbindliche Regeln für die **Bewertung von Unternehmen**[297] sind vom Gesetzgeber und von der Rechtsprechung zwar noch nicht entwickelt worden, doch haben sich in Theorie und Praxis Standpunkte gefestigt, die vom **Institut der Wirtschaftsprüfer** als „IDW Standard: Grundsätze zur Durchführung von Unternehmensbewertungen **(IDW S. 1)**" zusammengefasst worden sind. Diese, heute von der Rechtsprechung[298] anerkannten **Bewertungsgrundsätze** zeichnen sich insbesondere durch folgende beiden Erkenntnisse aus:

- Der Wert eines Unternehmens spiegelt sich ausschließlich in seiner **Ertragsfähigkeit** wider. Der Substanzwert kann dagegen nicht Bemessungsgrundlage des Unternehmenswerts sein, sondern allenfalls Grundlage für die Finanzbedarfsrechnung, für die Kreditfähigkeit und ein Indiz für das Durchstehvermögen in Krisenzeiten. Ferner ist der Substanzwert als Wertansatz für das nicht-betriebsnotwendige Vermögen geeignet, das gesondert zu bewerten ist.
- Der Unternehmenswert ist **zukunftsbezogen,** wird also nicht von den in der Vergangenheit erzielten, sondern von den in der Zukunft erzielbaren, aus der langfristigen **Unternehmensplanung** abgeleiteten Erträgen geprägt.

157 Konkret wird der Wert eines Unternehmens unter der Voraussetzung ausschließlich finanzieller Ziele grundsätzlich durch seine **Fähigkeit** bestimmt, **Einnahmenüberschüsse zu erwirtschaften.** Alle Bewertungsüberlegungen lassen sich theoretisch aus der Investitionsrechnung ableiten. Der **Barwert** der **zukünftigen Überschüsse** der Einnahmen über die Ausgaben bildet den **theoretisch richtigen Wert** eines Unternehmens. Die Bewertung erfolgt dabei unter Anwendung des Ertragswertverfahrens oder von DCF-Verfahren.[299] Das Ertragswertverfahren leitet die finanziellen Überschüsse aus der geplanten handelsrechtlichen Erfolgsrechnung ab; DCF-Verfahren bestimmen den Unternehmenswert durch die Diskontierung geplanter Cashflows.

158 Nach wie vor wird überwiegend das **Ertragswertverfahren**[300] angewandt. In der **Praxis** ist es im Normalfall nicht möglich, aus dem Rechnungswesen eines Unternehmens eine vollständige und dennoch praktisch durchführbare Einnahmen-Überschuss-Rechnung abzuleiten. Aus diesem Grund tritt an die Stelle der an sich allein richtigen Einnahmen-Überschussrechnung eine sog modifizierte Ertrags-Überschussrechnung, die insbesondere bei langfristiger Betrachtung dem Auseinanderfallen von Ausgaben und Aufwand sowie Einnahmen und Ertrag Rechnung trägt. Der Unternehmenswert stellt sich dann als **Barwert zukünftiger Ertragsüberschüsse** dar. Der für die Barwertberechnung erforderliche Kapitalisierungszinssatz wird vom Zinssatz langfristiger, risikoarmer Kapitalanlagen abgeleitet und um einen angemessenen **Risikozuschlag** erhöht.

159 Insbesondere bei schlechter Ergebnislage kann der Barwert der finanziellen Überschüsse, die sich bei Liquidation des gesamten Unternehmens ergeben, den Fortführungswert übersteigen. In diesem Fall bildet grundsätzlich der **Liquidationswert** des Unternehmens die **Wertuntergrenze** für den Unternehmenswert;[301] nur bei Vorliegen eines rechtlichen oder tatsächlichen Zwangs zur Unternehmensfortführung ist gleichwohl auf den Fortführungswert des Unternehmens abzustellen. Der Liquidationswert wird ermittelt als Barwert der

---

[296] BGH NJW 1992, 892 (895); GmbHR 2000, 822 (824); *Sauter* in BeckHdB PersGes § 8 Rn. 133; *Schäfer* in MüKoBGB § 738 Rn. 32, 33; *Roth* in Baumbach/Hopt HGB § 131 Rn. 49. AA *Flume* Die Personengesellschaft 170: Anteil am fiktiven Liquidationserlös.

[297] S. *Kormann/Schmeing* FuS 2016, 13 zu verschiedenen Bewertungsverfahren aus betriebswirtschaftlicher Sicht.

[298] BGH NJW 1993, 2101 (2103); 1999, 283; *Sauter* in BeckHdB PersGes § 8 Rn. 137; *Schäfer* in MüKoBGB § 738 Rn. 24, 32, 35 f., jeweils mwN.

[299] So IDW S. 1 Tz. 101.

[300] Dazu IDW S. 1 Tz. 102 ff.

[301] Hierzu umfassend *Fleischer/Schneider* DStR 2013, 1736.

Nettoerlöse, die sich unter Berücksichtigung zukünftig entstehender Ertragssteuern aus der Veräußerung der Vermögensgegenstände abzüglich Schulden und Liquidationskosten ergeben.[302]

Die **Wertermittlung von Beteiligungen** baut zwar auf dem Unternehmenswert auf, 160 lässt sich von diesem aber nicht ohne Weiteres durch Multiplikation der Anteilsquote mit dem Unternehmenswert unmittelbar ableiten. Vielmehr muss die rechtliche und tatsächliche Besonderheit des einzelnen Anteils beachtet werden, was in der Regel in Form von pauschalen **Zu- oder Abschlägen** geschieht. Im Fall einer Minderheitsbeteiligung kommt theoretisch beides in Betracht: ein Zuschlag wegen „Lästigkeit" und ein Abschlag wegen der geringen Einflussmöglichkeiten auf das Unternehmensgeschehen. Die hM hält bei der Ermittlung des Abfindungsguthabens aufgrund des gesellschaftsrechtlichen **Gleichbehandlungsgrundsatzes** derartige Zu- oder Abschläge jedoch für unzulässig.[303]

2. Vertragliche Abfindungsklauseln

In Gesellschaftsverträgen finden sich häufig, bei Familienunternehmen sogar regelmäßig, 161 nähere **Regelungen über die Abfindung** eines ausscheidenden Gesellschafters im Fall der Fortsetzung der Gesellschaft durch die übrigen Gesellschafter.[304] Im Vordergrund steht dabei die sog **Buchwertklausel.** Es kommen jedoch auch andere Bestimmungen vor, zB die Abfindung nach steuerlichen Bewertungsansätzen. Manchmal wird der Ausscheidende auch nur vom Ergebnis schwebender Geschäfte sowie vom Geschäftswert ausgeschlossen, während es im Übrigen bei der gesetzlichen Regelung sein Bewenden hat. Fast immer wird zusätzlich vorgesehen, dass die Auszahlung der Abfindung in **Raten** zu erfolgen hat, und zwar meistens über mehrere Jahre hinweg. Allen diesen Abfindungsklauseln ist gemein, dass sie die, als offensichtlich zu weitgehend empfundene gesetzlich vorgesehene Abfindung **betragsmäßig begrenzen** wollen.

Das mit Abstand wichtigste **Motiv**[305] für die **Begrenzung des Abfindungsguthabens** 162 dürfte darin bestehen, den Abfindungsanspruch zwecks Begrenzung eines unerwünschten Liquiditätsabflusses bei der Gesellschaft soweit wie möglich zu beschränken **(Kapitalsicherung).** Gleichzeitig soll damit, zumindest als Nebeneffekt, den Gesellschaftern der Anreiz genommen werden, von ihrem – gesetzlich nicht ausschließbaren – Kündigungsrecht überhaupt Gebrauch zu machen **(Kündigungserschwerung).** Ferner wird angestrebt, anstelle der mit Kosten und schwierigen Bewertungsfragen verbundenen Unternehmensbewertung einen praktikablen Maßstab für die Bemessung des Abfindungsanspruchs zu finden, einmal, um Streitigkeiten anlässlich des Ausscheidens eines Gesellschafters soweit wie möglich auszuschließen **(Friedensfunktion),** zum anderen, damit jeder Gesellschafter von vornherein weiß, mit welchem Betrag er im Fall seiner Kündigung rechnen kann **(Kalkulierbarkeit).** Und schließlich bezwecken Abfindungsklauseln, auch wenn sie nicht ausdrücklich auf den Fall der Pfändung oder der Insolvenz Bezug nehmen, die Beteiligung eines Gesellschafters vor dem Zugriff seiner Gläubiger wenigstens teilweise zugunsten seiner Mitgesellschafter wirtschaftlich zu schützen **(Gläubigerbenachteiligung).**

3. Vertragliche Beschränkungen des Abfindungsanspruchs

a) Wirksamkeitsschranken. Lange Zeit hatte der **BGH,** ebenso wie vor ihm das RG, 163 gesellschaftsvertragliche Regelungen, mit denen anstelle der im Gesetz vorgesehenen „vollwertigen" Abfindung niedrigere Beträge vereinbart wurden, ohne Weiteres als **zulässig**

---

[302] IDW S. 1 Tz. 140 f.

[303] *Großfeld/Egger/Tönnes* Recht der Unternehmensbewertung Rn. 1361.

[304] *Piltz* DB 1994, 1021; *Hülsmann* GmbHR 2001, 409; *Jorde/Stroot* Ubg 2010, 45.

[305] *Hennerkes/Binz* DB 1983, 2669; *Schäfer* in MüKoBGB § 738 Rn. 39; *Piltz* BB 1994, 1021; *Hülsmann* GmbHR 2001, 409 (410); *Wangler* DB 2001, 1763 (1764); *Bacher/Spieth* GmbHR 2003, 517; *Sanfleber,* Abfindungsklauseln in Gesellschaftsverträgen, 45 ff.; *K. Schmidt* GesR § 50 IV 2b; *Schüppen* FS Binz, 2014, 645 (649 f.).

angesehen.[306] Gestützt wurde dies auf die **Privatautonomie** der Gesellschafter. Seit der BGH die **Grundprinzipien des Gesellschaftsrechts** stärker hervorhebt,[307] ist dieser Konsens infrage gestellt worden, indessen ohne dass sich an der grundsätzlichen Zulässigkeit von Abfindungsbeschränkungen etwas geändert hat. Der BGH sieht insbesondere solche Klauseln als **problematisch** an, die hinsichtlich der Abfindungshöhe ohne anerkennenswerten Grund nach der Person des Begünstigten differenzieren, im Ergebnis zu einem Abfindungsbetrag führen, der erheblich hinter dem Verkehrswert des Anteils zurückbleibt, oder die die Auszahlung des Abfindungsbetrags zeitlich übermäßig hinauszögern. Hierbei ist unerheblich, ob die Abfindungsbeschränkung auf einer Satzungsregelung oder einer schuldrechtlichen Nebenabrede beruht.[308]

164 Wirksamkeitsgrenze einer abfindungsbeschränkenden Vereinbarung ist zum einen die **Sittenwidrigkeit** gemäß **§ 138 Abs. 1 BGB.** Ferner wird auf den auch im Recht der Personenhandelsgesellschaften anwendbaren **§ 723 Abs. 3 BGB** abgehoben, der besagt, dass die nach dem Gesetz bestehende Möglichkeit zur **Kündigung** der Gesellschaft **weder ausgeschlossen noch beschränkt** werden darf.[309] Dieses Verbot der Kündigungsbeschränkung kann auch dann eingreifen, wenn die Wirkung einer Abfindungsklausel darauf abzielt, den kündigungswilligen Gesellschafter wegen der wirtschaftlich nachteiligen Folgen[310] einer Kündigung zum Verzicht auf die Kündigungserklärung zu veranlassen. Dabei kommt es weder auf eine Umgehungsabsicht der Mitgesellschafter an noch auf die Vermögenslage oder sonstige besondere Umstände des Kündigungswilligen. Entscheidend ist allein, dass aufgrund der wirtschaftlichen Nachteile die Entschließungsfreiheit des Gesellschafters, vom Kündigungsrecht Gebrauch zu machen, nicht unerheblich beeinträchtigt wird. Zu den starren Schranken der §§ 138, 723 Abs. 3 BGB mit der Rechtsfolge der Nichtigkeit tritt als bewegliche Schranke die **Inhaltskontrolle gemäß § 242 BGB** hinzu, die zu einer ergänzenden Vertragsauslegung führen kann.[311]

165 Von der Wirksamkeit vertraglicher Abfindungsklauseln strikt zu trennen ist die Frage, inwieweit eine (wirksame) Beschränkung des Abfindungsanspruchs bei der **Ermittlung des Zugewinnausgleichs** und des **Pflichtteilsanspruchs** zu berücksichtigen ist. Hier besteht ein **Interessenkonflikt.** Der Ansatz des Verkehrswerts bedeutet eine Härte für den Zugewinnausgleichs-Schuldner bzw. den Erben, weil diese selbst nur einen niedrigeren Wert realisieren können. Bei Ansatz des vertraglichen Abfindungsanspruchs wird der überschießende Wert dem Zugewinnausgleich bzw. Pflichtteil entzogen. Für den Zugewinnausgleich hat der BGH entschieden, dass grundsätzlich der Verkehrswert der Beteiligung maßgeblich sei; auf den (niedrigeren) Abfindungsanspruch könne nur abgestellt werden, wenn dieser sich, zB durch Kündigung, bereits realisiert habe.[312] Diese Lösung wird von der wohl hM auch für den Pflichtteilsanspruch vertreten.[313]

166 **b) Differenzierung nach der Person.** Unzulässig sind zunächst Abfindungsbeschränkungen, die in diskriminierender Weise nach der Person des Begünstigten differenzieren.

---

[306] BGH NJW 1973, 651 mwN.

[307] BGH DB 1981, 1974 im Anschluss an BGH NJW 1979, 104. S. zum Ganzen *Schäfer* in MüKoBGB § 738 Rn. 41 ff.

[308] BGH NJW 2010, 3718 Rn. 11; LG Freiburg BeckRS 2014, 22947.

[309] BGH NJW 1985, 192; 1989, 3272; 2008, 2987 Rn. 19; DStR 2010, 1898 f.; einschränkend BGH NJW 1993, 3192. S. auch BGH NJW 2008, 1943 zur Frage, ob eine Fortsetzungsklausel für die ausscheidende Gesellschaftermehrheit eine unzulässige Kündigungsbeschränkung darstellt.

[310] AA *Sigle* FS Stilz, 2014, 617 (627 f.), der § 723 Abs. 3 BGB nur auf rechtliche Beschränkungen anwenden möchte.

[311] BGH NJW 1993, 3192; *K. Schmidt* GesR § 50 IV 2c ee; *Schüppen* FS Binz, 2014, 645 (650 ff.); kritisch zur Rechtsprechung des BGH speziell aus der Sicht von Familienunternehmen *Sigle* FS Stilz, 2014, 617 (622 ff.).

[312] BGH NJW 1999, 784; 2011, 2572 Rn. 17 ff.; 2011, 999 Rn. 17 ff. Zur Problematik der Doppelerfassung, wenn Erträge aus Gesellschaftsbeteiligung bereits bei Bemessung des Unterhalts mitberücksichtigt wurden, BGH NJW 2003, 1396; 2008, 1221.

[313] S. *Lange* in MüKoBGB § 2311 Rn. 51 mwN und einem Überblick über die in der Literatur vorgeschlagenen Kompromisslösungen.

So sind wegen **Gläubigerbenachteiligung** solche Klauseln generell nichtig, die den Abfindungsanspruch eines Gesellschafters nur für den Fall eines durch Gläubigerkündigung oder Insolvenzeröffnung bedingten Ausscheidens beschränken und nicht auch für den vergleichbaren Fall der Ausschließung eines Gesellschafters aus wichtigem Grund.[314] Dies gilt auch dann, wenn der Gesellschaftsvertrag eine Abfindungsbeschränkung für den Fall der Anteilspfändung vorsieht, während die Frage der Abfindung bei Ausschließung eines Gesellschafters aus wichtigem Grund überhaupt nicht geregelt ist.[315] Umgekehrt soll allerdings eine Abfindungsklausel, die ihrem Wortlaut nach nur die Fälle der freiwilligen Kündigung und der Anteilspfändung regelt, automatisch auch für eine Ausschließung aus wichtigem Grund gelten.[316] Darüber hinaus verbietet der **gesellschaftsrechtliche Gleichbehandlungsgrundsatz** eine willkürlich differenzierende Behandlung der Gesellschafter untereinander.

c) Höhe der Abfindung. Unzulässig bzw. unwirksam sind ferner Abfindungsklauseln, 167
die eine Abfindung gänzlich ausschließen (aber → Rn. 175) oder im Ergebnis zu einem Abfindungsbetrag führen, der **erheblich hinter** dem **Verkehrswert** des Anteils zurückbleibt **(grobes Missverhältnis).**[317] Dies gilt – wenn auch mit unterschiedlichen Rechtsfolgen (→ Rn. 185 ff.) – sowohl dann, wenn diese Diskrepanz bereits zum Zeitpunkt der Aufnahme der Klausel in den Gesellschaftsvertrag besteht,[318] als auch für den Fall, dass dieses Missverhältnis **erst im Lauf der Zeit** eingetreten ist.[319]

Der BGH hat ein **grobes Missverhältnis** bejaht, wenn die Abfindung eines Kommandi- 168
tisten die Hälfte des Buchwerts beträgt,[320] unterhalb geleisteter Einlagen oder einbehaltener Gewinne liegt,[321] oder nur 20 %[322] bzw. nur 35 % (unter Einbeziehung des Privatkontos 48 %)[323] des Verkehrswerts beträgt.[324] Selbst eine ausdrücklich auf den Ertragswert abhebende Abfindungsklausel kann im Hinblick auf § 723 Abs. 3 BGB unwirksam sein, wenn der Liquidationswert des Unternehmens diesen Wert erheblich übersteigt.[325]

Die Rechtsprechung hat es indessen bislang **abgelehnt,** eine starre **Wertgrenze festzu-** 169
legen, bei deren Unterschreitung die gesellschaftsvertragliche Abfindungsregelung automatisch außer Kraft gesetzt wird. Dabei wird darauf verwiesen, dass neben der Diskrepanz zwischen dem gesellschaftsvertraglich geschuldeten Abfindungsbetrag und dem wahren Anteilswert jeweils die **Umstände des Einzelfalls** in die Wirksamkeitskontrolle miteinbezogen werden müssten.[326] Im Einzelnen wurde zB auf die **Dauer der Gesellschaftszugehörigkeit** des ausscheidenden Gesellschafters,[327] seinen **Anteil am Aufbau und Erfolg des Unternehmens** und sein **Alter** abgestellt.[328] Ferner kommt es darauf an, in welcher Höhe die Gesellschaft einen **Abfluss von Geldmitteln verkraften** kann.[329]

Auch der **Anlass des Ausscheidens** und die Frage, ob der Gesellschafter freiwillig 170
oder unfreiwillig aus der Gesellschaft ausgeschieden ist, darf zur Abwägung herangezogen

---

314 BGH NJW 1960, 1053; 1975, 1835; 2000, 2819; s. aber auch die Nachweise bei *Schäfer* in MüKoBGB § 738 Rn. 47 zur Gegenansicht, wonach Anfechtungsvorschriften der InsO und des AnfG der Nichtigkeitsfolge vorgehen sollen.

315 BGH NJW 2000, 2819 (2820).

316 So BGH DB 2002, 261 (262).

317 BGH NJW 1993, 3193; 1989, 2685; 1979, 104.

318 BGH NJW 1989, 2685 (2686).

319 BGH NJW 1993, 3193; 1989, 3272.

320 BGH NJW 1989, 2685 (2686).

321 BGH ZIP 1991, 1220.

322 BGH NJW 1973, 651.

323 BGH BB 1993, 2265 (2266).

324 S. auch die Rechtsprechungsübersicht (einschließlich OLG-Entscheidungen) bei *Hülsmann* NJW 2002, 1673 (1674 f.) sowie OLG Hamm GmbHR 2003, 584; OLG München DB 2004, 2207 (2208): ein Drittel des ermittelten Verkehrswerts ist unangemessen.

325 BGH DB 2006, 999: der Liquidationswert betrug hier das Dreieinhalbfache des Ertragswerts.

326 BGH NJW 1993, 2101 (2102). Vgl. hierzu die von *Preißer/v. Rönn,* Die KG und die GmbH & Co. KG, 346 ff., gebildeten Fallgruppen.

327 S. BGH NJW 1992, 892 (895); GmbHR 2003, 265 (266).

328 BGH NJW 1993, 3193 (3194).

329 BGH NJW 1993, 3193 (3194).

werden.[330] Bei einem unfreiwilligen und unverschuldeten Ausscheiden, zB der ausnahmsweise zulässigen Hinauskündigung ohne wichtigen Grund (→ Rn. 117 ff.), sind nach der Rechtsprechung an gesellschaftsvertragliche Abfindungsklauseln (noch) **strengere Anforderungen** zu stellen.[331] Ein rechtlich vertretbarer Interessenausgleich zwischen dem Ausscheidenden und den in der Gesellschaft Verbleibenden könne unter solchen Umständen „im Regelfalle" nur dann als gegeben angesehen werden, wenn dem ausscheidenden Gesellschafter eine „angemessene" Abfindung zugebilligt werde, die „im Kern" der gesetzlichen Regelung entspreche und „im Wesentlichen" zur Abgeltung des vollen Werts des Gesellschaftsanteils führe.

171 Die kasuistische Rechtsprechung des BGH läuft darauf hinaus, dass keine allgemeingültige Aussage über die vertraglich gerade noch zulässige Beschränkung des Abfindungsanspruchs möglich ist. Die **Mindestabfindung** dürfte vielmehr bei jeder **Gesellschaft,** innerhalb einer Gesellschaft für jeden Gesellschafter und zu verschiedenen **Zeitpunkten unterschiedlich** ausfallen. *Kellermann,* ehemaliger Vorsitzender des für das Gesellschaftsrecht zuständigen II. Zivilsenats beim BGH, hatte einst der Praxis als Hinweis mit auf den Weg gegeben, dass durch eine Reduzierung des Abfindungsanspruchs auf die **Hälfte des wirklichen Werts** noch kein erhebliches Missverhältnis erreicht werde.[332] Heute dürfte die **Mindestabfindung** hingegen grundsätzlich bei 50–60 % des anteiligen Ertragswerts liegen.[333]

172 **d) Auszahlungsmodalitäten.** Für einen ausscheidenden Gesellschafter können sich **Ratenzahlungsvereinbarungen** und **hinausgeschobene Fälligkeitstermine** ähnlich auswirken wie eine Beschränkung des Abfindungsanspruchs der Höhe nach. Die hM verlangt deshalb, dass das Interesse der Unternehmenserhaltung nicht einseitig über dasjenige des Ausscheidenden gestellt werden darf, die Auszahlungsmodalitäten sich vielmehr **im Rahmen des Üblichen** halten müssen.[334]

173 Bei der Beurteilung der Auszahlungsmodalitäten sind die Fälligkeit des Abfindungsguthabens, seine Sicherstellung und seine Verzinsung im Zusammenhang zu sehen.[335] Letzteres wird durch eine entsprechende **Abzinsung** zweckmäßigerweise bereits bei der Überprüfung der Abfindungshöhe berücksichtigt.[336] Die Stellung von **Sicherheiten** dürfte grundsätzlich nur dann unverzichtbar sein, wenn konkrete Risiken bestehen, wobei das Sicherungsbedürfnis natürlich umso größer ist, je längerfristig die Auszahlung erfolgt. Zur **Fälligkeit** hat der BGH festgestellt, dass ein **zehn Jahre übersteigender** Zeitraum grundsätzlich **unzulässig** ist, die Frage im Übrigen aber offengelassen.[337] Hieraus kann als grobe Richtlinie abgeleitet werden, dass ein Auszahlungszeitraum von bis zu fünf Jahren in der Regel und ein solcher bis zu zehn Jahren im Einzelfall nicht zu beanstanden ist.[338]

174 **e) Sonderfälle.** Für die vom BGH gegen die Zulässigkeit von Abfindungsbeschränkungen erhobenen Bedenken ist jedoch unter Umständen dann kein Raum, wenn die **Art**

[330] BGH NJW 1993, 2101 (2102); 1989, 2685. Zweifelnd *Wiedemann* GesR II § 3 III 3e bb.

[331] So bereits BGH NJW 1979, 104; 1981, 2565; 1989, 2685. Vgl. auch *Piehler/Schulte* in MHdB GesR II § 38 Rn. 28, 34.

[332] *Kellermann* StbJb 1986/87, 409 ff.; so auch nach ergänzender Vertragsauslegung OLG München DB 2004, 2207 (2209). Differenzierend *Ulmer/Schäfer* ZGR 1995, 134 (153): zwei Drittel bei kündigungsrelevanten Abfindungsklauseln (Maßstab des § 723 Abs. 3 BGB), im Übrigen Hälfte des tatsächlichen Anteilswerts; *Ulmer* ZIP 2010, 805 (814): 20–50 %.

[333] *K. Schmidt* GesR § 50 IV 2c ee.

[334] *K. Schmidt* GesR § 50 IV 2c cc; *Schäfer* in MüKoBGB § 738 Rn. 65; *Stöber/Rafiqpoor* GmbHR 2003, 872 (875 f.).

[335] OLG Dresden DB 2000, 1221; OLG Frankfurt BeckRS 2013, 01842 Rn. 73; *Schäfer* in MüKoBGB § 738 Rn. 65.

[336] OLG Frankfurt BeckRS 2013, 01842 Rn. 73: Je deutlicher die Abfindung hinter dem anteiligen Unternehmenswert zurückbleibt, desto problematischer erscheinen einschneidende Regelungen der Zahlungsmodalitäten zum Nachteil des ausscheidenden Gesellschafters; ferner *Stöber/Rafiqpoor* GmbHR 2003, 872 (875).

[337] BGH NJW 1989, 2685 (2686).

[338] So *K. Schmidt* GesR § 50 IV 2c cc; *Geißler* GmbHR 2006, 1173 (1177): fünf bis sieben Jahre nicht zu beanstanden.

des Anteilserwerbs oder die **besondere Situation** der Gesellschaft eine stärkere Beschränkung oder gar einen völligen Ausschluss der Abfindung rechtfertigen. Dies ist etwa bei Gesellschaften der Fall, die **rein ideelle Zwecke** verfolgen, da die Beteiligung an solchen Gesellschaften auf altruistischen Vorstellungen beruht und gerade nicht der Mehrung des eigenen Vermögens dienen soll.[339] Auch bei Gesellschaften, bei denen die Gewinnerzielung **lediglich Nebenzweck** ist, sollen weitgehende Abfindungsbeschränkungen zulässig sein.[340]

Beschränkungen bis hin zum Abfindungsausschluss sind nach hM des Weiteren zulässig, wenn im **Todesfall nicht nachfolgeberechtigte Erben abzufinden** sind.[341] Hier kann insbesondere der Gesichtspunkt der unzulässigen Kündigungserschwerung von vornherein keine Rolle spielen. Dabei ist uE ohne Bedeutung, ob die Abfindungsklausel zwischen Kündigungs- und Todesfall ausdrücklich differenziert und nur für den Letzteren die Abfindungsbeschränkung vorsieht. Auch wenn ganz allgemein in allen Ausscheidensfällen eine unter dem wirklichen Wert liegende Abfindung vorgeschrieben ist, ist diese Vertragsbestimmung – entgegen der Vermutung des § 139 BGB (bzw. aufgrund der üblicherweise vereinbarten Teilnichtigkeits- oder salvatorischen Klausel) – im Todesfall unabhängig davon gültig, ob die Abfindungsregelung im Kündigungsfall wegen Umgehung von § 723 Abs. 3 BGB iVm § 105 Abs. 3 HGB, § 161 Abs. 2 HGB ihrerseits nichtig ist oder nicht. 175

In der **Literatur** ist teilweise versucht worden, derartige Erwägungen auch auf **schenkweise erworbene Beteiligungen** zu erstrecken.[342] Hierbei geht es um die im Zusammenhang mit der „Hinauskündigung" bereits erwähnte (→ Rn. 109) Problematik der sog **Gesellschafter minderen Rechts,** womit vor allem Gesellschafter gemeint sind, die ihren Anteil – wie bei Familiengesellschaften typisch – unentgeltlich erworben haben. Weil der Beschenkte mit der Rechtsposition zufrieden sein müsse, die ihm der Schenker einzuräumen bereit sei, müssten mit ihm auch an sich unzulässige Abfindungsbeschränkungen vereinbart werden dürfen. Der BGH ist dieser Auffassung jedoch mit der Begründung **entgegengetreten,** die Tatsache der Schenkung ändere nichts am gesetzlichen Mindeststandard.[343] 176

Diese Rechtsprechung ist uE wenig überzeugend, weil der Erblasser dem Gesellschafter-Erben ja auch **testamentarisch** auferlegen könnte, im Fall seines Ausscheidens auf eine den Buchwert der vererbten Beteiligung übersteigende Abfindung zugunsten aller oder einzelner Mitgesellschafter zu verzichten. Entsprechendes gilt für den Schenker, der im Schenkungsvertrag eine ähnliche Auflage vorsehen kann. Warum aber sollte gesellschaftsrechtlich unzulässig sein, was erbrechtlich bzw. schenkungsrechtlich problemlos gestaltet werden kann?[344] Nachdem der BGH bei der Frage der Hinauskündigung zwischenzeitlich die Testierfreiheit als sachliche Rechtfertigung bestätigt hat (→ Rn. 125) und bei den Beteiligungsmodellen für Manager bzw. Mitarbeiter akzeptiert, dass der Ausscheidende nur das als Abfindung erhält, was er eingezahlt hat (→ § 9 Rn. 91), wäre es eigentlich folgerichtig, die Zuwendung einer von vornherein eingeschränkten Gesellschafterstellung[345] grundsätzlich anzuerkennen. 177

---

[339] BGH NJW 1997, 2592f.

[340] OLG Oldenburg GmbHR 1997, 503 (505); die gegen das Urteil eingelegte Revision wurde vom BGH nicht zur Entscheidung angenommen, BGH GmbHR 1997, 506; OLG Celle DStR 1997, 336 mAnm *Goette.*

[341] BGHZ 22, 186 (194); *K. Schmidt* in MüKoHGB § 131 Rn. 161; *Schäfer* in MüKoBGB § 738 Rn. 61; *Roth* in Baumbach/Hopt HGB § 131 Rn. 62; *Kindler* in Koller/Kindler/Roth/Morck HGB § 131 Rn. 17; zur GmbH *Geißler* GmbHR 2006, 1173 (1174f.). Ablehnend OLG Bremen NJW 2013, 2527 (2529f.); *Schüppen* FS Binz, 2014, 645 (658f.); kritisch auch *Emmerich* in Heymann HGB § 138 Rn. 44.

[342] *Flume* Personengesellschaft 178f.; *Piehler* DStR 1991, 716 (719). AA *Schäfer* in MüKoBGB § 738 Rn. 59; *Huber* ZGR 1980, 177 (206).

[343] BGH NJW 1989, 2685 (2686).

[344] S. aber auch *Mayer* ZGR 1995, 93 (107f.), der die gesellschaftsrechtlichen Grenzen für Abfindungsbeschränkungen über § 242 BGB auf schenkungsvertragliche Vereinbarungen erstrecken möchte; dagegen zu Recht *Jülicher* ZGR 1996, 82.

[345] Gesellschafter „minderen Rechts" iSv *Flume,* → Rn. 109.

178 *Ulmer*[346] tritt bei **großen, generationenübergreifenden Familien-KGs** für die Entwicklung eines **Sonderrechts** ein, kraft dessen stärkere Beschränkungen des gesellschaftsvertraglich vorgesehenen Abfindungsanspruchs, die über die von der Rechtsprechung entwickelten Beschränkungen (→ Rn. 163 ff.) hinausgehen, möglich sein sollen. Maßstab für die Begrenzung des Abfindungsanspruchs sei bei diesen Unternehmen nicht der anteilige Verkehrswert, sondern der „(subjektive) Wert des Anteils in der Hand des jeweiligen Familiengesellschafters".[347] **Bewertungsgrundlage** für diese Berechnung bilden nach *Ulmer* die von den Gesellschaftern **nachhaltig zu erwartenden Gewinnausschüttungen.**[348] Die Rechtfertigung für diese erhebliche Abweichung vom Verkehrswert entnimmt *Ulmer* den bei Familiengesellschaften üblicherweise vereinbarten Verfügungsbeschränkungen, dem Umstand, dass im innerfamiliären Anteilshandel regelmäßig nur moderate Preise erzielt würden, der treuhänderähnlichen durch Vererbung oder Schenkung erworbenen Familiengesellschafterstellung sowie der in Familiengesellschaften üblichen Thesaurierung erheblicher Teile des Jahresüberschusses.[349] Für die **Praxis** bleibt abzuwarten, ob die **Rechtsprechung** diese Überlegungen aufgreift.

179 **f) Beurkundungserfordernis.** Das Ausscheiden eines Gesellschafters mit zulässigerweise ausgeschlossenem oder beschränktem Abfindungsanspruch führt aufseiten der verbleibenden Gesellschafter infolge der Anwachsung in Höhe des Verkehrswerts des Anteils bzw. der Differenz zu diesem zu einer Vermögensmehrung. Fraglich ist, ob in dieser „Bereicherung" eine Schenkung bzw. Verfügung von Todes wegen zu sehen ist, so dass die Vereinbarung der Abfindungsregelung und damit der ganze Gesellschaftsvertrag gemäß § 516 bzw. § 2301 BGB der **notariellen Beurkundung** bedarf.[350]

180 Der **BGH** hat eine **Schenkung verneint,** sofern nur die Abfindungsregelung für **alle Gesellschafter** gleichermaßen gilt.[351] Die wohl noch hM interpretiert die wechselseitige Beschränkung bzw. den Ausschluss des Abfindungsanspruchs als **entgeltlichen** (aleatorischen) **Vertrag,** weil jeder Gesellschafter um der Chance willen, im Fall des Ausscheidens eines Mitgesellschafters bereichert zu werden, seinerseits das Risiko eingehe, im Fall seines eigenen Ausscheidens keine oder keine vollwertige Abfindung zu erhalten („Wagnisgeschäft"). Neuere Tendenzen in der **Literatur** sehen jedoch die Kategorie der „Entgeltlichkeit" nicht als sachgerecht an.[352] Eine entgeltliche Vereinbarung liege nämlich nur vor, wenn jemand iSd do ut des etwas verspricht, um dafür eine Gegenleistung zu erlangen. Auch bei einem alle Gesellschafter gleichermaßen treffenden Abfindungsausschluss sei das Handlungsziel der Gesellschafter aber nicht ein Leistungsaustausch (Entgeltlichkeit), sondern eine Leistungsverbindung zur Förderung des Gesellschaftszwecks und zur Sicherung des Bestandsschutzes der Gesellschaft. Außerdem müsse die überkommene Ansicht bei gleicher Klausel, aber unterschiedlich hohem Wagnis (zB infolge unterschiedlicher Lebenserwartung) eine gemischte Schenkung annehmen.

181 Der Sache nach ist auch ein **wechselseitiger Abfindungsausschluss** eine mitgliedschaftliche Abrede. Hiernach kann regelmäßig davon ausgegangen werden, dass der allseitige (partielle) Abfindungsverzicht als integrierter Bestandteil des Gesellschaftsvertrags eine **gesellschaftliche causa** hat, also keine gegenseitige Schenkung darstellt.[353] Daher erscheint

---

[346] *Ulmer* ZIP 2010, 549; *Ulmer* ZIP 2010, 805; unter Verweis auf *Ulmer* auch *Schäfer* in Großkomm. HGB § 131 Rn. 185; *Holler* in MHdB Streitigkeiten § 75 Rn. 21 ff.; *Holler* BB 2012, 719; im Ergebnis auch *Wolf* MittBayNot 2013, 9 (14 ff.).

[347] *Ulmer* ZIP 2010, 805 (815).

[348] *Ulmer* ZIP 2010, 805 (815 f.).

[349] *Ulmer* ZIP 2010, 805 (815 f.).

[350] S. hierzu auch *Binz/Mayer* NJW 2002, 3054 (3057 f.).

[351] BGH NJW 1957, 180; DNotZ 1965, 620 (622); NJW 1981, 1956 (1957); *Lorz* in EBJS HGB § 131 Rn. 125; *Sudhoff* DB 1961, 1573 (1575).

[352] *Schäfer* in Großkomm. HGB § 131 Rn. 188 mwN, der insoweit von einer schon führenden Gegenansicht spricht.

[353] *Eckert* in Soergel BGB § 516 Rn. 86; im Ergebnis ebenso bereits RGZ 145, 289 (294 f.). Ähnlich *Koch* in MüKoBGB § 516 Rn. 97.

es sachgerechter, für die Frage des Vorliegens einer Schenkung im Zusammenhang mit gesellschaftsvertraglichen Regelungen nicht auf das eher formale Begriffspaar Entgeltlichkeit/Unentgeltlichkeit abzustellen, sondern auf die konkreten **Umstände des Einzelfalls.**[354] Eine **Schenkung** wird nur in besonders gelagerten **Ausnahmefällen** anzunehmen sein, zB dann, wenn ein alternder Unternehmer mit seiner jungen Ehefrau eine Gesellschaft gründet und vereinbart wird, dass beim Tod eines jeden von ihnen der Überlebende das Unternehmen ohne Abfindungsverpflichtung fortführen kann.[355] Denn in diesem Fall gilt zwar dieselbe Regelung für alle Gesellschafter; sie wirkt sich jedoch aufgrund der unterschiedlichen Lebenserwartungen derart unterschiedlich aus, dass an einer einseitigen Begünstigung und damit an der Annahme einer (wenn auch verdeckten) Schenkung nicht vorbeizukommen ist.

Ist – wie im genannten Beispielsfall – das entschädigungslose Ausscheiden an den Tod **182**
des jeweiligen Gesellschafters geknüpft, kommt als Formvorschrift § 2301 Abs. 1 BGB in Betracht. Nach dieser Bestimmung finden auf ein Schenkungsversprechen, welches unter der Bedingung erteilt wird, dass der Beschenkte den Schenker überlebt, die Vorschriften über Verfügungen von Todes wegen Anwendung. Da ein gegenseitiger Abfindungsausschluss als **Erbvertrag** anzusehen wäre,[356] müsste dieser, soll er rechtswirksam sein, notariell beurkundet werden (§ 2276 BGB). **Vollzieht** jedoch der Schenker die Schenkung „durch Leistung des zugewendeten Gegenstands", so finden gemäß § 2301 Abs. 2 BGB die Vorschriften über Schenkungen unter Lebenden Anwendung.

Im Ergebnis führt dies zur **Heilung** der Formnichtigkeit gemäß § 518 Abs. 2 BGB, wenn **183**
die Schenkung noch zu **Lebzeiten** des Erblassers **vollzogen** wird. Ein **Vollzug** liegt nach der Rechtsprechung des **BGH** vor, wenn der Erblasser zu Lebzeiten alles getan hat, was von seiner Seite zur Zuordnung des Gegenstands an den Begünstigten erforderlich ist, und seinen Zuwendungswillen in entsprechendem Umfang in die Tat umgesetzt hat.[357] Das gilt auch dann, wenn der Erwerb befristet oder – wie hier – durch das Vorversterben des Zuwendenden bedingt ist. In diesem Fall genügt für den Vollzug einer Schenkung, dass für den Beschenkten ein Erwerbs- oder Anwartschaftsrecht begründet wird, das sich bei Eintritt der Bedingung (Tod) zwangsläufig zu einem Vollrecht entwickelt. Bei einem **gesellschaftsvertraglich** vereinbarten **Abfindungsausschluss** ist diese **Voraussetzung erfüllt.**[358]

Für die **Praxis** bedeutet dies, dass **kein Beurkundungserfordernis** beachtet werden **184**
muss. Die Vereinbarung von Abfindungsausschlüssen auf den Todesfall kann zwar unter besonderen Umständen als Schenkung zu werten sein. Die Rechtswirksamkeit einer solchen Vereinbarung scheitert jedoch nicht an § 2301 Abs. 1 BGB, also an der fehlenden notariellen Beurkundung, da eine etwaige Formnichtigkeit durch den Abschluss des Gesellschaftsvertrags geheilt wäre. Eine Schenkung kann allerdings **andere rechtliche Konsequenzen** zur Folge haben, wie zB die Begründung von Pflichtteilsergänzungsansprüchen (§ 2325 BGB) oder das Recht zum Widerruf der Schenkung wegen groben Undanks (§ 530 BGB). Bei **bloßen Abfindungsbeschränkungen,** die auch beim Ausscheiden zu Lebzeiten zum Tragen kommen und für alle Gesellschafter gleichermaßen gelten, dürfte dagegen von vornherein kein Platz für die Annahme einer Schenkung sein.

4. Rechtsfolgen

Bei den Rechtsfolgen ist zwischen Wirksamkeits- und Ausübungskontrolle zu **unter- 185**
scheiden:[359]

---

[354] Im Ergebnis auch BGH NJW 1981, 1956 f.

[355] BGH NJW 1981, 1956 f.

[356] Im Fall eines einseitigen Abfindungsausschlusses wäre an die Einhaltung der für das eigenhändige Testament geltenden Formvorschriften (§ 2247 BGB) zu denken.

[357] BGH WM 1970, 638; 1970, 1114.

[358] So ausdrücklich BGH WM 1971, 1338 (1339).

[359] *Wiedemann* GesR II § 3 III 3e bb; *K. Schmidt* GesR § 50 IV 2c ee; kritisch zur Rechtsprechung des BGH speziell aus der Sicht von Familienunternehmen *Sigle* FS Stilz, 2014, 617 (622 ff.).

- Eine Abfindungsklausel ist nach § 138 Abs. 1 BGB bzw. § 723 Abs. 3 BGB **nichtig,** wenn sie einen Gesellschafter bereits im Zeitpunkt ihrer Aufnahme in den Gesellschaftsvertrag grob unbillig benachteiligt hat **(Wirksamkeitskontrolle).** Statt der nichtigen Abfindungsklausel gilt die einschlägige gesetzliche Regelung.[360] Der ausscheidende Gesellschafter hat in diesem Fall also Anspruch auf eine Abfindung in Höhe des **Verkehrswerts.**[361]
- Eine – **ursprünglich wirksame** – Abfindungsklausel mit einer gegenüber dem gesetzlichen Regelstatut für den ausscheidenden Gesellschafter ungünstigeren Abfindungsregelung ist **anzupassen,** soweit diesem infolge veränderter Wertverhältnisse ein Festhalten an der gesellschaftsvertraglichen Regelung nicht zugemutet werden kann **(Ausübungskontrolle).**

186 Der BGH hatte die Nichtigkeitsfolge zunächst auch auf die Fälle der Ausübungskontrolle erstreckt,[362] seine Rechtsprechung aufgrund der erheblichen Kritik in der Literatur dann aber insoweit geändert und § 242 BGB zur Lösung herangezogen. Ein erst im Lauf der Zeit eingetretenes, erhebliches Missverhältnis zwischen Klausel- und Verkehrswert führt danach nicht mehr zur Nichtigkeit der entsprechenden Klausel. Vielmehr ist im Weg **ergänzender Vertragsauslegung** unter Berücksichtigung der gesamten Umstände des Einzelfalls eine **angemessene Abfindung** festzulegen.[363] Diese wird regelmäßig **unterhalb des Verkehrswerts** liegen.

187 Die **Darlegungs- und Beweislast** für die Unzulässigkeit der Abfindungsregelung bzw. für die Notwendigkeit von deren Anpassung im Weg ergänzender Vertragsauslegung liegt beim ausscheidenden Gesellschafter.[364] Die Gesellschaft kann sich folglich (zunächst) darauf beschränken, das Abfindungsguthaben auf der Grundlage der gesellschaftsvertraglichen Vereinbarung zu ermitteln und auszuzahlen.

188 Fraglich ist, ob eine **Anpassung der Abfindung** auch **zugunsten der Gesellschaft** vorzunehmen ist, wenn der vertraglich geschuldete Abfindungsbetrag (abweichend von der Mehrzahl der bislang bekannt gewordenen Streitfälle) höher ist als der Verkehrswert des Anteils. In der Literatur wird es zum Teil als rechtsmissbräuchlich bezeichnet, eine über dem anteiligen Verkehrswert liegende Abfindung zu verlangen.[365] In ähnlicher Weise hielt das OLG Bamberg[366] eine Kündigungsregelung für unwirksam, nach der dem ausscheidenden Gesellschafter einer zweigliedrigen GbR eine Abfindung weit über das marktübliche Maß hinaus zu zahlen war. Im Weg der ergänzenden Vertragsauslegung wird man in derartigen Fällen die Abfindung an das anzupassen haben, was dem hypothetischen objektivierten Parteiwillen entsprochen hätte,[367] aber jedenfalls den **Verkehrswert** als **Wertobergrenze** annehmen.[368]

5. Konsequenzen für die kautelarjuristische Praxis

189 **a) Problematik.** Die von der Rechtsprechung für die Wirksamkeit von Abfindungsklauseln vorgegebenen Schranken sind für die Kautelarjurisprudenz ausgesprochen unbefriedigend, weil sie zum einen die gerade noch zulässige Abfindung ggf. vom **Grund des Ausscheidens** abhängig macht, sich zum Zweiten bei der Mindesthöhe des Abfindungsanspruchs auf **abstrak-**

---

[360] BGH NJW 1989, 2685 (2686); 1992, 892 (894).

[361] *Hülsmann* GmbHR 2001, 409 (415). Nach *Stöber/Rafiqpoor* GmbHR 2003, 872 (877) soll die Abfindung im Weg ergänzender Vertragsauslegung zu ermitteln sein, wenn der Gesellschaftsvertrag die übliche salvatorische Klausel enthält.

[362] BGH NJW 1989, 2685 (2686); 1979, 104.

[363] BGH NJW 1993, 2101 (2102); 1993, 3193; OLG München DB 2004, 2207. Die Abfindungshöhe bemisst sich nach den in → Rn. 166 ff. dargestellten Grundsätzen.

[364] BGH NJW 1989, 3272; *Piehler/Schulte* in MHdB GesR II § 38 Rn. 22.

[365] *Engel* NJW 1986, 345 (347); *K. Schmidt* GesR § 50 IV 2c ff.; *Sigle* ZGR 1999, 659 (679 f.); ähnlich *Hülsmann* GmbHR 2001, 409 (416), der aber auch hier eine Anpassung nur bei einem erheblichen Missverhältnis vornehmen will; zum Ganzen auch *Schüppen* FS Binz, 2014, 645 (655 ff.).

[366] OLG Bamberg NZG 1998, 897.

[367] *Schüppen* FS Binz, 2014, 645 (656 f.) für das nachträgliche Missverhältnis. Einschränkend OLG München BeckRS 2006, 05915 für den Fall, dass der Abfindungsbetrag den tatsächlichen Wert des Anteils deutlich übersteigt.

[368] So auch *Sörgel/Engelmann* DStR 2003, 1260 (1264).

te Beschreibungen beschränkt und zum Dritten darauf verweist, dass besondere Umstände im **Einzelfall** ein anderes Ergebnis rechtfertigen können. In der Praxis besteht daher hinsichtlich der Frage, welchen Anforderungen eine Abfindungsklausel im Einzelfall genügen muss, nach wie vor ein erhebliches Maß an **Rechtsunsicherheit.**[369]

Zwar steht mittlerweile fest, dass ein erst im Lauf der Zeit eingetretenes Missverhältnis von Verkehrswert und Klauselwert nicht zur Nichtigkeit der Abfindungsregelung führen kann, sondern im Weg **ergänzender Vertragsauslegung** zu korrigieren ist. Im Unterschied zur bloßen geltungserhaltenden Reduktion wird bei der ergänzenden Vertragsauslegung nicht nur den Interessen der verbleibenden Gesellschafter Rechnung getragen, sondern versucht, durch das Abstellen auf den **mutmaßlichen Parteiwillen** einen angemessenen **Interessenausgleich** zwischen den Parteien herbeizuführen. Dieser Interessenausgleich kann in der Praxis aber auf Schwierigkeiten stoßen. Ob eine ausdrückliche Erklärung im Gesellschaftsvertrag, wonach die Abfindungsregelung auch bei einer erheblichen Änderung der Wertverhältnisse unverändert fortgelten soll, von der Rechtsprechung anerkannt würde, erscheint fraglich.[370] **190**

Unabhängig von ihrer Beurteilung durch die Rechtsprechung hängt die Funktionsfähigkeit einer Abfindungsklausel jedoch maßgeblich auch davon ab, dass **von vornherein kalkulierbar** ist, mit welchem Betrag ausscheidende Gesellschafter abzufinden sind.[371] Die in der Praxis eingesetzten Abfindungsregelungen erweisen sich insoweit jedoch in mehrfacher Hinsicht als problematisch, wie die nachstehend beschriebenen Klauseln zeigen. **191**

b) Buchwertklausel. Die nach wie vor in einer Vielzahl von Gesellschaftsverträgen enthaltene Buchwertklausel kann im Einzelfall nicht unerhebliche Auslegungsprobleme aufwerfen. Zwar versteht die **hM** unter **Buchwertabfindung** eine Abfindung, bei der die Gesellschafter „lediglich“ von den **stillen Reserven ausgeschlossen** sind, ihnen aber außer ihrer auf dem Kapitalkonto verbuchten festen Einlage und einem etwaigen Guthaben auf dem Darlehenskonto (auch Kapitalkonto II oder Privatkonto genannt) die anteiligen **offenen Rücklagen** zustehen.[372] „Buchwert“ ist hiernach also – entgegen einem in der Wirtschaftspraxis verbreiteten Irrtum – nicht zu verstehen im Sinne einer Beschränkung auf den Nominalbetrag der Kapital- und Darlehenskonten. Dennoch fehlt im Gesellschaftsvertrag hierzu vielfach eine klare Regelung, so dass in der Praxis, falls das Problem überhaupt erkannt wird, große Unsicherheit besteht.[373] **192**

Generell sagt der Buchwert **nichts** über den **wirklichen Wert** des Unternehmens aus. Er kann darüber[374] oder darunter liegen oder mit ihm zufällig übereinstimmen.[375] Der Buchwert hat in demselben Maß, in dem die Betriebswirtschaftslehre den Substanzwert aufgrund der bei Unternehmensverkäufen in der Praxis erzielten Erfahrungen vernachlässigte, seine Aussagekraft als Parameter der Angemessenheit eines Abfindungsguthabens verloren. Zum einen hat sich gezeigt, dass sich die Realisierbarkeit stiller Reserven namentlich im Grundvermögen je nach den gerade vorherrschenden Konjunkturverhältnissen ganz anders als erwartet entwickeln kann. Zum anderen können auch erhebliche „negative“ stille Reserven aus dem Kreis sozialer Verpflichtungen des Unternehmens bestehen, die in den Buchwerten keinen Niederschlag finden.[376] Und schließlich lassen die Buchwerte die bei der heutigen Unternehmensbewertung im Vordergrund stehenden Ertragsaussichten der **193**

---

369 Zu Praxishinweisen für die Gestaltung von Abfindungsvereinbarungen in Familienunternehmen s. auch *Leitzen* RNotZ 2009, 315 (321); *Jorde/Immes* WPg 2017, 270.

370 *Rasner* ZHR 158 (1994), 292 (300 f.).

371 Kritisch gegenüber ergänzender Vertragsauslegung daher auch *Bacher/Spieth* GmbHR 2003, 517 (522).

372 BGH NJW 1979, 104; s. auch *Geißler* GmbHR 2006, 1173 (1175 f.).

373 Hierzu *Hennerkes/Binz* DB 1983, 2669. Zur Problematik der Buchwertabfindung im Personengesellschaftskonzern s. *Schön* ZHR 166 (2002), 585.

374 Hierzu *Schüppen* FS Binz, 2014, 645 (655 ff.).

375 Ebenso *Wagner* in Wagner/Rux Die GmbH & Co. KG Rn. 637.

376 ZB latente Sozialplanverpflichtungen, die nach hM erst dann passiviert werden dürfen, wenn die Betriebseinstellung „beschlossene Sache“ ist, Belastungen aufgrund der Verpflichtung zur Rentenanpassung gemäß § 16 BetrAVG alle drei Jahre, die ebenfalls nicht rückstellungsfähig sind, sowie nicht passivierte Alt-Pensionszusagen (Art. 28 EGHGB).

Gesellschaft gänzlich außer Acht. Eine Anknüpfung der Abfindung an den Buchwert unterwirft daher die **Höhe der Abfindung weitgehend** dem **Zufallsprinzip.** Damit trägt die Buchwertklausel in der Regel auch das größte Risiko in sich, nach den dargelegten Rechtsprechungsgrundsätzen als nichtig oder im Weg der Vertragsauslegung als anpassungsbedürftig beurteilt zu werden.

194 **c) Abfindung nach steuerlichen Wertansätzen.** Neben der Buchwertklausel finden sich vornehmlich in älteren Gesellschaftsverträgen von Personengesellschaften vielfach noch Abfindungsregeln, die sich an **steuerlichen Wertansätzen orientieren,** insbes. dem **„gemeinen Wert" gemäß Bewertungsgesetz,** dem **„Einheitswert des Betriebsvermögens"** oder dem sog **„Stuttgarter Verfahren".**[377] Abfindungsregelungen auf der Basis dieser steuerlichen Wertansätze boten in der Vergangenheit den Vorteil der **Simplizität,** da die Werte für steuerliche Zwecke ohnehin regelmäßig benötigt wurden und die Wertermittlungsverfahren präzise festgelegt waren. Nach dem Wegfall der Gewerbekapital- und Vermögensteuer waren diese Werte jedoch nur noch bei Bedarf zu ermitteln und sind nun durch das **ErbStRG** ganz hinfällig geworden.

195 Steuerliche Abfindungsklauseln sind problematisch, weil deren Ergebnis von **Änderungen des Steuerrechts abhängig** ist, die nicht vorhersehbar und zum Teil so grundlegend sind, dass die bei Vertragsabschluss bestehenden Wertvorstellungen völlig konterkariert werden können.[378] So gab es im Bewertungsrecht allein in den zurückliegenden 20 Jahren **drei Paradigmenwechsel.**[379] Zunächst bestimmte das StÄndG 1992, dass Betriebsvermögen nicht mehr zu Teilwerten, sondern zu **Steuerbilanzwerten** anzusetzen ist. Mit dem Gesetz zur Fortsetzung der Unternehmenssteuerreform vom 29.10.1997 wurde dann ab 1.1.1998 der **Einheitswert** des Betriebsvermögens (§ 19 Abs. 2 BewG aF) als Bemessungsgrundlage unter anderem bei der Vermögen- und Erbschaftsteuer **abgeschafft.**[380] Hinzu kam, dass das für die Bewertung von Anteilen an Kapitalgesellschaften maßgebliche **Stuttgarter Verfahren** vom Verordnungsgeber fast **jährlich geändert** wurde. Das **Erbschaftsteuereformgesetz** brachte schließlich zum 1.1.2009 die Neuausrichtung des steuerlichen Bewertungsrechts am Verkehrswert.

196 Dies führte schon bisher zu der Frage, ob an Steuerwerten orientierte Abfindungsklauseln in Altverträgen **statisch oder dynamisch auszulegen** sind, ob also die im Zeitpunkt der Vereinbarung der Klausel oder aber erst der Entstehung des Abfindungsanspruchs maßgebliche Fassung der steuerlichen Bewertungsregeln maßgeblich sein soll.[381] Da die Bewertung von Betriebsvermögen und Anteilen an Kapitalgesellschaften grundlegend neu geregelt worden ist, hat diese Thematik besondere Bedeutung erlangt. So stellt sich die Frage, was heute gilt, wenn in Altverträgen noch auf den „Einheitswert", das „Stuttgarter Verfahren" oder den „gemeinen Wert von Anteilen nach dem Bewertungsgesetz" abgestellt wird. Letzteren kennt das Gesetz zwar noch immer. Dieser ist neuerdings aber nicht mehr substanzwertorientiert, sondern grundsätzlich nach einer auf die **Ertragsaussichten** abstellenden oder einer anderen anerkannten, auch im gewöhnlichen Geschäftsverkehr für nichtsteuerliche Zwecke üblichen Methode zu ermitteln (§ 11 Abs. 2 BewG, § 109 Abs. 1 BewG; näher → § 20 Rn. 16).

197 Eine **dynamische Auslegung** von an Steuerwerten orientierten Abfindungsklauseln würde damit regelmäßig zu dem Ergebnis führen, dass die Gesellschafter heute mit einer

---

[377] R 97–108 ErbStR 2003. Kritisch zur Verwendung in Abfindungsklauseln *Heller* GmbHR 1999, 594; *Hülsmann* GmbHR 2007, 290.

[378] *Piltz* BB 1994, 1021 (1026); *Göllert/Ringling* DB 1999, 516 (519) hielten bei Verwendung einer Abfindungsklausel auf der Basis des „Stuttgarter Verfahrens" sogar Schadensersatzansprüche gegen den Berater für möglich.

[379] *Casper/Altgen* DStR 2008, 2319 (2320).

[380] BGBl. 1997 I 2590; vgl. *Christoffel* DB 1998, 155.

[381] *Casper/Altgen* DStR 2008, 2319 (2323); *Piehler/Schulte* in MHdB GesR II § 38 Rn. 17; *Hülsmann* INF 2001, 467 (468); *Heller* GmbHR 1999, 594 (595); *Sommer/Kemper* DStR 1993, 1451 (1457). S. auch OLG Frankfurt BeckRS 2009, 25533 zur Frage, wie nach Wegfall der turnusmäßigen Feststellung des gemeinen Werts (nach Stuttgarter Verfahren) eine Klausel auszulegen ist, wonach der zuletzt vom Finanzamt festgestellte gemeine Wert maßgeblich sein soll.

Verkehrswert-Abfindung konfrontiert wären. Dies dürfte jedoch den Intentionen der Gesellschafter widersprechen. Mit der Bezugnahme auf die Steuerwerte haben die Gesellschafter in der Regel nicht nur eine Vereinfachung der Wertermittlung angestrebt, sondern – zwecks Bestandssicherung des Unternehmens – diesen Ansatz bewusst auch deshalb gewählt, weil die steuerlichen Wertansätze durch einen Bewertungsmix aus Substanz- und Ertragswert in den meisten Fällen, häufig sogar sehr deutlich, hinter den tatsächlichen Verkehrswerten zurückgeblieben sind.[382]

Bei einer **statischen** Auslegung ist uE größte **Zurückhaltung** geboten, da nicht ohne **198** Weiteres davon ausgegangen werden kann, dass sich die Gesellschafter bei einer Auseinandersetzung zB im Jahr 2030 noch an eine längst überholte steuerliche Regelung gebunden fühlen wollen. Wenn die Gesellschafter innerhalb einer steuerlichen Bewertungslogik eine **dynamische** Entwicklung gewollt haben sollten, führt die Auslegung aller dynamischen, auf das steuerliche Bewertungsrecht verweisenden Klauseln im Zweifel zur **Festschreibung** des Stuttgarter Verfahrens in seiner bis zum 31.12.2008 gültigen Fassung.[383] In vielen Fällen wird man im Hinblick auf den mit dem ErbStRG vollzogenen radikalen Paradigmenwechsel sogar von einem **„Abbruch der Dynamik"** bzw. einem **Wegfall der Geschäftsgrundlage** mit einem Anspruch auf Vertragsanpassung auszugehen haben.[384] Um insoweit keine Zweifel aufkommen zu lassen, empfiehlt es sich, betroffene **Altverträge** hinsichtlich der Abfindungsthematik möglichst rasch zu **aktualisieren.**[385]

d) Ertragswertklauseln. Ertragswertklauseln haben angesichts der Präferenz der Recht- **199** sprechung für das Ertragswertverfahren[386] den Vorteil der **Rechtssicherheit** für sich.[387] In den weitaus meisten Fällen wird eine ertragswertorientierte Regelung zu befriedigenden Ergebnissen führen. Bei sehr substanzlastigen Unternehmen kann ausnahmsweise auch eine Anknüpfung an den Substanzwert, verstanden als Wiederbeschaffungswert aller im Unternehmen vorhandenen immateriellen und materiellen Werte (und Schulden), angemessen sein. Aufgrund ihrer Abhängigkeit von Zukunftsprognosen sind Ertragswertklauseln allerdings **streitanfällig.**[388] Es empfiehlt sich daher, im Gesellschaftsvertrag von vornherein streitvermeidende bzw. -schlichtende Regelungen zu treffen.

Für **§ 740 BGB** (Beteiligung am Ergebnis schwebender Geschäfte) verbleibt bei einer **200** Bewertung nach dem Ertragswertverfahren kein Anwendungsbereich mehr.[389] Für eine gesonderte Berücksichtigung von schwebenden Geschäften kann kein Raum sein, wenn diese bereits in die Bemessung der zukünftigen Erträge Eingang gefunden haben. Zur Klarstellung sollte § 740 BGB jedoch ausdrücklich abbedungen werden. Dies empfiehlt sich auch im Hinblick auf die Komplementär-GmbH, wenn sie zwar keinen Kapitalanteil hält, ihr jedoch eine echte Gewinnbeteiligung eingeräumt worden ist.[390]

Zur **Vermeidung existenzgefährdender Liquiditätsabflüsse** sollte die dem Ausschei- **201** denden nach dem Ertragswertverfahren zustehende Abfindung generell einerseits auf einen bestimmten **Prozentsatz** des anteiligen **Ertragswerts** des Anteils und andererseits auf den anteiligen **Liquidationswert** beschränkt werden.[391] Über diesen generellen Abschlag

---

[382] *Hülsmann* GmbHR 2007, 290. Bei besonders ertragsschwachen Unternehmen konnte das Stuttgarter Verfahren im Einzelfall aber auch zu einer Überbewertung führen.

[383] Zuletzt geregelt in R 96 ff. ErbStR 2003. *Casper/Altgen* DStR 2008, 2319 (2323); *Leitzen* RNotZ 2009, 315 (321). S. auch OLG Stuttgart BeckRS 2017, 105546 Rn. 139 ff. = NZG 2017, 582.

[384] Dazu ausführlich *Casper/Altgen* DStR 2008, 2319; *Wälzholz* DStZ 2009, 591.

[385] Ebenso *Milatz/Kämper* GmbHR 2009, 470 (476); *Schwind/Schmidt* NWB 2009, 297 (305); *Wälzholz* DStZ 2009, 591; s. auch *Winter* Ubg 2009, 822 (826 ff.); *Jorde/Stroot* Ubg 2010, 45 (50 f.); *Moog/Schweizer* GmbHR 2009, 1198; *Krumm* NJW 2010, 187 (191).

[386] BGH NJW 1992, 892 (894). Auch → Rn. 155 ff. Zu den insbesondere steuerlich implizierten Besonderheiten bei der Ertragsbewertung von Personengesellschaften s. *Popp* WPg 2008, 935.

[387] *Piltz* BB 1994, 1021 (1026).

[388] *Piltz* BB 1994, 1021 (1026).

[389] *K. Schmidt* in MüKoHGB § 131 Rn. 115; *Roth* in Baumbach/Hopt HGB § 131 Rn. 45; *Schäfer* in MüKoBGB § 740 Rn. 3.

[390] *K. Schmidt* in MüKoHGB § 131 Rn. 116.

[391] *Piltz* BB 1994, 1021 (1026).

hinaus können je nach Anlass des Ausscheidens ggf. weitere Abschläge vorgenommen werden. So kann etwa einem wegen eines in seiner Person liegenden wichtigen Grunds ausgeschlossenen Gesellschafter ein höherer Abschlag zugemutet werden als einem Gesellschafter, der wegen eines von den anderen Gesellschaftern veranlassten wichtigen Grunds freiwillig ausscheidet.[392] Auch der unterschiedlichen Zugehörigkeitsdauer zur Gesellschaft und den jeweiligen Beiträgen der Gesellschafter zum Erfolg der Gesellschaft kann durch differenzierende Abschläge Rechnung getragen werden.[393] Ein Abschlag von insgesamt mehr als 50 % dürfte jedoch in der Regel unzulässig sein (→ Rn. 171).[394]

6. Abfindungsregelungen bei der Komplementär-GmbH

202 Der ausgeschlossene Gesellschafter hat – wenn die Satzung nichts anderes bestimmt – Anspruch auf Abfindung in Höhe des vollen Verkehrswerts seiner Geschäftsanteile,[395] wobei maßgebender Zeitpunkt der Wertermittlung der Zeitpunkt des Wirksamwerdens des Ausscheidens bzw. der Klageerhebung ist.[396] Für die Beurteilung von Abfindungsbeschränkungen bzw. von **Einziehungsentgelten** bei der Komplementär-GmbH gelten grundsätzlich **dieselben Schranken** wie bei der GmbH & Co. KG.[397]

203 Allerdings sind Abfindungsprobleme bei einer **typischen Komplementär-GmbH** eher selten, da deren Stammkapital in der Regel nur 25.000 Euro beträgt und sie am Kapital der GmbH & Co. KG nicht beteiligt ist. Zudem kommt bei einer GmbH ein Abfindungsanspruch wohl nur im Fall der – in der Satzung zugelassenen – **Einziehung** eines Geschäftsanteils oder eines **Austritts** aus wichtigem Grund infrage, Vorgänge also, die gerade bei einer Komplementär-GmbH nicht an der Tagesordnung sein dürften.

VII. Haftung ausgeschiedener Gesellschafter

1. Das Problem

204 Wenn man von Neugründungen absieht, entsteht eine GmbH & Co. KG in aller Regel dadurch, dass eine GmbH in eine bereits bestehende normale KG als einziger persönlich haftender Gesellschafter eintritt, während die bisherigen Komplementäre aus der Gesellschaft ausscheiden bzw. ihre Stellung in die von Kommanditisten umwandeln. Selbstverständlich ist auch an die „Umwandlung" einer OHG in eine GmbH & Co. KG zu denken, die sich dadurch vollzieht, dass die GmbH der Gesellschaft als Komplementär beitritt und die übrigen Gesellschafter in die Stellung von Kommanditisten überwechseln. In beiden Fällen stellt sich die Frage, in welcher Weise die **ehemaligen Komplementäre** oder OHG-Gesellschafter für die vor der Umwandlung der Gesellschaft in eine GmbH & Co. KG begründeten Geschäftsverbindlichkeiten **weiterhaften** (sog **Nachhaftung**).

205 Eine rechtlich ähnlich gelagerte Problematik ergibt sich, wenn die persönliche Haftung eines aus einer GmbH & Co. KG ausgeschiedenen **Kommanditisten** dadurch wieder auflebt, dass ihm anlässlich seines Ausscheidens seine **Einlage** (etwa in Form seines Abfindungsguthabens) **zurückgewährt** wird (§ 172 Abs. 4 HGB). Auch in diesem Fall fragt es sich, bis zu welchem Zeitpunkt nach seinem Ausscheiden ein solcher Kommanditist von den Gesellschaftsgläubigern persönlich, wenn auch nur bis zur Höhe seiner (zurückbezahlten) Einlage, noch in Anspruch genommen werden kann.

---

[392] BGH NJW 1993, 2101 (2102); 1989, 2685.

[393] *Stöber/Rafiqpoor* GmbHR 2003, 872 (881) mwN.

[394] So *Jorde/Stroot* Ubg 2010, 45 (49).

[395] BGHZ 9, 157 (164); 16, 317 (322); BGH NJW 1992, 892; *Fastrich* in Baumbach/Hueck GmbHG § 34 Rn. 22; *Goette* Die GmbH § 6 Rn. 58.

[396] AllgM, *Lutter/Kleindiek* in Hommelhoff GmbHG § 34 Rn. 78; *Sosnitza* in Michalski GmbHG Anh. § 34 Rn. 50 mwN.

[397] BGH NJW 1992, 892; 1983, 2880; DB 1977, 342 – Abfindungsausschluss im Todesfall; BGHZ 65, 22 – Abfindungsbeschränkung bei Pfändung des Geschäftsanteils; BGH NJW 1983, 2881; 1977, 2316 – Abfindungsbeschränkung beim Ausschluss eines Gesellschafters aus wichtigem Grund; *Goette* Die GmbH § 6 Rn. 59 ff.

Die Nachhaftung ist mittlerweile durch das **Nachhaftungsbegrenzungsgesetz (NachhBG)** mit Wirkung ab 26.3.1994 (Stichtag) abschließend gesetzlich geregelt worden. Nach der **Übergangsregelung** in Art. 35 EGHGB ist jedoch das alte Recht weiterhin anwendbar, wenn das Ausscheiden des Gesellschafters oder sein Wechsel in die Rechtsstellung eines Kommanditisten nach dem Stichtag in das Handelsregister eingetragen wird und bis dahin begründete Verbindlichkeiten nicht später als vier Jahre nach der Eintragung fällig werden. Werden bis zum Stichtag begründete Verbindlichkeiten erst später fällig, ist das bisher geltende Recht mit der Maßgabe anwendbar, dass die Verjährungsfrist ein Jahr beträgt.[398] Im ungünstigsten Fall, zB bei einem persönlich haftenden Gesellschafter, der vor Inkrafttreten des Nachhaftungsbegrenzungsgesetzes zum geschäftsführenden Kommanditisten geworden ist, dauert die Nachhaftung bei alten Dauerschuldverhältnissen noch heute an.[399] 206

2. Rechtslage vor dem Nachhaftungsbegrenzungsgesetz

Die Haftung ausgeschiedener Gesellschafter für die vor dem Ausscheiden begründeten Verbindlichkeiten der Gesellschaft unterlag nach **§ 159 HGB aF** einer Verjährungsfrist von **fünf Jahren.** Im Fall von **Dauerschuldverhältnissen** bestand dabei das Problem, dass die Nachhaftung grundsätzlich auch die nach dem Ausscheiden des Gesellschafters fällig werdenden Einzelansprüche erfasste und die fünfjährige Verjährungsfrist erst mit der Fälligkeit jedes Einzelanspruchs zu laufen begann. Die betroffenen Gesellschafter hätten daher ohne eine Haftungsbegrenzung unter Umständen jahrzehntelang damit rechnen müssen, von den Gläubigern aus den Dauerschuldverhältnissen persönlich in Anspruch genommen zu werden. Diese „Endloshaftung" war für den BGH Anlass, für derartige Fälle **besondere Enthaftungsregeln** zu entwickeln. 207

Der BGH entschied zunächst, dass sich die Haftung für Verbindlichkeiten aus einem vor dem Ausscheiden begründeten Dauerschuldverhältnis generell auf den Zeitraum bis zur **ersten** auf das Ausscheiden folgenden **ordentlichen Kündigungsmöglichkeit** für den Vertragsgegner beschränkte.[400] War eine zeitnahe Kündigung aus tatsächlichen Gründen ausgeschlossen, nicht zumutbar oder, weil im Vertrag nicht vorgesehen, (ohne wichtigen Grund) rechtlich nicht möglich, sollte – so entschied der BGH weiter – in **analoger Anwendung** von **§ 159 HGB aF** nach Ablauf von fünf Jahren jede **Nachhaftung ausgeschlossen** sein.[401] Letzteres galt auch, unabhängig von einer früheren Kündigungsmöglichkeit, bei **Arbeitsverhältnissen.**[402] Das BAG hatte hierzu zuvor noch die wesentlich strengere Auffassung vertreten,[403] dass persönlich haftende Gesellschafter einer OHG oder KG auch nach ihrem Ausscheiden aus der Gesellschaft zeitlich unbegrenzt für alle Ansprüche aus den mit der Gesellschaft begründeten Arbeitsverhältnissen haften, die schon vor dem Ausscheiden bestanden. 208

Eine **zeitliche Begrenzung** der Nachhaftung war jedoch dann **ausgeschlossen,** wenn ein ehemaliger persönlich haftender Gesellschafter im Zug der Umgestaltung einer KG oder OHG in eine GmbH & Co. KG in die Stellung eines Kommanditisten überwechselte und **gleichzeitig Geschäftsführer der Komplementär-GmbH** wurde. Ein solcher Kommanditist konnte sich generell **nicht** auf die Sonderverjährung des § 159 HGB aF berufen.[404] 209

---

[398] Für den Anwendungsbereich des § 160 Abs. 3 S. 2 HGB hat der Gesetzgeber über die allgemeine Übergangsvorschrift des Art. 35 EGHGB hinaus in Art. 36 EGHGB eine spezielle Übergangsregelung vorgesehen. Hierzu *Lieb* GmbHR 1994, 657 (661 f.); *Seibert* DB 1994, 461 (464); *Reichold* NJW 1994, 1617 (1621).

[399] OLG Hamm GmbHR 2008, 151 (153); ablehnend *K. Schmidt* GesR § 51 II 3, 4.

[400] BGHZ 70, 132.

[401] BGH WM 1983, 698; 1983, 700 zur gleichen Thematik.

[402] BGH WM 1983, 698.

[403] BAG DB 1978, 303; einschränkend bereits BAG DB 1983, 1259.

[404] BGHZ 78, 114; bestätigt durch BGH WM 1983, 700 (702); BAG ZIP 1983, 715; kritisch hierzu *K. Schmidt* GesR § 51 II 3.

3. Geltende Rechtslage

210 **a) Auflösung der Gesellschaft.** Die in **§ 159 HGB** geregelte Sonderverjährung von fünf Jahren gilt nunmehr nur noch für die Auflösung der Gesellschaft, bei der eine Enthaftung der Gesellschafter ohnehin nicht in Betracht kommt. Die Verjährung beginnt mit der Eintragung der Auflösung der Gesellschaft im Handelsregister bzw. mit dem Fälligkeitszeitpunkt, wenn der Anspruch des Gläubigers gegen die Gesellschaft erst nach der Eintragung fällig wird (§ 159 Abs. 2 und 3 HGB).

211 **b) Ausscheiden eines Gesellschafters.** Die Nachhaftung der aus der Gesellschaft ausscheidenden oder in die Stellung eines Kommanditisten überwechselnden Gesellschafter hat mit dem **NachhBG** in **§ 160 HGB** eine gesetzliche Regelung erfahren.[405] Danach haftet ein solcher Gesellschafter für die vor dem Ausscheiden bzw. dem Wechsel der Gesellschafterstellung begründeten Gesellschaftsverbindlichkeiten nur noch dann, wenn diese vor Ablauf von **fünf Jahren fällig** werden. Ursprünglich war als weitere Voraussetzung für die Nachhaftung vorgesehen, dass der Anspruch innerhalb der Fünf-Jahres-Frist gegen den ausgeschiedenen bzw. in die Kommanditistenstellung übergewechselten Gesellschafter auch gerichtlich geltend gemacht wird (doppelte Nachhaftungsbegrenzung).

212 Durch das **SchuldRModG**[406] wurde mit Wirkung ab 1.1.2002 diese weitere Voraussetzung dahin gehend geändert, dass es genügt, wenn der Anspruch **innerhalb der Frist** in einer in **§ 197 Abs. 1 Nr. 3–5 BGB bezeichneten Art festgestellt** ist. Insbesondere kommt dabei die rechtskräftige Feststellung des Anspruchs in Betracht (§ 197 Abs. 1 Nr. 3 BGB). Der Gläubiger wird gegenüber der bisherigen Rechtslage dadurch jedoch nicht schlechter gestellt, denn durch die rechtzeitige **Erhebung der Klage** wird die **Fünfjahrefrist** insoweit bis zur rechtskräftigen Feststellung des Anspruchs **gehemmt** (§ 160 Abs. 1 S. 3 HGB iVm § 204 BGB).[407] Wie bisher bedarf es dieser weiteren Voraussetzung für die Nachhaftung dann nicht, wenn der Gesellschafter den Anspruch schriftlich anerkannt hat (§ 160 Abs. 2 HGB).

213 Für den **Fristbeginn** ist die Eintragung des Ausscheidens bzw. – beim Wechsel von der Komplementär- in die Kommanditistenstellung – die Eintragung als Kommanditist im Handelsregister maßgebend (§ 160 Abs. 1 S. 2 HGB). Streitig diskutiert wurde bislang, ob die Frist auch bei unterbliebener Eintragung zu laufen beginnt, wenn der Gläubiger von dem Ausscheiden auf andere Weise positive Kenntnis erlangt hat.[408] Der **BGH** hat diese Frage mittlerweile unter Berufung auf den Sinn und Zweck des § 160 Abs. 1 S. 2 HGB bejaht.[409]

214 In einem Urteil vom 27.9.1999 hatte der **BGH**[410] die Frage zu entscheiden, ob er an der zur alten Rechtslage entwickelten sog **Kündigungstheorie festhält,** wonach die Haftung für Verbindlichkeiten aus einem vor dem Ausscheiden begründeten Dauerschuldverhältnis auf den Zeitraum bis zur ersten auf das Ausscheiden folgenden ordentlichen Kündigungsmöglichkeit für den Vertragsgegner beschränkt ist. Dies ist deshalb von Bedeutung, weil dann bei Dauerschuldverhältnissen unter Umständen eine Enthaftung bereits vor Ablauf der in § 160 HGB genannten Fünf-Jahres-Frist eintreten kann. Der BGH hat die **Frage** jedoch eindeutig **verneint** und zur Begründung ausgeführt, der Gesetzgeber habe mit § 160 HGB das Problem der **Nachhaftungsbegrenzung abschließend geregelt** und im Interesse der Rechtssicherheit für alle Verbindlichkeiten eine einheitliche Ausschlussfrist bestimmt. Die Interessen der Beteiligten seien damit vom Gesetzgeber in einer Weise zum Ausgleich gebracht worden, die zwar gewisse Härten mit sich bringe, aber letztlich für

[405] S. auch die entsprechende Nachhaftungsbegrenzungsregelung in § 224 UmwG (→ § 30 Rn. 36).
[406] Schuldrechtsmodernisierungsgesetz vom 26.11.2001, BGBl. 2001 I 3138.
[407] Ausführlich hierzu *Maier-Reimer* DB 2002, 1818.
[408] *Roth* in Baumbach/Hopt HGB § 160 Rn. 5; *Altmeppen* NJW 2000, 2529 (2533).
[409] BGH NJW 2007, 3784 Rn. 15 ff.; so auch OLG Frankfurt NZG 2009, 659.
[410] BGH NJW 2000, 208; bestätigt durch BGH NJW 2002, 2170 f.

keinen der Beteiligten unzumutbar sei. Das **BAG** hat sich mit Urteil vom 19.5.2004 dieser Rechtsprechung angeschlossen.[411]

c) „Umwandlung" in eine GmbH & Co. KG. Nach alter Rechtslage drohte denjenigen persönlich haftenden Gesellschaftern, die nach Umwandlung der Gesellschaft in eine GmbH & Co. KG in die Kommanditistenstellung wechselten, aber zugleich als **Geschäftsführer der Komplementär-GmbH** das Unternehmen führten, eine tendenziell **ewige Nachhaftung,** da nach der Rechtsprechung des BGH und des BAG sowohl die von der Rechtsprechung entwickelten Sonderregeln zur Enthaftung bei Dauerschuldverhältnissen als auch die Sonderverjährung nach § 159 HGB aF als solche hier nicht eingreifen sollten. Entgegen dieser Rechtsprechung sieht § 160 Abs. 3 S. 2 HGB jedoch vor, dass nunmehr **auch** für diese Gesellschafter die **Nachhaftungsbegrenzung** zur Anwendung kommt. 215

4. Vermeidung der Nachhaftung

§ 160 HGB ist **dispositiv.** Die Beschränkung oder der Ausschluss der Nachhaftung setzt allerdings eine **Vereinbarung** zwischen dem betroffenen Gesellschafter und dem jeweiligen Gläubiger voraus.[412] 216

Das Ausscheiden eines Kommanditisten gegen Zahlung einer Abfindung führt regelmäßig zu einer Nachhaftung, da die Abfindung als Einlagenrückgewähr iSv § 172 Abs. 4 S. 1 HGB zu qualifizieren ist. Diese Nachhaftung kann vermieden werden, wenn das Ausscheiden im Zusammenhang mit der **formwechselnden Umwandlung** (§§ 190 ff. UmwG) der GmbH & Co. KG in eine Kapitalgesellschaft erfolgt (→ § 30 Rn. 28 ff.). Die GmbH & Co. KG hat jedem Gesellschafter, der gegen die Umwandlung stimmt und Widerspruch zu Protokoll gibt,[413] eine angemessene Barabfindung anzubieten (§ 207 Abs. 1 S. 1 UmwG). Diese Barabfindung betrifft aber bereits die umgewandelten Anteile. Nimmt ein widersprechender Kommanditist die **Barabfindung** an, fließt diese damit schon aus dem Vermögen der **Kapitalgesellschaft.** Daher kommen insoweit die Haftungsregeln nach dem Recht der KG nicht mehr zu Anwendung.[414] 217

§ 7 Die Beendigung der GmbH & Co. KG

I. Phasen der Beendigung

Die Beendigung beginnt mit der **Auflösung** der Gesellschaft durch Gesellschafterbeschluss oder Eintritt eines anderen die Auflösung bewirkenden Ereignisses. Die Auflösung bedeutet in der Regel nur die Einstellung der werbenden Tätigkeit. Auf die Auflösung folgt grundsätzlich die **Auseinandersetzung** unter den Gesellschaftern, meistens in Form der Abwicklung (Liquidation), bei entsprechender Vereinbarung der Gesellschafter auf eine andere Art (zB Übernahme durch einen Gesellschafter) oder im Insolvenzfall durch das Insolvenzverfahren. Ausnahmsweise entfällt die Auseinandersetzung, wenn aus einer zweigliedrigen Gesellschaft ein Gesellschafter ausscheidet; in diesem Fall geht das Unternehmen im Weg der Gesamtrechtsnachfolge auf den verbleibenden Gesellschafter über (sog Anwach- 1

---

[411] BAG NJW 2004, 3287 (3288).

[412] *Roth* in Baumbach/Hopt HGB § 160 Rn. 8 mwN. AA *Habersack* in Großkomm. HGB § 160 Rn. 7, der den dispositiven Charakter von § 160 HGB verneint.

[413] *Stratz* in Schmitt/Hörtnagl/Stratz UmwG § 207 Rn. 4; *Bayer/Schmidt* ZHR 178 (2014), 150 (156 f.). AA *Meister/Klöcker* in Kallmeyer UmwG § 207 Rn. 15 halten es für unschädlich, wenn der betreffende Gesellschafter, etwa um im Interesse der Mitgesellschafter die Umwandlung nicht zu verhindern, im eigentlichen Umwandlungsbeschluss mit „ja" stimmt, sofern er nur seinen Widerspruch zu Protokoll gibt; wohl auch *Decher/Hoger* in Lutter UmwG § 207 Rn. 8, die jedoch aus Gründen der Rechtssicherheit für eine Lösung de lege ferenda eintreten.

[414] *Bärwaldt/Schabacker* NJW 1998, 1909; *Bärwaldt/Schabacker* ZIP 1998, 1293 (1296); *Blasche* in Kallmeyer UmwG § 224 Rn. 7; *Joost* in Lutter UmwG § 224 Rn. 7; *Schlitt* in Semler/Stengel UmwG § 224 Rn. 9.

sung). Am Ende der Auflösung – mit oder ohne Abwicklung – steht die **Vollbeendigung** der Gesellschaft, die dadurch endgültig erlischt.

2 Bei der Beendigung ist streng zwischen der GmbH & Co. KG und ihrer Komplementär-GmbH zu unterscheiden. Beide Gesellschaften durchlaufen **eigenständige Beendigungsverfahren,** für die rechtsformbedingt unterschiedliche Regelungen gelten. Zwar bewirkt die Auflösung, jedenfalls aber die Beendigung der Komplementär-GmbH, wenn im Gesellschaftsvertrag nichts anderes geregelt ist, nach der hier vertretenen Auffassung automatisch auch die Auflösung der KG (nachstehend → Rn. 10); anders herum gilt dies jedoch nicht.

II. Beendigung der GmbH & Co. KG

1. Auflösungsgründe

3 Die Auflösung einer GmbH & Co. KG bestimmt sich nach den für die Auflösung einer OHG geltenden Regelungen (§ 161 Abs. 2 HGB). Eine GmbH & Co. KG wird **nach dem Gesetz** hiernach in folgenden Fällen aufgelöst:

- durch den Ablauf der Zeit, für welche sie eingegangen ist (§ 131 Abs. 1 Nr. 1 HGB);
- durch Beschluss der Gesellschafter (§ 131 Abs. 1 Nr. 2 HGB);
- im Insolvenzfall, sei es durch Eröffnung des Insolvenzverfahrens über das Vermögen der Gesellschaft (§ 131 Abs. 1 Nr. 3 HGB), sei es mit der Rechtskraft des Beschlusses, durch den die Eröffnung des Insolvenzverfahrens mangels Masse abgelehnt worden ist (§ 131 Abs. 2 S. 1 Nr. 1 HGB);
- durch gerichtliche Entscheidung (§ 131 Abs. 1 Nr. 4 HGB);
- durch die Löschung wegen Vermögenslosigkeit nach § 394 FamFG (§ 131 Abs. 2 S. 1 Nr. 2 HGB).[1]

4 Die Aufzählung der Auflösungsgründe für die GmbH & Co. KG in § 131 HGB ist nach hM **abschließend.**[2] Der **Gesellschaftsvertrag** kann jedoch weitere Auflösungsgründe bestimmen.[3]

5 Der **Wegfall des einzigen persönlich haftenden Gesellschafters** mit der Folge, dass die KG nur noch aus Kommanditisten bestünde, ist im Gesetz nicht geregelt. Dies war vor Inkrafttreten des HRefG am 1.7.1998 nicht in gleicher Weise problematisch, weil das Ausscheiden eines persönlich haftenden Gesellschafters seinerzeit zur Auflösung einer Personenhandelsgesellschaft führte (§ 131 Nr. 4 HGB aF). Inzwischen sieht das Gesetz stattdessen die Fortführung der Gesellschaft mit den verbleibenden Gesellschaftern vor (§ 131 Abs. 3 S. 1 Nr. 1 HGB). Dies kann im Fall der GmbH & Co. KG jedoch nicht ohne Weiteres dazu führen, dass die KG als OHG (oder GbR) fortbesteht – mit der Folge der unbeschränkten Haftung der bisherigen Kommanditisten für alle Verbindlichkeiten der Gesellschaft.

6 Es ist nämlich regelmäßig davon auszugehen, dass die Kommanditisten gerade deshalb die Rechtsform der GmbH & Co. KG gewählt haben, um ihre Haftung zu beschränken, eine Beteiligung als persönlich haftender Gesellschafter also gerade nicht eingehen wollten. Eine KG kann als solche aber nur Bestand haben, wenn sie mindestens einen persönlich haftenden Gesellschafter hat (§ 161 Abs. 1 HGB). Ist diese Voraussetzung nicht mehr erfüllt, ist die **KG aufgelöst,** ohne dass es eines Auflösungsbeschlusses bedarf.[4] Die verbleibenden

---

[1] Dies gilt gemäß § 394 Abs. 4 FamFG jedoch nur dann, wenn sowohl die GmbH & Co. KG als auch deren Komplementär-GmbH vermögenslos ist.

[2] BGH NJW 1982, 875; 1980, 233; kritisch *K. Schmidt* in MüKoHGB § 131 Rn. 9; *Kamanabrou* in Oetker HGB § 131 Rn. 16; *Roth* in Baumbach/Hopt HGB § 131 Rn. 6 ff. unter Hinweis auf weitere Auflösungsgründe aus Sondergesetzen.

[3] *K. Schmidt* in MüKoHGB § 131 Rn. 9.

[4] OLG Köln NZG 2002, 87; *Roth* in Baumbach/Hopt HGB § 131 Rn. 36 und HGB § 177 Rn. 1; *Altmeppen* in Roth/Altmeppen GmbHG § 60 Rn. 123; *Schäfer* in Großkomm. HGB § 131 Rn. 46; *Kindler* in Koller/Kindler/Roth/Morck HGB § 131 Rn. 8; *Lorz* in EBJS HGB § 131 Rn. 29 f.; *Lüke* in HTM HdB GmbH & Co. KG Rn. 9.29; *K. Schmidt* in MüKoHGB § 131 Rn. 46 und § 177 Rn. 13; *K. Schmidt* GesR § 53 V 1a; *Salger* in Reichert GmbH & Co. KG § 46 Rn. 5; *Frey/v. Bredow* ZIP 1998, 1621; *Blaum* in Westermann/Wertenbruch PersGesR HdB Rn. I 3258; *Watermeyer* in BeckHdB PersGes § 12 Rn. 143; *Bork/Jacoy* ZGR 2005, 611 (649). AA *Frey* ZGR 1988, 281 (283); wohl auch *Schulze zur Wiesche/Ottersbach* GmbH & Co. KG Rn. 347.

Gesellschafter können dann entweder die Abwicklung der KG betreiben – Liquidatoren sind dann ausschließlich die Kommanditisten – oder die **Fortsetzung** als OHG bzw. – durch Aufnahme eines neuen Komplementärs – als KG beschließen.

Dieses Ergebnis folgt uE auch aus dem **Rechtsgedanken des § 139 Abs. 1 HGB,** 7
wonach der in die Position des verstorbenen Komplementärs eintretende Erbe sein Verbleiben in der Gesellschaft von der Umwandlung seiner Gesellschafterstellung in die eines Kommanditisten abhängig machen kann. Dieses Wahlrecht beruht, wie auch die vergleichbare Regelung in § 27 HGB, auf einer einheitlichen Abwägung. Einerseits soll der persönlich haftende Gesellschafter unabhängig davon, auf welche Weise er diese Rechtsstellung erlangt hat, grundsätzlich für alle im Unternehmen begründeten Verbindlichkeiten einstehen müssen. Andererseits wird dem Erben, da ihm jene Rechtsstellung ohne seinen Willen zugefallen ist, die Möglichkeit eröffnet, sich durch bestimmte Maßnahmen von der unbeschränkten Haftung zu befreien. Wird diese Abwägung konsequent zu Ende gedacht, muss das im Gesetz auf den Erbfall beschränkte Wahlrecht des Kommanditisten uE auf alle Gestaltungen erweitert werden, bei denen sich die Rechtstellung eines Kommanditisten ohne sein Zutun oder gar gegen seinen Willen in vergleichbarer Weise verändert.[5]

Wegen § 139 HGB bietet es sich bei der normalen KG generell an, die **Unternehmens-** 8
kontinuität von vornherein durch die Aufnahme einer GmbH als **Zweit**- bzw. **Ersatzkomplementär** („Reserve-GmbH“) sicherzustellen.[6] Entsprechende Vorsorge sollte auch bei einer GmbH & Co. KG getroffen werden, und sei es nur durch die gesellschaftsvertragliche Verpflichtung, dass die ausgeschiedene Komplementär-GmbH unverzüglich durch eine neue Komplementär-GmbH zu ersetzen ist,[7] deren Anteile von der KG selbst gehalten werden (sog Einheitsgesellschaft). Haben die Gesellschafter beschlossen, dass beim Wegfall des Komplementärs eine bestimmte GmbH statt seiner als Komplementär ohne Vermögensbeteiligung in die Gesellschaft eintreten soll, dann liegt hierin ein bedingtes Vertragsangebot, so dass die GmbH, nach Annahme des Angebots, mit dem Wegfall des Komplementärs quasi automatisch Gesellschafter wird.[8]

Es stellt sich die Frage, **wie viel Zeit** den Kommanditisten verbleibt, um eine (neue) 9
Komplementär-GmbH zu installieren, ohne sich einem persönlichen Haftungsrisiko auszusetzen. Unter Berücksichtigung der vergleichbaren Interessenlage kann man sich uE hier an der **Dreimonatsfrist** der § 27 Abs. 2 HGB, § 139 Abs. 3 HGB orientieren.[9] Verstreicht diese Frist und wird die werbende Tätigkeit mit Billigung der Kommanditisten fortgesetzt, so wird die aufgelöste KG schließlich zur OHG.[10]

Die Streitfrage, ob die KG bereits durch Auflösung oder erst durch Vollbeendigung der 10
Komplementär-GmbH ihrerseits aufgelöst ist, entstand unter Geltung des § 131 Nr. 4 HGB aF (→ § 6 Rn. 40). Die damals hM prüfte, ob bereits die Auflösung einer Komplementär-GmbH oder erst deren Vollbeendigung dem Tod eines Gesellschafters gleichzustellen sei, und entschied die Frage im letztgenannten Sinne.[11] Seit der Neufassung von § 131 HGB durch das HRefG ist das Problem auf seinen Kern reduziert. Hierbei geht es um die Frage, ob es eine werbende KG geben kann, deren einziger persönlich haftender Gesellschafter eine Liquidations-GmbH ist und die deshalb von einem Liquidator vertreten wird. Dies ist

[5] So BGH NJW 1991, 844 für den Fall, dass der alleinige Kommanditist die Beteiligung seines einzigen, persönlich haftenden Mitgesellschafters erbt.

[6] *Frey/v. Bredow* ZIP 1998, 1621 (1625); *Priester* DNotZ 1998, 691 (705 f.); *K. Schmidt* DB 1998, 61 (64).

[7] So der vom OLG Rostock BB 2010, 258 entschiedene Sachverhalt.

[8] BGH DStR 2002, 1187.

[9] Ebenso *Grunewald* in MüKoHGB § 161 Rn. 3; *Wiedemann* Gesellschaftsrecht, Bd. II, § 9 II 6a; *Frey* ZGR 1988, 281 (285); *Schäfer* in Großkomm. HGB § 131 Rn. 46; *Bork/Jacoby* ZGR 2005, 611 (615); *Schlottmann,* Wegfall und Entmachtung des einzigen Komplementärs, 2009, 178 f.; kritisch *K. Schmidt* in MüKoHGB § 131 Rn. 46: „unverzüglich“; dagegen *Frey/v. Bredow* ZIP 1998, 1621 (1624) Fn. 30 mit der Begründung, eine Frist von lediglich drei Monaten könnte für die Gründung und Eintragung einer Komplementär-GmbH zu kurz sein. Eine Vorrats-GmbH kann innerhalb dieser Frist auf jeden Fall als Komplementärin eintreten. Im Übrigen kann auch eine Vorgesellschaft als Komplementär fungieren (→ § 3 Rn. 70).

[10] BGH NJW 1979, 1705 (1706); KG NJW-RR 1995, 1442.

[11] BGH BB 1980, 11; OLG Hamburg NJW 1987, 1896; OLG Frankfurt DNotZ 1976, 619.

uE zu verneinen mit der Folge, dass die **Komplementär-GmbH** – unabhängig vom Zeitpunkt ihres Ausscheidens – **bereits mit deren Auflösung** auch die **KG auflöst.**[12]

2. Liquidationsverfahren als Regelform der Abwicklung

11 Nach der Auflösung der GmbH & Co. KG findet die **Liquidation** statt, sofern nicht eine andere Art der Auseinandersetzung von den Gesellschaftern vereinbart oder über das Vermögen der Gesellschaft das Insolvenzverfahren eröffnet ist (→ § 12 Rn. 1 ff.). Die Liquidation erfolgt nach dem gesetzlichen Regelstatut durch sämtliche Gesellschafter als **Liquidatoren** (§ 146 Abs. 1 HGB) – bei der KG also auch durch die Kommanditisten[13] – was jedoch unpraktikabel ist, weshalb die Liquidation im Gesellschaftsvertrag regelmäßig der bis dahin geschäftsführenden Komplementär-GmbH übertragen wird.

12 Der Liquidator **vertritt** die GmbH & Co. KG gemäß § 149 S. 2 HGB gerichtlich und außergerichtlich. Er hat die laufenden Geschäfte zu beenden, die Forderungen einzuziehen, das übrige Vermögen in Geld umzusetzen und die Gläubiger zu befriedigen (§ 149 S. 1 HGB). Das nach Begleichung aller Schulden verbleibende **Vermögen** der Gesellschaft wird auf die einzelnen Gesellschafter im Verhältnis ihrer Kapitalanteile **verteilt** (§ 155 Abs. 1 HGB).

13 Die hM möchte die **Sperrjahresregelung des § 73 GmbHG** auf die GmbH & Co. KG **analog** anwenden, weil der Schutz der Gläubiger andernfalls zu schwach sei.[14] Die Verteilung dürfte dann nicht vor Tilgung oder Sicherstellung der Schulden der Gesellschaft und nicht vor Ablauf eines Jahres seit dem Tage vorgenommen werden, an welchem die Aufforderung an die Gläubiger in den Gesellschaftsblättern erfolgt ist. Liquidatoren, die vor Ablauf des Sperrjahres verteilen, sind zum Ersatz der verteilten Beträge verpflichtet. Uns geht diese Analogie indessen **zu weit,** weil der Gesetzgeber nach inzwischen jahrzehntelanger Kenntnis der besonderen Haftungssituation bei der GmbH & Co. KG über die gebotenen Analogien abschließend entschieden haben sollte.[15]

14 Mit der Verteilung des letzten Aktivvermögens ist die GmbH & Co. KG zivilrechtlich **voll beendet.** Die Gesellschaft ist ab diesem Zeitpunkt rechtlich nicht mehr existent. Der Liquidator hat die Beendigung der Liquidation zur Eintragung in das Handelsregister anzumelden (§ 157 HGB). Die Löschungseintragung wirkt nur deklaratorisch.[16] Findet sich nach der Eintragung noch Gesellschaftsvermögen, so ist die Liquidation noch nicht beendet, die Firma in Wahrheit noch nicht erloschen.[17]

3. Beendigung durch Anwachsung

15 Besonderheiten gelten, wenn nach dem Ausscheiden eines Gesellschafters (oder mehrerer Gesellschafter) nur noch **ein Gesellschafter verbleibt.** Denn mit dem Ausscheiden aller Mitgesellschafter geht das Gesellschaftsvermögen im Weg der Gesamtrechtsnachfolge auf den verbleibenden Gesellschafter über, ohne das es hierfür besonderer Übertragungsakte

[12] *K. Schmidt* in MüKoHGB § 131 Rn. 47; *Schäfer* in Großkomm. HGB § 131 Rn. 42; wohl auch *Altmeppen* in Roth/Altmeppen GmbHG § 60 Rn. 121 ff. AA *Roth* in Baumbach/Hopt HGB § 177 Rn. 1; *Kindler* in Koller/Kindler/Roth/Morck HGB § 131 Rn. 22; *Watermeyer* in BeckHdB PersGes § 12 Rn. 143; *Wagner/Rux* Die GmbH & Co. KG Rn. 633; *Lüke* in HTM HdB GmbH & Co. KG Rn. 9.28, der statt dessen unter anderem auf die Auflösungsklage gemäß § 133 HGB verweist. Die von der Gegenansicht für ihre Auffassung zitierten Gerichtsentscheidungen betreffen spezielle Sachverhalte, die keine generelle Verneinung der Streitfrage erfordern, so auch *K. Schmidt* in MüKoHGB § 131 Rn. 47.

[13] BGH DB 1982, 2562.

[14] *Henze* in EBJS HGB Anh. A nach § 177a Rn. 230; *Kindler* in Koller/Kindler/Roth/Morck HGB § 155 Rn. 2; *Habersack* in Großkomm. HGB § 155 Rn. 17; *Gesell* in Rowedder/Schmidt-Leithoff GmbHG § 73 Rn. 37; *K. Schmidt* in MüKoHGB § 155 Rn. 49; *K. Schmidt* in Scholz GmbHG § 73 Rn. 39; *K. Schmidt* BB 2011, 707; *Altmeppen* in Roth/Altmeppen GmbHG § 73 Rn. 35; *Paura* in Ulmer/Habersack/Löbbe GmbHG § 73 Rn. 60; *Nerlich* in Michalski GmbHG § 73 Rn. 69; *Lüke* in HTM HdB GmbH & Co. KG Rn. 9.72; *Salger* in Reichert GmbH & Co. KG § 47 Rn. 67.

[15] Wie hier *Grziwotz* DStR 1992, 1365 (1368). AA *Roth* GmbHR 2017, 901 (904); unentschieden *Blaum* in Westermann/Wertenbruch PersGesR HdB Rn. I 3265.

[16] *Roth* in Baumbach/Hopt HGB § 157 Rn. 3.

[17] BGH NJW 1979, 1987.

bedarf (§ 738 Abs. 1 S. 1 BGB; sog **Anwachsung**). Die Gesellschaft erlischt,[18] und zwar ohne analoge Anwendung der Sperrjahresregelung des § 73 GmbHG.[19]

Der zuletzt verbleibende Gesellschafter haftet als **Gesamtrechtsnachfolger** grundsätzlich für alle Verbindlichkeiten der GmbH & Co. KG. Dieses Ergebnis ist jedenfalls dann unbefriedigend, wenn der verbleibende Gesellschafter als Kommanditist bisher nicht unbeschränkt gehaftet hat und ohne seinen Willen zum Alleininhaber des Unternehmens geworden ist. Ihm wird deshalb von der Rechtsprechung die Möglichkeit gegeben, in entsprechender Anwendung von § 27 HGB eine **unbeschränkte Haftung** zu **vermeiden.**[20] Hiernach tritt eine unbeschränkte Haftung nur ein, wenn der Nachfolger das Handelsgeschäft fortführt und die Fortführung nicht innerhalb von drei Monaten nach Kenntnis von der Gesamtrechtsnachfolge einstellt. Andernfalls haftet der Kommanditist nur mit dem ihm anwachsenden Gesellschaftsvermögen. 16

Wegen der weitreichenden Haftungsfolgen empfiehlt es sich, die zur Anwachsung führenden Sachverhalte im **Gesellschaftsvertrag** durch **Auflösungstatbestände** zu ersetzen.[21] Diese Regelung kann ggf. mit dem Recht oder sogar der Pflicht zur Aufnahme einer neuen Komplementär-GmbH und einem Recht zum Ausschluss des Gesellschafters, in dessen Person der zum Ausscheiden führende Umstand eingetreten ist, verbunden werden.[22] 17

III. Beendigung der Komplementär-GmbH

Die Auflösung der Komplementär-GmbH folgt den allgemeinen Regeln des GmbH-Rechts. Die wichtigsten **Auflösungsgründe** sind in § 60 Abs. 1 GmbHG aufgeführt; im Gesellschaftsvertrag können weitere Auflösungsgründe festgesetzt werden (§ 60 Abs. 2 GmbHG). Eine Löschung der GmbH wegen Vermögenslosigkeit mit der Folge ihrer Auflösung ist unzulässig, solange diese noch an der bestehenden KG beteiligt ist und dort im Hinblick auf deren Abwicklung Mitwirkungsrechte und -pflichten hat.[23] 18

Die aufgelöste GmbH ist im Weg der **Liquidation,** die – anders als bei der KG – im Interesse des Gläubigerschutzes zwingend vorgeschrieben ist,[24] abzuwickeln, ausgenommen bei Auflösung durch Eröffnung des Insolvenzverfahrens (§ 60 Abs. 1 Nr. 4 GmbHG), bei der die Abwicklung nach der Insolvenzordnung erfolgt. Stellung und Aufgaben der Liquidatoren sind mit denjenigen bei der KG vergleichbar. Allerdings ist bei der Vermögensverteilung das **Sperrjahr** gemäß § 73 GmbHG zu beachten. 19

Die Auflösung bzw. **Beendigung der GmbH & Co. KG** führt nicht automatisch zur Auflösung der Komplementär-GmbH. Die auf einem Gesellschafterbeschluss beruhende Auflösung der KG erstreckt sich **im Zweifel** aber auch auf die **Auflösung der Komplementär-GmbH,** wenn an beiden Gesellschaften die gleichen Personen beteiligt sind, die Tätigkeit der GmbH sich auf die Übernahme der Komplementärstellung beschränkt und der Auflösungsbeschluss auch den GmbH-rechtlichen Anforderungen genügt.[25] Liegen diese Voraussetzungen nicht vor, enthält die Auflösung der KG jedenfalls dann einen wichtigen Grund zur Erhebung einer **Auflösungsklage** nach § 61 GmbHG, wenn der Zweck der Komplementär-GmbH sich auf die Übernahme der Komplementärstellung beschränkt.[26] 20

---

[18] BGH ZIP 2000, 229; *Roth* in Baumbach/Hopt HGB § 131 Rn. 35; *Piehler/Schulte* in MHdB GesR II § 37 Rn. 7 ff.; *K. Schmidt* in MüKoHGB § 131 Rn. 7. Zum Sonderfall der Simultaninsolvenz einer zweigliedrigen GmbH & Co. KG → § 12 Rn. 38.

[19] *K. Schmidt* in MüKoHGB § 155 Rn. 49; *K. Schmidt* BB 2011, 707. Zur Problematik → Rn. 13.

[20] BGH ZIP 2004, 1047 (1048); NJW 1991, 844; ähnlich *Liebs* ZIP 2002, 1716; *Piehler/Schulte* in MHdB GesR II § 37 Rn. 14; *Blaum* in Westermann/Wertenbruch PersGesR HdB Rn. I 3259.

[21] Für den Fall der Insolvenz der Komplementär-GmbH: *Werner* NZI 2014, 895 (898).

[22] *Eckardt* NZG 2000, 449 (455); *Lorz* in EBJS HGB § 140 Rn. 42; *Piehler/Schulte* in MHdB GesR II § 37 Rn. 14.

[23] OLG Frankfurt DB 2005, 2239 noch zu § 141a FGG, jetzt § 394 FamFG; aA *K. Schmidt/Bitter* in Scholz GmbHG § 60 Rn. 55a.

[24] *Haas* in Baumbach/Hueck GmbHG § 66 Rn. 2.

[25] *Nerlich* in Michalski GmbHG § 60 Rn. 379; *Casper* in Ulmer/Habersack/Löbbe GmbHG § 60 Rn. 158; *Salger* in Reichert GmbH & Co. KG § 46 Rn. 64; aA *K. Schmidt/Bitter* in Scholz GmbHG § 60 Rn. 105; zweifelnd *Gesell* in Rowedder/Schmidt-Leithoff GmbHG § 60 Rn. 90.

[26] *Nerlich* in Michalski GmbHG § 60 Rn. 379; zweifelnd *Salger* in Reichert GmbH & Co. KG § 46 Rn. 65.

§ 8 Die Einheitsgesellschaft

I. Das Problem

1 Die GmbH & Co. KG **verbindet** bekanntlich **zwei verschiedene Gesellschaftsformen,** die Kapitalgesellschaft und die Personengesellschaft. Aus dieser Verbindung ergeben sich erhebliche juristische Probleme, wenn die Anteile an der Komplementär-GmbH den Kommanditisten der GmbH & Co. KG gehören und die Beteiligungen an beiden Gesellschaften zueinander im gleichen Verhältnis stehen – und dies auch dauerhaft, dh bei Veränderungen in der Zusammensetzung der Gesellschafter, so bleiben soll. Bei einer solchen „(beteiligungs)identischen" GmbH & Co. KG ist nämlich im Verhältnis der Gesellschafter untereinander eine ganz **andere Interessenlage** gegeben als bei einer nicht-identischen GmbH & Co. KG, bei der von vornherein die Gesellschafter der Komplementär-GmbH eine wirtschaftliche und handelsrechtliche **Sonderstellung** haben, wie das zB bei den sog Publikums- bzw. Kapitalanlagegesellschaften der Fall ist.[1]

2 Bei der identischen GmbH & Co. KG ist nicht nur aus steuerlichen, sondern meist auch aus wirtschaftlichen Gründen die **Wahrung** der **Beteiligungsidentität** geboten. Andernfalls könnte die Komplementär-GmbH im Extremfall als **Herrschaftsinstrument,** zB bei der Gewinnverteilung, der Durchsetzung von Gesellschafterrechten oder zur Blockierung von Gesellschafterbeschlüssen, insbesondere Vertragsänderungen, missbraucht werden. Da Beteiligungen an Kapitalgesellschaften und Beteiligungen an Personengesellschaften vom Gesetz grundlegend unterschiedlich ausgestaltet sind, ist die Wahrung der Beteiligungsidentität, also die **Verzahnung der Beteiligungsverhältnisse** bei Komplementär-GmbH und GmbH & Co. KG, kautelarjuristisch nicht einfach. Die **Veräußerung** einer Beteiligung an einer Personengesellschaft vollzieht sich in anderer Weise als die Veräußerung eines GmbH-Anteils. Für das **Ausscheiden** und den **Ausschluss** eines Gesellschafters aus einer Personengesellschaft gelten andere Regeln als für das Ausscheiden und den Ausschluss eines Gesellschafters aus einer GmbH. Gleiches gilt für die **Zwangsvollstreckung** in die Beteiligungen, die **Insolvenz** eines Gesellschafters, die Rechtsfolgen beim **Tod** eines Gesellschafters und auch für die **Auflösungsklage.**

3 Das Problem, die Beteiligung an der Komplementär-GmbH mit der Kommanditbeteiligung an der GmbH & Co. KG zu verzahnen, stellt sich naturgemäß dann nicht, wenn die GmbH & Co. KG ihrerseits **Alleingesellschafterin ihrer Komplementär-GmbH** ist (Einheits-GmbH & Co. KG oder sog **Einheitsgesellschaft**).[2] In diesem Fall besteht für jeden Gesellschafter nur noch eine **einzige Beteiligung,** nämlich die Kommanditbeteiligung an der GmbH & Co. KG.

4 Bei der Einheitsgesellschaft ist die **Gefahr des Auseinanderfallens** der Beteiligungen an Komplementär-GmbH und GmbH & Co. KG also bereits rechtskonstruktiv **ausgeschlossen.** Daneben eröffnet die Einheitsgesellschaft folgende **weitere Vorteile:**[3]

- **Formfreie Änderungen des Gesellschaftsvertrags** (das Gesellschaftsverhältnis ist aus Sicht der Kommanditisten, die nicht unmittelbar an der Komplementär-GmbH beteiligt sind, abschließend im KG-Vertrag geregelt) und **Anteilsabtretungen** (die Beurkundungspflicht bei der Komplementär-GmbH bleibt zwar bestehen, ist für die Kommanditisten jedoch unbeachtlich).
- **Vereinfachung der Gewinnverwendung,** da etwaige Gewinnausschüttungen der Komplementär-GmbH der KG zustehen, die Kommanditisten also nur dort unmittelbar gewinnberechtigt sind.

---

[1] Vgl. → § 13 Rn. 1 ff. Auch in Familiengesellschaften kann es freilich sinnvoll sein, die Kapitaleigner auf Kommanditistenebene von der Ebene der operativen Geschäftsführung nachhaltig zu trennen, indem der Gesellschafterkreis von GmbH & Co. KG einerseits und Komplementär-GmbH andererseits unterschiedlich zusammengesetzt wird.

[2] *Lüke* in HTM HdB GmbH & Co. KG Rn. 2.463; *K. Schmidt* FS Westermann, 2008, 1425 (1428 f.); *Werner* DStR 2006, 706; *Sorg* FS Binz, 2014, 684 (689).

[3] *Winter* in Winter Beratungspraxis GmbH & Co. KG Rn. E 78 ff.; *Seidel* BB 2017, 732 (733).

- **Vermeidung von steuerlichem Sonderbetriebsvermögen** der Kommanditisten hinsichtlich der Anteile an der Komplementär-GmbH (→ § 16 Rn. 271 ff.).

Alternativ kann die **Beteiligungsidentität** auch hergestellt werden durch **Verzahnung** bzw. Harmonisierung **der Gesellschaftsverträge** der Komplementär-GmbH und der GmbH & Co. KG (→ Rn. 40 ff.), durch Einbringung der Anteile an der Komplementär-GmbH in eine von den Kommanditisten gebildete **GbR** (→ Rn. 69 f.) oder durch Gründung einer **Holding-Gesellschaft,** die Alleingesellschafterin der Komplementär-GmbH wird und sämtliche Kommanditeinlagen der GmbH & Co. KG übernimmt (→ Rn. 71 ff.). Da das Problem der Beteiligungsidentität durch die Einheitsgesellschaft auf nahezu ideale Weise gelöst werden kann, empfiehlt sich ein Rückgriff auf diese Alternativlösungen jedoch **nur dann,** wenn die Errichtung einer Einheitsgesellschaft nicht möglich oder unerwünscht ist. 5

II. Zulässigkeit der Einheitsgesellschaft

Mit Recht wird die Einheitsgesellschaft als **konsequenteste Weiterentwicklung** der GmbH & Co. KG zu einer Personengesellschaft mit beschränkter persönlicher Haftung aller Gesellschafter bzw. „Handelsgesellschaft auf Einlagen" bezeichnet.[4] Zwar wurde die Einheitsgesellschaft wegen der mit ihr verbundenen Probleme auch als „kautelarjuristisches Akrobatenstück"[5] und „hypertrophe Rechtskonstruktion" kritisiert, bei der die „Phantasie der Kautelarjuristen mit den Gesellschaftsformen durchgegangen"[6] bzw. die „überflüssig und doch lehrreich"[7] sei. Jedoch ist die Diskussion über die **handelsrechtliche Zulässigkeit** der Einheitsgesellschaft, die im Jahre 1963 durch *Simon*[8] eröffnet worden war, längst zugunsten dieser Gesellschaftskonstruktion entschieden, nachdem nicht nur das Schrifttum,[9] sondern auch der Gesetzgeber in § 172 Abs. 6 HGB[10] und in § 264c Abs. 4 S. 1 HGB[11] wie selbstverständlich von ihrer Zulässigkeit ausgehen. Da der Gesetzgeber den im Rahmen der Diskussion um die GmbH-Novelle seinerzeit vom Arbeitskreis GmbH-Reform vorgebrachten Vorschlag, die GmbH & Co. KG durch eine „Handelsgesellschaft auf Einlagen" zu ersetzen, nicht aufgegriffen hat, erscheint die Einheitsgesellschaft als derzeit zweckmäßigste „Ersatzkonstruktion" für die von der Unternehmerschaft geforderte Rechtsform einer Personengesellschaft mit beschränkter Haftung, welche – auch dem **Alleingesellschafter** – die Möglichkeit zur **Kapitalansammlung** und zur **Drittorganschaft** bietet sowie einem legitimen wirtschaftlichen und steuerlichen Interesse entspricht. 6

Gegen die Zulässigkeit und Zweckmäßigkeit dieser Gestaltung sind im Wesentlichen zwei Einwendungen erhoben worden. Einmal wurde ihre **Funktionsfähigkeit** angezweifelt, weil die GmbH – als gesetzlicher Vertreter ihrer Alleingesellschafterin (KG) – in ihrer eigenen Gesellschafterversammlung stimmberechtigt wäre mit der Folge, dass die GmbH-Geschäftsführer z. B über ihre eigene Abberufung zu beschließen hätten (→ Rn. 11). Zum anderen wurde auf die **Gefahren** hingewiesen, die den Gesellschaftsgläubigern aus einer **wechselseitigen Beteiligung** erwachsen könnten (→ Rn. 28 ff.). Beide Probleme haben sich indessen in der Praxis als lösbar erwiesen. 7

---

[4] *K. Schmidt* FS Westermann, 2008, 1425 (1430).

[5] *Westermann* ZRP 1972, 93 (98).

[6] *K. Schmidt* GesR § 56 II 3e.

[7] *K. Schmidt* FS Röhricht, 2005, 511 (528); nunmehr differenzierter und instruktiv *K. Schmidt* ZGR 2011, 108 (127).

[8] *Simon* DB 1963, 1209.

[9] *Roth* in Baumbach/Hopt HGB Anh. § 177a Rn. 8; *Hahn,* Die Beschlussfassung in der GmbH & Co. KG als Einheitsgesellschaft, 10; *Müller-Thuns* in HTM HdB GmbH & Co. KG Rn. 1.6; *K. Schmidt* GesR § 56 II 3e; *Liebscher* in Reichert GmbH & Co. KG § 3 Rn. 9 ff.; *Grunewald* in MüKoHGB § 161 Rn. 95; *Henze/Notz* in Ebenroth/Boujong/Joost/Strohn HGB Anh. nach § 177a Rn. 22.

[10] § 172 Abs. 6 S. 1 HGB setzt die Abtretung der Anteile an der Komplementär-GmbH an die KG als wirksam voraus, bestimmt jedoch, dass durch diese Abtretung die Hafteinlage der Kommanditisten nicht geleistet werden kann.

[11] Zur Bilanzierung der Anteile an der Komplementär-GmbH bei der Einheits-GmbH & Co. KG → § 15 Rn. 37.

III. Willensbildung in der Einheitsgesellschaft

1. Gesetzliche Regelung

8 Die **Willensbildung** in der Einheitsgesellschaft nach dem gesetzlichen Regelstatut ist konstruktiv nicht unproblematisch. *Schilling*[12] schlägt vor, mit der Einheit „ernst zu machen" und die **Gesellschafterversammlung** der KG mit derjenigen der Komplementär-GmbH **gleichzusetzen.** Die Kommanditisten handelten nicht als Vertreter der KG, sondern „gewissermaßen gesamthandsintern aus je eigenem Recht". Die inneren Angelegenheiten der GmbH würden solche der KG, die sich nach deren innerer Ordnung richteten („Ein-Organ-Theorie"). Demgegenüber wurde namentlich von *Liebscher*[13] vertreten, die zur Personengesellschaft entwickelten Grundsätze zur **Konzernleitungskontrolle** heranzuziehen, die auch auf Fälle wechselseitiger Beteiligung anzuwenden seien. Da die Kompetenz zur Willensbildung innerhalb der GmbH & Co. KG ohnehin den Kommanditisten der KG obliege und der GmbH-Geschäftsführer in Analogie zum Stimmrechtsverbot bei eigenen Aktien (§§ 71b, 71d AktG) das Stimmrecht der KG in der Gesellschafterversammlung der GmbH nicht wahrnehmen könne, seien diese auch zur Stimmrechtsausübung innerhalb der GmbH berufen.

9 Nach *K. Schmidt*[14] bleibt es zwar dabei, dass es sich de iure um zwei Gesellschaften mit rechtlich getrennten Gesellschafterversammlungen handelt. Aber auch er kommt, im Weg ergänzender Vertragsauslegung, im Einzelfall zu dem Ergebnis, dass den **Kommanditisten** das Recht zur Ausübung des Stimmrechts der KG als Alleingesellschafterin der GmbH **automatisch** zuwächst. Er fordert insoweit den „organisationsrechtlichen Durchgriff" der KG auf die Komplementär-GmbH, die nur noch als „Trägerin eines haftenden Garantievermögens" verbliebe. Dies soll zumindest dann anzunehmen sein, wenn die Gesellschaft bewusst als Einheitsgesellschaft ausgestaltet wurde und der Geschäftsführer nach § 47 Abs. 4 GmbHG von der Ausübung des Stimmrechts ausgeschlossen ist. Bereits *Bülow*[15] hatte vorgeschlagen, dass zwar die **Kommanditisten abstimmen** sollen, deren Beschluss aber nach außen durch die **Geschäftsführer** der Komplementär-GmbH **vollzogen** werden soll.

10 Dieser „Einheitslösung" ist entgegenzuhalten, dass es sich bei GmbH und KG um zwei grundlegend **verschiedene Gesellschaftsformen** handelt, die – auch wenn das Ergebnis zunächst bestechend wirken mag – nicht vermischt werden dürfen. Die Gesellschafterversammlungen von GmbH und GmbH & Co. KG sind kein einheitliches Gremium, sondern zwei selbstständige Organe zweier verschiedener rechtlicher Gebilde, die völlig unterschiedlichen Organisationsregeln unterliegen. Diese juristische Trennung muss respektiert werden, zumal die „Ein-Organ-Theorie" im Gesetz keine Stütze findet, vielmehr mit dem in § 170 HGB verankerten Ausschluss der Kommanditisten von der Vertretung der KG nicht in Einklang steht.[16] Das Stimmrecht der GmbH ruht im Übrigen nicht schon deshalb, weil die GmbH eine Tochtergesellschaft der KG ist; die §§ 71b, 71d AktG sind hier weder unmittelbar noch analog anwendbar.[17] Zur Rechtslage bei der AG & Co. KG → § 21 Rn. 17 ff.

11 **Ausgangspunkt** der Diskussion um die Willensbildung in der Einheitsgesellschaft ist die Behauptung, die **Komplementär-GmbH** könne ihren Alleingesellschafter, die **Einheits-GmbH & Co. KG,** in ihrer eigenen Gesellschafterversammlung **nicht vertreten.**[18] Als Begründung hierfür wird durchweg die Beschlussfassung über die Bestellung, Abberufung

---

[12] *Schilling* FS Barz, 1974, 72 f.

[13] *Liebscher* in Sudhoff, GmbH & Co. KG, 6. Aufl. 2005, § 3 Rn. 11; anders nun *Liebscher* in Reichert GmbH & Co. KG § 3 Rn. 11.

[14] *K. Schmidt* in Scholz GmbHG Anh. § 45 Rn. 58, 61; *K. Schmidt* ZIP 2007, 2193 (2196 f.).; *K. Schmidt* FS Westermann, 2008, 1425 (1440 ff.). Im Ergebnis ebenso für Maßnahmen im Zusammenhang mit der Überwachung der Geschäftsführung *Oetker* in Oetker HGB § 161 Rn. 108.

[15] *Bülow* DB 1982, 527 (531).

[16] OLG Celle NZG 2016, 1147 Rn. 6 mwN.

[17] BGH NJW 1993, 1265 (1267); *Grunewald* in MüKoHGB § 161 Rn. 97.

[18] *Bülow* GmbHR 1982, 121; *Esch* BB 1991, 1129 (1130); *Martens* in Schlegelberger HGB § 161 Rn. 101; *K. Schmidt* GesR § 56 II 3e; *K. Schmidt* in Scholz GmbHG Anh. § 45 Rn. 58 ff.

und Entlastung der Geschäftsführer angeführt,[19] bei der die Einheits-GmbH & Co. KG als Alleingesellschafter nicht durch die Geschäftsführer ihrer Komplementär-GmbH vertreten werden könnte, da diese ansonsten „Richter in eigener Sache" wären.

Ein Vergleich mit der **Einpersonen-GmbH** zeigt allerdings, dass dieser Ausgangspunkt nicht so „evident"[20] ist, wie es auf den ersten Blick scheinen mag. Denn bei dieser kann der alleinige Gesellschafter alle Beschlüsse fassen, für die nach § 46 GmbHG die Gesellschafterversammlung zuständig ist,[21] also einschließlich seiner eigenen Bestellung, Abberufung und Entlastung als Geschäftsführer. Dies gilt selbst für solche Beschlüsse, für die § 47 Abs. 4 GmbHG einen Stimmrechtsausschluss vorsieht (zB Entlastung als Geschäftsführer).[22] Dieselbe Konstellation besteht übrigens auch bei einer Konzerntochter, deren Geschäftsführung mit derjenigen ihrer Muttergesellschaft identisch ist. 12

Ebenso wie in diesen Fällen ist nicht ersichtlich, weshalb die Geschäftsführer der Komplementär-GmbH in ihrer Eigenschaft als Vertreter der Einheitsgesellschaft nicht das Stimmrecht bei ihrem persönlich haftenden Gesellschafter ausüben können sollten. Sofern die Geschäftsführer hierbei – in eigener Sache – gegen die Interessen der Einheitsgesellschaft handeln, zB eine „Weisung" der Gesellschafterversammlung der Einheits-GmbH & Co. KG missachten,[23] können die Kommanditisten die Komplementär-GmbH unter Androhung einer Klage nach § 117 HGB iVm § 161 Abs. 2 HGB drängen, ihren Geschäftsführer abzuberufen. Käme die GmbH dem nicht nach, so läge ein **wichtiger Grund** vor, um ihr gemäß § 117 HGB iVm § 161 Abs. 2 HGB die **Geschäftsführungsbefugnis** zu **entziehen.**[24] Sollte ein solches Vorgehen im Interesse der Einheitsgesellschaft dringend geboten sein, wären alle Gesellschafter aufgrund der gesellschaftsrechtlichen Treuepflicht zur **Mitwirkung verpflichtet.** Diese Mitwirkung könnte – ggf. in demselben Prozess, der die betreffende Maßnahme zum Gegenstand hat – **durch Klage erzwungen** werden.[25] 13

Das **gesetzliche Regelstatut** ist zwar aus Sicht eines Praktikers nicht ideal, aber auch nicht von vornherein untauglich. Den Kommanditisten steht damit ein wirksames Mittel zur Verfügung, um ein missbräuchliches Handeln der Geschäftsführer in eigener Sache zu verhindern. Daher ist mit der inzwischen hM von der **Vertretung** der Einheitsgesellschaft in der Gesellschafterversammlung ihrer Komplementär-GmbH **durch ihre eigenen Geschäftsführer** auszugehen, sofern weder die Satzung der Komplementär-GmbH noch der Gesellschaftsvertrag der KG die Stimmrechtsausübung ausdrücklich regeln. Mit Urteil vom 16.7.2007 hat der **BGH** den bis dahin andauernden Meinungsstreit in der Literatur in diesem Sinne entschieden, freilich ohne sich in den Entscheidungsgründen mit der Problematik näher auseinanderzusetzen.[26] 14

2. Vertragliche Lösungen

Bei der Einheitsgesellschaft empfiehlt es sich schon aus Gründen der **Praktikabilität und Rechtssicherheit,** die Vertretungs- und Geschäftsführungsbefugnis der Komplementär- 15

---

[19] *K. Schmidt* GesR § 56 II 3e; *Lüke* in HTM HdB GmbH & Co. KG Rn. 2.473.

[20] So aber *K. Schmidt* in Scholz GmbHG Anh. § 45 Rn. 59.

[21] *Fastrich* in Baumbach/Hueck GmbHG § 6 Rn. 28 für Bestellung.

[22] BGH NJW 1989, 295 (297); *Römermann* in Michalski GmbHG § 47 Rn. 95.

[23] Auch *Casper* in Großkomm. HGB § 161 Rn. 94 plädiert in diesem Zusammenhang für ein unmittelbares Weisungsrecht der Kommanditisten auf Ebene der GmbH, was wohl dem von *K. Schmidt* geforderten organisationsrechtlichen Durchgriff (in Scholz GmbHG Anh. § 45 Rn. 61) nahekommen dürfte.

[24] Ähnlich *Wagner* in Wagner/Rux Die GmbH & Co. KG Rn. 24; *Hopt* ZGR 1979, 1.

[25] Zur Klage der Kommanditisten gemäß § 117 HGB vgl. auch *Hopt* ZGR 1979, 1 (15).

[26] BGH BB 2007, 1914. Ebenso OLG München 9.12.2010 – 23 U 3654/10, BeckRS 2010, 30482; OLG Hamburg GmbHR 2013, 580 mAnm *Haase* GmbHR 2013, 583; OLG Celle GmbHR 2016, 1094 mAnm *Sammet* GmbHR 2016, 1095; *Fleck* FS Semler, 1993, 119 (130 ff.); *Gehrlein* BB 2007, 1915; *Giehl* MittBayNot 2008, 268 (270); *Hahn,* Die Beschlussfassung in der GmbH & Co. KG als Einheitsgesellschaft, 102 ff.; *Werner* GmbHR 2007, 1035. Kritisch *Lüke* in HTM HdB GmbH & Co. KG Rn. 2.473; *K. Schmidt* ZIP 2007, 2193; *K. Schmidt* GesR § 56 II 3e; *K. Schmidt* FS Westermann, 2008, 1425 (1434); *Casper* in Großkomm. HGB § 161 Rn. 91 ff.; s. auch BGH BB2016, 1811. AA *Roth* in Baumbach/Hopt HGB Anh. § 177a Rn. 32; *Martens* in Schlegelberger HGB § 161 Rn. 101.

GmbH bei Ausübung der Gesellschafterrechte in der Einheitsgesellschaft ausdrücklich **vertraglich** zu regeln.[27] Hierzu dient zB eine **gesellschaftsvertragliche** Regelung, die es etwa den Kommanditisten oder einem Überwachungsorgan (zB Aufsichtsrat, Beirat), das kraft jeweiligem Gesellschaftsvertrag entweder bei der Komplementär-GmbH oder bei der GmbH & Co. KG errichtet ist, ermöglicht, die Anteilseignerrechte der GmbH & Co. KG aus ihrer Beteiligung an der Komplementär-GmbH, insbesondere in der Gesellschafterversammlung der Komplementär-GmbH, auszuüben.[28] Die Frage, ob eine derartige gesellschaftsvertragliche Regelung in die Satzung der Komplementär-GmbH, den Gesellschaftsvertrag der KG oder in beide Statuten aufgenommen werden kann, soll bzw. muss, wird allerdings höchst unterschiedlich beantwortet.[29]

16 Es ist allgemein anerkannt, dass einzelne Beschlusskompetenzen der Gesellschafterversammlung einer GmbH entzogen und auf ein anderes Gesellschaftsorgan übertragen werden können.[30] Sieht die **Satzung der Komplementär-GmbH** vor, dass zB für die Bestellung, Abberufung und Entlassung der Geschäftsführer nicht die Gesellschafterversammlung, sondern die Kommanditisten der Einheitsgesellschaft (oder ein von diesen gebildeter Ausschuss, Beirat oÄ) zuständig sein sollen, so handeln diese als **Gesellschaftsorgan** der Komplementär-GmbH.[31]

17 Im **Gesellschaftsvertrag der KG** kann ebenfalls bestimmt werden, dass die Gesellschafterrechte aus den Geschäftsanteilen an der Komplementär GmbH von den Kommanditisten (Gesellschafterversammlung der Einheits-KG) wahrgenommen werden. Hierbei handelt es sich nach hM um eine **rechtsgeschäftliche Bevollmächtigung** zur Stimmrechtsausübung.[32] Die Kommanditisten sind nämlich gemäß § 170 HGB zwingend[33] von der organschaftlichen Vertretung der KG ausgeschlossen. Ihnen kann jedoch im Gesellschaftsvertrag eine Vertretungsmacht (bis hin zur Generalvollmacht)[34] eingeräumt werden. Hierin liegt zumindest dann keine Umgehung von § 170 HGB, wenn sich diese Vollmacht auf die Ausübung der Gesellschafterrechte bei der Komplementär-GmbH beschränkt.

18 Denkbar ist die Erteilung einer derartigen Stimmrechtsvollmacht auch **außerhalb des Gesellschaftsvertrags** durch die Geschäftsführer der Komplementär-GmbH. Eine so erteilte Vollmacht ist allerdings jederzeit widerruflich,[35] wohingegen eine gesellschaftsvertragliche Vollmacht nur aus wichtigem Grund entzogen werden kann.[36]

19 Auf den ersten Blick scheint die **„Vollmachts-Lösung“** der perfekte Ausweg für das in der Literatur aufgeworfene Problem der Stimmrechtsausübung zu sein. Ihre Mängel scheinen jedoch auf, wenn man sich überlegt, wer zum **Entzug der Vollmacht** berechtigt ist. Da Vollmachtgeber die **KG** als Alleingesellschafterin der Komplementär-GmbH sein muss,[37] wären die Geschäftsführer als Vertreter des persönlich haftenden Gesellschafters

[27] *Casper* FS Stilz, 2014, 111 (118); *Brosius/Frese* NZG 2016, 808; *Gummert* in MHdB GesR II § 51 Rn. 13; *v. Bonin* NZG 2016, 1299 (1300); *v. Bonin* RNotZ 2017, 1 (10ff.); *Langenfeld* in DWS-Institut Handbuch Familienunternehmen Rn. 252; *Winter* in Winter Beratungspraxis GmbH & Co. KG Rn. E 92.

[28] ZB OLG Celle GmbHR 2016, 1094; Baumbach/*Hopt* HGB Anh. § 177a Rn. 32; *Lüke* in HTM HdB GmbH & Co. KG Rn. 2.475; *K. Schmidt* GesR § 56 II 3e; *Weinand* notar 2017, 366.

[29] Vgl. nur *Bahnsen* GmbHR 2001, 186 (187); *Grunewald* in MüKoHGB § 161 Rn. 99; *Jorde/Götz* DStR 2005, 2718 (2721); *Lüke* in HTM HdB GmbH & Co. KG Rn. 2.480ff.; *Werner* DStR 2007, 706 (708); *Casper* in Großkomm. HGB § 161 Rn. 95.

[30] *K. Schmidt* in Scholz GmbHG § 45 Rn. 8 mwN.

[31] *Grunewald* in MüKoHGB § 161 Rn. 99. In steuerrechtlicher Hinsicht ist zu vermeiden, dass die Übertragung von Kompetenzen als Begründung einer allgemeinen Geschäftsführungsbefugnis der Kommanditisten aufgefasst werden könnte, was ggf. zu einem Wegfall der gewerblichen Prägung der GmbH & Co. KG führen könnte, näher → § 16 Rn. 60.

[32] *Göz* NZG 2004, 345 (352); *K. Schmidt* in Scholz GmbHG Anh. § 45 Rn. 59; *Martens* in Schlegelberger HGB § 161 Rn. 101. AA *Weinand* notar 2017, 366.

[33] Baumbach/*Hopt* HGB § 170 Rn. 1; zweifelnd *Schilling* FS Barz, 1974, 71; *Weipert* in Ebenroth/Boujong/Joost/Strohn HGB § 170 Rn. 5.

[34] BGHZ 36, 295; *Thiessen* in Großkomm. HGB § 170 Rn. 37 mwN.

[35] *Martens* in Schlegelberger HGB § 170 Rn. 15.

[36] *Grunewald* in MüKoHGB § 170 Rn. 16; *Thiessen* in Großkomm. HGB § 170 Rn. 22f.

[37] Nur sie kann als Alleingesellschafterin ihr Stimmrecht qua Vollmacht übertragen.

berechtigt, den Kommanditisten die Vollmacht zu entziehen,[38] womit wir uns wieder am Ausgangspunkt befänden. Die Geschäftsführer wären in diesem Fall zwar verpflichtet, die im Gesellschaftsvertrag verankerte Vollmacht wieder einzuräumen,[39] jedoch müssten die Kommanditisten sich ihr Recht im Klageweg erkämpfen, wodurch für die Dauer des Rechtsstreits ein regelungsloser Zustand bestünde.[40]

Problematisch ist ferner, dass via Vollmacht **bestimmte Kompetenzen** (zB das Recht zur Satzungsänderung) **nicht** von der Gesellschafterversammlung auf andere Organe **übertragbar** sind,[41] so dass insoweit die Gesellschafterversammlung (hier: die Geschäftsführer) zwingend zuständig bleibt. Das Ziel, die Kommanditisten „allzuständig" zu machen, wird also nicht umfassend erreicht; dieser Ansatz bleibt vielmehr auf halbem Weg stecken. 20

Eine weitere Überlegung spricht gegen die „Vollmachts-Lösung": Die Kommanditisten handelten als Bevollmächtigte der GmbH & Co. KG und wären als solche den **Weisungen** der Geschäftsführer der Komplementär-GmbH als Vertreter der bevollmächtigenden KG unterworfen.[42] Damit führt sich aber dieser Lösungsansatz selbst ad absurdum, soll mit ihm doch ein Einfluss der Geschäftsführer auf die Stimmrechtsausübung bei der GmbH gerade verhindert werden. 21

Wir sind daher der Auffassung, dass in der Bestimmung des Gesellschaftsvertrags der KG, die den Kommanditisten die Kompetenz zur Stimmrechtsausübung bei der Komplementär-GmbH vermittelt, keine rechtsgeschäftliche Vollmacht, sondern ein **„gesellschaftsrechtlicher Akt sui generis"** zu sehen ist.[43] Hiernach haben die Kommanditisten als oberstes Gesellschaftsorgan die Kompetenz, sich einzelne Vertretungshandlungen in Bezug auf die „eigene" Komplementär-GmbH selbst vorzubehalten. Hierin liegt kein Verstoß gegen § 170 HGB, weil den Kommanditisten keine organschaftliche Vertretung im Verhältnis zu Dritten zugebilligt wird. Gleichzeitig schränkt dieser Regelungsakt sui generis die Vertretungs- und Geschäftsführungsbefugnis der persönlich haftenden Gesellschafterin entsprechend ein.[44] Nach der hier vertretenen Auffassung stellen sich somit die vorstehend beschriebenen Probleme überhaupt nicht.[45] 22

Alternativ könnte im Gesellschaftsvertrag der **KG** festgelegt werden, dass die **Geschäftsführer verpflichtet** sind, in der Gesellschafterversammlung der Komplementär-GmbH entsprechend einer durch Beschluss der Kommanditisten festzulegenden **Weisung** zu stimmen.[46] Denkbar wäre es auch, die **Ausübung des Stimmrechts** bei der Komplementär-GmbH durch die Geschäftsführer von der **Zustimmung der Kommanditisten** abhängig zu machen – eine Regelung, die sich in vielen Gesellschaftsverträgen für die Stimmrechts- 23

---

[38] AA mit beachtlichen Gründen *Hahn,* Die Beschlussfassung in der GmbH & Co. KG als Einheitsgesellschaft, 120: Widerruf ist aufgrund der Besonderheiten der Einheitsgesellschaft nur gemäß § 127 BGB beim Vorliegen eines wichtigen Grundes durch gerichtliche Entscheidung möglich.

[39] *Thiessen* in Großkomm. HGB § 170 Rn. 22 unter Hinweis auf BGHZ 17, 392 (394 f.).

[40] Kritisch auch *Lüke* in HTM HdB GmbH & Co. KG Rn. 2.477.

[41] Für die Einheitsgesellschaft ausnahmsweise bejahend: *Grunewald* in MüKoHGB § 161 Rn. 99; *K. Schmidt* FS Westermann, 2008, 1425 (1439). AA *Fleck* FS Semler (1993), 115 (130); *Jorde/Götz* DStR 2005, 2718 (2721).

[42] BGHZ 36, 292 (294). Zur Unwirksamkeit einer „verdrängenden Vollmacht" BGH WM 1971, 956; 1976, 1247. AA insoweit *Grunewald* in MüKoHGB § 161 Rn. 99.

[43] Ähnlich *Hahn,* Die Beschlussfassung in der GmbH & Co. KG als Einheitsgesellschaft, 115, der in diesem Zusammenhang von einem „Verwischen" der starren Grenzziehung zwischen rechtsgeschäftlicher und organschaftlicher Vertretung spricht.

[44] Da diese Einschränkung letztlich einen Eingriff in das mitgliedschaftliche Recht der Komplementär-GmbH auf Geschäftsführung bedeutet, muss sie im Gesellschaftsvertrag verankert sein, um nach dem zweistufigen Konzept des BGH in der materiellen Beschlusskontrolle (BGH NZG 2014, 1266 ff.) Bestand haben zu können. Mit anderen Worten: die Einschränkung dürfte ein Eingriff in den Kernbereich der Gesellschafterrechte der Komplementär-GmbH sein, der deren Zustimmung im Gesellschaftsvertrag der GmbH & Co. KG erfordert, s. dazu *Weinand* notar 2017, 366.

[45] Ebenso *Schilling* FS Barz, 1974, 71 (73); *Fleck* FS Semler, 1993, 126; *Lüke* in HTM HdB GmbH & Co. KG Rn. 2.478; *Weinand* notar 2017, 366.

[46] *Fleck* FS Semler, 1993, 136; *K. Schmidt* in Scholz GmbHG Anh. § 45 Rn. 59.

ausübung in Tochter- und Beteiligungsgesellschaften (zu denen ja die Komplementär-GmbH in der Einheitsgesellschaft gehört) seit Jahrzehnten bewährt hat.[47]

24 Fraglich ist, ob das **Stimmverbot des § 47 Abs. 4 GmbHG** automatisch auch für die Beschlussfassung der Kommanditisten in ihrer „Kommanditistenversammlung" gilt. Eine unmittelbare Anwendung scheidet aus, weil die Kommanditisten selbst nicht Gesellschafter der Komplementär-GmbH sind. Nach der Ratio ist jedoch eine Gleichbehandlung mit der Rechtslage bei der beteiligungsidentischen GmbH & Co. KG geboten, bestünde andernfalls doch die – von § 47 Abs. 4 GmbHG gerade zu verhindernde – Gefahr, dass eine die Komplementär-GmbH betreffende Entscheidung nicht ausschließlich an den Interessen der Gesellschaft, sondern den Eigeninteressen des (befangenen) Kommanditisten ausgerichtet ist.[48]

25 Im Ergebnis wird bei der Einheitsgesellschaft häufig die **de-facto-Einheitsversammlung der Kommanditisten,** die KG- wie GmbH-Beschlüsse mit denselben Stimmen und Mehrheiten fasst, enstehen.[49] Soweit in der Literatur empfohlen wird, die Wahrnehmung der Gesellschafterrechte bei der Komplementär-GmbH durch die Kommanditisten in **beiden Statuten** zu verankern, erscheint dies im Hinblick auf den rechtskonstruktiven Hintergrund dieser Regelungen **unnötig** und widersprüchlich. Entweder handeln die Kommanditisten, was wir für vorzugswürdig halten, aufgrund einer Ermächtigung im Gesellschaftsvertrag der KG[50] oder sie üben das Stimmrecht als durch die Satzung geschaffenes Organ der Komplementär-GmbH aus. Ein Organ einer GmbH zur Verrichtung seiner satzungsmäßigen Aufgaben zusätzlich mit einer rechtsgeschäftlichen Vollmacht zu versehen, wäre sinnlos und irreführend.

IV. Auskunfts- und Einsichtsrechte

26 Bei der GmbH & Co. KG erstreckt sich das umfassende Auskunfts- und Einsichtsrecht aus **§ 51a GmbHG** auch auf alle **Angelegenheiten der KG** (→ § 5 Rn. 122). Hiervon profitieren jedoch nur die Gesellschafter der Komplementär-GmbH, die bei der typischen GmbH & Co. KG freilich mit den Kommanditisten personenidentisch sind. Für **Nur-Kommanditisten** gilt § 51a GmbHG nicht (→ § 5 Rn. 125), die deshalb auf die wesentlich schwächeren Kontrollrechte des § 166 HGB verwiesen sind. Bei der Einheitsgesellschaft führte dies zu dem Ergebnis, dass die KG selbst Träger der Rechte aus § 51a GmbHG wäre, die von den zur Auskunft verpflichteten Geschäftsführern der Komplementär-GmbH geltend gemacht werden müssten. Dies ist weder praktikabel noch im Interesse der Kommanditisten, weshalb uE § 51a GmbHG bei der Einheitsgesellschaft **zugunsten jedes einzelnen Kommanditisten** wirken muss (→ § 5 Rn. 125).[51] Dieses Ergebnis ist jedenfalls dann geboten, wenn die Einheitsgesellschaft aus einer identischen GmbH & Co. KG entstanden ist, da nicht davon ausgegangen werden kann, dass die Kommanditisten im Rahmen dieser „Umwandlung" stillschweigend auf wesentliche Rechte, nämlich diejenigen aus § 51a GmbHG, verzichten wollten. In diesem Fall ließe sich das Ergebnis auch auf eine ergänzende Vertragsauslegung stützen.

27 Wegen der ungeklärten Rechtslage ist allerdings zu empfehlen, im **Gesellschaftsvertrag** der KG ausdrücklich **festzuschreiben,** dass die Rechte der KG aus § 51a GmbHG unmit-

---

[47] *Grunewald* in MüKoHGB § 161 Rn. 99.

[48] *Von Bonin* RNotZ 2017, 1 (11); vgl. insoweit auch die Musterformulierung von *Schlitt/Bortfeldt* in Reichert GmbH & Co. KG § 61 II (§ 13).

[49] *K. Schmidt* FS Westermann, 2008, 1425 (1439).

[50] Ebenso *Casper* FS Stilz, 2014, 111 (118).

[51] Ebenso *Schiessl* GmbHR 1985, 109 (110 ff.); *Schiessl* NJW 1989, 1597 f.; *Roth* in Roth/Altmeppen GmbHG § 51a Rn. 44; *K. Schmidt* in Scholz GmbHG § 51a Rn. 52; *Wachter* GmbHR 2017, 980 f. Für analoge Anwendung nur bei Publikums-KG *Kindler* in Koller/Kindler/Roth/Morck HGB § 166 Rn. 4. Unentschieden *Lüke* in HTM HdB GmbH & Co. KG Rn. 3.210. AA OLG Celle GWR 2017, 298; *Blaum* in Westermann/Wertenbruch PersGesR HdB Rn. I 3244; *Oetker* in Oetker HGB § 166 Rn. 47: Auskunftsanspruch steht der KG zu, wobei die Versammlung der Kommanditisten über die Art der Rechtsausübung zu befinden hat.

telbar von jedem einzelnen Kommanditisten wahrgenommen werden können.[52] Diese Möglichkeit besteht jedoch nicht für das in **§ 51b GmbHG** geregelte Verfahren der Auskunftserzwingung. Diese Vorschrift erklärt über § 132 Abs. 3 S. 1 AktG iVm § 99 Abs. 1 AktG als Verfahrensordnung das Gesetz über das Verfahren in Familiensachen und in den Angelegenheiten der freiwilligen Gerichtsbarkeit (FamFG) für anwendbar. Die Verfahrensart steht jedoch **nicht** zur **Disposition der Vertragsparteien.**[53]

V. Gläubigerschutz

1. Problem

Gegen die Zulässigkeit der Einheitsgesellschaft wurde weiter der Einwand vorgebracht, bei ihr sei die vollständige **Aufbringung und Erhaltung des GmbH-Stammkapitals** einerseits und der Kommanditeinlagen andererseits nicht gewährleistet.[54] Hierbei handelt es sich indes allenfalls um Besonderheiten, die bei der Entstehung der Einheitsgesellschaft zu beachten sind. Insbesondere dürfen die Kommanditeinlagen gemäß **§ 172 Abs. 6 S. 1 HGB** nicht durch die Einbringung der Anteile an der Komplementär-GmbH geleistet werden. 28

Zur Vermeidung von Schwierigkeiten sollte bei der Gründung wie folgt vorgegangen werden:[55] 29

- Die Kommanditisten (oder nur ein Kommanditist, handelnd zugleich im Auftrag aller Mitgesellschafter) **errichten die Komplementär-GmbH.**
- Nach Erbringung der Stammeinlage(n) wird sodann von den Kommanditisten und der Komplementär-GmbH, die keinen Kapitalanteil erhält, die **GmbH & Co. KG gegründet.** Ggf. kann in den Gesellschaftsvertrag der KG die Verpflichtung der Kommanditisten aufgenommen werden, zusätzlich zur Erbringung der Kommanditeinlagen die voll eingezahlten Geschäftsanteile an der Komplementär-GmbH auf die KG zu übertragen, was jedoch zur **Beurkundungspflicht** des gesamten Gesellschaftsvertrags führt und deshalb nur in Ausnahmefällen in Betracht gezogen werden sollte.
- Zuletzt werden die **Geschäftsanteile** an der Komplementär-GmbH auf die KG **übertragen,** sei es unentgeltlich, sei es gegen Bezahlung eines Kaufpreises in Höhe des Nennbetrags des Stammkapitals (im letztgenannten Fall ist darauf zu achten, dass der Kaufpreis aus dem das Haftkapital der KG überschießenden Vermögen gezahlt werden kann).

2. Gefahr der verdeckten Einlagenrückgewähr

Stellte die Komplementär-GmbH, die über kein weiteres Vermögen verfügt, ihr gesamtes **Stammkapital** der KG als Kapitaleinlage zur Verfügung und benützte diese anschließend die Bareinlage, um damit die Geschäftsanteile von den GmbH-Gründern (die üblicherweise mit den Kommanditisten personengleich sind) zu erwerben **(Fall 1),** so erhielten in der Tat die Gesellschafter auf dem Umweg über die KG ihre Stammeinlagen zurück, ohne dass der GmbH oder der KG ein entsprechender Gegenwert zugeflossen wäre. Da das GmbH-Vermögen nämlich ausschließlich aus der KG-Beteiligung besteht, mindert sich der Wert dieser Beteiligung, sobald die KG die Einlage der GmbH zur Kaufpreisfinanzierung verwendet. 30

Eine unzulässige Verkürzung des Haftkapitals der GmbH & Co. KG kann ferner eintreten, wenn zwar die Komplementär-GmbH sich entweder überhaupt nicht oder nur mit einer Einlage an der KG beteiligt, die das zur Erhaltung des Stammkapitals erforderliche Vermögen unberührt lässt, die GmbH & Co. KG aber den Kaufpreis für die Geschäftsanteile 31

---

[52] Ebenso *Lüke* in HTM HdB GmbH & Co. KG Rn. 3.210.
[53] BGH NJW 1952, 1055; *Heinrich* in Musielak/Voit ZPO § 38 Rn. 2.
[54] *Eltermann* GmbHR 1973, 207; *Gonella* DB 1965, 1165.
[55] *Leuering* NJW-Spezial 2007, 267.

mittels der **Kommanditeinlagen** finanziert **(Fall 2);** auch bei diesem Vorgang erhielten die Gesellschafter mittelbar ihre Einlagen zurück.

32 Die den Gesellschaftsgläubigern hieraus erwachsenden Gefahren bestehen jedoch in allen Fällen **wechselseitiger Beteiligungen;** sie sind **kein spezifisches Problem der Einheitsgesellschaft.** Allerdings ist es im Ausgangspunkt zutreffend, dass die Gläubiger der KG, denen die GmbH nach § 128 HGB unbeschränkt haftet, Anspruch auf die vollständige Aufbringung und Erhaltung sowohl des GmbH- wie des Kommanditkapitals haben. Das eine kann nicht durch das andere belegt werden. Vielmehr müssen beide Haftungsmassen, die das Haftungspotenzial der Einheitsgesellschaft ausmachen, unvermischt nebeneinander bestehen.[56]

33 Demzufolge ordnet auch § 172 Abs. 6 HGB ausdrücklich an, dass die Einlage eines Kommanditisten als nicht geleistet gilt, soweit sie in Anteilen an der Komplementär-GmbH bewirkt ist. Ist dem Kommanditisten aber die Verrechnung mit seiner Einlageschuld verwehrt, so kann es ihm selbstverständlich nicht gestattet sein, wie im **Fall 2** lediglich die Reihenfolge zu ändern, indem er zunächst seine Kommanditeinlage erbringt und alsdann die GmbH-Anteile an die KG veräußert, wobei der Kaufpreis mittels der Kommanditeinlage finanziert wird. Dieser Vorgang ist vielmehr als **Rückzahlung der Kommanditeinlage** zu bewerten mit der Folge, dass die durch Einlagenleistung zunächst erloschene Kommanditisten-Haftung gemäß § 172 Abs. 4 HGB wieder auflebt.[57]

34 Auch die Lösung des **Falls 1** wirft keine ernsthaften Schwierigkeiten auf. Hier war es so, dass die Komplementär-GmbH, die über kein weiteres Vermögen verfügt, ihr Stammkapital – ganz oder teilweise – in die KG eingebracht hat. Werden nunmehr die GmbH-Anteile an die KG veräußert, so kann sich der Wert der KG-Beteiligung infolge des Kaufpreisabflusses so sehr mindern, dass er unter den Betrag des Stammkapitals sinkt.

35 Das ist jedoch keineswegs immer so. Sind zB bei der KG so viele **Rücklagen** oder **stille Reserven**[58] vorhanden, dass der Wertansatz der KG-Beteiligung bei der GmbH auch nach Erwerb der Geschäftsanteile durch die KG und dem damit einhergehenden Kaufpreisabfluss beibehalten werden kann, oder deckt auch ein korrigierter Wertansatz immer noch den Nennbetrag des Stammkapitals vollständig ab, so ist dieser Vorgang ohne haftungsrechtliche Auswirkungen. In allen anderen Fällen sind die Grundsätze des BGH-Urteils vom 19.2.1990[59] entsprechend anwendbar. In jener Entscheidung hat der BGH für die gewöhnliche GmbH & Co. KG ausgesprochen, dass eine Zahlung der KG auch an den Nur-Kommanditisten gegen das Verbot des § 30 GmbHG verstößt, also eine **Rückzahlungspflicht** des Gesellschafters gemäß **§ 31 GmbHG** begründet, wenn die Zahlung aus dem Vermögen der KG erbracht wird und hierdurch mittelbar das Vermögen der GmbH unter den Nennbetrag des Stammkapitals herabsinkt.[60]

36 Die hier dargestellten, mit einer verdeckten Kapitalrückzahlung verbundenen Schwierigkeiten und **Haftungsfolgen** lassen sich durch geeignete Gestaltungen leicht **vermeiden:**

- Entweder beteiligt sich die Komplementär-GmbH – was ohnehin empfehlenswert ist – überhaupt **nicht vermögensmäßig** an der KG und der Gegenwert für den GmbH-Anteil wird aus die Hafteinlagen übersteigendem Vermögen bezahlt (Letzteres kann dauerhaft zB durch einen Ausweis des Gegenwerts auf einem **Sonderkonto** der Kommanditisten, zusätzlich zur Summe der Hafteinlagen, nachgewiesen werden);[61]
- oder die GmbH-Gesellschafter übertragen ihre Anteile **unentgeltlich** auf die KG.[62]

---

[56] *Schilling* FS Barz, 1974, 74; *Liebscher* in Reichert GmbH & Co. KG § 3 Rn. 13.

[57] Ebenso *Gummert* in MHdB GesR II § 51 Rn. 8; *Schilling* FS Barz, 1974, 74; *Lüke* in HTM HdB GmbH & Co. KG Rn. 2.466.

[58] Letztere sollen nach Auffassung des BGH allerdings nur insoweit berücksichtigt werden dürfen, als deren Auflösung bilanzrechtlich zulässig ist, BGHZ 109, 334 (338) = NJW 1990, 1109.

[59] BGHZ 110, 342 = NJW 1990, 1725; vgl. auch BGH DStR 2015, 597.

[60] *Liebscher* in Reichert GmbH & Co. KG § 3 Rn. 17; *Lüke* in HTM HdB GmbH & Co. KG Rn. 2.466.

[61] *Esch* BB 1991, 1129 (1133); *v. Bonin* RNotZ 2017, 1 (5).

[62] *Gummert* in MHdB GesR II § 51 Rn. 10; *Lüke* in HTM HdB GmbH & Co. KG Rn. 2.470; *v. Bonin* RNotZ 2017, 1 (5).

3. Erwerb nicht voll eingezahlter Geschäftsanteile

37 Es ist fraglich, ob die KG auch solche Geschäftsanteile an ihrer Komplementär-GmbH erwerben kann, die **noch nicht voll eingezahlt** sind. Dies ist vor allem dann problematisch, wenn – wie im Regelfall – die Stammeinlagen bereits bei der Anmeldung der Gesellschaft eingefordert und damit fällig waren; denn nur in diesem Fall kann der Veräußerer neben dem Erwerber für die rückständige Kapitaleinzahlung gemäß § 16 Abs. 2 GmbHG in Anspruch genommen werden. Haftet also normalerweise nur der Erwerber, so ergäbe sich bei der Einheitsgesellschaft die groteske Situation, dass die Komplementär-GmbH, die nach § 128 HGB für alle Verbindlichkeiten der GmbH & Co. KG einzustehen hat, selbst für die Aufbringung des Stammkapitals haften müsste, falls die KG vermögenslos und die Haftung der Kommanditisten durch Erbringung ihrer Einlagen erloschen ist.

38 Dass dieses Ergebnis untragbar wäre, ist unbestritten. Streit herrscht nun allerdings darüber, ob infolgedessen der Erwerb teileingezahlter Geschäftsanteile analog § 33 GmbHG **nichtig** ist[63] (in diesem Fall bliebe der Veräußerer Gesellschafter und haftete nach wie vor für die ausstehende Stammeinlage) oder ob hierdurch die persönliche und **gesamtschuldnerische Haftung aller Kommanditisten** für den Fall begründet wird, dass die KG die Resteinzahlung nicht aus freiem, dh die Kommanditeinlagen übersteigendem Vermögen erbringen kann.[64]

39 Uns erscheint die **letztere Lösung plausibler,** zumal im Fall der Einheitsgesellschaft ein echtes Erlöschen der Einzahlungsverpflichtung durch Konfusion, wie sie § 33 Abs. 1 GmbHG zu verhindern sucht, gar nicht stattfindet, da die Einzahlungspflicht auf die KG übergeht. Eine derartige Haftung der GmbH & Co. KG, die lediglich gegenüber der Komplementär-GmbH nicht durchsetzbar ist, kann sich aufgrund von § 24 GmbHG aus dem Besitz eigener, nicht voll eingezahlter Geschäftsanteile auch sonst ergeben, ohne dass daraus etwas gegen die Zulässigkeit des Erwerbs eigener Geschäftsanteile herzuleiten wäre.[65]

VI. Alternativlösungen

1. Verzahnung im Gesellschaftsvertrag

40 **a) Allgemeines.** Eine vollständige Verzahnung der Beteiligung an Komplementär-GmbH und GmbH & Co. KG mit dem Ziel der **Gewährleistung der Identität der Beteiligungsverhältnisse** in Komplementär-GmbH und GmbH & Co. KG setzt voraus, dass man Maßnahmen des **Gesellschafters** (→ Rn. 41 ff.), Maßnahmen der **Mitgesellschafter** (→ Rn. 53 ff.), Maßnahmen **Dritter** (→ Rn. 59 ff.) und den **Tod** eines Gesellschafters (→ Rn. 66 ff.) berücksichtigt, die zu einem Auseinanderfallen der genannten Beteiligungen führen können.[66] Zur **ersten** Gruppe gehören die Übertragung der Beteiligungen, ihre Belastung, die Kündigung der Gesellschaft durch den Gesellschafter sowie die Erhebung einer Auflösungsklage. Zur **zweiten** Gruppe rechnen die sog Hinauskündigung des Gesellschafters durch die Gesellschaft oder die Mitgesellschafter sowie die Erhebung einer Ausschließungsklage gegen den Gesellschafter. Zur **dritten** Gruppe gehören **Zwangsvollstreckungsmaßnahmen** der Privatgläubiger eines Gesellschafters sowie die **Insolvenz** eines Gesellschafters.

41 **b) Maßnahmen des Gesellschafters. aa) Übertragung der Beteiligung.** Nach der gesetzlichen Regelung ist die Beteiligung an einer **GmbH** frei übertragbar (§ 15 Abs. 1 GmbHG), es sei denn, die Satzung knüpft die Abtretung der Geschäftsanteile an bestimmte Voraussetzungen (§ 15 Abs. 5 GmbHG) oder schließt die Übertragbarkeit sogar ganz aus.[67]

---

[63] *Fetsch* Beilage DNotZ 1969, 111 (119); *Grunewald* in MüKoHGB § 161 Rn. 96.

[64] Hierfür *Gummert* in MHdB GesR II § 51 Rn. 7; *Casper* in Großkomm. HGB § 161 Rn. 96; *Horn* in Heymann HGB § 161 Rn. 122; *Liebscher* in Reichert GmbH & Co. KG § 3 Rn. 16; *v. Bonin* RNotZ 2017, 1 (6).

[65] *Paura* in Ulmer/Habersack/Löbbe GmbHG § 33 Rn. 123.

[66] *Lüke* in HTM HdB GmbH & Co. KG Rn. 3.187 ff.; *v. Bonin* RNotZ 2017, 1 (2 ff.).

[67] *Fastrich* in Baumbach/Hueck GmbHG § 15 Rn. 38 mwN.

Dagegen ist gerade umgekehrt die Übertragbarkeit der **Kommanditbeteiligung** ausgeschlossen, es sei denn, der Gesellschaftsvertrag lässt die Übertragung ohne Weiteres bzw. unter bestimmten Voraussetzungen zu oder die Übertragung erfolgt mit Zustimmung aller Mitgesellschafter (im Einzelnen → § 6 Rn. 5 ff.).

42 Sucht man nun eine Verzahnung für den Fall der Übertragung der Beteiligung durch den Gesellschafter zu schaffen, muss man sich zunächst einmal vor Augen halten, dass es **nicht möglich** ist, einen Gesellschafter **auf Dauer** in einer GmbH oder einer KG **festzuhalten.**[68] Dem Gesellschafter muss vielmehr – in einer KG wie in einer GmbH – immer die Möglichkeit verbleiben, sich irgendwann von seiner Gesellschaft zu trennen (näher → § 6 Rn. 62 ff., 71 ff.). Die Regelungen über die Übertragung der Beteiligung und den Austritt bzw. die Kündigung des Gesellschafters müssen also aufeinander abgestimmt sein.

43 Als für die Praxis zweckmäßigste Lösung empfiehlt es sich vorzusehen, dass die Beteiligungen an GmbH und GmbH & Co. KG jeweils **nur mit Zustimmung** aller Mitgesellschafter bzw. der Gesellschafterversammlung übertragen werden können, wobei dem Gesellschafter für bestimmte Übertragungsfälle, zB der Übertragung an Abkömmlinge und Mitgesellschafter, ein **Rechtsanspruch** auf Erteilung der Zustimmung unter der Voraussetzung eingeräumt werden kann, dass beide Beteiligungen zusammen, in gleicher Höhe und auf denselben Erwerber übertragen werden. Möglich und technisch noch einfacher ist es, derartige Übertragungsfälle von vornherein von einer förmlichen Zustimmungserteilung auszunehmen. Eine derartige Gestaltung macht die Anteile an Komplementär-GmbH und GmbH & Co. KG in gleicher Weise beschränkt veräußerlich und stellt sicher, dass im Veräußerungsfall die **Verzahnung,** also der Gleichlauf der Beteiligungsverhältnisse, erhalten bleibt.

44 **bb) Belastung der Beteiligung.** Die Belastung der Beteiligung mit dinglicher Wirkung – durch Verpfändung oder Nießbrauchsbestellung – ist gesetzlich ebenfalls unterschiedlich geregelt. Bei einer **GmbH-Beteiligung** ist sie grundsätzlich möglich, bei einer **Kommanditbeteiligung** nur dann, wenn alle übrigen Gesellschafter zustimmen.[69] Vielfach üblich ist eine **gesellschaftsvertragliche** Abrede dahin, dass eine Belastung grundsätzlich ausgeschlossen und nur ausnahmsweise zugunsten bestimmter Personen zulässig ist. Wenn die Belastung der Beteiligung in vollem Umfang oder beschränkt zulässig ist, muss wieder darauf geachtet werden, dass beide Beteiligungen nur zusammen und nur zugunsten derselben Personen belastet werden können.

45 Eine Besonderheit gilt für die sog **Unterbeteiligung** an einer KG. Deren Einräumung bedarf keiner besonderen „Zulassung" im Gesellschaftsvertrag.[70] Da es sich aber bei der Unterbeteiligung um eine Innengesellschaft des bürgerlichen Rechtes handelt,[71] die lediglich schuldrechtliche Beziehungen zwischen den Vertragspartnern begründet, lässt sich von einer echten (dinglichen) „Belastung" des Kommanditanteils im Fall der Unterbeteiligung auch kaum sprechen. Wegen der indirekten Auswirkungen auf die KG und die Mitgesellschafter, zB im Fall der Kündigung der Unterbeteiligung durch den Unterbeteiligten mit der Folge des Liquiditätsabflusses durch den Abfindungsanspruch, dürfte es sich dennoch empfehlen, die gesellschaftsvertragliche Abrede zur Belastung der Beteiligung auch auf die Einräumung einer Unterbeteiligung zu erstrecken.

46 **cc) Kündigung des Gesellschafters.** Ein **GmbH-Gesellschafter** kann seine GmbH nicht im Weg der ordentlichen Kündigung kündigen. Demgegenüber hat ein **Kommanditist** eine solche Kündigungsmöglichkeit (§ 132 HGB iVm § 161 Abs. 2 HGB; im Einzelnen → § 6 Rn. 62), die für ihn nicht gänzlich ausgeschlossen werden kann. Zwar ist es zulässig, eine KG auf eine bestimmte Zeit abzuschließen, während der eine ordentliche Kündigung durch die

---

[68] So ausdrücklich BGH NJW 1987, 1019 (1020) zur AG; hier dürfe die Vinkulierung „nicht zu einer grundsätzlichen Unveräußerlichkeit der Aktien auf unabsehbare Zeit führen"; vgl. auch BGHZ 88, 320 (326) und BGHZ 32, 17 (23). Für die KG folgt dasselbe schon aus § 723 BGB iVm § 105 Abs. 3 HGB, § 161 Abs. 2 HGB.

[69] *Schlitt/Bortfeldt* in Reichert GmbH & Co. KG § 38 Rn. 3 und § 39 Rn. 10.

[70] BGHZ 50, 316 (325).

[71] *Weipert* in MHdB GesR II § 12 Rn. 63; *Schäfer* in Großkomm. HGB § 105 Rn. 110.

Gesellschafter ausgeschlossen ist. Ein zeitlich unbegrenzter Ausschluss des Kündigungsrechts wäre jedoch – ebenso wie eine unangemessen lange Kündigungsfrist – nichtig. Dem gleichzuachten ist eine Bestimmung, wonach die Kündigung einen Beschluss der Gesellschafterversammlung voraussetzt oder den Eintritt eines anderen Ereignisses, auf das der kündigungswillige Gesellschafter keinen Einfluss nehmen kann (zB die Auflösung der Komplementär-GmbH).

Die **Kündigung** einer KG führt zum **Ausscheiden** des Kündigenden (§ 131 Abs. 3 S. 2 HGB iVm § 161 Abs. 2 HGB). Um die gebotene Verzahnung auch hier zu sichern, müsste also im Gesellschaftsvertrag der GmbH festgelegt werden, dass die Komplementär-GmbH im Fall einer solchen Kündigung berechtigt ist, den GmbH-Anteil des kündigenden Gesellschafters einzuziehen, oder dass der kündigende Gesellschafter verpflichtet ist, seinen GmbH-Anteil auf die Komplementär-GmbH zu übertragen. Speziell die Verpflichtung zur Abtretung der Geschäftsanteile könnte zwar auch in den Gesellschaftsvertrag der KG aufgenommen werden. Da dieser dann aber in toto dem **Formzwang** des § 15 Abs. 4 S. 1 GmbHG unterläge, empfiehlt es sich, die Abtretungsverpflichtung ausschließlich in der Satzung der Komplementär-GmbH zu statuieren. **47**

Auch ohne ausdrückliche Regelung in der Satzung der Komplementär-GmbH wird man bei der **beteiligungsidentischen GmbH & Co. KG** im Zweifel davon ausgehen können, dass der Gesellschafter einer Komplementär-GmbH von den übrigen Gesellschaftern **ausgeschlossen** werden kann, wenn er als Kommanditist ausgeschieden ist. Denn das von der Rechtsprechung entwickelte Institut des Gesellschafterausschlusses setzt zwar das Vorliegen eines wichtigen Grundes, nicht jedoch eines Verschuldens voraus (näher → Rn. 55 ff.).[72] **48**

dd) Auflösungsklage des Gesellschafters. Gesellschafter einer GmbH, deren Geschäftsanteile mindestens 10 % des Stammkapitals ausmachen, können bei Vorliegen wichtiger Gründe (wie zB der Unmöglichkeit der Erreichung des Gesellschaftszweckes) gemäß § 61 GmbHG auf Auflösung der Gesellschaft klagen. Das gleiche Recht steht gemäß § 133 HGB iVm § 161 Abs. 2 HGB jedem Kommanditisten zu. In beiden Fällen ist das Recht, Auflösungsklage zu erheben, gesellschaftsvertraglich **nicht abdingbar.** **49**

In dieser Hinsicht ist eine **vollständige Verzahnung** beider Beteiligungen durch vertragliche Vereinbarungen **nicht erreichbar.** Da es sich nämlich bei der GmbH & Co. KG um die Zusammenfassung zweier verschiedener, rechtlich selbständiger Gesellschaften mit unter Umständen unterschiedlichen Gesellschaftern und verschiedenen Unternehmenszwecken handelt, ist es im Einzelfall durchaus möglich, dass zwar ein wichtiger Grund für die Auflösung der KG, nicht aber für die Auflösung der GmbH vorliegt und umgekehrt. Denkbar wäre schließlich, dass die Auflösungsklage zwar gegenüber beiden Gesellschaften begründet wäre, gegenüber der GmbH wegen § 61 Abs. 2 S. 2 GmbHG aber daran scheitert, dass die klagenden Gesellschafter an dieser nicht mit mindestens 10 % beteiligt sind. **50**

In derartigen Fällen wäre eine Abrede, dass eine Auflösungsklage **nur gegen beide** Gesellschaften gleichzeitig erhoben werden kann, **nichtig.** Es kann jedoch vereinbart werden, dass ein auf Auflösung der Gesellschaft klagender Gesellschafter gegen angemessene Abfindung (→ § 6 Rn. 161 ff.) aus beiden Gesellschaften der GmbH & Co. KG ausscheidet, bei der GmbH durch Einziehung seines Geschäftsanteils. Hierbei ist vorzusehen, dass dies auch dann gilt, wenn nur gegen **eine** Gesellschaft auf Auflösung geklagt wird. Auch diese Vereinbarung bedarf, da sie die (bedingte) Verpflichtung zur Anteilsabtretung beinhaltet, wegen § 15 Abs. 4 GmbHG **notarieller Beurkundung** und sollte daher im Gesellschaftsvertrag der GmbH getroffen werden.[73] **51**

Die Verzahnungsproblematik wird allerdings dadurch **entschärft,** dass die Auflösung der Komplementär-GmbH nach der hier vertretenen Auffassung automatisch auch zur Auflösung der KG führt (→ § 7 Rn. 6). Umgekehrt dürfte jedenfalls im Fall einer beteiligungsidentischen GmbH & Co. KG in der Auflösung der KG regelmäßig ein wichtiger Grund für die Auflösung der Komplementär-GmbH zu erblicken sein (→ § 7 Rn. 20). **52**

---

[72] *Seibt* in Scholz GmbHG Anh. § 34 Rn. 30.

[73] *Binz/Mayer* NJW 2002, 3054 (3056).

53 **c) Maßnahmen der Mitgesellschafter. aa) Kündigung.** Bei einer Personengesellschaft ist die Abrede zulässig, dass einem Gesellschafter – sofern ein wichtiger Grund nicht vorliegt, allerdings nur ausnahmsweise – **gekündigt** werden kann, so dass er aus der Gesellschaft ausscheidet (→ § 6 Rn. 78 ff.). Bei einer GmbH gibt es eine solche Gestaltung nicht; dafür kann aber vorgesehen werden, dass unter bestimmten Voraussetzungen der Geschäftsanteil eines Gesellschafters von der Gesellschaft **eingezogen** werden kann (§ 34 GmbHG). In beiden Fällen geht dann die Beteiligung des betreffenden Gesellschafters unter, so dass die Beteiligungsidentität gewahrt bleibt.

54 Um auch für diese Fälle die Verzahnung der Beteiligungen zu sichern, muss vereinbart werden, dass die Kündigung bei der GmbH & Co. KG und die Einziehung des Anteils bei der Komplementär-GmbH **nur gleichzeitig und zusammen** erfolgen dürfen. Die Voraussetzungen für diese Maßnahme müssen also in den Gesellschaftsverträgen der Komplementär-GmbH und der KG gleichlautend festgelegt werden.

55 **bb) Ausschließungsklage.** Gegen den Gesellschafter einer **KG** kann auf **Ausschließung** geklagt werden, wenn in seiner Person ein Umstand eintritt, der die übrigen Gesellschafter zur Erhebung der Auflösungsklage aus **wichtigem Grund** berechtigen würde (§ 140 HGB). Das **GmbHG** enthält eine entsprechende Regelung nicht. Gleichwohl ist auch hier anerkannt, dass ein GmbH-Gesellschafter aus der Gesellschaft **ausgeschlossen** werden kann, wenn in seiner Person ein **wichtiger Grund** vorliegt (→ § 6 Rn. 87 ff.).[74]

56 Obwohl es demnach sowohl für die **Ausschließung** eines Gesellschafters aus der **KG** als auch aus der GmbH letztlich auf das Vorliegen eines **wichtigen Grundes** ankommt, sind die Tatbestandsvoraussetzungen doch nicht dieselben, sondern allenfalls vergleichbar.[75] Das hängt damit zusammen, dass die GmbH, anders als die typische Personengesellschaft, meist weniger auf unmittelbares persönliches Zusammenwirken der Gesellschafter und ein darauf aufbauendes Vertrauensverhältnis hin angelegt ist, so dass für das Vorliegen eines wichtigen Grundes zwecks **Ausschließung** aus einer **GmbH** grundsätzlich **strengere Anforderungen** zu stellen sind als für die Ausschließung aus einer **KG.**[76]

57 Hinzu kommt, dass im Rahmen einer Ausschließungsklage gegen einen **Kommanditisten** dessen **Abfindung** keine Rolle spielt. Über die Höhe seines Abfindungsguthabens wird vielmehr außerhalb des Verfahrens über die Ausschließungsklage entschieden.[77] Demgegenüber ist nach der hM bereits im Ausschlussurteil gegen einen **GmbH-Gesellschafter** festzusetzen, welche Abfindung in welcher Frist an den ausgeschlossenen Gesellschafter zu zahlen ist. Die Ausschlusswirkung des Urteils tritt aufgrund des Kapitalerhaltungsgrundsatzes in vollem Umfang erst ein, wenn der im Urteil festgelegte Betrag rechtzeitig an den ausgeschlossenen Gesellschafter bezahlt wird,[78] sofern der auszuschließende Gesellschafter die Wertermittlung nicht selbst verzögert.[79]

58 Um auch in diesen Fällen die Beteiligungsidentität zu wahren, müsste eigentlich in den Gesellschaftsverträgen der Komplementär-GmbH und der KG vorgesehen werden, dass eine Ausschließungsklage gegen einen Gesellschafter nur erhoben werden kann, wenn **gleichzeitig** auf seine Ausschließung aus der Komplementär-GmbH **und** aus der KG geklagt wird. Eine solche Vertragsbestimmung wäre indessen wohl **unwirksam,** im Ergebnis aber auch nicht erforderlich. Denn wenn ein Gesellschafter erfolgreich als Kommanditist ausge-

---

[74] BGHZ 9, 157; 16, 317 (322).

[75] *Heinrich* in Reichert GmbH & Co. KG § 31 Rn. 32 ff.

[76] Freilich wird man diesen Grundsatz bei der beteiligungsidentischen GmbH & Co. KG in Frage stellen müssen, bringt doch gerade die Beteiligungsidentität zum Ausdruck, dass die Gesellschafter auf die personalistische Strukturierung in beiden Gesellschaften gleichviel Wert legen.

[77] BGH NJW 1973, 1606 (1607).

[78] BGHZ 9, 157 (174); *Fastrich* in Baumbach/Hueck GmbHG Anh. § 34 Rn. 12a; *Görner* in Rowedder/Schmidt-Leithoff GmbHG § 34 Rn. 92 mwN. Für eingeschränkte Rechte: *Goette* DStR 2001, 533 (539); *Sosnitza* in Michalski GmbHG Anh. § 34 Rn. 30; *Strohn* in MüKoGmbHG § 34 Rn. 170 ff.; BGH NZG 2012, 259 (260).

[79] BGH NJW 1955, 667 (668).

schlossen wurde, ist damit in der Regel auch **automatisch** ein **wichtiger Grund** zum Ausschluss aus der Komplementär-GmbH gegeben und umgekehrt.[80]

d) Maßnahmen Dritter. aa) Zwangsvollstreckungsmaßnahmen eines Privatgläubigers. Der **Gläubiger** des Gesellschafters einer **Personengesellschaft,** der innerhalb der letzten sechs Monate die Zwangsvollstreckung in das bewegliche Vermögen des Gesellschafters versucht hat, ohne volle Befriedigung zu finden, kann, wenn er einen nicht bloß vorläufig vollstreckbaren Schuldtitel hat, den Gesellschaftsanteil gemäß § 859 ZPO **pfänden** und sich den Anspruch auf das Auseinandersetzungsguthaben des Gesellschafters zur Einziehung überweisen lassen. Aufgrund dieser Pfändung kann der Gläubiger ohne Rücksicht darauf, auf welche Zeit die Gesellschaft eingegangen ist, die Gesellschaft mit Sechsmonatsfrist auf das Ende des Geschäftsjahres kündigen (§ 135 HGB iVm § 161 Abs. 2 HGB).[81] Dieses **Kündigungsrecht des Privatgläubigers** eines Gesellschafters ist nicht abdingbar; der Gesellschaftsvertrag kann es also weder ausschließen noch erschweren.[82] 59

Bei der **GmbH** ist die Rechtslage eine andere; hier kann ein Privatgläubiger lediglich den GmbH-Anteil pfänden und im Zwangsvollstreckungsverfahren **verwerten** lassen (§ 857 ZPO). Dieses Recht hat ein Privatgläubiger auch dann, wenn die Veräußerung des GmbH-Anteils nur beschränkt zulässig ist. Eventuelle Veräußerungsbeschränkungen können einem Privatgläubiger des Gesellschafters im Zwangsvollstreckungsverfahren nicht entgegengehalten werden.[83] 60

Mangels anderweitiger vertraglicher Vereinbarung führt die Kündigung des Privatgläubigers bei einer Personengesellschaft zum **Ausscheiden des Schuldnergesellschafters** zum Ende des Geschäftsjahrs. Die Gesellschaft besteht grundsätzlich fort (§ 131 Abs. 3 Nr. 4 HGB iVm § 161 Abs. 2 HGB). Im Rahmen einer GmbH lässt sich das gleiche Ergebnis erzielen, wenn man für den Fall der Pfändung eines Gesellschaftsanteils dessen **Einziehung** durch die Gesellschaft vorsieht (sog Einziehungsklausel). 61

Betreibt ein Privatgläubiger die **Zwangsvollstreckung** gegen einen Kommanditisten, der zugleich an der Komplementär-GmbH beteiligt ist, in **eine** der beiden Beteiligungen, muss zur Wahrung der Beteiligungsidentität in **jedem** der beiden Gesellschaftsverträge vorgesehen werden, dass Zwangsvollstreckungsmaßnahmen eines Privatgläubigers in eine der Beteiligungen – sei es die Beteiligung an der Komplementär-GmbH, sei es die Kommanditbeteiligung – dazu führen, dass der betreffende Gesellschafter aus der KG **ausscheidet** und dass sein GmbH-Anteil **eingezogen** wird. Bei der Bemessung der Abfindung bzw. des Einziehungsentgeltes sind die von der Rechtsprechung aufgestellten Grundsätze zur Gläubigerbenachteiligung zu beachten (→ § 6 Rn. 166, 202). 62

bb) Insolvenz eines Gesellschafters. Die Eröffnung des Insolvenzverfahrens über das Vermögen eines **Kommanditisten** hat dessen Ausscheiden aus der KG zur Folge, sofern für diesen Fall nichts anderes vereinbart worden ist (§ 131 Abs. 3 Nr. 2 HGB iVm § 161 Abs. 2 HGB). Die Ausschlusswirkung tritt von selbst mit dem gerichtlichen Beschluss über die Eröffnung des Insolvenzverfahrens ein. Demgegenüber scheidet der Gesellschafter einer **GmbH** nicht automatisch mit seiner Insolvenz aus der Gesellschaft aus. Sein Anteil fällt vielmehr in die Insolvenzmasse. 63

Die vertragliche Regelung zur Sicherung der Beteiligungsidentität ist für diesen Fall die gleiche wie für den Zwangsvollstreckungsfall. Die GmbH-Satzung hat vorzusehen, dass der Anteil eines Gesellschafters **eingezogen** werden kann, wenn über sein Vermögen das 64

---

[80] Ebenso *Görner* in Rowedder/Schmidt-Leithoff GmbHG § 34 Rn. 84 mwN; *Sosnitza* in Michalski GmbHG Anh. § 34 Rn. 10; wohl auch *Ulmer/Habersack* in Ulmer/Habersack/Löbbe GmbHG § 34 Rn. 12 für die personengleiche GmbH & Co. KG; → § 6 Rn. 89.

[81] Dabei reicht es aus, wenn – vor oder nach Zustellung des Beschlusses über die Pfändung des Auseinandersetzungsguthabens – ein ernsthafter Vollstreckungsversuch in das sonstige Vermögen des Gesellschafters unternommen worden ist, BGH BB 2009, 2676.

[82] *Roth* in Baumbach/Hopt HGB § 135 Rn. 12.

[83] RGZ 142, 376; BGHZ 32, 151 (155); 65, 22 (26).

Insolvenzverfahren eröffnet wird. Für die Höhe von Abfindung und Einziehungsentgelt gilt das oben Gesagte entsprechend.

65 Wird der **Antrag** auf Eröffnung des Insolvenzverfahrens **mangels Masse abgelehnt,** so wird die Stellung des davon betroffenen Gesellschafters nicht berührt. Ein Regelungsbedarf ist daher nicht gegeben. Dennoch sieht eine Vielzahl von Gesellschaftsverträgen auch für diesen Fall das zwangsweise Ausscheiden des Gesellschafters bei der KG bzw. die Zwangseinziehung bei der Komplementär-GmbH vor. Offenbar will man sich prophylaktisch von einem Gesellschafter trennen, der sich seiner Gesellschafterstellung als „unwürdig" erwiesen hat. In der Regel folgt jedoch der Nichteröffnung des Insolvenzverfahrens mangels Masse die Pfändung der Beteiligungen nach, so dass es auch ohne Sonderregelung auf diese Weise zum Ausscheiden bzw. zum Ausschluss des insolventen Gesellschafters kommen dürfte.

66 **e) Tod eines Gesellschafters.** Weder der Tod eines Kommanditisten (§ 177 HGB) noch der Tod eines GmbH-Gesellschafters (§ 15 GmbHG) haben die **Auflösung** der Gesellschaft zur Folge. In beiden Fällen fällt die Beteiligung grundsätzlich in den **Nachlass** (→ § 6 Rn. 37 ff.).[84]

67 Gerade für den Fall des Todes eines Gesellschafters bereitet die Sicherung der Beteiligungsidentität besondere Schwierigkeiten, weil einem Gesellschafter gesellschaftsvertraglich nicht aufgegeben werden kann, in bestimmter Weise über seine Beteiligung letztwillig zu verfügen. Eine solche Einschränkung der **Testierfreiheit** wäre nichtig (§ 2302 BGB). Wenn also ein Gesellschafter seinen GmbH-Anteil an andere Personen vererbt als seinen Kommanditanteil, hilft nur eine gesellschaftsvertragliche Abrede dahin, dass die Rechtsnachfolger des verstorbenen Gesellschafters den GmbH-Anteil auf die Rechtsnachfolger des Kommanditisten zu **übertragen** haben oder umgekehrt.

68 Derartige Übertragungsverpflichtungen sind rechtlich zulässig, setzen aber, jedenfalls in ersterem Fall, wegen § 15 Abs. 4 GmbHG zu ihrer Wirksamkeit **notarielle Beurkundung** voraus. Um diese zu vermeiden, kann in den Gesellschaftsverträgen statt der Übertragungsverpflichtung auch vorgesehen werden, dass bei einem im Erbfall eintretenden Auseinanderfallen von GmbH- und Kommanditbeteiligung die Rechtsnachfolger aus der KG **ausscheiden** und ihr GmbH-Anteil **eingezogen** wird. Durch diese wirtschaftliche Sanktion lässt sich dann mittelbar die Beteiligungsidentität in Erbfällen sichern.

2. GbR als Gesellschafter der Komplementär-GmbH

69 In Betracht kommt ferner eine Gestaltung dahin, dass die Anteile an der Komplementär-GmbH nicht unmittelbar von den Kommanditisten der GmbH & Co. KG, sondern von einer GbR gehalten werden, an der die Kommanditisten der GmbH & Co. KG im Verhältnis ihrer Kommanditeinlagen beteiligt sind. Dies geschieht häufig in Form eines **Poolvertrags.**

70 Bei einer solchen Gestaltung sind die Gesellschafter einmal als Kommanditisten der GmbH & Co. KG und zum anderen als Gesellschafter an der GbR, die ihrerseits Alleingesellschafterin der Komplementär-GmbH ist, beteiligt. Sie haben also zwar ebenfalls zwei Beteiligungen, aber – und das ist der Unterschied – **zwei Beteiligungen an Personengesellschaften.** Aus diesem Grund bereitet die Verzahnung der beiden Beteiligungen juristisch weniger Schwierigkeiten.

3. Holding-Gesellschaft

71 Schließlich ist es möglich, eine Holding-Gesellschaft zu gründen, die Alleingesellschafterin der Komplementär-GmbH wird und sämtliche Kommanditeinlagen der KG übernimmt. Eine solche Gestaltung läuft also darauf hinaus, dass die **Holding-Gesellschaft die Alleingesellschafterin** der GmbH & Co. KG wird, während die natürlichen Personen nur noch

[84] *Reichert/Weller* in MüKoGmbHG § 15 Rn. 442.

an der Holding-Gesellschaft beteiligt sind, so dass sich – wie im Fall der Einheitsgesellschaft – Probleme um die Verzahnung mehrerer Beteiligungen nicht ergeben.[85]

Dafür hat diese Gestaltung im Vergleich zur Einheitsgesellschaft den Nachteil, dass sie den **gesellschaftsrechtlichen** Aufbau durch Zwischenschaltung einer Holding-Gesellschaft **verkompliziert.** Das Problem der Verzahnung der Beteiligung an Komplementär-GmbH und KG ist aber juristisch einwandfrei gelöst. 72

Die Gestaltung wirft allerdings grunderwerbsteuerliche Fragen auf, wenn die GmbH & Co. KG Grundbesitz hat. Die Übertragung der Anteile auf die Holding ist gemäß § 1 Abs. 2a GrEStG, jedenfalls aber gemäß § 1 Abs. 3 GrEStG grunderwerbsteuerbar, wodurch **Grunderwerbsteuer** auf den gesamten Grundbesitz der GmbH & Co. KG ausgelöst wird. Handelt es sich bei der Holding um eine **Personengesellschaft,** greifen allerdings die **Befreiungsvorschriften** der §§ 5, 6 GrEStG ein,[86] wonach beim Übergang auf eine Gesamthand die Grunderwerbsteuer insoweit nicht erhoben wird, als der Anteil des einzelnen am Vermögen der Gesamthand Beteiligten seinem gesamthänderischen Anteil am Grundstück entspricht (näher → § 19 Rn. 41 ff.). Das bedeutet also, dass Grunderwerbsteuer insoweit entfällt, als die in die Holding eingebrachten Kommanditanteile den Beteiligungen an der Holding quotal entsprechen. 73

VII. Resümee

Die Einheitsgesellschaft ist die am **konsequentesten zu Ende gedachte** Erscheinungsform der GmbH & Co. KG. Die Verzahnungsproblematik und die Beurkundungspflicht bei Anteilsübertragungen werden hierdurch rechtskonstruktiv vermieden. Durch intelligente gesellschaftsvertragliche Regelungen lassen sich die strukturbedingten Probleme bei der Willensbildung der Gesellschafter pragmatisch und mit einem hohen Grad an Rechtssicherheit lösen. Die Einheitsgesellschaft ist der Praxis deshalb uneingeschränkt zu empfehlen, wenn – wie in vielen Familienunternehmen – dauerhaft der gleichbleibende Einfluss der Gesellschafter sowohl auf Kapitaleignerebene als auch auf Geschäftsführungsebene gesichert werden soll. 74

§ 9 Die Rechtsstellung des Geschäftsführers der Komplementär-GmbH

I. Organschaftliche Stellung

Die Geschäftsführung der GmbH & Co. KG obliegt der Komplementär-GmbH, die durch ihre Geschäftsführer handelt. **Bestellung** und Abberufung der Geschäftsführer der Komplementär-GmbH erfolgen im Regelfall durch deren **Gesellschafterversammlung** (§ 46 Nr. 5 GmbHG). Kommanditisten, die nicht zugleich GmbH-Gesellschafter sind, haben hierauf unmittelbar keinen Einfluss.[1] 1

Diese Rechtslage erweist sich vor allem dann als unbefriedigend, wenn bei der GmbH ein Geschäftsführer berufen wird, der nicht das Vertrauen der Kommanditisten besitzt.[2] Hiergegen sind diese grundsätzlich machtlos. Die GmbH-Gesellschafter dürfen allerdings von der ihnen allein zustehenden (auf Dritte nicht übertragbaren!) Befugnis zur Geschäftsführerbestellung nicht schrankenlos Gebrauch machen. Vielmehr haben sie aufgrund ihrer **gesellschaftsrechtlichen Treuepflicht** bei der KG auch die Interessen der Kommanditisten zu berücksichtigen. Die Treuepflicht ergibt sich bei den GmbH-Gesellschaftern, die zugleich Kommanditisten sind, aus deren Kommanditistenstellung; im Übrigen ist der Komplementär-GmbH das Verhalten ihrer Gesellschafterversammlung zuzurechnen. 2

---

[85] *v. Bonin* RNotZ 2017, 1 (13).

[86] *Boruttau* GrEStG § 5 Rn. 5 sowie *Boruttau* GrEStG § 19 Rn. 11 ff.

[1] Ebenso *Wenzel* in HTM HdB GmbH & Co. KG Rn. 4.20; anders ist dies jedoch im Fall der sog Einheits-GmbH & Co. KG, wenn die Gesellschafterrechte bei der Komplementär-GmbH unmittelbar von den Kommanditisten wahrgenommen werden, → § 8 Rn. 8 ff.

[2] Hierzu bereits *Hopt* ZGR 1979, 1 ff.

3 Da der GmbH das Handeln ihrer Geschäftsführer als eigenes zuzurechnen ist,[3] dürfen gegen den Willen der Kommanditisten insbesondere keine Geschäftsführer berufen werden, gegen deren Bestellung – aus Sicht der KG – ein **wichtiger Grund** vorliegt.[4] Hierunter wird man, in Anlehnung an § 38 Abs. 2 GmbHG und § 117 HGB, **grobe Pflichtverletzung** (zB wiederholter Verstoß gegen ein Wettbewerbsverbot) sowie **Unfähigkeit zur ordnungsmäßigen Geschäftsführung** zu verstehen haben. Dies gilt insbesondere bei Verurteilungen aufgrund von Straftatbeständen, wie etwa Insolvenzdelikte, Betrug, Unterschlagung oder Untreue, die verlässliche Rückschlüsse auf die fehlende fachliche oder persönliche Qualifikation als Geschäftsführer zulassen.

4 Zu beachten ist außerdem der **fünfjährige Ausschluss** von der Übernahme eines Geschäftsführeramts bei einer Verurteilung wegen Straftaten gemäß §§ 283–283d StGB sowie wegen Insolvenzverschleppung und – wenn mit einer Freiheitsstrafe von mindestens einem Jahr geahndet – wegen Betrugs- und Untreuetatbeständen. Im Innenverhältnis zwischen der GmbH und der KG bzw. den Kommanditisten wird man aber, je nach den Umständen des Einzelfalls, ggf. noch strengere, über § 6 Abs. 2 S. 2 Nr. 3 GmbHG hinausgehende Maßstäbe bezüglich der Frage nach der Eignung als Geschäftsführer anzusetzen haben.

5 In den vorgenannten Fällen sind die Gesellschafter der Komplementär-GmbH gehalten, den Geschäftsführer nicht zu berufen oder, falls dieser schon bestellt ist, abzuberufen und einen geeigneten zu bestellen. Umgekehrt sind sie nach einem entsprechenden Gesellschafterbeschluss der KG verpflichtet, die Abberufung und Entlassung eines Geschäftsführers rückgängig zu machen, der das Vertrauen der Kommanditisten genießt.[5] Kommen sie diesen Verpflichtungen nicht nach, können die Kommanditisten der GmbH gemäß § 117 HGB mittels gerichtlicher Entscheidung (oder, sofern im Gesellschaftsvertrag vorgesehen, durch bloßen Gesellschafterbeschluss) die **Geschäftsführungsbefugnis entziehen** oder deren **Ausschließung** gemäß § 140 HGB betreiben.[6] Eine Ausschließung kommt insbesondere dann in Betracht, wenn die Komplementär-GmbH am Vermögen der KG nicht beteiligt ist und die Geschäftsführer die ihr gegenüber der KG obliegende Verpflichtung zur Geschäftsführung vorsätzlich oder grob fahrlässig verletzen.[7]

6 Dass die Entziehungsklage aus § 117 HGB auch gegen den einzigen persönlich haftenden Gesellschafter gerichtet werden kann, hat der BGH ausdrücklich klargestellt.[8] Mit der Entziehung der Geschäftsführungsbefugnis der Komplementär-GmbH wird die KG **nicht** etwa **geschäftsführungslos.** Vielmehr fällt in diesem Augenblick die Geschäftsführungsbefugnis automatisch an die **Gesamtheit** aller Gesellschafter (die GmbH natürlich ausgenommen) zurück, die nunmehr in ihrer Gesamtheit alle erforderlichen Maßnahmen treffen können und müssen, welche die Neuregelung der Geschäftsführung und bis dahin auch die Geschäftsführung als solche betreffen.[9] Dem alleinigen Komplementär die **Vertretungsbefugnis** gemäß § 127 HGB zu entziehen, soll dagegen nicht möglich sein.[10]

---

[3] BGH NJW 1977, 1013; 1984, 173; *Wenzel* in HTM HdB GmbH & Co. KG Rn. 4.50; speziell zur Zurechnung des Wissens der Geschäftsführung der GmbH im Verhältnis zur KG s. BGH ZIP 1995, 1082.

[4] *Wenzel* in HTM HdB GmbH & Co. KG Rn. 4.20; *Wagner* in Wagner/Rux Die GmbH & Co. KG Rn. 206.

[5] So OLG München GmbHR 2004, 587 (588).

[6] BGH DB 1983, 1646; DStR 1993, 1598; *Heinrich* in Reichert GmbH & Co. KG § 31 Rn. 32 ff. Nach Ansicht von Baumbach/*Hopt* HGB Anh. § 177a Rn. 30 und *Hopt* ZGR 1979, 16 ff. soll es zulässig sein, dass die Kommanditisten lediglich die Tätigkeit des GmbH-Geschäftsführers für die KG analog §§ 117, 127 HGB unterbinden lassen, wobei das Gericht ggf. einen Notgeschäftsführer zu bestellen habe. Hiergegen zu Recht *Grunewald* in MüKoHGB § 161 Rn. 80; *Wenzel* in HTM HdB GmbH & Co. KG Rn. 4.20. Zur Willensbildung in der Einheits-GmbH & Co. KG näher → § 8 Rn. 8 ff.

[7] BGH DStR 1993, 1598.

[8] BGHZ 51, 198 (201 f.).

[9] BGHZ 51, 198 (202).

[10] So BGHZ 41, 369; 51, 198; aA *K. Schmidt* in MüKoHGB § 127 Rn. 7: Entziehung iVm Neuordnung der Vertretungsverhältnisse möglich. Zu den Anforderungen an den wichtigen Grund hinsichtlich der Entziehung der Geschäftsführungs- und Vertretungsbefugnis bei einer KG mit zwei gleichberechtigten Komplementären s. BGH DStR 2002, 1189.

II. Anstellungsverhältnis

1. Vertragspartner

Der Anstellungsvertrag kann **wahlweise** mit der Komplementär-GmbH, der GmbH & Co. KG oder mit beiden Gesellschaften geschlossen werden.[11] 7

2. Rechtsnatur des Anstellungsvertrags

Besteht ein Anstellungsvertrag ausschließlich mit der **Komplementär-GmbH,** gehen BGH[12] und BAG[13] davon aus, dass ein **Dienstvertrag** und kein Arbeitsvertrag vorliegt. Das BAG hat allerdings im Fall einer stellvertretenden Geschäftsführerin trotz Verneinung ihrer Eigenschaft als Arbeitnehmerin klargestellt, dass auch die Rechtsnatur eines Geschäftsführer-Anstellungsvertrags stets unter Berücksichtigung aller **Umstände des Einzelfalls** zu beurteilen sei.[14] Es könne nicht ohne Weiteres davon ausgegangen werden, dass die Geschäftsführerstellung eine Weisungsabhängigkeit gegenüber der Gesellschaft im arbeitsrechtlichen Sinne generell ausschließe. Eine solche Weisungsabhängigkeit dürfte aber wohl nur in seltenen Einzelfällen zu bejahen sein.[15] 8

Besteht ein Anstellungsvertrag (auch) mit der **GmbH & Co. KG,** beurteilt sich der Rechtscharakter dieses Vertrags nach Maßgabe der **allgemeinen Kriterien.** Entscheidend ist hiernach der Grad der persönlichen Abhängigkeit.[16] Dabei ist die Frage, ob der Geschäftsführervertrag als Dienst- oder Arbeitsvertrag anzusehen ist, bei allen Auseinandersetzungen mit dem Geschäftsführer von Bedeutung, für welche ausdrückliche gesetzliche Regelungen fehlen. 9

Dies galt lange Zeit auch für die Frage des **Rechtswegs.** Nach dem Wortlaut des § 5 Abs. 1 S. 3 ArbGG ist die Zuständigkeit der Arbeitsgerichtsbarkeit nämlich nur dann eindeutig ausgeschlossen, wenn der Anstellungsvertrag mit der Komplementär-GmbH abgeschlossen wurde.[17] Erst in seiner Entscheidung vom 20.8.2003 hat das BAG ausgesprochen, dass der Geschäftsführer einer GmbH & Co. KG kraft Gesetzes zur Vertretung der KG berufen sei und deshalb unabhängig davon, mit wem der Anstellungsvertrag bestehe, **nicht Arbeitnehmer** iSv § 5 Abs. 1 S. 3 ArbGG sei.[18] Dies gelte unabhängig davon, ob es sich bei dem Anstellungsverhältnis materiell-rechtlich um ein Dienst- oder ein Arbeitsverhältnis handle. Folglich können die zur Entscheidung berufenen **ordentlichen Gerichte** durchaus gehalten sein, im Einzelfall auch arbeitnehmerschützende Gesetze anzuwenden, wenn der dort maßgebliche Arbeitnehmerbegriff einschlägig ist.[19] 10

Zwischenzeitlich ist die Frage aufgeworfen worden, ob die vom BAG zu § 5 Abs. 1 S. 3 ArbGG getroffene Entscheidung auch auf die Frage des **Kündigungsschutzes** des Geschäftsführers der Komplementär-GmbH durchschlägt. Besteht dessen Anstellungsvertrag mit der GmbH selbst, ist der Kündigungsschutz durch § 14 Abs. 1 Nr. 1 KSchG generell ausgeschlossen. Übernimmt man die Argumentation des BAG bezüglich § 5 Abs. 1 S. 3 ArbGG auch bei der Auslegung des § 14 Abs. 1 Nr. 2 KSchG, gilt Gleiches auch dann, wenn das Anstellungsverhältnis mit der GmbH & Co. KG besteht, selbst wenn dieses im 11

---

[11] BGH NJW 1995, 1158; *Gummert* in MHdB GesR II § 52 Rn. 16; *Breitfeld* in Reichert GmbH & Co. KG § 16 Rn. 74 ff.; *Sudhoff,* Rechte und Pflichten des Geschäftsführers einer GmbH und einer GmbH & Co., 149 ff.; *Wenzel* in HTM HdB GmbH & Co. KG Rn. 4.27 f., 34 ff.

[12] BGH NZA 1986, 792 mwN.

[13] BAG NJW 1984, 2528 mwN.

[14] BAG ZIP 1999, 1854; zustimmend zB *Koch* in ErfK ArbGG § 5 Rn. 8; dagegen zB *Haas* in Michalski GmbHG § 43 Rn. 194.

[15] Vgl. *Schrader/Schubert* DB 2005, 1457 (1460).

[16] BAG ZIP 1992, 1496; NZA 1999, 987; BGH NJW 1981, 302 f.

[17] BAG ZIP 1999, 1456 (1457).

[18] BAG NJW 2003, 3290 unter Aufgabe der bisherigen Rechtsprechung (zB BAG NJW 1983, 2405); hierzu *K. Schmidt* GS Heinze, 2005, 775; ebenso OLG München DB 2003, 1503. AA noch LAG Köln ZIP 2003, 1101.

[19] S. *Schrader/Schubert* DB 2005, 1457 (1461).

Einzelfall als Arbeitsverhältnis zu werten ist.[20] Der BGH konnte die Frage in einem Beschluss vom 8.1.2007 offen lassen.[21] Er hat in diesem Fall nur festgestellt, dass jedenfalls bei der Umwandlung einer GmbH in eine GmbH & Co. KG das mit dieser fortgeführte Anstellungsverhältnis des nunmehrigen Geschäftsführers der Komplementär-GmbH nicht in ein dem Kündigungsschutz unterliegendes Arbeitsverhältnis mutiert.

III. Haftung der Geschäftsführer

1. Nach GmbH-Recht

12 Die Geschäftsführer haben gemäß § 43 Abs. 1 GmbHG in allen Angelegenheiten der Gesellschaft die **Sorgfalt eines ordentlichen Geschäftsmanns** anzuwenden. Geschäftsführer, welche diese Sorgfaltspflicht verletzen, haften der Gesellschaft für den entstandenen Schaden (§ 43 Abs. 2 GmbHG). Etwaige Schadenersatzansprüche **verjähren** in fünf Jahren (§ 43 Abs. 4 GmbHG).[22]

13 Die GmbH trägt die **Beweislast** dafür, dass und inwieweit ihr durch das Verhalten des Geschäftsführers ein Schaden entstanden ist. Hiergegen hat der Geschäftsführer darzulegen und erforderlichenfalls zu beweisen, dass er seiner Sorgfaltspflicht gemäß § 43 Abs. 1 GmbHG nachgekommen ist, ihn kein Verschulden trifft oder der Schaden auch bei pflichtgemäßem Alternativverhalten eingetreten wäre.[23]

14 Werden Schadensersatzansprüche einer GmbH & Co. KG gegen einen geschäftsführenden Gesellschafter geltend gemacht, so handeln die Mitgesellschafter, wenn sie nicht im eigenen Namen (actio pro socio), sondern **im Namen der Gesellschaft** klagen, nicht rechtsmissbräuchlich, indem sie der Gesellschaft das **Prozesskostenrisiko** aufbürden.[24] Die Befugnis der Gesellschafterversammlung entsprechend § 46 Nr. 8 GmbHG zur Bestellung eines besonderen Vertreters für einen Schadensersatzprozess der Gesellschaft gegen einen geschäftsführenden Gesellschafter gilt auch für Personenhandelsgesellschaften.[25] Die Erfolgsaussicht des späteren Schadensersatzprozesses ist bei der Prüfung der Rechtmäßigkeit des Klageerhebungsbeschlusses nicht mitzuprüfen. Eine Rechtswidrigkeit des Beschlusses kommt insoweit nur in eindeutigen Missbrauchsfällen in Betracht, dh wenn die behaupteten Ansprüche offensichtlich nicht gegeben sind und die Klageerhebung sich als reine Schikane der betreibenden Gesellschafter erweist.[26]

2. Sachwalterhaftung

15 Eine persönliche Inanspruchnahme des Geschäftsführers der Komplementär-GmbH durch Dritte kann sich aus der sog **Sachwalterhaftung** ergeben. Diese schon vorher von der Rechtsprechung entwickelte Haftung wurde durch das am 1.1.2002 in Kraft getretene Gesetz zur Modernisierung des Schuldrechts (BGBl. 2001 I 3138) in das BGB eingefügt (§§ 280 Abs. 1 S. 1, 311 Abs. 2 und 3 BGB). Hierbei handelt es sich jedoch um keine abschließende Regelung, so dass die Haftung nicht nur dann in Betracht kommt, wenn der Geschäftsführer als Vertreter der Komplementär-GmbH in besonderem Maße **persönliches Vertrauen** in Anspruch genommen hat, sondern wie bisher auch dann, wenn er dem Verhandlungsgegenstand besonders nahe steht, weil er wirtschaftlich selbst stark an dem Vertragsschluss interessiert ist.[27] Ein besonderes Interesse in diesem Sinne ergibt sich aller-

---

[20] Für eine solche Parallelwertung *Zimmer/Rupp* GmbHR 2006, 572 (574 f.).

[21] BGH GmbHR 2007, 606 mN zum Meinungsstand in der Literatur. S. hierzu auch *Bauer/Arnold* DB 2008, 350; *Kiel* in ErfK ArbGG § 5 Rn. 8.

[22] Vgl. *Freud* GmbHR 2009, 1185. Zum Verjährungsbeginn BGH GmbHR 2005, 544.

[23] BGH DStR 2003, 124; ZIP 2008, 117; 2008; 736 (737); 2008, 1675 (1676).

[24] LG Karlsruhe DB 2001, 693.

[25] S. auch *Roth* in Roth/Altmeppen GmbHG § 46 Rn. 61.

[26] LG Karlsruhe DB 2001, 693.

[27] BGHZ 56, 81 (84); 71, 284 (287); BGH NJW 1986, 587; speziell zur GmbH & Co. KG BGH GmbHR 1985, 51; 1988, 480; 1995, 130; *Grüneberg* in Palandt BGB § 311 Rn. 61.

dings nicht bereits aus einer Beteiligung als Gesellschafter oder durch die bloße Stellung von Kreditsicherheiten.[28]

3. Vertrag mit Schutzwirkung zugunsten Dritter bei Anstellungsverhältnis mit der Komplementär-GmbH

a) Anwendung auf die GmbH & Co. KG. Die Verantwortung des Geschäftsführers der Komplementär-GmbH gegenüber der KG sollte jedenfalls bei der typischen GmbH & Co. KG nicht davon abhängen, mit wem ein Anstellungsvertrag besteht. Das deutsche Recht enthält allerdings keine besonderen Regelungen bezüglich einer **mittelbaren Geschäftsführung,** wie sie im Fall der GmbH & Co. KG gegeben ist.[29] Besteht der Anstellungsvertrag ausschließlich mit der Komplementär-GmbH, ist eine Vertragsbeziehung zwischen der GmbH & Co. KG und dem Geschäftsführer nicht schon deswegen anzunehmen, weil dieser als Organ der GmbH deren Geschäftsführungs- und Vertretungsbefugnis in der KG ausübt. 16

Die ältere BGH-Rechtsprechung war noch davon ausgegangen, dass die GmbH & Co. KG den Geschäftsführer, außer im Fall einer unerlaubten Handlung, nicht unmittelbar auf Schadensersatz in Anspruch nehmen könne, wenn dieser seine Pflicht gegenüber der GmbH, die Angelegenheiten der Gesellschaft mit der Sorgfalt eines ordentlichen Geschäftsmannes wahrzunehmen (§ 43 GmbHG), schuldhaft verletzt habe.[30] Der BGH hat diese Rechtsprechung zunächst für die Publikums-KG,[31] dann auch für die gewöhnliche GmbH & Co. KG,[32] dahin gehend modifiziert, dass er das zwischen der GmbH und ihrem Geschäftsführer bestehende Anstellungsverhältnis unter bestimmten Voraussetzungen als sog **Vertrag mit Schutzwirkung zugunsten Dritter,** nämlich der GmbH & Co. KG, ansieht.[33] 17

Was die dogmatischen Grundlagen anbelangt, so ist in Rechtsprechung und Lehre schon seit langem anerkannt, dass ein am Vertrag selbst nicht beteiligter, aber von dessen Risiken mitbetroffener Dritter berechtigt sein kann, gegen eine Vertragspartei Schadensersatzansprüche wegen Verletzung einer Schutzpflicht geltend zu machen, auch wenn die Voraussetzungen des § 328 BGB (Vertrag zugunsten Dritter) nicht vorliegen.[34] Um allerdings die Grenzen zwischen deliktischer und vertraglicher Haftung nicht zu verwischen und das Haftungsrisiko des Vertragspartners nicht unübersehbar werden zu lassen, sind an das Vorliegen eines solchen „Vertrags mit Schutzwirkung zugunsten Dritter" **strenge Anforderungen** zu stellen. Erforderlich ist, dass der Vertrag nach seinem Sinn und Zweck und mit Rücksicht auf Treu und Glauben die Einbeziehung des Dritten in seinen Schutzbereich erfordert, weil dieser bestimmungsgemäß mit der Leistung in Berührung kommt (Leistungsnähe) und den Gefahren der Schutzpflichtverletzung ebenso ausgesetzt ist wie der Gläubiger (Gläubigernähe), und dieser die ihm geschuldete Sorge erkennbar auch auf den Dritten bezieht, für den er seinerseits Verantwortung trägt.[35] 18

Der BGH hat das Vorliegen dieser Voraussetzungen im Fall einer **typischen GmbH & Co. KG,** in der sich die Funktion ihrer Komplementär-GmbH, von der persönlichen Haftung abgesehen, in der Geschäftsführung für die KG erschöpft, mit Recht **bejaht.**[36] Bei einer solchen Gestaltung wirken sich nämlich Fehler der Geschäftsführung zwangsläufig stets und 19

[28] BGH NJW 1986, 586 f.; 1994, 2220; GmbHR 1995, 125 f. S. hierzu auch *Emmerich* in MüKoBGB § 311 Rn. 177.

[29] *Wiedemann* GesR II § 9 IV 3b aa unter Hinweis auf die Regelungen im französischen Recht.

[30] BGH WM 1956, 61.

[31] BGH NJW 1980, 589 (591); DB 1995, 1116 (1117).

[32] BGH NJW 1980, 1524; 1982, 2869; DB 2002, 1150. *Konzen* NJW 1989, 2977 (2984); *Goette* Die GmbH § 8 Rn. 198; *Breitfeld* in Reichert GmbH & Co. KG § 16 Rn. 148.

[33] *Wenzel* in HTM HdB GmbH & Co. KG Rn. 4.66 ff. Im Ergebnis ebenso *K. Schmidt* GesR § 56 IV 3b, jedoch mit dem Hinweis, dass die Konstruktion eines Vertrags mit Schutzwirkung zugunsten Dritter auf „schwachen Füßen steht", wenn auf § 43 GmbHG als eine gesetzliche Haftung abgehoben wird; *U. H. Schneider* GmbHR 2017, 680 ff.

[34] BGHZ 66, 51 (56 f.); 69, 82 (86); *Grüneberg* in Palandt BGB § 328 Rn. 13 mwN.

[35] BGHZ 69, 82 (86); von der Rechtsprechung wurde der Kreis der in den Vertragsschutz einbezogenen Dritten zunehmend ausgedehnt, BGHZ 127, 378; s. hierzu auch *Gottwald* in MüKoBGB § 328 Rn. 164.

[36] Zuletzt BGH DB 2002, 1150. S. auch *Bärwaldt/Jedlitschka* GmbHR 2005, 509 (511 f.): Haftung auch aufgrund Treupflichtverletzung, wenn Geschäftsführer zugleich Kommanditist ist.

in erster Linie zum Nachteil der KG aus. Obwohl diese auf eine ordnungsgemäße Geschäftsführung angewiesen ist, steht ihr, mangels Vertragsverhältnis, ein unmittelbares Weisungsrecht gegenüber dem Geschäftsführer nicht zu.[37] Das hierin liegende Ungleichgewicht wird nach Ansicht des BGH noch dadurch verstärkt, dass die Komplementär-GmbH die Möglichkeit habe, auf etwaige Ersatzansprüche gegen ihren Geschäftsführer zu verzichten, ihn trotz Kenntnis pflichtwidrigen Verhaltens zu entlasten oder einfach von einem Gesellschafterbeschluss nach § 46 Nr. 8 GmbHG abzusehen und auf diese Weise bei eigener Vermögenslosigkeit eine Entschädigung der KG zu vereiteln. Dies sei vor allem dann untragbar, wenn – wie üblich – die KG im Innenverhältnis auch noch die Kosten der Geschäftsführung zu tragen habe.[38]

20 **b) Einzelprobleme.** Da die Rechtsprechung des BGH die dogmatische Grundlage für das Rechtsinstitut des Vertrags mit Schutzwirkung zugunsten Dritter in einer **ergänzenden Vertragsauslegung** erblickt,[39] ist die hiernach auch der GmbH & Co. KG gegenüber bestehende Geschäftsführerhaftung allerdings unter **mehreren Aspekten problematisch.**

21 War bei Abschluss des Anstellungsvertrags die Beteiligung der GmbH an der GmbH & Co. KG noch nicht abzusehen, so geht die ergänzende Vertragsauslegung uE **mangels subjektiver Erkennbarkeit**[40] im Zeitpunkt des Vertragsschlusses ins Leere. Denn der spätere Beitritt der Komplementär-GmbH darf nicht zu einer nachträglichen, im Zeitpunkt des Abschlusses des Anstellungsvertrags nicht voraussehbaren **Risikoerhöhung** führen.[41]

22 Aus dem Schutzpflichtverhältnis folgt zwar **keine Weisungsbefugnis** der Kommanditisten gegenüber den GmbH-Geschäftsführern. Fraglich ist aber, inwieweit sich der Geschäftsführer gegenüber Schadensersatzansprüchen der KG auf eine ihm von den Gesellschaftern der GmbH dennoch **erteilte** Weisung berufen darf. Nach Ansicht des BGH wird in der Regel „mindestens subjektiv" eine Schadensersatzpflicht des Geschäftsführers gegenüber der KG ausgeschlossen sein, falls solche Weisungen sachlich vertretbar sind.[42] Der Geschäftsführer muss die Gesellschafter jedoch hinreichend über mögliche Risiken und etwaige Bedenken hinsichtlich einer Weisung informiert haben.[43]

23 Offen ist schließlich, nach welchem **Maßstab** die von dem Geschäftsführer (auch) der KG geschuldete Sorgfaltspflicht zu bemessen ist. Nach § 708 BGB ist die Haftung eines Gesellschafter-Geschäftsführers auf die Einhaltung der sog **eigenüblichen Sorgfalt** beschränkt. Es liegt nahe, diese Vorschrift auch dem wegen Schädigung einer GmbH & Co. KG in Anspruch genommenen Geschäftsführer der Komplementär-GmbH mit der Begründung zugutekommen zu lassen, dass die GmbH ihn nur insoweit auf Schadensersatz in Anspruch nehmen könne, als sie selbst der KG Ersatz schulde.[44] Der BGH hat nur für die Publikums-KG den milderen Haftungsmaßstab nach § 708 BGB für von vornherein unanwendbar erklärt,[45] dies im Übrigen aber mit der Erwägung offengelassen, ob nicht der Maßstab für die Sorgfalt in eigenen Angelegenheiten bei einer GmbH, die nur durch ihr Vertretungsorgan handeln kann, „in jedem Fall durch den für ihre Geschäftsführung maßgeblichen § 43 GmbHG bestimmt wird und schon deshalb für sie stets die **Sorgfalt eines ordentlichen Geschäftsmannes** auch die nach § 708 BGB geltende Richtschnur ist".[46]

---

[37] Ausführlich *Konzen* NJW 1989, 2977 (2982 f.).

[38] BGH NJW 1982, 2869.

[39] Das neuere Schrifttum (vgl. die Zusammenstellung bei *Gottwald* in MüKoBGB § 328 Rn. 168 ff.) nimmt demgegenüber überwiegend an, es handele sich um eine richterliche Rechtsfortbildung gemäß § 242 BGB oder schlicht um eine gewohnheitsrechtliche Ergänzung des dispositiven Rechts; der BGH hat die Frage offengelassen, BGHZ 66, 51 (56 f.).

[40] Hierzu *Grüneberg* in Palandt BGB § 328 Rn. 18; *Gottwald* in MüKoBGB § 328 Rn. 187.

[41] Im Ergebnis ebenso *Hopt* ZGR 1979, 1 (14).

[42] BGH NJW 1980, 589 (590); *Wenzel* in HTM HdB GmbH & Co. KG Rn. 4.71; *Konzen* NJW 1989, 2977 (2984 f.).

[43] OLG Jena NZG 1999, 121; *Zöllner/Noack* in Baumbach/Hueck GmbHG § 43 Rn. 33 für die GmbH.

[44] Ähnlich *Wenzel* in HTM HdB GmbH & Co. KG Rn. 4.70.

[45] BGH NJW 1980, 589 (591).

[46] Für § 43 GmbHG: *Breitfeld* in Reichert GmbH & Co. KG § 16 Rn. 156 ff.; *U. H. Schneider* in Scholz GmbHG § 43 Rn. 433; *Koppensteiner* in Rowedder/Schmidt-Leithoff GmbHG § 43 Rn. 66; *Wiedemann* GesR II § 9 IV 3b aa; *Gummert* in MHdB GesR II § 52 Rn. 18. AA *Henze/Notz* in EBJS HGB § 177a Anh. A Rn. 87.

Unabhängig vom anzuwendenden Haftungsmaßstab ist allerdings zu berücksichtigen, dass nicht jede Fehlentscheidung haftungsrelevant ist. Der Geschäftsführer einer GmbH hat, wie der Vorstand einer AG, bei der Wahrnehmung seiner Aufgaben einen gerichtlich nicht überprüfbaren **Ermessensspielraum.** Unternehmerisches Handeln ist ohne einen solchen Ermessensspielraum nicht möglich.[47] Hiernach kommt eine Pflichtverletzung nur dann in Betracht, wenn die Grenzen, in denen sich ein vom Verantwortungsbewusstsein getragenes, ausdrücklich am Unternehmenswohl orientiertes, auf sorgfältiger Ermittlung der Entscheidungsgrundlagen beruhendes unternehmerisches Handeln bewegen muss, deutlich überschritten sind, die Bereitschaft, unternehmerische Risiken einzugehen, in unverantwortlicher Weise überspannt worden ist, oder das Verhalten des Organs aus anderen Gründen als pflichtwidrig gelten muss.[48] Diese sog **Business Judgement Rule** wurde mittlerweile durch das UMAG[49] in § 93 Abs. 1 S. 2 AktG kodifiziert.[50] Sie gilt entsprechend auch für GmbH-Geschäftsführer, greift aber nur beim Vorliegen einer „unternehmerischen Entscheidung", nicht hingegen bei Treuepflichtverletzungen oder Verstößen gegen sich aus dem Gesetz oder der Satzung ergebenden Pflichten ohne Ermessensspielraum.[51] 24

4. Haftungsbeschränkung

Angesichts des hohen Haftungsrisikos der Geschäftsführungstätigkeit hat die Frage, wie dieses Risiko begrenzt werden kann, für den Geschäftsführer erhebliche praktische Bedeutung.[52] 25

a) Haftungsbeschränkung bei betrieblich veranlasster Tätigkeit. Die von der arbeitsgerichtlichen Rechtsprechung entwickelten Grundsätze zur beschränkten Haftung des Arbeitnehmers sind grundsätzlich auf **sämtliche Arbeitsverhältnisse** anwendbar.[53] Da nach der jüngsten Rechtsprechung des BAG auch der Anstellungsvertrag eines GmbH-Geschäftsführers unter bestimmten Voraussetzungen als Arbeitsvertrag qualifiziert werden kann (→ Rn. 8),[54] stellt sich die Frage, ob diese Grundsätze nicht auch zu seinen Gunsten Anwendung finden können.[55] Die ganz hM lehnt dies jedenfalls bei den spezifischen Organtätigkeiten ab.[56] Gegen die Anwendbarkeit dieser, von der Rechtsprechung entwickelten Grundsätze spricht in der Tat, dass die dem Arbeitnehmer gewährte Haftungserleichterung gemeinhin mit § 254 BGB begründet wird. Der Rechtsgedanke des § 254 BGB kann bei **Geschäftsführern** aber keine Anwendung finden. Denn der Geschäftsführer hat bei der Wahrnehmung seiner Aufgaben einen weiten Ermessensspielraum und ist daher selbst für die vom Unternehmen ausgehende Sach- und Betriebsgefahr mitverantwortlich.[57] 26

---

[47] BGH NJW 1997, 1926 (1927).

[48] BGH NJW 1997, 1926 (1927) sowie ZIP 2008, 1675 (1676 f.); *Haas/Ziemons* in Michalski GmbHG § 43 Rn. 21 f.; *U. H. Schneider* in Scholz GmbHG § 43 Rn. 53; *Lutter* GmbHR 2000, 301 (306 ff.).

[49] Zum Gesetzesentwurf *Binz/Sorg* AR, Heft 7–8/2004, 2.

[50] Zu deren praktischer Anwendung s. *Lutter* ZIP 2007, 841.

[51] Vgl. *Kleindiek* in Lutter/Hommelhoff GmbHG § 43 Rn. 23 ff. Ebenso *Zöllner/Noack* in Baumbach/Hueck GmbHG § 43 Rn. 22, jedoch unter Berücksichtigung der deutlich stärkeren Vertrauensbindung zwischen GmbH-Geschäftsführer und Gesellschaftern.

[52] *Jula* GmbHR 2001, 806 ff.

[53] BAG DB 1994, 2237; BB 1996, 1067; *Preis* in ErfK BGB § 619a Rn. 9 ff. man spricht von den Grundsätzen der Haftungsbeschränkung bei betrieblich veranlasster Tätigkeit, da eine „Gefahrgeneigtheit" nicht mehr erforderlich ist.

[54] BAG ZIP 1999, 1854.

[55] In diesem Sinne etwa LG Bonn NJW-RR 1995, 1435 für Vereins-Geschäftsführer; *Köhl* DB 1996, 2597 (2601).

[56] Aus der Rechtsprechung: BGH WM 1975, 467 (468); VersR 1984, 281; GmbHR 2001, 771 (773); aus der Literatur: *Zöllner/Noack* in Baumbach/Hueck GmbHG § 43 Rn. 6; *Altmeppen* in Altmeppen GmbHG § 43 Rn. 5; *Koppensteiner/Gruber* in Rowedder/Schmidt-Leithoff GmbHG § 43 Rn. 8; *U. H. Schneider* in Scholz GmbHG § 43 Rn. 256; *Haas/Ziemons* in Michalski GmbHG § 43 Rn. 195; die Frage offengelassen bei Unfall auf Dienstfahrt: OLG Koblenz GmbHR 1999, 344 (345); zum Ganzen *Joussen* GmbHR 2005, 441 (442 ff.).

[57] *U. H. Schneider* in Scholz GmbHG § 43 Rn. 256.

27 **b) Vertragliche Haftungsbeschränkung.** Gegen eine Haftungsbegrenzung im **Anstellungsvertrag** kann innerhalb der allgemeinen Grenzen (§ 276 BGB) nichts eingewandt werden.[58] Eine solche vertragliche Haftungsbegrenzung im Anstellungsvertrag des Geschäftsführers mit der GmbH muss sich uE auch die KG gefallen lassen, da Grundlage eines etwaigen Haftungsanspruches – und zwar unabhängig von seiner dogmatischen Einordnung – nur der Anstellungsvertrag selbst sein kann und ein begünstigter Dritter nach dem Rechtsgedanken des § 334 BGB nicht mehr Ansprüche zu erwerben vermag, als dem Vertragspartner selbst (hier der GmbH) zustehen.

28 Möglich ist es ferner, unmittelbar im **Gesellschaftsvertrag** der GmbH & Co. KG zu vereinbaren, dass sich die Haftung der GmbH und ihrer Organe bei fehlerhafter Geschäftsführung abweichend vom Gesetz gestaltet, etwa nur bei Vorsatz oder grober Fahrlässigkeit eintritt. Auf eine derartige, auch zu seinen Gunsten vereinbarte Haftungsbegrenzung kann sich dann auch der Geschäftsführer berufen (§ 328 BGB).

29 Gemäß § 43 Abs. 3 S. 2 GmbHG iVm § 9b S. 1 GmbHG kann auf einen Ersatzanspruch indessen nicht verzichtet werden, soweit der Ersatz zur **Befriedigung der GmbH-Gläubiger erforderlich** ist. Dies gilt auch für die Abkürzung der fünfjährigen Verjährungsfrist, die deshalb nur zulässig ist, solange nicht die Pflichtverletzung des Geschäftsführers darin besteht, dass er entgegen § 43 Abs. 3 GmbHG an der Auszahlung gebundenen Kapitals der GmbH an Gesellschafter mitgewirkt hat.[59]

30 **c) Versicherungsschutz.** Eine spezielle Haftpflichtversicherung für Vorstände, Aufsichtsräte, Geschäftsführer und Beiräte **(„D & O-Versicherung")**[60] wird seit 1986 von US-Versicherern und seit 1995 auch von deutschen Versicherern auf dem deutschen Markt angeboten. An der rechtlichen Zulässigkeit einer solchen Versicherung besteht heute, trotz der rechtspolitisch unerwünschten Folgen („geringere Hemmschwelle"), kein ernsthafter Zweifel mehr.[61] Seit der Verbreitung der D & O-Versicherung werden die Anstellungsverträge jedenfalls von Topmanagern häufig mit einer Klausel versehen, durch die sich die Gesellschaft zum Abschluss einer derartigen Versicherung verpflichtet (sog Versicherungsverschaffungsklausel).[62]

31 Die deutsche Versicherungswirtschaft präsentierte erstmals 1997 Musterbedingungen für eine D & O-Versicherung, die inzwischen auch Managerhaftpflichtversicherung genannt wird. Da viele Versicherungen von diesem Verbandsmodell abweichen, besteht heute in der Praxis allerdings eine kaum überschaubare **Bedingungsvielfalt.** Im Gegensatz zur bloßen Rechtsschutzversicherung deckt die Haftpflichtversicherung nach ihrem Grundkonzept vor allem das Risiko ab, aufgrund von Schadensersatzforderungen in Anspruch genommen zu werden. Der Versicherungsschutz umfasst sowohl die gerichtliche und außergerichtliche Abwehr unbegründeter als auch die Befriedigung begründeter Ansprüche und macht damit den Abschluss einer gesonderten Rechtsschutzversicherung entbehrlich.[63]

32 Auch die D & O-Versicherung bietet jedoch **keinen lückenlosen Schutz.** Versicherungsverträge enthalten durchweg eine Haftungshöchstsumme für einzelne Schadensfälle sowie für die jährliche Gesamtinanspruchnahme der Versicherung. Typischerweise wird auch eine **Selbstbeteiligung** der Versicherten vorgesehen. Für die Vorstände einer AG gilt dies seit dem Gesetz zur Angemessenheit der Vorstandsvergütungen (VorstAG) vom 31.7.2009 (BGBl. 2009 I 2509) zwingend; der Selbstbehalt muss mindestens 10 % des Schadens bis mindestens zur Höhe des Eineinhalbfachen der festen jährlichen Vergütung

---

[58] So die hM, s. *U. H. Schneider* in Scholz GmbHG § 43 Rn. 258 ff. mwN; *U. H. Schneider* GmbHR 2017, 680 (682).

[59] BGH DStR 2002, 2046 mAnm *Altmeppen* DStR 2002, 2048; *Sturm* GmbHR 2003, 573.

[60] „D & O" für „Directors & Officers liability insurance".

[61] *Zöllner/Noack* in Baumbach/Hueck GmbHG § 43 Rn. 112 empfehlen sogar dringend den Abschluss.

[62] *Lange* ZIP 2004, 2221; *Freund* GmbHR 2009, 1185 (1190).

[63] Zur Entwicklung und den Praxisfragen der D & O-Versicherung *Lange* DStR 2002, 1626 (1674); *Küppers/Dettmeier/Koch* DStR 2002, 199. Zum Stand nach der Reform des Versicherungsvertragsgesetzes zum 1.1.2008 *Böttcher* NZG 2008, 645; *Dreher/Thomas* ZGR 2009, 31.

des Vorstandsmitglieds betragen (§ 93 Abs. 2 S. 3 AktG).[64] Auf GmbH-Geschäftsführer ist dieses Gebot allerdings nicht entsprechend anwendbar, selbst wenn die Gesellschaft einen obligatorischen Aufsichtsrat hat.[65]

Auch im Übrigen sind die Versicherungsbedingungen vielfach restriktiv ausgestaltet.[66] 33
Insbesondere sind Ansprüche aufgrund einer **vorsätzlichen Pflichtverletzung** regelmäßig nicht vom Versicherungsschutz umfasst. Bei **grober** Fahrlässigkeit behalten sich die Versicherer häufig das Recht vor, Leistungen in einem der Schwere des Verschuldens entsprechenden Verhältnis zu kürzen. **Zeitlich** ist der Versicherungsschutz auf Pflichtverletzungen beschränkt, die während der Dauer des Versicherungsvertrags begangen wurden. Diese für den Versicherungsnehmer äußerst ungünstige Regelung wird in der Praxis durch **Rückwärtsdeckungen** sowie **Nachhaftungsregelungen** abgemildert. Seit der Änderung von § 108 Abs. 2 Versicherungsvertragsgesetz zum 1.1.2008 ist es den betroffenen Geschäftsführern erlaubt, ihren Versicherungsanspruch an das geschädigte Unternehmen **abzutreten,** wodurch die Abwicklung im Schadenfall erheblich vereinfacht wird.

Die **Versicherungsprämien** sind **steuerlich,** auch wenn die Versicherungsprämien von 34
der Gesellschaft getragen werden, grundsätzlich den **Geschäftsführern** als geldwerter Vorteil, dh als zusätzliches Einkommen zuzurechnen. Etwas anderes gilt nur dann, wenn die Versicherung bestimmte Voraussetzungen erfüllt, insbesondere die Geschäftsführung als Ganzes versichert ist und der Versicherungsanspruch aus der Versicherungsleistung dem Unternehmen als Versicherungsnehmer zusteht.[67]

d) Nachträgliche Entlastung. Gemäß § 46 Nr. 5 GmbHG beschließen die Gesellschaf- 35
ter einer **GmbH** über die Entlastung ihrer Geschäftsführer. Die Entlastung ist Billigung der Geschäftsführung und Vertrauensbeweis für die Zukunft.[68] Folge der Entlastung ist der Fortfall etwaiger (bekannter) Schadenersatzansprüche.

Die Entlastung gemäß § 46 Nr. 5 GmbHG wirkt grundsätzlich nicht zulasten der KG 36
und der Kommanditisten.[69] Etwas anderes kann bei der beteiligungsidentischen GmbH & Co. KG gelten, wenn die Gesellschafterversammlung der Komplementär-GmbH die Entlastung mit einer auch bei der KG hinreichenden Mehrheit beschließt.[70] Die Geschäftsführer der Komplementär-GmbH können außerdem durch Beschluss der Gesellschafterversammlung der **KG** entlastet werden. Dies hat zur Folge, dass sämtliche bekannten Ansprüche der GmbH & Co. KG aus der Geschäftsführung gegen die entlasteten Geschäftsführer ausgeschlossen sind.[71]

IV. Insolvenzsicherung von Pensionsansprüchen

1. Inhalt der Insolvenzsicherung

Mit dem Gesetz zur Verbesserung der betrieblichen Altersversorgung (BetrAVG)[72] ist 37
erstmals ein **Insolvenzschutz** für die betriebliche Altersversorgung eingeführt worden. Nach § 7 Abs. 1 BetrAVG haben Versorgungsempfänger (und ihre Hinterbliebenen), deren Ansprüche aus einer **unmittelbaren Versorgungszusage** des Arbeitgebers nicht erfüllt werden, weil über das Vermögen des Arbeitgebers oder über seinen Nachlass das Insolvenzverfahren eröffnet worden ist, gegen den Träger der Insolvenzsicherung einen Anspruch in

[64] Dies gilt mit Wirkung ab 1.7.2010 auch für Altverträge (§ 23 Abs. 1 EGAktG).

[65] So unter Hinweis auf die Gesetzesbegründung *Wachter* GmbHR 2009, 953 (957).

[66] Dazu *Seibt/Saame* AG 2006, 901 (907 ff.).

[67] Koordinierter Ländererlass, zB FM Niedersachsen 25.1.2002, DB 2002, 399; *Küppers/Dettmeier/Koch* DStR 2002, 199 (202). Generell gegen Behandlung als Lohn *Drenseck* in L. Schmidt EStG § 19 Rn. 100 (D & O).

[68] BGHZ 94, 324 (326); *K. Schmidt* in Scholz GmbHG § 46 Rn. 89; *Römermann* in Michalski GmbHG § 46 Rn. 266.

[69] *Grunewald* in MüKoHGB § 161 Rn. 87.

[70] So zutreffend *K. Schmidt* in Scholz GmbHG Anh. § 45 Rn. 8.

[71] OLG Nürnberg GmbHR 1993, 594; *Wenzel* in HTM HdB GmbH & Co. KG Rn. 4.75.

[72] BGBl. 1974 I 3610.

Höhe der Leistung, die der Arbeitgeber aufgrund der Versorgungszusage zu erbringen hätte, wenn das Insolvenzverfahren nicht eröffnet worden wäre. Entsprechendes gilt, wenn Leistungen aus einer **Direktversicherung** nicht gezahlt werden, weil der Arbeitgeber die Ansprüche aus dem Versicherungsvertrag abgetreten oder beliehen hat und seiner Verpflichtung, den Arbeitnehmer so zu stellen, als ob die Beleihung oder Abtretung nicht erfolgt wäre, wegen der Eröffnung des Insolvenzverfahrens nicht nachkommt, oder wenn eine Unterstützungskasse bzw. ein Pensionsfonds die nach ihrer Versorgungsregelung vorgesehene Versorgung nicht erbringt, weil über das Vermögen oder den Nachlass des Arbeitgebers (Trägerunternehmens) das Insolvenzverfahren eröffnet worden ist.

38 Der Eröffnung des Insolvenzverfahrens stehen als **weitere** gesetzliche **„Sicherungsfälle"** gleich die **Abweisung des Antrags** auf Eröffnung des Insolvenzverfahrens mangels Masse, der **außergerichtliche Vergleich** (Stundungs-, Quoten- oder Liquidationsvergleich) des Arbeitgebers mit seinen Gläubigern zur Abwendung eines Insolvenzverfahrens, wenn ihm der Träger der Insolvenzsicherung zustimmt, sowie die vollständige **Beendigung der Betriebstätigkeit** im Geltungsbereich des BetrAVG, wenn ein Antrag auf Eröffnung des Insolvenzverfahrens nicht gestellt worden ist und ein Insolvenzverfahren offensichtlich mangels Masse nicht in Betracht kommt.

39 Insolvenzgesichert sind neben den Versorgungsempfängern auch alle Personen mit einer im Sicherungsfall unverfallbaren **Versorgungsanwartschaft** aus einer Direktzusage, einer Pensions- bzw. Unterstützungskassenbegünstigung oder einer Direktversicherung, für die dem Arbeitnehmer nur ein widerrufliches Bezugsrecht eingeräumt worden ist bzw. die durch den Arbeitgeber beliehen oder abgetreten ist. Nach der **bis** zum **31.12.2000** geltenden Gesetzesfassung wurde eine Anwartschaft **unverfallbar,** wenn der Anwärter mindestens das **35. Lebensjahr** vollendet hat und entweder die Versorgungszusage für ihn mindestens **zehn Jahre** bestanden hat oder der Beginn der Betriebszugehörigkeit mindestens **zwölf Jahre** zurückliegt **und** die Versorgungszusage mindestens **drei Jahre** bestanden hat.

40 Das Altersvermögensgesetz[73] hat mit Wirkung **ab** dem **1.1.2001** unter anderem die Unverfallbarkeit neu geregelt. Wird eine nach dem 31.12.2000 zugesagte Altersversorgung vom Arbeitnehmer im Weg der **Entgeltumwandlung** selbst finanziert, tritt eine sofortige gesetzliche[74] Unverfallbarkeit ein (§ 1b BetrAVG).[75] Unter Verzicht auf das Merkmal der Betriebszugehörigkeit werden nach dem 31.12.2000 begründete Anwartschaften aufgrund einer **arbeitgeberfinanzierten Versorgung** nunmehr unverfallbar, wenn

- das Arbeitsverhältnis vor Eintritt des Versorgungsfalls, jedoch nach Vollendung des **25. Lebensjahres** (ab 1.1.2018: 21. Lebensjahr)[76] endet und
- die Versorgungszusage zu diesem Zeitpunkt mindestens **fünf Jahre (ab 1.1.2018: drei Jahre)** bestanden hat.

41 Für vor dem 1.1.2001 vom Arbeitgeber erteilte Versorgungszusagen ist in § 30f. Abs. 1 BetrAVG eine **Übergangsregelung** in Form einer **Meistbegünstigung** enthalten. Entweder erfüllt der Arbeitnehmer nach dem 1.1.2001 die neuen gesetzlichen Unverfallbarkeitsvoraussetzungen unter der Fiktion, dass seine zuvor erteilte Zusage zum 1.1.2001 erteilt wurde, oder aber er erfüllt die nach altem Recht geltenden Unverfallbarkeitsvoraussetzungen vor dem 1.1.2006. Das für ihn Günstigere von beiden wird ihm gewährt.[77] Eine entsprechende Übergangsregelung enthält § 30f. Abs. 2 BetrAVG im Hinblick auf die zum 1.1.2009 vorgenommene weitere Absenkung der Lebensaltersgrenze. Den Übergang für die ab dem

---

[73] BGBl. 2001 I 1310 (1327).

[74] Für Entgeltumwandlungszusagen vor dem 1.1.2001 verbleibt es bei der auf Richterrecht beruhenden vertraglichen sofortigen Unverfallbarkeit, so *Steinmeyer* in ErfK BetrAVG § 30f. Rn. 2 mit Hinweis auf die daraus folgenden Unterschiede beim Insolvenzschutz.

[75] Zum differenzierten Eingreifen des Insolvenzschutzes bei in den Jahren 2001 und 2002 erteilten Entgeltumwandlungszusagen im Hinblick auf die zweijährige Leistungsausschlusspflicht gemäß § 7 Abs. 5 S. 3 BetrAVG, vgl. PSV-Merkblatt 300/M12/1.17, Ziff. 3.2.

[76] Gesetz zur Förderung der zusätzlichen Altersvorsorge etc vom 10.10.2007, BGBl. 2007 I 2838.

[77] *Steinmeyer* in ErfK BetrAVG § 30f. Rn. 1ff.

1.1.2018 geltenden Bestimmungen für die Unverfallbarkeit einer arbeitgeberfinanzierten Versorgung (drei Jahre nach Vollendung des 21. Lebensjahres) regelt § 30 f. Abs. 3 BetrAVG.

Eine **Änderung** der Versorgungszusage oder ihre **Übernahme** durch eine andere Person unterbricht nicht den Lauf der Zusagefrist (§ 1b Abs. 1 S. 3 BetrAVG). Dies gilt auch dann, wenn bei wirtschaftlicher Einheit des Unternehmens eine GmbH als persönlich haftender Gesellschafter in eine KG eintritt und mit deren bisherigem Geschäftsführer unter Fortsetzung bisheriger Vertragsbeziehungen ein eigenes Anstellungsverhältnis eingeht.[78] Die Rechtsprechung lässt darüber hinaus sowohl für die Berechnung der Betriebszugehörigkeit als auch der Zusagedauer die Anrechnung von **Vordienstzeiten** zu, die von einer – noch nicht erloschenen – Versorgungszusage begleitet waren.[79] 42

Die Mittel für die Durchführung der **Insolvenzsicherung** werden aufgrund öffentlich-rechtlicher Verpflichtung durch Beiträge aller Arbeitgeber aufgebracht, die insolvenzgesicherte Leistungen der betrieblichen Altersversorgung zugesagt haben oder gewähren. Träger der gesetzlichen Insolvenzsicherung ist der **Pensions-Sicherungs-Verein,** Versicherungsverein auf Gegenseitigkeit (PSV) in Köln. Er unterliegt der Aufsicht durch die Bundesanstalt für Finanzdienstleistungsaufsicht Bonn (BaFin). 43

Der Anspruch auf laufende Leistungen gegen den PSV beträgt gemäß § 7 Abs. 3 BetrAVG bei einer arbeitgeberfinanzierten Versorgung im Monat **höchstens** das **Dreifache** der im Zeitpunkt der ersten Fälligkeit maßgebenden monatlichen Bezugsgröße gemäß § 18 SGB IV (Höchstbetrag für 2017 danach: 2.975 Euro x 3 = 8.925 Euro [West]; 2.660 × 3 = 7.980 Euro [Ost]). Im Fall einer **schuldbefreienden Übernahme** einer Versorgungszusage durch eine andere Person nach § 4 BetrAVG kann es für die ersten zwei Jahre nach der Übernahme zu einer Absenkung des gesetzlichen Insolvenzschutzes nach § 7 Abs. 5 S. 3 Nr. 2 BetrAVG kommen. 44

2. Der Gesellschafter-Geschäftsführer als betriebsrentenrechtlicher Arbeitnehmer

a) Grundsatz. Nach § 17 Abs. 1 BetrAVG erstreckt sich der **persönliche Geltungsbereich** des Gesetzes und damit auch des gesetzlichen Insolvenzschutzes auf Arbeitnehmer sowie auf andere Personen, sofern ihnen Leistungen der Alters-, Invaliditäts- oder Hinterbliebenenversorgung „aus Anlass ihrer Tätigkeit für ein Unternehmen" zugesagt worden sind.[80] Hierzu gehören grundsätzlich auch die Geschäftsführer einer GmbH.[81] Welcher ganz konkrete Personenkreis hiernach begünstigt ist, lässt sich dem insoweit recht unbestimmten Gesetzeswortlaut unmittelbar nicht entnehmen. Von Beginn an streitig war die Einordnung derjenigen Personen, denen zwar aus Anlass ihrer Tätigkeit für ein Unternehmen Leistungen der betrieblichen Altersversorgung zugesagt wurden, die aber am Unternehmen selbst **beteiligt** sind. 45

Der **BGH** hat in einer Reihe von Urteilen zur Frage des von § 17 Abs. 1 BetrAVG erfassten Personenkreises Stellung genommen.[82] Er stellt seinen Überlegungen, unter Berufung auf den Gesetzeswortlaut und die amtliche Begründung des Regierungsentwurfs, die Feststellung voran, das BetrAVG sei „hauptsächlich ein **Arbeitnehmerschutzgesetz**".[83] Der Gesetzgeber habe sich jedoch bei der Ausgestaltung des Gesetzes von einer gewissen Großzügigkeit leiten lassen. Es sei daher in Kauf zu nehmen, dass auch solche Personen unter den Schutz des BetrAVG fielen, die nicht unbedingt auf diesen angewiesen seien. So könnten nach dem Wortlaut des § 17 Abs. 1 BetrAVG neben Mitgliedern von Aufsichtsorga- 46

---

[78] BGH DB 1981, 1716.

[79] BAG DB 1982, 2090; 1984, 195; 1983, 2255; NZA 1990, 189; DB 1995, 1867; s. auch *Steinmeyer* in ErfK BetrAVG § 1b Rn. 29 ff.

[80] Hierzu BAG NZA 2001, 959.

[81] BGH DStR 2002, 1362.

[82] Zunächst grundlegend BGH DB 1980, 1434; 1980, 1588; 1980, 1991 (1993); 1981, 1454, 1561, 1716; BB 1981, 615; hierzu ausführlich *Heubeck/Schmauck,* Die Altersversorgung der Geschäftsführer in GmbH und GmbH & Co. KG, Rn. 457 ff.; *Rauser/Wurzberger* DB 1983, 551 ff.; *Hennerkes/Binz/Rauser/Wurzberger* GmbHR 1984, 57 ff.; *Steinmeyer* in ErfK BetrAVG § 17 Rn. 9 ff.; s. auch BGH BetrAV 1990, 206; NJW 1990, 49; DB 1991, 1231; 1999, 630.

[83] Grundlegend BGH DB 1980, 1434.

nen auch Handelsvertreter, selbstständige Handwerker, Steuerberater und Rechtsanwälte erfasst werden. Angesichts dieses Personenkreises sei die „Vertragsparität" kein geeignetes Abgrenzungskriterium. Außerdem, so fügt der BGH hinzu, schütze eine noch so gute Verhandlungsposition nicht vor der Insolvenz des Vertragspartners.

47 **b) Besonderheiten für Gesellschafter-Geschäftsführer.** Ausgehend von der Qualifizierung des BetrAVG als Arbeitnehmerschutzgesetz hat der BGH den Maßstab für die Abgrenzung zwischen gesicherten und ungesicherten Personen in den **Einzelkaufleuten** gefunden, weil das BetrAVG „ersichtlich nicht für sie geschaffen ist".[84] Der Ausschluss des Einzelkaufmanns aus dem begünstigten Personenkreis habe neben dem formalen Gesichtspunkt, dass niemand Schuldner und Gläubiger in einer Person sein könne, seinen Grund in der Eigenverantwortlichkeit des Unternehmers für den Erfolg seiner Arbeit.

48 Hieraus wird der allgemeine Grundgedanke abgeleitet, dass Personen den Schutz des Gesetzes nicht genießen sollen, die **selbst Unternehmer** sind, dh sowohl vermögens- als auch einflussmäßig mit dem Unternehmen, für das sie arbeiten, so sehr verbunden sind, dass sie es als ihr eigenes betrachten können und deshalb unter dem Blickwinkel der Pensionssicherung einem Einzelkaufmann gleichstehen.[85] Entscheidend für die Beurteilung, ob eine betriebsrentenrechtliche Unternehmer- oder aber Arbeitnehmerstellung vorliegt, ist zum einen die Ausübung von Leitungsmacht aufgrund einer Geschäftsführerposition oder einer geschäftsführerähnlichen Stellung und zum anderen die persönliche Haftung bzw. der Umfang der Einflussmöglichkeiten aufgrund der Kapital- und Stimmrechtsverhältnisse in der Gesellschaft.[86] Eine – nach dem Gesetz nicht insolvenzversicherungsfähige – **Unternehmerstellung** haben danach insbesondere

- der **persönlich haftende Gesellschafter** unabhängig von seiner Beteiligungshöhe;[87]
- der **geschäftsführende Gesellschafter** einer GmbH bzw. GmbH & Co. KG bei einer Beteiligung am Kapital und/oder Stimmrecht **ab 50 %.**[88]

49 Ist in der **typischen GmbH & Co. KG** der Gesellschafter-Geschäftsführer der GmbH (ohne eigenen Geschäftsbetrieb) zugleich Kommanditist, so sind für die Insolvenzsicherungsfähigkeit die direkte und indirekte (über die GmbH bestehende) **Beteiligung** an der **KG** maßgebend,[89] und zwar unabhängig davon, ob die Zusage von der GmbH oder der KG erteilt wurde.[90] Unterhält die Komplementär-GmbH dagegen neben ihrer Beteiligung an der KG einen eigenen Geschäftsbetrieb, ist nur die Beteiligung an der GmbH zu berücksichtigen.[91]

50 Der nicht persönlich haftende **Minderheitsgesellschafter** unterliegt dagegen grundsätzlich dem Insolvenzschutz, auch wenn er Geschäftsführungsaufgaben in der Gesellschaft wahrnimmt.[92] Nach Ansicht des **BGH** soll allerdings auch ein Gesellschafter-Geschäftsführer mit einer **nicht nur unbedeutenden Minderheitsbeteiligung** dann keinen Insolvenzschutz genießen, wenn er **zusammen** mit anderen geschäftsführenden Minderheitsgesellschaftern über die **Mehrheit** (mehr als 50 %) verfügt und diese damit gemeinsam herrschenden Einfluss ausüben können.[93] Dem hat das **BAG** entgegengehalten, dass die

[84] BGH DB 1980, 1434 (1436). Zu Wechselwirkungen zwischen Betriebsrentenrecht und Steuerrecht bei Pensionszusagen *Briese* DB 2009, 2346.

[85] BGH DB 1980, 1588.

[86] Dies gilt unabhängig von der steuer- und sozialversicherungsrechtlichen Qualifizierung.

[87] BGH BB 1981, 615; insolvenzgesichert ist allerdings der „angestellte Komplementär", vgl. BGH DB 1980, 1588.

[88] BGH DB 1980, 1434; grundsätzlich bestätigt durch BGH DB 1999, 630, wobei jedoch ein in einer KG tätiger Kommanditist mit 50 % Anteil und lediglich Gesamtprokura als arbeitnehmerähnliche Person iSd § 17 Abs. 1 S. 2 BetrAVG angesehen wurde. S. auch BGH NZA 2008, 648: der Allein-Gesellschaftergeschäftsführer unterfällt nicht dem gesetzlichen Anwendungsbereich des BetrAVG. Anders auch bei treuhänderischer Haltung für Rechnung eines Dritten, vgl. BGH DB 1991, 1231.

[89] BGH DB 1980, 1434 (1437).

[90] PSV-Merkblatt 300/M1/6.14 Ziff. 3.2.4.1. lit. a.

[91] *Steinmeyer* in ErfK BetrAVG § 17 Rn. 12.

[92] BGH NJW 1990, 49; DB 1980, 1434 (1436).

[93] BGH DB 1980, 1588 (1589); 1991, 1231 (1232): weniger als 10 % sind unbedeutend; so auch PSV-Merkblatt 300/M1/6.14, 3.3.1.3, b.

theoretische Möglichkeit, zusammen mit anderen Gesellschaftern eine Gesellschaft zu beherrschen, weder besagt, dass dies so sein muss, noch dass dies typischerweise so ist.[94] Auch der BGH äußerte Zweifel an der bisherigen Rechtsprechung, die den Anwendungsbereich des § 17 Abs. 1 S. 2 BetrAVG sehr weit einschränke.[95]

Der **Kommanditist,** der nicht zugleich Geschäftsführer der Komplementär-GmbH ist, 51
aber in einem Anstellungsverhältnis zur KG steht, unterliegt unabhängig von der Beteiligungshöhe dem Insolvenzschutz (obwohl steuerrechtlich Mitunternehmerschaft vorliegt!).[96] Etwas anderes soll jedoch dann gelten, wenn ein mehrheitlich beteiligter Kommanditist **geschäftsführerähnliche Leitungsmacht** ausübt, zB als im Innenverhältnis maßgebender Unternehmensleiter mit Prokura.[97] Nach dem BGH sind allerdings die Versorgungsrechte eines genau hälftig beteiligten Kommanditisten mit Gesamtprokura, dem ein ebenfalls hälftig beteiligter Komplementär gegenübersteht, insolvenzsicherungsfähig, da hier der Kommanditist bei der Ausübung der Vertretungsbefugnis von der Mitwirkung des Komplementärs abhängig sei und dieser die Gesamtprokura jederzeit widerrufen könne.[98]

Im Übrigen ist insbesondere für **Familiengesellschaften** von Bedeutung, dass der BGH 52
bei der Beurteilung der Unternehmereigenschaft die **Zusammenrechnung** von Beteiligungen einzelner Familienmitglieder, sofern keine besonderen Umstände (zB Poolverträge oder Gütergemeinschaft) vorliegen, grundsätzlich **ablehnt.**[99] Es gebe keinen Erfahrungssatz, aus dem sich eine stets gleichgerichtete Interessenausübung durch alle Angehörigen einer Familie herleiten lasse.

c) Abdingbarkeit des BetrAVG. Anders als bei Arbeitnehmern liegt bei Organmitglie- 53
dern – zumindest typischerweise – bei der Aushandlung ihrer Betriebsrentenregelung keine Verhandlungsunterlegenheit vor. Dennoch ist das Betriebsrentenrecht auch für Organmitglieder nur insoweit abdingbar, als dies den **Tarifvertragsparteien erlaubt** ist.[100]

3. Wechsel zwischen betriebsrentenrechtlicher Arbeitnehmer- und Unternehmerstellung

Ein **Wechsel** von der betriebsrentenrechtlichen **Arbeitnehmerstellung zur Unterneh-** 54
merstellung oder umgekehrt kann auf unterschiedlichen Gründen beruhen:
- die Beteiligungshöhe wechselt, wobei sich die Stellung im Unternehmen ändert;
- zu einem bislang allein geschäftsführenden Minderheitsgesellschafter tritt ein weiterer hinzu, so dass eine gemeinsame Mehrheitsbeteiligung vorliegt, oder umgekehrt;
- ein Mitgesellschafter scheidet aus der Geschäftsführung aus.

Bei der Frage der **Unverfallbarkeit** geht der BGH im Fall des Statuswechsels für die 55
Berechnung der Fristen bezüglich der Betriebszugehörigkeit und der Zusagedauer nicht von einer Unterbrechung, sondern allenfalls von einer **Hemmung** während der Zeit der Unternehmerstellung aus.[101] Es liege insoweit eine durchlaufende Dienstleistung für den Betrieb vor, bei der lediglich zeitweise das Unternehmerinteresse im Vordergrund stehe,

---

[94] BAG ZIP 1997, 2131 (2133). Der Senat konnte im zu entscheidenden Fall allerdings offen lassen, ob dem BGH dennoch zu folgen ist, da einem der (kapitalmäßigen) Minderheitsgesellschafter aufgrund der gesellschaftsvertraglichen Stimmrechtsverteilung die Stimmenmehrheit in der Gesellschaft zustand.

[95] BGH ZIP 1997, 1351 (1352); in die gleiche Richtung geht auch ein von *Goette* (Mitglied des II. Zivilsenats) im Jahr dieser Entscheidung publizierter Aufsatz: ZIP 1997, 1317 (1322); anders dagegen der IX. Zivilsenat in BGH ZIP 1997, 1596 (1597).

[96] BGH DB 1980, 1434 (1437); PSV-Merkblatt 300/M1/6.14 Ziff. 3.2.3.2., wonach dies nur bei einem arbeitsrechtlich anzuerkennenden Arbeitsverhältnis gelte; differenziert: *Steinmeyer* in ErfK BetrAVG § 17 Rn. 13.

[97] *Steinmeyer* in ErfK BetrAVG § 17 Rn. 13; PSV-Merkblatt 300/M1/6.14 Ziff. 3.2.3.3.

[98] BGH DB 1999, 630 (631).

[99] BGH DB 1980, 1434 (1437). Zu Vorzugsaktien mit Sonderstimmrechten BGH DB 1981, 1561. Zur Stimmbindung BGH BB 1980, 1527; *Steinmeyer* in ErfK BetrAVG § 17 Rn. 11. Bei Ehegatten in Gütergemeinschaft zählt jedoch der gemeinsame Anteil, so PSV-Merkblatt 300/M1/6.14 Ziff. 3.4. lit. a.

[100] BAG ZTR 2009, 657. Vgl. auch BGH NZA 2001, 612; *Thüsing* AG 2003, 484; *Diller/Arnold/Kern* GmbHR 2010, 281.

[101] BGH NJW 1981, 2409.

was zumindest dann unschädlich sei, wenn allein schon die **Summe der Arbeitnehmerzeiten** die gesetzliche Frist erreiche.[102] Arbeitnehmerzeiten vor und nach der Unternehmerstellung dürfen also zusammengerechnet werden.[103]

56 Als zweites Prinzip leitet der BGH die **Einheit der Versorgungszusage** aus dem gesetzgeberischen Willen ab.[104] Er betrachtet Leistungserhöhungen unter Bezugnahme auf das BAG,[105] auch wenn sie nach Statuswechseln erfolgen, stets als bloße „Änderungen“ iSd § 1b Abs. 1 S. 3 BetrAVG. Deshalb kommt es bei der Ermittlung der insolvenzgesicherten Anwartschaften und Ansprüche nach Statuswechseln nicht darauf an, wann eine Versorgungszusage erteilt wurde; es ist insbesondere unerheblich, ob die Zusage während einer Stellung als betriebsrentenrechtlicher Arbeitnehmer oder einer Stellung als betriebsrentenrechtlicher Unternehmer erteilt[106] oder ob sie nach einem Statuswechsel verändert oder erneuert wurde.[107] Ausgangspunkt der Prüfung des Insolvenzschutzes ist stets die **zuletzt,** dh im Zeitpunkt des Sicherungsfalls, gültige Versorgungsregelung.[108]

4. Insolvenzschutz des Versorgungsempfängers

57 Gemäß § 7 insolvenzgesichert sind Versorgungsempfänger (Rentner, diese gemäß § 7 Abs. 1 BetrAVG) und Versorgungsanwärter mit unverfallbarer Anwartschaft (§ 7 Abs. 2 BetrAVG), wobei es bei Versorgungsempfänger nicht darauf ankommt, ob sie die Unverfallbarkeitsvoraussetzungen erfüllt hatten, bevor sie Versorgungsempfänger wurden.[109]

58 Die **Höhe** des insolvenzgeschützten **Versorgungsanspruchs** eines Gesellschafters als „Versorgungsempfänger“ richtet sich danach, inwieweit der Anspruch durch Arbeitnehmertätigkeit erdient worden ist. Der als Arbeitnehmer erdiente und deshalb insolvenzgesicherte Teil einer Versorgungsleistung entspricht dem Anteil, der von der Gesamtdauer der Betriebszugehörigkeit auf den Zeitraum entfällt, in dem der Gesellschafter als betriebsrentenrechtlicher Arbeitnehmer tätig geworden ist.[110]

59 Bei der Ermittlung des geschützten Versorgungsteils ist von der Leistung auszugehen, auf die der Versorgungsberechtigte nach der Versorgungsregelung insgesamt Anspruch bzw. „Berechtigung“ erworben hat. Geschützt ist der Teil des Gesamtanspruchs **(Quote),** der dem Verhältnis von Summe der Arbeitnehmerzeiten zur gesamten im Betrieb verbrachten Zeit entspricht.[111] In die Quotenbildung haben alle Zeiten, die im Betrieb verbracht wurden, einzugehen, unabhängig davon, ob sie von einer Versorgungsregelung begleitet waren.[112] Dies gilt für die Bemessung der Gesamtbetriebszugehörigkeit ebenso wie für die betriebsrentenrechtlichen Arbeitnehmerzeiten.

60 Die Quote ist auch dann zu bilden, wenn keine der Arbeitnehmerzeiten von einer Versorgungsregelung begleitet war, die Versorgung also überhaupt erst in der **am Ende** der Gesamtzeit liegenden Unternehmerstellung[113] oder sogar erst nach dem Ausscheiden zugesagt wurde.[114] Der BGH unterstellt auch in diesen Fällen, dass mit einer Versorgungszusage nicht nur die zukünftig erwartete Betriebstreue, sondern regelmäßig auch oder sogar nur bereits erbrachte Dienste abgegolten werden sollen.[115]

---

[102] Offen ist, ob nach dem BGH nicht sogar Unternehmerzeiten mitzählen; OLG Köln BB 1988, 1284.
[103] So auch PSV-Merkblatt 300/M1/6.14 Ziff. 3.5. lit. b.
[104] BGH DB 1982, 126 (127).
[105] BAG DB 1982, 855 (856).
[106] BGH BB 1981, 615; PSV-Merkblatt 300/M1/3.10 Ziff. 3.5.
[107] BGH DB 1981, 1561; 1982, 126 (127).
[108] BGH NJW 1981, 2409; dies sollte demzufolge auch für die Frage nach dem versorgungsfähigen Einkommen gelten.
[109] BGH DB 1980, 1588 (1590); 1991 (1992); ebenso BAG DB 1999, 1563; es handelt sich um sog technische Rentner, s. PSV-Merkblatt 300/M3/3.14 Ziffer 2 (2.1 und 2.2).
[110] BGH DB 1980, 1588 (1590), 1991 (1992); BB 1981, 615; *Steinmeyer* in ErfK BetrAVG § 17 Rn. 48; PSV-Merkblatt 300/M1/6.14 Ziff. 3.5.
[111] BGH DB 1980, 1991; BetrAV 1990, 206.
[112] BGH BB 1981, 615; DB 1981, 1561 (1562); 1981, 1454; 1981, 1716.
[113] BGH BB 1981, 615.
[114] BGH DB 1983, 1437.
[115] BGH DB 1981, 1561 (1562); NJW 1990, 49; BetrAV 1990, 206.

5. Insolvenzschutz des Anwärters

In der Anwartschaftsphase, also vor Eintritt der „Versorgungsberechtigung", ist ein Insolvenzschutz für den Gesellschafter-Geschäftsführer unstreitig immer dann gegeben, wenn nach den oben dargestellten Grundsätzen die gesetzlichen Voraussetzungen der **Unverfallbarkeit** vorliegen. 61

Die **Höhe** der insolvenzgeschützten Anwartschaft richtet sich ebenfalls danach, inwieweit die Anwartschaft durch Arbeitnehmertätigkeit verdient worden ist.[116] Maßgebend ist auch hier die zuletzt erteilte Versorgungszusage. Zunächst ist im Regelfall eine Kürzung der Anwartschaft nach den Grundsätzen des § 2 Abs. 1 S. 1 BetrAVG vorzunehmen.[117] Wie beim Versorgungsempfänger ist danach die Quote entsprechend dem Verhältnis von Summe der Arbeitnehmerzeiten zur gesamten im Betrieb verbrachten Zeit zu bilden.[118] Unter Berücksichtigung beider Kürzungen ist der insolvenzgesicherte Teil der Anwartschaft aus der Quote zu ermitteln, die dem Verhältnis der Summe der Arbeitnehmerzeiten zu der Zeit vom Beginn der Betriebszugehörigkeit bis zum Erreichen der vertraglich vorgesehenen Altersgrenze entspricht.[119] 62

6. Überhöhte Versorgungszusagen

Eine Versorgung ist ggf. nur „bereinigt" in die Insolvenzsicherung einzubeziehen, wenn sie mit **Rücksicht auf die Unternehmertätigkeit überhöht** erteilt wurde.[120] Maßstab ist die Versorgungshöhe, die einem fremden Geschäftsleiter im Rahmen des Üblichen zugebilligt worden wäre.[121] Die Unüblichkeit kann sowohl in der Leistungshöhe als auch in günstigeren Leistungsvoraussetzungen oder -modalitäten liegen.[122] 63

Die **Beweislast** für eine allein aus der Unternehmerstellung resultierende Überhöhung der Versorgungsansprüche trägt der **PSV.**[123] 64

Geht die Pensionsregelung über das hinaus, was bei einem am Unternehmen nicht beteiligten, unternehmensleitend tätigen Arbeitnehmer angemessen gewesen wäre, so ist die vertraglich geschuldete Leistung für die Bemessung des gesicherten Ausfallanspruchs entsprechend zu kürzen.[124] Hierzu ist ggf. eine den Umständen nach **angemessene** Leistung zu schätzen.[125] Zu beachten ist, dass die betriebsrentenrechtliche Angemessenheitsprüfung mit der **steuerrechtlichen** keineswegs identisch ist. Ist steuerrechtlich unter Umständen das Nachzahlungsverbot des BFH zu beachten,[126] muss bei der betriebsrentenrechtlichen Prüfung der Angemessenheit dennoch die gesamte, also auch und gerade die bereits abgeleistete Dienstzeit in die Betrachtung einbezogen werden, da Maßstab der unbeteiligte angestellte Unternehmensleiter mit derselben Gesamtbetriebszugehörigkeit ist. 65

7. Vertragliche Insolvenzsicherung

Die für Gesellschafter in betriebsrentenrechtlicher Unternehmer- oder Mitunternehmerstellung bestehende Lücke im Insolvenzschutz hat die Praxis mit verschiedenen Ansätzen 66

[116] BGH DB 1981, 1561 (1562f.).

[117] BGH DB 1983, 1440; offen ist auch hier, ob im Anwendungsbereich von § 2 Abs. 5a BetrAVG bei beitragsorientierten Leistungszusagen eine andere Beurteilung geboten ist.

[118] BGH DB 1981, 1561 (1716).

[119] Vgl. zum Ganzen auch *Steinmeyer* in ErfK BetrAVG § 7 Rn. 42ff. und *Steinmeyer* in ErfK BetrAVG § 2 Rn. 10ff.

[120] BGH DB 1980, 1588 (1591); vgl. auch PSV-Merkblatt 300/M1/6.14 Ziff. 4.

[121] BGH BB 1981, 1524 (1525).

[122] Bei einer unangemessenen Herabsetzung des Pensionsalters kann die Insolvenzsicherung allerdings schon daran scheitern, dass die Leistung selbst nicht mehr als betriebliche Altersversorgung anzusehen ist, vgl. BGH BB 1984, 1942.

[123] BGH DB 1983, 1437 (1438).

[124] BGH BB 1981, 615 (616).

[125] BGH DB 1982, 126 (128).

[126] BFH 15.3.2000 – I R 40/99, BStBl. II 2000, 504 mwN.

privatrechtlich zu lösen versucht,[127] scheiterte aber jeweils daran, dass die insolvenz-, steuer- und versicherungsrechtlichen Anforderungen nicht gleichzeitig erfüllt werden konnten. Zwar stand ein für die Sicherung generell geeigneter Vermögensgegenstand häufig in einer abgeschlossenen **Rückdeckungsversicherung** zur Verfügung, doch führten die gängigen Sicherungsmittel entweder zur **Lohnsteuerpflicht** (Abtretung), zur **Unwirksamkeit in der Insolvenz** (bedingte Abtretung) oder wurden **versicherungsrechtlich nicht genehmigt** (Bürgschaft des Versicherers).

67 Als Nothelfer erwies sich in dieser Situation ein fast schon vergessenes Sicherungsmittel: das **Forderungspfandrecht.**[128] Seine sonst meist bemängelten Nachteile, nämlich die Erschwernisse im Zugriff auf die Sicherheit, erweisen sich hier als entscheidender Vorteil. Mit der Verpfändung erwirbt der Versorgungsanwärter nämlich im Gegensatz zur Abtretung gegenwärtig keine Rechte oder Ansprüche, die ihm einen Zugriff auf die Rückdeckungsversicherung und die darin angesammelten Werte ermöglichten. Er erhält lediglich ein vom Eintritt der Pfandreife, dh der Fälligkeit der gesicherten Forderung, abhängiges Verwertungsrecht. Während bei der Abtretung ein formal umfassendes Recht nur im Innenverhältnis durch die Sicherungsabrede eingeschränkt wird, hängt das Pfandrecht dem Grunde und der Höhe nach von der gesicherten Forderung und deren Fälligkeit schon aufgrund seiner gesetzlichen Regelung („Akzessorietät") ab. Solange der Versorgungsfall noch nicht eingetreten ist (zB Altersgrenze noch nicht erreicht), fehlt es allerdings an der Pfandreife. Bis zu deren Eintritt wird der hinsichtlich des Pfandrechtes zur Befriedigung durch Absonderung berechtigte Versorgungsanwärter (§ 50 InsO) durch Zurückbehaltung und Hinterlegung eines entsprechenden Betrages (§§ 191, 198 InsO) abgesichert.[129]

68 Die Beiträge des Arbeitgebers zu einer Rückdeckungsversicherung stellen dann keinen Arbeitslohn dar, wenn die Rechte und Ansprüche aus der Rückdeckungsversicherung an den Arbeitnehmer zur Sicherung seiner Ansprüche aus der ihm erteilten Versorgungszusage lediglich verpfändet werden. Anders als bei einer Abtretung der Ansprüche liegt dann noch **kein lohnsteuerlicher Zufluss** vor.[130]

8. Konsequenzen für die Praxis

69 Jeder Gesellschafter, der zu irgendeiner Zeit in betriebsrentenrechtlicher Arbeitnehmerstellung für das Unternehmen tätig war oder ist, genießt zumindest für einen Teil seiner betrieblichen Altersversorgung gesetzlichen Insolvenzschutz durch den PSV oder kann diesen nach Eintritt der Versorgungsberechtigung erlangen. Die **Prüfung des Umfanges** dieser Sicherung ist von erheblicher Bedeutung für die Frage, ob und insbesondere mit welcher Ausgestaltung betriebliche Versorgungsleistungen zugesagt werden sollen. Auch bereits bestehende Zusagen sind unter dem Gesichtspunkt der Insolvenzsicherung auf eventuell erforderliche Änderungen und Ergänzungen unabhängig von dem aktuellen betriebsrentenrechtlichen Status des Gesellschafters zu überprüfen, da Umfang und Höhe der gesicherten Versorgung sich sowohl nach Erlangung der Versorgungsberechtigung, als auch schon in der Anwartschaftsphase nach der zuletzt geltenden Versorgungszusage richten.

70 Trotz der konsequent und klar erscheinenden Lösung des BGH verbleiben der Praxis die Prüfung und Klärung einer Vielzahl von Fragen im Einzelfall (Angemessenheit der Zusage, Statusabgrenzung bei Inkongruenz von Beteiligungsumfang und Einflussmöglichkeiten, Zurechnung der Beteiligung von Angehörigen usw), die häufig auch Einfluss auf die Gestaltung der Zusage selbst nehmen werden. Der PSV lehnt eine **verbindliche Stellungnahme** in derartigen Fällen ab.[131]

[127] *Beinert/Hennerkes/Binz/Rauser* DB 1980, 2323 ff.; *Höfer/Abt* DB 1982, 1501 ff.; s. auch *Riewe* DB 2010, 784.

[128] BGH DB 1997, 2113 mAnm *Doetsch* DB 1997, 2116; *Blomeyer* BetrAV 1999, 293; *Langohr-Plato/Teslau* BetrAV 1999, 305.

[129] Nach BGH NJW 2005, 2231 hat in diesen Fällen der Pfandgläubiger einen Anspruch auf Sicherheitsleistung gegen den Insolvenzverwalter, dem seinerseits allerdings das alleinige Einzugsrecht zusteht.

[130] BFH DB 2002, 2576 f.

[131] PSV-Merkblatt 300/M1/6.14 Ziff. 2.

Nimmt der **PSV Beiträge** für die Gesellschafter-Geschäftsführer-Versorgung **entgegen,** hindert ihn dies nicht daran, im Sicherungsfall die Leistung nach negativem Ergebnis der rechtlichen Insolvenzsicherungsprüfung **zu verweigern.** Er ist lediglich zur Rückerstattung zu Unrecht empfangener Beiträge verpflichtet. Umgekehrt **verliert** ein Gesellschafter-Geschäftsführer seine **Insolvenzsicherung nicht,** wenn die Gesellschaft wegen der zweifelhaften Rechtslage **keine Beiträge** für ihn abführt. Zu beachten ist in diesem Zusammenhang, dass in der aktiven Zeit des Gesellschafter-Geschäftsführers, also in seiner Anwartschaftsphase, Beiträge immer nur dann zu entrichten sind, wenn die gesetzlichen Unverfallbarkeitsvoraussetzungen als betriebsrentenrechtlicher Arbeitnehmer erfüllt sind. Sind diese Voraussetzungen nicht erfüllt, besteht Beitragspflicht ab Eintritt der Versorgungsberechtigung, sofern der Lebenslauf des Gesellschafter-Geschäftsführers im Unternehmen betriebsrentenrechtliche Arbeitnehmerzeiten aufweist. 71

V. Sozialversicherungspflicht

Die Sozialversicherungspflicht setzt gemäß § 7 SGB IV ein **abhängiges Beschäftigungsverhältnis** voraus. Hierbei ist die arbeitsrechtliche und die sozialversicherungsrechtliche Beurteilung nicht immer deckungsgleich.[132] 72

Ein abhängiges Beschäftigungsverhältnis ist gegeben, wenn der Beschäftigte in den Betrieb **eingegliedert** ist, dh regelmäßig einem Zeit, Dauer, Ort und Art der Ausführung umfassenden **Direktionsrecht** des Arbeitgebers unterliegt, was freilich vornehmlich bei Diensten höherer Art stark eingeschränkt und zur „funktionsgerechten, dienenden Teilhabe am Arbeitsprozess verfeinert" sein kann. Auch eine solche Dienstleistung ist **fremdbestimmt,** wenn sie in der von anderer Seite vorgegebenen Ordnung des Betriebes aufgeht.[133] Das Gegenstück besteht darin, dass der Beschäftigte seine Tätigkeit im Wesentlichen frei gestalten und seine Arbeitszeit selbst bestimmen kann[134] oder sich in die von ihm selbst gegebene Ordnung des Betriebes einfügt. Ob eine Tätigkeit hiernach abhängig oder selbstständig verrichtet wird, entscheidet sich letztlich danach, welche Merkmale überwiegen, dh das Beschäftigungsverhältnis prägen.[135] Hierbei ist dann weniger den vertraglichen Regelungen, als den **tatsächlichen Verhältnissen** das entscheidende Gewicht beizumessen. Ergeben die Ermittlungen keine eindeutige Antwort auf die Frage, ob eine abhängige Beschäftigung oder eine selbstständige Tätigkeit vorliegt, ist das bisherige Berufsleben als weiteres Indiz heranzuziehen.[136] 73

Nach diesen Grundsätzen ist auch zu beurteilen, ob der Geschäftsführer einer GmbH in einem abhängigen Beschäftigungsverhältnis steht oder nicht.[137] Bei dem Geschäftsführer einer Kapitalgesellschaft kommt es daher in erster Linie darauf an, in welchem Maße er gesellschaftsrechtlichen Einfluss und damit unternehmerische Funktionen ausübt. Keine Abgrenzungsprobleme ergeben sich in der Regel dann, wenn der GmbH-Geschäftsführer **weder** an der Komplementär-GmbH **noch** an der KG gesellschaftsrechtlich **beteiligt** ist. In diesem Fall ist er grundsätzlich in vollem Umfange dem **Weisungsrecht** der Gesellschafterversammlung der GmbH unterworfen (§ 37 GmbHG) und übt damit eine fremdbestimmte und damit abhängige Tätigkeit aus, die zur Sozialversicherungspflicht führt.[138] 74

Komplizierter verhält es sich, wenn der GmbH-Geschäftsführer am **Stammkapital der GmbH beteiligt** ist. Hier liegt nach der Rechtsprechung eine unternehmerische und damit nicht mehr persönlich abhängige Tätigkeit vor, wenn der Einfluss des Geschäftsführers so 75

---

[132] BAG NZA 1999, 987 (989).

[133] *Stück* GmbHR 2007, 1099.

[134] § 84 Abs. 1 S. 2 HGB, der insoweit einen allgemeinen Rechtsgedanken enthält; BSG GmbHR 1989, 32.

[135] BSG GmbHR 2006, 645 (646).

[136] BSG ZIP 1983, 103.

[137] BSG GmbHR 2007, 1324 (1325); s. auch Dokumentation der Spitzenverbände der Sozialversicherungsträger vom 22./23.11.2000, BB 2001, 728.

[138] BSG NZA 1991, 869; ZIP 1983, 104; BB 1973, 1310.

maßgebend ist, dass dieser alle **ihm nicht genehmen Weisungen** seines „Dienstherrn", nämlich der Gesellschafterversammlung, zu Inhalt und äußerem Rahmen seiner Tätigkeit **verhindern** kann.[139] Ein solcher Einfluss besteht nicht nur dann, wenn der Gesellschafter-Geschäftsführer 50 % der Stimmen auf sich vereinigt,[140] sondern auch dann, wenn er aufgrund besonderer gesellschaftsvertraglicher Regelungen durch seine Stimmrechte eine sog **Sperrminorität** innehat.[141]

76 Nach der bis Juli 2015 maßgeblichen Rechtsprechung zu § 7 SBG IV konnte auch bei einem geschäftsführenden Minderheitsgesellschafter ohne Sperrminorität und selbst bei einem Fremdgeschäftsführer in **Ausnahmefällen** die Sozialversicherungspflicht entfallen, wenn er aufgrund **besonderer Umstände** in der GmbH „schalten und walten" konnte und die Geschäfte faktisch wie ein Alleininhaber nach eigenem Gutdünken führte.[142] Dabei konnte sich die im Einzelfall nachzuweisende **faktische Beherrschung** zB aufgrund einer familiären Verbundenheit mit den Gesellschaftern[143] oder auch aufgrund einer besonderen persönlichen oder wirtschaftlichen Dominanz des Geschäftsführers ergeben. Ob das Bundessozialgericht an dieser ohnehin nur für Ausnahmefälle gegolten habenden Rechtslage festhält, muss nach einer Entscheidung des 12. Senats des Bundessozialgerichts vom 29.7.2015 bezweifelt werden, obwohl der von dieser Entscheidung betroffene Mitarbeiter nicht Gesellschafter gewesen war.[144] Ohne eine im Gesellschaftsrecht wurzelnde Rechtsmacht, die den Mitarbeiter in die Lage versetze, ihm unangenehme Weisungen zu verhindern, schlössen auch von ihm ausgeübte weitreichende Befugnisse die Annahme von abhängiger Beschäftigung nicht von vornherein aus, auch wenn er „im Alltag" faktisch bei seiner Tätigkeit keinen Weisungen unterliege.[145]

77 Bei Zweifeln über die Sozialversicherungspflicht kann sich ein Antrag auf die Durchführung eines **Statusverfahrens** gemäß § 7a SGB IV bei der Deutschen Rentenversicherung Bund empfehlen, soweit dieses nicht ohnehin nach § 7a Abs. 1 S. 2 SGB IV obligatorisch ist.[146] Umgekehrt kann beim – als solches selbstständig tätigen – Allein-Gesellschafter-Geschäftsführer einer GmbH eine Versicherungspflicht als arbeitnehmerähnlicher Selbständiger (§ 2 Nr. 9 SGB VI) bestehen, wenn dieser als natürliche Person im Wesentlichen nur für diese GmbH tätig ist.[147] Wird eine Beteiligung nur treuhänderisch gehalten, hindert dies die Annahme eines sozialversicherungspflichtigen Beschäftigungsverhältnisses iSv § 7 Abs. 1 SGB IV nicht.[148]

78 Steht der geschäftsführende Gesellschafter der Komplementär-GmbH in einem **Anstellungsverhältnis zur KG,** kann insoweit nicht von einem **abhängigen** Beschäftigungsverhältnis ausgegangen werden, wenn der Geschäftsführer mindestens zur Hälfte an der Komplementär-GmbH beteiligt ist und damit über diese einen entscheidenden Einfluss auf die KG ausüben kann.[149] Etwas anderes kommt dann in Betracht, wenn weder die GmbH

[139] BSG BB 1972, 404; so auch BSG NZA 2006, 396; *Breitfeld* in Reichert GmbH & Co. KG § 16 Rn. 86; *Wagner* in Wagner/Rux Die GmbH & Co. KG Rn. 211.

[140] BSG BB 1990, 783; 1984, 1049.

[141] BSG GmbHR 2004, 494; 1993, 355; eine Sperrminorität, die sich auf die Festlegung der Unternehmenspolitik, die Änderung des Gesellschaftsvertrags und die Auflösung der Gesellschaft beschränkt, ist insoweit allerdings nicht ausreichend. Nach BSG DStR 2016, 1275 soll ein im Geschäftsführeranstellungsvertrag eingeräumtes Vetorecht die Annahme einer Beschäftigung gemäß § 7 Abs. 1 SGB IV nicht hindern; erforderlich sei eine gesellschaftsvertraglich vereinbarte Absicherung eines solchen Vetorechts; vgl. auch BSG, BeckRS 2013, 66534; kritisch *Brand* DStR 2017, 728 ff.

[142] BSG GmbHR 2002, 324; LSG Hessen GmbHR 2007, 487; dazu auch *Reiserer* BB 2009, 718.

[143] S. aber auch LSG Bayern GmbHR 2007, 490, wonach es insoweit immer auf die Umstände des Einzelfalls ankommt.

[144] BSG BeckRS 2015, 73497.

[145] BSG BeckRS 2015, 73497 Rn. 23.

[146] *Stück* GmbHR 2007, 1099 (1100). Bei Neubegründung von Gesellschafter-Geschäftsführer-Dienstverhältnissen seit dem 1.1.2005 ist das Statusverfahren durchzuführen, bei „Altfällen" nur auf Antrag, s. *Arens* DStR 2010, 115 (117) mwN.

[147] BSG NZA 2006, 396.

[148] BSG NZS 1997, 432; *Kempermann* ArbR aktuell 2016, 446 f.

[149] S. BSG BB 1985, 464, wo es allerdings heißt, die Komplementär-GmbH müsse ihrerseits beherrschenden Einfluss auf die KG haben.

noch deren Gesellschafter-Geschäftsführer einen Kapitalanteil an der KG halten und zudem die Geschicke der KG tatsächlich ausschließlich **von den Kommanditisten** oder hinter diesen stehenden Dritten **bestimmt** werden.[150]

Wenn der **Geschäftsführer** der Komplementär-GmbH **zugleich an der GmbH & Co. KG** als Kommanditist **beteiligt** ist, hat die Höhe der KG-Beteiligung für die Frage seiner persönlichen Abhängigkeit im Verhältnis zur Gesellschafterversammlung der GmbH keine Bedeutung. Anders liegt es jedoch, wenn der geschäftsführende Kommanditist nicht zu der Komplementär-GmbH, sondern unmittelbar zur KG in einem **Beschäftigungsverhältnis** steht. In diesem Fall ist er mit dem geschäftsführenden Gesellschafter einer gewöhnlichen GmbH vergleichbar. Er ist also im Hinblick auf die Maßgeblichkeit seines gesellschaftsrechtlichen Einflusses nach den gleichen Kriterien zu beurteilen.[151] Das bedeutet, dass Sozialversicherungsfreiheit immer dann besteht, wenn der geschäftsführende Kommanditist, sei es durch seine Beteiligung an der Komplementär-GmbH, sei es durch seine Gesellschafterstellung als Kommanditist, einen **maßgeblichen Einfluss** auf die GmbH & Co. KG ausüben kann, wobei es auch hier ausreichend sein dürfte, dass dem geschäftsführenden Kommanditisten in der Gesellschafterversammlung der KG ein **Vetorecht** bzw. eine **Sperrminorität** zusteht, wenn diese gesellschafsvertraglich hinreichend abgesichert ist. Ein abhängiges Beschäftigungsverhältnis scheidet aber dann nicht von vornherein aus, wenn der Allein-Geschäftsführer, der sowohl Allein-Gesellschafter der Komplementär-GmbH als auch einziger Kommanditist der KG ist, aufgrund eines besonders gestalteten **Treuhandverhältnisses** an der Ausübung seiner Rechte als Gesellschafter gehindert ist.[152] 79

VI. Gesellschaftsrechtliche Beteiligung des Managements

Geschäftsführer, aber auch andere Führungskräfte, erhalten im Rahmen ihres Anstellungsverhältnisses gelegentlich die Möglichkeit, sich als Gesellschafter zu beteiligen, im Fall einer GmbH & Co. KG durch die Übernahme eines Kommanditanteils und/oder eines Geschäftsanteils an der Komplementär-GmbH. **Sinn und Zweck** einer gesellschaftsrechtlichen Beteiligung des Geschäftsführers besteht darin, den jeweiligen Geschäftsführer am wirtschaftlichen Ergebnis der Gesellschaft zu beteiligen und ihm zugleich eine Stellung zu verschaffen, die auch nach außen (Stichwort: Visitenkarte) seine Verbundenheit zum Unternehmen und seine Einflussmöglichkeiten erkennen lässt. 80

Die Verpflichtung des Geschäftsführers, seine Beteiligung mit Beendigung seiner Organstellung bzw. seines Anstellungsverhältnisses zurückzugeben, kann durch eine **auflösend bedingte Einräumung der Beteiligung** oder eine **aufschiebend bedingte Rückübertragung** der Beteiligung begründet werden.[153] Dies gilt unabhängig davon, ob der Geschäftsführer durch die Übertragung einer bereits bestehenden Beteiligung oder durch Erhöhung des Gesellschaftskapitals beteiligt wird. Unerheblich ist auch, ob der Geschäftsführer einen Kaufpreis bzw. eine Bareinlage aufwenden muss und ob die entsprechende Verpflichtung sofort oder erst in den Folgejahren, zB aus stehen gelassenen Gewinnanteilen, zu erfüllen ist. 81

Ein derartiges **Geschäftsführer-Beteiligungsmodell** erscheint auf den ersten Blick als unproblematisch, zumal die „eigentlichen" Gesellschafter nur davon profitieren können, wenn ein Geschäftsführer auf Grund seiner Stellung als Gesellschafter – wie erhofft – besonders erfolgreich agiert. Bei näherer Betrachtung zeigt sich jedoch, dass es sich bei dem Beteiligungsmodell um einen **Etiketten-Schwindel** handelt, da auf beiden Seiten letztlich **kein Interesse** an einer ernst gemeinten, nämlich **vollwertigen Beteiligung** des Geschäftsführers am Unternehmen besteht. Der Geschäftsführer ist meistens nicht willens und/oder in der Lage, die Beteiligung zum Verkehrswert zu übernehmen, sondern möchte nur am 82

[150] LSG Nordrhein-Westfalen ZIP 1992, 53.
[151] *Figge* GmbHR 1986, 185 (188).
[152] BSG ZIP 1995, 1179; s. auch BSG GmbHR 2006, 645 zum Fall eines formunwirksamen Treuhandverhältnisses.
[153] *Bütter/Tonner* BB 2003, 2417; *Kowalski/Bormann* GmbHR 2004, 1438; *Mülsch/Penzel* ZIP 2004, 1987.

Ergebnis beteiligt werden und nach außen als Gesellschafter auftreten können. Die „eigentlichen" Gesellschafter wiederum sind, speziell bei Familienunternehmen, regelmäßig nicht daran interessiert, ihren Gesellschafterkreis auf Dauer durch Familienfremde zu erweitern.[154] Ferner möchten sie in ihrer eigenen Entscheidungsfreiheit nicht spürbar beeinträchtigt werden.

83 Vor diesem Hintergrund wird die gesellschaftsrechtliche Beteiligung von Geschäftsführern gegenüber dem gesetzlichen Regelstatut und der Beteiligung der eigentlichen Gesellschafter inhaltlich regelmäßig in mehrerlei Hinsicht **eingeschränkt.** So hat der Geschäftsführer seine **Beteiligung zurückzugeben,** wenn seine Organstellung bzw. Tätigkeit für das Unternehmen endet; bis dahin darf er nicht über seine Beteiligung verfügen. Er ist verpflichtet, im Fall eines Verkaufs des Unternehmens seine Beteiligung mitzuverkaufen. Sein Einfluss in der Gesellschafterversammlung ist auf Grund der geringen Beteiligungsquote ohnehin vernachlässigbar, zumal er als Geschäftsführer nicht auf gesellschaftsrechtliche Informationsrechte angewiesen ist. Schließlich ist der **Abfindungsanspruch** beim Ausscheiden des Geschäftsführers **beschränkt.** Im Ergebnis wird der Geschäftsführer folglich zu einem **„Gesellschafter minderen Rechts",** dessen Rechtsposition mehr oder weniger nur „auf dem Papier" (sprich: Visitenkarte) steht.

84 Die **zeitliche Verknüpfung** der Beteiligung des Geschäftsführers mit der Dauer seiner Tätigkeit für das Unternehmen hat zur Folge, dass die „eigentlichen" Gesellschafter den Geschäftsführer via Widerruf der Bestellung bzw. Kündigung des Anstellungsvertrags jederzeit auch aus dem Beteiligungsverhältnis herausdrängen können. Denn die „wirklichen" Eigentümer wollen stets – nicht anders als der Aufsichtsrat einer AG oder die Gesellschafterversammlung einer GmbH – die Möglichkeit behalten, das Vertragsverhältnis bei Zeitablauf nicht zu verlängern oder durch Kündigung zu lösen, und zwar ohne Rücksicht auf eine in der Praxis oft nur „symbolische" Kapitalbeteiligung.[155] Das zeigt auch ein Vergleich mit dem eingeschränkten Kündigungsschutz der leitenden Angestellten. Jede andere Auffassung würde zu dem unhaltbaren Ergebnis einer „Arbeitsplatzgarantie für Manager" führen.[156]

85 Bei der gebotenen Gesamtwürdigung hat die **bedingte Rückübertragungsverpflichtung** des Geschäftsführers im Ergebnis dieselbe Wirkung wie eine gesellschaftsvertraglich verankerte „Hinauskündigungsklausel"[157] und ist hinsichtlich der Gültigkeitsprüfung deshalb nach denselben Maßstäben zu beurteilen. Die Wirksamkeit der Rückübertragungsverpflichtung setzt folglich – wie im Fall der Hinauskündigungsklausel – voraus, dass sie **wegen besonderer Umstände sachlich gerechtfertigt** ist (näher → § 6 Rn. 106 ff.). Diese Frage wurde im Jahr 2004 in zwei Parallelfällen vom OLG Düsseldorf und OLG Frankfurt gegensätzlich beantwortet. Das **OLG Düsseldorf** bejahte die erforderliche sachliche Rechtfertigung, weil die gesellschaftsrechtliche Beteiligung trotz der Kopplung an das Geschäftsführeramt für den Geschäftsführer in der Gesamtschau wirtschaftlich vorteilhaft und diese Vorteilhaftigkeit allein darin begründet sei, dass er als Geschäftsführer das Unternehmen leite.[158]

86 Im Gegensatz hierzu vermochte das **OLG Frankfurt** nicht zu erkennen, welche rechtlich schützenswerten Vorteile ein Beteiligungsmodell gegenüber einer Tantiemeregelung für den Geschäftsführer biete.[159] Bei nüchterner Betrachtung bleibe allein ein möglicherweise gesteigertes Ansehen des betreffenden Geschäftsführers in den Augen wenig informierter Dritter, das allenfalls seiner Eitelkeit, sollte er zu solcher neigen, zu schmeicheln geeignet sei. Eine solche, allenfalls geringe motivationsbildende Wirkung sei aber nicht ausreichend, um sie rechtlich zu schützen. Damit fehlten nach Ansicht des OLG Frankfurt die besonderen Umstände, die die Restriktionen eines solchen Beteiligungsmodells sachlich rechtfertigen

---

[154] Vgl. *Schlüter* in Sudhoff Familienunternehmen § 22 Rn. 7.
[155] *Huber* ZGR 1980, 177 (194 ff.); *Weber/Hinkel* NJW 1986, 2752 (2753 f.).
[156] *Weber/Hinkel* NJW 1986, 2752 (2754).
[157] *Goette* DStR 1997, 337; *Kowalski/Bormann* GmbHR 2004, 1438.
[158] OLG Düsseldorf ZIP 2004, 1804.
[159] OLG Frankfurt ZIP 2004, 1801.

könnten, weshalb die Rückübertragungsverpflichtung sittenwidrig und damit **nichtig** sei. Da die Einräumung der Beteiligung und die Rückübertragungsverpflichtung ein einheitliches Rechtsgeschäft iSv § 139 BGB darstellten, führe dies auch zur **Unwirksamkeit** der Einräumung der Beteiligung und damit **des Beteiligungsmodells** als solchem.[160]

Der **BGH** hat sich der vom OLG Düsseldorf vertretenen Auffassung angeschlossen.[161] 87
Er bestätigt zunächst seine ständige Rechtsprechung, wonach gesellschaftsvertragliche Regelungen, die einem Gesellschafter, einer Gruppe von Gesellschaftern oder der Gesellschaftermehrheit das Recht einräumen, einen Mitgesellschafter ohne sachlichen Grund aus der Gesellschaft auszuschließen („Hinauskündigungsklauseln"), grundsätzlich wegen Verstoßes gegen die guten Sitten nach § 138 Abs. 1 BGB nichtig sind. Bei dem sog Managermodell sei jedoch die Koppelung des freien Widerrufs der Geschäftsführerbestellung und der Beendigung der Gesellschafterstellung aufgrund der besonderen Umstände des Falls **sachlich gerechtfertigt.** Denn die von vornherein auf Zeit eingeräumte Beteiligung sei nur ein **Annex** zu der Geschäftsführerstellung.

Der BGH rechtfertigt seine auf den ersten Blick überraschende Argumentation mit der 88
Feststellung, dass im Ergebnis der beteiligte Geschäftsführer nur eine **treuhänderische Stellung** erlange und das mit der Gesellschafterstellung verbundene Gewinnbezugsrecht einer **Tantiemeregelung** ähnele. Tatsächlich ist bei dem Beteiligungsmodell eine ernst gemeinte, dh vollwertige Beteiligung des Geschäftsführers gerade nicht gewollt (Stichwort: Etiketten-Schwindel).[162] Um den Geschäftsführer am Erfolg des Unternehmens zu beteiligen, bedarf es keiner gesellschaftsrechtlichen Beteiligung, sondern lediglich einer entsprechenden **schuldrechtlichen Vereinbarung.** Ein Geschäftsführer kann durch eine derartige virtuelle Beteiligung (Stichwort: Phantom-Aktie) in gleicher Weise am laufenden Ergebnis und ggf. an einer während seiner Geschäftsführertätigkeit eintretenden Wertsteigerung des Unternehmens beteiligt werden. Möchte der Geschäftsführer, aus welchen Gründen auch immer, nach außen hin als Gesellschafter auftreten, ließe sich dies ohne Weiteres über eine nur **treuhänderische Beteiligung** erreichen.

Die dennoch in der Praxis verbreitete Umsetzung des Beteiligungsmodells durch eine 89
„echte" gesellschaftsrechtliche Beteiligung des Geschäftsführers ist hiernach nicht nur überflüssig, sondern gegenüber einer virtuellen Beteiligung auch **überwiegend nachteilig.** Bei einer gesellschaftsrechtlichen Beteiligung besteht nämlich zum einen die Gefahr, dass die von allen Beteiligten anfänglich gewünschte Stellung des Geschäftsführers als „Gesellschafter minderen Rechts" mit der Zeit in Vergessenheit gerät und sich der Geschäftsführer eines Tages als **vollwertiger Gesellschafter geriert,** dh entsprechende Ansprüche geltend macht. In der Tat lag den vom OLG Düsseldorf und OLG Frankfurt bzw. BGH entschiedenen Fällen jeweils ein derartiger Sachverhalt zugrunde, bei denen die Geschäftsführer nach ihrem Ausscheiden aus der Geschäftsführung die vereinbarte Begrenzung des Abfindungsguthabens nicht mehr wahrhaben wollten.

Hinzu kommt, dass die Ergebnisbeteiligung des Geschäftsführers nur im Fall einer virtuel- 90
len Beteiligung bei der Gesellschaft als **Betriebsausgabe steuerlich abzugsfähig** ist. Dies ist für die Gesellschaft und die „eigentlichen" Gesellschafter ein nicht zu unterschätzender Vorteil,[163] zumal der sofortigen Steuerentlastung aufseiten der Gesellschaft unter Umständen – wegen des insoweit geltenden Zuflussprinzips – die korrespondierende Steuerbelastung aufseiten des Geschäftsführers erst zeitlich versetzt gegenübersteht. So gesehen besteht für eine temporäre Beteiligung eines Geschäftsführers auf gesellschaftsrechtlicher Basis, anders als zB im Fall der **Probezeit** bei Freiberuflersozietäten,[164] **kein Bedürfnis.**

[160] Zu den beiden Entscheidungen s. *Schneider/Wiechers* DB 2005, 2450.

[161] BGH NJW 2005, 3641; vgl. auch BGH NJW 2005, 3644. Hierzu *Peltzer* ZGR 2006, 702; *Zimmermann* GmbHR 2006, 231; *Battke/Grünberg* GmbHR 2006, 225; *Sosnitza* DStR 2006, 99.

[162] Die Gretchenfrage lautet in diesen Fällen ganz einfach: Ist eine Vererbbarkeit der Beteiligung gewollt oder nicht. Nur bei der Antwort „Ja" ist der „Lackmus-Test" bestanden.

[163] Zur vergleichbaren Situation im Fall von Stock options bei Aktiengesellschaften vgl. *Binz/Sorg* BB 2002, 1273 (1276).

[164] BGH NJW 2004, 2013; *Grunewald* DStR 2004, 1750.

91 Hält man die Beteiligung eines Geschäftsführers auf Zeit entgegen der hier vertretenen Auffassung dennoch für geboten, stellt sich die Frage nach der **Wirksamkeit** der in solchen Fällen regelmäßig vereinbarten **Abfindungsbeschränkung.** Nach den allgemeinen Rechtsprechungsgrundsätzen (→ § 6 Rn. 163 ff.) dürfte bei einer von Anfang an zeitlich begrenzten Beteiligung des Gesellschafters ein weiter Gestaltungsspielraum bestehen, der eine Einschränkung der Abfindung – etwa nach dem bekannten Motto: nackt (dh ohne Entgelt) rein, nackt raus – über die sonst geltenden Grenzen hinaus zulässig macht, um überhaupt Mitarbeiterbeteiligungen in einer für die Gesellschaft bzw. die Gesellschafter zumutbaren Weise realisieren zu können.[165]

92 Um von vornherein Streitpotenzial zwischen den „eigentlichen" Gesellschaftern und dem zu beteiligenden Geschäftsführer bezüglich der Ausgestaltung der Gesellschafterstellung und deren Umsetzung zu vermeiden, empfehlen wir aber trotz der Klarstellungen durch den BGH, von einer gesellschaftsrechtlichen Beteiligung von Fremdgeschäftsführern ganz abzusehen und auf **virtuelle Beteiligungen** auszuweichen, ggf. ergänzt um die treuhänderische Übertragung eines Gesellschaftsanteils, damit sich der Betreffende im Außenverhältnis wahrheitsgemäß mit dem Titel eines „Geschäftsführenden Gesellschafters" schmücken kann. Mit virtuellen Beteiligungen lässt sich das gewünschte Ergebnis erfahrungsgemäß wesentlich **flexibler und kostengünstiger** erreichen.

§ 10 Die Rechtsstellung von Aufsichtsorganen

I. Der obligatorische Aufsichtsrat

1 Anders als bei der Kapitalgesellschaft, bei der das DrittelbG und das MitbestG die Konstituierung eines Aufsichtsrates unter bestimmten Voraussetzungen verbindlich vorschreiben, besteht eine solche Verpflichtung bei der GmbH & Co. KG grundsätzlich nicht. Nur **ausnahmsweise,** nämlich wenn die tatbestandlichen Voraussetzungen der §§ 4 oder 5 MitbestG erfüllt sind, muss im Ergebnis auch für eine GmbH & Co. KG ein Aufsichtsrat eingerichtet werden, für den dann im Wesentlichen die aktienrechtlichen Regelungen gelten (→ § 14 Rn. 1 ff.).[1]

II. Der fakultative Aufsichtsrat (Beirat)

1. Motive für dessen Einrichtung

2 Bei vielen GmbH & Co. KGs, insbesondere **Familiengesellschaften,** existiert ein Beratungs- oder Aufsichtsgremium auf **freiwilliger Grundlage.** Solche fakultativen Aufsichtsräte, die üblicherweise als **Beiräte** oder **Verwaltungsräte** bezeichnet werden,[2] haben sich in Familienunternehmen als Instrument guter Unternehmensführung bewährt. Der **Beirat** ist ein flexibel einsetzbares Gremium mit einer – wie es bereits *Hölters* treffend formuliert hat – „schillernden Palette von Ausgestaltungsformen".[3]

3 Die wichtigsten **Motive** für die freiwillige Installation eines Beirates, die zugleich dessen mögliche **Aufgaben** beschreiben, können wie folgt zusammengefasst werden:[4]

---

[165] BGH DB 2005, 2401; OLG Düsseldorf ZIP 2004, 1804 (1808) unter Hinweis auf BGH DStR 1997, 336 mAnm *Goette* DStR 1997, 337. In diesem Urteil hatte der BGH bei einer GmbH, deren Gesellschafter nur eine in ihrem Dienst stehende Person sein konnte und die deshalb eine treuhandähnliche Stellung innehatten, eine Abfindungsklausel unbeanstandet gelassen, obwohl der Verkehrswert des Anteils den Abfindungsanspruch um das mehr als Zweihundertfache überstieg.

[1] Zu den Rahmenbedingungen *Thümmel* AR 2015, 126.

[2] Zum Zweck der terminologischen Unterscheidung wird der fakultative Aufsichtsrat im Folgenden als „Beirat" bezeichnet.

[3] *Hölters,* Der Beirat der GmbH und GmbH & Co. KG, 3; vgl. auch *Becker/Reker/Ulrich* AR 2010, 154; *Spindler* in MüKoGmbHG § 52 Rn. 642.

[4] *Hennerkes/Binz/May* DB 1987, 469; *Hinterhuber/Minrath* BB 1991, 1201; *Hölters,* Der Beirat der GmbH und GmbH & Co. KG, 3 f.; *Mutter* in MHdB GesR II § 8 Rn. 1; *Ruter* in Ruter/Thümmel, Beiräte in mittelständischen Familienunternehmen, Rn. 29 ff.; *Schneider/Viebahn* AR 2005, 5; *Spindler/Kepper* DStR 2005, 1738 (1775); *Spindler* in MüKoGmbHG § 52 Rn. 644 ff.; *Wälzholz* DStR 2003, 511; *Wiedemann/Kögel,* Beirat und Aufsichtsrat im Familienunternehmen, § 4 Rn. 8.

(1) Die Gesellschafter sind, sei es aufgrund ihrer Vielzahl, fehlender Sachkompetenz oder aus sonstigen Gründen, nicht in der Lage, ihre Interessen gegenüber der Geschäftsführung angemessen und objektiv zu vertreten. Bei Familiengesellschaften, die von Fremdmanagern geführt werden, trägt die Einrichtung eines Beirats dazu bei, Konflikte zwischen Familiengesellschaftern und Geschäftsführung zu vermeiden oder zu entschärfen. Seltener dürfte ein Beirat auf Verlangen der Hausbanken konstituiert werden. Es wäre jedoch falsch, den **Überwachungsaspekt** überzubetonen. Der Geschäftsführung wird mit dem Beirat vielmehr ein fachkundiges und neutrales Gremium zur Unterstützung ihrer Tätigkeit an die Seite gestellt, mit dem schwierige und weitreichende Entscheidungen diskutiert und beraten werden können.[5] 4

(2) Durch die Errichtung eines Beirates können gesellschaftsrechtliche **Befugnisse** der Gesellschafterversammlung auf ein fachlich qualifiziertes Gremium **verlagert** und dieses Beratergremium in die Meinungsbildung der Gesellschafterversammlung einbezogen werden. Hier ist insbesondere an wichtige **Entscheidungen der Unternehmenspolitik,** wie zB die Verabschiedung des Investitionsplans, den Aufbau einer Zweitmarke, den Erwerb eines Konkurrenzunternehmens usw zu denken. Der Beirat kann also nicht nur für die Geschäftsführung, sondern auch für die Gesellschafter hilfreich sein.[6] 5

(3) In Familienunternehmen kommt es häufig zu **Spannungen** innerhalb der Geschäftsführung, zwischen den Gesellschaftern, aber auch zwischen Geschäftsführung einerseits und einzelnen Gesellschaftern andererseits.[7] Besteht der Gesellschafterkreis aus verschiedenen Stämmen oder Gruppen, die „ihre" Geschäftsführung stellen, oder sind einzelne Stämme nicht in der Geschäftsführung repräsentiert, so ist der Streit programmiert. Dasselbe gilt zB auch dann, wenn nur einzelne Gesellschafter in der Geschäftsführung tätig sind; hier wird das Abstimmungsverhalten zB bei der Entscheidung über Entnahmen und Investitionen grundlegend voneinander abweichen. In diesen Fällen kann der Beirat für die nicht in die Geschäftsführung einbezogenen Gesellschafter als **Repräsentativorgan** tätig werden.[8] 6

(4) Bei derartigen Sachverhalten kann dem Beirat ferner eine **Schiedsrichterfunktion** zukommen, indem ihm entweder als „echtem" Schiedsgericht eine Entscheidungskompetenz oder doch zumindest als „Quasi-Schiedsrichter" ein Beratungs- und Vorschlagsrecht eingeräumt wird.[9] 7

(5) Ein Beirat kann auch bei der Lösung der **Nachfolgeproblematik in Familiengesellschaften** wertvolle Dienste leisten. So ist es denkbar, dass sich die Senioren nach der Übergabe der Geschäftsführung an die nächste Generation in das Aufsichtsgremium zurückziehen, um zwar das Tagesgeschäft ihren Nachfolgern zu überlassen, aber die „Richtlinienkompetenz" noch nicht völlig aus der Hand zu geben. In einem derartigen Fall sollte der Beirat allerdings nicht nur aus den Senioren bestehen, um etwa einen latenten oder bereits ausgebrochenen Generationskonflikt nicht im Verhältnis zwischen Beirat und Geschäftsführung zu institutionalisieren. 8

Sind die potenziellen Unternehmensnachfolger noch zu jung, um abschließend beurteilt zu werden, so kann einem Beirat im Fall des vorzeitigen Ablebens des bzw. der Senioren durch entsprechende **testamentarische Anordnungen** die Aufgabe übertragen werden, ein dann erforderliches Fremdmanagement zu überwachen und aus dem Kreis der Junioren den bzw. die geeigneten Nachfolger auszuwählen.[10] 9

(6) In Abhängigkeit von den Verhältnissen des Einzelfalles kann ein Beirat eine Vielzahl von weiteren oder anderen Aufgaben übernehmen. So kann ihm zB die Ausübung der 10

[5] *Koeberle-Schmid/Groß/Lehmann-Tolkitt* BB 2011, 899; *Becker/Reker/Ulrich* AR 2010, 154: „Sparingpartner"; *Reichert/Ullrich* in Reichert GmbH & Co. KG § 19 Rn. 47; *Ruter* in Ruter/Thümmel, Beiräte in mittelständischen Familienunternehmen, Rn. 95.

[6] *Reichert/Ullrich* in Reichert GmbH & Co. KG § 19 Rn. 48; *Ruter* in Ruter/Thümmel, Beiräte in mittelständischen Familienunternehmen, Rn. 64 ff.

[7] *Wiedemann/v. Thunen* FuS 2014, Sonderheft, 37.

[8] *Reichert/Ullrich* in Reichert GmbH & Co. KG § 19 Rn. 50; *Ruter* in Ruter/Thümmel, Beiräte in mittelständischen Familienunternehmen, Rn. 83; *Habbe/Gieseler* NZG 2016, 1010 (1012).

[9] *Erker* DStR 2014, 105; *Reichert/Ullrich* in Reichert GmbH & Co. KG § 19 Rn. 51; *Ruter* in Ruter/Thümmel, Beiräte in mittelständischen Familienunternehmen, Rn. 90.

[10] *Ruter* in Ruter/Thümmel, Beiräte in mittelständischen Familienunternehmen, Rn. 82.

Rechte eines nicht in der Geschäftsführung vertretenen Gesellschafterstammes oder bei **Publikumsgesellschaften**[11] die Kontrolle der Unternehmensleitung im Interesse der von der Geschäftsführung ausgeschlossenen Kapitalanleger, aber auch die Wahrnehmung von Rechten der Gesellschafterversammlung, die wegen ihres großen Mitgliederbestandes selbst nur sehr schwerfällig reagieren könnte, übertragen werden. Der Beirat kann aber auch auf **Repräsentationsaufgaben** beschränkt werden, um den Kontakt zu bestimmten Personen oder Personengruppen zu pflegen (zB Kundenbeirat) oder das Image des Unternehmens durch die Berufung hochkarätiger Persönlichkeiten zu verbessern.[12]

11 Die **Corporate Governance-Diskussion** der letzten Jahre strahlt inzwischen auch auf Familienunternehmen aus. Corporate Governance steht für Optimierung der Leitungs- und Kontrollfunktion im Rahmen unternehmerischer Tätigkeit. Die vom Bundesminister für Justiz in diesem Zusammenhang ins Leben gerufene Regierungskommission hat im Februar 2002 erstmals den Deutschen Corporate Governance **Kodex** vorgelegt; die aktuelle Fassung datiert vom 7.2.2017.[13] Dieser richtet sich zwar in erster Linie an börsennotierte Gesellschaften, wird in seiner Präambel aber ausdrücklich auch zur Beachtung durch andere Gesellschaften empfohlen. Kernanliegen des Kodex ist es, die Unternehmensüberwachung und damit die Funktion eines Überwachungsorgans zu stärken, weshalb einer Ausweitung der tragenden Grundsätze auf den fakultativen Beirat einer GmbH & Co. KG kein wesentliches Argument entgegensteht.[14]

12 Im Blick auf die besonderen Bedürfnisse von Familienunternehmen, für die Überlegungen zur Good Governance nicht weniger bedeutsam sind, wurde von einer privaten Kommission inzwischen ein aus dem Deutschen Corporate Governance Kodex abgeleiteter, spezieller **Governance Kodex für Familienunternehmen** ausgearbeitet.[15] Zur Unternehmensüberwachung heißt es in Ziff. 4.1 dieses Kodex:

13 „Mit wachsender Unternehmensgröße und zunehmender Komplexität auf Inhaberseite wird auch denjenigen Familienunternehmen empfohlen, die dazu nicht von Gesetzes wegen verpflichtet sind, ein eigenständiges, freiwilliges Aufsichtsgremium einzurichten. Ein solches Gremium kann helfen, die Qualität und Objektivität bei der Beratung und Kontrolle der Unternehmensführung zu sichern."

14 Der Beirat ist ein **Instrument** guter Governance.[16] Für eine gute und **effiziente** Beiratstätigkeit müssen insbesondere folgende Voraussetzungen erfüllt sein:[17]
- Schaffung **klarer Rahmenbedingungen** in Familie und Unternehmen,
- Gewinnung **geeigneter Persönlichkeiten** und
- Sicherstellung einer **professionellen Arbeitsweise.**

2. Rechtliche Ausgestaltung des Beirats

15 **a) Rechtliche Verankerung.** Der **Beirat** kann rechtskonstruktiv entweder **bei der Komplementär-GmbH**[18] – in diesem Fall sind die GmbH-Geschäftsführer als solche der Überwachung des Beirats unterworfen – oder **bei der KG** – hier wird die Geschäftsführung der Komplementär-GmbH und damit mittelbar natürlich auch die Tätigkeit ihrer Geschäftsführer kontrolliert – installiert werden, natürlich auch bei beiden Gesellschaften gleichzeitig.

[11] Zur Publikumsgesellschaft näher → § 13 Rn. 1 ff.

[12] *Reichert/Ullrich* in Reichert GmbH & Co. KG § 19 Rn. 46: „Prominentenbeirat".

[13] Abrufbar im Internet unter http://www.corporate-governance-code.de.

[14] So auch *Thümmel* BB 2004, Heft 27, I.

[15] Fassung vom 29.5.2015, abrufbar im Internet unter http://www.kodex-fuer-familienunternehmen.de. Hierzu *Lange* GmbHR 2006, 897. Kritisch *Hennerkes* BB 2010, Heft 7, I.

[16] *May/Bartels,* Der Beirat im Familienunternehmen, Rn. 1 ff.; *Sanders* NZG 2017, 961.

[17] *Achenbach* FAZ vom 25.1.2010, 10; *Achenbach/May/Rieder* AR 2009, 50; *Kuck* AR 2007, 86; *Koeberle-Schmid* DB 2009, 1249; *Lehmann-Tolkmitt* AR 2008, 6.

[18] Ist bei der Komplementär-GmbH nach den Bestimmungen des MitbestG oder dem DrittelbG ein obligatorischer Aufsichtsrat zu bilden, so kann ein Beirat neben diesem als weiteres Organ bestehen bleiben, → § 14 Rn. 15.

Die Einrichtung des Beirats bei der KG bedarf der **Grundlage im Gesellschaftsvertrag** bzw. eines mit vertragsändernder Mehrheit gefassten Gesellschafterbeschlusses.[19] Liegt die Ermächtigung im Gesellschaftsvertrag vor, kann der Beirat auch nach Gründung der Gesellschaft durch Mehrheitsbeschluss eingerichtet werden.[20] Demgegenüber muss die Einrichtung des Beirats bei der Komplementär-GmbH als Satzungsänderung den Anforderungen der §§ 53, 54 GmbHG genügen.[21] 16

Unterschiede bestehen in der **steuerlichen Behandlung der Beiratsvergütungen** (→ § 16 Rn. 395 ff.; zur umsatzsteuerlichen Behandlung → § 18 Rn. 25). Aus der Sicht des Beiratsmitgliedes spielt es zwar keine Rolle, ob die Vergütung von der GmbH oder der KG bezahlt wird. In beiden Fällen sind es für ihn, wenn er nicht Gesellschafter ist, Einkünfte aus selbstständiger Tätigkeit, andernfalls gemäß § 15 Abs. 1 S. 1 Nr. 2 EStG Einkünfte aus Gewerbebetrieb. Während jedoch die GmbH & Co. KG die an ihre Beiratsmitglieder geleisteten Vergütungen in voller Höhe als Betriebsausgabe absetzen kann (so dass diese nur beim einzelnen Beiratsmitglied der einfachen Besteuerung unterliegen), ist die Abziehbarkeit bei der GmbH auf **die Hälfte** der Vergütungen beschränkt (§ 10 Nr. 4 KStG). 17

Aus steuerlichen Gründen empfiehlt es sich, den **Beirat bei der KG** einzurichten. Die Errichtung **bei der GmbH** ist erforderlich, wenn dem Beirat die Aufgabe übertragen wird, die Geschäftsführer zu bestellen und abzuberufen. Häufig empfiehlt es sich, einen Beirat **sowohl bei der KG als auch bei der GmbH** einzurichten, insbesondere dann, wenn der Beirat auch die Gesellschafter beraten und Meinungsverschiedenheiten schlichten soll. Um den finanziellen und organisatorischen Aufwand in Grenzen zu halten, ist es in diesen Fällen allerdings ratsam, die Beirate zu **synchronisieren,** also personenidentisch zu besetzen, mit einer gemeinsamen inneren Ordnung zu versehen und gleichzeitig tagen zu lassen.[22] Die Beiratsvergütung wird dann verursachungsgerecht aufzuteilen sein und bei wirtschaftlicher Betracht ganz überwiegend auf den Beirat der KG entfallen. Lediglich bei einer identischen GmbH & Co. KG und bei der **Einheitsgesellschaft** genügt für alle Aufgaben ein bei der KG eingerichteter Beirat, der dann gleichermaßen von den Gesellschaftern der KG und der Komplementär-GmbH legitimiert ist.[23] 18

Die den Beirat betreffenden Bestimmungen des Gesellschaftsvertrags oder ein gesondert von den Gesellschaftern vereinbartes **Beiratsstatut** sollten zumindest folgende Regelungen enthalten, zu denen nachstehend **Empfehlungen** gegeben werden, die sich in der Praxis bei mittelständischen Unternehmen bewährt haben: 19

- **Amtsdauer:** drei bis höchstens fünf Jahre;
- **Aufgaben** (Rechte und Pflichten): möglichst genaue Beschreibung der Aufgaben, ggf. Verweisung auf das AktG, Katalog zustimmungspflichtiger Geschäftsführungsmaßnahmen (→ § 4 Rn. 13);
- **Anzahl** der Beiratsmitglieder: drei oder fünf;
- **Qualifikation** der Beiratsmitglieder, zB in Anlehnung an § 100 Abs. 5 AktG, wonach mindestens ein unabhängiges Mitglied des Aufsichtsrats über Sachverstand auf den Gebieten Rechnungslegung oder Abschlussprüfung verfügen muss (sog Finanzexperte);
- **Berufung** und **Abberufung** der Beiratsmitglieder: Wahl durch die Gesellschafterversammlung mit einem möglichst hohen Quorum, eventuell höheres Quorum nur für Abberufung oder „konstruktives Misstrauensvotum";

---

[19] *Mutter* in MHdB GesR II § 8 Rn. 10 mwN. AA *Schäfer* in Großkomm. HGB § 109 Rn. 50 für Beiräte als reine Gesellschafter-Repräsentanten, bei denen eine gesellschaftsvertragliche Grundlage nicht erforderlich sei und die Zustimmung der Mitgesellschafter genüge.

[20] Ausdrücklich *Mutter* in MHdB GesR II § 8 Rn. 10.

[21] KG GmbHR 2016, 29 (31) auch dazu, dass das Erfordernis der qualifizierten Mehrheit möglicherweise (!) durch entsprechende Satzungsgestaltung überwunden werden könne. AA OLG München NZG 2012, 1184 = GmbHR 2012, 1075 f. mAnm *Römermann,* wonach bei satzungsmäßiger Ermächtigung der Beirat der GmbH auch mit einfacher Stimmenmehrheit eingerichtet werden könne.

[22] *Reichert/Ullrich* in Reichert GmbH & Co. KG § 19 Rn. 56.

[23] *Wenzel* in HTM HdB GmbH & Co. KG Rn. 4.245.

- **Innere Ordnung:** möglichst knappe Regelungen für Wahl des Vorsitzenden, Beschlussfähigkeit, Sitzungsfrequenz; möglichst viel Freiheit für eigene Regelung durch den Beirat im Rahmen einer Geschäftsordnung;
- **Haftung, Vergütung:** Regelung des Haftungsumfangs, Festlegung der Vergütung durch die Gesellschafterversammlung.

20 Wird der Beirat **bei der Komplementär-GmbH** eingerichtet, so kann **§ 52 GmbHG** eingreifen mit der Folge, dass eine Reihe aktienrechtlicher Bestimmungen anzuwenden sind, soweit die GmbH-Satzung nichts anderes bestimmt. Ein „Aufsichtsrat" iSv § 52 Abs. 1 GmbHG liegt vor, wenn – wie beim aktienrechtlichen Aufsichtsrat – die Überwachung der Geschäftsführung im Vordergrund steht, nicht jedoch, wenn das Organ nur beratend tätig ist oder Geschäftsführungsbefugnisse oder Aufgaben dominieren, welche nach dem gesetzlichen Regelstatut in die Zuständigkeit der Gesellschafterversammlung fallen.[24] Entscheidend ist nicht die Bezeichnung des Organs als „Aufsichtsrat", sondern die ihm durch die Satzung verliehene Funktion.[25] Die Abgrenzung ist oft schwierig.

21 § 52 Abs. 1 GmbHG ist – anders als Abs. 2 und 3 – **dispositives Recht.** Die Satzung kann pauschal jegliche Verweisung auf das AktG oder nur einzelne Verweisungen abbedingen. In der Bezeichnung als Beirat wird oft ein konkludenter Ausschluss von § 52 Abs. 1 GmbHG liegen.[26] Da dies bei der GmbH & Co. KG in der Praxis meistens ebenso wenig gewünscht ist wie eine unreflektierte Übernahme aller aktienrechtlichen Verweisungen, empfiehlt es sich regelmäßig, § 52 Abs. 1 GmbHG in der Satzung für nicht anwendbar zu erklären und den Beirat insgesamt **eigenständig zu regeln.**[27]

22 **b) Aufgaben.** Nachdem im Recht der Personengesellschaften die Bildung eines Aufsichtsorgans nicht vorgesehen ist, existieren auch keinerlei gesetzliche Bestimmungen über dessen **Rechte und Pflichten.** Die Gesellschafter sind also in der Ausgestaltung der Aufgaben und Befugnisse des Beirates grundsätzlich frei. Die Aufgaben eines Beirates entsprechen in der Praxis im Grundsatz denjenigen des obligatorischen Aufsichtsrats: er soll die **Geschäftsführung beraten und überwachen.**[28] Die Gesellschafter können ihnen originär zustehende Rechte, wie zB die Feststellung des Jahresabschlusses, auf den Beirat übertragen. Ferner kann der Gesellschaftsvertrag bestimmte Befugnisse eigens für den Beirat konstituieren; so wird zB sehr häufig vereinbart, dass bestimmte Geschäftsführungsmaßnahmen der vorherigen Zustimmung des Beirats bedürfen (→ Rn. 28 ff.).

23 Im einen Extremfall kann der Beirat also die Gesellschafterversammlung in weiten Bereichen verdrängen **(„Gesellschafterausschuss").** Allerdings können den Kommanditisten durch die Bildung derartiger Organe die Gesellschafterrechte nicht vollständig entzogen werden. Ebenso wie bei der personalistischen KG ist ein Stimmrechtsausschluss oder eine Vertreterklausel dann unwirksam, wenn es um Entscheidungen geht, die in den **„Kernbereich"** der Gesellschafterstellung eingreifen.[29] Im anderen Extremfall ist seine Ausgestaltung als **reines Beratungsgremium** ohne Entscheidungsbefugnisse für die Geschäftsführung

---

[24] *Giedinghagen* in Michalski GmbHG § 52 Rn. 10; *Heermann* in Ulmer/Habersack/Löbbe GmbHG § 52 Rn. 17, 19.

[25] *Bacher* GmbHR 2005, 465; *Koppensteiner/Schnorbus* in Rowedder/Schmidt-Leithoff GmbHG § 52 Rn. 8; *Spindler* in MüKoGmbHG § 52 Rn. 36; *Zöllner/Noack* in Baumbach/Hueck GmbHG § 52 Rn. 22.

[26] *Giedinghagen* in Michalski GmbHG § 52 Rn. 13; *Marsch-Barner/Diekmann* in MHdB GesR IIII § 48 Rn. 14; *Heermann* in Ulmer/Habersack/Löbbe GmbHG § 52 Rn. 18.

[27] *Wälzholz* DStR 2003, 511 (512).

[28] § 111 Abs. 1 AktG, auf den in § 25 Abs. 1 Nr. 2 MitbestG sowie in § 52 Abs. 1 GmbHG für den Beirat verwiesen wird. Zur Überwachungs- und Beratungsaufgabe des Beirats im Übrigen *Mutter* in MHdB GesR II § 8 Rn. 17 f.; *U. H. Schneider* in Scholz GmbHG § 52 Rn. 49; *Heermann* in Ulmer/Habersack/Löbbe GmbHG § 52 Rn. 310 ff.; *Thümmel* in Ruter/Thümmel, Beiräte in mittelständischen Familienunternehmen, Rn. 159.

[29] BGHZ 20, 363 (368); *Huber* GmbHR 2004, 772 (774); *Grunewald* in MüKoHGB § 161 Rn. 175; *Wälzholz* DStR 2003, 511 (514); *Wagner* in Wagner/Rux Die GmbH & Co. KG Rn. 271. Ob diese Grundsätze mit Blick auf die neuere Entwicklung in der Rechtsprechung zur Kernbereichslehre, insbesondere im Zusammenhang mit sogenannten „Mehrheitsklauseln", Bestand haben wird, bleibt abzuwarten; → § 5 Rn. 91 ff.

und/oder die Gesellschafterversammlung denkbar. Erfahrungsgemäß ist es aber schwierig, qualifizierte Mitglieder für ein reines Beratungsgremium zu finden.

24 **c) Zusammensetzung.** Üblicherweise erfolgt die **Wahl der Beiratsmitglieder** durch die Gesellschafterversammlung. Der Gesellschaftsvertrag kann jedoch auch einen anderen Modus vorsehen.[30] In Familiengesellschaften wird der Beirat häufig dergestalt besetzt, dass einzelne Gesellschafter oder Familienstämme jeweils ein Mitglied – sei es eine Person aus ihrer Mitte oder einen Dritten – bestimmen (Gruppenbeiräte). Ein derartiges **Entsendungsrecht** begründet allerdings die Gefahr, dass die Gegensätze und Spannungen aus der Gesellschafterversammlung heraus – via imperatives Mandat – in den Beirat verlagert werden, in dem dann ein „Stellvertreterkrieg" geführt wird.[31]

25 Bei der Besetzung der Beiratsposten sollte man sich an der **Funktion** dieses Gremiums orientieren und für diese Aufgaben qualifizierte Personen mit einem möglichst **großen Quorum** in der Gesellschafterversammlung wählen. Eine derartige Auswahl bietet die besten Chancen dafür, dass der Beirat seine Beratungs- und Überwachungsaufgabe, getragen vom Vertrauen einer entsprechenden Mehrheit der Gesellschafter, optimal wahrnehmen kann.[32] Allerdings birgt ein zu großes Quorum für die Wahl der Beiratsmitglieder (zB 75 %) die Gefahr, dass die erforderliche Mehrheit nicht zustande kommt oder – wie in der Politik – der berühmte „Kuhhandel" stattfindet.

26 Auch die **Anzahl der Beiratsmitglieder** hat sich ausschließlich an den funktionalen Erfordernissen des betroffenen Unternehmens zu orientieren. In jedem Fall sollte die Zahl der Mitglieder **ungerade** sein, um **Patt-Situationen** zu vermeiden. Wird – aus welchen Gründen auch immer – gleichwohl eine gerade Mitgliederzahl erforderlich, so empfiehlt es sich, bei Stimmengleichheit die Stimme des Vorsitzenden doppelt zu zählen (vgl. Art. 50 Abs. 2 SE-VO) oder dem Beispiel der paritätischen Mitbestimmung zu folgen und dem Vorsitzenden bei Stimmengleichheit in einer nochmaligen Abstimmung das ausschlaggebende Stimmrecht (sog **Zweitstimme**) zuzugestehen (vgl. § 29 Abs. 2 MitbestG).[33]

27 Die richtige Zusammensetzung des Beirats ist gerade bei Familienunternehmen mit dem dort häufig anzutreffenden heterogenen Aufgabenspektrum von zentraler Bedeutung.[34] In der Praxis hat sich die Besetzung des bei kleinen und mittleren Unternehmen meist **dreiköpfigen** Beirates mit einem aktiven Unternehmer, einem erfahrenen Finanzkaufmann[35] oder Juristen und – je nach Branche – einem Techniker oder Marketing- und Vertriebsfachmann bewährt. Die Beiratsmitglieder sollten sich auch bei einem Familienunternehmen durch einen gewissen Grad an **Unabhängigkeit** auszeichnen.[36] Die häufig anzutreffende Wahl eines Vertreters der **Hausbank** in das Überwachungsgremium erscheint deshalb problematisch. In Konfliktsituationen wird dieser nämlich im Zweifel die Interessen seines Finanzierungsinstituts vor die des Unternehmens stellen (was man ihm auch kaum verdenken kann). Ebenso kritisch zu betrachten ist wegen möglicher Interessenkonflikte die verbreitete Bestellung der **ständigen Berater** des Unternehmens (Hausanwalt, Wirtschaftsprüfer, Steuerberater) in den Beirat. Die Beratungsleistungen dieses Personenkreises stehen dem Unternehmen aufgrund des Mandatsverhältnisses ohnehin zur Verfügung, so dass solchen Personen, die ihr Wissen und ihre Erfahrung nicht als Dienstleistung anbieten (wie zB einem Unternehmer), der Vorzug gegeben werden sollte.

---

[30] *Huber* GmbHR 2004, 772 (775).

[31] *Reichert/Ullrich* in Reichert GmbH & Co. KG § 19 Rn. 105.

[32] Hierzu *Achenbach* AR 2013, 14; *Koeberle-Schmid/Grottel,* Führung von Familienunternehmen, 63; *Reichert/Ullrich* in Reichert GmbH & Co. KG § 19 Rn. 88.

[33] *Mutter* in MHdB GesR II § 8 Rn. 62.

[34] *Lehmann-Tolkmitt* in May/Bartels, Der Beirat im Familienunternehmen, Rn. 332; *Thümmel* AR 2015, 18.

[35] Ggf. als Finanzfachmann iSv § 100 Abs. 5 AktG mit Sachverstand auf den Gebieten Rechnungslegung oder Abschlussprüfung.

[36] *Ruter/Rosken* DB 2011, 1123.

28 **d) Innere Ordnung.** Anders als bei aktienrechtlichen und paritätisch mitbestimmten Aufsichtsräten, die bis zu 21 bzw. 20 Mitglieder haben können (§ 95 S. 4 AktG, § 7 Abs. 1 MitbestG), sollte die **innere Ordnung von Beiräten** nur dann von vornherein durch eine **Geschäftsordnung** geregelt werden, wenn dies aufgrund der Besonderheiten des Einzelfalles erforderlich erscheint. Erfahrungsgemäß ist ein aus üblicherweise drei oder fünf qualifizierten Mitgliedern bestehendes Gremium auch ohne unter Umständen hinderliche Formalia in der Lage, seine Tätigkeit sinnvoll zu organisieren. So wird in der Regel der Vorsitzende in Abstimmung mit den übrigen Beiratsmitgliedern und der Geschäftsleitung die Sitzungen einberufen und die Tagesordnungspunkte festlegen.

29 **e) Vergütung.** Für die Vergütung der Beiratsmitglieder gibt es keine festen Regeln.[37] Diese hängt insbesondere von der **Größe des Unternehmens,** der mit der Beiratstätigkeit verbundenen **Verantwortung** und dem funktionsspezifischen **Arbeitsaufwand,** insbesondere der Anzahl der jährlichen Sitzungen und der Mitwirkung in etwaigen Ausschüssen, ab. Um qualifizierte Fachleute für die Mitarbeit zu gewinnen, sollte sie eher großzügig bemessen werden.

30 In der Praxis überwiegt die **Festvergütung,** die durch Sitzungsgelder und/oder einen variablen (zB Ergebnis-abhängigen) Vergütungsteil ergänzt werden kann, wobei der Vorsitzende (und ggf. sein Stellvertreter) ein erhöhtes Honorar erhalten (zB der Vorsitzende das Doppelte bis Dreifache, der stellvertretende Vorsitzende das Einundeinhalbfache der Grundvergütung).[38] Die Entscheidung über die Beiratsvergütung obliegt der **Gesellschafterversammlung,** und zwar entweder jedes Jahr von neuem oder besser jeweils für die gesamte Amtsperiode des Beirats.

31 **f) Beschlussmängelklage des Beiratsmitglieds.** Die Frage, ob und unter welchen Voraussetzungen das **einzelne Beiratsmitglied** einen Beiratsbeschluss auf seine Wirksamkeit überprüfen lassen kann, ist bislang höchstrichterlich nicht entschieden.[39] Die Zulässigkeit der hierfür nach personengesellschaftsrechtlichen Regeln allein in Betracht kommenden **Feststellungsklage** hängt davon ab, ob das Beiratsmitglied ein für die Zulässigkeit einer Feststellungsklage nach § 256 Abs. 1 ZPO erforderliche rechtliche Interesse geltend machen kann.[40]

32 Soweit ersichtlich, hat sich nur *Burger*[41] umfassend mit der Frage beschäftigt und **verneint** grundsätzlich – zu Recht – das **Vorliegen eines Feststellungsinteresses.** Sofern das Beiratsmitglied nicht auch Gesellschafter ist, kann der Gesellschaftsvertrag generell keine entsprechende Rechtsposition vermitteln. Dies ist allenfalls über die Annahme eines echten Vertrags zugunsten Dritter (§ 328 Abs. 1 BGB) möglich. In Ermangelung einer ausdrücklichen Regelung wird die Auslegung des Gesellschaftsvertrags ohne das Hinzutreten weiterer Umstände regelmäßig kein Feststellungsinteresse des Beiratsmitglieds ergeben. Ein solches kann das Beiratsmitglied nur dann für sich reklamieren, wenn dessen eigene **Rechtspositionen** in rechtlich relevanter Weise **berührt** werden. Dies ist insbesondere dann der Fall, wenn der Beirat befugt ist, über die eigene Vergütung zu entscheiden oder der Beschluss den Abschluss eines Vertrags mit dem Beiratsmitglied betrifft.

---

[37] *Kaspar* in May/Bartels, Der Beirat im Familienunternehmen, Rn. 445; *Thümmel* AR 2014, 108; *Ruter* in Ruter/Thümmel, Beiräte in mittelständischen Familienunternehmen, Rn. 344; *Wagner* in Semler/v. Schenck Arbeits-HdB für Aufsichtsratsmitglieder § 10 Rn. 52.

[38] *Reichert/Ullrich* in Reichert GmbH & Co. KG § 19 Rn. 137; *Thümmel* AR 2014, 108 (109).

[39] Soweit ersichtlich, hat bislang nur das LG Ravensburg 20.12.2013 – 8 O 27/13 KfH, in einer (unveröffentlichten) Entscheidung hierzu Stellung genommen und die Frage bejaht. Durch die (unveröffentlichte) Berufungsentscheidung des OLG Stuttgart 10.6.2015 – 14 U 8/14, wurde das Urteil des LG Ravensburg – ohne auf die Frage des rechtlichen Interesses einzugehen – wegen fehlender Passivlegitimation aufgehoben.

[40] *Reichert/Ullrich* in Reichert GmbH & Co. KG § 19 Rn. 171, 174; *Mutter* in MHdB GesR II § 8 Rn. 67. Die Frage nach der Zulässigkeit der Feststellung von Drittrechtsverhältnissen bzw. allgemein nach der Reichweite des Rechtsverhältnisses iSd § 256 Abs. 1 ZPO ist zumindest für die Praxis irrelevant *Burger* FS Binz, 2014, 129 (132 ff.).

[41] *Burger* FS Binz, 2014, 129, auf den die nachfolgenden Ausführungen zurückgehen; in Anlehnung daran auch *Werner* GmbHR 2015, 577 (579 ff.).

Auch aus dem zwischen Beiratsmitglied und der Gesellschaft oder ggf. einem Gesellschafter bestehenden Rechtsverhältnis lässt sich kein generelles Feststellungsinteresse ableiten. Im Zusammenhang mit der **Abwehr einer potentiellen Haftung** aufgrund eigener Pflichtverletzungen bei Ausübung der Beiratstätigkeit könnte ein Bedürfnis des Beiratsmitglieds bestehen, die Rechtmäßigkeit der gefassten Beschlüsse verbindlich klären zu lassen. Indes ist im Verhältnis zur Gesellschaft bzw. zum entsendenden Gesellschafter nur das vertrags- und pflichtgemäße Verhalten des einzelnen Mitglieds relevant, nicht dasjenige des Kollegialorgans.[42] Bei Entsendung durch einen Gesellschafter fehlt es gegenüber der Gesellschaft bereits an einem Haftungstatbestand. Mangels vertraglicher Beziehung des Beiratsmitglieds zur Gesellschaft kommt als Grundlage einer Haftung nur die entsprechende Anwendung der §§ 116, 93 AktG in Betracht. Diese scheidet aber aus, weil der Gesellschafter ein schadensverursachendes Verhalten des Beiratsmitglieds gegenüber der Gesellschaft zu vertreten hat und es somit bereits an einer Regelungslücke fehlt. 33

Schließlich ist die zum Recht des **Aufsichtsrats einer AG** ergangene Entscheidung des BGH,[43] wonach sich aus der Organstellung der Aufsichtsratsmitglieder die Befugnis ergebe, Beschlüsse des Aufsichtsratsgremiums mit der Nichtigkeitsfeststellungsklage anzugreifen, **nicht** auf den Beirat einer GmbH & Co. KG **übertragbar.** Das Mitglied des Beirats der GmbH & Co. KG bzw. dieser selbst besitzt keine mit dem für die AG obligatorischen und mit eigenen Rechten ausgestatteten Aufsichtsrat vergleichbare organschaftliche Rechtsstellung. 34

Hieraus folgt, dass das **einzelne Beiratsmitglied** einen Beiratsbeschluss grundsätzlich **nicht gerichtlich überprüfen lassen kann.** Anders als im Aktienrecht für Beschlüsse des Aufsichtsrats ist für die GmbH & Co. KG unstreitig, dass die Gesellschafter – ein eigenes Feststellungsinteresse vorausgesetzt – Beiratsbeschlüsse gerichtlich überprüfen lassen können,[44] so dass auch unter Rechtsschutzgesichtspunkten keine abweichende Entscheidung geboten ist. 35

Die vorstehenden Ausführungen dürften auch für den bei der **GmbH** eingerichteten fakultativen Beirat gelten.[45] 36

Für die Gegenmeinung stellt sich die Frage nach dem **richtigen Klagegegner.** Nach zutreffender, wenngleich höchstrichterlich nicht bestätigter Ansicht lässt sich für den Beirat einer GmbH & Co. KG eine Abweichung von dem für das Recht der Personengesellschaften geltenden Grundsatz, dass die Feststellungsklage gegenüber sämtlichen Gesellschaftern zu erheben ist,[46] nicht begründen.[47] Die Klage auf Feststellung ist daher **gegen alle Gesellschafter** zu richten, die der Feststellung widersprechen.[48] Dies lässt sich nur durch abweichende gesellschaftsvertragliche Regelung vermeiden.[49] Beabsichtigen die Gesellschafter, den Beiratsmitgliedern ein eigenes Klagerecht einzuräumen, sollte der Gesellschaftsvertrag daher durch die Regelung ergänzt werden, dass **Feststellungsklagen gegen die Gesellschaft** zu richten sind, um die in diesem Fall gewünschte Rechtsverfolgung durch einzelne Beiratsmitglieder nicht unnötig zu erschweren. 37

---

[42] Abweichend wäre zu entscheiden, wenn das Beiratsmitglied eine Garantie für ein bestimmtes Verhalten des Beirats übernommen hätte, was für den Regelfall nicht anzunehmen ist, *Burger* FS Binz, 2014, 129 (141).

[43] BGH NJW 1997, 1926 – ARAG/Garmenbeck.

[44] *Reichert/Ullrich* in Reichert GmbH & Co. KG § 19 Rn. 171, 174; *Mutter* in MHdB GesR II § 8 Rn. 64; *Grunewald* in MüKoHGB § 161 Rn. 168; *Gummert* in Gummert MAH Personengesellschaftsrecht § 11 Rn. 152. Anders als das Beiratsmitglied verfügen die Gesellschafter als Partei des Gesellschaftsvertrags über eine mitgliedschaftliche Rechtsstellung als Grundlage für ein Feststellungsinteresse.

[45] So wohl auch *Werner* GmbHR 2015, 577 (579). Zu der Streitfrage, ob – je nach Beschlussgegenstand des Beirats – die Anfechtungsklage (§§ 241 ff. AktG analog) bzw. die Feststellungsklage oder stets nur die Feststellungsklage zu erheben ist, *C. Jäger* in BeckOK GmbHG § 52 Rn. 90 mwN.

[46] BGH NJW 1999, 3113 (3115).

[47] *Burger* FS Binz, 2014, 129 (149 f.); *Werner* GmbHR 2015, 577 (581 f.).

[48] OLG Karlsruhe GmbHR 1998, 645 (646) für die Klage von Gesellschaftern; *Reichert/Ullrich* in Reichert GmbH & Co. KG § 19 Rn. 170.

[49] Zu dieser Möglichkeit BGH NJW 1995, 1218 f.; 1999, 3113 (3115); ausdrücklich *Burger* FS Binz, 2014, 129 (150).

38 Anders stellt sich die Rechtslage für den bei der **GmbH** eingerichteten fakultativen Beirat dar. Hier ist die Feststellungsklage stets gegen die **GmbH** zu richten.[50]

3. Überwachungsfunktion des Beirats

39 Die Überwachungsfunktion des Beirates wird in den meisten Gesellschaftsverträgen auf zwei Hauptkompetenzen beschränkt. Zum einen werden ihm gegenüber der Geschäftsführung bestimmte, unter Umständen weitreichende, über die Rechte der Gesellschafter hinausgehende **Informationsrechte** eingeräumt,[51] zum anderen wird – in Anlehnung an § 111 Abs. 4 S. 2 AktG – ein mehr oder weniger umfangreicher Katalog von Geschäftsführungsmaßnahmen aufgestellt, zu deren Vornahme die **Zustimmung** des Beirates erforderlich ist.[52]

40 Diese **Kataloge zustimmungspflichtiger Geschäftsführungsmaßnahmen** enthalten meist seit Jahrzehnten immer wieder dieselben Vorgänge, wie zB:

- Erwerb, Veräußerung und Belastung von Grundstücken und grundstücksgleichen Rechten
- Erwerb und Veräußerung von Unternehmen und Unternehmensbeteiligungen
- Aufnahme neuer oder Aufgabe bestehender Geschäftszweige
- Errichtung oder Aufgabe von Tochtergesellschaften, Zweigniederlassungen und Betriebsteilen
- Abschluss von Geschäften, deren Gegenstandswert im Einzelfall einen bestimmten Betrag übersteigt
- Anschaffung von Gegenständen des Anlagevermögens, deren Kaufpreis im Einzelfall einen bestimmten Betrag übersteigt
- Gewährung oder Aufnahme von Darlehen in bestimmter Höhe
- Gewährung von Sicherheiten, Bürgschaften usw in bestimmter Höhe oder außerhalb des gewöhnlichen Geschäftsbetriebs
- Abschluss von Dauerschuldverhältnissen mit einer bestimmten Mindest-Laufzeit
- Erteilung und Widerruf von Prokuren oder Handlungsvollmachten zum gesamten Geschäftsbetrieb usw.

41 In den wenigsten Fällen handelt es sich hierbei um abschließende Kataloge. Vielmehr wird meistens noch eine **Generalklausel** angefügt, nach der auch alle übrigen „über den gewöhnlichen Geschäftsbetrieb" des Unternehmens hinausgehenden Geschäftsführungsmaßnahmen der Zustimmung des Beirats bedürfen. Diese, auch für Wirtschaftsjuristen im Einzelfall schwer handhabbare Generalklausel führt im Zweifel dazu, dass die Geschäftsführung verunsichert wird und in Abhängigkeit vom eigenen Mut und Selbstverständnis dem Beirat entweder übervorsichtig Handlungen des Tagesgeschäftes zur Beschlussfassung vorlegt oder eigenmächtig Geschäfte tätigt, die weitreichende Folgen für das Unternehmen haben und deshalb der Beschlussfassung durch das Aufsichtsgremium unterliegen sollten. Hierunter wird entweder die Effektivität und Handlungsfähigkeit der Geschäftsführung oder aber die Qualität der Überwachungstätigkeit des Beirates leiden müssen.

42 Die Überwachungsfunktion des Beirates ist indes kein Selbstzweck. Sie dient vielmehr dem Interesse der Gesellschafter, den Wert und die Ertragskraft des Unternehmens zu erhalten und zu steigern. Unter diesem Gesichtspunkt erweisen sich derartige „statische" **Zustimmungskataloge** als **nicht ausreichend,** zumal sie einem überholten „Substanzdenken" entspringen.[53] Der Wert eines Unternehmens wird heute nämlich nicht mehr nach Substanz-, sondern ausschließlich nach **Ertragsgesichtspunkten** ermittelt. Demnach wird der Wert des Unternehmens allein aus seiner Eigenschaft abgeleitet, finanzielle Über-

[50] *U. H. Schneider* in Scholz GmbHG § 52 Rn. 440; *Reichert/Ullrich* in Reichert GmbH & Co. KG § 19 Rn. 174; *Werner* GmbHR 2015, 577 (581).
[51] *Thümmel* in Ruter/Thümmel, Beiräte in mittelständischen Familienunternehmen, Rn. 176.
[52] *Reichert/Ullrich* in Reichert GmbH & Co. KG § 19 Rn. 77; *Mutter* in MHdB GesR II § 8 Rn. 23; *Thümmel* in Ruter/Thümmel, Beiräte in mittelständischen Familienunternehmen, Rn. 179.
[53] *Wiedemann/Kögel,* Beirat und Aufsichtsrat im Familienunternehmen, § 6 Rn. 18.

schüsse für die Anteilseigner zu erwirtschaften (Zukunftserfolgswert).[54] Der aktuelle Wert der Betriebsgrundstücke und des übrigen Anlage- und Umlaufvermögens spielt dabei praktisch keine Rolle.

Wenn die **Ertragskraft** der entscheidende Faktor des Unternehmenswertes ist, so muss der Katalog zustimmungspflichtiger Geschäftsführungshandlungen hierauf ausgerichtet werden. Für die Ertragskraft eines Unternehmens ist aber die Frage der Anschaffung oder des Verkaufs eines Grundstückes, der Abschluss eines langjährigen Mietvertrags usw von eher untergeordneter Bedeutung. Weitaus wichtiger erscheinen in diesem Zusammenhang **strategische Entscheidungen** wie zB der Wechsel der Hausbank, die Änderung der Vertriebsorganisation, die Aufnahme einer Zweitmarke, die Änderung des Produktionsprogramms (Diversifikation) usw. Auf derartige, die Ertragskraft direkt beeinflussende Entscheidungen muss der Beirat folglich einwirken können, ggf. auch in Form eines **Weisungsrechts,** ohne hierdurch freilich die Rolle einer „Obergeschäftsführung" zu übernehmen.[55] 43

Die den Ertragswert eines Unternehmens beeinflussenden Zukunftsentscheidungen schlagen sich vor allem in der mittel- und langfristigen **Unternehmensplanung** nieder. Die von der Geschäftsführung zu entwickelnde **Strategie** ist der „Wegweiser" für die wirtschaftliche Entwicklung des Unternehmens, in den künftige Ereignisse, wie Strukturänderungen, Veränderungen der Vertriebs- und Einkaufsmärkte usw Eingang finden. Diese Entwicklung, weg vom Denken in Substanzerhaltung und -mehrung, hin zur strategischen Planung, dh der bewussten Berücksichtigung zukünftiger Chancen und Risiken, muss auch Eingang in die Überwachungsfunktion des Beirates finden. Ein zentrales Überwachungsinstrument ist daher die kurz-, mittel- und langfristige Unternehmensplanung geworden. In Ergänzung der eher substanzorientierten Zustimmungskataloge sollte der Gesellschaftsvertrag deshalb ein Zustimmungserfordernis des Beirates für die Unternehmensplanung (Ergebnis-, Finanz- und Investitionsplan nebst Personalplanung) vorsehen. 44

Ferner muss der Beirat durch ein entsprechendes **Berichtswesen** mit Monats- oder Quartalsberichten über die aktuelle Entwicklung der entscheidenden Parameter (zB Umsatz, Kostendeckungsbeitragszahlen gegliedert nach Produkten) in die Lage versetzt werden, sich auch unterjährig jederzeit ein eigenes Urteil über die Vermögens-, Finanz- und Ertragslage des Unternehmens, auch im Sinne eines Soll-/Ist-Vergleichs, verschaffen zu können.[56] Hierbei empfiehlt sich durchaus eine Orientierung an den bewährten aktienrechtlichen Regeln in § 90 AktG. In letzter Konsequenz bedeutet dies, dass dem Beirat auch die **Feststellung des Jahresabschlusses** als Manifest des Erfolgs oder Misserfolgs des jeweiligen Geschäftsjahres obliegen sollte. 45

III. Haftung von Mitgliedern eines Aufsichtsorgans

1. Rechtsgrundlage

a) Obligatorischer Aufsichtsrat. Sowohl § 1 Abs. 1 Nr. 3 DrittelbG als auch § 25 Abs. 1 S. 1 Nr. 2 MitbestG verweisen hinsichtlich der Haftung der Mitglieder von nach den Bestimmungen dieser Gesetze errichteter Aufsichtsräte auf **§ 116 AktG.** Diese Norm wiederum nimmt Bezug auf § 93 AktG, worin die Verantwortlichkeit der Vorstandsmitglieder geregelt ist. 46

Ein **Anstellungsvertrag** mit dem Aufsichtsratsmitglied ist nicht erforderlich und wird regelmäßig nicht abgeschlossen.[57] Besteht ausnahmsweise ein Anstellungsvertrag oder ein anderes Vertragsverhältnis (zB Beratervertrag), lehnt der BGH bei § 93 AktG bzw. § 43 GmbHG eine Konkurrenz von Ansprüchen aus Organhaftung und **Vertragsverletzung** 47

[54] IDW S 1 in der Fassung 2008 Rn. 4; näher zu den modernen Grundsätzen der Unternehmensbewertung → § 6 Rn. 156 ff.
[55] *Mutter* in MHdB GesR II § 8 Rn. 24.
[56] *Reichert/Ullrich* in Reichert GmbH & Co. KG § 19 Rn. 74; *Lutter/Krieger/Verse,* Rechte und Pflichten des Aufsichtsrats, Rn. 1204 ff.
[57] *Koch* in Hüffer AktG § 101 Rn. 2.

in ständiger Rechtsprechung ab.[58] Neben der Organhaftung können aber **deliktsrechtliche Ansprüche** bestehen.[59]

48 Wie bei der Geschäftsführung stellt sich auch hier die Frage nach der Anwendbarkeit von **§ 708 BGB.** Ein obligatorischer Aufsichtsrat kann nur ein solcher bei der Komplementär-GmbH sein. Auf Gesellschafter einer Kapitalgesellschaft ist § 708 BGB nicht unmittelbar anwendbar. § 708 BGB gilt für die GmbH jedoch in ihrer Eigenschaft als persönlich haftender Gesellschafter, uE aber nicht für deren Organmitglieder, weshalb diese, auch wenn sie zugleich Gesellschafter der KG sind, im Verhältnis zur KG grundsätzlich strenger haften können als die Komplementär-GmbH selbst.[60] Bei Aufsichtsratsmitgliedern, die Gesellschafter der KG sind, hängt die Beurteilung davon ab, ob sie mit der Annahme ihrer Wahl und der Übernahme der damit verbundenen Verpflichtungen in ein – vom Gesellschaftsverhältnis unabhängiges – **besonderes Rechtsverhältnis** zur Gesellschaft getreten sind und für ihre Tätigkeit eine Vergütung beanspruchen können.[61] Bei einem obligatorischen Aufsichtsrat ist dies regelmäßig zu bejahen, weshalb § 708 BGB zumindest hier **nicht anwendbar** ist.[62]

49 Der **Haftungsumfang** bestimmt sich nach den §§ 249 ff. BGB.

50 **b) Besonderheiten beim Beirat.** § 52 Abs. 1 GmbHG verweist für den Beirat mit aktienrechtlichen Befugnissen auf § 116 AktG.[63] Außerhalb des Anwendungsbereichs von § 52 GmbHG ist die Rechtsgrundlage der Haftung von Beiratsmitgliedern von der Rechtsprechung noch **nicht endgültig geklärt.**

51 Der BGH hat bei **Publikumsgesellschaften** eine Haftung des Beirats auf eine analoge Anwendung der §§ 93, 116 AktG gestützt.[64] Besitzt eine Publikumsgesellschaft einen Beirat, der nach dem Gesellschaftsvertrag die Interessen der Gesellschafter gegenüber der Geschäftsführung zu vertreten und diese zu überwachen hat,[65] so ergibt sich eine **Interessenlage,** die derjenigen nicht unähnlich ist, die den Gesetzgeber veranlasste, im **Recht der AG** die Vorschriften über den Aufsichtsrat aufzunehmen und eine Abschlussprüfung durch unabhängige Prüfer anzuordnen. Ebenso wie dort besteht auch bei einer derartigen Publikums-GmbH & Co. KG das Bedürfnis, zum Schutze der Kommanditisten, aber auch im Interesse der Gesellschaft und ihrer Gläubiger, die Überwachung der Geschäftsführung in ähnlicher Weise auszugestalten und an die Gesellschaftsorgane, die dem Aufsichtsrat der AG entsprechen, ähnliche Anforderungen zu stellen. Allerdings wird hierbei nach Ansicht des BGH eine sklavische Übernahme der aktienrechtlichen Vorschriften nicht in Betracht kommen. Der Umstand, dass es sich hier um eine Personenhandelsgesellschaft handele, gebiete es, bei der Übernahme dieser Regeln und Grundsätze besondere Vorsicht walten zu lassen und in jedem Einzelfall zu prüfen, ob dem nicht die konkrete Ausgestaltung des zu beurteilenden Gesellschaftsverhältnisses entgegenstehe.[66]

52 Diese von der Rechtsprechung für Publikumsgesellschaften entwickelten Grundsätze sind uE auch auf **personalistisch strukturierte Gesellschaften** anzuwenden.[67] Den §§ 93, 116 AktG, §§ 43, 52 GmbHG, §§ 34, 41 GenG kann im Weg der **Gesamtanalogie** entnommen werden, dass den besonderen organschaftlichen und innergesellschaftlichen Befugnissen und der damit verbundenen Macht eines Beirats auch eine besondere **organschaftliche** und

[58] BGH WM 1989, 1337; 1992, 691; ZIP 1997, 199 f.
[59] *Reichert/Ullrich* in Reichert GmbH & Co. KG § 19 Rn. 141.
[60] Zur vergleichbaren Situation bei der Geschäftsführerhaftung → § 9 Rn. 23 f.
[61] BGH NJW 1977, 2311.
[62] *Reichert/Ullrich* in Reichert GmbH & Co. KG § 19 Rn. 149.
[63] Vgl. BGH DStR 2007, 354; OLG Brandenburg GmbHR 2009, 657 zur kommunalen GmbH.
[64] BGH NJW 1977, 2311; ZIP 1983, 472. Vgl. *Neumann/Böhme* DB 2007, 844.
[65] Die Pflicht zur Überwachung der Geschäftsführung (und nicht nur „Beratung") hat ein solcher Beirat nach Ansicht des BGH unabhängig davon, ob er im Gesellschaftsvertrag ausdrücklich als „Aufsichtsrat" (oder nur als „Beirat") bezeichnet wird, BGH DB 1980, 71 (72).
[66] BGHZ 69, 207 (220) = NJW 1977, 2311.
[67] *Reichert/Ullrich* in Reichert GmbH & Co. KG § 19 Rn. 140; *Hölters* DB 1980, 2225 (2228) auf den GmbH-Beirat bezogen; auch *Heermann* in Ulmer/Habersack/Löbbe GmbHG § 52 Rn. 369 f.; *Thümmel* in Ruter/Thümmel, Beiräte in mittelständischen Familienunternehmen, Rn. 326; *Mussaeus* in HTM HdB GmbH & Co. KG Rn. 4.206. AA *Mutter* in MHdB GesR II § 8 Rn. 85.

innergesellschaftliche Haftung entsprechen muss. Sofern ein Beirat innerhalb einer Personengesellschaft tatsächlich organschaftliche Macht ausüben kann und soll, darf seine Haftung daher nicht von einem lediglich schuldrechtlichen Anstellungsvertrag abhängen, an dem es, wie beim obligatorischen Aufsichtsrat, in der Praxis regelmäßig fehlt.

Auf Beiratsmitglieder, die nicht Gesellschafter der KG sind, ist **§ 708 BGB** bereits dem Wortlaut nach nicht anwendbar. Etwas anderes kann nur bei solchen Beiräten gelten, die zugleich Gesellschafter der KG sind und deren Pflichten ausnahmsweise allein auf dem **Gesellschaftsverhältnis** beruhen, weil ihre Mitgliedschaft im Beirat als Mitverwaltungsrecht des Gesellschafters ausgestaltet ist. Würde ihnen die Anwendung von § 708 BGB versagt, unterlägen sie, obgleich sie nur Gesellschafterrechte ausübten, einem schärferen Verschuldensmaßstab als die Geschäftsführer (→ § 9 Rn. 23). In diesen Fällen ist deshalb § 708 BGB anwendbar.[68] 53

2. Voraussetzungen

a) Allgemeine Grundsätze. Die persönliche Haftung von Unternehmensleitern und Aufsichtsratsmitgliedern war in Deutschland lange Zeit ein weitgehend unbekannter Vorgang, so dass *Wiedemann* im Jahre 1980 diagnostizieren konnte, die §§ 93, 116 AktG verkörperten „kein lebendes Recht".[69] Noch in der Gesetzesbegründung zum KonTraG vom Januar 1998 wird das faktisch mangelnde Haftungsrisiko von Aufsichtsratsmitgliedern als ein Grund für die vielfach beklagte, mangelnde Kontrolleffizienz bezeichnet.[70] Erst die **ARAG/Garmenbeck-Entscheidung** des BGH aus dem Jahre 1997[71] hat die Situation durchgreifend verändert. Für Aufsichtsratsmitglieder ist die haftungsrechtliche Inanspruchnahme heute eine reale Bedrohung. 54

Eine haftungsbegründende **Pflichtverletzung** liegt gemäß §§ 116, 93 Abs. 1 S. 1 AktG vor, wenn die Aufsichtsratsmitglieder bei ihrer Tätigkeit nicht die Sorgfalt eines ordentlichen und gewissenhaften „Geschäftsleiters" angewendet haben, wofür sie gemäß § 93 Abs. 2 S. 2 AktG im Zweifel die Beweislast tragen.[72] Die Inanspruchnahme eines Aufsichtsratsmitglieds setzt voraus, dass diesem eine **schuldhaft** – vorsätzlich oder fahrlässig – begangene Pflichtverletzung zur Last fällt, die zu einem **Schaden** bei der Gesellschaft geführt hat. Nach § 93 Abs. 4 S. 1 AktG tritt die Ersatzpflicht **nicht** ein, wenn die schadenstiftende Handlung auf einem **gesetzmäßigen Beschluss** der Gesellschafterversammlung beruht. 55

Eine Pflichtverletzung liegt nicht vor, wenn das Aufsichtsratsmitglied bei einer **unternehmerischen Entscheidung** „vernünftigerweise annehmen durfte, auf der Grundlage angemessener Information zum Wohle der Gesellschaft zu handeln" (sog Business judgement rule in § 93 Abs. 1 S. 2 AktG).[73] Soweit die Handlung des Aufsichtsrats die Grundlagen der Gesellschaft, die Überwachung der Geschäftsführer oder Maßnahmen der Geschäftsleitung selbst betrifft, steht seinen Mitgliedern folglich ein gerichtlich nicht überprüfbarer unternehmerischer **Ermessensspielraum** zu.[74] Dass auch der Aufsichtsrat einer AG von diesem, grundsätzlich nur dem Vorstand eingeräumten Ermessen partizipieren kann, hat der BGH in seinem ARAG/Garmenbeck-Urteil ausdrücklich anerkannt.[75] 56

---

[68] *Mertens* FS Stimpel, 1985, 417 (419); *Mutter* in MHdB GesR II § 8 Rn. 84; *Mussaeus* in HTM HdB GmbH & Co. KG Rn. 5.192; *Reichert/Ullrich* in Reichert GmbH & Co. KG § 19 Rn. 118; *Schäfer* in MüKoBGB § 708 Rn. 5, der zwischen personalistischer und kapitalistischer Struktur der Gesellschaft unterscheidet; missverständlich *Rinze* NJW 1992, 2790 (2793), der danach differenziert, ob der Beirat gewählt oder „unmittelbar durch den Gesellschaftsvertrag" bestellt wird.

[69] *Wiedemann* GesR I § 11 III 2a.

[70] BT-Drs. 13/9712, 21.

[71] BGH NJW 1997, 1926 (1928).

[72] Hierzu näher *Doralt/Doralt* in Semler/v. Schenck Arbeits-HdB für Aufsichtsratsmitglieder § 14 Rn. 35 ff. mwN.

[73] *Lutter* ZIP 2007, 841; *Lutter/Krieger,* Rechte und Pflichten des Aufsichtsrats, Rn. 986.

[74] *Heermann* in Ulmer/Habersack/Löbbe GmbHG § 52 Rn. 371; *Binz/Sorg* AR, Heft 7–8/2004, 2. Zur vergleichbaren Problematik bei der Geschäftsführung → § 9 Rn. 24.

[75] BGH NJW 1997, 1926 (1928).

57 Die Entstehung des Schadens und der Zusammenhang mit dem Verhalten des Aufsichtsratsmitglieds ist gemäß § 93 Abs. 2 S. 2 AktG von der Gesellschaft zu **beweisen.** Das Aufsichtsratsmitglied kann sich demgegenüber durch den Nachweis eines nicht pflichtwidrigen oder nicht schuldhaften Handelns **entlasten.**

58 Die auf diese Weise entstandenen Ansprüche **verjähren** schließlich gemäß § 93 Abs. 6 AktG innerhalb von fünf Jahren.

59 **b) Besonderheiten beim Beirat. aa) Sorgfaltspflichtverletzung.** Ob ein Beiratsmitglied seine Sorgfaltspflichten im Einzelfall tatsächlich verletzt hat, hängt maßgeblich vom Umfang der dem Beirat übertragenen **Aufgaben** ab. Es entscheidet insoweit der Gesellschaftsvertrag, als darin der Pflichtenkreis des einzelnen Beiratsmitglieds weiter oder enger gezogen sein kann als derjenige des aktienrechtlichen Aufsichtsrats.

60 Der Beirat hat seine Tätigkeit am **Unternehmensinteresse** und nicht an den Interessen einzelner Gesellschafter auszurichten. Etwas anderes gilt für **Gruppenbeiräte,** die jedoch die Gruppeninteressen zurückzustellen haben, wenn deren Durchsetzung der gesellschaftlichen Treuepflicht zuwiderliefe.[76] In jedem Fall haben die Mitglieder eines Beirats die gleichen **Treue-** und **Sorgfaltspflichten** zu beachten wie die Gesellschafter, die die entsprechenden Funktionen wahrzunehmen hätten, falls kein Beirat eingerichtet wäre.

61 Beruht die beanstandete Handlung auf einem **bindenden Beschluss** der Gesellschafterversammlung oder wurde der Beiratsbeschluss von der nach dem Gesellschaftsvertrag erforderlichen Mehrheit genehmigt, kann eine Haftung dagegen ausgeschlossen sein. Hier kann eine Pflichtverletzung des Beiratsmitglieds jedoch gerade darin bestehen, dass es die zur Verhinderung eines solchen Beschlusses erforderlichen Maßnahmen unterlassen hat. Den von der Gesellschafterversammlung gewählten Beirat, dessen Aufgabe darin besteht, die Interessen der Gesellschafter gegenüber der Geschäftsführung zu wahren und die Geschäftsführung zu überwachen, trifft in besonderem Maße die Verpflichtung, Beschlüsse zu verhindern, die nach seinen Kenntnissen zur Schädigung der Gesellschaft, insbesondere zu einer wesentlichen Verschlechterung der Ertrags- und Finanzlage führen können.[77]

62 **bb) Verjährung.** Wird der Aufsichtsrat bei der **GmbH** gebildet, verjähren die Schadensersatzansprüche gegen die Beiratsmitglieder analog § 43 Abs. 4 GmbHG, § 52 Abs. 4 GmbHG nach **fünf Jahren.** Handelt es sich um einen bei der **KG** eingerichteten Beirat, gilt grundsätzlich dieselbe Verjährungsfrist. Im Anwendungsbereich von § 708 BGB tritt die Verjährung gemäß § 195 BGB bereits nach Ablauf von **drei Jahren** ein.

3. Enthaftung

63 **a) Obligatorischer Aufsichtsrat.** Bei obligatorischen Aufsichtsräten kann eine **Haftungsbeschränkung** zugunsten der Aufsichtsratsmitglieder im Voraus **weder durch Satzungsregelung noch durch individuelle Vereinbarung** vorgesehen werden.[78] Ein Verzicht kann von den Gesellschaftern nur nachträglich und unter Beachtung von § 93 Abs. 4 S. 3 und 4 AktG beschlossen werden. Auch die Grundsätze der Rechtsprechung zur Begrenzung der Arbeitnehmerhaftung bei betrieblichen Tätigkeiten lassen sich auf Aufsichtsratsmitglieder nicht übertragen.[79]

64 Die sich aus der Aufsichtsratstätigkeit ergebenden Risiken können jedoch durch den Abschluss einer entsprechenden **Versicherung** (sog D&O-Versicherung) **weitgehend**

---

[76] *Heermann* in Ulmer/Habersack/Löbbe GmbHG § 52 Rn. 373.

[77] BGHZ 69, 207 (212 f.).

[78] *Giedinghagen* in Michalski GmbHG § 52 Rn. 315; *Koch* in Hüffer AktG § 93 Rn. 2; *Hopt* in Großkomm. AktG § 93 Rn. 24; *Lutter/Krieger/Verse,* Rechte und Pflichten des Aufsichtsrats, Rn. 1024.

[79] BGH WM 1975, 467 (469); OLG Düsseldorf ZIP 1995, 1183 (1192); *Mertens* in Kölner Komm. AktG, § 93 Rn. 4; *Hopt* in Großkomm. AktG § 93 Rn. 339 ff.; vgl. auch *Lutter/Krieger/Verse,* Rechte und Pflichten des Aufsichtsrats, Rn. 1009; *Koch* in Hüffer AktG § 93 Rn. 51 f. auch zu umstrittenen Ansätzen in der Literatur, in Fällen der fahrlässigen Schädigung der Gesellschaft eine Regressreduzierung zu begründen.

abgedeckt werden, was angesichts der Haftungsrisiken auch dringend anzuraten ist (→ § 9 Rn. 30 ff.).

b) Besonderheiten beim Beirat. § 52 Abs. 1 GmbHG nimmt, anders als § 116 AktG, nicht den gesamten § 93 AktG in Bezug, sondern nur § 93 Abs. 1, Abs. 2 S. 1 und 2 AktG. Nach wohl hM sind im Rahmen der **§§ 43, 52 GmbHG** deshalb vertragliche **Haftungsmilderungen möglich.**[80] Für den **Beirat** der GmbH und erst recht denjenigen der GmbH & Co. KG kann nichts anderes gelten.[81] 65

In der Praxis wird die Haftung häufig vom Vorliegen eines vorsätzlichen oder **grob fahrlässigen Handelns** abhängig gemacht, **betragsmäßig begrenzt** oder die **Verjährungsfrist verkürzt.** Gelegentlich[82] finden sich auch Klauseln, wonach sich die Haftung der Beiratsmitglieder „auf das in der Gesellschaft angelegte Vermögen der zum Schadensersatz verpflichteten Personen" beschränkt. Es muss den Gesellschaftern, namentlich den Kommanditisten, selbst überlassen bleiben, wie sie ihre Rechtsbeziehungen zu den Beiratsmitgliedern gestalten wollen, ob sie sich also mit einer kurzen Verjährung und einem eingeschränkten Haftungsumfang zufriedengeben oder nicht. Es gilt der Grundsatz der **Vertragsfreiheit,** der nur dort eine Einschränkung erfährt, wo aufgrund besonderer Umstände die sonst mit dem freien Aushandeln der Vertragsbestimmungen verbundene „Richtigkeitsgewähr" in Frage gestellt ist. 66

Erfahrungsgemäß werden Haftungsbeschränkungen gerade von qualifizierten Personen oft zur Voraussetzung für die Mitarbeit in Aufsichtsgremien gemacht. Generell erscheint jedoch fraglich, ob derartige Haftungsbeschränkungen im **Interesse der Gesellschafter** und des Unternehmens liegen, da die – erwünschte – Überwachungstätigkeit des Beirats erfahrungsgemäß um so intensiver ausgeübt wird, je höher das Haftungsrisiko der Beiräte ist. Nicht ohne Grund zählt die aktienrechtliche Organhaftung der Aufsichtsratsmitglieder im Sinne einer Verhaltenssteuerung zu den „Säulen des Gläubigerschutzes".[83] Jedenfalls sollte im Interesse der Gesellschafter die Risikoabdeckung mittels Abschlusses einer entsprechenden Versicherung (D&O-Versicherung; → § 9 Rn. 30 ff.) mit angemessenem Selbstbehalt einer bloßen Haftungsbeschränkung vorgezogen werden. 67

§ 11 Die Firma der GmbH & Co. KG

I. Bei Neugründung eines Unternehmens

1. Die Bestandteile der Firma

Nach **altem Recht** musste die Firma einer KG den **Namen** wenigstens **eines persönlich haftenden Gesellschafters** mit einem das Vorhandensein einer Gesellschaft andeutenden Zusatz enthalten. Die Namen von Kommanditisten oder Nichtgesellschaftern durften nicht in der Firma enthalten sein (§ 19 Abs. 4 HGB aF). 1

Durch das am 1.7.1998 in Kraft getretene **Handelsrechtsreformgesetz (HRefG)**[1] wurde das Firmenbildungsrecht der Personengesellschaften grundlegend vereinfacht und liberalisiert.[2] Insbesondere wurden im Zug der Reform der bislang in § 19 Abs. 2 HGB aF verankerte **Grundsatz der Firmenidentität,** wonach der Name des Komplementärs in die Firma der KG aufgenommen werden musste, und § 19 Abs. 4 HGB aF ersatzlos **gestrichen.** 2

[80] *Zöllner/Noack* in Baumbach/Hueck GmbHG § 52 Rn. 77; *Schneider* in Scholz GmbHG § 52 Rn. 524; *Lutter* in Lutter/Hommelhoff GmbHG § 52 Rn. 35; *Vetter* GmbHR 2012, 181 (186); Zum Umfang näher → § 9 Rn. 25 ff.

[81] *Huber* in May/Bartels, Der Beirat im Familienunternehmen, Rn. 472 ff.; *Giedinghagen* in Michalski GmbHG § 52 Rn. 423; *Reichert/Ullrich* in Reichert GmbH & Co. KG § 19 Rn. 154.

[82] Besonders plastisch der Sachverhalt in BGHZ 64, 238.

[83] *Zöllner* in Kölner Komm. AktG Einl. Rn. 116.

[1] BGBl. 1998 I 1474 mit Übergangsfrist bis zum 31.3.2003 (Art. 38 Abs. 2 EGHGB).

[2] Regierungsbegründung, BT-Drs. 13/8444, 35.

Nunmehr ist neben der Personenfirma die Bildung einer sog **Sachfirma,** dh einer Bezeichnung, die in der Regel dem Unternehmensgegenstand entlehnt ist, oder sogar einer **Fantasiefirma** zulässig.

3 Die Wahlfreiheit bei der Firmenbildung besteht jedoch nicht uneingeschränkt. Die Firma muss zumindest folgenden **Anforderungen** genügen, um ins Handelsregister eingetragen werden zu können:[3]

- Sie muss zur **Individualisierung** der Gesellschaft geeignet sein und **Unterscheidungskraft** besitzen (§ 18 Abs. 1 HGB), dh sie darf ihrer Art nach nicht zwangsläufig dem Risiko von **Verwechslungen** mit anderen, insbesondere branchengleichen Gesellschaften, ausgesetzt sein. Ferner muss sie sich von anderen Firmen im Registerbezirk deutlich unterscheiden (§ 30 Abs. 1 HGB);
- Weiterhin muss die Firma dem Grundsatz der **Firmenwahrheit** entsprechen (§ 18 Abs. 2 HGB), dh sie darf gegenüber den angesprochenen Verkehrskreisen keine Irreführung über wesentliche geschäftliche Verhältnisse ermöglichen;
- Schließlich muss die Firma einen aussagekräftigen **Hinweis** auf die **Rechtsform** und eine mögliche **Haftungsbeschränkung** enthalten (§ 19 Abs. 1 und 2 HGB).

4 Aus Gründen der Transparenz im Interesse des Rechtsverkehrs[4] schreibt § 19 HGB vor, dass die **Gesellschafts- und Haftungsverhältnisse** in der Firma offengelegt werden. Diese Regelung ist als Korrelat zu der nunmehr bestehenden Möglichkeit für Personenhandelsgesellschaften, auch Sach- und Fantasiefirmen zu gründen, anzusehen.[5] Die Firma einer KG muss daher **zwingend,** auch wenn sie gemäß §§ 21, 22, 24 HGB oder anderen Vorschriften fortgeführt wird, den **Rechtsformzusatz „Kommanditgesellschaft"** oder eine **allgemein verständliche Abkürzung** hierfür enthalten (§ 19 Abs. 1 Nr. 3 HGB). Aufgrund dieser Regelung sind die bislang für KGs, in denen keine natürliche Person unbeschränkt haftet, gebräuchlichen Rechtsformzusätze wie „GmbH & Co.", „GmbH & Comp./Cie." mangels konkreten Hinweises auf die Rechtsform der KG nicht mehr zulässig. Dass bei einer solchen Gesellschaft außerdem die Haftungsbeschränkung deutlich gemacht werden muss, ist nunmehr in § 19 Abs. 2 HGB ausdrücklich geregelt (→ Rn. 18 ff.).

5 Das Gesetz gibt **keine verbindlichen Abkürzungen** oder **Schreibweisen** für den **Rechtsformzusatz** vor. Die Abkürzungen müssen jedoch allgemein verständlich und dürfen nicht irreführend sein. Auch Mischformen sind zulässig. Gemäß § 4 S. 1 GmbHG darf die Firma der GmbH ebenfalls abgekürzt werden. Als unproblematisch anzusehen ist die weitverbreitete Abkürzung **„GmbH & Co. KG".**[6]

6 Fraglich ist, ob der Rechtsformzusatz „GmbH & Co. KG" auch dann verwendet werden darf, wenn **persönlich haftender Gesellschafter eine UG** ist (zur UG als Komplementärin → § 2 Rn. 3; → § 4 Rn. 50 ff.). Dafür spricht, dass es sich bei dieser um eine bloße Variante der GmbH und nicht um eine eigenständige Rechtsform handelt.[7] Das **KG** hat dies jedoch in einer Entscheidung vom 8.9.2009[8] mit der Begründung verneint, § 19 Abs. 2 HGB gebiete die Offenlegung, um welche Art von Gesellschaft es sich bei dem persönlich Haftenden handelt.

7 Dieser Entscheidung ist im Ergebnis **zuzustimmen.** Nach § 5a Abs. 1 GmbHG muss eine GmbH, die nicht mit dem Mindeststammkapital gemäß § 5 Abs. 1 GmbHG ausgestattet wird, abweichend von § 4 S. 1 GmbHG in der Firma zwingend die Bezeichnung „Unternehmergesellschaft (haftungsbeschränkt)" bzw. „UG (haftungsbeschränkt)" führen. Ließe man den Zusatz „GmbH & Co. KG" zu, obwohl eine UG alleinige Komplementärin ist, würde der Eindruck erweckt, dass eine „normale" GmbH persönlich haftende Gesellschafterin ist und diese damit von Anfang an über das Mindeststammkapital gemäß § 5 Abs. 1

[3] BT-Drs. 13/8444, 36 f.
[4] BGH NZG 2014, 839 Rn. 13; BT-Drs. 13/8444, 35.
[5] *Hopt* in Baumbach/Hopt HGB § 19 Rn. 1.
[6] BGH NJW 1980, 2084.
[7] BR-Drs. 345/07, 70 f.
[8] KG NZG 2009, 1159; kritisch *Heidinger* in MüKoHGB § 19 Rn. 28.

GmbHG verfügt. Dies verstieße gegen § 19 Abs. 2 HGB,[9] zudem würde in aller Regel das Täuschungsverbot gemäß § 18 Abs. 2 S. 1 HGB verletzt.[10] Deshalb muss bei einer UG als Komplementärin statt „GmbH & Co. KG" der Rechtsformzusatz **„Unternehmergesellschaft (haftungsbeschränkt) & Co. KG"** bzw. **„UG (haftungsbeschränkt) & Co. KG"**[11] oder „beschränkt haftende KG" (→ Rn. 20 ff.) lauten. Dieser Rechtsformzusatz kann auch beibehalten werden, wenn die UG im Lauf der Zeit ihr Stammkapital auf oder über das Mindeststammkapital hinaus erhöht (§ 5a Abs. 5 GmbHG). Dies dürfte allerdings in der Praxis wegen der höheren Seriositätswirkung der „GmbH" eher die Ausnahme sein.

Da das Gesetz nicht mehr vorgibt, welchen Inhalt der **Firmenkern** einer GmbH & Co. KG haben muss, können grundsätzlich auch Namen von Kommanditisten oder Nichtgesellschaftern in der Firma erscheinen. Die **Verwendung von Drittnamen** dürfte allerdings in vielen Fällen gegen namens- und wettbewerbsrechtliche Vorschriften (zB § 12 BGB, §§ 1, 3 UWG) verstoßen. Ein Eintragungshindernis besteht jedoch nur dann, wenn das Täuschungsverbot gemäß § 18 Abs. 2 HGB tangiert wird. Die Aufnahme von Drittnamen in die Firma kann im Rechtsverkehr durchaus die **falsche Vorstellung** hervorrufen, die in der Firma erwähnte **Person sei Gesellschafter** der Personenhandelsgesellschaft.[12] Eine Täuschungseignung besteht insbesondere dann, wenn Namen von lebenden Personen aus dem Umfeld der Gesellschaft[13] oder von Personen, mit denen ganz bestimmte Fähigkeiten im Hinblick auf den Unternehmensgegenstand verbunden werden, gewählt werden.[14] Diese Täuschung dürfte für die angesprochenen Verkehrskreise auch **wesentlich** sein, da die Vorstellung darüber, wer als Träger des Unternehmens – wenn auch ggf. mit beschränkter Haftung – hinter der Gesellschaft steht, für den Rechtsverkehr durchaus eine **geschäftsbeeinflussende Bedeutung** hat.[15] Die Personenhandelsgesellschaft kann jedoch eine Verletzung des § 18 Abs. 2 HGB vermeiden, indem sie einen klarstellenden Zusatz in ihrer Firma aufnimmt, woraus sich ergibt, dass die namentlich genannte Person nicht Gesellschafter ist.[16] 8

Ob auch der **Name eines Kommanditisten** geeignet ist, eine Täuschung iSd § 18 Abs. 2 HGB herbeizuführen, hängt davon ab, ob bei den angesprochenen Verkehrskreisen durch die Verwendung des Namens in der Firma die irrige und als verkehrswesentlich zu wertende Vorstellung erweckt wird, bei der genannten Person handle es sich um einen persönlich und unbeschränkt haftenden Gesellschafter. Dies ist grundsätzlich zu verneinen.[17] 9

---

[9] *Miras* NZG 2012, 486 (489).

[10] Von einer Irreführung geht auch *Wachter* NZG 2009, 1263 (1264 f.) aus.

[11] *Seebach* RNotZ 2013, 261 (266); *Miras* NJW 2013, 212 (213); *Miras* NZG 2012, 486 (489); *Wachter* NZG 2009, 1263 (1264); vgl. auch *Wachter* in Römermann/Wachter, GmbH-Beratung nach dem MoMiG, 2008, 92; *Weber* BB 2009, 842 (847); *Bollacher* BB 2010, 20.

[12] *Bokelmann* GmbHR 1998, 57 (59).

[13] ZB eines Angestellten, dazu OLG Brandenburg Beschluss vom 21.10.2002 – 8 Wx 23/02 Rn. 12 ff., juris. S. auch *Jung* ZIP 1998, 677 (681).

[14] *Michalski* in Michalski GmbHG § 4 Rn. 64.

[15] BGHZ 65, 89 (92) = NJW 1975, 2293; *Clausnitzer* DNotZ 2010, 345 (352 f.): Irreführung immer, wenn der Name einer Person in die Firma aufgenommen wird, die nicht Gesellschafter oder Geschäftsführer des Unternehmens ist; *Reuschle* in EBJS HGB § 18 Rn. 11 f.: Namen bestimmter anderer existierender Personen als des Kaufmanns/der Kauffrau bzw. Personenhandelsgesellschaften und bei Kapitalgesellschaften der Gesellschafter dürfen grundsätzlich nicht den Kern einer Personenfirma bilden. AA OLG Düsseldorf NZG 2017, 350 Rn. 7: Irreführungsgefahr nur, wenn der gewählte Name für die beteiligten Verkehrskreise von Relevanz ist – etwa aufgrund einer besonderen Vertrauensstellung – und den Schluss auf eine maßgebliche Beteiligung des Namensträgers nahelegt; so auch OLG Rostock NJW-RR 2015, 491 (492) für die Firma der GmbH: Relevanz etwa bei der Verwendung des Namens einer Person des öffentlichen Lebens; so auch OLG Jena NZG 2010, 1354 f.; s. ferner OLG Karlsruhe GmbHR 2014, 142 (143 f.); OLG Brandenburg Beschluss vom 21.10.2002 – 8 Wx 23/02 Rn. 12 ff., juris; *Heidinger* GmbHR 2005, 815 (819 f.): Verkehrswesentlichkeit nur in besonderen Ausnahmefällen zu bejahen.

[16] *Clausnitzer* DNotZ 2010, 345 (353); *Hopt* in Baumbach/Hopt HGB § 19 Rn. 16. Für Beschränkung auf Eigennamen von Gesellschaftern dagegen *Möller* DNotZ 2000, 830 (836).

[17] OLG Saarbrücken NJW-RR 2006, 902 f.; *Hopt* in Baumbach/Hopt HGB § 19 Rn. 22; *Kiesel/Neises/Plewa/Poneleit/Rolfes/Wurster* DNotZ 2015, 740 (752 f.); *Jung* ZIP 1998, 677 (682); *Bokelmann* GmbHR 1998, 57 (59).

Der Geschäftsverkehr darf sich seit dem HRefG nicht mehr darauf verlassen, dass der Namensbestandteil der Firma einer KG geeignet ist, den persönlich haftenden Gesellschafter zu identifizieren. Die Firma einer KG muss nicht mehr notwendigerweise den Namen wenigstens eines persönlich haftenden Gesellschafters enthalten. Die Vorschrift des § 19 Abs. 2 HGB aF, die dies verlangte, ist ersatzlos entfallen; ebenso ist das ergänzende ausdrückliche Verbot, Namen anderer Personen in die Firma aufzunehmen (§ 19 Abs. 4 HGB aF), gestrichen worden. Ist der Kommanditist eine **Kapitalgesellschaft** (zB AG) und soll deren Firma Bestandteil der Firma der GmbH & Co. KG werden, muss zur Vermeidung einer Irreführung der Rechtsformzusatz der Kapitalgesellschaft weggelassen werden.[18]

10 Bei der Bildung der **Sachfirma** schreibt das Gesetz nicht vor, dass die Firma dem Unternehmensgegenstand entlehnt sein muss. Jedoch ist auch hier § 18 Abs. 2 HGB zu beachten, dh die Sachfirma darf nicht über Gegenstand, Art, geografische Verhältnisse, Größe und Bedeutung des Unternehmens sowie über andere als wesentlich anzusehende Umstände **irreführen.**[19] Gleiches gilt, wenn das Unternehmen eine **Fantasiefirma** bildet. Darüber hinaus ist auch bei Personenhandelsgesellschaften nur zu prüfen, ob die Firma das Unternehmen ausreichend **individualisiert** (§ 18 Abs. 1 HGB) und ob sich die Firma gemäß § 30 Abs. 1 HGB von anderen an demselben Ort bereits eingetragenen Gesellschaften **unterscheidet.**

11 In diesem Zusammenhang war lange fraglich, wie es zB bei **Fantasiefirmen** wie „o.k. GmbH & Co. KG", „1 + GmbH & Co. KG" oder „Fifty-one GmbH & Co. KG" im Verhältnis zu „Fifty-two GmbH & Co. KG" um die Kennzeichnungswirkung bzw. die Unterscheidungskraft steht.[20] Das KG[21] und das OLG Hamm[22] haben zuletzt entschieden, dass § 18 Abs. 1 HGB und § 30 Abs. 1 HGB Firmierungen, die sich lediglich durch eine fortlaufende Nummerierung unterscheiden, nicht entgegensteht.[23] In einer jüngeren Entscheidung hat der BGH ferner klargestellt, dass auch die Aneinanderreihung einer **Buchstabenkombination** die erforderliche Kennzeichnungseignung besitzen und zugleich die Namensfunktion (§ 17 Abs. 1 HGB) erfüllen kann. Hierfür reiche als notwendige, aber zugleich hinreichende Bedingung die Aussprechbarkeit der Firma im Sinne der Artikulierbarkeit aus. Diese hat der BGH für die Firmierung „HM & A GmbH & Co. KG" bejaht.[24]

2. Die Unterscheidbarkeit der Firma der Komplementär-GmbH von derjenigen der GmbH & Co. KG

12 Gemäß § 30 HGB muss sich jede neue Firma von allen an demselben Ort oder in derselben Gemeinde bereits bestehenden und in das Handelsregister eingetragenen Firmen **deutlich unterscheiden.** Diese Regelung findet nach ganz hM auch im Verhältnis zwischen GmbH & Co. KG und ihrer Komplementär-GmbH Anwendung.[25] Das wird mit dem Wortlaut und dem Zweck der Vorschrift begründet. § 30 HGB wolle in erster Linie den Rechtsverkehr davor schützen, ähnlich klingende Firmen miteinander zu verwechseln und dadurch Schaden zu erleiden. Erst in zweiter Linie verfolge die Vorschrift den – hier nicht tangierten – Schutz der eingetragenen Firmeninhaber.

---

[18] OLG Stuttgart BB 2001, 14 f.

[19] Sehr kritisch gegenüber der „Sachfirma ohne Sachbezug" *Kögel* BB 1997, 793 (797). Zur Verwendung des Bestandteils „International" s. LG Stuttgart BB 2000, 1213.

[20] Beispiele bei *Kögel* BB 1997, 792 (796); *K. Schmidt* NJW 1998, 2161 (2167).

[21] KG BeckRS 2013, 13609 zu § 18 Abs. 1 HGB und § 30 Abs. 1 HGB.

[22] OLG Hamm NJW-RR 2013, 1196 f. zu § 30 Abs. 1 HGB.

[23] Zustimmend *Heidinger* in MüKoHGB § 30 Rn. 33; *Schlingloff* in Oetker HGB § 30 Rn. 10; *Kiesel/Neises/Plewa/Poneleit/Rolfes/Wurster* DNotZ 2015, 740 (752). Kritisch noch OLG Frankfurt BeckRS 2013, 13561; *Burgard* in Großkomm. HGB § 30 Rn. 31.

[24] BGH NJW-RR 2009, 327 Rn. 4 ff.

[25] BGHZ 46, 7 (12); BayObLG DB 1990, 2013 (2014); *Heidinger* in MüKoHGB § 30 Rn. 11; *Burgard* in Großkomm. HGB § 30 Rn. 32; *Hopt* in Baumbach/Hopt HGB § 19 Rn. 36; *Sauter* in BeckHdB PersGes § 2 Rn. 163.

Bis zum Inkrafttreten des HRefG bereitete § 30 HGB wegen des Grundsatzes der Namensidentität (§ 19 Abs. 2 HGB aF) einige Schwierigkeiten bei der Bildung der Firma der GmbH & Co. KG. Heute muss der Name der Komplementär-GmbH nicht mehr in der Firma der GmbH & Co. KG enthalten sein. Die GmbH & Co. KG kann eine **völlig andere Firma** als die Komplementär-GmbH wählen; § 30 HGB ist dann nicht berührt.[26] Man wird jedoch davon ausgehen dürfen, dass auch nach der Reform des Firmenrechts aus Gründen der Corporate Identity oder aus reiner Gewohnheit in vielen Fällen ähnliche Firmen für die Komplementär-GmbH und die GmbH & Co. KG gewählt werden. § 30 HGB ist daher in diesem Zusammenhang immer noch von Bedeutung. 13

Nach Ansicht des BGH[27] und großen Teilen der Literatur[28] soll die **Gefahr einer Verwechslung** von Komplementär-GmbH und KG schon dann gegeben sein, wenn sich beide Firmen **lediglich** durch ihren **Rechtsformzusatz** „GmbH" bzw. „GmbH & Co. KG" **unterscheiden,** im Firmenkern aber gleichlautend sind. Denn der Rechtsverkehr, zu dem im großen Umfang auch Nichtkaufleute gehörten, messe solchen Zusätzen, die lediglich die Rechtsform bezeichneten, erfahrungsgemäß keine besondere Bedeutung zu. Obwohl vom BGH nicht ausdrücklich ausgesprochen, dürfte den Entscheidungsgründen nach (die insoweit nicht differenzieren) auch der ausgeschriebene Zusatz „GmbH & Co. KG" entgegen der Praxis mancher Registergerichte und einem praktischen Bedürfnis nicht geeignet sein,[29] die Firma der KG von einer im Übrigen gleichlautenden Firma ihrer persönlich haftenden Gesellschafterin iSd § 30 HGB deutlich zu unterscheiden.[30] Genauso wenig ist dann der bloße Zusatz „Handelsgesellschaft" im unmittelbaren Anschluss an die Abkürzung „ & Co. KG" als ausreichend anzusehen.[31] 14

Um den Erfordernissen des § 30 HGB zu genügen, verwendet man in der Praxis für die Firma einer GmbH, die eigens zu dem Zweck gegründet wurde, die Stellung eines persönlich haftenden Gesellschafters in einer KG zu übernehmen, häufig **Zusätze** wie „Verwaltungs-", „Geschäftsführungs-", „Beteiligungs-", „Betriebs-" oder „Besitz-" Gesellschaft.[32] Derartige Bestandteile dürfen nicht nur, sondern müssen bei Beachtung des **Grundsatzes der Firmenwahrheit** (§ 18 Abs. 2 HGB) in der Firma der GmbH & Co. KG entfallen. Andernfalls könnte der irreführende Eindruck entstehen, als werde auch die KG selbst nur verwaltend oder geschäftsführend tätig, während ihr Betrieb in Wahrheit auf eine werbende, dh produzierende oder dienstleistende Tätigkeit gerichtet ist.[33] Lautet also zB die Firma der Komplementär-GmbH „XY Verwaltungs-GmbH", so kann die KG als „XY GmbH & Co. KG" firmieren. 15

Sofern man die erforderliche Unterscheidbarkeit nicht schon durch die vorbeschriebene Vorgehensweise herbeiführt, muss in die Firma der KG außer dem gebotenen Rechtsformzusatz ein **weiterer,** unterscheidungskräftiger **Bestandteil,** etwa eine Sach- oder Fantasieangabe, aufgenommen werden. Dabei ist jedoch darauf zu achten, dass durch dessen Stellung innerhalb des Firmennamens der Grundsatz der Firmenwahrheit und die von der Rechtsprechung für die Eindeutigkeit des Rechtsformzusatzes aufgestellten Grundsätze nicht verletzt werden (→ Rn. 14 ff.).[34] 16

3. Anforderungen an den Rechtsformzusatz

Für Personengesellschaften, bei denen keine natürliche Person persönlich haftet, bestimmt § 19 Abs. 2 HGB, dass die Firma eine „Bezeichnung" zu enthalten habe, welche 17

[26] *Heidinger* in MüKoHGB § 30 Rn. 14; *Burgard* in Großkomm. HGB § 30 Rn. 32.
[27] BGHZ 46, 7 (12).
[28] *Burgard* in Großkomm. HGB § 30 Rn. 32 mwN; *Hopt* in Baumbach/Hopt HGB § 30 Rn. 5.
[29] AA *Jurick* DB 1974, 1753; *Blumers* BB 1977, 970.
[30] So ausdrücklich OLG Frankfurt GmbHR 1974, 155 f.; BayObLG DNotZ 1969, 384; zustimmend *Burgard* in Großkomm. HGB § 30 Rn. 32; *Heidinger* in MüKoHGB § 30 Rn. 11.
[31] BayObLG DB 1979, 2315 (2316).
[32] *Sauter* in BeckHdB PersGes § 2 Rn. 163.
[33] BGH GmbHR 1981, 292 (293).
[34] Die Grundsätze über die Stellung solcher zusätzlichen Bestandteile, die sich aus dem Entlehnungsgebot des § 19 Abs. 2 HGB aF herleiteten, sind seit dem HRefG nicht mehr zu beachten.

die **Haftungsbeschränkung kennzeichnet.** Bereits vor Inkrafttreten dieser, schon durch die GmbH-Novelle eingeführten Bestimmung hatte die Rechtsprechung gleichartige Anforderungen für die Firmierung derartiger Gesellschaften aufgestellt.[35] Der Inhalt des § 19 Abs. 5 HGB aF wurde durch das HRefG im Wesentlichen unverändert in § 19 Abs. 2 HGB übernommen. Nach dem Willen des Gesetzgebers soll dabei die zu § 19 Abs. 5 HGB aF ergangene Rechtsprechung fortgelten.

18 Das **HRefG** hat den Wortlaut des § 19 Abs. 2 HGB gegenüber der Vorgängerregelung in § 19 Abs. 5 S. 1 HGB aF lediglich dahin gehend geändert, dass anstelle „Ist kein persönlich haftender Gesellschafter eine natürliche Person, …" die Formulierung „Wenn in einer … keine natürliche Person haftet, …" getreten ist. Zugleich ist die bisherige Regelung in § 19 Abs. 5 S. 2 HGB aF, die eine Ausnahme für den Fall vorsah, dass zu den persönlich haftenden Gesellschaftern eine andere OHG oder KG gehört, bei der eine natürliche Person persönlich haftet, entfallen. Durch diese Neufassung sollte allerdings nur klargestellt werden, dass die Vorschrift auch dann nicht zum Tragen kommt, wenn bei einer **mehrstufigen GmbH & Co. KG** erst auf deren dritter oder höherer Ebene eine natürliche Person als persönlich haftender Gesellschafter beteiligt ist.[36] Gleiches dürfte jetzt auch dann gelten, wenn persönlich haftender Gesellschafter eine KGaA mit einer natürlichen Person als persönlich haftendem Gesellschafter ist.

19 In der Praxis hatten sich für die **Kennzeichnung der Haftungsbeschränkung** in der Mehrzahl der Fälle Bezeichnungen wie „GmbH & Co.", „GmbH & Comp./Cie." oder „GmbH & Co. KG" durchgesetzt. Von diesen ist wegen § 19 Abs. 1 Nr. 3 HGB nur noch die Letztere zulässig (→ Rn. 4). Nach der Formulierung des § 19 Abs. 2 HGB sind andere Rechtsformzusätze nicht verboten, sofern sich aus ihnen die Haftungsbeschränkung mit hinreichender Deutlichkeit ergibt.[37] Da sich jedoch der Rechtsformzusatz „GmbH & Co. KG" mittlerweile eingebürgert hat, werden in der Literatur gegenüber anderen Rechtsformzusätzen für eine KG mit einer GmbH als einzigem persönlich haftenden Gesellschafter Bedenken erhoben.[38] Dem ist zu widersprechen.

20 Im **Regierungsentwurf zur GmbH-Novelle** war ursprünglich vorgesehen gewesen, in § 19 Abs. 5 HGB aF für alle KGs, bei denen kein persönlich haftender Gesellschafter eine natürliche Person ist (also außer für die GmbH & Co. KG auch für die AG & Co. KG, die Stiftung & Co. KG und Gesellschaften, die eine ausländische Kapitalgesellschaft als Komplementär haben), den **Rechtsformzusatz „beschränkt haftende Kommanditgesellschaft"** vorzuschreiben.[39] Der Rechtsausschuss des Bundestags hat hierauf jedoch „angesichts der Vielzahl der denkbaren Fälle und der sich möglicherweise wandelnden Verhältnisse" verzichtet und es damit bewusst der Rechtsprechung überlassen, zu bestimmen, welche Anforderungen an die Kennzeichnung der Haftungsbeschränkung zu stellen sind.[40] Hinzu kam, dass seinerzeit alle betroffenen Gesellschaften ihre Firmen im Hinblick auf die damals neue Rechtsprechung des BGH durch Anfügung eines die Haftungsbeschränkung kennzeichnenden Zusatzes erst gerade geändert hatten und hierbei meist der Zusatz „GmbH & Co. (KG)" verwandt worden war, weshalb eine erneute „Änderungswelle" nicht opportun erschien.[41]

21 Obwohl nach dem Willen des Gesetzgebers keine bestimmte, die beschränkte Haftung kennzeichnende Bezeichnung vorgeschrieben sein soll, wird der ursprünglich als zwingend vorgeschriebene Rechtsformzusatz „beschränkt haftende KG" erfahrungsgemäß von den Industrie- und Handelskammern sowie den Registergerichten **nicht ohne Weiteres**

---

[35] ZB BGHZ 65, 103.

[36] BT-Drs. 13/8444, 56. Dies war zuvor str., KG DNotZ 1989, 250 (252) gegen BayObLG DNotZ 1995, 230 (232); → Rn. 27 f.

[37] *Burgard* in Großkomm. HGB § 19 Rn. 13, 25 ff.

[38] *Heidinger* in MüKoHGB § 19 Rn. 19; *Reuschle* in EBJS HGB § 19 Rn. 20; *Mayer* in MüKoGmbHG § 4 Rn. 127.

[39] BT-Drs. 8/1347, 21.

[40] BT-Drs. 8/3908, 78.

[41] *Deutler* GmbHR 1980, 145 (152).

akzeptiert. Von der hM in der Literatur[42] und vom Deutschen Industrie- und Handelskammertag[43] wird vielmehr die Auffassung vertreten, dass diese Bezeichnung unzulässig ist bzw. die Ausnahme bildet, insbesondere auf Fälle beschränkt werden solle, in denen eine Kapitalgesellschaft **ausländischen Rechts** alleinige Komplementärin sei oder die Bezeichnung GmbH & Co. KG aus anderen Gründen – zB bei mehrstufigen GmbH & Co. KGs[44] – **irreführend** sei. Tatsächlich dürfte es sich bei der überwiegenden Mehrzahl der Gesellschaften, die als „beschränkt haftende Kommanditgesellschaft" in das Handelsregister eingetragen sind, um KGs mit einer **Stiftung** oder ausländischer Kapitalgesellschaft als persönlich haftendem Gesellschafter handeln.

Die **Rechtsprechung** hat sich zu dem Rechtsformzusatz „beschränkt haftende 22 KG" – soweit ersichtlich – höchstrichterlich bislang nur in einem Beschluss des OLG Hamm vom 6.4.1987[45] geäußert. In dem zu beurteilenden Fall schlug das Gericht für eine von vier ausländischen Kapitalgesellschaften gegründete OHG statt der angemeldeten Firma „XY Deutschland OHG mbH" die Firmierung „beschränkt haftende OHG" vor. Zwar bestünde auch bei dem Rechtsformzusatz „beschränkt haftende OHG/KG" in geringem Maße die Gefahr, dass die Teilnehmer am Geschäftsverkehr nicht von einer Personenhandelsgesellschaft mit faktischer Haftungsbeschränkung ausgingen oder eine neue Gesellschaftsform annähmen. Die noch verbleibende, geringe Ungenauigkeit und Missverständlichkeit müsse jedoch hingenommen werden, um in derartigen Fällen ein „gewisses Mindestmaß an Übersichtlichkeit, Prägnanz und Kürze der vollständigen Firmenbezeichnung" zu erreichen.

Wenn aber Rechtsprechung, Literatur und die Handelsregister den Rechtsformzusatz 23 **„beschränkt haftende KG"** bei Gesellschaften, deren persönlich haftender Gesellschafter eine ausländische Kapitalgesellschaft oder eine Stiftung ist, für zulässig erachten, so ist nicht einzusehen, weshalb dieser Rechtsformzusatz dieselben gesetzlichen Anforderungen nicht erfüllen soll, wenn eine inländische GmbH oder AG als Komplementär fungiert. Dieser Rechtsformzusatz kann im Fall der GmbH & Co. KG auch nicht zu Verwirrungen oder gar einer Irreführung des Rechtsverkehrs führen. § 19 Abs. 2 HGB schreibt ausdrücklich eine die Haftungsbeschränkung bezeichnende Kennzeichnung vor. Es ist offensichtlich, dass diese Vorgabe nicht präziser erfüllt werden kann als durch den Rechtsformzusatz „beschränkt haftende KG". Dieser Rechtsformzusatz ist uE deshalb bei allen unter § 19 Abs. 2 HGB fallenden KGs **allgemein zulässig**[46] und würde sich – erhielte er hierzu Gelegenheit – sicher auch im Rechtsverkehr etablieren. Vielleicht ergibt sich eine solche Gelegenheit jetzt im Zusammenhang mit der **UG als Komplementärin.** Der Rechtsformzusatz „Unternehmergesellschaft/UG (haftungsbeschränkt) & Co. KG" erscheint doch sehr schwerfällig und wirkt eher verwirrend. Gerade hier böte sich uE der Rechtsformzusatz „beschränkt haftende KG" als attraktive Alternative an.[47]

Den Versuchen, der Bezeichnung „GmbH & Co. KG" durch sprachliche Fantasie zu 24 entgehen, sind im Übrigen allgemeine **firmenrechtliche Grenzen** gesetzt. So ist es in jedem Fall unzulässig, wenn die Bezeichnungen „GmbH" und „KG" unmittelbar aufeinandertreffen, wie es in der Praxis dennoch gelegentlich vorkommt (Beispiel: „Scharnow-Reisen GmbH KG"). Eine solche Firmierung wird regelmäßig zur **Irreführung** iSd **§ 18 Abs. 2 HGB** geeignet sein, da der rechtsunkundige Verkehr ihr nicht mit Sicherheit entnehmen kann, ob es sich bei der betreffenden Gesellschaft insgesamt um eine GmbH oder eine

[42] *Heidinger* in MüKoHGB § 19 Rn. 19; *Burgard* in Großkomm. HGB § 19 Rn. 25 ff.; *Lutter* DB 1980, 1317 (1324); *Hopt* in Baumbach/Hopt HGB § 19 Rn. 28; kritisch *Bokelmann,* Das Recht der Firmen- und Geschäftsbezeichnungen, Rn. 612.

[43] So beschlossen anlässlich der DIHK-Sitzung vom 3.11.1987.

[44] Bei denen wiederum eine GmbH & Co. KG Komplementärin ist, → Rn. 27 f.

[45] OLG Hamm DB 1987, 1245.

[46] Wie hier *Hopt* in Baumbach/Hopt HGB § 19 Rn. 28; *Wessel/Zwernemann/Kögel,* Die Firmengründung, Rn. 325.

[47] *Wachter* in Römermann/Wachter, GmbH-Beratung nach dem MoMiG, 2008, 92; *Seebach* RNotZ 2013, 261 (266).

Personengesellschaft handelt.[48] Sie bleibt auch dann unzulässig, wenn zwischen „GmbH“ und „KG“ ein sachlicher Firmenbestandteil (Beispiel: „Johann H. GmbH Holzbau KG“) eingeschoben wird.[49] Zulässig ist es demgegenüber, bei Firmenneugründungen zwischen „GmbH & Co.“ und „KG“ eine Sachbezeichnung (zB Maschinenbau) einzufügen, während dies bei der abgeleiteten Firma (→ Rn. 36 ff.) nicht möglich sein soll.[50]

25 Als unzulässig wird ferner die **Umkehrung** von „Profit GmbH & Co. KG“ in „Profit KG GmbH & Co.“ angesehen,[51] da auch in diesem Fall durch die unmittelbare Aufeinanderfolge zweier unterschiedlicher Rechtsformbezeichnungen bei Rechtsunkundigen Verwirrung gestiftet werden könne. Auch hier wird sich die Unzulässigkeit einer solchen Gestaltung nicht durch das Einschieben weiterer Firmenbestandteile (Beispiel: „Profit KG Müller und Meier GmbH & Co.“) oder Schriftzeichen wie Klammern, Gedankenstriche, Anführungszeichen oder/und Abtrennung des Zusatzes durch ein Komma vermeiden lassen.[52]

26 Nach bisheriger Ansicht des BGH ist auch dann die Gefahr einer Täuschung gegeben, wenn der eingebürgerte Rechtsformzusatz „GmbH & Co. KG“ unangetastet bleibt, in der Firma jedoch ein **weiterer Zusatz** wie „& Co.“ oder „& Sohn“ enthalten ist. Hierdurch könne der Eindruck entstehen, persönlich haftender Gesellschafter sei nicht (zumindest nicht allein) eine GmbH, sondern (auch) eine Personenhandelsgesellschaft „X & Co.“ bzw. „X & Sohn“.[53] Ob diese Argumentation auch jetzt noch gilt, nachdem der Name des persönlich haftenden Gesellschafters nicht mehr in der Firma der GmbH & Co. KG enthalten und jede Personengesellschaft gemäß § 19 Abs. 1 Nr. 2 und 3 HGB ausdrücklich als OHG oder KG gekennzeichnet sein muss, erscheint fraglich. Vor dem Hintergrund des geltenden Firmenrechts dürften gegen eine Firmierung wie zB „X & Sohn GmbH & Co. KG“ grundsätzlich keine Einwände mehr bestehen.[54] Denn im Gegensatz zur alten Rechtslage, als Personenhandelsgesellschaften regelmäßig mit „X & Co.“ bzw. „X & Sohn“ firmierten, verbindet man damit heute, soweit keine Rechtsformbezeichnung angehängt ist, nicht automatisch das Bestehen einer Personenhandelsgesellschaft.

4. Besonderheiten bei der doppelstöckigen GmbH & Co. KG

27 Firmenrechtlich war bei der doppelstöckigen GmbH & Co. KG (→ § 2 Rn. 18 ff.) bis zur Streichung von § 19 Abs. 2 HGB aF durch das HRefG lange zweifelhaft, ob die Unter-GmbH & Co. KG die Firma der Ober-GmbH & Co. KG vollständig in ihre eigene Firma aufnehmen muss, was zu einer **Verdoppelung** des GmbH & Co. KG-Zusatzes geführt hätte.

28 Geblieben ist die Frage, ob die Firmierung als „GmbH & Co. KG“ nicht irreführt, wenn unmittelbare Komplementärin nicht eine GmbH, sondern eine weitere GmbH & Co. KG ist. UE muss nach der Neufassung des § 19 Abs. 2 HGB der Zusatz „GmbH & Co. KG“ auch dann zulässig sein, wenn die „GmbH“ erst auf der zweiten oder weiteren Stufe als

---

[48] So noch unter Hinweis auf den aus § 18 Abs. 2 HGB aF hergeleiteten Grundsatz der Firmenklarheit BGH BB 1980, 853 (854); OLG Hamm NJW 1966, 2172; DB 1987, 1245. Die dortigen Ausführungen dürften aber auch unter dem Irreführungsverbot des jetzt geltenden § 18 Abs. 2 HGB relevant sein; so auch OLG Stuttgart BB 2001, 14 f.; *Burgard* in Großkomm. HGB § 18 Rn. 59; *Heidinger* in MüKoHGB § 18 Rn. 89. Entsprechendes gilt für die nachfolgend zitierten Fundstellen, soweit sie aus der Zeit vor dem HRefG stammen. S. auch *Wessel/Zwernemann/Kögel,* Die Firmengründung, Rn. 323; *Bokelmann,* Das Recht der Firmen- und Geschäftsbezeichnungen, Rn. 621.

[49] BGH NJW 1980, 2084; OLG Stuttgart BB 2001, 14 (15); *Lüke* in HTM HdB GmbH & Co. KG Rn. 3.83; *Bokelmann,* Das Recht der Firmen- und Geschäftsbezeichnungen, Rn. 621, 804.

[50] BayObLG DB 1978, 879.

[51] BayObLG BB 1978, 14; *Lüke* in HTM HdB GmbH & Co. KG Rn. 3.83.

[52] BGH NJW 1979, 1986 f.; *Wessel/Zwernemann/Kögel,* Die Firmengründung, Rn. 323.

[53] BGH DB 1981, 153 aufgrund Vorlagebeschlusses des OLG Frankfurt DB 1980, 1484, welches die gegenteilige Auffassung vertrat; BGH NJW 1985, 736 (737). AA OLG Frankfurt DB 1980, 1208 für den Fall, dass ein Sachzusatz zwischen die Bestandteile „X & Co.“ und „GmbH & Co. KG“ eingeschoben wird; Unzulässigkeit des Klammerzusatzes (GmbH & Co.): OLG Oldenburg NJW-RR 1990, 357 f.

[54] S. auch LG Bremen GmbHR 2004, 186, wonach mangels Täuschungseignung bei einer GmbH keine Bedenken bestehen gegen Firmierung „X & Co. GmbH“.

Komplementärin fungiert.[55] Der Vorschlag, in diesen Fällen als Rechtsformzusatz „mehrstöckige", „mehrstufige" oder „mittelbare GmbH & Co. KG" zu verwenden,[56] erscheint dagegen überzogen. Als Alternative könnte sich auch hier der Zusatz **„beschränkt haftende KG"** empfehlen.[57]

5. Besonderheiten bei der Doppelkomplementär & Co. KG

Bei einer GmbH & Co. KG mit mehreren Komplementären stellt sich die Frage, ob die Rechtsformzusätze sämtlicher Komplementäre in der Firma aufzuführen sind oder die Nennung eines Rechtsformzusatzes genügt und für diesen Fall, **welcher** benannt werden muss. 29

Um die Gefahr der Irreführung nach § 18 Abs. 2 S. 1 HGB zu vermeiden, halten wir eine Firmierung, bei der die Komplementäre durch ein „&" verbunden aufgeführt werden, für unzulässig.[58] Richtigerweise besteht bei der Verwendung von **Komplementären deutscher Rechtsform ein Wahlrecht,** welche Gesellschaft in die Firma aufgenommen wird.[59] Eine **Ausnahme** wird für den Fall angenommen, dass neben einer Komplementärin deutschen Rechts eine ausländische Komplementärgesellschaft aufgenommen wurde, deren Haftungsbeschränkung durch die Angabe der Rechtsform nicht hinreichend deutlich gekennzeichnet wird. In diesen Fällen ist die deutsche Komplementärgesellschaft in die Firma aufzunehmen.[60] 30

6. Auswirkungen auf sog Altgesellschaften

Die verschärfte firmenrechtliche Publizität galt schon nach der bisherigen, durch § 19 Abs. 5 HGB aF sowie nun durch § 19 Abs. 2 HGB übernommenen Rechtsprechung auch für solche Gesellschaften, die bereits vor Jahrzehnten im Handelsregister eingetragen worden sind, deren (abgeleitete) Firma aber den neuen Anforderungen nicht mehr genügte.[61] Diese sog Altgesellschaften waren verpflichtet, ihre Firma entsprechend zu **ändern** und die Änderung zur Eintragung in das Handelsregister anzumelden. 31

Ist dies unterblieben, kann das **Registergericht** die Firma gemäß § 37 HGB als unzulässig beanstanden und gegen die zur Anmeldung verpflichteten Geschäftsführer der Komplementär-GmbH sowie gegen diese selbst **Zwangsgelder** festsetzen (§ 14 HGB). Führt dies zu keinem Erfolg, kann das Registergericht die (unzulässige) **Firma** sogar von Amts wegen **löschen,**[62] und zwar selbst dann, wenn die Firma – wie in einem Fall des OLG Frankfurt – bereits seit mehr als 110 Jahren im Handelsregister eingetragen ist und von der Gesellschaft über diese außergewöhnlich lange Zeit hindurch unbeanstandet im Rechtsverkehr geführt wird.[63] 32

Demgegenüber führt eine im Handelsregister eingetragene, jedoch unzulässige Altfirma nicht zu einer **Registersperre.** Das Registergericht kann also zB nicht die Eintragung angemeldeter Tatbestände unter Hinweis auf die Unzulässigkeit der eingetragenen Firma ablehnen. Dies gilt selbst dann, wenn die Firma erst durch die einzutragende Tatsache, also das Ausscheiden einer natürlichen Person als (Allein-)Komplementär und den Eintritt einer GmbH an ihrer Stelle, unzulässig wird.[64] 33

Für die **Anpassung der Firmen** an die durch das **HRefG** geänderten Vorschriften wurde eine **Übergangsregelung** geschaffen. Vor dem 1.7.1998 im Handelsregister einge- 34

[55] *Heidinger* in MüKoHGB § 19 Rn. 26. AA *Burgard* in Großkomm. HGB § 19 Rn. 17.
[56] *Burgard* in Großkomm. HGB § 19 Rn. 17.
[57] *Burgard* in Großkomm. HGB § 19 Rn. 17.
[58] *Mehringer* NZG 2017, 41 (42).
[59] *Mehringer* NZG 2017, 41 (43); *Burgard* in Großkomm. HGB § 19 Rn. 18.
[60] *Mehringer* NZG 2017, 41 (43).
[61] BGHZ 65, 103; KG DNotZ 1978, 370.
[62] BayObLG DB 1978, 1685.
[63] OLG Frankfurt DB 1980, 1210.
[64] BGH NJW 1977, 1879 f.; 1985, 736 (737 f.).

tragene Firmen durften bis zum 31.3.2003 entsprechend den bisherigen Vorschriften weitergeführt werden (Art. 38 Abs. 1 EGHGB aF). Beschränkt sich die Firmenänderung auf die Aufnahme des Rechtsformzusatzes gemäß § 19 Abs. 1 HGB in die Firma, muss der Zusatz (hier KG) im Rechtsverkehr zwar geführt werden, die Änderung ist jedoch nicht zur Eintragung in das Handelsregister anzumelden (Art. 38 EGHGB).[65]

35 In der Praxis müsste die Anpassung der Firmen von Altgesellschaften inzwischen abgeschlossen sein, so dass hier der Vollständigkeit halber nur darauf hingewiesen werden soll, dass im Fall einer GmbH & Co. KG, deren fortgeführte Firma immer noch nicht die Anforderungen der § 19 Abs. 1 und 2 HGB erfüllt, **die Gefahr der Rechtsscheinhaftung** besteht (→ Rn. 53 ff.).

II. Bei Fortführung eines Unternehmens

1. Abgeleitete Firma

36 Wird jemand in ein bestehendes Handelsgeschäft als Gesellschafter aufgenommen oder tritt ein neuer Gesellschafter in eine Handelsgesellschaft ein, so gestattet § 24 Abs. 1 HGB, dass die bisherige Firma (sog **abgeleitete Firma**) fortgeführt wird. Entsprechendes gilt gemäß § 22 Abs. 1 HGB im Fall des Erwerbs eines bestehenden Handelsgeschäfts. Das Gesetz durchbricht hier den Grundsatz der Firmenwahrheit zugunsten der Erhaltung des in einer eingeführten Firma verkörperten Werts.[66] Ein Recht zur Beibehaltung der Firma im Interesse ihrer Kontinuität besteht auch im Fall des Formwechsels (§ 200 Abs. 1 und 2 UmwG).

37 Der **Grundsatz der Firmenbeständigkeit** erfährt jedoch zum einen eine **Einschränkung** durch § 19 Abs. 1 HGB, wonach die Rechtsform jetzt ausdrücklich in der Firma zu kennzeichnen ist. Entsteht zB eine Personenhandelsgesellschaft durch Aufnahme eines Gesellschafters in das Handelsgeschäft eines Einzelkaufmanns, kann die bisherige Firma – anders als früher – nur mit dem entsprechenden Rechtsformzusatz fortgeführt werden.[67] Zum anderen kann auch das **Täuschungsverbot** (§ 18 Abs. 2 HGB) der Firmenfortführung, insbesondere in Bezug auf den Rechtsformzusatz, Grenzen setzen. Hieraus folgt jedoch nicht, dass ein bisheriger, den tatsächlichen Verhältnissen nicht mehr entsprechender Rechtsformzusatz in der fortgeführten Firma stets gestrichen werden muss; vielmehr genügt es, wenn die bisherige unveränderte Firma durch einen Nachfolgezusatz ergänzt wird, der die nunmehr gegebene Rechtsform eindeutig offenlegt.[68]

38 In seinem Urteil vom 18.3.1974 stellte der **BGH**[69] folgenden Leitsatz auf: Eine KG, deren einziger persönlich haftender Gesellschafter eine GmbH ist, sei auch bei einer **abgeleiteten Firma** verpflichtet, einen **Zusatz** „wie etwa GmbH & Co. (KG)" in die Firma **aufzunehmen.** Dieses Ergebnis folgte nach Ansicht des BGH aus einer entsprechenden Anwendung der § 4 Abs. 2 GmbHG aF, § 4 Abs. 2 AktG aF Die GmbH & Co. KG sei zwar der Form nach eine Personengesellschaft. Sachlich handele es sich aber um eine Gesellschaft mit beschränkter Haftung, die insoweit der GmbH oder AG näherstehe als einer normalen OHG oder KG. Wie bei den Kapitalgesellschaften sei die Haftung für die Verbindlichkeiten des Unternehmens auf eine bestimmte Vermögensmasse beschränkt, und es fehle, ebenso wie bei der GmbH oder der AG, die persönliche Haftung natürlicher Personen als wesentliches gläubigerschützendes Element. Daher müsse wie bei diesen aus Gründen des Gläubiger-

---

[65] Nach *Heidinger* in MüKoHGB § 19 Rn. 48 wäre es geboten gewesen, zumindest eine formlose Mitteilung an das Registergericht vorzuschreiben.

[66] *Heidinger* in MüKoHGB § 22 Rn. 3.

[67] *Roth* in Koller/Kindler/Roth/Morck HGB § 24 Rn. 3; *Hopt* in Baumbach/Hopt HGB § 24 Rn. 5.

[68] OLG Hamm NJW-RR 1999, 1709 (1710); *Heidinger* in MüKoHGB § 22 Rn. 62 ff. (65); *Schlingloff* in Oetker HGB § 22 Rn. 34 f. AA *Burgard* in Großkomm. HGB § 22 Rn. 89 unter Hinweis auf § 200 Abs. 1 S. 2 UmwG; *Burgard* verweist allerdings auch auf § 18 UmwG.

[69] BGH NJW 1974, 1191 (1192 f.).

schutzes das Fehlen persönlicher Haftung im Geschäftsverkehr in ausreichender Weise offengelegt werden.[70]

Diese Rechtsprechung des BGH wurde im Zug der GmbH-Novelle durch die Einführung des § 19 Abs. 5 HGB aF durch den **Gesetzgeber bestätigt** und durch das HRefG mit dem im Wesentlichen inhaltsgleichen § 19 Abs. 2 HGB – der ausdrücklich auch für die Firmenfortführung gilt – fortgeführt. Dabei ist zu beachten, dass die geforderte Haftungskennzeichnung ebenso wie der nunmehr zwingend vorgeschriebene Rechtsformzusatz gemäß § 19 Abs. 1 HGB eine sich im Rahmen des § 24 HGB haltende Korrektur darstellt, die für sich gesehen nicht dazu zwingt, den in der bisherigen Firma enthaltenen Firmenkern in irgendeiner Weise zu ändern. Allein auf die Fortführung dieses Firmenkerns wird auch abgestellt, wenn es um die Frage der **Haftung gemäß § 25 Abs. 1 HGB** geht.[71] 39

2. Verwendung des Namens eines ausgeschiedenen Gesellschafters

a) Problem. Trotz der potenziellen Gefahr einer Irreführung (§ 18 Abs. 2 HGB; → Rn. 9 f.)[72] darf die Firma auch dann fortgeführt werden, wenn sie den Namen des ausscheidenden oder **ausgeschiedenen Geschäftsinhabers** oder **Gesellschafters** enthält, vorausgesetzt, dieser oder seine Erben haben in die Fortführung der Firma eingewilligt (§§ 22 Abs. 1, 24 Abs. 1 und 2 HGB). Hierbei ist die Einwilligung in § 22 Abs. 1 HGB als Verfügung über das Firmenrecht iSd §§ 398, 413 BGB zu qualifizieren, § 24 Abs. 2 HGB dagegen als einseitige schuldrechtliche Gestattung der Namensverwendung.[73] Die Einwilligung gemäß § 24 Abs. 2 HGB ist nach der Rechtsprechung iSd § 183 S. 1 BGB als vorherige Zustimmung zu verstehen, so dass ein nachträglich erklärtes Einverständnis nicht genügt.[74] Umstritten ist, ob der Einwilligungsvorbehalt eines ausscheidenden Gesellschafters oder seiner Erben gemäß **§ 24 Abs. 2 HGB** auch im Fall einer GmbH & Co. KG beachtet werden muss. 40

b) Bei der GmbH. Für die GmbH war bis zum HRefG aufgrund des BGH-Urteils vom 20.4.1972 anerkannt,[75] dass **§ 24 Abs. 2 HGB** auf sie **nicht anwendbar** ist, weil es sich bei ihr als **Kapitalgesellschaft** um eine juristische Person handelt. Die Vorschrift des § 24 HGB – so der BGH – stehe in einem engen Zusammenhang mit den Bestimmungen über die Bildung der Firma eines Einzelkaufmanns, einer OHG und einer KG. Sie betreffe den (teilweisen) Wechsel in der Person des Geschäftsinhabers. Inhaber des von der GmbH betriebenen Handelsgeschäfts sei aber nicht deren Gesellschafter, sondern die – von einem Wechsel ihrer Gesellschafter unabhängige – GmbH selbst. § 24 HGB sei deshalb nur bei Personenhandelsgesellschaften anwendbar. 41

Der BGH hielt dieses Ergebnis für sachlich gerechtfertigt, weil die Firma einer OHG oder KG gemäß § 19 Abs. 2 und 3 HGB aF zwingend den **Namen eines persönlich haftenden Gesellschafters** enthalten müsse. Demgegenüber sei der Gesellschafter einer GmbH frei in der Entscheidung, ob er seinen Namen für die Firmenbildung zur Verfügung stellen wolle. Denn die Firma einer GmbH könne auch eine **Sachfirma** sein. Demnach brauche dem GmbH-Gesellschafter nicht mit derselben Notwendigkeit die Möglichkeit einer späteren Entscheidung hinsichtlich der Firmenfortführung offengehalten zu werden wie im Fall einer Personenhandelsgesellschaft. Folgerichtig hat der BGH in einem späteren 42

---

[70] Entgegen dem Widerstand der Literatur und der Registergerichte bestätigte der BGH diese Auffassung durch Beschluss vom 18.9.1975, BGH NJW 1976, 48.

[71] Vgl. BGH DStR 2004, 1136 mAnm *Goette*; GRUR-RR 2010, 136 Rn. 14; *Hopt* in Baumbach/Hopt HGB § 25 Rn. 7.

[72] BT-Drs. 13/8444, 57.

[73] Hierzu BGH NJW 1994, 2025 (2026); BayObLG NJW 1998, 1158 f.; *Burgard* in Großkomm. HGB § 24 Rn. 26 f.; *Schlingloff* in Oetker HGB § 24 Rn. 12.

[74] So wohl OLG Koblenz NJW 1992, 2101 (2102). AA *Reuschle* in EBJS HGB § 24 Rn. 24; *Burgard* in Großkomm. HGB § 24 Rn. 33.

[75] BGH NJW 1972, 1419.

Urteil ausgesprochen, dass auch der **Insolvenzverwalter** die **Firma** einer GmbH ohne Zustimmung des Namensträgers **verwerten** darf.[76]

43 **c) Bei der GmbH & Co. KG.** Für den **Insolvenzfall** hatte der BGH entschieden, dass die Verwertung der Firma der GmbH & Co. KG nicht der Zustimmung des namensgebenden Gesellschafters bedarf.[77] Denn auch bei der GmbH & Co. KG bestünde – gleichermaßen wie bei der GmbH – keine gesetzliche Notwendigkeit zur Aufnahme eines Personennamens in die Firma, weil diese unter Wahrung der Vorschriften des § 19 Abs. 2 HGB aF aus dem Namen der Komplementär-GmbH gebildet werden könne, der seinerseits nach § 4 GmbHG aus einer Sachbezeichnung ohne Familiennamen bestehen dürfe.

44 Da es für den namensgebenden Gesellschafter keinen Unterschied macht, ob die GmbH & Co. KG ihre Firma an einen Dritten verkauft oder ob er, zB durch Verkauf seines Anteils, **aus der Gesellschaft ausscheidet,** waren die zur GmbH entwickelten Rechtsprechungsgrundsätze auch insoweit auf die GmbH & Co. KG übertragbar. **§ 24 Abs. 2 HGB** war folglich auch bei der GmbH & Co. KG generell **nicht anwendbar.**[78]

45 **d) Rechtslage nach HRefG.** Seit der Liberalisierung des Firmenrechts durch das HRefG ist allerdings überhaupt keine Personenhandelsgesellschaft mehr verpflichtet, den Namen eines ihrer Gesellschafter in die Firma aufzunehmen (→ Rn. 2). Unter Zugrundelegung der zitierten BGH-Rechtsprechung zur GmbH und GmbH & Co. KG wäre § 24 Abs. 2 HGB jedenfalls auf neue Personenhandelsgesellschaften generell nicht mehr anwendbar.[79] Die zwischenzeitlich wohl herrschende Literaturmeinung vertritt daher die Ansicht, die BGH-Rechtsprechung sei aufgrund des HRefG überholt und § 24 Abs. 2 HGB nunmehr auf alle Rechtsformen, einschließlich GmbH und GmbH & Co. KG, zu erstrecken.[80] Zur Begründung wird angeführt, es sei de lege lata nicht vertretbar, dass § 24 Abs. 2 HGB keinen Anwendungsbereich mehr haben solle. Ferner sei keine Intention des Gesetzgebers ersichtlich, den ursprünglichen **Anwendungsbereich** des § 24 Abs. 2 HGB beizubehalten.

46 Dem ist nicht ohne Weiteres zuzustimmen.[81] Es gibt im Gegenteil keinen Hinweis darauf, dass der Gesetzgeber mit der Änderung des Firmenrechts den Anwendungsbereich des unverändert gebliebenen § 24 Abs. 2 HGB indirekt auf die namensgebenden Gesellschafter der GmbH bzw. GmbH & Co. KG erweitern wollte. Auch das Argument, § 24 Abs. 2 HGB habe bei konsequenter Anwendung der bisherigen Rechtsprechung des BGH keinen Anwendungsbereich mehr, ist nicht zutreffend. Denn zumindest in **Altfällen** kann § 24 Abs. 2 HGB weiterhin Anwendung finden.[82] Wollte man dennoch § 24 Abs. 2 HGB auf alle Rechtsformen erstrecken, müsste uE als Korrektiv (**Auslegungsregel**) davon ausgegangen werden, dass – wenn keine gegenteiligen Anhaltspunkte vorliegen – der nach neuem Recht stets freiwillig seinen Namen gebende Gesellschafter damit zugleich ausdrücklich damit einverstanden ist, dass die Firma auch über den Zeitpunkt seines Ausscheidens hinaus fortgeführt wird. Andernfalls gäbe man dem ausscheidenden Gesellschafter ein **Druckmittel** zur (ungerechtfertigten) Verbesserung seiner Ausscheidenskonditionen in die Hand.

III. Angaben auf Geschäftsbriefen

47 Für die Praxis von erheblicher Bedeutung sind die Vorschriften der §§ 125a, 177a HGB. Hiernach ergibt sich für **jede KG** die Verpflichtung, auf sämtlichen, an einen bestimmten

[76] BGH NJW 1983, 755 f.; so auch OLG Hamm NJW-RR 1998, 611 f.

[77] BGH NJW 1990, 1605 (1607) – Benner; *K. Schmidt* HandelsR § 12 Rn. 45 ff.

[78] Vgl. *Felsner* NJW 1998, 3255.

[79] Vgl. *Weßling* GmbHR 2004, 487 (488).

[80] *Heidinger* in MüKoHGB § 24 Rn. 4; *Reuschle* in EBJS HGB § 24 Rn. 3 ff.; *Burgard* in Großkomm. HGB § 24 Rn. 11 ff.; *Kern* BB 1999, 1717 (1719).

[81] So wohl auch *Hopt* in Baumbach/Hopt HGB § 24 Rn. 12; *Steinbeck* NZG 1999, 133. *Felsner* NJW 1998, 3255 hält zwar am eingeschränkten Anwendungsbereich des § 24 Abs. 2 HGB fest, spricht sich jedoch für eine klarstellende Korrektur aus.

[82] *Roth* in Koller/Kindler/Roth/Morck HGB § 24 Rn. 8.

Empfänger gerichteten **Geschäftsbriefen,**[83] gleichviel welcher Form,[84] die folgenden **Angaben** zu machen (§ 177a S. 1 HGB iVm § 125a S. 1 HGB):

- die **Rechtsform** der GmbH & Co. KG;
- der **Sitz** der GmbH & Co. KG;
- das für die GmbH & Co. KG **zuständige Registergericht;**
- die **Handelsregisternummer.**

Als Rechtsform ist anzugeben, dass es sich um eine KG[85] handelt. Vor der Reformierung des Firmenrechts war zweifelhaft, ob die vorgeschriebene Rechtsformangabe dann entbehrlich ist, wenn sich bereits aus der Firmierung als **„GmbH & Co. KG"** ersehen lässt, dass eine KG (und nicht eine OHG mit ausschließlich juristischen Personen als Gesellschafter) vorliegt.[86] Diese Frage ist seit der Neufassung der §§ 19, 125a, 177a HGB durch das HRefG klar zu verneinen. Denn obwohl die Rechtsform der Personengesellschaft gemäß § 19 Abs. 1 HGB nun zwingend in der Firma angegeben werden muss, ist die Angabe der Rechtsform in §§ 125a, 177a HGB dennoch ausdrücklich vorgeschrieben.[87] 48

Bei KGs, bei denen kein persönlich haftender Gesellschafter eine natürliche Person ist, also für **jede GmbH & Co. KG,** sind gemäß § 177a S. 2 HGB iVm § 125a Abs. 1 S. 2 HGB **zusätzlich** die Namen bzw. **Firmen aller persönlich haftenden Gesellschafter**[88] **anzugeben** und, soweit für diese vorgeschrieben (§§ 35a GmbHG, 80 AktG), deren 49

- Rechtsform
- Sitz
- zuständiges Registergericht
- Handelsregisternummer
- Geschäftsführer bzw. Vorstandsmitglieder mit vollem Familiennamen und mindestens einem ausgeschriebenen Vornamen
- Vorsitzender des Aufsichtsrats (soweit vorhanden) mit vollem Familiennamen und mindestens einem ausgeschriebenen Vornamen

Die Angaben auf Geschäftsbriefen einer GmbH & Co. KG könnten hiernach **zB** wie folgt lauten: 50

Die Gesellschaft ist eine KG mit Sitz in Stuttgart. Handelsregister: Amtsgericht Stuttgart HRA 2248. Persönlich haftende Gesellschafterin ist die Fritz Maier GmbH mit Sitz in Stuttgart, Handelsregister: Amtsgericht Stuttgart HRB 5514. Geschäftsführer: Peter Schulz. Vorsitzender des Aufsichtsrats: Fritz Maier.

Oder kürzer: 51

Rechtsform: KG; Sitz: Stuttgart; Registergericht: Stuttgart HRA 2248; persönlich haftende Gesellschafterin: Fritz Maier GmbH; Sitz: Stuttgart; Registergericht: Stuttgart HRB 5514; Geschäftsführer: Peter Schulz; Aufsichtsratsvorsitzender: Fritz Maier.

---

[83] Hierzu gehören gemäß §§ 125a Abs. 2, 37a Abs. 3 HGB auch Bestellscheine.

[84] Klarstellung eingefügt durch EHUG. Damit hat sich etwa die zuvor streitige Frage der Anwendbarkeit der Vorschrift auf E-Mails – s. hierzu *Mutter* GmbHR 2001, 336; *Schmittmann/Ahrens* DB 2002, 1038 – erledigt. Der Begriff der Geschäftsbriefe iSd §§ 37a Abs. 1, 125a Abs. 1 S. 1 HGB umfasst alle (nicht mündlichen) Mitteilungen des Kaufmanns über geschäftliche Angelegenheiten nach außen. Neben E-Mails zählt hierzu insbesondere auch der Internetauftritt der Gesellschaft *Hopt* in Baumbach/Hopt HGB § 37a Rn. 4; *Roth* in Baumbach/Hopt HGB § 125a Rn. 7.

[85] Nicht: „GmbH & Co. KG", da diese keine selbstständige Rechtsform ist; *Lutter* DB 1980, 1317 (1325). AA *Hüttmann* DB 1980, 1884; *Schaffland* BB 1980, 1501 (1502).

[86] Bejahend *Hüttmann* DB 1980, 1884; *Schaffland* BB 1980, 1501 (1502).

[87] Für gesonderte Rechtsformangabe (auch schon nach altem Recht) spricht zudem, dass die §§ 125a, 177a HGB die Erleichterung des Rechtsverkehrs gerade auch mit dem europäischen Ausland, dem die Rechtsform der deutschen GmbH & Co. KG nicht immer geläufig ist, bezwecken; so auch *Roth* in Baumbach/Hopt HGB § 125a Rn. 5.

[88] Entgegen dem Wortlaut legt *Mehringer* NZG 2017, 41 (43 f.) die §§ 125a Abs. 1 S. 2, 177a S. 2 HGB ua unter Berufung auf den Sinn und Zweck der Normen dahin aus, dass lediglich die geschäftsführenden und vertretungsberechtigten Komplementäre anzugeben seien.

52 Da das Gesetz eine **„Aufbrauchfrist"** nicht vorsieht und eine solche im Interesse des Rechtsverkehrs an aktueller Information auch nicht akzeptabel wäre, muss bei einer geplanten personellen oder gesellschaftsrechtlichen Neuorganisation rechtzeitig an den Neudruck von Briefpapier gedacht werden, wenn man Ärger mit dem Registergericht[89] oder gar Schadensersatzansprüche wegen **Rechtsscheinhaftung** oder wegen **culpa in contrahendo** (§§ 311 Abs. 2, 280 BGB)[90] vermeiden möchte. Insbesondere dann, wenn eine Kapitalgesellschaft **„sternförmig"** an mehreren Unternehmen in der Rechtsform der GmbH & Co. KG als Komplementärin beteiligt ist, können sich im Fall eines Wechsels in der Geschäftsführung umfangreiche Änderungen auf den Geschäftsbriefen sämtlicher Beteiligungsunternehmen ergeben.

IV. Gefahr der Rechtsscheinhaftung

1. Voraussetzungen

53 Tritt eine GmbH & Co. KG mit einem Dritten in Geschäftsbeziehung und gibt sie in der geschäftlichen Korrespondenz ihre (abgeleitete) Firma ohne den die Haftungsbeschränkung kennzeichnenden Rechtsformzusatz iSv § 19 Abs. 2 HGB an, so kann nach der Rechtsprechung[91] der **Anschein** einer Personengesellschaft mit mindestens einem **unbeschränkt haftenden natürlichen Gesellschafter** erweckt werden. In der Praxis sind diese Fälle häufiger, als es zunächst den Anschein haben mag, weil viele Gesellschaften aus Nachlässigkeit oder Unwissenheit, aber auch bewusst aus gestalterischen Gründen (insbesondere auf „Geschäftsleitungs-Briefbögen") ohne Angabe des Rechtsformzusatzes am Geschäftsverkehr teilnehmen.

54 Die sich aus der analogen Anwendung von § 179 Abs. 1 BGB ergebende Rechtsscheinhaftung kann dadurch vermieden werden, dass der Handelnde darlegt und beweist, dass sein Vertragsgegner die wahren Verhältnisse kannte oder kennen musste oder dass diese für ihn im konkreten Fall keine Rolle gespielt haben.[92] Dagegen kommt dem Umstand, dass sich die wirklichen Verhältnisse der Gesellschaft ohne Weiteres aus dem **Handelsregister** ergeben und Dritte gemäß § 15 Abs. 2 HGB die bekannt gemachten Handelsregistereintragungen gegen sich gelten lassen müssen, keine Bedeutung zu. Denn in Rechtsprechung und Literatur ist seit Langem anerkannt, dass ein spezieller **Vertrauenstatbestand** gegenüber der Verlautbarung des Handelsregisters **vorrangig** und eine Berufung auf eine Eintragung missbräuchlich sein kann.[93] Das soll namentlich dann gelten, wenn eine GmbH, eine UG oder eine AG entgegen den Vorschriften der §§ 4, 5a Abs. 1 GmbHG, § 4 AktG eine Firma ohne Angabe ihrer tatsächlichen Gesellschaftsform verwendet, weil andernfalls der Zweck der genannten Vorschriften vereitelt würde, der darin besteht, die beschränkte Haftung einer Kapitalgesellschaft schon aus der Firma, dh ohne Einsichtnahme in das Handelsregister, erkennbar werden zu lassen.[94]

55 Entsprechendes muss gelten, wenn eine KG, bei der nur eine GmbH unbeschränkt haftet, einen klarstellenden Zusatz unter Verstoß gegen **§ 19 Abs. 2 HGB** unterlässt, da auch dieser Zusatz den Zweck verfolgt, den Rechtsverkehr auf die Eigentümlichkeiten dieser

---

[89] Verstöße kann das Registergericht gemäß §§ 125a Abs. 2, 37a Abs. 4, 14 S. 2 HGB iVm § 177a HGB durch Festsetzung eines Zwangsgelds bis zu 5.000 Euro gegen die Geschäftsführer der Komplementär-GmbH ahnden.

[90] *Hopt* in Baumbach/Hopt HGB § 37a Rn. 8; *Michalski* in Michalski GmbHG § 4 Rn. 109 ff. zur korrespondierenden Rechtslage bei der GmbH. Gegen Vertrauenshaftung aufgrund Rechtsscheins bei bloßem Fehlen von Angaben nach § 125a HGB: *K. Schmidt* in MüKoHGB § 125a Rn. 18, soweit nicht Angaben zur Haftungsverfassung betroffen sind.

[91] BGH BB 1978, 1182 (1183); so auch OLG Saarbrücken NJW-RR 2009, 179 f.

[92] BGH NJW 1990, 2678 (2679); NJW 2012, 2871 Rn. 27.

[93] *Hopt* in Baumbach/Hopt HGB § 15 Rn. 15 mwN; *Roth* in Koller/Kindler/Roth/Morck HGB § 15 Rn. 49; *Meckbach* NZG 2011, 968.

[94] BGH NJW 1974, 1191 (1192); 1981, 2569; DB 1990, 978 (979); NJW 1991, 2627; 2007, 1529; 2012, 2871 Rn. 9 ff. für UG, die fälschlicherweise als GmbH firmiert; OLG Hamm GmbHR 1995, 661; OLG Naumburg GmbHR 1997, 445. AA LG Düsseldorf NZG 2014, 823 (824 f.) für den Fall, dass die Rechtsformbezeichnung UG verwendet wird, jedoch ohne den Zusatz („haftungsbeschränkt"), ferner unter Anwendung auch von § 179 Abs. 3 S. 1 BGB analog.

Gesellschaftsform, dass nämlich wie bei den Kapitalgesellschaften die Haftung für Gesellschaftsschulden auf eine bestimmte Vermögensmasse beschränkt ist, hinzuweisen.[95] Das bloße Weglassen der jetzt nach **§ 19 Abs. 1 Nr. 3 HGB** geforderten Rechtsformangabe wird dagegen allein nicht geeignet sein, den Rechtsschein der unbeschränkten Haftung einer natürlichen Person zu begründen.[96]

Die von der Rechtsprechung gewählte Begründung der Rechtsscheinhaftung über die analoge Anwendung des § 179 Abs. 1 BGB wird in der **Literatur**[97] ua zugunsten einer Anwendung der §§ 311 Abs. 2, 3, 280 Abs. 1 BGB,[98] einer Handelndenhaftung in Anlehnung an § 11 Abs. 2 GmbHG,[99] einer Lösung über das Deliktsrecht[100] oder differenzierenden Lösungen[101] teilweise **abgelehnt.**[102] Zur Begründung wird ua angeführt, dass § 179 BGB, der den Geschäftsgegner im Hinblick darauf schütze, dass es durch das Handeln des falsus procurator nicht zum Vertragsschluss mit dem durch den Handelnden Vertretenen komme, nicht passe. Denn im Fall des fehlenden oder falschen Rechtsformzusatzes werde die Gesellschaft regelmäßig über die **Grundsätze des unternehmensbezogenen Geschäfts** wirksam verpflichtet, so dass der Geschäftsgegner einen Vertragspartner erhalte.[103] Die Lösung der Rechtsprechung führe somit dazu, dass derjenige, der auf eine bestimmte Haftungsverfassung vertraue über zwei Haftungsschuldner verfüge und gegenüber demjenigen, der auf das Zustandekommen des Rechtsgeschäfts vertraue, privilegiert würde.[104] Zudem habe die Haftungsverfassung grundsätzlich keinen Einfluss auf das tatsächliche Ausfallrisiko des Gläubigers.[105] Allein das Auftreten in einer Rechtsform, für die zu einem bestimmten Zeitpunkt die Aufbringung eines Mindesthaftkapitals sichergestellt war, begründe auch keinen Rechtsschein dahin, dass das Haftkapital immer noch (unverbraucht) zur Verfügung stehe.[106] Ungeachtet dieser Kritik ist angesichts des **Haftungsrisikos** dringend zu empfehlen, die vorgeschriebenen Rechtsformzusätze zu verwenden. 56

2. Ausgestaltung der Haftung; Haftungsumfang

Entgegen teilweise in der Literatur vertretener Ansicht[107] ist die Haftung nach Auffassung des BGH als **Außenhaftung** ausgestaltet.[108] Hinsichtlich des Haftungsumfangs lässt der BGH im Fall der fälschlicherweise als GmbH auftretenden UG offen, ob die Haftung 57

[95] So bereits BGH BB 1978, 1182 (1183); vgl. auch *Roth* in Koller/Kindler/Roth/Morck HGB § 15 Rn. 49.

[96] *K. Schmidt* NJW 1998, 2161 (2168); offengelassen bei *Hopt* in Baumbach/Hopt HGB § 15 Rn. 15.

[97] Im Überblick *Schubert* in MüKoBGB § 179 Rn. 15 ff. mit eigener Stellungnahme.

[98] *Altmeppen* NJW 2012, 2833 (2837 f.); *Klein* NJW 2015, 3607 (3610 f.); *Freitag/Korch* GmbHR 2013, 1184 (1188 ff.); *Pietzarka* GmbHR 2017, 73 (77 f.), soweit nicht Organpersonen betroffen sind, für die *Pietzarka* eine Haftung nach § 11 Abs. 2 GmbHG analog befürwortet; kritisch für den Regelfall im Hinblick auf die Voraussetzungen der culpa in contrahendo *Meckbach* NZG 2011, 968 f. und auch die 11. Aufl. 2010, Rn. 65.

[99] *Beurskens* NZG 2016, 681 (683 ff.); *Pietzarka* GmbHR 2017, 73 (77 f.) hinsichtlich der Haftung von Organpersonen. Ablehnend *Meckbach* NZG 2011, 968 (970).

[100] *Haas* NJW 1997, 2854 (2855 ff.) sieht in § 823 Abs. 2 BGB iVm den gesetzlichen Aufklärungspflichten über die Haftungsbeschränkung den Ansatzpunkt für eine Vertreterhaftung; *Pietzarka* GmbHR 2017, 73 (77 f.), soweit nicht Organpersonen betroffen sind, für die *Pietzarka* eine Haftung nach § 11 Abs. 2 GmbHG analog befürwortet; *Meckbach* NZG 2011, 968 (970) bezogen auf eine als GmbH firmierende UG.

[101] *Klein* NJW 2015, 3607 (3609 ff.).

[102] Anders *Meckbach* NZG 2011, 968 (970 ff.) wohl für die allgemeine Rechtsscheinhaftung; *Beck/Schaub* GmbHR 2012, 1331 (1332 ff.) ebenfalls für allgemeine Rechtsscheinhaftung; *Miras* NZG 2012, 486 (489 f.). Differenzierend *Schubert* in MüKoBGB § 179 Rn. 15 ff.

[103] *Altmeppen* NJW 2012, 2833 (2836); differenzierend *Klein* NJW 2015, 3607 (3609); ähnlich *Schanze* NZG 2007, 533 (535 f.) im Übrigen auch mit Bezügen zum europäischen Recht; *Haas* NJW 1997, 2854 (2855 ff.); im Ergebnis auch *Beck/Schaub* GmbHR 2012, 1331 (1332 ff.), die jedoch für eine aus allgemeinen Grundsätzen abgeleitete Rechtsscheinhafung eintreten.

[104] *Haas* NJW 1997, 2854 (2855).

[105] *Haas* NJW 1997, 2854 (2856).

[106] *Altmeppen* NJW 2012, 2833 (2835).

[107] *Meckbach* NZG 2011, 968 (971 f.); *Pöschke* DStR 2012, 1814 (1817).

[108] BGH NJW 2012, 2871 Rn. 24; gegen Innenhaftung auch *Beck/Schaub* GmbHR 2012, 1331 (1334 f.).

auf die Differenz zwischen der Stammkapitalziffer der Unternehmergesellschaft und dem Mindeststammkapital der GmbH begrenzt ist.[109]

3. Der von der Haftung betroffene Personenkreis

58 **a) Haftung der Geschäftsführer.** Nach allgemeinen Rechtsscheingrundsätzen muss sich ausschließlich derjenige so behandeln lassen, als träfe der Rechtsschein zu, der diesen Rechtsschein selbst **„veranlasst"** hat.[110] Das ist regelmäßig nur der im Namen der GmbH & Co. KG handelnde Geschäftsführer der Komplementär-GmbH. Dieser tritt nach außen für die GmbH & Co. KG auf und bewirkt durch die Verwendung einer Firma ohne zutreffenden Rechtsformzusatz den Rechtsschein, er sei persönlich haftender Gesellschafter einer normalen KG. Denn da bei einer KG die Kommanditisten grundsätzlich gemäß § 170 HGB von der Vertretung ausgeschlossen sind, gehen die Vertragspartner regelmäßig davon aus, einem Komplementär gegenüberzustehen.

59 Bei der Haftung des Gesellschafters sind **zwei Konstellationen** zu unterscheiden:

- Die Gesellschaft ist mit einer zulässigen Firma im Handelsregister eingetragen, jedoch tritt der Geschäftsführer nach außen unter einer anderen – unzulässigen – Firma auf;
- Der Geschäftsführer verwendet die zwischen den Gesellschaftern vereinbarte und im Handelsregister eingetragene Firma, die jedoch unzulässig ist.

60 Ist in der ersten Konstellation die Haftung des Geschäftsführers ohne Weiteres einsichtig, da dieser, in den meisten Fällen sogar **bewusst,** nicht die richtige Firma verwendet, so erscheint eine Haftung in der zweiten Konstellation durchaus bedenklich. Widersetzt sich nämlich die Gesellschafterversammlung seiner Aufforderung, eine zulässige Firma zu beschließen und die Eintragung im Handelsregister zu bewirken, so kann der Geschäftsführer nicht unter einer anderen, ihm richtig erscheinenden Firma auftreten. Es ist ihm freilich ohne Weiteres zumutbar, im Rechtsverkehr in anderer Form auf die beschränkte Haftung **hinzuweisen.** Aus Gläubigerschutzgesichtspunkten muss deshalb auch in diesen Fällen eine Rechtsscheinhaftung des Geschäftsführers angenommen werden, zumal sich der Geschäftsführer dieser Haftung im ungünstigsten Fall durch **Amtsniederlegung** entziehen kann.

61 Der Geschäftsführer der Komplementär-GmbH **haftet gesamtschuldnerisch** neben der GmbH & Co. KG als dem wirklichen Unternehmensträger, für die der Geschäftsführer gehandelt hat.[111] Ein nur mündliches rechtsgeschäftliches Handeln ohne den Hinweis auf die beschränkte Haftung des Unternehmensträgers wird allerdings in der Regel das die Rechtsscheinhaftung auslösende Vertrauen noch nicht begründen.[112]

62 **b) Haftung der Gesellschafter.** Eine Haftung der Kommanditisten oder GmbH-Gesellschafter kommt nur in Betracht, wenn diese **nach außen,** sei es als Geschäftsführer der GmbH oder als rechtsgeschäftlich Bevollmächtigte, für die Gesellschaft tätig werden.[113]

63 Allein aus der Tatsache, dass es **Sache der Gesellschafter** ist, die Firma der KG zu ändern bzw. zu ergänzen (dies setzt nämlich eine Änderung des Gesellschaftsvertrags voraus) und alsdann die geänderte bzw. um den GmbH & Co. KG-Zusatz ergänzte Firma zur Eintragung in das Handelsregister anzumelden (§ 108 Abs. 1 HGB iVm § 161 Abs. 2 HGB), lässt sich keine Rechtsscheinhaftung der Gesellschafter begründen. Der durch den Gebrauch einer unvollständigen und daher irreführenden Firma entstehende Rechtsschein, es läge

---

[109] BGH NJW 2012, 2871 Rn. 26.

[110] So ausdrücklich bei Fortlassen des nach § 4 GmbHG vorgeschriebenen Rechtsformzusatzes BGH NJW 2007, 1529 (1530 f.).

[111] BGH NJW 1990, 2678 (2679); 1991, 2627 (2628); 2007, 1529 (1530); 2012, 2871 Rn. 24, vorausgesetzt, es handelt sich um ein unternehmensbezogenes Geschäft; dazu auch *Haas* NJW 1997, 2854 (2855).

[112] BGH NJW 1996, 2645; OLG Hamm GmbHR 1995, 661. S. aber auch OLG Naumburg GmbHR 1997, 445 (446) und OLG Saarbrücken NJW-RR 2009, 179 f., das aufgrund der Einzelfallumstände rein mündliches Handeln für ausreichend erachtet hat.

[113] So ausdrücklich BGH BB 1981, 1481 und DB 1990, 978 (979) für den Fall des Auftretens eines GmbH-Geschäftsführers unter der Firma ohne Rechtsformzusatz; dieser Grundsatz gilt auch für die Vor-GmbH BGH NJW 1996, 2645.

eine Personengesellschaft vor, bei der wenigstens eine natürliche Person die unbeschränkte Haftung mit ihrem Privatvermögen übernommen habe, ist nämlich gerade nicht durch die unterbliebene Eintragung der richtigen Firma mit GmbH & Co. KG-Zusatz im Handelsregister veranlasst. Denn derjenige, der in das **Handelsregister Einsicht** nähme, könnte auch ohne eingetragene Firmenänderung schon anhand der übrigen Eintragungen erkennen, dass es sich bei seinem Geschäftspartner um eine Gesellschaft in der Rechtsform der GmbH & Co. KG handelt. Durch die Rechtsscheinhaftung wird der gutgläubige Geschäftspartner nicht gegen eine fehlende bzw. unrichtige Handelsregistereintragung geschützt (insoweit griffe bereits § 15 HGB ein). Vielmehr ist der Rechtsverkehr aufgrund eines **speziellen Vertrauenstatbestands** geschützt, der allein durch das Auftreten der Gesellschaft unter Verwendung einer irreführenden Firma begründet wird.[114]

c) Haftung rechtsgeschäftlich Bevollmächtigter. Zweifelhaft ist, ob außer dem Geschäftsführer der Komplementär-GmbH auch rechtsgeschäftlich Bevollmächtigte, insbesondere **Prokuristen,** unter dem Gesichtspunkt der Rechtsscheinhaftung in Anspruch genommen werden können, wenn sie namens der GmbH & Co. KG ohne Hinzufügung des erforderlichen Firmenzusatzes („GmbH & Co. KG") Verträge abschließen. Rechtsgeschäftliche Vertreter pflegen ihrer Unterschrift im Allgemeinen einen das **Vertretungsverhältnis kennzeichnenden Zusatz** hinzuzufügen („i.V.", „i.A." uÄ); für Prokuristen ist diese Art der Zeichnung (etwa „ppa.") sogar gesetzlich vorgeschrieben (§ 51 HGB). In derartigen Fällen mag dann zwar der Geschäftspartner wegen des fehlenden GmbH & Co. KG-Zusatzes in der Firma irrtümlich davon ausgehen, es liege eine Personenhandelsgesellschaft (ggf. mit abgeleiteter Firma) vor, bei der ihm wenigstens eine natürliche Person unbeschränkt haftet. Andererseits weiß er aber aufgrund des Vertretungszusatzes zugleich, dass es sich jedenfalls bei der vor ihm stehenden Person nicht um den betreffenden, unbeschränkt haftenden Gesellschafter handeln kann. 64

Es kommt somit entscheidend auf die Frage an, ob auch derjenige nach Rechtsscheingrundsätzen zu haften hat, der den irrigen Anschein erweckt, nicht er selbst, sondern **ein Dritter hafte** dem Geschäftspartner unbeschränkt mit seinem ganzen Vermögen. Der **BGH** hat in einer Grundsatzentscheidung die Ansicht vertreten, dass auch derjenige aus Rechtsschein hafte, der „- erkennbar als Vertreter handelnd – beim Vertragspartner den Eindruck erweckt, der Inhaber der Firma, wer auch immer das sei, hafte jenem unbeschränkt".[115] Werde der Vertragspartner in dieser Erwartung enttäuscht, so sei es im Interesse des lauteren Verkehrs geboten, den Vertreter – ähnlich dem in § 179 BGB zum Ausdruck gekommenen Rechtsgedanken – dafür einstehen zu lassen, dass er die unbeschränkte **Haftung des Firmeninhabers vorgetäuscht** habe.[116] 65

Wir halten mit dem BGH eine Haftung auch in diesen Fällen unter Heranziehung des Rechtsgedankens des § 179 BGB für gerechtfertigt. Entscheidend hierfür ist uE, dass es dem Vertragspartner in den meisten Fällen, wenn überhaupt, nur darauf ankommt, einen Vertrag mit einer Gesellschaft zu schließen, bei der zumindest **eine natürliche Person** unbeschränkt haftet. Ob dies sein Gegenüber oder ein von diesem vertretener Dritter ist, ist für ihn weniger wichtig. Da aber der Bevollmächtigte durch sein Verhalten beim Vertragspartner gerade die Sicherheit erzeugt, den Vertrag mit einer solchen Gesellschaft abzuschließen, erscheint eine Haftung angebracht. 66

V. Besonderheiten bei der „Umwandlung" in eine GmbH & Co. KG

Die Umwandlung eines Einzelunternehmens bzw. einer Personenhandelsgesellschaft mit einer natürlichen Person als persönlich haftendem Gesellschafter in eine GmbH & Co. KG 67

[114] Daher ungenau BGHZ 71, 354 (356), da die Rechtsscheinhaftung in der Entscheidung auch mit der Verpflichtung, die Eintragung des GmbH & Co. KG-Zusatzes zum Handelsregister anzumelden, begründet wird.

[115] BGH BB 1981, 1481 (1482); bestätigt durch BGH NJW 1991, 2627 f.

[116] BGH BB 1981, 1481 (1482).

kann so gestaltet werden, dass die bisher **unbeschränkte Haftung** von natürlichen Personen **zeitlich begrenzt** wird, nämlich mit Ablauf von fünf Jahren nach Eintragung der Umwandlung ins Handelsregister endet.[117] Kein Vertragspartner eines Einzelunternehmens bzw. einer Personenhandelsgesellschaft mit einer natürlichen Person als persönlich haftendem Gesellschafter kann deshalb darauf vertrauen, dass er es **auf Dauer** mit einer natürlichen Person zu tun haben wird, die für alle Verbindlichkeiten des Unternehmens unbeschränkt haftet. Die damit für die Gläubiger verbundenen Nachteile hat der Gesetzgeber bewusst in Kauf genommen, so etwa mit der Neufassung der §§ 28 Abs. 3, 160 Abs. 3 HGB durch das Nachhaftungsbegrenzungsgesetz vom 18.3.1994 und die Ausweitung der Umwandlungsmöglichkeiten durch das Umwandlungsgesetz vom 28.10.1994.[118]

68 Die Umwandlung wird in das **Handelsregister** eingetragen und die neuen Haftungsverhältnisse müssen sowohl in der Firma (§ 19 Abs. 2 HGB) als auch durch Angabe auf **Geschäftsbriefen** (§§ 177a, 125a HGB) offengelegt werden. Eine über diese gesetzlichen Verpflichtungen hinausgehende, auf Treu und Glauben beruhende **Hinweispflicht** der ehemaligen Komplementäre wird man nicht fordern können.

69 Wird ein einzelkaufmännisches Unternehmen oder eine Personengesellschaft mit natürlichen Personen als Komplementären in eine GmbH & Co. KG „umgewandelt", so hat der BGH[119] allerdings im Einzelfall ein **außerordentliches Kündigungsrecht** des Vertragspartners angenommen. Indem die „Umwandlung" in eine GmbH & Co. KG dem Vertragspartner nicht mitgeteilt wurde, solle für Letzteren nicht nur objektiv eine Gefahrenlage geschaffen, sondern auch für die Zukunft das Vertrauen in die Bereitschaft zur fairen Vertragsdurchführung erschüttert worden sein. Der Verstoß gegen die sogar im Vertrag herausgestellten Vertrauenspflichten („absolutes Vertrauen") sei von derart entscheidender Bedeutung, dass es dem Vertragspartner möglich sein muss, die Vertragsbeziehungen fristlos zu beenden.

VI. Firmenzeichnung

70 Gemäß § 108 Abs. 2 HGB iVm § 161 Abs. 2 HGB aF hatten alle Gesellschafter, welche die Gesellschaft vertreten sollen, ihre **Namensunterschrift** unter Angabe der Firma zur **Aufbewahrung bei dem Gericht** zu **zeichnen,** dh eigenhändig zu schreiben. Die Namensunterschrift erfolgte also durch den **Komplementär.** War dieser eine GmbH, so traf die Zeichnungspflicht die Geschäftsführer der GmbH, da sie diese gemäß § 35 Abs. 1 GmbHG gerichtlich und außergerichtlich vertreten.

71 Diese Zeichnungspflicht gemäß § 108 Abs. 2 HGB aF wurde durch das **EHUG** mit Wirkung vom 1.1.2007 ersatzlos gestrichen. Nach der Umstellung auf die **elektronische Führung des Handelsregisters** müsste eine Prüfung der Echtheit der Unterschriften anhand eingescannter Dokumente vorgenommen werden, was mit der notwendigen Sicherheit kaum möglich sein dürfte, vielmehr würde sogar das Missbrauchsrisiko erhöht.[120] Im Rahmen der nunmehr zwingend elektronisch einzureichenden Anmeldungen zur Eintragung in das Handelsregister (§ 12 Abs. 1 S. 1, 2 HGB) erfolgt die nach wie vor erforderliche Beglaubigung in Form des einfachen elektronischen Zeugnisses gemäß § 39a BeurkG.[121]

72 Durch das MoMiG wurden die besonderen Vorschriften für die AG, GmbH und Genossenschaft (§ 79 AktG aF, § 35 Abs. 3 GmbHG aF, § 25 Abs. 4 GenG aF) darüber, wie die **Zeichnung der Firma im Rechtsverkehr** zu erfolgen hat, zum Zweck der Deregulierung ersatzlos gestrichen. Zur Begründung wurde darauf hingewiesen, dass Klarheit und Sicherheit des Rechtsverkehrs bereits durch die **allgemeinen Vertretungsregeln gemäß**

[117] § 160 Abs. 1 HGB, § 157 UmwG (mit einer Sonderregelung für Altverbindlichkeiten in § 319 UmwG).

[118] S. zB *Karollus* in Lutter UmwG § 152 Rn. 8 zur Haftungsbeschränkung als Hauptziel bei der Ausgliederung durch Einzelkaufmann.

[119] BGH NJW 1978, 416 f.; s. auch *Hopt* in Baumbach/Hopt HGB Anh. § 177a Rn. 14.

[120] Dazu BT-Drs. 16/960, 47.

[121] *Koch* in Großkomm. HGB § 12 Rn. 26; *Hopt* in Baumbach/Hopt HGB § 12 Rn. 1.

§§ 164 ff. BGB hinreichend gewährleistet seien.[122] Dies galt bei den Personengesellschaften, für die solche besonderen Vorschriften fehlten, schon immer. Es herrschte deshalb schon bisher weitgehende Formfreiheit. Um eine KG rechtsgeschäftlich wirksam zu verpflichten, genügt es, wenn für den Geschäftspartner (wegen § 164 Abs. 2 BGB) **klar erkennbar** ist, dass der Komplementär nicht im eigenen, sondern im fremden Namen kontrahieren möchte, und zwar für die von ihm vertretene KG.

Diese Grundsätze sind uneingeschränkt auch auf die **GmbH & Co. KG** anzuwenden. 73
Daher ist es für die wirksame Vertretung der GmbH & Co. KG nicht erforderlich, dass der Geschäftsführer der Komplementär-GmbH zum Ausdruck bringt, dass er die GmbH & Co. KG lediglich in seiner Eigenschaft als Geschäftsführer der persönlich haftenden GmbH vertritt.[123] Der BGH[124] hat hierzu klargestellt, dass sich aus dieser Art der (vereinfachten) Zeichnung auch **keine** irgendwie geartete **Rechtsscheinhaftung** ergeben kann. Nach seiner Ansicht sei es zwar üblich, dass der GmbH-Geschäftsführer bei einer GmbH & Co. KG ausdrücklich im Namen der GmbH, die Vertreterin der KG ist, zeichnet, nicht aber notwendig. Möge der Geschäftsführer auch, wenn man das gesellschaftliche Innenverhältnis betrachte, grundsätzlich nicht zur GmbH & Co. KG, sondern nur zur Komplementär-GmbH in unmittelbaren Rechtsbeziehungen stehen, so sei er doch nicht genötigt, beim Handeln für die KG deutlich zu machen, dass er in (von der GmbH) **abgeleiteter Vertretungsmacht** agiere.

Das gilt umso mehr, als die Offenlegung der Haftungsbeschränkung bereits durch den 74
in § 19 Abs. 2 HGB vorgeschriebenen Rechtsformzusatz sowie durch die nach §§ 125a, 177a HGB erforderlichen Angaben auf Geschäftsbriefen sichergestellt ist, so dass es **keiner zusätzlichen Klarstellung** bedarf, um eine etwaige Rechtsscheinhaftung auszuschließen. Hiernach genügt es also, wenn der Geschäftsführer der Komplementär-GmbH bei Abgabe rechtsgeschäftlicher Erklärungen namens der GmbH & Co. KG lediglich seine eigene Unterschrift hinzusetzt, die GmbH also gar nicht in Erscheinung tritt.

§ 12 Die GmbH & Co. KG in Krise und Insolvenz

I. Allgemeines

Die GmbH & Co. KG als Unternehmensform kam in den 1970er Jahren ins Gerede, 1
weil sie angeblich in der **Konkursstatistik** allen anderen Rechtsformen den Rang ablief. Tatsächlich präsentiert sich seit vielen Jahren die **GmbH als Spitzenreiter** der Unternehmensinsolvenzen. Ihren „Vorsprung" konnte sie Jahr für Jahr halten. Im Zeitraum Januar bis April 2017 wurden 6.750 Unternehmen insolvent.[1] Von diesen hatten 3.407 (rund 50 %) die Rechtsform der GmbH, aber nur 387 (knapp 6 %) die Rechtsform der GmbH & Co. KG.[2] In den 1980er und 1990er Jahren waren die Verhältnisse nicht wesentlich anders.[3]

Unabhängig davon kranken derartige Betrachtungen daran, dass sie die Insolvenzhäufig- 2
keit nicht zur **Gesamtzahl** der in der Bundesrepublik existenten Unternehmen, insbesondere zur Anzahl der Neugründungen, in Beziehung setzen.[4] Nimmt eine Rechtsform wie die GmbH & Co. KG bei Firmenneugründungen seit Jahrzehnten eine Spitzenposition ein, so wäre es nur ganz natürlich, wenn dieses zahlenmäßige Übergewicht auch in der Insolvenzstatistik seinen Niederschlag fände. Tatsächlich ist die Insolvenzhäufigkeit der

[122] BR-Drs. 354/07, 98.
[123] *Lüke* in HTM HdB GmbH & Co. KG Rn. 3.85; *Liebscher* in Reichert GmbH & Co. KG § 14 Rn. 55.
[124] BGHZ 62, 216 (229).
[1] Statistisches Bundesamt, Unternehmen und Arbeitsstätten, April 2017, Fachserie 2 Reihe 4.1., Tabelle 5, www.destatis.de.
[2] Statistisches Bundesamt, Unternehmen und Arbeitsstätten, April 2017, Fachserie 2 Reihe 4.1., Tabelle 5, www.destatis.de.
[3] ZB 1983: GmbH 49,7 %, GmbH & Co. KG 7,2 %, 1993: GmbH 60,7 %, GmbH & Co. KG 3,8 %.
[4] Auch *Kornblum* GmbHR 1983, 61 (63) betont, dass erst eine Analyse der Einzelfälle nähere Aufschlüsse geben könne.

GmbH aber selbst unter Berücksichtigung ihrer wesentlich größeren Verbreitung (→ § 1 Rn. 37) immer noch deutlich höher als diejenige der GmbH & Co. KG.

3 Hinzu kommt, dass die GmbH & Co. KG wegen der bei ihr – anders als bei Kapitalgesellschaften – bestehenden Möglichkeit zur unmittelbaren steuerlichen Verlustzuweisung an ihre Gesellschafter gerade dort eingesetzt zu werden pflegt, wo der Staat durch die Gewährung von Steuervorteilen in Form von Sonderabschreibungen etc besondere Investitionsanreize gibt. Und das sind nun einmal, da auch der Staat nichts zu verschenken hat, die besonders strukturschwachen Gebiete wie die neuen Bundesländer und unternehmerisch besonders risikoträchtige Branchen wie zB der Schiffsbau oder die Filmproduktion. Insbesondere die sog **Abschreibungsgesellschaften,** die Ende der 1960er, Anfang der 1970er Jahre ihren Höhepunkt erlebten, waren es nämlich, die über viele Jahre hinweg die Insolvenzstatistiken zum Nachteil der GmbH & Co. KG mitbelasteten. Da diese systembedingt nur eine geringe Eigenkapitalausstattung aufwiesen, um möglichst hohe steuerliche Verluste zuweisen zu können, fehlte der „Puffer" zum Ausgleich unvorhergesehener Verluste.

4 Rückschlüsse etwa in dem Sinn, dass die Rechtsform der GmbH & Co. KG riskante und sogar **unseriöse Geschäftspraktiken** fördere, lassen sich demnach aus einer gewissen, vor allem gegenüber der echten KG ins Gewicht fallenden Insolvenzhäufigkeit nicht ziehen. Sie wären schon deshalb abwegig, weil sich eine lediglich mit dem Mindestkapital ausgestattete GmbH für unlautere Zwecke mindestens ebenso eignet, zumal eine solche seit dem durch das MoMiG eingeführten § 5a GmbHG auch mit einem Stammkapital von lediglich 1 Euro als „Unternehmergesellschaft (haftungsbeschränkt)" gegründet werden kann. Demgegenüber haben die Gesellschafter einer GmbH & Co. KG außer dem Stammkapital der Komplementär-GmbH auch noch die Kommanditeinlagen aufzubringen. Daraus folgt, dass die Situation der Gläubiger einer GmbH & Co. KG rechtlich sogar besser ist, als die der Gläubiger einer GmbH mit Mindestkapital bzw. einer Unternehmergesellschaft. Denn deren Vermögensmasse steht den Gläubigern einer GmbH & Co. KG aufgrund der Komplementärhaftung in jedem Fall zur Verfügung. Darüber hinaus können sie aber auch auf die Kommanditisten zugreifen, die ihnen, sofern die Einlagen noch nicht erbracht sind, sogar unmittelbar persönlich haften.

5 Hinzu kommt, dass der **Gesetzgeber** den für Kapitalgesellschaften schon immer geltenden Insolvenzgrund der Überschuldung 1976 auch für die GmbH & Co. KG eingeführt hat (→ Rn. 10). Außerdem haben die Rechtsprechung wie auch der Gesetzgeber durch Übertragung der für die GmbH geltenden kapitalschützenden Vorschriften auf die GmbH & Co. KG (→ Rn. 47 ff.) dazu beigetragen, die Insolvenzgefahren für die Gläubiger einer GmbH & Co. KG deutlich zu reduzieren. Eines darüber hinausgehenden Gläubigerschutzes in Form eines eigenständigen Haftungsdurchgriffs wegen Unterkapitalisierung bedarf es uE weder bei der GmbH noch bei der GmbH & Co. KG (→ Rn. 125 ff.).

II. Insolvenzvoraussetzungen

1. Rechtsentwicklung

6 Die **Insolvenzordnung** (InsO) von 1994 ist zum **1.1.1999** in Kraft getreten (Art. 110 Abs. 1 EGInsO) und hat das zuvor maßgebliche Insolvenzrecht, namentlich die Konkursordnung von 1877, die Vergleichsordnung von 1935 und die Gesamtvollstreckungsordnung in der Fassung von 1991 ersetzt (Art. 2 EGInsO). Für das Gesellschaftsrecht relevante Neuerungen lagen in der Zusammenführung von Konkurs und Vergleich zu einem einheitlichen Insolvenzverfahren, dem Ausbau des gerichtlichen Vergleichs zu dem Institut des Insolvenzplans, der Förderung der rechtzeitigen Eröffnung des Insolvenzverfahrens, der Stärkung der Autonomie der Beteiligten, der Beseitigung von Konkursvorrechten sowie der wirksameren Ausgestaltung des Anfechtungsrechts.[5]

---

[5] *Thole* in HK-InsO Einl. Rn. 8.

Die InsO ist anwendbar, wenn deutsche Gerichte international für die Eröffnung eines Insolvenzverfahrens zuständig sind. Dies folgt im Anwendungsbereich der mit Wirkung zum 31.5.2002 in Kraft getretenen Europäischen Insolvenzverordnung[6] aus **Art. 7 Abs. 1 EuInsVO,** im Übrigen aus **§ 335 InsO.**[7] Nach Art. 3 EuInsVO sind zur Eröffnung eines Hauptinsolvenzverfahrens die Gerichte desjenigen Staates zuständig, in welchem der Schuldner den **Mittelpunkt seiner hauptsächlichen Interessen** hat.[8] Bei Gesellschaften wird dieser zwar am (Satzungs-)Sitz vermutet; liegt der Ort der Hauptverwaltung aber für Dritte feststellbar an einem anderen Ort, so ist dieser maßgebend.[9] Insbesondere bei europäischen Briefkastengesellschaften, die aufgrund der Art. 49, 54 AEUV im Inland nach ihrem Gründungsrecht anzuerkennen sind, bestimmt sich das Insolvenzstatut also abweichend vom Gesellschaftsstatut nach deutschem Recht. Der ausländische Komplementär einer KG ohne Geschäftstätigkeit im Inkorporationsstaat steht einer GmbH damit insolvenzrechtlich gleich. 7

2. Trennungsprinzip

Bei der GmbH & Co. KG ist strikt zu **unterscheiden,** zwischen der Insolvenz der **GmbH & Co. KG** und der Insolvenz der **Komplementär-GmbH** (sog Trennungsprinzip).[10] Für beide Gesellschaften ist die Insolvenzreife gesondert zu prüfen, wobei gegebenenfalls zwei Insolvenzanträge erforderlich sind, nämlich einer für die GmbH & Co. KG und einer für die Komplementär-GmbH. 8

3. Bei der GmbH & Co. KG

a) Voraussetzungen. Bei einer Personengesellschaft ist Insolvenzgrund grundsätzlich nur die **(drohende) Zahlungsunfähigkeit** (§§ 17, 18 InsO). 9

§ 19 Abs. 3 S. 1 InsO stellt Personengesellschaften, bei denen keine natürliche Person persönlich haftender Gesellschafter ist,[11] allerdings Kapitalgesellschaften gleich, weshalb im Fall der typischen GmbH & Co. KG die **Überschuldung** als Insolvenzgrund neben die Zahlungsunfähigkeit tritt. 10

b) Begriff der Überschuldung. § 19 Abs. 2 InsO enthält eine **Legaldefinition** des Überschuldungsbegriffs. Danach liegt Überschuldung vor, wenn das Vermögen des Schuldners die bestehenden Verbindlichkeiten nicht mehr deckt, es sei denn, die Fortführung des Unternehmens ist nach den Umständen überwiegend wahrscheinlich. Notwendig, aber nicht ausreichend ist hiernach das Vorliegen einer **rechnerischen Überschuldung.** Dabei ist nicht von Buchwerten, sondern von Zeitwerten (Verkehrswerten) auszugehen, wie sich diese unter Aufdeckung eventueller stiller Reserven bzw. eventueller stiller Lasten darstel- 11

[6] Verordnung (EG) Nr. 1346/2000 des Rates über Insolvenzverfahren vom 29.5.2000, ABl. EG 2000 L 160, 1; mit Wirkung zum 25.6.2015 für solche Insolvenzverfahren neugefasst, die nach dem 26.6.2017 eröffnet werden, aufgrund Verordnung (EU) 2015/848 des Europäischen Parlaments und des Rates vom 20.5.2015 über Insolvenzverfahren, ABl. EU 2015 L 141, 19.

[7] Der EuGH hat mit Urteil vom 16.1.2014 zum räumlichen Anwendungsbereich der EuInsVO entschieden, dass es eines qualifizierten grenzüberschreitenden Bezug zu einem anderen EU-Mitgliedstaat nicht bedarf, die Bestimmungen vielmehr auch dann zum Tragen kommen, wenn der grenzüberschreitende Bezug zu einem Drittstaat besteht, EuGH NZI 2014, 134 Rn. 20 ff. – Schmid. Dänemark hat sich an der Annahme der EuInsVO nicht beteiligt und ist deshalb Drittstaat in diesem Sinne (s. Erwägungsgrund Nr. 88 zur VO (EU) 2015/848).

[8] Außerhalb des Anwendungsbereichs der EuInsVO bestimmt sich die internationale wie die örtliche Zuständigkeit für Insolvenzverfahren nach § 3 InsO (sog Doppelfunktionalität), demzufolge es auf den Mittelpunkt der selbständigen wirtschaftlichen Tätigkeit ankommt. Dazu etwa *Brinkmann* in K. Schmidt InsO Vor §§ 335 ff. Rn. 13.

[9] Dazu EuGH NZG 2006, 633 Rn. 33 – Eurofood; NZI 2011, 990 Ls. 2 – Interedil; NZI 2012, 147 Ls. 2 – Rastelli; sowie nunmehr explizit Art. 3 Abs. 1 S. 2 VO (EU) 2015/848.

[10] AllgM, dazu *K. Schmidt* GmbHR 2002, 1209 (1211); *Liebs* ZIP 2002, 1716; *Bitter* in Scholz GmbHG Vor § 64 Rn. 186; *H.F. Müller* in MüKoGmbHG § 64 Rn. 235.

[11] Diese Formulierung wurde gewählt, um auch verwandte Sonderformen wie die mehrstöckige GmbH & Co. KG oder die Stiftung & Co. KG in die Regelung einzubeziehen.

len.[12] Gesellschafterdarlehen sind, wie andere nach § 39 Abs. 1 InsO nachrangige Verbindlichkeiten, zu passivieren, es sei denn, sie sind mit einem **qualifizierten Rangrücktritt** versehen.[13]

12 In der Zeit vor Inkrafttreten der InsO war hinsichtlich der Überschuldungsfeststellung im Schrifttum[14] die sog modifizierte **zweistufige Überschuldungsprüfung** entwickelt worden, die sich auch in der Rechtsprechung[15] weitgehend durchgesetzt hatte. Hiernach standen Fortführungsprognose und Überschuldungsbilanz gleichwertig nebeneinander mit der Folge, dass letztere gar nicht aufgestellt zu werden brauchte, wenn erstere positiv ausfiel.

13 Diese Methode wurde in § 19 Abs. 2 InsO aF zunächst nicht übernommen.[16] Vielmehr war **in jedem Fall** eine **Überschuldungsbilanz** aufzustellen und nur die **Art der Bewertung** (Fortführungs- oder Liquidationswerte) hing gemäß § 19 Abs. 2 S. 2 InsO aF davon ab, ob die Fortführung des Unternehmens nach den Umständen überwiegend (dh zu mehr als 50 %) wahrscheinlich war.[17] Bei negativer Fortführungsprognose war von einer Auflösung auszugehen mit der Folge, dass in der Überschuldungsbilanz die Liquidationswerte der einzelnen Gegenstände des Gesellschaftsvermögens mit ihrem voraussichtlichen **Einzelveräußerungserlös** anzusetzen waren (Liquidationsbilanz).[18] War die Fortführung überwiegend wahrscheinlich,[19] waren nach dem „Going concern"-Prinzip die in der Regel höheren **Fortführungswerte** zugrunde zu legen.

14 In Reaktion auf die weltweite Finanzkrise ist der Gesetzgeber mit dem **Finanzmarktstabilisierungsgesetz vom 17.10.2008**[20] wieder zur unter Geltung der Konkursordnung maßgebenden modifizierten **zweistufigen Überschuldungsprüfung** zurückgekehrt. Die Regelung war zunächst bis zum 31.12.2010 befristet; ihre Geltung wurde dann bis zum 31.12.2013 verlängert[21] und schließlich **dauerhaft festgeschrieben.**[22] Ausschlaggebend für die lediglich befristete Suspendierung der zuvor gültigen Rechtslage waren zunächst weniger neue Erkenntnisse zum Überschuldungstatbestand als vielmehr fiskalische Gründe. Ohne Änderung der Insolvenzordnung wäre trotz staatlicher Hilfen die Gefahr von Insolvenzen im Finanzmarkt nicht ausgeschlossen gewesen. Konkreter Anlass waren die Turbulenzen bei der Hypo Real Estate Bank AG. Zwar konnte dort nach den Garantieerklärungen des Bundes für begebene Schuldtitel eine positive Fortführungsprognose angestellt werden; dennoch konnte auch der Ansatz von Fortführungswerten die Überschuldung der „systemrelevanten" Hypo Real Estate Bank AG nicht beseitigen, so dass nach dem alten Überschuldungsbegriff die Insolvenzantragsverpflichtung ohne die Gesetzesänderung fortbestanden hätte.[23] In der Folge stieß der „neue" Überschuldungsbegriff nicht nur in der Praxis auf

---

[12] BGH DStR 2001, 860 (861); NZG 2014, 100 (101); *Mock* in Uhlenbruck InsO § 19 Rn. 17; *Pape* in Kübler/Prütting/Bork InsO § 19 Rn. 52, 59; *Rüntz* in HK-InsO § 19 Rn. 12, 15, *Smid/Leonhardt* in Leonhardt/Smid/Zeuner InsO § 19 Rn. 21.

[13] S. nunmehr die gesetzliche Klarstellung in § 19 Abs. 2 S. 2 InsO; dazu ua *Bitter* in Scholz GmbHG Vor § 64 Rn. 64; *Pape* in Kübler/Prütting/Bork InsO § 19 Rn. 69; für eigenkapitalersetzende Darlehen nach altem Recht BGH NJW 2001, 1280 (1281 f.); *K. Schmidt* GmbHR 1999, 9 ff. Zu den Anforderungen an eine die Passivierungspflicht hindernde Rangrücktrittsvereinbarung nach neuem Recht → Rn. 114 ff.

[14] *K. Schmidt* ZGR 1998, 652; dazu ua *Bitter* in Scholz GmbHG Vor § 64 Rn. 25; *Schmidt-Leithoff/Baumert* in Rowedder/Schmidt-Leithoff GmbHG Vor § 64 Rn. 107.

[15] BGH NJW 1992, 2891 (2894); 1995, 1739 (1743); 1998, 2667 (2669).

[16] Begründung Regierungsentwurf, BT-Drs. 12/2443, 115; *Pape* in Kübler/Prütting/Bork InsO § 19 Rn. 6; *Kleindiek* in Lutter/Hommelhoff GmbHG Anh. § 64 Rn. 1821 ff.

[17] Dazu ua *Fromm* GmbHR 2004, 940 (943 ff.); BGH NZG 2007, 347 (350).

[18] *Schmidt-Leithoff/Baumert* in Rowedder/Schmidt-Leithoff GmbHG Vorb. § 64 Rn. 111 ff.; *Pape* in Kübler/Prütting/Bork InsO § 19 Rn. 9.

[19] Zur Ermittlung der überwiegenden Wahrscheinlichkeit *Groß/Amend* WPg 2002, 225 (233 ff.); *Drukarczyk/Schüler* WPg 2003, 56 (59 ff.).

[20] Gesetz zur Umsetzung des Maßnahmenpakets zur Stabilisierung des Finanzmarkts vom 17.10.2008, BGBl. 2008 I 1982.

[21] Art. 1 Gesetz zur Erleichterung der Sanierung von Unternehmen vom 24.9.2009, BGBl. 2009 I 3151.

[22] Art. 18 Gesetz zur Einführung einer Rechtsbehelfsbelehrung im Zivilprozess und zur Änderung anderer Vorschriften vom 5.12.2012, BGBl. 2012 I 2418.

[23] Zum Ganzen ausführlich *Ahrendt/Plischkaner* NJW 2009, 964; *Wolfers/Rau* NJW 2009, 1297.

positive Resonanz, sondern von der Bundesregierung befragte Experten attestierten ihm auch ein Überwiegen der volkswirtschaftlichen Vorteile.[24]

De lege lata stehen Fortführungsprognose und Überschuldungsbilanz wieder gleichwertig nebeneinander mit der Folge, dass bei einer **positiven Fortführungsprognose** eine etwa bestehende rechnerische Überschuldung nicht mehr zur Insolvenzantragstellung verpflichtet.[25] Eine positive Fortführungsprognose wird in Rechtsprechung[26] und Literatur[27] an die schriftlich zu dokumentierenden Voraussetzungen geknüpft, dass ein schlüssiges Unternehmenskonzept vorliegt sowie eine darauf aufbauende Finanzplanung (Liquiditätsplanung), derzufolge die Finanzkraft des Unternehmens zur Fortführung mindestens für das laufende und das folgende Geschäftsjahr ausreicht. 15

Fällt die **Prognose negativ** aus, kommt es auf die Feststellung einer rechnerischen Überschuldung an. In diesem Fall sind im Überschuldungsstatus auf der Aktivseite grundsätzlich **Liquidationswerte** anzusetzen.[28] Streitig ist, ob und unter welchen Voraussetzungen ein originärer **Geschäftswert,** verstanden als Differenz zwischen dem Reinvermögen und einem aufgrund der Ertragskraft höheren Ertragswert des Unternehmens, als Aktivposten angesetzt werden darf. Unter Geltung von § 19 Abs. 2 InsO aF kam dieser Frage deshalb besondere Bedeutung zu, weil die Aufnahme eines bei positiver Fortführungsprognose regelmäßig anzunehmenden Geschäftswerts in den Überschuldungsstatus den Unterschied zur zuvor maßgebenden modifizierten zweistufigen Überschuldungsprüfung relativierte.[29] Beachtliche Literaturstimmen lehnten dies deshalb ua unter Hinweis auf einen entgegenstehenden Willen des Gesetzgebers[30] ab.[31] Weil die Fortführungsprognose sich auf den Unternehmensträger bezieht, ist die Streitfrage auch nach Rückkehr zur modifizierten zweistufigen Überschuldungsprüfung relevant. Dies gilt insbesondere, wenn eine übertragende Sanierung in Betracht kommt.[32] Die wohl hM will eine Aktivierung des Geschäftswerts nur dann zulassen, wenn ihm ein Liquidationswert und damit Schuldendeckungspotential zukommt.[33] Dem ist aus Gläubigerschutzgründen zuzustimmen. 16

c) Begriff der Zahlungsunfähigkeit. Eine Gesellschaft ist zahlungsunfähig, wenn sie nicht mehr in der Lage ist, ihre fälligen Zahlungsverpflichtungen zu erfüllen (§ 17 Abs. 2 S. 1 InsO). Hat die Gesellschaft ihre Zahlungen **eingestellt,** so wird deren Zahlungsunfähigkeit vermutet (§ 17 Abs. 2 S. 2 InsO). Berücksichtigt werden nur **gegenwärtig fällige Zahlungspflichten** und dementsprechend kurzfristig verfügbare Zahlungsmittel.[34] 17

Die unter Geltung der Konkursordnung für den Tatbestand der Zahlungsunfähigkeit maßgebenden **Erheblichkeitskriterien** der „Wesentlichkeit" einerseits und „Dauer" andererseits hat der InsO-Gesetzgeber nicht übernommen.[35] Dennoch verlangt die 18

[24] Beschlussempfehlung und Bericht des Rechtsausschusses BT-Drs. 17/11385, 19 f.

[25] *Kleindiek* in Lutter/Hommelhoff GmbHG Anh. § 64 Rn. 25 ff.

[26] BGH ZInsO 2007, 36; LG Göttingen NZI 2008, 751.

[27] *Mock* in Uhlenbruck InsO § 19 Rn. 211 ff.; *K. Schmidt* in Schmidt InsO § 19 Rn. 51 f.; *Schröder* in Hamburger Komm. Insolvenzrecht InsO § 19 Rn. 14 f.; *Rüntz* in HK-InsO § 19 Rn. 10.

[28] *K. Schmidt* in Schmidt InsO § 19 Rn. 24; *Bitter* in Scholz GmbHG Vor § 64 Rn. 43.
Eine Darstellung der einzelnen Bewertungsansätze sowohl auf der Aktiv- als auch auf der Passivseite findet sich bei *Schröder* in Hamburger Komm. Insolvenzrecht InsO § 19 Rn. 19 ff., Rn. 37 ff. sowie bei *Bitter* in Scholz GmbHG Vor § 64 Rn. 45 ff., Rn. 56 ff.

[29] Dazu *Bitter* in Scholz GmbHG Vor § 64 Rn. 47.

[30] BT-Drs. 12/7302, 157.

[31] So ua *Wolf* DStR 1995, 859 (863); *Frystatzki* NZI 2009, 581. AA *Spliedt* DB 1999, 1941; *Bitter* in Scholz GmbHG Vor § 64 Rn. 47.

[32] *K. Schmidt* in Schmidt InsO § 19 Rn. 25; *Bitter* in Scholz GmbHG Vor § 64 Rn. 48.

[33] In diesem Sinne *Uhlenbruck* in Schmidt/Uhlenbruck, Die GmbH in Krise, Sanierung und Insolvenz, Rn. 5.144; *K. Schmidt* in Schmidt InsO § 19 Rn. 25; *Bitter* in Scholz GmbHG Vor § 64 Rn. 48; *Lüke* in HTM HdB GmbH & Co. KG Rn. 10.30. IDW S 11 Rn. 79, dazu *Zabel/Pütz* ZIP 2015, 912 (919). Weitergehend etwa *Mock* in Uhlenbruck InsO § 19 Rn. 83, der ein konkretes Erwerbsangebot verlangt.

[34] *K. Schmidt* in Schmidt InsO § 17 Rn. 9 f.

[35] In der Regierungsbegründung heißt es hierzu, entsprechende tatbestandliche Einschränkungen seien „selbstverständlich" und seien auch deshalb nicht explizit aufgeführt, um bisherigen Tendenzen zu einer übermäßig einschränkenden Auslegung des Begriffs der Zahlungsunfähigkeit entgegenzuwirken, BT-Drs. 12/2443, 114.

Rechtsprechung in **quantitativer** Hinsicht, dass die Liquiditätslücke **mindestens 10 %** der fälligen Gesamtverbindlichkeiten ausmacht.[36] In **zeitlicher** Hinsicht ist die Zahlungsunfähigkeit von der bloßen **Zahlungsstockung** abzugrenzen, die der BGH in ständiger Rechtsprechung annimmt, wenn der Zeitraum nicht überschritten wird, den eine kreditwürdige Person benötigt, um sich die benötigten Mittel zu beschaffen; dafür sollen drei Wochen erforderlich, aber auch ausreichend sein.[37] Nachdem den Geschäftsführer die laufende Obliegenheit zur Überprüfung der Zahlungsfähigkeit des Unternehmens trifft, ist es zwingend erforderlich, regelmäßig Liquiditätspläne aufzustellen, die mit zunehmender Krisensituation sogar eine wöchentliche Entwicklung bis hin zur Tagesplanung abzubilden haben.[38]

19 **d) Begriff der drohenden Zahlungsunfähigkeit.** Drohende Zahlungsunfähigkeit liegt vor, wenn die Gesellschaft voraussichtlich nicht mehr in der Lage sein wird, die bestehenden Verbindlichkeiten im Zeitpunkt der Fälligkeit zu erfüllen (§ 18 Abs. 2 InsO). Hier sind im Grundsatz alle Begriffselemente der Zahlungsunfähigkeit auf einen **künftigen Zeitraum** zu beziehen.[39] Die zu § 17 Abs. 2 InsO vom BGH in quantitativer und zeitlicher Hinsicht entwickelten Erheblichkeitskriterien (→ Rn. 18) sind bei der Prognoseentscheidung nach § 18 Abs. 2 InsO nicht zugrunde zu legen.[40] Zahlungsunfähigkeit droht also schon dann, wenn nach der Finanzplanung absehbar ist, dass die Zahlungsmittel zur Erfüllung sämtlicher fällig werdenden Zahlungspflichten nicht mehr ausreichen und dies auch durch Ausgleichs- und Anpassungsmaßnahmen nicht mehr geändert werden kann. Jedoch müssen die Zahlungspflichten im Zeitpunkt der Entscheidung über die Verfahrenseröffnung nach hM **wenigstens dem Grunde nach schon bestehen.**[41]

20 **e) Insolvenzantrag.** Gemäß § 15a Abs. 1 S. 2 InsO sind die **Geschäftsführer** der Komplementär-GmbH verpflichtet, **unverzüglich,** spätestens jedoch drei Wochen nach **Eintritt der Überschuldung oder Zahlungsunfähigkeit** der KG für diese einen Insolvenzantrag zu stellen. Dabei handelt es sich um eine nicht verlängerbare Höchstfrist. Sie darf auch durch sinnvolle Sanierungsversuche und selbst bei einer bevorstehenden Sanierung durch Kapitalerhöhung nicht überschritten werden.[42] Der Insolvenzantrag ist sogar schon vor Ablauf der Dreiwochenfrist zu stellen, sobald feststeht, dass nicht mit einer fristgerechten Sanierung zu rechnen ist.[43]

21 Der BGH erstreckt die Insolvenzantragspflicht einschließlich der Strafbewehrung in ständiger Rechtsprechung auch auf sog **faktische Geschäftsführer.**[44] Im Hinblick darauf, dass das Gesetz die verspätete Insolvenzantragstellung bei Vorsatz mit Freiheitsstrafe bis zu drei Jahren oder mit Geldstrafe, bei Fahrlässigkeit mit Freiheitsstrafe bis zu einem Jahr oder Geldstrafe bestraft (§ 15 Abs. 4, Abs. 5 InsO), ist es in der Praxis zwingend erforderlich, in kritischen Fällen die Vermögens- und Finanzlage der Gesellschaft möglichst durch unabhängige Sachverständige (Wirtschaftsprüfer, auf Insolvenzrecht spezialisierte Rechtsanwälte) prüfen zu lassen.

---

[36] BGH ZIP 2005, 1426; NZI 2012, 1009, (1010).
[37] BGH ZIP 2005, 1426; NJW-RR 2011, 1413 (1414).
[38] Das Muster einer Finanzplanung zur Zahlungsfähigkeitsprüfung findet sich bei *Schröder* in Hamburger Komm. Insolvenzrecht InsO § 17 Rn. 36.
[39] *Rüntz* in HK-InsO § 18 Rn. 4; *K. Schmidt* in Schmidt InsO § 18 Rn. 12; *Tetzlaff* ZInsO 2008, 137; *Anton* ZInsO 2009, 506.
[40] *K. Schmidt* in Schmidt InsO § 18 Rn. 12; *Mock* in Uhlenbruck InsO § 18 Rn. 19. AA *Uhlenbruck* in Schmidt/Uhlenbruck, Die GmbH in Krise, Sanierung und Insolvenz, Rn. 5.46.
[41] *Rüntz* in HK-InsO § 18 Rn. 5; *K. Schmidt* in Schmidt InsO § 18 Rn. 14.
[42] BGH NJW 1979, 1823 (1827); NZG 2007, 396 (398); NJW 2003, 3787 (3788); *Tiedemann/Rönnau* in Scholz GmbHG Vor §§ 82 ff. Rn. 51; *K. Schmidt* in Schmidt InsO § 15a Rn. 31; *Kleindiek* in HK-InsO § 15a Rn. 12.
[43] BGH NJW 1979, 1823 (1827); 2003, 3787 (3788); *Römermann* NZI 2010, 241.
[44] BGH NJW 1988, 1789 zur GmbH & Co. KG; NZG 2015, 246; gegen eine strafrechtliche Verantwortlichkeit des nur fakischen Geschäftsführers *Hirte* in Uhlenbruck InsO § 15a Rn. 64.

Für die Insolvenzantragspflicht kommt es nicht darauf an, dass sich die Überschuldung der GmbH & Co. KG gerade bei der Aufstellung einer Jahres- oder einer Zwischenbilanz ergibt. Auch wenn die Geschäftsführer die Vermögenslage nur nebenbei, beispielsweise aus Anlass einer Kreditaufnahme, zu beurteilen haben und hierbei erkennen, dass die Verbindlichkeiten der Gesellschaft das Reinvermögen übersteigen, sind sie zur Antragstellung verpflichtet. Entscheidend ist das **objektive Vorliegen eines Insolvenzgrundes.**[45] Vom Geschäftsführer wird erwartet, dass er fortlaufend über die Vermögens- und Finanzlage seines Unternehmens informiert ist.[46] Gibt die Planung Anlass für die Annahme, es könnte Überschuldung gegeben sein, ist der Geschäftsführer verpflichtet, unverzüglich eine entsprechende Überschuldungsbilanz zu erstellen.[47] 22

Hat die Komplementär-GmbH mehrere Geschäftsführer und stellen nicht alle zusammen den Insolvenzantrag, so ist dieser nur dann zulässig, wenn der **Eröffnungsgrund glaubhaft** gemacht wird (§ 15 Abs. 3, Abs. 2 InsO). Entsprechendes gilt, wenn bei einer GmbH & Co. KG mit mehreren Kapitalgesellschaften als persönlich haftenden Gesellschaftern der Insolvenzantrag nur von einem der Komplementäre gestellt wird. 23

Im Gegensatz zu den anderen beiden Insolvenzgründen, die den Schuldner zur Antragstellung verpflichten und Gläubiger der Gesellschaft berechtigen (§ 13 Abs. 1 S. 2 InsO), eröffnet das Gesetz bei drohender Zahlungsunfähigkeit dem **Schuldner** die **Möglichkeit** einer Antragstellung, begründet aber **keine Verpflichtung.** Ein auf drohende Zahlungsunfähigkeit gestützter **Gläubigerantrag** ist **unzulässig.** Durch diese Regelung wollte der Gesetzgeber einerseits dem Schuldner eine schnellere und leichtere Eröffnung des Insolvenzverfahrens ermöglichen, andererseits aber außergerichtlichen Sanierungsbemühungen keinen Stein in den Weg legen.[48] Neue Bedeutung erlangte der Insolvenzgrund der drohenden Zahlungsunfähigkeit im Zusammenhang mit dem zum 1.3.2012 aufgrund des **ESUG**[49] neu eingeführten **Schutzschirmverfahren nach § 270b InsO** (→ Rn. 44). 24

f) Schadensersatzpflicht des Geschäftsführers bei verspäteter Insolvenzantragstellung. Die sorgfältige Beachtung der Insolvenzantragspflicht durch die Geschäftsführer der Komplementär-GmbH ist nicht nur in strafrechtlicher Hinsicht (§ 15a Abs. 4, Abs. 5 InsO) von Bedeutung. Das Gesetz knüpft an die schuldhafte, also mindestens **fahrlässige Unterlassung** der rechtzeitigen Antragstellung auch zivilrechtliche Sanktionen, indem es die Geschäftsführer sowohl der GmbH & Co. KG gegenüber (§§ 130a Abs. 2, 177a HGB) als auch den Gläubigern gegenüber für schadensersatzpflichtig erklärt (§ 15a InsO iVm § 823 Abs. 2 BGB). 25

Gegenüber der GmbH & Co. KG begründet § 130a Abs. 2 S. 1 Alt. 1 HGB eine Haftung für Insolvenzverschleppung;[50] § 130a Abs. 2 S. 1 Alt. 2 HGB verpflichtet die Geschäftsführer weiter zum Ersatz, wenn sie dem Verbot des § 130a Abs. 1 HGB zuwider trotz Eintritt der Insolvenzvoraussetzungen **Zahlungen geleistet** bzw. solche Zahlungen geleistet haben, die erst zur Zahlungsunfähigkeit führten,[51] es sei denn, diese sind, wofür die Geschäftsführer beweispflichtig sind, mit der Sorgfalt eines gewissenhaften Geschäftsleiters vereinbar. Zahlungen in diesem Sinne sind alle die Masse schmälernden Leistungen aus dem Gesellschaftsvermögen.[52] Soweit Zahlungen zulasten eines debitorischen Kontos geleistet werden, liegt nach Auffassung des BGH nur ein Gläubigeraustausch vor, der nicht als 26

---

45 BGH GmbHR 2000, 182 (183); *Tiedemann/Rönnau* in Scholz GmbHG Vor §§ 82 ff. Rn. 42.

46 Dazu *K. Schmidt* in Schmidt/Uhlenbruck, Die GmbH in Krise, Sanierung und Insolvenz, Rn. 1.109 ff.

47 BGH NJW 2001, 1136; 2001, 1280; *Wißmann* in MüKoGmbHG § 84 Rn. 172.

48 *K. Schmidt* ZGR 1998, 633 (650).

49 Gesetz zur weiteren Erleichterung der Sanierung von Unternehmen vom 7.12.2011, BGBl. 2011 I 2582.

50 Einen Anspruch der Gesellschaft als solcher auf Schadensersatz wegen Verstoßes gegen § 15a InsO kennt das Gesetz nur bei der „atypischen Personengesellschaft"; für Kapitalgesellschaften ist ein solcher Anspruch nicht gesetzlich normiert. Kritisch dazu und für eine „Reduktion der Norm [§ 130a Abs. 2 S. 1 Alt. 1 HGB] auf Null" *Freitag* NZG 2014, 447 (450 f.).

51 Zur mit dem MoMiG eingeführten Insolvenzverursachungshaftung → Rn. 91.

52 *K. Schmidt* in MüKoHGB § 130a Rn. 30.

„Zahlung“ unter § 130a Abs. 1 HGB fällt.[53] Wenn allerdings die Kreditlinie der Bank durch Kreditsicherheiten aus dem Gesellschaftsvermögen besichert ist, stellt auch die Zahlung von einem debitorischen Konto eine „Zahlung“ iSd § 130a Abs. 1 HGB dar.[54] Umgekehrt qualifiziert der BGH in ständiger Rechtsprechung Zahlungseingänge auf einem debitorischen Bankkonto als verbotene „Zahlungen“ iSv § 130a Abs. 1 HGB;[55] der Geschäftsführer hat nach Eintritt der Insolvenzreife also dafür zu sorgen, dass Zahlungen nur noch auf ein kreditorisches Konto der Gesellschaft geleistet werden. Zulässig ist der Einzug von Forderungen auf ein debitorisches Konto allerdings, wenn diese an die Bank zur Sicherheit abgetreten waren.[56]

27 **Rechtsfolge** des Verstoßes gegen das Zahlungsverbot ist die Verpflichtung des Geschäftsführers, die Zahlung, die er verbotswidrig geleistet hat, **ungekürzt** der Gesellschaft zu erstatten. Nach ständiger Rechtsprechung handelt es sich bei § 130a Abs. 2 S. 2 Alt. 2 HGB um einen **„Ersatzanspruch eigener Art“,**[57] der sich von der Kategorie des Schadensersatzes löst und wie § 64 S. 1 GmbHG auf vollständige Rückerstattung jeder einzelnen verbotenen Zahlung unabhängig von der Entstehung eines deckungsgleichen Gesamtgläubigerschadens gerichtet ist.[58] Allerdings **entfällt** eine **Erstattungspflicht,** soweit die durch die Zahlung verursachte Schmälerung der Masse im unmittelbaren Zusammenhang mit ihr ausgeglichen wird, wobei es nicht darauf ankommen soll, ob der als **Ausgleich** erhaltene Gegenstand bei Eröffnung des Insolvenzverfahrens noch vorhanden ist.[59]

28 **Gegenüber den Gesellschaftsgläubigern** haftet der Geschäftsführer der Komplementär-GmbH unmittelbar, da § 15a InsO Schutzgesetz iSv § 823 Abs. 2 BGB ist.[60] Zu differenzieren ist insoweit zwischen **Altgläubigern** und **Neugläubigern.**[61] Altgläubiger sind diejenigen Gläubiger, die zum Zeitpunkt des Eintritts der Insolvenzreife bereits Forderungen gegen die Gesellschaft hatten, also zu einem Zeitpunkt Gläubiger geworden sind, zu dem das Unternehmen noch nicht insolvenzreif war. Gegenüber diesen Gläubigern haftet der Geschäftsführer für den sog „Quotenschaden“.[62] Das bedeutet, dass der Geschäftsführer einen Gläubiger so stellen muss, wie er stünde, wenn der Insolvenzantrag rechtzeitig gestellt worden wäre. Wenn bei rechtzeitiger Insolvenzantragstellung die Insolvenzquote höher gewesen wäre, als sie bei der tatsächlichen Insolvenzantragstellung ist, stellt die Differenz den **Quotenschaden** dar. Die Summe der Quotenschäden aller Insolvenzgläubiger aus § 823 Abs. 2 BGB entspricht dem Eigenanspruch der Gesellschaft nach § 130a Abs. 2 S. 1 Alt. 1 HGB; die Ansprüche bestehen nebeneinander.[63]

---

[53] BGH NZG 2007, 462 (463); DB 2016, 1245 (1248); ablehnend *K. Schmidt* ZIP 2008, 2401; *K. Schmidt* in MüKoHGB § 130a Rn. 31.

[54] OLG Köln BeckRS 2008, 13222; ebenso *Kleindiek* in Lutter/Hommelhoff GmbHG § 64 Rn. 21.

[55] BGH NJW 2000, 668 f.

[56] BGH NJW 2015, 2806; NZG 2016, 658 (661).

[57] BGH NJW 2001, 1280 (1283); NZG 2007, 462 (463).

[58] Gegen diese Auffassung mit guten Gründen *K. Schmidt* in Scholz GmbHG § 64 Rn. 63 f.; *K. Schmidt* in MüKoHGB § 130a Rn. 8, 39; *K. Schmidt* NZG 2015, 129 (131); *Altmeppen* in Roth/Altmeppen GmbHG § 64 Rn. 40 ff., die § 130a Abs. 2 HGB als Spezialregel über den Ersatz des Gesamtgläubigerschadens bzw. Anspruch auf Verlustausgleich auslegen, also als Anspruch auf Erstattung des Betrages, um den die Insolvenzmasse zur Herbeiführung der ohne Insolvenzverschleppung erzielbaren Quote erhöht werden muss.

[59] BGH NZG 2015, 149 f.

[60] BGH NJW 1959, 623 f.; GmbHR 1995, 130 (131); *Schmidt-Leithoff/Baumert* in Rowedder/Schmidt-Leithoff GmbHG § 64 Rn. 73 ff.; *Hillmann* in EBJS HGB § 130a Rn. 36; Baumbach/*Hopt* HGB § 130a Rn. 11. Die Verpflichtung des Geschäftsführers der Komplementär-GmbH unmittelbar auch in Bezug auf die GmbH & Co. KG ergibt sich aus § 15a Abs. 1 S. 2 InsO.

[61] Grundlegend dazu BGH NJW 1994, 2220; für die GmbHG & Co. KG BGH GmbHR 1995, 130 (131).

[62] BGH NJW 1994, 2220 (2223); 1998, 2667 (2670); *Schmidt-Leithoff/Baumert* in Rowedder/Schmidt-Leithoff GmbHG § 64 Rn. 81.

[63] BGH NJW 1994, 2200 (2224); *K. Schmidt* in MüKoHGB § 130a Rn. 20; kritisch zu den praktischen Problemen der kumulativen Anspruchsberechtigung von Gesellschaft und Gläubigern *Freitag* NZG 2014, 447 (450).

29 Im eröffneten Insolvenzverfahren werden auch die Gläubigeransprüche gebündelt vom **Insolvenzverwalter** gegen den Geschäftsführer geltend gemacht (§ 92 InsO).[64] Wird das Insolvenzverfahren mangels Masse nicht eröffnet, hat jeder einzelne Gläubiger die Möglichkeit, den Anspruch gegenüber dem Geschäftsführer selbst zu verfolgen.[65] In diesem Fall beläuft sich die tatsächliche Insolvenzquote auf Null, so dass es für die Berechnung des Quotenschadens „nur noch" der Darlegung der **Insolvenzquote** bedarf, die bei rechtzeitiger Antragstellung ausgeschüttet worden wäre. In der Praxis liegt allerdings genau hier das Problem. Es ist nämlich nahezu unmöglich, den Quotenschaden zu berechnen, weil hierfür interne Informationen aus dem Unternehmen erforderlich sind, die sich ein Gläubiger kaum beschaffen kann. Wegen dieser praktischen Schwierigkeiten sind keine Urteile bekannt, die jemals einen Geschäftsführer außerhalb eines Insolvenzverfahrens tatsächlich wegen des Quotenschadens zur Haftung herangezogen hätten.

30 Anders sieht die Rechtslage bei den sog **Neugläubigern** aus. Neugläubiger sind diejenigen Gläubiger, die erst nach dem Zeitpunkt, zu dem der Insolvenzantrag pflichtgemäß hätte gestellt werden müssen, Forderungen gegen das Unternehmen erworben haben. Solche Gläubiger haben einen direkten Anspruch gegen den Geschäftsführer auf Ersatz des vollen, dh nicht auf den Quotenschaden begrenzten negativen Interesses.[66] Die Gläubiger können also vom Geschäftsführer verlangen, so gestellt zu werden, wie sie stünden, wenn sich der Geschäftsführer pflichtgemäß verhalten hätte: Bei pflichtgemäßem Verhalten hätte der Geschäftsführer rechtzeitig einen Antrag auf Eröffnung des Insolvenzverfahrens gestellt mit der Folge, dass es gar nicht mehr zur Entstehung der Forderung gekommen wäre. Bei Kaufleuten kann regelmäßig argumentiert werden, dass die Ware dann an einen anderen Abnehmer ausgeliefert worden wäre mit der Folge, dass der Nettokaufpreis die Schadenshöhe bestimmt.[67]

31 Dieser Anspruch kann und muss auch im **eröffneten Insolvenzverfahren** vom Gläubiger gegen den Geschäftsführer geltend gemacht werden; § 92 InsO entfaltet keine Sperrwirkung zulasten der vertraglichen Neugläubiger.[68] Der BGH hat sowohl den unmittelbaren Schadensersatzanspruch der Gesellschaftsgläubiger aus § 823 Abs. 2 BGB iVm § 15a InsO als auch den Anspruch der Gesellschaft aus § 130 Abs. 2 HGB iVm § 177a HGB gegenüber einem **faktischen Geschäftsführer** bejaht.[69]

4. Bei der Komplementär-GmbH

32 Streng zu trennen von der Verpflichtung der Geschäftsführer, die Eröffnung des Insolvenzverfahrens über das Vermögen der GmbH & Co. KG zu beantragen, ist ihre aus § 15a Abs. 1 InsO folgende Verpflichtung, ggf. auch für die Komplementär-GmbH selbst Insolvenzantrag zu stellen, falls zugleich auch bei dieser **Zahlungsunfähigkeit oder Überschuldung** vorliegt. Die für die GmbH & Co. KG geltenden Vorschriften (§ 130a HGB und §§ 15, 15a InsO) stimmen mit der Rechtslage bei der GmbH (§ 64 GmbHG und §§ 15, 15a InsO) im Wesentlichen überein, so dass vor allem die Frage von praktischer Bedeutung ist, ob die Überschuldung der GmbH & Co. KG die Überschuldung der Komplementär-GmbH stets zwingend zur Folge hat.

33 Besteht das Gesellschaftsvermögen der Komplementär-GmbH **ausschließlich** in ihrer **Beteiligung** an der GmbH & Co. KG, so zieht die Überschuldung der KG regelmäßig auch die Überschuldung der GmbH nach sich. Diese muss bei der Aufstellung ihrer Vermö-

---

[64] *Haas* in Baumbach/Hueck GmbHG § 64 Rn. 190; *Schmidt-Leithoff/Baumert* in Rowedder/Schmidt-Leithoff GmbHG § 64 Rn. 81.

[65] *Haas* in Baumbach/Hueck GmbHG § 64 Rn. 191; OLG Brandenburg BeckRS 2011, 26252 Rn. 189.

[66] BGH NJW 1994, 2220 (2222 ff.); 1998, 2667 (2668); NZG 2007, 347 (349); *Poertzgen* ZInsO 2009, 1833.

[67] BGH ZIP 2009, 1220 (1221); OLG Koblenz NJW-RR 2000, 182 (183).

[68] BGH NJW 1998, 2667 f. Kritisch hierzu *K. Schmidt/Herchen* in K. Schmidt InsO § 15a Rn. 42; *K. Schmidt* NZG 2015, 129 (133).

[69] Für § 130a Abs. 2 HGB iVm § 177a HGB BGH NJW 1988, 1789; für § 823 Abs. 2 BGB BGH GmbHR 2003, 112 (113).

gensübersicht (Überschuldungsbilanz) schon aufgrund der Grundsätze ordnungsgemäßer Buchführung die Verbindlichkeiten der GmbH & Co. KG, für die sie in ihrer Eigenschaft als Komplementär unbeschränkt, unmittelbar und primär haftet, spätestens in dem Zeitpunkt in voller Höhe als eigene Verbindlichkeiten ausweisen, in dem mit ihrer Inanspruchnahme ernsthaft zu rechnen ist. Hierbei ist es eher eine darstellungsmäßige Frage, ob die Komplementär-GmbH sich darauf beschränkt, in ihrem Status von vornherein nur den die Überschuldung der KG ausmachenden Teil der Verbindlichkeiten zu passivieren,[70] oder ob sie der Passivierung der KG-Verbindlichkeiten in voller Höhe die Aktivierung ihres gegen die GmbH & Co. KG bestehenden Rückgriffs- (§ 110 HGB) bzw. Freistellungsanspruchs (§ 257 BGB) gegenüberstellt, soweit dieser durch entsprechende Vermögenswerte der KG abgedeckt, also realisierbar ist.[71]

34 Verfügt die Komplementär-GmbH demgegenüber außer ihrer Beteiligung an der GmbH & Co. KG noch über **weiteres Vermögen,** so ist eine Überschuldung der GmbH nur unter der Voraussetzung anzunehmen, dass das Gesamtvermögen der Komplementär-GmbH nicht ausreicht, die ungedeckten Schulden der GmbH & Co. KG zu begleichen.[72] Dies wird bei der typischen GmbH & Co. KG, bei der die Komplementär-GmbH vermögensmäßig nicht an der KG beteiligt ist und sich ihr Vermögen im Wesentlichen auf das Mindeststammkapital beschränkt, regelmäßig der Fall sein.

35 In beiden Fällen kann eine Überschuldung der Komplementär-GmbH jedoch insoweit entfallen, als diese im **Innenverhältnis** zu den Kommanditisten durch besondere Vereinbarung von ihrer **Haftung freigestellt** und der Freistellungsanspruch werthaltig ist.[73] Eine solche Abrede lässt zwar wegen § 128 S. 2 HGB die unbeschränkte Haftung der Komplementär-GmbH im Außenverhältnis bestehen, so dass die Bilanzierungspflicht hinsichtlich derjenigen KG-Verbindlichkeiten, wegen derer eine Inanspruchnahme der GmbH droht, nicht entfällt. Die Komplementär-GmbH kann in diesem Fall jedoch einen **Freistellungsanspruch** in entsprechender Höhe gegen die Kommanditisten ausweisen und dadurch bei ausreichender Bonität den Eintritt der Überschuldung verhindern.[74]

5. Simultaninsolvenz

36 Von einer Simultaninsolvenz spricht man, wenn – wie bei der typischen GmbH & Co. KG der Regelfall – **zeitgleich** sowohl bei der **GmbH & Co. KG** als auch bei deren **Komplementär-GmbH** das **Insolvenzverfahren** eröffnet wird.[75] Unter Umständen kommt es zusätzlich auch noch bei dem oder den Kommanditisten zur Insolvenzeröffnung.[76]

37 Eine solche Simultaninsolvenz kann insbesondere bei der **zweigliedrigen GmbH & Co. KG,** bei der neben der Komplementär-GmbH nur noch ein Kommanditist vorhanden ist, mit rechtstechnischen Problemen verbunden sein. Gemäß §§ 131 Abs. 1 Nr. 3, 161 Abs. 2 HGB führt die Eröffnung eines Insolvenzverfahrens über das Vermögen der **GmbH & Co. KG** zu deren Auflösung und Verwaltung ihres Vermögens durch den Insolvenzverwalter. Wird das Insolvenzverfahren über das Vermögen der **Komplementär-GmbH** eröffnet, so scheidet diese gemäß § 131 Abs. 3 Nr. 2 HGB aus der GmbH & Co. KG aus; wird die Eröffnung mangels Masse abgelehnt, scheidet die Komplementär-GmbH erst mit ihrer Vollbeendigung aus (§ 131 Abs. 3 Nr. 1 HGB).

---

[70] So *Uhlenbruck* in K. Schmidt/Uhlenbruck, Die GmbH in Krise, Sanierung und Insolvenz, Rn. 5.201.

[71] In diesem Sinne *Bitter* in Scholz GmbHG Vor § 64 Rn. 196; *Schmidt-Leithoff/Baumert* in Rowedder/Schmidt-Leithoff GmbHG Vor § 64 Rn. 295 f.; *Mock* in Uhlenbruck InsO § 19 Rn. 101.

[72] BGH BB 1991, 246.

[73] Eine Klausel, wonach die Komplementär-GmbH am Verlust der KG nicht beteiligt ist, steht dem nicht gleich, → § 5 Rn. 75 ff.

[74] *Uhlenbruck* in K. Schmidt/Uhlenbruck, Die GmbH in Krise, Sanierung und Insolvenz, Rn. 5.202; *Lüke* in HTM HdB GmbH & Co. KG Rn. 10.56; *Mühlberger* GmbHR 1977, 146.

[75] Zur Insolvenzanfechtung in einem solchen Fall BGH NZG 2008, 940.

[76] So der Fall bei OLG Hamm DB 2003, 2381.

38 Beide Rechtsfolgen hätten bei einer zweigliedrigen GmbH & Co. KG deren liquidationslose Vollbeendigung mit Übergang des Vermögens im Wege der Gesamtrechtsnachfolge auf den verbleibenden Kommanditisten zur Folge (Anwachsung; → § 7 Rn. 15). Um dennoch eine konsolidierte Abwicklung beider Gesellschaften in Form einer Simultaninsolvenz zu sichern, wurde von *K. Schmidt*[77] vorgeschlagen, den für diesen Fall unpassenden § 131 Abs. 3 Nr. 2 HGB nicht anzuwenden mit der Folge, dass die in Insolvenz befindliche **Komplementär-GmbH Gesellschafterin** der durch Insolvenzverfahrenseröffnung aufgelösten GmbH & Co. KG **bleibt.** UE sprechen gute Gründe für eine derartige teleologische Reduktion des § 131 Abs. 3 Nr. 2 HGB.[78] Die Ratio der Vorschrift, den Fortbestand der KG nicht durch die Insolvenz eines Gesellschafters zu gefährden,[79] geht nämlich bei der Simultaninsolvenz ins Leere. In jedem Fall kann der Kommanditist, dem das Vermögen und damit auch die Schulden anwachsen, seine Haftung analog § 27 HGB auf das angewachsene Vermögen beschränken, wenn er das Handelsgeschäft innerhalb von drei Monaten nach Kenntnis von der Anwachsung einstellt (→ § 7 Rn. 17).

39 Der **BGH** hat in seiner jüngeren Rechtsprechung für den Fall, dass ein Insolvenzverfahren (nur) über das Vermögen der Komplementär-GmbH einer zweigliedrigen GmbH & Co. KG eröffnet worden ist,[80] ebenso wie für Fälle der Simultaninsolvenz mehrgliedriger GmbHG & Co. KGs[81] die Ausscheidensfolge (§§ 161 Abs. 2, 131 Abs. 3 Nr. 2 HGB) und liquidationslose Vollbeendigung bestätigt. Gleiches soll für den Fall einer „unechten" Simultaninsolvenz einer zweigliedrigen GmbH & Co. KG gelten, wenn bei der Komplementär-GmbH die Eröffnung des Insolvenzverfahrens mangels Masse abgelehnt wird.[82] Diese Rechtsprechung kann jedoch nicht auf die (echte) Simultaninsolvenz der zweigliedrigen GmbH & Co. KG übertragen werden.

III. Insolvenzverwaltung

40 Sofort nach Eröffnung des Insolvenzverfahrens hat der Insolvenzverwalter das gesamte zur Insolvenzmasse gehörende Vermögen in Besitz und Verwaltung zu nehmen (§ 148 Abs. 1 InsO). Soweit den Gläubigern der GmbH & Co. KG Rechte aus § 171 Abs. 1 HGB gegenüber den Kommanditisten zustehen, werden diese während des Verfahrens nur durch den Insolvenzverwalter ausgeübt (**§ 171 Abs. 2 HGB;** → § 5 Rn. 14).

41 Anders als noch unter Geltung der Konkursordnung sieht **§ 93 InsO** vor, dass auch die persönliche Haftung der Komplementär-GmbH während der Dauer des Insolvenzverfahrens nur vom Insolvenzverwalter geltend gemacht werden kann. § 93 InsO enthält zwei Komponenten: Zum einen verlieren die Gesellschaftsgläubiger das Recht, die akzessorische Gesellschafterhaftung aus § 128 HGB selbst geltend zu machen (sog **Sperrwirkung**).[83] Die Gläubiger der KG melden deshalb ihre Forderungen nur im KG-Insolvenzverfahren an, soweit nicht die GmbH aus einem anderen Rechtsgrund – etwa einer Bürgschaft – zusätzlich haftet.[84] Zum anderen begründet § 93 InsO hinsichtlich der akzessorischen Gesellschafterhaftung eine Einziehungsbefugnis des Insolvenzverwalters (sog **Ermächtigungswirkung**). Die Haftung der Komplementär-GmbH ist dabei auf die bis zur Eröffnung des KG-Insol-

---

[77] *K. Schmidt* GmbHR 2002, 1209 (1214); *K. Schmidt* GmbHR 2003, 1404 (1406); *K. Schmidt* in MüKoHGB § 131 Rn. 76.

[78] Wie hier *Roth* in Baumbach/Hopt HGB Anh. § 177a Rn. 45a; *Liebs* ZIP 2002, 1716 (1718); *Bitter* in Scholz GmbHG Vor § 64 Rn. 204 ff.; *Gundlach/Frenzel/Schmidt* DStR 2004, 1658 (1662); *Dahl/Taras* NJW-Spezial 2015, 21; *Gundlach/Frenzel/Schmidt* DStR 2004, 1658 unter Hinweis auf § 11 Abs. 3 InsO. Enger OLG Hamm DB 2003, 2381, *Bork/Jacoby* ZGR 2005, 611 (650 ff.) und *Lüke* in HTM HdB GmbH & Co. KG Rn. 10.5, die § 131 Abs. 3 Nr. 2 HGB infolge teleologischer Reduktion nur in Fällen der simultanen Insolvenz aller Gesellschafter (einschließlich des bzw. aller Kommanditisten) nicht anwenden wollen. AA *Fischer* ZInsO 2005, 246.

[79] Gesetzesbegründung BT-Drs. 13/8444, 41.

[80] BGH NZG 2004, 611.

[81] BGH NZG 2014, 897 (898); *Krings/Otte* NZG 2012, 761.

[82] OLG Hamburg ZIP 2007, 1233 (1238).

[83] *Bitter* in Scholz GmbHG Vor § 64 Rn. 220; *Jeitner* NZI 2009, 673.

[84] BFH NZG 2002, 245 (246); BGH NJW 2002, 2718 f.

venzverfahrens begründeten Verbindlichkeiten beschränkt.[85] Die Ermächtigungs- und Sperrwirkung umfasst auch die Befugnis, Vergleiche abzuschließen.[86] Die Wirkungen des § 93 InsO führen bei eröffnetem Insolvenzverfahren über das Vermögen der KG wegen fehlenden Rechtsschutzbedürfnisses zur Unzulässigkeit eines Gläubigerantrages auf Eröffnung des Insolvenzverfahrens auch über das Vermögen der Komplementär-GmbH, wenn dieser sich nur auf Ansprüche aus akzessorischer Gesellschafterhaftung gemäß § 128 HGB stützt.[87]

42 Wie die Firma der GmbH zählt auch diejenige der GmbH & Co. KG zur **Insolvenzmasse** und kann vom Insolvenzverwalter **frei verwertet** werden.[88] Dies gilt auch dann, wenn es sich um eine **Personenfirma** handelt und Gesellschafter desselben Namens noch der Gesellschaft angehören. Insbesondere bedarf der Insolvenzverwalter keiner Zustimmung zur Verwertung. Sowohl für die GmbH als auch für die GmbH & Co. KG begründet der BGH dies mit denselben Erwägungen, die auch im Fall des Ausscheidens eines Gesellschafters entgegen § 24 Abs. 2 HGB die Fortführung der Firma ohne Zustimmung des Namensträgers rechtfertigen.[89] Die Liberalisierung des Firmenrechts im Zuge des HRefG verlangt keine abweichende Bewertung (→ § 11 Rn. 45 ff.).

43 Wird eine GmbH & Co. KG dadurch **beendet,** dass bis auf einen alle Gesellschafter ausscheiden, geht das Vermögen der Gesellschaft im Weg der Anwachsung auf den verbleibenden Gesellschafter über. Ein eröffnetes Insolvenzverfahrens über das Vermögen der KG geht ohne Weiteres entsprechend §§ 315 ff. InsO in ein **Partikularinsolvenzverfahren** in Rechtsträgerschaft des Gesamtrechtsnachfolgers über.[90]

IV. Eigenverwaltung und Schutzschirmverfahren

44 Nach § 270 Abs. 1 InsO kann das Insolvenzgericht im Beschluss über die Eröffnung des Insolvenzverfahrens auf Antrag des Schuldners die **Eigenverwaltung** anordnen. In diesem Fall wird kein Insolvenzverwalter bestellt. Stattdessen ist der Schuldner berechtigt, unter der Aufsicht eines Sachwalters die Insolvenzmasse selbst zu verwalten und hierüber zu verfügen. Mit dem **ESUG,**[91] das zum 1.3.2012 in Kraft getreten ist, wurden die **Voraussetzungen** für die Eigenverwaltung erheblich **gelockert,** insbesondere ist das vormals bestehende Erfordernis einer Gläubigerzustimmung entfallen. Damit hat die Eigenverwaltung auch für die Praxis an Bedeutung gewonnen.

45 Zur Erleichterung der Sanierung von Unternehmen hat der Gesetzgeber außerdem das in § 270b InsO verankerte **Schutzschirmverfahren** geschaffen. Ziel dieser Regelung ist es, die frühzeitige Sanierung insolvenzbedrohter Unternehmen zu erleichtern, indem sie dem Schuldner im Zeitraum zwischen Eröffnungsantrag und Verfahrenseröffnung ein eigenständiges Sanierungsverfahren zur Verfügung stellt, das ihm die Chance eröffnet, in Eigenverwaltung einen Sanierungsplan zu erstellen.[92] Dadurch soll zugleich ein Anreiz geschaffen werden, frühzeitig einen Eröffnungsantrag zu stellen, der nicht unmittelbar mit einem Verlust der Kontrolle über das Unternehmen einhergeht.

---

[85] BGH NJW 2010, 69 (70); *Bitter* in Scholz GmbHG Vor § 64 Rn. 220.

[86] BAG NZI 2008, 387; *Pohlmann* in Hamburger Komm. Insolvenzrecht InsO § 93 Rn. 35; aA *Fuchs* ZIP 2000, 1089 (1092 ff.); *Klinck* NZI 2008, 349.

[87] AG Dresden ZIP 2010, 243 (244 ff.); *Bitter* in Scholz GmbHG Vor § 64 Rn. 199.

[88] BGH NJW 1983, 755 f. für die GmbH; NJW 1990, 1605 (1607) für die GmbH & Co. KG; OLG Hamm DB 2003, 2381 (2382); *Uhlenbruck* ZIP 2000, 401 ff.; *Bitter* in Scholz GmbHG Vor § 64 Rn. 217; *Schultze* DZWiR 2005, 56; wohl auch *Wertenbruch* ZIP 2002, 1931 ff.

[89] BGH NJW 1983, 755 f.; 1990, 1605 (1607). Zum Anwendungsbereich des § 24 Abs. 2 HGB → § 11 Rn. 40 ff. Entsprechendes gilt uE auch im Anwendungsbereich des § 22 HGB.

[90] OLG Hamm ZIP 2007, 1233; LG Dresden ZIP 2005, 95; AG Hamburg ZIP 2006, 390; *Schmittmann* ZInsO 2005, 1314 (1316).

[91] Gesetz zur weiteren Erleichterung der Sanierung von Unternehmen vom 7.12.2011, BGBl. 2011 I 2582.

[92] Begründung Regierungsentwurf ESUG, BT-Drs. 17/5712, 17 ff., 40.

Voraussetzung für die Anordnung eines Schutzschirmverfahrens ist, dass der Schuldner die Verfahrenseröffnung wegen drohender Zahlungsunfähigkeit oder Überschuldung und Eigenverwaltung beantragt hat. Zudem darf eine angestrebte Sanierung nicht offensichtlich aussichtslos sein. Der Schuldner hat nach § 270b Abs. 1 S. 3 InsO mit dem Antrag eine **Bescheinigung** eines „in Insolvenzsachen erfahrenen Steuerberaters, Wirtschaftsprüfers oder Rechtsanwalts oder einer Person mit vergleichbarer Qualifikation" vorzulegen, aus der sich die Anordnungsvoraussetzungen ergeben. Das Institut der Wirtschaftsprüfer (IDW) hat hierzu einen Standard entwickelt, der mit Stand vom 18.8.2014 in finaler Fassung veröffentlicht wurde.[93] 46

V. Kapitalsicherung bei der GmbH & Co. KG

1. Kommanditistenhaftung nach §§ 171 Abs. 1, 172 Abs. 4 S. 1 HGB

Ein Kommanditist haftet den Gesellschaftsgläubigern gemäß §§ 171 Abs. 1, 172 Abs. 4 S. 1 HGB **nur bis zur Höhe** seiner **Haftsumme** (Hafteinlage); dies gilt auch dann, wenn ihm aus dem Gesellschaftsvermögen ein höherer Betrag ausgezahlt worden ist oder, was auf das Gleiche hinausläuft, wenn das von ihm als Sacheinlage eingebrachte Handelsgeschäft von Anfang an überschuldet war (näher → § 5 Rn. 12). 47

Gläubiger einer KG haben nach dem gesetzlichen Regelstatut grundsätzlich nur einen Anspruch darauf, dass ihrem Zugriff außer dem jeweiligen Gesellschaftsvermögen und dem Privatvermögen des oder der persönlich haftenden Gesellschafter(s) die Hafteinlagen des Kommanditisten zur Verfügung stehen. Ein **bestimmtes Gesellschaftsvermögen,** das vergleichbar dem Kapitalschutzsystem des GmbH-Rechts zugunsten der Kommanditisten zu vermindern schlechthin untersagt wäre und für dessen Schmälerung diese einzustehen hätten, wird den Gläubigern **nicht garantiert.** Die gesetzliche Regelung geht vielmehr davon aus, dass die Gesellschaftsgläubiger durch die unbeschränkte Haftung des Komplementärs gegen eine Aushöhlung des Gesellschaftsvermögens zugunsten der Kommanditisten ausreichend gesichert sind.[94] 48

Die **Legitimationswirkung** des **§ 171 Abs. 2 HGB** weist dem Insolvenzverwalter die Geltendmachung der Kommanditistenhaftung zu. Die **Sperrwirkung** des § 171 Abs. 2 HGB hindert die einzelnen Gläubiger der KG, eine nach §§ 171 Abs. 1, 172 Abs. 4 HGB begründete Kommanditistenhaftung durch Einzelzugriff nach Insolvenzeröffnung geltend zu machen.[95] Zugleich hindert die Sperrwirkung auch die Befreiung des Kommanditisten durch Leistung an Einzelgläubiger, sei es durch Erfüllung oder durch Erfüllungssurrogat, zB Aufrechnung.[96] 49

Was der Insolvenzverwalter nach § 171 Abs. 2 HGB einfordert, kommt (im Gegensatz zur Einlageforderung) nur denen zu Gute, denen der Kommanditist haftet, im Fall eines ausgeschiedenen Kommanditisten also nur den Altgläubigern.[97] Die hM spricht dann von einer vom Insolvenzverwalter zu bildenden **Sondermasse,** die allerdings nicht dinglich von der Masse zu trennen ist; es genügt die Bildung eines gesonderten Rechnungspostens für die Verwendung zugunsten der Haftungsgläubiger.[98] 50

2. Kommanditistenhaftung nach §§ 30, 31 GmbHG

a) Überblick. Eine über den Betrag der **Einlage hinausgehende Haftung** kann dagegen unter dem Gesichtspunkt der §§ 30, 31 GmbHG in Betracht kommen. Nach § 30 GmbHG darf das zur Erhaltung des Stammkapitals erforderliche Vermögen einer GmbH 51

[93] WPg Supplement 4/2014, 45 ff.; dazu *Löffelholz/Sanne* NZI 2015, 583 ff.
[94] BGH NJW NJW 1973, 1036 (1038 f.); 1990, 1725 (1729); *Strohn* in EBJS HGB § 171 Rn. 4, 119.
[95] *Schlitt* NZG 1998, 760; *Häsemeyer* ZHR 149 (1985), 42 ff.
[96] BGH NJW 1964, 2407 (2408 f.); BFH ZIP 1984, 1245 (1246); *Bitter* in Scholz GmbHG Vor § 64 Rn. 222.
[97] BGH NJW 1958, 787 f.
[98] *Häsemeyer* ZHR 149 (1985), 71 f.

nicht an deren Gesellschafter ausbezahlt werden. Zuwendungen, die diesem Verbot zuwiderlaufen, sind der GmbH nach § 31 Abs. 1 GmbHG zu erstatten und zwar auch von einem gutgläubigen Empfänger, soweit dies zur Befriedigung der Gesellschaftsgläubiger erforderlich ist (§ 31 Abs. 2 GmbHG). Kann die Erstattung vom Empfänger nicht erlangt werden, so haften die übrigen Gesellschafter nach dem Verhältnis ihrer Gesellschaftsanteile (§ 31 Abs. 3 GmbHG). Für das Bestehen des Anspruchs aus § 31 Abs. 1 GmbHG ist eine nachträgliche Besserung der Vermögenssituation der Gesellschaft ohne Bedeutung.[99]

52 In der Vergangenheit war die Rechtsprechung im Rahmen von § 30 GmbHG von einer bilanziellen Betrachtungsweise abgerückt und hatte bei Leistungen an Gesellschafter Gegenansprüche nicht als gleichwertig berücksichtigt, wenn diese zwar vollwertig waren, aber infolge zeitlich hinausgeschobener Fälligkeit nicht als liquides Vermögen der Gesellschaft zur Verfügung standen.[100] Durch das MoMiG ist der Gesetzgeber nunmehr wieder zu einer **rein bilanziellen Betrachtungsweise** zurückgekehrt (§ 30 Abs. 1 S. 2 und S. 3 GmbHG). Bei Vollwertigkeit des Gegenleistungs- oder Rückzahlungsanspruchs kann die Gesellschaft daher ihrem Gesellschafter auch im Zustand der Unterbilanz ein Darlehen gewähren, ohne dass dies gegen § 30 Abs. 1 GmbHG verstößt. Entscheidender Zeitpunkt ist die Valuta-Auszahlung; sollte der Rückzahlungsanspruch nach der Auszahlung an Wert verlieren, wirkt dieser Umstand nicht zurück.[101] Bei Darlehen an Geschäftsführer ist zudem § 43a GmbHG zu beachten. Geschäftsführer sind außerdem nach § 43 Abs. 1 GmbHG gehalten, laufend etwaige Änderungen des Kreditrisikos zu prüfen und auf eine nach Darlehensausreichung sich andeutende Bonitätsverschlechterung mit einer Kreditkündigung oder der Anforderung von Sicherheiten zu reagieren.[102]

53 **b) Bei gleichzeitiger Beteiligung an der Komplementär-GmbH.** Sind – wie im Regelfall – die Kommanditisten auch an der geschäftsführenden GmbH beteiligt und erhalten die Kommanditisten in ihrer Eigenschaft als Gesellschafter der Komplementär-GmbH **aus deren Vermögen Zahlungen,** durch die das zur Erhaltung des Stammkapitals der GmbH erforderliche Vermögen angegriffen wird, so ist § 30 Abs. 1 GmbHG unmittelbar anwendbar.[103] Es handelt sich dann um einen ganz normalen Anwendungsfall dieser Vorschrift.[104]

54 Erhalten die Kommanditisten dagegen **Rückzahlungen auf ihre Kommanditeinlage,** so kann sich eine **Anspruchskonkurrenz** zwischen § 172 Abs. 4 HGB und §§ 30, 31 GmbHG ergeben. In erster Linie gilt dann die Vorschrift des § 172 Abs. 4 HGB, wonach die Haftung bei Einlagenrückgewähr wieder auflebt bis zur Höhe der im Handelsregister eingetragenen Haftsumme. Eine **darüber hinausgehende Haftung gemäß §§ 30, 31 GmbHG** greift jedoch ein, soweit eine Auszahlung an den Kommanditisten einer GmbH & Co. KG **mittelbar** zur Folge hat, dass das Stammkapital der Komplementär-GmbH angegriffen wird.[105] Das kann insbesondere dann der Fall sein, wenn die im Übrigen vermögenslose GmbH ihr Kapital als Einlage in die GmbH & Co. KG eingebracht hat und der Wert ihrer Beteiligung an der GmbH & Co. KG in Folge der Zuwendung an einen Gesellschafter unter die Stammkapitalziffer herabsinkt.[106]

55 Eine Haftung nach §§ 30, 31 GmbHG kommt aber auch dann in Betracht, wenn die Komplementär-GmbH eigenes Vermögen besitzt, **ohne** an der GmbH & Co. KG **vermögensmäßig beteiligt** zu sein. In diesem Fall kann die Zuwendung an den Gesellschafter

[99] BGH ZIP 2000, 1251 (1253); 2000, 1256 (1257) unter Aufgabe von BGH ZIP 1987, 1113 (1114).

[100] So BGH NJW 2004, 1111 – November-Urteil, für die Darlehenshingabe der GmbH an einen Gesellschafter.

[101] BGH GmbHR 2009, 199 (202).

[102] BGH NJW 2009, 850 (852); *Pentz* in Rowedder/Schmidt-Leithoff GmbHG § 30 Rn. 37.

[103] *Pentz* in Rowedder/Schmidt-Leithoff GmbHG § 30 Rn. 117.

[104] Zur Kreditgewährung der Komplementär-GmbH an die GmbH & Co. KG → § 3 Rn. 7 ff.

[105] Grundlegend BGH NJW 1973, 1036 (1038); 1977, 104 (105); 1978, 160 (161); 1980, 1524 (1526); 1985, 2947; 1990, 516 (518); 1993, 3265 (3266); *Pentz* in Rowedder/Schmidt-Leithoff GmbHG § 30 Rn. 118; *Goette* Die GmbH § 3 Rn. 26.

[106] BGH NJW 1973, 1036 (1039).

dadurch zur Aufzehrung des GmbH-Stammkapitals führen, dass die GmbH zum Ausgleich des Passivpostens, der sich aus ihrer Komplementär-Haftung für die Verbindlichkeiten der GmbH & Co. KG ergibt, infolge der Aushöhlung des Vermögens der GmbH & Co. KG keinen gegenüber dieser realisierbaren **Freistellungsanspruch** mehr aktivieren kann, so dass das Vermögen der GmbH aus diesem Grund unter den Betrag des Stammkapitals herabgedrückt wird.[107]

Daraus folgt, dass keine Erstattungspflicht hinsichtlich solcher Zahlungen an Gesellschaf- **56**
ter entsteht, für welche die GmbH & Co. KG eine **volle Gegenleistung** erhalten hat. Denn in diesem Fall ist das Vermögen der GmbH & Co. KG nicht gemindert worden, so dass auch nicht unmittelbar das Stammkapital der Komplementär-GmbH tangiert ist.[108] Ist neben der GmbH eine natürliche Person als Komplementär beteiligt, schließt dies die Haftung eines Kommanditisten, der zugleich Gesellschafter der GmbH und aus diesem Grund verantwortlich für deren Kapitalausstattung ist, zwar nicht aus.[109] Allerdings ist in diesem Fall bei der GmbH ein Freistellungsanspruch aus § 426 Abs. 1 BGB gegen den (Mit)Komplementär zu aktivieren, der eine Unterbilanz bei der GmbH verhindern kann.[110]

c) Ohne Beteiligung an der Komplementär-GmbH. Ist der Kommanditist, der die **57**
Auszahlung – sei es von der Komplementär-GmbH, sei es unmittelbar von der GmbH & Co. KG selbst – erhält, nicht zugleich Gesellschafter der GmbH (Nur-Kommanditist), so sind die §§ 30, 31 GmbHG **nicht unmittelbar anwendbar.** Ob der Nur-Kommanditist in einem solchen Fall dennoch entsprechend §§ 30, 31 GmbHG haftet, war lange Zeit umstritten,[111] wurde für die Praxis allerdings durch das BGH-Urteil vom 19.2.1990[112] entschieden. Hiernach **haftet** auch der **Nur-Kommanditist** für Zahlungen der GmbH & Co. KG, durch die **mittelbar das Stammkapital** der Komplementär-GmbH angegriffen wird.

Der **BGH** begründet dies mit den Besonderheiten einer GmbH & Co. KG, die es **58**
rechtfertigten, auch den Nur-Kommanditisten die Verantwortung für die Ausstattung der Gesellschaft mit haftendem Kapital („Finanzierungsverantwortung“) aufzuerlegen.[113] Zwar hafte ein Kommanditist nach § 172 Abs. 4 HGB im Fall der Rückzahlung seiner Einlage nur bis zur Höhe der im Handelsregister eingetragenen Haftsumme, und zwar selbst dann, wenn der Kommanditist ein Mehrfaches dieser Summe entnommen habe. Dieser beschränkten Haftung stehe jedoch die unbeschränkte Komplementär-Haftung gegenüber, die nach den Vorstellungen des Gesetzgebers eine wirtschaftlich vernünftige Unternehmensführung gewährleisten und vor einer Aushöhlung des Gesellschaftsvermögens schützen solle. Im Fall einer GmbH & Co. KG, bei der keine natürliche Person unbeschränkt hafte, **fehle** es jedoch an einem derartigen **Gegengewicht.** Daher müsse der Kommanditist einer GmbH & Co. KG die Verantwortung mit übernehmen, die ihm in einer herkömmlichen KG der (mit seinem Privatvermögen haftende) Komplementär abnehme. Dies bedeutet, dass auch den Nur-Kommanditisten mit seinem Beitritt zu einer GmbH & Co. KG entsprechend §§ 30, 31 GmbHG die Verpflichtung trifft, der GmbH & Co. KG seine Entnahmen zu erstatten, soweit diese zulasten des Garantiekapitals gehen.[114]

---

[107] BGH NJW 1978, 160 (161 f.); 1990, 1725 (1729); *Pentz* in Rowedder/Schmidt-Leithoff GmbHG § 30 Rn. 118; *Pöschke/Steenbreker* NZG 2015, 614 (616 f.).

[108] BGH NJW 1978, 160 (161); NZG 2015, 225; *Fastrich* in Baumbach/Hueck GmbHG § 30 Rn. 68.

[109] BGH NZG 2015, 225.

[110] BGH NZG 2015, 225 (226).

[111] Verneinend zB OLG Hamburg DB 1986, 1328.

[112] BGH NJW 1990, 1725 (1729).

[113] BGH NJW 1990, 1725 (1729); NZG 2015, 225.

[114] *Hommelhoff* in Lutter/Hommelhoff GmbHG § 30 Rn. 64; *Fastrich* in Baumbach/Hueck GmbHG § 30 Rn. 70; *Gummert* DStR 2015, 761 (766). Einschränkend *Verse* in Scholz GmbHG § 30 Rn. 131, der jedenfalls Zweifel hat, Kommanditisten einer Publikums-KG, die auf die Finanzverfassung und die Geschäftsführung keinen Einfluss haben, in die Haftung einzubeziehen. In diesem Sinne auch *Ekkenga* in MüKoGmbHG § 30 Rn. 192, der eine Haftung außerdem daran knüpfen will, dass die Statuten den Kommanditisten Einsichtsrechte in der Qualität von § 51a GmbHG zubilligen.

59 **d) Bei bereits eingetretener Überschuldung.** Die Haftung nach §§ 30, 31 GmbHG besteht auch dann, wenn die Zuwendung an den Kommanditisten aus dem Vermögen der GmbH & Co. KG zu einem Zeitpunkt erfolgt, in dem beide Gesellschaften bereits überschuldet sind. Der **BGH** stützt dieses Ergebnis darauf, dass durch das Verbot des § 30 GmbHG nicht nur der Erhalt noch vorhandenen Stammkapitals, sondern unmittelbar auch der Fall abgedeckt werde, dass eine Zahlung nach Verlust des Stammkapitals der Gesellschaft unter Herbeiführung oder **Vertiefung** einer bereits **bestehenden Überschuldung** aus Fremdmitteln erfolgt.[115]

60 Die Sicherung des Stammkapitals sei nicht gegenständlich, sondern als **rein rechnerischer** Schutz des Gesellschaftsvermögens angelegt; dementsprechend sei der Rechnungsposten „Stammkapital" auch dann noch zu schützen, wenn das Aktivvermögen der Gesellschaft nicht mehr die vorhandenen Verbindlichkeiten sowie den rechnerischen Betrag des Stammkapitals decke **(Unterbilanz).**[116] Der BGH hält es mit anderen Worten für unangebracht, einerseits einen Gesellschafter stets haften zu lassen, wenn durch eine Leistung an ihn vorhandenes Stammkapital angegriffen wird, ihn andererseits aber nur unter den besonderen Voraussetzungen der § 826 BGB, §§ 129 ff. InsO zur Erstattung heranzuziehen, soweit die Zuwendung, nachdem das Stammkapital bereits aufgezehrt ist, die GmbH überschuldet bzw. eine schon bestehende Überschuldung vertieft, und das, obwohl die Gläubiger durch eine solche Leistung noch nachhaltiger als von einer bloßen Schmälerung des Stammkapitals beeinträchtigt werden.[117]

61 Im Übrigen ist zu beachten, dass der auf §§ 30, 31 GmbHG gestützte **Rückzahlungsanspruch,** soweit die Auszahlung aus dem Vermögen der KG erfolgt ist, nicht der Komplementär-GmbH, sondern der **GmbH & Co. KG** selbst zusteht.[118] Auf diese Weise wird es den Kommanditisten ermöglicht, sich auch selbst gegen verbotswidrige Ausschüttungen zu wenden und den Zuwendungsempfänger notfalls im Weg der actio pro socio zu zwingen, das KG-Vermögen wieder aufzufüllen, auch wenn die Geschäftsführung der GmbH und die anderen Gesellschafter sich hiergegen sperren.

62 **e) Umfang der Solidarhaftung gemäß § 31 Abs. 3 GmbHG.** An der Realisierung des Haftungsanspruchs hat jeder einzelne Gesellschafter nicht nur deshalb ein besonderes Interesse, weil durch einen Verstoß gegen das Stammkapital-Erhaltungsgebot der GmbH deren Kreditwürdigkeit und Existenz gefährdet wird und der GmbH & Co. KG – wegen § 15a Abs. 1 InsO, § 131 Abs. 3 Nr. 2 HGB – damit der Verlust ihrer Komplementärin droht. Sie müssen darüber hinaus befürchten, aufgrund von § 31 Abs. 3 GmbHG bis zur Höhe der **zu Unrecht ausgeschütteten Beträge** persönlich in Anspruch genommen zu werden.

63 Diese anteilige Ausfallhaftung ist nach hM auf den **Betrag des Stammkapitals beschränkt.**[119] Zwar greift die Haftung des begünstigten Gesellschafters auch für solche Zahlungen ein, die nach Verlust des gesamten Stammkapitals zur Entstehung oder Vertiefung einer bereits vorhandenen Überschuldung geführt haben (→ Rn. 53 ff.). Dieses aus der Interessenlage gewonnene Ergebnis kann jedoch nicht unbesehen auf die Solidarhaftung der anderen Gesellschafter übertragen werden. Hier wäre es jedenfalls dann unvertretbar, die Mitgesellschafter einem völlig unkalkulierbaren Haftungsrisiko auszusetzen, wenn sie die Vornahme verbotener Ausschüttungen nicht selbst veranlasst haben. Selbst in Fällen, in

---

[115] Noch für eine analoge Anwendung BGH NJW 1973, 1036 (1038); davon abweichend für eine unmittelbare Anwendung BGH NJW 1990, 1730 (1732).

[116] BGH NJW 1990, 1730 (1732).

[117] BGH NJW 1973, 1036 (1038); 1978, 160 (161); 1990, 1730 (1731 f.).

[118] BGH NJW 1973, 1036 (1038); NZG 2015, 225 (226); aA *Hommelhoff* in Lutter/Hommelhoff GmbHG § 31 Rn. 3; *Ekkenga* in MüKoGmbHG § 31 Rn. 22.

[119] *Fastrich* in Baumbach/Hueck GmbHG § 31 Rn. 24; *Altmeppen* in Roth/Altmeppen GmbHG § 31 Rn. 23; BGH NJW 2002, 1803 (1804); 2003, 3629 (3632); NZG 2005, 845 (846). AA *K. Schmidt* GesR § 37 III 3b für eine Beschränkung auf den Betrag der Stammeinlage des Empfängers; *Hommelhoff* in Lutter/Hommelhoff GmbHG § 31 Rn. 22 für eine Beschränkung auf das Stammkapital abzüglich der Stammeinlage des Haftenden.

denen ein Gesellschafter durch zustimmende Mitwirkung schuldhaft eine unzulässige Leistung veranlasst hat, nimmt der BGH inzwischen keine über § 31 Abs. 3 GmbHG hinausgehende Haftung mehr an.[120]

Umstritten ist die Ausfallhaftung nach § 31 Abs. 3 GmbHG für den **Nur-Kommanditisten** (→ Rn. 51 ff.).[121] Hiergegen spricht, dass der nicht an der Komplementär-GmbH beteiligte Nur-Kommanditist jedenfalls nach dem gesetzlichen Regelstatut weder Einfluss noch Informationsansprüche hat und deshalb, soweit Auszahlungen zulasten des Stammkapitals der GmbH – sei es aus dem Vermögen der GmbH oder sei es aus dem Vermögen der KG – nicht an ihn selbst, sondern an Mitgesellschafter erfolgen, noch nicht einmal die rechtliche Möglichkeit hat, einer Finanzierungsverantwortung, wie der BGH sie aus dem Umstand ableitet, dass keine natürliche Person unbeschränkt persönlich haftet, nachzukommen. 64

3. Haftung wegen existenzvernichtenden Eingriffs

a) Haftung wegen Missbrauchs der Rechtsform. Um Gefahrenlagen, die aus einer nachteiligen Einflussnahme von Gesellschaftern auf Gesellschaften mit beschränktem Haftungsfonds resultieren, zu erfassen, hatte die **Rechtsprechung** in der Vergangenheit das **Rechtsinstitut der faktischen Konzernhaftung** entwickelt.[122] Danach bestand bei Vorliegen eines qualifiziert faktischen Konzerns in **entsprechender Anwendung der §§ 302, 303 AktG** eine Verlustübernahmepflicht und eine Ausfallhaftung des herrschenden Unternehmens gegenüber seiner abhängigen GmbH. Für die Anwendung dieser konzernrechtlichen Haftungsregeln spielte nach der Rechtsprechung die Rechtsform des beherrschenden Gesellschafters keine Rolle. Somit konnte auch eine GmbH & Co. KG oder sogar eine natürliche Person herrschendes Unternehmen iSd Konzernhaftung sein.[123] 65

Eine konzerntypische Gefahrensituation wurde in solchen Fällen angenommen, in denen der beherrschende Unternehmer an wenigstens einer weiteren Kapitalgesellschaft mehrheitlich beteiligt war und deshalb gesellschaftsrechtlich **maßgeblichen Einfluss** auf die Beteiligungsgesellschaft hatte.[124] Die beiden wichtigsten Voraussetzungen für eine Haftung waren der **objektive Missbrauch** der beherrschenden Gesellschafterstellung in Gestalt der fehlenden Rücksichtnahme auf die eigenen Belange der abhängigen Gesellschaft sowie die **Unmöglichkeit des Einzelausgleichs** des zugefügten Nachteils.[125] 66

In der „Bremer Vulkan"-Entscheidung im Jahr 2001[126] leitete der BGH die **Aufgabe seiner Rechtsprechung** zum qualifiziert faktischen Konzern mit der Feststellung ein, der Schutz einer abhängigen GmbH gegenüber Eingriffen ihres Alleingesellschafters folge nicht dem Haftungssystem des Konzernrechtes des Aktiengesetzes (§§ 291 ff. AktG). Er beschränke sich vielmehr auf den Erhalt des Stammkapitals (§§ 30, 31 GmbHG) sowie das an die Gesellschafter adressierte Gebot, bei Dispositionen über das Vermögen der GmbH auf deren Belange und deren Fähigkeit, ihre Verbindlichkeiten zu bedienen, **angemessene Rücksicht** zu nehmen und deren **Existenz nicht zu gefährden.**[127] 67

---

[120] BGH NJW 1999, 2817 (2818); BB 2002, 1012 (1013) mAnm *Henze* BB 2002, 1011.

[121] Dafür *Altmeppen* in Roth/Altmeppen GmbHG § 30 Rn. 173. AA *Ekkenga* in MüKoGmbHG § 31 Rn. 60a; für den Fall, dass Leistungen unmittelbar aus dem Vermögen der GmbH geflossen sind, *Pentz* in Rowedder/Schmidt-Leithoff GmbHG § 31 Rn. 74.

[122] BGH NJW 1986, 188 – Autokran; NJW 1989, 1800 – Tiefbau; NJW 1991, 3142 – Video; NJW 1992, 505 – Stromlieferung; NJW 1993, 1200 – TBB; *Boujong* FS Odersky, 1996, 749.

[123] BAG GmbHR 1996, 113 (115); 1991, 413 (414); BGH NJW 1993, 1200 (1202).

[124] BAG GmbHR 1996, 113 (115).

[125] *Pentz* in Rowedder/Schmidt-Leithoff GmbHG § 13 Rn. 109.

[126] BGH NJW 2001, 3622 – Bremer Vulkan. Hierzu ua *Altmeppen* ZIP 2001, 1837; *Altmeppen* NJW 2002, 321; *Altmeppen* ZIP 2002, 1553; *Ulmer* ZIP 2001, 2021; *K. Schmidt* NJW 2001, 3577; *Keßler* GmbHR 2002, 945; *Schröder* GmbHR 2002, 902; *Westermann* NZG 2002, 1129; *Wiedemann* ZGR 2003, 283; *Wilhelm* NJW 2003, 175. Zur strafrechtlichen Würdigung in Sachen „Bremer-Vulkan" BGH ZIP 2004, 1200.

[127] BGH NJW 2001, 3622 (3623). Nachfolgend auch BGH GmbHR 2002, 549 (551 f.); ZIP 2002, 1578 (1579 f.) – KBV; ZIP 2005, 117; 2005, 250 (251).

68 In seiner **„KBV"**-Entscheidung aus dem 2002[128] konkretisierte der BGH diese Haftung wegen existenzvernichtenden Eingriffs, die auf einer Missachtung der Zweckbindung des Gesellschaftsvermögens zugunsten der Gläubiger und damit auf einem **Missbrauch der Rechtsform** der GmbH beruhe, der zu einem **Verlust des Haftungsprivilegs** führe. Die Haftung wegen existenzvernichtenden Eingriffs wurde als subsidiär gegenüber den Kapitalerhaltungsvorschriften angesehen, griff also nur in Fällen ein, in denen sich der zugefügte Nachteil nicht schon durch die Rückführung entzogenen Stammkapitals gemäß § 31 GmbHG wieder herstellen ließ.[129]

69 **b) Verschuldenshaftung wegen existenzvernichtenden Eingriffs.** Mit den Entscheidungen „Trihotel"[130] und „Gamma"[131] hat der BGH das an den Missbrauch der Rechtsform anknüpfende Haftungskonzept **aufgegeben** und den Übergang von einer konzernorganisationsrechtlich fundierten Strukturhaftung zu einer differenzierten Verschuldenshaftung des GmbH-Gesellschafters vollzogen. Er ordnet seither die **Existenzvernichtungshaftung** als eine besondere Fallgruppe der **vorsätzlichen sittenwidrigen Schädigung** gemäß § 826 BGB ein.

70 Die Existenzvernichtungshaftung knüpft an die missbräuchliche Schädigung des im Gläubigerinteresse zweckgebundenen Gesellschaftsvermögens an und setzt objektiv einen **kompensationslosen, zur Insolvenz führenden oder diese vertiefenden Eingriff in das Gesellschaftsvermögen** voraus. Damit hält der BGH an den objektiven Voraussetzungen der früheren Haftungskonzeption fest. Der BGH verlangt einen „Eingriff" des Alleingesellschafters oder der einverständlich handelnden Gesellschafter in das Vermögen der Gesellschaft unter Außerachtlassung der gebotenen Rücksicht auf die Zweckbindung des Gesellschaftsvermögens oder „ohne angemessene Rücksichtnahme auf die eigenen Belange der Gesellschaft", verstanden als Fähigkeit zur Erfüllung ihrer Verbindlichkeiten.

71 Ein **„Eingriff"** in diesem Sinne liegt vor, wenn Vermögenswerte der Gesellschaft auf unmittelbare oder mittelbare Gesellschafter oder auf Gesellschaften, an denen die Gesellschafter beteiligt sind, ohne marktgerechte Gegenleistung übertragen werden, sofern es sich um Vermögenswerte handelt, derer die Gesellschaft zur Erfüllung ihrer Verbindlichkeiten bedarf.[132] Erfasst sind also offene oder verdeckte **Entnahmen** der Gesellschafter aus dem Gesellschaftsvermögen ohne angemessenen Ausgleich zugunsten der Gesellschaft, dh ein gezielter, betriebsfremden Zwecken dienender Entzug von existenznotwendigen Vermögenswerten.[133] Auch der planmäßige Entzug von Gesellschaftsvermögen einer GmbH durch „Vereinnahmung" von Forderungen durch deren Alleingesellschafter kann einen Verstoß gegen § 826 BGB darstellen.[134] Bloße Managementfehler genügen demgegenüber nicht.[135] Der Eingriff muss kausal für die Insolvenz der Gesellschaft sein bzw. eine bereits bestehende Insolvenz vertiefen.[136] Die Haftung tritt mithin nicht ein, wenn die Fähigkeit der Gesellschaft zur Erfüllung ihrer Verbindlichkeiten wieder hergestellt wird.

72 Der Entzug des Gesellschaftsvermögens muss nach neuerer Rechtsprechung planmäßig zulasten der Gläubiger und zum eigenen Vorteil der Gesellschafter erfolgen; der BGH

---

[128] BGH ZIP 2002, 1578 – KBV.

[129] BGH NJW 2001, 3622 (3623); ZIP 2005, 117; 2005, 250 (251); *Lutter/Banerjea* ZGR 2003, 402 (423 ff.); *Vetter* ZIP 2003, 601 (605).

[130] BGH NJW 2007, 2689; dazu ausführlich *Altmeppen* NJW 2007, 2657.

[131] BGH NJW 2008, 2437; dazu ausführlich *Altmeppen* ZIP 2008, 1201; *Waclawik* DStR 2008, 1486; *Hirte* ZInsO 2009, 697; *Kleindiek* NZG 2008, 686; *Hölzle* DZWiR 2007, 397.

[132] BGH ZIP 2005, 250 (252).

[133] Weitere Beispiele bei *Altmeppen* in Roth/Altmeppen GmbHG § 13 Rn. 83; *Heeg/Manthey* GmbHR 2008, 798.

[134] BGH NZG 2008, 187 (188).

[135] BGH ZIP 2005, 250 (252); *Heeg/Manthey* GmbHR 2008, 798 (800); *Ihrig* DStR 2007, 1170 (1173); *Dauner-Lieb* ZGR 2008, 45.

[136] BGH NJW 2007, 2689 (2690); *Lutter/Banerjea* ZGR 2003, 402.

spricht von einer sittenwidrigen, weil insolvenzverursachenden oder -vertiefenden **„Selbstbedienung“** des Gesellschafters zulasten der Gläubiger.[137] Subjektive Voraussetzung ist damit, dass der Gesellschafter **zumindest mit bedingtem Vorsatz** gehandelt hat, wobei der BGH das Bewusstsein des Gesellschafters genügen lässt, dass der von ihm veranlasste oder geduldete Eingriff zur Existenzvernichtung führt; es reicht aus, „wenn die faktische dauerhafte Beeinträchtigung der Erfüllung der Verbindlichkeiten die voraussehbare Folge des Eingriffs ist und der Gesellschafter diese Rechtsfolge in Erkenntnis ihres möglichen Eintritts billigend in Kauf genommen hat (Eventualdolus).“[138]

Das vom BGH in den „Trihotel“- und „Gamma“-Entscheidungen entwickelte Kon- 73
zept geht von einer **Innenhaftung** aus, denn unmittelbar geschädigt ist die Gesellschaft selbst. Adressat der Existenzvernichtungshaftung iSd § 826 BGB kann auch ein **mittelbarer Gesellschafter** sein, wenn er beherrschenden Einfluss auf die geschädigte Gesellschaft ausübt.[139] Der **Geschäftsführer** kann als Teilnehmer haften (§§ 826, 830 Abs. 2, 840 BGB);[140] außerdem gemäß § 43 Abs. 2 GmbHG und gemäß § 64 S. 3 GmbHG (→ Rn. 91 ff.).

Für die **Schadensermittlung** gelten die allgemeinen Regeln. Der kausal verursachte 74
Schaden umfasst zumindest den Wert der entzogenen Vermögenspositionen (sog Kollateralschäden), ggf. gemäß § 252 BGB den entgangenen Gewinn sowie die Kosten des Insolvenzverfahrens, wenn die Insolvenz ohne den schädigenden Eingriff nicht eingetreten wäre (Zerschlagungsschaden).[141] Der Anspruch ist der Höhe nach begrenzt auf dasjenige, was der Insolvenzverwalter zur Befriedigung aller Gläubiger und der Kosten des Insolvenzverfahrens benötigt. Es geht um Gläubigerschutz, nicht um die Wiederherstellung der Gesellschaft als werbendes Unternehmen.[142]

Da es sich um einen Anspruch der Gesellschaft handelt, wird die Existenzvernichtungs- 75
haftung im **Insolvenzverfahren** vom Insolvenzverwalter geltend gemacht, ohne dass es – wie vom BGH für die Außenhaftung wegen existenzvernichtenden Eingriffs ehemals angenommen – eines Rückgriffs auf § 93 InsO analog bedürfte.[143] Außerhalb des Insolvenzverfahrens seien die Gläubiger auf den „Umweg“ verwiesen, zunächst einen Vollstreckungstitel gegen die Gesellschaft zu erwirken und den Anspruch der Gesellschaft gegen den Gesellschafter zu pfänden und sich überweisen zu lassen.[144] Demgegenüber wird im Schrifttum mit beachtlichen Gründen befürwortet, den Gläubigern bei Ablehnung der Insolvenzöffnung oder Einstellung des Verfahrens mangels Masse ein eigenes Verfolgungsrecht zuzubilligen.[145]

Sämtliche bisher bekannt gewordenen BGH-Entscheidungen zur Haftung wegen exis- 76
tenzvernichtenden Eingriffs gemäß § 826 BGB sind zur **GmbH** ergangen. Der BGH sieht darin eine folgerichtige „Verlängerung“ des Schutzsystems der §§ 30, 31 GmbHG auf der Ebene des Deliktsrechts.[146] Wegen der der GmbH vergleichbaren Situation bezüglich Gläubigergefährdung und Haftung, insbesondere aber aufgrund der Tatsache, dass auch das Kapitalschutzsystem der §§ 30, 31 GmbHG den Kommanditisten einer **GmbH & Co. KG** treffen kann (→ Rn. 51 ff.), ist die Rechtsprechung uE auf die GmbH & Co. KG übertragbar.[147]

---

[137] BGH NJW 2007, 2689 (2692).

[138] BGH NJW 2007, 2689 (2692). Kritisch zu dieser Voraussetzung *Schwab* ZIP 2008, 341 (343 f.).

[139] BGH NJW 2007, 2689 (2693 f.).

[140] Wie hier *Vetter* BB 2007, 1965 (1969); *Servatius* DB 2015, 1087 (1093); *Lutter* in Lutter/Hommelhoff GmbHG § 13 Rn. 44.

[141] *Altmeppen* in Roth/Altmeppen GmbHG § 13 Rn. 94.

[142] *Lutter* in Lutter/Hommelhoff GmbHG § 13 Rn. 41, 29; *Weller* ZIP 2007, 1681 (1686 f.).

[143] BGH NJW 2007, 2689 (2693); *Weller* ZIP 2007, 1681 (1687).

[144] BGH NJW 2007, 2689 (2693); *Kölbl* BB 2009, 1194 (1198).

[145] *Vetter* BB 2007, 1965 (1968); *Habersack* ZGR 2008, 533; *Kleindiek* NZG 2008, 686 (689); *Altmeppen* in Roth/Altmeppen GmbHG § 13 Rn. 109, GmbHG § 43 Rn. 94.

[146] BGH NJW 2007, 2689 (2693).

[147] Ebenso *Schiessl* in HTM HdB GmbH & Co. KG Rn. 5.91. Zweifelnd *Liebscher* in Reichert GmbH & Co. KG § 51 Rn. 128.

VI. Gesellschafterleistungen

1. Rechtsentwicklung

77 Bis 1980 gab es keine gesetzliche Regelung des Kapitalersatzrechts. Allerdings war schon das **RG** gläubigerschädigenden Missbräuchen von eigenkapitalersetzenden Gesellschafterleistungen entgegengetreten.[148] Auch die Rechtsprechung des **BGH** hatte im GmbH-Recht schon Ende der 1950-iger Jahre den Grundsatz entwickelt, dass ein Gesellschafter, der die GmbH nach Eintritt der Insolvenzreife anstelle einer wirtschaftlich gebotenen Zufuhr neuen Eigenkapitals durch Darlehen stützt, sich zu seinem eigenen Verhalten und dem **Zweck der gesetzlichen Kapitalerhaltungsvorschriften** in Widerspruch setze, wenn er der Gesellschaft die als Kapitalgrundlage benötigten Mittel wieder entziehe, obwohl sie noch nicht ohne diese lebensfähig sei.[149]

78 Im Zuge der GmbH-Novelle im Jahre 1980 hat der Gesetzgeber durch Einführung verschiedener Schutzvorschriften in das GmbH-Gesetz, das HGB, die damalige Konkursordnung, die damalige Vergleichsordnung und das Anfechtungsgesetz die von der Rechtsprechung entwickelten Grundsätze zum kapitalersetzenden Darlehen zu kodifizieren versucht. Hierbei handelte es sich um die Regelungen der **§§ 32a, 32b GmbHG aF,** die über **§ 172a HGB aF** auch auf die GmbH & Co. KG anwendbar waren, sowie die § 135 InsO und § 6 AnfG. Schon kurze Zeit nach Inkrafttreten der GmbH-Novelle zeigte sich jedoch, dass die Neuregelung **missglückt** war[150] und wesentliche Lücken aufwies.[151]

79 Der **BGH** sah daher ein „unabweisbares Bedürfnis",[152] die von ihm bisher entwickelten **Rechtsgrundsätze weiter anzuwenden.** Er stützte sich dazu auf die schlagende Begründung, dass der Gesetzgeber mit den Vorschriften der GmbH-Novelle, namentlich den Bestimmungen über kapitalersetzende Darlehen, ausweislich der Gesetzesmaterialien das Ziel verfolgt habe, den Schutz der Gesellschaftsgläubiger zu verbessern. Mit diesem Gesetzeszweck wäre es aber unvereinbar gewesen, die bisherige Rechtsprechung nicht mehr anzuwenden, ohne dass die neuen Vorschriften einen gleichwertigen Gläubigerschutz böten. Damit würde dem Gesetzgeber zu Unrecht der Wille unterstellt, hinter dem von der Rechtsprechung schon erreichten Stand des Gläubigerschutzes zurückzubleiben – eine „schallende Ohrfeige" für den damaligen Gesetzgeber!

80 Mit dem **MoMiG** wurde das vormals zweistufige, aus Novellen- und Rechtsprechungsregeln bestehende Kapitalersatzrecht **grundlegend geändert.** Die im Grundsatz der Kapitalerhaltung verankerte gesellschaftsrechtliche Grundlage des Eigenkapitalersatzrechts wurde aufgegeben; sowohl die gesetzlichen sog Novellenregeln (§ 172a HGB aF, §§ 32a, 32b GmbHG aF) als auch die Rechtsprechungsregeln (§§ 30, 31 GmbHG analog) sind entfallen. Stattdessen wurde mit der Aufgabe des Konzepts der Finanzierungsfolgen-Verantwortung die Behandlung von Gesellschafterdarlehen gänzlich in das Insolvenz- und Anfechtungsrecht überführt.

81 Zentrale Neuerung auf Tatbestandsseite war die **Entkoppelung** des Rechts der Gesellschafterfremdfinanzierung vom Merkmal der **Krise.**[153] Unter Geltung des alten Eigenkapitalersatzrechts hatte der BGH ua in seinem Grundsatzurteil zur GmbH & Co. KG argumentiert, der Umstand, dass ein Gesellschaftergläubiger dem Unternehmen gewöhnlich „näher stehe" als ein fremder Kreditgeber, gebe keinen ausreichenden Grund dafür, ihn schlechter als einen Fremdgläubiger zu stellen, der über die Lage der Gesellschaft unter Umständen

[148] RG JW 1938, 862 (964 ff.); 1939, 229 (331).
[149] BGH NJW 1960, 285 (288); 1977, 104 (105).
[150] *Mayer* BB 1990, 1935 (1937): „völlig missglückt".
[151] BGH NJW 1984, 1891 (193).
[152] BGH NJW 1984, 1891 (193).
[153] Begründung Regierungsentwurf MoMiG, BT-Drs. 16/6140, 57: „durchgängige Aufgabe des Merkmals ‚Krise'". Kritisch dazu ua *Bork* ZGR 2007, 250 (257); *Altmeppen* NJW 2008, 3601 (3602 f.); *Thiessen* DStR 2007, 202 (205 ff.); *Klinck/Gärtner* NZI 2008, 457 (458 f.).

ebenso gut informiert sei.[154] Das MoMiG kehrt von dieser Argumentation ab und unterstellt alle Gesellschafterdarlehen einer Sonderbehandlung. Auf den „eigenkapitalersetzenden" Charakter kommt es nicht mehr an.

Auf Rechtsfolgenseite konstituierte das MoMiG für den **Insolvenzfall** einen gesetzlichen **Nachrang** von Forderungen eines Gesellschafters auf Rückgewähr eines Darlehens oder Forderungen aus Rechtshandlungen, die einem solchen Darlehen wirtschaftlich entsprechen, gegenüber sämtlichen sonstigen Verbindlichkeiten der Gesellschaft (§ 39 Abs. 1 Nr. 5 InsO). Dieser gilt zugleich auch für Zinsen und sonstige Nebenforderungen, unabhängig davon, ob sie gesondert gestundet oder stehen gelassen wurden.[155] Außerdem unterliegen Rechtshandlungen, die für die Forderung eines Gesellschafters auf Rückgewähr eines Darlehens oder für eine gleichgestellte Forderung Sicherung oder Befriedigung gewährt haben, der **Anfechtung** (§ 135 InsO, §§ 6, 6a AnfG). 82

Ausgenommen sind Darlehen sog privilegierter Gesellschafter (Sanierungsprivileg und Kleinbeteiligungsprivileg, § 39 Abs. 4 S. 2 und Abs. 5 InsO). Vollständig neu geregelt wurde das Recht der **Nutzungsüberlassung** (§ 135 Abs. 3 InsO), die unter Geltung des früheren Eigenkapitalersatzrechts von der Rechtsprechung als darlehensähnliche Leistung behandelt wurde (→ Rn. 109 ff.). Auf die **GmbH & Co. KG** finden die Regeln zu Gesellschafterdarlehen nach § 39 Abs. 4 S. 1 GmbHG **unmittelbar** Anwendung. Auf eine mittelbare Auswirkung auf das Stammkapital der Komplementär-GmbH kommt es nach Wegfall der füheren Rechtssprechungsregeln nicht mehr an. 83

2. Gesellschafterdarlehen

a) Tatbestandsvoraussetzungen. Ein **Darlehen** iSv § 39 Abs. 1 Nr. 5 InsO liegt vor, wenn die GmbH & Co. KG Geld oder vertretbare Sachen aufgrund eines Darlehensvertrags von ihrem Gesellschafter empfangen hat oder wenn vereinbart wird, dass ein dem Gesellschafter aus anderem Grunde von der GmbH & Co. KG geschuldeter Betrag nunmehr als Darlehen geschuldet sein soll. 84

Darlehensgeber muss ein **Gesellschafter** sein, wobei es im Fall der GmbH & Co. KG grundsätzlich auf die Beteiligung an der KG ankommt. Anders als § 32a GmbHG aF nennt § 39 Abs. 1 Nr. 5 InsO Forderungen **Dritter** nicht explizit. Ausweislich der Regierungsbegründung sollte aber der bisher im Eigenkapitalersatzrecht geltende personelle Anwendungsbereich auch im Rahmen des § 39 InsO maßgebend sein; genannt ist ausdrücklich auch der „Dritte".[156] Tatbestandsmäßig iSv § 39 Abs. 1 Nr. 5 InsO können deshalb auch Finanzierungen außenstehender Dritter sein, wenn diese der Darlehensgewährung durch einen Gesellschafter wirtschaftlich entsprechen (→ Rn. 106 ff.). 85

Die **Abtretung** der Forderung an einen Nicht-Gesellschafter beseitigt nicht die rechtliche Einordnung der Forderung als Gesellschafterdarlehen.[157] Gleiches gilt für den **Verlust der Gesellschafterstellung** im letzten Jahr vor dem Eröffnungsantrag oder hiernach.[158] Umgekehrt wird eine „normale" Darlehensforderung mit **Erwerb der Gesellschafterstellung** durch den Inhaber der Forderung oder mit Erwerb der Forderung durch einen Gesellschafter von einem außenstehenden Dritten zu einem Gesellschafterdarlehen.[159] 86

b) Rückgewähr und Besicherung von Gesellschafterdarlehen. Die Rückzahlung eines Gesellschafterdarlehens an den Gesellschafter ist zulässig, solange über das Vermögen der GmbH & Co. KG nicht das Insolvenzverfahren eröffnet ist. In Ausnahmefällen soll die neben dem Kreditverhältnis bestehende gesellschaftliche **Treuepflicht** es einem Gesellschafter allerdings verbieten, Ansprüche auf Darlehensrückgewähr gegenüber der Gesellschaft 87

---

[154] BGH NJW 1980, 1524 (1525).
[155] *Habersack* ZIP 2007, 2145 (2150); *Schröder* in Hamburger Komm. Insolvenzrecht InsO § 135 Rn. 17.
[156] Begründung Regierungsentwurf zu § 39 InsO, BT-Drs. 16/6140, 56.
[157] *Habersack* ZIP 2007, 2145 (2149); *Schlößer/Klüber* BB 2009, 1594 (1595); BGH ZIP 2008, 177 (179); NJW 2011, 844 (846 f.); 2013, 2282 (2284).
[158] BGH NJW 2012, 682 (683); *Schlößer/Klüber* BB 2009, 1594 (1597).
[159] BGH NJW 2014, 1737 (1738); *Schlößer/Klüber* BB 2009, 1594 (1597 f.); *Haas* ZInsO 2007, 617 (619).

durchzusetzen, wenn die Gesellschaft dadurch in eine Krise geriete.[160] Führt die Darlehensrückzahlung zur Insolvenz oder vertieft diese, kommen eine Haftung des Gesellschafters wegen existenzvernichtenden Eingriffs (→ Rn. 65 ff.) sowie eine Haftung des Geschäftsführers nach § 64 S. 3 GmbHG (→ Rn. 91 ff.) in Betracht.

88 **In der Insolvenz** sind Gesellschafterdarlehen immer **nachrangig** gegenüber sämtlichen sonstigen Verbindlichkeiten der Gesellschaft (§ 39 Abs. 1 Nr. 5 InsO), und zwar unabhängig davon, ob der Gesellschafter einen Rangrücktritt erklärt hat oder nicht. Dem Nachrangeinwand des Insolvenzverwalters der Gesellschaft kann, wie der BGH entgegen verbreiteter Ansicht im Schrifttum[161] nunmehr entschieden hat, im Fall der **Doppelinsolvenz** von Gesellschaft und Gesellschafter der Insolvenzverwalter über das Vermögen des Gesellschafters **nicht** entgegenhalten, die Gewährung eines Gesellschafterdarlehens sei **als unentgeltliche Leistung anfechtbar** (§ 134 Abs. 1 InsO), weil der Rückzahlungsanspruch durch die Anordnung des Nachrangs in § 39 Abs. 1 Nr. 5 InsO in der Insolvenz der Gesellschaft wirtschaftlich entwertet sei.[162] Ist ein Gesellschafterdarlehen **im Jahr vor Stellung des Insolvenzantrags** zurückgezahlt worden, **unterliegt die Rückzahlung der Insolvenzanfechtung** (§ 135 Abs. 1 InsO). Ferner sind Rechtshandlungen, die in den **letzten zehn Jahren** vor dem Antrag auf Eröffnung eines Insolvenzverfahrens oder nach Antragstellung **Sicherung** für ein Gesellschafterdarlehen gewährt haben, anfechtbar (§ 135 Abs. 1 Nr. 1 InsO).

89 **Außerhalb der Insolvenz** gilt gleichfalls die Anfechtungsfrist von einem Jahr bzw. zehn Jahren (§§ 6, 6a AnfG). Die Anfechtungsfrist des AnfG von einem Jahr bzw. zehn Jahren beginnt mit der Erlangung des vollstreckbaren Schuldtitels gegen die Gesellschaft. Wenn ein Antrag auf Eröffnung des Insolvenzverfahrens mangels Masse abgewiesen wird, bevor der Gläubiger einen Schuldtitel erstritten hat, beginnt die Anfechtungsfrist in Angleichung an die Situation eines eröffneten Insolvenzverfahrens erst mit der Antragstellung (§ 6 Abs. 1 S. 2 AnfG). Jedoch bleibt es bei dem Zeitpunkt der Erlangung des Titels, wenn das Insolvenzverfahren erst danach eröffnet wurde.[163] Die Anfechtung ist innerhalb von drei Jahren ab Erwirkung des Titels geltend zu machen (§ 6 Abs. 2 AnfG).

90 Wird die Rückzahlung eines Gesellschafterdarlehens (§ 135 Abs. 1 Nr. 2 InsO) angefochten, ist der Gesellschafter in vollem Umfang zur **Rückgewähr** verpflichtet (§ 143 Abs. 1 InsO). Im Fall der Anfechtung nach § 135 Abs. 1 Nr. 1 InsO (Gewährung einer Sicherheit) ist der Rückgewähranspruch nach § 143 Abs. 1 InsO darauf gerichtet, die anfechtbar gewährte Sicherung **freizugeben,** oder – soweit der Gesellschafter sich aus der Sicherheit bereits befriedigt hat – **Wertersatz** zu leisten.[164]

91 **c) Haftung des Geschäftsführers.** Der Geschäftsführer der GmbH & Co. KG bzw. der Geschäftsführer der Komplementär-GmbH haftet persönlich für die Rückzahlung eines Gesellschafterdarlehens an Gesellschafter der GmbH & Co. KG und/oder der Komplementär-GmbH, soweit diese Rückzahlung zur **Zahlungsunfähigkeit** der Gesellschaft geführt hat, es sei denn, dass diese Folge auch bei Beachtung der Sorgfalt eines ordentlichen und gewissenhaften Geschäftsmannes nicht erkennbar war (§§ 130a Abs. 1 S. 3, Abs. 2 S. 1, 177a HGB, § 64 S. 3 GmbHG). Mit der sog **Insolvenzverursachungshaftung** nach § 64 S. 3 GmbHG hat der Gesetzgeber das aus § 64 S. 1 GmbHG abzuleitende Zahlungsverbot vorverlagert und dem **bilanzorientierten Kapitalschutzkonzept** des deutschen GmbH-Rechts eine **solvenzorientierte Komponente** hinzugefügt, die jedenfalls einen Teil der unter dem Stichwort „existenzvernichtender Eingriff" erörterten Konstellationen erfassen

[160] BGH NZI 2013, 483 (485); NJW 2013, 3031 (3033 f.). Kritisch zu einer vorinsolvenzlichen Rückzahlungssperre unter dem Gesichtspunkt der gesellschaftsvertraglichen Treuepflicht mit guten Gründen *Seidel/Wolf* NZG 2016, 921.

[161] *Pentz* in Rowedder/Schmidt-Leithoff GmbHG Anh. § 30 Rn. 125; *Commandeur/Nienerza* NZG 2009, 860.

[162] BGH NZG 2017, 66 (68 f.).

[163] Vgl. BR-Drs. 354/07, 133.

[164] BGH NJW 2013, 3035 (3037); *K. Schmidt* in Schmidt InsO § 135 Rn. 18.

sollte.[165] Anders als die Existenzvernichtungshaftung trifft die Insolvenzverursachungshaftung den **Geschäftsführer.**[166] Sind mehrere Geschäftsführer vorhanden, so haftet nach § 64 S. 3 GmbHG nicht nur derjenige, der die Zahlung selbst vorgenommen oder veranlasst hat, sondern auch der Geschäftsführer, der es unterlassen hat, die nach § 64 S. 3 GmbHG verbotene Zahlung zu verhindern.[167]

Praktisch bedeutsam ist, dass die Haftung des Geschäftsführers für die Rückzahlung eines Gesellschafterdarlehens über die **Anfechtungsregeln** der InsO und des AnfG **hinausgeht.** Wenn deren zum Teil kurze Fristen abgelaufen sind oder ein Gläubigerbenachteiligungsvorsatz oder dessen Kenntnis seitens des Gesellschafters nicht nachgewiesen werden kann, besteht daneben die Haftung des Geschäftsführers für die Rückzahlung des Darlehens an den Gesellschafter weiter. Der Ersatzanspruch **verjährt** erst in **fünf Jahren** ab dem Zeitpunkt der verbotswidrigen Leistung (§ 130a Abs. 2 S. 6 HGB, §§ 64 S. 4, 43 Abs. 4 GmbHG). § 64 S. 3 GmbHG ergänzt daher das Anfechtungsrecht der §§ 129 ff. InsO, insbesondere des § 135 InsO.[168] Dabei handelt es sich um eine erhebliche **Haftungsverschärfung** zulasten der Geschäftsführer.[169] 92

Zum Begriff der **Zahlung** iSd §§ 130a Abs. 1 S. 3, 177a HGB, § 64 S. 3 GmbHG hatte der Gesetzgeber eine Deckungsgleichheit mit dem für §§ 130a Abs. 1 S. 1, 177a HGB, § 64 S. 1 GmbHG maßgebenden Begriffsverständnis propagiert.[170] Danach wären insbesondere solche Zahlungen ausgenommen, denen eine **werthaltige Gegenleistung** gegenübersteht, namentlich im Rahmen marktüblicher Austauschgeschäfte zwischen Gesellschafter und Gesellschaft (zB Zahlungen auf Forderungen aus Lieferung und Leistung).[171] Beachtliche Stimmen im Schrifttum äußern hieran Zweifel und begründen diese mit der verschiedenen Zielrichtung beider Vorschriften (Massesicherung einerseits und Liquiditätsschutz andererseits).[172] Soweit sie liquiditätswirksam sind, sollen Gegenleistungen allerdings die Kausalität ausschließen.[173] 93

Eine Ersatzpflicht des Geschäftsführers setzt die **Kausalität** der verbotenen Zahlung für den Eintritt der Zahlungsunfähigkeit der GmbH & Co. KG voraus. Dafür ist entscheidend, dass die Zahlung nicht hinweggedacht werden kann, ohne dass die konkrete Zahlungsunfähigkeit zu dem konkreten Zeitpunkt entfiele. Die Zahlungsunfähigkeit muss zwar nicht im Augenblick der Zahlung eintreten, es muss sich aber in diesem Zeitpunkt klar abzeichnen, dass die Gesellschaft bei normalem Verlauf der Dinge ihre Verbindlichkeiten nicht mehr wird erfüllen können.[174] Vor Rückzahlung eines Gesellschafterdarlehens hat der Geschäftsführer deshalb stets die Liquidität der Gesellschaft zu prüfen, um zu vermeiden, dass die Rückzahlung zur Zahlungsunfähigkeit der Gesellschaft führt. Dabei ist zu berücksichtigen, dass **fällige und durchsetzbare Forderungen der Gesellschafter** – entgegen im Schrifttum wegen des ansonsten geringen Anwendungsbereichs der Insolvenzverursachungshaftung zuvor mitunter vertretener Auffassung[175] – nach der Grundsatzentscheidung des BGH vom 9.10.2012 in der Liquiditätsbilanz **zu berücksichtigen** sind und Zahlungsunfähigkeit deshalb möglicherweise bereits vorliegt.[176] In diesem Fall folgt das Zahlungsverbot bereits aus §§ 130a Abs. 1 S. 1, 177a HGB, § 64 S. 1 GmbHG. 94

---

[165] Begründung Regierungsentwurf MoMiG, BT-Drs. 16/6140, 46 f.

[166] Zu den Unterschieden zwischen Existenzvernichtungshaftung einerseits und § 64 S. 3 GmbHG andererseits *Weller* DStR 2007, 116.

[167] *Kleindiek* in Lutter/Hommelhoff GmbHG § 64 Rn. 50, 6 f.; *K. Schmidt* in Scholz GmbHG § 64 Rn. 54.

[168] Begründung Regierungsentwurf MoMiG, BT-Drs. 16/6140, 46.

[169] Kritisch zur Verschiebung des Haftungsgefüges zwischen Gesellschafter und Geschäftsführer infolge des MoMiG ua *K. Schmidt* GmbHR 2007, 1072 (1079 f.); *Portzgen* NZI 2007, 15 f.

[170] Begründung Regierungsentwurf MoMiG, BT-Drs. 16/6140, 46.

[171] *K. Schmidt* in Scholz GmbHG § 64 Rn. 41; BGH NZG 2015, 149 f.

[172] *Haas* in Baumbach/Hueck GmbHG § 64 Rn. 6 f.; *K. Schmidt* in Scholz GmbHG § 64 Rn. 91, 100.

[173] *K. Schmidt* in Scholz GmbHG § 64 Rn. 91, 100. Für eine tatbestandsausschließende Wirkung liquiditätswirksamer Zahlungen *Kleindiek* in Lutter/Hommelhoff GmbHG § 64 Rn. 51.

[174] Begründung Regierungsentwurf MoMiG, BT-Drs. 16/6140, 46 f.

[175] Ua *Dahl/Schmitz* NZG 2009, 567 (569).

[176] BGH ZIP 2012, 2391. Zum danach verbleibenden Anwendungsbereich von § 64 S. 3 GmbHG *Altmeppen* in Roth/Altmeppen GmbHG § 64 Rn. 65; *Nolting-Hauff/Greulich* GmbHR 2013, 169 (175).

95 Die Haftung des Geschäftsführers ist ausgeschlossen, wenn auch bei Beachtung der Sorgfalt eines ordentlichen Geschäftsmannes nicht erkennbar war, dass die Zahlung zur Zahlungsunfähigkeit führen musste. **Außergewöhnliche Ereignisse,** mit denen im Zeitpunkt der Auszahlung nicht zu rechnen war, bleiben also außer Betracht. Die Beweislast für diese Umstände trifft den Geschäftsführer; im Hinblick auf die strengen Erfordernisse des § 64 S. 3 GmbHG dürfte die Exkulpation die Ausnahme bleiben.[177]

96 Dem Gesetzgeber war bei Erweiterung der Haftung des Geschäftsführers für Zahlungen an Gesellschafter durchaus bewusst, dass der Geschäftsführer der GmbH & Co. KG bzw. Komplementär-GmbH grundsätzlich an **Weisungen** der Gesellschafter gebunden ist und im Fall der Fremdgeschäftsführung ein wirtschaftliches Abhängigkeitsverhältnis zu den Gesellschaftern bestehen kann.[178] Er hat deshalb angeordnet, dass ein mit § 64 S. 3 GmbHG unvereinbarer **Gesellschafterbeschluss** den Geschäftsführer **nicht bindet** (§§ 64 S. 4, 43 Abs. 3 GmbHG). Hält der Geschäftsführer eine Zahlung an die Gesellschafter für nicht mit den §§ 130a, 177a HGB, § 64 GmbHG vereinbar, so kann er – zur Vermeidung seiner eigenen Haftung – die Zahlung verweigern und sein Amt aus wichtigem Grund niederlegen.[179] Ungeachtet dessen ist ein Gesellschafterbeschluss nach richtiger Ansicht auch rechtswidrig und für den Geschäftsführer bereits deshalb nicht bindend, wenn er explizit zum Verstoß gegen § 64 S. 3 GmbHG auffordert.[180]

97 **d) Gleichstellung von Nichtgesellschaftern mit Gesellschaftern.** Dem Recht der Gesellschafterdarlehen kann auch die Darlehensgewährung durch sog **„gleichgestellte Dritte"** unterfallen.[181] Der Gesellschafter soll sich nicht dadurch dem insolvenzrechtlichen Nachrang entziehen können, dass er ihm nahestehende Dritte zu Maßnahmen der Finanzierung seiner Gesellschaft einschaltet. Forderungen aus Rechtshandlungen eines Dritten entsprechen einem Gesellschafterdarlehen allerdings nicht schon deshalb, weil es sich bei dem Dritten um eine nahestehende Person iSv § 138 InsO handelt.[182] **Angehörige** oder **Mittelspersonen** eines Gesellschafters sind deshalb nur dann gleichgestellte Dritte, wenn sie der Gesellschaft im eigenen Namen, aber **mit Mitteln oder auf Rechnung des Gesellschafters** Kredit gewähren.[183]

98 Unter Geltung des Eigenkapitalersatzrechts hatte die Rechtsprechung die Anwendung der Regeln über Gesellschafterdarlehen auf Darlehen von **verbundenen Unternehmen** ganz allgemein befürwortet,[184] teilweise aber auch darauf abgestellt, ob die kreditgewährende Gesellschaft mit dem Gesellschafter oder mit der zu finanzierenden Gesellschaft eine **wirtschaftliche Einheit** bildet.[185] Eine solche wirtschaftliche Einheit kommt vor allem in Fällen der Betriebsaufspaltung zwischen der Betriebsgesellschaft und einer an dieser nicht selbst beteiligten, jedoch von denselben Gesellschaftern getragenen Besitzgesellschaft in Betracht,[186] sowie bei von denselben Gesellschaftern beherrschten Schwestergesellschaften. Nach Inkrafttreten des MoMiG hat der BGH seine frühere Rechtsprechung für § 39 Abs. 1 Nr. 5 InsO weitgehend übernommen.

99 Ein Darlehen ist danach im Insolvenzfall ua dann **nachrangig,** wenn die darlehensgebende Gesellschaft mit der darlehensnehmenden Gesellschaft dergestalt vertikal verbunden ist, dass ein Gesellschafter an beiden Gesellschaften beteiligt ist und die Beteiligung an der

---

[177] *Kleindiek* in Lutter/Hommelhoff GmbHG § 64 Rn. 65; *K. Schmidt* in Scholz GmbHG § 64 Rn. 1027.
[178] Begründung Regierungsentwurf MoMiG, BT-Drs. 16/6140, 47.
[179] Begründung Regierungsentwurf MoMiG, BT-Drs. 16/6140, 47. Für ein Leistungsverweigerungsrecht des Geschäftsführers aus § 64 S. 3 GmbHG auch BGH ZIP 2012, 2391 (2393).
[180] *K. Schmidt* in Scholz GmbHG § 64 Rn. 83.
[181] BGH NJW 2015, 1109 (1113 f.); ausführlich zur früheren und aktuellen Rechtslage *Schall* ZIP 2010, 205.
[182] BGH NJW 2011, 1503 (1504 f.).
[183] BGH NZG 2000, 1029 f.; NJW 2011, 1503 (1504 f.); *Hirte* in Uhlenbruck InsO § 39 Rn. 41 f.
[184] BGH NJW 1982, 383 (384).
[185] BGH NJW 1988, 3143 (3145); ZIP 1992, 242 (244); NJW 1993, 392 (393).
[186] BGH NJW 1993, 392 (393).

finanzierenden Gesellschaft eine maßgebende ist.[187] **Maßgebend** ist eine Beteiligung dann, wenn der betreffende Gesellschafter via Mehrheit der Anteile oder Stimmrechte (mehr als 50 %) bestimmenden Einfluss auf die Gesellschaft ausüben, insbesondere dem Geschäftsführungsorgan durch Gesellschafterbeschluss gemäß § 46 Nr. 6 GmbHG Weisung erteilen kann.[188] Davon abweichend genügt eine Beteiligung von nur 50 %, wenn der betreffende Gesellschafter als alleinvertretungsberechtigter Geschäftsführer der finanzierenden Gesellschaft Einfluss auf diese ausübt.[189] Bei der **nicht personenidentischen GmbH & Co. KG** können auch die nicht an der GmbH & Co. KG beteiligten Gesellschafter der Komplementär-GmbH als gleichgestellte Dritte gelten („mittelbare" Gesellschafter).[190]

Darlehen des **typisch stillen Gesellschafters** fallen nicht unter 39 Abs. 1 Nr. 5 InsO; 100
für die Einlagenrückgewähr gilt § 136 InsO. Etwas anderes gilt für den **atypisch stillen Gesellschafter,** dem abweichend von den §§ 230 ff. HGB zusätzliche Befugnisse eingeräumt sind, die es ihm ermöglichen, die Geschicke der Gesellschaft in gesellschafterähnlicher Weise mitzubestimmen.[191] Ähnliche Grundsätze gelten für **Pfandrechtsgläubiger,**[192] **Nießbraucher**[193] und **Unterbeteiligte.**[194] Von Bedeutung ist, ob dem Dritten wesentliche Gesellschafterrechte zustehen, wie etwa Teilnahme an der Beschlussfassung über die Gewinnverwendung, Beteiligung am Ergebnis und Vermögen oder Einflussnahme auf die Geschäftsführung.[195] Bei der **Treuhand** am Kommanditanteil an der GmbH & Co. KG oder am Geschäftsanteil an der Komplementär-GmbH gilt die Gleichstellung mit einem Gesellschafterdarlehen auch für den Treugeber;[196] der Treuhänder ist schon als Kommanditist der GmbH & Co. KG oder Gesellschafter der Komplementär-GmbH unmittelbarer Adressat von § 39 Abs. 1 Nr. 5 InsO. Erfasst werden auch alle **Strohmänner.**[197]

e) Wirtschaftlich entsprechende Rechtshandlungen. Der insolvenzrechtliche 101
Nachrang gilt auch für **sonstige Gesellschafterforderungen,** die einem Darlehen **wirtschaftlich entsprechen** (§ 39 Abs. 1 Nr. 5 Hs. 2 InsO). Insoweit gelten die zu den §§ 32a Abs. 3 S. 1, 32b S. 4 GmbHG aF entwickelten Grundsätze im Wesentlichen fort.[198] Von praktischer Bedeutung sind gestundete Forderungen aus einem Schuldverhältnis (zB Mietzinsforderungen, Forderungen aus Lieferung und Leistung). Duldet ein Gesellschafter – mit oder ohne Stundungsabrede – im Rahmen einer laufenden Geschäftsbeziehung mit der Gesellschaft fortlaufend eine deutliche Überschreitung der marktüblichen Zahlungsfristen, so kann sich hieraus im wirtschaftlichen Sinne eine Kreditlinie ergeben; zwar sind nicht alle verspätet beglichenen Forderungen des Gesellschafters Gesellschafterdarlehen gleichgestellt, wohl aber in Höhe des durchschnittlich offenen Forderungssaldos.[199]

f) Privilegierte Gesellschafter. Wie im bisherigen Eigenkapitalersatzrecht wird der sog 102
Sanierungsgesellschafter privilegiert. Der insolvenzrechtliche Nachrang gilt damit nicht für Darlehen eines Neugesellschafters, der bei drohender oder eingetretener Zahlungsunfähigkeit oder bei Überschuldung der GmbH & Co. KG zum Zwecke der Sanierung einen

---

[187] BGH NJW 2013, 2282 (2283 f.); NJW 2013, 3035 (3037); NJW 2015, 1109 (1114).
[188] So bereits BGH NJW 1999, 2822; NZG 2008, 507 (508). Aus der jüngeren Rechtsprechung BGH NJW 2013, 3035 (3037).
[189] BGH NJW 2013, 3035 (3037); 2015, 1109 (1114).
[190] Begründung Regierungsentwurf MoMiG, BT-Drs. 16/6140, 57.
[191] BGH ZIP 1989, 95 (96); NZG 2006, 341 (343); NJW 2012, 3443 (3445 f.); NZG 2013, 1385 (1386).
[192] BGH ZIP 1992, 1300 (1301); *Altmeppen* ZIP 1993, 1677.
[193] BGH NZG 2011, 864; *K. Schmidt/Herchen* in Schmidt InsO § 39 Rn. 49; aA *Hirte* in Uhlenbruck InsO § 39 Rn. 43.
[194] *Schröder* in Hamburger Komm. Insolvenzrecht InsO § 135 Rn. 144; *K. Schmidt/Herchen* in Schmidt InsO § 39 Rn. 49; aA *Hirte* in Uhlenbruck InsO § 39 Rn. 43.
[195] BGH ZIP 1989, 95 (97); NZG 2011, 864.
[196] BGH NJW 1960, 285 (286 ff.).
[197] BGH NJW 1960, 285 (286 ff.); *K. Schmidt/Herchen* in Schmidt InsO § 39 Rn. 48; *Schröder* in Hamburger Komm. Insolvenzrecht InsO § 135 Rn. 24.
[198] Begründung Regierungsentwurf zu § 39 InsO, BT-Drs. 16/6140, 56; *K. Schmidt* in Schmidt InsO § 39 Rn. 53.
[199] BGH ZIP 1995, 23 (24); BAG NZI 2014, 619 (621 f.); *Bitter* in Scholz GmbHG Anh. § 64 Rn. 165 ff.

Gesellschaftsanteil erwirbt (§ 39 Abs. 4 S. 2 InsO).[200] Das gilt für bestehende und neu gewährte Darlehen gleichermaßen. Der Anteilserwerb kann auf einer Kapitalerhöhung oder der Übernahme bestehender Anteile beruhen. Scheitert der Sanierungsversuch und kommt es zur Insolvenzeröffnung, nimmt der privilegierte Gesellschafter mit seinen Forderungen als nicht nachrangiger Insolvenzgläubiger am Verfahren teil und unterliegt weder der Anfechtung nach § 135 InsO noch der Rückstufung nach § 39 Abs. 1 Nr. 5 InsO. Die privilegierende Ausnahme vom insolvenzrechtlichen Nachrang gilt „bis zur nachhaltigen Sanierung" (§ 39 Abs. 4 S. 2 InsO); danach ist die Darlehensforderung ein normales Gesellschafterdarlehen, das im Fall einer erneuten Krise bzw. Insolvenz den Bestimmungen der §§ 39 Abs. 1 Nr. 5, 135 InsO unterfällt.

103 Ebenfalls in Übereinstimmung mit dem bisherigen Eigenkapitalersatzrecht wird der sog **Kleingesellschafter** privilegiert. Der insolvenzrechtliche Nachrang gilt nicht für Darlehen eines Kommanditisten, der mit 10 % oder weniger am Gesellschaftskapital (Festkapital) der GmbH & Co. KG beteiligt ist (§ 39 Abs. 5 InsO). Unabhängig von der Beteiligungsquote gilt die Freistellung nur für Gesellschafter, die von der Geschäftsführung ausgeschlossen sind. Für den Kommanditisten der GmbH & Co. KG bedeutet dies, dass er weder geschäftsführender Kommanditist der GmbH & Co. KG noch Geschäftsführer der geschäftsführenden Komplementär-GmbH sein darf. Der Grund für die Privilegierung des sog Kleingesellschafters ist seine fehlende unternehmerische Verantwortung; nichtunternehmerische Gesellschafter sollen vom Nachrang und der Anfechtung gemäß § 135 InsO verschont werden.[201] Für die Anwendung des Kleingesellschafter-Privilegs kommt es ausschließlich auf die **Kapitalbeteiligungsquote** an. Ohne Bedeutung ist, ob der Gesellschafter stimmrechtslose Anteile oder mit einem Gewinnvorzug versehene Anteile hält.[202]

104 Fraglich ist, wie die 10 %-Grenze zu bestimmen ist, wenn bei der **GmbH & Co. KG** Kommanditisten der GmbH & Co. KG und Gesellschafter der geschäftsführenden Komplementär-GmbH mit **unterschiedlicher Quote** am Gesellschaftskapital (Festkapital) der GmbH & Co. KG einerseits und dem Stammkapital der Komplementär-GmbH andererseits beteiligt sind. Nach dem Wortlaut des § 39 Abs. 5 InsO kommt es bei der Beteiligungsgrenze auf die darlehensempfangende Gesellschaft an. Dementsprechend ist bei der nicht beteiligungsidentischen GmbH & Co. KG uE ausschließlich auf die Beteiligung am Kommanditkapital abzustellen.[203] Ein Geschäftsanteil von über 10 % am Stammkapital der Komplementär-GmbH schadet danach nicht. Wenn der Gesellschafter der Komplementär-GmbH als sog **gleichgestellter Dritter** gilt, ist allerdings gesondert festzustellen, ob die Beteiligungsgrenze des § 39 Abs. 5 InsO eingehalten ist (→ Rn. 103).

105 Der **Hinzuerwerb** von weiteren Gesellschaftsanteilen durch einen privilegierten Gesellschafter über die Kleinbeteiligungs-Schwelle hinaus führt dazu, dass er ab dem Zeitpunkt des Überschreitens der Beteiligungsschwelle den insolvenzrechtlichen Nachrang seiner Gesellschafterforderungen gegen sich gelten lassen muss.[204] Dieses Risiko kann vermieden werden, wenn der Gesellschafter seine Darlehensforderung vor dem Zuerwerb weiterer Gesellschaftsanteile an einen außenstehenden Dritten überträgt.[205] Umgekehrt beseitigt eine **Veräußerung von Gesellschaftsanteilen** durch einen nicht privilegierten Gesellschafter

[200] In der Literatur wird dieses Konzept kritisiert: Es sei nicht nachvollziehbar, warum der Sanierungsversuch eines Neugesellschafters per se aussichtsreicher sein soll als derjenige eines Altgesellschafters. Sinnvoller sei es daher, anstelle von Sanierungsbeteiligungen objektiv sanierungstaugliche Gesellschafterhilfen zu privilegieren. Vgl. dazu *Gehrlein* BB 2008, 846 (851); *Haas* ZInsO 2007, 617; *Bork* ZGR 2007, 250.

[201] *Lüdtke* in Hamburger Komm. Insolvenzrecht InsO § 39 Rn. 55; *Huber/Habersack* BB 2006, 1 (3 f.).

[202] *Habersack* ZIP 2007, 2145 (2149); *Gehrlein* BB 2008, 846 (851).

[203] Wie hier *K. Schmidt/Herchen* in Schmidt InsO § 39 Rn. 42; ebenso *Bitter* in Scholz GmbHG Anh. § 64 Rn. 76 f. für den Fall, dass die Komplementär-GmbH – wie regelmäßig der Fall – nicht am Vermögen der KG beteiligt ist.

[204] *Habersack* ZIP 2007, 2145 (2150); *Tilmann* GmbHR 2006, 1289 (1292); *Pettinger* NZI 2010, 248; *Hirte/Knof* in Uhlenbruck InsO § 39 Rn. 73.

[205] *Tilmann* GmbHR 2006, 1289 (1292); *Dahl/Schmitz* NZG 2009, 325 (326).

unter die Kleinbeteiligungs-Schwelle nicht den insolvenzrechtlichen Nachrang der Darlehensforderungen.[206]

3. Gesellschafterbesicherte Drittdarlehen

Für gesellschafterbesicherte Drittdarlehen, dh Darlehensforderungen Dritter, für die ein **106** Gesellschafter eine Sicherheit gewährt hat, gilt im Insolvenzverfahren die Besonderheit, dass der Dritte zunächst den Gesellschafter bzw. dessen Sicherheit in Anspruch nehmen muss und (anteilsmäßige) Befriedigung aus der Insolvenzmasse nur insoweit verlangen kann, als er mit der Inanspruchnahme der Sicherheit bzw. des Gesellschafters ausgefallen ist **(§ 44a InsO).**[207] Der durch die Befriedigung des Darlehensgebers entstehende Regressanspruch des Gesellschafters gegen die Gesellschaft ist als der Forderung auf Rückgewähr eines Gesellschafterdarlehens entsprechende Forderung iSv § 39 Abs. 1 Nr. 5 InsO nachrangig.[208] Die Befriedigung einer solchen gesellschafterbesicherten Drittforderung ist **binnen Jahresfrist anfechtbar** (§ 135 Abs. 2 InsO, § 6a AnfG). Der Insolvenzverwalter kann die Rückzahlung der Mittel allerdings nicht vom Drittkreditgeber, sondern nur vom sicherungsgebenden Gesellschafter verlangen (**Erstattungspflicht,** §§ 135 Abs. 2, 143 Abs. 3 InsO, §§ 6a, 11 Abs. 3 AnfG); der Gesellschafter wird von dieser Erstattungspflicht frei, wenn er das Sicherungsgut der Insolvenzmasse zur Verfügung stellt.

Gesetzlich nach wie vor nicht geregelt (also auch nach Inkrafttreten des MoMiG) ist der **107** Fall der sog **Doppelbesicherung,** wenn die Forderung eines Gesellschaftsgläubigers also durch die Gesellschaft und zusätzlich durch einen Gesellschafter besichert ist. Die Rechtsprechung[209] hatte unter Geltung des alten Eigenkapitalersatzrechts in diesen Fällen dem Gesellschaftsgläubiger ein **Wahlrecht** zugebilligt, sowohl gegen die Gesellschaft (dh aus der Gesellschaftssicherheit) als auch gegen den Gesellschafter (dh aus der Gesellschaftersicherheit) vorzugehen; ging der Gesellschaftsgläubiger nicht gegen den Gesellschafter vor, dann hatte der Gesellschafter nach § 32b GmbHG aF der Gesellschaft den Betrag zu erstatten, in dessen Höhe der Gesellschaftsgläubiger zulasten des Vermögens der Gesellschaft befriedigt worden war. Die Gegenauffassung vertrat demgegenüber die analoge Anwendung des § 32a Abs. 2 GmbHG aF, wonach der Gesellschaftsgläubiger zunächst die Gesellschaftersicherheit zu verwerten habe, bevor er aus der Gesellschaftssicherheit (in Höhe des Ausfalls) vorgehen könne.[210] Im Ergebnis geht es wirtschaftlich um die Frage, **wer** die Ansprüche gegen den Gesellschafter geltend macht und das damit verbundene **Prozess- und Kostenrisiko** zu tragen hat: Die Insolvenzmasse oder der doppelt besicherte Gesellschaftsgläubiger.

Mit Inkrafttreten des MoMiG war die Diskussion neu eröffnet. Dabei konnten diejenigen,[211] die dafür eintraten, in Fällen der Doppelsicherung den Darlehensgeber darauf zu **108** verweisen, dass er zunächst den Gesellschafter bzw. die Gesellschaftersicherung in Anspruch nimmt, bevor er in Höhe seines Ausfalls sein Sicherungsrecht gegenüber der Masse geltend machen kann, gute Gründe für ihre Position in Anspruch nehmen. So schien insbesondere die Regelung in § 30 Abs. 1 S. 3 GmbHG eine wenigstens **analoge** Anwendung von **§ 44a InsO** nahezulegen, da sie in Fällen der Doppelsicherung einer nach früher hM aus der Kapitalbindung abgeleiteten Freistellungspflicht des Gesellschafters gegenüber der Gesellschaft entgegensteht.[212] Der BGH[213] hat sich mit Urteil vom 1.1.2011 für einen anderen

[206] *Habersack* ZIP 2007, 2145 (2150); *Hirte/Knof* in Uhlenbruck InsO § 39 Rn. 73.

[207] Die Besicherung der Forderung eines Dritten durch einen Gesellschafter war ehemals in § 32a Abs. 2 GmbHG aF geregelt.

[208] *Hirte* in Uhlenbruck InsO § 39 Rn. 48; *Lüdtke* in Hamburger Komm. Insolvenzrecht InsO § 44a Rn. 15.

[209] BGH GmbHR 1985, 81; NJW 1992, 1166.

[210] So *Pentz* in Rowedder/Schmidt-Leithoff, 4. Aufl. 2002, GmbHG § 32a Rn. 187.

[211] *Lüdtke* in Hamburger Komm. Insolvenzrecht InsO § 44a Rn. 20; *K. Schmidt* in Schmidt InsO § 44a Rn. 11 f.; *Schönfelder* WM 2009, 1402 (1407); *Lenger* NZI 2011, 251 (253); *Schmidt* ZInsO 2010, 70 (72). AA *Dahl/Schmitz* NZG 2009, 328; *Löser* ZInsO 2010, 28; *Altmeppen* ZIP 2011, 741 (744 f.); *Preuß* in Kübler/Prütting/Bork InsO § 44a Rn. 18.

[212] Dazu *K. Schmidt* in Schmidt InsO § 44a Rn. 11.

[213] BGH NJW 2012, 156 (158 f.).

Weg entschieden. Danach bleibt es für die Praxis dabei, dass der Kreditgeber die freie Wahl hat, ob er die Gesellschafter- oder die Gesellschaftssicherheit in Anspruch nehmen will. Im letztgenannten Fall kann der Insolvenzverwalter der Gesellschaft einen **Rückgriffsanspruch** gegen die Gesellschafter geltend machen, den der BGH aus **§ 143 Abs. 3 InsO analog** ableitet.[214]

4. Nutzungsüberlassung

109 Die sofortige Entziehung betriebsnotwendiger Vermögensgegenstände, die der Gesellschafter der Gesellschaft, insbesondere im Rahmen einer sog **Betriebsaufspaltung,** zur Nutzung überlassen hat (zB Vermietung des betriebsnotwendigen Grundstücks, Nutzungsüberlassung von Rechten wie Lizenzen und Patente), gefährdet in aller Regel die Fortführung des Unternehmens. Um dies zu verhindern, kann das Insolvenzgericht im Eröffnungsverfahren gemäß **§ 21 Abs. 2 Nr. 5 InsO** vorläufig anordnen, dass diese Gegenstände zur Fortführung des Unternehmens eingesetzt werden dürfen. Für die Nutzungsüberlassung durch einen Gesellschafter gilt nach Eröffnung des Insolvenzverfahrens nunmehr **§ 135 Abs. 3 InsO.** Die Regelung substituiert die vor dem MoMiG von der Rechtsprechung entwickelte Behandlung als darlehensähnliche Rechtsgeschäfte, die bei eigenkapitalersetzendem Charakter der Nutzungsüberlassung das Nutzungsentgelt den Bestimmungen der §§ 30, 31 GmbHG unterstellt und dem Insolvenzverwalter einer Gesellschaft nach Verfahrenseröffnung damit ein Recht auf unentgeltliche Nutzung gegen den Gesellschafter eingeräumt hatte.[215] Nutzungsüberlassungen unterliegen seither weder den auf Gesellschafterdarlehen anwendbaren Regeln (insolvenzrechtlicher Nachrang/Anfechtbarkeit), noch den vom BGH ehemals entwickelten Grundsätzen über die eigenkapitalersetzende Nutzungsüberlassung.[216]

110 § 135 Abs. 3 S. 1 InsO sieht vor, dass ein Gesellschafter, der der Gesellschaft einen Gegenstand zum Gebrauch oder zur Ausübung überlassen hat, sein Aussonderungsrecht (§ 47 InsO) für die Dauer von **bis zu einem Jahr** nach der Eröffnung des Insolvenzverfahrens nicht geltend machen, wenn der Gegenstand für die Fortführung des Unternehmens von **erheblicher Bedeutung** ist **(Aussonderungssperre).** Gleichzeitig ist der Insolvenzverwalter aber zur Zahlung einer **Vergütung** verpflichtet. Überlegungen im Schrifttum,[217] der Regelung in § 39 Abs. 1 Nr. 5 InsO einen Anspruch des Insolvenzverwalters auf unentgeltliche Gebrauchsüberlassung iSd früheren Rechtsprechungsgrundsätze zum Eigenkapitalersatzrecht zu entnehmen, hat der BGH eine Absage erteilt.[218] Die „erhebliche Bedeutung" von Vermögensgegenständen für die Fortführung des Unternehmens wird in der Regel für betrieblich genutzte Grundstücke sowie Maschinen und Anlagen zu bejahen sein. Neben Sachen können aber auch Rechte oder sonstige immaterielle Gegenstände davon erfasst werden.[219] Für die Gegenstände, die nicht von erheblicher Bedeutung sind, steht dem Gesellschafter als Eigentümer weiterhin ein einredefreier Aussonderungsanspruch gegen die Masse zu.

111 § 135 Abs. 3 InsO regelt lediglich die Nutzungsüberlassung nach der Verfahrenseröffnung. Ob gezahltes Nutzungsentgelt in der **Zeit vor der Verfahrenseröffnung** der **Anfechtung nach § 135 Abs. 1 Nr. 2 InsO** unterliegt, war im Schrifttum umstritten.[220] Für die Praxis

---

[214] BGH NJW 2012, 156 (159).

[215] So zuletzt BGH NZG 2013, 1028 (1029) zu einem „Altfall" iSd Überleitungsnorm des Art. 103d EGInsO.

[216] *K. Schmidt* DB 2008, 1727 (1732); *K. Schmidt* in Schmidt InsO § 135 Rn. 31; BGH NJW 2015, 1109 (1112 f.).

[217] *Hölzle* ZIP 2009, 1939 (1946).

[218] BGH NJW 2015, 1109 (1112 f.).

[219] Die Begründung des Rechtsausschusses spricht von den „zur Betriebsfortführung notwendigen Gegenständen", BT-Drs. 16/9737, 59.

[220] Dafür *Marotzke* ZInsO 2008, 1281; *Hölzle* ZIP 2009, 1939 (1947). Dagegen *K. Schmidt* DB 2008, 1727 (1732); *Burg/Blasche* GmbHR 2008, 1250 (1251 f.); *Wälzholz* GmbHR 2008, 841 (848); *Rühle* ZIP 2009, 1358 (1360).

hat der BGH diesen Streit mit Urteil vom 29.1.2015 entschieden.[221] Zu Recht argumentiert der BGH, dass eine Nutzungsüberlassung durch den Gesellschafter nach heutigem Verständnis einer Darlehensgewährung wirtschaftlich nicht gleichzusetzen und die Tilgung von Nutzungsentgelten deshalb nicht als Darlehensrückzahlung zu qualifizieren sei, sondern **nur im Fall einer vorherigen Stundung oder eines Stehenlassens** als Befriedigung einer darlehensgleichen Forderung in diesem Sinne der Anfechtung unterworfen werden könne.[222] Die Anfechtung scheidet darüber hinaus jedenfalls dann aus, wenn ein **Bargeschäft** iSd § 142 InsO vorliegt. Bei pünktlicher Mietzinszahlung geht der BGH davon aus, dass der von § 142 InsO verlangte enge zeitliche Zusammenhang vorliegt, insbesondere dann, wenn der Mietzins monatlich bezahlt wird.[223] Ausgeschlossen ist die Anwendung des Bargeschäftprivilegs nur im Fall des § 133 InsO und gerade nicht bei § 135 InsO.[224] Sofern nicht die Voraussetzungen der Vorsatzanfechtung gemäß § 133 InsO vorliegen, sind pünktliche Mietzinszahlungen damit der Anfechtung entzogen.[225]

Die Änderung des Rechts der Nutzungsüberlassung im Zuge des MoMiG hat das Ausfall- **112**
risiko des Vermieters minimiert, was insbesondere bei der **Betriebsaufspaltung** praxisrelevant wird. Im Ergebnis ist wegen der Kündigungssperre des § 112 InsO ein Zahlungsausfall von zwei Monaten (zuzüglich zu den bereits vor dem Insolvenzantrag aufgelaufenen Rückständen) nach der Insolvenzantragstellung hinzunehmen, bevor der Vermieter sich vom Mietvertrag lösen kann (§ 543 Abs. 2 Nr. 3 BGB). Musste der Vermieter nach altem Recht befürchten, dass der Mietzins nach §§ 30, 31 GmbHG analog für einen Zeitraum von bis zu fünf Jahren zurückgefordert wird, fehlt es nach Abschaffung der Rechtsprechungsregeln und dem Verzicht auf das Tatbestandsmerkmal „kapitalersetzend" an einer rechtlichen Grundlage für eine (unentgeltliche) Nutzungsüberlassungspflicht im Vorfeld der Insolvenz.[226]

Maßgeblich für die Bemessung des **Entgelts** für die Nutzungsüberlassung nach Eröffnung **113**
des Insolvenzverfahrens ist nicht die vereinbarte Vergütung, sondern die von der Gesellschaft im letzten Jahr vor Stellung des Eröffnungsantrages[227] tatsächlich geleistete durchschnittliche Vergütung (§ 135 Abs. 3 S. 2 Hs. 2 InsO). Bei der Berechnung dieses Nutzungsentgelts bleiben vertraglich nicht geschuldete Zahlungen ebenso außer Betracht wie Zahlungen, die der Insolvenzanfechtung gemäß §§ 130 ff. InsO unterliegen und deswegen insolvenzrechtlich nicht endgültig geleistet sind.[228] Bei **Nutzungsüberlassungen zu Sanierungszwecken** bzw. von **Kleinbeteiligten** ohne Geschäftsführungsbefugnis gilt die Beschränkung des Aussonderungsanspruchs des § 135 Abs. 3 InsO nicht (§ 135 Abs. 4 InsO iVm § 39 Abs. 4 und 5 InsO).

5. Vertraglicher Rangrücktritt

Die Behandlung von Gesellschafterdarlehen und wirtschaftlich vergleichbaren Leistungen **114**
in der Insolvenz als gemäß § 39 Abs. 1 Nr. 5 InsO **nachrangige Forderungen,** die nicht mit den anderen Insolvenzforderungen konkurrieren, könnte den Schluss nahelegen, dass diese auch bei der Prüfung, ob eine Überschuldung der Gesellschaft iSd § 19 Abs. 2 InsO vorliegt, in der **Überschuldungsbilanz** nicht als Fremdverbindlichkeiten zu berücksichtigen sind. Bereits unter Geltung des durch das MoMiG abgeschafften Kapitalersatzrechts wurde dies von der hM abgelehnt. Damals wurde zutreffend darauf hingewiesen, dass das

[221] BGH NJW 2015, 1109 (1116).
[222] BGH NJW 2015, 1109 (1116).
[223] BGH NJW 2006, 1800 (1804).
[224] Der Forderung nach einer solchen Einschränkung des § 142 InsO (zB von *Schröder/Grau* ZInsO 2007, 353) ist der Gesetzgeber gerade nicht nachgekommen.
[225] *Rühle* ZIP 2009, 1358 (1360 f.).
[226] Begründung Regierungsentwurf, BT-Drs. 16/6140, 56.
[227] Der Gesetzeswortlaut hebt auf die Eröffnung des Insolvenzverfahrens ab, der BGH hat hierzu allerdings mit guten Gründen entschieden, dass es auf den Eröffnungsantrag ankommt, BGH NJW 2015, 1109 (1114 f.).
[228] *Schröder* in Hamburger Komm. Insolvenzrecht InsO § 135 Rn. 70; *Marotzke* in HK InsO § 108 Rn. 51h; *Hirte* in Uhlenbruck InsO § 135 Rn. 23.

Erhaltungsinteresse der Gesellschafter gegenüber dem Interesse der Gläubiger und der Allgemeinheit an einer auf **rechtssicherer Grundlage** getroffenen Entscheidung über die **Insolvenzreife** zurückstehen müsse.

115 Wäre eine Passivierungspflicht verneint worden, hätte die Feststellung der Überschuldung von der Beurteilung des Geschäftsführers abgehangen, über deren Richtigkeit nicht selten erst in einem Rechtsstreit hätte entschieden werden müssen. Wenn aber diese Zweifel in die Prüfung der Überschuldung hineingetragen worden wären, so hätte dies den mit der Insolvenzantragspflicht bei Überschuldung bezweckten Gläubigerschutz gefährdet. Um dies zu vermeiden, mussten **Rückzahlungsverpflichtungen** der Gesellschaft aufgrund von kapitalersetzenden Gesellschafterdarlehen bei der Feststellung der Überschuldung grundsätzlich **passiviert** werden.[229] Nur dann hatte der Geschäftsführer eine zweifelsfreie und rechtssichere Grundlage für die von ihm zu treffende Entscheidung, ob die Gesellschaft überschuldet war und ob er Insolvenzantrag stellen musste.

116 Unter Geltung des durch das **MoMiG** geänderten Rechts der Gesellschafterleistungen besteht diese Rechtslage **unverändert** fort: Gesellschafterforderungen sind außerhalb der Insolvenz ohne Weiteres durchsetzbar und müssen daher vom Geschäftsführer in der **Überschuldungsbilanz** passiviert werden. Etwas anderes gilt nach ständiger BGH-Rechtsprechung[230] nur dann, wenn der betreffende Gesellschafter einen Rangrücktritt erklärt hat. Früher hat der BGH einen sog **qualifizierten Rangrücktritt** hinter alle Gesellschaftsgläubiger einschließlich nachrangiger Gläubiger iSd § 39 Abs. 1 und Abs. 2 InsO in oder vor den Rang des § 199 S. 2 InsO verlangt.[231] Dem Gesellschafter wurde also die Erklärung abverlangt, er wolle wegen der fraglichen Forderung erst nach der Befriedigung sämtlicher Gesellschaftsgläubiger und – bis zur Abwendung der Krise – auch nicht vor, sondern nur zugleich mit den Einlagenrückgewähransprüchen seiner Mitgesellschafter berücksichtigt, also so behandelt werden, als handele es sich bei seiner Gesellschafterleistung um **statutarisches Kapital.**

117 Diese Reichweite der Rangrücktrittserklärung ist nach **neuem Recht** nicht mehr erforderlich; ausreichend für die Beseitigung der Passivierungspflicht ist nach neuem Recht ein (einfacher) **Rangrücktritt hinter die in § 39 Abs. 1 Nr. 5 InsO genannten Forderungen.**[232] Dies ist nunmehr in § 39 Abs. 2 InsO normiert. Gibt der darlehensgebende Gesellschafter eine entsprechende Rangrücktrittserklärung ab, besteht keine Notwendigkeit, diese Darlehensforderungen in den Überschuldungsstatus aufzunehmen. Allerdings hält der BGH auch für die Rechtslage nach Inkrafttreten des MoMiG daran fest, dass ein Rangrücktritt nur dann die Passivierung hindert, wenn er auch den Zeitraum vor Verfahrenseröffnung erfasst, mithin bereits eine **vorinsolvenzliche Durchsetzungssperre** begründet.[233] Dies sei im Weg der **Auslegung** zu ermitteln, wobei ein bloßer pactum de non petendo nicht ausreichend sei, um die Passivierung im Überschuldungsstatus abzuwenden.[234]

118 Vorgeschlagen wird **folgende Formulierung:**

„Zur Verhinderung einer insolvenzrechtlichen Überschuldung der Gesellschaft tritt der Gläubiger mit der bezeichneten Forderung hiermit hinter alle anderen gegenwärtigen und künftigen Gläubiger der Gesellschaft im Rang dergestalt zurück, dass die zurücktretende Forderung erst nach vollständiger Befriedigung der Forderungen aller anderen gegenwärtigen und künftigen Gläubiger, nach vollständiger Beseitigung einer eventuellen Unterbilanz/Überschuldung der Gesellschaft bzw. nach vollständiger Wiederherstellung des Haftkapitals der Gesellschaft, aus zukünftigem anderen freien Vermögen der

[229] BGH ZIP 2001, 235 (237); *K. Schmidt* GmbHR 1999, 9 (14 ff.); *Bitter* in Scholz GmbHG Vor § 64 Rn. 63 ff.

[230] BGH ZIP 2001, 235 (237); die Passivierungspflicht gilt auch bei einem Darlehen aus „gesplitteter Einlage", BGH ZIP 2010, 1078.

[231] BGH ZIP 2001, 235 (237); *Goette* KTS 2006, 217 (229).

[232] *K. Schmidt/Herchen* in Schmidt InsO § 39 Rn. 23; *Schröder* in Hamburger Komm. Insolvenzrecht InsO § 19 Rn. 43; *Haas* DStR 2009, 326 (327).

[233] BGH NJW 2015, 1674 (1671 f.); *K. Schmidt/Herchen* in Schmidt InsO § 39 Rn. 22; zum Meinungsstand hiervor *Bitter* in Scholz GmbHG Vor § 64 Rn. 65 ff.

[234] BGH NJW 2015, 1674 (1675). AA *K. Schmidt/Herchen* in Schmidt InsO § 39 Rn. 22.

Gesellschaft oder aus einem zukünftigen Liquidationsgewinn und auch nur insoweit zu erfüllen ist, dass dadurch keine Unterbilanz/Überschuldung der Gesellschaft oder deren Zahlungsunfähigkeit herbeigeführt wird. Im Falle einer Insolvenz der Gesellschaft ist die zurücktretende Forderung im Rang des § 39 Abs. 2 InsO zu befriedigen."

Der BGH qualifiziert die Rangrücktrittserklärung als **schuldändernden Vertrag** **119**
zugunsten der Gläubiger, der im Zustand der Insolvenzreife grundsätzlich **nicht** ohne deren Zustimmung wieder **aufgehoben** werden darf; erfolgt dennoch eine Rückzahlung, so leistet die GmbH & Co. KG auf eine Nichtschuld und kann vom Gläubiger die Rückzahlung nach § 812 Abs. 1 S. 1 BGB verlangen.[235] Darüber hinaus sieht der BGH in einer solchen Leistung eine nach § 134 InsO anfechtbare Rechtshandlung.[236]

Bislang schien geklärt, dass der Rangrücktritt eines Gesellschafters die Pflicht zur Passivie- **120**
rung der Darlehensverbindlichkeit in der **Handels- und Steuerbilanz** der Gesellschaft gemäß §§ 246 Abs. 1, 249 Abs. 1 S. 1 HGB und § 5 Abs. 2a EStG grundsätzlich unberührt lässt.[237] Eine Entscheidung des BFH vom 30.11.2011[238] hat hierzu für die steuerliche Praxis neue Unsicherheit aufgeworfen.[239] Danach könne im Fall eines „qualifizierten" Rangrücktritts (Befriedigung nur aus künftigen Gewinnen oder einem etwaigen Liquidationsüberschuss) nach § 5 Abs. 2a EStG mangels gegenwärtiger wirtschaftlicher Belastung in der Steuerbilanz keine Verbindlichkeit ausgewiesen werden. Mit Urteilen vom 15.4.2015[240] und 10.8.2016[241] hat der BFH diese Rechtsprechung bestätigt, zugleich aber relativiert. Danach sei im Fall einer durch einen Rangrücktritt ausgelösten Ausbuchung von Verbindlichkeiten der hierdurch ausgelöste Wegfallgewinn, sofern er auf dem Gesellschaftsverhältnis beruht, durch den Ansatz einer Einlage in Höhe des werthaltigen Teils der betroffenen Forderungen zu neutralisieren.

6. Übergangsrecht

Das **MoMiG** ist am **1.11.2008 in Kraft getreten.** Die für das Insolvenzverfahren maß- **121**
gebliche Übergangsvorschrift ist Art. 103d EGInsO. Danach sind auf Insolvenzverfahren, die **vor dem Inkrafttreten des MoMiG** eröffnet worden sind, die bis dahin geltenden gesetzlichen Vorschriften weiter anzuwenden. Dies gilt auch für die Anwendung des alten Kapitalersatzrechts, sowohl in Gestalt der Rechtsprechungs- als auch der Novellenregeln.[242]

Liegt die **Insolvenzeröffnung nach dem 1.11.2008,** jedoch die angegriffene Rechts- **122**
handlung (zB Darlehensrückzahlung) vor dem 1.11.2008, ist zwischen der **Insolvenzanfechtung** und der Anwendung der alten Rechtsprechungsregeln analog §§ 30, 31 GmbHG zu differenzieren. Für die Insolvenzanfechtung gilt Art. 103d S. 2 InsO. Danach sind die bis dahin geltenden Vorschriften der InsO über die Anfechtung von Rechtshandlungen anzuwenden, soweit die Rechtshandlungen nach dem bisherigen Recht der Anfechtung entzogen oder in geringerem Umfang unterworfen sind. Dieses **Günstigkeitsprinzip** dient dem Vertrauensschutz in eine ggf. mildere Rechtslage vor dem 1.11.2008.[243] Dabei schließt Art. 103d S. 2 InsO die nach Auffassung des BGH insolvenzrechtlich zu qualifizierenden vormaligen **Novellenregeln** ein.[244]

Die **Rechtsprechungsregeln** analog §§ 30, 31 GmbHG sind vom Wortlaut der Überlei- **123**
tungsnorm nicht explizit erfasst. Dennoch hält der BGH sie grundsätzlich auch in Fällen

---

[235] BGH NJW 2015, 1674 (1675 f.). Kritisch dazu K. Schmidt ZIP 2015, 901 (908 ff.).

[236] BGH NJW 2015, 1674 (1677). Relevant ist dies vor allem dann, wenn dem Bereicherungsanspruch ein Kondiktionsausschluss nach § 814 BGB entgegenstünde.

[237] BMF-Schreiben 8.9.2006, BStBl. I 2006, 497; BFH NZG 2006, 197 (199); *Kahlert/Gehrke* ZIP 2008, 2392; *Rund* GmbHR 2009, 1149 (1152 ff.).

[238] BFH NZG 2012, 357 (358).

[239] Dazu *K. Schmidt* DB 2015, 600.

[240] BFH NZG 2016, 1235 (1237).

[241] BFH NZG 2017, 634.

[242] BGH NJW 2009, 1277 (1278 f.).

[243] *K. Schmidt* in Schmidt InsO § 135 Rn. 7.

[244] BGH NJW 2009, 1277 (1279); 2013, 3031 (3033).

für anwendbar, in denen das Insolvenzverfahren nach dem 1.11.2008 eröffnet worden ist.[245] Ob dies aus Art. 103d S. 2 InsO folgt, hat der BGH – wenn auch hierfür plädierend – im Ergebnis offengelassen und auf einen allgemeinen **Rechtsgrundsatz des intertemporalen Rechts** verwiesen, wonach ein Schuldverhältnis nach seinen Voraussetzungen, seinem Inhalt und seinen Wirkungen dem Recht unterstellt ist, das zum Zeitpunkt seiner Entstehung galt.[246] Hiervon betroffen sind Ansprüche, die am 1.11.2008 bereits bestanden; da die Eigenkapitalersatzbindung mit Inkrafttreten des MoMiG endete, konnten neue Ansprüche aus § 31 GmbHG seither nicht mehr entstehen.[247]

124 Liegen Insolvenzeröffnung und angegriffene Rechtshandlung **nach dem 1.11.2008** gilt ausschließlich das neue Recht in der Fassung des MoMiG, ohne dass sich Überleitungsfragen stellen.

VII. Unterkapitalisierung

1. Begriff

125 Eine Gesellschaft ist unterkapitalisiert, wenn ihr Eigenkapital nicht ausreicht, um den nach Art und Umfang der angestrebten oder tatsächlichen Geschäftstätigkeit unter Berücksichtigung der Finanzierungsmethoden bestehenden, nicht durch Kredite Dritter zu deckenden mittel- oder langfristigen Finanzbedarf zu befriedigen.[248] Unterkapitalisierung ist folglich ein Tatbestand, der sich auf die Fähigkeit der Gesellschaft zu angemessenem Wirtschaften bezieht; er ist nicht identisch mit Vermögenslosigkeit, Überschuldung oder Unterbilanz. Innerhalb des Unterkapitalisierungs-Begriffs ist zu unterscheiden zwischen dem Tatbestand der nominellen und der materiellen Unterkapitalisierung. **Nominelle Unterkapitalisierung** liegt vor, wenn Fremdkapital statt Eigenkapital zugeführt wird, Eigenkapitalbedarf also in Form von Krediten gedeckt wird; von **materieller Unterkapitalisierung** spricht man, wenn die gebotene Mittelzuführung ganz unterbleibt.[249]

2. Das Problem der Unterkapitalisierung im GmbH-Recht

126 **a) Stand der Diskussion.** Im GmbH-Recht ist die Frage nach einem unmittelbaren Haftungsdurchgriff auf die Gesellschafter einer unterkapitalisierten GmbH vielfach erörtert worden. Einigkeit besteht im Wesentlichen darin, dass es bei der **nominellen Unterkapitalisierung** nicht um eine Durchgriffshaftung, sondern um eine **haftungsrechtliche Qualifikation** der von den Gesellschaftern zur Verfügung gestellten Mittel geht. Dieser Tatbestand wurde früher durch das Eigenkapitalersatzrecht erfasst, das infolge des MoMiG durch die §§ 39, Abs. 1 Nr. 5, 135 InsO, §§ 6, 6a AnfG ersetzt wurde.

127 Fraglich ist somit, inwieweit eine **Durchgriffshaftung** in den Fällen der **materiellen Unterkapitalisierung** in Betracht kommt. Die hM lehnt einen eigenständigen Haftungstatbestand bei Unterkapitalisierung seit jeher ab.[250] Dies gilt insbesondere für die Rechtsprechung, die eine Gesellschafterhaftung in der Vergangenheit überwiegend nur bejahte, wenn weitere, insbesondere **subjektive Umstände** hinzukamen, die die Subsumtion unter einen

[245] BGH NJW 2009, 1277 (1279). Gegen eine Anwendung der Rechtssprechungsregeln auf Altfälle *Hirte/Knof/Mock* NZG 2009, 48 (59).
[246] BGH NJW 2009, 1277 (1279).
[247] BGH NJW 2012, 682 (683).
[248] *Emmerich* in Scholz GmbHG § 13 Rn. 138 ff.; *Pentz* in Rowedder/Schmidt-Leithoff GmbHG § 13 Rn. 147.
[249] *Emmerich* in Scholz GmbHG § 13 Rn. 140 ff.; *Pentz* in Rowedder/Schmidt-Leithoff GmbHG § 13 Rn. 148 f.; *K. Schmidt* GesR § 9 IV 4a.
[250] *Fastrich* in Baumbach/Hueck GmbHG § 5 Rn. 6; *Wenzel* in HTM HdB GmbH & Co. KG Rn. 5.96; *Wonnemann* GmbHR 1992, 77 (79); *Karler* BB 1985, 1429 (1432); *Karler* GmbHR 1985, 296; *Schulze-Osterloh* ZGR 1983, 123 (145); *Schaefer/Fackler* NZG 2007, 377 (378); *Veil* NJW 2008, 3264 (3266).

allgemeinen Haftungsmaßstab, namentlich § 826 BGB erlaubten.[251] Eine unmittelbare Haftung der Gesellschafter bei Unterkapitalisierung nach allgemeinen Grundsätzen wurde zB **bejaht** bei einer aus eigener Kraft nicht mehr lebensfähigen GmbH, deren rechtliche Selbstständigkeit der Alleingesellschafter dazu **missbraucht** hatte, weiter unter deren Firma geschäftlich tätig zu werden, obwohl die gesellschaftlich hierdurch begründeten Verbindlichkeiten – für den Alleingesellschafter erkennbar – nicht oder nicht vollständig erfüllt werden konnten.[252] Ferner bei einem Gesellschafter, der alle Anteile an einer vermögenslosen GmbH erworben, deren Gesellschaftszweck geändert und als alleiniger Geschäftsführer der alsdann überschuldeten GmbH, statt Insolvenz anzumelden, ohne neue Kapitaleinlage zweistellige Millionenumsätze getätigt hatte.[253] Davon abzugrenzen sind die Fälle der **Vermögensvermischung,**[254] die als Durchgriffshaftung wegen Rechtsformmissbrauchs vom BGH anerkannt ist und Fälle sanktioniert, in denen die Trennung zwischen Gesellschafts- und Privatvermögen durch undurchsichtige Buchführung oder auf andere Weise verschleiert und die Funktion der Kapitalerhaltungsvorschriften damit außer Kraft gesetzt wird.[255]

Die **Ablehnung** eines allgemeinen Tatbestandes der Unterkapitalisierung wird damit **begründet,** dass der Gesetzgeber mit der Verabschiedung der GmbH-Novelle die vielfältigen Vorschläge im Blick auf die Durchgriffshaftung nicht aufgegriffen, sich vielmehr auf die Anhebung des Mindeststammkapitals – heute relativiert durch die in § 5a GmbHG geregelte Unternehmergesellschaft (haftungsbeschränkt) – und die Regelung für kapitalersetzende Darlehen in den §§ 32a, 32b GmbHG aF – nunmehr ersetzt durch § 135 InsO und §§ 6, 6a AnfG – beschränkt habe. Das Gesetz verlange als Voraussetzung für die Gründung der GmbH folglich nicht mehr als die Aufbringung des Mindestkapitals und kenne – was unstreitig ist – auch keine allgemeine Finanzierungspflicht der Gesellschafter. Ferner sei das Tatbestandsmerkmal der „materiellen Unterkapitalisierung" auch nicht justiziabel, da es keinen vernünftigen betriebswirtschaftlichen Maßstab gebe, anhand dessen sich mit der erforderlichen Sicherheit feststellen lasse, welches Stammkapital jeweils nach dem Geschäftszweck und dem Geschäftsumfang der GmbH erforderlich und angemessen sei.[256] 128

Demgegenüber wird in Fällen völlig unangemessener Eigenkapitalausstattung **(qualifizierte Unterkapitalisierung)** eine eigenständige Durchgriffshaftung von Teilen des Schrifttums befürwortet.[257] Ob es hierfür – im Sinne einer Verhaltenshaftung, wie der BGH sie in der Vermögensvermischung sieht[258] – eines gesonderten Zurechnungstatbestandes bedarf, namentlich dass der Gesellschafter die Unterkapitalisierung mit ihren Folgen für die Gläubiger erkennen kann und muss, wird auch unter den Befürwortern einer solchen Haftung nicht einheitlich beantwortet.[259] Jedenfalls reiche § 826 BGB, den der BGH in diesen Fällen meist heranzieht, nicht aus, um die Unterkapitalisierungs-Problematik haftungsrechtlich in den Griff zu bekommen. Wer die Rechtsform der GmbH nur als haftungs- 129

[251] BGH NJW 1977, 1449 (1450f.); 1979, 2104 (2105); BAG ZIP 1999, 24. Gegenüber einem Haftungsdurchgriff aufgeschlossener BSG NJW 1984, 2117 (2119), das eine Unterkapitalisierung in Verbindung mit anderen objektiven Umständen, insbesondere einem Verstoß gegen die Aufklärungspflichten des Geschäftspartners, ausreichen lassen wollte, hierüber aber nicht abschließend zu entscheiden brauchte, weil aufgrund anderer subjektiver Umstände die Haftung bereits auf § 826 BGB gestützt werden konnte. Diese Tendenz des BSG wurde durch BSG ZIP 1994, 1944; 1996, 1134 bestätigt, wo aber jeweils keine Unterkapitalisierung vorlag.

[252] BGH WM 1958, 460 (462).

[253] OLG Karlsruhe WM 1978, 962.

[254] Grundlegend BGHZ 95, 330; zur sog Sphärenvermischung vgl. *Lutter*/Hommelhoff GmbHG § 13 Rn. 20.

[255] BGH NJW 1994, 1801 (1802); 2006, 1344 (1346).

[256] Dazu *Hölzle* ZIP 2004, 1729 (1731ff.), der von einem an die Krise der Gesellschaft anknüpfenden „haftungsrechtlichen Begriff der materiellen Unterkapitalisierung" ausgeht.

[257] *Emmerich* in Scholz GmbHG § 13 Rn. 143ff.; *Reiser* ZGR 1995, 156 (162ff.); *Wüst* JZ 1992, 710 (714) und JZ 1995, 990ff.; weitergehend *Wiedemann* GesR I § 10 IV 3b, der auch bei einfacher Unterkapitalisierung eine Durchgriffshaftung annimmt.

[258] BGH NJW 2006, 1344 (1346).

[259] Hierfür *Roth* in Baumbach/Hopt HGB Anh. § 177a aF Rn. 51gf.; offengelassen von *Geisler* GmbHR 1993, 71 (77ff.).

und risikoabsorbierende Hülle, nicht jedoch als lebensfähige wirtschaftliche Einheit verwende, habe das Haftungsprivileg des § 13 Abs. 2 GmbHG nicht verdient.[260]

130 **b) Aktuelle Rechtslage.** Der **BGH** hat in seiner „Gamma-Entscheidung"[261] deutlich und mit grundsätzlichen Erwägungen dargelegt, dass er eine **allgemeine Durchgriffshaftung wegen Unterkapitalisierung ablehnt.** Allenfalls komme in krassen Missbrauchsfällen eine Haftung nach § 826 BGB in Betracht.[262] Diese Auffassung halten wir für zutreffend. Eine Durchgriffshaftung wegen materieller Unterkapitalisierung ist weder praktikabel, noch besteht hierfür ein Bedürfnis, nachdem die §§ 30, 31 GmbHG einerseits und die Bestimmungen des Insolvenz- und Deliktsrechts andererseits einen **ausreichenden Gläubigerschutz** gewähren. Im Übrigen ist jedem Dritten, der mit der GmbH in geschäftliche Beziehungen treten möchte, die Beschränkung der Haftung auf das Gesellschaftsvermögen **bekannt.** Es steht ihm frei, beim **Handelsregister** das Stammkapital der Gesellschafter festzustellen oder sogar den Jahresabschluss einzusehen. Reicht eine Gesellschaft unter Verstoß gegen ihre Offenlegungsverpflichtung ihren Jahresabschluss nicht zum Handelsregister ein, so mag der Gläubiger hieraus seine Schlüsse ziehen.

131 Bedenken ergeben sich zunächst daraus, dass in Literatur und Rechtsprechung bereits über den **Begriff** der Unterkapitalisierung **erhebliche Unklarheit** besteht. Während der BGH auf das Missverhältnis zwischen Haftkapital und satzungsmäßigem Gesellschaftszweck abstellt, wird von anderen teils auf das Verhältnis zwischen Kapitalgrundlage und Aufgabenstellung bei der GmbH, teils auf das Missverhältnis zwischen Eigenkapital und Geschäftsumfang und schließlich auf den Vergleich des Gesellschaftskapitals mit dem Unternehmensrisiko in vielfältigsten Nuancierungen abgehoben.[263]

132 Noch größere Meinungsunterschiede bestehen hinsichtlich der **Feststellung** des Vorliegens einer **Unterkapitalisierung,** zumal nicht einmal in der **Betriebswirtschaftslehre** Einigkeit darüber besteht, nach welchen Finanzierungsregeln der Kapitalbedarf eines Unternehmens zu ermitteln ist. Das war auch der entscheidende Grund, der den Gesetzgeber im Zuge der GmbH-Reform davon abgehalten hatte, in die Regierungsentwürfe vom 26.2.1973 (GmbH-Reform) und 15.12.1977 (GmbH-Novelle) Vorschriften darüber aufzunehmen, dass die GmbH mit einem ihrem Geschäftszweig und Geschäftsumfang entsprechenden Eigenkapital ausgestattet werden müsse. Wie es dazu seinerzeit in der amtlichen Begründung hieß, könnten solche Regelungen durchaus im Interesse eines verstärkten Gläubigerschutzes erwägenswert sein. Sie erwiesen sich jedoch bei näherer Betrachtung als nicht durchführbar, da sich weder bei der Gründung noch im Lauf späterer Geschäftstätigkeit mit hinreichender Sicherheit feststellen lasse, welches Kapital angemessen sei. Schließlich sei es ebenfalls kaum möglich, im Insolvenzfalle nachzurechnen, welches Eigenkapital für die Gesellschaft in bestimmten vorgehenden Zeitabschnitten erforderlich gewesen wäre. Die Anordnung einer persönlichen Gesellschafterhaftung für die fehlende Eigenkapitalausstattung sei daher mit dem Gebot der **Rechtssicherheit** nicht vereinbar.[264]

3. Unterkapitalisierte GmbH & Co. KG

133 Die GmbH & Co. KG ist der Form nach eine Personengesellschaft, steht haftungsrechtlich einer Kapitalgesellschaft aber weitgehend gleich, da es bei ihr – ebenso wie bei der GmbH – an der persönlichen Haftung natürlicher Personen als wesentlichem die Gläubiger schützenden Element fehle. Dem Argument, die **Gefährdung** der Gläubiger sei bei der GmbH & Co. KG sogar **noch größer** als bei der GmbH, weil das Recht der Personengesell-

[260] Zu den dogmatischen Begründungsansätzen des Haftungsdurchgriffs *Michalski/Funke* in Michalski GmbH § 13 Rn. 343 ff. Zur sog Normzwecklehre *Banerjea* ZIP 1999, 1153 (1157) mwN; *Hölzle* ZIP 2004, 1729 (1731).

[261] BGH NJW 2008, 2437; → Rn. 69 ff.

[262] BGH NJW 2008, 2437 (2440).

[263] *K. Schmidt* GesR § 9 IV 4a, der auf zahlreiche Definitionsversuche verweist. Dazu auch *Hölzle* ZIP 2004, 1729 (1731 ff.).

[264] BR-Drs. 595/71, 100.

schaft keine besonderen, dem Erhalt des KG-Vermögens dienende Gläubigerschutzbestimmungen nach Art des GmbH- oder Aktienrechts kenne, sind Gesetzgeber und Rechtsprechung in den vergangenen Jahrzehnten begegnet, indem sie die GmbH & Co. KG haftungsrechtlich in vielen Bereichen gleichgestellt hat.[265]

Für die haftungsrechtliche Gleichbehandlung spricht die Erwägung, dass sich die Haftungsbeschränkung der Kommanditisten in einer gewöhnlichen, dh dem gesetzlichen Leitbild entsprechenden KG allein damit rechtfertigt, dass wenigstens **einer der Gesellschafter** die **volle haftungsmäßige Verantwortung** übernimmt. Daher ist bei ihr grundsätzlich auch kein über die §§ 171 ff. HGB hinausgehender Gläubigerschutz erforderlich, um der Verwertung von Gesellschaftsvermögen zugunsten eines Kommanditisten vorzubeugen; denn im Regelfall wird der persönlich mit seinem gesamten Privatvermögen haftende Gesellschafter schon im eigenen Interesse ungerechtfertigten Kapitalwünschen der Kommanditisten entgegentreten. Selbst bei überschuldetem Gesellschaftsvermögen kann ihm die Entscheidung über etwaige Verfügungen zugunsten eines Kommanditisten ohne Statuierung besonderer Verbotsvorschriften überlassen bleiben, weil er es ist, der das volle Risiko eines weiteren Verlustes der Gesellschaft zu tragen hat. 134

Im Vergleich dazu liegen die Verhältnisse bei der GmbH & Co. KG, in der die natürlichen Personen nur beschränkt haften, typischerweise anders. Hier wird zwar die **Gläubigerschutzfunktion** des persönlich haftenden Gesellschafters durch die Institution des haftenden Kapitals hinreichend ersetzt, soweit es darum geht, dieses Kapital aufzubringen und in seinem Bestand zu erhalten. Die von der unbeschränkten Gesellschafterhaftung einer KG ausgehende **„Bremsfunktion"**[266] hätte aber in der Komplementär-GmbH kein ausreichendes Äquivalent, wenn für die Fälle der Überschuldung oder Unterkapitalisierung nicht die für das GmbH-Recht maßgeblichen Haftungsgrundsätze entsprechend angewandt würden.[267] 135

Ungeachtet der grundsätzlich befürworteten haftungsrechtlichen Gleichstellung ist eine **Durchgriffshaftung der Kommanditisten** einer GmbH & Co. KG wegen materieller Unterkapitalisierung **abzulehnen.** Die zur GmbH ergangene „Gamma"-Entscheidung des BGH und die gegen eine Unterkapitalisierungshaftung bei der GmbH sprechenden Gründe sind auf die GmbH & Co. KG ohne Weiteres übertragbar. Speziell für die GmbH & Co. KG lässt sich darüber hinaus noch der Gesichtspunkt anführen, dass nach der als **„Rektorfall"** berühmt gewordenen BGH-Entscheidung[268] ein Kommanditist auch dann nicht unbeschränkt haftet, wenn er wirtschaftlich gesehen der **alleinige Inhaber** des Handelsgeschäfts ist und als persönlich haftenden Gesellschafter eine **mittellose natürliche Person** vorgeschoben hat. Aus der Sicht des Gläubigerschutzes kann es jedoch kein Unterschied sein, ob eine unterkapitalisierte GmbH & Co. KG vorliegt oder eine gewöhnliche KG mit einem mittellosen Komplementär (etwa zur Vermeidung der Publizitätspflicht!). Auch wertungsmäßig wäre nicht einzusehen, wieso ausschließlich bei einer KG mit einer GmbH als Komplementär die Frage der Unterkapitalisierung aufgeworfen wird, während bei einer gewöhnlichen KG die persönlichen Vermögensverhältnisse des Komplementärs gänzlich außer Betracht bleiben. 136

§ 13 Die Publikums-Kommanditgesellschaft

I. Das Problem

Der ursprüngliche Sinn einer KG bestand einem historischen Dokument zufolge[1] darin, „reiche, aber müßige" mit „verständigen, aber nicht bemittelten Kaufleuten" zusammenzu- 1

[265] Zur Anwendung der §§ 30, 31 GmbHG auf den Kommandististen → Rn. 51 ff.
[266] So BGH NJW 1973, 1036 (1039).
[267] So BGH NJW 1973, 1036 (1039) zur Rechtfertigung der analogen Anwendung von § 31 GmbHG auf die GmbH & Co. KG.
[268] BGH NJW 1966, 1309.
[1] Zitiert nach *Naendrup* in GK-MitbestG § 4 Rn. 10.

bringen. In leicht abgewandeltem Sinn verwirklicht die sog Publikums-KG (verschiedentlich auch **Massen- oder Kapitalanlagegesellschaft** genannt) geradezu den Urtyp einer solchen KG. Anfang der sechziger Jahre hat sie der GmbH & Co. KG zu einer Art zweiten Karriere verholfen. Die „reichen, aber müßigen" Gesellschafter sind die als Kommanditisten beitretenden Kapitalgeber – in der Öffentlichkeit vielfach identifiziert als Zahnärzte oder Anwälte –, während die „verständigen, aber (zumindest anfangs) unbemittelten Kaufleute", also die Initiatoren und Unternehmensgründer, zwar nicht als Komplementäre in Erscheinung treten – diese haftungsrechtlich undankbare Aufgabe haben sie vielmehr einer GmbH überlassen – dafür aber als Alleingesellschafter und meist auch als Geschäftsführer der Komplementär-GmbH.

2 Außer diesem „Charakteristikum" zeichnet sich eine Publikumsgesellschaft – deren Zulässigkeit heute unbestritten ist[2] – im Vergleich zu einer Individualgesellschaft als dem gesetzlichen Regeltyp meist noch durch folgende **Besonderheiten** aus:

- Die Gesellschaft besteht aus zahlreichen, oft vielen hundert Kommanditisten, die untereinander in keinerlei persönlicher Beziehung stehen;
- Die Anteile an der Komplementär-GmbH und damit die Herrschaftsmacht über das Gesamtunternehmen stehen den Gründern bzw. Initiatoren allein zu;
- Für die Kommanditbeteiligung, die jedermann erwerben kann, wird öffentlich in Zeitungen, mit Prospekten oder durch Anlageberater geworben;
- Die Kommanditisten „ermächtigen" anlässlich ihres Beitrittes die Komplementär-GmbH, deren Geschäftsführer oder die Publikumsgesellschaft selbst zur Aufnahme einer unbestimmten Vielzahl weiterer Anleger, haben selbst also auf die personelle Zusammensetzung des Gesellschafterkreises keinen Einfluss;
- Die Kommanditisten sind an der Ausgestaltung des (bereits vorformulierten) Gesellschaftsvertrags nicht beteiligt, sondern werden Mitglied der Gesellschaft im Weg des Beitrittes;
- Die Gesellschaft ist nicht auf einen festen Mitgliederbestand angelegt; jeder Kommanditist hat vielmehr das Recht, zumindest nach einer gewissen Zeit durch einfache Kündigungserklärung aus der Gesellschaft auszuscheiden;
- Die Mitwirkungsrechte der Anleger werden zum einen aus auf der Hand liegenden Praktikabilitätsgründen, zum anderen aber auch aus eigennützigen Motiven der Initiatoren stark eingeengt und soweit als möglich auf andere Organe, wie Aufsichts- oder Beiräte, Verwaltungsräte, Gesellschafterausschüsse usw. verlagert. Die Kommanditisten können insbesondere die Geschäftsführung weder abberufen noch bestellen noch kontrollieren; ihre Aufgabe erschöpft sich in der Aufbringung des Gesellschaftskapitals.

3 Publikumsgesellschaften wenden sich an ein breites Anlegerpublikum zum Zwecke der Finanzierung bestimmter Projekte, meistens im Zusammenhang mit der Erzielung von Steuervorteilen. Die Publikums-GmbH & Co. KG ist ein „Kind der Abschreibungsbranche".[3] Ihr **besonderer Anreiz** besteht darin, dass die Anleger steuerlich Mitunternehmer (§ 15 Abs. 1 S. 1 Nr. 2 EStG) werden und die anteiligen **Verluste** aus ihrer KG-Beteiligung mit positiven Einkünften aus anderen Einkommensquellen **verrechnen** können. Die **rechtliche Problematik** dieser Gesellschaftsform liegt darin, dass sie für Zwecke verwendet wird, für die eigentlich Kapitalgesellschaften, insbesondere die AG, geeignet sind, während die KG vom Gesetz hierfür nicht konzipiert[4] und nur aus steuerlichen Gründen notwendig ist.

4 Als Publikums-KG im weiteren Sinne können auch jene Gesellschaften in der Rechtsform der GmbH & Co. KG bezeichnet werden, die als Organisationsform zur freiwilligen **Beteiligung von Arbeitnehmern** dienen. Auch bei ihnen fehlt das die Individualgesellschaft kennzeichnende persönliche Vertrauensverhältnis unter den einzelnen Gesellschaftern. Das rechtfertigt es allerdings nicht, sie – ebenso wie die genossenschaftsähnlichen Gesellschaften – mit den üblichen Kapitalanlagegesellschaften, bei denen vor allem das Problem des

[2] Statt vieler *K. Schmidt* GesR § 57 I 3a.
[3] *K. Schmidt* GesR § 57 I 1b.
[4] S. auch *Windbichler* GesR § 19 Rn. 3.

Anlegerschutzes im Vordergrund steht, auf eine Stufe zu stellen. So haben die betreffenden Arbeitnehmer meist kein zusätzliches Vermögensopfer zu erbringen und sind daher in anderer Hinsicht schutzbedürftig als „gewöhnliche" Kapitalanleger. Hinzu kommt, dass die Gesellschafterstellung eines Arbeitnehmers in untrennbarem Zusammenhang mit seinem Arbeitsverhältnis steht. Eine rein gesellschaftsrechtliche Lösung, die spezifisch arbeitsrechtliche Gesichtspunkte außer Acht ließe, wäre deshalb uE verfehlt. Aus diesem Grund bleiben bei der Darstellung der wichtigsten, für Publikumsgesellschaften geltenden Besonderheiten, wie sie von der höchstrichterlichen Rechtsprechung in den letzten Jahrzehnten herausgearbeitet wurden, genossenschaftsähnliche Zusammenschlüsse und Arbeitnehmerbeteiligungsgesellschaften[5] außer Betracht.

II. Ausgestaltung und Organisation der Publikums-GmbH & Co. KG

1. Grundtypen

Die Kautelarjurisprudenz hat bei der Ausgestaltung von Publikumsgesellschaften eine „bemerkenswerte Fantasie"[6] bewiesen. Die Vielzahl der Gestaltungsformen der Publikums-GmbH & Co. KG lässt sich gleichwohl auf **drei Grundtypen** zurückführen: 5

(1) Die Initiatoren errichten eine GmbH & Co. KG, bei der die Anleger als Kommanditisten **direkt** beitreten und ihre Einlage als Hafteinlage iSv § 172 Abs. 1 HGB erbringen. 6

(2) Zwischen die Anleger und die Gesellschaft wird ein **Treuhänder** geschaltet, der alleiniger Kommanditist der KG wird. Zwischen den Anlegern und dem Treuhandkommanditisten besteht ein Treuhandverhältnis, aufgrund dessen der Treuhänder verpflichtet ist, die Anleger wie Kommanditisten zu stellen. Folgerichtig wird etwa das außerordentliche Informationsrecht des Kommanditisten (§ 166 Abs. 3 HGB) grundsätzlich nicht allein durch die Zwischenschaltung eines Treuhandkommanditisten ausgeschlossen.[7] Davon abweichende gesellschaftsvertragliche Regelungen sind unwirksam.[8] Umgekehrt besteht zwar keine unmittelbare Außenhaftung der Treuhandkommanditisten nach §§ 171 Abs. 1, 172 Abs. 4 S. 1 HGB.[9] Allerdings können Anleger, wie der BGH in den Falk-Fonds-Verfahren[10] entschieden hat, vom Insolvenzverwalter der Gesellschaft aus abgetretenen Rückgriffsansprüchen des Treuhänders in Anspruch genommen werden; eine Aufrechnung mit Schadensersatzansprüchen gegen den Treuhandkommanditisten aus Prospekthaftung ist nicht möglich. Tritt ein neuer Anleger der Gesellschaft bei, so wird die Hafteinlage des Treuhandkommanditisten entsprechend erhöht oder dieser tritt einen Teil der zunächst von ihm übernommenen „zu hohen" Beteiligungen im Innenverhältnis an den neuen Anleger ab. In der Praxis sind auch Konstruktionen anzutreffen, bei denen statt eines Treuhandverhältnisses eine wirtschaftlich identisch ausgestaltete **Unterbeteiligung** des Anlegers vereinbart wird. 7

(3) Die Anleger werden direkt als Kommanditisten oder über einen Treuhänder an der Gesellschaft beteiligt, erbringen jedoch ihre Einlage nur zum Teil als Hafteinlage und im Übrigen als stille Beteiligung oder Gesellschafterdarlehen (sog **Einlagensplitting**). Zum Einlagensplitting → § 5 Rn. 66 ff. 8

Die rechtliche Organisation der Publikumsgesellschaft ist in vielen Bereichen derjenigen der **Kapitalgesellschaft angenähert.**[11] Dies gilt zB für die Möglichkeit der Änderung des Gesellschaftsvertrags durch Mehrheitsbeschluss (näher → Rn. 68 ff.) und die von der 9

[5] Ein solcher Fall lag zB dem BGH-Urteil WM 1978, 1038 zugrunde. Zur „großen, generationsübergreifenden Familien-KG" als besonderem Gesellschaftstyp *Ulmer* ZIP 2010, 549.

[6] *K. Schmidt* GesR § 57 I 2b.

[7] Dazu OLG München DB 2008, 2132; OLG München DB 2009, 1064.

[8] BGH DB 2013, 625 (630).

[9] BGH NZG 2009, 799 (780).

[10] Exemplarisch BGH NZG 2011, 588; dazu *Gottschalk* GWR 2011, 325.

[11] So auch *Roth* in Baumbach/Hopt HGB Anh. § 177a Rn. 53. Zur Anwendung von Bestimmungen des AktG (§ 273 Abs. 4 AktG) auf die Publikums-GmbH & Co. KG OLG Hamm DB 1990, 1960.

Rechtsprechung im Rahmen der Inhaltskontrolle von Gesellschaftsverträgen aufgestellten Grundsätze (näher → Rn. 16 ff.).

10 Deutlich wird dies auch daran, dass der BGH die **Beschlüsse der Gesellschafterversammlung** einer Publikumsgesellschaft ungeachtet dessen, dass ein Gesellschafter versehentlich **nicht eingeladen** wurde, für wirksam erachtet, wenn feststeht, dass die Beschlüsse nicht auf diesem Mangel beruhen.[12] Zur Begründung verweist der BGH auf seine Rechtsprechung zum Vereinsrecht. Wie bei einem Verein mit einer Vielzahl von Mitgliedern werde die auch nach außen wirkende Willensbildung innerhalb einer Publikumsgesellschaft mit unerträglichen Unsicherheiten belastet, wenn jeder einzelne Gesellschafter die Nichtigkeit eines Beschlusses ohne Rücksicht auf dessen Schwere und die Bedeutung der Angelegenheit uneingeschränkt geltend machen könnte. Stehe daher fest, dass der Einladungsfehler das Abstimmungsergebnis nicht beeinflusst haben könne, sei der Beschluss rechtswirksam.

2. Eintritt in die Publikums-GmbH & Co. KG

11 Der Eintritt eines Gesellschafters in eine Personengesellschaft vollzieht sich grundsätzlich durch **Vertragsschluss zwischen den Alt-Gesellschaftern und dem Eintretenden.**[13] Der Vertrag bedarf gesellschaftsrechtlich keiner besonderen **Form.**[14] Anforderungen an die Form des Beitrittsvertrags können sich allerdings aus nichtgesellschaftsrechtlichen Bestimmungen ergeben.[15] Bei **Schiedsklauseln** im Gesellschaftsvertrag ist insbesondere § 1031 ZPO zu beachten.[16] Dabei qualifiziert die Rechtsprechung den Eintritt eines Kapitalanlegers in eine Publikumsgesellschaft als Verbrauchergeschäft iSv § 1031 Abs. 5 ZPO, da der Beitrittsvertrag nicht auf den gemeinsamen Betrieb eines Unternehmens, sondern auf eine Kapitalanlage gerichtet sei.[17] Dies hat zur Folge, dass über die Schiedsabrede grundsätzlich eine separate Urkunde erstellt werden sollte.[18]

12 Da das Beitrittsverfahren mit seiner notwendigen Beteiligung aller Alt-Gesellschafter für die Aufnahme einer unbegrenzten Zahl von untereinander in keiner persönlichen Beziehung stehenden Gesellschaftern denkbar ungeeignet ist, werden in den Gesellschaftsverträgen von Publikums-KGs üblicherweise die Gesellschaft selbst, die Komplementär-GmbH oder deren Geschäftsführer „ermächtigt", weitere Kommanditisten in die Gesellschaft aufzunehmen.[19]

13 Steht die **Befugnis zur Aufnahme** weiterer Kommanditisten der **Komplementär-GmbH** zu, so ist hierin eine **rechtsgeschäftliche Vollmacht** zum Abschluss des Aufnahmevertrags im Namen aller übrigen Gesellschafter und deren Einverständnis mit dem Eintritt des neuen Kommanditisten zu sehen. Es kommt also ein Vertrag zwischen dem Eintretenden und allen übrigen Alt-Gesellschaftern zustande.[20] Entsprechendes gilt, wenn eine **bestimmte Person** (zB Treuhandkommanditist oder Geschäftsführer der Komplementär-GmbH) zur Aufnahme neuer Gesellschafter berechtigt wird. Wird die Beitrittserklärung eines Kommanditisten in einem solchen Fall – abweichend von der erteilten Vollmacht – „im Namen der Gesellschaft" angenommen, ist dies nach dem BGH unschädlich, solange die Erklärung unter Berücksichtigung der Gesamtumstände gemäß §§ 133, 157 BGB so ausgelegt werden kann, dass sie tatsächlich im Namen der Mitgesellschafter abgegeben wird.[21]

---

[12] BGH DNotZ 1985, 85.
[13] BGH WM 1976, 15; NJW-RR 2013, 1255 (1256); NZG 2017, 737, (738).
[14] AllgM, vgl. *Wertenbruch* in EBJS HGB § 105 Rn. 208, 67 ff.
[15] Dazu *Binz/Mayer* NJW 2002, 3054.
[16] *Wertenbruch* in EBJS HGB § 105 Rn. 80 ff.; *Grunewald* in MüKoHGB § 161 Rn. 114 mwN.
[17] OLG Oldenburg BeckRS 2001, 30184009; BGH NZG 2010, 990 zur Anwendbarkeit von § 312 Abs. 1 BGB auf den Beitritt zu einem geschlossenen Immobilienfonds.
[18] *Wertenbruch* in EBJS HGB § 105 Rn. 208, 80 ff.
[19] *Grunewald* in MüKoHGB § 161 Rn. 142.
[20] BGH WM 1976, 15; NJW 1978, 1000; 1983, 1117; *Grunewald* in MüKoHGB § 161 Rn. 142; *Watermeyer/Knobbe* in BeckHdB PersGes § 17 Rn. 41.
[21] BGH DB 2011, 986.

Die „Vollmachts-Lösung“ kommt rechtskonstruktiv nicht in Betracht, wenn nach dem Gesellschaftsvertrag die **Gesellschaft selbst** zur Aufnahme weiterer Kommanditisten berechtigt ist. Der BGH sieht in einer derartigen gesellschaftsvertraglichen Klausel vielmehr die Zustimmung der Alt-Gesellschafter dazu, dass die Gesellschaft Beitrittsverträge mit Wirkung für und gegen die Alt-Gesellschafter abschließen könne.[22] Es sprächen keine „durchschlagenden Gründe“ dagegen, die Gesellschaft selbst und ihre Geschäftsführer zum Abschluss neuer Aufnahmeverträge zu ermächtigen. Mit der gesellschaftsvertraglichen Einverständniserklärung habe der einzelne Gesellschafter zum Ausdruck gebracht, dass er seiner Gesellschaft und ihrer Geschäftsführung das notwendige Vertrauen entgegenbringe und das Recht einräume, weitere Gesellschafter durch Abschluss entsprechender Verträge aufzunehmen. Insoweit bestehe kein grundsätzlicher Unterschied zur zulässigen Bevollmächtigung eines Mitgesellschafters. Die Gesellschaft handle im eigenen Namen mit Wirkung für alle Gesellschafter, wodurch sich der Eintritt des neuen Kommanditisten unmittelbar durch den Abschluss des Aufnahmevertrags mit der Gesellschaft vollziehe. Hierbei handelt es sich um eine echte **Ermächtigung** und keine „bloße“ Vollmacht.[23] 14

III. Sonderrecht der Publikumsgesellschaften

Es versteht sich von selbst, dass eine Gestaltungsform wie die Publikums-Personengesellschaft, die sich vom gesetzlichen Leitbild der Personengesellschaft als einer zahlenmäßig kleinen, von einem besonderen Vertrauensverhältnis und persönlicher Mitarbeit geprägten Interessengemeinschaft mit festem Mitgliederbestand weit entfernt, zahlreiche Probleme, insbesondere unter dem Gesichtspunkt des **Anlegerschutzes,** aufwirft und die Rechtsprechung auf den Plan gerufen hat. Der BGH hat denn auch seit dem Jahre 1972, als er sich mit dem Phänomen der Massengesellschaft erstmals auseinanderzusetzen hatte, in einer Vielzahl von Entscheidungen eigenständige Rechtsgrundsätze herausgearbeitet, so dass man inzwischen von einem **„Sonderrecht“** für Publikums-Personengesellschaften sprechen kann.[24] 15

1. Inhaltskontrolle von Gesellschaftsverträgen

Rechte und Pflichten der Gesellschafter untereinander bestimmen sich in erster Linie nach dem Gesellschaftsvertrag. Dessen Inhalt wird im „Normalfall“ zwischen den Gründergesellschaftern im Einzelnen ausgehandelt. Namentlich bei der KG, bei der zwischen den persönlich haftenden Gesellschaftern und den Kommanditisten, die nur beschränkt haften und von der Geschäftsführung ausgeschlossen sind, spezifische Interessengegensätze bestehen, ist erst infolge des Aushandelns der einzelnen Vertragsbestimmungen die „Vertragsgerechtigkeit“ (sog **Richtigkeitsgewähr**) sichergestellt. Nur unter diesen Umständen ist es auch gerechtfertigt, dass die Rechtsordnung es den Beteiligten grundsätzlich selbst überlässt, im Innenverhältnis ihre gesellschaftsrechtlichen Beziehungen nach dem **Grundsatz der Vertragsfreiheit** beliebig zu gestalten. Hiervon geht auch § 310 Abs. 4 BGB aus, wonach die §§ 305 ff. BGB, die die Gestaltung rechtsgeschäftlicher Schuldverhältnisse durch AGB regeln, auf dem Gebiet des Gesellschaftsrechtes keine Anwendung finden. 16

Anders liegen demgegenüber die Verhältnisse bei einer **Publikumsgesellschaft.** Wer dieser zwecks Kapitalanlage als Kommanditist beitreten möchte, hat im Allgemeinen – schon wegen der großen Mitgliederzahl – nur die Möglichkeit, einen Gesellschaftsvertrag zu unterzeichnen, der fertig vorformuliert ist und auf dessen Inhalt er keinen irgendwie gearteten mitgestaltenden, seine Interessen wahrenden Einfluss ausüben kann, oder von der Betei- 17

[22] BGH NJW 1978, 1000. Dazu *Watermeyer/Knobbe* in BeckHdB PersGes § 17 Rn. 41; *Henze/Notz* in EBJS HGB § 177a Anh. B Rn. 14. AA *Grunewald* in MüKoHGB § 161 Rn. 142.
[23] *K. Schmidt* GesR § 57 II 1a.
[24] *Wagner* ZNotP 2009, 48 (101); *Watermeyer/Knobbe* in BeckHdB PersGes § 16 Rn. 17; Baumbach/*Hopt* HGB Anh. § 177a Rn. 53; s. auch die zusammenfassenden Darstellungen bei *Wiedemann* FS Priester, 2007, 857; *K. Schmidt* GesR § 5 III 4 und GesR § 57 IV 1b.

ligung ganz Abstand zu nehmen. Daher ist der **Gesellschaftsvertrag** einer Publikumsgesellschaft zum einen **objektiv,** dh losgelöst von dem Verständnis und den besonderen Vorstellungen der Gründer, **auszulegen.**[25] Zum anderen ist die Rechtslage ähnlich wie bei **Allgemeinen Geschäftsbedingungen** und Formularverträgen, die nicht zwischen den Parteien ausgehandelt werden, bei denen vielmehr für eine Vielzahl gleich gelagerter Fälle die künftigen Rechtsbeziehungen einseitig vorweg festgelegt werden und infolgedessen der Vertragskompromiss als Gewähr dafür fehlt, dass die Interessen aller Beteiligten berücksichtigt worden sind. Ebenso wie dort besteht daher auch bei Gesellschaftsverträgen von Publikumsgesellschaften ein Bedürfnis, dem unter solchen Umständen leicht möglichen Missbrauch der Vertragsfreiheit mit Hilfe einer an den Maßstäben von Treu und Glauben (§ 242 BGB) ausgerichteten **Inhaltskontrolle** durch die Gerichte zum Schutze der Anlagegesellschafter zu begegnen.[26]

18 Fraglich ist die **Grundlage** dieser Inhaltskontrolle. Die Rechtsprechung hat sich zunächst auf § 242 BGB gestützt.[27] In Betracht kommt jedoch auch eine Anwendung der §§ 305 ff. BGB. Zwar schließt § 310 Abs. 4 BGB die Anwendung dieser Normen auf Gesellschaftsverträge ausdrücklich aus. Unter Berücksichtigung der zugrunde liegenden RL 93/13/EWG vom 5.4.1993 dürfte allerdings eine teleologische Reduktion dieses Ausnahmetatbestands bei Publikumsgesellschaften geboten sein.[28] Ausweislich der Präambelerwägungen zur EU-Richtlinie 93/13 beruht die Bereichsausnahme für das Gesellschaftsrecht auf der Überlegung, dass es sich hierbei nicht um vom Schutzzweck der Richtlinie umfasste Verträge mit Verbrauchern handelt. Wer sich zu Zwecken der privaten Kapitalanlage an einer Publikumsgesellschaft beteiligt, handelt aber regelmäßig als Verbraucher in diesem Sinne.[29] Auch bei gebotener teleologischer Reduktion des § 310 Abs. 4 BGB kommt allerdings nur eine modifizierte Anwendung der §§ 305 ff. BGB in Betracht. Die für Austauschverträge entwickelten Grundsätze sind wegen der ineinander verflochtenen Rechtsbeziehungen zwischen Gesellschaft, einzelnen Gesellschaftern und Gesellschaftergruppen nur begrenzt auf die Inhaltskontrolle von Gesellschaftsverträgen übertragbar.[30] Große praktische Bedeutung hat diese Frage ohnehin nicht, da sich die Inhaltskontrolle nach § 242 BGB an ähnlichen Kriterien orientiert wie diejenige nach §§ 305 ff. BGB.[31]

19 Nachstehend werden einige **wichtige Entscheidungen des BGH** zur Inhaltskontrolle von Gesellschaftsverträgen leitsatzartig aufgeführt, ohne jedoch Anspruch auf Vollständigkeit erheben zu wollen:

- Ist eine Publikumsgesellschaft so organisiert, dass sich die Anleger **nur mittelbar über einen Treuhänder** an ihr beteiligen können, so unterliegt das zusammengehörende Bündel von Gesellschaftsvertrag und Treuhandabrede ebenso der Inhaltskontrolle nach § 242 BGB, wie wenn eine unmittelbare Beteiligung des Anlegers an der Publikumsgesellschaft ohne Zwischenschaltung des Treuhänders vorläge.[32]
- Sieht der Gesellschaftsvertrag einer Publikumsgesellschaft vor, dass der **Gesellschafter-Geschäftsführer** nur mit Zustimmung aller Gesellschafter aus wichtigem Grund **abberufen** werden kann, so ist dieses Erfordernis aufgrund einer Inhaltskontrolle nach § 242 BGB nichtig; es genügt die einfache Mehrheit.[33]

---

[25] BGH NJW 2006, 2854; *Grunewald* in MüKoHGB § 161 Rn. 115 mwN.

[26] BGH DB 2004, 2685; BGHZ 64, 238 (241 ff.); BGH WM 1982, 760 (761); dazu näher *v. Westphalen* DB 1983, 2745.

[27] BGHZ 64, 238, (241 ff.); *Roth* in Baumbach/Hopt HGB Anh. § 177a Rn. 68.

[28] KG WM 1999, 325; OLG Oldenburg NZG 1999, 896; *Basedow* in MüKoBGB § 310 Rn. 92; die Frage offenlassend BGH NJW 2001, 1270 (1271).

[29] BGH NZG 2010, 990 zur Anwendbarkeit von § 312 Abs. 1 BGB auf den Beitritt zu einem geschlossenen Immobilienfonds; ebenso *Basedow* in MüKoBGB § 310 Rn. 92.

[30] BGH DB 1975, 1499 (1500); NJW 1995, 583 (585); *Basedow* in MüKoBGB § 310 Rn. 88.

[31] *Grunewald* in MüKoHGB § 161 Rn. 130.

[32] BGH BB 1988, 1270 (1271).

[33] BGH NJW 1988, 969 (971).

- Gleiches gilt für einen zur Geschäftsführung und Vertretung bestellten, nicht zum Kreis der Gesellschafter gehörenden **Verwalter.**[34]
- Der Gesellschaftsvertrag einer Publikumsgesellschaft kann vorsehen, dass die Kommanditisten verpflichtet sind, formgerechte **Handelsregistervollmachten** zugunsten der Komplementär-GmbH zu erteilen, und dass ein Gesellschafter **aus wichtigem Grund ausgeschlossen** werden kann, wenn er dieser Verpflichtung nicht nachkommt und das Registergericht deshalb eine Eintragung verweigert.[35]
- Soll der Gesellschafter einer Publikumsgesellschaft verpflichtet sein, neben der Kommanditeinlage **weitere Leistungen** (Bürgschaftsübernahmen, Nachschüsse, gesplittete Einlagen) zu erbringen, so muss sich dies aus dem **Gesellschaftsvertrag** (ggf. iVm der Beitrittserklärung) „in verständlicher und nicht versteckter Weise" ergeben, damit jeder, auch ein später hinzutretender Kommanditist dies eindeutig erkennen kann.[36]
- Besteht bei einer Publikumsgesellschaft ein **Aufsichtsorgan** (zB Aufsichtsrat, Beirat), so kann die **Verjährungsfrist** für Schadensersatzansprüche gegen dessen Mitglieder nicht unter fünf Jahre herabgesetzt werden;[37] die Verjährungsfrist beträgt also analog zu den Bestimmungen des Aktien-, GmbH- und Genossenschaftsrechts fünf Jahre;
- Das Mitglied eines Aufsichtsorgans, das zugleich Gesellschafter ist, kann sich nicht auf die **Haftungsbeschränkung des § 708 BGB** berufen. Es haftet vielmehr in entsprechender Anwendung von §§ 116, 93 AktG.[38]
- Dies gilt auch für die Geschäftsführer der Komplementär-GmbH.[39]
- Eine Bestimmung, die das Recht der Gesellschafter, **Auskunft** über die Namen und Anschriften ihrer Mitgesellschafter zu verlangen, ausschließt, ist unwirksam; dies gilt insbesondere dann, wenn diese Informationen erforderlich sind, um eine realistische Chance auf die Geltendmachung von Minderheitsrechten zu haben.[40] Entsprechendes gilt für solche Anleger, die nicht unmittelbar, sondern über einen **Treuhandkommanditisten** an einer Publikumsgesellschaft beteiligt sind.[41]
- Wird an einen Kommanditisten auf der Grundlage einer Ermächtigung im Gesellschaftsvertrag eine **Auszahlung** geleistet, obwohl sein Kapitalanteil durch Verlust unter den auf die bedungene Einlage geleisteten Betrag herabgemindert ist oder durch die Auszahlung unter diesen Betrag herabgemindert wird, besteht eine Verpflichtung zur **Rückzahlung** im **Innenverhältnis** nicht schon deshalb, weil der Gesellschaftsvertrag regelt, dass eine solche Ausschüttung „auf Darlehenskonto gebucht wird".[42] Aus der Sicht eines beitretenden Gesellschafters lasse eine solche Regelung nicht mit der erforderlichen Klarheit darauf schließen, dass die Ausschüttung unter dem Vorbehalt der Rückforderung steht.

In der **Literatur** wird darüber hinaus die Unwirksamkeit weiterer Klauseln diskutiert,[43] **20**
zB:

- Mehrstimm- und Vetorechte der Komplementär-GmbH;[44]
- Vertretungsverbot für Gesellschafter in Gesellschafterversammlungen;[45]

---

[34] BGH WM 1982, 583.

[35] BGH DB 2004, 2685; NJW 2006, 2854 zu einem gesellschaftsvertraglichen Wahlrecht zwischen Mitwirkung bei Handelsregisteranmeldung und Erteilung unwiderruflicher Handelsregistervollmacht.

[36] BGH DB 1979, 1499 (1500); 2005, 1898; 2007, 964; BB 2008, 235; näher → Rn. 75 ff.

[37] BGH ZIP 1983, 563; BGHZ 64, 238 (244); *Neumann/Böhme* DB 2007, 844. Diese Rechtsprechung wirkt auch zugunsten der Aufsichtsratsmitglieder, weil nach BGH NJW 1983, 1675 (1676) die Verjährungsfrist für Schadensersatzansprüche auch nicht über fünf Jahre hinaus verlängert werden kann.

[38] BGH NJW 1977, 2311; *Roth* in Baumbach/Hopt HGB Anh. § 177a Rn. 75; *Neumann/Böhme* DB 2007, 844 (847).

[39] BGH NJW 1995, 1353; 1980, 589 (591).

[40] BGH NZG 2008, 61; NJW 2010, 439 für eine Publikums-GbR; *Grunewald* in MüKoHGB § 161 Rn. 126 für die Publikums-KG.

[41] BGH NZG 2011, 276 für eine Publikums-GbR; DB 2013, 625 für die Publikums-KG.

[42] BGH DStR 2013, 1295 (1297).

[43] Vgl. den Überblick von *Grunewald* in MüKoHGB § 161 Rn. 128.

[44] Dafür *Schneider* ZGR 1978, 1 (19); dagegen *v. Westphalen* DB 1983, 2745 (2747).

[45] *Schneider* AG 1979, 57 (68).

- Beschlussfähigkeit nur bei Anwesenheit der Komplementär-GmbH;[46]
- Restriktive Schiedsklauseln;[47]
- Einstimmigkeitserfordernis für Änderung des Gesellschaftsvertrags.[48]

21 Der Gesellschaftsvertrag einer Publikums-KG soll für den Komplementär demgegenüber ohne Verstoß gegen § 242 BGB auch dann ein sog **Mehrstimmrecht** konstituieren können, wenn dieser eine umsatzabhängige Vergütung erhält und am Gewinn und Verlust der Gesellschaft nicht beteiligt ist.[49] Zulässig sei auch eine Regelung, die für die **Übertragung** eines Kommanditanteils einen **Zustimmungsvorbehalt** zugunsten der **Komplementär-GmbH** vorsieht.[50]

22 Beim **Beschlussmängelrecht** soll nach der Rechtsprechung **kein Sonderrecht** für Publikumsgesellschaften gelten.[51] Wenn und soweit nicht der Gesellschaftsvertrag die Regelungen des Kapitalgesellschaftsrechts adaptiert, ist die Nichtigkeit von Beschlüssen deshalb gegenüber sämtlichen Mitgesellschaftern und nicht gegenüber der Publikums-KG als solcher geltend zu machen.[52] Die Maßgeblichkeit einer dem Beschlussmängelrecht bei Kapitalgesellschaften entsprechenden Regelung zur **Passivlegitimation** jedenfalls auch der Gesellschaft kann sich allerdings auch aus dem Gesamtzusammenhang der Regelungen ergeben.[53]

23 Eine **Klagefrist** analog §§ 243, 246 AktG gibt es nur, wenn der Gesellschaftsvertrag eine solche vorsieht; andernfalls kann sich eine zeitliche Begrenzung des Rechtes, die Nichtigkeit eines Gesellschafterbeschlusses geltend zu machen, allenfalls aus einem auf § 242 BGB gestützten Verwirkungseinwand ableiten.[54] Beschlüsse, die zu ihrer Wirksamkeit der **Zustimmung des betroffenen Gesellschafters** bedürfen, unterfallen schließlich nicht den Anfechtungs- und Nichtigkeitsgründen im Sinne des Kapitalgesellschaftsrechts; deren Unwirksamkeit kann deshalb auch dann, wenn die Geltung der Klagefristen des Kapitalgesellschaftsrechts vereinbart ist, fristungebunden mit der allgemeinen Feststellungsklage gemäß § 256 ZPO bzw. durch Einwendung im Prozess geltend gemacht werden.[55]

24 Auch **§ 121 Abs. 2 S. 2 AktG,** wonach Personen, die im Handelsregister als Vorstand eingetragen sind, als **einberufungsbefugt** hinsichtlich der Hauptversammlung gelten, soll nach Ansicht des BGH auf die Einberufung der Gesellschafterversammlung durch eine zu Unrecht im Handelsregister eingetragene **persönlich haftende Gesellschafterin** einer Publikumskommanditgesellschaft **nicht entsprechend** anzuwenden sein.[56] Eine unterschiedliche Interessenlage folge für die persönlich haftende Gesellschafterin bereits daraus, dass der Beitritt und Ausschluss von persönlich haftenden Gesellschaftern einer KG den Gesellschaftern selbst vorbehalten sei, die damit zusammenhängenden Vorgängen deshalb näher stünden, als Aktionäre den Vorgängen um die Bestellung und Abberufung von Vorstandsmitgliedern. Ob für den zu Unrecht im Handelsregister eingetragenen **Geschäftsführer** der persönlich haftenden Gesellschafterin etwas anderes gelte, hat der BGH deshalb ausdrücklich offengelassen.[57]

25 Besteht in einer Publikums-KG eine **Prüfungspflicht** nach § 316 Abs. 1 HGB oder aufgrund des Gesellschaftsvertrags muss der Prüfbericht den Kommanditisten mit der Einladung zu der Gesellschafterversammlung, die über die Feststellung des Jahresabschlusses zu beschließen hat, auch dann nicht übersandt werden, wenn der Gesellschaftsvertrag vorsieht,

---

[46] *Grunewald* in MüKoHGB § 161 Rn. 122; *v. Westphalen* DB 1983, 2745 (2747).
[47] *Schneider* ZGR 1978, 1 (35); vgl. auch BGH DB 2003, 1052.
[48] *Grunewald* in MüKoHGB § 161 Rn. 120.
[49] OLG Karlsruhe DStR 2014, 2472.
[50] OLG München DStR 2008, 2500.
[51] BGH NJW 1999, 3113; 2003, 1729; OLG Rostock NZG 2009, 705. Kritisch dazu *Grunewald* in MüKoHGB § 161 Rn. 139 mwN.
[52] OLG Rostock NZG 2009, 705; ebenso bei Streit über Mitgliedschaft, BGH NJW 2003, 1729. Für eine mögliche Unvereinbarkeit mit § 242 BGB *Grunewald* in MüKoHGB § 161 Rn. 139.
[53] BGH NJW 1999, 3113 (3115).
[54] BGH NJW 1999, 3113 (3114).
[55] BGH NJW 2010, 65 (66).
[56] BGH NZG 2017, 303 (306).
[57] Bejahend etwa OLG Hamm DB 1992, 265; *Jaletzke* in MHdB GesR II § 66 Rn. 3.

dass allen Gesellschaftern mit der Einladung der Entwurf des Jahresabschlusses zu übermitteln ist.[58] Insbesondere sei **§ 42a Abs. 1 GmbHG** auf die Publikums-KG **nicht entsprechend anwendbar.** Eine unterschiedliche Interessenlage ergebe sich daraus, dass die Mitwirkungsbefugnisse der Kommanditisten wesentlich schwächer ausgestaltet seien, als die gesetzlichen Befugnisse der Gesellschafter einer GmbH.

Fraglich ist, ob bei einer Publikums-KG **analog § 112 AktG** der gewählte **Beirat** die Gesellschaft in einer Klage gegen die Komplementär-GmbH gerichtlich vertreten kann. Der BGH[59] hat diese Frage in einem Urteil vom 7.6.2010 offengelassen. Die Gesellschafter einer Publikums-KG könnten zur Durchsetzung von **Ersatzansprüchen** gegen die Komplementär-GmbH in **entsprechender Anwendung von § 46 Nr. 8 Hs. 2 GmbHG, § 147 Abs. 2 S. 1 AktG** einen besonderen Vertreter bestellen. Dies sei geschehen, indem die Beiräte jeweils wirksam von den Gesellschafterversammlungen mit der Prozessführung beauftragt und bevollmächtigt worden seien. 26

2. Prospekthaftung

a) Grundlagen. Der schlagwortartig verwandte Begriff „Prospekthaftung" war bei der Publikums-GmbH & Co. KG ursprünglich insofern nicht ganz richtig, als es eine „echte" **gesetzliche Prospekthaftung** nur im Recht der Kapitalgesellschaften gab,[60] diese Haftungstatbestände bei der Publikums-GmbH & Co. KG also nicht galten. Da aber auch bei Publikums-Personengesellschaften ein Schutzbedürfnis der Anleger vor falschen, unvollständigen oder irreführenden Prospekten besteht, hatte der BGH eine **Prospekthaftung nach allgemeinen zivilrechtlichen Grundsätzen** entwickelt (bürgerlich-rechtliche Prospekthaftung).[61] 27

Bei der Prospekthaftung ist zwischen der Prospekthaftung im engeren Sinne (eigentliche Prospekthaftung) und derjenigen im weiteren Sinne zu unterscheiden. Die **Prospekthaftung im engeren Sinne** knüpft an **typisiertes Vertrauen** an. Sie hat ihre Grundlage für die Publikums-GmbH & Co. KG heute nicht mehr in den von der Rechtsprechung hierzu entwickelten Grundsätzen, sondern richtet sich allein nach den **spezialgesetzlichen Bestimmungen** über die Prospekthaftung, die nach hM in ihrem Regelungsbereich abschließend sind.[62] 28

Die **Prospekthaftung im weiteren Sinne** umfasst Ansprüche aus der Inanspruchnahme **persönlichen (tatsächlichen) Vertrauens** aufgrund culpa in contrahendo (§§ 280 Abs. 1, 311 Abs. 2 und 3, 241 Abs. 2 BGB).[63] Des Weiteren gehören hierzu die Ansprüche aus Beratungsvertrag sowie deliktische Ansprüche aus § 823 Abs. 2 BGB iVm § 264a StGB. Diese Prospekthaftung im weiteren Sinne bleibt durch die spezialgesetzlichen Regelungen unberührt, so dass im Einzelfall eine Haftung nach beiden Rechtsgrundlagen möglich ist.[64] 29

Die Prospekthaftung im weiteren Sinne erstreckt sich auf alle Personen, die bei den **Vertragsverhandlungen** mit dem Anleger als Vertreter, Sachwalter oder Garant persönliches Vertrauen in Anspruch genommen, den Eindruck persönlicher Zuverlässigkeit erweckt und einen mangelhaften Prospekt verwendet haben.[65] Dies betrifft insbesondere Anlagevermittler und -berater sowie Kreditinstitute. Der Haftung kann auch die als **Treuhandkommanditist** agie- 30

[58] BGH DB 2015, 976 (977).

[59] BGH NZG 2010, 1381.

[60] §§ 19, 20 Gesetz über Kapitalanlagegesellschaften, §§ 3, 12 Auslandinvestment-Gesetz (beide gültig bis 31.12.2003), § 13 VerkProspG in der Fassung bis 30.6.2005, §§ 44, 45 BörsG.

[61] BGH ZIP 2003, 1651; NJW 2000, 3346; 1993, 2865; 1992, 228; 1990, 2461; WM 1986, 699; ZIP 1981, 517; NJW 1979, 718; 1978, 1625. Dazu *Heisterhagen/Kleinert* DStR 2004, 507 (510); *Kiethe* ZIP 2000, 216 (218); *Grüneberg* in Palandt BGB § 311 Rn. 67.

[62] *Servatius* in Henssler/Strohn Anh. Publikumsgesellschaft (mit Prospekthaftung), GmbH & Co. KG und Investment-KG gemäß KAGB Rn. 56; *Emmerich* in MüKoBGB § 311 Rn. 135 mwN; *Suchomel* NJW 2013, 1126 (1131). In diesem Sinne auch BGH NJW 2015, 236 (240).

[63] Vgl. *Grüneberg* in Palandt BGB § 311 Rn. 71, der insoweit von „uneigentlicher Prospekthaftung" spricht.

[64] BGH NZG 2013, 980 (982); 2012, 787 (788); NJW 2011, 1666; *Emmerich* in MüKoBGB § 311 Rn. 158.

[65] BGH NZG 2012, 744 (745); NJW 1993, 2865; 1992, 2148; 1979, 1449.

rende Person unterliegen.[66] Anknüpfungspunkt der Prospekthaftung im weiteren Sinne ist nicht die Verantwortlichkeit für einen fehlerhaften Prospekt, sondern eine selbstständige Aufklärungspflicht als Vertragspartner oder Sachverwalter auf Grund persönlich **in Anspruch genommenen** – eben **nicht nur typisierten** – besonderen Vertrauens, zu deren Erfüllung er sich des Prospekts bedient.[67] Liegt eine Verletzung von Aufklärungspflichten durch Verwendung eines fehlerhaften Prospekts vor, so wird nach dem BGH vermutet, dass die fehlerhafte Prospektdarstellung ursächlich für die Anlageentscheidung war.[68]

31 Für Ansprüche aus Prospekthaftung im weiteren Sinne gilt die **Regelverjährung** von drei Jahren (§ 195 BGB).[69]

32 **b) Spezialgesetzliche Prospekthaftung. aa) Überblick.** Durch das Gesetz zur Verbesserung des Anlegerschutzes vom 28.10.2004 (BGBl. 2004 I 2630) wurde das **Verkaufsprospektgesetz** (VerkProspG) mit Wirkung **ab 1.7.2005** dahin gehend **geändert,** dass auch für im Inland öffentlich angebotene, nicht in Wertpapieren verbriefte Anteile, die eine Beteiligung am Ergebnis eines Unternehmens gewähren, für Anteile an einem Vermögen, das der Emittent oder ein Dritter in eigenem Namen für fremde Rechnung hält oder verwaltet (Treuhandvermögen) oder für Anteile an sonstigen geschlossenen Fonds grundsätzlich eine Pflicht zur Erstellung und Veröffentlichung eines Verkaufsprospektes bestand (§ 8f Abs. 1 VerkProspG aF). Damit unterlag auch die Publikums-GmbH & Co. KG erstmals der **Prospektpflicht** mit entsprechenden gesetzlichen Haftungsfolgen.

33 Das VerkProspG wurde durch das Gesetz zur Novellierung des Finanzanlagenvermittler- und Vermögensanlagerechts vom 6.12.2011 (BGBl. 2011 I 2481) mit Wirkung **zum 31.5.2012** aufgehoben und durch das **Vermögenanlagengesetz** (VermAnlG) ersetzt. Für Ansprüche wegen fehlerhafter Verkaufsprospekte, die vor dem 1.6.2012 im Inland veröffentlicht worden sind, oder Ansprüche wegen pflichtwidriger Nichtveröffentlichung von Verkaufsprospekten, die bis dahin entstanden sind, bleiben die Bestimmungen des VerkProspG in der Fassung bis zum 31.5.2011 anwendbar (§ 32 Abs. 2 VermAnlG).

34 Mit Inkrafttreten des neuen **Kapitalanlagengesetzbuchs** (KAGB)[70] **zum 22.7.2013** richtet sich die Prospektpflicht für die Publikums-GmbH & Co. KG vorrangig nach dessen Regularien. Das KAGB konstituiert im Rahmen des für das Investmentgeschäft eingeführten Rechtsformzwangs die (offene und geschlossene) **„Investmentkommanditgesellschaft"** als Sonderform der KG.[71] Diese unterliegt speziellen Anforderungen, etwa an den Gesellschaftsvertrag (Schriftform, §§ 125 Abs. 1, 150 Abs. 1 KAGB) oder die Organisationsverfassung (mindestens zwei Geschäftsführer, §§ 128 Abs. 1 S. 1, 153 Abs. 1 S. 1 KAGB).[72] Bei der geschlossenen InvestKG bleibt das Treuhandmodell zulässig; das Gesetz erlaubt (nur) für diese in § 152 Abs. 1 KAGB auch mittelbare Beteiligungen.

35 **bb) Anspruchsvoraussetzungen.** Die Prospekthaftung richtet sich, je nachdem, welches Gesetz anwendbar ist,[73] nach § 306 KAGB, § 20 f. VermAnlG oder § 13 VerkProspG iVm §§ 44–47 BörsG. Sie umfasst die Veröffentlichung **fehlerhafter** Prospekte (§ 20 VermAnlG, § 306 Abs. 1 KAGB, § 13 VerkProspG) ebenso wie Fälle, in denen es an einem Prospekt **fehlt** (§ 21 VermAnlG, § 306 Abs. 5 KAGB). Hinzugekommen ist die Haftung für fehlerhafte Produktinformationsblätter (§ 306 KAGB bzw. § 22 VermAnlG).

---

[66] BGH BB 2006, 1933; NZG 2008, 742; 2010, 231; 2013, 980 (982); DB 2017, 1503 (1504); NZG 2017, 737 (758). Zur Haftung auch gegenüber Direktkommanditisten BGH DB 2017, 1768.

[67] BGH NZG 2012, 744 (745 f.).

[68] BGH DB 2014, 775.

[69] *Grüneberg* in Palandt BGB § 311 Rn. 72; *Watermeyer/Knobbe* in BeckHdB PersGes § 17 Rn. 117. Ggf. gelten für bestimmte Berufsgruppen längere Fristen (zB § 51a WPO: fünf Jahre).

[70] Gesetz zur Umsetzung der Richtlinie 2011/61/EU über die Verwalter alternativer Investmentfonds (AIFM-UmsG) vom 4.7.2013, BGBl. 2013 I 1981.

[71] Dazu *Freitag* NZG 2013, 329; *Wiedemann* NZG 2013, 1041.

[72] Dazu im Einzelnen *Freitag* NZG 2013, 329; *Wiedemann* NZG 2013, 1041.

[73] Zur zeitlichen Abgrenzung → Rn. 32 ff.

„Prospekt“ im Sinne der Prospekthaftung im engeren Sinne ist eine marktbezogene schriftliche Erklärung, die für die Beurteilung der angebotenen Anlage erhebliche Angaben enthält oder den Anschein eines solchen Inhalts erweckt; sie muss tatsächlich oder zumindest dem von ihr vermittelten Eindruck nach den Anspruch erheben, eine das Publikum **umfassend informierende Beschreibung der Anlage** zu sein.[74] Diese Voraussetzungen konnte nach Auffassung des BGH im Bereich der bürgerlich-rechtlichen Prospekthaftung auch eine umfangreiche Produktinformation erfüllen, die als Werbematerial eingesetzt wird und alle für das Anlagepublikum wesentlichen Informationen enthält, selbst wenn sie explizit mit dem Hinweis versehen ist, sie stelle nicht den Emissionsprospekt dar.[75] Eine nur 10 oder 20 Seiten umfassende Werbebroschüre, in der ausdrücklich hervorgehoben wird, dass sie nicht die Aufgabe habe, den gesondert vertriebenen und zu beziehenden Prospekt zu ersetzen, löste demgegenüber keine Prospekthaftung im engeren Sinne aus.[76] 36

Für Publikums-GmbH & Co. KGs, die seit dem 1.7.2005 der Prospektpflicht unterliegen, ergibt sich der **Prospektinhalt** aus § 8g VerkProspG und der entsprechend der Ermächtigung in dieser Vorschrift erlassenen Verordnung über Vermögensanlagen-Verkaufsprospekte,[77] aus § 7 VermAnlG oder aus §§ 165 f. KAGB (iVm § 269 KAGB). Zur zeitlichen Abgrenzung → Rn. 32 ff. Der Prospekt muss potentielle Anleger über alle Umstände des Beteiligungsobjekts, die für ihre Entscheidung von Bedeutung sind oder sein können, einschließlich der mit der angebotenen Beteiligungsform verbundenen Nachteile und Risiken sowie derjenigen Tatsachen, die den Vertragszweck vereiteln können, **richtig und vollständig informieren.**[78] Entscheidend ist das **Gesamtbild** der Anlage, das sich bei sorgfältiger Lektüre des Prospekts für einen durchschnittlichen Anleger ergibt.[79] 37

Zu den **aufklärungspflichtigen Umständen** kann insbesondere die steuerliche Anerkennungsfähigkeit der konkreten Kapitalanlage gehören.[80] Vorstrafen der mit der Verwaltung des Vermögens einer Anlagegesellschaft betrauten Person sind jedenfalls dann zu offenbaren, wenn die abgeurteilten Straftaten nach Art und Schwere geeignet sind, ein Vertrauen der Anleger in die Zuverlässigkeit der betreffenden Person zu erschüttern.[81] Eines Hinweises auf das abstrakte Risiko, dass die Verwirklichung des Anlagekonzepts bei Pflichtwidrigkeiten von Personen, in deren Händen die Geschicke der Anlagegesellschaft liegen, gefährdet ist, bedarf es nur dann, wenn bestimmte Pflichtverletzungen aus strukturellen Gründen sehr naheliegend sind.[82] Auch wesentliche kapitalmäßige und personelle Verflechtungen zwischen der Komplementär-GmbH, ihren Geschäftsführern und beherrschenden Gesellschaftern einerseits und den Unternehmen sowie deren Geschäftsführern und beherrschenden Gesellschaftern, in deren Hand die nach dem „Emissionsprospekt“ durchzuführenden Vorhaben liegen, andererseits zählen hierzu.[83] Hierbei geht es insbesondere auch um die klare und vollständige Information über die sog „weichen Kosten“.[84] Prognosen über die erhoffte 38

[74] BGH NJW 2012, 758 (759); zuvor bereits BGH NJW 2004, 2664 (2667) – Informatec I; ZIP 2004, 1593 (1594 f.) – Informatec II; NZG 2004, 811 (812) – Informatec III; jeweils für ad-hoc-Mitteilungen iSd § 15 WpHG.

[75] BGH NJW 2012, 758 (759); dazu *Hebrant* DB 2012, 273.

[76] BGH NJW 2013, 2343 (2344).

[77] Dazu *Hasenkamp* DStR 2004, 2154 (2156); *Moritz/Grimm* BB 2005, 337.

[78] DB 2017, 1503 (1504); BGH NZG 2014, 1384 (1387); DStR 2003, 1584; ZIP 1981, 517 (519); s. aber auch BGH BB 2010, 211 zu den (gemilderten) Anforderungen an Prospekthinweise zu § 172 Abs. 4 HGB. Zum Umfang der Informationspflichten *Emmerich* in MüKoBGB § 311 Rn. 146; *Grunewald* in MüKoHGB § 161 Rn. 197 f.; *Watermeyer/Knobbe* in BeckHdB PersGes § 17 Rn. 109.

[79] DB 2017, 1503 (1504); BGH NZG 2014, 1384 (1398); NZG 2013, 1030 (1031).

[80] BGH NZG 2014, 1384 (1398); ZIP 2003, 1651. Eine allgemeine Pflicht, darauf hinzuweisen, dass eine Konzeption in steuerlicher Hinsicht „neu“ ist und von der Finanzverwaltung bislang nicht abschließend überprüft bzw. in der finanzgerichtlichen Rechtsprechung nicht geklärt ist, besteht allerdigs nicht; es genügt im Regelfall der allgemeine Hinweis, dass die Beurteilung der Finanzverwaltung von der steuerrechtlichen Beurteilung im Prospekt abweichen kann und sich hieraus für den Anleger das Risiko ergeben kann, dass die prospektierten steuerlichen Folgen nicht eintreten, BGH NZG 2014, 1384 (1398); DB 2017, 1503 (1505).

[81] BGH NJW-RR 2013, 1255.

[82] BGH DB 2017, 1503 (1504).

[83] BGH WM 1981, 483; NZG 2008, 742.

[84] BGH DB 2006, 1050.

Wertentwicklung der Anlage und die erwartete Rendite müssen auf sorgfältig ermittelten Tatsachen beruhen und vertretbar sein.[85] In einem fehlenden Hinweis auf das etwaige Haftungsrisiko des Anlegers als Treuhand-Kommanditist einer GmbH & Co. KG nach §§ 30, 31 GmbHG,[86] soll demgegenüber kein zum Schadensersatz verpflichtender Prospektfehler liegen.[87]

39 Die Veröffentlichung des Prospekts darf erst nach **Gestattung, Billigung** bzw. **Genehmigung** durch die **BaFin** erfolgen (§ 8i Abs. 2 VerkProspG, § 8 VermAnlG sowie § 267 KAGB). Bis Mai 2012 prüfte die BaFin lediglich, ob der Prospekt die gesetzlich geforderten Mindestangaben enthielt und verständlich abgefasst war. Die Seriosität des Emittenten oder das Produkt selbst waren nicht Gegenstand der Prüfung. Hierauf mussten Anbieter von Vermögensanlagen in ihren Verkaufsprospekten ausdrücklich hinweisen (§ 8g Abs. 1 VerkProspG). Mit Inkrafttreten des Vermögensanlagengesetzes wurde der **Prüfungsumfang der BaFin erweitert;** neben der formalen Vollständigkeit erstreckte sich diese hiernach auch auf die Freiheit von Widersprüchen (Kohärenz) und Verständlichkeit (§ 8 VermAnlG). Die nach KAGB erforderliche Genehmigung ist zu erteilen, „wenn die Anlagebedingungen den gesetzlichen Anforderungen entsprechen".

40 Außerhalb der gesetzlichen Regulierung und laufenden Überwachung von Prospektverantwortlichen und Investmentvermögen durch das KAGB kann der Emittent die Richtigkeit, Nachvollziehbarkeit und Klarheit (Eindeutigkeit) der Angaben in den gesetzlichen Verkaufsunterlagen (zB Übereinstimmung des Verkaufsprospekts mit den wesentlichen Anlegerinformationen) durch Einholung eines Gutachtens nach dem vom IDW herausgegebenen Standard (IDW S 4, Stand: 24.5.2016) prüfen lassen.

41 **cc) Anspruchsverpflichteter.** Die Haftung wegen vorvertraglicher Aufklärungspflichten trifft an sich denjenigen, der den Vertrag im eigenen Namen abschließen will, beim Beitritt zu einer Kommanditgesellschaft mithin die schon beigetretenen Gesellschafter.[88] Davon ausgenommen sind nach dem BGH Altgesellschafter, die nach Gründung der Gesellschaft rein kapitalistisch als Anleger beigetreten sind und auf die Vertragsgestaltung und die Beitrittsverhandlungen und -abschlüsse erkennbar keinerlei Einfluss haben.[89] Sie sind in der Regel bei ihrem Beitritt ebenso nicht ordnungsgemäß über die Risiken der Anlage aufgeklärt worden wie die Neugesellschafter; es wäre deshalb unbillig, wenn bei dieser Sachlage die früher beigetretenen Anlagegesellschafter den später beigetretenen haften würden.[90] Ermächtigt der Gesellschaftsvertrag die Gesellschaft zum Abschluss von Beitrittsverträgen, ist die Publikumsgesellschaft als solche Haftungsadressat. Nur ausnahmsweise haftet neben dem Geschäftsherrn schließlich sein **Vertreter** für Verschulden bei Vertragsschluss, sofern er für seine Person Vertrauen in Anspruch genommen und dadurch die Vertragsverhandlungen beeinflusst hat (§ 311 Abs. 3 BGB; → § 9 Rn. 15). Damit ließe sich eine Haftung der meist kapitalschwachen Komplementär-GmbH begründen.

42 Der **BGH** ist bei der Prospekthaftung im engeren Sinne einen Schritt weitergegangen und hat nicht (nur) die Komplementär-GmbH, sondern **alle Prospektverantwortlichen** für haftbar erklärt,[91] insbesondere die Gründer, Initiatoren und Gestalter der Publikumsgesellschaft, aber auch die „Hintermänner", die auf die konkrete Gestaltung entscheidenden Einfluss genommen haben oder mit ihrer Zustimmung als Fachleute im Prospekt aufgeführt werden.

43 Beim Inverkehrbringen von Emissionsprospekten, mit denen Gesellschafter auf dem freien Kapitalmarkt geworben werden, trifft nach Ansicht des BGH alle diejenigen Personen und Unternehmen, die den Prospekt unmittelbar herausgeben oder die für die Herausgabe

[85] BGH NJW-RR 2010, 115 (116 f.); NJW 2010, 2506 (2507); DB 2012, 1679 (1680).
[86] Dazu *Komo* BB 2012, 1423 (1425); → § 12 Rn. 57 f.
[87] OLG Hamm BB 2015, 1620.
[88] BGH NJW-RR 2013, 1255 (1256); NZG 2017, 737 (738); DB 2017, 1503.
[89] BGH NJW-RR 2013, 1255 (1256); DB 2017, 1503.
[90] BGH NJW-RR 2013, 1255 (1256).
[91] Überblick mit Rechtsprechungsnachweisen bei *Kiethe* ZIP 2000, 216 (221). Aus der jüngeren Rechtsprechung BGH NZG 2014, 1384 (1395).

verantwortlich sind, eine **Garantenstellung** und die damit verbundene Verpflichtung, für die Richtigkeit und Vollständigkeit der Prospektangaben einzustehen.[92] Unbeachtlich ist, ob der Anleger die Prospektverantwortlichen und deren Mitwirkung kannte.[93] Außer den eigentlichen Initiatoren und Gründungsgesellschaftern kommen hierfür auch **Rechtsanwälte, Steuerberater und Wirtschaftsprüfer** in Betracht, die mit ihrer Zustimmung im Prospekt als Sachverständige angeführt werden oder in dieser Eigenschaft Erklärungen („Kurzgutachten" etc) abgeben.[94] Von ihnen wird berufliche Sachkunde und persönliche Zuverlässigkeit mit der Folge erwartet, dass der Kapitalanleger ihren Aussagen im Prospekt häufig eine maßgebliche, wenn nicht gar die ausschlaggebende Bedeutung beimisst. Unter bestimmten Voraussetzungen können auch **Werbeträger** als Garanten haften, wenn sie gegenüber den Anlegern Vertrauen in ihre Integrität, Objektivität und Kompetenz in Anspruch nehmen und dadurch den Eindruck erwecken, dass von ihrer Mitwirkung eine zusätzliche Gewähr für die Sicherheit der Anlage ausgeht.[95]

Adressaten der **spezialgesetzlichen Prospekthaftung** gemäß § 13 VerkProspG, **44** § 20 f. VermAnlG bzw. § 306 KAGB sind sowohl diejenigen, die für den Prospekt die Verantwortung übernommen haben, als auch diejenigen, von denen der Erlass des Prospektes ausgeht. **Gründer, Initiatoren und Gestalter** der Publikumsgesellschaft sind von dieser Definition als Prospektgestalter ebenso erfasst wie **Hintermänner** als Prospektveranlasser.[96] § 306 KAGB schließt zudem Personen ein, die Anteile oder Aktien im eigenen Namen gewerbsmäßig verkauft (Abs. 1) oder vermittelt (Abs. 4) haben. Die Einbeziehung sonstiger **Garanten** ist **nicht** mehr vorgesehen.[97] Bei diesem Personenkreis kann sich eine Prospekthaftung heute nur noch unter dem Aspekt des **Vertrags mit Schutzwirkung zugunsten Dritter** ergeben. Nach der bis zum 31.5.2012 maßgebenden Rechtslage war dies nur wegen unterschiedlicher Verjährungsfristen von Bedeutung.[98]

dd) Anspruchsberechtigter. Anspruchsinhaber ist der **Anleger** und nicht etwa die **45** Publikums-KG. Denn jener ist Adressat des Prospekts und Vertragspartner (bei der Prospekthaftung im weiteren Sinne). § 13 VerkProspG setzt außerdem voraus, dass die Anteile nach Veröffentlichung des Prospekts innerhalb von sechs Monaten nach dem ersten öffentlichen Angebot erworben wurden. § 20 VermAnlG umfasst weitergehend alle Erwerbsgeschäfte nach Veröffentlichung des Verkaufsprospekts und während der Dauer des öffentlichen Angebots, wenn diese spätestens innerhalb von zwei Jahren nach dem ersten öffentlichen Angebot abgeschlossen werden. Das KABG kennt keine solchen Ausschlussfristen.

ee) Anspruchsinhalt. Die von der Rechtsprechung entwickelte Prospekthaftung ging **46** bereits bei **einfacher Fahrlässigkeit** der Haftungsadressaten auf Ersatz des dem Kapitalanleger entstandenen **Vertrauensschadens,** also auf Herstellung des Zustandes, der bestünde, wenn der Emissionsprospekt richtig und vollständig gewesen wäre.[99] Da sich der Kommanditist – wie grundsätzlich zu unterstellen ist – in diesem Fall an der Gesellschaft nicht beteiligt hätte,[100] umfasste der Anspruch im Allgemeinen **Schadensersatz** für den **Verlust**

---

[92] BGH NZG 2014, 1384 (1394); NJW 2012, 758 (759); WM 1981, 484.

[93] BGH NJW 2001, 360 (363); 1990, 2461; WM 1979, 141; 1981, 484.

[94] BGH NZG 2014, 1261 (1270); WM 1980, 794. Allein der Umstand, dass im Prospekt darauf hingewiesen wird, dass der Betreffende das Anlegerkonto verwaltet, reicht dazu allerdings nicht aus, BGH NJW 1995, 1025.

[95] BGH NJW 2012, 758 (759); dazu *Hebrant* DB 2012, 273 (274 f.).

[96] *Suchomel* NJW 2013, 1126 (1129). Zur Übertragbarkeit der „Hintermann-Rechtsprechung" des BGH auf die gesetzliche Produkthaftung nach § 13 Abs. 1 VerkProspG aF iVm § 44 Abs. 1 S. 1 Nr. 2 BörsG aF BGH NZG 2012, 1262 (1266).

[97] Dazu *Emmerich* in MüKoBGB § 311 Rn. 146 ff.; *Suchomel* NJW 2013, 1126 (1129); *Schmitt* DStR 2013, 1688 (1690); offengelassen von BGH NJW 2013, 1877 (1878).

[98] BGH DB 2014, 1126 (1127 f.); 2007, 1635; BB 2004, 2180. Zur Verjährung → Rn. 50.

[99] BGH NJW 1992, 228 (230).

[100] Dafür spreche „im Allgemeinen eine Lebenserfahrung", vgl. BGH BB 2006, 1933 (1934), das Gegenteil hätte also der Schädiger zu beweisen, NJW 1992, 228 (231); ZIP 1998, 1306 (1307).

der geleisteten **Einlage** einschl. etwaiger Nebenkosten wie Maklerprovision und Agio.[101] Zu ersetzen war darüber hinaus ein allgemeiner Zinsschaden.[102]

47 Mit Einführung der gesetzlichen Prospekthaftung nach § 13 VerkProspG iVm § 45 BörsG wurde die Haftung auf Fälle der Kenntnis oder **grob fahrlässigen** Unkenntnis von der Fehlerhaftigkeit des Prospekts beschränkt, allerdings mit einer **Beweislastumkehr** zugunsten des Anlegers. Damit trug der Gesetzgeber der Tatsache Rechnung, dass der von der Rechtsprechung postulierte, an die Grenze der Garantiehaftung führende Haftungsmaßstab als unangemessen streng empfunden worden war.[103] § 20 Abs. 3 VermAnlG und § 306 Abs. 3 KAGB bzw. § 306 Abs. 4 KAGB enthalten für die Haftung wegen **fehlerhaften** Prospekts entsprechende Regelungen. Die Haftung bei **fehlendem** Prospekt nach § 21 VermAnlG bzw. § 306 Abs. 5 S. 1 KAGB setzt demgegenüber **kein Verschulden** voraus.

48 Auch Art und Umfang des **Schadenersatzanspruches** sind seither **gesetzlich definiert.** Der Anleger kann von den Haftenden als Gesamtschuldner die **Übernahme der Vermögensanlage gegen Erstattung des Erwerbspreises** verlangen, wobei der Erstattungsanspruch der Höhe nach auf den ersten Erwerbspreis begrenzt ist (§ 44 Abs. 1 S. 1 BörsG, § 13 Abs. 1 Nr. 3 lit. b VerkProspG; §§ 20 Abs. 1 S. 1, 21 Abs. 1 S. 1 VermAnlG; § 306 Abs. 1 S. 1, Abs. 2 S. 1, Abs. 5 S. 1 KAGB). Darüber hinaus kann die Erstattung der mit dem Erwerb verbundenen üblichen Kosten verlangt werden. Hat der Anleger die Vermögensanlage bereits weiterveräußert, kann er die Differenz zwischen dem Veräußerungspreis und dem (ersten) Erwerbspreis sowie die üblichen Erwerbskosten verlangen (§ 44 Abs. 2 BörsG, § 13 Abs. 1 Nr. 3 lit. b VerkProspG; §§ 20 Abs. 2, 21 Ab. 2 VermAnlG; § 306 Abs. 1 S. 2, Abs. 2 S. 2, Abs. 5 S. 2 KAGB).

49 Nach ursprünglicher Ansicht des BGH[104] musste sich der geschädigte Kommanditist auf seinen Schadensersatzanspruch diejenigen **einkommensteuerlichen Vorteile,** die er durch die Beteiligung aufgrund von Verlustzuweisungen in der Vergangenheit tatsächlich erlangt hat, generell **nicht anrechnen** lassen. Nach späterer Rechtsprechung des BGH[105] sollte es zwar keinen Erfahrungssatz geben, dass der Geschädigte seine Geldmittel in einer anderen steuerbegünstigten Form angelegt hätte. Vielmehr sollte es auch bei der Frage nach der Anrechnung steuerlicher Vorteile auf eine **Prüfung im Einzelfall** auf der Grundlage des konkreten Parteivorbringens ankommen. Allerdings ging der BGH, wenn feststand, dass der Anleger sich in Kenntnis des Prospektfehlers an einem anderen Steuersparmodell beteiligt hätte, grundsätzlich davon aus, dass dieses ihm Steuerersparnisse in vergleichbarer Höhe gebracht hätte.[106] Eine schadensmindernde Berücksichtigung von Steuervorteilen kam außerdem dann nicht in Betracht, wenn die Rückabwicklung dazu führte, dass dem Geschädigten Steuervorteile wieder genommen werden oder die Ersatzleistung als solche zu versteuern ist.[107] Diese Rechtsprechungsgrundsätze können heute – wenn überhaupt – nur noch für die Prospekthaftung im weiteren Sinne Bedeutung erlangen.

50 **ff) Verjährung.** Prospekthaftungsansprüche nach § 13 **VerkProspG** verjährten aufgrund des Verweises auf § 46 BörsG in **einem Jahr** seit dem Zeitpunkt, in dem der Anleger von der Unrichtigkeit oder Unvollständigkeit des Prospektes Kenntnis erlangt hat, **spätestens** jedoch in **drei Jahren** seit der Veröffentlichung des Prospekts, wobei für den Beginn der Dreijahresfrist der Beitritt zur Gesellschaft maßgebend war. Vor Inkrafttreten des VerkProspG hatte die Rechtsprechung diese Verjährungsregelungen entsprechend angewandt.[108]

51 Mit Inkrafttreten des **VermAnlG** zum 31.5.2012 ist der Verweis auf die spezialgesetzliche kurze Verjährung entfallen. Für Prospekthaftungsansprüche nach §§ 20 f. VermAnlG wie

---

[101] BGH DB 2006, 1050 (1051).
[102] BGH ZIP 1992, 324.
[103] Dazu *Meyer* WM 2003, 1301 (1303); *Heisterhagen* DStR 2004, 1089 (1092).
[104] NJW 1979, 1449 (1451), bestätigt durch BGH NJW 1980, 1788; BB 1984, 1577 (1579).
[105] BGH DB 2006, 1050 (1052) mwN; hierzu *Benecke* BB 2006, 2597 (2600).
[106] BGH NJW 2010, 2506 (2508).
[107] BGH NZG 2011, 706; 2014, 397.
[108] BGH NZG 2010, 352 (355); ZIP 1982.

auch für solche nach § 306 KAGB ist deshalb die gesetzliche Regelverjährung von **drei Jahren** (§ 195 BGB) maßgebend.[109]

3. Sondervorteile für Gründer

Der Kommanditist einer Publikumsgesellschaft ist regelmäßig an der Gründung nicht beteiligt, sondern erwirbt seine Gesellschafterstellung durch späteren Beitritt. Er hat daher auch **keinen Einfluss** auf die Höhe der den **Gründer-Gesellschaftern** zugesagten **Sondervorteile** wie Tätigkeitsvergütung, Haftungsübernahmeentschädigung etc. Derartige Verbindlichkeiten der Gesellschaft waren dem beitretenden Kommanditisten meist nicht einmal bekannt, vor allem dann nicht, wenn die zugrunde liegenden Vereinbarungen nur mündlich getroffen wurden. 52

Dem ist der BGH entgegengetreten. Um den künftigen Kapitalanlegern die Kenntnisnahme des vollständigen Vertragswerkes der Gesellschaft zu ermöglichen und sie vor späteren unangenehmen Überraschungen zu bewahren, fordert er, dass bei einer Publikumsgesellschaft grundsätzlich **alle gesellschaftsrechtlichen Verpflichtungen,** die der Gesellschaft gegenüber den Gründer-Gesellschaftern auferlegt werden und diesen Vorteile verschaffen sollen, schriftlich vereinbart bzw. ordnungsgemäß beschlossen werden müssen, andernfalls die entsprechenden Vereinbarungen und die zu ihrer Ausführung vorgenommenen Rechtshandlungen unwirksam sind.[110] Außerdem müssen diese Vorteile in dem Prospekt offengelegt werden.[111] Für die spezialgesetzliche Produkthaftung finden sich Regelungen in § 7 VermVerkProspV, § 7 VermAnlG und §§ 165 f. KAGB (iVm § 269 KAGB). 53

Offenzulegen sind insbesondere die an die Geschäftsführer zu zahlenden **Tätigkeitsvergütungen.** Derartige Vergütungen entsprächen zwar in vielen Fällen den heutigen Auffassungen im kaufmännischen Leben und könnten deshalb häufig als stillschweigend zugesichert angesehen werden. Daraus folge aber noch nicht, dass auch bei Massengesellschaften ein Anspruch auf Geschäftsführervergütung gerechtfertigt sei, wenn er in dem Vertragswerk der Gesellschaft keinen hinreichenden Niederschlag gefunden habe, der es den später hinzutretenden Gesellschaftern ermögliche, den Umfang derartiger Verbindlichkeiten zu erkennen.[112] 54

Diese Grundsätze finden auch dann Anwendung, wenn die Kapitalanleger nicht unmittelbar, sondern über eine **Treuhand-KG** beteiligt sind, die ihrerseits als Publikumsgesellschaft organisiert ist.[113] Der BGH hat bei dieser Gelegenheit außerdem entschieden, dass zu den formbedürftigen Nebenabreden auch solche Vereinbarungen gehören, die zwar der Gesellschaft keine Verpflichtung auferlegen, die jedoch umgekehrt einen Gründer von einer ihm sonst obliegenden Verpflichtung freistellen sollen. 55

4. Kündigungsrecht des Kommanditisten

a) Anfechtung. In der Praxis ist immer wieder zu beobachten, dass Kapitalanleger durch falsche Angaben über Umsätze, Ertragsaussichten etc zum Beitritt zu einer Publikums-KG bewogen werden. Haben sie dann von den wirklichen Verhältnissen der Gesellschaft Kenntnis erlangt, fechten sie meist ihren Beitritt wegen **arglistiger Täuschung** an und verweigern, soweit noch nicht geleistet, die Zahlung ihrer Einlage. 56

Die Anfechtung wegen Irrtums oder arglistiger Täuschung führt allerdings nicht zu einer rückwirkenden Vernichtung des Gesellschaftsbeitrittes und der dadurch begründeten Rechte und Pflichten. Denn nach der von der Rechtsprechung entwickelten Lehre zur sog **fehlerhaften Gesellschaft** (früher ungenau: „faktische" Gesellschaft genannt), die auf den fehlerhaften Gesellschafterbeitritt entsprechende Anwendung findet,[114] können bei einer 57

---

[109] *Leuering* NJW 1905 1909); *Suchomel* NJW 2013, 1126 (1128); *Hanke* BKR 2014, 441 (447 f.).
[110] BGH NJW 1976, 1451; DB 1995, 921; *Grunewald* in MüKoHGB § 161 Rn. 113.
[111] BGH DB 2003, 1382.
[112] BGH NJW 1976, 1451.
[113] BGH WM 1978, 87 f.
[114] *K. Schmidt* GesR § 6 V 1a mwN.

in Vollzug gesetzten, bereits werbend tätig gewordenen Gesellschaft Anfechtungs- oder Nichtigkeitsgründe nur **mit Wirkung für die Zukunft** geltend gemacht werden.[115]

58 Diese Lehre beruht auf der Erkenntnis, dass es zu unerträglichen Ergebnissen führte und mit dem recht verstandenen Zweck der zivilrechtlichen Nichtigkeits- und Anfechtungsvorschriften unvereinbar wäre, eine auf Dauer angelegte und **tatsächlich vollzogene** Leistungsgemeinschaft, für welche die Beteiligten Beiträge erbracht und Werte geschaffen, die Gewinnchancen genutzt und das gemeinschaftliche Risiko getragen haben, mit rückwirkender Kraft aus dem Rechtsleben zu streichen und damit so zu behandeln, als ob sie niemals bestanden hätte. Ein solches Rechtsverhältnis verdient vielmehr – und zwar im Innenverhältnis der Gesellschafter untereinander wie nach außen – im Allgemeinen so lange **Bestandsschutz,** bis der Nichtigkeits- oder Anfechtungsgrund geltend gemacht wird.[116]

59 Das bedeutet, dass der Beitritt des arglistig getäuschten Kommanditisten voll wirksam ist und er seine dadurch begründete Zugehörigkeit zur Gesellschaft und damit auch seine Verpflichtung zur Zahlung der Kommanditeinlage durch Anfechtung nicht mehr **rückwirkend** beseitigen kann.[117] Die Anfechtung ist jedoch als außerordentliche Kündigung aus wichtigem Grund auszulegen.[118]

60 **b) Außerordentliche Kündigung.** Beim fehlerhaften Eintritt in eine Gesellschaft geben diejenigen Tatsachen, die an sich ein Anfechtungsrecht begründen würden, dem betroffenen Gesellschafter regelmäßig das Recht, das Gesellschaftsverhältnis im Weg der gesetzlichen Gestaltungsklage, insbesondere also mit der **Klage auf Auflösung der Gesellschaft** (§ 133 HGB iVm § 161 Abs. 2 HGB), zu beenden.[119]

61 Nach Ansicht des BGH kann dies jedoch nicht für den **fehlerhaften Beitritt** zu einer Publikums-KG infolge arglistiger Täuschung gelten. Dies sei mit dem Sinn und Zweck eines Gesellschaftsvertrags, der den Kommanditisten nicht die Möglichkeit lässt, auf Beitrittsverhandlungen einzuwirken und damit die personelle Zusammensetzung der Gesellschafterversammlung mitzubestimmen, und dem Interesse der Mitglieder an dem Bestand einer Massengesellschaft unvereinbar. Ein Gesellschafter mit verhältnismäßig geringer Kapitalbeteiligung, der einen wichtigen Grund zur sofortigen Beendigung seiner Zugehörigkeit zur Gesellschaft hat, solle, um dieses Ziel zu erreichen, nicht auf die Auflösungsklage verwiesen oder hierzu auch nur berechtigt sein. Eine dieser Sachlage angemessene Lösung könne nur darin bestehen, dass dem getäuschten Gesellschafter in **ergänzender Vertragsauslegung** ein **außerordentliches Kündigungsrecht** zuerkannt werde, aufgrund dessen er sofort – allerdings nur, solange die Gesellschaft noch nicht ins Liquidationsstadium getreten ist[120] – ausscheiden könne und die Gesellschaft im Übrigen fortbestehe.[121]

62 Die **Kündigungserklärung** muss gegenüber den Gesellschaftern abgegeben werden. Sie ist auch dann wirksam, wenn sie lediglich der Komplementär-GmbH zugeht, sofern diese nach dem Gesellschaftsvertrag berechtigt ist, mit Wirkung gegenüber allen Gesellschaftern die Beitrittserklärungen neuer Kommanditisten entgegenzunehmen.[122]

63 Nach Ansicht des BGH bildet freilich **nicht jeder wichtige Grund** iSd § 133 HGB zugleich auch einen Grund zur außerordentlichen Kündigung des Gesellschaftsverhältnisses.

---

[115] Anders bei stiller Beteiligung an Kapitalanlagegesellschaft, BGH DB 2004, 1988; kritisch dazu *Loritz* DB 2004, 2459.

[116] BGH NJW 1971, 375 (377).

[117] BGH BB 1979, 15.

[118] BGH NJW 1975, 1700 (1701); BB 1982, 1128 (1129); NZG 2003, 277 (279); anders OLG Celle ZIP 1999, 1128 (1130): nur dann, wenn die Gesellschaft offenkundig vermögenslos ist.

[119] BGHZ 47, 293 (300).

[120] BGH WM 1979, 160.

[121] BGHZ 63, 338 (345); BGH WM 1981, 452. Im Fall einer Publikumsgesellschaft mit Treuhand-KG berechtigt auch eine Pflichtverletzung des Treuhänders die Kommanditisten, ihre „Beteiligung" fristlos zu kündigen, vgl. BGH DB 1979, 1350 (1351); zum zweistufigen Vorgehen in diesem Fall *Grunewald* in MüKoHGB § 161 Rn. 141.

[122] BGH NJW 1975, 1700 (1701); WM 1993, 460 (461); *Watermeyer/Knobbe* in BeckHdB PersGes § 17 Rn. 45.

Ein solches Recht sei vielmehr auf solche wichtigen Gründe beschränkt, die sich nur auf die **Person des einzelnen Gesellschafters** bezögen – wie im Fall des infolge arglistiger Täuschung fehlerhaften Beitrittes. Eine Übertragung auf wichtige Gründe, die alle Gesellschafter gleichermaßen beträfen, zB Unerreichbarkeit des Gesellschaftszweckes, würde bedeuten, dass praktisch jeder Kommanditist das Recht und die Möglichkeit hätte, durch einfache Kündigung aus der Gesellschaft auszuscheiden. Das wiederum würde dazu führen, dass die Risiken der Gesellschafterstellung den jeweils verbleibenden Gesellschaftern aufgebürdet würden, die nicht weniger als der Kündigende betroffen seien. Das aber wäre unbillig und stünde in Widerspruch dazu, dass der einzelne Gesellschafter mit seinem Beitritt in die Gesellschaft mit den übrigen Gesellschaftern eine Risikogemeinschaft eingegangen ist.

Daraus folgt nach Ansicht des BGH aber noch nicht, dass dem Kommanditisten einer Publikumsgesellschaft das Recht zur außerordentlichen Kündigung seiner Beteiligung bei **Unerreichbarkeit des Gesellschaftszweckes** schlechthin zu versagen wäre und ihm nur das Mittel der Auflösungsklage bliebe. Jedenfalls dann, wenn der betroffene Gesellschafter einen Gesellschafterbeschluss über Auflösung oder Fortbestand der Gesellschaft herbeiführen könne, sei er zunächst auf diese **gesellschaftsvertragliche Möglichkeit** zu verweisen. Nur wenn die Gesellschafterversammlung daraufhin beschließe, die Gesellschaft fortzusetzen, hätten die überstimmten Gesellschafter das Recht zur fristlosen Kündigung ihrer Mitgliedschaft.[123] 64

c) Schicksal der Einlageschuld. Ist hiernach der arglistig getäuschte Kommanditist einer Publikumsgesellschaft zwar nicht zur Erhebung einer Auflösungsklage berechtigt, sondern darauf beschränkt, sein Beteiligungsverhältnis durch fristlose Kündigung mit Wirkung für die Zukunft zu beenden, so bleibt abschließend noch die Frage nach dem **Schicksal seiner Einlageverpflichtung** zu behandeln. 65

Mit Zugang der wirksamen Kündigungserklärung ist der Kommanditist aus der Gesellschaft **ausgeschieden.** Eine Kapitaleinlage schuldet ein Gesellschafter – was häufig übersehen wird – jedoch nur so lange, als er der Gesellschaft noch angehört. Ist er ausgeschieden, ist diese Verpflichtung erloschen.[124] Er hat lediglich nach § 739 BGB iVm §§ 105 Abs. 3, 161 Abs. 2 HGB einen Ausgleich zu zahlen, wenn und soweit die Gesellschaft in der Zeit seiner Zugehörigkeit zu ihr im Ergebnis Verluste erlitten hat und diese anteilig auf ihn entfallen. Hierbei ist der von dem betreffenden Gesellschafter zu tragende Verlustanteil durch eine von der Gesellschaft zu erstellende, auf den Tag des Ausscheidens bezogene **Abschichtungsbilanz** zu ermitteln.[125] Erst hieraus kann sich abschließend ergeben, ob im Ergebnis die Gesellschaft noch eine Abfindung nach § 738 BGB oder ob der Ausgeschiedene einen Verlustausgleich nach § 739 BGB schuldet. In jedem Fall können Ansprüche auf Einlage und auf Verlustausgleich nicht nebeneinander bestehen.[126] 66

Besonderheiten bestehen beim **kreditfinanzierten Beitritt.** Der BGH bejaht unter der Voraussetzung, dass der Anlagevermittler die Beteiligung unter Verwendung von Formularen eines Kreditinstituts zur modellhaften Finanzierung anbietet, ein **Verbundgeschäft gemäß § 358 BGB.**[127] Das Kreditinstitut trägt in diesem Fall also das Risiko einer Realisierbarkeit des Abfindungsguthabens, da der Anleger das Darlehen nicht zurückzahlen muss, soweit die Darlehenssumme das Abfindungsguthaben übersteigt. 67

5. Mehrheitsklauseln

Bei Publikumsgesellschaften ist angesichts der großen Anzahl von Kommanditisten eine geschlossene Beteiligung an Gesellschafterversammlungen praktisch nicht zu erreichen. Mit 68

[123] BGH BB 1977, 1469.

[124] BGH WM 1978, 300; nach BGH BB 1979, 15 entfällt zugleich auch die Verpflichtung, dem in die Akquisition eingeschalteten Makler die vereinbarte Provision zu zahlen, und zwar auch dann, wenn dieser an der arglistigen Täuschung nicht beteiligt war.

[125] Vgl. OLG Celle ZIP 1999, 1128 (1130) mwN.

[126] BGH WM 1978, 300.

[127] BGH DStR 2003, 2237; NJW 2009, 3572; vgl. auch *Fischer* DB 2003, 2062; *Hoppe* BB 2003, 2092.

dem vom Gesetz als Regelstatut vorgesehenen **Einstimmigkeitsprinzip** wären daher nicht einmal Vertragsänderungen durchzusetzen, die zweifelsfrei im Interesse aller Gesellschafter liegen und bei denen es überhaupt keinen Grund zum Widerspruch gibt. Dies wäre **nicht interessengerecht,** weil die Verträge von den Gründer-Gesellschaftern, die später auch das Management bilden oder beherrschen, formuliert werden; die Kapitalanleger, die erst später hinzutreten, haben darauf keinen Einfluss. Ein Gebot einstimmiger Beschlussfassung bei Publikumsgesellschaften begründete außerdem die Gefahr, dass eine vernünftige Fortentwicklung der Gesellschaftsunternehmungen unmöglich sein und selbst an krisenhaften Zuständen nichts geändert werden könnte.[128]

69 Wegen dieser **Besonderheiten** hatte der BGH die Anwendung des Bestimmtheitsgrundsatzes (→ § 5 Rn. 89 ff.) auf die Publikumsgesellschaft seit jeher abgelehnt und dort in ständiger Rechtsprechung die Möglichkeit anerkannt, den Gesellschaftsvertrag aufgrund **einfacher Mehrheitsklauseln** durch Mehrheitsbeschluss ändern zu können.[129] Dem war zuzustimmen, weil der Schutzzweck des Bestimmtheitsgrundsatzes bei Publikumsgesellschaften bereits durch die gebotene objektive Auslegung erreicht wurde.[130]

70 Seit der Aufgabe des Bestimmtheitsgrundsatzes durch den BGH gelten für Publikumsgesellschaften insoweit keine Besonderheiten mehr. Es stellt sich allenfalls die vom BGH selbst aufgeworfene, jedoch unbeantwortet gelassene Frage, ob nicht bei Publikumsgesellschaften selbst dann, wenn der Gesellschaftsvertrag **keine Mehrheitsklausel** enthält, das Mehrheitsprinzip gelten soll.[131] Dieses Ergebnis ließe sich auf eine **ergänzende Vertragsauslegung**[132] oder eine mögliche **Analogie zu § 179 Abs. 2 AktG**[133] stützen. Teilweise wird sogar vertreten, dass eine Klausel, die Einstimmigkeit vorsieht, bei der Publikums-KG der gebotenen Inhaltskontrolle nicht standhielte, weil sie die Kommanditisten an der Schaffung einer angemessenen Vertragsgestaltung hinderte.[134] Dem Postulat des BGH,[135] in diesem Fall die berechtigten Interessen der meist in der Komplementär-GmbH organisierten Gründergesellschafter und den allgemeinen Minderheitsschutz in besonders geeigneter Weise zu berücksichtigen, könnte jedenfalls auf materieller Ebene angemessen Rechnung getragen werden.

71 Es stellt sich außerdem die Frage, ob die **Kernbereichslehre** auch für Publikumsgesellschaften gilt. In seiner Entscheidung vom 19.10.2009[136] („Sanieren oder Ausscheiden") hat der BGH – unter Hinweis auf die Entscheidungen „Otto" und „Schutzgemeinschaftsvertrag II" (→ § 5 Rn. 94 ff.) – ausgeführt, dass Mehrheitsentscheidungen bei einer Publikumsgesellschaft einer **inhaltlichen Wirksamkeitsprüfung** unterliegen, wobei Eingriffe in den Kernbereich (im Fall Entzug der Gesellschafterstellung) der Zustimmung der betroffenen Gesellschafter bedürften; diese könne allerdings antizipiert in Form einer eindeutigen Regelung im Gesellschaftsvertrag erteilt werden.[137] Es wäre auch kaum begründbar, warum Gesellschafter einer Publikumsgesellschaft hinsichtlich des Kernbereichs ihrer Mitgliedschaft keinen Schutz genießen sollten.[138] In seiner jüngeren Rechtsprechung stellt der BGH auf materieller Ebene nicht mehr auf die Kernbereichslehre ab, sondern prüft die Wirksamkeit

---

[128] *Schäfer* in Großkomm. HGB § 119 Rn. 48.

[129] BGH NJW 1953, 102; 1976, 958 (959); 1977, 2160 (2161); 1978, 1382; 1988, 411; 1991, 691 (692); NZG 2013, 63 (64).

[130] *Bohlken/Sprenger* DB 2010, 263 (266 f.).

[131] BGH NJW 1978, 1382; *Grunewald* in MüKoHGB § 161 Rn. 120. AA *K. Schmidt* ZGR 2008, 1 (12 f.); *Priester* DStR 2008, 1386 (1388), der sich aber für erhöhte Mehrheitsanforderungen entsprechend § 53 Abs. 2 GmbHG, § 179 Abs. 2 AktG ausspricht.

[132] *Grunewald* in MüKoHGB § 161 Rn. 120.

[133] BGH NJW 1978, 1382.

[134] *Grunewald* in MüKoHGB § 161 Rn. 120.

[135] BGH NJW 1978, 1382.

[136] BGH BB 2010, 10.

[137] Im Fall (näher → Rn. 73) ging der BGH allerdings von einer Zustimmungspflicht aufgrund der gesellschaftsrechtlichen Treupflicht aus. Für eine materielle Wirksamkeitskontrolle unter dem Gesichtspunkt der gesellschaftsrechtlichen Treuepflicht auch BGH NZG 2013, 57 (61); 2013, 63 (65).

[138] *Bohlken/Sprenger* DB 2010, 263 (267).

von Beschlüssen, auch soweit sie Eingriffe in Rechtspositionen begründen sollen, die traditionell dem Kernbereich der Mitgliedschaft in diesem Sinne zugeordnet wurden, im **Einzelfall** am **Maßstab der gesellschaftsrechtlichen Treuepflicht** (→ § 5 Rn. 99). Für Publikumsgesellschaften gelten insoweit keine grundsätzlichen Besonderheiten. Allerdings dürfte der vom BGH nunmehr verfolgte Ansatz es noch besser erlauben, **Spezifika** von Publikumsgesellschaften im Rahmen der materiellen Beschlusskontrolle zu berücksichtigen.

6. Nachschusspflicht

Eine Erhöhung oder Erweiterung der Beitragspflicht (Nachschuss) kann nur durch Änderung des Gesellschaftsvertrags herbeigeführt werden, bedarf also grundsätzlich der **Zustimmung des betroffenen Gesellschafters.** Dieser in § 707 BGB verankerte Grundsatz wird vielfach als ein **„Grundprinzip"** des Gesellschaftsrechtes bezeichnet.[139] Er gilt selbst dann, wenn ohne Zuführung neuer Mittel die Erreichung des Gesellschaftszweckes gefährdet ist oder geradezu unmöglich wird und die Gesellschaft deshalb aufgelöst werden müsste.[140] Nur in absoluten Ausnahmefällen, an die hohe Anforderungen zu stellen sind, ist ein Gesellschafter in einem solchen Fall aus dem Gesichtspunkt der Treuepflicht zu weiteren Zahlungen verpflichtet.[141] Die **Treuepflicht** kann es allerdings gebieten, dass der Gesellschafter, der selbst keinen Nachschuss leistet, den Nachschusszahlungen von Mitgesellschaftern zustimmt, mit der Folge, dass seine **Beteiligung verwässert** wird.[142] 72

Davon zu unterschieden ist die Frage, ob ein Gesellschafter **ausgeschlossen** werden kann, wenn er sich an einer für den Fortbestand der Publikumsgesellschaft notwendigen Kapitalerhöhung nicht beteiligt. In seiner Entscheidung vom 19.10.2009 **(„Sanieren oder Ausscheiden")** hat der BGH dies im Fall einer zahlungsunfähigen und überschuldeten Publikumsgesellschaft bejaht.[143] Bei dieser war es den Gesellschaftern freigestellt, an einer Kapitalerhöhung mitzuwirken, jedoch musste ein nicht sanierungswilliger Gesellschafter ausscheiden. Hierzu hat der BGH entschieden, dass ein nicht zahlungsbereiter Gesellschafter aufgrund gesellschaftlicher Treuepflicht jedenfalls dann verpflichtet sei, sein Ausscheiden zu akzeptieren, wenn er im Fall seines Ausscheidens finanziell nicht schlechter stünde als im Fall der sofortigen Liquidation der Gesellschaft.[144] Andernfalls erlangten die sanierungsunwilligen Gesellschafter auch unter Berücksichtigung der Verwässerung ihrer Beteiligung einen ungerechtfertigten Vorteil zulasten der zahlungsbereiten Gesellschafter. 73

Anders liegt es nach einer Entscheidung des BGH vom 25.11.2011 allerdings dann, wenn der Gesellschaftsvertrag einer Publikumsgesellschaft vorsieht, dass bei Nichterreichen der für eine Kapitalerhöhung erforderlichen Einstimmigkeit **nur die zustimmenden Gesellschafter berechtigt** (und verpflichtet) sind, ihre Einlagen zu erhöhen, während die nicht zustimmenden Gesellschafter eine Verringerung ihres Beteiligungsverhältnisses hinzunehmen haben.[145] In diesem Fall sei es einem zahlungsunwilligen Gesellschafter aufgrund der durch den Gesellschaftsvertrag geweckten Erwartungshaltung, bei Nichtteilnahme an einer Sanierung nicht mit einem Ausschluss rechnen zu müssen, auch unter dem Gesichtspunkt der Treuepflicht nicht zumutbar, einem Beschluss zustimmen, nach dem ein nicht sanierungswilliger Gesellschafter aus der Gesellschaft ausscheidet. 74

Soll über eine **Kapitalerhöhung** mehrheitlich beschlossen werden, muss sich das Mehrheitserfordernis in „verständlicher, nicht nur versteckter Weise" aus dem Gesellschaftsvertrag 75

[139] So bereits *A. Hueck,* Das Recht der OHG, § 14 III; von einem „Grundrecht" spricht *Schäfer* in MüKoBGB § 707 Rn. 1.

[140] BGH WM 1961, 32 (34).

[141] *A. Hueck,* Das Recht der OHG, § 14 III; *v. Falkenhausen/Schneider* in MHdB GesR II § 19 Rn. 10; *Müller* DB 2005, 95; *Komo* BB 1423 (1426); BGH DStR 2006, 621 (623).

[142] *Schäfer* MüKoBGB § 707 Rn. 10; *Grunewald* in MüKoHGB § 161 Rn. 27; *Müller* DB 2005, 95 (96).

[143] BGH BB 2010, 10. In diesem Sinne zuletzt auch BGH DNotZ 2016, 139; OLG Karlsruhe NZG 2017, 260.

[144] Kritisch unter Hinweis darauf, dass Ausschließung stets einen wichtigen Grund voraussetzt, *Armbrüster* ZGR 2009, 1 (23).

[145] BGH DStR 2011, 823.

ergeben.[146] Dieses Erfordernis ist nach dem Verständnis des BGH nicht Ausfluss des – aufgegebenen – Bestimmtheitsgrundsatzes, sondern leitet sich materiell daraus ab, dass die Belastung mit zusätzlichen Beiträgen die **Zustimmung** des betroffenen Gesellschafters voraussetze, die nur dann in die Mehrheitsklausel hineingelesen werden könne, wenn diese insoweit **eindeutig** sei und **Ausmaß und Umfang der möglichen zusätzlichen Belastung** erkennen lasse (→ § 5 Rn. 101). Diese Voraussetzung wird nicht bereits dadurch erfüllt, dass Mehrheitsbeschlüsse über „Erhöhungen des Kommanditkapitals einschließlich der Aufnahme neuer Gesellschafter" im Gesellschaftsvertrag zugelassen werden.[147] Ein Nachschuss kann im Zweifel auch nur insoweit eingefordert werden, als das zusätzliche Kapital zur **Aufrechterhaltung des Betriebs** der Publikumsgesellschaft erforderlich ist.[148]

76 Ob für Kapitalerhöhungen darüber hinaus eine **Obergrenze** bestimmt sein muss, hat der BGH für die Publikumsgesellschaft jedenfalls dann verneint, wenn der Beschluss nur das **Recht** zur erhöhten Kapitaleinlage begründet und dieses Recht jedem Kommanditisten entsprechend der Höhe seiner bisherigen Beteiligung eingeräumt wird.[149] Denn dann handelt es sich letztlich nicht um eine Nachschusspflicht, sondern um das Recht zur Teilnahme an der Kapitalerhöhung, also gewissermaßen ein **Nachschussrecht.** Wegen der Eigenart der Gesellschaft als Kapitalsammelbecken sei, so der BGH, davon auszugehen, dass in diesen Fällen die Möglichkeit einer betragsmäßig nicht begrenzten Kapitalerhöhung durch Mehrheitsbeschluss und die damit möglicherweise eintretende Verschiebung der Beteiligungsverhältnisse dem Willen der Gesellschafter entspricht.[150]

77 Geht es um die Begründung einer **Nachschusspflicht,** setzt die Annahme einer antizipierten Zustimmung zu der Mehrheitsentscheidung nach Ansicht des BGH voraus, dass eine **Obergrenze** oder sonstige **Kriterien,** die das **Erhöhungsrisiko eingrenzen,** festgelegt sind.[151] Dabei genügt es, wenn sich die maximale Höhe der den Gesellschafter treffenden Beitragspflicht aus dem **Gesellschaftsvertrag iVm** der zugehörigen **Beitrittserklärung** ergibt.[152] Fehlt es an diesen Anforderungen, ist der Mehrheitsbeschluss über einen Nachschuss dem dissentierenden Gesellschafter gegenüber unwirksam. Dieser kann die Unwirksamkeit im Weg der allgemeinen, nicht fristgebundenen **Feststellungsklage** (§ 256 ZPO) sowohl gegenüber den Mitgesellschaftern als auch gegenüber der Gesellschaft geltend machen, und zwar auch dann, wenn der Gesellschaftsvertrag für die Geltendmachung von Beschlussmängeln eine Frist vorsieht.[153]

78 Fraglich ist, ob eine gesellschaftsvertragliche Regelung, der zufolge jeder Gesellschafter verpflichtet ist, „erforderlichenfalls die von Hypothekenbanken und sonstigen Finanzierungsinstituten in Zusammenhang mit der Gewährung von Baudarlehen und Zwischenfinanzierungen gemachten Auflagen zu erfüllen", die Kommanditisten einer Publikums-KG zwingt, **Bürgschaften oder Mitschuldnererklärungen** abzugeben. Der BGH[154] lehnt dies mit der Begründung ab, dass derartige Erklärungen einer **Nachschusspflicht gleichzusetzen** seien, die im Gesellschaftsvertrag unzweideutig vereinbart werden müssen. Eine Klausel, die lediglich eventuell erforderlich werdende „Auflagen" von Kreditinstituten erwähnt, reicht insoweit nicht aus. Einer Auslegung dahin gehend, dass darunter auch die Eingehung einer Bürgschaft oder die Übernahme einer Mitschuld fallen würde, stünde entgegen, dass dies im Ergebnis zu einer – vom Gesetz (§ 707 BGB) und Gesellschaftsvertrag gerade ausgeschlossenen – Erweiterung der Beitragsverpflichtung führen würde.

---

[146] BGH NJW-RR 2009, 753 (754); 2007, 757 (758), 2006, 827 (828); NJW 1983, 164; *Watermeyer/Knobbe* in BeckHdB PersGes § 17 Rn. 70; *Schäfer* MüKoBGB § 707 Rn. 8.
[147] OLG München DB 2004, 1878.
[148] BGH NJW 1979, 419; *Watermeyer/Knobbe* in BeckHdB PersGes § 17 Rn. 70; *v. Falkenhausen/Schneider* in MünchHdB GesR II § 19 Rn. 10.
[149] BGH NJW 1976, 958.
[150] Dazu auch *Wiedemann* ZGR 1977, 690; *Barfuß* DB 1977, 571; *K. Schmidt* ZIP 1980, 328 (335); *Jaletzke* in MHdB GesR II § 67 Rn. 18.
[151] BGH DB 2005, 1898; DStR 2006, 621; 2006, 624; DB 2007, 964; NZG 2009, 862 (863).
[152] BGH BB 2008, 235. Dazu auch *Wertenbruch* DStR 2007, 1680; *Frings* NZG 2008, 218.
[153] BGH BB 2007, 902 (903) mAnm *Gehrlein* BB 2007, 1019; BGH NJW 2015, 859 (862).
[154] BGH NJW 1979, 2102.

In einem ähnlich gelagerten Fall, über den der BGH entscheiden musste,[155] hatten sich die Kommanditisten im Gesellschaftsvertrag dazu verpflichtet, ihre Kommanditeinlagen entsprechend ihrem bisherigen Anteil, höchstens jedoch um 20 %, zu erhöhen, falls die Gesellschafter dies mit Dreiviertelmehrheit beschließen sollten. Dies galt auch, wenn Kreditinstitute die Erhöhung der Kommanditeinlagen verlangten; für diesen Fall sollte ein Gesellschafterbeschluss nicht erforderlich sein. Eine derartige Regelung, so der BGH, sei im Zweifel dahin auszulegen, dass die Erhöhung nur gefordert werden könne, solange das zusätzliche Kapital dem **Gesellschaftszweck zu dienen bestimmt** sei. Dies war im Urteilsfall zu verneinen, da sich die Gesellschaft im Zeitpunkt des Erhöhungsverlangens bereits in der **Liquidation** befunden hatte. Aus diesem Grund stand fest, dass die zusätzlichen Geldmittel ausschließlich zur Befriedigung von Gesellschaftsgläubigern verwandt werden sollten. 79

7. Rechtsnatur von Gesellschafterdarlehen und stillen Beteiligungen

In der Praxis kommt es vielfach vor, dass die Kapitalleistung, zu deren Erbringung sich der einer Publikumsgesellschaft beitretende Kommanditist im Gesellschaftsvertrag verpflichtet hat, aus **steuerlichen und haftungsrechtlichen** Gründen in einen Betrag, der auf die eigentliche Kommanditeinlage entfällt, und in einen weiteren Betrag, der als **„Darlehen" oder stille Beteiligung** an der Gesellschaft zur Verfügung gestellt wird, aufgespalten wird. Gemeinhin spricht man in derartigen Fällen von einer **„gesplitteten Einlage"**.[156] Diese wurde zunächst vorzugsweise bei Publikumsgesellschaften eingesetzt,[157] hat mittlerweile aber auch in der normalen GmbH & Co. KG,[158] in der GmbH[159] und selbst in der gesetzestypischen KG[160] Bedeutung erlangt. 80

Bei derartigen Gestaltungen handelt es sich um eine Art Gründungskredit, der gemeinhin als **„Finanzplankredit"** bezeichnet wird.[161] Als einlageähnlich wirkende Darlehenszusage unterliegt der Finanzplankredit nach Ansicht der Rechtsprechung besonderen Rechtsfolgen. Da die Verpflichtung zur Darlehensgewährung gesellschaftsvertraglicher Art ist, kann ein Gesellschafter das von ihm der Gesellschaft gewährte Darlehen auch bei Vorliegen eines wichtigen Grundes nicht ohne Weiteres, sondern **nur bei vorheriger oder gleichzeitiger Beendigung** des Gesellschaftsverhältnisses vorzeitig zurückfordern.[162] Ferner ist er nicht dazu berechtigt, sein Darlehensversprechen unter Hinweis auf den zwischenzeitlich eingetretenen Vermögensverfall der Gesellschaft gemäß § 490 Abs. 1 BGB (wesentliche Verschlechterung in den Vermögensverhältnissen des Darlehensnehmers) außerordentlich zu kündigen.[163] Zur Valutierung des versprochenen Darlehens ebenso wie zur Leistung der stillen Einlage ist er selbst dann verpflichtet, wenn die Gesellschaft – etwa, weil die Erreichung des Gesellschaftszweckes unmöglich geworden ist – zwischenzeitlich aufgelöst ist, insolvent oder aus einem anderen Grund ins Liquidationsstadium getreten ist.[164] Eine Befreiung von dieser Verpflichtung ist nur außerhalb der Kri- 81

[155] BGH NJW 1979, 419.

[156] *v. Falkenhausen/Schneider* in MHdB GesR II § 17 Rn. 17 ff.; *Ihrig* in Reichert GmbH & Co. KG § 43 Rn. 9; *Hoppe* in HTM HdB GmbH & Co. KG Rn. 2.327; *Habersack* ZHR 161 (1997), 457 ff.; *Wilken* ZIP 1996, 61 ff.

[157] BGH NJW 1978, 376 (377); 1978, 2154; 1980, 1522 (1523); 1981, 2251 (2252); 1985, 1468 (1469).

[158] BGH NJW 1988, 1841.

[159] BGH NJW 1993, 392 (394).

[160] *v. Gerkan* ZGR 1997, 173 (193).

[161] *Kleindiek* in Lutter/Hommelhoff GmbHG Anh. § 64 Rn. 170; *Henze/Notz* in EBJS HGB § 177a Anh. B Rn. 172; *v. Gerkan* ZGR 1997, 173 (193); BGH NZG 1999, 880 (881 f.); NJW 2010, 3342 (3344).

[162] BGH NJW 1980, 1522. Anders liegt es natürlich, wenn die Darlehensrückzahlung vereinbarungsgemäß zu bestimmten Zeitpunkten zu erfolgen hat, so im Fall OLG Hamburg ZIP 1983, 573.

[163] BGH NJW 1978, 2154; NZG 1999, 880 (881 f.); NJW 2010, 3342 (3344).

[164] BGH NJW 1978, 2154; 1980, 1522; WM 1982, 742 (743); NJW 1999, 2809. Hinsichtlich einer stillen Beteiligung gilt dies unabhängig davon, ob die Teilnahme des Stillen ausgeschlossen ist oder nicht; vgl. auch BGH NJW 1981, 2251.

se[165] möglich, indem die Satzung geändert oder die Nebenabrede einvernehmlich aufgehoben wird.[166]

82 Dies gilt allerdings dann nicht, wenn feststeht, dass weitere Zahlungen (als Darlehen oder stille Beteiligung) für die **Zwecke der Abwicklung** nicht benötigt werden. Ob ein solcher Sachverhalt vorliegt, wird freilich unter den Beteiligten meist heftig umstritten sein. Deshalb dürfte für die Praxis dem vom BGH[167] hierzu aufgestellten **Beweislastgrundsatz** entscheidende Bedeutung beizumessen sein. Hiernach hat grundsätzlich der auf Zahlung rückständiger Beiträge (wozu auch Darlehensverpflichtungen und stille Beteiligungen der vorgenannten Art gehören) in Anspruch genommene Gesellschafter darzulegen und zu beweisen, dass der eingeforderte Betrag für die Durchführung der Abwicklung nicht benötigt wird. Der Liquidator oder Insolvenzverwalter hat jedoch die insoweit bedeutsamen Verhältnisse der Gesellschaft zu offenbaren, soweit nur er dazu imstande ist; verweigert er die Aufklärung, gilt der vom Gesellschafter anzutretende Beweis als erbracht.

83 Nachdem mit dem MoMiG das **Eigenkapitalersatzrecht** entfallen ist (→ § 12 Rn. 80), stellt sich die Frage, ob die zu Finanzplankrediten entwickelte Rechtsprechung noch Bestand haben kann. Die hM[168] bejaht dies grundsätzlich mit dem Hinweis darauf, dass der BGH stets zwischen Eigenkapitalersatz und Finanzplankrediten **differenziert** und dabei betont habe, dass Finanzplankredite – trotz der zum Teil deckungsgleichen Rechtsfolgen[169] – „keine eigenständige Kategorie des Eigenkapitalersatzrechts" seien.[170] Nach seit MoMiG geltender Rechtslage sind im Insolvenzfall alle Gesellschafterdarlehen gemäß § 39 Abs. 1 Nr. 5 InsO nachrangig zu befriedigen (näher → § 12 Rn. 81). Dies gilt allerdings dann nicht, wenn das Darlehen von einem Gesellschafter gewährt wurde, der die Beteiligung zum Zwecke der **Sanierung** der Gesellschaft erworben hat (§ 39 Abs. 4 S. 2 InsO) oder der **nicht geschäftsführend** tätig ist und dessen **Beteiligungsquote** 10 % nicht übersteigt (§ 39 Abs. 5 InsO). Um Wertungswidersprüche zu vermeiden, müsste diese Privilegierung an sich auch bei Finanzplankrediten zum Tragen kommen mit der Folge, dass gerade bei Publikumsgesellschaften wegen der Privilegierung von Kleinbeteiligungen § 39 Abs. 1 Nr. 5 InsO regelmäßig nicht greift.[171] Der BGH hat sich hierzu bislang nicht geäußert, sondern die – sodann offengelassene – Frage aufgeworfen, ob an seiner bisherigen Rechtsprechung festzuhalten sei.[172] Spekulationen dahingehend, dass der BGH seine Finanzplanrechtsprechung weiter ausbaut,[173] dürfte damit der Boden entzogen sein.

84 Ob im Einzelfall eine **gesellschaftsrechtliche** oder aber eine allgemeine **schuldrechtliche Verpflichtung** vorliegt, ist grundsätzlich im Weg der Auslegung der getroffenen Vereinbarungen unter Berücksichtigung der bei Vertragsschluss vorliegenden Gesamtumstände festzustellen.[174] Hierbei kann nicht davon ausgegangen werden, dass alles, was im Gesellschaftsvertrag steht, echter Bestandteil des Gesellschaftsvertrags ist und gesellschaftliche Rechte und Pflichten begründet. Wenn jedoch der Gesellschaftsvertrag einer Massengesell-

---

[165] Da dieser Begriff noch aus dem Eigenkapitalersatzrecht stammt, sollte nach *Buschmann* NZG 2009, 91 (92 f.) jetzt an die „drohende oder eingetretene Zahlungsunfähigkeit" iSv § 39 Abs. 4 S. 2 InsO angeknüpft werden.

[166] BGH NZG 1999, 880 (881 f.); NJW 2010, 3342 (3344). Kritisch dazu *Kleindiek* in Lutter/Hommelhoff GmbHG Anh. § 64 Rn. 170.

[167] BGH NJW 1978, 2154; BGH NJW 1980, 1522 (1523).

[168] *Buschmann* NZG 2009, 91; *K. Schmidt* ZIP 2006, 1925 (1933); *Lüke* in HTM HdB GmbH & Co. KG Rn. 10.191.

[169] Aus der Qualifizierung eines Gesellschafterdarlehens oder einer stillen Beteiligung als gesellschaftsrechtlich gebundenes Quasi-Eigenkapital folgte nach der Rechtsprechung, dass der betreffende Kommanditist im Insolvenzfall nicht berechtigt war, seinen Rückzahlungsanspruch als Insolvenzforderung geltend zu machen. Dazu BGH NJW 1980, 1522 (1523) für die stille Beteiligung und BGH NJW 1988, 1841 (1842) für das Gesellschafterdarlehen.

[170] BGH NZG 1999, 880 (881 f.).

[171] Vgl. auch *Krolop* ZIP 2007, 1738 (1740 f.) zu den Rückwirkungen des MoMiG auf die Rückzahlung des Finanzplankredits im Vorfeld der Insolvenz.

[172] BGH NJW 2010, 3442 (3444).

[173] Dazu *K. Schmidt* ZIP 2006, 1925 (1933); *Buschmann* NZG 2009, 91 (93).

[174] BGH NJW 1978, 376 (377); NZG 1999, 880 (881 f.).

schaft für die Kommanditisten die Verpflichtung zur Erbringung von Kapitalleistungen begründet, so ist nach Ansicht des **BGH** im Zweifel anzunehmen, dass sie auch dann gesellschaftlicher Art seien und den Bedingungen des Gesellschaftsverhältnisses unterliegen sollen, wenn sie nicht als echte Kommanditeinlage geschuldet werden, sondern zB als Darlehen oder stille Beteiligung. Das gilt insbesondere dann, wenn die zusätzlich zu erbringenden Mittel zur **Erreichung des Gesellschaftszweckes** unerlässlich sind und dementsprechend im Gesellschaftsvertrag oder Emissionsprospekt – zusammen mit den Kommanditeinlagen – als „Gesellschaftskapital" oder „Eigenkapital" bezeichnet oder behandelt wurden.[175] Weitere Indizien für eine materielle Eigenkapitalfunktion sind neben möglicherweise besonders günstigen Kreditkonditionen vor allem die Pflicht zur langfristigen Belassung oder das Fehlen einseitiger Kündigungsmöglichkeiten, die eine Rückforderung regelmäßig nur als Abfindungs- oder Liquidationsguthaben ermöglichen.[176]

Zahlungen, die ein Kommanditist auf sein „Darlehen" erbringt, sind als Leistungen auf **85** die **Haftsumme anzurechnen,** falls im Handelsregister nicht nur der im Innenverhältnis als eigentliche Kommanditeinlage geltende Teilbetrag, sondern die Gesamtsumme (also einschließlich „Darlehen") eingetragen wurde.[177]

Insbesondere für die Publikums-KG stellt sich bei der „gesplitteten Einlage" die Frage, **86** ob nach dem **Merkblatt der BaFin** zum Einlagengeschäft vom **11.3.2014** ein erlaubnispflichtiges Kreditgeschäft iSd § 1 Abs. 1 S. 2 Nr. 2 KWG iVm § 32 Abs. 1 S. 1 KWG vorliegt (insoweit → § 5 Rn. 83 ff.).

8. Gespaltene Stimmabgabe durch Treuhandkommanditisten

Ist die Publikums-GmbH & Co. KG so gestaltet, dass die Anleger nicht direkt als Kom- **87** manditisten beitreten, sondern zwischen ihnen und der Gesellschaft ein Treuhänder geschaltet wird, so ist dieser der alleinige Kommanditist der KG (dazu auch → Rn. 14). Da das Gesetz von einer einheitlichen Beteiligung in dem Sinne ausgeht, dass eine Person an einer KG nicht zugleich mit mehreren Kommanditanteilen beteiligt sein kann (→ § 2 Rn. 12), hält der **Treuhandkommanditist** eine **einheitliche Kommanditbeteiligung,** was eigentlich zur Folge hätte, dass auch die Verwaltungsrechte, insbesondere das Stimmrecht, nur einheitlich ausgeübt werden könnten.

Dies widerspräche jedoch dem Umstand, dass der Anteil aus wirtschaftlicher Sicht gespal- **88** ten und der Treuhandkommanditist als Repräsentant mehrerer Anleger beteiligt ist. Die Anleger bei der Publikumsgesellschaft, die nur mittelbar über einen Treuhandkommanditisten beteiligt sind, müssen deshalb im Innenverhältnis unter den Gesellschaftern so gestellt werden können, als wären sie Kommanditisten.[178] Zumindest auf der Grundlage einer entsprechend gesellschaftsvertraglichen Regelung muss deshalb auch eine **gespaltene Stimmabgabe** des Treuhandkommanditisten als **zulässig** angesehen werden.[179]

IV. Ausblick

Nachdem der Gesetzgeber die Möglichkeit der steuerlichen Verlustverrechnung im Lauf **89** der Jahre erheblich beschränkt hat (§§ 2b, 15a und 15b EStG; → § 16 Rn. 325 ff., 375), ist die Verbreitung der Publikums-GmbH & Co. KG spürbar zurückgegangen. Als flexibles Instrument zur **Organisation von Risikokapital** hat sie jedoch nach wie vor wirtschaftliche Bedeutung.

---

[175] BGH NJW 1980, 1522.
[176] KG GmbHR 1999, 128 (129).
[177] BGH NJW 1975, 1318.
[178] So BGH NJW 1987, 2677.
[179] So zutreffend *K. Schmidt* in MüKoHGB Vor § 230 Rn. 62; *K. Schmidt* GesR § 61 III c; OLG Köln DB 1996, 2123; *Klöckner* BB 2009, 1313. Zur entsprechenden Thematik bei der GmbH *Zöllner/Noack* in Baumbach/Hueck GmbHG § 47 Rn. 20; *Koppensteiner/Gruber* in Rowedder/Schmidt-Leithoff GmbHG § 47 Rn. 38 ff. Zur Frage der Beschlussanfechtung bei zwischengeschaltetem Treuhandkommanditisten OLG München DB 2005, 1211.

90 Die historische Entwicklung der Rechtsprechung zur Publikumsgesellschaft hat gezeigt, dass der auch in diesem Zusammenhang sogleich (vorschnell) erhobene **Ruf nach dem Gesetzgeber verfehlt** war. Die höchstrichterliche Rechtsprechung ist durchaus in der Lage, auf neue, bei der Verabschiedung eines Gesetzes nicht vorhersehbare Entwicklungen zu reagieren. Eine gesetzliche Regelung des Rechts der Publikums-Personengesellschaft erscheint aus heutiger Sicht auch deshalb nicht mehr erforderlich, weil die große Zeit dieses Gesellschafts-Typus durch die Änderung der steuerrechtlichen Rahmenbedingungen, die zu seiner Blüte geführt hatten, vorbei sein dürfte.

§ 14 Die GmbH & Co. KG im Licht der Mitbestimmung

I. Allgemeines

1. Mitbestimmung nach dem Drittelbeteiligungsgesetz

1 Gemäß § 1 Abs. 1 Nr. 3 DrittelbG[1] ist bei einer **GmbH** mit in der Regel **mehr als 500 Arbeitnehmern**[2] ein **Aufsichtsrat** zu bilden, der zu **einem Drittel aus Vertretern der Arbeitnehmer** bestehen muss. Arbeitnehmer von Konzernunternehmen werden einem herrschenden Unternehmen zugerechnet, wenn zwischen den Unternehmen ein Beherrschungsvertrag besteht oder das abhängige Unternehmen in das herrschende Unternehmen eingegliedert ist (§ 2 Abs. 2 DrittelbG).[3] Da eine typische Komplementär-GmbH in der Regel keine oder nur wenige Arbeitnehmer beschäftigen wird, ist diese Bestimmung für sie ohne praktische Bedeutung.

2 Die **GmbH & Co. KG** selbst wird von der Mitbestimmung nach dem DrittelbG, unabhängig von ihrer Arbeitnehmerzahl, **nicht** erfasst. Denn dieses Gesetz schreibt den drittelparitätisch besetzten Aufsichtsrat nur bei Kapitalgesellschaften vor. Da ein Unternehmen unter den vom Gesetz zur Verfügung gestellten Organisationsformen frei wählen kann, also nicht etwa verpflichtet ist, sich eine Rechtsform zuzulegen oder eine solche weiterhin beizubehalten, die den Arbeitnehmern mitbestimmungsrechtlichen Einfluss garantiert,[4] erscheint es uns von vornherein abwegig, die Frage überhaupt nur aufzuwerfen, ob in der Gründung einer GmbH & Co. KG eine **„Umgehung"** der Mitbestimmungsgesetze gesehen werden könnte.[5]

2. Mitbestimmung nach dem Mitbestimmungsgesetz

3 **a) Voraussetzungen.** Kernstück des am 1.7.1976 in Kraft getretenen Gesetzes über die Mitbestimmung der Arbeitnehmer (MitbestG) ist die **paritätische Mitbestimmung,** also die paritätische Zusammensetzung des **Aufsichtsrats** aus Mitgliedern der Anteilseigner und solchen der Arbeitnehmer, für alle in § 1 Abs. 1 MitbestG aufgeführten Unternehmen mit **mehr als 2.000 Arbeitnehmern.**[6] Zu diesen Unternehmen gehören unter anderem die GmbH, nicht aber die Personenhandelsgesellschaften, die nach der Grundkonzeption des Gesetzgebers mitbestimmungsfrei bleiben sollen nach der Devise, dass derjenige Herr seiner Entschlüsse sein müsse, der ihre wirtschaftlichen Auswirkungen aufgrund seiner unbeschränkten persönlichen Haftung auch selbst zu verantworten habe.

---

[1] Bis zum 30.6.2004 war diese sog drittelparitätische Mitbestimmung in § 77 BetrVG 1952 (iVm § 129 BetrVG 1972) geregelt; vgl. Zweites Gesetz zur Vereinfachung der Wahl der Arbeitnehmervertreter in den Aufsichtsrat vom 18.5.2004, BGBl. 2004 I 904. Hierzu *Huke/Prinz* BB 2004, 2633.

[2] Zur Berücksichtigung von Arbeitnehmern, die in Betrieben im EU-Ausland beschäftigt sind, → Rn. 18f.

[3] Nach KG NZG 2007, 913 (914) erfasst § 2 Abs. 2 DrittelbG nicht Arbeitnehmer in faktischen Konzernunternehmen.

[4] So ausdrücklich auch *Kunze* ZGR 1978, 321 (343).

[5] AA *Knur* DNotZ 1953, 6 (18ff.).

[6] Zur Berücksichtigung von Arbeitnehmern, die in Betrieben im EU-Ausland beschäftigt sind, → Rn. 18f.

Von diesem einleuchtenden Grundsatz enthält jedoch **§ 4 Abs. 1 MitbestG** eine für die GmbH & Co. KG entscheidende **Ausnahme.** Nach dieser Vorschrift werden die bei einer GmbH & Co. KG beschäftigten Arbeitnehmer den Arbeitnehmern der Komplementär-GmbH hinzugerechnet mit der Wirkung, dass diese, sofern sie bisher weniger als 2.000 Arbeitnehmer hatte, infolge der Zurechnung ggf. die gesetzlich vorgeschriebene Mindestzahl von 2.000 Arbeitnehmern erreicht und dadurch mitbestimmungspflichtig wird, wenn folgende **drei Voraussetzungen kumulativ** erfüllt sind: 4

- GmbH und KG beschäftigen zusammen in der Regel **mehr als 2.000 Arbeitnehmer;**
- die **Mehrheit der Kommanditisten,** berechnet nach der Mehrheit der Anteile oder der Stimmen, hat die **Mehrheit der Geschäftsanteile** oder der **Stimmen** bei der GmbH inne;
- die GmbH hat **keinen eigenen Geschäftsbetrieb,** oder sie hat zwar einen eigenen, beschäftigt aber in der Regel **nicht mehr als 500 Arbeitnehmer.**

Das Gesetz unterwirft also, sofern die genannten Voraussetzungen erfüllt sind, die GmbH & Co. KG nicht unmittelbar der Mitbestimmung, sondern **nur mittelbar,** wobei es offenbar davon ausgeht, dass das den Arbeitnehmern im paritätisch besetzten Aufsichtsrat der persönlich haftenden GmbH eingeräumte Mitbestimmungsrecht kraft deren Komplementär-Stellung auch auf die GmbH & Co. KG selbst durchschlagen wird. Um insoweit sicherzustellen, dass die solchermaßen sich vollziehende Mitbestimmung in der GmbH & Co. KG nicht durch **gesellschaftsvertragliche** Gestaltung unterlaufen wird, ist in § 4 Abs. 2 MitbestG angeordnet, dass die mitbestimmte GmbH von der Führung der Geschäfte der KG nicht ausgeschlossen werden kann, was sonst handelsrechtlich ohne weiteres möglich wäre (§ 114 Abs. 2 HGB iVm § 161 Abs. 2 HGB; → § 4 Rn. 14). 5

Im krassen Gegensatz zur theoretischen Bedeutung von § 4 MitbestG und der hierdurch ausgelösten (inzwischen eingeschlafenen) wissenschaftlichen Diskussion hat sich die **praktische Bedeutung** der Vorschrift als **gering** erwiesen. Per 31.12.2016 wurden lediglich 12 Kapitalgesellschaft & Co. KGs gezählt, die unter das MitbestG fielen.[7] 6

b) Folgen der Mitbestimmungspflicht bei der Komplementär-GmbH. Was die rechtliche Stellung des **mitbestimmten Aufsichtsrats** der Komplementär-GmbH anbetrifft, so bestimmen sich seine innere Ordnung, die Beschlussfassung sowie seine Rechte und Pflichten in erster Linie nach den §§ 25, 27–29, 31 und 32 MitbestG, die ihrerseits wieder auf eine Reihe **aktienrechtlicher** Vorschriften verweisen. Hiernach ist die Rechtsstellung des aus mindestens zwölf (!) Mitgliedern (§ 7 Abs. 1 S. 1 Nr. 1 MitbestG) bestehenden Aufsichtsrats von seiner Aufgabe geprägt, nicht nur die Geschäftsführung zu bestimmen, sondern diese auch zu überwachen und zu beraten. Die Befugnisse des mitbestimmten Aufsichtsrats beziehen sich zwar formal nur auf das Unternehmen der mitbestimmten Komplementär-GmbH. Tatsächlich erstrecken sie sich wegen der durch § 4 Abs. 2 MitbestG abgesicherten Geschäftsführerstellung der Komplementär-GmbH **mittelbar** auch auf dasjenige der – als solche nicht der Mitbestimmung unterliegenden – GmbH & Co. KG, sofern Komplementär-GmbH und GmbH & Co. KG ausnahmsweise nicht ohnehin einen Konzern bilden.[8] 7

Eine der Hauptaufgaben des Aufsichtsrats besteht darin, die **Geschäftsführer der Komplementär-GmbH** zu **bestellen** und **abzuberufen** (§ 31 MitbestG). Während bei einer nicht der Mitbestimmung unterliegenden GmbH die Gesellschafter selbst durch Beschluss über die Bestellung und Abberufung der Geschäftsführer sowie deren Entlastung frei entscheiden können (§ 46 Nr. 5 GmbHG), liegt die **Personalkompetenz** über die Geschäftsführung in der mitbestimmten GmbH somit beim Aufsichtsrat. Das Gesetz sieht für die Bestellung der Geschäftsführer drei „Wahlgänge" vor. Im Regelverfahren beschließt der Aufsichtsrat mit Zweidrittelmehrheit (§ 31 Abs. 2 MitbestG). Kommt diese nicht zustande, entscheidet der Vermittlungsausschuss, zunächst mit gleichem Stimmrecht für alle (§ 31 8

[7] Ermittlung der Hans-Böckler-Stiftung, abrufbar unter: http://www.boeckler.de/66935.htm.
[8] *Ulmer/Habersack* in UHH MitbestG § 4 Rn. 31.

Abs. 3 MitbestG), schließlich mit dem Zweitstimmrecht des Aufsichtsratsvorsitzenden (§ 31 Abs. 4 MitbestG). Aufgrund dieses Zweitstimmrechts muss zB der Alleingesellschafter einer der Mitbestimmung unterliegenden Einpersonen-GmbH & Co. KG nicht befürchten, dass ihm ein ungeeignet erscheinender Geschäftsführer „vor die Nase" gesetzt wird; auf dem Weg über den **Stichentscheid des Aufsichtsratsvorsitzenden** kann er sich vielmehr auch selbst zum Geschäftsführer bestellen lassen.

9 Nach § 33 Abs. 1 MitbestG hat der Aufsichtsrat als weiteres gleichberechtigtes Mitglied der Geschäftsführung einen sog **Arbeitsdirektor** zu bestellen, dem als Mindestressort alle wesentlichen Personal- und Sozialfragen zu übertragen sind.[9] Der Arbeitsdirektor soll seine Aufgaben „im engsten Einvernehmen mit dem Gesamtorgan" ausüben. Aus dieser Formulierung folgert die hM, dass das Gesetz von der Existenz eines wenigstens **zweigliedrigen Vertretungsorgans** ausgeht, es also nicht zulässt, dass der GmbH-Geschäftsführer in einer Person zugleich auch die Aufgaben des Arbeitsdirektors wahrnimmt.[10] Wir halten diese Auslegung nicht für zwingend.[11] Sie ist nicht nur formalistisch, sondern verursacht auch noch unverhältnismäßig hohe Verwaltungskosten. Um nämlich zu vermeiden, dass das Vertretungsorgan wegen Meinungsverschiedenheiten zwischen dem Arbeitsdirektor und dem anderen Mitglied der Geschäftsführung funktionsunfähig wird, wird sich die Berufung eines weiteren dritten Geschäftsführers kaum vermeiden lassen.[12]

10 Die Bestellung des Arbeitsdirektors erfolgt im Übrigen nach den gleichen Grundsätzen wie diejenige der anderen Geschäftsführungsmitglieder. Die Aufsichtsratsmitglieder der Arbeitnehmer haben also, **anders** als nach der Regelung des **Montan-MitbestG** (§ 13 Abs. 1 S. 2), gegen den mehrheitlich, notfalls durch den Stichentscheid des Aufsichtsratsvorsitzenden gewählten Arbeitsdirektor **kein Vetorecht.**

11 Bei der **Wahl des Aufsichtsratsvorsitzenden** ist für den Fall, dass sich Arbeitnehmer- und Anteilseignerseite nicht auf einen gemeinsamen Kandidaten einigen können, vorgesehen, dass der Vorsitzende im zweiten Wahlgang ausschließlich von den Aufsichtsratsmitgliedern der Anteilseigner gewählt wird (§ 27 Abs. 2 MitbestG).

12 Zur **Überwachung der Geschäftsführung** stehen dem Aufsichtsrat aufgrund der in § 25 Abs. 1 S. 1 Nr. 2 MitbestG in Bezug genommenen Vorschriften des AktG insbesondere folgende **Instrumente** zur Verfügung:

- Er kann von der Geschäftsführung jederzeit einen **Bericht** verlangen über die Angelegenheiten der Gesellschaft, über ihre rechtlichen und geschäftlichen Beziehungen zu verbundenen Unternehmen sowie über geschäftliche Vorgänge bei diesen Unternehmen, die auf die Lage der Gesellschaft von erheblichem Einfluss sein können (§ 90 Abs. 3 AktG);
- Er kann die **Bücher und Schriften** der Gesellschaft sowie die Vermögensgegenstände, namentlich die Gesellschaftskasse und die Bestände an Wertpapieren und Waren, einsehen und prüfen (§ 111 Abs. 2 S. 1 AktG);
- In der Satzung und/oder vom Aufsichtsrat festgelegte, bestimmte Arten von Geschäftsführungsmaßnahmen bedürfen der **Zustimmung** des Aufsichtsrats (§ 111 Abs. 4 S. 2 AktG);
- Er hat eine **Gesellschafterversammlung** einzuberufen, wenn das Wohl der Gesellschaft dies erfordert (§ 111 Abs. 3 AktG);
- Er erteilt dem Abschlussprüfer den Prüfungsauftrag (§ 111 Abs. 2 S. 3 AktG) und hat den **Jahresabschluss** nebst Lagebericht sowie den Vorschlag für die Verwendung des Bilanzgewinns zu prüfen (§ 171 AktG).

13 Dagegen hat der Aufsichtsrat gegenüber der Geschäftsführung **weder** ein **Weisungs- noch ein Widerspruchsrecht.** Kommt es also anlässlich der Überwachung zu Meinungsverschiedenheiten zwischen Aufsichtsrat und Geschäftsführung, so kann der Aufsichtsrat die Durchführung einer vom Geschäftsführer für richtig gehaltenen Maßnahme grundsätzlich

[9] OLG Frankfurt DB 1985, 1459.
[10] *Ulmer/Habersack* in UHH MitbestG § 30 Rn. 6; *Oetker* in GroßkommAktG MitbestG § 33 Rn. 7; *Raiser* in Raiser/Veil/Jacobs MitbestG § 33 Rn. 6.
[11] Ablehnend ebenfalls mit eingehender Begründung *Overlack* ZHR 141 (1977), 125 (128ff.).
[12] *Meyer-Landrut* DB 1976, 388.

nicht verhindern oder umgekehrt ihm keine Weisungen erteilen, sie auszuführen. Insbesondere bedarf es selbst bei außergewöhnlichen Maßnahmen der Geschäftsführung seiner Zustimmung nicht.

Allerdings hat die Satzung oder der Aufsichtsrat gemäß § 111 Abs. 4 S. 2 AktG einen **Katalog zustimmungsbedürftiger Geschäfte** zu bestimmen. Verweigert der Aufsichtsrat in diesen Fällen seine Zustimmung, kann auf Verlangen der Geschäftsführung die Gesellschafterversammlung mit Dreiviertelmehrheit die fehlende Aufsichtsratszustimmung ersetzen (§ 111 Abs. 4 S. 3 AktG). UE reicht es auch in diesen Fällen aus, wenn die Gesellschafterversammlung als das oberste Organ mit **einfacher Mehrheit** von ihrem **Weisungsrecht** gegenüber dem Geschäftsführer Gebrauch macht,[13] denn das MitbestG hat an der All- bzw. Letztzuständigkeit der in der Gesellschafterversammlung zusammengefassten Anteilseigner für alle das Unternehmen betreffenden Entscheidungen einschl. der Geschäftsführungsmaßnahmen und damit auch an deren in § 37 GmbHG statuierten Weisungsbefugnis nichts geändert.[14] Denkbar ist auch eine sog **doppelte Zustimmungsregelung** dergestalt, dass für bestimmte Geschäfte sowohl die Zustimmung des Aufsichtsrats als auch diejenige der Gesellschafterversammlung erforderlich ist.[15] 14

Soweit eine Komplementär-GmbH, schon bevor sie mitbestimmungspflichtig wurde, über einen **Verwaltungsrat oder Gesellschafterausschuss** verfügte, kann dieser auch nach Bildung des gesetzlich vorgeschriebenen Aufsichtsrats beibehalten werden. Hierbei steht es den Gesellschaftern uE frei, in der GmbH-Satzung vorzusehen, dass bestimmte Geschäftsführungsmaßnahmen seiner vorherigen Zustimmung bedürfen,[16] oder gar das nach dem GmbHG der Gesellschafterversammlung zustehende **Weisungsrecht,** das durch das Mitbestimmungsrecht ja grundsätzlich nicht berührt wird, auf einen solchen Verwaltungsrat zu übertragen.[17] Dagegen können ihm selbstverständlich keine Befugnisse übertragen werden, die nach dem MitbestG zwingend in den Zuständigkeitsbereich des Aufsichtsrats fallen. 15

In diesem Zusammenhang ist noch der **Sonderfall** zu erwähnen, dass die GmbH & Co. KG bzw. ihre Komplementär-GmbH an einem anderen, der **Mitbestimmung unterliegenden Unternehmen** mit mehr als 25 % beteiligt ist. Hier könnte die Mitbestimmung der Arbeitnehmer im Aufsichtsrat der Obergesellschaft dazu führen, dass bei der Untergesellschaft, namentlich bei der Wahl der Aufsichtsratsmitglieder der Anteilseigner, der gewerkschaftliche Einfluss nicht nur auf der Arbeitnehmerseite, sondern auch auf der Anteilseignerseite zum Zug käme, die Mitbestimmungsrechte der Arbeitnehmer also **kumulieren** würden. Um dieses zu verhindern, macht § 32 Abs. 1 MitbestG die Ausübung derartiger **Beteiligungsrechte** von einem die Geschäftsführung bindenden Beschluss des Aufsichtsrats abhängig, an dem jedoch nur die Aufsichtsratsmitglieder der Anteilseigner mitwirken dürfen. 16

Soweit die zitierten Vorschriften des MitbestG die Zuständigkeit des Aufsichtsrats nicht begründen bzw. über seine Rechtsstellung sowie über seine innere Ordnung keine Regelung enthalten, verbleibt es bei den **gesellschaftsrechtlichen Regelungen.** Maßgeblich sind demnach insbesondere die Bestimmungen des Gesellschaftsvertrags der GmbH sowie einer etwaigen Geschäftsordnung des Aufsichtsrats (§ 25 Abs. 2 MitbestG). 17

3. Europarechtskonformität des deutschen Mitbestimmungsrechts

In letzter Zeit beschäftigt die Frage der **Vereinbarkeit** des deutschen Mitbestimmungsrechts mit europarechtlichen Vorgaben verstärkt Rechtsprechung und Literatur. Zum einen 18

[13] Ebenso *Zöllner/Noack* in Baumbach/Hueck GmbHG § 52 Rn. 300; *Reichert/Ullrich* in Reichert GmbH & Co. KG § 19 Rn. 35; *U. H. Schneider* in Scholz GmbHG § 52 Rn. 133; *Mutter* in MHdB GesR II § 53 Rn. 27; *Deilmann* BB 2004, 2256; *Gaul/Otto* GmbHR 2003, 11. AA *Ulmer/Habersack* in UHH MitbestG § 25 Rn. 66; *Koberski* in WWKK MitbestG § 25 Rn. 69.

[14] Ganz hM, BVerfGE 50, 346; *Ulmer/Habersack* in UHH MitbestG § 30 Rn. 19 mwN; *Koberski* in WWKK MitbestG § 25 Rn. 63.

[15] *Deilmann* BB 2004, 2253 (2255).

[16] *Koberski* in WWKK MitbestG § 30 Rn. 41; *Ulmer/Habersack* in UHH MitbestG § 25 Rn. 143.

[17] *Meilicke/Meilicke* MitbestG §§ 25–29 Rn. 42; *Ulmer/Habersack* in UHH MitbestG § 25 Rn. 143. AA *Koberski* in WWKK MitbestG § 30 Rn. 41.

geht es um die Frage, ob der **Ausschluss im Ausland beschäftigter Arbeitnehmer** deutscher Unternehmen vom **aktiven und passiven Wahlrecht** zu den Vertretungsorganen der unternehmerischen Mitbestimmung sowie der Verlust eines Aufsichtsratsmandats im Fall der Aufgabe der Beschäftigung im Inland gegen Art. 18 AEUV (Diskriminierungsverbot) und Art. 45 AEUV (Arbeitnehmerfreizügigkeit) verstößt.[18] Zum anderen spielt das Europarecht auch bei der **Ermittlung der Schwellenwerte** für die Mitbestimmung eine Rolle. Insoweit ist umstritten, ob Arbeitnehmer ausländischer Gesellschaften bei der Ermittlung der Beschäftigtenzahl ohne Verstoß gegen Art. 18 AEUV unberücksichtigt bleiben dürfen.[19]

19 Die erste Frage hat der **EuGH**[20] auf Vorlage des KG[21] in der Rechtssache Erzberger dahin entschieden, dass das deutsche Mitbestimmungsrecht nicht gegen europarechtliche Vorgaben verstößt. Mit der weiteren Frage hat sich der EuGH bislang nicht befasst. Dass der EuGH insoweit zu einer abweichenden Auffassung gelangt, ist aber wohl nicht zu erwarten.[22]

II. Voraussetzungen der Mitbestimmungspflicht bei der GmbH & Co. KG im Einzelnen (§ 4 MitbestG)

1. Kongruente Mehrheitsverhältnisse

20 Die nach § 4 Abs. 1 MitbestG vorzunehmende Zurechnung von Arbeitnehmern der GmbH & Co. KG setzt zunächst voraus, dass die Mehrheit der Kommanditisten, berechnet nach der Mehrheit der Anteile oder Stimmen, die Mehrheit der Anteile oder Stimmen in der Komplementär-GmbH innehat, also überwiegende Gesellschafteridentität oder genauer **kongruente Mehrheitsverhältnisse** in KG und GmbH vorliegen. Bereits *Klamroth*[23] bemerkte hierzu zutreffend, dass sich die Formulierungen dieser Vorschrift „wie eine Anleitung für mitbestimmungsunwillige Unternehmer lesen, sich dem Wirkungsbereich des Gesetzes auf gesellschaftsrechtlichem Wege zu entziehen". In der Tat lässt sich die vom Gesetz für erforderlich erklärte **Mehrheitsidentität** leicht ausschließen. Insbesondere bei

[18] Einen Verstoß bejahend: *Behme* EuZA 2016, 411 (413 ff.); *Habersack* AG 2007, 641 (648 f.); *Hellwig/Behme* AG 2009, 261 (263 ff.); *Hellwig/Behme* ZIP 2009, 1791 (1793); *Kainer* IWRZ 2016, 57 nur im Hinblick auf Art. 18 AEUV; *Henssler* in UHH MitbestG § 3 Rn. 43; nach *Behme* EuZA 2016, 411 (417) wohl auch die EU-Kommission in ihrer Stellungnahme vor dem EuGH; *Wansleben* NZG 2014, 213; *Wansleben* EWiR 2015, 245 (246); wohl auch *Fischer* NZG 2014, 737 (739); das KG hält einen Verstoß zumindest für möglich KG NZG 2015, 1311. AA LG Düsseldorf DB 1979, 1451 (1452) bezogen auf das Diskriminierungsverbot des Art. 7 EU-Vertrag und Art. 3 GG; LG Landau NZG 2014, 229 f.; LG Berlin ZIP 2015, 1291 (1292 ff.); LG München I ZIP 2015, 1929 (1930 f.); *Heuschmid/Ulber* NZG 2016, 102; *Krause* ZIP 2015, 634 (636 f.); *Teichmann* Beilage zu ZIP 48/2009, 10 (11 f.); *Winstel* EWiR 2015, 635 (636) bezogen auf das Diskriminierungsverbot.

[19] So LG Düsseldorf DB 1979, 1451 (1452); *Giedinghagen/Kempermann* GmbHR 2015, R161 f.; *Winter/Marx/De Decker* NZA 2015, 1111 (1114); *Seibt* DB 2015, 912 (914); *Mense/Klie* DStR 2015, 1508 (1511 f.); *Bungert/Leyendecker-Langner* DB 2014, 2031; *Hellwig/Behme* AG 2015, 333 (339); *Krause* AG 2012, 485 Fn. 102; *Krause* ZIP 2015, 634 (636 f.); *Hellwig/Behme* AG 2009, 261 (276 ff.); *Wansleben* EWiR 2015, 245 (246). AA LG Frankfurt NZG 2015, 683 Rn. 14 f.; *Habersack* AG 2007, 641 (648 f.); *Rieble/Latzel* EuZA 2011, 145 (155 ff.); *Hammen* Der Konzern 2016, 105 (110 ff.) geht demgegenüber davon aus, dass die Berücksichtigung von Arbeitnehmern ausländischer Konzerngesellschaften bei der Ermittlung der Schwellenwerte gegen EU-Recht verstoße.

[20] EuGH ZIP 2017, 1413 Rn. 25 – Erzberger, der aufgrund des Vorrangs von Art. 45 AEUV gegenüber Art. 18 AEUV auf dessen Prüfung verzichtet.

[21] KG NZG 2015, 1311.

[22] *Monz/Wendler* BB 2017, 1788; das OLG Frankfurt (OLG Frankfurt NZG 2016, 1186) hat das Beschwerdeverfahren zu LG Frankfurt (LG Frankfurt NZG 2015, 683) im Hinblick auf die Vorlage des KG (KG NZG 2015, 1311) an den EuGH ausgesetzt; kritisch zur Aussetzung *Seibt* DB 2016, 1743 (1744); für eine getrennte Beurteilung der Vereinbarkeit des Ausschlusses der im Ausland beschäftigten Arbeitnehmer vom aktiven und passiven Wahlrecht mit dem Europarecht einerseits sowie deren Nichtberücksichtigung bei der Ermittlung der Schwellenwerte andererseits auch *Winter/Marx/De Decker* NZA 2015, 1111 (1114); wohl auch *Mense/Klie* DStR 2015, 1508, die allerdings – wie auch *Seibt* – einen Verstoß gegen EU-Recht verneinen.

[23] *Klamroth* BB 1977, 305 (306).

Familiengesellschaften wird es naheliegen, in der Komplementär-GmbH andere Familienmitglieder zu beteiligen als in der KG, zumal sich diese **Aufsplitterung der Beteiligungsverhältnisse** oft schon aus anderen Gründen empfiehlt.

Waren zB ein Vater und seine drei Kinder bisher zu je einem Viertel am Stammkapital 21
der Komplementär-GmbH sowie am Kommanditkapital beteiligt, so brauchen lediglich zwei Kinder aus der Komplementär-GmbH auszuscheiden, um die GmbH & Co. KG aus der Mitbestimmungspflicht herausfallen zu lassen. Denn in diesem Fall ist die Mehrheit der Kommanditisten nicht mehr mehrheitlich am Unternehmen der Komplementär-GmbH beteiligt. Die damit ggf. verbundene Verschiebung der gesellschaftlichen Machtverhältnisse kann durch **flankierende Maßnahmen** (wie zB Stimmrechtsvereinbarungen, Ankaufsrechte, Zustimmungsvorbehalte zugunsten der Kommanditisten etwa bei der Berufung der GmbH-Geschäftsführer uÄ) auf **gesellschaftsrechtlicher** Ebene weitgehend wieder korrigiert werden.[24] Allerdings ist in dieser Hinsicht eine gewisse Vorsicht geboten, da derartige Vertragsgestaltungen unter Umständen als **Rechtsmissbrauch** oder **Gesetzesumgehung** angesehen werden könnten.

In diesem Zusammenhang war die Frage aufgeworfen worden,[25] ob sich bei der Berech- 22
nung der Mehrheitsverhältnisse nach § 4 Abs. 1 MitbestG die vom BFH zur **Betriebsaufspaltung** entwickelten Grundsätze heranziehen lassen, wonach die Anteile des Ehegatten sowie wirtschaftlich abhängiger minderjähriger Kinder in Form einer widerlegbaren Vermutung wie eigene Anteile zuzurechnen sind.[26] Das **BVerfG** hat hierzu jedoch bereits 1985 entschieden, dass die seinerzeit von der Finanzverwaltung und der Finanzrechtsprechung praktizierte Zusammenrechnung von Ehegatten mit Art. 3 Abs. 1 und Art. 6 Abs. 1 GG unvereinbar ist.[27]

Zwar ist in Rechtsprechung und Literatur heute anerkannt, dass auch ein unter 50 % 23
liegender Aktienbesitz in Verbindung mit weiteren Umständen rechtlicher oder tatsächlicher Art einen **„beherrschenden Einfluss"** iSv § 17 Abs. 1 AktG vermitteln kann (sog kombinierte Beherrschung).[28] Diese Überlegungen können jedoch nicht auf § 4 Abs. 1 MitbestG übertragen werden. Anders als § 17 Abs. 1 AktG knüpft der Tatbestand des § 4 Abs. 1 MitbestG ausschließlich an die „Mehrheit der Anteile oder der Stimmen" an. Dies sind gesellschaftsrechtliche Kategorien. Daraus folgt, dass tatsächliche oder familienrechtliche Bindungen für die Zurechnung fremder Stimmen oder Anteile nicht genügen können.[29]

Die hL wendet die **Zurechnungsmaßstäbe des § 16 Abs. 2–4 AktG** für verbundene 24
Unternehmen, als „Ausdruck allgemeiner unternehmensrechtlicher Regeln", entsprechend an.[30] Dem ist insoweit zuzustimmen, als sich andernfalls die Mitbestimmung im Fall der GmbH & Co. KG durch die Umwandlung einer unmittelbaren in eine bloß mittelbare Beteiligung leicht vermeiden ließe, obwohl die wirtschaftliche Einheit von KG und Komplementär-GmbH mit koordinierter Willensbildung in beiden Gesellschaften qua Mehrheitsidentität erhalten bliebe.

---

[24] *Meilicke/Meilicke* MitbestG § 4 Rn. 12. AA *Oetker* in GroßkommAktG MitbestG § 4 Rn. 6, der Stimmbindungsverträge bei der Mehrheitsbestimmung nach § 4 Abs. 1 MitbestG berücksichtigen möchte.

[25] *Klamroth* BB 1977, 305 (306).

[26] So LG Bremen DB 1980, 349 (350); dagegen zutreffend OLG Bremen DB 1980, 1332 (1334).

[27] BVerfG NJW 1985, 2939.

[28] BGH NJW 1978, 104 (107) – VEBA; NJW 1997, 1855 (1856 f.); ähnlich OLG Braunschweig AG 1996, 271 (273); OLG München AG 1995, 383; OLG Düsseldorf AG 1994, 36 (37); LG Berlin AG 1996, 230 (231); LG Berlin AG 1997, 183 (184); *Schall* in Spindler/Stilz AktG § 17 Rn. 25.

[29] Nach OLG Bremen DB 1980, 1332 ist stets eine rechtlich abgesicherte Einflussnahme auf die Geschäftsführung erforderlich; *Mutter* in MHdB GesR II § 53 Rn. 10; *Reichert/Ullrich* in Reichert GmbH & Co. KG § 19 Rn. 11, wonach rein tatsächliche oder auch familienrechtliche Beziehungen für eine Zurechnung regelmäßig nicht ausreichen, sich ua aus familienrechtlichen Beziehungen jedoch Anhaltspunkte für ein bestehendes Treuhandverhältnis ergeben können; *Ulmer/Habersack* in UHH MitbestG § 4 Rn. 15, wonach in diesen Fällen ein Anscheinsbeweis für das Bestehen eines Treuhandverhältnisses vorliegen kann.

[30] *Raiser* in Raiser/Veil/Jacobs MitbestG § 4 Rn. 12; *Oetker* in ErfK MitbestG § 4 Rn. 4; *Ulmer/Habersack* in UHH MitbestG § 4 Rn. 14; *Mutter* in MHdB GesR II § 53 Rn. 10; *Reichert/Ullrich* in Reichert GmbH & Co. KG § 19 Rn. 11.

25 Der getrennten Zuordnung der Gesellschaftsbeteiligungen an KG und Komplementär-GmbH auf **Familienangehörige** ist nur dort die rechtliche Anerkennung zu versagen, wo zwecks Vermeidung der Mitbestimmung die Auflösung einer bis dahin bestehenden Gesellschafteridentität durch Einschaltung von **Strohmännern** bewerkstelligt wird, die Anteilsübertragung also gar nicht ernst gemeint ist, sondern nur **zum Schein** erfolgt. Unschädlich ist es deshalb, wenn ein Kommanditist seine Komplementär-Beteiligung oder seinen Kommanditanteil an einen **Treuhänder** übertragen hat, sofern der Treuhänder hieran selbst interessiert ist (sog **eigennützige Treuhand**).[31] Auch bei der **fremdnützigen Treuhand** sind die Treuhandanteile uE dem Treuhänder zuzurechnen, wenn die Übertragung nicht ausschließlich zu dem Zweck erfolgt, die Mitbestimmungspflicht zu unterlaufen, mit der Treuhandkonstruktion vielmehr noch andere legitime wirtschaftliche Zwecke verfolgt werden.[32]

26 Fraglich ist, ob kongruente Mehrheitsverhältnisse iSv § 4 Abs. 1 S. 1 MitbestG auch bei **wechselseitigen oder stark divergierenden Beteiligungsverhältnissen** vorliegen. Das Extrembeispiel hierfür bildet die GmbH & Co. KG mit zwei Gesellschaftern A und B, die an der GmbH mit 1 % bzw. 99 % und an der KG – umgekehrt – mit 99 % bzw. 1 % beteiligt sind. Das Merkmal der Mehrheitsidentität ist in diesem Fall zweifelhafter, als es auf den ersten Blick scheinen mag. Bei der gebotenen teleologischen Auslegung der Norm ist die Mitbestimmungspflicht im Beispielsfall uE zu verneinen, da § 4 Abs. 1 MitbestG nach seinem Sinn und Zweck[33] im Fall der GmbH & Co. KG die Mitbestimmung nur bei einheitlicher Unternehmensführung sicherstellen soll. Es lässt sich deshalb durchaus die Auffassung vertreten, dass § 4 Abs. 1 S. 1 MitbestG nur dann eingreift, wenn die Mehrheit der Kommanditisten eine **einheitliche Unternehmensführung** auch rechtlich sicherstellen kann, was grundsätzlich zu **verneinen** ist, wenn ein Minderheitskommanditist über die Mehrheit bei der Komplementär-GmbH verfügt.[34]

2. Beteiligung eines Komplementärs deutscher Rechtsform

27 Der Mitbestimmung nach den Vorschriften des MitbestG unterliegen nur die in § 1 Abs. 1 Nr. 1 MitbestG aufgeführten Unternehmen. Daraus folgt, dass **ausländische Unternehmen generell mitbestimmungsfrei** sind.[35]

28 Dies war seit jeher unstreitig für ausländische Kapitalgesellschaften, die ihren tatsächlichen Sitz im Ausland haben.[36] Unklar ist allerdings, ob dies auch für eine im Ausland inkorporierte Komplementär-Kapitalgesellschaft gilt, die ihren **tatsächlichen Verwaltungssitz im Inland** hat, wenn die Voraussetzungen des § 4 Abs. 1 MitbestG im Übrigen gegeben sind. Diese Frage hat aufgrund der Anerkennung der **Gründungstheorie** durch den **EuGH,**[37] wonach einer nach ausländischem Recht gegründeten Gesellschaft im Geltungsbereich der Niederlassungsfreiheit ihre Rechts- und Parteifähigkeit nicht versagt werden darf, erheblich an Bedeutung gewonnen und ist bis heute durch die Rechtsprechung nicht abschließend geklärt.

29 Allein aus der Tatsache, dass eine EU-Kapitalgesellschaft mit Verwaltungssitz in Deutschland als rechtsfähige juristische Person anzuerkennen ist, lässt sich für die Frage, ob eine solche Gesellschaft auch der Mitbestimmung unterliegt, nichts herleiten. Eine „GmbH" iSv § 1 Abs. 1 Nr. 1

---

[31] *Raiser* in Raiser/Veil/Jacobs MitbestG § 4 Rn. 13; *Mutter* in MHdB GesR II § 53 Rn. 10; *Reichert/Ullrich* in Reichert GmbH & Co. KG § 19 Rn. 11; *Ulmer/Habersack* in UHH MitbestG § 4 Rn. 18.

[32] AA die hM, OLG Celle BB 1979, 1577 (1578); *Raiser* in Raiser/Veil/Jacobs MitbestG § 4 Rn. 13; *Mutter* in MHdB GesR II § 53 Rn. 10; *Reichert/Ullrich* in Reichert GmbH & Co. KG § 19 Rn. 11; *Ulmer/Habersack* in UHH MitbestG § 4 Rn. 18; *Oetker* in GroßkommAktG MitbestG § 4 Rn. 6; *Koberski* in WWKK MitbestG § 4 Rn. 25.

[33] BT-Drs. 7/2172, 20 f.

[34] *Stenzel* DB 2009, 439.

[35] OLG Stuttgart NJW-RR 1995, 1067 (1068); OLG Frankfurt ZIP 2008, 878; *Ulmer/Habersack* in UHH MitbestG § 1 Rn. 6; *Raiser* in Raiser/Veil/Jacobs MitbestG § 1 Rn. 13.

[36] *Ulmer/Habersack* in UHH MitbestG § 1 Rn. 33; *Koberski* in WWKK MitbestG § 1 Rn. 17; *Kamp* BB 2004, 1496 (1498).

[37] EuGH NJW 2002, 3614 Rn. 78 ff. – Überseering.

MitbestG kann uE nur eine nach **inländischem Recht** gegründete sein,[38] weshalb unerheblich ist, wo sich ihr Verwaltungssitz befindet. Dies ergibt sich bereits daraus, dass die unternehmerische – anders als die betriebsverfassungsrechtliche – Mitbestimmung gesellschaftsrechtlich zu qualifizieren und entsprechend anzuknüpfen ist.[39] Im Anwendungsbereich der Gründungstheorie[40] können damit von vornherein nur die Regelungen des ausländischen Rechts zur Anwendung gelangen.[41] Da bei der typischen Kapitalgesellschaft & Co. KG eine Mitbestimmung ohnehin nur über die Zurechnung der Arbeitnehmer der KG in Betracht kommt (§ 4 Abs. 1 MitbestG), dürfte eine Rechtfertigung für eine Sonderanknüpfung fehlen.[42]

Die Voraussetzungen für den ordre public Vorbehalt sind uE deshalb nicht erfüllt, weil das **Mitbestimmungsrecht** auch bezogen auf deutsche Rechtsformen nur **teilweise verwirklicht** ist.[43] Die Mitbestimmung kann einer ausländischen Gesellschaft nicht über die Eingriffsnormen des Art. 9 Abs. 1 Rom I-VO (analog)[44] aufoktroyiert werden. Die Regelungen des MitbestG stellen auch selbst keine Eingriffsnormen dar.[45] Art. 9 Abs. 1 Rom I-VO scheidet als Eingriffsnorm schon deshalb aus, weil Art. 1 Abs. 2 lit. f Rom I-VO das Gesellschaftsrecht und insbesondere auch die innere Verfassung der Gesellschaften vom Anwendungsbereich der Rom I-VO ausdrücklich ausnimmt.[46] Somit ist auch der analogen Anwendung des Art. 9 Abs. 1 Rom I-VO die Grundlage entzogen. Der Einordnung von § 1 MitbestG bzw. § 1 DrittelbG als Eingriffsnormen steht entgegen, dass der hierfür vorauszusetzende internationale Geltungswille dem Gesetz und der Gesetzesbegründung nicht eindeutig zu entnehmen ist.[47] Lässt sich über die Regelungen und Lehren des IPR eine Anwendung des deutschen Mitbestimmungsrechts auf eine Gesellschaft ausländischen Rechts nicht erreichen, bleibt die Frage, ob – auf der Ebene des Sachrechts – eine **analoge Anwendung des MitbestG** in Betracht kommt. 30

Die hierfür erforderliche Regelungslücke liegt nicht vor.[48] Ob der Gesetzgeber des MitbestG ausländische Gesellschaften mit Sitz im Inland der deutschen Mitbestimmung unterwerfen wollte, wird kontrovers beurteilt.[49] Stellt man auf den **Willen des Gesetzgebers** 31

[38] *Ulmer/Habersack* in UHH MitbestG § 1 Rn. 8a; *Riegger* ZGR 2004, 510 (518 ff.); *Raiser* in Raiser/Veil/Jacobs MitbestG § 1 Rn. 15 unter ausdrücklichem Hinweis darauf, dass diese „Lücke der Mitbestimmungspflicht und Umgehungsmöglichkeit […] in Kauf zu nehmen" sei; *Oetker* in GroßkommAktG MitbestG § 1 Rn. 11; *Kamp* BB 2004, 1496 (1497 ff.); *Merkt* ZIP 2011, 1237 (1239). AA *Kindler* ZHR 179 (2015), 330 (374 ff.).

[39] BGH NJW 1982, 933 (934); *Riegger* ZGR 2004, 510 (518 ff.) mwN; *Paefgen* DB 2003, 487 (491); *Kindler* ZHR 179 (2015), 330 (373 f.); *Weller* FS Hommelhoff, 2012, 1275 (1285). AA *Borsutzky* EuZA 2014, 437 (440), der das Unternehmensmitbestimmungsrecht als Recht eigener Art qualifiziert.

[40] Der BGH wendet die Gründungstheorie auf Auslandsgesellschaften an, die in einem Mitgliedstaat der EU oder des EWR oder in einem mit diesen auf Grund eines Staatsvertrags in Bezug auf die Niederlassungsfreiheit gleichgestellten Staat gegründet worden sind, BGH NJW 2009, 289 Rn. 19 – Trabrennbahn.

[41] *Gralla,* Vermeidung der Unternehmensmitbestimmung, 2016, 142; *Merkt* ZIP 2011, 1237 (1239).

[42] *Binz/Mayer* GmbHR 2003, 249 (257). AA *Borsutzky* EuZA 2014, 437, der zugunsten einer zweistufigen Anknüpfung argumentiert.

[43] *Borsutzky* EuZA 2014, 437 (443); *Gralla,* Vermeidung der Unternehmensmitbestimmung, 2016, 144 ff.; *Sandrock* AG 2004, 57, letzterer insbesondere mit Hinweis auf die Schwächen der deutschen mitbestimmungsrechtlichen Regelungen aus heutiger Sicht; so auch *Paefgen* DB 2003, 487 (491 f.); im Ergebnis auch *Behme* ZIP 2008, 351 (355) unter Hinweis auf den abgemilderten Maßstab des nationalen ordre public bei der Verwirklichung der Niederlassungsfreiheit sowie darauf, dass die Mitbestimmung verfassungsrechtlich nicht geboten sei. AA *Wißmann* in WWKK MitbestG Vorb. Rn. 56.

[44] *Franzen* RdA 2004, 257 (258 f.); *Kindler* ZHR 179 (2015), 330 (374 ff.).

[45] *Rehberg* in Eidenmüller, Ausländische Kapitalgesellschaften im deutschen Recht, § 6 Rn. 111 ff. hält nach der Lehre von den Eingriffsnormen grundsätzlich eine Anwendung der deutschen Vorschriften zur unternehmerischen Mitbestimmung auf Auslandsgesellschaften mit Sitz in Deutschland für möglich, lehnt deren Anwendung im Ergebnis jedoch ab; nach *Weller* FS Hommelhoff, 2012, 1275 (1289 f.) ließe sich ein Mitbestimmungs-Erstreckungsgesetz aus Sicht des IPR als Eingriffsnorm systemkohärent legitimieren.

[46] *Gralla,* Vermeidung der Unternehmensmitbestimmung, 2016, 143.

[47] *Gralla,* Vermeidung der Unternehmensmitbestimmung, 2016, 143.

[48] *Wenzel* in HTM HdB GmbH & Co. KG Rn. 4.197.

[49] *Kindler* ZHR 179 (2015), 330 (375 f.); *Franzen* RdA 2004, 257 (259), die mit unterschiedlicher Begründung nicht davon ausgehen, dass der Gesetzgeber Gesellschaften ausländischer Rechtsform mit Sitz im Inland vom Anwendungsbereich der Mitbestimmung ausnehmen wollte. AA *Oetker* in ErfK MitbestG § 1 Rn. 5 zugleich zu rechtlichen Vollzugsschwierigkeiten bei der Vermischung aus- und inländischen Rechts; *Wenzel* in HTM HdB GmbH & Co. KG Rn. 4.197.

ab, scheint uns jedoch entscheidend zu sein, dass im Zug der Beschlussfassung über das DrittelbG im Jahr 2004 der Gesetzgeber keine Initiative ergriffen hat, die eindeutigen mitbestimmungsrechtlichen Regelungen, die nur Gesellschaften deutscher Rechtsform erfassen, anzupassen und auch ausländische Gesellschaften mit Sitz im Inland ebenfalls der Mitbestimmung zu unterwerfen.[50] Hinzu kommt, dass nachfolgende Gesetzesinitiativen mit dem Ziel der Ausweitung der mitbestimmungsrechtlichen Regelungen auch auf ausländische Gesellschaften erfolglos geblieben sind.[51] Eine Parallele zur **SE** (Europäische Aktiengesellschaft) verbietet sich, da bei deren Konzeption die Frage der Beteiligung der Arbeitnehmer ausdrücklich thematisiert worden ist.[52]

32 Für das hier vertretene Ergebnis sprechen zudem **praktische Erwägungen,** da andernfalls eine nach fremdem Recht organisierte Gesellschaft gezwungen wäre, einen paritätisch mit Arbeitnehmern besetzten Aufsichtsrat zu bilden, den ihr Inkorporationsrecht möglicherweise gar nicht vorsieht.[53] Angesichts dieser Rechtslage bestehen uE auch keine Bedenken dagegen, insbesondere nicht unter Umgehungsgesichtspunkten, dass eine bereits mitbestimmte GmbH & Co. KG nachträglich ihre Komplementär-Gesellschaft gegen eine ausländische GmbH austauscht.[54]

33 § 4 Abs. 1 MitbestG ist grundsätzlich auch dann anwendbar, wenn an einer Kapitalgesellschaft & Co. KG (zB zur Vermeidung der HGB-Publizität) eine **natürliche Person als weiterer persönlich haftender Gesellschafter beteiligt** ist. In diese Kategorie fallen sowohl solche Gesellschaften, die trotz fehlender firmenrechtlicher Verpflichtung als „GmbH & Co. KG" firmieren, als auch solche KGs, die zwar als GmbH & Co. KG mit einer Geschäftsführungs-GmbH oder -AG strukturiert sind, jedoch wie eine echte KG firmieren.

34 Die Mitbestimmungspflicht trotz haftender natürlicher Person wurde vom **Gesetzgeber**[55] wie folgt begründet:

35 „Die Regelung gilt auch dann, wenn in einer Kommanditgesellschaft neben einer Kapitalgesellschaft eine oder mehrere natürliche Personen persönlich haftende Gesellschafter sind. Damit soll verhindert werden, dass die Vorschrift durch Aufnahme von natürlichen Personen als persönlich haftende Gesellschafter umgangen werden kann."

36 Allerdings muss diese natürliche Person bei der Feststellung der **mehrheitlichen Gesellschafteridentität** berücksichtigt werden.[56] Durch die Beteiligung einer natürlichen Person neben der Kapitalgesellschaft kann die Mitbestimmung deshalb zB dann vermieden werden, wenn die natürliche Person als vollwertiger Geschäftsführer agiert und nicht die Mehrheit des Kommanditkapitals auf sich vereint.

3. Kein eigener Geschäftsbetrieb des Komplementärs mit mehr als 500 Arbeitnehmern

37 § 4 Abs. 1 MitbestG erfordert einerseits nicht, dass die Komplementär-GmbH **überhaupt Arbeitnehmer** hat. Die vom BAG in seiner Rechtsprechung zu § 76 Abs. 4 BetrVG 1952 entwickelte These, dass die Beteiligung von Arbeitnehmern an der Wahl des Aufsichtsrats eines anderen Unternehmens schon begrifflich voraussetzt, dass auch dieses Unternehmen (hier: Komplementär-GmbH) über eigene Arbeitnehmer verfüge, hat im MitbestG ebenso wie im DrittelbG keine Grundlage.[57]

---

[50] *Gralla,* Vermeidung der Unternehmensmitbestimmung, 2016, 149 f.

[51] *Oetker* in ErfK MitbestG Einl. Rn. 7 mit Verweis ua auf den stenografischen Bericht über die 187. Sitzung des Bundestags (17. Legislaturperiode) am 28.6.2012, 22356.

[52] Ebenso *Zimmer* NJW 2003, 3585 (3591). AA *Schanze/Jüttner* AG 2003, 30 (35 f.); *Bayer* BB 2003, 2357 (2365).

[53] *Oetker* in ErfK MitbestG § 1 Rn. 5 zu rechtlichen Vollzugsschwierigkeiten bei der Vermischung aus- und inländischen Rechts.

[54] Ebenso *Kunze* ZGR 1978, 321 (342).

[55] BT-Drs. 7/2172, 21.

[56] *Ulmer/Habersack* in UHH MitbestG § 4 Rn. 16.

[57] *Koberski* in WWKK MitbestG § 4 Rn. 28.

Andererseits unterliegt das Unternehmen einer GmbH & Co. KG trotz Vorliegens der übrigen Voraussetzungen des § 4 MitbestG gemäß Abs. 1 S. 1 dieser Vorschrift nicht der Mitbestimmung, wenn die Komplementär-GmbH einen **eigenen Geschäftsbetrieb** mit in der Regel **mehr als 500 Arbeitnehmern** unterhält. Das MitbestG geht offenbar davon aus, dass in diesem Fall kein einheitliches Unternehmen vorliegt, welches die Zurechnung aller Arbeitnehmer der GmbH & Co. KG zur Komplementär-Gesellschaft rechtfertigen könnte. Diese prima facie willkürlich erscheinende Grenzziehung bei 500 Arbeitnehmern dürfte sich daraus erklären, dass eine GmbH mit mehr Arbeitnehmern bereits unter die Mitbestimmung nach dem DrittelbG fällt (→ Rn. 1), also einen drittelparitätisch mit Arbeitnehmern zu besetzenden Aufsichtsrat zu bilden hat. 38

Bei der Prüfung, wie viele Arbeitnehmer die Komplementär-GmbH in ihrem eigenen Geschäftsbetrieb beschäftigt, dürfen die Arbeitnehmer, die für **die Erfüllung der Komplementärfunktion** bei der KG eingesetzt werden, **nicht mitgezählt** werden.[58] Da es in der Regel möglich sein wird, die Arbeitnehmer einer GmbH & Co. KG beliebig auf die KG und deren Komplementär-GmbH zu verteilen, kommt der Frage maßgebliche Bedeutung zu, wann die Komplementär-GmbH einen „eigenen" Geschäftsbetrieb führt. Das ist der Fall, wenn sich die Komplementär-GmbH nicht ausschließlich auf ihre Rolle als Geschäftsführer der GmbH & Co. KG beschränkt,[59] sondern daneben in eigenem **Interesse unternehmerische Aktivitäten** entfaltet.[60] Als Indiz für das Vorliegen zweier selbstständiger Unternehmen wird man außer unterschiedlicher Unternehmensziele insbesondere eine etwaige organisatorische Trennung wie gesonderte Buchführung, Rechnungswesen, selbstständige Finanzierung uÄ ansehen können. Hierbei ist jedoch nicht schematisch zu verfahren; entscheidend ist vielmehr das **Gesamtbild der Verhältnisse.**[61] 39

Lassen diese einen eindeutigen Schluss auf das Bestehen eines eigenen Geschäftsbetriebs der Komplementär-Gesellschaft nicht zu, so stellt sich in der Praxis die Frage nach den Folgen eines solchen **„non liquet".** Eine gesetzliche Vermutung mit der Folge einer **„Beweislastumkehr"** zulasten dessen, der sich auf die Freistellung von der Mitbestimmung beruft,[62] kann der Vorschrift nicht entnommen werden. Wir sind im Gegenteil der Auffassung, dass eine Anwendung des § 4 Abs. 1 MitbestG in Ansehung seines unbestrittenen **Ausnahmecharakters** immer nur dann gerechtfertigt sein kann, wenn das Vorliegen seiner tatbestandlichen Voraussetzungen, mögen diese auch aus redaktionellen Gründen negativ formuliert sein, außer Zweifel steht. Andernfalls muss es bei der in § 1 Abs. 1 Nr. 1 MitbestG zum Ausdruck gekommenen Grundentscheidung des Gesetzgebers verbleiben, wonach die **Personengesellschaften** in den Wirkungsbereich des MitbestG nicht einbezogen, sondern prinzipiell **mitbestimmungsfrei** sind. 40

Kann hiernach im Einzelfall am Vorliegen eines eigenen Geschäftsbetriebs der Komplementär-GmbH nicht gezweifelt werden, so ist es der Unternehmensleitung der GmbH & Co. KG gleichwohl nicht verwehrt, sich der andernfalls eingreifenden Mitbestimmungspflicht dadurch zu entziehen, dass sie durch eine **Erweiterung des Geschäftsbetriebs ihrer Komplementär-GmbH** (etwa durch Vergrößerung der Produktion, Übernahme eines Konkurrenzbetriebs etc) die Anzahl der bei dieser beschäftigten Arbeitnehmer über die Zahl 500 hinaus erhöht. Denn hierbei handelt es sich um Maßnahmen, die im Rahmen **der unternehmerischen Handlungs- und Entscheidungsfreiheit** liegen, welche **durch das MitbestG** keine Einschränkung erfahren haben.[63] 41

Die Sonderregelung des § 4 Abs. 1 MitbestG zum eigenen Geschäftsbetrieb der Komplementär-GmbH führt zu dem erstaunlichen Ergebnis, dass bei der Komplementär-GmbH 42

---

[58] *Mutter* in MHdB GesR II § 53 Rn. 8; *Koberski* in WWKK MitbestG § 4 Rn. 27; *Ulmer/Habersack* in UHH MitbestG § 4 Rn. 20.

[59] *Großmann* BB 1976, 1391 (1396).

[60] *Ulmer/Habersack* in UHH MitbestG § 4 Rn. 19; *Mutter* in MHdB GesR II § 53 Rn. 7.

[61] *Raiser* in Raiser/Veil/Jacobs MitbestG § 4 Rn. 19.

[62] So *Raiser* in Raiser/Veil/Jacobs MitbestG § 4 Rn. 19.

[63] Ebenso *Kunze* ZGR 1978, 321 (343).

einer GmbH & Co. KG mit regelmäßig **mehr als 2.000 Arbeitnehmern** ein **paritätisch besetzter Aufsichtsrat** einzurichten ist, wenn die Komplementär-GmbH selbst weniger als 500 Arbeitnehmer beschäftigt, jedoch nur ein **drittelparitätisch** besetzter Aufsichtsrat, wenn die Komplementär-GmbH in einem eigenen Geschäftsbetrieb mehr als 500 Arbeitnehmer beschäftigt. Zwar sieht § 1 Abs. 2 S. 1 Nr. 1 DrittelbG vor, dass das MitbestG gegenüber dem DrittelbG **vorrangig** sein soll. Diese Vorrangklausel ändert aber nichts an der eingangs dargestellten Rechtslage,[64] da § 4 Abs. 1 S. 1 MitbestG ausdrücklich bestimmt, dass die Arbeitnehmer der GmbH & Co. KG der Komplementär-GmbH nicht zuzurechnen sind, wenn diese über einen eigenen Geschäftsbetrieb mit mehr als 500 Arbeitnehmern verfügt. Nach der hier zum Anwendungsbereich von § 5 Abs. 1 MitbestG vertretenen Auffassung (→ Rn. 73) eröffnet sich damit ein für die Praxis interessanter Gestaltungsspielraum.

III. Ausschluss der Komplementär-GmbH von der Geschäftsführung der KG

1. Das Problem

43 Die gesetzgeberische Konzeption, die GmbH & Co. KG dadurch in die Mitbestimmungsregelung einzubeziehen, dass unter den Voraussetzungen des § 4 Abs. 1 MitbestG die Arbeitnehmer des Gesamtunternehmens addiert und der Komplementär-GmbH zugerechnet werden, basiert auf der Vorstellung, dass der im paritätisch besetzten Aufsichtsrat der GmbH artikulierte Arbeitnehmerwille letztlich auch auf die von der GmbH & Co. KG zu treffenden unternehmerischen Entscheidungen durchschlagen wird. Dieses Konzept funktioniert freilich nur in dem Maß, als die **Komplementär-GmbH** die **Geschäfte** der GmbH & Co. KG auch **tatsächlich führt.** Nach den handelsrechtlichen Vorschriften ist sie dazu in vollem Umfang berufen (§§ 161 Abs. 2, 114 Abs. 1 HGB). Die Kommanditisten sind von der Geschäftsführung ausgeschlossen und haben nur über Maßnahmen zu entscheiden, die über den gewöhnlichen Betrieb des Handelsgewerbes der Gesellschaft hinausgehen (§ 164 HGB). Zur Vertretung der Gesellschaft sind sie nicht berechtigt (§ 170 HGB). Wegen des Einstimmigkeitsprinzips sind Änderungen des Gesellschaftsvertrags der KG ohne Zustimmung der Komplementär-GmbH nicht möglich. Zusammengenommen sichern diese Vorschriften der mitbestimmten Komplementär-GmbH somit einen erheblichen Einfluss auf die Geschicke der GmbH & Co. KG.

44 Die gesetzliche Regelung ist jedoch **nicht zwingend.** Sie kann aufgrund gesellschaftsvertraglicher Bestimmungen grundlegend verändert werden (§ 163 HGB). So kann zB im Gesellschaftsvertrag die Geschäftsführungsbefugnis dem Komplementär entzogen und einem oder mehreren Kommanditisten übertragen werden,[65] deren fehlende organschaftliche Vertretungsmacht durch Handlungsvollmacht und Prokura leicht zu ersetzen ist. Ferner ist es möglich, die Komplementär-GmbH von der Willensbildung in der GmbH & Co. KG dadurch auszuschließen, dass ihr aufgrund gesellschaftsvertraglicher Vereinbarung in der Gesellschafterversammlung der KG das Stimmrecht genommen wird (→ § 4 Rn. 56 f.), oder dass man für Gesellschafterbeschlüsse, auch solche, die eine Änderung des KG-Vertrags zum Gegenstand haben, das Einstimmigkeitsprinzip beseitigt, so dass ein etwa entgegenstehender Wille der Komplementär-GmbH durch einen einstimmigen Beschluss der Kommanditisten überspielt werden kann. Werden diese Möglichkeiten alle zusammen ausgeschöpft, wäre es ein Leichtes, die Mitbestimmung bei der GmbH & Co. KG, die rechtstechnisch im Unternehmen der Komplementär-GmbH angesiedelt ist, weitgehend ins Leere laufen zu lassen.[66]

45 In der Absicht, dieser Gefahr wenigstens in gewissem Umfang zu begegnen, hat der Gesetzgeber in § 4 Abs. 2 MitbestG angeordnet, dass die Komplementär-Gesellschaft „von

[64] Unklar *Ulmer/Habersack* in UHH MitbestG § 4 Rn. 20, wonach § 4 Abs. 1 S. 1 MitbestG in diesen Fällen auf die Komplementär-Gesellschaft in der Rechtsform der AG oder KGaA anwendbar bleibt.

[65] BGHZ 51, 198 (201); BGH NJW 1993, 2100.

[66] *Raiser* in Raiser/Veil/Jacobs MitbestG § 4 Rn. 25: „weitgehend illusorisch".

der **Führung** der Geschäfte der Kommanditgesellschaft **nicht ausgeschlossen** werden" kann. Dies gilt freilich, wie sich schon aus dem Wortlaut der Vorschrift ergibt („kann nicht ... werden"), nur mit **Wirkung für die Zukunft,** also ab demjenigen Zeitpunkt, in dem die gesetzlichen Voraussetzungen für die Mitbestimmungspflicht nach § 4 Abs. 1 MitbestG erstmals erfüllt sind. Ein zeitlich davor liegender Geschäftsführungsausschluss wird bei rein formaler Betrachtung von § 4 Abs. 2 MitbestG nicht erfasst.[67] War demgegenüber die Komplementär-GmbH bei erstmaligem Vorliegen der Zurechnungsvoraussetzungen des § 4 Abs. 1 MitbestG nicht von der Führung der Geschäfte der KG ausgeschlossen, so ist dies auch später nicht mehr möglich. § 114 Abs. 2 HGB ist insoweit also nicht mehr anwendbar.

Dass damit indessen nicht viel gewonnen ist, hat sich inzwischen herumgesprochen.[68] 46
Da § 4 Abs. 2 MitbestG nämlich schon dem Wortlaut nach nur den **„Ausschluss"**, nicht aber die **Beschränkung der Geschäftsführungsbefugnis** der Komplementär-GmbH verbietet, lässt er die bunte Palette kautelarjuristischer Möglichkeiten weitgehend unberührt.[69]

2. Gesellschaftsvertragliche Gestaltungsmöglichkeiten

a) Allgemeines. Fraglich ist, wo im Rahmen der Auslegung des § 4 Abs. 2 MitbestG 47
die Grenze zwischen – unzulässigem – **Ausschluss** der Komplementär-GmbH von der Geschäftsführung der KG einerseits und deren – zulässiger – **Beschränkung** andererseits verläuft.

Bei vertraglichen Gestaltungen ist dem Umstand maßgebliche Bedeutung beizumessen, 48
dass sich der Gesetzgeber im MitbestG grundsätzlich für **rechtsformspezifische** Lösungen entschieden hat, wobei die Einbeziehung der GmbH & Co. KG unter den besonderen Voraussetzungen des § 4 Abs. 1 MitbestG im Ergebnis als eine systemwidrige Durchbrechung dieses Prinzips erscheint. Vor diesem Hintergrund muss namentlich die Vorschrift des § 4 Abs. 2 MitbestG, die einen erheblichen Eingriff in den das Recht der Personengesellschaft beherrschenden Grundsatz der Vertragsfreiheit beinhaltet, als **Ausnahmevorschrift** qualifiziert werden, die restriktiv auszulegen ist.

Das gilt umso mehr, als es gesetzestechnisch einfach gewesen wäre, einer **Verlagerung** 49
der Geschäftsführungsbefugnis auf die Kommanditisten dadurch zu begegnen, dass man § 164 HGB, wonach die Kommanditisten von der Geschäftsführung der Gesellschaft ausgeschlossen sind, für die unter § 4 Abs. 1 MitbestG fallenden Unternehmen zum zwingenden Recht erklärt hätte. Nicht zuletzt ist anerkannt, dass die Mitbestimmung in der GmbH das Recht der Gesellschafter nicht beseitigt, die Geschäftsführung in allen wesentlichen Punkten selbst in die Hand zu nehmen.[70] Für die GmbH & Co. KG kann insoweit nichts anderes gelten.

Von diesem Ausgangspunkt her betrachtet erscheint es gerechtfertigt, der Zulässigkeit 50
einer weitgehenden Verlagerung der Geschäftsführungsbefugnisse von der Komplementär-GmbH auf die Kommanditisten unter Berufung auf die gesellschaftsrechtliche Organisationsfreiheit das Wort zu reden. § 4 Abs. 2 MitbestG schützt die Komplementär-GmbH insoweit nur in ihrer formalrechtlichen Organbefugnis,[71] also lediglich in einem gewissen **Kernbereich** der Geschäftsführungstätigkeit, der ihr nicht entzogen werden darf.

b) Einzelfälle. Wenn im Einzelnen auch manches streitig ist, so haben sich in der 51
Literatur doch im Wesentlichen folgende Grundsätze herausgebildet:

---

[67] Ebenso *Meilicke/Meilicke* MitbestG § 4 Rn. 18. AA die hM, *Koberski* in WWKK MitbestG § 4 Rn. 43; *Ulmer/Habersack* in UHH MitbestG § 4 Rn. 27.

[68] Im Fall der doppelstöckigen GmbH & Co. KG scheitert die Anwendung des § 4 Abs. 2 MitbestG sogar schon an den zu engen tatbestandlichen Voraussetzungen; → Rn. 85 f.

[69] So bereits *Hölters* BB 1975, 797 (802 f.).

[70] *Raiser* in Raiser/Veil/Jacobs MitbestG § 4 Rn. 27.

[71] Ebenso *Hölters* BB 1975, 797 (802); *Martens* ZHR 138 (1974), 217 (223 f.); *Klamroth* BB 1977, 305 (306); einschränkend *Ulmer/Habersack* in UHH MitbestG § 4 Rn. 28. AA *Koberski* in WWKK MitbestG § 4 Rn. 45.

52 Unbedenklich zulässig ist die **Bestellung zusätzlicher gleichberechtigter Geschäftsführer** neben der Komplementär-GmbH.[72] Um den organisatorischen und finanziellen Aufwand möglichst gering zu halten, empfiehlt es sich, mit dieser Aufgabe möglichst dieselben Personen zu betrauen, die schon in der Komplementär-GmbH als Geschäftsführer tätig sind. Besteht hiernach die Geschäftsführung der GmbH & Co. KG zB aus einem dreiköpfigen Gremium (der Komplementär-GmbH und zwei Kommanditisten-Geschäftsführern), so gilt für dieses gemäß § 115 Abs. 1 HGB grundsätzlich **Einzelgeschäftsführungsbefugnis,** dh jeder Geschäftsführer ist für sich allein zu handeln berechtigt. Widerspricht jedoch ein anderer geschäftsführender Gesellschafter der Vornahme einer Handlung, so muss diese unterbleiben (§ 115 Abs. 1 Hs. 2 HGB).

53 Alternativ kann **Gesamtgeschäftsführung** gemäß § 115 Abs. 2 HGB vorgesehen werden. In diesem Fall kann zwar die GmbH ihren Willen nicht mehr allein durchsetzen; dies gilt jedoch umgekehrt auch für die Kommanditisten-Geschäftsführer. Problematisch wäre es demgegenüber, die Gesamtgeschäftsführung auf die Komplementär-GmbH zu beschränken und den Kommanditisten-Geschäftsführern jeweils die Befugnis zur Einzelgeschäftsführung einzuräumen. Zu einem ähnlichen Ergebnis führte auch die Statuierung des **Mehrheitsprinzips;** dieses hätte zur Folge, dass die Komplementär-GmbH durch die Kommanditisten-Geschäftsführer systematisch überstimmt werden könnte. Wenngleich solche Gestaltungen vielfach für zulässig erachtet werden,[73] empfehlen wir doch, insoweit Zurückhaltung zu üben, zumal sich die hier angesprochenen Probleme viel eleganter lösen lassen.

54 Fraglich ist, ob der handelsrechtlich ohne Weiteres zulässige **Ausschluss** des **Widerspruchsrechts** aus § 115 Abs. 1 Hs. 2 HGB mit § 4 Abs. 2 MitbestG noch vereinbar ist. Das ist uE jedenfalls dann zu bejahen, wenn das Widerspruchsrecht nicht nur zulasten, sondern auch zugunsten der Komplementär-GmbH abbedungen, diese also nicht diskriminiert wird.[74] Denn in diesem Fall wird die durch den Ausschluss des Widerspruchsrechts eingeschränkte Geschäftsführungsbefugnis der Komplementär-GmbH durch einen entsprechenden Machtzuwachs (sie kann auch ihrerseits gegen den Widerspruch ihrer Mitgesellschafter bestimmte Handlungen eigenmächtig vornehmen) wieder ausgeglichen. Der Frage kommt freilich dann keine praktische Bedeutung zu, wenn die Geschäftsführer der Komplementär-GmbH mit den Kommanditisten-Geschäftsführern der GmbH & Co. KG personengleich sind, da diese ihren eigenen Handlungen kaum widersprechen dürften.

55 Da es den Kommanditisten auch nach Einführung der Mitbestimmung unbenommen geblieben ist, die Geschäftsführung in allen wesentlichen Fragen selbst in die Hand zu nehmen (→ Rn. 49 f.), ist es ebenfalls unbedenklich, einzelne oder alle Geschäftsführungsmaßnahmen in die **Zuständigkeit der Gesellschafterversammlung** der GmbH & Co. KG (in der das Stimmrecht der Komplementär-GmbH ausgeschlossen werden kann) zu verlegen und die Komplementär-Gesellschaft insoweit deren **Weisungen** zu unterwerfen.[75] Erst recht muss es natürlich möglich sein, bestimmte Geschäftsführungsmaßnahmen unmittelbar von der Zustimmung der Kommanditisten oder eines Kommanditisten-Beirats abhängig zu machen.

---

[72] *Mutter* in MHdB GesR II § 53 Rn. 32; *Raiser* in Raiser/Veil/Jacobs MitbestG § 4 Rn. 28; *Ulmer/Habersack* in UHH MitbestG § 4 Rn. 28, unklar, ob nur auf weitere Komplementäre bezogen, jedoch mit der Einschränkung, dass die vertragliche Regelung nicht zum faktischen Ausschluss der Komplementär-GmbH von der Mitsprache in Geschäftsführungsangelegenheiten der KG oder zu deren deutlichen Schlechterstellung gegenüber den Mitgeschäftsführern führen darf. Bei der Beurteilung ist nach *Ulmer/Habersack* in UHH MitbestG § 4 Rn. 28 auch die Gesellschafterstellung (Komplementär oder Kommanditist) zu berücksichtigen.

[73] *Klamroth* BB 1977, 305 (306); *Hölters* BB 1975, 797 (802). AA *Ulmer/Habersack* in UHH MitbestG § 4 Rn. 28; *Koberski* in WWKK MitbestG § 4 Rn. 45.

[74] Für Zulässigkeit unter dieser Voraussetzung auch *Hölters* BB 1975, 797 (803).

[75] *Hoffmann/Lehmann/Weinmann* MitbestG § 4 Rn. 58; *Klamroth* BB 1977, 305 (307); *U. H. Schneider* ZGR 1977, 335 (348); *Grüter* BB 1979, 243 (245); *Koberski* in WWKK MitbestG § 4 Rn. 46 mit der Einschränkung, dass der Komplementär-Gesellschaft nicht faktisch die Unternehmensleitung entzogen werden darf; *Ulmer/Habersack* in UHH MitbestG § 4 Rn. 30, § 30 Rn. 19 f. beschränken das Weisungsrecht auf grundsätzliche oder für die Geschäftsführung wesentliche Fragen unter Ausschluss des Tagesgeschäfts; *Raiser* in Raiser/Veil/Jacobs MitbestG § 4 Rn. 28: nicht in allen Angelegenheiten der laufenden Geschäftsführung.

Von § 4 Abs. 2 MitbestG unberührt bleibt in jedem Fall das Recht der Kommanditisten, bei Vorliegen eines **wichtigen Grunds** in der Person der Komplementär-GmbH deren **Ausschließung** gemäß § 140 HGB iVm § 161 Abs. 2 HGB herbeizuführen. Ein wichtiger Grund in der Person ihres Geschäftsführers ist der Komplementär-GmbH hierbei als eigener zuzurechnen.[76] 56

Steht dieser Weg aber zur Verfügung, so kann es den Kommanditisten auch nicht verwehrt sein, der GmbH als weniger einschneidende Maßnahme[77] ihre **Geschäftsführungsbefugnis** aus wichtigem Grund[78] im Klageweg oder, bei entsprechender Vertragsbestimmung, durch Gesellschafterbeschluss (§ 117 HGB iVm § 161 Abs. 2 HGB) **zu entziehen.**[79] Abgesehen davon, dass § 4 Abs. 2 MitbestG nur von (freiwilligem) „Ausschluss" und nicht von (unfreiwilliger) „Entziehung" der Geschäftsführungsbefugnis spricht, kann auch der Sinn dieser Gesetzesvorschrift schlechterdings nicht darin gesehen werden, der GmbH & Co. KG nur um des viel zitierten Mitbestimmungstelos wegen eine nachweislich unfähige Geschäftsführung aufzuzwingen, die das Unternehmen möglicherweise sogar in den Ruin führt. Dies liefe auf eine entschädigungslose und damit rechtswidrige Enteignung hinaus. Der Gesetzgeber darf zwar von Verfassungs wegen „Inhalt und Schranken" des Eigentums näher bestimmen (Art. 14 Abs. 1 S. 2 GG), jedoch nicht „in einer Weise, die grob sachwidrig ist und die in die Interessen der Beteiligten ohne Grund übermäßig eingreift".[80] 57

IV. Die GmbH & Co. KG als Insich-Konzern?

1. Problemstellung

Die GmbH & Co. KG ist nur **ausnahmsweise,** nämlich unter den besonderen Voraussetzungen des § 4 Abs. 1 MitbestG, in die Mitbestimmungsregelung einbezogen. Diese Vorschrift belässt den Gesellschaftern insbesondere dadurch, dass sie an **identische Mehrheitsverhältnisse** in beiden Gesellschaften anknüpft, einen nicht unerheblichen Spielraum dafür, durch entsprechende **Gestaltung der Beteiligungsverhältnisse,** durch **Umgruppierung von Arbeitnehmern** oder durch **Beschränkung der Geschäftsführungsbefugnis der Komplementär-GmbH** die GmbH & Co. KG im Ergebnis mitbestimmungsfrei zu halten. 58

Es ist verständlich, dass dies die Befürworter eines möglichst weitgehenden Einflusses der Arbeitnehmer bzw. der Gewerkschaften zu Überlegungen darüber veranlasst hat, in welcher Weise die Mitbestimmungspflicht bei der GmbH & Co. KG auch außerhalb des § 4 Abs. 1 MitbestG sichergestellt werden könne.[81] Das Rüstzeug hierfür wurde schließlich in **§ 5 MitbestG** erblickt. Nach dieser Vorschrift sind die Arbeitnehmer abhängiger **Konzernunternehmen** denen des **herrschenden Unternehmens** (das unter anderem eine GmbH sein kann) als eigene zuzurechnen, so dass in solchen Fällen ggf. das herrschende Unternehmen auch dann der Mitbestimmung nach § 1 MitbestG unterliegt, wenn es selbst weniger als 2.000 Arbeitnehmer beschäftigt. 59

2. Konzernvoraussetzungen

Das MitbestG ist ein Gesetz der Verweisungen. Dementsprechend wurde im MitbestG auf eine **eigene Definition** des Konzernbegriffs **verzichtet** und auf die Definition des 60

---

[76] BGH DB 1977, 857; NJW 1984, 173; NJW-RR 1993, 1123 (1124).

[77] *Schäfer* in Großkomm. HGB § 140 Rn. 16.

[78] Das Gesetz selbst nennt beispielhaft grobe Pflichtverletzung und Unfähigkeit zur Geschäftsführung.

[79] *Ulmer/Habersack* in UHH MitbestG § 4 Rn. 27; *Raiser* in Raiser/Veil/Jacobs MitbestG § 4 Rn. 28, die jeweils nur die gerichtliche Entziehung ausdrücklich erwähnen; *Mutter* in MHdB GesR II § 53 Rn. 34.

[80] BVerfGE 18, 132; BGHZ 53, 226 (235).

[81] *Zöllner* ZGR 1977, 319 (332): „Es fragt sich andererseits, ob die Schlupflöcher, die § 4 MitbestG zur Vermeidung der Mitbestimmung lässt, etwa mit Hilfe des § 5 zu schließen sind", sowie *Naendrup* in GK-MitbestG § 4 Rn. 35: „So gesehen dient das konzernrechtliche Kalkül auch dazu, über § 4 Abs. 1 hinaus bestehende mitbestimmungsgesetzliche Teilhabezuständigkeiten der Arbeitnehmerschaft und ihrer Gewerkschaften darzulegen."

§ 18 Abs. 1 AktG verwiesen. Nach dem Gesetzeswortlaut und der Begründung des Regierungsentwurfs „wird der Konzernbegriff zugrunde gelegt, wie er für das Aktienrecht in § 18 Abs. 1 AktG enthalten ist".[82] Damit war denjenigen Stimmen der Boden entzogen, die sich anschickten, auf der Grundlage des § 5 MitbestG einen eigenständigen, vom Aktienrecht abweichenden „spezifisch mitbestimmungsrechtlich zu denkenden" Konzernbegriff zu entwickeln.[83] Aufgrund des **unterschiedlichen Regelungszwecks** der aktien- und der mitbestimmungsrechtlichen Normen kann es lediglich in **Randbereichen** zu **Abweichungen** des mitbestimmungs- vom aktienrechtlichen Konzernbegriff kommen,[84] nämlich insoweit, als es im Anwendungsbereich von § 5 MitbestG ausreicht, dass lediglich einzelne wesentliche Funktionen oder Sparten einer einheitlichen Leitung unterstehen.[85]

61 Hiernach kann die GmbH & Co. KG nur dann als Konzern iSd § 5 MitbestG angesehen werden, wenn die Komplementär-GmbH iSd § 18 Abs. 1 AktG herrschendes und die KG abhängiges Unternehmen ist, die KG ferner unter der einheitlichen Leitung der Komplementär-GmbH steht und schließlich § 5 MitbestG nicht durch § 4 MitbestG als lex specialis verdrängt wird. Die Beantwortung der Frage, ob die GmbH & Co. KG den **Konzernbegriff des § 18 AktG** überhaupt erfüllen kann, macht eine Rückbesinnung auf die Zielsetzung der konzernrechtlichen Regelung durch den Gesetzgeber erforderlich, will man nicht der Gefahr vorschneller, begriffsjuristischer Schlussfolgerungen erliegen. Aufgabe des Rechts der verbundenen Unternehmen, wie es im AktG seinen Niederschlag gefunden hat, ist es in erster Linie, die abhängige Gesellschaft insbesondere im Interesse ihrer Minderheitsaktionäre und Gläubiger, gegen einen „fremdbestimmten Unternehmerwillen" zu schützen.[86]

62 **a) Komplementär-GmbH kein „Unternehmen".** Von der konzernrechtlichen Zielsetzung her ist zunächst der Begriff des „Unternehmens" iSd § 18 Abs. 1 AktG näher zu bestimmen. Unternehmen kann grundsätzlich jeder Gesellschafter ohne Rücksicht auf seine Rechtsform sein, wenn er neben der Mitgliedschaft **anderweitige wirtschaftliche Interessenbindungen** mit konzernrelevantem Gefährdungspotenzial aufweist.[87] Denn in diesem Fall verwirklicht sich der für das Konzernverhältnis typische Interessenkonflikt zwischen herrschendem Unternehmen einerseits und abhängigem Unternehmen bzw. deren Minderheitsgesellschaftern andererseits, den die §§ 308 ff. AktG bewältigen wollen.

63 Eine anderweitige unternehmerische Betätigung fehlt aber nicht nur bei Kapitalanlagegesellschaften, sondern auch bei einem Gesellschafter, der sich auf die Leitung der Gesellschaft beschränkt. Dementsprechend wird eine **Holding** allein **aufgrund einer einzigen Mehrheitsbeteiligung** noch lange nicht zu einem Unternehmen iSd §§ 308 ff. AktG.[88] Dasselbe gilt grundsätzlich auch für eine GmbH, deren Aktivitäten sich auf die Übernahme der Komplementär-Stellung bei einer KG reduzieren.

64 Gelegentlich wird in der Literatur vertreten, die Beteiligung an einer Personengesellschaft als **persönlich haftender Gesellschafter** reiche aus, um eine maßgebliche anderweitige Interessenbindung im obengenannten Sinn zu begründen.[89] Erforderlich ist auch nach dieser

[82] BT-Drs. 7/2172, 21; *Gach* in MüKoAktG MitbestG § 5 Rn. 11.

[83] So etwa *U. H. Schneider* in GK-MitbestG § 5 Rn. 28.

[84] *Ulmer/Habersack* in UHH MitbestG § 5 Rn. 6; *Gach* in MüKoAktG MitbestG § 5 Rn. 11 spricht von Modifikationen, die durch den Willen des Gesetzgebers, an den aktienrechtlichen Konzernbegriff anzuknüpfen, begrenzt werden.

[85] OLG Düsseldorf WM 1979, 956; BayObLG BB 1998, 2129; *Gach* in MüKoAktG MitbestG § 5 Rn. 14; *Kort* NZG 2009, 81 (82).

[86] BGHZ 62, 193 (196).

[87] BGH NJW 1978, 104 – VEBA; 2001, 2973 (2974); *Koch* in Hüffer/Koch AktG § 18 Rn. 6; *Bayer* in MüKoAktG § 15 Rn. 13 mwN. AA BayObLG NJW-RR 1999, 332 (333); OLG Stuttgart BB 1989, 1005 (1006); *Ulmer/Habersack* in UHH MitbestG § 5 Rn. 16 mwN unter Hinweis auf den vom aktiengesetzlichen Regelungszweck abweichenden Zweck des § 5 MitbestG.

[88] BGH AG 1980, 342; OLG Saarbrücken AG 1980, 26 (28); *Bayer* in MüKoAktG § 15 Rn. 26; *Koppensteiner/Schnorbus* in Rowedder/Schmidt-Leithoff GmbHG Anh. § 52 Rn. 10; *Schall* in Spindler/Stilz § 15 Rn. 13.

[89] *Bayer* in MüKoAktG § 15 Rn. 23; *Koppensteiner* in Kölner Komm. AktG, § 15 Rn. 49; *Krieger* in MHdB GesR II § 69 Rn. 7.

Auffassung aber die Beteiligung an **zwei** Unternehmen.[90] Nur in einer solchen Situation besteht die Gefahr, dass das Unternehmen Vermögen transferiert, um das unter Umständen aus der Beteiligung an der Personengesellschaft drohende Risiko einer persönlichen Inanspruchnahme zu vermeiden.[91] Bei einer **typischen Komplementär-GmbH,** die nur an einer einzigen KG beteiligt ist, liegt diese Konstellation jedoch gerade nicht vor. Diese kann demnach **nicht als Unternehmen** iSd § 5 Abs. 1 MitbestG iVm §§ 15 ff. AktG angesehen werden.[92]

b) GmbH & Co. KG kein „abhängiges" Unternehmen. Die Abhängigkeit der GmbH & Co. KG von ihrer Komplementär-GmbH kann nicht bereits deswegen verneint werden, weil die Komplementär-GmbH im Regelfall nicht am Kapital der KG beteiligt ist, so dass eine **Mehrheitsbeteiligung** iSd § 17 Abs. 2 AktG hier nicht in Betracht kommt. Ungeachtet dessen ist § 17 Abs. 2 AktG im durch das Einstimmigkeitsprinzip geprägten Personengesellschaftsrecht nach ganz überwiegender Ansicht der Literatur grundsätzlich unanwendbar.[93] 65

Zu berücksichtigen ist vielmehr, dass der Komplementär im gesetzlichen Regelfall bereits aufgrund der Tatsache, dass er gemäß §§ 164, 170 HGB zur alleinigen **Geschäftsführung und Vertretung** der KG berechtigt ist, über eine gesellschaftsrechtlich vermittelte Einflussmöglichkeit verfügt. Fraglich ist, ob nicht bereits dieser Umstand ausreicht, um eine Abhängigkeit im konzernrechtlichen Sinn zu begründen.[94] UE ist auch diese Frage wiederum unter Heranziehung des konzernrechtlichen Grundgedankens zu beantworten. Idealtypische Personengesellschaften sind Arbeits- und Haftungsgemeinschaften mit einer geringen Zahl von Mitgliedern, die sich ungefähr gleich stark gegenüberstehen. Ein **konzerntypischer Interessenkonflikt** tritt hier im Normalfall nicht auf. Auch die bloße Übernahme der Komplementärstellung in einer gesetzestypischen KG führt nicht zu einem Interessenkonflikt, der den Einsatz konzernrechtlicher Mittel erfordern würde.[95] Denn im Normalfall bestehen **gesetzliche Korrektive,** die den Einfluss des Komplementärs weitestgehend kompensieren.[96] 66

So bedarf der Komplementär grundsätzlich gemäß §§ 116, 164 HGB bei der **Vornahme ungewöhnlicher Geschäfte** der Zustimmung aller Gesellschafter.[97] Darüber hinaus ist die Geschäftsführungsbefugnis des Komplementärs ein sog **uneigennütziges Recht,** das nur im Interesse der Gesellschaft, also der GmbH & Co. KG, ausgeübt werden darf.[98] 67

---

[90] *Bayer* in MüKoAktG § 15 Rn. 22; *Koppensteiner* in Kölner Komm. AktG, § 15 Rn. 22. AA *Ulmer/Habersack* in UHH MitbestG § 5 Rn. 16.

[91] *Koppensteiner* in Kölner Komm. AktG, § 15 Rn. 49.

[92] LAG Köln ZIP 1986, 736 (737); *Bayer* in MüKoAktG § 15 Rn. 46; *Mülbert* in MüKoHGB KonzernR d. Personengesellschaften Rn. 52; *Koppensteiner/Schnorbus* in Rowedder/Schmidt-Leithoff GmbHG Anh. § 52 Rn. 10; *Giedinghagen* in Winter Beratungspraxis GmbH & Co. KG Rn. K 184; *Plagemann* BB 1986, 1122 (1128); *Biener* GmbHR 1975, 30 (33); *Zöllner* ZGR 1976, 11; *Joost* ZGR 1998, 334 (348); *Röhrs* in BeckHdB PersGes § 27 Rn. 4; *Großmann* BB 1976, 1391 (1394). AA *Ulmer/Habersack* in UHH MitbestG § 5 Rn. 16; wohl auch *Gach* in MüKoAktG MitbestG § 5 Rn. 29.

[93] *Schäfer* in Großkomm. HGB Anh. § 105 Rn. 26, 32; *Liebscher* in Reichert GmbH & Co. KG § 51 Rn. 14; *Brügel/Tillkorn* GmbHR 2013, 459 (461); kritisch *Schall* in Spindler/Stilz AktG § 17 Rn. 47; s. ferner LG München I NZG 2009, 1227, wonach eine GmbH, die über 51 % der Anteile an einer KG verfügt, jedenfalls dann herrschendes Unternehmen ist, wenn Gesellschafterbeschlüsse regelmäßig mit einfacher Mehrheit gefasst werden, die GmbH einzige Komplementärin ist und die alleinige Geschäftsführungsbefugnis hat.

[94] Dafür etwa *U. H. Schneider* ZGR 1977, 335 (346 f.); wohl auch BAG NJW 1991, 2923 (2926); *Schall* in Spindler/Stilz AktG § 17 Rn. 47; *Brügel/Tillkorn* GmbHR 2013, 459 (462), sofern der Gesellschaftsvertrag keine abweichende Regelung enthält.

[95] *Zöllner* ZGR 1977, 319 (334), der Abhängigkeit nur annehmen will, wenn der Komplementär-GmbH die Alleingeschäftsführung obliegt und eine von § 164 HGB abweichende Regelung getroffen wird.

[96] *Liebscher* in Reichert GmbH & Co. KG § 51 Rn. 15.

[97] *Reichert/Ullrich* in Reichert GmbH & Co. KG § 19 Rn. 22, die ebenfalls mit Verweis auf § 164 S. 1 Hs. 2 HGB iVm §§ 161 Abs. 2, 116 Abs. 2 HGB die konzernrechtliche Leitungsmacht der Komplementär-GmbH verneinen.

[98] *Schäfer* in Großkomm. HGB § 105 Rn. 234.

68 **c) Nicht unter einheitlicher Leitung zusammengefasst.** Auch das Tatbestandsmerkmal der einheitlichen Leitung iSd § 18 Abs. 1 S. 1 AktG liegt uE deshalb nicht vor, weil nur mehrere **unterschiedliche wirtschaftliche Aktivitäten** „zusammengefasst" werden können, an denen es jedoch bei einer GmbH & Co. KG regelmäßig fehlt.[99] Denn in der GmbH & Co. KG haben sich voraussetzungsgemäß Kommanditisten und GmbH zum gemeinsamen Betrieb „eines" Handelsgewerbes zusammengeschlossen (§ 105 Abs. 1 HGB iVm § 161 Abs. 2 HGB).

69 Außerdem setzte die Annahme konzernrechtlicher Leitungsmacht die Existenz von **mindestens zwei rechtlich selbstständigen Unternehmen** voraus. Diese nebeneinander und unabhängig voneinander bestehende rechtliche Selbstständigkeit ist konstitutives Element eines Konzerns. Für das abhängige Unternehmen ist das Erfordernis rechtlicher Selbstständigkeit in § 17 Abs. 1 AktG ausdrücklich festgelegt; für das herrschende Unternehmen ergibt sich dies insbesondere aus § 18 Abs. 1 AktG, in dem der Unterordnungskonzern als Zusammenfassung des herrschenden und des abhängigen Unternehmens unter der einheitlichen Leitung des herrschenden Unternehmens definiert wird.

70 Eine **rechtliche Selbstständigkeit** von herrschenden und abhängigen Unternehmen liegt bei der GmbH & Co. KG nicht vor. Ihre Komplementär-GmbH ist zwar als solche selbstständiger Träger von Rechten und Pflichten (§ 13 Abs. 1 GmbHG). Die KG kann als bloße Zusammenfassung von Kommanditisten ohne ihren persönlich haftenden Gesellschafter aber rechtlich nicht existieren. Die Komplementär-GmbH ist **konstitutives Element** der KG. Ihre Führungsrolle in der KG ist daher Geschäftsführungsmacht und gerade keine konzernrechtliche Beherrschung. Die **typische** GmbH & Co. KG, bei der sich die Komplementär-GmbH auf die Geschäftsführung bei der KG beschränkt, bildet deshalb mit dieser keinen Konzern, sondern ein **einziges (gemeinsames) Unternehmen.**[100]

71 **d) Spezialität von § 4 MitbestG.** Die Vorschrift des § 5 MitbestG kann schließlich – selbst wenn ihre tatbestandsmäßigen Voraussetzungen vorlägen – auch deshalb auf die GmbH & Co. KG keine Anwendung finden, weil sie durch § 4 Abs. 1 MitbestG als die **speziellere Regelung** verdrängt wird.[101] Diese Vorschrift stellt eine insoweit **abschließende Regelung** dar.

72 Andernfalls wäre über **§ 5 MitbestG** die Komplementär-GmbH einer KG mit mehr als 2.000 Arbeitnehmern auch dann mitbestimmungspflichtig, wenn sie selbst einen eigenen Geschäftsbetrieb mit nicht mehr als 500 Arbeitnehmern hätte. Auch auf die in § 4 Abs. 1 MitbestG geforderten identischen Mehrheitsverhältnisse in GmbH und KG käme es nicht an, weil § 5 Abs. 1 MitbestG allein auf die Stellung der GmbH als beherrschendes Unternehmen abstellt. **§ 4 Abs. 1 MitbestG** wäre schlechthin **überflüssig.**[102] Diesem Ergebnis steht auch der Charakter dieser Vorschrift entgegen, die von der in § 1 MitbestG zum Ausdruck gekommenen Wertentscheidung, wonach Personengesellschaften prinzipiell der Mitbestimmung durch Arbeitnehmer entzogen sind, unter ganz besonderen, eben in § 4 Abs. 1 MitbestG aufgeführten Voraussetzungen eine Ausnahme zulässt. Dem Willen und der Systematik des Gesetzes entsprechend ist daher die Auslegung des § 5 MitbestG vorzugswürdig, die § 4 Abs. 1 MitbestG mit seinen darin enthaltenen Einschränkungen unberührt lässt.

---

[99] *Großmann* BB 1976, 1391 (1393); *Biener* GmbHR 1975, 30 (33).

[100] Ebenso LG Dortmund 24.4.1978 – VIII E 1/77, unveröffentlicht; *Fett* in Bürgers/Fett Die KGaA § 12 Rn. 40 zur GmbH & Co. KGaA; *Sigle* FS Peltzer, 2001, 539 (554).

[101] OLG Celle BB 1979, 1577 (1578); OLG Bremen DB 1980, 1332 (1335); *Hölters* RdA 1979, 338; *H. S. Werner* ZGR 1976, 447 (450 f.); *Joost* ZGR 1998, 334 (346 f.). AA *Brügel/Tillkorn* GmbHR 2013, 459 (460); *Ulmer/Habersack* in UHH MitbestG § 5 Rn. 9; *Oetker* in Großkomm. AktG, MitbestG § 5 Rn. 9; *Raiser* in Raiser/Veil/Jacobs MitbestG § 5 Rn. 20, 21; *Großmann* BB 1976, 1391 (1397); *Koberski* in WWKK MitbestG § 4 Rn. 29; *Wenzel* in HTM HdB GmbH & Co. KG Rn. 4.202; *Reichert/Ullrich* in Reichert GmbH & Co. KG § 19 Rn. 19.

[102] OLG Celle GmbHR 2015, 317; LG Dortmund 24.4.1978 – VIII E 1/77, unveröffentlicht; OLG Celle BB 1979, 1577 (1578); OLG Bremen DB 1980, 1332 (1335); *Joost* ZGR 1998, 334 (346 f.).

3. Folgerungen

Aus dem Vorstehenden folgt, dass die typische GmbH & Co. KG **nicht der Konzernmitbestimmung des § 5 MitbestG** unterliegt.[103] Selbst wenn man die Spezialität von § 4 MitbestG verneinen sollte, wäre die GmbH & Co. KG nicht in allen Fällen, sondern nur dann **Konzern,** wenn die Komplementär-GmbH aufgrund ihrer gesellschaftsrechtlichen Stellung das Unternehmen der GmbH & Co. KG beherrschen könnte und sich nicht auf ihre Rolle als Komplementär beschränkte, sondern auch wirtschaftliche Interessen außerhalb der GmbH & Co. KG verfolgte. 73

Aus Gründen der **Vorsicht** empfehlen wir daher allen „mitbestimmungsträchtigen" Unternehmen in der Rechtsform der GmbH & Co. KG, deren Komplementär-GmbH sich nicht auf die Tätigkeit als persönlich haftender Gesellschafter beschränkt, die Rechtsstellung der GmbH auf keinen Fall über den gesetzlichen Normalstatus hinaus zu erweitern. Im Gegenteil sollten, will man ganz sicher gehen, entweder die Entscheidungsbefugnisse der Komplementär-GmbH zugunsten der Kommanditisten eingeschränkt und diesen im Extremfall sogar Weisungsrechte eingeräumt oder eine **reine Komplementär-GmbH** eingebunden werden, die sich dann ausschließlich auf die Geschäftsführung der KG beschränkt. 74

V. Mitbestimmung bei der sog Einheitsgesellschaft

Gemäß § 4 Abs. 1 MitbestG werden die Arbeitnehmer einer GmbH & Co. KG dem Unternehmen ihrer Komplementär-GmbH nur unter der Voraussetzung zugerechnet, dass die Mehrheit der Kommanditisten die Mehrheit der Anteile oder der Stimmen der Komplementär-GmbH innehat. Diese Voraussetzung ist bei der sog Einheitsgesellschaft (→ § 8 Rn. 1 ff.) **formal nicht erfüllt.** Denn diese Gesellschaftsform ist gerade dadurch gekennzeichnet, dass die GmbH-Anteile nicht den einzelnen Kommanditisten, sondern der KG selbst zustehen, während § 4 Abs. 1 MitbestG davon ausgeht, dass die Kommanditisten unmittelbar als Gesellschafter beteiligt sind. Ausgehend vom Wortlaut wird die Einheitsgesellschaft daher von § 4 Abs. 1 MitbestG nicht erfasst.[104] 75

§ 4 Abs. 1 MitbestG erfasst nach Auffassung zahlreicher Stimmen auch die Einheitsgesellschaft.[105] Dem ist zuzustimmen. Denn die vom Gesetz vorausgesetzte **mehrheitliche Identität** zwischen Kommanditisten und GmbH-Gesellschaftern ist bei wertender Betrachtung kaum **intensiver** vorstellbar als in der Einheitsgesellschaft, so dass § 4 Abs. 1 MitbestG auch und gerade auf diese Anwendung finden muss. Dies gilt jedenfalls dann, wenn – wie von uns empfohlen (→ § 8 Rn. 15 ff.) – die Stimmrechte bei der Komplementär-GmbH kraft gesellschaftsvertraglicher Regelung unmittelbar den Kommanditisten zustehen. 76

Wird die unmittelbare Anwendung von § 4 Abs. 1 MitbestG auf mittelbare Beteiligungen abgelehnt, kann eine Einbeziehung der Einheitsgesellschaft in den Anwendungsbereich des § 4 Abs. 1 MitbestG nur im Weg der **Analogie** erfolgen.[106] Eine Analogiebildung setzt neben einer vergleichbaren Interessenlage eine planwidrige Regelungslücke voraus. Eigentlich hätte dem Gesetzgeber des MitbestG vom 4.5.1976 die besondere Problematik der Einheitsgesellschaft längst bekannt sein müssen. Denn bereits im Regierungsentwurf eines 77

---

[103] Ebenso OLG Celle BB 1979, 1577 (1578); OLG Bremen DB 1980, 1332 (1335); *Klamroth* BB 1977, 308; *Großmann* BB 1976, 1394 f.; *Reichert/Ullrich* in Reichert GmbH & Co. KG § 19 Rn. 19 ff.; nach *Raiser* in Raiser/Veil/Jacobs MitbestG § 5 Rn. 21 jedenfalls dann nicht, wenn die Kommanditisten nach § 164 HGB an allen ungewöhnlichen Geschäften beteiligt sind.

[104] *Raiser* in Raiser/Veil/Jacobs MitbestG § 4 Rn. 15; *Kunze* ZGR 1978, 321 (335); *Zöllner* ZGR 1977, 319 (332).

[105] OLG Celle BB 1979, 1577; OLG Bremen DB 1980, 1332 (1333); *Gach* in MüKoAktG, MitbestG § 4 Rn. 8; *Raiser* in Raiser/Veil/Jacobs MitbestG § 4 Rn. 15; *Meilicke/Meilicke* MitbestG § 4 Rn. 12; *Koberski* in WWKK MitbestG § 4 Rn. 23; *Mutter* in MHdB GesR II § 53 Rn. 11; *Gralla,* Vermeidung der Unternehmensmitbestimmung, 2016, 79.

[106] So bereits *Kunze* ZGR 1978, 321 (335); *Henze/Notz* in EBJS HGB § 177a Anh. A Rn. 320; *Oetker* in Großkomm. AktG, MitbestG § 4 Rn. 6; *Ulmer/Habersack* in UHH MitbestG § 4 Rn. 17; *Hahn,* Die Beschlussfassung in der GmbH & Co. KG als Einheitsgesellschaft, 148.

neuen GmbH-Gesetzes vom 26.2.1973[107] war eine in das HGB als neuer § 172a einzufügende Regelung vorgesehen, wonach die Einbringung von Anteilen an der Komplementär-GmbH in die GmbH & Co. KG auf die Einlageschuld der Kommanditisten nicht verrechnet werden dürfe.[108] Aufgrund der von *Martens*[109] geübten Kritik am Regierungsentwurf, der dessen „Lückenhaftigkeit" gerade am Beispiel der nicht unter die Mitbestimmungsregelung fallenden Einheitsgesellschaft demonstriert hatte,[110] hätte dem Gesetzgeber auch bewusst sein müssen, dass § 4 Abs. 1 MitbestG ergänzungsbedürftig war. Dennoch hat er es unterlassen, § 4 Abs. 1 MitbestG dahin zu erweitern, dass dieser auch mittelbare Beteiligungen und/oder die Einheitsgesellschaft mitumfasst.

78 Daraus könnte vordergründig gefolgert werden, dass sich der Gesetzgeber – im Gegensatz zur doppelstöckigen GmbH & Co. KG, die ausdrücklich erfasst ist (vgl. § 4 Abs. 1 S. 2 MitbestG) – der Problematik ganz bewusst verschlossen hat, so dass es an einer planwidrigen Lücke fehlte. Realistischerweise ist aber davon auszugehen, dass der Gesetzgeber jedenfalls seit der Entscheidung des OLG Bremen vom 13.4.1980 insoweit **keinen Regelungsbedarf** mehr sieht.[111]

VI. Besonderheiten bei der doppelstöckigen GmbH & Co. KG

1. Rechtliche Ausgangslage

79 Ist, wie bei der **doppelstöckigen GmbH & Co. KG,** die KG persönlich haftender Gesellschafter einer anderen KG, so werden gemäß § 4 Abs. 1 S. 2 MitbestG auch deren Arbeitnehmer der Komplementär-GmbH zugerechnet. Dies gilt nach § 4 Abs. 1 S. 3 MitbestG entsprechend, wenn sich die Verbindung von KGs in dieser Weise fortsetzt.

2. Voraussetzungen der Arbeitnehmer-Zusammenrechnung

80 Bei der Auslegung des MitbestG ist zu beachten, dass das Gesetz – und dieser Gesichtspunkt ist keineswegs nur von rechtskonstruktiver Bedeutung – **nicht** etwa die **GmbH & Co. KG selbst** der Mitbestimmung unterwirft. Das MitbestG modifiziert lediglich die Voraussetzungen, unter denen die Komplementär-GmbH der Mitbestimmung unterliegt, indem die Arbeitnehmer der KG als solche der **Komplementär-GmbH** fingiert werden.[112] Hiernach ist es für das Erreichen der in § 1 Abs. 1 MitbestG festgelegten Mitbestimmungsschwelle ausreichend, wenn die Arbeitnehmer der KG und diejenigen der Komplementär-GmbH zusammengerechnet die erforderliche Anzahl von 2.000 Arbeitnehmern überschreiten.

81 Entsprechendes gilt für die doppelstöckige GmbH & Co. KG. Auch insoweit unterwirft das Gesetz nicht die beiden KGs, sondern lediglich die an der **Spitze der Ober-GmbH & Co. KG stehende Komplementär-GmbH** der Mitbestimmung, und zwar ebenfalls nur unter den in § 4 Abs. 1 S. 1 und 2 MitbestG näher bezeichneten Voraussetzungen. Hat also entweder die Ober-GmbH & Co. KG oder deren Komplementär-GmbH einen eigenen Geschäftsbetrieb mit mehr als 500 Arbeitnehmern, so unterbleibt jegliche Zurechnung. Haben ferner die Kommanditisten, die an der Unter-GmbH & Co. KG beteiligt sind, nicht zugleich auch die Anteils- oder Stimmenmehrheit in der Ober-GmbH & Co. KG, so findet mangels überwiegender Gesellschafteridentität selbst dann keine Arbeitnehmer-Zurechnung statt, wenn die Kommanditisten die Alleingesellschafter der an der Spitze stehenden Komplementär-GmbH sein sollten.[113]

---

[107] Sog GmbH-Reform, die zunächst scheiterte und später durch die sog GmbH-Novelle ersetzt wurde; dazu zB *K. Schmidt* NJW 1980, 1769.

[108] Heute in § 172 Abs. 6 HGB geregelt.

[109] *Martens* ZHR 138 (1974), 179.

[110] *Martens* ZHR 138 (1974), 217 (223) Fn. 102.

[111] OLG Bremen DB 1980, 1332 (1333).

[112] *Meilicke/Meilicke* MitbestG § 4 Rn. 1, 14.

[113] Im Ergebnis ebenso *Meilicke/Meilicke* MitbestG § 4 Rn. 16; *Gach* in MüKoAktG, MitbestG § 4 Rn. 10; *Raiser* in Raiser/Veil/Jacobs MitbestG § 4 Rn. 17; *Reichert/Ullrich* in Reichert GmbH & Co. KG § 19 Rn. 17 unter Hinweis auf BT-Drs. 7/2172, 20; *Mutter* in MHdB GesR II § 53 Rn. 13; wohl auch *Wenzel* in HTM HdB GmbH & Co. KG Rn. 4.195.

Demgegenüber wird die Auffassung vertreten,[114] § 4 Abs. 1 S. 2 MitbestG verlange lediglich, dass die in S. 1 erfasste KG ihrerseits persönlich haftender Gesellschafter einer anderen KG sei, setze also weder vom Wortlaut noch von der Gesetzessystematik voraus, dass zwischen den Gesellschaftern **von Ober- und Unter-GmbH & Co. KG** eine **Mehrheitsidentität** gegeben sein müsse. Ebenso wenig komme es auf eine bestimmte Arbeitnehmer-Anzahl der Komplementär-KG an. Beides ist falsch. 82

§ 4 Abs. 1 MitbestG ist eine systemwidrige, im Übrigen völlig missglückte **Ausnahmevorschrift,**[115] die schon allein deshalb eng auszulegen ist. Wenn daher § 4 MitbestG in seinem Abs. 1 S. 2 bestimmt, dass im Fall einer doppelstöckigen KG die Zurechnung sich „auch" auf deren Arbeitnehmer erstrecke, so versteht es sich uE von selbst, dass diese Erweiterung der Mitbestimmungspflicht nur innerhalb des in § 4 Abs. 1 S. 1 MitbestG gezogenen Rahmens möglich sein soll, also nur dann, wenn „auch" insoweit die oben genannten Grundvoraussetzungen erfüllt sind. **Fehlt** es mithin an der **Mehrheitsidentität** oder verfügt die Ober-GmbH & Co. KG über einen **eigenen Geschäftsbetrieb** mit mehr als 500 Arbeitnehmern, so kommt eine Zusammenrechnung nach § 4 MitbestG nicht in Betracht. 83

Auch der **Zweck der Regelung** gebietet keine andere Auslegung. Diese will verhindern, dass die in der KG und in der Komplementär-GmbH herrschenden Gesellschafter die sich aus § 4 Abs. 1 S. 1 MitbestG ergebende Mitbestimmungspflicht dadurch zu unterlaufen suchen, dass sie sich – ohne sich ihrer Herrschaftsmacht über das Gesamtunternehmen zu begeben – an einer weiteren GmbH & Co. KG beteiligen und die Arbeitnehmer des Unternehmens auf alle drei Gesellschaften verteilen. Schließlich wäre auch nicht einzusehen, weshalb bei der gewöhnlichen GmbH & Co. KG an die Einheit des Unternehmens, welche nach den Voraussetzungen des § 4 MitbestG die Addition der in allen Gesellschaften beschäftigten Arbeitnehmer und ihre Zurechnung zum Komplementär-Unternehmen rechtfertigt, strengere Anforderungen gestellt werden sollten, als im Fall einer mehrstöckigen GmbH & Co. KG. Auch dies spricht für den hier vertretenen Standpunkt. 84

3. GmbH & Co. KG als Unternehmen iSd § 4 Abs. 2 MitbestG?

Bei einer der Mitbestimmung unterliegenden KG kann gemäß § 4 Abs. 2 MitbestG „das Unternehmen" von der **Führung der Geschäfte** der KG **nicht ausgeschlossen werden.** Der amtlichen Begründung zufolge soll diese Vorschrift verhindern, dass „die Mitbestimmung der Arbeitnehmer in einer Kommanditgesellschaft der dargestellten Art (scil.: GmbH & Co. KG) durch Ausschaltung des der Mitbestimmung unterworfenen persönlich haftenden Gesellschafters unterlaufen wird".[116] Diese Formulierung bestätigt die Richtigkeit der sich nach dem gesetzessystematischen Zusammenhang ohnehin aufdrängenden Auslegung, wonach in Abs. 2 der Vorschrift unter „das Unternehmen" nur ein in § 1 Abs. 1 MitbestG bezeichnetes und deshalb der Mitbestimmung unterliegendes Unternehmen zu verstehen ist.[117] 85

Daraus folgt für die doppelstöckige GmbH & Co. KG, dass **§ 4 Abs. 2 MitbestG** auf ihren geschäftsführenden persönlich haftenden Gesellschafter, die **Ober-GmbH & Co. KG, keine Anwendung** finden kann. Denn diese gehört weder zu den in § 1 Abs. 1 MitbestG bezeichneten Unternehmen noch ist sie infolgedessen der Mitbestimmung unterworfen. Wir halten es daher für zulässig, die Ober-GmbH & Co. KG von der **Geschäftsführung** der Unter-GmbH & Co. KG gänzlich **auszuschließen** und die Führung der Geschäfte unmittelbar den Kommanditisten zu überlassen.[118] Durch diesen „Kunstgriff" 86

[114] *Koberski* in WWKK MitbestG § 4 Rn. 38; *Ulmer/Habersack* in UHH MitbestG § 4 Rn. 22; *Oetker* in GroßkommAktG MitbestG § 4 Rn. 10.

[115] Auf den problematischen Charakter der Vorschrift verweist auch *Raiser* in Raiser/Veil/Jacobs MitbestG § 4 Rn. 3; *Sigle* FS Peltzer, 2001, 539 (547 f.).

[116] BT-Drs. 7/2172, 21.

[117] Ebenso *Skibbe* WM 1978, 891.

[118] Im Anschluss an *Skibbe* WM 1978, 891. AA *Ulmer/Habersack* in UHH MitbestG § 4 Rn. 27, die § 4 Abs. 2 MitbestG entsprechend anwenden möchten; *Koberski* in WWKK MitbestG § 4 Rn. 42.

wird die **Unter-GmbH & Co. KG** von der unter Umständen der Mitbestimmung unterliegenden Komplementär-GmbH, deren Geschäftsführungsbefugnisse innerhalb der Ober-GmbH & Co. KG nicht wirksam ausgeschlossen werden können, gewissermaßen „abgenabelt" und dadurch **mitbestimmungsfrei gestellt.**

VII. Resümee

87 Die paritätische Mitbestimmung ist – im Gegensatz zur Mitbestimmung nach dem DrittelbG – **rechtspolitisch** seit jeher **umstritten** und soll an dieser Stelle nicht weiter kommentiert werden. Viele Familienunternehmen suchen sie zu vermeiden.

88 Gestaltungsmöglichkeiten, die **Mitbestimmung auf legalem Weg** zu **vermeiden,** bestehen zahlreich.[119] Aus deutscher Sicht besonders unerfreulich ist die Variante der ausländischen Holding, die in Deutschland mit Beteiligungsunternehmen mit jeweils weniger als 500 Arbeitnehmern tätig ist, da hierbei zugleich die Entscheidungsprozesse ins Ausland verlagert werden. **Europa** sorgt dafür, dass die Löcher im deutschen Mitbestimmungsgesetz kontinuierlich wachsen.[120] Europäische Regelungen zur SE und zur internationalen Verschmelzung[121] haben mit der sog **Verhandlungslösung** den Weg zu einer Mitbestimmungsregelung gezeigt, die besser auf die konkreten Bedürfnisse des Unternehmens und seiner Belegschaft zugeschnitten ist als ein zwingendes gesetzliches Einheitsmodell. Namhafte Rechtswissenschaftler des **Arbeitskreises „Unternehmerische Mitbestimmung"** haben deshalb in Form eines konkreten Gesetzentwurfs ein Konzept vorgelegt, um die Mitbestimmung flexibler zu gestalten und an europäische Verhältnisse anzupassen[122] – leider bislang ohne Erfolg.

89 Die Ausgestaltung der paritätischen Mitbestimmung nach dem MitbestG ist ein **deutscher Sonderweg**[123] geblieben. Sie hat bei der **GmbH & Co. KG** aus rechtlichen wie aus tatsächlichen Gründen **keine Bedeutung** erlangt. Die realen Auswirkungen des MitbestG bestehen darin, Deutschland in der internationalen **Corporate-Governance-Entwicklung** isoliert zu haben; die paritätische Mitbestimmung schreckt – trotz ihrer unbestrittenen sozialen Stabilisierungswirkung, vor allem bei Großunternehmen – Auslandsinvestoren ab und erweist sich als ein immer stärker ins Gewicht fallender Standortnachteil im weltweiten Wettbewerb um Investitionskapital.[124]

§ 15 Rechnungslegung bei der GmbH & Co. KG

I. Einfluss der Europäischen Union auf die Rechnungslegung

1. Harmonisierung der Rechnungslegung

1 Bilanzrecht ist seit 1978 **Europarecht.** Beginnend mit der **4. EU-Richtlinie** vom 25.7.1978 (sog Bilanz-RL),[1] gefolgt von der 7.[2] und 8.[3] EU-Richtlinie, der Modernisie-

[119] *Brandes* ZIP 2008, 2193; *Werner* NWB 2009, 1274 (1277); *Götze/Winzer/Arnold* ZIP 2009, 245; *Waldenmaier* BB 2009, 1694; *Wisskirchen/Bissels/Begiebing* FuS 2012, 209; *Morgenroth/Salzmann* NZA-RR 2013, 449; *Olbertz/Sturm* GmbHR 2014, 1254 (1255 ff.); *Seibt* DB 2015, 1588 (1593); *Hoffmann* AG 2016, R167; *Bayer* NJW 2016, 1930 (1931 ff.); umfassend *Gralla,* Vermeidung der Unternehmensmitbestimmung, 2016, 49 ff.; zu mitbestimmungsrechtlichen Aspekten der SE & Co. KG *Winter/Marx/De Decker* NZA 2016, 334 und → § 22 Rn. 10 ff.

[120] *Werner* NWB 2009, 1274 (1279).

[121] Gesetz über die Mitbestimmung der Arbeitnehmer bei einer grenzüberschreitenden Verschmelzung (MgVG) vom 21.12.2006, BGBl. 2006 I 3332.

[122] Entwurf einer Regelung zur Mitbestimmungsvereinbarung sowie zur Größe des mitbestimmten Aufsichtsrats, ZIP 2009, 885; *Baums* NJW-Spezial 2009, 410. Im selben Sinn bereits *Henssler* FAZ vom 1.2.2006, 23.

[123] *Behme* EuZA 2016, 411 (412): „International ist nicht die unternehmerische Mitbestimmung als solche, wohl aber ihre konkrete Ausgestaltung durch den deutschen Gesetzgeber einzigartig.".

[124] *Sandrock* BB 2002, 1601 (1602); kritisch auch *Ulmer* ZHR 166 (2002), 271.

[1] ABl. EU L 222, 11.

[2] Konzernabschlussrichtlinie vom 13.6.1983, ABl. EU L 193, 1.

[3] Bilanzprüfungsrichtlinie vom 10.4.1984, ABl. EU L 126, 20.

rungs-RL 2003/51/EG,[4] der Abschlussprüfer-RL[5] und der sog Abänderungs-RL 2006/46/EG nimmt der EU-Gesetzgeber immer stärkeren Einfluss auf das deutsche Bilanzrecht, das sich seither radikal verändert hat. Ziel dieser Bemühungen war und ist es, Qualität und Vergleichbarkeit der Rechnungslegung europaweit zu verbessern.

Mit Inkrafttreten der **neuen Bilanz-RL 2013/34/EU**[6] am 20.7.2014 wurden die 4. und 7. EU-Richtlinien aufgehoben. Außerdem wurde die Abschlussprüferrichtlinie hinsichtlich des Inhalts des Bestätigungsvermerks geändert. Hauptziele der Überarbeitung der 4./7. EU-Richtlinie waren die Reduzierung der Kosten der Berichterstattung, vor allem für kleine Unternehmen, die Verbesserung der EU-weiten Vergleichbarkeit, Klarheit und Verständlichkeit der Abschlüsse sowie die Erhöhung der Transparenz und des Informationsgehalts der Abschlüsse. Die Umsetzung in deutsches Recht erfolgte mit Wirkung zum 23.7.2015 durch das **Bilanzrichtlinie-Umsetzungsgesetz** (BilRUG) vom 17.7.2015.[7] 2

Zuvor – am 14.3.2012 – hatte das EU-Parlament unter dem Stichwort „Bürokratieabbau für **Kleinstunternehmen**" die sog **Micro-Richtlinie** verabschiedet,[8] wodurch Unternehmen, die zwei der folgenden Kriterien erfüllen, von der Pflicht zur Aufstellung eines Jahresabschlusses befreit wurden: die Bilanzsumme liegt unter 350.000 Euro, der Netto-Umsatz liegt unter 700.000 Euro und/oder es sind durchschnittlich zehn Mitarbeiter im Lauf des Bilanzjahres angestellt. Die Umsetzung in deutsches Recht erfolgte am 29.11.2012 durch das **Kleinstkapitalgesellschaften-Bilanzrechtsänderungsgesetz** (MicroBilG).[9] 3

2. Gleichstellung der GmbH & Co. KG mit der Kapitalgesellschaft

Obwohl die 4., 7. und 8. EU-Richtlinie zunächst nur Kapitalgesellschaften betrafen, sahen sowohl der **Regierungsentwurf 1982**[10] wie auch seine Vorentwürfe bei der Umsetzung durch den deutschen Gesetzgeber die **Einbeziehung der GmbH & Co. KG** und damit deren Gleichstellung mit der GmbH vor. Nicht zuletzt wegen der Argumentation, die Offenlegung sei – schlagwortartig – „der Preis für die Haftungsbeschränkung", sind die früheren Entwürfe in den betroffenen Fach- und Wirtschaftskreisen auf starke, zum Teil massive Kritik gestoßen,[11] der sich letztlich auch der Gesetzgeber nicht verschließen konnte. 4

Bereits mit dem Regierungsentwurf 1983[12] zeichnete sich dann ab, dass bei der Umsetzung der genannten EU-Richtlinien in das deutsche Recht die GmbH & Co. KG wie eine Personengesellschaft behandelt, also insbesondere nicht in die allgemeine Prüfungs- und Offenlegungspflicht einbezogen würde.[13] Außerdem erfuhr die GmbH & Co. KG als Personenhandelsgesellschaft **zwei wesentliche Erleichterungen.**[14] Zum einen war sie von der Verpflichtung zur Aufstellung von Anhang und Lagebericht befreit. Zum anderen konnte sie bei der Offenlegung der Bilanz von der Untergliederung des Postens „Eigenkapital" absehen[15] und brauchte ihre Gewinn- und Verlustrechnung sogar überhaupt nicht offenzule- 5

[4] Vom 18.6.2003, ABl. EU L 178, 16.
[5] Richtlinie 2006/43/EG in Ergänzung durch die Richtlinie 2008/30/EG.
[6] ABl. EU L 182, 19.
[7] BGBl. 2015 I 1245. Vgl. hierzu *Zwirner/Petersen* WPg 2015, 811; *Oser/Orth/Wirtz* DB 2015, 1741.
[8] ABl. EU L 81, 3.
[9] BGBl. 2012 I 2751.
[10] BR-Drs. 61/82, zu § 178 HGB.
[11] Vgl. die Stellungnahmen der Arbeitsgemeinschaft selbstständiger Unternehmer BB 1981, 1989; Wirtschaftsprüferkammer und IDW WPg 1980, 501; 1981, 609; Spitzenverbände der deutschen Wirtschaft BB 1981, 1864.
[12] Zur Entwicklung *Helmrich* BiRiLiG, 20 f.; BT-Drs. 14/1806, 13.
[13] Zum „Schlagabtausch" der Abgeordneten noch in der 3. Lesung, vgl. GmbHR 1986, 11. Zu den Argumenten von Pro und Contra ausführlich *Schellein* WPg 1990, 529. Laut *Lutter/Mertens/Ulmer* BB 1983, 1737 (1741) stellt die „Wende" ein Lehrstück dar, wie der Gesetzgeber sich bei Bedarf selbst in den Rücken fallen könne.
[14] Diese Erleichterungen gelten gemäß § 13 Abs. 3 S. 2 PublG auch bei der Konzernrechnungslegung, jedoch haben derartige Konzernabschlüsse dann ggf. keine befreiende Wirkung nach §§ 291, 292 HGB (§ 13 Abs. 3 S. 3 PublG).
[15] Durch diese Zusammenfassung ist selbst eine Rückrechnung auf das – nicht offenlegungspflichtige – Jahresergebnis ausgeschlossen.

gen, wenn aus einer Anlage zur Bilanz die Umsatzerlöse, die Erträge aus Beteiligungen, die Lohn- und Gehaltsaufwendungen, die Bewertungs- und Abschreibungsmethoden sowie die Zahl der Beschäftigten hervorging.

6 Die **Ausklammerung der GmbH & Co. KG** wurde von der **EU-Kommission** als Versuch des deutschen Gesetzgebers gewertet, die beabsichtigte Harmonisierung der Rechnungslegungsvorschriften zu unterlaufen. Um den deutschen Unternehmen den Ausweg in die Rechtsform der GmbH & Co. KG zu versperren, legte die EU-Kommission bereits im April 1986 einen **Richtlinien-Entwurf** vor, der im Rahmen der 4. und 7. EU-Richtlinie die völlige **Gleichstellung der GmbH & Co. KG** mit den Kapitalgesellschaften zum Inhalt hatte.[16] Die Bundesregierung konnte diese Initiative zwar zunächst stoppen, die Verabschiedung der sog **GmbH & Co-Richtlinie** am **8.11.1990**[17] aber nicht verhindern. Mit der Begründung, die GmbH & Co-Richtlinie verstoße – wie auch die Bilanzrichtlinie – unter dem Gesichtspunkt der Subsidiarität gegen das Gemeinschaftsrecht, verweigerte sie zunächst die Umsetzung der GmbH & Co-Richtlinie,[18] weshalb Deutschland am 22.4.1999 erwartungsgemäß vom **EuGH verurteilt** wurde.[19]

7 Im Vorgriff auf die zu erwartende Verurteilung legte der BMJ am 30.3.1999 den Referentenentwurf eines **Kapitalgesellschaften-und Co.-Richtlinie-Gesetzes (KapCoRiLiG) vor,** der am 13.8.1999, in wesentlichen Punkten geändert, zum Regierungsentwurf führte[20] und im Februar 2000 schließlich als Gesetz verkündet wurde.[21] Das KapCoRiLiG nahm die GmbH & Co. KG aus dem Anwendungsbereich des PublG heraus und stellte diese – beim Jahres- und Konzernabschluss – weitgehend der Kapitalgesellschaft gleich. Von der Neuregelung waren **etwa 100.000 Kapitalgesellschaften & Co.** betroffen, darunter 60.000 bis 70.000 kleine Gesellschaften.[22]

8 Im Rahmen der Umsetzung der Bilanzrichtlinie wurde die Einführung einer **allgemeinen Offenlegungspflicht,** wonach der Jahresabschluss zum Handelsregister einzureichen oder – bei großen Gesellschaften – vollständig im Bundesanzeiger zu veröffentlichen ist, als am **einschneidendsten** empfunden. Besonders Familienunternehmen scheuen die Publizität wie „der Teufel das Weihwasser",[23] weil sie ihren Jahresabschluss vor der Konkurrenz geheim halten wollen, aber auch, weil sie den Aufwand und die Kosten, die mit einer Veröffentlichung verbunden sind, gescheut haben. Die überwiegende Mehrheit der mittelständischen Unternehmen half sich, begünstigt durch **wirkungslose Sanktionsmechanismen,** zunächst dadurch, dass die betreffenden Vorschriften nicht beachtet wurden; für das Geschäftsjahr 2002 kamen zB weniger als 5 % der zur Offenlegung verpflichteten Gesellschaften ihrer Offenlegungspflicht nach.[24] Die Bundesregierung sah lange Zeit „keine Veranlassung zu einer Verschärfung der geltenden Vorschriften über Sanktionen wegen Nichtbefolgung der Offenlegungspflichten".[25]

9 Der deutsche Gesetzgeber reagierte erst – im Rahmen des KapCoRiLiG – auf den Vorwurf, durch unzureichende Sanktionen die Erfüllung der Offenlegungsvorschriften zu erschweren, nachdem der EuGH in zwei Urteilen festgestellt hatte, dass die bisher bestehenden nicht ausreichend waren.[26] Die Auseinandersetzungen um die Offenlegungspflichten

---

[16] BR-Drs. 247/86; ZIP 1986, 944.

[17] ABl. EU L 317, 60.

[18] BMJ-Schreiben 22.3.1994, GmbHR 1994, 306.

[19] BB 1999, 1485.

[20] BR-Drs. 458/99.

[21] BGBl. 2000 I 154. Hierzu *Bitter/Grashoff* DB 2000, 833; *Herrmann* WPg 2001, 271; *Lüdenbach* GmbHR 2000, 847; *Patt* DStZ 2000, 77; *Strobel* GmbHR 1999, 1117; *Theile* GmbHR 2000, 215; *Wiechmann* WPg 1999, 916; *Zimmer/Eckhold* NJW 2000, 1361.

[22] Gesetzesbegründung BT-Drs. 14/1806, 16; *Strobel* DB 1999, 1025 (1027).

[23] *Wälzholz* in Sudhoff Familienunternehmen § 18 Rn. 1.

[24] *Marx/Dallmann* BB 2004, 929.

[25] BT-Drs. 1/4682, 3 ff. Nicht ganz zu Unrecht bezeichnete *Frey* BB 1988, 1784 (1786) die Offenlegungspflicht sogar als „eine vom Gesetzgeber bewusst gestaltete Entscheidungsmöglichkeit für Gesellschaften, Gesellschafter, Betriebsrat und Gläubiger".

[26] EuGH 4.12.1997, DStR 1998, 214 und 29.9.1998, BB 1998, 2200; *Strobel* DB 1999, 1025.

bei der GmbH & Co. KG waren damit aber noch nicht beendet. Vielmehr legte das LG Essen am 25.11.2002[27] dem EuGH die Frage vor, ob die dem KapCoRiLiG zugrunde liegende GmbH & Co.-Richtlinie mit dem Gemeinschaftsrecht vereinbar sei; weitere Landgerichte schlossen sich dieser Argumentation an und setzten beantragte Ordnungsgeldverfahren in entsprechender Anwendung von § 148 ZPO aus. Der **EuGH** hat die Vorlagefrage mit Beschluss vom 23.9.2004 in einer für die vorlegenden Gerichte wenig schmeichelhaften Begründung bejaht. Die vorgelegten Fragen ließen „keinen Raum für vernünftige Zweifel"; die Antworten könnten aus dem Daihatsu-Urteil vom 4.12.1997[28] „klar abgeleitet" werden.[29]

10 Trotz einer gewissen Verschärfung der Sanktionen blieb die Quote der Publizitäts-Verweigerer bis 2007 hoch, zumal das Unterlassen der Offenlegung weiterhin nur auf Antrag und damit nur selten verfolgt wurde. Eine Änderung brachte erst das **EHUG,** das zum **1.1.2007** in Kraft trat. Hiernach sind die zur Offenlegung vorgesehenen Unterlagen für Geschäftsjahre ab 2006 beim Betreiber des elektronischen Bundesanzeigers **in elektronischer Form** einzureichen (§ 325 Abs. 1 S. 1 HGB). Dieser **prüft** von Amts wegen, ob die einzureichenden Unterlagen fristgemäß und vollzählig eingereicht worden sind (§ 329 Abs. 1 HGB). Ergibt die Prüfung, dass die offen zu legenden Unterlagen nicht oder unvollständig eingereicht wurden, wird automatisch die jeweils für die Durchführung von Ordnungsgeldverfahren nach den §§ 335, 340o und 341o HGB zuständige Verwaltungsbehörde **unterrichtet** (§ 329 Abs. 4 HGB). Diese Verwaltungsbehörde, das Bundesamt für Justiz, **ermittelt von Amts wegen** alle Offenlegungsverstöße (§§ 335, 340o HGB).

11 Seit der Neuregelung im Jahr 2007 werden konsequent und zeitnah **Ordnungsgeldverfahren** gegen alle Unternehmen angestrengt, die ihren Jahresabschluss nicht offenlegen. Damit ist der jahrzehntelange deutsche **Publizitäts-Sonderweg** innerhalb der EU **beendet.**[30]

3. IAS-Verordnung

12 Die EU-Verordnung vom 19.7.2002 betreffend die Anwendung internationaler Rechnungslegungsstandards (sog **IAS-Verordnung**)[31] verpflichtet kapitalmarktorientierte Unternehmen, ihre Konzernabschlüsse ab 2005 nach von der EU-Kommission anerkannten internationalen Rechnungslegungsstandards aufzustellen. Für Gesellschaften, von denen lediglich Schuldtitel gehandelt werden oder deren Wertpapiere (auch) zum Handel in einem Nichtmitgliedstaat zugelassen sind und die deshalb bereits US-GAAP anwenden, gilt diese Verpflichtung erst ab 2007. Hinsichtlich der übrigen Unternehmen wird den nationalen Gesetzgebern freigestellt, die Anwendung der IAS vorzuschreiben, wahlweise zu gestatten oder insoweit alles beim Alten zu belassen. Die IAS-Verordnung, die durchaus als „Meilenstein" in der Internationalisierung und Harmonisierung der europäischen Rechnungslegung bezeichnet werden kann,[32] wurde vom deutschen Gesetzgeber mit dem **Bilanzrechtsreformgesetz** vom 4.12.2004[33] durch Einfügung eines neuen § 315a HGB (betreffend Konzernabschlüsse), der an die Stelle des § 292a HGB trat, und die Änderung von § 325 Abs. 2 HGB (betreffend Jahresabschlüsse) fristgerecht **umgesetzt.**

13 **Internationale Rechnungslegungsstandards** iSd IAS-Verordnung sind die vom International Accounting Standard-Board (IASB, bis 2001: IASC) herausgegebenen oder ange-

[27] LG Essen NZG 2003, 579; hierzu *Naujok* GmbHR 2003, 263; *Höfner* NJW 2004, 475.

[28] EuGH NJW 1998, 129.

[29] EuGH GmbHR 2004, 1463; vgl. hierzu *Höfner* NJW 2004, 475; *Schmidt* GmbHR 2004, 1512; *Kiesel/Grimm* DStR 2004, 2210; *Schulze-Osterloh* BB 2004, 2461.

[30] Zu Beginn – für das Geschäftsjahr 2006 – musste das Bundesamt für Justiz noch 460.000 Ordnungsgeldverfahren einleiten; bereits wenige Jahre später lag die Offenlegungsquote bei über 90 %. Vgl. *Henselmann/Kaya* Wpg 2009, 498; *Schlauß* DB 2010, 153; *Buchheim* DB 2010, 1133 (schätzt die beharrlichen Publizitätsverweigerer auf 4–7 %).

[31] ABl. EU L 243, 1.

[32] *van Hulle* WPg 2003, 976.

[33] BGBl. 2004 I 3166.

nommene Standards und damit verbundene Auslegungen, die von der EU-Kommission „anerkannt" (endorsed) werden. Die Standards des früheren IASC werden als **IAS** (International Accounting Standards), diejenigen des heutigen IASB als **IFRS** (International Financial Reporting Standards) bezeichnet. Die Rechnungslegungsstandards werden vom IASB laufend **erweitert und angepasst.**

14 Der FASB (Financial Accounting Standards Board), der für die US-Rechnungslegungsvorschriften **(US-GAAP)** zuständig ist, hat zu vielen Themen eigene Standards entwickelt, die zwar in weiten Teilen übereinstimmen, sich jedoch vereinzelt in Detailregelungen unterscheiden. Im Interesse **einheitlicher internationaler Rechnungslegungsstandards** sind IASB und FASB bereits im Oktober 2002 übereingekommen, die gemeinsame Zusammenarbeit zu verbessern und die Differenzen, die zwischen den US-GAAP und den IAS/IFRS noch bestehen, zu optimieren, ohne jedoch eine Identität der beiden Regelwerke anzustreben. Im Februar 2006 wurde ein Memorandum of Understanding herausgegeben mit spezifischen Meilensteinen, die bis 2008 erreicht werden sollten. Aufgrund der seither erzielten Fortschritte und der Aufhebung des Erfordernisses einer Überleitungsrechnung auf die US-GAAP für IAS-Abschlüsse von Nicht-US-Gesellschaften, die in den USA registriert sind, hat dieses Vorhaben allerdings an Dynamik verloren.

15 Das IFRS-Regelwerk ist für nicht kapitalmarktorientierte, kleine und mittlere Unternehmen (KMUs) inhaltlich zu komplex und für diese Unternehmen deshalb mit einem zu hohen Zeit- und Kostenaufwand verbunden.[34] Am **9.7.2009** veröffentlichte das IASB deshalb den Standard **„IFRS für KMU",**[35] der im Dezember 2015 erstmals überarbeitet wurde.[36] Obwohl dieser sich an den vollen IFRS (Original-IFRS) anlehnt, ist er letztlich aufgrund seiner Eigenständigkeit vollständig vom Original-IFRS losgelöst. Der Standard IFRS für KMU macht mit knapp 250 Seiten nur rund 20 % des Umfangs der vollen IFRS aus, was insbesondere durch die **Streichung von Wahlrechten,** die **Vereinfachung** von Ansatz- und Bewertungsprinzipien sowie die Reduktion von Anhangangaben erreicht wird,[37] und soll lediglich alle drei Jahre angepasst werden,[38] um die Berichtsanforderungen für KMU zu verringern. Neben dem Standard gibt es Umsetzungsleitlinien, die einen Musterabschluss sowie eine Checkliste zu Ausweis- und Angabepflichten enthalten.

16 Der KMU-Standard unterliegt nicht dem sog Endorsement-Prozess der EU, muss also vom nationalen Gesetzgeber zugelassen werden. Für **Deutschland ist keine Übernahme des Standards geplant;**[39] durch das BilMoG hat der Gesetzgeber vielmehr eine eigenständige Vorgehensweise zur Rechnungslegung von KMU geschaffen. Die von *Küting* geprägten „**Saarbrücker Thesen** zur Fortentwicklung des Deutschen Bilanzrechts" haben sich von Anfang an gegen eine Ausweitung der IFRS-Rechnungslegung auf KMU ausgesprochen. Das **IDW** teilt im Ergebnis diese Auffassung unter Hinweis darauf, dass der Jahresabschluss, anders als der Konzernabschluss, nicht nur Informationszwecken, sondern auch der Ermittlung ausschüttbarer Gewinne dient. Der Standard kann jedoch auf freiwilliger Basis zusätzlich zum handelsrechtlichen Einzelabschluss angewendet werden.

II. Rechnungslegung gemäß HGB

1. Betroffene Gesellschaften

17 **Jeder Kaufmann** hat gemäß § 242 HGB einen **Jahresabschluss aufzustellen,** bestehend aus Bilanz und GuV. Die ergänzenden Rechnungslegungs-, Prüfungs- und Offenle-

---

[34] Zweifelnd *Lüdenbach/Hoffmann* DStR 2005, 884: „Die Kompliziertheit als sozialpsychologisches Problem".

[35] Der Originaltitel des Standards, der am Tag der Veröffentlichung in Kraft getreten ist, lautet: International Financial Reporting Standard for small and medium-sized entities (IFRS for SMEs).

[36] Zu den lediglich punktuellen Änderungen *Eierle/Ketterer/Ther* DB 2016, 601.

[37] Zu den Unterschieden im Einzelnen IDW-HdB I N Rn. 1247 ff.

[38] Die letzte Anpassung wurde am 21.5.2015 veröffentlicht.

[39] Hierzu *Grottke/Späth/Haendel* DStR 2011, 2422; *Janke* DB 2011, 2863; *Küting/Lam* GmbHR 2012, 1041.

gungsvorschriften der §§ 264 ff. HGB gelten nur für Kapitalgesellschaften sowie **bestimmte Personenhandelsgesellschaften.**

Gemäß Art. 1 Nr. 1 RL 90/605/EWG **(GmbH & Co.-Richtlinie)** sollten die ergänzenden (besser: verschärfenden) Vorschriften nur für solche Personengesellschaften gelten, bei denen ausschließlich eine **Kapitalgesellschaft** mit Sitz in einem EU-Staat persönlich haftender Gesellschafter ist, wobei die „schädlichen" Kapitalgesellschaften in der Richtlinie enumerativ aufgeführt sind. Demgegenüber erfasst **§ 264a Abs. 1 HGB** alle Personengesellschaften, bei denen **nicht wenigstens ein persönlich haftender Gesellschafter eine natürliche Person** oder eine Personengesellschaft mit einer natürlichen Person als persönlich haftendem Gesellschafter ist oder sich die Verbindung von Gesellschaften in dieser Art fortsetzt. 18

Der deutsche Gesetzgeber hat die EU-Vorgabe insoweit **übererfüllt,** als § 264a HGB – in Anlehnung an die bereits früher vorhandenen Definitionen der Kapitalgesellschaft & Co. im HGB (§§ 19 Abs. 2, 125a Abs. 1, 130a, 172 HGB, ferner § 129a Abs. 1 HGB aF) – grundsätzlich alle Personengesellschaften erfasst, bei denen **kein persönlich haftender Gesellschafter eine natürliche Person** ist, also zB auch die Stiftung & Co. KG oder eine KG mit einer schweizerischen Komplementär-GmbH.[40] Eine Ausnahme gilt für Personengesellschaften, bei denen im Rahmen eines mehrstufigen Gesellschaftsverhältnisses eine natürliche Person persönlich haftender Gesellschafter ist, jedoch nur, solange nicht auf einer Gesellschaftsebene ausschließlich Nicht-Personengesellschaften die Stellung des persönlich haftenden Gesellschafters innehaben. Da sich die Ausnahmeregelung auf Verbindungen mit Komplementär-Personengesellschaften beschränkt, ist zB eine KG nicht befreit, deren Komplementärin eine KGaA mit einer natürlichen Person als persönlich haftendem Gesellschafter ist.[41] 19

Auf den ersten Blick mag es verwundern, dass sich die Bundesregierung der GmbH & Co.-Richtlinie zunächst lange verweigert hat, um dann bei der **Umsetzung** die Vorgaben der Richtlinie **überzuerfüllen.** In der Gesetzesbegründung wird diese Vorgehensweise jedoch ausdrücklich als „systemgerecht", nämlich als notwendiger **Ausgleich** für die **Haftungsbeschränkung** bezeichnet.[42] Wir halten diese Überlegung des Gesetzgebers aus rechtssystematischer Sicht für zutreffend. Wegen der bekannten Vorbehalte gerade mittelständischer Unternehmen gegen die Offenlegung des Jahresabschlusses wäre andernfalls mit einer Flucht in die von der GmbH & Co.-Richtlinie nicht erfassten Formen der KG mit beschränkter Haftung, insbesondere in die **Stiftung & Co. KG,** zu erwarten gewesen.[43] 20

Die ergänzenden Rechnungslegungsvorschriften unterscheiden zwischen **vier Größenklassen,** nämlich zwischen kleinsten, kleinen, mittelgroßen und großen Gesellschaften, wobei der deutsche Gesetzgeber die von der EU vorgegebene Bandbreite der Schwellenwerte nach oben hin jeweils maximal ausgeschöpft hat. **Kleinstgesellschaften** sind gemäß § 267a HGB gegeben, wenn mindestens zwei der folgenden Merkmale nicht überschreiten werden: 21

- Bilanzsumme: 350.000 Euro
- Umsatzerlöse: 700.000 Euro
- Arbeitnehmer im Jahresdurchschnitt: 10

Kleine Gesellschaften sind gemäß § 267 Abs. 1 HGB solche, die mindestens zwei der folgenden Merkmale nicht überschreiten: 22

- Bilanzsumme: 6.000.000 Euro
- Umsatzerlöse: 12.000.000 Euro
- Arbeitnehmer im Jahresdurchschnitt: 50

Für **mittelgroße** Gesellschaften gelten gemäß § 267 Abs. 2 HGB folgende Größenmerkmale: 23

- Bilanzsumme: 20.000.000 Euro
- Umsatzerlöse: 40.000.000 Euro
- Arbeitnehmer im Jahresdurchschnitt: 250

[40] Anders noch der Regierungsentwurf 1982, BR-Drs. 61/82.
[41] *Merkt* in Baumbach/Hopt HGB § 264a Rn. 2.
[42] BT-Drs. 14/1806, 18.
[43] *Strobel* DB 1999, 1025 (1713); *Ernst* DStR 1999, 903; *Klein/Pötzsch* DB 1999, 1509.

24 Eine **große** Gesellschaft liegt gemäß § 267 Abs. 3 S. 1 HGB vor, wenn zwei der drei Größenmerkmale für mittelgroße Gesellschaften überschritten werden.

25 Die Kaufmannseigenschaft der **vermögensverwaltenden GmbH & Co. KG** ergibt sich jedenfalls aus § 6 Abs. 1 HGB.[44] Sie wird deshalb ebenfalls von § 264a HGB erfasst.

2. Rechnungslegungsvorschriften

26 **a) Jahresabschluss.** Gemäß § 264a Abs. 1 HGB unterliegt die GmbH & Co. KG grundsätzlich den **Rechnungslegungsvorschriften für Kapitalgesellschaften.** Dies bedeutet insbesondere, dass die Bewertungsvorschriften der §§ 279, 280 HGB zu befolgen sind, der Jahresabschluss um einen Anhang zu erweitern und zusätzlich ein Lagebericht aufzustellen ist.[45]

27 Die strengeren Vorschriften für Kapitalgesellschaften gelten gemäß § 264b HGB allerdings nicht, wenn die GmbH & Co. KG in den (freiwilligen) **Konzernabschluss** eines Mutterunternehmens mit Sitz in einem EU-Staat oder in den Konzernabschluss der Komplementär-GmbH einbezogen, dieser Konzernabschluss nebst Konzernlagebericht nach EU-Recht aufgestellt, geprüft und veröffentlicht wird sowie diese Unterlagen mit dem Bestätigungsvermerk im Unternehmensregister für die befreite Gesellschaft in deutscher Sprache offengelegt werden. Die Befreiungswirkung gilt uneingeschränkt bei Konzernabschlüssen gemäß §§ 291, 292 HGB. Ein **IFRS**-Konzernabschluss iSv § 315a HGB hat ebenfalls befreiende Wirkung iSv § 264b HGB,[46] ein Konzernabschluss gemäß **PublG** ggf. nur dann, wenn das Wahlrecht des § 13 Abs. 3 S. 1 PublG (Angabe von Organbezügen) nicht ausgeübt wird (die Aufstellung einer verkürzten Konzern-GuV ist unschädlich).[47]

28 § 264b HGB orientiert sich an der für Kapitalgesellschaften geltenden **Befreiungsregelung des § 264 Abs. 3 HGB,** allerdings mit einem in der Praxis entscheidenden Unterschied, dass für die Befreiung der GmbH & Co. KG weder die Zustimmung aller Gesellschafter noch eine Einstandsverpflichtung des Mutterunternehmens[48] erforderlich ist.

29 Auch hier hat der deutsche Gesetzgeber **nicht alle Erleichterungen umgesetzt.** Gemäß Art. 1 Nr. 4 RL 90/605/EWG wäre es zB möglich gewesen, dass der Jahresabschluss der GmbH & Co. KG nicht von dieser selbst, sondern von der (auch im EU-Ausland ansässigen) Komplementär-GmbH gemeinsam mit deren eigenem Abschluss nach der für Kapitalgesellschaften geltenden Vorschrift aufgestellt, geprüft und offengelegt wird. Nach der – durchaus zutreffenden – Auffassung des Gesetzgebers hätte eine solche Regelung die Möglichkeit für Dritte zur Einsichtnahme in den Jahresabschluss wesentlich erschwert, ebenso die Überprüfung der Einhaltung der Offenlegungspflicht durch die Registergerichte.[49]

30 **§ 264c HGB** enthält verschiedene **Sonderregelungen,** die den rechtsformbedingten Besonderheiten der GmbH & Co. KG Rechnung tragen. Diese betreffen den Ausweis von Forderungen und Verbindlichkeiten gegenüber den Gesellschaftern, den Ausweis des Eigenkapitals, das Verbot des Ausweises von Privatvermögen in der Gesellschaftsbilanz sowie den Ausweis von Anteilen an der eigenen Komplementär-GmbH.

31 **Eigenkapital** ist bei Personenhandelsgesellschaften nur dann gegeben, wenn die bereitgestellten Mittel als **Verlustdeckungspotenzial** zur Verfügung stehen.[50] Dies ist dann der Fall, wenn künftige Verluste mit diesen Mitteln bis zur vollen Höhe – auch mit Wirkung gegenüber den Gesellschaftsgläubigern – zu verrechnen sind und wenn im Fall der Insolvenz der Gesellschaft eine Insolvenzforderung nicht geltend gemacht werden kann oder wenn

---

[44] Vgl. *Demuth/Klingbeil* DStR 2009, 2537.

[45] Im Einzelnen IDW RS HFA 7 (Stand: 6.2.2012).

[46] IDW WP-HdB F Rn. 1426; *Adler/Düring/Schmaltz,* Rechnungslegung und Prüfung der Unternehmen, HGB § 264 Rn. 26.

[47] § 264 Abs. 4 HGB analog, *Winkeljohann/Deubert* BeckBilKomm HGB § 264b Rn. 56; IDW WP-HdB F Rn. 1427.

[48] Hierzu *Hargarten/Seidler* DB 2016, 2795.

[49] BR-Drs. 458/99, 36.

[50] IDW RS HFA 7 (Stand: 6.2.2012) Rn. 13.

bei einer Liquidation der Gesellschaft Ansprüche erst nach Befriedigung aller Gesellschaftsgläubiger mit dem sonstigen Eigenkapital auszugleichen sind. Keine notwendige Voraussetzung für die Qualifikation als Eigenkapital der Personenhandelsgesellschaft ist das Kriterium der „Dauerhaftigkeit der Mittelüberlassung", da Entnahmen zulasten des Eigenkapitals jederzeit von den Gesellschaftern beschlossen werden können.

Als **gezeichnetes Kapital** sind unter der Position „Kapitalanteile" in der **Bilanz** der GmbH & Co. KG bei den Kommanditisten die vereinbarten **Pflichteinlagen** zu erfassen.[51] **Ausstehende** Pflichteinlagen sind analog § 272 Abs. 1 S. 3 HGB entweder auf der Aktivseite als „ausstehende Einlage" gesondert auszuweisen oder alternativ auf der Passivseite offen von dem Kapitalanteil abzusetzen.[52] Ist eine ausstehende Einlage eingefordert und besteht damit eine konkrete Einzahlungsverpflichtung, weist die GmbH & Co. KG in ihrer Bilanz eine entsprechende Forderung gegen den Kommanditisten aus (§ 264c Abs. 2 S. 7 Hs. 1 HGB). 32

Ist die **Haftsumme** höher als die Pflichteinlage, muss die **Differenz** gemäß § 264c Abs. 2 S. 9 HGB im **Anhang** angegeben werden. Damit soll deutlich gemacht werden, inwieweit neben dem in der Bilanz ausgewiesenen Eigenkapital noch eine Haftung der Kommanditisten besteht.[53] 33

Nach dem **gesetzlichen Regelstatut** (§ 167 Abs. 2 HGB) sind **Gewinnanteile** den Kapitalanteilen der Kommanditisten zuzuschreiben, soweit der Kapitalanteil den Betrag der bedungenen Einlage nicht erreicht (→ § 5 Rn. 80). Darüber hinausgehende Gewinnanteile sind dem sog Privatkonto des Kommanditisten, das Fremdkapitalcharakter hat, zuzuschreiben. Zum Ausweis eines Jahresüberschusses in der Bilanz kommt es in diesen Fällen nicht. Ist im **Gesellschaftsvertrag vereinbart,** den Jahresüberschuss ganz oder teilweise in die Disposition der Gesellschafterversammlung zu stellen, ist ein Jahresüberschuss – oder bei teilweise ausstehender Verwendung des Jahresüberschusses durch die Gesellschafterversammlung ein Bilanzgewinn – auszuweisen. Von einer nur teilweisen Disposition der Gesellschafterversammlung über den Jahresüberschuss ist zB auszugehen, wenn bereits bei Aufstellung des Jahresabschlusses bestimmte Rücklagen gebildet werden dürfen oder wenn die Gesellschafter, etwa für Zwecke von Steuervorauszahlungen, Vorabausschüttungen auf den Gewinn erhalten haben.[54] 34

Verluste sind – nach Verrechnung mit einer etwa vorhandenen gesamthänderisch gebundenen Rücklage – von den Kapitalanteilen der Gesellschafter abzuschreiben.[55] **Negative Kapitalkonten** sind auf der Aktivseite der Bilanz für den persönlich haftenden Gesellschafter und/oder die Kommanditisten getrennt auszuweisen. Soweit die Pflichteinlage durch Entnahmen unterschritten wird, ist eine Ausgleichsforderung gegen den Kommanditisten zu aktivieren (§ 264c Abs. 2 S. 7 Hs. 2 HGB). Nur aus **steuerlicher** Sicht negative Kapitalkonten iSv § 15a EStG bleiben unberücksichtigt. 35

Gemäß § 264c Abs. 3 S. 2 HGB kann in der GuV nach dem Posten „Jahresüberschuss/Jahresfehlbetrag" ein dem Steuersatz der Komplementärgesellschaft entsprechender **Steueraufwand** der Gesellschafter offen abgesetzt oder hinzugerechnet werden.[56] Dabei ist in der Postenbezeichnung zum Ausdruck zu bringen, dass es sich um eine **fiktive** und nicht um die tatsächliche Steuerbelastung der Gesellschafter bzw. ein entsprechend fiktives Jahresergebnis handelt; sachgerecht erscheinen Bezeichnungen wie „Steuern der Gesellschafter gemäß 36

---

[51] IDW WP-HdB F Rn. 1439; *Schmidt/Hoffmann* in BeckBilKomm HGB § 264c Rn. 30; *Reiner* in MüKoHGB §§ 264a–264c Rn. 24; *Mueller-Thuns* in HTM HdB GmbH & Co. KG Rn. 7.64 ff.; zur Abgrenzung von Rücklagen → Rn. 97.

[52] IDW RS HFA 7 (Stand: 6.2.2012) Rn. 45.

[53] BT-Drs. 14/1806, 20.

[54] IDW RS HFA 7 (Stand: 6.2.2012) Rn. 47.

[55] IDW RS HFA 7 (Stand: 6.2.2012) Rn. 48.

[56] Der Regierungsentwurf eines BiRiLiG vom Februar 1982 (BR-Drs. 61/82) hatte stattdessen vorgesehen, diesen Steueraufwand im Posten „Steuern vom Einkommen und vom Ertrag" auszuweisen, und zwar entweder in Höhe des voraussichtlichen tatsächlichen Aufwands oder eines fiktiven Steuerbetrags, den ein der Körperschaftsteuer unterliegendes Unternehmen im Fall der Vollausschüttung des Jahresüberschusses zu zahlen hätte.

§ 264c Abs. 3 HGB" oder „Fiktive Steuerbelastung der Gesellschafter". Im Blick auf die angestrebte Vergleichbarkeit mit den Jahresabschlüssen von Kapitalgesellschaften ist uE unabhängig davon, wer Komplementär ist, auf die **deutsche Körperschaftsteuer** einschließlich SolZ abzustellen.[57] Dies gilt auch für die Bemessungsgrundlage. **Latente Steuern** (§ 274 HGB) sind ebenfalls zu berücksichtigen.[58]

37 Bei der **Einheits-GmbH & Co. KG** treten drei spezifische Bilanzierungsprobleme auf:[59]

- Die **Anteile** der GmbH & Co. KG **an ihrer Komplementär-GmbH** sind gemäß § 264c Abs. 4 S. 1 HGB im Finanzanlagevermögen unter dem Posten „Beteiligungen" oder – soweit die Verbundmerkmale (§§ 271 Abs. 2, 290 HGB) erfüllt sind – unter dem Posten „Anteile an verbundenen Unternehmen" auszuweisen, und zwar „stets gesondert".[60] Denn erst der **gesonderte Ausweis** macht deutlich, in welcher Höhe dort Vermögen ausgewiesen wird, auf das Gläubiger der GmbH & Co. KG bereits über die GmbH – in der Rolle als persönlich haftender Gesellschafter der GmbH & Co. KG – zugreifen können. Alternativ zum gesonderten Ausweis der Anteile in der Bilanz kann auf die im Posten „Anteile an verbundenen Unternehmen" enthaltenen Komplementär-Anteile nach § 265 Abs. 3 S. 1 HGB auch im Anhang hingewiesen werden.
- Gemäß § 264c Abs. 4 S. 2 HGB ist in Höhe der aktivierten Anteile an der Komplementär-GmbH bei der GmbH & Co. KG nach dem Eigenkapital ein „**Ausgleichsposten** für aktivierte eigene Anteile" zu bilden. Dieser ist entweder aus Rücklagen oder aus dem Jahresüberschuss zu bilden,[61] andernfalls von den Kapitalanteilen abzubuchen, ohne dass dadurch die Einzahlungsverpflichtung der Kommanditisten wieder auflebt.[62] Eine dabei etwa eintretende Einschränkung der Entnahmerechte ist vom Gesetzgeber gewollt.
  Durch den Ausgleichsposten soll eine Kapitalaufblähung vermieden werden, die dadurch zustande kommt, dass die KG die Einlage ihres Komplementärs bei sich letztlich selbst finanziert.[63] Bei der gebotenen teleologischen Auslegung ist ein Ausgleichsposten deshalb **entbehrlich,** wenn – wie stets bei der typischen Einheitsgesellschaft – die Komplementär-GmbH an der GmbH & Co. KG nicht kapitalmäßig beteiligt ist, also keine Einlage geleistet hat.[64]
- Wird der Kaufpreis für die Anteile an der Komplementär-GmbH durch die GmbH & Co. KG bezahlt, kann dies wegen § 172 Abs. 6 HGB als Rückzahlung von Kommanditeinlagen zu werten sein (→ § 8 Rn. 33). Eine solche Rückzahlung ist im **Anhang** gemäß § 264c Abs. 2 S. 9 HGB als **ausstehende Hafteinlagen** der Kommanditisten anzugeben.

38 **b) Konzernabschluss.** Auch bei der Konzernrechnungslegung ist die GmbH & Co. KG nunmehr den Kapitalgesellschaften **gleichgestellt** (§ 264a Abs. 1 HGB). Die Konzernrechnungslegungspflicht (§§ 290 ff. HGB) greift ein, wenn in einem fiktiven Konzernabschluss der GmbH & Co. KG zwei der drei für **große Gesellschaften** geltenden Größenmerkmale überschritten werden. Bei einer nur additiven Zusammenfassung sind gemäß § 293 Abs. 1 Nr. 1 HGB eine Bilanzsumme von 24 Mio. Euro und Umsatzerlöse von 48 Mio. Euro maßgeblich.

39 Der Konzernabschluss **besteht aus** der Konzernbilanz, der Konzern-GuV, dem Konzernanhang, der Kapitalflussrechnung sowie dem Eigenkapitalspiegel (§ 297 Abs. 1 S. 1 HGB) und wird ergänzt um einen Konzernlagebericht (§ 315 HGB). Im Konzernabschluss ist die Vermögens-, Finanz- und Ertragslage der einbezogenen Unternehmen so darzustellen, als ob diese Unternehmen insgesamt ein einziges Unternehmen wären (§ 297 Abs. 3 S. 1 HGB).

---

[57] *Schmidt/Hoffmann* in BeckBilKomm HGB § 264c Rn. 73; *Graf/Bisle* in MüKoBilR HGB § 264c Rn. 49.
[58] *Kirsch* DStR 2008, 1972; *Reuther/Fink* BB 2010, 363 (366).
[59] *Zeyer* BB 2008, 1442.
[60] Regierungsbegründung, BT-Drs. 14/1806, 21.
[61] IDW RS HFA 7 (Stand: 6.2.2012) Rn. 16.
[62] Hinweise Bundessteuerberaterkammer, DStR 2006, 668 (674).
[63] Gesetzesbegründung, BT-Drs. 14/1806, 21.
[64] *Schmidt/Hoffmann* in BeckBilKomm HGB § 264c Rn. 87; *Reiner* in MüKoHGB §§ 264a–264c Rn. 34.

Nicht abschließend geklärt ist, unter welchen Voraussetzungen die GmbH & Co. KG als **Insich-Konzern** zu beurteilen ist mit der Folge, dass die **Komplementär-GmbH** aufgrund ihrer Stellung als persönlich haftender Gesellschafter bei der GmbH & Co. KG als **Mutterunternehmen** zu qualifizieren und deshalb verpflichtet ist, einen Konzernabschluss mit der KG als (einzigem) Tochterunternehmen aufzustellen.[65] Bei der **typischen GmbH & Co. KG,** bei der die Komplementär-GmbH lediglich der Haftungsbeschränkung dient und keinen eigenen, in kaufmännischer Weise eingerichteten Geschäftsbetrieb unterhält, bildet die KG mit ihrer Komplementär-GmbH bei wirtschaftlicher Betrachtung **ein einziges Unternehmen.** Daher scheidet uE das Leitbild eines Mutter-Tochter-Verhältnisses aus, denn dieses setzt zumindest zwei Unternehmen voraus, die bei der Kapitalgesellschaft & Co. KG nicht bestehen, so dass hier ein Mutter-Tochter-Verhältnis begrifflich nicht möglich ist.[66] 40

Eine Konzernrechnungslegungspflicht besteht seit dem durch das BilMoG eingeführten **Control-Konzept,** wenn ein Unternehmen (Mutterunternehmen) auf ein anderes Unternehmen (Tochterunternehmen) unmittel- oder mittelbar einen **beherrschenden Einfluss** ausüben kann (§ 290 Abs. 1 HGB). Bei einer typischen GmbH & Co. KG scheitert diese Voraussetzung aber nicht nur an der fehlenden Unternehmereigenschaft der Komplementär-GmbH, sondern auch daran, dass diese die KG nicht beherrschen kann (str., im Einzelnen → § 14 Rn. 62 ff.). In der Gesetzesfassung vor dem BilMoG fehlte es außerdem an der „einheitlichen Leitung" der Komplementär-GmbH.[67] 41

Die wichtigsten und verbreitetsten Möglichkeiten der beherrschenden Einflussnahme werden beispielhaft in § 290 Abs. 2 HGB beschrieben. **§ 290 Abs. 2 Nr. 2 HGB** stellt darauf ab, ob der Komplementär-GmbH (Mutterunternehmen) das Recht zusteht, die Mehrheit der Mitglieder des Leitungs- oder Aufsichtsorgans der KG (Tochterunternehmen) zu bestellen und abzuberufen. Diese Voraussetzung ist bei der GmbH & Co. KG formal nicht erfüllt, da die Komplementär-GmbH kraft Gesetzes selbst Leitungsorgan der GmbH & Co. KG ist. Das **Bestellungsrecht** steht insoweit nicht der GmbH, sondern deren Gesellschaftern zu. Allerdings erwächst der GmbH aus ihrer gesellschaftsrechtlichen Stellung als Leitungsorgan eine noch stärkere Kontrollmöglichkeit als durch ein Bestellungsrecht, weshalb die hM die GmbH & Co. KG unter § 290 Abs. 2 Nr. 2 HGB subsumiert.[68] 42

Wir sind demgegenüber der Auffassung, dass jedenfalls bei der typischen GmbH & Co. KG die der Komplementär-GmbH zustehenden, im § 290 Abs. 2 Nr. 2 HGB genannten Rechte mangels eigener wirtschaftlicher Interessen den **Kommanditisten zuzurechnen** sind.[69] Aus diesem Grund ist auch der Tatbestand nach **§ 290 Abs. 2 Nr. 3 HGB** in der Regel nicht erfüllt, zumal der persönlich haftende Gesellschafter nur in Ausnahmefällen aufgrund einer gesellschaftsvertraglichen Bestimmung das Recht haben dürfte, die Finanz- und Geschäftspolitik der KG iSd § 264a Abs. 1 HGB zu bestimmen.[70] Eine Konzernrechnungslegungspflicht der Komplementär-GmbH ist also auch nach dem Control-Konzept grundsätzlich **zu verneinen.**[71] *Wiedemann* bringt die Sache auf den Punkt mit der zutreffenden Feststellung: „die GmbH dient und die KG herrscht."[72] 43

---

[65] Im Gesetzgebungsverfahren zum KapCoRiLiG hat der Gesetzgeber unter Hinweis auf eine „herrschende Meinung" das Vorliegen eines Insich-Konzerns bejaht, vgl. BT-Drs. 14/1806, 22 (zu § 264c).

[66] Wie hier *Claussen/Scherrer* in Kölner Kommentar zum Rechnungslegungsrecht HGB § 290 Rn. 54.

[67] *Graf/Bisle* in MüKoBilR HGB § 264b Rn. 12.

[68] DRS 19.30 (mit der Folge einer Konzern-GoB-Vermutung); IDW RS HFA 7 (Stand: 2.6.2012) Rn. 67; *Kindler* in Großkomm. HGB § 290 Rn. 45; *Küting/Weber/Pilhofer* WPg 2003, 793 (796); *Mueller-Thuns* in HTM HdB GmbH & Co. KG Rn. 7.130; *Adler/Düring/Schmaltz,* Rechnungslegung und Prüfung der Unternehmen, § 290 Rn. 123; *IDW* WP-HdB G 60; *Tillmann* DB 1986, 1319 (1321); *Grottel/Kreher* in BeckBil-Komm HGB § 290 Rn. 57; *Krietenstein* WPg 2005, 1200; *Senger/Hoehne* in MüKoBilR HGB § 290 Rn. 21; *Merkt* in Baumbach/Hopt HGB § 290 Rn. 7; *Marbler/Oser* DStR 2014, 2474 (2476). Zweifelnd *Düll* in Reichert GmbH & Co. KG § 23 Rn. 87.

[69] WP-HdB G 61; *Winkeljohann/Deubert* in BeckBilKomm HGB § 264b Rn. 24 ff.

[70] IDW RS HFA 7 (Stand: 2.6.2012) Rn. 68; *Senger/Hoehne* in MüKoBilR HGB § 290 Rn. 21.

[71] *Beck* DStR 2013, 2468; *Winkeljohann/Deubert* in BeckBilKomm HGB § 264b Rn. 30; *Schulze-Osterloh* BB 2002, 1307; *Herrmann* WPg 2001, 271 (280).

[72] *Wiedemann* GesR II § 9 IV 1e; zustimmend *K. Schmidt* FS Röhricht, 2005, 511 (517).

44 Wie schwer sich die hM mit der Begründung der Konzernrechnungspflicht bei der GmbH & Co. KG tut, zeigt sich eindrucksvoll daran, dass gerade diejenigen Stimmen, die sich am nachdrücklichsten dafür aussprechen, diese ausgerechnet bei der **Einheitsgesellschaft** verneinen,[73] da bei dieser nicht die Komplementär-GmbH, sondern die KG das Mutterunternehmen sei. Tatsächlich unterscheidet sich die Einheitsgesellschaft bei wirtschaftlicher Betrachtung nicht von der in der Praxis üblichen **beteiligungsidentischen GmbH & Co. KG.** Jedenfalls bei dieser Gestaltungsform, bei der die Geschäftsführer der Komplementär-GmbH nach dem gesetzlichen Regelstatut einem umfassenden **Weisungsrecht** der mit den GmbH-Gesellschaftern personenidentischen Kommanditisten unterworfen sind, ergibt sich eine Konzernrechnungslegungspflicht der Komplementär-GmbH weder aus § 290 Abs. 1 HGB noch aus § 290 Abs. 2 HGB. Demgegenüber dürfte ein **Beteiligungsverhältnis** iSv § 271 Abs. 1 HGB bei der heute üblichen satzungsmäßigen Verankerung der Komplementärstellung im Unternehmensgegenstand der Komplementar-GmbH zu bejahen sein, obwohl die GmbH keinen eigenen Geschäftsbetrieb unterhält, nicht an den Chancen und Risiken der KG partizipiert und ihre Haftungsfunktion für die KG wirtschaftlich völlig untergeordnet ist.[74]

45 Bei Lichte betrachtet geht die Diskussion, ob die die Komplementär-GmbH verpflichtet ist, für die GmbH & Co. KG einen Konzernabschluss aufzustellen, **an der Realität vorbei.** Denn die hM stellt ihre Auffassung regelmäßig unter den **Vorbehalt,** dass die Komplementär-GmbH berechtigt sein muss, bei der KG alle „richtungsweisenden Entscheidungen" zu treffen. Dies sei nach dem gesetzlichen Regelstatut der Fall, nicht jedoch, wenn laut Gesellschaftsvertrag für wesentliche finanz- und geschäftspolitische Entscheidungen sowie für grundsätzliche Fragen der Geschäftsführung der KG die **Zustimmung der Kommanditisten** oder eines bei der KG angesiedelten Aufsichtsorgans erforderlich sei.[75] Letzteres ist in der Praxis bei vielen GmbH & Co. KG-Konzernen der Fall, die die Größenmerkmale des § 293 HGB überschreiten.

46 Das **KapCoRiLiG** hat die Streitfrage in zweierlei Hinsicht **entschärft.** Da die GmbH & Co. KG seither für Rechnungslegungszwecke der Kapitalgesellschaft gleichgestellt ist, hat die Konzernrechnungslegungspflicht ihrer Komplementär-GmbH an Bedeutung verloren. Gemäß § 264b Nr. 1 lit. a) HGB wird die GmbH & Co. KG ferner in Bezug auf ihren Jahresabschluss von der Anwendbarkeit des § 264a HGB durch die Einbeziehung in einen, ggf. freiwilligen **Konzernabschluss ihrer Komplementär-GmbH** befreit. Im Ergebnis wird der Komplementär-GmbH ein Wahlrecht zur Aufstellung eines Konzernabschlusses mit befreiender Wirkung für die KG eingeräumt, ohne dass es darauf ankommt, ob sie Mutterunternehmen ist.[76] Nach dem Gesetzeswortlaut muss die Komplementär-GmbH jedoch ein (eigenes) Unternehmen haben, woran es im Fall der typischen GmbH & Co. KG nach der hier vertretenen Auffassung fehlt (→ Rn. 40).

47 Wir halten dieses Wahlrecht für **bedenklich.** Zum einen tritt die **GmbH & Co. KG** und nicht deren Komplementär-GmbH **als Unternehmen** am Markt auf.[77] Zum anderen ist der Konzernabschluss einer solchen Komplementär-GmbH **wenig aussagekräftig** wenn nicht sogar irreführend, da dort als (formelles) Konzern-Eigenkapital lediglich das Stammka-

[73] *Adler/Düring/Schmaltz,* Rechnungslegung und Prüfung der Unternehmen, HGB § 290 Rn. 120; *Claussen/Scherrer* in Kölner Kommentar zum Rechnungslegungsrecht HGB § 290 Rn. 53: „entmachtete Kapitalgesellschaft"; *Düll* in Reichert GmbH & Co. KG § 23 Rn. 89; *Mueller-Thuns* in HTM HdB GmbH & Co. KG Rn. 7.137; *Marbler/Oser* DStR 2014, 2474 (2479). *Busse v. Colbe* in MüKoHGB § 290 Rn. 86 spricht bei der Einheitsgesellschaft sogar von einer Vermeidungsstrategie.

[74] *Marbler/Oser* DStR 2014, 2474 (2479). Zweifelnd *Küting/Weber/Pilhofer* WPg 2003, 793 (797); *Herrmann* WPg 2001, 271 (278).

[75] Vgl. nur IDW RS HFA 7 (Stand: 2.6.2012) Rn. 63 und 67.

[76] BT-Drs. 14/1806, 19.

[77] Mit dieser Begründung hatte sich der Gesetzgeber des KapCoRiLiG dagegen entschieden, das Richtlinienwahlrecht in dem Sinne umzusetzen, dass der Jahresabschluss der GmbH & Co. KG von der Komplementär-GmbH gemeinsam mit deren eigenem Abschluss aufzustellen ist, BT-Drs. 14/8106, 19. Wie hier *Schulze-Osterloh* BB 2002, 1307 (1310); kritisch auch *Adler/Düring/Schmaltz,* Rechnungslegung und Prüfung der Unternehmen, HGB § 264b Rn. 17; unentschieden *Herrmann* WPg 2001, 271 (274).

pital der GmbH auszuweisen ist, während das übrige Eigenkapital und das gesamte Ergebnis als auf „andere Gesellschafter" entfallend ausgewiesen werden muss (§ 307 HGB). Es ist deshalb zu begrüßen, dass der befreiende Konzernabschluss der Komplementär-GmbH in der Praxis bislang keine große Bedeutung erlangt hat.[78]

Eine **GmbH & Co. KG** kann sich gemäß § 264b Nr. 1 lit. b) HGB in Bezug auf ihren **Jahresabschluss** von der Anwendbarkeit des § 264a HGB durch Einbeziehung in den eigenen, ggf. freiwillig aufgestellten Konzernabschluss **selbst befreien.**[79] Denn nach dem Gesetzeswortlaut genügt für die Befreiung der Personenhandelsgesellschaft von der Offenlegungspflicht die Einbeziehung in den Konzernabschluss „eines" Mutterunternehmens und nicht „ihres" Mutterunternehmens. Daher qualifiziert die Bezugnahme auf ein Mutterunternehmen nur den Aufsteller des Konzernabschlusses und setzt nicht eine Personenverschiedenheit zwischen Mutterunternehmen und zu befreiender Personenhandelsgesellschaft voraus.[80] 48

Seit dem BilRUG setzt die Selbstbefreiung jedoch voraus, dass in diesen Konzernabschluss „eine **größere Gesamtheit von Unternehmen** einbezogen ist", was nach der Gesetzesbegründung ab drei Unternehmen angenommen werden soll.[81] Der Gesetzgeber geht hierbei im Widerspruch zu der noch in BT-Drs. 14/1806 vertretenen Auffassung[82] ausdrücklich davon aus, dass die GmbH & Co. KG das Mutterunternehmen bildet („Konzernspitze"), die Komplementär-GmbH als Tochterunterunternehmen einzubeziehen ist und es folglich nur noch **eines weiteren Tochterunternehmens** bedarf.[83] 49

Auf die Inanspruchnahme des § 264b HGB ist im Konzernanhang explizit hinzuweisen. Sie hat zur Folge, dass die KG davon befreit ist „einen Jahresabschluss und einen Lagebericht nach den Vorschriften dieses Abschnitts" aufzustellen. Für den Jahresabschluss der KG gelten nurmehr die für alle Kaufleute geltenden Vorschriften der §§ 242 ff. HGB; es entfallen nicht nur die Offenlegung, sondern auch die Notwendigkeit von Anhang, Lagebericht und Abschlussprüfung, was jedenfalls dann eine erhebliche **Erleichterung** bedeutet, wenn ohnehin ein Konzernabschluss aufgestellt werden muss. Dies kann materielle Auswirkungen auf die Gesellschafter haben, da deren **Gewinnansprüche** nicht aus dem Konzern-, sondern aus dem Jahresabschluss abgeleitet werden. Entgegen der Regelungen für Kapitalgesellschaften in § 264 Abs. 3 Nr. 1 HGB ist eine explizite **Zustimmung der Gesellschafter** nicht notwendig.[84] Die Gesellschafter werden die Befreiung aber bis zur Grenze der Willkür inzidenter im Rahmen der Feststellung des Jahresabschlusses zu billigen haben, wofür die allgemeine Mehrheitsklausel anwendbar ist (→ Rn. 94).[85] Für die Praxis empfiehlt sich allerdings, Voraussetzungen und Umfang der Befreiung im **Gesellschaftsvertrag** zu regeln, zB die Inanspruchnahme der Befreiung auf die Offenlegung zu beschränken. 50

III. IFRS-Rechnungslegung

1. Inhalt des IFRS-Regelwerkes

a) Rechtsquellen. Das HGB enthält keine Regelungen über den Inhalt der IFRS. Diese finden vielmehr – als sekundäres Gemeinschaftsrecht – nur mittelbar Eingang in deutsches 51

---

[78] *Claussen/Scherrer* in Kölner Kommentar zum Rechnungslegungsrecht HGB § 290 Rn. 16.

[79] Rechtstatsächliches vgl. *Müller/Hillebrand* KoR 2014, 257; *Haller/Löffelmann/Schlechter* DB 2013, 1917 (1924); *Keitz/Stibi/Klarholz* KoR 2011, Beilage 1 zu Heft 12.

[80] LG Bonn BB 2010, 1208 mAnm *Kleinmann*; *Winkeljohann/Deubert* in BeckBilKomm HGB § 264b Rn. 24; *Graf/Bisle* in MüKoBilR HGB § 264b Rn. 10; IDW RS HFA 7 (Stand: 2.6.2012) Rn. 6 (unter Hinweis auf den Sinn und Zweck der Gesetzesvorschrift). Obgleich der Gesetzgeber in der Gesetzesbegründung explizit die Einschränkung „wenn sie in den Konzernabschluss eines anderen Unternehmens einbezogen ist" formuliert (BT-Drs. 14/1806, 9), bezieht sich die hM auf die weitergefasste Formulierung in Art. 1 Nr. 4 RL 90/605/EWG.

[81] BT-Drs. 18/5256, 81.

[82] BT-Drs. 14/1806, 22; → Rn. 40.

[83] *Winkeljohann/Deubert* in BeckBilKomm HGB § 264b Rn. 41.

[84] Gesetzesbegründung zum KapCoRiLiG, BT-Drs. 14/1806, 19.

[85] Vgl. *Winkeljohann/Deubert* in BeckBilKomm HGB § 264b Rn. 3; *Graf/Bisle* in MüKoBilR HGB § 264b Rn. 3.

Recht, nämlich über die **Blankettnorm** des § 315a Abs. 1 HGB, die auf die gemäß Art. 2, 3 und 6 IAS-Verordnung[86] übernommenen **internationalen Rechnungslegungsstandards gemäß IAS-Verordnung** verweist.

52 Das hiernach in Bezug genommene IFRS-Regelwerk ist **dreistufig** aufgebaut und besteht aus folgenden Komponenten:

- Stufe 1: **IASB-Rahmenkonzept** (Framework);
- Stufe 2: Nummerierte **Einzelstandards** (IFRS/IAS), von denen IAS 1 Ausweis- und Gliederungsfragen und IAS 2–41 und IFRS 1–8 Einzelfragen der Rechnungslegung behandeln;
- Stufe 3: **Interpretationen** des International Financial Reporting Interpretations Committee zu den IAS/IFRS (IFRIC, früher SIC).

53 Im **Rahmenkonzept** werden Ziele und Anforderungen der Rechnungslegung beschrieben sowie die Elemente der Rechnungslegung (insbesondere Aktiva, Passiva, Erträge und Aufwendungen) definiert. Das Rahmenkonzept per se stellt jedoch keinen Standard dar und legt insbesondere keine Bewertungsgrundlagen oder Ausweiskriterien für Abschlüsse fest. Es ist ferner nicht als vorrangig gegenüber den IAS oder IFRS anzusehen; im Fall einer Kollision zwischen Rahmenkonzept und IAS/IFRS sind letztere maßgeblich.[87]

54 Gemäß § 325a HGB sind nur **übernommene** Rechnungslegungsstandards anzuwenden. Die sog Massentaufe zur Übernahme der IAS – mit Ausnahme von IAS 32 und 39 – in das Gemeinschaftsrecht erfolgte durch die EU-Verordnung vom 29.9.2003 und nochmals – mit allen Änderungen bis zum 15.10.2008 – durch Verordnung vom 3.11.2008. Seither muss jeder vom IASB verabschiedete neue oder geänderte IAS/IFRS zunächst nach dem in der IAS-Verordnung festgelegten sog **Komitologie- oder Endorsementverfahren** von der EU-Kommission legitimiert und damit zu einem Bestandteil der IAS-Verordnung gemacht werden (Art. 3 Abs. 1 und Art. 6 Abs. 2 IAS-Verordnung). Eine Überführung in nationales Recht ist dann nicht mehr erforderlich, da EU-Verordnungen unmittelbar für alle EU-Mitgliedstaaten gelten.[88]

55 **b) Abgrenzung zur HGB-Rechnungslegung.** Kennzeichnend für die IFRS ist die Bereitstellung von **entscheidungsnützlichen Informationen** für die unterschiedlichen Adressaten von Jahresabschlüssen. Das IFRS-Regelwerk stellt das Informationsbedürfnis der Investoren in der Vordergrund **(investorenorientierte Rechnungslegung).** Es ist im Unterschied zu den HGB-Grundsätzen **gekennzeichnet** durch

- eine geringere Bedeutung des Vorsichtsprinzips und des Gläubigerschutzes;
- eine stärkere Orientierung an aktuellen Marktwerten (fair value);
- einen Abbau von Wahlrechten;
- eine frühere Gewinnerfassung (Abschwächung des Realisationsprinzips).

56 Konkret sind bei der Bilanzierung und Bewertung folgende **Unterschiede** charakteristisch:

- HGB-Aktivierungswahlrechte sind nach IAS/IFRS Aktivierungspflichten;
- HGB-Passivierungswahlrechte sind nach IAS/IFRS Passivierungsverbote;
- Für die Bewertung gilt das Anschaffungs- und Herstellungskostenprinzip;
- Ansatz nicht nur geringerer (Niederstwertprinzip), sondern unter Umständen auch höherer Zeitwerte.

2. Jahresabschluss

57 **a) Betroffene Unternehmen.** Eine **gesetzliche Verpflichtung** zur Aufstellung eines IFRS-Jahresabschlusses **gibt es nicht.** Das HGB erlaubt es lediglich, auf freiwilliger Basis einen IFRS-Jahresabschluss aufzustellen und diesen mit dem Lagebericht gemäß § 289 HGB sowie dem Gewinnverwendungsvorschlag anstelle des HGB-Jahresabschlusses im BAnz.

---

[86] VO (EG) Nr. 1606/2002 vom 19.7.2002.
[87] *IDW* WP-HdB K 15.
[88] Vgl. *Senger/Brune* in MüKoBilR HGB § 325a Rn. 18.

bekannt zu machen (§ 325 Abs. 2a S. 1 HGB). Dieses Bekanntmachungs-Wahlrecht gilt nur für große und mittelgroße Gesellschaften.[89]

Die Verpflichtung zur Aufstellung und Prüfung eines **HGB-Jahresabschlusses** bleibt unberührt. Der HGB-Jahresabschluss muss außerdem beim **Bundesanzeiger eingereicht** werden (§ 325 Abs. 2b Nr. 3 HGB), wo er von Jedermann eingesehen werden kann,[90] im Ergebnis also **öffentlich zugänglich** ist. Der IFRS-Jahresabschluss befreit demnach in Bezug auf den HGB-Jahresabschluss nicht von der Offenlegungspflicht, sondern nur von der Pflicht zur Bekanntmachung im BAnz. mit der Folge, dass der HGB-Jahresabschluss nicht dem Unternehmensregister zu übermitteln und damit nicht über dessen Internetseite zugänglich ist (vgl. § 8b Abs. 3 Nr. 1 HGB iVm § 8b Abs. 2 Nr. 4 HGB: „soweit bekannt gemacht"). 58

Nach dem Willen des Gesetzgebers bleibt der **HGB**-Jahresabschluss maßgeblich für die Zwecke des **Gesellschafts- und Steuerrechts,** während der **IFRS**-Jahresabschluss auf **Informationszwecke** beschränkt ist, zB für Banken oder ausländische Geschäftspartner. 59

Ein Unternehmen, das IFRS-Jahresabschlüsse erstellt, muss **zwei Rechnungslegungssysteme** unterhalten, was mit einem zum Teil erheblichen Mehraufwand verbunden ist. Erforderlich sind für dasselbe Geschäftsjahr zwei vollwertige Jahresabschlüsse mit **zwei Abschlussprüfungen.** Mit der IFRS-Rechnungslegung sind aber auch **Vorteile** verbunden, nämlich eine positive Signalwirkung (innovatives Unternehmen mit hervorragendem Finanzbereich), verbesserte Argumentations-Möglichkeiten beim Unternehmensverkauf (Stichwort: Bewertung) sowie verbesserte Voraussetzungen bei der Beschaffung von Eigen- und Fremdkapital.[91] 60

Die Praxis ist mit quasi-gesetzlichen Verpflichtungen oder faktischen Verpflichtungen zur IFRS-Rechnungslegung konfrontiert. Eine **quasi-gesetzliche Verpflichtung** liegt vor, wenn eine Gesellschaft ein Tochterunternehmen eines Mutterunternehmens ist, welches seinen Konzernabschluss nach IFRS aufstellen muss, da die Konzernmutter hierfür entsprechende Rechnungslegungsunterlagen von ihren Beteiligungsgesellschaften benötigt. **Faktische Verpflichtungen** zur IFRS-Rechnungslegung können sich dadurch ergeben, dass Banken für die Bonitätsbeurteilung, aber auch andere Geschäftspartner, eine entsprechende Rechnungslegung verlangen. 61

b) Inhalt. Unabhängig von der Größe und Rechtsform eines Unternehmens besteht der IFRS-Jahresabschluss aus folgenden Teilen: 62

- **Bilanz** (balance sheet), ohne vorgeschriebene Gliederungsreihenfolge;
- **Gewinn- und Verlustrechnung** (income statement), ohne vorgeschriebene Gliederungsreihenfolge, jedoch mit getrenntem Ausweis von ordentlichen und außerordentlichen Bereichen (zB anteilige Ertragsteuern, Veräußerungen oder Aufgabe von Geschäftsbereichen);
- **Kapitalflussrechnung** (cash flow statement) zur Information über Veränderungen des Finanzmittelbestandes, unterschieden nach Cashflow aus laufender Geschäftstätigkeit, aus Investitionstätigkeit und Finanzierungstätigkeit;
- **Eigenkapitalveränderungsrechnung** (statement of changes in equity) zur Anzeige von Entwicklungen einzelner Positionen des Eigenkapitals;
- **Anhang** (notes) zur Benennung von Bilanzierungs- und Bewertungsmethoden (accounting policies) und für sonstige Erläuterungen (explanatory notes);
- **Segmentberichterstattung** (segment reporting, nur bei Kapitalmarktorientierung).

Im IFRS-Jahresabschluss sind gemäß § 325 Abs. 2a S. 2 HGB die in das EU-Recht übernommenen Standards **vollständig** zu befolgen, wodurch eine gemischte HGB/IFRS-Bilanzierung ausgeschlossen wird. Die in § 325 Abs. 2a S. 3 HGB genannten Vorschriften des **HGB** sind **zusätzlich** zu beachten. 63

[89] *Fehrenbacher* in MüKoHGB § 325 Rn. 83.
[90] *Drinhausen* in MüKoBilR § 325 Rn. 59.
[91] Zu den Vor- und Nachteilen bei Familienunternehmen vgl. *Müller/Hillebrand* KoR 2014, 257.

64 **c) Ausweis des Kommanditkapitals.** Eine Anwendung des IFRS-Regelwerks auf Personengesellschaften wird dadurch erschwert, dass dieses in erster Linie für Kapital- und nicht für Personengesellschaften verfasst wurde. Bei Personengesellschaften bestehen daher vielfach noch **Anwendungsschwierigkeiten.** Diese werden besonders augenfällig bei der Bilanzierung des Eigenkapitals einer KG.

65 Das Rahmenkonzept definiert **Eigenkapital** als den nach Abzug aller Schulden verbleibenden Restbetrag der Vermögenswerte des Unternehmens (Abschn. 49 (c)). Hierauf aufbauend definiert IAS 32.11 ein Eigenkapitalinstrument als „Residualanspruch" an den Vermögenswerten eines Unternehmens nach Abzug aller dazugehörigen Schulden. Mangels spezieller Gliederungsvorschriften muss eine Gliederung des Eigenkapitals hiernach je nach Rechtsform unterschiedlich ausgestaltet sein, wobei sich die **Gliederung** an den Informationsinteressen der Rechnungslegungsadressaten zu orientieren hat. Anders als das HGB (§ 264 Abs. 2 S. 6 HGB) besagt das IFRS explizit nichts darüber, ob die Kapitalanteile des Kommanditisten getrennt von denen des persönlich haftenden Gesellschafters auszuweisen sind. Ein **getrennter Ausweis von Komplementär- und Kommanditkapital** ergibt sich hier aber aus IAS 1.80 iVm IAS 1.79 (a), wonach beim gezeichneten Kapital die verschiedenen „Klassen von Anteilen" gesondert anzugeben sind.

66 Nicht befriedigend geregelt ist, ob die **Kapitalanteile,** insbesondere die Kommanditeinlagen, also das – nach klassischem Verständnis – gezeichnete Kapital der KG, in einer IFRS-Bilanz als **Eigen- oder Fremdkapital** auszuweisen sind,[92] eine Frage, die für die HGB-Bilanz eindeutig im erstgenannten Sinne zu beantworten ist. Da die Kündigung einer Personengesellschaft wegen § 723 Abs. 3 BGB jedenfalls nicht dauerhaft ausgeschlossen werden kann, wurden die Kapitalanteile nach IFRS als **kündbare Finanzinstrumente** beurteilt. Wegen der damit einhergehenden bedingten Verpflichtung der Gesellschaft zur Zahlung eines Abfindungsguthabens wurde der **Eigenkapitalcharakter** der Kapitalanteile gemäß IAS 32.16 und 19 aF **zunächst grundsätzlich verneint.** Die jederzeitige Möglichkeit, die Beteiligung an einer Personengesellschaft (Partnership) gegen Abfindung zurückzugeben, wurde in IAS 32.18 (b) aF sogar explizit als Anwendungsfall eines kündbaren Finanzinstruments erwähnt.

67 Die **Kapitaleinlagen** der Gesellschafter einer KG waren nach IFRS-Regeln somit grundsätzlich als **Fremdkapital** auszuweisen.[93] Die Umqualifizierung war erfolgswirksam über die GuV abzuwickeln und das Fremdkapital zu Marktpreisen zu bewerten. Wird einer KG die Möglichkeit versagt, die Kapitaleinlagen ihrer Gesellschafter als Eigenkapital auszuweisen, **sinkt die Eigenkapitalquote** nach einer Umstellung auf die IFRS-Rechnungslegung deutlich, im Extremfall sogar auf Null. Die Aussagekraft eines Jahresabschlusses kann hierdurch deutlich reduziert, ja sogar in ihr Gegenteil verkehrt werden. Dieses Ergebnis war **sachlich nicht gerechtfertigt**[94] und für die Akzeptanz der Rechnungslegung nach internationalen Rechnungslegungsstandards **kontraproduktiv.**

68 Erst nach langwierigen Beratungen[95] hat sich der **IASB** schließlich einsichtig gezeigt und am 14.2.2008 als „Amendment" bezeichnete **Änderungen** zu IAS 32 und IAS 1 veröffentlicht.[96] Gemäß **IAS 32.16A S. 2/16B** wird der Kapitalanteil an einer Personengesellschaft, obwohl es sich um ein kündbares Finanzinstrument handelt, seither ausnahmsweise auch dann als **Eigenkapitalinstrument** eingestuft, wenn kumulativ folgende **Voraussetzungen** erfüllt sind:[97]

---

92 Hierzu bereits *IDW*-Stellungnahme WPg 2004, 86.

93 Vgl. *Broser/Hoffjan/Strauch* KoR 2004, 452 (455); *Hoffmann/Lüdenbach* DB 2005, 404; *Leuschner/Weller* WPg 2005, 261; *Küting/Wirth/Dürr* WPg 2006, 345; *Hennrichs* WPg 2006, 1253; *Baetge/Kirsch/Leuschner/Jerzembek* DB 2006, 2133; *Kohler* ZHR 170 (2006), 101.

94 Noch deutlicher *Hoffmann/Lüdenbach* DB 2005, 404: „Theater des Absurden".

95 Hierzu *Mentz* DStR 2007, 453; *Schmidt* BB 2006, 1563.

96 In EU-Recht übernommen durch Verordnung (EU) Nr. 53/2009 vom 21.1.2009, ABl. EU 2009 L 17, 23. Hierzu *Theile/Stahnke* BBK 2008, 517.

97 *Mentz* in MüKoBilR IAS 32 Rn. 162.

- Bei der Liquidation des emittierenden Unternehmens ist der Gesellschafter berechtigt, seinen anteiligen Nettovermögenswert einzufordern (A lit. a);
- Der Kapitalanteil zählt zu der Kapitalklasse, mit der als letztes ein Anspruch auf das Nettovermögen des Unternehmens verlangt werden kann (A lit. b);
- Alle kündbaren Finanzinstrumente der nachrangigsten Kapitalklasse sind gleich gestaltet (A lit. c);
- Außer der Verpflichtung der Gesellschaft zur Bezahlung einer Abfindung im Kündigungsfalle sind mit dem Kapitalanteil keine weiteren finanziellen Verpflichtungen für die Gesellschaft verbunden (A lit. d);
- Der erwartete Zahlungsstrom aus dem Kapitalanteil über dessen Lebenszeit basiert „substanziell" auf dem buchhalterischen oder ökonomischen Unternehmenserfolg (A lit. e);
- Der Gesellschafter darf kein weiteren Finanzinstrumente halten bzw. Partei von Verträgen sein, wenn diese Eigenschaften gemäß A lit. e) haben oder die Restrendite seines Kapitalanteils festlegen oder erheblich beschränken, es sei denn, diese halten einem Drittvergleich stand (B).

Die **Entnahmerechte** der Gesellschafter kollidieren nicht mit IAS 32.16A S. 2 (d).[98] Zwar ist bei den Personenhandelsgesellschaften kein separater, expliziter Gewinnverwendungsbeschluss erforderlich, wenn im Gesellschaftsvertrag in Übereinstimmung mit dem gesetzlichen Regelfall eine generell geltende Gewinnverwendungsentscheidung antizipiert ist. Dem steht jedoch nicht entgegen, dass zeitgleich mit der Feststellung des Jahresabschlusses eine Ad-hoc-Gewinnthesaurierung beschlossen werden kann. Wird bei der Feststellung des Jahresabschlusses keine Rücklagenzuführung beschlossen, so ist darin implizit (konkludent) eine Bestätigung der vorweggenommenen Gewinnverwendungsentscheidung zu sehen. Demgemäß wird jeweils erst mit dem (kollektiven) Beschluss über die Feststellung des Jahresabschlusses und der Entscheidung zur Nicht-Thesaurierung ein individueller Gewinnauszahlungsanspruch entstehen. Der in diesem Fall entstandene Gewinnauszahlungsanspruch ist als Fremdkapital auszuweisen. 69

Abfindungsklauseln, die auf eine Abfindung unterhalb des anteiligen Unternehmenswertes gerichtet sind, stellen keine Verletzung von IAS 32.16A S. 2 (c) dar, sofern alle Anteile gleich behandelt werden.[99] Dies gilt auch für eine – nur ausnahmsweise zulässige – Buchwertklausel.[100] Voraussetzung ist lediglich, dass sich die vereinbarte Abfindung des ausscheidenden Gesellschafters am anteiligen – buchhalterischen oder ökonomischen – Unternehmenswert orientiert. 70

Auch die im Fall der GmbH & Co. KG übliche ergebnisunabhängige **Haftungsvergütung** ist unschädlich. IAS 32.16A S. 2 (a) wird hierdurch nicht verletzt, da es sich um eine gesonderte Vergütung zur Abgeltung der kraft Gesetzes bestehenden unbeschränkten persönlichen Haftung der Komplementär-GmbH handelt.[101] Das Bespiel in IAS 32.A14G stellt hierzu klar, dass die Haftungsvergütung nicht als „Gegenleistung" für die Einlage anzusehen ist, sondern quasi für eine andere Vertragsbeziehung gewährt wird. Allerdings muss die Haftungsvergütung gemäß IAS 32.A14I einem **Fremdvergleich** standhalten, wobei sich die Bedingungen allerdings nicht vollumfänglich entsprechen müssen. 71

Bei **Gesellschafterdarlehen** handelt es sich um separat zu betrachtende Finanzinstrumente, die sich auf die Klassifizierung einer Einlage als Eigen- oder Fremdkapital grundsätzlich nicht iSv IAS.32.16B negativ auswirken.[102] Etwas anderes kann jedoch ausnahmsweise dann gelten, wenn ein Gesellschafterdarlehen durch Rangrücktritt den Kapitalanteilen gleichgestellt wird, die Darlehensvereinbarung marktunüblich ist oder die Verzinsung des Darlehens dazu führt, dass im Ergebnis der erwartete Zahlungsstrom der Kapitalanteile fixiert oder begrenzt wird.[103] 72

---

[98] RIC 3 Rn. 20; *Mentz* in MüKoBilR IAS 32 Rn. 179. AA zB *Lüdenbach/Freiburg* BB 2008, 2287.
[99] RIC 3 Rn. 30.
[100] RIC 3 Rn. 38.
[101] RIC 3 Rn. 10; *Mentz* in MüKoBilR IAS 32 Rn. 170.
[102] RIC 3 Rn. 39.
[103] *Mentz* in MüKoBilR IAS 32 Rn. 195.

73 Diese Voraussetzungen gemäß IAS 32.16A/B werden von einer GmbH & Co. KG üblicherweise erfüllt, weshalb die Kapitalanteile nach den neuen IFRS-Regeln im Jahresabschluss nunmehr grundsätzlich als **Eigenkapital** ausgewiesen werden können.[104] **Ausweichlösungen** müssen deshalb nur noch ausnahmsweise gesucht werden:

74 • Anders als beim Ausscheiden eines Gesellschafters durch Kündigung führt der **Gesellschafterwechsel im Weg der Sonderrechtsnachfolge** nicht zu einer Rückzahlung der Einlage. Es wäre deshalb zu erwägen, die Kündigungsmöglichkeit durch ein Andienungsrecht zulasten der verbleibenden Gesellschafter zu ersetzen.[105] Für den Fall, dass ein Gesellschafter aus der KG ausscheiden will und keinen Nachfolger für seinen Kapitalanteil findet, wären die Mitgesellschafter gegen Zahlung eines Kaufpreises in Höhe des fiktiven Abfindungsguthabens gezwungen, dessen Kapitalanteil zu übernehmen. Eine derartige Gestaltung führt zwar zu dem gewünschten Ziel, dem Ausweis der Kapitaleinlagen als Eigenkapital, ist aber mit erheblichen, häufig unlösbaren Schwierigkeiten verbunden. Um dem Schutzzweck des § 723 Abs. 3 BGB zu genügen, müsste zB eine gesamtschuldnerische Haftung der Gesellschafter für den Gesamt-Kaufpreis vorgesehen werden.

75 • Nicht praktikabel ist uE die Überlegung, die Abfindungsverpflichtung im Kündigungsfall durch eine **bedingte Auflösungsklausel** zu vermeiden.[106] Hiernach wäre im Gesellschaftsvertrag zu vereinbaren, dass eine Kündigung zur Auflösung der Gesellschaft führt, sofern die Gesellschafterversammlung nicht binnen einer festgelegten Frist die Fortsetzung der Gesellschaft gegen Abfindung des kündigenden Gesellschafters beschließt. Es ist bereits zweifelhaft, ob eine derartige Klausel bei der gebotenen wirtschaftlichen Betrachtungsweise geeignet ist, die Umqualifizierung des Kommanditkapitals zu verhindern, da nicht ernsthaft angenommen werden kann, dass die Gesellschaft tatsächlich liquidiert wird, wenn ein Kommanditist kündigt. Die Kommanditisten wiederum, die eine solche Liquidation natürlich vermeiden möchten, müssten im Voraus sicherstellen, dass die für den Fortsetzungsbeschluss erforderliche Mehrheit erreicht wird, was kaum möglich sein dürfte.

3. Konzernabschluss

76 **a) Deutscher Standardsetter.** Als nationale Standardisierungsorganisation wurde das **Deutsche Rechnungslegungs Standards Committee** (DRSC)[107] gegründet, das durch das BMJ als privates Rechnungslegungsgremium iSv § 342 HGB anerkannt wurde.[108] Das DSRC hat als Rechnungslegungsgremium zwei Fachausschüsse, nämlich den HGB-Ausschuss und den IFRS-Ausschuss (früher DSR und RIC). Die Fachausschüsse sprechen Empfehlungen zur Anwendung der Grundsätze über die **Konzernrechnungslegung** aus, die als **Deutsche Rechnungslegungs Standards (DRS)** bezeichnet werden.

77 Die DRS haben zwar keine Gesetzeskraft. Wenn die Standards in deutschsprachiger Fassung vom BMJ gemäß § 342 Abs. 2 HGB bekannt gemacht worden sind, haben sie jedoch die **Vermutung** für sich, **Grundsätze ordnungsmäßiger Buchführung** der Konzernrechnungslegung zu sein. Die Wirkung dieser Vermutung liegt in der Verteilung der Argumentationslast. Sofern im Konzernabschluss abweichend von einem durch das BMJ bekannt gemachten DRS bilanziert wird, bedarf dies einer Begründung, die vom Abschlussprüfer zu würdigen ist und zur Einschränkung des Bestätigungsvermerks führen kann.[109]

78 **b) Anwendungsbereich.** Eine **gesetzliche Verpflichtung** zur Konzernrechnungslegung nach IFRS besteht nur für solche Mutterunternehmen iSv § 290 HGB, deren Wertpapiere am maßgeblichen Bilanzstichtag in einem EU-Mitgliedstaat zum Handel in einem

---

[104] *Baetge/Winkeljohann/Haenelt* DB 2008, 1518; *Hennrichs* WPg 2009, 1066; *Reuther/Fink* BB 2010, 363 (365).

[105] *Broser/Hoffjan/Strauch* KoR 2004, 452 (458).

[106] So aber *Lüdenbach/Hoffmann* BB 2004, 1042 (1044).

[107] Internationale Bezeichnung: Accounting Standards Committee of Germany (ASCG).

[108] Standardisierungsvertrag vom 2.12.2011.

[109] *IDW* PS 201 (Stand: 9.9.2009), Rn. 12; *Kleindiek* in MüKoBilR HGB § 342 Rn. 30. Anders bei Empfehlungen zur Ausübung von Wahlrechten, die nur eine Hinweispflicht im Prüfungsbericht begründet.

geregelten Markt[110] zugelassen (§ 315a Abs. 1 HGB) oder deren Zulassung iSv § 2 Abs. 5 WpHG im Inland beantragt sind (§ 315a Abs. 2 HGB). Ob eine GmbH & Co. KG ein Mutterunternehmen in diesem Sinne ist, entscheidet sich nach den Vorschriften der §§ 290–293 HGB. Hiervon werden nur ganz wenige Gesellschaften in der Rechtsform der GmbH & Co. KG betroffen sein, zB die Adolf Würth GmbH & Co. KG (Künzelsau), die mit Schuldtiteln notiert ist. Andere Mutterunternehmen **dürfen** gemäß § 315a Abs. 3 HGB einen IFRS-Konzernabschluss anstelle des HGB-Konzernabschlusses aufstellen (Wahlrecht).

Für den – obligatorischen oder fakultativen – IFRS-Konzernabschluss sind neben dem IFRS-Regelwerk einige, in § 315a Abs. 1 HGB enumerativ aufgezählte **HGB-Rechnungslegungsvorschriften** anzuwenden, insbesondere die §§ 313 Abs. 2 und 3, 314 Abs. 1 Nr. 4, 6, 8 und 9 HGB betreffend Konzernanhang sowie § 315 HGB betreffend Lagebericht. Besonderheiten für die GmbH & Co. KG bestehen hierbei nicht. 79

4. Erleichterungen für Erstanwender

Das HGB enthält keine Regelungen zur Umstellung von HGB- zu IFRS-Jahres- oder Konzernabschluss. Die Umstellung richtet sich deshalb allein nach IFRS 1. Hiernach erfolgt die erstmalige Bilanzierung nach IFRS retrospektiv, dh der Bilanzierende hat **sämtliche zurückliegenden Geschäftsvorfälle** bezüglich Ansatz, Bewertung und Ausweis so zu beurteilen, als ob zum Zeitpunkt der Transaktion bereits nach den im Berichtszeitpunkt des ersten IFRS-Abschlusses gültigen Standards zu bilanzieren gewesen wäre. 80

Um Unternehmen den – zwingend vorgeschriebenen oder freiwilligen – Übergang auf die IFRS-Rechnungslegung zu erleichtern und ggf. schmackhaft zu machen, enthält **IFRS 1** vielfältige **Erleichterungen,** Ausnahmeregelungen und Wahlrechte für die erstmalige Anwendung der IFRS. IFRS 1 gilt verpflichtend für alle Erstanwender im Rahmen der IAS-Verordnung. Ziel des IFRS 1 ist es, die Bilanzierungs- und Bewertungsregeln für Erstanwender derart festzulegen, dass im ersten IFRS-Abschluss **hochwertige Informationen** vermittelt werden, die (vgl. IFRS 1.1) 81

- für den Bilanzleser transparent und vergleichbar über die offen gelegten Perioden sind,
- einen geeigneten Ausgangspunkt für die Bilanzierung nach IFRS bieten und
- zu Kosten generiert werden können, die den Nutzen für den Bilanzleser nicht überkompensieren.

Ein IFRS-Abschluss muss immer die **Vergleichszahlen des Vorjahres** enthalten. Deshalb ist zB für einen Jahresabschluss zum 31.12.2013 eine IFRS-Bilanz zum 31.12.2012 (als Vorjahresbilanz) und zum 1.1.2012 (als Eröffnungsbilanz) erforderlich. Die in der Eröffnungsbilanz getroffenen Entscheidungen sind – wegen des Grundsatzes der Methodenstetigkeit – für die Folgejahre bindend. 82

IV. Prüfungspflicht

HGB- und IFRS-Jahresabschlüsse von mittelgroßen und großen GmbH & Co. KGs sind gemäß §§ 316 ff. HGB durch einen **Abschlussprüfer** zu prüfen. Abschlussprüfer sind Wirtschaftsprüfer und – bei mittelgroßen Gesellschaften – auch vereidigte Buchprüfer. Bei Konzernabschlüssen besteht generell eine Prüfungspflicht durch einen Wirtschaftsprüfer. 83

Die **Einzelheiten** der Pflichtprüfung sind in den §§ 316 ff. HGB geregelt. Besonderheiten gegenüber der Kapitalgesellschaft bestehen nicht. 84

Die Verpflichtung aus §§ 242 ff. HGB gelten unverändert für eine in **Liquidation** befindliche GmbH & Co. KG.[111] Nach **Auflösung** der Komplementär-GmbH, zB durch Eröffnung des Insolvenzverfahrens, kann das Gericht jedoch gemäß § 71 Abs. 3 GmbHG die Gesellschaft von der Prüfung des Jahresabschlusses und des Lageberichts durch einen Abschlussprüfer **befreien,** wenn die Verhältnisse der Gesellschaft so überschaubar sind, dass 85

[110] In Deutschland: amtlicher Handel, geregelte Märkte der Regionalbörsen, European Energy Exchange und Eurex.

[111] LG Bonn ZIP 2010, 676.

eine Prüfung im Interesse der Gläubiger und der Gesellschafter nicht geboten erscheint. Dies gilt für die GmbH & Co. KG entsprechend.[112]

V. Offenlegungspflicht

86 Die GmbH & Co. KG ist – wie die Kapitalgesellschaften – gemäß § 325 HGB verpflichtet, ihren **Jahres-** und **Konzernabschluss,** jeweils mit Lagebericht, offenzulegen.[113] Die Offenlegung ist **zweistufig** geregelt:

- Binnen zwölf Monaten seit dem Bilanzstichtag sind die Abschlussunterlagen beim Betreiber des BAnz. (Bundesanzeiger Verlagsgesellschaft mbH mit Sitz in Köln) elektronisch **einzureichen** (§ 325 Abs. 1 S. 1 HGB);
- Unverzüglich nach Einreichung sind die eingereichten Unterlagen im BAnz. **bekannt machen** zu lassen (§ 325 Abs. 2 HGB).[114]

87 Für kleine (einschließlich kleinste) und mittelgroße Gesellschaften bestehen gewisse **Erleichterungen** bei der Offenlegung:

- **Kleine** Gesellschaften müssen nur die Bilanz und den Anhang einreichen. Der Anhang braucht die die Gewinn- und Verlustrechnung betreffenden Angaben nicht zu enthalten (§ 326 HGB).
- Bei **Kleinstgesellschaften** kann die Bekanntmachung im Bundesanzeiger durch einen Hinterlegungsauftrag ersetzt werden (§ 326 Abs. 2 HGB).
- **Mittelgroße** Kapitalgesellschaften können die Bilanz mit verkürzter Gliederung und den Anhang ohne die Angaben nach § 285 Nr. 2 und 8 lit. a, Nr. 12 HGB einreichen (§ 327 HGB).

88 Bekannt gemachte Rechnungslegungsunterlagen stehen für die Öffentlichkeit gemäß § 8b Abs. 2 Nr. 4 HGB auf der Internetseite des **Unternehmensregisters** ohne Registrierung zum jederzeitigen kostenlosen Abruf zur Verfügung. Bei Rechnungslegungsunterlagen, die einzureichen, aber nicht bekannt zu machen sind, ist zu unterscheiden: Die nur hinterlegten Bilanzen von Kleinstgesellschaften können im Unternehmensregister nach Registrierung kostenpflichtig eingesehen werden (§ 8b Abs. 3 S. 1 Nr. 1 HGB), während der HGB-Jahresabschluss im Fall der Veröffentlichung des IFRS-Jahresabschlusses beim BAnz. anzufordern ist (→ Rn. 58).

89 Wird die Offenlegungspflicht nicht erfüllt, sieht § 335 HGB ein **Ordnungsgeldverfahren** vor. Zuständige Behörde ist das **Bundesamt für Justiz.** Diese droht den Geschäftsführern der Komplementär-GmbH oder der Komplementär-GmbH selbst ein **Ordnungsgeld** an und legt diesen zugleich die Kosten des Verfahrens auf (§ 335 Abs. 3 HGB). Wird die Offenlegungspflicht nicht binnen sechs Wochen nach Zugang der Androhung erfüllt, wird das Ordnungsgeld festgesetzt und zugleich die frühere Verfügung unter Androhung eines erneuten (höheren) Ordnungsgeldes wiederholt (§ 335 Abs. 4 HGB). Das Ordnungsgeld beträgt mindestens 2.500 Euro und höchstens 25.000 Euro (§ 335 Abs. 1 S. 4 HGB). Die Androhung oder Festsetzung von Ordnungsgeld ist **beschwerdefähig** (§ 335a HGB); über Beschwerden entscheidet das **LG Bonn** (§ 335a Abs. 2 S. 1 HGB), gegen dessen Entscheidungen die Rechtsbeschwerde beim OLG Köln statthaft ist.

90 Wird nach Fristablauf, aber vor Festsetzung des Ordnungsgeldes veröffentlicht, wird ein niedrigeres Ordnungsgeld festgesetzt (§ 335 Abs. 4 S. 2 HGB). Ein bereits festgesetztes

---

[112] OLG München BB 2008, 886 mAnm *Schulze-Osterloh.*

[113] Die Offenlegungspflicht ist verfassungsgemäß, BVerfG NJW 2009, 2588 und BB 2011, 1136; vgl. auch OLG Köln, GmbHR 2015, 1086; zum alten Recht ebenso BVerfG BB 2009, 1122. Zur EU-Rechtskonformität vgl. EuGH 23.9.2004, DB 2004, 2413.

[114] Die Differenzierung zwischen Einreichung der Unterlagen der Rechnungslegung und der Bekanntmachung, für die eine (gesonderte) Willenserklärung notwendig ist, wird – von den Fällen des § 325 Abs. 2a HGB abgesehen – wohl in der Praxis von geringer Bedeutung sein, da in der Regel mit der Einreichung (konkludent) die Willenserklärung zur Bekanntmachung verbunden sein wird; *Drinhausen* in MüKoBilR, HGB § 325 Rn. 60; *Grottel* in BeckBilKomm HGB § 325 Rn. 31.

Ordnungsgeld kann **nicht zurückgenommen** und wegen § 335 Abs. 4 S. 3 HGB auch nicht herabgesetzt werden.[115]

91 Tritt einer GmbH & Co. KG nach dem Bilanzstichtag eine natürliche Person als persönlich haftender Gesellschafter bei, **entfällt rückwirkend** die Offenlegungspflicht nach § 325 HGB;[116] ein bereits festgesetztes Ordnungsgeld bleibt jedoch unberührt. Die Fälle des **§ 176 HGB** begründen nicht das Vorhandensein eines persönlich haftenden Gesellschafters.[117]

VI. Feststellung des Jahresabschlusses

92 Der Jahresabschluss der Komplementär-GmbH und der GmbH & Co. KG ist von den Geschäftsführern der Komplementär-GmbH **aufzustellen** (§§ 264 Abs. 1 S. 1, 264a HGB). Auch bei der GmbH & Co. KG fällt die Aufstellung des Jahresabschlusses, dh Vorbereitung bis zur Beschlussreife, in die alleinige **Kompetenz** der persönlich haftenden Gesellschafter.[118]

93 Die **Feststellung** des Jahresabschlusses, dh die Verbindlicherklärung des Jahresabschlusses im Verhältnis der Gesellschafter untereinander und im Verhältnis der Gesellschaft zu Dritten, und die Verwendung des Ergebnisses unterliegen bei der **GmbH** gemäß § 46 Nr. 1 GmbHG der Bestimmung der Gesellschafter. Die Gesellschafter entscheiden hierüber mit einfacher Mehrheit (§ 47 Abs. 1 GmbHG).

94 Bei der **GmbH & Co. KG** ist die Feststellung des Jahresabschlusses ein Grundlagengeschäft, das vorbehaltlich einer anderweitigen Regelung im Gesellschaftsvertrag nur dann wirksam zustande kommt, wenn alle Gesellschafter ihr Einverständnis dazu erklären. Die Feststellung ist als eine den Gesellschaftern obliegende Angelegenheit der laufenden Verwaltung jedoch regelmäßig von einer allgemeinen **Mehrheitsklausel** im Gesellschaftsvertrag gedeckt.[119] Die Gesellschafter sind verpflichtet, einen Jahresabschluss festzustellen, wenn er sachlich richtig ist und nicht gegen zwingende Vorschriften des Bilanzrechts oder des Gesellschaftsvertrags verstößt.[120]

95 Dies gilt auch, soweit Bilanzierungsmaßnahmen die **Ergebnisverwendung** betreffen.[121] Denn der Jahresabschluss und dessen Feststellung enthalten nicht per se einen „Eingriff" in einen (bestehenden) Gewinnanspruch, sondern sind im Grundsatz interessenneutrale Voraussetzungen für dessen Berechnung. Bilanzielle Ansatz- und Bewertungswahlrechte können zwar die Höhe des Gewinns beeinflussen, sich aber je nach Sachlage zu dessen Gunsten wie zu dessen Lasten auswirken. Auch die Übertragung der Entscheidung über die Thesaurierung und deren Ausmaß auf die Komplementär-GmbH ist deshalb rechtlich unbedenklich.

96 Entscheidend ist aber nicht nur die Frage, wer formell für die Aufstellung des Jahresabschlusses, dessen Feststellung und die Entscheidung über die Ergebnisverwendung zuständig ist, sondern auch, ob, inwieweit und unter welchen Voraussetzungen im Rahmen der formellen Bilanzierungskompetenzen tatsächlich Einfluss auf die **materiellen Bilanzierungsentscheidungen,** insbesondere also auf die Ausübung von Wahlrechten, genommen werden kann. Aufgrund des **Weisungsrechts** gemäß § 37 Abs. 1 GmbHG hat bei der **GmbH** diese materielle Bilanzierungskompetenz letztlich die Mehrheit in der Gesellschafterversammlung, die Weisungen in Bezug auf Bilanzierungsentscheidungen bereits im Rahmen der Bilanzaufstellung erteilen und im Rahmen der **Feststellung** den von der Geschäftsführung aufgestellten Jahresabschluss beliebig ändern kann.

---

[115] OLG Köln GmbHR 2015, 858 unter Hinweis auf die Gesetzesbegründung, BT-Drs. 17/13221, 9.

[116] LG Bonn NZG 2010, 36 im Anschluss an LG Osnabrück GmbHR 2005, 1618 mAnm *Schmidt*. Vgl. auch LG Bonn 29.7.2013 – 12 T 230/13, BeckRS 2013, 14212.

[117] LG Bonn DStR 2013, 1847.

[118] BGH GmbHR 2007, 437.

[119] BGH DStR 2009, 1544.

[120] *Sangen-Emden* in MHdB GesR II § 21 Rn. 79.

[121] BGH DStR 2009, 1544 in Fortführung von BGH GmbHR 2007, 437 (hierzu *Binz/Mayer* DB 2006, 1599). Anders noch BGH GmbHR 1996, 456 mAnm *Binz/Sorg* DB 1996, 969.

97 Bei der **GmbH & Co. KG** gibt es nach dem gesetzlichen Regelstatut **kein Weisungsrecht** der Kommanditisten (→ § 4 Rn. 2). Allerdings kann sich im Einzelfall die Frage stellen, ob die konkrete Maßnahme oder Beschlussfassung **treuwidrig** in das zum **Kernbereich** der Mitgliedschaftsrechte der Minderheit gehörende Gewinnrecht eingreift.[122] Um hier einen angemessenen **Interessenausgleich** herzustellen, schlagen wir vor, im Gesellschaftsvertrag der **Gesellschafterversammlung** in Verbindung mit einer **Mehrheitsklausel** ein **Weisungsrecht in Bezug auf Bilanzierungsentscheidungen** einzuräumen, also auf gesellschaftsvertraglicher Basis die bei der GmbH bewährte Rechtslage herzustellen.[123] Dabei ist der Umstand zu berücksichtigen, dass die Gesellschafter einer Personengesellschaft (insbesondere GmbH & Co. KG) ihren nach steuerlichen Grundsätzen ermittelten Gewinnanteil stets **persönlich versteuern** müssen und daher in der Regel auf die Entnahme der auf den Gewinnanteil entfallenden Steuern angewiesen sind. Bilanzierungsentscheidungen in der Handelsbilanz, die nicht auf die Steuerbilanz durchschlagen, müssen uE daher so getroffen werden, dass in der Handelsbilanz für die einzelnen Gesellschafter Gewinnanteile ausgewiesen werden, die zumindest die erforderlichen Entnahmen für die privaten Steuern decken. Andernfalls laufen die Kommanditisten Gefahr, dass ihre Haftung gemäß § 172 Abs. 4 HGB wieder auflebt.

98 Unbefriedigend ist uE, dass der BGH der **Minderheit** den **Nachweis** einer treupflichtwidrigen Mehrheitsentscheidung auferlegt. Hier stellt sich die Frage, wie die unterlegene Minderheit nachweisen soll, dass die Mehrheitsentscheidung nicht durch einen sachlichen (wichtigen) Grund gerechtfertigt ist. Dazu müsste sie alle nur denkbaren Gründe vortragen und zugleich nachweisen, dass diese sämtlich nicht gegeben sind. Die vom BGH befürwortete Beweislastverteilung ist daher uE nur dann akzeptabel, wenn die Minderheit nur die Beweislast dafür trägt, dass mit der Mehrheitsentscheidung überhaupt in ein „relativ unentziehbares" Mitgliedschaftsrecht eingegriffen wurde, wohingegen die Mehrheit dann für den hierfür erforderlichen sachlichen Grund beweispflichtig ist.[124]

VII. Einfluss des Steuerrechts auf die Rechnungslegung

99 Gemäß § 60 Abs. 1 und 3 EStDV sind **dem Finanzamt** mit der jährlichen Steuererklärung des Unternehmens der **Jahresabschluss** und – soweit vorhanden – der Lagebericht und der Bericht des Abschlussprüfers zu übermitteln. Die Übermittlung von Bilanz und GuV hat gemäß § 5b Abs. 1 EStG für Wirtschaftsjahre, die nach dem 31.12.2012 beginnen,[125] „nach amtlich vorgeschriebenem Datensatz durch Datenfernübertragung" zu erfolgen (sog **E-Bilanz**). Unter „Bilanz" ist hier entweder die Handelsbilanz zu verstehen, deren Ansätze oder Beträge ggf. durch Zusätze oder Anmerkungen den steuerlichen Vorschriften **anzupassen** sind, oder eine gesonderte **Steuerbilanz,**[126] deren Ansätze oder Beträge den steuerlichen Vorschriften entsprechen.

100 In Deutschland ist es, jedenfalls bei mittelständischen Unternehmen, seit jeher weit verbreitet, die Handelsbilanz soweit wie möglich unter Beachtung steuerlicher Vorschriften aufzustellen, was im Idealfall zur sog **Einheitsbilanz** (Steuer- und Handelsbilanz sind identisch) führt.[127] Aus Vereinfachungsgründen wird die Einheitsbilanz sogar häufig im **Gesellschaftsvertrag** verankert. Dies darf freilich nicht so weit gehen, dass vorgeschrieben wird, den Jahresabschluss allein unter Berücksichtigung steuerlicher Vorschriften aufzustellen; die Anwendung steuerlicher Vorschriften ist vielmehr nur insoweit zulässig, als dem nicht zwingende handelsrechtliche Bestimmungen entgegenstehen.[128] Im Ergebnis ist deshalb lediglich eine **„modifizierte" Einheitsbilanzklausel** möglich, die zwingenden handelsrechtlichen

---

[122] Vgl. *Bohlken/Sprenger* DB 2010, 263.
[123] *Binz/Mayer* DB 2007, 1739 (1743).
[124] *Binz/Mayer* DB 2007, 1739 (1741); *Haar* NZG 2007, 601.
[125] Vgl. BMF-Schreiben 19.12.2013, BB 2014, 242.
[126] Zum Begriff s. § 60 Abs. 2 S. 2 EStDV.
[127] *Buchholz* DStR 2002, 1280.
[128] BayObLG DB 1988, 171.

Bestimmungen gegenüber steuerrechtlichen Ansatz- und Bewertungsvorschriften den Vorzug gibt und gleichzeitig die Ausübung handelsrechtlicher Bilanzierungs- und Bewertungsoptionen darauf beschränkt, dass sie auch steuerrechtlich zulässig sind.

Hintergrund dieser – international nicht unüblichen[129] – Vorgehensweise ist der **Maßgeblichkeitsgrundsatz** in § 5 Abs. 1 S. 1 EStG. Hiernach sind die handelsrechtlichen Grundsätze zur Aktivierung, Passivierung und Bewertung der einzelnen Bilanzposten auch für die steuerliche Gewinnermittlung maßgeblich. Bereits seit Längerem zeichnet sich ein Trend zur **Abkopplung von Handels- und Steuerbilanz** ab. Zum einen waren steuerliche Wahlrechte bei der (steuerlichen) Gewinnermittlung gemäß § 5 Abs. 1 S. 2 EStG aF in Übereinstimmung mit der handelsrechtlichen Jahresbilanz auszuüben; diese sog **umgekehrte Maßgeblichkeit** wurde durch das BilMoG **abgeschafft.**[130] Zum zweiten gibt es im Steuerrecht immer mehr Bilanzierungsverbote, die mit dem Handelsrecht nicht im Einklang stehen.[131] Und zum dritten betont der BFH in jüngeren Entscheidungen die Eigenständigkeit der steuerlichen Gewinnermittlung unter Betonung des steuerlichen Bewertungsvorbehalts (§ 5 Abs. 6 EStG).[132] 101

Obwohl weiterhin die Handelsbilanz für die steuerliche Gewinnermittlung maßgebend ist, ist die Zukunft des Maßgeblichkeitsprinzips zweifelhaft.[133] Die Fortentwicklung des Bilanzsteuerrechts ist als ein weiterer Baustein zu einem **eigenständigen Steuerbilanzrecht** durchaus zu begrüßen,[134] zumal steuerliche Wahlrechte uE mit einer Besteuerung nach der Leistungsfähigkeit nicht vereinbar sind. Fraglich ist, welche steuerliche Bemessungsgrundlage als Ersatz für das immer noch vom Vorsichtsprinzip geprägte HGB-Ergebnis herangezogen werden könnte. Der Arbeitskreis „Steuern und Revision" im Bund der Wirtschaftsakademiker e.V. hat sich aus wirtschaftlichen Gründen für eine Maßgeblichkeit des IFRS-Einzelabschlusses ausgesprochen.[135] Die andere Extremlösung wäre die Entwicklung einer eigenständigen steuerlichen Bemessungsgrundlage, zB einer Cash flow-Rechnung.[136] Vieles spricht jedoch für eine vermittelnde Lösung, die sich zwar am (HGB oder IFRS) Einzelabschluss orientiert, jedoch in einer Nebenrechnung diejenigen Ergebnisbestandteile herausrechnet, deren Berücksichtigung mit dem Grundsatz der Besteuerung nach der Leistungsfähigkeit nicht vereinbar ist. 102

Die Überlegungen zur Schaffung eines selbstständigen Steuerbilanzrecht werden überlagert durch Bestrebungen, die **steuerliche Bemessungsgrundlage EU-weit zu harmonisieren.** Die nach langen Vorarbeiten am 25.10.2016 veröffentlichten Richtlinienvorschläge der EU-Kommission über eine „Gemeinsame konsolidierte Körperschaftsteuer-Bemessungsgrundlage" (GKKG)[137] sehen eine **zweistufige** Vorgehensweise vor. Hiernach soll in der ersten Stufe die **Gewinnermittlung** harmonisiert werden (Gemeinsame Körperschaftsteuer-Bemessungsgrundlage; kurz GKB). Sofern auch Personengesellschaften und Einzelunternehmen in den Anwendungsbereich der GKB aufgenommen würden, spräche man 103

---

[129] Den Maßgeblichkeitsgrundsatz gibt es in den meisten Ländern, ausgenommen USA und einzelne nordeuropäische Staaten, vgl. *Anzinger* in HHR EStG § 5 Rn. 193.

[130] Hierzu BMF-Schreiben 12.3.2010, BStBl. I 2010, 239; *Schenke/Risse* DB 2009, 1957; *Anzinger/Schleiter* DStR 2010, 395; *Kaminski* DStR 2010, 771; *Döring/Heger* DStR 2009, 2064; *Fischer/Kalina-Kerschbaum* DStR 2010, 399; *Hummel* FR 2010, 163; *Richter* DStR 2010, 505.

[131] Vgl. Überblick bei *Herzig/Briesemeister* WPg 2010, 63. So auch *Ertel/Rosnitscheck/Schanz* DStR 2017, 2068.

[132] BFH 26.9.2007 – I R 58/06, BStBl. II 2009, 294; 4.6.2008 – I R 84/07, BStBl. II 2009, 187.

[133] *Zwirner* DStR 2010, 591: „Emanzipierung der Steuerbilanz"; *Zwirner/Mugler* DStR 2011, 1191; *Velte* Ubg 2015, 265: „Ende eines deutschen Sonderwegs"; *Weber-Grellet* DB 2016, 1279 (1283): „Bedeutungsverlust".

[134] Ebenso *Theile* DStR 2009, 401. Für eine „Renaissance der Einheitsbilanzidee" zB Arbeitskreis Bilanzrecht der Hochschullehrer Rechtswissenschaft, DB 2009, 2570.

[135] DStR 2004, 1267. Dagegen der Arbeitskreis Bilanzrecht der Hochschullehrer Rechtswissenschaft BB 2002, 2372; *Herzig,* IAS/IFRS und steuerliche Gewinnermittlung (vom BMF beauftragtes Gutachten, dass im IDW-Verlag erschienen ist).

[136] Vgl. die umfassende Darstellung von *Scheffler* in IFSt 474 (2011).

[137] COM (2016) 685 final und COM (2016) 683 final; hierzu *Benz/Böhmer* DB 2016, 2800; *Eiling* IWB 2017, 49.

von einer Gemeinsamen Unternehmenssteuer-Bemessungsgrundlage (GUB). Mit der zweiten Stufe wird die Erweiterung der GKB/GUB um die **Konsolidierung und Schlüsselung der Gesamtbemessungsgrundlage** zur GKKB vorgenommen. Der konsolidierte steuerliche Gewinn eines Konzerns wird dann auf Basis einer Formel zwischen den EU-Mitgliedstaaten aufgeteilt, in denen der Konzern aktiv ist. Jeder Mitgliedstaat besteuert dann seinen Anteil am Gewinn unter Anwendung seines nationalen Steuersatzes. Die großen Vorteile einer europaweit harmonisierten Unternehmensbesteuerung (Stichworte: Verwaltungsvereinfachung, europäischer Verlustausgleich, Abmilderung grenzüberschreitender Verrechnungsprobleme) muss freilich mit einem weiteren **Verlust an nationalstaatlicher Steuersouveränität** erkauft werden, die insbesondere in Deutschland auf Kritik stößt.

VIII. Strategien zur Vermeidung der Offenlegungspflicht

104 Mittelständische Unternehmen, die besonders häufig in der Rechtsform der GmbH & Co. KG organisiert sind, scheuen bekanntlich die Offenlegung am meisten. Nachdem alle Versuche gescheitert waren, eine Offenlegungspflicht für die GmbH & Co. KG ganz abzuwenden, wird seither intensiv nach **Gestaltungsmöglichkeiten** gesucht, durch die die Offenlegungspflicht ganz vermieden oder jedenfalls inhaltlich abgeschwächt werden kann.

105 Gänzlich **vermieden** werden kann die Offenlegungspflicht bei der GmbH & Co. KG nur dadurch, dass neben der Komplementär-GmbH mindestens eine **natürliche Person als persönlich haftender Gesellschafter** vorhanden ist. Dies gilt nicht für Personengesellschaften, die im Inland **mehr als 2.000 Arbeitnehmer** beschäftigen, da diese **gemäß § 9 Abs. 1 PublG offenlegungspflichtig bleiben.** Allerdings brauchen sie gemäß § 9 Abs. 2 PublG die GuV und den Beschluss über die Verwendung des Ergebnisses nicht offenzulegen, wenn in einer Anlage zur Bilanz die nach § 5 Abs. 5 S. 3 PublG erforderlichen Angaben aufgenommen werden. Ferner dürfen gemäß § 9 Abs. 3 PublG bei der Offenlegung die Kapitalanteile der Gesellschafter, die Rücklagen, ein Gewinnvortrag und ein Gewinn unter Abzug der nicht durch Vermögenseinlagen gedeckten Verlustanteile von Gesellschaftern, eines Verlustvortrags und eines Verlustes in einem einzigen Posten „Eigenkapital" ausgewiesen werden.

106 Wegen der mit der Vollhafterlösung verbundenen, regelmäßig **unerwünschten persönlichen Haftung** wird in der Literatur vorgeschlagen, als „Strohmann" eine vermögenslose Person zu verwenden, die von der Geschäftsführung und Vertretung ausgeschlossen wird.[138] Letzteres ist wegen § 126 Abs. 2 HGB iVm § 161 Abs. 2 HGB nur im Innenverhältnis möglich. Hiervon abgesehen ist gegen eine solche **„GmbH & Stroh KG",** sofern nicht aufgrund der konkreten Umstände des Einzelfalles eine Gläubigergefährdung vorliegt, grundsätzlich nichts einzuwenden, da nirgends geschrieben steht, dass der Komplementär mit einem bestimmten Haftkapital ausgestattet sein muss.[139] Zu beachten ist allerdings, dass durch den Beitritt einer natürlichen Person als weiteren persönlich haftenden Gesellschafter die **gewerbliche Prägung** der GmbH & Co. KG iSv § 15 Abs. 3 Nr. 2 EStG **endet,** was unerwünschte steuerliche Nebenwirkungen haben kann.[140]

107 Aus der Sicht des Gesellschaftsrechts ist der **Strohmann-Gesellschafter,** sofern ihm die nötigen Mindestrechte gewährt werden, ein „vollwertiger" Komplementär.[141] Bei vermögenslosen Personen, die sich für eine solche Aufgabe zur Verfügung stellen, versagt allerdings die „Bremsfunktion" der unbeschränkten persönlichen Haftung, die der Richtliniengeber immer wieder als entscheidendes Kriterium für die Differenzierung bei den Rechnungsle-

[138] *Schmidt* DStR 2006, 2272 (2277); *Grashoff* DB 2006, 513 (516); *Dorozala/Söffing* DStR 2000, 1567; *Bitter/Grashoff* DB 2000, 833 (838); *Hahn* GmbHR 2000, R69; *Herrmann* WPg 2001, 271 (272); *Theile* GmbHR 2000, 215 (216); *Waßmer* GmbHR 2002, 412 (413): „GmbH & Stroh KG"; *Naujok* GmbHR 2003, 263; *Niemeyer* StbJb 2007/8, 247; *Wälzholz* in Sudhoff Familienunternehmen § 18 Rn. 12. AA wohl *Zimmermann/Eckhold* NJW 2000, 1361 (1363).

[139] *Grunewald* in MüKoHGB § 161 Rn. 6.

[140] *Patt* DStZ 2000, 77 (80).

[141] Im Einzelnen *Waßmer* GmbHR 2002, 412 (414 ff.).

gungsvorschriften genannt hat. Deshalb erscheint es uns immerhin erwägenswert, bei **richtlinienkonformer Auslegung** von § 264a HGB eigene, nämlich strengere Anforderungen an die Qualität der Haftung des persönlich haftenden Gesellschafters einer GmbH & Co. KG zu stellen, als dies dem üblichen gesellschaftsrechtlichen Verständnis entspricht. Hiernach wäre § 264a HGB auch bei solchen Gestaltungen anwendbar, bei denen die Aufnahme der vermögenslosen Person offensichtlich allein zum Zwecke der Offenlegungsvermeidung erfolgt.[142]

De lege lata muss sich die Praxis des **hohen Risikos** einer Strohmann-Gestaltung bewusst sein. Denn im Innenverhältnis ist der Strohmann-Gesellschafter regelmäßig nur als **Treuhänder** für die Komplementär-GmbH oder die Gesamtheit der Kommanditisten tätig. Im letztgenannten Fall muss die gesetzliche Verlustausgleichsverpflichtung zugunsten des Strohmanns ausgeschlossen werden, um eine persönliche Haftung der Kommanditisten für etwaige Verluste der GmbH & Co. KG zu vermeiden.[143] Hiervon abgesehen besteht im Blick auf die §§ 134, 138 BGB uE jedenfalls dann die Gefahr einer **Durchgriffshaftung,** wenn die vermögenslose Person nach außen hin als Geschäftsführer auftritt, tatsächlich aber in vollem Umfang den Weisungen der Kommanditisten oder der Komplementär-GmbH unterworfen ist.[144] Problematisch dürfte auch eine Gestaltung sein, bei der die vermögenslose Person regelmäßig unmittelbar vor dem Bilanzstichtag eintritt und kurz danach wieder austritt,[145] ferner der Einsatz gewerbsmäßiger Strohmänner,[146] die unter Umständen gleich an mehreren GmbH & Co. KGs als (vermögenslose) Vollhafter beteiligt sind. 108

In den meisten Fällen dürfte die Beteiligung einer „vermögenslosen Person" als – alleiniger oder weiterer – persönlich haftender Gesellschafter aufgrund der Gesellschafterstruktur oder der damit verbundenen Öffentlichkeitswirkung nicht in Betracht kommen. Um die Folgen der Offenlegung zu mildern, kann dann in erster Linie an die Aufstellung eines **befreienden Konzernabschlusses** (§§ 264 Abs. 3, 264b HGB) gedacht werden, wodurch die Aussagekraft des Jahresabschlusses zum Teil erheblich vermindert werden kann.[147] So besteht ggf. die Möglichkeit, sich „arm zu rechnen"[148] oder publizitätssensitive Daten „zu verschleiern".[149] Lediglich bei der „kleinen" GmbH & Co. KG ist diese Option weniger interessant, da sich die weitreichenden Erleichterungen gemäß § 326 HGB nicht auf den Konzernabschluss erstrecken. 109

Daneben gibt es weitere Gestaltungsüberlegungen, die Folgen der Offenlegungspflicht abzuschwächen, die allerdings nicht GmbH & Co. KG-spezifisch sind.[150] Zu denken ist an **gesellschaftsrechtliche Umstrukturierungen,** zB durch die Abspaltung von Vermögenswerten auf Schwestergesellschaften und die Bildung kleiner Gesellschaften, an die **Verlagerung von Ertragspotenzialen**[151] oder an die möglichst **späte Erfüllung** der Offenlegungspflicht, damit die Unterlagen bei Einreichung bereits veraltet sind.[152] Letzteres wird primär durch eine Ausschöpfung der gesetzlichen Zwölfmonatsfrist erreicht (§ 325 Abs. 1 HGB). 110

Bei der **kleinen GmbH & Co. KG** eröffnet **§ 326 Abs. 1 HGB** immerhin die Möglichkeit, den gesonderten Ausweis des Jahresergebnisses zu vermeiden, wenn die Bilanz nach 111

---

142 *Waßmer* GmbHR 2002, 412 (419).

143 *Wälzholz* in Sudhoff Familienunternehmen § 18 Rn. 12; *Kleindiek* in Lutter/Hommelhoff GmbHG Anh. § 42a Rn. 47.

144 *Uhlenbruck* GmbHR 2000, R1 unter Hinweis auf *Koller* FS Heinsius, 1991, 357 (367); *Schmidt* GmbHR 2005, 1619; *Hafner/Spitz* DStR 2015, 2623 (2629).

145 *Waßmer* GmbHR 2002, 412 (420); *Schmidt* GmbHR 2005, 1619. AA *Bitter/Grashoff* DB 2000, 833 (838); *Kleindiek* in Lutter/Hommelhoff GmbHG Anh. § 42a Rn. 47.

146 *Waßmer* GmbHR 2002, 412 (420).

147 *Jorde/Schröder/Tenhaak* BB 2013, 2219; *Schmidt* DStR 2006, 2272 (2277); *Grashoff* DB 2006, 513 (516); *Bitter/Grashoff* DB 2000, 833 (838); *Dorozala/Söffing* DStR 2000, 1567; *Theile* GmbHR 2000, 215 (217); *Naujok* GmbHR 2003, 263 (264); *Winter* in Winter Beratungspraxis GmbH & Co. KG Rn. P 60.

148 *Lüdenbach* GmbHR 2000, 847 (849).

149 *Heni* DStR 1999, 912 (915).

150 Vgl. aus jüngster Zeit *Hafner/Spitz* DStR 2015, 2623.

151 *Bitter/Grashoff* DB 2000, 833 (839); *Grashoff* DB 2006, 513.

152 *Theile* GmbHR 2000, 215 (216): „Altpapier".

vollständiger Ergebnisverwendung aufgestellt wird. Da die GuV nicht veröffentlicht werden und der Anhang keine GuV-spezifischen Angaben enthalten muss, ist das Jahresergebnis dann aus den veröffentlichten Unterlagen nicht ersichtlich, wegen zwischenzeitlicher Entnahmen und Einlagen auch nicht durch Vergleich mit den Vorjahreszahlen (→ Rn. 87).

112 Die Suche nach einer Vermeidungsstrategie sollte jedoch **nicht zum Selbstzweck** werden. Bei nüchterner Betrachtung mag die Offenlegungspflicht im Einzelfall ein Ärgernis sein. In den meisten Fällen sollten sich die Unternehmen aber mit der Gesetzeslage anfreunden und auch die **Chancen der Offenlegung** sehen. Schließlich steht es ihnen frei, sich ihrerseits über die wirtschaftliche Lage der Wettbewerber, Kunden und Lieferanten zu informieren.[153]

IX. Ausblick

113 Das derzeitige Nebeneinander von IFRS-Rechnungslegung und modernisierter HGB-Rechnungslegung ist keine Dauerlösung. Es wird uns noch während einer Übergangsphase begleiten, an deren Ende wohl die **IFRS-Rechnungslegung für Jedermann** stehen wird (mit Erleichterungen für kleinere und mittlere Unternehmen),[154] auch wenn sich dieser Prozess aufgrund der jüngsten Modernisierungen des deutschen Bilanzrechts verlangsamt hat.[155] Das Steuerrecht darf sich dieser Entwicklung nicht verschließen und sollte die Bemühungen intensivieren, eine eigenständige Bemessungsgrundlage zu entwickeln. Je früher sich in Deutschland die Erkenntnis durchsetzt, dass der IFRS-Rechnungslegung die alleinige Zukunft gehört und die Tage des Maßgeblichkeitsgrundsatzes im Steuerrecht gezählt sind, um so erfolgreicher wird die Umstellung der Rechnungslegung gelingen.

[153] *Kiesel/Grimm* DStR 2004, 2210 (2214).

[154] Ebenso *Lüdenbach/Hoffmann* DStR 2007, Beihefter Heft 50, 3: „Zwischenstopp"; wohl auch *Winkeljohann/Morich* BB 2009, 1630 (1633).

[155] Vgl. *Müller/Hillebrand* KoR 2014, 257: „zögerlich".

Zweiter Teil. Die GmbH & Co. KG in steuerrechtlicher Sicht

§ 16 Einkommensteuer

I. Besteuerungsgrundsätze

1. Die einkommensteuerliche Anerkennung der GmbH & Co. KG als Personengesellschaft

Im **Einkommensteuerrecht** ist die GmbH & Co. KG als echte **Personengesellschaft** allgemein **anerkannt.** Die Entwicklung zu dieser Beurteilung hat sich schon in der Rechtsprechung des **RFH**[1] angebahnt, der allerdings ursprünglich die GmbH & Co. KG noch als „ungewöhnliche Gesellschaftsform" ansah und sie wie eine **„große GmbH"** behandelte. Sie wurde vom BFH fortgeführt, der die GmbH & Co. KG schließlich steuerlich als eine zulässige bürgerlich-rechtliche Form anerkannte, die als Personengesellschaft zu beurteilen ist.[2] 1

Die Bedenken, welche Anfang der 80er Jahre im steuerrechtlichen Schrifttum erhoben wurden, sind überwunden. Namentlich *Uelner*[3] vertrat damals die Ansicht, dass zumindest die **Publikums-GmbH & Co. KG** gemäß § 1 Abs. 1 Nr. 5 KStG **körperschaftsteuerpflichtig** sei, weil sie körperschaftlich strukturiert und zivilrechtlich in Wahrheit keine Personengesellschaft, sondern ein **wirtschaftlich** tätiger, **nicht rechtsfähiger Verein** sei. Die Körperschaftsteuerpflicht hätte zur Folge, dass die „Kommanditisten" – ebenso wie GmbH-Gesellschafter – ihre Verlustanteile aus der Gesellschaft nicht mit anderen Einkünften verrechnen könnten (fehlender Verlustausgleich). Auch der **BMF** hatte sich zu dieser Rechtsauffassung bekannt.[4] Fast folgerichtig hatte die Bundesregierung zunächst im Rahmen des StEntlG 1984 vorgesehen, gesetzlich „klarzustellen", dass eine Personengesellschaft mit Sitz oder Geschäftsleitung im Inland der unbeschränkten Körperschaftsteuerpflicht unterliege, wenn ihre Gesellschafter aufgrund ihrer Rechtsstellung innerhalb der Gesellschaft oder wegen fehlender Gewinnerzielungsabsicht nicht als Mitunternehmer angesehen werden könnten, dieses Vorhaben später jedoch wieder fallen gelassen.[5] 2

In seiner **grundlegenden Entscheidung vom 25.6.1984**[6] hat der Große Senat des BFH in Fortführung der bisherigen Rechtsprechung die Körperschaftsteuerpflicht der **Publikums-GmbH & Co. KG** mit überzeugender Begründung **verneint** und insoweit die gebotene Rechtssicherheit wiederhergestellt. 3

2. Besteuerung von Personengesellschaften

Personengesellschaften als solche sind **weder körperschaftsteuerpflichtig,** da sie keines der in § 1 KStG genannten Gebilde darstellen, **noch** unterliegen sie der **Einkommensteuer,** da von dieser nach § 1 EStG nur natürliche Personen erfasst werden. Das Einkommen einer Personengesellschaft wird steuerlich vielmehr anteilig bei den **Gesellschaftern** erfasst, und zwar, je nachdem, ob es sich bei diesen um eine natürliche Person 4

---

[1] ZB RFH 18.12.1933 – I A 422/30, RStBl. 1933, 375 mwN.

[2] BFH 25.7.1995 – VIII R 54/93, BStBl. II 1995, 794 (795); 13.11.1980 – IV R 86/79, BStBl. II 1981, 272; 13.3.1980 – IV B 56/76, BStBl. II 1980, 499; 10.11.1977 – IV B 33–34/76, BStBl. II 1978, 15; 3.8.1972 – IV R 235/67, BStBl. II 1972, 799; 17.3.1966 – IV 233, 234/65, BStBl. III 1966, 17; 14.3.1961 – I 224/60 U, BStBl. III 1961, 363; 16.9.1958 – I 351/56 U, BStBl. III 1958, 462.

[3] JbFfSt 1980/81, 359; DStZ 1980, 363; *Groh* BB 1982, 1229 (1233) mwN und die im Sachverhalt des Urteils BFH 13.11.1980 – IV R 86/79, BStBl. II 1981, 272 wiedergegebenen Argumente.

[4] BFH 13.11.1980 – IV R 86/79, BStBl. II 1981, 272.

[5] Beschluss der Bundesregierung DB 1983, 1173 (1175) unter Ziff. 15.

[6] BFH 25.6.1984 – GrS 4/82, BStBl. II 1984, 751.

oder um ein körperschaftsteuerpflichtiges Subjekt handelt, durch die Einkommen- oder durch die Körperschaftsteuer (sog **transparente Besteuerung**).[7]

5 Handelsrechtlich richtet sich die Gewinnverteilung nach einem bestimmten Schlüssel, der in der Regel von den Beteiligungsquoten abhängig ist. Trotz des Grundsatzes der **Maßgeblichkeit der Handelsbilanz** für die Steuerbilanz (§ 5 Abs. 1 S. 1 Hs. 1 EStG; → § 15 Rn. 104) kann die sich aufgrund der Gewinnverteilung ergebende Größe für das Steuerrecht nicht uneingeschränkt übernommen werden. Vielmehr ist eine Vielzahl von **Besonderheiten** bei der Bestimmung des steuerpflichtigen Gewinns sowohl **dem Grunde** als auch **der Höhe nach** zu beachten.

II. Einkommenszurechnung dem Grunde nach

1. Mitunternehmerschaften

6 **a) Objektive Steuerpflicht.** Aus dem EStG ergibt sich unmittelbar, dass nicht jeder Vermögenszuwachs eines Steuersubjekts bei diesem einkommensteuerpflichtig ist. In diesem Zusammenhang ist vor allen Dingen § 22 Nr. 1 S. 2 Hs. 1 EStG von Bedeutung. Diese Vorschrift bestimmt, dass aus der **Einkommensverwendung** eines anderen Steuersubjekts herrührende Einkünfte beim Empfänger nicht steuerpflichtig sind – eine Konsequenz der Tatsache, dass ein Steuersubjekt durch Einkommensverwendung sein steuerpflichtiges Einkommen nicht mindern kann (§ 12 Nr. 1 und 2 EStG).

7 Eine einkommensteuerrechtlich unbeachtliche Einkommensverwendung, dh Weitergabe von Einkünften, liegt nicht nur dann vor, wenn diese Weitergabe **offen** erfolgt. Eine solche Weitergabe kann vielmehr auch in der Weise erfolgen, dass einer Person eine Beteiligung an einer GmbH & Co. KG eingeräumt und diese Beteiligung mit einem wirtschaftlich **überhöhten Gewinnanteil** ausgestattet wird, der zulasten desjenigen Gesellschafters der GmbH & Co. KG geht, der die Beteiligung eingeräumt hat. Deshalb kann einkommensteuerrechtlich nicht jede Beteiligung und jeder handelsrechtliche Gewinnanteil an einer GmbH & Co. KG als steuerpflichtige Einkünfte bzw. als deren Grundlage angesehen werden. Dem Gesellschafter einer GmbH & Co. KG können vielmehr seine handelsrechtlichen Gewinnanteile dem Grunde nach nur dann als steuerpflichtige Einkünfte zugerechnet werden – eine Aussage über die Höhe der zuzurechnenden steuerpflichtigen Einkünfte ist damit noch nicht verbunden –, wenn er mit seiner Beteiligung an der GmbH & Co. KG eine eigene **Einkunftsquelle** besitzt.[8]

8 Verbindendes Element der Einkunftsquellen im Einkommensteuerrecht ist die mit einer Einkünfteerzielungsabsicht verbundene Teilnahme am Marktgeschehen, dh der Umsatz von Leistungen. Demnach lässt sich die Einkunftsquelle als das Rechtsverhältnis definieren, aufgrund dessen eine **Leistungsbewirkung am Markt** erfolgt, also die menschliche Arbeitskraft bzw. das Kapital – oder ein Wirtschaftsgut als wirtschaftliches Surrogat – **zwecks Einkünfteerzielung** entgeltlich zur Verfügung gestellt wird. In diesem Sinne ist die Beteiligung an einer GmbH & Co. KG in der Regel eine Einkunftsquelle, weil sie im Gesellschaftsrechtsverhältnis ihre Grundlage hat und weil aufgrund dieses Gesellschaftsverhältnisses die Gesellschafterbeiträge entgeltlich mit dem Ziel, Gewinne zu erzielen, zur Verfügung gestellt werden.

9 Fehlt allerdings die letztlich nur aufgrund äußerer Umstände feststellbare **Einkünfte- bzw. Gewinnerzielungsabsicht,** liegt eine bloße **Liebhaberei** vor, die steuerlich irrelevant ist.[9] Bei typischerweise ausschließlich mit Gewinnerzielungsabsicht betriebenen Unternehmen genügen eine objektiv negative Gewinnprognose oder längere Verlustperioden für

---

[7] *Ley* Ubg 2011, 274.

[8] *Beinert* StbJb 1978/79, 287 ff.; *Ruppe* in Tipke, Übertragung von Einkunftsquellen im Steuerrecht, 7 (15 ff.); *Weber-Grellet* in L. Schmidt EStG § 2 Rn. 54.

[9] Etwa BFH 27.1.1999 – IV R 33/99, BStBl. II 2000, 227; 21.1.1999 – IV R 27/97, BStBl. II 1999, 638 (646).

sich allein jedoch nicht, um eine Liebhaberei anzunehmen.[10] Nach Ansicht des BFH spricht allerdings bei **Verlustzuweisungsgesellschaften,** die regelmäßig als GmbH & Co. KG geführt werden, eine **tatsächliche Vermutung** für das Fehlen einer Gewinnerzielungsabsicht. Bei den Verlustzuweisungsgesellschaften, deren Bedeutung unter anderem aufgrund der Einführung von §§ 15a und 15b EStG stark zurückgegangen ist, kann in der Regel eine solche Absicht nur angenommen werden, wenn nach dem Urteil eines ordentlichen Kaufmanns bei Gründung der Gesellschaft die Erzielung eines Totalgewinnes wahrscheinlich ist; das bloße Inkaufnehmen einer späteren Gewinnerzielung genügt nicht.[11] Die mit den Verlustzuweisungen erstrebten Einkommensteuerersparnisse der Gesellschafter spielen bei der Frage, ob ein Totalgewinn wahrscheinlich ist, keine Rolle.[12] Kann die Vermutung der fehlenden Gewinnerzielungsabsicht aufgrund nachweisbarer Tatsachen nicht wenigstens erschüttert werden, sind die Verlustzuweisungen an die Gesellschafter von vornherein steuerlich unbeachtlich.[13]

Die Beteiligung an einer GmbH & Co. KG ist als Einkunftsquelle grundsätzlich **dem jeweiligen Gesellschafter zuzurechnen,** weil nur er über die in der Beteiligung an der GmbH & Co. KG liegende Teilnahme am Marktgeschehen disponieren kann, dh die Möglichkeit hat, Marktchancen zu nutzen, Leistungen zu variieren, im Extremfall auch zu verweigern, und weil nur er als Partei des Gesellschaftsrechtsverhältnisses zur entgeltlichen Leistungsbewirkung am Markt, dh zur Zurverfügungstellung des Gesellschafterbeitrags verpflichtet und tatsächlich in der Lage ist.[14] Im Normalfall – anderes gilt unter Umständen bei Familiengesellschaften (→ Rn. 90 ff.) – hat also der Gesellschafter einer GmbH & Co. KG in seiner **Beteiligung** an dieser eine **Einkunftsquelle,** so dass ihm dem Grunde nach der aus seiner Beteiligung zustehende Gewinnanteil auch einkommen- bzw. körperschaftsteuerlich zuzurechnen ist. 10

b) Einkunftsart und Zurechnung. Nach § 15 Abs. 1 S. 1 Nr. 2 EStG gehören zu den **Einkünften aus Gewerbebetrieb** „die Gewinnanteile der Gesellschafter… einer Kommanditgesellschaft… bei der der Gesellschafter als Unternehmer (Mitunternehmer) des Betriebs anzusehen ist." Anders als bei den Kapitalgesellschaften (§ 8 Abs. 2 KStG), ist die Tätigkeit einer GmbH & Co. KG als Personenhandelsgesellschaft also nicht allein schon aufgrund der Rechtsform stets als gewerblich zu qualifizieren. Nur wenn sie – was überwiegend der Fall sein dürfte – originär gewerblich tätig oder zumindest gewerblich geprägt ist, werden allen Gesellschaftern gewerbliche Einkünfte iSv § 2 Abs. 1 S. 1 Nr. 2 EStG zugerechnet. 11

§ 2 Abs. 1 EStG zählt enumerativ die sieben der Einkommensteuer unterliegenden Einkunftsarten auf und schreibt vor, dass sich die Zugehörigkeit von Einkünften zu einer dieser sieben Einkunftsarten nach den §§ 13–24 EStG „bestimmt". Würde die Zurechnungsproblematik dem Grunde nach mit § 2 EStG und dem Begriff der Einkunftsquelle gelöst, könnte § 15 Abs. 1 S. 1 Nr. 2 EStG das bleiben, was er nach der Systematik des EStG und dem Gesetzeswortlaut ist, nämlich eine **Qualifikationsnorm.** So wie die §§ 13, 14, 17–22 EStG unbestritten solche Qualifikationsnormen sind, bestimmt auch § 15 EStG nur, welche Einkünfte solche aus Gewerbebetrieb sind. So wie jene Vorschriften, die die Einkunfts-Qualifikation nicht an zivilrechtlichen Begriffen, sondern an der Art der Tätigkeit ausrichten, qualifiziert auch § 15 EStG nur nach der Art der Tätigkeit der Gesellschaft bzw. der Gesellschafter – ohne Rückgriff auf zivilrechtliche Kategorien. Mit dem Begriff des **Mitunternehmers** wird lediglich der Gesellschafter einer Gesellschaft umschrieben, deren Tätig- 12

[10] BFH 31.5.2001 – IV R 81/99, BFH/NV 2001, 1331; 2.6.1999 – X R 149/95, BFH/NV 2000, 23. Auch Gewinnerzielung als Nebenzweck ist ausreichend, BFH 20.1.2004 – IV B 203/03, BFH/NV 2004, 426 (427).
[11] BFH 12.12.1995 – VIII R 59/92, BStBl. II 1996, 219 (222).
[12] So ausdrücklich § 15 Abs. 2 S. 2 EStG im Anschluss an BFH 25.6.1984 – GrS 4/82, BStBl. II 1984, 751 (765 ff.).
[13] Im Einzelnen zu Verlustzuweisungsgesellschaften s. *Levedag* in MHdB GesR II § 71 Rn. 29 ff.
[14] *Ruppe* in Tipke, Übertragung von Einkunftsquellen im Steuerrecht, 7 (13 ff.).

keit einkommensteuerrechtlich eine gewerbliche ist; eine weitergehende Bedeutung hat der Begriff nicht.

13 **Die Rechtsprechung des BFH** ist diesen Weg freilich bislang nicht gegangen. Der BFH stellt den **Mitunternehmer-Begriff** vielmehr in den Mittelpunkt der Besteuerung der Gesellschafter einer GmbH & Co. KG und betrachtet ihn als juristisches Instrument zur Lösung der Zurechnungsproblematik dem Grunde nach. Der BFH versteht § 15 EStG folglich nicht nur als Qualifikationsnorm, sondern auch als **Zurechnungsnorm.**[15] Gleichgültig, ob § 15 EStG als Qualifikationsnorm oder auch als Zurechnungsnorm verstanden wird, gilt jedoch die Überlegung, dass die Art der Einkünfte eines **Steuersubjekts** von der **Art seiner Tätigkeit abhängt** und dass es keine Rolle spielt, ob das Steuersubjekt allein oder im Rahmen einer Personengesellschaft gemeinschaftlich mit seinen Mitgesellschaftern die Tätigkeit erbringt. Die Gesellschafter einer Personengesellschaft beziehen also mit ihrem Ergebnisanteil nur dann Einkünfte aus Gewerbebetrieb, wenn die **gemeinschaftliche Tätigkeit** der Gesellschafter eine gewerbliche ist. Der auf den Gesellschafter einer Personengesellschaft entfallende Ergebnisanteil gehört mit anderen Worten steuerrechtlich zu der Einkunftsart, zu der er gehörte, wenn die Personengesellschaft selbst steuerpflichtig wäre.[16] Damit ist die GmbH & Co. KG als Personengesellschaft jedenfalls insoweit **Steuerrechtssubjekt,** als sie in der Einheit der Gesellschaft selbst Merkmale eines Besteuerungstatbestandes verwirklicht, welche den Gesellschaftern für deren Besteuerung grundsätzlich zuzurechnen sind.[17]

14 Die Annahme gewerblicher Einkünfte setzt aufgrund der **Doppelfunktion,** die der BFH der Vorschrift des § 15 Abs. 1 EStG beimisst, folglich zunächst voraus, dass die Personengesellschaft überhaupt ein **gewerbliches Unternehmen** unterhält (Qualifikation der Einkünfte).[18] Wird diese Regelvoraussetzung bejaht, werden die gewerblichen Einkünfte **nicht allen** Gesellschaftern der GmbH & Co. KG zugerechnet, sondern nur denjenigen, die diese Einkünfte **als Mitunternehmer erzielen** (Zurechnung der Einkünfte).

15 Eine Besonderheit besteht, wenn sich an einer GmbH & Co. KG, die für sich gesehen nicht als gewerblich, sondern als **vermögensverwaltend** zu qualifizieren ist, auch ein Gesellschafter beteiligt, der aus Gründen, die allein in seiner Person liegen, ausschließlich gewerbliche Einkünfte bezieht (sog **Zebragesellschaft**). Der typische Fall ist die Beteiligung durch eine Kapitalgesellschaft, die gemäß § 8 Abs. 2 KStG ausschließlich gewerbliche Einkünfte hat, oder durch Personengesellschaften iSv § 15 Abs. 3 EStG. Ein solcher Gesellschafter kann daher auch aus der Beteiligung an der vermögensverwaltenden GmbH & Co. KG nur gewerbliche Einkünfte beziehen, während den anderen Gesellschaftern durch die GmbH & Co. KG vermögensverwaltende Einkünfte (§§ 20, 21 EStG) vermittelt werden.

16 Die Problematik bei der Zebra-Gesellschaft, die unstreitig **keine Mitunternehmerschaft** ist,[19] liegt darin, dass Einkünfte aus Gewerbebetrieb und solche aus vermögensverwaltender Tätigkeit nach unterschiedlichen Grundsätzen zu ermitteln sind. Einigkeit besteht darüber, dass die Einkunftsermittlung bei der Gesellschaft nach den dafür maßgeblichen Grundsätzen zu erfolgen hat, die Einkünfte gesondert festzustellen und den **nicht betrieblich beteiligten Gesellschaftern** anteilig zuzurechnen sind.

17 Lange Zeit war fraglich, ob bei **betrieblich beteiligten Gesellschaftern** die **Umqualifizierung und Umrechnung** der an sich vermögensverwaltenden Einkünfte in gewerbliche Einkünfte im **Feststellungsverfahren** der Gesellschaft (Belegenheits-Finanzamt) oder im **Besteuerungsverfahren** des betrieblich beteiligten Gesellschafters (Wohnsitz-Finanz-

[15] BFH 25.6.1984 – GrS 4/82, BStBl. II 1984, 751.
[16] *Knobbe-Keuk* Bilanz- und Unternehmenssteuerrecht 321.
[17] BFH 3.7.1995 – GrS 1/93, BStBl. II 1995, 617 (621) mwN; 26.11.1996 – VIII R 42/94, BStBl. II 1998, 328 (329).
[18] Zu den Kriterien für die Abgrenzung der privaten Vermögensverwaltung von einem Gewerbebetrieb s. BFH 14.7.2016 – IV R 34/13, DStR 2016, 2697.
[19] *Reiß* in Kirchhof EStG § 15 Rn. 395.

amt) zu erfolgen hat. Der IV. Senat des BFH[20] und ihm folgend der I. Senat[21] haben diese Frage im erstgenannten Sinne, die Finanzverwaltung[22] und der VIII. Senat[23] im letztgenannten Sinne beantwortet. Der III. Senat[24] und ihm folgend der XI. Senat[25] haben die vermittelnde Auffassung vertreten, dass im Weg wechselseitiger Feststellung das **Belegenheits-Finanzamt** die verbindliche Entscheidung über die Einkünfteermittlung als solche, das **Wohnsitz-Finanzamt** hingegen die verbindliche Entscheidung über die Einkünftezuordnung nach Maßgabe des § 2 Abs. 1 EStG unter Berücksichtigung der außerhalb der Gesellschaft verwirklichten Besteuerungsmerkmale zu treffen hat (sog **„Ping-Pong-Lösung"**). Der IX. Senat teilte die Ansicht des VIII. Senats, wonach das Wohnsitz-Finanzamt des betrieblich beteiligten Gesellschafters über die Art und Höhe seiner Einkünfte entscheidet, und hatte angesichts der abweichenden Auffassungen der anderen Senate den **Großen Senat** angerufen.[26] Der Große Senat[27] hat sich dem vorlegenden Senat mit der Begründung angeschlossen, dass sich die Feststellungen im Rahmen der einheitlichen und gesonderten Einkünftefeststellung nur auf die Tatbestandsmerkmale erstrecken könnten, die von allen Beteiligten gemeinsam auf der Ebene der Personengesellschaft verwirklicht werden, so dass sich die Umqualifizierung in gewerbliche Einkünfte „außerhalb der Zebragesellschaft" vollziehe (→ Rn. 438 ff.).

Aufgrund der **Entscheidung des Großen Senats** findet auf Ebene der Personengesellschaft eine Einkünfteermittlung für die vermögensverwaltenden Einkünfte statt, während auf Ebene des gewerblich beteiligten Gesellschafters für die Gewinnermittlung in dessen Steuerbilanz oder Einnahmenüberschuss-Rechnung (§ 4 Abs. 3 EStG) die Geschäftsvorfälle aus dem Bereich der Personengesellschaft, soweit sie ihm anteilig zuzurechnen sind, erfasst werden. Fraglich ist, ob die Entscheidung des Großen Senats tatsächlich dem Ordnungszweck des Feststellungsverfahrens, **divergierende Entscheidungen zu verhindern,** entspricht. Einzuräumen ist mit dem Großen Senat, dass dieses Verfahrensziel zwar durch die „Ping-Pong-Lösung" in Gestalt von wechselbezüglichen Feststellungen möglicherweise besser verfolgt hätte werden können, dieser aber die gesetzliche Grundlage fehlt. Gleichwohl ist die Entscheidung verfahrensrechtlich ein Rückschritt, beinhaltet sie doch eine Einschränkung der einheitlichen und gesonderten Einkünftefeststellung, die im Ergebnis nur noch für dieselbe Einkünfteart in Betracht kommt, wenn das Wohnsitz-Finanzamt und nicht das Belegenheits-Finanzamt verbindlich über Art und Höhe der betrieblichen Einkünfte entscheidet. 18

2. Gewerbliches Unternehmen als Grundvoraussetzung der Mitunternehmerschaft

a) Allgemeines. Eine GmbH & Co. KG betreibt ein gewerbliches Unternehmen iSd Steuerrechts, wenn sie entweder **gewerblich tätig** ist (§ 15 Abs. 3 Nr. 1 EStG) oder aufgrund der Prägung durch ihren persönlich haftenden Gesellschafter als **gewerblich geprägte Personengesellschaft** gilt (§ 15 Abs. 3 Nr. 2 EStG). Überlegungen, einen für die gesamte Rechtsordnung – also auch für das Steuerrecht – geltenden übergreifenden Gewerbebegriff zu definieren, wurden ebenso wie die Einführung einer allein für das Handelsrecht geltenden Definition im Rahmen des HRefG ausdrücklich verworfen.[28] 19

[20] BFH 21.9.2000 – IV R 77/99, DStR 2001, 21; 11.7.1996 – IV R 103/94, BStBl. II 1997; 17.1.1985 – IV R 106/81, BStBl. II 1985, 291.
[21] BFH 4.10.2001 – I B 53/01, BFH/NV 2002, 308; 31.7.1990 – I R 3/90, BFH/NV 1991, 285.
[22] BMF-Schreiben 16.1.1996, BB 1996, 424; 29.4.1994, BStBl. I 1994, 282.
[23] BFH 20.11.1990 – VIII R 15/87, BStBl. II 1991, 345.
[24] BFH 13.12.1999 – III B 15/99, BFH/NV 2000, 827; 10.12.1998 – III R 61/97, BStBl. II 1999, 390; 11.12.1997 – III R 14/96, BStBl. II 1999, 401. Dagegen BMF-Schreiben 8.6.1999, BStBl. I 1999, 592.
[25] BFH 4.11.1999 – XI B 25/99, BFH/NV 2000, 306.
[26] BFH 30.10.2002 – IX R 80/98, BStBl. II 2003, 167 mwN.
[27] BFH 11.4.2005 – GrS 2/02, BStBl. II 2005, 679.
[28] So bereits im Referentenentwurf ZIP 1996, 1401 (1406).

20 **b) Zivilrechtlicher Ausgangspunkt.** Der Zweck einer KG muss nicht auf den **Betrieb eines Handelsgewerbes** gerichtet sein. Auch eine Gesellschaft, die nur eigenes Vermögen verwaltet, kann durch Option zur Handelsregistereintragung als „**echte**" GmbH & Co. KG und nicht nur als **Schein-KG,** die in Wirklichkeit eine GbR ist, geführt werden. Ob der **Gesellschaftszweck** auf den Betrieb eines Handelsgewerbes gerichtet ist oder nicht, ist aber für die Frage von Bedeutung, ob die GmbH & Co. KG bereits mit Geschäftsbeginn oder erst mit der Handelsregistereintragung entsteht (→ § 3 Rn. 61 ff.).

21 Nach **§ 1 Abs. 2 HGB** ist Handelsgewerbe jeder **Gewerbebetrieb,** es sei denn, dass das Unternehmen nach Art und Umfang einen in kaufmännischer Weise eingerichteten Geschäftsbetrieb nicht erfordert. Das Gesetz regelt damit nur die Abgrenzung zum kleingewerblichen Unternehmen (§ 2 HGB). Die Bestimmung und flexible Weiterentwicklung des Begriffs „Gewerbebetrieb" ist und bleibt damit im Zivilrecht allein der Rechtsprechung und Literatur überlassen. Zu § 196 Abs. 1 Nr. 1 BGB aF, einer die Verjährung regelnden Vorschrift, deren Gewerbebegriff mit dem handelsrechtlichen sachlich identisch war,[29] hat der **BGH** – in Fortführung der Rechtsprechung des RG[30] – mehrfach entschieden, unter den Begriff „Gewerbebetrieb" falle grundsätzlich jede auf einen Kreis von Geschäften gerichtete, zum Zwecke der Gewinnerzielung auf wirtschaftlichem Gebiet im weitesten Sinne ausgeübte Tätigkeit, oder kürzer: jeder **berufsmäßige Geschäftsbetrieb,** der von der **Absicht dauernder Gewinnerzielung** beherrscht wird.[31] Diese Rechtsprechung ist, was den Begriff des Gewerbebetriebs anbelangt, weiterhin einschlägig.[32]

22 Unter diesen Gewerbebetriebs-Begriff fällt in der Regel auch die **Land- und Forstwirtschaft.**[33] Dagegen wird die **freiberufliche Tätigkeit** traditionell nicht als Gewerbebetrieb angesehen, wobei allerdings das ursprünglich zur Begründung vorgetragene Fehlen einer „Gewinnerzielungsabsicht" bei den freien Berufen[34] heute nicht mehr haltbar ist.[35] Abgrenzungsschwierigkeiten kann die **Verwaltung** von **Grundstücken und Gebäuden** durch Vermietung und Verpachtung bereiten. Hier wird man je nach Art und Umfang des Marktauftritts zu entscheiden haben, ob eine bloße Vermögensverwaltung (§ 105 Abs. 2 HGB) oder ein (Handels-)Gewerbe vorliegt.[36] Entsprechendes muss bei der Verwaltung von **Kapitalvermögen** gelten. Strittig ist – anders als im Steuerrecht (→ § 26 Rn. 28) –, ob bei einer **Betriebsaufspaltung** nicht nur die Betriebsgesellschaft, sondern auch die Besitzgesellschaft einen Gewerbebetrieb unterhält.[37]

23 Kennzeichnend für den kaufmännischen Geschäftsbetrieb, der für die Qualifizierung als Handelsgewerbe iSd § 1 Abs. 2 HGB erforderlich ist, sind **Einrichtungen,** die notwendig sind, um einen Betrieb übersichtlich und zuverlässig abwickeln zu können. Dazu gehören insbesondere kaufmännische Buchführung, Kassenführung, regelmäßige Inventarerstellung, Korrespondenzakten, Aufbewahrung des geschäftlichen Schriftwechsels, Fachpersonal und organisatorische Mittel, die die Teilnahme am Kredit- und Wechselverkehr ermöglichen.[38] Ein solcherart eingerichteter Geschäftsbetrieb muss **erforderlich,** nicht jedoch tatsächlich vorhanden sein. Dabei bestimmt sich die Erforderlichkeit nach Art und Umfang des Geschäfts,[39] wobei letztlich das sich ergebende Gesamtbild entscheidend ist.[40]

---

[29] BGHZ 66, 48 (50).

[30] RGZ 130, 233.

[31] StRspr, BGHZ 83, 382 (386); BGHZ 95, 155 (157). Im Einzelnen *Steisslinger* Gewerbebegriff 9 ff. (82).

[32] *Hopt* in Baumbach/Hopt HGB § 1 Rn. 12; kritisch dazu *Körber* in Oetker HGB § 1 Rn. 11.

[33] BGH NJW 1961, 725.

[34] So BGH NJW 1961, 725.

[35] Kritisch gegenüber dem Merkmal der Gewinnerzielungsabsicht *K. Schmidt* in MüKoHGB § 1 Rn. 26 und gegenüber der Sonderstellung der Freiberufler *K. Schmidt* in MüKoHGB § 1 Rn. 32.

[36] BGH NJW 1967, 2353; *Hopt* in Baumbach/Hopt HGB § 105 Rn. 2; *K. Schmidt* in MüKoHGB § 1 Rn. 28; *Schön* DB 1998, 1169 (1170 ff.).

[37] *K. Schmidt* in MüKoHGB § 1 Rn. 28 mwN.

[38] *Hopt* in Baumbach/Hopt HGB § 1 Rn. 23; *Körber* in Oetker HGB § 1 Rn. 52 f.

[39] Regierungsentwurf HRefG ZIP 1997, 942 (943 f.).

[40] *Hopt* in Baumbach/Hopt HGB § 1 Rn. 23.

c) Gewerbe-Begriff im Ertragsteuerrecht. § 15 Abs. 2 EStG definiert den Gewerbebetrieb als **selbstständige, nachhaltige Betätigung,** die mit **Gewinnerzielungsabsicht** unternommen wird und sich als **Beteiligung am allgemeinen wirtschaftlichen Verkehr** darstellt, vorausgesetzt, die Betätigung ist weder als Ausübung von Land- und Forstwirtschaft, noch als Ausübung eines freien Berufs, noch als eine andere selbstständige Arbeit anzusehen. Der BFH fordert als ungeschriebenes Tatbestandsmerkmal ferner, dass die Tätigkeit den Rahmen **privater Vermögensverwaltung** überschritten haben muss.[41] Diese Definition gilt auch für die Gewerbesteuer (§ 2 Abs. 1 S. 2 GewStG), jedoch können sich hinsichtlich Beginn und Ende des Gewerbebetriebs und damit der Dauer der Steuerpflicht Abweichungen zwischen Einkommen- und Gewerbesteuer ergeben.[42] Von der gewerblichen Tätigkeit iSv § 2 Abs. 1 S. 1 UStG unterscheidet sich die ertragsteuerliche Definition insoweit, als im Umsatzsteuerrecht keine Gewinnerzielungsabsicht erforderlich ist (§ 2 Abs. 1 S. 3 UStG). 24

Obwohl sich die **Begriffsbestimmungen im Handels- und Steuerrecht** auf den ersten Blick sehr ähnlich sind und auch in der Praxis eine weitgehende Übereinstimmung besteht, zeigen sich bei näherer Betrachtung doch einige **wesentliche Unterschiede.**[43] Keiner der beiden Begriffe umfasst den anderen. Handelsrechtlicher und ertragsteuerlicher Gewerbebetriebs-Begriff verhalten sich vielmehr zueinander wie konzentrische Kreise,[44] die über einen großen gemeinsamen Kernbereich verfügen. 25

Der **handelsrechtliche** Gewerbebetriebs-Begriff ist in einem Teilbereich **weiter,** weil er im Regelfall auch die Land- und Forstwirtschaft sowie die ausgedehnte Vermögensverwaltung umfasst. Ferner sind bestimmte selbstständige Berufe betroffen, zB Heilpraktiker und Fahrlehrer. Umgekehrt ist fast jeder **Gewerbebetrieb im steuerlichen Sinne** auch ein Gewerbebetrieb iSd Handelsrechts, **nicht** jedoch auch **unbedingt** ein Handelsgewerbe. Wenn der Gewerbebetrieb nach Art und Umfang einen in kaufmännischer Weise eingerichteten Geschäftsbetrieb nicht erfordert (§ 1 Abs. 2 HGB), liegt, solange eine Handelsregistereintragung nicht erfolgt ist, handelsrechtlich eben nur ein Kleingewerbebetrieb (§ 2 S. 2 HGB) vor, der jedoch ohne Weiteres den ertragsteuerlichen Gewerbebetriebs-Begriff erfüllen kann. Hiervon abgesehen geht der steuerliche Begriff nur bei einem **gesetzwidrigen Geschäftszweck** (s. § 40 AO)[45] und **nicht einklagbaren** Geschäften (zB Heiratsvermittler) über den handelsrechtlichen Gewerbebetriebs-Begriff hinaus. 26

Ist die Tätigkeit einer GmbH & Co. KG nur **teilweise** als Gewerbebetrieb zu beurteilen, darüber hinaus aber an sich einer anderen Einkunftsart zuzuordnen, gilt die Tätigkeit nach der sog **Infektionstheorie** (oder auch **Abfärbetheorie**) dennoch **in vollem Umfang** als Gewerbebetrieb **(§ 15 Abs. 3 Nr. 1 EStG).** Nach hM genügt schon eine **geringfügige gewerbliche Tätigkeit,** um die Einkünfte aus der GmbH & Co. KG insgesamt als gewerblich zu infizieren.[46] 27

Innerhalb des § 15 Abs. 3 Nr. 1 EStG sind **zwei gewerbliche Infektionen** zu unterscheiden, nämlich die **Seitwärtsinfektion** des § 15 Abs. 3 Nr. 1 Alt. 1 EStG und die **Aufwärtsinfektion** des § 15 Abs. 3 Nr. 1 Alt. 2 EStG. Die Seitwärtsinfektion tritt auf, wenn die Gesellschaft „auch eine Tätigkeit iSd Abs. 1 S. 1 Nr. 1 ausübt", während es bei der Aufwärtsinfektion durch die Beteiligung an einer gewerblich tätigen Gesellschaft zu 28

---

[41] StRspr, BFH 13.12.1995 – XI R 43-45/89, BStBl. II 1996, 232 (237) mwN; 25.6.1984 – GrS 4/82, BStBl. II 1984, 751 (762). Zur Abgrenzung privater Vermögensverwaltung/Gewerbebetrieb, s. BFH 29.10.1998 – XI R 80/97, BStBl. II 1999, 448 (Wertpapierhandel) und BFH 18.8.2009 – X R 25/06, BStBl. II 2009, 965; 10.12.2001 – GrS 1/98, BStBl. II 2002, 291; 3.7.1995 – GrS 1/93, BStBl. II 1995, 617; (Grundstückshandel). Insoweit von einem offenen Typusbegriff ausgehend BFH 9.4.2003 – X R 21/00, BStBl. II 2003, 520 (522).

[42] *Wacker* in L. Schmidt EStG § 15 Rn. 9; → § 17 Rn. 3.

[43] So ausdrücklich BFH 2.11.1971 – VIII R 1/71, BStBl. II 1972, 360; *Wacker* in L. Schmidt EStG § 15 Rn. 9.

[44] *Steisslinger* Gewerbebegriff S. 264.

[45] Die Vorschrift begegnet keinen verfassungsrechtlichen Bedenken, BVerfG NJW 1996, 2086.

[46] BFH 19.2.1998 – IV R 11/97, BStBl. II 1998, 603; 10.8.1994 – I R 133/93, BStBl. II 1995, 171 mwN; *Reiß* in Kirchhof EStG § 15 Rn. 148; *Groh* DB 2005, 2430.

einer Umqualifizierung von Einkünften aus Kapitalvermögen, Vermietung und Verpachtung oder selbstständiger Arbeit, zB einer vermögensverwaltenden GmbH & Co. KG,[47] kommt.[48]

29 Eine **Seitwärtsinfektion** wird von der Rechtsprechung in den Fällen verneint, in denen die gewerblichen Einkünfte nur einen „äußerst geringen Anteil" ausmachen (Verhältnismäßigkeitsgrundsatz). Hierzu wurden zunächst uneineinheitliche **Bagatellgrenzen** angenommen bei einem Umsatzanteil der gewerblichen Einkünfte von 1,25 %,[49] 2,81 %,[50] 5 %[51] bzw. maximal 6 %.[52] Inzwischen hat der BFH[53] entschieden, dass zur Vermeidung einer Infektionswirkung die originär gewerblichen Nettoumsatzerlöse **3 % der Gesamtnettoumsatzerlöse und insgesamt 24.500 Euro**[54] nicht überschreiten dürfen. Diese Grenze ist jeweils auf den Veranlagungszeitraum zu beziehen.[55] Eine Bagatellgrenze für die Aufwärtsinfektion ist noch nicht geklärt.[56] Im Übrigen kann durch die **Ausgliederung** der gewerblichen Tätigkeit auf eine personenidentische Gesellschaft die Infektion jederzeit vermieden werden, weshalb die Regelung in § 15 Abs. 3 Nr. 1 EStG auch verfassungsrechtlich nicht zu beanstanden ist.[57]

30 Eine Besonderheit besteht bei der **freiberuflich tätigen GmbH & Co. KG.** Eine Personengesellschaft entfaltet nämlich nur dann eine Tätigkeit iSd § 18 EStG, wenn **sämtliche Gesellschafter** die Merkmale eines freien Berufs erfüllen.[58] Der Beteiligung eines Berufsfremden ist die mitunternehmerische Beteiligung einer gewerbliche Einkünfte beziehenden Kapitalgesellschaft gleichgestellt.[59] Eine freiberuflich tätige GmbH & Co. KG erzielt deshalb **Einkünfte aus Gewerbebetrieb** iSd § 15 EStG und keine Einkünfte aus selbständiger Arbeit gemäß § 18 EStG.[60]

31 Eine Personengesellschaft kann nur **Organträger** sein, wenn sie eine Tätigkeit iSd § 15 Abs. 1 Nr. 1 EStG ausübt (§ 14 Abs. 1 Nr. 2 S. 2 KStG), also **originär gewerblich tätig** ist.[61] **Besitzgesellschaften,** die ansonsten nur vermögensverwaltend tätig sind, können ebenfalls Organträger sein.[62] Da § 14 Abs. 1 Nr. 2 S. 2 KStG lediglich „eine" gewerbliche Tätigkeit fordert, deren **Umfang unerheblich** ist, muss auch eine Personengesellschaft iSv

---

[47] 26.6.2014 – IV R 5/11, DB 2014, 2325; Bei Beteiligung an einer gewerblich tätigen Mitunternehmerschaft mit abweichendem Wirtschaftsjahr tritt die Aufwärtsinfektion nur ein, wenn der Obergesellschaft im betreffenden Kalenderjahr nach Maßgabe des § 4a Abs. 2 Nr. 2 EStG ein Gewinnanteil iSv § 15 Abs. 1 S. 1 Nr. 2 EStG zugewiesen ist.

[48] Jetzt ausdrücklich § 15 Abs. 3 Nr. 1 Hs. 2 EStG. AA vor der Gesetzesänderung BFH 6.10.2004 – IX R 53/01, BStBl. II 2005, 383 unter Aufgabe der bis dahin gültigen Rechtsprechung; *Heuermann* DB 2004, 2548; BMF-Schreiben 18.5.2005, DB 2005, 1143 (Nichtanwendungserlass).

[49] BFH 11.8.1999 – XI R 12/98, BStBl. II 2000, 229.

[50] BFH 8.3.2004 – IV B 212/03, BFH/NV 2004, 954.

[51] FG Münster EFG 2008, 1975.

[52] BFH 11.8.1999 – XI R 12/98, BStBl. II 2000, 229; 10.8.1994 – I R 133/93, BStBl. II 1995, 171.

[53] BFH 27.8.2014 – VIII R 16/11, BStBl. II 2015, 996; 27.8.2014 – VIII R 41/11, BStBl. II 2015, 999; 27.8.2014 – VIII R 6/12, BStBl. II 2015, 1002; *Wacker* in L. Schmidt EStG § 15 Rn. 188.

[54] Die absolute Grenze wurde aus dem Gewerbesteuer-Freibetrag (§ 11 Abs. 1 S. 3 Nr. 1 GewStG) hergeleitet; *Tauser/Keller* DB 2015, 648: der absolute Betrag müsse statt auf den Nettoumsatz auf den Gewinn berechnet werden.

[55] *Lersner* DStR 2015, 2817, hält aus rechtssystematischen Gründen eine Gesetzesänderung in § 15 Abs. 3 EStG für geboten. AA *Kanzler* FR 2015, 512.

[56] FG Baden-Württemberg EFG 2016, 1246, Rev. (Az. BFH IV R 30/16): Bagatellgrenze versagt. *Wacker* in L. Schmidt EStG § 15 Rn. 188: vollständige Ablehnung einer Bagatellgrenze; *Stapperfend* in HHR EStG § 15 Rn. 1428: nur bzgl. Beteiligungshöhe ablehnend; *Kanzler* FR 2015, 512; *Korn* NWB 2015, 1042; *Richter/Dorn* DStR 2016, 2944: Bejahung einer Bagatellgrenze.

[57] *Wacker* in L. Schmidt EStG § 15 Rn. 193; OFD Frankfurt NWB 2016, 2923; BVerfG NZG 2005, 92; s. auch BFH 29.11.2001 – IV R 91/99, BStBl. II 2002, 221 (224) mwN; Vermeidung durch offensichtliche Gestaltung: *Stapperfend* in HHR EStG § 15 Rn. 1402; *Bitz* in LBP EStG § 15 Rn. 162c.

[58] BFH 28.10.2008 – VIII 69/06, BStBl. II 2009, 642; 8.4.2008 – VIII R 73/05, BStBl. II 2008, 681; 4.7.2007 – VIII R 77/05, BFH/NV 2008, 53.

[59] BFH 3.12.2003 – IV B 192/03, BStBl. II 2004, 303.

[60] BFH 10.10.2012 – VIII R 42/10, BStBl. II 2013, 79.

[61] *Fatouros* in HTM HdB GmbH & Co. KG Rn. 6.595; *Walter* GmbHR 2005, 456 (458).

[62] BFH 24.7.2013 – I R 40/12, BStBl. II 2014, 272.

§ 15 Abs. 3 Nr. 1 EStG[63] oder eine solche, die nur als **geschäftsleitende Holding** tätig ist,[64] zulässig sein.

d) Gewerblich geprägte Personengesellschaft. aa) Entwicklung der Gepräge-Theorie. Die Gepräge-Theorie geht auf das **BFH-Urteil vom 17.3.1966** zurück[65] und ist im weiteren Verlauf[66] als **Gepräge-Rechtsprechung** bekannt geworden. Sie besagte, dass eine GmbH & Co. KG, die keine gewerbliche Tätigkeit ausübt, gleichwohl ein gewerbliches Unternehmen betreibt, wenn sie im Handelsregister eingetragen und die geschäftsführende GmbH der alleinige persönlich haftende Gesellschafter ist. Die Gepräge-Rechtsprechung wurde ausgedehnt auf eine vermögensverwaltende OHG, die sich ausschließlich aus Kapitalgesellschaften zusammensetzt.[67] Dagegen wurde diese Rechtsprechung nicht angewandt auf eine als OHG im Handelsregister eingetragene zweigliedrige Gesellschaft, an der eine GmbH und eine natürliche Person je zur Hälfte beteiligt sind.[68] 32

Die Gepräge-Rechtsprechung wurde erstmals **Anfang der 80er Jahre aufgeweicht,** als der BFH von ihrem Anwendungsbereich eine in Liquidation befindliche GmbH & Co. KG nach Einstellung ihrer werbenden Tätigkeit[69] sowie den Fall der Betriebsaufgabe ausnahm.[70] Aufgrund der im Schrifttum – auch von uns im Blick auf die fehlende Gesetzesgrundlage von Anbeginn an[71] – geäußerten Kritik wurde dem Großen Senat im Jahr 1982[72] die Frage vorgelegt, ob die Einkünfte einer GmbH & Co. KG in gleicher Weise wie die Einkünfte einer Kapitalgesellschaft stets als Einkünfte aus Gewerbebetrieb zu qualifizieren seien, wenn die geschäftsführende GmbH alleiniger Komplementär der KG sei und deshalb der KG wirtschaftlich „das Gepräge" gebe. Durch **Beschluss vom 25.6.1984** gab der **Große Senat des BFH**[73] die Gepräge-Rechtsprechung auf. 33

Der **BMF** wies sogleich die nachgeordnete Finanzverwaltung an, bis auf Weiteres von dem Erlass von Bescheiden abzusehen, wenn es für die jeweilige Entscheidung auf die Anwendung oder Nichtanwendung der sog Gepräge-Rechtsprechung ankomme. Zur Begründung berief er sich auf die große Anzahl von Übergangsproblemen, die sich aus der Aufgabe der Gepräge-Rechtsprechung ergäben und die noch einer eingehenden Prüfung bedürften. Dabei stand offenbar von Anfang an fest, dass eine gesetzliche Regelung unabweisbar sei.[74] 34

Das **StBereinG 1986** führte schließlich in Form des **§ 15 Abs. 3 Nr. 2 EStG** zur **Wiedereinführung der Gepräge-Theorie,** und zwar mit einer sehr weitreichenden Rückwirkung bei der Einkommensteuer.[75] Diese – überwiegend sogar echte, dh bereits entstandene 35

---

[63] *Förster* DB 2003, 899 (903 f.); *Rödder/Schumacher* DStR 2003, 805 (808 f.); *Herzig/Wagner* DStR 2003, 225 (228); *Ley/Strahl* DStR 2003, 2145 (2146); *Rautenstrauch/Adrian* DB 2005, 1018 (1020); *Krumm* in Blümich KStG § 14 Rn. 66 mwN; *Walter* GmbHR 2005, 456 (458). AA BMF-Schreiben 10.11.2005, BStBl. I 2005, 1038 Rn. 17.

[64] *Krumm* in Blümich KStG § 14 Rn. 66.

[65] BFH 17.2.1966 – IV 233/65, BStBl. III 1966, 171.

[66] ZB BFH 22.6.1977 – I R 50/75, BStBl. II 1977, 778; 27.4.1977 – I R 214/75, BStBl. II 1977, 776; 22.11.1972 – I R 252/70, BStBl. II 1973, 405; 3.8.1972 – IV R 235/67, BStBl. II 1972, 799.

[67] BFH 22.11.1972 – I R 252/70, BStBl. II 1973, 405.

[68] BFH 18.2.1976 – I R 116/75, BStBl. II 1976, 480.

[69] BFH 24.4.1980 – IV R 68/77, BStBl. II 1980, 658.

[70] BFH 11.3.1982 – IV R 25/79, BStBl. II 1982, 707.

[71] So hatte zB unser verstorbener Seniorpartner *Conrad Böttcher* bereits in der 2. Aufl. von 1967 auf S. 77 ausgeführt: „Ob ein Gewerbebetrieb vorliegt, ist nach der gesetzlichen Regelung aufgrund der beim Gewerbebetrieb selbst gegebenen Verhältnisse, nicht aber aufgrund der bei den Inhabern des Gewerbebetriebs gegebenen Verhältnisse zu entscheiden. Der Durchgriff des Bundesfinanzhofs durch die Personengesellschaft auf den Kreis ihrer Gesellschafter findet im Gesetz keine Grundlage.".

[72] BFH 17.2.1982 – I B 24/79, BStBl. II 1982, 295; 26.8.1972 – IV R 207/79, BStBl. II 1982, 771 (Entscheidungsgründe in DB 1983, 24).

[73] BFH GrS 4/82, BStBl. II 1984, 751.

[74] Zur Historie grundlegend *Uelner* FS Döllerer, 1988, 661 (662 ff.).

[75] BR-Drs. 165/85. Das Vorhaben ist in der Literatur auf zum Teil leidenschaftliche Kritik gestoßen: *Knobbe-Keuk* BB 1985, 820, 941, 1903; *Flume* DB 1985, 1152; *Schulze-Osterloh* GS Knobbe-Keuk, 1997, 531. Dazu *Hennerkes/Binz* BB 1986, 235 (236).

Steueransprüche erfassende – **Rückwirkung** war jedenfalls insoweit verfassungsrechtlich unbedenklich, als Steuerpflichtige die vor dem Beschluss des Großen Senats vom 25.6.1984 gültige Rechtslage akzeptiert hatten. In diesen Fällen konnte ein schutzwürdiges Vertrauen auf eine günstigere Rechtslage von vornherein nicht entstehen.[76] Kritisch waren dagegen die anderen Fälle, weshalb die Finanzverwaltung für diese eine allgemeine **Billigkeitsregelung** erließ.[77]

36 **bb) Rechtsfolgen der gewerblichen Prägung.** Die Gepräge-Theorie ist aus der Sicht der Steuerpflichtigen mit **zwei grundlegenden Rechtsfolgen** verbunden:

- Zum einen gilt die Fiktion des Gewerbebetriebs auch für die **Gewerbesteuer,** so dass auch vermögensverwaltende GmbH & Co. KGs von der Gewerbesteuerpflicht erfasst werden. Allerdings wird die Gewerbesteuerthematik durch die Steueranrechnung gemäß § 35 EStG entschärft (→ § 17 Rn. 24 ff.).
- Zum anderen hat die Gepräge-Theorie bei vermögensverwaltenden GmbH & Co. KGs zur Folge, dass die ihr dienenden Wirtschaftsgüter **(Sonder-)Betriebsvermögen darstellen,** so dass Veräußerungs- und Aufgabegewinne bei den Gesellschaftern der Einkommen- bzw. der Körperschaftsteuer unterliegen.

37 Wie der nachstehende Überblick zeigt, wirken sich diese gewichtigen Rechtsfolgen im Einzelfall jedoch **nicht nur nachteilig** aus. Vielmehr ergeben sich **auch Vorteile,** die an die **Gewerblichkeit** bzw. an das Vorhandensein von Betriebsvermögen anknüpfen:[78]

38 (1) **Erweiterte gewerbesteuerliche Kürzung.** Soweit nur eigener Grundbesitz verwaltet wird, entfällt gemäß § 9 Nr. 1 S. 2 GewStG im Ergebnis eine Gewerbesteuerbelastung.[79] Die Gepräge-Theorie ermöglicht es zB größeren Unternehmen, die Verwaltung jedenfalls ihrer fremdgenutzten Immobilien zwecks Gewerbesteuerfreiheit auf Tochter-Personengesellschaften auszugliedern: Die Tochter-Immobilien GmbH & Co. KG kann hinsichtlich der – gemäß § 6 Abs. 5 S. 3 Nr. 1 EStG zwingend zu Buchwerten – eingebrachten Grundstücke und Gebäude die erweiterte gewerbesteuerliche **Kürzung** gemäß § 9 Nr. 1 S. 2 GewStG in Anspruch nehmen, während das Mutter-Unternehmen seinerseits aufgrund der §§ 8 Nr. 8, 9 Nr. 2 GewStG insoweit gewerbesteuerfrei ist. Die Gewerbesteuerfreiheit bei Erträgen aus der Verwaltung von Grundbesitz ginge verloren, wenn – ohne die Gepräge-Theorie – wegen fehlender Gewerblichkeit der ausgegliederten Personengesellschaft die §§ 8 Nr. 8, 9 Nr. 2 GewStG nicht mehr anwendbar wären.[80] Verluste können demgegenüber beim Mutter-Unternehmen wegen der Hinzurechnung nach § 8 Nr. 8 GewStG eine Gewerbesteuer auslösen.

39 (2) **Absicherung der Betriebsaufspaltung und Betriebsverpachtung.** Die „gewerblich geprägte" GmbH & Co. KG als Besitzgesellschaft schützt vor dem (unbeabsichtigten) **Wegfall** der tatbestandlichen Voraussetzungen der Betriebsaufspaltung, zB bei Wegfall der personellen Verflechtung (einheitlicher geschäftlicher Betätigungswille) durch den Tod eines Gesellschafters (→ § 26 Rn. 46). Ferner verhindert sie bei ungewollten Veränderungen in den tatbestandlichen Voraussetzungen der Betriebsverpachtung,[81] die zur Annahme der

---

[76] StRspr, BFH 8.10.2001 – VIII B 22/01, BFH/NV 2002, 333; 4.9.1997 – IV R 27/96, BStBl. II 1998, 286; 12.1.1989 – IV R 67/87, BStBl. II 1990, 259; 10.7.1986 – IV R 18/81, BStBl. II 1986, 811 (813); ebenso *Herzig/Kessler* DB 1988, 15 (19); *Groh* DB 1987, 1006; *Hennerkes/Binz* BB 1985, 2161 (2167); 1986, 235.

[77] BMF-Schreiben 17.3.1986, BStBl. I 1986, 129; kritisch *Söffing* FR 1986, 521 (524), der – durchaus zu Recht – rügt, die Billigkeitsregelung verlange, dass sich der Steuerpflichtige gegen die alte Rechtsprechung „gewehrt" haben müsse; *Hennerkes/Binz* BB 1985, 2161 (2167).

[78] *Richter/Chuchra/Dorn* NWB 2016, 3548; ein umfassender Katalog von Vorteilen findet sich auch bei *Keß* in Lenski/Steinberg GewStG § 35 Rn. 2118.

[79] Diese Kürzung entfällt gemäß § 9 Nr. 1 S. 5 GewStG unter anderem allerdings dann, wenn der Grundbesitz ganz oder zum Teil dem Gewerbebetrieb eines Gesellschafters dient, wie zB in Betriebsaufspaltungs-Fällen.

[80] *Gosch* in Blümich GewStG § 9 Rn. 133.

[81] S. zu diesen zB BFH 28.8.2003 – IV R 20/02, BFH/NV 2003, 1495 (1496); 17.4.1997 – VIII R 2/95, BStBl. II 1998, 388 (391) mwN.

(Zwangs-) Betriebsaufgabe führen,[82] den Wechsel der Einkunftsart und damit eine zwangsweise Realisierung stiller Reserven.[83]

(3) **Absicherung der Gewinnerzielungsabsicht.** Nach den vom Großen Senat aufgestellten Grundsätzen bedeutet **Gewinnerzielungsabsicht** als Merkmal eines gewerblichen Unternehmens iSv § 15 Abs. 1 Nr. 1 S. 1 EStG das Streben nach Betriebsvermögensmehrung in Gestalt eines Totalgewinns, wobei Veräußerungsgewinne – auch solche aus einer künftigen Betriebsaufgabe oder Betriebs- bzw. Anteilsveräußerung – mit berücksichtigt werden, allerdings nur, wenn sie auch steuerpflichtig sind.[84] Aus diesem Grunde ist bei einer gewerblich geprägten GmbH & Co. KG, bei der alle stillen Reserven steuerverhaftet sind, die Gefahr, Liebhaberei zu betreiben, erheblich geringer als bei einer Personengesellschaft, die zB nur Einkünfte aus Vermietung und Verpachtung erzielt. **40**

(4) **Steuerneutrale Separierung von Einzelwirtschaftsgütern.** In § 6 Abs. 5 EStG (früher: MU-Erlass) ist die steuerneutrale Überführung von Einzelwirtschaftsgütern zwischen dem Gesamthandsvermögen einer Mitunternehmerschaft und einem anderen (Sonder-)Betriebsvermögen eines Mitunternehmers sowie zwischen den Sonderbetriebsvermögen verschiedener Mitunternehmer geregelt (→ Rn. 387). Da eine GmbH & Co. KG auf der Grundlage der Gepräge-Theorie die gewerbliche Einkunftsart und damit das Vorliegen von Betriebsvermögen – unabhängig von der Tätigkeit der Gesellschaft – garantiert, kann die gewerblich geprägte GmbH & Co. KG als **Gestaltungsmittel** zur steuerneutralen Separierung von Einzelwirtschaftsgütern mit hohen stillen Reserven verwendet werden.[85] **41**

(5) **Erbschaft- und schenkungsteuerliche Beurteilung.** Betriebsvermögen, wozu auch der Anteil an einer gewerblichen Personengesellschaft zählt, ist bei der Erbschaft- und Schenkungsteuer seit langem begünstigt. Inhaber großer Privatvermögen können diese Begünstigung dadurch für sich nutzbar machen, dass sie ihr Vermögen ganz oder teilweise in eine gewerblich geprägte GmbH & Co. KG einbringen. Diese Gestaltungsmöglichkeit wurde durch das **AmtshilfeRLUmsG** zwar beschnitten, aber nicht gänzlich beseitigt (→ § 20 Rn. 6, 40 ff.). **42**

(6) **Sonstiges.** Nur bei Anwendung der Gepräge-Theorie können auch solche GmbH & Co. KGs, die lediglich vermögensverwaltend tätig sind, diejenigen **Steuervorteile in Anspruch nehmen, die ein Betriebsvermögen voraussetzen,** zB höherer AfA-Satz bei der Gebäudeabschreibung.[86] **43**

Die Gepräge-Theorie konnte lange Jahre auch dazu genutzt werden, um bei Beteiligung an einer Kapitalgesellschaft einer **„Wegzugsbesteuerung" nach § 6 AStG zu entgehen.** Die Finanzverwaltung vertrat früher die Auffassung, dass eine gewerbliche Prägung nicht nur zu gewerblichen Einkünfte im Sinne des nationalen Rechts, sondern auch zu Unternehmenseinkünften iSv Art. 7 OECD-MA führte.[87] Nach Einbringung einer Kapitalgesellschafts-Beteiligung in eine gewerblich geprägte Personengesellschaft spielte § 6 AStG keine Rolle mehr, weil die Vorschrift ausschließlich Anteile im Privatvermögen erfasst. Auch eine „Entstrickungsbesteuerung" nach § 4 Abs. 1 S. 3 EStG konnte vermieden werden, weil die Beteiligung wegen ihrer Zugehörigkeit zum Betriebsvermögen der Personengesellschaft abkommensrechtlich in Deutschland steuerverstrickt blieb. **44**

Der **BFH** ist der Sichtweise der Finanzverwaltung in seinem Urteil vom 28.4.2010[88] entgegengetreten und hat entschieden, dass ein im DBA-Ausland ansässiger Mitunternehmer aus einer Gepräge-GmbH & Co. KG **keine Unternehmenseinkünfte iSv Art. 7 OECD-MA** bezieht. Damit ergab sich für die Finanzverwaltung folgendes **45**

[82] Finanzverwaltung Bremen 31.5.2000, DStR 2000, 1308 (1309).
[83] *Wacker* in L. Schmidt EStG § 16 Rn. 714.
[84] BFH 6.3.2003 – IV R 26/01, BStBl. II 2003, 702 (703); 25.6.1984 – GrS 4/82, BStBl. II 1984, 751 (766).
[85] *Wacker* in L. Schmidt EStG § 15 Rn. 213; *Nickel/Klein* FR 2003, 954.
[86] S. *Hennerkes/Binz* BB 1985, 2161 (2164 f.).
[87] BMF-Schreiben 16.4.2010, BStBl. II 2010, 354 Rn. 2.2.1.
[88] BFH I R 81/09, BStBl. II 2014, 754; bestätigt durch BFH 25.5.2011 – I R 95/10, BStBl. II 2014, 760.

Dilemma: Der Erfassung der stillen Reserven in der Kapitalgesellschafts-Beteiligung im Wegzugsjahr standen bestandskräftige Steuerbescheide oder ggf. verbindliche Auskünfte entgegen. Und für eine Besteuerung im Jahr der Veräußerung oder Entnahme der Vermögensgegenstände fehlt ein abkommensrechtliches Besteuerungsrecht. Um den drohenden „Steuerausfall in Milliardenhöhe" zu verhindern,[89] wurde im Jahr 2013 mit dem AmtshilfeRLUmsG in Form des **§ 50i EStG** für Altfälle eine inländische Besteuerung ohne Rücksicht auf das abkommensrechtlich nicht bestehende Besteuerungsrecht angeordnet (sog Treaty override).

46 § 50i Abs. 1 EStG, der seine heutige Fassung erst nach diversen Wirrungen[90] mit dem BEPS-Gesetz vom 20.12.2016 erhalten hat, vermeidet einerseits für **bestimmte Altfälle** die Wegzugsbesteuerung (sog **50i-Gesellschaften).** Betroffen sind nur Kapitalgesellschafts-Beteiligungen, die **vor dem 29.6.2013** (Verkündung des AmtshilfeRLUmsG im BGBl.) steuerneutral in eine gewerblich geprägte Personengesellschaft eingebracht wurden, sofern der **Wegzug** des Mitunternehmers **vor dem 1.1.2017** erfolgte. Andererseits werden laufende Einkünfte aus einer solchen Beteiligung sowie deren etwaige **„Entstrickung",** zB durch Verkauf, **auf unbestimmte Zeit der deutschen Besteuerung unterworfen,** und zwar „ungeachtet entgegenstehender Bestimmungen" eines DBA.

47 In allen anderen Fällen ist § 50i EStG **nicht anwendbar:**

- Bei Anteilen, die bereits **vor dem 30.6.2013 veräußert** worden sind, ist die BFH-Rechtsprechung, die eine „Abschirmwirkung" der gewerblich geprägten Personengesellschaft verneint, unmittelbar zu beachten mit der Folge, dass eine Besteuerung des Veräußerungsgewinns nur im Ansässigkeitsstaat des Steuerpflichtigen in Betracht kommt (Art. 13 Abs. 5 OECD-MA).[91]
- Bei **Einbringungsvorgängen nach dem 28.6.2013** ist ebenfalls die BFH-Rechtsprechung unmittelbar anzuwenden. Der spätere Wegzug des Gesellschafters der gewerblich geprägten Gesellschaft unterfällt zwar nicht § 6 AStG (keine Anteile im Privatvermögen), wohl aber § 4 Abs. 1 S. 3 EStG.
- Gleiches gilt bei **Einbringungsvorgängen vor dem 29.6.2013,** wenn der **Wegzug** des Gesellschafters erst **nach dem 1.1.2017** erfolgt.

48 **cc) Tatbestandliche Voraussetzungen der gewerblich geprägten Personengesellschaft.** Eine gewerblich geprägte Personengesellschaft gemäß § 15 Abs. 3 Nr. 2 EStG setzt zunächst voraus, dass die betreffende Gesellschaft **nicht** bereits ganz oder auch nur teilweise **gewerblich** iSv § 15 Abs. 2 EStG tätig ist **(Subsidiarität der Gepräge-Theorie).**[92]

49 Ferner muss eine **Personengesellschaft** vorliegen, bei der ausschließlich **Kapitalgesellschaften persönlich haftende Gesellschafter** sind und **nur diese** oder Personen, die nicht Gesellschafter sind, **zur Geschäftsführung befugt** sind. Daher ist eine in Gründung befindliche GmbH & Co. KG, wenn sie nur kleingewerblich tätig ist oder nur ihr eigenes Vermögen verwaltet und natürliche Personen als Gesellschafter der KG und der GmbH beteiligt sind, erst gemäß § 15 Abs. 3 Nr. 2 EStG gewerblich geprägt, wenn die GmbH und die KG im **Handelsregister** eingetragen sind, weil davor die beteiligten natürlichen Personen persönlich für die Verbindlichkeiten der KG haften.[93]

50 (1) Das Gesetz stellt auf das **Bestehen einer Personengesellschaft** ab, nicht etwa nur einer OHG oder KG. Als gewerblich geprägte Personengesellschaft kommt deshalb jede in-

[89] BR-Drs. 632/1/12, 18 und BR-Drs. 139/13, 142.

[90] Hierzu *Bodden* DStR 2015, 150; *Liekenbrock* DStR 2017, 177; *Bünning* BB 2017, 369.

[91] BMF-Schreiben 26.9.2014, BStBl. I 2014, 1258 Rn. 2.3.3.7. In diesen Fällen soll die Finanzverwaltung allerdings, soweit verfahrensrechtlich möglich (insbesondere darf eine verbindliche Auskunft nicht entgegenstehen), die Besteuerung der stillen Reserven der Kapitalgesellschafts-Beteiligung im Zeitpunkt der Einbringung oder des Wegzugs nachholen und dafür auf die allgemeinen Entstrickungsvorschriften (insbesondere § 4 Abs. 1 S. 3 EStG) zurückgreifen.

[92] *Wacker* in L. Schmidt EStG § 15 Rn. 213; *Reiß* in Kirchhof EStG § 15 Rn. 137. AA für die Besitzgesellschaft einer Betriebsaufspaltung *Autenrieth* DStZ 1989, 99.

[93] BFH 4.2.2009 – II R 41/07, BStBl. II 2009, 600.

oder ausländische Personengesellschaft in Betracht.[94] Der Begriff der Personengesellschaft beschränkt sich nicht auf Außengesellschaften, sondern umfasst auch Innengesellschaften.[95] Die Personengesellschaft muss aber mindestens einen persönlich haftenden Gesellschafter haben.[96]

(2) Persönlich haftende Gesellschafter dürfen ausschließlich **Kapitalgesellschaften** sein. 51
Der Begriff der Kapitalgesellschaft entspricht demjenigen des § 1 Abs. 1 Nr. 1 KStG, umfasst also insbesondere die GmbH, aber auch ausländische Kapitalgesellschaften, die nach ihrem im Ausland geregelten rechtlichen Aufbau und ihrer wirtschaftlichen Gestaltung einer inländischen Kapitalgesellschaft entsprechen.[97] Keine Kapitalgesellschaften sind hingegen andere juristische Personen, wie zB eingetragene Vereine, Genossenschaften oder Stiftungen, so dass insbesondere die **Stiftung & Co. KG** nicht als gewerblich geprägte Personengesellschaft gelten kann.[98]

Die GmbH & Co. KG ist ertragsteuerlich keine Kapitalgesellschaft, weshalb sich durch 52
eine **doppelstöckige GmbH & Co. KG** die Anwendung der Gepräge-Theorie umgehen ließe. Das Gesetz ordnet deshalb in § 15 Abs. 3 Nr. 2 S. 2 EStG ausdrücklich an, dass für die Beurteilung, ob die Tätigkeit der **Untergesellschaft** als Gewerbebetrieb gilt, die gewerblich geprägte **Obergesellschaft** einer Kapitalgesellschaft gleichsteht.

Nach dem Gesetzeswortlaut scheint diese **Fiktion** allerdings dann nicht zu gelten, wenn 53
die als persönlich haftender Gesellschafter beteiligte GmbH & Co. KG selbst **originär gewerbliche Einkünfte** erzielt und (nur) deshalb nicht als gewerblich geprägte Personengesellschaft gilt. Dieses Ergebnis wäre offensichtlich sinnwidrig, da die Prägungswirkung einer nur „gewerblich geprägten" Personengesellschaft zwangsläufig geringer ist als diejenige einer „gewerblich tätigen" Gesellschaft.[99] Sinn und Zweck der Gesetzesvorschrift ist es, die vom BFH entwickelte und dann wieder aufgegebene Gepräge-Theorie in ihren Grundzügen zu kodifizieren. Vor diesem Hintergrund ist die Verwendung der Legaldefinition „gewerblich geprägte Personengesellschaft" für die **Obergesellschaft** so zu verstehen, dass eine GmbH & Co. KG der Unterpersonengesellschaft den Stempel der gewerblichen Prägung immer dann aufzudrücken vermag, wenn sie – gleichgültig ob originär gewerblich tätig oder nicht – jedenfalls im Übrigen die Voraussetzungen des § 15 Abs. 3 Nr. 2 S. 1 EStG erfüllt.[100]

(3) Der Begriff des **persönlich haftenden Gesellschafters** ist dem HGB entnommen 54
und besagt insbesondere, dass der Gesellschafter neben der Gesellschaft für deren Verbindlichkeiten unbeschränkt haftet. Diese Voraussetzungen erfüllen im Regelfall alle Gesellschafter einer OHG und einer GbR sowie die Komplementäre einer KG.[101]

Nachdem der BGH in 1999 der „GbR mit beschränkter Haftung" eine Absage erteilt 55
hat,[102] ist die bis dahin von der Finanzverwaltung bejahte Frage, ob auch eine **„GmbH &**

---

[94] BFH 17.12.1997 – I R 34/97, BStBl. II 1998, 296 bezüglich US-amerikanischer limited partnership. Auch solche, an denen nur Kapitalgesellschaften beteiligt sind, str., zum Meinungsstand *Spilker/Füchtl* DStR 2010, 1007.

[95] ZB gewerblich geprägte atypisch stille Gesellschaft: BFH 26.11.1996 – VIII R 42/94, BStBl. II 1998, 328. Nach Ansicht von *Eckl* in HTM HdB GmbH & Co. KH, Rn. 6.19 mwN ist noch nicht eindeutig geklärt, ob Innengesellschaften auch erfasst sind.

[96] *Wacker* in L. Schmidt EStG § 15 Rn. 215; *Groh* DB 1987, 1006 (1007 f.); *Bordewin* FR 1987, 1; *Herzig/Kessler* DStR 1986, 451 (454 f.).

[97] BFH 14.3.2007 – XI R 15/05, BFH/NV 2007, 1232; *Wacker* in L. Schmidt EStG § 15 Rn. 216; *Ch. Schmidt/Blöchle* IStR 2003, 685 (689).

[98] *Wacker* in L. Schmidt EStG § 15 Rn. 216; → § 23 Rn. 47.

[99] So ausdrücklich BFH 8.6.2000 – IV R 37/99, BStBl. II 2001, 162 (164).

[100] Der BFH 8.6.2000 – IV R 37/99, BStBl. II 2001, 162 (164) geht deshalb auch von einem Redaktionsversehen aus. Wie hier *Eckl* in HTM HdB GmbH & Co. KG Rn. 6.27; *Wacker* in L. Schmidt EStG § 15 Rn. 216; *Uelner* in IDW HdB der Unternehmensbesteuerung Rn. C254; R 15.8 Abs. 6 EStR. AA *Knobbe-Keuk* Bilanz- und Unternehmenssteuerrecht 380 f. (mit der bemerkenswerten Begründung, dass nur durch eine streng am Wortlaut orientierte Gesetzesauslegung der Gesetzgeber zur erforderlichen Systematik angehalten werden könne); *Micker* in Söffing GmbH & Co. KG Rn. 836 ff.; *Söffing* DB 2003, 905 (906).

[101] *Wacker* in L. Schmidt EStG § 15 Rn. 218.

[102] BGH DStR 1999, 1704. Auch → § 3 Rn. 79.

Co. GbR", an der natürliche Personen beteiligt sind, eine gewerblich geprägte Personengesellschaft iSd § 15 Abs. 3 Nr. 2 EStG sein kann, zu verneinen.[103] Die Voraussetzungen einer gewerblich geprägten Gesellschaft sind auch dann nicht gegeben, wenn bei einer „GmbH & Co. GbR" neben der persönlich haftenden GmbH lediglich eine natürliche Person Gesellschafter der GbR ist, nur die GmbH zur Geschäftsführung befugt und die persönliche Haftung der natürlichen Person aus ihrer Gesellschafterstellung durch **individualvertragliche** Regelungen mit sämtlichen Geschäftspartnern und Gläubigern der GbR ausgeschlossen ist. Denn im Rahmen des § 15 Abs. 3 Nr. 2 EStG ist allein der **gesellschaftsrechtliche Status** als persönlich haftender Gesellschafter relevant, der durch Haftungsbeschränkungen aufgrund individualvertraglicher Abreden keine Veränderung erfährt.[104] Die gewerbliche Prägung der Gesellschaft lässt sich jedoch jederzeit durch die fakultative Eintragung im Handelsregister als GmbH & Co. KG herbeiführen.[105] Diese „Umwandlung" in eine GmbH & Co. KG ist unter Wahrung der Rechtsträgeridentität durch schlichte Änderung des Gesellschaftsvertrags und Eintragung der Gesellschaft in das Handelsregister möglich.[106]

56 Mit dem HRefG und der BGH-Rechtsprechung zur Haftungsbeschränkung bei der GbR hat sich auch die Frage erledigt, ob eine **Schein-GmbH & Co. KG,** also eine im Rechtsverkehr als GmbH & Co. KG auftretende GbR, eine gewerblich geprägte Personengesellschaft sein kann. Bis dahin wurde diese Frage vom BFH mit der Begründung bejaht,[107] dass nach (damaliger) hM durch entsprechendes Auftreten des vertretenden Gesellschafters auch bei der GbR eine Beschränkung der Haftung auf das Gesellschaftsvermögen herbeigeführt werden könne. Trete eine GbR im Rechtsverkehr als GmbH & Co. KG auf, könne deshalb davon ausgegangen werden, dass nur die GmbH aus den vertraglichen Verbindlichkeiten unbeschränkt verpflichtet werde. Diese Argumentation ist nicht mehr haltbar.[108] Zudem besteht auch kein Bedürfnis mehr, eine im Rechtsverkehr als GmbH & Co. KG auftretende GbR als gewerblich geprägt anzusehen, da Kleingewerbebetriebe und vermögensverwaltende Gesellschaften als KG in das Handelsregister eingetragen werden können.

57 (4) Zur **Geschäftsführung befugt** müssen ausschließlich Kapitalgesellschaften sein, die zugleich persönlich haftende Gesellschafter sind, oder Personen, die nicht Gesellschafter sind. Der Begriff der Geschäftsführung ist im **gesellschaftsrechtlichen Sinne** zu verstehen, wobei es allein auf die sich aus Gesetz oder Gesellschaftsvertrag ergebende Befugnis im Innenverhältnis der Gesellschafter ankommt, nicht hingegen auf die gesetzliche oder vertragliche Vertretungsmacht.[109] Nicht ausreichend ist es, wenn sich die Geschäftsführungsbefugnis lediglich aus einem Anstellungsvertrag ergibt.[110]

58 Der vom Gesetz erwähnte Fall der **Geschäftsführung durch einen Nichtgesellschafter** ist nicht ohne Weiteres nachvollziehbar, da es im Personengesellschaftsrecht unzulässig ist, die gesellschaftsrechtliche Geschäftsführungsmacht allein auf Außenstehende zu übertragen (Grundsatz der **Selbstorganschaft**).[111] Eine gleichwohl vorgenommene Übertragung

[103] *Wacker* in L. Schmidt EStG § 15 Rn. 227. Besteht eine GbR dagegen ausschließlich aus Kapitalgesellschaften, ist sie gewerblich geprägt, s. BFH 22.11.1994 – VIII R 63/93, BStBl. II 1996, 93; 17.1.2002 – IV R 51/00, BFH/NV 2002, 871.

[104] BFH 22.9.2016 – IV R 35/13, BStBl. II 2017, 116; BMF-Schreiben 17.3.2014, BStBl. I 2014, 555.

[105] *Wacker* in L. Schmidt EStG § 15 Rn. 227.

[106] *Levedag* in MHdB GesR II § 59 Rn. 23; *Simon* DStR 2000, 576; *Limmer* DStR 2000, 1230.

[107] BFH 11.12.1986 – IV R 222/84, BStBl. II 1987, 553 (554 f.); 10.7.1986 – IV R 12/81, BStBl. II 1986, 811.

[108] AA offenbar *Gronau/Konold* DStR 1999, 1965 (1969) für den Fall, dass aufgrund der Vielzahl individuell getroffener Vereinbarungen die Haftung – insgesamt gesehen – im Wesentlichen beschränkt ist. Ebenso *Berger/Prauschke-Schaefer* NWB 2003, 4030.

[109] BFH 23.5.1996 – IV R 87/93, BStBl. II 1996, 523 (526); *Wacker* in L. Schmidt EStG § 15 Rn. 222; *Eckl* in HTM HdB GmbH & Co. KG Rn. 6.22. AA *Blinzler/Buchbinder* DB 1987, 503; *Stadie* FR 1987, 485.

[110] BFH 23.5.1996 – IV R 87/93, BStBl. II 1996, 523 (526); *Felix* NJW 1997, 1040 (1042); *Fichtelmann* Die GmbH & Co. KG im Steuerrecht Rn. 161.

[111] *Breithecker/Zisowski* BB 1998, 508. Nach *Uelner* in IDW HdB der Unternehmensbesteuerung Rn. C249, der es als damaliger Leiter der Steuerabteilung des BMF kraft Amtes wissen musste, wollte der Gesetzgeber nur „verdeutlichen, dass es für die gewerbliche Prägung einer Personengesellschaft unschädlich ist, wenn zB ein Angestellter abweichend von der gesetzlichen Regelung über einen Arbeitsvertrag eine Geschäftsführerbefugnis erlangt". Wie der Angestellte eine solche Befugnis erlangen soll, wird nicht gesagt.

führt nicht zu einer Geschäftsführungsbefugnis kraft eigenen Rechts, sondern nur zu einer **derivativen Rechtsstellung** im Sinne einer (rechtsgeschäftlichen) Generalvollmacht.[112] Wird in diesem Zusammenhang die Geschäftsführungsbefugnis des persönlich haftenden Gesellschafters ausgeschlossen, lebt eine Gesamt-Geschäftsführungsbefugnis aller übrigen Gesellschafter wieder auf (→ § 9 Rn. 6). Mit der Bestimmung soll auch nicht der besonderen Situation der Geschäftsführer der Komplementär-GmbH Rechnung getragen werden, da diese nur mittelbar für die Geschäftsführung zuständig sind und in dieser Position, selbst wenn sie auch Kommanditist sind, nicht als (unmittelbare) Geschäftsführer der Personengesellschaft angesehen werden können.[113] Die Regelung kann sich deshalb nur auf den Fall beziehen, dass **neben** der Kapitalgesellschaft ein Nichtgesellschafter Geschäftsführer ist.

Die tatbestandlichen Voraussetzungen einer gewerblich geprägten Personengesellschaft **59** lassen sich folglich schon dadurch **vermeiden,** dass neben der Kapitalgesellschaft **eine natürliche Person,** die Gesellschafter der Personengesellschaft ist (zB Kommanditist),[114] ebenfalls **geschäftsführungsbefugt** ist,[115] gleichviel, ob einzeln oder nur gemeinschaftlich mit der Kapitalgesellschaft.[116] Dies gilt zB auch dann, wenn der Geschäftsführer der Komplementär-GmbH, der zugleich Kommanditist ist, neben der GmbH zum weiteren Geschäftsführer der KG bestellt wird.[117] Bei diesen Vermeidungsmöglichkeiten handelt es sich uE nicht um eine „Fehlleistung" des Gesetzgebers oder um Konstruktionen, die unter dem Damoklesschwert des Gestaltungsmissbrauchs stehen,[118] sondern um die verkappte Einräumung eines **(faktischen) Wahlrechts** des Steuerpflichtigen für oder gegen die gewerblich geprägte Personengesellschaft.[119] Dieses Wahlrecht ermöglicht dem Steuerpflichtigen, von den Vorzügen der Gepräge-Theorie zu profitieren, ohne die Gepräge-Theorie zum Dogma zu erheben. Warum der Gesetzgeber das Wahlrecht allerdings nicht offen eingeräumt, sondern stattdessen eine Vorschrift geschaffen hat, die eine Vielzahl von Auslegungsproblemen in sich birgt, bleibt rätselhaft.[120] Diese Frage stellt sich um so mehr, als der Gesetzgeber zunächst für bestimmte Berliner Gesellschaften einen derartigen **„Gewerbebetrieb auf Antrag"** ausdrücklich eingeführt,[121] diesen dann aber mit der gesetzlichen Regelung zur gewerblich geprägten Personengesellschaft wieder aufgehoben hat.

Bei der **Einheits-GmbH & Co. KG** (→ § 8 Rn. 3) besteht die Besonderheit, dass die **60** Geschäftsführungs- und Vertretungsbefugnis hinsichtlich der **Ausübung der Gesellschafterrechte** aus der Beteiligung der KG an der Komplementär-GmbH im Gesellschaftsvertrag regelmäßig den Kommanditisten übertragen wird. Erblickte man hierin eine „Geschäftsführungsbefugnis" der Kommanditisten iSv § 15 Abs. 3 Nr. 2 EStG, wäre bei der Einheitsgesellschaft eine gewerbliche Prägung per se ausgeschlossen (→ § 8 Rn. 11). UE handelt es sich bei dieser inhaltlich auf die interne Willensbildung bei der GmbH & Co. KG beschränkten Befugnis jedoch weder um eine organschaftliche Geschäftsführungsbefugnis noch um eine

---

[112] *Bitz* in LBP EStG § 15 Rn. 176a.

[113] BFH 23.5.1996 – IV R 87/93, BStBl. II 1996, 523 (527); *Knobbe-Keuk* Bilanz- und Unternehmenssteuerrecht S. 378; *Hennerkes/Binz* BB 1986, 235 (236).

[114] Zur Möglichkeit der Geschäftsführung durch einen Kommanditisten → § 5 Rn. 3.

[115] Eine als Kommanditist mit Geschäftsführungsbefugnis beteiligte Kapitalgesellschaft soll dagegen nach Sinn und Zweck der Vorschrift die gewerbliche Prägung nicht aufheben (teleologische Reduktion), *Reiß* in Kirchhof EStG § 15 Rn. 141; *Wacker* in L. Schmidt EStG § 15 Rn. 221. AA *Micker* in Söffing GmbH & Co. KG Rn. 848; *Eckl* in HTM HdB GmbH & Co. KG Rn. 6.25; R 15.8 Abs. 6 EStR.

[116] *Wacker* in L. Schmidt EStG § 15 Rn. 221; *Bode* in Blümich EStG § 15 Rn. 278; *Bitz* in LBP EStG § 15 Rn. 176b.

[117] FG Brandenburg EFG 2002, 265, wobei auch eine zunächst nur „faktische" Bestellung genügen soll. S. aber auch *Rodewald* DStR 1996, 914 (916), wonach die Geschäftsführungsbefugnis des Kommanditisten durch eine ausdrückliche gesellschaftsvertragliche Regelung dokumentiert sein muss.

[118] Gestaltungsmissbrauch ausdrücklich verneint von FG Münster EFG 1993, 719.

[119] So auch *Micker* in Söffing GmbH & Co. KG Rn. 849; *Levedag* in MHdB GesR II § 57 Rn. 45; *Wacker* in L. Schmidt EStG § 15 Rn. 213.

[120] So auch *Knobbe-Keuk* Bilanz- und Unternehmenssteuerrecht 380 f.; *Bitz* in LBP EStG § 15 Rn. 169 und 176b.

[121] Art. 3 Nr. 46 lit. d bb StBereinG 1985, BStBl. I 1984, 659.

Generalvollmacht, sondern um eine auf die Rechte aus den Anteilen an der Komplementär-GmbH beschränkte Regelung zur Willensbildung der Gesellschafter der Einheitsgesellschaft (→ § 8 Rn. 22). Auch die Einheits-GmbH & Co. KG kann deshalb gewerblich geprägt sein.[122] Der **BFH** weist zutreffend darauf hin, dass die den Kommanditisten eingeräumten Befugnisse hinsichtlich der Ausübung der Gesellschafterrechte aus oder an den von der KG gehaltenen Geschäftsanteilen an der Komplementär-GmbH unmittelbar nur den Rechtskreis der Komplementär-GmbH betreffen. Die Ausübung der eigentlichen Unternehmenstätigkeit auf Ebene der KG bleibt ausschließlich bei der Komplementär-GmbH. Eine derart **beschränkte Geschäftsführungsbefugnis** der Kommanditisten, die im Gesellschaftsvertrag entsprechend festgelegt werden muss,[123] könne weder eine „prägende" noch eine „entprägende" Kraft auf Ebene der KG entfalten.[124]

61 Etwa noch verbliebene Unsicherheiten hinsichtlich der **tatbestandlichen Voraussetzungen** der gewerblich geprägten Personengesellschaft sind besonders problematisch vor dem Hintergrund der **Rechtsfolgen,** die ein **Wegfall** bzw. eine **Änderung** dieser Voraussetzungen mit sich bringen können. Verändert sich nämlich der Sachverhalt so, dass eines der Tatbestandselemente aus § 15 Abs. 3 Nr. 2 EStG wegfällt, entfällt damit notwendigerweise die Fiktion eines Gewerbebetriebs. Wie dargestellt, kann dazu bereits die Entziehung der Geschäftsführungsbefugnis der Komplementär-GmbH ausreichen, zB aufgrund einer Kündigung aus wichtigem Grund.

62 Grundsätzlich ist davon auszugehen, dass ein **Wegfall** der tatbestandlichen Voraussetzungen der gewerblich geprägten Personengesellschaft als (zwangsweise) **Betriebsaufgabe** iSv § 16 Abs. 3 EStG zu beurteilen ist, sofern die Personengesellschaft nicht gleichzeitig eine gewerbliche Tätigkeit aufnimmt oder die Voraussetzungen einer Betriebsaufspaltung oder -verpachtung vorliegen.[125] Zumindest eine nur kurzfristige Unterbrechung sollte jedoch als unschädlich angesehen werden, wenn die gewerbliche Prägung alsbald wiederhergestellt wird.[126]

3. Mitunternehmerstellung

63 **a) Begriff. aa) Grundsätzliches.** Gemäß **§ 15 Abs. 1 S. 1 Nr. 2 EStG** rechnen zu den Einkünften aus Gewerbebetrieb die **Gewinnanteile der Gesellschafter** einer OHG, einer KG oder einer anderen Gesellschaft, bei der der Gesellschafter als Unternehmer **(Mitunternehmer)** anzusehen ist. Aus diesem **Gesetzeswortlaut** wurde vereinzelt gefolgert, dass der Gesellschafter einer – gewerblich tätigen – OHG und KG, also auch der Gesellschafter einer GmbH & Co. KG, **immer** als Mitunternehmer anzusehen sei, weil sich der Relativsatz „bei der der Gesellschafter als Unternehmer (Mitunternehmer) anzusehen ist", wie sich auch aus der Entstehungsgeschichte belegen lasse, grammatikalisch nur auf das „einer anderen Gesellschaft" beziehen könne.[127]

64 Diese grammatikalische Auslegung lehnt der BFH[128] seit jeher mit dem Verweis auf die Vorschrift des **§ 16 Abs. 1 S. 1 Nr. 2 EStG** ab. Diese Vorschrift spreche den Anteil eines Gesellschafters an, der als Unternehmer (Mitunternehmer) des Betriebs anzusehen sei, und

---

[122] BFH 13.7.2017 – IV R 42/14, DB 2017, 2133; *Eckl* in HTM HdB GmbH & Co. KG Rn. 6.23; *Ettinger/Eberle* GmbHR 2004, 548 (552); *Pickardt-Poremba/Hechler* GmbHR 2004, 1383; *Spiegelberger* ZEV 2003, 391 (395); *Carlé/Carlé* GmbHR 2001, 100; *Mittendorf/Hauptmann* StuB 2016, 782. Kritisch *Seidel* BB 2017, 732.

[123] Formulierungsvorschläge s. *Wachter* GmbHR 2015, 179; *Götze* in MVH GesR 286; *Schlitt/Bortfeldt* in Reichert GmbH & Co. KG 1632; *Sommer,* Die Gesellschaftsverträge der GmbH & Co. KG, 254.

[124] BFH 13.7.2017 – IV R 42/14, DB 2017, 2133 Rn. 27.

[125] R 16 Abs. 2 EStR; *Reiß* in Kirchhof EStG § 15 Rn. 142; *Wacker* in L. Schmidt EStG § 15 Rn. 233.

[126] Ebenso *Fichtelmann* Die GmbH & Co. KG im Steuerrecht Rn. 166 ff. Zur vergleichbaren Problematik bei der Betriebsaufspaltung s. BFH 6.3.1997 – XI R 2/96, BStBl. II 1997, 460 (461), bei der Wegzugsbesteuerung s. § 6 Abs. 3 AStG.

[127] *Knobbe-Keuk* Bilanz- und Unternehmenssteuerrecht S. 381.

[128] BFH 3.5.1993 – GrS 3/92, BStBl. II 1993, 616 (621); 25.6.1984 – GrS 4/82, BStBl. II 1984, 751 (769); 21.2.1974 – IV B 28/73, BStBl. II 1974, 404.

verweise generell auf § 15 Abs. 1 S. 1 Nr. 2 EStG. Wenn aber im Rahmen von § 16 Abs. 1 S. 1 Nr. 2 EStG allein entscheidend sei, ob der Gesellschafter – gleichgültig ob er Gesellschafter einer OHG, einer KG oder einer anderen Gesellschaft sei – als Mitunternehmer angesehen werden könne, führe die systematische Auslegung zu einer entsprechenden Interpretation von § 15 Abs. 1 S. 1 Nr. 2 EStG.

Ferner könne es nicht Zweck des § 15 Abs. 1 S. 1 Nr. 2 EStG sein, jeden Gesellschafter einer Personenhandelsgesellschaft als Mitunternehmer zu behandeln, wenn die Stellung eines solchen Gesellschafters **vertraglich** der eines stillen Gesellschafters angeglichen werden könne, der nach § 20 Abs. 1 Nr. 4 EStG Einkünfte aus Kapitalvermögen habe. Schließlich könne dem EStG auch nicht der Grundsatz entnommen werden, dass die Gesellschafter von Personenhandelsgesellschaften selbst dann als Mitunternehmer zu gelten hätten, wenn die Gesellschaft tatsächlich kein **gewerbliches Unternehmen,** sondern Vermögensverwaltung betreibe und nur wegen der Eintragung im Handelsregister als Personenhandelsgesellschaft anzusehen sei. 65

Der Rechtsprechung des BFH ist jedoch nicht nur zu entnehmen, dass **nicht jeder Gesellschafter auch Mitunternehmer** ist, sondern dass – wenn auch nur in Ausnahmefällen – auch **nicht jeder Mitunternehmer zugleich Gesellschafter** im zivilrechtlichen Sinne sein muss.[129] Ist aber unter Zugrundelegung dieser Rechtsprechung der Gesellschafter einer GmbH & Co. KG, insbesondere der Kommanditist, einerseits nicht von Hause aus Mitunternehmer und kann andererseits jemand Mitunternehmer sein, der nicht Gesellschafter der GmbH & Co. KG ist, so stellt sich die Frage, nach welchen Kriterien die Prüfung der Mitunternehmer-Eigenschaft vorzunehmen ist. 66

Der Mitunternehmer-Begriff ist ein sog **Typus-Begriff,** der keiner abschließenden Definition durch eine begrenzte Zahl von Kriterien zugänglich ist, sondern der nur durch eine unbestimmte Zahl von Merkmalen beschrieben werden kann.[130] Leitbild für die Prüfung der Mitunternehmer-Eigenschaft, bei der es immer auf das Gesamtbild der Verhältnisse ankommt, ist stets der **Einzelunternehmer** iSv § 15 Abs. 1 S. 1 Nr. 1 EStG. Wegen des systematischen Zusammenhangs dieser Vorschrift mit § 15 Abs. 1 S. 1 Nr. 2 EStG muss der Mitunternehmer eine dem Einzelunternehmer vergleichbare Stellung haben. Kennzeichnend für den Mitunternehmer ist es hiernach, dass er zusammen mit anderen Personen eine Unternehmer-Initiative (Mitunternehmerinitiative) entfalten kann und ein Unternehmer-Risiko (Mitunternehmerrisiko) trägt.[131] 67

Beide **Wesensmerkmale** der Mitunternehmerstellung, also **Mitunternehmerinitiative und Mitunternehmerrisiko,** müssen stets **gemeinsam** vorliegen, können jedoch im Einzelfall mehr oder weniger ausgeprägt sein.[132] Ob dies zutrifft, ist unter Berücksichtigung aller die rechtliche und wirtschaftliche Stellung einer Person insgesamt bestimmenden Umstände des Einzelfalles zu würdigen. So kann zB eine weniger stark ausgeprägte Mitunternehmerinitiative (zB bei Ausschluss eines persönlich haftenden Gesellschafters von der Geschäftsführung und Vertretung) durch ein „Mehr“ an Mitunternehmerrisiko (zB unbeschränkte persönliche Haftung des Komplementärs) ausgeglichen werden et vice versa.[133] 68

Eine **Befristung** kann einer Mitunternehmerstellung entgegenstehen, wenn sie das Mitunternehmerrisiko oder die Mitunternehmerinitiative beeinträchtigt, beispielsweise wenn ein Gesellschafter unter der ständigen Drohung der Herausdrängung aus der Gesellschaft 69

---

[129] Grundlegend BFH 25.2.1991 – GrS 7/89, BStBl. II 1991, 691 (699); 25.6.1984 – GrS 4/82, BStBl. II 1984, 751 (768).

[130] BFH 25.6.1984 – GrS 4/82, BStBl. II 1984, 751 (769); *Knobbe-Keuk* Bilanz- und Unternehmenssteuerrecht 381; *Wacker* in L. Schmidt EStG § 15 Rn. 261.

[131] Grundlegend BFH 12.5.1993 – GrS 3/92, BStBl. II 1993, 616 (621); 25.6.1984 – GrS 4/82, BStBl. II 1984, 751 (769); 28.11.1974 – I R 235/72, BStBl. II 1975, 418.

[132] So die stRspr, BFH 7.11.2000 – VIII R 16/97, BStBl. II 2001, 186 (188); 28.10.1999 – VIII R 66–70/97, BStBl. II 2000, 183 (184).

[133] BFH 25.8.2005 – VIII B 17/04, BFH/NV 2006, 2237; 15.10.1998 – IV R 18/98, BStBl. II 1999, 286 (288); 16.12.1997 – VIII R 32/90, BStBl. II 1998, 480 (484); 17.1.1980 – IV R 115/75, BStBl. II 1980, 336.

zum Buchwert steht oder wenn das Gesellschaftsverhältnis von vornherein auf eine kurze Zeitdauer angelegt ist.[134] Erfolgt der Erwerb einer Beteiligung nur für eine **logische Sekunde,** dann wird die Rechtsstellung eines Mitunternehmers regelmäßig nicht erlangt.[135]

70 **bb) Mitunternehmerinitiative.** Mitunternehmerinitiative bedeutet in erster Linie **Teilnahme an unternehmerischen Entscheidungen,** wie sie zB Gesellschaftern oder diesen vergleichbaren Personen als Geschäftsführer, Prokuristen oder anderen leitenden Angestellten obliegen.[136] Ausreichen kann indes schon die Möglichkeit zur Ausübung von Gesellschafterrechten, die wenigstens den Stimm-, Kontroll- und Widerspruchsrechten angenähert sind, die einem Kommanditisten nach dem HGB (§§ 164, 166 HGB) zustehen oder den Kontrollrechten nach § 716 Abs. 1 BGB entsprechen.[137] Mitunternehmerinitiative kann auch die **Vollmacht eines Treuhandkommanditisten** vermitteln, wenn sie umfassend für den gesamten Geschäftsbereich gilt.[138]

71 **cc) Mitunternehmerrisiko.** Unter Mitunternehmerrisiko versteht der BFH die gesellschaftsrechtliche oder eine dieser wirtschaftlich vergleichbare **Teilnahme am Erfolg oder Misserfolg eines gewerblichen Unternehmens.** Dieses Risiko wird regelmäßig durch die Beteiligung am Gewinn und Verlust sowie an den stillen Reserven des Anlagevermögens einschl. eines Geschäftswerts vermittelt.[139] In diesem Sinne kann bereits das Verlustrisiko aus einer unbeschränkten Außenhaftung ausreichen.[140] Das gilt selbst dann, wenn im Innenverhältnis ein Freistellungsanspruch besteht.[141]

72 **b) Die Komplementär-GmbH als Mitunternehmer.** Die Komplementär-GmbH ist, auch ohne Beteiligung am Gesellschaftskapital, **stets** als **Mitunternehmer** anzusehen.[142]

73 Eine **Mitunternehmerinitiative** ist schon deswegen anzunehmen, weil dem einzigen persönlich haftenden Gesellschafter allenfalls die Geschäftsführungsbefugnis, nicht aber die Vertretung der GmbH & Co. KG mit Wirkung nach außen entzogen werden kann (§ 126 Abs. 2 HGB iVm § 161 Abs. 2 HGB) und der Kommanditist zur Vertretung der Gesellschaft nicht ermächtigt ist.[143] Dieser zutreffenden Rechtsprechung kann nicht entgegengehalten werden, dass die **formale Vertretungsmacht** ohne entsprechende Geschäftsführungsbefugnis nutzlos sei und die Entfaltung von Mitunternehmerinitiative nicht zulasse.[144] Um nach außen zu wirken, wäre die GmbH & Co. KG zwar insoweit nicht auf die Komplementär-GmbH angewiesen, als anderen Personen eine rechtsgeschäftliche Vertretungsmacht

---

[134] ZB BFH 30.5.2006 – IV B 168/04, BFH/NV 2006, 1828; 11.7.1989 – VIII R 41/84, BFH/NV 1990, 92; 10.11.1987 – VIII R 166/84, BStBl. II 1989, 758; 9.10.1986 – IV R 259/84, BFH/NV 1987, 567; 5.6.1986 – IV R 53/82, BStBl. II 1986, 798; 15.7.1986 – VIII R 154/85, BStBl. II 1986, 896 (Beteiligung für ca. drei Wochen).

[135] FG Hamburg EFG 2016, 499; FG München EFG 2009, 184.

[136] ZB BFH 1.8.1996 – VIII R 12/94, BStBl. II 1997, 272 (275).

[137] BFH 4.11.1997 – VIII R 18/95, BStBl. II 1999, 384 (385) mwN.

[138] BFH 21.7.2010 – IV R 63/07, BFH/NV 2011, 214; FG Hamburg EFG 2016, 1580.

[139] BFH 28.10.1999 – VIII R 66–70/97, BStBl. II 2000, 183 (184) mwN Umsatzbeteiligung genügt nicht; 18.4.2000 – VIII R 68/98, BStBl. II 2001, 359 (363).

[140] BFH 10.5.2007 – IV R 2/05, BStBl. II 2007, 927; 11.12.1986 – IV R 222/84, BStBl. II 1987, 553 (555); 14.8.1986 – IV R 131/84, BStBl. II 1987, 60 (61). *Reiß* in Kirchhof EStG § 15 Rn. 211 erachtet das Risiko aufgrund einer unbeschränkten Außenhaftung als nicht ausreichend, wenn nicht zumindest eine „echte" Gewinnbeteiligung gegeben ist.

[141] BFH 4.4.2007 – IV B 143/05, BFH/NV 2007, 1848; 25.4.2006 – VIII R 74/03, BStBl. II 2006, 595; 9.2.1999 – VIII R 43/98, BFH/NV 1999, 1196; 11.6.1985 – VIII R 252/80, BStBl. II 1987, 33; nach *Daragan* DStR 2011, 1347, soll ein Nießbraucher allein aufgrund einer Gewinnbeteiligung Mitunternehmerrisiko tragen.

[142] BFH 25.8.2005 – VIII B 17/04, BFH/NV 2006, 2237. Zur Freiberufler GmbH & Co. KG BFH 8.4.2008 – VIII R 73/05, DStR 2008, 1187; vermittelnd *Karl* BB 2010, 1311.

[143] BFH 17.11.1987 – VIII R 83/84, BB 1988, 750; 11.6.1985 – VIII R 252/80, BStBl. II 1987, 33 (35); vom IV. Senat offengelassen, 14.8.1986 – IV R 131/84, BStBl. II 1987, 60 (61); s. aber BFH 10.5.2007 – IV R 2/05, BStBl. II 2007, 927 zur Mitunternehmerstellung in einer Innengesellschaft.

[144] So aber *Fischer* BB 1986, 779 für den „angestellten" Komplementär. S. aber auch BFH 9.2.1999 – VIII R 43/98, BFH/NV 1999, 1196, wonach auch der weisungsgebundene „angestellte" Komplementär Mitunternehmerinitiative entfaltet; so auch *Micker* in Söffing GmbH & Co. KG Rn. 923.

erteilt werden könnte, zB als Prokurist oder Generalbevollmächtigter. Eine solche rechtsgeschäftliche Vollmacht, an deren Erteilung die Komplementär-GmbH im Zweifel sogar mitwirken müsste, ändert indessen nichts daran, dass die Komplementär-GmbH die GmbH & Co. KG jederzeit im Außenverhältnis vertreten **kann.** Ob sie dies auch tun darf, muss im Interesse der Sicherheit des Rechtsverkehrs unberücksichtigt bleiben.

Zur Annahme eines **Mitunternehmerrisikos** der Komplementär-GmbH reicht es aus, dass diese damit rechnen muss, als persönlich haftender Gesellschafter für die Verbindlichkeiten der GmbH & Co. KG in Anspruch genommen zu werden.[145] Eine **Haftungsfreistellung** der Komplementär-GmbH durch die Kommanditisten ändert an diesem Ergebnis nichts (→ Rn. 71). 74

Deshalb ist das Mitunternehmerrisiko auch dann zu bejahen, wenn die Komplementär-GmbH am **Gewinn** der KG **nicht beteiligt** ist, sondern „nur" eine angemessene (feste) Vergütung für die Übernahme des Haftungsrisikos erhält. Zwar hat der BFH wiederholt eine „allseitige Gewinnbeteiligung" für die Annahme eines Mitunternehmerrisikos gefordert, jedoch betraf dies vornehmlich Fälle der sog **verdeckten Mitunternehmerschaft** (→ Rn. 82).[146] Diese erfordert nach der Rechtsprechung ein verdecktes Gesellschaftsverhältnis, das regelmäßig nur bei Vorliegen einer irgendwie gearteten Teilhabe am Gewinn angenommen werden kann.[147] Bei einer Komplementär-GmbH steht dagegen auch ohne Gewinnbeteiligung die Gesellschaftereigenschaft außer Frage, weshalb hier das Risiko der Inanspruchnahme als persönlich haftender Gesellschafter für die Bejahung des Mitunternehmerrisikos genügen muss.[148] Anders als der Kommanditist[149] kann die Komplementär-GmbH wegen ihrer unbeschränkten Außenhaftung auch keinesfalls steuerlich einem Darlehensgeber oder typisch stillen Gesellschafter gleichgesetzt werden, wenn anstelle eines Gewinnanteils lediglich eine feste Vergütung vereinbart ist.[150] 75

Die generelle Beurteilung der Komplementär-GmbH als Mitunternehmer gilt auch dann, wenn die Komplementär-GmbH nur **Treuhänder**[151] oder **Organgesellschaft**[152] ist. 76

c) Die Kommanditisten als Mitunternehmer. Wegen der relativ geringen Anforderungen, die der BFH an das Vorliegen von Mitunternehmerinitiative und -risiko stellt, sind auch die Kommanditisten einer GmbH & Co. KG **grundsätzlich** als **Mitunternehmer** anzusehen. **Ausnahmen** von diesem Grundsatz finden sich insbesondere bei **Familiengesellschaften** (→ Rn. 96). 77

Für den Kommanditisten hat der **BFH** seine Rechtsprechung zum Mitunternehmer-Begriff schon sehr früh wie folgt zusammengefasst und erläutert:[153] 78

„Steht die Mitunternehmereigenschaft eines Kommanditisten in Frage, so hat sich die Prüfung, welche Anforderungen an Mitunternehmerinitiative und Mitunternehmerrisiko einkommensteuerrechtlich zu stellen sind, an den handelsrechtlichen Vorschriften über die Rechtsverhältnisse der Kommanditisten auszurichten. Weitergehende Anforderungen, als sie das Handelsrecht für die Anerkennung eines Kommanditisten stellt, können auch einkommensteuerrechtlich für die Mitunternehmereigenschaft nicht gestellt werden. Der Kommanditist hat schon handelsrechtlich eine schwache Stellung. Er haftet über seine Ein- 79

---

145 BFH 11.6.1985 – VIII R 252/80, BStBl. II 1987, 33 (35); 17.11.1987 – VIII R 83/84, BB 1988, 750; *Fischer* BB 1986, 779 (783). Offengelassen dagegen von BFH 21.4.1988 – IV R 47/85, BStBl. II 1989, 722 (725), wobei diese Bedenken von BFH 25.4.2006 – VIII R 74/03, BStBl. II 2006, 595 nicht geteilt werden.

146 BFH 7.7.1998 – IV B 62/97, BFH/NV 1999, 167; 18.6.1998 – IV R 94/96, BFH/NV 1999, 295.

147 BFH 1.8.1996 – VIII R 12/94, BStBl. II 1997, 272 (275).

148 BFH 25.4.2006 – VIII R 74/03, BStBl. II 2006, 595; *Wacker* in L. Schmidt EStG § 15 Rn. 709.

149 Dazu BFH 28.10.1999 – VIII R 66–70/97, BStBl. II 2000, 183.

150 So auch *Reiß* in Kirchhof EStG § 15 Rn. 177, weil die Haftung zwingend mit der Gesellschafterstellung verbunden ist.

151 BFH 17.11.1987 – VIII R 83/84, BB 1988, 750; offengelassen dagegen in BFH 21.4.1988 – IV R 47/85, BStBl. II 1989, 722 (725 f.).

152 BFH 25.7.1995 – VIII R 54/93, BStBl. II 1995, 794; 10.11.1983 – IV R 56/80, BStBl. II 1984, 150.

153 BFH 30.7.1975 – I R 174/73, BStBl. II 1975, 818 (819 f.); bestätigt durch BFH 25.6.1984 – GrS 4/82, BStBl. II 1984, 751 (769).

lage hinaus nicht persönlich für Schulden der Gesellschaft. Von der Ausübung einer eigenen Unternehmerfunktion ist er weithin ausgeschlossen. Außer im Fall der Liquidation braucht er nicht an den stillen Reserven beteiligt zu sein; ein vorzeitiges Ausscheiden aus der Gesellschaft nur mit seinem dem Buchwert entsprechenden Kapital ist nicht unüblich. Ein Kommanditist ist nur dann nicht Mitunternehmer iSd § 15 Abs. 1 S. 1 Nr. 2 EStG, wenn seine **Stellung nach den vertraglichen Vereinbarungen** im Gesellschaftsvertrag und der tatsächlichen Handhabung wesentlich hinter dem zurückbleibt, was handelsrechtlich das Bild des Kommanditisten bestimmt. Entscheidend sind die gesamten Umstände des einzelnen Falles.

80 Die vorstehend wiedergegebenen Ausführungen des I. Senats des BFH haben grundsätzlich auch heute noch Bestand. Hiernach trägt ein Kommanditist **Mitunternehmerrisiko,** indem er einerseits am laufenden Gewinn, im Fall seines Ausscheidens oder der Liquidation auch an den stillen Reserven des Betriebsvermögens, andererseits nach Maßgabe des § 167 Abs. 3 HGB auch am Verlust des Unternehmens beteiligt ist.[154] **Mitunternehmerinitiative** entwickelt der Kommanditist, indem er gemäß § 164 HGB sein Widerspruchsrecht ausüben kann. Er kann über die Gesellschafterversammlung, für die nach dem Gesetz das Prinzip der Einstimmigkeit gilt (§ 119 Abs. 1 HGB iVm § 161 Abs. 2 HGB), in allen Fragen, die der Gesellschafterversammlung vorbehalten sind, insbesondere bei Änderung des Gesellschaftsvertrags, durch Ausübung seines Stimmrechts mitentscheiden. Schließlich ist er in der Lage, mittels der Kontrollrechte des § 166 HGB die Geschäftsführung zu überwachen.[155]

81 Die Mitunternehmer-Eigenschaft des Kommanditisten setzt indessen nicht voraus, dass alle nach dem Regelstatut des HGB das Mitunternehmerrisiko und die Mitunternehmerinitiative prägenden Merkmale erfüllt sind, sofern die im Einzelfall vorhandenen Merkmale dem **Regelstatut nur annähernd** entsprechen. Bei der Beurteilung der Mitunternehmerstellung können nach der BFH-Rechtsprechung folglich Defizite beim Mitunternehmerrisiko durch eine ausgeprägtere Ausgestaltung der Mitunternehmerinitiative ausgeglichen werden et vice versa (→ Rn. 68). Ein Kommanditist, der nach dem Gesellschaftsvertrag nur eine übliche Verzinsung seiner Kommanditeinlage erhält und an den stillen Reserven des Anlagevermögens einschl. des Geschäftswerts nicht partizipiert, ist allerdings auch dann nicht Mitunternehmer, wenn seine gesellschaftsrechtlichen Mitwirkungsrechte denjenigen des gesetzlichen Regelstatuts entsprechen.[156] Werden umgekehrt die gesellschaftsrechtlichen Mitwirkungsrechte beschnitten, besteht zumindest das **Risiko der Nichtanerkennung der Mitunternehmerstellung.** Wird nur die dispositive Vorschrift des § 164 HGB (Widerspruchsrecht) beschränkt oder ausgeschlossen, ist das unschädlich für die Annahme der Mitunternehmerstellung.[157] Hingegen ist der Kommanditist kein Mitunternehmer, wenn sein Stimmrecht ausgeschlossen ist oder auch bei Grundlagengeschäften das Mehrheitsprinzip ohne Vetorecht vereinbart und zugleich das Widerspruchsrecht des § 164 BGB abbedungen ist.[158]

82 **d) Verdeckte Mitunternehmerschaft.** Durch die zweimalige Anknüpfung an den Begriff des Gesellschafters in § 15 Abs. 1 S. 1 Nr. 2 EStG ging das Gesetz von jeher davon aus, dass es nicht zulässig ist, einen Nicht-Gesellschafter als Mitunternehmer anzusehen. Die **Rechtsprechung** des BFH ist allerdings zunächst auch hier einen anderen Weg gegangen,[159] hat aber inzwischen – zumindest vom dogmatischen Ansatz her – zu der hier vertretenen Auffassung zurückgefunden.

---

[154] ZB BFH 22.8.2002 – IV R 6/01, BFH/NV 2003, 36; 28.10.1999 – VIII R 66–70/97, BStBl. II 2000, 183; 26.2.1987 – IV R 147/85, BFH/NV 1989, 363.

[155] ZB BFH 4.11.1997 – VIII R 18/95, BStBl. II 1999, 384; 11.10.1988 – VIII R 328/83, BStBl. II 1989, 762.

[156] BFH 28.10.1999 – VIII R 66–70/97, BStBl. II 2000, 183.

[157] *Micker* in Söffing GmbH & Co. KG Rn. 915. AA *Levedag* in MHdB GesR II § 57 Rn. 70.

[158] BFH 11.10.1988 – VIII R 328/83, BStBl. II 1989, 762. Gleiches gilt bei Verzicht auf Kontrollrechte, FG Thüringen EFG 2006, 815.

[159] BFH 29.1.1976 – IV R 97/74, BStBl. II 1976, 332 als „Schulbuch-Fall" der faktischen Mitunternehmerschaft.

Nach überkommener Auffassung war als **faktischer Mitunternehmer** iSv § 15 Abs. 1 S. 1 Nr. 2 EStG anzusehen, wer in einer Personengesellschaft, ohne an dieser formal (zivilrechtlich) beteiligt zu sein, aufgrund besonderer tatsächlicher Umstände Mitunternehmerinitiative entfalten kann und ein gewisses Mitunternehmerrisiko trägt.[160] Die **Wende in der Rechtsprechung** des BFH wurde eingeleitet durch den Beschluss des Großen Senats vom 25.6.1984,[161] in dem klargestellt wird, dass Mitunternehmer nur sein könne, wer zivilrechtlich Gesellschafter einer Personengesellschaft sei oder – in Ausnahmefällen – eine diesem **wirtschaftlich vergleichbare Stellung** innehabe. Die interpretationsbedürftige Aussage „wirtschaftlich vergleichbare Stellung" wird dahin präzisiert, dass als Mitunternehmer auch solche Personen angesehen werden könnten, die nicht in einem zivilrechtlichen Gesellschaftsverhältnis einer Außen- oder Innengesellschaft, sondern in einem wirtschaftlich vergleichbaren Gemeinschaftsverhältnis zueinanderstünden. Als derartige „Gemeinschaftsverhältnisse" werden vom Großen Senat angeführt die Erbengemeinschaft, die Gütergemeinschaft und die Bruchteilsgemeinschaft, also die **Gemeinschaften des BGB.**[162] 83

Diese Rechtsprechung hat zunächst zu einer terminologischen Neuorientierung dahin gehend geführt, dass der Begriff „faktische" Mitunternehmerschaft ersetzt worden ist durch denjenigen der **„verdeckten" Mitunternehmerschaft.**[163] Zugleich war hiermit aber auch eine wesentliche **inhaltliche Einschränkung** verbunden, was der IV. Senat des BFH in seinem Beschluss vom 2.9.1985 sogar expressis verbis zum Ausdruck gebracht hat: „Wie die Zivilrechtsprechung die Lehre von den faktischen Vertragsverhältnissen nicht weiterverfolgt hat..., so hat auch der BFH die im Schrifttum vertretene Vorstellung von einer nur faktischen Mitunternehmerschaft nicht aufgegriffen."[164] Der I., VIII. und XI. Senat des BFH lehnten jedenfalls in der Folgezeit auch bei Sachverhalten, die früher durchaus zur Annahme einer faktischen Mitunternehmerschaft hätten führen können, eine verdeckte Mitunternehmerschaft grundsätzlich ab,[165] während der IV. Senat des BFH offensichtlich der früheren Rechtsprechung noch näherstand und in mehreren Urteilen das Vorliegen einer verdeckten Mitunternehmerschaft bejahte.[166] 84

Der Beschluss des Großen Senats enthält indessen einen **Zirkelschluss,** wenn es dort einerseits heißt, Mitunternehmer könne nur sein, wer zivilrechtlich Gesellschafter einer Personengesellschaft sei, andererseits aber bei Bejahung der Mitunternehmerschaft in der Regel eine besondere Prüfung des Gesellschaftsverhältnisses verzichtbar sein soll, weil ein Mitunternehmer regelmäßig auch zivilrechtlich Gesellschafter sei.[167] Dies wollte der BFH zunächst dahin gehend verstanden wissen, dass eine durch substanziiertes Bestreiten **wider-** 85

---

[160] *Hennerkes/Binz* DB 1985, 1307 mwN.

[161] BFH GrS 4/82, BStBl. II 1984, 751 (769); bestätigt durch BFH 25.2.1991 – GrS 7/89, BStBl. II 1991, 691; s. auch *Wacker* in L. Schmidt EStG § 15 Rn. 280; *Märkle/Müller* BB 1985, Beilage Nr. 1.

[162] Hierzu *Woerner* BB 1986, 704: „gesellschaftsähnliche Mitunternehmerschaft". Nach BFH 4.11.1997 – VIII R 18/95, BStBl. II 1999, 384 kann auch eine Gütergemeinschaft niederländischen Rechts in Betracht kommen.

[163] *Levedag* in MHdB GesR II § 57 Rn. 84; *Hennerkes/Binz* DB 1985, 1307.

[164] BFH 26.6.1990 – VIII R 81/85, BStBl. II 1994, 645 (647); 21.11.1989 – VIII R 70/84, BFH/NV 1991, 223; 2.9.1985 – IV B 51/85, BStBl. II 1986, 10; *Reiß* in Kirchhof EStG § 15 Rn. 175 und 214.

[165] BFH 1.7.2003 – VIII R 2/03, BFH/NV 2003, 1564; 13.7.1993 – VIII R 50/92, BStBl. II 1994, 282; 8.7.1992 – XI R 61–62/89, BFH/NV 1993, 14; 21.11.1989 – VIII R 96/85, BFH/NV 1990, 427; 6.12.1988 – VIII R 362/83, BStBl. II 1989, 705; 26.10.1988 – I R 228/84, BStBl. II 1989, 155; 27.9.1988 – VIII R 193/83, BStBl. II 1989, 414; 9.9.1986 – VIII R 198/84, BStBl. II 1987, 28; 28.1.1986 – VIII R 335/82, BStBl. II 1986, 599; 22.1.1985 – VIII R 303/81, BStBl. II 1985, 363. Ausnahmen: 16.12.1997 – VIII R 32/90, BStBl. II 1998, 480; 6.5.1986 – VIII R 300/82, BStBl. II 1986, 891: letzteres zugunsten des Steuerpflichtigen.

[166] BFH 21.9.1995 – IV R 65/94, BStBl. II 1996, 66; 28.1.1988 – IV R 198/84, BFH/NV 1988, 734; 21.5.1987 – IV R 283/84, BStBl. II 1987, 601; 5.6.1986 – IV R 53/82, BStBl. II 1986, 798; 5.6.1986 – IV R 272/84, BStBl. II 1986, 802; 2.9.1985 – IV B 51/85, BStBl. II 1986, 10. Mitunternehmerschaft verneint: 25.9.2008 – IV R 16/07, BStBl. II 2009, 989: Nichtanwendungserlass, BMF-Schreiben 18.12.2009, BStBl. I 2009, 1593; 22.10.1987 – IV R 303/84, BFH/NV 1988, 700; 22.10.1987 – IV R 17/84, BStBl. II 1988, 62; 14.8.1986 – IV R 22/85, BFH/NV 1988, 291; 31.1.1985 – IV R 104/82, BFH/NV 1986, 17.

[167] AA *Eckl* in HTM HdB GmbH & Co. KG Rn. 6.40 mit der Begründung, dass die verdeckte Mitunternehmerschaft zivilrechtlich zumeist eine Innengesellschaft sei.

legbare Vermutung für die Annahme eines Gesellschaftsverhältnisses oder gesellschaftsähnlichen Gemeinschaftsverhältnisses besteht, wenn Mitunternehmerinitiative und -risiko bejaht werden können.[168] Mit anderen Worten: Wer die Mitunternehmer-Eigenschaften erfüllt, gilt zunächst auch als Gesellschafter. In den neueren Entscheidungen des BFH wird anstelle dieser Vermutungsregelung darauf hingewiesen, dass die Frage, ob ein **verdecktes Gesellschaftsverhältnis** vorliege, unabhängig von der formalen Bezeichnung der zwischen den Beteiligten bestehenden Rechtsbeziehungen nach dem Gesamtbild der Verhältnisse beurteilt werden müsse.[169] Dabei sei zu prüfen, ob der **wirkliche Wille** der Beteiligten darauf gerichtet ist, das Unternehmen auf der Grundlage partnerschaftlicher Gleichordnung für gemeinsame Rechnung zu führen.[170] Dies spricht dafür, dass nach Ansicht des BFH ein auf die Begründung eines verdeckten Gesellschaftsverhältnisses gerichteter Rechtsbindungswille in jedem Fall positiv festgestellt werden muss.[171]

86 Konkret stellt sich die Frage der verdeckten Mitunternehmerschaft vornehmlich bei solchen Personen, die in einem **schuldrechtlichen Austauschverhältnis** mit der Personengesellschaft stehen, ihr also insbesondere als Angestellter, Darlehensgläubiger, Vermieter oder Verpächter Dienste, Kapital- oder Wirtschaftsgüter zur Verfügung stellen und dafür Vergütungen beziehen. Dabei besteht Einigkeit, dass das Vergütungsrisiko des Angestellten, das Vermieterrisiko hinsichtlich des Mietzinses und die Risiken des Darlehensgläubigers nicht per se mit einem Gesellschafterrisiko vergleichbar sind.[172] Dies gilt auch dann, wenn eine Umsatzbeteiligung oder eine gewinnabhängige Vergütung in fremdüblicher Höhe vereinbart ist.[173] Ebenso begründet die Bündelung von Risiken aus Austauschverhältnissen unter Vereinbarung angemessener und leistungsbezogener Entgelte noch kein gesellschaftsrechtliches Risiko.[174] Der BFH verlangt für die Bejahung einer gesellschaftsrechtlichen Beziehung zwecks Annahme einer verdeckten Mitunternehmerschaft jedenfalls eine **„allseitige Gewinnbeteiligung".**[175] Diese kann auch darin zu sehen sein, dass im Rahmen von Austauschverträgen unübliche und unangemessene Entgelte vereinbart werden.[176] Insbesondere eine solche **mangelnde Fremdüblichkeit** kann deshalb nach Ansicht des BFH dafür sprechen, dass die in den Austauschverträgen vereinbarten Leistungen als Beiträge zur Erreichung eines gemeinsamen Gesellschaftszwecks erbracht werden sollen.[177]

87 Bei der GmbH & Co. KG war das Augenmerk der Finanzverwaltung früher besonders darauf gerichtet, ob der nicht zugleich als Kommanditist beteiligte **Geschäftsführer** der **Komplementär-GmbH** nicht doch **verdeckter Gesellschafter der KG** und damit Mitunternehmer ist. Die Frage stellt sich insbesondere bei Familienunternehmen, wo häufig der die Geschäfte führende Vater bewusst nicht an der KG beteiligt ist. Ziel dieser Gestaltung

---

[168] BFH 13.7.1993 – VIII R 50/92, BStBl. II 1994, 282 (284) mwN; 29.4.1992 – XI R 58/89, BFH/NV 1992, 803; 14.8.1986 – IV R 22/85, BFH/NV 1988, 291; 2.9.1985 – IV B 51/85, BStBl. II 1986, 10.

[169] BFH 18.6.1998 – IV R 94/96, BFH/NV 1999, 295 (296); 21.9.1995 – IV R 65/94, BStBl. II 1996, 66 (67); 27.5.1993 – IV R 1/92, BStBl. II 1994, 700 (702).

[170] BFH BFH 21.4.2009 – II R 26/07, BStBl. II 2009, 602; 1.7.2003 – VIII R 2/03, BFH/NV 2003, 1564 (1565 f.) mAnm *Bitz*; 16.12.1997 – VIII R 32/90, BStBl. II 1998, 480 (482); 1.8.1996 – VIII R 12/94, BStBl. II 1997, 272 (274); FG Baden-Württemberg DStRE 2005, 1185.

[171] Ähnlich *Rodewald* GmbHR 1997, 582 (584); *Janssen* BB 1994, 1757. Kritisch *Fischer* FR 1998, 813 (820), der diese „Umqualifizierung" in ein Gesellschaftsverhältnis in vielen Fällen für zivilrechtlich gekünstelt und steuerrechtlich ergebnisorientiert hält; dagegen aus Gründen der Rechtssicherheit, wenn auch dogmatisch zustimmend, *Eckl* in HTM HdB GmbH & Co. KG Rn. 6.47. Wie hier FG Düsseldorf EFG 2003, 457 (458) mAnm *Braun*.

[172] BFH 8.7.1992 – XI R 61–62/89, BFH/NV 1993, 14; *Reiß* in Kirchhof EStG § 15 Rn. 214; *Fischer* FR 1998, 813 (816).

[173] BFH 29.4.1992 – XI R 58/89, BFH/NV 1992, 803 (804) mwN.

[174] BFH 1.8.1996 – VIII R 12/94, BStBl. II 1997, 272 (275); 13.7.1993 – VIII R 50/92, BStBl. II 1994, 282.

[175] BFH 7.7.1998 – IV B 62/97, BFH/NV 1999, 167; 18.6.1998 – IV R 94/96, BFH/NV 1999, 295; 1.8.1996 – VIII R 12/94, BStBl. II 1997, 272 (275) mwN.

[176] BFH 18.6.1998 – IV R 94/96, BFH/NV 1999, 295.

[177] BFH 1.8.1996 – VIII R 12/94, BStBl. II 1997, 272 (276); 21.9.1995 – IV R 65/94, BStBl. II 1996, 66 (68).

sollte sein, die (hohe) Geschäftsführer-Vergütung nebst Altersvorsorgeaufwendungen als Betriebsausgabe geltend machen zu können und die Einkünfte des Geschäftsführers (Vaters) diesem als solche aus nicht selbstständiger Arbeit zuzurechnen, um zu verhindern, dass sie bei der GmbH & Co. KG in die Bemessungsgrundlage für die **Gewerbesteuer** mit einfließen.[178] Durch die erstmals für den VZ 2001 eingeführte Gewerbesteueranrechnung gemäß § 35 Abs. 1 Nr. 2 EStG ist diese Problematik entschärft worden (→ § 17 Rn. 24). Es verbleibt aber als weiteres Motiv die Vermeidung der Sonderbetriebsvermögens-Eigenschaft von Wirtschaftsgütern, die der Geschäftsführer (Vater) der KG zur Nutzung überlässt.

Entsprechend den obigen Ausführungen gilt hier, dass eine angemessene Vergütung den Geschäftsführer der Komplementär-GmbH auch dann nicht zum Mitunternehmer macht, wenn die Vergütung variabel und am Ergebnis der KG orientiert ist. Ob die Vergütung angemessen ist, bestimmt sich dabei insbesondere danach, ob sie der Leistung entspricht und auch für Dritte aufzubringen wäre.[179] Unschädlich ist es auch, wenn der Geschäftsführer über weitere Austauschverhältnisse zu fremdüblichen Konditionen mit der KG verbunden ist.[180] Neben einer ungewöhnlich hohen und insbesondere auf **Gewinnabschöpfung** zielenden Erfolgsbeteiligung[181] kommen als **weitere Indizien** für die Annahme einer verdeckten Gesellschafter-(Mitunternehmer-)Stellung in Betracht: Das Recht, Einlagen und Entnahmen bei der KG zu tätigen,[182] die Nichtdurchführung der mit der Gesellschaft vereinbarten Austauschverträge,[183] das tatsächliche Verhalten des Geschäftsführers, insbesondere die Ausübung von Gesellschafterrechten,[184] sowie die Entstehungsgeschichte und Eigenart des Unternehmens.[185] So wird zB bei einer Familien-GmbH & Co. KG der Vater als verdeckter Gesellschafter angesehen, wenn er für die Geschäftsführung unangemessene gewinnabhängige Bezüge erhält und sich – wie bisher als Einzelunternehmer – als Herr des Unternehmens verhält.[186] 88

Wenn der BFH darüber hinaus auch **„wirtschaftlich vergleichbare Gemeinschaftsverhältnisse“** des BGB in den Mitunternehmerschaftsbegriff (→ Rn. 83) einbeziehen will,[187] verlässt er uE jedoch die gesetzliche Basis des § 15 Abs. 1 S. 1 Nr. 2 EStG. Die vom BFH genannten Gemeinschaftsverhältnisse sind schon von ihrer zivilrechtlichen Struktur her gesehen gerade nicht als „gesellschaftsähnlich“ erkennbar.[188] 89

4. Besonderheiten bei der Familien-GmbH & Co. KG

a) Grundsätze. Nach der **Rechtsprechung des BFH** sind Verträge zwischen Familienangehörigen steuerlich nur dann anzuerkennen, wenn sie bestimmten **Anforderungen** genügen.[189] Dies wird mit den gleichgerichteten Interessen von Familienangehörigen begründet. Während bei Verträgen zwischen einander fremden Personen der zwischen diesen bestehende natürliche **Interessengegensatz** zur angemessenen Ausgestaltung des Gesellschaftsvertrags führt, können die Begründung und der Inhalt eines Gesellschaftsverhältnisses zwischen nahen Angehörigen private Ursachen haben und nur den Vorwand für 90

---

178 *Levedag* in MHdB GesR II § 57 Rn. 91; *Rodewald* GmbHR 1997, 582.
179 So BFH 1.7.2003 – VIII R 2/03, BFH/NV 2003, 1564 (1566 f.).
180 BFH 1.7.2003 – VIII R 2/03, BFH/NV 2003, 1564.
181 BFH 1.8.1996 – VIII R 12/94, BStBl. II 1997, 272 (276); 21.9.1995 – IV R 65/94, BStBl. II 1996, 66 (68).
182 BFH 16.12.1997 – VIII R 32/90, BStBl. II 1998, 480 (483).
183 BFH 18.6.1998 – IV R 94/96, BFH/NV 1999, 295 (297).
184 BFH 1.8.1996 – VIII R 12/94, BStBl. II 1997, 272 (276).
185 BFH 21.9.1995 – IV R 65/94, BStBl. II 1996, 66 (68); 5.6.1986 – IV R 272/84, BStBl. II 1986, 802 (804).
186 BFH 21.9.1995 – IV R 65/94, BStBl. II 1996, 66.
187 Zur ehelichen Gütergemeinschaft BFH 1.10.1992 – IV R 130/90, BStBl. II 1993, 574 mwN.
188 *Fischer* FR 1998, 813 (818). AA die hL, *Reiß* in Kirchhof EStG § 15 Rn. 174; *Wacker* in L. Schmidt EStG § 15 Rn. 171 mwN.
189 ZB BFH 17.1.1991 – IV R 132/85, BStBl. II 1991, 607; R 4.8, 13.4 und 15.9 EStR; *Heinicke* in L. Schmidt EStG § 4 Rn. 520 „Angehörige/Angehörigenverträge“ mwN; *Zipfel/Pfeffer* BB 2010, 343.

eine steuerlich irrelevante **Einkommensverwendung** (§ 12 EStG) bilden. Diese Rechtsprechung ist vom **BVerfG** grundsätzlich anerkannt worden.[190]

91 Die Frage, ob einem Vertrag zwischen Angehörigen steuerliche Wirkung beizumessen ist, beantwortet die Rechtsprechung nach **drei Kriterien:**

92 • Zunächst wird der **zivilrechtlich wirksame Abschluss eines ernst gemeinten Vertrags** gefordert. So sind bei der Beteiligung Minderjähriger ggf. die Bestellung eines **Ergänzungspflegers** (§§ 1629 Abs. 2, 1795, 1909 BGB) und die **familiengerichtliche Genehmigung** (§ 1643 Abs. 1 BGB) des Vertragsschlusses erforderlich.[191] Ausnahmsweise kann von einem **ernsthaften Bindungswillen** aber auch dann ausgegangen werden, wenn die Nichtbeachtung der Formvorschriften den vertragschließenden Familienangehörigen nicht angelastet werden kann und zeitnah nach dem Erkennen der Unwirksamkeit oder dem Auftauchen von Zweifeln an der Wirksamkeit des Vertrags die erforderlichen Maßnahmen eingeleitet werden, um die Wirksamkeit herbeizuführen oder klarzustellen.[192]

93 • Ferner muss ein zivilrechtlich wirksam zustande gekommener Vertrag **klar und eindeutig** sein und **tatsächlich durchgeführt** werden.

94 • Schließlich wird **die Angemessenheit** von Leistung und Gegenleistung anhand eines sog **Fremdvergleichs** überprüft.[193]

95 Während die **Nichterfüllung** der zuerst genannten zwei Kriterien grundsätzlich zur steuerlichen Nichtanerkennung des Vertrags dem Grunde nach führt, zieht die **Unangemessenheit** von Leistung und Gegenleistung lediglich eine vom Vereinbarten abweichende Zurechnung der Einkünfte nach sich. Wird zB einem Kind für die pachtweise Überlassung eines Grundstücks die Zahlung eines überhöhten, unter Fremden nicht üblichen Pachtzinses versprochen, so kann der Pächter denjenigen Teil des Pachtzinses, der das zwischen Fremden übliche Maß übersteigt, nicht als Betriebsausgabe geltend machen; die Einkünfte des Verpächters aus Vermietung und Verpachtung werden entsprechend gekürzt.[194]

96 Nach diesen Grundsätzen beurteilt die Rechtsprechung auch die **Gesellschaftsverträge von Familiengesellschaften.**[195] Ebenso wie alle anderen Verträge zwischen nahen Angehörigen müssen diese ernst gemeint, zivilrechtlich wirksam abgeschlossen sowie im Vorhinein klar und eindeutig vereinbart sein und tatsächlich durchgeführt werden. An die Stelle des Fremdvergleichs tritt jedoch die Frage, ob dem Angehörigen eine Stellung eingeräumt wurde, die wenigstens **annäherungsweise** der des Gesellschafters einer Personenhandelsgesellschaft nach dem **Regelstatut des HGB** entspricht.[196] Sind die dem Kommanditisten nach dem Gesellschaftsvertrag zustehenden Rechte derart eingeschränkt, dass seine im Vergleich zu einem persönlich haftenden Gesellschafter ohnehin schwache Rechtsstellung erheblich hinter der des gesetzlichen Regelstatuts zurückbleibt **(„Denaturierung“),** so soll ein derartiger „Kommanditist“ nicht als Mitunternehmer angesehen werden können.[197]

97 Tatsächlich ist – soweit ein ernsthaft vereinbartes und tatsächlich durchgeführtes Gesellschaftsverhältnis vorliegt – die Frage, ob die Voraussetzungen „Mitunternehmerinitiative“ und „Mitunternehmerrisiko“ vorliegen, für Familien-GmbH & Co. KGs in gleicher Weise und nach den **gleichen Kriterien** zu beantworten wie bei GmbH & Co. KGs unter

---

[190] BVerfG BStBl. II 1996, 34, DB 1996, 2470 zu Ehegattenarbeitsverhältnissen.

[191] ZB BFH 23.6.1976 – I R 140/75, BStBl. II 1977, 78. S. auch die Ausführungen hierzu bei *Hohaus/Eickmann* BB 2004, 1707 (1708 ff.); *Bordewin* DB 1996, 1359 (1364 ff.).

[192] So BFH 13.7.1999 – VIII R 29/97, BStBl. II 2000, 386 (388).

[193] Auch eine nicht gewerbliche, vermögensverwaltende GbR muss dem Fremdvergleich standhalten, BFH 16.12.2008 – VIII R 83/05, BFH/NV 2009, 1118.

[194] ZB BFH 25.5.1976 – IV R 227/71, BStBl. II 1976, 561.

[195] BFH 7.11.2000 – VIII R 16/97, BStBl. II 2001, 186 (188 ff.) mwN.

[196] Zur Angemessenheit der Gewinnverteilung → Rn. 143 ff.

[197] ZB BFH 7.11.2000 – VIII R 16/97, BStBl. II 2001, 186; 5.7.1979 – IV R 27/76, BStBl. II 1979, 670; 22.1.1970 – IV R 178/68, BStBl. II 1970, 416. Dies gilt sinngemäß auch für die Anerkennung einer Beteiligung als (typisch) stiller Gesellschafter oder Unterbeteiligter: BFH 31.5.1989 – III R 91/87, BStBl. II 1990, 10.

Fremden.[198] Die Gefahr, dass einem Kommanditisten die Mitunternehmereigenschaft wegen „Denaturierung" seiner Gesellschafterstellung abgesprochen wird, besteht theoretisch also auch bei familienfremden Gesellschaftern. Praktisch tritt das Problem jedoch fast **ausschließlich bei Familiengesellschaften** auf. Dies hängt damit zusammen, dass ein fremder Investor unter normalen Umständen nicht bereit sein wird, sich an einer Gesellschaft als Kommanditist zu beteiligen, wenn seine gesetzlichen Rechte wesentlich beschnitten sind; ausgenommen hiervon sind Publikums-KGs, mit deren Beteiligung reine Anlagezwecke verfolgt werden und bei denen die individuelle Ausübung von Gesellschafterrechten weder üblich noch – auf beiden Seiten – gewünscht ist.

Demgegenüber liegen die Verhältnisse in einer Familiengesellschaft grundlegend anders. 98
Wendet zB der Vater seinem – minderjährigen oder volljährigen – Sohn **unentgeltlich einen Kommanditanteil** zu, so ist dieser, bzw. im Fall der Minderjährigkeit sein Pfleger, praktisch gezwungen, die vom Vater an die Schenkung geknüpften Bedingungen, wie etwa den Ausschluss des Stimmrechtes, die Begrenzung der Abfindung im Ausscheidensfalle oder das auf die anfallenden Steuern begrenzte Entnahmerecht, zu akzeptieren, wenn er auf die Beteiligung nicht verzichten, die Schenkung also nicht ausschlagen will. Es verwundert daher nicht, dass nahezu alle kritischen Fälle dem Bereich der **schenkweisen Aufnahme** von (minderjährigen) Kindern als Kommanditisten durch ihre Eltern entstammen.

b) Rechtsprechungsüberblick. Von ebenso großer Bedeutung wie die vorgenannten 99
Rechtsgrundsätze ist auch ein Blick auf die **Sachverhalte,** bei denen der BFH **eine Mitunternehmerschaft verneint** hat.[199] Die Sachverhalte werden nachstehend nur insoweit dargestellt, als sie entscheidungsrelevant waren:

(1) Urteil vom **22.1.1970:**[200] Schenkweise aufgenommene, nicht mitarbeitende minder- 100
jährige Töchter, deren Widerspruchsrecht aus § 164 HGB gesellschaftsvertraglich ausgeschlossen war, die Gewinnentnahmen nur mit Zustimmung des Vaters tätigen durften, die nach Ablauf von fünf Jahren vom Vater zum Buchwert hinausgekündigt werden konnten, die in sonstigen Fällen des Ausscheidens aus der Gesellschaft nur eine Abfindung auf der Basis der steuerlichen Buchwerte erhalten sollten und die am Verlust der KG beteiligt waren, ohne dass freilich nach menschlichem Ermessen während der voraussichtlichen Beteiligungsdauer mit Verlusten zu rechnen war.

(2) Urteil vom **4.8.1971:**[201] Schenkweise aufgenommene minderjährige Kinder unter 101
der Auflage, dass die Eltern das Recht haben sollten, die von der KG zur Entnahme freigegebenen Gewinnguthaben aus dem Gesellschaftsanteil eines jeden Kindes auch nach Beendigung der elterlichen Gewalt bis zur Vollendung des 25. Lebensjahres zu verwalten und ihnen in diesem Zeitraum lediglich die Zinsen aus den Erträgen zur freien Verfügung zu belassen.

(3) Zwei Urteile vom **1.2.1973:**[202] Schenkweise aufgenommene nicht mitarbeitende 102
Kinder, die ihre Einlage in der Weise zu leisten hatten, dass die ersten Gewinnanteile zur Bezahlung der Einlage zu verwenden waren, die also im Zeitpunkt der Aufnahme in die Gesellschaft eine Einlage nicht leisteten.

(4) Beschluss vom **21.12.1974:**[203] Bei sowohl volljährigen als auch minderjährigen, 103
jedenfalls nicht mitarbeitenden Kindern, die ihre Einlagen teils aus eigenen Mitteln, teils aus vom Vater geschenkten Mitteln aufzubringen hatten, war das Entnahmerecht dahin gehend beschränkt, dass sie ohne Zustimmung des Vaters lediglich die sich aus der Beteiligung an der KG ergebenden Personensteuern und die etwaigen Zinsen der Guthaben auf den Privatkonten entnehmen durften. Der Vater hatte das Recht, die Kommanditisten jederzeit gegen eine Abfindung in Höhe des Buchwerts ihrer Kapitalanteile zuzüglich eines Aufschlags von 10 % zur Abgeltung eventueller stiller Reserven aus der Gesellschaft hinaus-

[198] So ausdrücklich BFH 10.11.1987 – VIII R 166/84, BStBl. II 1989, 758.
[199] Ein Überblick findet sich in *Bitz* in LBP EStG § 15 Rn. 108; *Wacker* in L. Schmidt EStG § 15 Rn. 752.
[200] BFH IV R 178/68, BStBl. II 1970, 416.
[201] BFH I R 209/69, BStBl. II 1972, 10.
[202] BFH IV R 9/68, BStBl. II 1973, 221; IV R 138/67, BStBl. II 1973, 526.
[203] BFH IV B 28/73, BStBl. II 1974, 404.

zukündigen, während die Kommanditisten ihrerseits bis zur Vollendung ihres 30. Lebensjahres nur mit Zustimmung des Vaters das Gesellschaftsverhältnis kündigen konnten. Über die Vornahme außergewöhnlicher Geschäfte hatte die Gesellschafterversammlung, in welcher der Vater über die Mehrheit der Stimmen verfügte, zu entscheiden; das Widerspruchsrecht aus § 164 HGB war ausgeschlossen.

104 (5) Drei Urteile vom **29.1.1976:**[204] Alle Urteile betrafen schenkweise aufgenommene, nicht mitarbeitende minderjährige Kinder. Im ersten Fall[205] war vorgesehen, dass die Kinder mit Vollendung des 24. Lebensjahres automatisch aus der Gesellschaft ausscheiden sollten, ohne an einem etwaigen Geschäftswert teilzuhaben; nachdem unbewegliches Anlagevermögen mit entsprechenden stillen Reserven nicht vorhanden war, wurde dies einer Buchwertabfindung gleichgesetzt. Im zweiten Fall[206] war das Widerspruchsrecht aus § 164 HGB ausgeschlossen, das Entnahmerecht an die Zustimmung des Vaters geknüpft und für den Fall des Ausscheidens eine Buchwertabfindung vorgesehen; außerdem war der Vater aufgrund seines Stimmrechts in der Lage, den Gesellschaftsvertrag ohne Mitwirkung der Kinder zu ändern. Im dritten Fall[207] schließlich war das Widerspruchsrecht aus § 164 HGB ausgeschlossen und das Kontrollrecht aus § 166 HGB für den Fall abbedungen, dass der Jahresabschluss durch einen Wirtschaftsprüfer oder Steuerberater aufgestellt war; weiterhin war für Entnahmen der Kinder die Zustimmung der vom Vater beherrschten Komplementär-GmbH erforderlich.

105 (6) Urteil vom **8.2.1979:**[208] Das Widerspruchsrecht aus § 164 HGB der – schenkweise in die Gesellschaft aufgenommenen – Kinder war ausgeschlossen. Entnahmen waren ohne Zustimmung des Vaters nicht möglich. Im Übrigen hatte der Vater das Recht, die Kinder durch eine jederzeit mögliche Kündigung gegen eine Abfindung in Höhe des Nominalwerts der Kapitalkonten zuzüglich eines Aufgeldes von 10 % aus der Gesellschaft auszuschließen.

106 (7) Urteil vom **5.7.1979:**[209] Den Kindern war die von ihnen zu erbringende Bareinlage darlehensweise von der vom Vater beherrschten Komplementär-GmbH überlassen worden. Entnahmen der Kinder waren von der Zustimmung der GmbH abhängig, der auf je 1 % der Gewinnbeteiligung zwei Stimmen in der Gesellschafterversammlung zustanden, den Kindern hingegen nur jeweils eine Stimme.

107 (8) Urteil vom **29.4.1981:**[210] Der Ehemann war – über die von ihm beherrschte Komplementär-GmbH – berechtigt, die schenkweise aufgenommene Ehefrau jederzeit zum Buchwert hinauszukündigen (Sonderkündigungsrecht). Den in Abkehr von seiner früheren Rechtsprechung[211] aufgestellten Grundsatz, dass allein ein derartiges Sonderkündigungsrecht der Mitunternehmerstellung entgegenstehe, hat der BFH mehrfach bestätigt, so zB in den Urteilen vom 15.10.1981[212] (obwohl beim Abfindungsguthaben die stillen Reserven, allerdings ohne einen etwaigen Geschäftswert, zu berücksichtigen waren), vom 9.10.1986[213] (in dem als Abfindungsguthaben 120 % des Buchwerts sowie die Besonderheit vorgesehen war, dass das Sonderkündigungsrecht nur gegenüber den schenkweise aufgenommenen Kindern, nicht aber gegenüber den Eltern als weiteren Kommanditisten gelten sollte) und vom 11.7.1989.[214]

108 (9) Urteil vom **5.6.1986:**[215] Drei schenkweise aufgenommene minderjährige Kinder repräsentierten das gesamte Gesellschaftskapital einer GmbH & Co. KG, verfügten jedoch nur über 48 % der Stimmen, während die Stimmenmehrheit der von der Mutter beherrschten Komple-

[204] BFH IV R 73/73, BStBl. II 1976, 324; IV R 102/73, BStBl. II 1976, 328; IV R 97/74, BStBl. II 1976, 332.
[205] BFH IV R 73/73, BStBl. II 1976, 324.
[206] BFH IV R 102/73, BStBl. II 1976, 328.
[207] BFH IV R 97/94, BStBl. II 1976, 332.
[208] BFH IV R 163/76, BStBl. II 1979, 405.
[209] BFH IV R 27/76, BStBl. II 1979, 670.
[210] BFH IV R 131/78, BStBl. II 1981, 663.
[211] BFH 23.6.1976 – I R 178/74, BStBl. II 1976, 678.
[212] BFH IV R 52/79, BStBl. II 1982, 342.
[213] BFH IV R 259/84, BFH/NV 1987, 567.
[214] BFH VIII R 41/84, BFH/NV 1990, 92.
[215] BFH IV R 53/82, BStBl. II 1986, 798.

mentär-GmbH zustand. Das Widerspruchsrecht der Kommanditisten aus § 164 HGB war auf die Gesellschafterversammlung übertragen und folglich wegen der Stimmenmehrheit der Komplementär-GmbH faktisch ausgeschlossen. Die Komplementär-GmbH war vom Wettbewerbsverbot befreit und das Entnahmerecht der Kinder auf die für die Fristung des normalen Lebensunterhalts erforderlichen Beträge beschränkt. Die GmbH & Co. KG betrieb aufgrund eines jederzeit kündbaren Pachtvertrags das vom Vater gegründete Unternehmen.

(10) Urteil vom **15.7.1986:**[216] Minderjährige Kinder wurden im Oktober 1974 schenk- **109** weise vom Vater aufgenommen mit der Verpflichtung, die geschenkten Anteile auf Weisung des Vaters zu einem Entgelt von 85 % des Nominalwerts weiterzuveräußern. Unmittelbar vor der schenkweisen Aufnahme hatte sich der Vater zur Abtretung der Anteile an einen Dritten bis spätestens November 1974 verpflichtet und dementsprechend nach der Aufnahme der Kinder sein Weisungsrecht ausgeübt.

(11) Urteil vom **26.2.1987:**[217] Für die schenkweise aufgenommenen minderjährigen **110** Kinder war das Widerspruchsrecht aus § 164 HGB ausgeschlossen und anstelle der üblichen Gewinn- und Verlustbeteiligung eine angemessene Verzinsung der Einlage vereinbart. Anders als für die vom Vater beherrschte Komplementär-GmbH war für die Kinder eine Buchwertabfindung vereinbart.

(12) Urteil vom **11.10.1988:**[218] Für die schenkweise aufgenommenen minderjährigen **111** Kinder war das Widerspruchsrecht des § 164 HGB für die Dauer der Gesellschafterstellung des Vaters ausgeschlossen. Statt dessen war für bestimmte Geschäftsführungsmaßnahmen die Zustimmung der Gesellschafterversammlung mit Zweidrittelmehrheit vorgesehen, die der Vater aufgrund der ihm zustehenden Stimmen allein aufbringen konnte.

(13) Urteil vom **16.5.1989:**[219] Der Kommanditanteil war einer Ehefrau von ihrem Ehe- **112** mann schenkweise übertragen worden, wobei sich der Ehemann den jederzeitigen Widerruf dieser Schenkung vorbehalten hatte. In dem Urteil vom **26.6.1990** löste der VIII. Senat des BFH einen vergleichbaren Sachverhalt, in dem die Ehefrau im Scheidungsfall aus der Gesellschaft ausgeschlossen werden konnte, allerdings unmittelbar über § 39 Abs. 2 Nr. 1 S. 1 AO.[220]

c) Analyse der Rechtsprechung und Stellungnahme. Die Rechtsprechung kon- **113** zentriert sich auf den Zeitraum bis **Anfang der 90er Jahre** des vorigen Jahrhunderts und hat seither nur noch punktuelle Konkretisierungen erfahren. Sie ist zu diesem Themenbereich also zwischenzeitlich zu einem Abschluss gekommen.

Die Rechtsprechungsgrundsätze zeigen das Bemühen des BFH, eine Mitunternehmer- **114** stellung von Familienangehörigen, insbesondere minderjähriger Kinder, nur dann anzuerkennen, wenn die aufnehmenden **Eltern** einen Teil ihrer bisherigen **Machtposition** auch tatsächlich zugunsten der schenkweise aufgenommenen Kinder **aufgegeben** haben.[221] Die in der Rechtsprechung entwickelte Kasuistik erlaubt Rückschlüsse, unter welchen Umständen die Mitunternehmerschaft verneint wird. Dabei zeigt sich zweierlei: Zum einen sind die Tatbestandsvoraussetzungen weitgehend geklärt[222] und zum anderen ist die spätere BFH-Rechtsprechung in dieser Frage „tendenziell großzügig" verfahren.[223]

Obwohl es auch Angehörigen freisteht, ihre Rechtsverhältnisse untereinander so zu gestal- **115** ten, dass sie steuerlich möglichst günstig sind,[224] greift bei Familiengesellschaften folgende, an

---

[216] BFH VIII R 154/85, BStBl. II 1986, 896.

[217] BFH IV R 147/85, BFH/NV 1989, 363.

[218] BFH VIII R 328/83, BStBl. II 1989, 762; ähnlich 11.7.1989 – VIII R 41/84, BFH/NV 1990, 92.

[219] BFH VIII R 196/84, BStBl. II 1989, 877.

[220] BFH 26.6.1990 – VIII R 81/85, BStBl. II 1994, 645. In BFH 29.4.1981 – IV R 131/78, BStBl. II 1981, 663 war einem derartigen Umstand noch keine entscheidende Bedeutung beigemessen worden. AA FG Schleswig-Holstein EFG 2005, 80.

[221] Dazu auch FG Hamburg EFG 2002, 260 mAnm *Braun*.

[222] So BFH 4.4.2007 – IV B 143/05, BFH/NV 2007, 1848.

[223] *Wacker* in L. Schmidt EStG § 15 Rn. 751.

[224] Grundlegend BFH 22.8.1951 – IV 246/50, BStBl. III 1951, 181; s. auch BFH 18.12.1990 – VIII R 290/82, BStBl. II 1991, 391.

sich berechtigte Überlegung ein: Ein gewerblicher **Einzelunternehmer** kann sich der Tatbestandsverwirklichung des § 15 Abs. 1 S. 1 Nr. 1 EStG in eigener Person und ihrer Rechtsfolge, nämlich der subjektiven Einkünftezurechnung, nicht dadurch entziehen, dass er den Ertrag einzelner Geschäftsvorfälle einem anderen zuwendet. Ebenso wenig soll er dies dadurch können, dass er schenkweise seine Kinder als Kommanditisten in eine Gesellschaft aufnimmt, ohne diesen eine entsprechende Rechtsstellung – als **Einkunftsquelle** – zu verschaffen. Andernfalls wäre den Beziehern gewerblicher Einkünfte die Möglichkeit zu einem **„Familiensplitting"** eröffnet, die insbesondere den Beziehern sog nicht-fundierter Einkünfte (zB solche aus selbstständiger oder nicht selbstständiger Tätigkeit) von vornherein verschlossen ist.[225]

116 Die Schwierigkeiten, im Einzelfall die Mitunternehmer-Eigenschaft eines Familienangehörigen zu beurteilen, beruht im Wesentlichen darauf, dass der BFH bei seiner Beurteilung auf einen **Fremdvergleich** zurückgreift, den es, jedenfalls in der wünschenswerten Klarheit, weder in der Theorie noch in der Rechtswirklichkeit gibt.[226] Die **Verhältnisse** bei Familiengesellschaften sind im Fall der schenkweisen Aufnahme von Familienangehörigen mit denjenigen bei Gesellschaften zwischen fremden Dritten schon im Ansatz **nicht vergleichbar,** was sich am deutlichsten daran zeigt, dass fremde Dritte nicht schenkweise an Unternehmen beteiligt zu werden pflegen.

117 Der BFH trägt dieser Problematik dadurch Rechnung, dass er den Begriff „Fremdvergleich" vermeidet und stattdessen darauf abhebt, dass die Gesellschafterstellung **„wenigstens näherungsweise dem Regelstatut des HGB"** entsprechen müsse. Bei der Prüfung, ob durch eine Einschränkung der Gesellschafterstellung der mit „näherungsweise" umschriebene Rahmen unschädlicher Abweichungen vom Regelstatut überschritten wird, stellt der BFH aber wieder auf die zwischen Fremden üblichen Gestaltungen ab, führt also – quasi durch die Hintertür – den auch in anderen Bereichen maßgeblichen **Fremdvergleich** wieder ein.[227] Der von der Rechtsprechung – wenn auch nur indirekt – bemühte Fremdvergleich muss jedoch, wie ausgeführt, zwangsläufig **ins Leere** gehen.

118 Angesichts dieser Ausgangslage und der ebenso bekannten wie – jedenfalls im Regelfall – verständlichen Bemühungen gerade der Familienunternehmen, die Steuerbelastung gering zu halten, erweckt manche Entscheidung des BFH den Eindruck, dass sie tatsächlich von **anderen** als denjenigen **Erwägungen getragen** wird, wie sie der Begründung zu entnehmen sind. So hat der BFH die Mitunternehmer-Eigenschaft schenkweise aufgenommener Kinder bereits dann in Abrede gestellt, wenn für die Kinder das Widerspruchsrecht aus § 164 HGB abbedungen ist und das ihnen aufgrund ihrer Beteiligungsquote verhältnismäßig zustehende Stimmrecht nicht mindestens bei Gesellschaftsvertrags-Änderungen ein Veto ermöglicht.[228] Nach diesen Rechtsgrundsätzen dürfte bei einer Vielzahl der Familienunternehmen die Mitunternehmer-Eigenschaft der Unternehmer-Nachfolger infrage gestellt sein, zumal im Urteilsfall die Kontrollrechte aus § 166 HGB unangetastet geblieben waren, während diese in der Praxis häufig – übrigens auch unter Fremden – ebenfalls abbedungen sind. In einer späteren Entscheidung erfolgte lediglich insoweit eine Abgrenzung zu dieser Rechtsprechung, als eine Klausel, wonach Beschlüsse der Gesellschafterversammlung mit einfacher Mehrheit zu fassen sind, dahin auszulegen sei, dass sie nur Beschlüsse über die laufenden Geschäfte der KG betreffe und damit der Anerkennung der Kinder als Mitunternehmer nicht entgegenstehe.[229]

119 In seinem Urteil vom 10.11.1987[230] schien der VIII. Senat des BFH in unverkennbarer, wenn auch stillschweigender Abwendung von der bisherigen Rechtsprechung[231] noch bereit zu sein, bei der Anerkennung der Mitunternehmer-Eigenschaft von Familienangehö-

---

[225] *Wacker* in L. Schmidt EStG § 15 Rn. 740 ff.; *Knobbe-Keuk* Bilanz- und Unternehmenssteuerrecht S. 506; *Bordewin* DB 1996, 1359; *Flume* DB 1973, 794.

[226] *Westerfelhaus* DB 1997, 2033.

[227] So anschaulich in BFH 10.11.1987 – VIII R 166/84, BStBl. II 1989, 758.

[228] BFH 11.7.1989 – VIII 41/84, BFH/NV 1990, 92; 11.10.1988 – VIII 328/83, BStBl. II 1989, 762.

[229] BFH 7.11.2000 – VIII R 16/97, BStBl. II 2001, 186.

[230] BFH VIII R 166/84, BStBl. II 1989, 758 mit Nichtanwendungserlass, BMF-Schreiben 5.10.1989, BStBl. I 1989, 758.

[231] So ausdrücklich *Westerfelhaus* DB 1990, 1531; *L. Schmidt* FR 1988, 251.

rigen wesentlich großzügiger zu verfahren. Er maß nämlich dort im Wesentlichen nur noch dem Umstand Bedeutung bei, ob Familienangehörige „durch Kündigung oder Änderung des Gesellschaftsvertrags gegen den Willen“ aus der Gesellschaft verdrängt werden könnten. Ferner wurde in Anknüpfung an ein früheres BFH-Urteil[232] dem **Motiv der Nachfolgeregelung** erstmals wieder Bedeutung beigemessen.[233] Eine frühzeitige Beteiligung der zur Unternehmensnachfolge bestimmten Kinder bewirke – so der VIII. Senat – in Verbindung mit Entnahmebeschränkungen, dass den Kindern in dem Zeitpunkt, in dem sie eigenverantwortlich ihre Entscheidung treffen müssten, ob sie das Unternehmen fortführen wollten, bereits ausreichendes Beteiligungskapital zur Verfügung stünde, wodurch ihre Entscheidung für eine Nachfolge erleichtert würde.[234]

Auf der Grundlage der höchstrichterlichen Rechtsprechung ist die Rechtslage nach wie **120**
vor im Detail **unklar,** jedoch nicht mehr hinsichtlich des Mitunternehmer-Begriffs als solchem, sondern nur noch in Bezug auf die **Beurteilung einzelner Merkmale.** Die Anerkennung schenkweise aufgenommener Familienangehöriger als Mitunternehmer kann demnach nur mehr aus folgenden Gründen **scheitern:**[235]

- Wenn der Gesellschafter **auch im Fall der Auflösung** der Gesellschaft von der **Teilhabe an den stillen Reserven und einem Geschäftswert ausgeschlossen** ist.[236] Der Umstand, dass die Kommanditisten bei einem vorzeitigen Ausscheiden, zB durch eigene Kündigung, nicht an den stillen Reserven und dem Geschäftswert der Gesellschaft beteiligt sind, steht der Annahme eines ausreichenden Mitunternehmerrisikos hingegen nicht entgegen.[237] **121**
- Wenn sich der Schenker den **freien Widerruf** der Schenkung oder das Recht vorbehalten hat, den Kommanditisten unter bestimmten Voraussetzungen (zB bei Vollendung des 18. Lebensjahres) oder jederzeit nach freiem Ermessen **hinauszukündigen.**[238] Dies gilt jedoch nicht, wenn der hinausgekündigte Kommanditist eine Abfindung in Höhe des Verkehrswerts seiner Beteiligung erhält, also unter Berücksichtigung der stillen Reserven einschl. eines etwaigen Geschäftswerts.[239] **122**
- Wenn die Gesellschafterstellung des Familienangehörigen von vornherein **befristet** ist.[240] Dagegen soll eine Rückfallklausel unschädlich sein, wenn mit überwiegender Wahrscheinlichkeit die Voraussetzungen der Rückfallklausel nicht eintreten werden und der Gesellschafter, auf den die Beteiligung zurückfallen soll, keine in Betracht zu ziehende Möglichkeit hat, die Voraussetzungen für den Rückfall herbeizuführen.[241] **123**
- Wenn der **Schenker mit seinen Stimmen** den **Gesellschaftsvertrag** uneingeschränkt zuungunsten der aufgenommenen Kinder **ändern** kann.[242] Ebenso fehlt es an der Mitun- **124**

---

232 BFH 6.4.1979 – I R 116/77, BStBl. II 1979, 620.

233 *Fatouros* in HTM HdB GmbH & Co. KG, Rn. 2.225 will den Aspekt der Unternehmensnachfolge, der für die Mitunternehmerstellung des Kindes spricht, verstärkt in den Vordergrund stellen. S. auch R 15.9 Abs. 2 EStR.

234 S. aber auch BFH 14.5.2003 – X R 14/99, BFH/NV 2003, 1547 (1549 f.), wonach bei Berufung auf das Motiv der Unternehmensnachfolge dieses durch äußerlich erkennbare Merkmale als Beweisanzeichen bestätigt werden müsse.

235 Ähnlich *Wacker* in L. Schmidt EStG § 15 Rn. 752.

236 BFH 7.11.2000 – VIII R 16/97, BStBl. II 2001, 186; 6.7.1995 – IV R 79/94, BStBl. II 1996, 269; 27.5.1993 – IV R 1/92, BStBl. II 1994, 700; 10.11.1987 – VIII R 166/84, BStBl. II 1989, 758; *Wacker* in L. Schmidt EStG § 15 Rn. 752.

237 *Söffing* in Söffing GmbH & Co. KG Rn. 3440; *Bordewin* DB 1996, 1359 (1368).

238 BFH 7.11.2000 – VIII R 16/97, BStBl. II 2001, 186 (188); 6.7.1995 – IV R 79/94, BStBl. II 1996, 269 (271); 21.11.1989 – VIII R 70/84, BFH/NV 1991, 223; 11.7.1989 – VIII R 41/84, BFH/NV 1990, 92 mwN. Zum (schädlichen) Recht des Schenkers, nach zehn Jahren ohne weitere Voraussetzungen und entschädigungslos eine Rückübertragung zu verlangen: BFH 30.5.2006 – IV B 168/04, BFH/NV 2006, 1828.

239 Offengelassen von BFH 9.10.1986 – IV R 259/84, BFH/NV 1987, 567; 15.10.1981 – IV R 52/79, BStBl. II 1982, 342. Wie hier BFH 6.7.1995 – IV R 79/94, BStBl. II 1996, 269 (271) im Fall einer Unterbeteiligung.

240 BFH 15.7.1986 – VIII R 154/85, BStBl. II 1986, 896; 29.1.1976 – IV R 73/73, BStBl. II 1976, 324; *Knobbe-Keuk* Bilanz- und Unternehmenssteuerrecht S. 465. AA *Seer* DStR 1988, 600 (602).

241 BFH 27.1.1994 – IV R 114/91, BStBl. II 1994, 635.

242 BFH 11.10.1988 – VIII R 328/83, BStBl. II 1989, 762; s. auch *Meyer-Koppitz* DStZ 1996, 265 (273).

ternehmerinitiative – so dass es gar nicht mehr darauf ankommt, ob die Kinder Mitunternehmerrisiko tragen – wenn die Eltern sich den **Nießbrauch** (→ Rn. 144) an den geschenkten Anteilen vorbehalten, sich ausbedingen, die **Gesellschafterrechte,** die auf die geschenkten Anteile entfallen, weiterhin auszuüben und sich für den Fall, dass die Zurückbehaltung der Gesellschafterrechte rechtlich nicht wirksam getroffen werden kann, von den Kindern **Stimmrechtsvollmachten** erteilen lassen.[243]

125 • Wenn das **Entnahmerecht einseitig** zum Nachteil der beschenkten Kinder **beschränkt** ist.[244] Hingegen führt ein eingeschränktes Entnahmerecht – selbst wenn es unter Fremden unüblich wäre – allein nicht zur Verneinung der Mitunternehmer-Eigenschaft des Kommanditisten einer Familien-GmbH & Co. KG.[245] Das gilt insbesondere dann, wenn die Entnahmebeschränkung für alle Gesellschafter gleichermaßen gilt und den Kindern trotz Entnahmebeschränkung ein steuerlich angemessener Gewinnanteil verbleibt.[246]

126 Diese **Einschränkungen** gelten **nicht,** wenn – ausnahmsweise – ein Familienangehöriger nicht schenkweise, sondern **entgeltlich** in die GmbH & Co. KG aufgenommen wird. In diesen Fällen ist die Mitunternehmer-Eigenschaft vielmehr grundsätzlich zu bejahen. Eine Entgeltlichkeit liegt jedoch nicht vor, wenn der Familienangehörige zwar zu einer Kapitaleinlage verpflichtet ist, diese aber nur aus künftigen Gewinnanteilen zu leisten hat. Hier wird die Mitunternehmer-Eigenschaft erst anerkannt, wenn die bedungene Einlage – jedenfalls teilweise – geleistet ist.[247]

127 Die Analyse der – notwendigerweise kasuistischen – höchstrichterlichen Rechtsprechung zeigt, dass bei einer unter strikter Wahrung des gesellschaftsrechtlichen Gleichbehandlungsgrundsatzes aufgezogenen **kapitalistischen GmbH & Co. KG** – Ausschluss des Widerspruchsrechts aus § 164 HGB, Beschlussfassungen der Gesellschafterversammlung (insbesondere über die Gewinnverwendung) nach Kapitalmehrheit, Abfindungsbeschränkung, langfristige Bindung aller Gesellschafter an die Gesellschaft – die **Mitunternehmerstellung** der Kinder auch dann **anzuerkennen** ist, wenn der Vater über die einfache Stimmenmehrheit, jedoch nicht über die qualifizierte Stimmenmehrheit, die zur Abänderung des Gesellschaftsvertrags berechtigt, verfügt. Obwohl die Praxis mit einem solchen Ergebnis durchaus zurechtkommen kann, erscheint die **Rechtsprechung** des BFH in mehreren Punkten **inkonsequent.**

128 (1) Zum **einen** misst der BFH dem Umstand, dass ein Familienangehöriger „gegen seinen Willen durch Kündigung zum Buchwert aus der KG hinausgedrängt werden kann, eine besondere Bedeutung zu“.[248] Tatsächlich hat der BGH aber längst entschieden, dass ein derartiges **Hinauskündigungsrecht** grundsätzlich sittenwidrig und nur ausnahmsweise wirksam ist, nämlich bei „sachlicher Rechtfertigung durch besondere Umstände“.[249] Der BFH setzt sich über die eindeutige zivilrechtliche Ausgangslage mit dem Bemerken hinweg, der Gesellschaftsvertrag einer Familiengesellschaft müsse klar und eindeutig sein, wobei insbesondere Rechtspositionen unberücksichtigt bleiben müssten, die vom Gesellschafter erst im Prozessweg durchgesetzt werden könnten. Für die steuerliche Beurteilung sei vielmehr allein maßgebend, dass die Gesellschafter ein Hinauskündigungsrecht vereinbart hätten, also tatsächlich so verfahren **wollten.**[250]

---

[243] BFH 10.12.2008 – II R 34/07, BStBl. II 2009, 312.

[244] BFH 8.2.1979 – IV R 163/76, BStBl. II 1979, 405; 4.8.1971 – I R 209/69, BStBl. II 1971, 10.

[245] BFH 7.11.2000 – VIII R 16/97, BStBl. II 2001, 186; *Wacker* in L. Schmidt EStG § 15 Rn. 752; *Söffing* in Söffing GmbH & Co. KG Rn. 3438 mwN.

[246] *Fatouros* in HTM HdB GmbH & Co. KG Rn. 2.224; *Bode* in Blümich EStG § 15 Rn. 388. Ausschüttungs- und Entnahmebeschränkungen sind zur Sicherung der Liquidität und Erhaltung größerer Investitionsfähigkeit nicht unüblich, BFH 16.12.2008 – VIII R 83/05, BFH/NV 2009, 1118.

[247] BFH 1.2.1973 – IV R 9/68, BStBl. II 1973, 221; 1.2.1973 – IV R 138/67, BStBl. II 1973, 526.

[248] BFH 6.7.1995 – IV R 79/94, BStBl. II 1996, 269; 11.7.1989 – VIII R 41/84, BFH/NV 1990, 92; 10.11.1987 – VIII 166/84, BStBl. II 1989, 758.

[249] Hierzu im Einzelnen → § 6 Rn. 106 ff.

[250] BFH 11.7.1989 – VIII R 41/84, BFH/NV 1990, 92 mwN; 29.4.1981 – IV R 131/78, BStBl. II 1981, 663; 29.1.1976 – IV R 102/73, BStBl. II 1976, 328; *Wacker* in L. Schmidt EStG § 15 Rn. 752; *Söffing* in Söffing GmbH & Co. KG Rn. 3458.

129 Dem BFH ist lediglich insoweit Recht zu geben, als es in der Tat eher **unwahrscheinlich** sein dürfte, dass Familienangehörige – intakte Familienverhältnisse unterstellt – Rechtspositionen gegeneinander im Prozesswege durchsetzen. Bei Familiengesellschaften kann deshalb ein Sonderkündigungsrecht trotz seiner zivilrechtlichen Unzulässigkeit durchaus vollzogen werden, während dies unter fremden Dritten von vornherein ausgeschlossen ist. Gleichwohl ist auch bei Familiengesellschaften ein solches Sonderkündigungsrecht in der Praxis häufig weniger als Knebelung denn vielmehr als **Appell** an die schenkweise aufgenommenen Kinder gedacht, ihre Gesellschafter-Stellung nicht zu gesellschaftsfremden Zwecken zu nutzen, weshalb es durchaus denkbar ist, dass ausscheidenden Gesellschaftern **tatsächlich** eine **höhere** als die vertragliche Abfindung bezahlt wird. Ob ein derartiger Appell ausreicht, den Kindern ihre Mitunternehmer-Eigenschaft abzusprechen, kann bezweifelt werden. Richtig wäre es vielmehr auch steuerlich von der Unzulässigkeit des Sonderkündigungsrechts auszugehen und im – eher unwahrscheinlichen – Fall, dass von diesem Recht Gebrauch gemacht wird, ohne dass der Gekündigte sich auf die Unzulässigkeit beruft, die Voraussetzungen einer **„Rück"-Schenkung** des Anteils zu prüfen.

130 Der **Praxis** muss jedoch nach wie vor die **Empfehlung** gegeben werden, auf die Vereinbarung eines – im Regelfall ohnehin rechtlich unwirksamen – Sonderkündigungsrechts entweder ganz zu verzichten oder aber eine Vollabfindung vorzusehen. Bei einer **Vollabfindung** ist – ähnlich wie bei der zivilrechtlichen Problematik des Zusammenhangs zwischen Zulässigkeit der Hinauskündigung und Abfindungshöhe – die Mitunternehmerschaft zu bejahen.[251] Zwar kann – entgegen der Ansicht des BFH – die Möglichkeit zur Entfaltung von Mitunternehmerinitiative nicht damit begründet werden, dass der Ausschluss mit einem „gewichtigen Vermögensopfer" erkauft werden müsse und deshalb nicht jederzeit zu befürchten sei.[252] Denn die zur Hinauskündigung berechtigten Gesellschafter erleiden durch die mit dem Ausscheiden verbundene Vermögensumschichtung ebenso wenig wie der ausgeschlossene Gesellschafter ein „Vermögensopfer". Stattdessen dürfte aber der mit der Auszahlung einer vollwertigen Abfindung verbundene **Liquiditätsabfluss** beim Unternehmen im Allgemeinen eine ausreichende „Hemmschwelle" für die zur Kündigung Berechtigten darstellen. Das gilt erst recht für das Merkmal des Mitunternehmerrisikos. Der vom Ausschluss bedrohte Gesellschafter steht nämlich so, als wäre den bevorrechtigten Gesellschaftern lediglich ein Recht zur jederzeitigen Kündigung der Gesellschaft selbst eingeräumt und als nähme er voll am Liquidationserlös teil. Ein derartiges Kündigungsrecht behindert also die Annahme einer Mitunternehmerschaft nicht.[253]

131 (2) Dem BFH kann zum Zweiten nicht in seiner Würdigung des Umstands gefolgt werden, wonach das Innehaben der **zur Änderung des Gesellschaftsvertrags berechtigenden qualifizierten Mehrheit** des aufnehmenden Familienangehörigen (Vaters) für sich allein der Mitunternehmerinitiative und damit der Mitunternehmer-Eigenschaft der aufgenommenen Kinder entgegenstehe.[254] Es dürfte unstreitig sein, dass es auch im **Fremdvergleich üblich** ist, bei Personenhandelsgesellschaften für Änderungen des Gesellschaftsvertrags statt der Einstimmigkeit gemäß § 119 Abs. 1 HGB eine qualifizierte Mehrheit (zB 75 %) vorzusehen. Ist demnach auch bei einer Familiengesellschaft eine solche qualifizierte Mehrheitsklausel für Gesellschaftsvertragsänderungen ausdrücklich vorgesehen, dann resultiert die Macht des aufnehmenden Familienangehörigen, auch gegen den Willen der aufgenommenen Kinder Änderungen des Gesellschaftsvertrags oder die Auflösung der Gesellschaft zu beschließen, nicht auf einem Abweichen vom Regelstatut des HGB, „sondern folgt schon aus einer nicht ausreichenden Beteiligung … (der Kinder) …, wie sie in jeder Personengesellschaft vorkommen kann".[255]

---

[251] BFH 6.7.1995 – IV R 79/94, BStBl. II 1996, 269; 11.7.1989 – VIII R 41/84, BFH/NV 1990, 92; *Wacker* in L. Schmidt EStG § 15 Rn. 752; *Hennerkes/Binz* NJW 1983, 73 (78).

[252] BFH 15.10.1981 – IV R 52/79, BStBl. II 1982, 342 (344).

[253] So bereits *Groh* BB 1982, 1232; *Hennerkes/Binz* NJW 1983, 73 (78).

[254] Zustimmend *Fatouros* in HTM HdB GmbH & Co. KG Rn. 2.227.

[255] So zutreffend BFH 10.11.1987 – VIII R 166/84, BStBl. II 1989, 758, der hieraus aber nicht den richtigen Schluss zieht. Eine einfache Mehrheitsklausel erstreckt sich im Zweifel nämlich nur auf Beschlüsse über die laufenden Geschäfte und ist insoweit unschädlich, so BFH 7.11.2000 – VIII R 16/97, BStBl. II 2001, 186.

132 Die Rechtsprechung des BFH liefe deshalb darauf hinaus, dass den schenkweise aufgenommenen Familienangehörigen für Änderungen des Gesellschaftsvertrags unabhängig von der Höhe ihrer Beteiligungsquote generell ein Vetorecht eingeräumt werden müsste, was weder mit den hergebrachten Grundsätzen einer vorweggenommenen Erbfolge noch mit einem Fremdvergleich im Einklang steht. Dem Umstand, dass nach der sog **Kernbereichslehre** (→ § 6 Rn. 93 ff.) durch Änderungen des Gesellschaftsvertrags ohnehin nicht in die individuelle Rechtsstellung der aufgenommenen Kinder als Kommanditisten eingegriffen werden kann, misst der BFH in diesem Zusammenhang keine Bedeutung bei, da die Möglichkeit, Eingriffe in diesem Bereich abzuwehren, nichts mit der Möglichkeit zu tun habe, **im Rahmen der Betriebsführung initiativ zu werden.**[256] Um diese vom BFH aufgestellte Klippe zu umschiffen, empfiehlt es sich für die Praxis, den Gesellschaftsvertrag einer Familiengesellschaft – aus zivilrechtlicher Sicht überflüssigerweise – um einzelne Elemente des in seiner Bedeutung überkommenen Bestimmtheitsgrundsatzes anzureichern und auch im Übrigen zu verhindern, dass das Stimmrecht der aufgenommenen Kinder „ohne Gewicht" ist, „weil sie sich in einer Gesellschafterversammlung nie gegen den Vater durchsetzen"[257] können.

133 (3) Zum Dritten führt der BFH bei der Abwägung zwischen den für und gegen die Mitunternehmer-Eigenschaft sprechenden Gesichtspunkten das **Abbedingen gesetzlicher Rechte** durch den Gesellschaftsvertrag in der Regel gegen die Mitunternehmer-Eigenschaft ins Feld. **Über das Regelstatut hinausgehende,** gesellschaftsvertraglich eingeräumte **Rechtspositionen** der aufgenommenen Familienangehörigen werden hingegen mit dem Hinweis darauf relativiert, dass die Kinder die sich daraus ergebenden Rechte während der Dauer ihrer Minderjährigkeit nicht ausüben, diesen Rechtspositionen folglich kein allzu großes Gewicht beigelegt werden könne. Diese **Unterscheidung** ist vordergründig und **übersieht** uE, dass es bei der Frage, ob minderjährige Kinder ihnen zustehende Rechtspositionen ausüben, nicht darauf ankommen kann, ob diese auf dem (Regelstatut des) HGB oder auf dem Gesellschaftsvertrag beruhen. Andernfalls verlöre der Prüfungsmaßstab des BFH, ob die Rechtsstellung des minderjährigen Kindes annäherungsweise derjenigen des Regelstatuts des HGB entspricht, seine Berechtigung, da das Kind, wie der BFH schlussfolgern müsste, die ihm zustehenden Rechte während der Dauer seiner Minderjährigkeit **insgesamt** nicht ausübte.

134 (4) Schließlich wäre wünschenswert, wenn der BFH bei der Prüfung der Mitunternehmer-Eigenschaft **konsistente Prüfmaßstäbe** aufstellen würde. Die stattdessen geforderte „wenigstens näherungsweise Übereinstimmung mit dem Regelstatut des HGB" ist mehr als nur unbefriedigend, da auch unter Fremden kaum ein Gesellschaftsvertrag einer KG dem Kommanditisten die in der dispositiven gesetzlichen Regelung vorgesehene Stellung belässt. In der Praxis werden insbesondere die Rechte des Kommanditisten nach §§ 164, 166 HGB, das Einstimmigkeitsprinzip bei jeder Art von Gesellschafterbeschlüssen, die Abstimmung nach Köpfen (!) bei Mehrheitsentscheidungen (§ 119 Abs. 2 HGB), die Gewinnverteilungsregelung (4 %, darüber hinaus „angemessene" Verteilung), das System der variablen Kapitalkonten (§ 167 HGB) und das Entnahmerecht individuell geregelt, so dass es geradezu als **unüblich** bezeichnet werden muss, wenn die Rechtsstellung eines Kommanditisten derjenigen des **Regelstatuts** des HGB entspricht.[258]

135 **d) Eigener Lösungsansatz.** Richtig wäre es uE, auch bei einer Familien-GmbH & Co. KG allein danach zu fragen, ob der Kommanditist mit seinem Anteil über eine eigenständige **Einkunftsquelle** verfügt. Diese Frage wäre dann zu bejahen, wenn der Kommanditist zur Leistungsbewirkung, dh zur Erbringung seines Gesellschafterbeitrags, verpflichtet und in der Lage ist, und diese Leistung durch Zurverfügungstellung des Gesellschafterbei-

[256] BFH 11.10.1988 – VIII R 328/83, BStBl. II 1989, 762; ebenso *Wacker* in L. Schmidt EStG § 15 Rn. 752; anders dagegen BFH 10.11.1987 – VIII R 166/84, BStBl. II 1989, 758.

[257] BFH 11.10.1988 – VIII R 328/83, BStBl. II 1989, 762.

[258] Wie hier *Knobbe-Keuk* Bilanz- und Unternehmenssteuerrecht 510; *Westerfelhaus* DB 1997, 2033 mit Ausführungen zum Stand der zwischen Fremden üblichen Gestaltungen.

trags tatsächlich auch erbringt, kurz, wenn er **Herr seiner Leistungsbewirkung** ist.[259] Dass es sich bei der betreffenden GmbH & Co. KG um eine Familiengesellschaft handelt, wäre für die Beurteilung dann bedeutungslos.

Diese Frage führte nur noch in Ausnahmefällen zu dem Ergebnis, dass der Kommanditist einer Familien-GmbH & Co. KG mit seiner Kommanditbeteiligung keine Einkunftsquelle hat. Solche Ausnahmefälle wären zB dann gegeben, wenn der Kommanditist seinen **Gesellschafterbeitrag nicht erbringt,** sondern nur zu erbringen verspricht, die Verpflichtung zur Beitragserbringung aber keine wirtschaftliche Bedeutung hat, weil nach den Verhältnissen am Tag der Aufnahme des Kommanditisten in die Familien-GmbH & Co. KG davon ausgegangen werden kann, dass die GmbH & Co. KG oder die Mitgesellschafter die Verpflichtung zur Beitragserbringung mit eigenen Mitteln abdecken (sog Auffüllung der Einlage durch Stehenlassen von Gewinnanteilen). Auf der gleichen Ebene läge es, wenn ein Kommanditist zwar seine Einlage aus geschenkten Mitteln erbringt, kraft gesellschaftsvertraglicher Bestimmungen im Fall des Ausscheidens ein **Abfindungsguthaben** aber überhaupt nicht, also nicht einmal in Höhe seiner Einlagen, erhalten soll.[260] In allen derartigen Fällen würde es nämlich an einem Umsatz von Leistungen am Markt fehlen, der allein eine Einkunftsquelle begründen kann. 136

Wird die Kommanditbeteiligung als Einkunftsquelle anerkannt, weil sie auf einem erbrachten Gesellschafterbeitrag beruht, wäre sie gleichwohl dem Kommanditisten steuerrechtlich dann nicht zuzurechnen, wenn dieser nicht Herr der Leistungsbewirkung wäre, also überhaupt nicht bestimmen könnte, ob, wie lange und zu welchen Bedingungen sein Gesellschafterbeitrag erbracht wird. Dies wäre zB bei einer **befristeten Gesellschafterstellung** oder einer – ausnahmsweise wegen besonderer Umstände sachlich gerechtfertigten – **jederzeit drohenden Hinauskündigung** anzunehmen. Ebenfalls schädlich wäre auch ein **vollständiger Ausschluss vom Stimmrecht,** während der aufgrund der Höhe der Kommanditbeteiligung fehlenden Möglichkeit, eine mit qualifizierter Mehrheit beschlossene Änderung des Gesellschaftsvertrags zu verhindern, keine Bedeutung zukäme. In anderen von der Rechtsprechung entschiedenen Fällen, zB Gesellschafter ohne Mitwirkungsrechte bei Geschäftsführungsfragen, Gesellschafter ohne Beteiligung an den stillen Reserven im Fall seines Ausscheidens, ließe sich hingegen nicht sagen, dass der Kommanditist einer Familien-GmbH & Co. KG mit seiner Kommanditbeteiligung keine Einkunftsquelle habe bzw. dass diese ihm einkommensteuerrechtlich nicht zugerechnet werden könne. 137

Es ist von daher ein Schritt in die richtige Richtung, wenn der BFH in seiner ein Pachtverhältnis betreffenden Entscheidung[261] ausdrücklich betont, dass er die Urteile des BVerfG aus dem Jahr 1996 zur Anerkennung von Ehegatten-Arbeitsverhältnissen auch bei Zahlung des Gehalts auf ein Oder-Konto[262] zum Anlass genommen habe, seine **Rechtsprechung** zur steuerlichen Anerkennung von Verträgen zwischen nahen Angehörigen **insgesamt fortzuentwickeln.** So schließe nicht mehr jede geringfügige Abweichung einzelner Sachverhaltsmerkmale vom Üblichen ohne Weiteres die steuerliche Anerkennung des Vertragsverhältnisses aus. Vielmehr dürften einzelne Kriterien des Fremdvergleichs nicht iSv absoluten Tatbestandsvoraussetzungen verstanden werden, sondern seien im Rahmen der gebotenen Gesamtbetrachtung unter dem Gesichtspunkt zu würdigen, ob sie den Rückschluss auf eine privat veranlasste Vereinbarung zulassen.[263] 138

In konsequenter Anwendung dieser Linie hat der BFH entschieden, dass einem Vertrag zwischen Angehörigen **nicht** allein wegen der **Nichtbeachtung** von zivilrechtlichen 139

[259] *Ruppe* in Tipke, Übertragung von Einkunftsquellen im Steuerrecht, 7 (19, 23); bereits *Beinert* StbJb 1978/79, 289.

[260] Zur Frage der gesellschaftsrechtlichen Gültigkeit derartiger Bestimmungen → § 6 Rn. 163 ff.

[261] BFH BFH 28.6.2002 – IX R 68/99, DStR 2002, 1521, ein Mietverhältnis betreffend; 13.7.1999 – VIII R 29/97, BStBl. II 2000, 386 (388) mwN.

[262] BVerfG BStBl. II 1996, 34; DB 1996, 2470.

[263] So auch BFH 12.5.2016 – IV R 27/13, BFH/NV 2016, 1559; 17.7.2014 – IV R 52/11, DStR 2014, 2111 (2112 f.); 14.5.2003 – X R 14/99, BFH/NV 2003, 1547 (1548 f.).

Formerfordernissen die steuerliche Anerkennung zu versagen sei.[264] Die Nichtbeachtung von Formerfordernissen sei nur ein Indiz gegen den vertraglichen Bindungswillen. Diese Indizwirkung werde freilich verstärkt, wenn die Nichtbeachtung der Formvorschriften, insbesondere bei klarer Zivilrechtslage, dem Steuerpflichtigen anzulasten sei.[265] Selbst bei **verstärkter Indizwirkung** müssten jedoch auch **alle anderen** vorhandenen **Beweisanzeichen** gewürdigt werden. Die weitere Entwicklung dieser Rechtsprechung in Bezug auf die Familien-GmbH & Co. KG bleibt abzuwarten.

140 **e) Rechtsfolgen der Nichtanerkennung.** Wird die Mitunternehmerstellung von Familienangehörigen, insbesondere schenkweise aufgenommener Kinder, verneint, so geht die Rechtsprechung wie selbstverständlich davon aus, dass die handelsrechtlich auf die Beteiligung der Kinder entfallenden **Gewinnanteile** steuerlich in vollem Umfang **dem ursprünglichen Gesellschafter,** also in der Regel dem Vater oder der Mutter als gewerbliche Einkünfte iSv § 15 Abs. 1 EStG **zugerechnet** werden. Diese Fiktion geht jedoch selbst dann zu weit, wenn es als richtig angesehen wird, die Vorschrift des § 15 Abs. 1 S. 1 Nr. 2 EStG als Zurechnungsnorm zu verstehen. Die Tatsache, dass die Kinder nicht Mitunternehmer geworden sind, ändert nämlich – von den seltenen Anwendungsfällen der §§ 39, 42 AO abgesehen – nichts daran, dass den Kindern Kapital zugewandt worden ist, das diese wiederum der Personengesellschaft zur Nutzung überlassen.[266]

141 Wenn also die Kinder nicht als Mitunternehmer anerkannt werden, bedeutet dies deshalb noch lange nicht, dass die Kinder nicht **andere Einkünfte** erzielen.[267] Der BFH hat sich bei diesem offensichtlichen Widerspruch bislang auf den Hinweis beschränkt, dass die – nicht Mitunternehmer gewordenen – Kinder ggf. die Stellung von **typisch stillen Gesellschaftern** erlangt haben könnten.[268] Dies setzte allerdings voraus, dass das Gesellschaftsverhältnis in einem rechtswirksamen Vertrag klar und eindeutig vereinbart sowie auch tatsächlich durchgeführt worden sei und dass dem Gesellschafter danach wenigstens die Rechte zustünden, die einem stillen Gesellschafter nach §§ 230 ff. HGB zukämen. Die letztere Voraussetzung sieht der BFH allerdings nur dann als erfüllt an, wenn die Kinder als stille Gesellschafter die Auszahlung ihrer Gewinnanteile entsprechend § 232 Abs. 1 HGB verlangen können oder zumindest über den nicht entnehmbaren Gewinnanteil ein Darlehensvertrag abgeschlossen worden sei.[269] Gerade daran wird aber eine **Umdeutung** der Kommanditbeteiligung von Kindern in eine typisch stille Beteiligung häufig **scheitern.** Die Umdeutung in ein **partiarisches Darlehen** lehnt der BFH mit der Begründung ab, die Beteiligten hätten unabhängig von der steuerlichen Anerkennung stets nur einen Gesellschaftsvertrag vereinbart, an dessen Stelle nicht ein tatsächlich nicht existenter Darlehensvertrag gesetzt werden könne.[270]

142 Die Rechtsfolgenproblematik belegt einmal mehr, dass es dem BFH in Wirklichkeit weniger um die Auslegung und Anwendung des Mitunternehmer-Begriffes, als vielmehr darum geht, die mit einer Familiengesellschaft verbundenen steuerlichen Gestaltungsmöglichkeiten (→ Rn. 115) **nicht ausufern** zu lassen.

5. Stille Beteiligungen und Unterbeteiligungen

143 Für die Mitunternehmer-Eigenschaft **atypisch** still beteiligter oder unterbeteiligter Familienangehöriger gelten die Grundsätze für die Beurteilung von Kommanditisten im Wesent-

[264] BFH 12.5.2009 – IX R 46/08, BFH/NV 2009, 13; 22.2.2007 – IX R 45/06, BStBl. II 2011, 20; IX R 4/04 7.6.2006, BStBl. II. 2007, 294; *Tiedtke/Möllmann* BB 2009, 1737 (1738).

[265] BFH 11.5.2010 – IX R 19/09, BStBl. II 2010, 823; 22.2.2007 – IX R 45/06, BStBl. II 2011, 20.

[266] S. auch *Söffing* in Söffing GmbH & Co. KG Rn. 3487.

[267] *Knobbe-Keuk* Bilanz- und Unternehmenssteuerrecht S. 512.

[268] BFH 6.7.1995 – IV R 79/94, BStBl. II 1996, 269 (272); 15.10.1981 – IV R 52/79, BStBl. II 1982, 342; 29.4.1981 – IV R 131/78, BStBl. II 1981, 663; *Bitz* in LBP EStG § 15 Rn. 22.

[269] So BFH 6.7.1995 – IV R 79/94, BStBl. II 1996, 269 (272); 21.2.1991 – IV R 35/89, BStBl. II 1995, 449 (451). Ähnlich BFH 14.5.2003 – X R 14/99, BFH/NV 2003, 1547 (1549), wonach die zeitliche Dauer einer Auszahlungsbeschränkung absehbar und zudem eine Verzinsung vorgesehen sein müsse.

[270] BFH 6.7.1995 – IV R 79/94, BStBl. II 1996, 269 (273). AA *Fatouros* in HTM HdB GmbH & Co. KG Rn. 2.245.

lichen **entsprechend.**[271] Jedoch ist bei **Unterbeteiligungen** die Mitunternehmer-Eigenschaft trotz weitreichender Beschränkungen der Rechtsposition gleichwohl anzuerkennen, wenn die Beschränkungen bereits für den Hauptbeteiligten Platz greifen, weil dieser naturgemäß nicht mehr Rechte weitergeben kann, als ihm selbst zustehen.[272]

6. Nießbrauchsgestaltungen

Wird im Rahmen eines Erwerbs von Todes wegen oder einer Schenkung unter Lebenden ein Nießbrauchsrecht an einem Anteil an einer Personengesellschaft eingeräumt oder die Ausübung eines solchen Nießbrauchsrechts einem anderen überlassen, richtet sich die einkommensteuerliche Beurteilung nach der **Ausgestaltung** des Nießbrauchsrechts. 144

Der **Nießbraucher** ist **grundsätzlich** als **Mitunternehmer** anzusehen.[273] Dies gilt auch dann, wenn die Nießbrauchsbestellung nicht in der Form der Vollrechtsübertragung erfolgt, sondern durch Abspaltung von Teilrechten und -pflichten (→ § 5 Rn. 170 ff.), sofern der Nießbraucher aufgrund der im Einzelfall getroffenen Abreden eine rechtliche und tatsächliche Stellung erlangt, die dem Typus-Begriff des Mitunternehmers entspricht.[274] Angesichts der **vermögensmäßig** zwangsläufig **beschränkten Position** des Nießbrauchers ist es hierzu erforderlich, dass der Nießbraucher im Verhältnis zu den anderen Gesellschaftern die mit der Mitgliedschaft verbundenen **Verwaltungsrechte** ausübt und diese im Einzelfall auch praktische Bedeutung – iSv Mitunternehmerinitiative – haben, oder er im Verhältnis zu Dritten als (weiterer) Gesellschafter in Erscheinung tritt.[275] 145

Ist der Nießbrauch lediglich auf den Gewinnanspruch beschränkt (sog **Ertragsnießbrauch**), wird der Nießbraucher nicht Mitunternehmer.[276] Stehen dem Nießbraucher nur die **entnahmefähigen Gewinnanteile** zu, sind die mit dem Kommanditanteil zusammenhängenden Verluste ausschließlich dem Kommanditisten zuzurechnen, soweit dieser als Mitunternehmer anzusehen ist.[277] 146

Der **Kommanditist** (Nießbrauchbesteller) bleibt bzw. wird – auch wenn er für die Dauer des Nießbrauchs zivilrechtlich aus der Gesellschaft ausscheidet und der Nießbraucher als Treuhänder Gesellschafter wird – **Mitunternehmer,** wenn ihm gesellschaftsrechtliche Mitwirkungsrechte verbleiben bzw. eingeräumt werden und seiner Beteiligung an den stillen Reserven und am Geschäftswert im Liquidationsfall mehr als nur theoretische Bedeutung zukommt, dem Nießbraucher nur der entnahmefähige Teil des Gewinnanteils gebührt und nach dem Gesellschaftsvertrag nicht der gesamte Gewinnanteil entnahmefähig ist.[278] Er ist nicht Mitunternehmer, wenn dem Nießbraucher sämtliche **Stimmrechte,** auch in Grundlagengeschäften der Gesellschaft, zustehen.[279] 147

Die gesellschaftsrechtliche Stellung des Nießbrauchers und des (Verwaltungs-)**Testamentsvollstreckers** sind, wenn jeweils die Treuhandlösung gewählt wird, vergleichbar, jedoch ist Letzterer von vornherein **kein Mitunternehmer,** da er die Gesellschaftsbeteiligung aufgrund einer fremdnützigen Treuhand nutzt.[280] 148

---

[271] BFH 6.7.1995 – IV 79/94, BStBl. II 1996, 269; *Wacker* in L. Schmidt EStG § 15 Rn. 770 ff.

[272] BFH 24.7.1986 – IV R 103/83, BStBl. II 1987, 54.

[273] *Wacker* in L. Schmidt EStG § 15 Rn. 306 mwN.

[274] BFH 1.3.1994 – VIII R 35/92, BStBl. II 1995, 241 (244); 11.4.1973 – IV R 67/69, BStBl. II 1973, 528; *Söffing/Jordan* BB 2004, 353 f.; *Schulze zur Wiesche* FR 1999, 281; *Korn* DStR 1999, 1461 (1470).

[275] BFH IV R 52/08, BStBl. II 2011, 261; *Wacker* in L. Schmidt EStG § 15 Rn. 306; *Kuspert* FR 2014, 397.

[276] FG Köln EFG 2003, 587 (588) mAnm *Braun*; *Daragan* DStR 2011, 1347; *Wälzholz* DStR 2010, 1930.

[277] BFH 3.12.2015 – IV R 43/13, BFH/NV 2016, 742.

[278] BFH 16.12.2009 – II R 44/08, BFH/NV 2010, 690; 1.3.1994 – VIII R 35/92, BStBl. II 1995, 241 (244); FG Köln EFG 1984, 462; *Wacker* in L. Schmidt EStG § 15 Rn. 309; *Schulze zur Wiesche* FR 1999, 281 (282); *Schulze zur Wiesche* BB 2004, 355 f.

[279] BFH 6.5.2015 – II R 34/13, BStBl. II 2015, 821; 10.12.2008 – II R 34/07, BStBl. II 2009, 312. FG Baden-Württemberg EFG 2006, 1672; FG Niedersachsen EFG 2005, 639; *Bitz* in LBP EStG § 15 Rn. 32a; *Kotzenberg* BB 2015, 2472.

[280] BFH 16.5.1995 – VIII R 18/93, BStBl. II 1995, 714.

149 Durch den **unentgeltlichen Nießbrauchsverzicht** geht die Mitunternehmerstellung des Nießbrauchers auf den Gesellschafter über. Es ist von einer buchwertneutralen Übertragung betrieblichen Vermögens auszugehen, die keine ertragsteuerlichen Folgen auslöst.[281] Gleiches gilt für das Erlöschen des Nießbrauchs durch den **Tod des Nießbrauchs-Mitunternehmers.**[282]

7. Publikums-GmbH & Co. KG

150 Mit der Beteiligung an einer Publikums-KG werden regelmäßig reine Anlagezwecke verfolgt, wobei die individuelle Ausübung von Gesellschafterrechten weder üblich noch gewünscht ist. Diese Konstellation hatte in der Vergangenheit die Frage aufgeworfen, inwieweit die Publikums-KG überhaupt eine **Personengesellschaft** darstellt. Nachdem der BGH und ihm folgend der BFH[283] dies bejaht haben, liegen die besonderen Probleme der Publikums-KG nur noch darin, ob und inwieweit die **Kommanditisten auch Mitunternehmer** sind.[284] GmbH & Co. KG-spezifische Besonderheiten ergeben sich hierbei nicht.

III. Einkommenszurechnung der Höhe nach – die einkommensteuerliche Anerkennung der Gewinnverteilung

1. Anerkennung der Gewinnverteilung

151 Soweit die Gesellschafter einer GmbH & Co. KG als Mitunternehmer anerkannt sind bzw. nach der hier vertretenen Auffassung eine **Einkunftsquelle** haben, kann ihnen **dem Grunde nach** ihr handelsrechtlicher Gewinnanteil als Basis für die Ermittlung der einkommensteuerpflichtigen Einkünfte zugerechnet werden. Damit ist allerdings noch nichts darüber gesagt, ob ihnen der handelsrechtliche Gewinnanteil auch in voller Höhe steuerlich zuzurechnen ist. Einkünfte können **der Höhe nach** einer Einkunftsquelle nämlich nur insoweit zugerechnet werden, als sie auch aus dieser Einkunftsquelle fließen, sie also nicht aus einer anderen Quelle herrühren.

152 Diese Zurechnung kann bei einer GmbH & Co. KG in zweifacher Hinsicht **problematisch** sein. Der handelsrechtliche Gewinnanteil der **Komplementär-GmbH** kann durch die Tatsache beeinflusst sein, dass die Gesellschafter der Komplementär-GmbH **zugleich Kommanditisten** sind oder diesen nahestehen (→ Rn. 156 ff.). Der handelsrechtliche Gewinnanteil eines **Kommanditisten** kann dadurch beeinflusst sein, dass er **im Hinblick auf persönliche Beziehungen** und nicht aufgrund wirtschaftlicher Überlegungen zugunsten oder zulasten anderer Gesellschafter zugestanden worden ist (→ Rn. 184 ff.). Im ersten Fall ermöglicht es das Institut der **verdeckten Gewinnausschüttung** bzw. **verdeckten Einlage,** im zweiten Fall das Institut der **verdeckten Einkommensverwendung,** bei der Gewinnzurechnung der Höhe nach von der handelsrechtlichen Gewinnverteilung abzuweichen.

153 In einem heute noch maßgeblichen Grundsatz-Urteil aus dem Jahr 1967[285] hat der BFH die **Grundsätze** zusammengefasst, nach denen die **steuerliche Anerkennung der Gewinnverteilung** bei einer GmbH & Co. KG zu beurteilen ist. Danach ist grundsätzlich die vertraglich vereinbarte Gewinnverteilung der steuerlichen Beurteilung zugrunde zu legen. Dies gilt uneingeschränkt – von den seltenen Fällen des Gestaltungsmissbrauchs einmal abgesehen – insbesondere dann, wenn der GmbH & Co. KG-Gesellschaftsvertrag und damit auch die Gewinnverteilungsabrede **unter Fremden** im natürlichen Interessengegensatz ausgehandelt wurden. Die Gewinnverteilungsabrede kann steuerlich nur beiseitegeschoben werden, wenn und soweit steuerliche Vorschriften dies erfordern.

---

281 *Reich/Stein* DStR 2013, 1272; *Eisele* NWB 2012, 4151.

282 *Mielke* DStR 2014, 18.

283 BFH 25.6.1984 – GrS 4/82, BStBl. II 1984, 751 (760).

284 Zu weiteren Einzelheiten *Wacker* in L. Schmidt EStG § 15 Rn. 705 ff.

285 BFH 15.11.1967 – IV R 139/67, BStBl. II 1968, 152. S. auch BFH 22.5.1990 – VIII R 41/87, BStBl. II 1990, 965; 24.7.1986 – IV R 103/83, BStBl. II 1987, 54 mwN.

Das kann dann der Fall sein, wenn der Gesellschaftsvertrag zwischen einander **nahestehenden Personen** abgeschlossen wurde, was bei der typischen, weil (überwiegend) **beteiligungsidentischen GmbH & Co. KG** zumindest im Verhältnis zur Komplementär-GmbH regelmäßig zu bejahen ist. Hier sind die Grundsätze heranzuziehen, die der BFH zur steuerlichen Behandlung von Gewinnverteilungsabreden unter nahen Angehörigen und zur Frage der vGA entwickelt hat. Danach können in diesen Fällen vertragliche Regelungen nur dann steuerliche Anerkennung finden, wenn sie keine Abreden enthalten, die **unter Fremden** nicht getroffen werden, wenn sie also betrieblichen Gesichtspunkten und nicht den außerhalb des Gesellschaftsverhältnisses unter den Beteiligten bestehenden persönlichen Beziehungen entspringen, denen das Gesellschaftsverhältnis dienstbar gemacht werden soll. Auf einen kurzen Nenner gebracht: Die Gewinnverteilungsabrede muss nach Auffassung des BFH **wirtschaftlich angemessen** sein, um steuerlich anerkannt zu werden.[286] 154

Erbringen Gesellschafter unterschiedlich hohe Beiträge aus persönlichen oder wirtschaftlichen Gründen, so kann auch eine Gewinnverteilung abweichend von den Kapitalanteilen der Gesellschafter erfolgen (sog **inkongruente Gewinnverteilung**).[287] Werden unterschiedlich hohe Beiträge der Gesellschafter durch ein steuerlich anerkanntes **Ergebnisvorab** abgegolten, so stellen sie für den betreffenden Gesellschafter einen Zusatzgewinn dar und führen bereits dadurch zu einer insgesamt von der Beteiligungsquote abweichenden Gewinnverteilung. Bei einer **vermögensverwaltenden Personengesellschaft** mit Überschusseinkünften kann ein vereinbartes Ergebnisvorab aufgrund des **Zu- und Abflussprinzips** nur dann berücksichtigt werden, wenn das Ergebnisvorab entweder tatsächlich gezahlt wird oder die Personengesellschaft Einnahmen mindestens in der Höhe des Ergebnisvorabs erzielt hat.[288] 155

2. Angemessener Gewinnanteil der Komplementär-GmbH

a) Maßstab für die Angemessenheit. Ausgangspunkt ist die Frage, welcher Gewinnanteil einer aus fremden Gesellschaftern bestehenden GmbH, die zum Zwecke der Führung der Geschäfte der GmbH & Co. KG und der Übernahme der Stellung des Komplementärs gebildet worden ist und sich ggf. mit einer Kapitaleinlage an der KG beteiligt hat, zugebilligt worden wäre. Diese Frage ist nach der zutreffenden Auffassung des BFH dahin zu beantworten, dass der Gewinnanteil der Komplementär-GmbH ihrem **Beitrag zur Erreichung des Gesellschaftszwecks** der GmbH & Co. KG entsprechen muss.[289] 156

Unter den Beiträgen, welche die Komplementär-GmbH gegenüber der KG leistet, stehen neben der eventuellen **Leistung einer Kapitaleinlage** eindeutig die **Führung der Geschäfte** für die GmbH & Co. KG und die **Übernahme der persönlichen, unbeschränkten Haftung** für die Verbindlichkeiten der GmbH & Co. KG im Vordergrund. Diese Faktoren bestimmen den Gewinnanteil der Komplementär-GmbH. 157

b) Übernahme der Geschäftsführung. Der Übernahme der Geschäftsführung durch die Komplementär-GmbH misst der BFH **kein entscheidendes Gewicht** bei.[290] Zutreffend weist der BFH darauf hin, dass typischerweise die Komplementär-GmbH nur für den Zweck geschaffen werde, formal die Geschäfte einer bereits bestehenden KG zu führen, während in Wirklichkeit die tatsächliche Geschäftsführung den Kommanditisten obliege. Daraus folgert der BFH, dass eine neu geschaffene GmbH mit fremden Gesellschaftern, der das sachliche Substrat der geschäftsführenden Tätigkeit (Büros, Büromaterial, Arbeitskräfte etc) zur Verfügung gestellt und der die Gehälter angestellter Geschäftsführer erstattet würden, keine weitere ins Gewicht fallende Vergütung verlangen könne bzw. erhalten müsse. 158

---

[286] BFH 9.6.1994 – IV R 47–48/92, BFH/NV 1995, 103 (105).

[287] *Bitzbaum/Escher* DStR 2014, 1413.

[288] FG Berlin-Brandenburg EFG 2013, 928.

[289] BFH 15.11.1967 – IV R 139/67, BStBl. II 1968, 152; *Fichtelmann* Die GmbH & Co. KG im Steuerrecht Rn. 228 ff.

[290] BFH 25.4.1968 – VI R 279/66, BStBl. II 1968, 741; 15.11.1967 – IV R 139/67, BStBl. II 1968, 152.

159 Das bedeutet für die Praxis, dass bei der Gewinnverteilung der geschäftsführenden Tätigkeit der Komplementär-GmbH dadurch ausreichend Rechnung getragen wird, dass dieser sämtliche **Aufwendungen ersetzt** werden, die ihr im Zusammenhang mit ihrer geschäftsführenden Tätigkeit entstehen. Ein **Gewinnzuschlag** auf diese Aufwendungen braucht der Komplementär-GmbH nicht zugestanden zu werden.[291] Von den durch die Geschäftsführungstätigkeit veranlassten und damit zu erstattenden Aufwendungen sind allerdings die Aufwendungen abzugrenzen, die die Komplementär-GmbH als **Gesellschaft selbst** betreffen, zB Jahresabschlusskosten. Diese sind auch dann nicht zu erstatten, wenn sich die Tätigkeit der GmbH ausschließlich auf die Komplementär-Funktion beschränkt.[292]

160 **c) Kapitalmäßige Beteiligung.** Im Übrigen unterscheidet der BFH danach, ob die Komplementär-GmbH kapitalmäßig an der GmbH & Co. KG beteiligt ist oder nicht. In der **Praxis** ist die Komplementär-GmbH als reines Haftungs- und Geschäftsführungsinstrument an der GmbH & Co. KG regelmäßig **kapitalmäßig nicht** beteiligt.

161 **aa) Nicht kapitalmäßig beteiligte Komplementär-GmbH.** Hierzu hat der BFH[293] entschieden, die Komplementär-GmbH müsse ein Entgelt dafür erhalten, dass sie die alleinige Komplementär-Funktion innerhalb der GmbH & Co. KG innehabe und damit das Risiko eingehe, für die Schulden der GmbH & Co. KG in Anspruch genommen zu werden, also ihr eigenes Vermögen zu verlieren, ohne dafür – im Insolvenzfall – aus dem Gesellschaftsvermögen der KG Ersatz zu erhalten. Die Höhe dieses Entgelts, das fest oder gewinnabhängig sein kann, muss sich in etwa an einer dem **Risiko des Einzelfalls** entsprechenden, im Wirtschaftsleben für diesen Fall **üblichen Avalprovision** orientieren. Hierbei ist zu berücksichtigen, dass das Risiko der Komplementär-GmbH vielfach besonders hoch zu veranschlagen ist, zB dann, wenn der KG-Vertrag für die Komplementär-GmbH auf längere Zeit unkündbar ist, das Haftungsrisiko also langfristig übernommen wird.[294] Ist das über das Stammkapital hinausgehende Vermögen der Komplementär-GmbH unerheblich, kann es nach Auffassung des BFH für die Bemessung der **Risikoprämie** außer Betracht bleiben.

162 Im Streitfall hat der BFH ein Entgelt für die Übernahme des Haftungsrisikos in Höhe von **6 % des Stammkapitals der Komplementär-GmbH** als ausreichend angesehen.[295] Ist die Gewinnverteilung hiernach bei einer **langfristigen** Betrachtung angemessen, braucht die Angemessenheit nicht in jedem Jahr neu überprüft werden.[296] Allerdings hat der BFH klarstellend darauf hingewiesen, dass eine Gewinnverteilungsabrede, die im Zeitpunkt ihrer Vereinbarung angemessen sei, dann zu einer **verdeckten Gewinnausschüttung** führen könne, wenn sich die wirtschaftliche Lage der GmbH & Co. KG verändere, insbesondere das Haftungsrisiko so zunehme, dass eine aus fremden Gesellschaftern bestehende Komplementär-GmbH das Gesellschaftsverhältnis kündigen und entweder aus der GmbH & Co. KG ausscheiden oder ein wesentlich höheres Leistungsentgelt fordern und erhalten würde.

163 Haben die Kommanditisten die Komplementär-GmbH im Innenverhältnis von der Haftung **freigestellt,** hält der BFH eine Risikoprämie für verzichtbar.[297] Tritt die Komplementär-GmbH in ein Unternehmen ein, in dem ihre Haftung wahrscheinlich nicht aktuell werden wird, muss diesem Umstand ebenfalls Rechnung getragen werden.

---

291 BFH 24.7.1990 – VIII R 290/84, BFH/NV 1991, 191.

292 BFH 18.5.1995 – IV R 46/94, BStBl. II 1996, 295.

293 BFH 3.2.1977 – IV R 122/73, BStBl. II 1977, 346.

294 Zur Einschätzung des Haftungsrisikos als Entgeltmaßstab BFH 24.7.1990 – VIII R 290/84, BFH/NV 1991, 191.

295 BFH 3.2.1977 – IV R 122/73, BStBl. II 1977, 346; ebenso FG Düsseldorf EFG 1975, 224. FG Saarland EFG 1990, 586 erachtete eine Prämie von 2 % des Stammkapitals zuzüglich 10 % des Gewinns der GmbH & Co. KG, höchstens jedoch 10 % des Stammkapitals für ausreichend. FG Baden-Württemberg BB 1974, 1108 anerkannte eine Prämie von nur 1 %. FG Münster EFG 1975, 471 ließ eine vom Gewinn der GmbH & Co. KG abhängige Prämie von 6–15 % unbeanstandet. Das Haftungsentgelt muss auch Rücklagen und Gewinn-/Verlustvortrag einbeziehen, so *Schwedhelm* in Streck KStG § 8 Anh. Rn. 632.

296 BFH 24.7.1990 – VIII R 290/84, BFH/NV 1991, 191.

297 BFH 15.11.1967 – IV R 139/67, BStBl. II 1968, 152 (158).

bb) Kapitalmäßig beteiligte Komplementär-GmbH. Ist die Komplementär-GmbH kapitalmäßig an der GmbH & Co. KG beteiligt, muss ihr eine angemessene **Verzinsung der Einlage** eingeräumt werden. Dies geschieht zweckmäßigerweise entweder im Rahmen einer **Vorwegverzinsung** sämtlicher Einlagen oder der Einräumung einer **Gewinnquote,** die sich nach dem Verhältnis des Nominalwerts aller Kapitalanteile ergibt. Der Gewinnanteil der Komplementär-GmbH braucht indessen – berechnet auf die Einlage – nicht genau gleich hoch zu sein wie derjenige der Kommanditisten.[298] 164

Die **Höhe der Risikoprämie** für das Haftungsrisiko der Komplementär-GmbH sieht der BFH im Urteil vom 15.11.1967[299] als Frage des Einzelfalls an. Er weist allgemein darauf hin, dass bei der Bewertung der unbeschränkten Haftung kein Vergleich mit einer natürlichen Person als Komplementär gezogen werden dürfe, sondern das Vergleichsobjekt eine juristische Person sein müsse, weil wirtschaftlich gesehen die unbeschränkte persönliche Haftung einer juristischen Person etwas anderes sei als die unbeschränkte Haftung einer natürlichen Person und als Vergleichsmaßstab nur eine von fremden Gesellschaftern gegründete Komplementär-GmbH in Betracht komme. Der Umfang des abzugeltenden **Haftungsrisikos** hängt deshalb von der Höhe des über die Einlage hinaus vorhandenen Vermögens der Komplementär-GmbH sowie von der wirtschaftlichen Lage der GmbH & Co. KG ab. Insoweit gelten die Ausführungen zur nicht kapitalmäßig beteiligten Komplementär-GmbH entsprechend (→ Rn. 161 ff.). 165

In einem anderen Urteil vom 15.11.1967[300] hat der BFH den Gewinnanteil einer Komplementär-GmbH, der einer **20 % Rendite** auf die Kapitaleinlage entsprach, als **angemessen** anerkannt. Im Streitfall hatte sich die Komplementär-GmbH, die über ein Stammkapital von 20.000 DM verfügte, mit einer Kapitaleinlage von 10.000 DM an der GmbH & Co. KG beteiligt, während die Kommanditeinlagen 300.000 DM betrugen. Der Gewinnanteil der Komplementär-GmbH belief sich auf 2.000 DM, also 20 % der Einlage bzw. 10 % des Stammkapitals. Der BFH entschied, dass für die mehr oder weniger formale Übernahme der Geschäftsführung und die Übernahme eines gegenüber dem gesamten Kapitaleinsatz aller Gesellschafter kaum ins Gewicht fallenden Haftungsrisikos sich auch eine aus fremden Gesellschaftern bestehende Komplementär-GmbH mit einem derartigen Gewinnanteil begnügt haben würde.[301] 166

Eine gesonderte Risikoprämie für die Komplementär-GmbH braucht also nicht gezahlt zu werden, wenn eine mit dem Mindeststammkapital **neu gegründete GmbH** in ein wirtschaftlich gesundes Unternehmen als Komplementär eintritt und in Höhe ihres Stammkapitals eine Kapitaleinlage leistet, mit der sie anteilig am Gewinn der GmbH & Co. KG teilnimmt.[302] 167

d) Änderung der Gewinnverteilung. aa) Überblick. Die beiden BFH-Urteile vom 15.11.1967[303] hatten in der Praxis vielfach den Wunsch ausgelöst, den **Gewinnanteil** der Komplementär-GmbH den vom BFH nunmehr als angemessen angesehenen Beträgen **anzupassen,** soweit diese bislang höhere Gewinnanteile erhielt. Bis zum Bekanntwerden dieser BFH-Urteile war nämlich vielfach unter dem Einfluss der Finanzverwaltung zur Vermeidung der Gefahr einer vGA die Gewinnquote der Komplementär-GmbH höher angesetzt worden, als dies die Beteiligten an und für sich wollten. 168

Nachdem mit der UntStReform 2000 das körperschaftsteuerliche Anrechnungsverfahren durch das **Halbeinkünfteverfahren** (jetzt: Teileinkünfteverfahren) ersetzt wurde, kann es bei der beteiligungsidentischen GmbH & Co. KG durchaus interessant sein, der Komplementär-GmbH einen **größeren Gewinnanteil** zukommen zu lassen. Werden die Gewinne 169

---

[298] BFH 24.7.1990 – VIII R 290/84, BFH/NV 1991, 191.
[299] BFH IV R 139/67, BStBl. II 1968, 152; ebenso BFH 3.2.1977 – IV R 122/73, BStBl. II 1977, 346.
[300] BFH IV R 244/66, BStBl. II 1968, 175.
[301] S. auch die Nachweise über angemessene Renditen in anderen Einzelfällen in BFH 24.7.1990 – VIII R 290/84, BFH/NV 1991, 191.
[302] *Eckl* in HTM HdB GmbH & Co. KG Rn. 6.178.
[303] BFH IV R 244/66, BStBl. II 1968, 175; IV R 139/67, BStBl. II 1968, 152.

bei der GmbH thesauriert, unterliegt ihr Gewinnanteil aus der GmbH & Co. KG unter Umständen einer niedrigeren Steuerbelastung als die Gewinnanteile der als Kommanditisten beteiligten natürlichen Personen. Nur wenn der gesamte Gewinn der GmbH & Co. KG an die als Kommanditisten und gleichzeitig als Gesellschafter der Komplementär-GmbH beteiligten natürlichen Personen ausgekehrt werden soll, empfiehlt es sich, den Gewinnanteil der Komplementär-GmbH möglichst niedrig zu halten, da bei einer Gewinnausschüttung aus der GmbH eine zusätzliche Steuerbelastung auf der Ebene der Gesellschafter hinzukommt. Durch die UntStReform 2008 sind diese Zusammenhänge allerdings komplexer geworden und haben im konkreten Einzelfall ggf. eine erneute Überprüfung der Gewinnverteilungsabrede erforderlich gemacht.

170 Wird der Gewinnanteil der Komplementär-GmbH **nachträglich** erhöht oder vermindert, taucht naturgemäß die Frage auf, inwieweit in einer solchen **Anpassung der Gewinnverteilung** zulasten oder zugunsten der Komplementär-GmbH durch Änderung des Gesellschaftsvertrags eine vGA oder verdeckte Einlage gesehen werden muss.

171 **bb) „Zurückstufung" der Komplementär-GmbH.** Die Zustimmung der Komplementär-GmbH zu einer unmittelbaren Änderung der gesellschaftsvertraglichen Gewinnverteilung in der Weise, dass sich ihr Anteil am laufenden Gewinn und am künftigen Liquidationsguthaben bzw. ihr potenzielles Abfindungsguthaben zugunsten der Kommanditisten verringert, kann als **verdeckte Gewinnausschüttung** beurteilt werden, wenn die Geschäftsführer der Komplementär-GmbH der Änderung des Gesellschaftsvertrags allein mit Rücksicht darauf zugestimmt haben, dass die durch die Vertragsänderung begünstigten Kommanditisten zugleich an der Komplementär-GmbH beteiligt sind.[304] Keine vGA liegt vor, wenn ein **überhöhter Gewinnanteil** der Komplementär-GmbH auf ein angemessenes Maß **reduziert** wird.[305] Denn auch ein ordentlicher und gewissenhafter Geschäftsleiter der Komplementär-GmbH würde einer solchen Vertragsänderung zustimmen, weil andernfalls zu befürchten wäre, dass die Kommanditisten das Gesellschaftsverhältnis kündigen und die Komplementär-GmbH allein nicht in der Lage wäre, das Unternehmen mit ähnlichem Erfolg fortzuführen.[306]

172 Entsprechend hatte der BFH bereits in einem Urteil vom 25.11.1976 argumentiert.[307] Verneint wurde die vGA mit der Begründung, dass einer der Kommanditisten wesentliche Grundlagen des Unternehmens – Erfindungen bzw. Know-how – der GmbH & Co. KG lediglich aufgrund eines kurzfristig kündbaren Lizenzvertrags zur Nutzung überlassen hatte und gleichartige Rechte von dritter Seite nicht ohne Weiteres zu erhalten waren. Da deswegen die Komplementär-GmbH bei einem Ausscheiden des Kommanditisten durch Kündigung des Gesellschaftsvertrags **außer Stande** gewesen wäre, das **Unternehmen** mit ähnlichem Erfolg **allein fortzuführen,** und da sich der der Komplementär-GmbH nach Vertragsänderung verbleibende **Gewinnanteil immer noch** als **hochwertig** darstellte, wertete der BFH die Zustimmung der Komplementär-GmbH zur Minderung ihres Gewinnanteils nicht als vGA.

173 Nimmt eine kapitalmäßig an der GmbH & Co. KG beteiligte Komplementär-GmbH am Gewinn und Verlust der KG teil, so kann sich ihr **Gewinnanteil (mittelbar)** für die Zukunft auch dann **vermindern,** wenn im Zuge einer Kapitalerhöhung zwar die Kommanditeinlagen erhöht werden, nicht aber auch gleichzeitig die Kapitaleinlage der Komplementär-GmbH. In einer solchen Nichtteilnahme der Komplementär-GmbH an einer Kapitalerhöhung kann eine **verdeckte Gewinnausschüttung** gesehen werden, wenn eine Komplementär-GmbH mit fremden Dritten als Gesellschaftern ihrem **Ausschluss von der Kapitalerhöhung** (Verzicht auf das Bezugsrecht) nicht zugestimmt hätte.[308]

---

[304] BFH 27.2.1992 – IV R 69/91, BFH/NV 1993, 386; 25.11.1976 – IV R 38/73, BStBl. II 1977, 477.

[305] Ebenso *Wacker* in L. Schmidt EStG § 15 Rn. 725 und 729.

[306] BFH 27.2.1992 – IV R 69/91, BFH/NV 1993, 386 unter Ziff. 4.

[307] BFH IV R 38/73, BStBl. II 1977, 477.

[308] BFH 3.2.1977 – IV R 153/74, BStBl. II 1977, 504; 25.11.1976 – IV R 90/72, BStBl. II 1977, 467. Laut FG Köln GmbHR 2017, 483, Rev. (Az. BFH IV B 3/17) soll eine vGA nur dann vorliegen, wenn sich die Kapitalerhöhung auf den Bilanzwert der Beteiligung der Komplementär-GmbH an der KG wertmindernd auswirkt. Zum Ganzen *Urban* GmbHR 2017, 453.

Dies hat der BFH insbesondere für den Fall bejaht, dass die Komplementär-GmbH unter **keinem tatsächlichen oder rechtlichen Gesichtspunkt gezwungen** war, ihre nach dem Gesellschaftsvertrag erforderliche Zustimmung dazu zu geben, dass das Kapital unter Ausschluss des Komplementärs nur aus Mitteln der Kommanditisten erhöht und damit die Rechtsposition der Komplementär-GmbH einschneidend verschlechtert und die der Kommanditisten verbessert wurde.[309] Eine vGA hat der BFH ferner bei einer **Einheits-GmbH & Co. KG** bejaht, wenn die Komplementär-GmbH und alle Kommanditisten ihre Anteile an der KG an denselben Erwerber veräußern und hierbei die Komplementär-GmbH für ihren Anteil keine angemessene Gegenleistung erhält.[310] 174

In einem anderen Fall hat der BFH die Nichtteilnahme an der Kapitalerhöhung dagegen akzeptiert.[311] Er stellte darauf ab, dass sich die geschäftsführenden Kommanditisten mit einer **Tätigkeitsvergütung** zufriedengaben, die erheblich **niedriger** war als diejenige, die an einen fremden Geschäftsführer für gleichartige Leistungen zu zahlen gewesen wäre. Da die mit der Zustimmung zur Kapitalerhöhung verbundene Minderung des Gewinnanteils der Komplementär-GmbH nicht außer Verhältnis stand zu den Vorteilen, die der Komplementär-GmbH aus einem mit der Zustimmung zur Vertragsänderung verbundenen Festhalten an den niedrigen Tätigkeitsvergütungen für die Kommanditisten erwuchsen, sah der BFH die Zustimmung zur Vertragsänderung als wirtschaftlich gerechtfertigt und damit nicht als vGA an. 175

Zusammenfassend ergibt sich, dass Kommanditisten, die gegenüber ihrer Komplementär-GmbH eine wirtschaftliche Machtposition einnehmen, diese auch mit steuerlicher Wirkung zur Durchsetzung einer unmittelbaren oder mittelbaren Änderung der Gewinnverteilung zulasten der Komplementär-GmbH einsetzen dürfen, und dass die Änderung der Gewinnverteilung nicht für sich allein, sondern im Zusammenhang mit dem gesamten Gesellschaftsverhältnis gewertet werden muss. Nur wenn für die Änderung der Gewinnverteilung zulasten der Komplementär-GmbH **keine wirtschaftlichen Gesichtspunkte** angeführt werden können, liegt in der Zustimmung der Komplementär-GmbH zu dieser Änderung eine vGA, weil in solchen Fällen eben ein ordentlicher und gewissenhafter Geschäftsleiter einer Minderung des Gewinnanteils der Komplementär-GmbH nicht zugestimmt hätte. 176

cc) „Besserstellung" der Komplementär-GmbH. In Anknüpfung an die Rechtsprechung zu den für die Komplementär-GmbH nachteiligen Änderungen bei der Gewinnverteilung hat der BFH mit Urteil vom 23.8.1990[312] entschieden, dass eine **verdeckte Einlage** in die GmbH vorliege, wenn eine Änderung der Gewinnverteilung zugunsten der Komplementär-GmbH ihre Erklärung nicht in den Verhältnissen der GmbH & Co. KG findet, sondern in anderen Beziehungen zwischen den Gesellschaftern. Im entschiedenen Fall war der einzige Kommanditist zugleich alleiniger Gesellschafter der Komplementär-GmbH. Dieser beschloss eine **temporäre Änderung der Gewinnverteilung** zugunsten der GmbH, um deren steuerliche Verlustvorträge ausnutzen zu können. Der BFH sah die Vermögensmehrung bei der GmbH aufgrund der geänderten Gewinnverteilung als außerbetrieblich veranlasst an und bejahte deshalb eine verdeckte Einlage. 177

Das Urteil ist in der Literatur teilweise auf **Bedenken** gestoßen.[313] Es sei nicht ohne Weiteres von der Hand zu weisen, dass – wie von der Vorinstanz angenommen – die Komplementär-GmbH durch die Zubilligung des überhöhten Gewinnanteils nur einen **Nutzungsvorteil** erlangt habe, der nach der Entscheidung des Großen Senats des BFH vom 26.10.1987[314] nicht Gegenstand einer verdeckten Einlage sein könne. Der BFH ist 178

[309] BFH 25.11.1976 – IV R 90/72, BStBl. II 1977, 467; *Autenrieth/Breucha-Schmidberger* DStZ 1988, 589 (592).
[310] BFH 9.5.1985 – IV R 76/83, BStBl. II 1985, 683.
[311] BFH 3.2.1977 – IV R 153/74, BStBl. II 1977, 504.
[312] BFH IV R 71/89, BStBl. II 1991, 172.
[313] *L. Schmidt* DStR 1991, 179; *Eckl* in HTM HdB GmbH & Co. KG Rn. 6.185.
[314] BFH 26.10.1987 – GrS 2/86, BStBl. II 1988, 348.

dagegen der Annahme einer steuerlich unbeachtlichen Nutzungseinlage mit der Begründung entgegengetreten, mit der geänderten Gewinnverteilung sei der GmbH dauerhaft jeweils ein zusätzlicher Anteil an der Vermögensmehrung bei der Personengesellschaft und damit nicht nur eine Nutzung gewährt worden.[315]

179 Die Überlegungen des BFH dürften auch dann gelten, wenn der Komplementär-GmbH eine überhöhte Gewinnbeteiligung allein deshalb eingeräumt wird, weil sich auf diese Weise die **Gesamt-Steuerbelastung verringern** lässt. Hier wird auf der Grundlage der BFH-Rechtsprechung ebenfalls von einer verdeckten Einlage auszugehen sein.

180 **e) Rechtsfolgen eines unangemessenen Gewinnanteils der Komplementär-GmbH.** Die Annahme einer vGA[316] aufgrund eines von vornherein **unangemessen niedrigen Gewinnanteils** der Komplementär-GmbH hat zur Folge, dass der GmbH zulasten der Kommanditisten steuerlich ein höherer Gewinnanteil zugerechnet wird.[317] Die Differenz zum tatsächlich erhaltenen Gewinnanteil gilt als an die zugleich an der GmbH beteiligten Kommanditisten ausgeschüttet. Die Gewinnausschüttung ist wiederum als **Sonderbetriebseinnahme** der Kommanditisten bei der steuerlichen Gewinnermittlung der KG zu erfassen.[318]

181 Unter der Geltung des körperschaftsteuerlichen Anrechnungsverfahrens bestand der Nachteil dieser Umqualifizierung insbesondere darin, dass die Herstellung der Ausschüttungsbelastung bei der GmbH zu einer Nachversteuerung führen konnte, wenn nicht in ausreichendem Maß mit Körperschaftsteuer belastetes verwendbares Eigenkapital vorhanden war. Seit dem VZ 2001 unterliegt die als Sonderbetriebseinnahme zu erfassende vGA dem Halb- bzw. – seit VZ 2009 – **Teileinkünfteverfahren** und damit einer aus Körperschaft- und Einkommensteuer kombinierten Gesamtbelastung. Diese ist regelmäßig höher als die Einkommensteuerbelastung des Kommanditisten auf die von ihm unmittelbar von der KG bezogenen Gewinnanteile (→ § 25 Rn. 26).

182 **Verschlechtert sich die vermögensrechtliche Situation** der Komplementär-GmbH **nachträglich** durch eine Kapitalerhöhung unter Ausschluss der GmbH, eine Änderung der Gewinnverteilungsabrede oder eine Änderung des Auseinandersetzungsguthabens, der ein ordentlicher Geschäftsführer nicht zugestimmt hätte, wird ein **Verkauf eines Teils des Mitunternehmeranteils** der Komplementär-GmbH zu einem angemessenen Preis (einschl. Geschäftswert) mit anschließender **Ausschüttung** des Veräußerungserlöses an die Kommanditisten als Bemessungsgrundlage fingiert. Dieser ist bei den Kommanditisten als Sonderbetriebseinnahmen anzusetzen.[319]

183 Folgt man der Auffassung des BFH, dass ein **unangemessen hoher Gewinnanteil** der Komplementär-GmbH zur Annahme einer verdeckten Einlage führt, so ist für steuerliche Zwecke eine Korrektur dahin gehend vorzunehmen, dass der Gewinnanteil der Komplementär-GmbH auf das angemessene Niveau reduziert und derjenige der Kommanditisten entsprechend erhöht wird. Die Gewinnerhöhung führt bei den Kommanditisten zu **nachträglichen Anschaffungskosten** für ihre im Sonderbetriebsvermögen befindliche Beteiligung an der Komplementär-GmbH.[320] Diese wirken sich erst dann steuermindernd aus, wenn die GmbH-Anteile veräußert werden oder die GmbH liquidiert wird.

3. Angemessener Gewinnanteil der Kommanditisten

184 Grundsätze über den angemessenen Gewinnanteil eines Kommanditisten sind – außerhalb von Familien-Personengesellschaften – bislang nicht aufgestellt worden. In der Praxis wird in der Regel der nach Berücksichtigung der Komplementär-GmbH verbleibende

---

[315] Zustimmend *Autenrieth* GmbHR 1992, 445 (446); *Döllerer* DStR 1991, 1033 (1035).

[316] Hierüber ist im Rahmen des einheitlichen und gesonderten Gewinnfeststellungsverfahrens der GmbH & Co. KG zu entscheiden, BFH 24.3.1998 – I R 79/97, BStBl. II 1998, 578.

[317] *Briese* DStR 2015, 1945.

[318] S. zum Ganzen auch *Wacker* in L. Schmidt EStG § 15 Rn. 724.

[319] FG München EFG 1988, 290; *Wacker* in L. Schmidt EStG § 15 Rn. 729; *Levedag* in MHdB GesR II § 57 Rn. 209.

[320] *Döllerer* DStR 1991, 1033 (1035).

Restgewinn auf die Kommanditisten im **Verhältnis des Nominalwerts ihrer Kapitalanteile** verteilt. Solche Ergebnisverteilungsabreden sind auch steuerlich anzuerkennen, wenn sie – wie unter Fremden üblich – von einem natürlichen Interessengegensatz geprägt sind.

Allerdings darf die Gewinnverteilung auch unter fremden Dritten nicht zu Abweichungen von einer **wirtschaftlich sinnvollen und vertretbaren Gewinnverteilung** führen, die von offensichtlich sachfremden Erwägungen getragen sind.[321] Hiernach ist zB einem Kommanditisten kein Verlustanteil mehr zuzurechnen und dessen aufgelaufenes negatives Kapitalkonto als Gewinn zu versteuern, wenn künftige Gewinnanteile nicht mehr in Betracht kommen.[322] Ferner wird eine zeitliche Rückbeziehung **(Rückwirkung)** des Eintritts in eine Gesellschaft[323] und bei der Änderung der Gewinnverteilung[324] steuerlich grundsätzlich nicht anerkannt.[325] 185

4. Familien-GmbH & Co. KG

a) Gewinnverteilung und verdeckte Einkommensverwendung. Auch wenn feststehen sollte, dass die Komplementär-GmbH einen angemessenen Gewinnanteil erhält, ist die **handelsrechtliche Gewinnverteilung** bei einer Familien-GmbH & Co. KG nicht unbedingt auch einkommensteuerrechtlich anzuerkennen. Dies folgt daraus, dass **Einkommensverwendungen** einkommensteuerrechtlich irrelevant sind, dh das Einkommen des Verwenders nicht mindern und spiegelbildlich dazu beim Empfänger nicht zu steuerpflichtigen Einkünften führen können. Einkommensverwendungen können aber nicht nur offen – zB durch Abtretung von Einkünften –, sondern auch **in verdeckter Form** vorgenommen werden. Verdeckte Einkommensverwendungen sind einkommensteuerrechtlich nicht anders zu werten als offene, da das Einkommensteuerrecht sich primär an wirtschaftlichen Gegebenheiten orientiert (sog **wirtschaftliche Betrachtungsweise**). 186

Verdeckte Einkommensverwendungen sind nicht nur in der Weise möglich, dass die Zuwendung des Einkommensverwenders an den Empfänger zivilrechtlich in ein die Zuwendung verdeckendes Rechtskleid **(„Maske des Gewinnanteils")**[326] gesteckt wird; verdeckte Einkommensverwendungen können auch **mithilfe eines Dritten** dargestellt werden, indem der Begünstigte die Zuwendung auf dem Umweg über das Vermögen dieses Dritten erhält. So kann zB eine Gewinnverteilungsabrede bei einer Familien-GmbH & Co. KG als Instrument einer verdeckten Einkommensverwendung in der Weise eingesetzt werden, dass ein Gesellschafter auf die Vergütung von Sonderleistungen (zB Geschäftsführung, Haftungsrisikoübernahme, Überlassung von Wirtschaftsgütern oder Kapital), die er der Gesellschaft erbracht hat, verzichtet oder sich mit einem geringeren Gewinnanteil, als ihm aufgrund seines Kapitalanteils zustünde, begnügt, um dadurch den Gewinnanteil eines anderen Gesellschafters der Familien-GmbH & Co. KG zu erhöhen. 187

Da es bei Rechtsbeziehungen zwischen Familienangehörigen eine **„Richtigkeitsgewähr"** in dem Sinne nicht gibt, dass Form und Inhalt des zivilrechtlich Vereinbarten einander entsprechen, dass also – wie unter fremden Dritten – das wirtschaftlich Gewollte auch in der Form der Vereinbarung seinen Ausdruck findet, muss einkommensteuerrechtlich die Gewinnverteilungsabrede bei einer Familien-GmbH & Co. KG daraufhin geprüft werden, ob sie eine Einkommensverwendung eines Gesellschafters zugunsten eines anderen Gesell- 188

[321] BFH 29.5.1972 – GrS 4/71, BStBl. II 1973, 5 (7).

[322] BFH 29.5.2001 – VIII R 10/00, BStBl. II 2001, 747 (752); 10.11.1980 – GrS 1/79, BStBl. II 1981, 164.

[323] BFH 17.3.1987 – VIII R 293/82, BStBl. II 1987, 558 (559); 8.11.1972 – I R 227/70, BStBl. II 1973, 287.

[324] BFH 29.5.2001 – VIII R 10/00, BStBl. II 2001, 747; 29.9.1982 – II R 176/81, BStBl. II 1983, 53; 12.6.1980 – IV R 40/77, BStBl. II 1980, 723; 21.12.1972 – IV R 194/69, BStBl. II 1973, 389.

[325] *Hallerbach* in Söffing GmbH & Co. KG Rn. 2156 ff. mwN. Eine Ausnahme soll für die Verteilung von Sonderabschreibungen, BFH 27.7.2004 – IX R 20/03, BStBl. II 2005, 33 und degressiver AfA gelten, OFD Hannover DStR 2000, 730.

[326] *Wacker* in L. Schmidt EStG § 15 Rn. 742.

schafters verdeckt. Dies ist anhand eines **Fremdvergleichs** zu klären, bei dem geprüft wird, welches Entgelt ein fremder Dritter für seine Gesellschafterbeiträge verlangt und erhalten haben würde.[327]

189 In der Praxis ist eine derartige Prüfung einer Gewinnverteilungsabrede an sich weitgehend **unproblematisch.** Wenn festgestellt ist, dass die **Sonderbeiträge** aller Gesellschafter – Geschäftsführung, Haftungsrisikoübernahme, Überlassung von Wirtschaftsgütern oder Kapital – marktüblich abgegolten sind, wenn weiter festgestellt ist, dass der nach Abgeltung der Sonderbeiträge verbleibende Gewinn der Gesellschaft nach Maßgabe der **Kapitalbeiträge,** dh der Kapitalanteile, verteilt ist, kann die Gewinnverteilungsabrede keine Einkommensverwendungen verdecken und ist daher auch einkommensteuerrechtlich anzuerkennen.[328] Es gibt außer der verdeckten Einkommensverwendung keinen auf das EStG zurückzuführenden rechtlichen Gesichtspunkt, aufgrund dessen der Gewinnverteilungsabrede bei einer Familien-GmbH & Co. KG der Höhe nach die einkommensteuerrechtliche Anerkennung versagt werden könnte.

190 In der verdeckten Einkommensverwendung zeigt sich der richtige Kern der nachstehend darzustellenden **Rechtsprechung des BFH** zur einkommensteuerrechtlichen Prüfung einer Gewinnverteilungsabrede bei Familiengesellschaften der Höhe nach.[329] Angesichts der Problematik der verdeckten Einkommensverwendung kann es keinen unbedingten Vorrang des Zivilrechts vor dem Steuerrecht geben, soweit es um die einkommensteuerrechtliche Anerkennung einer handelsrechtlich wirksam vereinbarten Gewinnverteilungsabrede der Höhe nach geht. Ebenso wie bei der Anerkennung der Mitunternehmerstellung ist die Rechtsprechung des BFH auch hinsichtlich der einkommensteuerrechtlichen Anerkennung der Gewinnverteilung in einer Familien-Personengesellschaft **eigene Wege** gegangen.

191 **b) Die sog 15 %-Rechtsprechung des BFH. aa) Standard-Fall: Schenkweise aufgenommene, nicht mitarbeitende Kinder.** Ausgangspunkt für die Rechtsprechung des BFH ist der **Beschluss des Großen Senats vom 29.5.1972.**[330] Hiernach ist der Gewinnanteil eines schenkweise aufgenommenen, nicht mitarbeitenden Kindes nur insoweit anzuerkennen, als er eine **angemessene Verzinsung** nicht übersteigt. Im Rahmen einer **typisierenden Betrachtungsweise** wird die Verzinsung dann als angemessen erachtet, wenn sie zu einer durchschnittlichen Rendite von nicht mehr als **15 % des tatsächlichen Werts der Beteiligung** des Kindes führt.[331] Das BVerfG hat diese typisierende Rechtsprechung nicht beanstandet.[332]

192 Im Urteil vom 29.3.1973[333] sowie in späteren Entscheidungen[334] hat der BFH die Rechtsgrundsätze des Beschlusses des Großen Senats vom 29.5.1972 verdeutlicht. Danach ist zunächst der **Wert des Unternehmens** im Zeitpunkt der Aufnahme des Kindes festzustellen, und zwar unter Berücksichtigung der stillen Reserven einschl. eines etwaigen Geschäftswerts. Bei der erforderlichen Unternehmensbewertung handelt es sich um eine dem Finanzgericht als Tatsacheninstanz obliegende Würdigung des Sachverhalts, die in der Revisionsinstanz vom BFH nur eingeschränkt (auf Rechtsfehler) nachprüfbar ist.

193 Der so ermittelte Gesamtwert des Unternehmens ist dann nach einem **einheitlichen Maßstab,** zB nach den festen Kapitalanteilen, auf die einzelnen Gesellschafter **aufzuteilen.** Dies setzt allerdings voraus, dass keiner der Gesellschafter in seinen Rechten beschränkt ist

---

[327] *Reiß* in Kirchhof EStG § 15 Rn. 224.

[328] *Beinert* StbJb 1978/79, 289 f.

[329] AA offenbar die Finanzverwaltung mit ihrem Hinweis auf § 42 AO (Gestaltungsmissbrauch) in R 15.9 Abs. 3 EStR.

[330] BFH GrS 4/71, BStBl. II 1973, 5.

[331] StRspr, BFH 21.9.2001 – IV R 50/99, BStBl. II 2001, 299 (302 f.); 24.7.1986 – IV R 103/83, BStBl. II 1987, 54; 5.11.1985 – VIII R 275/81, BFH/NV 1986, 327; 29.1.1976 – IV R 89/75, BStBl. II 1976, 374; 27.9.1973 – IV R 33/71, BStBl. II 1974, 51.

[332] HFR 1979, 388.

[333] BFH IV R 158/68, BStBl. II 1973, 489.

[334] Sog „15 %-Rechtsprechung", zB *Bitz* in LBP EStG § 15 Rn. 109.

oder derartige **Beschränkungen** für **alle Gesellschafter** gleichermaßen gelten. Ist eine Beschränkung hingegen nur für einzelne Gesellschafter vorgesehen, muss dies durch einen **Abschlag** von dem auf deren Beteiligungen entfallenden anteiligen Gesamtwert des Unternehmens berücksichtigt werden. Ein solcher Abschlag ist zB geboten, wenn das aufgenommene Kind bei der Abfindungs- und/oder Entnahmeregelung gegenüber den übrigen Gesellschaftern benachteiligt ist.[335]

Der anteilige Unternehmenswert, vermindert (oder erhöht) um einen etwaigen Abschlag (Zuschlag), führt dann zum **tatsächlichen Wert der Beteiligung** des Kindes. Etwas anderes gilt nach diversen Entscheidungen des BFH indessen dann, wenn der Vater das aufgenommene Kind jederzeit zum Buchwert aus der Gesellschaft hinauskündigen kann; in diesem Fall ist der tatsächliche Wert mit dem Buchwert der Beteiligung gleichzusetzen.[336] In anderen Entscheidungen hat der BFH ein solches Hinauskündigungsrecht allerdings zum Anlass genommen, bereits die Mitunternehmerstellung des Kindes zu verneinen (→ Rn. 100, 103, 105). **194**

Als nächster Schritt ist, so der BFH, zu prüfen, ob der sich nach dem **Gewinnverteilungsschlüssel** ergebende Gewinn **15 %** des tatsächlichen Werts der Beteiligung des Kindes übersteigt. Bei dieser Prüfung ist indessen nicht auf den tatsächlichen Gewinn abzustellen, der in den einzelnen Geschäftsjahren erzielt wird, sondern auf den **fiktiven Gewinn,** der nach den im Zeitpunkt der Aufnahme des Kindes bekannten Umständen und der sich aus diesen für die Zukunft (in der Regel die nächsten fünf Jahre) ergebenden wahrscheinlichen Entwicklung zu erwarten ist. Dieser fiktive Gewinn ist um angemessene Vergütungen für Sonderleistungen einzelner Gesellschafter, insbesondere für die Geschäftsführung und die Übernahme des Haftungsrisikos, zu kürzen und führt dann zu dem für die Angemessenheitsprüfung maßgeblichen **Restgewinn(anteil).**[337] **195**

Wird dieser Wert in einzelnen Jahren bei besonders günstiger Geschäftsentwicklung über- oder bei besonders ungünstiger Entwicklung unterschritten, so hat dies auf die steuerliche Beurteilung der Gewinnverteilung keinen Einfluss.[338] Vielmehr verbleibt es, falls eine Gewinnverteilungsabrede im Zeitpunkt ihrer Vereinbarung als angemessen anzusehen ist, bei dieser Beurteilung so lange, bis eine **wesentliche Veränderung** der Verhältnisse eintritt mit der Folge, dass auch bei einer Gesellschaft zwischen fremden Personen der Gewinnverteilungsschlüssel revidiert würde.[339] **196**

Aber auch dann, wenn eine vereinbarte oder nach vorstehenden Grundsätzen fingierte Gewinnquote die 15 %-Grenze nicht übersteigt, kann diese Quote nach Ansicht des BFH **unangemessen hoch** sein. Das sei dann der Fall, wenn den **im Unternehmen tätigen Gesellschaftern** nur ein Gewinnanteil verbliebe, der ihrerseits eine **15 %ige Rendite** – bezogen auf den tatsächlichen Wert ihrer Beteiligung – **unterschritte** oder nicht wenigstens genauso hoch sei wie die des Kindes. Es leuchtete nämlich ohne Weiteres ein, dass ein selbst unter 15 % liegendes Gewinnergebnis für einen nicht mitarbeitenden Kommanditisten unangemessen wäre, wenn die im Unternehmen tätigen Gesellschafter ebenfalls nur eine ihrem Kapitaleinsatz entsprechende Gewinnquote erhielten. Daher müsse in einem solchen Fall der Gewinnanteil des betreffenden Kommanditisten so herabgesetzt werden, dass den tätigen Gesellschaftern außer der Abgeltung ihrer Sonderleistungen für Geschäftsführung und ggf. Haftungsrisiko eine gleich hohe Rendite aus ihrer Beteiligung verbleibe, wie sie dem schenkweise aufgenommenen Gesellschafter zukomme.[340] **197**

---

[335] BFH 5.11.1985 – VIII R 275/81, BFH/NV 1986, 327.

[336] BFH 13.3.1980 – IV R 59/76, BStBl. II 1980, 4; 29.1.1976 – IV R 89/75, BStBl. II 1976, 374; 37; 27.9.1973 – IV R 33/71, BStBl. II 1974, 51.

[337] BFH 5.11.1985 – VIII R 275/81, BFH/NV 1986, 327 (330); s. auch das Berechnungsbeispiel bei *Fatouros* in HTM HdB GmbH & Co. KG Rn. 2.257.

[338] BFH 9.6.1994 – IV R 47–48/92, BFH/NV 1995, 103 (105).

[339] ZB gesellschaftsvertraglich vorgesehenes Anwachsen des Kapitalkontos aus den Gewinnanteilen des Kindes, BFH 5.11.1985 – VIII R 275/81, BFH/NV 1986, 327.

[340] BFH 5.11.1985 – VIII R 275/81, BFH/NV 1986, 327 (330); 29.3.1973 – IV R 158/68, BStBl. II 1973, 489.

198 Nach dem BFH-Urteil vom 13.3.1980[341] hat bei Vorliegen besonderer Umstände die **Angemessenheitsprüfung** auch dann stattzufinden, wenn die Kinder ihre Kommanditanteile nicht vom Vater, sondern durch schenkweise Übertragung des bereits seit Jahren bestehenden **Kommanditanteils der Mutter** erhalten haben. Im Entscheidungsfall bestanden die Besonderheiten darin, dass die Mutter ihren Kommanditanteil gesellschaftsvertraglich nur mit Zustimmung ihres Mannes schenkweise auf die beiden Kinder übertragen konnte und der Vater nach dem Gesellschaftsvertrag das Recht hatte, das Gesellschaftsverhältnis jederzeit zu kündigen, das Unternehmen allein fortzuführen und die Kommanditisten zum Buchwert abzufinden. Im Hinblick darauf hat der BFH die an sich überzeugende Ansicht des Finanzgerichts, der (angemessene) Ertrag einer einmal geschaffenen Einkunftsquelle, hier der Kommanditbeteiligung, könne nicht davon abhängen, wer jeweils Nachfolger im Besitze dieser ansonsten unveränderten Einkunftsquelle sei, nicht gelten lassen.

199 Der BFH gelangt damit zu dem merkwürdigen Ergebnis, dass eine **ursprünglich angemessene Gewinnverteilungsabrede** durch den bloßen Gesellschafterwechsel **nachträglich unangemessen** wird. Rechtfertigen ließe sich dies damit, dass der Vater in der Erteilung der ihm vorbehaltenen Zustimmung zur Anteilsabtretung und der Nichtausübung seiner Kündigungsmöglichkeit (!) eine **Einkommensverwendung** zugunsten seiner Kinder vorgenommen hätte – eine uE dogmatisch und im praktischen Ergebnis wenig überzeugende Begründung.

200 **bb) Schenkweise aufgenommene, mitarbeitende Kinder.** Die Grundsätze über die Angemessenheitsprüfung bei nicht mitarbeitenden Kindern gelten nach der Rechtsprechung jedenfalls dann auch für im Unternehmen mitarbeitende Kinder, wenn diese dort **keine leitende Funktion** wahrnehmen. So hat der BFH mit Urteil vom 27.9.1973[342] die 15 %-Rechtsprechung angewandt, obwohl bei Abschluss des Gesellschaftsvertrags damit zu rechnen war, dass der beschenkte Kommanditist in der Zukunft Führungsaufgaben in der Gesellschaft übernehmen werde mit der Begründung, dass eine solche **künftige Mitarbeit** nicht vorweg durch einen höheren Gewinnanteil vergütet werden könne.

201 Zum gleichen Ergebnis ist der BFH in seinem **Urteil vom 5.11.1985**[343] bei dem Sachverhalt gekommen, dass der aufgenommene Sohn zwar im Unternehmen mitgearbeitet hat, jedoch nur in **untergeordneter Stellung** und gegen angemessene Entlohnung. Auch in diesem Fall treffe der für den Beschluss des **Großen Senats vom 29.5.1972** tragende Gesichtspunkt zu (→ Rn. 191), dass von den Gesellschaftern allein der persönlich haftende Gesellschafter die unternehmerische Leistung erbringe, und dass der nach Abzug einer angemessenen Tätigkeitsvergütung sowie einer Abgeltung des Haftungsrisikos verbleibende Restgewinn nicht allein auf dem Kapitaleinsatz, sondern mindestens auch auf den – durch die Tätigkeitsvergütungen – noch nicht voll abgegoltenen Leistungen der in der Unternehmensführung tätigen Gesellschafter beruhe.

202 **cc) Entgeltlich aufgenommene Kinder.** Die 15 %-Rechtsprechung findet dann keine Anwendung, wenn ein Gesellschafter nicht schenkweise in die Gesellschaft aufgenommen wird, sondern **aus eigenen Mitteln** dem Unternehmen neues Kapital zuführt. In diesen Fällen sei zwar auch zu prüfen, ob die dem aufgenommenen Gesellschafter eingeräumte Gesellschafterstellung und Gewinnbeteiligung angemessen sei; Maßstab für die Angemessenheitsprüfung bilde dann jedoch nicht die 15 %-Grenze, sondern die unter fremden Dritten **übliche Gestaltung.**[344] Für den Fremdvergleich kann zB die BFH-Rechtsprechung zur Angemessenheit der Gewinnverteilung zwischen einer GmbH und einem typischen stillen Gesellschafter, der zugleich Gesellschafter der GmbH ist, herangezogen werden, weil auch in diesen Fällen eine Gewinnverteilung gesucht wird, die einem Fremdvergleich standhält.[345]

---

[341] BFH 13.3.1980 – IV R 59/76, BStBl. II 1980, 437.
[342] BFH IV R 33/71, BStBl. II 1974, 51.
[343] BFH VIII R 275/81, BFH/NV 1986, 327 (329).
[344] BFH 6.2.1980 – I R 50/76, BStBl. II 1980, 437; 4.6.1973 – IV R 26/68, BStBl. II 1973, 866.
[345] So *Wacker* in L. Schmidt EStG § 15 Rn. 785.

dd) Mitunternehmerische Unterbeteiligung. Die Prüfung der Angemessenheit der Gewinnverteilung unter Anwendung der **15 %-Grenze** ist auch vorzunehmen, wenn den Kindern nicht unmittelbar eine Kommanditbeteiligung, sondern eine **atypische Unterbeteiligung am Kommanditanteil** eines Elternteils eingeräumt wird. 203

Nach ursprünglicher Ansicht des BFH sollte dies sogar dann gelten, wenn neben dem Elternteil noch **fremde Dritte** als Kommanditisten beteiligt waren.[346] Das bedeutet, dass für die Angemessenheitsprüfung isoliert nur auf die Familien-Innengesellschaft abgestellt wurde. Dieser Betrachtungsweise ist der BFH mit **Urteil vom 9.10.2001**[347] entgegengetreten und hat die vorgenannte Rechtsprechung ausdrücklich für aufgegeben erklärt. 204

ee) Beurteilung der 15 %-Rechtsprechung. Die 15 %-Rechtsprechung des BFH betrifft letztlich nur schenkweise aufgenommene, nicht in leitender Funktion mitarbeitende Kinder. Ob sie minderjährig oder volljährig sind, spielt dabei keine Rolle. Im Kern bedeutet diese Rechtsprechung, dass schenkweise aufgenommenen, nicht mitarbeitenden Kindern nicht der Gewinnanteil steuerlich zugerechnet wird, den ein fremder Dritter erhielte. Dies beruht darauf, dass der BFH leugnet, solcherart aufgenommene Kinder würden mit ihrem Kapitalanteil einen dem Kapitalanteil der anderen Gesellschafter **vergleichbaren Gesellschafterbeitrag** leisten. Obwohl in der Rechtsprechung des BFH der Gedanke wiederholt anklingt, die steuerliche Gewinnzurechnung der Höhe nach müsse sich am Wert der Gesellschafterbeiträge der einzelnen Gesellschafter orientieren, und obwohl der BFH auf § 12 Nr. 2 EStG als eine normative Wurzel dieses Gedankens ausdrücklich hinweist,[348] führt er diesen Gedanken nicht konsequent zu Ende. 205

Gerade wenn anerkannt wird, dass einer Einkunftsquelle nur diejenigen Einkünfte steuerlich zugerechnet werden können, die dieser Einkunftsquelle, dh dem Wert des Beitrags des einzelnen Gesellschafters, angemessen sind, ist nicht einzusehen, warum die **Art und Weise des Erwerbs der Einkunftsquelle,** hier also die Schenkung, oder die Frage der Mitarbeit des Gesellschafters im Unternehmen für die Höhe des der Einkunftsquelle steuerlich zuzurechnenden Gewinns maßgeblich sein sollen.[349] Es verwundert deshalb auch nicht, dass hinsichtlich des geschenkten Geschäftsanteils an einer **Familien-GmbH** – zumindest bisher – keine entsprechende Angemessenheitsprüfung stattfindet, die ausgeschütteten Gewinnanteile vielmehr grundsätzlich in voller Höhe den Kindern zuzurechnen sind. 206

Die 15 %-Rechtsprechung des BFH wird deshalb vom **Schrifttum** zu Recht überwiegend **abgelehnt.**[350] Allerdings dürfte dem BFH auch hier, wie bei der Rechtsprechung des BFH zur Anerkennung der Mitunternehmer-Eigenschaft (→ Rn. 96 ff.), weniger an einem dogmatisch sauberen Ansatz gelegen sein, als vielmehr daran, einzelfallorientiert unerwünschten Steuersparmodellen und steuerlichen Extremgestaltungen, die eben nur bei Familiengesellschaften möglich sind, entgegenzuwirken. Nicht anders lässt sich erklären, dass der BFH einerseits darauf hinweist, dass die Gewinnverteilung bei Familiengesellschaften nicht einfach einem **Fremdvergleich** unterworfen werden könne, weil unter Fremden vergleichbare Gestaltungen nicht vorkommen dürften, der Fremdvergleich also „tatsächlich undurchführbar" sei.[351] Deshalb müsse bei der Beurteilung der Angemessenheit der Gewinnverteilung vom **Wesen der Gesellschaft ausgegangen** werden. Dieses Wesen, das nach Auffassung des BFH auch bei Gestaltungen zwischen Fremden bestimmend sein 207

---

[346] BFH 24.7.1990 – VIII R 162/84, BFH/NV 1991, 35, für die typisch stille Unterbeteiligung; 26.6.1974 – I R 206/67, BStBl. II 1974, 676.

[347] BFH VIII R 77/98, BStBl. II 2002, 460.

[348] BFH 24.7.1986 – IV R 103/83, BStBl. II 1987, 54; 29.1.1976 – IV R 89/75, BStBl. II 1976, 374.

[349] *Tiede* in HHR EStG § 15 Rn. 888. In diesem Sinne auch *Knobbe-Keuk* Bilanz- und Unternehmenssteuerrecht S. 513 ff., die dem BFH darüber hinaus jegliche Legitimation für die Prüfung der Angemessenheit der Gewinnverteilung abspricht.

[350] *Westerfelhaus* DB 1997, 2033 (2035); *Marx* FR 1991, 3; *Kleeberg* BB 1989, 2448; *Eppler* DStR 1987, 607 (609); *Knobbe-Keuk* Bilanz- und Unternehmenssteuerrecht S. 513 ff.; *Bitz* in LBP EStG § 15 Rn. 109; *Reiß* in Kirchhof EStG § 15 Rn. 225. AA *Meyer-Kopitz* DStZ 1996, 265 (275); *Wacker* in L. Schmidt EStG § 15 Rn. 779.

[351] BFH 24.7.1986 – IV R 103/83, BStBl. II 1987, 54; 29.5.1972 – GrS 4/71, BStBl. II 1973, 5 (8).

würde, wird dann andererseits wieder danach beurteilt, was unter Fremden üblich ist, wobei es dem BFH als „ausgeschlossen erscheint", dass einem – schenkweise aufgenommenen – Fremden ein Gewinnanteil zugestanden würde, der zu mehr als einer Durchschnittsrendite von 15 % des tatsächlichen Werts der Beteiligung führte.

208 Wie der BFH zu dieser Erkenntnis gelangt, nachdem Fremde, wie er selbst einräumt, nicht schenkweise aufgenommen zu werden pflegen, bleibt sein Geheimnis. Die Erkenntnis ist darüber hinaus aber auch denklogisch falsch. Das **Wesen einer Schenkung** besteht nämlich gerade darin, einen anderen aus seinem Vermögen zu bereichern. Wer einen Kommanditanteil schenkt, wird deshalb nicht die geringste Veranlassung sehen, die Gewinnbeteiligung dieses Anteils iSd 15 %-Rechtsprechung zu beschränken – im Gegenteil. Dies könnte zu dem Schluss führen, dass der BFH den Fremdvergleich nicht nur deshalb meidet, weil er undurchführbar ist, sondern auch, weil seine Rechtsprechung einem solchen – hypothetischen – Fremdvergleich nicht standhielte.

209 Tatsächlich wäre in den vom BFH entschiedenen Fällen der **Gewinnanteil** als solcher im Fremdvergleich regelmäßig **angemessen** gewesen. Unüblich ist nur die Art, wie die Beteiligung erworben wird, nämlich schenkweise. Die schenkweise Einräumung einer Beteiligung, die sich unzweifelhaft im Anwendungsbereich des § 12 Nr. 2 EStG abspielt und keine einkommensteuerlichen, sondern allein schenkungsteuerliche Konsequenzen hat,[352] kann aber keinesfalls dazu führen, dass ein angemessener Gewinnanteil zu einem unangemessenen wird. Die 15 %-Rechtsprechung heißt deshalb letztlich nichts anderes, als dass der BFH die **Schenkung** der Beteiligung als solche bei der Einkommensteuer **nicht** in vollem Umfang **anerkennt.** Stattdessen unterstellt der BFH im Ergebnis die Schenkung eines Gesellschafterdarlehens in Höhe des Verkehrswerts der Beteiligung, für das die 15 %-Grenze durchaus vertretbar wäre. Eine **gesetzliche Grundlage,** einen geschenkten Kommanditanteil in ein Gesellschafterdarlehen umzuwidmen, **fehlt** indessen.

210 In seinem Urteil vom 9.10.2001[353] zur **mitunternehmerischen Unterbeteiligung** bei einer Fremd-KG hat der BFH diese Einwände aufgegriffen, aber leider nicht konsequent zu Ende gedacht. Im Entscheidungsfall war der Vater zu 50 % am Festkapital der KG beteiligt. Die anderen 50 % waren eine Fremdbeteiligung. Der Vater räumte seinen drei Kindern jeweils eine Unterbeteiligung in Höhe von 10 % an seinem Kommanditanteil ein, wobei sie im Innenverhältnis so gestellt wurden, als wären sie mit dem Bruchteil der Unterbeteiligung unmittelbar an der KG beteiligt.

211 Der BFH sah bei dieser Konstellation infolge der Rechtsprechung des BVerfG zu den Ehegatten-Arbeitsverhältnissen[354] keinen Anlass für eine Angemessenheitsprüfung der Gewinnabrede zwischen dem Vater und seinen Kindern.[355] Unter Hinweis auf die **Vorgaben des BVerfG,** wonach eine nicht nachvollziehbare und damit willkürliche Auslegung bzw. Anwendung des § 12 EStG gegen Art. 3 Abs. 1 GG verstoße, führt er aus:

212 „Dient, wie dies regelmäßig der Fall sein wird, der auf den Kommanditisten entfallende und vom sog. Restgewinn ermittelte Gewinnanteil (§ 15 Abs. 1 S. 1 Nr. 2 Hs. 1 EStG) bei der Fremd-KG dazu, dessen kapitalmäßige Beteiligung abzugelten, dann hat die quotale Gewinnbeteiligung des mitunternehmerisch unterbeteiligten Angehörigen zur Folge, dass die jeweiligen Kapitalbeiträge ihrem Gewicht entsprechend vergütet werden. Bei diesem Sachverhalt wäre eine Gewinnkorrektur unter Hinweis auf § 12 EStG willkürlich, weil keine nachvollziehbaren Gründe dafür vorlägen."

213 Der BFH hält es jedenfalls bei diesem Sachverhalt für **unerheblich,** dass die Unterbeteiligung auf einer Schenkung beruht und diese Schenkung ihren **Grund in den privaten Beziehungen** (§ 12 EStG) hat. Warum diese zutreffenden Überlegungen nicht generell für die schenkweise Beteiligung von Kindern an einer Familien-Personengesellschaft gelten

---

[352] S. auch *Buge* in HHR EStG § 15 Rn. 896.

[353] BFH VIII R 77/98, BStBl. II 2002, 460; R 15.9 Abs. 3 EStR.

[354] BVerfG BStBl. II 1996, 34; DB 1996, 2470.

[355] So auch bereits BFH 6.11.1991 – XI R 35/88, BFH/NV 1992, 452 (454), wonach bei Familiengesellschaften mit familienfremden Gesellschaftern eine Angemessenheitsprüfung irrelevant sei.

sollen, lässt der BFH allerdings offen. Er beschränkt sich lediglich auf die Behauptung, die Sachverhalte seien nicht vergleichbar. Dem ist zu widersprechen. Denn auch bei einer direkten Beteiligung von Kindern als Kommanditisten an einer reinen Familien-KG bezieht der BFH seine Angemessenheitsprüfung auf den um angemessene Vergütungen für die Sonderleistungen einzelner Gesellschafter gekürzten Gewinn (sog Restgewinn, → Rn. 195). Dieser Restgewinn wird bei einer KG unter Fremden, wie aber auch unter Familienangehörigen, regelmäßig nach dem Verhältnis der Hafteinlagen verteilt. Besteht aber der jeweilige Gesellschafterbeitrag in der Überlassung des Haftkapitals zu den gleichen Bedingungen und dem gleichen Risiko, dann ist offensichtlich, dass eine quotale Gewinnzuweisung auf der Gesellschafterstellung beruht, weil sie dem Gewicht des jeweiligen Beitrags entspricht.[356]

Dieser **objektive Maßstab** muss unabhängig davon gelten, ob an der KG **nur Familienangehörige** oder **auch Fremde** beteiligt sind.[357] Weicht man deshalb hiervon mittels Anwendung der **15 %-Rechtsprechung** zulasten der reinen Familienpersonengesellschaft ab, so bedeutet dies eine nicht nachvollziehbare Differenzierung und damit einen **Verstoß gegen Art. 3 Abs. 1 GG.**[358] Dabei ist es, wie für den vorbeschriebenen Unterbeteiligungs-Fall vom BFH ausdrücklich festgestellt wurde, generell ohne Bedeutung, dass die Beteiligung und damit die für die Gewinnverteilung maßgebende Hafteinlage geschenkt wurde. Das Einzige, was bei einer Familienpersonengesellschaft mit vereinbarter quotaler Restgewinnverteilung einer besonderen **Angemessenheitsprüfung** bedarf, sind die **Vergütungen für die Sonderleistungen** einzelner Gesellschafter. 214

c) Übertragbarkeit auf die Familien-GmbH & Co. KG. Die 15 %-Rechtsprechung war zunächst ausnahmslos zu **typischen Familien-KGs** ergangen, nämlich **KGs,** bei denen eine natürliche Person, und zwar in der Regel das schenkende Familienmitglied, die Stellung des persönlich haftenden Gesellschafters innehatte. Nachdem der **BFH** zuvor bereits in mehreren Fällen Gelegenheit gehabt hätte, sich zur Frage der Gewinnverteilung bei der Familien-GmbH & Co. KG zu äußern,[359] hat er erst in einem Urteil vom 6.11.1991[360] festgestellt, dass die Grundsätze angemessener Gewinnverteilung bei Familienpersonengesellschaften auch dann gelten, wenn Komplementär eine durch den Vater (oder andere nahe Familienangehörige) beherrschte GmbH ist. 215

Da der BFH die 15 %-Rechtsprechung dogmatisch mit dem Gedanken der privaten Einkommensverwendung durch den aufnehmenden Familienangehörigen begründet, wird die Ansicht vertreten, dass eine Übertragung der 15 %-Rechtsprechung auf die **Familien-GmbH & Co. KG** jedenfalls dann nicht möglich sei, wenn der **schenkende Familienangehörige nicht mehr selbst Mitunternehmer** der GmbH & Co. KG, sondern nur noch Anteilseigner und/oder Geschäftsführer der Komplementär-GmbH ist.[361] Zur Begründung wird angeführt, dass im Verhältnis der Komplementär-GmbH zu den aufgenommenen Kindern kein Unterhaltsverhältnis vorliege, mithin § 12 Nr. 2 EStG nicht als Rechtfertigung für eine steuerliche Einflussnahme auf die Gewinnverteilungsabrede dienen könne. Die Komplementär-GmbH könne auch nicht mit dem aufnehmenden Familienangehörigen gleichgesetzt werden, weil dies eine Missachtung der eigenen Rechtspersönlichkeit der Komplementär-GmbH beinhaltete, indem durch sie hindurch auf deren Gesellschafter durchgegriffen werde.[362] 216

---

[356] So ausdrücklich der BFH für den von ihm entschiedenen (angeblichen) Sonderfall.

[357] *Kempermann* FR 2002, 154.

[358] In diesem Sinne auch FG Düsseldorf EFG 1998, 1681; ähnlich *Daragan* ZEV 2002, 39.

[359] BFH 5.6.1986 – IV R 53/82, BStBl. II 1986, 798 (hier wurde bereits die Mitunternehmer-Eigenschaft des aufgenommenen Kindes verneint); 5.7.1976 – IV R 27/76, BStBl. II 1979, 670 (hier wurde eine – faktische – Mitunternehmerschaft des Vaters bejaht); 29.1.1976 – IV R 97/74, BStBl. II 1976, 332.

[360] BFH 6.11.1991 – XI R 35/88, BFH/NV 1992, 452.

[361] FG Köln EFG 1988, 302; *Felix/Streck* FR 1976, 107 (501); *Felix/Streck* DStR 1975, 244; *Schulze zur Wiesche* WPg 1987, 433. AA *Wacker* in L. Schmidt EStG § 15 Rn. 783; *Bode* in Blümich EStG § 15 Rn. 431.

[362] BFH 28.1.1986 – VIII R 335/82, BStBl. II 1986, 599, wonach ein Durchgriff durch die GmbH grundsätzlich nicht zulässig ist.

217 Diese Auffassung ist uE überzeugend. Nach wie vor bleibt aber abzuwarten, ob es im Hinblick auf die jüngere BFH-Rechtsprechung (→ Rn. 210) auf die Mitunternehmerstellung überhaupt noch ankommt. Sollte diese **Rechtsprechung** konsequent **weitergeführt** werden, wäre die 15 %-Rechtsprechung ohnehin **obsolet.**

218 **d) Rechtsfolgen eines unangemessen hohen Gewinnanteils.** Führt der vereinbarte Gewinnverteilungsschlüssel zu einer höheren Rendite als 15 % des wahren Werts des Anteils, so ist – nach der noch geltenden 15 %-Rechtsprechung – die Besteuerung so vorzunehmen, als wenn ein angemessener Gewinnverteilungssatz vereinbart worden wäre. Konkret bedeutet dies, dass der die Angemessenheit übersteigende Gewinnanteil **nicht dem Kind,** sondern dem Vater bzw. den aufnehmenden Gesellschaftern (zB Eltern) **steuerlich zuzurechnen** ist[363] mit der Folge, dass der Vater bzw. die Eltern Steuern zu zahlen haben auf Gewinne, die ihnen gar nicht zugutekommen.[364]

219 UE ist das begünstigte Kind aufgrund der **gesellschaftsrechtlichen Treuepflicht** (als besondere Ausprägung der an sich eingreifenden Grundsätze über den Wegfall der Geschäftsgrundlage, § 313 BGB) zumindest gehalten, den Eltern die **Steuern zu ersetzen.** Soweit die Eltern einer höheren Steuerbelastung unterliegen, ist zweifelhaft, ob auch der Mehrbetrag zu erstatten ist. Dafür spricht, dass die Mehrsteuern durch den überhöhten Gewinnanteil der Kinder bedingt sind, also ausschließlich in deren Risikosphäre fallen, und nicht einzusehen ist, wieso die Eltern über die Schenkung der Beteiligung hinaus auch noch zur Übernahme von deren Folgelasten gezwungen sein sollen. Dagegen spricht, dass eine Bereicherung nur in Höhe der ersparten (eigenen) Steuern vorliegt und den, evtl. sogar minderjährigen, Kindern die uE verfehlte Rechtsprechung des BFH nicht zum Nachteil gereichen darf.

220 Ist bei einer Familien-GmbH & Co. KG der schenkende Elternteil **nicht mehr Kommanditist,** sondern beherrscht er als (Gesellschafter-)Geschäftsführer nur noch die Komplementär-GmbH, stellt sich die Frage, **wem** der überhöhte Gewinnanteil zuzurechnen ist. Der BFH[365] möchte wie folgt differenzieren: Sind neben den Kindern noch weitere Kommanditisten beteiligt, die nicht der Gewinnbegrenzung unterliegen, so ist der überhöhte Gewinnanteil diesen zuzurechnen. Dagegen soll eine Zurechnung bei der Komplementär-GmbH erfolgen, wenn diese neben den Kindern der einzige Gesellschafter ist. *Wacker*[366] will die Zurechnung dagegen stets bei der Komplementär-GmbH vornehmen[367] und weist des Weiteren darauf hin, dass insoweit auch eine vGA vorliegen kann (→ Rn. 170 ff.).

IV. Umfang und Ermittlung der gewerblichen Einkünfte

1. Maßgeblichkeit des Gesamtgewinns der Mitunternehmerschaft

221 Wird eine Person als Mitunternehmer anerkannt, ist damit noch nichts über die ihr steuerlich zuzurechnenden Einkünfte aus Gewerbebetrieb gesagt. Denn der Anteil am **Handelsbilanzgewinn** ist in den allerwenigsten Fällen auch die endgültige steuerlich maßgebliche Größe.

222 Die gewerblichen Einkünfte eines Mitunternehmers entsprechen vielmehr seinem **Anteil am Gesamtgewinn der Mitunternehmerschaft,** der in **zwei Stufen** ermittelt wird. Ausgangsbasis bildet die aus der Handelsbilanz der Gesellschaft unter Beachtung der einkommensteuerrechtlichen Bilanzierungs- und Bewertungsvorschriften abgeleitete **Steuerbilanz,** die in der **ersten Stufe** der Gewinnermittlung um die Ergebnisse etwaiger **Ergänzungsbilanzen** der einzelnen Gesellschafter korrigiert wird (→ Rn. 292 ff.). In der **zweiten Stufe** werden sodann die Ergebnisse aus etwaigen **Sonderbilanzen** der Gesellschafter berücksichtigt

[363] R 15.9 Abs. 3 EStR.

[364] Zu den zivilrechtlichen Ausgleichsansprüchen in derartigen Fällen: *Knobbe-Keuk* Bilanz- und Unternehmenssteuerrecht S. 516 ff.; *Crezelius* BB 1980, 1481 (1485); dazu bereits *Conrad Böttcher* StbJb 1974/75, 74.

[365] BFH 6.11.1991 – XI R 35/88, BFH/NV 1992, 452 (454).

[366] *Wacker* in L. Schmidt EStG § 15 Rn. 783.

[367] S. Bedenken von *Bitz* in LBP EStG § 15 Rn. 109.

(→ Rn. 223 ff.). Die Addition der Ergebnisse der Gewinnermittlungen beider Stufen führt schließlich zur **Gesamtbilanz der Mitunternehmerschaft** sowie dem Anteil der einzelnen Mitunternehmer an dem Ergebnis hieraus (Gesamtgewinnanteil).[368]

2. Sonderbilanzen

a) Inhalt. In der **Sonderbilanz (einschließlich Sonder-GuV)** eines Gesellschafters sind erfasst 223

- die in § 15 Abs. 1 S. 1 Nr. 2 S. 1 Hs. 2 EStG genannten Sondervergütungen (→ Rn. 226 ff.),
- Aufwand und Ertrag des Sonderbetriebsvermögens (→ Rn. 263 ff.),
- sonstige Sonderbetriebseinnahmen und -ausgaben (→ Rn. 291) sowie
- etwaige Gewinne oder Verluste aus der Veräußerung des Mitunternehmeranteils iSv § 16 Abs. 1 S. 1 Nr. 2 EStG (→ Rn. 416 ff.).

Dabei geht der BFH in ständiger Rechtsprechung für die den Sondervergütungen zugrunde 224
liegenden Rechtsbeziehungen zwischen der Gesellschaft und ihrem Gesellschafter von einer sog **korrespondierenden Bilanzierung** aus.[369] Das bedeutet etwa, dass die Verpflichtung zur Zahlung einer Sondervergütung in der Steuerbilanz der GmbH & Co. KG zu passivieren und durch einen gleich hohen Aktivposten in der Sonderbilanz des begünstigten Gesellschafters auszugleichen ist. Damit wird unter Berufung auf den Zweck des § 15 Abs. 1 S. 1 Nr. 2 S. 1 Hs. 2 EStG (→ Rn. 226) zB erreicht, dass entgegen dem Imparitätsprinzip eine Darlehensforderung eines Gesellschafters gegen die Gesellschaft nicht mit steuerlicher Wirkung teilwertberichtigt werden kann, sondern steuerlich Eigenkapitalcharakter hat.[370]

Gegen den Grundsatz der korrespondierenden Bilanzierung werden in der Literatur 225
teilweise **Einwendungen** erhoben.[371] Der ehemalige Präsident des BFH *List*[372] etwa sieht es unter Hinweis auf die neuere Rechtsprechung des BGH zur Rechtsfähigkeit der GbR[373] für geboten, dass der BFH seine bisherige Rechtsprechung aufgibt. Die anerkannte Rechtsfähigkeit sowohl der GbR als auch der Personenhandelsgesellschaften führe dazu, dass die Besteuerung im Bereich der Sondervergütungen den üblichen Bilanzierungsregeln zu folgen habe und insoweit auch das Imparitätsprinzip anzuwenden sei. Es bleibt abzuwarten, ob der BFH diese Argumentation aufgreifen wird.

b) Sondervergütungen. aa) Grundsätzliches. Gemäß § 15 Abs. 1 S. 1 Nr. 2 S. 1 226
Hs. 2 EStG gehören zu den Einkünften aus Gewerbebetrieb nicht nur die eigentlichen Gewinnanteile, sondern auch die **Vergütungen,** die der Gesellschafter von der Gesellschaft für seine **Tätigkeit im Dienst der Gesellschaft** oder für die **Hingabe von Darlehen** oder für die **Überlassung von Wirtschaftsgütern** bezogen hat (sog **Sondervergütungen**). Zweck dieser Regelung ist es, das Besteuerungsergebnis unabhängig davon zu machen, ob Leistungen eines Mitunternehmers durch Gewinn(vorab) oder bestimmtes Entgelt vergütet werden.[374] Damit soll der Mitunternehmer dem Einzelunternehmer, der keine Verträge mit sich selbst schließen kann, angenähert werden.[375]

---

[368] StRspr, BFH 13.10.1998 – VIII R 78/97, BStBl. II 1999, 163. Die Frage nach der Stellung der Ergänzungsbilanz im System der Gewinnermittlung der Personengesellschaften ausdrücklich offengelassen von BFH 30.3.1993 – VIII 63/91, BStBl. II 1993, 706 (709). Im Einzelnen s. auch *Wacker* in L. Schmidt EStG § 15 Rn. 401.

[369] BFH 1.3.2005 – VIII R 5/03, BFH/NV 2005, 1523; 28.3.2000 – VIII R 13/99, BStBl. II 2000, 612 (613); 2.12.1997 – VIII R 15/96, DStR 1998, 482 (483) jeweils mwN. S. auch BFH 16.3.2017 – IV R 1/15, DStR 2017, 1151, zum Wegfall der korrespondierenden Bilanzierung bei Veräußerung des Mitunternehmeranteils.

[370] *Reiß* in Kirchhof EStG § 15 Rn. 240 ff. So auch BFH 5.6.2003 – IV R 36/02, BStBl. II 2003, 871 (874) für Ausgleichsanspruch eines Kommanditisten gemäß §§ 110, 161 Abs. 2 HGB.

[371] Zum Meinungsstand, s. *Wacker* in L. Schmidt EStG § 15 Rn. 405.

[372] *List* BB 2004, 1473 (1476 f.).

[373] BB 2001, 374.

[374] BFH 28.3.2000 – VIII R 13/99, BStBl. II 2000, 612 (613); 11.12.1986 – IV R 222/84, BStBl. II 1987, 553 (556).

[375] BFH 28.10.1999 – VIII R 41/98, BStBl. II 2000, 339 (341); 25.2.1991 – GrS 7/89, BStBl. II 1991, 691 (698).

227 Nach der Rechtsprechung des BFH ist § 15 Abs. 1 S. 1 Nr. 2 S. 1 Hs. 2 EStG sowohl seinem Wortlaut als auch seinem Zweck nach entsprechend **weit auszulegen** und umfasst alle Leistungen eines Mitunternehmers auf gesellschaftsrechtlicher oder schuldrechtlicher Grundlage mit Ausnahme solcher Leistungen, bei denen kein **wirtschaftlicher Zusammenhang** zur Mitunternehmerstellung besteht. Hierbei kommt es darauf an, dass der Zusammenhang zwischen Leistung und Mitunternehmerschaft ausgeschlossen erscheint, diese also **nur zufällig** zusammentreffen.[376]

228 Auch eine **Abfindung,** die der Kommanditist anlässlich seines Ausscheidens aus der Unternehmensleitung erhält, ist Sonderbetriebseinnahme oder, wenn er zugleich seinen Kommanditanteil veräußert, Bestandteil des Gewinns aus der Veräußerung des Mitunternehmeranteils.[377] Trotz dieser Umqualifizierung ist die Abfindung für eine vorzeitige Beendigung des Geschäftsführer-Anstellungsvertrags eine **tarifbegünstigte** Entschädigung iSd § 24 Nr. 1 lit. a EStG.[378]

229 In Bezug auf **Vergütungen der GmbH & Co. KG an ihre Komplementär-GmbH** stellt sich jedoch immer die Frage, ob § 15 Abs. 1 S. 1 Nr. 2 S. 1 Hs. 2 EStG auch auf solche Sondervergütungen Anwendung findet, die zwar ihrer Art nach zu den in dieser Vorschrift genannten Vergütungen gehören, die aber in einem eigenen Gewerbebetrieb des Mitunternehmers anfallen, ob es also der in § 15 Abs. 1 S. 1 Nr. 2 EStG angeordneten Umqualifizierung von bestimmten Vergütungen in gewerbliche Einnahmen noch bedarf, wenn die Vergütungen ohnehin schon gewerbliche Einnahmen sind. Diese **These von der Subsidiarität des § 15 Abs. 1 S. 1 Nr. 2 S. 1 Hs. 2 EStG,** dh seiner Nichtanwendbarkeit in den Fällen, in denen die Vergütungen in einem eigenen Gewerbebetrieb des Mitunternehmers anfallen (sog **Subsidiaritätstheorie**), war lange Zeit auch von der Finanzverwaltung vertreten worden.

230 Im Urteil vom 18.7.1979[379] hat der **BFH** die Subsidiaritätstheorie jedoch **verworfen** und ausgeführt, Sinn und Zweck des § 15 Abs. 1 S. 1 Nr. 2 EStG erschöpften sich nicht nur in der **Umqualifizierung** von Einkünften; es handele sich vielmehr auch um eine **Zuordnungsnorm,** aufgrund derer regelmäßig alle die Mitunternehmerschaft betreffenden Sachverhalte in die Gewinnermittlung der Mitunternehmerschaft einzubeziehen seien. **Gegen die Subsidiaritätstheorie** spreche vor allem, dass gewinnabhängige Vergütungen als Gewinnanteile iSd § 15 Abs. 1 S. 1 Nr. 2 S. 1 Hs. 1 EStG bei der Gewinnermittlung der Mitunternehmerschaft zu berücksichtigen seien, und es auch keinen vernünftigen Grund dafür gebe, gewinnunabhängige Vergütungen hiervon abweichend zu behandeln. Alle gewinnunabhängigen Vergütungen, gleichviel, ob sie auf gesellschaftsrechtlicher oder schuldrechtlicher Grundlage beruhten, fielen daher unter § 15 Abs. 1 S. 1 Nr. 2 S. 1 Hs. 2 EStG.

231 Zwischenzeitlich hat der BFH seine Auffassung insoweit **relativiert,** als er § 15 Abs. 1 S. 1 Nr. 2 S. 1 Hs. 2 EStG nicht mehr auf Dienstleistungen und Nutzungsüberlassungen zwischen ganz oder teilweise personenidentischen Personengesellschaften **(Schwester-Personengesellschaften),** die ihrerseits gewerblich tätig oder geprägt sind, anwendet.[380] Hierfür gezahlte Entgelte und die zur Nutzung überlassenen Wirtschaftsgüter sind als Betriebseinnahmen bzw. Betriebsvermögen im eigenen Gewerbebetrieb der leistenden Schwester-Personengesellschaft zu erfassen. Auch bei der **mitunternehmerischen Betriebsaufspaltung** ist die Qualifikation des verpachteten Vermögens und der Pachteinkünfte als Betriebsvermögen bzw. gewerbliche Einkünfte bei der Besitzpersonengesellschaft nach Ansicht des

---

376 BFH 1.2.2001 – IV R 3/00, BStBl. II 2001, 520 (522); 24.1.1980 – IV R 156–157/78, BStBl. II 1980, 271.

377 OFD Frankfurt GmbHR 2007, 869.

378 BFH 24.6.2009 – IV R 94/06, GmbHR 2009, 1166.

379 BFH I R 199/75, BStBl. II 1979, 750; hierzu BMF-Schreiben 10.12.1979, BStBl. I 1979, 683; bestätigt durch BFH 25.4.1985 – IV R 36/82, BStBl. II 1985, 622; 18.5.1983 – I R 5/82, BStBl. II 1983, 771.

380 BFH 22.11.1994 – VIII R 63/93, BStBl. II 1996, 93; 16.6.1994 – IV R 48/93, BStBl. II 1996, 82; Entsprechendes gilt, wenn die leistende Gesellschaft eine gewerblich geprägte atypisch stille Gesellschaft ist, BFH 26.11.1996 – VIII R 42/94, BStBl. II 1998, 328.

BFH nunmehr vorrangig vor einer Erfassung als Sonderbetriebsvermögen bzw. Sonderbetriebseinkünfte bei der Betriebspersonengesellschaft.[381]

Dies sind bislang jedoch die einzigen Konstellationen, in denen der Subsidiaritätsgedanke zur Anwendung kommt. In allen anderen Fällen wird an der **Ablehnung der Subsidiaritätstheorie** festgehalten.[382] Für die Praxis ist daher nach wie vor davon auszugehen, dass jedenfalls sämtliche **unmittelbar** von der Gesellschaft an ihre Gesellschafter gezahlten Sondervergütungen in der Gewinnermittlung der Mitunternehmerschaft zu erfassen sind. 232

bb) Sondervergütungen, die von der Komplementär-GmbH gezahlt werden. GmbH & Co. KG-spezifisch sind die Probleme, die sich bei der steuerlichen Behandlung von Sondervergütungen ergeben, wenn diese nicht von der KG, sondern von der Komplementär-GmbH gezahlt werden. Diese Probleme treten auf, wenn die steuerlichen Grundsätze für die Besteuerung von Personengesellschaften kollidieren mit der Tatsache, dass die **GmbH** nicht nur zivilrechtlich, sondern auch steuerrechtlich **Träger eigener Rechte und Pflichten** und damit ein eigenständiges Steuersubjekt mit eigenem Einkommen und eigenem Vermögen ist, das grundsätzlich nicht nur zivilrechtlich, sondern auch steuerrechtlich vom Einkommen und Vermögen ihrer Gesellschafter getrennt und gesondert zu besteuern ist. 233

Zu den – nach Aufgabe der Bilanzbündeltheorie aufgelockerten – Grundsätzen für die Besteuerung von Personengesellschaften gehört es, Gesellschafter von Personengesellschaften möglichst weitgehend **wie Einzelunternehmer zu besteuern** und schuldrechtlichen Beziehungen des Gesellschafters einer Personengesellschaft mit der Gesellschaft zumindest im Grundsatz ebenso die steuerrechtliche Wirkung zu versagen, wie dies in Bezug auf „schuldrechtliche" Beziehungen eines Einzelunternehmers zu seinem Unternehmen der Fall ist.[383] In Bezug auf die Besteuerung einer GmbH und ihrer Gesellschafter gilt als Grundsatz, dass derjenige, der zwischen sich und den Rechtsverkehr eine GmbH schaltet, zu seinen Gunsten wie zu seinen Lasten alle steuerlichen Wirkungen hinnehmen muss, die sich aus einer solchen Zwischenschaltung ergeben. Steuerrechtlich ist also ein **Durchgriff durch die GmbH** auf ihre Gesellschafter **grundsätzlich ausgeschlossen.** Diese beiden Besteuerungsgrundsätze müssen dann kollidieren, wenn die Gesellschafter einer GmbH zugleich Kommanditisten einer KG sind, ebenso im Fall der Einheits-GmbH & Co. KG. Hier ist dann die Frage zu entscheiden, ob im Interesse einer gleichmäßigen Besteuerung aller Personengesellschaften steuerlich durch die GmbH durchgegriffen werden kann oder ob im Interesse einer gleichmäßigen Besteuerung der GmbH und ihrer Gesellschafter auch hier die GmbH gegenüber ihren Gesellschaftern steuerlich eine Abschirmwirkung entfaltet. 234

Soweit es um die Besteuerung von **Tätigkeitsvergütungen** geht, die eine Komplementär-GmbH an ihre Geschäftsführer bezahlt,[384] die zugleich Kommanditisten der GmbH & Co. KG sind, hat sich der BFH im Anschluss an die Rechtsprechung des RFH für den Durchgriff durch die Komplementär-GmbH und damit für eine Besteuerung der GmbH & Co. KG wie eine normale Personengesellschaft entschieden.[385] Danach ist die Tätigkeitsvergütung, die der Geschäftsführer einer Komplementär-GmbH von dieser für seine Tätigkeit 235

---

[381] So BFH 18.8.2005 – IV R 59/04, BStBl. II 2005, 830; 23.4.1996 – VIII R 13/95, BStBl. II 1998, 325, unter Aufgabe der früheren Rechtsprechung; BMF-Schreiben 28.4.1998, BStBl. I 1998, 583.

[382] BFH 18.8.2005 – IV R 59/04, BStBl. II 2005, 830; 6.3.2002 – XI R 9/01, BStBl. II 2002, 737 (738); s. auch BFH 7.12.2000 – III R 35/98, BStBl. II 2001, 316 (319), wonach die Rechtsprechung zu den Schwestergesellschaften nicht auf doppelstöckige Personengesellschaften übertragbar ist. Generell für die Subsidiaritätstheorie *Hallerbach* in Söffing GmbH & Co. KG Rn. 1681 ff.; *Söffing* DB 2007, 1994; *R. Schmidt* DStR 1997, 941; *Lehmann* GmbHR 1986, 316; *Bordewin* StbJb 1982/83, 181; *Uelner* JbFfSt 1979/80, 338.

[383] BFH 19.10.1970 – GrS S. 1/70, BStBl. II 1971, 177 sowie die Nachweise in → Rn. 226.

[384] Zu den umsatzsteuerlichen Folgen → § 18 Rn. 27 ff.

[385] StRspr, BFH 8.9.2005 – IV B 23/04, BFH/NV 2006, 51; 10.7.2002 – I R 71/01, BStBl. II 2003, 191 (192 f.); 16.12.1992 – I R 105/91, BStBl. II 1993, 792 (794); 25.2.1991 – GrS 7/89, BStBl. II 1991, 691 (701); 14.12.1978 – IV R 98/74, BStBl. II 1979, 284; BFH 21.3.1968 – IV R 166/67, BStBl. II 1968, 579; 11.2.1965 – IV 284/64, HFR 1965, 364 (die hiergegen eingelegte Verfassungsbeschwerde ist als offensichtlich unbegründet nicht zur Entscheidung angenommen worden, BVerfG GmbHR 1966, 38); 2.8.1960 – I 212/59, BStBl. III 1960, 408.

im Interesse der GmbH & Co. KG erhält, bei ihm als **Sondervergütung** iSv § 15 Abs. 1 S. 1 Nr. 2 S. 1 Hs. 2 EStG zu erfassen.[386] Bei der Komplementär-GmbH ist die Tätigkeitsvergütung als **Sonderbetriebsausgabe** zu berücksichtigen, die den Gewinnanteil der Komplementär-GmbH und den Gewerbeertrag der KG mindert.[387] Erhält die Komplementär-GmbH die von ihr gezahlte Tätigkeitsvergütung von der GmbH & Co. KG erstattet, ist dieser Aufwandsersatz **Sondervergütung** iSv § 15 Abs. 1 S. 1 Nr. 2 S. 1 Hs. 2 EStG,[388] die Bestandteil ihrer gewerblichen Einkünfte aus ihrer Beteiligung an der KG wird.

236 Nur soweit diese Tätigkeitsvergütung von der Komplementär-GmbH für eine Tätigkeit des Geschäftsführers gezahlt wird, die er nicht im Interesse der KG, sondern im **Interesse der Komplementär-GmbH** für deren eigenes, deutlich abgrenzbares und nicht unwesentliches, gewerbliches, mit der KG in keinem Zusammenhang stehendes Unternehmen erbringt, stellt die Tätigkeitsvergütung bei der Komplementär-GmbH Betriebsausgabe, beim Geschäftsführer Einkünfte aus nicht selbstständiger Tätigkeit dar.[389] Die Annahme einer solchen Tätigkeit im Interesse der Komplementär-GmbH setzt nach Auffassung des BFH jedoch voraus, dass diese nicht lediglich dazu bestimmt sei, die Geschäfte der GmbH & Co. KG zu führen, weil sonst jede Tätigkeit, auch wenn sie formal allein der Komplementär-GmbH diene, eine Tätigkeit im Dienste der GmbH & Co. KG darstelle.

237 In einer Entscheidung vom 6.7.1999[390] hat der BFH diese Grundsätze nochmals ausdrücklich bekräftigt und auf den Fall ausgedehnt, dass ein Kommanditist einen Teil der im Unternehmen der GmbH & Co. KG anfallenden Managementaufgaben nicht über die von ihm geführte Komplementär-GmbH, sondern als Gesellschafter-Geschäftsführer einer nicht an der KG beteiligten anderen Kapitalgesellschaft **(Schwester-Kapitalgesellschaft)** aufgrund von im Einzelfall abgeschlossenen schuldrechtlichen Vereinbarungen zwischen der GmbH & Co. KG und der Schwester-Kapitalgesellschaft erbringt. Die hierfür gezahlte Vergütung ist nach Auffassung des BFH ebenfalls als Sondervergütung iSd § 15 Abs. 1 S. 1 Nr. 2 S. 1 Hs. 2 EStG zu qualifizieren. Für die Hinzurechnung gemäß § 15 Abs. 1 S. 1 Nr. 2 EStG findet im Interesse einer Gleichbehandlung wirtschaftlich vergleichbarer Sachverhalte die Hinzurechnung von Einnahmen zu den gewerblichen Einkünften grundsätzlich statt, unerheblich von der eigenen Leistungsverpflichtung des Kommanditisten gegenüber der Kapitalgesellschaft und **unabhängig** davon, ob dieser eine **beherrschende Stellung** innehat oder nicht.[391]

238 Der BFH begründete seine Rechtsprechung ursprünglich damit, dass aufgrund der Bilanzbündeltheorie **jeder Gesellschafter als Unternehmer des Betriebs der Gesellschaft** anzusehen sei, so dass grundsätzlich die gesamte Tätigkeit eines Gesellschafters im Rahmen des Unternehmens der Gesellschaft als selbstständige Unternehmertätigkeit beurteilt werden müsse. Dabei sei es gleichgültig, ob der Gesellschafter im Auftrag der Gesamtheit der Unternehmer oder im Auftrag eines einzelnen Mitunternehmers für die Personengesellschaft tätig werde. Erhalte ein Gesellschafter von einem anderen Gesellschafter, dem die Alleingeschäftsführung für die Gesellschaft obliege, eine Vergütung dafür, dass er die

---

[386] Zustimmend zB *Gschwendtner* DStR 2005 (771); *Jachmann* DStR 2005, 2019 (2023); *Biergans* DStR 1988, 655 (657). AA zB *Breithecker/Zisowski* BB 1998, 508 (509). Auch die Arbeitgeberanteile zur Sozialversicherung eines Mitunternehmers sind als Sondervergütung zu erfassen, BFH 30.8.2007 – IV R 14/06, BStBl. II 2007, 942.

[387] BFH 13.7.1993 – VIII R 50/92, BStBl. II 1994, 282 (286).

[388] S. aber auch BFH 13.10.1998 – VIII R 4/98, BStBl. II 1999, 284, wonach eine Sondervergütung nur anzunehmen ist, wenn eine Behandlung als Aufwand vereinbart und die Vergütung von der GmbH & Co. KG somit auch dann zu bezahlen ist, wenn kein Gewinn erwirtschaftet wird. Andernfalls liegt ein Gewinnvorab vor.

[389] Ggf. ist die Tätigkeitsvergütung durch Schätzung aufzuteilen, so *Wacker* in L. Schmidt EStG § 15 Rn. 717.

[390] BFH 6.7.1999 – VIII R 46/94, BStBl. II 1999, 720; bestätigt durch BFH 10.7.2002 – I R 71/01, BStBl. II 2003, 191 (193). Zu Sondervergütungen eines Gesellschafters einer OHG aus mittelbaren Leistungen an die Personengesellschaft, BFH 14.2.2006 – VIII R 40/03, BStBl. II 2008, 182. Bei Zwischenschaltung einer OHG: FG Rheinland-Pfalz EFG 2003, 1538.

[391] BFH 7.12.2004 – VIII R 58/02, BStBl. II 2005, 390.

Geschäftsführung für diesen ausübe, so stellten auch diese Beträge eine „von der Gesellschaft für seine Tätigkeit im Dienste der Gesellschaft" gewährte Vergütung dar. Bei wirtschaftlicher Betrachtung könne seine Geschäftsführertätigkeit nicht von seiner Gesellschaftereigenschaft und damit von seiner Eigenschaft als Unternehmer der Gesellschaft losgelöst werden, weil der Geschäftsführer sowohl Organ der Komplementär-GmbH als auch Kommanditist der GmbH & Co. KG sei. Im Fall einer GmbH & Co. KG werde er über die GmbH – wenn auch bei einer formaljuristischen Betrachtung nur mittelbar – letztlich im Dienste der KG für diese tätig. Der GmbH-Geschäftsführer, der zugleich Kommanditist ist, nehme insoweit eine **Doppelstellung** ein.

Die BFH-Rechtsprechung beruht folglich in ihrem Ursprung auf der **inzwischen aufgegebenen Bilanzbündeltheorie** und damit auf überholten rechtlichen Vorstellungen.[392] 239
Ihr liegt im Übrigen der Gedanke zugrunde, die Bezahlung der **Tätigkeitsvergütung** über die Komplementär-GmbH sei ein unbeachtlicher Umweg, da die Tätigkeitsvergütung bei der Komplementär-GmbH wirtschaftlich betrachtet nur ein **durchlaufender Posten** sei. Diese Begründung löst sich jedoch einerseits zu sehr vom Wortlaut des § 15 Abs. 1 S. 1 Nr. 2 S. 1 Hs. 2 EStG, lässt andererseits aber auch nicht erkennen, dass der BFH die oben dargelegten, einander widerstreitenden Besteuerungsgrundsätze gegeneinander abgewogen hat, so dass auch eine systematische Grundlage für die Rechtsprechung des BFH nicht ersichtlich ist.

Vom Wortlaut ausgehend, lassen sich die hier in Rede stehenden Tätigkeitsvergütungen 240
nur dann unter die genannte Vorschrift subsumieren, wenn sie **von der KG** für eine Tätigkeit des Geschäftsführers der Komplementär-GmbH im Dienste der GmbH & Co. KG gezahlt werden. Nun ist dem BFH einzuräumen, dass die Tätigkeit des Geschäftsführers einer Komplementär-GmbH, soweit sie im Interesse der GmbH & Co. KG erfolgt, eine Tätigkeit im Dienste der GmbH & Co. KG iSd § 15 Abs. 1 S. 1 Nr. 2 S. 1 Hs. 2 EStG ist. In diesem Zusammenhang kann es in der Tat nicht darauf ankommen, ob der Geschäftsführer als Organ der Komplementär-GmbH oder als Kommanditist für die GmbH & Co. KG tätig wird. Ob der wirtschaftliche Anknüpfungspunkt der Vorschrift **„Tätigkeit im Dienste der Gesellschaft"** erfüllt ist, kann nicht nach rechtsformalen Gesichtspunkten entschieden werden.[393]

Schwieriger ist dagegen schon die Frage zu beantworten, ob die Tätigkeitsvergütung, 241
die dem Geschäftsführer der **Komplementär-GmbH von dieser** gezahlt wird, eine von der GmbH & Co. KG „gewährte" Vergütung iSd § 15 Abs. 1 S. 1 Nr. 2 S. 1 Hs. 2 EStG ist. Das könnte allenfalls dort bejaht werden, wo für die Komplementär-GmbH die Tätigkeitsvergütung ihres Geschäftsführers tatsächlich nur ein durchlaufender Posten ist. Dies ist dann der Fall, wenn die Komplementär-GmbH aufgrund der Bestimmungen des Gesellschaftsvertrags gegenüber der KG zulasten von deren handelsrechtlichem Ergebnis **Anspruch auf Ersatz ihrer Aufwendungen** für ihre Geschäftsführer hat. Bei wirtschaftlicher Betrachtungsweise ist die Tätigkeitsvergütung dann von der KG bezahlt, da sie nicht nur den Gewinnanteil der Komplementär-GmbH, sondern den Gewinnanteil aller Gesellschafter mindert.

Erhält die Komplementär-GmbH für die Übernahme der Geschäftsführung keinen 242
gesonderten Aufwendungsersatz, ist ihre Tätigkeit also entsprechend den Regeln des HGB mit ihrem **Gewinnanteil abgegolten,** lässt sich auch bei wirtschaftlicher Betrachtung nicht mehr sagen, die von der Komplementär-GmbH ihrem Geschäftsführer gezahlte Tätigkeitsvergütung sei iSd § 15 Abs. 1 S. 1 Nr. 2 S. 1 Hs. 2 EStG von der GmbH & Co. KG gewährt. Mindestens in diesen Fällen ist also das Ergebnis der Rechtsprechung des BFH aus dem Gesetzeswortlaut nicht mehr herzuleiten.

---

[392] Zur Rechtfertigung wird auch auf die notwendige partielle Gleichbehandlung mit dem Einzelunternehmer verwiesen, s. BFH 30.8.2007 – IV R 14/06, BStBl. II 2007, 942; *Bitz* in LBP EStG § 15 Rn. 48 mwN.

[393] Anders aber *Knobbe-Keuk* Bilanz- und Unternehmenssteuerrecht 471, die die erforderliche Leistung „an" die Gesellschaft verneint.

243 Besteht zwischen Geschäftsführer und KG **keine unmittelbare Vertragsbeziehung** und wird der Geschäftsführer **unmittelbar von der KG bezahlt,** erscheint das Ergebnis der BFH-Rechtsprechung auch sachlich **nicht gerechtfertigt.**[394] Dies zeigt schon der Hinweis auf die sog **GmbH-geprägte GmbH & Co. KG,**[395] bei welcher der Unternehmerlohn auf jeden Fall als Betriebsausgabe abziehbar ist. Diese Gestaltungsform ist dadurch gekennzeichnet, dass der in der GmbH & Co. KG aktiv tätige Geschäftsführer seine Kommanditbeteiligung unter Fortführung der steuerlichen Buchwerte und damit ohne ertragsteuerliche Belastung gegen Gewährung neuer Geschäftsanteile gemäß § 20 UmwStG in die Komplementär-GmbH einbringt. Da mit seinem Ausscheiden als Kommanditist regelmäßig auch seine Mitunternehmerstellung endet, sind seine Geschäftsführerbezüge von diesem Zeitpunkt an als Einkünfte aus nicht selbstständiger Arbeit zu qualifizieren, so dass bei der GmbH-geprägten GmbH & Co. KG das gleiche Besteuerungsergebnis wie bei der reinen GmbH erzielt ist.

244 UE kann es aber für die Besteuerung keinen Unterschied machen, ob der Gesellschafter-Geschäftsführer an den Erträgnissen der GmbH & Co. KG unmittelbar als Kommanditist oder nur mittelbar als Gesellschafter der Komplementär-GmbH partizipiert. In beiden Fällen bezieht er den Unternehmerlohn aufgrund seiner Geschäftsführerstellung bei der Komplementär-GmbH. Diese Geschäftsführerstellung wird auch dann, wenn er Kommanditist ist, zivilrechtlich nicht durch die Kommanditistenstellung, sondern durch seine Gesellschafterstellung bei der Komplementär-GmbH abgesichert, weil allein diese auf die Bestellung und Abberufung des Geschäftsführers Einfluss hat. Es ist daher nicht überzeugend, wenn der BFH in seiner Entscheidung vom 14.12.1978[396] behauptet, der Geschäftsführer der Komplementär-GmbH, der zugleich Kommanditist sei, erbringe die unternehmerische Leistung, für die er die Tätigkeitsvergütung (über die GmbH) erhalte „tatsächlich **in seiner Eigenschaft als Kommanditist**". Das folgt daraus, dass es – wie dargelegt – für den betreffenden Gesellschafter-Geschäftsführer in aller Regel wirtschaftlich möglich ist, auf seine Kommanditbeteiligung zugunsten einer stärkeren Stellung bei der Komplementär-GmbH zu verzichten, um die Qualifizierung der Geschäftsführervergütung als gewerbliche Einkünfte zu vermeiden. Hiernach lässt sich auch steuerrechtlich nicht mehr sagen, dass die Geschäftsführerstellung mit der Kommanditistenstellung „zusammenhänge".

245 Die Besteuerung der von der Komplementär-GmbH an ihren Geschäftsführer gezahlten Tätigkeitsvergütung ist wegen der **gewerbesteuerlichen Auswirkungen** von praktischer Bedeutung. Bei der GmbH mindert bekanntlich der Unternehmerlohn den Gewerbeertrag, beim Einzelunternehmen und bei der Personengesellschaft nicht. Bei der GmbH & Co. KG bleibt aufgrund der dargelegten Rechtsprechung des BFH der Unternehmerlohn, auch wenn er von der Komplementär-GmbH gezahlt wird und diese keinen Anspruch auf Erstattung ihrer diesbezüglichen Aufwendungen gegenüber der KG hat, jedenfalls der Gewerbesteuer unterworfen.[397] Durch die **Gewerbesteueranrechnung** bei der Einkommensteuer (§ 35 Abs. 1 Nr. 2 EStG; → § 17 Rn. 24 ff.) ist diese Problematik erheblich entschärft worden.

246 Konsequenz der Rechtsprechung des BFH ist weiter, dass eine überhöhte Tätigkeitsvergütung, die eine Komplementär-GmbH an einen zugleich als **Kommanditist beteiligten Geschäftsführer** bezahlt, grundsätzlich keine verdeckte Gewinnausschüttung sein kann, jedenfalls dann nicht, wenn die Komplementär-GmbH die von ihr gezahlte Tätigkeitsvergütung von der GmbH & Co. KG wieder über einen ausreichend bemessenen Gewinnanteil oder mittels Aufwendungsersatz erstattet erhält. Dieses Ergebnis folgt daraus, dass nach der Rechtsprechung des BFH eine solche Tätigkeitsvergütung als von der GmbH & Co. KG

[394] Wie hier *Eckl* in HTM HdB GmbH & Co. KG Rn. 6.137; *Lempenau* StbJb 1982/83, 223.
[395] Grundlegend *Beinert* StbJb 1980/81, 87 (100 ff.).
[396] BFH 14.12.1978 – IV R 98/74, BStBl. II 1979, 284.
[397] So auch ausdrücklich BFH 14.12.1978 – IV 98/74, BStBl. II 1979, 284 mit der Begründung, dass die Mitglieder einer Personengesellschaft und Einzelunternehmer ertragsteuerlich nicht unterschiedlich behandelt werden dürften.

gezahlt gilt, steuerlich also bei der Komplementär-GmbH ohne Auswirkungen bleibt. Nur wenn die überhöhte Tätigkeitsvergütung dazu führt, dass der Gewinnanteil der Komplementär-GmbH unter das Maß dessen herabsinkt, was ihr als angemessener Gewinnanteil nach der Rechtsprechung des BFH verbleiben muss (→ Rn. 156 ff.), ist in Bezug auf die Minderung des Gewinnanteils der Komplementär-GmbH die Frage der vGA zu stellen.

Erhält die Komplementär-GmbH neben der Erstattung der von ihr gezahlten Tätigkeits- **247**
vergütung statt eines Gewinnanteils eine angemessene Festvergütung, die durch die Höhe der Tätigkeitsvergütung nicht beeinflusst wird, entfällt das Problem der vGA sogar ganz.[398] Im Übrigen kann – immer auf der Grundlage der dargelegten BFH-Rechtsprechung – eine überhöhte Tätigkeitsvergütung im Rahmen der einkommensteuerrechtlichen Würdigung der Gewinnverteilungsabrede nur daraufhin geprüft werden, ob ihr eine **verdeckte Einkommensverwendung** der übrigen Kommanditisten zugrunde liegt.

Wie bereits in anderem Zusammenhang erwähnt, kann der dargelegte **Konflikt** zwischen **248**
den Besteuerungsgrundsätzen der Personengesellschaft und der GmbH von vornherein dann **nicht auftreten,** wenn der Geschäftsführer der Komplementär-GmbH **nicht zugleich Kommanditist (Mitunternehmer)** der GmbH & Co. KG ist. In diesen Fällen spielt nach unbestrittener Auffassung § 15 Abs. 1 S. 1 Nr. 2 S. 1 Hs. 2 EStG keine Rolle. Wie der BFH bereits im Urteil vom 6.5.1965[399] entschieden hat, ist in diesem Fall die Tätigkeitsvergütung beim Geschäftsführer als Einkünfte aus nicht selbstständiger Arbeit zu besteuern. Dies gilt auch dann, wenn der Geschäftsführer der Komplementär-GmbH zugleich deren Gesellschafter ist. Hier muss allerdings berücksichtigt werden, dass eine **überhöhte Vergütung** zu einer **verdeckten Gewinnausschüttung** führt.[400]

cc) Pensionszusagen. Dieselbe steuerliche Problematik wie bei Tätigkeitsvergütungen **249**
besteht in Bezug auf **Pensionszusagen,** die eine Komplementär-GmbH ihrem Geschäftsführer erteilt, der **zugleich Kommanditist** der GmbH & Co. KG ist. In Fortführung der dargelegten Rechtsprechung zur Besteuerung der Tätigkeitsvergütungen hat der BFH im Urteil vom 22.1.1970[401] zunächst entschieden, dass eine Komplementär-GmbH für solche Pensionszusagen **keine Pensionsrückstellungen** bilden könne. Danach war die Pensionszusage steuerlich zunächst unbeachtlich und wirkte sich erst im Zeitpunkt der Pensionszahlung als Sondervergütung iSd § 15 Abs. 1 S. 1 Nr. 2 S. 1 Hs. 2 EStG bei dem Kommanditisten und als entsprechender Sonderaufwand bei der Komplementär-GmbH aus.

Von dieser Handhabung hat der BFH jedoch mit Urteil vom 16.12.1992[402] Abstand **250**
genommen. Die Pensionszusage ist als eine **ungewisse Verbindlichkeit** der Komplementär-GmbH in deren Steuerbilanz nach allgemeinen Grundsätzen (§ 6a EStG) zu erfassen. Sie führt zu Sonderaufwand, der sich bei der Ermittlung des Gesamtgewinns der KG zunächst gewinnmindernd auswirkt. Diese Gewinnminderung bei der KG ist unter Beachtung des **Grundsatzes der korrespondierenden Bilanzierung** durch gleich hohe Aktivposten in den Sonderbilanzen der Gesellschafter auszugleichen,[403] wobei der Aktivposten nicht von allen Gesellschaftern anteilig, sondern nur von dem **begünstigten Gesellschafter** anzusetzen ist.[404] Eine hiervon abweichende Zuordnung aufgrund einer Vereinbarung im Gesellschaftsvertrag, nach der die Gewinnverteilung hinsichtlich des Rückstellungsaufwands in

---

[398] *Wassermeyer* GmbHR 1999, 18 (21).

[399] BFH 6.5.1965 – IV 135/64 U, BStBl. III 1965, 502.

[400] BFH 9.6.1994 – IV R 47–48/92, BFH/NV 1995, 103 (104) für überhöhten Gewinnanteil auf das partiarische Darlehen eines (Nur-)GmbH-Gesellschafters bei der GmbH & Co. KG. Zur Angemessenheit der Gesamtbezüge eines Gesellschafter-Geschäftsführers, s. BMF-Schreiben 14.10.2002, DB 2002, 2243.

[401] BFH 16.12.1992 – IV R 47/68, BStBl. II 1970, 415.

[402] BFH I R 105/91, BStBl. II 1993, 792 (794).

[403] BFH 2.12.1997 – VIII R 15/96, BFH/NV 1998, 781 (782) mwN.

[404] BFH 30.3.2006 – IV R 25/04, BFH/NV 2006, 1293; 14.2.2006 – VIII R 40/03, BStBl. II 2008, 182. Noch offengelassen von BFH 28.6.2001 – IV R 41/00, BStBl. II 2002, 724 (725). Hierzu BMF-Schreiben 29.1.2008, BStBl. I 2008, 317 mit Übergangsregelungen; *Lempenau/Schiller* DB 2007, 1045; zu Gestaltungsmöglichkeiten aufgrund der im Zuge des BilMoG aufgehobenen umgekehrten Maßgeblichkeit: *Ley* KÖSDI 2008, 16204 (16209).

der Gesamthandsbilanz so erfolgt, dass dieser Aufwand nur auf den begünstigten Gesellschafter entfällt und hierdurch ein Ausgleich für die Aktivierung in der Sonderbilanz dieses Gesellschafters geschaffen wird, kann steuerlich anzuerkennen sein.[405] Die späteren Pensionszahlungen sind sodann mit den in der bzw. den Sonderbilanzen aktivierten Ansprüchen zu verrechnen. Auf die Höhe des Gesamtgewinns der Mitunternehmerschaft hat diese Rechtsprechung allerdings keinen Einfluss. Sie bewirkt lediglich, dass nicht erst die Pensionszahlungen, sondern bereits die erdienten Pensionsansprüche als Sondervergütungen iSd § 15 Abs. 1 S. 1 Nr. 2 S. 1 Hs. 2 EStG erfasst werden.

251 Auch beim Fall der Pensionszusage ist insoweit eine **Ausnahme** zu machen, als die Komplementär-GmbH nicht nur persönlich haftender, geschäftsführender Gesellschafter der GmbH & Co. KG ist, sondern daneben noch einen eigenen, deutlich abgrenzbaren und nicht unwesentlichen gewerblichen Betrieb hat. Soweit der Geschäftsführer für diesen Betrieb der Komplementär-GmbH tätig wird und soweit ihm für diese Tätigkeit eine Pensionszusage erteilt wird, kann die Komplementär-GmbH auch mit steuerlicher Wirkung eine Pensionsrückstellung bilden.

252 Es liegt auf der Hand, dass die Besteuerung von Pensionszusagen im Ergebnis denselben Regeln unterworfen sein muss wie die Besteuerung entsprechender Tätigkeitsvergütungen. Das bedeutet aber umgekehrt, dass natürlich auch die dargelegten **Bedenken** gegen die Anwendung des § 15 Abs. 1 S. 1 Nr. 2 S. 1 Hs. 2 EStG auf die Besteuerung solcher Tätigkeitsvergütungen gelten, soweit es um die Besteuerung entsprechender Pensionszusagen einer Komplementär-GmbH geht.

253 Wird seitens der Komplementär-GmbH eine Pensionszusage an einen Geschäftsführer erteilt, der **nicht zugleich Kommanditist** ist, und kann die Komplementär-GmbH – wie dies in aller Regel der Fall ist – Ersatz ihrer Aufwendungen verlangen, wird die bei ihr zu bildende Pensionsrückstellung durch einen entsprechenden Aufwendungsersatzanspruch gegen die KG neutralisiert. Diese hat für die Verpflichtung zum Aufwendungsersatz eine Rückstellung zu bilden, deren Höhe sich nach § 6a Abs. 3 EStG bemisst.[406] Damit wirkt sich die von der Komplementär-GmbH erteilte Pensionszusage letztlich nur bei der KG gewinnmindernd aus. Die KG kann auch dann eine Pensionsrückstellung im Rahmen des § 6a EStG bilden, wenn sie dem GmbH-Geschäftsführer, der einen Anstellungsvertrag mit der Komplementär-GmbH hat, **unmittelbar eine Zusage** erteilt.[407] Schließt die KG zur Absicherung der künftigen Pensionszahlungen eine **Rückdeckungsversicherung** ab, gehört der Versicherungsanspruch nicht zum steuerlichen Betriebsvermögen und die Prämienzahlungen werden allen Gesellschaftern anteilig als Entnahmen zugerechnet.[408]

254 Hinsichtlich der Behandlung von Pensionsansprüchen eines **ausgeschiedenen Mitunternehmers** hat der BFH den **Grundsatz der korrespondierenden Bilanzierung** bestätigt.[409] Deshalb gehören nach dem Ausscheiden des Gesellschafters aus einer Mitunternehmerschaft zugeflossene Pensionsleistungen als **nachträgliche Einkünfte** zum Gesamtgewinn der Personengesellschaft. Die aufgrund der Pensionszusage ausgewiesene Forderung bleibt Sonderbetriebsvermögen des ausgeschiedenen Gesellschafters und ist entsprechend der gewinnerhöhenden Auflösung der Pensionsrückstellung in der Gesamthandsbilanz gewinnmindernd aufzulösen mit der Folge, dass die Sonderbilanz für den ausgeschiedenen Gesellschafter – ausschließlich insoweit – korrespondierend zur Gesamthandsbilanz **fortzuführen** ist.[410]

255 **dd) Mittelbare Sondervergütungen.** Sondervergütungen kommen entsprechend der am Zweck des § 15 Abs. 1 S. 1 Nr. 2 EStG orientierten Auslegung auch in Betracht, wenn

---

[405] BFH 16.10.2008 – IV R 82/06, BFH/NV 2009, 581.
[406] BFH 7.2.2002 – IV R 62/00, BStBl. II 2005, 88.
[407] FG Köln EFG 1999, 596.
[408] BFH 28.6.2001 – IV R 41/00, BStBl. II 2002, 724 (726); BMF-Schreiben 29.1.2008, BStBl. I 2008, 317 Rn. 19.
[409] BFH 6.3.2014 – IV R 14/11, BStBl. II 2014, 624; BMF-Schreiben 29.1.2008, BStBl. I 2008, 317 Rn. 8.
[410] *Bode* DB 2014, 1838.

ein **Dritter** in den Leistungsaustausch zwischen dem Gesellschafter und der Personengesellschaft eingeschaltet ist, sofern die Leistung des Gesellschafters nicht dem zwischengeschalteten Dritten, sondern der leistungsempfangenden Personengesellschaft zugute kommen soll.[411] Derartige mittelbare Sondervergütungen sind zB anzunehmen, wenn eine Tochter-GmbH, deren Tätigkeit sich darin erschöpft, Aufgaben im Dienste der Mutter-KG zu erbringen, an ihren Geschäftsführer, der gleichzeitig Gesellschafter der Mutter-KG ist, eine **Vergütung** gewährt.[412]

ee) Grenzüberschreitende Sondervergütungen. Unverändert **streitig** ist die Besteuerung von Sondervergütungen, die der in einem **ausländischen DBA-Staat ansässige Gesellschafter** einer inländischen Personengesellschaft von dieser erhält, zB **Zinsen** für ein dieser Gesellschaft gewährtes Darlehen. Nach ständiger Rechtsprechung fallen derartige Zinsen aufgrund der abkommensrechtlichen Spezialitätsklausel (Art. 7 Abs. 4 OECD-MA) nämlich auch dann unter den Zinsartikel (Art. 11 OECD-MA), wenn sie als Sondervergütungen zu den Einkünften aus Gewerbebetrieb gehören.[413] Nach dem Zinsartikel hat aber nicht der Quellenstaat, sondern der **Wohnsitzstaat,** hier also das Ausland, das Besteuerungsrecht. Entsprechendes gilt für **Lizenzzahlungen.** 256

Um in solchen Fällen eine **Besteuerung im Inland** zu erreichen, wurde mit dem JStG 2009 versucht, die gegenteilige Auffassung der Finanzverwaltung durch einen neu geschaffenen **§ 50d Abs. 10 EStG** gesetzlich festzuschreiben. Ein derartiger Treaty Override, also die Überschreibung von Völkervertragsrecht durch innerstaatliches Gesetz, ist grundsätzlich zulässig.[414] Der BFH hat diese gesetzliche Fiktion indessen als „zu kurz gegriffen" verworfen.[415] Daraufhin hat der Gesetzgeber mit dem AmtshilfeRLUmsG die Vorschrift neu gefasst und eine rückwirkende Anwendung der Neuregelung angeordnet (§ 52 Abs. 59a S. 10 EStG aF).[416] Daraufhin hat der BFH, der die Neufassung als „unzulänglich, ... nicht konsequent und folgerichtig ausgestaltet" und die Rückwirkung als verfassungswidrig beurteilt,[417] das **BVerfG** angerufen.[418] Der „Wettlauf"[419] zwischen Finanzverwaltung/Gesetzgeber und der BFH-Rechtsprechung ist also noch nicht entschieden. 257

Nach der **gesetzlichen Fiktion** in § 50d Abs. 10 S. 1 EStG werden die Sondervergütungen gewerblich tätiger Personengesellschaften für Zwecke des DBA in einen Teil des **Unternehmensgewinns** des betreffenden Gesellschafters **umqualifiziert,** soweit das jeweilige DBA keine Sonderregelung zur Sondervergütung enthält.[420] Dies gilt unabhängig davon, ob es sich um Sondervergütungen des im Inland ansässigen Mitunternehmers einer ausländischen Personengesellschaft (sog Outbound-Fall) oder um Sondervergütungen des im Ausland ansässigen Mitunternehmers einer inländischen Personengesellschaft (sog Inbound-Fall) handelt. 258

Sondervergütungen sowie Erträge und Aufwendungen aus dem Sonderbetriebsvermögen stehen dabei derjenigen Betriebsstätte zu, der der Aufwand für die der Vergütung zugrunde liegende Leistung zuzuordnen ist **(Zuordnungsfiktion):** 259

- Im **Inbound-Fall** steht Deutschland das Besteuerungsrecht zu. Sondervergütungen sowie Erträge und Aufwendungen aus dem Sonderbetriebsvermögen sind dann regelmäßig als 260

[411] BFH 29.1.2008 – VIII R 40/03, BStBl. II 2008, 182; 6.7.1999 – VIII R 46/94, BStBl. II 1999, 720 mwN.
[412] FG Niedersachsen EFG 2011, 1517.
[413] BFH 17.10.2007 – I R 5/05, BStBl. II 2009, 356 mwN.
[414] BVerfG 2 BvL 1/12, DStR 2016, 359.
[415] BFH 8.9.2010 – I R 74/09, BStBl. II 2014, 788 Rn. 62, gegen BMF-Schreiben 16.4.2010, BStBl. I 2010, 354.
[416] Hierzu *Kudert/Kahlenberg* IStR 2013, 801; *Pohl* DB 2013, 1572.
[417] BFH 11.12.2013 – I R 4/13, BStBl. II 2014, 791. Kritisch auch *van Ghemen* BB 2014, 405; *Kramer* IStR 2014, 21.
[418] Dort anhängig unter 2 BvL 15/14.
[419] *Loschelder* in L. Schmidt EStG § 50d Rn. 60.
[420] BMF-Schreiben 26.9.2014, BStBl. I 2014, 1258.

Unternehmensgewinne der inländischen Betriebsstätte zuzurechnen.[421] Eine im Ausland nachweislich festgesetzte und gezahlte Steuer wird angerechnet (§ 50d Abs. 10 S. 5 EStG).

261 • Im **Outbound-Fall** führt § 50d Abs. 10 EStG zur Annahme ausländischer Betriebsstättengewinne, die in Deutschland grundsätzlich freizustellen sind.[422] Eine Freistellung erfolgt jedoch nicht, wenn die Betriebsstättengewinne in den anderen Staaten nicht besteuert werden (§ 50d Abs. 10 S. 8 EStG zur Vermeidung einer doppelten Nichtbesteuerung).

262 Die **Zuordnung** der Sondervergütungen zu einer Betriebsstätte ist nicht immer unproblematisch. **Dividenden** aus der Beteiligung an der Komplementär-GmbH sind jedenfalls für den Fall, dass sich die Tätigkeit der Komplementär-GmbH ausschließlich oder fast ausschließlich auf die Geschäftsleitung der GmbH & Co. KG beschränkt, der Betriebsstätte zuzuordnen, die der beschränkt Steuerpflichtige durch seine Kommanditbeteiligung begründet hat.[423] Zu **Zinsen für ein Gesellschafterdarlehen,** welches einer inländischen KG gewährt wird, hat der BFH entschieden, dass diese nur dann von dem betreffenden Abkommensartikel für Unternehmensgewinne erfasst werden, wenn das Wirtschaftsgut, aus dem die Einkünfte stammen, funktional der Betriebsstätte zuzuordnen ist.[424] Die Grundsätze für aktives Sonderbetriebsvermögen seien nicht zwangsläufig auf Passiva des Sonderbetriebsvermögens zu übertragen.[425] Abkommensrechtlich reiche die Zugehörigkeit eines passiven Wirtschaftsguts zum Sonderbetriebsvermögen I und II nicht aus, um „tatsächlich" der Betriebsstätte zugeordnet werden zu können, während diese Zuordnung bei Aktiva genüge, wenn der für Veräußerungsgewinne einschlägige Artikel des DBA für das Besteuerungsrecht nur verlangt, dass Wirtschaftsgüter zu einer inländischen Betriebsstätte „gehörten".[426]

263 **c) Sonderbetriebsvermögen. aa) Grundsätzliches.** Zum Betriebsvermögen einer gewerblich tätigen GmbH & Co. KG gehören auch die Wirtschaftsgüter, die zwar nicht (wirtschaftliches) Eigentum der Gesamthand sind, aber einem, mehreren oder allen **Mitunternehmern zuzurechnen** sind. Dies folgt sowohl unmittelbar aus dem Begriff des Betriebsvermögens iSv § 4 Abs. 1 EStG und § 5 EStG, der beinhaltet, dass Wirtschaftsgüter, die ein Steuerpflichtiger zur Erzielung gewerblicher Einkünfte einsetzt, grundsätzlich Betriebsvermögen sind, als auch mittelbar aus dem Zweck des § 15 Abs. 1 S. 1 Nr. 2 S. 1 Hs. 2 EStG, den Mitunternehmer dem Einzelunternehmer möglichst gleichzustellen.[427] Im Übrigen erfolgt die Zuordnung zum Sonderbetriebsvermögen nach den allgemeinen Grundsätzen für die Abgrenzung des Privatvermögens vom Betriebsvermögen.[428]

264 Das Sonderbetriebsvermögen kann notwendiges und gewillkürtes Betriebsvermögen enthalten. **Notwendiges Sonderbetriebsvermögen** ist gegeben, wenn das Wirtschaftsgut unmittelbar für betriebliche Zwecke der Personengesellschaft genutzt wird. **Gewillkürtes Sonderbetriebsvermögen** können grundsätzlich alle Wirtschaftsgüter sein, die auch ein Einzelunternehmer zu gewillkürtem Betriebsvermögen machen kann.[429] Nachdem der BFH die **Subsidiaritätstheorie verworfen** hat, ist es in diesem Zusammenhang ohne

---

421 *Kahlenberg/Hagemann* BB 2014, 215; *Rogall/Schwan* DStR 2015, 2633.

422 *Rosenberg/Placke* DB 2014, 2434.

423 BFH 13.2.2008 – I R 63/06, BStBl. II 2009, 414, betreffend DBA-Schweiz; 26.2.1992 – I R 85/91, BStBl. II 1992, 937.

424 BFH 17.10.2007 – I R 5/06, BStBl. II 2009, 356, betreffend DBA-USA; *Haase/Brändel* Ubg 2010, 859.

425 BFH 13.2.2008 – I R 63/06, BStBl. II 2009, 414, betreffend DBA-Schweiz.

426 BMF-Schreiben 24.12.1999, BStBl. I 1999, 1076 Rn. 2.4 idF des BMF-Schreibens 25.8.2009, BStBl. I 2009, 888, rechnet positive und negative Wirtschaftsgüter, die der Erfüllung der Betriebsstättenfunktion dienen, der Betriebsstätte zu.

427 BFH 24.8.2000 – IV R 51/98, BFH/NV 2000, 1554 (1555); 12.4.2000 – XI R 35/99, BStBl. II 2001, 26 (27); *Wacker* in L. Schmidt EStG § 15 Rn. 506.

428 *Wacker* in L. Schmidt EStG § 15 Rn. 507 iVm *Heinicke* in L. Schmidt EStG § 4 Rn. 106.

429 BFH 25.11.1997 – VIII R 4/94, BStBl. II 1998, 461 (463); 7.4.1992 – VIII R 86/87, BStBl. II 1993, 21 (22).

Bedeutung, ob das betreffende Wirtschaftsgut bereits dem Betriebsvermögen eines anderen inländischen Gewerbebetriebs des Mitunternehmers zuordenbar ist.[430]

265 Unabhängig von der Unterscheidung zwischen notwendigem und gewillkürtem Sonderbetriebsvermögen werden die hierzu gehörigen Wirtschaftsgüter von der Rechtsprechung in Sonderbetriebsvermögen I und Sonderbetriebsvermögen II eingeteilt. Dem **Sonderbetriebsvermögen I** werden diejenigen dem Mitunternehmer gehörenden Wirtschaftsgüter zugerechnet, die dazu geeignet und bestimmt sind, dem Betrieb der Gesellschaft zu dienen, während die Wirtschaftsgüter, die zur Begründung oder Stärkung seiner Beteiligung eingesetzt werden, zum **Sonderbetriebsvermögen II** gehören sollen.[431]

266 Die **Beteiligung an einer Kapitalgesellschaft** wird dem notwendigen Sonderbetriebsvermögen II zugeordnet, wenn sie[432]

- 267 für das Unternehmen der Personengesellschaft **wirtschaftlich vorteilhaft** ist (der umgekehrte Fall, dass die Mitunternehmerschaft der Kapitalgesellschaft dient, genügt nicht)[433] oder
- 268 der **Mitunternehmerstellung selbst dient,** weil durch die Beteiligung an der Kapitalgesellschaft der Einfluss des Gesellschafters in der Personengesellschaft steigt bzw. gestärkt wird (→ Rn. 271).

269 Ein **wirtschaftlicher Vorteil** aufgrund der Kapitalgesellschaftsbeteiligung wird nach der Rechtsprechung regelmäßig nur dann bejaht, wenn zwischen dem Unternehmen der Personengesellschaft und demjenigen der Kapitalgesellschaft eine **enge wirtschaftliche Verflechtung** besteht, der Mitunternehmer der Personengesellschaft – ggf. zusammen mit anderen Mitunternehmern – die Kapitalgesellschaft **beherrscht** und die Kapitalgesellschaft neben ihren geschäftlichen Beziehungen zur Personengesellschaft **keinen anderen eigenen Geschäftsbetrieb** von nicht ganz untergeordneter Bedeutung unterhält.[434] Dies ist zB der Fall bei der Betriebsaufspaltung,[435] der Organschaft,[436] im Verhältnis zwischen Herstellungs- und Vertriebsunternehmen,[437] bei wirtschaftlicher Abhängigkeit oder sonstiger Erfüllung einer wesentlichen Funktion für die Mitunternehmerschaft[438] und bei Führung nach einer einheitlichen Gesamtkonzeption.[439] Normale Geschäftsbeziehungen, auch besonders intensive, reichen allerdings nicht aus.[440] Ausnahmsweise können auch Anteile an einer **Kommanditisten-GmbH** zum Sonderbetriebsvermögen II gehören.[441]

270 Wir halten die mit dieser Einteilung einhergehende Erweiterung des Sonderbetriebsvermögens auf Wirtschaftsgüter, die lediglich der **Beteiligung** eines Mitunternehmers dienen

---

[430] S. aber die BFH-Rechtsprechung zu Schwester-Personengesellschaften und mitunternehmerischer Betriebsaufspaltung, → Rn. 231.

[431] StRspr, BFH 24.2.2005 – IV R 23/03, BStBl. II 2005, 578; 18.12.2001 – VIII R 27/00, BStBl. II 2002, 733; 19.10.2000 – IV R 73/99, BStBl. II 2001, 335; 13.10.1998 – VIII R 46/95, BStBl. II 1999, 357; jeweils mwN.

[432] BFH 16.4.2015 – IV R 1/12, BStBl. II 2015, 705; 23.2.2012 – IV R 13/08, BFH/NV 2012, 1112 Nr. 7; 14.1.2010 – IV R 86/06, BFH/NV 2010, 1096; 25.11.2009 – I R 72/08, BStBl. II. 2010, 471; 13.2.2008 – I R 63/06, BStBl. II 2009, 414; 24.2.2005 – IV R 12/03, BStBl. II 2006, 361; 11.12.1990 – VIII R 14/87, BStBl. II 1991, 510; 14.4.1988 – IV R 219/85, BStBl. II 1988, 667; 5.12.1979 – I R 184/76, BStBl. II 1980, 119; 15.10.1975 – I R 16/73, BStBl. II 1976, 188.

[433] BFH 31.8.2005 – IV B 20/05, BFH/NV 2006, 2257; OFD Frankfurt a.M. DStR 2016, 676 Rn. 24 ff.; *Hallerbach* in Söffing GmbH & Co. KG Rn. 1176 mwN.

[434] *Reiß* in Kirchhof EStG § 15 Rn. 337; *Schneider* in HHR EStG § 15 Rn. 742; *Wacker* in L. Schmidt EStG § 15 Rn. 518; *Prinz* DB 2010, 972.

[435] BFH 10.5.2012 – IV R 34/09, BStBl. II 2013, 471; 28.8.2003 – IV R 46/02, BStBl. II 2004, 216; 18.12.2001 – VIII R 27/00, BStBl. II 2002, 733; 10.6.1999 – IV R 21/98, BStBl. II 1999, 715; 30.3.1999 – VIII R 15/97, BFH/NV 1999, 1468.

[436] BFH 28.8.2003 – IV R 46/02, BStBl. II 2004, 216 (sofern für Eingliederungsvoraussetzung erforderlich).

[437] BFH 29.7.1997 – VIII R 57/94, BStBl. II 1998, 652.

[438] BFH 14.1.2010 – IV R 86/06, BFH/NV 2010, 1096; 3.3.1998 – VIII R 66/96, BStBl. II 1998, 383.

[439] BFH 23.2.2012 – IV R 13/08, BFH/NV 2012, 1112.

[440] BFH 28.6.2006 – XI R 31/05, BStBl. II 2007, 378.

[441] BFH 23.1.2001 – VIII R 12/99, BStBl. II 2001, 825 (GmbH als wesentlicher Kapitalgeber und ohne sonstige eigene Funktion); 11.12.1990 – VIII R 14/87, BStBl. II 1991, 510; 12.11.1985 – VIII R 286/81, BStBl. II 1986, 55. Zum Bewertungsrecht: BFH 7.5.1986 – II R 137/79, BStBl. II 1986, 615.

(Sonderbetriebsvermögen II), für **problematisch,** da der Begriff des Betriebsvermögens in § 4 Abs. 1 EStG voraussetzt, dass die hierzu gehörigen Wirtschaftsgüter einem Betrieb dienen, die Beteiligung eines Mitunternehmers aber wohl kaum als „Betrieb" im Sinne dieser Vorschrift verstanden werden kann. Der Hinweis des BFH auf den Sinnzusammenhang der § 15 Abs. 1 S. 1 Nr. 2 EStG und § 16 Abs. 1 Nr. 2 EStG[442] überzeugt uns nicht.[443]

271 **bb) Geschäftsanteile der Kommanditisten an der Komplementär-GmbH.** Nach der Rechtsprechung des BFH können bzw. müssen die Geschäftsanteile der Kommanditisten an der Komplementär-GmbH dem **Sonderbetriebsvermögen II** zugeordnet werden, wenn sich die Geschäftstätigkeit der GmbH auf die **Komplementär-Funktion beschränkt** oder ein daneben bestehender eigener Geschäftsbetrieb der GmbH von ganz untergeordneter Bedeutung ist.[444]

272 Die Begründung hierfür war nicht immer einheitlich. Im Urteil vom 15.11.1967[445] hatte der BFH die Geschäftsanteile der Kommanditisten an der Komplementär-GmbH noch allgemein zum **Betriebsvermögen der KG** gerechnet, weil die KG in dieser speziellen Unternehmensform ohne die GmbH „nicht denkbar", die Beteiligung an der Komplementär-GmbH für den Betrieb der KG deshalb „nicht nur förderlich, sondern unerlässlich" sei. Erstmals mit Urteil vom 5.7.1972[446] wurden die Geschäftsanteile an der Komplementär-GmbH als zum **Sonderbetriebsvermögen der Kommanditisten** zugehörig behandelt mit der Begründung, dass sie seiner „Beteiligung an der KG förderlich" seien. In späteren Urteilen[447] hat der BFH die Zuordnung der Anteile an der Komplementär-GmbH zum Sonderbetriebsvermögen II dann maßgeblich damit begründet, dass diese Beteiligung die **Stellung des Kommanditisten** als Mitunternehmer bei der GmbH & Co. KG **stärke,** weil er durch die Wahrnehmung seiner Rechte aus der Beteiligung an der Komplementär-GmbH die Möglichkeiten seiner **Einflussnahme auf die GmbH & Co. KG erweitere.** Dem Kommanditisten, der grundsätzlich von der Führung der Geschäfte bei der GmbH & Co. KG ausgeschlossen sei, eröffne sich nämlich auf Grund seiner Stellung als Anteilseigner der (geschäftsführenden) Komplementär-GmbH die Möglichkeit, über diese Beteiligung auf die Geschäftsführung der KG einen besonderen Einfluss auszuüben und diese letztlich mitzubestimmen.[448]

273 Einen Sonderfall betraf das BFH-Urteil vom 14.8.1975,[449] da hier die Komplementär-GmbH ihr Unternehmen an die KG **verpachtet** hatte, wobei die Gesellschafter der Komplementär-GmbH zugleich Kommanditisten der GmbH & Co. KG waren. In diesem Fall hat der BFH – zu Recht – Sonderbetriebsvermögen der Kommanditisten bei der GmbH & Co. KG angenommen, weil die Geschäftsanteile an der Komplementär-GmbH aufgrund der Verpachtung ihres Unternehmens an die KG **deren Betrieb** dienten.

274 Die **Höhe der Beteiligungsquote** wurde von der Rechtsprechung regelmäßig nicht weiter thematisiert, weil entweder die Gesellschafter der Personengesellschaft in ihrer Gesamtheit die wesentlichen Anteile an der Komplementär-GmbH hielten oder der Anteil an der Komplementär-GmbH jedenfalls über 20 % lag. Deshalb wurde lange Zeit allgemein davon ausgegangen, dass die Beteiligung des Kommanditisten einer GmbH & Co. KG an deren Komplementär-GmbH, auch wenn es sich um eine Minderheitsbeteiligung handelt, stets zum Sonderbetriebsvermögen II gehört.[450]

---

442 BFH 5.12.1989 – I R 184/76, BStBl. II 1980, 119.

443 Wie hier ablehnend *Bitz* in LBP EStG § 15 Rn. 73; *Hallerbach* in Söffing GmbH & Co. KG Rn. 1238.

444 BFH 16.4.2015 – IV R 1/12, BStBl. II 2015, 705; 25.11.2009 – I R 72/08, BFH/NV 2010, 535; 17.12.2008 – IV R 65/07, BStBl. II 2009, 371; 11.12.1990 – VIII R 14/87, BStBl. II 1991, 510. Hierzu H 4.2 (2) EStR; OFD Frankfurt a.M. DStR 2016, 676 Rn. 2 und 16. *Dremel* in Beratungspraxis GmbH & Co. KG Rn. S123.

445 BFH IV R 139/67, BStBl. II 1968, 152.

446 BFH I R 230/70, BStBl. II 1972, 928.

447 Erstmals BFH 15.10.1975 – I R 16/73, BStBl. II 1976, 188; aus jüngerer Zeit BFH 16.4.2015 – IV R 1/12, BStBl. II 2015, 705.

448 Kritisch *Knobbe-Keuk,* Bilanz- und Unternehmenssteuerrecht, 444.

449 BFH 14.8.1975 – IV R 30/71, BStBl. II 1976, 88.

450 *Wendt* FR 2015, 849.

Mit Urteil vom 16.4.2015[451] hat der BFH die Zuordnung von **Minderheitsbeteiligungen** zum Sonderbetriebsvermögen II nunmehr wie folgt eingeschränkt und klargestellt: 275

- Eine Minderheitsbeteiligung ist **stets** dem Sonderbetriebsvermögen II zuzuordnen, wenn eine Beschlussfassung **nur unter Mitwirkung des Minderheitsgesellschafters** möglich ist, insbesondere dann, wenn die GmbH-Satzung abweichend von dem in § 47 Abs. 1 GmbHG geregelten Prinzip der einfachen Mehrheit eine Mehrheit von Stimmen verlangt, die nur unter Einschluss der Stimmen des Minderheitsgesellschafters erreicht werden kann. 276
- Bei einem Gesellschafter, dessen Geschäftsanteil an der Komplementär-GmbH **unter 10 %** liegt, ist eine Zuordnung zum (notwendigen) Sonderbetriebsvermögen II regelmäßig **ausgeschlossen.** 277
- **Andere** Minderheitsbeteiligungen gehören nur dann zum (notwendigen) Sonderbetriebsvermögen II, wenn der Kommanditist auf Grund der Höhe der Beteiligung in der Lage ist, über diese **Einfluss auf die Geschäftsführung** der KG zu nehmen. 278

Die Frage, **welchen Einfluss** auf die Geschäftsführung der KG die Beteiligung eines Kommanditisten an der Komplementär-GmbH, die mindestens 10 % beträgt, diesem aber bei gewöhnlichen Gesellschafterbeschlüssen keine Sperrminorität gewährt, vermitteln muss, um notwendiges Sonderbetriebsvermögen II zu rechtfertigen, hat der BFH offengelassen. Die **Minderheitsrechte** gemäß §§ 50 Abs. 1, 61 Abs. 2 S. 2, 66 Abs. 2 GmbHG (jeweils bei 10 %) dürften hierfür, für sich betrachtet, ebenso wenig ausreichen wie die Sperrminorität aus § 53 Abs. 2 GmbHG (bei 25 %).[452] Abzustellen sein dürfte vielmehr auf die **tatsächlichen gesellschaftsrechtlichen Verhältnisse,** die dann freilich zu verschiedenen Zeitpunkten eine unterschiedliche Beurteilung erfordern können. Worin hierbei dann aber der Unterschied zwischen einer Minderheitsbeteiligung von unter 10 % bzw. 10 % und mehr liegen soll, ist uns unerfindlich.[453] 279

Vermittelt die Beteiligung an der Komplementär-GmbH keinen Einfluss auf die Geschäftsführung der KG, kann allein der Umstand, dass der Kommanditist mittelbar über die Komplementär-GmbH **am Vermögen und/oder Gewinn der KG beteiligt** ist, seine Mitunternehmerstellung nicht stärken. Die mittelbare Gesellschafterstellung über die am Gewinn beteiligte Komplementär-GmbH kann auch nicht im Weg einer wirtschaftlichen Betrachtung als eine Erweiterung der bestehenden Kommanditbeteiligung verstanden und deshalb dem Sonderbetriebsvermögen zugeordnet werden.[454] 280

Das besprochene BFH-Urteil vom 16.4.2015 **überzeugt dogmatisch nicht** und bringt der Praxis Steine statt Brot. Wir bleiben deshalb bei unserer Auffassung, dass die Beteiligung des Kommanditisten an der Komplementär-GmbH jedenfalls im Fall einer beteiligungsidentischen GmbH & Co. KG **immer zum notwendigen Sonderbetriebsvermögen II** gehört. Denn die Komplementär-GmbH ist unverzichtbar für die Rechtsform der GmbH & Co. KG und der Kommanditist hält die Beteiligung an der Komplementär-GmbH nur, um überhaupt diese Rechtsform zu ermöglichen. Eine intensivere Verbindung zwischen der Beteiligung an der Komplementär-GmbH und dem Betrieb der KG ist schlechterdings nicht denkbar. Dies war auch die ursprüngliche Sichtweise des BFH, von der dieser ohne Begründung abgerückt ist. 281

Unerheblich für die Rechtsprechung ist, ob neben der Komplementär-GmbH noch **weitere Komplementäre** vorhanden sind.[455] 282

Ist eine Komplementär-GmbH persönlich haftender Gesellschafter mehrerer GmbH & Co. KGs (sog **sternförmige** GmbH & Co. KG), sind die GmbH-Anteile dem Sonderbetriebsvermögen der zuerst gegründeten GmbH & Co. KG zuzuordnen.[456] 283

---

[451] BFH IV R 1/12, BStBl. II 2015, 705. Hierzu *Schulze zur Wiesche* DStZ 2015, 929; *Tiede* StuB 2015, 703; *Wittwer* DStR 2015, 1366.

[452] AA *Tiede* StuB 2015, 703: 25 %-Grenze.

[453] Kritisch auch *Bitz* in LBP EStG § 15 Rn. 47; *Wacker* in L. Schmidt EStG § 15 Rn. 714.

[454] BFH 16.4.2015 – IV R 1/12, BStBl. II 2015, 705; OFD Frankfurt a.M. DStR 2016, 676 Rn. 14; *Schulze zur Wiesche* DStZ 2015, 929; kritisch *Reiß* in Kirchhof EStG § 15 Rn. 337.

[455] FG Münster EFG 1981, 183; *Wacker* in L. Schmidt EStG § 15 Rn. 714. Zum Bewertungsgesetz: BFH 7.10.1987 – II R 187/80, BStBl. II 1988, 23.

[456] OFD Frankfurt a.M. DStR 2016, 676 Rn. 18.

284 Beim Kommanditisten einer GmbH & Co. KG, der nur eine **Minderheitsbeteiligung** an einer Schweizer AG hält, die ihrerseits sämtliche Anteile an der Komplementär-GmbH der GmbH & Co. KG hält, liegt kein Sonderbetriebsvermögen vor.[457] Diese geringe **mittelbare Beteiligung** ist nicht geeignet, einen maßgeblichen Einfluss auf die laufende Geschäftsführung der Mitunternehmerschaft zu nehmen.

285 Die Erfassung der Geschäftsanteile der Kommanditisten an der Komplementär-GmbH als deren Sonderbetriebsvermögen führt dazu, dass **Gewinne bei der Veräußerung** dieser Geschäftsanteile als laufender gewerblicher Gewinn bzw. nach Maßgabe von **§ 16 EStG** zu erfassen sind (→ Rn. 421). Mit der Absenkung der Wesentlichkeitsgrenze gemäß § 17 Abs. 1 EStG auf 1 %, der Einführung der Gewerbesteueranrechnung gemäß § 35 Abs. 1 Nr. 2 EStG (→ § 17 Rn. 24 ff.) und der Umstellung auf das Halb- bzw. Teileinkünfteverfahren hat diese Umqualifizierung jedoch an **Bedeutung verloren.**

286 Ferner wird aus der Qualifizierung als Sonderbetriebsvermögen die Konsequenz abgeleitet, dass **Dividenden der Komplementär-GmbH** ebenfalls Bestandteil der gewerblichen Einkünfte der Kommanditisten einer GmbH & Co. KG sind, die diese aus ihrer Beteiligung an der KG beziehen.[458] Der **Freibetrag gemäß § 24 KStG** wird trotz der Umqualifizierung nicht gewährt.[459] Je nachdem, ob die Ausschüttungsbeträge einer natürlichen Person oder einer Kapitalgesellschaft zugerechnet werden, unterliegen sie dem Teileinkünfteverfahren (§ 3 Nr. 40 S. 1 lit. d, S. 2 EStG iVm § 20 Abs. 8 EStG) oder sind zu 95 % steuerbefreit (§ 8b Abs. 1, 5 KStG iVm § 8b Abs. 6 KStG). Die Abgeltungsteuer gilt nicht (§ 32d Abs. 1 EStG iVm § 20 Abs. 8 EStG).

287 Die Qualifizierung als Sonderbetriebsvermögen II ist von der Frage zu unterscheiden, ob die Beteiligung an der Komplementär-GmbH auch eine **wesentliche Betriebsgrundlage** für die **Mitunternehmerstellung** des an der Komplementär-GmbH beteiligten Kommanditisten darstellt. Diese Differenzierung gilt nicht nur für die Wirtschaftsgüter im Gesamthandsvermögen der KG, sondern auch für die Wirtschaftsgüter im Sonderbetriebsvermögen.[460] Der Begriff der wesentlichen Betriebsgrundlage ist entsprechend dem jeweiligen Gesetzeszweck **normspezifisch auszulegen.**[461] Eine rein **funktionale** Betrachtungsweise ist geboten bei § 6 Abs. 3 EStG, §§ 20, 24 UmwStG sowie den Rechtsinstituten der Betriebsaufspaltung und -verpachtung. Eine kombinierte, **funktional-quantitative Betrachtungsweise,** die auch die in dem betreffenden Wirtschaftsgut gebundenen stillen Reserven berücksichtigt, gilt im Anwendungsbereich von § 16 EStG.

288 Bei einer **typischen Komplementär-GmbH,** die an der KG vermögensmäßig nicht beteiligt ist und deren Tätigkeit sich auf die Komplementär-Funktion beschränkt, fehlen die für die Annahme einer Wesentlichkeit aus quantitativer Sicht erforderlichen hohen stillen Reserven. Hier kommt nur eine **funktionale Wesentlichkeit** in Betracht, die uE **stets gegeben** ist, da die Rechtsform der GmbH & Co. KG eine Komplementär-GmbH bedingt.[462] Die Voraussetzungen für das Vorliegen von Sonderbetriebsvermögen II (→ Rn. 281) und dessen funktionale Wesentlichkeit sind hier demnach deckungsgleich.[463]

289 Die **Rechtsprechung** ist freilich auch hier einen anderen Weg gegangen und bejaht die funktionale Wesentlichkeit nur **ausnahmsweise,** nämlich dann, wenn die Beteiligung an der Komplementär-GmbH im **konkreten Einzelfall** die Stellung des Mitunternehmers im Rahmen der KG **nachhaltig stärkt.**[464] Die Beteiligung eines Kommanditisten an einer

457 BFH 17.11.2011 – IV R 51/08, BFH/NV 2012, 723.

458 BFH 21.9.1995 – IV R 65/94, BStBl. II 1996, 66; 5.12.1979 – I R 184/76, BStBl. II 1980, 119; 15.10.1975 – I R 16/73, BStBl. II 1976, 188; *Wacker* in L. Schmidt EStG § 15 Rn. 714. Für vGA BFH 15.11.1967 – IV R 139/67, BStBl. II 1968, 152.

459 BFH 5.6.1985 – I R 163/81, BStBl. II 1985, 634.

460 BFH 2.10.1997 – IV R 84/96, BStBl. II 1998, 104 (105 f.).

461 *Wacker* in L. Schmidt EStG § 16 Rn. 100 f. mwN.

462 In Abweichung von der bis zur 11. Aufl. 2010, Rn. 257 vertretenen Auffassung.

463 Für eine Gleichstellung auch *Bitz* in LBP EStG § 15 Rn. 47; *Wittwer* DStR 2015, 1366.

464 BFH 25.11.2009 – I R 72/08, BStBl. II 2010, 471; 16.12.2009 – I R 97/08, BStBl. II 2010, 808; FG Münster EFG 2014, 81.

Komplementär-GmbH sei nicht schon deshalb eine „funktional wesentliche" Betriebsgrundlage des Mitunternehmeranteils, weil sie zum „Sonderbetriebsvermögen II" des Mitunternehmers zähle. Erforderlich sei vielmehr, dass die Beteiligung den Einfluss des Mitunternehmers auf die Geschäftsführung der KG grundlegend erweitere. Eine in diesem Sinne wesentliche Stärkung der Einflussmöglichkeit könne nur dann vorliegen, wenn (erst) die Beteiligung an der Komplementär-GmbH den Kommanditisten in die Lage versetzt, über **Fragen der laufenden Geschäftsführung der KG** zu bestimmen. Daran fehle es, wenn der Kommanditist in der Komplementär-GmbH seinen geschäftlichen Betätigungswillen nicht durchsetzen könne. In einem solchen Fall stärke die Beteiligung an der Komplementär-GmbH die Stellung des Kommanditisten innerhalb der KG allenfalls geringfügig. Sie sei daher bei funktionaler Betrachtung keine „wesentliche" Grundlage jener Beteiligung.

Für die **Finanzverwaltung** ist die Beteiligung des Kommanditisten an der Komplemen- **290**
tär-GmbH nur dann keine wesentliche Betriebsgrundlage für seine Mitunternehmerstellung, wenn die durch diese Beteiligung bewirkte „Stärkung der Gesellschafterstellung in der GmbH & Co. KG" von **wirtschaftlich untergeordneter Bedeutung** ist.[465] Ausgehend von den hierfür maßgeblichen tatsächlichen gesellschaftsrechtlichen Verhältnissen bedeutet dies Folgendes:

- Bei einem **nicht mehrheitlich an der KG beteiligten Kommanditisten** ist die Beteiligung an der Komplementär-GmbH funktional wesentlich, wenn der Kommanditist die Mehrheit der Stimmrechte an der Komplementär-GmbH besitzt und er damit seinen **geschäftlichen Betätigungswillen** in der GmbH & Co. KG durchsetzen kann.
- Hingegen liegt keine funktionale Wesentlichkeit vor, wenn der Kommanditist ohnehin **bereits mehrheitlich** an der KG beteiligt sei.
- Funktional wesentlich soll die GmbH-Beteiligung aber wiederum dann sein, wenn die Komplementär-GmbH **am Vermögen der KG beteiligt** ist, sowie bei der **Einpersonen-GmbH & Co. KG,** da hier aus der Sicht des Kommanditisten die GmbH benötigt wird, um überhaupt eine Personengesellschaft mit Haftungsbeschränkung gründen und erhalten zu können.

d) Sonstige Sonderbetriebseinnahmen und -ausgaben. Aus dem Sinnzusammen- **291**
hang der Normen über die Besteuerung der Mitunternehmer folgt, dass persönliche Aufwendungen eines Mitunternehmers, die wirtschaftlich durch die Mitunternehmerschaft verursacht sind, als **Sonderbetriebsausgaben** seine gewerblichen Einkünfte mindern und persönliche Erträge eines Mitunternehmers, die wirtschaftlich durch die Mitunternehmerschaft bedingt sind, als **Sonderbetriebseinnahmen** seine gewerblichen Einkünfte erhöhen.[466] Neben den Sondervergütungen und den Wertminderungen des Sonderbetriebsvermögens sind deshalb noch weitere Sonderbetriebseinnahmen und -ausgaben in der Sonderbilanz zu berücksichtigen.[467] Abgesehen davon, dass die Komplementär-GmbH die Tätigkeitsvergütungen ihres Geschäftsführers als Sonderbetriebsausgaben geltend machen kann (→ Rn. 235), treten indessen hier keine GmbH & Co. KG-spezifischen Besonderheiten auf.

3. Ergänzungsbilanzen

Die Ergänzungsbilanzen enthalten – im Unterschied zu den Sonderbilanzen – **keine** **292**
Wirtschaftsgüter bzw. Schulden, sondern **lediglich Korrekturen bzw. Merkposten zu den Wertansätzen** in der Steuerbilanz. Ausdrücklich erwähnt wurde das Instrument der Ergänzungsbilanz lange Zeit nur in § 24 Abs. 2 S. 1 UmwStG. Nunmehr wird auch in § 6 Abs. 5 S. 4 EStG bezüglich der Überführung von Einzelwirtschaftsgütern zwischen dem einzelnen Mitunternehmer und der Mitunternehmerschaft das Instrument der Ergänzungsbilanz ausdrücklich angesprochen. Darüber hinaus sind Ergänzungsbilanzen seit jeher auch

---

[465] OFD NRW DB 2016, 1907; OFD Frankfurt a.M. DStR 2016, 676 Rn. 5.
[466] BFH 15.10.1981 – IV R 52/79, BStBl. II 1982, 342 mwN.
[467] Im Einzelnen *Wacker* in L. Schmidt EStG § 15 Rn. 640 ff.

von Bedeutung bei der Inanspruchnahme personenbezogener Steuervergünstigungen sowie der entgeltlichen Übertragung von Mitunternehmeranteilen.

293 In der Ergänzungsbilanz eines Mitunternehmers wird jeweils die – positive oder negative – **Differenz** ausgewiesen zwischen dem Wert in der Steuerbilanz und dem aus der Sicht des betreffenden Mitunternehmers zutreffenden Wert, beim entgeltlichen Erwerb eines Mitunternehmeranteils also zB die Differenz zwischen dem Kaufpreis und dem steuerlichen Buchwert des übergehenden Kapitalkontos in der Steuerbilanz.[468] Ist diese Differenz positiv, entsteht eine sog **positive Ergänzungsbilanz,** andernfalls eine **negative Ergänzungsbilanz.**[469] Die Wertansätze in der Ergänzungsbilanz sind entsprechend **fortzuschreiben,** wodurch der Gewinnanteil des betreffenden Mitunternehmers in der Gesamtbilanz der Mitunternehmerschaft beeinflusst wird.

294 Bei einer **positiven Ergänzungsbilanz** sind die Anschaffungskosten so **fortzuführen,** dass der Gesellschafter soweit wie möglich einem Einzelunternehmer, dem Anschaffungskosten für entsprechende Wirtschaftsgüter entstanden sind, gleichgestellt wird. Die Gleichstellung betrifft auch die **Festlegung der Restnutzungsdauer** abnutzbarer Wirtschaftsgüter im Zeitpunkt des Erwerbs sowie die **Wahl der Abschreibungsmethode.**[470] Zu beachten ist in diesem Zusammenhang, dass eine vertragliche Vereinbarung über die Verteilung des Kaufpreises steuerlich zu berücksichtigen ist, soweit diese nicht missbräuchlich ist oder zu offenkundig unzutreffenden Ergebnissen führt.[471]

295 **Negative Ergänzungsbilanzen** entstehen in der Regel dann, wenn im Rahmen einer Umwandlung oder Einbringung handelsrechtlich stille Reserven realisiert werden, zB um in der Handelsbilanz der aufnehmenden Gesellschaft ein höheres Eigenkapital darzustellen, und alle oder auch nur einzelne der einbringenden Mitunternehmer die steuerlichen Folgen der damit grundsätzlich verbundenen Gewinnrealisierung vermeiden möchten (§ 24 Abs. 2 S. 2 UmwStG). Sie können aber auch bei einer Fortführung der Buchwerte sowohl in der Handels- als auch Steuerbilanz entstehen, und zwar dann, wenn Gesellschafter als Einlage einen höheren Beitrag leisten müssen, als ihnen in der Bilanz der Personengesellschaft im Hinblick auf die Beteiligungsverhältnisse als Kapitalkonto gutgeschrieben wird.

296 Streitig ist, wie die zum Zwecke der Buchwertfortführung gebildete negative Ergänzungsbilanz **fortzuschreiben** ist. Hierzu gibt es zwei gegensätzliche Lösungsansätze:

297 • Nach der in Tz. 24.14 **UmwSt-Erlass** dargestellten **BMF-Lösung** soll die negative Ergänzungsbilanz nach dem **Korrespondenzprinzip** so weiterzuentwickeln sein, dass das Ergebnis in der Gesamtbilanz der Mitunternehmerschaft mit demjenigen identisch ist, das sich ergäbe, wenn der zur Bildung der negativen Ergänzungsbilanz führende Sachverhalt nicht eingetreten wäre. Das bedeutet, dass in dem im Umwandlungssteuererlass dargestellten Beispiel (Aufnahme eines Gesellschafters) nicht nur die Aufstockungen in der positiven Ergänzungsbilanz des Eintretenden, sondern in korrespondierender Weise auch die Abstockungen in der negativen Ergänzungsbilanz des Einbringenden entsprechend dem Verbrauch der Wirtschaftsgüter gewinnwirksam aufzulösen sind.

298 • Nach der gegenteiligen Lösung ist die negative Ergänzungsbilanz so weiterzuentwickeln, dass sich aus der **Sicht des Gesellschafters,** für den diese Bilanz geführt wird, gegenüber dem Status quo nichts ändert. Dh, dass die Abstockungen in der negativen Ergänzungsbilanz erst mit dem Ausscheiden der Wirtschaftsgüter aus dem Gesellschaftsvermögen oder bei Beendigung der Mitunternehmerstellung gewinnwirksam aufgelöst werden müssen.

---

[468] BFH 30.4.2003 – I R 102/01, BStBl. II 2004, 804 zur Ausübung des Bewertungswahlrechts gemäß § 20 Abs. 2 UmwStG mittels Ergänzungsbilanz bei Einbringung eines Mitunternehmeranteils in eine Kapitalgesellschaft.

[469] Eine negative Differenz führt also nicht zu einem sofortigen „Erwerbsgewinn", BFH 24.10.1996 – IV R 90/94, BStBl. II 1997, 241 (242).

[470] BFH 20.11.2014 – IV R 1/11, BB 2015, 559; BMF-Schreiben 19.12.2016 – IV C 6 – S 2241/15/10005, 2016/1123341.

[471] *Tiede* in HHR § 15 EStG Rn. 506; *Eckl* BB 2015, 562; *Kahle* FR 2013, 873.

Zweifellos wird nur mit der letzteren Lösung eine **echte Buchwertfortführung** iSv § 24 UmwStG erreicht.[472] Bei der BMF-Lösung tritt dieser Effekt hingegen nur scheinbar ein, da die durch die Bildung der negativen Ergänzungsbilanz zunächst vermiedene Gewinnrealisierung im Rahmen der Weiterentwicklung der negativen Ergänzungsbilanz durch eine permanente Nachversteuerung wieder rückgängig gemacht wird, und zwar zum vollen Steuersatz sowie mit Gewerbesteuer. Jedenfalls soweit die Voraussetzungen für den ermäßigten Steuersatz gemäß § 34 Abs. 3 EStG gegeben sind, führt damit die Buchwertfortführung (durch die negative Ergänzungsbilanz) gegenüber der sofortigen Versteuerung sämtlicher stiller Reserven im Fall des Ansatzes mit dem gemeinen Wert im Ergebnis grundsätzlich zu einer **Steuermehrbelastung.** 299

Die BMF-Lösung übersieht uE, dass – um beim dort wiedergegebenen Beispiel zu 300 bleiben – B mit 300 000 Euro **höhere Anschaffungskosten** aufwendet als A durch die Buchwertfortführung an Gewinnrealisierung vermeidet (nämlich 200 000 Euro), von daher aus der Sicht der Mitunternehmerschaft ein insgesamt höheres AfA-Volumen die einzig mögliche Folge ist. Das Korrespondenzprinzip bedeutet aber ebenso zwingend eine Eliminierung dieser Mehr-AfA. Dies führt jedenfalls dann zu einer offensichtlich unzutreffenden Besteuerung, wenn die Bareinlage von B nicht investiert, sondern in der Kasse gehalten wird. In diesem Fall verliert A seine AfA ganz, obwohl sich weder an seiner Vermögenslage noch am Tätigkeitsumfang des Unternehmens irgendetwas geändert hat. Das **Wahlrecht** gemäß § 24 Abs. 2 UmwStG würde zur **Strafvorschrift.**

Das Niedersächsische FG hatte diese Bedenken aufgegriffen und sich gegen die BMF- 301 Lösung ausgesprochen.[473] Es hat uE zutreffend darauf hingewiesen, dass das **Gesetz** selbst **keine Regelung** über die Fortführung der Ergänzungsbilanzen enthalte, sondern nur die steuerneutrale Übertragung der stillen Reserven im Zeitpunkt der Einbringung normiere. Es sei aber kein Grund ersichtlich, der zu einer korrespondierenden Fortentwicklung von positiver und negativer Ergänzungsbilanz zwinge. Die Aufstockungen aufseiten des Aufgenommenen dienten der periodengerechten Verteilung seiner zusätzlichen Anschaffungskosten und die Abstockungen aufseiten des Einbringenden zur Dokumentation der durch den Einbringungsvorgang übertragenen stillen Reserven. Letztere stellten somit nur **Merkposten** dar, die erst im Zeitpunkt der tatsächlichen Gewinnverwirklichung durch Veräußerung der Wirtschaftsgüter Bedeutung erlangten.[474]

Im Revisionsverfahren ist der **BFH**[475] dieser Auffassung nicht gefolgt, sondern hat sich 302 der **BMF-Lösung angeschlossen.**[476] Die Verpflichtung zur korrespondierenden Fortentwicklung der negativen Ergänzungsbilanz ergebe sich implizit daraus, dass nach § 24 Abs. 4 UmwStG unter anderem die Vorschriften in jetzt § 23 Abs. 1, 3, 4 und 6 UmwStG sinngemäß gelten, wonach für die Höhe der AfA der von der aufnehmenden (Kapital-)Gesellschaft angesetzte Einbringungswert maßgebend sei. Im Fall der Einbringung in eine Personengesellschaft werde dieser auch durch Auf- und Abstockungen in den Ergänzungsbilanzen bestimmt.

Diese Begründung kann jedoch **nicht überzeugen.** Bei Anwendung der **Nettome-** 303 **thode**[477] (so auch im Beispielsfall des UmwSt-Erlasses) kann ebenso gut argumentiert

[472] Wie hier *Bitz* in LBP EStG § 15 Rn. 64; *Pfalzgraf/Meyer* DStR 1995, 1289 (1291); *Müller/Rebensburg* DB 1987, 68; *Regniet,* Ergänzungsbilanzen bei der Personengesellschaft, 179.

[473] FG Niedersachsen EFG 1994, 858.

[474] Zustimmend *Pfalzgraf/Meyer* DStR 1995, 1289 (1291).

[475] BFH 25.4.2006 – VIII R 52/04, BStBl. II 2006, 847; 28.9.1995 – IV R 57/94, BStBl. II 1996, 68; bestätigt durch BFH 6.7.1999 – VIII R 17/95, BStBl. II 2000, 306; FG Berlin-Brandenburg EFG 2008, 534.

[476] Ebenso die hL, *Wacker* in L. Schmidt EStG § 15 Rn. 460 ff.; *Patt* in DPM UmwStG § 24 Rn. 183; *Schmitt* in Schmitt/Hörtnagl/Stratz UmwStG § 24 Rn. 217 ff.; *Jäschke* in Lademann UmwStG § 24 Rn. 28; *Kellersmann* DB 1997, 2047. S. aber *Prinz* FR 1996, 114, wonach bei Sonderabschreibungen, erhöhten Absetzungen etc eine korrespondierende Auflösung in der negativen Ergänzungsbilanz nicht geboten ist; nach *Fuhrmann* in Widmann/Mayer UmwStG § 24 Rn. 915 haben diese generell keinen Einfluss auf die Ergänzungsbilanzen.

[477] Zur Fortentwicklung der negativen Ergänzungsbilanz bei Anwendung der Bruttomethode s. *Pfalzgraf/Meyer* DStR 1995, 1289 (1292).

werden, dass, wie bei der Einbringung in eine Kapitalgesellschaft als dem unmittelbaren Anwendungsfall des § 23 UmwStG, das eingebrachte Betriebsvermögen in der Steuerbilanz der Personengesellschaft mit dem Buchwert als dem Einbringungswert iSd § 23 UmwStG angesetzt wird.[478] Dass die BMF-Lösung für den Einbringenden ungünstiger sein kann als eine Besteuerung des Einbringungsgewinns beim Ansatz mit dem gemeinen Wert zum ermäßigten Steuersatz[479] wird vom BFH gesehen, ist für ihn jedoch ohne Bedeutung, da die Beteiligten in Ausübung ihres Wahlrechts den Buchwert angesetzt hätten und hieran gebunden seien. Mit anderen Worten: Die Steuerpflichtigen sind nach Ansicht des BFH in diesen Fällen selbst schuld, wenn sie die vermeintlich günstige Buchwertfortführung wählen, also den Einbringungsgewinn „in die Zukunft verlagern".

304 Liegt der Kaufpreis für einen Mitunternehmeranteil unter dem Betrag des zugehörigen Kapitalkontos (sog **Bad Will**), muss dieser Minderbetrag in einer negativen Ergänzungsbilanz des Erwerbers als **passiver Ausgleichsposten** (pAP) erfasst werden.[480] Der pAP wird sowohl im Gewinn- als auch im Verlustfall nicht verändert. Erst wenn die nach Ansatz eines pAP versteuerten Gewinne durch Verluste aufgebraucht sind, werden weitere Verluste gegen den pAP verrechnet.[481]

4. Einschränkungen beim Schuldzinsenabzug

305 Im Fall sog **Überentnahmen** wird der **Abzug betrieblich veranlasster Schuldzinsen** durch § 4 Abs. 4a EStG **eingeschränkt,** soweit sie nicht für Darlehen zur Finanzierung von Anschaffungs- oder Herstellungskosten von Wirtschaftsgütern des Anlagevermögens aufgewendet worden sind. Eine Überentnahme ist der Betrag, um den die Entnahmen die Summe des Gewinns und der Einlagen des Wirtschaftsjahres übersteigen. Die nicht abziehbaren Schuldzinsen werden **typisiert** mit sechs Prozent der Überentnahme des Wirtschaftsjahres zuzüglich der Überentnahmen vorangegangener Wirtschaftsjahre und abzüglich der Beträge, um die in den vorangegangenen Wirtschaftsjahren der Gewinn und die Einlagen die Entnahmen überstiegen haben, ermittelt; bei der Ermittlung der Überentnahme ist vom Gewinn ohne Berücksichtigung der nach Maßgabe dieses Absatzes nicht abziehbaren Schuldzinsen auszugehen. Maßgeblich ist der Gewinn des jeweiligen Betriebs, weshalb bei der **doppelstöckigen Personengesellschaft** die Gewinn-/Verlustanteile aus der Untergesellschaft unberücksichtigt bleiben.[482]

306 Der Gesetzestext lässt offen, ob die Beschränkung einheitlich auf das gesamte Betriebsvermögen (betriebsbezogen) oder jeweils getrennt auf das Gesamthands- und Sonderbetriebsvermögen der Mitunternehmer (gesellschafterbezogen) anzuwenden ist. Der BFH hat die Streitfrage im Sinne einer **gesellschafterbezogenen Ermittlung** entschieden.[483] Der Mindestabzug gemäß § 4 Abs. 4a EStG in Höhe von 2.050 Euro ist jedoch laut BFH **betriebsbezogen,** steht daher nicht jedem Mitunternehmer in voller Höhe zu, sondern ist entsprechend den Schuldzinsenanteilen der einzelnen Mitunternehmer aufzuteilen. Der Mindestabzug ist bei Schwester- und doppelstöckigen Mitunternehmerschaften mehrfach zu gewähren.[484]

---

478 *Bitz* in LBP EStG § 15 Rn. 64, der auch darauf hinweist, dass für die Praxis die übereinstimmende Auffassung von BMF und BFH maßgebend ist.

479 Nur unter den Voraussetzungen des § 34 Abs. 3 EStG.

480 *Scheunemann/v. Mandelsloh/Preuß* DB 2011, 202; *Scheunemann/Preuß* DB 2011, 674.

481 FG Düsseldorf DStR 2011, 112.

482 BMF-Schreiben 17.11.2005, BStBl. I 2005, 1019 Rn. 8; zustimmend: *Seitz,* StbJb 2009/2010, 111. Zur doppelstöckigen GmbH & Co. KG → Rn. 308.

483 BFH 29.3.2007 – IV R 72/02, BStBl. II 2008, 420 gegen BMF-Schreiben 17.11.2005, BStBl. I 2005, 1019 Rn. 30; *Eckl* in HTM HdB GmbH & Co. KG Rn. 6.98; BMF-Schreiben 7.5.2008, BStBl. I 2008, 588; hierzu kritisch *Micker* in Söffing GmbH & Co. KG Rn. 2006 f., insoweit, als Darlehenszinsen iSv § 15 Abs. 1 S. 1 Nr. 2 S. 1 Hs. 2 EStG nach Auffassung der Finanzverwaltung nicht bei den Zinsaufwendungen miteinbezogen werden, weil diese sich in ihrer Gesamtgewinnauswirkung ausgleichen.

484 *Heinicke* in L. Schmidt EStG § 4 Rn. 535.

Die nach § 4 Abs. 4a EStG vorzunehmende Korrektur des Abzugs betrieblich veranlasster Schuldzinsen setzt voraus, dass sich die Schuldzinsen **zuvor gewinnmindernd** ausgewirkt haben. Insbesondere sind die einer Personengesellschaft entstandenen Schuldzinsen für ein Darlehen des Gesellschafters **nicht hinzuzurechnen,** soweit sie zugleich als **Sondervergütung** behandelt worden sind. Dies gilt auch bei mittelbarer Beteiligung über eine oder mehrere Personengesellschaften.[485] 307

5. Besonderheiten bei der doppelstöckigen GmbH & Co. KG

Eine „doppelstöckige GmbH & Co. KG" liegt vor, wenn an einer GmbH & Co. KG (Untergesellschaft) als (einziger) persönlich haftender Gesellschafter oder Kommanditist **wiederum eine GmbH & Co. KG** (Obergesellschaft) beteiligt ist (im Einzelnen → § 2 Rn. 18). 308

a) Obergesellschaft als persönlich haftender Gesellschafter der Untergesellschaft. Bei einer GmbH & Co. KG kann der Geschäftsanteil eines Kommanditisten an der Komplementär-GmbH zum **Sonderbetriebsvermögen II** des Kommanditisten gehören (→ Rn. 272 ff.). Die entsprechenden Grundsätze gelten auch für diejenige doppelstöckige GmbH & Co. KG, bei der eine GmbH & Co. KG persönlich haftender Gesellschafter einer anderen GmbH & Co. KG ist und Kommanditisten der Untergesellschaft Anteile an der Komplementär-GmbH der Obergesellschaft halten. 309

Allerdings ist hier zu beachten, dass der Kommanditist der Untergesellschaft aufgrund seiner Beteiligung an der Komplementär-GmbH der Obergesellschaft nicht unmittelbar, sondern nur über die Obergesellschaft auf die Geschäftsführung der Untergesellschaft einen besonderen Einfluss ausüben und diese Geschäftsführung mitbestimmen kann. Demzufolge geht der BFH davon aus, dass bei einer solchen doppelstöckigen GmbH & Co. KG die Stellung eines Kommanditisten der Untergesellschaft durch seine Beteiligung an der Komplementär-GmbH der Obergesellschaft nur dann verstärkt wird, wenn der betreffende Kommanditist in der Obergesellschaft einen **beherrschenden Einfluss** ausüben kann. Dies setzt eine beherrschende Stellung auch in der Komplementär-GmbH der Obergesellschaft voraus.[486] 310

b) Obergesellschaft als Kommanditist der Untergesellschaft. aa) Ausgangslage. Da § 15 Abs. 1 S. 1 Nr. 2 S. 1 EStG zwischen Gewinnanteil und Sondervergütungen unterscheidet, sind auch die Tatbestände zu trennen, auf denen der jeweilige Einkünfteanteil beruht. 311

Sondervergütungen sind bei der Gesellschaft Betriebsausgaben, beim Gesellschafter Sonderbetriebseinnahmen. Die Hinzurechnung nach § 15 Abs. 1 S. 1 Nr. 2 S. 1 Hs. 2 EStG verhindert aber, dass die Vergütungen den Gewinn des Gesellschafters aus der Gesellschaft und damit den aus der Summe der den einzelnen Gesellschaftern zustehenden Anteile am Gesellschaftsgewinn sowie ihrer Sonderbetriebseinnahmen bestehenden Gesamtgewinn der Mitunternehmerschaft schmälern, der auch für § 7 GewStG maßgebend ist. Die Vorschrift schließt also schuldrechtliche Beziehungen zwischen Gesellschafter und Gesellschaft nicht aus, sondern erkennt sie an; in ihrem Anwendungsbereich werden die Einnahmen hieraus jedoch als **Einkünfte aus Gewerbebetrieb qualifiziert;** für **Sonderbetriebsvermögen** gilt dies entsprechend. 312

Die Umqualifizierung von Sondervergütungen in Einkünfte aus Gewerbebetrieb und von Privatvermögen in Sonderbetriebsvermögen lässt sich **vermeiden,** wenn zwischen die Personengesellschaft und den betreffenden Gesellschafter eine Kapitalgesellschaft geschaltet wird, weil ein Durchgriff durch die Kapitalgesellschaft als eigenständige Rechtspersönlichkeit mit der Qualität eines eigenen Steuersubjekts unzulässig ist.[487] Auch unter der Herr- 313

[485] BFH 12.2.2014 – IV R 22/10, BStBl. II 2014, 621.
[486] BFH 11.12.1990 – VIII R 14/87, BStBl. II 1991, 510.
[487] BFH 28.10.1999 – III R 66–70/97, BStBl. II 2000, 183 (185); 5.3.1969 – I R 41/66, BStBl. II 1969, 350.

schaft des Teileinkünfteverfahrens und der Thesaurierungsbegünstigung gemäß § 34a EStG kann die Zwischenschaltung einer GmbH steuerlich interessant sein, wenn die Gewinnanteile aus der GmbH & Co. KG bei der GmbH ganz oder jedenfalls größtenteils thesauriert werden (→ § 25 Rn. 64), während früher die Zwischenschaltung einer GmbH weitestgehend den Verlust der mit der Personengesellschaft angestrebten Vorteile zur Folge hatte. Als Ausweg sollte deshalb die doppelstöckige GmbH & Co. KG dienen, dh eine GmbH & Co. KG (Untergesellschaft), deren **einziger Kommanditist** wiederum eine **GmbH & Co. KG** (Obergesellschaft) ist.

314 **bb) Rechtsentwicklung.** Der **BFH** hatte in seinem Urteil vom 23.2.1972[488] die **Abschirmwirkung** der doppelstöckigen GmbH & Co. KG zunächst **nicht anerkannt.** Vielmehr hatte er mit der Begründung, dass der Obergesellschafter mittelbarer Gesellschafter der Untergesellschaft und seine Leistung aufgrund der rechtlichen Verbundenheit der Beteiligten folglich als eine solche der Obergesellschaft anzusehen sei, durch die Obergesellschaft durchgegriffen und § 15 Abs. 1 S. 1 Nr. 2 EStG unmittelbar auf die Untergesellschaft angewandt. Diese Beurteilung ist von der **Finanzverwaltung** übernommen worden.[489]

315 Nachdem die Rechtsprechung die handelsrechtliche Selbstständigkeit der Personenhandelsgesellschaft auch einkommensteuerrechtlich immer stärker in den Vordergrund stellte,[490] ist auch die zunächst nur zögerliche **Kritik in der Literatur** immer lauter geworden.[491] Es verwunderte deshalb nicht, dass der BFH mit seinem Urteil vom 12.11.1985[492] für das Sonderbetriebsvermögen II einen Durchgriff auf die Untergesellschaft verneinte und damit, da für das Sonderbetriebsvermögen I nichts anderes gelten kann, seine alte Rechtsprechung zu Grabe trug. Der IV. Senat des BFH wollte indessen die frühere Rechtsprechung beibehalten und sah sich folglich in einem anderen Verfahren zur Anrufung des Großen Senats veranlasst.[493]

316 Der **Große Senat des BFH** hat sich mit Beschluss vom 25.2.1991[494] der Auffassung des VIII. Senats angeschlossen und unter ausdrücklicher Aufgabe des Urteils vom 23.2.1972 ausgesprochen, dass **§ 15 Abs. 1 S. 1 Nr. 2 EStG** auf Tätigkeitsvergütungen, die ein Gesellschafter der Obergesellschaft für seine Tätigkeit bei der Untergesellschaft erhalte, **nicht anwendbar** sei. Dies gelte auch für den Fall, dass ein Obergesellschafter bei einer GmbH & Co. KG als Untergesellschaft die Geschäfte von deren Komplementär-GmbH führe.

317 Die Freude über die Entscheidung des Großen Senats des BFH vom 25.2.1991[495] war jedoch nur von kurzer Dauer. Im Rahmen des **Steueränderungsgesetzes 1992** wurde § 15 Abs. 1 S. 1 Nr. 2 EStG um den heutigen S. 2 ergänzt. Nach diesem steht nunmehr ein mittelbar über eine oder mehrere Personengesellschaften beteiligter Gesellschafter dem unmittelbar beteiligten Gesellschafter gleich. Der Gesellschafter der Obergesellschaft gilt damit als Mitunternehmer bei der Untergesellschaft. Voraussetzung ist allerdings, dass er Mitunternehmer der Obergesellschaft und diese wiederum Mitunternehmer bei der Untergesellschaft ist (**ununterbrochene Mitunternehmer-Kette, Kette von Mitunternehmerschaften**).[496]

318 Der Gesellschafter der Obergesellschaft hat damit eine **doppelte Mitunternehmer-Stellung,** zum einen bei der Obergesellschaft (Mitunternehmer) und zum anderen bei der Untergesellschaft (sog **Sonder-Mitunternehmer** bzw. **Mitunternehmer für den Sonderbetriebsvermögensvergleich**).[497] Nach dem Gesetzeswortlaut bleibt daneben die

[488] BFH 23.2.1972 – I R 159/68, BStBl. II 1972, 530; zustimmend *Biergans* DStR 1988, 655 (659).
[489] Ländererlass vom 19.4.1978, DStZ/B 1978, 195; *Märkle* WPg 1987, 68 (70).
[490] BFH 20.3.1984 – IX R 10/83, BStBl. II 1984, 487.
[491] *Knobbe-Keuk* DB 1990, 905; *Autenrieth* DStZ 1987, 307; *Söffing* DStR 1983, 311; *Schulze zur Wiesche* DB 1988, 252 (254); wohl auch *Märkle* WPg 1987, 68.
[492] BFH 12.11.1985 – VIII R 286/81, BStBl. II 1986, 55.
[493] BFH 12.10.1989 – IV R 5/86, BStBl. II 1990, 168.
[494] BFH 25.2.1991 – GrS 7/89, BStBl. II 1991, 691.
[495] *Groh* DB 1991, 879: „Traumergebnis"; *L. Schmidt* DStR 1991, 505: „großzügiges Machtwort".
[496] *Wacker* in L. Schmidt EStG § 15 Rn. 612; *Reiß* in Kirchhof EStG § 15 Rn. 346.
[497] BFH 12.10.2016 – I R 92/12, BFH/NV 2017, 685; 26.1.1995 – IV R 23/93, BStBl. II 1995, 467 (469).

Obergesellschaft als solche zwingend Mitunternehmer der Untergesellschaft. Da der Gewinnanteil aus der Untergesellschaft steuerlich aber nicht doppelt zugerechnet werden kann, ist § 15 Abs. 1 S. 1 Nr. 2 S. 2 EStG einschränkend dahin auszulegen, dass der Gesellschafter der Obergesellschaft nur hinsichtlich der **Tätigkeits- und Nutzungsvergütungen** und des **Sonderbetriebsvermögens** wie ein unmittelbar beteiligter Gesellschafter bei der Untergesellschaft zu behandeln ist.[498]

cc) Ertragsteuerliche Konsequenzen. Das Steuerbilanz-Ergebnis der Untergesellschaft ist nach Maßgabe des gesellschaftsrechtlichen Ergebnisverteilungsschlüssels der Obergesellschaft als Kommanditist (Mitunternehmer) und nicht deren Gesellschafter zuzurechnen.[499] Tätigkeits- und Nutzungsvergütungen, die der Gesellschafter der Obergesellschaft unmittelbar von der Untergesellschaft bezieht, sind jedoch als dessen **Sondervergütungen** iSd § 15 Abs. 1 S. 1 Nr. 2 S. 1 Hs. 2 EStG im Rahmen der Gewinnermittlung bei der Untergesellschaft zu erfassen und erhöhen deren Gesamtgewinn sowie deren Gewerbeertrag. Bezieht der Gesellschafter der Obergesellschaft bei der Komplementär-GmbH der Untergesellschaft ein Geschäftsführergehalt, ist dieses ebenfalls als Sondervergütung bei der Untergesellschaft zu erfassen. Die aus § 15 Abs. 1 S. 1 Nr. 2 EStG abzuleitenden Gewinnermittlungsgrundsätze gelten auch für eine **grenzüberschreitende doppelstöckige** GmbH & Co. KG.[500] 319

Ist der **Geschäftsführer** einer Komplementär-GmbH zugleich **atypisch stiller Gesellschafter einer Kommanditisten-GmbH,** stellt sein Gehalt keine Betriebsausgabe, sondern eine Sondervergütung, also einen Gewinnanteil, dar. Der Geschäftsführer ist in einem solchen Fall nicht unmittelbar an der GmbH & Co. KG beteiligt, jedoch steht ein **mittelbar** über eine Personengesellschaft **beteiligter** Gesellschafter einem unmittelbar beteiligten Gesellschafter gleich (§ 15 Abs. 1 S. 1 Nr. 2 S. 2 EStG). Auch hier besteht eine **ununterbrochene Mitunternehmer-Kette,** da die Mitunternehmerschaft zwischen der GmbH & Co. KG und der Kommanditisten-GmbH sowie die Mitunternehmerschaft zwischen der Letztgenannten und dem atypisch still Beteiligten, dem Geschäftsführer, hintereinandergeschaltet sind.[501] 320

Die der Untergesellschaft unmittelbar durch den Gesellschafter der Obergesellschaft zur Nutzung überlassenen Wirtschaftsgüter bilden **Sonderbetriebsvermögen I** bei der Untergesellschaft. Da auch die Obergesellschaft als Mitunternehmerin der Untergesellschaft anzusehen ist, gilt Gleiches für die der Untergesellschaft zur Nutzung überlassenen Wirtschaftsgüter, die sich im Gesamthandsvermögen der Obergesellschaft befinden.[502] 321

Kein Sonderbetriebsvermögen II bei der Untergesellschaft bildet uE dagegen der **Geschäftsanteil** an deren **Komplementär-GmbH,** wenn er vom Gesellschafter der Obergesellschaft gehalten wird. Bei der unmittelbaren Beteiligung eines Kommanditisten an der GmbH & Co. KG leitet die Rechtsprechung die Eigenschaft als Sonderbetriebsvermögen II allein daraus ab, dass die Beteiligung des Kommanditisten an der GmbH & Co. KG durch seine Beteiligung an der Komplementär-GmbH unmittelbar gestärkt wird, weil der Kommanditist nicht nur als solcher, sondern auch als Gesellschafter der Komplementär-GmbH über diese Einfluss auf die GmbH & Co. KG nehmen kann. Bei der doppelstöckigen GmbH & Co. KG fehlt es aber gerade an der direkten Beteiligung an der Untergesellschaft und damit der unmittelbaren Einflussnahme auf diese, die durch eine Beteiligung des Gesellschafters der Obergesellschaft an der Komplementär-GmbH der Untergesellschaft verstärkt werden könnte.[503] 322

---

[498] BFH 6.9.2000 – IV R 69/99, BStBl. II 2001, 731 (733); 31.8.1999 – VIII B 74/99, BStBl. II 1999, 794 (795). Zur Konsequenz für die Unternehmeridentität bei der Gewerbesteuer → § 17 Rn. 20.

[499] Zum Ganzen auch *Wacker* in L. Schmidt EStG § 15 Rn. 619.

[500] BFH 24.3.1999 – I R 114/97, BStBl. II 2000, 399.

[501] FG Baden-Württemberg EFG 2006, 1829.

[502] BFH 7.12.2000 – III R 35/98, BStBl. II 2001, 316 (319 f.), wonach die Rechtsprechung zu Schwester-Personengesellschaften (→ Rn. 231) nicht auf die doppelstöckige GmbH & Co. KG übertragbar ist.

[503] Zutreffend *Söffing* FR 1992, 185 (188). AA *Wacker* in L. Schmidt EStG § 15 Rn. 617.

323 Für die **Zuordnung** von (aktivem und passivem) Sonderbetriebsvermögen zur Ober- oder Untergesellschaft ist der **wirtschaftliche Veranlassungszusammenhang** entscheidend, dh die Beurteilung erfolgt danach, wodurch der Einsatz des Wirtschaftsguts letztlich veranlasst wird.[504] Eine **Verbindlichkeit** teilt das Schicksal des Wirtschaftsguts, dessen Finanzierung sie dient.[505] Bei **mehrstöckigen Strukturen** sind folglich Verbindlichkeiten nach Maßgabe des Verursachungsprinzips der jeweiligen Ebene zuzurechnen (sog **Durchstockung der Verbindlichkeiten**).[506] Dient das Wirtschaftsgut der Obergesellschaft, sind Refinanzierungsaufwendungen folglich Sonderbetriebsausgaben auf dieser Ebene. Überlässt die Obergesellschaft der Untergesellschaft fremdfinanzierte Wirtschaftsgüter, sind die Verbindlichkeiten dem Sonderbetriebsvermögen der Untergesellschaft zuzuordnen.[507]

324 Überschreiten beim **Erwerb eines Kommanditanteils** an der **Obergesellschaft** die Anschaffungskosten das übernommene Kapitalkonto, ist für den neuen Kommanditisten zum einen bei der **Obergesellschaft eine Ergänzungsbilanz** zu bilden, in der die Mehrwerte der Wirtschaftsgüter im Gesellschaftsvermögen der Obergesellschaft (einschließlich deren Sonderbetriebsvermögen bei der Untergesellschaft) erfasst werden. Zum anderen ist für diesen Kommanditisten als **mittelbarem Mitunternehmer der Untergesellschaft** eine **weitere Ergänzungsbilanz** bei der **Untergesellschaft** zu erstellen, in der die mittelbar auf die durch die Beteiligung der Obergesellschaft repräsentierten Wirtschaftsgüter der Untergesellschaft entfallenden Mehrwerte zu erfassen sind.[508]

V. Verlustausgleich und negatives Kapitalkonto

1. Entwicklung des Steuerrechts

325 Handelsrechtlich haftet ein Kommanditist im Verhältnis zu Dritten für Verbindlichkeiten der Gesellschaft nur bis zur Höhe der im Handelsregister eingetragenen **Haftsumme** (die von der **Pflichteinlage,** zu deren Leistung er sich gegenüber den anderen Gesellschaftern verpflichtet hat, abweichen kann), soweit er eine Einlage in Höhe der Haftsumme nicht geleistet oder die Gesellschaft diese an ihn zurückbezahlt hat (§§ 171 Abs. 1, 172 Abs. 1 und 4 HGB). Ein negatives Kapitalkonto begründet für einen Kommanditisten, der seine Einlage geleistet hat, **keine zusätzliche Haftung,** sondern lediglich einen **Verrechnungsposten** (→ § 5 Rn. 81).[509] Man spricht daher auch plastisch von einer „Verlusthaftung mit künftigen Gewinnanteilen".[510]

326 Das Steuerrecht war **zunächst** von einer **Anerkennung des negativen Kapitalkontos** des Kommanditisten gekennzeichnet. Dies bedeutete, dass der Kommanditist die auf ihn entfallenden Verluste der Gesellschaft auch insoweit **sofort** mit positiven Einkünften aus anderen Einkunftsarten **ausgleichen** bzw. diese nach § 10d EStG abziehen konnte, als sie bei ihm zu einem negativen Kapitalkonto führten, zu dessen Ausgleichung er nach § 169 Abs. 1 S. 2 HGB lediglich mit künftigen Gewinnanteilen verpflichtet war. Der hierdurch erzielte Steuervorteil musste erst in späteren Wirtschaftsjahren ausgeglichen werden, sei es, weil die Gesellschaft wieder mit Gewinn arbeitete, durch Zahlung der darauf zu entrichtenden Steuern, sei es, weil ein Ausgleich des negativen Kapitalkontos mit künftigen Gewinnanteilen nicht mehr in Betracht kam, durch eine Nachversteuerung (ggf. nur zum „halben" Steuersatz). Dadurch wurde eine **Steuerstundung** erzielt, die bei Progressionsverschiebungen auch eine endgültige Steuerersparnis zur Folge haben konnte.

---

504 BFH 27.6.2006 – VIII R 31/04, BStBl. II 2006, 874.

505 *Wacker* in L. Schmidt EStG § 15 Rn. 616; *Mückl* DB 2009, 1088 (1090). So auch BFH 28.3.2007 – IV B 137/06, BFH/NV 2007, 1489.

506 BFH 12.10.2016 – I R 92/12, BFH/NV 2017, 685.

507 *Mückl* DB 2009, 1088 (1090).

508 *Tiede* in HHR EStG § 15 Rn. 500; *Wacker* in L. Schmidt EStG § 15 Rn. 471.

509 Abweichende Regelung im Innenverhältnis sind jedoch möglich, s. BFH 24.10.1996 – IV R 90/94, BStBl. II 1997, 241 (242) und → § 5 Rn. 82.

510 So zB BFH 10.11.1980 – GrS 1/79, BStBl. II 1981, 164 (168).

In Anbetracht der **extensiven Ausnutzung** dieser – für die herkömmliche KG durchaus angemessenen – Rechtspraxis und der sich daraus ergebenden Gestaltungsmöglichkeiten für die „Steuersparbranche" sah sich der **Gesetzgeber zum Handeln** gezwungen. Obwohl der Große Senat des BFH noch in seiner Entscheidung vom 10.11.1980[511] die steuerliche Anerkennung des negativen Kapitalkontos ausdrücklich bestätigt hatte, wurde mit dem im selben Jahr neu in das Gesetz eingefügten **§ 15a EStG**[512] vom Gesetzgeber der Versuch unternommen, einerseits missbräuchlichen Praktiken der Abschreibungsgesellschaften die rechtliche Grundlage zu entziehen, andererseits aber der Mehrzahl der seriösen Unternehmen die Möglichkeit des Verlustausgleichs weitgehend zu erhalten.[513] 327

Auch nach der gesetzlichen Regelung bleibt es im **Grundsatz** bei der steuerlichen Anerkennung des negativen Kapitalkontos des Kommanditisten. Die von der Steuerreformkommission 1971[514] vorgeschlagene gesetzliche Zwangszuweisung von Verlusten, welche die Haftsumme des Kommanditisten übersteigen – und entsprechend von zur Wiederauffüllung zu verwendenden späteren Gewinnen –, an den persönlich haftenden Gesellschafter, wurde nicht verwirklicht. Der gesellschaftsvertragliche Ausschluss der Komplementär-GmbH von Gewinn und Verlust der KG, der nach wie vor empfehlenswert ist, wird steuerlich in vollem Umfang anerkannt. Allerdings wurde der **Umfang des Verlustabzugs und -ausgleichs beschränkt.** 328

2. § 15a EStG

a) Grundkonzeption. § 15a EStG regelt die Behandlung des Verlustanteils („Anteil am Verlust der KG") eines Kommanditisten, wenn dieser zur **Entstehung oder Erhöhung eines „negativen Kapitalkontos"** führt. Es gilt dann ein **Ausgleichs- und Abzugsverbot** (§ 15a Abs. 1 S. 1 EStG) sowie ein **Verrechnungsgebot** (§ 15a Abs. 2 EStG). Ersteres verbietet den Ausgleich des Verlustes mit anderen Einkünften des Kommanditisten sowie seinen Abzug im Rahmen des Verlustvortrags oder -rücktrags nach § 10d EStG, letzteres gebietet die **Verrechnung des Verlustes mit Gewinnen, die dem Kommanditisten in späteren VZ** aus seiner Beteiligung zuzurechnen sind. Das Ausgleichs- und Abzugsverbot gilt nicht, soweit der Kommanditist im Außenverhältnis für Verbindlichkeiten der KG haftet (sog **erweiterter Verlustausgleich** gemäß § 15a Abs. 1 S. 2 und 3 EStG). 329

Gemäß § 15a Abs. 1 EStG dürfen Anteile am Verlust der KG, soweit diese ein negatives Kapitalkonto begründen oder erhöhen, nicht mit anderen positiven Einkünften nach § 2 Abs. 1 EStG ausgeglichen oder von diesen abgezogen, sondern nach § 15a Abs. 2 EStG **nur mit künftigen Gewinnanteilen** aus derselben Beteiligung (Einkunftsquelle)[515] **verrechnet** werden (sog verrechenbarer Verlust). Während vor der Einführung des § 15a EStG die einkommens- und damit steuermindernde Wirkung dieser Verlustanteile bereits am Ende des Wirtschaftsjahres ihrer Entstehung eintrat, kommt ihr **steuerentlastender Effekt** nunmehr erst in späteren Wirtschaftsjahren zum Tragen, wenn auf die Beteiligung des Kommanditisten wieder Gewinne entfallen. Dies gilt im Übrigen nach Ansicht des BFH[516] auch dann, wenn es sich bei dem Kommanditisten wiederum um eine GmbH & Co. KG handelt **(doppelstöckige GmbH & Co. KG).**[517] 330

§ 15a Abs. 1 S. 2 EStG erlaubt insoweit einen **erweiterten Verlustausgleich,** als ein zu einem negativen Kapitalkonto führender Verlust bereits im Verlustjahr steuerlich abgezogen werden darf, sofern und soweit die im Handelsregister eingetragene **Haftsumme die** 331

---

[511] BFH 10.11.1980 – GrS 1/79, BStBl. II 1981, 164.

[512] BGBl. 1980 I 1545. Zur erstmaligen Anwendbarkeit *Wacker* in L. Schmidt EStG § 15a Rn. 39 ff.

[513] Regierungsbegründung, BT-Drs. 8/3648, 14 (16); 8/4147; *Sahrmann* DStR 2012, 1109.

[514] Große Steuerreformkommission, Gutachten 1971, Rn. 340.

[515] *Lüdemann* in HHR EStG § 15a Rn. 142.

[516] BFH 7.10.2004 – IV R 50/02, GmbHR 2005, 311; 18.12.2003 – IV B 201/03, BStBl. II 2004, 231 (232 f.).

[517] Zu den sich aus der Anwendung des § 15a EStG auf die Untergesellschaft ergebenden Einzelfragen s. *Ley* DStR 2004, 1498; *Heuermann* in Blümich EStG § 15a Rn. 24 ff.; *Micker* in Söffing GmbH & Co. KG Rn. 2341 ff.

geleistete Einlage übersteigt (sog **erweiterte oder überschießende Außenhaftung**)[518] und die weiteren Voraussetzungen des § 15a Abs. 1 S. 3 EStG am Bilanzstichtag vorliegen (Eintragung des Kommanditisten im Handelsregister,[519] Nachweis des Bestehens der Haftung,[520] Vermögensminderung aufgrund Haftung nicht vertraglich ausgeschlossen oder „nach Art und Weise des Geschäftsbetriebs unwahrscheinlich"[521]). Es soll also der früher mögliche **sofortige Verlustausgleich bzw. -abzug** nur noch stattfinden, **soweit die Haftung reicht.** Inkonsequenterweise werden jedoch andere, nicht durch Eintragung im Handelsregister dokumentierte Haftungstatbestände (zB Bürgschaften,[522] Haftung nach § 172 Abs. 2 HGB[523] oder § 176 HGB[524]), nicht berücksichtigt.[525] Wie im Folgenden darzulegen sein wird, wurde das vom Gesetzgeber verfolgte Ziel aber auch in anderer Hinsicht letztlich nicht oder nur mangelhaft erreicht.

332 Maßgeblich für den **Stand des Kapitalkontos** ist jeweils das **Ende des Wirtschaftsjahres.**[526] Eine Veränderung im Lauf des Wirtschaftsjahres bleibt unberücksichtigt.[527]

333 Besonderheiten ergeben sich bei der Ermittlung der **verrechenbaren Verluste bei doppelstöckigen Personengesellschaften.** Auf der Ebene der Untergesellschaft werden Höhe und Zurechnung der Einkünfte sowie der verrechenbare Verlustanteil grundsätzlich mit Bindungswirkung für die Obergesellschaft jeweils gesondert festgestellt (→ Rn. 445). Um aber eine doppelte Berücksichtigung des verrechenbaren Verlustes der Untergesellschaft bei der Obergesellschaft zu vermeiden, ist die Entwicklung dieses Verlustes in einem **außerbilanziellen Merkposten** abzubilden.[528] Damit kann durch die Zwischenschaltung einer weiteren Personengesellschaft unabhängig von deren Kapitalausstattung ein verrechenbarer Verlust nicht in einen ausgleichsfähigen Verlust umqualifiziert werden.[529] Allerdings kann im Fall der **Veräußerung des Anteils an der Obergesellschaft** ein verrechenbarer Verlust aus der Untergesellschaft mit dem Gewinn aus der Veräußerung des Anteils an der Obergesellschaft insoweit verrechnet werden, als diesem entsprechende stille Reserven im Betriebsvermögen der Untergesellschaft gegenüberstehen[530] oder er auf der Auflösung eines negativen Kapitalkontos der Obergesellschaft bei der Untergesellschaft beruht.

334 Der Verlustanteil aus einer **vermögensverwaltenden GbR,** an der eine GmbH & Co. KG und **deren alleiniger Kommanditist** beteiligt sind, erhöht das negative Kapitalkonto des Kommanditisten. § 15a EStG greift in diesem Fall ein.[531]

335 **b) „Anteil am Verlust der KG" gemäß § 15a Abs. 1 S. 1 EStG.** Die Begrenzung des Verlustausgleichs gilt nur für den Gewinn- und Verlustanteil aus der **Steuerbilanz unter Berücksichtigung** der Ergebnisse **etwaiger Ergänzungsbilanzen** (erste Gewinn-

---

[518] S. hierzu *Schmelz* DStR 2006, 1704.

[519] § 15a Abs. 1 S. 2 EStG gilt nicht für Treugeber-Kommanditisten, R 15a Abs. 3 S. 4 EStR; hierzu auch *Uelner/Dankmeyer* DStZ 1981, 12 (18). Unter Hinweis auf die Rechtslage bei Treuhandverhältnissen gelangt der BFH 19.4.2007 – IV R 70/04, BStBl. II 2007, 868 zu dem Ergebnis, dass der erweiterte Verlustausgleich des Kommanditisten entsprechend der Höhe einer atypisch stillen Unterbeteiligung an seinem Kommanditanteil eingeschränkt ist.

[520] S. hierzu *Lüdemann* in HHR EStG § 15a Rn. 119.

[521] BFH 14.5.1991 – VIII R 111/86, BStBl. II 1992, 164; BMF-Schreiben 30.6.1994, BStBl. I 1994, 355; *Grewe/Rüber* DB 1989, 1157.

[522] BFH 13.11.1997 – IV B 119/96, BStBl. II 1998, 109.

[523] BFH 28.5.1993 – VIII B 11/92, BStBl. II 1993, 665.

[524] FG Münster EFG 1998, 291.

[525] § 15a EStG ist verfassungsgemäß, BVerfG WM 2006, 1791; *Wacker* in L. Schmidt EStG § 15a Rn. 32 mwN.

[526] BFH 26.1.1995 – IV R 23/93, BStBl. II 1995, 467; FG Münster BB 2012, 3070; *Wacker* in L. Schmidt § 15a EStG Rn. 82.

[527] *Hempe/Huber* DStR 2013, 1217.

[528] OFD Frankfurt DStR 2013, 2699; *Zerbe/Hafner* DStR 2015, 1292.

[529] Gegen die Anwendbarkeit des § 15a EStG *Seibold* DStR 1998, 441.

[530] So auch *Dörfler/Zerbe* DStR 2012, 1212.

[531] FG Münster DStR 2016, 1364, Rev. (Az. BFH IV R 32/16).

ermittlungsstufe).[532] Besonderheiten ergeben sich, wenn in dem Steuerbilanzergebnis steuerfreie Beträge nach § 8b KStG oder § 3 Nr. 40 EStG enthalten sind.[533]

336 Die Ergebnisse etwaiger **Sonderbilanzen** bleiben hingegen **außer Betracht;** aus diesem Bereich stammende Verluste sind also in vollem Umfang ausgleichs- und abzugsfähig.[534] Bedeutung erlangen in diesem Zusammenhang die **Sondervergütungen** iSv § 15 Abs. 1 S. 1 Nr. 2 S. 1 Hs. 2 EStG, die erst in der zweiten Stufe der Gewinnermittlung zu berücksichtigen sind. In der Steuerbilanz der GmbH & Co. KG werden die Sondervergütungen folglich als Aufwand behandelt, erhöhen also einen – sich bereits ohne ihre Berücksichtigung ergebenden – Verlust bzw. vermindern einen derart ermittelten Gewinn. Fraglich ist daher, ob in diesem Zusammenhang insoweit eine Korrektur erforderlich ist, als Sondervergütungen **unangemessen** niedrig sind oder überhaupt nicht geltend gemacht werden, da hierdurch Verluste (ungerechtfertigterweise) in den Sonderbetriebsvermögensbereich verlagert und damit dem Anwendungsbereich des § 15a EStG entzogen werden könnten.[535]

337 **c) „Negatives Kapitalkonto" iSv § 15a Abs. 1 S. 1 EStG.** Ausgehend von der ursprünglichen Absicht des Gesetzgebers und in Anknüpfung an den BFH-Beschluss vom 10.11.1980 – voller Verlustausgleich nur soweit die Haftung reicht – müsste es sich eigentlich von selbst verstehen, dass für die Beantwortung der zentralen Frage, wann ein „negatives Kapitalkonto" vorliegt, das in der Sonderbilanz der Kommanditisten erfasste, für Gesellschaftsschulden nicht haftende **Sonderbetriebsvermögen** von vornherein außer Ansatz bleibt. Dass hierüber gleichwohl lange **Streit** bestand, hängt mit einer Passage in der Begründung des Regierungsentwurfs zusammen, wonach das Kapitalkonto des Kommanditisten außer seiner Einlage in das Gesellschaftsvermögen auch diejenigen Wirtschaftsgüter umfassen soll, die als sog Sonderbetriebsvermögen in den steuerlichen Betriebsvermögensvergleich der Gesellschaft einzubeziehen sind einschl. etwaiger Darlehen, die der Kommanditist der Gesellschaft gewährt.[536]

338 Die **Finanzverwaltung** ging in Anknüpfung an diese Äußerungen denn auch ohne Weiteres von der Einbeziehung des Sonderbetriebsvermögens aus, leitete also das maßgebliche Kapitalkonto aus der **Gesamtbilanz der Mitunternehmerschaft** ab.[537] Erst mit Urteil vom 14.5.1991 hat der **BFH** die Streitfrage entschieden und sich, der hL folgend, **gegen die Einbeziehung des Sonderbetriebsvermögens** ausgesprochen.[538] Zwar räumt der BFH ein, dass diese Auslegung, wenn nur auf den Gesetzeswortlaut abgestellt werde, nicht zwingend sei. Sie ergebe sich aber aus dem Systemzusammenhang und dem Zweck der Vorschrift. Im Übrigen entspreche allein dieses Ergebnis dem historisch gewachsenen Verständnis des Ausdrucks „negatives Kapitalkonto". Damit wird der Begriff des Kapitalkontos analog zu dem Begriff des Anteils am Verlust interpretiert. Die Finanzverwaltung hat sich der Rechtsauffassung des BFH angeschlossen.[539]

---

[532] Regierungsbegründung, BT-Drs. 8/3648, 16; BFH 18.5.2017 – IV R 36/14, DStR 2017, 1524; 18.12.2003 – IV B 201/03, BStBl. II 2004, 231 (232); 14.5.1991 – VIII R 31/88, BStBl. II 1992, 167; FG Münster EFG 2009, 1024; *Bitz* in LBP EStG § 15a Rn. 12; *Heuermann* in Blümich EStG § 15a Rn. 29; *Wacker* in L. Schmidt EStG § 15a Rn. 71; *v. Beckerath* in Kirchhof EStG § 15a Rn. 10.

[533] S. hierzu *v. Beckerath* in Kirchhof EStG § 15a Rn. 11.

[534] BFH 13.10.1998 – VIII R 78/97, BStBl. II 1999, 163 (164). Die Finanzverwaltung hält Verluste aus einem Sonderbetriebsvermögen dann nicht für unbeschränkt ausgleichs- oder abzugsfähig, wenn dieses sich im Gesellschaftsvermögen einer Mitunternehmerschaft befindet, bei der für die Verlustanteile der Mitunternehmer ihrerseits § 15a EStG gilt, R 15a Abs. 2 S. 1 EStR.

[535] Bejahend *Heuermann* in Blümich EStG § 15a Rn. 30; *Bitz* in LBP EStG § 15a Rn. 12; *Gerbig/Rautenberg* BB 1982, 342. AA *Wacker* in L. Schmidt EStG § 15 Rn. 73 unter Hinweis auf die Rechtsprechung zur Nutzungseinlage, BFH 26.10.1987 – GrS 2/86, BStBl. II 1988, 348.

[536] BT-Drs. 8/3648, 16 rechte Spalte.

[537] EStR (1990) 138d Abs. 2.

[538] BFH 14.5.1991 – VIII R 31/88, BStBl. II 1992, 167; inzwischen stRspr, BFH 28.3.2000 – VIII R 28/98, BStBl. II 2000, 347 (348) mwN. Der BFH hatte zunächst nur entschieden, dass die Berücksichtigung der Verbindlichkeit eines Kommanditisten als negatives Sonderbetriebsvermögen nicht in Betracht kommt, soweit der Kommanditist damit seine Hafteinlage erbracht hat, 1.6.1989 – IV R 19/88, BStBl. II 1989, 1018; hierzu Nichtanwendungserlass, BMF-Schreiben 22.12.1989, BStBl. I 1989, 484.

[539] BMF-Schreiben 20.2.1992, BStBl. I 1992, 123; 15.12.1993, BStBl. I 1993, 976.

339 Eine Konsequenz des nunmehr so definierten Kapitalkontos iSd § 15a Abs. 1 S. 1 EStG ist, dass zur Bestimmung des Verlustausgleichsvolumens eine klare Abgrenzung zwischen dem gesamthänderisch gebundenen Betriebsvermögen und dem Sonderbetriebsvermögen zu erfolgen hat. Dabei stellt sich vor allem die Frage, inwieweit die in der Handels- und Steuerbilanz der GmbH & Co. KG ausgewiesenen **Konten der Gesellschafter** Eigenkapital der Gesellschaft darstellen oder als Forderungskonten dem Sonderbetriebsvermögen des Gesellschafters zuzuordnen sind.[540] Dies gilt insbesondere dann, wenn – wie regelmäßig der Fall – abweichend vom gesetzlichen Regelstatut neben einem festen Kapitalkonto, auf das ausschließlich die vereinbarte Pflichteinlage gebucht wird, noch ein oder mehrere Gesellschafterkonten (zB bezeichnet als Kapitalkonto II, Darlehenskonto, Kontokorrentkonto etc) geführt werden.

340 Die **Rechtsnatur** der Gesellschafterkonten bestimmt sich nach den gesellschaftsvertraglichen Vereinbarungen. Dabei ist ein **entscheidendes Indiz** für die Abgrenzung, ob auf dem entsprechenden Konto auch Verluste gebucht werden oder nicht. Werden auch **Verluste auf dem Konto verrechnet,** so spricht dies grundsätzlich für die Annahme eines gesamthänderisch gebundenen Kontos und damit für seine Berücksichtigung im Rahmen des § 15a Abs. 1 S. 1 EStG.[541] Der Umstand, dass ein Konto im Soll verzinst wird, gibt für sich allein gesehen dagegen keinen Aufschluss darüber, ob es sich bei dem Konto um eine Darlehensforderung gegen den Gesellschafter oder einen (negativen) Bestandteil des Kapitalkontos handelt.[542]

341 Auf die **Bezeichnung eines Gesellschafterkontos** kommt es nicht an. So hat der BFH[543] den **Eigenkapitalkonten-Charakter** eines **„Darlehenskontos"** bejaht, wenn neben einer mit einer einfachen Mehrheitsentscheidung abdingbaren Entnahmebeschränkung auf Zinsen und benötigte Steuerzahlungen zwar keine Verbuchung von Verlusten vorgesehen ist, im Gesellschaftsvertrag aber vereinbart wurde, dass im Fall der Liquidation der Gesellschaft oder des Ausscheidens des Gesellschafters das Abfindungsguthaben nach „Kapitalkonto und Darlehenskonto abzüglich eines eventuell anteiligen Verlustvortrags" und zuzüglich des Anteils an den Rücklagen berechnet wird. Diese **abschließende Verrechnung** der den Kommanditisten zugerechneten Verluste mit den auf den „Darlehenskonten" ausgewiesenen Beträgen reiche aus, um dem „Darlehenskonto" Eigenkapitalcharakter zuzugestehen. Folglich erhöhen die einen Habensaldo aufweisenden „Darlehenskonten" der Kommanditisten deren Verlustausgleichspotenzial iSv § 15a EStG. Umgekehrt mindern diejenigen als Kapitalkonto einzuordnenden Konten das Verlustausgleichsvolumen, die einen Sollsaldo zulasten des Kommanditisten aufweisen und deshalb auf der Aktivseite der Steuerbilanz der KG ausgewiesen werden.

342 Die Diskussion über die Behandlung von **Finanzplandarlehen** hat der **BFH** mit Grundsatzurteil vom 7.4.2005[544] entschieden. Hiernach gehören derartige Darlehen dann zum Kapitalkonto iSv § 15a Abs. 1 S. 1 EStG, wenn sie von den Kommanditisten als Teil ihrer gesellschaftsvertraglichen Einlagepflicht neben ihren Kommanditeinlagen zu gewähren sind **(„gesplittete Einlagen"),** nach der ihnen zugedachten **Funktion** Eigenkapitalcharakter haben und im Fall des Ausscheidens der Kommanditisten oder der Liquidation der Gesellschaft mit einem eventuell bestehenden negativen Kapitalkonto des Kommanditisten zu verrechnen sind. Der Eigenkapitalcharakter des Darlehens sei insbesondere anzunehmen, wenn das Darlehen nach den vertraglichen Bestimmungen während des Bestehens der

---

540 Hierzu OFD Frankfurt a.M. DStR 2017, 498.

541 BFH 27.6.1996 – IV R 80/95, BStBl. II 1997, 36; 5.6.2002 – I R 81/00, BFH/NV 2002, 1383; FG Düsseldorf EFG 2004, 989. OFD Frankfurt a.M. DStR 2017, 498.

542 So BFH 16.10.2008 – IV R 98/06, BStBl. II 2009, 272; 4.5.2000 – IV R 16/99, BStBl. II 2001, 171.

543 BFH 15.5.2008 – IV R 46/05, BStBl. II 2008, 812 mAnm *Bitz* GmbHR 2008, 998, der kritisiert, dass das Abstellen auf das wirtschaftliche Ergebnis der vom BFH geforderten ausschließlichen Relevanz der zivilrechtlichen Rechtsnatur widerspricht.

544 BFH 7.4.2005 – IV R 24/03, BStBl. II 2005, 598 mAnm *Bitz* GmbHR 2005, 1060 mit Gestaltungsüberlegungen.

Gesellschaft nicht einseitig durch den Kommanditisten gekündigt werden könne.[545] Umgekehrt könne ein Konto dann nicht als Kapitalkonto betrachtet werden, wenn jedwede Entnahmebeschränkung fehle.[546]

Eigenkapitalersetzende Gesellschafterdarlehen erhöhten hingegen nach der vom BFH bestätigten Auffassung der Finanzverwaltung das Kapitalkonto iSd § 15a Abs. 1 S. 1 EStG nicht.[547] Begründet wurde dies damit, dass Gesellschafterforderungen trotz ihrer Qualifikation als Eigenkapitalersatz gemäß § 172a HGB aF iVm §§ 32a, 32b GmbHG aF bzw. analog §§ 30, 31 GmbHG nach gefestigter BGH-Rechtsprechung ihren Charakter als Verbindlichkeiten nicht verlieren[548] und damit sowohl in der Handels- als auch in der Steuerbilanz als Fremdkapital auszuweisen sind. Diese Grundsätze gelten für solche **Gesellschafterdarlehen** und Sicherheiten, die nach Abschaffung des Eigenkapitalersatzrechts durch das MoMiG gemäß §§ 39 Abs. 1 Nr. 5, Abs. 4 und 5, 135 InsO **im Rang zurückstehen.**[549] Auch Darlehen mit **vereinbartem Rangrücktritt** sind als Fremdkapital auszuweisen.[550] 343

Nach dem eindeutigen Wortlaut von § 15a Abs. 1 S. 2 EStG ist die **tatsächlich geleistete Einlage** und nicht etwa die bedungene Pflichteinlage maßgeblich.[551] Diese Einschränkung ist wegen der Anerkennung der erweiterten Außenhaftung gemäß § 15a Abs. 1 S. 2 EStG indessen nur dann von Bedeutung, wenn die bedungene Pflichteinlage die im Handelsregister eingetragene Hafteinlage übersteigt. Allerdings ist es mehr als nur ein Schönheitsfehler, dass das Gesetz im Fall der Einlageerhöhung in Umkehrung von § 15 Abs. 3 EStG (Einlageminderung) **keine nachträgliche Umwandlung** eines nur verrechenbaren in einen ausgleichs- bzw. abzugsfähigen Verlust vorsieht.[552] Für die Praxis empfiehlt es sich deshalb, über die Haftsumme hinausgehende Pflichteinlagen ggf. sofort einzuzahlen, also insoweit eine Erhöhung nur der Pflichteinlage mit ratenweiser Einzahlung nicht im Voraus zu beschließen. 344

Leistet der Kommanditist zusätzlich zu der im Handelsregister eingetragenen, nicht voll eingezahlten Hafteinlage eine **weitere Bar- oder Sacheinlage,** so kann er im Weg einer **negativen Tilgungsbestimmung** bewirken, dass die Einlage nicht mit der eingetragenen Haftsumme zu verrechnen ist.[553] Nach der BFH-Rechtsprechung steht es dem Leistenden frei, seiner KG weiteres Eigenkapital zuzuführen, ohne dass dadurch die Forderung aus der Pflichteinlage erlischt. Die Einlage werde, so der BFH, nicht eo ipso mit der Pflichteinlage verrechnet. Auf diese Weise könne das **Verlustausgleichsvolumen** für Zwecke des § 15a EStG **erhöht** werden, ohne dass darin ein Missbrauch von Gestaltungsmöglichkeiten iSv § 42 AO zu erkennen sei. Dabei komme der bilanziellen Abbildung des Einlagevorgangs Beweisqualität zu. 345

Nachträgliche Einlagen führen gemäß § 15a Abs. 1a EStG[554] weder zu einer nachträglichen Ausgleichs- und Abzugsfähigkeit eines **vorhandenen** verrechenbaren Verlusts noch zu einer Ausgleichs- und Abzugsfähigkeit des dem Kommanditisten zuzurechnenden Anteils am Verlust eines zukünftigen Wirtschaftsjahres, soweit durch den Verlust ein negatives Kapi- 346

[545] BFH 15.5.2008 – IV R 46/05, BStBl. II 2008, 812; zustimmend *Kempermann* DStR 2008, 1917 (1920).

[546] So wohl auch *Kempermann* DStR 2008, 1917 (1920).

[547] BFH 28.3.2000 – VIII R 28/98, BStBl. II 2000, 347; OFD Frankfurt a.M. DStR 2017, 498. S. auch BFH 1.10.2002 – IV B 91/01, BFH/NV 2003, 304 bezüglich kapitalersetzender Bürgschaft.

[548] BGH ZIP 2001, 235 (237); 1999, 65 (67) mwN.

[549] *Wacker* in L. Schmidt EStG § 15a Rn. 88.

[550] *Helde* in HTM HdB GmbH & Co. KG Rn. 6.417; *Wacker* in L. Schmidt EStG § 15a Rn. 90.

[551] Unbeachtlich ist daher auch Abgabe einer Verlustübernahmeerklärung, so BFH 18.12.2003 – IV B 201/03, BStBl. II 2004, 231, da dies noch keine tatsächliche Leistung der Einlage darstellt, BFH 7.10.2004 – IV R 50/02, GmbHR 2005, 311. S. hierzu auch *Kempermann* DStR 2008, 1917 (1919).

[552] S. hierzu BFH 11.11.1997 – VIII R 39/94, BFH/NV 1998, 1078; 14.12.1995 – IV R 106/94, BStBl. II 1996, 226; *Wacker* in L. Schmidt EStG § 15a Rn. 180; *Micker* in Söffing GmbH & Co. KG Rn. 2534; wie hier kritisch *Bitz* in LBP EStG § 15a Rn. 21; *v. Beckerath* in Kirchhof EStG § 15a Rn. 42f.

[553] BFH 16.10.2008 – IV R 98/06, BFH/NV 2009, 451; GmbHR 2009, 274 mAnm *Müller/Marchand*; 11.10.2007 – IV R 38/05, BStBl. II 2009, 135. AA *Hüttemann/Meyer* DB 2009, 1613.

[554] Erstmals anzuwenden auf Einlagen, die nach dem 24.12.2008 geleistet werden – s. § 52 Abs. 33 S. 6 EStG 2009 in der bis zum 31.12.2013 gültigen Fassung.

talkonto entsteht oder sich erhöht. Eine Einlage, die nicht zum Ausgleich laufender Verluste führt **(zeitinkongruente Einlage)** und die (insoweit) kein positives Kapitalkonto entstehen lässt, kann also erst bei einer Veräußerung der Kommanditbeteiligung, bei Ausscheiden der Kommanditisten oder bei der Liquidation der KG geltend gemacht werden. Mit dieser durch das **JStG 2009** getroffenen Regelung hat der Gesetzgeber auf die gegenteilige Rechtsprechung des BFH[555] reagiert, der insoweit eine planwidrige Gesetzeslücke sah und den Ansatz eines Korrekturpostens zuließ, bis zu dessen Höhe die Verluste späterer Wirtschaftsjahre auch dann ausgleichsfähig sind, wenn hierdurch (erneut) ein negatives Kapitalkonto entsteht oder sich erhöht.[556] Gegen die Neuregelung, die mit der Grundkonzeption des § 15a EStG unvereinbar ist und das Erfordernis der Gleichbehandlung wirtschaftlich gleicher Sachverhalte (zeitinkongruente Einlagen und überschießende Außenhaftung) außer Acht lässt, werden zu Recht **verfassungsrechtliche Bedenken erhoben.**[557]

347 **d) „Gewinne aus der Beteiligung an der KG" gemäß § 15a Abs. 2 EStG.** Verluste, die nach § 15a Abs. 1 S. 1 EStG lediglich verrechenbar sind, mindern gemäß § 15a Abs. 2 EStG die dem Kommanditisten in späteren Wirtschaftsjahren „aus seiner Beteiligung an der Kommanditgesellschaft" zuzurechnenden Gewinne. In nunmehr ständiger Rechtsprechung versteht der BFH hierunter nur die **Gewinnermittlung der ersten Stufe;** Ergebnisse aus **Sonderbilanzen,** insbesondere Sondervergütungen iSd § 15 Abs. 1 S. 1 Nr. 2 S. 1 Hs. 2 EStG, gehören demnach nicht zu den „Gewinnen", die nach § 15a Abs. 2 EStG durch verrechenbare Verluste gemindert werden.[558]

348 Das **Saldierungsverbot** entspricht, durchaus folgerichtig, der Reichweite des „Anteils am Verlust der KG" gemäß § 15a Abs. 1 S. 1 EStG. Es erstreckt sich auch auf Sonderbetriebseinnahmen, die im **selben Wirtschaftsjahr** wie der (nur verrechenbare) Verlust anfallen. Der Kommanditist muss also seine Tätigkeitsvergütung oder die ihm zustehenden Darlehenszinsen voll versteuern, während er den verrechenbaren Verlust nur mit künftigen Gewinnanteilen aus der Steuer- und ggf. einer Ergänzungsbilanz ausgleichen kann. Dies ließe sich nur dadurch vermeiden, dass die Tätigkeitsvergütung bzw. die Darlehenszinsen nicht auf schuldrechtlicher, sondern als Gewinnvorab auf **gesellschaftsrechtlicher Grundlage** vereinbart werden.[559] Bei Entnahme einer als Gewinnvorab gewährten Vergütung lebt aber ggf. die Haftung des Kommanditisten gemäß § 172 Abs. 4 HGB auf (→ § 5 Rn. 54 ff.).

349 **e) Einlage- bzw. Haftungsminderung.** Um die Möglichkeit einer Manipulation auszuschließen, bestimmt § 15a Abs. 3 S. 1 EStG, dass Entnahmen einem Kommanditisten als fiktiver Gewinn zuzurechnen sind,[560] wenn und soweit durch diese ein negatives Kapitalkonto entsteht oder sich erhöht **(Einlageminderung)** und die Entnahmen nicht eine nach § 15a Abs. 1 S. 2 EStG zu berücksichtigende Haftung zur Folge haben. Der zugerechnete fiktive Gewinnanteil mindert sodann die Gewinnanteile des Kommanditisten im Zurechnungsjahr oder den Folgejahren (§ 15a Abs. 3 S. 4 EStG). Entsprechende Wirkungen hat nach § 15a Abs. 3 S. 3 EStG eine Herabsetzung der Haftsumme, wenn damit eine erweiterte

---

[555] BFH 26.6.2007 – IV R 28/06, BStBl. II 2007, 934; 14.10.2003 – VIII R 32/01, BStBl. II 2004, 359. Nichtanwendungserlass BMF-Schreiben 14.4.2004, BStBl. I 2004, 463, mit BMF-Schreiben 19.11.2007, BStBl. I 2007, 823 aufgehoben.

[556] Zustimmend *Wacker* DB 2004, 11; kritisch *Brandenberg* DB 2004, 1632 (1634 ff.); *Claudy/Steger* DStR 2004, 1504.

[557] *Micker* in Söffing GmbH & Co. KG Rn. 2375; *Heuermann* NZG 2009, 321 (323); *Wacker* in L. Schmidt EStG § 15a Rn. 184. *Kempermann* DStR 2008, 1917 (1920) weist darauf hin, dass die Neuregelung auch nicht aus Vereinfachungsgründen akzeptiert werden kann.

[558] BFH 23.1.2001 – VIII R 30/99, BStBl. II 2001, 621 mwN; 23.2.1999 – VIII R 29/98, BStBl. II 1999, 592; 13.10.1998 – VIII R 78/97, BStBl. II 1999, 163; BMF-Schreiben 15.12.1993, BStBl. I 1993, 976; *Bitz* in LBP EStG § 15a Rn. 34; *v. Beckerath* in Kirchhof EStG § 15a Rn. 23; *Heuermann* in Blümich EStG § 15a Rn. 49. AA *Büchele* DB 1999, 2336 (2338); *Theisen* DStR 1998, 1896 ff.; *Pyszka* BB 1997, 2153 ff.

[559] Zur Abgrenzung s. BFH 23.1.2001 – VIII R 30/99, BStBl. II 2001, 621 (623 f.); 13.10.1998 – III R 4/98, BStBl. II 1999, 284.

[560] BFH 13.7.2006 – IV R 67/04, BStBl. II 2006, 878.

Außenhaftung gemäß § 15a Abs. 1 S. 2 EStG (→ Rn. 331) gemindert wird **(Haftungsminderung).**

350 Der Kommanditist soll im Fall der Einlage- bzw. Haftungsminderung so gestellt werden, als wäre das Kapitalkonto bzw. die erweiterte Außenhaftung von vornherein gemindert und damit der in einem früheren Jahr als ausgleichsfähig behandelte Verlust von vornherein nur verrechenbar gewesen.[561] Aus Gründen der Praktikabilität wird dabei die **Nachversteuerung** infolge der fiktiven Gewinnzurechnung gemäß § 15a Abs. 3 S. 2 EStG auf den Betrag der Anteile am Verlust der KG **begrenzt,** der im Zurechnungsjahr und den zehn vorangegangenen Wirtschaftsjahren ausgleichs- oder abzugsfähig war. Um dem gesetzgeberischen Ziel gerecht zu werden, ist dabei nach Ansicht des **BFH** § 15a Abs. 3 S. 2 EStG einschränkend dahin gehend auszulegen, dass **Gewinne,** die in dem **Elfjahreszeitraum** für eine Verrechnung mit nicht ausgleichsfähigen Verlustanteilen zur Verfügung gestanden hätten, zu **saldieren** sind und damit den Höchstbetrag für die fiktive Gewinnzurechnung mindern.[562]

351 **f) Beteiligungsumwandlung.** Verfügt ein **Kommanditist** über hohe verrechenbare Verluste (§ 15a Abs. 4 EStG), stellt sich die Frage, ob er diese nicht dadurch sofort ausgleichsfähig machen kann, dass er neben oder anstelle der Komplementär-GmbH in die Rechtsstellung eines **persönlich haftenden Gesellschafters** wechselt. Der BFH hat diese Frage verneint. Ein solcher **Statuswechsel** bewirke, ebenso wie die nachträgliche Erhöhung der Haftsumme des Kommanditisten, **keine Umqualifizierung** von festgestellten verrechenbaren Verlusten in ausgleichsfähige Verluste.[563] Die verrechenbaren Verluste können jedoch mit den künftigen Gewinnen aus der umgewandelten Beteiligung verrechnet werden.[564]

352 Für den Verlustanteil im **Wirtschaftsjahr des Statuswechsels** findet die Ausgleichsbeschränkung des § 15a EStG allerdings insgesamt keine Anwendung mehr.[565] Dies gilt auch dann, wenn der Statuswechsel kurz vor Ablauf des Wirtschaftsjahres erfolgt, wobei auf den Zeitpunkt des entsprechenden Gesellschafterbeschlusses und nicht der Handelsregisteranmeldung abzustellen ist.[566] Umgekehrt unterliegt der Verlustanteil des Wirtschaftsjahres, in dem der bisherige **Komplementär** in die Rechtsstellung eines Kommanditisten wechselt, insgesamt den Verlustverwertungsbeschränkungen des § 15a EStG; die Nachhaftung gemäß § 160 Abs. 3 HGB für Verbindlichkeiten bis zum Statuswechsel bewirkt insoweit auch keinen erweiterten Verlustausgleich entsprechend § 15a Abs. 1 S. 2 EStG.[567] Dies wäre also zu beachten, wenn eine „normale" KG in eine typische GmbH & Co. KG „umgewandelt" wird.

353 **g) GmbH & Co. KG & typisch still.** Bei der Bestimmung des nach § 15a EStG ausgleichsfähigen Verlusts eines **stillen Gesellschafters** einer GmbH & Co. KG & typisch still ist neben der im Gesellschaftsvertrag vereinbarten und erbrachten festen Einlage auch ein in der Bilanz des Geschäftsinhabers ausgewiesenes Guthaben zu berücksichtigen, wenn es nach den Bestimmungen des Gesellschaftsvertrags bei der Berechnung des Ausgleichsanspruchs mit dem Verlustkonto zu saldieren war.[568] Anteile des typisch stillen Gesellschafters an dem Verlust des Unternehmens des Geschäftsinhabers sind unter Beachtung des § 15a EStG als Werbungskosten bei der Ermittlung der Einkünfte aus Kapitalvermögen erst dann zu berücksichtigen, wenn der Geschäftsinhaber den Jahresabschluss festgestellt hat und der Verlustanteil des stillen Gesellschafters auf der Ebene der Gesellschaft berechnet und von seiner Einlage **tatsächlich abgebucht** worden ist.

---

[561] *Wartin/Sievert/Nußmann* BB 2004, 1592.
[562] BFH 20.3.2003 – IV R 42/00, BStBl. II 2003, 798.
[563] BFH 14.10.2003 – VIII R 38/02, BStBl. II 2004, 115. AA *Söffing* DStZ 2008, 157; *Watrin/Sievert/Nußmann* BB 2004, 1529 (1532 f.).
[564] *Wacker* in L. Schmidt EStG § 15a Rn. 185.
[565] BFH 12.2.2004 – IV R 70/02, BStBl. II 2004, 423.
[566] BFH 12.2.2004 – IV R 70/02, BStBl. II 2004, 423.
[567] BFH 14.10.2003 – VIII R 81/02, BStBl. II 2004, 118. Kritisch *Watrin/Sievert/Nußmann* BB 2004, 1529 (1532).
[568] BFH 28.1.2014 – VIII R 5/11, GmbHR 2014, 894.

354 **Schuldübernahmen** eines stillen Gesellschafters führen nicht zu einem „erweiterten Verlustausgleich" nach § 15a Abs. 1 S. 2 und 3 EStG.

355 **h) Vermögensverwaltende GmbH & Co. KG.** Bei vermögensverwaltenden Personengesellschaften kann nicht das Kapitalkonto der Steuerbilanz für die Anwendung des § 15a EStG maßgebend sein. Vielmehr ist das **Kapitalkonto jedes Gesellschafters** selbstständig zu ermitteln,[569] wobei von den von den einzelnen Gesellschaftern geleisteten Einlagen auszugehen ist. Diese Einlagen sind um spätere Einlagen sowie um die positiven Einkünfte der Vorjahre zu erhöhen und um die Entnahmen und negativen Einkünfte der Vorjahre zu vermindern. Es ist nicht gerechtfertigt und auch praktisch nicht durchführbar, für jede Einkunftsart (Einkünfte aus Kapitalvermögen, Einkünfte aus Vermietung und Verpachtung, sonstige Einkünfte) ein gesondertes Kapitalkonto zu ermitteln. Damit ist der einem Kommanditisten zuzurechnende, nicht ausgeglichene oder abgezogene Verlustanteil mit Überschüssen, die dem Kommanditisten in späteren Wirtschaftsjahren aus seiner Beteiligung an der Kommanditgesellschaft zuzurechnen sind, zu verrechnen **(einkunftsartenübergreifende Verrechnung).**[570]

3. Wegfall oder Übertragung des negativen Kapitalkontos

356 **a) Nachversteuerung.** Nach dem gesetzlichen Regelstatut trifft den Kommanditisten auch bei einem negativen Kapitalkonto keine Nachschusspflicht, sondern nur eine „Haftung" mit künftigen Gewinnanteilen (§ 169 Abs. 1 S. 2 HGB). Der **Wegfall** eines negativen Kapitalkontos führt nach der Entscheidung des **Großen Senats** des BFH vom 10.11.1980[571] deshalb in Höhe dieses negativen Kapitalkontos zu einem **steuerpflichtigen Gewinn,** es sei denn, der Kommanditist hat aufgrund der im Innenverhältnis getroffenen Vereinbarungen das negative Kapitalkonto auszugleichen oder es ist mit seiner Inanspruchnahme für Verbindlichkeiten der GmbH & Co. KG zu rechnen.[572] Dies gilt uneingeschränkt für solche negativen Kapitalkonten, die **außerhalb** des sachlichen und zeitlichen **Anwendungsbereiches des § 15a EStG** entstanden sind.[573] Dies sind zum einen negative Kapitalkonten, die ganz oder teilweise noch nach alter Rechtslage aufgrund ausgleichs- und abzugsfähiger Verluste entstanden sind, und zum anderen solche negativen Kapitalkonten, die aus einer überschießenden Außenhaftung nach § 15a Abs. 1 S. 2 und 3 EStG herrühren.

357 Beim Wegfall negativer Kapitalkonten, die **im Anwendungsbereich des § 15a EStG** entstanden sind, wird der hierdurch entstehende Gewinn durch den grundsätzlich in gleicher Höhe bestehenden verrechenbaren Verlust **kompensiert.**[574] Ist der verrechenbare Verlust aufgrund steuerlich wirksamer Einlagenerhöhungen sogar höher als das negative Kapitalkonto, führt der überschießende Betrag in der Person des Kommanditisten zu einem nachträglich ausgleichs- und abzugsfähigen Verlust.[575]

358 Ein zur Nachversteuerung führender Wegfall des negativen Kapitalkontos kann sich durch **Betriebsaufgabe** bei der GmbH & Co. KG, dem – entgeltlichen oder unentgeltlichen – **Ausscheiden des Kommanditisten** oder dem **anderweitigen** Wegfall einer Verlustverwertungsmöglichkeit ergeben. Die Rechtsfolgen sind teilweise unterschiedlich.

359 **b) Wegfall durch Betriebsaufgabe.** Soweit ein **durch ausgleichs- und abzugsfähige Verluste entstandenes** negatives Kapitalkonto vom Kommanditisten nicht durch Zahlungen an die KG ausgeglichen werden muss, entsteht bei ihm gemäß § 52 Abs. 24

---

[569] *Dorn* DStR 2015, 1598.
[570] BFH 2.9.2014 – IX R 52/13, BStBl. II 2015, 263.
[571] BFH 10.11.1980 – GrS 1/79, BStBl. II 1981, 164; OFD Freiburg, Karlsruhe und Stuttgart DStR 1984, 652.
[572] StRspr, BFH 28.7.1994 – IV R 53/91, BStBl. II 1995, 112 (113) mwN.
[573] *Wacker* in L. Schmidt EStG § 15a Rn. 10.
[574] BFH 3.9.2009 – IV R 17/07, BStBl. II 2010, 631; BFH 5.6.2003 – IV R 36/02, BStBl. II 2003, 871.
[575] R 15a Abs. 4 EStR.

S. 3 EStG ein Gewinn.[576] Dieser erhöht den Veräußerungsgewinn nach § 16 EStG[577] und ist unter Anwendung der Tarifbegünstigung des § 34 EStG zu versteuern.[578] Eine Gewinnhinzurechnung wegen Einlagen- oder Haftungsminderung gemäß § 15a Abs. 3 EStG kommt in diesem Fall nicht zum Tragen. Eine Vermeidung der Rechtsfolgen des § 52 Abs. 24 S. 3 EStG ist auch nicht dadurch möglich, dass die Korrekturmöglichkeiten gemäß § 15a Abs. 3 EStG auf eine andere Kommanditbeteiligung des Kommanditisten (zB im Rahmen einer Realteilung) übertragen werden.[579] Die bei § 15a EStG maßgebliche Frage nach der wirtschaftlichen Belastung des Kommanditisten durch die Verluste ist gesellschaftsbezogen zu beantworten. Gewinne und Verluste müssen demnach aus derselben Einkunftsquelle stammen.[580]

Der Wegfall eines **durch verrechenbare Verluste entstandenen** negativen Kapitalkon- 360
tos wirkt sich beim betroffenen Kommanditisten steuerlich nicht aus.[581] Soweit das negative Kapitalkonto dem noch vorhandenen verrechenbaren Verlust entspricht, ist § 52 Abs. 24 S. 3 EStG nicht anwendbar. Ein verbleibender verrechenbarer Verlust kann nicht mit anderen Einkünften des Kommanditisten ausgeglichen werden.[582] Ist indes das negative Kapitalkonto niedriger als der verbleibende verrechenbare Verlust, weil zB der Kommanditist weitere Einlagen erbracht hat, greift § 15a Abs. 2 S. 2 EStG ein mit der Folge, dass der (verbleibende) verrechenbare Verlust bis zur Höhe der nachträglichen Einlagen ausgleichs- und abzugsfähig ist.[583] Ein hiernach **noch verbleibender** verrechenbarer Verlust ist den übrigen Kommanditisten mit positiven Kapitalkonten, die den verrechenbaren Verlust tatsächlich tragen, zuzurechnen, im Übrigen der Komplementär-GmbH.[584]

c) Wegfall durch entgeltliche Veräußerung. Scheidet ein Kommanditist durch Veräu- 361
ßerung an einen Dritten oder einzelne Mitgesellschafter gegen Entgelt aus, entsteht bei ihm ein nach §§ 16, 34 EStG begünstigter **Veräußerungsgewinn,** und zwar nicht nur in Höhe des Entgelts, sondern zusätzlich auch **in Höhe des** vom Erwerber übernommenen **negativen** Kapitalkontos.[585] Dies gilt unabhängig davon, wodurch das negative Kapitalkonto entstanden ist.[586] Wird der Kommanditanteil für einen symbolischen Betrag (1 Euro) übertragen, ist grundsätzlich ebenfalls von einer entgeltlichen Übertragung und nicht von einer Schenkung auszugehen.[587]

Der Veräußerungsgewinn mindert sich um einen etwaigen **verrechenbaren Verlust.**[588] 362
Übersteigt der verrechenbare Verlust den Veräußerungsgewinn, ist die Differenz bis zur Höhe von nachträglichen Einlagen abzugs- und ausgleichsfähig (§ 15a Abs. 2 S. 2 EStG).[589]

Die Übernahme des negativen Kapitalkontos führt beim **Erwerber** nicht zu einem 363
abziehbaren Verlust. § 52 Abs. 24 S. 4 EStG ist nicht anwendbar.[590] Vielmehr hat der Erwerber, als Korrelat für die Übernahme der „Verlusthaftung" mit künftigen Gewinnanteilen, Anschaffungskosten in Höhe des übernommenen negativen Kapitalkontos und des zusätzli-

[576] Zum Zeitpunkt BFH 30.3.2017 – IV R 9/15, DStR 2017, 1584. Die nachzuversteuernden Verlustanteile des Kommanditisten sind ausschließlich bei den Komplementären anzusetzen, R 15a Abs. 6 S. 2 EStR. AA *Hallerbach* in Söffing GmbH & Co. KG Rn. 2245.

[577] BFH 11.8.1994 – IV R 124/92, BStBl. II 1995, 253.

[578] BFH 28.8.1994 – IV R 53/91, BStBl. II 1995, 112.

[579] BFH 20.11.2014 – IV R 47/11, BStBl. II 2015, 532.

[580] *Lüdemann* in HHR EStG § 15a Rn. 142.

[581] *Wacker* in L. Schmidt EStG § 16 Rn. 290.

[582] BFH 9.3.1996 – IV R 75/93, BStBl. II 1996, 474.

[583] So bereits vor dem JStG 2009, BFH 14.12.1995 – IV R 106/94, BStBl. II 1996, 226.

[584] BFH 9.2.1993 – VIII R 29/91, BStBl. II 1993, 747 (748); 10.10.1991 – VIII R 17/87, BStBl. II 1992, 650.

[585] BFH 28.7.1994 – IV R 53/91, BStBl. II 1995, 112 (113); 14.6.1994 – VIII R 37/93, BStBl. II 1995, 246 (248).

[586] BFH 9.7.2015 – IV R 19/12, ZIP 2015, 2375; *Mai* in Reichert GmbH & Co. KG § 7 Rn. 57.

[587] BFH 21.4.1994 – IV R 70/92, BStBl. II 1994, 745 (746); FG Düsseldorf DStR 2010, 8.

[588] BFH 26.1.1995 – IV R 23/93, BStBl. II 1995, 467 (470); *Wacker* in L. Schmidt EStG § 15a Rn. 224.

[589] FG Köln EFG 1995, 1054; *Wacker* in L. Schmidt EStG § 15a Rn. 224.

[590] BFH 14.6.1994 – VIII R 37/93, BStBl. II 1995, 246; 21.4.1994 – IV R 70/92, BStBl. II 1994, 745 (748).

chen Entgelts in einer Ergänzungsbilanz zu aktivieren.[591] Selbst dann, wenn die anteiligen **stillen Reserven** einschl. eines Geschäfts- oder Firmenwerts nachweislich **niedriger** sind als der Betrag des negativen Kapitalkontos, hat dies nach der Rechtsprechung des BFH **keinen sofort abzugsfähigen (Erwerbs-)Verlust** zur Folge.[592]

364 Nach Ansicht des VIII. Senats des BFH[593] darf insoweit im Zeitpunkt des Ausscheidens noch kein Aufwand geltend gemacht werden; ein solcher entsteht vielmehr erst, wenn der Erwerber auf einen Gewinnanteil verzichten muss, der ihm künftig zuzurechnen ist. Insoweit bedürfe es lediglich eines **Merkpostens außerhalb der Bilanz.** Der IV. Senat des BFH[594] will dagegen in voller Höhe des negativen Kapitalkontos eine Passivierung in der Ergänzungsbilanz zulassen, verlangt aber zugleich die **Aktivierung eines Ausgleichspostens** in Höhe des nicht durch stille Reserven gedeckten Teils, der erfolgswirksam aufzulösen ist, sobald das negative Kapitalkonto durch Gewinne ausgeglichen wird. Beide Lösungen führen zum selben Ergebnis, dass nämlich das negative Kapitalkonto insoweit „fortzuführen" ist.

365 **d) Wegfall durch unentgeltliche Übertragung.** Obwohl in der Übernahme eines durch stille Reserven gedeckten negativen Kapitalkontos an sich bereits ein Entgelt zu sehen ist, kann gleichwohl auch eine Kommanditbeteiligung mit negativem Kapitalkonto unentgeltlich übertragen werden.[595] Eine solche **schenkweise Übertragung** ist aber nur dann anzunehmen, wenn nachweislich **Einigkeit** zwischen den Beteiligten darüber besteht, dass der Erwerber mit der Anteilsübertragung eine **unentgeltliche Zuwendung** aus dem Vermögen des bisherigen Gesellschafters erhalten soll.[596]

366 Geht ein Kommanditanteil bei negativem Kapitalkonto durch **Gesamt- oder auch Einzelrechtsnachfolge** unentgeltlich über, tritt der **Erwerber** in die Rechtstellung des Kommanditisten ein und führt dessen Buchwerte fort (§ 6 Abs. 3 EStG). Mit dem Anteil an der KG gehen das negative Kapitalkonto und ggf. die verrechenbaren Verluste auf den Erwerber über, so dass er die ihm künftig zuzurechnenden Gewinnanteile bis zur Höhe des verrechenbaren Verlustes nicht zu versteuern braucht. Die **Verlustverrechnung** ist demnach – anders als der Verlustabzug nach § 10d EStG[597] – sowohl **vererblich** als auch **schenkweise übertragbar.**[598]

367 Das Ausscheiden der Kommanditisten bei **Realteilung** (→ Rn. 430) einer GmbH & Co. KG und die **Überführung eines Teilbetriebs** in eine neue GmbH & Co. KG führen ebenfalls nicht zur Nachversteuerung nach § 15a Abs. 3 S. 3 EStG.[599]

368 **e) Wegfall durch Ausscheiden im Weg der Anwachsung.** Scheidet ein Kommanditist, zB aufgrund Kündigung, dergestalt aus, dass sein Anteil anteilig allen Mitgesellschaftern zuwächst **(Anwachsung),** ohne dass eine Schenkung vorliegt, entsprechen die steuerlichen Auswirkungen auf seiner Seite denjenigen einer **entgeltlichen Veräußerung.** Eine entgeltliche Veräußerung wird auch angenommen, wenn der Kommanditist ohne Abfindung aus-

---

[591] BFH 14.6.1994 – VIII R 37/93, BStBl. II 1995, 246 (247); 21.4.1994 – IV R 70/92, BStBl. II 1994, 745; 5.10.1989 – IV R 107/88, BFH/NV 1990, 496 (497); 26.5.1981 – IV R 47/78, BStBl. II 1981, 795; FG Köln DStRE 2017, 845, Rev. (Az. BFH IX R 16/16); *Gschwendtner* DStR 1996, 914 (917); *Gschwendtner* DStR 1995, 914; *Heuermann* in Blümich EStG § 15a Rn. 110. AA *Knobbe-Keuk* Bilanz- und Unternehmenssteuerrecht 505: nur aktiver Ausgleichsposten, der in Höhe der künftigen Gewinnanteile erfolgswirksam aufzulösen ist. Keine Anschaffungskosten durch Übernahme des negativen Kapitalkontos bei nur vermögensverwaltender KG, BFH 28.3.2007 – IX R 53/04, BFH/NV 2007, 1845.

[592] Kritisch *IDW* Beilage in FN-IDW 1996, 468a (468e).

[593] BFH 14.6.1994 – VIII R 37/93, BStBl. II 1995, 246 (248).

[594] BFH 19.2.1998 – IV R 59/96, BStBl. II 1999, 266 (267); 21.4.1994 – IV R 70/92, BStBl. II 1994, 745.

[595] AA bei Einzelrechtsnachfolge *Hallerbach* in Söffing GmbH & Co. KG Rn. 2286 f.

[596] BFH 21.4.1994 – IV R 70/92, BStBl. II 1994, 745 (746).

[597] S. hierzu BFH 17.12.2007 – GrS 2/04, BStBl. II 2008, 608; BMF-Schreiben 24.7.2008, BStBl. I 2008, 809.

[598] *Bitz* in LBP EStG § 15a Rn. 5d; *Rickert* DStR 2010, 410 (411).

[599] BFH 20.11.2014 – IV R 47/11, BStBl. II 2015, 532.

scheidet, jedoch stille Reserven in Höhe des negativen Kapitalkontos vorhanden sind, da sich dann die Übernahme des negativen Kontos als Entgelt darstellt.[600]

Auf Seiten der **Erwerber** ist zu unterscheiden, da § 52 Abs. 24 S. 4 EStG nur für negative Kapitalkonten aufgrund ausgleichs- und abzugsfähiger Verluste gilt. Soweit das negative Kapitalkonto hierauf beruht, entsteht bei den Erwerbern (verbleibenden Gesellschaftern) ein **Verlust;** denn jetzt steht fest, dass die verbleibenden Gesellschafter die Verluste tragen.[601] Soweit das Kapitalkonto durch die Zurechnung von nur verrechenbaren Verlusten negativ geworden ist, haben die Erwerber – wie im Fall der entgeltlichen Veräußerung – **zusätzliche Anschaffungskosten.** 369

f) Wegfall aus sonstigen Gründen. Sobald und soweit bereits **vor der Veräußerung oder Aufgabe** des Betriebes oder dem Ausscheiden des Kommanditisten feststeht, dass im Hinblick auf die wirtschaftliche Lage der Gesellschaft und das Fehlen stiller Reserven ein Ausgleich des negativen Kapitalkontos mit künftigen Gewinnanteilen des Kommanditisten **nicht mehr in Betracht** kommt, fällt nach Ansicht des Großen Senats des BFH das negative Kapitalkonto schon zu diesem Zeitpunkt weg mit der Folge, dass der Kommanditist einen **nicht begünstigten laufenden Gewinn** in Höhe des negativen Kapitalkontos zu versteuern hat.[602] 370

Ob die Voraussetzungen für einen **„vorzeitigen Wegfall"** des negativen Kapitalkontos vorlägen, sei – so der BFH – **Tatfrage.** Entscheidend seien die tatsächlichen Verhältnisse am jeweiligen Bilanzstichtag, wobei die Finanzverwaltung insbesondere auf folgende **Indizien** abstellt: Betriebseinstellung, Insolvenzeröffnung, Ablehnung eines Insolvenzantrages mangels Masse etc.[603] Anders als bei der Betriebsaufgabe oder -veräußerung soll bei einem „vorzeitigen Wegfall" des negativen Kapitalkontos ein Gewinn auch dann entstehen, wenn der Kommanditist aufgrund einer überschießenden Außenhaftung oder einer Bürgschaft in Anspruch genommen wird oder eine solche Inanspruchnahme ernsthaft droht.[604] 371

Die Annahme eines laufenden statt eines nach §§ 16, 34 EStG begünstigten Gewinns im Fall des „vorzeitigen Wegfalls" des negativen Kapitalkontos erscheint **wenig überzeugend.** Nachdem der ermäßigte Steuersatz nur noch unter den engen Voraussetzungen des § 34 Abs. 3 EStG gewährt wird und die Tarifglättung nach § 34 Abs. 1 EStG häufig zu keiner oder nur einer geringen Steuerersparnis führt, hat diese Thematik jedoch an Bedeutung verloren. 372

4. Stellungnahme

So verständlich das primäre Ziel des Gesetzgebers bei Einführung des § 15a EStG auch war, gegen die aus steuerlicher Sicht unerfreuliche Verbreitung der Abschreibungsgesellschaften vorzugehen, so **verfehlt** erscheint der gewählte Lösungsweg. Die Gesetzesvorschrift ist von **keinem einheitlichen Konzept** getragen und auch die Ergänzungen dieser Regelung rufen Kritik hervor.[605] Die Unklarheiten im Zusammenhang mit der Anwendung von § 15a EStG müssen zwangsläufig zu einer **Verunsicherung** der Steuerpflichtigen führen. 373

Zwar soll der Sinn und Zweck der Vorschrift auch darin bestehen, generell eine Regelung zu treffen, mit der der Ausgleich von Verlusten von dem Vorliegen einer tatsächlichen Vermögensminderung bzw. -haftung und damit einer wirtschaftlichen Belastung des beschränkt haftenden Gesellschafters abhängig sein soll. Freilich ist der Gesetzgeber insoweit **nicht konsequent** gewesen. So lässt er für einen erweiterten Verlustausgleich nur die im 374

600 *Wacker* in L. Schmidt EStG § 15a Rn. 219: teleologische Reduktion; ebenso R 15a Abs. 6 S. 3 EStR; BFH 14.6.2007 – IV B 4/06, BFH/NV 2007, 2090.
601 BFH 14.6.1994 – VIII R 37/93, BStBl. II 1995, 246; R 15a Abs. 6 EStR.
602 BFH 9.5.1996 – IV R 75/93, BStBl. II 1996, 474 (475); 9.2.1993 – VIII R 29/91, BStBl. II 1993, 747; 10.11.1980 – GrS 1/79, BStBl. II 1981, 164.
603 Hierzu näher OFD Hannover BB 1998, 152 (153).
604 BFH 26.9.1996 – IV R 105/94, BStBl. II 1997, 277 (280 f.); OFD Düsseldorf FR 1995, 715.
605 Zur Kritik grundlegend *Bitz* in LBP EStG § 15a Rn. 5 mwN; *Paus* FR 1999, 266.

Handelsregister eingetragene erweiterte Außenhaftung zu, nicht jedoch andere Verpflichtungstatbestände.[606] Auch die ganz „normalen" Unternehmen werden in Verlustphasen gezwungen, sich mit kurzfristigen und entsprechend provisorischen Maßnahmen immer wieder über das Jahresende zu „retten".

375 Danach ist § 15a EStG rechtspolitisch wie fiskalisch nicht nur **überflüssig,** sondern sogar schädlich und sollte umgehend **gestrichen** werden,[607] wie dies in Österreich bereits im Jahr 1988 mit der vergleichbaren Vorschrift des § 23a EStG geschehen ist.[608] Dies gilt umso mehr, als der Gesetzgeber 1999 mit **§ 2b EStG** und dem 2005[609] an dessen Stelle getretenen **§ 15b EStG**[610] sowie der **Zinsschranke** (§ 4h EStG) Vorschriften eingeführt hat, die sich gezielt gegen die unerwünschten Verlustzuweisungsgesellschaften richten, womit diese Zielsetzung als Rechtfertigung für den § 15a EStG ihre Bedeutung verloren hat.[611]

VI. Begünstigung für nicht entnommene Gewinne (§ 34a EStG)

1. Überblick über Inhalt der Regelung

376 Mit Wirkung ab VZ 2008 wurde durch die UntStReform 2008 eine **Thesaurierungsbegünstigung** in der Form eines zweistufigen Sondertarifs für unternehmerische Einkünfte unter anderem aus Gewerbebetrieb eingeführt, die eine faktische **Rechtsformneutralität** der Besteuerung der **Personengesellschaft** gegenüber der Kapitalgesellschaft herstellen soll.[612] Der Steuerpflichtige kann für nicht entnommene Gewinne zu einer pauschalen Besteuerung optieren. Der **reduzierte Steuersatz beträgt zunächst 28,25 %** zuzüglich SolZ. Wenn die ermäßigt besteuerten Gewinne zu einem späteren Zeitpunkt entnommen werden, erfolgt eine **Nachversteuerung** zu einem Steuersatz von **25 %** zuzüglich SolZ.

377 Ein Mitunternehmer ist zur Inanspruchnahme der Thesaurierungsbegünstigung nur für solche Mitunternehmeranteile berechtigt, bei denen der Anteil an dem nach § 4 Abs. 1 S. 1 EStG oder § 5 EStG ermittelten Gewinn **mehr als 10 %** beträgt oder den **Betrag von 10.000 Euro übersteigt.** Die Thesaurierungsbegünstigung nach § 34a EStG wird nur **auf Antrag** gewährt. Durch das Erfordernis der Antragstellung erhält jeder Steuerpflichtige ein **Wahlrecht,** ob und inwieweit er die Tarifbegünstigung in Anspruch nehmen möchte.[613] Das Antragsrecht darf jeder Gesellschafter unabhängig von den anderen Gesellschaftern ausüben.

378 Bei einer GmbH & Co. KG kann nur eine an der Mitunternehmerschaft beteiligte **natürliche Person** die Thesaurierungsbegünstigung in Anspruch nehmen. Da bei einer **doppelstöckigen Personengesellschaft** der Gewinn der Untergesellschaft in der Steuerbilanz der Obergesellschaft enthalten ist, steht das Recht der Inanspruchnahme der Thesaurierungsbegünstigung lediglich den Mitunternehmern der Obergesellschaft zu.[614]

---

[606] So die Kritik von *Kempf/Hillringhaus* DB 1996, 12 mwN.

[607] So auch *Bundessteuerberaterkammer* DStR 1987, 568; *Söffing* DStZ 1992, 129 (132); *Knobbe-Keuk* Bilanz- und Unternehmenssteuerrecht 488. Beachtliche Reformüberlegungen hingegen bei *Fischer* FR 1990, 625.

[608] Die Vorschrift war zuvor vom österreichischen Verfassungsgerichtshof für verfassungswidrig erklärt worden (Entscheidungssammlung 1985, 1820). Dessen Bedenken hat sich der BFH jedoch nicht angeschlossen, BFH 9.5.1996 – IV R 75/93, BStBl. II 1996, 474; 19.5.1987 – VIII B 104/85, BStBl. II 1987, 644.

[609] Gesetz zur Beschränkung der Verlustverrechnung im Zusammenhang mit Steuerstundungsmodellen vom 22.12.2005, BGBl. 2005 I 3683.

[610] § 15b EStG sieht vor, dass Verluste, die im Zusammenhang mit Steuerstundungsmodellen stehen, nicht mehr mit den übrigen Einkünften des Steuerpflichtigen, sondern nur noch mit den Einkünften aus demselben Steuerstundungsmodell verrechnet werden können. Zu dieser Vorschrift, s. etwa *Brandtner/Raffel* BB 2006, 639; *Lechner/Lemaitre* DStR 2006, 689.

[611] So auch *Herzig/Briesemeister* DB 1999, 1470 (1474).

[612] *Levedag* in MHdB GesR II § 58 Rn. 1.

[613] BMF-Schreiben 11.8.2008, BStBl. I 2008, 838 Rn. 7.

[614] BMF-Schreiben 11.8.2008, BStBl. I 2008, 838 Rn. 21, wonach für diesen Mitunternehmer nur ein einheitlicher begünstigter Gewinn zu ermitteln ist. AA *Micker* in Söffing GmbH & Co. KG Rn. 2742 ff.; differenzierend *Rogall* DStR 2008, 429 (432 ff.).

Nicht entnommener Gewinn ist der nach §§ 4 Abs. 1 S. 1 oder 5 EStG ermittelte Gewinn, vermindert um einen positiven Saldo aus Entnahmen und Einlagen des Wirtschaftsjahres (§ 34a Abs. 2 EStG). Der Gewinn setzt sich bei der GmbH & Co. KG auch hier zusammen aus dem auf den Mitunternehmer entfallenden Anteil am Steuerbilanzgewinn der Mitunternehmerschaft und den Ergebnissen etwaiger Ergänzungs- und Sonderbilanzen. Ausgangsbasis ist damit der für den jeweiligen Mitunternehmer bestimmte **Gesamtgewinnanteil.**[615] Voraussetzung ist, dass der Gewinn im zu versteuernden Einkommen des Mitunternehmers enthalten ist, so dass die Begünstigung insbesondere erst **nach** Durchführung des **Verlustausgleichs** in Betracht kommt.[616] 379

Bei Mitunternehmerschaften sind Entnahmen und Einlagen **mitunternehmerbezogen** zu ermitteln. Sie liegen vor, wenn Wirtschaftsgüter oder Nutzungen aus dem Gesamthands- oder Sonderbetriebsvermögen entweder in das Privat- oder in ein anderes Betriebs-/Sonderbetriebsvermögen übertragen oder überführt werden et vice versa.[617] Insbesondere **Sondervergütungen** werden regelmäßig entnommen (Buchung auf Privatkonto) und sind damit von der Thesaurierungsbegünstigung ausgeschlossen. Diese Folge kann vermieden werden, wenn die Vergütung nicht ausbezahlt, sondern der GmbH & Co. KG als verzinsliches Fremdkapital zur Verfügung gestellt wird.[618] 380

Der begünstigungsfähige Gewinn ist Ausgangsgröße für die Ermittlung des **Begünstigungsbetrages** (§ 34a Abs. 3 S. 1 EStG), aus dem der **Nachversteuerungsbetrag** (Bemessungsgrundlage der Nachsteuer) entwickelt wird.[619] Dieser wird für das Ende eines jeden VZ gesondert festgestellt (§ 34a Abs. 3 S. 2 und 3 EStG). Übersteigt bei einem Mitunternehmer der positive Saldo der Entnahmen und Einlagen eines Wirtschaftsjahres dessen nach §§ 4 Abs. 1 S. 1 oder 5 EStG ermittelten Gewinnanteil (sog **Entnahmenüberhang,** § 34a Abs. 4 S. 1 EStG), findet grundsätzlich eine Nachversteuerung statt, soweit zum Ende des vorangegangenen VZ ein Nachversteuerungsbetrag festgestellt wurde. Es ist also immer eine Nachversteuerung durchzuführen, wenn es zu einem Entnahmenüberhang in späteren Wirtschaftsjahren kommt. **Erbschaft- und Schenkungsteuerzahlungen** anlässlich der Übertragung des Betriebs oder Mitunternehmeranteils können unschädlich entnommen werden (§ 34a Abs. 4 S. 3 EStG), ebenso **steuerfreie Betriebsvermögensmehrungen** (vor allem DBA-Betriebsstätteneinkünfte).[620] 381

Die **Nachversteuerung** wird nicht nur durch einen Entnahmenüberhang ausgelöst (Regelfall des § 34a Abs. 4 EStG), sondern auch durch gesetzlich festgelegte **Ersatztatbestände,** insbesondere Veräußerung und Rechtsformwechsel. Ferner kann der Steuerpflichtige die Nachversteuerung jederzeit beantragen. Bei der unentgeltlichen Übertragung von Wirtschaftsgütern und Mitunternehmeranteilen unter **Buchwertfortführung** bleibt der Nachversteuerungsbetrag erhalten bzw. geht auf den Rechtsnachfolger über (§ 34a Abs. 7 S. 1 EStG). Zweifelhaft ist, ob dies auch für die Übertragung auf eine **juristische Person** gilt.[621] Da der Gesetzgeber alle Fälle eines Wechsels zum Körperschaftsteuersystem erfassen wollte, dürfte uE insoweit eher von einer **analogen Anwendung** des § 34a Abs. 6 S. 1 EStG, also einem nachsteuerauslösenden Ereignis, auszugehen sein.[622] 382

2. Stellungnahme

Die nunmehr auch für (Mit-)Unternehmer mögliche zeitlich getrennte Besteuerung des Gewinns, nämlich zum einen **bei der Entstehung** und zum anderen **bei der Entnahme,** 383

---

[615] BMF-Schreiben 11.8.2008, BStBl. I 2008, 838 Rn. 2, 9, 12; → Rn. 222.

[616] *Wendt* DStR 2009, 406 (407). S. auch BFH 20.3.2017 – X R 65/14, DStR 2017, 1645, keine Begünstigung bei negativem zu versteuernden Einkommen.

[617] *Wacker* in L. Schmidt EStG § 34a Rn. 32.

[618] *Reiß* in Kirchhof EStG § 34a Rn. 56.

[619] BMF-Schreiben 11.8.2008, BStBl. I 2008, 838 Rn. 22 ff.

[620] BT-Drs. 16/4841, 63: „vorrangig".

[621] *Wacker* in L. Schmidt EStG § 34a Rn. 85.

[622] OFD Frankfurt DStR 2014, 803; *Haag* BB 2012, 1966; *Ratschow* in Blümich EStG § 34a Rn. 76; *Stein* in HHR EStG § 32a Rn. 90; dagegen (Wegfall des nachzuversteuernden Betrages) *Maetz* FR 2013, 652.

bietet die Möglichkeit, einen Teil der Steuerbelastung auf einen späteren Zeitpunkt zu verlagern, wie dies bei Kapitalgesellschaften seit jeher möglich ist. Bei näherer Betrachtung des steuerlichen Thesaurierungskonzepts für Personengesellschaften zeigt sich jedoch, dass das **gesetzgeberische Ziel** einer den Kapitalgesellschaften angenäherten Besteuerung weitgehend **verfehlt** wurde.[623] Insbesondere, weil die Inanspruchnahme der Thesaurierungsbegünstigung für die Steuerpflichtigen in den meisten Fällen mit der Gefahr einer teilweise deutlichen Schlechterstellung verbunden ist.[624]

384 Die **Kritik** an § 34a EStG konzentriert sich im Wesentlichen auf folgende Punkte:

- Der zweistufige Sondertarif führt bereits bei idealtypischer Betrachtung im Entnahmefall zu einer **Gesamtsteuerbelastung von 48,29 %** (ESt + SolZ, Gewerbesteuerhebesatz: 400 %) gegenüber maximal 47,44 % bei regulärer Besteuerung.
- **Nicht abziehbare Betriebsausgaben,** zB die Gewerbesteuer, gehören nicht zum nicht entnommenen Gewinn, da sie nicht entnahmefähig sind (sog **Schatteneffekt**). Damit erhöht sich der Thesaurierungssteuersatz von idealtypischen 29,77 % (ESt + SolZ) grundsätzlich auf 32,25 % (Gewerbesteuerhebesatz: 400 %) und sogar auf 36,16 %, wenn auch die zugehörige ESt nebst SolZ entnommen werden muss.[625] Im **Entnahmefall** ergibt sich dann eine Gesamtsteuerbelastung von 50,1 % bzw. 53 %.
- Durch die gesetzlich vorgeschriebene **Verwendungsreihenfolge** bei Entnahmen kommt es zur frühestmöglichen Nachversteuerung. Eine vorrangige Entnahme der vollversteuerten, nicht entnommenen Gewinne der Vorjahre (sog Altrücklagen) ist damit ausgeschlossen mit der Folge, dass nicht begünstigt besteuerte Gewinne quasi eingeschlossen werden **(Lock-In-Effekt).**[626]
- Die nach Inanspruchnahme der Begünstigung auf dem Mitunternehmeranteil lastende latente **Nachversteuerungs-Einkommensteuer** ist ein **Übertragungs- und Umstrukturierungshindernis.**[627]

385 Aufgrund dieser Kritikpunkte erfordert die Inanspruchnahme der Thesaurierungsbegünstigung stets eine **Einzelfallprüfung,** die höchst kompliziert und mit erheblichen Unsicherheiten belastet ist. Nicht einmal für Steuerpflichtige, deren zu versteuerndes Einkommen permanent dem Spitzensteuersatz unterliegt, kann die Inanspruchnahme der Thesaurierungsbegünstigung allgemein empfohlen werden. Die Thesaurierungsbesteuerung gemäß § 34a EStG führt nicht zu einer dauerhaften Einsparung, sondern nur zu einer **Stundung** der Einkommensteuer über eine gewisse Zeit.[628] Weil die Regelbesteuerung in den meisten Fällen niedriger sein wird als die kumulierte Belastung aus Thesaurierungseinkommensteuer und Nachversteuerung, führt die Inanspruchnahme der Thesaurierungsbegünstigung nur dann zu einem Vorteil, wenn im Unternehmen aus bzw. mit den thesaurierten Beträgen eine ausreichend hohe Rendite erwirtschaftet wird. Grundsätzlich ist § 34a EStG umso **vorteilhafter,** je höher der individuelle Steuersatz des Mitunternehmers, je geringer der Entnahmebedarf, je länger die Dauer der Thesaurierung und je höher die erwirtschafteten Gewinne sind.[629]

386 Problematisch ist auch, dass die Thesaurierungsbesteuerung häufig nicht mit den **Steuerklauseln** in Gesellschaftsverträgen von Personengesellschaften harmoniert, die deshalb überprüft und ggf. angepasst bzw. konkretisiert werden sollten. Entsprechend der alten Rechtslage enthalten die bisherigen Steuerklauseln keine explizite Regelung für den Fall, dass der Gesellschafter die neue Thesaurierungsbesteuerung beantragt. Fraglich ist deshalb zum einen, ob die jeweilige Steuerklausel auch die höhere Gesamtsteuerbelastung der Thesaurie-

[623] *Kessler/Pfuhl/Grether* DB 2011, 185.

[624] *Klipstein* DStZ 2009, 805; *Knief/Nienaber* BB 2007, 1309 (1313).

[625] *Levedag* in MHdB GesR II § 58 Rn. 10; *Kleineidam/Liebchen* DB 2007, 409 (410).

[626] *Levedag* in MHdB GesR II § 58 Rn. 11; *Wacker* in L. Schmidt EStG § 34a Rn. 63; *Dörfler/Fellinger/Reichl* DStR 2009, 69 mit Vorschlägen zur Gesetzesoptimierung; *Thiel/Sterner* DB 2007, 1099 (1101).

[627] *Levedag* in MHdB GesR II § 58 Rn. 9.

[628] *Kleineidam/Liebchen* DB 2007, 409 (411): wenigstens 7,5 Jahre bei Vorsteuerrendite von 5,5 %.

[629] *Blum* BB 2008, 322 (326); *Schanz/Kollruss/Zipfel* DStR 2008, 1702; *Dörfler/Graf/Reichl* DStR 2007, 645 (651).

rungsbesteuerung im Entnahmefall abdeckt. Zum anderen könnte es sich empfehlen, das **Wahlrecht** der Gesellschafter (nach § 34a EStG) gesellschaftsvertraglich **einzuschränken,** und zwar nicht nur im Interesse der Selbstfinanzierungskraft der Gesellschaft, sondern auch zur Vermeidung von Interessenkonflikten bei künftigen Umstrukturierungsmaßnahmen. Denkbar sind Einschränkungen dahin gehend, dass das Wahlrecht von allen Gesellschaftern nur einheitlich ausgeübt werden kann, oder dergestalt, dass die Inanspruchnahme der Thesaurierungsbegünstigung ganz untersagt wird oder – der andere Extremfall – dass die Thesaurierungsbegünstigung jeweils im größtmöglichen Umfang beantragt werden muss.[630]

VII. Übertragung von Einzelwirtschaftsgütern

1. Aus dem Betriebsvermögen

Die steuerliche Behandlung der Übertragung von einzelnen Wirtschaftsgütern zwischen Gesamthandsvermögen der Personengesellschaft, Sonderbetriebsvermögen der Gesellschafter sowie anderweitigem Betriebsvermögen eines Gesellschafters bzw. dessen Privatvermögen war **ursprünglich** umfassend und im Wesentlichen praxisgerecht im sog **Mitunternehmer-Erlass** (MU-Erlass) geregelt. Deshalb wurde herbe Kritik laut, als durch die Regelungen in § 6 Abs. 5 EStG aF die Möglichkeiten zur steuerneutralen Übertragung von Einzelwirtschaftsgütern massiv eingeschränkt wurden.[631] 387

Hierauf hat der Gesetzgeber reagiert und mit dem UntStFG die Fälle, in denen eine steuerneutrale Übertragung von Einzelwirtschaftsgütern möglich ist, wieder ausgedehnt.[632] Allerdings wurde auch mit dem jetzt geltenden **§ 6 Abs. 5 EStG** nicht in vollem Umfang der ursprüngliche Stand wieder hergestellt, wie er unter dem MU-Erlass gegolten hat. So beschränkt sich etwa die gesetzliche Regelung auf Wirtschaftsgüter aus einem **Betriebsvermögen** und sieht **kein Wahlrecht** zwischen Teil-, Zwischen- und Buchwertansatz vor, sondern zwingt zur **Buchwertfortführung.** 388

§ 6 Abs. 5 S. 4 EStG ordnet die Aufdeckung stiller Reserven an, wenn das übertragene Wirtschaftsgut innerhalb einer **dreijährigen Sperrfrist** entnommen oder veräußert wird, es sei denn, dem übertragenden Gesellschafter werden die bis zur Übertragung entstandenen stillen Reserven durch Erstellung einer Ergänzungsbilanz zugeordnet. Diese Sperrfrist ist jedoch bei einer **Einpersonen-GmbH & Co. KG** nicht anwendbar, da die stillen Reserven niemandem außer dem Einbringenden bzw. Übertragenden zuzurechnen sein können.[633] 389

Bei an sich durch Buchwertfortführung begünstigten Übertragungen ist gleichwohl der zur Gewinnrealisierung führende **Teilwert** (rückwirkend) anzusetzen, soweit im Übertragungszeitpunkt oder den folgenden sieben Jahren der **Anteil** unter anderem einer **Kapitalgesellschaft** an dem übertragenen Wirtschaftsgut unmittelbar oder mittelbar **begründet** wird oder dieser sich **erhöht** (§ 6 Abs. 5 S. 5 und 6 EStG). Dies erlangt bei einer GmbH & Co. KG insbesondere dann Bedeutung, wenn die **Komplementär-GmbH vermögensmäßig beteiligt** ist.[634] So muss zB bei der Übertragung eines Wirtschaftsgutes vom Sonderbetriebsvermögen eines Kommanditisten in das Gesamthandsvermögen der KG insoweit der Teilwert angesetzt und damit eine steuerpflichtige Gewinnrealisierung in Kauf genommen werden, als die Komplementär-GmbH vermögensmäßig beteiligt ist. Da es sich hier um eine Regelung zur Vermeidung von Missbräuchen bei der Veräußerung von Betriebsvermögen unter Heranziehung der „günstigeren" Besteuerung von Körperschaften handeln soll,[635] sind wir allerdings der Ansicht, dass in Fällen, in denen ein solcher Missbrauch offenkundig 390

[630] *Levedag* GmbHR 2009, 13 (19 f.); *Rodewald* DStR 2008, 724 (725 ff.).
[631] Zu diesen Einschränkungen s. zB *Kloster/Kloster* GmbHR 2000, 1129.
[632] *Hoffmann* GmbHR 2002, 125.
[633] BFH 26.6.2014 – IV R 31/12, BB 2014, 2864; BFH 31.7.2013 – I R 44/12, BStBl. II 2015, 450; *Eckl* BB 2014, 2866; *Levedag* GmbHR 2014, 337 (339); *Wacker* NWB 2013, 3377; *Kempermann* FR 2013, 1136; *Blaas/Sombeck* DStR 2012, 2569; aA *Haberland* FR 2013, 538; *Kulosa* in L. Schmidt EStG § 6 Rn. 720.
[634] Hierzu OFD Frankfurt DStR 2004, 1086.
[635] S. das Beispiel bei *Hoffmann* GmbHR 2002, 125 (132).

nicht vorliegt, die Möglichkeit eingeräumt werden sollte, über eine **Ergänzungsbilanz** eine sofortige Versteuerung der der Kapitalgesellschaft zuwachsenden stillen Reserven vermeiden zu können.[636]

391 Die Übertragung von Einzelwirtschaftsgütern zwischen **Schwesterpersonengesellschaften** ist in § 6 Abs. 5 EStG nicht geregelt und müsste daher grundsätzlich zur Besteuerung der in den Einzelwirtschaftsgütern verhafteten stillen Reserven führen. Dies ist jedenfalls bei **beteiligungsidentischen** Gesellschaften nicht gerechtfertigt, da die Gesellschafter an den Wirtschaftsgütern im selben Verhältnis beteiligt bleiben, weshalb nach hM eine **analoge Anwendung von § 6 Abs. 5 S. 1 EStG** geboten ist.[637] Der I. Senat des BFH, der im Gegensatz zum IV. Senat eine Analogie ablehnt,[638] hält die Ausklammerung der Schwestergesellschaft inzwischen jedoch für verfassungswidrig und hat die Frage in seinem Urteil vom 10.4.2013 dem BVerfG zur Klärung vorgelegt.[639]

392 Überträgt ein gewerblich tätiger Gesellschafter einer vermögensverwaltenden Personengesellschaft (sog Zebragesellschaft) ein Wirtschaftsgut seines Betriebsvermögens in das Gesamthandsvermögen der vermögensverwaltenden Personengesellschaft, führt dies steuerlich nicht zur Aufdeckung der stillen Reserven bei dem Gesellschafter, soweit dieser an der Zebragesellschaft betrieblich beteiligt ist.[640] Durch die Nutzung dieses **Ausgliederungsmodells „vermögensverwaltende Personengesellschaft"** können handelsbilanzielle (zB Gewinnrealisierung) und strukturelle Effekte (zB Separierung von Grundbesitz vor Veräußerung) erzielt werden.

2. Aus dem Privatvermögen

393 Die Einbringung eines Wirtschaftsgutes aus dem Privatvermögen eines Gesellschafters in eine Personengesellschaft ist grundsätzlich als **Einlage** zu behandeln.

394 Ein **entgeltlicher Vorgang** liegt vor, wenn **Gesellschaftsrechte** als **Gegenleistung** für das eingebrachte Einzelwirtschaftsgut gewährt werden.[641] Dies ist der Fall, wenn ein Kapitalkonto angesprochen wird, nach dem sich die maßgebenden Gesellschafterrechte – insbesondere das Gewinnbezugsrecht – richten, was in der Regel das Kapitalkonto I ist. Unschädlich ist es, wenn der Wert des Wirtschaftsguts zum Teil auch einem anderen Kapitalunterkonto (zB dem Kapitalkonto II) gutgeschrieben oder in eine gesamthänderisch gebundene Rücklage eingestellt wird.

VIII. Die Besteuerung von Aufsichtsratsvergütungen

1. Aufsichtsorgan bei der GmbH & Co. KG

395 Ist bei einer GmbH & Co. KG ein Aufsichtsorgan gebildet und erhalten dessen Mitglieder eine Vergütung, ist diese Vergütung grundsätzlich einerseits **Betriebsausgabe** der GmbH & Co. KG, andererseits führt sie bei den Mitgliedern dieses Organs zu **Einkünften aus selbstständiger Arbeit.** Bei Mitgliedern, die zugleich Mitunternehmer der GmbH & Co. KG sind, gehören ihre Vergütungen über § 15 Abs. 1 S. 1 Nr. 2 EStG zu den **gewerblichen Einkünften,** die sie aus ihrer Beteiligung an der GmbH & Co. KG beziehen. Zur Behandlung der sog Sondervergütungen › Rn. 226 ff.

---

[636] Zustimmend *Kutt* in HTM HdB GmbH & Co. KG Rn. 11.356; *Groh* DB 2003, 1403 (1407). AA *Kulosa* in L. Schmidt EStG § 6 Rn. 724.

[637] BFH 15.4.2010 – IV B 105/09, BStBl. II 2010, 971; *Bernütz/Loll* DB 2013, 665; *Kamps/Stenert* FR 2015, 1058; *Kulosa* in L. Schmidt EStG § 6 Rn. 704. Dagegen BMF-Schreiben 29.10.2010, DStR 2010, 2303.

[638] BFH 10.4.2013 – I R 80/12, BStBl. II 2013, 1004; 25.11.2009 – I R 72/08, BStBl. II 2010, 471.

[639] BVerfG 2 BvL 8/13 (anhängig).

[640] BFH 26.4.2012 – IV R 44/09, BStBl. II 2013, 142.

[641] BFH 4.2.2016 – IV R 46/12, BStBl. II 2016, 607; 29.7.2015 – IV R 15/14, BStBl. II 2016, 593. BMF-Schreiben 26.7.2016, BStBl. I 2016, 684.

Da die GmbH & Co. KG eine Personengesellschaft ist, kommt für sie das **körperschaftsteuerliche Teilabzugsverbot** des § 10 Nr. 4 KStG nicht zum Tragen, wonach Vergütungen jeder Art, die an mit der Überwachung der Geschäftsführung beauftragte Personen gewährt werden, nur zur Hälfte als Betriebsausgabe abziehbar sind. Dies gilt auch dann, wenn die betreffenden Personen zugleich Gesellschafter der Komplementär-GmbH sind. 396

2. Aufsichtsorgan bei der Komplementär-GmbH

Gemäß § 10 Nr. 4 KStG ist die **Hälfte** der Vergütungen jeder Art, die an Mitglieder 397 des Aufsichtsrats, Verwaltungsrats oder andere mit der Überwachung der Geschäftsführung beauftragte Personen gewährt werden, **nicht** als Betriebsausgabe **abziehbar.** Bis zum VZ 1976 waren Aufsichtsratsvergütungen sogar in voller Höhe vom Abzug ausgeschlossen, was sich durch das damalige Besteuerungssystem begründen ließ, das eine Belastung sowohl mit Einkommen- als auch mit Körperschaftsteuer vorsah. Nach Einführung des Anrechnungsverfahrens war dieses Abzugsverbot systematisch nicht mehr zu rechtfertigen und sollte ersatzlos entfallen.[642] Um das Interesse an überhöhten Aufsichtsratsvergütungen zu verringern,[643] kam es stattdessen zu dem heutigen **Teilabzugsverbot.**

Im Hinblick auf die ständige Erweiterung des Pflichtenkreises des Aufsichtsrats, wie durch 398 KonTraG und BilMoG, und die damit einhergehende gesteigerte Professionalisierung aus **aktienrechtlicher Sicht** ist dieses Teilabzugsverbot **überholt**[644] und auch **verfassungsrechtlich bedenklich.**[645] Zur Erreichung des gesetzgeberischen Ziels, nur eine angemessene Vergütung für die Aufsichtsräte zum Abzug zuzulassen, um aus wirtschafts- und gesellschaftspolitischen Gründen überhöhte Aufsichtsratsvergütungen im Interesse der Aktionäre, der Gläubiger und der Allgemeinheit zu vermeiden, ist das Teilabzugsverbot weder erforderlich noch geeignet. Zum ersten wird die Angemessenheit der Vergütung bereits durch § 113 Abs. 1 AktG sichergestellt. Zum zweiten beschränkt sich das Teilabzugsverbot nicht auf „unangemessene" Vergütungen, geht also weit über das Ziel hinaus. Und zum dritten führt gerade das Teilabzugsverbot zu einer Benachteiligung der Stakeholder, zumal unangemessene Vergütungen hierdurch, wie die vergleichbare Diskussion über die Begrenzung von Managergehältern gezeigt hat, ohnehin nicht verhindert werden können.[646]

Ist bei der Komplementär-GmbH einer GmbH & Co. KG ein Aufsichtsrat – eine Ver- 399 pflichtung hierzu kann sich aus den §§ 4, 5 MitbestG oder aus § 1 DrittelbG ergeben – oder ein anderes Aufsichtsorgan gebildet, muss unterschieden werden, ob dieses Organ nur in eigenen Angelegenheiten der Komplementär-GmbH, nur in Angelegenheiten der KG oder in Angelegenheiten beider Gesellschaften tätig wird. Soweit das Aufsichtsorgan in **Angelegenheiten der Komplementär-GmbH** tätig wird,[647] fällt die von der Komplementär-GmbH für dessen Mitglieder gezahlte Vergütung unter das Teilabzugsverbot des § 10 Nr. 4 KStG. Die Vergütung ist hiernach bei der Gewinnermittlung der GmbH nur zur Hälfte abziehbar, bei den Empfängern aber voll steuerpflichtig.

Etwas anderes gilt nur dann, wenn das Organ **keine Überwachungsaufgaben** wahr- 400 nimmt, sich zB auf eine Schiedsrichterfunktion beschränkt.[648] Dasselbe muss auf der Grundlage der hier vertretenen Auffassung (→ Rn. 240 ff.) auch dann gelten, wenn das Aufsichtsorgan **nur in Angelegenheiten der KG** tätig wird.[649] Wird nämlich das entscheidende

---

[642] BT-Drs. 7/1470, 344.

[643] BT-Drs. 7/5310, 8.

[644] *Olgemöller* in Streck KStG § 10 Rn. 30; *Fleischer/Hupka* DB 2010, 601 (603); *Kästner* DStR 2001, 422; *Clemm/Clemm* BB 2001, 1873.

[645] *Theisen* AR 2012, 157; *Clemm/Clemm* BB 2001, 1873 (1874); *Schulze-Osterloh* FS Offerhaus, 1999, 375 (381); *Hey* in Tipke/Lang SteuerR § 11 Rn. 48; anders noch BVerfG DB 1973, 360 zum alten Recht.

[646] *Fleischer/Hupka* DB 2010, 601.

[647] *Dürrschmidt* in HHR KStG § 10 Rn. 97.

[648] So *Hölters,* Der Beirat der GmbH und GmbH & Co., 57. Zur Überwachungsfunktion eines GmbH-Beirats s. auch BFH 16.12.1999 – I B 117/97, BFH/NV 2000, 895.

[649] *Olgemöller* in Streck KStG § 10 Rn. 32.

Gewicht auf die Tatsache gelegt, dass die Komplementär-GmbH die Vergütung an die Mitglieder des Aufsichtsorgans zahlt, und werden solche Vergütungen dem Steuerrecht der GmbH und nicht dem Steuerrecht der Personengesellschaft unterworfen, ist ein anderes Ergebnis nicht möglich, zumal das Aufsichtsorgan auch insoweit die Geschäftsführung der Komplementär-GmbH überwacht, als diese in Angelegenheiten der KG tätig wird. Wird hingegen mit dem **BFH** davon ausgegangen, dass bezüglich der von einer Komplementär-GmbH gezahlten Vergütungen durch diese **durchzugreifen** ist und die Besteuerungsgrundsätze der Personengesellschaft anzuwenden sind (→ Rn. 235), kann das Teilabzugsverbot des § 10 Nr. 4 KStG nicht zur Geltung kommen. Die von der Komplementär-GmbH an die Mitglieder des Aufsichtsorgans gezahlten Vergütungen sind dann Betriebsausgaben der KG bzw. Sondervergütungen iSv § 15 Abs. 1 S. 1 Nr. 2 EStG, soweit die Mitglieder zugleich Kommanditisten der GmbH & Co. KG sind.

401 Zur Vermeidung der Streitfrage sollte der Beirat vorsorglich nur **bei der KG** angesiedelt werden. Alternativ wird vorgeschlagen, bei GmbH und KG **personenidentische Beiräte** zu installieren, deren Zuständigkeit auf die jeweilige Gesellschaft beschränkt ist.[650]

IX. Zinsschranke (§ 4h EStG, § 8a KStG)

402 Die im Rahmen der UntStReform 2008 eingeführte **Zinsschranke**[651] (§ 4h EStG und § 8a KStG) **ersetzt** die Regelung zur **Gesellschafterfremdfinanzierung** (§ 8a KStG aF).[652]

403 Im Vergleich zur Regelung der Gesellschafterfremdfinanzierung stellt die Zinsschranke ein allgemein formuliertes **Betriebsausgaben-Abzugsverbot** für betrieblich veranlasste Zinsaufwendungen dar. Durch die Zinsschranke soll unter anderem die aus Sicht des Fiskus unerwünschte Verlagerung von Gewinnen ins Ausland bekämpft werden,[653] die daraus resultiert, dass durch von ausländischen Gesellschaftern gewährte Darlehen steuermindernder Zinsaufwand im Inland und steuergünstigerer Zinsertrag im Ausland entsteht. Die Zinsschranke erfasst allerdings auch rein nationale Sachverhalte und neben Gesellschafterdarlehen auch fremdübliche Bankenfinanzierungen. Im Kern bewirkt die Zinsschrankenregelung, dass dem Steuerpflichtigen unter bestimmten Voraussetzungen verwehrt wird, Fremdfinanzierungsaufwendungen als Betriebsausgaben abzuziehen.[654] Damit verstößt die Zinsschranke nach hM[655] gegen das objektive Nettoprinzip, worüber das BVerfG zu entscheiden hat.[656]

404 § 4h EStG gehört systematisch zu den **Gewinnermittlungsvorschriften.** Daher ist der Schuldzinsenabzug nicht durch die Zinsschranke beschränkt, wenn die Beteiligung an einer **vermögensverwaltenden** Personengesellschaft im Privatvermögen einer inländischen natürlichen Person gehalten wird.[657]

405 Das **Betriebsausgabenabzugsverbot** erfasst Vergütungen für Fremdkapital, wenn in einem Betrieb ein **negativer Zinssaldo** vorliegt (Zinsaufwendungen > Zinseinnahmen des Wirtschaftsjahres), der **30 % des EBITDA** der Gesellschaft **übersteigt** (verrechenbares EBITDA, § 4h Abs. 1 S. 2 EStG). Nicht verbrauchtes verrechenbares EBITDA kann in die

---

[650] So *Olgemöller* in Streck KStG § 10 Rn. 31.

[651] BMF-Schreiben 4.7.2008, BStBl. I 2008, 718; *Förster* in Gosch KStG § 8a Rn. 1.

[652] Zu Abzugsbeschränkungen von Zinsaufwendungen in anderen Staaten *Lenz/Dörfler* DB 2010, 18.

[653] BT-Drs. 16/4841, 48.

[654] *Kaltenbach/Lay* Ubg 2014, 573.

[655] BFH 14.10.2015 – I R 20/15, DStR 2016, 301; 11.11.2015 – I R 57/13, DB 2016, 505; 12.8.2015 – I R 2/13, BFH/NV 2016, 47; 18.12.2013 – I B 85/13, BStBl. II 2014, 947; *Loschelder* in L. Schmidt EStG § 4h Rn. 4: „Zinsschranke verstößt gegen Verfassungsrecht"; *Micker* in Söffing GmbH & Co. KG Rn. 2072: „verfassungsrechtliche Bedenken"; *Hoffmann* GmbHR 2008, 927: „steuerökonomisches Monstrum"; *Ernst* BB 2014, 1382; *Hick* FR 2014, 566; *München/Mückl* DStR 2014, 1471; *Prinz* DB 2014, 1102; *Wiese* GmbHR 2014, 546; *Cortez/Schmidt* IWB 2014, 507; *Bahlburg/Endert* StuB 2014, 566; *Marquart* NWB 2014, 1624. AA *Heuermann* DStR 2013, 1; *Staats* Ubg 2014, 520.

[656] BVerfG 2 BvL 1/16 (anhängig).

[657] Ausnahme ist die Zebra-Gesellschaft, *Kröner/Bolik* DStR 2008, 1309 (1310).

folgenden fünf Wirtschaftsjahre vorgetragen werden (EBITDA-Vortrag, § 4h Abs. 1 S. 3 EStG). Nicht abziehbare Zinsaufwendungen können unbegrenzt vorgetragen werden (Zinsvortrag, § 4h Abs. 1 S. 4, 5 EStG). Ein Rücktrag ist in beiden Fällen nicht vorgesehen.

Bezugsobjekt der Zinsschranke ist nicht der Steuerpflichtige, sondern der **„Betrieb".**[658] 406
Die GmbH & Co. KG ist ein Betrieb[659] im Sinne dieser Vorschrift.[660] Maßgeblich ist deshalb der **Gewinn aus der Gesamtbilanz** der Mitunternehmerschaft (vor Zinsschranke). Unbeachtet bleibt, in welcher Höhe der einzelne Gesellschafter den negativen Zinssaldo des Betriebs mit verursacht hat, etwa durch Sonderbetriebsausgaben aus der Refinanzierung des Erwerbs seines Anteils an der GmbH & Co. KG. Genauso wenig wird die Höhe seines Anteils am verrechenbaren EBITDA, mit dem er einen negativen Zinssaldo kompensieren kann, berücksichtigt.[661] Diese **gesellschaftsbezogene** Betrachtungsweise führt dazu, dass auch Mitunternehmer einer GmbH & Co. KG von einer Beschränkung des Schuldzinsenabzugs betroffen sind, bei denen weder im Gesellschaftsvermögen noch in ihrem Sonderbetriebsvermögen ein Schuldzinsenüberhang vorhanden ist. Scheidet ein Mitunternehmer aus, führt dies zum anteiligen Untergang eines EBITDA- und Zinsvortrags (§ 4h Abs. 5 S. 2 EStG).[662]

Zinserträge sind Erträge aus Kapitalforderungen aller Art (§ 4h Abs. 3 S. 3 EStG). **Zinsaufwendungen** werden als Vergütungen für die Überlassung von Fremdkapital definiert (§ 4h Abs. 3 S. 2 EStG). Was Fremdkapital ist, lässt das Gesetz offen, meint damit aber jedenfalls nicht die Überlassung von Sachkapital.[663] Durch die Zuführung von Sachwerten anstelle von Fremdkapital ergeben sich hieraus entsprechende **Gestaltungsmöglichkeiten.**[664] 407

Die Zinsschranke findet gemäß § 4h Abs. 2 EStG **keine Anwendung,** wenn 408

- der negative **Zinssaldo weniger als 3 Mio. Euro** beträgt (Freigrenze, § 4h Abs. 2 S. 1 lit. a EStG),
- ein Betrieb **nicht** oder nur anteilsmäßig zu einem **Konzern** gehört (§ 4h Abs. 2 S. 1 lit. b EStG) oder
- die **Eigenkapitalquote** des Betriebs diejenige des Konzerns um nicht mehr als 2 %-Punkte unterschreitet (§ 4h Abs. 2 S. 1 lit. c EStG, sog **Escape-Klausel**).

Mit dem Bürgerentlastungsgesetz vom 16.7.2009 (BGBl. 2009 I 1959) war die **Freigrenze** 409
von 1 Mio. Euro auf **3 Mio. Euro** angehoben worden. Die Anhebung war zunächst befristet – letztmals sollte der erhöhte Sockelbetrag für Wirtschaftsjahre, die vor dem 1.1.2010 enden, Anwendung finden –, gilt seit dem WachsbeschlG vom 22.12.2009 inzwischen aber dauerhaft. Mit dem WachsbeschlG wurde ferner der Toleranzrahmen bei der Escape-Klausel von 1 auf 2 %-Punkte erhöht sowie der EBITDA-Vortrag eingeführt. Durch diese Entschärfungen hat die Zinsschranke, unbeschadet der berechtigten konzeptionellen Kritik, in der Praxis erheblich an **Bedeutung verloren.**[665]

---

[658] BFH 9.8.1989 – X R 130/87, BStBl. II 1989, 901. Eine Personengesellschaft kann immer nur einen Betrieb haben.

[659] „Betrieb" ist auch die gewerblich geprägte und „gewerblich gefärbte" Personengesellschaft, *v. Lishaut/Schumacher/Heinemann* DStR 2008, 2341.

[660] BMF-Schreiben 4.7.2008, BStBl. I 2008, 718 Rn. 51; *Levedag* in MHdB GesR II § 57 Rn. 223; *Pitztal* in HTM HdB GmbH & Co. KG Rn. 6.301; *Kröner/Bolik* DStR 2008, 1309. AA *Micker* in Söffing GmbH & Co. KG Rn. 2088, der sich für eine gesellschafterbezogene Betrachtung ausspricht. Zu Besonderheiten bei der Publikums-GmbH & Co. KG *Dorenkamp* FR 2008, 1136.

[661] Kritisch *Loschelder* in L. Schmidt EStG § 4h Rn. 11; *Hoffmann* GmbHR 2008, 927.

[662] *Rodewald/Pohl* DStR 2008, 724 (727) raten daher zu einer entsprechenden gesellschaftsvertraglichen Regelung. Der BMF, Schreiben 4.7.2008, BStBl. I 2008, 718 Rn. 47 scheint auch über den Gesetzeswortlaut hinaus die Übertragung von Teilen eines Mitunternehmeranteils als schädlich zu werten.

[663] BT-Drs. 16/4841, 49; BMF-Schreiben 4.7.2008, BStBl. I 2008, 718 Rn. 11. S. auch *Fischer/Wagner* BB 2008, 1872 (1873); *Hoffmann* GmbHR 2008, 927.

[664] *Loschelder* in L. Schmidt EStG § 4h Rn. 24; *Kußmaul* GmbHR 2008, 505.

[665] *Kessler/Dietrich* DB 2010, 240; *Lenz/Dörfler/Adrian* Ubg 2010, 1; *Rödding* DStR 2009, 2649; Erstmals anzuwenden für Wirtschaftsjahre, die nach dem 25.5.2007 beginnen und nicht vor dem 31.12.2007 enden – s. § 52 Abs. 12d EStG 2009 in der bis zum 31.12.2013 gültigen Fassung.

410 Gemäß § 4h Abs. 3 S. 6 EStG gehört ein Betrieb auch zu einem **Konzern,** wenn seine **Finanz- und Geschäftspolitik** mit einem oder mehreren anderen Betrieben **einheitlich bestimmt** werden kann. Diese Voraussetzung ist bei der typischen (beteiligungsidentischen) GmbH & Co. KG an sich erfüllt. Eine schädliche Beherrschungssituation könnte ferner gegeben sein, wenn die KG die Mehrheit der Geschäftsanteile an der Komplementär-GmbH (zB Einheits-GmbH & Co. KG) oder die Komplementär-GmbH die Mehrheit der Gesellschaftsanteile an der KG hält. Allerdings haben die hinter einer GmbH & Co. KG stehenden Personen regelmäßig einen einheitlichen geschäftlichen Betätigungswillen, der auf die Ausübung **einer** gewerblichen Tätigkeit (nur) durch die KG gerichtet ist. Deshalb ist die GmbH & Co. KG für die Zinsschranke jedenfalls dann **nicht als Konzern** anzusehen, wenn ihre Komplementär-GmbH keine eigene Geschäftstätigkeit entfaltet.[666]

411 **§ 8a KStG** verschärft für Körperschaften die Zinsschranke bei **schädlichen Gesellschafterfremdfinanzierungen.** Eine solche liegt vor, wenn die Vergütungen für Fremdkapital an relevante Fremdkapitalgeber **mehr als 10 %** der die Zinserträge übersteigenden Zinsaufwendungen der Körperschaft betragen. **Relevante Fremdkapitalgeber** sind ein zu mehr als einem Viertel unmittelbar oder mittelbar beteiligter Anteilseigner, eine dieser nahe stehende Person oder ein Dritter, der auf den zu mehr als einem Viertel beteiligten Anteilseigner oder eine diesem nahe stehende Person zurückgreifen kann. Bei schädlichen Gesellschafterfremdfinanzierungen greift die Zinsschranke auch, wenn der Betrieb zu keinem Konzern gehört (§ 8a Abs. 2 KStG). Konzernzugehörigen Körperschaften wird die Berufung auf die Escape-Klausel versagt (§ 8a Abs. 3 KStG).

412 Gemäß § 4h Abs. 2 S. 2 EStG gilt die verschärfte Zinsschranke auch bei **nachgeordneten Personengesellschaften.** Dies sind Mitunternehmerschaften, die einer Körperschaft unmittelbar (als Tochtergesellschaft) oder mittelbar (als Enkelgesellschaft) nachgeordnet sind. Eine Mindestbeteiligung der Körperschaft ist nach dem Gesetzeswortlaut nicht erforderlich.[667] Die GmbH & Co. KG kann ebenfalls von dieser Verschärfung betroffen sein, wenn an ihr zB eine GmbH als Kommanditist beteiligt ist. Im Verhältnis zur **Komplementär-GmbH** kann eine „Nachordnung" uE nur dann angenommen werden, wenn die GmbH einen eigenen Geschäftsbetrieb unterhält.

413 Die erforderliche schädliche Gesellschafterfremdfinanzierung muss uE durch die **vorgeordnete Körperschaft vermittelt** werden, die die Anwendbarkeit von § 8a KStG eröffnet, da § 4h Abs. 2 S. 2 EStG (lediglich) die Umgehung des § 8a KStG durch Verlagerung von Zinsaufwand auf eine Mitunternehmerschaft verhindern soll.[668] Unter Vermittlung ist hierbei die Fremdfinanzierung durch einen Gesellschafter der vorgeordneten Körperschaft iSv § 8a Abs. 2 KStG zu verstehen, der nicht zugleich Mitunternehmer ist. Die **Darlehensgewährung eines Mitunternehmers** an die KG ist nämlich **unschädlich,** weil es sich um eine Sondervergütung und damit eben nicht um Zinsaufwand der Mitunternehmerschaft handelt. Jedoch kann die Fremdfinanzierung des Mitunternehmers selbst schädlich sein, wenn das korrespondierende Darlehen dem **Sonderbetriebsvermögen** bei der KG zuzuordnen ist und von einem relevanten Fremdkapitalgeber gewährt wird.[669]

414 Fraglich ist, ob **Gewinn- und Verlustanteile** einer Tochter-Personengesellschaft bei der EBITDA-Ermittlung der **Mutter-Personengesellschaft nochmals** zu berücksichtigen

[666] BMF-Schreiben 4.7.2008, BStBl. I 2008, 718 Rn. 66; *Loschelder* in L. Schmidt EStG § 4h Rn. 29; *Hoffmann* in LBP EStG § 4h Rn. 178. Kritisch *Levedag* in MHdB GesR II § 57 Rn. 224; *Pitztal* in HTM HdB GmbH & Co. KG Rn. 6.315; *Herscheidt* BB 2008, 699; *Wagner/Rischer* BB 2007, 1811.

[667] Eine Beteiligung (unmittelbar und/oder mittelbar) von mehr als 25 % wird für erforderlich gehalten von *Heuermann* in Blümich EStG § 4h Rn. 97; *Hoffmann* in LBP EStG § 4h Rn. 362. AA *Seiler* in Kirchhof EStG § 4h Rn. 65; *Schmitz-Herbscheidt* BB 2008, 699 (700); *Lishaut/Schumacher/Heinemann* DStR 2008, 2341 (2346).

[668] So zutreffend *Hoffmann* in LBP EStG § 4h Rn. 365, 373; *Schmitz-Herscheid* BB 2008, 699; *Wagner/Fischer* BB 2007, 1811. AA *Heuermann* in Blümich EStG § 4h Rn. 94.

[669] *Levedag* in MHdB GesR II § 57 Rn. 226; *von Lishaut/Schumacher/Heinemann* DStR 2008, 2341 (2346); *Loschelder* in L. Schmidt EStG § 4h Rn. 19; *Seiler* in Kirchhof EStG § 4h Rn. 66.

sind **(EBITDA-Kaskade).**[670] Eine solche Kaskade kann dazu führen, dass Gewinne, die bei der Tochter bereits deren verrechenbares EBITDA und damit deren Zinsabzugskapazität erhöht haben, noch einmal bei der Obergesellschaft Berücksichtigung finden und so ein weiteres Mal zur Verrechnung mit Nettozinsaufwand zur Verfügung stehen. Im Verlustfall führt dieser Mechanismus zur Vernichtung von Zinsabzugspotenzial.[671]

Diese Thematik gilt entsprechend, wenn an der Untergesellschaft anstatt einer Ober-Personengesellschaft eine **Ober-Kapitalgesellschaft** beteiligt ist, die nur über einen Zinsschrankenbetrieb verfügt, dem die Beteiligung an der Untergesellschaft zuzuordnen ist. Es ist dabei nicht entscheidend, ob es sich bei der mitunternehmerisch beteiligten Kapitalgesellschaft um eine **Organgesellschaft** handelt, auf die die Zinsschranke selbst wegen § 15 Nr. 3 S. 1 KStG nicht anzuwenden ist **(Zinsschranken-Bruttomethode).** Denn im Organschaftsfall ist der von der Organgesellschaft erzielte Ergebnisanteil der Untergesellschaft im Organeinkommen enthalten, das dem Organträger nach § 14 KStG zuzurechnen ist. Eine Kürzung/Hinzurechnung des Ergebnisanteils der Untergesellschaft bei der Ermittlung des verrechenbaren EBITDA des Organträgers scheidet nach diesen Grundsätzen ebenfalls aus, da die Organgesellschaft und der Organträger für Zwecke der Zinsschranke nach § 15 Nr. 3 S. 2 KStG als ein Betrieb gelten **(Betriebsfiktion)** und es an einer speziellen Korrekturvorschrift mangelt.[672] 415

X. Ausscheiden eines Gesellschafters

1. Entgeltliche Veräußerungen

a) Anteil an der GmbH & Co. KG. Veräußert der Gesellschafter einer GmbH & Co. KG seinen Mitunternehmeranteil und erzielt er dabei einen **Veräußerungsgewinn,** ist dieser Veräußerungsgewinn nach Maßgabe der §§ 16 Abs. 1 S. 1 Nr. 2, Abs. 4, 34 EStG **steuerpflichtig (sog Tarifbegünstigung).** Dies gilt grundsätzlich unabhängig davon, ob zu dem Anteil gehörende Wirtschaftsgüter des Sonderbetriebsvermögens mitverkauft oder ins Privatvermögen überführt werden. Bei Letzterem liegt der Fall der der Veräußerung gleichgestellten Aufgabe eines Mitunternehmeranteils vor (§ 16 Abs. 3 S. 1 EStG), was bedeutet, dass der gemeine Wert der ins Privatvermögen überführten Wirtschaftsgüter dem Veräußerungspreis hinzuzurechnen ist.[673] 416

Bis zum 31.12.2001 galt die Tarifbegünstigung auch bei der Veräußerung von **Teil-Kommanditanteilen.**[674] Seit dem UntStFG werden Gewinne, die bei der Veräußerung eines **Teils eines Anteils** erzielt werden, gemäß § 16 Abs. 1 S. 2 EStG als **laufender Gewinn** besteuert mit der Folge, dass sie auch der Gewerbesteuer unterliegen.[675] Gleiches gilt, soweit auf der Seite des Veräußerers und des Erwerbers dieselben Personen Unternehmer oder Mitunternehmer sind (§ 16 Abs. 2 S. 3 EStG). Die Begründung obligatorischer Rechte, zB einer atypischen Unterbeteiligung, steht der Übertragung des Teils eines Kommanditanteils gleich.[676] Mit der gesetzlichen Regelung zur Veräußerung von Teil-Kommanditanteilen soll eine **Besteuerungsgleichheit** zum Fall des Eintritts in ein Einzelunternehmen gegen Entgeltzahlung in das Privatvermögen hergestellt werden. 417

Gehört der Anteil an einer GmbH & Co. KG **(Untergesellschaft)** zum Betriebsvermögen einer anderen GmbH & Co. KG **(Obergesellschaft)** und wird ein Anteil an der Obergesellschaft veräußert, ist dies als ein **einheitlicher Veräußerungsvorgang** zu sehen, 418

[670] Bejahend FG Köln BB 2014, 676, Rev. (Az. BFH IV R 4/14).
[671] *Ernst* BB 2014, 677.
[672] *Liekenbrock* DStR 2014, 992 (994).
[673] BFH 10.3.2016 – IV R 22/13, BFH/NV 2016, 1438; *Wacker* in L. Schmidt EStG § 16 Rn. 414.
[674] Hiergegen hatte der BFH 18.10.1999 – GrS 2/98, BStBl. II 2000, 123 zwar rechtssystematische Bedenken geäußert, jedoch letztlich die auch von der Finanzverwaltung gebilligte, langjährige Rechtsprechung unter dem Aspekt der Rechtssicherheit bestätigt.
[675] R 7.1 (3) S. 6 GewStR.
[676] *Wacker* in L. Schmidt EStG § 16 Rn. 408; *Pickhardt/Engelsing* DStR 2000, 281 (284).

für den insgesamt §§ 16 Abs. 4, 34 Abs. 3 EStG gilt, wenn die übrigen Voraussetzungen gegeben sind.[677] Gehört dagegen ein Mitunternehmeranteil zum Betriebsvermögen eines **Einzelunternehmers,** so handelt es sich im Fall der Veräußerung des Einzelunternehmens um zwei **getrennt** voneinander zu beurteilende Rechtsakte. Liegen hinsichtlich beider Vorgänge die Voraussetzungen des § 34 Abs. 3 EStG vor, kann der Steuerpflichtige die ermäßigte Besteuerung entweder für die Veräußerung des Einzelunternehmens oder für die Veräußerung des Mitunternehmeranteiles beantragen.[678] Entsprechendes gilt, wenn ein Mitunternehmeranteil zum **Sonderbetriebsvermögen** einer anderen Mitunternehmerschaft gehört.[679]

419 Eine **Vermögensübergabe gegen Versorgungsleistungen** stellt keine Veräußerung dar, wenn Gegenstand der Übergabe eine „existenzsichernde Wirtschaftseinheit" ist. Bei Vorliegen der weiteren Voraussetzungen hat der Vermögensübergeber die Versorgungsleistungen als Einkünfte nach § 22 Nr. 1a EStG zu versteuern, während der Übernehmer Sonderausgaben in entsprechender Höhe abziehen kann (§ 10 Abs. 1a Nr. 2 EStG).

420 Der Begriff der **„existenzsichernden Wirtschaftseinheit"** wurde für Vermögensübertragungen, die nach dem 31.12.2007 erfolgen (§ 52 Abs. 18 EStG), **eingeschränkt.** Nach wie vor kann ein Mitunternehmeranteil zwar Gegenstand der begünstigten Vermögensübergabe sein, jedoch nur an einer Personengesellschaft, die eine Tätigkeit iSd §§ 13, 15 Abs. 1 S. 1 Nr. 1 oder des § 18 Abs. 1 EStG ausübt.[680] Bei einer Übertragung von Anteilen an einer **vermögensverwaltenden GmbH & Co. KG,** die gemäß § 15 Abs. 3 Nr. 2 EStG gewerblich geprägt ist, handelt es sich deshalb nicht mehr um einen begünstigten, unentgeltlichen Vermögensübergang, sondern um eine **Veräußerung.**[681]

421 **b) Anteil an der Komplementär-GmbH.** Ist der Kommanditist einer GmbH & Co. KG zugleich Gesellschafter der **Komplementär-GmbH,** kann der Geschäftsanteil an der Komplementär-GmbH zum steuerlichen **Sonderbetriebsvermögen** gehören (→ Rn. 285). Veräußerte ein Kommanditist bis zum 31.12.2001 seinen Geschäftsanteil an der Komplementär-GmbH und erzielte er hierbei einen Veräußerungsgewinn, war dieser als gewerblicher Gewinn steuerpflichtig. Die **Tarifbegünstigung** der §§ 16, 34 Abs. 1 bzw. Abs. 3 EStG konnte er für einen solchen Veräußerungsgewinn nur dann in Anspruch nehmen, wenn er **gleichzeitig** mit seinem Geschäftsanteil an der Komplementär-GmbH auch seinen Kommanditanteil an der GmbH & Co. KG veräußerte.[682] Andernfalls lag ein laufender Gewinn vor, der nach § 15 EStG zu besteuern war.[683]

422 Mit Inkrafttreten des StEntlG 1999/2000/2002 hat sich die Rechtslage ab VZ 2002 insoweit geändert, als Gewinne aus der Veräußerung von Geschäftsanteilen an der Komplementär-GmbH, wenn sie von einer **natürlichen Person** gehalten werden, dem **Teileinkünfteverfahren** unterliegen (§ 3 Nr. 40 S. 1 lit. a und lit. b EStG; bis VZ 2008: Halbeinkünfteverfahren).[684] Wird die Beteiligung an der Komplementär-GmbH allein oder gemeinsam mit dem Anteil an der KG veräußert, so ist der auf den GmbH-Anteil entfallende Teil des Veräußerungsgewinns im Fall einer natürlichen Person als Mitunternehmer somit nur im Umfang von 60 % einkommensteuerpflichtig. Da der GmbH-Anteil zum (Sonder-)**Betriebsvermögen** der KG gehört, ist die Abgeltungsteuer nicht anwendbar (§§ 32d

---

[677] R 34.5 Abs. 2 EStR. AA *Wacker* in L. Schmidt EStG § 16 Rn. 407.

[678] OFD Frankfurt DStR 2014, 2180.

[679] OFD Frankfurt DStR 2014, 2180.

[680] BMF-Schreiben 11.3.2010, BStBl. I 2010, 227 (sog Rentenerlass); *Geck* DStR 2011, 962. Der Anteil an einer gewerblich geprägten Personengesellschaft ist einer Vermögensübergabe gegen Versorgungsleistungen nicht zugänglich, da sie nur aufgrund einer Fiktion als gewerblich tätig gilt; eine gewerbliche Tätigkeit iSd § 15 Abs. 1 S. 1 Nr. 1 EStG übt sie nicht aus.

[681] BMF-Schreiben 11.3.2010, DStR 2010, 545; *Seitz* DStR 2010, 629.

[682] *Hörger/Rapp* in LBP EStG § 16 Rn. 208; *Reiß* in Kirchhof EStG § 16 Rn. 143; *Wacker* in L. Schmidt EStG § 16 Rn. 407 iVm 414.

[683] BFH 11.12.1990 – VIII R 14/87, BStBl. II 1991, 510 (512); BFH 5.7.1972 – I R 230/70, BStBl. II 1972, 928.

[684] *v. Beckerath* in Kirchhof EStG § 3 Rn. 100 ff.

Abs. 1, 20 Abs. 8 EStG). Der Veräußerungsgewinn iSd § 16 Abs. 1 S. 1 Nr. 2 EStG ist, soweit er auf den GmbH-Anteil entfällt, nicht zusätzlich gemäß § 34 EStG begünstigt (§ 34 Abs. 2 Nr. 1 EStG).

Bei einer **Kapitalgesellschaft als Mitunternehmer** ist der Gewinn aus der Veräußerung des Geschäftsanteils an der Komplementär-GmbH von der Körperschaftsteuer **befreit** (§ 8b Abs. 2, Abs. 6 KStG).[685] Statt der Beschränkung des Betriebsausgabenabzugs gemäß § 3c Abs. 1 EStG werden fiktiv 5 % des Gewinns als nichtabzugsfähige Betriebsausgaben unterstellt (§ 8b Abs. 3 S. 1, Abs. 6 KStG) mit der Folge, dass die Steuerbefreiung im Ergebnis auf **95 % des Gewinns beschränkt** ist. **423**

2. Ausscheiden gegen Abfindungsguthaben

Im Fall des Ausscheidens gegen Abfindungsguthaben, zB aufgrund einer Kündigung des Gesellschaftsverhältnisses, gelten diese Grundsätze **entsprechend** mit dem Unterschied, dass das Abfindungsguthaben an die Stelle des Kaufpreises tritt und die verbleibenden Gesellschafter anteilige Erwerber sind.[686] **424**

3. Unentgeltliche Veräußerung

Im Fall einer unentgeltlichen Übertragung des Mitunternehmeranteils (Kommanditanteil einschl. Sonderbetriebsvermögen), sei es durch Schenkung, sei es von Todes wegen, tritt der Erwerber in die **Rechtsstellung des bisherigen Gesellschafters** ein (§ 6 Abs. 3 EStG). Beim bisherigen Gesellschafter entsteht kein Gewinn. **425**

Die Aufdeckung der stillen Reserven im unentgeltlich übertragenen Mitunternehmeranteil scheidet nach § 6 Abs. 3 S. 1 Hs. 1 EStG auch dann aus, wenn ein **funktional wesentliches Betriebsgrundstück** des Sonderbetriebsvermögens **vorher** bzw. **zeitgleich** gemäß § 6 Abs. 5 EStG zum Buchwert übertragen wird.[687] Der BFH beurteilt die einzelnen Teilschritte der Unternehmensnachfolge unabhängig und getrennt voneinander.[688] **426**

Auch die **Veräußerung von Sonderbetriebsvermögen** im Zeitpunkt **vor** der unentgeltlichen Übertragung des verbliebenen Mitunternehmeranteils steht der Buchwertfortführung nicht entgegen.[689] Eine Anteilsübertragung iSd § 6 Abs. 3 S. 1 EStG setzt nur die Übertragung des gesamten Betriebsvermögens voraus, das im Zeitpunkt der Übertragung existiert. Wirtschaftsgüter, die zuvor entnommen oder veräußert worden sind, sind nicht mehr Bestandteil des Mitunternehmeranteils.[690] Der BFH lehnt auch hier die Anwendung der **Gesamtplanbetrachtung** im Anwendungsbereich des § 6 Abs. 3 EStG ausdrücklich ab.[691] **427**

Entsprechendes gilt auch bei der unentgeltlichen Übertragung des **Teils eines Mitunternehmeranteils** auf eine natürliche Person (§ 6 Abs. 3 S. 1 Hs. 2 Alt. 2 EStG). Die anteilige Mitübertragung von **Sonderbetriebsvermögen** ist in diesem Fall **nicht notwendig,** sofern der Übernehmer des Mitunternehmeranteils eine fünfjährige Behaltefrist einhält (§ 6 Abs. 3 S. 2 EStG). So kann bei einer Familien-GmbH & Co. KG der Vater unter Buchwertfortführung Teile seiner Kommanditbeteiligung unentgeltlich auf die Kinder übertragen, ohne gleichzeitig entsprechende Geschäftsanteile an der Komplementär-GmbH mitübertragen zu müssen. Wird Sonderbetriebsvermögen mitübertragen, ist zu unterscheiden: **428**

---

[685] *Neyer* GmbHR 2002, 102 (104 f.).

[686] *Rogall* DStR 2006, 731 (732 f.).

[687] BFH 2.8.2012 – IV R 41/11, BFH/NV 2012, 2053; kritisch: *Vees* DStR 2013, 743; *Reindl/Layer* FuS 2013, 109 ZU; § 6 Abs. 3 S. 1 Hs. 1 EStG in seiner seit dem VZ 2001 gültigen Fassung. Schädlich ist jedoch ein Vorbehaltsnießbrauch, BFH 15.1.2017 – X R 59/14, DStR 2017, 1308.

[688] BFH 2.8.2012 – IV R 41/11, Rn. 18, 46, BFH/NV 2012, 2053; BMF-Schreiben 3.3.2005, BStBl. I 2005, 458 (Anwendung der Gesamtplanrechtsprechung).

[689] BFH 9.12.2014 – IV R 29/14, BFH/NV 2015, 415.

[690] BFH 2.8.2012 – IV R 41/11, BFH/NV 2012, 2053.

[691] *Görgen* NWB 2016, 1650; *Geiger* BB 2016, 2283. AA *Gratz* in HHR EStG § 6 Rn. 1363.

Für die **quotale, unterquotale und überquotale** Übertragung gilt ebenfalls § 6 Abs. 3 S. 2 EStG,[692] was im letztgenannten Fall allerdings streitig ist.[693]

429 Im Fall einer **teilentgeltlichen** Übertragung eines Mitunternehmeranteils entsteht ein Gewinn nur insoweit, als das Entgelt den **steuerlichen Buchwert übersteigt** (sog **Einheitstheorie**);[694] ist das Entgelt niedriger, ist der Buchwert fortzuführen. Die Übertragung ist also nicht im Verhältnis des Entgelts zum Verkehrswert in einen voll entgeltlichen und einen voll unentgeltlichen Teil aufzuteilen (sog Trennungstheorie).

4. Realteilung

430 § 16 Abs. 3 S. 2 ff. EStG sieht die Übertragung von Teilbetrieben, Mitunternehmeranteilen und einzelnen Wirtschaftsgütern in das Betriebsvermögen der einzelnen Mitunternehmer (Realteiler) **ohne Aufdeckung von stillen Reserven (Buchwertfortführung)** vor und wird durch den **Realteilungserlass**[695] konkretisiert. Diese Vorschriften über die **Buchwertfortführung** zwecks **gewinnneutraler Realteilung** gehen den § 6 Abs. 3 und Abs. 5 EStG als lex specialis vor.

431 Die Realteilung setzt grundsätzlich die **Einstellung der betrieblichen Tätigkeit** der GmbH & Co. KG voraus. Demnach liegt nach Verwaltungsmeinung keine Realteilung vor, sondern eine Sachwertabfindung, wenn aus einer mehrgliedrigen fortbestehenden KG ein Gesellschafter ausscheidet und Teile des Betriebsvermögens zur eigenbetrieblichen Nutzung als Abfindung erhält.[696] Wird eine zweigliedrige GmbH & Co. KG beendet, ist die Unterscheidung zwischen Aufgabe der betrieblichen Tätigkeit der Mitunternehmerschaft mit Übernahme des aufgeteilten Vermögens durch die Gesellschafter (Realteilung) und der Veräußerung eines Mitunternehmeranteils gegen Sachwertabfindung mit Anwachsung beim verbleibenden Gesellschafter und Weiterführung des Betriebs nicht immer leicht zu treffen.[697]

432 Eine begünstigte Realteilung liegt auch vor, wenn Mitunternehmer unter Mitnahme jeweils eines Teilbetriebs aus der Mitunternehmerschaft **ausscheiden** und die Mitunternehmerschaft von den verbleibenden Mitunternehmern oder – wenn nur noch ein Mitunternehmer verbleibt – von diesem als Einzelunternehmen **fortgeführt** wird.[698] Nach Ansicht des BFH soll dies auch gelten, wenn die Abfindung in Einzelwirtschaftsgütern besteht.[699] Auch die Übertragung von **Sonderbetriebsvermögen** ist aufgrund des Vorrangs des § 16 Abs. 3 EStG gewinnneutral möglich.

XI. Einbringung betrieblicher Sachgesamtheiten gegen Gesellschafterrechte

433 Die **Einbringung von Betrieben, Teilbetrieben und Mitunternehmeranteilen** in eine GmbH & Co. KG nicht gegen Entgelt, sondern gegen Gewährung von **Gesellschafterrechten,** ist in § 24 UmwStG geregelt. Der Einbringende muss als Gegenleistung eine **Vermögensbeteiligung** (Gutschrift auf Kapitalkonto) erhalten, so dass ein tauschähnlicher Vorgang gegeben ist. Dann werden die Bewertungswahlrechte des § 24 UmwStG eröffnet,

---

[692] BMF-Schreiben 3.3.2005, BStBl. I 2005, 458 Rn. 10.

[693] *Kulosa* in L. Schmidt EStG § 6 Rn. 665. Dafür BFH 2.8.2012 – IV R 41/11, BFH/NV 2012, 2811; dagegen BMF-Schreiben 3.3.2005, BStBl. I 2005, 458 Rn. 16–18, mit der Folge, dass insoweit die Sperrfrist des § 6 Abs. 5 S. 4 EStG gelten soll.

[694] BFH 16.12.1992 – XI R 34/92, BStBl. II 1993, 436; BMF-Schreiben 13.1.1993, BStBl. I 1993, 80 Rn. 35 ff.

[695] BMF-Schreiben 20.12.2016, BStBl. I 2017, 36.

[696] BMF-Schreiben 20.12.2016, BStBl. I 2017, 36.

[697] BFH 6.7.2006 – IV B 95/05, BFH/NV 2006, 2246; *Schenkel* in Söffing GmbH & Co. KG Rn. 4756.

[698] BFH 17.9.2015 – III R 49/13, BStBl. II 2017, 37. S. auch FG Köln EFG 2014, 1384, Rev. (Az. BFH IV R 31/14), das bei der zivilrechtlichen Beendigung einer typischen GmbH & Co. KG eine Betriebsaufgabe mit Realteilung unabhängig von der Fortführung des Betriebs durch den verbleibenden Mitunternehmer bejaht.

[699] So BFH 30.3.2017 – IV R 11/15, DStR 2017, 1376. S. auch BFH 16.3.2017 – IV R 31/14, BFH/NV 2017, 1093. Dagegen BMF-Schreiben 20.12.2016, BStBl. I 2017, 36.

nach denen das eingebrachte Betriebsvermögen in der Bilanz der Gesellschaft mit seinem Buchwert oder – bis zur Grenze des gemeinen Wertes – mit einem höheren Wert angesetzt werden darf.[700]

Steuerneutrale Umstrukturierungen ermöglicht das Ertragsteuerrecht regelmäßig nur, wenn diese **qualifizierte Sachgesamtheiten** zum Gegenstand haben.[701] Das **vorherige Herauslösen von Gegenständen** des Betriebsvermögens ist unschädlich, solange der Übertragungsgegenstand im **Übertragungszeitpunkt** noch die Voraussetzungen eines Betriebs, Teilbetriebs oder (Teil-)Mitunternehmeranteils erfüllt.[702] Entscheidend ist, dass die Separierung nicht dazu führt, dass die anschließend zu übertragende Sachgesamtheit zerschlagen wird bzw. nicht mehr lebensfähig ist. Nicht entschieden ist bislang der Sachverhalt, dass eine wesentliche Betriebsgrundlage **nach** der eigentlichen Übertragung der Sachgesamtheit herausgelöst wird. Eine solche Gestaltung könnte sich uE als rechtsmissbräuchlich darstellen, wenn die Übertragung der Sachgesamtheit nicht auf Dauer angelegt war.[703] **434**

Die Umstrukturierung eines Einzelunternehmens in eine Einpersonen-GmbH & Co. KG gemäß §§ 1 Abs. 3 Nr. 4, 24 UmwStG kann **steuerneutral** erfolgen, auch wenn bestimmte Wirtschaftsgüter des Einzelunternehmers nicht auf die Gesellschaft übertragen, sondern in das **Sonderbetriebsvermögen** eingebracht werden.[704] **435**

Der BFH hat die steuerneutrale Einbringung zum Buchwert auch im Fall eines **Mischentgelts** zugelassen, wenn die Summe aus dem Nominalbetrag der Gutschrift auf dem Kapitalkonto und dem gemeinen Wert der sonstigen Gegenleistung (zB Darlehensforderung) den steuerlichen Buchwert des eingebrachten Betriebsvermögens nicht übersteigt.[705] Damit folgt der BFH seiner ständigen Rechtsprechung zur Betriebsveräußerung gemäß § 16 Abs. 1 EStG, der zufolge die teilentgeltliche Übertragung einer betrieblichen Sachgesamtheit als einheitlicher Rechtsvorgang anzusehen ist (sog **„Einheitstheorie"**) und nicht in einen entgeltlichen und einen unentgeltlichen Teil aufgespalten werden darf. Diese Rechtsprechung eröffnet **Gestaltungsspielräume** in den Fällen, in denen eine Person an einem bestehenden Einzelunternehmen beteiligt werden soll und der bisherige Einzelunternehmer keinen Veräußerungsgewinn versteuern möchte. **436**

Der Wert der von ihm eingebrachten Gegenstände kann durch **Begründung einer Darlehensforderung** gegen die Personengesellschaft vermindert und dadurch die korrespondierende (Bar-)Einlageverpflichtung des neuen Mitgesellschafters entsprechend reduziert werden.[706] Dabei besteht das **Risiko des Gestaltungsmissbrauchs,** wenn die zugeführten Barmittel des neuen Mitgesellschafters unmittelbar zur Tilgung der Darlehensverbindlichkeit gegenüber dem bisherigen Einzelunternehmer verwendet werden und die Darlehensverbindlichkeit nicht aus Ergebnissen der Mitunternehmerschaft bedient wird.[707] Das **StÄndG 2015**[708] hat diese steuerneutrale Zuzahlungsmöglichkeit eingeschränkt. Nunmehr ist der Buch- bzw. Zwischenwertansatz nur noch möglich, soweit die Zuzahlung (sonstige Gegenleistung) nicht mehr als 25 % des Buchwerts des eingebrachten Betriebsvermögens oder 500.000 Euro, höchstens jedoch den Buchwert des eingebrachten Betriebsvermögens beträgt (§ 24 Abs. 2 S. 2 Nr. 2 UmwStG).[709] **437**

---

[700] BFH 20.9.2007 – IV R 70/05, BStBl. II 2008, 265. Zur Rechtslage bei Einbringung in einer Tochter-MU, *Kerssenbrock/Rundshagen* BB 2004, 2490.

[701] *Oenings/Lienicke* DStR 2014, 1997.

[702] BFH 25.11.2009 – I R 72/08, BStBl. II 2010, 471: vorherige Entnahme einer wesentlichen Betriebsgrundlage; 9.11.2011 – X R 60/09, BStBl. II 2012, 638: Vorabveräußerung einer wesentlichen Betriebsgrundlage; 2.8.2012 – IV R 41/11, BFH/NV 2012, 2053: Buchwertfortführung eines Einzelwirtschaftsguts nach § 6 Abs. 5 EStG vor einer Übertragung nach § 6 Abs. 3 EStG.

[703] So auch *Oenings/Lienicke* DStR 2014, 1002.

[704] *Nitzschke* in Blümich UmwStG § 24 Rn. 28; *Ettinger/Schmitz* DStR 2009, 1248.

[705] BFH 18.9.2013 – X R 42/10, BStBl. II 2016, 639.

[706] *Plewka/Pott* NJW 2014, 600.

[707] So auch *Korn/Strahl* NWB 2016, 3672.

[708] Vom 5.11.2015, BGBl. 2015 I 1834.

[709] Dazu näher *Zöller/Gläser* BB 2016, 663.

XII. Einheitliche und gesonderte Gewinnfeststellung

438 Die auf die einzelnen Mitunternehmer entfallenden Einkünfte aus Gewerbebetrieb werden nicht bei deren jeweiliger persönlicher Einkommensteuer-Veranlagung ermittelt. Vielmehr findet gemäß § 180 Abs. 1 Nr. 2 lit. a AO iVm § 179 Abs. 1 AO eine **gesonderte,** dh von allen in der Person eines Mitunternehmers liegenden steuerlich relevanten Merkmalen unabhängige **Feststellung** des Gewinns statt, die gegenüber den Mitunternehmern der GmbH & Co. KG **einheitlich** erfolgt (§ 179 Abs. 2 S. 2 AO). Im Rahmen dieser Feststellung wird im Wesentlichen entschieden, ob überhaupt eine Mitunternehmerschaft vorliegt, wer Mitunternehmer ist, wie viel der Gesamtgewinn der Mitunternehmerschaft und der Gewinnanteil eines jeden Mitunternehmers ausmacht sowie ob die Gewinnverteilung angemessen ist.[710] In der einheitlichen und gesonderten Feststellung für eine **vermögensverwaltende Personengesellschaft** sind die relevanten Einkunftsarten getrennt auszuweisen.[711] Der Inhalt der einheitlichen und gesonderten Gewinnfeststellung ist gemäß § 182 Abs. 1 AO für die Einkommen- bzw. Körperschaftsteuerbescheide der einzelnen Mitunternehmer **bindend.**

439 Im Rahmen der einheitlichen und gesonderten Gewinnfeststellung wird auch über den Inhalt der **Ergänzungs- und Sonderbilanzen** einschl. Sonderbetriebseinnahmen und -ausgaben der einzelnen Mitunternehmer abschließend entschieden[712] mit der Folge, dass zB die Geltendmachung von Sonderbetriebsausgaben im Rahmen der Einkommensteuer-Veranlagung eines Mitunternehmers ausgeschlossen ist.[713] Dies ist vom Ansatz her folgerichtig, da bei einer Mitunternehmerschaft zwischen Gesellschafts- und Gesellschaftersphäre grundsätzlich ein so enger Zusammenhang besteht, dass eine zutreffende Beurteilung nur im Zusammenhang möglich ist. Dies gilt insbesondere für Leistungsbeziehungen zwischen Gesellschaft und Gesellschaftern sowie Ergänzungsbilanzen, weshalb insoweit die Einbeziehung in das Feststellungsverfahren auch außer Streit steht.[714]

440 Allerdings gibt es bei einzelnen Mitunternehmern Vorgänge, die ausschließlich diese betreffen und andere Beteiligte nichts angehen. In diesen **höchstpersönlichen Bereich** fallen zB zur Finanzierung der Beteiligung aufgenommene Darlehen, Anwaltskosten anlässlich eines Gesellschafterstreits, der im Zusammenhang mit dem Sonderbetriebsvermögen erzielte Veräußerungs- bzw. Entnahmegewinn sowie das Bestehen einer typischen Unterbeteiligung. Wir sehen aus der Sicht der Einkommen- bzw. Körperschaftsteuer weder eine Grundlage noch ein Bedürfnis dafür, auch in derartigen Fällen auf einer Erfassung im Rahmen der gesonderten Gewinnfeststellung zu bestehen und damit indirekt einzelne Mitunternehmer zu zwingen, gegenüber den Geschäftsführern und den anderen Gesellschaftern der GmbH & Co. KG persönliche Angelegenheiten zu offenbaren, auf deren Offenlegung diese nach der allgemeinen Rechtsordnung keinen Anspruch hätten.

441 Grundsätzlich hat jeder **Gesellschafter** im Rahmen seiner **Mitwirkungspflicht** nach § 90 AO der Finanzverwaltung die erforderlichen Daten über Sonderbetriebsvermögen, -einnahmen und -ausgaben zur Verfügung zu stellen.[715] Diese Daten werden im Rahmen des Veranlagungsverfahrens verarbeitet und unterliegen nicht dem Steuergeheimnis nach § 30 AO. Eine Verpflichtung des Gesellschafters zur Information der Geschäftsführung besteht hingegen nicht.[716]

442 Im „höchstpersönlichen" Bereich müsste deshalb dem einzelnen Mitunternehmer ein **Wahlrecht** eingeräumt werden, ob er eine Erfassung bereits im Feststellungs- oder aber erst

[710] Zur besonderen Situation bei sog Zebra-Gesellschaften → Rn. 15 ff.

[711] BFH 15.10.1996 – IX R 72/92, BStBl. II 1997, 250.

[712] Die Buchführungspflicht hierfür obliegt folgerichtig nicht dem einzelnen Gesellschafter, sondern der GmbH & Co. KG, BFH 11.3.1992 – XI R 38/89, BStBl. II 1992, 797 (798).

[713] BFH 11.9.1991 – XI R 35/90, BStBl. II 1992, 4.

[714] *Brandis* in Tipke/Kruse AO § 180 Rn. 62; *Regniet,* Ergänzungsbilanzen bei der Personengesellschaft, 128.

[715] *Wichmann* DtSR 2012, 2513.

[716] Weder Handels- noch Steuerrecht sehen Mitteilungspflichten des Gesellschafters gegenüber der Gesellschaft hinsichtlich der für die Sondergewinnermittlung erforderlichen Daten vor. Dem Gesellschafter steht das Recht auf informationelle Selbstbestimmung zu. Hierzu *Drüen* in Tipke/Kruse AO § 30 Rn. 6.

im Veranlagungsverfahren wünscht.[717] Dem dürfte allerdings die **Gewerbesteuer entgegenstehen.** Die GmbH & Co. KG ist dort bekanntlich selbst Steuersubjekt und gemäß § 14a GewStG zur Abgabe der (vollständigen) Steuererklärung verpflichtet. Eine Ausklammerung höchstpersönlicher Bereiche der Gesellschafter ist bei der Gewerbesteuer weder vorgesehen noch verfahrensrechtlich möglich. Eine Erfassung erst im Veranlagungsverfahren scheidet deshalb jedenfalls insoweit aus, als sich Auswirkungen auf die Gewerbesteuer ergeben.

Soweit die Anteile an der Komplementär-GmbH zum Sonderbetriebsvermögen der Mitunternehmer gehören, sind die **Gewinnausschüttungen der Komplementär-GmbH** in die einheitliche und gesonderte Gewinnfeststellung bei der GmbH & Co. KG einzubeziehen. Dies gilt auch für vGAs der Komplementär-GmbH, zB aufgrund eines unangemessen niedrigen Gewinnanteils. Derartige vGAs, die nicht im Feststellungsverfahren berücksichtigt worden sind, können deshalb bei der Körperschaftsteuer-Veranlagung der Komplementär-GmbH nicht mehr angesetzt werden.[718] **443**

Bei **Treuhandverhältnissen** ist ein weiteres Gewinnfeststellungsverfahren durchzuführen, in dem der für den Treuhänder festgestellte Gewinn auf die Treugeber verteilt wird (§ 179 Abs. 2 S. 3 AO).[719] Entsprechendes gilt grundsätzlich auch bei atypischen **Unterbeteiligungsverhältnissen.**[720] Beide Gewinnfeststellungen können ggf. miteinander verbunden werden. **444**

Die Finanzbehörden haben Feststellungsbescheide grundsätzlich nicht an die Personengesellschaft selbst, sondern **an die an ihr beteiligten Gesellschafter** (Mitunternehmer) zu richten,[721] andernfalls der Bescheid an einem Bekanntgabemangel leidet und **nichtig** ist.[722] Eine Ausnahme finden diese Grundsätze bei sog **zweistufigen Beteiligungen von Personengesellschaften,** bei denen ein zweistufiges Feststellungsverfahren durchzuführen ist.[723] Hiernach sind die auf der Stufe der Unterpersonengesellschaft erzielten Einkünfte gegenüber deren Gesellschaftern – einschließlich der nicht einkommen- oder körperschaftsteuerpflichtigen Oberpersonengesellschaft (Mitunternehmerin der Unterpersonengesellschaft) – als Inhaltsadressatin festzustellen (erste Feststellungsstufe); anschließend geht der auf die Oberpersonengesellschaft entfallende Ergebnisanteil mit nach § 182 Abs. 1 S. 1 AO bindender Wirkung auf der zweiten Feststellungsstufe in die gegenüber den Gesellschaftern der Oberpersonengesellschaft zu treffenden Einkünftefeststellungen ein. **445**

§ 17 Gewerbesteuer

I. Behandlung der GmbH & Co. KG

1. Subjektive Steuerpflicht der GmbH & Co. KG

Nach § 2 Abs. 1 S. 1 GewStG unterliegt der Gewerbesteuer jeder **stehende Gewerbebetrieb,** soweit er im Inland betrieben wird. 1

Über die Vorschrift des § 2 Abs. 1 S. 2 GewStG, wonach unter einem Gewerbebetrieb „ein gewerbliches Unternehmen iSd EStG zu verstehen" ist, sind sowohl die Bestimmung 2

[717] Wie hier *Knobbe-Keuk* Bilanz- und Unternehmenssteuerrecht 526; *Brandis* in Tipke/Kruse AO § 180 Rn. 61, 63; wohl auch *Schulze zur Wiesche* DB 1988, 1466.

[718] BFH 24.3.1998 – I R 79/97, BStBl. II 1998, 578; 29.10.1991 – VIII R 2/86, BStBl. II 1992, 832; 6.8.1985 – VIII R 280/81, BStBl. II 1986, 17; 5.12.1979 – I R 184/76, BStBl. II 1981, 119; 15.11.1967 – IV R 139/67, BStBl. II 1968, 152.

[719] *Fichtelmann* Die GmbH & Co. KG im Steuerrecht Rn. 431.

[720] Hierzu BFH 9.11.1988 – I R 191/84, BStBl. II 1989, 343; Nach *Söhn* in Hübschmann/Hepp/Spitaler AO § 179 Rn. 236 ff. soll auch bei einer typischen Unterbeteiligung ein besonderes Feststellungsverfahren gemäß § 179 Abs. 2 S. 3 AO möglich sein.

[721] BFH 24.7.2013 – I R 57/11, BStBl. II 2016, 633.

[722] BFH 28.3.1979 – I R 219/78, BStBl. II 1979, 718.

[723] BFH 24.7.2013 – I R 57/11, BStBl. II 2016, 633 Rn. 18; *Söhn* in Hübschmann/Hepp/Spitaler AO § 179 Rn. 152.

des Gewerbebetriebs infolge einer Infektion iSv § 15 Abs. 3 Nr. 1 EStG als auch die Fiktion des Gewerbebetriebs gemäß § 15 Abs. 3 Nr. 2 EStG **(gewerblich geprägte Personengesellschaft)** bei der Gewerbesteuer für die GmbH & Co. KG anzuwenden. Daher unterliegt auch die Vermögensverwaltung einer gewerblich geprägten Personengesellschaft der Gewerbesteuer.[1]

3 **Unterschiede** zwischen der einkommensteuerrechtlichen und der gewerbesteuerrechtlichen Bestimmung des Begriffs „Gewerbebetrieb" bestehen allerdings nach wie vor, und zwar vor allem wegen der unterschiedlichen Zeitpunkte des **Beginns** und der **Beendigung** der gewerblichen Tätigkeit. Bei einer GmbH & Co. KG, die eine **originär gewerbliche Tätigkeit** iSv § 15 Abs. 2 EStG ausübt, gelten insoweit dieselben Grundsätze wie für Einzelgewerbetreibende und für andere Personenhandelsgesellschaften, und zwar unabhängig von der Rechtsform ihrer Gesellschafter.[2] Die Gewerbesteuerpflicht beginnt somit erst dann, wenn sämtliche tatbestandlichen Merkmale eines Gewerbebetriebs erfüllt sind und der Gewerbebetrieb in Gang gesetzt wird; er endet mit der tatsächlichen Einstellung des Betriebs.

4 Dies gilt entsprechend in den Fällen, in denen die GmbH & Co. KG nicht gewerblich, sondern zB vermögensverwaltend tätig ist und gemäß § 15 Abs. 3 Nr. 2 EStG als gewerblich geprägte Personengesellschaft gilt.[3] Die dortige Formulierung „in vollem Umfang" definiert nur den Umfang der gewerbesteuerpflichtigen Einkünfte, nicht jedoch die Dauer der gewerblichen Tätigkeit.[4] Die Gewerbesteuerpflicht bei einer **gewerblich geprägten, vermögensverwaltenden GmbH & Co. KG** beginnt also ebenfalls mit der Aufnahme der werbenden, sprich vermögensverwaltenden Tätigkeit,[5] zB einer Vermietungstätigkeit. Was als werbende Tätigkeit anzusehen ist, richtet sich nach dem von der Gesellschaft verfolgten Gegenstand ihrer Tätigkeit.[6]

5 Die Dauer der Gewerbesteuerpflicht stimmt grundsätzlich mit der Dauer der werbenden Tätigkeit überein. Die Gewerbesteuerpflicht wird aber noch nicht durch bloße **Vorbereitungshandlungen** begründet, sondern erst durch die Aufnahme der werbenden Tätigkeit an sich.[7] Der Beginn der werbenden Tätigkeit ist daher von Vorbereitungshandlungen **abzugrenzen.** Die Gewerbesteuerpflicht endet mit der Einstellung ihrer werbenden Tätigkeit, nicht erst mit der Einstellung jeglicher Tätigkeit schlechthin.[8] Aus Gründen der Gleichbehandlung gilt dies auch bei der Vermögensverwaltung,[9] so dass zB die bloße Abwicklung eines Mietrechtsverhältnisses die Dauer der Gewerbesteuerpflicht nicht verlängern kann.

6 Bei der originär gewerblich tätigen GmbH & Co. KG führt die **Einstellung des Betriebs** mit anschließender Vermögensverwaltung zur gewerblich geprägten GmbH & Co. KG und zur Fortdauer der Gewerbesteuerpflicht bis zur Einstellung der Einkünfteerzielungsabsicht. Die Gewerbesteuerpflicht bei bloßer Vermögensverwaltung endet, wenn die **tatbestandlichen Voraussetzungen** der gewerblich geprägten Personengesellschaft **weggefallen** sind, zB durch den Ersatz der GmbH als einziger Komplementärin durch eine natürliche Person[10] oder bei entsprechender Änderung der Geschäftsführungsbefugnisse. Der Veräußerungsgewinn aus dem Verkauf eines Geschäftsbereichs einer GmbH & Co. KG ist, auch wenn in Folge davon die originär gewerbliche Tätigkeit aufgegeben und fortan nur noch eine vermö-

[1] BFH 20.11.2003 – IV R 5/02, BStBl. II 2004, 464. Zur Freiberufler-GmbH & Co. KG s. BFH 10.10.2012 – VIII R 42/10, BStBl. II 2013, 79.

[2] BFH 30.8.2012 – IV R 54/10, BStBl. II 2012, 927. S. auch BFH 12.5.2016 – IV R 1/13, DStR 2016, 2584 zum Beginn des Gewerbebetriebs der Obergesellschaft einer doppelstöckigen Personengesellschaft.

[3] Was deren Eintragung im Handelsregister voraussetzt, s. BFH 23.2.2011 – I R 52/10, BFH/NV 2011, 1354.

[4] BFH 17.4.1986 – IV R 100/84, BStBl. II 1986, 527; 22.11.1994 – VIII R 44/92, BStBl. II 1995, 900; 5.3.1998 – IV R 23/97, BStBl. II 1998, 745.

[5] BFH 20.11.2003 – IV R 5/02, BStBl. II 2004, 464; H 2.5 (1) GewStR, wobei eine Teilnahme am allgemeinen wirtschaftlichen Verkehr nicht erforderlich ist.

[6] Vgl. FG Hamburg EFG 2009, 950 zu einer konkludenten Änderung des Gesellschaftszwecks.

[7] StRspr, s. BFH 30.8.2012 – IV R 54/10, BStBl. II 2012, 927 mwN.

[8] *Güroff* in Glanegger/Güroff GewStG § 2 Rn. 568; R 2.6 Abs. 1 S. 8 GewStR.

[9] BFH 18.5.2017 – IV R 30/15, BFH/NV 2017, 1191; 20.11.2003 – IV R 5/02, BStBl. II 2004, 464; *Güroff* in Glanegger/Güroff GewStG § 2 Rn. 582.

[10] FG Niedersachsen EFG 1982, 577.

gensverwaltende Tätigkeit einer nunmehr gewerblich geprägten Personengesellschaft entfaltet wird, dem Gewerbeertrag zuzuordnen, wenn eine **wesentliche Betriebsgrundlage** in dem fiktiven (vermögensverwaltenden) Gewerbebetrieb fortgeführt wird.[11]

Die Grundsätze über den Beginn und die Beendigung der Gewerbesteuerpflicht gelten auch im Fall der **Betriebs- oder Unternehmensverpachtung.** Die Einkünfte aus der Verpachtung ihres Gewerbebetriebs sind deshalb bei der gewerblich geprägten GmbH & Co. KG generell gewerbesteuerpflichtig. Bei GmbH & Co. KGs ohne gewerbliche Prägung ist die Verpachtung dagegen nicht als Gewerbebetrieb anzusehen und unterliegt, wie bei den anderen Personengesellschaften, nicht der Gewerbesteuer, sofern nicht ausnahmsweise der Rahmen der Vermögensverwaltung überschritten wird.[12] **7**

2. Gewerbesteuerliche Selbstständigkeit der GmbH & Co. KG

Im Gegensatz zum Umsatzsteuerrecht (§ 2 Abs. 2 Nr. 1 UStG) enthält das GewStG keine Bestimmung über die gewerbesteuerliche Unselbstständigkeit einer Personengesellschaft. Die Rechtsprechung des BFH hatte über das von ihr geschaffene Rechtsinstitut der „Unternehmenseinheit“ unter bestimmten Voraussetzungen für Personengesellschaften die gewerbesteuerliche Unselbstständigkeit bejaht. Mit Urteil vom 21.2.1980[13] hat der BFH jedoch seine **Rechtsprechung zur Unternehmenseinheit aufgegeben,** so dass heute die GmbH & Co. KG bei der Gewerbesteuer, von dem nachfolgend genannten Fall der Ein-Unternehmer-Personengesellschaft abgesehen, stets selbstständiges Steuersubjekt ist. Dies gilt auch im Fall der doppelstöckigen Personengesellschaft, wobei zur Vermeidung einer gewerbesteuerlichen Doppelerfassung die Hinzurechnung gemäß § 8 Nr. 8 GewStG (Verlustanteil aus Untergesellschaft) bzw. die Kürzung gemäß § 9 Nr. 2 GewStG (Gewinnanteil aus Untergesellschaft) bei der Obergesellschaft vorzunehmen ist. **8**

Gewerbesteuerlich kann eine KG **nicht Organgesellschaft,** dh Betriebsstätte eines anderen inländischen Unternehmens und damit gewerbesteuerlich unselbstständig sein. Wie sich aus § 2 Abs. 2 S. 2 GewStG ergibt, kann nur eine Kapitalgesellschaft als gewerbesteuerliche Organgesellschaft angesehen werden. Die GmbH & Co. KG kann trotz Prägetheorie einer Kapitalgesellschaft nicht gleichgestellt werden.[14] Zu einer organschaftsähnlichen Konsolidierung kommt es aber beim **sog Treuhandmodell,**[15] das der BFH anerkannt hat.[16] Bei diesem hält der einzige Kommanditist seine Beteiligung treuhänderisch für den alleinigen persönlich haftenden Gesellschafter (AG, GmbH oder GmbH & Co. KG). Einkommensteuerlich liegt hier – mangels Mitunternehmerstellung des Treuhand-Kommanditisten – keine Mitunternehmerschaft, sondern eine sog Ein-Unternehmer-Personengesellschaft vor. Diese ist nach Ansicht des BFH selbst nicht Gewerbesteuersubjekt; vielmehr fließen die Gewinne und Verluste der Personengesellschaft unmittelbar in den Gewerbeertrag des persönlich haftenden Gesellschafters ein. **9**

Die GmbH & Co. KG kann **Organträger** sein, sofern sie eigengewerblich tätig ist (§ 14 Abs. 1 S. 1 Nr. 2 S. 2 KStG).[17] Bei der **Einheits-GmbH & Co. KG** kann ein Organschaftsverhältnis zwischen der GmbH & Co. KG als Organträger und der Komplementär-GmbH als Organ begründet werden. Da die GmbH & Co. KG hier sämtliche Geschäftsanteile an ihrer Komplementär-GmbH hält, ist die erforderliche finanzielle Eingliederung (§ 14 Abs. 1 S. 1 Nr. 1 KStG) gegeben.[18] Mit Abschluss eines Gewinnabführungsvertrags (§ 14 Abs. 1 **10**

[11] BFH 17.3.2010 – IV R 41/07, DStR 2010, 922.
[12] BFH 13.11.1963 – GrS 1/63 S, BStBl. II 1964, 124; R 2.2 GewStR.
[13] BFH 21.2.1980 – I R 95/76, BStBl. II 1980, 465; s. auch BFH 10.11.1983 – IV R 56/80, BStBl. II 1984, 150.
[14] BFH 10.11.1983 – IV R 56/80, BStBl. II 1984, 150 mwN; hierzu auch *Roser* FR 2001, 628, der für eine Gleichstellung mit der Kapitalgesellschaft eintritt.
[15] S. hierzu *IDW* WPg 2005, 54; *Wild/Reinfeld* DB 2005, 69; *Rödder* DStR 2005, 955.
[16] BFH 3.2.2010 – IV R 26/07, DStR 2010, 743; hierzu *Benz/Groß* DStR 2010, 839. AA OFD Münster 13.2.2004, DStR 2005, 744.
[17] Hierzu näher BMF-Schreiben 10.11.2005, BStBl. I 2005, 1038 Rn. 15 ff.
[18] Die in der 10. Aufl. noch vertretene gegenteilige Auffassung wurde aufgegeben.

S. 1 KStG) gilt dann die Komplementär-GmbH gewerbesteuerlich als Betriebstätte der GmbH & Co. KG (§ 2 Abs. 2 S. 2 GewStG). Dies dürfte jedoch nur in den Fällen Sinn machen, wo die GmbH über ihre Komplementär-Funktion hinaus eine eigene unternehmerische Tätigkeit entfaltet.

3. Bemessungsgrundlage

11 Gemäß § 6 GewStG unterliegt der Gewerbesteuer der **Gewerbeertrag.** Gewerbeertrag ist gemäß § 7 S. 1 GewStG der nach den **Vorschriften des EStG** zu ermittelnde **Gewinn aus dem Gewerbebetrieb,** der um die Hinzurechnungen des § 8 GewStG und die Kürzungen des § 9 GewStG zu **berichtigen** ist. Bei Handelsschiffen im internationalen Verkehr gilt der Gewinn gemäß § 5a EStG als Gewerbeertrag (§ 7 S. 3 GewStG). Dies bedeutet, dass gewerbesteuerlich der Gewerbebetrieb der Personengesellschaft grundsätzlich wie bei der Einkommensbesteuerung die gesamte Betätigung der Gesellschafter (Mitunternehmer) erfasst (sog Gesamtgewinn).[19] Die Sonderbelastung nur der Einkünfte aus Gewerbebetrieb mit Gewerbesteuer ist **verfassungsgemäß.**[20]

12 Nach der Rechtsprechung des BFH sind deshalb als **Bestandteile des Gewerbeertrags** auch die Ergebnisse etwaiger Ergänzungs-[21] und Sonderbilanzen[22] zu berücksichtigen. Hinzuzurechnen sind hiernach insbesondere die Tätigkeitsvergütungen, die die Komplementär-GmbH an ihre Geschäftsführer zahlt, die gleichzeitig Kommanditisten der GmbH & Co. KG sind.[23] Ferner sind (offene und verdeckte) **Gewinnausschüttungen der Komplementär-GmbH** zu erfassen.

13 Gemäß § 7 S. 4 GewStG ist auch bei der Ermittlung des Gewerbeertrags einer Mitunternehmerschaft das **Teileinkünfteverfahren** gemäß §§ 3 Nr. 40, 3c Abs. 2 EStG (bis 2008: Halbeinkünfteverfahren) und **§ 8b KStG** anwendbar. Für die Zeit bis 2003 war dies, entgegen dem erklärten Willen des Gesetzgebers,[24] von der Finanzverwaltung zunächst abgelehnt worden.[25] Erst durch das EURLUmsG[26] wurde die Streitfrage endgültig geklärt, nachdem zuvor der BFH gegen die Finanzverwaltung entschieden hatte.[27] Gemäß § 8 Nr. 5 GewStG sind jedoch befreite Ausschüttungserträge dem Gewerbeertrag hinzuzurechnen, soweit sie nicht die Voraussetzungen des § 9 Nr. 2a oder 7 GewStG erfüllen. Hinzuzurechnen sind hiernach insbesondere Ausschüttungen von **ausländischen Kapitalgesellschaften** und von sog **inländischem Streubesitz;** letzteres sind Beteiligungen an inländischen Kapitalgesellschaften von weniger als **15 %** des gezeichneten Kapitals.[28] Für die Ermittlung der maßgeblichen Beteiligungsquote sind die im Gesamthands- und Sonderbetriebsvermögen gehaltenen Anteile zusammenzurechnen.[29]

14 Gewinne aus der **Veräußerung** (Aufgabe) **des Betriebs** oder eines **Teilbetriebs** der GmbH & Co. KG sowie der Veräußerung **eines Mitunternehmeranteils** an der GmbH &

[19] BFH 10.11.1980 – GrS 1/79, BStBl. II 1981, 164; 9.4.1981 – IV R 178/80, BStBl. II 1981, 621 (622 f.); H 7.1 (3) GewStR; aA *Knobbe-Keuk,* Bilanz- und Unternehmenssteuerrecht, 758.

[20] BVerfG BB 2008, 1253.

[21] BFH 25.4.1985 – IV R 83/83, BStBl. II 1986, 350.

[22] BFH 9.4.1981 – IV R 178/80, BStBl. II 1981, 621. Auch der Gewinn aus der Veräußerung von SBV II gehört zum Gewerbeertrag, BFH 3.4.2008 – IV R 54/04, BStBl. II 2008, 742; noch offengelassen in BFH 6.11.1980 – IV R 182/77, BStBl. II 1981, 220.

[23] BFH 14.11.1985 – IV R 63/83, BStBl. II 1986, 58; 25.10.1984 – IV R 165/82, BStBl. II 1985, 212.

[24] BT-Drs. 14/2683, 124.

[25] BMF-Schreiben 28.4.2003, BStBl. I 2003, 292 Rn. 57; FM Rheinland-Pfalz 11.9.2003, DStR 2003, 1835.

[26] Der Referentenentwurf des BMF-Schreiben 17.6.2004 hatte zunächst die Nichtanwendbarkeit vorgesehen. Im Regierungswurf (BT-Drs. 15/3677) war hierzu überhaupt keine Regelung enthalten. Die schließlich verabschiedete Fassung beruht auf einer Beschlussempfehlung des Finanzausschusses des Bundestages, BT-Drs. 15/4050.

[27] BFH 9.8.2006 – I R 95/05, BStBl. II 2007, 279 mit Anerkennung durch die Finanzverwaltung, BMF-Schreiben 21.3.2007, BStBl. I 2007, 302.

[28] Die Mindestbeteiligungsgrenze wurde im Zuge der UntStReform 2008 von 10 % auf 15 % erhöht.

[29] R 9.3 S. 4 GewStR.

Co. KG, die nach § 16 Abs. 1 S. 1 Nr. 1 und Nr. 2 EStG der Einkommensbesteuerung unterliegen, werden nicht in die gewerbesteuerliche Bemessungsgrundlage einbezogen,[30] soweit § 7 S. 2 GewStG nichts anderes bestimmt.[31] Dies bedeutet, dass Gewinne aus der Veräußerung von **Teilen** eines Mitunternehmeranteils als laufende Gewinne (§ 16 Abs. 1 S. 2 EStG) stets[32] und solche aus der Veräußerung des Betriebs (Teilbetriebs) bzw. eines gesamten Mitunternehmeranteils nur insoweit gewerbesteuerpflichtig sind, als sie nicht auf eine **natürliche Person** als **unmittelbar beteiligten** Mitunternehmer entfallen. Der nur mittelbar beteiligte Mitunternehmer soll durch § 35 EStG entlastet werden,[33] was aufgrund des typisierenden Charakters dieser Vorschrift jedoch nur ansatzweise funktioniert (→ Rn. 29 ff.). Nicht begünstigt sind ferner Veräußerungen, soweit auf der Seite des Veräußerers und auf der Seite des Erwerbers **dieselben Personen** als Mitunternehmer beteiligt sind (§ 16 Abs. 2 S. 3 EStG, § 24 Abs. 3 S. 3 UmwStG).[34]

Werden **Anteile an der Obergesellschaft** einer doppelstöckigen gewerblichen Perso- 15
nengesellschaft **veräußert** und wird der Kaufpreis (teilweise) auch für die stillen Reserven in der **Untergesellschaft** geleistet, ist die Veräußerung gleichwohl als einheitlicher Vorgang zu behandeln und somit der Veräußerungsgewinn nicht anteilig der Untergesellschaft zuzuordnen.[35]

4. Verlustrücktrag und -vortrag

Gewerbeverlust ist der negative Gewerbeertrag nach Berücksichtigung von Hinzurech- 16
nungen und Kürzungen. Die periodenübergreifende Verlustverrechnung ist bei der Gewerbesteuer im Vergleich zur Einkommensteuer nur eingeschränkt möglich (§ 10a GewStG). Während ein **Verlustrücktrag** überhaupt nicht vorgesehen ist, setzt der durch eine Mindestbesteuerungsregelung begrenzte **Verlustvortrag** die Unternehmens- und Unternehmeridentität zwischen dem Zeitpunkt der Verlusterzielung und demjenigen der Verlustverrechnung voraus.

Die **Unternehmensidentität** folgt aus dem **Objektcharakter** der Gewerbesteuer.[36] Sie 17
besagt, dass der im Anrechnungsjahr bestehende Gewerbebetrieb derselbe sein muss wie derjenige, der den Verlust erwirtschaftet hat. Dies bedeutet insbesondere, dass die GmbH & Co. KG nicht berechtigt ist, den (früheren) Gewerbeverlust eines Gesellschafters geltend zu machen et vice versa. Bei beteiligungsidentischen Schwester-Personengesellschaften kann der Verlust der einen Gesellschaft nicht bei der anderen abgezogen werden.[37] Die Unternehmensidentität bleibt aber gewahrt, wenn die GmbH & Co. KG eine von mehreren Tätigkeiten aufgibt oder nacheinander verschiedene Tätigkeiten ausübt.[38] Von solchen strukturellen Anpassungen zu unterscheiden ist allerdings die Veräußerung oder Aufgabe eines Teilbetriebs, die zum Untergang der Verluste führen, soweit diese auf den Teilbetrieb entfallen.[39]

Unternehmeridentität bedeutet, dass derjenige, der die Kürzung beansprucht, der- 18
selbe ist, der den Verlust dem Grunde und der Höhe nach getragen hat.[40] Infolge von

[30] BFH 12.6.1996 – XI R 56, 57/95, BStBl. II 1996, 527; 11.3.1982 – IV R 25/79, BStBl. II 1982, 707; 13.11.1963 – GrS 1/63 S, BStBl. II 1964, 124 (126) mwN; R 7.1 (3) S. 1 Nr. 1 und H 7.1 (3) GewStR.

[31] S. OFD Frankfurt 11.1.2006, GmbHR 2006, 279, zur Anwendung von § 7 S. 4 GewStG bei nach § 7 S. 2 GewStG steuerpflichtiger Veräußerung von Mitunternehmeranteilen. Zur Verfassungsmäßigkeit des § 7 S. 2 GewStG ist eine Verfassungsbeschwerde anhängig unter 1 BvR 1236/11.

[32] OFD Düsseldorf 10.9.2002, GmbHR 2002, 986; R 7.1 (3) S. 6 GewStR. AA *Helde* in HTM HdB GmbH & Co. KG Rn. 6.650.

[33] Regierungsbegründung, BT-Drs. 14/7344, 29.

[34] BFH 15.6.2004 – VIII R 7/01, BStBl. II 2004, 754.

[35] S. R 7.1 (3) S. 5 GewStR. Zustimmend *Kleymann/Hindersmann* BB 2006, 2104; *Selder* in Glanegger/Güroff GewStG § 7 Rn. 128. AA *Ludwig* BB 2007, 2152; *Roser* in Lenski/Steinberg GewStG § 7 Rn. 324a.

[36] BFH 24.6.1981 – I S 3/81, BStBl. II 1981, 748; 28.4.1977 – IV R 165/76, BStBl. II 1977, 666. Zur Geltung bei der gewerblich geprägten GmbH & Co. KG BFH 4.5.2017 – IV R 2/14, DStR 2017, 2038.

[37] Zur Unternehmensidentität bei Übertragung des Betriebs s. *Güroff* in Glanegger/Güroff GewStG § 10a Rn. 23 ff.

[38] BFH 15.3.1994 – XI R 60/89, BFH/NV 1994, 899.

[39] BFH 7.8.2008 – IV R 86/05, BFH/NV 2008, 1960.

[40] BFH 26.6.1996 – VIII R 41/95, BStBl. II 1996, 601; 19.12.1957 – IV 665/55 U; BStBl. II 1958, 210.

Gesetzesänderungen ist in der Literatur vorübergehend die Meinung vertreten worden, mit diesen sei auch das Erfordernis der Unternehmeridentität entfallen.[41] Der BFH ist dieser Auffassung im Urteil vom 14.12.1989[42] mit der Begründung entgegengetreten, die Unternehmeridentität lasse sich auch aus dem unverändert gebliebenen § 10a S. 3 GewStG (jetzt: § 10a S. 8 GewStG) und dem darin enthaltenen Hinweis auf § 2 Abs. 5 GewStG ableiten. Zwar regele § 2 Abs. 5 S. 1 GewStG nur den Übergang des Gewerbebetriebs als Ganzes; der Zweck des § 10a GewStG erfordere jedoch auch die Erfassung der (ideellen) Teilübertragung. In seiner Entscheidung räumt der BFH allerdings ein, dass sich auch Argumente für die gegenteilige Auffassung finden ließen, es sich hierbei jedoch nicht um „überwiegende oder zwingende Gründe" handele, die im Blick auf Rechtssicherheit und Vertrauensschutz eine Aufgabe seiner langjährigen Rechtsprechung rechtfertigten. Demnach sei der Gesellschafter und nicht die Gesellschaft (Mit-)Unternehmer iSd Gewerbesteuerrechts. Daher gehe beim Ausscheiden von Gesellschaftern aus einer Personengesellschaft der Verlustabzug verloren, soweit der Fehlbetrag anteilig auf die ausgeschiedenen Gesellschafter entfalle.[43]

19 Das Erfordernis der Unternehmeridentität erschien zumindest deshalb nicht zutreffend, weil nicht ersichtlich war, welchen Einfluss der **Wechsel eines Gesellschafters** auf die Abzugsfähigkeit eines für die **Gesellschaft** errechneten negativen Gewerbeertrags haben konnte.[44] Aufgrund des **Objektcharakters** der Gewerbesteuer, die für eine transparente Betrachtung an sich keinen Raum lässt, müsste es sich eigentlich von selbst verstehen, dass der Gewerbeertrag der GmbH & Co. KG weder durch einen Gesellschafterwechsel noch durch Vorgänge beeinflusst wird, die der Sphäre der einzelnen Gesellschafter zuzurechnen sind. Mit der Einfügung der Sätze 4 und 5 in § 10a GewStG mit dem JStG 2007 hat der Gesetzgeber freilich unmissverständlich dokumentiert, dass es im Falle eines Gesellschafterwechsels einen Verlustabzug nur geben kann, soweit der Mitunternehmer den Verlust in eigener Person erlitten hat.[45]

20 Im Falle der **doppelstöckigen GmbH & Co. KG** ist die Obergesellschaft – nicht ihre Gesellschafter – Mitunternehmer der Untergesellschaft. Der Gesetzgeber hat zwar angeordnet, den mittelbar beteiligten Gesellschafter als Mitunternehmer der Untergesellschaft anzusehen; gleichzeitig hat er aber in § 15 Abs. 1 S. 1 Nr. 2 S. 2 Hs. 2 EStG für die Gleichstellung des mittelbar beteiligten Gesellschafters vorausgesetzt, dass auch die Obergesellschaft Mitunternehmer der Untergesellschaft ist. Die Mitunternehmereigenschaft iSd gewerbesteuerlichen Unternehmeridentität bedarf deshalb einer Abgrenzung, die der BFH dahin gehend vorgenommen hat, dass der sachliche Anwendungsbereich des § 15 Abs. 1 S. 1 Nr. 2 S. 2 EStG auf den **Sonderbetriebsvermögens-Bereich** des Gesellschafters der Obergesellschaft bei der Untergesellschaft zu beschränken ist. Bleibt ein bei der Untergesellschaft ausgeschiedener Gesellschafter an dieser mittelbar über die Obergesellschaft beteiligt, so beschränkt sich der gewerbesteuerliche Verlustvortrag somit auf diejenigen Verluste, die im Sonderbetriebsvermögensbereich des ausgeschiedenen Gesellschafters entstanden sind.[46] Darüber hinaus kommt es zum Wegfall des Verlustabzugs und zwar selbst dann, wenn der alleinige Kommanditist seine Beteiligung in eine andere GmbH & Co. KG, bei der er ebenfalls alleiniger Kommanditist ist, einbringt und die doppelstöckige Struktur infolge des

---

[41] So zB *Weßling* DB 1987, 1321.

[42] BFH 14.12.1989 – IV R 117/88, BStBl. II 1990, 436; 3.5.1993 – GrS 3/92, BStBl. II 1993, 616.

[43] BFH 17.1.2006 – VIII R 96/04, BFH/NV 2006, 885 mwN zur stRspr.

[44] IFSt-Schrift 279. *Güroff* in Glanegger/Güroff GewStG § 10a Rn. 90 weist zutreffend darauf hin, dass weder der Wortlaut der Gesetzesvorschrift noch deren Sinn und Zweck noch die historische Auslegung die Unternehmeridentität erforderten.

[45] BT-Drs. 16/3368, 22; *Güroff* in Glanegger/Güroff GewStG § 10a Rn. 90. Zur Frage der Unternehmeridentität bei Formwechsel, Anwachsung und Verschmelzung etc s. R 10a.3 (3) S. 9 GewStR; OFD Münster 28.5.2008, BB 2008, 1497 und OFD Düsseldorf 12.10.2000, DB 2000, 2247.

[46] BFH 6.9.2000 – IV R 69/99, BStBl. II 2001, 731; 22.1.2009 – IV R 90/05, BFH/NV 2009, 843 (Ausscheiden eines atypisch stillen Gesellschafters); *Güroff* in Glanegger/Güroff GewStG § 10a Rn. 101 f. Zum Wegfall des Verlustabzugs bei Übergang des Vermögens der Obergesellschaft auf ihren Gesellschafter als Gesamtrechtsnachfolger s. BFH 3.2.2010 – IV R 59/07, BFH/NV 2010, 1492.

gleichzeitigen Ausscheidens der Komplementär-GmbH bei der Untergesellschaft nur für eine logische Sekunde besteht.[47]

Die **Verlustanteile** der einzelnen Gesellschafter der GmbH & Co. KG und die mit den Verlustanteilen zu verrechnenden Anteile am Gewerbeertrag werden seit dem JStG 2007 entsprechend dem sich aus dem Gesellschaftsvertrag ergebenden **allgemeinen Gewinnverteilungsschlüssel** und ohne Berücksichtigung von Vorabgewinnanteilen ermittelt (§ 10a S. 4 und 5 GewStG). Damit sind entgegen früherer BFH-Rechtsprechung[48] Sonderbetriebseinnahmen und -ausgaben nicht zu berücksichtigen.[49] 21

5. Steuersatz

Bei der Berechnung der Gewerbesteuer ist gemäß § 11 Abs. 1 GewStG von einem **Steuermessbetrag** auszugehen. Dieser errechnet sich durch Anwendung einer Steuermesszahl auf den auf volle hundert Euro abgerundeten Gewerbeertrag, der bei Einzelunternehmen und Personengesellschaften zuvor um 24.500 Euro (Freibetrag) zu vermindern ist. Die Steuermesszahl beträgt seit der UntStReform 2008 gemäß § 11 Abs. 2 GewStG einheitlich **3,5 %.** 22

Die Gewerbesteuer wird sodann aufgrund des Steuermessbetrags mit dem von der jeweiligen Gemeinde gemäß § 16 Abs. 1 GewStG bestimmten **Hebesatz** festgesetzt. Dieser muss mindestens 200 betragen (§ 16 Abs. 4 S. 2 GewStG). Der durchschnittliche gewogene Gewerbesteuerhebesatz in Deutschland lag im Jahr 2015 bei 399 %.[50] Die durchschnittliche Gewerbesteuerbelastung des Gewinns beläuft sich somit auf 13,96 %. Werden nur Städte mit mehr als 50.000 Einwohnern berücksichtigt, erhöht sich der durchschnittliche Hebesatz auf 448 %.[51] 23

6. Anrechnung bei der Einkommensteuer

Die Gewerbesteuer führt im Regelfall zu einer höheren Ertragsteuerbelastung von gewerblichen Einkünften als bei den anderen Einkunftsarten. Der Gesetzgeber hatte dieser Ungleichbehandlung **bis zum VZ 2000** über § 32c EStG aF durch eine **Ermäßigung der tariflichen Einkommensteuer** für gewerbliche Einkünfte Rechnung getragen (sog Tarifbegrenzung). Mit der **UntStReform 2000** wurde diese Tarifbegrenzung durch eine **Gewerbesteueranrechnung** ersetzt (§ 35 EStG), die nur für natürliche Personen gilt; Gesellschafter in der Rechtsform einer Kapitalgesellschaft sind also – wie bei § 32c EStG aF – nicht begünstigt. § 35 EStG war erstmals für den VZ 2001 anwendbar und ist seitdem **mehrfach geändert** worden.[52] 24

Gemäß § 35 Abs. 1 Nr. 2 EStG vermindert sich die tarifliche Einkommensteuer einer natürlichen Person, die Mitunternehmer einer Personengesellschaft ist, um das **3,8-fache des anteiligen Gewerbesteuermessbetrags** der Personengesellschaft (Anrechnung der Gewerbesteuer auf die Einkommensteuer des Mitunternehmers). Dadurch kommt es ab 2008 bei Einbeziehung des SolZ von 5,5 % bis zu einem Hebesatz von **400,9 %** zu einer **vollständigen Entlastung** von der Gewerbesteuer.[53] Liegt der Hebesatz über diesem Grenzwert, wird keine Vollentlastung erreicht. Bei Hebesätzen unterhalb des Grenzwerts kommt es – anders als bis zum Jahr 2007 – nicht zu einer Überkompensation, da die 25

---

[47] So BFH 11.10.2012 – IV R 3/09, BStBl. II 2013, 176. Zur Nutzung des Verlustvortrags bei Beteiligung eines Kommanditisten als atypisch stiller Gesellschafter der GmbH & Co. KG s. BFH 24.4.2014 – IV R 34/10, BFH/NV 2014, 1303.

[48] S. BFH 17.1.2006 – VIII R 96/04, BFH/NV 2006, 885.

[49] Dazu *Güroff* in Glanegger/Güroff GewStG § 10a Rn. 120 f.

[50] Statistisches Bundesamt. Bei Gemeinden über 20.000 Einwohner war 2016 Oberhausen mit einem Hebesatz von 500 % Spitzenreiter.

[51] Umfrage des Instituts „Finanzen und Steuern": Hebesätze 2015.

[52] Insbesondere durch die UntStReform 2008, mit der für die Gewerbesteuer auch der Betriebsausgabenabzug abgeschafft wurde (§ 4 Abs. 5b EStG).

[53] *Wacker* in L. Schmidt EStG § 35 Rn. 2.

Gewerbesteueranrechnung auf die **anteilige Einkommensteuer** (sog Ermäßigungshöchstbetrag, § 35 Abs. 1 S. 1 EStG) und auch auf die **tatsächlich zu zahlende Gewerbesteuer** (§ 35 Abs. 1 S. 5 EStG) **beschränkt** ist.

26 Der anteilige Gewerbesteuermessbetrag bestimmt sich bei Mitunternehmerschaften gemäß § 35 Abs. 2 S. 2 EStG nach dem Anteil des Mitunternehmers am **Gewinn der Mitunternehmerschaft** nach Maßgabe des **„allgemeinen Gewinnverteilungsschlüssels"**; Vorabgewinnanteile sind nicht zu berücksichtigen.[54] Maßgeblich ist die handelsrechtliche Gewinnverteilung, soweit diese auch steuerlich anzuerkennen ist.[55] Zu den bei der Ermittlung des Aufteilungsmaßstabs nicht zu berücksichtigenden Vorabgewinnanteilen gehören auch Sondervergütungen iSv § 15 Abs. 1 S. 1 Nr. 2 S. 1 Hs. 2 EStG sowie sonstige Vorgänge im Bereich des SBV und etwaiger Ergänzungsbilanzen.[56] Die Finanzverwaltung hatte zunächst für gewinnabhängige Vorabgewinnanteile eine andere Auffassung vertreten,[57] sich dann aber der Rechtsprechung des BFH angeschlossen.[58] Ist die Komplementär-GmbH (oder eine andere Kapitalgesellschaft) kapitalmäßig an der GmbH & Co. KG beteiligt, wird sie entsprechend dem allgemeinen Gewinnverteilungsschlüssel bei der Aufteilung des Gewerbesteuermessbetrags mitberücksichtigt, obwohl ihr keine Gewerbesteueranrechnung zusteht.[59]

27 Der **Ermäßigungshöchstbetrag** entspricht der tariflichen Einkommensteuer, die anteilig auf die begünstigten gewerblichen Einkünfte entfällt. Da das Gesetz zunächst nichts darüber besagte, wie die anteilige Einkommensteuer zu ermitteln ist, war zweifelhaft, inwieweit eine **Saldierung der positiven mit den negativen Einkunftsquellen** innerhalb der gleichen Einkunftsarten (sog horizontaler Verlustausgleich) und zwischen den verschiedenen Einkunftsarten (sog vertikaler Verlustausgleich) zu erfolgen hatte. Nach der früheren Meinung der Finanzverwaltung waren die negativen Einkünfte anteilig allen positiven Einkünften zuzuordnen mit der Folge, dass auch die anteiligen privilegierten Einkünfte gemindert wurden.[60] Der BFH vertrat demgegenüber das **Meistbegünstigungsprinzip,** wonach Verluste vorrangig mit den **nicht** gemäß § 35 EStG begünstigten Einkünften zu verrechnen waren und erst daran anschließend, soweit noch vorhanden, mit den begünstigten Einkünften.[61] Folge war, dass der Anteil der tariflichen Einkommensteuer, die auf gewerbliche Einkünfte entfiel, größer war.[62]

28 Mit dem **JStG 2008** hat der Gesetzgeber durch Einfügung der S. 2–4 in § 35 Abs. 1 EStG diesen Meinungsstreit dahin gehend entschieden, dass für die Ermittlung der anteiligen Einkommensteuer die Summe der positiven gewerblichen Einkünfte durch die Summe aller positiven Einkünfte zu teilen und mit der geminderten tariflichen Steuer nach § 35 Abs. 1 S. 4 EStG zu multiplizieren ist.[63] Ein **vertikaler** Verlustausgleich ist nicht mehr vorgesehen. Nach zunächst geäußerter Auffassung der Finanzverwaltung sollte auch ein **horizontaler** Verlustausgleich nicht mehr erfolgen,[64] was sich uE weder dem Gesetzestext entnehmen lässt noch sachlich geboten ist. Auch der Gesetzgeber war ersichtlich von einem horizontalen Verlustausgleich

---

[54] Anders noch im Regierungsentwurf, BT-Drs. 14/2683, 6, 116; die heutige Gesetzesfassung beruht auf dem Vorschlag des Finanzausschusses, BT-Drs. 14/3366, 119. Zur Verfassungsmäßigkeit s. BFH 30.5.2012 – IV B 114/11, BFH/NV 2012, 1440.

[55] BMF-Schreiben 3.11.2016, BStBl. I 2016, 1187 Rn. 20 f.

[56] *Wacker* in L. Schmidt EStG § 35 Rn. 25; BMF-Schreiben 3.11.2016, BStBl. I 2016, 1187 Rn. 22.

[57] BMF-Schreiben 24.2.2009, BStBl. I 2009, 440 Rn. 23; zustimmend *Levedag* in MHdB GesR II § 58 Rn. 44 f.; gegen diese Differenzierung: *Neu* DStR 2002, 1078 (1079); *Ritzer/Stangl* DStR 2002, 1785 (1786).

[58] BFH 4.7.2008 – IV B 109/08, BFH/NV 2009, 1185; BMF-Schreiben 22.12.2009, BStBl. I 2010, 43.

[59] BMF-Schreiben 3.11.2016, BStBl. I 2016, 1187 Rn. 24.

[60] BMF-Schreiben 15.5.2002, BStBl. I 2002, 533 Rn. 11 ff. Hierzu *Hey* FR 2001, 870 (872); *Herzig/Lochmann* DB 2000, 1992 (1196).

[61] BFH 27.6.2006 – X R 25/04, BStBl. II 2007, 694. Die Finanzverwaltung schloss sich dem an, BMF-Schreiben 19.9.2007, BStBl. I 2007, 701 Abschn. 5.1.

[62] *Blaufus/Hechtner/Hundsdoerfer* BB 2008, 80 (84).

[63] Dazu *Wacker* in L. Schmidt EStG § 35 Rn. 39. Maßgebend sind die gewerblichen Einkünfte, die tatsächlich der Gewerbesteuer unterliegen, dazu sowie zur Einbeziehung von Gewinnen iSv § 34a EStG s. BMF-Schreiben 3.11.2016, BStBl. I 2016, 1187 Rn. 14 f.

[64] BMF-Schreiben 24.2.2009, BStBl. I 2009, 440 Rn. 16; kritisch *Hechtner* BB 2009, 1556 (1558); *Korezkij* DStR 2008, 491: „Panne"; *Wichert* NWB Fach 3, 14975: „Fehler".

ausgegangen, wenn er in der Gesetzesbegründung einerseits die Summe der positiven gewerblichen Einkünfte als den Betrag definiert, der sich nach Saldierung der Gewinne oder Verluste nach § 15 EStG aus allen Gewerbebetrieben des Steuerpflichtigen sowie aus seinen Beteiligungen an Mitunternehmerschaften oder als persönlich haftender Gesellschafter an Kommanditgesellschaften auf Aktien ergibt und andererseits ausdrücklich feststellt, dass Verluste den Ermäßigungshöchstbetrag grundsätzlich mindern.[65] Inzwischen hat die Finanzverwaltung ihre Ansicht geändert und berücksichtigt nunmehr den horizontalen Verlustausgleich.[66]

Die **Anrechnung** gemäß § 35 EStG ist demnach in dreierlei Hinsicht **beschränkt,** 29
nämlich

- **absolut** auf die tatsächlich gezahlte Gewerbesteuer und
- auf das **3,8-fache** des Gewerbesteuermessbetrages
- sowie **relativ** auf die sich rechnerisch ergebende, anteilige Einkommensteuerbelastung der gewerblichen Einkünfte.

Hierdurch können sich **Anrechnungsüberhänge** ergeben, die – da nicht vor- oder rück- 30
tragsfähig – endgültig **verloren gehen.** Derartige Anrechnungsüberhänge entstehen typischerweise dann, wenn der rechnerische Anteil eines Gesellschafters am steuerlichen Gesamtgewinn der Mitunternehmerschaft niedriger ist als der Gewinnanteil gemäß § 35 Abs. 2 S. 2 EStG, zB bei steuerlicher Mehr-AfA aus Ergänzungsbilanzen. Anrechnungsüberhänge können auch auftreten, wenn die tarifliche Einkommensteuer durch anderweitige Steuerermäßigungen oder bei zusammenveranlagten Ehegatten durch den Splitting-Effekt vermindert wird. Die Beschränkung kann im Einzelfall zu **erheblichen Ungerechtigkeiten** führen,[67] die auch nicht mehr dadurch abgemildert werden können, dass Sondervergütungen und Vorabgewinnanteile gewinnabhängig gestaltet werden. Das Entstehen eines Anrechnungsüberhangs kann vielmehr nur sehr eingeschränkt **beeinflusst** werden, zB durch die gemäß § 6 Abs. 5 S. 3 EStG steuerneutrale Ausgliederung von SBV auf eine – gewerblich geprägte – Personengesellschaft, die dieses der Ausgangsgesellschaft sodann zur Nutzung überlässt.[68]

Für die GmbH & Co. KG ist gemäß § 35 Abs. 2 S. 1 EStG der Betrag des Gewerbesteuer- 31
messbetrags, die tatsächlich zu zahlende Gewerbesteuer und der auf die einzelnen Mitunternehmer oder auf die persönlich haftenden Gesellschafter entfallende Anteil **gesondert und einheitlich festzustellen.** Bei der Feststellung sind anteilige Gewerbesteuermessbeträge, die aus einer Beteiligung an einer Mitunternehmerschaft stammen, einzubeziehen (§ 35 Abs. 2 S. 5 EStG). Damit wird erreicht, dass insbesondere in Fällen von **mehrstöckigen Gesellschaften** sämtliche bei den Gesellschaften festgestellte Messbeträge beim „Schlussgesellschafter“ anteilig berücksichtigt werden können. Die Messbeträge einer Untergesellschaft können allerdings nicht über eine als Organgesellschaft zwischengeschaltete Kapitalgesellschaft an die Obergesellschaft „durchgereicht“ werden.[69]

Das **BVerfG**[70] hat es im Hinblick auf die Gesetzesvorschrift, die der heute einschlägigen 32
Vorschrift des § 35 EStG voranging (§ 32c EStG aF), **gebilligt,** dass der Gesetzgeber die Zusatzbelastung mit Gewerbesteuer durch eine einkommensteuerliche Entlastung berücksichtigt. Dies gilt uE erst recht für § 35 EStG, zumal diese Regelung nicht, wie § 32c EStG aF, abstrakt die Bezieher einer bestimmten Einkommensart begünstigt, sondern – wenn auch in typisierender Form – eine Anrechnung der Gewerbesteuer vorsieht.[71] Der Verfall

---

[65] BT-Drs. 16/7036, 15. Zum Gesetzgebungsverfahren vgl. *Korezkij* DStR 2008, 491.

[66] BMF-Schreiben 3.11.2016, BStBl. I 2016, 1187 Rn. 16.

[67] *Herzig/Lochmann* DB 2000, 1192; *Gosch* in Kirchhof EStG § 35 Rn. 25; *Wesselbaum-Neugebauer* DStR 2001, 180 (186). Zu Lösungsmöglichkeiten → Rn. 43 ff.

[68] *Gosch* in Kirchhof EStG § 35 Rn. 25; *Ritzer/Stangel* DStR 2002, 1785 (1786).

[69] Abschirmwirkung der Kapitalgesellschaft, so BFH 22.9.2011 – IV R 3/10, BStBl. II 2012, 14; 22.9.2011 – IV R 42/09, BFH/NV 2012, 236; kritisch *Wacker* in L. Schmidt EStG § 35 Rn. 54.

[70] BVerfG DStR 2006, 1316.

[71] Ebenso *Hey* FR 2001, 870 (875); *Jachmann* BB 2000, 1432 (1436); *Wacker* in L. Schmidt EStG § 35 Rn. 7; kritisch dagegen *Gosch* in Kirchhof EStG § 35 Rn. 2. Generell zur Verfassungsmäßigkeit der Gewerbesteuer *Montag* in Tipke/Lang SteuerR 12 Rn. 2.

von Anrechnungsüberhängen ist ebenfalls verfassungsgemäß.[72] Dies kann freilich nicht darüber hinwegtäuschen, dass es sich bei § 35 EStG, schon wegen der systembedingten Verteilungsungerechtigkeiten, nur um eine Verlegenheitslösung handelt.

II. Behandlung der Komplementär-GmbH

33 Die Komplementär-GmbH ist als Kapitalgesellschaft kraft ihrer Rechtsform ohne Rücksicht auf das Vorliegen eines Gewerbebetriebs subjektiv gewerbesteuerpflichtig (§ 2 Abs. 2 S. 1 GewStG). Da eine werbend tätige GmbH & Co. KG grds. gewerbesteuerpflichtig ist, wird der **Gewerbeertrag** der Komplementär-GmbH um den bei der KG bereits festgestellten und zur Gewerbesteuer herangezogenen Gewinnanteil gemäß § 9 Nr. 2 GewStG gekürzt. Entsprechend sind etwaige Verlustanteile der Komplementär-GmbH aus ihrer Beteiligung an der KG bei der Ermittlung ihres Gewerbeertrags nach § 8 Nr. 8 GewStG wieder hinzuzurechnen, da sie bereits bei der KG gewerbeertragsmindernd berücksichtigt worden sind. Hat die Komplementär-GmbH neben ihrem Gewinnanteil aus der KG keine weiteren Einkünfte, bleibt sie also **gewerbesteuerfrei.**

34 Gemäß **§ 9 Nr. 1 S. 2 GewStG** können Unternehmen, die ausschließlich eigenen Grundbesitz oder neben eigenem Grundbesitz in untergeordnetem Umfang eine im Gesetz näher umschriebene Vermögensverwaltung betreiben, den auf die Grundstücksverwaltung entfallenden Gewerbeertrag kürzen. **Diese erweiterte Kürzung** begünstigt nur die grundstücksverwaltende Tätigkeit der Personengesellschaft, nicht die Veräußerung oder Aufgabe des Anteils an dieser Gesellschaft (§ 9 Nr. 1 S. 6 GewStG).[73] Das Halten einer Beteiligung an einer Personenhandelsgesellschaft verstößt, unabhängig vom Umfang dieser Beteiligung, gegen das tätigkeitsbezogene **Ausschließlichkeitsgebot.**[74] Die erweiterte Kürzung ist ua ausgeschlossen, wenn der Grundbesitz ganz oder teilweise dem Gewerbebetrieb eines Gesellschafters dient (§ 9 Nr. 1 S. 5 Nr. 1 GewStG). Auch wenn die Komplementär-GmbH weder am Vermögen noch am Gewinn und Verlust der KG beteiligt ist, entfällt die erweiterte Kürzung, wenn sie den von der KG gepachteten Grundbesitz gewerblich nutzt.[75]

35 Dies alles sind keine Besonderheiten. Im Zusammenhang mit der Beteiligung eines Gewerbesteuersubjektes an einer Personengesellschaft **vermeiden** die genannten Bestimmungen des GewStG einerseits eine **gewerbesteuerliche Doppelerfassung** des Gewerbeertrags der Personengesellschaft, verhindern aber auf der anderen Seite auch einen gewerbesteuerlichen Ausgleich von positiven und negativen Gewerbeerträgen.

III. Gewerbesteuerliche Auswirkungen von Ergänzungs- und Sonderbilanzen sowie Veräußerung von Mitunternehmeranteilen

1. Abgrenzungsproblem

36 Die quotalen Anteile der Gesellschafter am steuerlichen Gesamtgewinn der GmbH & Co. KG können vom allgemeinen Gewinnverteilungsschlüssel, der für die handelsrechtliche Gewinnverteilung vereinbart ist, abweichen. Dies ist immer dann der Fall, wenn **Ergebnisse aus Sonder- und Ergänzungsbilanzen** eines Gesellschafters zu berücksichtigen sind, zB bei Sondervergütungen iSv § 15 Abs. 1 S. 1 Nr. 2 S. 1 Hs. 2 EStG, die im handelsrechtlichen Jahresabschluss als Aufwand oder Ertrag behandelt wurden. Derartige Abweichungen **beeinflussen die Gewerbesteuerbelastung** der KG und damit den handelsrechtlichen

[72] BFH 23.4.2008 – X R 32/06, BStBl. II 2009, 7.

[73] Dies gilt auch bei Veräußerung eines Teils eines Mitunternehmeranteils, BFH 8.12.2016 – IV R 14/13, DStRE 2017, 465.

[74] BFH 17.10.2002 – I R 24/01, BB 2002, 2588; 22.1.1992 – I R 61/90, BStBl. II 1992, 628; FG Schleswig-Holstein DStRE 2017, 467, Rev. (Az. BFH IV R 45/16). Dies soll auch bei der Beteiligung an einer grundstücksverwaltenden, nicht gewerblich geprägten Personengesellschaft gelten, so BFH 19.10.2010 – I R 67/09, BStBl. II 2011, 367; aA BFH 21.7.2016 – IV R 26/14, DStR 2016, 2516 (Vorlage an GrS).

[75] Dh, es gibt keine Bagatellgrenze für die Beteiligung des Gesellschafters, BFH 7.8.2008 – IV R 36/07, BFH/NV 2009, 85; 22.1.2009 – IV R 80/06, BFH/NV 2009, 1279.

Gewinn. Die hieraus resultierende Gewerbesteuer-Mehrbelastung oder Wenigerbelastung wird also nicht nur dem jeweils betroffenen Gesellschafter, sondern – anteilig – allen Gesellschaftern zugerechnet.[76]

Dieser Effekt kann erwünscht sein, wie zB bei Geschäftsführer-Vergütungen, die handelsrechtlich als Aufwand behandelt werden. Bei Ergebnisbeiträgen aus Sonder- und Ergänzungsbilanzen eines Gesellschafters ist die **„Sozialisierung**[77] **der Gewerbesteuer"** jedoch meistens unerwünscht. So ist zB bei Gewinnen aus Sonder- und Ergänzungsbilanzen die damit verbundene Gewerbesteuermehrbelastung nicht nur von dem betroffenen Gesellschafter, sondern von allen Gesellschaftern zu tragen. Umgekehrt sind Gesellschafter benachteiligt, die Abschreibungen aus Ergänzungsbilanzen (zB aufgrund eines entgeltlichen Erwerbs des Gesellschaftsanteils) geltend machen; denn von der hieraus resultierenden Gewerbesteuerminderung profitierten in Höhe ihrer Beteiligungsquoten auch die übrigen Gesellschafter.[78] 37

Problematisch sind auch die Fälle, in denen die **Veräußerung eines Mitunternehmeranteils** gewerbesteuerpflichtig ist, zB nach § 7 S. 2 GewStG. Denn der bei dem verkaufenden Gesellschafter entstehende Veräußerungsgewinn wird, obwohl er handelsrechtlich allein diesem zusteht, für die Zwecke des § 35 EStG nach dem allgemeinen Gewinnverteilungsschlüssel auf alle Gesellschafter verteilt mit der Folge, dass bei den anderen Gesellschaftern erhebliche Anrechnungsüberhänge (→ Rn. 30) entstehen können.[79] 38

Die Beeinflussung der Gewerbesteuerbelastung der GmbH & Co. KG durch die individuellen Umstände der Gesellschafter kann zu erheblichen **Ungerechtigkeiten** zwischen den Gesellschaftern führen, die **durch § 35 EStG nicht immer beseitigt** werden.[80] Die Steueranrechnung gemäß § 35 EStG stellt nämlich nicht auf den steuerlichen Gewinnanteil eines Gesellschafters ab, sondern auf den allgemeinen (handelsrechtlichen) Gewinnverteilungsschlüssel. Dies bedeutet, dass nicht nur die durch die individuellen Verhältnisse eines Gesellschafters verursachte Gewerbesteuerauswirkung auf alle Gesellschafter verteilt wird, sondern auch die hieraus resultierende Gewerbesteueranrechnung. 39

Beide Effekte wirken sich in der Regel **gegenläufig** aus und können sich im Idealfall sogar vollständig neutralisieren. Die Begünstigung zB des Empfängers einer Sondervergütung durch die Verteilung der hierauf entfallenden Gewerbesteuer auf alle Gesellschafter wird nämlich dem Grunde nach dadurch kompensiert, dass auch der hierauf entfallende Anrechnungsbetrag gemäß § 35 EStG nicht nur diesem, sondern allen Gesellschaftern zugutekommt. Dieser Kompensationseffekt wird allerdings der Höhe nach insbesondere dadurch unkalkulierbar, dass durch die einkommensinkongruente Verteilung des Anrechnungspotenzials die Gefahr von Anrechnungsüberhängen wächst, weil zB der Anteil am Anrechnungspotenzial bei Mitunternehmern, die nur in geringem Umfang am Gesamtgewinn partizipieren, die ermäßigungsfähige Einkommensteuer regelmäßig übersteigt.[81] 40

2. Gesellschaftsvertragliche Anpassung der Gewinnverteilung

Es stellt sich die Frage, ob und in welcher Weise die Gesellschafter einer GmbH & Co. KG untereinander zum **Ausgleich** der gewerbesteuerlichen Effekte aufgrund von Sonder- oder Ergänzungsbilanzen **verpflichtet** sind. Entsprechendes gilt für Vorabgewinnanteile, Sondervergütungen, sonstige Sonderbetriebseinnahmen und -ausgaben, gewerbesteuerpflichtige Veräußerungsgewinne sowie andere fremdbestimmte Steuerwirkungen.[82] 41

[76] Von *Neu* DStR 2000, 1933 (1937) als „fremdbestimmte Steuerwirkungen" bezeichnet.
[77] *Gosch* in Kirchhof EStG § 35 Rn. 25.
[78] *Priester* DStR 2001, 795 (800); *Knobbe-Keuk,* Bilanz- und Unternehmenssteuerrecht, 765.
[79] *Neu* DStR 2002, 1078 (1090); *Scheifele* DStR 2006, 253. Zum Fall des unterjährigen Gesellschafterwechsels s. BFH 14.1.2016 – IV R 5/14, DStR 2016, 1094.
[80] S. dazu näher *Rohrlack-Soth* in Blümich EStG § 35 Rn. 60; *Wacker* in L. Schmidt EStG § 35 Rn. 27 f.
[81] *Hey* FR 2001, 870 (874). S. auch *Levedag* in MHdB GesR II § 58 Rn. 24 ff.
[82] ZB im Hinblick auf die Thesaurierungsbegünstigung gemäß § 34a EStG, *Levedag* GmbHR 2009, 13.

42 Wir sehen eine derartige Verpflichtung **kraft Gesetzes nicht.**[83] Ein Anspruch wegen ungerechtfertigter Bereicherung (§§ 812 ff. BGB) kommt nicht in Betracht, da es mit der gesellschaftsvertraglichen Gewinnverteilungsregelung einen Rechtsgrund für die gewerbesteuerrechtlich bedingten Vermögensverschiebungen gibt. Die gesellschaftsrechtliche Treuepflicht kann ebenfalls nicht herangezogen werden, da diese nicht eine so einschneidende Maßnahme wie die rückwirkende Änderung der Berechnung und der Höhe des Gewinnanteils zum Nachteil einzelner Gesellschafter einschließt.[84] Schließlich hilft auch das Rechtsinstitut des Wegfalls der Geschäftsgrundlage (§ 313 BGB) nicht weiter, da nicht von vornherein unterstellt werden kann, dass die Gesellschafter, wäre ihnen die Problematik bei Abfassung des Gesellschaftsvertrags bewusst gewesen, eine Ausgleichsverpflichtung vereinbart hätten. Immerhin ist zu berücksichtigen, dass die Problematik schon seit Langem besteht und ein sich hieraus ergebender Nachteil jeden Gesellschafter treffen kann.

43 Eine Ausgleichsverpflichtung ist, wenn sie denn gewünscht wird, im **Gesellschaftsvertrag** zu **vereinbaren.**[85] Eine derartige **„Gewerbesteuerklausel"** müsste die handelsrechtliche Gewinnverteilung in einem dreistufigen Verfahren modifizieren. Ausgangsgröße für die Gewinnverteilung wäre hiernach der Handelsbilanz-Gewinn der GmbH & Co. KG vor Gewerbesteuer (Stufe 1). Der sich hieraus ergebende vorläufige Gewinnanteil des einzelnen Gesellschafters müsste sodann um die auf das Ergebnis der GmbH & Co. KG (Steuerbilanz) entfallende Gewerbesteuer entsprechend dem Gewinnverteilungsschlüssel gekürzt werden (Stufe 2). Schließlich wäre jedem Gesellschafter die auf seine Sonder- und Ergänzungsbilanzen und etwaige gewerbesteuerpflichtige Veräußerungsgewinne etc entfallende Gewerbesteuer zuzuordnen (Stufe 3), wodurch sich der in der 2. Stufe ermittelte Gewinnanteil erhöht oder ermäßigt. Eine solche Regelung führt dazu, dass im Verhältnis der Gesellschafter untereinander jeder Gesellschafter nicht nur seine Einkommensteuer, sondern auch die seinen Einkünften zuzuordnende Gewerbesteuer zu tragen hat.[86]

44 Die sich aus **§ 35 EStG ergebenden Auswirkungen** würden hierdurch allerdings noch nicht erfasst. § 35 EStG macht deshalb eine weitere Modifikation (4. Stufe) erforderlich, da andernfalls – wegen der Gewerbesteueranrechnung – Mehrbelastungen berücksichtigt würden, die tatsächlich nicht entstehen, et vice versa.[87] Für die Berücksichtigung der Gewerbesteueranrechnung gibt es grundsätzlich **zwei Möglichkeiten,** nämlich den **pauschalen Ausgleich** des sich bei isolierter Betrachtung ergebenden rechnerischen Anrechnungsbetrags oder die Ausgleichung der **tatsächlichen Mehr- oder Minderbelastung** der Gesellschafter unter Berücksichtigung ihrer individuellen Verhältnisse. Letzteres hat den Nachteil, dass die Gewinnverteilung von Umständen abhängig gemacht würde, die von der Gesellschaft nicht beeinflusst werden können und die den Mitgesellschaftern im Zweifel auch nicht bekannt sind oder sein sollen. Ein Kompromiss zwischen beiden Varianten könnte möglicherweise darin liegen, nur solche Einflussfaktoren zu berücksichtigen, die ihre **Ursache in der Unternehmenssphäre** haben.[88]

45 Derartige **Gewerbesteuerklauseln** sind uE **steuerlich anzuerkennen,** zumal sie nicht in die gesetzliche Aufteilung des Gewerbesteuermessbetrages gemäß § 35 Abs. 2 S. 2 GewStG für Zwecke der Gewerbesteueranrechnung eingreifen.[89] Sind sie Bestandteil der

---

[83] Ebenso *Levedag* GmbHR 2009, 13 (15); *Kutt/Möllmann* DB 2010, 1662. Vgl. auch *Knobbe-Keuk,* Bilanz- und Unternehmenssteuerrecht, 765 und StuW 1985, 382 (388), die sich per se – wohl im Wege der Vertragsauslegung – für eine individuelle Zuordnung der Gewerbesteuer im Rahmen der Gewinnverteilung ausspricht.

[84] BGH WM 1986, 1556.

[85] *Wacker* in L. Schmidt EStG § 35 Rn. 27; *Hey* FR 2001, 870 (875): nur für Sondervergütungen; *Korezkij* BB 2001, 389 (391); *Neu* DStR 2001, 1933 (1936); *Plambeck* DStR 2010, 1553 (1555); FN-IDW Beiheft zu 8/11, Rn. 20, 23 ff.; *Kessler/Schiffers/Teufel,* Rechtsformwahl. Rechtsformoptimierung, § 3 Rn. 278; *Mueller-Thuns* in HTM HdB GmbH & Co. KG Rn. 6.703 f., 6.718.

[86] S. Berechnungsbeispiel bei *Plambeck* DStR 2010, 1553 (1554 ff.).

[87] *Ottersbach* DStR 2002, 2023; *Wacker* in L. Schmidt EStG § 35 Rn. 27.

[88] *Neu* DStR 2000, 1933 (1937); *Herzig/Lochmann* DB 2000, 1728; *Strahl* DStR 2000, 1973 (1979); *Rödder* DStR 2002, 940 (941).

[89] *Gosch* in Kirchhof EStG § 35 Rn. 25, 27; *Mueller-Thuns* in HTM HdB GmbH & Co. KG Rn. 6.704 f.; *Kessler/Schiffers/Teufel,* Rechtsformwahl. Rechtsformoptimierung, § 3 Rn. 273.

gesellschaftsvertraglichen Gewinnverteilungsabrede, können sie insbesondere nicht als Verstoß gegen das Rückwirkungsverbot gewertet werden.[90]

Für den Fall einer gewerbesteuerpflichtigen **Veräußerung eines Mitunternehmeranteils** kann alternativ zu einer gesellschaftsvertraglichen Regelung ein Ausgleich dadurch geschaffen werden, dass der Veräußerer sich im Kaufvertrag verpflichtet, die Personengesellschaft von der zusätzlichen Gewerbesteuerbelastung **freizustellen.**[91] Auch hierbei sind ggf. die gegenläufigen Auswirkungen von § 35 EStG zu berücksichtigen.[92] 46

§ 18 Umsatzsteuer

I. Die GmbH & Co. KG

Die GmbH & Co. KG ist umsatzsteuerlich als Personengesellschaft selbst Steuersubjekt und **Unternehmer** iSd § 2 Abs. 1 UStG,[1] und zwar unabhängig davon, ob ihre Gesellschafter auch Mitunternehmer iSv § 15 Abs. 1 Nr. 2 EStG sind.[2] 1

Dies gilt jedoch nur insoweit, als sie ihre gewerbliche Tätigkeit **„selbstständig"** ausübt. Gemäß § 2 Abs. 2 Nr. 1 UStG wird die Tätigkeit nicht selbstständig ausgeübt, soweit natürliche Personen, einzeln oder zusammengeschlossen, einem Unternehmen so eingegliedert sind, dass sie den Weisungen des Unternehmers zu folgen verpflichtet sind. Nach der früheren Rechtsprechung des BFH[3] fand diese Vorschrift auch auf die GmbH & Co. KG Anwendung, obwohl es sich bei ihr nicht um einen Zusammenschluss von natürlichen Personen, sondern um einen solchen von einer juristischen Person mit natürlichen Personen handelt. Diese Rechtsprechung hat der BFH aber bereits vor langem aufgegeben und entschieden, dass Personengesellschaften des Handelsrechts, also auch die GmbH & Co. KG, unter keinen Umständen unselbstständig iSd § 2 Abs. 2 UStG sein können.[4] 2

II. Die Gesellschafter

Die Gesellschafter einer GmbH & Co. KG sind **nicht** bereits **wegen** ihrer **Beteiligung** an der Gesellschaft als **Unternehmer** anzusehen.[5] Dies gilt **auch** für die **Komplementär-GmbH.**[6] Das Umsatzsteuerrecht kennt keine Unternehmereigenschaft kraft Rechtsform. Auch die Komplementär-GmbH kann deshalb nur Unternehmer sein, wenn sie Umsätze gemäß § 1 Abs. 1 Nr. 1 UStG erbringt. 3

Die **Komplementär-GmbH** als juristische Person übt ihre Geschäftsführungstätigkeit gegenüber der GmbH & Co. KG stets als **selbstständiger Unternehmer** aus, es sei denn, sie ist ausnahmsweise nach dem Gesamtbild der tatsächlichen Verhältnisse, wie zB bei der Einheits-GmbH & Co. KG – finanziell, wirtschaftlich und organisatorisch in das Unternehmen der KG so eingegliedert, dass ein Organschaftsverhältnis iSd § 2 Abs. 2 Nr. 2 UStG besteht.[7] Die Finanzverwaltung hatte zunächst die Auffassung vertreten, dass jeder Komplementär einer aus natürlichen Personen bestehenden KG, der von dieser eine Tätigkeitsvergütung für seine Geschäftsführungsleistung erhält, stets selbständig tätig bzw. Unternehmer ist. Dem ist der BFH jedoch unter Bezugnahme auf die EuGH-Rechtsprechung[8] mit der 4

[90] *Scheifele* DStR 2006, 253 (255). Zweifelnd *Priester* DStR 2001, 795 (800).
[91] S. *Plambeck* DStR 2010, 1553 (1556).
[92] *Scheifele* DStR 2006, 253.
[1] BFH 1.6.1995 – V R 90/93, BStBl. II 1995, 914; 23.7.1959 – V 47/56 U, BStBl. III 1959, 394.
[2] BFH 18.12.1980 – V R 142/73, BStBl. II 1981, 408.
[3] BFH 2.2.1967 – V R 35/64, BStBl. III 1967, 499.
[4] BFH 7.12.1978 – V R 22/74, BStBl. II 1979, 356; 8.2.1979 – V R 101/78, BStBl. II 1979, 362; → Rn. 19.
[5] BFH 20.7.1988 – X R 46/81, BFH/NV 1989, 326; 20.1.1988 – X R 48/81, BStBl. II 1988, 557; *Oelmaier* in Sölch/Ringleb UStG § 1 Rn. 79.
[6] BFH 17.7.1980 – V R 5/72, BStBl. II 1980, 622.
[7] Abschn. 2.2 Abs. 6 UStAE.
[8] BFH/NV 2008, Beilage 1, 48, Rn. 21–24.

Feststellung entgegengetreten, dass **natürliche Personen** als geschäftsführende Komplementäre (auch) umsatzsteuerrechtlich unselbständig sein können.[9]

III. Organschaft und Unternehmereinheit zwischen GmbH & Co. KG und Komplementär-GmbH

1. Organschaft

5 Im Einzelfall kann es von Vorteil sein, wenn zwischen GmbH & Co. KG einerseits und der an ihr als Komplementär beteiligten GmbH eine umsatzsteuerliche Organschaft besteht. Das ist insbesondere dann zu bejahen, wenn eine der beteiligten Gesellschaften nicht zum Vorsteuerabzug berechtigt ist. Liegt eine Organschaft vor, sinkt die Umsatzsteuerbelastung, denn der zwischen den Gesellschaften des Organkreises abgewickelte Leistungsverkehr führt zu **nicht steuerbaren Innenumsätzen.**[10]

6 **a) GmbH & Co. KG als Organgesellschaft.** Ein Organschaftsverhältnis zwischen Komplementär-GmbH und GmbH & Co. KG dergestalt, dass die GmbH Organträger, die GmbH & Co. KG **Organgesellschaft** ist, kommt nach dem **Gesetzeswortlaut** eigentlich nicht in Betracht. Denn Organgesellschaft kann gemäß § 2 Abs. 2 Nr. 2 UStG immer nur eine **juristische Person** sein, während es sich bei der GmbH & Co. KG um eine Personengesellschaft handelt.[11]

7 Die Beschränkung der Wirkung der Organschaft auf eine juristische Person als Organgesellschaft hielten wir jedenfalls bei der GmbH & Co. KG als kapitalistisch strukturierter Personengesellschaft seit je her für **europarechtswidrig,** weil nicht mit dem Grundsatz der Rechtsformneutralität vereinbar. Dies sieht auch der **EuGH** so,[12] dem diese Frage auf Veranlassung des FG München[13] am 11.12.2013 vom BFH vorgelegt[14] worden war.

8 Die Folgeentscheidungen des V. und XI. Senats des **BFH** stimmen nunmehr im Ergebnis, nicht jedoch in der Begründung darin überein, dass **auch eine GmbH & Co. KG** – abweichend vom Wortlaut des § 2 Abs. 2 Nr. 2 UStG – **Organgesellschaft** sein kann.[15] Der **V. Senat** ignoriert das Tatbestandsmerkmal „juristische Person", dass der Gesetzgeber nur „vordergründig" verwende, um die Voraussetzungen der Organschaft „leicht und einfach" festzustellen. Stattdessen stellt er auf das als **Durchgriffsmöglichkeit** bezeichnete Über- und Unterordnungsverhältnis ab, das (auch) bei Personengesellschaften gegeben sei, wenn Gesellschafter neben dem Organträger ausschließlich Personen sind, die nach § 2 Abs. 2 Nr. 2 UStG in das Unternehmen des Organträgers finanziell eingegliedert sind.[16] Diese Voraussetzung ist bei der typischen GmbH & Co. regelmäßig nicht erfüllt; erfasst werden vielmehr nur **Konzernsachverhalte,** bei denen der Organträger, zB die Konzernobergesellschaft, an allen Gesellschaftern der GmbH & Co. KG – mittelbar oder unmittelbar – mehrheitlich beteiligt ist.

9 Demgegenüber orientiert sich der **XI. Senat** am Begriff der juristischen Person, der bei richtlinienkonformer Auslegung auch die GmbH & Co. KG umfasse.[17] Steuerrechtliche Tatbestandsmerkmale seien – unabhängig davon, welchem Rechtsgebiet sie ursprünglich

---

[9] BFH 14.4.2010 – XI R 14/09, BStBl. II 2011, 433. Vgl. BMF-Schreiben 2.5.2011, DStR 2011, 864; *Monfort* NWB 2011, 198; *Vellen* UStB 2010, 329.

[10] *Stadie* in Rau/Dürrwächter UStG § 2 Rn. 819 ff.

[11] BFH 17.1.1973 – I R 253/71, BStBl. II 1973, 269; 25.10.1995 – I R 77/93, BFH/NV 1996, 506.

[12] EuGH 16.7.2015, MwStR 2015, 583 unter Hinweis auf Art. 4 Abs. 4 UAbs. 2 RL 77/388/EWG. Zur Historie *Eggers/Korf* MwStR 2015, 710.

[13] FG München MwStR 2013, 448.

[14] BFH XI R 17/11, BStBl. II 2014, 417.

[15] Zum Meinungsstand *Brinkmann/Walter-Yadegardjam* DStR 2016, 650; *Grünwald* WPg 2016, 1097; *Heuermann* DB 2016, 608; *Heinrichshofen* UR 2016, 311; *Jansen* BB 2016, 2263; *Korf* MwStR 2016, 257; *Michel* DB 2016, 1959.

[16] BFH 2.12.2015 – V R 25/13, BFH/NV 2016, 500; 2.12.2015 – V R 15/14, BFH/NV 2016, 506; 3.12.2015 – V R 36/13, BFH/NV 2016, 514.

[17] BFH 19.1.2016 – XI R 38/12, DStR 2016, 587; 1.6.2016 – XI R 17/11, DStR 2016, 1668.

entlehnt sind – nach dem „steuerrechtlichen Bedeutungszusammenhang, nach dem Zweck des jeweiligen Steuergesetzes und dem Inhalt der einschlägigen Einzelregelung" zu interpretieren, zumal es auch außerhalb des Steuerrechts Beispiele für eine von der zivilrechtlichen Terminologie abweichende Auslegung des Begriffs „juristische Person" gebe. Eine GmbH & Co. KG habe eine **„kapitalistische Struktur"**, da bei ihr lediglich eine juristische Person (Komplementär-GmbH) die Geschäfte führt, und könne deshalb wie eine juristische Person dem Willen des Organträgers unterworfen sein.

Die **Finanzverwaltung** wendete die neue Rechtsprechung zunächst nur auf übereinstimmenden **Antrag** der betroffenen Unternehmen nur in den Fällen an, in denen nach der Begründung beider BFH-Senate die Eingliederung einer Personengesellschaft möglich ist, nämlich bei einer **GmbH & Co. KG als Organgesellschaft,** deren Gesellschafter neben dem Organträger nur Personen sind, die in das Unternehmen des Organträgers finanziell eingegliedert sind.[18] Seit dem BMF-Schreiben vom 26.5.2017[19] und dem hierdurch geänderten Abschn. 2.8 Abs. 2 S. 5 UStAE genügt auch hier, wie bei anderen Organschaften, der Antrag des Organträgers. 10

Die **praktischen Auswirkungen** der neuen Rechtslage sind durchaus gemischt zu beurteilen.[20] Einerseits bedeutet sie eine Verbesserung für den Bereich des Vorsteuerabzugs von Holdinggesellschaften, die entgeltliche Leistungen an Tochter-Personengesellschaften ausführen. Anderseits ist zu berücksichtigen, dass es eine Vielzahl von Konzernstrukturen gibt, bei denen bewusst Personengesellschaften eingesetzt wurden, um die Rechtsfolgen der umsatzsteuerlichen Organschaft zu vermeiden (zB aus Haftungsgründen, zur Optimierung des Vorsteuerabzugs oder auch zur Vermeidung einer grunderwerbsteuerlichen Organschaft nach § 1 Abs. 4 Nr. 2 GrEStG).[21] 11

b) GmbH & Co. KG als Organträger ihrer Komplementär-GmbH. Organträger kann nach dem Gesetzeswortlaut **jeder Unternehmer** sein, also auch eine GmbH & Co. KG. Fraglich ist, ob bei einer GmbH & Co. KG ein Organverhältnis in der Weise denkbar ist, dass die **GmbH & Co. KG** die Stellung eines **Organträgers** mit ihrer eigenen **Komplementär-GmbH als Organgesellschaft** einnimmt, was erfordert, dass die Komplementär-GmbH in das Unternehmen der GmbH & Co. KG (auch) **finanziell eingegliedert** ist. Finanziell ist eine Organgesellschaft eingegliedert, wenn der Organträger an ihr so beteiligt ist, dass er seinen **Willen durchsetzen** kann. Der BFH hat diese Möglichkeit in seiner Entscheidung vom 14.12.1978 generell verneint und im Leitsatz ausgeführt, dass eine GmbH, die an einer KG als persönlich haftender Gesellschafter beteiligt ist, nicht als Organgesellschaft in das Unternehmen dieser KG eingegliedert sein könne.[22] 12

Das wesentliche Merkmal der – die Unselbstständigkeit einer juristischen Person beschreibenden – Regelung des § 2 Abs. 2 Nr. 2 UStG liege darin, dass der Organträger über eine maßgebliche **kapitalmäßige Beteiligung** an der Organgesellschaft verfüge, die es ihm ermögliche, im Rahmen der Willensbildung der Organgesellschaft seinen eigenen Willen durchzusetzen. Da aber bei der GmbH & Co. KG nicht die KG an der GmbH, sondern diese an der KG beteiligt ist, sei allein die Komplementär-GmbH kraft Rechtsstellung dazu befähigt, an der Willensbildung der KG mitzuwirken. Demzufolge könne die Komplementär-GmbH der KG nicht gleichzeitig in diese derart eingegliedert sein, dass die KG den Willen der GmbH bestimme. Dies gelte unabhängig davon, ob die Komplementär-GmbH den ihr zuzurechnenden Willen bei der KG nicht zur Geltung bringen könne; denn aus ihrer Einflusslosigkeit als Gesellschafter der KG folge noch nicht ihre organschaftliche Eingliederung in diese. Eine etwaige Vormachtstellung eines Kommanditisten in der Kom- 13

[18] OFD Frankfurt 24.5.2016, DStR 2016, 1611.
[19] BStBl. I 2017, 790.
[20] Vgl. die Beispielsfälle in IDW Arbeitshilfe WPg Beilage 2017, 89 ff.
[21] *Schlösser* BB 2016, 932.
[22] BFH 14.12.1978 – V R 85/74, BStBl. II 1979, 288; *Korn* in Bunjes UStG § 2 Rn. 119. AA *Stadie* in Rau/Dürrwächter UStG § 2 Rn. 904 ff.

plementär-GmbH könne allenfalls die Prüfung veranlassen, ob die GmbH als Organ in das Unternehmen des Kommanditisten eingegliedert sei.

14 Diese Begründung trifft allerdings dann nicht zu (insoweit ist der Leitsatz uE zu weit gefasst), wenn die GmbH & Co. KG die **Alleingesellschafterin ihrer Komplementär-GmbH** ist, wenn also eine **Einheitsgesellschaft** (→ § 8 Rn. 1 ff.) vorliegt. Denn dann wirkt gerade nicht die Komplementär-GmbH an der Willensbildung in der KG, sondern umgekehrt die KG durch ihre Kommanditisten an der Willensbildung in der Komplementär-GmbH mit. Dies wird dann besonders deutlich, wenn – wie von uns empfohlen (→ § 8 Rn. 15 ff.) – im Gesellschaftsvertrag der GmbH & Co. KG ausdrücklich vereinbart ist, dass die Gesellschafterrechte bei der Komplementär-GmbH unmittelbar von den Kommanditisten ausgeübt werden. Im Fall der Einheitsgesellschaft entfällt also der Einwand des BFH, wonach mit der Stellung der GmbH als persönlich haftender Gesellschafter die Annahme eines Unterordnungsverhältnisses gegenüber der GmbH & Co. KG unvereinbar sei. Bei ihr ist deshalb eine **Organschaft** iSv § 2 Abs. 2 Nr. 2 UStG mit der KG als Organträger möglich.[23]

15 Für die finanzielle Eingliederung kann freilich eine **mittelbare Beteiligung** einer Personengesellschaft an einer Kapitalgesellschaft ausreichen.[24] Deshalb hatte der BFH lange Zeit bei **Schwestergesellschaften,** insbesondere bei Betriebsaufspaltungen, die finanzielle Eingliederung bejaht, wenn die Mehrheit der Anteile oder Stimmrechte an der Organgesellschaft von den Gesellschaftern der Organträgergesellschaft gehalten wird, so dass in beiden Gesellschaften d**ieselben Gesellschafter** zusammen über die **Mehrheit der Anteile** oder Stimmrechte verfügen und damit der Organträger mittelbar seinen Willen auch in der Organgesellschaft durchsetzen kann.[25] Auch wenn keine Einheitsgesellschaft vorliegt, war die finanzielle Eingliederung einer GmbH in eine Personengesellschaft folglich zu bejahen, wenn deren Gesellschafter an dieser **gleichberechtigt beteiligt** sind und außerdem ihren **Willen** bei der GmbH aufgrund ihrer Mehrheit an deren Stammkapital nicht nur im Einzelfall **durchsetzen** können.

16 Zur GmbH & Co. KG hat der BFH in seiner Entscheidung vom 19.5.2005 für einen sehr atypisch gelagerten Sachverhalt, in dem die Komplementär-GmbH mit 99,72 % am Vermögen der KG unmittelbar beteiligt war, eine finanzielle Eingliederung freilich auch unter diesem Blickwinkel abgelehnt.[26] Die **unmittelbare Beteiligung** sei gegenüber der mittelbaren Beteiligung der Gesellschafter **vorrangig,** da andernfalls die Beteiligungsverhältnisse gleichsam auf den Kopf gestellt würden. Die KG stehe beteiligungsmäßig nicht über, sondern unter Komplementär-GmbH. Diese Entscheidung bestärkte die **Finanzverwaltung** darin, der Komplementär-GmbH aufgrund ihrer Rechtsstellung als persönlich haftender Gesellschafter die Eignung als Organ der KG **generell abzusprechen,**[27] was wiederum den Widerspruch des FG Niedersachsen hervorrief,[28] das eine Eingliederung allerdings aufgrund des ebenfalls atypischen Urteilsfalls wohl nur insoweit für möglich hielt, als die Komplementär-GmbH neben ihrer Tätigkeit als geschäftsführendes Organ eine unternehmerische Tätigkeit ausübt.

17 Unter diesen Voraussetzungen konnte auch bei GmbH & Co. KGs, die nicht als Einheitsgesellschaft organisiert war, eine **Eingliederung der Komplementär-GmbH** in das Unternehmen der KG allenfalls in Betracht kommen, wenn eine GmbH & Co. KG gesellschaftsvertraglich so ausgestaltet, dass die Komplementär-GmbH lediglich im Außenverhältnis die Stellung des Komplementärs einnimmt, im **Innenverhältnis** dagegen die Geschäfte

---

[23] Abschn. 2.8 Abs. 2 S. 8 UStAE; *Lüke* in HTM HdB GmbH & Co. KG Rn. 2.485; *Helde* in HTM HdB GmbH & Co. KG Rn. 3.319. *Jorde/Götz* DStR 2005, 2718 (2723); *Söffing* GmbH & Co. KG Rn. 3647; *Liebgott* UR 2016, 86; *v. Bonin* RNotZ 2017, 1 (15).

[24] BFH V 86/58, BStBl. II 1980, 20; *Klenk* in Sölch/Ringleb UStG § 2 Rn. 112.

[25] BFH 24.4.2002 – V B 128/01, BFH/NV 2002, 1058; BFH 20.1.1999 – XI R 69/97, BFH/NV 1999, 1136.

[26] BFH 19.5.2005 – V R 31/03, BStBl. II 2005, 671.

[27] Umsatzsteuer-Richtlinien (2008) Abschn. 21 Abs. 2 S. 4 aF.

[28] FG Niedersachsen EFG 2009, 792 (aufgehoben BFH 22.4.2010 – V R 9/09, BStBl. II 2011, 597).

der GmbH & Co. KG – wie ein Angestellter – nur nach deren **Weisungen** zu führen berechtigt war.[29]

Derartige, ohnehin wenig praxisnahe Gestaltungen sind jedoch durch eine zwischenzeitliche **Änderung der Rechtsprechung** gegenstandslos geworden. Zunächst hat der V. Senat des BFH aus Gründen der Rechtssicherheit entschieden, für den Fall, dass nur mehreren Gesellschaftern gemeinsam eine Mehrheitsbeteiligung an GmbH und Personengesellschaft zustehe, an seiner bisherigen Rechtsprechung zur finanziellen Eingliederung nicht festzuhalten.[30] Wenige Monate später vollendete der XI. Senat unter Bezugnahme auf die Rechts- bzw. Steuerneutralität die Neuausrichtung der Rechtsprechung, indem er ausurteilte, dass der Organträger **selbst** (mittelbar oder unmittelbar) mehrheitlich an der Organgesellschaft **beteiligt** sein müsse,[31] was bei der beteiligungsidentischen GmbH & Co. KG regelmäßig nicht der Fall ist. Damit steht für die GmbH & Co. KG jetzt – bis zur nächsten Rechtsprechungsänderung – endgültig fest, dass ein Organschaftsverhältnis mit ihrer Komplementär-GmbH als Organgesellschaft **nur bei der Einheitsgesellschaft** möglich ist. 18

2. Unternehmereinheit und organschaftsähnliches Verhältnis

Der Organschaft hatten RFH und BFH in jahrzehntelanger Rechtsprechung die im Gesetz nicht geregelten Institute „Unternehmereinheit" und „organschaftsähnliches Verhältnis" zur Seite gestellt, in deren jeweiligen Anwendungsbereich die **Innenumsätze** zwischen den Beteiligten ebenfalls nicht **steuerbar** waren. 19

Die **Unternehmereinheit** zwischen verschiedenen Gesellschaften war angenommen worden, wenn die folgenden **Voraussetzungen** kumulativ vorlagen:[32] gleiche Gesellschafter, gleiche Beteiligung dieser Gesellschafter an jeder Gesellschaft, einheitliche Willensbildung für alle Gesellschaften und Nebenordnung der Gesellschaften. Unter diesen Voraussetzungen galt auch eine Unternehmereinheit zwischen einer GmbH & Co. KG und ihrer Komplementär-GmbH als möglich.[33] Als Unternehmer iSd Umsatzsteuerrechts und damit Steuerschuldner wurde die in der Unternehmereinheit zusammengeschlossene **„Personengruppe"** angesehen.[34] Dies hatte zur Folge, dass die mit der Gründung einer juristischen Person und durch die Wahl der Kommanditistenstellung gerade angestrebte Haftungsbeschränkung für Umsatzsteuerschulden praktisch außer Kraft gesetzt war.[35] Diese Durchbrechung der zivilrechtlichen Haftungsstruktur war eines der Hauptargumente für den BFH, das Institut der Unternehmereinheit **aufzugeben.**[36] 20

Während bei dem Institut der Unternehmereinheit **nebengeordnete** Gesellschaften zusammengefasst worden waren, führte das des **organschaftsähnlichen Verhältnisses** zur Bildung einer Einheit aus einander **über-** bzw. **untergeordneten Gesellschaften.** Im Gegensatz zu der gesetzlich geregelten Organschaft wurde beim organschaftsähnlichen Verhältnis angenommen, dass es sich bei der untergeordneten Gesellschaft um eine „nicht rechtsfähige Personenvereinigung" handelte.[37] Danach konnte eine GmbH & Co. KG unselbstständige Untergesellschaft sowohl ihrer Komplementär-GmbH als auch einer anderen Gesellschaft, etwa einer weiteren GmbH & Co. KG, sein. Mit dem BFH-Urteil vom 8.2.1979[38] ist auch das Gebilde des organschaftsähnlichen Verhältnisses **aufgegeben** worden. 21

---

[29] *Werner* DStR 2006, 706; vgl. auch *Behrens/Schmitt* GmbHR 2003, 269 (272); *Weiß* UR 1979, 83; *Stadie* in Rau/Dürrwächter UStG § 2 Rn. 905.
[30] BFH 22.4.2010 – V R 9/09, BStBl. II 2011, 597. Hierzu *Thietz-Bartram* DB 2011, 1077.
[31] BFH 1.12.2010 – XI R 43/08, BStBl. II 2011, 600; 19.9.2011 – XI B 85/10, BFH/NV 2012, 283.
[32] *Klenk* in Sölch/Ringleb UStG § 2 Rn. 46 ff. mwN.
[33] BMF-Schreiben 21.8.1975, BStBl. I 1975, 994; BFH 7.8.1959 – V 10/57 U, BStBl. III 1959, 395.
[34] Grundlegend BFH 8.2.1955 – V 162/52, BStBl. III 1955, 113.
[35] BFH 26.4.1973 – V R 40/71, BStBl. II 1973, 549.
[36] BFH 16.11.1978 – V R 22/73, BStBl. II 1979, 347; 8.2.1979 – V R 114/74, BStBl. II 1979, 358.
[37] BFH 23.7.1959 – V 47/56 K, BStBl. III 1959, 394; 19.11.1964 – V 245/61 S, BStBl. III 1965, 182.
[38] BFH 8.2.1979 – V R 101/78, BStBl. II 1979, 362.

IV. Leistungsbeziehungen zwischen der GmbH & Co. KG und ihren Gesellschaftern

1. Leistungsaustausch bei Geschäftsführungstätigkeit der Komplementär-GmbH

22 **a) Rechtsentwicklung.** Leistungen eines Gesellschafters an die Gesellschaft können ihren Grund entweder im **gesellschaftsrechtlichen Beitragsverhältnis** oder in einem gesonderten **schuldrechtlichen Austauschvertrag** haben. Nach ständiger Rechtsprechung des BFH[39] richtet sich die umsatzsteuerrechtliche Behandlung dieser Leistungen danach, ob es sich um Leistungen handelt, die gegen **(Sonder-)Entgelt** ausgeführt werden und damit auf einen Leistungsaustausch gerichtet sind, oder um Leistungen, die als Gesellschafterbeitrag durch die **Beteiligung am Gewinn und Verlust** der Gesellschaft abgegolten sind. Unerheblich ist, ob die Leistungsverpflichtung auf dem Gesellschaftsvertrag beruht; entscheidend ist die tatsächliche Ausführung des Leistungsaustausches.[40]

23 Der BFH begründet seine Rechtsprechung damit, dass es die Gesellschafter weitgehend in der Hand haben, Leistungen als – durch die Beteiligung am Gewinn und Verlust der Gesellschaft abgegoltenen (unentgeltlichen) – Gesellschafterbeitrag zu vereinbaren oder die entsprechenden Leistungen auf der Grundlage eines echten Austauschvertrags gegen Sonderentgelt zu erbringen. Diese Möglichkeit – so der BFH – sei nur dann nicht gegeben, wenn die Tätigkeit des Gesellschafters unmittelbar der **Verwirklichung des Gesellschaftszwecks** diene und als eigene Tätigkeit der Gesellschaft zu erfassen sei.

24 Mit dieser Begründung verneinte der BFH lange Zeit die Umsatzsteuerbarkeit der **Geschäftsführertätigkeit des persönlich haftenden Gesellschafters,** ohne danach zu unterscheiden, ob es sich um eine natürliche oder eine juristische Person handelt.[41] Denn die Komplementär-GmbH und die GmbH & Co. KG stünden sich nicht in dem Sinne gegenüber, dass die Erstgenannte eine Leistung erbringe, die die GmbH & Co. KG empfange. Wirtschaftlich betrachtet realisiere sich der Gesellschaftszweck, zu dessen Erreichung sich die Gesellschafter verbunden hätten, mangels eigener Handlungsfähigkeit der GmbH & Co. KG durch das Tätigwerden ihrer Komplementär-GmbH. Als Geschäftsführer betätige sich die Komplementär-GmbH zugleich für die GmbH & Co. KG; eine Leistung an einen anderen erbringe sie nicht. Die **Ausübung der Mitgliedschaftsrechte** könne deshalb nicht als Leistung an die GmbH & Co. KG angesehen werden, weil dieser der Erfolg der eigenen Betätigung des Gesellschafters „als Reflex" zugute komme.[42]

25 Der BFH stellte für seine Beurteilung entscheidend darauf ab, ob die Leistung **nur von den Gesellschaftern** selbst – was im Falle der GmbH & Co. KG für die Geschäftsführertätigkeit gilt (§ 114 Abs. 1 HGB iVm § 161 Abs. 2 HGB) – oder auch von Dritten erbracht werden kann.[43] Deshalb behandelte der BFH die entgeltliche Tätigkeit einer Komplementär-GmbH als **Liquidator**[44] und die Tätigkeit eines Kommanditisten im **Beirat** der GmbH & Co. KG oder deren Komplementär-GmbH[45] nach den allgemeinen Grundsätzen, da diese jeweiligen Tätigkeiten auch von Nichtgesellschaftern ausgeübt werden dürfen.

26 Die Geschäftsführungstätigkeit der Komplementär-GmbH ergab hiernach selbst dann **keinen umsatzsteuerbaren Leistungsaustausch** mit der GmbH & Co. KG, wenn sie gegen **(Sonder-)Entgelt** ausgeführt wurde. Dies hatte zur Folge, dass eine „reine" Komple-

---

[39] BFH 6.6.2002 – V R 43/01, DStR 2002, 1346; BFH 18.12.1996 – XI R 12/96, BStBl. II 1997, 374; BFH 16.3.1993 – XI R 52/90, BStBl. II 1993, 562 mwN.

[40] Diese Differenzierung entspricht auch der Rechtsprechung des EuGH UR 2000, 121; Abschn. 1.6 Abs. 3 S. 3 UStAE; *Husmann* in Rau/Dürrwächter UStG § 1 Rn. 337 ff.

[41] BFH 17.7.1980 – V R 5/72, BStBl. II 1980, 622 unter Aufgabe der vorherigen Rechtsprechung, BFH 19.7.1973 – V R 157/71, BStBl. II 1973, 764.

[42] BFH 17.7.1980 – V R 5/72, BStBl. II 1980, 622.

[43] BFH 8.11.1995 – V R 8/94, BStBl. II 1996, 176; 24.8.1994 – XI R 74/93, BStBl. II 1995, 150; 5.5.1994 – V R 76/92, BFH/NV 1995, 356.

[44] BFH 8.11.1995 – V R 8/94, BStBl. II 1996, 176.

[45] BFH 24.8.1994 – XI R 74/93, BStBl. II 1995, 150. Weitere Beispiele bei *Husmann* in Rau/Dürrwächter UStG § 1 Rn. 337.

mentär-GmbH – dh eine GmbH, deren Tätigkeit sich auf die Geschäftsführung der GmbH & Co. KG beschränkte – **nicht vorsteuerabzugsberechtigt** war.

b) Änderung der BFH-Rechtsprechung. Mit **Urteil vom 6.6.2002**[46] hat der BFH die **Sonderbehandlung** der Geschäftsführungstätigkeit des persönlich haftenden Gesellschafters **aufgegeben.** Seither ist die Geschäftsführungstätigkeit der Komplementär-GmbH umsatzsteuerbar, wenn diese im Rahmen ihres Unternehmens gegen gesondertes Entgelt selbständig erbracht wird und ein unmittelbarer Zusammenhang zwischen Leistung und Gegenleistung besteht. Unerheblich ist, dass die Komplementär-GmbH bei der Führung der Geschäfte zugleich auch Mitgliedschaftsrechte ausübt. 27

Die Umsatzsteuerbarkeit der Geschäftsführungstätigkeit erfordert ein **gesondertes Entgelt** (Sonderentgelt).[47] Ein solches ist anzunehmen, wenn die Komplementär-GmbH eine Vergütung erhält, die in der **Handelsbilanz** als Aufwand behandelt wird.[48] Auf die Bezeichnung der Gegenleistung – zB als Aufwendungsersatz, Umsatzbeteiligung oder Kostenerstattung – kommt es nicht an. Wird im Rahmen der Ergebnisverwendung ein Gewinnvorab verteilt, ist dieser **Gewinnvorab** kein Sonderentgelt. Wenn für die Geschäftsführungsleistung neben einem Sonderentgelt auch eine gewinnabhängige Vergütung gezahlt wird (sog **Mischentgelt**), sind das Sonderentgelt und die gewinnabhängige Vergütung umsatzsteuerrechtlich getrennt zu beurteilen.[49] Wird allerdings der **gesamte Gewinn** ausschließlich nach der Leistung der Gesellschafter verteilt, so handelt es sich – unabhängig von der Bezeichnung als Gewinnverteilung – umsatzsteuerrechtlich um Entgelt.[50] Die Gesellschafter haben bei der Ausgestaltung einen weiten Spielraum, der durchaus als Wahlrecht der Umsatzsteuerbarkeit bezeichnet werden kann.[51] 28

Die umsatzsteuerrechtliche Beurteilung der Geschäftsführertätigkeit wird bei der GmbH & Co. KG dadurch erschwert, dass sie innerhalb der GmbH & Co. KG von der Komplementär-GmbH erbracht wird, die wiederum durch ihre Geschäftsführer handelt. In Fortführung des Urteils vom 6.6.2002 hat der BFH am 10.3.2005 entschieden, dass auch die Tätigkeit eines **GmbH-Geschäftsführers** als selbstständig beurteilt werden kann; seine Organstellung steht der Annahme eines umsatzsteuerlichen Austauschverhältnisses nicht entgegen.[52] Eine Umsatzsteuerpflicht besteht auch dann, wenn der Dienstvertrag unmittelbar zwischen den Geschäftsführern der Komplementär-GmbH und der GmbH & Co. KG besteht und in Erfüllung dieses Vertrags die Vergütung unmittelbar an den Geschäftsführer gezahlt wird.[53] Es ist freilich davon auszugehen, dass ein Geschäftsführer seine Geschäftsführerleistungen gegenüber der GmbH regelmäßig aufgrund eines **Dienstvertrags** – also bis auf wenige Ausnahmefälle[54] **nicht als selbstständiger Unternehmer** – erbringen wird.[55] Für seine Geschäftsführervergütung ist dann keine Umsatzsteuer zu berechnen. 29

Sehr oft wird der Geschäftsführer einer Komplementär-GmbH **zugleich Kommanditist** der GmbH & Co. KG sein. Grundsätzlich ist die Frage, ob die Geschäftsführertätigkeit in diesem Fall selbstständig oder unselbstständig ausgeführt wird, für die Umsatzsteuer nach denselben Grundsätzen wie für die Einkommensteuer und Gewerbesteuer zu beurteilen.[56] 30

[46] BFH 6.6.2002 – V R 43/01, BStBl. II 2003, 36. Hierzu *Berg* DStR 2002, 1658; *Heidner* DStR 2002, 1890; *Stützel* DStR 2004, 1642; *Weimann* DB 2003, 238; *Behrens/Schmitt* GmbHR 2003, 269; *Behrens/Schmitt* BB 2003, 177. AA *Stadie* in Rau/Dürrwächter UStG § 2 Rn. 518.

[47] BFH 5.12.2007 – V R 60/05, DStR 2008, 866 (868).

[48] Abschn. 1.6 Abs. 7 UStAE; BMF-Schreiben 23.12.2003, BStBl. I 2003, 240; *Helde* in HTM HdB GmbH & Co. KG Rn. 6.774 mwN; *Mai* in Reichert GmbH & Co. KG § 8 Rn. 23.

[49] Abschn. 1.6 Abs. 6 UStAE; differenzierend FG Schleswig-Holstein DStRE 2017, 927.

[50] BFH 10.5.1990 – V R 47/86, BStBl. II 1990, 757.

[51] *Robisch* in Bunjes UStG § 1 Rn. 80; *Mai* in Reichert GmbH & Co. KG § 8 Rn. 24.

[52] BFH 10.3.2005 – V R 29/03, BStBl. II 2005, 730; s. auch EuGH DStR 2007, 1958 mAnm *Küffner/Zugmaier*; Abschn. 2.2 Abs. 2 S. 4 und 5 UStAE.

[53] S. Abschn. 2.2 Abs. 2 Beispiel 1 UStAE; *Helde* in HTM HdB GmbH & Co. KG Rn. 6.779.

[54] Etwa der Gesellschafter-Geschäftsführer einer Ein-Personen GmbH & Co. KG, vgl. *Hiller/Robisch* DStR 2005, 1125 (1126 f.).

[55] *Titgemeyer* BB 2007, 189.

[56] BFH 27.7.1972 – V R 136/71, BStBl. II 1972, 810. Vgl. Kriterienkatalog von *Stadie* in Rau/Dürrwächter UStG § 2 Rn. 144.

Jedoch wirkt sich nach Auffassung der Finanzverwaltung die Sonderregelung des § 15 Abs. 1 S. 1 Nr. 2 EStG, mit der Vergütungen in Gewinneinkünfte umqualifiziert werden, im Umsatzsteuerrecht nicht aus.[57] So ist stets in jedem Einzelfall zu prüfen, ob der Kommanditisten-Geschäftsführer nach dem Gesamtbild der Umstände selbstständig oder nicht selbstständig tätig ist, wobei ein lediglich gesellschaftsrechtliches Weisungsrecht nicht zur Annahme der Nichtselbstständigkeit führen soll.[58]

31 Eine **Haftungsvergütung** der GmbH & Co. KG an die Komplementär-GmbH wird uE grundsätzlich nicht im Rahmen eines Leistungsaustauschverhältnisses gewährt und ist deshalb nicht umsatzsteuerbar.[59] Dies gilt nach der hier vertretenen Auffassung selbst dann, wenn die Haftungsvergütung neben einer Geschäftsführervergütung **nicht gesondert vereinbart** worden sein sollte.

32 Nach der ständigen Rechtsprechung des EuGH und des BFH ist grundsätzlich **jede Dienstleistung als eigene selbstständige Leistung** zu betrachten. Jedoch darf andererseits eine wirtschaftlich einheitliche Dienstleistung im Interesse eines funktionierenden Mehrwertsteuersystems nicht künstlich aufgespalten werden. Eine Leistung ist nur dann als Nebenleistung zu einer Hauptleistung anzusehen, wenn sie keinen eigenen Zweck erfüllt, sondern das Mittel darstellt, um die Hauptdienstleistung des Erbringers unter optimalen Bedingungen in Anspruch zu nehmen.[60] Beim persönlich haftenden Gesellschafter einer KG besteht jedoch weder ein rechtlich zwingender noch ein enger funktioneller Zusammenhang zwischen den Geschäftsführungsleistungen und der Haftungsübernahme, was schon daraus folgt, dass dieser von der Geschäftsführung ausgeschlossen werden kann.

33 Der **BFH** hat mit Urteil vom 3.3.2011 entschieden, dass die Festvergütung, die der geschäftsführungs- und vertretungsberechtigte Komplementär einer KG von dieser für seine gesetzliche Haftung erhält, als **Entgelt für eine einheitliche Leistung,** die zwingend Geschäftsführung, Vertretung und Haftung umfasse, **umsatzsteuerpflichtig** sei.[61] Die Einheitlichkeit schließt der BFH daraus, dass bei Übernahme der Geschäftsführung die Haftung nicht abbedungen werden kann, übersieht dabei aber, dass das Gegenpaar – Übernahme der Haftung unter Ausschluss der Geschäftsführung – zulässig ist und im Zusammenhang mit der Vermeidung von Publizität (→ § 15 Rn. 105 f.) auch durchaus praktiziert wird.[62] Die **Finanzverwaltung** vertritt die noch weitergehende Auffassung, dass die Haftungsübernahme auch im Fall der **isolierten Erbringung** der Gegenstand eines umsatzsteuerbaren Leistungsaustausches sein soll.[63]

34 Beurteilt man die Haftungsvergütung als umsatzsteuerbar, stellt sich die Frage, ob diese nach **§ 4 Nr. 8 lit. g UStG** als „Übernahme von Verbindlichkeiten, von Bürgschaften und anderen Sicherheiten sowie die Vermittlung dieser Umsätze" steuerbefreit ist. Die Vorschrift beruht auf Art. 13 Teil B lit. d Nr. 2 RL 77/388/EWG (6. EU-Richtlinie),[64] zu der der EuGH maßgeblich auf den Charakter der Verbindlichkeitsübernahme als **Finanzgeschäft** abstellt,[65] das laut BFH nicht vorliege, da die Haftung des Komplementärs nach der sog Erfüllungstheorie grundsätzlich auf Sachleistungen gerichtet sei.[66] Auch diese Begründung überzeugt nicht, da der Komplementär faktisch in den überwiegenden Fällen in Geld erfüllen wird.[67]

---

[57] Abschn. 1.6 Abs. 4 Beispiel 5 UStAE.

[58] Abschn. 2.2 Abs. 6 S. 2 UStAE; *Klenk* in Sölch/Ringleb UStG § 2 Rn. 180, Stichwort „Geschäftsführer"; kritisch *Küffner/Zugmaier* DStR 2007, 1241 (1244), die darauf verweisen, dass diese Fragen höchstrichterlich noch nicht geklärt sind.

[59] Ebenso *Helde* in HTM HdB GmbH & Co. KG Rn. 6.776.

[60] EuGH UR 2006, 171 Rn. 19 = DStRE 2006, 286 – Ygeia.

[61] BFH 3.3.2011 – V R 24/10, BStBl. II 2011, 950; FG München UStB 2014, 285.

[62] Tatsächlich stellt der BFH in Rn. 26 des Urteils selbst fest, dass ein Komplementär gemäß §§ 114 Abs. 2, 125 Abs. 1, 161 Abs. 2 HGB von Geschäftsführung und Vertretung ausgeschlossen werden könne; kritisch auch *Behrens* NWB 2011, 2772 (2777); *Gierlich* BB 2011, 1384; *Stadie* UR 2011, 569.

[63] Abschn. 1.6 Abs. 6 S. 2 UStAE; wohl auch FG Niedersachsen EFG 2010, 1258.

[64] Richtlinie 77/388 des Rates zur Harmonisierung der Rechtsvorschriften der Mitgliedstaaten über die Umsatzsteuer, ABl. EU 1977 L 145, 1.

[65] EuGH DStRE 2007, 1519 Rn. 26.

[66] BFH 3.3.2011 – V R 24/10, BStBl. II 2011, 950; FG München UStB 2014, 285.

[67] *Behrens* NWB 2011, 2772 (2777); *Gierlich* BB 2011, 1384; *Merzrath* DStR 2011, 1203.

c) Gestaltungshinweise. Bei der typischen GmbH & Co. KG ist das an die **Komplementär-GmbH** – zumeist als Aufwendungsersatz – gezahlte Geschäftsführungsentgelt hiernach grundsätzlich ein **umsatzsteuerpflichtiges Entgelt** der Komplementär-GmbH. Die GmbH & Co. KG kann die ihr in Rechnung gestellte Umsatzsteuer als Vorsteuer abziehen, soweit sie nicht vorsteuerausschließende Leistungen erbringt. Die Umsatzsteuerpflicht des Geschäftsführungsentgelts ist damit in der ganz überwiegenden Zahl der GmbH & Co. KGs **unproblematisch.** 35

Gestaltungsbedarf besteht nur bei denjenigen GmbH & Co. KGs, die (überwiegend) **Ausschlussumsätze** tätigen, zB Krankenhausgesellschaften. Ist das der Fall, ist zu prüfen, ob die Voraussetzungen einer umsatzsteuerlichen **Organschaft** zwischen GmbH & Co. KG (als Organträger) und deren Komplementär-GmbH (als Organgesellschaft) geschaffen werden können. Eine solche Organschaft lässt sich zB in Form der **Einheits-GmbH & Co. KG** bzw. Einheitsgesellschaft ohne Weiteres erreichen (→ Rn. 14). Die Geschäftsführertätigkeit der Komplementär-GmbH in der KG ist dann ein nicht steuerbarer Innenumsatz, womit die Umsatzsteuerbelastung des Geschäftsführungsentgelts von vornherein vermieden wird. 36

Damit verbleiben die GmbH & Co. KGs mit Ausschlussumsätzen, die **mangels Beteiligungsidentität** keine Einheitsgesellschaft bilden können. Bei diesen könnte der steuerpflichtige Leistungsaustausch zwischen der Komplementär-GmbH und der GmbH & Co. KG vermieden werden, indem die Geschäftsführung nicht durch Sonderentgelt, sondern durch eine **Gewinnbeteiligung** abgegolten wird. Regelmäßig wird eine solche Gestaltung jedoch daran scheitern, dass eine Beteiligung der Komplementär-GmbH am Gesellschaftskapital der KG nicht gewünscht ist. 37

In einem solchen Fall besteht die Möglichkeit, die Komplementär-GmbH von der **Geschäftsführung** auszuschließen und diese einem **Kommanditisten zu übertragen** sowie auf eine Haftungsvergütung zu verzichten oder diese auf ein Minimum zu beschränken. Zwar kann die Vertretung der KG durch die Komplementär-GmbH gegenüber Dritten gemäß § 170 HGB nicht ausgeschlossen werden. Es gibt jedoch keinen allgemeinen Grundsatz, der besagt, dass für die – im Innenverhältnis ausdrücklich ausgeschlossene – Möglichkeit der Vertretung gegenüber Dritten eine Vergütung zu zahlen sei.[68] Die Leistung, die ein Sonderentgelt erfordert, liegt in der tatsächlichen Ausführung des Leistungsaustausches, nicht in einer Leistungsverpflichtung und erst recht nicht in der bloßen Möglichkeit der Vertretung.[69] Ein umsatzsteuerpflichtiger Leistungsaustausch zwischen der GmbH & Co. KG und dem Kommanditisten aus dessen Geschäftsführungstätigkeit kann verhindert werden, indem mit dem Kommanditisten ein Dienstvertrag geschlossen wird, der feste Arbeitszeiten, einen Urlaubsanspruch, Lohnfortzahlung im Krankheitsfall vorsieht und ihn der Weisungen der GmbH & Co. KG unterstellt mit der Folge, dass er nicht als selbstständiger Unternehmer tätig ist.[70] 38

Die Kehrseite dieser Gestaltung ist freilich, dass – neben dem Wegfall der gewerblichen Prägung gemäß § 15 Abs. 3 Nr. 2 EStG – die **Komplementär-GmbH** dann nicht mehr selbstständig tätig und damit **nicht vorsteuerabzugsberechtigt** ist, was zB bei den Aufwendungen für Rechts- und Steuerberatung und für Aufstellung und ggf. Prüfung des Jahresabschlusses nachteilig ist. Die Komplementär-GmbH sollte deshalb einerseits möglichst wenig Lieferungen und Leistungen Dritter in Anspruch nehmen. Andererseits könnte die GmbH & Co. KG in geeigneten Fällen, wenn auch ihr eigenes Unternehmen berührt wird, als Auftraggeber und Rechnungsempfänger auftreten.[71] Lediglich für Leistungen, die 39

---

[68] AA *Helde* in HTM HdB GmbH & Co. KG Rn. 6.779.

[69] So ausdrücklich Abschn. 1.6 Abs. 3 S. 3 UStAE.

[70] *Weimann* DB 2003, 238 (239); *Titgemeyer* BB 2007, 189 (190); *Söffing* GmbH & Co. KG Rn. 3709; OFD Frankfurt 9.8.2006, DStR 2006, 1797; OFD Düsseldorf/Köln/Münster 2.2.2005, DStR 2005, 381 sowie *Helde* in HTM HdB GmbH & Co. KG Rn. 6.779, der stattdessen vorschlägt, dem geschäftsführenden Kommanditisten anstelle einer Vergütung einen „Ausgleich im Wege der Entnahme" einzuräumen, was uE aber nicht zielführend ist, da sich der Kommanditist dann selbst bezahlen würde.

[71] *Helde* in HTM HdB GmbH & Co. KG Rn. 6.785.

ausschließlich den Bereich der GmbH betreffen, scheidet eine Rechnungsstellung an die KG aus.[72]

2. Umsatzsteuer bei Gründung und Kapitalerhöhung

40 Bei Gründung einer Personengesellschaft und im Falle einer Kapitalerhöhung könnte grundsätzlich eine **Leistung** der Gesellschafter **gegen Entgelt** iSv § 1 Abs. 1 Nr. 1 UStG bejaht werden, wenn der Gesellschafter an die Gesellschaft eine **Geld- oder Sacheinlage** leistet. Die Gesellschaft erbringt einen Umsatz in Form eines Gesellschaftsanteils,[73] das Entgelt des Gesellschafters besteht in der Geld- oder Sacheinlage.

41 Die **Umsatzsteuerbarkeit** der **Ausgabe von Kommanditanteilen** – bei Gründung oder Kapitalerhöhung – war lange streitig. Erst mit Urteil vom 1.7.2004[74] hat der BFH im Anschluss an den **EuGH**[75] entschieden, dass eine **Personengesellschaft** bei der Aufnahme eines Gesellschafters gegen Zahlung einer **Bareinlage** an diesen **keine umsatzsteuerbare Leistung** erbringe. Zur Begründung führt er aus, dass die Ausgabe des Gesellschaftsanteils keine wirtschaftliche Tätigkeit, dh kein unternehmerisches Handeln darstelle. Deshalb komme es auch nicht darauf an, ob die Aufnahme des neuen Gesellschafters als Handlung der Gesellschaft als solcher oder der Mitgesellschafter anzusehen sei.

42 Die Entscheidungen von EuGH und BFH sind zwar zur Aufnahme eines Gesellschafters gegen Bareinlage ergangen, gelten aber gleichermaßen bei **Sacheinlagen.**[76]

43 Die mit der Ausgabe von Kommanditanteilen durch die GmbH & Co. KG bewirkten Umsätze sind somit generell **nicht umsatzsteuerbar** und nicht nur gemäß § 4 Nr. 8 lit. f UStG steuerbefreit. Inzwischen ist infolge der Rechtsprechung des EuGH geklärt, dass der Vorsteuerabzug aus Aufwendungen, die im Zusammenhang mit der Ausgabe gesellschaftsrechtlicher Beteiligungen stehen, grundsätzlich zulässig ist.[77]

44 Von der Ausgabe der Kommanditanteile durch die Gesellschaft zu unterscheiden ist die **Erbringung der Einlageverpflichtung** durch einen Kommanditisten, soweit die von diesem zu erbringende Einlage zu seinem Unternehmen gehört. **Bareinlagen** der Gesellschafter sind – wie alle Geldzahlungen – seit jeher nicht umsatzsteuerbar.[78]

45 Bei **Sacheinlagen** ist zu unterscheiden. Nach § 4 Nr. 9a UStG 1967/73 waren „Umsätze, die unter … Teil I des Kapitalverkehrsteuergesetzes fallen" generell steuerbefreit. Diese Steuerbefreiung ist aufgrund der 6. EU-Richtlinie vom 17.5.1977[79] in das UStG 1980 nicht übernommen worden. Da nach der Rechtsprechung des BFH auch Leistungen, die ihren Verpflichtungsgrund im Gesellschaftsvertrag haben, umsatzsteuerbar sind (→ Rn. 22), unterliegt somit grundsätzlich auch die Erbringung der Sacheinlagen durch den Gesellschafter der GmbH & Co. KG – wenn dieser Unternehmer iSd § 2 Abs. 1 UStG ist – der Umsatzsteuer.[80]

46 In der **Gesetzesbegründung** wird der Wegfall der ursprünglichen Steuerbefreiung nicht als kritisch erachtet, weil „es sich um Umsätze im Unternehmensbereich handelt, bei denen weitgehend die Möglichkeit des Vorsteuerabzuges besteht".[81] Tatsächlich tritt bei umsatzsteuerpflichtigen Sacheinlagen in den weitaus meisten Fällen wirtschaftlich eine Belastung

---

[72] OFD Hamburg 27.11.1980, UR 1981, 39.

[73] Zu Leistungen der GmbH & Co. KG an ihre Gesellschafter im Allgemeinen s. *Helde* in HTM HdB GmbH & Co. KG Rn. 6.755 ff.; *Mai* in Reichert GmbH & Co. KG § 8 Rn. 28 ff.; *Klenk* in Sölch/Ringleb UStG § 1 Rn. 190; *Stadie* in R/D/F/G UStG § 2 Rn. 300 ff.

[74] 1.7.2004 – V R 32/00, BStBl. II 2004, 1022.

[75] BFH/NV 2003, Beilage 4, 228.

[76] *Söffing* GmbH & Co. KG Rn. 3653.

[77] EuGH DStR 2005, 965 mAnm *Zugmaier.*

[78] *Robisch* in Bunjes UStG § 1 Rn. 69; *Söffing* GmbH & Co. KG Rn. 3654.

[79] Richtlinie 77/388 des Rates zur Harmonisierung der Rechtsvorschriften der Mitgliedstaaten über die Umsatzsteuer, ABl. EU 1977 L 145, 1.

[80] BFH 18.12.2008 – V R 73/07, BStBl. II 2009, 612; 8.11.1995 – XI R 63/94, BStBl. II 1996, 114; *Robisch* in Bunjes UStG § 1 Rn. 70; Abschn. 1.6 Abs. 2 S. 4 UStAE.

[81] BT-Drs. 145/78; BMF-Schreiben 14.4.1980, BStBl. I 1980, 235.

mit Umsatzsteuer nicht ein, weil die GmbH & Co. KG die ihr vom Einbringenden in Rechnung gestellte Umsatzsteuer als **Vorsteuer** geltend machen kann, sofern nur die Sacheinlage zur Erbringung steuerpflichtiger Umsätze genutzt wird. Dies gilt unabhängig davon, dass die Gegenleistung, nämlich die Ausgabe der (erhöhten) Kommanditeinlagen, nicht umsatzsteuerbar ist. Eine nicht steuerbare Leistung des Gesellschafters liegt hingegen vor, wenn Gegenstand der Sacheinlage ein **Betrieb oder Betriebsteil** iSv § 1 Abs. 1a UStG ist.[82]

47 Die **unentgeltliche Übertragung** von Einzelwirtschaftsgütern ist bei wirtschaftlicher Betrachtung häufig eine verdeckte Einlage oder ein tauschähnlicher Vorgang, die umsatzsteuerrechtlich dann nach den Regeln der Sacheinlage behandelt werden. Nur ausnahmsweise wird eine gemäß § 3 Abs. 1b S. 1 Nr. 3 UStG umsatzsteuerbare **unentgeltliche Wertabgabe** vorliegen.[83]

48 Im Ergebnis wird also jede Einbringung von unternehmerischen Sacheinlagen gegen Gewährung von Gesellschaftsrechten auf der Ebene des Kommanditisten der Umsatzsteuer unterworfen, die bei der aufnehmenden Gesellschaft grundsätzlich als Vorsteuer abzugsfähig ist.[84] Damit sind ertragsteuerlich begünstigte **Restrukturierungen** im Bereich der §§ 6 Abs. 5, 16 Abs. 3 EStG in jedem Fall **umsatzsteuerneutral.**

3. Sonderbetriebsausgaben

49 Umsatzsteuerbeträge, die auf Sonderbetriebsausgaben von Gesellschaftern entfallen, können ggf. von diesen im Rahmen eines eigenen Unternehmens, nicht aber von der GmbH & Co. KG als Vorsteuer nach § 15 Abs. 1 UStG abgezogen werden. Denn die zugrunde liegende Leistung wurde im Auftrag und auf **Rechnung der Gesellschafter** ausgeführt.[85]

50 Kosten, die eine GmbH & Co. KG für die Erstellung der Erklärung zur einheitlichen und gesonderten **Feststellung der Einkünfte aus Gewerbebetrieb** aufwendet, können von dieser nicht als Betriebsausgaben abgezogen werden, da es sich bei der Pflicht zur Abgabe dieser Erklärung nicht um eine betriebliche Verbindlichkeit der Gesellschaft, sondern um eine private Verpflichtung der Gesellschafter handelt.[86] Damit ist für die GmbH & Co. KG ein Vorsteuerabzug nicht möglich.

V. Umsatzsteuer bei Unternehmensveräußerung durch Übertragung aller Gesellschaftsanteile

51 Der bloße Erwerb wie auch die bloße Veräußerung von Beteiligungen an einem Unternehmen stellen – genauso wie das Halten von Beteiligungen – keine wirtschaftliche Tätigkeit dar und sind deshalb **nicht umsatzsteuerbar.**[87] Erfolgt die Transaktion im Rahmen eines Unternehmens, gelten die allgemeinen Grundsätze. Anteile an einer GmbH & Co. KG und deren Komplementär-GmbH sind „Gesellschaftsanteile" iSv § 4 Nr. 8 lit. f UStG, umsatzsteuerbare Umsätze mit diesen Anteilen demnach **umsatzsteuerbefreit.**[88]

52 Im Gegensatz zur GmbH, bei der die gleichzeitige Veräußerung sämtlicher Geschäftsanteile von jeher als steuerfreier Umsatz von Gesellschaftsanteilen gemäß § 4 Nr. 8 lit. f UStG angesehen wird,[89] lag nach der früheren Rechtsprechung des **BFH** in dem **gleichzeitigen Wechsel** aller Gesellschafter einer Personengesellschaft ein Wechsel des wirtschaftlichen

---

[82] Abschn. 1.6 Abs. 2 S. 4 UStAE.
[83] In diesem Sinne BMF-Schreiben 10.7.2000, BStBl. I 2000, 1185 Rn. 7.
[84] *Helde* in HTM HdB GmbH & Co. KG Rn. 3.302.
[85] *Rux* in Wagner/Rux Die GmbH & Co. KG Rn. 553; *Söffing* GmbH & Co. KG Rn. 3743.
[86] BFH 8.4.1995 – VIII R 10/94, BFH/NV 1996, 22; bestätigt durch BFH 28.10.1998 – XI B 34/98, BFH/NV 1999, 610.
[87] EuGH BFH/NV 2003, Beilage 4, 228; Abschn. 2.3 Abs. 2 S. 1 mwN zur Rechtsprechung des EuGH und Abschn. 15.22 Abs. 2 UStAE.
[88] BFH 18.12.1975 – V R 131/73, BStBl. II 1973, 265 zur Publikumsgesellschaft; *Söffing* GmbH & Co. KG Rn. 3663 f.; Abschn. 4.8.10 Abs. 1 S. 1 UStAE.
[89] RFH 2.10.1931, RStBl. 1932, 371; Ergebnis der Besprechung der Umsatzsteuerreferenten der Länder, BB 1975, 549.

Eigentümers des Unternehmens und damit eine **Geschäftsveräußerung im Ganzen** vor, die nach § 10 Abs. 3 UStG aF zu besteuern war.[90] Wir haben diese Auffassung seit jeher für wenig überzeugend gehalten.[91]

53 Unsere Einwände konnten allerdings auf sich beruhen, da die **Finanzverwaltung** im Falle der **GmbH & Co. KG** diese Rechtsprechung mit der Begründung nicht angewandt hatte, dass ein Wechsel aller Gesellschafter gar nicht vorliege, da die Komplementär-GmbH regelmäßig Gesellschafter bleibe und sich an diesem Ergebnis auch dann nichts ändere, wenn gleichzeitig mit der Veräußerung aller Kommandit- auch alle GmbH-Anteile veräußert würden.[92] 1987 gab der BFH[93] die vorgenannte Rechtsprechung dann auf.

54 Eine Unternehmensveräußerung durch Übertragung aller Gesellschaftsanteile ist **nicht** automatisch zugleich eine **Geschäftsveräußerung im Ganzen** gemäß § 1 Abs. 1a UStG, da diese Vorschrift grundsätzlich eine Übertragung von Vermögensgegenständen im Sinne eines Asset Deals voraussetzt. Eine bloße Veräußerung von Anteilen ohne gleichzeitige Übertragung von Vermögenswerten versetzt den Erwerber nicht in die Lage, eine selbstständige wirtschaftliche Tätigkeit als Rechtsnachfolger des Veräußerers fortzuführen.[94] Etwas anderes gilt dann, wenn der Gesellschaftsanteil zu einer eigenständigen Einheit gehört, die eine selbstständige wirtschaftliche Betätigung ermöglicht, und diese Tätigkeit vom Erwerber fortgeführt wird.

§ 19 Grunderwerbsteuer

I. Vorbemerkung

1 Die erste selbstständige Kodifizierung der Grunderwerbsteuer fand sich im **GrEStG** vom 12.9.1919, welchem das GrEStG vom 29.3.1940[1] nachfolgte. Das GrEStG 1940 wurde von den Grunderwerbsteuergesetzen der **Länder** abgelöst.[2]

2 Das am 1.1.1983 in Kraft getretene **GrEStG 1983,**[3] welches die Landesgesetze ablöste, enthält im Gegensatz zu den früheren landesrechtlichen Vorschriften nur noch wenige, abschließend geregelte, von Amts wegen zu berücksichtigende Befreiungstatbestände (§§ 3, 4 GrEStG). Im Aufbau und Regelungsgehalt folgt das GrEStG 1983 – ebenso wie die früheren Landesgesetze – weitgehend dem GrEStG 1940, weshalb die zur Rechtslage vor 1983 ergangene Rechtsprechung weiterhin Gültigkeit behält.[4]

3 Der **Steuersatz** beträgt 3,5 % vom Wert der Gegenleistung, ersatzweise vom steuerlichen Grundstückswert (§ 11 GrEStG iVm §§ 8, 9 GrEStG). Seit dem 1.9.2006 sind die Bundesländer jedoch ermächtigt, den Steuersatz selbst festzulegen (Art. 105 Abs. 2a S. 2 GG). Bis auf Bayern und Sachsen haben alle Bundesländer von der Ermächtigung Gebrauch gemacht und den Steuersatz erhöht, in der Spitze bis auf 6,5 % (Stand: 1.1.2017). Damit haben die Grunderwerbsteuer und die Frage nach deren möglicher Vermeidung erheblich an Bedeutung gewonnen.

4 Im Grunderwerbsteuerrecht zählt die GmbH & Co. KG genauso wie die anderen Personengesellschaften zu den Gesamthandsgemeinschaften, die **selbstständige Rechtsträger im Sinne des GrEStG** sind. Es liegt mithin immer dann ein grunderwerbsteuerlicher

---

[90] BFH 21.3.1968 – V 81/65, BStBl. II 1968, 507; 21.3.1968 – V 80/64, BStBl. II 1968, 595.

[91] S. 7. Aufl. 1984, S. 369 ff.

[92] BB 1976, 1164 und zuletzt UStR (1996) Abschn. 66 Abs. 2.

[93] BFH 29.10.1987 – X R 33-34/81, X R 33/81, X R 34/81, BStBl. II 1988, 92; BMF-Schreiben 8.7.1988, BStBl. I 1988, 195.

[94] EuGH DStR 2013, 1166 gegen BFH 27.1.2011 – V R 38/09, BStBl. II 2012, 68; Abschn. 1.5 Abs. 9 UStAE.

[1] RGBl. 1940 I 585.

[2] Mit Ausnahme des Landes Bremen hatten alle Bundesländer eigene GrEStG erlassen.

[3] Vom 17.12.1982, BGBl. 1983 I 1777.

[4] S. zum Inkrafttreten des GrEStG 1983 auch Einführungserlass vom 21.12.1982, BStBl. I 1982, 968; ferner *Beck* DB 1983, 414; *Forst* DStZ 1983, 78; *Moench/Merl* DStR 1983, 63.

Vorgang vor, wenn die GmbH & Co. KG ein Grundstück erwirbt oder veräußert, mag auch der Erwerb von einem oder mehreren der Gesellschafter oder die Veräußerung an einen oder mehrere der Gesellschafter erfolgen. Allerdings wird in diesen Fällen gemäß §§ 5 und 6 GrEStG die Grunderwerbsteuer jeweils in Höhe des Anteils nicht erhoben, mit dem der Veräußerer oder der Erwerber an der betreffenden Gesamthandsgemeinschaft – unmittelbar – beteiligt ist.[5] § 7 GrEStG beruht auf dem gleichen Gedanken. Soweit sich nur die Rechtsnatur, nicht aber der Umfang der Berechtigung an dem Grundstück ändert, soll die Grunderwerbsteuer nicht erhoben werden.

Steuerschuldner ist die GmbH & Co. KG selbst.[6] Eine Ausnahme besteht bei der Anteilsvereinigung iSv § 1 Abs. 3 GrEStG und § 1 Abs. 3a GrEStG, da dort der Erwerber der Anteile bzw. der Rechtsträger, der die Beteiligung wirtschaftlich innehat, unmittelbar Steuerschuldner ist (§ 13 Nr. 5 und Nr. 7 GrEStG). 5

Im Folgenden werden nur solche grunderwerbsteuerlichen Themen angesprochen, die im Zusammenhang mit der **Rechtsnatur der GmbH & Co. KG** stehen. Im Übrigen gelten für die GmbH & Co. KG im Rahmen der Grunderwerbsteuer keine Besonderheiten. 6

II. Grunderwerbsteuerliche „Transparenz"

1. Grundstückseinbringung in eine Familien-GmbH & Co. KG

Grundstückserwerbe durch den **Ehegatten** bzw. Lebenspartner (§ 3 Nr. 4 GrEStG) sowie durch mit dem Veräußerer **in gerader Linie verwandte Personen** (§ 3 Nr. 6 S. 1 GrEStG)[7] sind von der Grunderwerbsteuer ausgenommen. Nicht steuerbar sind ferner der Grundstückserwerb von Todes wegen und **Grundstücksschenkungen** unter Lebenden iSd ErbStG (§ 3 Nr. 2 S. 1 GrEStG). 7

Obwohl **Personengesellschaften** für Zwecke der Grunderwerbsteuer selbstständige Rechtsträger sind, entspricht es ständiger Rechtsprechung des BFH, dass die eine **Steuerbefreiung nach § 3 GrEStG** begründenden persönlichen Eigenschaften eines gesamthänderisch beteiligten Gesellschafters auch bei Erwerben durch eine Personengesellschaft oder von einer Personengesellschaft in dem Umfang zum Tragen kommen, als der betreffende Gesellschafter am Vermögen der Personengesellschaft quotal beteiligt ist.[8] Die Rechtsgedanken nach § 3 Nr. 4 oder Nr. 6 GrEStG sind auf die Befreiungsvorschriften des §§ 5 und 6 GrEStG zu übertragen.[9] 8

Der Erwerb eines Grundstücks durch eine KG ist also **insoweit grunderwerbsteuerfrei,** als einer ihrer Gesellschafter **mit** dem Veräußerer in **gerader Linie verwandt** ist oder es sich um dessen **Ehegatten** handelt.[10] Entsprechendes gilt für den Erwerb von einer KG, an der der Ehegatte oder ein in direkter Linie Verwandter des Erwerbers beteiligt ist.[11] Die Einbringung eines Grundstücks in eine **Familien-GmbH & Co. KG,** an der neben dem Grundstückseigentümer nur dessen Ehegatte und/oder dessen Abkömmlinge als Kommanditisten beteiligt sind, erfolgt also **ohne Grunderwerbsteuerbelastung,** wenn die **Komplementär-GmbH** am Vermögen der GmbH & Co. KG **nicht beteiligt** ist.[12] 9

Im Umfang einer Beteiligungsquote der GmbH an der GmbH & Co. KG fiele allerdings auch dann Grunderwerbsteuer an, wenn an der Komplementär-GmbH dieselben Familien- 10

---

[5] *Kroschewski* GmbHR 2003, 757 spricht in diesem Zusammenhang zutreffend von grunderwerbsteuerlicher „Transparenz" der Personengesellschaft.

[6] BFH 11.2.1987 – II R 103/84, BStBl. II 1987, 325; *Pahlke* GrEStG § 13 Rn. 31.

[7] Begünstigt sind auch Stiefkinder sowie die Ehegatten/Lebenspartner von Abkömmlingen und Stiefkindern, § 3 Nr. 6 S. 2, 3 GrEStG.

[8] So seit BFH 25.2.1969 – II 142/63, BStBl. II 1969, 400; *Pahlke* GrEStG § 3 Rn. 9.

[9] Gleichlautender Ländererlass vom 9.12.2015, BStBl. I 2015, 1029 Tz. 5; *Viskorf* in Boruttau GrEStG § 5 Rn. 61 ff., GrEStG § 6 Rn. 33; *Hofmann* GrEStG § 5 Rn. 37 f.

[10] Vgl. BFH 17.12.1975 – II R 35/69, BStBl. II 1976, 465.

[11] Vgl. BFH 12.12.1979 – II R 79/75, BStBl. II 1980, 220.

[12] Vgl. BFH 18.9.1974 – II R 90/68, BStBl. II 1975, 360; bezüglich des einbringenden Gesellschafters selbst greift § 5 Abs. 2 GrEStG, → Rn. 12.

mitglieder beteiligt sind. Denn anders als bei der GmbH & Co. KG werden der **Komplementär-GmbH** die **persönlichen Eigenschaften** ihrer **Gesellschafter nicht zugerechnet.** Vielmehr sind nur diejenigen personenbezogenen Befreiungstatbestände bei einer Kapitalgesellschaft anwendbar, die auf Merkmale abstellen, die diese selbst – zB als Erbin oder Vermächtnisnehmerin – erfüllen kann.[13] Begründet wird dies damit, dass zwar beide – Kapital- und Personengesellschaft – grunderwerbsteuerlich selbstständige Rechtsträger sind, bei der Personengesellschaft das dieser zustehende „Sondervermögen" jedoch im Eigentum ihrer Gesellschafter stehe, wenn auch nur in gesamthänderischer Verbundenheit.[14]

11 Soll gleichwohl auf eine **vermögensmäßige Beteiligung der Komplementär-GmbH** nicht verzichtet werden, kann es sich empfehlen, dass die Komplementär-GmbH nicht gleichzeitig mit den Familienangehörigen, sondern erst nach der Grundstückseinbringung in die Gesellschaft eintritt. Aufgrund der Missbrauchsregelung in § 5 Abs. 3 GrEStG (→ Rn. 20 ff.) muss hierbei jedoch eine **fünfjährige Sperrfrist** eingehalten werden, weshalb diese Gestaltung nur in seltenen Fällen in Betracht kommen dürfte. In diesem Zusammenhang auch → Rn. 14.

2. Einzelfragen zu §§ 5 und 6 GrEStG

12 **a) Anteil am Vermögen.** § 5 Abs. 1 und 2 GrEStG sehen vor, dass beim Übergang eines Grundstücks von mehreren Miteigentümern oder einem Alleineigentümer **auf** eine Gesamthand (hier GmbH & Co. KG) die Steuer nicht erhoben wird, soweit der Anteil des einzelnen Miteigentümers am Vermögen der Gesamthand seinem Grundstücksbruchteil entspricht oder der Anteil des Alleineigentümers am Vermögen der Gesamthand reicht. Entsprechendes gilt gemäß § 6 Abs. 1 und 2 GrEStG für den Übergang eines Grundstücks **von** der Gesamthand auf mehrere Miteigentümer oder einen Alleineigentümer sowie gemäß § 6 Abs. 3 GrEStG beim Übergang von einer Gesamthand auf eine **andere** Gesamthand.[15]

13 Was den **Umfang** der **Nichterhebung der Steuer** anbelangt, versteht die hM unter dem in den §§ 5 und 6 GrEStG verwendeten Ausdruck „Anteil am Vermögen der Gesamthand" nicht die im Außenverhältnis nicht ausschließbare, dingliche Mitberechtigung am Gesamthandsvermögen, sondern die im Innenverhältnis maßgebliche, der Disposition der Gesamthänder unterliegende **wirtschaftliche Beteiligung,** dh den rechnerischen, verhältnismäßigen Anteil des einzelnen Gesamthänders am **Reinvermögen** der Gesamthand.[16] Bei der GmbH & Co. KG bestimmt sich dieser Reinvermögensanteil in der Praxis vielfach nach den im Gesellschaftsvertrag geregelten sog festen Kapitalanteilen.[17] Sind solche nicht vereinbart, sind die verhältnismäßigen Anteile am Vermögen der Gesellschaft regelmäßig aus den (variablen) Kapitalanteilen ableitbar, und zwar nach deren Stand an dem für die Grunderwerbsteuer maßgeblichen Stichtag.[18] Erhält allerdings ein Kommanditist nach den gesellschaftsvertraglichen Vereinbarungen beim Ausscheiden und bei der Auflösung der Gesellschaft immer nur die geleistete Einlage zurück, unterhält er – einem stillen Gesellschafter vergleichbar – keinen Anteil am Gesellschaftsvermögen, weshalb § 5 Abs. 2 GrEStG bei ihm nicht zur Anwendung kommt.[19]

---

[13] S. aber BFH 17.10.2007 – II R 63/05, BStBl. II 2008, 381, keine Befreiung gemäß § 3 Nr. 2 GrEStG mangels Freigebigkeit bei Grundstückseinbringung aufgrund des Gesellschaftsverhältnisses.

[14] *Hofmann* GrEStG § 3 Rn. 3; *Meßbacher-Hönsch* in Boruttau GrEStG § 3 Rn. 39 f.

[15] Die §§ 5 und 6 GrEStG sollen die Besteuerung von Erwerbsvorgängen unter Beteiligung von Gesamthandsgemeinschaften auf den eigentlichen Besteuerungszweck reduzieren, so BFH 18.12.2002 – II R 13/01, BStBl. II 2003, 358 (359).

[16] BFH 31.5.1972 – II R 9/66, BStBl. II 1972, 833; 9.11.1988 – II R 188/84, BStBl. II 1989, 201 (202); s. auch FG Berlin Brandenburg EFG 2007, 1101 zu § 6 Abs. 2 GrEStG. Ferner *Hofmann* GrEStG § 5 Rn. 8; Gleichlautende Ländererlasse vom 25.2.2010, BStBl. I 2010, 245 Tz. 1.3. und 9.12.2015, BStBl. I 2015, 1029 Tz. 3.

[17] So *Kroschewski* GmbHR 2003, 757; *Viskorf* in Boruttau GrEStG § 5 Rn. 41.

[18] BFH 31.5.1972 – II R 9/66, BStBl. II 1972, 833.

[19] BFH 9.11.1988 – II R 188/84, BStBl. II 1989, 201 (202).

Nach der Rechtsprechung des BFH kann einer ernsthaft gewollten, mit entsprechenden zivilrechtlich wirksamen Folgerungen getroffenen **Vereinbarung der Gesellschafter** untereinander über die – von der Höhe des Kapitalanteils unter Umständen unabhängige – Höhe ihres jeweiligen Vermögensanteiles auch grunderwerbsteuerrechtlich für die Zwecke des § 6 GrEStG (entsprechendes gilt für § 5 GrEStG) die Anerkennung nicht versagt werden. Diese Vorschrift betreffe nach Wortlaut und Zweck nicht das sachenrechtliche Verhältnis; Vermögensanteil im Sinne dieser Vorschrift als grunderwerbsteuerrechtlich **notwendige Rechnungsgröße** sei lediglich der Betrag, mit dem der Gesellschafter im **Innenverhältnis** zu seinen Mitgesellschaftern am Gesellschaftsvermögen beteiligt ist.[20] Demnach steht es den Gesellschaftern der GmbH & Co. KG frei, auch mit Wirkung für die Grunderwerbsteuer untereinander zu vereinbaren, dass einzelne oder alle Grundstücke der GmbH & Co. KG nicht allen Gesellschaftern im Verhältnis ihrer Kapitalanteile, sondern nur bestimmten Gesellschaftern gehören sollen.[21] So könnte zB die ansonsten am Vermögen beteiligte Komplementär-GmbH in Bezug auf die Grundstücke vermögensmäßig auf Null gesetzt werden. 14

b) Mittelbare oder unmittelbare Beteiligung. Da das GrEStG weitgehend dem bürgerlichen Recht folgt, ist grundsätzlich davon auszugehen, dass die von ihm verwendeten zivilrechtlichen Begriffe denselben Inhalt haben wie im Zivilrecht. Einen Anteil am Vermögen iSd §§ 5 und 6 GrEStG kann nur haben, wem eine **dingliche Mitberechtigung** am Gesamthandsvermögen zusteht.[22] Diese vermittelt grundsätzlich nur eine **unmittelbare** Beteiligung am Gesamthandsvermögen.[23] 15

Bei der GmbH & Co. KG wird daher dem ein Grundstück einbringenden Gesellschafter nur seine unmittelbare Beteiligung als Kommanditist zugerechnet. Unberücksichtigt bleibt dagegen der **mittelbare Anteil,** der dem betreffenden Kommanditisten durch eine Beteiligung an einer am Gesellschaftsvermögen quotal beteiligten **Komplementär-GmbH** vermittelt wird.[24] Will man die Komplementär-GmbH nicht ohnehin von vornherein ohne Kapitalanteil beteiligen und damit im Innenverhältnis generell von der Teilhabe am Gesellschaftsvermögen der KG ausschließen, ist somit die in Höhe der Beteiligungsquote der Komplementär-GmbH entstehende Grunderwerbsteuer nur durch eine schuldrechtliche Vereinbarung der Gesellschafter zu vermeiden, laut der zumindest die vermögensmäßige Beteiligung der Komplementär-GmbH an dem einzubringenden Grundstück ausgeschlossen ist (→ Rn. 14). Wer nur über einen **Treuhand-Kommanditisten** an der GmbH & Co. KG beteiligt ist, dem fehlt ebenfalls die für die §§ 5 und 6 GrEStG erforderliche unmittelbare Beteiligung; § 39 Abs. 2 AO findet insoweit keine Anwendung.[25] 16

Vom Grundsatz der Unmittelbarkeit besteht eine **Ausnahme,** nämlich dann, wenn die Beteiligung an einer Gesamthand durch die Beteiligung an einer **anderen Gesamthand** vermittelt wird. Dies ist insbesondere bei der **doppelstöckigen GmbH & Co. KG** der Fall. Denn im Bereich der besonderen grunderwerbsteuerrechtlichen Zurechnung ist nicht entscheidend, wer unmittelbar dinglich Beteiligter am Vermögen einer Gesamthand ist, sondern wem dieses Vermögen nach Maßgabe des Gesetzes zuzuordnen ist.[26] 17

Überträgt eine GmbH & Co. KG ein Grundstück auf eine andere GmbH & Co. KG, an der die übertragende Gesellschaft selbst beteiligt ist, so folgt die Steuerbefreiung nicht aus § 5 Abs. 2 GrEStG, sondern aus **§ 6 Abs. 3 GrEStG.**[27] Die zuletzt genannte Vorschrift 18

---

[20] BFH 31.5.1972 – II R 9/66, BStBl. II 1972, 833.

[21] So auch *Viskorf* in Boruttau GrEStG § 5 Rn. 40.

[22] *Hofmann* GrEStG § 5 Rn. 7; *Viskorf* in Boruttau GrEStG § 5 Rn. 18 f.

[23] So BFH 8.8.2000 – II B 134/99, BFH/NV 2001, 66.

[24] OFD Hannover 9.3.1999, DStR 1999, 1906; FG Niedersachsen GmbHR 1990, 479; ebenso *Viskorf* in Boruttau GrEStG § 5 Rn. 19 mwN.

[25] Vgl. BFH 8.8.2000 – II B 134/99, BFH/NV 2001, 66; FG Düsseldorf EFG 2001, 1160.

[26] BFH 24.9.1985 – II R 65/83, BStBl. II 1985, 714 (715); BFH 29.2.2012 – II 57/09, DStR 2012, 1181 (1183).

[27] BFH 24.9.1985 – II R 65/83, BStBl. II 1985, 714 (715); FM Baden-Württemberg 28.1.1999, DB 1999, 357; *Viskorf* in Boruttau GrEStG § 6 Rn. 38. Zur Übertragung des Grundstücks einer GmbH & Co. KG auf deren 100 %ige Tochter-GmbH, vgl. FG Brandenburg EFG 1996, 718.

betrifft nämlich nicht nur solche Fälle, in denen die (unmittelbaren) Beteiligungsverhältnisse an beiden GmbH & Co. KGs identisch sind, sondern auch die Fälle, in denen die eine Gesamthand an der anderen Gesamthand beteiligt ist.[28]

19 **c) Ausschlussgründe.** Die Steuerbefreiung gemäß § 5 Abs. 2 GrEStG griff nach der BFH-Rechtsprechung **bis 1999** nicht ein, wenn der einbringende Gesellschafter **gleichzeitig mit der Grundstückseinbringung** aus der Gesellschaft **ausschied,**[29] aufgrund einer vertraglichen Abrede an den Wertveränderungen des Grundstücks nicht beteiligt war oder entsprechend einem **vorgefassten Plan** in sachlichem und zeitlichem Zusammenhang mit der Grundstückseinbringung seine Gesellschafterstellung auf einen anderen übertrug.[30] Sinn und Zweck des Befreiungstatbestands setzten nämlich voraus, dass der einbringende Gesellschafter auch über seine Gesamthandsberechtigung weiter am Wert des Grundstücks beteiligt bleibe.[31]

20 Diese sehr kasuistische Rechtsprechung wurde mit dem StEntlG 1999/2000/2002 durch die Einfügung von **§ 5 Abs. 3 GrEStG** für ab dem 1.1.2000 verwirklichte Erwerbsvorgänge teilweise kodifiziert.[32] Hiernach greifen die Befreiungsvorschriften in § 5 Abs. 1 und 2 GrEStG nicht ein, soweit sich der Anteil des Einbringenden (Veräußerers) am Vermögen der Gesamthand **innerhalb von fünf Jahren** nach dem Übergang des Grundstücks auf die Gesamthand **vermindert.** Ausweislich der Gesetzesbegründung erfolgte die Gesetzesänderung, um zu verhindern, dass Grundbesitz steuerbegünstigt in eine Gesamthand eingebracht und unter bestimmten Voraussetzungen im Wege der Anteilsübertragung steuerbefreit weitergegeben wird.[33] Einerseits sind aufgrund einer typisierenden Betrachtungsweise nunmehr alle Anteilsverminderungen innerhalb der Fünf-Jahres-Frist schädlich, unabhängig davon, ob sie in Erfüllung eines vorgefassten Plans erfolgten oder nicht. Die Gesamtplan-Rechtsprechung des BFH zur teleologischen Reduzierung der Befreiungsvorschriften ist also überholt.[34] Andererseits sind Anteilsverminderungen nach Ablauf der Mindestbehaltensfrist jetzt generell unbeachtlich.

21 § 5 Abs. 3 GrEStG ist nur dann anwendbar, wenn das Grundstück, für dessen Erwerb die Steuervergünstigung nach § 5 Abs. 1 und 2 GrEStG gewährt wurde, im Zeitpunkt der Verminderung der vermögensmäßigen Beteiligung des Veräußerers an der GmbH & Co. KG noch zum **Vermögen dieser Gesellschaft** gehört. Dies ist nicht der Fall, wenn das Grundstück vor Ablauf der Fünf-Jahres-Frist von der GmbH & Co. KG veräußert wird.[35] Unter **„Verminderung des Anteils"** sind in erster Linie das Ausscheiden des Gesellschafters aus der Gesellschaft und die Herabsetzung seiner Beteiligung durch Übertragung oder entsprechende Vereinbarungen mit den Mitgesellschaftern zu verstehen. Schädlich ist die formwechselnde Umwandlung der GmbH & Co. KG in eine Kapitalgesellschaft, da hierdurch die gesamthänderische Bindung ihres Vermögens und damit gleichzeitig die Mitberechtigung ihrer Gesellschafter daran endet (→ § 30 Rn. 41). Handelt es sich bei dem grundstückseinbringenden Gesellschafter um eine Kapitalgesellschaft und wechselt diese

---

[28] Wegen § 6 Abs. 4 GrEStG (→ Rn. 25) führt § 6 Abs. 3 GrEStG unter Umständen zu anderen Ergebnissen, als wenn § 5 Abs. 2 GrEStG Anwendung fände; s. *Behrens/Hofmann* DStR 2003, 2093 (2095 f.).

[29] BFH 6.10.1982 – II R 92/80, BStBl. II 1983, 138.

[30] BFH 4.8.1999 – II B 3/99, BStBl. II 1999, 834; 10.7.1996 – II R 33/94, BStBl. II 1996, 533; 30.10.1996 – II R 72/94, BStBl. II 1997, 87, jeweils mwN.

[31] Gesetzesbegründung, RStBl. 1940, 387 (398). Entsprechendes gilt für § 5 Abs. 1 GrEStG, vgl. BFH 16.1.1991 – II R 78/88, BStBl. II 1991, 376.

[32] *Pahlke* GrEStG § 5 Rn. 62. Die Grundsätze des § 5 Abs. 3 GrEStG lassen sich für vor dem 1.1.2000 verwirklichte Tatbestände auch nicht auf die Auslegung des § 5 Abs. 2 GrEStG übertragen, so FG München EFG 2004, 1629.

[33] BT-Drs. 14/265, 204.

[34] OFD Hannover 21.3.2000, DStR 2000, 736; *Eggers/Fleischer/Wischott* DStR 1999, 1301 (1305); *Pahlke* GrEStG § 5 Rn. 62; zweifelnd *Hofmann* BB 2000, 2605 (2609). Vom BFH 18.12.2002 – II R 13/01, BStBl. II 2003, 358 (360) offengelassen. Zu Altfällen s. BFH 25.6.2003 – II R 20/02, BStBl. II 2004, 193; 15.12.2004 – II R 37/01, BStBl. II 2005, 303.

[35] So auch *Hofmann* BB 2000, 2605 (2606); Gleichlautender Ländererlass vom 9.12.2015, BStBl. I 2015, 1029 Tz. 7.5.

innerhalb von 5 Jahren nach der Einbringung des Grundstücks in die GmbH & Co. KG ihre Rechtsform in die einer Gesamthand, liegen die Voraussetzungen des § 5 Abs. 3 GrEStG ebenfalls vor.[36] Eine schädliche Veränderung liegt auch vor, wenn der grundstückseinbringende Gesellschafter innerhalb der Frist auf einen Dritten verschmolzen wird[37] oder wenn infolge eines Spaltungsvorgangs die gesamthänderische Mitberechtigung an der GmbH & Co. KG vom grundstückseinbringenden Gesellschafter auf eine andere Person übergeht.[38]

Die **personenbezogenen Befreiungsvorschriften** (§ 3 GrEStG) sind auch im Rahmen von § 5 Abs. 3 GrEStG zu beachten. § 5 Abs. 3 GrEStG greift demnach nicht ein, soweit der mit der Verminderung des Anteils am Vermögen der GmbH & Co. KG korrespondierende, fiktive Grundstückserwerb nach den allgemeinen Vorschriften des § 3 GrEStG von der Steuer ausgenommen wäre.[39] So ist zB eine Anteilsübertragung auf **Ehegatten und Abkömmlinge** (§ 3 Nr. 4 und 6 GrEStG) steuerunschädlich. Selbst wenn also der Veräußerer kurze Zeit nach der Grundstücksübertragung entgeltlich oder unentgeltlich Teilkommanditanteile an der GmbH & Co. KG an hiernach Begünstigte überträgt, kommt § 5 Abs. 3 GrEStG infolge **einschränkender Auslegung** auf Grundlage der Befreiungsvorschriften nicht zum Tragen.[40] 22

Gleiches gilt, wenn zwar keine Übertragung an Abkömmlinge oder Ehegatten erfolgt, der Gesellschaftsanteil jedoch durch eine sonstige Person **von Todes wegen** oder zu Lebzeiten im Wege der **Schenkung** erworben wird. Da auch hier der entsprechende Erwerbsvorgang bei einer unmittelbaren Grundstücksübertragung von der Grunderwerbsteuer befreit gewesen wäre (§ 3 Nr. 2 GrEStG), fehlt es an der objektiven Möglichkeit einer Steuerumgehung, die von § 5 Abs. 3 GrEStG vorausgesetzt wird.[41] Eine solche ist aber dann wieder zu bejahen, wenn ein durch die Befreiungsvorschriften begünstigter Erwerber den Gesellschaftsanteil seinerseits innerhalb der Frist des § 5 Abs. 3 GrEStG in schädlicher Weise vermindert.[42] 23

Durch das StÄndG 2001 ist mit Wirkung ab 1.1.2002 in Form des **§ 6 Abs. 3 S. 2 GrEStG** für den Anwendungsbereich des § 6 Abs. 3 S. 1 GrEStG eine dem § 5 Abs. 3 GrEStG entsprechende Regelung eingefügt worden.[43] Die vorstehenden Ausführungen zu § 5 Abs. 3 GrEStG gelten insoweit entsprechend.[44] Bringt im Fall der **doppelstöckigen GmbH & Co. KG** die Obergesellschaft ein Grundstück in die Untergesellschaft ein, so ist unter anderem die Aufnahme Dritter als Gesellschafter bei der Untergesellschaft innerhalb der Fünf-Jahres-Frist iSv § 6 Abs. 3 S. 2 GrEStG schädlich. Fraglich ist, ob dies auch für Veränderungen im Gesellschafterkreis bei der Obergesellschaft gilt. UE ist dies zu verneinen. Wenn die Veränderung im Gesellschafterkreis der Obergesellschaft nicht zu einer Grunderwerbsteuer geführt hätte, solange die Obergesellschaft noch unmittelbar Grundstückseigentümerin war, dann kann hierdurch auch nicht die Übertragung des Grundstücks auf die Untergesellschaft nachträglich zu Grunderwerbsteuer führen.[45] 24

---

[36] So Gleichlautender Ländererlass vom 9.12.2015, BStBl. I 2015, 1029 Tz. 7.3.2.2., wonach heterogener Formwechsel schädlich ist und bei Formwechsel von Gesamthand in Kapitalgesellschaft § 6 Abs. 3 S. 2 GrEStG greift. Ebenso *Viskorf* in Boruttau GrEStG § 5 Rn. 94 ff.; *Hofmann* GrEStG § 5 Rn. 28; *Pahlke* GrEStG § 5 Rn. 110 ff. Bei homogenem Formwechsel (zB AG in GmbH oder GbR in OHG) gilt Bindung gemäß § 5 Abs. 3 bzw. § 6 Abs. 3 S. 2 GrEStG fort.

[37] BFH 25.6.2003 – II R 20/02, BStBl. II 2004, 193.

[38] *Viskorf* in Boruttau GrEStG § 5 Rn. 90.

[39] Gleichlautender Ländererlass vom 9.12.2015, BStBl. I 2015, 1029 Tz. 7.4; *Pahlke* GrEStG § 5 Rn. 77.

[40] FG Münster EFG 2009, 1049; *Pahlke* GrEStG § 5 Rn. 78; *Viskorf* in Boruttau GrEStG § 5 Rn. 104 mwN.

[41] BFH 7.10.2009 – II R 58/08, DStR 2009, 2534; FG Nürnberg EFG 2010, 813; *Behrens/Schmitt* BB 2009, 818 (819); *Viskorf* in Boruttau GrEStG § 5 Rn. 103.

[42] FG Münster EFG 2009, 1049; FG Nürnberg EFG 2009, 611.

[43] BGBl. 2001 I 3794. Wegen der Rechtsprechung zur Rechtslage vor Inkrafttreten der §§ 5 Abs. 3, 6 Abs. 3 S. 2 GrEStG s. BFH 18.12.2002 – II R 13/01, BStBl. II 2003, 358.

[44] Gleichlautender Ländererlass vom 9.12.2015, BStBl. I 2015, 1029 Tz. 7. Zu den Anzeigepflichten s. BFH 9.6.2005 – II R 50/06, BFH/NV 2007, 1535.

[45] So auch *Kroschewski* GmbHR 2003, 757 (760); aA *Behrens/Hofmann* DStR 2003, 2093 (2096).

25 Nach **§ 6 Abs. 4 GrEStG** gelten die Abs. 1–3 des § 6 GrEStG insoweit nicht, als der Gesellschafter einer GmbH & Co. KG (bei Erbfolge dessen Rechtsvorgänger) seinen Anteil an der Gesellschaft innerhalb der letzten fünf Jahre **vor** dem Grundstücksübergang durch Rechtsgeschäft unter Lebenden erworben hat oder eine vom Beteiligungsverhältnis abweichende Auseinandersetzungsquote innerhalb der letzten fünf Jahre vor Auflösung der Gesellschaft vereinbart wurde. Die Vorschrift kann sich als tückisch erweisen. Zum einen wird der **Begriff „Rechtsgeschäft unter Lebenden“** sehr weit gefasst und zum anderen wird, obwohl die Vorschrift Steuerumgehungen verhindern soll, eine Umgehungsabsicht nicht gefordert.[46] Die Sperrwirkung des § 6 Abs. 4 S. 1 GrEStG soll daher zB auch insoweit greifen, als sich die Anteile der Gesellschafter einer Personengesellschaft innerhalb der letzten fünf Jahre dadurch erhöht haben, dass ein Gesellschafter durch Kündigung ausgeschieden und es dadurch in Höhe seines Anteils bei den verbliebenen Gesellschaftern zur Anwachsung (§ 738 BGB) gekommen ist.[47] Ebenfalls als schädlich angesehen wird der Erwerb des Anteils an der GmbH & Co. KG durch einen Formwechsel aus der GmbH innerhalb der letzten fünf Jahre.[48]

III. Anteilsvereinigung iSd § 1 Abs. 3 und 3a GrEStG

1. Besteuerungsgegenstand des § 1 Abs. 3 GrEStG

26 **a) Rechtslage bis 31.12.1999.** Nach § 1 Abs. 3 Nr. 1 GrEStG in der bis zum 31.12.1999 geltenden Fassung unterlag der Grunderwerbsteuer ein Rechtsgeschäft, das den Anspruch auf Übertragung eines oder mehrerer Anteile einer Gesellschaft begründete, wenn zum Vermögen der Gesellschaft ein inländisches Grundstück gehörte und wenn durch die Übertragung **alle Anteile** der Gesellschaft in der Hand des Erwerbers **vereinigt** wurden. Nach § 1 Abs. 3 Nr. 2 GrEStG entstand die Steuer auch dann, wenn eine Vereinigung aller Anteile der Gesellschaft erfolgte, ohne dass ein schuldrechtliches Geschäft iSd Nr. 1 vorausging.

27 Fraglich war, ob eine Anteilsvereinigung iSv § 1 Abs. 3 Nr. 2 GrEStG auch dann vorlag, wenn sich bei einer GmbH & Co. KG, deren Komplementär-GmbH – wie heute allgemein üblich – **kein Kapitalanteil** eingeräumt war,[49] alle Kommanditanteile in einer Hand vereinigten, sei es bei der Neugründung, einer Umwandlung oder einer Änderung im Gesellschafterkreis, zB durch Erbfall. Maßgeblich für die Beantwortung dieser Frage war, ob für die Vereinigung **aller** Anteile nur auf die kapitalmäßige Beteiligung an einer Personengesellschaft oder auf die Gesellschafterstellung als solche abzustellen war, ob also erst die **kapitalmäßige Beteiligung** oder bereits die **bloße Mitgliedschaft** eines Dritt-Gesellschafters genügte, den steuerbegründenden Tatbestand der „Anteilsvereinigung“ zu verhindern.

28 Der **Gesetzeswortlaut** konnte nicht herangezogen werden, da das Zivilrecht den Begriff „Anteil“ bei Personengesellschaften nicht kennt. Wir haben uns unter Berufung auf den Sinn und Zweck des Steuertatbestandes seit jeher auf eine Auslegung des Anteilsbegriffs im Sinne einer gesellschaftsrechtlichen Beteiligung und damit im Sinne einer gesamthänderischen Mitberechtigung am (aktiven) Gesellschaftsvermögen (Gesamthandsvermögen) ausgesprochen.[50] Der **BFH** hat sich in seinem grundlegenden Urteil vom 26.7.1995[51] dieser Auffassung angeschlossen. Einen Anteil an der Personengesellschaft iSd § 1 Abs. 3 GrEStG

---

[46] *Viskorf* in Boruttau GrEStG § 6 Rn. 73.

[47] BFH 14.12.2002 – II R 31/01, BStBl. II 2003, 319; aA *Viskorf* in Boruttau GrEStG § 6 Rn. 83.

[48] BFH 19.3.2003 – II B 96/02, BFH NV 2003, 1090; vgl. dazu auch *Hofmann* GrEStG § 6 Rn. 24.

[49] Der Gesellschafter einer Personengesellschaft braucht – im Gegensatz zur Kapitalgesellschaft – nicht vermögensmäßig beteiligt zu sein, § 706 Abs. 3 BGB; vgl. BFH 24.7.1984 – VIII R 65/84, BStBl. II 1985, 85 mwN.

[50] *Binz/Freudenberg/Sorg* DStR 1990, 753; aA *Horn* GmbHR 1972, 284; *Gassner,* Anteilsvereinigung im Grunderwerbsteuerrecht, 40 ff.

[51] BFH 26.7.1995 – II R 68/92, BStBl. II 1995, 736; bestätigt durch BFH 8.8.2001 – II R 66/98, BStBl. II 2002, 156 (158).

halte auch derjenige Gesellschafter, der – wie die Komplementär-GmbH ohne Kapitalanteil – am Gesellschaftsvermögen wertmäßig nicht beteiligt ist.

b) Rechtslage seit 1.1.2000. Nach der Neufassung des § 1 Abs. 3 GrEStG[52] wird für ab dem 1.1.2000 verwirklichte Erwerbsvorgänge eine Grunderwerbsteuerpflicht bereits dann ausgelöst, wenn sich **mindestens 95 %** aller Anteile in einer Hand **vereinigen** (§ 1 Abs. 3 Nr. 1 und 2 GrEStG) oder wenn mindestens 95 % aller Anteile an einer Gesellschaft **weiterübertragen** werden (§ 1 Abs. 3 Nr. 3 und 4 GrEStG).[53] 29

In § 1 Abs. 3 GrEStG wurde anlässlich der Neufassung zudem ausdrücklich klargestellt, dass entsprechend der bisherigen Rechtsprechung nicht nur unmittelbare, sondern **auch mittelbare Anteile** zu berücksichtigen sind. Der BFH hatte mittelbare Beteiligungen gemäß § 1 Abs. 3 GrEStG aF nur zugerechnet, wenn die betreffende Person – mittelbar oder unmittelbar – zu 100 % beteiligt war, da diese nur dann die Gesellschaft im Sinne dieser Vorschrift beherrschte.[54] An diesem Grundgedanken hat sich durch das Herabsetzen der 100 %-Grenze auf 95 % und die Aufnahme der mittelbaren Anteilsvereinigung als Tatbestandsmerkmal des § 1 Abs. 3 GrEStG nF nichts geändert. Dies bedeutet, dass bei Anwendung des § 1 Abs. 3 GrEStG nF **dem Grunde nach** nur solche mittelbaren Beteiligungen zu berücksichtigen sind, die ihrerseits **unmittelbar zu mindestens 95 %** gehalten werden.[55] 30

Die Entscheidung über die Zurechnung dem Grunde nach sagt allerdings noch nichts darüber aus, ob die Beteiligung an der Grundbesitz-GmbH & Co. KG zu 100 % oder lediglich in **Höhe** der durchgerechneten Beteiligungsquote zuzurechnen ist. Der BFH[56] hat sich für ersteres entschieden,[57] so dass die mindestens 95 %-Beteiligung voll, also wie eine 100 %-Beteiligung zu erfassen ist.[58] 31

Auch unter der Geltung der Mindestbeteiligungsquote von 95 % ist bei **Personengesellschaften** allerdings zu beachten, dass unter dem Anteil an der Gesellschaft iSd § 1 Abs. 3 GrEStG nicht die unter den Gesellschaftern vereinbarte kapitalmäßige Beteiligung, sondern die gesamthänderische Mitberechtigung am (aktiven) Gesellschaftsvermögen zu verstehen ist (→ Rn. 27 f.). Dabei gilt eine **Pro-Kopf-Betrachtung** mit der Folge, dass auch einer kapitalmäßig nicht beteiligten Komplementär-GmbH im Verhältnis zu dem oder den Kommanditisten eine gleichwertige Mitberechtigung am Gesamthandsvermögen zusteht.[59] Das bedeutet, dass selbst die Vereinigung aller Kommanditanteile in der Hand eines allein verbleibenden Kommanditisten für sich gesehen noch zu keiner Anteilsvereinigung iSd § 1 Abs. 3 GrEStG führen kann. Da nunmehr mittelbare Beteiligungen ausdrücklich mitberücksichtigt werden, liegt ein Erwerbsvorgang iSd § 1 Abs. 3 Nr. 1 oder Nr. 2 GrEStG aber dann vor, wenn der alleinige Kommanditist auch mindestens 95 % der Anteile an der Komplementär-GmbH erlangt.[60] 32

---

[52] StEntlG 1999/2000/2001 vom 24.3.1999, BGBl. 1999 I 402.

[53] Bei der ausgelösten Grunderwerbsteuer handelt es sich nicht um Anschaffungskosten der Anteile, s. BFH 20.4.2011 – I R 2/10, BStBl. II 2011, 761 sowie OFD Nordrhein-Westfalen 21.4.2015, DB 2015, 1013.

[54] BFH 8.8.2001 – II R 66/98, BStBl. II 2002, 156 (157); 5.11.2002 – II R 86/00, BFH/NV 2003, 344 (345).

[55] FM Baden-Württemberg 14.2.2000, DB 2000, 398; *Eggers/Fleischer/Wischott* DStR 1999, 1301 (1304); *Hörger/Mentel/Schulz* DStR 1999, 565 (575); *Pahlke* in Pahlke GrEStG § 1 Rn. 335; *Fischer* in Boruttau GrEStG § 1 Rn. 996; aA noch (an der 100 %-Grenze festhaltend) *Schmidt* DB 1999, 1872 (1873); auch bei weniger als 95 %: *Beckmann* GmbHR 2000, 81.

[56] BFH 25.8.2010 – II R 65/08, BStBl. II 2011, 225; anders Vorinstanz FG Münster EFG 2008, 1993.

[57] So zuvor schon Gleichlautender Ländererlass vom 18.7.2007, BStBl. I 2007, 549 Tz. 6 Bsp. 2; OFD Rheinland und Münster vom 21.5.2008, BB 2008, 1552; FM Baden Württemberg 14.2.2000, DStR 2000, 430; *Wischott/Schönweiß/Fröhlich* DStR 2009, 361 (362).

[58] S. auch BFH 18.9.2013 – II R 21/12, BStBl. II 2014, 326 zur Nichtberücksichtigung wechselseitiger Beteiligungen und eigener Anteile bei Prüfung der Beteiligungsquote von 95 %.

[59] BFH 12.3.2014 – II R 51/12, BFH/NV 2014, 1315 Rn. 17 ff.; *Fischer* in Boruttau GrEStG § 1 Rn. 1008; *Behrens* BB 2014, 2647; *Joisten* Ubg 2016, 201 (202).

[60] *Fischer* in Boruttau GrEStG § 1 Rn. 965.

33 Die Pro-Kopf-Betrachtung müsste an sich auch insoweit gelten, als es um die Vermittlung der Beteiligung an einer grundbesitzenden Gesellschaft durch eine Personengesellschaft geht.[61] Dieser Ansicht ist der BFH jedoch entgegengetreten und zwar am Beispiel der Einheitsgesellschaft.[62] Bei einer grundbesitzenden GmbH & Co. KG wurden die Anteile an der vermögensmäßig nicht beteiligten Komplementär-GmbH von der KG selbst gehalten. Ein kapitalmäßig mit 60 % beteiligter Kommanditist erwarb die 40 %-Beteiligung des weiteren Kommanditisten. Hier hat der BFH ausdrücklich festgestellt, dass eine **Personengesellschaft** in der Eigenschaft **als Zwischengesellschaft** wie eine zwischengeschaltete Kapitalgesellschaft zu behandeln ist, es also auf die vereinbarte Beteiligung am Gesellschaftsvermögen und nicht auf die gesamthänderische Mitberechtigung ankommt. In dem Streitfall kam bei der Einheitsgesellschaft somit die Pro-Kopf-Betrachtung nicht zur Anwendung, soweit es um die GmbH & Co. KG selbst als Zwischengesellschaft in Bezug auf ihre Komplementär-GmbH ging. Der Erwerb der 40 %-Beteiligung erfüllte damit die Voraussetzungen des § 1 Abs. 3 Nr. 1 GrEStG.

34 Die Entscheidung des BFH wird mit dem Hinweis kritisiert, es gebe keinen sachlich rechtfertigenden Grund, eine Personengesellschaft bezüglich der unmittelbaren Beteiligung an dieser einerseits und bei der Anteilsvermittlung durch diese als Zwischengesellschaft andererseits unterschiedlich zu behandeln.[63] Die Finanzverwaltung hat mit einem Nichtanwendungserlass reagiert und hält an der unterschiedlichen Behandlung von zwischengeschalteten Personengesellschaften und Kapitalgesellschaften weiterhin fest.[64] Mit dem neu geschaffenen § 1 Abs. 3a GrEStG hat die Pro-Kopf-Betrachtung bei Personengesellschaften im Rahmen des § 1 Abs. 3 GrEStG allerdings an Bedeutung verloren.

2. Besteuerungsgegenstand des § 1 Abs. 3a GrEStG

35 Der Absatz 3a wurde in § 1 GrEStG mit dem ausdrücklichen **gesetzgeberischen Ziel** eingefügt (AmtshilfeRLUmsG), insbesondere Gestaltungen mit sog Real Estate Transfer Tax-Blocker (RETT-Blocker) der Besteuerung zu unterwerfen.[65] Bei diesen wird das Eingreifen von § 1 Abs. 3 GrEStG anlässlich des Erwerbs der Anteile an einer grundbesitzenden Gesellschaft (insbesondere Immobilien-GmbH) verhindert, indem eine weitere Gesellschaft (zB GmbH & Co. KG), an der ein fremder Dritter beteiligt ist, so ausgestaltet und zwischengeschaltet wird, dass die Mindestbeteiligungsquote von 95 % weder bei der unmittelbaren Beteiligung an der grundbesitzenden Gesellschaft noch bei der Beteiligung an der zwischengeschalteten Gesellschaft erreicht wird.[66] Seinem Wortlaut nach wie auch nach dem Verständnis der Finanzverwaltung geht § 1 Abs. 3a GrEStG aber weit über die bloße Verhinderung von RETT-Blocker-Gestaltungen hinaus.[67]

36 Bei § 1 Abs. 3a GrEStG handelt es sich um einen eigenständigen Ergänzungstatbestand, der allerdings gegenüber den Tatbeständen der Absätze 2a und 3 des § 1 GrEStG ausdrücklich nachrangig ist.[68] Er hebt hinsichtlich der 95 %-Quote rechtsformunabhängig auf die **wirtschaftliche Beteiligung** am Kapital bzw. Vermögen der grundbesitzenden Gesellschaft ab.[69] Dabei werden mittelbare Beteiligungen stets durchgerechnet und mit unmittelbaren Beteiligungen zusammengerechnet (§ 1 Abs. 3a S. 2 und 3

[61] So insbesondere auch die Finanzverwaltung, s. Gleichlautenden Ländererlass vom 9.10.2013, DStR 2013, 2765, dort Beispiel unter Tz. 5.

[62] BFH 12.3.2014 – II R 51/12, BFH/NV 2014, 1315 Rn. 20 ff.

[63] *Behrens* BB 2014, 2647; *Joisten* Ubg 2016, 201. Zustimmend dagegen *Fischer* in Boruttau GrEStG § 1 Rn. 1014 sowie FG Berlin-Brandenburg EFG 2015, 1623, Rev. (Az. BFH II R 41/15).

[64] Gleichlautender Ländererlass vom 9.12.2015, BStBl. I 2016, 477.

[65] BT-Drs. 17/13033, 110.

[66] S. Beispiele bei *Joisten* Ubg 2016, 201 (204 ff.).

[67] Gleichlautender Ländererlass vom 9.10.2013, DStR 2013, 2765; kritisch *Wagner/Mayer* BB 2014, 279, die insoweit von einem „Super-Auffangtatbestand" sprechen.

[68] Dazu im Einzelnen *Pahlke* GrEStG § 1 Rn. 413 ff.

[69] Irrelevant sind dabei stille Beteiligungen, Genussrechte, partiarische Darlehen etc, *Hofmann* GrEStG § 1 Rn. 189.

GrEStG). Im Rahmen des § 1 Abs. 3a GrEStG gilt bei Personengesellschaften die sachenrechtliche Pro-Kopf-Betrachtung somit nicht. Anders als bei § 1 Abs. 3 GrEStG (→ Rn. 32) löst daher zum Beispiel die Vereinigung aller Kommanditanteile in der Hand eines Kommanditisten nach § 1 Abs. 3a GrEStG Grunderwerbsteuer aus, auch wenn dieser nicht zugleich über mindestens 95 % der Anteile an der Komplementär-GmbH verfügt.

§ 1 Abs. 3a GrEStG findet erstmals Anwendung auf **Erwerbsvorgänge,** die **nach dem 6.6.2013** verwirklicht wurden (§ 23 Abs. 11 GrEStG). Waren zu diesem Stichtag bei einer GmbH & Co. KG Anteile bereits iSd § 1 Abs. 3a GrEStG wirtschaftlich vereinigt, so führte allein das Inkrafttreten des neuen Abs. 3a nicht zur Grunderwerbsteuer. Entsprechendes gilt, wenn sich eine zum Stichtag bereits bestehende wirtschaftliche Beteiligung von mindestens 95 % danach noch weiter verstärkt. In diesem Fall kann es aber nach wie vor zu einer Anteilsvereinigung gemäß § 1 Abs. 3 Nr. 1 und 2 GrEStG kommen.[70] Einem steuerbaren Erwerbsvorgang nach § 1 Abs. 3 GrEStG kann ein solcher gemäß § 1 Abs. 3a GrEStG nachfolgen und umgekehrt.[71] Unter der Voraussetzung, dass Grundstücks- und Erwerberidentität besteht, wird die Steuer beim nachfolgenden Erwerbsvorgang jedoch nur insoweit erhoben, als dessen Bemessungsgrundlage die des vorangegangenen Erwerbsvorgangs übersteigt (§ 1 Abs. 6 S. 2 GrEStG).[72] 37

3. Bemessungsgrundlage

Gemäß § 8 Abs. 2 S. 1 Nr. 3 GrEStG ist in den Fällen des § 1 Abs. 3 und 3a GrEStG Bemessungsgrundlage für die Grunderwerbsteuer der nach § 151 Abs. 1 S. 1 Nr. 1 BewG iVm § 157 Abs. 1–3 BewG zu ermittelnde **Grundbesitzwert.** Ursprünglich war die Heranziehung der Grundbesitzwerte iSd § 138 Abs. 2–4 BewG angeordnet. Diese hatte das BVerfG in umfassender Weise als verfassungswidrig beanstandet.[73] Der Gesetzgeber hat jedoch die Verfassungswidrigkeit zunächst nur für die Erbschaft- und Schenkungsteuer beseitigt. Auf Vorlage durch den BFH hat das BVerfG dem Gesetzgeber jedoch mit Beschluss vom 23.6.2015[74] aufgegeben, insoweit auch § 8 Abs. 2 GrEStG bis spätestens zum 30.6.2016 mit Rückwirkung zum 1.1.2009 neu zu regeln. Dem ist der Gesetzgeber im Rahmen des StÄndG 2015[75] nachgekommen. Nunmehr gelten die seit dem 1.1.2009 für die Erbschaft- und Schenkungsteuer maßgeblichen Grundbesitzwerte auch im Rahmen des § 8 Abs. 2 GrEStG. 38

Der Grundbesitzwert wird für Erwerbe **seit dem 1.1.2007** unter Berücksichtigung der tatsächlichen Verhältnisse und der Wertverhältnisse zum Besteuerungszeitpunkt gesondert festgestellt (§§ 151 ff. BewG).[76] 39

Das BewG unterscheidet zwischen **bebauten und unbebauten Grundstücken** und enthält Sonderregelungen für Grundstücke im Zustand der Bebauung, für Erbbaurechte und Gebäude auf fremdem Grund und Boden. Bei unbebauten Grundstücken wird der Wert nach deren Fläche und den aktuellen Bodenrichtwerten bestimmt (§ 179 BewG). Bebaute Geschäftsgrundstücke werden in der Regel nach dem Ertragswertverfahren bewertet (§ 182 Abs. 3 Nr. 2 BewG iVm §§ 184 ff. BewG). Lässt sich für bebaute Geschäftsgrundstücke eine übliche Miete nicht ermitteln, erfolgt eine Bewertung im Sachwertverfahren (§ 182 Abs. 4 Nr. 2 BewG iVm §§ 189 ff. BewG). Weist der Steuerpflichtige nach, dass der gemeine Wert niedriger ist als der nach §§ 179, 182–196 BewG ermittelte Wert, ist der gemeine Wert als Grundbesitzwert festzustellen (§ 198 BewG).[77] 40

---

[70] S. Gleichlautender Ländererlass vom 9.10.2013, DStR 2013, 2765 Tz. 2.
[71] Dazu *Fischer* in Boruttau GrEStG § 1 Rn. 1186 ff.; teilweise aA dagegen *Pahlke* GrEStG § 1 Rn. 447 ff.
[72] So Gleichlautender Ländererlass vom 9.10.2013, DStR 2013, 2765 Tz. 6.
[73] BVerfG 7.11.2006 – 1 BvL 10/02, BStBl. II 2007, 192.
[74] BStBl. II 2015, 871.
[75] BGBl. 2015 I 1834.
[76] Dazu *Halaczinksky* DStR 2007, 326; *Hofmann* GrEStG § 8 Rn. 62 ff.
[77] Zur Grundstücksbewertung im Einzelnen s. bei Gürsching/Stenger BewG §§ 176 ff.

4. Anwendbarkeit von Befreiungsvorschriften

41 In den Fällen des § 1 Abs. 3 und 3a GrEStG sind bei der GmbH & Co. KG als Personengesellschaft grundsätzlich sowohl die personenbezogenen **Befreiungsvorschriften** des **§ 3 GrEStG** als auch die **Begünstigungen** gemäß **§§ 5, 6 GrEStG** anwendbar.[78]

42 Umstritten war allerdings, ob und inwieweit die Befreiung gemäß **§ 3 Nr. 2 GrEStG** bei den Tatbeständen des § 1 Abs. 3 GrEStG greift. Die Finanzverwaltung[79] hatte zunächst die Ansicht vertreten, dass die Befreiung keine Anwendung findet, da bei § 1 Abs. 3 GrEStG keine Schenkung des Grundstücks, sondern eine freigebige Zuwendung der Gesellschaftsanteile vorliege. Dies sei ein gesonderter Rechtsvorgang, so dass keine Doppelbelastung (mit Schenkungsteuer einerseits und Grunderwerbsteuer andererseits) desselben Vorgangs gegeben sei. Für Personengesellschaften hat die Finanzverwaltung diese Auffassung für sämtliche Tatbestände des § 1 Abs. 3 GrEStG aufgegeben,[80] nachdem der BFH entschieden hatte, dass in den insoweit vergleichbaren Fällen des nach § 1 Abs. 2a GrEStG steuerbaren Gesellschafterwechsels bei schenkweiser Übertragung der Anteile an einer grundbesitzenden Personengesellschaft § 3 Nr. 2 S. 1 GrEStG Anwendung findet (→ Rn. 63).[81]

43 Was die entsprechende Anwendung des **§ 5 GrEStG** im Falle einer **Vereinigung** der Anteile an einer Kapitalgesellschaft **in der Hand einer Personengesellschaft** anbelangt, ist nach Ansicht des BFH[82] zu differenzieren: In den Fällen der Anteilsvereinigung gemäß § 1 Abs. 3 Nr. 3 und 4 GrEStG liegt ein (fingierter) Grundstückserwerb von dem Veräußerer aller Anteile zugrunde. Diese Fiktion rechtfertigt es, die Anteilsvereinigung wie eine Veräußerung des Grundstücks selbst zu behandeln und damit bei einer Übertragung aller Anteile auf eine Gesamthand die Begünstigung des § 5 GrEStG zu gewähren. Bei Anteilsvereinigungen gemäß § 1 Abs. 3 Nr. 1 und 2 GrEStG scheidet eine Fiktion in diesem Sinne und damit die (entsprechende) Anwendung des § 5 GrEStG aus.

44 Vereinigen sich die Anteile an einer **GmbH & Co. KG** in der Hand eines Kommanditisten (→ Rn. 32), ist die Anwendung des **§ 6 Abs. 2 GrEStG** anerkannt, da die Anteilsvereinigung eine Grundstücksübertragung von der GmbH & Co. KG auf den alleinigen Kommanditisten fingiert.[83] Hier wird die Grunderwerbsteuer infolge der Anteilsvereinigung insoweit nicht erhoben, als der Kommanditist schon während der letzten fünf Jahre (§ 6 Abs. 4 GrEStG) unverändert an der GmbH & Co. KG unmittelbar beteiligt war.

45 Überträgt eine GmbH & Co. KG den Grundbesitz auf die Person, in deren Händen bereits eine Anteilsvereinigung stattgefunden hat, so wird im Umfang der unmittelbaren Beteiligung dieser Person an der GmbH & Co. KG die Steuer gemäß § 6 Abs. 2 GrEStG nicht erhoben, es sei denn, § 6 Abs. 4 GrEStG kommt zum Tragen. Ist Letzteres der Fall, wird die Steuer gemäß **§ 1 Abs. 6 S. 2 GrEStG** jedoch nur insoweit erhoben, als die Bemessungsgrundlage für diesen Rechtsvorgang den Betrag übersteigt, der bei der Anteilsvereinigung maßgeblich war.[84]

46 Scheidet die Komplementär-GmbH als Gesellschafterin aus und wird dadurch der alleinige Kommanditist im Wege der Anwachsung Alleineigentümer der bislang im Gesamthandseigentum stehenden Grundstücke, wird kein grunderwerbsteuerlicher Tatbestand

[78] FG Münster EFG 1993, 536; FM Nordrhein-Westfalen 19.11.2007, GmbHR 2008, 392 sowie Gleichlautende Ländererlasse vom 6.3.2013, BStBl. I 2013, 773 Tz. 3; vom 9.10.2013, DStR 2013, 2765 Tz. 7 und vom 9.12.2015, BStBl. I 2015, 1029 Tz. 4 und 5.

[79] FM Baden-Württemberg 28.4.2005, DStR 2005, 1012.

[80] Gleichlautender Ländererlass vom 11.10.2007, DStR 2007, 1913.

[81] S. auch BFH 13.9.2006 – II R 37/05, BStBl. II 2007, 59 zur Anwendbarkeit des § 3 Nr. 2 GrEStG in Anwachsungsfällen und BFH 22.2.2017 – II R 52/14, BStBl. II 2017, 653 zum Erfordernis der Doppelbelastung „eines Lebenssachverhalts".

[82] BGH 2.4.2008 – II R 53/06, BStBl. II 2009, 544; 22.2.2017 – II R 52/14, BStBl. II 2017, 653; s. auch *Mies/Greiser* DStR 2008, 1319.

[83] Gleichlautende Ländererlasse vom 6.3.2013, BStBl. I 2013, 773 Tz. 3 und vom 9.12.2015, BStBl. I 2015, 1029 Tz. 4.2 und 4.3.; *Viskorf* in Boruttau GrEStG § 6 Rn. 34.

[84] FM Niedersachsen 23.9.1992, GmbHR 1993, 62; Gleichlautender Ländererlass vom 2.12.1999, BStBl. I 1999, 991 Tz. 5; *Hofmann* GrEStG § 1 Rn. 199f.

gemäß § 1 Abs. 3 GrEStG, sondern ein Erwerbsvorgang gemäß § 1 Abs. 1 Nr. 3 GrEStG verwirklicht.[85] Dieser ist auch dann nach § 6 Abs. 2 GrEStG steuerfrei, wenn innerhalb der Fünf-Jahres-Frist des § 6 Abs. 4 GrEStG eine Anteilsvereinigung gemäß § 1 Abs. 3 GrEStG vorausgegangen sein sollte und diese – soweit steuerbar – der Grunderwerbsteuer unterworfen wurde. In diesem Fall ist nämlich **§ 6 Abs. 4 GrEStG einschränkend auszulegen,** da die objektive Möglichkeit einer Steuerumgehung ausscheidet.[86]

IV. Wesentliche Veränderung des Gesellschafterbestandes (§ 1 Abs. 2a GrEStG)

1. Besteuerungsgegenstand

a) Rechtslage bis 1996. Wurde eine GmbH & Co. KG mit Grundbesitz in der Weise veräußert, dass sämtliche Kommanditisten, die gleichzeitig Gesellschafter der Komplementär-GmbH sind, ihre Kommanditanteile sowie die Geschäftsanteile an der GmbH auf mehrere Erwerber übertragen, war lange fraglich, ob dieser Vorgang Grunderwerbsteuer auslöst. Grundsätzlich gilt, dass der **bloße Wechsel im Gesellschafterkreis** keinen grunderwerbsteuerpflichtigen Tatbestand iSv § 1 Abs. 1 Nr. 1 und 2 GrEStG darstellt,[87] weil dieser zivilrechtlich die Identität der Personengesellschaft und damit die Eigentumsverhältnisse hinsichtlich des Grundbesitzes **unberührt lässt.** 47

Für den Fall der GmbH & Co. KG hat der BFH einen grunderwerbsteuerpflichtigen Austausch sämtlicher Anteile an der KG selbst dann verneint, wenn gleichzeitig **mit dem Wechsel der Kommanditisten alle Geschäftsanteile an der Komplementär-GmbH** auf einen der Neugesellschafter (Kommanditist) übertragen wurden. Der Anteil der Komplementär-GmbH an der KG könne nicht dem Inhaber des Geschäftsanteils an der GmbH zugerechnet werden, soweit nicht grunderwerbsteuerrechtliche Zurechnungsregeln (zB § 1 Abs. 3 GrEStG) etwas anderes bestimmten, selbst wenn die Komplementär-GmbH weder vor dem Gesellschafterwechsel noch nachher am Vermögen der KG wertmäßig beteiligt ist.[88] 48

Die **Grenze des Gestaltungsmissbrauchs** (§ 42 AO) war nach Ansicht des BFH jedoch überschritten, wenn sämtliche Mitgliedschaftsrechte an einer lediglich grundbesitzhaltenden GmbH & Co. KG übertragen wurden und der Austausch aller Gesellschafter allein das Ziel verfolgte, den neuen Gesellschaftern das Eigentum am Grundstück zu verschaffen.[89] Die Übertragung der Anteile verdecke in einem solchen Fall lediglich den Verkauf des Grundstücks. Aus denselben Erwägungen wurde von der Rechtsprechung die Steuerfreiheit versagt, wenn in eine **grundstücksverwaltende** GmbH & Co. KG neue Gesellschafter ein- und anschließend die bisherigen Gesellschafter austraten (Abwachsungs-/Anwachsungs-Modell)[90] oder zwar ein Gesellschafter verblieb, dieser aber – im Innenverhältnis – am Gesellschaftsvermögen nicht beteiligt war.[91] 49

Demnach konnte ein in der Rechtsform der GmbH & Co. KG betriebenes Unternehmen mit Grundbesitz nicht nur in der Weise **grunderwerbsteuerfrei veräußert** werden, dass die Erwerber **alle KG- und GmbH-Anteile** übernahmen. Es war auch möglich, lediglich die Kommanditanteile zu übertragen und gleichzeitig die **bisherige persönlich haftende GmbH** gegen eine andere, sich etwa bereits im Besitz der Unternehmenserwerber befindliche GmbH **auszuwechseln.** 50

b) Rechtslage von 1997 bis 1999. Um die Möglichkeit einer „missbräuchlichen Steuervermeidung“[92] zu beseitigen, wurde mit Wirkung ab 1.1.1997 mit der Einfügung eines 51

---

[85] BFH 19.11.2004 – II B 97/03, BFH/NV 2005, 576; *Pahlke* GrEStG § 1 Rn. 178 mwN.
[86] FG Düsseldorf EFG 2005, 136.
[87] ZB BFH 17.7.1975 – II R 141/74, BStBl. II 1976, 159; *Fischer* in Boruttau GrEStG § 1 Rn. 123 f.
[88] BFH 9.9.1992 – II R 69/89, BFH/NV 1993, 326.
[89] Grundlegend BFH 19.3.1980 – II R 23/77, BStBl. II 1980, 598; ebenso BFH 4.12.1985 – II R 142/84, BStBl. II 1986, 190; 4.3.1987 – II R 150/83, BStBl. II 1987, 394; 31.7.1991 – II B 157/90, BFH/NV 1992, 134; 31.7.1991 – II R 17/88, BStBl. II 1991, 891; OFD Hannover 8.3.1994, FN-IDW 1994, 225.
[90] BFH 7.6.1989 – II B 111/88, BStBl. II 1989, 803.
[91] BFH 31.7.1991 – II R 17/88, BStBl. II 1991, 891.
[92] BT-Drs. 13/6151, 16.

Abs. 2a in § 1 GrEStG ein neuer Steuertatbestand geschaffen. Die bisherige, auf der Rechtsgrundlage des § 42 AO ergangene Rechtsprechung ist seitdem hinfällig.[93]

52 Gemäß § 1 Abs. 2a GrEStG aF unterlag der wesentliche Wechsel im Gesellschafterbestand einer Personengesellschaft **innerhalb von fünf Jahren** der Grunderwerbsteuer. Dies war nach dem Gesetzeswortlaut stets anzunehmen, wenn mindestens **95 % der Anteile** am Gesellschaftsvermögen auf neue Gesellschafter übergingen. Gingen weniger als 95 % der Anteile über, war eine **wesentliche Änderung** des Gesellschafterbestandes anzunehmen, wenn die Änderung bei **wirtschaftlicher Betrachtung** eine Übertragung des Grundstücks auf eine neue Personengesellschaft darstellte.

53 Der **Wechsel im Gesellschafterbestand einer Komplementär-GmbH** wurde hierdurch tatbestandsmäßig allerdings nicht erfasst, da der Gesetzeswortlaut allein auf den Wechsel im Gesellschafterbestand der Personengesellschaft abstellte. Dennoch vertrat die Finanzverwaltung die Auffassung, der Steuertatbestand sei im Falle einer GmbH & Co. KG, deren Komplementär-GmbH mit mehr als 5 % am Gesellschaftskapital beteiligt war, auch dann erfüllt, wenn zugleich mit dem Wechsel im Gesellschafterbestand der KG die Mehrheit der Anteile an der Komplementär-GmbH übertragen wurde.[94] Dem hat allerdings der BFH[95] widersprochen.

54 **c) Rechtslage seit 1.1.2000.** Die Regelung in § 1 Abs. 2a S. 2 GrEStG aF (wirtschaftliche Betrachtungsweise) wurde in der Literatur als „verfassungswidrig unbestimmt" kritisiert[96] und letztlich auch vom BFH[97] als nicht hinreichend bestimmt angesehen. § 1 Abs. 2a GrEStG in der Fassung des StEntlG 1999/2000/2002 stellt daher nicht mehr auf die wirtschaftliche Betrachtungsweise ab, sondern allein auf den **Übergang** von **mindestens 95 % der Anteile** an einer grundbesitzenden Personengesellschaft.[98] Ferner ist ausdrücklich geregelt, dass **auch mittelbare** Anteilsübertragungen Grunderwerbsteuer auslösen können. Durch die Neufassung der Vorschrift sollten Abgrenzungs- und Auslegungsprobleme künftig vermieden werden.[99] § 1 Abs. 2a GrEStG geht der Anteilsvereinigung in § 1 Abs. 3 und 3a GrEStG vor.[100]

55 Erforderlich ist, dass die Anteile auf **neue** Gesellschafter übergehen.[101] Unter **Anteil** iSv § 1 Abs. 2a GrEStG ist – wie bei §§ 5 und 6 GrEStG – der Anteil der einzelnen Gesellschafter am Gesellschaftsvermögen zu verstehen, also der den einzelnen Gesellschaftern zustehende Wertanteil am Reinvermögen, der sich aus gesellschaftsinternen Vereinbarungen und hilfsweise aus dem Gesetz ergibt.[102]

56 Bei der Ermittlung des Vomhundertsatzes bleibt der Erwerb von Anteilen **von Todes wegen** außer Betracht (§ 1 Abs. 2a S. 6 GrEStG). Zu berücksichtigen sind dagegen die Begründung eines Treuhandverhältnisses, der Treuhänder- und Treugeberwechsel sowie die Rückübertragung von Anteilen vom Treuhänder auf den Treugeber, wobei Letzteres

---

[93] *Fischer* in Boruttau GrEStG § 1 Rn. 132; *Pahlke* GrEStG § 1 Rn. 271; die neue Vorschrift beschränkt sich nicht auf lediglich Grundbesitz haltende Personengesellschaften, s. FG Nürnberg EFG 2003, 256.

[94] Ländererlass vom 24.6.1998, BStBl. I 1998, 925 Tz. 4.1.; aA *Gottwald* BB 2000, 69 (70); *Müller* BB 1997, 1385 (1388); *Schmidt* DB 1997, 846 (848).

[95] BFH 30.4.2003 – II R 79/00, BStBl. II 2003, 890.

[96] *Meßbacher-Hönsch* in Boruttau GrEStG § 1 Rn. 811; *Müller* BB 1997, 1385 (1388).

[97] BFH 30.4.2003 – II R 79/00, BStBl. II 2003, 890.

[98] Es ist nicht erforderlich, dass der Zweck der Gesellschaft auf das Halten und Verwalten von Grundbesitz gerichtet ist; so klarstellend BFH 11.9.2002 – II B 113/02, BStBl. II 2002, 777 sowie Gleichlautender Ländererlass vom 18.2.2014, BStBl. I 2014, 561 Tz. 1.1.

[99] BT-Drs. 14/443, 42.

[100] Zum Verhältnis dieser Vorschriften zueinander: *Hofmann* GrEStG § 1 Rn. 131 f. Zur Frage, ob bei einer Anteilsvereinigung in der Hand einer Personengesellschaft § 1 Abs. 2a GrEStG oder § 1 Abs. 3 GrEStG anzuwenden ist: *Starke/Bücker* GmbHR 2006, 416.

[101] Dabei sind die Grundsätze über fehlerhafte Personengesellschaftsverhältnisse einschließlich derjenigen über den fehlerhaften Beitritt zur Gesellschaft zu beachten, BFH 20.10.2004 – II R 54/02, BStBl. II 2005, 299.

[102] Gleichlautender Ländererlass vom 18.2.2014, BStBl. I 2014, 561 Tz. 1.3. S. hierzu auch *Heine* INF 2003, 817; *Teiche* DStR 2005, 49; *Salzmann/Loose* DStR 2005, 53.

aber mit einer anteiligen Steuerbefreiung entsprechend § 3 Nr. 8 GrEStG verbunden ist.[103]

Der Gesellschafterbestand kann sich durch **Übergang von Gesellschaftsanteilen** auf Neugesellschafter (derivativer Erwerb) oder durch den **Beitritt** neuer Gesellschafter (originärer Erwerb) ändern. Anteilsübertragungen, die zu einer Verkürzung der Beteiligungskette führen, zB durch den unmittelbaren Erwerb einer bisher nur mittelbaren Beteiligung an der Grundstücksgesellschaft, sind nicht steuerbar.[104] Gleiches gilt uE bei dem einem unmittelbaren Gesellschafterwechsel nachgeschalteten mittelbaren Gesellschafterwechsel, sofern sich beide auf denselben Anteil am Gesellschaftsvermögen der Grundbesitzgesellschaft beziehen, sowie bei Anteilsübertragungen zwischen Schwestergesellschaften. 57

Anteilsübertragungen innerhalb des Gesellschafterkreises, zB durch die Aufstockung des Anteils eines Gesellschafters durch den Auskauf eines anderen Gesellschafters, sind **unbeachtlich.**[105] Zu den hiernach begünstigten Altgesellschaftern gehören die Gründungsgesellschafter und alle Gesellschafter, die der Gesellschaft im fraglichen Zeitpunkt seit **mehr als fünf Jahren** angehören.[106] Für die Qualifikation als Altgesellschafter ist es unerheblich, ob dieser am Gesellschaftsvermögen beteiligt ist. Demgemäß wird bei der GmbH & Co. KG der Steuertatbestand nicht verwirklicht, wenn einer ohne Kapitalanteil beteiligten Komplementär-GmbH ein Anteil am Gesellschaftsvermögen der KG zugewiesen wird.[107] 58

Durch die umfassende **Einbeziehung von mittelbaren Anteilsübertragungen** ist der Gesetzgeber uE über sein Ziel hinausgeschossen, da mit dem Durchgriff auf die Gesellschafter der Obergesellschaften auch Gestaltungen erfasst werden, die mit einer „missbräuchlichen Steuervermeidung" nichts zu tun haben.[108] Zudem warf § 1 Abs. 2a GrEStG in Bezug auf mittelbare Anteilsübertragungen zunächst immer noch Abgrenzungs- und Auslegungsprobleme auf. 59

So stellte sich die Frage, wie eine mittelbare Anteilsübertragung beschaffen sein muss, um – ggf. zusammen mit der Übertragung unmittelbar gehaltener Anteile – bei der Ermittlung der Mindestquote von 95 % berücksichtigt zu werden. Die Finanzverwaltung vertrat dabei immer die Auffassung, dass bei der mittelbaren Beteiligung über eine **Personengesellschaft jede Änderung** im Gesellschafterbestand relevant und entsprechend **durchzurechnen** ist, während es bei der Beteiligung über eine **Kapitalgesellschaft** auf das Erreichen des erforderlichen **Quantums von 95 %** ankommt und dann die Beteiligung der Kapitalgesellschaft in voller Höhe berücksichtigt wird.[109] Der BFH[110] hat demgegenüber entschieden, dass die mittelbare Änderung des Gesellschafterbestandes ausschließlich nach wirtschaftlichen Maßstäben zu beurteilen ist und Kapital- und Personengesellschaften hierbei gleichermaßen als transparent zu betrachten sind. Eine Veränderung ihrer Beteiligungsverhältnisse lasse die Kapital- oder Personengesellschaft nur dann fiktiv zu einer neuen Gesellschafterin der grundbesitzenden Personengesellschaft werden, wenn sich im maßgeblichen Fünfjahreszeitraum ihr Gesellschafterbestand unmittelbar oder mittelbar im wirtschaftlichen Ergebnis vollständig – wenn auch schrittweise – geändert hat.[111] Dem ist die Finanzverwaltung mit 60

---

[103] Gleichlautender Ländererlass vom 18.2.2014, BStBl. I 2014, 561 Tz. 2.2.

[104] Dazu näher *Pahlke* GrEStG § 1 Rn. 303; *Schmidt* DB 1999, 1872 (1873); *Gottwald* BB 2000, 69 (71).

[105] Gleichlautender Ländererlass vom 18.2.2014, BStBl. I 2014, 561 Tz. 2.1.

[106] *Hofmann* GrEStG § 1 Rn. 115; *Pahlke* GrEStG § 1 Rn. 288. AA hinsichtlich der Fünf-Jahre-Frist *Hörger/Mentel/Schulz* DStR 1999, 565 (575).

[107] *Pahlke* GrEStG § 1 Rn. 288.

[108] Wie hier *Eggers/Fleischer/Wischott* DStR 1999, 1301 (1302); *Hörger/Mentel/Schulz* DStR 1999, 565 (574).

[109] Gleichlautende Ländererlasse vom 25.2.2010, BStBl. I 2010, 245 Tz. 3, und vom 18.2.2014, BStBl. I 2014, 561, Tz. 3.

[110] 24.4.2013 – II R 17/10, BStBl. II 2013, 833.

[111] Dabei können in Anlehnung an § 39 Abs. 2 Nr. 1 AO auch schuldrechtliche Vereinbarungen Bedeutung erlangen, so BFH 9.7.2014 – II R 49/12, BStBl. II 2016, 57; 25.11.2015 – II R 18/14, DStR 2016, 242.

einem Nichtanwendungserlass[112] entgegengetreten. Für die Zeit **ab dem 5.11.2015** gelten nunmehr die Regelungen in **§ 1 Abs. 2a S. 2–5 GrEStG,**[113] die der bisherigen, zwischen Kapital- und Personengesellschaften differenzierenden Auffassung der Finanzverwaltung entsprechen.[114]

61 Eine Besonderheit bei der Anwendung von § 1 Abs. 2a GrEStG liegt darin, dass **Steuerschuldner** gemäß § 13 Nr. 6 GrEStG die Personengesellschaft ist, obwohl diese mit dem zur Steuerpflicht führenden Tatbestand nichts zu tun hat.[115] Dies hat zur Folge, dass zB auch der in der Gesellschaft verbleibende 5 %-Gesellschafter anteilig mit Grunderwerbsteuer belastet wird.[116] Deshalb empfiehlt sich eine **gesellschaftsvertragliche Regelung** dahin gehend, dass durch die Grunderwerbsteuer gemäß § 1 Abs. 2a GrEStG im Rahmen der Gewinnverteilung nur diejenigen Gesellschafter oder deren Rechtsnachfolger belastet werden, die an den zur Steuerpflicht führenden Vorgängen beteiligt waren.

2. Bemessungsgrundlage

62 In den Fällen des § 1 Abs. 2a GrEStG ist wie in denen des § 1 Abs. 3 und 3a GrEStG für die Bemessung der Grunderwerbsteuer der **Wert der Gesellschaftsgrundstücke** gemäß § 151 Abs. 1 S. 1 Nr. 1 BewG iVm § 157 Abs. 1–3 BewG (§ 8 Abs. 2 S. 1 Nr. 3 GrEStG) maßgeblich (→ Rn. 38 ff.). In allen genannten Fällen wird stets der sich für den **gesamten** Grundbesitz ergebende Wert zugrunde gelegt, auch beim Wechsel von nur 95 % des Gesellschafterbestandes.[117] Ist dem Grunderwerbsteuer auslösenden Gesellschafterwechsel eine Nacherhebung der Grunderwerbsteuer wegen Versagens der Steuervergünstigung aufgrund des § 5 Abs. 3 GrEStG bei einem Gesellschafter vorausgegangen, kommt es, um eine Doppelbelastung zu vermeiden, zu einer Anrechnung der Bemessungsgrundlage (§ 1 Abs. 2a S. 7 GrEStG).[118]

3. Anwendbarkeit von Befreiungsvorschriften

63 Die Steuerbefreiungen der **§§ 3 und 6 Abs. 3 GrEStG** sind grundsätzlich **anwendbar.**[119] Insbesondere hat der BFH[120] entschieden, dass steuerbare Änderungen im Gesellschafterbestand einer grundbesitzenden Personengesellschaft insoweit nach **§ 3 Nr. 2 GrEStG** steuerfrei sind, als sie auf einer **schenkweisen Anteilsübertragung** beruhen. Dabei sei unbeachtlich, dass § 1 Abs. 2a GrEStG den Übergang des Grundbesitzes auf eine neue Personengesellschaft fingiere, während der Schenkungsteuer die freigebige Zuwendung der Gesellschaftsanteile an die Erwerber unterliege. Diesen unterschiedlichen rechtstechnischen Anknüpfungspunkten komme im Hinblick auf den Zweck des § 3 Nr. 2 S. 1 GrEStG, die doppelte Belastung eines Lebensvorgangs mit Grunderwerbsteuer und Erbschaft- bzw. Schenkungsteuer zu vermeiden, keine Bedeutung zu.

---

[112] Gleichlautender Ländererlass vom 9.10.2013, BStBl. I 2013, 1278. Zur Ablehnung des Rückgriffs auf § 39 Abs. 2 Nr. 1 AO bei der Grunderwerbsteuer s. Gleichlautender Ländererlass vom 9.12.2015, BStBl. I 2016, 136.

[113] StÄndG 2015 vom 2.11.2015, BGBl. 2015 I 1834.

[114] S. hierzu *Hofmann* GrEStG § 1 Rn. 109a; *Meßbacher-Hönsch* in Boruttau GrEStG § 1 Rn. 872 f. sowie zu verbliebenen Zweifelsfragen *Lange/Broemel* DStR 2017, 360.

[115] An der Verfassungsmäßigkeit der Regelung bestehen keine ernstlichen Zweifel, s. BFH 11.9.2002 – II B 113/02, DStR 2002, 1761 (1762).

[116] Bei der anfallenden Grunderwerbsteuer handelt es sich nicht um Anschaffungskosten, sie ist vielmehr sofort steuerlich abziehbar, so BFH 2.9.2014 – IX R 50/13, BStBl. II 2015, 260.

[117] Gleichlautender Ländererlass vom 18.2.2014, BStBl. I 2014, 561 Tz. 10; *Viskorf* in Boruttau GrEStG § 8 Rn. 92.

[118] S. Beispiel in Tz. 5.1. des Gleichlautenden Ländererlasses vom 18.2.2014, BStBl. I 2014, 561.

[119] BFH 27.4.2005 – II R 61/03, BStBl. II 2005, 649; 25.9.2013 – II R 17/12, DStR 2014, 32; FG München EFG 2009, 1141; *Hofmann* GrEStG § 1 Rn. 129; *Viskorf* in Boruttau GrEStG § 6 Rn. 40 ff.; Gleichlautender Ländererlass vom 18.2.2014, BStBl. I 2014, 561 Tz. 7 und 8.

[120] BFH 12.10.2006 – II R 79/05, BStBl. II 2007, 409; Ländererlass vom 11.10.2007, DStR 2007, 1913; zustimmend *zu Irnich* DB 2007, 2616; *Steger* ZEV 2008, 505 (508); *Gottwald* ZEV 2007, 140.

Der Anwendung des § 6 Abs. 3 GrEStG steht es nicht entgegen, wenn die **mittelbare Beteiligung durch eine Kapitalgesellschaft** vermittelt wird.[121] 64

V. Konzernklausel

1. Überblick

Das WachsBeschlG hat mit § 6a GrEStG, wie in der Literatur seit langer Zeit gefordert,[122] **eine Konzernklausel** eingeführt, um konzerninterne Umstrukturierungen nicht mehr durch den Anfall von Grunderwerbsteuer zu erschweren oder gar zu verhindern. **§ 6a GrEStG** sah als **sachliche Befreiungsvorschrift** zunächst nur bei Erwerbsvorgängen[123] aufgrund einer **Umwandlung** iSv § 1 Abs. 1 Nr. 1–3 UmwG (Verschmelzung, Spaltung und Vermögensübertragung) einen Verzicht auf die Grunderwerbsteuer vor.[124] Durch eine Neufassung wurde die Begünstigung des § 6a GrEStG für die Zeit nach dem 6.6.2013 aber auch auf Erwerbsvorgänge auf Grund „einer **Einbringung** oder eines **anderen Erwerbsvorgangs auf gesellschaftsvertraglicher Grundlage**" erstreckt.[125] Begünstigt sind zudem entsprechende Umwandlungen, Einbringungen und andere Erwerbsvorgänge auf gesellschaftsvertraglicher Grundlage aufgrund des Rechts eines EU/EWR-Staats (§ 6a S. 2 GrEStG). 65

Die Begünstigung wird nur gewährt, wenn an dem Umwandlungsvorgang **ausschließlich** ein **herrschendes Unternehmen** und ein oder mehrere von diesem Unternehmen **abhängige Gesellschaften** oder mehrere von einem herrschenden Unternehmen abhängige Gesellschaften beteiligt sind. Personengesellschaften und damit auch die GmbH & Co. KG kommen sowohl als herrschendes Unternehmen als auch als abhängige Gesellschaft in Betracht. Letzteres wurde in 2011 durch die rückwirkende Einfügung der Beteiligung am „Gesellschaftsvermögen" klargestellt.[126] 66

Die Abhängigkeit einer Gesellschaft ist zu bejahen, wenn das herrschende Unternehmen am Kapital bzw. Vermögen der Gesellschaft innerhalb von fünf Jahren vor und fünf Jahre nach dem Rechtsvorgang unmittelbar oder mittelbar oder teilweise unmittelbar und teilweise mittelbar zu mindestens 95 % ununterbrochen beteiligt ist. 67

Die in § 6a GrEStG vorgesehenen **Vor- und Nachhaltefristen** wurden aus den §§ 5, 6 GrEStG übernommen. So muss zB eine für die Umstrukturierung gegründete NewCo fünf Jahre gehalten werden, bevor auf sie ein Grundstück steuerfrei abgespaltet werden kann.[127] Nach Ansicht der Finanzverwaltung sind nur Umwandlungsvorgänge innerhalb eines „Verbunds" begünstigt. Die **Begründung eines Verbunds** durch Ausgliederung oder Abspaltung zur Neugründung aus einem Unternehmen soll daher nicht begünstigungsfähig sein.[128] In einem zu dieser Thematik anhängigen Revisionsverfahren hat der BFH den BMF zum Beitritt und zur Stellungnahme hierzu wie auch zu einem möglichen unionsrechtlich relevanten Beihilfecharakter des § 6a GrEStG aufgefordert.[129] 68

Umstritten ist darüber hinaus die Auffassung der Finanzverwaltung, wonach das **herrschende Unternehmen** selbst Unternehmer im umsatzsteuerlichen Sinn sein müsse.[130] 69

---

[121] BFH 29.2.2012 – II R 57/09, DStR 2012, 1181; FM Baden-Württemberg 3.3.2009, DB 2009, 821; *Stegemann* Ubg 2009, 194.

[122] S. dazu *Fischer* in Boruttau GrEStG Vorb. Rn. 163 ff.

[123] Gemäß § 23 Abs. 8 GrEStG anwendbar für solche Erwerbsvorgänge, die nach dem 31.12.2009 verwirklicht werden.

[124] Hierzu *Neitz/Lange* Ubg 2010, 17; *Behrens* AG 2010, 119; *Schaflitzl/Stadler* DB 2010, 185.

[125] Zur Rechtsentwicklung s. *Hofmann* GrEStG § 6a Rn. 2 ff.

[126] Dazu *Viskorf* in Boruttau GrEStG § 6a Rn. 1.

[127] *Wischott/Schönweiß* DStR 2009, 2638 (2645); *Rödder/Schönfeld* DStR 2010, 415.

[128] S. Gleichlautender Ländererlass vom 19.6.2012, BStBl. I 2012, 662 Tz. 2.1., wobei entsprechendes für Fälle der Beendigung des Verbunds gelte.

[129] BFH 25.11.2015 – II R 36/14, BFH/NV 2016, 239. S. auch BFH 25.11.2015 – II R 62/14, BStBl. II 2016, 167 zur entsprechenden Fragestellung bei Beendigung des Verbunds.

[130] S. Gleichlautender Ländererlass vom 19.6.2012, BStBl. I 2012, 662 Tz. 2.2.

Auch als ertragsteuerliche Mitunternehmerschaft ist eine GmbH & Co. KG nicht per se eine umsatzsteuerrechtliche Unternehmerin.[131] Als solche muss sie vielmehr tatsächlich unternehmerisch tätig sein. Ob § 6a GrEStG hinsichtlich der Qualifikation als herrschendes Unternehmen tatsächlich in diesem Sinne auszulegen ist, hat nun der BFH zu entscheiden. In den dazu anhängigen Verfahren hat er den BMF ebenfalls zum Beitritt und zur Stellungnahme aufgefordert.[132]

70 § 6a GrEStG lässt die für eine GmbH & Co. KG relevanten Vergünstigungen gemäß **§§ 5 und 6 GrEStG** unberührt. Sofern deren Voraussetzungen erfüllt sind, können diese auch dann angewandt werden, wenn § 6a GrEStG wegen Nichterfüllung dessen (weitergehenderen) Anforderungen nicht zur Anwendung kommt.[133]

2. Stellungnahme

71 Die Aufnahme einer Konzernklausel in das GrEStG war **überfällig.** Bei deren Umsetzung ist der Gesetzgeber zunächst aber zu kurz gesprungen. So haftete der **Beschränkung auf Umwandlungsvorgänge** etwas Zufälliges an. Es war nicht ersichtlich, warum konzerninterne Veräußerungen, Sacheinlagen und Anwachsungsvorgänge ausgenommen sind.

72 Aber auch nach der Erstreckung der Begünstigung auf Einbringungen und andere Rechtsvorgänge auf gesellschaftsvertraglicher Grundlage ist nicht abschließend geklärt, welche Sachverhalte im Einzelnen damit abgedeckt sein sollen.[134] Die **GmbH & Co. KG** bleibt deshalb gegenüber der Kapitalgesellschaft insoweit **bevorzugt,** als zB bei einer konzerninternen Ausgliederung unter Personengesellschaften jedenfalls die Steuerbefreiung gemäß § 6 Abs. 3 GrEStG in Anspruch genommen werden kann.

73 Die Auffassung der Finanzverwaltung, dass solche Umwandlungsvorgänge nicht begünstigt sind, durch die der **Verbund begründet oder beendet** wird (→ Rn. 68), mag vom bloßen Wortlaut der § 6a S. 3 und 4 GrEStG gedeckt sein, nicht aber vom Sinn und Zweck dieser Vorschrift.[135] Hier bleibt die Entscheidung durch den BFH abzuwarten. Dies gilt auch für die von der Finanzverwaltung ohne überzeugende Begründung aufgestellte Behauptung, **herrschendes Unternehmen** könne nur sein, wer Unternehmer im umsatzsteuerlichen Sinn ist.[136]

74 In der Praxis nachteilig erweist sich auch das in § 6a S. 4 GrEStG bestimmte **Abhängigkeitserfordernis** einer 95 %igen Beteiligung,[137] zumal es nahe gelegen hätte, insoweit an das Abhängigkeitsverhältnis iSv § 1 Abs. 4 GrEStG anzuknüpfen. Um keine Grunderwerbsteuer auszulösen, haben sich Konzerne in der Vergangenheit häufig nur mit 94 % an Grundstücksgesellschaften beteiligt, die nunmehr vom Anwendungsbereich der Konzernklausel ausgeschlossen sind.[138]

§ 20 Erbschaft- und Schenkungsteuer

I. Überblick und Rechtsentwicklung

1 **Erwerbe von Todes wegen und Schenkungen** unterliegen gemäß § 1 Abs. 1 ErbStG der Erbschaftsteuer (Schenkungsteuer).

2 Die Erbschaftsteuerpflicht besteht gemäß § 2 ErbStG, wenn der Erblasser bzw. Schenker **Inländer** ist, wenn der Erwerber zum Kreis der Inländer gehört oder wenn der Erwerb aus **Inlandsvermögen** besteht. Der Begriff des Inländers orientiert sich weitgehend an den

[131] Dazu *Korn* in Bunjes UStG § 2 Rn. 16.
[132] BFH 25.11.2015 – II 63/14, BStBl. II 2016, 170; 25.11.2015 – II R 50/13, BFH/NV 2016, 236.
[133] S. *Hofmann* GrEStG § 6a Rn. 21, 28.
[134] Dazu *Pahlke* GrEStG § 6a Rn. 30 ff.; *Viskorf* in Boruttau GrEStG § 6a Rn. 38 ff.
[135] So *Hofmann* GrEStG § 6a Rn. 16; *Viskorf* in Boruttau GrEStG § 6a Rn. 104 f. mwN.
[136] Zur Kritik an dieser Auffassung s. *Hofmann* GrEStG § 6a Rn. 11 sowie *Stangl/Brühl* DStR 2016, 24.
[137] Zu deren Berechnung s. *Viskorf* in Boruttau GrEStG § 6a Rn. 96 ff.
[138] *Wischott/Schönweiß* DStR 2009, 2638 (2642).

üblichen Voraussetzungen der unbeschränkten Steuerpflicht. Zum Inlandsvermögen gehört gemäß § 121 BewG insbesondere inländisches Grundvermögen, inländisches Betriebsvermögen sowie Anteile an inländischen Kapitalgesellschaften, die – mittelbar oder unmittelbar – mindestens 10 % des gezeichneten Kapitals verkörpern.

Als Schenker und Erwerbender kommt jede natürliche oder juristische Person in 3 Betracht. Eine **Gesamthand** kann weder Schenker sein noch zu den Erwerbern gehören.[1] Vielmehr sind jeweils die Gesellschafter einzeln und anteilig als Schenker bzw. Erwerber anzusehen.

Zur Vermeidung einer internationalen Doppelbesteuerung bestehen **Doppelbesteuerungsabkommen** (DBA) mit sechs Staaten, darunter die Schweiz, die sich jedoch meist 4 auf Erwerbe von Todes wegen beschränken.[2] Bei Schenkungen und Erwerben von Todes wegen, die nicht von einem DBA erfasst sind, bleibt der Steuerpflichtige auf die **Anrechnung** einer ausländischen Erbschaftsteuer angewiesen, die gemäß § 21 ErbStG unter den dort genannten, engen Voraussetzungen möglich ist.

Betriebsvermögen wird bei der Erbschaftsteuer gegenüber Privatvermögen in erheblichem Umfang **begünstigt. Bis 2008** lag die erbschaftsteuerliche Bemessungsgrundlage von 5 Betriebsvermögen bei nur etwa **58 % der tatsächlichen Sachwerte,**[3] wobei ein originärer Geschäftswert unberücksichtigt blieb. Das **BVerfG** erklärte diese Begünstigung am 7.11.2006[4] für **verfassungswidrig.** Denn sie knüpfte an Werte an, deren Ermittlung bei wesentlichen Gruppen von Vermögensgegenständen (Betriebsvermögen, Grundvermögen, Anteilen an Kapitalgesellschaften und land- und forstwirtschaftlichen Betrieben) den Anforderungen des Gleichheitssatzes nicht genügte. Der Gesetzgeber wurde verpflichtet, spätestens bis zum 31.12.2008 eine Neuregelung zu treffen. Inwieweit hiernach eine Begünstigung von Betriebsvermögen zulässig ist, ließ das BVerfG ausdrücklich offen.[5] Bereits in seiner ersten Entscheidung zur Verfassungsmäßigkeit der Erbschaftsteuer vom 22.6.1995 hatte es die Milderung des Steuerzugriffs bei Betriebsvermögen aber ausdrücklich auf solche Erwerber beschränkt, die den Betrieb „weiterführen", „aufrechterhalten" und „fortführen".[6]

Unter dem Druck der vom BVerfG gesetzten Frist (31.12.2008), nach deren Ablauf die 6 Erbschaftsteuer – wie seinerzeit die Vermögensteuer – ersatzlos entfallen wäre, wurde mit Wirkung **zum 1.1.2009** das **Gesetz zur Reform des Erbschaftsteuer- und Bewertungsrechts** (ErbStRG) verabschiedet,[7] das unter bestimmten Voraussetzungen eine vollständige **Befreiung von Betriebsvermögen** (sog Verschonungsmodell) vorsah. Diesem Gesetz, das bereits im Gesetzgebungsverfahren hinter vorgehaltener Hand als Aufrechterhaltung der Steuersatz-Fassade gegenüber dem Wahlvolk bei gleichzeitiger (intransparenter) Begünstigung von Unternehmensvermögen außerhalb der öffentlichen Wahrnehmung umschrieben worden war, stand die Verfassungswidrigkeit auf die Stirn geschrieben. Selbst nach Bereinigung der gravierendsten Ungleichbehandlung durch das AmtshilfeRLUmsG im Jahr 2013, nämlich der Steuerbefreiung von liquidem Vermögen in Form der sog Cash-GmbH, blieb das Gesetz weit davon entfernt, den vom Gesetzgeber angegebenen einzigen Begünstigungsgrund, nämlich die „weitestgehende Sicherung von Arbeitsplätzen",[8] **zielgenau und willkürfrei** zu verfolgen.[9]

---

[1] BFH 15.7.1998 – II R 82/96, BStBl. II 1998, 630; 14.9.1994 – II R 95/92, BStBl. II 1995, 81; *Meincke* ErbStG § 1 Rn. 7, § 20 Rn. 4; *Gebel* in Troll/Gebel/Jülicher ErbStG § 20 Rn. 30 ff.

[2] Einen Überblick über den Stand der DBA am 1.1.2017 gibt BMF-Schreiben 18.1.2017, BStBl. I 2017, 140.

[3] BFH 22.5.2002 – II R 61/99, BFH/NV 2002, 1238 (1240).

[4] BStBl. II 2007, 192.

[5] Der Wert der Steuerbegünstigungen für das Betriebsvermögen nach § 13a ErbStG belief sich laut Erbschaft- und Schenkungsteuerstatistik 2002 auf rund 1,6 Mrd. Euro bei einem Steueraufkommen im selben Jahr von rund 3 Mrd. Euro, BT-Drs. 16/5706, 3 und 9. In 2014 summierten sich die Steuerbefreiungen für Betriebsvermögen auf 66 Mrd. Euro bei einem Steueraufkommen im selben Jahr von 5,5 Mrd. Euro.

[6] BVerfG BStBl. II 1995, 671.

[7] BGBl. 2008 I 3018.

[8] BT-Drs. 16/7918, 23.

[9] Hierzu 11. Aufl. 2010, § 19 Rn. 56.

7 Erwartungsgemäß hat denn auch das **BVerfG am 17.12.2014** nach Vorlage durch den BFH[10] die Verschonungsregeln für Betriebsvermögen (erneut) für **verfassungswidrig** erklärt.[11] Das BVerfG bestätigt zunächst, dass der Gesetzgeber einen **weitreichenden Entscheidungsspielraum** sowohl bei der Auswahl des Steuergegenstandes als auch bei der Bestimmung des Steuersatzes habe, der lediglich begrenzt werde durch die Prinzipien der finanziellen Leistungsfähigkeit und der Folgerichtigkeit. In der Verfolgung außerfiskalischer „Lenkungsziele" sei der Gesetzgeber in der Entscheidung darüber, welche Personen oder Unternehmen gefördert werden sollen, weitgehend frei. Beim Vorliegen **ausreichender Gemeinwohlgründe** könne die Entlastung im Ausnahmefall in verfassungsrechtlich zulässiger Weise sogar dazu führen, dass bestimmte Steuergegenstände **vollständig von der Besteuerung ausgenommen** würden.

8 Sodann hat das BVerfG aber **drei Eckpfeiler** des Verschonungsmodells als mit dem **Gleichheitssatz** des Art. 3 Abs. 1 GG **unvereinbar** beanstandet:

- Nicht verfassungsgemäß sei es, **Unternehmen mit bis zu 20 Beschäftigten,** das sind weit über 90 % aller Unternehmen, von der Lohnsummenregelung als Bedingung für die Verschonung auszunehmen. Ausgenommen werden dürften nur Betriebe „mit einigen wenigen" Beschäftigten.
- Nicht verfassungsgemäß sei ferner bei **größeren Unternehmen** die Verschonung **ohne konkrete Feststellung der Verschonungsbedürftigkeit.** Denn je umfangreicher die Steuerverschonung und je größer deshalb das Maß der Ungleichbehandlung gegenüber den Erwerbern nicht begünstigten Vermögens sei, desto anspruchsvoller werde die Rechtfertigungslast hierfür. Eine unwiderlegliche Gefährdungsvermutung bei der Übertragung größerer Unternehmen könne deshalb nicht mehr hingenommen werden
- Nicht verfassungsgemäß sei schließlich die **50 %-Grenze beim Verwaltungsvermögen** und das damit verbundene Alles- oder Nichts-Prinzip sowie der Kaskadeneffekt bei Konzernen. Wenn der Gesetzgeber selbst davon ausgehe, dass Unternehmen durchschnittlich 15 % Verwaltungsvermögen hätten, sei es gleichheitswidrig, wenn er mit 50 % mehr als den dreifachen Umfang steuerlich begünstige und dann auch noch großzügige Umgehungsmöglichkeiten zulasse.

9 Die Entscheidung des BVerfG ist zwar einstimmig ergangen. Jedoch haben drei der acht Richter die Verfassungswidrigkeit der unterschiedslosen Verschonung bei größeren Unternehmen zusätzlich mit dem **Sozialstaatsprinzip** begründet: Die Erbschaftsteuer sei ein Beitrag zur Herstellung sozialer Chancengleichheit, die sich in einer freien Ordnung nicht von selbst herstelle. Das Sozialstaatsprinzip strahle so in den Gleichheitssatz hinein. Dies war eine deutliche Warnung an den Gesetzgeber, dem Gericht nicht erneut, dann zum dritten Mal eine verfassungswidrige Neuregelung zur Begünstigung von Betriebsvermögen zuzumuten.

10 Die Bundesregierung lehnte von Anfang an eine grundlegende Neuregelung des ErbStG ab und wollte sich darauf beschränken, die bei den Verschonungsregeln für Betriebsvermögen erforderlichen Änderungen „zügig und minimalinvasiv" umzusetzen.[12] Beides scheiterte: Das **Gesetzgebungsverfahren** war erneut langwierig und endete mit einem sehr komplizierten politischen Kompromiss. Der Regierungsentwurf[13] wurde von den Ländern umfassend beanstandet,[14] weshalb sich erst der Vermittlungsausschuss am 22.9.2016 – die vom BVerfG für die Neuregelung gesetzte Frist (30.6.2016) war bereits abgelaufen – auf

[10] BFH 27.9.2012 – II R 9/11, BStBl. II 2012, 899. Der BFH hatte in diesem Beschluss auf die Feststellung im Gutachten 01/2012 des Wissenschaftlichen Beirats beim BMF hingewiesen, es sei zwar denkbar, aber keineswegs zwingend, dass die Erbschaftsteuer ungünstige Liquiditätseffekte bei Unternehmen auslöse. Er verwies ferner auf die Antwort auf eine parlamentarische Anfrage, worin kein einziger konkreter Fall benannt werden konnte, bei dem ein Betrieb aufgrund der Erbschaftsteuer aufgegeben, veräußert oder zahlungsunfähig geworden sei, BT-Drs. 16/1350, Fragen 13 ff.

[11] BStBl. II 2015, 50.

[12] Die Welt vom 24.5.2015.

[13] Regierungsentwurf, BT-Drs. 18/5923 = BR-Drs. 353/15.

[14] Stellungnahme des Bundesrates und Gegenäußerung der Bundesregierung, BT-Drs. 18/6279.

die finale Gesetzesfassung verständigen konnte.[15] Am **4.11.2016** wurde das **„Gesetz zur Anpassung des Erbschaftsteuer- und Schenkungsteuergesetzes** an die Rechtsprechung des Bundesverfassungsgerichts" schließlich verkündet,[16] mit Rückwirkung zum 1.1. bzw. 30.6.2016.[17] Wie umstritten der erzielte Kompromiss war, zeigt die Tatsache, dass der Anwendungserlass zum neuen Recht vom 22.6.2017 (ErbStR-Erlass) von Bayern nicht mitgetragen wird, was laut BMF ein bisher „einmaliger Vorgang" ist.[18]

Ziel des Gesetzes war es, eine **verfassungskonforme Verschonung betrieblichen Vermögens** bei der Übertragung durch Erbschaft oder Schenkung umzusetzen. Mit der Verschonung betrieblichen Vermögens soll die im Betrieb angelegte Beschäftigung stabilisiert werden, die Basis für den Wohlstand breiter Bevölkerungsschichten bildet. In diesem Zusammenhang sind laut Gesetzgeber nicht nur bestimmte Unternehmensstrukturen schützenswert, sondern die gesamte ausgewogene Unternehmenslandschaft in Deutschland, die sich vor allem in Krisenzeiten als Garant für den Erhalt der Beschäftigung und damit für den Wohlstand der Gesellschaft erwiesen hat.[19] 11

II. Gegenstand des Erwerbs

Gegenstand des Erwerbs ist die **Mitgliedschaft** in der GmbH & Co. KG, mit der die (verhältnismäßige) Vermögensbeteiligung des Gesellschafters untrennbar verbunden ist.[20] 12

Betriebsvermögen ist bei einer GmbH & Co. KG gegeben, wenn diese entweder gewerblich tätig oder gemäß § 15 Abs. 3 EStG gewerblich geprägt ist (§ 97 Abs. 1 Nr. 5 BewG). Hierzu gehören auch die Wirtschaftsgüter des Sonderbetriebsvermögens und ein mitunternehmerisches Nießbrauchsrecht an einem Kommanditanteil.[21] Die ertragsteuerliche Zuordnung ist grundsätzlich zu übernehmen.[22] Bei **vermögensverwaltenden** Personengesellschaften ohne Betriebsvermögen gelten gemäß § 10 Abs. 1 S. 4 ErbStG die der Gesellschaft gehörenden Wirtschaftsgüter als anteilig übertragen; die dabei übergehenden Schulden und Lasten der Personengesellschaft sind bei der Ermittlung der Bereicherung des Erwerbers wie eine Gegenleistung zu behandeln. 13

Handelt es sich nicht um eine Einheits-GmbH & Co. KG, wird in aller Regel neben dem Anteil an der GmbH & Co. KG auch der Anteil des Zuwendenden an der **Komplementär-GmbH** erworben. Die erbschaftsteuerlichen Folgen richten sich danach, ob diese Geschäftsanteile **ertragsteuerlich** als Bestandteile des **Sonderbetriebsvermögens** anzusehen sind, wie es typischerweise bei einer beteiligungsidentischen GmbH & Co. KG der Fall ist.[23] 14

III. Wertermittlung

1. Maßgeblichkeit des gemeinen Werts

Die Bewertung richtet sich gemäß § 12 Abs. 1 ErbStG grundsätzlich nach den Vorschriften des I. Teils des BewG (Allgemeine Bewertungsvorschriften). Seit 2009 gilt für die 15

---

[15] Beschlussempfehlung des Vermittlungsausschusses, BT-Drs. 18/9690. Vorangegangen waren Beschlussempfehlung und Bericht des Finanzausschusses, BT-Drs. 18/8911.

[16] BGBl. 2016 I 2464. Hierzu *Bäuml* NWB 2016, 3516; *Bäuml/Kummer* NWB 2016, 3880; *Beznoska/Hentze* DB 2016, 2433; *Breyer* FuS 2016, 162; *Bruckmeier/Zwirner/Vodermeier/Zimny* DB 2017, 797; *Crezelius* ZEV 2016, 541; *Geck* ZEV 2016, 546; *Hannes* ZEV 2016, 554; *Hennerkes* FAZ vom 13.10.2016, 16: „Monster mit Mehrbelastungen"; *Holtz* NJW 2016, 3750; *Maiterth* DB 2017, 1037; *Pauli* WPg 2017, 282; *Riegel/Heynen* BB 2017, 23: „Vorläufige Ende einer Hängepartie"; *Roth* GWR 2017, 93; *Schmitz* RNotZ 2016, 502; *Söffing* ErbStB 2016, 339; *Steger/Königer* WPg 2016, 1319: „Expertenmaterie"; *Thonemann-Micker* DB 2016, 2312; *Viskdorf/Löcherbach/Jehle* DStR 2016, 2425: „kleinste gemeinsame Nenner"; *Wachter* NZG 2016, 1168; *Wachter* GmbHR 2017, 1; *Wachter* DB 2017, 804.

[17] Hierzu gleichlautende Ländererlasse vom 11.5.2017, BStBl. I 2017, 751.

[18] FAZ vom 28.7.2017, 21 („Bayern schlägt Erbschaftsteuer-Sonderweg ein").

[19] BT-Drs. 18/5923, 16.

[20] BFH 14.12.1995 – II R 79/94, BStBl. II 1996, 546.

[21] BFH 1.9.2011 – II R 67/09, BFH/NV 2011, 2066; Gleichlautende Ländererlasse vom 2.11.2012, BStBl. I 2012, 1101.

[22] R B 97.1 Abs. 1 S. 1 ErbStR.

[23] *Levedag* in MHdB GesR II § 59 Rn. 40.

Bewertung des Betriebsvermögens weitgehend der Grundsatz der Rechtsformneutralität. Gemäß § 12 Abs. 2 und 5 ErbStG ist sowohl für die Bewertung von Mitunternehmeranteilen als auch von Geschäftsanteilen an einer GmbH jeweils der **gemeine Wert** maßgebend (§ 151 Abs. 1 S. 1 Nr. 2 BewG iVm § 109 BewG, § 151 Abs. 1 S. 1 Nr. 3 BewG iVm § 11 Abs. 2 S. 1 BewG). Zentrale Vorschrift ist **§ 11 Abs. 2 BewG,** die zwar die Bewertung von Anteilen an Kapitalgesellschaften regelt, gemäß § 109 Abs. 1 S. 2 BewG aber auch für die Bewertung von Betriebsvermögen gilt.

16 § 11 Abs. 1 und 2 BewG statuiert folgende **Bewertungsmethodik** zur Ermittlung des **gemeinen Werts** eines Unternehmens:

- Bei **börsennotierten** Unternehmen ist der niedrigste an einer deutschen Börse am Stichtag gehandelte notierte **Kurs,** also letztlich der Börsenwert maßgeblich (§ 11 Abs. 1 BewG).
- Handelt es sich nicht um ein börsennotiertes Unternehmen, ist der gemeine Wert abzuleiten aus **Verkäufen** unter fremden Dritten, die weniger als ein Jahr zurückliegen (§ 11 Abs. 2 S. 1 Alt. 1 BewG). Minderungen des Kaufpreises **nach dem Stichtag** sind erheblich, wenn bereits zum Stichtag die Voraussetzungen für das Minderungsrecht objektiv vorlagen und die Minderung später auch tatsächlich vollzogen wurde.[24]
- Lässt sich der gemeine Wert nicht aus solchen Verkäufen ableiten, ist der Wert des Unternehmens zu **ermitteln** (§ 11 Abs. 2 S. 2 Alt. 2 BewG). Hierfür kann ein **vereinfachtes Ertragswertverfahren** verwendet werden, sofern dieses nicht zu einem „offensichtlich unzutreffenden Ergebnis" führt (§§ 11 Abs. 2 S. 4, 199–203 BewG).[25]
- Ist das vereinfachte Ertragswertverfahren nicht zulässig oder vom Steuerpflichtigen nicht erwünscht, ist der Wert unter Berücksichtigung der **Ertragsaussichten** des Unternehmens (zB Ertragswert- oder Cash flow-Verfahren gemäß IDW Standard S1) oder nach einer **anderen anerkannten,** auch im gewöhnlichen Geschäftsverkehr für nichtsteuerliche Zwecke üblichen **Methode** (zB das Multiplikator- oder Umsatzwertverfahren sowie branchenübliche Bewertungsverfahren etwa bei Freiberuflern)[26] zu ermitteln, die ein potenzieller Erwerber zugrunde legen würde. Untergrenze einer solchen „Wertermittlung" ist gemäß § 11 Abs. 2 S. 3 BewG der **Substanzwert,** definiert als Summe der gemeinen Werte der zum Betriebsvermögen gehörenden Wirtschaftsgüter und sonstigen aktiven Ansätze abzüglich der zum Betriebsvermögen gehörenden Schulden und sonstigen Abzüge; steht jedoch fest, dass das Unternehmen nicht weiter betrieben wird, bildet der **Liquidationswert** als besondere Ausprägung des Substanzwerts die Untergrenze.[27]

17 Hinsichtlich der verschiedenen Bewertungsmethoden[28] besteht grundsätzlich ein **Wahlrecht des Steuerpflichtigen.**[29] Das vereinfachte Ertragswertverfahren kann jedoch nicht gewählt werden, wenn branchentypisch ertragswertorientierte Verfahren ausgeschlossen sind.[30] Sowohl der Steuerpflichtige als auch das Finanzamt können geltend machen, dass das vereinfachte Ertragswertverfahren zu **offensichtlich unzutreffenden Ergebnissen** führe, wofür bei bestimmten Sachverhalten wie komplexen Strukturen und Wachstumsunternehmen eine entsprechende widerlegbare Vermutung besteht.[31]

18 Das vereinfachte Ertragswertverfahren ist auch bei der Ermittlung des gemeinen Werts von Anteilen an einer GmbH, die **Komplementärin einer GmbH & Co. KG** ist, anwendbar. Bei Anteilen an einer **Komplementär-GmbH** liegt jedoch regelmäßig ein Fall von geringer Bedeutung vor, wenn sie zusammen mit der (anteiligen) Beteiligung

[24] BFH 22.1.2009 – II R 43/07, BStBl. II 2009, 444; *Eisele* in Rössler/Troll BewG § 11 Rn. 20.
[25] § 11 Abs. 2 S. 2 BewG ist nicht vollständig mit § 199 BewG abgestimmt, was aber nicht zulasten des Steuerpflichtigen gehen kann, *Söffing* GmbH & Co. KG Rn. 3947.
[26] *Eisele* in Rössler/Troll BewG § 11 Rn. 38.
[27] *Eisele* in Rössler/Troll BewG § 11 Rn. 40.
[28] Zu ausgewählten praktischen Problemen bei der Bewertung von KMU *Jacobs/Jacobs* DB 2013, 2401. Handlungsempfehlungen und Modellrechnungen vgl. *Bruckmeier/Zwirner/Vodermeier* DStR 2017, 678.
[29] R B 199.1 Abs. 4 S. 1 ErbStR; *Eisele* in Rössler/Troll BewG § 11 Rn. 34 mwN.
[30] R B 199.1 Abs. 1 S. 2 ErbStR.
[31] R B 199.1 Abs. 4 S. 4 ErbStR.

an der GmbH & Co. KG übertragen werden und die Komplementär-GmbH neben der Kostenerstattung für die Geschäftsführung der KG nur ein Entgelt für die Übernahme des Haftungsrisikos erhält, aber keine Geschäfte im eigenen Namen betreibt. Ist in der Feststellungserklärung der KG der **Substanzwert** der Anteile an der Komplementär-GmbH angegeben, kann dieser deshalb grundsätzlich übernommen werden.[32]

2. Grundzüge des „vereinfachten Ertragswertverfahrens"

Nach dem vereinfachten Ertragswertverfahren (§§ 199–203 BewG) erfolgt die Bewertung mit folgender **Formel:** 19

Ertragswert = nachhaltig erzielbarer Jahresertrag × Kapitalisierungsfaktor.

Der **nachhaltig erzielbare Jahresertrag** wird ermittelt aufgrund des in der Vergangenheit tatsächlich erzielten Durchschnittsertrags (§ 201 Abs. 1 S. 2 BewG). Der Durchschnittsertrag ergibt sich wiederum aus den Betriebsergebnissen der letzten drei, vor dem Besteuerungszeitpunkt abgelaufenen Wirtschaftsjahre. Zur Ermittlung des Betriebsergebnisses ist von dem Gewinn iSv § 4 Abs. 1 S. 1 EStG auszugehen, welcher um einmalige und atypische Vorgänge sowie um rein steuerliche Positionen und den Ertragsteueraufwand zu korrigieren ist. Das so gefundene Betriebsergebnis wird um einen 30 %igen Abschlag gekürzt, der den Ertragsteueraufwand (pauschalisiert) abgelten soll (§ 202 Abs. 3 BewG). 20

Für Stichtage ab 1.1.2016 beträgt der **Kapitalisierungsfaktor** gemäß § 203 Abs. 1 BewG **13,75.** Gegenüber der früheren Rechtslage mit einem am Basiszins orientierten variablen Faktor bedeutet dies eine Absenkung von 23 %, was der Gesetzgeber damit begründete, dass in Niedrigzinsphasen die Anknüpfung an den Basiszinssatz zu Überzeichnungen bei der Wertermittlung führen könne.[33] Das BMF kann den Kapitalisierungsfaktor durch Rechtsverordnung an die Entwicklung der Strukturdaten anpassen (§ 203 Abs. 2 BewG). 21

Beim vereinfachten Ertragswertverfahren ist für das Betriebsvermögen einer GmbH & Co. KG (Gesamthandsvermögen) grundsätzlich ein einheitlicher Ertragswert zu ermitteln **(Grundsatz der Gesamtbewertung).** Bestimmte Wirtschaftsgüter sind jedoch neben dem Ertragswert **mit dem eigenständig zu ermittelnden gemeinen Wert** anzusetzen (§ 200 Abs. 2–4 BewG).[34] Hiervon betroffen sind **Beteiligungen** an anderen Gesellschaften, Wirtschaftsgüter, die zum **nicht betriebsnotwendigen Vermögen** zählen, und damit im wirtschaftlichen Zusammenhang stehende Schulden, sowie sog **junges Betriebsvermögen,** dh Wirtschaftsgüter, die innerhalb eines Zeitraums von zwei Jahren vor dem Bewertungsstichtag in das Betriebsvermögen eingelegt wurden. 22

3. Vergünstigungen für Betriebsvermögen

a) Verschonungsmodell. Das Verschonungsmodell begünstigt Betriebsvermögen in Form von **zwei Begünstigungsstufen:** 23

- Bei der **Regelverschonung** wird das begünstige Vermögen mit **85 %** des Werts von der Besteuerung freigestellt (Verschonungsabschlag gemäß § 13a Abs. 1 ErbStG); für die verbleibenden 15 % ist ein sich gleitend abbauender **Abzugsbetrag** von 150.000 Euro anzuwenden (§ 13a Abs. 2 ErbStG).
- Bei der **Optionsverschonung** wird das begünstigte Vermögen zu **100 %,** also vollständig steuerfrei gestellt (§ 13a Abs. 10 ErbStG).

Betriebsvermögen und begünstigtes Vermögen sind allerdings nicht deckungsgleich. **Begünstigtes Vermögen** iSd Verschonungsmodells ist **begünstigungsfähiges Vermögen** (nachfolgend b), soweit sein gemeiner Wert den Nettowert des **Verwaltungsvermögens** (nachfolgend c) übersteigt (§ 13b Abs. 2 S. 1 ErbStG), wobei ein **Freibetrag**[35] in 24

---

[32] Gleichlautende Ländererlasse, BStBl. I 2014, 882 Rn. 1.8.

[33] BT-Drs. 18/8911, 47.

[34] Korrespondierend hierzu ist das Betriebsergebnis gemäß § 202 Abs. 1 S. 2 Nr. 2 lit. f BewG um die damit im Zusammenhang stehenden Erträge zu kürzen.

[35] Auch „Kulanzpuffer": *Geck* in Kapp/Ebeling ErbStG § 13b Rn. 180; „Schmutzzuschlag": *Steger/Königer* WPg 2016, 1319 (1320).

Höhe des sog **unschädlichen Verwaltungsvermögens** gewährt wird (§ 13b Abs. 7 S. 1 ErbStG). Verwaltungsvermögen gilt als unschädlich, soweit sein Nettowert 10 % des um den Nettowert des Verwaltungsvermögens gekürzten gemeinen Werts des begünstigungsfähigen Vermögens nicht übersteigt.

25 Für nicht begünstigungsfähiges Betriebsvermögen wird keine Begünstigung gewährt. Bei begünstigungsfähigem Vermögen sind in Abhängigkeit vom **Anteil des Verwaltungsvermögens** folgende **Konstellationen** zu unterscheiden (§ 13b Abs. 2 ErbStG):

- Das Verwaltungsvermögen **übersteigt nicht den Freibetrag:** Das begünstigungsfähige Vermögen ist **insgesamt** begünstigt, ausgenommen sog junges Verwaltungsvermögen (→ Rn. 42);
- Das Brutto-Verwaltungsvermögen (ohne Abzug von Schulden und ohne Berücksichtigung von Freibeträgen)[36] umfasst **weniger als 90 %** des begünstigungsfähigen Vermögens: **Nur** das **begünstigte Vermögen** wird begünstigt.
- Das Brutto-Verwaltungsvermögen macht **90 % und mehr** des begünstigungsfähigen Vermögens aus: Es wird überhaupt **keine Begünstigung** gewährt.

26 Für begünstigte Erwerbe von **mehr als 26 Mio. Euro** (sog Großerwerbe) gelten die Verschonungsregeln nur eingeschränkt (nachfolgend lit. d). Bestimmte Familienunternehmen erhalten für begünstigtes Vermögen vorab einen **Bewertungsabschlag** von bis zu 30 % (nachfolgend lit. e). Soweit Betriebsvermögen nicht verschont wird, kann die Erbschaft- oder Schenkungsteuer unter Umständen **gestundet** werden (nachfolgend lit. f).

27 Die **Optionsverschonung** stellt **strengere Anforderungen** an das Vorliegen von begünstigtem Vermögen und wird nur **auf Antrag** des Erwerbers gewährt (§ 13a Abs. 10 ErbStG). Sie kann nur beansprucht werden, wenn das Netto-Verwaltungsvermögen[37] (ohne Berücksichtigung des Freibetrags)[38] nicht mehr als 20 % des begünstigungsfähigen Vermögens ausmacht. Der Antrag kann bis zur formellen Bestandskraft der Steuerfestsetzung gestellt werden.[39] Die Entscheidung des Erwerbers wird dadurch erschwert, dass er bei mehreren gleichzeitig übergehenden Einheiten nur **einheitlich** optieren kann, was uE systemwidrig ist, da zB bei den Behaltensfristen objektbezogen vorgegangen wird.[40]

28 Für die **gewerblich geprägte GmbH & Co. KG** bestehen keine Besonderheiten.[41] Frühere politische Bestrebungen, dieses „künstliche" Betriebsvermögen aus der Begünstigung herauszunehmen, wurden nicht weiter verfolgt.[42] Auch die noch im Regierungsentwurf enthaltene Beschränkung der Begünstigungsfähigkeit gewerblich geprägter Personengesellschaften wegen der durch diese „eröffneten Gestaltungsmöglichkeiten für lediglich vermögensverwaltende Tätigkeiten"[43] ist im weiteren Gesetzgebungsverfahren entfallen. Eine gewerblich geprägte GmbH & Co. KG stellt jedoch erst dann begünstigungsfähiges Betriebsvermögen dar, wenn sie in das Handelsregister eingetragen ist.[44]

29 Verschonung wird außerhalb der Großerwerbe unabhängig davon gewährt, ob und in welchem Umfang sie zur Erreichung der gesetzgeberischen Ziele erforderlich ist. Die Verschonungsregeln führen deshalb bei Betriebsvermögen regelmäßig zu einer **Entlastung,** in vielen Fällen aber selbst bei Wahl der Optionsverschonung **nicht mehr zu einer völligen**

---

[36] Kritisch *Geck* ZEV 2016, 546 (548); *Hannes* ZEV 2016, 554 (556); *Koretzkji* DStR 2016, 2434 (2442); *Stalleiken* Ubg 2016, 569 (573); *Wachter* DB 2017, 804 (808). Durch den Bruttoansatz droht Unternehmen, die über einen hohen Anteil an liquiden Mitteln verfügen, die zu einem späteren Zeitpunkt für betriebliche Zwecke benötigt werden (zB Handelsunternehmen), ein Ausschluss von der Verschonung.

[37] Die allgemeine Schuldenverrechnung nach § 13b Abs. 6–8 ErbStG ist zweifelhaft, *Bäuml* NWB 2016, 3516 (3522); *Jülicher* in Troll/Gebel/Jülicher ErbStG § 13b Rn. 506.

[38] *Jülicher* in Troll/Gebel/Jülicher ErbStG § 13a Rn. 505.

[39] Abschn. 13a.20 Abs. 2 S. 2 ErbSt-Erlass.

[40] FG Münster EFG 2014, 660; R E 13a.13 Abs. 1 ErbStR; aA wie hier *Geck* in Kapp/Ebeling ErbStG § 13a Rn. 216; *Hannes/Onderka* ZEV 2009, 421 (425); *Jülicher* in Troll/Gebel/Jülicher ErbStG § 13a Rn. 511; *Reich* DStR 2014, 1424.

[41] *IDW,* Praxis der Unternehmensnachfolge, Rn. 275 ff.

[42] BR-Drs. 45/05; 890/05 (Gesetzesantrag Hessen).

[43] § 13b Abs. 1 Nr. 2 ErbStG-Entwurf, BT-Drs. 18/5923, 26.

[44] BFH 18.5.2011 – II R 10/10, GmbHR 2011, 1286; 4.2.2009 – II R 41/07, BStBl. II 2009, 600.

Befreiung von der Erbschaft- oder Schenkungsteuer. Deshalb sollten zur Absicherung des Unternehmens **flankierende Maßnahmen** ergriffen werden, zB die Finanzierung anfallender Steuern durch das Unternehmen.[45]

b) Begünstigungsfähiges Vermögen. Begünstigungsfähig sind in einem **EWR-Staat** 30 **belegene** unternehmerische Einheiten, nämlich – den klassischen Kategorien des Ertragsteuerrechts folgend – land- und forstwirtschaftliches Vermögen (§ 13b Abs. 1 Nr. 1 ErbStG), **Betriebe und Mitunternehmeranteile** unter Einschluss freiberuflichen Vermögens (§ 13b Abs. 1 Nr. 2 ErbStG) und **qualifizierte Anteile an Kapitalgesellschaften** (§ 13b Abs. 1 Nr. 3 ErbStG). Unternehmerische Einheiten mit Sitz in Drittländern, die zu einem begünstigungsfähigen Betriebsvermögen gehören, sind ebenfalls begünstigt.[46] Der Erwerb einer ertragsteuerlichen Mitunternehmerschaft ohne zivilrechtliche Beteiligung an der Gesellschaft (zB isoliertes SBV) ist nicht begünstigt,[47] ebenso nicht der Erwerb einer Beteiligung an einer Kapitalgesellschaft über eine vermögensverwaltende GmbH & Co. KG, da das Gesetz ausdrücklich eine „unmittelbare" Beteiligung fordert.[48]

Anteile an Kapitalgesellschaften sind qualifiziert und damit begünstigungsfähig, wenn 31 der Erblasser oder Schenker am Nennkapital dieser Gesellschaft zu **mehr als 25 %** unmittelbar beteiligt war (Mindestbeteiligung). Diese Voraussetzung ist auch erfüllt, wenn die Mindestbeteiligung nur gemeinsam mit **pool-gebundenen** Anteilen vermittelt wurde (§ 13b Abs. 1 Nr. 3 S. 2 ErbStG). Pool-gebundene Anteile liegen vor, soweit der Erblasser/Schenker und weitere unmittelbar beteiligte Gesellschafter, einschl. etwaiger Unterbeteiligter, sich verpflichtet haben, über ihre Anteile **nur einheitlich zu verfügen** oder ausschließlich auf andere, derselben Verpflichtung unterliegende Anteilseigner zu übertragen und das **Stimmrecht** gegenüber nicht gebundenen Gesellschaftern **einheitlich auszuüben.** Diese Voraussetzung wird bei typischen Familienunternehmen uE bereits durch die Vinkulierungsklausel im **Gesellschaftsvertrag** erfüllt, andernfalls eine gesonderte schriftliche Poolvereinbarung erforderlich ist.[49]

Nur solches **Betriebsvermögen** ist begünstigungsfähig, welches diese Eigenschaft beim 32 Erwerbsvorgang **durchgehend** sowohl beim bisherigen Rechtsträger als auch beim neuen Rechtsträger (Erwerber) aufweist.[50] Die Verschonungsregelung erstreckt sich bei der GmbH & Co. KG deshalb nicht auf solche Erwerbe, bei denen die Mitunternehmereigenschaft nur beim bisherigen Rechtsträger bestanden hat oder sich erst aufseiten des Erwerbers einstellt. Dies ist insbesondere in **Nießbrauchsfällen** problematisch.[51] Im Gegensatz zur Übertragung von Betriebsvermögen unter Nießbrauchsvorbehalt ist die Übertragung von Anteilen an Kapitalgesellschaften unter Nießbrauchsvorbehalt, unabhängig von der inhaltlichen Ausgestaltung, stets begünstigungsfähig.

Die Begünstigung des Betriebsvermögens **entfällt nachträglich,** soweit gegen die **Ver-** 33 **schonungsvoraussetzungen,** bestehend aus Lohnsummenregelung und Behaltensregelungen, verstoßen wird. In diesem Fall findet eine **Nachversteuerung** statt; der Steuerbescheid ist ggf. gemäß § 175 Abs. 1 S. 1 Nr. 2 AO zu ändern.

Die **Lohnsummenregelung** gilt bei Betrieben mit mehr als fünf Beschäftigten (Min- 34 destarbeitnehmerzahl) und besagt, dass die Summe der Lohnsummen innerhalb von **fünf**

---

[45] *Reich* DStR 2015, 2353.

[46] *Jülicher* in Troll/Gebel/Jülicher ErbStG § 13b Rn. 69.

[47] FG Düsseldorf EFG 2010, 157. S. auch BFH 21.4.2009 – II R 26/07, BStBl. II 2009, 602: offen blieb, ob die Übertragung von Einzelwirtschaftsgütern des Sonderbetriebsvermögens bei Vorliegen einer verdeckten Mitunternehmerschaft begünstigt ist.

[48] BFH 18.9.2013 – II R 63/11, BFH/NV 2014, 349; 11.6.2012 – II R 4/12, BStBl. II 2013, 742; aA *Felten* DStR 2012, 1218.

[49] Abschn. 13b.6 Abs. 6 ErbStR-Erlass.

[50] BFH 14.2.2007 – II R 69/05, BStBl. II 2007, 443.

[51] BFH 6.5.2015 – II R 34/13, BStBl. II 2015, 821; 1.10.2014 – II R 40/12, BFH/NV 2015, 500; 16.5.2013 – II R 5/12, BStBl. II 2013, 635; 23.2.2010 – II R 42/08, BStBl. II 2010, 555; 16.12.2009 – II R 44/08, BFH/NV 2010, 690; 10.12.2008 – II R 34/07, BStBl. II 2009, 312; Gleichlautende Ländererlasse vom 2.11.2012, BStBl. I 2012, 1101.

bzw. – bei Optionsverschonung – **sieben Jahren** nach dem Erwerb (Lohnsummenfrist) eine Mindestlohnsumme von – in Abhängigkeit von der Verschonungsart und Zahl der Beschäftigten – **250–700 %** der Ausgangslohnsumme nicht unterschreiten darf (§ 13a Abs. 3 S. 1 ErbStG). Einzubeziehen sind die Lohnsumme und die Beschäftigten von **Beteiligungsunternehmen** mit Sitz in einem EWR-Staat,[52] im Falle von Kapitalgesellschaften jedoch nur bei einer Beteiligung von mehr als 25 %.[53]

35 Die **Ausgangslohnsumme** entspricht gemäß § 13a Abs. 3 S. 2 ErbStG dem durchschnittlichen Lohnaufwand der letzten fünf Wirtschaftsjahre vor dem Besteuerungszeitpunkt. Die Lohnsumme umfasst alle Vergütungen, die an die Beschäftigten bezahlt werden (§ 13a Abs. 3 S. 6–10 ErbStG). Gehälter von GmbH-Geschäftsführern, die zugleich Kommanditisten sind und deshalb gemäß § 15 EStG ertragsteuerlich Sondervergütungen darstellen, gehen uE nicht in die Lohnsumme ein. Denn die Lohnsummenregelung bezweckt allein den Schutz der Arbeitnehmer, nicht den von Gesellschaftern.[54] Die Finanzverwaltung lässt denn auch einen angemessenen Unternehmerlohn unberücksichtigt.[55]

36 Im Fall einer **Unterschreitung** der Ausgangslohnsumme vermindert sich der gewährte Verschonungsabschlag rückwirkend in demselben prozentualen Umfang, wie die Mindestlohnsumme unterschritten wird, dh **anteilig** (§ 13a Abs. 3 S. 4 ErbStG). Der Erwerber hat die Ausgangslohnsumme am Ende der Lohnsummenfrist mit der tatsächlichen Lohnsumme innerhalb dieses Zeitraums zu vergleichen und dem Finanzamt ein Unterschreiten der Mindestlohnsumme von sich aus **anzuzeigen** (§ 13a Abs. 7 ErbStG).

37 Die **Behaltensregelungen** besagen, dass der Erwerber innerhalb von **fünf bzw.** – bei Optionsverschonung – **sieben Jahren (Behaltensfrist)** nicht in schädlicher Weise über das begünstigte Vermögen verfügen darf (§ 13a Abs. 6 S. 1 ErbStG). **Schädlich** sind neben der **Veräußerung** des erworbenen Anteils insbesondere die Veräußerung wesentlicher Betriebsgrundlagen, die **Betriebsaufgabe,** die Eröffnung des **Insolvenzverfahrens,**[56] sog **Überentnahmen** sowie die Beendigung von **Poolvereinbarungen.**[57] Unschädlich ist es dagegen, wenn begünstigtes Vermögen von Todes wegen übergeht oder durch Schenkung unter Lebenden weiter übertragen wird.[58] Mit dem **Tod** des Erwerbers endet die Behaltensfrist, und zwar ohne Auswirkungen auf die Verschonung.[59]

38 **Überentnahmen** liegen vor, wenn der Erwerber innerhalb der Behaltensfrist aus dem erworbenen Anteil Entnahmen tätigt bzw. – bei Kapitalgesellschaften – Ausschüttungen erhält, die die Summe seiner Einlagen und der ihm zuzurechnenden Gewinne oder Gewinnanteile seit dem Erwerb um **mehr als 150.000 Euro** übersteigen, wobei Verlustjahre unberücksichtigt bleiben (§ 13a Abs. 6 S. 1 Nr. 3 ErbStG). Das gilt auch dann, wenn die Entnahmen zur Begleichung der Schenkung- oder Erbschaftsteuer getätigt wurden.[60] Eine die Überentnahme ausgleichende Einlage vor Ablauf der Behaltensfrist aus vorhandenem Vermögen wird zu Recht als actus contrarius und nicht etwa als Gestaltungsmissbrauch gewertet.[61]

39 Bei einem **Verstoß** gegen die Behaltensregelungen erfolgt eine **anteilige Nachversteuerung** (§ 13a Abs. 6 S. 2–4 ErbStG). Diese ist zum einen **gegenständlich** auf den Teil des

---

52 § 13b Abs. 3 S. 11 und 12 ErbStG; hierzu Abschn. 13a.7(3) ErbStR-Erlass.

53 Bei Personengesellschaften sind die Anteile im Gesamthandsvermögen und im Sonderbetriebsvermögen aller Gesellschafter stets zusammenzurechnen, Abschn. 13a.7 Abs. 3 S. 6 ErbStR-Erlass.

54 *Levedag* in MHdB GesR II § 59 Rn. 50; kritisch auch *Söffing* GmbH & Co. KG Rn. 3877. AA *Seifried* ZEV 2009, 614 (616).

55 Abschn. 13a.7 Abs. 6 ErbStR-Erlass.

56 Abschn. 13a.12 Abs. 1 S. 2 ErbStR-Erlass; vgl. zum alten Recht BFH 16.2.2005 – II R 39/03, BStBl. II 2005, 571; 21.3.2007 – II R 19/06, BFH/NV 2007, 1321; 4.2.2010 – II R 25/08, BStBl. II 2010, 663 (kein Grund für einen Erlass gemäß § 227 AO). Vgl. *Jülicher* in Troll/Gebel/Jülicher ErbStG § 13a Rn. 240 f.

57 Die Aufhebung führt nicht dazu, dass die gepoolten Anteile rückwirkend dem Verwaltungsvermögen zuzurechnen sind, Bayerisches Landesamt für Steuern vom 10.1.2011, DB 2011, 681.

58 Abschn. 13a.11 Abs. 2 ErbStR-Erlass.

59 Abschn. 13a.18 Abs. 6 ErbStR-Erlass.

60 BFH 11.11.2009 – II R 63/08, BStBl. II 2010, 305 zu § 13a Abs. 5 Nr. 3 ErbStG aF; R E 13a.8 Abs. 1 S. 2 ErbStR.

61 Abschn. 13a.18 Abs. 4 ErbStR-Erlass.

begünstigten Vermögens begrenzt, über den schädlich verfügt wurde. Zum Zweiten wird der Verschonungsabschlag **zeitanteilig** auf den Teil reduziert, der dem Verhältnis der im Zeitpunkt der schädlichen Verfügung verbleibenden Behaltensfrist (einschl. des Jahres, in dem die Verfügung erfolgt) zur gesamten Behaltensfrist entspricht. Zum Dritten wird von einer Nachversteuerung abgesehen, wenn der Veräußerungserlös innerhalb der begünstigten Vermögensart verbleibt. Davon ist auszugehen, wenn der Erlös innerhalb von sechs Monaten in entsprechendes Vermögen **reinvestiert** wird.

c) Verwaltungsvermögen. Aufgrund der Rechtsprechung des BVerfG darf grundsätzlich nur Betriebsvermögen begünstigt werden, das für **verschonungswürdig** gehalten wird. Die Bundesregierung hatte in ihrem Gesetzesentwurf zunächst eine Positivdefinition dergestalt vorgesehen, wonach nur dasjenige Vermögen begünstigt ist, das seinem Hauptzweck nach überwiegend einer originär land- und forstwirtschaftlichen, gewerblichen oder freiberuflichen Tätigkeit dient.[62] Im Gesetzgebungsverfahren haben sich die Länder im Bundesrat dann aber mehrheitlich dafür ausgesprochen, die **Abgrenzung** des begünstigten vom nicht begünstigten Vermögen wie im früheren Recht über einen **Verwaltungsvermögenskatalog** vorzunehmen (Negativdefinition).[63] 40

§ 13b Abs. 4 ErbStG bestimmt **enumerativ,** was im Einzelnen als **Verwaltungsvermögen** anzusehen ist. Dazu gehören insbesondere Dritten zur Nutzung überlassene Grundstücke, Wertpapiere, nicht gepoolte Anteile an Kapitalgesellschaften bei einer Beteiligungsquote von 25 % oder weniger, Finanzmittel sowie typischerweise der privaten Lebensführung dienende Gegenstände, wenn die Herstellung, Verarbeitung, Vermietung oder der Handel mit diesen Objekten nicht Hauptzweck des Betriebes ist. Ausgenommen sind Vermögensteile, die ausschließlich und dauerhaft der Erfüllung von **Altersversorgungsverpflichtungen** dienen, jedoch höchstens bis zum gemeinen Wert dieser Verpflichtungen (§ 13b Abs. 3 ErbStG). 41

Sonderregelungen gelten für sog **junges Verwaltungsvermögen,** dh Teile des Verwaltungsvermögens, welche dem Betrieb im Zeitpunkt der Entstehung der Steuer **weniger als zwei Jahre** zuzurechnen waren (§ 13b Abs. 7 S. 2 ErbStG). Dieses ist insbesondere kein unschädliches Verwaltungsvermögen. 42

Finanzmittel sind der gemeine Wert des nach Abzug der Schulden verbleibenden Bestands an **Zahlungsmitteln, Geschäftsguthaben, Geldforderungen und anderen Forderungen,** also Geld- und Sichteinlagen sowie Festgeldkonten (§ 13b Abs. 4 Nr. 5 S. 1 ErbStG). Schulden sind alle Schulden, die bei der ertragsteuerlichen Gewinnermittlung zum Betriebsvermögen gehören, ua Darlehenskonten der Gesellschafter, daneben alle Rückstellungen, auch bei steuerlichem Passivierungsverbot. Bei Personengesellschaften ist ein etwaiges **Sonderbetriebsvermögen** zu berücksichtigen.[64] Die Finanzmittel sind nur als Verwaltungsvermögen anzusetzen, soweit sie **15 %** des gemeinen Werts des begünstigungsfähigen Vermögens **übersteigen** (Freibetrag), mindestens jedoch in Höhe des positiven Saldos der eingelegten und entnommenen Finanzmittel, die dem Betrieb im Zeitpunkt der Entstehung der Steuer weniger als zwei Jahre zuzurechnen sind (sog **junge Finanzmittel,** § 13b Abs. 4 Nr. 5 S. 2 ErbStG). Der 15 %-Freibetrag gilt gemäß § 13b Abs. 4 Nr. 5 S. 4 und 5 ErbStG jedoch nur, wenn die Finanzmittel dem Betrieb oder den nachgeordneten Gesellschaften nach ihrem **Hauptzweck** einer **begünstigten** (land- und forstwirtschaftlichen, gewerblichen oder freiberuflichen) **Tätigkeit** dienen. Ein solcher Hauptzweck dürfte zB erfüllt sein, wenn die Gesellschaft auf der Basis ihrer erzielten Umsätze mehrheitlich gewerbliche Einkünfte iSd § 15 Abs. 1 S. 1 Nr. 1 EStG erzielt, weshalb der Puffer insbesondere von einer nur gewerblich geprägten GmbH & Co. KG nicht in Anspruch genommen werden kann.[65] 43

---

[62] § 13b Abs. 3 S. 1 ErbStG idF BT-Drs. 18/5923.

[63] BT-Drs. 18/8911, 39.

[64] Abschn. 13b.23 Abs. 4 S. 4 und Abs. 9 ErbStR-Erlass.

[65] *Geck* in Kapp/Ebeling ErbStG § 13b Rn. 150. Kritisch dazu *Viskorf/Löscherbach/Jehle* DStR 2016, 2425 (2427).

44 Das Verwaltungsvermögen ist mit seinem **Nettowert** anzusetzen (Nettoprinzip gemäß § 13b Abs. 6 ErbStG), dh nach Abzug des anteiligen Schuldenüberhangs, also soweit Schulden nicht bereits im Zusammenhang mit Altersversorgungsverpflichtungen und Finanzmitteln unmittelbar gekürzt wurden. Der **Abzugsbetrag für den Schuldenüberhang** bestimmt sich nach dem Verhältnis einerseits des gemeinen Werts des Verwaltungsvermögens (ohne junges Verwaltungsvermögen) zum andererseits gemeinen Wert des begünstigungsfähigen Vermögens zuzüglich des Schuldenüberhangs. Da der Unternehmenswert, zB nach dem vereinfachten Ertragswertverfahren, die Summe der Werte der Einzelwirtschaftsgüter (ohne Geschäftswert) typischerweise übersteigt, hat diese Ermittlungsmethode zur Folge, dass der Schuldenüberhang dem Verwaltungsvermögen, zum Nachteil des Steuerpflichtigen, nur in geringerem Umfang zugeordnet wird und dieses neutralisieren kann.[66]

45 Als Nettowert des Verwaltungsvermögens ist gemäß § 13b Abs. 8 S. 3 ErbStG **mindestens** der gemeine Wert des jungen Verwaltungsvermögens (einschl. der jungen Finanzmittel) anzusetzen.

46 In **mehrstufigen Unternehmensstrukturen** mit Beteiligungsgesellschaften wird das Verwaltungsvermögen **konsolidiert** ermittelt (sog Verbundvermögensaufstellung, § 13b Abs. 9 ErbStG).[67] Das früher zulässige Ausnutzen des Verwaltungsvermögensanteils auf jeder Beteiligungsebene (sog Kaskadeneffekt) ist damit nicht mehr möglich.

47 Um unbillige Härten aufgrund des Stichtagsprinzips abzumildern, kann der Erwerber gemäß § 13b Abs. 5 ErbStG nicht begünstigtes Verwaltungsvermögen durch **Investition in begünstigtes Vermögen „umwandeln".** Voraussetzung ist, dass es sich um einen Erwerb von Todes wegen handelt, binnen zwei Jahren seit dem Erwerb in das erworbene begünstigungsfähige Vermögen für eine begünstigte Tätigkeit investiert wird und die Investition auf Grund eines „vorgefassten Plan des Erblassers erfolgt". Letzteres schränkt den Anwendungsbereich erheblich ein, weil ohne entsprechende Vorbereitung des Übergangs durch den Erblasser, zB bei einem plötzlichen Unfalltod, kein solcher **Plan nachweisbar** sein dürfte und Investitionen jedenfalls dann nicht vom Erblasser entschieden werden, wenn er nur Minderheitsgesellschafter ist.[68] Die Literatur bringt die Problematik auf den Punkt mit der Empfehlung, jeder Unternehmer, der über einen eher hohen Bestand an Verwaltungsvermögen verfügt, sollte stets – ggf. unterschiedliche – Investitionspläne (Schubladenpläne) bereithalten, damit es dem Erben erleichtert wird, einen entsprechenden Plan des Erblassers nachzuweisen.[69]

48 **d) Besonderheiten bei Großerwerben.** Das **BVerfG** hat in seinem Urteil vom 17.12.2014[70] vorgeschrieben, dass der unentgeltliche Erwerb unternehmerischen Vermögens bei Unternehmen, welche die Größe kleiner und mittlerer Unternehmen überschreiten, nicht mehr ohne Bedürfnisprüfung weitgehend oder gar vollständig von der Erbschaft- und Schenkungsteuer befreit werden dürfe. Da sich die Grenze zwischen kleinen und mittleren Unternehmen einerseits und Großunternehmen andererseits nach verfassungsrechtlichen Maßstäben nicht eindeutig bestimmen lässt, hat das BVerfG dem Gesetzgeber für die Neuregelung **drei Optionen** mit auf den Weg gegeben:

- Begrenzung der Verschonung auf einen exakt **bestimmten Kreis kleiner und mittelständischer Unternehmen,** zB gemäß Empfehlung der EU-Kommission vom 6.5.2003[71] auf Unternehmen, die weniger als 250 Arbeitnehmer beschäftigen und die entweder einen Jahresumsatz von höchstens 50 Mio. Euro erzielen oder deren Jahresbilanzsumme sich auf höchstens 43 Mio. Euro beläuft.

---

[66] *Jülicher* in Troll/Gebel/Jülicher ErbStG § 13b Rn. 383.
[67] *Schwind* WPg 2017, 413.
[68] Hier muss nach *Jülicher* in Troll/Gebel/Jülicher ErbStG § 13b Rn. 364 ein Investitionsplan der Unternehmensleitung genügen, den der Erblasser als eigenen Plan dokumentiert hat. So auch die Finanzverwaltung Abschn. 13b.24 Abs. 3 S. 7 f. ErbStR-Erlass. Kritisch zum Gesetzeswortlaut auch *Wachter* DB 2017, 804 (811); *Bäuml* NWB 2016, 3516 (3521); *Viskdorf/Löcherbach/Jehle* DStR 2016, 2425 (2428).
[69] *Thonemann-Micker* DB 2016, 2312 (2318); *Bäuml* NWB 2016, 3516 (3521).
[70] BStBl. II 2015, 50.
[71] 2003/361/EG, ABl. EU L 124, 36 vom 20.5.2003.

- Festlegung einer **absoluten Obergrenze für die Verschonung,** wie dies im Regierungsentwurf eines Gesetzes zur Sicherung der Unternehmensnachfolge vom 30.5.2005[72] mit einer Förderungshöchstgrenze von 100 Mio. Euro beabsichtigt war.
- Einbeziehung auch großer Unternehmen bei **konkreter Verschonungsbedürftigkeit** der Erwerber, zB durch die Einbeziehung von miterworbenem, nicht begünstigten Vermögen oder unter Umständen schon vor dem Erwerb vorhandenem eigenen Vermögen mit der Folge, dass der Erwerber dieses zur Begleichung seiner Steuerschuld aus dem Unternehmensübergang einzusetzen hätte.

Der **Gesetzgeber** hat mit **§§ 13c, 28a ErbStG** alternativ die beiden letztgenannten Optionen und damit die für große Unternehmen bzw. Großerwerbe günstigste Lösung umgesetzt. Ansatzpunkt für das Sonderrecht großer Unternehmen ist hierbei nicht die Größe des Unternehmens, sondern der **Wert des Erwerbs.** Der Gesetzgeber spricht deshalb auch nicht von großen Unternehmen, sondern von Großerwerben. Die Grenze wurde in Orientierung an den Wert, ab dem der höchste Steuersatz beginnt, bei **26 Mio. Euro** gezogen. Dies bedeutet, dass einerseits ein Unternehmen mit einem Wert von 27 Mio. Euro bereits groß sein kann (wenn der Alleininhaber sein Unternehmen vollständig auf einen einzelnen Erben überträgt) und anderseits ein Unternehmen mit einem Wert von 1 Mrd. Euro nicht zwingend als groß gilt (wenn nur ein 2 %-Anteil übertragen wird). 49

Übersteigt das begünstigte Vermögen einen Betrag von **26 Mio. Euro,** kann der Erwerber in Bezug auf die Verschonung des begünstigten Vermögens zwischen gleitender Abschmelzung (§ 13c ErbStG) oder Verschonungsbedarfsprüfung (§ 28a ErbStG) **wählen.** Wird keine dieser Alternativen gewählt, unterliegt der gesamte Erwerb ohne Verschonung der tarifmäßigen Erbschaft- oder Schenkungsteuer. Bei der 26 Mio. Euro-Grenze sind mehrere Erwerbe begünstigten Vermögens von derselben Person innerhalb von **zehn Jahren** zusammenzurechnen (§ 13a Abs. 1 S. 2–4 ErbStG).[73] 50

Bei der **gleitenden Abschmelzung verringert sich der Verschonungsabschlag** nach § 13a Abs. 1 oder 10 ErbStG für das gesamte begünstigte Vermögen **um jeweils einen Prozentpunkt für jede vollen 750.000 Euro,** um die der Wert des begünstigten Vermögens den Betrag von 26 Mio. Euro übersteigt. Bis zur Höhe von 26.749.999 Euro gilt also noch der unverminderte Abschlag. Für ein begünstigtes Vermögen von 50 Mio. Euro bedeutet dies zB noch einen Abschlag von 53 % (statt 85 %) bei der Regelverschonung und von 77 % (statt 100 %) bei der Optionsverschonung. Die abschmelzende Verschonung endet bei einem begünstigten Vermögen von 89,75 Mio. (Regelverschonung) bzw. **90 Mio. Euro** (Optionsverschonung), wobei die **Höchstgrenze** im letztgenannten Fall in § 13c Abs. 1 S. 2 ErbStG festgelegt ist, während sie sich im erstgenannten Fall nur durch Berechnung erschließt. Zu beachten ist, dass ab einem erworbenen begünstigten Vermögen von 44,75 Mio. Euro (bei Regelverschonung) bzw. 50,75 Mio. Euro (bei Optionsverschonung) die ErbSt-Belastung auf zusätzlich erworbenes begünstigtes Vermögen den Spitzensteuersatz von 30 % übersteigt.[74] 51

Bei der **Verschonungsbedarfsprüfung** muss der Erwerber nachweisen, dass er „persönlich nicht in der Lage ist", die auf den Erwerb von unverschontem begünstigtem Vermögen entfallende Steuer aus seinem verfügbaren Vermögen zu begleichen. Soweit dieser Nachweis gelingt, wird die Steuer gemäß § 28a Abs. 1 S. 1 ErbStG **erlassen;** der Erlass steht unter der Bedingung, dass die maßgebliche Lohnsumme erreicht und nicht gegen die Behaltensfrist verstoßen wird. 52

Das Gesetz geht also davon aus, dass der Erwerber eine **Eigenleistung** bis zur Höhe seines verfügbaren Vermögens erbringen muss. Beim **verfügbaren Vermögen** orientiert sich das Gesetz aber nicht etwa an dem Vermögen, über welches der Erwerber – im Sinne von sofort liquidierbaren Vermögensgegenständen – frei verfügen kann. Das verfügbare Vermögen wird in § 28a Abs. 2 ErbStG vielmehr pauschal definiert als **die Hälfte** des dem Erwerber im 53

---

[72] BT-Drs. 15/5555, 10.

[73] Erwerbe vor Inkrafttreten der Regelung (1.7.2016) bleiben jedoch unberücksichtigt, § 37 Abs. 12 S. 3 ErbStG.

[74] *Korezkij* DStR 2017, 189; *Maiterth* DB 2017, 1037 (1043).

Zeitpunkt des Erwerbs gehörenden zuzüglich der Hälfte des mit der Erbschaft oder der Schenkung hinzuerworbenen Vermögens, wobei nur **nicht begünstigtes** Vermögen berücksichtigt wird. Zugehörige Schulden und Lasten können abgezogen werden,[75] nicht jedoch eine auf das erworbene Vermögen (Verwaltungsvermögen oder nicht begünstigtes Vermögen) erhobene Erbschaftsteuer.[76] Einen Freibetrag gibt es nicht, auch nicht für eigentlich steuerfreie Vermögenswerte wie zB das Familienheim (§ 13 Abs. 4 ErbStG).[77] Nicht begünstigtes Vermögen, das der Erwerber in den **kommenden 10 Jahren** durch weitere Erbschaften oder Schenkungen, also unentgeltlich hinzuerwirbt, ist hinzuzurechnen (§ 28a Abs. 4 S. 1 Nr. 3 ErbStG) und führt dann zu einer rückwirkenden Neuberechnung des Erlassbetrags.

54 Ein **Antrag** nach § 13c ErbStG ist unwiderruflich (§ 13c Abs. 2 S. 6 ErbStG) und verdrängt die Verschonungsbedarfsprüfung nach § 28a ErbStG. Umgekehrt ist der Übergang nach einem Antrag auf Verschonungsbedarfsprüfung, insbesondere bei ihrem Verfehlen, auf die für diesen Fall gerade vorgesehenen geringeren Abschläge für Großerwerbe nach § 13c ErbStG möglich. Auch bei anzeigepflichtigem Hinzuerwerb von Vermögen (§ 28a Abs. 4 Nr. 3 ErbStG) kann sich für den Erwerber unter Beachtung einer „Günstigerprüfung" die Notwendigkeit eines **Wechsels** zum Antrag nach § 13c ErbStG ergeben.[78]

55 Die Neuregelung bedeutet für den **vermögenslosen Erwerber** eines großen Unternehmens, dass **Vollverschonung** gewährt werden kann. Im Gegensatz hierzu muss ein Erwerber mit entsprechend hohem verfügbarem Vermögen die anfallende Erbschaft- und Schenkungsteuer vollständig bezahlen, erhält also keinerlei Verschonung. Damit wurden aus Sicht des Gesetzgebers dessen ursprüngliche Zielsetzung mit den Vorgaben des BVerfG in Einklang gebracht, nämlich sicherzustellen, dass einerseits kein Unternehmen durch die Erbschaft- und Schenkungsteuer gefährdet wird, und, dass andererseits bei großen Vermögenserwerben nicht gegen den Grundsatz der Lastengleichheit verstoßen wird.

56 Der **Verwaltungsaufwand und die Kosten** des Erwerbers für die Verschonungsbedarfsprüfung können enorm sein, insbesondere dann, wenn er bereits über größere betriebliche Einheiten verfügt. Als problematisch erweist sich auch hier das (schädliche) **Verwaltungsvermögen.** Soweit es im Erwerb enthalten ist, muss es vom Erwerber versteuert werden, ohne dass die Steuerlast sein verfügbares Vermögen mindert. Soweit es in vorhandenen betrieblichen Einheiten liegt, erhöht es das verfügbare Vermögen, obwohl es häufig, gerade bei geringen Beteiligungen, dem Zugriff des Erwerbers verwehrt ist. Dies führt dazu, dass die **50 %-Grenze** für die Eigenleistung faktisch nur auf dem Papier steht und die Belastung in der Praxis **höher** liegen wird.[79]

57 Große Unternehmen mussten seit der Veröffentlichung des Urteils des BVerfG wissen, dass es für sie mit der vom BVerfG bis spätestens 30.6.2016 geforderten Neuregelung keine Nulllösung bei der Erbschaft- und Schenkungsteuer mehr geben wird. Wo dies möglich war, wurde bei solchen Unternehmen im Wege vorweggenommener Erbfolge noch die alte Rechtslage genutzt, weshalb die Zahl der Großerwerbe in den nächsten Jahren eher gering sein dürfte. Dennoch ist jedes große Unternehmen von der Verschärfung der Rechtslage betroffen, da schon ein Verkehrsunfall ausreichen kann, einen **erbschaftsteuerlichen „Supergau"** auszulösen. Jedes große Unternehmen und jeder Gesellschafter eines solchen Unternehmens braucht deshalb einen **Erbschaftsteuer-Notfallplan.**

58 Die einzige Möglichkeit des Erblassers/Schenkers, bei großen Erwerben eine **Eigenleistung** des Erwerbers bei der Erbschaft- oder Schenkungsteuer sicher zu **vermeiden,** ist die Übertragung auf einen **vermögenslosen Erwerber.** Das kann ein Kind sein, aber auch eine neu errichtete – in- oder ausländische – **Familienstiftung,**[80] die deshalb möglicher-

---

[75] BT-Drs. 18/5923, 33.

[76] *Eisele* in Kapp/Ebeling ErbStG Rn. 7.

[77] So ausdrücklich Abschn. 28a.2 Abs. 2 S. 7 ErbStR-Erlass.

[78] *Jülicher* in Troll/Gebel/Jülicher ErbStG § 28a Rn. 39.

[79] *Viskdorf/Löcherbach/Jehle* DStR 2016, 2425 (2433).

[80] *Jülicher* in Troll/Gebel/Jülicher ErbStG § 13c Rn. 18: ggf. mehrere Familienstiftungen; *Frieling* DB 2017, 317; *Blusz* DStR 2017, 1016.

weise einen Boom erleben wird. Empfohlen wird die Verteilung des unternehmerischen Vermögens auf möglichst viele Köpfe unter Einschluss von Ehepartnern, Kindern und Enkelkindern (Vervielfachung der Zuwender-Empfängerverhältnisse), mit flankierender Absicherung über den Gesellschaftsvertrag oder die Anordnung einer Testamentsvollstreckung.[81] Vorgeschlagen wird auch eine **gemeinnützige Stiftung** als Vorerbin bei Nacherbschaft des Kindes oder der Familienstiftung unter Einhaltung einer Frist von mehr als zehn Jahren, um das Verstreichen der Zehnjahresfrist gemäß § 28a Abs. 4 Nr. 3 ErbStG zu bewirken.[82] Besonderes Augenmerk gilt bei Nachfolgeregelungen dem nicht begünstigten Vermögen (typischerweise Wertpapiere und Immobilien), das aus Steueroptimierungsgründen nicht auf den Unternehmensnachfolger übergehen sollte. Bei vorweggenommenen Erbfolgen wird die bei der Erbschaft- und Schenkungsteuer im Privatbereich bekannte Tranchierung wiederbelebt werden, dh die Übertragung von vollverschonten Teilanteilen (bis zu einem Wert von 26 Mio. Euro) im Zehnjahresturnus.

e) Bewertungsabschlag für Familienunternehmen. Neu ist der besondere Bewertungsabschlag gemäß § 13a Abs. 9 ErbStG für Familienunternehmen, der mit der „Nichtverfügbarkeit des objektiven Werts aus subjektiver Sicht des Erwerbers" begründet wird,[83] was durchaus erstaunlich ist, da subjektive Verhältnisse gemäß § 9 Abs. 3 BewG bei der Wertermittlung nicht berücksichtigt werden dürfen. Hiernach wird auf begünstigtes Vermögen ein **Abschlag von bis zu 30 %** gewährt, wenn in einem **Zeitraum von zwei Jahren vor bis 20 Jahren nach** dem Erwerb kumulativ folgende **Voraussetzungen** im Gesellschaftsvertrag erfüllt sind und tatsächlich eingehalten werden: 59

- **Entnahmen bzw. Gewinnausschüttungen** betragen höchstens **37,5 %** des um die auf den Gewinnanteil oder die Ausschüttung aus der Gesellschaft entfallenden Ertragsteuern gekürzten Betrags des steuerrechtlichen Gewinns[84] (Entnahmen bzw. Ausschüttungen zur Begleichung der Einkommensteuer auf Gewinnanteile oder Ausschüttungen aus der Gesellschaft bleiben unberücksichtigt);
- **Verfügungen** über die jeweilige Beteiligung sind nur zugelassen zugunsten von Mitgesellschaftern, Angehörigen iSv § 15 AO oder inländischen Familienstiftungen[85] (nicht ausreichend sind Verfügungsbeschränkungen zugunsten einer Familien-AG oder jeder anderen Familienholding);
- Die **Abfindung beim Ausscheiden** beträgt maximal 70 % des gemeinen Wertes der Beteiligung.

Der Bewertungsabschlag wird nur für den Teil des begünstigten Vermögens gewährt, für den die vorgenannten Voraussetzungen gegeben sind (§ 13a Abs. 9 S. 2 ErbStG). Da dies bei der GmbH & Co. KG für das **Sonderbetriebsvermögen** eines Gesellschafters regelmäßig nicht zutrifft, ist für die Anwendung des Bewertungsabschlags in diesen Fällen zusätzlich das begünstigte Vermögen nur bezogen auf das Gesamthandsvermögen der Gesellschaft zu ermitteln.[86] Für das SBV wird der Bewertungsabschlag demnach nicht gewährt, was im Einzelfall, zB bei ausgelagerten Betriebsgrundstücken, erhebliche Auswirkungen haben kann. Folgerichtig ist für die Entnahmebeschränkung nur der Gewinnanteil aus der Gesamthand zu berücksichtigen,[87] hier wie bei den anderen Voraussetzungen das SBV also ebenfalls unberücksichtigt zu lassen. 60

---

[81] *Jülicher* in Troll/Gebel/Jülicher ErbStG § 13c Rn. 18; *Reich* DStR 2016, 1459 (1461); *Watrin/Linnemann* DStR 2017, 569.

[82] *Thonemann-Micker* DB 2016, 2312 (2321).

[83] BT-Drs. 18/8911, 41.

[84] Zu verstehen iSv Steuerbilanzgewinn, *Steger/Königer* BB 2016, 3099 (3101).

[85] Die Beschränkung auf inländische Familienstiftungen für EU-rechtswidrig haltend *Jülicher* in Troll/Gebel/Jülicher ErbStG § 13a Rn. 483; *Wachter* FR 2016, 690 (700), weshalb Abschn. 13a.19 Abs. 2 S. 2 Nr. 2 S. 1 ErbStR-Erlass auch ausländische Familienstiftungen zulässt.

[86] Abschn. 13a.19 Abs. 3 S. 2 ErbStR-Erlass; *Geck* in Kapp/Ebeling ErbStG § 13a Rn. 193; *Weber/Schwind* ZEV 2016, 688; *Eisele* NWB 2016, 3002 (3003); *Wachter* NZG 2016, 1168 (1174). Differenzierend *Steger/Königer* BB 2016, 3099 (3104). AA *Hannes* ZEV 2016, 554 (558).

[87] Abschn. 13a.19 Abs. 2 Nr. 1 S. 2 ErbStR-Erlass; *Geck* in Kapp/Ebeling ErbStG § 13a Rn. 199. AA *Mehren* in Winter Beratungspraxis GmbH & Co. KG, Rn. E 339; *Söffing* ErbStB 2016, 339 (442).

61 Die Entnahmebeschränkung bezieht sich auf den Gewinn im **Jahresabschluss des Mutterunternehmens,** was bei komplexen Unternehmensstrukturen nicht praxisgerecht ist. Gewinnthesaurierungen auf der Ebene von Beteiligungsunternehmen bzw. periodenabweichende Gewinnausschüttungen an das Mutterunternehmen können den Gewinn beeinflussen und das Ergebnis verfälschen. Es ist deshalb zu begrüßen, dass dem Vernehmen nach eine ergänzende Regelung geplant ist, wonach der zulässige Umfang der Entnahme bzw. Ausschüttung nicht auf Basis des Gewinns aus dem Einzelabschluss, sondern auf Basis des konsolidierten Ergebnisses der Unternehmensgruppe ermittelt wird.[88]

62 Die **Höhe** des Bewertungsabschlags entspricht gemäß § 13a Abs. 9 S. 3 ErbStG der im Gesellschaftsvertrag oder in der Satzung vorgesehenen prozentualen Minderung der Abfindung gegenüber dem gemeinen Wert, höchstens jedoch 30 %. Auszahlungsmodalitäten (zB Ratenzahlung, Verzinsung) bleiben jedenfalls dann unberücksichtigt, wenn sie im Rahmen des Üblichen liegen. Sieht der Gesellschaftsvertrag unterschiedliche Abfindungshöhen abhängig von dem Grund des Ausscheidens vor (zB eine reduzierte Abfindung im Falle des Ausscheidens aus wichtigem Grund), ist die höchste in Betracht kommende Abfindung maßgebend.[89]

63 Fallen die vorgenannten Voraussetzungen während der zwanzigjährigen Nachlauffrist weg, **entfällt** der Abschlag mit Wirkung für die Vergangenheit (§ 13b Abs. 9 S. 5 ErbStG).

64 Aus Sicht des **Erwerbers** besteht das entscheidende Problem des Bewertungsabschlags darin, dass er in der Regel **nicht beeinflussen** kann, ob dessen Voraussetzungen im Zeitpunkt des Erwerbs vorliegen und bis zum Ablauf der 20-Jahre-Frist beibehalten werden.[90] Dies ist zwar bedauerlich, aber eine logische Folge des gesetzgeberischen Ansatzes, der nicht den Erwerber, sondern das Unternehmen verschonen möchte, und zwar konkret dessen langfristige Sicherung und Fortführung. Entfallen die entsprechenden Voraussetzungen in Bezug auf das Unternehmen innerhalb der Sperrfristen, entfällt insoweit die Geschäftsgrundlage für die partielle Nichterhebung der Steuer.

65 **f) Stundungsmöglichkeiten.** Die Stundungsmöglichkeiten für Betriebsvermögen wurden mit Wirkung zum 1.7.2016 grundlegend **neu gefasst** und an die neuen Verschonungsregeln angepasst.

66 Gemäß **§ 28 Abs. 1 ErbStG** ist dem Erwerber bei einem Erwerb von Todes wegen die auf begünstigtes Vermögen iSd § 13b Abs. 2 ErbStG entfallende Erbschaftsteuer auf Antrag **bis zu sieben Jahre** zu **stunden.** Die Dauer der Stundung richtet sich nach dem Antrag des Erwerbers, ist also keine Ermessensentscheidung des Finanzamts.[91] Der erste Jahresbetrag ist **ein Jahr** nach der Festsetzung der Steuer fällig und bis dahin **zinslos** zu stunden. Der verbleibende Betrag ist ab dem zweiten Jahr zu verzinsen; die Stundungszinsen betragen nach § 238 AO für jeden vollen Monat des Zinslaufs 0,5 %, jährlich also **6 %.** Die Stundung endet automatisch bei einem Verstoß gegen die Lohnsummen- oder die Behaltensregelung (§ 28 Abs. 1 S. 5 ErbStG) sowie wenn der Erwerber den Betrieb oder den Anteil daran überträgt oder aufgibt (§ 28 Abs. 1 S. 8 ErbStG).

67 Bei Großererwerben kann das Finanzamt, soweit die **Verschonungsbedarfsprüfung** zu keiner Verschonung führt, die Steuer gemäß **§ 28a Abs. 3 ErbStG** verzinslich **bis zu sechs Monaten** stunden, wenn die Einziehung bei Fälligkeit eine erhebliche Härte für den Erwerber bedeuten würde und der Anspruch nicht gefährdet erscheint. Dies gilt für alle Erwerbe, also auch für Schenkungen. Eine erhebliche Härte liegt nach dem Gesetzeswortlaut insbesondere dann vor, wenn der Erwerber einen Kredit aufnehmen oder verfügbares Vermögen veräußern müsste, um die Steuer entrichten zu können.

68 Daneben bleibt dem Erwerber immer die Möglichkeit einer Stundung gemäß **§ 222 AO.** Diese Stundungsvorschrift unterscheidet sich von der Stundung gemäß § 28 Abs. 1 oder

---

[88] *Viskdorf/Löcherbach/Jehle* DStR 2016, 2425 (2429).

[89] Abschn. 13a.19 Abs. 4 S. 4 ErbStR-Erlass.

[90] Den Bewertungsabschlag deshalb als „Papiertiger" bezeichnend *Steger/Königer* BB 2016, 3099. Kritisch auch *Holtz* NJW 2016, 3750 (3754); *Steger/Königer* WPg 2016, 1319 (1326); *Wachter* NZG 2016, 1168.

[91] *Jülicher* in Troll/Gebel/Jülicher ErbStG § 28 Rn. 6.

§ 28a Abs. 3 ErbStG im Wesentlichen dadurch, dass letztere die Finanzverwaltung stärker als § 222 AO verpflichten, in Erbfällen sogar einen Anspruch auf – für die Dauer eines Jahres zinslose – Stundung gewähren und vom Finanzamt eigenständig entschieden werden können.[92]

IV. Berechnung und Erhebung der Erbschaftsteuer

1. Ermittlung des Steuerwerts des übergehenden Anteils

Bei der Bewertung einer GmbH & Co. KG wird zunächst nur auf das **Gesamthandsvermögen** abgestellt.[93] Bei Anwendung des vereinfachten Ertragswertverfahrens sind die Kapitalkonten aus der Gesamthandsbilanz dem jeweiligen Gesellschafter vorweg zuzurechnen; der verbleibende Wert ist nach dem für die Gesellschaft maßgebenden Gewinnverteilungsschlüssel auf die Gesellschafter aufzuteilen, wobei Vorabgewinnanteile unberücksichtigt bleiben. Der zugeteilte Wert kann auch negativ sein, bei Kommanditisten jedoch nur dann, wenn die Kommanditeinlage nicht vollständig erbracht oder der Kommanditist nachschusspflichtig ist.[94] Wird der Wert des Gesamthandsvermögens aus Verkäufen abgeleitet oder anderweitig bewertet, ist der anteilige Wert des Gesamthandsvermögens maßgeblich. 69

Während der Inhalt etwaiger Ergänzungsbilanzen unbeachtlich ist, ist anschließend der gemeine Wert des **Sonderbetriebsvermögens** eines Gesellschafters im Rahmen einer Einzelbewertung gesondert zu ermitteln (§ 97 Abs. 1a Nr. 2 BewG). Hierfür gelten die allgemeinen Vorschriften, insbesondere die Basisbewertung für Grundbesitz gemäß § 151 Abs. 3 BewG. 70

Der **Wert des Anteils** eines Gesellschafters ergibt sich sodann als Summe aus dem zugeteilten Anteil am Gesamthandsvermögen und dem gemeinen Wert des Sonderbetriebsvermögens (§ 97 Abs. 1a Nr. 3 BewG). 71

2. Tarif

Die Bemessungsgrundlage wird um die allgemeinen Freibeträge gemäß §§ 16, 17 ErbStG gemindert und die Erbschaftsteuer sodann unter Anwendung der Steuersätze gemäß § 19 ErbStG berechnet. **Freibeträge** und der **Steuersatz** richten sich nach dem **persönlichen Verhältnis** des Erwerbers zum Erblasser oder Schenker, der Steuersatz außerdem nach der **Höhe** der Bemessungsgrundlage (progressiver Steuertarif). Bei Übertragungen innerhalb einer Familie gilt in der Regel die günstigste **Steuerklasse I** mit Steuersätzen zwischen 7 und 30 %. 72

Die Freibeträge und Steuersätze sind mit dem jeweils konkreten Erwerb verbunden. Um zu verhindern, dass durch (willkürliche) Zerlegung einer Zuwendung an ein und dieselbe Person in mehrere Teilerwerbe die Progression des Steuertarifs unterlaufen wird und für jeden Teilerwerb der persönliche Freibetrag in Anspruch genommen werden kann, bestimmt § 14 ErbStG, dass **mehrere** Erwerbe **innerhalb von zehn Jahren zusammenzurechnen** sind.[95] Folgerichtig kann auch der besondere Abzugsbetrag für Betriebsvermögen innerhalb von zehn Jahren für von derselben Person anfallende Erwerbe nur einmal berücksichtigt werden (§ 13a Abs. 2 S. 3 ErbStG). 73

Beim **Erwerb von Betriebsvermögen** durch eine natürliche Person, die nicht von Steuerklasse I erfasst wird, gewährt § 19a ErbStG, **unabhängig vom Verwandtschaftsverhältnis,** einen **Entlastungsbetrag** in Höhe der Differenz zwischen der sich ergebenden Steuer aufgrund des Steuersatzes nach der eigentlich maßgeblichen Steuerklasse und der Steuer in Steuerklasse I, so dass im Ergebnis eine Besteuerung nach **Steuerklasse I** erfolgt. 74

---

[92] Für Stundungen gemäß § 222 AO ist regelmäßig die Zustimmung der Mittelbehörden einzuholen, Gleichlautende Ländererlasse vom 17.12.2015, BStBl. I 2015, 1079.

[93] BT-Drs. 16/11107, 13; R B 97.3 Abs. 2 ErbStR.

[94] R B 97.3 Abs. 1 S. 3 ErbStR.

[95] BFH 17.11.1977 – II R 66/68, BStBl. II 1978, 220; 17.10.1998 – II R 64/96, BFH/NV 1999, 417.

Damit hat der Gesetzgeber der Tatsache Rechnung getragen, dass bei Familienunternehmen häufig keine geeigneten Nachfolger aus dem Kreise der engeren Familie zur Verfügung stehen, nach der Rechtsprechung des BVerfG im Blick auf die Sozialgebundenheit von Betriebsvermögen dessen Besteuerung aber unabhängig von der verwandtschaftlichen Nähe zwischen Erblasser und Erben erfolgen muss.[96] Der Entlastungsbetrag gilt nur für **begünstigtes Vermögen** iSd Verschonungsregeln (einschl. Großerwerbe), also nicht für schädliches Verwaltungsvermögen. Die Behaltensregelungen in § 13a ErbStG gelten entsprechend (§ 19a Abs. 5 ErbStG).

3. Entstehung der Steuer

75 Die Erbschaftsteuer entsteht gemäß § 9 ErbStG mit dem **Erbfall** bzw. der **Ausführung der Schenkung,** ist aber nicht vor Bekanntgabe des Erbschaftsteuerbescheids fällig (§ 220 Abs. 2 S. 2 AO).

76 Die **Schenkung einer Kommanditbeteiligung** an einer KG ist nur dann bereits im Zeitpunkt des Abschlusses des Schenkungsvertrags ausgeführt, wenn der Beschenkte in unmittelbarem Zusammenhang mit dem Vertragsabschluss oder rückwirkend in die Gesellschaft eintritt. Die Schenkung unter der aufschiebenden Bedingung der Eintragung des Beschenkten als Kommanditist in das Handelsregister ist schenkungsteuerlich deshalb bis zum Bedingungseintritt nicht zu berücksichtigen.[97]

V. Sonderregelung für das Ausscheiden eines Gesellschafters

77 Geht infolge des Ausscheidens eines Gesellschafters dessen Anteil auf die anderen Gesellschafter oder die Gesellschaft selbst über, liegt gemäß **§ 3 Abs. 1 Nr. 2 S. 2 und 3 ErbStG** ein Erwerb von Todes wegen bzw. gemäß **§ 7 Abs. 7 ErbStG** eine (fiktive) Schenkung vor, soweit der Erbschaftsteuerwert des Anteils den Abfindungsanspruch übersteigt. Hiervon werden insbesondere die Fälle des Ausscheidens durch **Kündigung** oder das zwangsweise Ausscheiden **nicht nachfolgeberechtigter Personen** im Erbfall erfasst.

78 Eine weitere Besonderheit besteht in denjenigen Fällen, in denen ein Erbe einen auf ihn von Todes wegen übergegangenen Anteil unverzüglich nach dessen Erwerb aufgrund einer im Zeitpunkt des Todes des Erblassers bestehenden Verpflichtung im Gesellschaftsvertrag an die Mitgesellschafter überträgt. Gemäß **§ 10 Abs. 10 ErbStG** muss der Erbe dann nicht den Erbschaftsteuerwert des Anteils versteuern, sondern nur die **Bereicherung** in Form des Abfindungsanspruchs, die ihm nach der Übertragung endgültig verbleibt.

79 Bei **Beteiligungen auf Zeit,** insbesondere den sog Managermodellen (→ § 6 Rn. 124), ist § 7 Abs. 7 ErbStG nicht anwendbar, wenn der Gesellschafter verpflichtet ist, zu bestimmten, im Vorhinein festgelegten Bedingungen die Gesellschaft durch Übertragung seines Anteils oder Kündigung zu verlassen.[98] Denn die Gesetzesvorschrift setzt eine objektive Bereicherung der verbleibenden Mitgesellschafter auf Kosten des ausscheidenden Gesellschafters voraus, an der es in diesen Fällen fehlt.

80 Die Vorschrift des § 7 Abs. 7 ErbStG besteht weitgehend unverändert seit 1974, hat **bis 2008** in der Praxis aber ein **Schattendasein** geführt. Der Erbschaftsteuerwert des Anteils an einer Personengesellschaft war bis dahin bekanntlich massiv „subventioniert" und meist sogar **niedriger** als der bei Familienunternehmen typischerweise zum Zwecke der Streitvermeidung, der Verfahrensvereinfachung und vor allem der Liquiditätsschonung der Gesellschaft gesellschaftsvertraglich reduzierte **Abfindungsanspruch.** Nachdem sich der Erbschaftsteuerwert **seit 2009** jedoch generell am Verkehrswert orientiert, wird nunmehr ebenso regelmäßig eine **erbschaftsteuerpflichtige Bereicherung** der verbleibenden Gesellschafter vorliegen.[99]

---

[96] BVerfG BStBl. II 1996, 671.
[97] BFH 30.11.2009 – II R 70/06, BFH/NV 2010, 900.
[98] *Geck* in Kapp/Ebeling ErbStG § 7 Rn. 199; *Kotzenberg/Maetz* BB 2013, 2391.
[99] Vgl. *Hübner/Maurer* ZEV 2009, 361; *Ostermayer/Erhart* BB 2009, 2044; *Neumayer* DStR 2010, 201; *Götzenberger* BB 2009, 131: „Steuerfalle"; *Milatz/Kämper* GmbHR 2009, 470.

Da der Abfindungsanspruch bei **Familienunternehmen** regelmäßig unter dem Verkehrswert liegt, können sich die Steuertatbestände der § 3 Abs. 1 Nr. 2 S. 2 und 3 sowie § 7 Abs. 7 ErbStG in der Praxis als erhebliches **Problem** erweisen. Brauchbare Vermeidungsstrategien[100] existieren nicht. Um den Gesellschaftern die Bezahlung der hierdurch ausgelösten Erbschaftsteuer zu ermöglichen, sollte die **Entnahmeklausel** dahin gehend überprüft werden, ob sie auch die Entnahme von Erbschaftsteuern zulässt, zumindest in den oben genannten Fällen der „aufgedrängten" Bereicherung.[101] 81

Eine **Anpassung der Abfindungsklauseln** in Form einer Anhebung des Abfindungsanspruchs auf Verkehrswertniveau vermiede zwar die Erbschaftsteuer, kann aber keine ernsthafte Gestaltungsempfehlung sein.[102] Denn zum Einen ist es für die Gesellschaft und die verbleibenden Gesellschafter immer noch besser, nur die Erbschaftsteuer auf die Bereicherung als die Bereicherung selbst (in Form einer vollwertigen Barabfindung) aufwenden zu müssen. Zum Zweiten kollidierte dies mit einer Voraussetzung für den Bewertungsabschlag gemäß § 13a Abs. 9 ErbStG. Und zum Dritten gelten bei Mitunternehmerschaften die Verschonungsregelungen der §§ 13a–13c ErbStG und § 19a ErbStG auch hier,[103] so dass selbst bei erheblichen Differenzen zwischen dem Erbschaftsteuer- und dem Abfindungswert in den meisten Fällen nur verhältnismäßig geringe Steuerlasten anfallen dürften, wenn die Besteuerung nicht sogar ganz vermieden werden kann. 82

VI. Doppelbelastung mit Einkommen- und Erbschaftsteuer

Eine Doppelbelastung mit Erbschaft- und Schenkungsteuer einerseits sowie Einkommensteuer andererseits droht immer dann, wenn Vermögen im Erbfall oder durch Schenkung übergeht, das mit einer **latenten Einkommensteuer** belastet ist, zB von Anteilen an einem Unternehmen, die hohe stille Reserven enthalten. Um hier eine Doppelbelastung mit Erbschaft- und Einkommensteuer zu mildern, sieht **§ 35b EStG** auf Antrag eine Kürzung der tariflichen Einkommensteuer (gekürzt um sonstige Steuerermäßigungen) vor, soweit diese auf mit Erbschaftsteuer vorbelastete Einkünfte entfällt. Die Kürzung erfolgt in Höhe des Prozentsatzes, der sich errechnet aus dem Verhältnis der festgesetzten Erbschaftsteuer zum steuerpflichtigen Erwerb (§ 10 ErbStG) zuzüglich des steuerfreien Betrages bzw. der Freibeträge nach §§ 5, 16 und 17 ErbStG. 83

§ 35b EStG gilt **nur für Erwerbe von Todes wegen.** Weitere Voraussetzung ist, dass Einkünfte im Veranlagungszeitraum oder in den vier vorangegangenen Veranlagungszeiträumen bereits der Erbschaftsteuer unterlegen haben. Hinsichtlich der Wirkungsweise der Vorschrift ist zu beachten, dass eine Doppelbelastung **nicht vollständig beseitigt** wird. Die Regelung beschränkt sich vielmehr darauf, denjenigen Betrag von der Einkommensteuer abzuziehen, um den die Erbschaftsteuerbelastung niedriger gewesen wäre, wenn dort die latente ESt-Belastung hätte abgezogen werden können. Auch bleibt eine Doppelbelastung von Erbschaftsteuer einerseits und Solidaritätszuschlag und Kirchensteuer andererseits unberücksichtigt.[104] 84

VII. Ausblick

Die **Reform der Erbschaftsteuer für Betriebsvermögen** hat sich deshalb über so viele Jahre quälend hingezogen, weil die aus politischen Gründen („Umverteilungs- und Neiddiskussion") gewünschte hohe Besteuerung von großen Privatvermögen in Einklang gebracht werden musste mit dem volkswirtschaftlichen Anliegen, Betriebsvermögen nur 85

[100] Hierzu *Hübner/Maurer* ZEV 2009, 361 (432 ff.).
[101] *Gschwind/Schmidt* NWB 2009, 297 (305).
[102] *Götzenberger* BB 2009, 131; *Hübner/Maurer* ZEV 2009, 361 (433): „abstrus"; *Schwind/Schmidt* NWB 2009, 297; *Wälzholz* DStZ 2009, 591; *Wangler* DStR 2009, 1501. Vgl. jedoch *Krumm* NJW 2010, 187 (191) mit dem durchaus zutreffenden Hinweis, dass es Gesellschafter geben mag, die lieber ihrem Mitgesellschafter den Verkehrswert auszahlen als dem Fiskus bis zu 50 % der Differenz.
[103] *Geck* in Kapp/Ebeling ErbStG § 7 Rn. 191.
[104] *Herzig/Joisten/Vossel* DB 2009, 584; *Schulte/Birnbaum/Hinkers* BB 2009, 300 (305).

gering oder überhaupt nicht zu besteuern. Der Gestaltungsspielraum bei diesem Spagat war durch die Vorgaben des Grundgesetzes – Gleichheits- und Sozialstaatsprinzip – von Anfang an gering.

86 Die neuen Verschonungsregeln werden sicher erneut das BVerfG beschäftigen.[105] Fraglich ist auch, ob sie im Einklang mit **EU-Recht** stehen.[106] Ein weiteres Instrument für mehr Steuergerechtigkeit in Europa ist nämlich das grundsätzliche **Verbot staatlicher Beihilfen** gemäß Art. 107 Abs. 1 AEUV, das im deutschen Steuerrecht bisher kaum Beachtung gefunden hat. Verboten sind hiernach staatliche oder aus staatlichen Mitteln gewährte Beihilfen gleich welcher Art, die durch die Begünstigung bestimmter Unternehmen oder Produktionszweige den Wettbewerb verfälschen oder zu verfälschen drohen, soweit sie den Handel zwischen Mitgliedstaaten beeinträchtigen. Beihilfen in diesem Sinne sind auch **unternehmensbezogene Steuervergünstigungen,** also jede „selektive" Steuervergünstigung, die einem Unternehmen einen wesentlichen Vorteil gegenüber anderen Unternehmen verschafft, die den Steuervorschriften desselben Landes unterliegen.

87 Mit Ausnahme der Selektivität erfüllen die Verschonungsregeln für Betriebsvermögen unstreitig **alle Tatbestandsmerkmale** einer Beihilfe. Sie verfälschen den Wettbewerb, jedenfalls potenziell; das genügt. Und da die Erbschaftsteuer weiterhin auch ausländisches Betriebsvermögen von Inländern und inländisches Betriebsvermögen von Ausländern betrifft, beeinträchtigen sie zudem den Wirtschaftsverkehr zwischen den Mitgliedstaaten. Unstreitig ist auch, dass weder ein Ausnahmetatbestand (Art. 107 Abs. 2 AEUV) noch ein Ermessenstatbestand (Art. 107 Abs. 3 AEUV) vorliegt.[107]

88 **Selektiv** wirken bei den Verschonungsregeln für Betriebsvermögen nicht nur die differenzierte Behandlung von Anteilen an Kapitalgesellschaften, die Lohnsummenregelung und die Behaltensfristen, sondern in erster Linie die **Sondervorschriften für Großerwerbe.** Damit stellt sich die Frage, ob die Selektivität **ausnahmsweise zulässig** ist, weil sie durch die **Natur der Sache oder den inneren Aufbau des Steuerrechts** gerechtfertigt werden kann.[108] Hierbei dürfte freilich zu berücksichtigen sein, dass das Erbschaftsteuerrecht bis 2008 ohne so weitreichende Verschonungsregeln für den Erwerb unternehmerischen Vermögens ausgekommen ist, ohne dass dies das deutsche Wirtschaftswunder und die Entstehung einer in Europa und den Industriestaaten weltweit einzigartigen deutschen Unternehmens- und Unternehmerlandschaft mit ihren überwiegend familienbezogenen Gesellschaften verhindert hätte.

89 Nach EU-Recht können **nur systemimmanente Gründe** eine selektive Beihilfe rechtfertigen. Hierzu gehören im Erbschaftsteuerrecht zB das Bereicherungsprinzip, die Besteuerung nach der Leistungsfähigkeit oder die Besteuerung des Weltvermögens. Es ist nicht ersichtlich, wie diese Prinzipien die Selektivität bei den Verschonungsregeln rechtfertigen könnten. Die vom Gesetzgeber angeführten Rechtfertigungsgründe wie etwa Arbeitsplatzerhalt, Beschäftigungssicherung und Strukturförderung liegen alle außerhalb des Erbschaftsteuerrechts.[109] Erschwerend kommt hinzu, dass die Gesetzesbegründung ausschließlich auf die Förderung der deutschen Unternehmen abstellt. Dagegen werden Unternehmen in anderen EWR-Staaten nicht erwähnt, obwohl jedenfalls deren mittelbarer Erwerb auch begünstigt ist. Stattdessen ist immer wieder von der „deutschen Unternehmenslandschaft", den „deutschen Unternehmensstrukturen", dem „Wohlstand der deutschen Gesellschaft" und dem „Wachstum in Deutschland" die Rede.

90 Alle Maßnahmen, die eine potentielle Beihilfe darstellen könnten, müssen der EU-Kommission gemäß Art. 108 Abs. 3 AEUV **gemeldet** werden (Notifikationsverfahren).

---

[105] *Crezelius* ZEV 2016, 541 (546) weist zutreffend darauf hin, dass nicht jeder Verstoß gegen die Folgerichtigkeit oder die Systemwidrigkeit in den neuen Verschonungsregeln zu einem Verstoß gegen den Gleichheitssatz führt.

[106] *Bäuml/Vogel* BB 2015, 736; *Demleitner* ISR 2016, 328; *Holtz* NJW 2016, 3750 (3755); *Reimer* BB 14/2016, I; *Wachter* DB 2016, 1273.

[107] *Bäuml/Vogel* BB 2015, 736 (742); *Wachter* DB 2016, 1273.

[108] *Wachter* DB 2016, 1273.

[109] *Demleitner* ISR 2016, 328; *Wachter* DB 2016, 1273.

Selektive Steuervergünstigungen dürfen **erst in Kraft gesetzt** werden, nachdem die Kommission abschließend entschieden hat. Beihilfen, die trotzdem gewährt worden sind, müssen zurückgefordert werden. Die Entscheidungen der Kommission sind im online verfügbaren Register staatlicher Beihilfen für Jedermann nachlesbar.

Die EU-Kommission hat die seit 2009 geltenden, seinerzeit nicht größenselektiven Ver- 91
schonungsregelungen zwar keiner beihilferechtlichen Prüfung unterzogen. Dies bedeutet aber nicht, dass keine (bzw. eine zulässige) Beihilfe vorliegt. Vor diesem Hintergrund ist die Bundesregierung **gut beraten, die EU-Kommission in Bezug auf die neuen Verschonungsregeln zu notifizieren** und ein beihilferechtliches Genehmigungsverfahren durchzuführen, was dem Vernehmen nach nicht geschehen ist.[110] Andernfalls droht eine Neuauflage des Debakels, das sie (bei viel unsicherer Rechtslage) mit § 8c Abs. 1a KStG aF erlebt hat.[111]

Wir sind der Auffassung, dass sich das Ausgangsproblem, nämlich eine isolierte weitrei- 92
chende Verschonung von Betriebsvermögen, im Rahmen der bisherigen Strukturen **nicht zufriedenstellend lösen** lässt. Das Festhalten an den **tradierten Prinzipien** des geltenden Erbschaft- und Schenkungsteuerrechts, nämlich mit hohen Steuersätzen und Verschonungsregeln eine gerechtere Ausgestaltung der Erbschaftsteuer zu erzielen, ist jedenfalls **nicht der richtige Weg,** da das Verschonungsmodell sehr komplex ist und auch eine noch so detaillierte und individuelle Ausgestaltung der Verschonungsregeln unerwünschte Anreize für steuerliche Gestaltungen gibt. Insgesamt werden wohl Gestaltungen zunehmen, die aus erbschaftsteuerlicher Sicht sinnvoll, evtl. sogar notwendig erscheinen, die aber wirtschaftlich und vor allem unternehmerisch fragwürdig sind. So sollte jeder Unternehmer sein Unternehmen möglichst an die fähigsten Abkömmlinge vererben und nicht an die ärmsten oder gar seine mühsam über Generationen hinweg aufgebaute Anteilsmehrheit zersplittern, nur um bei Großerwerben Erbschaftsteuer sparen zu können.

Stattdessen plädieren wir – nachdem die Abschaffung der Erbschaftsteuer nach dem 93
Vorbild Österreichs politisch nicht durchsetzbar sein wird – für das ebenso einfache wie gerechte **Flat tax-Modell** (einheitlicher niedriger Steuersatz von zB 10 % unter Verzicht auf Verschonungsregeln), wie es zB vom Wissenschaftlichen Beirat beim Bundesministerium für Finanzen[112] und dem Kronberger Kreis, dem wissenschaftlichen Beirat der Stiftung Marktwirtschaft,[113] überzeugend vertreten wird. In Frage käme auch, die Erhebung der Erbschaftsteuer den **Bundesländern zu überlassen,** zumal hierdurch auch der innerdeutsche Standortwettbewerb befruchtet würde. Die Schweiz hat damit gute Erfahrungen gemacht.

---

[110] *Bäuml/Vogel* BB 2015, 736 (743); *Reimer* BB 14/2016, I; *Wachter* DB 2016, 1273 (1278).
[111] EuGH GmbHR 2016, 384.
[112] Die Begünstigung des Unternehmensvermögens in der Erbschaftsteuer, Gutachten, 01/2012.
[113] Erbschaftsteuer: Neu ordnen statt nachbessern, 2015.

Dritter Teil. Die „GmbH & Co. KG“ mit Komplementären anderer Rechtsform

§ 21 AG & Co. KG

I. Struktur

1 Die AG & Co. KG ist eine KG, deren einziger **persönlich haftender Gesellschafter** (Komplementär) eine **AG** ist. Sie ist in ihrer rechtlichen Ausgestaltung wie in ihrer wirtschaftlichen Zielsetzung noch enger mit der GmbH & Co. KG verwandt als die Stiftung & Co. KG, weshalb weitgehend auf die Darstellung zur GmbH & Co. KG verwiesen werden kann.

2 Die **Verbreitung** der AG & Co. KG ist gering. Ihre Anzahl dürfte sich **zwischen 700 und 1.000** bewegen.[1]

II. Die Rechtsform der Aktiengesellschaft

3 Die AG als weitere Form einer **Kapitalgesellschaft** führte im Gegensatz zur GmbH jahrzehntelang mit einer bei etwa 2.000 stagnierenden Anzahl geradezu ein Schattendasein und war eher – börsennotierten – Großunternehmen vorbehalten. Erst in den 90er Jahren, insbesondere aufgrund des Börsenbooms und der Schubwirkung durch das Gesetz für kleine AGs und zur Deregulierung des Aktienrechts vom 2.8.1994 (BGBl. 1994 I 1961), stieg die Beliebtheit der AG signifikant an. Im Jahr 2000 überschritt die Anzahl erstmals die Schallgrenze von 10.000; nach weiteren Zuwächsen bis Mitte der 2000er ist die Tendenz zuletzt allerdings wieder leicht rückläufig.[2] Der Rückwärtstrend dürfte auch darauf zurückzuführen sein, dass mit der SE seit 2004 eine aus vielen Gründen interessante Alternative existiert (→ § 22 Rn. 1 ff.).

4 Als Komplementär-AG attraktiv ist die AG insbesondere in ihrer Ausprägung als sog **„kleine AG“.** Diese Bezeichnung ist missverständlich, weil es sich bei der kleinen AG nicht um eine eigenständige Rechtsform handelt. Vielmehr hat der Gesetzgeber im Jahr 1994 für personalistisch strukturierte und nicht börsennotierte Aktiengesellschaften verschiedene Lockerungen, namentlich der im Aktienrecht geltenden Formstrenge eingeführt.[3] Diese Regelungen dienten dem Ziel, die AG auch für den Mittelstand als Alternative zur GmbH zu etablieren und diesem dadurch Zugang zum Kapitalmarkt zu verschaffen.[4] Die Dominanz der GmbH als Rechtsform für kleine und mittlere Unternehmen ist allerdings bis heute ungebrochen, zumal diese 2008 mit der Unternehmergesellschaft ebenfalls eine „kleine Schwester“ erhalten hat. Im Jahr 2009 lag die Anzahl der registrierten GmbHs erstmals bei über einer Million, Tendenz weiter steigend.[5]

5 Die Einzelheiten der AG sind im **AktG** geregelt. Das gezeichnete Kapital der AG wird als Grundkapital bezeichnet, das in Aktien unterteilt ist. Der Mindest-Nennbetrag des

---

[1] In der Umsatzsteuerstatistik 2014 des Statistischen Bundesamtes (www.destatis.de), die nur Gesellschaften mit einem jährlichen Mindestumsatz von 17.500 Euro ausweist, waren 689 AG & Co. KG erfasst.

[2] Nach einer Spitze von rund 16.000 AGs im Jahr 2004 verzeichnet das DAI-Factbook 2013 (www.dai.de) für September 2012 nur noch knapp 12.000 AGs und KGaAs. Zur Entwicklung auch *Bayer/Hoffmann* AG 2009, R 30; 010, R 283; *Bayer* AG 2010 Sonderheft August, 5, 7 sowie *Kornblum* GmbHR 2012, 728 ff.; 2013, 693 ff.; 2014, 694 ff.; 2015, 687 ff.; 2016, 691 ff.

[3] Dazu *Hartel* Die Unternehmer-AG 1; *Bösert* DStR 1994, 1423; *Kindler* NJW 1994, 3041; *Lutter* AG 1994, 429 (430); *Hölters/Buchta* DStR 2003, 79.

[4] BT-Drs. 12/6721, 5 f.

[5] *Kornblum* GmbHR 2010, 739 sowie zuletzt GmbHR 2017, 739. In großer Zahl vertreten ist danach auch die mit dem MoMiG eingeführte UG, die zum 1.1.2017 auf einen bundesweiten Registerbestand von immerhin rund 125.000 kommt.

Grundkapitals beträgt 50.000 Euro (§ 7 AktG). Organe der AG sind der Vorstand (Geschäftsführung), der Aufsichtsrat (Kontrollorgan) und die Hauptversammlung (Aktionäre). Da die AG zur GmbH eine wesentlich größere Affinität aufweist als zB zur Stiftung, beschränkt sich die nachfolgende Darstellung auf die wichtigsten Besonderheiten der AG und AG & Co. KG im Verhältnis zur GmbH und GmbH & Co. KG.[6]

III. Besonderheiten der AG und AG & Co. KG

1. Formstrenge

6 Das Aktienrecht wird vom Grundsatz der **Satzungsstrenge** beherrscht. Dies bedeutet, dass die Organe der AG in einem sehr starken Ausmaß an die oftmals zwingenden Vorgaben des AktG gebunden sind. Von den Vorschriften des AktG kann nur abgewichen werden, wenn das Gesetz dies ausdrücklich zulässt (§ 23 Abs. 5 S. 1 AktG). Auch ergänzende Bestimmungen sind nur zulässig, soweit das Gesetz keine abschließende Regelung trifft (§ 23 Abs. 5 S. 2 AktG).

7 Generell enthält das Aktienrecht wesentlich **strengere Vorschriften zur Kapitalaufbringung und -erhaltung** als das GmbH-Recht. Beispielhaft sollen hier nur die restriktiven Regelungen für Nachgründungen (§ 52 AktG) und § 57 AktG erwähnt werden, der – unabhängig davon, ob hierdurch das Grundkapital der AG angegriffen wird – jede Leistung an einen Aktionär verbietet, sofern es sich nicht um eine ordnungsgemäße Ausschüttung von Bilanzgewinn, eine nach § 59 AktG zulässige Abschlagszahlung, eine sonst aufgrund gesetzlicher Regelung ausnahmsweise zulässige Zahlung (etwa aufgrund eines nach § 71 AktG zulässigen Erwerbs eigener Aktien) oder ein marktübliches Drittgeschäft handelt.

8 Keine Unterschiede zur GmbH bestehen demgegenüber im Recht der **Gesellschafterfinanzierung,** das seit Inkrafttreten des MoMiG rechtsformübergreifend im Insolvenzrecht geregelt ist (→ § 12 Rn. 80 ff.). Die Grundsätze des früheren **Eigenkapitalersatzrechts** (→ § 12 Rn. 77 ff.), die auf Finanzierungshilfen eines Aktionärs in der Regel nur dann sinngemäß anzuwenden waren, wenn er mehr als 25 % der Aktien der Gesellschaft hielt oder – bei geringerer, aber nicht unbeträchtlicher Beteiligung – verbunden mit weiteren Umständen über gesellschaftsrechtlich fundierte Einflussmöglichkeiten in der Gesellschaft verfügte, die einer Sperrminorität vergleichbar waren,[7] wurden hierdurch vollständig ersetzt. Dabei wird nunmehr ein Privileg für nicht in der Geschäftsführung vertretene Kleinbeteiligte (10 %-Grenze) gewährt (§§ 39 Abs. 5, 135 Abs. 4 InsO), das gleichermaßen für die GmbH wie für die AG gilt.[8]

9 Bei Rechtsgeschäften mit einem Vorstandsmitglied muss die AG generell durch den Aufsichtsrat vertreten werden (§ 112 AktG). Die Regelung schränkt die gesetzliche Vertretungsbefugnis des Vorstands (§ 78 AktG) ein. Vorstandsmitglieder einer AG unterliegen deshalb einem **Selbstkontrahierungsverbot,** von dem – anders als bei der GmbH – keine Befreiung erteilt werden kann.[9] Bei einer **AG & Co. KG** gilt § 112 AktG allerdings nicht für Rechtsgeschäfte mit der KG, so dass die Vorstandsmitglieder der Komplementär-AG seitens der KG vom Verbot des Selbstkontrahierens befreit werden können.[10]

10 Beschlüsse der Aktionäre müssen grundsätzlich in einer ordnungsgemäß einberufenen und geleiteten **Hauptversammlung** (§§ 121 ff. AktG) erfolgen, über die eine notariell aufgenommene **Niederschrift** zu beurkunden ist (§ 130 Abs. 1 S. 1 AktG). Nach § 130 Abs. 1 S. 3 AktG genügt bei einer nicht börsennotierten AG eine vom Aufsichtsrats-Vorsitzenden zu unterzeichnende Niederschrift, sofern nicht Grundlagenbeschlüsse gefasst werden, für die das Gesetz eine Dreiviertel- oder größere Mehrheit bestimmt (insbesondere

[6] Hierzu auch *Giedinghagen* in Winter Beratungspraxis GmbH & Co. KG Rn. A 73 ff.
[7] Grundlegend dazu BGH NJW 1984, 1893 (1895).
[8] BGH NZG 2010, 905 (906).
[9] *Spindler* in MüKoAktG § 71 Rn. 117; *Koch* in Hüffer/Koch AktG § 112 Rn. 1.
[10] Wie hier *Krafka* in MüKoHGB § 8 Rn. 49.

Satzungsänderungen). Ein entgegen § 130 Abs. 1, Abs. 2 S. 1 und Abs. 4 nicht beurkundeter Beschluss ist nichtig (§ 241 Nr. 2 AktG).

Die **Einberufung** der Hauptversammlung ist grundsätzlich im Bundesanzeiger bekannt 11 zu machen (§§ 121 Abs. 4 S. 1, 25 AktG). Davon abweichend kann eine Hauptversammlung gemäß § 121 Abs. 4 S. 2 AktG auch durch eingeschriebenen Brief einberufen werden, wenn die Aktionäre namentlich bekannt sind. Gemäß § 121 Abs. 6 AktG kann ferner von den gesetzlichen Einberufungsvoraussetzungen gänzlich abgesehen werden, wenn alle Aktionäre erschienen oder vertreten sind (sog Vollversammlung) und kein Aktionär der Beschlussfassung widerspricht.

Mit den dargestellten Formerleichterungen, die auf das Gesetz für kleine AGs und zur 12 Deregulierung des Aktienrechts vom 2.8.1994 zurückgehen, ist die AG bei der typischen AG & Co. KG gegenüber der GmbH also nicht schlechter gestellt. Sie kann sogar einen beachtlichen Vorteil verbuchen, weil für die **Übertragung von Aktien keine Formerfordernisse** bestehen, während GmbH-Anteile nur durch notariellen Akt übertragbar sind (§ 15 Abs. 3 und 4 GmbHG).[11] Hierdurch können erhebliche Kosten eingespart werden. Wird auf die Einzelverbriefung von Aktien verzichtet, können allerdings Nachweisprobleme bezüglich der Rechtsstellung der Aktionäre entstehen.[12]

2. Führungsstruktur

Die AG verfügt über eine **dreigliedrige Organisationsstruktur** mit weitgehend **zwingender Zuständigkeitsordnung.** Originäres Leitungsorgan ist der **Vorstand,** der in eigener Verantwortung die Geschicke der Gesellschaft leitet (§ 76 Abs. 1 AktG). Der Vorstand wird vom **Aufsichtsrat** überwacht, der ihn bestellt und abberuft (§§ 84, 111 Abs. 1 AktG). In der **Hauptversammlung** üben die Aktionäre ihre Rechte aus (§ 118 Abs. 1 AktG) und berufen ihrerseits den Aufsichtsrat (§ 119 Abs. 1 Nr. 1 AktG). Wesentlicher Unterschied zur GmbH ist die **Weisungsfreiheit** des Vorstands als Geschäftsleitungsorgan gegenüber der Hauptversammlung als Organ der Anteilseigner (§ 76 Abs. 1 AktG einerseits und §§ 37 Abs. 1, 46 Nr. 6 GmbHG andererseits). Über Fragen der Geschäftsführung kann die Hauptversammlung nur entscheiden, wenn der Vorstand es verlangt (§ 119 Abs. 2 AktG). Die eigenverantwortliche Leitungsmacht des Vorstands besteht auch im Verhältnis zum Aufsichtsrat, dem Aufgaben der Geschäftsführung nicht übertragen werden können (§ 111 Abs. 4 S. 1 AktG). Allerdings soll die Satzung für bestimmte Arten von Geschäften die Zustimmung des Aufsichtsrats vorsehen (§ 111 Abs. 4 S. 2 AktG). Dadurch nimmt der Aufsichtsrat in Gestalt einer vorbeugenden Überwachung an der Geschäftsführung unmittelbar teil. 13

Bei der AG & Co. KG vertritt die Komplementär-AG als Gesellschafterin die KG und 14 wird ihrerseits vom **Vorstand** vertreten (§ 78 Abs. 1 AktG, § 125 HGB iVm § 161 Abs. 2 HGB). Die Kommanditisten haben als solche keinen Einfluss auf Interna der AG wie die Bestellung von Vorständen oder, wie der BGH in einem die Gruner + Jahr AG betreffenden Verfahren entschieden hat, deren Befreiung von einem Wettbewerbsverbot nach § 88 Abs. 1 AktG.[13] Dem Wettbewerbsverbot nach § 112 HGB unterliegt bei der AG & Co. KG nur die Komplementär-AG; für deren Vorstandsmitglieder gilt § 112 HGB weder direkt noch analog.[14] Damit hängt die Zulässigkeit von – nach geltendem Aktienrecht nicht verbotenen – Vorstands-Doppel-Mandaten allein von der Zustimmung der Aufsichtsräte beider Gesellschaften zu der Doppeltätigkeit ab.[15] Umgekehrt haftet der Vorstand der Komplemen-

[11] *Schindhelm/Wilde* GmbHR 1993, 411 (413 f.). Zur Beurkundungspflicht bezüglich Anteilsübertragungen bei der GmbH & Co. KG → § 6 Rn. 8 f.
[12] *Lauppe* DB 2000, 807.
[13] BGH NZG 2009, 744 (746).
[14] BGH NZG 2009, 744 (744 f.). AA *Otte* NZG 2011, 1013 (1015).
[15] BGH NZG 2009, 744 (745 f.).

tär-AG bei der Verletzung von Organpflichten iSv § 93 Abs. 2 AktG allerdings auch den Kommanditisten gegenüber aufgrund Vertrags mit Schutzwirkung zugunsten Dritter.[16]

15 Die **gesetzlich verankerte** Machtstellung des Vorstands als eigenständigem **Organ** der AG und die damit verbundene **Trennung zwischen Gesellschafts- und Gesellschafterebene** erleichtern die Führung des Unternehmens, da Konflikte zwischen den Gesellschaftern, wie sie insbesondere bei Familienunternehmen häufig auftreten, nur mittelbar auf die Führungsebene durchschlagen können.[17] Bei entsprechender Konstellation der Gesellschafterverhältnisse kann dem für die Überlebensfähigkeit eines Unternehmens entscheidende Bedeutung zukommen. Die Aufnahme einer AG statt einer GmbH als Komplementärgesellschaft ermöglicht der KG eine Orientierung an diesem **bewährten Führungsmodell.**

16 Der **Gestaltungsspielraum** bei der Führungsstruktur ist allerdings bei der AG deutlich geringer als bei der GmbH. Eine etwa gewünschte weitergehende Einflussmöglichkeit der Gesellschafter und/oder des Aufsichtsrats auf Geschäfte und Maßnahmen der KG kann deshalb nur auf deren Ebene geregelt werden. Dies gilt etwa für die Etablierung eines **Weisungsrechts** gegenüber der Komplementär-AG.[18]

3. Verzahnungsproblematik

17 Die gebotene Verzahnung der Beteiligung an der AG einerseits und der KG andererseits bedarf wie bei der GmbH & Co. KG in jedem Fall einer vom jeweiligen Regelstatut abweichenden Gestaltung. Während der Gesellschaftsvertrag der KG die Übertragung von Gesellschaftsanteilen überhaupt erst eröffnen und die Voraussetzungen hierfür regeln muss, muss die Satzung der AG umgekehrt die freie Übertragbarkeit durch Vinkulierung iSv § 68 Abs. 2 AktG einschränken.

18 Als optimale Lösung der Verzahnungsproblematik hatten wir für die GmbH & Co. KG die Bildung einer Einheitsgesellschaft vorgeschlagen (→ § 8 Rn. 3 ff.). Fraglich ist jedoch, ob eine AG & Co. KG wegen der restriktiven Bestimmungen des AktG über den Erwerb eigener Aktien überhaupt in der Form der **Einheitsgesellschaft** geführt werden kann.[19] Ob und in welchem Umfang eine AG eigene Aktien erwerben darf, ist in **§ 71 AktG** zwingend und abschließend geregelt. Hiernach ist der Erwerb eigener Aktien nur ausnahmsweise zulässig und auch in diesen Ausnahmefällen dahingehend beschränkt, dass die AG eigene Aktien lediglich bis zu maximal 10 % des Grundkapitals erwerben und besitzen darf (§ 71 Abs. 2 S. 1 AktG).

19 Diese Restriktion gilt gemäß § 71d S. 2 AktG auch für den Erwerb und den Besitz von Aktien durch ein von der AG **abhängiges** oder ein im Mehrheitsbesitz der AG stehendes Unternehmen. Bei der AG & Co. KG in der Form der Einheitsgesellschaft hält die KG sämtliche Aktien ihrer Komplementär-AG. Somit stellt sich die Frage, ob die KG im Verhältnis zur Komplementär-AG ein abhängiges Unternehmen iSd § 17 AktG ist. Dies ist jedenfalls bei der typischen AG & Co. KG aus denselben Gründen wie im Falle der GmbH & Co. KG im Regelfall zu **verneinen.**[20] Dieselbe Beherrschungssituation besteht bei der Einheitsgesellschaft wenn – wie von uns empfohlen – im Gesellschaftsvertrag der KG vereinbart ist, dass die Stimm- und Informationsrechte aus der Beteiligung an der Komplementär-AG **unmittelbar von den Kommanditisten** ausgeübt werden (→ § 8 Rn. 15, 27).

20 Ist **ausnahmsweise** von einem Abhängigkeitsverhältnis auszugehen, bleibt die Frage nach den **Konsequenzen.** Obwohl dann das schuldrechtliche Geschäft über den Erwerb der Aktien der Komplementär-AG durch die KG nach § 71 Abs. 1 oder 2 AktG unzulässig wäre, wäre der dingliche Erwerbsakt gleichwohl wirksam (§ 71 Abs. 4 S. 1 AktG). Die AG

[16] Hierzu für die GmbH & Co. KG § 9 Rn. 16 ff.; für die AG & Co. KG wie hier *Otte* NZG 2011, 1013 (1014); offenlassend BGH NZG 2009, 744 (746).
[17] In diesem Sinne auch *Wälzholz* DStR 2004, 819 (821 f.).
[18] *Blaum* in Westermann HdB PersGes Rn. I 3398.
[19] Bejahend *Schindhelm/Wilde* GmbHR 1993, 411 (415); ebenso *Beckmann* DStR 1995, 296 (299, 303).
[20] *Blaum* in Westermann HdB PersGes Rn. I 3387. Zur Frage der Beherrschung einer KG durch ihren Komplementär ausführlich → § 14 Rn. 65 ff.

hätte jedoch mit ihrem beherrschenden Einfluss darauf hinzuwirken, dass die KG die Aktien innerhalb eines Jahres nach ihrem Erwerb veräußert (§ 71d S. 4 AktG iVm § 71c Abs. 1 AktG).[21] Unterlässt es der Vorstand, dafür Sorge zu tragen, dass veräußerungspflichtige Aktien rechtzeitig angeboten werden, handelt er nach § 405 Abs. 1 Nr. 4 lit. b AktG ordnungswidrig. Liegen die Voraussetzungen der §§ 93, 116 AktG vor, kommt auch eine persönliche Schadensersatzpflicht von Vorstand und Aufsichtsrat in Betracht.[22]

Solange die Aktien von der KG als „eigene Aktien der Komplementär-AG" gehalten werden, kann diese **keine Rechte** aus diesen Aktien ausüben (§ 71d S. 4 AktG iVm § 71b AktG). Tritt dieser Fall ein, ist das Gesellschaftsleben faktisch gelähmt. In analoger Anwendung von § 29 BGB ist in einer solchen Situation ein **Notgesellschafter** durch das Amtsgericht zu bestellen, der die Rechte aus den an sich der KG zustehenden Aktien treuhänderisch wahrnimmt.[23] **21**

4. Imagevorteile

Die AG bietet generell aufgrund der dieser Rechtsform nach wie vor anhaftenden Aura besonderer unternehmerischer Dignität beachtliche Imagevorteile. Da die AG die klassische Rechtsform finanzstarker Großunternehmen darstellt, tendieren Geschäftspartner und Kreditgeber dazu, AGs einen gewissen **Vertrauensvorschuss** zu gewähren. Dieses positive Bild der AG strahlt auch auf den Bereich der **Arbeitnehmer** und insbesondere der **leitenden Angestellten** aus. Potenzielle Mitarbeiter werden bei Entscheidungen über Anstellungsalternativen häufig einer AG den Vorzug geben. Dies gilt aufgrund der mit einer Vorstandsposition im Vergleich zu einer Geschäftsführerposition verbundenen größeren unternehmerischen Unabhängigkeit und höheren Sozial-Prestiges vor allem für Mitglieder des Geschäftsleitungsorgans.[24] **22**

Die **AG & Co. KG profitiert** von diesem positiven Image der AG, obwohl es sich bei ihr um eine Personengesellschaft handelt. **23**

5. Informationsrechte der Gesellschafter

Bei der GmbH & Co. KG haben die Gesellschafter in Bezug auf die KG über die Hintertür des GmbH-Rechts (§ 51a GmbHG) ein jederzeitiges umfassendes Auskunfts- und Einsichtsrecht (→ § 5 Rn. 121 ff.), das häufig nicht erwünscht ist. Das korrespondierende Recht bei der AG in **§ 131 AktG** ist wesentlich **weniger weitgehend;** es verpflichtet den Vorstand zur Auskunftserteilung nur in einer Hauptversammlung und auch dort nur insoweit, als der Gegenstand der begehrten Auskunft für die Behandlung eines Tagesordnungspunktes relevant ist.[25] **24**

6. Börsenfähigkeit

Die AG ist schließlich neben der KGaA und der SE (→ § 22 Rn. 1 ff.) die einzige Rechtsform, die die Möglichkeit der **Börsennotierung** bietet. Die besondere Struktur der AG & Co. KG macht diese zur idealen Vorstufe, um einen mittelfristig beabsichtigten Börsengang vorzubereiten. **25**

7. Steuerrecht

Im Steuerrecht gibt es zwischen AG und GmbH im Wesentlichen nur einen **Unterschied,** nämlich bei der **verdeckten Gewinnausschüttung.** **26**

---

[21] *Oechsler* in MüKoAktG § 71d Rn. 16.
[22] *Koch* in Hüffer/Koch AktG § 71c Rn. 9; *Oechsler* in MüKoAktG § 71c Rn. 25.
[23] Zur vergleichbaren Situation bei der „Keinmann-GmbH" vgl. *Westermann* in Scholz GmbHG § 33 Rn. 44.
[24] *Krüger,* Zweckmäßige Wahl der Unternehmensform, Rn. 972.
[25] *Blaum* in Westermann HdB PersGes Rn. I 3400.

27 Die Grundsätze über die **Angemessenheit der Bezüge** des Gesellschafter-Geschäftsführers einer GmbH[26] können **nicht ohne Weiteres auf die Verhältnisse bei der AG übertragen** werden.[27] Bei der GmbH werden nämlich die Geschäftsführer von der Gesellschafterversammlung bestellt und abberufen, die auch über den Inhalt des Anstellungsvertrags entscheidet. Dies gilt auch dann, wenn bei der GmbH ein obligatorischer Aufsichtsrat nach dem DrittelbG eingerichtet ist. Erst bei einer GmbH mit in der Regel mehr als 2.000 Arbeitnehmern stehen diese Befugnisse zwingend dem – paritätisch besetzten – Aufsichtsrat zu (§ 31 MitbestG). Im Gegensatz hierzu liegt die Personalkompetenz für die Vorstandsmitglieder einer AG stets – also unabhängig von der Arbeitnehmerzahl – beim Aufsichtsrat.

28 Der **Aufsichtsrat,** der nur für beschränkte Zeit bestellt werden kann (§ 102 AktG), vertritt die AG beim Abschluss der Anstellungsverträge mit den Vorstandsmitgliedern (§ 112 AktG). Aufsichtsratsmitglieder können nicht zugleich Vorstandsmitglieder sein (§ 105 AktG). Der Aufsichtsrat ist nicht an Weisungen der Hauptversammlung gebunden. Im Gegensatz zur GmbH kann deshalb das Vorstandsmitglied einer AG, das zugleich (Mehrheits-)Aktionär ist, niemals selbst bei seiner Bestellung oder Abberufung und beim Abschluss seines Anstellungsvertrags mitwirken. Anders als bei der GmbH besteht also weder eine „Identität" der für die Vertragsparteien handelnden Personen noch die Möglichkeit der unmittelbaren Einflussnahme der Aktionäre.[28]

29 Allerdings hat der die AG – allein oder zusammen mit ihm nahestehenden Personen – beherrschende Aktionär die Möglichkeit, **ihm genehme** und seinen Wünschen geneigte **Personen zu Aufsichtsratsmitgliedern zu bestellen** oder zu wählen, damit er als Vorstandsmitglied – auch wiederholt – bestellt wird und seine Bezüge entsprechend seinen Vorstellungen festgesetzt werden. Nach Ansicht des BFH ist die Sachlage bei der AG dennoch mit der bei einer GmbH nicht vergleichbar.[29] Der Aufsichtsrat ist als **selbstständiges Organ** nämlich nur der Gesellschaft gegenüber verpflichtet. Er darf dem Vorstand nur Bezüge genehmigen, die zu den Aufgaben und Leistungen des Vorstandes sowie der Lage der Gesellschaft in einem angemessenen Verhältnis stehen und die übliche Vergütung nicht ohne besondere Gründe übersteigen (§ 87 Abs. 1 AktG). Im Übrigen gilt für die Mitglieder des Aufsichtsrats hinsichtlich ihrer **Sorgfaltspflicht und Verantwortlichkeit** die Vorschrift des § 93 AktG entsprechend (§ 116 AktG).

30 Die Strukturunterschiede zwischen GmbH und AG müssen sich erst recht auswirken, wenn auf das Verhältnis zwischen Gesellschaft und **beherrschendem Gesellschafter** abgestellt wird.[30] In diesem Kontext ist bei der AG nach der Rechtsprechung des BFH eine vGA nur ausnahmsweise denkbar, nämlich dann, wenn der Mehrheitsaktionär, der zugleich Vorstandsmitglied ist (ggf. gemeinsam mit nahestehenden Personen), aufgrund des konkreten Sachverhalts die ihm gegebenen Einflussmöglichkeiten bei der Regelung von Rechtsverhältnissen zwischen ihm und der AG in erster Linie einseitig in seinem Interesse ausnutzen kann und auch tatsächlich ausnutzt.[31] Bei Ersterem kommt der **Zusammensetzung des Aufsichtsrats** besondere Bedeutung zu.[32] Sind die Mitglieder des Aufsichtsrats mit dem beherrschenden Aktionär verwandt oder zumindest befreundet, ist die Situation anders zu beurteilen, als wenn es sich bei den Aufsichtsratsmitgliedern durchweg um unternehmerisch

---

[26] Hierzu *Binz/Sorg* DStR 2001, 1457; BMF-Schreiben 14.10.2002, BStBl. I 2002, 972.

[27] BFH 18.12.2002 – I R 93/01, BFH/NV 2003, 946 (947); 30.7.1975 – I R 119/72, BStBl. II 1976, 74; 15.12.1971 – I R 76/68, BStBl. II 1972, 436; 15.12.1971 – I R 5/69, BStBl. II 1972, 438; *Binz/Sorg* DStR 2001, 1457 (1461).

[28] BFH 15.12.1971 – I R 76/68, BStBl. II 1972, 436 (437); *Klingebiel* in DPM KStG Anh. zu § 8 Abs. 3 „Aktiengesellschaft"; *Binnewies* DStR 2003, 2105 (2106); *Böhmer* FR 2012, 862.

[29] BFH 15.12.1971 – I R 76/68, BStBl. II 1972, 436; 15.12.1971 – I R 5/69, BStBl. II 1972, 438 (440).

[30] BFH 15.12.1971 – I R 76/68, BStBl. II 1972, 436; *Binz/Sorg* DStR 2002, 1457 (1461); *Schwedhelm* in Streck KStG § 8 Anh. Rn. 15. Missverständlich aber BFH 30.7.1975 – I R 119/72, BStBl. II 1976, 74, wenn dort der alleinige Aktionär als Vorstandsvorsitzender undifferenziert dem alleinigen Gesellschafter-Geschäftsführer bei der GmbH gleichgestellt wird; kritisch hierzu auch *Erhart/Lücke* BB 2007, 183 (185).

[31] BFH 18.12.2002 – I R 93/01, BFH/NV 2003, 946 (947).

[32] BFH 18.12.2002 – I R 93/01, BFH/NV 2003, 946 (948); 15.12.1971 – I R 76/68, BStBl. II 1972, 436 (437).

erfahrene, finanziell unabhängige Persönlichkeiten des Wirtschaftslebens handelt.[33] Letzteres, nämlich die tatsächliche Ausnutzung der Machtstellung, liegt – nur – dann vor, wenn im Einzelfall eine vertragliche Gestaltung im Verhältnis zwischen der Gesellschaft und ihrem Vorstandsmitglied, das zugleich Mehrheitsaktionär ist, einseitig an den Interessen des Vorstandsmitglieds und nicht auf einen gerechten Ausgleich der beiderseitigen Interessen ausgerichtet ist.[34]

Die objektive **Beweislast** für das Vorliegen von vGA liegt beim Finanzamt.[35] Dieses 31
wird sich um so schwerer tun, je größer der Interessengegensatz zwischen der begünstigten Person einerseits und der Gesellschaft und den anderen Anteilseignern andererseits im Einzelfall ist. So fehlt es zB beim Alleingesellschafter einer GmbH, der zugleich einziger Geschäftsführer ist, an jeglichem Interessengegensatz. Anders verhält es sich bei einem großen Gesellschafterkreis und einer mehrköpfigen Geschäftsleitung, insbesondere dann, wenn ein Überwachungsorgan installiert ist – eine Situation, die bei einer AG typischerweise gegeben ist.

IV. Resümee

Die AG & Co. KG bietet vor allem die Möglichkeit, vom **Prestige** der Rechtsform 32
AG zu profitieren, ohne auf die Gestaltungsmöglichkeiten des Personengesellschaftsrechts verzichten zu müssen. Sie erweist sich deshalb als ideale Vorstufe zur Vorbereitung eines mittelfristig beabsichtigten Börsengangs. Für kleine Unternehmen dürften sich jedoch der höhere Gründungsaufwand und der obligatorische Aufsichtsrat als Hemmschwelle erweisen.

§ 22 SE & Co. KG

I. Struktur

Bei der SE & Co. KG handelt es sich um eine KG, deren einziger **persönlich haftender** 1
Gesellschafter (Komplementär) eine **Europäische Aktiengesellschaft (Societas Europaea, SE)** ist.

II. Die Rechtsform der SE

Ende 2004 ist neben die bestehenden deutschen Kapitalgesellschaftsformen die SE getre- 2
ten. Es sollte damit insbesondere im Interesse des Europäischen Binnenmarkts für den **EWR-Raum**[1] (EU-Staaten sowie Island, Liechtenstein und Norwegen) ein **einheitlicher Gesellschaftstyp** geschaffen werden.

Mit der SE wurde eine Gesellschaftsform geschaffen, deren Struktur und Funktionsweise 3
durch eine in allen Mitgliedstaaten unmittelbar geltende gemeinschaftsrechtliche Verordnung geregelt werden. Die europäischen **SE-Verordnung** (SE-VO)[2] gibt jedoch nur den **Rahmen** vor; die genaue Ausgestaltung der SE ist den nationalen Gesetzgebern überantwortet worden. In Deutschland finden auf die SE daher neben der SE-Verordnung das **SE-Ausführungsgesetz** (SEAG)[3] und in denjenigen Bereichen, die davon nicht erfasst sind, ergänzend die Vorschriften für die Aktiengesellschaft, also das AktG, aber etwa auch die die AG betreffenden Teile des UmwG, Anwendung.[4]

---

[33] Ebenso *Erhart/Lücke* BB 2007, 183 (186).

[34] FG Berlin-Brandenburg EFG 2012, 873, rkr.

[35] BFH 4.4.2000 – I B 140/01, BFH/NV 2002, 1179; 27.10.1992 – VIII R 41/89, BStBl. II 1993, 569.

[1] Beschluss des Gemeinsamen EWR-Ausschusses vom 25.6.2002 zur Einbeziehung von Island, Liechtenstein und Norwegen, ABl. EU L 266, 69. Vgl. *Wenz* in van Hulle/Maul/Drinhausen HdB SE 1 Rn. 5 ff.

[2] Verordnung (EG) Nr. 2157/2001 des Rates vom 8.10.2001 über das Statut der Europäischen Gesellschaft (SE), ABl. EU L 249, 1, in Kraft getreten am 8.10.2004.

[3] Art. 1 Gesetz zur Einführung der Europäischen Gesellschaft (SEEG) vom 22.12.2004, BGBl. 2004 I 3675, in Kraft getreten am 29.12.2004.

[4] *Thümmel*, Die Europäische Aktiengesellschaft (SE), Rn. 7.

4 Die SE besitzt eigene Rechtspersönlichkeit (Art. 1 Abs. 3 SE-VO) ab der Eintragung in ein Register, das der Sitzstaat bestimmt (Art. 16 Abs. 1 SE-VO, Art. 12 Abs. 1 SE-VO).[5] Ihr **Kapital,** das mindestens **120.000 Euro** betragen muss (Art. 4 Abs. 2 SE-VO) und damit deutlich über den in den Mitgliedstaaten geforderten Beträgen für nationale Gesellschaftsformen liegt, ist in Aktien zerlegt (Art. 1 Abs. 2 S. 1 SE-VO). Die **Haftung** der Aktionäre ist auf das von ihnen gezeichnete Kapital beschränkt (Art. 1 Abs. 2 S. 2 SE-VO). Die **Firma** der Gesellschaft muss den Zusatz „SE“ führen (Art. 11 Abs. 1 SE-VO). In ihren **Grundlagen** ist die SE damit der deutschen **AG vergleichbar.**

5 Eine SE kann nicht – wie dies bei deutschen Rechtsformen der Fall ist – von jedermann gegründet werden. Nur eine SE selbst kann uneingeschränkt weitere Tochterunternehmen in der Rechtsform der SE gründen (Art. 3 Abs. 2 SE-VO). Hiervon abgesehen erfordert die Gründung einer deutschen SE sowie die Umwandlung einer deutschen Gesellschaft in eine SE einen Bezug zum europäischen Binnenmarkt (sog Mehrstaatenbezug), wobei folgende weitere **Gründungsoptionen bestehen** (Art. 2 Abs. 1–4 SE-VO):

- **Verschmelzung** von Aktiengesellschaften mit Sitz in unterschiedlichen EWR-Staaten (Art. 2 Abs. 1 SE-VO);
- Gründung einer **Holding** als SE durch eine AG oder GmbH, wenn die Gründungsgesellschaften unterschiedlichen nationalen Rechtsordnungen unterliegen oder wenn seit mindestens zwei Jahren eine Tochtergesellschaft oder Zweigniederlassung in einem anderen EWR-Staat besteht, die dem Recht dieses anderen Staates unterliegt (Art. 2 Abs. 2 SE-VO);
- Gründung einer **Tochter-SE** durch sonstige juristische Personen oder Personengesellschaften unter den selben Voraussetzungen wie bei der Gründung einer Holding-SE (Art. 2 Abs. 3 SE-VO);
- **Formwechselnde Umwandlung** einer Aktiengesellschaft mit einem seit mindestens zwei Jahren bestehenden Tochterunternehmen in einem anderen Mitgliedstaat (Art. 2 Abs. 4 SE-VO).

6 Der statuarische **Sitz** der SE muss gemäß Art. 7 SE-VO in dem EWR-Staat liegen, in dem sich die Hauptverwaltung der SE befindet. Er kann unter bestimmten Voraussetzungen (insbesondere Erstellung eines Verlegungsplanes mit Erläuterungen und Verlegungsbeschluss der Hauptversammlung, Art. 8 SE-VO) in einen anderen Mitgliedstaat verlegt werden, wobei die Identität der SE gewahrt bleibt. Liegen Sitz und Hauptverwaltung entgegen Art. 7 SE-VO in verschiedenen Mitgliedstaaten, hat der Sitzstaat geeignete Maßnahmen zu treffen, damit es wieder zum Gleichlauf kommt (Art. 64 SE-VO, § 52 SEAG). Bedeutung hat der Sitz vor allem als Anknüpfungspunkt für die Anwendung der jeweiligen nationalen Ausführungsvorschriften zur SE-VO.

7 Für die **Geschäftsführung** der SE können die Gründer zwischen zwei Modellen wählen:

- Das **dualistische System** nach §§ 15 ff. SEAG entspricht im Wesentlichen den deutschen Vorschriften für die AG mit – neben der Hauptversammlung – einem Leitungs- und einem Aufsichtsorgan;
- Beim **monistischen System** gemäß §§ 20 ff. SEAG sind hingegen die §§ 76–116 AktG verdrängt. Organe der SE sind, vergleichbar dem angelsächsischen Board-System, die Hauptversammlung und der Verwaltungsrat. Letzterer leitet die Gesellschaft, bestimmt die Grundlinien ihrer Tätigkeit und überwacht deren Umsetzung (§ 22 SEAG). Vom Verwaltungsrat werden geschäftsführende Direktoren bestellt, bei denen es sich auch um Verwaltungsratsmitglieder handeln kann, wobei die Mehrheit des Verwaltungsrats allerdings aus nicht geschäftsführenden Mitgliedern bestehen muss (§ 40 Abs. 1 S. 2 SEAG). Die geschäftsführenden Direktoren führen die laufenden Geschäfte und vertreten die SE gerichtlich und außergerichtlich (§§ 40, 41 SEAG).

8 Der wesentliche **Unterschied** zwischen beiden Systeme besteht darin, dass dem Verwaltungsrat im monistischen System die Geschäftsleitung mit **Weisungsbefugnis** gegenüber den geschäftsführenden Direktoren obliegt. Die Funktionentrennung zwischen Verwal-

[5] § 3 SEAG bestimmt, dass eine Eintragung in das Handelsregister nach den für die AG bestehenden Vorschriften zu erfolgen hat.

tungsrat und geschäftsführenden Direktoren ändert nichts daran, dass der Verwaltungsrat als oberstes Geschäftsführungsorgan die Gesamtverantwortung für die Leitung der SE trägt.[6] Beim dualistischen System führt der Vorstand die Geschäfte demgegenüber in eigener Verantwortung und der Aufsichtsrat hat nur eine Überwachungs- und Beratungsfunktion.

Bei der **monistischen** SE sind **zwei Ausgestaltungsmöglichkeiten** zu unterscheiden, die in der Praxis auch als Mischform auftreten können, nämlich das CEO-Modell und das Trennungsmodell: 9

- Beim **CEO-Modell** (zB bei Deichmann) ist der Vorsitzende des Verwaltungsrats mit dem leitenden geschäftsführenden Direktor personenidentisch. Die Vereinigung von Oberleitungs-, Überwachungs- und Geschäftsführungsfunktion in einer Person führt zu einer enormen, typischerweise bei einem US-amerikanischen Chief executive officer (CEO) anzutreffenden Machtfülle, die über die eines Vorstandsvorsitzenden einer deutschen Aktiengesellschaft weit hinaus geht.
- Im Gegensatz hierzu werden beim **Trennungsmodell** (zB bei Puma) die Gestaltungsmöglichkeiten dahingehend ausgeschöpft, Führung und Kontrolle auch im monistischen System bestmöglich zu trennen, indem die geschäftsführenden Direktoren nicht zugleich dem Verwaltungsrat angehören. Diese Trennung ändert indessen nichts daran, dass der Verwaltungsrat das oberste Geschäftsführungsorgan der SE bleibt und den geschäftsführenden Direktoren auch in Fragen des Tagesgeschäftes jederzeit Weisungen erteilen kann.

Für die **Beteiligung der Arbeitnehmer** gelten bei der SE weder das DrittelbG noch das MitbestG, sondern das **SE-Beteiligungsgesetz** (SEBG).[7] Danach soll bei Gründung der SE mit den Arbeitnehmervertretungen der an der Gründung beteiligten Gesellschaften sowie den betroffenen Tochtergesellschaften und Betrieben eine Vereinbarung über die Arbeitnehmerbeteiligung, einschließlich der Mitbestimmung, getroffen werden (§ 21 SEBG). Wird ein Beschluss über die Nichtaufnahme oder den Abbruch der Verhandlungen gemäß § 16 SEBG gefasst oder sind die Verhandlungen ergebnislos verlaufen, kommen die §§ 22–33 SEBG (Betriebsrat kraft Gesetzes) und die §§ 34–38 SEBG (Mitbestimmung kraft Gesetzes) zur Anwendung (sog **Auffanglösung**). Geprägt sind diese Regelungen von dem Gedanken des Schutzes vorhandener (Beteiligungs-)Rechte und der Etablierung eines gewissen Mitbestimmungs-Mindeststandards.[8] 10

Betriebsrat kraft Gesetzes bedeutet die Einrichtung eines **SE-Betriebsrats** mit im Wesentlichen gleicher Rechts- und Aufgabenstellung wie der Europäische Betriebsrat, den es bei der SE nicht gibt (§ 47 Abs. 1 SEBG). Unter Mitbestimmung kraft Gesetzes wird ein **Anteil der Arbeitnehmervertreter im Aufsichts- oder Verwaltungsorgan** der SE verstanden, der sich nach dem höchsten Anteil an Arbeitnehmervertretern bemisst, der in den Organen der beteiligten Gesellschaften **vor** der Eintragung der SE bestanden hat bzw. bei korrekter Gesetzesanwendung maßgeblich gewesen wäre. 11

Übernommen wird hiernach nur der Anteil der Arbeitnehmervertreter, typischerweise ein Drittel oder die Hälfte; weitere nach deutschem Recht zwingende Elemente der Mitbestimmung können in der Satzung **abweichend geregelt** werden: 12

- der Aufsichtsrat kann verkleinert werden;
- die Wahl der Arbeitnehmervertreter erfolgt nicht mehr zwingend nur durch die Arbeitnehmer der AG, sondern zB weltweit durch alle Arbeitnehmer des Konzerns (aktives Wahlrecht);
- der Kreis der Arbeitnehmervertreter im Aufsichtsrat ist nicht mehr auf die Arbeitnehmer der Gesellschaft beschränkt, sondern kann auf alle Arbeitnehmer des Konzerns, also auch auf ausländische ausgeweitet werden (passives Wahlrecht);
- die Anzahl der Gewerkschaftsvertreter kann – sogar auf Null – reduziert werden.

---

[6] *Reichert/Brandes* in MüKoAktG SE-VO Art. 43 Rn. 74.

[7] Art. 2 Gesetz zur Einführung der Europäischen Gesellschaft (SEEG) vom 22.12.2004, BGBl. 2004 I 3675.

[8] *Jacobs* in MüKoAktG SEBG § 1 Rn. 5; *Hohenstatt/Müller-Bonanni* in Habersack/Drinhausen SE-Recht SEBG § 1 Rn. 3.

13 Die **Vorteile** der SE gegenüber der AG lassen sich wie folgt zusammenfassen:[9]

14 • Eine einmal gegründete SE kann ihren **Sitz** ohne Auflösung oder Neugründung in einen anderen EWR-Mitgliedstaat **verlegen.** Die Aktionäre können damit den Wettbewerb der Rechtsordnungen in Europa für sich nutzbar machen.

15 • Die SE kann in einem **monistischen System** organisiert werden. Damit wird es internationalen Konzernen zB ermöglicht, konzernweit die gleiche Verwaltungsform zu nutzen. Zugleich ermöglicht es das Board-System dem Vorstand einer deutschen Konzernmutter, in ihren europäischen Tochter-SEs (kraft Personalunion und/oder Weisungsrecht) „durchzuregieren", ohne auf den nicht immer erwünschen Abschluss eines Beherrschungsvertrags angewiesen zu sein. Das CEO-Modell ist auch für Familienunternehmen mit dominierender Unternehmerpersönlichkeit interessant.

16 • Eine SE kann **Zweigniederlassungen** in den verschiedenen EWR-Mitgliedsstaaten unterhalten. Hierdurch können Kosten für die Verwaltung und Führung von Tochtergesellschaften in anderen EWR-Mitgliedstaaten eingespart werden.

17 • Die Firmierung als SE signalisiert **Internationalität und Prestige** nach außen und kann damit die Internationalisierung einer Marke und die weltweite Expansion eines Unternehmens erleichtern.

18 • Die SE erlaubt eine **individuelle Ausgestaltung der Mitbestimmung** der Arbeitnehmer sowohl im Aufsichtsrat als auch im Konzernbetriebsrat bzw. europäischen Betriebsrat. Dies bietet gegenüber dem deutschen Mitbestimmungsrecht die Chance für „unternehmerfreundlichere" Gestaltungen.

19 Diesen Vorteilen stehen folgende **Nachteile** gegenüber:

• Höheres **Mindestkapitel** (120.000 Euro gegenüber 50.000 Euro bei der AG).
• Das Rechtsregime, dem die SE unterliegt, ist **komplex** und zum Teil unübersichtlich, zumal Europarecht und nationales Recht nebeneinander anwendbar sind.
• Die **Errichtung** einer SE ist **gestaltungs- und kostenaufwendiger,** insbesondere durch das obligatorische Arbeitnehmer-Beteiligungsverfahren.

20 Nach anfänglich zurückhaltendem Start nimmt die Zahl der in Deutschland registrierten SEs seit Jahren kontinuierlich zu. Am 31.12.2016 gab es in **Europa 2.670 SEs,** davon allerdings nur 451 operativ tätige Unternehmen mit mindestens fünf Arbeitnehmern, wovon mit 230 mehr als die Hälfte auf Deutschland entfallen.[10]

III. Ausgestaltung der SE & Co. KG

21 Die SE & Co. KG ist weitgehend mit der **AG & Co. KG vergleichbar.** Auf die Ausführungen zur AG & Co. KG kann daher verwiesen werden (→ § 21 Rn. 1 ff.).

22 Grundlegend unterschiedlich zur AG & Co. KG ist bei der SE & Co. KG die **unternehmerische Mitbestimmung** der Arbeitnehmer geregelt. Die SE ist weder in das MitbestG noch in das DrittelbG einbezogen, weshalb **§§ 4 Abs. 1, 5 MitbestG** bei der SE & Co. KG – anderes als bei der GmbH bzw. AG & Co. KG – **nicht zum Tragen** kommen.[11] Eine SE & Co. KG ist also auch dann **mitbestimmungsfrei,** wenn sie **mehr als 2.000** inländische Arbeitnehmer beschäftigt. Für die Begründung einer unternehmerischen Mitbestimmung bei der SE & Co. KG ist allein das **SEBG** maßgeblich.

23 Da eine Komplementär-SE nicht durch natürliche Personen gegründet werden kann und an der Gründung mindestens zwei Gesellschaften in unterschiedlichen EWR-Staaten beteiligt sein müssen, empfiehlt sich für die Implementierung einer SE & Co. KG der

[9] *Haider-Giangreco/Polte* BB 2014, 2947; *Casper* in Spindler/Stilz AktG SE-VO Vor Art. 1 Einleitung Rn. 20; *Schuberth/Höh* AG 2014, 439; *Wiedemann/Frohnmayer* FuS 2014, 10.

[10] Hans Böckler Stiftung, SE-Datenblatt per 31.12.2016. Laut *Kornblum* GmbHR 2017, 791 ff. waren Stand 1.1.2017 insgesamt 417 SEs in deutschen Handelsregistern eingetragen.

[11] *Blaum* in Westermann/Wertenbruch PersGesR HdB Rn. I 3394a; *Gralla,* Vermeidung der Mitbestimmung, 199; *Lüke* in HTM HdB GmbH & Co. KG Rn. 2.558; *Bayer* NJW 2016, 1930 (1933).

Erwerb einer **Vorrats-SE.** Auch eine SE kann als Vorratsgesellschaft gegründet werden.[12] Eine derartige Vorrats-SE ist typischerweise arbeitnehmerlos, weshalb das Arbeitnehmerbeteiligungsverfahren gegenstandslos ist.[13] Die Ausstattung der Vorrats-SE mit einem Unternehmen und erstmalige Aufnahme ihres Geschäftsbetriebs ist nach der Rechtsprechung als sog **wirtschaftliche Neugründung** gegenüber dem Handelsregister offenzulegen.[14] Umstritten ist, wer offenzulegen hat und welche Gründungsvorschriften wie anzuwenden sind. Während sich die Pragmatiker unter Berufung auf das BGH-Urteil vom 6.3.2012[15] auf die Offenlegung durch den Vorstand und die der Gewährleistung der Kapitalausstattung dienenden Gründungsvorschriften beschränken wollen, plädieren insbesondere die dem Bereich der Notare zuzuordnenden Literaturstimmen dafür, neben allen Vorständen auch die neuen Aktionäre und die Aufsichtsratsmitglieder mitwirken zu lassen und sämtliche Gründungsakte zu wiederholen.[16]

Der Charakter als Vorrats-SE muss bei der Gründung durch die **Bezeichnung des** 24 **Unternehmensgegenstandes** deutlich klargestellt werden (sog offene Vorratsgründung). Ausreichend dafür ist die Angabe „Verwaltung des eigenen Vermögens“.[17] Vor diesem Hintergrund stellt sich die Frage, ob der Beitritt als persönlich haftender Gesellschafter in eine KG überhaupt eine wirtschaftliche Neugründung darstellt, wovon die Literatur ohne nähere Begründung wie selbstverständlich ausgeht.[18] Nach der hier vertretenen Auffassung **fehlt** es hingegen bei der typischen Komplementär-SE an der Ausstattung mit einem (eigenen) **Unternehmen** (→ § 14 Rn. 64; → § 15 Rn. 41). Dies gilt selbst dann, wenn im Zuge des Beitritts der Unternehmensgegenstand in der SE-Satzung zB dahingehend ergänzt wird, dass hierzu (scil: zur Verwaltung des eigenen Vermögens) auch die Beteiligung an der xyz KG (ggf. mit Kurzbeschreibung deren Unternehmensgegenstandes) als persönlich haftender Gesellschafter gehört (→ § 3 Rn. 30 ff.). Das **Risiko,** das dies eines Tages von der Rechtsprechung anders beurteilt wird, ist hinnehmbar, wenn die **Kapitalerhaltung** auf den Stichtag des Beitritts in den Gesellschaftsakten durch Erklärung analog § 37 Abs. 1 S. 1 AktG und Bankbestätigung analog § 37 Abs. 1 S. 3 AktG festgehalten wird und, um eine Handelndenhaftung analog § 11 Abs. 2 GmbHG auszuschließen, sämtliche Aktionäre dem Beitritt zur KG im Voraus ausdrücklich zustimmen.

Ebenfalls streitig ist, ob mit Entstehung der SE & Co. KG durch Beitritt der Vorrats- 25 SE als persönlich haftender Gesellschafter, häufig durch Austausch der vorhandenen Komplementär-GmbH, das **Arbeitnehmerbeteiligungsverfahren nachzuholen** ist. Gemäß § 18 Abs. 3 SEBG sind Verhandlungen wieder aufzunehmen, wenn „strukturelle Änderungen der SE geplant [sind], die geeignet sind, Beteiligungsrechte der Arbeitnehmer zu mindern“. Nach hL ist der Begriff „strukturelle Änderung“ **restriktiv** auszulegen[19] und umfasst nur korporative Akte, also Veränderungen der gesellschaftsrechtlichen Struktur der SE,[20] an denen es vorliegend fehlt. Die Übernahme der Geschäftsführung und persönlichen Haftung bei einer KG ist **kein korporativer Akt der SE,** und zwar auch dann nicht, wenn damit eine Satzungsänderung bei der SE einhergeht. Außerdem fehlt es an der Minderung von Beteiligungsrechten der Arbeitnehmer der SE, da die SE unverändert

---

[12] *Habersack* in Habersack/Drinhausen SE-Recht SE-VO Art. 2 Rn. 29; *Schäfer* in MüKoAktG SE-VO Art. 16 Rn. 9; *Casper/Schäfer* ZIP 2007, 653.

[13] LG Hamburg ZIP 2005, 2018; AG Hamburg ZIP 2005, 2017; OLG Düsseldorf ZIP 2009, 919; AG München ZIP 2006, 1300.

[14] *Habersack* in Habersack/Drinhausen SE-Recht SE-VO Art. 2 Rn. 31. Zur Rechtslage bei der AG BGH NJW 1992, 1824; zur Rechtslage bei der GmbH → § 3 Rn. 52.

[15] BGH NJW 2012, 1875.

[16] Zum Meinungsstand *Casper* in Spindler/Stilz SE-VO Art. 3 Rn. 29 unter Hinweis auf die Rechtslage bei der AG, *Limmer* in Spindler/Stilz AktG § 23 Rn. 47.

[17] BGH NJW 1992, 1824.

[18] ZB *Blaum* in Westermann/Wertenbruch PersGesR HdB Rn. I 3394b; *Schäfer* in MüKoAktG SE-VO Art. 16 Rn. 9.

[19] *Hohenstatt/Müller-Bonanni* in Habersack/Drinhausen SE-Recht SEBG § 18 Rn. 12.

[20] *Jakobs* inMüKoAktG SEBG § 18 Rn. 12; *Gralla,* Vermeidung der Mitbestimmung, 178.

keine Arbeitnehmer hat. Die SE ändert weder ihre Struktur noch mindert sie die Rechte ihrer Arbeitnehmer.[21]

26 Die **Mindermeinung,** die mit einer **Analogie** zu §§ 1 Abs. 4, 18 Abs. 3 SEBG,[22] mit den Auffangbestimmungen der §§ 22, 35 ff. SEBG[23] oder einfach mit einer „Kehrseite"[24] argumentiert, überzeugt demgegenüber nicht. Selbst wenn sie jedoch zuträfe, ginge sie vorliegend ins Leere, da die SE unstreitig keine eigenen Arbeitnehmer hat und ihr als typischer Komplementär-SE auch **keine Arbeitnehmer zuzurechnen** sind, mit denen ein Verhandlungsgremium gebildet werden könnte. Gemäß § 2 Abs. 3 SEBG wären bei der Arbeitnehmerbeteiligung nämlich nur solche Tochtergesellschaften der SE einzubeziehen, auf die diese gemäß § 6 Abs. 2–4 EBRG einen beherrschenden Einfluss ausüben kann. Erforderlich wäre hiernach, dass die SE mehr als die Hälfte der Mitglieder des Verwaltungs-, Leitungs- oder Aufsichtsorgans des anderen Unternehmens, hier also der KG, bestellen kann, was für die typische Komplementär-GmbH bereits an anderer Stelle – zu § 290 Abs. 2 Nr. 2 HGB – verneint wurde (→ § 15 Rn. 43).[25]

27 Mangels eigener Arbeitnehmer kann die Komplementär-SE keinen **SE-Betriebsrat** bilden. Es bleibt deshalb bei der Verpflichtung der SE & Co. KG, einen **Europäischen Betriebsrat** zu bilden, sofern sie und ihre Tochterunternehmen in mindestens zwei EWR-Staaten vertreten sind.

IV. Resümee

28 Die SE & Co. KG wird sicherlich eine **Ausnahmeerscheinung** bleiben, die insbesondere für größere Unternehmen, die vor der Überschreitung des für die unternehmerische Mitbestimmung maßgeblichen Schwellenwerts stehen, interessant ist. Die engen Voraussetzungen, unter denen das Gesetz die Gründung einer SE zulässt, sowie der im Vergleich zur GmbH wie auch der AG höhere Kapitalaufwand mindern ihre Attraktivität als Komplementärgesellschaft, zumal die SE & Co. KG gegenüber der AG & Co. KG – außer ihrer **generellen Mitbestimmungsfreiheit** – keine signifikanten Vorteile aufweist.

29 Große Erwartungen wurden in diesem Zusammenhang an die **Europäische Privatgesellschaft (SPE)** geknüpft, eine der deutschen GmbH vergleichbare Rechtsform auf europäischer Ebene.[26] Mit dieser Gesellschaftsform sollte eine EU-weit leicht erkennbare Gesellschaftsform geschaffen werden, die einfach, flexibel sowie transparent ausgestaltet ist und mit einem Kapital von nur 1 Euro unabhängig davon gegründet werden kann, wo die Gesellschaft ihren Sitz hat. Die SPE wäre damit vor allem für kleinere Familienunternehmen geradezu ideal als Komplementärgesellschaft. Wegen anhaltender Widerstände, insbesondere zur Mitbestimmung seitens der deutschen Bundesregierung,[27] hat die EU-Kommission ihr Vorhaben am 2.10.2013 zugunsten des Projektes der Schaffung einer **Societas Unius Personae (SUP)** aufgegeben.[28] Ob die SUP für die Verwendung in einer **Einheits-SE & Co. KG** verwendbar wäre, lässt sich noch nicht abschließend beurteilen.

---

[21] *Blaum* in Westermann/Wertenbruch PersGesR HdB Rn. I 3394b; *Casper* in MüKoAktG SE-VO Art. 3 Rn. 31; *Henze/Notz* in EBJS HGB § 177a Anhang A Rn. 323; *Kienast* in Gaul/Ludwig/Forst, Europäisches Mitbestimmungsrecht, § 2 Rn. 71; *Kiem* in Kölner Komm. AktG SE-VO Art. 12 Rn. 52; *Wollburg/Benerjea* ZIP 2005, 277; *Seibt* ZIP 2005, 2284 (2250); *Casper/Schäfer* ZIP 2007, 653 (659); *Feldhaus/Vahnscheid* BB 2008, 2246 (2249); *Sigle* FS Hommelhoff, 2012, 1123 (1126); *Winter/Marx/De Decker* NZA 2016, 334.

[22] *Schäfer* in MüKoAktG SE-VO Art. 16 Rn. 13; *Forst* RdA 2010, 55 (57).

[23] *Schubert* Zeitschrift für europäisches Sozial- und Arbeitsrecht 2006, 340 (344).

[24] *Winter/Marx/De Decker* NZA 2016, 334.

[25] Ebenso *Blaum* in Westermann/Wertenbruch PersGesR HdB Rn. I 3394c.

[26] Die Bundesregierung setzt sich für die Einführung dieser „Europa-GmbH" ein, macht dies aber – wie einst bei der SE – vom Erhalt der deutschen Mitbestimmung abhängig (BT-Drs. 17/1933). Zur SPE näher *Hommelhoff/Teichmann* GmbHR 2010, 337; *Jung* DStR 2009, 1700; *Hadding/Kießling* WM 2009, 145; *Peters/Wüllrich* NZG 2008, 807; *Cannivé/Seebach* GmbHR 2009, 519 (im Vergleich mit der UG).

[27] BT-Drs. 17/12245, s. Fragen 142 ff.

[28] Vorschlag für eine Richtlinie über Gesellschaften mit beschränkter Haftung mit einem einzigen Gesellschafter, COM(2014) 212 final vom 9.4.2014, 3. Hierzu *Omlor* NZG 2014, 1137.

§ 23 Stiftung & Co. KG

I. Struktur

Bei der Stiftung & Co. KG handelt es sich um eine KG, deren einziger **persönlich haftender Gesellschafter** (Komplementär) eine **Stiftung** ist.[1] Nur die Stiftung haftet also den Gesellschaftsgläubigern unbeschränkt, während die übrigen Gesellschafter (in der Regel natürliche Personen) die Stellung von Kommanditisten einnehmen. 1

Die Stiftung & Co. KG ist in ihrer rechtlichen Ausgestaltung wie in ihrer wirtschaftlichen Zielsetzung eng mit der **GmbH & Co. KG verwandt,** weshalb weitgehend auf die Darstellung zur GmbH & Co. KG verwiesen werden kann. Während es in Deutschland derzeit rund 150.000 GmbH & Co. KGs gibt,[2] findet man die Stiftung & Co. KG nur selten.[3] Wir schätzen, dass etwa 100 Stiftung & Co. KGs bestehen. Prominente Vertreter sind die Kliniken Schmieder und die Diehl-Gruppe in Nürnberg. 2

II. Das Rechtsinstitut der Stiftung

1. Grundlagen der Stiftung

Die rechtsfähige privatrechtliche Stiftung ist in den **§§ 80–88 BGB** sowie in den Stiftungsgesetzen der Bundesländer geregelt.[4] Mit Gesetz zur Modernisierung des Stiftungsrechts vom 15.7.2002[5] wurden die bundesrechtlichen Vorgaben und in der Folge auch die Bestimmungen der **Landesstiftungsgesetze** zuletzt grundlegend reformiert.[6] Insbesondere wurde der notwendige Inhalt von Stiftungsgeschäft und Stiftungssatzung in den §§ 80, 81 BGB abschließend geregelt. 3

Weder im Bundes- noch im Landesrecht findet sich eine Legaldefinition der Stiftung. Es handelt sich bei ihr um eine als **selbstständiger Rechtsträger** anerkannte Einrichtung, die nicht aus einem Personenverband besteht – dies unterscheidet sie von der Gesellschaft – und die einem vom Stifter bestimmten Zweck mit Hilfe des dazu gewidmeten Vermögens dauernd zu dienen bestimmt ist.[7] Die Stiftung ist ihr eigener Eigentümer und damit allenfalls mit der sog Kein-Mann-GmbH[8] vergleichbar. 4

Eine Stiftung entsteht nach § 80 Abs. 1 BGB durch das Stiftungsgeschäft und die – konstitutiv wirkende – **staatliche Anerkennung.** Die Anerkennung ist bei der nach Landesrecht zuständigen Behörde, die sich nach dem Sitz der Stiftung richtet, zu beantragen.[9] Das **Stiftungsgeschäft** kann unter Lebenden[10] oder von Todes wegen[11] erfolgen. Es muss eine **Satzung** bestimmen, die alle wesentlichen Elemente der Stiftung regelt, insbesondere 5

---

[1] Am 31.12.2015 existierten 21.301 rechtsfähige Stiftungen des privaten Rechts in Deutschland, darunter geschätzt 500–700 Familienstiftungen (Bundesverband Deutscher Stiftungen, www.stiftungen.org).

[2] Zur Verbreitung der GmbH & Co. KG → § 1 Rn. 37 ff.

[3] *Delp,* Die Stiftung & Co. KG, 24; *Kornblum/Kleinle/Baumann/Steffan* GmbHR 1985, 7 (18).

[4] Zu den Rechtsquellen im Einzelnen s. *Binz/Sorg,* Die Stiftung, 26.

[5] BGBl. 2002 I 2634.

[6] *Weitemeyer* in MüKoBGB § 80 Rn. 23 f. Zum Modellentwurf eines Landesstiftungsgesetzes *Hüttemann/Rawert* ZIP 2002, 2019.

[7] BayObLG NJW 1973, 249; *Ellenberger* in Palandt BGB Vor § 80 Rn. 5; *Weitemeyer* in MüKoBGB § 80 Rn. 1.

[8] Hierzu *Pentz* in Rowedder/Schmidt-Leithoff GmbHG § 33 Rn. 26 ff. mwN.

[9] Zuständig sind in Baden-Württemberg und Hessen: die Regierungspräsidien; in Bayern und Nordrhein-Westfalen: die Bezirksregierungen; in Berlin: die Senatsverwaltung für Justiz; in Brandenburg, Mecklenburg-Vorpommern, Schleswig-Holstein und Thüringen: das Ministerium des Innern; in Bremen: der Senator für Inneres, Kultur und Sport; in Hamburg: das Justizverwaltungsamt (Referat Stiftungsangelegenheiten) bei der Justizbehörde; in Niedersachsen: die Regierungsvertretungen für das Ministerium für Inneres und Sport; in Rheinland-Pfalz: die Aufsichts- und Dienstleistungsdirektion; im Saarland: das Ministerium für Inneres und Sport; in Sachsen: die Landesdirektion; in Sachsen-Anhalt: das Landesverwaltungsamt.

[10] Privatschriftlich, § 81 BGB.

[11] Durch Testament oder Erbvertrag, § 83 BGB.

Name, Sitz, Zweck, Vermögen sowie Konstituierung des Vorstands (§ 81 Abs. 1 S. 3 BGB).[12]

6 Der **Stiftungszweck,** in dem der Wille des Stifters seinen Ausdruck findet, muss von der Stiftungsorganisation, also den im Stiftungsvorstand und ggf. den in einem fakultativen Aufsichtsorgan eingebundenen Personen umgesetzt werden. Die Eigeninteressen dieser Personen können aber, insbesondere nach dem Ableben des Stifters, die Durchsetzung des Stiftungszwecks gefährden. Da eine Stiftung weder Gesellschafter (Eigentümer) noch Mitglieder hat, die in diesem Falle regulierend eingreifen könnten, unterliegen Stiftungen seit jeher einer staatlichen **Stiftungsaufsicht.**[13] Aufgabe dieser Stiftungsaufsicht ist es, sicherzustellen, dass die Verwaltung der Stiftung in Übereinstimmung mit Gesetz und Satzung erfolgt. Art und Umfang der Stiftungsaufsicht, die sich stets auf eine reine Rechtskontrolle beschränkt,[14] sind in den einzelnen Bundesländern höchst unterschiedlich geregelt; sie reichen von bloßen Informationsrechten (zB Einreichung der Jahresrechnung) bis hin zu Genehmigungsvorbehalten bei bestimmten Rechtsgeschäften.[15] Satzungsänderungen bedürfen stets der Genehmigung der Stiftungsbehörde.[16]

7 Anders als bei anderen juristischen Personen ist, vorbehaltlich einer Steuerbefreiung nach § 13 Abs. 1 Nr. 16b ErbStG, der Übergang von Vermögen auf eine Stiftung im Rahmen der **Stiftungserrichtung erbschaftsteuerpflichtig** (§§ 3 Abs. 2 Nr. 1, 7 Abs. 1 Nr. 8 ErbStG), wobei – ausgenommen bei Familienstiftungen – die ungünstigste Steuerklasse III mit Steuersätzen von 30 % bzw. 50 % Anwendung findet. In der laufenden Besteuerung unterscheidet sich die Stiftung allerdings nicht wesentlich von anderen juristischen Personen, unterliegt insbesondere wie diese der **Körperschaftsteuer.**[17] Satzungsgemäße Leistungen der Stiftung mindern gemäß § 10 Nr. 1 KStG, vergleichbar den Gewinnausschüttungen bei Kapitalgesellschaften, ihr steuerpflichtiges Einkommen nicht. Bei den Bezugsberechtigten (Destinatären) sind ab dem VZ 2002 Einkünfte als solche **aus Kapitalvermögen** iSv § 20 Abs. 1 Nr. 9 EStG zu besteuern, wenn sie Gewinnausschüttungen iSv Nr. 1 wirtschaftlich vergleichbar sind, was namentlich dann der Fall ist, wenn die Leistungsempfänger unmittelbar oder mittelbar Einfluss auf das Ausschüttungsverhalten der Stiftung nehmen können.[18]

8 Soll die Stiftung im Rahmen der Errichtung mit **Grundbesitz** ausgestattet werden, fällt außerdem **Grunderwerbsteuer** an, wobei streitig ist, ob der Besteuerungstatbestand in Bezug auf den im Stiftungsgeschäft zugesicherten Grundbesitz bereits mit der staatlichen Anerkennung der Stiftung oder erst mit der nachfolgenden Auflassung ausgelöst wird.[19] Der BFH hat diese Frage mit Urteil vom 27.11.2013[20] offengelassen, weil im zugrunde liegenden Fall das Stiftungsgeschäft selbst noch keinen, lediglich von einer staatlichen Anerkennung abhängigen Anspruch auf Übertragung eines Grundstücks einräumen sollte. Er hat außerdem offen gelassen, ob in diesem Fall das Stiftungsgeschäft der **notariellen Beurkundung** bedurft hätte, um den Besteuerungstatbestand des § 1 Abs. 1 Nr. 1 GrEStG auszulösen.[21] Aus unserer Sicht sprechen der Wortlaut des § 311b BGB („Vertrag") sowie der

[12] Bei Stiftungen von Todes wegen kann eine fehlende oder unvollständige Satzung von der Stiftungsbehörde erstellt bzw. ergänzt werden, § 83 BGB.

[13] *Neuhoff* in Soergel BGB Vor § 80 Rn. 78.

[14] So ausdrücklich zB § 8 Abs. 1 StiftG Baden-Württemberg; vgl. *Neuhoff* in Soergel BGB Vor § 80 Rn. 82; *Weitemeyer* in MüKoBGB § 80 Rn. 49.

[15] Zu den Mitteln der Stiftungsaufsicht *Weitemeyer* in MüKoBGB § 80 Rn. 51 ff.; *Hof* in v. Campenhausen/Richter StiftungsR-HdB § 10 Rn. 124 ff.; *Sorg,* Die Familienstiftung, 70 ff.

[16] *Weitemeyer* in MüKoBGB § 85 Rn. 7.

[17] Zur Besteuerung im Einzelnen Berndt/*Götz,* Stiftung und Unternehmen, Rn. 641 ff.; *Richter* in v. Campenhausen/Richter StiftungsR-HdB §§ 39 ff.; *Freundl* DStR 2004, 1509 (1511 ff.).

[18] BFH DStR 2011, 403 f.; *Jahn/Oppel* DB 2011, 1187; *Werder/Wystrcil* BB 2016, 1558 (1562); *Meilicke* DStR 2017, 227.

[19] Für die Maßgeblichkeit von Stiftungsgeschäft und Anerkennung FG Schleswig-Holstein DStRE 2012, 945; aA *Wachter* DStR 2012, 1900 f.

[20] BFH BFH/NV 2014, 579.

[21] Gegen ein Beurkundungserfordernis FG Schleswig-Holstein DStRE 2012, 945, das ua argumentiert hatte, dass § 311b Abs. 1 BGB auf einseitige Rechtsgeschäfte nicht anwendbar sei. AA *Kanzleiter* in MüKoBGB § 311b Rn. 24.

Umstand, dass der Gesetzgeber für Stiftungsgeschäfts gerade kein notarielles Beurkundungserfordernis eingeführt hat, gegen ein solches Beurkundungserfordernis.

2. Besonderheiten der Familienstiftung

Die Familienstiftung ist eine **besondere Erscheinungsform** der rechtsfähigen privatrechtlichen Stiftung, die sich dadurch auszeichnet, dass bei ihr die **Förderung der Familie des Stifters** im Vordergrund steht. Die Familie bildet den Kreis der **Destinatäre,** die – als Bezugsberechtigte – laufende Leistungen aus den Erträgen des Stiftungsvermögens (in aller Regel ohne Rechtsanspruch) und/oder – als Anfallsberechtigte – beim Erlöschen der Stiftung das Stiftungsvermögen erhalten sollen. 9

Die Familienstiftung erfährt sowohl im Stiftungszivilrecht wie auch im Stiftungssteuerrecht bedeutsame Sonderregelungen. Der **Begriff** der Familienstiftung ist allerdings **nicht einheitlich** geregelt. Das **Stiftungszivilrecht** versteht hierunter solche Stiftungen, die überwiegend[22] oder ausschließlich[23] dem Wohle einer oder mehrerer bestimmter Familien dienen; in einigen Bundesländern ist die Familienstiftung als Sonderform der rechtsfähigen Stiftung des privaten Rechts gänzlich unbekannt.[24] 10

Im **Stiftungssteuerrecht** gibt es zwei unterschiedliche Definitionen.[25] Gemäß **§ 15 Abs. 2 AStG** liegt eine Familienstiftung vor, wenn der Stifter, seine Angehörigen und deren Abkömmlinge zu **mehr als der Hälfte** bezugsberechtigt oder anfallsberechtigt sind. Im **Erbschaftsteuerrecht** ist eine Familienstiftung als Stiftung definiert, die **wesentlich** im Interesse einer Familie oder bestimmter Familien errichtet ist (§§ 1 Abs. 1 Nr. 4, 15 Abs. 2 S. 1 ErbStG). Aufgrund dieser unscharfen Definition geht die Finanzverwaltung auch bei der Erbschaftsteuer stets von einer Familienstiftung aus, wenn die Voraussetzungen des § 15 Abs. 2 AStG erfüllt sind. Sie bejaht eine Familienstiftung aber auch dann, wenn die genannten Destinatäre zu mehr als einem Viertel bezugs- oder anfallsberechtigt sind und zusätzliche Merkmale ein wesentliches Familieninteresse belegen, zB wesentlicher Einfluss der Familie auf die Geschäftsführung der Stiftung vorliegt.[26] Besteht das Stiftungsvermögen im Wesentlichen aus einem Unternehmen und/oder Unternehmensbeteiligungen, spricht die vom Stifter beabsichtigte **Sicherung des Unternehmens** daher weder für noch gegen ein (wesentliches) Familieninteresse. Wir halten mit dem BFH entsprechend dem Charakter der Erbschaftsteuer als Steuer auf den Vermögensanfall eine **(fast) ausschließliche Familienwidmung** des Stiftungsvermögens und der daraus fließenden **Stiftungserträge** für erforderlich.[27] 11

Im Stiftungszivilrecht wird die Familienstiftung in den meisten Bundesländern von den häufig, uE zu Unrecht als lästige Bürde empfundenen Maßnahmen der **Stiftungsaufsicht** zu einem wesentlichen Teil **freigestellt**[28] oder es wird dem Stifter die Möglichkeit eingeräumt, eine andere, ihm geeignet erscheinende Institution, zB den Stiftungsaufsichtsrat oder einen Wirtschaftsprüfer, mit der Aufsichtsfunktion zu betrauen.[29] Dem liegt die Überlegung zugrunde, dass bei Familienstiftungen der durch Familienzugehörigkeit und Satzung klar abzugrenzende Kreis von Destinatären weitgehend selbst für eine satzungskonforme Verwal- 12

---

[22] Berlin (§ 10 Abs. 1 StiftG), Brandenburg (§ 2 Abs. 2 StiftG), Bremen (§ 17 StiftG), Hamburg (§ 2 Abs. 1 StiftG), Hessen (§ 21 Abs. 1 StiftG), Rheinland-Pfalz (§ 3 Abs. 2 StiftG), Saarland (§ 10 Abs. 3 StiftG) und Schleswig-Holstein (§ 19 StiftG).

[23] Baden-Württemberg (§ 13 Abs. 2 StiftG).

[24] Bayern, Mecklenburg-Vorpommern, Niedersachsen, Nordrhein-Westfalen, Sachsen, Sachsen-Anhalt und Thüringen.

[25] *Schiffer* DStR 2005, 508 (510).

[26] R E 1.2 Abs. 2 S. 3 ErbStR.

[27] BFH BFH/NV 2010, 898; BStBl. II 1998, 114. Hierzu auch *Binz/Sorg* DStR 1994, 229; *Binz/Sorg* DB 1988, 1822.

[28] Baden-Württemberg (§ 13 Abs. 2 StiftG), Berlin (§ 10 Abs. 2 StiftG), Brandenburg (§ 4 Abs. 3 StiftG), Bremen (§ 17 StiftG), Hamburg (§ 5 Abs. 1 StiftG), Hessen (§ 21 Abs. 2 StiftG), Niedersachsen (§ 10 Abs. 2 StiftG für privatnützige Stiftungen), Rheinland-Pfalz (§ 9 Abs. 1 StiftG), Schleswig-Holstein (§ 19 StiftG).

[29] Berlin (§ 10 Abs. 2 StiftG).

tung sorgen kann.[30] Allerdings liegt es im Belieben des Stifters, auf die der Familienstiftung eingeräumten Erleichterungen bei der Stiftungsaufsicht zu verzichten, wenn ihm dies – etwa im Hinblick auf die Verhältnisse in seiner Familie – notwendig oder angebracht erscheint. Damit kann die Stiftungsaufsicht zu einem nützlichen Instrument in der Hand des Stifters werden, um die Einhaltung seines Willens auch post mortem sicherzustellen.

13 Im **Erbschaftsteuerrecht** wird die Familienstiftung einerseits begünstigt, andererseits benachteiligt. Begünstigt wird sie bei der **Stiftungserrichtung.** Anstelle der höchsten Steuerklasse III werden bei einer Familienstiftung gemäß § 15 Abs. 2 S. 1 ErbStG die **Verwandtschaftsverhältnisse** zwischen dem Stifter und den Destinatären berücksichtigt.[31] Dies hat zur Folge, dass bei der Errichtung einer typischen Familienstiftung in der Regel die Steuerklasse I zugrunde zu legen ist.

14 Diesem Vorteil steht als Nachteil die sog **Ersatzerbschaftsteuer** gemäß § 1 Abs. 1 Nr. 4 ErbStG gegenüber, mit der in Zeitabständen von jeweils 30 Jahren ein **Erbfall fingiert** und eine Quasi-Erbschaftsteuer erhoben wird.[32] Die negative Auswirkung dieser Steuer darf jedoch nicht überschätzt werden. Einmal entsteht die Ersatzerbschaftsteuer nur alle 30 Jahre, während sich der natürliche Generationenwechsel unter Umständen in kürzeren Perioden vollzieht. Zum Zweiten wird zur Progressionsmilderung das Vorhandensein von zwei Erben der Steuerklasse I unterstellt, also eine Art Familiensplitting gewährt. Schließlich kann die Ersatzerbschaftsteuer im Gegensatz zur normalen Erbschaftsteuer gemäß § 24 ErbStG verrentet, nämlich in bis zu 30 Jahresraten bezahlt werden, und zwar zu dem in den meisten Fällen jedenfalls aus historischer Sicht für einen Langfristkredit immer noch günstigen Zinssatz von 5,5 %, zumal keine Sicherheitsleistung zu erfolgen hat.

15 Die Ersatzerbschaftsteuer war im Jahr **1974** eingeführt worden, um – so die Gesetzesmaterialien – „Vermögen, die in Stiftungen verwaltet werden, künftig erbschaftsteuerlich ähnlich wie Vermögen, das in anderen Formen behalten und organisiert wird" zu belasten.[33] Der Gesetzesbegründung zufolge geht die Ersatzerbschaftsteuer davon aus, „dass Vermögen im Generationswechsel einmal der Erbschaftsteuer unterworfen werden".[34] Seit 1974 haben sich im Blick auf die Ersatzerbschaftsteuer jedoch zwei wesentliche **Sachverhalte geändert.** Zum einen hat das StÄndG 1997 die Erbschaftsteuerklassen von vier auf drei reduziert mit der Folge, dass nunmehr sämtliche Abkömmlinge, also auch alle Enkel und Urenkel, von der günstigsten Steuerklasse I erfasst werden. Zum Zweiten liegt die statistische Lebenserwartung heute (Sterbetafel 2013/2015) – je nach Geschlecht und Lebensalter – um bis zu 15 Jahre höher als vor 30 Jahren.

16 Beide Effekte – Besteuerung von Zuwendungen an alle Abkömmlinge nach Steuerklasse I und deutliche Verlängerung der Lebenserwartung – haben es in den letzten Jahren, insbesondere bei hohem Vermögen, interessant gemacht, mit der Vermögensübertragung länger als bisher zu warten und ein oder sogar zwei Generationen zu überspringen. Die Prämisse des Gesetzgebers des Jahres 1974, dass Vermögen normalerweise im 30-Jahres-Turnus einmal der Erbschaftsteuer unterworfen werden, gilt deshalb heute nicht mehr, weshalb es uE geboten ist, den **Besteuerungsturnus** bei der Ersatzerbschaftsteuer de lege ferenda angemessen zu **verlängern,** zB auf 45 Jahre.[35]

III. Ausgestaltung der Stiftung & Co. KG

1. Familienstiftung als persönlich haftender Gesellschafter

17 Wegen der Erleichterungen bei der staatlichen Stiftungsaufsicht, die ansonsten über die Komplementär-Stiftung in das Unternehmen der KG eingreifen könnte, und der höheren

[30] *Neuhoff* in Soergel BGB Vor § 80 Rn. 57; *Sorg,* Die Familienstiftung, 69.
[31] *Frieling* DB 2017, 317 (318).
[32] Zur Verfassungsmäßigkeit der Erbersatzsteuer für Familienstiftungen BVerfG NJW 1983, 1841; ZEV 2012, 52.
[33] BT-Prot. 7/4121 – Porzner.
[34] BT-Drs. 7/1333, 3.
[35] Zur Reformbedürftigkeit auch *Löwe/Droege* ZEV 2006, 530.

Freibeträge bei der Erbschaftsteuer empfiehlt es sich, als Komplementär-Stiftung eine **Familienstiftung** zu wählen. Dies erfordert die Aufnahme einer – je nach Bundesland überwiegenden oder ausschließlichen – Familienkomponente in den Stiftungszweck, zB die Unterstützung von Familienangehörigen, die Erhaltung des Unternehmens als Familienunternehmen oder die Ausübung der Geschäftsführung im Familieninteresse. Auf diese Weise ist sichergestellt, dass die Komplementär-Stiftung im Stiftungszivilrecht als Familienstiftung anerkannt wird. Da im Stiftungssteuerrecht ausschließlich die Vermögensinteressen maßgeblich sind, verlangt die steuerliche Anerkennung als Familienstiftung ggf. ein „Mehr", zB dass die Familie zu mehr als der Hälfte anfallsberechtigt ist, dh im Falle der Stiftungsaufhebung den größten Teil ihres Vermögens erhält.

2. Zulässigkeit

Eine Komplementär-GmbH kann nach § 1 GmbHG mit jedem gesetzlich zulässigen Zweck gegründet werden; sie entsteht als juristische Person gemäß § 11 GmbHG mit ihrer Eintragung ins Handelsregister. Im Gegensatz hierzu bedarf die Komplementär-**Stiftung** zu ihrer Entstehung der **staatlichen Anerkennung** (§ 80 Abs. 1 BGB). 18

Der Stifter hat einen **Rechtsanspruch** auf die stiftungsrechtliche Anerkennung, wenn die in § 80 Abs. 2 BGB aufgeführten, bundeseinheitlich abschließend geregelten Voraussetzungen erfüllt sind.[36] Diese sind neben den formalen Voraussetzungen des Stiftungsgeschäfts, dass die dauernde und nachhaltige Zweckerfüllung gesichert erscheint und der Stiftungszweck das Gemeinwohl nicht gefährdet. Eine Gemeinwohlgefährdung ist uE nur anzunehmen, wenn der Stiftungszweck rechtswidrig ist.[37] Einer Stiftung kann die staatliche Anerkennung folglich nicht allein deshalb versagt werden, weil sie persönlich haftender Gesellschafter einer KG werden soll.[38] 19

In der **Praxis** möchten einige Landesstiftungsreferenten die Anerkennung bereits dann versagen, wenn die Mitverantwortung der Stiftungsbehörden für die Verwirklichung des Stiftungszwecks **politisch nicht verantwortbar** erscheint. Ihre ablehnende Auffassung begründen die Stiftungsbehörden in der Regel damit, dass die Verwendung einer Stiftung als Komplementär rechtsmissbräuchlich sei und im Übrigen der gesetzlich vorgeschriebene Bestandsschutz des Stiftungsvermögens mit der Stellung der Stiftung als persönlich haftender Gesellschafter nicht im Einklang stehe. Dieser Standpunkt ist verfassungsrechtlich zweifelhaft und unvereinbar mit dem Willen des Gesetzgebers, das Stiftungsrecht zu modernisieren.[39] 20

Es mag zwar fraglich sein, ob eine Komplementär-Stiftung dann **rechtsmissbräuchlich** und somit unzulässig ist, wenn der Zweck der Stiftung sich darin erschöpft, als Komplementär zu dienen.[40] In diesem Zusammenhang wird die Ansicht vertreten, dass reine **Funkti-** 21

[36] *Ellenberger* in Palandt BGB § 80 Rn. 4; *Schwarz* DStR 2002, 1718 (1768); *Andrick/Suerbaum* NJW 2002, 2905 (2907).

[37] Ebenso *Schwarz* DStR 2002, 1718 (1769).

[38] Im Gegensatz hierzu verbietet § 1 Abs. 2 Nr. 2 des österreichischen Privatstiftungsgesetzes die Komplementärstellung einer Stiftung, vgl. *Doralt* ZGR 1996, 1 (5).

[39] Für die grundsätzliche Genehmigungsfähigkeit der Stiftung & Co. KG bereits unser verstorbener Seniorpartner *Conrad Böttcher* StbJB 1965/66, 175 (197); ebenso *Ellenberger* in Palandt BGB § 80 Rn. 9; *Blaum* in Westermann/Wertenbruch PersGesR HdB Rn. I 3430; *Pawlytta/Pfeiffer* in Feick, Stiftung als Nachfolgeinstrument, § 31 Rn. 25; *Lüke* in HTM HdB GmbH & Co. KG Rn. 2.530; Berndt/*Götz*, Stiftung und Unternehmen, Rn. 1800; *Brandmüller/Lindner,* Gewerbliche Stiftungen, 34 f.; *Delp,* Die Stiftung & Co. KG, 9; *Richter* in v. Campenhausen/Richter StiftungsR-HdB § 12 Rn. 77 ff.; *Stengel,* Stiftung und Personengesellschaft, 70; *Sorg,* Die Familienstiftung, 122; *Flämig* DB 1978, Beilage 22, 5; *Hennerkes/Binz/Sorg* DB 1986, 2217 (2269 f.); *Weimar/Geizhaus/Delp* BB 1986, 1999 (2004); *Hennerkes/Schiffer* BB 1992, 1940 (1942); *Kohl* NJW 1992, 1922; *Nietzer/Stadie* NJW 2000, 3457 (3459); *Schiffer/v. Schubert* DB 2000, 437 (439); *Schwarz* DStR 2002, 1718 (1768); *Schwarz* ZEV 2003, 306 (313); *Werkmüller* ZEV 2015, 522; *Schlüter* in Henssler/Strohn BGB Vor § 80 Rn. 11; *Winter* in Beratungspraxis GmbH & Co. KG Rn. S 195; wohl auch *Gummert* in MHdB GesR V § 82 Rn. 4 ff.

[40] So *K. Schmidt* GesR § 56 VII 3; *K. Schmidt* ZHR 2002, 145 (149) mit dem Hinweis, dass hierdurch „Geist und Gestalt des Stiftungsrechts" Schaden nehmen; *Weitemeyer* in MüKoBGB § 80 Rn. 149; *Hüttemann* DB 2017, 591 (593); *Hüttemann* ZHR 2003, 35 (61); *Neuhoff* in Soergel BGB Vor § 80 Rn. 70; Bund-Länder-Arbeitsgruppe „Stiftungsrecht", Bericht vom 9.9.2016, 13.

onsstiftungen, die zur Erfüllung ihres Zwecks gar kein Vermögen benötigen, wie dies bei der Rolle als geschäftsführender Komplementär einer KG der Fall sei, § 81 Abs. 1 S. 2 BGB zuwiderliefen. Eine rechtsmissbräuchliche Gestaltung kann uE aber jedenfalls dann nicht angenommen werden, wenn eine mit für ihre Zwecke ausreichendem Vermögen (→ Rn. 23 f.) ausgestattete Stiftung über die Komplementär-Funktion hinaus **weitere Aufgaben** übernimmt, wie zB die Fortführung des Unternehmens iSd Stifters, die Absicherung einer bestimmten Familientradition oder die Erhaltung des Unternehmens als Familienunternehmen. Es wäre mit Sinn und Zielsetzung der Stiftungsgesetzgebung unvereinbar, einer Stiftung die Anerkennung nur deshalb zu verweigern, weil sie zusätzlich zu oder im Rahmen von gesetzlich legitimierten Stiftungszwecken die Komplementär-Stellung in einer KG übernimmt.

22 Auch der Hinweis auf den stiftungsrechtlich zu gewährleistenden **Bestandsschutz** kann es nicht rechtfertigen, die Anerkennung zu versagen. Zwar sehen die meisten Landesstiftungsgesetze vor, dass das Stiftungsvermögen in seinem Bestand zu erhalten ist.[41] Hiervon darf aber abgewichen werden, wenn die Satzung dies vorsieht (sog Verbrauchsstiftung) oder wenn der Stifterwille – wie im Fall einer Stiftung & Co. KG – nicht anders zu verwirklichen ist. Im Übrigen ist es schon im Ansatz verfehlt, bei einer Komplementär-Stiftung von vornherein, dh ohne kritische Würdigung des Einzelfalls, einen Verstoß gegen den Grundsatz des Bestandsschutzes anzunehmen.[42] Es ist nämlich durchaus die Ausnahme und nicht die Regel, dass ein Komplementär aus seiner persönlichen unbeschränkten Haftung tatsächlich in Anspruch genommen wird. In den meisten Fällen jedenfalls überwiegt die stiftungsrechtlich geförderte Chance, das Stiftungsvermögen durch zufließende Beteiligungserträge oder Geschäftsführervergütungen und Haftungsentschädigungen zu mehren.

3. Vermögensausstattung

23 Während bei einer GmbH durch § 5 Abs. 1 GmbHG ein Mindeststammkapital von 25.000 Euro vorgeschrieben ist, gibt es für die Stiftung keine entsprechende Vorschrift. Die Stiftungsbehörden haben bei der Anerkennung einer Stiftung allerdings darauf zu achten, dass das Stiftungsvermögen für eine **nachhaltige Erfüllung des Stiftungszwecks** ausreicht.

24 Eine Stiftung, die sich auf die **Komplementär-Funktion beschränkt,** benötigt zwar kein eigenes Vermögen. Dennoch sollte ihr Stiftungsvermögen, um eine eigenständige Überlebensfähigkeit zu gewährleisten, das Mindeststammkapital der GmbH nicht unterschreiten.[43] Soll die Stiftung dagegen **auch materielle Zwecke** erfüllen, zB Familienmitglieder unterstützen, so ist ein deutlich höheres Stiftungsvermögen oder die begründete Aussicht auf spätere Zuwendungen erforderlich. Die jeweils erforderliche Höhe des Stiftungsvermögens hängt deshalb von den Verhältnissen des Einzelfalls ab.[44] Dabei ist sowohl die Anzahl der Destinatäre wie der Umfang der zu erbringenden Leistungen (zB nur bei Bedürftigkeit oder feste Jahresrente) zu berücksichtigen.

4. Rechtsstellung im Gründungsstadium

25 Ist eine GmbH zwar gegründet, mangels Eintragung ins Handelsregister aber noch nicht entstanden (sog Vor-GmbH), so ist auf dieses Gebilde grundsätzlich das Recht der eingetragenen GmbH anzuwenden, soweit es nicht die Eintragung selbst voraussetzt. Der **Vor-GmbH** kommt deshalb auch die Fähigkeit zu, Gesellschafter einer Personenhandelsgesellschaft und damit Komplementär zu sein (→ § 3 Rn. 69 ff.).

---

[41] ZB § 7 Abs. 2 S. 1 StiftG Baden-Württemberg.

[42] S. auch *Schwarz* ZEV 2003, 306 (313).

[43] *Richter* in v. Campenhausen/Richter StiftungsR-HdB § 12 Rn. 95; *Schulze zur Wiesche* WPg 1988, 128 (133); *Nietzer/Stadie* NJW 2000, 3457 (3460), die 50.000 Euro empfehlen.

[44] *Schwarz* DStR 2002, 1718 (1724); *Wachter* Stiftungen Abschn. B 55.

Wie eine werdende Stiftung in der Zeitspanne zwischen Stiftungsgeschäft und Anerkennung zu behandeln ist, ist seit Langem umstritten. Schrifttum und Rechtsprechung sprachen sich zum Teil dafür aus, die für den Vor-Verein geltenden Grundsätze entsprechend anzuwenden und die **Vor-Stiftung** als nicht rechtsfähige Stiftung zu behandeln, für die – solange ein Vorstand nicht vorhanden ist – ein Pfleger bestellt werden kann.[45] Mit Urteil vom 11.2.2015 hat der **BFH** erstmals zur Frage der zivil- und steuerrechtlichen Anerkennung der Vor-Stiftung Stellung genommen und entschieden, dass diese **zivilrechtlich nicht anzuerkennen** und deshalb kein geeigneter Zuwendungsempfänger iSv § 10b Abs. 1a EStG, § 5 Abs. 1 Nr. 9 KStG sei.[46] Zur Begründung verwies der BFH ua darauf, dass das Stiftungsgeschäft nach § 81 Abs. 2 BGB bis zur Anerkennung jederzeit widerrufbar sei. Auch sei bei der Stiftung – anders als bei der Vorgesellschaft – vor Anerkennung gerade keine Vermögensverselbständigung vorgesehen, insbesondere müsse der Stifter vor Anerkennung keine Vermögenswerte auf die noch nicht existente Stiftung übertragen. Als Argument gegen die zivilrechtliche Anerkennung der Vor-Stiftung wertete der BFH schließlich auch den Umstand, dass der Gesetzgeber im Zuge der Reform des Stiftungsrechts im Jahr 2002 die Vor-Stiftung nicht geregelt habe, obwohl sie damals bereits kontrovers diskutiert worden war. 26

Auch wenn der BFH die Vor-Stiftung als solche abgelehnt hat, kann die Interimsphase zwischen Stiftungsgeschäft und Anerkennung durch Gründung einer **unselbständigen (nicht rechtsfähigen) Stiftung** überbrückt werden.[47] Diese Möglichkeit hat auch der BFH in seinem Urteil vom 11.2.2015 explizit anerkannt. Voraussetzung ist allerdings, dass eine entsprechende rechtsgeschäftliche Gestaltung tatsächlich vorliegt.[48] Unter einer unselbständigen Stiftung versteht man die Übertragung von Vermögenswerten an eine natürliche oder juristische Person mit der Maßgabe, diese Werte zur Förderung eines vorgegebenen Zwecks als ein von dem übrigen Vermögen des Empfängers wirtschaftlich getrenntes Sondervermögen zu verwalten.[49] Sie unterscheidet sich vom nichtrechtfähigen Verein, der nach herrschender Meinung[50] nicht nur an einer GbR, sondern auch an einer Personenhandelsgesellschaft beteiligt sein kann, durch die fehlende rechtliche Verselbständigung. Damit kann eine Stiftung im Ergebnis – im Gegensatz zur GmbH – erst Komplementär werden, wenn sie durch die staatliche Anerkennung Rechtsfähigkeit erlangt hat.[51] 27

5. Organe

Wie die GmbH einen oder mehrere Geschäftsführer haben muss (§ 6 GmbHG), ist für die Stiftung als Organ ein **Vorstand** vorgeschrieben (§ 26 Abs. 1 BGB iVm § 86 BGB). Da die Stiftung keine Gesellschafter oder Mitglieder hat, die den Vorstand ernennen, und der Stifter nur die Erstbesetzung vornehmen kann, ist in der Stiftungssatzung sicherzustellen, dass auf Dauer ein funktionsfähiger Vorstand vorhanden ist.[52] In der Praxis kommen hierfür verschiedene **Besetzungsverfahren** in Betracht: 28

- Die **Selbstergänzung** (Kooptation) des Vorstands, dh der Vorstand wählt seine Mitglieder selbst.
- Die **Einzelnachfolge,** dh jedes Vorstandsmitglied bestimmt seinen Nachfolger selbst.

---

[45] S. hierzu auch 11. Aufl. 2010, § 25 Rn. 24; *Autenrieth* FS Binz, 2014, 14 ff.; *Ellenberger* in Palandt BGB § 80 Rn. 2; *Schwinge* BB 1978, 527; KG OLGZ 24, 246; zweifelnd *Hof* in v. Campenhausen/Richter StiftungsR-HdB § 6 Rn. 271 ff. AA *Weitemeyer* in MüKoBGB § 81 Rn. 53.

[46] BFH DStRE 2015, 715 (720 f.).

[47] *Zimmermann/Raddatz* NJW 2016, 543 (544).

[48] Daran fehlte es im vom BFH entschiedenen Fall.

[49] *Weitemeyer* in MüKoBGB § 80 Rn. 199.

[50] *Arnold* in MüKoBGB § 54 Rn. 32; *Schäfer* in MüKoBGB § 705 Rn. 80; *Roth* in Baumbach/Hopt HGB § 105 Rn. 28.

[51] *Schulze zur Wiesche* WPg 1988, 128 (129); *Weimar/Geizhaus/Delp* BB 1986, 1999 (2004).

[52] *Weitemeyer* in MüKoBGB § 86 Rn. 3; *Berndt*/Götz, Stiftung und Unternehmen, Rn. 315; *Hof* in v. Campenhausen/Richter StiftungsR-HdB § 8 Rn. 8 f.; *Hennerkes/Binz/Sorg* DB 1986, 2217 (2270).

- Die **Fremdberufung** von Vorstandsmitgliedern, dh die Vorstandsmitglieder werden von außenstehenden natürlichen oder juristischen Personen bestellt (zB Familienrat, Stiftungsbehörde, Die Famillienunternehmer e.V.).[53]
- Die **anonyme Berufung** des jeweiligen **Inhabers eines Amtes** oder einer sonstigen Position („kraft Amtes").[54]

29 Da jedes der genannten Bestellungsverfahren spezifische Vor- und Nachteile aufweist, kann es sich im Einzelfall auch anbieten, die Verfahren miteinander zu **kombinieren** (zB indem der Vorstand bei der Kooptation aus den Vorschlägen des ausscheidenden Vorstandsmitglieds auszuwählen hat). Sollte die Stiftung neben dem Vorstand fakultativ ein **weiteres Organ** haben (zB Aufsichtsrat), so wird der Vorstand in der Regel von diesem – höher angesiedelten – Organ bestellt; die für den Vorstand beschriebenen Bestellungsverfahren gelten dann für dieses Organ.

6. Kaufmannseigenschaft der Stiftung

30 Eine GmbH gilt nach § 6 HGB stets als Kaufmann. Die Stiftung ist dagegen keine Handelsgesellschaft und erlangt Kaufmannseigenschaft nur nach den allgemeinen Grundsätzen der §§ 1, 2 HGB.[55] Der **persönlich haftende Gesellschafter** einer KG ist nach hM, da ihm deren Handelsgewerbe zugerechnet wird, immer **Kaufmann,** jedoch nicht uneingeschränkt, sondern nur in seiner Eigenschaft als persönlich haftender Gesellschafter, dh soweit er für die KG handelt (sog Gesellschafter-Kaufmann).[56]

31 Für die Komplementär-Stiftung, die regelmäßig selbst **kein Handelsgewerbe** betreibt, finden die für Kaufleute geltenden Vorschriften des HGB somit keine zwingende Anwendung. Dies bedeutet zB, dass die Stiftung selbst nicht im Handelsregister einzutragen ist,[57] dass sie keine Firma, sondern lediglich einen Namen führt, und dass die Stiftung für sich selbst nicht buchführungspflichtig ist.[58]

7. Geschäftsführung und Vertretung

32 Bei der GmbH gilt mangels anderweitiger Bestimmungen in der Satzung im Innenverhältnis Gesamtgeschäftsführung, dh keiner der Geschäftsführer darf ohne die Mitwirkung der anderen handeln.[59] Für den mehrköpfigen Vorstand einer Stiftung verweist § 86 S. 1 BGB davon abweichend auf § 28 BGB. Danach entscheidet im **Innenverhältnis** mangels abweichender Regelung die **einfache Mehrheit** (§ 32 Abs. 1 S. 3 BGB).

33 Auch die Vertretung der Stiftung richtet sich nach den Bestimmungen des Vereinsrechts (§ 86 S. 1 BGB iVm § 26 BGB). Dabei ergeben sich im Verhältnis zur GmbH wesentliche Unterschiede. Bei der GmbH ist die Vertretungsbefugnis aus dem Handelsregister ersichtlich und eine Beschränkung der Vertretungsmacht durch Satzung oder Gesellschafterbeschluss gegenüber Dritten unwirksam (§ 37 Abs. 2 GmbHG). Bei der Stiftung kann die **Vertretungsmacht** dagegen durch die Satzung beliebig **beschränkt** werden (§ 86 S. 1 BGB iVm

---

[53] Kritisch dazu *Weitemeyer* in MüKoBGB § 86 Rn. 5 f., die verlangt, dass die berufenen Dritten dem Primat des Stifterwillens untergeordnet sind. Hierfür soll eine Bereitschaftserklärung genügen, durch die der oder die externen Dritten zum pflichtgebundenen Kreationsorgan werden.

[54] Zur Zulässigkeit männlicher Primogenitur bei der Nachbesetzung des Stiftungsvorstands einer Familienstiftung OLG Hamm BeckRS 2013, 04995.

[55] *Römer/Spiegel* in v. Campenhausen/Richter StiftungsR-HdB § 37 Rn. 307 f.; *Berndt*/Götz, Stiftung und Unternehmen, Rn. 406 ff.

[56] BGH NJW 1966, 1960 (1961); *Schäfer* in Großkomm. HGB § 105 Rn. 77 ff. mwN; differenzierend *Roth* in Baumbach/Hopt HGB § 161 Rn. 5 iVm HGB § 105 Rn. 19 ff.; *Preißer/v. Rönn,* KG und GmbH & Co. KG, 10.

[57] Ob sie sich gemäß § 2 HGB eintragen lassen kann, hängt davon ab, ob sie überhaupt einen Gewerbebetrieb unterhält. Zu den Merkmalen des Gewerbebetriebs s. *K. Schmidt* in MüKoHGB § 1 Rn. 27 ff.

[58] *Gummert* in MHdB Stiftung § 82 Rn. 35; *Hennerkes/Binz/Sorg* DB 1986, 2221 (2270). Eine Buchführungspflicht ergibt sich in der Regel auch nicht aus § 141 AO.

[59] *Koppensteiner/Gruber* in Rowedder/Schmidt-Leithoff GmbHG § 37 Rn. 16 f.

§ 26 Abs. 1 S. 3 BGB).[60] Diese Beschränkung ist für Dritte nicht oder nur schwer erkennbar, da die Komplementär-Stiftung als solche in der Regel nicht ins Handelsregister eingetragen ist und es ein bundeseinheitliches Stiftungsregister, aus dem sich die Vertretungsverhältnisse ergeben, noch immer nicht gibt. In den Bundesländern gibt es zwar Stiftungsverzeichnisse; deren Rechtswirkungen sind allerdings nicht mit denen des Handelsregisters vergleichbar.[61] Die Stiftung ist für ihre Handlungsfähigkeit im Rechtsverkehr deshalb auf **Vertretungsbescheinigungen** angewiesen, die von den Stiftungsbehörden bei Bedarf ausgestellt werden.

8. Nachträgliche Kapitalzuführungen

Das Kapital einer GmbH kann jederzeit erhöht werden, wobei dies keine unmittelbaren steuerlichen Folgen hat. Auch bei der Stiftung ist es stiftungsrechtlich grundsätzlich möglich, durch nachträgliche Zuwendungen, sog **Zustiftungen,** das Stiftungsvermögen zu erhöhen.[62] 34

Zustiftungen werden bei der Stiftung steuerlich wie gewöhnliche Schenkungen oder als Erwerb von Todes wegen behandelt und lösen somit **Erbschaftsteuer** nach der ungünstigsten **Steuerklasse III** aus, da die für die Errichtung einer Familienstiftung geltende Vergünstigung des § 15 Abs. 2 S. 1 ErbStG (Zugrundelegung der Verwandtschaftsverhältnisse) hier keine Anwendung finden.[63] Etwas anderes gilt uE aber dann, wenn die Zustiftung bereits im ursprünglichen Stiftungsgeschäft festgelegt war.[64] Zustiftungen unterliegen generell **nicht** der **Körperschaftsteuer,** da sie nicht im Rahmen einer der Einkunftsarten des § 2 Abs. 1 EStG zufließen.[65] 35

IV. Die wirtschaftsrechtlichen Vorzüge der Stiftung & Co. KG

1. Personengesellschaft mit beschränkter Haftung

Bei der Stiftung & Co. KG ist die Haftungsbeschränkung noch **umfassender** als bei der GmbH & Co. KG. Wird nämlich das Stammkapital der Komplementär-GmbH durch Zahlungen an deren Gesellschafter angegriffen, sei es unmittelbar durch Auszahlungen der GmbH, sei es mittelbar durch Entnahmen bei der KG, so sind die Gesellschafter gemäß **§§ 30, 31 GmbHG** zur Rückzahlung verpflichtet (→ § 12 Rn. 53 ff.). Bei der Stiftung gibt es vergleichbare Vorschriften dagegen nicht.[66] Allerdings gelten die §§ 39 Abs. 1 Nr. 5, 135 InsO, §§ 6, 6a AnfG auch für die Stiftung & Co. KG (näher → § 12 Rn. 84 ff.). 36

2. Sicherung der Unternehmenskontinuität

Gerade Familiengesellschafter „der ersten Stunde" legen in der Regel besonderen Wert darauf, dass die nachfolgenden Generationen das vom Gründer aufgebaute Unternehmen in seinem Geiste („Dynastie") weiterführen. Realisiert wird dieser Wunsch in der Praxis meist dadurch, dass die Erben unter bestimmte Auflagen oder unter Testamentsvollstreckung gestellt werden. Diese Mittel sind aber nur von **begrenztem Wert.** Die Testamentsvollstreckung endet, jedenfalls im Grundsatz, spätestens nach 30 Jahren.[67] Der Erbe kann sich ihr 37

---

[60] *Weitemeyer* in MüKoBGB § 86 Rn. 5 f.; *Hof* in v. Campenhausen/Richter StiftungsR-HdB § 8 Rn. 35; kritisch *Ellenberger* in Palandt BGB § 86 Rn. 1.

[61] Die Eintragung im Stiftungsverzeichnis begründet nicht die Vermutung ihrer Richtigkeit, vgl. zB § 4 Abs. 4 StiftG Baden-Württemberg.

[62] *Hof* in v. Campenhausen/Richter StiftungsR-HdB § 6 Rn. 186, § 9 Rn. 13 ff.

[63] BFH DStR 2010, 484; R E 15.2 Abs. 3 ErbStR; *Frieling* DB 2017, 317 (318); Berndt/*Götz,* Stiftung und Unternehmen, Rn. 986; *Meincke* ErbStG § 15 Rn. 21; *Richter* in v. Campenhausen/Richter StiftungsR-HdB § 40 Rn. 37.

[64] Berndt/*Götz,* Stiftung und Unternehmen, Rn. 987; *Binz/Sorg* DB 1988, 1822 (1824); *Kapp/Ebeling* ErbStG § 15 Rn. 63; *Sorg,* Die Familienstiftung, 100.

[65] Berndt/*Götz,* Stiftung und Unternehmen, Rn. 961 mwN.

[66] Für eine zumindest entsprechende Anwendung *K. Schmidt* GesR § 56 VII 3.

[67] § 2210 BGB. Ähnliche zeitliche Beschränkungen gelten auch für die übrigen erbrechtlichen Institute.

und allen sonstigen Auflagen außerdem schon vorher entziehen, indem er die Erbschaft ausschlägt und den Pflichtteil verlangt (§ 2306 BGB).

38 Diese Problemsituation ist bei der Stiftung & Co. KG besser gelöst. Die Stiftung ist über ihre Komplementär-Stellung in der Lage, eine **Garantiefunktion für den Stifterwillen** zu erfüllen. In diesem Zusammenhang kommt der staatlichen Stiftungsaufsicht besondere Bedeutung zu. Sie ist geradezu prädestiniert, Versuche zur Aushöhlung des Stifterwillens nach dem Tod des Stifters zum Scheitern zu bringen. Jede Satzungsänderung und erst recht die Aufhebung der Stiftung bedürfen der **Genehmigung der Stiftungsbehörde.** Beides ist nur zulässig, soweit dies in der Satzung selbst ausdrücklich vorgesehen oder vom Gesetz gestattet wird.[68] In der Regel setzt dies eine wesentliche Änderung der Verhältnisse voraus. Dies gilt insbesondere für eine Änderung des Stiftungszwecks. Bei der Entscheidung über die Genehmigung der Satzungsänderung soll der erklärte oder mutmaßliche Wille des Stifters berücksichtigt werden (§ 87 Abs. 2 S. 1 BGB). Damit liegt es in der Hand des Stifters, eine Änderung der Stiftungssatzung für die Zeit nach seinem Tode zu beschränken oder weitestgehend auszuschließen.

39 Allerdings kann die Stiftungsaufsicht nur im Bereich der Stiftung selbst für die Beachtung des Stifterwillens sorgen. Die Sicherung der Unternehmenskontinuität funktioniert deshalb nur dann, wenn der Stiftung im **Gesellschaftsvertrag der KG** eine **starke Stellung** eingeräumt wird, zB durch die Bestimmung, dass Änderungen des Gesellschaftsvertrags in allen oder zumindest in wichtigen Fällen der Zustimmung der Stiftung bedürfen. Die Gefahr einer **Kündigung** der KG durch einzelne Kommanditisten lässt sich jedoch selbst bei Anwendung aller kautelarjuristischen Kunstgriffe nicht ausschließen, da eine solche Kündigung wegen § 723 Abs. 3 BGB iVm §§ 105 Abs. 3, 161 Abs. 2 HGB immer möglich bleiben muss. Allenfalls ist es – unter Beachtung bestimmter Grenzen (→ § 6 Rn. 63, 161 ff.) – zulässig, eine Kündigung erstmals nach einem längeren Zeitraum zuzulassen oder das Ausscheiden von Kommanditisten mit den bekannten Mitteln (zB Kürzung des Abfindungsanspruchs, langfristige Ratenzahlung) im Rahmen des gesetzlich zulässigen unattraktiv zu machen, um diese von einer Kündigung möglichst abzuhalten.

40 Das Instrumentarium zur Verstetigung des Stifterwillens hat naturgemäß auch seine **Kehrseite.**[69] Wer Verstetigung will, muss eine gewisse **Schwerfälligkeit** bei Anpassungsprozessen in Kauf nehmen. Der Stifter sollte allerdings den Stiftungsorganen und den Kommanditisten die Möglichkeit nicht verbauen, die Stiftungssatzung etwa veränderten Verhältnissen innerhalb eines bestimmten Rahmens anzupassen und notwendige Veränderungen im Bereich der Stiftung & Co. KG vorzunehmen, zB Wechsel der Rechtsform, Änderung des Unternehmensgegenstandes oder gar Liquidation der Stiftung & Co. KG, also Maßnahmen, die sonst an der Stiftungsaufsicht scheitern könnten. In dem Maße, in dem gegenüber der Stiftungsaufsicht die beschränkte Freiheit der Erben wieder hergestellt wird, ist natürlich eine vom Stifter erstrebte Absicherung der Unternehmenskontinuität eingeschränkt. Zwischen notwendiger Anpassungsfähigkeit einerseits und Verstetigung des Stifterwillens andererseits liegt ein **Zielkonflikt,** den die Beteiligten individuell lösen müssen.

41 Um möglichen Gefahren durch eine zu restriktive Handhabung der Stiftungsaufsicht zu begegnen, kann den Kommanditisten im Gesellschaftsvertrag das Recht eingeräumt werden, die **Stiftung** durch (qualifizierten) Mehrheitsbeschluss **aus der KG auszuschließen.** Eine Hinauskündigung eines Gesellschafters nach freiem Ermessen ist zwar im Grundsatz unzulässig (→ § 6 Rn. 106 ff.). Die von der Rechtsprechung hierzu entwickelten Grundsätze sind uE jedoch auf den Ausschluss der Stiftung **nicht** anwendbar. Die Rechtsprechung bezweckt nämlich nichts anderes, als die Interessen des wirtschaftlich abhängigen Minderheits-Kommanditisten zu schützen. Dieser würde seine Gesellschafterrechte erst gar nicht mehr wahrnehmen, wenn über ihm ständig das Damoklesschwert der Hinauskündigung hinge. Damit

[68] BGH DB 1976, 1664; OLG Hamburg ZIP 1994, 1950; *Hof* in v. Campenhausen/Richter StiftungsR-HdB § 10 Rn. 281 mit Nachweisen der einschlägigen Bestimmungen in den Landesstiftungsgesetzen.

[69] Generell kritisch gegenüber „Stiftungskonstruktionen" *Rawert* ZEV 1999, 294 (296).

greift diese Rechtsprechung von vornherein nicht ein, wenn es um den Ausschluss einer Stiftung geht, die weder kapital- noch gewinnmäßig an der Gesellschaft beteiligt ist; denn hier fehlt es an einem wirtschaftlichen Schutzbedürfnis, wie dies bei einem Minderheits-Kommanditisten vorhanden ist.[70]

Schließlich **entfällt** bei der Stiftung & Co. KG die für die GmbH & Co. KG typische **Verzahnungsproblematik** (→ § 8 Rn. 40 ff.). Nachdem es Anteile an einer Stiftung nicht gibt, ist das Auseinanderfallen der Beteiligungen von vornherein ausgeschlossen.[71] Die Stiftung & Co. KG steht insoweit der Einheitsgesellschaft (Einheits-GmbH & Co. KG) gleich. 42

3. Mitbestimmungsfreiheit

Kapitalgesellschaften & Co. KGs mit mehr als 2.000 Arbeitnehmern unterliegen – wie Kapitalgesellschaften – nach § 4 Abs. 1 MitbestG dann der Mitbestimmung, wenn, was die Regel ist, **dieselben Personen** sowohl die KG als auch die Kapitalgesellschaft **beherrschen.** § 4 MitbestG findet jedoch auf solche KGs keine Anwendung, bei denen eine andere juristische Person als die in § 1 Abs. 1 MitbestG enumerativ aufgezählten Kapitalgesellschaften als Komplementär beteiligt ist. Da die Stiftung keine Kapitalgesellschaft ist, ist sie in dieser Aufzählung ebenso wenig zu finden wie der eingetragene Verein. Die Stiftung selbst sowie die Stiftung & Co. KG sind somit unstreitig von der **Mitbestimmung befreit.**[72] 43

4. Offenlegung von Jahresabschlüssen

Die Stiftung & Co. KG wurde von der sog **Kapitalgesellschaften & Co.-Richtlinie der EU** vom 8.11.1990 **nicht erfasst.**[73] Dies war höchst bemerkenswert, weil der „Ausschuss für Rechte und Bürgerrechte" des Europäischen Parlaments den insoweit gleichlautenden Vorläufer dieser Ergänzungs-Richtlinie, nämlich den Richtlinien-Vorschlag vom 11.6.1986,[74] als lückenhaft empfunden und den Rat der EU aufgefordert hatte, auch für die Stiftung & Co. KG eine entsprechende Rechnungslegung vorzusehen.[75] Auch das Plenum des Europäischen Parlaments forderte seinerzeit den Rat der EU auf, „zu prüfen, ob die in den Mitgliedstaaten der Gemeinschaft unterschiedlichen Rechtsformen der Stiftung sich für eine entsprechende Rechnungslegung eignen".[76] 44

Der deutsche Gesetzgeber hat die Kapitalgesellschaften & Co.-Richtlinie mit dem KapCoRiLiG vom 16.12.1999 dann allerdings so umgesetzt, dass auch die Stiftung & Co. KG erfasst wird (→ § 15 Rn. 19 f.). Die Stiftung & Co. KG ist insoweit also der **GmbH & Co. KG gleichgestellt.** UE war es zwar **nicht zwingend,** die Publizitätspflicht auch auf die Stiftung & Co. KG auszudehnen, da die Stiftung – im Gegensatz zu den Kapitalgesellschaften – selbst nicht publizitätspflichtig ist.[77] Gleichwohl war der Gesetzgeber schon im Hinblick auf die Rechtsformneutralität gut beraten, alle Personengesellschaften mit beschränkter Haftung der Publizitätspflicht zu unterwerfen, auch um eine – jedenfalls stiftungsrechtlich – unerwünschte „Flucht" in die Stiftung & Co. KG zu verhindern. 45

5. Informationsrechte

Den Kommanditisten stehen nach § 166 Abs. 1 HGB Informationsrechte zu, die allerdings im Gesellschaftsvertrag meist eingeschränkt werden. Bei der GmbH & Co. KG geht 46

[70] *Hennerkes/Binz/Sorg* DB 1986, 2221 (2272).
[71] *Delp,* Die Stiftung & Co. KG, 129.
[72] *Pawlytta/Pfeiffer* in Feick, Stiftung als Nachfolgeinstrument, § 31 Rn. 13 und 52; *Ulmer/Habersack*/Henssler MitbestG § 4 Rn. 7; *Brandmüller/Lindner,* Gewerbliche Stiftungen, 3. Aufl. 2005, 77; *Berndt*/Götz, Stiftung und Unternehmen, Rn. 1801.
[73] ABl. EU L 317, 60; *Centrale für GmbH* GmbHR 1990, 353 (354).
[74] BR-Drs. 247/86.
[75] Europaparlament, Sitzungsdokumente 1986/7, Serie A, Dokument A2 222/86 vom 24.2.1987, 6.
[76] Europaparlament, Bericht über die Sitzung vom 9.4.1987, Sp. 397 ff.
[77] Dazu *Mattheus* DStR 2003, 254.

eine solche gesellschaftsvertragliche Beschränkung der Informationsrechte der Kommanditisten jedoch – folgt man der hM – mehr oder weniger ins Leere, da die Kommanditisten, sofern sie zugleich Gesellschafter der Komplementär-GmbH sind, durch die „Hintertür" des **§ 51a GmbHG** die Informationsrechte – noch dazu in verbesserter Form – „zurückerhalten" (→ § 5 Rn. 122). Während bei der GmbH & Co. KG § 51a GmbHG nicht einmal durch die Wahl der Einheitsgesellschaft sicher vermieden werden kann (aber → § 5 Rn. 125), gibt es im Bereich der Stiftung & Co. KG **keine** dem § 51a GmbHG **vergleichbare Vorschrift.**[78]

V. Die steuerrechtlichen Vorzüge der Stiftung & Co. KG

1. Einkommensteuer

47 Die Stiftung & Co. KG wurde weder früher von der Geprägerechtsprechung erfasst, noch kann sie eine **gewerblich geprägte Personengesellschaft** iSv § 15 Abs. 3 Nr. 2 EStG sein.[79] Denn bei der Stiftung handelt es sich **nicht** um eine Kapitalgesellschaft, weshalb die Stiftung der Stiftung & Co. KG auch nicht (wie zB die GmbH der GmbH & Co. KG) die „Wesenszüge einer Kapitalgesellschaft" verleihen kann. Eine Stiftung erzielt – anders als eine Kapitalgesellschaft – gerade nicht kraft Rechtsform nur gewerbliche Einkünfte.

48 Die **Einkünfte** der Stiftung hängen in ihrer Qualifizierung von der Betätigung der Stiftung ab. § 8 Abs. 2 KStG gilt für die Stiftung generell nicht. Führt sie als Komplementär die Geschäfte einer rein vermögensverwaltenden KG, so kann diese, für sich gesehen keine Mitunternehmerstellung vermittelnde Tätigkeit im Ergebnis nicht dazu führen, dass die Stiftung gewerbliche Einkünfte erzielt und damit ihrerseits die Einkünfte der Stiftung & Co. KG in gewerbliche umqualifiziert.[80] Allerdings ist die gewerbliche Prägung auch bei der GmbH & Co. KG leicht vermeidbar, zB durch einen geschäftsführenden Kommanditisten (→ § 16 Rn. 59).

2. Gewerbesteuer

49 Während Kapitalgesellschaften gemäß § 2 Abs. 1 S. 1 GewStG iVm Abs. 2 S. 1 GewStG kraft Rechtsform stets und in vollem Umfang gewerbesteuerpflichtig sind, ist dies bei der **Komplementär-Stiftung** nicht der Fall. Gemäß § 2 Abs. 3 GewStG ist die Tätigkeit der Stiftung nur insoweit gewerbesteuerpflichtig, als diese einen **wirtschaftlichen Geschäftsbetrieb** unterhält. Zwar gilt die Beteiligung an einer KG nach hM grundsätzlich als wirtschaftlicher Geschäftsbetrieb. Hierauf darf aber bei einer vermögensverwaltenden Stiftung & Co. KG nicht abgestellt werden. Andernfalls käme man zu dem merkwürdigen Ergebnis, dass die Stiftung allein aufgrund ihrer Beteiligung an der Stiftung & Co. KG gewerbesteuerpflichtig wäre, obwohl die Stiftung & Co. KG selbst nicht gewerbesteuerpflichtig ist.[81]

50 Da die Stiftung & Co. KG auch nicht als gewerblich geprägte Personengesellschaft gilt (→ Rn. 47), unterliegt sie nur der Gewerbesteuer, wenn sie auch gewerblich tätig ist. Damit ist die Stiftung & Co. KG die einzige Rechtsform, die uneingeschränkt eine **gewerbesteuerfreie Vermögensverwaltung** sowie eine gewerbesteuerfreie Vermietungs- und Verpachtungstätigkeit unter Ausschluss der unbeschränkten Haftung ermöglicht.

---

[78] *Pawlytta/Pfeiffer* in Feick, Stiftung als Nachfolgeinstrument, § 31 Rn. 14; *Richter* in v. Campenhausen/Richter StiftungsR-HdB § 12 Rn. 94.

[79] *Stuhrmann* in Blümich EStG § 15 Rn. 301; *Jacobs/Scheffler/Spengel,* Unternehmensbesteuerung und Rechtsform, 383; *Reiß* in Kirchhof EStG § 15 Rn. 138; *Wacker* in L. Schmidt EStG § 15 Rn. 216; *Schulze zur Wiesche* WPg 1988, 128 (135); *Herzig/Kessler* DStR 1986, 451 (456).

[80] So bereits FG Düsseldorf EFG 1985, 83 für die gemeinnützige GmbH.

[81] *Jacobs/Scheffler/Spengel,* Unternehmensbesteuerung und Rechtsform, 381 f.; *Schulze zur Wiesche* WPg 1988, 128 (135); *Hennerkes/Binz/Sorg* DB 1986, 2217 (2220).

VI. Resümee

Die Stiftung & Co. KG kann gegenüber der GmbH & Co. KG eine **interessante Alternative** darstellen.[82] Allerdings wird die Stiftung bei einer Stiftung & Co. KG häufig zu stiftungsfremden Zwecken eingesetzt und läuft deshalb Gefahr, die bislang ebenso hoch geschätzte wie privilegierte Institution der Stiftung in **Misskredit** zu bringen. Die Stiftung als Komplementär hat außerdem ihren Preis: Zum einen fordern die Stiftungsbehörden für die Stiftung in der Regel eine Vermögensausstattung, die das Mindeststammkapital der GmbH deutlich übersteigt. Zum anderen weist die Stiftung rechtliche Besonderheiten auf, denen in der Beratungspraxis durch entsprechend höheren Gestaltungsaufwand Rechnung getragen werden muss. Trotz der zweifellos vorhandenen Vorzüge der Stiftung & Co. KG wird diese Rechtsform deshalb immer auf **Spezialaufgaben** beschränkt bleiben; keinesfalls ist sie als „Allzweck-Waffe" einsetzbar oder gar geeignet, die GmbH & Co. KG auf breiter Front zu ersetzen. 51

§ 24 Auslandskapitalgesellschaft & Co. KG

I. Motive

Die Frage, ob und unter welchen Voraussetzungen eine ausländische juristische Person (alleiniger) persönlich haftender Gesellschafter einer KG sein kann, ist insbesondere für große Gesellschaften mit mehr als 2.000 inländischen Arbeitnehmern von praktischer Bedeutung, weil eine Kapitalgesellschaft & Co. KG mit ausländischer Komplementärgesellschaft – ebenso wie die SE & Co. KG – nicht der **Mitbestimmungspflicht** gemäß § 4 Abs. 1 MitbestG unterliegt.[1] Allerdings soll in besonders gelagerten Fällen nach umstrittener Auffassung das MitbestG auf Kommanditgesellschaften mit einer ausländischen Komplementär-Kapitalgesellschaft über § 5 Abs. 3 MitbestG Anwendung finden können.[2] 1

Nach der weit gefassten Definition in § 264a HGB unterliegt auch die Auslandskapitalgesellschaft & Co. KG der **Publizitätspflicht.** Bis zum Inkrafttreten des **KapCoRiLiG** bestand die Erwartung, man könne die Publizität in Deutschland dadurch vermeiden, dass eine ausländische Komplementärgesellschaft ihrer Publizitätspflicht im Ausland nach dem dort geltenden Recht in der jeweiligen Landessprache nachkommt.[3] Diese Erwartung wurde aber zunächst enttäuscht, da gemäß § 264b Nr. 3 HGB aF der ausländische Konzernabschluss nur dann befreiende Wirkung hatte, wenn er **in deutscher Sprache** beim Handelsregister des Sitzes der Kapitalgesellschaft & Co. KG offengelegt wurde.[4] In puncto Publizitätsvermeidung war also mit einer ausländischen Komplementär-Kapitalgesellschaft nichts gewonnen. 2

Seit der **Neufassung** der Gesetzesvorschrift durch das **EHUG** genügt es, wenn die Befreiung im Anhang des Konzernabschlusses angegeben, dieser (auch) im Bundesanzeiger offen gelegt und im Bundesanzeiger für die Kapitalgesellschaft & Co. KG die Befreiung unter Angabe des Mutterunternehmens mitgeteilt wird (§ 264b HGB).[5] Entfallen ist die Verpflichtung, den Konzernabschluss in deutscher Sprache verfügbar zu halten, weshalb die ausländische Komplementärgesellschaft nicht mehr gehalten ist, den in ihrer **Heimatspra-** 3

---

[82] *Brandmüller/Lindner,* Gewerbliche Stiftungen, 77; *Delp,* Die Stiftung & Co. KG, 135.

[1] *Ulmer/Habersack* in Ulmer/Habersack/Henssler MitbestG § 4 Rn. 11; *Binz/Mayer* GmbHR 2003, 249 f.; *Eberhard* in BeckHdB PersGes § 28 Rn. 84; → § 14 Rn. 27 ff. Für eine analoge Anwendung *Forsthoff* DB 2000, 1109 (1114).

[2] Vgl. OLG Stuttgart GmbHR 1995, 530; dagegen zu Recht *Werner* GmbHR 2005, 288 (294).

[3] Vgl. BMJ 13.7.1990, GmbHR 1990, 353.

[4] Eine Offenlegung lediglich am Sitz der ausländischen Komplementär-Kapitalgesellschaft hätte die Einsichtnahme in den Jahresabschluss und die Überprüfung der Einhaltung der Offenlegungspflicht wesentlich erschwert, so BT-Drs. 14/1806, 19. Dazu auch *Kuntze-Kaufhold* BB 2006, 428.

[5] Nach *Förschle/Deubert* in Beck'scher Bilanzkommentar HGB § 264b Rn. 57 müsse mangels ausdrücklicher Regelung der befreiende Konzernabschluss der ausländischen Komplementärgesellschaft nicht mehr in Deutschland offengelegt werden. Entscheidend sei allein dessen elektronische Verfügbarkeit für deutsche Adressaten, etwa durch die entsprechende Offenlegung in einem anderen EU- oder EWR-Staat. AA allerdings LG Bonn NJW-RR 2011, 194.

che aufgestellten Konzernabschluss zu übersetzen.[6] Für interessierte Adressaten (zB Wettbewerber) dürfte es freilich keinen nennenswerten Unterschied machen, ob sie den nach EU-Recht aufgestellten Konzernabschluss über das Internet in deutscher oder in einer anderen EU-Sprache (Heimatsprache der Komplementärgesellschaft) abrufen.

4 Mit seiner Rechtsprechung zur Niederlassungsfreiheit (→ Rn. 14 ff.) hat der EuGH im Gesellschaftsrecht einen **Wettbewerb der Rechtsordnungen** eröffnet. Dies machten sich auch gewerbliche Anbieter zu Nutze, die ausländische Kapitalgesellschaften, die vielfach **ohne nennenswertes Stammkapital** und damit ohne größeren Kapitaleinsatz errichtet werden können, als unbürokratische und preiswerte Alternative zur GmbH bewarben. Insbesondere diese Konkurrenz durch ausländische Rechtsformen hat den Gesetzgeber veranlasst,[7] im Rahmen des MoMiG mit der **UG** (§ 5a GmbHG) eine Variante der GmbH einzuführen, die ebenfalls mit einem Stammkapital ab 1 Euro errichtet werden kann. Damit hat dieser Gesichtspunkt als Argument für die Verwendung einer Auslandsgesellschaft an Bedeutung verloren. Zwar besteht für die UG – anders als zB bei der Limited – eine Pflicht zur Bildung einer zweckgebundenen Rücklage, solange ihr Stammkapital weniger als 25.000 Euro beträgt (§§ 5a Abs. 3, 5 GmbHG), jedoch läuft diese Pflicht beim Einsatz der UG als kapitalmäßig nicht beteiligtem Komplementär faktisch ins Leere.[8] Dies dürfte auch ein Grund dafür sein, dass der Anfang des Jahrhunderts einsetzende Trend, auf ausländische Kapitalgesellschaften mit Verwaltungssitz in Deutschland – unter denen die englische Limited mit einem (wenn auch sinkenden) Anteil von aktuell immerhin noch rund 75 % weiter führend ist – zu setzen,[9] seit Jahren **rückläufig** ist.[10] Der **Austritt der Briten aus der EU** und die daraus für die betroffenen Gesellschaften resultierenden Folgeprobleme[11] werden ihr weiteres dazu beitragen.

5 Auch im Bereich der **Kapitalgesellschaft und Co.** hat die UG die Limited als Komplementärgesellschaft zahlenmäßig mit deutlichem Abstand eingeholt.[12] Im Verhältnis zum Gesamtbestand an registrierten UG einerseits und Ltd. andererseits kommt der UG & Co. KG allerdings eine erkennbar geringere Bedeutung zu, als der Ltd. & Co. KG.[13] Dieser Befund dürfte darauf zurückzuführen sein, dass bei der Kapitalgesellschaft & Co. KG mit ausländischem Komplementär weniger die Reduktion des aufzubringenden Kapitals, als vielmehr die **Mitbestimmungsvermeidung** als Motiv im Vordergrund steht. Als Komplementär der Auslandskapitalgesellschaft & Co. KG hat die Limited deshalb durchaus Konkurrenz.[14] In Verwendung sind auch die englische PLC (ALBA und Air Berlin), die französische S.A.R.L. (Agilis) und SA (Gegenbauer), die niederländische B.V. (Claas & Kock, Esprit, H & M), die österreichische AG (Festo), die luxemburgische AG (Kühne & Nagel) sowie die dänische Aps (Zur Mühlen).[15]

---

[6] *Förschle/Deubert* in Beck'scher Bilanzkommentar, HGB § 264b Rn. 58.

[7] Vgl. BR-Drs. 354/07, 55 f.

[8] Zur Zulässigkeit der UG als Komplementär ohne Kapitalbeteiligung → § 4 Rn. 50 f.

[9] Zur Verbreitung der Limited ua *Bayer/Hoffmann* GmbHR 2007, 414 – ca. 20.000 zum 31.12.2005; *Westhoff* GmbHR 2004, 474 – ca. 30.300 zum 31.12.2005, ca. 46.000 zum 1.11.2006; auf der Grundlage einer Auswertung der Registerbefunde *Kornblum* GmbHR 2009, 1056 (1063 f.) – 17.524 zum 1.1.2009; *Kornblum* GmbHR 2010, 739 (746) – 17.551 zum 1.1.2010 als bisheriger Spitzenwert.

[10] *Kornblum* GmbHR 2017, 739 (747).

[11] Zu den gesellschaftsrechtlichen und insolvenzrechtlichen Folgen des Brexit *Seggewiße/Weber* GmbHR 2016, 1302; *Rinze/Lehmann* DB 2016, 2946; *Schall* GmbHR 2017, 25; *Mäsch/Gausing/Peters* IPRax 2017, 49.

[12] *Kornblum* GmbHR 2017, 739 (740) zählt zum 1.1.2017 einen bundesweiten Registerbestand von 9.658 UG & Co. KG, während er bei der Ltd. & Co. KG auf eine Anzahl von nur 2.635 kommt.

[13] Laut *Kornblum* GmbHR 2017, 739 (740) waren zum 1.1.2017 bundesweit 125.284 UG und 8.196 Ltd. registriert; Hiernach erfüllen nur ca. 9 % der UG Komplementär-Funktion, während es bei der Ltd. immerhin rund 32 % sind.

[14] Beispiele für die Ltd. & Co. KG: Müller Ltd. & Co. KG, Primark Ltd. & Co. KG, Rolls-Royce Deutschland Ltd. & Co. KG. Vgl. *Werner* GmbHR 2005, 288.

[15] *Recq/Hoffmann* GmbHR 2004, 1070; *Müller/Müller* GmbHR 2006, 583 (640); *Teichmann* ZGR 2014, 220. Nach einer Studie der Hans Böckler-Stiftung (Report Nr. 8, Februar 2015) gab es im Juni 2014 genau 69 Auslandskapitalgesellschaften & Co. KGs, wobei allein von 2011 bis Juni 2014 eine Zunahme von rund 50 % stattfand.

II. Zulässigkeit der Auslandsgesellschaft & Co. KG

Eine KG kann grundsätzlich auch eine ausländische Kapitalgesellschaft als (einzigen) persönlich haftenden Gesellschafter haben.[16] Voraussetzung hierfür ist, dass die – entsprechend den Grundsätzen des **internationalen Privatrechts** – in Deutschland als solche anerkannte Kapitalgesellschaft nach deutschem Recht **komplementärfähig** ist. Daneben wird verlangt, dass die Beteiligung als persönlich haftender Gesellschafter auch nach dem für die ausländische Komplementärgesellschaft geltenden **Heimatrecht** zulässig ist.[17] Dies ist zB bei der englischen Private company limited by shares (Ltd.) der Fall; deren Einsatz als Komplementär-Kapitalgesellschaft und damit die Ltd. & Co. KG werden deshalb von der hM anerkannt.[18] Auf ein nach dem Heimatrecht bestehendes Verbot, sich als persönlich haftender Gesellschafter an einer Personengesellschaft zu beteiligen, kann es allerdings nur ankommen, wenn dieses Verbot im Recht der jeweiligen Kapitalgesellschaft wurzelt. Schützt die Heimatrechtsordnung der Komplementär-Kapitalgesellschaft lediglich Wesen und Haftungsverfassung der Personengesellschaft, kommen diese Wertungen nicht zum Tragen.[19] Insoweit gilt das deutsche Personengesellschaftsrecht, das die Komplementärfähigkeit haftungsbeschränkter Kapitalgesellschaften bejaht. 6

Gegen die Zulässigkeit der Beteiligung einer ausländischen juristischen Person als persönlich haftender Gesellschafter der KG werden aus deutscher Sicht – neben generellen Vorbehalten gegen die Grundtypenvermischung, wie sie auch der GmbH & Co. KG vormals entgegenschlugen und für die Auslandsgesellschaft erst recht gälten[20] – folgende Gründe geltend gemacht,[21] die uE jedoch – jedenfalls im Ergebnis – **nicht gerechtfertigt** sind: 7

- Erschwerung des Rechtsverkehrs aufgrund **Statutenvermischung** durch die teilweise Geltung ausländischen Rechts, insbesondere erschwerte Zustellungs- und Vollstreckungsmöglichkeiten für die Gesellschaftsgläubiger im Ausland, ferner Erschwernisse bei der Zustellung und Vollstreckung von Zwangs- und Ordnungsgeldern gegen Organe ausländischer Gesellschaften. Diese angeblichen Erschwernisse waren und sind bei der – unstreitig zulässigen – Beteiligung einer, unter Umständen sogar noch minderjährigen natürlichen Person mit Wohnsitz im Ausland nicht geringer, können also nicht für die Unzulässigkeit der Komplementär-Beteiligung ausländischer Gesellschaften ins Feld geführt werden.[22] 8
- Erschwerte Feststellbarkeit der **Kapitalausstattung** und unter Umständen weniger strenge Vorschriften über die Kapitalaufbringung und -erhaltung sowie möglicherweise unzureichende Höhe des Gesellschaftskapitals. Aufgrund der Rechtsprechung des EuGH zur Niederlassungsfreiheitfreiheit von Gesellschaften (→ Rn. 14 ff.) wurden in den vergangenen Jahren in Deutschland eine Vielzahl insbesondere englischer Limiteds gegrün- 9

[16] BayObLG DB 1986, 1325 für Limited; OLG Saarbrücken NJW 1990, 647; OLG Stuttgart ZIP 1995, 1004 für AG schweizerischen Rechts; LG Bielefeld GmbHR 2006, 89; OLG Frankfurt DB 2006, 1949; OLG Frankfurt DNotZ 2008, 860; OLG Bremen NZG 2013, 144 (145); OLG Köln NJW-Spezial 2013, 368; *Grunewald* in MüKoHGB § 161 Rn. 105; *Roth* in Baumbach/Hopt HGB Anh. § 177a Rn. 11; *Bokelmann* BB 1972, 1426 ff.; *Schmidt-Hermesdorf* RIW 1990, 707 ff. mwN; *Wälzholz* IWB 2005, 1055 (1060); *Kowalski/Bormann* GmbHR 2005, 1045; *Schlichte* DB 2006, 1357 mwN; *Teichmann* ZGR 2014, 228 (223 ff.); *Nentwig* GmbHR 2015, 1145. AA AG Bad Oeynhausen GmbHR 2005, 692.

[17] Eingehend *Schmidt-Hermesdorf* RIW 1990, 707 (714 f.). ZB lässt das schweizerische Obligationsrecht in Art. 594 II nur natürliche Personen als Komplementäre einer inländischen KG zu, verbietet aber nicht die ausländische Komplementär-Beteiligung einer inländischen AG, vgl. OLG Saarbrücken NJW 1990, 647.

[18] OLG Frankfurt DB 2006, 1949; LG Bielefeld GmbHR 2006, 89; *Kowalski/Bormann* GmbHR 2005, 1045; aA AG Bad Oeynhausen GmbHR 2005, 692. Allgemein zur Limited & Co. KG *Wachter* GmbHR 2006, 79; *Schlichte* DB 2006, 87; *Werner* GmbHR 2005, 288.

[19] *Teichmann* ZGR 2014, 220 (228).

[20] Dazu *Teichmann* ZGR 2014, 220 (222), demzufolge Kritiker der GmbH & Co. KG in der Auslandsgesellschaft & Co. KG eine „doppelstöckig pervertierte Formenkombination" sehen müssten.

[21] *Kindler* in MüKoBGB IntGesR Rn. 554 ff.; *Ebenroth/Eyles* DB 1988, Beilage 2, 15 ff.; *Kaligin* DB 1985, 1449; *Ebke* ZGR 1987, 245 (265 ff.).

[22] BayObLG DB 1986, 1325 (1327).

det, die für 1 Pfund via Internet erworben werden können. Angesichts dieser Entwicklung wäre es wenig überzeugend und bei Auslandsgesellschaften mit Sitz oder Gründung in einem EWR-Staat sogar europarechtswidrig, wenn die Komplementärfähigkeit mit dieser Begründung verneint würde. Dies gilt umso mehr, als auch für die UG, die mit einem Stammkapital ab 1 Euro ausgestattet werden kann, die Komplementärfähigkeit bejaht wird (→ § 2 Rn. 3).

10 • Erschwerte Feststellbarkeit der **Vertretungsberechtigung** für die Komplementärgesellschaft. Dieser Einwand greift jedenfalls dann nicht durch, wenn der Vertragspartner einer Auslandsgesellschaft & Co. KG die Vertretungsverhältnisse des ausländischen Komplementärs – ebenso wie diejenige der Komplementär-GmbH, aber auch ebenso, wie wenn er direkt mit der Auslandsgesellschaft kontrahierte – aus dem Register des Gründungsstaates ersehen kann. Innerhalb der EU gewährleistet die **Publizitätsrichtlinie**[23] ein vergleichbares Informationsniveau der entsprechenden Register. Deshalb ist auch unerheblich, ob die ausländische Komplementär-Kapitalgesellschaft ihrerseits eine inländische Zweigniederlassung im Handelsregister am Sitz der KG zu registrieren hat, was nicht der Fall sein soll, wenn sich ihre Aktivitäten in der Übernahme der Komplementärstellung erschöpfen.[24] In der **Rechtsprechung** wird zudem vertreten, dass im Falle einer ausländischen juristischen Person als Komplementär – analog § 33 Abs. 2 S. 2 HGB – nicht nur sie selbst, sondern auch ihre jeweils vertretungsberechtigten Organe und deren Vertretungsmacht in das **Handelsregister** der KG einzutragen sind.[25] Konstituierte man ein solches Erfordernis generell für die Kapitalgesellschaft & Co. KG, dürften dem jedenfalls de lege ferenda unionsrechtlich keine Hindernisse entgegenstehen.[26] Unabhängig davon verlangen die Gerichte von Auslandsgesellschaften, die als Komplementär einer KG ins Handelsregister eingetragen werden wollen, dass sie **Existenz** der Gesellschaft und **Vertretungsbefugnis** der für sie handelnden Personen in geeigneter Form **nachweisen.**[27]

11 Für die von der ganz hM bejahte Zulässigkeit spricht nicht zuletzt, dass dem **Gesetzgeber** die Möglichkeit der Komplementär-Beteiligung einer ausländischen juristischen Person an einer deutschen KG bei der Beratung des MitbestG im Jahr 1976 nachweislich bewusst war, er für diesen Fall aber von einer Mitbestimmungspflicht absah.[28] Auch bei der Verabschiedung des KapCoRiLiG war dem Gesetzgeber die Komplementärfähigkeit ausländischer juristischer Personen gegenwärtig (→ Rn. 2), ohne dass er hiergegen etwas unternommen hätte. Schließlich hat sich die **Bundesregierung** zur Erstreckung der Mitbestimmung auf ausländisch dominierte Rechtsformen auf eine kleine Anfrage hin am 7.4.2011 wie folgt geäußert:[29]

> „Bis Oktober 2010 haben insgesamt 43 Unternehmen eine ausländische Rechtsform gewählt, die im Inland ihren Verwaltungssitz haben (Quelle: Böckler-Impuls 2/2011, S. 4). Angesichts von ca. 700 paritätisch mitbestimmten und ca. 1 500 drittelbeteiligten Unternehmen kann von einer Flucht aus der deutschen Mitbestimmung keine Rede sein. Sollte sich der Anteil der Unternehmen, die anstelle einer deutschen Rechtsform eine ausländische Rechtsform wählen und ihre wirtschaftliche Betätigung in Deutschland haben, signifikant erhöhen, wird die Bundesregierung geeignete und rechtlich zulässige Maßnahmen ergreifen."

---

[23] Richtlinie 68/151/EWG, ABl. EG 1968 L 65, 8, mittlerweile neu gefasst als Richtlinie 2009/101/EG, ABl. EU 2009 L 258, 211.

[24] OLG Frankfurt GmbHR 2008, 707.

[25] BayObLG DB 1986, 1325 (1328); LG Chemnitz GmbHR 2007, 263; LG Stade GmbHR 2007, 1160; *Wachter* GmbHR 2006, 79 (82) mwN.

[26] *Teichmann* ZGR 2014, 220 (235).

[27] OLG Dresden DB 2007, 2084 zum Nachweis der Organvertretungsmacht im Rahmen der Anmeldung der Ltd. & Co. KG; OLG Köln NJW-Spezial 2013, 368 zum Nachweis von Existenz einer US-amerikanischen Gesellschaft sowie Vertretungsbefugnis der für sie handelnden Personen; OLG Schleswig NJW-RR 2012, 1063 (1064); OLG Nürnberg GWR 2015, 101 jeweils zum Nachweis der Vertretungsbefugnis des directors einer Limited.

[28] BT-Drs. 7/4845, 4.

[29] BT-Drs. 17/5414, 3.

III. Anerkennung ausländischer Komplementärgesellschaften

1. Sitz- vs. Gründungstheorie

Nach der zunächst in der deutschen Rechtsprechung einhellig und in der Literatur überwiegend vertretenen **Sitztheorie** waren die rechtlichen Verhältnisse einer Gesellschaft einheitlich an deren Verwaltungssitz[30] anzuknüpfen.[31] Eine ausländische Kapitalgesellschaft wurde im Inland deshalb nur dann als juristische Person anerkannt, wenn die Gesellschaft nicht nur ihren statuarischen Sitz, sondern auch den Ort der Geschäftsleitung in dem Staat unterhielt, der ihr die Rechtsfähigkeit verlieh. 12

Dieser Betrachtungsweise wurde durch die **EuGH-Rechtsprechung** zur Niederlassungsfreiheit für Gesellschaften aus EWR-Staaten die Grundlage entzogen. Es ist deshalb zwischen Gesellschaften aus EWR-Staaten und Gesellschaften aus Nicht-EWR-Staaten zu differenzieren. 13

2. Gesellschaften aus EWR-Staaten

a) Entwicklung der Rechtsprechung. Hatte eine Gesellschaft aus einem EWR-Staat ihren Verwaltungssitz in Deutschland, war lange fraglich, ob die Rechtsfolgen der Sitztheorie mit der in den **Art. 49 und 54 AEUV** verankerten **Niederlassungsfreiheit** in Widerspruch stehen. Wegen der bis dahin nicht eindeutig zu interpretierenden EuGH-Rechtsprechung[32] sah sich der **BGH** im Fall **„Überseering"** veranlasst, die Thematik mit Beschluss vom 30.3.2000[33] dem EuGH vorzulegen. Mit Urteil vom 5.11.2002 hat der **EuGH**[34] hierauf erwartungsgemäß entschieden, dass die EU-Mitgliedstaaten nach Art. 49, 54 AEUV verpflichtet sind, bei einer Verlegung des Verwaltungssitzes in ihr Hoheitsgebiet die Rechts- und Parteifähigkeit einer nach dem Recht eines anderen Mitgliedstaates wirksam gegründeten Gesellschaft in gleichem Umfang zu achten wie im Gründungsstaat. Mit Urteil vom 30.9.2003 hat der EuGH im Fall **„Inspire Art"**[35] diese Rechtsprechung betätigt und insoweit fortgeführt, als er einen Verstoß gegen die Niederlassungsfreiheit auch dann annimmt, wenn der Zuzugsstaat die anzuerkennende Gesellschaft besonderen Anforderungen unterwirft. Seitdem besteht im Geltungsbereich der Art. 49, 54 AEUV, der den EWR und damit neben der EU auch Island, Liechtenstein und Norwegen umfasst, die Pflicht, Gesellschaften aus EWR-Staaten im **Fall des Zuzugs** entsprechend der sog Gründungstheorie grundsätzlich nach den Bestimmungen ihres Gründungsrechts zu beurteilen.[36] Die Sitztheorie ist insoweit nicht mehr anwendbar.[37] 14

Neben dem Zuzug durch Verlegung des Verwaltungssitzes unterstellte der EuGH später auch Fälle der grenzüberschreitenden **Hineinverschmelzung („Sevic")**[38] sowie des grenzüberschreitenden **Formwechsels („Vale")**[39] dem Schutzbereich der Niederlassungsfreiheit. Während die grenzüberschreitende Verschmelzung jedenfalls für Kapitalgesellschaften durch die §§ 122a ff. UmwG inzwischen sachrechtlich eröffnet ist, fehlt es bis heute an einer gesetzlichen Grundlage für den grenzüberschreitenden Formwechsel. Das **OLG Nürnberg**[40] und später das **KG**[41] haben sich infolge der Vale-Entscheidung des EuGH 15

[30] Das ist der Ort, an dem die grundlegenden Entscheidungen der Unternehmensleitung effektiv in laufende Geschäftsführungsakte umgesetzt werden, so BGHZ 97, 269 (272).
[31] So schon RGZ 117, 217; BGH DB 2000, 1114 mwN; *Kindler* in MüKoBGB IntGesR Rn. 5, 358, 420 ff. mit zahlreichen weiteren Literaturnachweisen. S. auch *K. Schmidt* ZGR 1999, 20 (22 ff.).
[32] Insbesondere EuGH NJW 1989, 2186 – Daily Mail und NJW 1999, 2027 – Centros.
[33] BGH DB 2000, 1114.
[34] EuGH BB 2002, 2402.
[35] EuGH NJW 2003, 3331.
[36] So *Horn* NJW 2004, 893 (895 f.).
[37] So ausdrücklich bestätigt durch BGH BB 2005, 2373.
[38] EuGH NJW 2006, 425.
[39] EuGH NJW 2012, 2701.
[40] OLG Nürnberg NZG 2014, 349 – Moor Park II. Dazu *Bungert/der Raet* DB 2014, 761.
[41] KG NZG 2016, 834.

inzwischen für eine entsprechende Anwendung der – auf ausländische Rechtsformen an sich nicht anwendbaren – Bestimmungen der §§ 190 ff. UmwG ausgesprochen.[42]

16 Für sog **Wegzugsfälle** hatte der **EuGH** bereits in Sachen „Daily Mail" den Grundsatz aufgestellt, dass es dem Mitgliedstaat, nach dessen Recht eine Gesellschaft gegründet ist, freisteht, die Anforderungen an die rechtliche Existenz der Gesellschaft zu regeln und er deshalb auch einen identitätswahrenden Wegzug kollisionsrechtlich verbieten kann. Diesen Grundsatz bestätigte der EuGH bereits in Sachen „Überseering" und zuletzt noch einmal mit Urteil vom 16.12.2008[43] **(„Cartesio").** Hiernach stünden die Art. 49, 54 AEUV nationalen Vorschriften eines Mitgliedstaates nicht entgegen, die es einer nach dem Recht dieses Mitgliedstaates gegründeten Gesellschaft verwehren, ihren Sitz in einen anderen Mitgliedstaat zu verlegen und dabei ihre **Eigenschaft als Gesellschaft des nationalen Rechts** des Mitgliedstaats, nach dessen Recht sie gegründet wurde, zu behalten. Folglich gebietet die Niederlassungsfreiheit **keine einheitliche Beurteilung** der Folgen des Umzugs einer Gesellschaft im **Wegzugs- und Zuzugsstaat.** Es ist deshalb stets auch zu prüfen, ob aus der Sicht des Wegzugstaates an der Sitztheorie in der Weise festgehalten wird, dass eine Gesellschaft, die ihren Verwaltungssitz in einen anderen Staat verlegt, als aufgelöst gilt.[44]

17 Etwas anderes gilt nach der Entscheidung des EuGH in Sachen „Cartesio" für den **statutenwechselnden** Grenzübertritt, der auch in Wegzugsfällen dem Schutzbereich der Niederlassungsfreiheit unterfällt. Lässt eine Rechtsordnung den Wegzug ihrer Gesellschaften kollisions- und sachrechtlich zu, müssen sich außerdem bestehende **Wegzugsbeschränkungen** etwa durch nationale Vorschriften des Steuerrechts an der Niederlassungsfreiheit messen lassen.[45]

18 Der deutsche Gesetzgeber hat sich im Rahmen des **MoMiG** durch Streichung der § 4 Abs. 2 GmbHG aF, § 5 Abs. 2 AktG aF dafür entschieden, deutschen Kapitalgesellschaften einen **Wegzug durch Verlegung des Verwaltungssitzes** zu ermöglichen.[46] Ob er mit dieser Regelung lediglich ein sich bis dahin aus dem materiellen Gesellschaftsrecht ergebendes Wegzugshindernis beseitigt oder zugleich auch kollisionsrechtlich die Gründungsanknüpfung – jedenfalls partiell – eingeführt hat, ist im Schrifttum umstritten.[47]

19 Gegen eine Kollisionsregel spricht, dass das Justizministerium parallel zum MoMiG-Gesetzgebungsverfahren einen **Referentenentwurf zum Internationalen Privatrecht der Gesellschaften,** Vereine und juristischen Personen[48] vorgelegt hatte, der die Gründungsanknüpfung im deutschen Internationalen Gesellschaftsrecht verankern sollte, allerdings wieder ad acta gelegt wurde. Demgegenüber verweist die hM[49] zu Recht auf den **Willen des Gesetzgebers,** der konterkariert würde, ließe man den Wegzug von deutschen Kapitalgesellschaften am Kollisionsrecht scheitern. Dies wäre vor allem dann der Fall, wenn eine deutsche Kapitalgesellschaft in einen Nicht-EWR-Staat wegzöge, der nicht gezwungen ist, die zuziehende Gesellschaft aufgrund der Niederlassungsfreiheit nach ihrem Gründungsrecht anzuerkennen. In allen anderen Fällen nähme das deutsche Kollisionsrecht auch dann, wenn man in Wegzugsfällen weiter die Sitzanknüpfung zugrunde legte, einen – gebotenen – Rückverweis auf deutsches Recht als Gründungsrecht an, so dass die Frage im Ergebnis nicht entschieden werden muss.

---

[42] Für eine entsprechende Anwendung von Art. 8 SE-VO *Melchior* GmbHR 2014, R 305.

[43] EuGH NZG 2009, 61.

[44] Vgl. *Wagner* GmbHR 2003, 684 (691); *Ebke* JZ 2003, 927 (932); *Triebel/v. Hase* BB 2003, 2409 (2411); *Weller* DStR 2004, 1218; OLG Hamm GmbHR 2001, 440.

[45] EuGH NZG 2012, 114 – National Grid Indus. Kritisch zur dieser Differenzierung *Schall/Barth* NZG 2012, 414 (418); *Mörsdorf* EuZW 2012, 296 (298).

[46] Die Verlegung des satzungsmäßigen Sitzes einer GmbH ins Ausland kann dagegen nicht in das Handelsregister eingetragen werden, BayObLG ZIP 2004, 806 (808).

[47] Gegen einen kollisionsrechtlichen Regelungsinhalt *Werner* GmbHR 2009, 191 (195); *Franz/Laeger* BB 2008, 678 (682).

[48] Dazu *Bollacher* RIW 2008, 200; *Franz/Laeger* BB 2008, 678.

[49] *Mayer* in MüKoGmbHG § 4a Rn. 76; *Leitzen* NZG 2009, 728; *Thiermann* ZIP 2011, 988 (991 f.); *Franz* EuZW 2016, 930 (933).

b) Rechtsanwendungsfragen. Infolge der dargestellten EuGH-Rechtsprechung wird diskutiert, ob und inwieweit ausländische EWR-Kapitalgesellschaften mit Verwaltungssitz in Deutschland etwa dem **Gläubigerschutz** nach deutschem Kapitalgesellschaftsrecht unterworfen werden können. Unter Geltung der Sitztheorie folgten BGH und hL bei der Bestimmung des Gesellschaftsstatuts der sog **Einheitslehre.**[50] Danach unterliegt eine Gesellschaft als Verband grundsätzlich den Bestimmungen nur einer Rechtsordnung, ohne dass zwischen der Vielzahl der bestehenden Rechtsverhältnisse, insbesondere dem Innenrecht einerseits und dem Außenverhältnis andererseits zu differenzieren ist. Dieser Linie scheint der BGH auch unter Geltung der europarechtlich gebotenen Gründungsanknüpfung treu bleiben zu wollen.[51] Abweichende Ansätze, etwa eine eingeschränkte Respektierung des Gründungsrechts nur, soweit es um die Grundlagen der Gesellschaft wie deren Entstehung, Verfassung, Erlöschen und Umwandlung geht, während eine der Rechtsform der GmbH vergleichbare ausländische EWR-Kapitalgesellschaft mit Verwaltungssitz in Deutschland sich im Übrigen die Anwendung deutschen GmbH-Rechts gefallen lassen muss, dürften auch gegen die Niederlassungsfreiheit verstoßen.[52] 20

Schließt eine EWR-Kapitalgesellschaft mit Verwaltungssitz in Deutschland im Rechtsverkehr **Verträge** mit Dritten, bestimmt sich das hierauf anwendbare Recht kollisionsrechtlich nach der sog **Rom I-VO.**[53] Danach gilt primär das von den Parteien **gewählte** Recht (Art. 3 Rom I-VO), mangels Rechtswahl ein Anknüpfungssystem, das im Ergebnis darauf abzielt, das Recht zu berufen, zu dem der Sachverhalt die **engste Verbindung** aufweist.[54] Explizit hiervon ausgenommen sind *„Fragen betreffend das Gesellschaftsrecht"*, ua *„die persönliche Haftung der Gesellschafter und der Organe für die Verbindlichkeiten einer Gesellschaft"* (Art. 1 Abs. 2 lit. f Rom I-VO) sowie Fragen der organschaftlichen Vertretung (Art. 1 Abs. 2 lit. g. Rom I-VO). Schuldrechtliche Anstellungsverträge zwischen Organpersonen und der Gesellschaft sollen nach hM demgegenüber dem Vertragsstatut unterliegen.[55] 21

Auch **unerlaubte Handlungen** von Gesellschaftern und Organen einer EWR-Kapitalgesellschaft mit Verwaltungssitz in Deutschland unterliegen grundsätzlich nicht dem Gründungsrecht der Gesellschaft. Nach Art. 4 Abs. 1 der sog **Rom II-VO**[56] kommt es insoweit darauf an, wo der Schaden eingetreten ist – es sei denn Schädiger und Geschädigter haben zum Zeitpunkt des Schadenseintritts ihren gewöhnlichen Aufenthalt in demselben Staat (Art. 4 Abs. 2 Rom II-VO). Ausgenommen sind *„außervertragliche Schuldverhältnisse, die sich aus dem Gesellschaftsrecht […] ergeben"*, insbesondere *„die persönliche Haftung der Gesellschafter und der Organe für Verbindlichkeiten der Gesellschaft"* (Art. 1 Abs. 1 S. 1 lit. d Rom II-VO). Hierzu gehören grundsätzlich Fälle des **Haftungsdurchgriffs**[57] oder die gesellschaftsrechtliche **Innenhaftung wegen Verletzung von Organpflichten.**[58] Diese richten sich ausschließlich nach dem Gründungsrecht einer Gesellschaft. Die Abgrenzung im Einzelfall ist streitig. So wird etwa für die Haftung wegen **existenzvernichtenden Eingriffs,** die der BGH seit seiner „Trihotel"-Entscheidung aus § 826 BGB ableitet (ausführlich → § 12 Rn. 69 ff.), eine deliktische Qualifikation und damit eine Anwendbarkeit auch auf Auslandsgesellschaften vertreten.[59] Gleiches gilt für eine Haftung wegen **materieller Unterkapitali-** 22

[50] *Kindler* in MüKoBGB IntGesR Rn. 521 ff. mwN; BGH NJW 1957, 1433 (1434); BB 2000, 1106 (1107).
[51] BGH NJW 2005, 1648 (1649).
[52] *Lutter* NJW 2004, 1201 (1205 ff.); *Riegger* ZGR 2004, 510. AA *Altmeppen* NJW 2004, 97 (99 ff.).
[53] VO (EG) Nr. 593/2008, ABl. EU 2008 L 177, 6.
[54] So stellt Art. 4 Abs. 2 Rom I-VO auf den gewöhnlichen Aufenthalt der Partei ab, die die für den Vertrag charakteristischen Leistung zu erbringen hat.
[55] *Kindler* in MüKoBGB IntGesR Rn. 638, 560 sowie Art. 4 Abs. 1 lit. b bzw. Art. 8 Rom I-VO.
[56] VO (EG) Nr. 864/2007, ABl. EU 2007 L 199, 40.
[57] BGH NJW-RR 2004, 1618; NJW 2005, 1648 (1649).
[58] OLG Celle GmbHR 2006, 1269; OLG München BeckRS 2013, 01265.
[59] *Paefgen* DB 2007, 1907 (1912); *Teichmann* ZGR 2011, 639 (673); *Thole* ZIP 2012, 605 (609). Für eine gesellschaftsrechtliche Qualifikation *Ulmer* NJW 2004, 1201 (1207); *Schanze* NZG 2007, 681 (685 f.); *Servatius* DB 2015, 1087 (1093). Für eine insolvenzrechtliche Qualifikation *Weller* IPRax 2003, 207 (210); *Schall* NJW 2011, 3745 (3747); *Mankowski* NZG 2016, 281 (286). Für eine (insolvenz- und deliktsrechtliche) Mehrfachfachqualifikation *Kindler* in MüKoBGB IntGesR Rn. 622. Generell ablehnend *Schlichte* DB 2006, 2672.

sierung, die nach der „Gamma-Entscheidung“ des BGH (→ § 12 Rn. 130) nur noch unter den Voraussetzungen des § 826 BGB in Betracht kommen kann.[60]

23 Im Fall der **Insolvenz** einer EWR-Kapitalgesellschaft mit Verwaltungssitz in Deutschland bestimmen sich Eröffnungszuständigkeit und anwendbares Recht nach **Art. 3, 4 EuInsVO** (→ § 12 Rn. 7). Hiernach kommt in regelmäßig materielles deutsches Insolvenzrecht zum Tragen, wenn der **Verwaltungssitz** der Gesellschaft in Deutschland liegt. Auch inländische insolvenzrechtliche Haftungstatbestände können deshalb auf Auslandsgesellschaften anwendbar sein. Dies betrifft, wie der EuGH auf Vorlage des BGH[61] in seiner **„Kornhaas“**-Entscheidung vom 10.12.2015[62] nunmehr bestätigt hat, insbesondere die Masseschmälerungshaftung des Geschäftsführers nach **§ 64 S. 1 GmbHG.**[63] Entsprechend dürfte die Insolvenzverschleppungs-Haftung nach **§ 15a Abs. 1 S. 1 InsO iVm § 823 Abs. 2 BGB** zu behandeln sein.[64] Hierfür spricht insbesondere, dass der MoMiG-Gesetzgeber mit der Verlagerung der – zuvor jeweils rechtsformspezifisch geregelten – Insolvenzantragspflicht (→ § 12 Rn. 20 ff.) in die InsO das erklärte Ziel verfolgt hat, auch Auslandsgesellschaften zu erfassen.[65] Im Übrigen gelten im Fall der Simultaninsolvenz von Auslandsgesellschaft & Co. KG und deren Komplementär-Kapitalgesellschaft keine Besonderheiten gegenüber der „normalen“ GmbH & Co. KG: es findet einheitlich deutsches Insolvenzrecht Anwendung.[66]

24 Soweit Gläubigerschutzinstrumente nach Vorstehendem gesellschaftsrechtlich zu qualifizieren sind, stellt sich die Frage, ob und welche Rechtsnormen im Wege der **Sonderanknüpfung** – sei es durch Qualifikation als international zwingende Eingriffsnorm, unter Rückgriff auf den sog ordre public-Vorbehalt oder de lege ferenda kraft entsprechender gesetzlicher Anordnung – auf ausländische EWR-Kapitalgesellschaften mit Verwaltungssitz in Deutschland angewandt werden können.[67] Diskutiert wird dies etwa für die **§§ 30, 31 GmbHG**[68] oder die Vorschriften über die **unternehmerische Mitbestimmung** (→ § 14 Rn. 30). Um europarechtlich Bestand zu haben, muss eine solche Sonderanknüpfung jedenfalls dem sog Vier-Kriterien-Tests[69] genügen. Dies dürfte nur in eng begrenzten Ausnahmefällen der Fall sein.

3. Gesellschaften aus Nicht-EWR-Staaten

25 Die Rechtsprechung des EuGH zur Niederlassungsfreiheit von Gesellschaften bindet die deutschen Gerichte selbstverständlich nicht, wenn als Komplementärgesellschaft eine Kapitalgesellschaft aus einem Nicht-EWR-Staat, zB der **Schweiz,** gewählt wird und diese ihren Verwaltungssitz in Deutschland begründet. In diesem Fall bleibt es grundsätzlich bei der nach deutschem Recht maßgeblichen Sitzanknüpfung.

---

[60] *Borges* ZIP 2004, 733 (741); *Schall* ZIP 2016, 289 (294).

[61] BGH NZG 2015, 101.

[62] EuGH NZG 2016, 115. Für die Anwendbarkeit der verfahrensrechtlichen Norm des Art. 3 EuInsVO auf Klagen nach § 64 S. 1 GmbHG, wenn der Anspruch innerhalb eines Insolvenzverfahrens vom Insolvenzverwalter geltend gemacht wird zuvor bereits EuGH NZG 2015, 154 (155 f.).

[63] Dem EuGH folgend nunmehr auch BGH NZG 2016, 550 (551); ebenso *Eidenmüller* NJW 2005, 1618 (1620 f.); *Thole* ZIP 2012, 605 (606 f.); *Weller/Schulz* IPRax 2014, 336 (337); *Schulz* NZG 2015, 1146 (1147); *Servatius* DB 2015, 1087 (1090 f.); *Mankowski* NZG 2016, 281 (282).

[64] *Poertzgen* GmbHR 2016, 593 (594); *Kindler* EuZW 2016, 136 (139); für den Quotenschaden der sog Altgläubiger *Servatius* DB 2015, 1087 (1091).

[65] BT-Drs. 16/6140, 71 f.

[66] *Wachter* GmbHR 2006, 79 (85).

[67] Für Sonderanknüpfungen im Gesellschaftskollisionsrecht *Kindler* NJW 2003, 1073 (1078 f.); *Geyrhalter/Gänßler* NZG 2003, 409 (413); *Forsthoff* DB 2002, 2471 (2476); *Eidenmüller* ZIP 2002, 2233 (2242).

[68] Für Anwendbarkeit *Ulmer* NJW 2004, 1201 (1209); *Altmeppen* NJW 2004, 97 (102); *Schall* ZIP 2016, 289 (292). Zur indirekten Anwendung auf die Ltd. & Co. KG *Schlichte* DB 2006, 1357 (1358).

[69] Beschränkungen der Grundfreiheiten sind nach der EuGH-Rechtsprechung nur gerechtfertigt, wenn sie (1) in nicht diskriminierender Weise angewandt werden, (2) aus zwingenden Gründen des Allgemeininteresses gerechtfertigt sind, (3) zur Erreichung des verfolgten Ziels geeignet sind und (4) nicht über das hinausgehen, was zur Erreichung des Ziels erforderlich ist, vgl. EuGH NJW 2003, 3331 (3334) mwN.

Allerdings können nicht nur gemeinschaftsrechtliche Bestimmungen, sondern auch Regelungen in völkerrechtlichen Vereinbarungen dem nationalen Kollisionsrecht vorgehen (Art. 3 EGBGB). In diesem Sinne hat der für Banken zuständige VIII. Zivilsenat des BGH[70] mit Urteil vom 29.1.2003 entschieden, dass eine in den **USA** wirksam gegründete Kapitalgesellschaft, die ihren tatsächlichen Verwaltungssitz in Deutschland hat, in Deutschland als solche rechts- und parteifähig ist. Dies folge aus dem **deutsch-amerikanischen Freundschafts-, Handels- und Schifffahrtsvertrag** vom 29.10.1954.[71] Der I.[72] und II.[73] Zivilsenat des BGH haben sich dieser Meinung angeschlossen und festgestellt, dass im Geltungsbereich dieses Vertrags nicht nur die Rechts- und Parteifähigkeit einer Gesellschaft anzuerkennen, sondern das Personalstatut an das am Ort ihrer Gründung geltende Recht anzuknüpfen sei.[74] Im Verhältnis zu den USA gilt damit Ähnliches wie im Geltungsbereich der Niederlassungsfreiheit gemäß Art. 49, 54 AEUV.[75] 26

Parallel zum EuGH-Verfahren „Überseering" hatte der für das Gesellschaftsrecht zuständige **II. Zivilsenat des BGH** in seinem **„Jersey-Urteil"** vom 1.7.2002[76] entschieden, dass eine nach dem Recht der Kanalinsel Jersey gegründete Kapitalgesellschaft[77] mit Verwaltungssitz in Deutschland zwar nicht als juristische Person anerkannt werden könne, nach der – richtig verstandenen – Sitztheorie aber jedenfalls als **rechtsfähige Personengesellschaft** (GbR) vor deutschen Gerichten aktiv und passiv parteifähig sei.[78] Mit der durch das „Inspire Art"-Urteil bestätigten „Überseering"-Entscheidung des EuGH war klar, dass auch diese sog **modifizierte Sitztheorie,** wonach eine zuziehende ausländische Kapitalgesellschaft als **rechtsfähige Personengesellschaft** anzuerkennen ist, jedenfalls für den EWR-Raum **hinfällig** ist.[79] Sowohl der VII. Zivilsenat[80] als auch – passim – der II. Zivilsenat[81] haben dies ausdrücklich bestätigt. 27

Für Kapitalgesellschaften aus **sonstigen Drittstaaten,** mit denen kein dem deutsch-amerikanischen Freundschaftsvertrag vergleichbares Abkommen besteht, blieb zunächst noch offen, ob an der in der „Jersey"-Entscheidung entwickelten **modifizierten Sitztheorie** festzuhalten war.[82] Mit Urteil vom 27.10.2008 hat der II. Zivilsenat des BGH diese Frage bejaht und entschieden, dass eine in der **Schweiz** gegründete AG mit Verwaltungssitz in der Bundesrepublik Deutschland als rechtsfähige Personengesellschaft zu behandeln ist.[83] Einer solchen, gegenüber EWR-Kapitalgesellschaften unterschiedlichen Behandlung steht der Gleichbehandlungsgrundsatz des Art. 3 GG nicht entgegen. Da sich Gesellschaften aus Drittstaaten gerade nicht auf die Niederlassungsfreiheit gemäß Art. 49, 54 AEUV berufen können, liegen keine vergleichbaren Sachverhalte vor, die eine Gleichbehandlung erfordern.[84] Zudem gelten die Grundrechte gemäß Art. 19 Abs. 3 GG nur für inländische juristische Personen. 28

---

[70] BGH ZIP 2003, 720.

[71] BGBl. 1956 II 487.

[72] BGH BB 2004, 2595.

[73] BGH ZIP 2004, 1549.

[74] S. hierzu auch *Ebke* RIW 2004, 740.

[75] So ausdrücklich BGH ZIP 2004, 1549 (1550).

[76] BGH GmbHR 2002, 1021; dazu *Leible/Hoffmann* DB 2002, 2203.

[77] Die sich allerdings nicht auf die Niederlassungsfreiheit nach Art. 49, 54 AEUV berufen kann, was in der Literatur vielfach übersehen wurde.

[78] Ebenso in der Folge BayObLG DB 2003, 819 für eine in Sambia gegründete Limited.

[79] *Forsthoff* DB 2002, 2471 (2474 f.); *Lutter* BB 2003, 7 (9); *Schanze/Jüttner* AG 2003, 30; *Ebke* JZ 2003, 927 (928 f.); *Bayer* BB 2004, 1 (4 f.); *Binz/Mayer* GmbHR 2003, 249 (255).

[80] BGH DStR 2003, 947.

[81] BGH DStR 2003, 1451 (1452).

[82] Für Abkehr von der Sitztheorie zB *Forsthoff* DB 2002, 2471 (2476); *Eidenmüller* ZIP 2002, 2233 (2244); *Leible/Hoffmann* ZIP 2003, 925 (930). AA etwa *Kindler* NJW 2003, 1073 (1079); *Ebke* in Sandrock/Wetzler, Deutsches Gesellschaftsrecht im Wettbewerb der Rechtsordnungen, 2004, 128.

[83] BGH NZG 2009, 68. Zur Schweizerischen AG als Komplementärgesellschaft, s. *Binz/Mayer* GmbHR 2003, 249 (252) sowie ausführlich *Ebke* in Sandrock/Wetzler, Deutsches Gesellschaftsrecht im Wettbewerb der Rechtsordnungen, 2004, 117 ff.

[84] Ebenso *Ebke* in Sandrock/Wetzler, Deutsches Gesellschaftsrecht im Wettbewerb der Rechtsordnungen, 2004, 115.

29 Beschränkt sich die Tätigkeit einer Kapitalgesellschaft aus einem Drittstaat auf die Komplementärstellung bei einer deutschen Kapitalgesellschaft & Co. KG, so dürfte diese im Regelfall auch ihren tatsächlichen Verwaltungssitz in Deutschland haben. Nach der modifizierten Sitztheorie bedeutet dies, dass die ausländische Kapitalgesellschaft als solche hier nicht anerkannt, sondern in eine rechtsfähige Personengesellschaft umqualifiziert wird. Folgt der Wegzugstaat der Gründungstheorie, führt die Gesellschaft künftig ein **juristisches Doppelleben,** indem der Wegzugsstaat sie als Kapitalgesellschaft und der Zuzugsstaat Deutschland sie als Personengesellschaft behandelt. Dies bringt nicht nur Probleme beim Handeln im Geschäftsverkehr,[85] sondern kann auch zu schwierigen, unter Umständen unlösbaren Problemen des internationalen Prozess- und Vollstreckungsrechts führen.[86]

30 Aus Sicht der deutschen Kapitalgesellschaft & Co. KG **verliert** die ausländische Kapitalgesellschaft durch ihre Umqualifizierung in eine deutsche Personengesellschaft ihre **Abschirmwirkung** auch in Bezug auf eine **persönliche Haftung** der hinter der Kapitalgesellschaft & Co. KG stehenden natürlichen Personen.[87] Fehlt der ausländischen Kapitalgesellschaft ein in kaufmännischer Weise eingerichteter Geschäftsbetrieb, wie dies bei einer typischen Komplementärgesellschaft regelmäßig der Fall ist, wird diese als **GbR** zu behandeln sein. In diesem Fall ist aber bereits ihre Komplementärfähigkeit in Frage gestellt. Verneint man diese (→ § 3 Rn. 71), ist die Kapitalgesellschaft & Co. KG als aufgelöst anzusehen, da ihr der Komplementär fehlt (→ § 7 Rn. 6). Wird die Kapitalgesellschaft & Co. KG gleichwohl als werbende Gesellschaft fortgeführt, besteht die Gefahr, dass diese zur OHG mutiert[88] und die Kommanditisten damit ungewollt der unbeschränkten persönlichen Haftung ausgesetzt sind.[89]

31 Bejaht man dagegen mit dem LG Berlin[90] und dem OLG Celle[91] die Komplementärfähigkeit der GbR oder ist die ausländische Kapitalgesellschaft aufgrund eines in **kaufmännischer Weise eingerichteten Geschäftsbetriebs** ausnahmsweise als komplementärfähige OHG zu qualifizieren, wäre das Ergebnis nicht weniger dramatisch. In diesem Falle kommt es zwar weder zur Auflösung der KG noch zu deren Mutation in eine OHG; gleichwohl trifft die hinter der ausländischen Kapitalgesellschaft stehenden natürlichen Personen die unbeschränkte persönliche Haftung, sei es als BGB-, sei es als OHG-Gesellschafter. Hat die ausländische Kapitalgesellschaft mit inländischem Verwaltungssitz nur einen Gesellschafter, stünde sogar zu befürchten, dass diesem die Komplementärstellung unmittelbar zugerechnet wird.

IV. Spezifische Probleme bei der Auslandsgesellschaft und Co. KG

1. Verbot des Selbstkontrahierens bei Abschluss des KG-Vertrags

32 Ist der Geschäftsführer der Komplementär-GmbH zugleich als Kommanditist an der zu gründenden GmbH & Co. KG beteiligt, kann der KG-Vertrag wegen **§ 181 BGB** nur wirksam abgeschlossen werden, wenn dem GmbH-Geschäftsführer das Selbstkontrahieren von Seiten der GmbH gestattet ist (→ § 4 Rn. 18 ff.). Fraglich ist, ob § 181 BGB auch auf die **Geschäftsleiter von Auslandsgesellschaften** anwendbar ist. Die **organschaftliche Vertretung** von Gesellschaften richtet sich grundsätzlich nach dem **Gesellschaftsstatut.**[92] Dabei soll die organschaftliche Qualifikation nicht von der rechtsdogmatischen Grundlage

[85] Dazu *Forsthoff* DB 2002, 2471 (2476).
[86] Grundlegend *Ebke* JZ 2003, 927 (928) mwN. S. auch *Binz/Mayer* BB 2005, 2361 zu den weiteren Folgen der Umqualifizierung.
[87] Dazu ausführlich *Binz/Mayer* GmbHR 2003, 249 (252 f.). S. auch *Müller-Bonanni* GmbHR 2003, 1235 (1239).
[88] Vergleichbar der Situation bei der unechten Vorgesellschaft, → § 3 Rn. 91.
[89] So auch *Ebke* in Sandrock/Wetzler, Deutsches Gesellschaftsrecht im Wettbewerb der Rechtsordnungen, 2004, 120.
[90] LG Berlin DB 2003, 1380.
[91] OLG Celle NZG 2012, 667.
[92] BGH NZG 2012, 1192 (1195); *Kindler* in MüKoBGB IntGesR Rn. 560.

der Vertretungsbefugnis abhängen.[93] Wie mehrere Oberlandesgerichte inzwischen entschieden haben, soll die Zulässigkeit des Selbstkontrahierens eine – dem Gründungsrecht unterliegende – Frage der organschaftlichen Vertretung sein.[94] Für den Geschäftsleiter einer englischen Limited könne deshalb keine Befreiung von § 181 BGB im Handelsregister eingetragen werden. Für die Praxis bedeutet dies, dass bei einem Selbstkontrahieren in jedem Fall eine Zustimmung entsprechend den Anforderungen des Gründungsrechts eingeholt werden sollte.

Davon zu unterscheiden ist der Fall, dass die **Auslandsgesellschaft** in ihrer Eigenschaft **als Komplementärgesellschaft** seitens der KG vom Verbot des Selbstkontrahierens befreit wird. Da es in diesem Fall nicht um die Eintragung der dem fremden Recht unterliegenden Vertretungsverhältnisse der Komplementärgesellschaft, sondern die hiervon zu unterscheidende Vertretungsmacht geht, die dieser Gesellschaft in ihrer Funktion als zur Geschäftsführung und Vertretung berufene Gesellschafterin einer KG zukommt, richten sich Zulässigkeit und Eintragungsfähigkeit einer Befreiung von § 181 BGB in diesem Fall nach deutschem Recht.[95] 33

2. Die Firma der Auslandsgesellschaft & Co. KG

Während die Firma der ausländischen **Komplementärgesellschaft** nach den Vorschriften des **Gründungsrechts** zu bilden ist,[96] richtet sich die Firma der **Auslandsgesellschaft & Co. KG** selbst nach **deutschem Recht.**[97] Insbesondere gilt § 19 Abs. 2 HGB, demzufolge die Firma eine Bezeichnung enthalten muss, welche die Haftungsbeschränkung kennzeichnet. Während die inzwischen etablierte Bezeichnung als „GmbH & Co. KG" diesen Anforderungen genügt (→ § 11 Rn. 5, 19), wird dies für die Auslandsgesellschaft & Co. KG aufgrund der Vielzahl möglicher Gestaltungen bezweifelt.[98] 34

Eine Lösung könnte darin bestehen, den Rechtsverkehr durch einen **klarstellenden Hinweis** in der Firmenbezeichnung (wie zB: „AG schweizerischen Rechts & Co. KG") vorzuwarnen, sollte nicht bereits die Firmierung der Komplementärgesellschaft nach ausländischem Recht (zB Ltd., S.A.) für den Rechtsverkehr in puncto Haftungsbeschränkung hinreichend aufschlussreich sein.[99] Zu denken wäre auch an die Firmierung als **„beschränkt haftende KG"**, die von vielen Registergerichten einer „normalen" GmbH & Co. KG nicht (mehr) gestattet wird (→ § 11 Rn. 20 ff.), so dass bereits ihr Seltenheitswert den Rechtsverkehr zur Vorsicht mahnen dürfte.[100] Im Geltungsbereich der Niederlassungsfreiheit dürfte eine solche Anforderung allerdings unter dem Gesichtspunkt einer möglichen (faktischen) Diskriminierung der Komplementärgesellschaft problematisch sein.[101] 35

3. Übertragung von Anteilen an der Auslandskapitalgesellschaft

Im Grundsatz stellen sich bei der Übertragung von Anteilen an einer Auslandskapitalgesellschaft, die der deutschen GmbH vergleichbar ist, die auch bei der Auslandsbeurkundung 36

[93] OLG Frankfurt NJW-RR 2015, 873 (874 f.) für die Vertretungsbefugnis des directors einer englischen Limited, dem nach englischem Recht keine originär aus dem Gesetz abgeleiteten, „organschaftlichen", sondern lediglich aus einem Auftragsverhältnis abgeleitete Befugnisse zustehen (sog Mandatstheorie).

[94] OLG München NJW-Spezial 2005, 463 (464); OLG München NZG 2006, 512 f.; OLG Celle NZG 2006, 273; OLG Frankfurt GmbHR 2009, 214 (215 f.). Für eine Maßgeblichkeit des Vertragsstatuts und damit deutschen Rechts *Teichmann* ZGR 2014, 220 (234).

[95] OLG Frankfurt NZG 2006, 830 f.

[96] *Leible/Hoffmann* EuZW 2003, 677 (680); *Hirsch/Britain* NZG 2003, 1100 (1120); im Grundsatz auch OLG München NZG 2007, 824 (825); OLG München NZG 2011, 157; KG NZG 2008, 80; allerdings soll inländische Zweigniederlassung einer solchen Gesellschaft den Bestimmungen des inländischen Firmenrechts unterliegen. Für eine Sonderanknüpfung des Firmenrechts – mit unterschiedlichen dogmatischen Ansätzen – *Hopt* in Baumbach/Hopt HGB § 17 Rn. 29; *Kögel* DB 2004, 1763 (1765); *Clausnitzer* NZG 2008, 321 (323).

[97] *Teichmann* ZGR 2014, 220 (236).

[98] *Teichmann* ZGR 2014, 220 (237).

[99] So bereits OLG Saarbrücken NJW 1990, 647.

[100] So bereits *Schmidt-Hermesdorf* RIW 1990, 707 (711) mwN; in diesem Sinne nunmehr auch *Teichmann* ZGR 2014, 220 (239).

[101] *Teichmann* ZGR 2014, 220 (239).

der Übertragung von Geschäftsanteilen einer deutschen GmbH auftretenden Fragen entsprechend.[102] Für den Fall, dass nach deutscher Ortsform verfügt wird, ist darauf zu achten, dass dem das **ausländische Kollisionsrecht** nicht entgegensteht.[103] Soweit teilweise vertreten wird, dass § 15 Abs. 3, 4 GmbHG auf Geschäftsanteile einer ausländischen GmbH keine Anwendung finde, da sich der Normzweck – die Verhinderung des spekulativen Handels mit GmbH-Geschäftsanteilen – nur auf das deutsche Recht (hier auf die Abgrenzung der AG von der GmbH) beziehe,[104] kann dem nicht gefolgt werden. Denn – gleichberechtigter – Formzweck des § 15 Abs. 4 GmbHG ist auch die Beweisfunktion,[105] hinsichtlich der eine Unterscheidung zwischen in- und ausländischen Gesellschaften nicht zu rechtfertigen ist.[106]

37 Die **Rechtsprechung** zu der Frage ist nicht einheitlich. Das OLG München verneint unter Zugrundelegung des deutschen Rechts die Anwendbarkeit von § 15 Abs. 3, 4 GmbHG auf die Anteilsübertragung einer kanadischen GmbH. Begründet wird die Auffassung damit, dass die kanadische GmbH der deutschen nicht vergleichbar sei.[107] Demgegenüber hat das OLG Celle entschieden, dass die nach deutschem Recht zu beurteilende Übertragung von Geschäftsanteilen einer polnischen GmbH § 15 GmbHG unterfalle. Das OLG Celle stützt sich auf einen Vergleich mit § 313 BGB aF (§ 311b BGB nF), wonach auch die Verpflichtung zur Übertragung eines im Ausland belegenen Grundstücks der notariellen Beurkundung bedürfe. Gründe für eine Beschränkung des Schutzzwecks des § 15 GmbHG auf Geschäftsanteile einer deutschen GmbH lägen nicht vor.[108] Der **BGH** hat die Frage ausdrücklich **offengelassen.**[109] Zugleich erwägt der BGH in der Entscheidung in Anlehnung an *Merkt,*[110] Art. 11 Abs. 1 Rom I-VO (Art. 11 Abs. 1 EGBGB aF) erweiternd dahin auszulegen, dass stets auch die durch das Gesellschaftsstatut vorgegebene Form genüge.[111] Aus Gründen der **Rechtssicherheit** ist bei der Übertragung von Anteilen an eine ausländischen GmbH im Inland dennoch zu der Beurkundung durch einen deutschen Notar zu raten. Wer dies aus Gründen der Kostenersparnis vermeiden möchte, sollte die Beurkundung am Sitz der Gesellschaft vornehmen, so dass neben der Ortsform – wie teilweise verlangt – auch den Anforderungen des Gesellschaftsstatuts genügt wird.[112] Im Übrigen kann der Kaufvertrag per Rechtswahl dem ausländischen Recht unterworfen werden.[113]

38 Wurde bei Abschluss des Verpflichtungsgeschäfts die Form des § 15 Abs. 4 S. 1 GmbHG nicht gewahrt, hängt die Wirksamkeit des Geschäfts, will man eine Neuvornahme vermeiden, von der **Heilung** nach § 15 Abs. 4 S. 2 GmbHG ab. § 15 Abs. 4 S. 2 GmbHG verweist auf § 15 Abs. 3 GmbHG, so dass sich auch hier die bereits dargelegten Fragen hinsichtlich der anzuwendenden Form stellen (→ Rn. 36 ff.). Von den hier erörterten Fragen der Anknüpfung des Formstatuts ist die Frage der Wirksamkeit der Anteilsabtretung im Übrigen

---

[102] *Link* BB 2014, 579 (583); *Albers* GmbHR 2011, 1266 (1267); → § 6 Rn. 13 ff.

[103] *Albers* GmbHR 2011, 1266 (1267); *Link* BB 2014, 579 (583) mwN, jeweils bezogen auf das Verfügungsgeschäft.

[104] *Gätsch/Schulte* ZIP 1999, 1909 (1913 f.) unter dem Gesichtspunkt des „internationalen Anwendungsbereichs"; *Horn* GmbHR 2016, 797 (799 ff.) mangels Substituierbarkeit des Tatbestandsmerkmals „deutsche GmbH" des § 15 Abs. 4 GmbHG durch eine ausländische GmbH mwN; wohl auch *Link* BB 2014, 579 (583).

[105] BGH NJW-RR 2008, 773 Rn. 14; *Reichert/Weller* in MüKoGmbHG § 15 Rn. 17.

[106] *Fetsch* GmbHR 2008, 133 (134 f.).

[107] OLG München NJW-RR 1993, 998 f.

[108] OLG Celle NJW-RR 1992, 1126 (1127 f.).

[109] BGH NZG 2005, 41 (43); kritisch hierzu *Fetsch* GmbHR 2008, 133 (135); *Horn* GmbHR 2016, 797 (802).

[110] *Merkt* ZIP 1994, 1417 (1422 ff.).

[111] BGH NZG 2005, 41 (43); kritisch hierzu *Fetsch* GmbHR 2008, 133 (135); *Horn* GmbHR 2016, 797 (802).

[112] *Albers* GmbHR 2011, 1266 (1268).

[113] So *Albers* GmbHR 2011, 1266 (1268 f.) mit einem Formulierungsvorschlag. Zugleich ablehnend gegenüber dem Ansatz, die Rechtswahl nur hinsichtlich der Form oder nur hinsichtlich des die Abtretungsverpflichtung beinhaltenden Vertragsteils zu wählen. Zugunsten der Möglichkeit einer Teilrechtswahl *Link* BB 2014, 579 (584 f.), die jedoch zugleich darauf verweist, dass die Rechtslage nicht gesichert sei.

zu unterscheiden. Diese richtet sich nach wohl unstreitiger Auffassung nach dem Gesellschaftsstatut.[114]

V. Resümee

Auf der Grundlage der EuGH-Rechtsprechung zur Niederlassungsfreiheit von Gesell- 39
schaften kann es keinen Zweifel geben, dass eine **Kapitalgesellschaft aus einem EWR-Staat** bei einer deutschen KG die Stellung als Komplementär auch dann übernehmen kann, wenn die ausländische Kapitalgesellschaft damit ihren Verwaltungssitz in Deutschland begründet. Die ausländische Kapitalgesellschaft ist aufgrund der Niederlassungsfreiheit nicht nur als solche anzuerkennen, sondern auch berechtigt, sich unter denselben Voraussetzungen, die für eine inländische Kapitalgesellschaft gelten, an einer deutschen KG zu beteiligen.[115] Ob die Kommanditisten angesichts der immer noch **offenen Abgrenzungsfragen** bezüglich der Rechtsanwendung auf die ausländische Kapitalgesellschaft und deren nach wie vor eingeschränkter Akzeptanz im Geschäftsverkehr mit einem solchen Komplementär immer gut beraten sind, ist eine andere Frage.

Bei Kapitalgesellschaften aus **Drittstaaten** (ausgenommen aus den USA) hat der BGH 40
die Anwendung der modifizierten Sitztheorie bestätigt. Der Einsatz als Komplementär-Kapitalgesellschaft wäre deshalb jedenfalls dann, wenn sie als „Nur"-Komplementär-Kapitalgesellschaft ohne Geschäftstätigkeit im Sitzstaat ihren Verwaltungssitz im Inland hat, mit dem unter Umständen existenzbedrohenden Risiko einer persönlichen Haftung der Gesellschafter verknüpft (wenn man nicht bereits die Komplementärfähigkeit der Personengesellschaft verneinte). Kein verantwortungsbewusster Berater könnte daher eine solche Gestaltung empfehlen. Damit dürfte beispielsweise eine schweizerische AG als persönlich haftender Gesellschafter ausscheiden. Etwas anderes gälte nur, wenn diese Gesellschaft über ihre Komplementär-Funktion hinaus in der Schweiz auch einen eigenen Geschäftsbetrieb unterhielte, der zu einem Verwaltungssitz in der Schweiz führte.[116] Solche Fälle dürften aber in der Praxis eher die Ausnahme darstellen.

Seit Einführung der Unternehmergesellschaft (UG) hat die Auslandskapitalgesellschaft & 41
Co. KG an **Bedeutung verloren.** Sie ist heute eigentlich nur noch zum Zwecke der **Mitbestimmungsvermeidung** interessant, was nur für Unternehmen relevant ist, die in Deutschland mindestens 2.000 Arbeitnehmer beschäftigen.

---

[114] OLG Stuttgart NZG 2001, 40 (43); *Wicke* in Wicke GmbHG § 15 Rn. 20; *Bayer* in Lutter/Hommelhoff GmbHG § 15 Rn. 27.

[115] Zur europarechtlich gebotenen Gleichbehandlung *Teichmann* ZGR 2014, 220 (224, 226 f.).

[116] So bereits OLG Saarbrücken NJW 1990, 647 f.

Vierter Teil. Abgrenzung zu anderen Rechtsformen

§ 25 Kapitalgesellschaften, insbesondere GmbH

I. Rechtsformbedingte Unterschiede

Die Rechtsform ist das **juristische Kleid,** in dem ein Unternehmen seine Ziele zu verwirklichen sucht. Gleichwohl gibt es für die Wahl der „richtigen" Unternehmensrechtsform kein Patentrezept, weshalb im Einzelfall die jeweiligen Vor- und Nachteile der infrage kommenden Rechtsformen sorgfältig gegeneinander abgewogen werden müssen.[1] Die getroffene Rechtsformentscheidung muss **regelmäßig überprüft** und veränderten Verhältnissen angepasst werden, wenn sie sich nicht mehr als optimal oder gar als Hemmnis für den wirtschaftlichen Erfolg des Unternehmens erweisen sollte. 1

Die **Rechtsformneutralität der Besteuerung** wird seit dem 33. Deutschen Juristentag im Jahre 1924 diskutiert,[2] ist allerdings bis heute nicht völlig umgesetzt worden. Tatsächlich erfordert und rechtfertigt das Zivilrecht nur insoweit eine unterschiedliche Besteuerung, als seine Normen eine unterschiedliche wirtschaftliche Leistungsfähigkeit statuieren. Aus der unverändert heftig geforderten, jedoch bis heute nicht erreichten Rechtsformneutralität der Besteuerung ergeben sich häufig ungerechtfertigte Belastungsunterschiede. Allerdings sind Zweifel erlaubt, ob die rechtsformneutrale Besteuerung auch von allen, die sie fordern, ernsthaft gewollt ist. So wurde im Zuge der Unternehmenssteuerreform 2000 zunächst ein Optionsmodell vorgesehen, welches Personengesellschaften und Einzelunternehmen die Möglichkeit geben sollte, sich wie Kapitalgesellschaften besteuern zu lassen (§ 4a KStG[3]), dann aber im weiteren Gesetzgebungsverfahren am Widerstand von Wissenschaft und Verbänden gescheitert ist.[4] 2

Der „Siegeszug der GmbH & Co. KG"[5] war in den vergangenen Jahrzehnten zu einem wesentlichen Teil darauf zurückzuführen, dass die GmbH & Co. KG in einzigartiger Weise die zivilrechtlichen Vorteile der Haftungsbeschränkung mit den steuerlichen Vorzügen der Besteuerung als Personengesellschaft verband. Bereits frühzeitig begannen allerdings sowohl der Gesetzgeber wie auch die Rechtsprechung, die erhebliche und teilweise zugegebenermaßen sachlich nicht gerechtfertigte **Vorzugsstellung der GmbH & Co. KG** durch partielle Gleichstellung mit der GmbH zu **beschneiden,** sei es durch die Beseitigung eines Vorteils im Personengesellschaftsrecht, sei es durch die Beseitigung eines Nachteils im Kapitalgesellschaftsrecht:[6] 3

- **1959:** Ausweitung der Kapitalverkehrssteuerpflicht (Börsenumsatz- und Gesellschaftsteuer) auf die GmbH & Co. KG;[7]

---

[1] Grundlegend *IDW,* Praxis der Unternehmensnachfolge, Rn. 809 ff.; *Krüger,* Zweckmäßige Wahl der Unternehmensform, Rn. 1; *Jacobs/Scheffler/Spengel,* Unternehmensbesteuerung und Rechtsform, 1, 5 f.; *Kessler/Schiffers/Teufel,* Rechtsformwahl. Rechtsformoptimierung, § 1 Rn. 12; *Honert/Neumayer* in Sudhoff Familienunternehmen § 37; *Weber* NWB Fach 18, 4509.

[2] *Hey* in Tipke/Lang SteuerR 13 Rn. 170 mit Fn. 3; *Drüen* GmbHR 2008, 393. Grundlegend *Malzahn,* Rechtsformneutralität als verfassungsrechtlicher und unionsrechtlicher Maßstab der Unternehmensbesteuerung, Hamburg 2015; *Weinelt,* Rechtsformneutralität der Unternehmensbesteuerung, Verfassungsrechtliches Gebot oder rechtspolitische Forderung?, Hamburg 2006.

[3] In der Fassung des Regierungsentwurfs vom 30.3.2000; BT-Drs. 14/307.

[4] S. *Streck* NJW 2000, 3692, der zu Recht von einem „Bärendienst" von Wissenschaft und Verbänden spricht, da das Optionsmodell – als Wahlrecht – dem Steuerpflichtigen nur Vorteile gebracht hätte.

[5] *H. M. Schmidt* GmbHR 1965, 7.

[6] *Sorg* FS Binz, 2014, 684.

[7] § 6 Abs. 1 Nr. 4 KVStG 1959; durch das *Finanzmarktförderungsgesetz* vom 22.2.1990, BGBl. 1990 I 266 ff., wurden die Börsenumsatzsteuer (Aufkommen zuletzt rund 200 Mio. Euro p.a.) zum 1.1.1991 und die Gesellschaftsteuer (Aufkommen zuletzt rund 150 Mio. Euro p.a.) zum 1.1.1992 abgeschafft.

- **1973:** Ausweitung der Rechtsprechungsregeln zur Kapitalerhaltung der GmbH auf die GmbH & Co. KG (§§ 30, 31 GmbHG analog) durch den BGH;[8]
- **1976:** Einführung der Überschuldung als weiteren Insolvenzgrund für die GmbH & Co. KG (Gleichstellung mit der GmbH);[9]
- **1976:** Ausweitung der Pflichtangaben auf Geschäftsbriefen der GmbH auf die GmbH & Co. KG (§ 177a S. 2 HGB iVm § 125a Abs. 1 S. 2 HGB);
- **1977:** Beseitigung der ertragsteuerlichen Doppelbelastung bei der GmbH durch das Körperschaftsteuer-Anrechnungsverfahren,[10] das inzwischen durch das Teileinkünfteverfahren bzw. die Abgeltungsteuer ersetzt wurde;
- **1980:** Ausweitung des Eigenkapitalersatzrechts der GmbH auf die GmbH & Co. KG (§ 172a HGB aF iVm §§ 32a, 32b GmbHG aF; heute insbesondere § 39 Abs. 1 Nr. 5 InsO);
- **1986:** Gesetzliche Verankerung der sog Geprägetheorie (§ 15 Abs. 3 Nr. 2 EStG[11]), nachdem der BFH im Jahr 1984 seine Geprägerechtsprechung überraschend aufgegeben hatte;[12]
- **1994:** Ermöglichung einer steuerneutralen Spaltung (Realteilung) auch für die GmbH (§ 123 Abs. 1 UmwG, § 15 Abs. 1 UmwStG);
- **1997:** Wegfall der Vermögensteuer,[13] die für die GmbH und deren Gesellschafter wesentlich belastender war als bei der GmbH & Co. KG (Stichwort: Doppelbelastung);
- **1997:** Grunderwerbsteuerbarkeit der wesentlichen Änderung des Gesellschafterbestandes (§ 1 Abs. 2a GrEStG[14]);
- **2000:** Ausweitung der Prüfungs- und Offenlegungspflichten für Jahresabschlüsse auf die GmbH & Co. KG (§ 264a HGB[15]);
- **2008:** Beseitigung des Bewertungsvorteils der Personengesellschaften bei der Erbschaftsteuer durch das ErbStRG (Stichwort: Verlängerter Steuerbilanzwert vs. Stuttgarter Verfahren);
- **2008:** Einführung der „Unternehmergesellschaft" als „kleine GmbH" mit Beseitigung der Mindesteinlagenverpflichtung und Vereinfachung der Gründungsvorschriften durch das MoMiG;
- **2013:** Ausweitung des Anwendungsbereichs des § 1 AStG (internationale Einkünfteabgrenzung) auf Personengesellschaften durch das AmtshilfeRLUmsG.

4 Diese Entwicklung hat die Voraussetzungen dafür geschaffen, dass die Rechtsform der GmbH nicht mehr von vornherein gegenüber der Personengesellschaft diskriminiert ist. Trotz unbestreitbarer Fortschritte bei der Rechtsformneutralität der Besteuerung bestehen **weiterhin** eine ganze Reihe von **Unterschieden in der steuerlichen Behandlung** von GmbH und GmbH & Co. KG. Bei der Entscheidung über die zu wählende Rechtsform des Unternehmens müssen außer steuerlichen aber auch sonstige, insbesondere **mitbestimmungs-, publizitäts- und gesellschaftsrechtliche Parameter** berücksichtigt werden. Es käme einem Kunstfehler gleich, die Unternehmensrechtsform ausschließlich unter dem Gesichtspunkt der Steuerbelastung auszuwählen, ohne die übrigen rechtsformspezifischen Eigenheiten zu berücksichtigen.[16]

---

[8] BGH NJW 1973, 1036 = GmbHR 1973, 163; für Nur-Kommanditisten vgl. BGH NJW 1990, 1725 = GmbHR 1990, 251.

[9] § 209 KO idF des Ersten Gesetzes zur Bekämpfung der Wirtschaftskriminalität vom 29.7.1976, BGBl. 1976 I 2034; heute § 19 Abs. 3 S. 1 InsO.

[10] Körperschaftsteuerreformgesetz vom 31.8.1976, BGBl. 1976 I 2597.

[11] IdF des Steuerbereinigungsgesetzes 1986.

[12] BFH GrS 4/82, BStBl. II 1984, 751.

[13] BVerfG BStBl. II 1995, 655.

[14] Neu eingefügt durch das JStG 1997 vom 20.12.1996, BGBl. 1996 I 2049.

[15] Neu eingefügt durch Kapitalgesellschaften- und Co.-Richtlinie-Gesetz vom 24.2.2000, BGBl. 2000 I 154.

[16] So bereits *Priester* DNotZ 1977, 159 (169). S. auch *Kessler/Schiffers/Teufel,* Rechtsformwahl. Rechtsformoptimierung, § 1 Rn. 47; *Wälzholz* in Sudhoff Familienunternehmen § 2 Rn. 5.

Während die Personengesellschaft auch bei kapitalistischer Ausgestaltung häufig auf dem persönlichen Verhältnis zwischen den einzelnen Gesellschaftern aufbaut, ist die Kapitalgesellschaft eine **juristische Person,** bei der die Kapitalbeteiligung der Gesellschafter im Vordergrund steht. Da Personenhandelsgesellschaften gemäß § 124 Abs. 1 HGB im Rechtsverkehr als rechtsfähig gelten, spielt dieser Unterschied allerdings nur im Steuerrecht eine Rolle. Das deutsche Gesellschaftsrecht kennt **drei Formen der Kapitalgesellschaften,** nämlich die Gesellschaft mit beschränkter Haftung (GmbH), die Aktiengesellschaft (AG) und die Kommanditgesellschaft auf Aktien (KGaA). Hinzu treten auf **europäischer Ebene** die Europäische Aktiengesellschaft (Societas Europaea, SE) und in Sonderfällen – noch im Planungsstadium[17] – die Europäische Einpersonengesellschaft (Societas Unius Personae, SUP). 5

Die **GmbH & Co. KG** hat sich nicht zuletzt aufgrund ihrer **hohen Flexibilität** gerade für Familienunternehmen als besonders geeignet erwiesen. Gleichwohl kann auch die GmbH & Co. KG kein Patentrezept darstellen, das für jedes Unternehmen zu jeder Zeit die optimale Rechtsform darstellt. Vielmehr stehen **Rechtsform-Alternativen** zur Verfügung, deren spezifische Vor- und Nachteile am deutlichsten durch eine Abgrenzung von der GmbH & Co. KG erkennbar werden. Im Folgenden finden sich vergleichende Darstellungen zur Kapitalgesellschaft – am Beispiel der am ehesten mit der GmbH & Co. KG vergleichbaren GmbH – sowie zu anderen, von der Kautelarjurisprudenz entwickelte Mischformen wie Betriebsaufspaltung (§ 26), GmbH & Still (§ 27), GmbH & Co. KGaA (§ 28) und der „GmbH & Co. KG“ mit Komplementären anderer Rechtsform (§§ 21 ff.). 6

II. Wirtschaftsrechtliche Entscheidungskriterien

1. Haftungsrisiken

Die durch die Trennung von Betriebsvermögen und Privatvermögen ermöglichte **Haftungsbeschränkung** auf das dem Betrieb gewidmete Vermögen, die das Unternehmerrisiko zumindest teilweise überschaubar und kalkulierbar macht, ist gerade für mittelständische Unternehmen existenznotwendig. Dieses Ziel wird nicht nur bei der GmbH, sondern auch bei der GmbH & Co. KG erreicht, bei der im Normalfall ebenfalls keine natürliche Person mit dem Risiko unbeschränkter persönlicher Haftung belastet ist. 7

Die Gefahren, die sich für den GmbH-Gesellschafter aus dem Gesichtspunkt der **Unterkapitalisierung** (→ § 12 Rn. 125 ff.), der **Überschuldung** (→ § 12 Rn. 11 ff., 32 ff.), der verdeckten **Rückzahlung von Stammkapital** (→ § 12 Rn. 51 ff.) oder der **Geschäftstätigkeit im Gründungsstadium** der Gesellschaft (→ § 3 Rn. 76 ff.) ergeben können, sind für den Kommanditisten einer GmbH & Co. KG schon im Hinblick auf dessen oft gleichzeitige Beteiligung an der Komplementär-GmbH weitestgehend die gleichen. Im Übrigen tendiert die Rechtsprechung des II. Zivilsenats des BGH schon seit langem dahin, auf die GmbH & Co. KG die Grundsätze des GmbH-Rechts analog anzuwenden, da diese Gesellschaftsform nach Auffassung des BGH zwar „der Form nach“ eine Personengesellschaft sei, „sachlich“ aber eine Gesellschaft mit beschränkter Haftung darstelle, die insoweit der GmbH oder AG näher stehe als einer normalen OHG oder KG.[18] Dieser Tendenz hat sich auch der Gesetzgeber angeschlossen, der unter anderem die für die GmbH geltenden Grundsätze über die Behandlung von **Gesellschafterleistungen** ausdrücklich auch auf die GmbH & Co. KG erstreckt, diese also auch im **Insolvenzrecht** weitestgehend mit der GmbH gleichgestellt. 8

Insgesamt ergibt sich also unter haftungsrechtlichen Gesichtspunkten zwischen GmbH und GmbH & Co. KG **kein bedeutsamer Unterschied.** 9

2. Geschäftsführung und Vertretung

Während bei den Personengesellschaften der Grundsatz der Selbstorganschaft gilt, einem Nichtgesellschafter also die organschaftliche Vertretungsmacht nicht übertragen werden 10

[17] *Eickelberg* NZG 2015, 81; *Kindler* ZHR 179 (2015), 330.

[18] So ausdrücklich BGHZ 62, 216 (226), der mit dieser Begründung die Notwendigkeit des GmbH & Co. KG-Zusatzes in der Firma gerechtfertigt hat.

kann, ist bei der GmbH eine Fremdgeschäftsführung ohne weiteres möglich. Dieser wesentliche Unterschied kommt im Fall der GmbH & Co. KG jedoch nicht zum Tragen, weil bei ihr die organschaftliche Vertretung von der Komplementär-GmbH als solcher wahrgenommen wird, bei der Fremdgeschäftsführer bestellt werden können. Im praktischen Ergebnis kann also sowohl bei der GmbH wie auch bei der GmbH & Co. KG die **Unternehmensführung einem Nichtgesellschafter** überlassen werden.

3. Mitbestimmung im Aufsichtsrat

11 In mitbestimmungsrechtlicher Hinsicht bietet die GmbH & Co. KG gegenüber der GmbH ganz erhebliche Vorteile. Die **drittelparitätische** Mitbestimmung der Arbeitnehmer im Aufsichtsrat, die eingreift, wenn mehr als 500 Arbeitnehmer beschäftigt werden, ist gemäß § 1 DrittelbG auf **Kapitalgesellschaften beschränkt,** gilt also nicht für die GmbH & Co. KG. Die **paritätische** Mitbestimmung nach dem MitbestG, die bei mehr als 2.000 Arbeitnehmern stattfindet, erfasst zwar neben den Kapitalgesellschaften auch die GmbH & Co. KG, jedoch nur unter der Voraussetzung, dass in der KG und der Komplementär-GmbH **identische Mehrheitsverhältnisse** vorliegen, ein Kriterium, das sich – zumindest innerhalb gewisser Grenzen – gestalten lässt (→ § 14 Rn. 20 ff.).

4. Kündigungsrecht des Gesellschafters

12 Jeder Gesellschafter einer **GmbH & Co. KG** kann nach dem Regelstatut des HGB die Gesellschaft **jederzeit** zum Ende eines Geschäftsjahres unter Einhaltung einer Frist von sechs Monaten **kündigen** (§ 132 HGB iVm § 161 Abs. 2 HGB). Dieses Kündigungsrecht kann durch den Gesellschaftsvertrag zwar beschränkt, jedoch nicht ausgeschlossen oder unangemessen erschwert werden (→ § 6 Rn. 63). Das **GmbH-Recht** sieht ein ordentliches Kündigungsrecht der Gesellschaft durch ihre Gesellschafter demgegenüber **nicht** vor.

13 Die fehlende ordentliche Kündigungsmöglichkeit ist ein Vorteil der GmbH, da durch die Kündigung eines Gesellschafters ein Abfindungsanspruch entsteht, der bei der Gesellschaft zu einem entsprechenden **Liquiditätsabfluss** führt. Dieser Vorteil wird freilich dadurch relativiert, dass einerseits das ordentliche Kündigungsrecht bei der KG immerhin für einen Zeitraum von etwa 20–30 Jahren ausgeschlossen werden kann und andererseits zweifelhaft ist, ob im GmbH-Recht die bei Familienunternehmen übliche strenge Vinkulierung der Anteile von der Rechtsprechung nicht eines Tages unter bestimmten Voraussetzungen als wichtiger Grund für eine außerordentliche Kündigung („Austrittsrecht") anerkannt wird.

5. Sonstiges

14 Im Gegensatz zur GmbH kam die GmbH & Co. KG wegen der früheren Notwendigkeit, ein Gewerbe zu betreiben, als Rechtsform für **Freiberufler** lange Zeit nicht in Betracht. Für **Steuerberatungs- und Wirtschaftsprüfungsgesellschaften** hat der Gesetzgeber die Rechtsform der GmbH & Co. KG im Hinblick auf eine treuhänderische Tätigkeit ausdrücklich berufsrechtlich anerkannt (§§ 27, 28 Abs. 1 WPO, §§ 49 Abs. 1 und 2, 50 Abs. 1 StBerG).[19] Dem steht ein mehr oder minder deutliches Verbot bei den Rechtsanwälten und anderen freien Berufen gegenüber. Der **Rechtsanwaltsgesellschaft mbH & Co. KG** scheitert bisher sowohl an berufs- als auch an handelsrechtlichen Vorgaben.[20] UE sollte die Eintragung bei gemischter freiberuflicher und gewerblicher Tätigkeit unter Beachtung der Voraussetzungen der §§ 59c ff. BRAO jedenfalls dann möglich sein, wenn die gewerbliche Tätigkeit überwiegt, was in praxi insbesondere bei Insolvenzverwaltung und Forderungsin-

[19] BGH DStR 2014, 2085. Zur zunächst umstrittenen Eintragungsfähigkeit BBGHZ 202, 92; *Arens* DStR 2011, 1825; IDW-Eingabe IDW-Fn. 2010, 525.

[20] BGH DB 2011, 2027; BVerfG NZG 2012, 343. Kritisch *K. Schmidt* DB 2011, 2477; *Henssler/Markworth* NZG 2015, 1; *Juretzek* DStR 2015, 431; *Römermann* GmbHR 2012, 64.

kasso der Fall ist.[21] Freiberufler verlieren in der Freiberufler-GmbH & Co. KG freilich ihre Privilegierung bei der **Gewerbesteuer,** da die Rechtsprechung die Komplementär-GmbH als Mitunternehmer behandelt mit der Folge, dass sie die freiberuflichen Einkünfte der KG infiziert, die damit – wie bei der Freiberufler-GmbH seit je her – insgesamt **gewerblich** sind.[22]

Gesetzliche Voraussetzung für die **IHK-Mitgliedschaft** ist gemäß § 2 Abs. 1 IHK-Gesetz die objektive Gewerbesteuerpflicht der Gesellschaft, die bei der GmbH,[23] bei der gewerblich tätigen und bei der gewerblich geprägten GmbH & Co. KG gegeben ist.[24] Für die vermögensverwaltende GmbH & Co. KG besteht keine Zwangsmitgliedschaft bei der IHK.[25] 15

Im Gegensatz zur GmbH gilt die GmbH & Co. KG landläufig meist **als zivilrechtlich besonders kompliziert.** Nach Ansicht der Kritiker ergeben sich insbesondere daraus Probleme, dass es sich bei der GmbH & Co. KG nicht um ein einheitliches Unternehmen, sondern um zwei ineinander verschachtelte Gesellschaften handelt. Dieser Umstand mache nicht nur zwei getrennte Jahresabschlüsse, Buchhaltungen usw nötig, sondern führe auch zu Schwierigkeiten in der Firmierung. Hinzu komme die Notwendigkeit, beide Gesellschaftsverträge genauestens aufeinander abzustimmen, was jedoch besondere Schwierigkeiten bereite, da auf beide Gesellschaften, nämlich KG und GmbH, jeweils unterschiedliche Rechtsregeln Anwendung fänden.[26] 16

Wir können uns dieser Beurteilung nicht in vollem Umfange anschließen. Zwar lässt es sich nicht leugnen, dass die GmbH & Co. KG aufgrund des Vorhandenseins zweier Gesellschaften einen etwas größeren organisatorischen Aufwand erfordert als nur eine einzige Gesellschaft. Gerade das Bestehen zweier Gesellschaften ermöglicht aber erst die **spezifischen Vorteile,** welche die GmbH & Co. KG als die geeignete Rechtsform nicht nur für Kapitalanlagegesellschaften (→ § 13 Rn. 1 ff.), sondern auch für **Familiengesellschaften,** erscheinen lassen, insbesondere wenn es um die Sicherung der Unternehmensfortführung oder um die Trennung von Kapital und Herrschaft geht.[27] Vergleichbare Gestaltungsmöglichkeiten lassen sich bei der reinen GmbH allenfalls durch stimmrechtslose Geschäftsanteile oder Mehrfachstimmrechte erzielen.[28] 17

Die **firmenrechtlichen Fragen,** insbesondere das Problem der Unterscheidbarkeit der Firma der GmbH & Co. KG von derjenigen ihrer Komplementär-GmbH sowie die Schwierigkeiten der Firmenbildung, sind von der Rechtspraxis längst zufriedenstellend gelöst worden. So war es zB auch bei der GmbH & Co. KG auf dem Umweg über ihre Komplementär-GmbH bereits vor dem HRefG ohne weiteres möglich, ihre Firma im praktischen Ergebnis wie eine – zuvor nur Kapitalgesellschaften vorbehaltene – **Sachfirma** auszugestalten (näher → § 11 Rn. 2). 18

Was schließlich die **Verzahnungsproblematik** anbetrifft, so ist es zwar richtig, dass es bei der GmbH & Co. KG regelmäßig besonderer gesellschaftsvertraglicher Regelungen bedarf, welche die Verklammerung der beiden Gesellschafterstellungen gewährleisten. Die aus der Existenz zweier verschiedener Gesellschaftsformen herrührende Gefahr des Auseinanderfallens der Beteiligungsidentität wird jedoch weitgehend gegenstandslos, wenn die KG die Anteile an ihrer eigenen Komplementär-GmbH erwirbt. In dieser sog **Einheitsgesellschaft** (ausführlich → § 8 Rn. 3 ff.) ist ein Auseinanderfallen der Beteiligungen an der Komplementär-GmbH einerseits und GmbH & Co. KG andererseits bereits 19

---

[21] *Karl* NJW 2010, 967; *Tersteegen* NZG 2010, 651 (nur bei überwiegender Treuhandtätigkeit). Vgl. auch *K. Schmidt* DB 2009, 271.

[22] BFH 10.10.2012 – VIII R 42/10, BStBl. II 2013, 79; hierzu *Kubata/Riegler/Straßen* DStR 2014, 1949.

[23] Auch wenn der Unternehmensgegenstand der GmbH ausschließlich in der Verwaltung eigenen Vermögens besteht BVerwG NJW 2008, 2028.

[24] Zur Einheits-GmbH & Co. KG vgl. OVG Hamburg DB 2004, 1094.

[25] *Spiegelberger* ZEV 2004, 391 (399).

[26] Vgl. *Liebscher* in Reichert GmbH & Co. KG § 1 Rn. 4 ff.; *K. Schmidt* GesR § 56 I 3b dd, ee.

[27] *Liebscher* in Reichert GmbH & Co. KG § 2 Rn. 63 ff.; *Gummert* in MHdB GesR II § 49 Rn. 9; *Henze/Notz* in EBJS HGB Anh. A § 177a Rn. 9 ff.; *K. Schmidt* GesR § 56 I 4.

[28] Ausführlich *Beinert* StbJb 1978/79, 287 (298).

rechtskonstruktiv ausgeschlossen. Diese besondere Gestaltungsform der GmbH & Co. KG ist somit in ihrer praktischen Handhabung der reinen GmbH mindestens ebenbürtig. Sie weist sogar eine gegenüber der GmbH größere Flexibilität auf, wie sie Personengesellschaften schon im Hinblick auf die bei ihnen **fehlende Formstrenge,** die namentlich bei Gründung, Änderung des Gesellschaftsvertrags, Kapitalmaßnahmen und Anteilsübertragungen eine Rolle spielt, eigen ist. Ferner ist – anders als bei der GmbH – ihr Gesellschaftsvertrag nicht beim Handelsregister einzureichen und dieser damit nicht öffentlich zugänglich.

III. Steuerrechtliche Entscheidungskriterien

1. Einkommen- und Körperschaftsteuer

20 **a) Unterschiedliches Besteuerungssystem.** § 1 EStG unterwirft nur natürliche Personen der Einkommensteuer. **Personengesellschaften** sind nicht aufgeführt und damit **nicht selbst einkommensteuerpflichtig;** ihre Einkünfte werden vielmehr den Gesellschaftern zugerechnet (→ § 16 Rn. 10). Im Gegensatz hierzu sind **Kapitalgesellschaften selbst Subjekt** einer Einkommensteuer, die als Körperschaftsteuer bezeichnet wird und im KStG geregelt ist; werden Gewinne ausgeschüttet, sind diese auf Gesellschafterebene grundsätzlich ein weiteres Mal einkommensteuerpflichtig.[29]

21 Die Körperschaftsteuerreform 1977 beseitigte die vielfach kritisierte Zweifach- oder Mehrfachbesteuerung der ausgeschütteten Gewinne einer Kapitalgesellschaft mit Körperschaftsteuer (bei der ausschüttenden Gesellschaft) und Einkommen- oder Körperschaftsteuer (bei den Anteilseignern).[30] Erreicht wurde dies dadurch, dass die von der Kapitalgesellschaft zu entrichtende Körperschaftsteuer im Fall der Ausschüttung ermäßigt und sodann auf die Einkommensteuer des Anteilseigners angerechnet wurde (sog **Anrechnungsverfahren**).

22 Das StEntlG 1999/2000/2002 ersetzte das Anrechnungsverfahren durch das **Halbeinkünfteverfahren.** Der nunmehr einheitliche Körperschaftsteuersatz wurde abgesenkt, und Ausschüttungen der Kapitalgesellschaft an die Gesellschafter wurden bei diesen zur Hälfte der Einkommensteuer unterworfen. Grundidee des Halbeinkünfteverfahrens war es, die Ebene der Kapitalgesellschaft und diejenige ihrer Gesellschafter steuerlich in etwa gleich zu belasten, um insgesamt zumindest näherungsweise das bisherige Belastungsniveau beizubehalten. Gewinne aus der Veräußerung von Anteilen an Kapitalgesellschaften waren unverändert nur im Rahmen von § 17 EStG (wesentliche Beteiligung) und § 23 Abs. 1 EStG (Spekulationsgeschäfte) steuerpflichtig.

23 Durch die UntStReform 2008 wurde das Besteuerungssystem ab VZ 2009 erneut neu geregelt. Das Halbeinkünfteverfahren wurde aufgegeben, der Körperschaftsteuersatz auf 15 % gesenkt. Gewinnausschüttungen und Gewinne aus der Veräußerung von Anteilen an Kapitalgesellschaften werden seither einer **25 %-igen Abgeltungsteuer** (zuzüglich Solidaritätszuschlag und Kirchensteuer) unterworfen (§ 32d Abs. 1 EStG); auf Antrag des Steuerpflichtigen wird bei der Veranlagung sein ggf. niedrigerer individueller Steuersatz zugrunde gelegt (Günstigerprüfung gemäß § 32d Abs. 6 EStG). Ferner sind Werbungskosten, welche im Zusammenhang mit den Kapitaleinkünften stehen, nicht mehr abzugsfähig. Soweit die Einnahmen zu einem Betriebsvermögen gehören, gilt für diese das **Teileinkünfteverfahren,** das sich von der Abgeltungsteuer dadurch unterscheidet, dass 60 % der Einnahmen nach quotalem Abzug der Werbungskosten mit dem individuellen Einkommensteuersatz besteuert werden. Das Teileinkünfteverfahren gilt seit dem JStG 2009 auf Antrag auch bei sog **unternehmerischen Beteiligungen,** die vorliegen, wenn der Steuerpflichtige zu

[29] Zu den unterschiedlichen Besteuerungsprinzipien s. *Kessler/Schiffers/Teufel,* Rechtsformwahl. Rechtsformoptimierung, § 3 Rn. 4 ff.

[30] Zur Rechtslage vor der Körperschaftsteuerreform vgl. 7. Aufl. 1984, S. 418.

mindestens 25 % an einer Kapitalgesellschaft beteiligt oder zu mindestens 1 % beteiligt und beruflich für die Kapitalgesellschaft tätig ist (§ 32d Abs. 2 Nr. 3 EStG).[31]

Es gibt parteiübergreifende Bestrebungen, die Abgeltungsteuer nach Inkrafttreten des 24
automatischen Informationsaustausches im Jahr 2017 nunmehr **abzuschaffen,** nachdem sie nach Meinung der Politik ihren Zweck („Besser 25 % von x, als 45 % von nix")[32] erfüllt hat.[33] Ziel der **Neuregelung,** deren Einzelheiten noch nicht absehbar sind, wird es sein, die Besteuerungsunterschiede zwischen den Einkunftskategorien einzuebnen.

Bei der Besteuerung von **Personengesellschaften** wurde bis zum VZ 2007 nicht zwischen 25
thesaurierten und ausgeschütteten (entnommenen) Gewinnen differenziert. Gemäß § 34a EStG werden seit dem VZ 2008 **auf Antrag** des Steuerpflichtigen die **nicht entnommenen Gewinne** einer Sonderbehandlung unterzogen, nämlich zunächst nur mit 28,25 % und erst bei Entnahme nochmals mit 25 % besteuert. Die UntStReform 2008 hat damit auch insoweit zu einer Annäherung an das Besteuerungssystem der Kapitalgesellschaft geführt (näher → § 16 Rn. 376 ff.). Anders als bei der Kapitalgesellschaft ist die Gesamtsteuerbelastung der Gesellschafts- und Gesellschafterebene aber unterschiedlich, wenn Gewinne im Entstehungsjahr oder erst zu einem späteren Zeitpunkt ausgeschüttet bzw. entnommen werden.

Unter Außerachtlassung der Kirchensteuer und von Vertragsbeziehungen zwischen 26
Gesellschaft und Gesellschafter ergibt sich hiernach folgender historischer **Belastungsvergleich:**[34]

	Personengesellschaft		Kapitalgesellschaft	
	Regel-besteuerung	Thesaurierungs-begünstigung	Vollausschüttung	Vollthesaurierung
2004	48,3 %		53,2 %	38,65 %
2005/06	45,68 %		53,21 %	38,65 %
2007	45,68 %		52,21 %	38,65 %
2008	45,32 %		46,49 %	29,83 %
Ab 2009	47,44 %	36,16 %/ 53,00 %[35]	48,33/49,81 %[36]	29,83 %

Durch die Körperschaftsteuerreform 1977 hatte sich die **Stellung ausländischer Gesell-** 27
schafter erheblich verschlechtert. Als beschränkt Einkommen- bzw. Körperschaftsteuerpflichtige waren sie nämlich in das Anrechnungsverfahren nicht einbezogen (§ 50 Abs. 5 S. 2 EStG aF). Dieser Nachteil wurde durch das Halb- bzw. Teileinkünfteverfahren beseitigt. Hieran hat sich durch die Abgeltungsteuer nichts geändert.

b) Verlustausgleich. Die Ergebnisse einer **GmbH & Co. KG** werden dem einzelnen 28
Gesellschafter im Rahmen der einheitlichen und gesonderten Gewinnfeststellung (§ 180 AO) unmittelbar zugerechnet. Er kann sie daher unter Beachtung der Beschränkungen in §§ 10d, 15a, 15b EStG mit Einkünften aus anderen Einkunftsquellen verrechnen. Dagegen werden Verluste der **GmbH,** die als solche ja nicht „ausschüttungsfähig" sind, vom Teilein-

[31] *Jacobs/Scheffler/Spengel,* Unternehmensbesteuerung und Rechtsform, 181 ff.

[32] Peer Steinbrück, HB vom 19.9.2006.

[33] ZB Initiative des Landes Brandenburg vom 27.10.2016, BR-Drs. 643/16, der der Finanzausschuss des Bundesrats am 23.2.2017 mit der Mehrheit von 11 Ländern zugestimmt hat, BR-Drs. 643/1/16; dazu *Dürr* BB 2017, 854.

[34] Gesamtsteuerbelastung, ESt-Grenzsteuersätze (zB 45 % im Jahre 2010) einschl. SolZ, Inanspruchnahme der Begünstigung gemäß § 34a EStG nach „Zwangsentnahme" aller Steuern, mit Gewerbesteuer: Hebesatz 400 %. Vgl. *Berberich/Haaf* in BeckHdB GmbH § 1 Rn. 70; *Wacker* in L. Schmid EStG § 34a Rn. 6; *Jacobs/Scheffler/Spengel,* Unternehmensbesteuerung und Rechtsform, 598; *Mueller-Thuns* in HTM HdB GmbH & Co. KG Rn. 2.41 ff.

[35] Jeweils nach Steuerentnahme.

[36] Anteile im Privatvermögen (Abgeltungssteuer)/Betriebsvermögen (Teileinkünfteverfahren).

künfteverfahren oder der Abgeltungsteuer nicht erfasst, sondern können nur von der GmbH selbst verwertet werden.[37]

29 Im Gegensatz zur GmbH ermöglicht die GmbH & Co. KG in den Grenzen des § 15a EStG eine **Saldierung positiver und negativer Einkünfte** auf Gesellschafterebene. Hinzu kommt, dass die Begrenzung des **Verlustrücktrags** auf maximal 1.000.000 Euro (§ 10d Abs. 1 S. 1 EStG) bei der GmbH definitiv ist, während bei der Personengesellschaft diese Grenze auf jeden einzelnen Gesellschafter zu beziehen ist,[38] bei ihr also, je nach Anzahl der Gesellschafter, insgesamt ein wesentlich höherer Verlust als bei der GmbH zurückgetragen werden kann. Diese Einschränkungen führen vielfach zu einem deutlichen **Liquiditäts- und Zinsnachteil** der GmbH. Im ungünstigsten Fall gehen die Verluste trotz der Möglichkeit des Verlustabzuges (§ 10d EStG) sogar steuerlich verloren, wenn ein Verlustrücktrag (etwa wegen Neugründung) ausscheidet und eine Verrechnung im Weg des Verlustvortrags in den folgenden Jahren wegen anhaltender Verluste nicht möglich ist.

30 Der Nachteil der GmbH bei der Verlustverrechnung verschärft sich, wenn **Leistungsvergütungen** an die Gesellschafter bezahlt werden. Denn diese erhöhen einerseits den Verlust der GmbH und führen andererseits bei den Gesellschaftern zu positiven Einkünften. In der Verlustperiode kommt es deshalb gewissermaßen zu einer „Besteuerung von Aufwand".[39]

31 Einen weiteren Nachteil erfährt die GmbH durch die Sonderregelungen zur Verlustnutzung nach einem Gesellschafterwechsel (sog **Mantelkauf,** § 8c KStG),[40] die es bei der GmbH & Co. KG nicht gibt. Werden hiernach innerhalb eines Zeitraums von fünf Jahren oder in einem Erwerbsvorgang mehr als 50 % der Anteile an einen einzelnen Erwerber, eine diesem nahestehende Person oder einen Personenkreis mit gleichgerichteten Interessen[41] übertragen, so gehen noch vorhandene Verlustvorträge zum Ende des letzten Geschäftsjahres vor der Anteilsübertragung unwiderruflich verloren (§ 8c Abs. 1 S. 2 KStG). Findet ein Anteilswechsel von mehr als 25 %, jedoch höchtens 50 % statt, so geht der Verlustvortrag anteilig unter, also zB mit 30 % bei einem 30 %igen Gesellschafterwechsel (§ 8c Abs. 1 S. 1 KStG). Ausnahmen bestehen für konzerninterne Übertragungen (Konzernklausel, § 8c Abs. 1 S. 5 KStG) und im Inland steuerpflichtige stille Reserven (Stille-Reserven-Klausel, § 8c Abs. 1 S. 6–9 KStG), ferner für Übertragungen zum Zwecke der Sanierung.[42] Trotz dieser Ausnahmen hat das **BVerfG** mit Beschluss vom 29.3.2017 festgestellt, dass § 8c Abs. 1 S. 1 KStG (und § 8c S. 1 KStG aF) mit Art. 3 Abs. 1 GG unvereinbar ist.[43] Die Regelung ist seit ihrer Einführung bis einschließlich zum VZ 2015 verfassungswidrig. Der Gesetzgeber hat bis zum 31.12.2018 Zeit, den Verfassungsverstoß zu beheben, anderenfalls rückwirkend die Nichtigkeit der Regelung eintritt. Mit Wirkung ab dem VZ 2016 wurde mit **§ 8d KStG** (Fortführungsgebundener Verlustvortrag) eine weitere, antragsgebundene und an enge Tatbestandsvoraussetzungen geknüpfte Rückausnahme zur Entschärfung des § 8c KStG eingeführt.[44] Ob damit der Anwendungsbereich des § 8c Abs. 1 S. 1 KStG in verfassungsrechtlich gebotener Weise reduziert worden ist, hat das BVerfG ebenso wie die generelle Beurteilung des § 8c Abs. 1 S. 2 KStG offen gelassen.

32 Allerdings ist auch bei der **GmbH** eine **Verlustverrechnung auf Gesellschafterebene** nicht gänzlich ausgeschlossen. Zum Einen können sich die Gesellschafter am Unternehmen

[37] *Jacobs/Scheffler/Spengel,* Unternehmensbesteuerung und Rechtsform, 681.

[38] R 10d Abs. 2 S. 3 EStR.

[39] *Jacobs/Scheffler/Spengel,* Unternehmensbesteuerung und Rechtsform, 682; *Kessler/Schiffers/Teufel,* Rechtsformwahl. Rechtsformoptimierung, § 3 Rn. 172.

[40] Bis VZ 2007 fand sich eine vergleichbare Regelung in § 8 Abs. 5 KStG.

[41] Dies wird von der Finanzverwaltung bereits beim Abschluss einer Stimmrechtsvereinbarung bejaht, BMF-Schreiben 4.7.2008, BStBl. I 2008, 736 Rn. 7.

[42] Zur Sanierungsklausel in § 8c Abs. 1a KStG ist ein EuGH-Verfahren anhängig (Rechtsmittel der Bundesrepublik Deutschland gegen EuGH 4.2.2016, DStR 2016, 390).

[43] BVerfG 2 BvL 6/11, DStR 2017, 1094; s. dazu auch *Ernst/Roth* Ubg 2017, 366.

[44] S. dazu im Einzelnen *Förster/v. Cölln* DStR 2017, 8.

der GmbH zugleich **atypisch still** beteiligen und auf diese Weise an den Verlusten der GmbH, zumindest in gewissem Umfange, partizipieren (→ § 27 Rn. 25 ff.).[45] Diese Möglichkeit besteht wegen § 15 Abs. 4 S. 6 ff. EStG jedoch nur für natürliche Personen als stille Gesellschafter.

Zum anderen können die bei der GmbH entstehenden Verluste durch Bildung einer **Organschaft mit Gewinnabführungsvertrag** iSd §§ 14, 17 KStG mit anderweitigen positiven Einkünften des Organträgers ausgeglichen werden. Diese Möglichkeit des Verlustausgleichs muss allerdings teuer erkauft werden. Da nämlich die Gläubiger der GmbH deren Anspruch gegen ihren Gesellschafter (Organträger) auf Verlustübernahme im Weg der Zwangsvollstreckung pfänden und sich zur Einziehung überweisen lassen können, kann, der Abschluss eines Gewinnabführungsvertrags im Ergebnis den **Wegfall** der durch die Wahl der GmbH bei der Organgesellschaft gerade angestrebten **Haftungsbeschränkung** zur Folge haben.[46] 33

Kann somit auch bei der GmbH, sei es über den Weg der Organschaft, sei es über den Weg der atypisch stillen Beteiligung, in den meisten Fällen im Ergebnis zumindest ein teilweiser Verlustausgleich auf Gesellschafterebene, also die Möglichkeit der Verrechnung positiver mit negativen Einkünften durch die Gesellschafter, herbeigeführt werden, so ist die **Personengesellschaft** – generell gesehen – dennoch **im Vorteil.** Denn bei ihr ist ein Verlustausgleich von vornherein möglich, ohne dass es hierzu, wie bei der GmbH, komplizierter Gestaltungen bedarf, die im Fall des Gewinnabführungsvertrags sogar den Verlust der Haftungsbeschränkung zur Folge haben. 34

c) Abzugsfähigkeit von Werbungskosten und Betriebsausgaben. aa) Auf Gesellschaftsebene. Zu den rechtsformspezifischen Minuspunkten der GmbH werden üblicherweise auch die **fehlende Abziehbarkeit bestimmter Betriebsausgaben,** wie Geldstrafen, die Hälfte der Aufsichtsratsvergütungen (§ 10 Nr. 3 und 4 KStG) sowie die gemäß § 4 Abs. 5 EStG iVm § 8 Abs. 1 KStG nicht abziehbaren Beträge gerechnet. Früher gehörte hierzu auch die – seit 1.1.1997 nicht mehr erhobene – Vermögensteuer. 35

Wir hatten seit jeher – bereits unter dem Anrechnungsverfahren – **Zweifel,** ob in der Nichtabziehbarkeit bestimmter Betriebsausgaben unter diesem Blickwinkel mit Recht ein **genereller Nachteil der GmbH** gesehen werden kann. Insoweit gilt für die Besteuerung bei der GmbH im Prinzip nichts anderes als bei den Personengesellschaften. Derartige Betriebsausgaben dürfen bei diesen den einheitlich und gesondert festzustellenden Gewinn der Personengesellschafter (Mitunternehmer) nicht mindern, müssen also hier wie dort aus versteuertem Einkommen finanziert werden.[47] Der einzige Unterschied kann darin liegen, dass die auf die nicht abziehbaren Ausgaben entfallende Körperschaftsteuer nicht mit demjenigen Betrag übereinstimmt,[48] den ein Personengesellschafter andernfalls als Einkommensteuer zu entrichten hätte, was wiederum vom individuellen Einkommensteuersatz des jeweiligen Gesellschafters abhängt. 36

Eine Ausnahme bilden lediglich die **Aufsichtsratsvergütungen** (→ § 16 Rn. 395 ff.). Diese sind bei der GmbH nur zur Hälfte abziehbar, so dass die andere Hälfte einer doppelten Besteuerung unterliegt (einmal der Körperschaftsteuer bei der Gesellschaft, zum anderen der Einkommensteuer beim Empfänger), während bei der Personengesellschaft (GmbH & Co. KG) entsprechende Vergütungen nur einer einfachen Besteuerung, nämlich beim Empfänger, unterliegen. 37

bb) Auf Gesellschafterebene. Im Anwendungsbereich der **Abgeltungsteuer** gibt es keinen Werbungskostenabzug mehr. Ist das Teileinkünfteverfahren anwendbar, werden Gewinnausschüttungen einer **GmbH** bei deren **einkommensteuerpflichtigen Gesellschaftern** nur zu 60 % der Einkommensteuer unterworfen (§ 3 Nr. 40 EStG). Um eine 38

---

[45] *Kessler/Schiffers/Teufel,* Rechtsformwahl. Rechtsformoptimierung, § 3 Rn. 74.
[46] *Berberich/Haaf* in BeckHdB GmbH § 1 Rn. 55.
[47] *Jacobs/Scheffler/Spengel,* Unternehmensbesteuerung und Rechtsform, 178.
[48] Definitivsteuer, vgl. Gesetzesbegründung, BT-Drs. 7/1470, 365.

inkongruente Besteuerung auszuschließen, bestimmt § 3c Abs. 2 S. 1 EStG folgerichtig, dass auch Betriebsvermögensminderungen, Betriebsausgaben, Veräußerungs- oder Werbungskosten, die mit derartigen Betriebsvermögensmehrungen oder Einnahmen in wirtschaftlichem Zusammenhang stehen, bei der Ermittlung der Einkünfte **nur zu 60 % abgezogen** werden dürfen. Für das Abzugsverbot genügt bereits die Einnahmenerzielungsabsicht (§ 3c Abs. 2 S. 7 EStG).[49]

39 Für **Kapitalgesellschaften als Gesellschafter** einer GmbH bestand gemäß § 3c Abs. 1 EStG, als Korrelat für die Steuerbefreiung der Einkünfte aus der Beteiligung gemäß § 8b KStG, bis 2003 ein **vollständiges Abzugsverbot** für die mit den Einkünften wirtschaftlich zusammenhängenden Betriebsausgaben. Anstelle dieses Abzugsverbots gilt seit 2004 die Fiktion von nichtabzugsfähigen Betriebsausgaben in Höhe von 5 % der Einkünfte aus der Beteiligung (§ 8b Abs. 3 und 5 KStG).[50] Ist der mit der Beteiligung in unmittelbarem wirtschaftlichen Zusammenhang stehende Aufwand größer als 5 %, führt diese Regelung im Vergleich zum alten Recht zu einer unter Umständen deutlichen Besserstellung.

40 Bei der **Personengesellschaft** gibt es **keine** vergleichbaren Sonderregelungen, was tendenziell als Vorteil gegenüber der GmbH zu sehen ist, im Einzelfall aber auch nachteilig sein kann.

41 **d) Verdeckte Gewinnausschüttungen.** Gewinnausschüttungen dürfen das **Einkommen** einer Körperschaft **nicht mindern.** Dies gilt nicht nur für offene (§ 8 Abs. 3 S. 1 KStG), sondern auch für verdeckte Gewinnausschüttungen (§ 8 Abs. 3 S. 2 KStG).

42 Die vGA ist im Gesetz nicht definiert. Nach der ständigen BFH-Rechtsprechung ist unter einer vGA iSv § 8 Abs. 3 S. 2 KStG bei einer Kapitalgesellschaft eine **Vermögensminderung** (verhinderte Vermögensmehrung) zu verstehen, die durch das **Gesellschaftsverhältnis veranlasst** ist, sich auf die Höhe des Einkommens auswirkt und in keinem Zusammenhang mit einer offenen Ausschüttung steht.[51] Für den größten Teil der entschiedenen Fälle nimmt der BFH eine Veranlassung der Vermögensminderung durch das Gesellschaftsverhältnis an, wenn die Kapitalgesellschaft ihrem Gesellschafter oder einer diesem nahestehenden Person einen Vermögensvorteil zuwendet,[52] den sie bei Anwendung der **Sorgfalt eines ordentlichen und gewissenhaften Geschäftsleiters** einem Nichtgesellschafter nicht gewährt hätte.[53] Hierbei geht es meistens – aber nicht ausschließlich – darum, ob Leistungsvergütungen der Kapitalgesellschaft an den Gesellschafter aufgrund von Austauschverträgen (zB Anstellungsverträge) in (verdeckte) Gewinnausschüttungen umzuqualifizieren sind. Klassischer Streitpunkt ist zB die Angemessenheit von Geschäftsführerbezügen.[54] Ist der begünstigte Gesellschafter ein **beherrschender,** so kann eine vGA außerdem dann anzunehmen sein, wenn die Kapitalgesellschaft eine Leistung an ihn erbringt, für die es an einer klaren, im Voraus getroffenen, zivilrechtlich wirksamen und tatsächlich durchgeführten Vereinbarung fehlt.[55]

---

[49] Bis VZ 2010 war das Abzugsverbot nicht anwendbar, wenn der Steuerpflichtige im VZ keinerlei Einnahmen erzielt hat, BFH 25.6.2009 – IX R 42/08, BFH/NV 2009, 1696 mit Nichtanwendungserlass vom 15.2.2010, DB 2010, 418.

[50] Die Typisierung, dass stets 5 % der Bezüge oder des Gewinns als nichtabzugsfähige Betriebsausgaben gelten, ohne dass der Nachweis niedrigerer Betriebsausgaben gestattet ist, ist mit Art. 3 GG vereinbar, BVerfG DStR 2010, 2393.

[51] BFH 4.6.2003 – I R 38/02, BStBl. II 2004, 139, aus neuerer Zeit BFH 17.2.2010 – I R 79/08, BFH/NV 2010, 1307; *Busch* in MHdB GesR III § 60 Rn. 12 ff.

[52] Zur Abgrenzung zur freigebigen Zuwendung iSd § 7 Abs. 1 Nr. 1 ErbStG vgl. BFH 27.8.2014 – II R 44/13, BStBl. II 2015, 249; gleichlautender Erlass der obersten Finanzbehörden der Länder, BStBl. II 2012, 331; *Keß* ZEV 2015, 254.

[53] BFH 3.2.2011 – VI R 66/09, BStBl. II 2014, 491; 20.10.2004 – I R 4/04, BFH/NV 2005, 723; 21.12.1994 – I R 98/93, BStBl. II 1995, 419 mwN.

[54] Hierzu ausführlich FG München BeckRS 2014, 201594608; BMF-Schreiben 14.10.2002, BStBl. I 2002, 972.

[55] BFH 17.12.1997 – I R 70/97, BStBl. II 1998, 545 mwN, aus neuerer Zeit BFH 25.6.2014 – I R 76/13, BStBl. II 2015, 665.

Vor der Körperschaftsteuerreform 1977 bestand durch die **bewusste Umqualifizierung** von Kapitaleinkünften in andere Einkunftsarten der besondere Anreiz, die Doppelbelastung ausgeschütteter Gewinne durch Körperschaftsteuer und Einkommensteuer zu vermeiden. Um die ertragsteuerliche Doppelbelastung zu sichern, wurde seinerzeit von der Finanzverwaltung das Institut der vGA entwickelt. Dessen ursprünglicher Zweck ist durch die Körperschaftsteuerreform entfallen; seit 1977 dient das Institut der vGA nur noch der **einkunftsmäßigen Abgrenzung** von Gesellschafts- und Gesellschafter-Ebene. Deshalb wurde die Finanzverwaltung seither immer wieder aufgefordert, vGAs nur noch aufzugreifen, soweit das Gewerbesteueraufkommen und die Besteuerung für nicht unbeschränkt steuerpflichtige Anteilseigner gefährdet sind. Bei Betriebsprüfungen ist die vGA aber häufig noch ein „zentrales Thema“.[56] 43

Heute stellt das Institut der vGA im Vergleich zur Personengesellschaft grundsätzlich keinen Nachteil der Kapitalgesellschaft dar, sondern **relativiert lediglich den Vorteil dieser Rechtsform** in der Weise, dass gewisse Zuwendungen an Gesellschafter die gewerbesteuerliche Bemessungsgrundlage mindern. Sämtliche Zahlungen, die eine **Personengesellschaft** an ihre Gesellschafter leistet, werden bei diesen wegen § 15 Abs. 1 S. 1 Nr. 2 EStG zu den gewerblichen Einkünften gerechnet und sind damit auch gewerbesteuerpflichtig, wegen der Gewerbesteueranrechnung gemäß § 35 EStG freilich mit einer im Einzelfall unterschiedlichen Belastungswirkung. Dies gilt auch bei nachträglichen steuerlichen Korrekturen, zB wegen Unangemessenheit der Gewinnverteilung. Vergleichbare Zahlungen einer **GmbH** gehören bei deren Gesellschaftern zu der jeweils vom Zahlungsgrund abhängigen Einkunftsart, also zB eine Gewinnausschüttung zu den Einkünften aus Kapitalvermögen und ein Geschäftsführergehalt zu den Einkünften aus nicht selbstständiger Arbeit. Dieser Unterschied hat die zwangsläufige Folge, dass seitens des Gesellschafter-Geschäftsführers einer GmbH im Zweifel ein Interesse daran besteht, Einkünfte nicht – als gewerbesteuerpflichtigen Gewinn – auf der Gesellschafts-Ebene, sondern auf der **gewerbesteuerfreien** Gesellschafter-Ebene anfallen zu lassen, zB durch Bezahlung überhöhter Geschäftsführergehälter. 44

Bei den **Steuerfolgen** der vGA[57] sind **zwei Effekte** zu unterscheiden: 45

- Die Umqualifizierung der Leistungsvergütung in eine Einnahme nach § 20 Abs. 1 Nr. 1 S. 2 EStG **(Umqualifizierungseffekt).**[58]
- Eine etwaige systembedingte steuerliche Mehrbelastung der vGA im Vergleich zur offenen Gewinnausschüttung **(Divergenzeffekt).**

Diese Unterscheidung ist wichtig, da aus der Sicht der Beteiligten die Handlungsalternative meistens nicht darin besteht, auf die Zuwendung eines Vermögensvorteils der Gesellschaft an den Anteilseigner zu verzichten. Vielmehr geht es darum, eine **optimale** – also möglichst niedrige – steuerliche **Gesamtbelastung** dieser Zuwendung zu erreichen. Könnten die Beteiligten die spätere Behandlung als vGA durch die Finanzverwaltung antizipieren, würden sie deshalb zB den überhöhten Teil der Leistungsvergütung als offene Gewinnausschüttung auszahlen. Hieraus folgt, dass der Umqualifizierungseffekt als notwendiges Übel eines gewollten Geldtransfers von der Gesellschafts- auf die Gesellschafterebene hinnehmbar ist, nicht jedoch der Divergenzeffekt, der durch eine vorbeugende Gestaltung vermieden werden kann. Das eigentliche Problem der vGA ist deshalb der **Divergenzeffekt,** der einen **Strafcharakter** aufweist. 46

Die Körperschaftsteuerreform 1977 hatte diesen **Strafcharakter** der vGA im Wesentlichen **beseitigt,** indem sie die verdeckten den offenen Gewinnausschüttungen gleichstellte. Dies war allerdings nicht vollständig gelungen, da vGAs **weniger verwendbares Eigenkapital** erzeugten, als für die Herstellung der Ausschüttungsbelastung erforderlich war. Stand nämlich nicht in ausreichendem Umfang belastetes Eigenkapital zur Verfügung, um diese 47

[56] *Streck/Binnewies* in Streck KStG Beratungs-ABC Stichwort „Betriebsprüfung“.
[57] *Busch* in MHdB GesR III § 60 Rn. 44 ff.
[58] *Bareis* DStR 2008, 1820.

Lücke zu schließen, wurden vGAs mit bis zu 82,86 %[59] Körperschaftsteuer belastet.[60] Ein weiteres Problem ergab sich aus der zusätzlichen Begünstigung desjenigen Gesellschafters, der die vGA erhalten hatte. Dieser erlangte nämlich außer dem Betrag der vGA auch noch das hierauf entfallende anrechenbare Steuerguthaben von 3/7 (= 42,86 %), wurde also durch die vGA aufgrund des Systems des Anrechnungsverfahrens auf Kosten der anderen Gesellschafter unangemessen begünstigt.[61]

48 **Seit dem Systemwechsel** zum Halbeinkünfteverfahren werden offene und verdeckte Gewinnausschüttung **gleich behandelt,** so dass der Steuerpflichtige im Fall einer vGA regelmäßig so gestellt wird, wie wenn der entsprechende Betrag offen ausgeschüttet worden wäre. Es kommt auch nicht mehr darauf an, ob die vGA zu einem Mittelabfluss führt oder sich lediglich bilanziell auswirkt.[62] Die neue Rechtslage, die insoweit durch die UntStReform 2008 grundsätzlich unberührt blieb, bringt jedoch dadurch eine deutliche Verbesserung, dass der **Divergenzeffekt nicht mehr** auftreten kann,[63] zumal § 32a KStG neuerdings eine einheitliche Behandlung der vGA auf Gesellschafts- und Gesellschafterebene verfahrensrechtlich sicherstellt.[64] Die Neutralität der Besteuerungsfolgen von offenen und verdeckten Gewinnausschüttungen greift allerdings erst ein, wenn ein etwaiges Körperschaftsteuerguthaben gemäß § 37 Abs. 1 KStG verbraucht ist oder mit Ablauf der spätestens im Jahr 2019 endenden Übergangsfrist gemäß § 37 Abs. 2 S. 3 KStG verfällt.

49 Der **Belastungsunterschied** aufgrund des Umqualifizierungseffekts bleibt allerdings bestehen. Ist der Gesellschafter eine natürliche Person, stellt sich die bei ihm auf einen Bruttozufluss von 100 bezogene Belastungswirkung der (offenen oder verdeckten) **Gewinnausschüttung** im Vergleich zur **Leistungsvergütung** wie folgt dar:[65]

	Leistungsvergütung	Gewinnausschüttung	
		Abgeltungssteuer	Teileinkünfteverfahren
Ergebnis der Kapitalgesellschaft vor GewSt	0	142,5	142,5
abzüglich GewSt (14 %)	0	-20,0	-20,0
= Ergebnis der Kapitalgesellschaft nach GewSt	0	122,5	122,5
abzüglich KöSt + SolZ (15,8 %)	0	-22,5	-22,5
= Ergebnis der Kapitalgesellschaft nach Steuern = Bruttozufluss beim Gesellschafter	100,0	100,0	100,0
abzüglich ESt + SolZ des Gesellschafters	-47,5	-26,4	-28,5
= Nettozufluss beim Gesellschafter	52,5	73,6	71,5
Gesamtsteuerbelastung	47,5 %	48,4 %	49,8 %

Tabelle: Belastungswirkung ab 2009

59 Bei der bis 1993 geltenden Ausschüttungsbelastung von 36 %: 106,25 %, von 1994 bis 1998: 87,86 %.
60 Im Einzelnen *Dötsch* in DPM KStG aF § 27 Rn. 207.
61 Ausführlich *Binz/Sorg* DStR 2001, 1457 (1458).
62 *Hey* GmbHR 2001, 1 (2).
63 Nach *Schmitz* DB 2001, 1166 soll es ausnahmsweise bei einer vGA im Konzern in Form einer Nutzungsüberlassung über eine gemeinsame Muttergesellschaft ohne Organschaft zu einer systemwidrigen Dreifachbesteuerung kommen.
64 *Lang* in DPM KStG § 32a Rn. 2.
65 Teileinkünfteverfahren mit ESt-Grenzsteuersatz und SolZ, ohne Kirchensteuer; GewSt-Hebesatz: 400 %.

Hieraus ergibt sich folgende **Gesamtsteuerbelastung** von Gewinnausschüttung und Leistungsvergütung: 50

	Gewinnausschüttung (vGA)	Leistungsvergütung	Differenz
2000	61,2 %	53,8 %	7,4
2001/2002	54,3 %	51,2 %	3,1
2003	55,3 %	51,2 %	4,1
2004	53,2 %	47,4 %	5,8
2005/06	52,2 %	44,3 %	7,9
2007	53,2 %	44,3 %	8,9
2008	46,5 %	47,5 %	- 1,0
Ab 2009[66]	49,8 %/48,4 %	47,5 %	2,3/0,9

Tabelle: Gesamtsteuerbelastung der vGA im Vergleich zur Leistungsvergütung

Aus dieser Vergleichsrechnung lassen sich folgende **Schlussfolgerungen** ziehen:[67] 51

- Die **Gesamtsteuerbelastung** von Gewinnausschüttungen ist – vom Ausnahmejahr 2008 abgesehen – seit jeher **höher** als diejenige von Leistungsvergütungen. Der Belastungsunterschied ist aufgrund der erneuten Senkung der Steuerbelastung der GmbH mit 2,3 %-Punkten (Teileinkünfteverfahren) bzw. 0,9 %-Punkten (Abgeltungsteuer) inzwischen aber sehr gering.
- Auf der Ebene der **Kapitalgesellschaft** führt die vGA gegenüber der Leistungsvergütung unverändert zu einer erheblichen **Mehrbelastung** von inzwischen allerdings nur noch 42,5 % der vGA gegenüber rund 60 % nach der Unternehmensteuerreform 2000 und sogar rund 70 % nach altem Recht. Diese Mehrbelastung liegt darin begründet, dass Leistungsvergütungen als Betriebsausgabe abzugsfähig sind, während Gewinnausschüttungen aus versteuertem Einkommen zu leisten sind, also der Gewerbesteuer und der Körperschaftsteuer nebst SolZ unterliegen.
- Der **Anteilseigner** wird durch die vGA zulasten der Gesellschaft bzw. der Mitgesellschafter **begünstigt.** Ursache hierfür war nach altem Recht das Anrechnungsguthaben. Neuerdings ist es die zwangsläufige Folge des Teileinkünfteverfahrens, dass Gewinnausschüttungen beim Anteilseigner nur mit 60 % besteuert werden, während Leistungsvergütungen voll zu versteuern sind. Der Steuervorteil des Anteilseigners lag nach altem Recht bei rund 22 %-Punkten und liegt ab 2009 mit 19 %-Punkten beim Teileinkünfteverfahren und 21,1 %-Punkten bei der Abgeltungsteuer immer noch in dieser Größenordnung. Anders als beim Anrechnungsverfahren ist der Vorteil beim Teileinkünfteverfahren vom individuellen Einkommensteuersatz des Anteilseigners abhängig. Je niedriger der individuelle Steuersatz des Anteilseigners ist, desto günstiger ist die Leistungsvergütung gegenüber einer Gewinnausschüttung. Ergibt sich bei diesem aufgrund eines anderweitigen Verlustausgleichs oder -abzugs kein zu versteuerndes Einkommen, entfällt der Vorteil sogar ganz.
- Bei der Umqualifizierung von **Zins- und Mietaufwendungen** in eine vGA ist wegen der Hinzurechnungen gemäß § 8 Nr. 1 GewStG und der Zinsschranke eine pauschale Aussage nicht mehr möglich.
- Die vGA ist tendenziell umso nachteiliger, je niedriger der **individuelle Einkommensteuersatz** des Anteilseigners ist. Dies ist darauf zurückzuführen, dass der Einkommensteueranteil bei der Gesamtsteuerbelastung einer Leistungsvergütung höher ist als bei

[66] Bei vGA: Teileinkünfteverfahren/Abgeltungsteuer.

[67] *Lang/Klingebiel* in DPM KStG § 8 Abs. 3 Teil C Rn. 724 ff.; *Harle* BB 2008, 2151 (2157); *Binz* DStR 2008, 1820; *Bareis* DStR 2009, 600; *Busch* in MHdB GesR III § 60 Rn. 44 ff.; *Schwedhelm* in Streck KStG § 8 Rn. 186 ff.; *Schaumburg/Rödder* Unternehmensteuerreform 2008, 400.

einer Gewinnausschüttung, zumal deren Steuerbelastung bei der Abgeltungsteuer vom individuellen Einkommensteuersatz des Anteilseigners nicht beeinflusst wird.

- **Ohne Gewerbesteuerbelastung** der Kapitalgesellschaft, zB bei lediglich vermögensverwaltender Tätigkeit, ist die Gesamtsteuerbelastung bei der vGA nur dann höher als bei Leistungsvergütungen, wenn der individuelle Einkommensteuersatz des Anteilseigners unter 40 % liegt.

52 Die Frage, ob vGAs **Schenkungsteuer** auslösen, ist nach wie vor **umstritten.**[68] Die Finanzverwaltung unterscheidet danach, ob der Erwerber des zu beurteilenden Vermögensvorteils selbst Gesellschafter der GmbH oder eine dem **Gesellschafter** nahestehende Person ist. Im erstgenannten Fall bejaht die Finanzverwaltung nur in Höhe des über die gesellschaftsrechtliche Beteiligungsquote hinaus Verteilten eine Bereicherung des Gesellschafters auf Kosten der Gesellschaft in Form einer gemischten freigebigen Zuwendung.[69] Demgegenüber hat der BFH wegen der Veranlassung im Gesellschaftsverhältnis eine freigebige Zuwendung iSv § 7 Abs. 1 ErbStG bereits mehrfach verneint,[70] was die Finanzverwaltung freilich nicht dazu bewegen kann, ihren Nichtanwendungserlass aufzuheben.[71] Bei **nahestehenden Personen** nimmt die Finanzverwaltung im Verhältnis der Kapitalgesellschaft zur nahestehenden Person eine gemischte freigebige Zuwendung in Höhe der vGA an.[72] Das FG Münster hat allerdings der Auffassung der Finanzverwaltung auch insoweit widersprochen.[73]

53 Das der vGA zugrundeliegende Rechtsgeschäft ist **nur dann unwirksam,** wenn es für die GmbH **grob nachteilig** ist, insbesondere eine strafrechtliche Untreue (§ 266 StGB) oder ein Missbrauch der Vertretungsmacht (zB im Fall der Kollusion) seitens der GmbH-Geschäftsführung vorliegt. Diese Voraussetzungen sind in den meisten Fällen nicht erfüllt. Nachdem bei der GmbH in derartigen Fällen ein Rückgewähranspruch gemäß §§ 30, 31 GmbHG nur besteht, soweit das Stammkapital angegriffen wird,[74] hat es in der bisherigen Diskussion nicht an Vorschlägen gefehlt, um einen **zivilrechtlichen Rückgewährungsanspruch** der GmbH entweder bezüglich des die vGA begründenden überschießenden Betrages (zB Differenz zwischen angemessener und überhöhter Vergütung) oder zumindest in Höhe des erlangten **Steuervorteiles** zu konstruieren. Hierbei wurde in erster Linie auf die Vorschriften über die ungerechtfertigte Bereicherung (§§ 812 ff. BGB), der Geschäftsführung ohne Auftrag (§§ 677 ff. BGB), auf die Grundsätze der gesellschaftsrechtlichen Treuepflicht und auf das Institut des Wegfalls der Geschäftsgrundlage (§ 313 BGB) verwiesen.[75] UE dürfte in erster Linie die **ergänzende Vertragsauslegung**[76] interessengerecht sein, die nach unserer Erfahrung vielfach zu dem Ergebnis führt, dass die von der Finanzverwaltung beanstandete Begünstigung des Empfängers der vGA allseits gewollt war und die Mitgesellschafter lediglich die steuerliche Auswirkung übersehen hatten, die dann unter Zugrundelegung des hypothetischen Parteiwillens und des gesellschaftsrechtlichen Gleichbehandlungsgrundsatzes im Innenverhältnis der Gesellschafter zu korrigieren ist.

54 Der Systemwechsel vom Anrechnungs- zum Teileinkünfteverfahren mit Abgeltungsteuer hat an dieser Problematik nichts geändert. Der Empfänger einer vGA wird durch den

---

[68] *Viskdorf/Löcherbach* DStR 2016, 789; *Erkis* DStR 2016, 350.

[69] Gleichlautende Erlasse der obersten Finanzbehörden, BStBl. I 2012, 331, Ziff. 2.6.2.

[70] BFH 30.1.2013 – II R 6/12, BStBl. II 2013, 930; 2.9.2015 – II B 146/14, BFH/NV 2015, 1586; FG München EFG 2016, 1818.

[71] BMF-Schreiben 5.6.2013, BStBl. I 2013, 1465; vgl. auch Kurzinformation der OFD Nordrhein-Westfalen, DStR 2016, 812.

[72] Gleichlautende Erlasse der obersten Finanzbehörden, BStBl. I 2012, 331, Ziff. 2.6.1.

[73] FG Münster EFG 2016, 323, Rev (Az. BFH II R 54/15).

[74] OLG Stuttgart NZG 2013, 869. Anders dagegen bei der AG, bei der vGAs regelmäßig zugleich einen Verstoß gegen §§ 57, 58 AktG darstellen und einen Rückforderungsanspruch nach § 62 AktG begründen.

[75] Zum Diskussionsstand s. *Knobbe-Keuk,* Bilanz und Unternehmenssteuerrecht, 667; *Hueck/Fastrich* in Baumbach/Hueck GmbHG § 29 Rn. 76; *Pentz* in Rowedder/Schmidt-Leithoff GmbHG § 29 Rn. 168; *Siemers/Birnbaum* in BeckHdB GmbH § 10 Rn. 198 ff.; *Ekkenga* in MüKoGmbHG § 29 Rn. 268; *Verse* in Scholz GmbHG § 29 Rn. 123 ff.

[76] Vgl. näher *Ellenberger* in Palandt BGB § 157 Rn. 2 ff. mwN.

Umqualifizierungseffekt steuerlich nach wie vor begünstigt. Allerdings ist der Einkommensteuervorteil des Anteilseigners **weder spiegelbildlich** zur Nachbelastung der Gesellschaft, noch – anders als beim Anrechnungsverfahren – **betragsmäßig fest,** sondern von seinen individuellen einkommensteuerlichen Verhältnissen abhängig. Damit lässt sich ein Bereicherungsanspruch gemäß § 812 Abs. 1 BGB nur schwer konstruieren, denn es fehlt an der „Einheitlichkeit des Bereicherungsvorganges". Ein zivilrechtlicher Rückgewähranspruch nach den vorstehend erwähnten Grundsätzen der **ergänzenden Vertragsauslegung** ist hingegen uE ohne Weiteres vorstellbar. Denn der – in aller Regel von den Parteien nicht gewollte – Einkommensteuervorteil des Anteilseigners steht in untrennbarem Zusammenhang mit der steuerlichen Nachbelastung der Gesellschaft, so dass das Äquivalenzverhältnis des Vertrags „gestört" ist. Das Teileinkünfteverfahren und die Abgeltungsteuer basieren nämlich auf dem Gedanken, durch die Kombination zweier niedriger Steuerbelastungen eine den Verhältnissen bei der Personengesellschaft entsprechende, **angemessene Gesamtbelastung** herzustellen. Deshalb stellt die durch eine vGA verursachte Nachbelastung der Gesellschaft eine Störung des Äquivalenzverhältnisses dar.[77]

Soweit sich nach dem maßgeblichen **hypothetischen Parteiwillen** der Rückgewähran- 55
spruch nicht auf den wirtschaftlichen Vorteil als solchen bezieht, sondern nur auf die ungewollte steuerliche Auswirkung, besteht er in Höhe **des tatsächlichen Einkommensteuervorteils** des Anteilseigners. Die genaue Ermittlung dieses, der vGA zuzuordnenden Vorteils mag im Einzelfall mit Schwierigkeiten verbunden sein, etwa bei Verlusten aus anderen Einkunftsquellen. Derartige Wertungs- und Abgrenzungsfragen sind jedoch auch aus anderen Rechtsgebieten bekannt, zB im Schadensersatzrecht (Stichwort: Vorteilsausgleich, hypothetische Kausalität etc) sowie bei der Anwendung sog Steuerklauseln in Beteiligungs- und Unternehmenskaufverträgen. Sie ändern nichts daran, dass dem Grunde nach ein **zivilrechtlicher Ausgleichsanspruch** besteht, der sich uE am besten auf das bewährte Institut der ergänzenden Vertragsauslegung stützen lässt.

Aufgrund der in der Praxis verbleibenden Unsicherheiten hinsichtlich Grund und Höhe 56
eines derartigen Erstattungsanspruches dürfte es sich empfehlen, entweder im Gesellschaftsvertrag oder im jeweiligen Einzelvertrag (zB Beratungsvertrag) eine entsprechende **Steuerklausel** aufzunehmen,[78] die regelt, ob bei Annahme einer vGA durch die Finanzverwaltung der steuerlich nicht anerkannte Vergütungs- oder Vertragsteil unwirksam sein soll mit der Folge eines Rückgewähranspruchs der GmbH, ob nur die steuerlichen Auswirkungen der vGA ausgeglichen werden sollen oder ob überhaupt keine Ausgleichsverpflichtung bestehen soll. Damit ist zunächst einmal Klarheit geschaffen über das zivilrechtliche Innenverhältnis der Gesellschafter zueinander; insbesondere ist die Frage beantwortet, ob der begünstigte Gesellschafter den von der Finanzverwaltung behaupteten wirtschaftlichen Vorteil als solchen (mit der Folge, dass eine vGA ab ovo verhindert würde) oder zumindest die damit zwangsläufig verbundene Steuerersparnis der GmbH oder den Mitgesellschaftern auszugleichen hat.

Es fragt sich, ob derartige Klauseln darüber hinaus schon das **Entstehen** einer vGA auch 57
mit steuerlicher Wirkung verhindern können. Nach der Rechtsprechung des BFH,[79] der derartigen Steuerklauseln mit dem formalen Hinweis auf die Regeln zur Bilanzänderung bzw. -berichtigung jegliche steuerliche Wirkung abspricht, ist dies nicht der Fall. Wir halten diese Rechtsprechung zumindest dann für unzutreffend, wenn die betreffende Steuerklausel dazu führt, dass zB die endgültige Höhe einer Geschäftsführer- oder Beratervergütung auch mit zivilrechtlicher Wirkung von der bestands- oder rechtskräftigen Entscheidung einer Finanzbehörde abhängig gemacht wird und die steuerlichen Konsequenzen von den Beteiligten auch tatsächlich zeitnah gezogen werden. Denn dann ist der nach Auffassung der

[77] *Schaumburg/Rödder,* Unternehmensteuerreform 2008, 395, 407; im Ergebnis ebenso *Ekkenga* in MüKoGmbHG § 29 Rn. 274.

[78] *Priester* DStR 2001, 795 (798); *Schmidt-Leithoff* in Rowedder/Schmidt-Leithoff GmbHG Einleitung Rn. 160; kritisch *Schwedhelm* in Streck KStG § 8 Rn. 307.

[79] BFH 14.8.1975 I – V R 30/71, BStBl. II 1976, 88; hierzu *Gosch* KStG Rn. 516.

Finanzverwaltung überhöhte Vergütungsbestandteil schon zivilrechtlich niemals Vertragsinhalt geworden, sondern wirtschaftlich nur wie eine Akonto-Zahlung anzusehen. Ob es sinnvoll ist, die Vergütungshöhe von der Ermessensentscheidung des Finanzamts abhängig zu machen, ist eine andere Frage, die an dieser Stelle nicht zu erörtert werden braucht.

58 Streitig waren lange Zeit die **steuerlichen Auswirkungen** im Fall der **Rückzahlung einer vGA** durch den begünstigten Gesellschafter. Der Entwurf des Jahressteuergesetzes 1996 sah Regelungen über die Rückgewähr von vGAs vor, die allerdings im weiteren Gesetzgebungsverfahren entfallen sind.[80] Nach der inzwischen hM stellt die Rückzahlung eine **Einlage** des betreffenden Gesellschafters dar.[81] Diese kann beim Gesellschafter nur im Rahmen des § 17 EStG als nachträgliche Anschaffungskosten des Gesellschafters auf seine Beteiligung an der GmbH berücksichtigt werden.

59 Vor diesem Hintergrund muss das Institut der **verdeckten Gewinnausschüttung** durchaus auch heute noch als **rechtsformspezifischer Nachteil der GmbH** angesehen werden, weil es bei den Personengesellschaften verdeckte Gewinnausschüttungen schon begrifflich nicht gibt, so dass dort die damit verbundenen Probleme von vornherein nicht auftreten können.

60 **e) Besteuerung thesaurierter Gewinne. Bis VZ 1990** stimmten Körperschaftsteuersatz und Einkommensteuer-Spitzensatz überein (je 56 %). Dies hatte zur Folge, dass Gewinnthesaurierungen bei der GmbH **generell mit 56 % Steuer** belastet waren, während bei der GmbH & Co. KG der individuelle Steuersatz des betreffenden Gesellschafters zum Zuge kam, wodurch sich häufig eine geringere Steuerbelastung ergab. Nur dann, wenn der Gesellschafter dem Einkommensteuer-Spitzensatz unterlag und kirchensteuerpflichtig war, wurden thesaurierte Gewinne bei der GmbH niedriger besteuert.

61 Die Gesellschafter einer GmbH konnten damals die Tarifbelastung auf thesaurierte Gewinne im Ergebnis auf das unter Umständen niedrigere Niveau ihres individuellen Steuersatzes herabschleusen, indem sie von dem sog **Schütt-aus-hol-zurück-Verfahren** Gebrauch machten, also die Gewinne in voller Höhe ausschütteten, und diese alsdann der Gesellschaft in dem zur Stärkung der Eigenkapital-Basis erforderlichen Umfang in Form stiller Einlagen, als Darlehen oder zur Bildung von Rücklagen wieder zurückgewährten. Dieses Verfahren war allerdings nicht unproblematisch, und zwar weniger wegen seiner steuerlichen Behandlung[82] als vielmehr im Hinblick auf die Notwendigkeit, im Einzelfall durch Gesellschafterbeschluss oder generell durch gesellschaftsvertragliche Regelung die Wiedereinlage der zunächst ausgeschütteten Gewinne sicherzustellen.[83] Erschwerend kam hinzu, dass im Fall einer Kapitalerhöhung die Grundsätze der Sachkapitalerhöhung zu beachten waren.[84]

62 Das Steuerreformgesetz 1990 führte **erstmals für den VZ 1990** zu einer **Abkopplung von Körperschaftsteuersatz** (50 %) **und Einkommensteuer-Spitzensatz** (53 %), so dass sich nunmehr eine veränderte Situation ergab. Unterlag der Gesellschafter dem Spitzensteuersatz bei der Einkommensteuer, war nunmehr die Steuerbelastung thesaurierter Gewinne bei der GmbH um 3 %-Punkte niedriger. Andernfalls war die GmbH & Co. KG vorteilhafter. In der Folgezeit änderten sich die Steuersätze mehrfach, wobei der Vorteil der GmbH mal größer, mal kleiner wurde.

63 Mit dem **Halbeinkünfteverfahren** wurde dem Schütt-aus-hol-zurück-Verfahren im Jahr 2001 der Boden entzogen. Die Einkommensteuer der Gesellschafter tritt nämlich stets zu derjenigen der GmbH hinzu, weshalb eine Steueroptimierung unter Ausnutzung dieses

---

[80] § 8 Abs. 3 S. 3 KStG des Regierungsentwurfs, BT-Drs. 13/901; BT-Drs. 13/1173; BR-Drs. 171/95.

[81] BFH 14.7.2009 – VIII R 10/07, BFH/NV 2009, 1815; 29.4.2008 – I R 67/06, BFH/NV 2008, 1621; die frühere Rechtsprechung war noch von einer negativen Einnahme ausgegangen, vgl. BFH 25.5.1999 – VIII R 59/97, BStBl. II 2001, 226; 29.5.1996 – I R 118/93, BStBl. II 1997, 92 mwN.

[82] Das Schütt-aus-hol-zurück-Verfahren stellte grundsätzlich keinen Missbrauch von Gestaltungsmöglichkeiten iSd § 42 AO dar; BFH 19.8.1999 – I R 77/96, BStBl. II 2001, 43.

[83] *Knobbe-Keuk,* Bilanz- und Unternehmenssteuerrecht, 615.

[84] BGH BB 1991, 993.

Verfahrens nicht mehr möglich ist. Der Unterschied bei der Besteuerung thesaurierter Gewinne wurde höher denn je und erreichte im Jahr 2004 mit 9,7 %-Punkten zugunsten der GmbH seinen Höchststand.[85]

Seit 2008 liegt der Unterschied zwar bei 17,6 %-Punkten, freilich mit dem Unterschied, dass seither auch bei **Personengesellschaften** nicht entnommene Gewinne auf Antrag **begünstigt besteuert** werden (§ 34a EStG), und zwar mit einem Belastungsniveau von – wie bei der GmbH – 29,8 %. Diese Option kompensiert den Unterschied bei der Besteuerung thesaurierter Gewinne jedoch nur vordergründig (→ § 16 Rn. 383): Einerseits kann die Begünstigung für die anfallenden Ertragsteuern (Gewerbe- und Einkommensteuer) faktisch nicht in Anspruch genommen werden, wodurch sich die Belastung für die thesaurierten Gewinne bei Personengesellschaften auf **36,2 %** erhöht und damit um 6,3 %-Punkte über derjenigen bei der GmbH liegt. Zum anderen muss die Begünstigung damit erkauft werden, dass sich die Einkommensteuer-Gesamtbelastung im Fall der späteren Entnahme auf **53 %** erhöht und damit um 5,5 %-Punkte über der Regelbesteuerung ohne Inanspruchnahme der Begünstigung liegt. 64

Der Vorteil der GmbH bei der Thesaurierungsbesteuerung vergrößert sich noch, wenn beim Gesellschafter der Personengesellschaft **Kirchensteuer** anfällt. Obwohl die Kirchensteuersätze bei 8 % bzw. 9 % liegen, erhöht sich der Unterschied bei der Thesaurierungsbesteuerung wegen der Möglichkeit, gezahlte Kirchensteuer bei der Einkommensteuer als Sonderausgaben abzuziehen, lediglich um rund 2 %-Punkte.[86] Für die GmbH handelt es sich hierbei jedoch nur um einen **Vorteil auf Zeit.** Denn spätestens im Zeitpunkt der Gewinnausschüttung, auf jeden Fall aber bei Liquidation der Gesellschaft, unterliegen die Gewinnanteile der Einkommensteuer, werden spätestens dann also mit Kirchensteuer nachbelastet. 65

Die unterschiedliche Thesaurierungsbesteuerung hat in der Praxis zu Überlegungen geführt, die **private Vermögensverwaltung über eine zwischengeschaltete Kapitalgesellschaft** abzuwickeln. Die steuerliche Beurteilung darf sich jedoch nicht auf einen kurzfristigen Vergleich der jeweils aktuellen Steuerbelastung beschränken. Entscheidend ist vielmehr die mehrperiodische Betrachtung, da irgendwann die thesaurierten Gewinne an die Gesellschafter ausgeschüttet, in Form eines höheren Anteilskaufpreises vergütet oder als Liquidationsgewinn ausgekehrt werden. Eine Totalbetrachtung zeigt, dass ein **positiver „Spardoseneffekt"** durch die vollständige Gewinnthesaurierung auf der Ebene der GmbH nur bei einer Eigenkapital-Rentabilität von mehr als 30 % erzielt werden kann.[87] 66

f) Ausschüttungspolitik und Liquidität. Seit der Einführung des Halbeinkünfteverfahrens werden **ausgeschüttete Gewinne bei der GmbH stets höher besteuert als thesaurierte Gewinne.** Dies führt zu der Überlegung, dass Gewinne, die ein Gesellschafter nicht unbedingt als Eigenmittel zur freien Verfügung benötigt, der Gesellschaft belassen oder dem Gesellschafter – zur Vermeidung einer vGA gegen fremdübliche Verzinsung – nur **darlehensweise** zur Verfügung gestellt werden. Eine in steuerlicher Sicht optimale Gewinnverteilung wird bei der GmbH nämlich dann erreicht, wenn der Gewinn im größtmöglichen Umfang thesauriert wird. Durch die Thesaurierungsmöglichkeiten bei der GmbH lässt sich aber nicht nur der Unternehmensgewinn in steuerlich vorteilhafter Weise auf Gesellschaft und Gesellschafter verteilen. Die Gesellschafter haben es ferner in der Hand, die Gewinnausschüttungen **zeitlich** gerade in diejenigen Jahre zu **verlagern,** in denen die Gesellschafter (etwa infolge anderweitiger Verluste) einem niedrigeren Einkommensteuer- 67

---

[85] Grenzsteuersatz bei der Einkommensteuer, mit SolZ, ohne Kirchensteuer, einschl. Gewerbesteuer (Hebesatz: 400 %) und unter der Annahme, dass die Anrechnung gemäß § 35 EStG optimal genutzt werden kann; → Rn. 26.

[86] Die Gesamtbelastung aus ESt, SolZ und KiSt ergibt sich aus folgender Formel: ESt × (1 + KiSt + SolZ): (1 + ESt × KiSt) = 46,12 % bei Einkommensteuersatz von 42 % bzw. 49,30 % bei Einkommensteuersatz von 45 %, KiSt jeweils 8 %.

[87] *Kußmaul/Ternig* DB 2004, 1161 (1164). Kritisch auch *Scheffler* BB 2001, 2297 (2304); *Kessler/Schiffers/Teufel,* Rechtsformwahl. Rechtsformoptimierung, § 4 Rn. 59.

satz unterliegen. Im Anwendungsbereich der Abgeltungsteuer sind diese Gestaltungsmöglichkeiten jedoch eingeschränkt, zB bei der Verlustverrechnung (§§ 20 Abs. 6, 43a Abs. 3 EStG).

68 Entsprechende Möglichkeiten zur **Gewinnaufspaltung und -verlagerung** bestanden für die **Personengesellschaft** bis 2007 nicht. Aus diesem Grund hat sich die Beratungspraxis seit vielen Jahren darum bemüht, durch die Beteiligung von Kindern zu einer **faktischen Aufspaltung** des Gewinns der Personengesellschaft und damit im Ergebnis zu einer Ermäßigung der Steuerbelastung zu kommen.[88] Die Möglichkeit der begünstigten Besteuerung nicht entnommener Gewinne gemäß § 34a EStG seit dem Jahr 2008 hat an dieser Ausgangslage nichts Grundlegendes geändert, da die hierdurch erzielbare, temporäre Absenkung der Steuerbelastung keine vergleichbare Größenordnung erreicht und mit anderen Nachteilen erkauft werden muss (→ § 16 Rn. 383 ff.; → Rn. 64).

69 Die Gesellschafter einer GmbH sind auch im Hinblick auf den **Zeitpunkt der Einkommensteuerzahlung** begünstigt. Die Gesellschafter einer Personengesellschaft müssen nämlich den auf sie entfallenden Gewinn in dem Veranlagungszeitraum versteuern, in dem das Geschäftsjahr der Personengesellschaft endet (§ 4a Abs. 2 Nr. 2 EStG). Entspricht das Geschäftsjahr der Personengesellschaft dem Kalenderjahr und sind die Vorauszahlungen auf die Einkommensteuerschuld der Gesellschafter der Höhe nach richtig festgesetzt, ist am Ende eines Veranlagungszeitraumes die für diesen geschuldete Einkommensteuer bereits vollständig entrichtet. Im Fall der GmbH gilt dies entsprechend nur für die Thesaurierungsbelastung; eine Ausschüttungsbelastung auf Gesellschafterebene entsteht erst für das Jahr der Ausschüttung.

70 Dieser Vorteil der GmbH kann im Einzelfall durch die nur bei Personengesellschaften bestehende Möglichkeit kompensiert werden, mit der Wahl eines abweichenden Geschäftsjahres (Wirtschaftsjahres) eine **Steuerpause** zu erreichen. Die Einkommensteuer-Vorauszahlungen bemessen sich gemäß § 37 Abs. 1 EStG nach der für den laufenden VZ voraussichtlich geschuldeten Steuer, lassen also das (anteilige) Ergebnis des im betreffenden VZ begonnenen Wirtschaftsjahrs unberücksichtigt. Demgegenüber sind die Vorauszahlungen bei der GmbH gemäß § 31 Abs. 2 KStG bereits für das Geschäftsjahr zu leisten, das im betreffenden VZ endet. Hierdurch kommen Personengesellschaften bzw. deren Gesellschafter zu einer maximal elfmonatigen Steuerpause (bei einem vom 1.2. eines Jahres bis zum 31.1. des Folgejahres laufenden Geschäftsjahr).

71 Allerdings liegt ein **Gestaltungsmissbrauch** vor, wenn bei einer doppelstöckigen GmbH & Co. KG die Obergesellschaft ohne branchenspezifische oder sonst plausible Gründe[89] ihr Wirtschaftsjahr in der Weise festgelegt, dass dieses einen Monat vor dem Wirtschaftsjahr der Untergesellschaft endet und damit eine Steuerpause eintritt.[90] Entsprechendes gilt bei der mitunternehmerischen Betriebsaufspaltung.[91]

72 **g) Ausländische Tochtergesellschaften.** Die mit allen bedeutenden Investitionsländern abgeschlossenen DBAs sehen in der Regel eine ausschließliche Besteuerung der Gewinne der Tochtergesellschaft im Betriebsstättenstaat vor **(Betriebsstättenprinzip).** Ausgeschüttete Gewinne einer ausländischen Kapitalgesellschaft unterliegen dagegen dem deutschen Besteuerungsrecht unter Anrechnung der vom Betriebsstättenstaat erhobenen Quellensteuer (Anrechnungsprinzip).

73 Damit ist zwar – soweit die Investition von einer deutschen Mutter-Personengesellschaft ausgeht – die Gründung einer **ausländischen Personengesellschaft** oder die Aktivität über eine bloße **Betriebsstätte** in aller Regel die **steuerlich günstigste Lösung,** weil bei einer solchen Gestaltung die im Ausland erzielten Gewinne nur dort zu regelmäßig günstige-

---

[88] Sog Familiensplitting; vgl. zur steuerlichen Anerkennung der Familien-GmbH & Co. KG → § 16 Rn. 90 ff. und zur Angemessenheit der Gewinnverteilung → § 16 Rn. 186 ff.

[89] ZB Vermeidung eines Rumpfwirtschaftsjahres, BFH 9.11.2006 – IV R 21/05, BFH/NV 2007, 1002 mAnm *Behrens/Renner* BB 2007, 979.

[90] BFH 18.12.1991 – XI R 40/89, BStBl. II 1992, 486.

[91] BFH 16.12.2003 – VIII R 89/02, BFH/NV 2004, 936.

ren Steuersätzen als in Deutschland zu versteuern sind; ein konkurrierendes deutsches Besteuerungsrecht besteht, abgesehen vom Progressionsvorbehalt, nicht. Diese Lösung scheitert jedoch häufig daran, dass die Rechtsform der Personengesellschaft im Ausland ungebräuchlich, wirtschaftlich schwerfällig, aus Haftungsgründen gefährlich oder nur Inländern vorbehalten ist oder dass die Aktivität über eine bloße Betriebsstätte aus Gründen des nationalen Selbstverständnisses oder aus Marketinggründen im ausländischen Domizilstaat nur ungern gesehen wird.

Dividenden einer **ausländischen Kapitalgesellschaft** können von einer inländischen Kapitalgesellschaft in Höhe von 95 % (§ 8b Abs. 1 und 5 KStG) steuerfrei vereinnahmt werden.[92] Erst bei einer Weiterausschüttung der aus dem Ausland stammenden Dividenden durch die deutsche Mutter-Kapitalgesellschaft sind diese im Zeitpunkt der Ausschüttung, soweit es sich bei den Anteilseignern um natürliche Personen handelt, der Abgeltungsteuer zu unterwerfen oder ggf. nach dem Teileinkünfteverfahren zu versteuern. Bei Einschaltung einer Mutter-Personengesellschaft unterliegen die ausländischen Dividenden dagegen unmittelbar bei den beteiligten natürlichen Personen der Besteuerung nach dem Teileinkünfteverfahren, ggf. unter Anrechnung einer im Ausland entrichteten Quellensteuer. **74**

Der Bezug ausländischer Beteiligungserträge über eine Mutter-Personengesellschaft ist für in Deutschland unbeschränkt steuerpflichtige natürliche Personen grundsätzlich **geringer belastet** als der Bezug über eine Mutter-Kapitalgesellschaft. Dennoch erfolgt die Gründung ausländischer Tochtergesellschaften **häufig günstiger** über eine inländische Mutter-Kapitalgesellschaft als über eine Mutter-Personengesellschaft, und zwar insbesondere dann, wenn im Ausland die Rechtsform der Kapitalgesellschaft gewählt wird und ein nennenswerter Teil der ausländischen Gewinne in der deutschen Muttergesellschaft thesauriert werden soll.[93] **75**

h) Sondervergütungen an Gesellschafter. Anders als bei Personengesellschaften (GmbH & Co. KG), bei denen die Bezüge der geschäftsführenden Gesellschafter gemäß § 15 Abs. 1 S. 1 Nr. 2 EStG zu den Einkünften aus Gewerbebetrieb gehören, den Gewerbeertrag also erhöhen (→ § 16 Rn. 226 ff.), sind die Geschäftsführerbezüge bei der GmbH, sofern sie angemessen und damit nicht als verdeckte Gewinnausschüttungen zu behandeln sind, **als Betriebsausgabe abzugsfähig.** Dasselbe gilt auch hinsichtlich sonstiger Vergütungen, welche die GmbH-Gesellschafter zB für die Hingabe von Darlehen oder für die Überlassung von Wirtschaftsgütern von der Gesellschaft erhalten. **76**

In der Vergangenheit war der „Gewinntransfer" bei der GmbH in Form von Darlehenszinsen wegen der hälftigen Hinzurechnung bei der Gewerbesteuer regelmäßig höher, derjenige in Form der Geschäftsführervergütung regelmäßig niedriger besteuert als die offene Gewinnausschüttung (→ Rn. 50). Deshalb konnte bei der GmbH die **Gesamtsteuerbelastung** auf Gesellschafts- und Gesellschafterebene in einem gewissen Rahmen **optimiert** werden.[94] Bei der Personengesellschaft bestand diese Möglichkeit nicht. **77**

Die UntStReform 2008 hat auch hier zu einer **Nivellierung** der rechtsformbedingten Unterschiede geführt. Während die (modifizierten) Hinzurechnungstatbestände bei der Darlehensgewährung und bei der Vermietung und Verpachtung von Wirtschaftsgütern durch einen Gesellschafter an die GmbH deren gewerbesteuerlichen Vorteil im Vergleich zur GmbH & Co. KG verringern, führt die Leistungsvergütung bereits bei einem mittleren persönlichen Einkommensteuersatz zu einer höheren steuerlichen Belastung als die Summe von Körperschaftsteuer und verminderter Einkommensteuer auf ausgeschüttete Gewinne.[95] **78**

---

92 Zur Europarechtskonformität dieser Fiktion EuGH DStRE 2009, 1181.
93 *Jacobs/Scheffler/Spengel,* Unternehmensbesteuerung und Rechtsform, 665 ff.
94 *Krawitz* BB 2003, 1925; *Kessler/Schiffers/Teufel,* Rechtsformwahl. Rechtsformoptimierung, § 3 Rn. 117.
95 *Jacobs/Scheffler/Spengel,* Unternehmensbesteuerung und Rechtsform, 620 ff.

79 **i) Pensionsrückstellungen.** Die unterschiedliche Behandlung von Vergütungen für Gesellschafter-Geschäftsführer bei der GmbH (abzugsfähig) einerseits und bei den Personengesellschaften (nicht abzugsfähig) andererseits erstreckt sich auch auf die Möglichkeit zur **Bildung von Pensionsrückstellungen.** Während Pensionsrückstellungen für Pensionszusagen an Gesellschafter-Geschäftsführer bei Personengesellschaften mit steuerlicher Wirkung nicht gebildet werden können, mindern diese bei der GmbH den Gewinn, ohne dass beim Geschäftsführer sofort korrespondierende, der Lohnsteuer unterliegende Einkünfte vorlägen.[96] Das gilt auch für die Beiträge zur **Sozialversicherung** sowie für andere freiwillige soziale Leistungen, die einerseits bei der GmbH als Betriebsausgabe abzugsfähig, andererseits beim Geschäftsführer nicht lohnsteuerpflichtig sind.

80 Bei dieser steuerlich sehr interessanten Gestaltung ist die GmbH in der Lage, durch die Bildung entsprechend hoher Pensionsrückstellungen zu einer erheblichen Selbstfinanzierung aus unversteuerten Gewinnen beizutragen, ohne dass der begünstigte Geschäftsführer bis zum **Eintritt des Pensionsalters** insoweit etwas zu versteuern hätte. Danach unterliegen die Pensionszahlungen wegen des progressiven Einkommensteuertarifs häufig sogar einer niedrigeren Besteuerung als seinerzeit die Aktivbezüge.

81 Ein Geschäftsführer kann uE sogar **ausschließlich,** also anstelle laufender Bezüge, **gegen Gewährung einer Pensionszusage** tätig werden. Der **BFH** hat jedoch entschieden, dass die Zusage einer sog Nur-Pension nicht dem entspricht, was ein ordentlicher und gewissenhafter Geschäftsleiter mit einem Fremdgeschäftsführer vereinbaren würde mit der Folge, dass keine Pensionsrückstellung nach § 6a EStG gebildet werden kann,[97] soweit dieser Vereinbarung keine Entgeltumwandlung zugrunde liegt und der Pensionsanspruch nicht abgesichert ist, zB durch eine Rückdeckungsversicherung.

82 **j) Besteuerung von Anteilsverkäufen.** Bei **Personengesellschaften** sind Veräußerungsgewinne ohne Rücksicht auf die Beteiligungshöhe **stets steuerpflichtig,** und zwar zum vollen Steuersatz mit der Tarifglättung gemäß § 34 Abs. 1 EStG (Fünftelung). Allerdings kann jeder Steuerpflichtige einmal im Leben den Freibetrag aus § 16 Abs. 4 EStG und den auf 56 % des regulären Steuersatzes ermäßigten (bis 2003: halben) Steuersatz für einen Betrag von bis zu 5 Mio. Euro beanspruchen, wenn er das 55. Lebensjahr vollendet hat oder im sozialversicherungsrechtlichen Sinne dauernd berufsunfähig ist (§ 34 Abs. 3 EStG). § 34 EStG gilt nicht, wenn nur Teile eines Anteils verkauft werden (§ 16 Abs. 1 S. 2 EStG).

83 Gewinne aus der Veräußerung von **GmbH-Anteilen** sind bei körperschaftsteuerpflichtigen Gesellschaftern im Umfang von 95 % steuerbefreit (§ 8b Abs. 2 und 3 KStG, ggf. iVm § 8b Abs. 6 KStG). Bei einkommensteuerpflichtigen Gesellschaftern ist zu unterscheiden: Gehören die Anteile zu einem Betriebsvermögen, so unterliegen die Gewinne als gewerbliche Einkünfte der Einkommensteuer nach dem Teileinkünfteverfahren; dies gilt auch bei Anteilen iSv § 17 EStG (§ 3 Nr. 40 S. 2 EStG, § 17 Abs. 1 S. 1 EStG). In den übrigen Fällen bestand bis VZ 2008 eine Steuerpflicht nur innerhalb der Spekulationsfrist des § 23 EStG (12 Monate); seit VZ 2009 werden Veräußerungsgewinne als Einkünfte aus Kapitalvermögen mit dem Abgeltungsteuersatz besteuert (§ 20 Abs. 2 S. 1 Nr. 1 EStG, § 32d Abs. 1 S. 1 EStG). Im Anwendungsbereich des Teileinkünfteverfahrens können steuerpflichtige Veräußerungsgewinne gemäß § 6b Abs. 10 EStG bis zu einem Betrag von 500.000 Euro auf begünstigte Wirtschaftsgüter übertragen werden.

---

[96] Hierin liegt kein Verstoß gegen den Gleichheitsgrundsatz, BFH 30.3.2006 – IV R 25/04, BStBl. II 2008, 171.

[97] BFH 9.11.2005 – I R 89/04, BStBl. II 2008, 523; 28.4.2010 – I R 78/08, BFH/NV 2010, 1709 (jedenfalls insoweit, als dem keine ernstlich vereinbarte Umwandlung anderweitig vereinbarten Barlohns zugrunde liegt); 17.5.1995 – I R 147/93, BStBl. II 1996, 204 (jedenfalls dann, wenn die Zusage nicht durch den Abschluß einer Rückdeckungsversicherung abgesichert ist). Dies soll laut Sächsischem FG DStRE 2007, 756 auch für nicht beherrschende Gesellschafter-Geschäftsführer gelten (rkr.). Ähnlich BFH 11.11.2015 – I R 26/15, BStBl. II 2016, 489, für den Verzicht auf die unmittelbare Entlohnung zugunsten von späterer (vergüteter) Freizeit. Zweifelnd *Gosch* KStG § 8 Rn. 1131.

Diese Besteuerungsgrundsätze gelten grundsätzlich auch für solche Personen, die nur **beschränkt steuerpflichtig** sind. Im Fall von GmbH-Anteilen ist in den meisten DBA jedoch vorgesehen, dass eine Besteuerung von Veräußerungsgewinnen nur im Wohnsitzstaat erfolgen kann (Art. 13 Abs. 4 OECD-Musterabkommen); ausländische Privatpersonen sind hiernach von einer deutschen Besteuerung freigestellt. Als Korrelat hierzu sieht § 6 AStG deshalb beim Wechsel von der unbeschränkten zur beschränkten Steuerpflicht in bestimmten Fällen eine sog **Wegzugsbesteuerung** vor, die im Ergebnis zu einer zwangsweisen Realisierung der während der unbeschränkten Steuerpflicht angewachsenen stillen Reserven führt. Diese Regelung war europarechtlich problematisch,[98] weshalb sie durch das SEStG für dem EWR-Raum dadurch entschärft wurde, dass die Wegzugsteuer unbefristet und zinslos gestundet wird, bis der Wertzuwachs vom Steuerpflichtigen tatsächlich realisiert wird.[99] 84

Die **Veräußerung von GmbH-Anteilen** ist bei Veräußerungsgewinnen von mehr als 5 Mio. Euro stets, darunter in den meisten Fällen **vorteilhafter** als die Veräußerung von Beteiligungen an einer Personengesellschaft (Mitunternehmeranteil).[100] Bei niedrigen Veräußerungsgewinnen wird ein **Freibetrag** gewährt, der bei Personengesellschaften höher ausfällt als bei der GmbH (§ 16 Abs. 4 vs. § 17 Abs. 3 EStG). Ferner ist die GmbH bei **Veräußerungsverlusten** entsprechend schlechter gestellt, weil sich diese – wegen der Abgeltungsteuer – überhaupt nicht oder – nach dem Teileinkünfteverfahren – nur teilweise auswirken, während bei Personengesellschaften der volle Verlust geltend gemacht werden kann. 85

k) Abschreibungspotenzial nach Beteiligungskäufen. Wird ein einzelner **Mitunternehmeranteil** oder – durch Übertragung aller Anteile – ein in der Rechtsform der Personengesellschaft (GmbH & Co. KG) betriebenes Unternehmen veräußert, so kann der Erwerber denjenigen Betrag, den er zur Abgeltung **stiller Reserven** einschließlich eines eventuell miterworbenen Geschäftswerts über den Buchwert der Beteiligung hinaus aufgewendet hat, anteilig auf die einzelnen Wirtschaftsgüter verteilen, deren **Buchwerte** also (ggf. in einer **Ergänzungsbilanz**) entsprechend aufstocken. Auf diese Weise lässt sich ein Teil des Kaufpreises in **sofort abzugsfähigen Betriebsaufwand** umwandeln (zB bei stillen Reserven im Vorratsvermögen oder bei geringwertigen Wirtschaftsgütern). Im Übrigen steht dem Erwerber ein **größeres AfA-Volumen** zur Verfügung, von dem er in den Folgejahren zusätzliche Abschreibungen vornehmen kann. 86

Diese Möglichkeit hat der Erwerber von **GmbH-Anteilen** nicht. Der von ihm für die Abgeltung stiller Reserven aufgewendete, in die Kaufpreisbemessung eingegangene Mehrbetrag lässt den Buchwert der einzelnen Wirtschaftsgüter der GmbH unberührt. Er erhöht lediglich die **Anschaffungskosten** der GmbH-Anteile. Ein körperschaftsteuerpflichtiger Erwerber kann generell keine Abschreibungen auf den Beteiligungsansatz geltend machen (§ 8b Abs. 3 S. 3 KStG). Bei einem einkommensteuerpflichtigen Erwerber kommt eine Abschreibung nur in Betracht, wenn die Anteile im Betriebsvermögen gehalten werden und der Teilwert aufgrund einer voraussichtlich dauernden Wertminderung gesunken ist (§ 6 Abs. 1 Nr. 1 S. 2 EStG). In diesem Fall kann statt der Anschaffungskosten der **niedrigere Teilwert** angesetzt werden, freilich unter Beachtung des Wertaufholungsgebots (§ 6 Abs. 1 Nr. 1 S. 4 EStG). 87

Zwar hat die Beratungspraxis verschiedene **Modelle** entwickelt, um auch beim Kauf von GmbH-Anteilen die bezahlten stillen Reserven zeitnah steuerlich verwerten zu können, insbesondere das Kombinations- und das Umwandlungsmodell. Derartige Modelle wider- 88

[98] EuGH DStR 2004, 551 zur vergleichbaren Steuer in Frankreich. Die EU-Kommission hat gegen die Bundesrepublik Deutschland nach Urteilsverkündung am 19.4.2004 ein Vertragsverletzungsverfahren eingeleitet, woraufhin der BMF die Abänderung des § 6 AStG ankündigte, DStR 2005, 1056.

[99] Nach BFH 23.9.2008 – I B 92/08, BStBl. II 2009, 524 ist § 6 AStG nF gemeinschafts- und verfassungsgemäß.

[100] *Kessler/Schiffers/Teufel,* Rechtsformwahl. Rechtsformoptimierung, § 3 Rn. 340; *Jacobs/Scheffler/Spengel,* Unternehmensbesteuerung und Rechtsform, 733.

sprechen jedoch regelmäßig dem Willen des Gesetzgebers und werden deshalb immer wieder durch Gesetzesänderungen beschnitten, zuletzt durch die Änderungen von § 4 Abs. 6 UmwStG (Nichtberücksichtigung eines Übernahmeverlustes) und § 3c Abs. 2 S. 8 EStG (Organschaftsmodell).[101] Möglich bleibt das **Veräußerer-Umwandlungsmodell.** Hier wandelt der Veräußerer die Kapitalgesellschaft vor dem Verkauf in ein Personenunternehmen, zumeist eine GmbH & Co. KG, steuerneutral zu Buchwerten um und veräußert anschließend die Mitunternehmeranteile.[102]

89 Die für den Erwerber von GmbH-Anteilen fehlende Möglichkeit der Buchwertaufstockung wird sich regelmäßig in einem **geringeren Veräußerungserlös** niederschlagen.[103] Denn ein Erwerber wird natürlich um so eher bereit sein, für die in den abnutzbaren Wirtschaftsgütern des Unternehmens steckenden stillen Reserven einen adäquaten Ausgleich zu zahlen, wenn er – wie im Fall der Personengesellschaft – in Höhe des Mehrbetrages zusätzliches Abschreibungsvolumen erhält. Aus der Sicht des Veräußerers wird dieser Nachteil dann kompensiert, wenn der Veräußerungserlös nahezu steuerfrei vereinnahmt werden kann, was inzwischen nur noch bei Kapitalgesellschaften als Verkäufer möglich ist (→ Rn. 83).

90 **l) Beschränkung des Abzugs von Zinsaufwendungen.** Der Kapitalbedarf eines Unternehmens kann entweder durch Eigenkapital oder durch Fremdkapital gedeckt werden. Hierdurch eröffnen sich interessante Gestaltungsmöglichkeiten, insbesondere im Bereich der Gesellschafter-Fremdfinanzierung bei Kapitalgesellschaften. Zum einen vermindern Zinszahlungen die **gewerbesteuerliche** Bemessungsgrundlage. Zum anderen kann die Steuerlast von der Gesellschaft auf den Gesellschafter, unter Umständen in ein Niedrigsteuerland, **verlagert** werden.

91 Bereits 1992 war in Deutschland mit **§ 8a KStG** eine gesetzliche Regelung eingeführt worden, die unter bestimmten Bedingungen die Abzugsfähigkeit dieser Zinsaufwendungen untersagte.[104] Zehn Jahre später entschied der EuGH hierzu, dass diese Vorschrift mit dem EG-Vertrag unvereinbar und daher europarechtswidrig sei.[105] Im Jahr 2004 wurde § 8a KStG auf inländische Gesellschafter ausgedehnt, bevor dann im Rahmen der UntStReform 2008 das bisherige Konzept grundlegend geändert und durch die **Zinsschrankenregelung** ersetzt worden ist (§ 4h EStG, § 8a KStG).

92 Eine wesentliche Neuerung besteht darin, dass die Zinsschranke grundsätzlich für Kapitalgesellschaften und Personengesellschaften gleichermaßen gilt (→ § 16 Rn. 402). Für **Kapitalgesellschaften** bestehen nur zwei **Besonderheiten:**

- Die Ausnahmeregelung des § 4h Abs. 2 S. 1 lit. b EStG (fehlende **Konzernzugehörigkeit**) greift nur, wenn die Kapitalgesellschaft nachweist, dass Zinszahlungen an einen unmittelbar oder mittelbar **zu mehr als 25 % beteiligten Gesellschafter** (oder diesem nahestehende Person oder rückgriffsberechtigten Dritten) nicht mehr als 10 % der die Zinserträge übersteigenden Zinsaufwendungen betragen.
- Die Escapeklausel des § 4h Abs. 2 S. 1 lit. c EStG (kein Unterschreiten der **Konzern-Eigenkapitalquote**) greift nur, wenn die Kapitalgesellschaft nachweist, dass Zinszahlungen für im vollkonsolidierten Konzernabschluss enthaltene Verbindlichkeiten an einen unmittelbar oder mittelbar zu mehr als 25 % beteiligten Gesellschafter (oder diesem nahestehende Person oder rückgriffsberechtigten Dritten) nicht mehr als 10 % der die Zinserträge übersteigenden Zinsaufwendungen betragen.

93 Die mit § 8a KStG aF verbundenen Restriktionen bei der Gesellschafter-Fremdfinanzierung waren ursprünglich als gewichtiger **Nachteil der GmbH** zu werten, zumal die typische

---

[101] *Beisel* in Beisel/Klumpp Der Unternehmenskauf § 6 Rn. 96; *Maiterth/Müller* BB 2002, 598; *Blumers/Beinert/Witt* DStR 2001, 233; *Haun/Winkler* DB 2001, 1389; *Mueller-Thuns* in HTM HdB GmbH & Co. KG Rn. 2.140.

[102] *Beisel* in Beisel/Klumpp Der Unternehmenskauf § 6 Rn. 100.

[103] *Altendorf/Vosen* GmbHR 2001, 1146.

[104] Vergleichbare Vorschriften werden im internationalen Steuerrecht als thin-capitalisation-rules bezeichnet.

[105] EuGH 12.12.2002, DStR 2003, 25 – Lankhorst-Hohorst.

GmbH & Co. KG, bei der die Komplementär-GmbH nicht kapitalmäßig beteiligt ist, im Ergebnis nicht betroffen war. Die Zinsschrankenregelung hat diesen Nachteil deutlich verringert, aber nicht ganz beseitigt.

m) Behandlung verpachteter oder vermieteter Wirtschaftsgüter. Bei der **GmbH** verbleiben Wirtschaftsgüter des Anlagevermögens, insbesondere Grundstücke, die nicht in die Gesellschaft eingebracht, sondern an diese nur vermietet oder verpachtet werden, weiterhin im **Privatvermögen** der Gesellschafter, sofern diese Wirtschaftsgüter nicht nach den Betriebsaufspaltungs-Grundsätzen des BFH als Betriebsvermögen anzusehen sind (→ § 26 Rn. 2). Die bei ihrer späteren Veräußerung erzielten Gewinne sind alsdann, sofern die Spekulationsfristen des § 23 EStG überschritten sind, einkommensteuerfrei. 94

Demgegenüber werden bei einer **Personengesellschaft** wie der GmbH & Co. KG derartige Wirtschaftsgüter zum **Sonderbetriebsvermögen** des betreffenden Gesellschafters gerechnet (→ § 16 Rn. 263 ff.). Veräußerungsgewinne unterliegen bei ihm somit stets der Einkommensteuer. 95

n) Ausgliederung einzelner Wirtschaftsgüter. Bei der **Personengesellschaft** bestehen im Rahmen von § 6 Abs. 5 EStG vielfältige Möglichkeiten, einzelne Wirtschaftsgüter **steuerfrei** in ein anderes Betriebsvermögen zu überführen (→ § 16 Rn. 387 ff.). Sie kann deshalb durchaus als Vehikel zur steuerneutralen Ausgliederung von Einzel-Wirtschaftsgütern eingesetzt werden. Für die GmbH gibt es keine vergleichbare Vergünstigung;[106] die Übertragung einzelner Wirtschaftsgüter führt bei ihr vielmehr generell zu einer Realisierung der stillen Reserven. 96

o) Gewinnverteilung bei Familiengesellschaften. Nach der Rechtsprechung des BFH ist bei der schenkweise eingeräumten Beteiligung nicht mitarbeitender Familienangehöriger an einer **Personengesellschaft** die **Gewinnverteilung** nur dann steuerlich anzuerkennen, wenn sie **angemessen** ist. Die hiernach „zulässige" Gewinnbeteiligung von unentgeltlich als Kommanditisten aufgenommenen Kindern wird vom **BFH** auf **15 %** des tatsächlichen Wertes des Gesellschaftsanteiles **begrenzt** (→ § 16 Rn. 191 ff.). 97

Eine vergleichbare **Angemessenheitsprüfung** findet bei der Beteiligung an einer (Familien-)**GmbH nicht statt.**[107] Die einschränkende Rechtsprechung des BFH zur Gewinnverteilung in Familien-Personengesellschaften passt nicht für Kapitalgesellschaften, da der mitgliedschaftliche Leistungsbeitrag eines GmbH-Gesellschafters allein in seiner Kapitalhingabe besteht, während Sonderleistungen wie zB die Geschäftsführung, die Übernahme zusätzlicher Haftung oder die Gewährung von Darlehen auch aus steuerrechtlicher Sicht regelmäßig auf schuldrechtlicher und nicht auf gesellschaftsrechtlicher Basis erfolgen. Bei einer GmbH sind demzufolge den nicht mitarbeitenden Familienangehörigen die Gewinne entsprechend ihrer Kapitalbeteiligungen als eigene Einkünfte aus Kapitalvermögen auch dann zuzurechnen, wenn dadurch die 15 %-Grenze der BFH-Rechtsprechung überschritten wird. Ein **Rechtsmissbrauch** iSd § 42 AO 1977 kann allerdings dann vorliegen, wenn die Gewinnverteilung in einer Familien-GmbH entgegen der gesetzlichen Regel in einem deutlichen Missverhältnis zur Höhe der Geschäftsanteile steht **(disquotalen Gewinnverteilung).**[108] Rechtsmissbräuchlich ist zB eine Gewinnverteilung dahingehend, den gesamten Gewinn für eine gewisse Zeit nur an einen Anteilseigner auszuschütten, um damit dem zusammenveranlagten Ehegatten dieses Anteilseigners den Abzug von Verlusten nach § 10d EStG zu ermöglichen.[109] 98

---

[106] *Kessler/Schiffers/Teufel,* Rechtsformwahl. Rechtsformoptimierung, § 3 Rn. 322; *Mueller-Thuns* in HTM HdB GmbH & Co. KG Rn. 2.104.

[107] Offengelassen von FG Baden-Württemberg EFG 1989, 292; einschränkend BFH 14.10.2002 – VIII R 42/01, BFH/NV 2003, 307; *Mueller-Thuns* in HTM HdB GmbH & Co. KG Rn. 2.95.

[108] BFH 4.2.2005 – VIII B 185/02, BFH/NV 2005, 1258, 1259; vgl. auch *Groh* DB 2000, 1433; *Mutter* ZEV 2007, 512 (514).

[109] FG Baden-Württemberg EFG 1989, 302; BFH 29.9.1981 – VIII R 8/77, BStBl. II 1982, 248; vgl. auch BFH 4.5.2012 – VIII B 174/11, BFH/NV 2012, 1330.

2. Gewerbesteuer

99 Im Gegensatz zur normalen Personengesellschaft, die gewerbesteuerfreie Einkünfte haben kann, unterliegt aufgrund der **Prägetheorie** eine GmbH & Co. KG im Regelfall der Gewerbesteuer, so dass sich im Vergleich zur GmbH insoweit kein Unterschied ergibt.[110] Bei einer **vermögensverwaltenden GmbH & Co. KG** lässt sich durch Sachverhaltsgestaltung aber ohne Weiteres (→ § 16 Rn. 59) die gewerbliche Prägung gemäß § 15 Abs. 3 Nr. 2 EStG und damit auch die Gewerbesteuerpflicht vermeiden, was bei der GmbH nur in den engen Grenzen des § 9 Nr. 1 GewStG möglich ist.

100 Weitere Unterschiede in der gewerbesteuerlichen Behandlung zum **Nachteil der GmbH** bestehen in folgenden Bereichen:

- Der Veräußerungsgewinn aus dem **Verkauf von Mitunternehmeranteilen** unterliegt bei körperschaftsteuerpflichtigen Gesellschaftern gemäß § 7 S. 2 Nr. 2 GewStG der Gewerbesteuer.
- Das sog **Spezial-Schachtelprivileg** zur Vermeidung einer gewerbesteuerlichen Doppelbelastung greift bei Anteilen an einer Kapitalgesellschaft, die in einem Betriebsvermögen gehalten werden, erst bei einer Beteiligungsquote von **mindestens 15 %** ein (§ 9 Nr. 2a GewStG). Demgegenüber ist das entsprechende Schachtelprivileg für die Beteiligung an Personengesellschaften (Mitunternehmerschaften) nicht an das Vorliegen einer bestimmten Beteiligungsquote geknüpft (§ 9 Nr. 2 GewStG).
- Während sich die Gewerbesteuerpflicht der GmbH auch auf deren **Liquidationsgewinn** erstreckt (nicht dagegen auf denjenigen ihrer Gesellschafter), unterliegt der entsprechende Vorgang bei Personengesellschaften nicht der Gewerbesteuer,[111] soweit natürliche Personen beteiligt sind (§ 7 S. 2 GewStG). Dies gilt auch für die gewerblich geprägte GmbH & Co. KG.
- Der **Eingangsfreibetrag** bei der Gewerbesteuer von 24.500 Euro (§ 11 Abs. 1 S. 3 Nr. 1 GewStG) kommt nur bei einer Personengesellschaft zur Anwendung, nicht aber bei einer GmbH.

101 **Vorteilhafter** ist die GmbH dagegen in folgenden Punkten:

- **Sondervergütungen** gehören bei der Personengesellschaft zum Gewerbeertrag, während sie bei der GmbH als Betriebsausgaben abzugsfähig sind, also eine **niedrigere Gewerbesteuerbelastung** zur Folge haben. Der gewerbesteuerliche Vorteil der GmbH kann allerdings dann (über)kompensiert werden, wenn Aufwendungen gemäß § 8 Nr. 1 GewStG (insbesondere Zinsen, Mieten) dem Gewerbeertrag teilweise wieder **hinzuzurechnen** sind. Eine weitere Einschränkung ergibt sich daraus, dass die von einem beherrschenden Gesellschafter der GmbH überlassenen Wirtschaftsgüter nicht eine wesentliche Betriebsgrundlage darstellen dürfen; andernfalls nimmt die Rechtsprechung eine **Betriebsaufspaltung** an mit der Folge, dass der vermietende oder verpachtende Gesellschafter wie ein Besitzunternehmen behandelt und mit seinen Einnahmen aus der Vermietung bzw. Verpachtung zur Gewerbesteuer herangezogen wird (näher → § 26 Rn. 1 ff.).
- Die der Gesellschaft von einem Gesellschafter überlassenen oder dieser in anderer Weise dienenden Wirtschaftsgüter gehören bei Personengesellschaften zu deren steuerlichem **Sonderbetriebsvermögen.** Im Verkaufsfalle ist ein Veräußerungsgewinn deshalb generell nicht nur einkommen-, sondern auch gewerbesteuerpflichtig, während dies bei der GmbH nur ausnahmsweise der Fall ist (→ Rn. 94 f.).
- **§ 35 EStG** verfolgt in typisierender Weise unter anderem das Ziel, die GmbH & Co. KG bei der Gewerbesteuer hinsichtlich der Belastungswirkung mit der GmbH gleichzustellen. Sonderausgaben, außergewöhnliche Belastungen, Kinderfreibeträge und negative Einkünfte können im Zusammenhang mit § 35 EStG jedoch zu sog **Anrechnungsüberhängen** führen, während die Gewerbesteuer der GmbH völlig unabhängig ist von den persönlichen Verhältnissen der Gesellschafter.[112]

---

[110] Zur Prägetheorie → § 16 Rn. 32 ff.
[111] R 7.1 (3) S. 1 Nr. 1 GewStR.
[112] *Jacobs/Scheffler/Spengel,* Unternehmensbesteuerung und Rechtsform, 660 f.

- Voraussetzung für den **Verlustvortrag** ist bei der GmbH & Co. KG die Unternehmensidentität und die Unternehmeridentität (→ § 17 Rn. 16 ff.). Wechselt einer von mehreren Gesellschaftern (Mitunternehmern), geht der Verlust anteilig verloren. Bei der GmbH geht der Verlust nur bei einem sog schädlichen Beteiligungserwerb gemäß § 8c KStG verloren (→ Rn. 31).

3. Rückumwandlungsmöglichkeiten

Nach dem alten UmwStG 1977 war ein gewichtiger rechtsformspezifischer Nachteil der GmbH darin zu sehen, dass sich die Wahl der GmbH als Unternehmensform steuerlich als **„Einbahnstraße"**, in besonderen Fällen vielleicht sogar als „Sackgasse", erwiesen hat.[113] Dieser Nachteil wurde durch die Reform des UmwStG mit Wirkung ab 1995 überwiegend, aber nicht ganz beseitigt, da die offenen Rücklagen seitdem als **fiktive Dividenden** zu versteuern sind. Dies kann im Einzelfall durchaus zu einer beachtlichen Steuerbelastung führen. 102

Ein Unternehmer wird es sich daher nach wie vor gut zu überlegen haben, ob die Rechtsform der GmbH auf lange Sicht, also nicht nur für die nächsten Jahre, die optimale Unternehmensform für ihn darstellt. Hat er sich einmal für sie entschieden, ist eine **Rückumwandlung** mit einer unter Umständen erheblichen **ertragsteuerlichen Belastung** verbunden. Die Entscheidung für eine GmbH wird sich daher vielfach als endgültig erweisen. Angesichts der Tatsache, dass das Steuerrecht wie kein anderes Rechtsgebiet dem ständigen Wandel durch Gesetzgebung und Rechtsprechung unterworfen ist, der durchaus die heute noch für die Rechtsformwahl gültigen Gesichtspunkte bereits morgen als überholt erscheinen lassen kann, bedarf es jedoch einer Unternehmensform, die auch die Möglichkeit eines späteren „Rückzuges" offen lässt. Man denke nur an ein **mittelständisches Unternehmen,** das in einigen Jahren über die Grenze der (drittel)paritätischen **Mitbestimmung** (500 bzw. 2.000 Arbeitnehmer) hinausgewachsen sein wird; hier wäre es nicht ratsam, sich durch die Wahl der GmbH auf Dauer praktisch der Möglichkeit zu berauben, einer künftigen Mitbestimmungspflicht durch Wechsel in die Rechtsform der **nicht-personenidentischen GmbH & Co. KG** oder der SE & Co. KG auszuweichen (→ § 14 Rn. 20 ff., 27 ff.; → § 22 Rn. 10 ff.). 103

4. Erbschaftsteuer

Bis 2008 war aus erbschaftsteuerlicher Sicht die Beteiligung an einer GmbH gegenüber der Beteiligung an einer Personengesellschaft (GmbH & Co. KG) in mehrfacher Hinsicht deutlich benachteiligt. Die seitherigen Reformen haben zu einer weitgehenden Annäherung in der steuerlichen Behandlung geführt, nicht jedoch zu einer völligen Gleichbehandlung. Vielmehr sind einige, wenn auch **kleinere Vorteile der Personengesellschaft** gegenüber der GmbH verblieben:[114] 104

(1) Verschonungsabschlag und ggf. Abzugsbetrag gemäß §§ 13a–13c ErbStG sind bei der Personengesellschaft nicht an eine **Mindest-Beteiligungsquote** gebunden. Bei der GmbH wird die Vergünstigung nur gewährt, wenn der Erblasser oder Schenker am Stichtag zu mehr als 25 % unmittelbar beteiligt ist oder eine Poolvereinbarung besteht (§ 13b Abs. 1 Nr. 3 ErbStG). 105

(2) Für die **Tarifbegrenzung gemäß § 19a ErbStG** (Steuerklasse I) ist bei Kapitalgesellschaften die gleiche Mindestbeteiligung erforderlich wie bei §§ 13a–13c ErbStG. 106

(3) Wirtschaftsgüter, die zum **Sonderbetriebsvermögen** der GmbH & Co. KG zählen und mit dem Gesellschaftsanteil übergehen, werden auch von der Verschonungsregelung 107

---

[113] Näher 8. Aufl. 1992, Rn. 81 ff.

[114] Vgl. *Jacobs/Scheffler/Spengel,* Unternehmensbesteuerung und Rechtsform, 787 zur Rechtslage vor der Reform vom 4.11.2016.

gemäß §§ 13a–13c und 19 ErbStG erfasst. Bei der GmbH beschränkt sich die Verschonung auf das Vermögen der Gesellschaft.[115]

108 (4) Wird die Beteiligung an einer Personengesellschaft mit einer Gewinnbeteiligung ausgestattet, die insbesondere der Kapitaleinlage, der Arbeits- oder der sonstigen Leistung des Gesellschafters für die Gesellschaft nicht entspricht oder die einem fremden Dritten üblicherweise nicht eingeräumt würde, wird das **Übermaß an Gewinnbeteiligung** als selbstständige **Schenkung** behandelt (§ 7 Abs. 6 ErbStG). Deren Bemessungsgrundlage (Kapitalwert) wird von der Finanzverwaltung mit dem 9,3-fachen des durchschnittlichen Jahreswerts der letzten drei Jahre angesetzt.[116] Eine entsprechende Regelung für Beteiligungen an Kapitalgesellschaften kennt das ErbStG dagegen nicht. Dort kann das Gewinnübermaß im Rahmen der Anteilsbewertung berücksichtigt werden.[117] Ob hierdurch allerdings die auf Personengesellschaften beschränkte Regelung des § 7 Abs. 6 ErbStG im Ergebnis stets vollständig kompensiert wird, muss bezweifelt werden.

109 Die GmbH – als Kapitalgesellschaft – und die GmbH & Co. KG – als Personengesellschaft – unterscheiden sich auch hinsichtlich der sog **Abschirmwirkung** bei der Besteuerung des unentgeltlichen Erwerbs von Gesellschaftsanteilen, sei es von Todes wegen, sei es aufgrund eines Rechtsgeschäfts unter Lebenden. Diese kommt zum Tragen, wenn Erblasser bzw. Schenker und Erwerber des Gesellschaftsanteils im **Ausland** ansässig sind. Gemäß § 2 Abs. 1 Nr. 3 ErbStG beschränkt sich die Erbschaftsteuerpflicht in diesem Fall auf das **Inlandsvermögen** gemäß § 121 BewG.

110 Anteile an einer **Kapitalgesellschaft** gelten gemäß § 121 Nr. 4 BewG nur dann als Inlandsvermögen, wenn der betroffene Gesellschafter allein oder gemeinsam mit ihm nahestehenden Personen iSv § 1 Abs. 2 AStG mindestens zu einem Zehntel unmittelbar oder mittelbar am gezeichneten Kapital beteiligt ist. Anteile an einer **gewerblichen GmbH & Co. KG** sind gemäß § 121 Nr. 3 BewG iVm § 97 Abs. 1 Nr. 5 BewG demgegenüber stets steuerverhaftet, jedoch – anders als eine Kapitalgesellschaft – nur mit ihrem inländischen Vermögen.[118] Die **nichtgewerbliche GmbH & Co. KG** wird für die Zwecke der Erbschaftsteuer als transparent behandelt mit der Folge, dass das anteilige Vermögen der Gesellschaft zugrunde gelegt wird und sich das Vorliegen von Inlandsvermögen nach den allgemeinen Regeln des § 121 BewG für jeden Vermögensbestandteil individuell bestimmt.[119]

5. Grunderwerbsteuer

111 Die Entnahme sowie die **Einbringung von Grundstücken** in eine **GmbH,** zB im Weg der Sacheinlage, sind **stets** und in voller Höhe **grunderwerbsteuerpflichtig.** Dies gilt auch dann, wenn es sich bei dem Einbringenden oder dem Entnehmenden um den einzigen GmbH-Gesellschafter handelt.

112 Bei der Personengesellschaft (GmbH & Co. KG) gestaltet sich die Rechtslage insofern günstiger, als dass bei Einbringungen und Entnahmen von Grundstücken durch die Gesellschafter insoweit keine Grunderwerbsteuer erhoben wird, als der bzw. die Gesellschafter quotenmäßig an der Gesellschaft beteiligt sind (§§ 5, 6 GrEStG). Im Fall der GmbH & Co. KG kann daher der **alleinige Kommanditist** Grundstücke in die Gesellschaft **grunderwerbsteuerfrei** einbringen, sofern die Komplementär-GmbH, wie üblich, eine Kapitaleinlage nicht geleistet hat und von der Beteiligung am Gesellschaftsvermögen der GmbH & Co. KG – im Innenverhältnis der Gesellschafter untereinander – ausgeschlossen ist (→ § 19 Rn. 12 ff.). Die Rechtsform der Personengesellschaft ermöglicht es unter den genannten Voraussetzungen ferner, Grundstücke unter Anwendung der Befreiungsvorschriften des § 3 Nr. 4 und 6 oder des § 5 GrEStG grunderwerbsteuerfrei in eine aus dem Veräußerer, seinen

---

[115] *Jacobs/Scheffler/Spengel,* Unternehmensbesteuerung und Rechtsform, 786.
[116] R E 7.8 Abs. 1 S. 3 f. ErbStR.
[117] *Meincke* ErbStG § 7 Rn. 134.
[118] *Eisele* in Rössler/Troll BewG § 121 Rn. 6, 16.
[119] Vgl. *Kowallik* DStR 1999, 1129 (1132).

Abkömmlingen und seiner Ehefrau oder aus den genannten Familienangehörigen allein bestehende Gesellschaft (Familien-GmbH & Co. KG) einzubringen.

Aus grunderwerbsteuerlicher Sicht ist die GmbH somit in der Regel nachteilig. Eine unter Umständen bedeutsame Ausnahme bildet die Vorschrift des § 1 Abs. 2a GrEStG, die – als Korrelat für die Befreiungsvorschriften in §§ 5 und 6 GrEStG – nur für Personengesellschaften gilt. Während hiernach durch die **Übertragung von 95 % der Anteile** an einer grundbesitzenden Personengesellschaft innerhalb von fünf Jahren Grunderwerbsteuer ausgelöst wird, ist die Übertragung von GmbH-Anteilen nur grunderwerbsteuerpflichtig, wenn hierdurch mindestens 95 % der Anteile in der Hand eines Erwerbers **vereinigt** werden (Anteilsvereinigung gemäß § 1 Abs. 3 GrEStG). 113

IV. Ergebnis des Rechtsformvergleichs

1. Zusammenfassung der Unterschiede

In **wirtschaftsrechtlicher Sicht** hat die GmbH & Co. KG gegenüber Kapitalgesellschaften ihre Sonderstellung im Bereich Rechnungslegung und Publizität erwartungsgemäß eingebüßt. Es verbleiben letztlich nicht ausschlaggebende Erleichterungen bei den Formvorschriften. 114

Die Beurteilung aus **steuerrechtlicher Sicht** ist bereits durch die Spreizung der Steuersätze bei der Einkommen- und Körperschaftsteuer mit der UntStReform 2000 schwieriger geworden. Seit der Einführung der Abgeltungsteuer und der Erbschaftsteuerreform sind allgemeingültige Aussagen sogar nahezu unmöglich geworden. Gültig bleiben unverändert folgende **Faustregeln:** 115

- Die **GmbH** erweist sich in erster Linie für solche Unternehmen als die steuerlich günstigere Rechtsform, die nur über ein geringes Betriebsvermögen verfügen und bei denen die **Gewinne** überwiegend in Form von **Tätigkeitsvergütungen** gewerbesteuerfrei an die Gesellschafter fließen. Ferner ist die GmbH unverändert attraktiv für die Verwaltung großer Privatvermögen, deren Erträge langfristig thesauriert werden („Spardosen-GmbH“).[120]
- Personengesellschaften sind aus steuerlicher Sicht günstiger, wenn der **individuelle Einkommensteuersatz der Gesellschafter** niedrig ist und die Gewinnanteile überwiegend entnommen werden. Im Thesaurierungsfall sind Kapitalgesellschaften jedenfalls dann tendenziell begünstigt, wenn für die Anteilseigner der Einkommensteuer-Grenzsatz anwendbar ist.[121]

Der lange Zeit gültige Grundsatz, dass bei Gesellschaften mit **großem Betriebsvermögen** den Personengesellschaften und unter diesen wegen der Haftungsbeschränkung der GmbH & Co. KG der Vorzug einzuräumen ist, kann allerdings nicht mehr uneingeschränkt aufrechterhalten werden. 116

Personen- und Kapitalgesellschaft können jeweils eine Reihe von steuerlichen Vorteilen für sich verbuchen, die sich freilich im Einzelfall nur geringfügig auswirken mögen; die wesentlichsten steuerlichen Unterschiede können wie folgt **zusammengefasst** werden:[122] 117

Vorteile der Personengesellschaft = Nachteil Kapitalgesellschaft	**Vorteile der Kapitalgesellschaft** = Nachteil Personengesellschaft
• Besteuerung ausgeschütteter (entnommener) Gewinne bei niedrigem Einkommensteuersatz • Verlustausgleich auf Gesellschafterebene • Refinanzierungskosten der Beteiligung • Keine verdeckte Gewinnausschüttung	• Besteuerung thesaurierter Gewinne • Ausschüttungspolitik • Besteuerung von Leistungsvergütungen ohne gewerbesteuerliche Hinzurechnung • Kein Sonderbetriebsvermögen

[120] *Schiffers* DStZ 2007, 744.

[121] *Levedag* in MHdB GesR II § 58 Rn. 122 ff.; *Jacobs/Scheffler/Spengel,* Unternehmensbesteuerung und Rechtsform, 798.

[122] Vgl. auch die Darstellung von *Montag* in Tipke/Lang SteuerR 13 Rn. 19 ff.

Vorteile der Personengesellschaft = Nachteil Kapitalgesellschaft	**Vorteile der Kapitalgesellschaft** = Nachteil Personengesellschaft
• Besteuerung von Leistungsvergütungen, die gemäß § 8 GewStG hinzurechnungspflichtig sind • Abschreibungspotenzial nach Beteiligungskäufen • Gesellschafter-Fremdfinanzierung • Ausgliederung von Einzelwirtschaftsgütern • Rückumwandlungsmöglichkeiten • Erbschaftsteuer • Grunderwerbsteuer	• Besteuerung von Veräußerungsgewinnen • Gewinnverteilung bei Familiengesellschaften

118 Die dargestellten Rechtsformunterschiede erlauben keine **allgemeingültige Empfehlung** zugunsten der Personen- oder Kapitalgesellschaft, zumal diese angesichts der rasanten Entwicklung des Steuerrechts und der sonstigen rechtlichen Rahmenbedingungen im Zweifel auch nur von kurzem Bestand sein könnte. Vielmehr entscheidet der Einzelfall.

2. Zusammengesetzte Rechtsformen

119 Die Rechtsentwicklung in den vergangenen Jahren hat zu einer immer stärkeren **Annäherung** von Personen- und Kapitalgesellschaften geführt. Dennoch ist es unverändert interessant, die Vorteile einer Personengesellschaft mit denjenigen einer Kapitalgesellschaft zu **kombinieren.**

120 Bei der GmbH & Co. KG bietet sich die **Komplementär-GmbH** als Instrument zur steuergünstigen Thesaurierung an. Dabei liegt es nahe, bei der GmbH & Co. KG denjenigen Gewinnanteil, der ohnehin für die Thesaurierung vorgesehen ist, unmittelbar der niedriger besteuerten Komplementär-GmbH zuzuweisen. Um dieses Ziel zu erreichen, bestehen grundsätzlich zwei Möglichkeiten:

- Die zu thesaurierenden Beträge können via **Sondervergütungen,** zB als Haftungsvergütung oder Darlehenszinsen, in die GmbH transferiert werden. Um eine vernünftige Größenordnung darstellen zu können, muss allerdings ein entsprechendes Eigenkapital der Komplementär-GmbH vorhanden sein, was der bisherigen Praxis, die Komplementär-GmbH lediglich mit dem gesetzlich vorgeschriebenen Mindestkapital auszustatten, natürlich diametral entgegenläuft.
- Die **Komplementär-GmbH** wird nicht mehr, wie bisher üblich, von der Gewinnbeteiligung ausgeschlossen, sondern erhält denjenigen **Gewinnanteil,** den sie für die Thesaurierung benötigt. Dabei ist allerdings zu beachten, dass hierfür die bloße Erhöhung des Gewinnanteils zulasten der Kommanditisten nicht ausreicht, da dies als verdeckte Einlage in die GmbH gewertet würde (→ § 16 Rn. 177 ff.). Zweckmäßigerweise sollte deshalb ein Kapitalanteil, auf den ein entsprechend hohes, anteiliges Gewinnbezugsrecht entfällt, gemäß § 20 UmwStG in die Komplementär-GmbH eingebracht werden.

121 Durch eine Gewinnthesaurierung auf der Ebene der Komplementär-GmbH wird bei dieser allerdings, soweit die thesaurierten Mittel nicht ohnehin dem Unternehmen dienen, ein Übermaß an Haftungsmasse angesammelt, was vielfach der Grundkonzeption der GmbH & Co. KG zuwiderläuft. Deshalb kann es sich empfehlen, für Thesaurierungszwecke eine beteiligungsidentische **Kommanditisten-GmbH** zu installieren.[123] Die **Beteiligung** einer GmbH – sei es die Komplementär-GmbH, sei es eine Kommanditisten-GmbH – am **Vermögen** der KG ist allerdings **gewerbesteuerlich nachteilig.** Zwar fällt bei der Komplementär-GmbH selbst aufgrund der Kürzung der Gewinnanteile gemäß § 9 Nr. 2 GewStG im Ergebnis keine Gewerbesteuer an; jedoch entfällt die Anrechnung der Gewerbesteuer gemäß § 35 GewStG in Höhe der Beteiligungsquote der GmbH (§ 35 Abs. 1 Nr. 2 EStG iVm Abs. 2 S. 2 Hs. 1 EStG).

[123] *Kessler/Schiffers/Teufel,* Rechtsformwahl. Rechtsformoptimierung, § 3 Rn. 112; *Schiffers* DStR 2003, 302 (308).

Durch die **GmbH & Still** (im Einzelnen → § 27 Rn. 1 ff.) – in ihrer Ausprägung als GmbH & atypisch Still – werden, soweit natürliche Personen beteiligt sind, grundsätzlich die gleichen Belastungsvorteile erreicht wie bei der GmbH & Co. KG. Die GmbH & typisch Still bleibt insbesondere für ausländische Gesellschafter durchaus interessant. 122

Die **Betriebsaufspaltung** (im Einzelnen → § 26 Rn. 1 ff.) hat aus steuerlicher Sicht stark an **Bedeutung verloren,** nachdem seit der UntStReform 2008 die Tatbestände in § 8 Nr. 1 GewStG eine Hinzurechnung auch dann vorsehen, wenn dadurch eine gewerbesteuerliche Doppelerfassung eintritt.[124] 123

§ 26 Betriebsaufspaltung

I. Grundsätzliches

Ziel der Betriebsaufspaltung ist es, die Vorteile eines Personenunternehmens mit denjenigen einer Kapitalgesellschaft dergestalt zu **kombinieren,** dass eine Personengesellschaft (das sog **Besitzunternehmen**) das wesentliche Betriebsvermögen, vor allem den Grundbesitz hält, während Herstellung und Vertrieb der Produkte einer gesellschafteridentischen GmbH, der sog **Betriebsgesellschaft** (Betriebs-GmbH), übertragen werden. Diese Gestaltung wird als Doppelgesellschaft oder – treffender – als **Betriebsaufspaltung** bezeichnet. 1

Steuerlich setzt die Betriebsaufspaltung eine enge sachliche und personelle Verflechtung zwischen Besitz- und Betriebsunternehmen voraus.[1] Eine **sachliche Verflechtung** wird angenommen, wenn der Betriebs-GmbH solche Wirtschaftsgüter, zB Grundbesitz, entgeltlich oder unentgeltlich zur Nutzung überlassen werden, die für sie bei funktionaler Betrachtung eine **wesentliche Betriebsgrundlage** darstellen, insbesondere für ihre Betriebsführung besonderes wirtschaftliches Gewicht haben (→ § 16 Rn. 287).[2] Die **personelle Verflechtung** erfordert, dass Besitz- und Betriebsunternehmen von einem einheitlichen Willen getragen sind („einheitlicher geschäftlicher Betätigungswille"), der am deutlichsten bei Beteiligungsidentität zutage tritt, aber auch bei bloßer Beherrschungsidentität vorhanden sein kann.[3] Der Annahme einer personellen Verflechtung steht es nicht entgegen, wenn die Beherrschungsidentität lediglich hinsichtlich der **laufenden Geschäfte** besteht, wozu es aufgrund entsprechender Geschäftsführungsbefugnis kommen kann.[4] Ist hiernach der Tatbestand einer (steuerlichen) Betriebsaufspaltung erfüllt, dann betreibt nicht nur die Betriebsgesellschaft, sondern auch das Besitzunternehmen einen **Gewerbebetrieb,** der auch für sich gewerbesteuerpflichtig ist.[5] 2

Einen Sonderfall stellt die sog **mitunternehmerische Betriebsaufspaltung** dar. Sie unterscheidet sich von der „klassischen" Betriebsaufspaltung dadurch, dass bei ihr die Betriebsgesellschaft keine Kapitalgesellschaft (GmbH), sondern eine Personengesellschaft ist, 3

---

[124] *Jacobs/Scheffler/Spengel,* Unternehmensbesteuerung und Rechtsform, 695.

[1] Grundlegend BFH 8.11.1972 – GrS 2/71, BStBl. II 1972, 63; im Einzelnen zB *Wacker* in L. Schmidt EStG § 15 Rn. 800 ff.; *Söffing/Micker,* Die Betriebsaufspaltung, Rn. 76 ff.; *Schulze zur Wiesche* WPg 2003, 90.

[2] Der BFH hat die Anforderungen an die sachliche Verflechtung immer weiter reduziert, BFH 22.2.2005 – VIII R 53/02, BFH/NV 2005, 1624; 13.12.2005 – XI R 45/04, BFH/NV 2006, 1453, so dass inzwischen die Überlassung eines normalen Bürogebäudes, zB BFH 23.5.2000 – VIII R 11/99, BStBl. II 2000, 621, oder sogar eines „Allerweltsgebäudes" ausreichend ist, BFH 13.7.2006 – IV R 25/05, BStBl. II 2006, 804. Ob der Besitzunternehmer Eigentümer der überlassenen Wirtschaftsgüter ist, ist unerheblich, BFH 18.8.2009 – X R 22/07, BFH/NV 2010, 208. Ausreichend auch Überlassung Grundstück an GmbH zwecks Vermietung, BFH 18.6.2015 – IV R 11/13, DStR 2015, 2424.

[3] Zur mittelbaren Beherrschung BFH 29.11.2007 – IV R 82/05, BStBl. II 2008, 471; zur faktischen Beherrschung BFH 16.6.1982 – I R 118/80, BStBl. II 1982, 662. Zur personellen Verflechtung bei börsennotierter AG und Mehrheitsaktionär BFH 23.3.2011 – X R 45/09, BStBl. II 2011, 778.

[4] BFH 30.11.2005 – X R 56/04, BStBl. II 2006, 415; 24.8.2006 – IX R 52/04, BStBl. II 2007, 165. Kritisch *Söffing* BB 2006, 1529 (1530 f.). Zur Bedeutung von Einstimmigkeitsabreden vgl. auch BFH 1.7.2003 – VIII R 24/01, BStBl. II 2003, 757; BMF-Schreiben 7.10.2002, BStBl. I 2002, 1028; *Schulze zur Wiesche* WPg 2004, 751; *Kempermann* GmbHR 2005, 317.

[5] BFH 8.9.2011 – IV R 44/07, BStBl. II 2012, 136.

wobei aus Gründen der Haftungsbeschränkung praktisch nur die Rechtsform der GmbH & Co. KG verwendet wird. Für die mitunternehmerische Betriebsaufspaltung hatte der BFH zunächst mit Urteil vom 25.4.1985[6] einen jahrelangen Meinungsstreit in Literatur und Rechtsprechung dahin gehend entschieden, dass § 15 Abs. 1 S. 1 Nr. 2 EStG die Rechtsfolgen der Betriebsaufspaltung verdrängt, so dass eine mitunternehmerische Betriebsaufspaltung steuerlich letztlich nicht wie eine Betriebsaufspaltung, sondern wie eine **normale Mitunternehmerschaft** behandelt wird (Subsidiarität der Betriebsaufspaltung). Inzwischen bejaht der BFH – unter Änderung dieser Rechtsprechung – jedenfalls bei **Schwester-Personengesellschaften** den Vorrang der Betriebsaufspaltung, wenn einige oder alle Gesellschafter der Besitzgesellschaft, nicht jedoch diese selbst, an der Betriebsgesellschaft beteiligt sind.[7]

4 Auf diese und weitere Sonderformen der Betriebsaufspaltung,[8] zB die Ausgliederung einer Betriebs-Personengesellschaft aus einer Kapitalgesellschaft (sog **umgekehrte** Betriebsaufspaltung)[9] oder die **kapitalistische Betriebsaufspaltung,** bei der sowohl das Besitz- als auch das Betriebsunternehmen als Kapitalgesellschaft organisiert sind,[10] wird im Folgenden nicht näher eingegangen.

5 Die Betriebsaufspaltung wird vielfach als **Rechtsinstitut** bezeichnet.[11] Diese Bezeichnung bringt zum Ausdruck, dass eine gesetzliche Grundlage fehlt und die Betriebsaufspaltung letztlich auf Richterrecht zurückzuführen ist. Der wenig durchdachte Versuch einer Kodifizierung im Jahr 1985 ist kläglich gescheitert.[12]

II. Wirtschaftsrechtliche Besonderheiten

1. Doppelte Haftungsbeschränkung

6 Die Rechtsform der GmbH und der GmbH & Co. KG gewährleistet bereits institutionell eine Haftungsbeschränkung der Gesellschafter. Diese Haftungsbeschränkung wird im Fall der Betriebsaufspaltung noch dadurch verstärkt, dass sich das wesentliche **Anlagevermögen,** zumindest der Grundbesitz, im Eigentum des Besitzunternehmens befindet und damit den typischerweise bei einem Vertriebs- oder Produktionsunternehmen bestehenden, oft – wie bei der Produzentenhaftung – unübersehbaren Haftungsrisiken de facto entzogen ist. Bei der Betriebsaufspaltung lässt sich deshalb mit Fug und Recht von einer **doppelten** Haftungsbeschränkung sprechen.

7 Der Vorteil bei der Haftungsbeschränkung wird freilich durch die Haftung des Besitzunternehmens und seiner Gesellschafter für die **Betriebssteuern** (Umsatzsteuer, Gewerbesteuer, Verbrauchssteuern) der Betriebs-GmbH aufgrund § 74 Abs. 1 AO eingeschränkt, sofern das Besitzunternehmen bzw. seine Gesellschafter mittelbar oder unmittelbar zu mehr als 25 % an der Betriebs-GmbH beteiligt sind. Bis 2011 bestand zwischen Besitz- und Betriebsunternehmen häufig eine **umsatzsteuerliche** Organschaft,[13] so dass das Besitzunternehmen in seiner Eigenschaft als Organträger Schuldner der Umsatzsteuer für den gesamten Organkreis war. Dies ist heute anders, nachdem der BFH seine Rechtsprechung dahin

---

[6] BFH 25.4.1985 – IV R 36/82, BStBl. II 1985, 622; vgl. *Märkle* BB 1985, 2104.

[7] BFH 30.8.2007 – IV R 50/05, BStBl. II 2008, 128; 24.3.1999 – I R 114/97, BStBl. II 2000, 399; 24.11.1998 – VIII R 30/97, BFH/NV 1999, 771; 23.4.1996 – VIII R 13/95, BStBl. II 1998, 325; BMF-Schreiben 28.4.1998, BStBl. I 1998, 583. Auch Bruchteilsgemeinschaften können „Besitzgesellschaft" einer mitunternehmerischen Betriebsaufspaltung sein BFH 18.8.2005 – IV R 59/04, BStBl. II 2005, 830. Auch → § 16 Rn. 231. Zu den verschiedenen Fallgestaltungen *Wacker* in L. Schmidt EStG § 15 Rn. 858.

[8] S. Überblick bei *Kußmaul/Schwarz* DStR 2012, 834.

[9] *Kessler/Teufel* DStR 2001, 869.

[10] Hierzu zB *Bode* in Blümich EStG § 15 Rn. 592.

[11] Erstmals BFH 8.11.1971 – GrS 2/71, BStBl. II 1972, 63.

[12] BR-Drs. 165/85. Hierzu *Flume* DB 1985, 1152; *Knobbe-Keuk* BB 1985, 820 (941). S. aber auch § 50i Abs. 1 S. 4 EStG, wo jetzt die Tatbestandsvoraussetzungen einer Betriebsaufspaltung erwähnt sind.

[13] BFH 11.11.2008 – XI B 65/08, BFH/NV 2009, 235; 9.9.1993 – V R 124/89, BStBl. II 1994, 129; V 14.1.1988 – B 115/87, BFH/NV 1988, 471.

gehend geändert hat, dass die finanzielle Eingliederung einer GmbH in eine Personengesellschaft iSd § 2 Abs. 2 Nr. 2 UStG eine unmittelbare oder mittelbare Beteiligung der Personengesellschaft selbst erfordert, es also nicht ausreicht, dass der oder die Gesellschafter der Personengesellschaft mit Stimmenmehrheit an der GmbH beteiligt sind.[14]

Die durch die Betriebsaufspaltung verstärkte Haftungsbeschränkung wurde früher – wenn 8
auch nur teilweise – ferner dadurch infrage gestellt, dass das bisherige, nunmehr als Besitzunternehmen fortgeführte Unternehmen sich infolge der Betriebsverpachtung unter Umständen mangels Fortbestehens eines vollkaufmännischen Gewerbebetriebs in eine **GbR verwandelte,**[15] in der die persönliche und unbeschränkte Haftung aller Gesellschafter die Regel ist. Durch das HRefG ist diese Gefahr gebannt worden, da die **fortbestehende Eintragung** der Besitzgesellschaft **im Handelsregister** deren Herabsinken auf eine GbR verhindert (§§ 2, 105, 161 Abs. 2 HGB).

Nach den Eigenkapitalersatzregeln der §§ 32a, 32b GmbHG aF und den Rechtspre- 9
chungsregeln zu den §§ 30, 31 GmbHG ging die Rechtsprechung in der Krise von einer Umqualifizierung der **Nutzungsüberlassung** in Eigenkapital und damit der Verpflichtung des Besitzunternehmens aus, der Gesellschaft den Pachtgegenstand für den vertraglich vereinbarten Zeitraum auch für die Zeit nach der Eröffnung des Insolvenzverfahrens weiterhin unentgeltlich zu belassen. Seit dem Inkrafttreten des **MoMiG** kann der Insolvenzverwalter der Betriebs-GmbH den Aussonderungsanspruch des Besitzunternehmens gegen ein **Nutzungsentgelt** gemäß § 135 Abs. 3 InsO **bis zu einem Jahr blockieren (Aussonderungssperre),** soweit Gegenstände bei Eröffnung des Insolvenzverfahrens zum Gebrauch oder „zur Ausübung" überlassen wurden, der Insolvenzverwalter den schuldrechtlichen Nutzungsvertrag beendet hat und die Gegenstände für die **Fortführung des Unternehmens** der Betriebs-GmbH **von erheblicher Bedeutung** sind.[16] Dieses Recht lässt sich auch vertraglich nicht ausschließen, da es als **Einrede** gegenüber dem Aussonderungsrecht des Eigentümers ausgestaltet ist. Wurde das Nutzungsverhältnis vor Insolvenzeröffnung aufgehoben, so kommt eine **Anfechtung** dieses Vorgangs nach §§ 130–133 InsO in Betracht.

In Ausnahmefällen kommt auch eine **Durchgriffshaftung der Besitzgesellschafter,** 10
die an Besitz- und Betriebsunternehmen gleichermaßen beteiligt sind, in Betracht. Der BGH unterstrich in seiner Entscheidung vom 13.12.1993,[17] dass herrschendes Unternehmen auch eine natürliche Person sein kann. Wie oben dargestellt (→ § 12 Rn. 67 ff.), wurde die Haftung nach den Grundsätzen des qualifiziert faktischen Konzerns in der „Bremer Vulkan"-Entscheidung sowie Folgeentscheidungen zwar aufgegeben und durch die Haftung aufgrund existenzvernichtenden Eingriffs ersetzt. Da die Voraussetzungen einer solchen Haftung aber im Wesentlichen mit denen aus qualifiziert faktischem Konzern übereinstimmen, kann es auch bei einer Betriebsaufspaltung zu einer Haftung der Besitzgesellschafter aus existenzvernichtendem Eingriff kommen, falls diese die Belange der Betriebs-GmbH nicht angemessen berücksichtigen.

2. Arbeitsrechtliche Fragen

a) Mitbestimmung bei der Aufspaltung. Bei der Aufspaltung eines einheitlichen 11
Unternehmens in ein Besitzunternehmen und eine neu zu gründende Betriebsgesellschaft (sog echte Betriebsaufspaltung) gehen die bis dahin bestehenden Arbeitsverhältnisse nach **§ 613a BGB,** ggf. iVm § 324 UmwG, auf die Betriebs-GmbH über, die somit als neuer Arbeitgeber in die Rechte und Pflichten aus den bestehenden Arbeitsverträgen eintritt.[18]

---

[14] S. BFH 22.4.2010 – V R 9/09, BStBl. II 2011, 597; 1.12.2010 – XI R 43/08, BStBl. II 2011, 600 sowie BMF-Schreiben 5.7.2011, BStBl. I 2011, 703.

[15] OLG Hamm ZIP 1993, 1310.

[16] Hierzu näher *Gruschinske* GmbHR 2010, 179; *Harle* GmbHR 2009, 1093; *Marotzke* ZInsO 2008, 1281 (1285). Auch → § 12 Rn. 109 ff.

[17] BGH NJW 1994, 446.

[18] BAG BB 1997, 972; ZIP 1988, 666; BB 1976, 315; *Jacobs/Scheffler/Spengel,* Unternehmensbesteuerung und Rechtsform, 72 f.

Dieses Ergebnis kann für die betroffenen Arbeitnehmer vor allem dann unbefriedigend sein, wenn anstelle des früheren – substanzstarken – einheitlichen Unternehmens nunmehr eine nur mit geringem Eigenkapital ausgestattete Betriebsgesellschaft, zB eine UG oder eine normale GmbH mit 25.000 Euro Stammkapital, fungieren soll.

12 Zwar kann der einzelne Arbeitnehmer dem Übergang seines Arbeitsverhältnisses gemäß § 613a Abs. 6 BGB binnen eines Monats, nachdem er hierüber schriftlich informiert worden ist, **widersprechen** und damit die Durchführung der Betriebsaufspaltung zumindest erheblich erschweren.[19] Freilich riskieren die widersprechenden Arbeitnehmer hierbei eine **betriebsbedingte Kündigung** des bisherigen Arbeitgebers.[20] Eine **kollektive Ausübung** des Widerspruchsrechts durch eine Vielzahl der oder sogar alle betroffenen Arbeitnehmer[21] mit der Folge einer sozialplanpflichtigen Massenentlassung ist zwar grundsätzlich zulässig, unterliegt aber den allgemeinen Schranken der Rechtsordnung und somit der Kontrolle auf Rechtsmissbrauch gemäß § 242 BGB.[22] Ein kollektiver Widerspruch ist deshalb unzulässig, wenn er im Schwerpunkt nicht auf die Verhinderung des Arbeitgeberwechsels gerichtet, sondern zB von der Motivation getragen ist, den Betriebsübergang als solchen zu verhindern oder aber Vergünstigungen zu erzielen, auf die die Arbeitnehmer keinen Rechtsanspruch haben. In der Praxis dürfte dieses Instrument deshalb keine allzu große Bedeutung erlangen.

13 Die Durchführung einer Betriebsaufspaltung kann auch nicht durch das Verlangen nach einem Interessenausgleich oder nach einem **Sozialplan** gemäß § 112 BetrVG behindert werden. Dies wäre nur dann denkbar, wenn die beabsichtigte Betriebsaufspaltung eine Betriebsänderung iSd § 111 BetrVG darstellte. Das BAG vertritt hierzu eine differenzierte Auffassung und sieht in einer Betriebsaufspaltung, die sich in einem Betriebsinhaberwechsel erschöpft, grundsätzlich **keine mitbestimmungspflichtige Betriebsänderung.**[23] Eine Betriebsänderung liege allerdings dann vor, wenn im Zusammenhang mit der Betriebsaufspaltung auch Veränderungen in der Betriebsorganisation vorgenommen würden, die als solche einen der Tatbestände des § 111 S. 3 BetrVG erfüllten.

14 **b) Nachhaftung.** Bei der Nachhaftung ist zwischen der Betriebsaufspaltung durch Einzel- und Gesamtrechtsnachfolge zu unterscheiden: Im Fall des widerspruchslosen Übergangs der Arbeitsverhältnisse im Wege der **Einzelrechtsnachfolge** kann gemäß **§ 613a Abs. 2 BGB** der bisherige Arbeitgeber, also das Besitzunternehmen, nur noch in sehr begrenztem Umfang für Verpflichtungen aus Arbeitsverhältnissen in Anspruch genommen werden, nämlich für rückständige Leistungen, die innerhalb **eines Jahres** nach Übergang fällig werden, und dies auch nur zeitanteilig.

15 Besonderheiten bestehen bei **Ruhegeldansprüchen.** Da die Enthaftung des § 613a Abs. 2 BGB nur bei bestehenden Arbeitsverhältnissen gilt, bleibt das Besitzunternehmen Rentnern und denjenigen Arbeitnehmern verpflichtet, die schon vor dem Betriebsübergang mit unverfallbaren Versorgungsanwartschaften aus dem **Arbeitsverhältnis ausgeschieden** sind.[24] Derartige Verbindlichkeiten können allenfalls im Wege vertraglicher Schuldübernahme unter Zustimmung der Pensionsberechtigten von der Betriebsgesellschaft übernommen werden (§ 414 BGB). Früher war deren Zustimmung allerdings nach § 4 BetrAVG aF **wirkungslos,** weil das BAG diese Vorschrift über ihren Wortlaut hinaus auch auf unverfall-

---

[19] Das Widerspruchsrecht besteht auch bei einer Spaltung gemäß §§ 123 ff. UmwG: *Joost* in Lutter UmwG § 324 Rn. 66; *Willemsen* in Kallmeyer UmwG § 324 Rn. 3, 43 f.; *Wlotzke* DB 1995, 40; aA *Hennrichs* ZIP 1995, 794. Erlischt ein übertragender Rechtsträger hingegen und tritt der neue Arbeitgeber durch gesellschaftsrechtliche Gesamtrechtsnachfolge in die Arbeitsverhältnisse ein, besteht kein Widerspruchsrecht, BAG DB 2008, 1578.

[20] BAG NJW 1975, 1378 (1380); *Krügermeyer-Kalthoff/Schlegel/Feucker* WPg 2007, 920 (922); *Weidenkaff* in Palandt BGB § 613a Rn. 54.

[21] So bereits empfohlen von *Schaub* ZIP 1984, 272 (276).

[22] BAG BB 2005, 605; *Krügermeyer-Kalthoff/Schlegel/Feucker* WPg 2007, 920 (924); *Weidenkaff* in Palandt BGB § 613a Rn. 49.

[23] BAG DB 1987, 1842 im Anschluss an DB 1981, 698; 1980, 1190.

[24] BAG BB 1987, 2235; BGH ZIP 2009, 823.

bare Ansprüche entsprechend anwandte[25] und die Betriebsgesellschaft regelmäßig nicht zu den bevorzugten Versorgungsträgern gehörte. Eine vertragliche Schuldübernahme war somit nur dann möglich, wenn der PSV der Übernahme zustimmte,[26] was dieser wegen des erhöhten Insolvenzrisikos aber generell verweigerte.[27]

Für Übertragungen **nach dem 31.12.2004** wurde die **Portabilität** von Ruhegeldansprüchen mit § 4 BetrAVG nF neu geregelt. § 4 Abs. 2 BetrAVG erlaubt nunmehr durch dreiseitige Vereinbarung zwischen Besitzunternehmen, Betriebsgesellschaft und Arbeitnehmer die Übertragung unverfallbarer Anwartschaften und laufender Leistungen – außer bei der Liquidation eines Unternehmens – durch Übernahme der bisherigen oder Erteilung einer der bisher erworbenen Anwartschaft wertgleichen Zusage durch den neuen Arbeitgeber unter Mitnahme des Übertragungswerts (Kapitalwert der entsprechende Zusage).[28] Darüber hinaus ist eine Übertragung selbst mit Zustimmung des PSV nicht mehr möglich (§ 4 Abs. 1 BetrAVG).[29] 16

Soweit eine Enthaftung des Besitzunternehmens nicht erreicht werden kann, ist es immerhin möglich, derartige Ruhegeldverbindlichkeiten im Wege der **kumulativen Schuldübernahme** mit steuerlicher Wirkung[30] und in verwaltungsmäßiger Hinsicht auf die Betriebs-GmbH zu übertragen.[31] Die mit der Betriebsaufspaltung einhergehenden haftungsrechtlichen Vorteile hinsichtlich der Ansprüche aus bestehenden Arbeitsverhältnissen, insbesondere aus Pensionsanwartschaften, sind jedoch immer noch so gewichtig, dass sie für sich allein im Einzelfall eine Betriebsaufspaltung rechtfertigen können, zumal eine verbleibende Haftung des Besitzunternehmens für die laufenden Rentenzahlungen aufgrund der Mortalität von selbst ständig an wirtschaftlicher Bedeutung verliert. 17

Diese einerseits günstige, andererseits ungünstige Enthaftungsregelung greift bei der Betriebsaufspaltung im Wege der **Gesamtrechtsnachfolge** (Spaltung gemäß §§ 123 ff. UmwG) nicht ein, da § 324 UmwG keine Verweisung auf § 613a Abs. 2 BGB enthält. Stattdessen gilt für Umwandlungen nach dem Umwandlungsgesetz generell eine auf **fünf Jahre** festgelegte Nachhaftungsfrist (§ 133 Abs. 3 S. 1 UmwG). Anders als beim Haftungssystem des § 613a BGB erstreckt sich die Nachhaftung gemäß § 133 Abs. 1 UmwG auch auf alle **Versorgungsverpflichtungen** aufgrund des BetrAVG,[32] was für die Betriebsaufspaltung in § 134 Abs. 2 UmwG ausdrücklich klargestellt ist. Für diese Verpflichtungen gilt eine auf **zehn Jahre** verlängerte Nachhaftungsfrist (§ 133 Abs. 3 S. 2 UmwG).[33] 18

Ferner statuiert § 134 UmwG für alle Verpflichtungen des Betriebes der Betriebsgesellschaft aus §§ 111–113 BetrVG, die binnen **fünf Jahren nach der Betriebsaufspaltung begründet** werden, auf die Dauer von zehn Jahren eine **gesamtschuldnerische Haftung des Besitzunternehmens.**[34] Für derartige Verpflichtungen hat das Besitzunternehmen nach dem Gesetzeswortlaut auch dann einzustehen, wenn sie in keinem Zusammenhang mit der Aufspaltung stehen, zB wenn die Betriebs-GmbH wegen einer unvorhersehbaren Marktentwicklung vier Jahre nach der Spaltung in die Krise gerät.[35] Da dies über den Schutzzweck des § 134 UmwG hinausgeht, ist die Vorschrift uE dahin gehend einschränkend auszulegen, dass sich die Mithaf- 19

[25] BAG NZA 1988, 21; BB 1982, 51; 1980, 1641.

[26] BAG DB 1988, 122. § 4 BetrAVG aF stand einer Übertragung von Versorgungsverpflichtungen bei einer Ausgliederung nicht entgegen, BAG NZA 2005, 639.

[27] PSV-Merkblatt 300/M10/12.4 Tz. 4.

[28] PSV-Merkblatt 300/M15/1.17 Tz. 2 ff.

[29] *Bahnsen* NJW 2005, 3328; *Reichel/Volk* DB 2005, 886; *Rohlfs* NZA-Beilage 2008, 164 (165).

[30] S. auch BMF-Schreiben 16.12.2005, BStBl. I 2005, 1052.

[31] *Rolfs* NZA-Beilage 2008, 164 (165); PSV-Merkblatt 300/M15/1.17 Tz. 3.1.1 und 300/M6/11.15 Tz. 3.2.

[32] *Hörtnagl* in Schmitt/Hörtnagl/Stratz UmwG § 133 Rn. 11; *Schwab* in Lutter UmwG § 134 Rn. 84 ff.; *Joost* in Lutter UmwG § 324 Rn. 79 ff.

[33] *Mayer/Weiler* DB 2007, 1291 (1292 f.).

[34] *Hörtnagl* in Schmitt/Hörtnagl/Stratz UmwG § 134 Rn. 1 weist zu Recht darauf hin, dass sich der Gesetzgeber in § 134 UmwG erstmals veranlasst sah, die Betriebsaufspaltung in einer gesetzlichen Regelung ausdrücklich zu erfassen. Vgl. auch BT-Drs. 75/94 zu § 134 UmwG.

[35] *Schwab* in Lutter UmwG § 134 Rn. 5.

tung nur auf **Alt-Arbeitnehmer,** also solche Arbeitnehmer erstreckt, die im Zeitpunkt der Aufspaltung beim Besitzunternehmen beschäftigt waren.[36]

3. Aufklärungspflichten bei „echter" Betriebsaufspaltung

20 Wird der Grundbesitz und ggf. weiteres Anlagevermögen aus einem lebenden Unternehmen ausgegliedert und hierdurch eine „echte" Betriebsaufspaltung[37] begründet, führt dies bei den Gläubigern der verbleibenden Betriebsgesellschaft zu einer Verminderung der Haftungsmasse und damit zu einer **Erhöhung des Geschäftsrisikos.** Es stellt sich die Frage, ob hieraus besondere Aufklärungs- oder Hinweispflichten der Betriebsgesellschaft resultieren.

21 Diese Frage wird zu **verneinen** sein. Zwar ist nicht zu verkennen, dass bei einer vollständigen Ausgliederung des Anlagevermögens das dem Gläubigerzugriff unterliegende Gesellschaftsvermögen erheblich geschmälert wird – in dieser Begrenzung des Haftungsrisikos liegt ja gerade eines der Hauptmotive für die Betriebsaufspaltung – und sich dadurch das Lieferanten- und Kreditrisiko noch stärker erhöht, als dies bei einer Umwandlung desselben Unternehmens in eine GmbH & Co. KG unter Beibehaltung des Anlagevermögens der Fall wäre. Jedoch kann ein Gesellschaftsgläubiger, mag er auch seit Jahren mit der Gesellschaft in laufender Geschäftsverbindung stehen, sich nicht darauf verlassen, dass das nach außen hin sichtbare Betriebsvermögen auch zivilrechtlich im Eigentum der Gesellschaft steht und für seine Ansprüche haftet, geschweige denn, dass dieser Zustand für alle Zeiten andauern werde.[38]

22 Gerade weil bei der KG **kein Mindestkapital** gesetzlich vorgeschrieben ist, muss es den Gesellschaftern grundsätzlich freistehen, das Gesellschaftsvermögen bis auf die Höhe der Kommanditeinlagen zu verringern, ohne dass sie gleichzeitig rechtlich verpflichtet wären, ihre Geschäftspartner über die jeweilige Höhe ihres Gesellschaftsvermögens aufzuklären, sofern nur das Stammkapital der Komplementär-GmbH gedeckt bleibt. Die Annahme einer derartigen Verpflichtung mag beim Wechsel der Unternehmensform, soweit sie nicht bereits aus der geänderten Firma ersichtlich ist, noch vertretbar erscheinen. Hinsichtlich der Zusammensetzung und Höhe des Gesellschaftsvermögens ginge sie jedoch entschieden zu weit.

III. Steuerliche Beurteilung

1. Begründung einer Betriebsaufspaltung

23 Bis zum 31.12.1998 war bei der **Einbringung von Betriebsvermögen in eine Betriebs-Kapitalgesellschaft** (meist GmbH) in den Fällen der echten Betriebsaufspaltung keine Gewinnrealisierung anzunehmen, soweit die steuerliche Erfassung der auf die GmbH-Anteile übergehenden stillen Reserven in Folge der Zugehörigkeit der Anteile zum Betriebsvermögen der Besitzgesellschaft sichergestellt war.[39] Diese Übertragung einzelner Wirtschaftsgüter zu Buchwerten auf eine Betriebs-Kapitalgesellschaft ist seit 1.1.1999 nicht mehr möglich, weil § 6 Abs. 6 S. 2 EStG nunmehr bestimmt, dass sich bei der Übertragung einzelner Wirtschaftsgüter im Wege der verdeckten Einlage die Anschaffungskosten „der Beteiligung an der Kapitalgesellschaft" um den Teilwert des eingelegten Wirtschaftsgutes erhöhen, wodurch in der Regel ein Gewinn realisiert wird. Die Gesetzesänderung erfolgte durch das StEntlG 1999/2000/2002 gerade zu dem Zweck, die steuerneutrale Begründung einer Betriebsaufspaltung zu unterbinden.[40]

---

[36] Ebenso *Willemsen* in Kallmeyer UmwG § 134 Rn. 17; *Vossius* in Widmann/Mayer UmwG § 134 Rn. 84 ff.

[37] In Abgrenzung zur „unechten" Betriebsaufspaltung, bei der die Pachtgegenstände nie im Eigentum der Betriebsgesellschaft standen.

[38] → § 11 Rn. 67 für den vergleichbaren Fall der „Umwandlung" eines Einzelunternehmens oder einer OHG in eine GmbH & Co. KG.

[39] EStR (1996/8) Abschn. 14 Abs. 2 S. 3; BMF-Schreiben 22.1.1985, BB 1985, 569.

[40] So die Gesetzesbegründung, BT-Drs. 14/23, 173; *Jacobs/Scheffler/Sengel,* Unternehmensbesteuerung und Rechtsform, 558 f.; *Schwedhelm* in Streck KStG § 8 Anh. Rn. 173; OFD Frankfurt 10.5.2012 – S. 2240 A-28-St 219, Rn. 3.5.4. S. auch *Kaligin,* Die Betriebsaufspaltung, 173 ff. mit denkbaren Alternativgestaltungen.

Im Gegensatz hierzu kann die **mitunternehmerische Betriebsaufspaltung** gemäß § 6 Abs. 5 EStG seit dem 1.1.2001 wieder steuerneutral begründet werden.[41] Im wirtschaftlichen Ergebnis wurde für diese die bis zum 31.12.1998 gültige Rechtslage wiederhergestellt. In dem dazwischen liegenden Zeitraum, nämlich aufgrund der Änderung von § 6 Abs. 5 EStG durch das StEntlG 1999/2000/2002, hatte die Übertragung von Wirtschaftsgütern auch im Rahmen der mitunternehmerischen Betriebsaufspaltung stets zu einer Gewinnrealisierung geführt. 24

Problematisch war seit jeher die **Ausgliederung** eines **Besitz-Personenunternehmens** aus einer Kapitalgesellschaft. Bei einem Vermögenstransfer von der Betriebs-Kapitalgesellschaft auf das Besitz-Personenunternehmen kam es nämlich zu einer Kollision zwischen den Instituten der Buchwertfortführung und der verdeckten Gewinnausschüttung. Spätestens seit dem 1.1.1999 dürfte auch hier eine Buchwertfortführung nicht mehr in Betracht kommen.[42] 25

2. Zusammenrechnung der Anteile von Familienmitgliedern

Lange Zeit gehörte es zur – vom BFH gebilligten – ständigen Praxis der Finanzverwaltung, bei der Feststellung der personellen Verflechtung die Anteile von Familienangehörigen zusammenzurechnen. Das BVerfG hat hierzu im Jahr 1985 entschieden, dass die von der Finanzverwaltung und -rechtsprechung praktizierte, automatische Zusammenrechnung von **Ehegatten** mit Art. 3 Abs. 1 und Art. 6 Abs. 1 GG unvereinbar ist.[43] Aufgrund dieser Entscheidung, die sinngemäß auch für die Zusammenrechnung mit minderjährigen Kindern gilt, hat der BFH seine frühere Rechtsprechung aufgegeben;[44] die Finanzverwaltung hat sich dem angeschlossen.[45] Eine Zusammenrechnung kommt nur noch in Betracht, sofern **über die Ehe hinausgehende Beweisanzeichen** vorliegen, die für gleichgerichtete Interessen sprechen, zB eine durch umfassende, planmäßige und gemeinsame Betätigung geprägte Wirtschaftsgemeinschaft oder die Erteilung einer unwiderruflichen Stimmrechtsvollmacht.[46] Unzulässig ist eine Zusammenrechnung, wenn ein Ehegatte nur am Besitzunternehmen und der andere Ehegatte nur an der Betriebsgesellschaft beteiligt ist (sog **Wiesbadener Modell**).[47] 26

Die Zusammenrechnung der Anteile von Eltern und **minderjährigen Kindern** kommt grundsätzlich in Betracht, sofern den Eltern die Vermögenssorge (§ 1626 Abs. 1 S. 2 BGB) zusteht. Haben beide Eltern gemeinsam das Vermögenssorgerecht für das Kind, ist zu beachten, dass von einer bestimmten Ausübung dieses Rechts durch beide Eltern nur ausgegangen werden kann, wenn auch eine Zusammenrechnung der Elternanteile möglich ist.[48] 27

3. Laufende Ertragsbesteuerung

Beim Besitzunternehmen liegen generell **Einkünfte aus Gewerbebetrieb** vor, und zwar auch hinsichtlich der Nur-Besitzgesellschafter.[49] Die Anteile eines Gesellschafters des Besitzunternehmens an einer Betriebskapitalgesellschaft gehören nicht nur zu seinem not- 28

---

[41] OFD Frankfurt 10.5.2012 – S. 2240 A-28-St 219, Rn. 3.5.3 und Rn. 6. Nach *Montag* in Tipke/Lang SteuerR 13 Rn. 83 (Fn. 18) ist die unterschiedliche Behandlung nicht zu rechtfertigen. Er spricht sich deshalb für eine teleologische Reduktion des § 6 Abs. 6 S. 2 EStG zugunsten der Betriebsaufspaltung mit einer Betriebskapitalgesellschaft aus.

[42] Für Vorrang der vGA schon zuvor FG Niedersachsen EFG 2001, 40 (rkr.).

[43] 12.3.1985, BStBl. II 1985, 475.

[44] BFH 27.11.1985 – I R 115/85, BStBl. II 1986, 362; 18.2.1986 – VIII R 125/85, BStBl. II 1986, 611; 24.7.1986 – IV R 98–99/85, BStBl. II 1986, 913; 12.10.1988 – X R 5/86, BStBl. II 1989, 152; 26.10.1988 – I R 228/84, BStBl. II 1989, 155; 1.12.1989 – III R 94/87, BStBl. II 1990, 500.

[45] BMF-Schreiben 18.11.1986, BStBl. I 1986, 537.

[46] S. auch *Gluth* in HHR EStG § 15 Rn. 805 mit Beispielen für und gegen gleichgerichtete Interessen.

[47] *Wacker* in L. Schmidt EStG § 15 Rn. 846.

[48] R 15.7 Abs. 8 EStR.

[49] Kritisch bzgl. Nur-Besitzgesellschafter *Gluth* in HHR EStG § 15 Rn. 819.

wendigen **Sonderbetriebsvermögen,**[50] sondern bilden zugleich eine **wesentliche Betriebsgrundlage** dieses Sonderbetriebsvermögens.[51]

29 Im ertragsteuerlichen Bereich ist der wesentliche Vorteil der Betriebsaufspaltung gegenüber der GmbH & Co. KG darin zu sehen, dass die – angemessenen – **Tätigkeitsvergütungen** der Gesellschafter-Geschäftsführer der Betriebs-GmbH als Betriebsausgaben **abzugsfähig** sind,[52] während sie bei der GmbH & Co. KG bekanntlich die gewerblichen Einkünfte nicht mindern. Der BFH begründet diese, nicht auf den ersten Blick verständliche Differenzierung damit, dass das Dienstverhältnis eines Geschäftsführers mit der Betriebs-GmbH nicht als Ausfluss der Betriebsaufspaltung angesehen werden könne. Dementsprechend können bei der Betriebs-GmbH für die Geschäftsführer im Rahmen einer angemessenen Vergütung auch **Pensionsrückstellungen** mit steuerlicher Wirkung gebildet werden.[53] Seit die Gewerbesteuer gemäß § 35 EStG auf die Einkommensteuer der Gesellschafter angerechnet werden kann (VZ 2001), hat dieser Vorteil – im Vergleich zur früheren Rechtslage – jedoch stark an Bedeutung verloren. Bei der Prüfung der Angemessenheit der Geschäftsführerbezüge bei der Betriebsgesellschaft gemäß § 8 Abs. 3 S. 2 KStG (vGA) anhand eines Fremdvergleichs sind folgerichtig die Umsätze und Gewinne des Besitzunternehmens nicht mitzuberücksichtigen.[54]

30 Daneben besteht bei der Betriebsaufspaltung die Möglichkeit, für **minderjährige, nicht mitarbeitende Kinder** im Wege der Schenkung auch einkommensteuerlich anzuerkennende Einkunftsquellen zu schaffen und damit den Gewinn der Betriebs-GmbH auf mehrere Familienangehörige aufzuspalten. Ferner kann aufgrund der niedrigen Thesaurierungsbesteuerung der Betriebs-GmbH von nur 15 % KSt durch eine entsprechende **„Dividendenpolitik“** eine insgesamt unter dem einkommensteuerlichen Spitzensteuersatz von 45 % liegende Ertragsteuerbelastung des Gewinns des Gesamtunternehmens herbeigeführt werden, und zwar grundsätzlich auch unter Einbeziehung der Gewerbesteuer. Dieser Vorteil wird durch die durch die UntStReform 2008 geschaffene Möglichkeit der begünstigten Besteuerung thesaurierter Gewinne bei Personengesellschaften (§ 34a EStG) zwar relativiert, wegen der hohen Gesamtbelastung im Nachversteuerungsfall aber nicht beseitigt.

31 Die Fiktion der gewerblichen Betätigung des Besitzunternehmens führt bei diesem zur Versagung der **erweiterten gewerbesteuerlichen Kürzung** gemäß § 9 Nr. 1 S. 2 GewStG.[55] Dies gilt auch dann, wenn die Betriebs-Kapitalgesellschaft vermögensverwaltend tätig ist und die Begünstigung in Anspruch nehmen könnte. Eine Merkmalsübertragung auf das Besitzunternehmen kommt insoweit nicht in Betracht.[56] Eine **Gewerbesteuerbefreiung** der Betriebsgesellschaft schlägt jedoch auf das Besitzunternehmen durch.[57] Die wirtschaftliche Verflechtung hat ferner zur Folge, dass die **Verbleibensvoraussetzungen** für Investitionszulagen und Sonderabschreibungen trotz der Überlassung begünstigter Wirtschaftsgüter nicht verletzt werden.[58] Schließlich ist bei der Bewertung einer **Forderung** des Besitzunternehmens gegen die Betriebsgesellschaft eine Gesamtbetrachtung der Ertragsaussichten von Besitz- und Betriebsunternehmen notwendig.[59]

---

[50] ZB BFH 21.6.2001 – III R 27/98, BStBl. II 2002, 537; 13.11.1997 – IV R 67/96, BStBl. II 1998, 254; 23.1.1991 – X R 47/87, BStBl. II 1991, 405; *Wacker* in L. Schmidt EStG § 15 Rn. 874.

[51] BFH 4.7.2007 – X R 49/06, BFH/NV 2007, 1985; *Schulze zur Wiesche* GmbHR 2008, 238.

[52] BFH 9.7.1970 – IV R 16/69, BStBl. II 1970, 722.

[53] S. auch BFH 23.3.2011 – X R 42/08, BStBl. II 2012, 188: keine Aktivierung von Pensionsanwartschaften.

[54] BFH 9.11.2009 – I B 77/09, BFH/NV 2010, 472.

[55] BFH 22.2.2005 – VIII R 53/02, BFH/NV 2005, 1624; 27.8.1992 – IV R 13/91, BStBl. II 1993, 134; 12.9.1991 – IV R 8/90, BStBl. II 1992, 347.

[56] So BFH 22.6.2016 – X R 54/14, DStR 2016, 2338.

[57] S. BFH 20.8.2015 – IV R 26/13, BStBl. II 2016, 408; und 29.3.2006 – X R 59/00, BStBl. II 2006, 661 zu § 3 Nr. 20 GewStG. Zustimmend *Bitz* GmbHR 2006, 778; *Söffing* BB 2006, 1529 (1531 ff.). Ablehnend *Bode* in Blümich EStG § 15 Rn. 637a; *Wacker* in L. Schmidt EStG § 15 Rn. 871.

[58] BFH 22.2.1996 – III R 91/93, BStBl. II 1996, 428; *Hennerkes/Binz/Sorg* BB 1984, 1995; *Selder* in Blümich InvZulG 2010 § 1 Rn. 15 ff.

[59] BFH 14.10.2009 – X R 45/06, BStBl. II 2010, 274.

4. Miet- und Pachtzinsen sowie Darlehenszinsen bei der Gewerbesteuer

Aus haftungsrechtlichen – und bis zur Abschaffung der Vermögensteuer auch vermögensteuerlichen – Gründen wird die **Betriebs-GmbH** traditionell nur mit einem **geringen Eigenkapital** ausgestattet. Die geringe Eigenkapitalausstattung der Betriebs-GmbH hat meist einen relativ hohen Finanzierungsbedarf zur Folge, den die Gesellschafter unmittelbar oder über das Besitzunternehmen abdecken müssen. **Finanzierungsentgelte** sind jedoch dem Gewerbeertrag mit einem Viertel hinzuzurechnen (§ 8 Nr. 1 GewStG).[60] Dies betrifft nicht nur Darlehenszinsen, sondern auch die Finanzierungsanteile in Miet- und Pachtzinsen für bewegliche Wirtschaftsgüter (§ 8 Nr. 1 lit. d GewStG) und nicht bewegliche Wirtschaftsgüter des Anlagevermögens (§ 8 Nr. 1 lit. e GewStG). 32

Im Gegensatz zur Rechtslage vor der UntStReform 2008 erfolgt die Hinzurechnung unabhängig davon, ob eine **gewerbesteuerliche Doppelerfassung** eintritt oder nicht. Dh sie unterbleibt nicht, auch wenn die Finanzierungsentgelte bei dem Empfänger (hier Besitzgesellschaft) der Gewerbesteuer unterliegen.[61] Das führt angesichts der Gewerbesteuerpflicht des Besitzunternehmens zu einer Erhöhung der bereits bislang regelmäßig zu verzeichnenden **gewerbesteuerlichen Zusatzbelastung.** Dies gilt auch dann, wenn Darlehensforderungen gegen die Betriebs-GmbH nicht dem Besitzunternehmen, sondern dessen Gesellschaftern zustehen; in diesem Fall gehören die Darlehensforderungen zum steuerlichen Sonderbetriebsvermögen der Gesellschafter des Besitzunternehmens.[62] 33

Diese Zusatzbelastung wird durch **§ 35 EStG** nur entschärft, aber nicht ganz vermieden. Zum Ersten wird die Gewerbesteuer nur teilweise neutralisiert, wenn der Hebesatz bestimmte Schwellenwerte übersteigt. Zum Zweiten besteht die Gefahr von Anrechnungsüberhängen, die verloren gehen. Und drittens ist nicht in allen Fällen sichergestellt, dass die Belastungs- und die Entlastungswirkung bei denselben Personen eintritt; dieses Problem besteht insbesondere bei Nur-Besitz- oder Nur-Betriebsgesellschaftern. 34

Am einfachsten ließe sich die Erfassung der Finanzierungsentgelte dadurch verhindern, dass **Darlehen und Immobilien unentgeltlich** gewährt werden.[63] Als Ausgleich könnte im „Einkünftemix" der Gesellschafter der Besitzgesellschaft ggf. der Anteil der Tätigkeitsvergütungen für Gesellschafter-Geschäftsführer erhöht werden. Denn diese Vergütungen mindern die gewerbesteuerliche Bemessungsgrundlage ohne Hinzurechnung. Auch die Dividenden, die dem Teileinkünfteverfahren und – bei einer Beteiligung ab 15 % – der Kürzung gemäß § 9 Nr. 2a GewStG[64] unterliegen, könnten an die Gesellschafter ohne gewerbesteuerlichen Nachteil ausgeschüttet werden.[65] 35

In diesem Zusammenhang muss allerdings die seit 2015 geltende Erweiterung des **Teilabzugsverbots in § 3c Abs. 2 EStG** in die Betrachtung mit einbezogen werden. Danach gilt das Teilabzugsverbot gemäß § 3c Abs. 2 S. 1 EStG auch bezüglich Betriebsvermögensminderungen oder Betriebsausgaben im Zusammenhang mit nicht fremdüblichen (zB wegen Unverzinslichkeit) Gesellschafterdarlehen und bei der unentgeltlichen oder teilentgeltlichen Überlassung von Wirtschaftsgütern (§ 3c Abs. 2 S. 2–6 EStG).[66] Betroffen von der Erweiterung des Teilabzugsverbots sind Gesellschafter,[67] die unmittelbar oder mittelbar 36

[60] S. auch Gleichlautende Ländererlasse vom 2.7.2012, BStBl. I 2012, 654; *Ritzer* DStR 2008, 1613.

[61] *Schaumburg/Rödder* Unternehmensteuerreform S. 514; Gleichlautende Ländererlasse vom 2.7.2012, BStBl. I 2012, 654 Rn. 5.

[62] BFH 10.11.1994 – IV R 15/93, BStBl. II 1995, 452.

[63] *Levedag* GmbHR 2008, 281 (289); *Levedag* in MHdB GesR II § 58 Rn. 103. Zur Anerkennung der unentgeltlichen Überlassung *Jacobs/Scheffler/Spengel,* Unternehmensbesteuerung und Rechtsform, 319 mit Fn. 528.

[64] Liegen die Voraussetzungen nach § 9 Nr. 2a GewStG vor, fehlt es an der für die Steuerermäßigung nach § 35 EStG erforderlichen tatsächlichen Belastung, FG Düsseldorf EFG 2007, 685 (rkr.).

[65] *Levedag* GmbHR 2008, 281 (285).

[66] Eingefügt durch Zollkodexanpassungsgesetz vom 22.12.2014, BGBl. 2014 I 2417, als Reaktion auf anderslautende BFH-Rechtsprechung und zur Absicherung bisheriger Verwaltungsauffassung, s. dazu Gesetzesbegründung BT-Drs. 18/3017, 38. Zur vorherigen Auffassung der Finanzverwaltung s. BMF-Schreiben 8.11.2010, BStBl. I 2010, 1292, und 23.10.2013, BStBl. I 2013, 1269.

[67] Für Kapitalgesellschaften als Gesellschafter sind allerdings die Regelungen in § 8b Abs. 3 S. 4 ff. KStG anzuwenden, *Karrenbrock* in Littmann/Bitz/Pust EStG § 3c Rn. 78.

mit mehr als 25 % an einer Kapitalgesellschaft beteiligt sind und ihre Beteiligung im (Sonder-) Betriebsvermögen halten.[68] Also zB auch der mit mehr als 25 % an der Betriebs-Kapitalgesellschaft beteiligte Gesellschafter, der dieser ein unverzinsliches Darlehen gewährt und die Beteiligung wie auch die Darlehensforderung im Sonderbetriebsvermögen bei der Besitz-Personengesellschaft hält. Ebenso etwa die natürliche Person, die als Besitz-Einzelunternehmer oder als Gesellschafter der Besitz-Personengesellschaft über diese der Betriebs-Kapitalgesellschaft Wirtschaftsgüter unentgeltlich oder verbilligt zur Nutzung überlässt.[69] In diesem letzteren Fall wären sowohl die laufenden als auch substanzbezogenen Aufwendungen für die zur Nutzung überlassenen Wirtschaftsgüter nur beschränkt abzugsfähig.[70]

37 Vermeiden oder zumindest **abmildern** lässt sich die gewerbesteuerliche Hinzurechnungs-Problematik ferner auf folgenden, freilich nicht immer leicht begehbaren Wegen:

- Die Betriebsgesellschaft wird mit so viel **Eigenkapital** ausgestattet, dass eine Darlehensfinanzierung gänzlich entbehrlich wird.
- Dem Besitzunternehmen wird die alleinige **Verpflichtung zur Erhaltung,** Erneuerung und Erweiterung aller wesentlichen Wirtschaftsgüter des Anlagevermögens auferlegt, so dass der Kapitalbedarf von vornherein nur im Besitzunternehmen entsteht.
- Zwischen Besitz- und Betriebsgesellschaft wird eine **gewerbesteuerliche Organschaft** begründet.[71] Das Problem der Kürzungen und Hinzurechnungen entfällt dann innerhalb des Organkreises vollständig.[72] Die Schwierigkeit liegt jedoch darin, dass seit 2002 auch die gewerbesteuerliche Organschaft einen Ergebnisabführungsvertrag erfordert, der eine Verlustübernahmeverpflichtung einschließt und deshalb mit dem Ziel der Haftungsabschottung nicht vereinbar ist.
- Der Pachtzins für den **Geschäftswert** wird erhöht. Beim Geschäftswert handelt es sich, anders als bei den Miet- und Pachtgegenständen, um ein immaterielles Wirtschaftsgut. Folglich erfüllt ein Entgelt, welches für die Überlassung des Geschäftswerts geleistet wird, keinen der Hinzurechnungs-Tatbestände des § 8 Nr. 1 GewStG.[73] Auch § 8 Nr. 1 lit. f GewStG ist nicht einschlägig, da der Geschäftswert kein Recht darstellt.
- Vor der UntStReform 2008 konnten die Gesellschafter sich auch dafür entscheiden, der Betriebsgesellschaft die erforderlichen Geldmittel in Form **typischer stiller Einlagen** zur Verfügung zu stellen. Denn Gewinnanteile stiller Gesellschafter waren gemäß § 8 Nr. 3 GewStG aF bei der Betriebs-GmbH nicht hinzurechnungspflichtig, wenn sie – wie hier – bereits beim Empfänger der Gewerbesteuer unterlagen. Gemäß § 8 Nr. 1 lit. c GewStG sind die Gewinnanteile aber unabhängig von der Behandlung beim Empfänger zu einem Viertel wieder hinzuzurechnen, so dass diese Gestaltungsmöglichkeit ihren steuerlichen Reiz verloren hat.

5. Fehlender Verlustausgleich

38 Einer der größten Nachteile der „klassischen" Betriebsaufspaltung besteht in der Gefahr, dass die **Betriebs-GmbH** in wirtschaftlich für das Gesamtunternehmen schwierigen Zeiten **Verluste** hinnehmen muss, während das **Besitzunternehmen** aufgrund der Pachteinnahmen **Gewinne** erzielt, die dessen Gesellschafter ohne Rücksicht auf die Verluste der GmbH zu versteuern haben. Denn bei der GmbH können deren Gesellschafter, sofern kein **Ergebnisabführungsvertrag** besteht, der in Betriebsaufspaltungsfällen schon aus Haftungsgründen in der Regel nicht infrage kommt, den Verlust der GmbH nicht mit ihren anderweitigen positiven Einkünften verrechnen (→ § 25 Rn. 29).

---

[68] Zu Voraussetzungen und Folgen des erweiterten Teilabzugsverbots s. auch *Levedag* GmbHR 2016, 261.
[69] S. dazu *Ott* DStZ 2016, 14 mit Beispielen.
[70] *Karrenbrock* in Littmann/Bitz/Pust EStG § 3c Rn. 119; *Micker/Schwarz* DB 2016, 1041 (1044).
[71] Zur Besitz-Personengesellschaft als Organträgerin BFH 24.7.2013 – I R 40/12, BStBl. II 2014, 272.
[72] *Micker/Schwarz* DB 2016, 1041 (1044 f.).
[73] *Levedag* in MHdB GesR II § 58 Rn. 103; *Wesselbaum-Neugebauer* GmbHR 2007, 1300 (1302).

Ein derartiges, als Kunstfehler zu wertendes Ergebnis kann zwar mit Hilfe von **gewinnabhängigen** statt festen **Pachtzinsen** vermieden werden. Bei einem nachhaltigen und erheblichen Ertragsrückgang wird unter Umständen allerdings nicht einmal eine deutliche Herabsetzung des künftigen Pachtzinses[74] und der vollständige Verzicht auf die Geschäftsführervergütungen ausreichen, um das weitere Entstehen von Verlusten bei der Betriebs-GmbH zu vermeiden. Dagegen wird es immer möglich sein, durch die Vereinbarung gewinn- oder umsatzabhängiger Pachtzinsen beim Besitzunternehmen wenigstens die Entstehung eines **steuerpflichtigen Gewinnes** zu verhindern, um damit auszuschließen, dass Gewinne versteuert werden müssen, obwohl das Gesamtunternehmen (konsolidiert betrachtet) laufend Verluste erzielt – eine Gefahr, die bei einem rechtlich einheitlichen Unternehmen, sei es in der Form der reinen GmbH oder der Personengesellschaft, natürlich von vornherein nicht gegeben ist. 39

Ein etwaiger **Verlust des Besitzunternehmens** lässt sich grundsätzlich mit Gewinnen der Betriebs-GmbH verrechnen, soweit diese – als Dividende – an die Gesellschafter ausgeschüttet werden. Da die Dividenden als Sonderbetriebseinnahmen dem Teileinkünfteverfahren unterliegen, gilt dies jedoch nur im Umfang von 60 % des ausgeschütteten Gewinns. Zu beachten ist ferner, dass eine phasengleiche Bilanzierung des Dividendenanspruchs beim Besitzunternehmen nach den vom Großen Senat des BFH entwickelten Grundsätzen,[75] die auch im Falle der Betriebsaufspaltung zur Anwendung kommen,[76] grundsätzlich nur möglich ist, wenn die Geschäftsjahre identisch sind und der Jahresabschluss der Betriebs-GmbH noch vor Abschluss der Prüfung beim Besitzunternehmen festgestellt worden ist. Ferner muss, wenn die Gesellschafterversammlung der Betriebs-GmbH nicht bereits über die Gewinnverwendung beschlossen hat, durch objektiv nachprüfbare Umstände belegt sein, dass diese am maßgeblichen Bilanzstichtag unwiderruflich zur Ausschüttung eines bestimmten Betrages entschlossen war. 40

6. Gefahr der Gewinnrealisierung bei Beendigung

Tatbestandliche Voraussetzungen der Betriebsaufspaltung sind der „einheitliche geschäftliche Betätigungswille" (personelle Verflechtung) und die „Überlassung wesentlicher Betriebsgrundlagen" (sachliche Verflechtung). Daraus folgt, dass eine Betriebsaufspaltung **notwendigerweise endet,** sobald die Beteiligungsverhältnisse sich in einer der beiden Gesellschaften so verändert haben, dass die Gesellschafter, die das Besitzunternehmen beherrschen, nicht mehr in der Lage sind, auch in der Betriebs-GmbH ihren Willen durchzusetzen (personelle Entflechtung). Eine derartige Umgestaltung der Beteiligungsverhältnisse kann nicht nur durch **Veräußerung von Geschäftsanteilen** an der Betriebs-GmbH oder Übertragung von Anteilen am Besitzunternehmen erfolgen, sondern auch – unfreiwillig – etwa durch **Erbfall** oder dadurch, dass die Anteile von Eltern und minderjährigen Kindern, wenn diese für die Frage des einheitlichen geschäftlichen Betätigungswillens ausnahmsweise zusammengerechnet wurden,[77] infolge der **Erreichung des Volljährigkeitsalters** künftig nicht mehr zusammenzurechnen sind. Gleiches gilt für eine Veränderung in den sachlichen Voraussetzungen, zB durch **Beendigung des Pachtvertrags.**[78] 41

Sind die Voraussetzungen für das Vorliegen einer Betriebsaufspaltung solchermaßen weggefallen, so erscheint die Annahme einer **Betriebsaufgabe** und damit die gleichzeitige **Gewinnrealisierung** im Besitzunternehmen, dh die Aufdeckung der dort vorhandenen stillen Reserven, als unausweichliche Konsequenz. In der **Literatur** wurde hierzu teilweise 42

[74] BFH 3.2.1971 – I R 51/66, BStBl. II 1971, 408; im Verzicht auf bereits entstandene, aber noch nicht bezahlte Pachtzinsen kann eine verdeckte Einlage gesehen werden, BFH 9.3.1977 – I R 203/74, BStBl. II 1977, 515; H 8.9 „Forderungsverzicht" KStR.

[75] BFH 7.8.2000 – GrS 2/99, BStBl. II 2000, 632; 7.2.2007 – I R 15/06, BStBl. II 2008, 340. Vgl. BGH NZG 1998, 314; *Leuering* NJW-Spezial 2007, 543; *Kaligin,* Die Betriebsaufspaltung, 229 ff.

[76] BFH 31.10.2000 – VIII R 85/94, BStBl. II 2001, 185.

[77] R 15.7 Abs. 8 EStR.

[78] BFH 5.12.1996 – IV R 83/95, BStBl. II 1997, 287.

die Auffassung vertreten, auf diesen Fall fänden die Grundsätze über die Betriebsverpachtung analoge Anwendung, dh die Gesellschafter hätten ein **Wahlrecht,** ob sie die sofortige Betriebsaufgabe erklären oder die Versteuerung der stillen Reserven zunächst noch hinausschieben wollten.[79] Andere Stimmen wollten an den **Strukturwandelbeschluss** des Großen Senats des BFH[80] anknüpfen,[81] worin der BFH entschieden hat, der mit dem Strukturwandel einer Gärtnerei vom Gewerbebetrieb zum landwirtschaftlichen Betrieb einhergehende Wechsel der Gewinnermittlungsart führe nicht dazu, dass der dem Betrieb dienende Grund und Boden aus dem gewerblichen Betriebsvermögen als entnommen gelte; die Betriebsvermögenseigenschaft bestehe vielmehr fort (eingefrorenes Betriebsvermögen). Schließlich wurde die Auffassung vertreten, eine Betriebsaufgabe könne nur vorliegen, wenn eine (willentliche) **Aufgabehandlung** vorliege.[82]

43 Nach der inzwischen **gefestigten Rechtsprechung**[83] ist der Wegfall des Tatbestands der Betriebsaufspaltung durch personelle oder sachliche Entflechtung – unabhängig davon, ob handlungsbedingt oder nicht – **grundsätzlich** als **Betriebsaufgabe** (§ 16 Abs. 3 EStG) des Besitzunternehmens zu behandeln mit der Folge der zwangsweisen **Realisierung aller stillen Reserven** einschl. derjenigen in den zum Sonderbetriebsvermögen beim Besitzunternehmen gehörenden Anteilen an der Betriebs-GmbH.[84] Lediglich in Fällen der **Insolvenzeröffnung** über das Vermögen der Betriebsgesellschaft sei dieses Ergebnis nicht zwingend, wenn die personelle Verflechtung später unverändert wieder auflebt, nachdem das laufende Insolvenzverfahren aufgehoben oder eingestellt und die Fortsetzung der Gesellschaft beschlossen wird.[85]

44 Entfällt die personelle Verflechtung durch Eintritt der Volljährigkeit minderjähriger Kinder, gewährt die Finanzverwaltung aus **Billigkeitsgründen** auf ausdrücklichen Antrag ein Wahlrecht zur Fortsetzung der gewerblichen Tätigkeit im Rahmen einer Betriebsverpachtung.[86] Im Übrigen verweist der BFH auf den **Billigkeitsweg,** wenn die Betriebsaufspaltung durch Umstände beendet wird, die vom Steuerpflichtigen nicht beeinflusst werden können, und die durch die zwangsweise Gewinnrealisierung entstehenden Steuerlasten den Bestand der Betriebsgesellschaft gefährden.[87]

45 Diesem rechtsformspezifischen Nachteil der Betriebsaufspaltung, nämlich der Gefahr einer ungewollten Gewinnrealisierung, lässt sich allerdings durch **vorbeugende Maßnahmen begegnen:**[88]

46 • Das Besitzunternehmen kann als **gewerblich geprägte Personengesellschaft** iSv § 15 Abs. 3 Nr. 2 EStG ausgestaltet werden. Dies lässt sich ohne Weiteres dadurch erreichen, dass am Besitzunternehmen, bei dem es sich häufig um eine GbR handelt, die Betriebs-GmbH oder eine speziell zu diesem Zweck neu gegründete GmbH als persönlich haftender Gesellschafter beteiligt und das Besitzunternehmen als KG ins Handelsregister einge-

---

[79] *Märkle* BB 1994, 831 (840); *Seithel* GmbHR 1971, 256 (261).

[80] BFH 7.10.1974 – GrS 1/73, BStBl. II 1975, 168. Dieselben Grundsätze gelten, wenn ein landwirtschaftlicher Betrieb infolge von Dauerverlusten zur Liebhaberei umqualifiziert wird, BFH 6.7.1978 – IV B 59/76, BStBl. II 1978, 626; 29.10.1981 – IV R 138/78, BStBl. II 1982, 381 oder wenn ein Verpächter von Grund und Boden die Gewinnermittlungsart wechselt und zur Einnahmen-Überschussrechnung übergeht, BFH 21.11.1973 – I R 252/71, BStBl. II 1974, 314. Alle Fälle zeichnen sich dadurch aus, dass ein Betrieb ohne jede Änderung in tatsächlicher oder rechtlicher Sicht fortbesteht.

[81] *Herzig* BB 1985, 741; *Ranft* DStZ 1998, 79.

[82] *Knobbe-Keuk* DStR 1985, 494; *Wendt* GmbHR 1983, 26; *Wendt* FR 1998, 264.

[83] BFH 22.10.2013 – X R 14/11, BStBl. II 2014, 158; 15.12.1998 – IV R 36/84, BStBl. II 1989, 363; 6.3.1997 – XI R 2/96, BStBl. II 1997, 470; 23.4.1996 – VIII R 13/95, BStBl. II 1998, 325; 25.8.1993 – XI R 6/93, BStBl. II 1994, 23; 13.12.1983 – VIII R 90/81, BStBl. II 1984, 474.

[84] Kritisch *Neufang/Bohnenberger* DStR 2016, 578.

[85] BFH 6.3.1997 – XI R 2/96, BStBl. II 1997, 460.

[86] R 16 Abs. 2 S. 3 EStR.

[87] BFH 15.12.1988 – IV R 36/84, BStBl. II 1989, 363 (365).

[88] *Gluth* in HHR EStG § 15 Rn. 839; *Wacker* in L. Schmidt EStG § 15 Rn. 865; *Bode* in Blümich EStG § 15 Rn. 648 f.; *Neufang/Bohnenberger* DStR 2016, 578; *Strahl/Bauschatz* NWB Fach 3, 11921 (11945); *Jacobs/Scheffler/Spengel,* Unternehmensbesteuerung und Rechtsform, 561 f.; OFD Frankfurt 10.5.2012 – S. 2240 A-28-St 219, Rn. 4.2.

tragen wird. Da die Komplementär-GmbH dem Besitzunternehmen auch dann das Gepräge gibt, wenn die tatbestandlichen Voraussetzungen der Betriebsaufspaltung weggefallen sind, wird hierdurch eine ungewollte Gewinnrealisierung rechtskonstruktiv ausgeschlossen.

- Dasselbe Ergebnis wird aufgrund der Infektionstheorie in § 15 Abs. 3 Nr. 1 EStG durch eine **eigengewerbliche Betätigung** des Besitzunternehmens erreicht. Allerdings muss darauf geachtet werden, dass diese „Nebentätigkeit" ausreicht, um im Falle der Beendigung der Betriebsaufspaltung die Zugehörigkeit der Anteile an der Betriebs-GmbH zum steuerlichen (Sonderbetriebs-)Vermögen weiterhin sicherzustellen. **47**
- Die Rechtsfolgen der Betriebsaufspaltung lassen sich auch dadurch absichern, dass der Betriebsgesellschaft alle wesentlichen Betriebsgrundlagen zur Verfügung gestellt werden, so dass subsidiär die Voraussetzungen einer **Betriebsverpachtung** erfüllt sind.[89] Bei einer Beendigung der Betriebsaufspaltung lebt in diesem Fall das Wahlrecht des Verpächters zur Fortsetzung der gewerblichen Tätigkeit nach § 16 Abs. 3b EStG[90] auf. **48**
- Ferner können die Folgen einer ungewollten Beendigung der Betriebsaufspaltung auch durch den Abschluss eines **Poolvertrags** zwischen den Gesellschaftern vermieden werden, indem die Ausübung des Stimmrechts und die Modalitäten im Falle einer Anteilsveräußerung geregelt werden. Diese Lösung ist allerdings bei Nur-Besitz- oder Nur-Betriebsgesellschaftern problematisch und kann auch nicht alle kritischen Fälle erfassen, zB die personelle Entflechtung durch Insolvenz der Betriebs-GmbH. **49**
- Eine Gewinnrealisierung kann auch durch einen **ruhenden Betrieb** (Betriebsunterbrechung) vermieden werden. Ein solcher liegt vor, wenn die werbende Tätigkeit zwar eingestellt wird, jedoch die Absicht besteht, den Betrieb innerhalb eines überschaubaren Zeitraums wieder aufzunehmen und dies nach den äußeren Umständen auch wahrscheinlich ist. Davon ist auszugehen, solange die Fortsetzung objektiv möglich ist und eine eindeutige Aufgabeerklärung nicht abgegeben wurde.[91] **50**
- Schließlich kann das gewünschte Ergebnis durch die **Einbringung des Besitzunternehmens** zu Buchwerten in die Betriebs-GmbH gemäß § 20 UmwStG erreicht werden.[92] **51**

IV. Resümee

Die Betriebsaufspaltung war und ist häufig **haftungsrechtlich motiviert.** Ihr Ziel ist es, das wertvolle Anlagevermögen vor dem Zugriff der Gläubiger der Betriebs-GmbH zu bewahren. In diesem Bereich hat das **MoMiG** zu einer deutlichen Verbesserung geführt. **52**

Bis VZ 2000 war die Betriebsaufspaltung im Vergleich zu anderen Rechtsformen auch in **steuerlicher** Sicht begünstigt.[93] Bereits mit der UntStReform 2000 hat die Betriebsaufspaltung jedoch deutlich an **Bedeutung verloren:**[94] Zum einen ist seit der Neufassung von § 6 Abs. 6 S. 2 EStG durch das StEntlG 1999/2000/2002 die Übertragung einzelner Wirtschaftsgüter zu Buchwerten vom Besitzunternehmen auf die Betriebs-GmbH nicht mehr möglich,[95] womit die Rechtsgrundlage der Betriebsaufspaltung generell infrage gestellt wird. Zum anderen führte die Abschaffung des Anrechnungsverfahrens zu einer definitiven Körperschaftsteuerbelastung bei der Betriebs-GmbH von zunächst 25 % (bis VZ **53**

---

[89] BFH 11.10.2007 – X R 39/04, BStBl. II 2008, 220; 5.2.2003 – VIII B 134/01, BFH/NV 2003, 909; 17.4.2002 – X R 8/00, BStBl. II 2002, 527; 22.9.1999 – X B 47/99, BFH/NV 2000, 559; 23.4.1996 – VIII R 13/95, BStBl. II 1998, 325. Vgl. auch *Montag* in Tipke/Lang SteuerR 13 Rn. 88 mwN.

[90] S. dazu BMF-Schreiben 22.11.2016, BStBl. I 2016, 1326.

[91] BFH 14.3.2006 – VIII R 80/03, BStBl. II 2006, 591 mAnm *Bitz* GmbHR 2007, 545 (548 f.); 11.5.1999 – VIII R 72/96, BStBl. II 2002, 722; 16.12.1997 – VIII R 11/95, BStBl. II 1998, 379.

[92] *Märkle* DStR 2002, 1153 (1161); *Haritz* BB 2001, 861 (862); *Wacker* in L. Schmidt EStG § 15 Rn. 867.

[93] Ausführlich *Kessler/Teufel* BB 2001, 17.

[94] *Groh* WPg 1989, 679; *Haritz/Wisniewski* GmbHR 2000, 789 (795); *Lehmann/Marx* FR 1989, 506; *Drygala* ZIP 1990, 1026; *Kessler-Teufel* BB 2001, 17; *Knobbe-Keuk,* Bilanz- und Unternehmenssteuerrecht, 871; *Krüger,* Zweckmäßige Wahl der Unternehmensform, Rn. 233; *Märkle* DStR 2002, 1109; *v. Randenborgh* DStR 1998, 20; *L. Schmidt* FR 1989, 19; *Wien* DStZ 2001, 196.

[95] Gesetzesbegründung BT-Drs. 14/23, 173.

2007) bzw. 15 % (seit VZ 2008). Die Wirkung von § 8 Nr. 1 GewStG in der Fassung der UntStReform 2008 hat die steuerliche Belastungssituation weiter verschlechtert.[96] Auch die Erweiterung des Teilabzugsverbots ab 2015 (§ 3c Abs. 2 S. 2–6 EStG), die insbesondere gegen Fälle der Betriebsaufspaltung gerichtet ist, verschlechtert deren Bilanz. Wir können dieses faktische Ende eines nie kodifizierten, sondern von der Rechtsprechung entwickelten „Instituts", das stets von Rechtsunsicherheit begleitet und betriebswirtschaftlich fragwürdig war, nicht bedauern.

§ 27 GmbH & Still

I. Zivilrechtliche Gestaltung

1 Die Gesellschafter einer GmbH können sich am Unternehmen ihrer GmbH **gleichzeitig** als stille Gesellschafter beteiligen. Unternehmer nach innen und außen ist in diesem Fall die GmbH. Die stille Gesellschaft ist eine **Innengesellschaft** und tritt nach außen nicht in Erscheinung. Nach innen sind die stillen Gesellschafter nur am Unternehmen der GmbH und nicht zusätzlich wie die GmbH-Gesellschafter an der GmbH selbst beteiligt. Diese Beteiligung der stillen Gesellschafter am Unternehmen der GmbH ist rein **obligatorischer Natur.** Die stillen Gesellschafter sind **nicht beteiligt** am Unternehmensvermögen; dieses steht allein der GmbH zu. Insofern ist die Stellung der stillen Gesellschafter eine wesentlich andere als die der Kommanditisten einer GmbH & Co. KG, die Gesamthandseigentümer des Gesellschaftsvermögens sind.

2 Das **Wesen der – typischen – stillen Gesellschaft** liegt, wie sich aus §§ 230 ff. HGB ergibt, darin, dass sich jemand als Gesellschafter an dem Handelsgewerbe eines anderen mit einer **Vermögenseinlage** beteiligt, die in dessen Vermögen übergeht. Dafür ist er dann am Gewinn und – bis zur Höhe seiner Einlage – am Verlust dieses Unternehmens beteiligt, wobei die **Verlustbeteiligung** ausgeschlossen werden kann.[1] Umgekehrt kann seine Verlustbeteiligung auch erweitert werden. So kann durch Gesellschaftsvertrag oder Anerkennung des jeweiligen Jahresabschlusses eine Nachschusspflicht vereinbart werden.[2] Bei **Beendigung** des stillen Gesellschaftsverhältnisses erhält der stille Gesellschafter seine **Einlage zurückbezahlt;** das Unternehmen wird danach unverändert von der GmbH weitergeführt.

3 Im Gegensatz zur früheren Diskussion in der Literatur wird inzwischen die **Lehre von der fehlerhaften Gesellschaft,** der Rechtsprechung folgend, auch auf die stille Gesellschaft angewendet.[3] Danach kann der stille Gesellschafter seine Einlage nicht kondizieren; ihm steht nur das Kündigungsrecht mit anschließender Abfindung in Höhe des zu diesem Zeitpunkt bestehenden Auseinandersetzungsguthabens zu. Das kann insbesondere bei zwischenzeitlichen Verlusten zu interessenwidrigen Ergebnissen führen. Daher hat die höchstrichterliche Rechtsprechung Korrekturen vorgenommen und klargestellt, dass die Grundsätze der fehlerhaften Gesellschaft einem Anspruch des stillen Gesellschafters auf Rückgewähr seiner Einlage nicht entgegenstehen, wenn der Vertragspartner des stillen Gesellschafters wegen arglistiger Täuschung verpflichtet ist, diesen im Wege des Schadensersatzes so zu stellen, als hätte er den Gesellschaftsvertrag nicht abgeschlossen und demzufolge seine Einlage nicht erbracht.[4]

---

[96] *Gluth* in HHR EStG § 15 Rn. 772; *Levedag* in MHdB GesR II § 58 Rn. 100; *Levedag* GmbHR 2008, 281 (284): „Betriebsaufspaltungen zählen zu den Verlierern der Unternehmensteuerreform"; *Mueller-Thuns* in HTM HdB GmbH & Co. KG Rn. 2.180: „keine sachgerechte Alternative zur GmbH & Co. KG"; *Wesselbaum-Neugebauer* GmbHR 2007, 1300 (1309); *Jacobs/Scheffler/Spengel,* Unternehmensbesteuerung und Rechtsform, 689.

[1] Die Vereinbarung einer Beteiligung am Gewinn gilt im Zweifel auch für eine Beteiligung am Verlust; ganz hM, zB BFH 23.7.2002 – VIII R 36/01, BB 2002, 2317 mwN; *Gehrlein* in EBJS HGB § 231 Rn. 5.

[2] OLG Schleswig DStR 2009, 2329.

[3] BGH DB 2004, 1988; DStR 2014, 45; kritisch *Loritz* DB 2004, 2459 mwN.

[4] S. BGH DStR 2005, 2135 sowie *Geißler* GmbHR 2008, 515 (517 ff.) und *Wunsch* in Büchel/von Rechenberg, Kölner HdB Handels- und Gesellschaftsrecht, Kap. 11 Rn. 79, die beide ausführen, dass der Anspruch auf volle Rückgewähr der Einlage auch bei Verletzung von vorvertraglichen Aufklärungspflichten besteht. Dies gilt aber nicht bei mehrgliedrigen stillen Gesellschaften, so BGH DStR 2014, 45.

II. Wirtschaftsrechtliche Besonderheiten

1. Gestaltungsspielraum

Da das Gesetz für die stille Gesellschaft nur wenige Bestimmungen umfasst, die zwingendes Recht enthalten, kann das Gesellschaftsverhältnis im Einzelfall sehr **individuell ausgestaltet** werden. Weichen die gesellschaftsvertraglichen Vereinbarungen von den durch das gesetzliche Regelstatut geprägten strukturbildenden Merkmalen der – typischen – stillen Gesellschaft ab, spricht die Praxis von einer **atypischen stillen Gesellschaft.**[5] 4

Die Abweichungen bestehen regelmäßig in der Stärkung und Erweiterung der **Rechte des stillen Gesellschafters,** was in zweifacher Richtung geschehen kann. Zum einen dergestalt, dass der stille Gesellschafter bei Beendigung der stillen Gesellschaft nicht nur seine Vermögenseinlage zurückerhält, sondern einen Anteil am Wert des Unternehmens, an dem die stille Beteiligung besteht. Der atypisch stille Gesellschafter ist dann also nicht nur am Ergebnis, sondern auch an der Substanz, insbesondere den **stillen Reserven** des Unternehmens, beteiligt. Diese Substanzbeteiligung ist jedoch nur obligatorischer Natur, dh der atypische stille Gesellschafter ist nicht dinglich beteiligt am Unternehmensvermögen. Zum anderen kann dem atypischen stillen Gesellschafter ein mehr oder weniger großer Einfluss auf das Schicksal des Unternehmens eingeräumt werden, der bis hin zur vollen Gleichberechtigung hinsichtlich der **Geschäftsführungsbefugnis** reichen kann.[6] 5

2. Haftung

Der stille Gesellschafter haftet nicht für die Schulden des Unternehmers, an dessen Unternehmen er sich beteiligt hat. Diese Haftung trifft allein den Unternehmer. Auch der atypisch stille Gesellschafter haftet nicht analog § 171 HGB im Außenverhältnis.[7] Der stille Gesellschafter kann nur über seine – vertraglich abdingbare – Verlustbeteiligung seine Einlage verlieren. Anders als der Kommanditist ist der stille Gesellschafter also **Fremdgläubiger.** 6

Nach § 236 Abs. 1 HGB kann der stille Gesellschafter seine Einlage, sofern sie den Betrag des auf ihn entfallenden Anteils am Verlust übersteigt, als **Insolvenzgläubiger** geltend machen. Ist er am Verlust überhaupt nicht beteiligt, so ist er Insolvenzgläubiger hinsichtlich der gesamten Einlage.[8] 7

Etwas anderes galt früher, wenn die **Eigenkapitalersatzregeln** aus §§ 32a, 32b GmbHG zur Anwendung kamen. Dies war der Fall, wenn der Stille zugleich GmbH-Gesellschafter ist und in der Krise, anstatt der GmbH weiteres Eigenkapital zuzuführen, eine stille Einlage erbracht oder stehen gelassen hat. Eine eigenkapitalersetzende Funktion stiller Beteiligungen konnte sich ferner nach den auf der analogen Anwendung der §§ 30, 31 GmbHG beruhenden Rechtsprechungsgrundsätzen zum Eigenkapitalersatzrecht ergeben.[9] Das **MoMiG** hat dieses Kapitalersatzrecht nunmehr grundlegend geändert und die Behandlung von Gesellschafterdarlehen gänzlich in das **Insolvenz- und Anfechtungsrecht** überführt (→ § 12 Rn. 77 ff.). 8

In Fortführung der bisherigen Handhabung ist im Falle der **atypischen Gestaltung** der stillen Gesellschaft davon auszugehen, dass der Stille ein Gesellschafter iSv § 39 Abs. 1 Nr. 5 InsO ist, auch wenn der Stille zwar nicht GmbH-Gesellschafter, vertraglich an dessen Position aber stark angenähert ist.[10] Hierbei wird auf zwei Kriterien abgestellt. Zum einen auf 9

---

[5] Zur Abgrenzung im Einzelnen *Blaurock* in Blaurock HdB Stille Gesellschaft Rn. 4.26 ff.

[6] *Jung* in Blaurock HdB Stille Gesellschaft Rn. 12.36.

[7] BGH DB 2010, 1522; zustimmend *K. Schmidt* NZG 2009, 361 (362).

[8] *Geißler* GmbHR 2008, 515 (520 f.).

[9] Zum alten Eigenkapitalersatzrecht im Recht der stillen Gesellschaft BGH ZIP 1989, 95 (96 f.); NZG 2013, 1385; *Kauffeld* in Blaurock HdB Stille Gesellschaft Rn. 17.33.

[10] *Geißler* GmbHR 2008, 515 (521); *Hein/Suchan/Geeb* DStR 2008, 2289; *Manz/Lammel* GmbHR 2009, 1121 (1123 ff.); *Mock* DStR 2008, 1645 (1648); *Weitnauer* BKR 2009, 18 (23). Ebenso BGH NJW 2012, 3443 für atypisch stille Beteiligung an GmbH & Co. KG. OLG Köln DB 2009, 609 hält für AG & atypisch Still auch die Anwendung von § 57 AktG für möglich.

die **schuldrechtliche Beteiligung** des Stillen am Gesellschaftsvermögen und zum anderen darauf, ob dem stillen Gesellschafter über die Befugnisse des § 233 HGB **hinausgehende Rechte eingeräumt** werden, die es ihm ermöglichen, die Geschicke der GmbH ähnlich einem Gesellschafter zu beeinflussen.[11] Beide Kriterien müssen nebeneinander vorliegen. Eine qualifizierte vermögensmäßige Beteiligung reicht für sich allein nicht aus.[12] Auf die typisch stille Gesellschaft hat das MoMiG keine unmittelbaren Auswirkungen;[13] unberührt bleibt die Anfechtung gemäß § 136 InsO im Falle der vorzeitigen Rückführung der stillen Beteiligung.[14]

3. Finanzierung

10 Die stille Beteiligung ist grundsätzlich im **Jahresabschluss der GmbH** als Schuld auszuweisen. Sie kann jedoch vertraglich so sehr Eigenkapitalcharakter annehmen, dass eine Passivierung nicht mehr dem Gebot der Bilanzklarheit gemäß § 243 Abs. 2 HGB entspräche. Die Frage, wann genau eine **eigenkapitalähnliche** Beteiligung vorliegt, ist freilich ebenso umstritten wie die bilanziellen Konsequenzen.[15] Für den Ausweis als **Fremdkapital** spricht es jedenfalls, wenn die Verlustbeteiligung ausgeschlossen oder auf die Einlage beschränkt ist und die Einlage als Insolvenzforderung geltend gemacht werden kann. Verlustbeteiligung über die Einlage hinaus, Nachrangigkeit und Längerfristigkeit wiederum sind die Mindestanforderungen für einen Ausweis der stillen Beteiligung als **Eigenkapital.**[16]

11 Die GmbH & Still-Gestaltung bringt freilich, anders als etwa die Betriebsaufspaltung, häufig nicht unerhebliche **Finanzierungsprobleme** mit sich. Das gesamte Betriebsvermögen befindet sich in der GmbH und wird dort nur mit dem entsprechend niedrigeren Stammkapital der GmbH, im Übrigen aber mit den Einlagen der stillen Gesellschafter finanziert. Es bedarf einer sorgfältigen Gestaltung der stillen Gesellschaftsverträge, wenn verhindert werden soll, dass die stillen Gesellschafter ihre Einlagen kündigen und damit die GmbH vor Finanzierungsprobleme stellen. Ganz ausschließen lässt sich freilich das **Kündigungsrecht** stiller Gesellschafter im Gegensatz zum Kündigungsrecht von GmbH-Gesellschaftern nicht; das ergibt sich aus § 723 Abs. 3 BGB, der auch für die stille Gesellschaft gilt. Eine Bank wird daher die Bilanz einer GmbH & Still stets besonders kritisch beurteilen.

4. Eintragung im Handelsregister

12 Es stellt sich die Frage, ob **Verträge** über die Beteiligung eines Stillen an einer GmbH der Eintragung in das **Handelsregister** bedürfen. Bei **Beherrschungs- und Gewinnabführungsverträgen** mit einer beherrschten GmbH hat der BGH[17] angenommen, dass Inhalt und Wirkung des Vertrags eine entsprechende Anwendung der bei der Änderung eines Gesellschaftsvertrags einzuhaltenden Formvorschriften (§§ 53, 54 GmbHG) gebieten, da der bewirkte Eingriff satzungsgleich die rechtliche Grundstruktur der beherrschten Gesellschaft ändere.

13 Teilweise wird in der Literatur angenommen, diese Grundsätze seien auch auf den Vertrag über eine stille Beteiligung am Unternehmen einer GmbH anzuwenden.[18] Ein gesellschaftsrechtlicher Organisationsvertrag, der satzungsgleich den rechtlichen Status der beherrschten Gesellschaft ändere, sei auch in dem Vertrag über die stille Beteiligung am Unternehmen

[11] BGH DStR 2006, 860. Ausführlich hierzu auch *Renner* ZIP 2002, 1430 (1432).

[12] So zumindest OLG Hamm WM 1997, 2323 (2324).

[13] *Mock* DStR 2008, 1645 (1647); *Geißler* GmbHR 2008, 515 (521); *Weitnauer* BKR 2009, 18 (22); *Wolf* BBK 2009, 542 (543). AA *Seffer/Erhardt* in MHdB GesR II § 83 Rn. 32; *Gehrlein* BB 2008, 846 (850); *Hein/Suchan/Geeb* DStR 2008, 2289.

[14] *Weitnauer* BKR 2009, 18 (22).

[15] *Kauffeld* in Blaurock HdB Stille Gesellschaft Rn. 13.18 ff. Vgl. dazu auch *Schubert* in Beck'scher Bilanzkommentar HGB § 247 Rn. 235 f.; *Winnefeld* Bilanz-HdB, L Rn. 232 f. Vgl. auch *IDW* HFA 1/1994 zur vergleichbaren Problematik der Bilanzierung von Genussrechten.

[16] *Wunsch* in Büchel/von Rechenberg, Kölner HdB Handels- und Gesellschaftsrecht, Kap. 11 Rn. 147.

[17] BGH GmbHR 1989, 25 (29).

[18] *Weigl* GmbHR 2002, 778 ff. mwN.

einer GmbH zu sehen. Denn in diesem Vertrag verpflichte sich die Gesellschaft regelmäßig dazu, den Unternehmensgegenstand, die Firma oder den Sitz nur mit **Zustimmung des Stillen** zu ändern. Außerdem sei der mit der Gewinnbeteiligung des stillen Gesellschafters verbundene Eingriff in das Gewinnbezugsrecht des GmbH-Gesellschafters zu berücksichtigen. Wir können uns dieser Meinung nicht anschließen.

Bei Kapitalgesellschaften kann ein Zustimmungsvorbehalt zugunsten Dritter, zumindest hinsichtlich derart grundlegender Entscheidungen wie der Änderung des Unternehmensgegenstandes, der Firma oder des Sitzes des Unternehmens, gar nicht wirksam vereinbart werden. Denn über Grundlagengeschäfte haben die Gesellschafter allein zu entscheiden. Einer Übertragung dieser Befugnis würde das **Prinzip der Verbandsautonomie** entgegenstehen.[19] Dieses verbietet es, die Satzungsgestaltung in die Hände Dritter zu legen. Hiervon erfasst sind auch Konstruktionen, in denen einem Dritten die Einflussnahme auf die Verfassung des Verbands mittels Zustimmungsvorbehalt ermöglicht wird.[20] 14

Eine Änderung der rechtlichen Grundstruktur und somit eine Eintragungspflicht lässt sich auch nicht mit dem Argument eines **Eingriffs in das Gewinnbezugsrecht** der Gesellschafter begründen. Denn bei der stillen Gesellschaft wird dem Stillen in der Regel nur ein bestimmter Gewinnanteil eingeräumt. Bei der GmbH führt ein Teilgewinnabführungsvertrag (§ 292 Abs. 1 Nr. 2 AktG) in Form einer stillen Beteiligung noch nicht zu einer Eintragungspflicht.[21] Von einer eintragungspflichtigen Änderung der rechtlichen Grundstruktur ließe sich nur dann sprechen, wenn (nahezu) der gesamte Gewinn an einen Dritten abgeführt werden muss[22] und der GmbH nur noch eine Art Komplementärstellung in der GmbH & Still zukommen soll.[23] 15

III. Steuerliche Beurteilung

1. Ertragsteuern

a) Typische GmbH & Still. Bei typisch stiller Beteiligung kann die GmbH die an die stillen Gesellschafter auszuzahlenden Gewinnanteile von ihrem Einkommen als Betriebsausgaben absetzen. Bei der Gewerbesteuer ist allerdings (vorbehaltlich des Freibetrags) ein Viertel der Gewinnanteile des stillen Gesellschafters wieder hinzuzurechnen (§ 8 Nr. 1 lit. c GewStG), und zwar unabhängig davon, ob die Gewinnanteile beim Empfänger der Gewerbesteuer unterliegen oder nicht,[24] was zu einer zusätzlichen Gewerbesteuerbelastung führen kann. 16

Die Einnahmen des stillen Gesellschafters, die zum **Privatvermögen** zählen, unterliegen bei diesem gemäß § 20 Abs. 1 Nr. 4 EStG als **Kapitaleinkünfte** der Einkommensteuer. Der Gewinnanteil des Stillen unterliegt der Kapitalertragsteuer, der seit 2009 **Abgeltungswirkung** zukommt (§ 32d EStG iVm § 43 Abs. 5 S. 1 EStG). Zu erfassen ist der Überschuss der Einnahmen über den Sparerpauschbetrag; der Abzug von tatsächlichen Werbungskosten ist ausgeschlossen (§ 20 Abs. 9 S. 1 EStG). Die **Regelbesteuerung** (ohne Teileinkünfteverfahren) gilt, wenn der Stille und der Geschäftsinhaber nahestehende Personen sind oder der Stille an der Gesellschaft, an der die stille Beteiligung besteht, zu mindestens 10 % beteiligt ist (§ 32d Abs. 2 EStG).[25] Dies gilt auch für Einnahmen aus der Veräußerung von einer nach dem 31.12.2008 begründeten Beteiligung an einer stillen Gesellschaft (§ 20 Abs. 2 S. 1 Nr. 4 EStG) sowie das Auseinandersetzungsguthaben aus der Beendigung einer solchen Gesellschaft (§ 20 Abs. 2 S. 2 EStG). 17

[19] So die hM *Bayer* in Lutter/Hommelhoff GmbHG § 45 Rn. 9; *Römermann* in Michalski GmbHG § 45 Rn. 24; *Liebscher* in MüKoGmbHG § 45 Rn. 48; *Schmidt-Ott* GmbHR 2002, 784 (786).
[20] *K. Schmidt* GesR § 5 I 3b.
[21] S. OLG München GmbHR 2011, 487.
[22] *Keul* in MHdB GesR II § 76 Rn. 80.
[23] So *K. Schmidt* in MüKoHGB, § 230 Rn. 115.
[24] Gleichlautender Ländererlass vom 2.7.2012, BStBl. I 2012, 654 Rn. 28.
[25] Hierzu *Schulze zur Wiesche* GmbHR 2008, 1140 (1141 f.).

18 Wird die stille Beteiligung in einem **Betriebsvermögen** gehalten, wird das Ergebnis des Stillen von der Einkunftsart erfasst, zu der der Betrieb des Stillen gehört.

19 Die hM qualifiziert die laufenden **Verlustanteile** des stillen Gesellschafters im Privatvermögen als **Werbungskosten.**[26] Die Beschränkung der Verlustverrechnungsmöglichkeiten durch § 15a EStG und für juristische Personen ferner durch § 15 Abs. 4 S. 6 ff. EStG gelten gemäß § 20 Abs. 1 Nr. 4 S. 2 EStG entsprechend. Eine Mindermeinung beurteilt die Gewinnbeteiligung als „gesonderten saldierten Mischwert" mit der Konsequenz, dass Verluste zu negativen Einnahmen führen sollen.[27] Dieser Meinungsstreit bleibt aber ohne materielle Auswirkung. Auch das seit VZ 2009 gültige System der Abgeltungsteuer mit dem Verbot des Werbungskostenabzugs (§ 20 Abs. 9 S. 1 EStG) erfordert es nicht, die tradierte Behandlung der Verlustanteile infrage zu stellen. Das der Abgeltungsteuer immanente **Bruttoprinzip** gebietet es vielmehr unverändert, laufende Verlustanteile des Stillen im Zeitpunkt ihrer Abbuchung[28] steuermindernd zu berücksichtigen.[29] Insoweit beinhaltet uE das neue Recht deshalb weder einen „Verfassungsverstoß"[30] noch eine „planwidrige Regelungslücke", die gesetzlicher Klarstellung bedürfte.[31]

20 Bei der typischen GmbH & Still ist ferner zu beachten, dass nicht nur, wie bei der **nichtmitunternehmerischen Betriebsaufspaltung,** der Verlust der GmbH mit Gewinnen der Anteilseigner nicht verrechnet werden kann, sondern dass auch die Anteilseigner die auf sie als stille Gesellschafter entfallenden Verlustanteile bestenfalls bis zur Höhe ihrer Einlage steuerlich geltend machen können. Der typisch stille Gesellschafter ist eben steuerlich kein Mitunternehmer, für ihn gibt es daher kein (durch § 15a EStG allerdings eingeschränktes) **negatives Kapitalkonto.** Hierbei kann dahingestellt bleiben, ob bei einem Minuskapital mangels Abfluss von Vermögenswerten ein Werbungskostenabzug bereits dem Grunde nach[32] oder erst aufgrund der in § 20 Abs. 1 Nr. 4 S. 2 EStG angeordneten sinngemäßen Anwendung von § 15a EStG ausscheidet.[33] In Verlustjahren kann die Verlustbegrenzung durchaus von Bedeutung sein; der Verlust, den die Anteilseigner mit anderweitigen positiven Einkünften nicht verrechnen können, kann dann bei der GmbH & Still-Gestaltung höher sein als bei einer Betriebsaufspaltung.[34]

21 Die **Gewinnbeteiligung** des Stillen wird steuerlich nur anerkannt, wenn sie **angemessen** ist. Dies ist bei einem Stillen, der gleichzeitig Anteilseigner ist, der Fall, soweit diese bei Anwendung der Sorgfalt eines ordentlichen und gewissenhaften Geschäftsleiters auch einem Nichtgesellschafter unter sonst gleichen Umständen gewährt worden wäre.[35] Bei der typischen GmbH & Still werden im Rahmen der Angemessenheitsprüfung die vom Stillen eingebrachten Kapitalleistungen, das eingegangene Risiko, der Arbeitseinsatz des Stillen und die Ertragschancen des betriebenen Unternehmens herangezogen.[36] Sollte die Prüfung ergeben, dass der Gewinnanteil des Stillen als überhöht einzustufen ist, wird er insoweit als **vGA** besteuert. Ein neutralisierender Interessengegensatz fehlt auch, wenn der Stille ein

---

[26] RFH 15.1.1936 – VI A 282/35, RStBl. 1936, 554; BFH 10.11.1987 – VIII R 53/84, BStBl. II 1988, 186; 23.7.2002 – VIII R 36/01, BStBl. II 2002, 858; 16.10.2007 – VIII R 21/06, BStBl. II 2008, 126; 28.1.2014 – VIII R 5/11, BFH/NV 2014, 1193; *Ratschow* in Blümich EStG § 20 Rn. 205; *Dinkelbach* DB 2009, 870 (871) mwN.

[27] *Kleinmanns* DStR 2009, 2359 (2361); *Weber-Grellet* in L. Schmidt EStG § 20 Rn. 82; *Schlotter* in Littmann/Bitz/Pust EStG § 20 Rn. 525.

[28] Zum Zeitpunkt der Verlustverrechnung BFH 16.10.2007 – VIII R 21/06, DStR 2008, 35; 28.1.2014 – VIII R 5/11, BFH/NV 2014, 1193.

[29] BMF-Schreiben 18.1.2016, BStBl. I 2016, 85 Rn. 4. S. auch *Schmitt-Homann* BB 2010, 351: „ohne Begründung"; *Ronig* DB 2010, 128: „wohl Billigkeitsregelung". Für teleologische Reduktion des § 20 Abs. 9 S. 1 EStG *Rockhoff/Weber* DStR 2010, 363 (366).

[30] So aber *Kleinmanns* DStR 2009, 2359 (2361).

[31] So *Dinkelbach* DB 2009, 870 (872); *Rockoff/Weber* DStR 2010, 363.

[32] *Knobbe-Keuk* StuW 1981, 97 (105); *Groh* DB 2004, 668 (670).

[33] *Weber-Grellet* in L. Schmidt EStG § 20 Rn. 84; *Geuenich* DStR 1998, 57 (60).

[34] *Pöllath/Rädler* DB 1982, 561 ff., 617 ff. (620).

[35] BFH 12.12.1990 – I R 85/88, BFH/NV 1992, 59; 6.2.1980 – I R 50/76, BStBl. II 1980, 477; 13.12.1963 – VI 339/61 U, BStBl. III 1964, 156; *Levedag* in Blaurock HdB Stille Gesellschaft Rn. 21.118.

[36] *Schwedhelm* in Streck KStG § 8 Anh. Rn. 1131; *K. Schmidt* in MüKoHGB § 231 Rn. 17 mwN.

Familienangehöriger ist. Die dafür entwickelten Maßstäbe sind nicht ohne Weiteres bei der stillen Beteiligung eines Gesellschafter-Geschäftsführers heranzuziehen.[37]

Im Hinblick auf die Gefahr der vGA ist die typische GmbH & Still ebenso zu sehen wie die Betriebsaufspaltung. Was dort die Bezahlung eines zu hohen Pachtzinses ist, ist hier die Einräumung eines zu hohen Gewinnanteils für die stillen Gesellschafter zulasten der GmbH. Bei einer GmbH & Still-Gestaltung befinden sich allerdings sowohl die **Anteile an der GmbH** als auch die stillen Beteiligungen grundsätzlich im **Privatvermögen** der Gesellschafter. **Veräußerungsgewinne** im Zusammenhang mit den GmbH-Anteilen unterliegen damit der 25 %-igen Abgeltungsteuer. Dies gilt allerdings nicht, wenn die Anteile – was in der Regel der Fall sein wird – unter § 17 EStG fallen. Dann kommt das Teileinkünfteverfahren zur Anwendung.[38] 22

Die typische GmbH & Still wurde seit jeher von **§ 8a KStG** erfasst, was **bis 2003** jedoch nur für bestimmte ausländische Gesellschafter von Bedeutung war. Die durchgreifende Änderung von § 8a KStG mit Wirkung ab **2004** betraf auch die typische GmbH & Still.[39] Zum Einen galt das Abzugsverbot für Fremdkapitalvergütungen nunmehr für **alle Gesellschafter,** die am Stammkapital der GmbH zu mehr als einem Viertel unmittelbar oder mittelbar – auch über eine Personengesellschaft – beteiligt waren oder allein oder im Zusammenwirken mit anderen Anteilseignern einen beherrschenden Einfluss auf die GmbH ausübten. Zum Anderen gab es für stille Beteiligungen, da diese wegen der ergebnisabhängigen Vergütung, anders als Darlehen, stets von § 8a Abs. 1 S. 1 Nr. 1 KStG aF erfasst wurden,[40] unverändert keinen save haven. 23

Genauso wie die Änderung mit Wirkung ab 2004 trifft das mit der **UntStReform 2008** eingeführte allgemeine Betriebsausgabenabzugsverbot betrieblich veranlasster Zinsaufwendungen **(Zinsschranke)** gemäß § 8a KStG die typische GmbH & Still an ihrer empfindlichsten Stelle. Nach der Grundregel in § 4h Abs. 1 EStG sind Zinsaufwendungen nur noch in Höhe der Zinserträge voll als Betriebsausgaben abzugsfähig. Übersteigen die Zinsaufwendungen die Zinserträge und ergibt sich dabei ein sog negativer Zinssaldo von 3 Mio. Euro oder mehr (Freigrenze, § 4h Abs. 2 S. 1 lit. a EStG), ist dieser maximal bis zur Höhe von 30 % des steuerlichen EBITDA abzugsfähig. Zinsaufwendungen, die nicht abgezogen werden können, sind in die folgenden Jahre vorzutragen. Zu den Zinsaufwendungen (§ 4h Abs. 3 S. 2 EStG) zählt auch der Gewinnanteil für die typische stille Beteiligung.[41] Eine GmbH kann sich nicht auf die Ausnahme für konzernfreie Betriebe berufen, wenn sie Schuldzinsen in Höhe von mehr als 10 % der die Zinserträge übersteigenden Zinsaufwendungen an einen zu mehr als 25 % am Stammkapital beteiligten Anteilseigner, einem dieser nahestehenden Person oder einem Dritten, der auf die vorgenannten Personen zurückgreifen kann, zahlt. Somit fällt auch die Gewinnbeteiligung eines Stillen, der mit mehr als 25 % am Stammkapital der GmbH beteiligt ist, unter das Betriebsausgabenabzugsverbot, wenn die Voraussetzungen von § 4h EStG und § 8a KStG vorliegen.[42] 24

b) Atypische GmbH & Still. Nicht jede GmbH & Still, die im Vergleich zum gesetzlichen Regelstatut atypisch ausgestaltet ist, ist eine GmbH & atypisch Still iSd Steuerrechts. Dort kommt es vielmehr darauf an, ob die stille Gesellschaft eine Mitunternehmerschaft iSv § 15 Abs. 1 S. 1 Nr. 2 EStG ist. Dies setzt voraus, dass die GmbH ein **gewerbliches Unternehmen** betreibt und der stille Gesellschafter als **Mitunternehmer** anzusehen ist.[43] Ein stiller Gesellschafter ist Mitunternehmer, wenn seine durch den Gesellschaftsvertrag 25

[37] *K. Schmidt* in MüKoHGB § 231 Rn. 17.

[38] *Rapp* in Littmann/Bitz/Pust EStG § 17 Rn. 25a; *Weber-Grellet* in L.Schmidt EStG § 17 Rn. 190.

[39] *Schulze zur Wiesche* BB 2004, 1363; *Schulze zur Wiesche* BB 2003, 713; *Mensching* DStR 2004, 408.

[40] *Schwedhelm* in Streck KStG § 8a aF Rn. 31 f.; *Mensching* DStR 2004, 408; *Schulze zur Wiesche* BB 2004, 1363 (1364).

[41] *Loschelder* in L. Schmidt EStG § 4h Rn. 24.

[42] *Schulze zur Wiesche* GmbHR 2008, 1140 (1140 f.).

[43] BFH 9.12.2002 – VIII R 20/01, BFH/NV 2003, 601; 15.10.1998 – IV R 18/98, BStBl. II 1999, 286; *Wacker* in L. Schmidt EStG § 15 Rn. 169.

begründete Rechtsstellung von den §§ 230 ff. HGB derart abweicht, dass sie nach dem Gesamtbild dem Typ des Mitunternehmers entspricht, der Stille also Mitunternehmerrisiko trägt und Mitunternehmerinitiative entfalten kann. Dies ist jedenfalls dann zu bejahen, wenn der Stille im Innenverhältnis so behandelt wird, als wäre er Kommanditist.[44]

26 Ist der stille Gesellschafter **zugleich GmbH-Gesellschafter,** so ist dies zumindest ergänzend bei der Beurteilung der Mitunternehmerinitiative und des Mitunternehmerrisikos zu berücksichtigen.[45] Beteiligt sich der beherrschende Gesellschafter-Geschäftsführer einer GmbH an dieser mit einer erheblichen Vermögenseinlage auch noch als stiller Gesellschafter, ist die Mitunternehmerschaft regelmäßig zu bejahen.[46] Das gilt auch, wenn die als Inhaber des Handelsgeschäfts auftretende GmbH im Innenverhältnis hinsichtlich ihrer Geschäftsführung mittels eines Zustimmungsvorbehalts der stillen Gesellschafter bei Geschäften von besonderem Gewicht gebunden und ihr Anteil am Gewinn betragsmäßig begrenzt ist.[47] Denn die Mitunternehmerinitiative der GmbH ergibt sich daraus, dass sie allein als Außengesellschafter tätig wird; ihr Mitunternehmerrisiko folgt aus dem Umstand, dass sie mit ihrem Vermögen unbegrenzt haftet. Somit ist die GmbH auch in einem solchen Fall mit den stillen Gesellschaftern mitunternehmerisch verbunden.

27 Die GmbH & atypisch Still kann eine „andere Personengesellschaft" iSv § 15 Abs. 3 Nr. 1 EStG sein mit der Folge, dass es ausreichend ist, wenn die GmbH nur teilweise gewerblich tätig ist (sog Abfärbtheorie; → § 16 Rn. 27). Fehlt die gewerbliche Tätigkeit ganz, kann aufgrund der Prägung durch den tätigen Gesellschafter gemäß § 15 Abs. 3 Nr. 2 EStG eine **gewerblich geprägte** GmbH & atypisch Still gegeben sein.[48] Hierdurch wird ein gewisser Gestaltungsspielraum eröffnet. Die gewerbliche Prägung soll zB dadurch ausgeschlossen werden können, dass dem Stillen die Geschäftsführungsbefugnis innerhalb der stillen Gesellschaft übertragen wird.[49]

28 Die GmbH & atypisch Still ist **selbst Subjekt der Gewinnerzielung,** Gewinnermittlung und Einkünfteerzielung.[50] Dies hat unter anderem zur Folge, dass sich die einkommensteuerrechtliche Qualifikation der Einkünfte der atypisch stillen Gesellschaft nicht nach der Qualifikation der Einkünfte beim tätigen Gesellschafter, sondern nach der eigenen Tätigkeit der atypisch stillen Gesellschaft richtet. Die GmbH & Still-Gestaltung ist, steuerlich gesehen, nichts anderes als eine **Spielart der GmbH & Co. KG,**[51] lediglich mit dem Unterschied, dass das Vermögen und die Ergebnisbeteiligung der GmbH weit höher sind, als dies bei der GmbH & Co. KG üblicherweise der Fall ist. Bei atypisch stiller Beteiligung wird im Rahmen der **einheitlichen Gewinnfeststellung** der Gewinnanteil der atypisch stillen Gesellschafter diesen sogleich zugerechnet, so dass der auf die GmbH entfallende Gewinn von vornherein um diesen Betrag gemindert ist.[52] Für die Prüfung der Angemessenheit der Gewinnbeteiligung eines atypisch stillen Gesellschafters können die für die GmbH &

---

[44] BGH NJW 1978, 424; BFH 1.7.2010 – IV R 100/06, GmbHR 2010, 1168; *Wacker* in L. Schmidt EStG § 15 Rn. 341. Zur Kompensation von eingeschränktem Mitunternehmerrisiko durch ausgeprägtere Mitunternehmerinitiative des Stillen s. BFH 21.1.2010 – IV B 128/08, BFH/NV 2010, 1425, FG Brandenburg GmbHR 2010, 778 (rkr.).

[45] BFH 27.7.2009 – IV B 124/08, BFH/NV 2009, 1981; 18.6.2001 – IV B 88/00, BFH/NV 2001, 1550.

[46] BFH 26.11.2003 – VIII R 64/03, BFH/NV 2004, 631; 15.12.1992 – VIII R 42/90, BStBl. II 1994, 702. Auch Geschäftsführerstellung als solche kann Mitunternehmerinitiative begründen BFH 13.7.2017 – IV R 41/14, DStR 2017, 2104.

[47] FG Hamburg EFG 2005, 950 mAnm *Braun*.

[48] BFH 26.11.1996 – VIII R 42/94, BStBl. II 1998, 328; 14.7.1998 – VIII B 112/97, BFH/NV 1999, 169; *Bitz* in Littmann/Bitz/Pust EStG § 15 Rn. 177; *Wacker* in L. Schmidt EStG § 15 Rn. 228. AA *Reiß* in Kirchhof EStG § 15 Rn. 140.

[49] *Gschwendtner* DStZ 1998, 335 (340, 343).

[50] BFH 22.8.2002 – IV R 6/01, BFH/NV 2003, 36; 26.11.1996 – VIII R 42/94, BStBl. II 1998, 328; 14.7.1998 – VIII B 112/97, BFH/NV 1999, 169; *Ros* DStR 2001, 1592. S. insoweit auch BFH 25.6.2014 – I R 24/13, BStBl. II 2015, 141 zur atypischen stillen Gesellschaft an ausländischer Kapitalgesellschaft.

[51] *Schulze zur Wiesche* BB 2003, 713; *Mueller-Thuns* in HTM HdB GmbH & Co. KG Rn. 2.186; *Fichtelmann,* GmbH & Still im Steuerrecht, Rn. 163; *Knobbe-Keuk,* Bilanz- und Unternehmensteuerrecht, § 9 II 4c dd; *Wacker* in L. Schmidt EStG § 15 Rn. 703.

[52] BFH 12.2.2015 – IV R 48/11, GmbHR 2015, 948; 15.10.1998 – IV R 18/98, BStBl. II 1999, 286.

Co. KG entwickelten Grundsätze herangezogen werden.[53] Abweichungen dazu können sich aus dem Haftungsrisiko der GmbH ergeben, welches im Vergleich zur Komplementär-GmbH höher ausfällt.[54] Ist der Stille zugleich Gesellschafter der GmbH, gehört sein GmbH-Geschäftsanteil grundsätzlich zum Sonderbetriebsvermögen II der GmbH & atypisch Still.[55] Beträgt der Gewinnanteil des atypisch stillen Gesellschafters mehr als 10 % vom Gesamtgewinn oder übersteigt den Betrag von 10.000 Euro, kann dieser für nicht entnommene Gewinne ganz oder teilweise die **Thesaurierungsbegünstigung** gemäß § 34a Abs. 1 S. 1 EStG beantragen.[56]

Der **beschränkte Verlustabzug** gemäß **§ 15a EStG** gilt auch für den atypisch stillen Gesellschafter (§ 15a Abs. 5 Nr. 1 EStG).[57] Seit 2004 ist die Rechtsform der GmbH & Still im Bereich eines Konzernverbundes insofern uninteressant, als Verluste aus stillen Gesellschaften gemäß **§ 15 Abs. 4 S. 6 ff. EStG** seit diesem Zeitpunkt nach Maßgabe des § 10d EStG nur noch mit Gewinnen derselben Gesellschaft im Wege des Verlustrück- oder -vortrages verrechenbar sind.[58] Gemäß § 15 Abs. 4 S. 8 EStG gilt diese Einschränkung jedoch nicht für natürliche Personen, die – mittelbar oder unmittelbar – still beteiligt sind. 29

Die **Zinsschranke** gemäß § 8a KStG iVm § 4h EStG (→ Rn. 24) erlangt bei der GmbH & atypisch Still keine Bedeutung. Da die Einlage des atypisch stillen Gesellschafters ertragsteuerlich als Eigenkapital behandelt und somit sein Gewinnanteil dem Gewinn der atypisch stillen Gesellschaft als Mitunternehmerschaft hinzugerechnet wird, lässt die Zinsschranke die GmbH & atypisch Still unberührt.[59] 30

Die GmbH & atypisch Still ist selbst **Gewerbesteuersubjekt.** Der Freibetrag gemäß § 11 Abs. 1 S. 3 Nr. 1 GewStG steht der GmbH & atypisch Still auch dann zu, wenn eine andere Kapitalgesellschaft als atypisch stiller Gesellschafter beteiligt ist.[60] Ist der atypisch stille Gesellschafter eine natürliche Person, wird ihm hinsichtlich seines Gewinnanteils die Steuerermäßigung gemäß § 35 Abs. 1 S. 1 Nr. 2 EStG gewährt.[61] 31

Die GmbH, an der die atypisch stille Beteiligung besteht, wie auch die GmbH & atypisch Still selbst können **weder Organträgerin noch Organgesellschaft** im Rahmen einer körperschaftsteuerlichen Organschaft sein.[62] 32

2. Substanzsteuern

Nach der Körperschaftsteuerreform 1977 hatte sich der steuerliche Vorteil der GmbH & Still weitgehend auf den Bereich der **Vermögensteuer** verlagert, die **letztmalig** für den Veranlagungszeitraum **1996** erhoben wurde.[63] Die GmbH & Still in ihrer Ausprägung als typische stille Gesellschaft ermöglichte es nämlich, den Gewinn der GmbH der vermögensteuerlichen Doppelbelastung zu entziehen, indem er alljährlich an die GmbH-Gesellschafter ausgeschüttet wurde, die ihn alsdann in ihrer Eigenschaft als stille Gesellschafter als Einlage reinvestierten. Dieser Vorteil war umso gewichtiger, als bei der typischen GmbH & Still, anders als bei der Betriebsaufspaltung, das Anlagevermögen im Betriebsvermögen der GmbH lag. Der Anteilswert der GmbH, der die Vermögensteuer der Anteilseigner bestimmt, war daher bei der GmbH & Still-Gestaltung immer höher als bei der Betriebsauf- 33

[53] Dazu BFH 18.6.2015 – IV R 5/12, BStBl. II 2015, 935.

[54] *Geißler* GmbHR 2008, 515 (517); *K. Schmidt* in MüKoHGB § 231 Rn. 18.

[55] BFH 18.6.2015 – IV R 5/12, BStBl. II 2015, 935; *Wacker* in L. Schmidt EStG § 15 Rn. 358; OFD Erfurt 23.10.2003, GmbHR 2004, 209 (212); *Levedag* in Blaurock HdB Stille Gesellschaft Rn. 22.42.

[56] *Schulze zur Wiesche* GmbHR 2008, 1140 (1143 ff.). Zu § 34a EStG auch → § 16 Rn. 376.

[57] BFH 11.3.2003 – VIII R 33/01, DStR 2003, 1288; *Wacker* in L. Schmidt EStG § 15a Rn. 198; *Görgen/Rüschoff* Ubg 2017, 453.

[58] *Bitz* in Littmann/Bitz/Pust EStG § 15 Rn. 184; *Ronge* FR 2004, 78; *Groh* DB 2004, 668. S. auch BMF-Schreiben 19.11.2008, BStBl. I 2008, 970 sowie hierzu *Götz/Bindl* GmbHR 2009, 584.

[59] BMF-Schreiben 4.7.2008, BStBl. I 2008, 718 Rn. 11.

[60] BFH 30.8.2007 – IV R 47/05, BStBl. II 2008, 200.

[61] *Schulze zur Wiesche* GmbHR 2008, 1140 (1145).

[62] So BMF-Schreiben 20.8.2015, BStBl. I 2015, 649.

[63] Nachdem das BVerfG am 22.6.1995 das geltende Vermögensteuergesetz für verfassungswidrig erklärt hatte (BStBl. I 1995, 655) und der Gesetzgeber in der Folgezeit untätig blieb.

spaltung, so dass die Nachteile der vermögensteuerlichen Doppelbelastung der GmbH voll zum Tragen kamen. Die GmbH & Still könnte insoweit bei einer möglichen **Wiedereinführung** der Vermögensteuer ggf. profitieren.

34 Für Zwecke der **Erbschaft- und Schenkungsteuer** ist die **typische** stille Beteiligung eine Kapitalforderung und gemäß § 12 Abs. 1 BewG grundsätzlich mit dem Nennwert anzusetzen. Ist die Kündbarkeit der Einlage im Besteuerungszeitpunkt jedoch für mehr als fünf Jahre ausgeschlossen und liegt der Durchschnittsertrag über 9 %, ist der Nennwert um den fünffachen Unterschiedsbetrag zwischen dem Durchschnittsertrag und der Verzinsung um 9 % zu erhöhen.[64] Bei einer Verzinsung unter 3 % ist der Nennwert entsprechend zu ermäßigen. Bei der Herleitung des Durchschnittsertrags kommt ein Abschlag wegen Unwägbarkeiten nicht in Betracht. Bei der **atypischen** stillen Gesellschaft bestimmt sich der Wert der stillen Beteiligung nach denselben Grundsätzen wie der Wert des Anteils an einer GmbH & Co. KG.[65] Bei der atypisch stillen Beteiligung handelt es sich – inzwischen auch nach Ansicht der Finanzverwaltung – um nach § 13b Abs. 1 Nr. 2 ErbStG begünstigtes Vermögen, da ertragsteuerlich eine Mitunternehmerschaft iSv § 15 Abs. 1 S. 1 Nr. 2 ErbStG vorliegt.[66] Die Bewertung der atypisch stillen Beteiligung erfolgt auf Basis des gemeinen Werts, der vorrangig aus zeitnahen Verkäufen abzuleiten ist. Solche werden in der Regel nicht vorliegen, so dass die Bewertung in vielen Fällen nach dem vereinfachten Ertragswertverfahren unter Berücksichtigung der Ertragsaussichten der stillen Gesellschaft erfolgen wird.[67]

3. Umsatzsteuer

35 Stille Gesellschaften treten als bloße Innengesellschaften im allgemeinen Geschäftsverkehr nicht in Erscheinung. Sie weisen deshalb umsatzsteuerlich **keine Unternehmereigenschaft** auf. Unternehmer iSd UStG ist ausschließlich der Inhaber des Handelsgeschäftes, also die GmbH. Dies gilt sowohl für typische als auch für atypische stille Gesellschaften.[68]

36 Die **Aufnahme** eines (atypisch) stillen Gesellschafters in die GmbH ist ebenso wenig umsatzsteuerbar wie eine **Bareinlage** des Stillen. **Sacheinlagen** sind aus Sicht des Stillen nach allgemeinen Grundsätzen umsatzsteuerpflichtig, wenn dieser sie als Unternehmer iSd § 2 Abs. 1 UStG im Rahmen seines Unternehmens leistet.[69]

IV. Resümee

37 In der Zeit **vor der Körperschaftsteuerreform 1977** diente die GmbH & Still-Gestaltung dazu, die Nachteile der ertragsteuerlichen Doppelbelastung bei der GmbH zu vermindern. Die **UntStReform 2000** hat zur Wiedergeburt der GmbH & Still geführt, da sich mit dieser das Belastungsgefälle zwischen thesaurierten und ausgeschütteten Gewinnen in einem weiten Rahmen optimieren ließ.[70] Die Gestaltung musste hierbei so gewählt werden, dass der Gewinnanteil des stillen Gesellschafters dem andernfalls zur Ausschüttung vorgesehenen Betrag entspricht, so dass der Bilanzgewinn der GmbH in vollem Umfang thesauriert werden konnte. Diese Gestaltungsmöglichkeit wurde für die typische GmbH & Still durch die Neufassung von § 8a KStG ab **2004** auf 250.000 Euro begrenzt, nachdem bereits zuvor für Kapitalgesellschaften als stille Gesellschafter die Möglichkeit der sofortigen Verlustverrechnung generell beseitigt worden war.

---

[64] R B 12.4 ErbStR.
[65] S. dazu *Wachter* in Blaurock HdB Stille Gesellschaft Rn. 27.52 ff.
[66] *Jülicher* in Troll/Gebel/Jülicher ErbStG § 13b Rn. 74 ff.; Bayerisches Landesamt für Steuern vom 7.3.2013, ZEV 2013, 228; FM Baden-Württemberg 9.4.2009, DB 2009, 878; *Hannes/Onderka* ZEV 2009, 421, (425); *Wälzholz* DStR 2009, 1605 (1609).
[67] *Schönhaus* in MHdB GesR II § 79 Rn. 13.
[68] *Treiber* in Sölch/Ringleb UStG § 2 Rn. 30; OFD Erfurt 23.10.2003, GmbHR 2004, 209.
[69] UStAE 1. 6 Abs. 2. Auch → § 18 Rn. 45 ff.
[70] Hierzu *Sterzenbach* DStR 2000, 1669.

Ein Schwerpunkt der **UntStReform 2008** war es, das Ziel der rechtsformneutralen Besteuerung von Gesellschaften weiter voranzutreiben. Folge ist, dass **künstliche Gebilde** wie die GmbH & Still ihre **Bedeutung verlieren.**[71] Die typische GmbH & Still bleibt aber für **ausländische Gesellschafter** interessant. Sie eröffnet diesen – vorbehaltlich der Zinsschranke – die Möglichkeit, zumindest einen Teil des Unternehmensgewinns von der Körperschaftsteuer unbelastet zu vereinnahmen. Auf die aus der stillen Beteiligung erzielten Einkünfte, die von fast allen DBA wie Dividenden behandelt werden,[72] entfällt dann lediglich die deutsche Kapitalertragsteuer, die jedoch meistens auf die ausländische Steuer angerechnet wird.[73] 38

§ 28 Die GmbH & Co. KGaA

I. Struktur

Unter einer GmbH & Co. KGaA wird eine **Kommanditgesellschaft auf Aktien** (§§ 278 ff. AktG) verstanden, deren persönlich haftender Gesellschafter eine **GmbH** ist. Als Komplementär einer solchen „KGaA mit beschränkter Haftung" kommen ferner eine AG, SE, Stiftung oder KG ohne natürliche Personen als Komplementär (GmbH & Co. KG, AG & Co. KG) sowie eine Unternehmergesellschaft[1] in Betracht. 1

II. Die Rechtsform der KGaA

Die KGaA ist eine **Mischform zwischen AG und KG,** die wegen ihrer größeren Nähe zur AG im AktG geregelt ist. Nach der Legaldefinition des § 278 AktG handelt es sich dabei um eine Gesellschaft, bei der mindestens ein Gesellschafter den Gesellschaftsgläubigern unbeschränkt haftet und die übrigen Gesellschafter (sog Kommanditaktionäre) an dem in Aktien zerlegten Grundkapital beteiligt sind, ohne persönlich für die Verbindlichkeiten der Gesellschaft zu haften. Wie in der AG gibt es auch in der KGaA Aufsichtsrat und Hauptversammlung. An die Stelle des vom Aufsichtsrat bestimmten Vorstands treten jedoch bei der KGaA der oder die persönlich haftenden Gesellschafter. Diese sind wie in der KG das Geschäftsführungs- und Vertretungsorgan der Gesellschaft. 2

Die **hybride Natur** der KGaA spiegelt sich in der gesetzlichen Regelung durch das **AktG** wider. Dieses enthält in den §§ 278–290 AktG für die KGaA nur wenige Sondervorschriften, während nach § 278 Abs. 3 AktG im Übrigen grundsätzlich die Bestimmungen über die AG sinngemäße Anwendung finden. Eine Ausnahme besteht jedoch gemäß § 278 Abs. 2 AktG für das Rechtsverhältnis der Komplementäre untereinander, gegenüber der Gesamtheit der Kommanditaktionäre sowie gegenüber Dritten, für das die Vorschriften über die KG gelten. Insoweit ist auch § 23 Abs. 5 AktG unanwendbar, demzufolge die Satzung von den Vorschriften des AktG nur abweichen kann, wenn dieses es ausdrücklich zulässt. Die KGaA erweist sich somit als „**Oase der Vertragsfreiheit** in dem ansonsten über § 23 Abs. 5 AktG versteinerten Aktienrecht".[2] 3

Die KGaA tauchte erstmals im 18. Jahrhundert in Frankreich auf. In Deutschland ist sie seit Mitte des 19. Jahrhunderts nachweisbar.[3] Hier wie dort verdankt sie ihre Entstehung der Umgehung aktienrechtlicher Vorschriften. Um nicht dem nur für AGs geltenden Kon- 4

---

[71] *Schulze zur Wiesche* GmbHR 2008, 1140 (1147).

[72] *Tischbirek/Specker* in Vogel/Lehner DBA Art. 10 Rn. 165 ff.

[73] *Mueller-Thuns* in HTM HdB GmbH & Co. KG Rn. 2.196.

[1] Wie bei der UG (haftungsbeschränkt) & Co. KG wird jedoch über die Vereinbarkeit der Stellung als Komplementärin und der gemäß § 5a Abs. 3 GmbHG zu bildenden Rücklage diskutiert, *Perlitt* in MüKoAktG § 278 Rn. 37 mit Fn. 44. Dazu → § 2 Rn. 2 f.; → § 4 Rn. 50 ff.

[2] So *Sethe,* Die personalistische Kapitalgesellschaft mit Börsenzugang, 199.

[3] *Assmann/Sethe* in Großkomm. AktG Vor § 278 Rn. 2 ff.; *Schaumburg/Schulte* Die KGaA Rn. 1. Umfassend zur KGaA aus rechtsvergleichender Perspektive *Sethe,* Die personalistische Kapitalgesellschaft mit Börsenzugang, 287 ff.

zessionssystem und damit staatlicher Kontrolle zu unterliegen, errichtete man KGs, deren Kommanditkapital in (handelbare) Aktien zerlegt wurde. Seit der Konzessionszwang in Deutschland im Jahre 1870 aufgehoben wurde, ging die Bedeutung der KGaA **rapide zurück.**

5 Während ihre Zahl kurz vor dem Inkrafttreten des HGB 1897 noch bei 150 gelegen hatte, erreichte sie 1920 mit 33 ihren bis dahin niedrigsten Stand. In der **Inflationszeit** erlebte die KGaA mit etwa 200 Neugründungen – zur Abwehr inflationsbedingter Überfremdungsgefahren – eine gewisse **Renaissance.** Diese war jedoch nicht von langer Dauer. Kurz nach dem Zweiten Weltkrieg gab es nur noch 12 Gesellschaften dieser Rechtsform. In der **Nachkriegszeit** stieg ihre Zahl zwar wieder etwas an, ohne dass die KGaA jedoch nennenswerte Bedeutung erlangt hätte.[4] Seitdem der **BGH** im Jahre 1997 die Zulässigkeit der GmbH & Co. KGaA bestätigt hat, ist allerdings eine **unabweisbare Aufwärtstendenz** festzustellen. Existierten noch im Jahre 1997 allenfalls 25–30 Gesellschaften dieser Art, so ist ihre Zahl per 1.1.2016 auf über 290 angestiegen.[5] Die KGaA ist damit ersichtlich zu einer ernsthaften Rechtsform-Alternative zur AG avanciert.[6]

6 Die KGaA befriedigt offenkundig **spezifische Bedürfnisse.** Dies gilt vor allem für Unternehmen mit ausgeprägt individualistischer Führung und großem Kapitalbedarf. Die KGaA eignet sich daher vor allem als Rechtsform für **Familienunternehmen,** die einerseits den Zugang zum Kapitalmarkt (Börse) anstreben, deren **Altgesellschafter** aber nicht bereit sind, die bisher **allein** ausgeübte **Herrschaftsmacht** mit einem (ggf. auch noch mitbestimmten) **Aufsichtsrat** zu **teilen,** und zwar unabhängig davon, ob die Familie nach dem Börsengang noch mehrheitlich am Grundkapital des Unternehmens beteiligt ist oder nicht.

7 Die KGaA hat sich darüber hinaus auch als **Übergangsform** bewährt. Personenhandelsgesellschaften sind häufig zunächst in KGaAs und erst später in AGs umgewandelt worden. Der Übergang vom personenbezogenen Gesellschafterkreis zur kooperativ geprägten Mitgliedschaft der AG kann so allmählich vollzogen werden.[7] Allerdings wird auch die Akzeptanz der KGaA am Kapitalmarkt durch erfolgreiche Börsengänge belegt.[8]

III. Besonderheiten der GmbH & Co. KGaA

1. Zulässigkeit

8 Die GmbH & Co. KGaA ist nach geltendem Recht **zulässig.** War die Literatur zunächst in Übereinstimmung mit dem **historischen Gesetzgeber** und einer jahrzehntelangen Rechtstradition nahezu einheitlich der Auffassung, persönlich haftender Gesellschafter einer KGaA könne **nur** eine **natürliche Person** sein, so wurde diese „Einheitsfront" nach und nach durch Registergerichte „aufgeweicht", welche die Eintragung von GmbH & Co. KGaAs in die Handelsregister zuließen.[9] Begonnen hatte diese Rechtsentwicklung, als im Jahre 1968 das OLG Hamburg[10] mit der **EUROKAI KGaA** erstmals einer KGaA mit einer Kapitalgesellschaft (GmbH) als zusätzlichem (!) Komplementär zur Entstehung verhalf, nachdem das Registergericht zunächst eine Eintragung verweigert hatte und darin vom LG bestätigt worden war.[11] In den Folgejahren sprachen sich immer mehr Literaturstimmen für die Zulässigkeit dieser Gestaltung aus, bis der **BGH** am 24.2.1997 den Meinungsstreit endgültig zugunsten der GmbH & Co. KGaA entschieden hat.[12]

---

[4] *Assmann/Sethe* in Großkomm. AktG Vor § 278 Rn. 44; *Binz/Sorg* BB 1988, 2041 (2042).
[5] *Kornblum* GmbHR 2016, 691 (692).
[6] *Assmann/Sethe* in Großkomm. AktG Vor § 278 Rn. 43; *Herfs* in MHdB AG § 76 Rn. 5.
[7] *Perlitt* in MüKoAktG Vor § 278 Rn. 3.
[8] *Herfs* in MHdB AG § 76 Rn. 7 mit Beispiel in Fn. 44.
[9] Zur Rechtsentwicklung und zum Meinungsstreit ausführlich *Binz/Sorg* DB 1997, 313.
[10] OLG Hamburg NJW 1969, 1030.
[11] LG Hamburg AG 1968, 193.
[12] BGH BB 1997, 1220; vgl. hierzu *Hommelhoff/Ihrig/Schlitt* ZHR-Beiheft 86, 33.

Vom BGH wurde lediglich die Forderung erhoben, dass das Fehlen einer natürlichen Person in der Eigenschaft des Komplementärs in der **Firma** der Gesellschaft **kenntlich gemacht** werden müsse.[13] Der **Gesetzgeber**[14] hat diesem Erfordernis mit der Neufassung des § 279 Abs. 2 AktG Rechnung getragen; hiernach muss eine KGaA, in der keine natürliche Person haftet, zwingend eine **Bezeichnung** in ihre Firma aufnehmen, die die **Haftungsbeschränkung** kennzeichnet (Beispiele: GmbH & Co. KGaA, AG & Co. KGaA, beschränkt haftende KGaA, KGaA mit beschränkter Haftung).[15] 9

Die Mehrzahl **aller KGaAs** hat inzwischen eine Kapitalgesellschaft als (alleinigen) persönlich haftenden Gesellschafter.[16] Die Rechtssicherheit über die Zulässigkeit dieser Mischform ist also der wichtigste Grund für das stark zunehmende Interesse an der KGaA in den letzten Jahren. 10

2. Wirtschaftsrechtliche Besonderheiten

a) Kapitalmarktfähigkeit. Wie die AG hat die KGaA den Vorteil der **Kapitalmarktfähigkeit.** Diese Eigenschaft dürfte bei dieser Rechtsform eine noch wichtigere Rolle spielen als bei der AG.[17] 11

b) Einschränkung des Fremdeinflusses. Das gesetzliche Leitbild der KGaA wird durch die **starke Stellung** des mit großem unternehmerischem Freiraum ausgestatteten **persönlich haftenden Gesellschafters** bestimmt, dem die von der laufenden Geschäftsführung ausgeschlossenen, auf wenige Mitwirkungs- und Überwachungsrechte beschränkten Kommanditaktionäre als Kapitalgeber gegenüberstehen. Da der Komplementär seine Stellung aus der Satzung herleitet, hat er ein grundsätzlich **unentziehbares Recht** auf **Geschäftsführung.** Das Widerspruchsrecht der Kommanditaktionäre (Hauptversammlung) bei Geschäften, die über den gewöhnlichen Geschäftsbetrieb des Unternehmens hinausgehen (vgl. § 278 Abs. 2 AktG iVm § 164 HGB), kann nach hM in der Satzung ausgeschlossen werden, was regelmäßig auch geschieht.[18] 12

Gemäß § 285 Abs. 1 S. 1 AktG hat der **persönlich haftende Gesellschafter** in der **Hauptversammlung kein Stimmrecht.** Diese „Entmachtung" der Komplementär-Gesellschaft in der Hauptversammlung wird allerdings dadurch gemildert, dass Beschlüsse der Hauptversammlung insoweit ihrer Zustimmung bedürfen, als sie „Angelegenheiten betreffen, für die bei einer KG das Einverständnis des persönlich haftenden Gesellschafters und der Kommanditisten erforderlich ist" (§ 285 Abs. 2 S. 1 AktG). Dieses **Vetorecht** kann kraft Satzung auf alle Hauptversammlungsbeschlüsse erstreckt werden. 13

Von diesem Grundsatz des Stimmrechtsausschlusses mit Vetorecht gibt es **zwei Ausnahmen.** Zum einen erstreckt sich der **Stimmrechtsausschluss nicht** auf etwaige **Aktien** des persönlich haftenden Gesellschafters, es sei denn, dass die in § 285 Abs. 1 S. 2 AktG enumerativ aufgeführten Beschlussgegenstände betroffen sind wie die Wahl, Abberufung und Entlastung des Aufsichtsrats, die Bestellung von Sonderprüfern, die Wahl des Abschlussprüfers oder die Geltendmachung von Ersatzansprüchen bzw. den Verzicht auf solche. Zum anderen gilt das – gesetzliche oder satzungsmäßige – **Vetorecht nicht** bei der **Entlastung** des persönlich haftenden Gesellschafters, der Bestellung von **Abschluss**- oder **Sonderprüfern** und der **Geltendmachung** von Ansprüchen der Gesellschaft aus der Gründung oder der Geschäftsführung (§§ 136 Abs. 1, 285 Abs. 2 S. 2 AktG). 14

---

[13] BGH BB 1997, 1220 (1223).

[14] HRefG vom 22.6.1998; die Neuregelung beruht auf einer Anregung des Bundesrats, BT-Drs. 8444, 91 (94).

[15] Beispiele aus der Praxis: Schwartauer Werke GmbH & Co. KGaA, Merz Pharma GmbH & Co. KGaA, ferner Lizenzspielerabteilungen mehrerer Vereine der Fußball-Bundesliga (wegen der 50+1-Regel), zB Borussia Dortmund GmbH & Co. KGaA.

[16] *Kornblum* GmbHR 2009, 1056 (1064): per 1.1.2009 etwa zwei Drittel eine GmbH und ungefähr ein Sechstel eine AG.

[17] *Assmann/Sethe* in Großkomm. AktG Vor § 278 Rn. 50.

[18] *Freudenberg/Sorg,* Die KGaA mit beschränkter Haftung, 6; *Perlitt* in MüKoAktG § 278 Rn. 358 ff.

15 **c) Eingeschränkte Mitbestimmung der Arbeitnehmer im Aufsichtsrat.** Hinsichtlich der Verpflichtung zur Bildung eines (drittel-)paritätisch besetzten Aufsichtsrats und dessen Zusammensetzung weist die KGaA gegenüber der AG keine Besonderheiten auf. Der **Machtzuwachs** des **persönlich haftenden Gesellschafters** geht jedoch mit einem entsprechenden **Kompetenzverlust des Aufsichtsrats** einher. Dem Aufsichtsrat[19] fehlen insbesondere:

- die **Personal-Kompetenz,** also das Recht, die Geschäftsführung zu bestellen und abzuberufen;[20]
- die **Zustimmungs-Kompetenz** des § 111 Abs. 4 AktG, dh das Recht, die Vornahme bestimmter Geschäftsführungsmaßnahmen von seiner Zustimmung abhängig zu machen;
- die **Bilanzfeststellungs-Kompetenz** (diese steht der Hauptversammlung zu);
- die **Geschäftsordnungs-Kompetenz** des § 77 Abs. 2 AktG, also das Recht, für die Geschäftsführung eine Geschäftsordnung zu erlassen;
- die Kompetenz zur Bestellung eines Arbeitsdirektors gemäß § 33 Abs. 1 MitbestG.

16 Die **mitbestimmungsrechtliche Privilegierung** der KGaA beruht auf der grundlegenden Entscheidung des Gesetzgebers, Rechtsformen, welche die **persönliche Haftung** einzelner oder aller Gesellschafter vorsehen, **mitbestimmungsfrei** zu lassen (→ § 14 Rn. 3). Schon geraume Zeit vor der Anerkennung der GmbH & Co. KGaA durch den Beschluss des BGH vom 24.2.1997 wurde daher in der Literatur die Auffassung vertreten, für diese Privilegierung sei dann kein Raum, wenn der KGaA durch Typenvermischung eine Prägung verliehen werde, in der keine natürliche Person mehr für die Verbindlichkeiten der Gesellschaft persönlich hafte.[21] Zur Schließung der vermeintlichen Mitbestimmungslücke wird eine **analoge Anwendung** entweder von § 4 MitbestG[22] oder von § 5 MitbestG[23] befürwortet. Dies hätte zur Folge, dass die Arbeitnehmer der KGaA der Komplementär-GmbH oder -AG zugerechnet werden, bei der infolgedessen, wenn die Zahl von 2.000 Arbeitnehmern hierdurch überschritten würde, ein paritätisch mitbestimmter Aufsichtsrat zu bilden wäre.

17 Einer Analogie zu **§ 4 MitbestG** steht jedoch entgegen, dass das MitbestG insoweit eine stringente Regelung enthält.[24] Das MitbestG stellt tatsächlich keine planwidrig unvollständige, sondern eine „planmäßig punktuelle“, ja fast kasuistische Regelung dar, die zugleich die Wahlfreiheit bezüglich der Unternehmensformen völlig unangetastet lässt.[25] Die mitbestimmungsrechtliche Privilegierung der KGaA ist weniger das Resultat einer ausdrücklichen Bevorzugung durch das MitbestG, als vielmehr Folge der personengesellschaftsrechtlichen Führungsstruktur dieser Gesellschaft. Da dem Aufsichtsrat der KGaA gesellschaftsrechtlich geringere Kompetenzen zustehen als demjenigen der AG, bleibt auch die Mitbestimmung in der KGaA im Ergebnis weniger wirkungsvoll. Der Gesetzgeber hat bewusst darauf verzichtet, über das MitbestG in diese besondere gesellschaftsrechtliche Struktur der KGaA einzugreifen.

18 Auch der BGH hat das MitbestG insoweit als **abschließende Regelung** angesehen und in seiner Grundsatzentscheidung aus dem Jahr 1997 darauf hingewiesen, dass das MitbestG das Ergebnis eines auf politischem Wege gefundenen **Kompromisses** sei, der von den

---

[19] Bei Einschaltung einer GmbH & Co. KG oder Kapitalgesellschaft als Komplementär können die Gesellschafter nicht Mitglied des Aufsichtsrats sein, die Einfluss auf die Willensbildung der Komplementärgesellschaft haben (§ 287 Abs. 3 AktG), BGH 12.5.2005, DB 2006, 266. S. dazu auch *Goette* DStR 2006, 139 (141).

[20] Die Kommanditaktionäre können im Streitfall nur auf Ausschließung der Komplementär-Gesellschaft aus wichtigem Grund klagen (§ 278 Abs. 2 AktG iVm §§ 140, 161 Abs. 2 HGB).

[21] Dagegen *Arnold,* Die GmbH & Co. KGaA, 111; *Perlitt* in MüKoAktG § 278 Rn. 303 ff.

[22] *Oetker* in Großkomm. AktG § 4 MitbestG Rn. 2; *Ulmer/Habersack* in Ulmer/Habersack/Henssler MitbestG § 1 Rn. 40 f.; *Raiser* in Raiser/Veil/Jacobs MitbestG § 31 Rn. 46; *Knur* FS Flume, 1978, Bd. II, 173 (190). Noch weitergehend: *Steindorff* FS Ballerstedt, 1975, 127 (134), der bei der GmbH & Co. KGaA sogar auf das Tatbestandsmerkmal Mehrheitsidentität verzichten will.

[23] *Bayer* ZGR 1977, 173 (193); s. auch *Kessler* NZG 2005, 145 (150).

[24] *Lutter* ZGR 1977, 195 (200); *Hecht* in Bürgers/Fett Die KGaA § 5 Rn. 532; *Schaumburg/Schulte* Die KGaA Rn. 83; *Herfs* in MHdB AG § 79 Rn. 73 ff.; *Bayreuther* JuS 1999, 651 (656); *Jaques* NZG 2000, 401 (404).

[25] Planwidrige Regelungslücke verneinend auch *Hasselbach/Ebbinghaus* DB 2015, 1269 (1273); *v. Eiff/Otte* GWR 2015, 246 (248); OLG Celle GmbHR 2015, 317 (rkr.).

Gerichten nicht durch „Rechtsfortbildung" korrigiert werden könne. Es sei vielmehr allein Sache des Gesetzgebers, das MitbestG den neuen Gegebenheiten anzupassen, wenn er tatsächlich der Ansicht sein sollte, die KGaA ohne natürliche Person als persönlich haftender Gesellschafter, die bei der Verabschiedung des MitbestG im Jahr 1976 niemand vorhersehen konnte, müsse der Mitbestimmung unterworfen werden.[26]

Eine analoge Anwendung von **§ 5 MitbestG** ist uE schon dadurch ausgeschlossen, dass § 4 MitbestG insoweit die **speziellere Norm** ist.[27] Auf die Ausführungen zur Anwendung dieser Norm im Falle einer GmbH & Co. KG kann verwiesen werden (→ § 14 Rn. 58 ff.). 19

Damit ist der **Aufsichtsrat** der KGaA, sofern ihm die Satzung nicht freiwillig eine stärkere Stellung einräumt, **„entmachtet"** und auf bloße Informationsrechte beschränkt. Auf die Geschäftspolitik des Unternehmens kann er weder direkt noch – mangels Personalkompetenz – indirekt Einfluss nehmen. Das bedeutet, dass die an sich auch für die KGaA geltende **Mitbestimmung der Arbeitnehmer** nicht nur nach dem DrittelbG (Drittelparität), sondern auch nach dem MitbestG 1976 (paritätische Mitbestimmung) weitgehend ins Leere geht, nämlich genau dort **entschärft** ist, wo sie von vielen Familienunternehmen traditionell als besonders störend empfunden wird.[28] 20

d) Satzungsautonomie. Bei der Satzungsgestaltung stellt sich die Frage, ob und inwieweit die zuvor beschriebenen Freiheiten der klassischen KGaA auch durch die GmbH & Co. KGaA in Anspruch genommen werden können, inwieweit die GmbH & Co. KGaA also ein der GmbH & Co. KG vergleichbares Instrument darstellt, um die den Personengesellschaften eröffneten **Gestaltungsspielräume** mit dem Vorteil der **Haftungsbeschränkung** zu kombinieren.[29] Denn im Blick auf den Anlegerschutz könnte bezweifelt werden, ob eine Gestaltung **kapitalmarktfähig** ist, die erklärtermaßen das Ziel verfolgt, die uneingeschränkte **Herrschaftsmacht** der **Altgesellschafter** zu perpetuieren und damit – spiegelbildlich – die Kontrollmechanismen und Gewaltenteilung des Aktienrechts, wie sie von der AG her bekannt sind, zu unterlaufen. 21

Der **BGH** hat in seiner Grundsatzentscheidung vom 24.2.1997[30] hervorgehoben, dass innerhalb der zwingenden gesetzlichen Regelungen und der unabweisbaren Bedürfnisse des Rechtsverkehrs, die im Wesentlichen durch die Notwendigkeit des **Gläubiger- und Anlegerschutzes** bestimmt werden, **Freiheit zur privatautonomen Gestaltung** bestehe. Er hat zugleich den Anlegerschutz bei der GmbH & Co. KGaA für ausreichend erachtet.[31] Die starke Stellung eines Komplementärs einer KGaA erfordere nicht zwingend als Ausgleich die persönliche Haftung einer natürlichen Person, weil die KGaA keine bloße Spielart der AG sei, sondern eine eigenständige Gesellschaftsform, deren Führungsstruktur sich nicht nach aktienrechtlichen Prinzipien, sondern nach dem Recht der KG richte. Dem atypischen Charakter der beschränkt haftenden KGaA und deren vom Regeltypus abweichenden Haftungs- und Herrschaftsverhältnissen sei vielmehr mit den Mitteln der **Publizität** ausreichend Rechnung zu tragen. 22

Immerhin hat der BGH erwogen, **Satzungsgestaltungen** zulasten der Kommanditaktionäre nur in **engeren Grenzen** zuzulassen als bei der gesetzestypischen KGaA, und auf Überlegungen im Schrifttum hingewiesen, die von der Rechtsprechung zu Publikums-KGs entwickelten Grundsätze hier entsprechend anzuwenden. Ob und in welchem Umfang solche Korrekturen erforderlich sind, hat der BGH jedoch ausdrücklich offengelassen.[32] 23

---

[26] BGH BB 1997, 1220 (1221).

[27] Ebenso OLG Celle GmbHR 2015, 317; *Hecht* in Bürgers/Fett Die KGaA § 5 Rn. 538; *Herfs* in MHdB AG § 79 Rn. 74; *Assmann/Sethe* in Großkomm. AktG Vor § 287 Rn. 11.

[28] *Binz/Sorg* DB 1997, 313 (315); *Binz/Sorg* BB 1988, 2041 (2043).

[29] Hierzu die Mustersatzungen bei *Freudenberg/Sorg,* Die KGaA mit beschränkter Haftung, 11 ff.

[30] BGH BB 1997, 1220.

[31] Zu Recht kritisch *Arnold,* Die GmbH & Co. KGaA, 165; *K. Schmidt* GesR § 32 IV 1b.

[32] BGH BB 1997, 1220 (1222). Ein Mitglied des II. Zivilsenats äußerte dazu in einem Symposium zur Grundsatzentscheidung des BGH vom 24.2.1997, der Senat habe in diesem Beschluss nicht mehr sagen wollen, als dass Minderheitenschutz kein Verbot der GmbH & Co. KGaA erforderlich mache. Auch der im Beschluss verwandte Begriff des Anlegerschutzes habe keine weitergehende Bedeutung. Vgl. dazu *Schäfer/Casper* ZHR Beiheft 67 (1998), 85.

24 Trotz dieser Betonung der **Vertragsfreiheit** geht die Literatur unter Berufung auf den in dem Urteil enthaltenen – sehr vagen – Verweis auf die **Bedürfnisse des Anlegerschutzes** vielfach davon aus, diese Freiheit bestehe bei der kapitalistischen KGaA nur in **eingeschränktem Umfang,** da hier – anders als bei der gesetzestypischen KGaA – wesentliche Korrektive unverantwortlichen Geschäftsleiterhandelns nicht zur Verfügung stünden.[33] In der Tat haben die Kommanditaktionäre weder die Möglichkeit, die Satzung der Gesellschaft in ihrem Sinne zu beeinflussen,[34] noch haftet der Prinzipal persönlich für die Schulden der Gesellschaft,[35] so dass eine wichtige Hemmschwelle (in der gesellschaftsrechtlichen Diskussion spricht man auch von „Bremsfunktion") menschlichen Handelns entfällt.

25 Anders als bei der gesetzestypischen KGaA haben die Kommanditaktionäre bei der kapitalistischen KGaA auch keinen Einfluss auf die Auswahl der Geschäftsführung der Komplementär-GmbH[36] oder Komplementär-AG, so dass der Aufsichtsrat im Ernstfall nicht einmal dann einschreiten und den Geschäftsführer bzw. (im Falle einer Komplementär-AG) Vorstand abberufen kann, wenn dieser berufsunfähig geworden ist oder durch kriminelle Machenschaften einen **wichtigen Grund** zur **fristlosen Kündigung** gegeben hat. Da die Entziehung der Geschäftsführungs- und Vertretungsbefugnis der Komplementärgesellschaft oder gar ihr Ausschluss regelmäßig nicht dem Interesse der Kommanditaktionäre entspricht, wird teilweise eine direkte Abberufung der Geschäftsführer der Komplementärgesellschaft durch die Kommanditaktionäre im Wege eines sog **Abberufungsdurchgriffs** für möglich gehalten.[37]

3. Steuerrechtliche Besonderheiten

26 **a) Ertragsteuern.** Die KGaA nimmt auch ertragsteuerlich eine **Zwitterstellung** ein. Zwar ist sie, wie die anderen Kapitalgesellschaften, körperschaftsteuerpflichtig. Bei der Berechnung ihres Einkommens wird gemäß § 9 Abs. 1 Nr. 1 KStG jedoch der **Gewinnanteil** des **persönlich haftenden Gesellschafters** gekürzt. Gemäß § 15 Abs. 1 S. 1 Nr. 3 EStG haben die Komplementäre diese Einkünfte als **Einkünfte aus Gewerbebetrieb** zu versteuern.

27 **Verfahrensrechtlich** wird die Einkommensbesteuerung des persönlich haftenden Gesellschafters, soweit dieser nicht auch Kommanditaktionär ist, „an der Wurzel" von der Körperschaftsbesteuerung der KGaA abgespalten.[38] Ihm wird demnach sein durch Betriebsvermögensvergleich zu ermittelnder Anteil am Ergebnis der KGaA einkommensteuerrechtlich unmittelbar zugerechnet.[39] Ist der persönlich haftende Gesellschafter eine **GmbH & Co. KG,** unterliegt deren Gewinnanteil bei der KGaA dem individuellen Steuersatz der Gesellschafter der GmbH & Co. KG. Im Falle einer **Komplementär-GmbH** wirkt sich die Zwitterstellung demgegenüber nicht aus, da diese mit ihren Einkünften ebenfalls körperschaftsteuerpflichtig ist.

28 Zu den **gewerblichen Einkünften** des persönlich haftenden Gesellschafters gehören – wie im Falle der GmbH & Co. KG – auch **Sondervergütungen,** insbesondere die

---

[33] Ausführlich *Halascz/Kloster/Kloster* GmbHR 2002, 77 (79 ff.); *Perlitt* in MüKoAktG § 278 Rn. 336 ff.

[34] *Schaumburg/Schulte,* Die KGaA, Rn. 54; *Ihrig/Schlitt* ZHR Beiheft 67, 57 ff.; *Schlitt,* Die Satzung der Kommanditgesellschaft auf Aktien, 18; *Perlitt* in MüKoAktG § 278 Rn. 336 ff.; *Koch* DB 2002, 1701 (1702).

[35] *Arnold,* Die GmbH & Co. KGaA, 57 f.; *Schaumburg/Schulte,* Die KGaA, Rn. 9, 54 ff.; *Schlitt,* Die Satzung der Kommanditgesellschaft auf Aktien, 18; *Perlitt* in MüKoAktG § 278 Rn. 284; *Koch* DB 2002, 1701 (1702).

[36] *Arnold,* Die GmbH & Co. KGaA, 58, 60; *Heermann* ZGR 2000, 61 (74); *Schlitt,* Die Satzung der Kommanditgesellschaft auf Aktien, 18; *Koch* DB 2002, 1701 (1702).

[37] *Schaumburg* DStZ 1998, 525 (531); *Sethe,* Die personalistische Kapitalgesellschaft mit Börsenzugang, 170. AA *Reger* in Bürgers/Fett Die KGaA § 5 Rn. 209 ff.; *Perlitt* in MüKoAktG § 278 Rn. 372 ff.; *Herfs* in MHdB AG § 79 Rn. 9. Zur vergleichbaren Problematik bei der GmbH & Co. KG näher → § 9 Rn. 3.

[38] S. BFH 21.6.1989 – X R 14/88, BStBl. II 1989, 881; offengelassen dagegen in BFH 4.12.2012 – I R 42/11, BFH/NV 2013, 589. Zum Meinungsstreit zwischen sog intransparenter und transparenter Betrachtung s. *Drüen* in HHR KStG § 9 Rn. 23 ff. Für Reform der KGaA-Besteuerung: Wissenschaftlicher Beirat Steuern Ernst & Young GmbH DB 2014, 147.

[39] *Wacker* in L. Schmidt EStG § 15 Rn. 891. Zur Frage der Erforderlichkeit eines Feststellungsverfahrens s. BFH 29.6.2016 – I B 32/16, BFH/NV 2016, 1679.

Geschäftsführerbezüge. Pensionszusagen sind in einer Sonderbilanz zu erfassen.[40] Eine Besonderheit besteht jedoch insoweit, als nach der BFH-Rechtsprechung etwaige **Kommanditaktien** des persönlich haftenden Gesellschafters **kein Sonderbetriebsvermögen** darstellen.[41] Sonderbetriebsvermögen könne – so der BFH – nicht werden, was nicht auch Betriebsvermögen der Gesellschaft werden könnte. Da die Kommanditaktien des persönlich haftenden Gesellschafters einer KGaA nach „gesetzlicher Anordnung“ nicht dessen Betriebsvermögen sein dürften,[42] könnten sie auch nicht auf dem Umweg über das Sonderbetriebsvermögen zu dessen Gewerbebetrieb iSd § 15 Abs. 1 S. 1 Nr. 3 EStG gerechnet werden. Davon abgesehen sei die Stellung des Kommanditisten in einer GmbH & Co. KG nicht mit derjenigen eines persönlich haftenden Gesellschafters in einer KGaA vergleichbar. Denn der Kommanditist erlange nur über seine Beteiligung an der Komplementär-GmbH Einfluss auf die Geschäftsführung. Der persönlich haftende Gesellschafter der KGaA sei hingegen auch ohne Beteiligung am Grundkapital geschäftsführungsbefugt.

Bei der **Gewerbesteuer** besteht folgende Besonderheit: Der mitunternehmerische Gewinnanteil der Komplementärgesellschaft fließt bei dieser in den Gewerbeertrag ein. Um eine **Doppelerfassung** zu vermeiden, wird der Gewinnanteil auf der Ebene der Komplementärgesellschaft jedoch gemäß § 9 Nr. 2b GewStG von deren Gewerbeertrag wieder gekürzt und damit letztlich nur bei der KGaA über die Hinzurechnung gemäß § 8 Nr. 4 GewStG[43] erfasst.[44] 29

Ausschüttungen auf Kommanditaktien (Dividenden) sind sowohl beim persönlich haftenden Gesellschafter als auch bei den Kommanditaktionären als **Einkünfte aus Kapitalvermögen** zu erfassen. Sie werden steuerlich behandelt wie Gewinnausschüttungen einer GmbH (→ § 25 Rn. 23). Die allgemeinen Grundsätze der steuerlichen Behandlung von **vGAs** sind auf die KGaA im Verhältnis zu deren Kommanditaktionären uneingeschränkt, im Verhältnis zur Komplementärgesellschaft dagegen nicht anwendbar.[45] 30

Für **Veräußerungsgewinne** aus Kommanditaktien gelten ebenfalls keine Besonderheiten gegenüber der GmbH (→ § 25 Rn. 83). Der einzige Unterschied ist der spezielle Aktien-Verlustverrechnungstopf gemäß § 20 Abs. 6 S. 4 EStG.[46] 31

b) Erbschaft- und Schenkungsteuer. Bei der Erbschaftsteuer wird das Vermögen der KGaA für erbschaftsteuerliche Zwecke in **zwei Vermögensmassen** aufgeteilt, nämlich in den Kapitalanteil des persönlich haftenden Gesellschafters (Betriebsvermögen) und in die Kommanditaktien. **Vor der ErbSt-Reform 2008** war diese Differenzierung steuerlich interessant, da für Betriebsvermögen und Kommanditaktien unterschiedliche Bewertungsmethoden galten. In dem Maße, in dem das finanzielle Engagement der Gesellschafter nicht in Form von Kommanditaktien, sondern als Komplementär-Kapital ausgestaltet war, wurde die Substanzbesteuerung der Gesellschafter vom **gemeinen Wert** der Aktien **abgekoppelt,** der bei börsennotierten KGaAs stets, bei anderen KGaAs meist deutlich höher war als der Steuerwert des Kapitalanteils. Der **erbschaftsteuerliche Vorteil** der GmbH & Co. KGaA gegenüber der reinen Kapitalgesellschaft war umso größer, je höher der **Kapitalanteil** der **Komplementär-GmbH** – zulasten des Grundkapitals – gewählt wurde.[47] 32

Die erbschaftsteuerliche Privilegierung der Personengesellschaft hatte erstmals die 1991 an die Börse gegangene **Lindner Holding KGaA** ausgenutzt, bei der allerdings neben einer GmbH & Co. KG noch eine weitere natürliche Person als Komplementär beteiligt war. Gleiches gilt für die im Herbst 1995 an die Börse gegangene Darmstädter **Merck** 33

[40] *Bode* in Blümich EStG § 15 Rn. 562 f. mwN.
[41] BFH 21.6.1989 – X R 14/88, BStBl. II 1989, 881.
[42] Der BFH sagt nicht, welche „gesetzliche Anordnung“ er meint. Eine solche ist für uns nicht ersichtlich.
[43] Hinzuzurechnen sind auch feste, nicht gewinnabhängige Leistungsvergütungen, BFH 6.10.2009 – I R 102/06, BFH/NV 2010, 462.
[44] *Güroff* in Glanegger/Güroff GewStG § 8 Nr. 4 Rn. 2.
[45] *Engel* in Bürgers/Fett Die KGaA § 9 Rn. 33 ff.; *Mahlow* DB 2003, 1540.
[46] Hierzu *Weber-Grellet* in L. Schmidt EStG § 20 Rn. 189 sowie BMF-Schreiben 18.1.2016, BStBl. I 2016, 85 Rn. 228.
[47] *Schaumburg* DStZ 1998, 525 (536).

KGaA, deren Altgesellschafter ihr Vermögen ebenfalls nicht in Kommanditaktien, sondern in Anteilen an der Komplementär-OHG investierten. Trotz Börsennotierung war für die Erbschaftsteuer in diesen Fällen, soweit die Beteiligung über die Komplementär-Gesellschaft gehalten wurde, nicht der Börsenwert, sondern der deutlich niedrigere Steuerwert maßgeblich.

34 Mit dem ErbStRG ist dieser Vorteil ab 2009 **weitgehend entfallen.**[48] Es bleibt jedoch dabei, dass für die Bewertung der Komplementär-Beteiligung nicht der Börsenkurs maßgeblich ist, sondern der gemäß § 11 Abs. 2 BewG zu ermittelnde gemeine Wert, der tendenziell niedriger sein dürfte. Ferner erfordert die sog Optionsverschonung bei den Kommanditaktien eine Mindestbeteiligung von 25 % oder eine geeignete Poolregelung (§ 13b Abs. 1 Nr. 3 ErbStG). Die weiteren rechtsformbedingten Unterschiede sind von untergeordneter Bedeutung (näher → § 25 Rn. 104 ff.).

IV. Exkurs: Die SE & Co. KGaA

35 Zunehmend gewinnt auch die SE & Co. KGaA an Bedeutung.[49] Diese hat wie die AG & Co. KGaA einen gewissen Reputationsvorteil gegenüber der GmbH & Co. KGaA, wobei die SE als Komplementärin zusätzlich für Internationalität steht.[50] Bei der AG & KGaA besteht auf der Ebene der KGaA wie auch auf der Ebene der AG jeweils ein Aufsichtsrat.[51] Hier ist die SE & Co. KGaA flexibler, da bei der SE die Wahl zwischen dem dualistischen und dem monistischen System besteht, wobei Letzteres wiederum als CEO-Modell oder als Trennungsmodell ausgestaltet werden kann (näher → § 22 Rn. 7 ff.). So können sich etwa Altgesellschafter (Familiengesellschafter) die Möglichkeit der Letztentscheidung bezüglich aller Geschäftsführungsmaßnahmen bei der KGaA sichern, ohne selbst die laufende Geschäftsführung übernehmen zu müssen, wenn die Komplementär-SE nach dem monistischen System und unter Anwendung des Trennungsmodells ausgestaltet ist.[52] Der Einsatz einer mitbestimmungsfreien SE als Komplementär dürfte auch die Diskussion um die Schließung einer angeblichen Mitbestimmungslücke durch analoge Anwendung von § 4 bzw. § 5 MitbestG (→ Rn. 16 ff.) entschärfen.[53]

V. Resümee

36 Die GmbH & Co. KGaA, erst recht die AG & Co. KGaA und die SE & Co. KGaA, ist wesentlich **gestaltungsaufwendiger** als die GmbH & Co. KG, weist gegenüber dieser aber weder aus gesellschaftsrechtlicher noch aus steuerrechtlicher Sicht signifikante Vorteile auf, sondern birgt unverändert ein gewisses Maß an Rechtsunsicherheit.[54] Sie ist als **Rechtsform-Alternative** deshalb allenfalls dann interessant, wenn der **Gang an den Kapitalmarkt** geplant ist.[55]

37 Die Altgesellschafter müssen ihre bisherige **Machtstellung** selbst dann nicht mit den neuen Aktionären teilen, wenn die Familie am Grundkapital nur noch eine Minderheitsbeteiligung hält. Auch wenn die damit verbundene **Missbrauchsgefahr** gerade bei einer börsennotierten GmbH & Co. KGaA aufgrund entsprechender Öffentlichkeit eher begrenzt sein dürfte, kann als sicher davon ausgegangen werden, dass die Aktien einer derartigen KGaA im Verhältnis zu einer „normalen" Aktie mit einem im Einzelfall sicher nicht unerheblichen **Kursabschlag**[56] „abgestraft" werden. Immerhin ist seit vielen Jahren sogar die

---

[48] *Kamps* ErbStB 2009, 248.

[49] Beispiele sind Bertelsmann SE & Co. KGaA, Fresenius SE & Co. KGaA, Sto SE & Co. KGaA, Testo SE & Co. KGaA.

[50] *v. Eiff/Otte* GWR 2015, 246 (248).

[51] Zu deren Rechte und Zuständigkeiten s. *Hasselbach/Ebbinghaus* DB 2015, 1269 (1272).

[52] S. auch *Mayer-Uellner/Otte* NZG 2015, 737 (738, 740).

[53] *Mayer-Uellner/Otte* NZG 2015, 737 (738); *Reichert* ZIP 2014, 1957 (1964 f.).

[54] *Perlitt* in MüKoAktG Vor § 278 Rn. 66.

[55] *Schaumburg/Schulte,* Die KGaA, Rn. 214; *Perlitt* in MüKoAktG § 278 Rn. 280, 291 ff.; *Herfs* in MHdB AG § 76 Rn. 5 mit Beispielen.

[56] *Ladwig/Motte* DStR 1996, 800 (846).

klassische **Vorzugsaktie** ins Gerede gekommen, da auch sie dem Aktionär keine faire Teilhabe an unternehmerischen Entscheidungen ermöglicht: die **Vorzugsaktie** nicht, weil sie gegen den Grundsatz des one share one vote verstößt, die Aktie einer **GmbH & Co. KGaA** nicht, weil hier die Kommanditaktionäre – selbst bei überwältigender Mehrheit – zwar abstimmen dürfen, dem von ihnen gewählten Aufsichtsrat aber de facto keine Entscheidungsmacht zukommt, er grundsätzlich nicht einmal die von der Komplementär-GmbH oder -AG als dem eigentlichen **„Machtzentrum"** entsandten Geschäftsführer oder Vorstände austauschen kann.

Fünfter Teil. Die GmbH & Co. KG in Umwandlungsfällen

§ 29 Umwandlung einer GmbH in eine GmbH & Co. KG

I. Handelsrechtliche Gestaltung

1. Rechtsentwicklung

Mit dem am **1.1.1995** in Kraft getretenen UmwG[1] wurde erstmals das gesamte handelsrechtliche Umwandlungsrecht in einem einheitlichen Gesetz geregelt. Bis dahin scheiterte die **unmittelbare Umwandlung** einer GmbH in eine GmbH & Co. KG an der in § 1 Abs. 2 S. 1 UmwG aF[2] vorgegebenen Sperre, wonach die Umwandlung einer Kapitalgesellschaft in oder auf eine Personengesellschaft dann unzulässig war, wenn an dieser „eine Kapitalgesellschaft als Gesellschafter beteiligt ist". Der vollständige Vermögensübergang von einer GmbH auf eine zu errichtende oder bereits bestehende GmbH & Co. KG, wie er insbesondere bei der Umgründung von Familien-Kapitalgesellschaften vielfach angestrebt wird, ließ sich somit nur auf **Umwegen**[3] erreichen, zB durch Umwandlung auf eine doppelstöckige GmbH & Co. KG. Da diese Sperre in das UmwG 1995 nicht übernommen wurde, kann eine GmbH seither unmittelbar in eine GmbH & Co. KG umgewandelt werden, und zwar entweder in eine neue GmbH & Co. KG (durch Formwechsel oder Verschmelzung) oder auf eine bereits bestehende GmbH & Co. KG (durch Verschmelzung). 1

Vor dem Inkrafttreten des UmwG 1995 war der **Formwechsel** den Kapitalgesellschaften vorbehalten. Seitdem wird auch die früher als übertragend angesehene Umwandlung einer Kapital- in eine Personengesellschaft als lediglich formwechselnd angesehen.[4] Bei der übertragenden Umwandlung fand unter Ausschluss der Liquidation des übertragenden Rechtsträgers eine Vermögensübertragung auf den dadurch errichteten neuen Rechtsträger im Wege der Gesamtrechtsnachfolge statt. Demgegenüber führt die formwechselnde Umwandlung nur zur Änderung der äußeren Rechtsform des Unternehmens bei voller **Aufrechterhaltung seiner Identität** ohne Übertragung des Vermögens. Diese Änderung ist in der Praxis – nicht nur bei der Grunderwerbsteuer (→ Rn. 52) – von erheblicher Bedeutung. 2

2. Formwechselnde Umwandlung

a) Ablauf des Formwechsels. Gemäß **§§ 190, 191 UmwG** kann eine GmbH (formwechselnder Rechtsträger) durch Formwechsel die Rechtsform einer GmbH & Co. KG (Rechtsträger neuer Rechtsform) erhalten. 3

Die formwechselnde Umwandlung wird eingeleitet durch einen **Umwandlungsbericht** der GmbH-Geschäftsführer, in dem der Formwechsel und die künftige Beteiligung der Gesellschafter rechtlich und wirtschaftlich zu begründen sind (§ 192 UmwG). Der Umwandlungsbericht muss einen Entwurf des Umwandlungsbeschlusses enthalten.[5] Der Umwandlungsbericht ist nicht erforderlich, wenn die GmbH nur einen Gesellschafter hat oder wenn alle Gesellschafter durch notariell beurkundete Erklärung auf seine Erstattung verzichten (§ 192 Abs. 2 UmwG). Der Entwurf des Umwandlungsbeschlusses ist spätestens 4

[1] Zur Entwicklung *Mayer* in Widmann/Mayer UmwG Einf. Rn. 1 ff.; *Lutter/Bayer* in Lutter UmwG Einl. I Rn. 8 ff.

[2] UmwG 1969, BGBl. 1969 I 2081.

[3] Zuletzt *Schwedhelm* GmbHR 1993, 493 (494 f.).

[4] Dazu BT-Drs. 12/6699, 136 zum 5. Buch UmwG; *Sagasser/Luke* in Sagasser/Bula/Brünger Umwandlungen § 26 Rn. 10 ff.

[5] Eine Vermögensaufstellung ist seit der Streichung von § 192 Abs. 2 UmwG aF durch das 2. UmwÄndG nicht mehr beizufügen.

einen Monat vor der Beschlussfassung über den Formwechsel dem zuständigen (Gesamt-)**Betriebsrat** zuzuleiten (§ 194 Abs. 2 UmwG).

5 Der Umwandlungsbeschluss bedarf gemäß § 233 Abs. 2 UmwG einer **Mehrheit von mindestens drei Vierteln** der bei der Gesellschafterversammlung der formwechselnden GmbH abgegebenen Stimmen, sofern die Satzung dieser Gesellschaft keine größere Mehrheit oder weitere Erfordernisse bestimmt. Ferner müssen alle Gesellschafter, die in der GmbH & Co. KG die Stellung eines persönlich haftenden Gesellschafters haben sollen, insbesondere also die künftige Komplementär-GmbH, dem Formwechsel zustimmen.

6 Der **Mindestinhalt des Umwandlungsbeschlusses** ist in §§ 194 Abs. 1, 234 UmwG bestimmt. Hiernach sind anzugeben die künftige Rechtsform, der Sitz und die Firma[6] der GmbH & Co. KG, die Kommanditisten mit dem Betrag ihrer Einlagen, die Anteilseignerrechte der Gesellschafter, ein Abfindungsangebot sowie die Folgen des Formwechsels für die Arbeitnehmer. Seit dem 2. UmwÄndG vom 19.4.2007 gehört auch der **Gesellschaftsvertrag** der Personengesellschaft zum notwendigen Inhalt des Umwandlungsbeschlusses (§ 234 Nr. 3 UmwG). Die bis dahin geführte Diskussion, mit welcher Mehrheit der Gesellschaftsvertrag zu beschließen war sowie ob und ggf. inwieweit, wenn auf die Mitbeurkundung eines schriftlichen Gesellschaftsvertrags verzichtet wurde, die Satzung der formwechselnden GmbH in der Übergangsphase oder ggf. auch dauerhaft als Gesellschaftsvertrag der neuen GmbH & Co. KG fortgalt, ist damit Makulatur.[7] Die Neuregelung ist deshalb uneingeschränkt zu begrüßen, zumal hierdurch weder zusätzliche Kosten ausgelöst werden[8] noch die Verpflichtung begründet wird, den gesamten Inhalt des Gesellschaftsvertrags zum Handelsregister einzureichen. Es ist ausreichend, wenn nur die zwingend erforderlichen Angaben in dem Gesellschaftsvertrag auszugsweise eingereicht werden (§ 49 Abs. 5 BeurkG iVm § 42 Abs. 3 BeurkG).[9]

7 Als Korrelat zu der Möglichkeit, die Umwandlung mit qualifizierter Mehrheit beschließen zu können, ist die formwechselnde GmbH gemäß §§ 194 Abs. 1 Nr. 6, 207 UmwG verpflichtet, jedem Gesellschafter, der gegen den Umwandlungsbeschluss Widerspruch zur Niederschrift erklärt, den Erwerb seiner umgewandelten Anteile gegen eine **angemessene Barabfindung anzubieten.** Die Angemessenheit der Barabfindung, die die Verhältnisse der formwechselnden GmbH im Zeitpunkt der Beschlussfassung berücksichtigen muss, ist durch einen Wirtschaftsprüfer oder vereidigten Buchprüfer **zu prüfen** (§ 208 UmwG iVm § 30 UmwG). Das Abfindungsangebot ist entbehrlich, wenn die formwechselnde GmbH nur einen Gesellschafter hat (§ 194 Abs. 1 Nr. 6 UmwG) oder alle Gesellschafter durch notariell beurkundete Erklärungen hierauf verzichten. Zwar sieht das Gesetz im letztgenannten Fall einen Verzicht nur für die Prüfung der Abfindung vor (§§ 208, 30 Abs. 2 S. 3 UmwG). Da das Recht auf Ausscheiden gegen Barabfindung ausschließlich zum Schutz der Gesellschafter besteht, hält die hM[10] jedoch zu Recht auch das Abfindungsangebot als solches für verzichtbar.

8 Gemäß § 228 Abs. 1 UmwG kann die GmbH im Wege des Formwechsels nur dann in eine GmbH & Co. KG umgewandelt werden, wenn ihr **Unternehmensgegenstand** im Zeitpunkt des Wirksamwerdens des Formwechsels den Vorschriften über die Gründung einer OHG genügt. Das bedeutet, dass der Gegenstand des Unternehmens der GmbH **nicht** zwingend auf den Betrieb eines (vollkaufmännischen) **Handelsgewerbes** gerichtet sein muss; es ist vielmehr ausreichend, wenn die Voraussetzungen zur Eintragung im Han-

[6] Die Firma kann – vom Rechtsformzusatz abgesehen – fortgeführt werden (§ 200 UmwG).

[7] Vgl. BT-Drs. 16/2919, 19; *Drinhausen* BB 2006, 2317; *Stratz* in Schmitt/Hörtnagel/Stratz UmwG § 234 Rn. 6.

[8] Die Notarkosten (Nr. 21100 Kostenverzeichnis zu § 3 Abs. 2 GNotKG) umfassen den „notwendigen Inhalt“ des Beschlusses, weshalb dessen Einzelkomponenten nicht nochmals gesondert berechnet werden können. AA wohl *Stratz* in Schmitt/Hörtnagl/Stratz UmwG § 234 Rn. 6.

[9] *Vossius* in Widmann/Mayer UmwG § 234 Rn. 19. AA *Blasche* in Kallmeyer UmwG § 234 Rn. 8 f. mit der Anregung, weitergehendere Regelungen erst nachträglich (privatschriftlich) zu vereinbaren.

[10] *Decher/Hoger* in Lutter UmwG § 207 Rn. 22; *Meister/Klöcker* in Kallmeyer UmwG § 207 Rn. 45 iVm § 194 Rn. 46; *Wälzholz* in Widmann/Mayer UmwG § 207 Rn. 34.

delsregister einer kleingewerblichen oder vermögensverwaltenden Personenhandelsgesellschaft vorliegen (§ 105 Abs. 2 S. 1 HGB iVm § 161 Abs. 2 HGB).

Der Formwechsel ist durch die **Geschäftsführer der formwechselnden GmbH** zur Eintragung in das **Handelsregister anzumelden** (§§ 198 Abs. 1, 235 Abs. 2 UmwG). Eine Handelsregisteranmeldung durch die **Gesellschafter** der umgewandelten GmbH & Co. KG ist **nicht** vorgesehen,[11] selbst wenn die formwechselnde GmbH lediglich kleingewerblich tätig ist oder nur eigenes Vermögen verwaltet und die GmbH & Co. KG im Falle der Neugründung nur auf Antrag (§ 105 Abs. 2 HGB), der von allen Gesellschaftern gestellt werden müsste (§ 108 HGB iVm § 161 Abs. 2 HGB), ins Handelsregister eingetragen würde. Die Mitwirkung einzelner Kommanditisten ist auch dann entbehrlich, wenn diese, zB durch Annahme eines Barabfindungsangebots, im Zuge des Formwechsels ausscheiden; in diesem Fall genügt eine im Umwandlungsbeschluss enthaltene Anmeldevollmacht, und zwar unabhängig davon, ob die ausscheidenden Gesellschafter an der Beschlussfassung teilgenommen oder überhaupt anwesend waren.[12] 9

Mit der **Eintragung** der GmbH & Co. KG in das Handelsregister besteht die formwechselnde GmbH in der neuen Rechtsform weiter (§ 202 Abs. 1 Nr. 1 UmwG). 10

b) Gesellschafterstellung der Komplementär-GmbH. Aus der Sicht des UmwG handelt es sich bei der GmbH & Co. KG nicht um eine eigenständige Rechtsform, sondern um eine KG, an der eine GmbH als persönlich haftender Gesellschafter beteiligt ist. Diese triviale Erkenntnis hat die in der Praxis bedeutsame Folge, dass die **Komplementär-GmbH** beim Formwechsel **nicht automatisch entsteht,** sondern als vorhanden vorausgesetzt wird. Das wäre an sich unproblematisch, da die Komplementär-GmbH, wenn sie nicht ausnahmsweise bereits als Vorratsgesellschaft vorhanden ist, ad hoc gegründet werden und noch im Gründungsstadium handeln kann.[13] 11

Voraussetzung für die formwechselnde Umwandlung einer GmbH in die Rechtsform der GmbH & Co. KG ist allerdings, dass die als Komplementärin vorgesehene GmbH bereits als Gesellschafterin an der formwechselnden GmbH beteiligt ist, da das Gesetz beim Formwechsel grundsätzlich von der **Identität der Anteilseigner** vor und nach der Umwandlung ausgeht.[14] Die Ausweichlösung über eine Umwandlung in eine echte KG mit Beitritt der Komplementär-GmbH erst nach dem Formwechsel scheidet aus Haftungsgründen regelmäßig aus. Der sich aufdrängende Ausweg, die neugegründete Komplementär-GmbH unmittelbar vor dem Umwandlungsbeschluss noch an der formwechselnden GmbH zu beteiligen, scheitert daran, dass die Komplementär-GmbH in der Regel kapitalmäßig nicht an der GmbH & Co. KG beteiligt sein soll, eine derartige Null-Beteiligung an der formwechselnden GmbH aber nicht möglich ist. 12

Eine **Ausnahme** vom Grundsatz der Personenidentität enthält das Gesetz nur bei der Umwandlung in die Rechtsform der **KGaA.**[15] Gemäß § 221 S. 1 UmwG genügt es in diesem Fall, wenn der persönlich haftende Gesellschafter erst im Zeitpunkt der Umwandlung beitritt. Im Übrigen soll sich der Formwechsel „allein im Kreis der schon bisher beteiligten Anteilsinhaber vollziehen".[16] Hieraus könnte der Schluss gezogen werden, dass der Gesetzgeber zwar die Umwandlungssperre des § 1 Abs. 2 S. 1 UmwG 1969 beseitigt, darüber hinaus aber sein Ziel verfehlt hat, den Formwechsel auch in die GmbH & Co. KG zu vereinfachen.[17] 13

---

[11] *Göthel* in Lutter UmwG § 235 Rn. 6; *Vossius* in Widmann/Mayer UmwG § 235 Rn. 3, 12; *Stratz* in Schmitt/Hörtnagl/Stratz UmwG § 235 Rn. 3.

[12] OLG Schleswig BB 2003, 1811.

[13] Die künftige Komplementär-GmbH kann sich bereits als Vor-GmbH an einer Handelsgesellschaft beteiligen; zu den damit verbundenen Haftungsrisiken → § 3 Rn. 84 ff.

[14] BT-Drs. 12/6699, vor § 190 UmwG; *Stratz* in Schmitt/Hörtnagl/Stratz UmwG § 190 Rn. 6; *Decher/Hoger* in Lutter UmwG § 190 Rn. 1, UmwG § 202 Rn. 1, 13.

[15] Außerdem für bestimmte Mitglieder eines formwechselnden Versicherungsvereins auf Gegenseitigkeit (§ 294 Abs. 1 S. 2 UmwG).

[16] BT-Drs. 12/6699, vor § 190 UmwG.

[17] *Sagasser/Luke* in Sagasser/Bula/Brünger Umwandlungen § 26 Rn. 160 f.

14 Die Praxis behilft sich bei dieser unbefriedigenden Ausgangslage erneut mit einer **Umweglösung,** nämlich der **treuhänderischen Beteiligung** der künftigen Komplementär-GmbH an der formwechselnden GmbH. Die Beteiligung der künftigen Komplementär-GmbH wird durch die Abtretung eines (Teil-)Geschäftsanteils an der formwechselnden GmbH durch einen ihrer Gesellschafter herbeigeführt.[18] Hierbei genügt der gesetzliche Mindestbetrag gemäß § 5 Abs. 2 S. 1 GmbHG von 1 Euro.[19] Die künftige Komplementärin erhält diesen (Teil-) Geschäftsanteil an der formwechselnden GmbH allein deshalb, weil der Gesellschafter einer GmbH notwendig an deren Vermögen beteiligt sein muss. Ihre Vermögensbeteiligung ist deshalb nicht gewollt, sondern vom Gesetz erzwungen, was in der lediglich treuhänderischen Beteiligung seinen Ausdruck findet.

15 Für die **Beendigung des Treuhandverhältnisses** nach dem Formwechsel gibt es zwei Möglichkeiten. Entweder wird der Treuhandvertrag mit der Maßgabe geschlossen, dass der Kapitalanteil der Komplementär-GmbH an der künftigen GmbH & Co. KG mit Eintragung des Formwechsels im Handelsregister an den Treugeber, also denjenigen Gesellschafter **zurückfällt,** von dem sie den (Teil-) Geschäftsanteil erhalten hat.[20] Oder die Gesellschafter der formwechselnden GmbH bestimmen im **Umwandlungsbeschluss,** dass dem abtretenden GmbH-Gesellschafter der auf den abgetretenen Geschäftsanteil entfallende Kapitalanteil als Teil seiner Kommanditeinlage zugerechnet wird, während für die Komplementärin die Festsetzung eines Kapitalkontos in der KG entfällt.[21] In beiden Fällen besteht die Treuhandschaft nur zwischen dem abtretenden Gesellschafter der formwechselnden GmbH und der künftigen Komplementär-GmbH. Gegenstand der Treuhand ist ausschließlich der GmbH-Anteil, nicht die Komplementärstellung in der GmbH & Co. KG, weshalb eine unbeschränkte Haftung des abtretenden Gesellschafters ausgeschlossen ist.[22]

16 Nicht zuletzt wegen der Umständlichkeit dieser Hilfskonstruktion sind wir mit der inzwischen überwiegenden Meinung[23] der Auffassung, dass es nicht gegen das Identitätsprinzip verstößt, wenn der **Eintritt der Komplementär-GmbH erst im Umwandlungsbeschluss** bestimmt wird. Zwar geht das Gesetz beim Formwechsel von einer Identität der Anteilsinhaber aus. Das Gesetz untersagt es den Anteilsinhabern jedoch nicht, anlässlich des Formwechsels ihre Beteiligungsverhältnisse rechtsgeschäftlich abweichend von den gesetzlichen Folgen zu regeln, zumal der Zweck des Umwandlungsgesetzes gerade darin besteht, Veränderungen der Unternehmensstruktur zu erleichtern.

17 Es muss deshalb möglich sein, den Eintritt der Komplementär-GmbH mit dem Formwechsel zu **kombinieren.** Die Verbotsnormen in § 1 Abs. 1 und 2 UmwG stehen dem nicht entgegen.[24] Die Kombination von Formwechsel und Eintritt eines Gesellschafters ist nämlich kein anderer „Fall" iSv § 1 Abs. 2 UmwG. Gemäß § 1 Abs. 3 UmwG kann von den Vorschriften des Gesetzes nur abgewichen werden, wenn dies ausdrücklich zugelassen ist; Ergänzungen sind nur zulässig, soweit das Gesetz keine abschließende Regelung enthält.[25] Ein Kombinationsverbot ist dem UmwG nicht zu entnehmen; es enthält auch keine, die Kombination des Formwechsels mit dem Gesellschafterbeitritt ausschließende Regelung.[26] Sonstige Gründe, die zB unter dem Gesichtspunkt des Gläubiger- oder Minderhei-

[18] *Vossius* in Widmann/Mayer UmwG § 228 Rn. 101 verweist für den Fall, dass diese GmbH soeben gegründet wurde, auf die Risiken aus der Handelnden-Haftung (§ 11 Abs. 2 GmbHG).

[19] *Ihrig* in Semler/Stengel UmwG § 228 Rn. 25 ff.: „Minimalbeteiligung".

[20] *Ihrig* in Semler/Stengel UmwG § 228 Rn. 27; *Meister/Klöcker* in Kallmeyer UmwG § 191 Rn. 14.

[21] *Dremel* in HTM HdB GmbH & Co. KG Rn. 11.10.

[22] Im Ergebnis ebenso *Dremel* in HTM HdB GmbH & Co. KG Rn. 11.10.

[23] Wie hier *Leonard* in Semler/Stengel UmwG § 202 Rn. 22; *Ihrig* in Semler/Stengel UmwG § 228 Rn. 23; *Göthel* in Lutter UmwG § 228 Rn. 25 f., 28; *Decher/Hoger* in Lutter UmwG § 202 Rn. 12; *Blasche* in Kallmeyer UmwG § 228 Rn. 7; *Stratz* in Schmitt/Hörtnagl/Stratz UmwG § 226 Rn. 3; *K. Schmidt* ZIP 1998, 181 (186); *Vossius* in Widmann/Mayer UmwG § 202 Rn. 45, UmwG § 228 Rn. 95 (jedoch verhalten); *Wiedemann* ZGR 1999, 578; *Heckschen* DB 2008, 2122 (2123). Weiterhin kritisch *Meister/Klöcker* in Kallmeyer UmwG § 191 Rn. 15, 12; *Greve* in Haritz/Menner UmwStG § 9 Rn. 15; *Möhlenbrock* in DPM UmwStG § 9 (SEStEG) Rn. 4.

[24] *Priester* DB 1997, 560 (563).

[25] Das Gesetz folgt mit dieser Regelung dem Vorbild der Satzungsstrenge bei der AG (§ 23 Abs. 5 AktG).

[26] *Göthel* in Lutter UmwG § 228 Rn. 26; aA *Greve* in Haritz/Menner UmwStG § 9 Rn. 15.

tenschutzes gegen die Kombinationslösung sprechen könnten, sind nicht ersichtlich. Das folgt nicht zuletzt daraus, dass der Beitritt eines persönlich haftenden Gesellschafters beim Formwechsel in die Rechtsform der KGaA sogar ausdrücklich zugelassen ist (§§ 194 Abs. 1 Nr. 4, 221 UmwG).

Die **Rechtsprechung** hat sich zu der Streitfrage noch nicht abschließend geäußert.[27] 18
Nach Ansicht des BayObLG steht es dem Formwechsel zwar nicht entgegen, dass die künftige Komplementär-GmbH der formwechselnden GmbH erst nach Fassung des Umwandlungsbeschlusses – aber vor Eintragung des Formwechsels – beitritt.[28] Die hier entscheidende Frage, ob die Komplementär-GmbH zum Zeitpunkt der Eintragung der neuen GmbH & Co. KG im Handelsregister dieser unmittelbar beitreten kann, wurde aber ausdrücklich offengelassen. Auch der BGH hat sich in einem obiter dictum in der Entscheidung vom 9.5.2005[29] auf die Aussage beschränkt, der Grundsatz der Kontinuität in § 202 Abs. 1 Nr. 2 UmwG besage nur, dass die Berechtigten, die bei Eintragung des Formwechsels die Anteilsinhaber seien, auch dem neuen Rechtsträger als Mitglieder angehörten.

Nach der hier vertretenen Auffassung kann eine GmbH also auf **direktem Wege** in 19
eine typische GmbH & Co. KG **umgewandelt** werden, bei der die Komplementär-GmbH nicht kapitalmäßig beteiligt ist. Die Gesellschafter der formwechselnden GmbH beschließen die Umwandlung in die Rechtsform der KG, deren (feste) Kommanditeinlagen den bisherigen Stammeinlagen entsprechen werden. Gleichzeitig wird der Eintritt der von den Gesellschaftern der formwechselnden GmbH gegründeten künftigen Komplementär-GmbH ohne Kapitalanteil an der GmbH & Co. KG auf den Stichtag der Eintragung des Formwechsels im Wege eines einstimmigen Beschlusses[30] herbeigeführt. Soll die GmbH & Co. KG als **Einheitsgesellschaft** ausgestaltet werden, müssten entweder die Anteile an der künftigen Komplementär-GmbH aufschiebend bedingt durch die Eintragung des Formwechsels an den formwechselnden Rechtsträger abgetreten[31] oder die Komplementär-GmbH von diesem gegründet werden. Anschließend wird die mit dem Beitritt der Komplementär-GmbH kombinierte Umwandlung von den Geschäftsführern der formwechselnden GmbH und allen Gesellschaftern der GmbH & Co. KG zur Eintragung ins Handelsregister angemeldet.

Da die Zweifelsfrage nicht abschließend geklärt ist, empfiehlt es sich in der **Praxis,** mit 20
dem jeweils **zuständigen Registergericht vorab** zu klären, ob es der in dem obiter dictum getätigten Aussage des BGH folgt, nach der das Identitätsprinzip nicht einem Umwandlungsbeschluss entgegensteht, in dem der Eintritt eines neuen Gesellschafters beschlossen wird. Sollte diese Anfrage verneint werden, bleibt nur der Umweg über die treuhänderische Beteiligung vor dem Formwechsel[32] oder aber der Rechtsweg im Interesse der Allgemeinheit!

3. Umwandlung durch Verschmelzung

Eine Verschmelzung ist gemäß § 2 UmwG rechtstechnisch nur möglich, indem mindes- 21
tens eine Gesellschaft auf eine schon bestehende Gesellschaft oder mindestens zwei Gesellschaften auf eine neue Gesellschaft umgewandelt werden. Demnach kann eine einzelne GmbH auf eine **GmbH & Co. KG** nur verschmolzen werden, wenn eine solche **bereits besteht.**

---

[27] *Stratz* in Schmitt/Hörtnagl/Stratz UmwG § 226 Rn. 3 sieht jedoch eine „Tendenz" des BGH in Richtung der Kombinationslösung.

[28] BGH 4.11.1999, DB 2000, 36.

[29] BGH DB 2005, 1842. Vgl. *Heckschen* DB 2008, 2122 (2123).

[30] Der einstimmige Beschluss ist der sicherste Weg, *Levedag* in MHdB GesR II § 58 Rn. 260; *Heckschen* DB 2008, 2122 (2124).

[31] Vgl. *Ihrig* in Semler/Stengel UmwG § 228 Rn. 27.

[32] *Dremel* in HTM HdB GmbH & Co. KG Rn. 11.10; *Levedag* in MHdB GesR II § 58 Rn. 261; *Vossius* in Widmann/Mayer UmwG § 202 Rn. 45; § 228 Rn. 96 ff.: „sicherster Weg"; *Priester* DStR 2005, 788 (793).

22 Durch die Verschmelzung übertragen ein oder mehrere Rechtsträger ihr Vermögen einschließlich Verbindlichkeiten im Wege der Gesamtrechtsnachfolge auf einen anderen Rechtsträger. Die übertragenden Rechtsträger gehen im Zuge der Verschmelzung liquidationslos unter.[33] Eine **Verschmelzung der Komplementär-GmbH auf ihre KG** wäre daher **unzulässig,** wenn diese nur einen Kommanditisten hat, da dann auch die KG untergehen und es zur Vermögensanwachsung beim alleinigen Kommanditisten kommen würde.[34]

23 Die Verschmelzung erfolgt durch einen notariell zu errichtenden **Verschmelzungsvertrag** (§§ 4–7 UmwG), dem die Gesellschafter der betroffenen Gesellschaften in notariell beurkundeter Form **zustimmen** müssen. Die Notarkosten sind bei der Verschmelzung deutlich höher: Während beim Formwechsel lediglich für die Beurkundung des Umwandlungsbeschlusses zwei Gebühren (Nr. 21100 Kostenverzeichnis zu § 3 Abs. 2 GNotKG) bei einem auf 5 Mio. Euro begrenzten Gegenstandswert (§ 108 Abs. 5 GNotKG) anfallen, werden bei der Verschmelzung der Verschmelzungsvertrag mit einem Gegenstandswert bis maximal 10 Mio. Euro (§ 107 Abs. 1 GNotKG) und die Gesellschafterbeschlüsse mit einem auf maximal 5 Mio. Euro begrenzten Gegenstandswert (§§ 108 Abs. 5, 109 Abs. 2 Nr. 4 lit. g GNotKG) bei der Kostenberechnung auf der Grundlage von zwei Gebühren erfasst.

24 Durch die Beteiligung von mindestens zwei Rechtsträgern ist die Verschmelzung somit **komplizierter** und **teurer** als die formwechselnde Umwandlung, weshalb dieser in der Praxis regelmäßig der Vorzug gegeben werden dürfte. Auch aus steuerlichen Gründen kann eine verschmelzende Umwandlung allenfalls im Einzelfall vorteilhafter sein (→ Rn. 53 ff.).

II. Steuerliche Behandlung

1. Rechtsentwicklung

25 Die Umwandlung einer GmbH in eine **GmbH & Co. KG** war **bis 1994** steuerlich äußerst **nachteilig,** da keine Möglichkeit der Buchwertfortführung bestand. Vielmehr mussten die Wirtschaftsgüter der GmbH mit ihrem Teilwert angesetzt werden (§ 3 UmwStG 1977), wobei selbst geschaffene immaterielle Wirtschaftsgüter allerdings ebenso wenig anzusetzen waren wie ein originärer Geschäftswert. Der entstehende **Übertragungsgewinn** bei der GmbH war zwar von der Körperschaftsteuer befreit, nicht aber von der Gewerbesteuer. Ferner entstand ein sog **Übernahmegewinn** in Höhe der Differenz zwischen dem Buchwert der GmbH-Anteile und dem Wert der übergegangenen Wirtschaftsgüter. Dieser unterlag bei den Gesellschaftern der übernehmenden Personengesellschaft der vollen Einkommensbesteuerung, also ohne den damals noch gewährten halben Steuersatz gemäß § 34 EStG aF, sowie der Gewerbesteuer, wobei allerdings bei der Ermittlung des Gewerbeertrags der Übernahmegewinn nur mit einem Drittel erfasst wurde. Etwaiger Grundbesitz der GmbH musste schließlich der **Grunderwerbsteuer** unterworfen werden.

26 **Per 1.1.1995** wurde zeitgleich mit dem UmwG auch das UmwStG grundlegend neu gefasst. Durch das **SEStEG** wurde das Umwandlungssteuerrecht schließlich **europäisiert.** Im Zuge dieser Gesetzesänderung wurden Regelungen zur Rechtsform der SE aufgenommen sowie der Anwendungsbereich des UmwStG auf den Europäischen Wirtschaftsraum erweitert. Die Änderungen des UmwStG durch das SEStEG haben auch für inländische Umwandlungsvorgänge zu bedeutsamen (entlastenden und verschärfenden) Veränderungen der steuerrechtlichen Rahmenbedingungen geführt.[35] Das SEStEG gilt grundsätzlich erstmals für Umwandlungen und Einbringungen, bei denen die Anmeldung zur Eintragung in das Register **nach dem 12.12.2006** erfolgt ist (§ 27 UmwStG).[36] Es dauerte rund fünf

---

[33] Daher besteht kein Widerspruchsrecht gemäß § 613a Abs. 6 BGB, BAG DB 2008, 1578.

[34] Das UmwG geht bei der Verschmelzung vom Fortbestand des übernehmenden Rechtsträger aus, so OLG Hamm GmbHR 2010, 985.

[35] Hierzu *Rödder* in Rödder/Herlinghaus/van Lishaut UmwStG Einf. Rn. 13.

[36] Zu den weiteren Änderungen des UmwStG in der Folgezeit *Hörtnagl* in Schmitt/Hörtnagl/Stratz UmwStG Einf. Rn. 16 f.

Jahre, bis die Finanzverwaltung mit einem ausführlichen Anwendungserlass Stellung zum Umwandlungssteuerrecht in der Fassung des SEStEG nahm.[37]

Das UmwStG behandelt den Formwechsel einer Kapitalgesellschaft in eine Personengesellschaft **wie eine Verschmelzung,** fingiert also eine Vermögensübertragung (§ 9 UmwStG).[38] Dies ist konsequent, da bei beiden Varianten der Umwandlung vom System des KStG zum hiervon gänzlich abweichenden Besteuerungssystem für Personengesellschaften übergeleitet werden muss. Das Steuerrecht beurteilt Kapitalgesellschaften und die an ihnen beteiligten Anteilseigner als selbstständige Steuersubjekte. Kapitalgesellschaften unterliegen mit ihrem Einkommen der Körperschaftsteuer, die Anteilseigner – soweit sie natürliche Personen sind – mit den Einkünften aus ihrer Beteiligung der Einkommensteuer. Personengesellschaften sind demgegenüber mit ihrem Einkommen nicht selbst steuerpflichtig; der Gewinn wird unmittelbar den Gesellschaftern zugerechnet und bei ihnen der Einkommen- oder Körperschaftsteuer unterworfen. Für ertragsteuerliche Zwecke ist es deshalb, anders als im Handelsrecht, unerheblich, ob es sich um eine identitätswahrende (Formwechsel) oder aber eine übertragende (Verschmelzung) Umwandlung handelt. 27

Nach dem **UmwStG 1995** waren bei der Umwandlung einer GmbH in die Rechtsform der GmbH & Co. KG grundsätzlich **nur** die **offenen Rücklagen** zu versteuern, weshalb eine Besteuerung der stillen Reserven, von Ausnahmefällen abgesehen, vermieden werden konnte. Seit dem **SEStEG** wird das Übernahmeergebnis **aufgespalten** in einen Übernahmegewinn oder -verlust und in eine fiktive Ausschüttung der offenen Rücklagen gemäß § 7 UmwStG.[39] Letztere („Dividendenanteil") ist wie eine Gewinnausschüttung zu versteuern und von dem Übernahmeergebnis abzuziehen, so dass ein Übernahmegewinn im Regelfall nicht entsteht.[40] Von der GmbH ist ein etwaiger Übertragungsgewinn zu versteuern. Eine **Besteuerung der stillen Reserven** kann jedoch durch einen **Antrag** auf Bewertung zu Buchwerten **vermieden** werden.[41] 28

2. Formwechselnde Umwandlung

a) Steuerliche Behandlung der GmbH. aa) Fortführung der Buchwerte. Die GmbH hat für steuerliche Zwecke auf den Zeitpunkt, in dem der Formwechsel wirksam wird, eine **Übertragungsbilanz (Schlussbilanz)** aufzustellen (§ 9 S. 2 UmwStG). Gemäß § 9 S. 3 UmwStG kann diese Bilanz auch für einen Stichtag aufgestellt werden, der höchstens acht Monate vor Anmeldung des Formwechsels zur Eintragung in das Handelsregister liegt. Das Gesetz lässt folglich eine **steuerliche Rückbeziehung um bis zu acht Monate** zu. 29

§ 3 Abs. 1 UmwStG iVm § 9 UmwStG bestimmt, dass alle übergehenden (einschl. nicht entgeltlich erworbener und selbst geschaffener immaterieller) Wirtschaftsgüter in der Schlussbilanz mit dem **gemeinen Wert** anzusetzen sind. Hierzu gehört auch ein selbst geschaffener Geschäftswert.[42] Eine Ausnahme gilt für Pensionsrückstellungen, die stets mit dem Teilwert gemäß § 6a EStG anzusetzen sind (§ 3 Abs. 1 S. 2 UmwStG).[43] Die Ermittlung der gemeinen Werte hat auf der Grundlage einer Bewertung der übergehenden Wirtschaftsgüter als Sachgesamtheit zu erfolgen.[44] 30

§ 3 Abs. 2 UmwStG gewährt jedoch das **Wahlrecht,** die Wirtschaftsgüter mit einem geringeren Buch- oder Zwischenwert anzusetzen. Das Wahlrecht muss für alle Wirtschaftsgüter **einheitlich** ausgeübt werden; ein selektiver Ansatz von Buch-, Zwischen- und gemei- 31

---

37 BMF-Schreiben 11.11.2011, BStBl. I 2011, 1314 (UmwSt-Erlass).

38 *Winkels* in Söffing GmbH & Co. KG Rn. 4152.

39 *Dötsch/Pung* DB 2006, 2704 (2709 f.).

40 *Rödder/Schumacher* DStR 2007, 369 (372).

41 *Rauenbusch* DB 2008, 656 (661).

42 UmwSt-Erlass Rn. 03.05.; *Schmitt* in Schmitt/Hörtnagl/Stratz UmwstG § 3 Rn. 122. Zum Ansatz unter Geltung von § 3 UmwStG 1995 s. BFH 10.9.2015 – IV R 49/14, BStBl. II 2016, 722.

43 Zur Behandlung von Pensionsrückstellungen für Gesellschafter-Geschäftsführer s. Bayer. Landesamt für Steuern 23.10.2009, DStR 2009, 2318 sowie *Winkels* in Söffing GmbH & Co. KG Rn. 4267.

44 UmwSt-Erlass Rn. 03.07. AA *Widmann* in Widmann/Mayer UmwStG (SEStEG) § 3 Rn. R 297.1.

nen Werten ist nicht möglich.[45] Die Bewertung unter dem gemeinen Wert kann jedoch nur **beantragt** werden, wenn die Wirtschaftsgüter **Betriebsvermögen** bei der übernehmenden Personengesellschaft werden (§ 3 Abs. 2 S. 1 Nr. 1 UmwStG), was sowohl bei einer gewerblich tätigen als auch geprägten GmbH & Co. KG regelmäßig der Fall sein wird,[46] die **Besteuerung** der stillen Reserven bei den Gesellschaftern der GmbH & Co. KG **sichergestellt** ist (§ 3 Abs. 2 S. 1 Nr. 1 und 2 UmwStG)[47] und **keine Gegenleistung** (zB Zuzahlungen) gewährt wird oder diese **nur in Gesellschaftsrechten** besteht (§ 3 Abs. 2 S. 1 Nr. 3 UmwStG). Die Prüfung der Voraussetzungen erfolgt gesellschafterbezogen mit der Folge, dass die übergehenden Wirtschaftsgüter gegebenenfalls nur anteilig mit dem gemeinen Wert anzusetzen sind.[48] Im Einzelfall kann daneben auch eine objektbezogene Betrachtungsweise notwendig sein.[49] Die Ausübung des Wahlrechts erfolgt durch Antrag, der spätestens bis zur erstmaligen Abgabe der steuerlichen Schlussbilanz zu stellen ist (§ 3 Abs. 2 S. 2 UmwStG). Der an das für die Besteuerung nach §§ 20, 26 AO zuständige Finanzamt der GmbH[50] zu richtende Antrag bedarf keiner besonderen Form und ist bedingungsfeindlich sowie unwiderruflich.[51]

32 Mit § 3 UmwStG hat der Gesetzgeber klargestellt, dass die letzte **handelsrechtliche Schlussbilanz** der GmbH **keine Bedeutung** (mehr) hat für die steuerliche Schlussbilanz der GmbH (Aufgabe des Maßgeblichkeitsgrundsatzes).[52] Ein korrespondierendes handelsrechtliches Wahlrecht gibt es ohnehin nicht, da der Formwechsel im UmwG als identitätswahrende Umwandlung geregelt ist, weshalb auf die Aufstellung einer handelsrechtlichen Umwandlungsbilanz verzichtet wird. Die steuerliche Schlussbilanz gemäß § 3 Abs. 1 S. 1 UmwStG ist eine eigenständige Bilanz. Die für die Gewinnermittlung maßgebliche Steuerbilanz gemäß §§ 4 Abs. 1, 5 Abs. 1 EStG kann jedoch zur steuerlichen Schlussbilanz erklärt werden. Darin liegt dann zugleich ein konkludent gestellter Antrag auf Buchwertansatz.[53]

33 **bb) Besteuerung des Übertragungsgewinns.** Ein etwaiger Übertragungsgewinn ist als Teil des Gewinns der GmbH auf den steuerlichen Übertragungsstichtag uneingeschränkt **körperschaftsteuer- und gewerbesteuerpflichtig** (§§ 9, 3 UmwStG).[54] Die auf den Übertragungsgewinn entfallende Körperschaft- und Gewerbesteuer sind in der Schlussbilanz der GmbH als Rückstellung zu passivieren.[55]

34 In der **Praxis** erfolgt die Umwandlung zwar üblicherweise unter **Fortführung der Buchwerte.** Eine freiwillige Aufdeckung stiller Reserven durch Ansatz der gemeinen Werte oder von Zwischenwerten kann jedoch im Einzelfall interessant sein, um **Verluste** durch Aufstockung des Abschreibungspotenzials zu **nutzen,** die andernfalls durch die Umwandlung verloren gingen (§ 4 Abs. 2 S. 2 UmwStG).[56] Gemäß § 2 Abs. 4 S. 1 UmwStG ist ein Ausgleich oder die Verrechnung des Übertragungsgewinns mit **Verlusten oder Verlustvorträgen** etc der übertragenden GmbH nur zulässig, wenn dies auch ohne steuerliche Rück-

---

45 *Brinkhaus/Grabbe* in Haritz/Menner UmwStG § 3 Rn. 135.

46 UmwSt-Erlass Rn. 03.15. Nicht jedoch bei Formwechsel im Rahmen des Treuhandmodells (→ § 17 Rn. 9), s. OFD Niedersachsen 7.2.2014, DStR 2014, 533.

47 S. auch *Bünning/Rohmert* BB 2009, 598 zu steuerlich transparenten Gesellschaftern der GmbH & Co. KG.

48 UmwSt-Erlass Rn. 03.11, 03.13, 03.18; *Birkemeier* in Rödder/Herlinghaus/van Lishaut UmwStG § 3 Rn. 115.

49 UmwSt-Erlass Rn. 03.18; *Schmitt* in Schmitt/Hörtnagl/Stratz UmwstG § 3 Rn. 84.

50 S. dazu *Birkemeier* in Rödder/Herlinghaus/van Lishaut UmwStG § 3 Rn. 143.

51 UmwSt-Erlass Rn. 03.29.

52 BT-Drs. 16/2010, 37. Vgl. *Lemaitre/Schönherr* GmbHR 2007, 173 (174); *Birkemeier* in Rödder/Herlinghaus/van Lishaut UmwStG § 3 Rn. 64; *Schmitt* in Schmitt/Hörtnagl/Stratz UmwStG § 3 Rn. 26. Zur früheren Rechtslage BFH 5.6.2007 – I R 97/06, BStBl. II 2008, 650; 19.10.2005 – I R 38/04, BStBl. II 2006, 568; OFD Frankfurt 13.3.2008, BB 2008, 1112.

53 So UmwSt-Erlass Rn. 03.01, 03.29.

54 *Schmitt* in Schmitt/Hörtnagl/Stratz UmwStG § 9 Rn. 14.

55 *Möhlenbrock/Pung* in DPM UmwStG § 3 (SEStEG) Rn. 145.

56 *Greve* in Haritz/Menner UmwStG § 9 Rn. 46; *Lemaitre/Schönherr* GmbHR 2007, 173.

beziehung der gewinnrealisierenden Umwandlung möglich gewesen wäre.[57] Auf diese Weise soll die Verlustnutzung unter Berufung auf die steuerliche Rückwirkung verhindert werden, wenn der Verlust bereits gemäß § 8c KStG untergegangen war.[58] Entsprechendes gilt für Verluste der übertragenden GmbH im Rückwirkungszeitraum (§ 2 Abs. 4 S. 2 UmwStG).

b) Steuerliche Behandlung der GmbH & Co. KG. Die GmbH & Co. KG hat gemäß § 9 S. 2 2. Hs. UmwStG auf den Zeitpunkt, in dem der Formwechsel wirksam wird, eine Eröffnungsbilanz aufzustellen. In dieser hat die Personengesellschaft die auf sie übergegangenen Wirtschaftsgüter mit dem in der steuerlichen Schlussbilanz der übertragenden GmbH enthaltenen Wert zu übernehmen (§ 4 Abs. 1 UmwStG). Die **Wahlrechtsausübung** der GmbH in ihrer Schlussbilanz ist **für die GmbH & Co. KG bindend** (→ Rn. 29 ff.).[59] Aus diesem Grund können auf der Ebene der GmbH aufgestockte Werte auf der Ebene der GmbH & Co. KG auch nicht durch (negative) Ergänzungsbilanzen der Gesellschafter neutralisiert werden, da dies einem (gegenläufigen) Wahlrecht bei der Personengesellschaft bzw. ihrer Gesellschafter gleichkäme. 35

Als zwangsläufige Folge der zwingenden Wertverknüpfung wird für steuerliche Zwecke eine **Gesamtrechtsnachfolge fingiert.** Aufgrund der Generalklausel in § 4 Abs. 2 S. 1 UmwStG tritt die GmbH & Co. KG nahtlos in die steuerliche Rechtsstellung der umgewandelten GmbH ein. Dies gilt gemäß § 4 Abs. 2 S. 2 UmwStG jedoch nicht für verrechenbare Verluste, einen verbleibenden Verlustvortrag, von der GmbH nicht ausgeglichene negative Einnahmen und einen Zinsvortrag gemäß § 4h Abs. 1 S. 5 EStG sowie einen EBITDA-Vortrag gemäß § 4h Abs. 1 S. 3 EStG. Im Zuge des SEStEG wurde vom Gesetzgeber klargestellt, dass von dieser Ausnahme auch die **laufenden Verluste** im Umwandlungsjahr erfasst werden.[60] Die Gesamtrechtsnachfolge gilt auch für die **Gewerbesteuer** (§ 18 Abs. 1 S. 1 UmwStG): Auch dort verfallen jedoch ein laufender Verlust und Verlustvorträge gemäß § 10a GewStG (§ 18 Abs. 1 S. 2 UmwStG). 36

c) Besteuerung der Gesellschafter. aa) Methodik. Gemäß § 9 UmwStG iVm § 4 Abs. 4–6 UmwStG ist bei der GmbH & Co. KG ein **Übernahmegewinn oder -verlust** zu ermitteln. Beim Übergang von der GmbH-Anteilseigner- zur Mitunternehmerstellung fällt nämlich – aus Sicht der Gesellschafter – eine Besteuerungsebene weg, so dass bei ihnen zum Ausgleich eine Veräußerung ihrer Geschäftsanteile an der GmbH fingiert wird. Um diesen Wechsel von dem Besteuerungssystem der GmbH zu dem der GmbH & Co. KG vollumfänglich nachzuvollziehen, gelten zudem gemäß § 9 UmwStG iVm § 7 UmwStG die auf alle Gesellschafter entfallenden **offenen Rücklagen als ausgeschüttet.** 37

Gesellschafter der umgewandelten GmbH, die die Anteile im **Privatvermögen** halten und nicht iSd § 17 EStG beteiligt sind und keine sog einbringungsgeborenen Anteile halten, nehmen nicht an der Ermittlung des Übernahmeergebnisses teil.[61] Für diese bleibt es bei der Besteuerung der offenen Rücklagen. 38

bb) Einkünfte aus Kapitalvermögen. § 7 UmwStG sieht vor, dass die in der Kapitalgesellschaft gebildeten **offenen Rücklagen** anteilig allen Anteilseignern der GmbH als Einkünfte aus Kapitalvermögen zuzurechnen sind **(fiktive Dividenden).**[62] Die fiktiven Dividenden sind nach § 20 Abs. 1 Nr. 1 EStG zu versteuern; für sie ist **Kapitalertragsteuer** abzuführen (§ 43 Abs. 1 S. 1 Nr. 1 EStG) in Höhe von 25 % der fiktiven Dividende zuzüglich 39

---

57 *Rödder/Schönfeld* DStR 2009, 560.

58 *Slabon* in Haritz/Menner UmwStG § 2 Rn. 109 ff.

59 Vgl. *Schmitt* in Schmitt/Hörtnagl/Stratz UmwStG § 4 Rn. 11 f.; *Widmann* in Widmann/Mayer UmwStG § 4 (SEStEG) Rn. 8 f.; *Pung/Werner* in DPM UmwStG § 4 (SEStEG) Rn. 8.

60 Zur früheren Rechtslage BFH 13.2.2008 – I R 11/07, BFH/NV 2008, 1538; 27.5.2009 – I R 94/08, BFH/NV 2009, 1570; 25.8.2009 – I R 95/08, BFH/NV 2009, 2088; *Hubertus/Lüdemann* DStR 2009, 2652; *Bohnhardt* in Haritz/Menner UmwStG § 4 Rn. 204 ff.

61 *Birkemeier* in Rödder/Herlinghaus/van Lishaut UmwStG § 9 Rn. 23.

62 *Rauenbusch* DB 2008, 656 (661). Zur Ermittlung der anteiligen offenen Rücklagen s. UmwSt-Erlass Rn. 07.03, 07.04.

SolZ.[63] § 18 Abs. 2 S. 2 UmwStG stellt sicher, dass fiktive Dividenden gemäß § 7 UmwStG aus Anteilen iSd § 17 EStG trotz der Fiktion ihrer Einlage in das Betriebsvermögen (§ 5 Abs. 2 UmwStG; → Rn. 43) in keinem Fall der Gewerbesteuer unterliegen.[64]

40 Bei Gesellschaftern, für die ein Übernahmeergebnis ermittelt wird, sind die fiktiven Dividenden unter den Voraussetzungen des § 8b Abs. 1 und 5 KStG **zu 95 % steuerbefreit** bzw. unterliegen dem **Teileinkünfteverfahren** (§ 3 Nr. 40 EStG).[65] Bei den übrigen Gesellschaftern hat die Kapitalertragsteuer **abgeltende Wirkung** (§ 43 Abs. 5 S. 1 EStG, § 32 Abs. 1 Nr. 1 KStG). Handelt es sich bei dem Anteilseigner um eine Personengesellschaft, ist für die Frage nach der Behandlung der fiktiven Dividenden auf deren Gesellschafter abzustellen.[66]

41 Im Ergebnis handelt es sich bei § 7 UmwStG um die gleiche Regelung, die § 20 Abs. 1 Nr. 2 EStG für den Fall der **Liquidation** der GmbH vorsieht. Sie bewirkt, dass die offenen Rücklagen der GmbH mit Ausnahme des steuerlichen Einlagekontos sowie des Teils des Nennkapitals, der im Sonderausweis § 28 Abs. 1 S. 3 KStG repräsentiert ist, dem Anteilseigner anteilig als Einkünfte aus Kapitalvermögen bzw. der gemäß § 20 Abs. 8 EStG primären Einkunftsart ohne Liquiditätszufluss zugerechnet werden.[67]

42 **cc) Übernahmeergebnis.** Da beim Formwechsel die umgewandelte GmbH ab dem Umwandlungsstichtag als GmbH & Co. KG weiter besteht, ist es rechtskonstruktiv ausgeschlossen, dass die Anteile an dieser GmbH bereits am Umwandlungsstichtag zum Betriebsvermögen der GmbH & Co. KG gehören, wie es der Gesetzgeber bei der Konzeption der §§ 3 ff. UmwStG zugrunde gelegt hat. Das Gesetz fingiert aber zur Ermittlung des Übernahmeergebnisses für **steuerverstrickte** (dh in Deutschland latent der Veräußerungsbesteuerung unterliegende) **Anteile der GmbH** deren **Überführung oder Einlage in das Betriebsvermögen** der GmbH & Co. KG mit Wirkung zum Umwandlungsstichtag.

43 Diese **Fiktion** betrifft beim Formwechsel folgende Fälle:

- Anteile eines ausscheidenden Gesellschafters, wenn die übernehmende GmbH & Co. KG den Anteilseigner der übertragenden GmbH nach dem steuerlichen Übertragungsstichtag abfindet (§ 5 Abs. 1 Alt. 2 UmwStG);
- Anteile iSv § 17 EStG, die am steuerlichen Übertragungsstichtag nicht zu einem Betriebsvermögen eines Gesellschafters der übernehmenden GmbH & Co. KG gehören (§ 5 Abs. 2 UmwStG);
- Anteile, die zu einem Betriebsvermögen eines Anteilseigners am steuerlichen Übertragungsstichtag gehören (§ 5 Abs. 3 UmwStG);
- Einbringungsgeborene Anteile iSv § 21 UmwStG aF aus Einbringungen bis 2006 (§ 5 Abs. 4 UmwStG aF iVm § 27 Abs. 3 Nr. 1 UmwStG). Für einlagequalifizierte Anteile aus Einbringungen iSv §§ 20 ff. UmwStG ist § 5 Abs. 2 UmwStG über § 17 Abs. 6 EStG anwendbar.[68]

44 Soweit die Anteile an der GmbH danach als Betriebsvermögen der GmbH & Co. KG gelten, ist das Übernahmeergebnis die Differenz zwischen dem (anteiligen) Wert, mit dem die übergegangenen Wirtschaftsgüter von der GmbH & Co. KG zu übernehmen sind, und dem Wert der Anteile an der übertragenden GmbH, abzüglich der Kosten des Vermögensübergangs (§ 4 Abs. 4 S. 1 UmwStG).[69] Der hiernach ermittelte Betrag erhöht sich um die stillen Reserven an Wirtschaftsgütern, soweit an ihnen kein deutsches Besteuerungsrecht

[63] *Börst* in Haritz/Menner UmwStG § 7 Rn. 65 f.; *Dremel* in HTM HdB GmbH & Co. KG Rn. 11.96; *Widmann* in Widmann/Mayer UmwStG § 7 (SEStEG) Rn. 39; zweifelnd *Pung/Werner* in DPM UmwStG § 7 (SEStEG) Rn. 18; *Klingberg* in Blümich UmwStG 2006 § 7 Rn. 21.

[64] *Bohnhardt* in Haritz/Menner UmwStG § 18 Rn. 90 ff.; *Klingberg* in Blümich UmwStG 2006 § 18 Rn. 40. *Pung* in DPM UmwStG § 18 (SEStEG) Rn. 17, 32; *Trossen* in Rödder/Herlinghaus/van Lishaut UmwStG § 18 Rn. 22; *Dremel* in HTM HdB GmbH & Co. KG Rn. 11.98; *Rauenbusch* DB 2008, 656 (662).

[65] UmwSt-Erlass Rn. 07.07.

[66] UmwSt-Erlass Rn. 07.07.

[67] *Pung/Werner* in DPM UmwStG § 7 (SEStEG) Rn. 4.

[68] *van Lishaut* in Rödder/Herlinghaus/van Lishaut UmwStG § 5 Rn. 2.

[69] *Schmitt* in Schmitt/Hörtnagl/Stratz UmwStG § 9 Rn. 25.

hinsichtlich des Gewinns aus einer Veräußerung bestand (zB ausländisches Betriebsstättenvermögen, sog neutrales Vermögen, § 4 Abs. 4 S. 2 UmwStG). Das so ermittelte **Übernahmeergebnis 1. Stufe** wird nach § 4 Abs. 5 UmwStG um die gemäß § 7 UmwStG separat zu versteuernden offenen Rücklagen (→ Rn. 37) vermindert **(Übernahmeergebnis 2. Stufe).**[70]

Das Übernahmeergebnis ist – als laufendes Ergebnis, das zum Übertragungsstichtag entsteht – derjenigen **Einkunftsart** zuzuordnen, nach der das künftige Vermögen der GmbH & Co. KG zu besteuern ist; es gehört also in der Regel zu den Einkünften aus Gewerbebetrieb. Das Übernahmeergebnis kann weder durch die Aufstellung einer (negativen) Ergänzungsbilanz[71] noch durch die Bildung einer Rücklage gemäß § 6b Abs. 10 EStG[72] neutralisiert werden. 45

Das Übernahmeergebnis ist **gesellschafter- bzw. personenbezogen** zu ermitteln.[73] Dadurch kann bei einem Gesellschafter ein Übernahmegewinn und bei einem anderen Gesellschafter ein Übernahmeverlust entstehen.[74] Über das auf jeden Gesellschafter entfallende Übernahmeergebnis entscheidet das Betriebsstätten-Finanzamt der GmbH & Co. KG im Rahmen der gesonderten Feststellung der Einkünfte nach § 180 AO.[75] 46

Bei der **Einkommen- und Körperschaftsteuer** wird ein **Übernahmegewinn** nach § 8b KStG bzw. § 3 Nr. 40 EStG besteuert (§ 4 Abs. 7 UmwStG). Infolge der separaten Besteuerung der offenen Rücklagen entsteht ein Übernahmegewinn jedoch nur noch in seltenen Fällen.[76] Ein **Übernahmeverlust** bleibt grundsätzlich außer Ansatz, soweit er auf Körperschaften, Personenvereinigungen oder Vermögensmassen entfällt (§ 4 Abs. 6 S. 1 UmwStG). Werden die Anteile von natürlichen Personen gehalten, ist ein Übernahmeverlust in Höhe von 60 %, höchstens jedoch in Höhe von 60 % der Bezüge gemäß § 7 UmwStG zu berücksichtigen, ausgenommen in den Fällen des § 17 Abs. 2 S. 6 EStG und soweit Anteile an der umgewandelten GmbH innerhalb der letzten fünf Jahre erworben wurden (§ 4 Abs. 6 S. 4 und 6 UmwStG). 47

Durch die vollständige oder teilweise Nichtberücksichtigung des Übernahmeverlusts können im Ergebnis an sich steuerlich relevante **Anschaffungskosten** des Gesellschafters der umgewandelten GmbH **verloren gehen.**[77] Diese können auch bei einer späteren Veräußerung des Mitunternehmeranteils nicht mehr berücksichtigt werden. Der darin liegende Verstoß gegen das objektive Nettoprinzip ist nach Ansicht des BFH sachlich gerechtfertigt, wobei jedoch die Möglichkeit eines Erlasses wegen sachlicher Unbilligkeit gemäß §§ 163, 227 AO angedeutet wird.[78] Zudem verweist der BFH unter anderem auf die Gestaltungsmöglichkeit, die Anteile an der GmbH vor dem Formwechsel zu veräußern und sodann die Mitunternehmeranteile an der GmbH & Co. KG zurückzuerwerben. 48

Für Zwecke der **Gewerbesteuer** ist das **Übernahmeergebnis** gemäß § 18 Abs. 2 UmwStG **nicht zu erfassen.** Wird jedoch **innerhalb von fünf Jahren** nach dem steuerlichen Übertragungsstichtag ein (Teil-)Betrieb oder ein Anteil an der GmbH & Co. KG aufgegeben oder veräußert, unterliegt gemäß § 18 Abs. 3 UmwStG der **Aufgabe- oder Veräußerungsgewinn** der Gewerbesteuer, wobei insoweit eine Ermäßigung der Einkommensteuer gemäß § 35 EStG ausscheidet. Auch Einbringungen nach § 20 oder § 24 UmwStG stellen eine Veräußerung iSv § 18 Abs. 3 GewStG dar.[79] 49

---

[70] Näher UmwSt-Erlass Rn. 04.27 mit Berechnungsschema und Beispielen.

[71] *Schmitt* in Schmitt/Hörtnagl/Stratz UmwStG § 4 Rn. 97.

[72] *Widmann* in Widmann/Mayer UmwStG § 4 (SEStEG) Rn. 582.

[73] *Schmitt* in Schmitt/Hörtnagl/Stratz UmwStG § 9 Rn. 33.

[74] UmwSt-Erlass Rn. 04.19.; *Pung/Werner* in DPM UmwStG § 4 (SEStEG) Rn. 80; *Greve* in Haritz/Menner UmwStG § 9 Rn. 57 ff.

[75] *Bohnhardt* in Haritz/Menner UmwStG § 4 Rn. 258.

[76] *Van Lishaut* in Rödder/Herlinghaus/van Lishaut UmwStG § 4 Rn. 129.

[77] *Dremel* in HTM HdB GmbH & Co. KG Rn. 11.116.

[78] BFH 22.10.2015 – IV R 37/13, BFH/NV 2016, 667; 24.6.2014 – VIII R 35/10, BFH/NV 2014, 1660; 12.7.2012 – IV R 39/09, BStBl. II 2012, 728, sowie FG Düsseldorf EFG 2016, 165, Rev. (Az. BFH IV R 51/15).

[79] UmwSt-Erlass Rn. 18.07; *Plewka/Herr* BB 2009, 2736 (2727); *Klingberg* in Blümich UmwStG 2006 § 18 Rn. 44.

50 **dd) Buchwert der neuen Anteile.** Alle Gesellschafter treten mit dem **anteiligen steuerlichen Eigenkapital** (Buchwert des übernommenen Betriebsvermögens) der GmbH & Co. KG in die Mitunternehmerstellung ein, auch solche Gesellschafter, deren Anteile an der umgewandelten GmbH nicht steuerverstrickt waren,[80] was seit der Abgeltungsteuer freilich nur noch für sog Altanteile gilt. Dies bedeutet, dass letztgenannte Gesellschafter künftig auch mit denjenigen stillen Reserven steuerverhaftet sind, die vor der Umwandlung der GmbH gebildet worden sind und von ihnen im Falle eines Anteilsverkaufs oder einer Liquidation steuerfrei hätten realisiert werden können. Insoweit verschlechtert sich für diese Gesellschafter durch die Umwandlung die steuerliche Ausgangslage. Um diesen **Nachteil** zu vermeiden, kann der Anteil vor der Umwandlung auf einen iSd § 17 EStG Beteiligten oder auf einen Anteilseigner, der die Anteile im Betriebsvermögen hält, übertragen werden.[81] Ob ein Gestaltungsmissbrauch (§ 42 AO) anzunehmen ist, wenn die Beteiligungsverhältnisse kurze Zeit nach der Umwandlung wieder korrigiert werden (Rückbeteiligung), dürfte im Hinblick auf die Ausführungen des BFH im Zusammenhang mit der Vernichtung von Anschaffungskosten (→ Rn. 48) zu verneinen sein.

51 **d) Verkehrssteuern.** Das UmwStG enthält keine verkehrssteuerrechtlichen Regelungen. Diese richten sich somit ausschließlich nach den jeweiligen **Einzelgesetzen.**

52 Die formwechselnde Umwandlung einer GmbH in die Rechtsform der GmbH & Co. KG ist, da zivilrechtlich ein Vermögensübergang nicht vorliegt und der Rechtsträger identisch bleibt, **nicht grunderwerbsteuerbar.**[82] Da die Nämlichkeit des Steuersubjekts erhalten bleibt, findet auch **kein umsatzsteuerbarer Leistungsaustausch** statt.[83]

3. Besonderheiten bei der Verschmelzung

53 Die formwechselnde Umwandlung wird gemäß § 9 S. 1 UmwStG nach den gleichen Grundsätzen besteuert wie eine Verschmelzung.[84] Es gibt deshalb nur **wenige Besteuerungsunterschiede.** Diese beruhen darauf, dass sich bei der Verschmelzung der Rechtsträger ändert und deshalb – anders als beim Formwechsel – keine identitätswahrende Umwandlung vorliegt.

54 Im Falle der Verschmelzung hat die umgewandelte GmbH auf den Umwandlungsstichtag gemäß § 17 Abs. 2 UmwG eine **handelsrechtliche Schlussbilanz** aufzustellen, an deren Werte die GmbH & Co. KG gemäß § 24 UmwG handelsrechtlich **nicht** gebunden ist. Anders als beim Formwechsel können somit von der GmbH & Co. KG handelsrechtlich alle stillen Reserven aufgedeckt werden. Im Steuerrecht muss die GmbH & Co. KG hingegen – wie beim Formwechsel – die Wertansätze in der **steuerlichen Schlussbilanz** der GmbH übernehmen (§ 4 Abs. 1 UmwStG).

55 Im Gegensatz zum Formwechsel kann die Verschmelzung **Grunderwerbsteuer** auslösen. Der Übergang von Grundbesitz im Rahmen einer Verschmelzung unterliegt gemäß § 1 Abs. 1 Nr. 3 GrEStG der Grunderwerbsteuer.[85] Bemessungsgrundlage ist gemäß § 8 Abs. 2 Nr. 2 GrEStG nunmehr der Wert des Grundbesitzes gemäß § 151 Abs. 1 S. 1 Nr. 1 BewG iVm § 157 Abs. 1–3 BewG,[86] nachdem das Bundesverfassungsgericht die alte Rechtslage mit der Bezugnahme auf die Grundbesitzwerte gemäß § 138 Abs. 2–4 BewG für verfassungswidrig erklärt hatte.[87] Objektbezogene Kosten wie die Grunder-

[80] *Birkemeier* in Rödder/Herlinghaus/van Lishaut UmwStG § 9 Rn. 23.
[81] *Widmann* in Widmann/Mayer UmwStG § 7 (SEStEG) Rn. 113.
[82] BFH 4.12.1996 – II B 116/96, BStBl. II 1997, 661; s. auch BFH 14.2.2007 – II R 66/05, BStBl. II 2007, 621; FM Baden-Württemberg 19.12.1997, DStR 1998, 82; 18.9.1997, DB 1997, 2002 mit Ergänzungen vom 15.10.1999, DB 1999, 2187 und vom 31.1.2000, DB 2000, 303.
[83] *Greve* in Haritz/Menner UmwStG § 9 Rn. 85.
[84] *Schmitt* in Schmitt/Hörtnagl/Stratz UmwStG § 9 Rn. 8.
[85] *Keuthen* in Schmitt/Hörtnagl/Stratz UmwStG Verkehrssteuern Rn. 39.
[86] StÄndG 2015 BGBl. I 2015, 1834, mit Rückwirkung ab 1.1.2009 (§ 23 Abs. 14 GrEStG).
[87] BVerfG BStBl. II 2015, 871.

werbsteuer sind nicht als Betriebsausgaben abzuziehen, sondern als Anschaffungsnebenkosten zu aktivieren.[88]

Gemäß § 1 Abs. 1a UStG ist die Verschmelzung **nicht umsatzsteuerbar.**[89] Für den Vorsteuerabzug ist nach den Grundsätzen der zivilrechtlichen Gesamtrechtsnachfolge so zu verfahren, als hätte ein Wechsel des Rechtsträgers nicht stattgefunden. Die Verschmelzungskosten gehören zu den allgemeinen Kosten, berechtigen also wie diese zum Vorsteuerabzug.[90] 56

§ 30 Umwandlung einer GmbH & Co. KG in eine GmbH

I. Gestaltungsmöglichkeiten

Die Umwandlung einer GmbH & Co. KG in eine GmbH war – im Gegensatz zum umgekehrten Wege der Umwandlung einer GmbH in eine GmbH & Co. KG – **seit jeher unproblematisch** und kann durch Betriebseinbringung (im Wege der Einzelrechtsnachfolge), durch Umwandlung nach dem UmwG und im Wege des (erweiterten) Anwachsungsmodells erfolgen. 1

II. Durch Betriebseinbringung

1. Handelsrechtliche Gestaltung

Ebenso wie die „Umwandlung" einer GmbH in eine GmbH & Co. KG sich dadurch vollziehen kann, dass sich die GmbH – unter Einbringung ihres Handelsgeschäftes als Sacheinlage – an einer KG als Komplementär oder Kommanditist beteiligt, so kann umgekehrt auch die „Umwandlung" einer GmbH & Co. KG in eine GmbH dadurch vonstattengehen, dass die GmbH & Co. KG das von ihr bisher betriebene Handelsgeschäft, genauer gesagt alle hierzu gehörenden **Sachen und Rechte,** insbesondere auch das Recht zur Firmenfortführung gemäß § 22 HGB, im Wege der **Einzelrechtsnachfolge** auf eine GmbH **überträgt.** In beiden Fällen ergeben sich die gleichen zivilrechtlichen Schwierigkeiten, wie zB die Einhaltung des sachenrechtlichen Bestimmtheitsgrundsatzes und von Formerfordernissen etc. 2

Will man eine (zunächst) doppelstöckige Gesellschaftsstruktur vermeiden, kann der Einbringungsvorgang zivilrechtlich auf zwei verschiedene Arten erfolgen. Zum einen ist es denkbar, dass die GmbH & Co. KG mit einer bereits bestehenden, beteiligungsidentischen GmbH einen Kaufvertrag abschließt, der die **entgeltliche Übertragung** des Unternehmens, dh der einzelnen Aktiva und Passiva, zum Gegenstand hat. Zum anderen kann die Einbringung des Unternehmens aber auch im Zuge einer GmbH-**Neugründung** oder der Erhöhung des Kapitals einer GmbH erfolgen. Zu diesem Zweck vereinbaren die Kommanditisten als Gesellschafter der GmbH in deren Satzung bzw. im Kapitalerhöhungsbeschluss, dass das bisher von der GmbH & Co. KG betriebene Unternehmen für Rechnung der Gesellschafter in die GmbH als **Sacheinlage** eingebracht werden soll. In beiden Fällen ist eine Einzelübertragung des vorhandenen Gesellschaftsvermögens sowie die – in der Praxis äußerst umständliche – Zustimmung zur Schuld- und Vertragsübernahme der einzelnen 3

[88] *Bohnhardt* in Haritz/Menner UmwStG § 4 Rn. 245; *Schmitt* in Schmitt/Hörtnagl/Stratz UmwStG § 4 Rn. 44; BMF-Schreiben 18.1.2010, DStR 2010, 169, mit Übergangsregelung im Hinblick auf die zuvor gegenläufige Auffassung BMF-Schreiben 25.3.1998, BStBl. I 1998, 268 Rn. 4. 43. Zur Grunderwerbsteuer infolge Anteilsvereinigung s. UmwSt-Erlass Rn. 04.34 mit Hinweis auf BFH 20.4.2011 – I R 2/10, BStBl. II 2011, 761.

[89] *Robisch* in Bunjes UStG § 1 Rn. 136; *Keuthen* in Schmitt/Hörtnagl/Stratz UmwStG Verkehrssteuern Rn. 1.

[90] *Rasche* in Rödder/Herlinghaus/van Lishaut UmwStG Anh. 10 Rn. 18; vgl. auch EuGH UR 2001, 164.

Gläubiger bzw. Vertragspartner erforderlich;[1] ferner muss die GmbH & Co. KG abgewickelt werden.

4 In der Literatur wird unter Hinweis auf die **Ausstrahlwirkung des UmwG** teilweise angenommen, dass im Einzelfall und falls eine Regelungslücke besteht umwandlungsrechtliche Prinzipien und Institute des Minderheitenschutzes auch auf Sachverhalte außerhalb des UmwG anzuwenden sind.[2] Dieser Ansicht ist zuzugeben, dass mit der Umwandlung via Betriebseinbringung die Anwendung der strengen Vorschriften des UmwG vermieden werden kann und im Einzelfall sogar die Gefahr der Umgehung besteht. Das UmwG bildet uE jedoch ein **abgeschlossenes Schutzsystem,** weshalb die Umwandlung mittels Betriebseinbringung von dem in § 1 Abs. 2 UmwG angeordneten Analogieverbot nicht erfasst wird, da sich dieses nur auf Vorgänge innerhalb des UmwG bezieht.[3] Der Gesetzgeber hat in der Gesetzesbegründung vielmehr ausdrücklich klargestellt, dass die nach allgemeinem Zivil- und Handelsrecht möglichen Umwandlungsmethoden durch das UmwG nicht ausgeschlossen werden.[4] Zwar mag für bestimmte Konstellationen unter Umgehungsgesichtspunkten ein Regelungsbedarf seitens des Gesetzgebers bestehen. De lege lata halten wir eine entsprechende Anwendung umwandlungsrechtlicher Vorschriften auf die Betriebseinbringung aus Gründen der Rechtssicherheit aber generell für **unzulässig.**[5]

2. Steuerliche Fragen

5 **a) Ertragsteuerliche Auswirkungen.** Die Einbringung eines Handelsgeschäftes einer GmbH & Co. KG in eine GmbH ist **ohne Gewinnrealisierung** nur nach Maßgabe des § 20 UmwStG möglich. Diese Bestimmung setzt voraus, dass ein (Teil-)Betrieb oder Mitunternehmeranteil in eine unbeschränkt körperschaftsteuerpflichtige GmbH eingebracht wird und der Einbringende neue Anteile an der Gesellschaft erhält. Als **neue Anteile** gelten dabei nur die anlässlich der Gründung oder einer Kapitalerhöhung geschaffenen Anteile am gezeichneten Kapital, nicht jedoch Genussrechte oder – typische oder atypische – stille Beteiligungen.[6] Eine Anteilsgewährung iSd § 20 UmwStG liegt allerdings nicht nur im Fall der gesellschaftsrechtlichen Sacheinlage vor, sondern auch dann, wenn die Anteile gegen Bareinlage gewährt werden und sich der Gesellschafter zugleich verpflichtet, einen (Teil-)Betrieb oder Mitunternehmeranteil als Agio in die Gesellschaft einzubringen.[7]

6 Die Einbringung darf mit steuerlicher Wirkung auf einen Tag **zurückbezogen** werden, der höchstens **acht Monate** vor dem Abschluss des Einbringungsvertrags und dem Übergang des eingebrachten Betriebsvermögens liegt (§ 20 Abs. 5 S. 1 UmwStG iVm § 20 Abs. 6 S. 3 UmwStG). Die steuerliche Rückwirkung gilt allerdings nicht für nach dem steuerlichen Übertragungsstichtag noch erfolgte Entnahmen und Einlagen.[8] Diese mindern bzw. erhöhen vielmehr die Anschaffungskosten der gewährten Anteile (§ 20 Abs. 5 S. 2 und 3 UmwStG).

7 Die GmbH hat gemäß § 20 Abs. 2 S. 1 UmwStG das eingebrachte Betriebsvermögen mit dem gemeinen Wert anzusetzen, ausgenommen Pensionsrückstellungen, die gemäß § 6a EStG zu bewerten und anzusetzen sind. Abweichend hiervon kann gemäß § 20 Abs. 2 S. 2 UmwStG einheitlich der **Buchwert** oder ein **Zwischenwert** angesetzt werden, soweit sichergestellt ist, dass die übernehmende Gesellschaft der Körperschaftsbesteuerung unterliegt, das eingebrachte Betriebsvermögen nicht negativ ist und bei der übernehmenden

---

[1] S. zur Schuldübernahme *Mayer* in Widmann/Mayer Umwandlungsrecht Anh. 5 Rn. 101.

[2] *Drygala* in Lutter UmwG § 1 Rn. 60; *Lutter/Bayer* in Lutter UmwG Einl. I Rn. 57 ff.; *Kallmeyer/Marsch-Barner* in Kallmeyer UmwG § 1 Rn. 19 f.

[3] *Mayer* in Widmann/Mayer Umwandlungsrecht Anh. 5 Rn. 907.

[4] BT-Drs. 12/6699, 80.

[5] Ebenso *Semler* in Semler/Stengel UmwG § 1 Rn. 63 ff.; *Hörtnagl* in Schmitt/Hörtnagl/Stratz UmwG § 1 Rn. 68 ff.; *K. Schmidt* GesR § 13 I 4a.

[6] *Widmann* in Widmann/Mayer UmwStG § 20 (SEStEG) Rn. R 134 f.

[7] So BFH 7.4.2010 – I R 55/09, BStBl. II 2010, 1094, wonach § 20 Abs. 1 UmwStG einen eigenständigen umwandlungssteuerrechtlichen Begriff der „Sacheinlage" definiere.

[8] Entnahmen stellen also keine vGA dar, *Schmitt* in Schmitt/Hörtnagl/Stratz UmwstG § 20 Rn. 246.

Gesellschaft das deutsche Besteuerungsrecht für Veräußerungsgewinne bezüglich des eingebrachten Betriebsvermögens nicht ausgeschlossen oder beschränkt wird (§ 20 Abs. 2 S. 2 Nr. 1–3 UmwStG).

Bis 2014 waren neben den Gesellschaftsanteilen geleistete **Zuzahlungen** stets bis zur Höhe des Buchwerts des eingebrachten Betriebsvermögens möglich, ohne stille Reserven aufdecken zu müssen, was gezielt für Steuergestaltungen ausgenutzt wurde.[9] Durch das StÄndG 2015[10] hat diese steuerneutrale Zuzahlungsmöglichkeit eine Einschränkung erfahren. Nunmehr ist der Buch- bzw. Zwischenwertansatz nur noch möglich, soweit die Zuzahlung (sonstige Gegenleistung) nicht mehr als 25 % des Buchwerts des eingebrachten Betriebsvermögens oder 500.000 Euro, höchstens jedoch den Buchwert des eingebrachten Betriebsvermögens, beträgt (§ 20 Abs. 2 S. 2 Nr. 4 UmwStG).[11] 8

Eine Einschränkung in Bezug auf den Buch- bzw. Zwischenwertansatz kann sich darüber hinaus aufgrund der Regelungen in § 50i EStG ergeben. Handelt es sich bei der GmbH & Co. KG um eine **sog § 50i-Gesellschaft** (→ § 16 Rn. 46), kann die Einbringung gemäß § 20 UmwStG dazu führen, dass eingebrachte Wirtschaftsgüter und Anteile iSd § 50i Abs. 1 EStG zwingend mit dem gemeinen Wert anzusetzen sind (§ 50i Abs. 2 EStG). Aufgrund der Änderung des § 50i EStG durch das BEPS-Gesetz gilt dies allerdings nur, soweit das deutsche Besteuerungsrecht am Gewinn aus der Veräußerung der erhaltenen Anteile oder sog mitverstrickter Anteile iSd § 22 Abs. 7 UmwStG ausgeschlossen oder beschränkt wird. Grundsätzlich nicht betroffen sind damit Einbringende, die im Inland ansässig sind.[12] Dies war nach § 50i Abs. 2 EStG in der Fassung des KroatienAnpG[13] noch anders, was zu heftiger Kritik und in deren Folge zu einer Billigkeitsregelung seitens der Finanzverwaltung führte.[14] Aufgrund der Rückwirkung der Neufassung des § 50i Abs. 2 EStG (§ 52 Abs. 48 EStG) ist diese entbehrlich geworden.[15] 9

Der Buch- oder Zwischenwertansatz setzt einen (formlosen) **Antrag** seitens der übernehmenden Gesellschaft (GmbH) voraus. Dieser ist bei dem für die GmbH zuständigen Finanzamt (§ 20 AO) spätestens bis zur erstmaligen Abgabe der steuerlichen Schlussbilanz, in der das übernommene Betriebsvermögen von der GmbH erstmals anzusetzen ist, zu stellen (§ 20 Abs. 2 S. 3 UmwStG). Maßgebend ist die reguläre steuerliche Bilanz gemäß §§ 4, 5 EStG, in der das übernommene Betriebsvermögen erstmals angesetzt wird.[16] Eine Änderung oder der Widerruf eines einmal gestellten Antrags ist nicht möglich.[17] 10

Gemäß § 20 Abs. 3 S. 1 UmwStG gilt der Wert, mit dem die GmbH das eingebrachte Betriebsvermögen ansetzt, für den Einbringenden als Veräußerungspreis und als **Anschaffungskosten** der erhaltenen **GmbH-Anteile.** Die Anschaffungskosten mindern sich allerdings um den gemeinen Wert anderer Wirtschaftsgüter, die neben den Gesellschaftsanteilen gewährt werden (§ 20 Abs. 3 S. 3 UmwStG). Im Fall des Buch- oder Zwischenwertansatzes tritt die GmbH in die **steuerliche Rechtsstellung** ein, wie sie bei der GmbH & Co. KG bestanden hat (§ 23 Abs. 1 UmwStG).[18] 11

Ein etwaiger **Einbringungsgewinn** unterliegt als laufender Gewinn der **Einkommen- bzw. Körperschaftsteuer;** §§ 16, 34 EStG sind im Falle des Ansatzes mit dem gemeinen Wert bei natürlichen Personen grundsätzlich anwendbar (§ 20 Abs. 4 UmwStG). **Gewerbesteuer** entsteht **nicht,** soweit natürliche Personen unmittelbar beteiligt sind (§ 7 S. 2 12

[9] Bekannt geworden ist der Porsche-VW-Deal im Jahr 2012 mit einem geschätzten Verlust für den Fiskus von mehr als 1 Mio. Euro, vgl. FAZ vom 2.7.2012, 14.

[10] Vom 5.11.2015, BGBl. 2015 I 1834.

[11] Dazu näher *Zöller/Gläser* BB 2016, 663.

[12] *Liekenbrock* DStR 2016, 2609 (2612 ff.) und DStR 2017, 177 (180 ff.).

[13] Gesetz zur Anpassung des nationalen Steuerrechts an den Beitritt Kroatiens zur EU und zur Änderung weiterer steuerlicher Vorschriften vom 25.7.2014, BGBl. 2014 I 1266.

[14] BMF-Schreiben 21.12.2015, BStBl. I 2016, 7.

[15] BMF-Schreiben 5.1.2017, DStR 2017, 157.

[16] Dazu näher Bayerisches Landesamt für Steuern vom 11.11.2014, DStR 2015, 429. Zum abweichenden Begriff der Schlussbilanz bei § 3 Abs. 1 UmwStG → § 29 Rn. 32.

[17] UmwSt-Erlass Rn. 20.24.

[18] UmwSt-Erlass Rn. 23.06.

GewStG) und kein Fall des § 18 Abs. 3 UmwStG vorliegt.[19] **Verlustvorträge** oder gemäß § 15a EStG verrechenbare Verluste gehen nicht über, können jedoch zur Verrechnung mit einem etwaigen Einbringungsgewinn verwendet werden.[20] Soweit nicht entnommene Gewinne gemäß **§ 34a EStG** begünstigt besteuert wurden, wird gemäß § 34a Abs. 6 S. 1 Nr. 2 EStG durch die Einbringung deren Nachversteuerung ausgelöst.

13 Seit der Änderung durch das SEStEG unterscheidet das UmwStG zwischen der Einbringung von Sachgesamtheiten (Betrieb, Teilbetrieb oder Mitunternehmeranteile) gemäß § 20 UmwStG und der Einbringung von **Anteilen an einer Kapitalgesellschaft** (sog Anteilstausch), die in § 21 UmwStG geregelt ist. Soweit Anteile an einer Kapitalgesellschaft zu einem (Teil-)Betrieb gehören, ist jedoch von einem **einheitlichen Einbringungsvorgang** auszugehen, der insgesamt nach § 20 UmwStG zu beurteilen ist.[21] Dies gilt uE unabhängig davon, ob es sich bei den mit eingebrachten Anteilen um mehrheitsvermittelnde Anteile handelt oder diese eine wesentliche Betriebsgrundlage darstellen.[22] Um von den für Kapitalgesellschaftsanteile als Einbringungsgegenstand teilweise günstigeren Rechtsfolgen des § 21 UmwStG zu profitieren, müssten derartige Beteiligungen ggf. vorab unter Anwendung des § 21 UmwStG in die Ziel-GmbH eingebracht werden mit anschließender Verschmelzung der GmbH & Co. KG auf diese GmbH.

14 Wird das eingebrachte Betriebsvermögen von der GmbH nicht mit dem gemeinen Wert angesetzt, bleiben die neuen Anteile als sog **sperrfristbehaftete Anteile** steuerverstrickt. Gegenüber dem vorhergehenden Konzept der Besteuerung von sog einbringungsgeborenen Anteilen hat sich durch das SEStEG das Besteuerungskonzept jedoch grundlegend geändert. Die zeitliche Grenzziehung der Neuregelung ist der **12.12.2006** (§ 27 Abs. 1 und 2 UmwStG): Für Einbringungsvorgänge, bei denen nach diesem Stichtag die Eintragung in ein öffentliches Register angemeldet worden bzw. das wirtschaftliche Eigentum an den eingebrachten Wirtschaftsgütern übergegangen ist, gilt § 22 UmwStG in der Fassung des SEStEG und damit neues Recht. Für einbringungsgeborene Anteile aus früheren Einbringungsvorgängen gilt weiterhin § 21 UmwStG aF und damit altes Recht (§ 27 Abs. 3 Nr. 3 UmwStG). Gehören zu einem eingebrachten Betriebsvermögen auch einbringungsgeborene Anteile iSd § 21 UmwStG aF, können auch bei Einbringungsvorgängen nach dem 12.12.2006 weiterhin einbringungsgeborene Anteile alten Rechts neu entstehen (§ 20 Abs. 3 S. 4 UmwStG).[23] Die nach altem Recht entstandenen Anteile wurden somit nicht in das neue System überführt, so dass beide Systeme für einen längeren Zeitraum nebeneinander anzuwenden sind, wodurch sich das ohnehin schon komplizierte Umwandlungssteuerrecht zusätzlich verkompliziert.[24]

15 Das jetzige Recht verfolgt im Fall der Anteilsveräußerung und bei den sonstigen Entstrickungsfällen (§ 22 Abs. 1 S. 6 UmwStG) das Konzept der **rückwirkenden Besteuerung des Einbringungsgewinns,** der sich für jedes seit dem Einbringungszeitpunkt abgelaufene Zeitjahr um jeweils ein Siebtel vermindert (§ 22 Abs. 1 S. 1–3 UmwStG). Die Entstrickung ist gemäß § 22 Abs. 1 S. 2 UmwStG insoweit ein rückwirkendes Ereignis iSv § 175 Abs. 1 S. 1 Nr. 2 AO. Dieser sog Einbringungsgewinn I gilt als Gewinn des Einbringenden iSd § 16 EStG und als nachträgliche Anschaffungskosten der bei der Einbringung erhaltenen Anteile (§ 22 Abs. 1 S. 4 UmwStG). §§ 16 Abs. 4 und 34 EStG finden auf den Einbringungs-

---

[19] BFH 27.3.1996 – I R 89/65, BStBl. II 1997, 224; *Schmitt* in Schmitt/Hörtnagl/Stratz UmwStG § 20 Rn. 432.

[20] *Bilitewski* in Haritz/Menner UmwStG § 23 Rn. 50; *Dremel* in HTM HdB GmbH & Co. KG Rn. 11.228; *Ritzer* in Rödder/Herlinghaus/van Lishaut UmwStG § 23 Rn. 37 f.; *Wacker* in L. Schmidt EStG § 15a Rn. 236 f.; *Patt* in DPM UmwStG § 23 (SEStEG) Rn. 37 f.

[21] UmwSt-Erlass Rn. 21.01; *Behrens* in Haritz/Menner UmwStG § 21 Rn. 8; *Patt* in DPM UmwStG § 21 (SEStEG) Rn. 10.

[22] *Herlinghaus* in Rödder/Herlinghaus/van Lishaut UmwStG § 20 Rn. 32a; *Widmann* in Widmann/Mayer UmwStG § 21 (SEStEG) Rn. 4. AA *Behrens* in Haritz/Menner UmwStG § 21 Rn. 9 ff.

[23] UmwSt-Erlass Rn. 20.38 ff.; *Patt* in DPM UmwStG § 20 (SEStEG) Rn. 145 ff.; *Menner* in Haritz/Menner UmwStG § 20 Rn. 562 ff.

[24] *Dötsch/Pung* DB 2006, 2763; *Ley* FR 2007, 109.

gewinn keine Anwendung. Ein sog Einbringungsgewinn II entsteht, wenn sich in dem eingebrachten Betriebsvermögen auch Kapitalgesellschaftsanteile befunden haben und diese von der GmbH innerhalb der Sperrfrist veräußert werden (§ 22 Abs. 2 UmwStG).

Während der siebenjährigen Sperrfrist hat der Einbringende jährlich spätestens bis zum **31.5.** den **Nachweis** zu erbringen, wem mit Ablauf des Tages, der dem Einbringungszeitpunkt entspricht, die erhaltenen Anteile zuzurechnen sind, anderenfalls gelten die Anteile als veräußert (§ 22 Abs. 3 UmwStG).[25] Entsprechendes gilt für die Zurechnung der Kapitalgesellschaftsanteile, die als Teil des Betriebsvermögens mit eingebracht worden sind. 16

Gemäß § 23 Abs. 2 UmwStG kann die GmbH die **übernommenen Wirtschaftsgüter** in Höhe des versteuerten Einbringungsgewinns I im Jahr der Anteilsveräußerung oder des sonstigen Entstrickungsereignisses **aufstocken** (Step up), wobei diese Aufstockung gleichmäßig und verhältnismäßig zu erfolgen hat.[26] Voraussetzung ist allerdings, dass durch eine Bescheinigung des zuständigen Finanzamts nachgewiesen wird, dass die Steuer auf den Einbringungsgewinn vom Einbringenden entrichtet worden ist (s. auch § 22 Abs. 5 UmwStG). 17

Bei Entstrickungsfällen nach altem Recht erfolgt eine einheitliche Besteuerung **sämtlicher** im Entstrickungszeitpunkt vorhandenen **stillen Reserven** (§ 21 UmwStG aF). Der Betrag, um den der Veräußerungspreis bzw. gemeine Wert der entstrickten Anteile im Entstrickungszeitpunkt die Anschaffungskosten und die Veräußerungskosten übersteigt, gilt gemäß § 21 Abs. 1 S. 1 UmwStG aF als **Veräußerungsgewinn** iSd § 16 EStG. § 3 Nr. 40 S. 3 und 4 EStG aF und § 8b Abs. 4 KStG aF gelten insoweit weiter (§§ 27 Abs. 4 UmwStG, 52 Abs. 4 S. 6 EStG, 34 Abs. 5 S. 1 KStG) mit der Folge, dass dieser Gewinn im Falle einer Entstrickung binnen sieben Jahren seit dem Einbringungsvorgang (Sperrfrist) der **vollen Besteuerung** unterliegt. 18

Anders als einbringungsgeborene Anteile alten Rechts unterliegen **sperrfristbehaftete Anteile** neuen Rechts **§ 17 EStG.**[27] Bei letzteren wird folglich ein Gewinn aus der Anteilsveräußerung innerhalb der Sperrfrist aufgeteilt in einen gemäß § 22 UmwStG nachträglich zu besteuernden Einbringungsgewinn (→ Rn. 15) und einen gemäß § 17 EStG zu versteuernden verbleibenden Veräußerungsgewinn. Unter den in § 17 Abs. 6 EStG genannten Voraussetzungen greift dabei die Besteuerung des verbleibenden Veräußerungsgewinns auch bei solchen Anteilen, die für sich gesehen die Anforderungen gemäß § 17 Abs. 1 S. 1 EStG nicht erfüllen.[28] 19

Fraglich ist, wer als **Einbringender** anzusehen ist, wenn bei der Einbringung des Betriebs die neuen Anteile zivilrechtlich der GmbH & Co. KG gewährt werden. Ist es die Mitunternehmerschaft, also die GmbH & Co. KG, oder sind es deren Gesellschafter (Mitunternehmer)? § 1 Abs. 4 S. 1 Nr. 2 lit. a aa UmwStG besagt hierzu nichts, sondern betrifft lediglich den Anwendungsbereich des UmwStG.[29] Die Antwort hängt davon ab, ob die **Mitunternehmerschaft** durch die Einbringung **erlischt** oder ob sie danach noch **fortbesteht.** Letzteres ist der Fall, wenn die GmbH & Co. KG gemäß § 15 Abs. 3 Nr. 2 EStG gewerblich geprägt ist oder nach der Einbringung weiterhin eine gewerbliche Tätigkeit ausübt, zB weil der einzubringende Betrieb nicht deren gesamtes Vermögen darstellt. Nur unter dieser Voraussetzung ist es steuerlich denkbar, dass die Mitunternehmerschaft als solche ihren Betrieb in eine GmbH einbringt und dafür einen Geschäftsanteil erhält.[30] 20

---

[25] Zur Erbringung des Nachweises s. UmwSt-Erlass Rn. 22.28 ff.

[26] *Schmitt* in Schmitt/Hörtnagl/Stratz UmwStG § 23 Rn. 47. Zur Handhabung bezüglich zum Aufstockungszeitpunkt nicht mehr im eingebrachten Betriebsvermögen befindliche Wirtschaftsgüter s. UmwSt-Erlass Rn. 23.09.

[27] UmwSt-Erlass Rn. 22.05; *Dötsch/Pung* DB 2006, 2763.

[28] Dazu näher *Weber-Grellet* in L. Schmidt EStG § 17 Rn. 245 f.

[29] *Patt* in DPM UmwStG § 20 (SEStEG) Rn. 11, 169; *Herlinghaus* in Rödder/Herlinghaus/van Lishaut UmwStG § 20 Rn. 34b.

[30] *Schmitt* in Schmitt/Hörtnagl/Stratz UmwStG § 20 Rn. 181 ff.; *Menner* in Haritz/Menner UmwStG § 20 Rn. 273; *Patt* in DPM UmwStG § 20 (SEstEG) Rn. 169a. In Rn. 20.03 des UmwSt-Erlasses wird allerdings nur das Erlöschen der Personengesellschaft als solcher angesprochen.

21 Ob der gewährte Geschäftsanteil bei Bedarf im Wege der Entnahme **steuerfrei** auf die einzelnen Mitunternehmer **„aufgeteilt"** werden kann, hängt von der Frage ab, ob die bei der Einbringung nicht realisierten stillen Reserven auch danach im Rahmen von § 22 UmwStG bzw. § 21 UmwStG aF steuerverhaftet bleiben.[31] Verbleibt der Geschäftsanteil im Betriebsvermögen, soll nach Ansicht der Finanzverwaltung nicht nur dessen Veräußerung selbst, sondern auch die Veräußerung eines Mitunternehmeranteils (anteilig) einen Einbringungsgewinn gemäß § 22 Abs. 1 S. 1 UmwStG auslösen können.[32] Dabei bleibt allerdings offen, ob der Einbringungsgewinn nur dem veräußernden oder anteilig allen Mitunternehmern zuzurechnen ist. Sachgerecht wäre die Zurechnung beim veräußernden Mitunternehmer, was ggf. vorab unter den Gesellschaftern so vertraglich geregelt werden sollte.[33]

22 **Erlischt** die Mitunternehmerschaft infolge der Vermögensübertragung auf die GmbH, so liegt steuerlich keine Einbringung eines Betriebes durch die Mitunternehmerschaft vor, sondern eine Einbringung aller Mitunternehmeranteile durch **die einzelnen Mitunternehmer.**[34] Die Voraussetzungen des § 20 Abs. 2 S. 2 UmwStG müssen dann gesellschafterbezogen geprüft werden. Denn der **Antrag** gemäß § 20 Abs. 2 S. 2 UmwStG kann auch dann für jeden einzelnen Sacheinlagegegenstand (= Mitunternehmeranteil) **unterschiedlich** ausgeübt werden, wenn zeitgleich eingebracht wird.[35] Dabei kann sich bei einzelnen Gesellschaftern ggf. eine Aufstockung als sinnvoll erweisen.

23 Eine Buchwertfortführung gemäß § 20 UmwStG kommt nur in Betracht, wenn auch die **wesentlichen Grundlagen** des Betriebs oder Mitunternehmeranteils, zu denen grundsätzlich auch Wirtschaftsgüter des Sonderbetriebsvermögens zählen können, auf die GmbH übertragen werden.[36] Der Begriff „wesentliche Betriebsgrundlage" ist, wie bei § 6 Abs. 3 EStG und anders als bei §§ 15, 16 EStG (→ § 16 Rn. 287), rein **funktional** zu verstehen.[37] Als funktional wesentlich sind dabei alle Wirtschaftsgüter des notwendigen (Sonder-) Betriebsvermögens anzusehen, die für den Betriebsablauf ein **erhebliches Gewicht** haben und mithin für die Fortführung des Betriebs notwendig sind oder dem Betrieb das Gepräge geben. Für die Beurteilung als wesentliche Betriebsgrundlage ist grundsätzlich auf die Situation aus der **Sicht des Einbringenden** zum Zeitpunkt der Einbringung abzustellen. Eine Übertragung iSv § 20 UmwStG liegt auch vor, wenn lediglich das **wirtschaftliche Eigentum** an dem zu den wesentlichen Betriebsgrundlagen gehörenden Wirtschaftsgut übergeht.[38] Unschädlich dürfte es sein, wenn eine funktional wesentliche (Sonder-) Betriebsgrundlage vor der Betriebseinbringung veräußert oder in ein anderes Betriebsvermögen überführt wird.[39]

---

[31] Bejahend für § 21 UmwStG 1995 BFH 12.10.2011 – I R 33/10, BStBl. II 2012, 455. Entsprechendes gelte für neue Rechtslage gemäß § 22 UmwStG, so *Widmann* in Widmann/Mayer UmwStG § 20 (SEStEG) Rn. R69 Fn. 18; aA *Dremel* in HTM HdB GmbH & Co. KG Rn. 11.267 (Entnahmegewinn gemäß § 6 Abs. 1 Nr. 4 EStG).

[32] So UmwSt-Erlass Rn. 22.02. Zustimmend *Bilitewski* in Haritz/Menner UmwStG § 22 Rn. 75. Kritisch *Herlinghaus* in Rödder/Herlinghaus/van Lishaut UmwStG § 20 Rn. 34c.

[33] So die Empfehlung von *Bilitewski* in Haritz/Menner UmwStG § 22 Rn. 76.

[34] *Widmann* in Widmann/Mayer UmwStG § 20 (SEStEG) Rn. R46; *Herlinghaus* in Rödder/Herlinghaus/van Lishaut UmwStG § 20 Rn. 34b. AA *Patt* in DPM UmwStG § 20 (SEStEG) Rn. 39; *Schmitt/Keuthen* DStR 2015, 860 (862), wonach sich der Einbringungsgegenstand unabhängig davon beurteile, wer Einbringender ist.

[35] *Menner* in Haritz/Menner UmwStG § 20 Rn. 308; *Herlinghaus* in Rödder/Herlinghaus/van Lishaut UmwStG § 20 Rn. 153b.

[36] *Schmitt* in Schmitt/Hörtnagl/Stratz UmwStG § 20 Rn. 22 ff., 69 ff.; *Widmann* in Widmann/Mayer UmwStG § 20 (SEStEG) Rn. R51; *Menner* in Haritz/Menner UmwStG § 20 Rn. 62 ff., 147 ff.; *Patt* in DPM UmwStG § 20 (SEStEG) Rn. 40, 124.

[37] UmwSt-Erlass Rn. 20.06, 20.10; BFH 25.11.2009 – I R 72/08, BFH/NV 2010, 535; *Patt* in DPM UmwStG § 20 (SEStEG) Rn. 41 ff.; *Herlinghaus* in Rödder/Herlinghaus/van Lishaut UmwStG § 20 Rn. 26, 109.

[38] UmwSt-Erlass Rn. 01.43; FM Bayern 22.2.2006, DStZ 2006, 350; *Herlinghaus* in Rödder/Herlinghaus/van Lishaut UmwStG § 20 Rn. 38 ff., 109; *Dremel* in HTM HdB GmbH & Co. KG Rn. 11.219; *Schmitt* in Schmitt/Hörtnagl/Stratz UmwStG § 20 Rn. 21, 71. AA *Patt* in DPM UmwStG § 20 (SEStEG) Rn. 7; *Kutt/Pitzal* DStR 2009, 1243. Ein kündbares obligatorisches Nutzungsrecht genügt jedoch nicht, s. BFH 7.4.2010 – I R 96/08, DStR 2010, 1517.

[39] So für Buchwertfortführung gemäß § 6 Abs. 3 EStG BFH 9.12.2014 – I R 29/14, DB 2015, 222; dagegen noch Verweis auf Gesamtplanrechtsprechung in UmwSt-Erlass Rn. 20.07.

Wann die **Beteiligung des Kommanditisten an der Komplementär-GmbH** eine wesentliche Betriebsgrundlage für seine Mitunternehmerstellung darstellt, ist im Einzelfall streitig (→ § 16 Rn. 287 ff.). Bei der Einbringung des Betriebs einer KG in eine GmbH im Zuge einer Umwandlung besteht indessen die **Besonderheit,** dass die bisherige Komplementärstellung aus rechtlichen Gründen zwangsläufig gegenstandslos werden muss, weil die KG nach erfolgter Betriebseinbringung nur noch eine leere Hülle ist. Eine Übertragung auch der Beteiligung an der bisherigen Komplementärgesellschaft, deren Tätigkeit sich auf die Geschäftsführungsfunktion bei der KG beschränkt hat, wäre somit **wirtschaftlich ohne Sinn.**[40] UE ist im Fall der Betriebseinbringung bei der typischen GmbH & Co. KG in Bezug auf die Anteile an der Komplementär-GmbH deshalb nur **ausnahmsweise** eine wesentliche Betriebsgrundlage iSv § 20 UmwStG zu bejahen.[41] 24

Würden bei einer „Umwandlung" auf die Komplementär-GmbH die Anteile an der Komplementär-GmbH ebenfalls übertragen, entstünden sog **eigene Anteile** der GmbH, was häufig unerwünscht oder durch § 33 GmbHG eingeschränkt ist. Sind die GmbH-Anteile – was meistens der Fall ist – SBV II, kann nach Ansicht der Finanzverwaltung darauf verzichtet werden, diese mit einzubringen, wenn der Einbringende dies unwiderruflich beantragt und sich damit einverstanden erklärt, dass auch diese GmbH-Anteile als Anteile iSv § 22 Abs. 1 UmwStG behandelt werden.[42] 25

b) Sonstige Steuern. Gehört zu dem eingebrachten Betriebsvermögen Grundbesitz, so unterliegt der Einbringungsvorgang gemäß § 1 Abs. 1 Nr. 1 GrEStG der **Grunderwerbsteuer.** Bemessungsgrundlage für den Erwerbsvorgang ist gemäß § 8 Abs. 2 GrEStG der sich aus § 151 Abs. 1 S. 1 Nr. 1 BewG iVm § 157 Abs. 1–3 BewG ergebende Wert des betreffenden Grundstücks (→ § 29 Rn. 55). Steuerbefreiung wird gewährt, soweit die GmbH am Vermögen der GmbH & Co. KG beteiligt war (§ 6 Abs. 2 GrEStG). 26

Die Betriebseinbringung ist als Geschäftsveräußerung im Ganzen **nicht umsatzsteuerbar** (§ 1 Abs. 1a UStG). Auch die Gegenleistung der GmbH ist, soweit neue Anteile gewährt werden, nicht steuerbar.[43] Eine sonstige Gegenleistung ist dagegen steuerbar, aber ggf. steuerfrei (so zB Gewährung einer Darlehensforderung gemäß § 4 Nr. 8 lit. a UStG).[44] 27

III. Aufgrund des Umwandlungsgesetzes

1. Formwechselnde Umwandlung

a) Handelsrechtliche Gestaltung. Gemäß **§§ 190 ff., 214 ff. UmwG** kann eine Personenhandelsgesellschaft (GmbH & Co. KG) unter Wahrung ihrer Identität formwechselnd in eine GmbH umgewandelt werden. Hierzu bedarf es gemäß § 217 Abs. 1 S. 1 UmwG grundsätzlich eines einstimmigen Beschlusses aller Gesellschafter der GmbH & Co. KG mit dem Inhalt gemäß § 194 UmwG **(Umwandlungsbeschluss).** Insbesondere sind Zahl, Art und Umfang der Anteile festzulegen, welche die Anteilsinhaber nach dem Formwechsel erlangen sollen (§ 194 Abs. 1 Nr. 4 UmwG). In dem Umwandlungsbeschluss muss ferner die Satzung der GmbH festgestellt werden (§ 218 Abs. 1 UmwG). Schließlich ist ein **Umwandlungsbericht** zu erstatten, sofern nicht alle Gesellschafter hierauf verzichten (§ 192 UmwG). 28

[40] So ausdrücklich BFH 16.12.2009 – I R 97/08, DB 2010, 878; OFD Frankfurt 13.2.2014, DB 2014, 1227 Rn. 12 und OFD NRW 17.6.2014, DB 2014, 1646 unter II.4. für den Fall der formwechselnden Umwandlung.

[41] *Brandenberg* DB 2003, 2563; *Schäffler/Gebert* DStR 2010, 636; *Schulze zur Wiesche* GmbHR 2008, 238 (242).

[42] UmwSt-Erlass Rn. 20.09. Zustimmend *Patt* in DPM UmwStG § 20 (SEStEG) Rn. 141; *Schmitt* in Schmitt/Hörtnagel/Stratz UmwStG § 20 Rn. 78; *Dremel* in HTM HdB GmbH & Co. KG Rn. 11.216; *Orth* DStR 2009, 192 (194). S. auch BFH 25.7.2012 – I R 88/10, BB 2012, 2875 zum UmwStG 1995. Mit kritischen Anmerkungen dagegen *Herlinghaus* in Rödder/Herlinghaus/van Lishaut UmwStG § 20 Rn. 40b.

[43] Abschn. 1.6 Abs. 2 S. 1 und 2 UStAE.

[44] *Keuthen* in Schmitt/Hörtnagl/Stratz UmwStG Verkehrsteuern R. 22.

29 Im Gesellschaftsvertrag der GmbH & Co. KG kann für den Umwandlungsbeschluss eine **qualifizierte Mehrheit** von mindestens 75 % der abgegebenen Stimmen für ausreichend erklärt werden (§ 217 Abs. 1 S. 2 und 3 UmwG). Die Anforderungen an eine solche Mehrheitsklausel bestimmen sich dabei nach allgemeinem Gesellschaftsrecht.[45] Nachdem der BGH dem sog Bestimmtheitsgrundsatz keine Bedeutung mehr beimisst und im Zusammenhang mit Mehrheitsklauseln auch nicht mehr bzw. nicht mehr unmittelbar mit der Kernbereichslehre argumentiert (→ § 5 Rn. 91 ff.), ist die Forderung überholt, die betreffende Mehrheitsklausel müsse die Umwandlung oder gar die konkrete Art der Umwandlung als der Mehrheitsentscheidung unterliegenden Beschlussgegenstand ausdrücklich bezeichnen.[46] Die **formelle Legitimation** einer Mehrheitsentscheidung bestimmt sich nach nunmehriger BGH-Rechtsprechung nach der Reichweite der Mehrheitsklausel, die stets durch Auslegung des Gesellschaftsvertrags nach den allgemeinen Auslegungsgrundsätzen zu ermitteln ist (erste Stufe). Dies gilt auch bei Beschlussgegenständen, die ungewöhnliche Geschäfte oder – wie ein Formwechsel – die Grundlagen der Gesellschaft betreffen.[47]

30 In einer zweiten Stufe ist zu prüfen, ob – gemessen an der gesellschaftsrechtlichen Treuepflicht – die **Mehrheitsentscheidung** auch **materiell wirksam** ist (→ § 5 Rn. 99). Abgesehen von unverzichtbaren und damit auch unentziehbaren Rechten, kommt es bei einem Eingriff in die individuelle Rechtsstellung des Gesellschafters dabei darauf an, ob dieser im Interesse der Gesellschaft geboten und dem betroffenen Gesellschafter unter Berücksichtigung seiner eigenen schützenswerten Belange zumutbar ist.[48] Bei dieser Abwägung ist in Bezug auf den Formwechsel in die GmbH zugunsten der Mehrheitsentscheidung zu berücksichtigen, dass die Identität der Gesellschaft gewahrt bleibt, die Beteiligungsquoten sich im Regelfall nicht verändern und grundsätzlich keine Verschlechterung bezüglich der Haftungssituation der Gesellschafter eintritt.[49] Zudem gelten nur die dem Beschluss zustimmenden Gesellschafter als Gründer im Sinne der Gründungsvorschriften für die GmbH (§ 219 S. 2 UmwG). Die Gründerpflichten[50] und eine mögliche Haftung bei deren Verletzung treffen den nicht zustimmenden Gesellschafter somit nicht.[51] Da der Gesellschaftsvertrag der GmbH zwingender Bestandteil des Umwandlungsbeschlusses ist (§ 218 Abs. 1 S. 1 UmwG), muss uE auch dessen konkreter Inhalt in die Abwägung im Rahmen der Beschlusskontrolle mit einfließen.

31 Handelsrechtlich ist der Formwechsel nur unter **Buchwertfortführung** möglich, weil § 24 UmwG im Fall des Formwechsels keine Anwendung findet.[52]

32 Die GmbH darf gemäß § 200 UmwG die **Firma** der GmbH & Co. KG **fortführen.** Lediglich der Rechtsformzusatz muss von „GmbH & Co. KG“ in „GmbH“ abgeändert werden. Scheidet im Zuge der Umwandlung eine natürliche Person aus, so darf deren Name gemäß § 200 Abs. 3 UmwG in der Firma der GmbH nur mit deren ausdrücklicher Einwilligung verwendet werden. Die ausdrückliche Einwilligung ist auch nötig, wenn der Name des betreffenden Anteilsinhabers bereits in der Firma der GmbH & Co. KG enthalten ist, jedoch nicht, wenn dieser bereits vor der Beschlussfassung über den Formwechsel verstorben ist oder sonst ausscheidet.[53] Ein Ausscheiden im Zuge der Umwandlung in diesem Sinne ist auch dann gegeben, wenn der Gesellschafter erst nach dem Wirksamwerden des

[45] *Vossius* in Widmann/Mayer UmwG § 217 Rn. 74.

[46] So auch *Joost* in Lutter UmwG § 217 Rn. 13; *Blasche* in Kallmeyer UmwG § 217 Rn. 10. Für eine ausdrückliche Erfassung der Umwandlung dagegen nach wie vor *Vossius* in Widmann/Mayer UmwG § 217 Rn. 76.

[47] BGH NJW 2015, 859 Rn. 13 f.

[48] BGH NJW 2015, 859 Rn. 19.

[49] S. auch *Vossius* in Widmann/Mayer UmwG § 217 Rn. 77; *Joost* in Lutter UmwG § 217 Rn. 15. Auf eine materielle Kontrolle des Formwechselbeschlusses hinsichtlich seiner sachlichen Rechtfertigung verzichten wollen dagegen *Zimmermann* in Kallmeyer UmwG § 193 Rn. 10; *Decher/Hoger* in Lutter UmwG § 193 Rn. 9.

[50] S. dazu *Stratz* in Schmitt/Hörtnagl/Stratz UmwG § 219 Rn. 2.

[51] Zur Implementierung einer entsprechenden Mehrheitsklausel aus diesem Grund vor dem geplanten Formwechsel s. *Joost* in Lutter UmwG § 219 Rn. 5.

[52] *Moszka* in Semler/Stengel UmwG § 24 Rn. 87.

[53] *Meister/Klöcker* in Kallmeyer UmwG § 200 Rn. 26.

Formwechsels durch Annahme eines Angebots auf **Barabfindung gemäß** § 207 Abs. 1 UmwG ausscheidet.[54]

33 Die für die GmbH geltenden **Gründungsvorschriften** sind gemäß § 197 S. 1 UmwG anzuwenden. Für das gezeichnete Kapital der GmbH (Stammkapital) fordert das Gesetz – anders als bei der GmbH & Co. KG – einen Mindestbetrag von 25.000 Euro (§ 5 Abs. 1 GmbHG). Beim Formwechsel ist gegenüber dem Registergericht insbesondere der Nachweis zu erbringen, dass der Nennbetrag des ausgewiesenen Stammkapitals durch das Nettovermögen der formwechselnden GmbH & Co. KG gedeckt ist (§ 220 Abs. 1 UmwG). Für diesen Nachweis der Kapitalaufbringung sind jedoch nicht die Buchwerte, sondern die tatsächlichen Werte der Vermögensgegenstände maßgeblich. Die formwechselnde Umwandlung kann deshalb auch dann zulässig sein, wenn das buchmäßige Vermögen der GmbH & Co. KG nicht ausreichend ist, um das **Mindest-Stammkapital** der GmbH zu decken.[55] Wegen des Sacheinlagenverbots des § 5a Abs. 2 S. 2 GmbHG kommt eine **UG,** bei der ein geringeres Stammkapital möglich wäre, als Zielgesellschaft nicht in Betracht.[56]

34 Schwierigkeiten bereitet die **Behandlung der Komplementär-GmbH.**[57] Bei der formwechselnden Umwandlung einer GmbH & Co. KG in die Rechtsform der GmbH ist regelmäßig das Ausscheiden der Komplementär-GmbH gewünscht. Da § 202 Abs. 1 Nr. 2 UmwG eine Identität der Anteilsinhaber vorschreibt, muss die Komplementär-GmbH an sich einen Anteil an der neuen GmbH erhalten. Hierdurch ergibt sich eine zusätzliche Schwierigkeit, da die Komplementär-GmbH an der KG üblicherweise keinen Kapitalanteil hält, an der neuen GmbH jedoch mindestens mit einem Geschäftsanteil im Nennbetrag von 1 Euro beteiligt sein muss. Diese Probleme werden zweckmäßigerweise dadurch gelöst, dass die Kommanditisten vor der Umwandlung einen Teil ihrer Kommanditeinlage **treuhänderisch** auf die Komplementär-GmbH übertragen; nach Vollzug des Formwechsels wird die Komplementär-GmbH dann liquidiert und der von ihr treuhänderisch gehaltene Anteil an den Treugeber ausgekehrt.[58]

35 Wegen der Umständlichkeit dieser Hilfskonstruktion und in Anlehnung an das obiter dictum des **BGH** vom 9.5.2005[59] wird in der Literatur – wie zur vergleichbaren Problematik bei der Umwandlung der GmbH in die GmbH & Co. KG (→ § 29 Rn. 16) – zunehmend die Auffassung vertreten, dass das **Ausscheiden** der Komplementär-GmbH im **Umwandlungsbeschluss** selbst bestimmt werden kann.[60] § 247 Abs. 2 UmwG sieht im vergleichbaren Fall der Umwandlung einer KGaA in die Rechtsform der GmbH ein Ausscheiden der persönlich haftenden Gesellschafter vor. Es ist nicht ersichtlich, weshalb dies im Falle der Umwandlung einer KG nicht jedenfalls dann zulässig sein soll, wenn alle Gesellschafter ein solches Ausscheiden ausdrücklich wünschen. Eine rechtzeitige Abstimmung mit dem zuständigen Registergericht empfiehlt sich jedoch, solange diese Frage nicht höchstrichterlich abschließend entschieden ist.

36 Die Umwandlung wird mit der Eintragung der GmbH in das Handelsregister **wirksam.** Gemäß § 202 Abs. 1 Nr. 1 UmwG besteht die GmbH & Co. KG nach der Eintragung als GmbH fort. Die **Haftung** der Gesellschafter für alle bis zur Umwandlung begründeten

---

[54] S. *Decher/Hoger* in Lutter UmwG § 200 Rn. 9 und zu den Voraussetzungen für den Barabfindungsanspruch *Decher/Hoger* in Lutter UmwG § 207 Rn. 7 ff.

[55] *Blasche* in Kallmeyer UmwG § 220 Rn. 6 ff.; *Stratz* in Schmitt/Hörtnagl/Stratz UmwG § 220 Rn. 6; *Vossius* in Widmann/Mayer UmwG § 220 Rn. 16. Maßgeblich ist dabei der Ertragswert des Unternehmens, so OLG Frankfurt ZIP 2015, 1229 (1232).

[56] *Joost* in Lutter UmwG § 214 Rn. 12; *Heinemann* ZGR 2008, 820.

[57] Wie beim umgekehrten Fall des Formwechsels einer GmbH in die Rechtsform der GmbH & Co. KG, → § 29 Rn. 11 ff.

[58] *Meister/Klöcker* in Kallmeyer UmwG § 191 Rn. 14; *Vossius* in Widmann/Mayer UmwG § 202 Rn. 44 ff., § 215 Rn. 33 ff.; *Carle/Bauschatz* ZIP 2002, 2072, unter Hinweis auf ein „unkalkulierbares Haftungsrisiko", das uE aber nicht besteht, wenn die Treuhandschaft auf die vermögensmäßige Beteiligung beschränkt wird.

[59] DB 2005, 1842.

[60] *Decher/Hoger* in Lutter UmwG § 202 Rn. 12; *Leonard* in Semler/Stengel UmwG § 202 Rn. 21; *Dremel* in HTM HdB GmbH & Co. KG Rn. 11.275; *Levedag* in MHdB GesR II § 58 Rn. 341. AA *Meister/Klöcker* in Kallmeyer UmwG § 191 Rn. 15; *Carle/Bauschatz* ZIP 2002, 2072 (2073).

Verbindlichkeiten besteht unverändert weiter. Die Nachhaftung ist jedoch gemäß § 224 UmwG – wie im Falle von § 160 HGB (→ § 6 Rn. 211 ff.) – auf fünf Jahre begrenzt, und zwar auch, soweit die Gesellschafter in der Geschäftsführung der GmbH tätig sind (§ 224 Abs. 5 UmwG).

37 **b) Steuerliche Fragen.** Gemäß § 25 UmwStG sind die **§§ 20 ff. UmwStG** entsprechend anzuwenden, so dass die formwechselnde Umwandlung grundsätzlich wie eine **Betriebseinbringung** behandelt wird (→ Rn. 5 ff.). **Einbringende** iSv § 20 UmwStG sind die **Gesellschafter** (Mitunternehmer) und Einbringungsgegenstand deren Mitunternehmeranteile.[61] Abweichend vom Handelsrecht wird für ertragsteuerliche Zwecke ein Vermögensübergang fingiert, weshalb die umgewandelte GmbH & Co. KG auf den Übertragungsstichtag eine Übertragungsbilanz (Schlussbilanz) aufzustellen hat (§§ 25 S. 2, 9 S. 2 UmwStG). Die GmbH hat auf denselben Stichtag, weil steuerlich von einer Neugründung ausgegangen wird, eine steuerliche Eröffnungsbilanz aufzustellen.

38 Gemäß §§ 25 S. 2, 9 S. 3 UmwStG kann die Umwandlung auf einen Tag **zurückbezogen** werden, der höchstens acht Monate vor dem Tag der Anmeldung in ein öffentliches Register liegt.[62] Diese Rückwirkungsfiktion heilt nach der BFH-Rechtsprechung den Mangel der GmbH & Co. KG, als Personengesellschaft bei den Ertragsteuern nicht **Organgesellschaft** sein zu können, weshalb der Formwechsel, wenn die Eingliederungsvoraussetzungen seit dem Stichtag tatsächlich erfüllt werden, auch zur rückwirkenden Begründung eines Organschaftsverhältnisses genutzt werden kann.[63]

39 § 20 UmwStG enthält ein **eigenständiges steuerliches Wahlrecht** der aufnehmenden GmbH.[64] Bei der Ausübung dieses Wahlrechts ist der Ansatz des übernommenen Betriebsvermögens in der Handelsbilanz der GmbH unerheblich. Das Prinzip der Maßgeblichkeit der Handelsbilanz für die Steuerbilanz gilt nicht. Die Finanzverwaltung vertrat zwar für das UmwStG 1995 zunächst die Auffassung, das Wahlrecht müsse in Übereinstimmung mit der Handelsbilanz ausgeübt werden, hat diese Auffassung aber aufgegeben,[65] nachdem dieser zunächst der BFH[66] und dann der **SEStEG**-Gesetzgeber[67] entgegengetreten war.

40 Bei § 25 S. 1 UmwStG handelt es sich um eine Rechtsgrundverweisung, was bedeutet, dass auch beim Formwechsel alle wesentlichen Betriebsgrundlagen, und zwar einschließlich derjenigen im **Sonderbetriebsvermögen** der Mitunternehmer, auf die GmbH übergehen müssen, damit § 20 UmwStG zur Anwendung kommt.[68] Wesentliche Betriebsgrundlagen sind daher in zeitlichem und sachlichem Zusammenhang mit dem Formwechsel im Wege der Einzelrechtsnachfolge auf die GmbH zu übertragen.[69] Für die Anteile an der Komplementär-GmbH, die in Folge des Formwechsels ihre Bedeutung verliert, gilt dies jedoch grundsätzlich nicht (näher → Rn. 24).

41 Anders als bei der Betriebseinbringung entsteht bei der formwechselnden Umwandlung hinsichtlich der im Gesamthandsvermögen befindlichen Grundstücke der GmbH & Co. KG **keine Grunderwerbsteuer,** da zivilrechtlich die Identität des Rechtsträgers bestehen bleibt.[70] Entgegen der Ansicht des FG Münster[71] wird auch keine Grunderwerbsteuer ausgelöst, wenn die neben dem alleinigen Kommanditisten nicht vermögensmäßig beteiligte

---

[61] *Rabback* in Rödder/Herlinghaus/van Lishaut UmwStG § 25 Rn. 46.

[62] Dazu näher *Schmitt* in Schmitt/Hörtnagl/Stratz UmwStG § 25 Rn. 40 ff.

[63] UmwSt-Erlass Rn. Org. 03; BFH 17.9.2003 – I R 55/02, BStBl. II 2004, 534; BMF-Schreiben 24.5.2004, DB 2004, 1343; *Herlinghaus* in Rödder/Herlinghaus/van Lishaut UmwStG Anh. 4 Rn. 40.

[64] *Bilitewski* in Haritz/Menner UmwG § 25 Rn. 37; *Levedag* in MHdB GesR II § 58 Rn. 385.

[65] BMF-Schreiben 4.7.2006, BStBl. I 2006, 445.

[66] BFH 19.10.2005 – I R 38/04, BStBl. II 2006, 568; 28.5.2008 – I R 98/06, BStBl. II 2008, 916.

[67] BT-Drs. 16/2710, 37.

[68] BFH 8.6.2011 – I B 15/11, BFH/NV 2011, 1748.

[69] *Schmitt* in Schmitt/Hörtnagl/Stratz UmwG § 25 Rn. 20.

[70] BFH 4.12.1996 – II B 116/96, BStBl. II 1997, 661; 4.4.2001 – II R 57/98, BStBl. II 2001, 587; FM Baden-Württemberg 19.12.1997, DStR 1998, 82. Zu Grundstücken im Sonderbetriebsvermögen s. *Graessner/Hütig* DB 2015, 2415.

[71] EFG 2006, 1034, aufgehoben durch BFH 9.4.2008 – II R 31/06, BFH/NV 2008, 1435, ohne jedoch die grunderwerbsteuerliche Frage klären zu müssen.

Komplementär-GmbH im Zuge der formwechselnden Umwandlung ausscheidet.[72] Der Formwechsel kann jedoch dazu führen, dass die Voraussetzungen für die Nichterhebung der Grunderwerbsteuer gemäß § 5 Abs. 1 oder 2 GrEStG (ggf. iVm § 3 Nr. 4 bzw. Nr. 6 GrEStG) in Bezug auf eine frühere Grundstücksübertragung auf die GmbH & Co. KG nachträglich wegefallen, da in der formwechselnden Umwandlung in die GmbH eine Anteilsverminderung iSv § 5 Abs. 3 GrEStG zu sehen ist.[73]

2. Verschmelzung

a) Handelsrechtliche Gestaltung. Gemäß § 2 Nr. 1 UmwG kann eine GmbH & Co. KG auf eine bereits **bestehende GmbH,** zB die eigene Komplementär-GmbH, verschmolzen werden. Die Verschmelzung erfolgt durch einen notariell zu beurkundenden **Verschmelzungsvertrag,** dem die Gesellschafter beider Rechtsträger in notariell beurkundeter Form **zustimmen** müssen. Im Falle der GmbH & Co. KG ist die Zustimmung aller Gesellschafter erforderlich, sofern nicht der Gesellschaftsvertrag eine qualifizierte Mehrheit, die mindestens 75 % betragen muss, vorsieht (§ 43 UmwG);[74] bei der GmbH ist die Dreiviertelmehrheit ausreichend, sofern der Gesellschaftsvertrag keine größere Mehrheit vorschreibt (§ 50 Abs. 1 UmwG). 42

Die Gesellschafter der GmbH & Co. KG erhalten als Gegenleistung für die untergehenden Kommanditanteile neue Geschäftsanteile an der GmbH, die grundsätzlich durch eine **Kapitalerhöhung** geschaffen werden müssen. Eine Kapitalerhöhung ist gemäß § 54 Abs. 1 S. 1 Nr. 1 UmwG allerdings unter anderem nicht zulässig, soweit die GmbH an der GmbH & Co. KG als Komplementär oder Kommanditist vermögensmäßig beteiligt ist. Von einer Kapitalerhöhung kann abgesehen werden, soweit die GmbH über eigene Anteile verfügt, die den Gesellschaftern der GmbH & Co. KG als Gegenleistung gewährt werden können (§ 54 Abs. 1 S. 2 Nr. 1 UmwG). Ferner ist eine Kapitalerhöhung entbehrlich, wenn alle Gesellschafter der GmbH & Co. KG notariell auf eine Anteilsgewährung **verzichten** (§ 54 Abs. 1 S. 3 UmwG). 43

Eine kapitalmäßig nicht an der GmbH & Co. KG beteiligte **Komplementär-GmbH** scheidet mit Wirksamwerden der Verschmelzung aus;[75] insoweit geht der Grundsatz der Quotenidentität dem Grundsatz der Mitgliederidentität vor. Die übrigen Formalien entsprechen weitgehend denjenigen bei der Verschmelzung einer GmbH auf eine GmbH & Co. KG.[76] 44

§ 17 Abs. 2 S. 1 UmwG sieht vor, dass mit der Registeranmeldung zur Eintragung der Verschmelzung eine **Schlussbilanz** einzureichen ist, in der die Buchwerte fortzuführen sind. § 24 UmwG gewährt der **übernehmenden GmbH** das handelsrechtliche **Wahlrecht,** die in der Schlussbilanz ausgewiesenen Buchwerte zu übernehmen oder die Anschaffungskosten der übernommenen Wirtschaftsgüter auf der Basis der zu deren Erwerb geleisteten Aufwendungen (insbes. neue Anteile oder eigene Anteile) aufzustocken.[77] 45

b) Steuerliche Fragen. Die Verschmelzung wird steuerlich **wie** eine **Betriebseinbringung** behandelt (→ Rn. 5 ff.). Kein Fall des § 20 UmwStG liegt allerdings vor, soweit bei der übernehmenden GmbH aufgrund einer vermögensmäßigen Beteiligung an der GmbH & Co. KG ein Kapitalerhöhungsverbot besteht (→ Rn. 43) und damit keine neuen 46

[72] AA *Patt* in DPM UmwStG § 25 (SEStEG) Rn. 60 (Anteilsvereinigung gemäß § 1 Abs. 3 GrEStG). Wie hier *Dremel* in HTM HdB GmbH & Co. KG Rn. 11.294. Zur Entscheidung des FG Münster und zu weiteren Fallkonstellationen s. auch *Meining* GmbHR 2011, 916.

[73] S. BFH 29.9.2013 – II R 2/12, BStBl. II 2014, 329 und (zu § 6 Abs. 3 S. 2 GrEStG) BFH 25.9.2013 – II R 17/12, BStBl. II 2014, 268 sowie Gleichlautender Ländererlass vom 9.12.2015, BStBl. I 2015, 1029 Tz. 7.3.1.2.

[74] Zur formellen und materiellen Legitimation der Mehrheitsentscheidung → Rn. 29 f.

[75] LG Saarbrücken DNotI-Report 1999, 163; *Schröer* in Semler/Stengel UmwG § 5 Rn. 16; *Drygala* in Lutter UmwG § 5 Rn. 23; *Marsch-Barner* in Kallmeyer UmwG § 5 Rn. 5. AA *Mayer* in Widmann/Mayer UmwG § 5 Rn. 24.3.

[76] S. *Levedag* in MHdB GesR II § 58 Rn. 343 ff.

[77] Zum Neubewertungsansatz *Priester* in Lutter UmwG § 24 Rn. 42 ff.

Anteile gewährt werden.[78] Insoweit soll jedoch ein ertragsteuerneutraler Anwachsungsvorgang vorliegen.[79]

IV. Durch Ausscheiden aller Kommanditisten (Anwachsung)

1. Einfaches Anwachsungsmodell

47 **a) Handelsrechtliche Gestaltung.** Eine GmbH & Co. KG kann auch dadurch auf eine an ihr beteiligte GmbH, insbesondere die beteiligungsidentische Komplementär-GmbH, „umgewandelt" werden, dass sämtliche Gesellschafter mit Ausnahme der übernehmenden GmbH – gegen oder unter Verzicht auf Abfindung – aus der GmbH & Co. KG **ausscheiden** und dabei vereinbaren, dass **das Geschäft** mit allen Aktiven und Passiven **auf den verbleibenden Gesellschafter,** dh die übernehmende GmbH, **übergehen soll.** Diese Übernahmevereinbarung kann entweder ad hoc erfolgen oder als sog Fortsetzungsklausel bereits im Gesellschaftsvertrag getroffen sein. In beiden Fällen wird die Gesellschaft mit dem Ausscheiden aller übrigen Gesellschafter unter Ausschluss der Liquidation mit der Folge beendet, dass der Anteil der Ausgeschiedenen am Gesellschaftsvermögen der übernehmenden GmbH **kraft Gesetzes anwächst** (§ 738 Abs. 1 S. 1 BGB iVm §§ 105 Abs. 3, 161 Abs. 2 HGB), dh ohne dass es hierzu besonderer Übertragungsakte wie Übereignung oder Auflassung bedarf.[80]

48 Dieses auf *Conrad Böttcher* zurückgehende **Anwachsungsmodell**[81] lässt sich auch in den Fällen praktizieren, in denen zunächst nur eine gewöhnliche Personengesellschaft (OHG oder KG) mit ausschließlich natürlichen Personen als Gesellschaftern besteht. Die Gesellschafter müssen dann zunächst eine GmbH gründen, die alsdann in die OHG oder KG als neuer Gesellschafter eintritt. Im Übrigen sind die Rechtsfolgen dieselben: Scheiden nunmehr alle anderen Gesellschafter, im Fall der KG also der Komplementär und die Kommanditisten, aus der Gesellschaft aus, so geht – eine entsprechende Übernahmevereinbarung wiederum vorausgesetzt – das Vermögen der Personengesellschaft im Wege der **Gesamtrechtsnachfolge** (Anwachsung) auf die neugegründete GmbH über.

49 Handelsrechtlich hat das Anwachsungsmodell den Vorteil, dass – wie bei einer Umwandlung aufgrund des UmwG – bezüglich der einzelnen Gegenstände des Betriebsvermögens der „umgewandelten" GmbH & Co. KG **Übertragungshandlungen** weder nötig noch möglich sind. Insbesondere bedarf es – wie erwähnt – keiner Auflassung der zum Gesellschaftsvermögen gehörenden Grundstücke; die ausscheidenden Gesellschafter haben lediglich der Berichtigung des Grundbuches zuzustimmen (§ 894 BGB). Auf diese Weise werden Zeit und **Kosten,** insbesondere die Beurkundungskosten für die Auflassung von Grundstücken und die Abtretung von GmbH-Anteilen, **gespart,** da das für die Anwachsung des Gesellschaftsvermögens erforderliche Ausscheiden der Gesellschafter notfalls sogar mündlich vereinbart werden kann.

50 Weil eine Sacheinlage nicht vorliegt, entfällt auch die registergerichtliche Prüfung der angemessenen Bewertung des in die GmbH einzubringenden Vermögens (§§ 9c und 57a GmbHG). Der Wegfall der **Gründungsprüfung** erspart nicht nur die Kosten für das andernfalls einzuholende Sachverständigengutachten, sondern beschleunigt auch die – schon wegen der Gefahr persönlicher **Haftung im Gründungsstadium** (§ 11 Abs. 2 GmbHG) bedeutungsvolle – Eintragung im Handelsregister. Hinsichtlich der Vermögens-

---

[78] UmwSt-Erlass Rn. E 20.10.

[79] So *Herlinghaus* in Rödder/Herlinghaus/van Lishaut UmwStG § 20 Rn. 132h; *Schmitt* in Schmitt/Hörtnagl/Stratz UmwStG § 211; *Dremel* in HTM HdB GmbH & Co. KG Rn. 11.287 (§ 6 Abs. 3 EStG entsprechend).

[80] BGHZ 32, 307; BGH BB 2004, 1244.

[81] *Böttcher* StbJb 1965/66, 175 (189 ff.); s. auch *Breiteneicher* DStR 2004, 1405; *Ropohl/Freck* GmbHR 2009, 1076; *Dremel* in HTM HdB GmbH & Co. KG Rn. 11.185; *Levedag* in MHdB GesR II § 58 Rn. 305, 308 f., 316 ff.

übertragung hat die Eintragung im Handelsregister außerdem nur deklaratorische Bedeutung.

Anders als bei der Betriebseinbringung im Wege der Einzelrechtsnachfolge ist allerdings die Enthaftungsbestimmung des **§ 613a Abs. 2 BGB nicht anwendbar.** Folglich gelten auch für die Nachhaftung der ausgeschiedenen Kommanditisten für Ansprüche aus Arbeitsverhältnissen der „umgewandelten" GmbH & Co. KG die allgemeinen Grundsätze (→ § 6 Rn. 211 ff.). 51

b) Steuerliche Fragen. aa) Ertragsteuerliche Auswirkungen. Das freiwillige Ausscheiden aller Kommanditisten aus der GmbH & Co. KG ohne oder gegen eine unter dem wahren Wert ihrer Anteile liegende Abfindung ist grundsätzlich als ein gemeinsames Verhalten mit dem Ziel der Umwandlung in die Rechtsform der GmbH zu werten. Das entschädigungslose Ausscheiden der Kommanditisten stellt sich nach hM als unentgeltliche Leistung dar, die durch das Gesellschaftsverhältnis veranlasst ist.[82] Rechtsfolge ist die **Aufgabe der Mitunternehmeranteile** gemäß § 16 Abs. 1 Nr. 2, Abs. 3 S. 1 EStG, verbunden mit einer **verdeckten Einlage** in die Komplementär-GmbH.[83] **§ 6 Abs. 3 EStG** ist bei verdeckten Einlagen **nicht anwendbar.**[84] 52

Die Anwachsung führt zur **Aufdeckung** der in den Kommanditanteilen einschl. Sonderbetriebsvermögen enthaltenen **stillen Reserven.**[85] Der Anwachsungsgewinn unterliegt der **Einkommen- bzw. Körperschaftsteuer,** ggf. auch der **Gewerbesteuer** (§ 7 S. 2 GewStG). Die Anschaffungskosten der Anteile an der Komplementär-GmbH erhöhen sich entsprechend (§ 6 Abs. 6 S. 2 EStG). 53

Eine Gewinnrealisierung findet nicht statt, soweit Vermögen im Wege der Anwachsung auf einen bereits **am Vermögen** der GmbH & Co. KG **beteiligten** Gesellschafter übergeht. Vollzieht sich die Umwandlung also dadurch, dass in einer zweigliedrigen GmbH & Co. KG die vermögensmäßig nicht beteiligte Komplementär-GmbH ausscheidet mit der Folge, dass das Vermögen auf eine **Kommanditisten-GmbH** übergeht, sind die **Buchwerte fortzuführen.** Dies folgt zwangsläufig daraus, dass dem übernehmenden Kommanditisten das Vermögen der GmbH & Co. KG für steuerliche Zwecke gemäß § 39 Abs. 2 Nr. 2 AO bereits vorher zugerechnet wurde, weshalb eine (analoge) Anwendung von § 6 Abs. 3 EStG zur Wahrung der Steuerneutralität uE nicht erforderlich ist.[86] 54

§ 20 UmwStG ist auf das einfache Anwachsungsmodell **nicht anwendbar,** weil die aufnehmende Komplementär-GmbH **keine neuen Anteile** ausgibt.[87] Der **BFH** hat auch eine **analoge** Anwendung von § 20 Abs. 1 UmwStG 1977 de lege lata ausgeschlossen, da die Anwachsung als eine verschleierte Sachgründung anzusehen sei, für die eine Gesetzeslücke, dh eine planwidrige, mit dem Gesetzeszweck nicht zu vereinbarende Unvollständigkeit des Gesetzes nicht bestehe.[88] 55

---

[82] BFH 14.1.1993 – IV R 121/91, BFH/NV 1993, 525; *Wacker* in L. Schmidt EStG § 16 Rn. 513; *Levedag* in MHdB GesR II § 58 Rn. 324; *Dremel* in HTM HdB GmbH & Co. KG Rn. 11.186, 11.194; *Schenkel* in Söffing GmbH & Co. KG Rn. 4537; *Kowallik/Merklein/Scheipers* DStR 2008, 173 (175); BMF-Schreiben 3.3.2005, BStBl. I 2005, 458: verdeckte Einlage ist vorrangig. AA *Schwedhelm* in Streck KStG § 8 Anh. Rn. 50.

[83] *Dremel* in HTM HdB GmbH & Co. KG Rn. 11.194; *v. Proff* DStR 2016, 2217 (2231); *Schenkel* in Söffing GmbH & Co. KG Rn. 4537; *Levedag* in MHdB GesR II § 58 Rn. 326; *Patt* in HHR EStG § 6 Rn. 228; OFD Düsseldorf, DB 1988, 1524; OFD Bremen GmbHR 2002, 1264.

[84] *Ehmcke* in Blümich EStG § 6 Rn. 1216; *Kulosa* in L. Schmidt EStG § 6 Rn. 746; Schindler in Kirchhof EStG § 6 Rn. 198; *Wendt* in HHR EStG § 6 Rn. 51; BMF-Schreiben 3.3.2005 BStBl. I 2005, 458 Rn. 2. Vom BFH 20.7.2005 – X R 22/02, BStBl. II 2006, 457, offengelassen (unter II.3.b).

[85] *Widmann* in Widmann/Mayer Umwandlungsrecht Anh. 8 Rn. 36; *Wacker* in L. Schmidt EStG § 16 Rn. 513; *Schmitt* in Schmitt/Hörtnagl/Stratz UmwStG § 20 Rn. 194; *Levedag* in MHdB GesR II § 58 Rn. 326 ff.

[86] *Dremel* in HTM HdB GmbH & Co. KG Rn. 11.194. Mit § 6 Abs. 3 argumentieren *Wacker* in L. Schmidt EStG § 16 Rn. 525; *Patt* in DPM UmwStG § 20 (SEStEG) Rn. 177. Zur Verlustnutzung durch Kommanditisten-GmbH nach Anwachsung *Rautenstrauch/Adrian* DStR 2006, 359.

[87] UmwSt-Erlass Rn. E 20.10; *Nitzschke* in Blümich UmwStG 2006 § 20 Rn. 29; *Widmann* in Widmann/Mayer UmwStG § 20 (SEStEG) Rn. R106; *Schmitt* in Schmitt/Hörtnagl/Stratz UmwStG § 20 Rn. 194; *v. Proff* DStR 2016, 2217 (2232).

[88] BFH 14.1.1993 – IV R 121/91, BFH/NV 1993, 525 (527).

56 Wir meinen allerdings, dass trotz der zwischenzeitlichen gesetzlichen Klarstellung in § 1 Abs. 3 UmwStG durch das SEStEG das einfache Anwachsungsmodell in den Anwendungsbereich der §§ 20 ff. UmwStG **aufgenommen werden sollte.** Wenn die Anwachsung als eine Form der Umwandlung angesehen wird, wäre es nur billig, diese auch steuerlich so zu behandeln, zumal eine Erfassung der stillen Reserven des Vermögens der vormaligen GmbH & Co. KG weiterhin gewährleistet ist.[89] Damit spräche nichts dagegen, auf den Formalismus einer (minimalen) Kapitalerhöhung[90] zu verzichten und die bestehenden Geschäftsanteile an der Komplementär-GmbH als sperrfristbehaftete Anteile zu behandeln.[91] Dies gilt umso mehr, als die Finanzverwaltung im Anwendungsbereich von §§ 20 ff. UmwStG in den Fällen, in denen zum Betriebsvermögen des eingebrachten Betriebs auch Anteile an der aufnehmenden Kapitalgesellschaft gehören, eine solche Handhabung zulässt (→ Rn. 25).

57 Einen etwaigen **gewerbesteuerlichen Verlustvortrag** der untergegangenen GmbH & Co. KG kann die GmbH nur insoweit verwerten, als dieser Betrag entsprechend dem sich aus dem Gesellschaftsvertrag ergebenden Gewinnverteilungsschlüssel des Verlustentstehungsjahres auf sie entfällt.[92] Für die üblicherweise kapitalmäßig nicht beteiligte Komplementär-GmbH bedeutet dies, dass der Verlustvortrag infolge der Anwachsung verloren geht.

58 **bb) Schenkungsteuer.** Eine Schenkung setzt eine **Bereicherung** des Bedachten auf Kosten des Zuwendenden voraus **(§ 7 Abs. 1 Nr. 1 ErbStG).** Leistungen zwischen einer Kapitalgesellschaft und ihren Gesellschaftern haben ihre Grundlage regelmäßig in dem **Gesellschaftsverhältnis** (sog Leistung societatis causa) und sind daher nicht als unentgeltlich anzusehen.[93] Dann liegt auch **keine schenkungsteuerpflichtige Zuwendung** gemäß § 7 Abs. 1 Nr. 1 ErbStG – weder an die GmbH noch deren Gesellschafter – vor.

59 Nach dem mit Wirkung ab 14.12.2011 neu geschaffenen Tatbestand des **§ 7 Abs. 8 S. 1 ErbStG**[94] gilt nunmehr aber auch die Werterhöhung von Anteilen an Kapitalgesellschaften, die ein Gesellschafter durch die Leistung einer anderen Person (Mitgesellschafter oder Dritter) an die Gesellschaft erlangt, als Schenkung.[95] Bei der Anwachsung im Falle einer beteiligungsidentischen GmbH & Co. KG besteht allerdings die Besonderheit, dass zwischen „Zuwendenden" und Gesellschaftern vollständige Personenidentität herrscht. Durch die freiwilligen Leistungen aller Kommanditisten an die Kapitalgesellschaft infolge der Anwachsung erhöht sich im gleichen Maß der Wert aller Anteile bei der GmbH. Jeder Kommanditist erhält in Gestalt der höherwertigeren Anteile an der GmbH nicht weniger, als einer vollwertigen Abfindung für seine Kommanditbeteiligung entspräche. Damit stehen sich korrespondierende Leistungen aller Kommanditisten gegenüber, weshalb die durch die jeweiligen Leistungen bedingten Werterhöhungen der Anteile nicht nach § 7 Abs. 8 S. 1 ErbStG steuerbar sind.[96]

60 Als Schenkung gilt schließlich auch der auf einem **Ausscheiden eines Gesellschafters beruhende Übergang** des Anteils oder des Teils eines Anteils eines Gesellschafters einer Personengesellschaft auf die anderen Gesellschafter oder die Gesellschaft, soweit der Wert,

---

[89] So bereits *Seitel* GmbHR 1978, 65; *Glade* GmbHR 1978, 208; *Krüger* DStZ 1986, 382 (386); *Knobbe-Keuk,* Bilanz- und Unternehmenssteuerrecht, 821 (§ 22 VII 3 f.).

[90] Auf Umfang und Wert der neuen Anteile kommt es nicht an, *Menner* in Haritz/Menner UmwStG § 20 Rn. 183.

[91] Zumal sie ohnehin der Mitverstrickung gemäß § 22 Abs. 7 UmwStG unterliegen werden; zu dieser *Schmitt* in Schmitt/Hörtnagl/Stratz UmwStG § 22 Rn. 180 ff.

[92] BFH 2.3.1983 – I R 85/79, BStBl. II 1983, 427; *Breiteneicher* DStR 2004, 1405 (1407). Insgesamt zum „Schicksal" steuerlicher Verlustvorträge in Anwachsungsfällen *Stümper* GmbHR 2010, 129.

[93] So BFH 9.12.2009 – II R 28/08, BStBl. II 2010, 566; BFH 17.10.2007 – II R 63/05, DStR 2008, 146; BFH 9.7.2007 – II R 47/07, DStR 2009, 2590; *Gebel* in Troll/Gebel/Jülicher ErbStG § 7 Rn. 182 ff.; kritisch *Meincke* ErbStG § 7 Rn. 74a; *Hübner* DStR 2008, 1357 zustimmend *Birnbaum* ZEV 2009, 125. Auch die verdeckte Einlage schließt die Annahme einer freigebigen Zuwendung aus, s. BFH 20.1.2016 – II R 40/14, DStR 2016, 743.

[94] Eingefügt mit Gesetz vom 7.12.2011, BGBl. 2011 I 2592.

[95] *Meincke* ErbStG § 7 Rn. 154.

[96] Gleichlautender Ländererlass vom 14.3.2012, BStBl. I 2012, 331 unter 3.3.2.

der sich für seinen Anteil zur Zeit seines Ausscheidens nach § 12 ErbStG ergibt, den Abfindungsanspruch übersteigt **(§ 7 Abs. 7 ErbStG).** Im Falle der „Umwandlung" durch Anwachsung handelt es sich allerdings nicht nur um ein Ausscheiden von Gesellschaftern, sondern um die Auflösung der GmbH & Co. KG, so dass diese Vorschrift schon ihrem Wortlaut nach **nicht eingreift.**[97] Selbst wenn aber die Vorschrift die Anwachsung dem Grunde nach erfassen würde, löste sie keine Steuer aus, da die Kommanditisten kraft ihrer Beteiligung an der GmbH eine vollwertige Abfindung erhalten.[98]

cc) Umsatzsteuer. Durch die „Umwandlung" einer GmbH & Co. KG in eine GmbH im Wege der Anwachsung entsteht **keine Umsatzsteuer,** wenn die GmbH, was regelmäßig der Fall sein dürfte, das Unternehmen im Wesentlichen unverändert fortführt. Dies ergibt sich daraus, dass kein Leistungsaustausch stattfindet, da der Vermögensübergang nicht durch eine Lieferung oder sonstige Leistung efolgt, sondern kraft Gesetzes gemäß § 738 BGB.[99] Ein etwaiger Leistungsaustausch wäre im Übrigen als Geschäftsveräußerung im Ganzen gemäß § 1 Abs. 1a UStG nicht steuerbar, weshalb auch eine Vorsteuerberichtigung entfällt (§ 15a Abs. 10 UStG). 61

dd) Grunderwerbsteuer. Nach § 1 Abs. 1 Nr. 3 GrEStG unterliegt der Übergang des Eigentums an einem Grundstück auch dann der Grunderwerbsteuer, wenn kein den Anspruch auf Übereignung begründendes Rechtsgeschäft vorausgegangen ist und es auch keiner Auflassung bedarf. Der Übergang von Grundbesitz durch Anwachsung ist demzufolge **grunderwerbsteuerpflichtig.**[100] Soweit die GmbH am Vermögen der GmbH & Co. KG beteiligt war, fällt jedoch keine Grunderwerbsteuer an (§ 6 Abs. 2 GrEStG). 62

§ 8 Abs. 2 Nr. 2 GrEStG bestimmt, dass bei allen Erwerbsvorgängen auf gesellschaftsvertraglicher Grundlage die Grunderwerbsteuer nach den Werten iSd § 151 Abs. 1 S. 1 Nr. 1 BewG iVm § 157 Abs. 1–3 BewG zu bemessen ist (→ § 29 Rn. 55). Ein **„Erwerbsvorgang auf gesellschaftsvertragsrechtlicher Grundlage"** liegt immer dann vor, wenn durch den Erwerbsvorgang die gesellschaftsrechtliche Grundlage berührt wird, sich die Gesellschafterstellung der beteiligten Gesellschafter also in rechtlicher Hinsicht verändert. Diese Voraussetzung ist bei der „Umwandlung" einer GmbH & Co. KG auf eine GmbH kraft Anwachsung erfüllt.[101] 63

2. Erweitertes Anwachsungsmodell

Aufgrund der steuerlich nachteiligen Behandlung des einfachen Anwachsungsmodells empfiehlt sich dessen Abwandlung dahin, dass die **Kommanditisten** ihre Kommanditanteile (Mitunternehmeranteile) als Sacheinlage in die aufnehmende GmbH gegen **Gewährung von Gesellschaftsrechten** im Rahmen einer Kapitalerhöhung einbringen (sog erweitertes Anwachsungsmodell). Hierbei genügt eine **geringfügige Kapitalerhöhung;** die Differenz zwischen dem Nennbetrag des erhöhten Kapitals und dem Einbringungswert kann in die Kapitalrücklage der GmbH eingestellt werden. Statt der Einstellung in die Kapitalrücklage kann auch ein Gesellschafterdarlehen ausgereicht werden, allerdings nur unter Beachtung der Grenzen gemäß § 20 Abs. 2 S. 2 Nr. 4 UmwStG (→ Rn. 8), wenn die Steuerneutralität gewahrt werden soll. 64

In diesem Fall ist der Tatbestand des § 20 Abs. 1 UmwStG schon dem Wortlaut nach unstreitig erfüllt und damit die **Erfolgsneutralität** des Vorgangs bei Vorliegen auch der 65

[97] *Meincke* ErbStG § 7 Rn. 143; *Geck* in Kapp/Ebeling ErbStG § 7 Rn. 200; *Richter/John* Ubg 2014, 434; aA *Hübner/Maurer* ZEV 2009, 361 (365). Zum Sonderfall der zweigliedrigen Gesellschaft BFH 1.7.1992 – II R 12/90, BStBl. II 1992, 925.

[98] *Widmann* in Widmann/Mayer Umwandlungsrecht Anh. 8 Rn. 41; *Geck* in Kapp/Ebeling ErbStG § 7 Rn. 200; zweifelnd *Gebel* in Troll/Gebel/Jülicher ErbStG § 7 Rn. 404.

[99] BFH 26.10.1967 – V 232/64, BStBl. II 1968, 247; *Robisch* in Bunjes UStG § 1 Rn. 72; *Dremel* in HTM HdB GmbH & Co. KG Rn. 11.259.

[100] BFH 13.9.1995 – II R 80/92, BStBl. II 1995, 903; FG Düsseldorf EFG 2005, 136; *Fischer* in Boruttau GrEStG § 1 Rn. 554 ff.; *Breiteneicher* DStR 2004, 1405 (1408).

[101] *Viskorf* in Boruttau GrEStG § 8 Rn. 77.

Voraussetzungen gemäß § 20 Abs. 2 S. 2 UmwStG gesichert. Hieran hat sich durch die Neufassung von § 1 Abs. 3 UmwStG durch das SEStEG nichts geändert.[102] § 1 Abs. 3 UmwStG in der Fassung des SEStEG hat uE etwaige **Zweifel** an der Anwendbarkeit von § 20 UmwStG auf das erweiterte Anwachsungsmodell nicht – wie von Teilen der Literatur befürchtet – verstärkt, sondern im Gegenteil endgültig **beseitigt.** Die Gesetzesvorschrift zementiert insoweit nur die Selbstverständlichkeit, dass das deutsche Steuerrecht eine Einbringung von Betriebsvermögen im Wege der Gesamtrechtsnachfolge gegen Gewährung neuer Anteile außerhalb des UmwG nicht (mehr) kennt.

66 Zwar bezeichnet § 1 Abs. 3 UmwStG nunmehr abschließend die in den Anwendungsbereich von § 20 UmwStG fallenden Vorgänge, ohne die Anwachsung oder die Übertragung im Wege der Gesamtrechtsnachfolge zu erwähnen. **Ausgangspunkt** des erweiterten Anwachsungsmodells ist jedoch die Übertragung von Betriebsvermögen in Form der Mitunternehmeranteile im Wege der **Einzelrechtsnachfolge** in eine Kapitalgesellschaft, die in § 1 Abs. 3 Nr. 4 UmwStG ausdrücklich erwähnt wird. Die Anwachsung ist lediglich die aus § 738 Abs. 1 BGB resultierende Folge, also ein unselbstständiger Annex bzw. **Reflex** des begünstigten Einbringungsvorgangs.[103] Möchte man die Anwendbarkeit von § 20 UmwStG auf das erweiterte Anwachsungsmodell mit der Begründung verneinen, dass es sich bei der Einbringung der Mitunternehmeranteile und der anschließenden Anwachsung um zwei rechtlich selbstständige Vorgänge handelt, wofür eine Rechtsgrundlage uE nicht ersichtlich ist, bedarf es eines Rückgriffs auf § 1 Abs. 3 UmwStG im Übrigen nicht. Die Anwachsung als zweiter Teilvorgang würde dann nämlich schon deshalb nicht von § 20 UmwStG erfasst, weil § 738 Abs. 1 BGB keine Gewährung neuer Anteile vorsieht und die gleichen neuen Anteile, die schon die Gegenleistung für den ersten Teilvorgang, also die Einbringung der Mitunternehmeranteile darstellen, nicht noch einmal als Gegenleistung für den zweiten Teilvorgang (Anwachsung) gewährt werden können.

67 Nach § 20 Abs. 2 S. 2 UmwStG kann die aufnehmende GmbH die Buchwerte der auf sie übergehenden Wirtschaftsgüter fortführen und damit eine **Gewinnrealisierung vermeiden.** Einbringende iSv § 20 UmwStG sind die Gesellschafter (Mitunternehmer). War die aufnehmende GmbH kapitalmäßig an der GmbH & Co. KG beteiligt, müssen insoweit die Buchwerte fortgeführt werden, da sich die GmbH keine eigenen Anteile gewähren kann.[104]

68 Im Übrigen entsprechen die steuerlichen Auswirkungen denjenigen bei der **Betriebseinbringung** (→ Rn. 5 ff.).

V. Vergleichende Zusammenfassung

69 Das **Anwachsungsmodell** ist die **einfachste Methode** zur „Umwandlung" einer beteiligungsidentischen GmbH & Co. KG in eine GmbH, wobei für eine ertragsteuerliche Buchwertfortführung auf das erweiterte Anwachsungsmodell zurückgegriffen werden muss.[105] Die wesentlichen Vorteile der Umwandlung durch Anwachsung liegen darin, dass, abgesehen von der erforderlichen Kapitalerhöhung bei der GmbH, kein – kostenpflichtiger – Beurkundungsvorgang erforderlich ist, weitreichende steuerliche **Bewertungswahlrechte** bestehen und das Vermögen – anders als bei der Betriebseinbringung – im Wege der **Gesamtrechtsnachfolge** übergeht, ohne dass – wie bei der formwechselnden Umwand-

---

[102] *Dremel* in HTM HdB GmbH & Co. KG Rn. 11.197; *Ettinger/Schmitz* GmbHR 2008, 1089; *Kowallik/Merklein/Scheipers* DStR 2008, 173 (177); *Orth* DStR 2009, 192 (194); *Herlinghaus* in Rödder/Herlinghaus/van Lishaut UmwStG § 20 Rn. 39c; *Schmitt* in Schmitt/Hörtnagl/Stratz UmwStG § 20 Rn. 195; *Schuhmacher/Neumann* DStR 2008, 325 (331); *Suchanek/Herbst* Ubg 2008, 173 (177); *Ropohl/Freck* GmbHR 2009, 1076 (1080); *Widmann* in Widmann/Mayer UmwStG § 20 (SEStEG) Rn. R109; *Nitzschke* in Blümich UmwStG 2006 § 20 Rn. 37. AA *Patt* in DPM UmwStG § 20 (SEStEG) Rn. 6.

[103] UmwSt-Erlass Rn. 01.44.

[104] BFH 10.3.1998 – VIII R 76/96, BFH/NV 1998, 1412; *Widmann* in Widmann/Mayer UmwStG § 20 (SEStEG) Rn. R108.

[105] Ebenso *Ropohl/Freck* GmbHR 2009, 1076 (1083); *Decher/Hoger* in Lutter UmwG § 190 Rn. 16; *Dremel* in HTM HdB GmbH & Co. KG Rn. 11.195.

lung nach dem UmwG – die Gründungsvorschriften der GmbH beachtet werden müssen. Die Beachtung der gesellschaftsrechtlichen Anforderungen für Sacheinlagen entfällt, wenn die GmbH eine Barkapitalerhöhung durchführt und die Kommanditisten ihre Beteiligungen als Agio einbringen (→ Rn. 5).

Nachteilig ist die Entstehung der **Grunderwerbsteuer,** die bei der **formwechselnden** **70**
Umwandlung vermieden werden kann. Letztere wird deshalb insbesondere bei Gesellschaften mit wertvollem Grundbesitz, bei einer nicht-beteiligungsidentischen GmbH & Co. KG und – wegen der Möglichkeit der Umwandlung mit Dreiviertelmehrheit – bei widersprechenden Minderheitsgesellschaftern in Betracht kommen.

Stichwortverzeichnis

Die fett gedruckten Zahlen verweisen auf die Paragrafen,
die mageren auf die Randnummern.